U0596288

道教典籍選刊

雲笈七籤

一册

〔宋〕張君房 編
李永晟 點校

中華書局

圖書在版編目(CIP)數據

雲笈七籤/(宋)張君房編. —北京:中華書局,2003. 12
(2025.6 重印)
(道教典籍選刊)
ISBN 978-7-101-01492-1

Ⅰ.雲… Ⅱ.張… Ⅲ.道藏 Ⅳ.B951

中國版本圖書館 CIP 數據核字(2003)第 112456 號

封面設計:周　玉
責任印製:管　斌

道教典籍選刊
雲笈七籤
(全五册)
〔宋〕張君房 編
李永晟 點校
*
中華書局出版發行
(北京市豐臺區太平橋西里 38 號　100073)
http://www.zhbc.com.cn
E-mail:zhbc@zhbc.com.cn
三河市宏盛印務有限公司印刷
*
850×1168 毫米 1/32 · 87 印張 · 10 插頁 · 1537 千字
2003 年 12 月第 1 版　2025 年 6 月第 16 次印刷
印數:24001-25000 册　定價:350.00 元

ISBN 978-7-101-01492-1

道教典籍選刊緣起

道教是我國土生土長的宗教，歷史悠久，可以溯源到戰國時期的方術，甚至更古的巫術，而正式形成於東漢時期。它是我國傳統文化的重要組成部分，對我國人民的思維方式、生活方式，對古代科學、技術的發展，都產生過重之影響，並波及社會政治、經濟等各方面。

道教典籍極爲豐富，就道藏而言，多達五千餘卷，是有待進一步發掘、清理和利用的文化遺産之一。爲便於國内外學術界對道教及其影響的研究，便於廣大讀者瞭解道教的概貌，我們初步擬訂了道教典籍選刊的整理出版計劃。其中既有道教最基本的典籍，也包括各種流派的代表作，有不少書與哲學、思想史關係密切。所有項目，都選用較好的版本作爲底本，進行校勘標點。

由於我們缺乏經驗，工作中難免有失誤之處，亟盼關心此項工作的專家和廣大讀者給以指導與幫助。

中華書局編輯部

一九八八年二月

附：道教典籍選刊初步擬目

列仙傳　〔漢〕劉向
神仙傳　〔晉〕葛洪
仙苑編珠　〔唐〕王松年
混元聖紀　〔宋〕謝守灝
歷世真仙體道通鑑、續編、後集　〔元〕趙道一
茅山志　〔元〕劉大彬
金蓮正宗記　〔元〕秦志安
長春真人西遊記　〔元〕李志常
終南山祖庭仙真内傳　〔元〕李道謙
道藏目録詳注　〔明〕白雲霽
道藏闕經目録
道德真經注　〔漢〕河上公
道德真經指歸　〔漢〕嚴遵
老子想爾注　〔漢〕張陵

崔公入藥鏡　〔漢〕崔希範
太上靈寶净明飛仙度人經法釋例　〔晉〕許遜
老子化胡經　〔晉〕王浮
抱朴子内篇　〔晉〕葛洪
真元妙道要略　〔晉〕鄭隱
洞玄靈寶五感文　〔劉宋〕陸修静
陸先生道門科略　〔劉宋〕陸修静
真誥　〔梁〕陶弘景
華陽陶隱居集　〔梁〕陶弘景
登真隱訣　〔梁〕陶弘景
養生延命録　〔梁〕陶弘景
道教義樞　〔梁〕孟安排
太上黄庭内、外景玉經
太清中黄真經　〔□〕九仙君
太清石壁記　〔□〕楚澤先生
道德真經論兵要義述　〔唐〕王真

附：道教典籍選刊初步擬目

化書　〔南唐〕譚峭
老子道德經古本集注　〔宋〕范應元
道德真經集注　〔宋〕彭耜
西昇經集注　〔宋〕陳景元
度人上品妙經四注　〔宋〕陳景元
上清大洞真經玉訣音義　〔宋〕陳景元
雲笈七籤　〔宋〕張君房
伊川擊壤集　〔宋〕邵雍
悟真篇　〔宋〕張伯端
道樞　〔宋〕曾慥
沖虛至德真經四解　〔金〕高守元
諸真内丹集要　〔金〕玄全子
重陽教化集　〔金〕王嚞
雲水集　〔金〕譚處端
太古集　〔金〕郝大通
仙藥集　〔金〕劉處玄

玉音法事
大明玄教樂章
庚道集
天仙金丹心法
太平經合校　王明
無能子

李永晟點校本序

任繼愈

中國三大宗教（儒、佛、道）是中國傳統文化的三大支柱。這三大宗教各有自己的來源，各有自己的社會基礎。漢末黄巾大起義，打出道教旗幟。黄巾失敗後，道教也受到牽連，統治階級對道教存有戒心，有很長時期對道教不敢信任。南北朝時期，北朝道教經過寇謙之的改造，南朝道教經過葛洪、陸修静、陶弘景的改造，取得上層統治者的支持，才有了較大的發展。佛、道二教在中國内地活動、發展、傳播差不多同時，只是道教因黄巾、張魯等領導人與農民起義關係密切，曾在下層擁有廣大群衆，但在上層社會，道教勢力遠遜佛教。錯過了大發展的時機，道教經典搜集、整理、集結工作也落後於佛教。正因爲道教經典起步較晚於佛教，很多方面借鑒於佛教。佛教最先把佛教全集稱爲「一切經」，道教全集也稱「一切經」。由於「一切經」這個名稱被佛教占用在先，或編輯的道教「一切經」要區别於佛教「一切經」，則稱爲「一切道經」。唐玄宗曾令編纂一切道經音義，就是仿照佛教玄應、慧琳分别編纂的兩部一切經音義。「一切經音義」相當於今天所説「詞典」之類的備查閲的工具書。唐武后時已出現過「道藏」一詞，但未通行，「道藏」一詞正式確立，當在北宋「大藏經」以後。

一種宗教的存在和發展，主要靠群衆，同時也要得到上層統治者的支持，東晉時，名僧道安説過，「不依國主，則法事難立」。道教的成長壯大，也離不開這一原則。既要拉攏上層，也要普及下層。有了上層的支持，就有了經濟來源，爲寺院經濟創造條件；有下層廣大群衆信奉，才能壯大聲勢，更可以引起上層的重視。只有上層而下層信徒不多，則缺少存在的基礎，難以發展；有下層群衆而没有上層的支持，也不能長久。唐朝的三階教，曾盛極一時，也有一定的財力，由於政府反對、限制，這一宗派幾經查禁，後來終於消滅了。在敦煌文書中還可以看到不少有關三階教的記録。

佛教傳入中原地區，首先在上層，第一座寺院白馬寺建在當時首都洛陽東門外。首先接受佛教的信徒是漢桓帝，在宫中立黄老浮屠之祠，然後在皇族中傳布。道教源於農村下層。東漢的黄巾（内地道教）、張魯（巴蜀的道教）都以下層群衆爲對象。中國農村長期愚昧落後，缺醫少藥，以符水治病，驅妖捉鬼，祈福禳罪，與民間巫術、占卜、星相、圖讖迷信結合，在農村有廣泛的基礎。迄今道藏中還保存着這方面的部分資料。

道教爲了發展，向佛教學習傳教經驗，改造後的道教開始争取上層社會的支持，盡力滿足他們的要求。門閥士族長期統治，地位優越，生活富裕，他們希望長壽、延年、祛病，後來甚至妄圖長生不死。道教迎合這一部分人的精神生活和肉體生活的需求，向他們推銷養生、服食、煉丹、房中等方術。道教外丹教法在南北朝隋唐盛行不衰，完全得力於上層社會的信奉和支持。像煉丹（不論煉外丹或内丹），要耗費巨大財力、人力，不止一般平民無力參與，中産人家也不敢問津，只有特權階層、大貴族才對此有能力、有興趣。

道教在中國的發展大體可分爲四個時期：

第一期——晉南北朝時期；

第二期——隋唐；

第三期——北宋；

第四期——明朝中期。

雲笈七籤屬於第三期的經典結集。它的分類及取材是北宋道教的縮影。道藏這一部幾千卷的大書，讀者檢索不易。而且道藏這一部大書不像儒家經史子集那樣普及。佛教典籍，有一些還比較容易看到，道教典籍一般流行不廣。一方面由於書籍流通面不廣；另一方面，道教與儒、佛兩教不同，它除了理論外，還有宗教操作部分，如有關丹法（不論内丹外丹），光看書還未必看得懂，要經過師徒當面授受指點，才不致引起誤解。道教有時爲保持教内機密，修煉藥物名稱，操作過程，故意用一些隱語（等於密碼代號），關鍵處師徒相傳，避免泄露天機。這也是道教典籍不易看懂的原因之一。

道教典籍源出古代，發迹於民間。珠玉泥沙，紛然雜陳。我們研究者要善於利用今天的科學知識，用歷史唯物主義觀點，去粗取精，去僞存真，還它以本來面貌。今天廣大讀者對三大宗教，并不要求把它們當作宗教來信奉，實際上，儒教已隨着封建君主制的廢除，宗教組織已經消亡。佛教、道教都是政府承認的合法宗教組織，但總人數比起不信宗教的人數只占少數。

今天我們大家共同關心，需要研究、總結的是關於三大宗教的文化。我們是作爲一種社會文化現象來看待道教文化，它的影響并未局限於道教徒或道教宫觀以内，作爲道教文化，它影響到社會生活、家庭生活及文化生活的許多領域。我們今天建設有中國特色的社會主義新文化，不能脱離了以前的舊文化。舊文化中，道教文化是不可缺少的組成部分。爲了建設社會主義新文化，必須對傳統文化中一切有用的東西全部吸收過來，爲我所用。所謂批判地吸收，就是把過去文化（包括古今中外）中一切有價值的東西榨乾、取净，爲構建新文化提供堅實基礎。

這個點校本，除了對全書正文做了一次徹底清理以外，還對雲笈七籤有關内容的缺誤，根據道藏和其它有關著作做了必要的補正。這類工作，看來平凡，若干年後，人們讀這部雲笈七籤時，也認爲本來如此。哪裏知道，如果點校者不是翻閲全部道藏，對道教典籍没有相當深厚的基礎，是不能如此舉重若輕、得心應手的。

相識李永晟同志時，他正當青年。爲李永晟同志點校的雲笈七籤寫這篇序時，他已超過了中年。幾十年如白駒過隙。但可以相信，這部雲笈七籤點校本，將是今後若干年内學術界可以信賴的版本，它將爲今後海内外道教文化研究者提供一部可信的原始資料。一個人一生能做一件對社會有益的事，就不算是虚此一生。永晟同志爲人戇直，做事古板，人或以爲迂闊，所謂大智若愚，大巧若拙，愚與拙豈易言哉！我懷着欣慰喜悦的心情，爲此書作序。

一九九八年三月二十六日

前言

雲笈七籤乃宋代張君房所輯之大型道教類書，幾録有宋以前之全部古道書。書名雲笈七籤者，蓋因道教自神其教，謂其經文乃天空雲氣凝結而成，稱之爲雲篆天書，稱其書箱爲雲笈；道書分三洞（洞真、洞玄、洞神）四輔（太玄、太平、太清、正一），總爲七部，故謂七籤。

澶淵之盟後，王欽若嫉寇準之功，以城下之盟、孤注之説毁寇準，宋真宗常怏怏不樂，思有以振刷之，乃從王欽若神道設教以立大功業之言，欲藉神道立其威信，於是乃有天尊、天書屢降，東封、西祀頻行之事。復尊崇道教，興建宫觀，修校道藏。先是以祕閣道書、太清寶蘊出降餘杭，俾知郡戚綸、漕運使陳堯佐選道士朱益謙、馮德之等專其修校。適張君房謫掾寧海，戚綸等復薦張君房主其事，歷時數載，於天禧三年（公元一〇一九年）録成大宋天宫寶藏以進。張君房復就編輯之機，「掇雲笈七部之英，略寶蘊諸子之奥，總爲百二十卷」，以成此書，於天聖五年（公元一〇二七年）左右進上。

張君房，宋安陸人，景德二年（公元一〇〇五年）進士。按王銍默記卷下云「君房同年白積者」，又釋文瑩湘山野録卷下載：「丁晉公釋褐授饒倅，同年白積爲判官」，如同年意爲同榜而二書所記不誤，則君房與丁謂、白積皆淳化三年（公元九九二年）進士。

張君房，宋史無傳，其修道藏事，除見於本書序外，還見於續資治通鑑長編及咸淳臨安志等書。續資治通鑑長編卷七四載其言五德終始之説云：「大中祥符三年九月戊戌，開封府功曹參軍張君房上疏言：『唐土德，五運相承，國家當承唐室正統，用金德王。』……并獻所著論四卷。」可見其陰陽五行思想。

其事迹散見於筆記稗史頗多，茲録與其有關之宋人筆記數則，以供參考。

釋文瑩湘山野録卷上載：「祥符中，日本國忽梯航稱貢，非常貢也。蓋因其國之東有祥光現，其國素傳，中原天子聖明則祥光現。真宗喜，勑本國建一佛寺以鎮之，賜額曰神光。朝辭日，上親臨遣，夷使回乞令詞臣撰一寺記。時當值者雖偶中魁選，詞學不甚優贍，居常止以張學士君房代之，蓋假其稽古才雅也。既傳宣令急撰寺記，時張尚爲小官，醉飲於樊樓，遣人徧京城尋之不得，而夷人在閤門翹足而待，又中人三促之，紫微大窘。後錢、楊二公玉堂暇日改閑忙令，大年曰：『世上何人最得閑，司諫拂衣歸華山。』蓋种放得告還山養藥之時也。錢希白曰：『世上何人號最忙，紫微失却張君房。』時傳此事爲雅笑。」

王得臣麈史中學術載：「集賢張君房字尹才，方壯始從學，逮遊場屋，甚有時名，登第時年已四十餘。以校道書得館職，後知隨、郢、信陽三郡，年六十三分司歸安陸，年六十九致仕。嘗撰乘異記三編、科名定分録（「定分」疑作「分定」）七卷、儆戒薈蕞五十事、麗情集十二卷，又朝説（「朝」疑當作「潮」）、野語各三篇。洎退居，又撰脞説三十卷。年七十六仍著詩賦雜文，其子百藥嘗纂爲慶曆集三十卷。予惟薈蕞、麗情外，昔嘗見之，富哉聞也。」

王銍默記卷下云：「張君房字允方，安陸人，仕至祠部郎中、集賢校理，年八十餘卒。平生喜著書，如雲笈七籤、乘異記、麗情集、科名分定録、潮説、脞説之類甚衆，知杭州錢塘，多刊作大字版攜歸，印行於世。君房同年白積者，有俊聲，亦以文名世，蚤卒，有文集行於世，常輕君房爲人，君房心銜之。及作乘異記，載白積死，其友行舟夢積曰：『我死罰爲鼋，汝來日再過，當見我矣。』如其言行舟，見人聚視而鳥鵲噪於岸，倚舟問之，乃漁人網得大鼋，其友買而放之於江中。乘異記既行，君房一日退朝出東華門外，忽有少年拽君房下馬奮擊，冠巾毁裂，流血被體，幾至委頓，乃白積之子也。問：『吾父安有是事！必死而後已。』觀者爲釋解。且令君房毁其版。君房哀祈如約，乃得去。」

二王於張君房之評介有所不同，然四庫全書總目謂默記「近小説家言」、「不能無誤」，而稱王得臣「耿介特立」、「卓然不染」，則麈史謂張君房才學富贍，勤於著述，當較可信。

道藏古稱雜而多端，雲笈七籤之内容亦頗龐雜，舉凡道教之經教源流、仙真位籍、存思守一、咽液服氣、導引按摩、内丹外丹、方藥符圖、房中尸解、詩歌傳記等，幾無所不包。全書凡一百二十二卷，内容略如目録所標，如按道教十二類分，大致可分爲：卷一至二八屬本文玉訣，卷二九至三六、卷五六至六二、卷七四至七八屬方法，卷三七至四〇屬戒律，卷四一至五五、卷八一至八六屬衆術，卷七九至八〇屬靈圖，卷九六至九九屬讚頌，卷一百至一二二屬記傳，其餘神符、譜録、威儀、章奏四類，則散見書中。其中固不乏有裨於養生及科技之内容，如咽液服氣之有益於養生治病，方藥煉丹之有助於實驗科技，然亦多神祕怪誕、宣揚迷信之成分。作爲道教類書，其編選可謂全面精當，誠如四庫全書總目所評：「然其類例既明，指歸略備，綱條科格，無不兼該，道藏菁華，亦大略具於是矣。」其於道藏三洞四輔十二類均有所涉，殆可謂之小道藏。

本書收有大宋天宫寶藏之道書上千種，大抵皆摘録原文，分類縷載，不加評説，或偶有删削。其中絶大部分均已收入正統道藏中，小部分則爲闕經、佚文。闕經有元氣論、道生旨、還丹内象金鑰匙、大還丹契祕圖、太清神仙衆經要略、三品頤神保命神丹方等十餘種，其中不少有學術研究價值者，如論述道教哲學之元氣論，乃至專講房中術之陰丹祕訣靈方等。摘録闕經之片段佚文達數十種，如所引之太始經、三皇經、太乙混洞東蒙録、入室思赤子經、穎陽經、節解經、老子想爾等皆是。此類闕經，賴此片段佚文，得以窺其一斑，於研究道教文化不無小補。

本書集大宋天宫寶藏之菁華，資料豐富，取材精當，頗爲後人引用。如中華書局版太平廣記卷五八魏夫人傳中「並降於小有清虚上」句下有夾註云：「雲笈七籤九六有『宫絳房之中，時夫人與王君爲賓主焉，設瓊酥玉酒金漿』二十二字」，今見於本書，唯「玉酒」作「渌酒」。陳國符道藏源流考及王明太平經合校等均多所引用。

本書内容重複頗多，編排偶誤。如卷八九、卷九二相同，卷六〇之中山玉櫃服氣經録神誡戒序與卷八三之中山玉櫃經服氣消三蟲訣、卷七四之太上巨勝腴煮五石英法與卷八六之洞生太帝君鎮生五藏訣、卷三〇之帝一混合三五立成法與卷四四之太一帝君太丹隱書、卷四三之思修九宫法與卷五〇之三一九宫法等，均有重複。又本書卷六三至卷六九爲金丹，卷七二、卷七三爲内丹，卷七〇之内丹與卷七一之金丹顯係誤置，宜予换位。

本書之點校，係以涵芬樓本正統道藏之雲笈七籤爲底本，以四部叢刊影印明張萱所訂清真館本雲笈七籤及清彭定求所輯道藏輯要本雲笈七籤爲校本。實際校對中，還有以下幾種方法：

一、以所引之道藏原書爲校本，因本書所引之大宋天宫寶藏中道書多已收入正統道藏，故可以正統道藏原書校對。

二、以其他書校對，如本書卷七載：「八會本文凡一千一百九字，五篇真文合六百六十八字，……其諸天内音一天有八字，三十二天合二百五十六字，……其十三字是五方元精名號，服御求仙、錬神化形、白日騰空之法。餘一百二十二字闕无音解。」但以上四數之和爲一千五十九字，較「八會本文凡一千一百九字」少五十字。據日本人大淵忍爾所編敦煌道經圖録編七二七頁通門論卷下載：「其六十三字是五方元精名號，服御求仙、錬神化形、白日騰空之法。」知「十三字」爲「六十三字」之誤，乃據以改正。又如卷七一太清丹經要訣序中「比來」原作「此來」，乃據全唐文中孫思邈之大清丹經序改正。

三、利用本書不同卷中所引之相同引文以進行互校，如卷三二引老君尹氏内解云：「唾者，漱爲醴泉，聚爲玉漿，流爲華池，散爲精汋，降爲甘露。」而卷五六引老子節解云：「唾者，溢爲醴泉，聚流爲華池府，散爲精液，降爲甘露。」按文體義，「聚流爲華池府」當爲「聚爲玉漿，流爲華池」之誤。

本書既引用多種道藏原書，故亦可用其所引之文以校道藏原書。如本書卷一所引老君指歸略例中「欲辯而詰者則失其旨也」，道藏本老子微旨例略（即老君指歸略例）「詰」誤作「諧」。同卷又引韓非子主道篇，中有「去賢去智」一語，今本韓非子誤爲「去舊去智」，清嘉慶中顧廣圻韓非子識誤注云「句失韻有誤」，而不知誤在何處，據此引文可以正之。張君房序謂「禆文館校讎之職」，良有以也。又如卷九末釋七經中之「仁經恩多」，道藏本洞真太上太霄琅書卷九脱「仁」字。如此之例，不勝枚舉。

道藏本原書有遺闕者，亦可藉本書補其不足，如道教靈驗記原本二十卷，而道藏本所收僅十五卷，脱後五卷，即可以本書之道教靈驗記補之。又如本書卷五七服氣精義論凡九篇，而道藏本之服氣精義論只收其前二篇，而將後七篇另成一書修真精義雜論，有失原貌，可據以訂正。

筆者自一九八四年至一九八七年點校此書，之後復斷續補校，以期提供一較正確且較易讀之雲笈七籤版本。本書雖非經濟之作，然保存部分中華優秀文化，其修性養生之方，確有益於身體健康，如咽液服氣即爲簡便易行且行之有效之防病治病方法。希望本書所傳恬澹虛無之旨，修身養生之方，有益於健康長壽，有補於世道人心。書之内容龐雜，有些目前尚難理解，缺點錯誤，在所難免，望讀者指正。

點校者

目録

一册

卷八

三洞經教部

卷九

三洞經教部

卷十二

三洞經教部

二冊

卷二十四

日月星辰部

卷二十五

日月星辰部

卷四十

說戒

卷四十一

七籤雜法

三冊

卷四十七

祕要訣法

卷六十九

金丹部

卷七十

内丹訣法

卷七十一

金丹

四册

卷七十二

内丹

卷七十五

方藥

卷八十二

庚申部

卷八十三

庚申部

卷八十四

尸解

卷八十五

尸解

卷八十六

尸解

卷九十六

讚頌歌

五册

卷一百九

神仙傳

卷一百一十

洞仙傳

卷一百一十一

洞仙傳

卷一百一十三上

傳

卷一百一十三下

傳續仙

卷一百一十四

傳

卷一百一十五

傳

卷一百一十六

傳

卷一百一十七

道教靈驗記

卷一百一十八

道教靈驗記

卷一百一十九

道教靈驗記

卷一百二十

道教靈驗記

卷一百二十一

道教靈驗記

卷一百二十二

道教靈驗記

雲笈七籤序

祀汾陰之歲，臣隷職霜臺，作句稽之吏。越明年秋，以鞫獄無狀，謫掾于寧海。冬十月，會聖祖天尊降延恩殿，而真宗皇帝親奉靈儀，躬承寶訓。啓綿鴻於帝系，濬清發於仙源，誕告萬邦，凝休百世，於是天子鋭意於至教矣。在先時，盡以祕閣道書、太清寶藴，出降於餘杭郡，俾知郡故樞密直學士戚綸、漕運使今翰林學士陳堯佐，選道士沖素大師朱益謙、馮德之等，專其修較，俾成藏而進之。然其綱條漶漫，部分參差，與瓊綱玉緯之目，舛謬不同。歲月坐遷，科條未究。適綸等上言，以臣承乏，委屬其績。時故相司徒王欽若總統其事，亦誤以臣爲可使之。又明年冬，就除臣著作佐郎，俾專其事。臣于時盡得所降到道書，并續取到蘇州舊道藏經本千餘卷，越州、台州舊道藏經本亦各千餘卷，及朝廷續降到福建等州道書明使摩尼經等，與諸道士依三洞綱條、四部録略，品詳科格，商較異同，以銓次之，僅能成藏，都盧四千五百六十五卷，起千字文「天」字爲函目，終於「宫」字號，得四百六十六字，且題曰大宋天宫寶藏。距天禧三年春，寫録成七藏以進之。

臣涉道日淺，丁時幸深，詎期塵土之蹤，坐忝神仙之職。蛙跳缺甃，積迷蚷蟹之區；蚋泊浮滓，但局醯鷄之覆。雖年棲暮景，而寶重分陰。於是精究三乘，詳觀四輔，採摭機要，屬類於文。探晨燈虹映之微，綜玉珮金璫之說。泥丸赤子，九宫爰系於一方；神室嬰兒，百道皆根於兩半。至如三奔三景之妙，九變十化之精，各探其門，互稱要妙，刻舟求劒，體貌何殊？待兔守株，旨意寧遠？因茲探討，遂就編聯，掇雲笈七部之英，略寶蕴諸子之奥，總爲百二十卷，事僅萬條。習之可以階雲漢之遊，覽之可以極天人之際。考覈類例，盡著指歸，上以酬真宗皇帝委遇之恩，次以備皇帝陛下乙夜之覽，下以裨文館校讎之職，外此而往，少暢玄風耳。臣君房謹序。

雲笈七籤卷之一

道德部

總叙道德

老君指歸曰：「太上之象，莫高乎道德，其次莫大乎神明，其次莫大乎太和，其次莫崇乎天地，其次莫著乎陰陽，其次莫明乎大聖。夫道德，所以可道而不可原也；神明，所以可存而不可伸也；太和，所以可體而不可化也；天地，所以可行而不可宣也；陰陽，所以可用而不可傳也；大聖，所以可觀而不可言也。故度之所度者知，而數之所數者少，知之所知者淺，而爲之所爲者薄。至衆之衆，不可數；而至大之大，不可度；微妙窮理，非知之所能測；大成之至，非爲之所能得；天地之間，禍亂患咎，非事之所能克也。故不道之道，不德之德，政之元也。不名之名，亡功而功，化之根也。是故王者有爲，而天下有欲，去醇而離厚，清化而爲濁。開人耳目，示以聲色，養以五味，説以功德，教以仁義，導以禮節，民如寢覺，出於冥室。登丘陵而盼八方，覽參辰而見日月。故化可言而德可列，功可陳而名可別。是以知放流而邪僞作，道德壅蔽，神明隔絶，百殘萌生，太和消竭。天下徨徨迷惑，馳騁是非之境，失其自然之節。情變至化，糅於萬物，悴憔黧黑，憂患滿腹，不安其生，不樂其俗，喪其天年，皆傷暴虐。是以君臣相顧而營營，父子相念而戀戀，兄弟相憂而悽悽，民人恐懼而傴身。傴身相結，死不旋踵，爲患禍也。父子戀戀，兄弟悽悽，昏定晨省，出辭入面，爲夭傷也。臣見其君，五色無主，疾趨力拜，翕肩促肘，稽首膝行，以嚴其上者，爲不相親也。故可道之道，道德彰而非自然也；可名之名，功名顯而非素真也。」

老君指歸略例〔一〕曰：「夫物之所以生，功之所以成，必生乎無形，由〔二〕乎無名，無形無名者，萬物之宗也。不温不涼，不宫不商，聽之不可得而聞，視之不可得而彰，體之不可得而知，味之不可得而嘗。故其爲物也則混成，爲象也則無形，爲音也則希聲，爲味也則無呈。故能爲品物之宗主，包通〔三〕天地，靡使不經也。若温也則不能涼矣，宫也則不能商矣。形必有所分，聲必有所屬。故象而形者，非大象也；音而聲者，非大音也。然則四

〔一〕道藏本作老子微旨例略。
〔二〕「由」上原有「形」字，據老子微旨例略删。
〔三〕「包通」，上書作「苞通」。

象不形，則大象無以暢；五音不聲，則大音無以至。四象形而物無所主焉，則大象暢矣；五音聲而心無所適焉，則大音至矣。故執大象則天下往，用大音則風俗移。無形暢，天下雖往，往而不能釋也；希聲至，風俗雖移，移而不能辯也。是故天生五物，無物爲用；聖行五教，不言爲化。是以『道可道，非常道；名可名，非常名』也。五物之母，不炎不寒，不柔不剛；五教之母，不皦不昧，不恩不傷。雖古今不同，時移俗易，此不變也。所謂『自古及今，其名不去』者也。天不以此則物不生，治不以此則功不成。故古今通，終始同，執古可以御今，證今可以『知古始』，此所謂常者也。無皦昧之狀、温涼之象，故『知常曰明』也。物生功成，莫不由乎此，故『以閱衆甫』也。夫奔電之疾，猶不足以一時周；御風之行，猶不足以一息期。善速在不疾，善至在不行。故可道之盛，未足以官天地；有形之極，未足以府萬物。是故歎之者不能盡乎斯美，詠之者不能暢乎斯弘。名之不能當，稱之不能既。名必有所分，稱必有所由。有分則有不兼，有由則有不盡。不兼則大殊其真，不盡則不可以名，此可演而明也。夫道也者，取乎萬物之所由也。玄也者，取乎幽冥之所出也。深也者，取乎探賾而不可究也。大也者，取乎彌綸而不可極也。遠也者，取乎緬邈而不可及也。微也者，取乎幽微而不可覩也。然則道、玄、深、大、微〔一〕、遠之言，各有其義，未盡其極者也。然彌綸無極，不可名細；微妙無形，不可名大。是以經云：『字之曰道』，謂之曰玄，而不名也。然則，言之者失其常，名之者離其真，爲之則窒其性，執之則失其原〔二〕矣。是以聖人不以言爲主，則不違其常；不以名爲常，則不離其真；不以爲爲事，則不敗其性；不以執爲制，則不失其原矣。然則老君之文，欲辯而詰者，則失其旨也；欲名而責者，則違其義也。故其大歸也，論太始之原以明自然之性，演幽冥之極以定惑罔之迷。因而不爲，損而不施，崇本以息末，守母以存子，賤夫巧術，爲在未有，無責於人，必求諸己，此其大要也。而法者尚乎齊同，而形以檢之；名者尚乎定真，而言以正之；儒者尚乎全愛，而譽以進之；墨者尚乎儉嗇，而矯〔三〕以立之；雜者尚乎衆美，而總以行之。夫形以檢物，巧僞必生；名以定物，理恕必失；譽以進物，爭尚必起；矯以立物，乖違必作；雜以行物，穢亂必

〔一〕「微」原作「妙」，據老子微旨例略改。
〔二〕「爲之則窒其性，執之則失其原」，上書作「爲之者敗其性，執之者失其原」。
〔三〕「矯」原作「智」，據上書改。

興。斯皆用其子而棄其母，物失所載，未足守也。然致同塗而異至，合旨而趨乖〔一〕，而學者惑其所致，迷其所趨。觀其齊同，則謂之法；覩其定真，則謂之名；察其純愛，則謂之儒；鑒其儉嗇，則謂之墨；見其不係，則謂之雜。隨其所鑒而正名焉，順其所好而執意焉。故使有紛紜憒錯〔二〕之論，殊趨辯析之爭，蓋由斯矣。又其爲文也，舉終以證始，本始以盡終，開而弗達，導而弗牽，尋而後既其義，推而後盡其理，善法事始以首其論，明夫會歸以終其文。故使同趨而感發於事者，莫不美其興言之始，因而演焉。異旨而獨構者，莫不說其會歸之徵，以爲證焉。夫塗雖殊必同其歸，慮雖百必均其致，而舉夫歸致以明至理，故使觸類而思者，莫不欣其思之所應，以爲得其義焉。凡物之所以存，乃反其形；功之所以剋，乃反其名。夫存者不以存爲存，以其不忘亡也；安者不以安爲安，以其不忘危也。故保其存者亡，不忘亡者存；安其位者危，不忘危者安。善力舉秋毫，善聽聞雷霆，此道之與形反也。安者實安，而曰非安之所安；存者實存，而曰非存之所存；侯王實尊，而曰非尊之所

〔一〕以上十二字老子微旨例略作「然致同塗異，至合趣乖」。
〔二〕「憒錯」原作「慣錯」，據上書改。

尊；皆理之大者也〔一〕。名號生乎形狀，稱謂出乎涉求，名號不虛生，稱謂不虛出。故名號則大失其旨，稱謂則未盡其極，是以謂玄。則『玄之又玄』稱道，則『域中有四大』也。」

韓非子主道篇曰：「道者，萬物之始，物從道生，故曰始。是非之紀也。是非因道彰，故曰紀。是以明君守始以知萬物之源，治紀以知善敗之端。故虛靜以待令，令名自命也，令事自定也。虛則知實之情，靜則知動者正。有言者自爲名，有事者自爲形，形名參同，君乃無事焉。故曰：君無見其欲〔二〕，臣將自雕琢；臣因欲雕琢以稱之。君無見其意〔三〕，臣將自表異。君見其志，臣用其意以稱之。故曰：去好去惡，臣乃見素；去賢去智，臣乃自備。故有智而不以

〔一〕以下老子微旨例略有：「天地實大，而曰非大之所能；聖功實存，而曰絕聖之所立；仁德實著，而曰棄仁之所存，故使見形而不及道者，莫不忿其言焉。夫欲定物之本者，則雖近而必自遠以證其始；欲明物之所由者，則雖顯而必自幽以敘其本。故取天地之外以明形骸之內，明侯王孤寡之義，而從道一以宣其始。故使察近而不及流統之原者，莫不誕其言以爲虛焉。是以云云者各申其說，人美其亂，或迂其言，或譏其論，若曉而昧，若分而亂，斯之由矣。名也者，定彼者也；稱也者，從謂者也。名生乎彼，稱出乎我。故涉之乎無物而不由，則稱之曰道；求之乎無妙而不出，則謂之曰玄。妙出乎玄，衆由乎道。故生之畜之，不壅不塞，通物之性，道之謂也。生而不有，爲而不恃，長而不宰，有德而無主，玄之德也。玄謂之深者也，道稱之大者也。」

〔二〕「君無見其欲」，韓非子主道篇作「君無見其所欲，君見其所欲」。

〔三〕「君無見其意」下，上書有「君見其意」四字。

慮，使萬物知其處；有行而不以賢，觀臣下之所因；有勇而不以怒，使羣臣盡其武。是故去智而有明，去賢而有功，去勇而有强。羣臣守職百官有常，因能而使之，是謂習常。故曰：寂乎其無位而處，寥乎莫得其所名。明君無爲於上，羣臣悚懼於下。明君之道，使智者盡其慮，而君因以斷事，故君不窮於智；賢者勑其材，君因而任之，故君不窮於能；有功則君有其賢，有過則臣任其罪，故君不窮於名。是故不賢而爲賢者師，不智而爲智者正。臣有其勞，君有其成功，此之謂賢主之經也。」

淮南鴻烈曰：「夫道者，覆天載地，廓四方，柝〔一〕八極，高不可際，深不可測，包裹天地，稟授無形。原流泉浡，沖而徐盈，混混汩汩，濁而徐清。故植之而塞于天地，横之而彌于四海，施之無窮而無所朝夕，舒之幎於六合，卷之不盈於一握。約而能張，幽而能明，弱而能强。柔而能剛。横四維而含陰陽，紘宇宙而章三光。甚淖而滒，甚纖而微。山以之高，淵以之深，獸以之走，鳥以之飛，日月以之明，星辰以之行，麟以之遊，鳳以之翔。太古二皇〔三〕，得道之柄，立於中央，神與化遊，以撫四方。是故能天運地滯，輪轉而無廢，水流

〔一〕「柝」原作「拆」，據淮南子原道訓改。
〔三〕「二皇」，道藏輯要本作「三皇」。

而不止，與萬物終始。風興雲蒸，事無不應，雷聲雨降，並應無窮。鬼出電入，龍興鸞集，鈞旋轂轉，周而復帀。已雕已琢，還反於樸。無爲爲之而合于道，無爲言之而通乎德，恬愉無矜而得于和，有萬不同而便于性。神託于秋毫之末，而大與宇宙之總。其德優天地而合陰陽，節四時而調五行。呴俞〔一〕覆育，萬物羣生，潤于草木，浸于金石。禽獸碩大，毫毛潤澤，羽翼奮也，角觡生也，獸胎不殰，鳥卵不殈。父無喪子之憂，兄無哭弟之哀，童子不孤，婦人不孀，虹蜺不出，賊星不行，含德之所致。夫太上之道，生萬物而不有，成化象而弗宰。跂行喙息，蠉飛蠕動，待而後生，莫之知德，待之後死，莫之能怨。得以利者不能譽，用而敗者不能非，收聚畜積而不加富，布施稟授而不益貧，周旋而不可究，纖微而不可勤，累之而不高，墮之而不平，益之而不衆，損之而不寡，斲之而不薄，殺之而不殘，鑿之而不深，填之而不淺。惚兮恍兮，不可爲象兮！恍兮惚兮，用不屈兮！幽兮冥兮，應無形兮！邃兮洞兮，不虚動兮！與柔剛卷舒兮！與陰陽俛仰兮！」

葛仙公五千文經序曰：「老君體自然而然，生乎太無之先，起乎無因，經歷天地，終始不可稱載，窮乎無窮，極乎無極也。與大道而輪化，爲天地而立根，布氣於十方，抱道德之

〔一〕「呴俞」，淮南子原道篇作「呴諭」，莊子駢拇有「呴俞仁義」。

至純，浩浩蕩蕩，不可名也。焕乎其有文章，巍乎其有成功，淵乎其不可量，堂堂乎爲神明之宗。三光持以朗照，天地禀之得生，乾坤運以吐精。高而無民，貴而無位，覆載無窮。是故八方諸天，普弘大道。開闢已前〔一〕，復下爲國師，代代不休，人莫能知之。匠成萬物而不言我，爲玄之德也，故衆聖所共宗，道尊德貴，夫莫之爵而常自然，惟老氏乎！周時復託神李母，剖左腋而生，生即皓然，號曰老子。老子之號，因玄而出，在天地之先，無衰老之期，故曰老子。世人謂老子當始於周代。老子之號，始於無數之劫，窈窈冥冥，眇邈久遠矣。周室世衰，大道不行，西遊天下。關令尹喜曰：『大道將隱乎！願爲我著書。』於是作道德二篇五千文上下經焉。」

老君戒文云：「老君生玄洪聖堂，爾時未有天地日月，手無所攀，足無所躡，懸身而處，不墮不落。身著三光之衣，照於虚芒，如今日月之光也。」

混元皇帝聖紀序曰：「原夫大道玄寂，理極無爲，上德沖虚，義該衆妙。是以精凝真一，非假物以稱生；形結九空，不待有而成體。含神太混，毓粹幽原，怳惚帝先，希微至極。故能真融金闕，教逸不言，惠涣玉京，慈光有物。二儀持以覆載，萬品賴以滋榮，神冠陰陽，

〔一〕「前」字疑當作「後」。

功成造化。先天地而獨立，後塵劫而無昧。」

唐開元皇帝道德經序曰：「昔在元聖，强著玄言，權輿真宗，啓迪來裔。遺文誠在，精義頗乖。撮其〔一〕指歸，雖蜀嚴而猶病；摘其章句，自河公而或略。其餘浸微，固不足數。則我玄元妙旨，豈其將墜？朕誠寡薄，常感斯文。猥承有後之慶，恐失無爲之理。每因清宴，輒叩玄關，隨所意得，遂爲箋注。豈成一家之説，但備遺闕之文。今兹絶筆，是詢於衆，公卿臣庶，道釋二門，有能起予類於卜商，鍼疾同於左氏，渴於納善，朕所虚懷，苟副斯言，必加厚賞。且如諛臣自聖，幸非此流，懸市相矜，亦云小道，既其不諱，咸可直言。勿爲來者所嗤，以重朕之不德。」

唐吴〔二〕筠玄綱論道篇曰：「道者何也？虚無之系，造化之根，神明之本，天地之元。其大無外，其微無内，浩曠無端，杳冥無際〔三〕。至幽靡察，而大明垂光；至静無心，而品物

〔一〕「其」原作「而」，據道藏輯要唐玄宗御製道德真經序改。
〔二〕「吴」原誤作「異」，逕改。
〔三〕「際」，道藏本宗玄先生玄綱論道德章第一作「對」。

有方。混漠無形，寂寥無聲。萬象以之生，五行以之成。生者無極，成者有虧〔一〕，生生成成，今古不移，此之謂道也。德者何也？天地所稟，陰陽所資，經以五行，緯以四時。牧之以君，訓之以師，幽明動植，咸暢其宜。澤流無窮，羣生不知謝其功；惠加無極，百姓不知賴其力，此之謂德也。然則，通而生之謂之道，道固無名焉；畜而成之謂之德，德固無稱焉。嘗試論之，天地、人物、仙靈〔二〕、鬼神，非道無以生，非德無以成。生者不知其始，成者不見其終。探奥索隱，孰窺其宗？入有之末，出無之先，莫究其朕，謂之自然。自然者，道德之常，天地之綱也。」

又曰：「道德者，天地之祖；天地者，萬物之父；帝王者，三才之主。然則，道德、天地、帝王、一也，而有今古澆淳之異、堯桀理亂之殊者何哉？夫道德無興衰，人倫有否泰，古今無變易，情性有推遷。故運將泰乎，則至陽真精降而爲主，賢良輔而姦邪伏矣。時將否乎，則太陰純精昇而爲主，姦邪弼而賢良隱矣。天地之道，陰陽有數，故〔三〕理亂之殊也。

〔一〕「生者無極，成者有虧」，宗玄先生玄綱論道德章第一作「生者有極，成者必虧」。

〔二〕全唐文本玄綱論「仙靈」二字互乙。

〔三〕「故」下，宗玄先生玄綱論化時俗章第八有「有」字。

所以古淳而今澆者，亦猶人幼愚而長慧也。嬰兒未孩，則上古之含純粹也。漸有所辯，則中古之尚仁義也。成童可學，則下古之崇禮智也。壯齒多欲，則季世之競浮僞也。變化之理，世俗之宜，故有澆淳之異也。覈其所以，原其所由，子以習教而性移，人以隨時而朴散。雖然，父不可不教於子，君不可不理於人。教子在〔一〕於義方，理人在於道德。義方失，則師友不可訓也；道德喪，則禮樂不能理也。雖加以刑罰，益以鞭楚，難制於姦人賊子矣。是以示童兒以無誑，則保於忠信；化時俗以純素，則安於天和。故非執道德以化人者，未聞其至理也。」

唐陸希聲道德經傳序曰：「大道隱，世教衰，天下方大亂。當是時，天必生聖人。聖人憂斯民之不底于治，而扶衰救亂之術作，周之末世其幾矣。於是仲尼闡三代〔二〕之文以扶其衰，老氏據三皇之質以救其亂，其揆一也。蓋仲尼之術興於文，文以治情；老氏之術本於質，質以復性。性情之極，聖人所不能異；文質之變，萬世所不能一也。易曰：『顯諸仁』，以文爲教之謂也。文之爲教，其事彰，故坦然明白。坦然明白，則雅言者詳矣。易

〔一〕「在」原作「所」，據上書及道藏輯要本改。
〔二〕「三代」，陸希聲道德真經傳序作「五代」。

曰：『藏諸用』，以質爲教之謂也。質之爲教，其理微，故深不可識。深不可識，則妄作者衆矣。

夫惟老氏之術，道以爲體，名以爲用，無爲無不爲，而格于皇極者也。楊朱宗老氏之體，失於不及，以至於貴身賤物。莊周述〔一〕老氏之用，失於太過，故務欲絶聖棄智。申韓失老氏之名，而弊於苛繳刻急。王何失老氏之道，而流於虛無放誕。此六子者，皆老氏之罪人也。而世因謂老氏之指，其歸不合於仲尼。故訾其名則曰：『搥提仁義，絶滅禮學〔二〕。』病其道則曰：『獨任清虛，不可以爲治。』於戲！世之迷，其來遠矣。是使老氏受誣於千載，道德不行於當世，良有以也。且老氏本原天地之始，歷陳古今之變，先明道德，次說仁義，下陳禮學之失，刑政之煩，言其馴致而然耳。其秉要執本，在乎情性之極。故其道始於身心，形於家國，終於天下，如此其備也，而惑者尚多云云，豈不謂厚誣哉。

昔伏羲氏畫八卦，象萬物，窮性命之理，順道德之和。老氏亦先天地，本陰陽，推性命之極，原道德之奥，此與伏羲同其原也。文王觀大易九六之動，貴剛尚變，而要之以中。老

〔一〕「述」原作「術」，據道藏輯要本及陸希聲道德真經傳序改。

〔二〕「學」，全唐文本陸序作「樂」。

氏亦察大易七八之正，致柔守静，而統之以大，此與文王通其宗也。孔子祖述堯舜，憲章文武，導斯民以仁義之教。老氏亦擬議伏羲，彌綸黄帝，冒天下以道德之化，此與孔子合其權也。此三君子者，聖人之極也。老氏皆變而通之，反而合之，研至變之機，探至精之歸，斯可謂至神者矣。而王弼以爲聖人與道合體，老氏未能體道。故阮籍謂之上賢亞聖之人，蓋同於輔嗣。豈以老氏經世之跡，未足充其所言耶！斯不然也。

於戲，聖人之在世也，有有跡，有無跡。故道之不行也，或危身歷聘，以天下爲其憂；或藏名飛遯，示世故不能累。有跡無跡，殊途同歸，斯實道義之門，非徒相反而已。然則仲尼之所以出，老氏之所以處；老氏之所以默，仲尼之所以語，蓋屈伸隱顯之極也，二子安能識之哉？司馬遷統序衆家，以道德爲首，可謂知本末矣。班固作古今人表，乃詘老氏於第三品，雖其名可詘，而道可貶乎哉！於戲，老氏之術，見棄於當代久矣！斯數子者之由也。且仲尼親見老氏，歎其道曰：『猶龍乎！』從之問禮，誠無閒然，著在記傳。後世不能探其意，是以異端之説紛然。蓋迷之者不窮其源，故非之者不盡其致。噫，斯傳之不作，則老氏之旨或幾乎息矣！今故極其致，顯其微，使昭昭然與羣聖人意相合。有能體其道，用其名，執古以御今，致理如反掌耳。自昔言老氏術者，獨太史公近之。爲治少得其道，唯漢文耳。

其他皮傳〔二〕詭說，皆不足取。」

〔二〕「皮傳」，陸希聲道德真經傳序作「詖辭」。

雲笈七籤卷之二

混元混洞開闢劫運部

混元

混元者，記事於混沌之前，元氣之始也。元氣未形，寂寥何有？至精感激，而真一生焉。元氣運行，而天地立焉。造化施張，而萬物用焉。混沌者，厥中惟虚，厥外惟無，浩浩蕩蕩，不可名也。廣大之旨，雖典册未窮，祕妙之基，而玄經可見。古今之言天者一十八家，爰考否臧，互有得失。則蓋混天儀之述，有其言而亡其法矣。

至如蒙莊逍遥之篇，王仲任論衡之説，山海經考其理舍，列禦寇書其清濁，漢武王〔一〕黄道，張衡銅儀，周髀之書，宣夜之學，昕天、安天之旨，晁崇姚信之流，義趣不同，師資各異。所以虞喜、虞聳、劉焯、葛洪，宋有承天，梁有祖暅，唐朝李淳風，皆有述作。廬江句股

〔一〕「王」，蔣力生等校注本引四庫本作「帝」。

之術，釋氏俱舍之譚，或託寓詞，或申浮説。若夫定兩規之分次，明二道之運行，經緯不差，上下無爽者，惟渾天法耳。葛稚川言：「渾天之狀，如鷄子卵中之黄。地乘天而中居，天乘氣而外運，三百六十五度四分度之一，半出〔一〕地上，半繞地下。二十八舍半隱半見。」此乃符上清之奥旨，契玄象之明驗矣。

空洞

道君曰：「元氣於眇莽之内，幽冥之外，生乎空洞。空洞之内，生乎太無。太無變而三氣明焉。三氣混沌，生乎太虚而立洞，因洞而立無，因無而生有，因有而立空。空無之化，虚生自然。上氣曰始，中氣曰元，下氣曰玄。玄氣所生出乎空，元氣所生出乎洞，始氣所生出乎無。故一生二，二生三，三者化生，以至九，玄從九反一，乃入道真。氣清成天，滓凝成地，中氣爲和，以成於人。三氣分判，萬化稟生，日月列照，五宿焕明。上三天生於三氣之清，處於無上之上，極乎無極也。」

〔一〕「出」，晉書天文志上、隋書天文志引葛洪語作「覆」。

混沌

太始經云：「昔二儀未分之時，號曰洪源，溟涬濛鴻如鷄子狀，名曰混沌。玄黄無光無象，無音無聲，無宗無祖，幽幽冥冥。其中有精，其精甚真。彌綸無外，湛湛空虚，於幽原之中，而生一氣焉。化生之後，九十九萬億九十九萬歲，乃化生上〔一〕三氣，三氣各相去九十九萬億九十九萬歲，三合成德〔二〕，共生無上也。自無上生後，九十九萬億九十九萬歲，乃生中三氣也〔三〕。中三氣各相去九十九萬億九十九萬歲，三合成德，共成玄老也。自玄老生後，九十九萬億九十九萬歲，乃化生下三氣也。下三氣各相去九十九萬億九十九萬歲，三合成德，共成太上也。」

靈寶經曰：「一氣分爲玄、元、始三氣而理三寶。三寶皆三氣之尊神，號生三氣，三號合生九氣。九氣出乎太空之先，隱乎空洞之中，無光無象，無形無名，無色無緒，無音無聲。

〔一〕「上」字原無，據本書卷一〇二混元皇帝聖紀增。
〔二〕「三合成德」原無，據上書增。
〔三〕「中三氣也」上原有「中二氣也」，下原有「中二氣」，據上書删。

導運御世，開闢玄通，三色混沌，乍存乍亡。運推數極，三氣開光。氣清高澄，積陽成天；氣結凝滓，積滯成地。九氣列正，日月星宿，陰陽五行，人民品物，並受生成〔一〕。天地萬化，自非三氣〔二〕所育，九氣所導，莫能生也。三氣爲天地之尊，九氣爲萬物之根，故三合成德，天地之極也。」

混洞

太真科云：「混洞之前，道氣未顯，於恍莽之中，有無形象天尊，謂無象可察也。後經一劫，乃有無名天尊，謂有質可覩，不可名也。又經一劫，乃生元始天尊，謂有名有質，爲萬物之初始也。極道之宗元，挺生乎自然，壽無億之數，不始不終，永存綿綿。消則爲氣，息則爲人，不無不有，非色非空。居上境爲萬天之元，居中境爲萬化之根，居下境爲萬帝之尊。無名可宗，强名曰道。」

〔一〕「生成」，原作「成生」，據洞玄靈寶自然九天生神章經乙。

〔二〕「三氣」，洞玄靈寶自然九天生神章經作「三元」。

劫運

上清三天正法經云：「天圓十二綱，地方十二紀。天綱運關，三百六十輪爲一周；地紀推機，三百三十輪爲一度。天運三千六百周爲陽勃，地轉三千三百度爲陰蝕。天氣極於太陰，地氣窮於太陽。故陽激則勃，陰否則蝕，陰陽勃蝕，天地氣反。天地氣反，乃謂之小劫。小劫交，則萬帝易位，九氣改度，日月縮運，陸地涌〔一〕於九泉，水母決於五河，大鳥屯於龍門，五帝受會於玄都。當此之時，凶穢滅種，善民存焉。

天運九千九百周爲陽蝕，地轉九千三百度爲陰勃。陽蝕則氣窮於太陰，陰勃則氣極於太陽，故陰否則蝕，陽激則勃〔二〕，陰陽蝕勃，則天地改易。天地改易，謂之大劫。大劫交，則天地翻覆，海湧河決〔三〕，人淪山沒，金玉化消，六合冥一。白尸飄於無涯，孤爽悲於洪

〔一〕「涌」原作「通」，據三洞珠囊卷九劫數品所引上清三天正法經及無上秘要卷六劫數品所引洞真三天正法經改。

〔二〕以上四句無上祕要卷六引三天正法經作「天蝕則氣窮於太陰，地勃則氣謀於太陰，故陽否則蝕，陰激則勃」。

〔三〕「海湧河決」，原作「河海湧決」，據上書改。

波。大鳥掃穢於靈嶽，水母受事於九河，五龍吐氣於北元，天馬玄轡以徒魔，赤鎖伏精於辰門，歲星滅王於金羅，日月昏翳於三豪之舘，五氣停暈於九嶺之巔，龍王鼓華於東井之上，河侯受對於九海之下，聖君顯駕於明霞之舘，五帝科簡於善惡之籙〔一〕。當此之時，萬惡絶種，鬼魔滅跡，八荒四極，萬不遺一。至於天地之會，自非高上三天所不能禳，自無青籙白簡所不能脱也。」

又云：「天關在天西北之角，與斗星相御。北斗九星則天關之綱柄，玉晨之華蓋，梵行九天十二辰之氣。斗綱運關，則九天並轉。天有四候之門，九天合三十六候。一晝一夜，則斗綱運關經一候之門，晝夜三十六日，則經三十六候都竟，則是九天一輪。三百六十輪爲九天一周。九天一周，則六天之氣皆還上三天。三天改運促會，以催其度。三千六百周則爲小劫。小劫交，則九氣改正，萬帝易位，民亡鬼滅，善好〔二〕清治，六合寧一。九千九百周爲大劫終。大劫終，則九天數盡，六天運窮，運窮則氣激於三五，羣妖凶横，因時而行，放毒滅民。此皆運窮數極，乘機而鼓，以至於此也。地機在東南之分，九泉之下，則九河之

〔一〕「之籙」二字原缺，據洞玄靈寶自然九天生神章經解義卷二注引正法經增。

〔二〕「好」，無上秘要卷六劫運品作「存」。

口，吐翕靈機。上通天源之淘注，傍吞九洞之淵澳，以十二時紀，推四會之水東迴。一晝一夜，則氣盈並湊九河之機。晝夜三十三日，機轉西北，迴東北，張西南，翕東南。張則溢，翕則虧，周於四會，天源下流湧〔一〕波，是爲一轉。三百三十轉爲一度。一度則水母促會於龍王，河侯受封於三天。三千三百度謂之陰否，陰否則蝕，陰蝕則水涌河決，山淪地没。九千三百度爲大劫之終，陰運之極。當此之時，九泉涌於洪波，水母鼓於龍門，山海冥一，六合坦然。此陰運之充、地氣之激也。」

又云：「赤精開皇元年七月七日丙午中時，登琳琅之都，月之上館，受符於元始天王，開金陽玉匱，玄和玉女口命，出皇民譜録〔二〕。自開皇已前，三象明曜以來，至于開皇，經累億之劫，天地成敗，非可稱載。九天丈人於開皇時，筭定元元〔三〕，校推劫運，白簡青籙得道人名，記皇民譜録。數極唐堯，是爲小劫一交。其中損益，有二十四萬人應爲得者。自承唐之後，數四十六丁亥，前後中間甲申之年，乃小劫之會，人名應定。在此之際，陽九百六，

〔一〕「湧」原作「通」，上書引洞真三天正法經此句作「天源下流，九泉涌波」，三洞珠囊卷九劫運品引上清三天正法經「通」作「湧」。據二書改。

〔二〕「譜録」原作「録譜」，據下文及道藏本洞真太上上皇民籍定真玉録改。

〔三〕「元元」，九天生神章經解義卷二注引雲笈七籤劫運篇作「天元」。

二氣離合，吉凶交會，得過者特爲免哉。然甲申之後，其中壬辰之初，數有九周，至庚子之年，吉凶候見，其道審明。當有赤星見於東方，白彗干於月門，祅子續黨於蟲口〔一〕，亂羣填尸於越川。人啖其種，萬里絶煙，强臣稱霸，弱主蒙塵。其後當有五靈昺瑞，義合本根，龍精之後，續祚〔二〕之君，平滅四虜，應符者隆，龍虎之世，三六乃清，民無横命，祚無危患。自承唐之後四十六丁亥，是三劫之周。又從數五十五丁亥，至壬辰、癸巳是也。則是大劫之周，天翻地覆，金玉化消，人淪山没，六合冥一。天地之改運，非真所如何，惟高上三天白簡青籙，乃得晏鴻翮而騰翔，飛景霄而眄目耳。此玄和玉女口命，開金陽〔三〕玉匱，論天地之成敗、吉凶之兆也。」

上清八景飛經云：「大劫之周，三道虧盈，二氣合離，理物有期。承唐之世，陽九放災，剪除兇勃，搜採上真〔四〕也。

〔一〕本書卷四靈寶經目序「祅」作「殀」，「蟲」作「禹」。
〔二〕「祚」原作「族」，據本書卷四靈寶經目序改。
〔三〕「開」字原缺，據三洞珠囊卷九劫數品補。又「金陽」二字，九天生神章經作「元陽」。
〔四〕「上真」，道藏本上清金真玉光八景飛經作「上賢」。

老君戒文云："西向流沙中無量國有巨石，高二百丈，周旋一千五百里。巨石北則有芥子城，壁方四十里，四面石壇高二十丈。飛仙一歲送一芥子著此城中，以衣拂巨石令消與平地無别，芥子城令滿中芥子，則時運周劫，世轉一階也。"

靈寶齋戒威儀經訣下云："石如崑山，芥子滿四十里中，天人羅衣，百年一度，拂盡此石，取芥子一枚，譬如一劫之終。若是之久，誰當悟斯者也。"

又靈寶天地運度經云："靈寶自然運度，有大陽九、大百六也，小陽九、小百六也。三千三百年爲小陽九、小百六也，九千九百年爲大陽九、大百六也。夫天戹謂之陽九也，地虧謂之百六也。至金天氏之後，甲申之歲，是其天地運度否泰所終，陽九百六〔一〕會。至時，道德方明，兇醜頓除〔二〕，聖君受任於壬辰之年也。"

太上老君開天經

蓋聞未有天地之間，太清之外，不可稱計。虚無之裏，寂寞無表，無天無地，無陰無陽，

〔一〕"百六"二字，道藏本太上靈寶天地運度自然妙經及三洞珠囊卷九劫數品均無。

〔二〕"除"原作"肆"，據道藏本太上靈寶天地運度自然妙經改。

無日無月，無晶無光，無東無西，無青無黄，無南無北；無柔無剛，無覆無載，無壞無藏，無賢無聖，無忠無良，無去無來，無生無亡，無前無後，無圓無方。百億變化，浩浩蕩蕩，無形無象，自然空玄，窮之難極，無量無邊，無高無下，無等無偏，無左無右，高下自然。唯吾老君，猶處空玄，寂寥之外，玄虚之中，視之不見，聽之不聞。若言有，不見其形；若言無，萬物從之而生。八表之外，漸漸始分，下成微妙，以爲世界，而有洪元。洪元之時，亦未有天地，虚空未分，清濁未判，玄虚寂寥之裏，洪元一治，至於萬劫。洪元既判，而有混元。混元一治萬劫，至于百成。百成亦八十一萬年，而有太初。

太初之時，老君從虚空而下，爲太初之師，口吐開天經一部，四十八萬卷，一卷有四十八萬字，一字辟方一百里，以教太初。太初始分别天地清濁，剖判溟涬鴻濛，置立形象，安竪南北，制正東西，開闇顯明，光格四維上下，内外表裏，長短麤細，雌雄白黑，大小尊卑，常如夜行。

太初得此老君開天之經，清濁已分，清氣上昇爲天，濁氣下沉爲地，三綱既分，從此始有天地，猶未有日月。天欲化物，無方可變，便乃置生日月在其中，下照闇冥。太初時，雖有日月，未有人民。漸始初生，上取天精，下取地精，中間和合，以成一神，名曰人也。天地既空，三分始有，生生之類，無形之象，各受一氣而生。或有朴氣而生者，山石是也；動氣而生者，飛走是也；精氣而生者，人是也。萬物之中，人最爲貴。太初一治，至于萬劫。人民之初，故曰太初。是時唯有天地、日月、人民，都未有識名。太初既没，而有太始。太始之時，老君下爲師，口吐太始經一部，教其太始，置立天下，九十一劫。九十一劫者，至于百成。百成者，亦八十一萬年。太始者，萬物之始也，故曰太始。流轉成練素象，於中而見氣實，自變得成陰陽。太始既没，而有太素。太素之時，老君下降爲師，教示太素，以法天下，八十一劫，至于百成，亦八十一萬年。太素者，萬物之素，故曰太素。太初已下，太素已來，天生甘露，地生醴泉，人民食之，乃得長生。死不知葬埋，棄屍於遠野，名曰上古。

太素既没，而有混沌。混沌之時，始有山川。老君下爲師，教示混沌，以治天下，七十二劫。混沌流行，成其山川，五嶽四瀆，高下尊卑，乃其始起也。混沌以來，始有識名。混沌號生二子，大者胡臣，小者胡靈。胡臣死爲山嶽神，胡靈死爲水神，因即名爲五嶽四瀆，山川高下。混沌既没，而有九宫。九宫之時，老君下爲師，口吐乾坤經一部。結其九宫，識名天地，清氣爲天，濁氣爲地。從九宫以來，天是陽，地是陰。陽者剛强，遠視難覩，在天成象，日月星辰是也。在地成形，五嶽四瀆是也。在人成生，心肝五藏是也。分别名之有異，總而名之是一也。取三剛名也〔一〕。九宮没後，而有元皇。元皇之時，老君下爲師，口吐元皇經一部，教元皇治於天下。始有皇化，通流後代，以漸成之。元皇之後，次有太上皇。太上皇之時，老君下爲師，教示太上皇以治天下。太上皇之後，而有地皇。地皇之後，而有人皇。人皇之後，而有尊盧。尊盧之後，而有句婁。句婁之後，而有赫胥。赫胥之後，而有太連。太連已前，混沌以來，名曰中古。爾時天生五炁，地生五味，人民食之，乃得延年。

太連之後，而有伏羲。生於一源之始，繼天而生，調習陰陽，以定八卦。自伏羲已前，五經不載，書文不達，唯有老君，從天虚空無億河沙，在太清之外，不可稱計。大道既分天地以來，開置皇化，轉佐天帝，通流後世，以自記之。伏羲之時，老君下爲師，號曰無化子，一名鬱華子。教示伏羲，推舊法，演陰陽，正八方，定八卦，作元陽經，以教伏羲。伏羲已前，未有姓字，直有其名。爾時人民朴直，未有五穀。伏羲方教以張羅網，捕禽獸而食之。皆衣毛茹血，腥臊臭穢。男女無别，不相嫉妬。冬則穴處，夏則巢居。伏羲没後，而有女媧。女媧没後，而有神農。神農之時，老君下爲師，號曰大成子，作太微經，教神農嘗百草，得五穀，與人民播植，遂食之，以代禽獸之命也。神農没後，而有燧人。燧人時，老君下爲

〔一〕此句道藏本太上老君開天經無。

師，教示燧人，鑽木出火，續日之光，變生爲熟，以除腥臊。燧人没後，而有祝融。祝融之時，老君下爲師，號廣壽子，教修三綱，齊七政。三皇修道，人皆不病，作按摩通精經。次有高原、高陽、高辛三世。次有倉頡仲說教書學文。三皇之後，而有軒轅黄帝。黄帝之時，老君下爲師，號曰力牧子〔一〕，消息陰陽，作道戒經道康經。黄帝以來，始有君臣父子，尊卑以别，貴賤有殊。黄帝之後，次有少昊。少昊之時，老君下爲師，號曰隨應子，作玄藏經。爾時昇平，嘉禾生，醴泉出，麒麟至，鳳凰來，景星照。少昊之後，次有帝顓頊。顓頊之時，老君下爲師，號曰元陽子〔二〕，作微言經。顓頊没後，而有帝嚳。帝嚳之後，而有帝堯。帝堯之時，老君下爲師，號曰務成子，作政事經。帝堯之後，而有帝舜。帝舜之時，老君下爲師，號曰尹壽子，作太清經。帝舜之後，而有夏禹。夏禹之時，老君下爲師，號曰直甯子〔三〕，作德誡經。夏禹之後，而有殷湯。殷湯之後，而至周初。周初時，老君下爲師，號曰

〔一〕「力牧子」，道藏本太上老君開天經作「廣成子」。
〔二〕「元陽子」，道藏本太上老君開天經作「赤精子」。
〔三〕「直甯子」，上書作「真行子」。

郭叔子〔一〕，作赤精經。

老君曰：祕化之初，吾體虚無，經歷無窮，千變萬化。先下爲師三皇已前，爲神化之本。吾後化三皇五帝爲師，并及三王，皆勸令修善。天一、地二、人三、時四、音五、律六、星七、風八、州九、合有四十五。子午卯酉中央，各有九筭。戴九履一，左三右七，二四爲肩，六八爲足，中有五龜，體成八卦。水流歸末，分八至丑；葉落歸本，分六至亥；金剛本强，分二至未，土王四季，分四至巳。坎怨獨走，離明數四，艮八高摻，三從坤位，乾當城坤，與一相逐，巽吁天門，從乾貸一，震雷動澤，從兑所滅。辰午酉亥，自刑之卦，各内其八卦以成，餘有九筭成易字。

老君即演行期術曰：「行期之法自有術，先舉坎，就坤二，西南王母東青龍，習氣發窬地户間，巽上四期入中宫，筭出中宫昇於乾，西之大澤華山巔，東北之上寅艮間，南之炎火離霍山，幡然變化北入玄。」

〔一〕「郭叔子」，上書作「燮邑子」。

雲笈七籤卷之三

道教本始部

道教序

上古無教，教自三皇五帝以來有矣。教者，告也，有言有理有義，有授有傳。言則宣，教則告。因言而悟教明理，理明則忘言。既有能教所教，必在能師所師。是有自然之教，神明之教，此二教無師資也。神明之教，義説則有，據理則無。正真之教，三皇五帝。返俗之教，訓世之教，宜分權實。且斯五教，啓乎一真。

自然教者，元氣之前，淳朴未散，杳冥寂爾，顥曠空洞，無師説法，無資受傳，無終無始，無義無言。元氣得之而變化，神明得之而造作，天地得之而覆載，日月得之而照臨，上古之君得之而無爲。無爲，教之化也。

神明之教者，朴散爲神明。夫器莫大於天地，權莫大於神明。混元氣而周運，叶至道而裁成，整圓清而立天，制方濁而爲地，溥靈通而化世界，真〔一〕和氣而成人倫，陰陽莫測其端倪，神鬼不知其情狀。

正真之教者，無上虛皇爲師，元始天尊傳授。洎乎玄粹祕於九天，正化敷於代聖。天上則天尊演化於三清衆天，大弘真乘，開導仙階；人間則伏羲受圖，軒轅受符，高辛受天經，夏禹受洛書，四聖稟其神靈，五老現於河渚，故有三墳五典，常道之教也。

返俗之教者，玄元大聖皇帝以理國理家。靈文真訣，大布人間；金簡玉章，廣弘天上。欲令天上天下，還淳返朴，契皇風也。

訓世之教者，夫子傷道德衰喪，闡仁義之道，化乎時俗，將禮智而救亂，則淳厚之風遠矣。

噫！立教者，聖人救世愍物之心也。悟教則同聖人心，同聖人心則權實雙忘，言詮俱泯〔二〕，方契不言之理，意象固無存焉。

〔一〕「真」，道藏輯要本作「蒸」。

〔二〕「言詮俱泯」，道藏輯要本、四部叢刊本均作「内外俱泯」。

道教所起

尋道家經誥，起自三元，從本降迹，成於五德，以三就五，乃成八會。其八會之字，妙氣所成，八角垂芒，凝空雲篆，太真按筆，玉妃拂筵，黄金爲書，白玉爲簡，祕於諸天之上，藏於七寶玄臺，有道即見，無道即隱。蓋是自然天書，非關倉頡所作。今傳靈寶經者，則是天真皇人於峨嵋山授於軒轅黄帝。又天真皇人授帝嚳於牧德之臺，夏禹感降於鍾山，闔閭竊闚於句曲，其後有葛孝先之類，鄭思遠之徒，師資相承，蟬聯不絶。其老君道德經，乃是大乘部攝，正當三輔之經，未入三洞之教。今人學多浮淺，唯誦道德，不識真經，即謂道教起自莊周，始乎柱下。眷言弱喪，深所哀哉！蠡酌管闚，一至於此。何者？

尋老君生於殷末，長自〔一〕周初，託神玄妙玉女，處胎八十一載，逍遥李樹之下，剖左腋而生。生即皓然，號曰老子。指樹爲氏，因姓李焉。其相也，美眉黄色，日角月懸〔二〕，蹈

〔一〕「自」原誤作「目」，據道藏輯要本、四部叢刊本改。

〔二〕「角月」二字原互乙，據三洞珠囊卷八相好品及道門經法相承次序卷上改。

五把十，耳有三門，鼻有雙柱。周德下衰，世道〔一〕交喪。平王三十三年十二月二十五日去周〔二〕西度，青牛薄輦，紫氣浮關，遂付道德真經於〔三〕關令尹喜。由此明道家經誥，非唯五千。

元始天尊實殊老君，豈唯年代差異，亦有位號不同。若爲名三界？一者欲界有六天，即從度人經太皇黄曾天數滿六天是欲界，人壽命萬歲。人在世，生不犯身業殺盗邪淫之罪，來生即登此天之中，無六欲染著，故生此天。二者色界，有十八天，即以次取之，其天人壽億萬歲。若一生之中，不犯心業〔四〕貪嗔之罪，得生此天。三者無色界天，其中人壽命億劫歲。若人一生之中，不惡口兩舌，妄言綺語，當來過往，得居此天。其中善男子、善女人，功行滿足，堪上四天者，王母迎之，登上四天。其三界。太虚無上常融天、太釋玉隆騰勝天、龍變梵度天、太極平育賈奕天，此四天名種〔五〕民天，即三界之上，三災所不及。四

〔一〕「道」原作「耳」，據道藏輯要本、四部叢刊本、道門經法相承次序卷上改。
〔二〕「周」原作「生」，據上三書改。
〔三〕「於」原作「取」，據上三書改。
〔四〕「心業」原作「身業」，據道門經法相承次序卷上改。
〔五〕「種」上道門經法相承次序卷上有「四」字。

種民天上有三清境〔一〕，三清之上即是大羅天，元始天尊居其中，施化敷〔二〕教。

道教三洞宗元

原夫道家由肇，起自無先。垂跡應感，生乎妙一。從乎妙一，分爲三元。又從三元，變成三氣。又從三氣，變生三才。三才既滋〔三〕，萬物斯備。其三元者，第一混洞太無元，第二赤混太無元，第三冥寂玄通元。從混洞太無元化生天寶君，從赤混太無元化生靈寶君，從冥寂玄通元化生神寶君。

大洞之跡別出爲化主，治在三清境。其三清境者，玉清、上清、太清是也，亦名三天。其三天者，清微天、禹餘天、大赤天是也。天寶君治在玉清境，即清微天也，其氣始青。靈寶君治在上清境，即禹餘天也，其氣元黃〔四〕。神寶君治在太清境，即大赤天也，其氣玄

〔一〕道門經法相承次序卷上無「種」字，句末有「第一太清，第二上清，第三玉清」十二字。

〔二〕「敷」，上書作「行」。

〔三〕「滋」，上書作「立」。

〔四〕「元黃」，上書作「元白」。

白〔一〕。故九天生神章經云：「此三號雖殊，本同一也。」此三君各爲教主，即是三洞之尊神也。其三洞者，謂洞真、洞玄、洞神是也。

天寶君説十二部經，爲洞真教主；靈寶君説十二部經，爲洞玄教主；神寶君説十二部經，爲洞神教主。故三洞合成三十六部尊經。第一洞真，爲大乘；第二洞玄，爲中乘；第三洞神，爲小乘。從三洞總成七部者，洞真、洞玄、洞神，太玄、太平、太清爲輔經，太玄輔洞真，太平輔洞玄，太清輔洞神，三輔合成三十六部，正一盟威通貫，總成七部。故曰三洞尊文，七部玄教。又從七部〔二〕汎開三十六部，其三十六部者，第一本文，第二神符，第三玉訣，第四靈圖，第五譜録，第六戒律，第七威儀，第八方法，第九衆術，第十傳記，第十一讚誦，第十二表奏。右三洞各十二部，合成三十六部。

其三氣者，玄、元、始三氣也。始氣青在清微天，元氣黄〔三〕在禹餘天，玄氣白〔四〕在

〔一〕「玄白」，道門經法相承次序卷上作「玄黄」。
〔二〕「七部」，道藏經目録道教宗源作「三洞」。
〔三〕「元氣黄」，道門經法相承次序卷上作「元氣白」。
〔四〕「玄氣白」，上書作「玄氣黄」。

大赤天，故云玄、元、始三氣也。又從玄、元、始變生陰、陽、和，又從陰、陽、和變生天、地、人。故道德經云：「道生一，一生二，二生三，三生萬物。」

自玄都玉京已下，合有三十六天。二十八天是三界内，八天是三界外。其三界内者，欲界、色界、無色界。從下六天爲欲界，次十八天爲色界，次四天爲無色界，三界合二十八天。其三界勝境，身相端嚴。從欲界天已上，人壽命長遠。皆以黄金薦地，白玉爲堦，珠玉珍寶，自然而有，雖復歡樂，並不免生死。其次三界上四天名爲種民天，亦名聖弟子天，亦名四梵天，此天人斷生死，三災之所不能及。其次即至三境，境别有左右中三宫，宫别有仙王、仙公、仙卿、仙伯、仙大夫，别有一太上老君天師。太清境有九仙，上清境有九真，玉清境有九聖，三九二十七位也。其九仙者：第一上仙，二高仙，三大仙，四玄仙，五天仙，六真仙，七神仙，八靈仙，九至仙。真聖二境，其號次第，亦以上、高、太、玄、天、真、神、靈、至而爲次第〔一〕。最上一天名曰大羅，在玄都玉京之上，紫微金闕，七寶騫樹，麒麟師子，化生其中。三世天尊，治在其内。三界二十八天，其次四天，其次三境，最上大羅，合三十六天，總是三尊所統。故經云：「三界之上，眇眇大羅。上無色根，雲層峩峩。唯有元始，浩劫之

〔一〕道門經法相承次序卷上無「第」字，有「但真云仙真無真真，聖云仙聖無天聖」數字。

家。」

三代天尊者，過去元始天尊，見在太上玉皇天尊，未來金闕玉晨天尊。然太上即是元始天尊弟子，從上皇半劫以來，元始天尊禪位。三代天尊亦有十號：第一曰自然，二曰無極，三曰大道，四曰至真，五曰太上，六曰道君，七曰高皇，八曰天尊，九曰玉帝，十曰陛下。

左乙混洞東蒙録

東海青華小童曰：余忝植昔因，曠劫貽果，曩辰恭承太上嘉命，試守青華之宫。紫雲蓋上，日月映傍，衆仙玉女，妙行真人，侍衛左右，安樂自然，命登不死，位毗上君，統攝學生之人，奉迎太平後聖。宫内東殿金房玉格，有寶經三百卷，玉訣九千篇，無數文誥，彌劫不窮，妙理要方，備在此内。此内之要，左乙爲端，簉職所賞，常用欣歡，願濟一切，同歸道源。既羣生垢滯，諒難拯度，太上大慈，勑余嚴密，隨運接引，導誘勿休。念兹在心，不敢暫替。正主學仙簿録，領受爲真之人，誓志宣通，開奬成美。天寶禁重，不得輕傳，傳之必是其人。先啓告太上，須有瑞應，乃得施行。三百寶軸，左乙在前，思以廣救，未遇其人，學者雖多，會真者少，出之懼招泄寶之災，閉之慮延絶道之咎，積感淹時，齋思累歲。上相青童君共尋寶經，題目左乙東蒙之録，又名三天不死之章，又名智慧長生妙訣，又名上聖接生寶篇，又名源洞續善玉曆，又名雌一混洞真文。中三品總名簿録，檢其上品，名不死之録，又名紫字青文，又名青録紫章，又名紫書録文，又名玉簡青符。次有中品名長生之籙，又名黄籙白簡，又名玉牒金篇，又名玉書金字，又名金文玉符。次有下品名死籍之録，一名丹章玄牒，一名黑簡朱文，一名赤目石記，一名勒退幽符。知下品録名得進入中品，知中品録名即昇上品。知識名題，尚能進品，況乃解了修行者乎？

靈寶略紀

述曰：經法元起量世，所謂與虚空齊量，信不可計，劫劫出化，非所思議。過去有劫，名曰龍漢，爰生聖人，號曰梵氣天尊。出世以靈寶教化，度人無量，其法光顯大千之界。龍漢一運，經九萬九千九百九十九劫。氣運終極，天淪地崩，四海冥合，乾坤破壞，無復光明。經一億劫，天地乃開，劫名赤明，有大聖出世，號曰元始天尊。以靈寶教化，其法興顯，具如上説。赤明經二劫，天地又壞，無復光明。具更五劫，天地乃開。太上大道君以開皇元年，託胎於西方緑那玉國，寄孕於洪氏之胞，凝神瓊胎之府，三千七百年降誕於其國鬱察山浮羅之嶽丹玄之阿側，名曰器度〔一〕，字上開元。及其長，乃啓悟道真，期心高道，坐於枯桑之下，精思百日。而元始天尊下降，授道君靈寶大乘之法十部妙經。元始時仍住其國長樂舍中，普爲時俗人天，開暢大法。是時得道之人，塵沙非譬。元始乃與道君遊履十方，宣布法緣既畢，然後以法委付道君，則賜道君太上之號。

道君即爲廣宣經籙，傳乎萬世。爾時十方大法布滿，唯宛利城境，法音未周，而此土衆生，與法有緣。在昔帝嚳時，太上遣三天真皇齎靈寶五篇真文以授帝嚳，奉受供養，彌其年稔，法籙傳乎世。帝嚳將仙，乃封之於鍾山。鍾山在西北弱水之外，山高萬五千里。至夏禹登位，乃登名山巡狩，度弱水，登鍾山，遂得帝嚳所封靈寶真文。於是奉持出世，依法修行。禹唯自修而已，不傳於世。故禹得大神仙力，能鑿龍門，通四瀆。功畢，川途治導，天下乂安。乃託尸見死，其實非死也。故智者美其迹，真人知其靈。禹未仙之前，乃復封之，鎮乎北嶽及包山洞庭之室。

距吴王闔閭時，王出遊包山，見一人在中。問曰：「汝是何人？」答曰：「我姓山名隱居。」闔閭曰：「子在山必有異見者，試爲吾取之。」隱居諾，乃入洞庭，訪遊乎地天，一千五

〔一〕「名曰器度」，上清高聖太上大道君洞真金元八景玉録作「諱㗊賁」。

百里乃至焉。見一石城，不敢輒入，乃於外齋戒三日然後入。見其石城門開，於室内玉几上有素書一卷，文字非常，即便拜而奉出，呈闔閭。闔閭即召羣臣共觀之，但其文篆書不可識。乃令人齎之問孔子。使者忽然譎誑曰：「吴王閑居殿堂，忽有赤烏〔一〕銜書，來落殿前。王不解其意，故令請問。」孔子愀然不答，良久乃言曰：「丘聞童謡云：『吴王出遊觀震湖，龍威丈人山隱居，北上包山入靈墟，乃入洞庭竊禹書。天帝大文不可舒，此文長傳百六初，若强取出喪國廬。』〔二〕若是此書者，丘能知之。赤烏所啣，則丘未聞。」使者乃自首謝曰：「實如所言。」於是孔子曰：「此是靈寳五符真文。昔夏禹得之於鍾山，然後封之於洞庭之室。」使者反白，闔閭乃尊事之。然其侈性慢易，不能遵奉道科，而真文乃飛上天，不知所在。後其子夫差嗣位，乃登勞山復得之，奉崇供養。自爾相承，世世録傳。

至三國時，吴主孫權赤烏之年，有琅琊葛玄，字孝先。孝先乃葛尚書之子，尚書名孝儒，年八十乃誕玄。玄多靈應，年十三，好慕道德，純粹忠信。舉孝廉不就，棄榮辭禄，志尚山水。入天台山學道，精思遐徹，未周一年，感通太上，遣三聖真人下降，以靈寳經授之。

〔一〕「烏」，太上靈寳五符序卷上作「鳥」。
〔二〕「此文長傳百六初，若强取出喪國廬」，上書作「此傳伯長百六初，今雖取出喪國閭」。

其第一真人自稱太上玄一第一真人鬱羅翹，其第二真人自稱太上玄一第二真人光妙音，其第三真人自稱太上玄一第三真人真定光。三真未降之前，太上又命太極真人徐來勒爲孝先作三洞法師。孝先凡所受經二十三卷，并語稟請問十卷，合三十三卷。孝先傳鄭思遠，又傳兄太子少傅海安君字孝爰，孝爰付子護軍悌，悌即抱朴子之父。抱朴從鄭君盟，鄭君授。抱朴於羅浮山去世，以付兄子海安君。至從孫巢甫，以隆安之末，傳道士任延慶、徐靈期等，世世録傳，支流分散，孳孕非一。此大運之通應，根而作者，因緣冥會，乃神明之意。有心君子，可以取焉。

三寶雜經出化序

夫衆生〔一〕元起，資乎本真。本真清凝，嶷然淵静，湛體常住，無去來相，自古乃今，其名不去。無形無名，爲萬物之宗矣，三元經謂之衆生真父母者也。我之所生，乃是因緣和會，寄胎父母耳。衆生靈照，本資真父母而生。但以本性既微，未能照見，爲塵勞所惑，遂便有身。有身之患，萬累生焉。是以轉輪五道，還源靡遂。因以本性相資，靈照本同，皆有

〔一〕「生」原作「先」，據下文改。

智性，卒莫反真。聖人興慈父之悲，愛同赤子，隨宜拯濟，使之離苦，得無爲之樂。是以三洞及諸法門，隨其所好而開，令其解脱。解脱所由，蓋緣能悟。悟則受行，能棄俗法，安神無爲，得不死術。若有智者，能爲諸人解暢經旨，使長迷反曉者，其福可量乎？余未染道服，披尋經教，求之意緒，度脱彷彿。輒述三寶出化所由，并訓解經卷數篇，辯諸疑惑，以擬有道君子。述作而已，不敢遠其中道。植訓乖謬，覽者詳焉。

天尊老君名號歷劫經略

老君至開冥賢劫之時，託生榑桑太常玉帝天宫，以法授榑桑太帝，號曰無極太上大道君，亦號曰最上至真正一真人，亦號曰無上虚皇元始天尊，在元陽之上，則無極上上清微天中高上虚皇道君也。於是放身清涼，神光明朗，照大幽之中。爾時盤古真人因立功德，見召於天中。盤古乃稽首元始虚皇道君，請受靈寶内經三百七十五卷。時高上虚皇太上道君則授以三皇内經三十六卷。而盤古真人乃法則斯經，運行功用，成天立地，化造萬物。下遊天地，發圓珠之應，萬六千日月明，三辰天元而起，遂有五億五千五百五十億萬重天地焉。十方俱行道德之化後，天皇氏始興焉。時老君降三玄空天宫，以天皇内經十四篇授與天皇，以治天下三十六萬歲，乃白〔一〕日昇仙，上三玄空天宮中。天皇氏後，而地皇氏興焉。太極老君又授地皇内經十四篇。地皇氏得此經，以治天下三十六萬歲，乃白日昇天，上素虚玉皇天宫中，萬帝朝尊。地皇仙後，人皇氏興焉。太極老君又授人皇内經十四篇。人皇得此經，以治天下三十六萬歲，於是白日昇仙，上太素虚玉皇天宫，受自然之壽。由是以後，九億九千九百九十九萬歲，方至于五帝興焉。五帝各理三萬六千歲。而五帝氏後，逮於中三皇〔二〕天皇君出世，而啓太上老君太極真人下降崑崙之山，又授以天皇内經十四篇。而天皇君得此經，以道治世三萬六千歲，白日登仙，上昇太清天中。天皇君仙後，而地皇君興焉。地皇君出世，太上老君太極真人又下降流綱之山，授地皇君地皇内經十四篇。而地皇君得此經，以道治世三萬六千歲，白日登仙，上昇太極虚皇天中。而地皇君仙後，而人皇君興焉。人皇君時，太極真人太上老君下降於南霍之山，又授以人皇内經十四篇〔三〕。而人皇君得此經，以道治世三萬六千歲，白日登仙于太極南朱上天宫。自中三皇氏後，老

〔一〕「白」原作「曰」，據下文改。
〔二〕「皇」上原無「三」字，據下文增。
〔三〕「人皇」下原有「君」字，據上下文删。

君經九萬九千九百九十萬歲，又以法授人皇君子孫，俾治世修道，元始天尊真人皆降焉。後五龍氏興焉，天真皇人太上老君降下開明之國，以靈寶真文、三皇内經各十四篇授五龍氏。五龍氏得此經，以道治世萬二千歲，白日登仙。爾時甘露降焉，蒼生則於中化生。是後運動陰陽，作爲五行，四微世欲生死之業，於是而起。人乃任性混朴，茹毛飲血，男女無別，夏則巢居，冬則穴處。經于三十六萬歲後，神人氏興焉。

神人氏出生，其狀神異若盤古真人，而亦號盤古，即是無刼蒼生萬物之所承也。以已形狀類象，分別天地，日月、星辰，陰陽、四時，五行、九宫，八卦、六甲，山川、河海，不能決定。故以天中元景元年七月一日，上登太極，天王上啓元始太上天尊，更授神寶三皇内經并靈寶五符經。老君下降授，神人氏得斯經，下世則按經圖分畫天地，名前刼高上真人。更新開乎造化時事，故昧前皇聖人功用，所以於此而爲更始。但世人相聚，只知有此盤古，豈明今天前始之初，復有盤古者哉？所以自斯盤古以道治世萬九千九百九十九載，白日昇仙，上崑崙，登太清天中，授號曰元始天王，則王母學道，降人鳥之山。而盤古真人氏仙後，伏羲氏興。

伏羲氏興，而太極天真大神以清濁已分元年上啓太上老君，以天皇内經十四篇并靈寶圖道德五千文授伏羲。伏羲按經文以道化天下，故致別白衆生殊類，則以人爲貴，方列其男女、夫妻、父子、兄弟、氏族，則靈寶五千文經之功也。伏羲以道治世六千歲，白日昇天中，號曰天真景星真人。伏羲氏後，而燧人氏興焉。燧人氏興，故玉虚真人以清濁已分元年上啓太上老君，下降丹霍之丘，以地皇内經十四篇并靈寶五千文道德經授燧人氏。燧人氏得斯經，造火變生爲熟，乃靈寶之功也。燧人氏以道經治世六千歲，於丹霍之山白日昇仙，登于太極左宫，號曰玉虚真人。燧人氏後，祝融氏興焉。祝融氏興，太上老君以天漢元年，下降南嶽衡山及蓬萊山，以人皇内經靈寶五千文道德經等以授祝融氏。觀人皇内文，則知金玉七寶之所在。故範土爲金，冶石爲鐵，乃造刀斧鋸鑿等，以利益衆生，使不損衆生手爪之用。是以祝融氏以道德治天下六千歲，白日昇于太極南昌上宫，號大行真人。自伏羲燧人各授六百歲，傳子孫得六千歲。祝融氏後，而神農氏興焉。

神農氏興，而元始太上老君以天景元年，下降形馬之山，以靈寶五篇真文三皇内經道德經授神農氏。所以神農按經文，欲爲天下衆生合仙藥，以濟天下萬民。是時普視〔一〕天下衆生，既非仙藥能濟，所以方按三皇内經，召天上前劫高上父母天中大聖真人，問以先劫造化時事。既決已，則負靈寶真文飛行百卉之山，遇其苦則生，遇其甘則死，所以一日之

〔一〕「普視」原作「普四」，據道藏輯要本改。

中，百生百死。故於農石山谷，方備得五穀五辛以還，教民種植，以代生殺，使教穀食。于時民既爲日已久，五臟見爛，故重按道方爲品類草木石等，以爲醫方，治民疾病。造作稱尺斗斛貨易，則駕雲輪之車，周行天下，各隨國土所宜，無不盡備矣。而神農以道治天下〔一〕二百歲，於大室之山白日昇仙，上登太皇之天，號曰靈寶虛皇真人，傳世子孫合五百二十二年。後則軒轅氏興，以上皇元年十月〔二〕五日，老君下降於峩嵋之山，授黄帝靈寶經五符真文。黄帝登南霍山，有朱靈神人以三皇内經授帝。是黄帝既平蚩尤以後〔三〕，方思神妙化用之意，不能開解，而師廣成子，按三皇内經，召高天大聖真人、前劫造化神仙真人，以九天父母，問乎前劫造化功用時事。是元始天尊真仙並降，語帝曰：「爾欲知前劫造化時事者，汝可尋太上玄老靈寶君五符真文經也。功用本起，莫不從於是經，以莊嚴天地，至于萬物，一切蒼生，功德是足，備出斯經，品物名色，衆生殊類，普陳載焉。」爾時元始老君爲帝解說，所以帝依其解文句，深思俯察，改致造作，城臺宫闕，房室衣冠，教以榮華之色。乃製舟

〔一〕「以道治天下」，原作「以道天下治」，據道藏輯要本正。
〔二〕「十月」，道藏輯要本、四部叢刊本作「三月」。
〔三〕「後」原作「没」，據道藏輯要本改。

車，以通水陸。陶坏鼎器物，以給天下飲食之用。又推天文禮樂，故百工周奏，以助其化。皆由〔一〕靈寶三等經文之功。又至上皇三年七月二十九日壬子，天真皇人下授黄帝六壬式圖六甲三元遁甲造式之法，法威天下，流傳子孫也。故黄帝以道治世一百二十年，於鼎湖山白日昇天，上登太極宫，號曰中黄真人。

〔一〕「由」原作「猶」，據道藏輯要本改。

雲笈七籤卷之四

道教經法傳授部

上清源統經目註序

上清者，宫名也。明乎混沌之表，焕乎大羅之天。靈妙虚結，神奇空生，高浮澄淨，以上清爲名，乃衆真之所處，大聖之所經也。宫有丹青金書玉字上皇寶經，皆玄古之道，自然之章。起於九天之王九玄道君，推校本元，已歷九萬億九千劫。上皇典格，各不相參。道君以中皇元年九月一日，於玉天瓊房金闕上宫，命東華青宫尋俯仰之格，揀校古文，撰定靈篇，集爲寶經。傳至漢武帝時，得經起柏梁臺以貯之。帝既爲神真所降，自云得道，放情怠懈〔一〕，不從王母至言。明年，天火燒柏梁臺，經飛還太空，於兹絶跡。

太元真人茅君諱盈，師西城王君受上清玉珮金璫二景璿璣之道，以漢宣帝地節四年三

〔一〕「懈」，道藏輯要本作「惰」。

月昇天。

又玄洲上卿蘇君諱林，師涓子，受上清三一之法，以漢神爵二年三月六日登天。

又周君李君衆仙，各有所得，並相承經業，多不傳世。

漢孝平皇帝元始二年九月戊午，西城真人以上清經三十一卷，於陽洛之山授清虚真人小有天王王褒。褒以晉成帝之時，於汲郡修武縣授紫虚元君南嶽夫人魏華存。華存以咸和九年，歲在甲午，乘飆輪而昇天。去世之日，以經付其子道脱〔一〕，又傳楊先生諱羲。羲生有殊分，通靈接真，乃晉簡文皇帝之師也。楊君師事南嶽魏夫人，受上清大洞真經三十一卷。至晉孝武皇帝太元十一年，歲在丙戌昇仙。

許先生者，名映，丹陽句容人也。七世祖許子阿生有陰德，福潤流灑，鍾於後嗣。子阿六世孫名副，仕爲剡縣令。副有八子，其第一子名邁，字叔玄，小名映，改名遠遊。少好仙道，躭心冥肆，吐納和氣，矯志雲漢，超跡絶世。以晉建興元年，歲在癸酉，渡江入赤城山中，往而不返，師南海太守鮑靚、太元真人茅君。遠遊第五弟名謐，仕爲護軍長史散騎常侍，師太元真人，受上清衆經，於寧康元年隱景去世。謐有三子，其第三子名玉斧，長名翽

〔一〕「道脱」，真誥叙録及南岳魏夫人傳作「璞」。

字道翔，道德淳瑩，絶世無倫。師楊先生授上清三天正法曲素鳳文三十一卷，遯跡潛化。玉斧子黄民，黄民子名豫之〔一〕，以元嘉十二年終剡之白山。臨去世之時，以上清寶經、三洞妙文，封以玄臺，印以白銀，留寄鄮縣馬度生〔二〕家。語之曰：「今且暫行，不久當還，勿開此經。」

馬氏崇奉，累世安康。有道士婁化〔三〕者，常詣馬氏舍，究悉經源，苦求開看。馬氏固執，竟不從命，結踞無方。是時宋明皇帝崇敬大法，招集道士，供養後堂。婁化乃因後堂道士殳季真密啓之。帝即命使逼取至京，乃拜禮開之。忽有五色紫光，洞焕眼前，帝驚曰：「神真叵觸。」比其年，不愈而崩。元徽元年，馬氏即出訴，啓請其經。詔勑聽還。於是天藏真書，復歸馬氏。兹乃上真注筆，朱簡紫書，後之凡庶，摸而傳奉，號曰真跡。

今記神王所撰寶經卷三十一首，篇章目第，並指事爲名。然天真之言，理奥難尋，或名同而事異，或理合而字乖。靈祕妙隱，不與世合，幸而見之，卒難詳辨。余宿植緣會，遊涉

〔一〕「豫之」，真誥叙録作「榮弟」。
〔二〕「馬度生」，上書作「馬朗」。
〔三〕「婁化」，上書作「樓惠明」。

法源，性好幽旨，躭靈味玄，鑽研彌齡，始覺髣髴。謹以鄙思，尋校衆經，爲上清目義。非敢有裨大乘，聊自記而已。

靈寶經目序

元嘉十四年某月日，三洞弟子陸脩静敬示諸道流。相與同法，弘修文業，讚揚妙化，興世隆福。每欣一切，遭遇慈澤，離彼惡道，入此善場，逍遥長樂，何慶如之！但至賾宛奥，妙義微遠，靈匠未遇，羣滯莫披。翹翹渴仰者，豈予小子乎！既太虚眇邈，玄師難希，宜求之於心，即理而斷也。敢竭闇淺，先言所懷。

夫靈寶之文，始於龍漢。龍漢之前，莫之追記。延康長劫，混沌無期，道之隱淪，寶經不彰。赤明革運，靈文興焉。諸天宗奉，各有科典。一劫之周，又復改運。遂積五劫，迨于開皇已後，上皇元年，元始下教，大法流行，衆聖演暢，修集雜要，以備十部三十六帙，引導後學，救度天人。上皇之後，六天運行，衆聖幽昇，經還大羅。自玆以來，迴〔一〕絶元法。

〔一〕「迴」，道藏輯要本作「迥」。

雖高辛招雲輿之校，大禹獲鍾山之書，老君降真於天師，仙公授〔一〕文於天台，斯皆由勳感太上，指成聖業，豈非揚芳於世，普宣一切也。

按經言，承唐之後四十六丁亥，其間先後庚子之年，殀子續黨於禹口，亂羣填尸於越川，强臣稱霸，弱主西播。龍精之後，續祚之君，罷除僞主，退翦逆民。衆道勢訖，此經當行。推數考實，莫不信然。期運既至，大法方隆。但經始興，未盡顯行，十部舊目，出者三分。雖玄蘊未傾，然法輪已遍於八方，自非時交運會，孰能若斯之盛哉！

頃者以來，經文紛互，似非相亂，或是舊目所載，或自篇章所見，新舊五十五卷，學士宗竟，鮮有甄別。余先未悉，亦是求者一人。既加尋覽，甫悟參差。或删破上清，或採搏餘經，或造立序説，或迴換篇目，裨益句章，作其符圖。或以充舊典，或别置盟戒。文字僻左，音韻不屬，辭趣煩猥，義味淺鄙，顛倒舛錯，事無次序。考其精僞，當由爲猖狂之徒，質非挺玄，本無尋真之志，而因修窺閲，假服道名，貪冒受取，不顧殃考，興造多端，招人宗崇。敢以魚目，厠於隋侯之肆，輙將散礫，託於和氏之門。衒誑愚蒙，誣罔太玄。既晚學推信，弗加澄研，遂令精麤糅雜，真僞混行。視聽者疑惑，修味者悶煩。上則損辱於靈囿，下則耻累

〔一〕「授」，當作「受」，本書卷三靈寶略紀云：「太上遣三聖真人下降天台，授仙公以靈寶經。」

於學者。進退如此，無一可宜。徒傾産疲力，將以何施？夫輕慢之咎既深，毀謗之罪靡赦。余少躭玄味，志愛經書，積累錙銖，冀其萬一。若信有可崇，何苟明言，坐取風刀乎！慮有未悉，今條舊目已出并仙公所授事注解，意疑者略云爾。

上清經述

述曰：尋經之意，乃太虛齊量，劫劫出化，非可籌筭。自開皇之後，距天漢〔一〕時，范陽襄平〔二〕王褒字子登，以正月一日辭二親，欲尋神仙，求不死之道。乃入華陰山精思一十八年〔三〕，遂感上聖太極真人西梁子下降，授飷飯方并服雲牙法。復五年，太極真人王總真復降，以上清經三十一卷付子登。并將子登遊五嶽，觀名山，備受上法。

逮乎晉武皇帝時，任城魏華存字賢安，乃魏陽元之女也。陽元仕至滎陽宜陽二郡太

〔一〕「天漢」，本書卷一〇六清虛真人王君内傳作「建昭」。

〔二〕「襄平」原作「桑平」，據上書改。

〔三〕「乃入華陰山精思一十八年」，上書作「入華山中九年」。

守，散騎常侍、冀州刺史。其父乃嫁賢安於南陽劉乂字幼彦。乂是〔一〕時除爲修武縣令，賢安隨焉。賢安自少，爲女處乎内室，性好至道，雖未得仙，而真人屢降。及其長也，女子有夫之義，修尚之事，有時而廢。及至兒女成立，告誡子曰：「我願終尋真之志。」於是離羣獨處，不交人事，深託隱痾，還修曩尚，入室百日，所期仙靈積思希感爾。乃獨節應神，丹心潛會，精苦仰徹，天真遐降。於是季冬之月，夜半清朗，忽聞空中有鍾鼓之響，笳簫之聲，音韻嘈嚌。出户望之，見從東方虚空而來，旍旌鬱勃，羽蓋紛紜，光輝幽藹，焕爛太虚，他人莫之見也。須臾，有虎輦玉輿隱輪之車，並頓駕來降夫人之静室。凡四真人，並年可二十餘，容貌偉朗，天資秀頴，同著紫花蓮冠，飛錦衣裳，瓊蘂寶帶，體佩虎文，項有圓光，手把華旛。其一人自稱曰：「我太極真人安度明也。」其一人曰：「我東華大神方諸青童君也。」其一人曰：「我榑桑碧海暘谷神王景林真人也。」其一人曰：「我清虚真人小有仙人王子登也。」於是夫人匍匐再拜，叩頭自搏：「不期今日道君降下，唯乞神仙長生度世。」四人乃坐。良久，王子登告夫人曰：「聞子曩日念善，展轉求生，密練真氣，魂和體清。凡懷遠邁，録字上清，高契真人，抱信期靈，幽感啓微，潛曜赤城，遂金書紫極，藏簡玉庭，故感高晨，玄唱齊并。

〔一〕「是」原作「妻」，據道藏輯要本改。

是以太帝君勑我今來，教授於子神真之道焉。」其東華青童君曰：「此清虚真人者，爾之師也，當受業焉。」其安度明曰：「子因緣上業，積感求道，苦心久矣！用思至也。道今來矣！子得之焉。」其景林真人曰：「子勤感累世，積念真靈，將積應之所期，乃明挺之標會也。虚皇早鑒爾之用思，太極已注子名於玉札，録字紫虚之宫，金書東華之閣，刻名上清，丹文錦籍，應爲紫虚元君上真司命，又加名山之號，封南嶽夫人。今視子之質，實霄景高焕，圓精重照，鳳骨龍姿，腦色寶曜，五藏紫絡，心有羽文，形棲晨霞，神友靈肆，天人之任，良不虚矣。帝誨王褒相爲盟師，故遣太極真人鑒子之精，子其勗哉。」四真各有辭。

致言畢，夫人叩頭自搏而言曰：「華存卑賤，枯骨之餘，自處塵垢，久染濁穢，天地寥邈，高下懸隔，縱恣五濁，翻錯臭穢，滯塞靈祇，沈淪凡俗。無冀日月，迴曜幽宂〔一〕，不謂天尊，下交凡肆。所以割心斷意，取同蝼蚓。自顧少好神仙，貪樂長生，心之所詣，出於自然，志之所期，誓以三光。而值季世俱忌，禮度制置，無從脱免，良願不遂。今形非顧影，體氣臭惡，久爲垢穢所逼者，徒勵節無益。自入劉門，修道日廢。頃〔二〕者少閑，内外乖隔，容

〔一〕「宂」字疑當作「穴」。

〔二〕「頃」原作「須」，據道藏輯要本改。

得齋思。謹按道法，尋求經方入室之制，爲欲静護五藏，辟諸疾病耳。豈圖上願，惟在今日。今夕道君並降，慶出分外，光照幽谷，荷戴天眷，不勝惶懼。此是婢子有幸，當得度世。唯乞哀矜，賜以性命。」

自陳畢，東華小童指招而告之曰：「子少好道真，至誠密感，是故因緣世生，胎錬五神，寄慧齊見，超度八難，氣適靈輝，挺會真筭，自當爲紫虚之宫上真司命。勤精彌綸，太極所旍，又加名嶽之封，位均諸侯。然不受聞上道内法晨景玉經者，仙道衆妙無緣得成也。子其勉哉！我後日當更期會於陽洛山中，汝勤之矣！」

於是清虚真人王君乃命侍女華散條李明允等，使披雲蘊，開玉笈，出太上寶文、八素隱書、大洞真經、靈書紫文八道、紫度炎光、石精玉馬、神虎真文〔一〕、高仙羽玄等經三十一卷。是王君昔於陽洛山遇南極真人西城王君所授者也，今於汲郡修武縣中授夫人焉。暘谷神王又别授夫人黄庭内景經，正一真人張君又别授治精制鬼法。夫人前後所授，非但此三十一卷而已。其篇卷悉在傳中，不能一一書之。此乃上清經從此而行世也。

〔一〕「神虎真文」原作「神真虎文」，據本書卷一〇五清靈真人裴君傳及三洞奉道科戒營始所載大洞真經目改。

三皇經説

三皇經云：昔天皇治時，以天經一卷授之，天皇用而治天下二萬八千歲，地皇代之，上天又以經一卷授之，地皇用而治天下二萬八千歲，人皇代之，上天又以經一卷授之，人皇用而治天下亦二萬八千歲，三皇所授經合三卷，爾時號爲三墳是也，亦名三皇經。三皇後又有八帝，治各八千歲，上天又各以經一卷授之，時號爲八索是也。此乃三墳八索根本經也。如法而言，三寶俱起無量之世，但以隱顯有時。自三皇八帝之後，其文亦隱。

至于晉武皇帝時，有晉陵〔一〕鮑靚官至南海太守。少好仙道，以晉元康二年二月二日登嵩高山，入石室清齋，忽見古三皇文，皆刻石爲字。爾時未有師，靚乃依法以四百尺絹爲信，自盟而受。後傳葛稚川，枝孕相傳，至于今日。三寶行世，自然之數，心與理契，因緣冥符，使之然也。

術曰：夫衆生昏惑，長迷生死，神明蔽瞑，不能悟理。聖人興大慈大悲，愛若赤子，隨時化生，隨宜救拔，欲令離苦，得無爲之樂。但聖道淵邃，難可頓悟，必須階漸，以發其蒙。

〔一〕「晉陵」，本書卷一〇六鮑靚真人傳作「陳留」，晉書鮑靚傳作「東海」。

未顯大法，先教厨食章書雜法，黄赤之道雜化，淺近以應，遇情信伏。能修雜法，名爲奉道。既能奉道，則能捨離魔俗之法，漸漸調伏，而後教以靈寶。

既信靈寶，便求爲道士。既爲道士，便宜受持一百八十大戒，二百四十威儀，修行六通，能遣六塵，四十五念、十二上願、十二可從、一切法行，皆能受持。研心宗極，洞體道真，洞然玄悟，以得神仙。從此而修，終會無爲，當知章厨雜化，爲漸導之義。雖名奉道，未識正理，惟體識君子，宜裁之焉。

道教相承次第録

謹按雲臺治中内録〔一〕言：太上老君傳授雲臺正治官圖，治山、竈、鼎等，得四十一代相承，具人名代數如後：

第一代老君。老君火山大丹治法，傳授三百人，唯三人系代：王方平、尹喜、徐甲。

第二代王君。王君授三十人，唯三人系代：茅濛、孫盈、章震。

第三代章震。震授十七人，唯二人系代：若士、李夫人名仙。

〔一〕「雲臺治中内録」，本書卷二八二十八治下八品第一無「内」字。

第四代若士。士授五十二人，唯三人系代：李元君、白石先生、李常存。

第五代李元君。元君授七十二人，唯二人系代：王子喬、許述成。

第六代諸仙，別傳分散，世絶系治官氣並治名。老君念於志學之子，再下平蓋山，授張陵爲雲臺治，火芝火仙之經，方術變化、長生不死之藥，登昇雲天之道。勑陵爲第六代道之外孫。而東海小童君爲陵保舉師，太上老君爲度師。度雲臺治，封陵爲天師。天師授三百人，唯三人系代行治：張申、王昇、李忠。

第七代張申。申授三十三人，唯三人系代行傳治法：李仲春、李意期、李玄。

第八代李仲春。仲春授十五人，唯二人系代：李少君、魏伯陽。

第九代李少君。少君授九十人，唯二人系代：欒巴、李常存。

第十代欒巴。巴授五人，唯二人系代：陰長生、李宙先。

第十一代陰長生。長生授八人，唯二人系代：張景霄、王萬縉。

第十二代張景霄。景霄授五人，唯一人系代：劉馮。

第十三代劉馮。馮授五人，唯一人系代：劉政。

第十四代劉政。政授五人，唯二人系代：孫博、嚴光。

第十五代孫博。博授三人，無可代者。乃入林屋山中合龍虎大丹而昇天，治法遂絶。

太上老君命李仲甫出神仙之都，以法授江南左慈字元放，故令繼十六代爲師相付。元放授八十人，唯三人系代：介象、嚴光女、李佗。

第十七代介象。介象授四十人，唯五人系代：李延、張授、萬葛卿、阮玉、李用。

第十八代李延介談。延談授十八人，唯一人系代：劉景。

第十九代劉景。景授四人，唯一人系代：東海郭延

第二十代東海郭延。延授三十人，唯一人系代：靈壽光。

第二十一代靈壽光。壽光本外國人，授十八人，唯一人系代：何述。

第二十二代何述。述授十人，唯一人系代：羅先期。

第二十三代羅先期。先期授二十人，唯二人系代：甘季仁、甘孝先。

第二十四代甘孝先。孝先授五十一人，唯一人系代：石帆公。

第二十五代石帆公。帆公授十九人，唯一人系代：宮户，一云：宮中用字也。

第二十六代宮户。户授八十人，無可傳者，治法遂絶。户入南嶽及天台山，經八十五年，世絶仙人，正道不繼。

老君念其功修之徒，再降廬山，勑左元放授施存、葛玄，令繼代爲仙官世祖，師傳仁人者也。

第二十七代施存。存授七十人，但皆地仙耳，唯同學葛玄繼代。

第二十八代葛玄。玄授十九人，唯三人系代：張秦、仇真、李用，别出。

第二十九代尹思。太上老君差紫衣使者下命，於廬山授五人，更二人尹思尹軌系代傳治。思授七十人，唯二人系代：女子樊忠和、韋義山。

第三十代尹軌。軌授十九人，唯一人系代：女仙李元一。

第三十一代女仙樊忠和。忠和授二人，唯一人系代：劉綱東陵毋〔一〕。

第三十二代女仙李元一。元一授四十人，無人可傳，治法代絶。

第三十三代劉綱。綱，樊夫人弟子，雖居官治，又其夫也，治法後絶。

第三十四代張秦。秦，葛玄弟子，玄見其代絶，乃再令秦授十一人，唯一人系代：王列。

第三十五代王列。列授九人，唯二人系代：許遜、胡少真。

第三十六代許遜。遜授一百人，而無人可授，系代又絶。遜昇天後，兩代人民征伐，真志不傳。

老君敕使三人，於天台山令葛玄傳鄭思遠，系三十七代。思遠授十九人，唯二人系代：葛洪、李淳風。

〔一〕「東陵毋」，宜作「東陵聖母」。

第三十八代李淳風。淳風授四十人，唯四人系代。而未傳授二人者：李道興、李靖。後又隱於房公之山，一百年後，出授張常存、李太虚、李惠舉、同太師神等四人。

第三十九代李惠舉、張常存，而各分代傳授，皆稱三十九代孫。惠舉授三十人，唯三人可代：李保真、白玄中、李太昌。張常存授三十七人，唯三人願系代：孫張真、應真、孫道用。

第四十代李保真。保真授二十四治一百人，唯二人系代：林通元、李德仁。

第四十一代林通元。

玄都九真盟科上品傳經篇〔一〕

玄都上品第一篇曰：「大洞真經、雌一寶經、太上素靈大有妙經三奇之章，高上玉皇寶篇，祕在九天之上大有之宫，太玄靈臺玉房之中。上皇之初，舊科：經萬劫一傳。三道正明，學真日興，高上科：七千年内，聽得三傳。侍衛玉童玉女各七千人，執香典炅〔二〕。按科傳授之法，皆對告齋百日，分金鈕爲盟，給玉童玉女，依四極盟科。不依科而傳，罪延七

〔一〕「上品傳經篇」原作「九品傳經録」，據太上九真明科改。

〔二〕「炅」，太上九真明科上品傳經篇作「灵」。

祖，幽魂充役，吞火食鐵，負山運石，以填無極之考，抱風刀之罰，身殁形殘，長閉地獄，萬不得仙。」

玄都上品第二篇曰：「傳大洞真經三十九章於後〔一〕者，誓以上金十兩，銅二十五斤，鈕〔二〕五雙，金魚玉龍各一枚，青絲一兩纏鈕〔三〕。若雌一，以上金五兩，五色錦繒各五十尺，香一斤，金鈕三雙；太上素靈洞真玄經，上金三兩，紫紋百尺，青繒二十七尺，赤絲五兩，香一斤，丹一兩。上皇以信誓心，不得有闕，闕則虧科。師犯則奪〔四〕侍經玉童玉女，還於本宮，不過三年，身被風刀考罰，自然失經。受者不依盟科，皆失明形殘，七祖父母被受酆都之責〔五〕，萬劫還生非人之道，學者慎之。」

玄都上品第三篇曰：「凡有金名東華，玉字上清，得授太霄琅書瓊文帝章、紫度炎光神玄變經、上清變化七十四方、九真中經、丹景道精隱地八術、解形遯變流景玉經、七變舞天

〔一〕「後」下，太上九真明科上品傳經篇有「學」字。
〔二〕「鈕」上，上書有「金」字。
〔三〕句末，上書有「爲盟」二字。
〔四〕「奪」，上書作「遷」。
〔五〕「被受酆都之責」，上書作「充北酆之責」。

經，皆九天真王、元始天王、太上天帝君、中央黃老君受於太空〔一〕中，九玄之內，虛無之高章也。皆祕在太上靈都之宮紫房〔二〕，三元君主之，侍衛玉童玉女皆三千人。元始之初，經七千劫一傳。自三道立正之後，七千年內聽三傳。七百年中，有其人亦聽傳。傳皆對齋九十日〔三〕，或九日，告盟而授之給玉童玉女，依四極盟科。若不依科而傳，罪延七祖父母，充責鬼官，運蒙山之石，填積夜之河，萬劫還生非人之道。己身被風刀之考，自然失經，終不得仙，傳者慎之。」

玄都上品第四篇曰：「傳瓊文帝章，齎金魚玉龍、青繒三十二尺、金鈕三雙爲誓；紫度炎光，五色錦各五十尺，上金五兩，沈香五斤，真朱一斤，書刀一口，金札七枚，絳紋七十尺之誓；上清變化七十四方經，青繒四十尺，上金十兩，金鈕六雙，好香一斤，金魚玉龍之誓；九真中經，舊科落髮爲盟，今以白絹九十尺准盟，法於九真之數，青絲一斤，絳紋二十

〔一〕「太空」下，太上九真明科上品傳經篇有「之」字。
〔二〕「紫房」下，上書有「之內」二字。
〔三〕句末，上書有「或三十日」四字。

四尺，北暉之誓，碧繒二十四尺，月華之誓，金鈕三雙，无常童子圓〔一〕變之信；丹景道精隱地八術、解形遁變流景玉經，悉上金十兩，金魚玉龍各一枚，青繒四十尺，紫紋四十尺，金鈕各三雙；七變舞天經，上金五兩、真朱一斤、青繒三十二尺之誓。信以質心，不得有闕，闕則違科。師以天信投於山棲，以救窮乏。餘以供營經書之具，不得他散。師犯上科，奪玉童玉女，減筭奪紀，注名度還北〔二〕酆。受者不依科，皆喪魂失神，風刀之考，不出三年，自然失經，終不得仙。」

玄都上品第五篇曰：「消魔智慧、玉清隱書、寶洞飛霄絶玄金章、紫鳳赤書、八景晨圖、金真玉光、靈書紫文、金瑺玉珮、金根上經、三天正法，皆太上大道君、元始天王、金闕帝君之寶章，祕在玉清之宮，金房紫户之内，典衛靈文玉童玉女各三千人。元始之初，千劫一傳。自三天立正之後，七百年内，聽得三傳。百年中有其人，聽一傳。給玉童玉女，依四極盟科，授者對齋九十日〔三〕，或九日而傳。不依科而傳，罪延七玄之祖，長充鬼役，無有解

〔一〕「无」原作「元」，據太上九真明科上品傳經篇改。「圓」，上書及洞真太上素靈洞元大有妙經中玄都九真明科上品傳經篇作「員」，洞真太上道君元丹上經中玄都九真明科上品傳經篇作「質」。

〔二〕「北」原作「比」，據太上九真明科上品傳經篇改。

〔三〕「九十日」下，上書有「或三十日」四字。

脱。己身被風刀之考，死充下鬼，萬不得仙。」

玄都上品第六篇曰：「傳消魔智慧、寶洞飛霄絶玄金章、紫鳳赤書〔一〕、八景晨圖，皆上金十兩，玉札一枚，金魚玉龍各一枚，紫繒四十尺；金根經〔二〕、靈書紫文，上金五兩，金簡玉札各一枚，長一尺六寸，廣二寸四分，金魚玉龍各一枚，紫繒百尺，青紋四十尺；三天正法，青繒三十尺，青布四十三尺，金鐶五雙，以爲密誓，上金十兩，通神之信；金真玉光、玉珮金璫、玉清隱書，皆金魚玉龍各一枚，以爲誓信。依科不得有闕，闕則師奪玉童玉女，注名還度北酆。受不依科皆喪魂失神，罰以風刀，不出三年，自然失經，萬不得仙。」

玄都上品第七篇曰：「七星移度、白羽黑翮飛行羽經、飛步天綱躡行七元、太上隱書、靈飛六甲，皆太上太帝君、太極太微天帝君〔三〕登空之道，隱化之章，祕在太上瓊宫之上，紫房之内。侍衛玉童玉女皆三千人，依科七千年一傳。三天立正之後，改七百年内聽得三

〔一〕「赤書」上原無「紫鳳」二字，據太上九真明科上品傳經篇增。
〔二〕「金根經」，上書作「金根衆經」。
〔三〕「太極太微天帝君」，上書作「太微天帝君」。

傳。若百年中有其人便傳。傳〔一〕授告齋九十日，或三十日，給玉童玉女，依四極盟科。不依科而傳，罪延七玄之祖，長充北酆鬼役，十苦八難。已身被風刀之考，身〔二〕没幽源，萬不得仙。」

玄都上品第八篇曰：「傳七星移度，青紋三十一尺，絳繒七十尺，鳳紋之羅九十尺，金鈕一雙；白羽黑翮飛行羽經，上金二兩，青紋三十二尺，以代截髮歃血之誓；飛步天綱，錦三十尺，金魚玉龍各一枚；太上隱書，金魚玉龍之誓；靈飛六甲，白素六十尺，金鐶六雙，青絲六兩。天科以信質心，不得有闕。闕則違科，師奪玉童玉女，除落青簿玉名，移還北酆。受者不依科，亡精喪神，罰以風刀，不出三年，自然失經，終不得仙。」

玄都上品第九篇曰：「傳方丈震靈〔三〕、豁落七元、八天隱文、流金火鈴、金、神虎符、消魔支幹、夜照神燭、八術隱遯紫清玉符、五籍洞玄、六甲上符、五行祕文、玄都玉〔四〕格諸

〔一〕「傳」原作「便」，據太上九真明科上品傳經篇改。

〔二〕「身」，上書作「永」。

〔三〕「方丈震靈」原作「方諸文震靈符」，據四極明科改。洞真太上道君元丹上經及大有妙經中玄都九真明科上品傳經篇均作「諸方丈震靈」。

〔四〕「玉」字原無，據太上九真明科上品傳經篇增。

符，凡有六百部，太上悉以其文，標於舊經之內，以爲立用。傳授盟科，悉依經科，傳授有闕，罪同上品。有經無符，則天魔害人；有符無經，則思念無感，神真不降。科云皆不得單行，單行罪亦如之。科、經及符，本同出於自然之氣，虚無之章，故不可得獨修也。無科修道，萬不成仙。」

雲笈七籤卷之五

經教相承部

真系隴西李渤述

今道門以經籙授受，所自來遠矣。其昭彰尤著，使搢紳先生不惑者，自晉興寧乙丑歲衆真降授於楊君，楊君授許君，許君授子玄文，玄文付經於馬朗。景和乙巳歲，勑取經入華林園。明帝登極，殳季真啓還私廨。簡寂陸君南下立崇虚館，真經盡歸于館。按黄素方，因緣值經，准法奉修，亦同師授。其陸君之教，楊、許之胄也。陸授孫君，孫君授陶君，陶君搜摭許令之遺經略盡矣。陶授王君，王君又從宗道先生得諸勝訣云。經法祕典，大備於王矣。王授潘君，潘君授司馬君，司馬君授李君。李君至于楊君，十三世矣。楊許並越漢登真，許令亦終獲度世。馬、殳幸會而不業。自陸君已降，則帝者無不趨其風矣。此皆史有明文，或遺跡可訪，又世世從事於斯者，其支裔焉。且知理而不知神，非長生之士也。超理入神，混合於氣，無爲而無不爲者，我真宗之道也。道無否泰，教有通塞，塞而通之者，存乎其人。故予述真系傳，其同源分派者，録名仙籍，不緝於此。時貞元乙酉歲七月二十一日，於廬山白鹿洞棲真堂中述。

晉茅山真人楊君

真人姓楊名羲，晉咸和五年九月生于句容，似吴人。潔白美姿容，善言笑。攻書好學〔一〕，該涉經史。性淵懿沈厚，幼而通靈，與二許早結神明之交，二許：映與穆。思玄薦於相王，用爲公府舍人。以永和初受中黄制虎豹法。六年又就劉璞傳靈符。璞即魏夫人長子也。君淵沈應感，虚抱自得，若燥濕之引水火，冥默幽欵，相襲無联矣。年三十六，以興寧乙丑歲，衆真降授。有若上相青童君、太虚真人赤君、上宰西城王君、太元茅真人、清靈裴真人、桐栢王真人、紫陽周真人、中茅君、小茅君、范中候、苟中候、紫元夫人、南嶽夫人、右英夫人、紫微夫人、九華安妃、昭靈夫人、中候夫人，莫不霓旌暗曳，神轡潛竦，紛紛屬乎煙消〔二〕，淪蹤收於俗蹊，讌聲金響，於君月無曠日，歲不虚矣。君師魏夫人，儷九華，而朋于

〔一〕「攻書好學」，真誥真胄世譜作「工書畫，少好讀書」，「攻」宜作「工」。

〔二〕「消」，道藏輯要本作「霄」。

諸真。故安妃云：「明君受〔一〕質虚閑，祕構玉朗，蘭淵高流，清響金宫，必高佐四輔，承制聖君，主察陰陽之和氣，爲吴越鬼神之君。後二十二年將乘龍駕雲，白日昇天。今若不耐風火之煙，可尋劒解作告終之術也。」真誥筭以太元十一〔二〕年丙戌去世。弟子許翽先師告，翽父穆亦因君偶真。故許氏九人，雖道慶自先，數至神發，如塵鑒凝照，揮瑩之功，並歸于〔三〕君矣。

雷平山真人許君

真人許翽，字道翔，小名玉斧。父穆，晉護軍長史，真位上清左卿。母陶氏，名科斗，入易遷宫。真人幼獨標挺，含真淵嶷，長史器異之。郡舉上計掾、主簿，並不赴。清秀瑩潔，糠粃俗務，如泉去蒙，盈其科而自進。居雷平山下，師楊君，傳三天正法曲素鳳文。後定録真人授其上道，告之曰：「學道當如穿井，井愈深，土愈難出。若不堅心正行，豈得見泉源

〔一〕「受」，真誥運象篇作「夷」。
〔二〕「十一」原作「十二」，據真誥真胄世譜改。
〔三〕「于」原作「子」，據文義改。

耶？」真人常願早遊洞室，不欲久停人間，遂詣北洞告終，即居方隅山洞方源館中，常去來四平方臺〔一〕。故真誥云：「幽人在世時，心樂〔二〕居焉。」又楊君與長史書亦云：「不審方隅幽人，設座於易遷户中未〔三〕？」真人化後十六年，當度東華，受書爲上清仙公上相帝晨。二録：太和二年丁卯，時年二十七歲。咸康七年辛丑生。自太和三年已後，無復顯跡。

世譜：年三十，則庚午年去世。

耆舊傳云：在此洞石壇上燒香禮拜，因而不起，明旦視形如生，壇今猶存。

真誥云：「從張鎮南之夜解也〔四〕。」蓋夜於壇上去耳。娶建康令黄演女，生男黄民，乃還家。

〔一〕「四平方臺」原作「四年方平臺」，據真誥真胄世譜改。
〔二〕「樂」上，上書有「常」字。
〔三〕「未」原作「朱」，據上書改。
〔四〕「之夜解也」，原作「受衣解法」，據真誥運象篇改。

仙人臨沮令許君

臨沮令許仙人，名黄民，字玄文，上清仙公翽之子，上清左卿穆之孫。以昇平五年辛酉生，時掾年二十一。仕郡主簿，察孝廉，石頭倉丞〔一〕，南蠻參軍，臨沮令。永興三年，京畿紛亂，令乃奉經入剡，爲馬朗所翺。朗從父弟罕〔二〕亦相周給。時人咸知許先生得道，又父祖皆有名稱，各加崇敬。元嘉六年，欲移居錢塘，乃封其真經一厨，付朗靖中，語：此是仙靈之跡，非我自來，縱有書亦勿與人。及至杜道鞫家，停少時而終，時年六十九。真誥言：黄民及伯祖邁、姑婆娥皇、伯聯，與黄民子榮弟、孫女瓊輝，並得度世。馬朗敬經若君父，每有神光靈氣見於堂宇。朗妻數見有青衣玉女空中去來，其家皆保富壽。朗忿何道敬竊書泄意，乃洋銅灌厨籥，勑家人不得復開。朗終，子洪、殳季真猶共尊尚。景和元年，婁惠明〔三〕諷殳季真啓取。季真善道術，爲當時所知。及至，奉呈於華林園，既見真跡瓌異，朱黄焕赫，不敢窮覽。

〔一〕「石頭倉丞」，真誥真胄世譜作「司農丞」。
〔二〕「罕」原作「牢」，據真誥真誥叙録改。
〔三〕「婁惠明」原作「婁惠朗」，據上書改。

至明帝登祚，季真乃啓還私廨。陸簡寂南下，立崇虚館，經亦歸于館。何神真巧運，既閟於馬，又發於殳，終授於陸君。殳馬猶巾几，負籍冪之榮，而無容入其妙焉。

宋廬山簡寂陸先生

先生，吳興懿族陸氏之子，諱脩静。道降元氣，生而異俗。其色怡怡，其德熙熙。明以啓著，虚以貫幽。少宗儒氏，墳索讖諱，靡不總該。以爲先天撫化，混一精氣，與真宰爲徒者，載在金編玉字，不形於此。遂收跡寰中，冥搜瀟衡熊〔一〕湘，暨九嶷羅浮，西至巫峽峩嵋，如雲映松風，麗乎山而映乎水。功成扣玄，感神授靈訣，適然自得通交於仙真之間矣。宋元嘉末，因市藥京邑，文帝味其風而邀之，先生不顧。及太初難作，人心駭疑。遂泝江南遊，嗜匡阜之勝槩，爰構精廬，澡雪風波之思，沐浴浩氣，挹漱元精。宋明皇帝襲軒皇淳風，欲稽古化俗，虚誠致禮，至于再三。先生固稱幽憂之疾，曾莫降眄。天子乃退齋築館，恭肅以遲之，不得已而莅焉。於是順風問道，妙沃帝心，朝野識真之夫，若水奔壑，如風應虎，其誰能御之？先生撥霧開日，汰沙引金，指方以倒之，中人以上皆自盈其分，司徒袁粲之流是

〔一〕「熊」原作「態」，據道藏輯要本改。

也。既立崇虚館，殳氏所寶經訣，並歸于我焉。初先離山，有熊虎猿鳥之屬，悲鳴擁路，出谷而止。及天子不豫，請事塗炭之齋。是夜卿雲紛郁，翌日乃瘳。先時洞玄〔一〕之部，真僞混淆，先生刊而正之，涇渭乃判。故齋戒儀範，至于今典式焉。桂陽王構逆，暴白骨遍野，先生具棺櫬，收而瘞之。其陰德密運，則無得而稱也。迨元徽五年春正月，謂門人曰：「吾得還山，可整裝。」衆咸〔二〕訝，詔旨未從，而有斯説。至三月二日，乃偃卧解帶，膚體輝爍，目瞳映朗，但聞異香芬馥滿室而已。後三日，廬山諸徒，共見先生霓旌靄然，還止舊宇，斯須不知所在，相與驚而異之。顧命盛以布囊，投所在崖谷。門人不忍，遂奉還廬山，時春秋七十二。所謂鍊形幽壤，勝景太微者矣。有詔謚曰簡寂先生，以故居爲簡寂館，宗有道也。凡撰記論議百有餘篇，並行於代。門徒得道者，孫遊嶽李果之最著稱首。後孔德璋與果之書論先生云：「先生道冠中都，化流東國。帝王禀其規，人靈宗其法。而委世潛化，遊影上玄。微言既絶，大法將謝。法師禀神定之資，居入室之品，學悟之美，門徒所歸。宜其整緝遺蹤，提綱振紀，光先師之餘化，纂妙道之遺風。可以導引末俗，開曉後途者矣。」

〔一〕「洞玄」原作「洞真」，據全唐文卷九二六吴筠簡寂先生陸君碑及本書卷四靈寶經自序改。
〔二〕「咸」原作「感」，據道藏輯要本改。

齊興世館主孫先生

有吴裔子孫名遊嶽，字穎達，東陽人也。幼而恭，長而和。其静如淵，其氣如春。甄汰九流，潛神希微。嘗步赤松磵縉雲堂，遂卜終焉之地。宋太初中，簡寂先生至自廬嶽，雲游帝宅。先生乃摳衣而趨，嗣承奥旨，授三洞并所祕楊真人、許掾手跡。因茹术却粒，服穀仙丸，六十七年，顔彩輕潤，精爽秀潔。暨簡寂上賓，方旋舊室，捃摭道機，斷覈真假，與褚、章、朱，四君交密。齊永明二年，詔以代師，并任主興世館。於是搜奇之士，知襲教有宗，若鳳萃于桐，萬禽争赴矣。孔德璋、劉孝標等争結塵外之好。後頻謝病歸山，朝命未許。至永明七年五月，内以揮神託化，沐浴稱疾，怡然而終。門徒弟子數百人，唯陶弘景入室焉。自恭事六載，義貫千祀，唯貴知真，故特蒙賞識。經法誥訣，悉相傳授。方欲共營轉鍊，已集藥石，將就治合，事故不遂。

梁茅山貞白陶先生

吴荆牧陶濬七代孫名弘景，字通明，丹陽秣陵人也。母初娠，夢日精在懷，并二天人降，手執金香鑪。覺，語左右曰：「當孕男子，非凡人也，然恐無後。」及生標異，幼而聰識，成而博達。因讀神仙傳，便有乘雲馭龍之志。年十七，與江斅、褚炫、劉俣〔一〕爲宋昇明四友。仕齊歷數王侍讀，皆總記室。牋疏精麗，爲時所重師法。及清溪宫成獻頌，宣旨褒贊，兼欲刻石，王儉議之乃止。年二十餘服道，後就興世館孫先生諮禀經法，精行道要，通幽洞微。轉奉朝請，乃拜表解職。答詔優勤，賜與甚〔二〕厚。公卿祖之征虜亭，供帳之盛，咸云：「自齊以來，未有斯事。」遂入茅山，又得楊許真書。遂登巖告静，自稱華陽隱居，書疏亦如此代名。特愛松風，庭院皆植之，每聞其響，便欣然爲樂。至明帝時，欲迎往蔣山，懇辭得止。然勑命餉賚，常爲煩劇。乃造三層樓棲止，身居其上，弟子居中，接賓於其下，令一小豎傳授而已。潛光隱耀，内修祕密，深誠所詣，遠屬霞人，可謂感而遂通。身長七尺八寸，爲性圓通謙謹，心如明鏡，遇物斯應。少憂戚，無疾競，滅喜怒，澹哀樂，有形於言跡者，是顯事廣物。深慕張良之爲人，率任輕虛，飄飄然有雲霞氣。其所修爲，皆自得於心，非傍識能及。尤長於詮正僞謬，地理曆筭，文不空發，成即爲體用。造渾天儀，轉之與天相會。其纂真誥、隱訣、注老君等書二百餘卷。至永元二年，深託向晦。及梁武帝革命，議國號未

〔一〕「劉俣」原作「劉俟」，據華陽陶隱居内傳卷上及南史、南齊書褚炫傳改。
〔二〕「甚」原作「其」，據道藏輯要本改。

定。先生乃引諸讖記，梁是應運之符。又擇郊禪日，靈驗昭著。勑使入山，宣旨酬謝。帝既早與之遊，自此之後，動静必報。先生既得祕訣，以爲神丹可成。每苦無藥，帝皆給之。又手勑諮迓，先生畫兩牛，一牛散放水草之間，一牛著金絡頭，有人執繩，以杖驅之。帝笑曰：「此人無所求，欲効曳尾龜，豈有可致之理？」或時有大事，無不前已奉陳，時人謂爲山中宰相。以大通初獻刀二口，一名喜勝、二名成勝爲佳寶。梁帝金樓子云：「於隱士重陶貞白，於士大夫重周弘正。其於義理，情轉無窮，真一時名士也。」先生嘗作詩云：「夷甫任散誕，平叔坐談空，不意昭陽殿，化作單于宮。」其時人士競談玄理，不習武事，侯景之難，並如所言。大同二年告化，時年八十一〔一〕。顔色不變，屈伸如常，屋中香氣，積日不散。詔贈中散大夫，謚貞白先生。仍遣舍人監護喪，馬樞得道傳〔二〕云：授蓬萊仙監。弟子數十人，唯王遠知陸逸沖稱上足焉。

〔一〕「八十一」原作「八十五」，據華陽陶隱居内傳卷中改。

〔二〕「得道傳」，當作「學道傳」，即道學傳。

唐茅山昇真王先生

瑯琊王遠知，陳揚州刺史曇選〔一〕之子。外祖丁超，梁駕部郎中。其母因夢靈鳳有娠，又聞腹中啼。寶誌曰：「生子當爲神仙宗伯也。」年七歲，日覽萬言。博總羣書，心冥至道。年十五，入華陽事貞白先生，授三洞法。又從宗道先生臧矜，傳諸祕訣。陳主召入重陽殿，特加禮敬，賞賚資送還茅山。先生乃於洞西北嶺上結靖室以居，研味玄祕。太建末，靖室中忽有一神人，醉卧嘔吐。先生然香禮候。神人曰：「卿是得道之人，張法本亦甚有心，吾欲並將遊天台山，石橋廣闊可過得。彼多散仙人，又常降甘露，以器盛之，服一升可壽得五百歲。卿能去否？」先生便隨出，上東嶺，就法本。至山半，忽思未别二三弟子付囑經書，背行三十步，廻望神人，化爲鶴飛去。

隋晉王廣鎮揚州，王子相、柳顧言相續奉請。先生既至，斯須而鬚髮變白。王懼而歸之，少選復舊。王踐祚，勑崔鳳舉詣迓。帝親執弟子禮，勑城都起玉清玄壇以處之，仍令代

〔一〕「曇選」原作「曇首」，據舊唐書隱逸傳、新唐書方技傳及茅山志卷二二王旻撰唐國師昇真先生王法主真人立觀碑改。

王越〔一〕師焉。

高祖龍潛時，先生嘗密告符命。秦王與房玄齡微服就謁，先生迎謂曰：「此中有聖人。」秦王因以實告。先生曰：「方作太平天子，願自愛也。」秦王詣先生受三洞法。及登極，將加重位，固請歸山。至貞觀九年，勅潤州於茅山置太平觀，并度七人。降璽書曰：「朕昔在藩朝，早獲問道，眷言風範，無忘寤寐。近覽來奏，請歸舊山，已有別勅，不違高志。所令置觀，用表宿心。先生浩氣虛懷，語默一致，涵照如鏡，應物無私。」時有竇德玄先經揚州，遇司命使者，言其有重禄，以九九數當終命。德玄求哀於使者，云：「真人王法主，是少室仙伯，檢録人鬼之任，關奏天曹，無不即應。」德玄遂懇祈於先生。先生不得已，因與請命。使者報曰：「更延十三年。」至高宗朝，德玄爲左相，捐館舍之日，言皆如之。故舉世呼先生爲法主，又知已授仙職。後謂潘師正曰：「吾昨見仙格，以小時誤損一童子吻，不得白日昇天，署少室仙伯，將行在近。」翌日，沐浴加冠衣，焚香而寐。告化時，年一百二十六歲。潘師正、徐道邈同得祕訣，爲入室弟子。陳羽、王軌次之。其餘各棲洞府，終身無替。高宗調露二年，贈太中大夫，謚曰昇玄先生。乃勅置太平觀，度滿四十九人。天后嗣聖初，又贈

〔一〕「代王越」，按隋書煬帝紀作「代王侑」。

金紫光禄大夫，改謚昇真先生。明皇天寶中，勑李含光於太平觀造影堂，寫真像，用旌仙跡焉。

中嶽體玄潘先生

中嶽道士，前有天師，次稱潘先生。先生名師正，趙州贊皇人。少喪母，廬於墓側，以至孝聞。先生真氣内融，輝光外發，如隋珠荆玉，不假於飾，而人自寶之。隋大業中入道，王仙伯盡以隱訣及得符籙相授。棲於太室逍遥谷，積二十年，但嚼松葉飲水而已。高宗皇帝每降鑾輦，親詣精廬。先生身不下堂，接手而已。及問所須，答言：「松樹清泉，山中不乏。」帝與武后共尊敬之，留連信宿而返。尋勑於所居造崇唐觀，嶺上别起精思院以處之。勑置奉天宫，令於逍遥谷口特開一門，號曰仙遊門。復於苑北面置尋真門。太常奏仙樂，又以祈仙、望仙、翹仙爲曲，皆謂先生名焉。前後賜詩五百首。先生每歎曰：「大丈夫業道，不能滅影雲林，以煩世主，吾之過也。」遂欲東求蓬萊，孤舟入海。屬帝敦篤斯道，祈歎愈加，踟躕山隅，輟策未往。以永淳元年告化，時年八十九。帝追望不止，贈太中大夫，謚曰體玄先生。先生神標仙骨，雅似隱居。夫階真韜冥，練景遊化者，其有類乎！弟子十八人，並皆殊秀，然鸞姿鳳態，眇映雲松者，有韋法昭、司馬子微、郭崇真。皆禀訓瑶庭，密受瓊室，專玉清之業，遺下仙之儔矣。時陳子昂又作頌云云。

王屋山貞一司馬先生

後周瑯琊公司馬裔玄孫名承禎，字子微，河内人也。少事體玄先生，傳其符籙及辟穀導引服餌之術。體玄特相賞異，謂曰：「我自簡寂傳授正法，至汝六葉矣。」先生是後因浪遊遠詣於天台山。武太后聞其名，召至都，降手詔讚美。及將還，勑李嶠餞於洛橋之東。景雲二年，睿宗令其兄子〔一〕承禕就山迎至京，入宫中，問以陰陽數術。先生對曰：「經云：『爲道日損，損之又損之，以至於無爲。』且目所見者，損之尚未能已。豈復攻乎異端，而增其智慮哉。」帝曰：「治身無爲，則清高矣。治國無爲，如何？」對曰：「國猶身也。莊子〔二〕曰：『遊心於澹，合氣於漠，順物自然，而無私焉。而天下理。』易曰：『大人與天地合其德』是知不言而信，不爲而成。無爲之旨，理國之道也。」帝歎曰：「廣成之言，何以加此！」因固辭還山，乃賜寶琴一張及霞文帔，中朝詞人贈詩者百餘首。開元九年，明皇又遣

〔一〕「子」字衍文，應删。

〔二〕「莊子」原作「老君」，據本書卷一一三續仙傳本傳改。

使迎至京。帝親受法籙，前後賞賜甚厚。十年駕入都，先生又請歸山，帝賦詩，於王屋山自選形勝，置壇宇以居之。先生因上言，今五嶽之神祠，皆是山林之神，非正真之神也。五嶽皆有洞府，各有上清真人降任其職。請別立齋祠。帝從其言，因置真君祠，其形像制度，皆請先生推按道經創爲之焉。先生頗善篆隸，寫三體道德經，刊正文字，著五千三百八言爲真本。又撰修真祕旨，窺之者得其門矣。勑於先生所居置陽臺觀，帝自書額，并相續賜賚甚厚。至二十三年告化，時八十九。制贈銀青光禄大夫，謚曰貞一先生，又御製碑文。先生門徒甚衆，唯李含光、焦靜真得其道焉。靜真雖禀女質，靈識自然，因精思閒，有人導至方丈山，遇二仙女，謂曰：「子欲爲真官，可謁東華青童道君，受三皇法。」請名氏，則貞一也。乃歸而詣，先生亦欣然授之。

茅山玄静李先生

弘孝威者，晉陵人，家本純儒，州里號貞隱先生。避敬宗皇帝諱，改爲李氏。其子曰含光，年十三，辭家奉道。端視清霄，慈向蠢類，暗室之中，如對君親，時人見之，情色皆歛。幼攻篆隸，或有稱過其父者，一聞此義終身不書。後事貞一先生，雲篆寶書，傾囊相付。既而目之曰：「真玉清之客也。」抱虛無而行功者，於道不窮；託幽阜而滅跡者，於德亦淺。

承之自遠，宜且救人。是引後學升堂，稟玄訓也。先生元氣不散，瑶圖虚映，達靈久矣。晦輝爲常，動非用開，静非默閉。當吹萬之會，若得一之初。應跡可名，常道不可名也。孕育至化，虚融物心。心一變至於學，學一變至於道同。淑氣自來，得之不見。所以摳衣而進者，仰範元和，若秋芳之依層巘，夏潦之會通川也。先生忘情於身，而慈於人。禎祥屢應，視同衆象。士庶諮詢，色受其意。常令章壇閉院，醮火擇薪。精微誠敬，率皆類此。開元末，明皇禮請先生，而問理化。對曰：「道德，君王師也。昔漢文行其言，仁壽天下。」次問金鼎。對曰：「道德，公也。輕舉，公中私也。時見其私，聖人存教。若求生徇欲，乃似繫風耳。」帝加玄静之號以尊之。無何，固以疾辭，東還句曲山。敕於其所居造紫陽觀以居焉。自後天書繼至，資奉相續，及公卿祈請，往來無虚月。卒使玄門之中，轉見真操。持慈、儉之寶，歸羲皇之風，至矣哉，先生之教也。所撰仙學傳，及論三玄異同，又著真經并本草音義，皆備載闕遺，窮頤精義矣。以大曆四年冬十一月，顧謂入室弟子韋景昭、孟湛然曰：「吾將順化。」神氣怡然，若坐亡長往，時年八十七。靈雲降室，芝草叢生，執簡如常，和色不去。據真經，斯乃秉化自然，仙階深妙者也。景昭授皇洞虚，洞虚授李方來，皆嗣德不墜。時柳識又頌先生云：「古有强名，元精希夷。黄帝遺之，先生得之。縱心而往，與一相隨。真性所容，太元同規。日行仙路，不語到時。人言萬齡，我見常姿。明皇仰止，徵就京師。紫極徒貴，白雲不知。遐方後學，來往怡怡。空有多門，真精自持。順化而去，人焉能窺。玄科祕訣，本有冥期。」

雲笈七籤卷之六

三洞經教部

三洞并序

道門大論云：三洞者，洞言通也。通玄達妙，其統有三，故云三洞。第一洞真，第二洞玄，第三洞神。乃三景之玄旨，八會之靈章。鳳篆龍書，金編玉字，修服者因茲入悟，研習者得以還源〔一〕。故玉經隱注云：「三洞經符，道之綱紀。」

本際經云：「若有經文，具十二印〔二〕，應三洞者，是名正經〔三〕。」洞真以不雜爲義，洞

〔一〕以上六句道教義樞卷二三洞義作「八會之靈音，三景之玄教。金編玉字，研習可以還源；鳳篆雲章，修服因茲入悟」。

〔二〕「印」原作「部」，據道藏本太玄真一本際妙經及敦煌道經圖録篇改。

〔三〕「經」原作「法」，據上二書改。

玄以不滯爲名，洞神以不測爲用，故洞言通也，三洞上下，玄義相通。洞真者，靈祕不雜，故得名真。洞玄者，生天立地，功用不滯，故得名玄。洞神者，召制鬼神，其功不測，故得名神。此三法皆能通凡入聖，同契大乘，故得名洞也。

然三洞所起，皆有本跡。洞真之教，以教主天寶君爲跡，以混洞太無元高上玉皇之氣爲本。洞玄之教，以教主靈寶君爲跡，以赤混太無元无上玉虛之氣爲本。洞神之教，以教主神寶君爲跡，以冥寂玄通元無上玉虛之氣爲本也。

又云：「天〔一〕是玄義，靈〔二〕是精義，神是無累之義。」此既三洞垂法，從仙達聖，品級轉遷之理也。謂修學之人，始入仙階，登無累境，故初教名洞神神寶。其次智漸精勝，既進中境，故中教名洞玄靈寶。既登上境，智用無滯，故上教名洞真天寶也。通名寶君者，寶是可尊，君是羣義，明爲羣生之所尊仰也。又洞真法天寶君住玉清境，洞玄法靈寶君住上清境，洞神法神寶君住太清境。此爲三清妙境，乃三洞之根源，三寶之所立也。今明〔三〕

〔一〕「天」下原有「地」字，據道教義樞卷二三洞義删。

〔二〕「靈」原作「虚」，據上書改。

〔三〕「明」，道藏輯要本作「名」。

玉以無雜，就體而名玉清也；上以上登逐用，而名上清也；泰以通泰體事，故爲太清也。又修道之人，初登仙域，智用通泰，漸昇上境，終契真淳。故以三境三名，示其階位之始也。通名三清者，言三清淨土，無諸染穢。其中宫主，萬緒千端，結氣凝雲，因機化現，不可窮也。

又三洞之元，本同道氣，道氣惟一，應用分三。皆以誘俗修仙，從凡證道，皆漸差别，故有三名。其經題目：洞神即云洞神三皇，洞玄即云洞玄靈寶，洞真即雜題諸名，或以言〔一〕教垂文，或以色聲著體，並是難思知用，隨方立名耳。

原夫經教所出，按業報經應化經並云：天尊曰：「吾以道氣，化育羣方。從刼到刼，因時立化。吾以龍漢元年，號無形天尊，亦名天寶君。化在玉清境，説洞真經十二部，以教天中九聖，大乘之道也。」

玉緯云：洞真是天寶君所出。又云：以元始高上玉帝出上清洞真之經三百卷，玉訣九千篇，符圖七千章，祕在九天之上，大有之宫。後傳玉文付上相青童君，封於玉華宫。元景元年，又封一通於西城山中。又太帝君命榑桑太帝暘谷神王出獨立之訣三十卷，上經三

〔一〕「以言」原作「言以」，據道藏輯要本改。

百卷，行之於世。又襄城小童授軒轅黄帝七元六紀飛步天綱之經。漢元封元年，西王母、上元夫人同授漢武帝靈飛六甲上清十二事。又太元真人茅盈受西城王君所傳玉佩金璫纒璇之經。又玄洲上卿蘇林真人受涓子所傳三一之法。又真人王褒，漢平帝時，西城王君所傳上清寶經三十一卷，晉成帝時，於汲郡傳南嶽魏夫人。夫人之子傳茅山楊羲，羲傳許邁，邁復師南海太守鮑靚，受上清諸經。邁弟謐、謐子玉斧，皆受三天正法曲素鳳文。

天尊曰：「吾以延康元年，號無始天尊，亦名靈寶君。化在上清境，説洞玄經十二部，以教天中九真，中乘之道也。」

玉緯云：洞玄是靈寶君所出，高上大聖所傳。按元始天王告西王母曰：「太素紫微宫中金格玉書靈寶文真文篇目十二部妙經，合三十六帙〔一〕。」

又四極盟科云：洞玄經萬劫一出，今封〔二〕一通於勞盛山。昔黄帝於峨嵋山詣天真皇人，請靈寶五芽之經。於青城山詣甯封真君，受靈寶龍蹻之經。又九天真王降於牧德之

〔一〕以上引文，道教義樞卷二三洞義及本卷下文均作「太上紫微宫中金格玉書靈寶真文篇目十部妙經，合三十六卷」。「真」上之「文」字宜删。

〔二〕「今封」下，上書及本卷下文均有「一通於太山」五字。

臺，授帝嚳靈寶天文，帝行之得道，遂封祕之於鍾山。又夏禹於陽明洞天感太上命繡衣使者降授靈寶五符以理水，檄召萬神。後得道爲太極紫庭真人，演出大小劫經、中山神呪、八威召龍等經，今行於世矣。時太極真人徐來勒與三真人，以己卯年正月降天台山傳靈寶經，以授葛玄。玄傳鄭思遠，思遠以靈寶及三洞諸經付玄從弟少傅奚，奚付子護軍悌，悌付子洪，洪即抱朴子也，又於馬跡山詣思遠告盟奉受。洪又於晉建元二年三月三日，於羅浮山付弟子安海君望世等。後從孫巢甫，晉隆安元年〔一〕傳道士任延慶、徐靈期，遂行於世。今所傳者，即黃帝、帝嚳、禹、葛玄所受者。十二部文未全降世。

天尊曰：「吾以赤明之年，號梵形天尊，亦名神寶君。化在太清境，說洞神經十二部以教天中九仙，小乘之道也。」

玉緯云：洞神經是神寶君所出，西靈真人所傳。此文在小有之天玉府之中。序目曰：小有三皇文本出大有，皆上古三皇所受之書，亦諸仙人所受〔二〕，以藏名山。昔黃帝東到青丘，過風山，見紫府真人，受三皇內文。又黃盧子、西嶽公皆受禁虎豹之術。真人介象

〔一〕「隆安元年」，道教義樞卷二三洞義及本卷下文均作「隆安之末」。

〔二〕「受」原作「授」，據道教義樞卷二三洞義改。

受乘虎之符。八威使者受策虎豹文。又鮑靚於晉惠帝永康年中，於嵩山劉君石室，清齋思道。忽有刻石三皇天文出於石壁，靚以絹四百尺告玄而受，後授葛洪。又壺公授費長房，亦有洞神之文。石室所得，與今三皇文小異。陸修靜先生得之，傳孫游嶽，游嶽傳陶隱居。其天中十二部經未盡出世。今傳者是黃帝、黃盧子、西嶽公、鮑靚、抱朴子所授者也。三洞既降，遂有大小中乘、初中後法三種分別，以教於世。夫三洞者，蓋是一乘之妙旨，三景之玄言。了達則上聖可登，曉悟則高真斯陟。龍章鳳篆，顯至理之良詮；玉簡金書，引還元之要術。故玉經隱注云：「三洞經符，道之綱紀。太虛之玄宗，上真之首經矣。豈中仙之所聞哉！」正一經又云：「三洞妙法，兼而該之，一乘道也。」

三洞品格

八素真經云：太上之道有三，上真之道有七，中真之道有六，下真之道有八。今出如左：

玉清隱書

神虎大符

金虎真符

右是太上之道。行此真道，得爲太上之真，位爲上真玉皇君也。

太上鬱儀奔日文

太上結璘奔月章

太上八素奔晨隱書

太微帝君飛行天綱上經

高上大洞真經三十九章

金闕靈書紫文上經

黄老八道九真中經

右上真之道。總而行之其道，則爲上清上元真人。

太丹隱書朝真上經玉帝神符

三天正法鳳真之文九真昇玄文

三元布經四真之章太上金策

方諸洞房玉字上經六甲靈飛符

靈寶祕符三皇内文天文大字

青要紫書曲素訣詞三五順行經

右中真之道。總而行之，則爲上清中道真人。

上清九化十變三九素語

丹景道精隱地八術

天關三圖玄皇玉書

神州七變七轉洞經

紫度中方石精玉馬水母經

絳緑黄道玉目龍書衆文

素奏中章五行祕符

五帝玉女上元五書

右下真之道。總而行之，則爲上清下元真人也。

元始天王告西王母曰：「太上紫微宫中金格玉書靈寶真文篇目有十部妙經，合三十六卷。」是靈寶君所出，高上大聖所撰，具如靈寶疏釋，有二十一卷已現於世，十五卷未出。孟法師云：高玄大法師夏禹師仙公所撰十卷，及修行要用五卷，足爲三十六，合爲六卷，即今世所行。其後分有内教十卷，即是昇玄之文，亦世所行也。

按太玄都四極盟科曰：洞玄經萬劫一出，今封一通於太山，一通於勞盛山。元始天王告西王母云：太上紫微金格玉書，靈寶真文十部妙經，太上所祕，不盡傳世。王母所得，詎已極源；五嶽所藏，亦多不備。龜山西室，王屋南洞，天經備足。昔黄帝登峨嵋山，詣天真皇人請受此法，駕龍昇玄。帝嚳之時，九天真王駕九龍之輿，降牧德之臺，授帝嚳此法，帝後封之於鍾山。夏禹所感之書出見〔一〕有異。今略序者，按真一自然經云：太極真人夏禹通聖達真，太上命鈔出靈寶自然經，分别有大小劫品經、中山神呪〔二〕、八威召龍等經，云小劫至時，必脱大水焉。

又云：徐來勒等三真，以己卯年正月一日日中時，於會稽上虞山傳仙公葛玄。玄字孝先，後於天台山傳鄭思遠、竺法蘭、釋道微。道微傳吴主孫權等。仙公昇化，令以所得三洞真經，一通傳弟子，一通藏名山，一通付家門子孫，與從弟少傅奚，奚子護軍悌，悌子洪。洪又於馬跡山詣思遠盟而授之。洪號曰抱朴子。抱朴以建元二年〔三〕三月三日，於羅浮山

〔一〕「見」，道教義樞卷二三洞義作「没」。

〔二〕「中山神呪」原作「棲山神呪」，據本卷上文及卷四七櫛髮呪條改。其下「八威召龍等經」，「等」原作「神」，據本卷上文改。

〔三〕「二年」原作「六年」，據本卷上文及道教義樞卷二三洞義改。

付弟子安海君望世等，至從孫巢甫，以晉隆安之末〔一〕，傳道士任延慶、徐靈期之徒，相傳于世，于今不絶。

玉緯云：昔元始天王以開皇元年七月七日丙午中時，使三天〔二〕玉童傳皇上先生，教曰：若白簡青籙之人，自然得乎此法。又虚無先生傳於唐堯，後聖帝君命小有天王撰集宣行。青童君云：自唐堯之後，得上文者乃七千人。皆〔三〕飛龍玄昇，或淪化潛引，不可具記。得道者皆藏文五嶽，經内明三劫化主。及開皇劫，以此妙經生天立地。大聖應於始青之中，號元始天尊，或太上道君人天化主。此如三寶科釋，今不具詳。

玉經隱注云：「三皇天文，或云洞神，或云洞仙，或云太上玉策。」洞仙者，明此教法，能通行者，登太清仙，故曰洞仙也。玉策者，是策進之名，亦是扶持之目。謂策勤行者，扶持使仙也。三皇文者，洞神第十四云：第一天皇文内字。字者，志也。明天使人仰觀上文，心識覺悟，内志習勤，外不炫燿。第二地皇内記書文。文者，明也。内學志明，記正無惑，

〔一〕「付弟子……以晉」十六字原缺，據上書補。又「隆安之末」，本卷上文作「隆安元年」。

〔二〕「使」字原無，據道教義樞卷二七部義增。

〔三〕「皆」原作「此」，據本卷下文改。

舒以廣濟，緣明至極也。第三人皇文。文者，明也。人能俯察地理，法地則天，定内安外，普度無窮，同歸玄門，由學所得。此並經釋也。又稱三皇經者，謂三皇各受，隔世禀行。又八帝之經，亦是隨方爲化。猶如靈寶一文，五帝分寶，即爲五帝文。鮑南海序目云：「上古初以授於三皇，名之三皇文也。」洞神第六又云：仙人曰：「皇文乃是三皇已前鳥跡之始大章者也。」第三又云：「皇文帝書，皆出自然，虛無空中，結氣成字。」又云：「本源無異矣。至于三皇各受一部，分爲三元，三才之道也。」第十三卷云：「三元八會，自然成文，方丈懸空，字字各現。」第十四云：「得失由人，此文不滅，聖真寶之，鎮太極宫中也。」

序目云：小有三皇文本出大有，皆上古三皇所受之書也。天皇一卷，地皇一卷，人皇一卷，凡三卷，皆上古三皇時所授之書也。作字似符文，又似篆文，又似古書，各有字數。神寶君所出，西靈真人所撰。此文在小有之天玉府之中。諸仙人授之，以藏諸名山石室，皆不具足，唯蜀郡峨嵋山具有此文。昔仙人智瓊以皇文二卷見義起，不能解，遂還之。王公以帛公精勤所得，傳之賢達，宣行至今。大字序説十四篇，是天文次第之訣。小有經下記所載十一卷，推部本經，分别儀式，合一十四卷。今孟先生所録者，是其山中所傳，猶十一卷。此二本並行於世。抱朴子云：「昔黄帝東到青丘，過風山，見紫府先生，受三皇内文。」晉時鮑靚學道於嵩高，以惠帝永康二年，於劉君石室清齋。忽有三皇文，刊石成字。

乃依經以四百尺絹告玄而受，後亦授葛洪。按三皇經序云：鮑君所得石室之文，與世不同。洪或兼受也。陸先生時所得，初傳弟子孫游嶽，有四卷而已。孫後傳陶先生，先生分析支流，稍至十一卷耳。即山中所傳者是。命召呪文云：三皇治世，各受一卷，以理天下，有急皆召天地鬼神勑使之，號曰三墳。後有八帝，次三皇而治人，各授一卷，凡八卷，號曰八索。八帝之治，邪鬼逆竄。黄帝述以斷邪惡。

七部并序

夫七部者，蓋乃總道化之教方，統玄門之正典，包羅羣藝，綜括衆文。六綜之辯莫階，五時之説非擬。覩斯法海，靡不成真，涉此慈波，咸皆捨僞者也。

七部者，今因正一經次。一者洞神部，二者洞玄部，三者洞真部，四者太清部，五者太平部，六者太玄部，七者正一部。前之三部，已如三洞義釋。今釋後四。

言太清者，孟法師云：大道氣之所結，清虚體大〔一〕，故曰太清，以境目經也。今謂此

〔一〕「清虚體大」，道教義樞卷二七部義作「炁清體太」。

經是從所輔之境得名。何者？此經既輔洞神，洞境是太清故也。亦未必示者〔一〕，此經既明金丹之術，服御之者遠昇太清，故言太清也。

太平者，太言極太，平謂和平。明六合太通爲一，正平之氣斯行。故太平經云：「今平氣行矣，平亦是安。」又云：「欲復古太平之法，先安中氣也。」又云：「三五氣和，日月常光明，乃爲太平。」爾雅云：「明，成也。」此亦可訓明，言明君治世，成濟品物，爲太平也。或有解云：三階〔二〕正爲太平。或有解云：景星現曰太平。此並一事爲釋耳。今明此經現世，能使六合同風〔三〕，萬邦共軌，君明物度，可謂太平也。

太玄者，孟法師云，是太玄都也。今爲老君既隱太平之鄉，亦未詳此是何所。必非攝跡還本，遺之又遺，玄之又玄，寄名太玄耶！此經名太玄者，當是崇玄之致，以玄爲太，故曰太玄也。若言起自玄都，不無此義，但七部皆爾，非獨此文也。

正一者，盟威經云：「正以治邪，一以統萬。」又言：「法文者，法以合離，文以分理。」此

〔一〕以上十八字，上書無，疑衍。
〔二〕「階」，道教義樞卷二七部義作「台」。
〔三〕「風」，上書作「文」。

言衆生離本，所以言離。故下文云：「反離還本〔一〕，合真捨僞，由法乃成。」言統萬者，總攝一切，令得還真。故下文云：「一切學士，覺悟少欲，欲少近乎道宗，宗道在乎戒〔二〕也。」治邪者〔三〕，文云：「衆生根麤，去道賒邈。大道慈悲，立法訓治。趣令心開，兩半成一。」一成無敗，與常道合真。」故曰正一法文也。通言部者，以部别爲義。三部通名太，正一獨稱正者，以三部輔於三洞大法，故言太；正一既遍陳三乘，簡異邪道，故稱爲正也。

四輔

第一、太清者，太一爲宗。老君演説。建豐經云：「微妙之旨，出於太清。」天老祕識經云：「生道實妙，人不釋誡，釋誡不倦，昇太清也。」九君申明道要云：「太清中經，元始出來，出於老君，傳付元君，

〔一〕「本」，上書作「合」。
〔二〕「戒」，道教義樞卷二七部義作「一式」。
〔三〕「者」字原缺，據上書增。

九皇真人祖習不絶，皆開此君也〔一〕。」正一經云：「太清金液天文地理之經，四十六卷。」此經所明，多是金丹之要，又著緯候之儀。今不詳辯。按墨録〔二〕所明，即漢安元年，太上以此經四十六卷付於天師，因此至今〔三〕也。

第二、太平者，三一爲宗。

老君所説。甲部第一云：「學士習用其書，尋得其根，根之本宗，三一爲主。」玉緯云：「太平者，六合共行正道之號也。今宛利世界九州八十一域罷〔四〕除六天，上問神人，詳説古道，家國安寧，長居慶樂。」丁部第四云：「欲知吾道大効，付賢明道德之君，使其按用之，立與天地乃響應，是其大明効證驗也。」甲部第一又云：「誦吾書，災害不起，此古賢聖所以候得失之文也。」又云：「書有三等：一曰神道書，二曰覈事文，三曰浮華記。神道書者，精一不離，實守本根，與陰陽合，與神同門。覈事文者，覈事異同，疑誤不失。浮華記者，離本

〔一〕以上引文，上書「出來」作「中來」，「老君」作「九老」，「元君」作「老君」，「習」作「襲」，「開」作「闕」，無「九皇」二字。

〔二〕「墨録」原作「黑録」，據道教義樞卷二七部義改。

〔三〕「今」原作「令」，據上書改。

〔四〕「罷」原作「擺」，據三天内解經卷上及本書卷八釋除六天玉文三天正法改。

已遠，錯亂不可常用，時時可記，故名浮華記也。」又云：「澄清大亂，功高德正，故號太平。若此法流行，即是太平之時。」故此經云：「應感而現，事已即藏。」又云：「聖主爲治，謹用茲文；凡君在位，輕忽斯典。」然其卷數，或有不同。今甲乙十部，合一百七十卷。今世所行。按正一經云，有太平洞極之經一百四十四卷。今此經流亡，殆將欲盡。此之二經，並是盛明治道，及證果修因，禁忌〔一〕衆術等也。若是一百四十卷洞極經者，按正一經，此漢安元年，太上親授天師，流傳茲目〔二〕。若是甲乙十部者，按百八十戒云，是周赧王時，老君於蜀郡臨卭縣授於瑯琊干吉。爾來又隱。近人相傳云，海嵎山石函内有此經。自宋梁以來，求者不得。或往取之，每值風雨暝暗，雷電激揚。至陳祚開基，又屢取不得，每至山所，風雨如故。至宣帝立，帝好道術，乃命太平周法師諱智響往取此經。法師挺素清高，良難可序。受請至山，清齋七日，將就取經。未展之頃，朝雲暗野，曉霧昏山。師拜禮進趨，天光開朗。乃命從人數十，齊心運力，前跪取函。函遂不得開。法師斂氣開之，乃見此經，請還臺邑。帝乃具禮迎接，安於至真觀供養。經放大光明，傾國人民，並皆瞻仰。帝命法師

〔一〕「忌」，道教義樞卷二七部義作「惡」。

〔二〕「目」，上書作「日」。

於至真觀開敷講説，利安天下，時稱太平。自此以來，其文盛矣。帝因法師得此經，故號法師爲太平法師，即臧靖法師之禀業也。

第三、太玄者，重玄爲宗。老君所説。故經云：「玄玄至道宗。」然其卷數亦有不同。正一經云：「太玄道經二百七十卷。」今玉緯所撰，止有一百三十五卷，又非盡是本經，餘者不見，當時運會未行。然此經所明，大略以玄爲致。故太玄經云：「無無曰道，義極〔一〕玄玄。」樂真人云：「道德五千文，兹境之經也。」舊云道德經有三卷。玉緯云：「其中經珍祕，部入太清。」亦未詳此解。按西昇序云：「列以二篇，乃河濱授於漢文。」又云：「素書二卷，尹喜所受。凡得五卷。」既説有三，時玄靖法師開爲三部，宗致道德二卷。是先説以道德爲體，其致則總，以其文内無的對揚之旨故也。西昇次説以無欲爲體，故云當持上慧，源妙真一。後説既盛明真一，故以真一爲體。其源流者，所授尹生五卷，由漸甚多，今不更説。通諸一部者，按正一經云：太上親授天師太玄經有二百七十卷。推檢是漢安元年七月得是經。爾來傳世，乃至今日。但其零落闕遺，亦是運還天府耳。

〔一〕「極」，道教義樞卷二七部義作「樞」。

第四、正一者，真一爲宗。太上所説。正一經，天師自云：「我受於太上老君，教以正一新出道法。」謂之新者，物厭故舊盛新，新出名異實同，學正除邪，仍用舊文，承先經教，無所改造。亦教人學仙，皆用上古之法。王長慮後改易師法〔一〕，故撰傳録文，名爲正一新出儀。故天師云：「後世男女，必改吾法，貪財愛色，不施散一切。汝曹重櫓，地獄爲家，宜各慎之。」正一經云：「正一法文一百卷。」今孟法師録亦一百卷，凡爲十帙。未知並是此經不耳？斯經所明，總述三乘之用。故此經云「正一遍陳三乘」。王長所撰新出之儀四十卷，但未有次第。長既隨師昇玄，于時多承口訣，秖録爲卷名，未詮次第也。其源流者，玉緯云：昔元始天王以開皇元年七月七日丙午中時，使三天〔二〕玉童傳皇上先生，白簡青籙之文，自然得乎此法。虚無先生傳於唐堯。又後聖帝君命小有天王撰集宣行。青童云：自爾之後，得此文者乃七千人。皆飛龍玄昇，或淪化潛引，不可具記。得道者藏文五嶽，精思積感，先得此文。此文極妙，

〔一〕「師法」原作「法師」，據道教義樞卷二七部義改。
〔二〕「三天」原無，據上書及本卷下文增。

得之隨緣。文來或出河洛，或戒經方，依因結果也。漢末有天師張道陵精思西山〔一〕，太上親降，漢安元年五月一日，授以三天正法，命爲天師，又授正一科術要道法文，其年七月七日又授正一盟威妙經三業六通之訣，重爲三天法師正一真人。按正一經治化品目〔二〕録云：「正目經九百三十卷，符圖七十卷，合千卷。」付天師正一百卷，即在其内。後會教重，自當具顯。道本尊卑經云：真經要妙，其文無雙。三十六萬四千，正言無數，不離正一。演氣布化。五千爲宗；真精要妙，三洞爲最也。然此法雖復久遠，論其所盛，起自漢朝。天師既昇天後，以此法降與子孫弟子嗣師系師及諸天人一切内外至信者，修行傳習。屢有傳道之人，今不具載。此文因此行矣。謹按正一經圖科戒品云：太清經輔洞神部，金丹以下仙業；太平經輔洞玄部，甲乙十部以下真業；太玄輔洞真部，五千文以下聖業。正一法文宗道德，崇三洞，遍陳三乘。」太平經云：「輔者，父也。今言三太輔三洞者，取其事用相資，成生觀解，若父之能生也。衆生鈍劣，聞深教不解，更須開説翼成，方能顯悟，即是扶贊之義也。

〔一〕「西山」，上書作「西蜀」。
〔二〕「目」，道教義樞卷二七部義作「墨」。

十二部

夫十二部經者，蓋是通三乘之妙訓〔一〕，貫七部之鴻規。尋之者知真，翫之者悟理。實〔二〕出生死之津梁，入大道之途徑。故正一經云：「三乘所修，各十二部。」

夫十二部道義，通於三乘。今就中乘爲釋，餘例可知。十二者：第一本文，第二神符，第三玉訣，第四靈圖，第五譜録，第六戒律，第七威儀，第八方法，第九衆術，第十記傳，第十一讚頌，第十二表奏。言本文者，即三元八會之書，長行元起之説，其例是也。紫微夫人云：「三元八會之書，太極高真所用〔三〕。」本者，始也、根也。是經教之始，文字之根。又爲得理之元〔四〕，萬法之本。文者，分也、理也。既能分辨二儀，又能分別法相；既能理於萬事，又能表詮至理。如木有文，亦名爲理也。不名真文者，十二義通三乘，真文教主中洞，

〔一〕「妙訓」，玄門大義正義第一作「訓典」。
〔二〕「實」字上書無。
〔三〕「用」原作「有」，據玄門大義釋名第二及道教義樞卷二十二部義改。
〔四〕「元」，上二書分別作「原」與「无」。

非通義也。神符者，即龍章鳳篆之文，靈跡符書之字是也。神則不測爲義，符以符契爲名。謂此靈跡，神用無方，利益衆生，信若符契。玉訣者，如河上釋柱下之文，玉訣解金書之例是也。玉名無染，訣語不疑，謂決定了知，更無疑染。靈圖者，如含景五帝之像，圖局三一之形，其例是也。靈，妙也；圖，度也。謂度寫妙形，傳流下世。譜録者，如生神所述三君，本行〔一〕所陳五帝，其例是也。譜，緒也；録，記也。緒記聖人，以爲教法。亦是緒其元起，使物録持也。戒律者，如六情十惡之例是也。戒者，解也、界也、止也。能解衆惡之縛，能分善惡之界，防止諸惡也。律者，率也、直也、慄也。率計罪愆，直而不枉，使懼慄也。威儀者，如齋法典式〔二〕，請經軌儀之例是也。威是儼嶷可畏，儀是軌式所宜。亦是曲從物宜，爲威法也。方法者，如存三守一，制魄拘魂之例是也。方者方所，法者節度。修行治身，有方所節度也。衆術者，如變丹鍊石，化形隱景之例是也。衆，多也；術，道也，爲趣至極之初道也。記傳者，如道君本業，皇人往行之例是也。記，誌也；傳，傳也。謂記誌〔三〕

〔一〕「本行」原作「立本」，據玄門大義釋名第二及道教義樞卷二十二部義改。
〔二〕「式」原作「戒」，據上二書改。
〔三〕「誌」原作「至」，據上二書改。

本業，傳示學人。讚頌者，如五真新頌，九天舊章之例是也。讚以表事，頌以歌德。故詩云：「頌者，美盛德之形容。」亦曰偈。偈，憩也。以四字五字爲憩息也。表奏者，如六齋啓願，三會謁請之例是也。表，明也；奏，湊也。謂表心事上，共湊大道〔一〕。通言部者，以部類爲義，亦以部別爲名。謂別其義類，以相從也。無方釋義，十二互通，從通制別，意如前釋。然十二部内，唯本文有通相、別相。以十二部皆是文字，爲得理之本，通名爲本文。本文猶是經之異名。十二部既通名爲經，是通相本文也。於通相文内，別〔二〕出一部，是五篇真文，有生天立地之能，是一切法本，爲別相本文也。不可言：十二部皆是玉訣，別出一部是別相玉訣也。餘部例然。又有長行爲偈本稱本文者。餘二乘經，望此可知。

本文是生法之本，數自居前。既生之後，即須扶養，故次辯神符。八會雲篆，三元玉字，若不諳鍊，豈能致益？故須玉訣，釋其理事也。衆生暗鈍，直聞聲教，不能悟解，故立圖像，助以表明。聖功既顯，若不祖宗物情，容言假僞，故須其譜録也。此之五條，生物義定，

〔一〕「謂表心事上，共湊大道」，玄門大義釋名第二作「謂表明心事，上湊大道」，道教義樞卷二十二部義作「謂申明心事，上奏大道」。

〔二〕「別」原作「則」，據玄門大義改。

將欲輔成，必須鑒戒，惡法文〔一〕弊，宜前防止，故有戒律。既捨俗入道，出家箴〔二〕於師寶，須善容儀，故次明威儀也。又前乃防惡，宿罪未除，故須修齋軌儀，悔已生惡也。儀容既善，宿根已淨，須進學方術。理期登真，要假道術之妙。顯乎記傳，論聖〔三〕習學，以次相從也。亦是學功既著，名傳竹帛，故次記傳。始自生物，終乎行成，皆可嘉稱，故次有讚頌。又前言諸教，多是長行散説。今論讚頌，即是句偈。結辭既切，功滿德成，故須表申靈府，如齋詑言功之例，故終乎表奏也。又前十一部明出世之行，後之表奏祛世間之災，如三元塗炭、子午請命之流，皆關表也。

三十六部

三乘之中，乘各有十二部，故合成三十六部也。論其相攝者，一往大乘具有三十六部，中乘具有二十四部，小乘唯十二部。何者？以大得兼小故也。又大乘得學小，爲遍行也。

〔一〕「文」，玄門大義明次第第五作「交」。
〔二〕「出家箴」，上書作「出家受戒箴」，道藏輯要本作「出家造」。
〔三〕「聖」，玄門大義明次第第五作「其」。

小不得兼學大，故止十二。中乘可知。此遠論界内化門意也。再論三洞，即是會前三乘入此一乘，故三洞大乘唯一耳。而又約三洞、開三乘者，此欲示一乘之内，無所不包。又云，有二經不同。一者太玄部老君〔一〕自然齋儀云：經有三條：一曰天經，天真所修；二曰地經，洞天所習；三曰人經，世間所行。三景之法，相通而成一，曰三乘〔二〕。三乘之用，各有十二部〔三〕，交會相通，總曰三十六部。十二條：一曰無爲，二曰有爲，三曰無爲而有爲，四曰有爲而無爲，五曰續愛，六曰斷愛，七曰不斷不續，八曰分段，九曰無斷〔四〕，十曰知微，十一曰知彰，十二曰適〔五〕用。當境而曰十二部。隱顯兼施，則有七十二部。今謂此文所出，前之三經，自可是教。後之十二，意在行也。二者正一所明，十二者：一者心跡俱無爲，二者心無爲、跡有爲，三者心有爲、跡無爲，四者捨家處人間，五者攜家入川澤，六者出世與人隔絶，七者與世和光同塵，八者斷欲斯斷，九者不斷而斷，十者遊空中，十一者在地

〔一〕「太玄部老君」，玄門大義明次第第五作「太玄都老子」。
〔二〕「三景之法，相通而成一，曰三乘」，上書作「三境之法，相通而一，一品曰三乘」。
〔三〕「部」，上書作「條」。
〔四〕「無斷」，上書作「无分段」。
〔五〕「適」，上書作「通」。

下，十二者住天上。三乘皆有十二，故成三十六部也。釋此文意，已在位業義科。但此兩經名味不同者，亦當教義自是一途之説耳。太玄所出，多據於心；正一所明，通論心跡。但太玄十二中，第八一事言分段，考事涉跡，又不顯十二部經科〔一〕。

〔一〕「第八一事」至「經科」，玄門大義明次第第五作「第八一事言分段者，事如涉迹又顯」。

雲笈七籤卷之七

三洞經教部

本文

説三元八會六書之法

道門大論曰：一者陰陽初〔一〕分，有三元五德八會之氣，以成飛天之書。後撰爲八龍雲篆明光之章。陸先生解三才謂之三元。三元既立，五行咸具。以五行爲五位，三五和合，謂之八會，爲衆書之文〔二〕。又有八龍雲篆明光之章，自然飛玄之炁，結空成文〔三〕，字

〔一〕「初」，敦煌道經圖録編通門論卷下作「之」。

〔二〕「爲衆書之文」，上書作「爲書之先」。

〔三〕「自然飛玄之炁，結空成文」，上書作「自然凝飛玄之炁，結炁成文」。

方一丈，筆於諸天之内〔一〕，生立一切也。按真誥，紫微夫人説：「三元八會之書，建文章之祖。八龍雲篆，是根宗所起，有書之始也。」又云：「八會是三才五行，形在既判之後。」赤書云：「靈寶赤書五篇真文出於元始之先。」即此而論，三元應非三才，五德應非五行也。此正應是三寶丈人之三氣，三氣自有五德耳。故九天生神章云：「天地萬化，自非三元所育，九氣所導，莫能生也。」又曰：「三氣爲天地之尊，九氣爲萬物之根。」故知此三元在天地未開、三才未生之前也。宋法師解八會祇是三氣五德。三元者：一曰混洞太無元，高上玉皇之氣；二曰赤混太無元，無上玉虚〔二〕之氣；三曰冥寂玄通元，無上玉虚之氣。五德者，即三元所有。三五會即陰陽和。陰有少陰、太陰，陽有少陽、太陽，就和中之和，爲五德也。篆者，撰也。撰集雲書，謂之雲篆。此即三元八會之文，八龍雲篆之章，皆是天書，三元八會之例是也〔三〕。雲篆明光，則五符五勝之例是也。八會本文，凡一千一百九字，五〔四〕篇

〔一〕「筆於諸天之内」，敦煌道經圖録編通門論作「筆於未天之中」。

〔二〕「玉虚」，三洞神符記作「玉清」，道藏本洞玄靈寶自然九天生神章經作「紫虚」。

〔三〕「之例是也」，敦煌道經圖録編通門論卷下作「則五篇方丈内音八字例是也」，「方丈」疑爲「真文」之譌，或其上脱「真文」二字。

〔四〕「五」原作「其」，據赤書玉訣妙經卷上及赤書玉篇真文天書經卷上改。

真文合六百六十八字，是三才之元根，生立天地，開化人神，萬物之由。故云有天道、地道、神道、人道，此之謂也。玉訣云，修用此法，五篇皆分字數，各有四條。一者主召九天上帝，校神仙圖籙，求仙致真之法。二者主召天宿星官〔一〕，正天分度，保國寧民之道。三者攝制酆都六天之氣。四者勑命水帝，制召龍鳥也。其諸天内音，一天有八字，三十二天合二百五十六字。論諸天度數期會，大聖真仙名諱位號，所治官府臺城處所，神仙變化昇降品次，衆魔種類，人〔二〕鬼生死，轉輪因緣。其六十三字〔三〕，是五方元精名號，服御求仙、鍊神化形、白日騰空之法。餘一百二十二字闕无〔四〕音解。

二者演八會爲龍鳳之文，謂之龍書〔五〕。此下皆玄聖所述，以寫天文也。

〔一〕「官」原作「宫」，據赤書玉訣妙經卷上及赤書玉篇真文天書經卷上改。
〔二〕「人」原作「八」，據三洞神符記及道藏輯要本改。
〔三〕「其六十三字」，原無「六」字，據敦煌道經圖録編通門論卷下增。
〔四〕「无」原作「元」，據上書改。
〔五〕「龍書」，上書作「地書」。

三者軒轅之時，倉頡仿〔一〕龍鳳之勢，採鳥跡之文〔二〕爲古文，以代結繩，即古體也。四者周時史籀，變古文爲大篆。五者秦時程邈，變大篆爲小篆。六者秦後盱陽變小篆爲隸書。又云：漢謂隸書曰佐書。或言程邈獄中所造，出於徒隸，故以隸爲名。此即爲六書也。

雲篆

又有雲篆明光之章，爲順形梵書文。别爲六十四種，播于三十六天〔三〕。今經書相傳，皆以隸字解天書，相雜而行也。

〔一〕「仿」原作「傍」，據敦煌道經圖録編通門論卷下改。
〔二〕「之文」二字原無，據上書增。
〔三〕「天」下，上書有「十方衆域也」五字。

八體六書六文

一曰大篆，二曰小篆，三曰刻符，四曰蟲書，五曰摹印，六曰署書，七曰殳書，八曰隸書。王莽時，使司徒甄豐校定文字，復有六書：一曰古文，孔子壁中書。二曰奇字，古文異書。三曰篆書。四曰佐書，即隸書。五曰繆篆，所以摹印。六曰鳥篆，翻言也〔一〕。倉頡始書，已應有筆。詩云彤管，則是筆也。而言蒙恬造筆者，蓋恬爲秦將，三世有名，制削筆精，能獨擅名也。漢和帝時，蔡倫始造紙，爾前唯書簡牒。牒者，詮牒語事也；簡者，在簡而不繁也。但知本是天書金簡，餘地書已下八體六文，皆從真出外，學者自更詳之。又未知何時，書於此經在紙作卷。

今謂劫初已自有筆，太真所書，何言無也？及以八體六文等耶？以天尊造化，具一切法也。後人承用，自有前後耳。六文：一曰象形，日月是也；二曰指事，上下是也；三曰形聲，河海是也；四曰會意，武信是也；五曰轉注，考老是也；六曰假借，令長是也。

〔一〕「六曰鳥篆，翻言也」，許慎說文叙作「六曰鳥蟲書，所以書幡信也」。晉書衛恒傳則無「蟲」字。

符字

一切萬物，莫不以精氣爲用。故二儀三景〔一〕，皆以精氣行乎其中。萬物既有，亦以精氣行乎其中也。是則五行六物，莫不有精氣者也。以道之精氣，布之簡墨，會物之精氣，以却邪僞，輔助正真，召會羣靈，制御生死，保持劫運，安鎮五方。然此符本於結空，太真仰寫天文，分置方位，區别圖象符書之異。符者，通取雲物星辰之勢。書者，别析音句銓量之旨。圖者，畫取靈變之狀。然符中有書，參似圖象。書中有圖，形聲並用。故有八體六文，更相發顯。

八顯

八顯者〔二〕，一曰天書，八會是也。二曰神書，雲篆是也。三曰地書，龍鳳之象也。四曰内書，龜龍魚鳥所吐者也。五曰外書，鱗甲毛羽所載也。六曰鬼書，雜體微昧，非人所解

〔一〕「故二儀三景」，敦煌道經圖録編通門論卷下作「故二儀既判，三景以别」。
〔二〕「顯」，上書作「體」。

者也。七曰中夏書，草𦵔[一]雲篆是也。八曰戎夷書，類於蜫蟲者也。此六文八體，或今字同古，或古字同今，符彩交加，共成一法，合爲一用，故同異無定也。此依宋法師所説，未見正文。而三洞經中符有字者，如古文尚書中有古字與今同者耳。

玉字訣

太上道君於南丹洞陽上館爲學士王龍賜説此靈文玉字之訣，但未知定是何世所注，學者尋之。又説諸修行符醮、五方、思存、禳災等法，然正是解訣八會之文。而就本文，理中復明理，如解真文中更明感通之理，定志經又云出思微之義，事中復有事[二]，如玉訣中復明傳經及盟授威儀之事。然諸經中凡有解訣，皆通謂之玉訣也。

〔一〕「草𦵔」，敦煌道經圖録編通門論卷下作「䓖葩」。「葩」疑當作「䘮」。

〔二〕「而就本文」至「事中復有事」，上書作「而就本文，理中復更明理，如解真文中更盟感通之理，定志更出思微之義也。二者事中復有事」。

皇文帝書

三皇經云：皇文帝書，皆出自然，虚無空中，結氣成字。無祖無先，無窮無極，隨運隱見，綿綿常存。

天書

諸天内音經云：「忽有天書，字方一丈，自然見空，其上〔一〕文彩焕爛，八角垂芒，精光亂眼，不可得看。」

天真皇人曰：「斯文尊妙，不譬於常。是故開大有之始，而閉天光明，以寶其道，而尊其文。其字宛奥，非凡書之體〔二〕，蓋〔三〕貴其妙象，而隱其至真」也。

〔一〕「自然見空，其上」，諸天内音自然玉字作「自然而見空玄之上，五色光中」。
〔二〕「非凡書之體」，上書作「非天書之無形」。
〔三〕「蓋」，上書作「真」。

龍章

靈寶經云：「赤明開圖，運度自然，元始安鎮，敷落五篇，赤書玉字，八威龍文，保制劫運，使天長存。」此之龍章也。

鳳文

紫鳳赤書經云：「此經舊文，藏在太上六合紫房之内。有六頭師子巨獸夾墻，玉童玉女侍衛鳳文。」

玉牒金書

三元布經「皆刻金丹之書，盛以自然雲錦之囊，封以三元寶神之章，藏於九天之上，大有之宫」，謂之玉牒金書。

又云：「以紫玉爲簡，生金爲文，編以金縷，纏以青絲。」

太上太真科云：「玉牒金書，七寶爲簡，又名紫簡。」

石字

本行經云：道言：「昔禪黎世界隊王有女字絓音，生仍不言，年至十四，王怪之焉。乃棄女於南浮長桑之阿空山之中。女行山周帀，忽與神人會於丹陵之舍栢林之下。神執絓音右手，題赤石之上。語絓音曰：『汝雖不能言，可憶此也。』天爲其感，愍其疾，遣朱宮靈童下教絓音治身之術，授其赤書八字。絓音〔一〕於是能言。」

靈寶玉訣經云：「道告阿丘曾曰：『汝前生與南極尊神同在禪黎世界，於丹陵之舍栢林之下，同發道意。爾時南極姓皇字度明，執汝右手，俱題赤石，以記姓名。南宮即書汝筆跡，題於南軒，今猶尚在，石字亦存，汝憶之不？』丘曾心悟，舉目即見南極所主南壁刻書云：『太甲歲七月一日，皇度明王阿丘曾同於丹陵栢林下發願。』〔二〕合二十三字，字甚分明。」

〔一〕「絓音」，本書卷一〇二赤明天帝紀作「之音」連上句。

〔二〕以上引文，赤書玉訣妙經卷下無「王」字，「下」上有「舍」字。

題素

五符經云：「五符一通，書以南和之〔二〕繒」，南和，赤色繒也。「封以金英之函，印以玄都之章，付震水洞玄之君〔三〕。」

仙公請問經云：「道德上下經及洞真玄經三皇天文上清衆篇詠等，皆是太上所撰而爲文，書於南和之繒，故曰題素也。」

玉字

内音玉字經云天真皇人曰：諸天内音自然玉字，「字方一丈，自然而見空玄之上。八角垂芒，精光亂眼。靈書八會，字無正形，其趣宛奥，難可尋詳。」「皆諸天之中大梵隱語，結飛玄之氣，合和五方之音，生於元始之上，出於空洞之中，隨運開度，普成天地之功。」

〔二〕「之」，五符序卷上作「丹」。

〔三〕「付震水洞玄之君」，上書作「命川澤水神以付震水洞室之君」。

天尊命天真皇人注解其正音，使皇道清暢，澤被十方。皇人「不敢違命，按筆注解之曰〔一〕，形魂頓喪，率我所見，聊注其文」「五合之〔二〕義，其道足以開度天人也。」和合五方無量之音，以成諸天内音。故曰五合之義也。

文生東

太平經云：「文者生於東，明於南，故天文生東北，故書出東北，而天見其象。虎有文章〔三〕，家在寅；龍有文章，家在辰。」「文者生於東，盛於南。」是知真文初出在東北也。

玉籙

玉清隱書：「有帝簡金書、玄玉籙籍，可以傳玄羽玉經也。」又云：「自非帝圖玉籙者，不得聞見上皇玉慧玉清之隱書、金玄隱玄之羽經也。」

〔一〕諸天内音自然玉字無「注解」二字，「曰」作「日」。
〔二〕「之」，上書作「文」。
〔三〕「章」字太平經王者賜下法第一百無，下「龍有文章」中「章」字同。

玉篇

衆篇序云：元始命太真按筆，玉妃拂筵，鑄金爲簡，刻〔一〕書玉篇。五老掌籙，祕於九靈仙都之宫，雲藴而授葛仙公之經也。

玉札

金根經云：「太上大道君以大洞真經付上相青童君掌録於東華青宫，使傳後聖應爲真人者。此金簡玉札，出自太上靈都之宫，刻玉爲之。」

丹書墨籙

太真科云：「丹簡者，乃朱漆之簡，明火主陽也。墨籙者，以墨書文，明水主陰也。人學長生，遵之不死。故名丹簡墨籙，祕不妄傳。」

〔一〕「刻」原作「訒」，據道藏輯要本改。

玉策

天皇手執飛仙玉策，人皇手執上皇保命玉策，地皇手執元皇定録玉策。

福連之書

三十九章經曰：「太上有瓊羽之門，合延爲胎命之王，玄一爲三氣之尊，元老爲上帝之賓，並扶兆身，神臺刊名於福連之簡。」又曰：「太上金簡玉札，名〔一〕爲福連之書。」

琅虯瓊文

飛行羽經云：金書玉籙乃琅虯瓊文也。

〔一〕「名」字原缺，據本書卷八釋三十九章經第七章補。

白銀之編

金房度命經云：太帝靈都宮〔一〕中，有金房度命迴年之訣。「皆鑄金爲簡，刻白銀之編，紫筆書編也〔二〕。」

赤書

玉訣經云：元始赤書五篇真文，「置以五帝，導〔三〕以陰陽，轉輪九天之紐，運明五星之光」也。

火鍊真文

本相經曰：吾昔赤明元年與高上大聖玉帝於此土中鍊其真文，以火瑩發字形。爾時

〔一〕「太帝靈都宮」原作「太常靈神都宮」，據洞真金房度命緑字廻年三華寶曜内真上經改。
〔二〕以上引文，上書「金」作「黄金」，「之」作「結」，「書編」作「書文」。
〔三〕「導」，赤書玉訣妙經卷下作「遵」。

真文火漏餘處氣生，化爲七寶林。是以枝葉成紫書金地，銀鏤玉文其中。及諸龍禽猛獸一切神蟲，常食林露，真氣入身，命皆得長，壽三千萬劫。當終之後，皆轉化爲飛仙，從道不輟，亦得正真無爲之道。

金壺墨汁字

聖紀云：浮提國獻善書二人，乍老乍少，隱形則出影，聞聲則藏形。時出金壺四寸，上有五龍之檢，封以青泥。壺中有黑汁若淳漆，灑木石皆成篆隸科斗之字，記造化人倫之始。老君撰道經垂十萬言，皆寫以玉牒，編以金繩，貯以玉函。及金壺汁盡，浮提二人乃欲刳心瀝血以代墨焉。

瓊札

玉清隱書金虎符云：「鬱儀赤文，招日同輿；結璘黄章，與月共居。」

上清消魔經：「啓洞門於希林，尋靈跡於丹穴，發九天〔一〕之朱匱，望上清之瓊札。玄

〔一〕「九天」原作「元天」，據智慧消魔真經卷一改。

書既刻於玉章，絳名始刊於靈闕〔一〕。」「四遇三元於玄宫〔二〕，六造五老於靈室。」

紫字

八素經云：「八素真經玄文，生於太空之内，見於西龜之山，玄圃之上，積石之陰。」「八素高玄羽章，靈文鬱乎洞標，紫字焕乎瓊林。神光流輝於九元，金音虚朗於紫天。」「文威焕赫，氣布紫庭，衆真晏禮，稱慶上清。」

自然之字

玉帝七聖玄記云：「爾乃廻天九霄，白簡青籙，上聖帝君受於九空，結飛玄紫氣自然之字，玄記後學得道之名。靈音韻合，玉朗禀真，或以字體，或以隱音。上下四會，皆表玄名，空生刻書，廣靈之堂。舊文有十萬玉言，字無正類，韻無正音。自非上聖，莫能意通。積七

〔一〕「靈闕」，智慧消魔真經卷一作「虚闕」。
〔二〕「宫」，上書作「臺」。

千年而後，題〔一〕崑崙之室，北洞之源，字方一丈，文蔚焕爛，四合垂芒，虚生晻曖，若存若亡。流光紫氣拂其穢，黄金冶鍊瑩其文。遂經累劫，字體鮮明。至上皇元年九月十七日〔二〕，七聖齊靈，清齋長宫，金青盟天，跪誓告靈，奉受靈文。高上解其曲滯，七聖通其妙音。記爲廻天九霄得道之篇，刻以白銀之簡，結以飛青之文，藏於雲錦之囊，封以啓命之章，付於五老仙都左仙公，掌録瓊宫」也。

四會成字

玉帝七聖玄記云：「七聖玄記廻天上文，或以韻合，或以支類相參，或上下四會以成字音，或標其正諱，或單復相兼，皆出玄古空洞之中，高真撰集以明靈文。」後學之人，若有玄名者，得見此文，青空揀〔三〕初角切名，四司所保，五帝記名也。

〔一〕「題」字原缺，據上清玉帝七聖玄紀廻天九霄經補。
〔二〕「上皇」，上書作「中皇」，「十七日」作「七日」。
〔三〕「揀」，上書作「揀」。

琅簡蘂書

八素經云：「西華宮有琅簡蘂書，當爲真人者乃得此文。」

石碽

三洞珠囊云：「西王母以上皇元年七月，於南浮洞室下教，以授清虚真人王君，傳於夏禹。禹封文於南浮洞室石礩之中。」礩亦有作此碽者。故五符云，九天靈書猶封於石碽是也。今檢諸字類，無此碽字也。玉訣下云「五老真文封題玉礩」，亦其例也。孔靈符會稽記云：「會稽山南有宛委山，其上有石，俗呼爲石簣。壁立干雲，累梯然後至焉。昔禹治洪水，厥功未就，齋於此山。發石簣得金簡字，以知山河體勢。於是疏導百川，各盡其宜也。」

雲笈七籤卷之八

三洞經教部

經釋

釋三十九章經

大洞真經云：高上虛皇道君而下三十九道君，各著經一章，故曰三十九章經，乃大洞之首也。

第一章

高上虛皇君曰：元氣生於九天之上，名曰辟非。辟非之煙，下入人之身，而爲明梁之氣。居人五藏之中，處乎心華之下。此至氣之所在，長煙之所託。能知辟非之由者，乃得領祖太無。領祖太無者，盡體虛玄之大，冠道素之標矣。益元羽童，乃人鼻之神也。「衆風亂玄〔二〕，人鼻之氣也。「四清撫閑」，乃鼻下口上之間也。當令鼻氣恒閑，又當數加手按。讀此篇，捻鼻間，乃高上之正座，天嶽之混氣。氣之來也解百結，鼻神翩翩，列坐緑室。緑室者，脣上人中之際也。是以「帝一上景」，攝煙連衆，長契虚運，反華自然矣。易有者，九天之上，西北之門名也。若既登易有之門，乃得昇帝堂之會。然後五塗既化，森羅幽鬱，音暗一云音響。太和，萬唱幽發，百混九廻，還而順一耳。太一隱生之寳，人之心也。乃明梁之所館，辟非之所棲。是故七祖反生，道濟帝簡，高上之旨，理於此矣。讀高上之洞經既畢，乃口祝曰：「三藍羅、波逮臺。」此九天之祝言，高上之内名也。夫「三藍羅、波逮臺」者，於地上之音曰：「天命長、人常寧」也。易有者，於地上之音曰長臺。

第二章

上皇玉虚君曰：「玄歸」者，於九天之音曰泥丸也。天晨、金霄，帝一雌雄之道，天晨爲

〔二〕「衆風亂玄」，太洞玉經作「宗風胤玄」。

雌，金霄爲雄。雄一之神曰晨，雌一之神曰霄〔一〕。玉州〔二〕黄籙者，帝之金簡也。德刃者，九天之臺名也。

第三章

皇上玉帝君曰：「玉帝有玄上之幡。」一名反華之幡，皆玉帝之旍旗，招仙之號令也。以制命九天之階級，徵召四海五嶽之神王也。九天真人呼日爲濯耀羅，三天真人呼日爲圓光蔚。玉清天中有樹似松，名曰空青之林。得食其華者，身爲金光。自非妙尋雲景，而金房不登；自非重誦洞章，而玉賓弗見也。若既陟其塗，則可以窺森然晃朗之門，而手掇空青之華也。

第四章

上皇先生紫晨君曰：太冥在九天之上，謂冥氣遠而絶乎九玄，惟讀大洞玉經者可以交接其間也，故謂洞景，寄以神道耳。又玉清天中有綺合臺，下有萬津之海，其水波湧如連嶽

〔一〕「雄一之神曰晨，雌一之神曰霄」與上文「天晨爲雌，金霄爲雄」不合。又大洞玉經亦云：「天晨者雌一君之名，金霄者雄一君之名」，「晨」「霄」似宜互乙。

〔二〕「玉州」，大洞真經、大洞玉經均作「玉洲」。

焉。

第五章

太微天帝君曰：九天真人呼風爲浮。金房在明霞之上，九户在瓊闕之內，此皆太微之所舘，天帝之玉宇也。

第六章

三元紫精君曰：紫精之天，處太無之中。三元之氣，在上景之衢。秀朗者，玉清天中臺名。太混者，玉清天中殿舘名。羽明者，上清天人之車名也。

第七章

真陽元老玄一君曰：真陽者，上清之舘名。玉皇者，虛無之真人。逸宅者，真氣之明堂。丹玄乃泥丸之所在也。若能七轉洞經於震靈之上，三回帝尊於白氣之中，則真人定録，而魔王立到。則注生籍於玉闕，招五老於金臺矣。太上有瓊羽之門，合延爲胎命之王，玄一爲三氣之尊，元老爲上帝之賓，並扶兆身，神臺刊名於福連之簡也。太上金簡玉札，名爲福連之書。

第八章

上元太素三元君曰：太素三元宮中有三華之氣，生於自然也，似芙蓉之暉。晨燈者，乃玉真天中明氣之光，洞照於三元之臺也。廣靈堂者，上清之房名。兆若能存雌一於夙夜，誦洞章以萬遍者，則太微小童負五圖於帝側，絳宫真人承五符於胎尊，合變於三素之氣，得形於晨燈之光，則人無哭兆，終身不亡矣。

第九章

上清紫精三素君曰：上清紫精天中有樹，其葉似竹而赤，其華似鑑而明，其子似李而無核，名曰育華之林。食其葉而辟飢，食其華以不死，食其實即飛仙，所謂絳樹丹實，色照五藏者也。自非長冥眇思，棲神太無，而育華之實，不可得而食也。上清玉房生七寶之雲，雲色七重，其氣九扇。以童子辟非、童女宣彌，得乘此寶雲上入玉清之天也。而辟非者，太微之内神；宣彌者，玉清之神女。若兆能離合百神，間關帝一，變化九魂，混暢五七者，則辟非可賴，宣彌可致。七度死厄，三光所利，五老延日以曲照，太上三便以相入矣。三便者，太上金房之名也。

第十章

青靈陽安元君曰：青靈者，真人之位號。八氣者，雲色之相沓。元君者，虚皇之司命。三華者，玉清之房名，乃陽安元君之所處也。

第十一章

皇清洞真道君曰：皇清乃上清三仙皇之真人也，洞真乃上清元老之君也，皆俱合生於太無之外，俱合死於廣漢之上〔一〕。能生能死，是以「皇清洞真，三帝合生」，理出於此矣。日母者，玉清之老母，主胞胎於尊神也，名曰正薈條。兆能知日母之名，則胞結自解，七祖罪消。

第十二章

高上太素君曰：高上皇人，常宴紫霄之上。玉根者，玉清天中山名也，乃五老上真之所治。太素真人拂日月之光於帝一之前。太素天中呼日爲眇景也。玉門蘭室，並是上清宫中門户名也。月中樹名騫樹，一名藥王，凡有八樹在月中也。得食其葉者爲玉仙。玉仙之身，洞徹如水精瑠璃焉。

第十三章

皇上四老道中君曰：皇上四老真人在日中無影，呼日名爲九曜生，常乘明玉之輪，轉宴於日中也。廣霞者，玉清天中山名，乃九日之所出矣，日帝之所司也。

〔一〕「皇清乃上清」至「廣漢之上」，大洞玉經作「皇清元君，女之高仙；洞真真人，男之高仙。即雌一、雄一之異名，二真與太一合化於廣漢之境」。

第十四章

玉晨太上大道君曰：道君保形景於法化之内，回眄鏡於上清之上，解襟帶於玉映之室，乘八素入於四明之門，反日中之神王，併月中之高靈矣。玉映者，玉晨之宫名。四明者，上清玉帝之南門也。

第十五章

太清大道君曰：太清天中，有山名浮絶，三天神王之所治也。彼天人呼曰爲太明。又有金華樓，諸受真仙玉録者，皆在此樓之中。

第十六章

太極大道元景君曰：太極有元景之王，司攝三天之神仙者也。太漠者，太清之外也。太極真人呼曰爲圓明。

第十七章

皇初紫元君〔一〕曰：皇初紫元之天，常有暉暉之光，鬱鬱如薄霞焉。乃九日之所出，有如一日之照耳。六淵者，乃元君之宫名。寒童者，山名也。故曰：登寒童之嶽，會六淵

〔一〕「皇初紫元君」，大洞真經及大洞真經玉訣音義等均作「皇初紫靈元君」。

之中矣。

第十八章

無英中真上老君曰：無英中真上老君處上真之宫，領五帝之籍，解兆五符於重結，化兆五神於胎骨，常遊紫房明堂之内也。

第十九章

中央黄老君曰：中央黄老君，三元之真皇也。圓華者，黄老之宫名也。玉壽者，太微天中之山名也。皆黄老君之理所。

第二十章

青精上真内景君曰：青精之宫有上華之室，室中有自然青氣，號曰返香之煙，逆風聞三千里。紫空者，内景之山名也。青精君常乘羽逸之車，攜玄景之童，登紫空之山，入玉室之内也。

第二十一章

太陽九氣玉賢元君曰：太陽九氣者，變化三晨之上，策駕紫軿於微玄之下。微玄者，日中之神名，曰玉賢天中或呼日爲微玄也。「開陰太漠」者，是胎神之所在也。胎門既塞，乃滯血之所穢。胎門既開，而嬰神之所棲。太漠爲玄重之根，開陰爲常生之源。若胎開而明潔，則帝一之氣全也。若太漠之内修，則五老之宴歡。故云：「開陰太漠，長保陽源。」陽源者，猶人之有勢也。兆能使陽源不傾，玄泉不動，淡然淵停，潭然天静，亦廻老駐年，與靈均氣也。

第二十二章

太初九素金華景元君曰：太初天中有華景之宫，宫有自然九素之氣。氣煙亂生，雕雲九色。入其煙中者易貌，居其煙中者百變。又有慶液之河，號爲吉人之津。又有流汩之池，池廣千里，中有玉樹。飲此流汩之水，則五藏明徹，面生紫雲。

第二十三章

九皇上真司命君曰：九皇上真者，玉虚之元君也。四司者，天帝之禁宫也。晨暉者，玉虚司命之宫名也。飛霞者，玉虚天中之山名。逸録者，仙皇之符籙也。

第二十四章

天皇上真玉華三元君曰：天皇上真者，是上清真人之典禁主，玉華仙女之母，故號曰玉華三元君也。乘神徊之車，登雲飈之宫，入流逸之室。神徊者，是真人一輪車名。「九曲下户」者，是男女之陰地也，男曰九曲，女曰下户。此陰地常生白雲之氣，以薰黄庭之間，是得道之候驗也。

第二十五章

太一上元禁君曰：太一上元君者，萬仙之司，主方嶽真氣也。主除死籍，刻書生簡。赤氣王者，日中之上神，其名曰將車梁[一]。能知赤氣王名者不死。

第二十六章

元虛黄房真晨君曰：元虛黄房者，是真晨仙君之所治也。玉宫者，是得道符籍之所在也。九元鎮真者，是九元太帝之名也。太帝名鎮字真，兆能知之者不死。

第二十七章

太極主四真人元君曰：太極元君乘凌羽之車，結雲氣以雕華，控九龍以齊騄，揚威於高上之天，轉轂於太明之丘，鳴鍾於朱火之臺。

第二十八章

四斗中真七晨散華君曰：玉清天中有散華之臺，是四斗七晨道君之所治也。七晨天中有反生之香，氣反衝於三寶之山。山在四斗之中，上有金琅之館，名曰映清夷之宫[二]。

[一]「將車梁」，大洞玉經作「將軍梁」。

[二]「映清夷之宫」，上書無「映」字。「映」字宜删。

其中上皇真人皆項負寶曜，體映圓光，氣合三寶，靈洞五藏也。洞經所謂「香風扇三寶，五藏映清夷」。

第二十九章

辰中黄景元君曰：辰中真人帶迎延之符，登太霄之庭，飛羽輪於滄浪之臺〔一〕，佩玉章之文於太霞之宫。

第三十章

金闕後聖太平李真天帝上景君曰：金闕之中有上景之氣，氣色鬱鬱，暉照十方，乃後聖之靈都，太平之所會也。種年祚於日氣之中，植三命於月宫之庭，五毒絶於沈没，解結生於天堂。

第三十一章

太虚後聖無〔二〕景彭室真君曰：太霞之中有彭彭之室，結白氣以造構，合九雲而立宇，紫煙重扉，神華所聚，故號曰彭彭之室，而太虚元君之所處焉。

〔一〕「滄浪之臺」，大洞玉經作「滄溟之臺」。
〔二〕「無」，大洞真經、大洞玉經等均作「元」。

第三十二章

太玄都九氣丈人主仙君曰：太玄都九氣丈人乘晨徊之風，登蕩滯之山，煥鬱然之煙，入太暉之宫。伐胞樹於死户，養胎氣於冥初，濟五毒於常關，定三命於金書。

第三十三章

上清八皇老君曰：上清之天在絶霞之外，有八皇老君運九天之仙而處上清之宫也。乘廣琅之車，把鳳羽之節，登華便之山，入太老之堂。上清真人呼日月爲太寶、九華。

第三十四章

東華方諸宫高晨師玉保王青童君曰〔一〕：東華者，仙真之州也，在始暉之間，高晨玉保王所治也。東華真人呼日爲紫曜明，或曰圓珠。青童君乘雕玉之輧，御圓珠之氣，登雲波之山，入東華之堂。

第三十五章

榑桑太帝九老仙皇君曰：九老京者，山名也，在榑桑之際。九老仙皇處榑桑之際，治九老之京。太帝君治榑桑之杪，會方丈之臺也。二道君時乘合羽之車，合羽車者，雲沓之

〔一〕「玉保王青童君曰」原作「玉保仙王曰青童君」，據大洞真經、大洞玉經等改。

色，登榑桑之杪，會九老之京，出靈户之符，召大魔之王矣。

第三十六章

小有玉真萬華先生主圖玉君曰：小有玉真天中有萬華之宫，小有先生主圖玉君之所治也。此宫之中，藏録上帝之寶經，玉清之隱書也。又有洞觀之堂，懸在太無之中。重泉曲者，魔王之陰府也。兆既得洞一之道，乃拔死於泉曲之籍，書仙名於靈羽之録。

第三十七章

玄洲二十九真伯上帝司禁君曰：玄洲有三溺〔一〕之津，非飛仙而莫越也。又有羽景之堂，在太無之庭。又有絶空之宫，在五雲之中。玉〔二〕靈仙母金華仙女常所遊也。司禁真伯上帝玉君時乘日月之輧，披虎文之裘，登重漠之山，入宴羽景之堂，濯纓帝川之池，會仙絶空之宫也。

第三十八章

太無晨中君刊〔三〕峨嵋山中洞宫玉户太素君曰：太無在洞景之表，太素在幽玄之上，

〔一〕「溺」，大洞玉經作「弱」。
〔二〕「玉」原作「王」，據道藏輯要本改。
〔三〕「刊」，大洞雌一玉檢五老寶經作「判」。

九宫列金門於太素之表，丹樓沓七重於太無之庭，乃太素三元君所遊也。

第三十九章

西元龜山九靈真仙母青金丹皇君曰：崑崙山有九靈之舘，又有金丹流雲之宫，上接璇璣之輪，下在太空之中，乃王母之所治也。西元龜山在崑崙之西，太帝玉妃之所在。

釋太上大道君洞真金玄八景玉籙

經釋題曰：「東華上仙曰〔一〕太上八素隱書，南華上仙曰大洞真經，西華上仙曰金真玉〔二〕光映天洞觀玉經，北華上仙曰蕭條九曜豁落七元上經，玉皇中仙〔三〕曰太上高聖八景玉籙。中央黄老君南極元君藏録二經於太素瑶臺玄雲羽室，封以鬱林〔四〕之笈、玉清三元之章。乃命北寒金臺龍華玉女七百人，又命白空虞宫西靈玉童七百人侍衛焉。」「晉永和

〔一〕「曰」原作「名」，據上清高聖太上大道君洞真金元八景玉録改。

〔二〕「玉」原作「王」，據上書改。

〔三〕「玉皇中仙」，上書作「玉皇中華上仙」。

〔四〕「林」，上書作「森」。

十一年，歲在乙卯，九月一日夜半，受經於紫微王夫人。凡二萬二百三十字，其大洞真經一萬字。」

上清高聖太上道君金玄八景玉籙

「上清高聖太上大道君者，蓋二晨之精氣，慶雲之紫煙。玉暉輝煥，金映流真，結化含秀，苞凝玄神，寄胎母氏，育形爲人。諱暠天真，字開元〔一〕。母妊三千七百年，乃誕於西那天鬱察山浮羅嶽丹玄之阿。」「於是受書玉虛，眺景上清，位爲太上高聖玉晨大道君，治蘂珠日闕館七暎紫房，玉童玉女各三十萬人侍衛。」「於是振策七圃，揚青建朱，騰空儛旍，駕景騁飈，徘徊八煙，盤桓空塗，仰簪日華，拾落月〔二〕珠，摘絳林之琅實，餌玄河之紫蘂，偃蹇靈軒，領理帝書，萬神入拜，五德把符，上真侍晨，天皇抱圖。」乃仰空而言曰：「子欲爲真，當存日中君，駕龍驂鳳，乘天景雲，東遊桑林〔三〕，遂入帝門。若必昇天，當思月中夫人，駕

〔一〕「暠天真字開元」，上清高聖太上大道君洞真金元八景玉録作「暠賁字上開元」。

〔二〕「月」原作「日」，據上書改。「拾落」，本書卷一〇一上清高聖太上玉震大道君紀作「俯拾」。按上句作「俯拾」是。

〔三〕「桑林」，上書及太上玉晨鬱儀結璘奔日月圖均作「希林」。

十飛龍，乘我流鈴，西朝六領〔一〕，遂詣帝堂。精根運思，上朝玉皇。薈薈敷鬱儀以躡景，晃晃散結璘以暨霄。」「雙皇合輦，後天而凋。」夫大有者，九天之紫宮；小有者，清虚三十六天之首洞。「於是太上大道君初乘一景之輿，駕八素紫雲，攝希微倉帝名録豐子俱東行，詣鬱悦那林昌玉臺天見玉清紫道虚皇上君，受九暉大晨隱符。

太上大道君次乘二景之輿，駕七素絳雲，攝中微赤帝名定無彦俱南行，詣高桃厲沖龍羅天見玉清翼日虚皇太上道君，受觀靈元晨隱符。

太上大道君次乘三景之輿，駕六素紅雲，攝紫微白帝名渠淵石俱西行，詣碧落空歌餘黎天〔二〕見玉清昌陽始虚皇高元君，受總晨九極隱符。

太上大道君次乘四景之輿，駕五素青雲，攝玄微黑帝名齊元旋俱北行，詣枷摩坦婁于翳天見玉清七静道生高上虚皇君，受沓曜旋根隱符。

太上大道君次乘五景之輿，駕四素黄雲，攝始微上帝名接空子俱東北行，詣扶刀蓋華

〔一〕「西朝六領」，太上玉晨鬱儀結璘奔日月圖作「西到六嶺」。

〔二〕「碧落空歌餘黎天」原作「碧空歌飲黎天」，據洞真金元八景玉録、上清高上金元羽章玉清隱書經及洞真八景玉籙晨圖隱符改。

浮羅天〔一〕見玉清太明虚皇洞清君，受玄景晨光〔二〕隱符。

太上大道君次乘六景之輿，駕三素緑雲，攝靈微中帝名秉巨文俱東南行，詣具謂耶渠初默天見玉清始元虚皇太霄君，受合暉晨命隱符。

太上大道君次乘七景之輿，駕二素紫雲，攝宣微下帝名宏膚子俱西南行，詣沖容育鬱離沙天見玉清七觀無生虚皇金靈君，受齊暉晨玄隱符。

太上大道君次乘八景之輿，駕一素靈雲，攝洞微真帝名洄澄攄俱西北行，詣單緑察寶輪法天見玉清八觀高元虚皇渟景君，受高上龍煙隱符。

太上大道君又乘洞景玉輿，駕太霞紫煙玄景之暉，攝九微内帝君名申明閑及上皇九玄九天諸真仙王等，俱仰登彌梵羅臺霄絶寥丘飛元雲根之都玉清上天見玉清紫暉太上玉皇明上大道君，受高清太虚無極上道君隱符。

〔一〕「扶刀蓋華浮羅天」原作「扶力蓋浮羅天」，據洞真金元八景玉録、上清高上金元羽章玉清隱書經及洞真八景玉籙晨圖隱符改。

〔二〕「光」，洞真金元八景玉録及本書卷一〇一本紀均作「平」。

釋太上神州七轉七變儛天經

神州在天闕之北，日月廻度其南，七星輪轉其中央。晝左廻八緯，夜右轉七經。七星運周，天光廻靈。此上皇紫晨受化之庭〔一〕，修七轉之法，位登於玉清。

七轉七變之道，上皇紫晨君受於九天父母，修行道成，以傳玄感清天上皇君，皇君以傳三天玉童，玉童以傳紫極真元君，紫極真元君傳天帝君，天帝君傳南極上元君，南極上元君傳太微天帝君，太微天帝君傳後聖金闕君，後聖金闕君傳上相青童君，承真相系，皆經萬劫一傳。小有天王後撰一通，以封於西城山中。得者皆奉迎聖君於上清宮，給玉童玉女各二十一人，典衛靈文，營護有經者身。

神州玉章凡十四章，「乃十四帝君洞野之曲，百神内名，玉天之玄象，三晨之精誦。其章玉響，激朗上元。」誦之萬遍，白日昇天。」

〔一〕「庭」，洞真上清七轉七變舞天經作「度便」。

釋神虎上符消魔智慧經

神者，靈也。靈變無窮，陰陽不測，名之曰神也。虎者，威也。威震九遐之域，神光煥乎上清。上者，太上，祕乎靈都上宫，神虎七千，備于玉闕，因以爲名。符者，信也。太上之信，召會羣靈。消魔者，滅鬼也。凡有玉簡紫名，得修上經，莫不爲衆邪所乘，鬼魔所試。兆當諷詠此經，則激百陽以生電，鼓千陰以吐威，六天失氣，九魔消摧也。「智者，日中之星也〔一〕。」慧者，宜以生生爲急也。故慧字有兩生并〔二〕，而共乘一急之象者也。」誦經五千遍，則神智開朗，聖慧明發，命八景以高登，騁神虎以飛昇。此大威變之道，故以消魔爲名。

釋太上素靈洞玄大有妙經

太者，大也。彌綸而不可極，故曰太也。上者，處乎無窮之表，故曰上也。是道君之號也。素靈者，房名也。洞者，洞天洞地，無所不通也。玄者，幽冥之所出也。大有者，宫名

〔一〕「日中之星也」，智慧消魔真經卷一作「知日中之上皇也」。
〔二〕「并」，上書作「共併」。

也。妙者，微之極也。經者，營也，弘暢幽極，經理神關，故謂之經。而有玄丹上化三真元洞之道，本與玄氣同存，元始俱生，三精凝化，結朗玉章，構演三洞之府，總御萬真之淵。乃祕在九天之上大有妙宮，金臺玉室素靈之房，翁藹玄玄之上，蕭蕭始暉之中。是時上聖衆帝清齋三月，仰稟太冥，玄思感於大寂，積稔啓於上清而受焉。因經所藏之處而以爲名。

釋廻元九道飛行羽經

廻元者，運星元之綱輪也。輪空洞之大輻，調四氣之長存。九道者，北斗九星也。九星之運，觀渙五常，五行乘之以致度，萬物稟之以得生，皆九道之運也。飛行羽經者，九天父母太真丈人同宴景龍之輿，息駕無崖之端，忽致玄靈瑞〔一〕降白鸞之車，黑翮之鳳，口御素章，登空步虛，經歷無窮，因名白羽黑翮飛行羽經。

〔一〕「瑞」，白羽黑翮靈飛玉符作「垂」。

釋九靈太妙龜山元録

龜山在天西北角，周迴四千〔一〕萬里，高與玉清連界，西王母所封也。元録者，九靈〔二〕上真始生變化大妙之法記爲名録也。皆刻書龜山流精紫閶〔三〕金華瓊堂。其旨隱奥，其音宛妙，蓋九天書録，名題龜山。

釋大有八稟太丹隱書

大有，宫名也，在九天之上。八者，八節也。稟者，授節度也。太丹，南宫名也。隱，藏也。書，文也。言八節吉辰，天上宴會，八稟開真，大慶之日。其時乃萬神集議，皆列言大有之宫。爲學之士，以其日清齋首過，即上生於南宫也。

〔一〕「千」，上清元始變化寶真上經九靈太妙龜山玄籙及上清元始變化寶真上經均作「十」。
〔二〕「靈」原作「虚」，據上二書改。
〔三〕「閶」，上二書作「闕」。

釋七聖玄記迴天九霄經

七聖者，高聖玉帝君、高聖太上大道君、上聖紫清太素三元君、上聖白玉龜臺九靈太真西王母、上聖中央黄老君、上聖槫桑太帝君、後聖金闕帝君也。玄記者，七聖各逆注得道之人玄名也。迴天者，太上道君「攜契玉虚紫賓，迴天傾光〔一〕，上登九層七映朱宫，徘徊明霞之上，蕭條九空之中。」「列七範於仙録〔二〕，刻玉〔三〕名於隱篇。」九霄，九天也，一名九空。「上聖帝君受命於九空，結飛氣〔四〕成自然之字，玄記後學得道之名。靈音韻合，玉朗禀真，或以字體，或以隱音，上下四會，皆表玄名。」

〔一〕「迴天傾光」，上清玉帝七聖玄紀迴天九霄經作「迴駢丹霄瓊輪」。

〔二〕「列七範於仙録」，上書作「列七紀於上録」。

〔三〕「玉」原作「王」，據道藏輯要本改。

〔四〕「飛氣」，上清玉帝七聖玄紀迴天九霄經作「飛玄紫炁」。

釋曲素訣辭五行祕符

曲者，臺名也。素者，八方之素也。「玄都上有〔一〕九曲岐嶒鳳臺，皆〔二〕結自然鳳氣，而成瓊房玉室〔三〕。處於九天之上，玉京之陽，虚生八會交真之氣，十折九曲，洞達八方，上招扶摇之翮，傍通八素之靈。」故以曲素爲名。訣者，旨詣也。辭者，憂樂之曲也。「結九元正一之氣，以成憂樂之辭。」上慶神真之歡，下悲兆民之憂，故曰憂樂之辭也。五行者，金木水火土也。祕者，藏於上清瓊宫也。符者，文也。五色流精，凝而成文也。混化萬真，總御神靈。

釋天關三圖七星移度經

天關三圖者，九天之上有關玉臺，一名天關，一名天圖，一名天開，是九天之生門，關

〔一〕「上有」，上清高上玉晨鳳臺曲素上經無。

〔二〕上書無「皆」字。

〔三〕「而」，上書作「以」，無「玉室」二字。

之樞機也〔一〕。其西五千里則金闕宫，東九千里則青華宫，上去玉清宫七千里，是衆真之所經，神仙之所歷，學者之所由也〔二〕。七星者，斗星也。移度者，歷轉也。日月迴周其境，七星歷轉其關，上運九天明皇之氣，下潤流灑梵行諸天，高上玉帝出入遊宴之道，乃學者簡録所通之門，上相所撰，以挾後學。有知上帝宫舘之次第，上真所遊處，剋成真人也。

釋除六天玉文三天正法

除者，罷也。六天者，赤虚天、泰玄都天、清皓天、泰玄天、泰玄倉天、泰清天。此六天起自黄帝以來，民人互興殺害，不稟自然，六天之理，於兹而興。太上給以鬼兵，使於三代之中，驅除惡民。而六天臨治，轉自僞辭。太上下玉文，遂截六天之氣，更出三天正法，割

〔一〕「九天之上」至「關之樞機也」，上清道寶經作「玉清天中有三關玉臺，治在西南角，一名天關，一名天圖，一名天闕，九土之生門，開闔之鈕機」。

〔二〕「天關三圖者」至「學者之所由也」，洞真上清開天三圖七星移度經卷上及洞真上清青要紫書金根衆經卷下均作「天關者，是九天之生門也，治在九天東南角，一名天圖，一名天闕（疑作開），故爲三關也。衆真之所經，神仙之所歷，學者之所由也。其去金闕五千里，玉清上宫七千里」。

惡救善。三天者，清微天、禹餘天、大赤天是也。

釋青要紫書金根衆經

青要者，紫清帝君之别號也。紫書者，紫筆繕文也。金者，金簡也。根者，日根也。衆經者，科集衆經之最要也。蓋玉帝命高上侍〔一〕真總仙君科集寶目，採日根之法，合爲衆經，以紫筆繕文，金簡爲篇也。

釋石精金光藏景録形經

石精者，妙鐵也。石者鐵之質，精者石之津，治之爲劍而發金光。金者劍之幹，光者刃之神。藏景者，隱身也。録形者，代身也。

釋太上九赤斑符五帝内真經

太上者，是無極大道之號也。九赤者，乃九元之氣也。九元者，五嶽四海也。山海色

〔一〕「侍」，洞真上清青要紫書金根衆經作「值」。

雜，目之斑也。符者，真文也。五嶽得之以鎮，四海得之以潤，五帝得之以靈，人得之以神仙也。

雲笈七籤卷之九

三洞經教部

經釋

釋太霄琅書

太霄琅書妙經云：「九天九王，萬炁之本宗，衆帝之祖先，乃九氣之精源。以天地未凝，三晨〔一〕未明，結自然而生於空洞之内，溟滓之中。歷九萬〔二〕劫而分氣各治，置立天地〔三〕，日月星辰，於是而明。萬氣流演，結成道真，元始上皇高上玉虚並生始天之中，三十九帝，二十四真，遂有宫闕次序之官。上皇寶經，皆結自然之章，以行長生之道。不死之

〔一〕「晨」，洞真太上太霄琅書卷一作「景」。
〔二〕「萬」原作「黄」，據上書改。
〔三〕「天地」，上書作「九天」。

方，符章玉訣，皆起於九天之王，傳於世代之真。至三五改運，九靈應期，後聖九玄道君推校本元，以歷九萬億九千累劫。上皇典格，多不相參。道君以中皇元年九月一日，於玉天瓊房金闕上宮，命東華青宮尋俯仰之格，揀校古文，撰定靈篇，集爲寶經三百卷，以付上相青童君，使傳後學玉名合真之人。」

釋太微黄書

太微黄書八卷素訣，乃含於九天玄母，結文空胎，歷歲數劫，以成自然之章。太皇中歲，成洞真金真玉光八景飛經。「元始天王名之八景飛經，廣生太真名之八素上經，青真小童名之豁落七元，太上道君曰〔一〕隱書玉訣金章。」

釋太上金書祕字

金書祕字出乎混洞太無，紫氣綀真，鋒芒豔乎日月，斷諸邪闇，飛綵空玄。太上有命，付諸天君。青真小童奉受修習，傳太極真人清虚真人南嶽赤松子劉子先等。寶祕尤嚴，得

〔一〕「太上道君曰」，上清金真玉光八景飛經作「太上大道君名曰」。

者勿泄。

釋太上上皇民籍定真玉籙

凡欲定心，當受上皇民籍定真玉籙。此籙至要，爲學之先，先能定心，仙名乃定，仙名者由此籙焉。是三天正一先生所佩，以定得仙之名，傳於玉帝三十九真也。

青童君請問太上道君曰：「治心入道，科術參羅，各云要妙，由之有緣。未審今之所最要，何方爲勝？」太上答曰：「勝理雖多，其有最者。治心之要，在乎慚愧。動心舉目，轉體安身，常懷慚愧，不忘須臾，心神乃定。定則入道，此爲最要也。」

青童君〔一〕曰：「何所慚愧而得入道？」太上曰：「心有神識，識道可尊，尊由無爲，而我有爲。有爲有累，志願無爲，無爲無累，不可便及。力進苦遲，負累稍至，爲此慚愧，不離心中。又當思我稟生，生由父母，父母鞠〔二〕養，辛苦劬勞。而我成長，學術不深，無奇方

〔一〕「青童君」，「君」字原缺，據洞真太上上皇民籍定真玉録增。下同。

〔二〕「鞠」原作「鞫」，據上書改。

異法，令父母延年〔一〕，長生不死，同得神仙。此期未克，供養又虧，公私愆過，父母垂憂。思慮不精，功行怠退，爲此慚愧，不離心中。又父母愛念，令其攜誘〔二〕，從師學問，智慧通神，求得仙聖，爲道種人。師又〔三〕勸勵，方便抑揚，善誘善接，既練既陶。而任欲肆心，負違師訓，或將成而罷，叛正入邪，攻伐師友，反道破經，罪延尊上，禍滅己身，災殃將至，不知改悛；或不自覺悟，以僞爲真〔四〕，苦及方悔，悔無所追，爲此慚愧，不離心中。又君王賞德，搜賢訪美，舉其宗鄉，拔其萃類，爵禄光厚，宴集綢繆。不能竭力盡忠，贊宣聖化，貪榮慕勢，阿諛面從，佞媚自進，抑絶高明，嫉害勝己，結對連仇，災凶賊害，毒至不知，知不能脱，誤及親友，爲此慚愧，不離心中。又崇道不忘，事親能孝，奉君必忠，不負幽顯。而前身宿障，否病相纏，公私口舌，誹謗横生；或鬬訟牢獄，非意而及；或執勤守慎，清直異羣，君上所憎，衆邪所怨；或事師敬友，往還身心，而〔五〕遭羅凶醜，惡鬼惡人，交互劫掠，慴脅中

〔一〕「年」，洞真太上上皇民籍定真玉録作「命」。
〔二〕「攜誘」，上書作「儁秀」。
〔三〕「又」，上書作「友」。
〔四〕「以僞爲真」原作「以爲真正」，據上書改。
〔五〕「而」字原缺，據上書補。

傷；或爲善成惡，捨財致怨，盡禮爲佞，竭誠爲姦〔一〕；或起立館舍，繕寫經圖，堂宇雖立，不得常安，篇部雖多，不得披覽，公私罣礙，風火去失〔二〕，慘疾飢寒，不從本志〔三〕，白日空去，素願未成，一失生道，方向冥冥，幽苦煩惱，未測還期，今欲救之，未得要訣，爲此慚愧，不離心中。心中有神，不知慚愧，則馳競遑遑，無時得定。定由慚愧，慚愧既立，常在心中。心中有慚愧，俯仰思道。思道不忘須臾，則神明定乎内。内定則罪去，罪去則福來，福來則成真，成真則入道。入道由慚愧，慚愧則入神也。」

青童君曰：「慚愧在心，謹聞命矣。請問慚愧在迹，其狀可聞乎？」太上曰：「善哉善哉，要爾〔四〕之問也。夫有形則有心，有心則有事，有事則有迹，有迹則有狀，有狀則有言，有言則有法，有法則有道，有道則法可陳矣。學士治心，慚愧在内。慚愧之迹，其狀在外。「豫兮若涉冬川〔五〕，猶兮若畏四鄰」，是其狀也。慎言語，懼悑總也。節飲食，慮貪饕也。

〔一〕「盡禮爲佞，竭誠爲姦」原作「盡禮佞竭誠爲爲姦」，據洞真太上上皇民籍定真玉録改。

〔二〕「去失」原作「志夫」，據上書改。

〔三〕「志」原作「忘」，據上書改。

〔四〕「爾」，上書作「矣」。

〔五〕「涉冬川」原作「冬涉川」，據老子道經改。

衣麤而淨，在素潔也。居陋而隱，守静篤也。恭敬一切，避淩辱也。不敢爲先，免嫉謗也。始終貞信，潛化導也。進止和光，密行教也。挫鋭解紛，明道有時也。出處變化，見神應之緣也。各有其法，同是慚愧之狀也。」

釋太上倉元上籙

倉元上籙一名太清内文，又名玉鏡寶章，又名金圖瓊字，又名破淹洞符，又名玄覽寶籙，又名人鳥山經，又名金生策文，又名威武太一扶命。玉晨君所修，祕于素靈上宫。得而奉行，能飛能沈，能隱能顯，位爲真人。

釋太上太素玉籙

太素玉籙者，玉晨君所修，五帝神使祕於素靈上宫大有之房。得者飛行太空，能隱能藏，給玉童玉女各二人。密修即驗，泄露致災，精加謹慎，諦憶師言〔一〕也。

〔一〕「言」原作「宫」，據洞真太上太素玉録改。

釋太上神虎玉符

老君〔一〕曰：「神虎玉符，太真九天父母所出，太真丈人以傳東海小童九天真王〔二〕，九天真王以傳太上道君，太上道君常所寶秘，藏於太微〔三〕靈都瓊宫玉房之裏，衛以巨獸，捍以毒龍，神虎七千，備于玉闕」也。

「神虎班其匠〔四〕，金虎亘其真，智慧標其幹，消魔演其源。微旨幽邃，妙趣難詳。皆署天魔隱諱，或標百神内名。誦其章千精駭動，詠其篇萬祆束形。以三天立正之始，傳付太微天帝君，使威制六天，斬馘萬神，攝山召海，束縛羣靈，威魔滅試，迴轉五星。」

符在本經

晉興寧三年乙丑歲七月一日，桐柏真人授道士許遠遊，言至甲申、乙亥、壬辰、癸巳歲，

〔一〕「老君」，洞真太上神虎玉經作「王君」。
〔二〕「九天真王」，洞真太上神虎玉經及洞真太上金篇虎符真文經均無。
〔三〕「微」原作「陵」，據上二書改。
〔四〕「匠」，洞真太上金篇虎符真文經作「像」。

九月一日、七月一日、四月八日，當有道士著七色法衣，手持九曲策杖，或在靈壇之所，或在人間告乞，或詠經詩，或作狂歌。子若見之，勤請其道，必授子神虎上符，此南嶽真人，太上常使其時下在人間，察視學者〔一〕之心也。

釋太上金虎符

此符本刻于上清玉簡智慧篇中，有七萬言。靈音道妙，微旨難詳。或著天魔隱諱，或表萬神内名，或釋幽喻疑〔二〕，決〔三〕于瓊音也。小有王君抄出此符及威神内文之法，以制天地羣靈，有一百言耳。此呪甚祕，名曰三天虎書太元上籙。受之者先齋七十日，賫金虎玉鈴素錦〔四〕玄羅三十尺，以爲金真之誓，盟天地不宣之約。依四極明科，聽使七百年中得傳三人。

〔一〕「學者」，洞真太上神虎玉經及洞真太上金篇虎符真文經均作「學道者」。

〔二〕「喻疑」原作「論凝」，據洞真太微金虎真符改。

〔三〕「決」，上書作「訣」。

〔四〕「玉鈴素錦」原作「玉金素金」，據上書補。

符在本經

釋太上金篇虎符

太微天帝君以傳金闕帝君。朱書白素，盛以紫錦囊。佩之頭上以行，則制命天地羣靈，神仙敬伏，玉華執巾，天丁衛軀，山嶽稽精。加勑威神之祝，玉清之章，便得斬馘九魔，千妖滅形矣。此上清禁符，不傳於世。得佩之者，飛昇上清。

釋太上玉清神虎内真隱文

太上道君曰：「李山淵德合七聖，爲金闕之主。方當參謁十天，理命億兆，定中元於玄機，制陰陽〔一〕以齊首。拔真擢領，封河召海，斷任死生，把執天威，馘滅六天，總罰三官。」「既以説之以智慧，又復記之以消魔。智慧可以驅神，消魔可以滅邪。復授之以神虎真符」，「助之以散穢去患也」。文辭在本經中。

〔一〕「陽」下原有「於不測」三字，據洞真太上神虎隱文及智慧消魔真經删。

釋太上三元玉檢布經

高上三元布經〔一〕乃上清三天〔二〕真書上真玉檢飛空之篇，上元檢天大籙，下元檢地玉文，中元檢仙真書。如是寶篇，高上皆刻金丹書，貯以自然雲錦之囊，封以三元寶神之章，藏於九天之上大有之宫金臺玉室九曲丹房，南極上元君主之。以上元朱宫玉女七百人侍衛。

釋洞真太上九真中經

太上九真中經一名天〔三〕上飛文，一名外國放品，一名神州靈章。雖有四號，故一書耳。

〔一〕「高上三元布經」，道藏本作「上清三元玉檢三元布經」。
〔二〕「三天」，疑当作「三元」。
〔三〕「天」，上清太上帝君九真中經作「太」。

釋洞真玉晨明鏡金華洞房雌一五老寶經

一名三元玉晨法，一名雌一隱玄經。

釋洞真中黄老君八道祕言經

太虚真人南嶽赤松子曰：「此經或名九素上書，或名太極中真玉文，或名八道金策。」

釋洞神祕籙

小有經下記曰：三皇治世，各受一卷。以天下有急，召天上神、地下鬼，皆勑使之，號曰三墳。後有八帝，次三皇而治。又各受一卷，亦以神靈之教治天下。上三卷曰三精，次三卷曰三變，次二卷曰二化。凡八卷，號曰八索。

釋玄真文赤書玉訣

東方九氣青天真文赤書，一名生神寶真洞玄章，一名東山神呪，八威策文。

南方三氣丹天真文赤書，一名南雲通天寶靈鈐，一名九天神呪，一名赤帝八威策文。

中央黄天真文赤書，一名寶劫洞清九天靈書，一名黄神大呪，一名黄帝威靈策文。西方七氣素天真文赤書，一名金真寶明洞微篇，一名西山神呪，一名八威召龍文。北方五氣玄天真文赤書，一名元神生真寶洞〔一〕文，一名北山神呪，一名八威制天文〔二〕。

釋紫度炎光神玄經

紫度炎光神玄經者，非紫度炎光有本文〔三〕，乃是神經自生空虚之中，凝氣成章，玄光炎映，積七千年，其文乃見。太微天帝君以紫簡〔四〕結其篇目，金簡刻書其文。仍記爲紫度炎光神玄變經者，從玄中變而名焉。

〔一〕「洞」，太上洞玄靈寶赤書玉訣妙經卷上作「明」。

〔二〕「一名八威制天文」七字原無，據上書增。

〔三〕「文」原作「元」，據洞真太上紫度炎光神元變經紫度炎光序改。

〔四〕「簡」，上書作「蘭」。

釋胎精中記

九天丈人告三天玉童曰：「九丹上化胎精中記〔一〕，乃生九玄之初，結太空自然之氣以成寶文，二十四真、三十九帝悉所修行。」一名瓊胎靈曜經，一名洞真太丹隱書，一名帝君七化變景九形經，一名太一二〔二〕度帝寶五精經。

釋隱地八術

隱地八術乃紫清帝君遊隱之道，玄變之訣。舊文乃有八卷，變化八方〔三〕，藏形隱影之事。

〔一〕「記」字下，上清九丹上化胎精中記經有「一名瓊胎靈曜」六字。
〔二〕「二」，洞真太一帝君太丹隱書洞真玄經篇首作「三」。
〔三〕「方」下，上清丹景道精隱地八術經卷下有「上妙三法」四字。

釋外國放品經

外國放品經皆玄古洞空〔一〕之書，自然之章，是上真帝皇以下及學仙得道者，莫不受音於太空〔二〕。

釋四十四方經

太上黄素四十四方，皆九天之上書，八會之隱文也。是以太上大道君命上清高仙太極真人，科集品目，陳其次序，合爲黄素神方四十四首。

釋八素真經

八素真經，乃玄清玉皇之道。又有地仙八素經，論服王氣吐納之道也。又有九素經，論召鬼、使精、行厨、檢魂魄之事。

〔一〕「洞空」，上清外國放品青童内文卷下作「空洞」。
〔二〕「太空」，上書作「太真」。

釋三九素語

三九素語玉精真訣，上相青童君曰：「三九素語，出〔一〕九帝三真命呪之辭，理氣停年，開解靈關，五藏華鮮。」

釋紫鳳赤書

龍景九文紫鳳赤書曰：「太上閑居崚嶒之臺金華九曲之房，説龍景九文紫鳳赤書。」

釋靈飛六甲

瓊宫五帝靈飛六甲内文，一名太上六甲素奏丹符，一名五帝内真通靈之文，一名玉精真訣，一名景中之道，一名白羽黑翮隱玄〔二〕上經。靈飛左右六十上符，並生於九玄之中，結清陽之氣以成玉文。

〔一〕「出」字下，洞真太上三九素語玉精真訣有「於」字。
〔二〕「玄」，上清瓊宫靈飛六甲左右上符作「遊」。

釋元始洞玄靈寶赤書五篇真文

五老靈寶五篇真文元始天書，生於空洞之中，爲天地之根。又云：元始赤書五篇真文，上清自然之書，九天始玄化空洞之靈章，成天立地，開張萬真。

釋洞玄智慧大誡經

洞玄智慧大誡經，元始天尊以開皇元年七月一日於西那玉國鬱察山〔一〕浮羅之嶽長桑林中，授太上大道君智慧上品大誡法文。

釋洞玄通微定志經

天尊曰：「卿並還坐，吾欲以思微定志旨訣告卿。其要簡易〔二〕，得悟不亦快乎！」二

〔一〕「鬱察山」，太上洞真智慧上品大誡作「鬱刹之山」。

〔二〕「易」下，太上洞玄靈寶智慧定志通微經有「從易」二字。

真曰：「思微定志爲有經耶〔一〕？」天尊曰：「都無文字。」二真曰：「斯徒解〔二〕壁無底，大癡。如無文字，何從得悟？」答曰：「即時一切經書，本無文字也〔三〕。今日之言，不亦經乎？」

釋洞真黄氣陽精三道順行經 一名藏天隠月經

南極上元君曰：「吾受〔四〕高上順行三道之要，黄氣陽精之道。服〔五〕御靈暉，口吸皇華，仰餐飛根。存七曜於紫庭，行三道於金門，洞闊狹於淵景，明日月之方圓，覩朱階於洞陽，入練湯於廣寒，登七寶於玄圃，攀飛梯於靈闕，回陽精於浮黎，採黄氣於鬱單，傍金翅於高木，回石景以映顔。修御靈圖，遂感神真。乃三景垂映，七精翼軒，五靈交帶，四司結篇，西龜定録，名題高晨，故位登南極上元之君。此道高妙，非庸夫狹學所可言論。今集其

〔一〕「耶」原作「也」，據太上洞玄靈寶智慧定志通微經改。
〔二〕「解」，上書作「觸」。
〔三〕「本無文字也」，上書作「本有文字耶」。
〔四〕「受」原作「愛」，據上清黄氣陽精三道順行經改。
〔五〕「服」原作「喻」，據上書改。

所禀，粗説高上玉帝口言，以標玄虚自然靈文，付上相青童君掌録玄宫。經萬劫之後，當授玄記白簡青録之人。」

釋洞真玉珮金璫太極金書上經

玉珮者，九天魂精，九天之〔一〕名曰晨燈，一名太上隱玄洞飛寶章。金璫者，九天魄靈，九天之名曰虹映，一名上清華蓋陰景之内真。

釋洞玄太極隱注經

太上玉經隱注曰：「上清之高旨，極真之微辭，飛仙之妙經也。靈寶經或曰洞玄，或云太上昇玄經，皆高仙之上品，虚無之至真，大道之幽寶也。三皇天文或云洞神，或云洞仙，或云太上玉策。此三洞經符，道〔二〕之綱紀，太虚之玄宗，上真之首經矣。豈中仙之所聞哉。」

〔一〕「之」下，太上玉珮金璫太極金書上經有「上」字，下一「之」字亦然。

〔二〕「道」上原有「上」字，據上清太極隱注玉經寶訣删。

釋七經并序

道學七經。經者，徑也、由也、常也、正也〔一〕、成也。徑直易行，由之得進，常通不塞，正以治邪，轉敗爲成，經緯相會也。玄素黄帝容成彭鏗巫咸陳赦習學七經，演述陰陽，生生爲先。先仁之志，非但七人。七人迹多，亦號七經。天門玉子，皆傳斯道。外儒失道，不知道爲儒本，儒爲道末。本末不知，致無長壽之人，遂爲淫亂之俗也。至於外儒，五經備有。詩首關雎，禮貴婚嫁，傳嗣之重，歷代所同。無後之罪，三千莫大。而不〔二〕知男女氣數，陰陽興衰，聞之疑怪，蚩鄙成災，良可痛念。智者悟之，能歸内道，救理外儒。詩禮傳易，至于尚書，禮樂孝經，斂末崇本。本孝合乎道，習樂同乎德。道德弘深，仁義備舉，禮智恒用，信不蹔虧。緣末入本，引外還内，上學之功，於此乎在。

七經者：一曰仁經。男女婚嫁，恩愛交接，生子種人，永世無絶。

二曰禮經。既生當長，壯不可恣，夫清婦貞，内外分别，尊卑相敬，和而有節。

〔一〕「正也」二字原缺，據洞真太上太霄琅書卷九補。

〔二〕「不」字原缺，據上書補。

三曰信經。既知禮節〔一〕，親疎相間〔二〕，朝野忠直，無相違負。
四曰義經。既知忠直，有與有取，罰惡賞善，更相成濟。
五曰智經。既知賞罰，防有枉濫，抑揚通流，除邪入正。
六曰德經。治邪保正，五德均平，無偏無苦，常樂長存。
七曰道經。常樂長存，騰泰無上，上德不德，教化立功。功成身退，權變無窮。
凡人學道，共修七經。經有所明，各有多少。仁經恩多，餘事皆少。少不受稱，多故立名，名爲仁經。亦有禮、義、信、智、德、道，六〔三〕同若斯，唯道獨多，少行均平，故號大道，一切所宗也。」

〔一〕「禮節」，洞真太上太霄琅書卷九作「和節」。
〔二〕「相間」，上書作「相關」。
〔三〕「六」，上書作「五」。

雲笈七籤卷之十

三洞經教部

經

老君太上虚無自然本起經〔一〕

道者，謂太初也。太初者，道之初也。初時爲精，其炁赤盛，即爲光明，名之太陽，又曰元陽子丹。丹復變化，即爲道君，故曰道之初。藏在太素之中，即爲一也。太素者，人之素也。謂赤氣初變爲黄氣，名曰中和。中和變爲老君，又爲神君，故曰黄神，來入骨肉形中，成爲人也。故曰人之素。藏在太始之中，此即爲二也。太始者，氣之始也。謂黄氣復變爲白氣，白氣者，水之精也，名太陰，變爲太和君。水出白氣，故曰氣之始也。此即爲三氣也。夫三始之相包也，氣包神，神包精。故曰白包黄，黄包赤。赤包三，三包一，三一混合，

〔一〕標題道藏本作「太上老君虚無自然本起經」。

名曰混沌。故老君曰：「一生二，二生三，三生萬物。」又曰：混沌若雞子，此之謂也。夫人形者主包含此三一，故曰三生，又曰三精，又曰三形。元包含神，神得氣乃生，能使〔一〕其形，安止其氣。如此三事，當相生成。

夫道爲三一者，謂虛無空。空者白也，白包無。無者黄也，黄包赤，赤爲虛。何爲虛？虛者精光明，明而無形質。譬若日月及火，其精明，然而無有形質，故爲虛。何謂無？無者炁也。炁有形可見，無質可得，故爲無。何謂空？空者，未有天地、山川，左顧右視，蕩蕩漭漭，無所障礙，無有邊際，但洞白無所見，無以聞，道自然從其中生。譬若琴瑟鼓簫之屬，以其中空，故出聲音。是以聖人作經，誡後賢者，欲使守道，空虛其心，關閉其耳目，不復有所念。若有所念思想者，不能得自然之道也。所以者何？道未變爲神時，無端無緒，無心無意，都無諸〔二〕欲澹泊，不動不摇。及變爲神明，神者外其光明，多所照見；使有心意，諸欲因生，更亂本真。或曰思想不能復還反于道，使入五道，無有休息時。何謂五道？一道者，神上天爲天神。二道者，神入骨肉形爲人神。三道者，神入禽獸爲禽獸神。四道者，神

〔一〕「使」下，太上老君虛無自然本起經有「者」字。
〔二〕「諸」字，上書無。

入薜荔，薜荔者，餓鬼名也。五道者，神入泥黎，泥黎者，地獄名也。神有罪過，入泥黎中考。如此五道，各有劫壽歲月。是以賢者學道，當曉知虛無自然。守虛無者，得自然之道，不復上天也。常在世間，變化見死生，爲世人師。守神者能練骨肉形爲真人，屬天官，當飛上天，此謂中自然也。守氣者能含陰陽之氣以生毛羽，得飛仙道，名曰小自然。故神有廣狹，知有淺深，明有大小。由是言之，學道讚誦聖文，尋逐明師，開解愚冥也。

夫守道之法，當熟讀諸經，還自思惟，我身神本從道生。道者清静，都無所有。乃變爲神明，便有〔一〕光明，便生心意，出諸智慧。智慧者，謂五欲六情。五欲者，謂耳欲聲，便迷塞不能止；目欲色，便淫亂發狂；鼻欲香，便散其精神；口欲味，便受罪入〔二〕網羅；心欲愛憎，便偏邪失正平。凡此五欲，爲惑亂覆蓋。六情者，謂形識知痛癢，欲得細滑，耳聞聲，心樂之；目見色，心欲之；鼻聞香，心逐臭；口得味，心便喜；身得細滑衣被，心便利之；得所愛，心便悦之。坐此六情以喪，故復名六情喪。人神但坐此六情所牽引，迷亂淫邪，垢濁闇蔽，使神明不暢達。便有肉人不能識別，聽視不聰明，情志閉塞，皆坐此五欲六

〔一〕「有」，太上老君虛無自然本起經作「見」。
〔二〕「入」，上書作「於」。

情之所惑亂，受罪展轉入五道，死生無有休息時。以是故當熟自思此意，其神本自清淨，無此情欲。但思念此意，諸欲便自然斷止。斷止便得垢濁盡索〔一〕。垢濁盡索便爲清淨，便明見道，與道合，便能聽視無方，變化無常。人若復不解此意，且聽吾說。譬如此類若鏡，其師本作鏡時，極令清明。至於人買鏡持歸，不肯護之，至使令冥，無所光照。乃復令摩鏡師以藥摩之，乃復正明，以明能見人形影。人神亦如此。神本從道生，道者清淨，故神本自清淨。而使以情欲迷惑，陷於闇冥。其鏡冥者，藥摩之便明。人神以欲自蔽冥者，亦當以經法自摩，諸欲乃得自然斷止，而復清淨，乃有所見。又若天新雨之水皆擾濁，若收此水置一器中，初時水尚渾濁，無所照見，久久稍自澄清便明，明便可於其中照見形影。人神以諸欲亂時，如此濁水。人能斷此情欲者，如澄清水。諸欲斷，便自然清淨澄明，明便爲得道。當曉知其本者，諸欲便自然斷。其餘外道不曉知其本清淨，而反常相教斷情欲。

夫情欲非有形質也，來化無時，不効有形之物，可得斷截，使不復生。此神情欲思想，出生無時，不可見知，不可預防遏，不得斷截。不効懸懸之緒，可得寄絶；不効草木，可得破碎；不効光明，可得障蔽；不効水泉，可得壅遏。故神無形，呼吸之間，丹沶萬封。以是

〔一〕「索」，太上老君虛無自然本起經作「素」。下同。

故不可得斷絶。但曉知其本清淨無欲，自然斷止。而不曉知其本，强欲自斷情欲，終不能斷絶之。譬如斷樹木使不生，當掘出其根本。根本已出，便不復生。癡人不曉之，而但齊地斫之，其根續生如故。人不曉情欲之本，而强斷絶其末，如此情欲絶不斷也，會復生如故。外道家不曉人神本清淨，而反入室强塞耳目斷情欲，不知情欲本在於心意。心意者，神也。神無形，往來無時。情欲從念中生出，生出無時，以無形故，不得斷絶。但當曉知其本，自當斷止，其意不復生。爲道當熟明此意，若不明知〔一〕此，但自勞傷其精神耳。

夫爲道既知此情欲，當復解知道德經行之法。夫道者，謂道路也。經者，謂徑路也。行者，謂行步也。德者，謂爲善之功德也。法者，謂有成道經，可修讀而得道也。謂有成道路之徑，可隨而行之。夫有德之人，念施行諸善行者，謂舉足從徑行，乃得大道。此欲賢者，因經法思念十善，施行功德，功德已行爲得道。譬如舉足，因成之〔二〕徑，行步以前，當得大道。假令人堅坐在家，殊不行步，何時得道？賢者若不思經法，施行功德，何能得道乎？人爲道，但守一不移，而不作功德，譬若人生在家，未嘗出入，不能見道路也。愚者雖

〔一〕「知」，太上老君虚無自然本起經作「之」。
〔二〕「之」，上書及道藏輯要本均作「人」。

守道，不作功德，亦不能得道也。故老君作道經，復作德經，使忠信者奉行之。假令但守道便可得遂聖人，但作一言之訣，何須並作諸經云耶？

夫道得三乃成，故言三合成德。自不滿三，諸事不成。夫三者，謂道、德、人也。人爲一，當行功德。功德爲二。功德行乃爲道，道爲三。如此人入道、德，三事合乃可得。若有人但作功德不曉道，而無功德亦不得道也。若但有道德而無人，人亦不得道也。譬若種穀，投種土中，不得水潤，何能生乎？譬若釀酒，有麴有米而無水，何猶成酒乎？譬若有君臣而無民，當何宰牧乎？譬若有火有水而無穀食，人當何以自活乎？譬若有車有馬而無人御之，何能自隨行乎？如此譬喻，皆得三乃能成道。

夫道者有三三一，爲三一，爲三皇，爲三神，爲三太一。三太一謂上太一、中太一、下太一，爲三元。其三元各自有三三一，如此三三之一爲九一，故有九宫。從一始，到九終。九、陽氣，從十月冬至始生黄泉之下，到新年六月更終。從十月到六月，合爲九月，陽氣便終，故陽數九。故言九天。子午亦數，爲道當知此九一之變化，始終之上下。

夫人形體爲一，神爲二，炁爲三，此三三一乃成人。又神爲一，炁爲二，精爲三，此三三一乃復成神。又天爲一，地爲二，人爲三，此三三一乃復成道德天地之本。三一者，謂虚爲一，虚中有自然，已立身也，亦道君，亦元陽子丹也，亦貴人也，亦神人也。其左方之一者，亦天也，亦日也，亦父也，亦陽也，亦得也，亦師也，亦魂也，爲人主作政也。其右方之一者，亦地也，亦月也，亦母也，亦陰也，亦形也，亦司命鬼，爲邪爲魔，主爲人作邪惡。賢者當曉了此三一，分別善惡邪正，覺知此者，便能得道。

夫道當曉知此左右之一，善惡之教。中央之一，正自我身神者，即道子也。左右之一，輔相我爲善惡。左方之一，日日〔一〕闕告我爲善，其功德日日盛强，我便爲正道。右方之一，不能復持邪事反戾我也，不能使我爲惡也。右方之一，日日教告我爲惡事，牽引我惡日日深大，便繫屬邪。右方之一，此爲屬邪，日與惡通。賢者爲道，但曉知其道，而不作功德，便當屬邪，不能自出於邪部界。邪則日日迷亂入，便暗冥怒作妄語，邪精邪鬼神日來附近人。賢者不曉此邪，而强爲静，閉塞耳目，欲斷情欲。此諸邪鬼便姦亂人，又爲人造作邪念，前念適滅，後念復起，如此之間，無有解已。若有功德之人，至於静時，便爲左方之一，不能持邪事來干亂人也。以是言之，無功德之人，而强爲静，欲斷情欲，則終爲邪所亂，情欲不得定也。

夫自然有三法。守太虚無，謂高學功德之人，解道根元，深洞微妙。曉知三元九一之

〔一〕「日」原作「月」，據太上老君虚無自然本起經及道藏輯要本改。

變化，玄中之玄始祖，無中之無極道，知其所始，見其所終。天地人物，皆各有形，物既有形，故有成敗死生。精神無形，展轉變化故無止，故曰常在。不惑世所聞，不迷世所知，能知之明，覽虛無之自然。故澹泊無憂喜，情欲不能傾。所以者何？此人但曉解其本，故不惑其末，但爲與人並有內形耳。智慧無窮極，此乃爲虛無也。亦從學而知之，非有素自然也。其靜守道時，當少食，正閉耳目，還神光明著絳宮，絶去諸念，不得强有所視思想也。久久喘息稍微，從是以往，不復自覺喘息，泊然不自知有身無身。從是以往，爲得定道之門。道者，虛也。當爾之時，神在天上虛無中，左顧右視，但皓然正白，中無所見。有狀如雨雪時，四向樹亦白，山亦白，地亦白，一切都白，皆無所見。所以者何？神出天上，前向視，不復見日月、星宿、山川、河海。如此爲復命返道，還入虛無也。若得是當下視，乃見天下諸事，便當廻心念師言，爲道當濟度天下。但見是念故便止，前所見白更冥，神便來還形中。不如此者，神便入道中，散形與道合，便爲天下骨肉，形便蹌踤〔二〕。故老君曰：「知白守黑，爲天下式。」見白者爲見空，守黑者發心下視，念天下以有之故便冥，是謂守黑。爲天

〔二〕「踤」，太上老君虛無自然本起經作「辟」。

下式〔一〕，謂神還形中，長在天下，爲人道師，是謂大虛無之自然也。

夫守中自然之法，不能曉知天地人物所從出，不能知道之根源，變化所由，緣不能及、不能知虛空之事。其所見聞，心便疑惑怪之，且迴然不知道，獨坐無能生於自然。直受師言告身中道云，言當守神者，亦當除情欲，閉塞耳目，還神絳宮，下視崑崙山。或有教令將神昇崑崙山，視其上，想見中黄道君。始時想見，久而見之，久久悉見諸神。與神語言，講説天上事，無復有世俗之念。身中骨腦血日變，成萬神盛强，共舉身而上天受籙署，不得下在人間，此謂真人道也，名曰中虛無之自然也。

夫守小虛無自然之法，亦當除去情欲，閉塞耳目，還神絳宮，下視崑崙山。和合天地、日月、陰陽、雌雄、魂魄之精炁，以養真人。以吾身陰陽炁凝，精骨潤光，便生毛羽，飛上五山。時有奉使，按行民間，亦不得久止也。此謂小虛無自然也。

夫從此大虛無、中虛無、小虛無以下，便有爲之法，不及虛無也。

夫有爲者，謂曆藏導引，動作諸氣，飛丹合藥，呑符跪拜，帶印禁忌，隨日時王相，醮祭名號精靈，使人解占候，此謂有爲，不能知道何所謂也。亦有得仙，亦有住年，亦有得尸解。

〔一〕自「見白者」至「天下式」三十字，太上老君虛無自然本起經無。

從此已下，便爲鬼道，非得長生也。

夫得大虛無自然之道者，不屬天，但屬道君耳。便能散形與道合，能變化，聽視無方，所在作爲。欲得此道者，當行道教化，作功德，奉行經誡，平等其心。無所貪著，無親無疎，一心等之，如天如地。不得殺生，所以者何？夫蜎飛蠕動之類，道皆形之大虛無象，有曉道而殺生者爲害道〔一〕，是以禁之。其守中自然者爲守中神，尚頗有殺生。所以者何？神有虛無，所以有虛形。故有食，有殺生祀祭。道無有，故無祭祀不殺生。

夫得道者但能已得。夫人耳目，聽有聲之聲，見有形之形，不能聽視無形無聲也。所以者何？神赤，赤者陽，陽者離。離爲日爲目，但能見前，不能見後，亦不能見頭上。日者，天目也。但能照天內，不能照天外也，亦不能照覆冥之中。是以得神道上天者，但能以天耳。夫道耳目所聽視，無前無後，無覆冥，無障蔽，洞徹見無數天下事，能聽無聲之聲，能見無形之形。夫作仙道者，當故持天耳目聽視，乃能有所見。假令不故持天耳目聽視，但獨見目前事。所以者何？仙人持骨肉去故。

夫欲知神何以養象，神赤，但有光，以光爲虛形。譬若鏡中水中所見景，是爲無所有。

〔一〕「道」字，太上老君虛無自然本起經無。

其所治止，常在天上爲生君，其壽有劫數，終不得在人間也。其天上壽續盡，當復入五道，更形生死如故耳。或時壽盡，取道便滅矣。

夫真人者，有形景，屬天爲吏，壽歲有萬數。治天上時，時有奉使人間。天上壽盡，便或上補神人。則不入五道中，受形生死矣。

夫守太虛無，得自然之道，住身天上，劫有千數。壽盡變化滅，神亦盡。神續入五道中，受形生死如故。天神都無死生也，但展轉在五道耳。唯有眹兆，常知智神。譬如火滅，無所復有。故取道夫爲道所已。神有滅盡者何？此皆道人爲不曉知道本空静，專心守空便著空，使人空滅盡。

夫守神之人，不能知曉道本空静，但自信有不信無。以故自守神爲守有，爲著不還道。何以故？神展轉入五道中，無有滅盡時。唯有善譬最爲功，覺有曉了，知道本空静，亦不守有，亦不守無，亦不念實，亦不念空。遍在三界中間，有慈哀之心，欲度脱勤苦者，不肯入空取道。因是乃有功德，便自然之道，無有壽也。亦不復入五道生死，亦不滅盡常在，久後功滿，當補道君。賢者爲道，當熟解此意，當知優劣，各有所致到。賢者學道，若知枝末，自謂深足，不肯復講問窮究淵深，是不知道。乃獨各自用有所致到〔一〕，深淺微妙不齊等，聞仙便呼得道。賢者學道，譬若上山下視，言獨是高徑。住上至頂，乃復前有高處。住上高頂，直復見前有高高處。學道亦如此，從小師學道，得至中師，見大師乃知道根元。以是言之，學不可呼爲足也，當努力求明師。爲道切，若〔二〕言爾等何不取大道乎？而於小道止，是闇冥淺近哉！

夫賢者學道，不廣聞深見，更閱衆師者，此人學不足言也。夫日月不高，所照不遠，江海不廣，不能含納。出名寶學之人，譬若陂中魚，遊到池四塞之下，自謂窮盡天下之水，終日終夜，不能學大水之魚，交會語言，不知外乃有江湖淮濟河海恒溺之水也。譬若深山中有癡人，從生至老，不行出入，無所見聞，安知外方人士之學問尊卑差序、車馬衣服鮮綺甘香乎？譬若學經書之人，但聞天下九州共一天子，云言四邊但有夷狄，以謂天地界際極盡於此，安能知其外復何等有乎？學道亦如此，從師受道，以謂盡於此，安能知其〔三〕學道修

〔一〕「到」字，太上老君虛無自然本起經無。
〔二〕「若」字，上書作「苦」。
〔三〕「知其」原作「如」，據上書改。

行，書不能記載也。

夫學仙道，自謂爲足，定得飛仙上天，乃自知道不及真人也。學真人道，亦自謂爲足，定得真人，乃自知道不及神人也。學神人道，亦自謂爲足，定得神人，乃自知不及大道也。學既〔一〕得大道，之中當復有尊卑者，謂知不等也。是以言之學學無有極，天下神尚後行從君學道，何况内政滅，神光明，變化各有所主，有所入，各有所致〔二〕。

夫爲太虚無之道，得無象無聲，教無思想，都無識念之欲。守時亦法教道，不得取景夢候効也。或時神相見，尚不得與神共語言。所以者何？或有邪神來試人，此處無象，自然求道不求神也。略小取大，故可得自然。故老君曰：有光而不曜。謂欲養其光明，至於徹視，不欲小電曜光精，獨與一神相見也。如此不能悉見天下之事矣。

〔一〕「既」，太上老君虚無自然本起經無。
〔二〕「致」，上書作「政」。

雲笈七籤卷之十一

三洞經教部

經

上清黄庭内景經

梁丘子注釋叙

夫萬法以人爲主，人則以心爲宗。無主則法不生，無心則身不立。心法多門，取用非一。有無二體，隨事應機。故有凡聖淺深，愚智真假，莫匪心神辯識運用之所由也。但天下之道，殊塗而同歸，百慮而一致。從麤入妙，權實則有二階；賭跡符真，是非同乎一見。黄庭内景經者，東華之所祕也，誡學仙之要妙，羽化之根本。余襞習未周，而觀想粗得。裁靈萬品，模擬一形，義有四宗，會明七字，指事象諭，内外兩言。紬聰墮體之餘，任嘘從呬之暇，舐筆摩墨，輒貽原筮。

務成子注叙

扶桑大帝君命暘谷神仙王傳魏夫人

暘谷神王當是大帝之臣，授此經之時，與青童君俱來。夫人初在修武縣中也。

黄庭内景〔一〕者，

脾爲黄庭命門，明堂中部老君居之，所以云「黄庭内人服錦衣」也。自臍後三寸，皆號黄庭命門。故下一云，命門中有黄庭元王玄闕大君。又云：坐當命門。猶如頭中亦呼爲泥丸洞房中也。此經以虚無爲主，故用黄庭標之耳。又云：其景者，神也。其經有十三神，皆身中之内景名字。又别有老君外景經，總真云：黄庭内外；涓子云：黄庭内經、外經者，皆是也。此神名與八景不同。又遞述有無者，蓋所施用處異也。名服既殊，源本亦别。太極太微者，品號域也。

一名太上琴心文，

「琴，和也。誦之可以和六府，寧心神，使得神仙。」此十七字本經所注也。

一名大帝金書，

〔一〕「黄庭内景」，道藏本梁丘子黄庭内景玉經註（以下簡稱道藏本）作「黄庭内景玉經」，修真十書本梁丘子黄庭内景玉經註（以下簡稱修真十書本）作「黄庭内景經」。

「扶桑大帝君宫中盡誦此經，以金簡刻書之，故曰金書。」此二十一字本經所注也。

一名東華玉篇，

「東華者，方諸宫名也，東海青童君所居也。其中玉女仙人皆誦詠之，刻玉書之爲玉篇。」此三十三字本經所注。夫此二宫之神仙猶誦之者，非復以辟邪，正謂和神耳。但誦萬遍畢，當得洞經。不信此義，亦爲一滯也。

當清齋九十日，誦之萬遍。

此謂先齋九十日，乃就誦之。非九十日齋，令誦得萬遍也。誦日數無定限，若專此一法，日夜自可二十遍。若兼以餘事者，乘閑正可四五遍耳。計得十遍，亦可依法禮拜。若遍限既畢，未能通感者，但更精心誦之，勿便止也。

使調和三魂，制鍊七魄，除去三尸，安和六府，五藏生華，色反孩童，百病不能傷，災禍不得干。萬過既畢，自然洞觀鬼神，内視腸胃，得見五藏。其時當有黄庭真人中華玉女教子神仙焉。此不死之道也。

臨目外觀，則鬼神摽形；接手内視，則藏腑洞别。乃得表裏無隔，棲真降靈。然後稟受玄教，施行妙訣也。既曰不死，則天地長存，復何索乎！

子有仙相，得吾此書。

吾者，應是暘谷神王自稱也。

此文羅列一形之神室，處胎神之所在耳。於形中諸神乃不都盡，而目其室宅，亦備窮委密矣。胎神即明堂三老君，所謂胎靈大神也。此最爲黄庭之本。

恒誦詠之者，則神室明正，胎真安寧，靈液流通，百關朗清〔一〕，血髓充溢，腸胃虚盈。無復滓穢爲虚，津液常滿爲盈，所謂「六氣盈滿神明靈」也。

五藏結華，耳目聰明，朽齒白髮，還黑更生〔二〕。所以却邪痾之紛若者，謂我已得魂精六緯之姓名也。

紛若者，猶亂雜也。今五藏并膽，是爲六緯，並神魂之精爽矣。

形充魂精，而曰欲死，不可得也，故曰内景黄庭爲不死之道。人之死也，常在形神相離。今形既恒充，則神棲而逸。神既常寧，則形全無毁。兩者相守，死何由萌？雖曰欲逝，其可得乎！此道乃未能控景登虚，高宴上清。而既無死

〔一〕「朗清」，道藏本、修真十書本均作「調暢」。

〔二〕「朽齒白髮，還黑更生」，道藏本、修真十書本作「白髮還黑，朽齒更生」。

患，形固神潔，内徹身靈，外降英聖，隱芝大洞，於是而至，端坐招真，不俟遊涉，筌蹄之妙，豈復踰此！

受者齋九日，或七日，或三日，然後受之。授者爲師，受者奉焉。

此師及弟子俱應結齋，齋日多少，隨其身事。若履涉世塵，宜須積日自潔。其山居清整者，三日便足也。

結盟立誓，期以勿泄。古者盟用玄雲之錦九十尺，金簡鳳文之羅四十尺，金鈕九雙，以代割髮歃血勿泄之約。此物是神鄉之奇帛，非赤縣之所有也。今錦可用白絹，羅可用青布，鈕可用金鐶，亦足以誓信九天，制告三官矣。

諸經中信用金龍玉魚之例，多是寶貴，非寒棲能辦，故許聽以世中易得物比之。今羅錦異類，事絶人工，理宜准代。猶應選極精潔者，絹九丈，當使連織。鐶小細於鈕，以上金九分作九雙，於豐儉爲適。

皆奉有經之師，散之寒棲。違盟負約，七祖受考於暘谷〔一〕河源，身爲下鬼，考於風刀。

「暘谷神仙王口訣」，此七字本經中所注。

〔一〕「暘谷」，道藏本作「湯谷」。

一人受書，得傳九人。

諸經多云：七百年傳三人。此非世上之格。今此雖限人數，不制年期，當是止就一生之身爲言也。

審視形氣，必慈仁忠信，耽玄注真，不毁真正，敬樂神仙者，乃可示耳。自非其才，是爲漏泄。謹量可授，亦誠難也。

人雖不可常保，或始勤而末怠，初善而後惡。但本性既能慈仁惠信，耽玄樂仙，應當無復爲過咎矣。此六德則未可全親，故後云「寧慎密之」。

又當先求感應，推訊虚靈者，乃佳也。審可傳者，亦將得夢以告悟，臨時之宜，亦玄解於心矣。宣泄之科既重，傳之者良爲嶮巇。有黄庭内經之子，寧慎密之。

「清虚真人口訣：夫内景黄庭經者，扶桑太帝君之金書，鍊真祕言矣。」二十六字本經所注。案此二篇是説傳授科格，非扶桑東華金書玉字本文，止是二匠授南真時口訣。故並題注言之也。

讀黄庭内景經者，常在别室燒香潔淨，乃執之也。

凡欲讀此經，皆當如此。施高座，東向燒香，沐浴束帶，舒經於案格之上。微其音響，吟諷研〔一〕詠，無使輟誤。輟誤之時，當依消摩法，重却前三十字更讀也。記其遍數，十過則應起拜。

諸有此經，能辟百邪。若入山林空闇之地，心中震怖者，正心向北讀內經一過，即神静意平，如與千人同旅而止。邪却則神安，故無復疑懼之患。

能讀之萬過，自見五藏腸胃，又見天下鬼神，役使在己。內視既朗，則外鑒亦徹，玉女尚來降授，鬼神何足役使也。

若困病者，心存讀之，垂死亦愈。不能執書，故心存讀之。若不堪首尾周遍，但取神名處誦之。涓子云，靈元是脾神，長四寸，坐脾上，如嬰兒，著黄衣，位爲中部明堂老君。若體中有疾及飢飽不和適之時，但存中部老君之服色，便髣髴在脾，三呼其名畢，咽液七過，萬病如願也。此即經中所云：「三呼我名神自通」者也。

大都通忌食六畜及魚臊肉，

〔一〕「研」原作「斫」，據道藏本、道藏輯要本梁丘子黄庭內景玉經註（以下簡稱輯要本）改。

六畜，牛馬猪羊鷄犬也。魚臊當謂生臊耳，故爲禁也。

忌五辛、

生葱、蒜、薤、韭、葫荽也。

淹洿之事。

世間所可爲淹穢事者，皆宜避之，不復曲辯之也。

若脱履淹洿之者，沐浴盥漱，燒香於左，讀經一過，百痾除也。其餘飲食所忌，學者本不待言。若脱遇淹穢，則可以桃竹而解之。燒香於左，以陽消陰。若不如此，則當致故氣，百痾難除矣。按經後云「入室東向讀玉篇」，而序云北向讀内景經一過者，此謂却邪折惡時，與和神召靈時異也。今若依法恒讀，自可依前所注東向之事也。又小君言：山世遠受孟先生法，暮卧先讀黄庭内景經一遍乃眠，使人魂魄自制。但行此二十一年亦仙矣。是爲合萬過也。夕得三四過乃佳〔一〕。北岳蔣夫人云：讀此經亦使人無病，是不死之道也。如此暮臨卧，每燒香東向，於寢床而誦

〔一〕「又小君言」至「乃佳」，道藏本作「右小君言：暮卧先讀黄庭經一過乃眠，使人魂魄自制，鍊得三四過乃佳也」。

之。旦夕一過者，至二十七年，正得萬遍耳。今云二十一年，或是字誤。若不爾，則夕不恒一過也。故復云：夕三四過乃佳。計此十遍畢，亦可禮。所以云萬過，亦是取其限義也。讀不患數，患人不能勤耳。

釋題

黄庭内景　黄者，中央之色也；庭者，四方之中也。外指事，即天中、人中、地中。内指事，即腦中、心中、脾中，故曰黄庭。内者，心也；景者，象也。外象諭即日月星辰雲霞之象，内象諭即血肉筋骨藏府之象也。心居身内，存觀一體之象色，故曰内景也。

誦黄庭經訣

入室誦黄庭内景玉經，當燒香清齋，身冠法服，入户北向四拜，長跪叩齒二十四通，啓曰：上啓高上萬〔一〕真玉晨太上大道君，臣今當入室，誦詠玉經，鍊神保藏，乞胃宫榮華，身得乘虚，上拜帝庭。畢，次東向揖四〔二〕太帝，又叩齒十二通，啓曰：上啓扶桑太帝暘谷

〔一〕「萬」，本書卷十二推誦黄庭内景經法作「天」。
〔二〕「四」字，推誦黄庭内景經法無，宜移至「揖」上，作「四揖」。

神王，臣某甲今入室披詠玉經，乞使静室神芝自生，玉華寶輝〔一〕，三光洞明，萬遍胎仙，得同帝靈。呪畢，東向誦經十遍爲一過。便還北向四拜，東向四揖，不須復啓。

上清黄庭内景經

上清章第一

上清紫霞虚皇前，太上大道玉晨君，

上清者，三清名也。虚皇者，紫清太素高虚洞曜三元道君内號也。太上即高聖太真玉晨玄皇大道君也。理在上清協晨觀蘂珠之房，紫霞焕落，瑞氣交映也。

閑居蘂珠作七言，

蘂珠，上清境宫闕名也。述作此經，皆以七言爲句也。

散化五形變萬神，

散化形體，變通萬神，明此經祕妙矣。

是爲黄庭曰内篇，

〔一〕「輝」，推誦黄庭内景經法作「耀」。

真言歎美，又曰内篇也。

琴心三疊儛胎仙。

琴，和也。三疊，三丹田，謂與諸宫重疊也。胎仙即胎靈大神，亦曰胎真，居明堂中，所謂三老君，爲黄庭之主。以其心和則神悦，故儛胎仙也。

九氣映明出霄間，

九天之氣，入〔一〕於人鼻，周流腦宫，映明上達，故曰出霄間。九天生神經曰：三元育養，九氣結形。

神蓋童子生紫煙，

神蓋謂眉也，童子目神也，紫煙即目光氣也。

是曰玉書可精研，詠之萬過昇三天。

此經亦曰玉書，謂精心研慮，誦滿萬遍，即自昇天矣。三天者，太清、上清、玉清也。

千災以消百病痊，不憚虎狼之凶殘，亦以却老年永延。

真經尊重，持誦蒙恩，災病自除，虎狼不犯，衰年轉少，壽命延長。道經曰：「攝生者，

〔一〕「入」原作「人」，據輯要本改。

毒蟲猛獸不搏也。」此一章初説經之旨也。此經蓋是太上弟子所撰記耳，猶如孝經禮記稱孔子閑居也。

上有章第二

上有魂靈下關元，

魂，魂魄也；靈，胎靈也。魂在肝，魄在肺，胎靈在脾。關元，臍也，臍爲受命之宫。則魂魄在上，關元居下。

左爲少陽右太陰，

少陽，左目也。太陰，右目也。

後有密户前生門，

密户，腎也。腎爲藏精宫，當密守之，使不躁泄。生門，命門也。

出日入月呼吸存。

謂常存日月於兩目，使光與身合，則通真矣。九真中經曰：夜半生氣或鷄鳴時，正坐閉氣，存左目出日，右目出月，兩耳之上爲六合高牕，令日月使照一身，内徹泥丸，下照五藏，腸胃之中，了了洞見，內徹外合〔一〕，一身與日月光共合。良久，叩齒九通，咽液九過，微祝曰：太上玄一，九皇吐精。三五七變，洞觀窈冥。日月垂光，下徹神庭。使照六合，太一黄寧。帝君命簡，金書不傾。五老奉符，天地同誠。使我不死，以致真靈。却遏萬邪，禍害咸〔二〕平。上朝天皇，還老返嬰。太帝有制，百神敬聽。

四氣所合列宿分，

四氣，四時靈氣也。列宿，三景也。謂常存元氣合於身，兼思日月斗星，分明煥照，久則通靈。

紫煙上下三素雲，

三素者，紫素、白素、黄素也。常存三元妙氣，上下在身，則形神通感。

灌溉五華植靈根，

五華者，五方之英華，即氣也。靈根，舌本也。謂漱咽津液，兼吸引五氣而服之，則靈根永存，神府清暢。

〔一〕「了了洞見，內徹外合」，洞真太一帝君太丹隱書洞真玄經作「皆覺見了了，洞徹內外」。
〔二〕「咸」，洞真太一帝君太丹隱書洞真玄經及本書卷二十三服日月氣法均作「滅」。

七液洞流衝廬間。

廬間，兩眉間，謂額也。七液者，謂四氣三元，結成靈液，流潤藏府，氣衝腦盛也。

迴紫抱黄入丹田，

丹田，上丹田，在兩眉間却入三寸之宫，即上元真一所居也。紫、黄者，三元靈氣也。

幽室内明照陽門。

幽室，腎也。陽門，命門也。謂存念腎臟，令其内明，專氣保精，無使泄散，朗照内外，兼守命門也。此一章先説黄庭宫府所在，氣液周流，上下相通。

口爲章第三

口爲玉池太和官，

口中津液爲玉液，一名醴泉，亦名玉漿。貯水爲池，百節調柔，五藏和適，皆以口爲官主也。一本有作「太和宫」，於文韻不便也。大洞經云：心存胃口有一女子，嬰兒形，無衣服，正立胃管，張口承注魂液，仰吸五氣。當即漱漏口中内外津液，滿口咽之，遣直入玄女口中。五過畢，叩齒三通，微呪曰：玉清高上，九天九靈。化液在玄，下入胃清。金和玉映〔一〕，心開神明，服食日精，金華充盈。

漱咽靈液災不干，

靈液真氣，邪不干正。

體生光華氣香蘭，

不食五穀，無穢滓也。

却滅百邪玉鍊顔，

肌膚若冰雪，綽約若處子。

審能修之登廣寒。

廣寒，北方仙宫之名，又云山名，亦曰廣霞。洞真經云：冬至之日，月伏於廣寒之宫，其時育養月魄於廣寒之池，天人採青華之林條，以拂日月光也。

晝夜不寐乃成真，

勤修静定，則爲真人。

〔一〕「映」下，本書卷二三服日子三五七九玄根氣法及上清九天上帝祝百神内名經均有「先自虚生。名曰淳鐶，字曰豔精。制魂拘魄」十六字。

雷鳴電激神泯泯。

泯泯，取平聲讀。調神理氣，魂魄恬愉，雖遇震雷而不驚慴。又曰雷鳴電激爲叩齒，叩齒〔一〕存思，乃是神用，不得言泯泯。

黄庭章第四

黄庭内人服錦衣，

黄庭内人謂道母，黄庭真人謂道父，人身備有之。錦衣具五色也，即謂五藏之真氣也，三庭之中備有之。

紫華飛裙雲氣羅，

十方經云：高上玉皇衣文明飛雲之裙，即神仙之所服也。

丹青緑條翠靈柯。

五色雜氣共生枝條，仙衣之飾。

七蕤玉籥閉兩扉，

外象諭也。七竅開闔，以諭關籥，用之以道，不妄開也。蕤，籥之飾。存神必閉目，故

〔一〕「叩齒」二字原缺，據道藏本、輯要本、修真十書本增。

名曰閉兩扉也。

重扇金關密樞機，

金取堅剛也。故經云：「善閉者無關楗而不可開。」言養生者善守精神不妄洩也。

玄泉幽關〔一〕高崔巍。

玄泉，口中之液也，一曰玉泉，一名醴泉，一名玉液，一名玉津，一名玉漿。兩眉間爲闕庭，兩腎間爲幽闕，如門之左右象魏，中間闕然爲道。腎在身中，故曰幽闕也。據腎在諸藏之下，而云高者，形狀〔二〕存神，即在丹田之上，故言高也。

三田之中精氣微，

内指事也。丹田之中，神氣變化，感應從心，非有無不可爲象也〔三〕。從麤入妙，必其有係，故以氣言之。氣以心爲主，因主立象，至精至微，不可數求也。道機經云：天有三光日月星，人有三寶三丹田。三丹田中氣，左青右黃，上白下黑也。

〔一〕「關」，道藏本、輯要本、修真十書本作「闕」。

〔二〕「狀」，上三本作「伏」。

〔三〕「非有無不可爲象也」，道藏本、輯要本均作「非有非無不可爲色象」，修真十書本作「非有非無不可爲也」。

嬌女窈窕翳霄暉，

真誥云：嬌女，耳神名。言耳聰朗徹明掩玄暉也。

重堂煥煥明八威，

重堂，喉嚨名也，一曰重樓，亦曰重環。本經云：「絳宫重樓十二級。」絳宫，心也。喉嚨在心上，故曰重堂。喉嚨者，津液之路，流通上下，滋榮一體，煥明八方。八卦之神曰八威也。

天庭地關列斧斤，

兩眉間爲天庭，紫微夫人祝曰：「開通天庭，使我長生。」列斧斤，言勇壯。

靈臺盤固永不衰。

心爲靈臺，言有神靈君之。静則守一，動則存神，體安不衰竭矣。

中池章第五

中池内神服赤珠，

膽爲中池，舌下爲華池，小腹胞爲玉池，亦三池之通名。膽部曰：「龍旂横天擲火鈴。」

赤珠者，火鈴之服。

丹錦雲袍帶虎符，

丹錦雲袍，心肺之色。在膽之上，故曰雲袍。符，命也。九真經云：皇老君〔一〕佩玄龍神虎符，帶流金之鈴，並道君之服也。

横津三寸靈所居，

内指事也。臍在胞上，故曰横津。臍下三寸爲丹田，真人赤子之所居也。

隱芝翳鬱自相扶。

謂男女之形體也。隱翳交合，自然之道。按内外神芝訣云：五藏之液爲内芝，内芝則隱芝也。又云：隱，奥者也。

天中章第六

天中之岳精謹修，

天中之岳謂鼻也，一名天臺。消魔經云：鼻欲數按其左右，令人氣平。所謂溉灌中岳，名書帝録。

雲宅〔二〕既清玉帝遊，

〔一〕「皇老君」，上清太上帝君九真中經作「中央黄老君」。

〔二〕「雲宅」，道藏本、輯要本、修真十書作「靈宅」，下同。

面爲雲宅，一名尺宅。以眉目鼻口之所居，故爲宅也。修之清通，則神仙矣。洞神經曰：面爲尺宅。字或作赤澤。

通利道路無終休。

太素丹景經曰：一面之上，常欲兩手摩拭之，高下隨形不休息，則通利耳目鼻口之氣脉。

眉號華蓋覆明珠，

明珠，目也。

九幽日月洞空無。

五辰行事訣云：眉上一寸〔一〕直入一寸爲玉瑺紫闕，左日右月。又玉曆經云：「太清上有五色華蓋九重，人身亦有之。」當存目童如日月之明也。

宅中有真常衣丹，

真謂心神，即赤城童子也，亦名真人，亦名赤子，亦名子丹。心存見之，常在目前，與心相應。衣丹，象心氣赤色也。

〔一〕「一寸」原無，據上清紫微帝君南極元君玉經寶訣及上清紫精君皇初紫靈道君洞房上經增。

審能見之無疾患。

元陽子曰：「常存心神，則無病也。」

赤珠靈裙華蒨粲，

玄膺之象也，外諭也。

舌下玄膺生死岸，

內指事也。玄膺者，通津液之岸也。本經云：「玄膺氣管受津府。」

出青入玄二氣煥，子若遇之昇天漢。

謂吐納陰陽二氣，煥然著明也。人能善遇吐納之理，則成天仙矣。

至道章第七

至道不煩決存真，

專心則至。

泥丸百節皆有神。

神者，妙萬物而爲言，因象立名，則如下說。

髮神蒼華字太元，

白與黑謂之蒼，最居首上，故曰太元。

腦神精根字泥丸，

丹田之宫，黄庭之舍，洞房之主，陰陽之根。泥丸，腦之象也。

眼神明上字英玄，

目諭日月，在首之上，故曰明上。英玄，童子之精色，内指事也。

鼻神玉壟字靈堅，

陰壟之骨象玉也。神氣通天，出入不竭，故曰靈堅。

耳神空閑字幽田，

空閑幽静，聽物則審。神之所居，故曰田也。

舌神通命字正倫，

咽液以舌，性命得通，正其五味，各有倫理。

齒神崿鋒字羅千，

牙齒堅利如劒崿刀鋒，摧羅衆物而食之也。

一面之神宗泥丸。

腦中丹田，百神之主。

泥丸九真皆有房，

大洞經云：三元隱化，則成三宮。三三如九，故有三丹田，又有三洞房，合上三〔一〕元爲九宮。中有九真神，三九二十七，神氣相合，人當存見之。亦謂天皇九魄，變成九氣，化爲九神，各居一洞房。

方圓一寸處此中，

房有一寸，故腦有九宮。

同服紫衣飛羅裳。

九真之服，皆象氣色，飛猶輕也。

但思一部壽無窮，

存思九真，不死之道也。

非各別住俱腦中，

丹田之中，衆神所居。

列位次坐向外方，

神繞丹田，而外其面，以扞不祥。八素經云：真有九品。向外列位，則當上真上向，高

〔一〕「三」字原缺，據道藏本、輯要本、修真十書本及洞真太一帝君太丹隱書洞真玄經補。

真南向，太真東向，神真西向，玄真北向，仙真東北向，天真東南向，靈真西南向，至真西北向。夫〔一〕真者，不視而明，不聽而聰，不言而正，不行而從。

所存在心自相當。

心存玄真，內外相應。

心神章第八

心神丹元字守靈，

內象諭也。心爲藏府之元，南方火色，棲神之宅，故言守靈也。

肺神皓華字虛成，

肺爲心之華蓋。皓，白也，西方金之色。肺色白，其質輕虛，故曰虛成也。

肝神龍煙字含明，

肝位木行，東方青龍之色也，於藏主目。日出東方，木生火，故曰含明。

翳鬱導煙主濁清。

翳鬱，木象也。得火而煙生，得陽而氣生。清則目明，濁即目暗。有別本無此一句。

〔一〕「夫」原作「天」，據道藏本、輯要本、修真十書本改。

腎神玄冥字育嬰，

腎屬水，故曰玄冥。腎精爲子，故曰育嬰也。

脾神常在字魂停，

脾，中央土位也，故曰常在，即黄庭之宫也。脾磨食消，神康力壯，故曰魂停。

膽神龍曜字威明。

膽色青黄，故曰龍曜。主於勇捍，故曰威明。外取東方青龍雷震之象也。

六腑五藏神體精，

資係〔一〕一身，廢一不可，故曰神體精。心、肝、肺、腎、脾爲五藏，膽、胃、大腸、小腸、膀胱、三焦爲六府。所言府者，猶府邑之府，取中受物之義，故曰府也。藏者，各是一質，共藏於身，謂之藏也。言三焦者多矣，而未的言其所在。蓋心、肝、肺三藏之上，係管之中，爲三焦。中黄經云：「肺首爲三焦。」當指其所也。又據五方之色，脾爲黄，應爲五藏之主。而今共以心爲主者何也？答曰：心居藏中，其質虚受也。夫虚無者，神識之體，運用之源，故偏方而得其主，動用而獲其神，不可以象數言，不可以物類取也。

〔一〕「係」，道藏本、輯要本、修真十書本作「保」。

皆在心内運天經，

五藏六府各有所司，皆有法象同天地，順陰陽自然感攝之道，故内〔一〕運天經也。

晝夜存之自長生。

依上五神服色，思存不捨，不死之道也。仙經曰：存五藏之氣，變爲五色雲，常在頂上，覆蔭一身。日居於前，月居於後，左青龍，右白虎，前朱雀，後玄武，即去邪長生之道也。

肺部章第九

肺部之宫似華蓋，

金宫也，肺在五藏之上，四垂爲宇也。

下有童子坐玉闕，

童子名皓華，肺形如蓋，故以下言之。玉闕者，腎中白氣，上與肺連也。

七元之子主調氣，

元陽子曰：「七元之君，負甲持符，辟除凶邪，而布氣七竅，主耳目聰明。」七元，七竅之

〔一〕「内」，道藏本、輯要本、修真十書本作「曰」。

元氣也。

外應中岳鼻齊位。

中岳者，鼻也，又爲臍也。臍爲崑崙之山，鼻爲七氣之門，位猶主也。

素錦衣裳黄雲帶，

素錦衣裳，肺膜之色也。黄雲帶者，肺中之黄脉，蔓延羅絡，有象雲氣。

喘息呼吸體不快，

有時而然。

急存白元和六氣，

白元君主肺宫也。大洞經云：白元君者，居洞房之右是也。

神仙久視無災害，

邪不干正。

用之不已形不滯。

常存此道，形氣華榮，至誠感神之所致也。

心部章第十

心部之宫蓮含華，

火宮也，心藏之質，象蓮華之未開也。

下有童子丹元家。

心神丹元字守靈。神在心内，而云下者，據華蓋而言。

主適寒熱榮衛和，

寒熱，陰陽静躁之義也。人當和適，以榮衛其身。老子經云：「躁勝寒，静勝熱，清淨以爲天下正。」

丹錦飛裳披玉羅，

象心藏之色也，有肺之白氣象玉羅。

金鈴朱帶坐婆娑。

金鈴，肉〔一〕蘂之象；朱帶，血脉之象。坐婆娑者，言神之安静也。九真經云：黄老君「帶流金之鈴」，仙服也。

調血理命身不枯，

心安體和，則無病矣。

〔一〕「肉」，道藏本、輯要本、修真十書本作「内」。

外應口舌吐五華，

心主口舌，吐納五藏之液，辨識五行之味，故言外應。

臨絶呼之亦登蘇，

人有病厄，當存丹元童子朱衣赤冠，以救護之也。

久久行之飛太霞。

常行此道，能獲飛仙。

肝部章第十一

肝部之宫〔一〕翠重裏，

木宫也。肝色蒼翠，大小相重之象也。

下有青童神公子，

肝東方木位，主青，故曰青童。左位爲公子，公子一名含明。上有華蓋，故曰下。

主諸關鏡聰明始。

於時主春，青陽之本始。於竅主目，五行之關鏡。故曰聰明之始。

〔一〕「宫」原作「中」，據道藏本、輯要本、修真十書本改。

青錦披裳佩玉鈴，

青錦，肝之色。玉鈴，白脉垂之象也。昇玄經云：「三天玉帝帶火玉之珮。」素靈經云：「靈耀君衣青錦單裳。」皆神仙之服也。

和制魂魄津液平，

内指事也。東春和煦，萬物生成。

外應眼目日月清。

肝位屬眼，象日月明。

百痾所鍾存無英，

左爲無英，肝神在左，故存之。一本爲无英。无英者，物生之象也。

同用七日自充盈。

五藏兼在，故言同用。七日爲一竟，一竟一復也。故周易曰「七日來復」是也。

垂絶念神死復生，

存念青衣童子，形如上說。

攝魂還魄永無傾。

太微靈書云：每月三日十三日二十三日夕，三魂棄身遊外，攝之者當仰眠，去枕伸足，交手心上，瞑目閉氣三息，叩齒三通，存心中有赤氣如雞子，從内出於咽中，赤氣轉大覆身，變成火以燒身使帀。覺體中小熱，呼三魂名曰：爽靈、胎光、幽精，即微呪曰：「太微玄宫，中黄始青，内錬三魂，胎光安寧。神寶玉室，與我俱生，不得妄動，鑒者太靈。若欲飛行，唯詣上清。若有飢渴，得飲玄水玉精。」又每月朔望晦日，七魄流蕩，交通鬼魅。制檢還魄之法，當此夕仰眠伸足，掌心掩兩耳，令指相接於項上，閉息七遍，叩齒七通，心存鼻端白氣如小豆大，須臾漸大，冠身上下九重。氣忽變成兩青龍在兩目中，兩白虎在兩鼻孔中，皆向外。朱鳥在心，上向人口。蒼龜在左足下，靈蛇在右足下。兩玉女著錦衣，手把火光，當兩耳門。畢，咽液七過，呼七魄名曰：尸苟伏矢雀陰吞賊非毒除穢臭肺，即微呪曰：「素氣九回，制魄邪姦。天獸守門，嬌女執闗。錬魄和柔，與我相安。不得妄動，看察形源。若有飢渴，聽飲月黄日丹。」

腎部章第十二

腎部之宫玄闕圓，

水宫也。玄闕圓者，腎之形狀也。玄，水色。内象諭也。

中有童子冥上玄，

腎爲下玄，其神玄冥字育嬰。心爲上玄，上玄幽遠，氣與腎連，故言冥上玄。

主諸六府九液源。

五藏六府，九液交連，百脉通流，廢一不可。六府如上〔一〕説，九液，九竅之津液。

外應兩耳百液津，

腎宫主耳，氣衰則聾。陰陽和合，血液流通。

蒼錦雲衣舞龍幡，

蒼錦，腎色之象也。雲衣，腎膜之象也。龍幡，青脉之象也。九真經云：「道君服青錦衣蒼華之裙也。」

上致明霞日月煙。

腎氣充足，耳目聰明，陰陽不衰。外象諭也。

百病千災急當存，

元陽子曰：「寒暑相生，男女相形，腎中二神常衣青。左男戴日，右女戴月，存想見之，則永〔二〕無災患者也。」

〔一〕「上」疑當作「下」，見膽部章第十四首句「膽部之宫六府精」注。

〔二〕「永」原作「充」，據道藏本、輯要本、修真十書本改。

兩部水王對生門，

腎藏雙對，故曰兩部。腎宫水王，則化爲赤子，故曰對生門。

使人長生昇九天。

赤子化爲真人，而昇九天者，謂九氣青天，其氣主生者也。

脾部章第十三

脾部之宫屬戊己，

土宫也。戊己，中央之辰也。

中有明童黄裳裏，

明童謂魂停。黄裳，土之色。

消穀散氣攝牙齒。

脾爲五藏之樞，脾磨食消，性氣乃全。齒爲羅千，故攝牙齒。

是爲太倉兩明童，

太倉，肚府。此明童謂肚神，神名混康。

坐在金臺城九重，

注念存思，神狀當然。

方圓一寸命門中。

即黄庭之中，丹田之所也。

主調百穀五味香，

口中滋味，脾磨之所致也。

辟却虚羸無病傷，

内指事也。食消故也。

外應尺宅氣色芳，

尺宅，面也。飢飽虚羸，形乎面色。

光華所生以表明。

亦知虚實。

黄錦玉衣帶虎章，

脾主中黄，謂黄庭真人服錦衣也。玉清隱書云：「太上道君佩神虎大章也。」

注念三老子輕翔，

三老謂元老玄老黄老之君也。念脾中真人，自然變化。子，謂受黄庭之學。

長生高仙遠死殃。

莊子曰：「方生方死，方死方生。方可方不可，方不可方可。」以此而談，其理均也。故長生者不死，寂滅者不生。不死不生，則真長生。不生不死，則真寂滅。何死殃之所及也。

膽部章第十四

膽部之宫六府精，

膽、胃、大腸、小腸、膀胱、三焦，爲六府也。太平經云：「積清成精〔一〕。」故膽爲六府之精也。

中有童子曜威明，

又云：膽神龍曜字威明，勇捍之義也。

雷電八振揚玉旌，

八方雷震，有威怒之象也。玉旌，則氣之色也。

龍旂横天擲火鈴，

膽，青龍之色。旌旂，威戰之具也。火鈴者，膽邊肉珠之象也。怒則奮張，故言擲也。

〔一〕「積清成精」，道藏本、輯要本作「積精成青」，本書卷十二隱藏章作「積清成青」。

主諸氣力攝虎兵。

膽力互用，主於捍難，故攝虎兵。

外應眼童鼻柱間，

内指事也，心之喜怒，形於眉目之間。

腦髮相扶亦俱鮮。

人之震怒，髮上衝冠。

九色錦衣緑華裙，

青錦，東方九氣之色也。緑華裙，膽膜之象。

佩金帶玉龍虎文，

膽神威明之服飾也。

能存威明乘慶雲，

内象諭也。思存膽神不倦，則仙道可致也。

役使萬神朝三元。

三元道君各處三清之上，諸天神仙並朝宗之故也。

脾長章第十五

脾長一尺掩太倉，

太倉，胃也。中黄經云：「胃爲太倉君。」元陽子曰：「脾正横在胃上也。」

中部老君治明堂，

脾，黄庭之宫也。黄老君之所治，上應明堂，眉間入一寸是也。

厥字靈元名混康，

脾磨食消，内外相應。大腸爲胃之子，混元而受納之康安也。

治人百病消穀糧。

胃宫榮華，則無病傷。

黄衣紫帶龍虎章，

脾居胃上，故曰黄衣也。紫帶龍虎章，胃絡之象。

長精益命賴君王。

太倉混康，爲君爲王。

三呼我名神自通，

存思胃府之神，則心虚洞鑒也。

三老同坐各有朋。

上元老君居上黄庭宫，與泥丸君、蒼華君、青城君及明堂中君臣〔一〕、洞房中父母及天庭真人等，共爲朋也。又中玄老君居中黄庭宫，與赤城童子、丹田君、皓華君、含明君、玄英君、丹元真人等，爲朋也。下黄老君居下黄庭宫，與太一君、魂停君、靈元君、太倉君、丹田真人等，爲朋也。常存三老，和合百神，流通部位，營衛無有差失也。

或精或胎别執方，

玉曆經云：「下丹田者，人命之根本，精神之所藏，五氣之元也。在臍下三寸，附著脊，號爲赤子府。男子以藏精，女人以藏胎，主和合赤子，陰陽之門户也。其丹田中氣，左青右黄，上白下黑〔二〕。」

桃孩合延生華芒。

桃孩，陰陽神名，亦曰伯桃。仙經曰：命門臍宫中，有大君名桃孩字合延，衣朱衣，巾紫芙蓉冠。暮卧存之，六甲六丁來侍人也。生華芒，謂陰陽之氣不衰也。

〔一〕「臣」，道藏本、輯要本作「居」。

〔二〕「在臍下」至「上白下黑」，本書卷十八老子中經第十七神仙作「赤子之府，男子以藏精，女子以藏月水，主生子，合和陰陽之門户也。在臍下三寸，附著脊膂，兩腎根也。丹田之中，中赤左青右黄，上白下黑」。

男女徊九有桃康，

男女合會，必存三丹田之法。桃康〔一〕，下神名，主陰陽之事。徊三爲九，故曰徊九。大洞真經云：三元隱化，則成三宫。三宫中有九神，謂上中下三元君、太一、公子、白元、無英、司命、桃康，各有宫室，故曰有桃康，

道父道母對相望，

陰陽兩半成一，故曰相望。

師父師母丹玄鄉。

道爲宗師，陰陽之主也。丹玄鄉，謂存丹田法也。

可用存思登虚空，

學仙之道。

殊途一會歸要終。

合三以爲一，散一以爲三，道之要。玄妙内篇云：「兆欲長生，三一當明。」

閉塞三關握固停，

〔一〕「桃康」下，道藏本、輯要本、修真十書本有「丹田」二字。

經云：「口爲天關精神機，手爲人關把盛衰，足爲地關生命扉。」又臍下三寸爲關元，亦曰三關。言固精護氣，不妄施泄。

含漱金醴吞玉英，

金醴、玉英，口中之津液。大洞經云：服玄根之法，心存胃口有一女子，嬰兒形，無衣服，正立胃管，張口承注魂液，仰翕五氣。當漱漏〔一〕口中内外津液，滿口咽之，遣入玄女口中。五過畢，叩齒三通，咽液九過也。

遂至不飢三蟲亡，

洞神訣云：「上蟲白而青，中蟲白而黄，下蟲白而黑。人死則三蟲出爲尸鬼，各化爲物，與形爲殃，擊之衝破也。其餘衆蟲，皆隨尸而亡。故學仙者精謹備於五情之氣，服食藥物，以去三蟲。」又云：「上尸彭琚，使人好滋味，嗜欲癡滯；中尸彭質，使人貪財寶，好喜怒；下尸彭矯，使人愛衣服，耽婬女色。亦名三毒。」

心意常和致欣昌。

道通無礙。

〔一〕「漏」，道藏本、輯要本作「滿」。

五岳之雲氣彭亨，

五藏之氣爲五岳之雲。彭亨，流通無擁之稱也。

保灌玉廬以自償，

玉廬，鼻廬也。言三蟲既亡，真氣和洽，出入玄牝，綿綿不絶。故曰自償。

五形完堅無災殃。

五體五藏，自然相應故也。

上覩章第十六

上覩三元如連珠，

三元謂三光之元，日、月、星也，非指上中下之三元也。

落落明景照九隅，

三光在上，而下燭九隅。九隅，九方也。言常存日月，洞照一身也。

五靈夜燭煥八區。

五靈，謂五星也。炳煥羅列一身，常能存之，則與天地同休也。

子存内皇與我遊，

大道無心，有感則應。

身披鳳衣御虎符，

仙官之服御也。

一至不久昇虛無。

一者，無〔一〕之稱也。學道專一，與靈同體，神仙可致也。莊子云：「人能知一萬事畢〔二〕。」

方寸之中念深藏，

方寸之中〔三〕，下關元，在臍下三寸，方圓一寸，男子藏精之所，言謹閉藏之。

不方不圓閉牖窻，

方止圓動，不動不静，但當杜塞，不妄洩也。

三神還精老方壯，

還精神於三田，則久壽延年也。

〔一〕「無」，道藏本、輯要本、修真十書本作「無二」。
〔二〕「人能知一萬事畢」，莊子天地篇作「記曰：通於一而萬事畢」。
〔三〕「中」字下，道藏本、輯要本有「謂」字。

魂魄内守不争競。

魂陽魄陰，各得其一，故易曰：「一陰一陽之謂道。」

神生腹中御玉璫，

腹心内明，口吐珠玉。按五辰行事訣云：「兩眉間直上一寸入一寸〔二〕爲玉璫紫闕。」竊觀文意，未應是此也。

靈注幽闕那得喪，

存神守一，無横夭也。

琳條萬尋可蔭仗，

外象諭也。琳條玉樹，萬尋高遠，象身形同真，則神明之所庇蔭者也。

三魂自寧帝書命。

真道既成，名書帝録。

靈臺章第十七

〔二〕「上一寸」，道藏本、輯要本、修真十書本均無。「兩眉間直上一寸入一寸」，上清紫精君皇初紫靈道君洞房上經及上清紫微帝君南極元君玉經寶訣均作「眉上一寸直入一寸」。本書卷五二五辰行事訣亦同。

靈臺鬱藹望黃野，

靈臺，心也。謂心專一，存見黄庭，則黄野也。

三寸異室有上下，

三丹田，上、中、下三處各異。每室方圓一寸，故云三寸。今人猶謂心爲方寸，即一所。

間關營衛高玄受，

三田之間，各有間關〔一〕，營衛分部，至高至玄，心當受以存念之也。

洞房紫極靈門户，

大洞經云：兩眉直上，却入三分爲守寸雙田，入骨際三分有臺闕，明堂正深七分，左爲青房，右爲紫户，却入一寸爲明堂宫，左有明童真君，右有明女真官，中有明鏡神君。却入二寸爲洞房，左有無英君，右有白元君，中有黄老君。却入三寸爲丹田宫，亦名泥丸宫，左有上元赤子，右有帝卿君。却入四寸爲流珠宫，有流珠真人居之。却入五寸爲玉帝宫，有玉清神母居之。其明堂上一寸爲天庭宫，上清真女居之。洞房上一寸爲極真宫，太極帝妃居之。丹田上一寸爲玄丹宫，中黄太一真君居之。流珠上一寸爲太

〔一〕「間關」原作「關關」，據道藏本、輯要本、修真十書本改。

皇宫，太上真君〔一〕居之。故曰靈門户也。

是昔太上告我者。

我者，扶桑大帝君自謂也。言我道成，昔承道君授以黄庭之術也。言此道不遠，止在丹田，故却言是昔也。

左神公子發神語，

按大洞經云：「左有無英。」此云公子，亦互言耳。發神語者，用心專一，則教之以道。

右有白元併立處，

右爲學道者之侍者也。

明堂金匱玉房間，

皆上元之宫，釋如下説也。

上清真人當吾前。

上元部神，想在天庭之際。

〔一〕「太上真君」，本書卷四三思修九宫法、卷五十三一九宫法均作「太上君后」。太皇宫爲雌宫，宜作「太上君后」。

黄裳子丹氣頻煩，

謂中元童子處於赤城，頻煩氣盛不衰竭。

借問何在兩眉端。

明堂之前。

内俠日月列宿陳，

五辰行事訣云：太上真人招五辰於洞房，南極元君受傳。每夜半坐卧，心「存西方太白星在兩眉間，直上一寸入一寸爲玉瓃紫闕，左日右月。又次存北方辰星在帝鄉玄宫，在髪際下五分直入一寸也。又次存東方歲星在洞闕朱臺，洞闕朱臺在目後一寸直入一寸是也。又次存南方熒惑星在玉門華房，玉門華房在兩目眥際直入五分是也。又次存中央鎮星在金匱黄室長谷，黄室長谷在人中直入二分是也。存之綴懸於上。畢，叩齒五通，咽液二十五過，微呪曰：高元紫闕，中有五神，寳曜敷暉，放光衝門。精氣積生，化爲老人，道巾素容，緑帔絳裙。右帶流鈴，左佩虎真。手把天剛，散絳飛晨。足躡華蓋，吐芒練身。三景保守，令我得真。養魂制魄，乘飈飛仙」。是其事也。内象諭。

七曜九元冠生門。

七曜七星，配人之七竅；九元九辰，配人之九竅。廢一不可，故曰生門。

三關章第十八

三關之中精氣深，九微之内幽且陰。

謂關元之中，男子藏精之所也。又據下文，口、手、足爲三關。又元陽子以明堂、洞房、丹田爲三關。並可以義取。而存之則成三宫，是名太清、太素、太和。三三如九，故有三丹田，又有三洞房，合上三元爲九。宫中精微，故曰九微。言九微幽玄，而不可見也。

口爲心〔一〕關精神機，

言發於情，猶樞機也。

足爲地關生命棐〔二〕，

言運用己身而生也。棐或爲扉。

手爲人關把盛衰。

〔一〕「心」，本書卷八一穎陽書下篇作「天」。

〔二〕「棐」，上書作「扉」。

縱捨由己。

若得章第十九

若得三宮存玄丹，

三丹田之宮，故曰三宮。玄丹、丹元，謂心也。存思在心，故偏指一所也。

太一流珠安崑崙，

太一流珠謂目精。洞神經云：「頭爲三台君」，又爲崑崙，指上丹田也。又云：「臍爲太一君」，亦爲崑崙，指下丹田也。言心存三丹田諸神，皎然在目前。本經曰：「子欲不死修崑崙。」崑崙，山名也。

重中樓閣十二環，

謂喉嚨十二環，相重在心上。心爲絳宮，有象樓閣者也。

自高自下皆真人。

高下三田、十二樓閣，皆有真神。文如上説。

玉堂絳宇盡玄宮，

絳宮、明堂，上下相應，皆宮室也。

璇璣玉衡色蘭玕，

喉骨環圓，動轉之象也。蘭玕，其色也。

瞻望童子坐盤桓，

存見赤城童子、丹皇真人。坐，言其神安静。

問誰家子在我身，

言已有之。

此人何去入泥丸。

與上元諸神上下相應。洞神經云：「腦爲泥丸宫。」

千千百百自相連，

神本出於一，一生二，二生三，三生萬物，變化不離身心。

一一十十似重山。

存見萬物，重疊安坐。山，象坐形。

雲儀玉華俠耳門，

雲儀玉華，鬢髮之號，言耳居其間。經曰：髮神名蒼華。凡言華者，上〔一〕敷榮之義，

〔一〕「上」字道藏本無。

猶草木之花。

赤帝黄老與己魂，

赤帝者，南方之帝君也。黄老者，中黄老也。魂爲陽神，魄爲陰神，陰陽相推，故言與我魂。太微靈書云：「人有三魂：一曰爽靈，二曰胎光，三曰幽精。」常呼念其名，則魂安人身也。

三真扶胥共房津，五斗渙明是七元。

五斗、五星，七元、北斗也。又靈寶經有五方之斗，亦爲五斗。洞房訣云：「存九元、七元者，眠起、初卧及食畢，微呪曰：五星五通〔一〕，六合紫房，迴元隱道，豁落七辰。生魂者玄父，父〔二〕變一成神。生魄者玄母，母〔三〕化二生身。攝吾筋骨者公子，爲吾精氣者白元，長生久視，飛仙十天。」

日月飛行六合間，

〔一〕「五通」原作「開道」，據上清太上九真中經絳生神丹訣、上清紫精君皇初紫靈道君洞房上經、上清太上迴元隱道除罪籍經改。
〔二〕「父」字原無，據上三書增。
〔三〕「母」字原無，據上三書增。

天地内爲六合。存念身中，日月星辰，森羅萬象，一如天地户間〔一〕，了了然也。

帝鄉天中地户端，

眉上髮際五分，直入一寸，亦爲帝鄉。又明堂上一寸爲天庭，天庭即天中也。又鼻爲上部之地户，心存日月星辰等諸神皆當在其端。端謂鼻之上，髮際之下也。

面部魂神皆相存。

內外星神，自相應也。

呼吸章第二十

呼吸元氣以求仙，

採飛根，採玄暉，吞五牙，挹九霞，服食胎息之道。皆謂天地、陰陽、四時、五行之氣。

仙公公子己可前，

此洞房訣也。洞房宮左爲無英君，一名公子。仙公直指黄庭學者，言學黄庭仙公，復行洞房之訣，而存見公子，故言在前。

朱鳥吐縮白石源。

〔一〕「户間」，疑當作「之間」。

朱鳥，舌象。白石，齒象。吐縮，導引津液。謂陰陽之氣流通不絕，故曰源。

結精育胞化生身，

本己之所從來也。

留胎止精可長生。

真誥曰：「上清真人口訣：夫學仙之人，安心養神，服食治病，使腦宫填滿，玄精不傾，然後可以存神服氣，呼吸二〔一〕景。若數行交接，漏泄施寫者，則氣穢神亡，精靈枯竭，雖復玄挺玉籙，金書太極者，將亦何解於非生乎？在昔先師常戒於斯事，云：學生之人，一交接則傾一年之藥勢，二交接則傾二年之藥勢，過此以往，則不止之藥都傾於身。是以真仙常慎於此，以爲生生之大忌也。」

三氣右徊九道明，

三氣，謂三丹田之氣。右徊，言周流順緒，調和陰陽，則四關九竅，通流朗徹，而無病也。

正一含華乃充盈。

〔一〕「二」原作「三」，據道藏本、輯要本、修真十書本及真誥協昌期改。

存正守一，神氣華榮，故能充滿六合，乘物而變。

遥望一心如羅星，

存見赤城童子居在城中，如星之映羅縠。

金室之下可不傾，

謂心居肺下，肺主金，其色白，故曰金室。常能存之，長生不死也。

延我白首反孩嬰。

內指事也。謂童顔不老也。

瓊室章第二十一

瓊室之中八素集，

謂上元清真。瓊室，體骨之象也。

泥丸夫人當中立。

經云：洞房中有父母，母即夫人也，亦名道母。泥丸、洞房，上已釋。

長谷玄鄉繞郊邑，

長谷，鼻也；玄鄉，腎也；郊邑，謂五藏六府也。言鼻中之氣出入，下與腎連，周繞藏府。心居赤城，存想内外。郭外曰郊，故爲象諭也。

六龍散飛難分别。

言六府之氣，微妙潛通，難可分别，當審存之也。

長生至慎房中急，

氣亡液漏，髓腦枯竭，雖益以畎澮，而泄以尾閭，不可不慎也。

何爲死作令神泣？

房中不慎，傷精失明，故神泣也。

忽之禍鄉三靈歿，

禍鄉，死地。三靈，三魂也。謂爽靈、胎光、幽精歿亡者也。

但當吸氣録子精。

呼吸吐納，閉房止精。

寸田尺宅可治生，

謂三丹田之宅，各方一寸，故曰寸田。依存丹田之法以治生也。經云寸田尺宅，彼尺宅謂面也。

若當決海百瀆傾，

謂房中婬泄，不知閉止也。

葉去樹枯失青青，

象人死無生氣。

氣亡液漏非己形。

仙經云：閉房練液，不多言，不遠唾，反是亡〔一〕矣。

專閉御景乃長寧，

專閉情欲，存服日光。老子曰：「善閉者無關楗，而不可開。」又上清紫文靈書有採飛根之法〔二〕：「常以日初出，東向叩齒九通，畢，陰呪日魂名、日中五帝字曰：『日魂珠景，照韜緑映，迴霞赤童，玄炎飆象。』祝呼此十六字畢，瞑目握固，存日中五色流霞，來繞一身。於是日光流霞，俱入口中。」名曰日華飛根玉胞水母也。向日吞霞四十五咽畢，又咽液九過也。

保我泥丸三奇靈，

泥丸，上丹田也。大洞經云：「三元隱化，則成三宮。」一曰太清之中三君，二曰三丹田

〔一〕「亡」字原無，據道藏本、輯要本增。

〔二〕「採飛根之法」，太上玉晨鬱儀奔日赤景玉文引靈書紫文作「採服飛根吞日氣之法」。

之神，三日符籍之神，故曰三奇靈也。

恬惔閉視内自明，

謂存思三丹田之法，一如上説。

物物不干泰而平。

行道真正，邪物不干。

慤矣匪事老復丁，

猛獸不據，攫鳥不搏，老者反壯，病者皆强，慤矣必然。

思詠玉書入上清。

精研内景，必獲仙道。

常念章第二十二

常念三房相通達，

三房謂明堂、洞〔一〕房、丹田之房也，與流珠、玉帝、天庭、極真、玄丹、泥丸、太皇等諸宫，左右上下，皆相通達。

〔一〕「洞」原作「明」，據道藏本、輯要本、修真十書本改。

洞得視見無内外，

存思三丹田，三三如九，合九爲一，明玄洞徹，無有内外也。

存漱五牙不飢渴。

靈寶有服御五牙之法〔一〕。五牙者，五行之生氣，以配五藏元精。經云：常以立春之日鷄鳴時入室，東向禮九拜，平坐，叩齒九通，思存東方安寶華林青靈始老帝君九千萬人〔二〕下降室内，鬱鬱如雲，以覆己形，從口中入，直下肝府。祝曰：「九氣青天，元始上精，皇老尊神，衣服羽青。役御天官，煥明歲星。散耀流芳，陶溉我形。上食明霞，服引木精。固養青牙，保鎮朽零。肝府充盈，玉芝自生。延年駐壽，色反童嬰。五氣混合，天地長并。」畢，引青氣九咽止，便服東方赤書玉文十二字也〔三〕。

神華執巾六丁謁，

〔一〕「五牙之法」四字原缺，據道藏本、輯要本、修真十書本增。

〔二〕「九千萬人」，太上洞玄靈寶赤書玉訣妙經無「千」字。

〔三〕此下道藏本、輯要本有「餘南方、西方、北方、中央，依按靈寶服御五牙之法而行之」。

神華者，玉曆經云：「太陰玄光玉女，道之母也。衣五色朱衣，在脾府之上〔一〕，黄雲〔二〕華蓋之下。」六丁者，謂六丁陰神玉女也。老君六甲符圖云：「丁卯神司馬卿，玉女足日之〔三〕；丁丑神趙子玉，玉女順氣；丁亥神張文通，玉女曹漂之；丁酉神臧文公，玉女得喜；丁未神石叔通，玉女寄防；丁巳神崔巨卿，玉女開心之。」言服鍊飛根、存漱五牙之道成，則役使六丁之神也。

急守精室勿妄泄。精室謂三丹田，上下資運而不絶，制之在心。心即中丹田也，緩急之所由，真妄之根本也。

閉而寶之可長活，積精之所致也。

起自形中初不闊，

〔一〕「在脾府之上」，本書卷十八老子中經第十一神仙作「正在脾上中斗中也」。

〔二〕「黄雲」，上書作「黄雲氣」。

〔三〕「足日之」，祕藏通玄變化六陰洞微遁甲真經作「足日之」。

調心使氣，微妙無形。

三官近在易隱括。

謂三丹田真官近在人身，隱括精氣，常以心爲君主者也。

虛無寂寂空中素，

外指事也。素有二說。

使形如是不當污。

使形輕淨如懸縑素於空中也。又云：身中虛空，使如器之練素，虛靜當然。污，謂有其事也。

九室正虛神明舍，

九室，謂頭中九宮之室，及人之九竅。使上宮榮華，九竅真正，則衆神之所止舍也。洞神經云：「天有九星，兩星隱，故稱九天。地有九宮，故稱九地。人有九竅，故稱九生。」言人所由而生也。

存思百念視節度，

存念身中百神，呼吸上下，一如科法。文云「千千百百似重山」〔一〕，皆神象。

六府修治勿令故，

按洞神經云：「六府者，謂肺爲玉堂宫尚書府，心爲絳宫元陽府，肝爲清泠宫蘭臺府，膽爲紫微宫無極府，腎爲幽昌宫太和府，脾爲中黄宫太素府。」異於常六府也。

行自翺翔入天路。

謂昇仙羽化也。

〔一〕「千千百百似重山」，若得章第十九作「千千百百自相連，一一十十似重山」。

雲笈七籤卷之十二

三洞經教部

經

上清黄庭内景經

治生章第二十三

治生之道了不煩，

無爲清簡，約以守志。

但修洞玄與玉篇，

洞玄〔一〕，謂洞玄靈寶；玉篇，真文黄庭也。

兼行形中八景神，

〔一〕「洞玄」二字原缺，據道藏本、輯要本、修真十書本補。

玉緯經云：「五藏有八卦大神，宿衛太一。八使者，主八節日。」八卦合太一爲九宮。八卦外有十二樓，樓爲喉嚨也。臍中爲太一君，主人之命也，一名中極〔一〕，一名太淵，一名崑崙，一名特樞〔二〕，主身中萬二千神也。

二十四真出自然。

天有二十四真氣，人身亦有之。又三丹田之所，三八二十四真人，皆自然之道氣也。

高拱無爲魂魄安，

行忘坐忘，離形去智。

清静神見與我言。

能清能静，則心神自見，機覽無外，而與己言，即謂黄庭真人。

安在紫房幃幙間，

紫房幃幙一名絳宫，謂赤城中童子所安之處。存思神其狀如此。

立坐室外三五玄。

〔一〕「中極」，道藏本、輯要本、修真十書本作「太極」。

〔二〕「特樞」，道藏本、輯要本作「持樞」，修真十書本作「樞」。

謂八景及二十四真神，營護人身，則三田五藏，真氣調柔，無災病也。

燒香接手玉華前，

玉華即華蓋之前，謂眉間天庭也。百神之宗元，真人之窟宅，從面〔一〕而存之也。

共入太室璇璣門。

洞房經云：天有太室玉房雲庭，中央黄老君之所居也。玉房一名紫房，一名絳宫，通名明堂。上有華蓋東西宫，洞通左右黄庭之内，人身具有之。如上文説。璇璣，中樞名。

高研恬惔道之園，

研精恬惔，真氣來遊。

内視密盼盡覩真，

入静存思，百神森森。

真人在己莫問隣，

玉曆經云：「老子者，天地之魂，自然之君，常侍道君左右」，人身備有之也。

〔一〕「從面」，道藏本、輯要本作「當仰面」，修真十書本作「從文」。

何處遠索求因緣。

道經曰：「大道汎兮，其可左右。」言不遠也。

隱影章第二十四

隱影藏形與世殊，

學仙之士，含光藏輝，滅跡匿端。

含氣養精口如朱。

肌膚若冰雪〔一〕，綽約若處子。

帶執性命守虛無，

虛静恬惔，寂寞無爲。

名入上清死録除。

得補真人，列象玄名。

三神之樂由隱居，

理身無爲則神樂，理國無事則人安。三神，三丹田之神也。

〔一〕「冰雪」原作「水虛」，據道藏本、輯要本、修真十書本改。

倏欻遊遨無遺憂，

倏欻，疾發也。下文云：「駕欻接生宴東蒙。」或云：倏欻，龍名也。無遺憂，謂懸解。

羽服一整八風驅。

八風，八方之風。先驅，掃路也。羽服，仙服也。按上清寶文，仙人有五色羽衣。又飛行羽經云：太一真人衣九色飛雲羽章。皆神仙之服也。

控駕三素乘晨霞，

外指事也。三雲九霞，神仙之所御也。

金輦正立從玉輿，

元録經云：上清九天玄神八聖驂駕九鳳龍車。玉輿金輦，皆仙人之服器。

何不登山誦我書？

書即是黄庭經也。

鬱鬱窈窕真人墟，

山中幽邃。

入山何難故躊躇，

責〔一〕志不決。

人間紛紛臭帤如。

人間世不可君〔二〕。帤，弊惡之帛也。

五行章第二十五

五行相推反歸一，

五行謂水、火、金、木、土。相推者，水生木，木生火，火生土，土生金，金生水，水又生木，周而復始。又相刻法，水刻火，火刻金，金刻木，木刻土，土刻水，水又刻火，周而復始，相推之道也。反歸一者，水數也，五行之首，萬物之宗。道經云：「道生一，一生二，二生三，三生萬物。」又「易有太極，是生兩儀」。太極者，一也。兩儀，天地。天地生萬物，又終而歸一。一者，無〔三〕之稱，萬物之所成終，故云歸一。

三五合氣九九節。

〔一〕「責」，道藏本、輯要本、修真十書本均作「情」。
〔二〕「君」，道藏輯要本、四部叢刊本雲笈七籤作「居」。
〔三〕「無」，道藏本、輯要本作「無二」。

玄妙經〔一〕云：三者，在天爲日、月、星，名曰三光；在地爲珠、玉、金，名曰三寶；在人爲耳、鼻、口，名曰三生。天地人凡三，而各懷五行，故曰三五。其常精也，合三者〔二〕爲九宫。夫三五所懷，順衆類也。調和萬物，理化陰陽，覆載天地，光明四海。風雨雷電，春秋冬夏，寒暑温凉，清濁之氣，諸生之物，不得三五不立也。故曰：天道不遠，三五復返。三五者，天地之樞蔕，六合之要會也。九宫之氣節，九九八十一爲一章云云。

可用隱地迴八術，

九宫中有隱遁變化之法，太上八素奔晨隱書，是曰八術。又太微八籙術云：太微中有三君：一曰太皇君，二曰天皇君，三曰黄老君。三元之氣混成之精，出入上清太素之宫。能存思之，必得長生。

伏牛幽闕羅品列。

伏牛，腎之象，腎爲幽闕。中黄經云：「左腎爲玄妙君，右腎爲玄元君。」羅品列，存思

〔一〕「玄妙經」，道藏本、輯要本、修真十書本均作「妙真經」。
〔二〕「合三者」，道藏本、輯要本作「合三三者」。

見之。

三明出華生死際，

天三明，日、月、星；人三明，耳、目、口；地三明，文、章、華；是生死之際。際音節也。

洞房靈象斗日月。

存三光於洞房。洞房、明堂，已釋於上者也。

父曰泥丸母雌一，

明堂〔一〕中有君臣，洞房中有夫婦，丹田中有父母。泥丸，腦神名。道經云：「知其雄，守其雌。」雌，無爲，一也。

三光煥照入子室，

明白四達。

能存玄真萬事畢，

莊子曰：「通於一而〔二〕萬事畢」也。

〔一〕「明堂」上原有「一」字，據道藏本、輯要本、修真十書本删。

〔二〕「而」字原無，據莊子天地篇增。

一身精神不可失。

常存念之，不捨須臾。

高奔章第二十六

高奔日月吾上道，

吾，道君也。上清紫文呑日氣法，「一名赤丹金精石景水母玉胞經。其法常以日初出時，東向叩齒九通，畢，微呪日魂名，日中五帝字曰：『日魂珠景，照韜緑映，迴霞赤童，玄炎飈象。』呼此十六字畢，瞑目握固，存日中五色流霞來接一身，於是日光流霞俱入口中。」又上清紫書有呑月精之法：「月初出時，西向叩齒十通，微呪月魂名，月中五夫人字曰：『月魂曖蕭，芳豔翳寥，婉虛靈蘭，鬱華結翹，淳金清瑩，炅容臺摽〔一〕。』呪呼此二十四字畢，瞑目握固，存月中五色精光俱入口中。又月光中有黃氣大如目童，名曰飛黃月華〔二〕玉胞之精也。能修此道，則奔日月而神仙矣。」

鬱儀結璘善相保，

〔一〕「臺摽」原作「素摽」，據道藏本、輯要本、修真十書本改。

〔二〕「飛黃月華」，太上玉晨鬱儀結璘奔日月圖引上清紫書作「飛華」。

鬱儀，奔日之仙，結璘，奔月之仙。同聲相應，同氣相求，故二仙來相保持也。

乃見玉清虛無老，

昇三清之上，與道合同也。

可以迴顔填血腦。

魂魄反嬰，得成真人。

只銜靈芒携五皇，

口吐五色雲氣，光芒四照，與五皇老君同遊六合也。

腰帶虎籙佩金璫，

仙人之服也。九真經云：「中央黄老君腰佩玄龍神虎符〔一〕，帶流金之鈴，執紫毛之節。」籙，符籙也。

駕欻接生宴東蒙。

欻，倏欻。言乘風氣忽發而往。或云：欻也，龍名也。東蒙，東海仙境之山也。接生，長生也。與生氣相接連，欻然而遊其處。

〔一〕「佩玄龍神虎符」，上清太上帝君九真中經作「佩龍玄之文，神虎之符」。

玄元章第二十七

玄元上一魂魄鍊，

資一以鍊神，神鍊以合一。

一之爲物叵卒見，

一者，無〔一〕之稱也。心恬惔以得之，知得之而不可見。

須得至真始顧眄。

守真志滿，一自歸己。

至忌死氣諸穢賤，

凡飛丹鍊藥、服氣吞霞等事，皆忌見死屍殗穢之事，此衛生家之共悉〔二〕也。然至道沖虚，本無淨穢。未獲真正，則淨穢有殊。殊而不齊，則是非起於内，生死見於外。則清淨者，生之徒；濁穢者，死之徒，故爲養生之所忌也。

六神合集虚中宴。

〔一〕「無」，道藏本、輯要本作「無二」。

〔二〕「悉」，上二本作「忌」。

六甲六丁六府等諸神俱在身中。身中虛空，則晏然而安樂，不則憂泣矣。

結珠固精養神根，

結珠，謂咽液，先後相次如結珠。固精，不妄洩。神根，形軀也。夫神之於身，猶國之有君，君之有人。人以君爲命，君以人爲本，互相資藉，以爲生主，而調養之也。

玉筦金籥常完堅。

道經云：「善閉者無關楗，而〔一〕不可開。」籥，鎖籥。筦，或爲匙也。

閉口屈舌食胎津，

屈舌導津液，食津而胎仙，故曰胎津。

使我遂鍊獲飛仙。

積功勤誠之所致也。

仙人章第二十八

仙人道士非有神，

修學以得之也。

〔一〕「而」字原缺，據老子道經補。

積精累氣以爲真。

有本或無此句，遂闕注。

黄童妙音難可聞，

黄童，黄庭真人，一名赤城童子。妙音，謂黄庭真人之妙音也。

玉書絳簡赤丹文。

黄庭經一名太帝金書，一名東華玉篇也。

字曰真人巾金巾，

真人即黄童也。金色白，在西方，主肺。肺白，在心上，故曰巾金巾。九真經曰：青帝「衣青玉錦衣帔蒼華飛裙，芙蓉丹冠巾金巾」。又元陽子曰：「真人憑午居子，履卯戴酉。」酉者，金也。

負甲持符開七門。

老君六甲三部符云：甲子神王文卿，甲戌神展子江〔一〕，甲申神扈文長〔二〕，甲午神衞

〔一〕「江」，太上除三尸九蟲保生經六甲符作「公」。

〔二〕「長」，上書作「卿」。

上卿，甲辰神孟非卿，甲寅神明文章，存六甲神名，則七竅開通，無諸疾病。

火兵符圖備靈關，

赤章斬邪籙皆役使三五火兵。又衛靈神呪曰：「南方丹天，三氣流光，熒星轉燭，洞照太陽。上有赤精，開明靈童，總御火兵，備守三宮。」即火兵三五家事也。符者，八素、六神、陽精玉胎錬仙、陰精飛景、黄華中景内化〔一〕、洞神鑒乾等諸符也；圖謂太一混合三五圖、六甲上下陰陽圖、六甲玉女通靈圖、太一真人圖、東井沐浴圖、老君内視圖、西昇八史圖、九變含景圖、赤界等諸圖，可以守備靈關。靈關〔二〕即三關四關等，身中具有之。

前昂後卑高下陳，

列位之形象也。

執劒百丈舞錦幡。

神兵幡劒之狀。

〔一〕「黄華中景内化」，洞真太上八素真經服食日月皇華訣作「皇華石景内化」。

〔二〕「靈關」二字原缺，據道藏本、輯要本補。

十絶盤空扇紛紜，

空中作氣，煒曄揮霍。

火鈴冠霄隊落煙，

金精火鈴，冠徹霄漢，部伍隊陣，狀如落煙屯雲之勢。

安在黄闕兩眉間，

存思火兵氣狀俱在天庭。天庭一名黄闕，兩眉間是。

此非枝葉實是根。

學仙之本。

紫清章第二十九

紫清上皇大道君，

亦名玉晨君也。

太玄太和俠侍端。

太玄、太和，真仙之嘉號也。

化生萬物使我仙，

道氣之功勲也。

飛昇十天駕玉輪。

乘欻而徃。

晝夜七日思勿眠，

至誠則感。

子能行此可長存。

延年神仙之道。

積功成鍊非自然，

學以致其道也。

是由精誠亦由專。

守一如初，成道有餘。

内守堅固真之真，

不失節度也。

虚中恬惔自致神。

神以虚受。

百穀章第三十

百穀之實土地精，

草實曰穀，陰之類也。

五味外美邪魔腥。

非清虛之真氣。

臭亂神明胎氣零，

胎氣謂無味之味，自然之正氣也。服氣有胎息之法。零猶失也。

那從反老得還嬰！

言不可得髮白反黑，齒落更生。此一句應在自存神之下，超此不類者。

三魂忽忽魄糜傾，

忽忽，不恬惔。糜傾，朽敗也。

何不食氣太和精？

進勸服鍊之道。

故能不死入黃寧。

黃寧，黃庭之道成也。

心典章第三十一

心典一體五藏王，

神以虛受，心爲棲神之宅，故爲王也。

動静念之道德行。

謂念丹元童子也。夫念爲有，忘爲無。念則易心而後語，忘則灰心而神全。故道德行。

清潔善氣自明光，

常念之故。

坐起吾俱共棟梁。

神以身爲屋宅，故云棟梁。吾，丹元子也。

晝日曜景暮閉藏，

莊子云：「其覺也形開，其寐也魂交。」交，閉也。

通利華精調陰陽。

謂心神用捨，與目相應。華精，目精也。心開則目開，心閉則目閉。晝陽而暮陰，故云調陰陽。

經歷章第三十二

經歷六合隱卯酉，

舉心之用捨，陰陽之所由也。晝爲經歷，暮爲隱藏。六合，天地内上下四方。卯酉爲朝暮，幽隱屬也〔一〕。

兩腎之神主延壽。

腎神玄冥字育嬰，配屬北方，主暮夜。人能止精則長壽。河上公曰腎藏精。

轉降適斗藏初九，

九，陽數也。斗，北辰也。北辰主陰，謂陽氣下與陰合。易曰：乾元〔二〕在無首。無首，藏也。

知雄守雌可無老，

守雌，則藏九之義也。

知白見黑急坐守。

〔一〕「卯酉爲朝暮，幽隱屬也」，道藏本、輯要本作「卯酉也，北爲暮，幽隱屬也」，修真十書本作「卯酉以北爲暮，幽隱屬之也」。

〔二〕「元」，上三本均作「吉」。

道經云：「知其雄，守其雌。知其白，守其黑。」皆藏九之義也。

肝氣章第三十三

肝氣鬱勃清且長，

肝位東方，東方木主春，生氣之本也。清長，氣色之象。

羅列六府生三光。

存想生氣，徧照五藏六府，如日月星辰，光曜明朗也。

心精意專內不傾，

能知一也。

上合三焦下玉漿。

言肝氣上則與三焦氣合，下則爲口中之液。亦猶陰氣上則爲雲，下則爲雨。雨潤萬物，玉漿潤百骸九竅也。

玄液雲行去臭香，

真氣周流，則無災病。

治蕩髮齒鍊五方，

雲行雨施，無所不通。五方，五藏也。

取津玄膺入明堂。

咽液之道，必自玄膺下入喉嚨。喉嚨一名重樓，重樓之下爲明堂，明堂之下爲洞房，洞房之下爲丹田。此中部。

下溉喉嚨神明通，

身命以津氣爲主也。

坐侍華蓋遊貴京，

華蓋，肺也。肝在肺之下。貴京，丹田也。

飄飖三帝席清涼。

三帝，三丹田中之道君也，亦名真人。言肝氣飄飖，周流三丹田之所也。肝氣爲目精，故言席清涼。

五色雲氣紛青葱，

肝氣與五藏相雜，上爲五色雲。

閉目内眄自相望，

常存念之，五藏自見。

使心諸神還相崇。

赤城童子與五藏真人合契同符，共相尊敬也。

七玄英華開命門，

七竅流通，無留滯也。

通利天道存玄根。

身爲根本。

百二十年猶可還，

當急修行，時不可失。

過此守道誠獨難。

去死近矣。

唯待九轉八瓊丹，

九轉神丹，白日昇天。抱朴子九丹論云〔一〕：「考覽養生之書，鳩集久視之方，曾所披涉，篇已千計矣，莫不以還丹金液爲大要焉。」又黃帝九鼎神丹經云：帝服之而昇仙，

〔一〕「九丹論」宜作「金丹論」。

與天地相畢，乘雲駕龍，出入〔一〕太清。八瓊：丹砂、雄黃、雌黃、空青、硫黃、雲母、戎鹽、消石等物是也。

要復精思存七元。

雖服神丹，兼習黃庭之道。七元者，謂七星及七竅之真神也。又五帝元君及白元、無英君亦爲七元道君。洞房訣云：存七元者，其呪曰：「迴元隱遁，豁落七辰。」乃七元也。

日月之華救老殘，

左目爲日，右目爲月。目主肝，配東方木行。木位春，春爲生氣，故云救老殘。

肝氣周流終無端。

莊子曰：「指窮爲薪而火傳〔二〕，」生得納養而命續也。

肺之章第三十四

肺之爲氣三焦起，

〔一〕「出入」，黃帝九鼎神丹經作「上下」。

〔二〕「指窮爲薪而火傳」，莊子養生主作「指窮於爲薪，火傳也」。

中黄經曰：肺首爲三焦。肺之爲氣謂氣嗽，氣嗽起自三焦，故言三焦起。説三焦者多未的其〔一〕實，今以五藏之上系管爲三焦。焦者，熱也。言肝心肺頭熱之義也。

視聽幽冥候童子，

童子，心神，赤城中者。元陽子曰：「闕離而下存童子。」童子，是目童也。謂人欲知死生，當以手指柱目眥，候其目光。有光則生，無光則死也。

調理五華精髮齒。

五華，五藏之氣。仙經曰：髮欲數櫛，齒欲數叩也。

三十六咽玉池裏，

口爲玉池，亦曰華池。膽爲中池，胞爲玉泉。華池咽液入丹田，所謂溉灌靈根也。

開通百脉血液始。

身中血液，以口爲本始也。

顔色生光金玉澤，

〔一〕「的其」二字原重，據道藏本、輯要本、修真十書本删。

百節開通〔一〕。

齒堅髮黑不知白。

反老還嬰。

存此真神勿落落，

專誠〔二〕不墮。

當憶此宫有座席，

此宫，謂肺宫也。座席，神之所安。中黄經云：肺首爲三焦，玄老君之所居也。

衆神合會轉相索。

衆真同聚，慮有邪精。

隱藏章第三十五

隱藏羽蓋看天舍，

此明脾宫之事。脾爲丹田黄庭，中央戊己土行也。上觀肝肺，如蓋如舍也。

〔一〕「通」原作「道」，據道藏本、輯要本、修真十書本改。

〔二〕「誠」原作「城」，據道藏本、輯要本改。

朝拜太陽樂相呼，

謂魂神與衆仙合會也。素靈經云，太上神仙有太陽君、少陽君、太虛君、浩素君，羣仙宗道之遊樂也。

明神八威正辟邪。

八威，八靈神也。真誥云：「北帝殺鬼呪曰：『七正八靈，太上皓兇，長顱巨獸，手把帝鐘，素梟三神〔一〕，威劒神王。』」衛法辟邪之道也。

脾神還歸是胃家，

脾神名常在字魂停，脾磨食消，胃家之事也。中黄經云：胃爲太倉。太倉，肚府也。

躭〔二〕養靈根不復枯，

脾爲黄庭，人命之根本，心專養之，延年神仙也。

閉塞命門保玉都。

〔一〕「神」，真誥協昌期作「晨」，又下有「嚴駕夔龍」四字。

〔二〕「躭」，董思靖九天生神章經解義卷三引作「溉」。

元陽子曰：命門者，下丹田，精氣出入之處也。養童下籥護其主〔一〕。主，身也。身爲玉都，神聚其所，猶都邑也。

萬神方胙壽有餘，

胙，報也。萬神以養見報，故壽有餘也。

是謂脾建在中宫。

脾主中宫土德。

五藏六腑神明主，

以脾爲主。

上合天門入明堂，

存五藏六腑之氣，上合天門。天門在兩眉間，即天庭是也。眉入一寸爲明堂。

守雌存雄頂三光。

道經云：「知其雄，守其雌。」雌、牝，柔弱也。三光，日月星也。

外方内圓神在中，

〔一〕此句疑有誤，據前句注云「心專養之」，此句疑當作「養，童子籥護其主」。童子，心神也。

外方内圓，明堂之象也。

通利血脉五藏豐。

神恬心静。

骨青筋赤髓如霜，

百脉九竅，皆悉真正。

脾救七竅去不祥。

脾磨食消，耳目聰明。

日月列布設陰陽，

日陽月陰，日男月女。

兩神相會化玉英，

男女陰陽，自然之津液也。

淡然無味天人糧。

神雖合會，當味無味。

子丹進饌肴正黄，

饌，氣也。子丹真人進丹田之真氣。脾爲中黄，脾磨食消也。

乃曰琅膏及玉霜。

津液精氣之色象也。

太上隱環八素瓊，

謂絳宫重樓十二環，即喉嚨也。中有八素之瓊液也。

漑益八液腎受精，

咽液流下，入腎宫，化爲玉精也。

伏於太陰見我形。

太陰，洞房。謂覩瓊液之形象也。

揚風三玄出始青，

揚風，感風化也。陰陽二氣與和氣爲三，三生萬物，生物微妙，故曰三玄。出始青，言萬物生而青色也。太平經曰「積清成青〔一〕也。

恍惚之間至清靈。

陰陽生氣，至微至妙。

〔一〕「清」，道藏本、輯要本作「精」；「青」，本書贍部章作「精」。

坐〔一〕於飈臺見赤生，

調暢之氣，化爲赤子。赤子，真人也。飈臺，閬風臺，神仙之遊集也。

逸域熙真養華榮。

物外真氣，自然養生。

内盼沉默錬五形，

内觀形體，神氣長存。

三氣徘徊得神明。

三丹田之氣也。

隱龍遁芝雲琅英，

仙經云：肝膽爲青龍，故曰隱龍。五藏九孔八脉爲内芝，故曰遁芝。雲琅英，脾氣之津液。

可以充飢使萬靈，

服氣道成，役使鬼神。

〔一〕「坐」，道藏本、輯要本、修真十書本均作「戲」。

上蓋玄玄下虎章。

神仙之服御也。元録經云：仙人有玄羽之蓋，神虎玉章也。

沐浴章第三十六

沐浴盛潔棄肥薰，

盛，古淨字。肥，魚肉。薰，五辛。

入室東向誦玉篇，

太帝在東故也。

約得萬徧義自鮮。

不出身中。

散髮無欲以長存，

仙經：服九霞必先散髮。又胎息法：仰卧散髮，令枕高二寸五分。屈兩手大母指握固閉目，申兩臂去身五寸。乃漱滿口中津液，咽之滿三。徐徐以鼻内氣，氣入五六息則吐之。一呼一吸爲一息。至十吐氣，可少頻申。頻申訖，復爲之。滿四九爲一竟矣。尋觀文意，此散髮非專此道也。蓋散髮無爲自得之意，無外情欲而已。

五味皆至正氣還，

合五爲一，自然之道。

夷心寂悶勿煩寃。

悶，静也，寂默清静。道經云：「其政悶悶，其民淳淳。」

過數已畢體神精，

專精所致。

黄華玉女告子情。

丹田陰神與己言也。

真人既至使六丁，

真人指學者身也。至謂精至。六丁如上説者也。

即授隱芝大洞經。

隱芝，謂隱者也。以仙人喻芝英。

十讀四拜朝太上，

玉精真訣曰：「東華玉篇者，必十讀四拜。」玉篇謂此文。

先謁太帝後北向，

太帝在東，七元居北故也。

黄庭内經玉書暢。

仙道成矣。

授者曰師受者盟，

斯文可重，故以爲盟。

雲錦鳳羅金鈕纏，

信誓之物。

以代割髮肌膚全。

契誠不假，出血斷髮。

携手登山歃液丹，

受行黄庭道者，必重盟而後傳。

金書玉景乃可宣。

信治方授。

傳得可授告三官，

三官，天地水也。

勿令七祖受冥患。

傳非其人，殃及先世。「患」讀爲還也。

太上微言致神仙，

可尊可貴。

不死之道此真文。

一心敬重，奉而行之。

太上黄庭外景經序

黄庭經者，蓋老君之所作也。其旨遠，其詞微，其事肆而隱，實可爲典要。强識其情，則生之本也。故黄者，二儀之正色；庭者，四方之中庭。近取諸身，則脾爲主；遠取諸象，而天理自會。然「谷神不死，是謂玄牝」。是以寶其生也。後晉有道士好黄庭之術，意專書寫，常求于人。聞王右軍精於草隸，而復性愛白鵝，遂以數頭贈之，得乎妙翰。且右軍能書，繕録斯文，頗多逸興自縱，而未免脱漏矣。後代之人，但美其書蹤而以爲本，固未覩於真規耳。余每惜太上聖旨，萬世莫測。今故纂注，以成一卷。義分三部，理會萬神。冀得聖人之教，不泯于當來矣。

太上黄庭外景經務成子註

上部經第一

老君〔一〕閑居作七言，

老子者，天之精魂，自然之君，造立神仙，萬世常存。作斯七言，以示後生。

解説身形及諸神。

上談元一，濟活一身，從頭至足，皆可得生。總統綱紀，形體常平，道無二家，究備者賢。

上有黄庭下關元，

黄庭者，目也。道之父母，供養赤子，左爲陵陽字英〔二〕明，右爲太陰字玄光，三合成德，相須而昇。

後有幽闕前命門，

〔一〕「老君」，道藏本太上黄庭外景玉經（下稱道藏本）、道藏輯要本梁丘子註太上黄庭外景經（下稱輯要本）作「太上」。

〔二〕「英」，老子中经第十二神仙作「子」。

腎爲幽闕目相連，臍爲命門三寸〔一〕，日出月入陰陽并，呼吸元氣養靈根也。

呼吸廬間入丹田。

呼之則出，吸之則入，呼吸元氣，會丹田中。丹田中者，臍下三寸陰陽户，俗人以生子，道人以生身。

玉池清水灌靈根，

口爲玉池太和宮，唾爲清水美且鮮，唾而咽之雷電鳴，舌爲靈根常滋榮。

審能修之可長存。

晝夜行之，去伏尸，殺三蟲，却百邪，肌膚充盈正氣還，邪鬼不從得長生，面有光。

黄庭中人衣朱衣，

目中小童爲夫婦，左王父，右王母，被服衣朱遊宴與，合會多處丹田裏，晝夜存思勿懈怠。

關元茂〔二〕籥闔兩扉，

〔一〕註語皆爲七言，惟此句六字，按文意、音韻，句末疑脱「田」字。

〔二〕「茂」，道藏本、輯要本、修真十書本梁丘子黄庭外景經註（下稱十書本）作「壯」。

冥目内視，無所不覩，閉口屈舌爲食母，含咽玉英，終身無咎。無者，氣也。齒爲茂，舌爲籥。

幽闕俠之高巍巍。

道有三元，恣意所從。下部幽闕，玄泉之常。中部幽闕，兩腎爲雙。上部幽闕，兩耳相望。金門玉户，上與天通。嬌女彈箏，盛厲宫商。

丹田之中精氣微，

丹田者，一室也，與明堂對。精氣微妙，難可盡分，故曰微矣。

玉池清水上生肥，

口中唾也。亭動口舌，白唾積聚，狀若肥焉。漱而咽之，可得遂生。

靈根堅固老不衰。

舌爲靈根，制御四方，調和五味，去臭取香。啄齒咽氣，化爲飲漿。

中池有士服赤朱〔一〕，

喉中若京爲元士，中和之下闕分理，朱光衣服神爲友。

〔一〕「服赤朱」，道藏本、輯要本、十書本作「衣朱衣」。

横〔一〕下三寸神所居。

明堂之宫，方圓三寸，神所居，正在目中央。眉爲華蓋，五色青葱。

中外相距重閉之，

中氣當出，外氣當入。當此之時，門〔二〕三關，二氣相距，天道自然也。

神廬之中當修治。

教子去鼻中毛。神道往來，則爲廬宅。晝夜綿綿，無休息也。

玄膺氣管受精府〔三〕，

喉中之央，則爲玄膺。元氣下行，起動由之，故曰受府也。

急固子精以自持。

守精勿去也。

宅中有士常衣絳，

〔一〕「横」，道藏本、輯要本、十書本作「田」。
〔二〕「門」，疑當作「閉」。下面註語中有「閉塞三關」句。
〔三〕「府」，道藏本、輯要本、十書本作「符」。

面爲尺宅，真人官處其中央，被服赤朱，光耀燦然赤如絳。

子能見之可不病。

欲令世人，深知道真，覩斯神功，終身不病也。

橫理〔一〕長尺約其上，

脾長一尺，約太倉上，中部明堂老君晝所遊止也。

子能守之可無恙。

守脾神老君，所舍深知，知其意可無恙也。

呼吸廬間以自償，

閉塞三關，屈指握固，呼吸元氣，皆會頭中，降於口中，含而咽之，則不飢渴，逐去三尸心意。

子保〔二〕完堅身受慶。

人人有道，不能守之。保道之家，身形常平。上覩三光，狀如連珠，落落象石。心中獨

〔一〕「理」，道藏本、輯要本、十書本作「立」。

〔二〕「子保」，上三本作「保守」。

喜，故以自慶。

方寸之中謹蓋藏，

不方不圓，目也。閉户塞牖，中元不有。守之守之，得道之半。

精神還歸老復壯。

精神欲去，常如飛雲。上精不泄，下精不脱。魂魄内守，如年壯時也。

心結〔一〕幽闕流下竟，

耳爲心聽，結連幽闕。鼻聞香則蔭强。心達志通，則流下竟也。

養子玉樹令可壯〔二〕。

身爲玉樹，常令强壯。陰爲玉莖，轉相和唱。還精補腦，可得不病，長樂無憂在也。

至道不煩無旁午，

大道自然，不煩不慮。照察蕩蕩，則人本根。至道難得，而易行焉。

靈臺通天臨中野。

〔一〕「心結」，道藏本、輯要本作「俠以」，十書本作「使以」。

〔二〕「壯」原作「杖」，據上三本改。

頭爲高臺，腸爲廣野。元氣通天，玄母來下養我己也。

方寸之中間〔一〕關下，

目央之中玉華際，大如雞子黄在外，下入口中生五味，晝夜行之可不既也。

玉房之中神門户，

玉房一名洞房，一名紫房，一名絳宫，一名明堂。玉華之下金匱鄉，神明門户，一之所從者哉。

既是公子教我者。

左爲神公子，右爲白元君，養我育我，常欲令我得神仙。父母供養子丹，日月相去三寸間。

明堂四達法海源，

三寸三重有前後，使以日月歸中升，洞達四方，流于海也。

真人子丹當吾前。

象長一寸兩眉端，俛仰見之心勿煩。

〔一〕「間」，道藏本、輯要本、十書本作「至」。

三關之中精氣深，

口爲心關，足爲地關，手爲人關。深固靈珠，更相結連，微妙難知，固爲深焉。

子欲不死修崑崙。

頭爲崑崙，道治其中。子午爲經，卯酉爲緯。日月照明，丹爲游戲，百官宿衛也。

絳宫重樓十二環〔一〕，

金樓五城，十二周帀，丹黄爲郭，五彩雲集，絳宫玉堂，真一所從出入也。

瓊室之中五色集〔二〕。

璇璣玉衡，命立中央。五色琅玕，極陰反陽。營室之中全室也。

赤神之子中池立，

喉中之神主池精，受符復行，傳付太倉。

下有長城玄谷邑。

〔一〕「環」，道藏本、輯要本、十書本作「級」。

〔二〕「瓊室之中五色集」，上三本作「宫室之中五氣集」。

腸爲長城腸〔一〕爲邑，腎爲玄谷，上應南北也。

長生要慎〔二〕房中急，

房，玉房也。急而守之，共會六合。六合之中誠難語，子欲得道閉規矩也。

棄捐婬俗專子〔三〕精。

賢者畜精，愚者畜財。捐去衆累，一復何求。還精補腦，潤澤髮鬢。

寸田尺宅可治生，

寸田，丹田。尺宅，面也。道之經緯，不可廢忽。努力求之，必得長生也。

雞〔四〕子長留心安寧，

大道混成自然子，濛濛鴻鴻，狀如雞子。專心一意，守之不解，長安寧。

推〔五〕志游神三奇靈，

〔一〕下「腸」字疑當作「胞」，輯要本、十書本註中均有「小腸爲長城，引氣入於胞中也」。

〔二〕「慎」，上二本及道藏本皆作「妙」。

〔三〕「子」，上三本作「守」。

〔四〕「雞」，上三本作「繫」。

〔五〕「推」，上三本作「觀」。

大道游戲，琬閬琬閬，權剛執志，觀見道真。三靈侍側，彈琴鼓筝也。

行閒〔一〕無事心太平。

恬惔無欲，以道自娱。施利不足，神明有餘，則爲太平也。

常存玉房神明達，

玉房，一室也。卧於山西，知於山東，處於幽冥，都見無窮。内外相須，故言明達也。

時思太倉不飢渴，

咀嚼太和神注含。太倉，胃管，一神名黄常子。祝〔二〕曰：黄常子，吾有長生之道，不食自飽，不得妄行，留爲己使。辟穀不飢所當得也。

役使六丁玉女謁，

清潔獨居，便利六丁之地。呼其神名字，玉女必來謁也。

閉子精門可長活。

陰陽交遘，此之時，精神欲去淫佚。淫佚縱情，五馬不能禁止。以手撫弦囊，引玉籥，

〔一〕「行閒」，道藏本、輯要本、十書本作「閑暇」。

〔二〕「祝」原作「税」，據輯要本改。

閉金門。

正室堂前神所舍〔一〕，

正室之中五色雜，璇璣玉衡道所立，舍於明堂游絳宫，變爲真人丹田也。

洗心自治無敗洿〔二〕。

敬重天地，遠避嫌疑，閉目内視，思神往來，不與物雜，行不敗洿。

歷觀五藏視節度，

五藏六府，各有所主。修身潔白，絶穀勿食，飲食太和，周而更始，故不失節也。

六府修治潔如素，

心不妄念，口不妄言，目不妄視，耳不妄聽，手不妄取，足不妄行。凡此六行，六府之候也。故能損之，道成德就，潔己如素也。

虚無自然道之固〔三〕。

〔一〕「堂前神所舍」，道藏本、輯要本、十書本作「之中神所居」。

〔二〕「洗心自治無敗洿」，上三本作「洗身自理無敢洿」。

〔三〕「固」，上三本作「故」。

虚無恍惚道之無，自然不存，俛仰自覩，常守玄素，須臾爲早，知雄守雌，魂魄不離身也。

物有自然道不煩，

自然者，天地大神。不存不想，氣自往來也。

垂拱無爲身體安，

端殼自守，深暢元道，不犯天禁，身無災咎，永保安也。

虚無之居在幃間。

虚無之性，樂於清淨。修和獨立，與神言語。施設幃帳，惡聞人聲。觀見玄德，五色徘徊。日月照察，使以東西。三五復反，轉藏營機也。

寂寞廓然口不言，

隱藏華蓋，歸志洞虚，寂然廣視，目覩明珠。昧然獨息，不貪榮譽也。

修和獨立真人宫〔一〕，

太和之宫在明堂，垂華蓋之下，衣朱衣。明堂四達知者誰，真人小童衣璨爛。欲知吾

〔一〕此句道藏本、輯要本、十書本無。

居處，問太微乎？

恬惔無欲遊德園。

外如迷惑，内懷玉潔，恬惔歡樂，不貪世俗也。

清淨香潔玉女前，

棄捐世俗，處無人之野。焚燒香薰便溺，六丁玉女自到，徑來侍人也。

修德明達神之門。

德潤身，富潤屋，心達志通，視見神光，重樓綺户，金門玉堂。

中部經第二

作道優游深獨居，

隱身藏形，與世絶踰。含氣養精，顔如丹珠也。

扶養性命守虚無。

決謝祖先，避世隱居。司命定録，死籍以除。改字易姓，堅守虚無也。

恬惔自樂〔一〕何思慮？

〔一〕「自樂」，道藏本、輯要本、十書本作「無欲」。

　　恬惔忽然，樂道守貧，不念不慮，至不煩也。

羽翼已具正扶骨〔一〕。

　　修道行仁，骨騰肉輕，道成德就，雲車來迎，玉女扶轅，徑昇太清，非生毛羽也。

長生久視乃飛去，

　　萬世常存，與一爲友。玉女採芝啖之，苗食之。須臾立生毛羽，上帝徵聘，飛入滄海。

五行參差同根蔕〔二〕。

　　五彩騰起，或參或差，混沌不別，共生根蔕。

三五合氣其本一，

　　三五十五在中央。二友之隱，往來三陽。玄德微妙，其狀似龍。見之獨笑，勿以語人。

誰與共之斗日月。

　　雌在北極，雄在南宮。真人不遠，近在斗中。三光洞明，天地相望。子欲得一問兩童。

抱玉懷珠和子室，

〔一〕「骨」，道藏本、輯要本、十書本作「踈」。

〔二〕「蔕」，上三本作「節」。

琭琭如玉，連連如珠，調和室房，隨世沈浮。

子能守一〔一〕萬事畢。

一爲大神，天地之根，人之本命。子能知之，萬事自畢。

子自有之持無失，

人人有一，有一不知守素，損本根，愛財寶，賢者得之以爲友也。

即欲〔二〕不死入金室。

却入三寸爲金室，洞房之中當幽闕，變吾形爲真人，真人所處丹田中。

出日入月是吾道，

日出太陽，月入太陰，迴周返覆，受符復行。

天七地三迴相守，

天七地三，橐籥縮鼻引地氣，即上希〔三〕也，故迴相守。

〔一〕「守一」，道藏本、輯要本、十書本作「知之」。

〔二〕「欲」，上三本作「得」。

〔三〕「希」，疑當作「昇」，形近而譌。下句注云「地氣上昇」，可資參證。

昇降進退合乃久。

地氣上昇，天氣下降，陰陽列布，合於絳宮。或進或退，正氣從容，乃得長久。

玉石落落是吾寶，

連珠玉璧，落落如石。出於太陽，氣如火煙。摶則不得，則吾重寶。

子自有之何不守？

人自有一，不知守之。守之者日還一日，失之命消也。

心曉根基養華彩，

究備道真，深解無極，留年却老，自守本歸根。開闔陰陽，布色華彩，常若少年。

服天順地合藏精。

頭爲天，足爲地。服食天氣，灌溉身形。合人丹田，藏之腦户。天露雲雨，何草不茂！

七日之午迴相合，

行道之要，七日一合。

崑崙之上不迷誤〔一〕。

崑崙，頭也。上與天通，禀受元氣不迷誤。

九原之山何亭亭，

心爲九原，真人太一處其中也。不出户房知四方。

中有〔三〕真人可使令。

真人太一小童子，金樓深藏伏不起，隱藏九原不可使。

蔽以紫宫丹城樓，

金樓玉城，丹黄爲郭。百官宿衛，一爲上客。絳宫玉堂，真人宅舍。

俠以日月如明珠，

左日右月，合精中央，五色混沌，晝如明星，暮如明珠，晃晃煌煌，曾不休哉！

萬歲昭昭非有期。

〔一〕「七日之午迴相合，崑崙之上不迷誤」，道藏本、輯要本、十書本「午」作「五」，「上」作「山」。且此二句置之於「蔽以紫宫丹城樓」句前。

〔三〕「有」，上三本作「住」，且句後有「内養三神可長生」。

明珠來下，堅當守之，長生之符，萬歲昭然。非復有期，司命定録，死籍已除。

外本三陽物自來，

三陽，三精也。狀若冠纓，扉玄無主，用和爲根，不呼自來，默默翻翻。

内拘三神〔一〕可長生。

三神，三子。拘此三神，生道畢也。

魂欲上天魄入淵，

暮卧，魂上天送日中三足烏，雞鳴忽朦，來還其處。魄者，形也。年七十、八十，魄欲入泉。老人愁思，形容欲别。

還魂返魄道自然。

拘魂制魄不得行，人善守，自然不用筋力。

庶幾結珠固靈根〔二〕，

結珠，連珠也。入口中含咽其精，固灌靈根。

〔一〕上道藏本、輯要本、十書本「拘」作「養」，「神」作「陰」。

〔二〕此句上三本作「璇璣懸珠環無端」。

玉笢金籥身〔一〕完堅。

玉笢，齒；金籥，舌。開口屈舌，食母之氣。不傳惡言，身保完全。

戴地懸天周乾坤，

人生地道來附己，故言戴地。玄母在天，下養萬物。不用機素，神明微妙，非俗所聞，常欲令我得神仙。迫於乾坤，不可踰蹶哉！

象以四時赤如丹。

四時五行，周則更始。真人子丹，一化爲己。被服赤珠狀若丹。

前仰後卑列其門〔二〕，

仰，高也。前高後下，背子向午，右陰生〔三〕陽，離樓門户。

選〔四〕以還丹與玄泉，

〔一〕道藏本、輯要本、十書本「身」作「常」。「玉笢」，道藏本及十書本作「迅牝」。

〔二〕「列其門」，上三本作「各異門」。

〔三〕「生」疑當作「左」。

〔四〕「選」，上三本作「送」。

選，取也，縮引還丹及玄泉之氣。所謂名上昇泥丸，鍊治髮根，須臾微息，其道自然。

象龜引氣致靈根。

龜以鼻取氣，極停微息，閉口咽之致靈根。

中有真人巾金巾，

金室真人巾金巾。

負甲持符開七門。

甲，子也。背子向午，要帶卯酉。制御元氣，受符復行，皇天大道君也，常窺看七門。

此非枝葉實是根，

上皇大道君，老子、太和常侍左右，化生萬物，非爲枝葉。

晝夜思之可長存。

常注意思念，自覩三光。道之至妙，近在斗中。

仙人道士非異有〔一〕，

仙人度世，非有他神。守一堅固，上精不泄，下精不脱，精神内守，千歲不死。

〔一〕「非異有」，道藏本、輯要本、十書本作「非有神」。

積精所致和專仁〔一〕。

育養精氣，專心一意，和氣仁義，德合道真。

人盡食穀與五味，

俗人皆啖百穀之寶，土地之精，五味香連，令飽食廚，内無真道，遂歸黄泉。

獨食太和陰陽氣，

陰氣上昇，陽氣下降，合會六合之中，生五味，常自服食，天相溉。

故能不死天相溉〔二〕。

飲食太和，不死之藥，食之不解，天自溉之。

誠説五藏各有方，

五藏象五行，六律腸胃方。

心爲國主五藏王。

身有三百六十神，心爲主。不出户，知天下；不下堂，知四方。

〔一〕「仁」，道藏本、輯要本、十書本作「年」。

〔二〕「溉」，上三本作「既」。

受意動静氣得行，

志之所從，不可極也。清香潔善氣自行。

道自將我神明光。

座與吾俱息，起與吾同衣，我飴來食我，居不行客常〔一〕，日月三光相保守。

晝日昭昭夜自守，

晝日朗然，目覩景星。暮即徘徊，來歸我已。知陽者明，不知陽，妄作凶。

渴可得漿飢自飽。

飢食自然之氣，渴飲華池之漿，不飢不渴，可得長生也。

經歷六府藏卯酉，

兩腎之神最爲精，左王父，右王母，二氣交錯周六府。上會目中，左卯右酉。

通我精華調陰陽〔二〕，

陰陽列布若流星，流星七正益精華。

〔一〕以上二句疑有脱誤。

〔二〕此句道藏本、輯要本、十書本置於下「立於玄膺舍明堂」句後。

轉陽之陰藏於九，

陽主陽中，乃種其類。陰生黍粟，陽生熒火，二氣相得，更相包裹。九在口中也。

常能行之可不老。

知雄守雌，其德不離。知白守黑，常德不忒。

肝之爲氣修而長，

肝爲青龍，肺爲白虎，上與天通，故爲長。

羅列五藏主三光，

心精意專，五内不傾。平牀安卧，仰觀三光。

上合三焦下玉〔一〕漿，

上合三焦者，六合中也。流布四肢汗玉漿。

我神魂魄在中央。

拘魂制魄，不得動作，俱坐俱起，不得行止。明堂正在中央。

精液流泉去臭香，

〔一〕「下玉」，道藏本、輯要本、十書本作「道飲」，且此句下有「精候天地長生道」一句。

精流液出，常如源泉。暮卧惺瘖，蕩滌口齒，去臭取香治髮齒。

立於玄膺舍〔一〕明堂。

明堂之中，方圓三寸，生道之根。大如雞子黄如橘，過歷玄膺甜如蜜。

雷電霹靂徃相聞，右酉左卯是吾室〔二〕。

午前子後之間中央，朝發太一華蓋之卿，陽氣以下在絳宫。

下部經第三

伏於志門候天道，

志門，玄門也。候天道，守玄白。

近在子身還自守。

大道不遠，近在身中，子自有之無求他。

清静無爲神留止，

道爲賢者施，不爲愚者作，精心定志神明懽也。

〔一〕「舍」，道藏本、輯要本、十書本作「含」。

〔二〕以上二句上三本無。

精神上下開〔一〕分理。

精神上下，恍惚無常，求玄中之玄。

精候天道長生草〔二〕，

上知天上，俯察地理。留年住命，白髮如墨，則長生草。

七竅已通不知老。

耳聽五音，目觀玄黄，鼻受清氣，口啖五味，不知老也。

還坐天門候陰陽，

天門，太陽一之門也。陰陽雌雄，微妙難覩，故坐伺候之。

下于喉嚨神明通。

喉嚨，咽也。啖食和氣，則神明乃下降。

過華蓋下清且涼，

華蓋之下，五色青葱，清靈之淵清且涼。

〔一〕道藏本、輯要本、十書本「神」作「氣」，「開」作「關」。

〔二〕此句上三本無。

入清靈淵見吾形，

清靈之淵，微妙玄通。閉目内視，則見江海。伺候吾形，有頃相望，如照明鏡深井。對相視，樂無極也。

期成還年可長生。

年到四十、五十，則不住還。得其理者，日益長久；不能明者，徒自苦耳。

還過華下〔一〕動腎精，

華蓋之下多陰涼，萬神合會更相迎。引動腎氣，上布紫宫。

立於明堂望丹田。

明堂、丹田，相去不遠相望見。

將使諸神開命門，

一名大神，萬物之先。保使羣神，救護萬民，出入命門。

通利天道存靈根。

九九八十一首，分爲二部。從頭至足，元氣通流，周帀一身，靈根堅固，守之勿休也。

〔一〕「下」，道藏本、輯要本、十書本作「池」。

陰陽列布若流星，

三氣昇降，閉塞三關百脉九孔，氣候鑠鑠光晃晃，列布皮膚若犇星。

肝氣周還終無端。

肝爲青龍，出從吾左。肺爲白虎，住在右。神道恍惚，無有端緒。

肺之爲氣三焦起，

肺有三葉，三焦起，一名華蓋，紫紅色。

上座〔一〕天門候故道。

天道雄門，故道本根，存本守根，乃得長生。

津液醴泉通六府，

閉氣縮鼻，隨鼻上下開兩耳。長久微息，呼吸元氣，一上一下，縮鼻不止開其耳。

窺視天地存童子，

上窺天門，則覩三光。俛視地理，見小童子。

調和精華治髮齒，

〔一〕「上座」，道藏本、輯要本、十書本作「伏於」。

精液華池，常以雞鳴，啄齒三十六下，漱咽之。常以管籥，開閉九孔，皆上頭中治髮齒。顔色光澤不復白。

門户開張，精神布合，顔色光潤，鬢髮滋榮不復白。

下于嚨喉何落落，

存候天道要不煩，落落如石，中心獨喜。

諸神皆會相求索。

大道遊戲，衆神合會，交游徘徊太素中。

下入絳宫紫華色，

下入絳宫丹城樓，金紫幃帳，徘徊四隅。

隱藏華蓋觀通廬〔一〕，

暮隱華蓋，晝游明堂，觀望神廬金匱鄉也。

專守心神轉相呼，

心爲國主太一宫，專心一意向太陽，執志清潔，衆神喜樂相呼來。

〔一〕「觀通廬」，道藏本、輯要本、十書本作「通神廬」。

觀我神明辟諸邪。

一居中央，諸神宿衛。當此之時，仰觀神光，元陽子丹辟萬邪。

脾神還歸依大家，

脾神朝進明堂，暮歸其宮，故依大家太倉也。

致於胃管通虚無。

胃管，太倉口也，虚無之宫在太初。

藏養靈根不復枯，

藏養靈根使漸潤，調和滿口而咽之，内不枯燥。

閉塞命門如玉都，

關門閉牖，以知天道。耳，玉堂之陽一，神之都市，知萬物之價數也。

壽傳萬歲年有餘。

俗人有餘財，聖人有餘年，壽命無期。

脾中之神主中宫，

中宫戊己，主於土府。萬物蚑行，土地之子。脾爲明堂，神治中宫也。

朝會五藏列三光。

五藏六府，神明之主。日月朝會，長幼有序，仰觀三光日月斗。

上合天門合〔一〕明堂，

天門開閉，出爲雄雌。三光所生，俠在明堂。上圓下方，中無不有。

通利六府調五行，

安神養己，六府通暢，邪氣却走，正氣內守。五行之精，金木水火土爲榮。

金木水火土爲王。

五行相生，土爲其主。萬物疇類，皆歸於土。

通利血脉汗爲漿，

含氣養精，血脉豐盈，骨濡筋强，潤滋皮膚，汗出若漿。

修護七竅去不祥。

同穴異竅，各隔東西，常當修護，神明所依。辟却不祥，萬物自化。

二神相得化玉英，

日月之神，陰陽之反。暮宿明堂，化生黄英。下流口淡如無味，用之不可既也。

〔一〕「門合」，道藏本、輯要本作「氣及」，十書本作「氣今」。

上禀天氣〔一〕命益長，

坐常仰頭，鼻受上清氣。跨座隨陽，四肢安寧。敬重天禁命益長。

日月列布張陰陽。

日月照察，萬物瞻仰，陰陽設張，四時調和。凡此四行，亦在己軀也。

五藏之主腎最〔二〕精，

腎之爲氣清且香。右爲王母，左爲王公。左青龍，右白虎，與天通。

伏於太陰成吾形。

太陰小童玄武裏，赤神之子伏不起，轉陽之陰成吾形，常存太素老小丁。

出入二竅合黄庭，

出入二竅兩手間，黄庭中人主神仙，欲得吾處入闕山。

呼吸虚無見吾形。

虚無恍惚難悉言，呼吸元氣環無端，欲覩吾形若臨淵也。

〔一〕「天氣」，道藏本、輯要本、十書本作「元氣」。

〔二〕「最」，上三本作「爲」，且此句置於「伏於太陰成吾形」句後。

强我筋骨血脉盛，

　精氣不泄，骨髓充滿，常自壯强。血脉平盛，行若犇馬，終身不倦。

恍惚不見過青靈。

　恍惚中有物，青靈中有形。恍惚象大道，有一莫見其景也。

坐於廬下見小童，

　神廬之下金匱野，顧見真人小童子，何從相求華蓋下。

内息思存神明光，

　閉目内視，存在神明見吾光。俛仰瞻之，青赤白黄。

出於天門入無間。

　出於天門見四鄰，入於無閒覩太玄。太玄中有衆妙之門。

恬惔無欲養華莖〔一〕，

〔一〕「莖」，道藏本、輯要本、十書本作「根」。

閑居静處，深固靈珠。素〔一〕捐世俗，摧剛就深。含養五〔二〕莖，色如桃華。服食玄氣可遂生。

外爲太玄，内爲大淵。若如流俗，合四海源。審能服食，可得遂生。還過七門飲大淵，

大淵玉漿甘如飴，近在吾身子不知，何處取之蓬萊溪。道我懸膺過青靈。

太清之淵隨時涼，青靈之臺四遠望，懸膺苑降太倉。坐於膺間見小童，

金匱玉神小廬間坐，仙道見小童子候吾，規中道畢矣。問於仙道與奇方〔三〕，

仙道謂虛無自然也。不行而至，舉足萬里，坐在立無。奇方，不死之藥也。

〔一〕「素」，疑當作「棄」。

〔二〕「五」，疑當作「玉」。

〔三〕「方」，道藏本、輯要本、十書本作「功」。

服食芝草紫華英〔一〕。

絶五穀，棄飴糧，使六丁玉女自來侍人，爲取芝草金紫華英，得乃食之。

頭戴白素足丹田，

真人致住，常欲令人得神仙，晝日頭黑至頭白如素也。足履丹田中也。

沐浴華池生靈根，

沐浴華池，鍊身丹田之中，主潤靈根。華池，玉池。

三府相得開命門。

老子太和，各爲一府，共侍道君。常開闔命門，陽明無端也。

五味皆至善氣還，

六合之中，自生五味，演而食之，正氣並來。

被髮行之可長存。

大道萬畢，被髮偃卧，鍊身五嶽，則得長生。

大道蕩蕩心勿煩，

〔一〕「紫華英」，道藏本、輯要本、十書本作「與玉英」。

大道蕩蕩，昭然曠然。要道不煩，煩道不要。求於無形。吾言畢矣慎勿傳。

吾者，中央老君也。解説天道，從頭至足，皆可生也。勿傳非人，令道不明，慎之慎之。

太上黄庭外景經

推誦黄庭内景經法

當入齋堂之時，先於户外叩齒三通，閉目想室中有紫雲之氣，鬱鬱來冠兆身，玉童侍左，玉女侍右，三光寶芝，洞暎内外。呪曰：「天朗氣清，三光洞明。金房玉室，五芝寶生。玄雲紫蓋，來映我形。玉童侍女，爲我致靈。九帝齊景，三光同軿。得乘飛蓋，昇入紫庭。」引氣三十九咽，畢，入户北向四拜，長跪叩齒二十四通，上啓高上天真玉晨太上道君：「某甲今當入室詠誦玉經，鍊神寶藏，乞胃宫華榮，身得乘虚，上拜帝庭。」畢，還東向揖大帝。又叩齒十二通，上啓扶桑大帝暘谷神王：「某乙今披詠玉經，乞使静室神芝自生，玉華寶耀，三光洞明，萬徧胎仙，得同帝靈。」畢，即東向誦十徧爲一過。竟，還北向四拜，東向揖，不須復啓也。但拜謁如法，隨誦多少，然以十數爲限。不依法而受經，虧損俯仰之格，徒勞於神，無益於求仙也。五犯廢功斷事，十犯身死於風刀之考，死爲下鬼負石之役，萬劫還生不人之道。

當以八節日送金環青繒九尺以奉於有經之師，師得此信，速録上學弟子郡縣鄉里姓名年紀生月日時於九尺青繒之上正中，於山岳絶巖之側，北向奏名青帝宫，叩齒二十四通，微呪曰：

「天迴道氣〔一〕，八道運精。三五應期，九祚代傾。命真玄寂，輔臣帝靈。玉劄已御，今奏青名。謹關九府，五岳司靈。記我所列，上聞玉清。三年之後，來迎某形〔二〕。賜乘八景，昇上帝庭。」畢，埋青繒於絶巖之下。如此三年，有真人下降。一節不送〔三〕，廢功斷事，不得入仙。三節違盟，告下三官，受考無窮。清虚〔四〕真人曰：凡修黄庭内景玉經，應依帝君填神混化之道〔五〕。讀竟禮祝畢，正坐向東，臨目内想身神形色長短大小，呼其名字，還填本宫。不修此法，雖萬萬徧，真神不守，終無感効。徒亦損氣疲神，無益於延命也。今故

〔一〕「天迴道氣」，洞真太上太霄琅書卷三作「天迴炁射」。
〔二〕「某形」原作「某甲微形」，據上書改。
〔三〕「不送」原作「不一送」，據上書改。
〔四〕「虚」，黄庭遁甲緣身經誦黄庭經訣作「靈」。
〔五〕「帝君填神混化之道」，上書作「帝君寶神混化玄真之道」。

抄經中要節相示耳。

髮神蒼華字太元，形長二寸一分。腦神精根字泥丸，形長一寸一分。眼神明上字英玄，形長三寸。鼻神玉壟字靈堅，形長二寸五分。耳神空閑字幽田，形長三寸一分。舌神通命字正綸，形長七寸。齒神崿鋒字羅千，形長一寸五分。

右面部七神，同衣紫衣飛羅裙，並嬰兒形。思之審正，羅列一面，各填其宫。畢，便叩齒二十四通，咽氣十二過，祝曰：「靈源散氣，結氣成神。分别前後，總統泥丸。上下相扶，七神敷陳。流形遯變，愛養華元。道引八靈，上衝洞門。衛軀攝景，上昇帝晨。」畢，次思：心神丹元字守靈，形長九寸，丹錦飛裙。肺神皓華字虚成，形長八寸，素錦衣黄帶。肝神龍煙字含明，形長六寸，青錦披裳。腎神玄冥字育嬰，形長三寸六分，蒼錦衣。脾神常在字魂停，形長七寸三分，黄錦衣。膽神龍曜字威明，形長三寸六分，九色錦衣緑花裙。

右六府真人，處五藏之内，六府之宫。形若嬰兒，色如華童。思之審正，羅列一形，叩齒二十四通，咽氣十二過，呪曰：「五藏六府，真神同歸。總御絳宫，上下相隨。金房赤子，對處四扉。幽房玄闕，神室紐機。混化生神，真氣精微。保結丹田，與日齊暉。得與八景，合形昇飛。」紫微真人曰：「昔孟先生〔一〕誦黄庭，修此道八年〔二〕，黄庭真人降之。」此妙之極也，黄庭祕訣，盡於此矣。形中之神，亦可從朝至暮，恒念勿忘，不必待誦黄庭經矣。

〔一〕「孟先生」，登真隱訣下作「孟光」。
〔二〕「八年」，上書作「十八年」。

雲笈七籤卷之十三

三洞經教部

經

太清中黄真經并釋題

釋題

中黄真經者，

中黄者，中天之君也。真者，得無爲之身也。經者，爲大道之徑也。

九仙君譔，

九仙者，天之真也，其位最崇，下管八天，上極真位，顯兩儀之成形。然大道之人，苞裹萬景，含養天地，以慈愛爲百行之源，以衆善爲資身之本。廓然洞達，存不捨之根；總察萬行，無棄絶之智。是以出五明殿，入中和宫，放無極光，洞無極景。及與黄人論無極之義，顯分聖教，須知無中不無。欲悟玄元，先了義趣。得之者同其生，失之者共其死。哀體内之莫測，病生靈之不悟。元氣分散，隨彼行之所生；體節分離，掩太陰之泉户。依余大教，必歸雲路。

中黄真人注。

中黄者，九天之尊。余始自人間，登於聖路，保養和氣，深藏其精。慮中行未成，切厲精誠。然後用其慈愍，剪其癡怒。去捨萬端，百靈潛護。永絶愛慾，陰神私助。然可服靈氣，固真一，知神仙可學也。

亦號曰胎藏論。

夫胎藏論者，蓋以人類受形於聖路，保和於氣母，陰陽交配，隨行所成。骨肉以精血爲根，靈識以元氣爲本，故有淺深愚智禍福不同。此經辨人倫之有形，明腹内之修養。窮本見末，尋苗識根。端明五藏，然可修身。用之以人，受之以法，守之以功。若虧是行，徒擅其能，亦不可學也。

胎藏論者，蓋九仙君兼〔一〕真人之所集也。真人常觀察元氣浩然，凝結成質。育之以五藏，法五行以相應；明之以七竅，象七曜以昭晰。

〔一〕「兼」，道藏本太清中黄真經（下簡稱道藏本）、輯要本太清中黄真經（下簡稱輯要本）作「黄」。

夫人腹内有五行之正氣，順之即無疾，逆之即爲害。頭應於天，足應於地。天欲得高，高即日月明。七竅欲得大，七竅大者道易成。爲心氣大，骨氣大，和氣大，節氣大。此爲神宅，修道易成，亦主有壽。

其識潛萌，其神布行。

夫人受形於胎，然布情識之根，心識爲最。因心運已得，無不爲道有，存神宅皆以心識爲用。即未若無心捨損，直上九天，爲之大要。

安魂帶魄，神足而生。

魂生於天，魄生於地。入胎成形，諸神居位。嬰兒在胞，善知人事。無息無聲，合於至理。既出胎腹，六識潛萌。體襲五穀，貪恚並生。隨識所用，坐變癡盲。故太微靈書有還魂制魄法，皆須用心存思。若蹔有忘捨，前功悉棄。此書並不載，蓋爲捨損心識。形神相託，神形相成。口受外味以亡識，身受内役以喪情〔一〕。神離形以散壞，形離神以去生。殊不知皮肉相應，筋骨乃成。肝合筋，其外爪；心合脉，其外色；脾合肉，其外脣；肺合皮，其外毛；腎合骨，其外髮。鹹傷筋，苦傷骨，甘傷肉，辛傷氣，酸傷血。

〔一〕「情」，道藏本、輯要本作「精」。

玉華靈書云：陽爲氣，陰爲味。味歸形，形歸氣，氣歸精。精食氣，形食味。味傷形，氣傷精。初皆相因，後皆相反。初相生成，後皆尅害。穀氣盛，元氣衰，即反壯成老。常欲得：春七十二日省酸增甘，以養脾氣；夏七十二日省苦增辛，以養肺氣；秋七十二日省辛增酸，以養肝氣；冬七十二日省鹹增苦，以養心氣；季月末，各取十八日省甘增鹹，以養腎氣。但依此養生，亦可得三百歲矣。存神亦得奔於諸天，只得爲仙官爾，不得列於尊位。

故聖人曰：先除慾以養精，後禁食以存命。是知食胎氣，飲靈元，不死之道，返童還年。此蓋聖人之所重也。且夫一士專志，下學而上達；一夫有心，覩天道之不遠。學而無志謂之愚，

准玄籙云：「無志之夫，萬行不成矣。」

不學不知謂之蒙。

玄元章云：「三生修道未具志，今生方遇中黄祕，若能閉得養形章，陰神永不奪人志。」學道修行，大忌輕言泄事。縱得玉籙金章，終不成道。凡人遇異書奇術，皆天神助應。自是人愚，慢其神理，難成道也。無分之人，永不相遇矣。

然三蟲未去，子踐荆榛之田。當三蟲已亡，自達華胥之國。

玄鏡章云：「華胥國者，非近非遠乎！非人境所知，非車馬所到。此國方廣數萬里，其國無寒熱，無蟲蛇，無惡獸。國内人民盡處臺殿，上通諸天往來。人無少長，衣食自然。不知煙焰勞計之勤，不識耕桑農養之苦。所思甘膳，隨意自生。百味珍羞，盈滿堂殿。甘泉涌溜，注浪横飛。九醞流池，自然充溢。人飲一盞，體生光滑。異竹奇花，永無凋謝。祥禽瑞獸，韻合宫商。一國人民，互相崇敬。然其國境外，有三十里，草莽荆榛，四面充〔一〕合。上有飛棘，羅覆數重；下有蒺藜，密布其地。欲遊是國，先度此中。不顧凡身，然可得入。少生悔意，終不見達。」凡言三十里荆棘者，爲與三尸相持，身受虚羸，寂寞思食，無味等味。及三蟲亡後，身識沖和，情理安暢，冥心内境，自達胎仙。既入華胥，方驗是跡。洞玄靈界，非凡所知。

顯章雲路，備述胎仙，知聖行之根源，辨仙官之尊位。至於霞衣羽服，玉館天厨，蓋爲志士顯言，聊泄天戒。非人妄告，殃爾明徵。

准玄元教令科：凡是祕密天籙，不可妄開，爾當有滅門之禍。輕言泄事，陰神爲慢易玄科，天奪人志。雖欲學道，多逢難事隔塞也。大忌之。

〔一〕「充」，道藏本、輯要本作「叢」。

密此聖門，必登雲路。

三天教云：閉言之人，與道合神。天助其德，有其玉骨。如此之人，修道必成無疑耳。

愼無傳於淺學，誓莫示於斯文。

學道無成，謂之淺學。妄傳此等，當有刑禍之殃。道教禁科，大忌違誓，兼獲罪無量，誡之。

慢而折神，輕言損壽。

玄格曰：與人諍曲直，尚減筭壽，況泄天章？輕文傳示，彼既受禍，此亦獲殃。家當橫難，身備刀光。

若非志士，無得顯言。

夫志士學道，心跡無二。然可口傳，勿示文字。

總一十八章，列成一卷，

一十八章者，爲人有五藏六府，外有七竅顯應，故有十八章。不言九竅者，同於北斗九星，兩星不見。一卷者，萬行歸之於一。此皆事合形神，應於運理。

號曰胎藏中黄經。皆以篇目相御，文句相繼。義精於成道，言盡於養生。行顯意直，事具文切。食氣之理備載，歸天之道以〔一〕成。援筆録章，列篇於後。

內養形神章第一 此章五句三十五言

內養形神除嗜慾，

洞元經云：修養之道，先除嗜慾，內合五神；次當絶粒，心不動摇，六府如燭。常修此道，形神自足〔二〕。

專修静定身如玉。

夫人心起萬端，隨物所動，常令静居，不欲與衆混同。內絶所思，外絶所慾，恒依此道，元氣自足。

但服元和除五穀，

世人常以五穀爲肌膚，不知五穀壞身之有餘。今取春三月，淨理一室著机案，設以厚暖牀席，案上常焚名香。夜半一氣初生之時，乃静心神。當叩齒三十六通，以兩手握固，仰卧瞑目。候常喘息出時，便合口鼓滿咽氣，以咽入爲度，漸漸咽之。若入肚，即

〔一〕「以」，道藏本、輯要本作「悉」。

〔二〕「足」，上二本作「定」。

覺作聲〔一〕，以飽爲度，飢即更咽。但當坦然服之，無所畏懼。氣入後，如口覺乾，即服三兩盞胡麻湯，此物能潤腸養氣。其湯法：取上好苣藤三大升，去皮，九蒸九暴。又取上好茯苓三兩，細杵爲末。先下苣藤末，煎三兩沸。次下茯苓末，又煎數沸。即入少酥蜜，渴即飲一兩盞，兼止思食。或〔二〕四時枸杞湯，時飲一兩盞亦善。咽氣自得通暢，但覺腹中安和，咽氣漸當流滑。一切湯水，盡不要喫，自得通妙理。但服氣攻盤腸糞盡，咽氣自然如湯水直至臍下。初服氣，小便黄赤，勿恠也。心胸躁悶，亦勿懼。但心境不移，自合妙理。若不絶湯水，雖腹腸中滓盡，終不得洞曉是非。或若要絶水穀，只在自看任持，亦不量時限遠近。亦有一月，亦有五十日，亦有百日者〔三〕，三丹田自然相次停滿。一月下丹田滿，六十日中丹田滿，九十日上丹田滿。下丹田氣足，藏府不飢。中丹田氣滿，體無虚羸。上丹田凝結，容貌充盛，三焦平實，永無所思，神凝

〔一〕「便合口」至「即覺作聲」，道藏本、輯要本作「合口鼓滿，依法咽之，入腹當覺作聲」。
〔二〕「或」下，上二本有「服」字。
〔三〕「者」下，上二本有「但絶其湯水者」六字。

體清，方鑒〔一〕是非。下丹田滿者神氣不泄，中丹田滿者行步超越，上丹田滿者容色殊絶。既三部充實，自然身安道泰，乃可棲心聖境，襲息胎仙。此爲專氣之妙門，求仙之捷徑也。若或食或斷，令人志散。好食諸味，難遣穀氣。此二事者，習氣之所疾，求仙之大病。經曰：「鹹美辛酸五藏病，津味入牙昏心境，致令六府神氣濁，百骸九竅不靈聖。」人能堅守禁絶嗜慾諸味者，九十日三丹田凝實；百日内觀五藏；三百日鬼怪不藏形，陰神不敢欺；千日名書帝録，形入太微。

必獲寥天得真籙，

凡飛鍊上昇，爲下天仙官。存想無爲氣神，修三一之道，得上天仙官。若真子服胎息成者，得寥天昇真籙，千乘萬騎迎子，當獲中天真尊。

百日專精食氣足。

謂三丹田氣足也。凡食氣吞霞，言是休糧，蓋非旦夕之功。先以德行護身，次以除陰賊嗔怒，此學道之志也。陰賊未息，三蟲不除，或行非教之事，不復成矣。故太微玄章曰：「除嗜慾，去貪嗔，安五藏，神足矣。」

〔一〕「鑒」，道藏本、輯要本作「曉」。

食氣玄微章第二此章二十六句一百八十二言

食氣玄微總五事，

夫言玄微者，皆事理莫達，謂之玄妙〔一〕。言五事者，但學絶粒，即魂魄變改，三尸動搖。

大關之要莫能知。

夫人内行未成，不知諸魔相違，謂言道法無効，蓋不達真正理也。若是先具内行人〔二〕，只服津液，由得不飢〔三〕，況於服氣乎！

元氣〔四〕初服力尚微，

夫服氣爲有滓滯，至一七二七已來，滓穢退出，漸覺體内虚弱，百節無力，但勿爲懼。緣元氣未達腹胃中，所以覺虚弱。但咽氣使漸通流，日勝一日。但當堅志守一，候下

〔一〕以上二句，道藏本、輯要本作「乃無爲玄妙之理」。

〔二〕「人」，上二本作「仁德」。

〔三〕「由得不飢」，上二本作「尚有安和」。

〔四〕「元氣」，上二本作「一者」，且句後有「但常堅志守一候」句。

丹田滿，頓無飢渴。假令未達，皮膚容色黄瘦，亦勿以爲畏，後當悦懌矣。如不專志兼食行，即用氣無効也，亦愛數敗，此亦爲不具内行人，即如此，有愛緣牽心，彼自使敗。要子將心運守之。

太元經曰：凡休粮諸門甚多，學道至近須九年，以下無成者。唯有服氣，堅守百日，禁諸湯水，子心不動，三尸自除，永無敗矣。只爲學者浮心未定，居二疑之端，使心神動摇，三尸齊起。百思既至，心跡難歸，雖服氣易爲退敗，裏誠必不靈矣〔一〕。

穀氣未除〔二〕子何别，氣則難停而易洩。

夫體服氣，欲速達五藏。除湯藥外，諸物禁斷。四十九日〔三〕，穀氣自絶。若少食諸味，即難遣穀氣。若要用氣使内藏分明，當服此元氣，經五十日，百物不食，閉目内想脾藏中氣，從心起散至四肢。仰卧呪曰：「中央戊己，内藏元氣。黄色力堅，運之可治。丹陽莫辭，朱陰共議。得達四支，黄雲大起。」每至五更鷄初鳴時，常候莫令參差。

〔一〕「裏誠必不靈矣」，道藏本、輯要本作「猶豫必不靈聖者也」。

〔二〕「穀氣未除」，上二本作「二者穀存」。

〔三〕此句下，上二本有「使小腸滓盡」五字。

如此二十七日，内見脾藏中氣，鬱鬱如黄雲，透過四支。後當使此氣滅燭吹火，百步外便使之，如大風起，可以興黄雲，閉彼形，人無見者。若不依五更初，及不能堅守，或則少一日，即無効矣。此中黄閉氣法。

或即體弱而心虚，或即藏虚而力劣。用氣未達四肢，當有虚弱之患，但志之〔一〕，勿爲懼矣。大洞經云：「守之如初，成道有餘。」

一者〔二〕上蟲居腦宫，

洞神玄訣：上蟲居上丹田，腦心也。其色白而青，名彭居，使人好嗜慾癡滯，學道之人宜禁制之。假令不絶五穀，常行此心〔三〕，一年之外，上尸自終。人不知行，空絶五穀。若不絶貪欲，焉得蟲終滅也。

萬端齊起摇子心，常思飲膳味無窮，想起心生若病容。

〔一〕「志之」，道藏本、輯要本作「堅守志」。
〔二〕「一者」，上二本作「三者」。
〔三〕「心」下，上二本有「持念」二字。

學道者不得内行扶身，却爲三蟲所惑亂也。

二者中蟲住明堂〔一〕，

洞神玄訣曰：中蟲名彭質，其色白而黄，居中丹田。使人貪財好喜怒，濁亂真氣，使三魂不居〔二〕，七魄流閉〔三〕。洞玄經曰：「無喜無怒，中尸大懼。不貪不慾，和氣常足。坐見元陽，萬神來集。」

遣子魂夢神飛揚。或香或美無定方，或進或退難守常。精神恍惚似猖狂，令子坐敗食穀糧，子若知之道自昌。

怡然不易，其道自成也。

三者下尸〔四〕居腹胃，

下尸其色白而黑，居下丹田，名彭矯。使人愛衣服，耽酒好色。但學道之人，心識内

〔一〕此句道藏本、輯要本作「四者中蟲住心宫」。

〔二〕「使三魂不居」，上二本作「令三尸變易」。

〔三〕「閉」，上二本作「蕩」。

〔四〕「三者下尸」，上二本作「五者下蟲」。

安，三尸自死，永無敗矣〔一〕。

令子淡泊常無味。

若常守淡泊，三尸既亡，永無思慮矣。

靜則心孤多感思，撓則心煩怒多起，

服氣未通，被三尸蟲較力〔二〕。或則多怒，或則多悲思，或則多嗜滋味。

使人邪亂失情理。子能守之三蟲棄，

太上昇玄經曰：食氣堅心，一月内一蟲當死，二蟲無託。人但能服氣志守，三十日上蟲死，六十日中蟲死，九十日下蟲死。百日心不移，即體康神清，永永不敗。若或食或斷，令人志退，則無効也。

得見五牙九真氣。

五牙爲五行氣，生子五藏中。九真者，爲九天之道也。此五藏成，還應九天，所以五藏

〔一〕以上二句，道藏本、輯要本作「堅持制之，尸鬼無能爲也，乃無敗矣」。

〔二〕「較力」，上二本作「攪亂」。

之氣名九天也。元氣成，當自别得〔一〕五行之氣，驅使無所不通也。

五牙咸惡章第三此章六句四十二言

五牙咸惡辛酸味，

若五味不絶，五藏靈氣不生，終不斷思欲之想。但令水穀除，何慮不生五氣！五氣既生，即五情自暢。五藏既滿，元氣自凝。元氣既凝，五神自見。五神既見，賤惡人間，何世累之所能牽也〔二〕？

爲有三蟲鎮隨子，尸鬼坐待汝身死，何得安然不驚畏？

三尸之鬼，常欲人早終，在於人身中，求人罪狀，每至庚申日，白於司命。若不驚不懼，不早修鍊形神，制絶五穀，使年敗氣衰，形神枯悴，縱使志若松筠，亦復無成矣。一朝命絶，悔恨何及！

勸子將心捨煩事，

服氣人大要者，静持心神，止捨煩務。使三蟲動而無効，神氣行而有徵。自得五神獲

〔一〕「當自别得」，道藏本、輯要本作「當自然得明」。

〔二〕以上二句，上二本作「備曉人間好惡，是何世俗之慮能牽者乎」。

安，妙理潛達。

超然自得煙霞志。

能清能淨〔一〕，即自得志潛明，超然洞悟，烟霞之暢，在乎目前。

煙霞淨志章第四此章四句二十八言

煙霞淨志通神奥，

若得水穀氣除，自然諸脉通曉，五藏靈光生，縱捨自有深奥，故不可測也。靈光，神氣也。

令子坐知生死道。

若能制絶諸味，百日後無不成矣。自得衆靈潛伏，生死之路，備覩機械，天外陰司之道常知矣。

蒸筋暴骨達諸關，握固潛通開百竅。

謹案胎息志〔二〕理經云：凡服氣五十日後，假令未絶水穀氣，遇日色晴明，時景朗曜，

〔一〕「能清能浄」，道藏本、輯要本作「能清静神氣」。

〔二〕「志」，上二本作「至」。

於〔一〕正午時，當於室宇内淨軟牀席，散髮於枕上，握固於兩脇之傍。然後叩齒七通，端心瞑目。似覺微悶，即須用力握固。漸漸筋脉徐開，靈氣潛通於骨肉之間，津液汗澤於皮膚之上。但當數數運用，自得顏色光悦，氣力兼倍，髮如新沐，髭若青絲。如不解閉氣鍊形，使用元氣，行通於毛髮之間〔二〕，自然每度鬢髮跳躑。若不得此術，雖復休糧長生，有同瓦礫草木，無精光也。

百竅關連章第五此章四句二十八言

百竅關連總有神，

百竅通於百穴，百穴通於百脉。眼上二穴通於肝，肝脉通於心，故心悲則淚發於臉間。腭上雙穴通於鼻脉，鼻脉通於心脉，故心悲則鼻酸。鼻脉復通於腦脉，故腦熱則鼻乾。洞神明藏經云：百脉通流，百竅相望，百關相鎖，百節相連。故一穴閉則百病生，一脉塞則百經亂。故服氣無疾，諸脉常自通暢。道人不死，胃腹無物停留。鑒察吉凶，百神歸集於體。寒熱不近，元氣調伏於身。毒物不干，五藏靈神固護。狂獸不搏，土地

〔一〕「於」原作「景」，據道藏本、輯要本改。

〔二〕「行通於毛髮之間」，上二本作「通流潤澤於皮膚之上，終不得自在。若炁行通於毛髮之間」。

常自衛持。隱現無難〔一〕，骨肉合於玄化〔二〕。即何慮不通於聖智也。

由子驅除歸我身，

百關九節，皆神宅也。藏府無邪氣所生，即萬神歸集。邪氣即穀氣是也。若正氣流行，所有瘡痕點黶客氣，自然消滅。

恬然得達自明真，

故得洞鑒昭然，足辨邪正之類。

自明真道永長存。

致形神於不死之門，昇子身於九天之上。

長存之道章第六 此章四句二十八言

長存之道因專志，

若不專不志，則難通於聖理也。

返荷三魂知不死。

〔一〕「無難」，道藏本、輯要本作「自在」。

〔二〕「化」，上二本作「牝」，且下有「去留無滯，無所不通，自然達於真道」。

氣通之後，當即自荷形神明，不死之路也。

何物爲寃七七裏，

服氣滓盡後絶水穀，最切者在四十九日。漸漸當百脉洞達，返照如燭，俗心頓捨，五藏恬和。若不能堅持，前功併棄〔一〕。

堅然愼守鹹酸味。

少食諸味〔二〕，難遣穀氣。

鹹美辛酸章第七 此章十句七十言

鹹美辛酸五藏病，津味入牙昏心境。

但是五味入牙，皆通於兩眼之穴，散霔於百脉之内，使穀氣堅實，藏腹停留。若求速達，請卓然斷絶也。

致令六腑神氣衰，百骸九竅不靈聖。

爲神氣不凝於丹田之中，靈光不照於藏府之内。

〔一〕此句下道藏本、輯要本有「再理何可？終不成道而矣」。

〔二〕「少食諸味」，上二本作「食諸味者」。

子能慎守十句終，諸脉洞然若明鏡。

使功滿十句，神氣自當凝實，靈光焕耀如燭，無不洞達。

六腑明神不隱藏，與子言語説心境。

五藏神自見也。

滯子神功去路難，大都穀實偏爲病。

若穀氣不除，即不見幽玄至理也〔一〕。

穀實精華章第八 此章六句四十二言

穀實精華與靈隔，纏羅六腑昏諸脉。

穀氣精華，化爲涎膜，纏羅五藏六腑、關節筋脉，故不可知。但是服氣人經五六十日後，見腸胃中滓盡，將謂更無別物。不知穀氣精華，殊未出也。所以有思食慮散之意，反使情切心懸，不可堪忍，亦爲尸鬼所禍〔二〕也。自後但有物如膿如血，或若壞脂，或若鷄鴨糞，此乃穀氣欲出，有此狀也。後更三二十日，又有異物如涎如膜，此則穀實精

〔一〕此句下道藏本、輯要本有「若能絶穀水者，自達玄境也」。

〔二〕「所禍」，上二本作「所動之禍」。

華之狀也。若先曾兼食服氣，或斷或絶，經歷歲餘，一旦頓絶，還校〔一〕便成，若無此物，亦不恠也。但無穀氣，則諸脉洞達，反照如燭。大洞經云：初服氣人，亦覺腸中滓盡，又見所食湯水，旋於腸中出，謂腹内更無别物，不知穀氣未出也。穀氣若盡，想更有何所思？形神如歸，豁然〔二〕安泰，情無慮思，寂寞瘦弱等患疾，亦何懼退敗不進之憂？必審而思之，無得退也。若能頓絶湯水，得三十日已來，却退不能堅持，即若穿井及涅，見水而不取也。一何痛也！

元神不返欲何〔三〕依，子心未達焉能測？

穀氣未除於藏腑之間，神氣不守於丹田之内。故道者昧然，無知神功在近也。

可惜玄宫十二樓，那知返作三蟲宅。

若不修錬形神，身上宫室，皆爲三蟲之窟宅。

三蟲宅居章第九此章四句二十八言

〔一〕「校」，道藏本、輯要本作「效」。

〔二〕「如歸，豁然」，上二本作「恬然，藏腑」。

〔三〕上二本「神」作「炁」，「欲何」作「何所」。

三蟲宅居三部裏，

此蟲常在三丹田内。

子能運用何憂死？

但依聖人之言，用心修行，何殃累之所及也。

漂然鬱鬱常居此，

元氣常引内氣周流身中，即〔一〕却復丹田之内也。

自辯元和九仙氣。

穀氣盡，即自辨識元氣也。

九仙真氣章第十此章十二句八十四言

九仙真氣常自靈，三蟲已死復安寧。

大洞元經曰：三蟲亡，神氣昌，内照五藏中氣，使之如神〔二〕。若居世遊隱法，具在胎息章中説。

〔一〕「即」，道藏本、輯要本作「則上下通和」。

〔二〕以上二句，上二本作「百日之内可以驅神，及照五藏元炁，使之如神聖者也」。

由子運動呼吸生，

神氣若足，呼吸運動，興起雲霧，自然得成隱化無滯〔一〕。

居在丹田内熒熒，

服氣成者，居在丹田中〔二〕，凝結若雞子，炳煥如燭，光照數里，内無不見，是爲三丹田氣自然如此也。

筋骨康强體和平。

三光經曰：錬髓如霜，换骨如剛，服之千日，力倍於常。後能日馳千里，奔馬不及也。

心識怡然自暢情，思逸神高心彩明。

食氣成者，心神常自暢悦。情高思逸，棄賤人間也。

却聞五味覺膻腥，

〔一〕「自然得成隱化無滯」，道藏本、輯要本作「自然得隱化無滯無碍也」。

〔二〕「居在丹田中」，上二本作「丹田炁自平實，可上昇下游三丹田中」。

觀五味，見滓敗〔一〕；示五香，聞腥壞〔二〕。尋苗見根〔三〕，故有是聞。自然如此，爲天氣達也〔四〕，俱有此見。

肌膚堅白筋骸清。

胎息章中自有鍊骨法具載也。

地府除籍天録名，坐察陰司役神明，内合胎仙道自成。

入胎息至五百息，當入異境，地籍除名，三天録仙。至千息，魂遊上境〔五〕。

胎息真仙章第十一　此章四句二十八言

胎息真仙食氣得，却閉真氣成胎息。

〔一〕「滓敗」，道藏本、輯要本作「滓穢」。

〔二〕「腥壞」，上二本作「膻腥」。

〔三〕「尋苗見根」下，上二本有「道功成者」四字。

〔四〕「達也」，上二本作「達於自身者也」。

〔五〕「入胎息」至「魂遊上境」，上二本作「服炁成者，當自察知陰府，役使神明。若人胎息至於百息者，當身入異境，地籍除名。服至千息者，三天録位，魂遊上境也」。

服氣二百日，五藏虚踈〔一〕，方可學入胎息。准九天五神經〔二〕云：先須密室無風，厚軟氊席，枕高四指，纔與身平。求一志人同心爲道侣。然後捐捨心識，握固仰卧。情無所得，物無所牽，靈氣漸開〔三〕，心識怡然。初閉息，經十息，至五十息，至百息。只覺身從一處，如在一房中。只要心不動移，凡一日一夜十二時，都一萬三千五百息。故太微昇玄經云：氣絶曰死，氣閉曰仙。魄留守身，魂遊上天。至百息後，魂神當見。其魄緣是陰神，常不欲人生。其神七人，衣黑衣，戴黑冠，秉黑璽。洞神經曰：爲之玄母。此神是陰屍之主，若見此神，子當謹心存念呪曰：「玄母玄母，吾屍之主。長骨養筋，莫離屍户。吾與魂父，同遊天去。」次當見魂父三人，各長一尺五寸，衣朱衣，戴朱冠，秉朱璽。當引上元宫諸腦神百餘人出，子當身見三丹田中元氣如白雲，光照洞達。當呼三魂名：一曰爽靈，二曰胎光，三曰幽精。得此三魂陽神領腦宫神，引子元神遊於上天。初出之時，只覺身從一黑房中出，當見種種鬼神形容，或偉大者數丈，或微小

〔一〕以上二句，道藏本、輯要本作「服炁經云：一百日五臟靈踈」。
〔二〕「九天五神經」，上二本無「五」字。
〔三〕「開」，上二本作「閉」。按下文云「氣閉曰仙」，似作「閉」是。

者如鷰雀，或披髮若亂蓬，或開眼如張電，爲上界道路，皆是鬼神之過路。子但安心，無生懼意〔一〕，亦須得良伴相助。緣元氣上與魂神相應，若有懼心〔二〕，元氣當自口鼻出，即子身不得去也。但一夕之中，令傍人自記喘息數，至息已，子當與三元神同遊上界也，其道當成。以後即不得微有泄漏，大慎大慎。但不顧於物，鬼神伏德。

羽服彩霞何所得？皆自五藏生雲翼。

後錬形上昇，自成五色羽衣。中天羽經曰：「輕輕狀蟬翼，璨璨光何極。」蟬爲飲氣乘露〔三〕，故生羽翼。人服元氣，而天衣不礙〔四〕於體，即可知也。

五藏真氣章第十二此章十四句九十八言

五藏真氣芝苗英，

〔一〕「懼意」，道藏本、輯要本作「怖畏」，且下有「自達安境。如一切無所見者，最爲上也。但黑白分明，是善相也」。

〔二〕「若有懼心」，上二本作「切慮定息之時，別有所見，心則不安」。

〔三〕「飲氣乘露」，上二本作「飲露食炁」。

〔四〕「不礙」，上二本作「下凝」。

太華受經〔一〕曰：元氣含化，布成六根。吉凶受用，應行相從。内氣爲識，胎氣爲神。子能胎息，復還童嬰反魂〔二〕。五藏之始，先布於水，内有六府，外應六根。

肝主東方其色青。

太明五緯經曰：肝主於木，生於水，尅之於土。來自東方，其色蒼，受之於陽。潛伏此氣，千息生光。但常用氣，未至胎息，當存想青氣出之於左脇。但六時思之不輟，自子時常隔一時。至五十日，當見此氣如青雲。用此氣可治一切人熱疾、時行臃腫、疥癬急瘦。但觀前人疾狀，量其淺深，想此氣攻之，無不愈差。如觀前人肝色枯悴，不可治也。

子但閉固千息經，青氣周流色自成。

胎息經：千息爲内養此氣，青色當自凝結〔三〕。

心主南方其色赤，伏之千息赤色出。

〔一〕「太華受經」，道藏本、輯要本作「太華受識經」。

〔二〕「復還童嬰反魂」，上二本作「還嬰返魂也」。

〔三〕以上三句，上二本作「胎息經云：千息色青，内自凝結者也」。

太明五緯經曰：心主於火，生之於木，尅之於金。來自南方，其色赤光，受之於朱陽，爲夏天也。潛伏千息，當出心堂。常服氣未至胎息，每日午時，想赤氣在心，大如雞子，漸漸自頂而出自散。呪曰：「南方丙丁，赤龍居停。陰神避位，陽官下迎。思之必至，用之必靈。」自此三呪之。能常行此氣，存想五十日不闕，當有赤氣如火光自見。用此氣可治人一切冷病。當用氣攻前人病時，其人面色帶青即不治，陰氣不可治。凡存神氣法，並不欲得遺人知。

肺主西方其色白，服之千息白色極。

太明五緯經云：肺主於金，生之於水，尅之於木。來自西方，其色白，澄淨微芒，功達千息，光徹洋洋〔一〕。常服每至丑時，存想肺間有氣，狀如白珠，其光漸漸上注於眉間。後乃呪曰：「西方庚辛，太微玄真。內應六府，化爲肺神。見於無上〔二〕，遊於丹田。固護我命，用之成仙。急急如律令。」存念一遍，如此四十九日，肺中有氣如白雲自見。此氣照地下一切寶物及察人善惡，示表知裏。如不行存想五氣法，服氣三年，方見五

〔一〕「功達千息，光徹洋洋」，道藏本、輯要本作「潛伏千息，光明洋洋」。
〔二〕「見於無上」四字，上二本無。

藏内事。此緣不具真行，使用不辨相尅相生。如寒用心氣，緣是火氣；如熱用腎氣，緣是水氣。不辨用氣，即無効也。九氣經中亦不言氣法，寥廓尚祕，況是人間也。

脾主中央其色黄，服之千息黄色昌。

太明五緯經云：脾主於土，生之於火，尅之於水。來自中方，其色黄。閉氣千息，不敢伏藏。存想黄氣〔一〕，但一日一想，不限時節，亦無呪。其脾藏存之四十九日，自見此氣。已後能用，可將身入墻壁，人盡不見。

腎主北方其色黑，服之千息黑色得。

太明五緯經曰：腎主於水，生之於金，尅之於火。來自北方，其色黑微芒〔二〕，伏之下元，主持命房，内有真白，守之不忘。此五藏神氣，但至五更初，各存想氣色都出於頂上，訖即止。亦不假一一别存想，兼不用呪亦得，只是較遲，滿百日方有効驗也〔三〕。

驅役萬靈自有則，

〔一〕以上八字，道藏本、輯要本無。

〔二〕「微芒」，上二本無。

〔三〕「方有効驗也」，上二本作「後其色已成，立可用驗也」。

服氣心志正，兼行内行，内外相扶〔一〕。一年後，應是人間鬼㑂精魅及土地神祇，並不敢藏隱。所到去處，地界神祇先出拜跪，常隨衛道者，陰司六籍善惡具知，然亦不可便將驅使。緣未具三天真籙，慮有損折。若入胎息得昇身訣，且要遊人間，但依此經尸解法，然可遊世，即無遮礙。不爾，未可忘道。若不務此術，但務化人矣，自他俱利。

乘服彩霞歸太極。

胎息伏陰經曰：「内息無名，唯行想成〔二〕。若不行戒行，入胎息，未得合神。」太微靈隱書曰：凡人入胎息，遊人間，行尸解術，隨物所化。故有託衣衾所化者，常以庚辛日取庚時，於一淨室内，焚名香一鑪於所卧牀頭，兼須設机案，上著香鑪，下著所拄者龍杖及履鞋等物，盡安置於頭邊。身衣不解，以衾蓋之。首西而卧，自念身作死人，當陰念此呪七遍。呪曰：「太一玄冥，受生白雲〔三〕。七思七召，三魂隨迎。代余之身，掩余之形。形隨物化，應化而成。急急如律令。」此存念一食間，但依尋常睡。如當存念

〔一〕此句下，道藏本、輯要本有「元炁充滿五藏及丹田之中」。
〔二〕「唯行想成」，上二本作「内行相成」。
〔三〕「白雲」，上二本作「自靈」。

之起一食久，輒不得與人語。若與人語，其法不成。如此常行四十九日，漸漸法成。後要作，不問行住坐卧，陰念此呪七遍，隨手捉物，身便别處去。衆人只見所把之物〔一〕，身將以死矣。後却見物還歸本形。此法即可以下界助身，不可以便行非法之事。大須護慎其法，大須隱默。若卧在牀上，但以被覆身，隱念一遍，便却出，人〔二〕只見所卧衾被是身，不見被形。若於財色留心，當爲神理銷折矣。

太極真宮章第十三此章九句六十三言

太極真宮住碧空，絳闕崇臺一萬重，玉樓相行列危峯。

上界宫館，生於窈冥，皆有五色之氣而結成。下界土地，皆是水氣橫凝扶住，故不得自在，不得堅長，不得平正。上界以八珍爲土地，七寶爲用器，至於宫殿，七珍合成。有自然不運之力，無人功興動之用〔三〕。上界以七珍精氣爲日月，下界以陰陽純氣爲日

〔一〕「所把之物」，道藏本、輯要本作「所執之物化爲己身」。
〔二〕「人」原作「入」，據上二本改。
〔三〕「無人功興動之用」，上二本作「無人興動用之功」。

月。下界言一年三百六十日，是上界一日十二時也。太黄經〔一〕曰：「不食土地精，生居太一城。」爲形神俱得去也。

瑶殿熒光彩翠濃，

爲七珍翠彩焕爛，光徹内外無隱礙。千閣萬樓，互相影對，太仙真人猶居此外也。

紅雲紫氣常雍容，玉壁金梁内玲瓏。

玄宫玉堂經曰：「白玉爲壁，黄金爲梁，青珊爲架，紅璧爲牀。進以九霄之膳，酌以八瓊之漿。」

鳳舞鸞歌遊詠中，

上界有天鳳舞，鸞霄之歌，並是曲名也。

玉饌金漿意任從，

九宴玄廚經曰：一日十進九霄之膳，七獻八瓊之漿。一日十進食，八獻酒。

九氣真仙位列崇。

〔一〕「太黄經」，上二本作「太微玄經」。

胎息〔一〕得列九真上仙。

九氣真仙章第十四 此章十句七十言

九氣真仙衣錦衣，綃縠雲裳蟬帶垂。

真君衣瓊文錦蟬縠之衣也。

天冠摇響韻參差，

冠摇衆珮響，韻五音爲自然也。

九文花履錦星奇，

九文錦爲履，其花零亂，如衆星鑽壁也。

却佩霓裳朝太儀。

霓裳仙官朝服〔二〕。人初得仙，皆朝太儀真君九天主也。

十方彩女執旌麾，百靈引駕玉童隨，前有龍旛後虎旗。

前朱雀，後玄武，左青龍，右白虎，皆是百靈之數。

〔一〕「胎息」，道藏本、輯要本作「服胎息成者」。

〔二〕「霓裳」原作「霓服」，「朝服」原作「朝裳」，據上二本改。

羽服飄飖八氣吹，

八氣，八方正氣，先治道路也。

更上寥天入太微。

太微都在第五天金星輪朱華宮，亦名〔一〕太微，管下界生死籍部，每四時八節申籍奏聞上界太微〔二〕。凡此官吏，有四十萬衆大數。

太微玄宫章第十五此章八句五十六言

太微直上寥天界，動静風調鳴竽籟。

太微上界，所有風摇，皆如笙竽之韻，如極樂之所，自然如此也。

殿閣穹崇何杳隗，

杳隗，謂虚峻極也。殿閣重數甚多，横壯尤麗也。

壽永衣輕人體大。

九天羽服儀仗，各各相次加倍。羽衣轉輕，人體轉大。彩翠鮮華，日月轉邁長遠也。九天各各皆相倍。

〔一〕「名」字原無，據輯要本雲笈七籤增。

〔二〕「管下界」至「太微」，道藏本、輯要本作「轄日月五星神宿運行之時，亦管下界生死之籍，奏聞太微」。

是爲因心得自在，
因心運身，得出三界。

靜理修真爲聖人，九行門空列章戴。

夫九行者，道人之窟宅。動息住持，不離其内。一者以慈愍爲衣，二者以止捨爲食，三者以正心爲乘，四者以專志爲才，五者以謙下爲牀，六者以順義爲器，七者以勤惠爲屋，八者以修空爲宅，九者以陰施爲業。修道之子，不持此九行，去道踈矣。

九行空門章第十六此章十二句八十四言

九行空門至真路，大道不與人爭怒。動息能持勿暫停，陰神返照神常助。
持心不息，其道易成。

諸行無心是實心，因心運得歸天去。
無心之心，因心運心。雖無有心〔一〕，還因心有。

除苟〔二〕無心是謂真，

〔一〕「雖無有心」，道藏本、輯要本作「道雖無心」。
〔二〕「苟」，上二本作「垢」。

衆事曰苟，無事曰除，除心止念，萬行歸余〔一〕。

自隨胎息入天門。

胎息以善行爲要機，無念爲至路。

玄元正理内藏身，無曲潛形體合真。

洞玄經曰：「心無曲，萬神足。」

三部清虚元氣固，六府龢成百萬神。

三元静，六府調，真氣歸於真行〔二〕，二理相合。五藏六府諸神，共有百萬，自然相和應也。

六府萬神章第十七此章十句七十言

六府萬神恒有常，

五藏六府，百關九節，有神百萬，若日常清淨修之，即當自見。

元和淨治穀實盡。

〔一〕「余」，輯要本作「真」。

〔二〕「於真行」，道藏本、輯要本作「則萬神應」。

但以元氣攻運，何穀氣之不去？

大腸之府主肺堂，

肺爲首三焦之主。

中有元神内隱藏。

藏府既淨，萬神自藏。故太明經曰：大腸主肺也，鼻柱中央爲候色也〔一〕。重十二兩，長一丈二尺，廣八寸，在臍左邊，曲疊積一十二盤，貯水穀一斗二升，主十二時，内有神各具本色衣冠十二人。若除水穀氣盡，元氣自足，其神當見。各據本時遞相更直，以衛修道之子也。

腎府當明内宮女，外應耳宅爲門户。

内神經曰：精主腎，腎爲後宫。内宫列女主〔二〕耳，腎之官承氣於耳。左腎爲壬，右

〔一〕「候色也」，道藏本、輯要本作「腸」。

〔二〕「主」字原無，據上二本增。

腎爲癸，循環兩耳門中，有神五百人。内有元神守自〔一〕都管，兼主志〔二〕。凡人好嗔怒即傷腎，腎傷即失志，俱喪元神〔三〕。故道者忌嗔怒，道成，内神常見於人，當衛道者也。

膀胱兩府合津門，氣海循環爲要路。

膀胱是兩府氣〔四〕。腎合膀胱，乃受津之府，上應於舌根也。津液往來，常潤肥澤舌岸〔五〕，以應兩膀胱。氣若少，不潤。服氣人未成，當欲少語以養津也。語多即口乾，口乾難用氣也。中有神三百六十人，以應一年之數。氣成當見其神，常抱無貪之行。故道者不貪，志合神理。大洞昇玄經曰：「行合神見，道成歸天。」此神人行胎息即自出，常護衛人近道者也。

子當得見内神章，終身不泄神常助。

〔一〕「自」，道藏本、輯要本作「之」。
〔二〕「志」，上二本作「志智」。
〔三〕「俱喪元神」，上二本作「失志則喪道之本也，元神亦散」。
〔四〕「氣」，上二本作「爲津門」。
〔五〕此句上二本作「常潤澤肌體舌岸」。

勿泄天神章第十八此章八句五十六言

勿泄天神子存志，

終始不泄，天神助子。

凡是天章勿輕示。三十三篇世絶知，況復中黄祕中祕。

道有胎光經三十三篇，禁絶不許妄傳泄。況兹中黄靈句，祕之特重，慎之慎之。

先禮三真玉仙使，然後精心覩文字。

教令科云：欲開示三真等經，先須擇甲子日，淨室燒香，心存南華真人，念〔一〕三天真君同開作證。首東作禮四拜，然後云：某爲求道，輙開九天大聖真文，傳示一遍。故得百靈同助，身歸太無，名入天户。不得示三人，切忌容易泄漏。若不依經教妄開示，如覩常文，必有殃責非淺，莫輕慢。

違教身罹非命殃，子孫受禍當須忌。

餘殃明罰，世世子孫受禍，大忌大忌。

〔一〕「念」下，道藏本、輯要本有「九天真聖」四字。

雲笈七籤卷之十四

三洞經教部

經

黄庭遁甲緣身經

道言：昔於蘂珠宫中，聽黄庭妙義，大道琴心靈篇，内固變化之道。人之受生，分靈道氣，含和陰陽。逐戀聲色，爲滋味所惑，爲奢淫所誘，亡失正念，虚度壯年，焉知動静出處？當依教修習，履歷妙行，以輔養其神。則身安静，萬災不干，邪魔不撓。存念善道，遠離惡道。往來出入，當呼今日日神姓名字，云：「某送我去來。」如是呼之，乃行其道。直日神與人同行神道，衆惡不干，能却百鬼〔一〕，不逢惡毒。又奏表上謁貴人，皆書符持懷中，三呼直日之神與我同行。入疾病家、死生家，置符於懷中。遇陰日右畔，陽日左邊。若入山林避

〔一〕「鬼」下，上清黄庭養神經有「千年萬歲」四字。

難者，三叩齒，直呼之神名字〔一〕，并呼甲申神，山中鬼魅狼虎之類盡皆迸走。若辟除惡神鬼者，書六甲六乙符持行，并呼甲寅神，鬼皆散走。若入軍陣辟兵，即書六丙六丁符，并呼其神姓名，仍呼甲午神名，兵刃不傷。若欲辟火者，書六壬六癸符，并呼其神，又呼甲子神姓名字，云：「與我同行。」即不被燒爇。若欲避水難者，書六戊六己符，并呼甲戌神，即免水溺。若縣官〔二〕口舌，書六庚六辛符，并呼其神姓名，又呼甲辰神，官符口舌，悉皆解散〔三〕。已上所言，書符帶之，祕之勿傳。假令甲子神姓王字文卿，王自是姓，文卿是字。至癸亥，他皆倣此。從神計八百七人，每日有一神當直。人能每日清旦三叩齒，誦直日之神名，云：「某君爲直日，與我俱行，使我所在，咸亨利貞。」又每日三叩齒，誦本命神〔四〕，須食之物，宜與本命神契〔五〕，尤加福壽。更能於本命日與本命神作大福利，吉慶尤甚。某乞左青龍孟章甲寅，右白虎監兵甲申，頭上朱雀陵光甲午，足下玄武執明甲子，月爲貴人入中

〔一〕「直呼之神名字」，上清黄庭養神經作「呼直日神」。
〔二〕「縣官」，上書作「官司」，下同。
〔三〕「官符口舌，悉皆解散」，上書作「口舌相向，悉皆和解」。
〔四〕此句下，上書有「所求如意，又每日所」八字。
〔五〕「契」，上書作「喫」。

央。右此一首，常密念之令熟。勿令出聲，不要佗人知。若有縣官，或有殃害之氣，軍陣險難之處，及入佗國未習水土，或遇疫病辰日，數數存念之。或入孝家，臨屍見喪，亦入門一步誦一遍，叩齒三下，當誦三遍，此我法也。來日平覺，便念四海神名。

東海神名阿明，西海神名祝良，南海神名巨乘，北海神名禺強。

四海大神辟百鬼，蕩凶災，急急如律令。

黄庭内景祕要六甲緣身經曰：若人卒得疾及癰瘇惡氣飛尸〔一〕百毒惡夢之屬，便閉氣闇〔二〕誦甲午至戊戌止，留氣在上斗中。上斗中者，在兩乳間也。閉氣闇誦甲午至戊戌十遍，然後吐氣。又誦甲子至戊辰止，留氣在下斗中。下斗中者，臍中也。亦闇誦十遍，然後吐氣以治，萬病悉能立愈〔三〕。

〔一〕「飛尸」，上清黄庭養神經作「非尸」。

〔二〕「闇」字原無，據上書及下文增。

〔三〕「萬病悉能立愈」六字原缺，據上書增。

天尊曰：人之生也〔一〕，建八尺之質，含萬有之軀，外有四支九竅，内有五藏六府，各有神主，精稟金火，氣諧水木。

五藏者，是五神之府，含生之器。神欲安，氣欲寬，導養之妙。火則躁而禮，金則勇而義，躁與勇，義與禮，陰陽之數也。長陰則殺，長陽則生，生殺之數也。故抑躁行禮義則生，長勇罷禮義則死。外行禮義，内安脾膽。導養之祕也，以忠孝爲先。不識其原，傷生之道；然知其本，靈祕之術。若能安其神，鍊其形，攝生得氣，歸正背僞，出其恍惚，入其玄妙，辨補寫之理，誕延育之方，可昇仙矣。子龜鏡焉，道在其中也。黄帝敬受靈訣，專精行之，未逾一紀，而神猷先鑒，行氣使心，精步逾玄，含靈契理，入水不溺，入火不焚，氣運於内，神應於外，豈非至真哉。謹具五藏玉軸圖於後〔二〕：

肺藏圖

〔一〕「天尊曰人之生也」七字原無，據上清黄庭五藏六府真人玉軸經增。

〔二〕以上九字，上書作「黄帝行是祕法，補六府陶鍊五精，吐故納新，真氣即徹，後託鑄鼎驪山，并仙去矣。五藏六府圖文」三十七字。

治肺當用呬，呬爲寫，吸爲補。夫肺者，兑之氣，金之精，其色白，其象如懸磬，其神如白狩〔一〕。肺主魄〔二〕，魄化爲玉童，長七寸，持杖往來於肺藏。其神多怒者，蓋發於肺藏也。欲安其魄而存其形者，則當收思斂欲，含仁育義，不怒其怒，不聲其聲，息其生則含〔三〕乎太和。肺合於大腸，上主於鼻。故人之肺有風，則鼻塞也。色枯者，肺乾也。人鼻痒者，肺有蟲也。人之多怖者，魄離於肺也。人之體生白點者，肺微也。人之多聲者，肺强也。人之不耐寒者，肺勞也。好食辛者，肺不足也。顔色鮮白者，肺無他惡也。人大腸鳴者，肺氣壅也。夫肺主商，肺有疾，當用呬。呬，肺之氣也。其氣義則瘳疾，久以安神。人有怨怒填塞胸臆者，則呬而洩之，蓋自然之理也。向若不呬，必致傷敗，獲呬而獲生乎！故病用呬耳。夫人無苦用呬者，不祥也。夫肺處七宫驚〔四〕門，主信，使人方正平直。習武先忠，則魄安形全也。且肺者，秋之用事。秋三月，天地氣明，肅殺萬物，雀臥雞起，用安至精。公

〔一〕「狩」，上清黄庭五藏六府真人玉軸經作「獸」。
〔二〕「主魄」，上書作「生」。
〔三〕「含」，上書作「合」。
〔四〕「驚」，上書作「京」。

施抑怒改息，兩相形長，秋之道也。逆之則傷肺。常以七月八月九月望旭旦，西面平坐，鳴天鼓七，飲玉漿三。然後瞑目，吸兑宫白氣入口吞之，以補呬之損。肺以正白之用，以致玉童餞，則神安思强，氣全兆體，百邪不能殃之，兵刃不能害之，延年益壽，名飛仙耳。蓋所謂補寫神氣、安息靈魄之所致哉！

心藏圖

治心當用呵，呵爲寫，吸爲補。夫心者，離之氣，火之精。其色赤，其象如蓮花，其神如朱雀。心主神，化爲玉女，身長八寸，持玉英出入於心府也。其神躁而無準，人之暴急者，蓋發於心藏也。欲安其神而全其形者，則全忠履孝，輔義安仁，止其風，静其急，息其熾，澄其神，而全其形，則合中和也。心合乎小腸，主其血脉，上〔一〕於舌。人之血壅者，心驚也。舌不知味者，心虧也。上智者心有七孔，中智五孔，下智三孔，明達者心有二孔，尋常者有一孔，愚癡者無孔也。多忘者，心神離也。好食苦者，心不足也。多悲者，心傷也。重應者，心亂也。面青黑者，心冰也。容色赤者，心無他惡也。夫心主徵，心有

〔一〕「上」字下，上清黄庭五藏六府真人玉軸經有「主」字。

疾，當用呵。呵者，心氣也。理其氣體，呵能静其心而和其神。所以人之心亂者則多呵，蓋天全之候也。人皆爲而不知哉！向若不呵，當致憤怒者也。故心疾用呵，除邪氣也。夫心處九宫驚門，主智〔二〕，使人樂善好施。恭孝以修仁，則心和而形全也。且夫心者，夏之用事也。天地氣交，萬物華結，亥寢丑起，無猒於養。英成實長，夏之德也。逆之則傷心。常以四月五月六月弦朔清旦，南面端坐，叩金梁九，漱玄泉三。静思想，吸離宫之赤氣入口三吞之，以補呵之損。植其靈府，開心穴，餌離火，濯玉女，神平體安，衆殃不害，金火不能傷，治神之靈也。

肝藏圖

治肝當用噓，噓爲寫，吸爲補。夫肝者，震之氣，水之精。其色青，其象如懸匏。肝主魂，其神如龍，化爲二玉女玉童，一青衣、一黄衣，各長七〔三〕寸，一負龍、一持玉漿，出入於肝藏也。其神好仁，人之行惠者，蓋發於肝也。欲安其魂而延其齡者，則當澤被芻棘，恩覃庶類，而後全其生，

〔二〕「智」，上清黄庭五藏六府真人玉軸經作「禮」。
〔三〕「七」，上書作「一」。

則合乎太清者也。肝合於膽〔一〕，上主於目，肝盛則目赤。又主於筋，肝虧則筋急。皮枯者，肝熱也。肌肉黑黯者，肝風也。好食醋味者，肝不足也。手足汗者，肝無他惡也。毛髮枯者，肝傷也。色青者，肝盛也。其氣仁也，故除毀痛。夫肝主角，故肝有疾者當用噓。噓者，肝之氣也。人之有傷痛者，則噓之以止痛，皆自然之驗也，豈不以爲靈哉！此之至理也。通玄之道。且肝之主春，春之用事，春三月，天地氣生，萬物花葉繁茂，人及芻萌，順陽之道也。逆之，傷肝也。傷之，則毛骨不榮也。常以正月二月三月寅時，東向平坐，叩齒三通，閉氣七息。吸震宮之青氣三呑之，補噓之損，以享青帝之祀，以致二童之饌。木精乘王，則肝歡寡憂，精之妙也。

脾藏圖

治脾當用呼，呼爲寫，吸爲補。夫脾者，坤之氣，土之精。其色黄，狀如覆盆。脾主意，其神如鳳。化爲玉女，長六寸，循環於脾藏也。其神多嫉妬，人之疾妬，蓋起於脾藏也。土無正形，故妬之無準也。婦人則妬劇者，乘陰氣也。欲安其神，則當去欲寡

〔一〕「膽」，上清黄庭五藏六府真人玉軸經作「膆」。

色，少思屏慮，長其土德，而後全其生也，脾〔一〕合乎太陰。脾連胃，上主於口，消穀之腑，如磨之轉，化生而入熟也。食不消者，脾不轉也，食堅硬之物，磨之不化也。人不欲食訖便卧，其脾則側，側則不轉。食堅物生食不化，則爲宿食之患也。故食不調則傷脾，脾藏不調則傷質，質神俱損，則傷人之速。故人之不欲食生硬堅澀之物，全人之道也。人不欲食，爲脾中有不化食也。多惑者，脾識不安也。多食者，脾虚也。食不下者，脾塞也。無顏色者，脾傷也。好食甘者，脾不足也。顏色鮮滑者，脾無他惡也。夫脾主於中宫土也。故脾之有疾當用呼，呼者能引脾疾。故人之中熱者，呼之以驅熱温之弊也。向若不呼，則熱氣擁於内，陰氣息於外，致憒悶之患，形何從而安哉！夫脾位寄於土宫，宫主義也。使人寛舒廣大，屈己濟人，以利不争者也。且脾之無正形，寄王四季，隨六氣助成萬物。脾育腸胃，義之道也。不以自專爲德，不以物競爲功，長坤之理，逆之則傷脾。常以四季月末十八日旭旦，正坐中宫，禁氣五息，鳴天鼓七。吸土宫之黄氣入口五吞之，補呼之損。飲玉醴以致神之和，以補於脾，以佐神氣。則入山不畏虎狼，登險不懼顛蹶者，行氣之精也。

腎藏圖

〔一〕「脾」，上清黄庭五藏六府真人玉軸經作「則」。

治腎當用吹，吹爲寫，吸爲補。夫腎者，陰之精，坎之氣。其色黑，其象如圓石，其神如白鹿兩頭。化爲玉童，長一尺，出入於腎藏。其神和也，人之柔順者，蓋發於腎藏也。欲安其神，則當仁德平廣，膏潤萬物，長其精，順其志，而後全其生形，則合乎太清者也。腎合於骨，上主於齒。齒痛者，腎傷也。又主於耳。人之骨痛者，腎虚也。耳不聞聲者，腎虧也。齒多楚者，腎虚也。齒黑䶜〔一〕者，腎風也。耳痛者，腎氣壅也。腰不伸者，腎冰也。色黄者，腎衰也。容色紫光者，腎無他惡也。骨鳴者，腎羸也。夫腎主羽，人之有疾，當用吹。吹者腎之氣，能瘳腎之疾。故人之積氣衝臆者，則强吹也。腎氣沉滯，吹徹則通。且腎者冬之用事，冬〔二〕三月，乾坤氣閉，萬物伏藏。戌寢寅起，與玄陰并。外陰内陽，以養骨齒，以治其神，逆之則傷腎。常以十月十一月十二月面北平坐，鳴金梁七，飲玉泉三。吸玄宫之黑氣入口九吞之。以補吹之損，以符呦鹿之詞，以致玉童之饌。益腎氣，神和體安，則羣祆莫害，可致長生之道矣。

〔一〕「䶜」，上清黄庭五藏六府真人玉軸經作「齡」，疑作「齰」，説文云「齹，齒差也」。

〔二〕「冬」字原無，據上書增。

膽藏圖

以前名五藏，加膽名六府。膽亦受水氣，與坎同道。膽有疾，當用嘻，嘻爲寫，吸爲補。圖形已附在肝藏。夫膽者，金之精，水之氣。其色青，其象如懸瓠，其神龜蛇。化爲玉童，長一尺，執其手，奔馳於膽。其神勇，人之勇決者，蓋發於膽藏也。欲安其神，當息忿寢争，與仁輔義，其後全生也。膽合於膀胱，上主於毛髮。毛髮枯者，膽損也。髮燥者，膽有風也。無懼者，膽洪大也。顏貌青光者，膽無他惡也。爪甲乾者，膽虧也。毛焦者，膽熱也。無事淚出者，膽勞也。好酸者，膽不足也。夫膽寄於坎宫，使人觀智慕善，屏〔一〕邪去佞絶姦，治方直也。且膽者生於金，金主於武，故多勇，且抑之大吉。夫膽乘陰之氣，秉金之精，故主於殺。殺則悲，故人之悲者，金生於水，目中墮淚也。夫心主火，膽主水，火主辛，水主苦，所以人有弊者，即言辛苦，故爲水火二氣相背，則火得水而煎，陰陽交争，水勝於火，故目淚出淚流也。苦而出，故曰淚。夫悲啼號泣，其聲稱苦者，爲淚出於膽，而以苦爲詞也。膽，水也，而主於陰。目，明也，而主於陽。陰從陽，故從目出。常以孟月，端居正北，思吸玄宫之黑氣入口九吞之，以補嘻之

〔一〕「屏」原作「併」，據上清黄庭五藏六府真人玉軸經改。

損，以食龜蛇之味，飲玉童之漿。然後神治體和，顛不能犯，邪莫之向，膽氣所致也。

岐伯曰：夫人之受天地之元氣生。氣之來也謂之精，精之媾也謂之靈，靈之變也謂之神，神之化也謂之魂，隨魂往來謂之識〔一〕，並精出入謂之魄，管主精魄謂之心，心有所從謂之情，情有所屬謂之意〔二〕，意有所指謂之志，志有所憶謂之思，思而遠慕謂之慮，慮而用事謂之智，智者乃識見者也。蓋精神、魂魄、意志、思慮、情智、見識之所用也。

抱朴子曰：一人之身，含天地之象〔三〕，具在身矣。則胸脇爲宫室，四支爲郊境，頭圓象天，足方象地，左目爲日，右目爲月，髪爲星辰，齒爲金玉，大腸爲江河，小腸爲川瀆，兩乳臍膝爲五嶽，肝腎脾肺心爲五行，故修道者常理之。若不修緝，必致毁敗。營衛不通，血氣不流，齒髪不堅，五藏不調，則傾化隨及。故至人修其未毁，治其無疾也。

〔一〕以上五句二十八字，黄帝内經靈樞本神作「故生之來謂之精，兩精相搏謂之神，隨神往來者謂之魂」。

〔二〕以上二句十四字，上書作「心有所憶謂之意」。

〔三〕「含天地之象」，抱朴子地真篇作「一國之象」，以下文字亦有不同。

雲笈七籤卷之十五

三洞經教部

經

黄帝陰符經敘

陰符自黄帝有之，蓋聖人體天用道之機也。經曰：「得機者〔一〕萬變而愈盛，以至於王；失機者萬變而愈衰，以至於亡。」厥後伊呂得其末分，猶足以拯生靈，況聖人乎！其文簡，其義玄。凡有先聖數家注解，互相隱顯，後學難精。雖有所主者，若登天無階耳。近代李筌假託妖巫，妄爲注述，徒參人事，殊紊至源。不慙窺管之微，輒呈酌海之見。使小人竊窺，自謂得天機也。悲哉！臣固愚昧，嘗謂不然，朝願聞道，夕死無悔。偶於道經藏中，得陰符傳，不知何代人製也。詞理玄邈，如契自然。臣遂編之，附而入注。冀將來之君子，不失道旨。

〔一〕「經曰得機者」，本卷下文「天人合德，萬變定基」註文作「傳曰……有德者」，其下「失機者」作「無德者」。

黄帝陰符經張果註解

經曰：觀天之道，執天之行，盡矣。

觀自然之道，無所觀也。不觀之以目，而觀之以心。心深微而無所不見，故能照自然之性。性惟深微而能照，其斯謂之〔一〕陰。執自然之行，無所執也。故不執之以手，而執之以機。機變通而無所繫，故能契自然之理。夫惟變通而能契，斯謂之符。照之以心，契之以機，而陰符之義盡矣。李筌以陰爲暗，符爲合，以此文爲序首，何昧之至也。

故天有五賊，見之者昌。

五賊者，命、物、時、功、神也。傳曰：聖人之理，圖大而不顧其細，體瑜而不掩其瑕。故居夷則遵〔二〕道布德以化之，履險則用權發機以拯之。務在匡天地，謀在濟人倫。於是用大義除天下之害，用大仁興天下之利，用至正措天下之枉，用至公平天下之私。

〔一〕「謂之」，道藏本張果黄帝陰符經注（下稱道藏本）、輯要本張果黄帝陰符經注（下稱輯要本）作「之謂」，下同。

〔二〕「遵」，上二本作「導」。

故反經合道之謀，其名有五。聖人禪之，乃謂之賊；天下賴之，則謂之德。故賊天之命，人知其天而不知其賊，黄帝所以代炎帝也。賊天之物，人知其天而不知其賊，帝堯所以代帝摯也。賊天之時，人知其天而不知其賊，帝舜所以代帝堯也。賊天之功，人知其天而不知其賊，大禹所以代帝舜也。賊天之神，人知其天而不知其賊，殷湯所以革夏命也，周武所以革殷命也。故見之者昌，自然而昌也。太公以賊命爲用味，以取其喻也。李筌不悟，以黄帝賊少女之命白日上騰爲非也。

五賊在乎心，施行在乎天，宇宙在乎手，萬化生乎身。

傳曰：其立德明，其用機妙，發之於内，見之於外而已矣。豈稱兵革以作寇亂哉！見其機而執之，雖宇宙之大，不離乎掌握，況其小者乎！知其神而體之，雖萬物之衆，不能出其胸臆，況其寡者乎！自然造化之力，而我有之，不亦盛乎！不亦大乎！李筌等以五賊爲五味，順之可以神仙不死，誣道之甚也。

天性人也，人心機也。立天之道，以定人也。

傳曰：人謂天性，機謂人心。人性本自玄合，故聖人能體五賊也。

天發殺機，龍蛇起陸。人發殺機，天地反覆。

傳曰：天機張而不生，天機弛而不死。天有弛張，用有否臧。張則殺威行，弛則殺威亡。人之機亦然。天以氣爲威，人以德爲機。秋冬陰氣嚴凝，天之張殺機也，故龍蛇畏而蟄伏。冬謝春來，陰退陽長，天之弛殺機也，故龍蛇悦而振起。天有寒暄，德亦有寒暄。德刑整肅，君之張殺機也，故臣〔一〕下畏而服從。德失刑偏，君之弛殺機也，故姦雄悦而馳騁。位有尊卑，象乎天地。故曰：「天發殺機，龍蛇起陸」，寇亂所由作。「人發殺機，天地反覆」，尊卑由是革也。太公諸葛亮等以殺人過萬，大風暴起，晝若暝，以爲天地反覆，其失甚矣。

天人合德〔二〕，萬變定基。

傳曰：天以禍福之機運於上，君以利害之機動於下。故有德者萬變而愈盛，以至於王；無德者萬化而愈衰，以至於亡。故曰：「天人合德，萬變定基。」自然而然也〔三〕。

性有巧拙，可以伏藏。

〔一〕「臣」原作「以」，據道藏本、輯要本改。
〔二〕「德」，上二本作「發」。
〔三〕「故曰」至「自然而然也」，上二本作「萬變定基，自然而定」。

傳曰：聖人之性，巧於用智，拙於用力〔一〕。居窮行險，則謀道以濟之；對强與明，則伏〔二〕義以退避之。理國必以是，用師亦以是。

九竅之邪，在乎三要，可以動静。

傳曰：九竅之用，三要爲機。三要者，機、情、性也。機之則無不安，情之則無不邪，性之則無不正。故聖人動以伏其情，静以常其性，樂以定其機。小人反此，故下文云：太公以〔三〕三要爲耳目口，李筌爲心神志〔四〕，皆忘機也。俱失陰符之正意〔五〕。

火生於木，禍發必尅。姦生於國，時動必潰。知之修鍊，謂之聖人。

傳曰：夫木性静，動而生火，不覺火盛，而焚其質。由人之性静，動而生姦，不覺姦成，而亂其國。夫明者見彼之隙以設其機，智者知彼之病以圖其利，則天下之人，彼愚而我聖。是以生者自謂得其生，死者自謂得其死。無爲無不爲，得道之理也。天生天

〔一〕以上五字，道藏本、輯要本無。

〔二〕「伏」，上二本作「行」。

〔三〕「以」原作「爲」，據道藏本改。

〔四〕「志」，道藏本作「息」。

〔五〕以上三十字，輯要本作「故下文云：君子得之固躬，小人得之輕命」。

殺，道之理也〔一〕。

天地，萬物之盜；萬物，人之盜；人，萬物之盜。三盜既宜，三才既安。

傳曰：天地以陰陽之氣化爲萬物，萬物不知其盜；萬物以美惡之味饗人，人不知其盜；人以利害之謨制萬物，萬物不知其盜。三盜玄合於人心，三才靜順於天理。有若時然後食，終身無不愈；機然後動，庶類無不安。食不得其時，動不得其機，殆至滅亡。

故曰：食其時，百骸治；動其機，萬化安。人知其神而神，不知其神〔二〕所以神也。

傳曰：時人不知其盜之爲盜，只謂神之能神。鬼谷子曰：彼此不覺謂之神，蓋用微之功著矣。李筌不知此文意通三盜，别以聖人愚人爲喻，何甚謬也。

日月有數，大小有定，聖功生焉，神明出焉。

傳曰：日月有准，運數也；大小有定，君臣也。觀天之時，察人之事，執人之機，如是

〔一〕「天生天殺，道之理也」，道藏本、輯要本作正文。

〔二〕「神」，上二本作「不神」。

則聖得以功，神得以明。心冥〔一〕理合，安之善也。筌以度數爲日月，以餘分爲大小，以神氣能生聖功神明，錯謬之甚也。

其盜機也，天下莫能見莫能知也。君子得之固躬〔二〕，小人得之輕命。

傳曰：其盜微而動，所施甚明博，所行極玄妙。君子用之，達則兼濟天下，太公其人也。窮則獨善一身，夫子其人也。豈非擇利之能審乎！小人用之，則惑名而〔三〕失其身，大夫種之謂歟！得利而亡義，李斯之謂歟！豈非信道之不篤焉。

瞽者善聽，聾者善視。絶利一源，用師十倍。三返晝夜，用師萬倍。

傳曰：瞽者善於聽，忘色審聲，所以致其聰。聾者善於視，遺耳專目，所以致其明。故能十衆之功。一晝之中，三而行之，所以至也。一夜之中，三而思之，所以精也。故能用萬衆之人。李筌不知師是衆，以爲兵師，誤也。

心生於物死於物，機在於目。

〔一〕「冥」，道藏本、輯要本作「宜」。

〔二〕「躬」，輯要本雲笈七籤作「窮」。

〔三〕「惑名而」三字，道藏本、輯要本無。

傳曰：心有愛惡之情，物有否臧之用。目視而察之於外，心應而度之於内，善則從而行之，否則違而止之，所以勸善而懲惡也。筌以項羽昧〔一〕機，心生於物；以苻堅見機，心死於物。殊不知有否臧之用。

天之無恩，而大恩生。迅雷烈風，莫不蠢然。

傳曰：天以凶象咎徵見人，人能儆戒以修德；地以迅雷烈風動人，人能恐懼以致福；其無恩而生大恩之謂也。李筌以天地不仁爲大恩，以萬物歸於天爲蠢然，與陰符本意殊背。

至樂性餘，至静性廉。

傳曰：情未發謂之中，守中謂之常，則樂得其志而性有餘矣。性安常謂之自足，則静得其志而廉常足矣。筌以奢爲樂性，以廉爲静，殊乖至道之意。

天之至私，用之至公。

傳曰：自然之理，微而不可知，私之至也。自然之功，明而不可違，公之至也。聖人體

〔一〕「昧」，道藏本、輯要本作「目」。

之亦然。筌引孫子云：「視卒如愛子，故可與〔一〕之俱死。」何也？

擒之制在氣。

傳曰：擒物以氣，制之以機，豈用小大之力乎？太公曰：豈以小大而相制哉。筌不知擒義〔二〕，誤以禽獸注解。引云：玄龜食蛇、黄腰啖虎之類爲是。悲哉！

生者死之根，死者生之根。恩生於害，害生於恩。

生者〔三〕，人之所愛。以其〔四〕厚於身太過，則道喪而死自來矣。死者，人之所惡，以其損〔五〕於事至明，則道存而生自固矣。福理所及謂之恩，禍亂所及謂之害，損己則爲物之所益，害之生恩也。筌引孫子用兵爲生死，丁公管仲爲恩害，異哉！

愚人以天地文理聖，我以時物文理哲。人以虞愚，我以不虞聖〔六〕。人以期其聖，我以不期

〔一〕「故可與」原作「可以」，據孫子地形篇改。

〔二〕「筌不知擒義」下原有「之」字，據道藏本删，輯要本無此句，輯要本雲笈七籤作「筌不知擒之義」。

〔三〕「生者」上疑脱「傳曰」二字。

〔四〕「以其」二字，道藏本、輯要本無。

〔五〕「以其損」三字，道藏本無，輯要本作「審」。

〔六〕以上二句，輯要本作「人以愚虞聖，我以不愚虞聖」。「不虞」，道藏本作「不愚」。

其聖。

傳曰：觀天之運四時，察地之化萬物，無所不知，而蔽之以無知。小恩於人，以蒙自養之謂也。知四時之行，知萬物之生，皆自然也。故聖人於我，以中自居之謂也。故曰死生在我而已矣！人之死亡，譬如沈水自溺，投火自焚，自取滅亡。理國以道，在於損其事而已。理軍以權，在於亡其兵而已。故無死機則不死矣，鬼神其如我何！聖人修身以安其家，理國以平天下，在乎立生機以自去其死，性者生之機也；除死機以取其生，情者死之機也。筌不瞭天道以愚人聖人體道，愚昧之人而驗天道，失之甚也。

故曰沈水入火，自取滅亡。

注在上矣。

自然之道靜，故天地萬物生。

傳曰：自然之道，無爲而無不爲，動靜皆得其性，靜之至也。靜故能立天地、生萬物，自然而然也。伊尹曰：靜之至，不知所以生也。

天地之道浸，故陰陽勝。

傳曰：浸，微也。天地之道，體著而用微，變通莫不歸於正，微之漸也。微漸故能分陰陽，成四時，至剛至順之謂也〔一〕。

陰陽相推，而變化順矣。

傳曰：聖人變化，順陰陽之機。天地之位自然，故因自然而冥之，利自然而用之，莫不得自然之道也。

是故聖人知自然之道不可違，因而制之。

注在上文。

至静之道，律曆所不能契。

傳曰：道之至静也，律曆因而制之，不能叶其中，鳥獸〔二〕之謂也。

爰有奇器，是生萬象，八卦甲子，神機鬼藏。

傳曰：八卦變異之伎，從是而生。上則萬象，下則萬機。用八卦而體天，用九疇而法地。參之以氣候，貫之以甲子，達之以神機，閉之以詭藏，奇譎之蕩自然也。

陰陽相勝之術，昭昭乎進乎象矣。

〔一〕「至剛至順之謂也」，道藏本、輯要本作「之至順也」。

〔二〕「獸」下，上二本有「居」字。

傳曰：陰陽相勝之術恒〔一〕微，而不違乎本明之信，可明，故能通乎精曜象矣。

天機經解陰符也〔二〕

敘曰：有機而無其人者敗，有其人而無其道者敗。故易曰：「即鹿無虞，惟入于林中，君子幾不如舍，往吝。」故聖人觀其時而用其符，應其機而制其事。故能運生殺於掌內，成功業於天下者也。易曰：「君子藏器於身，待時而動。」是以聖人保之於靈臺，以觀機變。卷之則自勝，舒之則勝人。察之則無形，用之則不極。易曰：「陰陽不測之謂神。」而陰符象之矣。故聖人不測之符，陶均天下而無所歸怨矣。夫天爲地主，道爲德君，故聖人奉地而法天，立德而行道，舉天道而爲經首，明地以奉之。易曰：「乃順承天」，「待時而動」。是故聖人將欲施爲，必先觀天道之盈虛，後執而行之。舉事應機，則無遺策。易曰：「後天而奉天時。」

昌

〔一〕「恒」，道藏本、輯要本作「坦」。
〔二〕「解陰符也」四字，道藏本無。

夫聖人法地而奉天，立德而行道，居天地道德之間，建莫大之功者，未有不因五賊而成也。五賊者：其一賊命，其二賊物，其三賊時，其四賊功，其五賊神。皇帝王霸，權變之道也，是以聖人觀其機而應之，度其時而用之。故太公立霸典而滅殷朝，行王風而理周室，豈不隨時應機，驅馳五賊者也。故聖人立本於皇王之中，應機於權霸之内，經邦治身，五賊者備矣，則天下望風而從之，竭其性命而無所歸其恩怨也。乃謂之曰：有道之盜，無形之兵。嗚呼！寇莫大焉。五賊在心，擒縱在手，治身佐世，莫尚於斯。經云：「見之者昌。」不亦宜乎。

身

術曰：夫人心，身之主，魂之宫，魄之府。將欲施行五賊者，莫尚乎心。事有所圖，必合天道。此則宇宙雖廣，覽之只在於掌中；萬物雖多，生殺不離於術内。則明天地不足貴以遠以厚，而況耳目之前乎。

機

夫殺機者，兩朝終始之萌，萬人生死之兆，處雲雷未泰之日，玄黄流血之時。故天之爲變也，則龍出于田，蛇游乎路，此爲交戰之機，故曰「龍蛇起陸」。人之爲變也，則春行秋令，賞逆罰忠，此爲顛墮之機，故曰「天地反覆」。天人之機，同時而發，雖千變萬化，成敗之機定矣！

藏

夫仁者必有勇，勇者不必有仁。智者能愚，愚者不必能智。故聖人時通則見其巧而建其功，時否則見其拙而昧其跡。故孔明序曰：「太公八十，非不遇也，蓋審其主焉。」嗚呼！性命巧拙之時，識達行藏之勢，可以觀變察機，運用五賊。所以然者，夫聖人所以深衷遠照，動不失機，觀天料人，應時而作。故易曰：「知進退存亡，而不失其正者，其惟聖人乎！」

静

夫九竅者，在天爲九星，在地爲九州，在人爲九竅。九竅之氣不正，故曰受邪。受邪則識用偏，識用偏則不可發機觀變。故「九竅之急〔一〕，在乎三要」。太公曰：「耳目口也。」夫耳目口者，心之佐助也，神之門户也，智之樞機也，人之禍福也。故耳無聰不能別其音，目無明不能見其機，口無度不能施其令。夫三要不精，上不能治國，下不能治家，況兵者乎！懸人之性命，爲國之存亡，静動之間，不得無事，豈可輕而用之。

人

〔一〕「急」，陰符經作「邪」。

夫火生於木，火發而木焚。姦生於國〔一〕，姦深則國亂。亦猶蠹能作蠹，蠹成則殺其身。人能生事，事煩則害其命。非至聖不能修身鍊行，防之於未萌，治之於未亂。夫十圍之木，起於拱把；百仞之臺，起於足下。治小惡不懼，必成大禍。嗚呼！木不相摩，火無由出；國無亂政，姦無由生。有始有終，是非不動，能知之其惟聖人乎！

安

萬物盜天地之精以生成，人盜萬物之形以御用，萬物盜人之力以種植，彼此相盜，各獲其宜，俱不知爲萬物化。故能用機者法此三事，以道之盜而賊於物，物亦知爲盜之道。所以然者，貴得其時也，貴得其機也。故曰：合其時而食，則百骸治；應其機而動，則萬化安。乖時失機，則禍亂生也。

神

老君曰：「功成不有」，「爲而不恃」。此全生立德之本也。夫小人者，貪其財則以身徇利，愛其名則以力爭功，矜衒神跡而求神名，物共嫉之，必喪其命。欲益招損，是不神矣！夫君子建大功而不恃，防小禍於未萌，退己進人，推能讓物，物共戴之，故不奪其利。自發

〔一〕「姦生於國」原作「國生於姦」，據陰符經改。

神智，不能争物，物共讓之，不居其後。爲損招益，是以至神矣！故老君曰：「爲者敗之，執者失之。」誠哉言也。

聖

假如千年一聖，五百年一賢，應日月之數所生，而大小之人定矣。夫大人出世，應明德而建聖功；小人當時，則廢正綱而生禍亂。故太公說於西伯，知人望而已歸周；劉琨表於琅琊，識天時而未離晉；陵母自死，知明主之必興；括母不誅，見趙軍之必敗。故天道人事，賢者可以預知。佐非其人，夷於九族。故易曰：「長子帥師」，「開國成〔一〕家，小人勿用」，必亂邦也。

命

夫成敗之道未形，死生之機未發，小人能見，君子能知，則易見而難知，見近而知遠也。夫見機者則趨時而就利，皆不保其天年；知機者則原始而要終，固必全其性命。

倍

瞽者善聽，神不離於耳；聾者善視，心不離於目。其爲聽也，神則專耳；其爲視也，心

〔一〕「成」，易經師卦作「承」。

則專目。耳之與目，遞爲用師，當用之時，利絶其一。心之所主，則無事不精，猶有十倍之利，何況反覆以此用之三思，精誠一計，順時隱顯，應機行藏。以此用師，固萬倍之勝利。

物

夫人之心，無故不動。生之與死，緣物而然。物動則心生，物靜則心死。生死之狀，其惟物乎！

目

目者神之門，神者心之主。神之出入，莫不游乎目。故見機者莫不尚乎目，能知機者莫不尚乎心。

蠢然

夫道不爲萬物而生春，萬物感春氣而自生。秋不爲萬物而殺，萬物感秋氣而自殺。其爲生也，不恃其恩，不求其報，故其恩大矣。其爲殺也，不恃其威，不求其懼，其威大矣。凡物取而得之者小，不取而得之者大，故聖人不取。夫君王有道無道，則人民治亂之機；謌謡或樂或哀，則時年豐儉之兆。時人不能省察，天地乃降徵祥。或五雲騰起，七曜變行，皆因國風，是以然矣。且宋君失德，熒惑守心。及乎謝愆，退之三舍。用今儔古，皎在目前；以彼喻斯，豈勞心術。故智者悟於人事之初，而愚者晦於星象之後矣。

生

老君以無爲有母，静爲躁君。夫静者，元氣未分之初，形於元氣之中，故能生天地萬物。亦猶人弘静，其心不撓，則能生天下萬物也。

勝

勝，浸長也。天地之道，各自浸長。天則長陽也，地則長陰也。陰陽相招，一晝一夜，遞爲君臣，更相制勝，故曰「陰陽相勝」。夫開國用師，必侵天道，亦猶金火相交，而非交不伏也。天且弗違，而況於人乎！

順

易曰：剛柔相摩〔一〕而生變化。變化不慝，故曰順也。夫人之育身治性，尚不可逆時爲之，而況經邦佐世之雄哉！

契

至聖之道，窈然無爲。無爲則無機，無機則至静。夫律曆之妙，動則能知。體既虚無，莫得施其管術。亦猶兵者不失其機，不露其釁，雖有智士，從何制焉！

〔一〕「摩」，易繫辭上作「推」。

象

奇器者，陰陽之故，能生萬物，亦猶人心能造萬事象矣。「進」，前象狀也，八卦六甲鬼神機密之事，剛柔相制之術，昭昭乎前列其狀矣！

雲笈七籤卷之十六

三洞經教部

經

靈寶洞玄〔一〕自然九天生神章經一名三寶大有金書

天寶君者，則大洞之尊神，天寶丈人則天寶君之祖氣也。丈人是混洞太無元高上玉皇之氣，九萬九千九百九十億萬氣後，至龍漢元年，化生天寶君，出書時號高上大有玉清宮。靈寶君者，則洞玄之尊神，靈寶丈人則靈寶君之祖氣也。丈人是赤混太無元玄上紫虛〔二〕之氣，九萬九千九百九十九萬氣後，至龍漢開圖，化生靈寶君。經一劫，至赤明元

〔一〕「靈寶洞玄」，道藏本洞玄靈寶自然九天生神章經作「洞玄靈寶」。

〔二〕「元玄上紫虛」五字原空，據洞玄靈寶自然九天生神章經（下稱生神章經）補，輯要本靈寶洞玄自然九天生神章經作「元無上玉虛」，洞玄靈寶自然九天生神章經解義（下稱解義）作「元玄上玉虛」。

年，出書度人，時號上清玄都玉京七寶紫微宫。

神寶君者，即洞神之尊神，神寶丈人則神寶君之祖氣也。丈人是冥寂玄通元無上玉虚〔一〕之氣，九萬九千九百九十萬氣後，至赤明元年，化生神寶君。經二劫，至上皇元年，出書時號三皇洞神太清太極宫。

此三號雖年殊號異，本同一也，分爲玄元始三氣而治。三寶皆三氣之尊神，號生三氣，三號合生九氣。九氣出乎太空之先，隱乎空洞之中，無光無像，無形無名，無色無緒，無音無聲。導運御世，開闢玄通。三色混沌，乍存乍亡。運推數極，三氣開光。氣清高澄，積陽成天；氣結凝滓，積滯成地。九氣列正，日月星宿，陰陽五行，人民品物，並受生成。天地萬化，自非三元所育，九氣所導，莫能生也。三氣爲萬物之根，故三合成德，天地之極也。人之受生於胞胎之中，三元育養，九氣結形。故九月神布，氣滿能聲，聲尚神具〔二〕，九天稱慶。太一執符，帝君品命，主籙勒籍，司命定筭，五帝監生，聖母衞房，天神地祇，三界備守。九天司馬在庭，東向讀九天生神寶章九過。男則萬神唱恭，女則萬神唱奉，男則司命敬諾，

〔一〕「玉虚」，生神章經及洞玄靈寶自然九天生神玉章經解（下稱經解）均作「清虚」。
〔二〕「聲尚神具」，本書卷二九引生神章經作「十月神具」。

女則司命敬順，於是而生。九天司馬不下命章，萬神不唱恭諾，終不生也。夫人得還生於人道，濯形太陽，驚天駭地，貴亦難勝，天真地神，三界齊臨，亦不輕也。當生之時，亦不爲陋也。所以能愛其形，保其神，貴其氣，固其根，終不死壞，而得神仙，骨肉同飛，上登三清，是與三氣合德，九氣齊并也。但人得生，而自不能尊其氣，貴其形，寶其命，愛其神，自取死壞，離其本真耳。

九天生神章乃三洞飛玄之氣，三合成音，結成靈文，混合百神，隱韻内名，生氣結形，自然之章。天寶誦之以開天地之光，靈寶誦之以開九幽長夜之魂，神寶誦之以制萬靈，太一誦之以具身神，帝君誦之以結形，九天誦之以生人，學士誦之以昇天，鬼靈聞之以昇遷，凡夫聞之以長存，幽魂聞之以開度，枯朽聞之以發煙，嬰孩聞之以能言，死骸聞之以還人。三寶神奥，萬品生根，故非鬼神所知，凡夫所聞也。夫學上道，希慕神仙，及得尸解，滅度轉輪，終歸仙道，形與神同，不相遠離，俱入道真。而無此文，則胞胎結滯，死氣固根，真景不守，生氣無津，九户閡塞，體不生神，徒受一形，若寄氣而行。學得此法，可坐致自然。三寶尊重，九天至真，祕之大有九重金格紫陽玉臺，自非天地一開，其文不出。元始禁書，非鬼神所聞。竊之者風刀萬劫，魂死無生。依科奉法〔一〕，形神同仙。三元宮中，宿有金名，紫字刻書，來生應爲三清神仙之人，當得此文。有其緣會，當齎金寶，奉師效心，依科盟受，閉心奉行，慎勿輕泄，風刀考身。

修行之法，千日長齋，不關人事，諸塵漏盡，夷心默念，清心〔二〕執戒，入室東向，叩齒九通，調聲正氣，誦詠寶章。誦之一過，聲聞九天；誦之二過，天地設恭；誦之三過，三界禮房；誦之四過，天王降仙；誦之五過，五帝朝真；誦之六過，魔王束身；誦之七過，星宿停關；誦之八過，幽夜光明；誦之九過，諸天下臨，一切神靈，莫不衛軒。一過徹天，胞原宣通；二過響地，胎結解根；三過神禮，魂門練仙；四過天王降仙，魄户閉關；五過五帝朝真，藏府清涼；六過魔王伏諾，胃管生津；七過星宿朗明，孔竅開聰〔三〕；八過幽夜顯光，三部八景，整具形神；九過諸天下臨，三關五藏，六府九宮，金樓玉室，十二重門，紫户玉閤，三萬六千關節，根原本始，一時生神。九徧爲一過，一過周竟，三界舉名，五帝友別，

〔一〕「奉法」，生神章經、解義、經解均作「遵奉」。
〔二〕「心」，上三書作「香」。
〔三〕「聰」，生神章經作「聽」。

稱爲真人。十過通氣，制御萬靈，魔王保舉，列上諸天。百過通神，坐致自然，太一度符，元君受生。千過通靈，坐在立亡，仙童玉女，役使東西。萬過道備，馳騁龍駕，白日登晨。

元始天尊時静處閑居，偃息雲宫黄房之内七寶幃中，熙夷養素，空碧鍊真，眈咀洞恵，俯研生神，理微太混，嘯朗九天。是時飛天大聖無極神王、玉輔上宰、四協侍晨，清齋建節，侍在側焉。憑瓊顔而妙感，仰靈眸而開衿，竊神章而踴躍，餐天音而蒙生，敢乘機而悟會，冒靈盼而披心。於是飛天大聖無極神王前進作禮，稽首而言，上白天尊：「賤臣幸會，得仰侍靈軒，不以短狹，叨濯冥津，重悟凝玄，位登神王，總御生死，領括天仙，賞監七覺，遠覽遐方，雍觀上宰，對司侍晨。方當乘機應會，履九太陽，洞理陰符，撫掌兆民。大運將期，數終甲申，洪流蕩穢，凶災彌天，三官鼓筆，料别種人，考筭功過，善惡當分。自赤明以來，至上皇元年，依元陽玉匱，受度者應二十四萬人。開皇以後，數至甲申，諸天選叙，仙曹空廢，官僚不充，遊散職司，皆應選人。依元陽玉曆，當於三代更料，有心積善建功，爲三界所舉，五帝所保，名在上天者，取十萬人以充其任，又當别舉一十二萬人以充儲官。如此之例：或以宿名玄圖；或骨像合仙；或以滅度，因緣轉輪；或以篤好三寶，善功徹天；或供養師寶〔一〕，爲三官所稱；或修齋奉戒，功德積感；或施散財寶，建立道堂；或救卹窮乏，載度天人；或爲三師建功充足，天官有名。考筭簿録，三官相應，皆逆注種名，上下有别，毫分無遺。又九幽之府，被東華青宫九龍符命，使拔九幽玉匱男女死魂，宿名有善，功德滿足，應受開度者，取三十二萬人，以充甲申驅除之後，開大有之民。當此之時，生死交會，善惡分判，得過者真爲樂哉！然三官相切，文墨紛紜，龍門受會，鳥母督仙，萬聖顯駕，晝夜無閑，功過平等，使生死無偏，此之昏鬧，亦臣之憂矣！大期既切，觸事闕替，恒恐一旦，受罹公門。伏聞天尊造大慈之化，垂憐蒼生；開九天之奥，以濟兆民。明科有禁戒，非賤臣所可參聞。然大數有期，甲申垂終，運度促急，大法宜行。使有心者得於考筭之中，聞於法音，開示於視聽，勸化於未悟者也。緣兹上陳，懼觸天顔，願見哀愍，賜所未聞。」

於是天尊撫机高亢，凝神遐想，仰誦洞章，嘯詠琳琅。良久，忽然歎曰：「上範虚漠，理微太幽，道達重玄，氣冠神霄，至極難言，妙亦難超。子既司帝位，受任神王，飛天翼於瓊闕，四宰輔於明輪，遐盼極覽，領綜無窮，雍和萬化，撫料蒼生。今大運啓期，三五告辰。百六應機，陽九激揚，洪泉鼓波，萬災厲天。四宫選舉，以充種民。三代昏亂，善惡宜分，子當

〔一〕「師寶」，生神章經作「三寶」。

勞心兆庶，疲於三官。興廢之際，事須開能，今以相委，其勉之焉！寶書妙重，九天靈音，施於上聖，非鬼神所聞。明真有格，四萬劫一行，今冒禁相付，子祕之矣，慎勿輕傳。」登命九天司馬、侍仙玉郎，開紫陽玉笈雲錦之囊，出九天生神玉章，四輔別位，五老監真，太一命辰，玉帝唱盟，一依俯仰明真具典，南向長跪，以付飛天無極神王。法事既畢，諸天復位。

天尊重告飛天神王：「此九天之章，乃三洞飛玄之氣，三會成音，結成真文，混合百神，隱韻内名。故太一試觀，攝生十方，領會洞虛，啓誓丹青。自無億劫因緣，宿名帝圖，不得參見。得眄篇目，九祖同仙。當採擇其人應爲仙者，七百年中，清齋千日，賫金繒誓心，依盟以傳。愼之則享祚，漏之則禍臻。享祚則福延九祖，德重山海；招禍則考流億劫，痛於毒湯，風刀相刑，可不愼之焉！」

鬱單無量天生神章第一

帝真胞命元元一黄演之氣

混合空洞氣，飛爽浮幽寥。延康無期劫，眇眇離本條。苦魂沈九夜，乘晨希陽翹。大有通玄户，鬱單降晨霄。黄雲凝靈府，陰陽氣象交。胞元結長命，惡根應化消。桃康合精延，二帝秀玉飄。灌溉胞命門，精練神不凋。九天命靈章，生神神自超。元君遏死路，司馬誦洞謡。一唱萬真和，九徧諸天朝。稽首恭劫年，慶此榮舊苗。

上上禪善無量壽天生神章第二

帝真胎命元洞冥紫户之氣

無量結紫户，氣尊天中王。開度飛玄爽，凝化輪空洞。故根離昔愛，緣本思舊宗。幽夜淪遐劫，對盡大運通。帝真始明精，號曰字元陽。嬰兒史伯華〔一〕，結胎守黄房。斬根斷死户，熙頤養嬰童。禪善導靈氣，玄哺飛天芳。華景秀玉質，精練自成容。務玄育尚生，羅列備明堂。太虚感靈會，命我生神章。一唱動九玄，二誦天地通。混合自相和，九徧成人功。大聖慶元吉，散華禮太空。諸天並歡悦，一切稽首恭。

梵監須延天生神章第三

帝真魂命元長靈明仙之氣

須延總三雲，玄元始氣分。落落大範布，華京翠玉尊。明梵飛玄景，開度長夜魂。遊爽赴期歸，氣氣反故根。太帝號陽堂，字曰八靈君。九關禄迴道〔二〕，胎氣生上元。陵梵度命籍，太一輔精延。泥丸敷帝度，三部八景分。魂生攝遊氣，九轉自成仙。琅琅九天音，玉

〔一〕「史伯華」，生神章經作「伯史華」，解義作「伯史原」。

〔二〕「禄迴道」原作「迴禄道」，據生神章經、解義及經解改。

章生萬神。三遍列正位，氣絫八辰門。玄關遏死户，靈鎮津液源。應會感靈數，明道潛迴輪。慶此嬰兒蜕，稽首讚洞文。

寂然兜術天生神章第四

帝真魄命元碭尸冥演由之氣

寂然無色宗，兜術抗大羅。靈化四景分，萬條翠朱霞。遊魄不顧反，一逝洞羣魔。神公攝遊氣，飄飄練素華。榮秀椿劫期，乘運應靈圖。空洞生神章，瓊音逸九霞。一唱萬真會，鶱爽合成家。九轉景靈備，鬱鬱曜玉葩。兜術開大有，一慶享祚多。上聖迴帝駕，嬰兒欻以歌。不勝良晨會，一切稽首和。

波羅尼密不驕樂天生神章第五

帝真藏府命元五仙中靈之氣

䬙䬙五帝駕，飄飄玄上門。遊步黄華野，迴靈驕樂端。採集飛空景，舊爽多不存。太微迴黄旗，無英命靈旛。攝召長夜府，開度受生魂。公子輔黄寧，總録具形神。玉章洞幽靈，五轉天地分。氣鍊元藏府，紫户自生仙。數周衆真會，啓陽應感繁。玉女灌五香，聖母慶萬年。三界並歡樂，稽首禮天尊。

洞元化應聲天生神章第六

帝真靈府命元高真沖融之氣

應聲無色界，霄映冠十方。迴化輪無影，冥期趣道場。靈駕不待轡，朗然生神章。空洞諒無崖，玄爽亦爲彊。練胎反本初，長乘飛玄梁。蘄畜喪天真，散思候履常。斬伐胞樹滯，心遊超上京。願會既玄玄，悟我理兼忘。界福九天端，交禮地辰良。混化歸元一，高結元始王〔一〕。稽首儔靈運，長謝囂塵張。

靈化梵輔天〔二〕生神章第七

帝真元府命元高仙洞笈之氣

玄會統無崖，混氣歸梵輔。務猷運靈化，潛推無寒暑。乘數構真〔三〕條，振袂拂輕羽。瓊房有妙韻，汎登高神所。圓輪無停映，真仙森列序。上上霄衢邈，洞元深萬巨。秀葉翳翠霞，停蔭清泠渚。遨翫怡五神，繁想嘯明侶。五難緣理去，沖心自怡處。爽魂隨本根，亹亹空中處。七誦重關開，豁滯非神武。運通由中發，高唱稽首舉。

〔一〕「王」原作「玉」，據生神章經、解義、經解改。
〔二〕「天」原作「大」，據上三書改。
〔三〕「構真」，上三書作「搆貞」。

高虛清明天生神章第八

帝真華府命元真靈化凝之氣

清明重霄上，合期慶雲際。玉章散沖心，孤景要靈會。煥落景霞布，神矜靡不邁。玉條流逸響，從容虛妙話。靈音振空洞，九玄離幽裔。感爽無凝滯，去留如解帶。明識生神章，高遊無終敗。玄景曜雲衢，跡超神方外。應感無方圓，聊以運四大。研心稽首誦，衆聖共稱快。

無想無結無愛天生神章第九

帝真神府命元自然玄照之氣

無結固無情，玄玄虛中澄。輪化無方序，數來亦叵乘。誰云無色平？峩峩多丘陵。冥心縱一往，高期清神徵。良遇非年歲，劫數安可稱？浮爽緣故條，反胎自有恒。靈感洞太虛，飛步霄上冰。津趣鼓萬流，潛凝真神登。無愛固無憂，高觀稽首昇。

太極真人頌二首

大道雖無心，可以有情求。佇駕空洞中，迴眄翳滄流。淨明三界外，蕭蕭玉京遊。自無玄挺運，誰能悟冥陬？落落天漢澄，俯仰即虛柔。七玄散幽夜，反胎順沈浮。冥期苟潛凝，陽九無虞憂。親此去來會，時復爲淹留。外身而身存，真仙會良儔。

亹亹玄中趣，湛湛清漢〔一〕波。代謝若旋環，椿木〔二〕不改柯。静心念至真，隨運順離羅。感應理常通，神適〔三〕逮自徂。淡遊初無際，繁想洞九霞。飛根散玄葉，理反非有它。常能誦玉章，玄音徹霄霞。甲申洪災至，控翮王母家。永享無終紀。豈知年劫多！

〔一〕「漢」原作「漢」，據生神章經、解義、經解改。
〔二〕「木」原作「水」，據上三書改。
〔三〕「適」，生神章經及解義作「識」。

雲笈七籤卷之十七

三洞經教部

經

太上老君内觀經

老君曰：天地構精，陰陽布化，萬物以生。承其宿業，分靈道一。父母和合，人受其生。始一月爲胞，精血凝也；二月爲胎，形兆肧也；三月陽神爲三魂，動以生也；四月陰靈爲七魄，静鎮形也；五月五行分藏，以安神也；六月六律定腑，用滋靈也；七月七精開竅，通光明也；八月八景神具，降真靈也；九月宫室羅布，以定精也；十月氣足，萬象成也。元和哺食，時不停也。太一帝君在頭曰泥丸君，總衆神也。照生識神，人之魂也。司命處心，納心〔一〕源也。無英居左，制三魂也。白元居右，拘七魄也。桃孩住臍，保精根

〔一〕「心」，道藏本太上老君内觀經（下簡稱道藏本）及輯要本太上老君内觀經（下簡稱輯要本）作「生」。

也。照諸百節，生百神也。所以周身，神不空也。元氣入鼻，灌泥丸也。所以神明，形固安也。運動住止，關其心也。所以謂生，有由然也。子〔一〕內觀之，歷歷分也。心者禁也，一身之主，禁制形神，使不邪也。心則神也，變化不測，無定形也。所以五藏，藏五神也。魂在肝，魄在肺，精在腎，志在脾，神在心，所以字殊，隨處名也。心者，火也。南方太陽之精主火，上爲熒惑，下應心也。色赤三葉如蓮花，神明依泊，從所名也。其神也，非青非白，非赤〔二〕非黃，非大非小，非短非長，非曲非直，非柔非剛，非厚非薄，非圓非方。變化莫測，混合陰陽。大包天地，細入毫芒。制之則正，放之則狂，清淨則生，濁躁則亡。明照八表，暗迷一方。但能虛寂，生道自常。永保無爲，其身則昌。世以〔三〕無形，莫之能名。禍福吉凶，悉由之矣！所以聖人立君臣，明賞罰，置官僚，制法度，正以教人。人之難伏，惟在於心。心若清淨，則萬禍不生。所以流浪生死，沈淪惡道，皆由心也。妄想憎愛，取捨去來，染著聚結，漸自纏繞，轉轉繫縛，不能解脱，便至滅亡。猶如牛馬，引重趨泥，轉增陷没，不

〔一〕「子」，道藏本、輯要本作「予」。
〔二〕「非白，非赤」四字，上二本無。
〔三〕「世以」，上二本作「以其」。

能自出，遂至於死。人亦如之，始生之時，神源清淨，湛然無雜。既受納有形，形染六情，眼則貪色，耳則滯聲，口則耽味，鼻則受馨，意懷健羨，身欲輕肥，從此流浪，莫能自悟。聖人慈念，設法教化，使内觀己身，澄其心也。

老君曰：諦觀此身從虚無中來。因緣運會，積精聚氣，乘業[一]降神，和合受生。法天象地，含陰吐陽。分錯五行，以應四時。眼爲日月，髮爲星辰，眉爲華蓋，頭爲崐崘。布列宫闕，安置精神。萬物之中，人稱最靈。性命合道，當保愛之。内觀其身，誰尊之焉[二]！而不自貴，妄染諸塵。不静臭穢，濁亂形神。孰[三]觀物我，何疎何親！守道全生，爲善保真。世愚役役，徒自苦辛。

老君曰：從道受生[四]謂之命，自一稟形謂之性。所以任物謂之心，心有所憶謂之意，意之所出[五]謂之志。事無不知謂之智，智周萬物謂之慧。動以營身謂之魂，静以鎮

〔一〕「業」，道藏本、輯要本作「華」。
〔二〕「誰尊之焉」，上二本作「惟人尊焉」。
〔三〕「孰」，上二本作「熟」。
〔四〕「生」，上二本作「分」。
〔五〕「出」，黄帝内經靈樞本神作「存」。

形謂之魄。流行骨肉謂之血，保神養氣謂之精。氣清而駃〔一〕謂之榮，氣濁而遲謂之衛。總括百骸謂之身，衆象備見謂之形，塊然有閡謂之質，狀貌可則謂之體，大小有分謂之軀。衆思不得謂之神，莫然應化謂之靈。氣來入身謂之生，神去於身謂之死。所以通生謂之道。道者，有而無形，無而有情，變化不測，通神羣生。在人之身，則爲神明，所謂心也。所以教人修道，則修心也；教人修心，則修道也。道不可見，因生以明之。生不可常，用道以守之。若生亡則道廢，道廢則生亡，生道合一，則長生不死，羽化神仙。人不能保者，以其不内觀於心故也。内觀不遺，生道常存。

老君曰：人所以流浪惡道，沉淪滓穢，緣六情起妄，而生六識。六識分別，繫縛憎愛，去來取捨，染著煩惱，與道長隔，所以内觀六識因起。六識從何而起？從心識起。心從我起，我從欲起〔二〕。妄想顛倒，而生有識。亦曰自然，又名無爲，本來虚淨，元無有識。有識分別，起諸邪見。邪見既興，盡是煩惱。展轉纏縛，流浪生死，永失於道。

老君曰：道無生死，而形有生死。所以言生死者，屬形不屬道也。形所以生者，由得

〔一〕「駃」，道藏本、輯要本作「駛」。

〔二〕以上十八字，上二本作「六欲識從何起？識自慾起。慾從何起？慾自識起」。

其道也。形所以死者，由失其道也。人能存生守道，則長存不亡也。

老君曰：人常能清淨其心，則道自來居。道自來居，則神明存身。神明存身，則生不亡也。人常欲生而不能虛心，人常惡死而不能保神，亦猶欲貴而不肯用道，欲富而不肯求寶，欲疾而足不行，欲肥而食不飽也。

老君曰：道以心得，心以道明。心明則道降，道降則心通。神明之在身，猶火之在巵。明從火起，火自炷存，炷因油潤，油藉巵停。四者若廢，明何生焉？亦如明緣神照，神託心存，心由形有，形以道全。一物不足，明何依焉？所以謂之神明者，眼見耳聞，意知身覺，分別物理，微細悉知。由神以明，故曰神明也。

老君曰：所以言虛心也〔一〕，遣其實也；無心者，除其有也；定心者，令不動也〔二〕；正心者，使不邪也；清心者，使不濁也；淨心者，使不穢也。此皆已有，今〔三〕使除也。心

〔一〕「所以言虛心也」，道藏本、輯要本作「虛心者」。

〔二〕「定心者，令不動也」，上二本作「安心者，使不危也；静心者，令不亂也」。

〔三〕「今」，上二本作「令四見者」。

直者，不反覆也；心平者，無高低也；心明者，不暗昧也；心通者，不質礙也〔一〕。此皆本自然也，粗言數者，餘可思也。

老君曰：知道易，信道難。信道易，行道難。行道易，得道難。得道易，守道難。守道不失，身常存也。

老君曰：道也者，不可以言傳口受而得之。當虛心靜神，道自來也。愚者不知，乃勞其形，苦其心，役其志，躁其神，而道愈遠，則神俞悲。背道求道，怨道不慈〔二〕。

老君曰：道貴長存，保神固根，精氣不散，淳白不分。形神合道，飛昇崑崙。先天以生，後天長存。出入無間，不由其門。吹陰煦陽，制魄抱魂。億歲眷屬，千載子孫。黃塵四起，騎牛真人，金堂玉室，送故迎新。

老君曰：內觀之道，靜神定心。亂想不起，邪妄不侵。周身及物，閉目思尋，表裏虛寂，神道微深。外觀萬境，內察一心，了然明靜，靜亂俱息。念念相係，深根寧極。湛然常住，窈冥難測，憂患永消，是非莫識。

〔一〕「不質礙也」道藏本、輯要本作「無窒礙也」。

〔二〕「怨道不慈」，上二本作「當慎擇焉」。

老君曰：吾非聖人，學而得之。故我求道，無不受持。千經萬術，唯在心志也。

洞玄靈寶定觀經

靈者，神也，在天曰靈；寶者，珍也，在地曰寶。天有靈化，神用不測，則廣覆無邊；地有衆寶，濟養羣品，則厚載萬物。言此經如天如地，能覆能載，有靈有寶，功德無窮，證得此心，故名靈寶。定者心定也，如地不動；觀者慧觀也，如天常照。定體無念，慧照無邊，定慧等修，故名定觀。

天尊告左玄真人曰：

左者，定也。玄者，深妙也。真者，純也，一而無雜。人者，通理達性之人也。曰者，語辭也。

夫欲修道，先能捨事。

進趣之心，名爲修道。一切無染，名爲捨事。

外事都絶，無與忤心。

六塵爲外事，須遠離也。六塵者：色、聲、香、味、觸、法，更不染著，名爲都絶。境不來忤，心即無惱；心不起染，境則無煩。心境兩忘，即無煩惱，故名無與忤心。

然後安坐，

　攝澄煩惱，名之爲安。本心不起，名之爲坐。

內觀心起。若覺一念，起須除滅，務令安靜。

　慧心內照，名曰內觀。漏念未除，名爲心起。前念忽起，後覺則隨，起心既滅，覺照亦

　忘，故稱除滅。了心不起，名之爲安；覺性不動，名之爲靜，故稱安靜。

其次雖非的有貪著，浮遊亂想，亦盡滅除。

　衆心不起，妄念悉忘，亂想不生，何有貪著？故曰滅除。

晝夜勤行，須臾不替。

　晝之言淨，夜之言垢，垢淨兩忘，無有間替，故名不替。

唯滅動心，不滅照心。

　妄想分別，名曰動心。覺照祛之，故名爲滅。慧照常明無有間，故名不滅照心。

但凝空心，不凝住心。

　不起一切心，名空心。一切無著，名之不凝住心。

不依一法，而心常住。

　若取一法，即名著相。心不取法，名爲不依。照而常寂，故爲常住。

然則凡心躁競，其次初學，息心甚難，或息不得，蹔停還失。

言習性煩惱，難可滅除，定力未成，蹔停還失也。

去留交戰，百體流行。

心起染境，境來牽心，心境相染，故名交戰。妄念不息，百非自生，名曰百體流行。

久久精思，方乃調熟。勿以蹔收不得，遂廢千生之業。

定心不起，則契真常。一念不收，千生遂廢。

少得淨〔一〕已，則於行立坐卧之時，

初得清淨，正慧未生，故云少得淨已，四威儀之時也。

涉事之處，諠鬧之所，皆作意安。

見一切諸相爲涉之處，起一切諸心，名爲諠鬧之所也。息亂歸寂，名爲作意。恬淡得所，名之爲安也。

有事無事，常若無心。處静處諠，其志唯一。

有無雙遣，寂用俱忘。萬法不二，名之唯一。

〔一〕「淨」，道藏本洞玄靈寶定觀經註（下簡稱道藏本）作「静」。

若束心太急，又則成病，氣發狂顛，是其候也。

偏心執静，名曰束心。心外見相，名爲顛也。

心若不動，又須放任，寬急得所，自恒調適。

從定發慧，名爲放任。定慧齊融，名曰得所。定多即愚，慧多即狂，定慧等用，名曰調適。

制而不著，放而不動，處喧無惡，涉事無惱者，此是真定。

寂而常照，照而常寂；空而常用，用而常空；得本元寂，故爲真定。

不以涉事無惱，故求多事；不以處諠無惡，强來就諠。

習性塵勞，常須制御，不可縱逸。

以無事爲真宅，有事爲應跡。

見本性空寂，故爲真宅。慧用無邊，故爲應跡。

若水鏡之爲鑒，則隨物而現形。

本心清淨，猶如水鏡。照用無礙，萬物〔一〕俱現，名爲現形。

〔一〕「物」，道藏本作「象」。

善巧方便，唯能入定。

諸法性空，寂無所起，故爲入定。

慧發遲速，則不由人。勿令定中，急急求慧。急則傷性，傷則無慧。

急求知見，真定乃亡。貪著諸相，故云無慧。

若定不求慧，而慧自生，此名真慧。

心體寂静，妙用無窮，故名真慧。

慧而不用，實智若愚。

了無分别，名之不用。韜光晦跡，故曰若愚。

益資定慧，雙美無極。

寂照齊融，故云雙美無極。

若定中念想，多感衆邪，妖精百魅，隨心應見。

爲心取相，諸相應生，一切邪魔，競來撓亂。

所見天尊諸仙真人，是其祥也。

此爲諸相，不可取著。

唯令定心之上，豁然無覆；定心之下，曠然無基。

前念不生，故云無覆；後念不起，故曰無基。

舊業日銷，新業不造。

宿習並盡，名曰舊業日銷。更不起心，故名新業不造。

無所罣礙，迥脱塵籠。

一切無染，故名無所罣礙。解脱無繫，故云迥脱塵籠。

行而久之，自然得道。

智照不滅，名曰行而久之。契理合真，故云得道。

夫得道之人，凡有七候：一者心得定易，覺諸塵漏。

心得清淨，塵念盡知，故曰覺諸塵漏。

二者宿疾普銷，身心輕爽。

真氣胎息，故疾盡瘳。體道合真，身輕不老。

三者填補夭損，還年復命。

骨髓堅滿，故填補夭損。駐顏不易，名爲還年復命也。

四者延數萬歲，名曰仙人。

長生不死，延數萬歲，名編仙籙，故曰仙人。

五者鍊形爲氣，名曰真人。

得本元氣，故曰鍊形爲氣。正性無僞，故曰真人。

六者鍊氣成神，名曰神人。

真氣通神，陰陽不測，故曰神人。

七者鍊神合道，名曰至人。

真神契道，故曰至人。

其於鑒力，隨候益明。

鑒力者，常照不息也。益明者，明明不絶也。

得至道成，慧乃圓備。

若了本性，得道成真，智慧圓明，萬法俱備。

若乃久學定心，身無一候，促齡穢質，色謝方空，自云慧覺，又稱成道者，求道之理，實所未然。

通神合道，即身得道真。心證身亡，不離生死。西昇經云：「是故失生本，焉能知道源？」

而説頌曰：智起生於境，火發生於緣。各是真動〔一〕性，承流失道源。起心欲息知，心起知更煩。了知性本空，知則衆妙門。

老君清浄心經

老君曰：夫道一清一濁，一静一動，清静爲本，濁動爲末。故陽清陰濁，陽動陰静。男清女濁，男動女静。降本流末，而生萬物。清者濁之源，静者動之基，人能清静，天下貴之。人神好清，而心擾之。人心好静，而欲牽之。常能遣其欲而心自静，澄其心而神自清，自然六欲不生，三毒消滅。而不能者，心未澄、欲未遣故也。能遣之者，内觀於心，心無其心；外觀於形，形無其形；遠觀於物，物無其物；三者莫得，唯見於空。觀空亦空，空無所空。既無其無，無無亦無。湛然常寂，寂無其寂。無寂寂無，俱了無矣！欲安能生？欲既不生，心自静矣！心既自静，神即無擾。神既無擾，常清静矣！既常清静，及會其道。與真道會，名爲得道。雖名得道，實無所得。既無所得，强名爲得。爲化衆生，開方便道。

老君曰：道所以能得者，其在自心。自心得道，道不使得。得是自得之道，不名爲得，

〔一〕「動」，道藏本作「種」。

故言實無所得。

老君曰：道不能得者，爲見有心。既見有心，則見有身。既見其身，則見萬物。既見萬物，則生貪著。既生貪著，則生煩惱。既生煩惱，則生妄想。妄想既生，觸情迷惑。便歸濁海，流浪生死。受地獄苦，永與道隔。人常清静，則自得道。於是而説偈曰：天尊妙用常眼前，舉體動心皆自然。息箇動心看動處，動處分明無際邊。邊際由來本性空，非觀心照得虚空。自悟因緣無自性，倐然直入紫微宫。宫中宫外光且明，萬法圓中一道平。清心清鏡皎無礙，無礙無心心自在。平等道平無有異，天堂地獄誰安置？神既内寂不虧盈，善惡若空何處生？只爲凡夫生異見，强於地上起縱横。縱横遮莫千般苦，一一諦觀無宰主。諦觀無主本無宗，只箇因緣即會中。中間雖會常無會，放會無爲任物通。

若時有人知是經意，行住坐卧，若能志心念誦，深心受持，則能滅除無量一切宿障，諸惡冤家，皆得和合，無受苦報。邪魔外道，道能降伏。告諸衆生，欲度厄難，各己清淨，信受奉行。

雲笈七籤卷之十八

三洞經教部

經

老子中經〔一〕上 一名珠宮玉曆

第一神仙

經曰：上上太一者，道之父也，天地之先也。乃在九天之上，太清之中，八冥之外，細微之內，吾不知其名也，元氣是耳。其神人頭鳥身，狀如雄鷄，鳳凰五色，珠衣玄黄。正在兆頭上，去兆身九尺，常在紫雲之中華蓋之下住。兆見之言曰：「上上太一道君，曾孫小兆王甲潔志好道，願得長生。」

第二神仙

〔一〕「老子中經」，道藏本作「太上老君中經」。

經曰：無極太上元君者，道君也。一身九頭，或化爲九人，皆衣五色珠衣，冠九德之冠，上上太一之子也。非其子也，元氣自然耳。正在兆頭上紫雲之中華蓋之下住。兆見之言曰：「皇天上帝太上道君，曾孫小兆王甲好道，願得長生。養我育我，保我護我，毒蟲猛獸，見我皆蟄伏，令某所爲之成，所求之得。」太清鄉虛無里姓朱愚名光字帝卿，乃在太微勾陳之内一星是也，號曰天皇太帝耀魄寶。兆常念之勿忘也。人亦有之，常存之眉間，通於泥丸，氣上與天連。

第三神仙

經曰：東王父者，青陽之元氣也，萬神之先也。衣五色珠衣，冠三縫一云三鋒之冠。上有太清，雲曜五色，治於東方，下在蓬萊山。姓無爲，字君鮮，一云君解。人亦有之，在頭上頂巔，左有王子喬，右有赤松子，治在左目中，戲在頭上。其精氣上爲日，名曰伏羲。太清鄉東明里西王母字偃昌〔一〕，在目爲日月，左目爲日，右目爲月，目中童子字英明，王父在左目，王母在右目，童子在中央，兩目等也。兆欲修真，當念東王父西王母正在頭上，有三人並立，乃合日月精光下，念紫房太一、絳宫黄庭、太淵丹田，行其真氣五周，施于腹中；復

〔一〕「昌」，下文第四神仙作「玉」。

行氣十二周，施于一身中。道畢，即止朱雀闕門。闕門，兩乳是也。左乳曰君阿，右乳曰翁仲，當兩乳下有玉闕，天狗天鷄在其上，主晨夜鳴吠。

第四神仙

經曰：西王母者，太陰之元氣也。姓自然，字君思。下治崐崙之山，金城九重，雲氣五色，萬丈之巔。上治北斗華蓋紫房北辰之下。人亦有之，在人右目之中，姓太陰，名玄光，字偃玉。人須得王父王母，護之兩目，乃能行步，瞻視聰明，別知好醜，下流諸神，如母念子，子亦念母也。精氣相得，萬世長存。夫人兩乳者，萬神之精氣，陰陽之津汋也。左乳下有日，右乳下有月，王父王母之宅也。上治目中，戲於頭上，止於乳下，宿於絳宮紫房，此陰陽之氣也。

第五神仙

經曰：道君者，一也，皇天上帝中極北辰中央星是也。乃在九天之上，萬丈之巔，太淵紫房宮中。衣五色之衣，冠九德之冠。上有太清元氣，雲曜五色，華蓋九重之下，老子太和侍之左右。姓制皇氏，名上皇德，字漢昌。人亦有之，在紫房宮中華蓋之下，元貴鄉平樂里，姓陵陽字子明。身黄色，長九分，衣五色珠衣，冠九德之冠。思之長三寸，正在紫房宮中華蓋之下。其妻太陰玄光玉女，衣玄黄五色珠衣，長九分。思之亦長三寸，在太素宮中養真人子丹，稍稍盛大，自與己身等也。子能存之，與之語言，即呼子上謁道君。道君者，一也。乘雲氣珠玉之車，驂駕九極之馬，時乘六龍以御天下。子常思之，以八節之日及晦朔日，日暮、夜半時祝曰：「天靈節榮，真人王甲願得長生，太玄之一守某甲身形，五藏君侯，願〔一〕長安寧。」

第六神仙

經曰：老君者，天之魂也，自然之君也。常侍道君在左方，故吾等九人九頭君也，吾爲上首作王父，餘人無所作也。人亦有之，金樓鄉小廬里姓皮名子明字藍藍，衣青衣，長九分，把芝草，持青旛，侍道君在左方，從仙人仲成子。思之長三寸，常在己左方，正與己身等也。其妻素女，衣黄衣，長九分，思之亦長三寸。

第七神仙

經曰：太和者，天之魄也，自然之君也。常侍道君在右方。人亦有之，烏擡鄉姓角〔二〕里先生字濟濟，衣白衣，長九分，持金劒，捧白旛，侍道君在右方，從仙人曲文子。思之亦長

〔一〕「願」下，道藏輯要本有「得」字。
〔二〕「擡」，太上老君中經作「臺」，「角」作「角」。

三寸，起坐行止，常在己右。其妻青腰玉女，衣青衣，長九分，思之亦長三寸。

第八神仙

經曰：泥丸君者，腦神也，乃生於腦，腎根心精之元也。華蓋鄉蓬萊里南極老人泥丸君也，字元先〔一〕，衣五色珠衣，長九分，正在兆頭上腦中，出見於腦户目前。思之長九分，亦長三寸。兆見之言曰：「南極老人使某甲長生，東西南北，入地上天，終不死壞迷惑。上某甲生籍，侍於道君，與天地無極。」

第九神仙

經曰：南極者，一也，仙人之首出也，上上太一也，天之侯王太尉公也。主諸災變。國祚吉凶之期，上爲熒惑星，下治霍山。人亦有之，在長吴鄉絳宫中元里，姓李名尚一名常。字曾子，衣絳衣，長九分，思之亦長三寸，在心中。其妻玉女也，衣白衣，長九分，思之亦長三寸。常思心中有華蓋，下有人赤幘大冠，絳章單衣，名曰天侯，玉帶紫綬，金印玄黄，子能見之，徹視八方。千日登仙時，候視腦中小童子見之是也。

第十神仙

〔一〕「先」，本書第二十二神仙、第二十三神仙、第二十五神仙及第三十九神仙均作「光」，殆爲「光」之形譌。

經曰：日月者，天之司徒司空公也。主司天子人君之罪過，使太白辰星下治華陰恒山。人亦有之，兩腎是也。左腎男，衣皂衣；右腎女，衣白衣，長九分，思之亦長三寸，爲日月之精，虚無之氣，人之根也，在目中。故人之目，左爲司徒公，右爲司空公。兩腎各有三人，凡有六人。左爲司命，右爲司録〔一〕，左爲司隸校尉，右爲廷〔二〕尉卿，主記人罪過，上奏皇天上帝太上道君。兆常存之，令削去死籍，著某長生屬。太初鄉玄冥里司録六丁玉女字道明，皆在神龜上，乘紫雲氣之車，驂駕雙鯉魚，字太成子〔三〕，玄母、道母也，在中央，身之師也，主生養身中諸神，在五色雲氣華蓋之下坐，戴太白明星明月之珠，光曜照一身中。常存以八節之夜卧祝曰：「司命司録六丁玉女，削去某甲死籍，更著某甲長生玉曆。」

第十一神仙

經曰：中極黄老者，真人之府中斗君也，天之侯王，主皇后素女宫也。人亦有之，黄庭真人，道之父母也，赤子之所生也，己吾身也。皇后者，太陰玄光玉女，道之母也，正在脾上

〔一〕「左爲司命，右爲司録」，第十九神仙作「左有司録，右有司命」。
〔二〕「廷」原作「延」，據道藏輯要本及太上老君中經改。
〔三〕「字太成子」，疑其上有脱誤。第十九神仙亦言兩腎神「中有太城子」。

中斗中也。衣五色珠衣，黄雲氣華蓋之下坐，主哺養赤子。常思兩乳下有日月，日月中有黄精赤氣來入絳宫，復來入黄庭紫房中，黄精赤氣填滿太倉中，赤子當胃管中正南面坐，飲食黄精赤氣，即飽矣。百病除去，萬災不干，兆常思存之，上爲真人。故曰同出而異名也。有注云：日月同出異名。太素鄉中元里中黄真人字黄裳子，主辟穀，令人神明，乍小乍大。常以鷄鳴食時祝曰：「黄裳子，黄裳子，黄庭真人在于己，爲我致藥酒松脯粳粮黍臛諸可食飲者，令立至。」祝訖瞑目，有頃，閉口咽之二七過，即飽矣。

第十二神仙

經曰：吾者，道子之也。人亦有之，非獨吾也。正在太倉胃管中，正南面坐珠玉床上，黄雲華蓋覆之，衣五綵珠衣。母在其右上，抱而養之；父在其左上，教而護之。故父曰陵陽字子明，母曰太陰字玄光玉女，己身爲元陽字子丹。真人字仲黄〔一〕，真吾之師也。常教吾神仙長生之道，常侍吾左右，休舍太倉，在脾中與黄裳子共宿衛吾，給事神所當得，主致行廚。故常思真人子丹正在太倉胃管中，正南面坐，食黄精赤氣，飲服醴泉。元陽子丹長九分，思之令與己身等也。父母養之，乃得神仙。常自念己身在胃管中，童子服五色綵衣，

〔一〕「仲黄」，第二十神仙作「中黄子」。

坐珠玉之牀，黄雲赤氣爲帳，食黄金玉餌，服神丹芝草，飲醴泉，乘黄雲氣五色珠玉之車，駕十二飛龍、二十四白虎、三十六朱鳥。思之九年，乘雲去世，上謁道君。吾之〔一〕從官，凡三萬六千神，舉吾宗族，皆得仙道，白日昇天。常以四時，祠吾祖先。正月亥日鷄鳴時祠郊廟，二月亥日祠社稷風伯雨師，四月五月申卯日、七月八月己午日、十月十一月卯戌日，四季月不祠，但解洿土公，逐去伏尸耳。郊在頭上腦户中，廟在頂後骨之上，社在脾左端，稷在大腸窮，風伯在八門，八門者，在臍旁五城十二樓也。雨師在小腸窮。四瀆雲氣出崑崙，弱水在胞中，諸神食廚在於太倉中。以次呼神名，召之勿忘也。

第十三神仙

經曰：璇璣者，北斗君也，天之侯王也，主制萬二千神，持人命籍。人亦有之在臍中，太一君，人之侯王也，柱天大將軍特進侯也，主身中萬二千神。中極鄉璇璣里姓王名陽字靈子，冠三縫之冠，衣絳章單衣，長九分，思之亦長三寸，其大與自身等也。太一君有八使者，八卦神也。太一在中央，主總閲諸神，案比定録，不得逋亡。八使者以八節之日，上對太一。故臍中名爲太淵，都鄉之府也。常以秋分之日案比筭之，齋戒沐浴，静卧三日勿出。日三呼之，三

〔一〕「吾之」，太上老君中經作「五方」。

日九呼之，常如此，諸神不得逋亡，名上仙籙，定爲真人。故太一不得妄上白事，不吉則凶，但八使者耳。故以八節日、晦朔弦望日，右手拊臍二七，左手拊心三七，祝曰：「天靈節榮，真人某甲願得長生，太玄真一守某甲身形，五藏諸君侯，願且安寧。」公兆七遍，庶兆二七。明日平旦復祝曰：「太一北極君，敬守告諸神，常念魂魄安寧，無離某甲身形。」此所謂拘魂制魄者也。常以十二月晦日人定時，向月建太一於空室中，再拜正坐，瞑目祝曰：

「五藏之君，魂魄諸神，某乞長生，無得離身，常與形合同，成爲一身。」男女各三通。常以八節日於室中，向其王地再拜，瞑目祝曰：「大道鴻涬鴻涬，天節之日，萬兆魂魄皆上諸天，真人身與神合，某甲欲得長生。獨在空室之中，不豫死籍數。」男女各三遍。常以十二月晦日宿夜晝朝至平旦，於室中向寅地再拜，祝曰：「鴻涬鴻涬，某受大道之恩，太清玄巔，願還某甲去歲之年，魂魄保身。」男女各三通。

第十四神仙

經曰：臍者，人之命也，一名中極，一名太淵，一名崑崙，一名特樞，一名五城。五城中有五真人，五城者，五帝也。五城之外有八使〔一〕者，八卦神也，并太一爲九卿。八卦之外

〔一〕「使」原作「吏」，據第十三神仙及卷十二內景經沉生章改。

有十二樓者，十二太子、十二大夫也，并三焦神合爲二十七大夫。四支神爲八十一元士。故五城真人主四時上計，八神主八節日上計，十二大夫主十二月以晦日上計，月月不得懈怠，即免計上事。常當存念留之，即長生矣。故太一常以晦朔八節日夜半時，五城擊鼓，集召諸神，校定功德，謀議善惡。有録者延命，衆神共舉；無録者終亡，司命絶去生籍。故常以晦朔八節之日，夜欲卧時，念上太一、中太一、下太一、五城、十二樓真人，祝曰：「天帝太一君，天帝太一君，敬存諸神，與之相親。司録、司命，六丁玉女，削去某死籍，著某生文，皆當言長生。」

第十五神仙

經曰：五城真人者，五方五帝之神名也。東方之神名曰句芒子，號曰文始洪崖先生，東方蒼帝東海君也。南方之神名曰祝融子，號曰赤精成子，南方赤帝南海君也。西方之神名曰蓐收子，號曰夏里黄公，西方白帝西海君也。北方之神名曰禺强子，號曰玄冥子昌，北方黑帝北海君也。此皆后神也，天地人神等耳。風伯神名吒君，號曰長育。雨師神名馮修，號曰樹德。諸神常當存念之，令與司命君、司録君共削去某死籍，即爲真人長生矣。不與相知存念之，即爲疾風、暴雨、雷電、霹靂持子遠去，殺子之身，埋子深山，投子深淵，或爲毒氣所中，衆鬼害人。子欲爲道，宜致敬之。此神能害人，王者之治，不可不知也。中央之神名曰黄裳子，號曰黄神彭祖，中央黄帝君也。與中太一并治度人命，愛養善人，成就人，常侍黄天真人。人亦有之，常侍真人，名曰子丹，給神所得。兆欲志道，常思念之，即不飢渴，長生久視，上爲真人，能致行廚，役使鬼神。社稷河伯之神，名曰馮夷，號曰元梁使者。

第十六神仙

經曰：八卦天神，下遊於人間，宿衛太一，爲八方使者，主八節日上計，校定吉凶。乾神字仲尼，號曰伏羲；坎神字大曾子；艮神字照光玉；震神字小曾子；巽神字大夏候；離神字文昌；坤神字揚翟王，號曰女媧；兑神字一世。注：一云字八世。常以八節之日存念之，其神皆在臍中，令人延年。

第十七神仙

經曰：丹田者，人之根也，精神之所藏也，五氣之元也。赤子之府，男子以藏精，女子以藏月水，主生子，合和陰陽之門户也。在臍下三寸，附著脊膂，兩腎根也。丹田之中，中赤、左青、右黄、上白、下黑〔一〕，方圓四寸之中。所以在臍下三寸者，言法天、地、人。天一、地二、人三、時四，故曰四寸。法五行，故有五色。清水鄉敖丘里丹田名藏精宫，神姓孔名

〔一〕「下黑」，第三十五神仙作「外黑」，在「中赤」後。

丘字仲尼，傳之爲師也。兆常以夜半存心之赤氣，上行至絳宫、華蓋，各右繞之，太一入黄庭，滿太倉，養赤子，復入太淵，忽忽不知所在。復念太一氣還入丹田中止。常念太一玄光道母養真人子丹，正吾身也，自兆名也，勿忘之。

第十八神仙

經曰：大腸小腸爲元梁使者，主逐捕邪氣。三焦關元爲左社右稷，主捕奸賊。上焦元氣上入頭中爲宗廟，兆身與天地等也。天地萬物不可犯觸也，天地之神則知之矣。而人身體四支亦不可傷也，有痛癢者神亦知之。由是言之，昭然明矣。天不可欺，地不可負，修身慎行，勿令懈怠也。兆欲除邪氣，治百病，啄齒二七〔一〕過，祝曰：「左社右稷，元梁使者，逐捕災殃，急急如律令。」五咽一呪，三十咽止，一日一夜三百六十咽。三十日邪氣去，六十日小病愈，百日大病愈，三蟲皆死，三尸走出，面目生光，與神爲友。六祝一止，十二爲之一周。

第十九神仙

經曰：兩腎間名曰大海，一名弱水。中有神龜，呼吸元氣，流行作爲風雨，通氣四支，無不至者。上有九人，三三爲位。左有韓衆，右有范蠡，中有太城子。左爲司徒公，右爲司

〔一〕「二七」，太上老君中經作「三七」。

空公，中有太一君。左有青腰玉女，右有白水素女，中有玄光玉女。玄光玉女者，道元氣之母也。左有司録，右有司命，風伯雨師雷電送迎，仙人玉女宿衛門户，故名曰太淵之宫先正，紫房宫太一、玄女、赤子。故玄女常戴太白明星，耳著太明之珠，光照一身中，即延年而不死也。

第二十神仙

經曰：胃爲太倉，三皇五帝之廚府也。房心爲天子之宫，諸神皆就太倉中飲食，故胃爲太倉，日月三道之所行也。又爲大海，中有神龜，神龜上有七星，北斗正在中央。其龜黄色，狀如黄金盤，左右日月照之。故臍下爲地中，中有五岳四瀆水泉，交通崑崙弱水，沈沈涀涀，玄冥之淵也。日月之行，故天晝日照於地下，萬神皆得其明。人亦法之，晝日下在臍中，照於丹田，臍中萬神皆得其明也；夜日在胃中，上照於膂中，萬神行遊嬉戲，相與言語，故令人有夢也。天不掩人不備，故召其神問善惡吉凶之事，令賢者自慎也。夜月在臍中，下照於萬神；晝月在胃中，上照膂中萬神。更相上下，無有休息。故胃中神十二人諫議大夫，名曰黄裳子、黄騰子、中黄子，主傅相太子、玄光玉女，主取金液神丹芝草玉液松脯諸可飲食者，立至矣！

第二十一神仙

經曰：兆審欲得神仙，當知天地父母赤子處。兆汝爲道，不可不知此五神名也，當自苦耳！知之，行之，堅守之，常念之，即神仙矣！經中倶有，但當心解耳！既知其神，當須得太一神丹金液，乃得神仙耳！諸神元氣虚無，無爲自然，爲聖人耳，不爲俗人所施也。兆不能服神丹金液，勞精思念，當自苦耳！故謂兆汝晝日，常念臍中有日，赤黄精氣〔一〕光明照于臍中；胃中有月，白光赤黄精氣填滿胃中。暮卧念日在胃中，赤黄精氣光明照於胷中；月在臍中，赤黄白光精氣照於臍中。以此爲常，萬世無止。

第二十二神仙

經曰：頭髮神七人，七星精也，神字禄之。兩目神六人，日月精也，左目字英明，右目字玄光。頭上神三人，東王父也。腦户中神三人，泥丸君也。眉間神三人，南極老人元光〔二〕，天靈君也。兩耳神四人，陰陽之精也，字嬌女。鼻人中神一人，名太一，字通盧，本天靈也。口旁神二人，廚宰守神也。口中神一人，太一君也，字丹朱。頤下神三人，太陰神也。頸外神二人，玉女君也。兩手中神二人，太陽之精也，字魂陰。項中神二人，字上間也。肩背神二

〔一〕「赤黄精氣」，第十一神仙及第三十九神仙作「黄精赤氣」。

〔二〕「光」，第八神仙作「先」，蓋誤。

人，少陰少陽之精也，字女爵。胷中神二人，虎賁神也。兩乳下日月也，日月中有大〔一〕神各一人，王父母也。兩腋下神二人，魂魄兆神也。小腹中神二人，玉女也。兩脞内神二人，亦玉女也，字陰隱。兩脛神二人，金木神也，字隨孔子。兩足神二人，太陰之精也，字柱天力士。頭髮神字禄之，兩耳神字嬌女，兩目神字英明、玄光，鼻孔中神字通盧，口神字丹朱，肩背神字朱雀，一云字女爵。兩手神字魄〔二〕陰，上元神字威成子，中元神字中黄子，下元神字明光子，一云字命光。陰神字窮英，兩脞神字陰隱，兩膝神字樞公。兆欲卧，瞑目從上次三呼之，竟乃止。其有病痛處，即九呼其神令治之，百病悉去，即爲神仙矣。

第二十三神仙

經曰：肺神八人，大和君也，名曰玉真宫尚書府也，其從官三千六百人，乘白雲氣之車，驂駕白虎或乘白龍。心神九人，太尉公也，名曰絳宫太始南極老人元光〔三〕也，其從官三千六百人，乘赤雲氣之車，朱雀爲蓋，丹虵爲柄，驂駕朱雀或乘赤龍。肝神七人，老子君

〔一〕「大」原作「太」，據太上老君中經改。
〔二〕「魄」，上文作「魂」。
〔三〕「光」，第八神仙作「先」，蓋誤。

也，名曰明堂宫蘭臺府也，其從官三千六百人，乘青雲氣之車，驂駕青龍或乘白鹿。膽神五人，太一道君也，居紫房宫，乘五彩玄黄紫蓋珠玉雲氣之車，驂駕六飛龍，從官三千六百人。脾神五人，玄光玉女，子丹母也，乘黄金珠玉雲氣之車，驂駕鳳凰或乘黄龍，從官三千六百人，真人子丹在上，卧胃管中，黄雲氣爲帳，珠玉爲牀，食黄金玉餌，飲醴泉玉液，服太一神丹，噉玉李芝草，存而養之，九年成真矣！千乘萬騎上謁太上黄道君，東謁王父，西謁王母，南謁老人元光之前。真人得道，與天地合。元陽子丹者吾也，吾道成乃去，白日昇天。或乘黄金雲氣珠玉之車，驂駕六飛龍，轡無極之馬，從官凡萬八千人，天師大神使萬八千人來下著吾身，合三萬六千人，故能白日昇天也。胃神十二人，五元之氣諫議大夫也；臍中神五人，太一八人，凡十三人；合二十五人，五行陰陽之神也。神龜之上神三人，玄女、虚無、道母也。腎神六人，司徒、司空、司命、司録、司隸校尉、廷尉卿也。乘神龜之車，駕六鯉魚，一云白魚，玄白雲氣之蓋。丹田神三人，人之根也，三合成德，以應道數也。三焦神六人，左社、右稷、風伯、雨師、雷電、霹靂也。大腸小腸神二人，爲元梁使者。虎賁神二人，爲力士，在朱雀闕門，延年益壽爲齡，下侍真人鳳凰閣。玄谷神五人，大將軍司馬也。陰神三人，上將軍也，萬神之精也，男子字窮英，女子字丹城。天之神萬八千人，人之神萬八千人，都合三萬六千人，共舉一身昇天，即神仙矣！

第二十四神仙

經曰：東方之神女名曰青腰玉女，南方之神女名曰赤圭玉女，中央之神女名曰黄素玉女，西方之神女名曰白素玉女，北方之神女名曰玄光玉女，左爲常陽，右爲承翼，此皆玉女之名也。五行之道，常以所勝好者爲妻。假令今日甲乙木，木勝土，則甲以己爲妻，故言甲己，乙庚、丙辛、丁壬、戊癸，此皆夫妻合會之日也。言肝膽木也，木帝以中宫戊己素女爲妻，他皆效此。此二神玉女之來，敬而侍之，慎無妻也。妻之殺人，終不得道也。兆欲爲道，慎勿婬，婬即死矣。此玉女可使取玉漿，致行廚也。

第二十五神仙

經曰：太上神字元光太一君，其欲得太一之神也，非心神也，乃天神南極老人元光也，下在人心中。常以平旦、日中，甲午日、丙午日呼之曰：「南極老人元光太一君，某甲欲願得太一神丹長生之道。」因瞑目念心中太一童子，衣絳章單衣，其色正赤黄如日，九十息頓止。心中神字光堅，中太一中極君也，在脾中主養兆身。常以鷄鳴、食時、日西黄昏時，辰戌丑未日呼之曰：「中極光堅太一君，某甲欲得真人神仙黄庭之道。」因瞑目默念黄氣滿太倉胃管中，脾上有一黄人，五十息頓止。心下神字玄谷，北極君也，玄光道母也。常以夜半時，甲子丙子戊子庚子壬子日呼之曰：「北極君玄谷道母，某甲願欲得金液醴泉可飲食者。」因瞑目念腎間有白氣，中有神龜，龜上有玄女，女右有司命，左有司録，見之呼曰：「司命、司録、六丁玉女，削去某甲死籍，著玉曆生録，皆當言長生。」故曰：能知三神字，可以還命延年。此三神者，乃天地神道君三元君字也。人之先也，常念勿忘也。三元，天之貴神是也。

第二十六神仙

經曰：子欲爲道，當先歷藏，皆見其神乃有信。有信之積，神自告之也。先念天靈君，天靈君青身白頭，正在眉間，思之三日，即見其神。念玄膺狀正赤生光，念咽喉中正白如銀環十二重，凡三日念遍。乃念肺色正白，名曰鴻鴻，七日。念心色正赤，名曰呴呴，九日。念肝色正青，名曰藍藍，三日。念膽色正青，名曰護護，三日。念脾色正黄，名曰俾俾，五日。念胃色正黄，名曰旦旦，五日。念腎色正黑，名曰瀰瀰〔一〕，三日。念臍中太一色赤人，名曰玉靈子，三日。念大腸正白色，名曰胴胴，一作洞洞，七日。念小腸色正赤，名曰契契，九日。念丹田色正赤，中有赤人，名曰藏精，三日。念玄丈方丈，其中有人到住，七日。念金玉印乾燥完堅，三日。念玄英正黑潤澤有光，三日。念兩脾，一作脞，左右脾内各有一玉

〔一〕以上肝、膽、脾、胃、腎神名，太上靈寶五符序分别作：臨臨、獲獲、裨裨、沮沮、瀰瀰。

女，衣絳帔襦青裙，正立兩脞上，三日。念兩足下各有一人正白，三日。念爲道竟矣。不出静室，辭庶俗，赴清虚，先齋戒，節飲食，乃依道而思之。

第二十七神仙

經曰：子審欲爲道，神仙不死，當先去三蟲，下伏尸，日三〔一〕百六十息食氣，三十通一止，九十通一休息，日四爲之。常以夜半鷄鳴時祝曰：「東方青牙，紫雲流霞。飲食青牙，服食朝華〔二〕。」三咽之。「南方朱丹，焕燿徘徊。服食朱丹，飲以丹池。」三咽之。「中央黄氣，黄庭高仙。服食黄氣，飲之醴泉〔三〕。」三咽之。「西方明石，皓靈金質。服食明石，飲以金液。」三咽之。「北方玄滋，玄珠潤滋。服食玄滋，飲以玉飴。」三咽之。如此三十日，三蟲皆死，伏尸走去，而三神正氣自安定，伏尸不敢復還兆身中，即神仙不死，玉字金名，乘雲而上昇。

〔一〕「日三」，原作「三日」，按文義改。
〔二〕以上二句，太上靈寶五符序及下文作「服食青牙，飲以朝華」。
〔三〕以上二句，太上靈寶五符序作「服食靈氣，飲以醴泉」。

雲笈七籤卷之十九

三洞經教部

經

老子中經下一名珠宮玉曆

第二十八神仙

經曰：常以六甲之日平旦時，拊心祝曰：「蒼林玄龜，流水如河？炎火周身，身一作宮。安能知他？道來歸己，道來歸己。」因念肝色正青，潤澤生光其上，高危在左方。次念膽色正青，圓中黄外青，潤澤清泫傍生。拊心著肝，肝覆其巔，此道之始也。念之既畢，乃呼其神曰：「肉一本作皮。子藍藍，與己爲友，留爲己使，某欲得太一神丹服食之。令某甲辰生，勿去某身，常在紫房宫中，與道合同也。」因瞑目念日精青氣來下著身，入鼻孔中，念肝色青氣與之合於目前，來入口中咽之，三七而止。思行青氣周徧一身中，九十息止。至乙日，復存其神呼曰：「太一紫宫一作紫房。素女，與己爲友，留爲己使，某甲欲得太一華符服之。」至甲寅、乙卯之日復存之。

第二十九神仙

經曰：常以六丙之日禺中時，拊心祝曰：「朱雀丹液，天海地河，願求不死，服食天和。天和一作至和。」因瞑目念心色正赤如日，在肺葉間乃止。念日精赤黄氣〔一〕來在目前，入口中咽之，三九而止。思行赤氣周徧一身中，百八十息止。呼其神曰：「李尚李尚一作李常。曾子，與己爲友，留爲己使，某甲願求太一神丹，如金汋可飲食者。常在絳宫中，與己合同。」至丁日復存其神呼曰：「天皇絳宫玉女，與己爲友，留爲己使，某甲欲得天皇長生之道。」至丙午、丁巳之日復存之。

第三十神仙

經曰：常以六戊之日鷄鳴時日西黄昏時，拊心祝曰：「天道天道，願得不老。壽比中黄，昇天常早。願延某命，與道長久。」因瞑目念脾中黄氣來上至口中，上念天精黄氣來在目前，入口中咽之，三五〔二〕而止。思行黄氣周徧一身中，百五十息止。呼其神曰：「玄光

〔一〕「精赤黄氣」，第十一神仙及第三十九神仙作「黄精赤氣」。
〔二〕「三五」，道藏輯要本作「二五」。

玉女，養子赤子，真人子丹，服食元氣，飲宴醴泉。」故言一身神有父母凡三人。至己日復存之，呼其神曰：「真人黄庭玉女，與己爲友，留爲己使，某甲欲求真人黄庭神仙之道。」至戊辰、己未、戊戌、己丑之日復存之。

第三十一神仙

經曰：常以六庚之日日晡時，拊心祝曰：「本子本子，白雲卒起，霧合萬里，願雲來歸己，常爲我使，反復仙命，終而復始。」因瞑目念肺色正白，令白氣來止至口中，念曰：天精白氣來。下在目前，入口中咽之，三七而止。思行白氣周偏一身中，百四十息止。呼其神曰：「先生濶濶〔一〕，與己爲友，留爲己使，奉持華蓋，金液玉英。常在勿出，侍我道君，共合爲一身。」至辛日復存其神曰：「光黄玉堂青腰玉女，與己爲友，留爲己使，某甲欲得彭祖長生不死之藥服之。」至庚申、辛酉之日復存之。

第三十二神仙

經曰：常以六壬之日夜半時，拊心祝曰：「願覩天鏡，玄滋玉池，還白使黑，常爲嬰兒。神來歸己，五藏相隨。」因瞑目念兩腎間白氣，周行一身中十二遍，翕然布散，流行四肢。乃

〔一〕「濶濶」，第二十六神仙作腎神名，肺神則名「鴻鴻」。

復念兩腎巍隗，狀如雙鯉魚，右黑左赤，俠脊而居，炫耀光明，相照一身中。乃念青天太清元氣，下在目前，入口中咽之，一九而止。思行太清白元氣周徧一身，還藏丹田中。呼其神曰：「司録六丁玉女，削去某死籍，使某甲長生，上爲真人，十二太一，皆當言生。」至壬子、癸亥之日復存之。

第三十三神仙

經曰：所存念五藏神皆畢，乃更念玄釐、玉英、金液，恒勿忘也。更念玄釐，欲其潤澤，而起行列也。别念玉英，其中有一人大回倒豎，小童子服飾也。存之欲令堅强，長大自倍也。念金液，欲令其乾燥而緩也。如紫縠盛水銀也。念此盡遍，而復存之，法十二周，精神處之，和氣自來，百病去除，壽命與天地期，長生無極，安知死時！

第三十四神仙

經曰：食日之精，可以長生。緣兹上天，上謁道君。其法常以月一日、二日、五日、七日、九日、十一日、十三日、十五日，日初出時，被髮向日，瞑目念心中有一小童子，衣絳衣，文彩五色，灼灼正赤，兩手掌中亦正赤。以兩手掌摩面，下至心止，十二反爲之。念天日精正赤黄氣來下在目前，存入口中咽之一九，以手摩送之，拊心祝曰：「景君元陽，與我合德，俱養絳宫中小童子。」須臾復念心下至丹田中止。以手摩送之，以日託心，心得日精，己乃神仙矣。

第三十五神仙

經曰：食月之精，以養腎根，白髮復黑，齒落更生，已乃得神仙。常以夜半時，思腎間白氣周行一身中，上至腦户，下至足心。自然之道，易致難行。常以月十五日向月祝曰：「月君子光，與我合德，養我丹田中小童子。」因瞑目念月白黄精氣來，下在目前，入口中咽之，三七而止，以手摩送之，下至丹田之中。丹田中氣正赤，氣中有一人長九分，小童子也，衣朱衣。故丹田中赤、外黑、左青、右黄、上白〔一〕，五色氣已具。但以其月託腎，腎得月精，乃得陞沈。丹田中赤者，太陽之精也，心火之氣也；其外黑者，太陰之精也，腎水之氣也；其左青者，少陽之精也，肝木之氣也；其右黄者，中和之精也，脾土之氣也；其上白者，如銀盤而照覆之者，少陰之精也，肺金之氣也。人須得丹田成，乃爲真人。故生子仁者，肝之精也；禮容者，心之精也；義慧者，肺之精也；和樂者，腎之精也；忠信篤厚者，脾之精也；辯勇者，膽之精也。緩和者，膽之氣衰也；盲者，肝之氣衰也；懦者，肺之氣衰也；癲者，心之氣衰也；濡者，腎之氣衰也；不肖

〔一〕「中赤、外黑、左青、右黄、上白」，第十七神仙作「中赤、左青、右黄、上白、下黑」。

喑聾者，脾之氣衰也。其五藏衰者，皆自見於己也。憂悲不樂則傷肝，傷肝則目瞑頭白，當思腎心以養之。淫樂過度即傷腎，傷腎則腰疼痛，身沉重，大小便膿血，思肝肺以養之。恚怒則傷心，傷心則病狂吐血，思肝脾以養之。遭患憂難則傷肺，傷肺則思脾腎以養之。飲食絶飽、酒醉過度則傷脾，傷脾則思心肺以養之。令其子母相養之，即病愈疾除。求神仙之人，惡傷五藏，學士明照之。

第三十六神仙

經曰：食太極之精，乃得長生。常以六戊之日時加其辰，辰一作神。道士於室中冠帶，北向再拜曰：「皇天上帝太上道君，曾孫小兆王甲好道，願得長生。」暮夜卧，上念北斗太極中央大明星精正黄氣來，下在兆目前，入口中咽之，三五而止，黄精氣填滿太倉黄庭中，下至丹田中。乃念絳宫中有一赤人，紫房宫中有五人，太一君在其中，老子、仙人仲成子在左，太和、曲文子在右；明堂宫中有玄光玉女，左有黄裳子，右有中黄真人，俱宿衛真人子丹也。乃復下念玉堂三公，呼曰：「司録六丁玉女，削去某甲死籍，令某甲辰生。」氣定，乃復念真人子丹在胃管中，祝曰：「玄光玉女，養我真人子丹，服食元氣，飲宴醴泉。」以北斗中極託脾，脾得斗極之精，乃爲真人。

第三十七神仙

經曰：肺爲尚書，肝爲蘭臺，心爲太尉公，左腎爲司徒公，右腎爲司空公，脾爲皇后貴人夫人，膽爲天子大道君，胃爲太倉，太子之府也，吾之舍也。大腸小腸爲元梁使者，下元氣爲大鴻臚，中元氣爲八十一元士，上元氣爲高車使者，通神於上皇。故肺爲玉堂宮。心爲絳宮，朱雀闕門。腎爲北極幽闕，玄武掖門。脾爲明堂，侍中省閣也。胃爲上海，日月之所宿也。臍爲下海，日月更相上下至胃中。故太初者，元氣之始也，道也，一也，心上爲天。太始者，爲萬物之始也，山川也，地也，爲腎。太素者，人之始也，精也，脾也，土也。上亦有三宮：兩目爲絳宮，兩耳爲玉堂宮，鼻口爲明堂宮。眉間爲郊山，能合三元氣，以養其真人小童子，則列然徹視矣。

老君曰：萬道衆多，但存一念子丹耳。一，道也。在紫房宮中者，膽也。子丹者，吾也。吾者，正己身也。道畢此矣。

第三十八神仙

經曰：道士鍊水銀消沙，液珠玉八石，以作神丹，服一刀圭，飛昇天宮，身常食氣，乃得長生神仙。存神食丹，乃爲真人。真人得道，上佐上皇治。故真人以水土溟溟浩浩，天地潰潰濛濛，不知所存藏，萬八千歲乃成天地人。故真人以土作人，呼吸飲食，從騎伏使，令土不得獨處，人不得獨存。故言黃土本人之先也。真人去之，上昇九天。世人無道，下入黄泉。益土三升，子一作了。無骨筋。一本作肋。故九天丈人有言曰：「食於天者，以身報天，上爲真人。神仙戲游。食於地者，以身報地，下爲尸鬼。食於人者，以身報人，骨毛棄捐。」兆欲爲道，勿食飛鳥，天之所生，殺之數數，減子壽年。人畜食之，可以爲廚。辛六畜也，避六丁神獸類也勿食。丁卯兔也，丁丑牛也，丁亥猪也，丁酉鷄也，丁未羊也，丁巳蛇也，此大禁之，六丁神之諱也。乘氣服丹入室之時，無食生物，禁食五畜肉。五畜肉者，馬牛羊猪狗也。但得食鷄子魚耳。禁食五辛，梟惡自死之物慎勿食。服丹尚可，乘蹻禁之。

第三十九神仙

經曰：道者吾也，上上中極君也。兆常以日出時、日中時、酉時、夜半時，一云日申酉。上念太極中央太黄星，其精氣來下在兆額上眉間止。正赤黄白如日狀，以意致之下，入口中咽之，令其氣下入絳宫紫房黄庭中，咽之三五而止。祝曰：「皇天上帝太上道君，曾孫小兆王甲好道，願得長生，此吾之氣也，吾從此氣生。」念之萬遍無止也，令兆長生，上爲真人，雲車下迎，飛昇天宫，上謁上帝南極老人元光之前。

老君曰：聖人銷珠，賢人水玉，銷珠水玉，其道同法。銷珠者服日之精，左目日也；水玉者食月之精，右目月也。被髮正偃卧瞑目，常念兩目中黄精赤氣來下，入口中咽之，三九而止，令人神明，徹視八方。食肺之精，常念肺中白氣來上，出至咽喉，入口中咽之，三七而止，令人神明，身生光澤，辟邪致神，玉女侍之，即長生辟百鬼矣。常念身中小童子，衣絳衣，在心中央，中央即神明也。時念心中有紫華蓋，下有一人，著赤幘大冠絳單衣，銜箭引弩，憤然而嗔，即能辟兵，役使鬼神矣。

第四十神仙

經曰：常思頂中紫雲，出如車蓋，狀如火氣，文彩五色，上與天連，以意極布之，與天相率下。念胃中黄氣如橘，忽長稍大，身形如日。念目下元氣赤人黄人道氣行布四支，登高入日中，登高一作登臺。上至絳宫紫房太一。祝曰：「太一北極，敬告諸神，常令魂魄安寧，無離某甲身。」是謂自然無形者也。

第四十一神仙

經曰：鬼箭十二，可以辟兵。常思心中十二芝莖，上與肺連，以意挹之，名曰鬼箭。兆常行之，五兵自辟，凶惡自亡，以擊四夷，捐撝電光，但間兵楯刀戟金銀。天神皆助真也，雷公擊鼓也，太白揚光，白帝持弩，蚩尤辟兵，青龍守門，武夷在庭，螣蛇玄武，主辟凶殃。白兔擣藥，蟾蜍在傍，太一和劑，彭祖先當。服一刀圭，面目生光，身出毛羽，上謁上皇。此道也，使諸神氣與子合同，慎之勿解殆也。

第四十二神仙

經曰：常以庚申之日申時，被髮西南，首申地偃卧，縱體瞑目，念肺正白，潤澤光明，中有芝草，莖大如小指，其中空而明，下與心相連。其中有青赤氣，上下交通，出心入肺之中。念之至下晡時止。肺者，人之天也。心者，人之日也。日氣上出，如赤丹之精。未嘗有之時，人須得此氣以生耳，失此氣者則死矣。名曰自然之道，道通神靈矣。

第四十三神仙

經曰：常念心中赤氣如日，内青外黑，三合成德，以應道數。師曰：常以平旦，念心中正赤如日，日中有人，著大冠赤幘，衣絳單衣。兆見之呼曰：「天皇太一君，使某甲長生，上爲真人。」

第四十四神仙

經曰：還精絳宫之中法，常以月一日十五日晦日，以日初出時，被髮東首向日卧，以左手摩兩乳間，下至心，九反而止。拊〔一〕心言曰：「神手〔二〕，神還絳宫，無離己身；神乎！

〔一〕「拊」原作「柑」，據道藏輯要本改。
〔二〕「手」，太上老君中經作「首」，依下疑作「乎」。

安居〔一〕靜處，與己言語。」如此三乃止。師曰：每摩兩乳間者，使氣上下通〔二〕也。拊摩其心，存小童子，此名虚無還精絳宫者，月三日爲之也，神仙之道也。

第四十五神仙

經曰：元陽赤人，太一也。元陽道君，中太一也。元陽子丹，己吾身也。元陽玄光玉女，道之母也。元陽皇人，太一王也。元陽丹田，藏精宫也。師曰：元者氣也，陽者日也。當思心中有日，日有赤人，著赤幘大冠，衣絳單衣。次思膽中有太白明星，三光耀而相照。星上各有一人，衣絳朱衣，冠九德之冠，道君在中央，左有老子仲成子，右有太和曲文子，凡五人是一也。次念脾上正黄，中有日，日中有三人，道母玄光玉女在中央，左有黄裳子，右有中黄真人〔三〕。次念胃管中有真人子丹，坐珠玉之牀〔四〕上，黄金色雲氣爲帳，玉女小童

〔一〕「居」原作「君」，據上書改。
〔二〕「通」原作「道」，據上書及道藏輯要本改。
〔三〕「真人」原作「直」，據本書第三十六神仙改。
〔四〕「牀」原作「狀」，據太上老君中經及道藏輯要本改。

子侍〔一〕之。次念臍中太一，衣五綵朱衣，冠三絳之冠，左〔二〕青人，右有白人，前有赤人，後有黑人。次念丹田中有赤氣，赤氣中有三人，赤人在中央，左有青人，右有黃人，赤氣繞之，内青外黑，上白中黃。念此畢，卧有所見，神氣來語人也。

第四十六神仙

經曰：常念脾中有黃氣升上，至口中咽之，三五而止，即飽矣。可以辟穀，坐在立亡。師曰：常思脾中有日，日中有黃金匱，匱中有書，封之以黃玉印，印〔三〕廣三寸，字曰威喜。精而思之，則邪〔四〕自出。兆能見而讀之，心開目明，即時神仙矣。

第四十七神仙

經曰：常思念胃中正白〔五〕如凝脂，中有黃氣，填滿太倉，上至口中，咽之即飽。師曰：胃者，太倉也，諸神皆就太倉中飲食。中黃金釜金甑，玉女小童主給使之，故呼曰黃裳

〔一〕「侍」原作「待」，據上二書改。
〔二〕「左」下疑有「有」字。
〔三〕「印印」原作「邔邔」，據太上老君中經改。
〔四〕「邪」原作「耶」，據上書改。
〔五〕「白」原作「自」，據上書及道藏輯要本改。

子致行廚矣！

第四十八神仙

經曰：腎者，元氣之根也。常思腎間白氣上昇至頭中，下至足心十指之端，周行一身中，十二遍而止。手足皆熱，可以不飢不渴不寒，令人不老，白髮復黑，兆常念行之。

第四十九神仙

經曰：常以月朔望日，思兩腎間白氣上頂中，下至足心，神龜五彩爲甲，文若總系。上有玄光玉女二公相對坐，前有太一，後有玄冥，司録司命，共議死生。人精念之，三十息止。呪曰：「司録君司命君六丁玉女，削去某死籍，著上生文，皆〔一〕當言長生。」神龜呼吸，吐故納新，恣意所爲。白龜之神，元氣布行，四肢〔二〕皆温。人須得腎氣，神龜呼吸乃生耳。常以甲子日及壬子日存行之，即長生矣！

第五十神仙

經曰：常以甲午之日日中時，被髮南首，偃卧瞑目，念臍下三寸丹田中黄，其氣正赤，

〔一〕「皆」原作「此」，據第十四神仙及第二十五神仙改。
〔二〕「肢」原作「友」，據太上老君中經改，道藏輯要本作「支」。

大如手掌，其外黑，次其外青。臍上有白氣覆之，肺氣也，左有青，右有黄，各大如手掌，此三者肝氣脾氣肺氣。師曰：丹田中赤者太陽氣，其外黑者太陰氣，次外青者少陽氣。三合成德，三氣守之，即長生矣！

第五十一神仙

經曰：心爲虚，腎爲元。虚氣以青上爲天，元氣以寧下爲地，入於太淵。故虚氣生爲呼，元氣生爲噏。心爲日，腎爲月，脾爲㪺〔一〕。心氣下，腎氣上，合即爲一，布行四肢〔二〕不休息。故心爲血，腎爲氣，合即流行，名曰脈。脈者魂魄，人之容也，魂魄以去，主人寂寂。故百〔三〕脈盡即氣絶，氣絶即死矣！是以爲道者不可不存其神，養其根，益其氣。兆汝努力努力，將去矣。真人得道，萬八千歲一會。道士得道，千歲一會。故作中經，以遺後世。本上皇藏之金匱，道人得千金勿傳出也。

第五十二神仙

〔一〕「㪺」，太上老君中經作「斗」。
〔二〕「肢」原作「友」，據上書改。
〔三〕「百」原作「伯」，據上書改，道藏輯要本作「血」。

經曰：三元之日會合於己亥，三元者，太一、太陰、害〔一〕氣是也。三元〔二〕俱起己亥，太一左行，歲一辰；害氣右行，四孟歲行一孟；太陰右行，三歲一辰，九年行方，四九三十六年，三元俱合於亥。三合之歲，水旱兵飢，災害並起。三合之歲，陰陽隔并，感天動地，害氣流行，晝行則傷穀，中有人即疾疫，中穀即飢貴。兆汝居其間，不能自生也，可不努力勉時學道哉！當期之世，水旱蝗蟲，五穀飢貴，兵革並起，人民疾疫，道路不通，負老提幼，散流他方，其父母妻子兄弟哀氣內發，摧肝絶腸，略爲奴婢，不知縣鄉，於期乃欲學道，豈不晚哉！豈不晚哉！吾深戒子，存神作丹早自防，即遭亂世，遠去深藏。聖主明世，道可照而行也。故天地之會，四十五歲一小貴，九十歲一小飢，一百八十歲一大貴，三百六十歲一大飢。五百歲賢者一小聚〔三〕，千歲聖人一小聚，三千六百歲聖人大會，萬八千歲真人一小出治，三萬六千歲至極仙人一出治，三百六十萬歲天地一大合，元氣溟涬濛鴻，元形人爲萬物，不知東西南北，人化爲禽獸，禽獸化爲人。真人乃在元氣之上，仙人乃在絶域无崖之

〔一〕「害」原作「宫」，據道藏輯要本改。

〔二〕「三元」原作「元三」，據太上老君中經及道藏輯要本改。

〔三〕「聚」字原無，據道藏輯要本增。

際，道人隱居可以貴重也。

第五十三神仙

經曰：天都京兆合在勾陳之左端，號曰安德君，主與天太一北君共竿計説，諸神主人魂魄會於南極，有録者延壽，衆神共舉之；無録者終矣，司命絶去之。人魂魄會於北極，有功德於人天地萬物者，子孫富貴，壽考鮮明〔一〕，身得封侯，復出爲人。無德者有三：一曰殘賊酷虐，害逆天地四時；二曰呪詛〔二〕嫉妬淫泆，慢易天地神靈；三曰不孝不忠盜竊陰賊推埋殺人。犯此三者，子孫絶滅。人生自有三命，至娶婦嫁女，復定其一命；移徙葬埋，復定其一命。得吉身者壽考，子孫富貴；得凶者死，子孫貧困屯。汝居世間，當何著于天地神，可畏也！故天置日月北斗二十八宿五星主之，六甲六丁諸神主行民間，兆汝不知，汝甚可畏之。常復有邪鬼精魅至於家思〔三〕不祥，里社水土公司命，門户井竈清溷太陰水瀆，皆能殺人者。兆汝欲却邪辟鬼，當被符，次服神藥。符者，天地之信也；藥者，人丹也。

〔一〕「鮮明」，道藏輯要本作「綿延」。
〔二〕「詛」原作「咀」，據太上老君中經改。
〔三〕「思」，上書作「鬼」。

益其氣力，身輕堅强，即邪氣官鬼不能中人也，即成神仙矣。鬼者，神之使也。鬼見天信即去矣。人亦有之，京兆舍中極鄉璇璣里夏里黄公字德皇，正在臍中央，太一是也，一名玉靈子。衣五彩朱衣，總閲黄神，常以八月秋分之日案比計筭。常先之一日、後之一日、正節之日凡三日，入室勿出。常以鷄鳴時思之，平旦兆悦〔一〕之，至日禺中時止，爲之三日，被髮西北向，偃卧縱體，無令他人見之，豫勑家中人無得有聲。先齋戒沐浴，至其日入静室中，安心自定，先祝之曰：「曾孫小兆某甲好道，願得長生，今日秋分之日，天帝使者夏里黄公來下，入吾身中，案比總閲，諸神不得逋亡，皆當來會。」從上三呼之，比爲之，日三呼之，三日九呼之，日中乃止。即言曰：「司録六丁玉女，削去某死籍，更著某長生神仙玉曆，急急如律令。」即日有天帝無極君教自應曰諾。下床回向再拜謝天神，一身道畢此矣。

第五十四神仙

經曰：子欲知真人、仙人何類？仙人衣褋衣，生毛羽。真人無影，衣五綵朱衣。其居無常處，東春、南夏、西秋、北冬，浮游名山崐崘蓬萊大郢九域之上，時上謁〔二〕上皇。故真

〔一〕「兆悦」，太上老君中經作「召説」。
〔二〕「上謁」原作「上謁上謁」，據上書删。

人得道，八千萬歲，乘珠玉雲氣之車，駕元極〔一〕之馬，時乘六飛龍，佐上皇治。中仙之士，中天而上，乘雲徃來，歷越海江。下仙之士，法當尸解，晦日朝會拜禮，不得解怠，當爲神使。道非有所異也，但有尊卑等故〔二〕耳。故百歲之人黄頭髮，二百歲之人兩顴起，三百歲之人萬物耳，四百歲之人面縱理，五百歲之人方瞳子，六百歲之人脅肋〔三〕胼，七百歲人骨體填，八百歲之人腸爲筋，九百歲之人延耳生，千歲之人飛上天，上謁上皇太一，爲仙真人重瞳子。故能徹視八方，食芝服丹即不老，人萬八千歲更爲童子，男八女七從此始。

第五十五神仙

經曰：子欲制百邪百鬼及老精魅，常持符利劒亭水瓮上，於中視其形影。凡行出入卒逢非常恠物，於日月光中視其形影，皆可知也。以丹書制百邪符置于瓮水上，邪鬼見之，皆自然消去矣！諸精鬼魅龍蛇虎豹六畜狐狸魚鼈龜飛鳥麞鹿老木，皆能爲精物犯人者，符刻之斬之，付河伯社令。常召今日直符使六丁神守之宿衛。左文字在八十一首玄圖六甲宫

〔一〕「元極」，上書作「无極」。
〔二〕「等故」，太上老君中經作「之故」，道藏輯要本作「等級」。
〔三〕「肋」原作「助」，據太上老君中經改。

四十九真中。亦有珠胎、七機、華蓋、清觀，皆能制百邪，此四符者，惡穢人不可服也。當被服威喜、巨勝、左契、右射、太極、太清、太玄、陽章、叅天、包元、氣太虛，此大道也，可常被服，無所不防，亦無禁忌也。上制文曰：「皇天上帝太上道君，曾孫小兆王甲好道，願得長生，所願從心。」來自在心也，不多言。上封文曰：「皇天上帝太上道君、天一、太一、北斗君、日月陰陽君、司命君、司録君，曾孫小兆王某好道，願得長生，唯司命司録君削去死籍，更著長生玉曆仙籍，定爲真人。」臣某即日除爲太一使者，再拜受命上皇道君中黄門子，再拜著契封符。傳當清潔，先解過。常以歲〔一〕四時除日及八節日，以酒脯於東流水上解過，南流亦可。

神仙玄圖曰〔二〕：「玉曆五十五章姓名符信，本在上皇金匱玉笈玉笥中，封之九重，兆得之慎勿妄傳，子慎之，勿受錢之，得其人即傳之，可得神仙。吾時時自案行此二篇〔三〕上下中經也。吾常使司命教鬼守汝，勿妄增減吾文，一字不具，吾即知之，兆汝慎之慎之如吾

〔一〕「歲」原作「西」，據太上老君中經改。

〔二〕「日」原作「日」，據上書改。

〔三〕「二篇」原作「三篇三篇」，據上書改。

言。符與下字以丹青之，此吾之信也。兆汝審欲神仙，當先服還丹金液，存神，即時仙矣，上爲真人。兆汝不服神丹金液，當自苦耳！爲寒温風鬼所繫，司命不救汝也，道神無柰汝何。兆爲道温衣適食，守虚无〔一〕爲自然，鬼亦不能救殺也，年壽終竟自死矣！何以言之？以其不堅守神故也。譬猶萬物之生，非欲求死，但自然老枯槁腐死，其人亦如此矣。吾以喻汝，努力求師。吾教八十一弟〔二〕皆仙，其十人布在民間，遊遨〔三〕穀仙。吾越度秦項不出，爲漢出，合於黄世，見吾大吉。」

〔一〕「无」原作「元」，據太上老君中經改。
〔二〕「弟」疑當作「弟子」。
〔三〕「遨」疑當作「遨」或「遨」。

雲笈七籤卷之二十

三洞經教部

經

太上飛行九神〔一〕玉經一名金簡内文

太上大道君告北極真公曰：「吾昔遊於北天，策駕廣寒，足踐華蓋，手排九元，逸景雲宫，遨戲北玄。逍遥朔陰之館，賞于洞毫之門。眄璇璣以召運，促劫會以儛輪。歎萬物之凋衰，俯天地而長存。乃覺九星之奇妙，悟斗魁之至靈也。夫九星者，寔九天之靈根，日月之明梁，萬品之淵宗也。故天有九氣，則以九星爲其靈紐；地有九州，則以九星爲其神主；人有九孔，則以九星爲其命府；陰陽九宫，則以九星爲其門户；五嶽四海，則以九星爲其淵府。五九參列，綱維無窮，制御天宿，迴轉三辰，調理四五，致天地得存。萬品之所

〔一〕「神」，道藏本收此經作「晨」。

宗，神仙之所憑。夫天無九星，則無以爲高清；地無九星，則無以爲至靈；人無九星，則九孔不明。上帝兼之以通真，神仙憑之以得成，五行乘之以致度，萬物稟之以得生也。天清地静，則九星焕明；天激地否，則九星翳昏。璇璣召劫度之期，天關運五行之氣，輪空洞之大輻，促九天之應會。是以神光轉灼，玄監萬生，傍行越位，以告災祥。天地所以有大運之交，百六應符，皆九星緯轉數終。所以陰陽勃蝕，二氣否激，天翻地覆，九海冥一，金玉化消，毫末不失也。悉九星之所迴，璇璣之所促，明天地之用，玄綱之妙，得其中，則有空常隱步，藏景逃形，變化三辰，萬物立成，黑點隱淪，二十五名，其趣幽微，祕不下傳。上有九辰華君，中有九皇夫人，魂精魄靈，皆九斗之威神，吐焕七曜之光，流映九天之門，洞朗幽虚，無毫不彰也。其星陽芒則爲流金火鈴，陰芒則爲豁落七元。皆高上之靈策，元始之威章也。龍飛尺素之訣，隱諱口口之中，列帛華晨之下，羊鴈禮天以招真，則玄光曲照于盟場，九晨下降於靈宇，夫人懽悦於寢席，玄斗記名於隱書。有知此道存之，便足以免大劫之會，度洪災於甲申也。修之二七年，便得晏鴻翮而騰翔，斥紫霄而升晨也。此玉清之上道，不比上清之中仙也。玉清則上清之高真，上清則太清之高神，太清則飛仙之高靈。凡行玉清之道，出則諸天侍軒，給玉童玉女各三千人，建三七色之節，駕紫雲飛輧〔一〕十二瓊輪，前導鳳歌，後從玄鈞，六師啓路，飛龍翼轅，其位准高仙，列圖玉清。行上清之道，出則五宿侍衛，給玉童玉女各一千五百人，建紫毛之節，駕飛雲丹輿，前吹鳳鸞，後奏天鈞，玄龍啓道，五帝參軒，位准上清左右位卿。行太清之道，出則五帝侍衛，給玉童玉女各八百人，建五色之節，駕龍輿飛煙，前嘯九鳳，後吹八鸞，白虬啓道，太極參軒。故真中有高卑，玄中有階次也。玉清之道，玄遠絶邈，不比中真及飛仙之徒。九星上法玄映之道，吾昔受之於元始，于今七億萬劫。經天地成敗，萬品衰滅，而其道獨存，今猶修之於雲景之上，而不能忘之於時節者，意玩此道高妙，愛樂夫人接遇也。況來生始學飛晏之舉，而不知幽尋步空之法，何由得披重霄之門，觀天地之始終乎？既無此道，與九晨乖域，夫人絶遊也。徒有玄名帝録，超卓高騰，正可得策駕雲龍，遊眄五嶽，但不死而已。如此望踐斗魁，旋步華晨，騰景玉清，當未有期也。子方當匡御劫運，封掌十天，科簡玄録，理判神仙，宜受此法，以綜萬生。今出相付，子祕而修焉。」

九晨真人曰：行飛步之道，先一日沐浴齋淨，是日於中庭布星圖隨斗建也。北向長

〔一〕「輧」，太上飛行九晨玉經（下稱九晨玉經）作「軒」。

跪，燒香於玄冥星下，叩齒三十六通，閉眼存歲星在左脇，太白星在右脇，熒惑星在頭上，辰星在臍下，鎮星在心。次覆衣九星，先舉左手屈於頭上如斗勢，存陽明星在左手掌中，陰精星在左肘上，真人星在左乳上，玄冥星當心。故燒香於玄冥星下而啓事，因心而應天明也。丹元星在右䏶上，北極星在右膝頭上，天關星在右足肧上，輔星在臍下，弼星在頭上。畢，微呪曰：「衣天斗，戴金巾，乘魁綱，入斗門，朝真人，拜華晨，二十八宿，覆絡我身，乘空步虚，飛升自然。」畢，咽氣九過止。

次舉右手如斗勢臨頭上，存陽明還右手掌中，陰精星右肘上，真人星在右乳上，玄冥星當心上，丹元星在左䏶上，北極星在左膝頭上，天關星在左足肧上，弼星在左目上，輔星在右目上。畢，微呪曰：「我乘天綱，步九元，履斗魁，行飛仙，得天心，萬神懽。隱形藏景，變化萬端。敢有干試，收繫斗門，掃除不祥，正真明分。左煥火鈴，右輝靈幡，威光萬里，嘯命立前。玉帝所呪，靡不如言。」畢，咽氣十六通止。次乘斗旋行斗星之外，步斗魂魄，從天樞星上對陽明，次登天璇天機，以次周於隱元，往反三過。畢，於隱元星上歌三洞飛空章而登陽明也。便立思夫人形象如左也。

第一天樞星，則陽明星之魂神也。天樞星威而不曜，光而不照，潛洞太虚，圍九百二十里，對陽明星之西北門。其星則號元斗宫魁精玄上真皇夫人，姓明通，諱愳玄，真名上精。

頭建飛雲華頹之髻，餘髮散至腰，衣紫黃青三色之襹，帶九鈴之綬，口恒吐青氣之光，以注於陽明星上，以明星之煥也。修飛步之道，當思夫人姓諱形像然後呪，則魂神澄正，明星懽悅，天光洞映，使魂影俱飛登晨也。并足上天樞星上，對陽明星左手撫心，右手指陽明星，叩齒九通，咽液九過，閉氣三息，而微呪曰：「天妃九星，凝氣結真，七曜纏絡，號曰玉晨。上建華蓋，下躡斗魁，身乘天機，飛步瓊軒。魂精魄靈，與形合仙，保元日月，天地長存。隨運變化，夫人齊連，上升九天，浮景自然。」畢，閉氣三息。次左足躡天璇，進右足與左足并通氣。

第二天璇星，則陰精星之魂神也。天璇星景而遠映，照而不煥，潛洞太虛，圍五百五十里，對陰精星之西門。其星則號玄斗宮虛精上玄皇夫人，姓玄鏡，諱鬱勃光，真名金歸。頭建飛雲華頹之髻，餘髮散至腰，衣飛錦羅帬鳳文錦帔，帶靈飛紫綬，口恒吐黑氣之光，以注於陰精星上，以明星之暉曜也。修飛步之道，當思夫人姓諱形像，并足上天璇星上，對陰精星左手撫心，右手指陰精星，叩齒九通，咽液九過，閉氣九息，而微呪曰：「北玄皇靈，九上開清。玉華潛暎，緯絡紫庭。今日飛步，萬道通明。魂魄澄正，安附我形。無使飛翔，同升北星。上噏玄精，飲以玉泉。變化九微，保命天靈。」畢，閉氣三息。次進左足躡天璣星，次右足來并通氣。

第三天璣星，則真人星之魄精也。天璣星猛而不顯，暉而不曜，潛洞太虛，圍七百七十里，對真人星之東南門也。其星則號上精宫靈妃元皇夫人，姓常明，諱化雲，真名流爓〔一〕。頭建晨嬰寶冠，衣飛雲明光錦襹，帶六山飛晨之綬，口恒吐黄氣之精，以注真人星上，以明星之曜也。修飛步之道，當思夫人姓諱形像，并足上天機星上，對真人星右手撫心，左手指真人星，叩齒九通，咽液九過，閉氣十二息，而微呪曰：「靈妃元皇，九星中真。上理璣度，總監諸天。下試群方，遊景紫煙。是日上吉，皇〔二〕道敷陳。潤流九外，曲灑我身。飛行羽步，上入帝晨。與皇同眉，永享劫年。」畢，閉氣三息。次進左足躡天權星，進右足與左足并通氣。

第四天權星，則玄冥星之魄精也。天權星微而隱，隱而同映，潛焕太虚，圍八百里，對玄冥星之東門也。其星則號綱極宫上靈神妃華皇夫人，姓開生，諱運明，真名嬰闕。頭建七稱之冠，衣緋羅鳳文之襹，帶金真玉光，口恒吐赤氣之精，以注玄冥星上，以明星之焕曜也。修飛步之道，當思夫人姓諱形像，并足上天權星上，對玄冥右手撫心，左手指玄冥，叩

〔一〕「爓」，道藏輯要本作「爛」。
〔二〕「皇」，九晨玉經作「黄」。

齒九通，咽液三過，閉氣三息，而微呪曰：「神妃上靈，號曰華皇，安鎮華蓋，北上之宫。左侍玉女，右衛靈童，道引七精，九暉之光。爲我致真，飛步天綱，使我魂魄，俱升帝堂。」畢，閉氣三息。次進左足躡玉衡，進右足與左足并通氣。

第五玉衡星，則丹元星之魂靈也。玉衡星大而嘿，踊而不煥，潛洞太虚，圍七百二十里，對丹元星東北門也。其星則號紀明宫北上金蓋中皇夫人，姓元方，諱神武，真名勃。頭建紫晨飛華之冠，衣九色之襹，帶神虎玉文，口恒吐白氣之光，以注丹元星上，以明星之暉也。修飛步之道，當思夫人姓諱形像，并足上玉衡星上，對丹元星右手撫心，左手指丹元，叩齒三通，咽液三過，便閉氣三息，而微呪曰：「皇華中妃，上元所居，九斗吐暉，精煥八嵎。流煙鬱勃，散靈朱廬，使我魄靈，天地同符。形魂俱升，駕空策虚，玉光纏絡，丹軿紫輿。飛行北上，參受隱書。」畢，閉氣天息。次進左足躡闓陽星，進右足與左足並通氣。

第六闓陽星，則北極星之魄靈也。闓陽星朗而潛照，暉而不煥，洞微太虚，圍七百七十里，對北極之下，開北洞之門也。其星則號紫極宫安上晨華元皇夫人，姓王元，諱根華，真名冥會。頭建玉晨進賢之冠，衣飛青羽襹，帶流金火鈴，口恒吐緑氣之精，以注北極星上，以明星之曜暉也。修飛步之道，當思夫人姓諱形像，并足上闓陽星上，對北極星而左手撫心，右手指北極，叩齒三通，咽液五過，閉氣五息，而微呪曰：「九天上帝，黄華之宗。運轉璇璣，總輪八方。使我飛步，躡紀天綱。反覆交并，三五縱横。通靈八微，羽衣玄黄。龍輿玉景，飛行太空。長享眉壽，天地同功。」畢，閉氣五息，次左足躡摇光星，進右足并通氣。

第七摇光星，則天關星之魂大明也。摇光星則光轉空洞，迴旋天關也，潛焕太虚，圍九百里，上對天關星之南門，下對北極星也。其星則號運天宫玉華靈皇夫人，姓度元，諱終會，真名啓光。頭建飛華頹雲之髻，餘髮散至腰，衣七色夜光雲錦之帬、九色錦帔，九〔一〕天威靈玉策，口恒吐赤氣之精，注天關星上，以明星之大光也。修飛步之道，當思夫人姓諱形像，并足上摇光星上，對天關星而左手撫心，右手指天關，叩齒九通，咽液九過，閉氣三息，而微呪曰：「天地迴轉，七光大明。旋轉九氣，上應玉清。中有夫人，號曰華靈。玄映九外，無毫不生。是日良吉，飛步紫庭。使我魂魄，安附身形，變化空洞，出幽入冥。天地同轉，萬劫不傾，保仙上元，九晨齊精。」畢，閉氣七息，次左足躡洞明星，進右足并通氣。

第八洞明星，則輔星之魂精陽明也。洞明星則光迴諸天，總輪上宿，流暢太虚，圍九百九十里，上對輔星西南門也，在天關之上梁，北極之陽芒也。其星則號空真宫太明常皇夫人，姓幽昇，諱無韻，真名空變。頭建飛雲華頹之髻，餘髮散至腰，衣飛羅文襹，帶九光之

〔一〕「九」上疑脱「帶」字。

綬，口恒吐青氣之精，注於輔星之上，以常陽大光也。修飛步之道，當思夫人姓諱形像，并足上洞明星上，對輔星而右手撫心，左手指輔星，叩齒九通，咽液九過，閉氣三息，而微呪曰：「三五飛行，天地開張。九元迴綱，合紐上京。天真散靈，萬道溢昌。夫人曲映，是日吉良。飛步斗魂，旋行玉綱。頭戴華蓋，足履常陽。遊戲三清，變化萬方。保仙自然，享壽無窮。」畢，閉氣十二息，次左足躡隱元星，進右足并通氣。

第九隱元星，則弼星之魂明空靈也。隱元星則隱息華蓋之下，潛光曜於空洞之中，圍九百九十里，上對弼星之東南門也。其星則號元寶宮空玄變靈上皇夫人，姓冥通，諱萬先，真名常陽。頭建飛雲七稱玉冠，衣青文錦襹，帶九光夜燭，口恒吐黑氣之精，注於弼星之上，以明煥隱洞之光也。修飛步之道，當思夫人姓諱形像，并足上隱元星上，對弼星而左手撫心，右手指弼星，叩齒十二通，咽液一過，閉氣一息，而微呪曰：「上步天綱，飛行羽門。出入三生，逃身隱淪。變化形影，千合萬分。神安氣鎮，鍊度仙魂。舉體同飛，衣服錦帬。流鈴交落，身佩虎文。嘯咤五帝，策駕景雲。上造北晨，朝謁皇君。」畢，閉氣一息止。還并足上天樞星上，單步往反三周，不須復存思呪説也。步斗魂事畢，存呪正初登星一過行之爾。往反三過畢，還立天樞星上，向陽明星而歌誦徘徊遊行九晨羽章三篇，畢，便登綱上陽明星上行飛步也。

羽章

雲綱落天紀，九斗翠玉虛。紫蓋重霄嶺，玄精朗八嵎。上有九晨賓，吟詠隱與書。飛步遨北漢，長齡天地居。

控轡玄羽臺，飛行九元所。洞虛深幽邃，雲綱乘空舉。下有採真士，仰照玉晨府。三周陽明上，九迴入洞野。高步登帝尊，長歌龍飛語。

玉霄映北朔，瓊條翠隱柯。空生九靈臺，煥精曜太遐。天關運重冥，劫會屢經過。乘我羽行駕，飛步織女河。保靈空常化，永忘天地多。

此三章出玉清上宫，諸九陽玉童、九華玉女，皆恒歌誦之於華晨之上，以和形魂之交暢，啓靈真於幽關也。

凡修飛步七元行九星之道，無此歌章，皆不得妄上天綱，足躡玄斗也。犯之，九星則執子魂魄閉於斗綱之下也。令人猖狂失性，嗔怒妄興，不出三年，無不喪身。非道不欲使人得仙，而人不能明道淵源耳，如此豈可不詳而行焉。九星則九天之根，玉清之明精，九魂則九星之明靈，人徒知步七星之妙，而不知九星魂魄之至靈也。非七星不欲運人上斗，而人身魂神畏斗星之靈魄，不敢隨人而騰空也。欲修飛步之道，宜知斗星之魂魄、九皇夫人内名、空常之隱訣也。而按圖修行，豈當不得飛登北元，上謁華晨者哉。但此道高妙，玉清寶祕不行，中仙鮮有得者。知其法則九星内映，夫人降席，斗魂感悦，則共攜兆而昇入九元之内宫。

陽明星，天之太尉，司政主非。上總九天上真，中監五嶽飛仙，下領後學真人，天地神靈，功過輕重，莫不隸焉。星圍九百二十里，皆瑠璃水精。中有玉樹青實，金翅之鳥棲宿其上，自生青精玉芝，食之一口，壽九萬年。星有九門，有〔一〕四光芒，皆燗照九億萬里中。上有青城玉樓據斗真人，號曰太上宫青城玉樓九晨君，姓上雲，諱法嬰容，字董洞陽摇天槌。頭建九晨玉冠，衣青羽飛裳，手執斗中玄圖，坐玉樓之中。有玄名玉録，當得知九晨君内諱。知者玉晨下映，明星玄降。修其道飛行太空，升入九門之内也。修飛步之道，當先於陽明星上，右手撫心，左手指天東北，閉氣九息，叩齒九通，咽液三過，閉眼思九晨君姓諱形像，留立陽明星上，便微祝曰：「飛天九晨，上據玄魁。威振八煥，司政糺非。今日飛步，萬道通開。九真齊景，天轉地迴。鬼謀截頸，人逆斬摧。三綱所捕，逆者將衰。神靈侍衛，享福巍巍。得天之心，骨化形飛。手攀七綱，足踐九扉。雲行雨步，上昇太微。」畢，左轉陽明星上九迴，立向鬼門，閉氣三息，轉左足躡陰精，進右足并於陰精星上通氣。

〔一〕「有」上疑脱「門」字。

陰精星，天之上宰，主禄位。上總天宿，下領萬靈及學仙之人，諸學道及兆民宿命禄位莫不隸焉。星圍五百五十里，亦皆瑠璃水精，中有玉樹黑實，金翅之所棲，自生玄芝玉飴，食之一口，得壽五萬年。星有五門，門有四光芒，燭照九億萬里中。上有五色玉樓攀魁真人，號曰中元宫五色玉樓北上晨君，姓育嬰，諱玄上㲸，字昌陽文激明光。頭建玄精玉冠，衣玄羽飛裳，手執五色羽節，坐玉樓之中。若有玄名朱臺，當得知上晨君内諱。知者則北上下映，陰精玄降。修行其道，則飛行太空，昇入五門之内也。修飛步之道，當先於陰精星上，左手指本命，右手撫心，閉氣五息，叩齒五通，咽液五過，閉目思北上晨君諱字形像，留立陰精星上，便微呪曰：「玄晨北靈，五氣上精。體隱六紀，心藏景星。日月俠映，三光飭形。今日元吉，步綱紫庭。上開天户，受福朱靈。享祚無極，禄位尊榮。萬願交覆，所向利貞。騰飛華蓋，遨翔玉清。上詣北晨，九真齊軿。」畢，左轉陰精星上五迴，向本命上立，閉氣三通，轉左足躡弼星，進右足并通氣。不得躡真人星，但躡弼星耳。

真人星，天之司空，主神仙。上總九天高真，中監五嶽靈仙，下領學道之人，真仙之流，莫不隸焉。星圍七百七十里，亦皆瑠璃水精，中有玉樹黄實，金翅之所棲，自生黄精玉芝，食之一口，得壽三千萬歲。星有十二門，門有四光芒，燭照九億萬里中。上有黄臺玉樓真人，號曰真元宫中黄臺玉樓主仙華晨君，姓歸玴，諱妙陰光，字通度元度凝脂。頭建飛晨寶冠，衣青羽飛裳，手執斗中青籙，坐玉樓之中。若有玄名方諸，當得知華晨君内諱。知者則華晨下映，真人玄降。修行其道，則飛行太空，昇入十二門之内也。修飛步之道，皆不得躡真人星也。當并足弼星上，所謂偃息華蓋者也。北老真公曰：「子欲騰身，勿干真人。子欲飛行，勿枉天綱。子欲神仙，當拜華晨。」行道當避真人星，立弼星之上，拜真人，朝華晨，而求飛空也。弼星曰空，輔星曰常，常者常陽，空者隱藏。其有諱不得傳於人口，可於華晨之下，羊鴈禮天，裂素盟而傳。得此祕諱，心存而行之，輕泄七祖負考風刀也。當於弼星上，右手撫心，左手指西北，閉氣九息，叩齒九通，咽液九過，閉眼思主仙華晨君姓諱形象，留立真人星上，便微呪曰：「太微通真，弼輔華晨。吐煥九精，結氣紫煙。飛霞流映，光曜十天。上理元衡，下擕神仙。今日飛步，請禮真人。一求空行，二乞隱身，三願上昇，北掖四便。龍衣羽服，錦帔青帬，駕乘八景，浮遊九玄。得入天宿，與帝同軒。」畢，左迴弼星七過，向真人閉氣三息，轉左足躡玄冥，進右足并通氣。

玄冥星，天之遊擊，主伐逆。上總九天鬼神，中領北帝三官，下監萬兆伐逆不臣，諸以凶勃，莫不隷焉。星圍八百里，亦皆瑠璃水精，中有玉樹赤實，金翅之所棲，自生丹芝流瑛，食之一口，得壽八千萬年。星有三門，門有四光芒，燭照九億萬里中。上有朱臺玉樓出斗真人，號曰紐幽宮中朱臺玉樓玄上飛蓋晨君，姓冥樞，諱定宣覺，字法明度摇天柱。頭建三華寶晨冠，衣丹錦飛裳，手執命靈之節，坐玉樓之中。若有玄名玉格，當得飛蓋晨君内諱。知者則飛蓋下映，玄冥玄降。修行其道，則飛行太空，上昇入三門之内也。修飛步之道，當先於玄冥星上，右手撫心，左手指天，閉氣九息，叩齒三通，咽液三過，閉眼思飛蓋君姓諱形像，留立玄冥星上，便微呪曰：「天真行道，步景藏形。七元煥落，九晨齊并。手把天衡，足踐飛星。左輔火甲，右御朱兵。威振十天，流煥上清。先戮謀議，後伐妖精。敢有干正，斬以刀刑。三綱所制，莫不伏聽。變化往反，適心華庭。乘空飛步，上造帝靈。」畢，左迴三轉，向天閉氣三息，轉左足踐丹元星，進右足并通氣。

丹元星，天之斗君，主命録籍。上總九天譜籙，中統鬼神部目，下領學真兆民命籍，諸天諸地，莫不總統。星圍七百二十里，亦皆瑠璃水精，中有赤樹白實，金翅之所棲，自生金精冶鍊之膏，食之一口，得壽七萬年。星有七門，門有四光芒，燭照九億萬里中。上有素臺金樓躡紀真人，號曰綱神宫中素臺金樓躡紀真人金魁七晨君，姓上開，諱冥通光，字朱煥元變五道。頭建七寶飛天冠，衣白錦飛帬，手執青元籙籍，坐金樓之中。若有玄名崐臺，當得知七晨君内諱。知者則七晨下映，丹元玄降。修行其道，則飛行太空，上昇入七門之内也。修飛步之道，當先於丹元星上，右手撫心，左手指天關，閉氣七息，叩齒三通，咽液三過，閉眼思七晨君姓諱形像，留立丹元上，便微祝曰：「飛行躡紀，上步丹元。乘魁落宿，呼命斗魂。削死勒生，青白簡分，三合成道。年命長延。亨〔一〕利眉壽，齊生華晨。肉飛骨輕，駕景乘雲。仙衣羽服，流鈴紛紛。五色焕燿，昇入七門。」畢，迴星上七轉，還向天關，閉氣七息，轉左足踐北極，進右足并通氣。

北極星，天之太常，主昇進。上總九天真，中統五嶽飛仙，下領學者之身，凡功勤得道，轉輪階級，悉總之焉。星圍七百七十里，亦皆瑠璃水精，中有黑樹白子，金翅之所棲，自生玄芝水瑛，食之一口，壽五萬年。星有八門，門有四光芒，燗照九億萬里中。上有玄臺玉樓步綱真人，號曰紀明宮中玄臺玉樓北晨飛華君，姓明靈，諱長明化，字淵洞源昌上元。頭建飛精華冠，衣紫錦飛裳，手執九斗玉策，坐玉樓之中。若有玄名金臺，當得知飛華君内諱。知者則飛華下映，北極玄降。修行其道，則飛行太空，上昇八門之内也。修飛步之道，當先於北極星上，右手撫心，左手指金門，閉氣八息，叩齒三通，咽液三過，閉目思飛華君姓諱形像，叩齒立北極上，便微呪曰：「天行三五，中元迴旋。飛步華蓋，御斗乘晨。落紀三命，徘徊遊煙。今日元吉，上希神仙，名書玉簡，列〔二〕字紫篇。青襦羽服，丹帔錦裙，八景丹輿，

〔一〕「亨」，九晨玉經作「享」。

〔二〕「列」，上書作「刊」。

運我昇軒。位爲仙卿，北上之君。請求所呪，靡不如言。」畢，迴星上八轉，還向西方，閉氣八過，轉左足踐天關，進右足并通氣。

天關星，天之上帝，主天地機運，如四時長養，天地否泰劫會，莫不隸焉。星圍九百里，亦皆瑠璃水精，中有三華之樹，五色之實，金翅之所棲，生自然九味芝膏，服之一口，身生九色之光，得壽九萬年。星有一門，門有九光芒，總運九天之氣，燭照九億萬里中。上有九層玉樓乘龍真人，號曰關會宫九層玉樓總雲九元北蓋晨君，姓玄樞，諱轉光，字會元終明天徒。頭建九元寶冠，衣九色錦裳，手執暉神之章，坐玉樓之中。若有玄名九天帝圖玉籙，當得知北蓋晨君内諱。知者則北蓋君下映，天關玄降。修行其道，飛行太虛，昇入一門之内也。修飛步之道，當於天關星上，左手撫心，右手指地户，閉氣一息，叩齒三通，咽液三過，閉眼思北蓋晨君姓諱形像，留立天關星上，便微呪曰：「天元運關，地紀轉維。九靈交度，三五相推。四七幡宿，五帝徘徊。承玄步虛，上躡玉機。衣斗履斗，流鈴煥威。順我者吉，逆我者衰。我行天真，萬里廓開。身騰蒼軿，魂昇形飛。長離劫會，昇入太微。」畢，迴星上一轉，還向地户，閉氣一息，轉左足踐輔〔一〕星，進右足并通氣。

〔一〕「輔」原作「轉」，據道藏輯要本改。

輔星，天尊玉帝之星也，曰常，常者常陽，主飛仙。上總九天，下〔一〕領九地，五嶽四瀆神仙之官悉由之焉。星圍九百九十里，亦皆瑠璃水精，中有青華之樹，自有九音之字，上有青鳥三足鳥，生自然瑠璃芝瑛，食之一口，得與玉帝同真。星有八門，交通八氣，門有四光芒，爛照九天之上。中有紫氣玉樓遊行三命真人，號曰帝席宮中紫氣玉樓帝尊九晨君，姓精常，諱常無瓫，字玄解子空正上開延。頭建飛精玉冠，衣九色衣，手執火鈴，坐玉樓之中。若有玄名上清，得知帝尊內諱。知者則帝尊下暎，輔星玄降。修行其道，飛行太空，昇入八門之內也。修飛步之道，當於輔星上右手撫心，左手指熒惑星，閉氣三息，叩齒三通，咽液三過，閉眼思帝尊姓諱形像，留立輔星上，便微呪曰：「乾坤交覆，三命接靈。上步天宿，飛行九星。左把隱書，右執羽經。拜謁帝尊，受帝之名。得越華蓋，騰翔紫庭。今日行道，萬慶交并。受福巍巍，永享長生。身變毛羽，飛昇玉〔二〕清。」畢，迴星上三過，還向南方閉氣三息，轉左足還踐弼星上，進右足并通氣。

弼星，太帝真星也，曰空，空者，恒空隱也，主變化無方。星圍九百九十里，亦瑠璃水

〔一〕「下」字原無，據九晨玉經增。
〔二〕「玉」，上書作「上」。

精，中有三華之樹，自生九天玉章，上有金口之鳳，口銜火鈴，中生自然七曜之暉，得食暉一口，與太帝同真。星有九門，交關九天，門有四光芒，燗照八極之外，無央之中也。中有玉臺紫舘徘徊三陽真人，號曰上尊宫中玉樓紫舘帝真元晨君，姓幽空，諱空無先，字隱元覺冥陽暉幽寥元，頭建飛天玉冠，衣九天龍衣，手執帝章，坐紫舘之中。若有玄名九天，得知帝真内諱。知者則能隱形藏身，修行其道，則飛升九門之内也。修飛步之道，當於弼星上右手撫心，左手指北辰星，閉氣五息，叩齒三通，咽液七過，閉眼思帝真元晨君姓諱形像，却立弼星上，便微呪曰：「道合三微，玄虚舉真。出常入空，逃形天關。浮翔八極，駕景紫煙。飛步九天，變化億千。遨戲北蓋，嘯命句陳。所求所願，靡不如言。長齡天地，保年華晨。」畢，迴星上五轉，還向北辰星，閉氣七息，左轉兩足，還并立陽明星上，從陽明星單行禹步，周迴九星，往反九迴止，皆不須復存呪也。畢，還弼星上，平坐偃息華蓋，存九晨覆衣如初法，閉眼思己身在絳雲之内，乘天綱飛空，上升九天之門，隨綱轉輪九過。畢，覺身如落空，還坐星圖之上，便以手拭目九過，捻兩耳門九過，而行周天大呪，叩齒九通，仰西北而呪曰：「高上九靈，皇上華君。總仰天宿，迴度三辰。變化四節，五行成仙。是日行真，普命萬神。五嶽四瀆，及諸靈山。天地水官，悉衛我軒。太陽激電，六陰吐雲。猛獸驅除，萬精四奔。毒龍食鬼，平滅邪源。謀我者刑，干我者煩。樂我者壽，願我者仙。我帶靈策，體佩七元，流金火鈴，煥落我身。頭戴華蓋，足躡景雲，口銜天精，手握天關。空常變化，千合萬分，金木水火，立成自然。飛行禹步，徘徊九門，出入三清，天地長存。」畢，又叩齒三通，咽氣二七過，都止，九晨之道畢於此也。行九晨之道，當以正月七月四月十月四孟月，同用上旬五九，唯一日也平旦；二月八月五月十一月四仲月，同用中旬十五十九正中；三月九月六月十二月四季月，同用下旬二十五二十九夜半。此一月六日，旬適取其一日，一月三過，行之一年，三十六過，以應天關轉輪九天之氣三百六十度之數也。以其日行道，皆九天書名，得過陽九百六之運，身免洪波大劫之災，九年乃得晏飛綱而上步，乘空紀而超足也。

九晨玄圖〔一〕金簡文曰：修飛步九晨之道，亦當依步天綱之日兼而行之，益求飛天之速〔二〕，玄斗履鑒也。若兼修者，當先行九晨，而後行步天綱也。此二法呪呪爲異，原同一法。

步天綱

太微帝君昔授皇清洞真君，步天綱，飛地紀，據玄斗，攀星魁，接九真，乘飛龍，遊三命，

〔一〕「圖」原作「岡」，據九晨玉經改。

〔二〕「速」原作「遠」，據上書及道藏輯要本改。

浮三〔一〕生，固三寶，出六害，隱六陰，入六紀〔二〕，鎮天英，守延期，存无輔，躡大弼。用〔三〕流丹房，上升文昌，展轉九道，位爲九老。行之二十年，受書爲上清真人。凡人望七星爲近，不知步之甚遠。道士苟知天綱之可步，而不知魂魄不追其身。非身之不將魂魄也，魂魄畏七星之威不敢追身而上行也。故三魂不攝，七魄蕩散，徒以空尸步綱，而神不我從，實徒勞也。子欲步綱，澄心虛静，不思哀憂，不念榮味。於是迴行三帀，登星啓祝。使魂魄二神，俱過靈關。豁然縱體，奄忽自忘。盛潔乃步，恒如蹈空。一年辟非，二年辟兵，三年辟死，四年地仙。千害萬邪，衆莫敢干。自此以往，福慶無端。致神使靈，驂駕飛龍，太極賜芝，玉帝給童，行二七年爲上清真人。步法勿横行干綱也，直畫連星之界分曰綱也，犯横天綱，皆伐斷天道，大禁也。步綱勿躡真人星，大忌。犯此二者，皆脱巾叩頭謝。綱象以布帛爲之，長九尺，廣六尺，羅列星位於帛上，以青筆爲星，丹筆爲綱，盛之潔箱。每欲施行，燒

〔一〕「三」原作「二」，據洞真上清太微帝君步天綱飛地紀金簡玉字上經（下簡稱「玉字上經」）改。
〔二〕「紀」，上書作「絶」。
〔三〕「用」，上書作「周」。

香出之。侍書有玉女七人，衛星有玉童七人。婦人步綱用絳帛〔一〕。

太微帝君教授步天綱之經，謹案神真上法，先燒香於行事之所，閉氣七〔二〕，迴行斗星之外三匝，始於陰精，匝於陽明，畢乃通氣，始得足躡於七星身上，步於陽明耳。於是向陽明星又閉氣，而心祝曰：「陽明大魁，玄極文昌，使某魂魄，俱遊天綱。」祝畢，乃左足躡陽明，又進右足躡陰精，心祝曰：「陰精北極，太上璇璣，使某魂魄，俱過神津。」次左足躡北極，心祝曰：「北極天光，迴適玄辰，使某魂魄，俱至玄關。」次右足躡天關，進左足前與并，乃通息，大祝之〔三〕，一閉息。不竟綱者，可於丹元星上通息更閉，微祝曰：「金木水火土，五行相推。七星煥煥，天綱最威。輔星鎮盛，弼星却衰。九真太上，太極太微。三府玉帝，三尊辟非。天動地轉，魂魄相隨。使我飛仙，真光徘徊。名入金房，玉門乃開。乘龍陟空，日月同輝。遊行上清，鳴鈴翠衣。左躡流電，右御奔雷。地上萬邪，伏死敢追。惡心視我，使爾斬摧。帝命玉女，營侍以歸。魂真魄神，合形升飛。」

〔一〕以上七字，玉字上經作「女子步綱以絳（帛）爲綱象，男子步綱以布帛爲綱象」。

〔二〕「七」，上書作「左」，連下讀。

〔三〕「大祝之」三字，上書無。

倒行法

止於天關，倒向北極，微祝曰：「太上元辰，華蓋紫靈，北極玉房，藏景化精。太微玄臺，九真玉城。願某飛仙，得行雲庭。反步天綱，魂魄俱生。乘龍華宮，得道之英〔一〕。左佩玉璫，右腰金鈴。虎帶龍裙，嘯攝天兵。乘景三素，飛登上清。」祝畢，乃閉氣舉左足躡北極，右足躡丹元，次舉左足躡玄冥，前右足與左足併，而向真人之星通息微祝曰：「太極九精，上皇高真。出登元清，入隱玄陰。育某長某，使某好仙。玉臺忽開，金堂八門。乞某佩書，絳龍青裙。上佐紫微，後聖之君。乘十飛龍，玄蓋景靈，列名元圖，日月同并。」祝畢，因又閉氣，左足躡弼星，進右足躡陰精，又進左足躡陽明，前右足與左足併，乃通息微祝曰：「天魁正陽，斗運低昂。前轉元機，後動靈綱。制魄以寧，拘魂以康。魂魄與身，俱行天堂。向見金闕〔二〕，高上太皇。右扶仙母，左扶仙公。紫翠飛華，龍袍虎裳。帶真巾玉，項生圓光。手把神鈴，腰佩金鐺，口詠洞真，七變妙章。先自虛無，生而爲王。飛行九道，據斗攀

〔一〕「英」，玉字上經作「名」。

〔二〕「闕」，上書作「闕」。

綱。前從太一，後從玄朗〔一〕。告某口訣，坐在立亡。反行至要，位爲仙卿。五藏自生，與天相迎。所願如念，所求剋昌。萬邪伏害，易地隱藏。惡我天伐，水滅火喪。」

反行法

又閉氣，右迴斗星之外三匝，始於陽明，匝於陽明，通息祝曰：「高上太真，七耀至尊。反行尋生，上步天元。使某飛仙，得入紫門。」因又閉氣，左足躡陽明，右足躡陰精，先前右足躡玄冥，左足躡丹元，次右足躡北極，左足躡天關，右足前與并，乃通息祝曰：「七變返旋，上行玉宿。六紀輔我，三綱合步。玉帝左眄，高上右顧。教我乘星，騰登玄路。乞賜飛仙，不死之祚。遊行上清，乘華三素。金青翠裙，出入九舍。北皇見揖，南真見謝。名書仙臺，千變萬化。得友聖君，太平輔佐。所願從心，萬事成就。有惡我者，刀刑火墓。」順行、倒行、反行三道都畢。

乃又舉兩足俱上陽明星，以右手撫心，左手指玄冥星，閉氣三息，叩齒三七，咽液三九，名曰據斗。微祝曰：「陽明太素，立辰黄房〔二〕，中有大神。左拊上皇，右把高真。龍銜翠

〔一〕「朗」，玉字上經作「郎」。

〔二〕以上八字，上書作「陽明紫炁，太素玄辰，金闕黄房」。

衣，飛錦虎文。腰帶玉符，首戴蓮冠。出無入虚，金真玉光。靈尊巍峩，號曰陽明。足躡朱煙，口詠洞章。賜某隱書，見教步綱。周行三復，據斗自忘。使某飛仙，超虚浮空。名書上清，乘玄駕龍。意有所之，願樂皆從。三尊合德，魂魄内通。致給神官，玉女玉童。有惡某者，刑之電風。姦謀斷舌，裔之十方。」祝畢，存心中忽然忘身，良久而下。

據斗之道既畢，又兩足俱上陰精星，以左手撫心，以右手指真人星，閉氣三息，叩齒三通，咽液三過，名曰攀魁入太微〔一〕。微祝曰：「陰精玄素，華闕生門。中有玉帝，北極至尊。鳳繡華領，龍翠碧裙。腰虎佩鈴，扶芝丹冠。號曰陰精，太上之君。授某隱書，使步七元。攀魁上升，遂遊靈闕。外拘七魄，内制三魂。魄鍊俗累，魂寶胎神。魂魄守身，與之俱仙。飛行上清，還氣嬰顔。所向如心，萬欲無難。有惡某者，形死三官。威攝六天，役使羣神。」

攀魁之道既畢，乃又兩足俱上弼星，併足向真人星四拜畢，跪閉氣四息，叩齒四通，咽液四過，名曰接真。跪微呪曰：「太極九精，上元明真。正機把衡，吐納紫煙。金光玉映，

〔一〕「入太微」三字疑爲衍文。又本書卷二四引玄門寶海經云「第九尊星號太微玉帝君」，或係指此。蓋下云「兩足俱上弼星」。

威照十天。攝御三光，調陽和陰。理元賦氣，改易故新。上治中宿，玄關之玄。金室玉户，北掖四便。出駕八景，浮遊太元。龍錦鳳衣，虎翠飛裙。绛旍緑帔，紫羽七緣。腰帶神符，首戴扶冠。上棲九虚，下翔天淵。自號玉皇，九天極真。哀某好道，授某隱篇。躬登弼魁，朝拜靈君。乞願丹書，爲生之緣。治天三五，飛行八玄。五藏自生，上品飛仙。得翼玉帝，後聖之臣。位高大夫，乘雲飛輪。所願皆合，衆邪莫干。有惡我者，暴形破門。」

接真之道既畢，乃又兩足俱上玄冥星，以右手撫心，以左手指丹元星，閉氣三息，叩齒三七通，咽液三過，名曰步斗。微祝曰：「洞天神光，迴隱玄冥。氣盈太虚，去來無形。隱天藏地，周灌無生。忽登天綱，上步紫庭。北視雷房，南顧電城。眩惑萬變，非復故形。恍惚流景，觸手立成。欲求藏身，得我姓名。虚無傲兀，九變玄冥。坐起六甲，謁署六丁。賜某隱書，步斗行星。仰見上皇，披丹巾青。手把靈光，腰帶玉鈴。上乞飛仙，與天俱生。名書太微，浮化上清。下乞變化，藏景録形。萬事如願，所向皆平。有惡我者，戮以神兵。」太極真經金根上文曰：「子登玄冥，步斗隱形。子欲變化，當得我名。迴天動地，萬物立成。」

步玄冥時及欲隱時，當心存此名字。

步斗之道既畢，乃又兩足俱上丹元星，以左〔一〕手撫心，以右手指北極星，閉氣三息，叩齒三通，咽液三過，名曰躡紀。微祝曰：「太上九臺，丹元玄紀。外管北樞，内正天理。金闕映外，玉庭耀裏。中有至尊，號曰赤子。治在丹元，絳房之中。翠雲繡華，龍帔虎裳。右執皇籙，左把魁綱。足躡景雲，首巾紫冠。右佩流鈴，左帶玉璫。賜某隱書，躡紀遊行。上乞飛仙，乘玄駕龍。書名丹臺，太極玉堂。所向所求，福禄來迎。有惡某者，願爲滅亡。給侍神官，玉女玉童。」

躡紀之道既畢，乃又兩足俱上北極星，以右手撫心，以左手指天關星，閉氣三息，叩齒三通，咽液三過，名曰步綱。微祝曰：「玄上太微，北極紫蓋。下有太真，遊翔九外。翠華飛裙，金鈴青帶。腰佩玉光，玄雲奄藹。賜某隱書，上行七氣。登清戲煙，真人合會。乞丐飛仙，書名丹室。所向如願，無災無害。有惡我者，令彼傷敗。」

步綱之道既畢，乃又兩足俱上天關星，以右手撫心，左手指天關，閉氣三息，叩齒三通，咽液三過，名曰乘龍。微祝曰：「太上七極，紫微絶辰。寶玄金房，外有玉門。周運九宫，調和天關。中有尊神，號曰紫皇。授某隱書，携某乘龍。上遊九天，下飛地元。景雲丹輿，

〔一〕「左」原作「在」，據玉字上經及九晨玉經改。

玄華翠裳。腰佩龍策，頭巾虎文。包生萬物，教訓飛仙。脱某死名，天地長存。乘龍步斗，所向受恩。有惡我者，風刀火然。」乘龍之道既畢，乃又兩足俱上輔星，閉氣一息，叩齒三通，咽液一過，名曰遊行三命，旋步天英也。微祝曰：「太極輔星，精在紫闕。養生育命，寶守神魂。金房再開，奉見輔君。賜某隱書，使某遊旋。列名聖皇，飛仙九天。巾金佩真，出入洞門。」

遊行三命既畢，乃迴行詣弼星，兩足俱上，閉氣一息，叩齒三通，咽液一過，名曰徘徊三陽，出入三生。微祝曰：「太虚泥丸，紫宫天尊。玄空真紐，爲帝之先。在道玉皇，在身泥丸。凴感欻生，氣貫霄元。精入明堂，强胎益魂。朱山再開，奉近靈元。左採日華，右掇月根。流火萬丈，金羅碧裙。腰帶天骨，首戴華冠。賜某隱書，得行天關。乞願飛仙，役使萬神。萬向皆會，福德如山。」行事時，皆北向執隱書而爲之也。亦可案文視星，不必闇誦而作也。

春步七星名曰步三綱，夏步七星名曰躡六紀，秋步七星名曰行六害，冬步七星名曰登六絶。

道教典籍選刊

雲笈七籤

二册

〔宋〕張君房 編

李永晟 點校

中華書局

雲笈七籤卷之二十一

天地部

總序天

三天正法經曰：九天真王與元始天王俱生始氣之先，天光未朗，鬱積未澄，溟涬無涯，混沌太虛，浩汗流冥，七十餘劫，玄景始分，九氣存焉。一氣相去〔一〕九萬九千九百九十歲，清氣高澄，濁氣下布。九天真王元始天王禀自然之孕〔二〕，置於九天之號。九氣玄凝〔三〕，日月星辰於是而明，便有九真之帝：上之三真〔四〕生於極上清微之天，次中三真生

〔一〕「去」原作「丢」，據太上三天正法經改。
〔二〕「孕」，上書作「胤」。
〔三〕「凝」下，上書有「成於九天圖也」。
〔四〕「上之三真」，上書作「上真中真下真」。

於禹餘之天，下有三真生於大赤之天。

玉京山經曰：玉京山冠於八方諸大羅天，列世比地之樞上中央矣。山有七寶城，城有七寶宮，宮有七寶玄臺。其山自然生七寶之樹，一株乃彌覆一天，八樹彌覆八方大羅天矣。即太上無極虛皇大道君〔一〕之所治也。

大洞經曰：太冥在九天之上，蓋謂冥氣極遠，絶乎九玄，惟讀大洞玉經者可以交接。然後玉帝乘丹霄而啓道，太冥披緑霞而朗焕也。元始經云：大羅之境，無復真宰，惟大梵之氣，包羅諸天。太空之上，有自然五霞，其色蒼黄，號曰黄天。黄天之上，其色青蒼，號曰蒼天。蒼天之上，其色玄空成青，號曰青天。故頌曰：

三界之上，眇眇大羅，上無色根，雲層峩峩。

三界寶籙

諸天靈書經曰「飛步入北清」者，是三界之上四天帝王北真天也。言此四帝上爲三清玉京之巔應化接引，中爲三界四八御運五氣，帝主下降無象，通生天人，各爲一天璿璣玉

〔一〕「大道君」，洞玄靈寶玉京山步虛經作「天尊」。

衡、三十六帝、五斗魁主，亦象人腦四象合成。故放品經云：「四天王天在玉清之上，九天之巔，恒以八節之日，命三界四帝周行天下，開度道學建齋之人也。」先師疏云：「北清天者，北斗是也。」又云：「北斗之下，崑崙上宮，故人頭首，上象崑崙。」下愚小解，將爲是誤。此去〔一〕棄賢既在崑崙山南，望將中斗，則爲北清，未審中斗已北，北方北清別在何處？今依度人經說：「東斗主筭，西斗記名，北斗落死，南斗上生，中斗大魁，總監衆靈。」此名一天五斗魁主，即明中斗已北而有北斗也。今又按靈書正經本文，經云：「天尊言此四章並是四天帝王度命妙品」，「四方正士，偏〔二〕得法音。」其東方品章經云：「九氣青天東華宮中「青童大君封以〔三〕青玉寶函之中，印以元始九氣之章。」其南方品章經云：「南方三氣丹天「朱陵上宮南極上元君封以赤玉寶函之中，印以太丹三氣之章。」其西方品章經云：「西方七氣素天「西華宮中西王母封以白玉寶函之中，印〔四〕以太素七氣之章。」其北方品章經云：「北

〔一〕「去」，疑當作「云」。
〔二〕「士偏」原作「士偏」，據太上諸天靈書度命妙經改。
〔三〕「封以」，上書作「封之」，下同。
〔四〕「印」原作「中」，據上書及道藏輯要本改。

方五氣玄天「元始北上宮中玉晨大君封以玄玉寶函之中，印以太玄五氣之章。」即明東方而稱東華，南方而稱南極，西方而稱西靈，北方而稱北真，上即明北真而處三界之上最上之天。四天帝王下通一天，四序生化，非是一天五斗之位也。今按靈書正經，並是三界之上，四天帝王正名正位，未稱一天五斗名位。今乃獨脱北方，取中爲上，不審更上北真天也。比先所錯，上下相承，古今疑惑，皆從此起。又尋先師所錯，本意者言三十二天，上下重疊，亦爲一天二十八宿，即錯將中斗而攝北位，獨脱北方，此方以中爲上。又中爲上，亦復是誤。言九天初構，上下重疊，亦爲一天，比地九宮。言鬱單之天上上氣上，先立於子而處一宮，即明一宮亦爲四梵最上第一天也。若將人身以等於天，頭爲崑崙，目爲日月，上下相合，其義正是。若以身觀身、以天下觀天下，不及更上頭象三界之上，四人四天帝主天也。又乃不及更上頭象三清之上玉京之山，大羅天地。故大洞隱注經云：崑崙山上接九氣，以爲璇璣之輪，在太空之中。中斗既在崑崙山上，即大羅天闕亦在玉京山上也。生神經云：「飛仙〔一〕翼於瓊闕，四宰輔於明輪。」既在三界中斗之上，即大羅天闕〔二〕、玉京瓊闕亦在

〔一〕「仙」，本書卷十六九天生神章經作「天」。

〔二〕「天闕」，上行作「天闕」。

玉京山上也。又明一天三界應位，上下重疊，比地既殊，取上爲下，上下失科，四天帝主闕而不述，東華南極西靈北真境界不論，何處別立？

中四天

三界圖云：「三十二天四傍並，分列四方，一重四天，積氣相承，扶摇而上。」其天獨立，亦無八方，未審此由，有何氣候？若無八方，則無比地九宫。若無正中，則無中斗。上無九氣，下無八方，三十五分、八景何來？人身之中，尚有三一三元，九宫一體，即是帝一太一帝君等神，豈云三界而無三元三十六帝？若三界正中既無三一，人身三一從何而來？比先學者唯見隱注寶訣經云：「玄階與扶摇臺在東北方癸地，名爲玄天也。」言天階發起於扶摇臺羊角邊周，仍登梵行入三清也。既覩此經錯將三界四天傍並，其扶摇臺既在東北方癸地，未審三界總在東北方癸地，如不以此，並是錯誤注經也。今言扶摇者，三十六天上下相承，中爲天關，皆爲中斗，璇璣四方二十八宿，漸次昇上，故言扶摇。故云玄階與扶摇臺在東北方玄天也。又明上下三十二天皆有七宿，璇昇〔一〕四方，亦言四天也。今言四天者，

〔一〕「璇昇」，上文作「璇璣」。

東方有九氣青天，南方有三氣丹天，西方有七氣素天，北方有五氣玄天，四方四天，故言四天，非是天外更别四天也。故度人經云：「旋斗歷箕，迴度五常。三十五分，總氣上元。」又明三十六天每一天中，皆有七宿三十二帝。其太皇黄曾天位居箕宿，皆在東初，又賈弈天斗宿，皆處北末。故云：「旋斗歷箕，迴度五常。」則明三界三十六天，皆有中斗，璇樞〔一〕四方二十八宿，各爲一天璇璣玉衡。此是二十八宿上下扶摇，上通三清，上下天闕，非是别天羊角而上。故明三元各主八方，天有九氣，上下九宫，合中宫位，始名三界也。若三界之内三十二天，亦列四方四傍並，上下天闕，九宫何在？比地九宫，亦無次序，故明一天三界有異也。河圖五錬等經説，一天二十八宿，四七相並，以爲三界二十八天，餘有四星上在中斗，亦將三界四七相並，傍上列位，以爲玄圍，而安三界二十八天，餘上四天上爲四人，一處傍並比列位。不審一天二十八宿，上通三界二十八天，上合四人三十二位，傍並不同，大小有異。今言一天比地四天者，真人口訣經云：中斗之中五斗位者，陽明爲東斗，丹元爲南斗，陰精爲西斗，北極爲北斗，天關一星以爲中斗，上及玄冥真人，以爲一天三十五分，上及上元天帝，合爲一天三十六位也。言上界四人等位者，今按赤書及九天譜等經云：三十二

〔一〕「璇樞」，上文作「璇璣」。

天上下相去，各有氣數，上及四梵，合爲三界三十六帝，不同一天四方傍並也。

三清圖云：將以玄元始三氣，以爲三境三天。又以生神經九天，乃於三天之下各並著三天。又以四方三十六天而取二十七天，各於九天之下，各並著三天，一單三並，以爲九天。未審九天各生八方，上下應會，何所分立？故大洞經云：玄元始三氣各生八方，而爲二十四帝；九宫各生八方，而爲七十二宫。即明生神九天，無有一單三並。九氣天關，上下不應。言三洞生化，故立三光，三乘各三，故立九帝。九氣分化，各生三天，故爲三境三十六天也。若以九天各於三天之下，一單三並，上下重疊，唯有六重之天，天若積陰，亦任六重；天既積陽，即合九重，如何九品，二等不同？上下九宫，其天何在？故赤書經云：天有九分之關，轉輪三氣，九度明焉。故明三元九天，九重是也。故道德經云：「道生一」，一是元氣，一是應化元始天尊也。於此妙一而生三洞。故靈寶五符經云：三洞以爲天尊三公天也，三生九氣，九氣以爲天尊九卿天也。又此九氣各生三天，故立三九二十七位，故此二十七位上爲天尊二十七大夫天也。欲此二十七位上合九天，三元各有一十二位，合爲三洞三十六天也。此言三清降生三界，各於八方以下，而生五億五萬五千五百五十五億等，比地無極。三界各禀三清，皆承此象，上下重立，是其義也。今言傍並者，别有一義。故洞真迴元九道飛行羽經云：三清天中而有三萬六千天公卿等品，並各有官僚公卿大夫侯伯，置署如一，更相管統，降生三界，遍備天人，皆禀此氣，各禀至道妙一之分。三公、九卿、二十七大夫、八十一元士、百二十郡、千二百縣、萬二千鄉、三萬六千亭，同禀此氣，或單或並，以爲生神萬象之主也。非是九天傍次分列也。三界圖書相傳爲錯者，言三清九氣降爲三界一天，氣餘九色又雜也。言三清九氣各成一天，降爲三界，上禀本氣，未經説五色共成。故靈寶經云：「上從大寶，初降妙一〔一〕，始生於元，元生於玄，三生萬物，莫不相承」也。又按九天生神及玄門論等經云：始炁生混，混爲蒼色〔二〕，而成鬱單無量天，下生三天，上聖三品之位。復次混炁生洞，洞爲赤色，而成上上禪善天，下生三天，中聖三品之位。復次洞炁生浩，浩爲青色，而成梵監須延天，下生三天，下聖三品之位。復次元炁生旻，旻爲緑色，而成寂然兜術天，下生三天，上真三品之位。復次旻炁生景，景爲黄色，而成不驕樂天，下生三天，中真三品之位。復次景炁生遯，遯爲白色，而成洞元化應聲天，下生三天，下真三品之位。復次玄炁生融，融爲紫色，而成靈化梵輔天，下生三天，上仙三品之位。復次融炁

〔一〕「上從大寶，初降妙一」，太上洞玄靈寶真一勸誡法輪經作「以氣爲宗，宗生於始」。

〔二〕「始炁生混，混爲蒼色」原作「始生於混，沌爲蒼色」，據洞玄靈寶自然九天生神章經解義改。該書注引正法經云：「三天既立，始炁生混，混炁蒼，蒼炁精澄，生鬱單無量天。」以下八處「炁生」，原皆作「生於」，改據同上。

生炎，炎爲碧色，而成高虛清明天，下生三天，中仙三品之位。復次炎炁生演，演爲烏色，而成無想無結無愛天，下生三天，下仙三品之位。故此九氣九色光明，上爲三境三十六天也。三境降氣，三界方生，各於三清八方已下，降生三界五億等天也。故九天譜經云：上從梵行太清之天，三境九氣降爲三界，天各一色，上稟氣生，未見五色一時混雜也。今所錯者，亦可知委。故諸天内音經云：三十二天皆以五合之氣而成，空洞結而成章者，此是五篇真文，生成五方，通爲五行，合爲五臟，混爲二儀，四序生化，此應五方五合所育也。非關九氣混爲五色，今以五色合爲雲氣相參盤鬱，是其錯也。

後四天

舊說四梵名爲四民之天，今按九天譜經云：三界應化三十二天，上從梵行太清天中，氣漸流降，始炁生〔一〕混，混爲蒼色，而生二萬二千氣，其色蒼，氣澄凝而成賈奕天，即明賈奕天是四民最上初天，即明四民非是太清四梵四天王天也。今言帝王者，統領八方，始名帝位，不審太虛無上常融天、太釋玉隆騰勝天、龍變梵度天、太極平育賈奕等天，乃是一天，

〔一〕「炁生」原作「生於」，據九天生神章經解義改。

北方五氣玄天，光同四方，比地各爲小八天也。故明三界三十二天，上下重疊，三元品生，亦爲一天，分别四方，各屬四正，四九列位，及其分應，上下相臨。故東方九氣青天上爲三界東華天也，南方三氣丹天上爲三界南極天也，西方七氣素天上爲三界西靈天也，北方五氣玄天，上爲三界北真天也。五符經云：昇爲五雲，化爲五氣。又按靈寶經云：五篇經文生天立地，普植神靈，上爲三境之玄根，標天地以長存，鎮五氣於靈舘，制劫運於三關。即明五篇經文上爲三清之上四天王位；中爲三界四天帝主，應爲太清梵行四天，而爲四八三十二帝八天生主；下爲一天二十八宿。三十二帝又爲比地各列四方，四九列位，又爲一天五方淨土。故按上清經及玄門論等云，三界之上，而有八清天名，三清降氣，下生三界。今按八清天内而有太清天名，重明太清梵行之天，而生四民賈奕、龍變、太釋、常融等四天也。故法輪經云：「超度過三羅，八難於是名，滅度如脱胞，曠朗覩八清」也。朗明四梵而處三清之下，四民三界之巔，上爲八清之天。三界劫周，二十八天已上，八清四民等八天終無劫壞，故名三界八清天也。或云三界之中，從此天上自有華光，不假日月，自然明朗。此是訛言，妄爲大語，各自審明，取證即解。何者？言三清三界，凡聖降差，有無不同，動寂各異。慾界六天，六慾見生。次上色界一十八天：在下六天，捨欲愛色；次中六天，漸捨色樂；又上六天，色心隨淨。次上無色，由四輕塵，色聲香味，出於觸體，漸捨心識，有待都忘，昇虚入無，出生滅境也。言三清上境，妙化難思，九色寶光，不假日月，無有晝夜，亦無去來。言三界之内，假合成身者。洞真經云：天有一氣，則五氣生焉。五篇真文，附合生體。兩半相合，以爲生身。以身爲宅，心爲主人。以神爲本，神感應生也。故明神託五氣，共合爲識。又明神合陰陽，以爲魂魄。若人六識清淨，感生六慧；六慾煩濁，躭入六塵。故此生身命終之後，魂陽歸天，魄陰歸地。自守魄骨，以爲尸主。生時罪福，並以神當。神更託生，别感諸氣。四生六趣，應感俱然。上天下地，清濁有異。應化三界，並感陰陽，寧無日月？若是仙家道品，自有仙光，不假日月，神通明朗。三界見著，色欲染塵，二景共滋，日月皆有。並具晝夜，三光齊臨，二十八宿，璇璣不定。宿有時轉，天有劫期，上下數交，百六運會。今按靈寶九天生神經云：「日月星宿，陰陽五行，人民品物，並受生成。」則明三界皆有日月也。又按玄妙經云：於此界外八方世界，皆上有羅天重重，别置日月五星二十八宿，亦與南天下宛利同無異也。又按玄門論及大洞經云：九天真人呼日爲濯曜羅，三天真人呼日爲圓光蔚，太素天中呼日爲眇景皇，上清真人呼日爲九曜生，泰清天中仙人呼日爲太明，太極天中呼日爲圓明，玉賢天中呼日爲微玄，東華真人呼日爲紫曜明，亦名圓珠，亦謂始暉，亦謂太明，亦謂日名鬱儀，亦謂月名結璘，亦生人首上爲眼目。故玉京山經云：「俯仰存太上，華景秀丹田，左顧提鬱儀，右眄携結璘。」普明天人皆有眼目，三界日月亦同人目也。三界圖云：其天中心皆有崑崙山，又名須彌山也。其山高闊，傍障四方，日月繞山，互爲晝夜。日在東方于逮境界，日正中時光及南方，浮利境界以爲日出。日在南方於正中時，耶尼境界以爲日出。西方日正中時，光及北方，鬱單以爲日出。日在北方於正中時，東方境界以爲日出者。今雖四序，合宿是同，冬夏二至，晝夜不等。日若繞山，四方合停，出没既異，則無山隔。今以形象難詰，或詳日出處，即有映體東方日中，南即漸明，南方初出，日既映山，其日合如立竪半鏡。今泰山上而有日觀，遥望日初出在於地中，其狀形如横出半鏡，以望初出非映山也。若其日出之處即是須彌，其山不高，不能映日，即知日出在地中也。故易證云：爻也者，効也。効也者，象也。象効於天，以爲爻象也。故日在地下，明夷之卦，爲日處夜，陽降陰昇也。日出地上，陽昇陰降也，故地上有日，晉卦是也。故在午後，「日昃之離，不鼓缶而歌。」陰生陽降也。言陰陽璇璣，晝夜遞興，日直繞山，證何律吕？日若繞山，璇璣須停，四方度量，何爲不等？言二月八月，晝夜各中，餘月長短，南北互差。故月建在子，冬至之分，日極於南，晝短夜長。日出於巽，日没於坤，從左行而至於巽，歷於夜分，西北東方三方天下一十九位，分爲五更，皆處於夜。晝以巳丙午丁未等以爲晝日，即明夜統西北東方，三方天下皆處於夜，唯獨南方以爲晝日，即明日月非隔山也。又月建在午，夏至之分，日極於北，夜短晝長。日出於艮，日入於乾，從艮左行，而歷晝位，東南西方一十九位三方天下，以爲晝日。唯獨北方亥壬子癸丑等五辰而處於夜，重明日月非隔山也。又明夏至之日，出没艮乾，東南西方三方天下一時爲晝；冬至之日，出没巽坤，西北東方三方天下一時爲夜。日既繞山，四方互明，未審此節日映山不？又明夏至之日，日出於艮，日入於乾，其崑崙山合近於子。日既遠山，不合更遠，何故起難，爲日映山也。其崑崙山向北百千萬里，則非東方日正中時，南方卯地以爲日出也。又明月建在子，冬至之日，日出於巽，日没於坤，其崑崙山既是映日，即合移就南方，在於午分，其此土人不是南方，即合住在崑崙山北，其山既是天心不移，即明日月非映山也。又明一年四時行焉，與日月合宿，以定律吕。故一月建寅，寅與亥合，其神徵明者，徵召萬物而明。月建在卯，合宿天魁。月建在辰，合宿從魁。月建在巳，合宿傳送。月建在午，合宿小吉。月建在未，合宿勝先。月建在申，合宿太一。月建在酉，合宿天剛。月建在戌，合宿太衝。月建在亥，合宿功曹。月建在子，合宿大吉。月建在丑，合宿神后。十二月建，合宿行神，璇璣玉衡，以定四序，四方七宿，日夜互更，即明一天律吕同則南方律吕也。普天既同，四方同天，不合山隔也。後宣八景，三光同兹，五篇真文，二象通應，具在玉京流光品中，問宣經理，答申應用也。或有胡人摩尼珠説，皆託一物百六數期，三清八景，降氣通生，西戎即序，全無分曉。或云言此天是屬於地住，或云雜報世界。故近則不入六慾之天，遠則不在三界二十八天之數。次上太皇黄曾天上人者，始名慾界最下天也。下愚小解，因述便答：三界之内，三元通生。元各十二，共三十六位。一天三界，上象俱然，四梵八清，下通元氣。既云地住，别號誰天？雜報世界，何氣寄立？次上琁璣，下攝何方？下地雜報，上屬何天？夫言天者，在上巔也。在上廣覆，謂之天也。在下厚載，謂之地也。言天上天下，上下咸差，一天之中，上屬玄樞，一天之上，更屬上象，此天即是太皇黄曾天中人也。言三界之内，五種感生，雖同一天，善惡兩種。所感雜報命短，無上品仙家壽九百萬歲。五方淨土，皆定壽年，洞室虚宫，上下不等。誠仙碁暫翫，柯爛樵人。或二日逢仙，則經二百餘歲。諸仙人壽，具顯後章。唯此下地，淨穢兩别。遠明三清，上降元氣，下生三界，法象降成。真仙聖位，各備修科，雖居三界，仙道原深。故消魔經云：三清上境三十六天，下備三界三十六帝。其三界劫盡被劫火所燒，其三洞仙家不覺有火也。故明雜報世界善惡同天，善者福壽遐年，惡者濁辱短促，淨穢二土，咸備一天。博地下方，亦有上道。先標前錯，一十二條，審而觀詳，他義總曉。請詳圖録，入道機要。次後顯章，具明前疑。

四梵三界三十二天

太上曰：第一慾界，六天：一曰太皇黄曾天，二曰太明玉完天，三曰清明何童天，四曰玄胎平育天，五曰元明文舉天，六曰七曜摩夷天。

右慾界六天，有色有慾，交接陰陽，人民胎生，是故舉其重因，名爲慾界。

第二色界，一十八天：七曰虛無越衡天，八曰太極濛翳天，九曰赤明和陽天，十曰玄明恭華天，十一曰曜明宗飄天，十二曰竺落皇笳天，十三曰虛明堂曜天，十四曰觀明端靜天，十五曰玄明恭慶天，十六曰太煥極瑤天，十七曰元載孔昇天，十八曰太安皇崖天，十九曰顯定極風天，二十曰始黃孝芒天，二十一曰太黃翁重天，二十二曰無思江由天，二十三曰上揲阮樂天，二十四曰無極曇誓天。

右色界十八天，云其界有色無情慾，不交陰陽，人民化生，但噉香無復便止之患，故曰色界。

第三無色界，四天：二十五曰皓庭霄度天，二十六曰淵通元洞天，二十七曰翰寵妙成天，二十八曰秀樂禁上天。

右無色界四天，云無復色慾，其界人微妙無色，想乃有形，長數百里，而人不自覺，唯有真人能見，故曰無色界。

四梵天，元始曰：二十九曰常融天，三十曰玉隆天，三十一曰梵度天，三十二曰賈奕天。

四天之上，則爲梵行。梵行之上，則是上清之天玉京玄都紫微宫也。乃太上道君所治，真人所登也。自四天之下，二十八天分爲三界，一天則有一帝王治其中。其天人皆是在世受持智慧上品之人，從善功所得，自然衣食，飛行來去，逍遥歡樂。但死生之限不斷，猶有壽命，自有長短，下第一天人壽九萬歲，以次轉增之。

雲笈七籤卷之二十二

天地部

總説天地五方

外國放品隱元内文經云：天地五方，皆有制御剛柔之色，使不得落。其地深二十億萬里得潤澤，潤澤下二十億萬里得金粟澤，金粟澤下二十億萬里得金剛鐵澤，金剛鐵澤下二十億萬里得水澤，水澤下八十億萬里得大風澤，大風澤下五百二十億萬里，乃綱維天地，制使不陷，如今日月星辰爲風所待〔一〕也。學者不知地下之境潤色深淺，即五帝不過兆身於外國之境也。

〔一〕「待」，上清外國放品青童内文卷上作「持」。

東方弗于岱〔一〕，九萬里之外，極豪林之墟。其國音銘〔二〕呵羅提之國，國地形正員，土色如碧脂之鮮，無有山阜，廣狹九十萬里。其國人形長二丈，壽四百歲。國有六音之銘，是高上始氣置於外國胡老之品。高上恒吟歌其音，以化胡老之人，令知外國有不死之教。其國人皆行禮而誦其音，是得四百歲之壽，無有中夭之命。上學之士知外國地色，恒吟詠六品之音者，則致胡老仙官衛兆之身，九年自然得遊呵羅提之國，與胡老交言，變化飛空，遊行東極之境也。

南方閻浮利，三十萬里之外，極洞陽之野。其國音則銘伊沙陁之國，國地平博，無有高下，土色如丹，廣狹八十一萬里。其國人形長二丈四尺，壽三百六十歲。國有六音之銘，是高上置於外國越老之品。高上恒吟歌其音，以化越老之人，令知其國有不死之教。其國人皆行禮而誦其音，是得三百六十歲之壽，無有中夭之命。學者知外國地色，恒吟詠六品之音者，則致越老仙官衛兆之身，九年自然得遊伊沙陁之國，與越老交言，變化朱宮，飛行南陽之境也。

〔一〕「岱」，上清外國放品青童內文卷上作「逮」。
〔二〕「銘」，上書作「名」。

西方俱耶尼〔一〕，七十萬里之外，極浩素之壟。其國音則銘尼維羅緑那之國，國地形多高壟，與天西關相接，土色白如玉，廣狹六十八萬里。其國人形長一丈六尺，壽六百歲。國有六音之銘，是高上置於外國氐老之品。高上恒吟歌其音，以化氐老之人，令知其國有不死之教。其國人皆行禮誦詠其音，是得六百歲之壽，無有中夭之命。學者知外國地色，恒吟詠修行，則致氐老仙官衛兆之身，九年自然得遊尼維羅緑那之國，與氐老仙官交言，能飛行玄虚，遊戲浩素之壟也。

北方鬱單，五十萬里之外，國極朔陰之庭。其國音則銘句他羅之國，國地長流平演，土色黑潤，廣狹五十八萬里。其國人形長一丈二尺，壽三百歲。國有六音之銘，是高上置於外國羌老之品。高上恒吟歌其音，以化羌老之人，令知其國有不死之教。其國人皆行禮而誦詠其音，是得三百歲之壽，無有中夭之命。學者知外國地色，恒吟詠修行，則致羌老仙官衛兆之身，九年自然得遊句他羅之國，與羌老交言，飛行玄虚，遊宴朔陰之庭也。

上方九天之上，清陽虚空之内，無色無象、無形無影、空洞之銘，元精青沌自然之國，以

〔一〕「耶尼」，上清外國放品青童内文卷上作「那邑」。

青氣爲世界，上極無窮，四覆諸天，則高上玉皇萬聖帝真受生之根元，壽命〔一〕無量，惟劫爲年。其空洞之内，亦有六音之銘，則元始置於真皇自然之品，高上吟歌其音，以延羣仙，令知玄空有無量之真。其國玉皇萬聖帝真皆行禮悉吟詠其音，是得無量之壽。學者知空洞之色，吟詠修行，則致三元下降，五帝詣房，授兆靈音，九年則得乘駕浮雲，上造玉清太空之中也。

中國直下極大風澤，去地五百二十億萬里，綱維地源，制使不落。土色如金之精，中國音則銘太和寶真無量之國，中嶽崑崙即據其中央諸天之别名，上有玄圃七寶珠宫，與天交端，上真飛仙之舘。中國周廻百二十億萬里，其國人形長九尺，皆學導引之術，壽一千二百歲。國有六音之銘，是高上置於中國之品，高上玉皇帝君悉吟詠其音，以化中國傖老之人，令知其國有不死之教。其國人皆修上清之道，行禮誦詠，是得壽一千二百歲，無有横夭之年。學者知中國地色，吟詠修行，則傖老仙官衛兆之身，九年自然與傖老交言，玄察太空，飛行上清。

〔一〕「元壽命」，上清外國放品青童内文卷上作「無壽」。

九地三十六音

諸天内銘九地三十六音，以元始同存，空靈建號，結自然之名，表於九玄，演流外國三十六音。如是天地各有三十六分，天則有三十六天王以應三十六國，地則有三十六土皇以應三十六天。天王典真，土皇主仙。爲學不知天之内音，則天王不領兆名；不知地下之音，土皇則不滅兆跡，閉不得仙。有見其文，受其訣音，天王玄鑒，七聖刻篇，西龜定録，東華書名，土皇滅尸，落跡九陰，保舉上清，五靈敬護，十界扶迎，周流六國，平滅羣凶，五兵摧伏，天魔束形，九年乘空，飛行上清。真道高妙，不得妄宣，輕泄寶音，七祖充責，己身殞亡，三塗五苦，萬劫不原。上真之士，慎科而行。

朝禮訣法

諸天王恒以八節及月朔之日，遊觀無崖，歷戲雲房，逍遥玉清，流眄十方。於明霞之上，恒詠諸天内音飛玄之章。上慶天真，内懽神衿，玉響虚明，瓊韻合音。當北〔一〕之日，

〔一〕「北」，疑當作「此」。

五老浮位，九帝臨軒，四司鑒試，五帝衛靈，衆真齊唱，萬仙禮音。三光停暉，七元焕明，山海静波，諸天肅清。八素散華，四皇拂塵，靈風揚香，緑霞吐津。天元溟涬，玉虚含欣，朗朗高清之館，渺渺太漠之中。洞虚入微，周覽無窮，有得其道，與帝結朋。勤誦其章，位准仙王，德同諸天，壽齊三光。

凡學上仙之道，志登玉清，奉禮帝尊，而不知三十六天之音飛玄之章，則三十六天王不領兆名，徒爲精勤，天不降真，四司不敬，五帝不迎，天魔侵真，終不成仙。欲飛行玄虚，遊晏五嶽，而不知九地三十六土皇内名，則九陰不落兆尸，九地不滅兆跡，徒勞幽山，望飛反沉。欲行此道，每至八節月朔日，沐浴清齋，入室燒香，朝禮諸天，北向叩齒三十六通，微呪曰：「兆臣甲乙，志慕神仙，八慶之日，朝禮天尊。上願騰景，乘空落煙，飛超玉清，洞遊諸天。中願變形，降〔一〕致五神，昇入月門，仰嗽八騫。石景水母，玉胞飛根，長披朱日，與光同存。下願四極，授我口言，西華侍衛，役使金晨。攜提五老，八景同軒，上慶交合，五願開陳。得如所願，體合自然，真靈下降，賜登上仙。」畢，便六拜，仰咽六氣。次西向六拜，咽六氣。次南向六拜，咽六氣。次東向六拜，咽六氣。次西北六拜，咽六氣。次東南六拜，咽六

〔一〕「降」字原缺，據上清外國放品青童内文補。

氣。合六方三十六拜，朝三十六天畢，還北向平坐，詠三十六天飛玄之章一遍竟，又六拜六咽氣都止也。此高上朝三十六天上法，行之九年，天降雲輿，三光詣房，書名玉清，刻簡青宫，四司右列，十界敬迎，乘空飛行，上昇玉晨。其法高妙，不得妄宣。輕泄寶文，七祖充責，身役鬼官，長閉三徒，萬劫不原。

高上九玄三十六天内音

第一無上元景無色鬱單無量天英勃天王姓混，諱䨓䨓羅。

第二無形清微天化昇天王姓馮，諱提阿沙。

第三無精波羅褥天玄黑天王姓雲，諱奎零。

第四入色水無量億羅天飛宗天王姓王，諱阿衞。

第五無極洞清上上禪善無量壽天雲羅天王姓䆶，諱䨾䨓霸。

第六玄微自然上虚禹餘天梵咽天王姓羅，諱彼〔一〕犂荼。

第七玄清上無那首約諍天玄那天王姓梵，諱摩首波。

〔一〕「彼」，無上祕要卷十六作「波」。

第八梵行上清氣稽那邊淨天云擕天王姓騫，諱首苛。
第九無窮洞虛極上須延天迴摩天王姓澤，諱霳靈羅。
第十玄梵玉虛無精氣羅迦淨月〔一〕天雲阿天王姓周，諱阿迦須。
第十一氣玄元達〔二〕上靈赤天重慕天王姓丹，諱清浄玦。
第十二大梵玄無氣離恝行如天世畢天王姓周〔三〕，諱分若。
第十三無極上靈玉虛〔四〕玄洞寂然天家王〔五〕天王姓津，諱霈靈。
第十四寶梵無色上真氣潘羅玄妙天雲持天王姓隨，諱棃沐音。
第十五飛梵行真上玄答謾福德天部利天王姓王，諱惟鉢離。
第十六雲梵流精中元近慦際淳天世良天王姓朱，諱梨藹。
第十七玄上洞極無崖不驕樂天流芬天王姓凝，諱霣霍霌。

〔一〕「月」，無上祕要作「明」。
〔二〕「元達」，上書作「元建」，上清外國放品青童内文作「天達」。
〔三〕「周」，上二書均作「固」。
〔四〕「虛」，上清外國放品青童内文作「空」。
〔五〕「王」，上書作「主」。

第十八大梵玄青元精答㖑近際天元深天王姓阿，諱明秀。

第十九行梵紫虛上元首帶快見天洞干天王姓劉，諱且扇。

第二十虛梵上清化靈須陁結愛天飛衣天王姓彭，諱移那。

第二十一上極無景洞微化應聲天玉擕天王姓輝，諱䨑䨱。

第二十二大梵九玄中元氣阿那給道德天天葵天王姓捷，諱尼姤。

第二十三行梵元清下靈氣須達天總幾天王姓周，諱難首。

第二十四極梵洞微九靈氣須帶阿那天九曲天王姓竺，諱明和。

第二十五無名至極洞微梵寶天　天王姓精，諱霧雲霽。

第二十六微梵玄天氣帶扇給道德天　天王姓洛，諱須阿摩。

第二十七虛梵天氣蟬然識慧天　天王姓云，諱元〔一〕陁。

第二十八空梵中天績元伊檀天　天王姓朱，諱仲生。

第二十九太極無崖紫虛洞幽梵迦摩夷天世羅天王姓云，諱𩃤霐。

第三十緑梵自然識慧入天雲九天王姓迦，諱釋文羅。

〔一〕「元」，上清外國放品青童内文作「無」。

第三十一玄梵大行無景無所念慧天宗提天王姓伊，諱檀阿。
第三十二天雲梵上行維先阿檀天正羣天王姓仲，諱雲勳勃。
第三十三無色玄清洞微波梨答惒天　大王姓王，諱靈霝。
第三十四洞微玄上梵氣阿竭含那天　天王姓桓，諱墮世宗。
第三十五玄上緑梵滅然天　天王姓朱，諱陁雲彌。
第三十六極色上行梵泥維先若那天　天王姓袁，諱員珠。

三十六天内名，生於空洞，元氣之先，文華表見，題於崑崙之山，高上音其玉文，上相集其妙篇，禀受太空自然之章，上標玄圖，中統六國三十六音，下總九地三十六土皇。靈篇洞暢，玉慧虚鮮，皆天王之遊歌，空玄之寶章，六六韻合，四四齊真，九帝分號，三十六天，萬氣總隷，普領羣仙，上極無崖無色，下極洞源洞淵。諸爲上真飛仙，不禀玉音，則不得遊觀無崖之天。有得其文，天王書名，刻字紫扎〔一〕，結録玉晨，三十六年，尅得上登無色之天，下洞九地之源。上妙之道，不傳下仙，輕泄寶音，七祖充責，身負刀山，三徒五苦，萬劫不原。

〔一〕「扎」，疑當作「札」。

洞淵九地三十六音内銘

第一壘色潤地正音土皇姓秦，諱孝景椿。

第一壘色潤地行音土皇姓黄，諱昌上文。

第一壘色潤地遊音土皇姓青，諱玄文基。

第一壘色潤地梵音土皇姓蜚，諱忠陣星〔一〕。

第二壘剛色地正音土皇姓戊，諱坤文光。

第二壘剛色地行音土皇姓鬱，諱黄母生。

第二壘剛色地遊音土皇姓玄，諱乾德維。

第二壘剛色地梵音土皇姓長，諱皇萌。

第三壘石脂色澤地正音土皇姓張，諱維神保。

第三壘石脂色澤地行音土皇姓周，諱伯上仁。

第三壘石脂色澤地遊音土皇姓朱，諱明車子。

〔一〕「星」，上清外國放品青童内文作「皇」。

第三壘石脂色澤地梵音土皇姓庚，諱文敬士。

第四壘潤澤地正音土皇姓賈，諱雲子高。

第四壘潤澤地行音土皇姓謝，諱伯无元。

第四壘潤澤地遊音土皇姓己，諱文秦陣。

第四壘潤澤地梵音土皇姓行，諱機正方。

第五壘金粟澤地正音土皇姓華，諱延期明。

第五壘金粟澤地行音土皇姓黄，諱齡我容。

第五壘金粟澤地遊音土皇姓雲，諱探无〔一〕淵。

第五壘金粟澤地梵音土皇姓蔣，諱通八光。

第六壘金剛鐵澤地正音土皇姓李，諱上少君。

第六壘金剛鐵澤地行音土皇姓范，諱來力安。

第六壘金剛鐵澤地遊音土皇姓長，諱李季元。

第六壘金剛鐵澤地梵音土皇姓王，諱駟女容。

〔一〕「无」，上清外國放品青童内文作「元」。

第七壘水制澤地正音土皇姓唐，諱初生映。
第七壘水制澤地行音土皇姓吴，諱正法圖。
第七壘水制澤地遊音土皇姓漢，諱高文徹。
第七壘水制澤地梵音土皇姓京，諱仲龍首。
第八壘大風澤地正音土皇姓葛，諱玄昇先。
第八壘大風澤地行音土皇姓華，諱茂雲長。
第八壘大風澤地遊音土皇姓羊，諱真洞玄。
第八壘大風澤地梵音土皇姓周，諱尚敬原。
第九壘洞淵無色剛維地氣正音土皇姓極，諱无上玄。
第九壘同淵無色剛維地氣行音土皇姓昇，諱虚元浩。
第九壘洞淵無色剛維地氣遊音土皇姓趙，諱上伯玄。
第九壘洞淵無色剛維地氣梵音土皇姓農，諱勤〔一〕元伯。
右九壘之地，極下洞淵洞源，綱維天地，制使不落。上則去第一壘五百二十億萬里，下

〔一〕「勤」，上清外國放品青童内文作「勒」。

則無窮無境，無邊無際，皆綱維之氣。如是第九壘土皇以三月一日、六月二日、九月三日、十二月四日一年四過，乘五色雲輿、九色飛龍，執中元命神之章，從傖老仙官耀天羽騎萬二千人，上詣波梨答惒天，奏九地學道得仙人名，言於四天之主。

凡學上法，當以其日日入時入室，向太歲黄書白紙上四土皇内音服之，叩齒十二通，仰存四土皇姓諱，悉著玄黄五色之衣，頭戴九元通天寶冠，足著五色師子交文〔一〕之履，執文身保命之符，乘黄霞飛輿，從五帝玉女三十六人，飛行上昇波梨答惒天。便呪曰：

「三象廻周，九精洞靈，皇老應符，騰虚入清。四通八達，飛霞紫瓊，上登金華，奉對帝靈。記仙元録，青宫刻名，得道白簡，封字七靈。九壘滅尸，東井鍊形，三九降真，我道已明。得乘飛景，上登玉庭。」畢，心拜九拜，咽氣十二通止。行之三十六年，得乘黄霞飛軿，上昇波梨答惒之天。九地九壘直下九重，合三十六音三十六土皇，上應三十六天，中應三十六國。如是土皇皆位齊玉皇之號，但分氣各治上下之别名耳。土皇三十六年轉號〔二〕上清之宫，襲三十六天之王。玉司之官於九壘之下，皆舉學道得仙之名，上奏九天天王。

〔一〕「文」原作「交」，據上清外國放品青童内文改。

〔二〕「號」下，上書有「昇」字。

爲學不知九壘地音三十六土皇内諱，九地不滅兆跡，九天丞相不受兆名，五嶽不降雲輿，五帝不衛兆身，徒明外國之音，故不得匡會而昇也。故天地人各禀三三之氣，三合成真，然後得仙也。

凡知九地之音三十六土皇内諱，則九氣丈人恒以四方五色靈官防衛兆身。出入遊行，登陟五嶽，則仙官侍送，滅魔威試，降致神真。九年飛空，坐在立亡。三十六年，上昇太清。居世得有此文，七玄九祖，則爲九氣命靈，土皇司官，奉衛形骸，撫慰靈魂，蒿里父老，丘丞相掾，皆爲驅除，無復拘閉讁役之患。居則在地保安無凶，十二守將營扞八門，通真致神，欲富則富，欲官則官，欲仙則仙，欲神則神。此道祕妙，非可言宣。上相青童禀受，高上口訣寶篇，妄泄靈文，七祖充役，萬劫不原。

登山住止安居審地吉凶法

若欲登山住止及安居宅，審地吉凶，當以戊巳之日，黄書九地三十六音文白紙上，置所居中央，以盆覆之。三宿開看，若有黄色潤紙大吉；若有青色，則下有死靈之尸；若有白色，則凶；若有赤色者，則驚恐；若有黑色者，則主財寶；若有紫色者，得神仙。都不異，則止可三年安，過此必折傷。

東方呵羅提國

第一品銘，正音无夷。

第二品銘，正音波泥。

第三品銘，正音久難。

第四品銘，正音吉羅〔一〕。

第五品銘，正音无思。

第六品銘，正音雲芝。

東方去中國九十萬里外，名爲呵羅提之國，一名日生〔二〕國。國外有扶桑，在碧海之中，地〔三〕方萬里，上有太帝宫，太真王之别治。其上生林如桑，皆數千丈，大者三千圍，兩兩同根而生。有實赤如桑椹，仙人所啖食，體作金光色。其實皆九千歲一生。又有生洲，

〔一〕「羅」，上清外國放品青童内文作「維」。
〔二〕「日生」，上書作「星」。
〔三〕「地」字下，原有「一面」二字，據上書删。

在扶桑外，西接蓬萊，地面方二千五百里，去岸二十三萬里。上有仙家數萬人，地無寒暑，時節温和，多生神仙芝草，食之飛空而行。扶桑東又有祖洲，在東海之中，地方五百里，去岸七萬里，上有不死芝草，形狀似菰，苗長三四尺，一名養神芝。其葉似菰，生不叢株，食之飛行上清，已死之人，覆之則生。神奇妙藥，入其國宜知其名，存胡老仙官採之於祖洲，思其色而服之，三年，面有流光，延壽萬年。久久自然有仙人賫此神物，降送於身也。

南方伊沙陁國

第一品銘，正音盈華。

第二品銘，正音玉家。

第三品銘，正音握魔。

第四品銘，正音耀葩。

第五品銘，正音武都。

第六品銘，正音飛蒲。

南方去中國八萬一千里外名閻浮黎之外，極洞陽之野，國名伊沙陁之國，一名火庭天竺之國。國外有長洲，一名青丘，在南海辰巳，地方五千里，去四方之岸二十〔一〕萬里，則生天〔二〕樹，長三千丈，大者二千圍，甚多靈藥，甘液玉英，無所不有。其上有民人，皆壽三百六十歲。又有靈狐之獸，大者如犬，色如金，呌聲響四千里，威制虎豹萬禽，得衣其毛，壽同天地。青丘左則有風山，山恒震聲，上有紫府宮，天真神仙玉女所遊觀。又有炎洲，在南海中央，地方二千里，去岸九萬里。上有風生獸，似豹青色，大如貍，積火連天燒之，經月不死，毛亦不然，斫刺不入，以鐵鎚交鍛其頭數千下乃死。張口向風，須臾復活。以石上菖蒲塞其鼻即死，取其腦和菊花服之，壽同天地。又有火林山，山中有火光獸，大如鼠，毛長三四寸，或赤或白。於是夜半望山上林木及此獸，光照如然火。取其獸毛作布，名之火浣布。小汙，以火燒之即鮮白，則伊沙陁國人所衣。得此毛，仙人降形。學者存其國之音，思越老仙官三十六年，神人當以此獸及本國神奇之物獻送於兆也。

〔一〕「去四方之岸二十」，上清外國放品青童內文作「去岸二十五」。
〔二〕「天」，上書作「大」。

西方尼維羅緑那國

第一品銘，音曰華蓮。

第二品銘，音曰高軒。

第三品銘，音曰明身。

第四品銘，音曰土纏。

第五品銘，音曰星震。

第六品銘，音曰朱天。

西方去中國六萬里外名俱耶尼之外，極皓素之壟，寒穴之野，則尼維羅緑那之國，一名雲胡月支國，國人壽六百歲。國外則有流洲，在西海之南，地方三千里。去東岸十九萬里，其上有仙家數萬，上有山，生昆吾之石。治石成鐵作劒，光明照洞如水精，割玉如土。鳳麟洲在海中央，地方一千五百里，四面有弱水，鴻毛所不浮。上有仙家數千，鳳麟爲羣。上有吉光之獸如貍，能作胡語，聲如梵音，與其國人通言。獸毛生光奕奕，悉仙人所衣，得衣其毛，壽同天地。學者存其國音，氐老仙官三十六年，當獻送昆吾之劒吉光之獸於兆也。

北方旬他羅國

第一品銘，音曰玄家。

第二品銘，音曰文多。

第三品銘，音曰山蘆。

第四品銘，音曰武都。

第五品銘，音曰盈家。

第六品銘，音曰玄摩。

北方去中國五萬里外名鬱單，極朔陰鈎陳之庭，國名旬他羅之國，一名天鏡之國，國人壽三百歲。國外則有玄洲，方七千二百里，四面是海，去岸三十六萬里。上有太玄都，仙伯真公所治。有鸑鷟之鳥如浮氣，多丘山，名爲風山，與天西北門連界，金堂玉室宫府生金玉紫芝，是三天所治。其外則有元洲，地方三千里，去南岸十萬里，上生〔一〕五芝玄澗，澗水如蜜，飲之與天地同年。中有三萬仙家，悉飲此水，得仙不死。學者存其國音，羌老仙官三

〔一〕「生」，本書卷二六十洲三島元洲作「有」。

十六年，降獻玄澗五芝水也。

上方元精青沌自然國

第一品銘，正音重權。

第二品銘，正音玉金。

第三品銘，正音三林。

第四品銘，正音正精。

第五品銘，正音吸鈴。

第六品銘，正音緑嬰。

上方九天之上，清陽恢空之内，無色無象無形無影空洞之銘，元精青沌自然之國，一名洞澳清衍之國。以青氣爲世界，上極無窮，四覆諸天，惟有玉虚紫館，結空洞之煙，在〔一〕虚玄青沌之内也。爲學存高上之音，則天人授子飛仙之方。

〔一〕「在」原作「而」，據上清外國放品青童内文改。

中央太和寶真無量國

第一品銘，正音山蘆。

第二品銘，正音世家。

第三品銘，正音嵯峨。

第四品銘，正音盈華。

第五品銘，正音翟葩。

第六品銘，正音羅那。

中國四周百二十億萬里，下極大風澤五百二十億萬里，崑崙處其中央，弱水周帀繞山。山高平地三萬六千里，上三角面，方長萬里，形似偃盆，中央小狹上廣。其一角正北，干〔一〕辰星之精，名曰閬風臺。一角正西，名曰玄圃臺。其一角正東，名曰崑崙宮。一處〔二〕有積金，爲天墉城，面方千里，城上安金臺五所，玉樓十二。其北户山承淵山，並其支輔。又

〔一〕「干」原作「千」，據上清外國放品青童内文改。

〔二〕「處」，本書卷二六十洲三島作「角」。

有墉城金臺玉樓，相似如一〔二〕，流精之闕，光碧之堂，瓊華之室，紫翠丹房，景雲燭日，朱霞九光，西王母之所治。上通璇璣元氣，流布五常玉衡，普引九天之澳，灌萬仙之宗根，天地之紐，萬度之柄矣。上生金銀之樹，瓊柯丹寶之林，垂蘇瑚以爲枝，結玉精以爲實。其樹悉刻題三十六國音諸天玉文，上棲紫鷰鳳鸞、白雀朱鶚、鵾雞靈鴸、赤烏青鵠，下則飛禽遊獸，與崑崙同生，初無死耗。但玄文寶經隱書古字，有千二百億萬言，在玄圃之上，積石之陰。仙人有九萬人，皆停散於靈山。學者恒誦諸天内音外國三十六音地下九壘之音。九年，仙人自當降送靈山之神奇；三十六年，得乘五色雲輿，上登崑崙之山也。

〔二〕「相似如一」，本書卷二六十洲三島崐崘作「相映如」。

雲笈七籤卷之二十三

日月星辰部

總叙日月

黄氣陽精三道順行經曰：日，陽之精，德之長也。縱廣二千四十里，金分〔一〕水精暈於内，流光照於外，其中有城郭人民七寶浴池。池生青黄赤白蓮花，人長二丈四尺，衣朱衣之服，其花同衰同盛。日行有五風，故制御日月星宿遊行，皆風梵其綱。金門之上，日之通門也。〔二〕金門之内，有金精冶鍊之池，在西關左〔三〕之分。故立春之節日，受鍊魂〔四〕於

〔一〕「四」原作「三」，「分」原作「物」，據上清黄氣陽精三道順行經及無上祕要卷三日品改。
〔二〕「日之通門」，上二書分别作「日行通明」、「日行通門」。
〔三〕「左」，上清黄氣陽精三道順行經作「耶尼」。
〔四〕「受鍊魂」原作「更鍊魄」，據上書及無上祕要卷三日品改。

金門之内，耀其光於金門之外，四十五日乃止。順行之洞陽宫，洞陽宫，日之上舘也。立夏之日，止於洞陽宫，吐金冶之精，以灌於東井之中〔一〕，沐浴於晨暉，收八素之氣，歸廣寒之宫也。

月暉之圍，縱廣二千九百里〔二〕。白銀瑠璃水精映其内，城郭人民與日宫同，有七寶浴池，八騫之林生乎内，人長一丈六尺，衣青色之衣。常以一日至十六日，採白銀瑠璃鍊於炎光之冶，故月度盈則光明。比十七日至二十九日，於騫林樹下採三氣之華，拂日月之光也。秋分之日，月宿東井之地上廣靈之堂，乃沐浴於東井之池，以鍊月〔三〕魂，明八朗之芒，受陽精於〔四〕日暉，吐黄氣於玉池。諸天人悉採玉樹之華，以拂日月之光。月以黄氣灌天人之容，故秋分是天人會月之日也。

老子歷藏中經云：日月者，天地之司徒司空也〔五〕。日姓張名表字長史，月姓文名申

〔一〕「於東井之中」，上清黄氣陽精三道順行經及無上祕要卷三日品作「洞陽之宫」。

〔二〕以上十一字，上二書作「月縱廣一千九百里，月暈圍七千八百四十里」。

〔三〕「月」原作「日」，據上二書改。

〔四〕「於」字原無，據上二書增。

〔五〕此句，本書卷十八老子中經第十神仙作「天之司徒司空公也」。

字子光。太丹隱書云：紫微夫人姓王諱清娥字愈音，云是西王母第二十四女。紫微宮在北溟外羽明野玄壟山，山在崑崙之東北。紫微説：「阿母言曰：『欲存日月氣者，當知日月景象。』日圓形而方景，月方精而圓象。景藏形内，精隱象中，景赤象黄，是爲日月之魂。若知其道，乃可以吐納流霞耳。」

三奔録

三奔之道，當按奔景之神經，經中節度，曉夕修行，不得傳及非人。如怠慢不專，輕泄漏慢之者，身受冥責，一如經戒。

奔日

日中赤氣上皇真君諱將車梁字高騫爽。此位號尊祕，經雖無存修之法，而云知者不死，當宜行事之始，心存以知，不得輒呼。月法亦然。

奔月

月中黄氣上黄神母諱曜道支〔一〕字玉〔二〕薈條。其奔月齋静存思，具如日法。

〔一〕「支」，上清洞真天寶大洞三景寶籙卷上奔月法作「友」。
〔二〕「玉」，上清衆經諸真聖祕作「正」。

奔辰

木春王，火夏王，金秋王，水冬王，皆依曆以四立日前夜半爲王之始，各〔一〕七十二日，至分至日前各王十八日，分至日之前夜夜半爲王之始。有星時可出庭中，坐立適意，有五星中相見者。次當修服之時而出庭中，坐勝於立。可於庭壇向星敷席施桉，〔二〕燒香禮拜訖，正坐而爲之。若無星之時，天陰之夕，可於寢室中存修之也。星行不必在方面，亦隨所在向而修行，謂五星所在而向之，不必依星本方之面，猶如木或在西也。一夕服五星常令周遍，隨王月以王星爲先。若静齋道士，亦可通於室中，存五星之真文，方面而並修之。不閑筭術，不知星之所在，又久静長齋者，可常於室中，依五星本位之方面而存修之也。

太上玉晨鬱儀結璘奔日月圖

太上隱書中篇曰：子欲爲真，當存日君。駕龍驂鳳，乘天景雲。東遊希林，遂入帝門。精思乃得，要道不煩。名上清靈，列位真官。乃執鬱儀文。太上隱書中篇又曰：子欲昇

〔一〕「各」原作「冬」，據上清洞真天寳大洞三景寳籙卷上奔辰法改。

〔二〕「桉」原作「按」，據上書改。

天，當存月夫人。駕十飛龍，乘我流鈴，西到六嶺，遂入帝堂。精思乃見，上朝天皇。乃執結璘章。

太上玉晨鬱儀奔日赤景玉文結璘奔月黄景玉章

右奔日月隱道，太上上清太極九皇四真人所寶祕，玄靈〔一〕元君之玉章也。自非有金簡玉名及緑字東華，皆不聞見此二章之篇目矣。行之者先清齋百日，絶交人事，乃可爲之也。久久行之，上奔日月，得給玉童玉女各五十人。太上鬱儀赤文結璘黄章，乃太上玉帝君之靈祕篇也。藏之於九天之房丹瑶之臺，非勤心好真、宿有飛玄天仙之骨録者，莫〔二〕得而見聞也。聞其篇目，皆不可妄言稱及，犯者受考三官，天地不赦。初令三百年得宣傳一人，却後七百年乃復得傳〔三〕一人，若神真冥〔四〕告有宜授者，傳之也。傳授之法，皆師

〔一〕「靈」，上清太上帝君九真中經（下稱九真中經）及太上玉晨鬱儀結璘奔日月圖（下稱奔日月圖）均作「虚」。
〔二〕「莫」原作「英」，據奔日月圖改。
〔三〕「傳」字原缺，據上書及九真中經增。
〔四〕「冥」原作「宣」，據上二書改。

友相受，以崇〔一〕玄科也。授非其人，不遵法度，爲泄宣天文也。漏慢違誓，死爲下鬼，乃七祖受考風刀之罪。自非同氣，寧當閉口。西玄山洞臺中有此二經，刻以玉簡，書以金字，及王屋清虚天皆有而不備具，唯太玄宫高上臺及蓬萊府北室金柱玉壁刻文，並備具也。中宫仙人，泰清諸官並不知此書是何事也。

峨嵋山北洞中石室户樞刻石書字

「鬱儀引日精，結璘致月神，得道處上宫，位稱大夫真。」一云帝君真。凡二十字，下仙見之，甚自不解其意義是何等事也。如此仙人自有不見其篇目録者多矣，其金液九丹蓋小術也，皆不得飛行上清。欲行此道，不必賢愚，但地上無此文耳。真官玄法，啓誓乃傳，有得而行，位爲上真。乃乘八景瓊輪，遊行九晨。詣太素宫見太一帝君，俱朝元晨。故祕言曰：「子得鬱儀結璘，乃成上清之真，不修此道，不得見三元君。」

〔一〕「崇」原作「宗」，據九真中經、奔日月圖改。

太上鬱儀日中五帝諱字服色

日中青帝諱圓常無字照龍韜〔一〕，衣青玉錦帔蒼華飛羽帬，建翠芙蓉晨冠。

日中赤帝諱丹虚峙字緑虹映，衣絳玉錦帔丹華飛羽帬，建丹符〔二〕靈明冠。

日中白帝諱浩鬱將字廻金霞，衣素玉錦帔白羽飛華帬，建浩靈芙華冠。

日中黑帝諱澄增停字玄緑炎，衣玄玉錦帔黑羽飛華帬，建玄山芙蓉冠。

日中黄帝諱壽逸阜字飈暉像，衣黄玉錦帔黄羽飛華帬，建芙靈紫冠。

右日中五帝君諱字服色，欲行奔日之道，當祝識名字，存五帝服色在我之左右前後。

月中夫人魂精内神名曖蕭臺摽〔三〕。

右月魂配五帝，次又存祝之。能知月魂名，終身無災，萬害不傷。太上藏日月帝君夫人諱字於太素宫，有知之者神仙。

〔一〕「照龍韜」原作「昭龍韜」，據九真中經、奔日月圖及上清衆經諸真聖祕改。

〔二〕「丹符」，九真中經作「丹扶」，奔日月圖作「丹芙蓉」。

〔三〕「摽」，奔日月圖及上清衆經諸真聖祕均作「標」。

太上結璘月中五帝夫人諱字服色

月中青帝夫人諱隱娥珠〔一〕字芬豔嬰，衣青華瓊錦帔翠龍鳳文飛羽帬。

月中赤帝夫人諱逸寥無字婉筵靈，衣丹蘂玉錦帔朱華鳳落飛羽帬。

月中白帝夫人諱靈素蘭字鬱連華，衣白珠四出龍錦帔素羽鸞章飛華帬。

月中黑帝夫人諱結連翘字淳厲金，衣玄琅九道雲錦帔黑羽龍文飛華帬。

月中黄帝夫人諱清營襟字炅定容，衣黄雲山文錦帔緑羽鳳華繡帬。

已上五夫人頭並頽雲三角髻，髮垂之至腰。

右月中五帝夫人諱字服色。欲行奔月之道，當祝識名字，存夫人服色在己之左右前後。

日中五帝魂精内神名珠景赤童。

右日魂月魄〔二〕五帝五夫人，次又存祝之。能知日魂名，終身無疾，萬災不犯。太上

〔一〕「隱娥珠」，九真中經及上清衆經諸真聖祕作「娥隱珠」，奔日月圖作「朱隱娥」。

〔二〕「魄」，疑當作「魂」。

藏日月魂名於紫靈玉宮，有知之者，通神使靈。

存奔日月道者，任意所便行爾，不必盡爲之也。欲得靜室隱止，唯令見日月之始暉處也〔一〕。若不絶人事，與外物相干者，不得行此道也。夜半常燒香，存五帝五夫人名字，心祝曰：「願與帝君太一五神，合景如一。」於是二十四年，亦白日昇天，亦不必行奔存之道也。常存在我之左右并心祝竊誦，勿令耳聞。

太素真人受太帝君日月訣法

太素真人曰：「子存日精五帝君，口含太上鬱儀文，須此道成乃見日中君，無此徒勞自煩冤。」

太素真人曰：「子存月精五夫人，口含太上結璘章，須此道成乃見月中夫人，無此徒勞自悼傷。」

右二條，太素真人受太帝君訣言。太上隱書云存時執之，帝君云含之，太素真人教裴君存時含一文執一文，並行之也。

〔一〕上句原無「見」字、「始」字，據九真中經及奔日月圖增。

太素真人傳清靈真人裴君二事，太上鬱儀結璘之章，以致日月之精神，上奔日月，通天光飛太空之道也。皆乘雲車羽蓋，駕命羣龍，而上昇皇天紫庭也。内視中方曰：「子欲步空，當存日月。子〔一〕欲登清靈，當存五星，密室密行，不出宇庭。」此之謂也。素奏丹符曰：「大哉鬱儀，妙乎結璘，非上真不見，非上仙不聞，以致〔二〕日月五精之神，乘龍步空，足躡景雲，遂與五帝，上入天門。有人聞之，慎勿妄言。去世可出，誓金乃傳。要傳弟子，有心之人。勿〔三〕道篇目，玉童上言。泄則被考，身終不仙。玉女玉童，去而弗還。書文必失，獲刑三官。子其慎言，言爲罪源。」

大方諸宫服日月芒法

常存心中有日象大如錢，在心中赤色。又存日有九芒，從心中出〔四〕喉至齒間，而芒

〔一〕「子」原作「王」，據奔日月圖改。

〔二〕「致」字原缺，據上書補。

〔三〕「勿」，上書作「妄」。

〔四〕「出」，本書卷四五服日月光芒第二十四作「上出」。

迴還胃中。如此良久，臨目存自見心胃中分明。乃吐氣漱液，服液三十九過止。一日三爲之，行之十八年得道，行日中無影。恒存日在心中，月在泥丸宫。夜服月華如服日法，存月十芒，白色從腦中下入喉，芒亦未出齒而迴入胃。

太上玄真訣服日月法

東卿司命君曰：「先師王君昔見授太上明堂玄真上經，清齋休粮，存日月在口中。晝存日，夜存月，令大如鐶。日赤色，有紫光九芒；月黄色，有白光十芒。存咽服光芒之液，常密行之無數。若不修存時，令日月還住面明堂中，日居左，月居右，令二景與目瞳氣合通也。此道以攝運生精，理和〔一〕魂神，六丁奉侍，天兵衛護，此上真道也。」大都口訣正如此。

服日子三五七九玄根氣法

食玄根之氣法，使人體中清朗，神明八聰，身有日映，面有玉澤，眼生明光，齒含紫氣，

〔一〕「和」字原缺，據上清明堂元真經訣及真誥卷九增。

堅腸華藏，長生久視，服吸朝液，懸粮絶粒，道要於金液，事妙於水玉，所謂吐納自然之太和，御九精之靈氣者也。夫道之爲用，貴自然也。德之爲静，尊恬愉也。攝自然以表真，抱沖漠以不邪〔一〕者，則横犯不生，非害自滅。此乃三五七九之氣，可謂要道之旨也。

兆卧未起之時，存口中有一白氣，大如鷄子黄。鷄黄之外，又有五色氣。五色氣宛轉自生，結溢黄外，須臾乃滿心口中，名曰三五七九日子玄根之氣也。又存心胃口之中有一女人，如嬰兒之形無衣服也。正立胃管〔二〕門口，號曰九天玄女，承注魂液，仰噏口中雞子黄之五色氣也。常漱滿口中内外上下，以舌迴吸日氣五色，津液滿口呑之，存使津液下入玄女之口。如此三過畢，又叩齒三通，微祝曰：「玉清高上，九天九靈，治在玄府〔三〕下入胃清。金和玉映，先自虚生，名曰淳鏆，字曰豔〔四〕精。鍊魂抱魄，心開神明，服食日子〔五〕，金華充盈。」良久都畢，以手拭兩目二七，又以兩手相拭，極力摩面眉目之間鬢膚之

〔一〕「抱沖漠以不邪」，上清九天上帝祝百神内名經「沖」作「恬」，「不」作「正」。

〔二〕「胃管」下，上書有「中張口向胃管」六字。

〔三〕「府」，上書作「玄」，無上祕要卷七六作「中」。

〔四〕無上祕要卷七六「淳」作「渟」，「豔」作「元」。

〔五〕「子」，本書卷十一口爲章第三作「精」。

際小熱，使薰薰然也。此太上服三五七九日子玄根之道也。

服日月氣法

服日氣之法，以平旦採日華，以夜半存之，去面前九寸，令方景照我泥丸，下及五藏，洞徹一形。引氣入口，光色慰明〔一〕，良久乃畢，則常得長生矣。

又法

夜半生氣時若雞鳴時，正卧閉目，存左目中出日，右目中出月，並徑九寸，在兩耳之上。兩耳之上，名爲六合高牕也。令日月使照一身，内徹泥丸，下照五藏，腸胃之中，皆覺見了了，洞徹内外，令一身與日月光合。良久畢，叩齒九通，咽液九過，乃微祝曰：「太上玄一，九皇吐精，三五七變，洞觀幽冥。日月垂光，下徹神庭，使照六合，太一黄寧。帝君命簡，金書不傾，五老奉符，天地同誠。使我不死，以致真靈，却遏萬邪，禍害滅〔二〕平。上朝天皇，

〔一〕「慰明」，道藏輯要本作「鮮明」。

〔二〕「滅」，本書卷十一上有章第二作「咸」。

還老反嬰，太帝有制，百神敬聽。」畢乃開目，名爲日月練根，三元校魂，以制御形神，辟諸鬼氣之來侵，使兆長生不死，多〔一〕存之矣。

又法

又存左目爲日，右目爲月，共合神庭之中，却上入於明堂，化生黄英之醴〔二〕，下流口中，九咽之以哺太一。常以生氣時存之，畢微祝曰：「日月上精，黄水月華，太一來飲，神光高羅。使我長生，天地同柯。」畢，五日一行之。口中舌上爲神庭。存日月既畢，因動舌，覺有黄泉如紫金色從舌上出，上流却入明堂，爲黄英之醴也。存思之時，當閉目絶〔三〕念。

太一遊日服日月法

太一常以甲午丙午戊午日日出時，下遊絳宮，合形真人及兆身。絳宮真人者，處心中

〔一〕「多」，洞真太一帝君太丹隱書洞真玄經作「夕夕」。
〔二〕「醴」原作「體」，據上書改，下同。
〔三〕「當閉目絶」原作「常閉目施」，據上書改。

之丹田，中元真人居其心中也。先存思真人忽然與太一合形，又存我入絳宫中忽然復與太一合形，於是絳宫之中，惟覺有太一之身，身形象服如兆體也。但令形細眇然，似初生孩子之狀。又存兩鼻孔下，左有日，右有月，日中有黄精赤氣，月中有赤精黄氣。精者，二明之質色；氣者，日月之烟也。二氣鬱鬱，來入絳宫。絳宫溢滿，二氣復上入洞房中。洞房中鬱滿，又下至黄庭中。黄庭中者，臍下三寸下丹田宫中也。二氣既滿，又入填溢太倉中。二氣洞徹，鬱鬱積胃管中。存太一上行，正當胃管中，南向呼召下元丹田黄庭真人，衣黄衣，巾黄巾，與太一共坐，飲食精氣二十七咽。良久畢，存黄庭真人，呪曰：「日月之華，黄赤二精。圓光合氣，上發大明。三元飲食，太一受靈。」又存太一與中元真人還入絳宫，黄庭真人還下丹田，太一與我合形還六合宫。

求月中丹光夫人法

求仙之道，當以夏至之日夜半，入室南向，眠坐任意，閉眼内思月中丹光夫人姓諱，形長八寸八分〔一〕，頭作頹雲之髻，著丹錦帬，口銜月光入兆身心絳宫之中。須臾月光散爲黄

〔一〕「八寸八分」原作「八寸分」，據上清黄氣陽精三道順行經增。

氣，帀降〔一〕一形。夫人在月中央，採空青之花〔二〕，散拂黄氣之中，口吐陽精赤氣，以灌兆形，從内〔三〕帀外，黄赤二氣更相纏繞，洞映一身。夫人以紫書丹字六音授於兆身，便引黄氣二十四咽，引陽精十二咽止。即叩齒二十四通，仰呪曰：「流火萬頃，洞陽之精，陽安之館，三華玉城。金仙内映，八素四明，九曜降氣，上仙高靈。夫人焚香，散華玉清〔四〕，丹書紫字，結音空清。瀾池玉潤，流灑八溟，朱光流翳，普天〔五〕鮮縈。廻晨曲曜，映監我形，形與朱日〔六〕，同死同生。乘空駕虚，參御飛軿。玉女弼位，金童輔靈。翠羽輕蓋，上造帝庭。」畢，咽氣二十四過，咽液十二過，止，便服紫書丹字。行此道八年，夫人授兆丹書真文、月中玉璫，令飛昇上造洞陽之宫。

〔一〕「降」原作「絳」，據上書改。
〔二〕「花」原作「林」，據上書改。
〔三〕「内」原作「向」，據上書改。
〔四〕「散華玉清」原作「散玉華清」，據上書改。
〔五〕「流翳普天」，上書作「翳普天仙」。
〔六〕「形與朱日」，上書作「得與朱月」。

服日月六氣法

夫氣者，神明之器，清濁之宗〔一〕，處玄則天清，在人則身存。夫死生虧盈，蓋順乎攝御之間也。欲服六氣，常以向曉〔二〕寅丑之際，因以天時告方面之時也〔三〕。太霞部暉，丹陽誕光，靈景啓晨，朱精啓時〔四〕之始也。先存日如雞子在泥丸中，畢，乃吐出一氣。存氣爲黑色，名之尸氣。次吐二氣，存氣〔五〕爲白色，名之故氣。次吐三氣，存氣爲蒼色，名之死氣。思其氣，吐亦良久也。凡出三色，合吐六氣也。畢，又徐徐引納黄氣四過。畢，輒咽液三過。爲之三，畢，乃存泥丸中日從目中出，當口前令相去九寸，臨目髣髴如見之。覆

〔一〕上清三真旨要玉訣「器」下有「匠」字，「宗」下有「淵」字。
〔二〕「曉」下，上書有「面」字。
〔三〕以上十字，上書作「因以天時造始必以方面，此之時也」。
〔四〕「啓時」，上書作「發明」。
〔五〕「存氣」原無，據上書增。

止〔一〕，乃起坐，動摇四體，俯仰伸引，令關脉調轉，存咽津佳〔二〕。夜即存月在泥丸中如存日法。若存月，當以月一日夜至十五日住，從十六日至三十日是月氣衰損，天胎虧縮，不可以夜存也。此法至妙，能行者仙。

金仙内法

金仙内法，感降靈轝，常以月五日夜半子時存日烏從兆口入，住在心中，使光照一心。一心之内，與日同光，共相合會，赫赫炯炯。當覺心暖，霞暉映曖，良久有驗。乃密呪曰：「太明育精，内練丹心，光暉體合〔三〕，神真來尋。」畢，咽液九過，叩齒九通止。到十五日二十五日二十九日，復作如前。一月之中，四度如上，使〔四〕人開明聰察，百關解通，萬神洞徹〔五〕，面有玉光，體有金澤。行之十五年，太一遣寶車來迎，上登太霄，遊宴紫極。行之務

〔一〕「覆止」，上清三真旨要玉訣作「復乘目納引取赤氣七過，七過畢，復咽液三過止」。

〔二〕「存咽津佳」，上書作「都畢也，存咽液須令青色」。

〔三〕「體合」，上書及真誥卷九、登真隱訣卷中均作「合映」。

〔四〕「使」原作「便」，據上三書改。

〔五〕「百關解通，萬神洞徹」，真誥卷九及上清三真旨要玉訣均作「百關鮮徹」。

數，不必一月四辰也。

存思日月法

凡入山，思日在面前，月在腦後。凡暮卧，思日在面上，月在足後，赤氣在内，白氣在外。凡欲從人，各思日月覆身而往，當無所畏。

向日取嚏法

欲得延年，當〔一〕洗面精心，至日更洗漱也。日出二丈，正面向日，口吐死氣，服日後便爲之，死氣四時吐之也。鼻噏日精，須鼻得嚏便止，是爲氣通。若不得嚏，以軟物通導之，使必得嚏也。以補精復胎，長生之方也。向日正心，欲得使心正，常以日出三丈，取嚏訖仍爲之。錯手著兩肩上，左手在上，以日當心，開衣出心，令正當之。常能行之佳。

〔一〕「當」字原缺，據登真隱訣卷中補。

雙景翼形隱道〔一〕

鷄鳴時，東方天色纔變之時，坐卧任意，閉目握固。存日月之象在六合之府，日左月右，六合府在兩目之上角，即眉後空處是也，入皮一分，仍辟方九分〔二〕。日色赤，九紫芒，月色黄，十白芒也。存使光明洞形，令髣髴在位。存令日月合照，光芒交映，而洞徹身面也。閉目極念，無得遺脱。畢，叩齒七通，咽液九過，而微祝曰：「太明靈神，化度鬱青。招霞藏暉，灌練五形。宫駕六合，七神調平。使我飛仙，登行上清。」行之十五年，玉皇遣三素雲迎兆也。

食竹筍鴻脯附

服日月之精華者，欲得常食竹筍〔三〕者，日華之胎也，一名大明；又欲常食鴻脯者，月

〔一〕此題目，上清太上九真中經絳生神丹訣作「雙景翼形隱存幽道」。

〔二〕「入皮一分，仍辟方九分」，上清紫微帝君南極元君玉經寳訣作「直入一寸方九分」。

〔三〕「竹筍」，上清僊府瓊林經作「竹筍竹筍」。

胎之羽鳥也，一名月鷺。欲服日月，當食此物氣感通〔一〕之。太虛真人曰：「鴻者，羽族之總名也。其鵠鴈鶖鷗，皆曰鴻鷺也。」古譚曰：「鴻鷺千〔二〕年鳥，爲肴致天真，五帝銜月華，列坐空中賓。」此古之漁父謌也。

〔一〕「通」原作「運」，據上清僊府瓊林經改。

〔二〕「千」原作「十」，據上書及太上靈寶五符序改。

雲笈七籤卷之二十四

日月星辰部

總説星

玄門寶海經曰：陽精爲日，陰精爲月，分日月之精爲星辰。綱者，連星也。紀者，綴星也。星形正圓如丸，不應似貫珠穿度，又不容作鈴鼻相綴，理宜如破箭竿，還相合以成體。天地初成無子，舉翅飛上，乃在華蓋之下，左有北辰，右有北斗，星辰稍備，東西南北稍正，星辰共以真道要養萬二千物，下及六畜糞土草木，皆被服其祕道要德而生長焉。

北辰星者，衆神之本也。凡星各有主掌，皆繫於北辰。北辰者，北極不動之星也。其神正坐玄丹宮，名太一君也。極之爲言者界也，是五方界俱集於中央，是最尊居中也。中極一名爲天中上極星也，是最居天之中。東方少陽，名爲東極星。西方少陰，名爲西極星。北極星，天南方太陽，名爲南極星。中央名爲中和上極上星，故最高最尊，爲衆星之主也。北極星，天之太常，其神主昇進。上總九天，中統五嶽，下領學者〔一〕。北極星圍七百七十里，中有玄臺玉樓真人號飛華君，姓羽靈，諱昌元〔二〕，著飛精華冠，衣紫錦裳，執玉策。太極君名北辰主帝，制御萬神。（中央星是。）北極神人坐緑炁之光。北斗星者，太極之紫蓋，玄真之靈床，九皇之神席，天尊之偃房。第一太星，精名玄樞，神曰陽明。第二元星，精名〔三〕北台，神曰陰精。第三真星，精名九極上真，神曰〔四〕真人。第四紐星，精名璇根，神曰玄冥。第五綱星，精名太平〔五〕，神曰丹元。第六紀星，精名命機，神曰北極。第七關星，精名玄陽，神曰天關。第八帝星，名曰高上皇〔六〕，神曰八景虛元君。第九尊星，精〔七〕號太微玉帝君，神

〔一〕以上十七字，九晨玉經及九神玉經均作「主昇進，上總九天真，中統五嶽飛仙，下領學者之身」。

〔二〕「姓羽靈，諱昌元」，上二書均作「姓明靈，諱長元化」。

〔三〕「精名」原作「名曰」，據上清紫精君皇初紫靈道君洞房上經改，下同。

〔四〕「曰」原作「又曰」，據上書刪。又「九極上真」，上書作「九極」。

〔五〕「太平」，上書作「天平」。

〔六〕「名曰高上皇」，上書作「精號高上玉皇君」。

〔七〕「精」字原缺，據上書補。

曰太素七晨元君。斗有魂魄之星，迴旋在斗外，裹纏於斗，斗在〔一〕内也。其星在〔二〕陽明、陰精二星之間，是斗魂魄魁首也〔三〕，名曰天樞魂神。斗次第二星名曰天璇魂神，斗次行第三星名曰天機魄精，斗次行第四星名曰天權魄精，斗次行第五星名曰玉衡魄靈，斗次行第六星名曰闓陽魄靈，斗次行第七星名曰摇光大明。七星去地四十萬里，圍七百二十里，皆金精瑠璃爲其郭，七曜紫暉開其光，號爲帝車，運于中央，臨制四方，分調陰陽，四時五行，皆禀之焉。

北斗君字君時，一字充，北斗神君本江夏人，姓伯名大萬，挾萬二千石，左右神人姓雷名機字太陰，主天下諸仙人。又招摇與玉衡爲輪，北斗之星，精曜九道，光映十天。

北斗九星，七見二隱，其第八、第九是帝皇、太尊精神也。漢相國霍光家有典衣奴子名還車，忽見二星在斗中，光明非常，乃拜而還，遂得增年六百。内輔一星在北斗第三星，不可得見，見之長生，成神聖也。外輔一星在北斗第六星下，相去一寸許，若驚恐厭魅，起視

〔一〕「在」下，上清紫精君皇初紫靈道君洞房上經有「魂魄之」三字。
〔二〕「其星在」原缺，據上書補。
〔三〕「是」原作「星」，據上書改。又「也」字上，上書有「星」字。

之吉。

黄帝曰：以雞鳴時想北斗七星，而天神下不死藥，益壽不老。又以丁亥之日仰存七星，使煥明於北方，良久陰祝曰：「召書上清，役使萬神，上登玉庭，駕景乘空，與天相傾。」又每立春日東向存北斗來下，却蓋頭，柄指於前吉。南斗神君字流時，南斗字君元。南斗君是河東人，姓趙名赦先字君遷，南斗君坐，左右神人姓戴名道字叔生，大道君子也。東斗主擊君，西斗主伐君，中斗伏逆君，紫微宫内神姓柳字君明，紫微君字露光，夫人姓王諱叔華。太微星君字卿元，太微内有三皇：一曰皇君，二曰天皇，三曰皇老，此即三元之氣，混沌之真，在太微總領符命也。文昌星神君字先常，天子司命之符也。土官星所主，能致山内菓實，旦爲猿，晝爲猴，暮爲死石。璇璣星君字處行。鉤陳，水星主之。常陳，天之虎賁也。五車，天之五嶽，能致甘露麒麟。三台星，天之陛官，旦爲龍，晝爲蛇，暮爲魚。三神者，三台之靈也。上台神君字顯真，上台名虚精，主金玉。中台神君字章明，中台名六淳，主禄位。中台兩星小闊。晉張華爲司空，死，其星開。下台神君字際生，下台名曲生，主土田。軒轅星，天之后妃，土官也。其神旦爲羊，晝爲蟹，暮爲鼈。洞明星姓幽昇，諱幽韻。真人星姓歸珩，諱妙光，字度元，天之司空，主五嶽靈仙。

五星者，是日月之靈根，天胎之五藏。天地賴以綜氣，日月繫之而明。東方歲星真皇君名澄瀾，字清凝，夫人名寶容字飛雲〔一〕。南方熒惑真皇君姓皓空，諱維淳，字散融〔二〕，夫人諱華凝〔三〕字玄羅。太白真皇君姓皓空，名德摽〔四〕，夫人名飈英字靈恩。辰星真皇君名啓亘，字積原〔五〕，夫人名玄華，字龍娥。鎮星真皇君名藏睦，字躭延，夫人名空瑶，字飛賢。二十八宿爲籬落也。織女水官星能致神芝，食之壽與天地無極。傳舍水官星主天符。南戒星同北戒水官星旦爲馬，晝爲鹿，暮爲麞。天市星天之倉曹，神能致明月珠，旦爲木，晝爲兔，暮爲狢。平門土官星能致神女倡樂，旦爲生木，晝爲豕，暮爲蝀蝓。玄冥星姓冥樞，諱定宣覺，字法開度，真名執〔六〕，天之游擊也，主伐逆，上總九天鬼神，中領北帝三官，下監萬兆。穀土星能致飛鳥，來朱雀，旦爲雞，晝爲烏，暮爲鳶。積水星能致四方萬物，恣其所欲，坐在立亡。狼星能致天帝君百二十神。

〔一〕「雲」原作「靈」，據上清太上八素真經改。
〔二〕「諱維淳，字散融」原作「諱維淳散融」，據上書改。
〔三〕「凝」，上書作「瓶」。
〔四〕「姓皓空諱德摽」，上書作「諱寥凌字振尋。」
〔五〕「名啓亘，字積原」，上書作「諱啓暄，字精淳」，本書卷二五奔辰飛登五星法作「諱啓恒，字精源」。
〔六〕「字法開度真名執」，九神玉經及九晨玉經均作「字法明度摇天柱」。

夫下有其官，則上有其星，下署置官失，則上星爲其亂。若露慢三光，指斥七曜，呵罵風雨，欺罔玄靈，則致日月薄蝕，星宿流飛。常以十二月四日候天西北水母星長九丈，大三圍，本末正等，見即大水滿天下，急走奔高山可逃也。計然，葵丘濮上人也，姓辛字文子，習星曆之數，知所富利之術。

二十八宿

甲從官陽神也，角星神主之。陽神九人，姓賓名遠生，衣緑玄單衣，角星宿〔一〕主之。乙從官陰神也，亢星神主之。陰神四人，姓扶名司馬，馬頭赤身，衣赤緹單衣，帶劒，亢星神主之。丙從官陽神也，氐星神主之。陽神十三人，姓王名師子，衣青紗單衣，氐星神主之。丁從官陰神也，房星神主之。陰神八人，姓洪名寄生，衣絳緋單衣，房星神主之。戊從官陽神也，心星神主之。心星火也，爲工，故在東方，陽神五人，姓女名涂祖，牛頭人身，衣黄單衣，帶劒，心星神主之。己從官陰神也，尾星神主之。陰神十一人，姓涂名徐澤，兔頭人身，衣青單衣，尾星神主之。庚從官陽神也，箕星神主之。桑木者，箕星之精也。陽神十一人，

〔一〕「宿」，依下文例當作「神」。

姓元闕名仲，衣飄飄玉紗單衣，箕星神主之。辛從官陰神也，南斗星神主之。陰神四人，姓陽名多，衣青單衣，持矛，南斗星神主之。壬從官陽神也，牛星神主之。陽神十二人，姓柳名將生，衣絳玄單衣，牛星神主之。癸從官陰神也，女星神主之。陰神姓刁名徐字鬱子，犬頭人身，女星神主之。寅從官孟神也，虛星神主之。槐者，虛星之精也。孟神四人，姓木名徐他，鼠頭人身，衣銀黑單衣，帶劒，虛星神主之。卯從官仲神也，危星神主之。仲神十一人，姓劉名歸生，衣瓊紋單衣，帶劒，危星神主之。辰從官季神也，營室星神主之。營室之內，五色雜神。營室，天子受命之司，水官星神主之。季神八人，姓吕名昇，衣黄錦單衣，營室星神主之。巳從官孟神也，東壁星神主之。孟神七人，姓石名蘇和，豕頭人身，衣黑單衣，帶劒，東壁星神主之。午從官仲神也，奎星神主之。仲神六人，姓黑名石勝，衣丹紗單衣，帶劒，奎星神主之。未從官季神也，婁星神主之。季神十三人，姓竺名遠來，衣流熒單衣，婁星神主之。申從官孟神也，胃星神主之。孟神八人，姓馮名謝君，衣流黄單衣，帶劒，胃星神主之。酉從官仲神也，昴星神主之。仲神四人，姓張名弩小，衣緑青單衣，昴星神主之。戌從官季神也，畢星神主之。季神姓桑名公孫，帶劒，衣白毛單衣，畢星神主之。亥從官孟神也，觜星神主之。孟神十一人，姓王名平，衣龍青單衣，觜星神主之。子從官仲神也，參星神主之。仲神八人，姓銅名徐舒，衣黄緋單衣，帶劒，參星神主之。丑從官季神也，井星神主之。季神九人，名博陽，衣黄水單衣，帶劒，能致鳳凰玄武，東井星神主之。震，乾之長男也，鬼星神主之。長男神五人，姓作名涂于，蛇頭黑身，帶劒，衣赤野單衣，鬼星神主之。坎，乾之中子也，柳星神主之。中男神四人，姓角名石襄，羊頭人身，衣黄韋單衣，柳星神主之。艮，乾之少子也，七〔一〕星神主之。少子神五人，名勝子，衣飛霞單衣，七星神主之。巽，坤之長女也，張星神主之。長女神五人，姓李名神子，衣赤血單衣，張星神主之。離，坤之中女也，翼星神主之。中女神十人，姓張名奴子，衣赭黑單衣，帶劒，翼星神主之。兑，坤之少女也，軫星神主之。少女五人，姓　　名蘇子，衣流黄單衣〔二〕。

北斗九星職位總主

黄老經曰：北斗第一天樞星，則陽明星之魂神也；第二天璇星，則陰精星之魂神也；第三天機星，則真人星之魄精也；第四天權星，則玄冥星之魄精也；第五玉衡星，則丹元星之魄靈也；第六闓陽星，則北極星之魄靈也；第七摇光星，則天關星之魂大明也；第八

〔一〕「七」，道藏輯要本作「星」，下同。

〔二〕疑下脱「軫星神主之」，「少女」下脱「神」字，「姓」下空缺二字，蔣力生等校注本作「符離」。

洞明星，則輔星之魂精陽明也，第九隱元星，則弼星之魂明空靈也。

陽明星，天之太尉，司政主非。上總九天上真，中監五嶽飛仙，下領後學真之人。天地神靈，功過輕重，莫不隸焉。

陰精星，天之上宰，主禄位。上總天宿，下領萬靈及學仙之人。諸〔一〕學道及兆民宿命禄位，莫不隸焉。

真人星，天之司空，主神仙。上總九天高真，中監五嶽靈仙，下領學道之人。真仙之流〔二〕，莫不隸焉。

玄冥星，天之遊擊，主伐逆。上總九天鬼神，中領北帝三管，下監萬兆。伐逆不臣，諸以凶勃，莫不隸焉。

丹元星，天之斗君，主命録籍。上總九天譜録，中統鬼神簿目，下領學真兆民命籍。諸天諸地，莫不總統。

北極星，天之太常，主昇進。上總九天上真，中統五嶽飛仙，下領學者之身。凡以功勤

〔一〕「諸」下原有「以」字，據九晨玉經及九神玉經删。
〔二〕「流」原作「官」，據上二書改。

得〔一〕轉輪階級，悉總之焉。

天關星，天之上帝，主天地機運。如四時長短〔二〕，天地否泰劫會，莫不隸焉。

輔星，天尊玉帝之星也，曰常〔三〕。常者常陽，主飛仙。上總九天，下領九地。五嶽四瀆神仙之官，悉由之焉。

弼星，太帝真星也，曰空〔四〕。空者常空隱也，主變化無方。

河圖寶録云：第一陽明星，天之太尉，司正主非。上總九天之真〔五〕，中監五嶽飛仙，下領後學真人，天地神靈，功過輕重。圍九百二十里，有青城玉樓據斗真人號九晨君，姓上靈，諱摇天槌〔六〕，冠九晨玉冠，衣青羽飛裳，執斗玄圖，坐玉樓中。知内諱者，玉晨下映，飛行太空。

〔一〕「凡以功勤得」，九晨玉經及九神玉經作「凡功勤得道」。

〔二〕「短」，上二書作「養」。

〔三〕「常」字原缺，據上二書補。

〔四〕「帝」原作「常」，據上二書改。「空」字原缺，據上二書補。

〔五〕「司正主非。上總九天之真」，上清河圖寶籙「之」作「上」，無「司正」二字。

〔六〕「姓上靈，諱摇天槌」，九晨玉經及九神玉經作「姓上雲，諱法嬰容，字董洞陽摇天槌」。

第二陰精星，天之上宰，主禄位。上總天宿，下領萬靈及學仙之人。圍五百五十五里，有五色玉樓攀魁真人號北上晨君，姓育嬰諱激明光〔一〕，冠玄精玉冠，衣玄羽飛裳，執五色羽節。

第三真人星，天之司空，主神仙。上總九天高真，中監五嶽靈仙，下領學道之人。圍七百七十里，有黄臺玉樓真人號主仙華晨〔二〕君，姓歸垪，諱度衆蹟〔三〕，冠飛晨寶冠，衣青羽飛裳，執斗中青籙。

第四玄冥星，天之游擊，主伐逆。上總九天鬼神，中領北帝三官，下監萬兆。圍八百里，有朱臺玉樓步斗真人號玄上飛蓋晨君，姓冥樞，諱摇天柱〔四〕，冠三〔五〕華寶晨冠，衣丹錦飛裳，執九靈之節。

〔一〕「諱激明光」，九晨玉經及九神玉經作「諱玄上瓮，字昌陽文激明光」。
〔二〕「晨」原作「神」，據上二書改。
〔三〕「姓歸垪，諱度衆蹟」，上二書作「姓歸垪，諱妙陰光，字通度元度凝脂」。
〔四〕「諱摇天柱」，上二書作「諱定宣覺，字法明度摇天柱」。
〔五〕「三」原作「二」，據上清河圖寶籙改。

第五丹元星，天之斗〔一〕君，主命籙籍。上總九天諸籙，中統鬼神簿目，下領學真兆民命籍，諸天諸地，莫不總統。圍七百二十里，有素臺金樓躡紀真人號金魁七晨君，姓上開，諱變五道〔二〕，冠七寶飛天冠，衣白錦飛裳，執青元籍。

第六北極星，天之太常，主昇進。上總九天上真，中統五嶽飛仙，下領學者階級。圍七百七十里，有玄臺玉樓步剛真人號北晨飛華君，姓明靈，諱昌上元〔三〕，冠飛精華冠，衣紫錦飛裳，執九斗玉策。

第七天關星，天之上帝，主天地機運，四時長短〔四〕，否泰劫會。圍九百里，有九層玉樓乘龍真人號總靈九元北蓋晨君，姓玄樞，諱開天徒〔五〕，冠九元寶冠，衣九色錦裳，執暉神之印。

第八輔星，天尊玉帝之星。曰常陽也，主飛仙。上總九天，下領九地、五嶽、四瀆神仙

〔一〕「斗」上原有「北」字，據上清河圖寶籙删。
〔二〕「諱變五道」，九晨玉經及九神玉經作「諱冥通光，字朱煥元變五道」。
〔三〕「諱昌上元」，上二書作「諱長明化，字淵洞源昌上元」。
〔四〕「長短」，上二書作「長養」。
〔五〕「諱開天徒」，上二書作「諱轉光，字會元終明天徒」，又「總靈」作「總雲」。

之官。圍九百九十里，有紫烝玉樓遊行三命〔一〕真人號帝尊九晨君，姓精常，諱空上開正延〔二〕，冠飛精玉冠，衣九色鳳衣，執火鈴。

第九弼星，太帝真人星。曰空隱也，主變化無方。圍九百九十里，有玉樓紫館徘徊三陽真人號帝真元晨〔三〕君，姓幽空，諱冥陽暉幽寥〔四〕，冠飛天玉冠，衣九天龍衣，執帝章。

兆若訴彼之非，明此之是，過〔五〕他之惡，申己之善，自責而不怨人，通理而各祈祐〔六〕，除罪延福，告請天之太尉第一玉皇君。

兆若陰陽學官，干禄求位，告請天之上宰第二玉皇君。

兆若學道期仙，通神達聖，告請天之司空第三玉皇君。

兆若制服鬼神惡逆，誅伐幽顯凶邪，告請天之游擊第四玉皇君。

〔一〕「命」原作「界」，據九晨玉經、九神玉經及上清河圖寶籙改。

〔二〕「諱空上開正延」，九晨玉經及九神玉經作「諱常無炁，字玄解子空正上開延」。

〔三〕「晨」原作「星」，據上清河圖寶籙改。

〔四〕「諱冥陽暉幽寥」，九晨玉經及九神玉經作「諱空無先，字隱元覺冥陽暉幽寥元」。

〔五〕「過」原作「過」，據上清河圖寶籙改。

〔六〕「各祈祐」，上書作「神所祐」。

兆若立功建德，益筭延年，告請天之斗君第五玉皇君。

兆若屈滯疾厄，乞申希免，告請天之太常第六玉皇君。

兆若天地否激，炁候不調，告請天之上帝第七玉皇君。

兆若禳却衆災，飛上履下，告請天之尊玉帝第八玉皇君。

兆若變化無方，應救一切，告請天之太帝第九玉皇君。

右九皇君九夫人内姓隱諱，知之延壽千年。常夕夕觀之，想見皇君、夫人形相威光，憶其姓諱，諦存在心。得見第八第九星，延壽無窮。

太上空常飛步録

太上大道君曰：空常者，天地之魂魄，陰陽之〔一〕行用〔二〕。唯斗君名姓别有，具列於

〔一〕此下有缺文。按上清洞真天寶大洞三景寶籙太上飛步空常籙云：「太上大道君曰：空常者，天地之魂魄，陰陽之威明，空則九天之魂精，常乃九地之魄靈。二氣結中斗之中，爲尊帝之大神，以威輔弼之焕明。」

〔二〕「行用」上有缺文。按金鎖流珠引卷二七云：「太上老君曰：天地之間有五斗真人，中斗爲首，今人間呼爲北斗是也。目中斗爲君，有尊帝二星……老君曰：東斗君者一人，姓秦名除字干犯，……天師曰：餘南、西、北斗，一依東斗法步祝行用。」

後。訣唯有一訣，步剛呪，啓乞願由人臨時作辭及口啓之〔一〕，在其二十八宿名星圖，具在流珠正經，以意詳用。

次南斗君及七宿法。老君曰：「南斗君姓唐名麤〔二〕字宣道，太原人。」

次西斗君及七宿法。老君曰：「西斗君姓劉名起字石嬰，長安人也。」

次北斗君及七宿法。老君曰：「北斗君姓陳名奉字百萬，江夏人」云云。在流珠中。

右四斗君四人，星〔三〕官二十八人，皆受志人配使并乞願，皆如心手相應。無事切不得妄行，却招禍返損人也。

次司命法。

老君曰：左司命一人也，姓韓名思字元信，長樂人也。司録、司伐等屬焉。左司命〔四〕有三十六大員官。

〔一〕「之」，金鎖流珠引卷二七作「元」，其後尚有「東斗君者一人，姓秦名除字干犯……」。

〔二〕「麤」，上書作「鹿」。

〔三〕「星」字原缺，據上書補。

〔四〕以上十字，上書作「司録司罰佐命」。

右司命姓張名獲邑字子良，廣陽人也。司録司非等屬焉。右司命〔一〕亦有三十六大員官。

天師曰：「韓張二司命皆是漢高帝之臣也。」

老君曰：「得左右二司命名，可以六甲日躡地紀，步呪如前二十八宿法，唯訣各隨命配爲司命訣捻之。往往行之二年，便獲長生。請出災厄祕妙〔二〕之法，久久精修，白日昇舉。」

〔一〕以上十字，金鎖流珠引卷二七作「司録等」。

〔二〕「請出災厄祕妙」，上書作「出消災厄祕」。

雲笈七籤卷之二十五

日月星辰部

北極七元紫庭祕訣一名北帝七元延生真經〔一〕

吴赤烏二年，葛仙公受〔二〕之於太上。魏朝時，葉先生傳之於世。太上虚無，北帝真要，上通紫庭。

魁、身，魁、禄，魖、福德男女，魓、命，魒、官職，魋、壽考，魌。妻妾奴婢。

已上七位，用燈七椀，於道靖内明點，占其明暗，即知本位災厄。凡醮用晦朔之日。

〔一〕道藏本收此經作北帝七元紫庭延生祕訣。

〔二〕「受」原作「授」，據上書改。

七元經云：「此日北帝七元真人下降人間，檢句〔一〕罪福，凡人每〔二〕醮，求解災厄，即得吉無不利。」

又云：「本命日及禄命合日相生之日，犬鼠不至處，剗削草穢淨地之上，用丑亥未時祭之禮，是謂掃地而祭，亦可使白茅藉之。若人能知星名，及所食之物，所行之處，常得吉勝也。」

右件，醮時皆須沐浴齋潔，以燈列位每星下，用桌子一隻，上安供養物，各以茅香水洗過，并洒掃庭室，乃祀之位北〔三〕，立一紙錢標，則候標上錢動，真乃降矣！必除殃降福也，仍不可駐目視真座。凡人但知本屬星名，即得無災，何況久能醮之！祀訖，即看風從何方來，此是求名之方。仍各減少許星糧，以一囊可方一寸貯之，頭戴而行，有急難，三呼本命星名，求其救助。及求餘事，亦呼本命星名。醮用清酒、名茶、淨果、油餅，錢財多少，計自於人。用單狀一紙，列其真位，并述所求意。

〔一〕「句」，北帝七元紫庭延生祕訣作「校」。

〔二〕「每」，上書作「修」。

〔三〕「乃祀之位北」，上書作「於祀位之北」。

一陽明星，應五七。
二陰精星，應第四星第六星一直也。
三真人星，位别亦下〔一〕步。
四玄冥星，
五丹元星，
六北極星，
七天關星，
輔星，
弼星，
已上並頭戴寶冠，身披霞帔，手執玉簡，真人形狀，醮時存見啓祝。
第八帝星，高上玉皇景光君，見增三百歲。
第九尊星，太微玉帝神君，又云大帝七辰元君，見增六百歲。

〔一〕「下」北帝七元紫庭延生祕訣作「不」。「别」，道藏輯要本、四部叢刊本均作「列」。

已上帝王裝束，並與北斗相近。一云帝〔一〕在第四星内，尊星在第二星内，皆是帝王天尊之精神，醮時存見。常以每月初三、二十七日夜竊候之，勿令雜人見，誠心久之，無不見者。二星大如七星，光皆紫華，有異常宿，焕然可畏。見皆叩頭，請乞長生飛仙，及心告臨時，既見之後，二帝君當授子真官矣！

上台星名虚精，求之感帝王之夢及金玉，念名求之必應。中台星名六淳，求官禄盛興，念名求之，必得吉遂。下台星名曲生，求妻妾奴婢，念名求之必遂。

右太微帝君曰：欲得延年長生，富貴高遷，須修此術。若久久步之，乃設醮者，能拔七祖罪累并身災厄。凡有厄患，求之自滅。若帝王求道，壽齊三光，千變萬化，坐在立亡，福如山嶽，爲人重愛，修道之者，白日升天。三公卿相，自感帝王愛夢，官禄興盛。須〔二〕是至淨人家，有此法者，辟一切病患及諸不祥。昔漢劉景被百萬賊軍圍遶，飛矢如雨，士卒失色。唯景安然無怖，散披汗衫，步七星綱，嘿許設醮。即有神人解圍，賊皆散走。此猶是常步醮之法，況此祕密真訣，向來皆真仙口傳之。按七元科，每一百年乃傳一人，須有骨録

〔一〕「帝」下，疑脱「星」字。
〔二〕「盛須」，北帝七元紫庭延生祕訣作「旺凡」。

者，不可妄傳，殃及九祖。如世人未能步綱，但一月兩醮，自當感應。一年辟非横，二年辟非厄，三年辟死災，四年見真形，千災萬邪，莫能侵害，永無患矣！

一陽明星，子生人屬之，食黍米。

二陰精星，丑亥生人屬之，食粟米。

三真人星，寅戌生人屬之，食糯米。

四玄冥星，卯酉生人屬之，食小豆。

五丹元星，辰申生人屬之，食麻子。

六北極星，巳未生人屬之，食大豆。

七天關星，午生人屬之，食小豆。

醮物料：代人，一十二軀。白米，飯〔一〕。命絹，一疋。貼體衣，一對。命巾，一丈二尺。金鐶，一對。玉鐶，一對。鹽，一斗二升。禄米，一石二斗。銅錢，一千二百文。豉，一斗二升。案表紙，一百二十張。筆，一管。墨，一梃。香爐，淨水，案。一面。鎮信綵：東方，青絹九丈九尺。南方，緋絹三丈三尺。西方，素絹七丈七尺。北方，玄絹五丈五尺。中央。黄絹一十二丈二尺。菓子所食：李、栗、桃、杏、棗、

〔一〕「飯」原作「飲」，據北帝七元紫庭延生祕訣改。

梨、胡桃、乾柿。淨床，二張。北壁。安一張。七元圖，安西南。圖用青絹兩幅長九尺畫之。

凡醮時，燒香了，下食都畢，退後良久凝神，執簡躬身，相去一丈五尺，微呪曰：維某年某月某日〔一〕某時弟子具銜。次云命屬某星下。

稽首再拜，次對，謹請上聞：七元真君，陽明陰精，光明煥爀，今夜降靈。饗茲薄禮，暫降淨庭。賜臣無畏，身魂安寧。除臣死籍，注臣長生。所求皆得，所作皆成。上感帝王，下感人情，衆人欽愛，飛升紫庭，降臨醮席。

稽首再拜，次對，謹請上聞：七元真君，真人玄冥，降臣淨庭，饗臣微醮。知臣丹誠，願升仙都，太陰無名。役使萬神，六甲六丁，上感天心，下救蒼生，降臨醮席。

稽首再拜，次對，謹請上聞：七元真君，丹元北極，降臣淨域，削臣死名。乞臣道力，壽齊三光，福慶萬億，神人衞身，玉女下直，降臨醮席。

稽首再拜，次對，謹請上聞：七元真君，天關大神，照耀臣身，願臣長生。得爲帝賓，顏如日月，四時長春。下界垢穢，速登上真。左盼鬱儀，右攜結璘，玉童爲使，玉女爲親，降臨醮席。

〔一〕「某日」原無，據北帝七元紫庭延生祕訣增。

稽首再拜，次對斗口，謹請上聞：尊帝二星，北極之靈，人不曾見，見即長生。注臣飛仙，勾臣死名，福慶無窮，與天齊傾。速超仙都，遊行上清。降臨醮席。

稽首再拜，次對，謹請上聞：輔弼真君，一隱一顯，至真至神，佐相北極，環遶紫晨。願施道力，成臣道因。上扶天意，下度迷津，降臨醮席。

稽首再拜，次對西坐，謹請上聞：上台虛精，中台六淳，下台曲生，小臣瀝懇，再拜奉迎。臣具薄禮，臣意不輕。盡心竭力，知臣丹誠。除臣死籍，注臣長生。位在高遷，列官天庭。心意開廓，耳目聰明。三魂永久，七魄不傾。上朝金闕，下謁玉京。乘駕雲龍，位作仙卿，降臨醮席。

稽首再拜。都畢退後，任真饗食。如有心告，臨時啓聞了，宣讀單狀，皆不可高聲，及雜人知見。其天地水三官，設三位於斗杓之下，其土地、直日二分，預燒錢供養，使關奏却穢矣。

祭文：維某年某月某日某時具州里銜次，敢昭告于上天神后北極靈殿七元真君，事意撰文。謹奏此章，冒犯北極，輕黷明神，倍深戰慄之至，謹奏。

又朝夕朝禮，亦心念之呪曰〔一〕：謹請上聞：七元真君陽明陰精真人玄冥丹元北極天關之靈，去臣死籍，注臣長生。所求皆得，所作皆成。衆人欽愛，飛升紫庭。次念，謹請上聞：尊帝二星，北極之靈，願臣早見，見即長生，福慶無窮，與天齊年。次念，謹請上聞：三台至誠虚精六淳曲生之名，願臣高遷，列官天庭。心意開爽，耳目聰明。三魂永久，七魄不傾。

又北斗延生神呪，念之安神延壽。「北斗七元，七靈玉名。貪狼巨門，保臣長生。禄存文曲，護臣生魂。廉貞武曲，衞臣生門。破軍輔弼，保臣長生。除却災厄，絶去邪精。落下死籍，注上生名。脱免三災，拔散九横。至真攝鬼，羣魔摧傾。學道修真，願臣早成。七元守衞，身飛紫庭。」

凡未下牀及臨眠時，存禮〔二〕安神度厄之呪，皆默念一遍，方下足及卧。呪曰：「貪狼之諱，陽明之星，玉皇尊神〔三〕，億萬衆兵，來扶我身。巨門之諱，陰精之星。禄存真人。文

〔一〕「亦心念之呪曰」，北帝七元紫庭延生祕訣作「心念之呪」。
〔二〕「禮」，上書作「體」。
〔三〕「神」原作「福」，據上書改。

曲玄冥。廉貞丹元。武曲之諱，北極之星。破軍之諱，天關之星。七星尊神，千千萬萬，在吾左右。左有青龍名孟章，右有白虎名監兵，前有朱雀名陵光，後有玄武名執明，建節持幢，負背鍾鼓，在吾前後左右，周匝數千萬重〔一〕。急急如律令！」

此法王侯行之，夷夏率服，民人富昌，長生久視，與天同光。道人修之上升，世人行之延壽。祕密而保，忽輕易之。

北帝七元真形圖，帶佩之大集福慶。

北斗第一陽明星君〔二〕

北斗第二陰精星君

〔一〕「在吾前後左右，周匝數千萬重」，北帝七元紫庭延生祕訣作「在吾左右，千重萬重。」

〔二〕「君」，上書作「真形」，下六星同。

北斗第三真人星君

北斗第四玄冥星君

北斗第五丹元星君

北斗第六北極星君

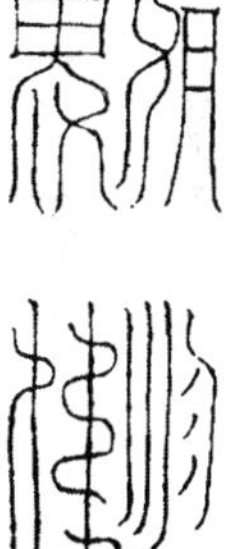

北斗第七天關星君

七童卧斗法

凡上學之士，服日月之道，當修七曜之妙法。每以人定之後，當於别室燒香，北首而卧，安身定神，棄絶異念，專心在靈。叩齒二十四通，存思七星焕明北方，己身卧於七星斗中，華蓋之下，七曜之光，流焕紫景之外，冠覆於己身，在紫景之上，七曜之中，内外鬱冥，都無所見。良久，豁除七曜之光，化爲七童，若在一星之上。第一童子諱樞明，第二童子諱曜靈，第三童子諱北元，第四童子諱寶精，第五童子諱丹嬰，第六童子諱靈清〔一〕，第七童子諱紫映。七童子吐七寶之光，以哺飴兆身。樞明童子吐紫景之光，曜靈童子吐金精之光，北元童子〔二〕吐瑠璃之光，寶精童子吐白銀之光，丹嬰童子吐玉精之光，靈清童子吐寶珠之光，紫映童子吐珊瑚之光。七寶之光，同入兆身，便引氣四十九咽止，微呪曰：「金精凝化，結元七靈。紫曜煥落，朱景洞明。華蓋徘徊，輪轉寒庭，寶光燿燿，七曜纏嬰。玄暉吐蘭，芳芝流盈。夕寢靈館，朝登玉清。璿璣運路，紫景翼形。宴轡雲輪，策御飛軿。遊盼〔三〕八極，三道合并。」咽液七過止，起以粟米之粉粉身令匝而卧。如此七年，身生七寶之光，頭有紫景華蓋，恒冠兆形，得使通靈玉女七人，降致靈〔四〕飛雲玄輿，來迎兆身，上升北辰。此道祕妙，上真所修，不行下世。若有刻簡玄名，於未生之前記青録玉文之人，當得此道，得者尅成上仙，爲萬仙之師宗也。輕泄失明形殘，七祖充責刀山，食火三塗，萬劫不原。學

〔一〕「靈清」，上清黄氣陽精三道順行經作「虚清」。

〔二〕「吐金精之光，北元童子」九字原缺，據上書增。

〔三〕「盼」，疑當作「盻」。

〔四〕「靈」字，上書無。

士明慎四極之旨，深寶之焉！此七童子即七寶之内精，化爲七曜之上真。知其名則不死，修其法則神仙，泄其諱則失明。晨夕存念，則恒衞兆身。若有災厄，困急之中〔一〕，叩齒七通，呼七童之名，災即自消。此道止可獨知而已，懷抱珠玉，豈可放於垢塵也！明哲祕之。

太上招五辰於洞房飛仙祕道

夜半清静，坐卧任意，安體静心，慢氣調神，臨目内視。此法夕夕爲之，坐則各向其方，卧則首向所在，其星光芒煥燿，乃忽然飛來，入在頭位。存西方太白星，白色七光芒，見在天，如今所望，既至目前，漸令小圓，徑七分，仍入其闕，光芒滿方寸之中，餘星倣此。在玉瑠紫闕。在兩眉上，直入一寸仍辟方一寸是〔二〕，夾明堂兩邊。陽日在左眉上，陰日在右眉上。次存北方辰星，蒼色五芒。在天中帝鄉玄宮。從鼻直上來至髮際五分，直入方〔三〕一寸是，對天庭宮之上，下去眉二寸，星徑五分也。次存東方歲星，青色九芒。在洞闕朱臺。

〔一〕「困急之中」，上清黄氣陽精三道順行經作「困危之事」。

〔二〕以上十四字，上清紫精君皇初紫靈道君洞房上經（下簡稱洞房上經）及上清紫微帝君南極元君玉經寶訣（下簡稱玉經寶訣）均作「眉上一寸，直入一寸爲玉瑠紫闕」。

〔三〕「方」字，上二書無。

在兩眉後一寸，直入一寸，方一寸，接六合府下角，陽日在左，陰日在右，星徑九分。次存南方熒惑星，赤色三芒。在玉闕華房。在兩眉間五分，直入方〔一〕五分，陽日在左，陰日在右，星徑三分。次存中央鎮星，黄色四芒，稍向西南，先仰視如見其星，乃平首存之。在金匱黄室長谷。在鼻人中中央直入二分，其星半出外，如綴懸於上，星徑四分。存思都訖，髣髴令星處其位，當覺使五星出光芒，放五色煙，貫我一身，洞徹内外，體中如有薰薰，星精來入也。乃叩齒五通，咽液二十五過訖，星各五咽，存其液，依五星色各入其藏，仍依所存次第爲之也。微祝曰：「高元紫闕〔二〕，中有五神，寶曜敷暉，放光衝門。精化〔三〕積生，變爲老人。首巾素冠〔四〕，緑帔絳帬。右帶流鈴，左佩虎真〔五〕。手把天綱，散絳飛辰。足躡華蓋，吐芒錬身。三景保守，令我得真。養魂制魄，乘飆飛仙。」欲有祝願在意，祝後續言之，凝思良久。畢，又咽液三過，叩齒三通。常行此十五年，五老來迎，一合俱昇紫虚，行之勿令不常也，存之勿令不精也。行之者忌履穢，禁雜處，常薰香，數沐浴，違之者凋敗，順之者飛

〔一〕「方」字，洞房上經及玉經寶訣無。
〔二〕「高元紫闕」下，上二書尚有六句二十四字，又「高元」，玉經寶訣作「高上」。
〔三〕「化」，本書卷十一靈臺章末注作「氣」。
〔四〕「首巾素冠」，玉經寶訣作「首建素冠」，洞房上經作「首巾素容」。
〔五〕「左佩虎真」，上二書分别作「左佩虎賁」、「左佩虎文」。

仙。

昇斗法

常以八節日夜半時，入室正坐，接手定氣，閉目内視。亦北向，乃存一身冉冉起，上飛升北斗魁中。先存天上北斗九星，依時所加之辰，我忽上入魁中，背真人星坐。良久爲之，如覺我形已在斗中也。極念爲之，當覺體中熱，是真氣合德。存斗星紫光灌浹我身，映照内外。又存九精三大神名字服色，但心存名字。上元大神名奇紐〔一〕，字靈剛，著紫晨冠，鳳羽紫帔，虎錦丹裳，左帶玉佩，右腰金璫，兩手握流金火鈴，不用呼之。中元大神名旋度，字素康，項負圓光，扶〔二〕晨冠，絳羽華帔，龍帶虎裳。下元大神名抗萌，字流鬱，著扶華緑冠，黄鳳羽帔，龍衣虎帶，佩流金火鈴，手把日芒。天斗之神，則宜形大，使各長二尺許，我亦同之，恍惚令不復覺有令我牀上之質乃佳。三神與我對坐，令背元星坐，上元君左，以次右列之。我心拜之，各一再拜。精想髣髴，遺形眇眇，將令恍惚也。存三大神同問我何不速來？稽首答曰：畏六天三官衆魔之故。三神共怒，振鈴吐氣，煥激八方。又存思忽然斗中玉妃，吐紫煙入我心中。良久忽見一女子，狀如嬰兒，在三神前向我坐，

〔一〕「紐」原作「細」，據洞真太上飛行羽經九真昇玄上記（下簡稱九真昇玄上記）改。

〔二〕「扶」字上疑脱「著」字。

衣服如祝中所言，吐紫煙直去心中，乃心呼曰：斗中九精陰靈玉清上妃名密華，字鄰倩。乃咽液八十過，叩齒九通，舉左手以撫心，微祝曰：「太上丹靈，玄光飆煥。九緯啓璇，暉氣澄散。紫晨幽燭，七曜蔚粲。二景奏明，陰陽以判。四度運昌，雲津廻灌。八節啓氣，上升九元。據斗攀綱，奉見三神。問我稽留，何不升仙？我則稽首，畏鬼以前。帝乃赫莊，口銜日根。左破六天，右鏖酆山。流鈴上煥，魔首碎分。逐我七魄〔一〕，强我三魂。藏斗内暉，九精在心。紫霞洞映，飛光萬尋。和魂制魄，六胎修〔二〕鍊。精感變躍，玉妃忽見。坐當我心，俯視仰盻〔三〕。其名密華，厥字鄰倩。吐納朱氣，和平百關。身服錦帔，鳳光鸞裙。腰帶虎籙，龍章玉文。手執月華，頭巾紫冠。騰躍太霄，駕景蓋雲。書名太素，我得飛仙。起〔四〕浮崆峒，垂〔五〕瓊太元。上造朱房，役使萬神。紀分二度，還反嬰顔。北帝激電，南帝火陳。東倉啓燭，赫赫雷震。西流雙抃，鳴音唱鈞。四舉起躍，薦我玉真。遂乘八景，遨宴九煙。」

〔一〕「逐我七魄」，九真昇玄上記作「遂和我魄」。
〔二〕「胎修」，上書作「腑滌」。
〔三〕「盻」，按音義宜作「盼」。「盼」俗作「盻」，形近而譌也。
〔四〕「起」，上書作「超」。
〔五〕「垂」，上書作「乘」。

畢，接手如初。咽液三十過，叩齒九通，又祝如前。又攝而祝。畢，起向西北再拜。畢，開目。行之四十年，太上迎以瓊輪，超虛躡空，升登上清，列爲真人，反形嬰顏，衆神侍軒。

卧斗

凡暮卧，先存斗九星在所卧席上。身於牀前北向立，兩手撫心，閉氣瞑目，存天上北斗并帝尊九星，依當時所加之位，乃見冉冉來下至席，列如圖，令天關依月建，斗形長九尺，廣六尺，乃燒香於真星之外，若時朔日之夕，即并存晨蓋之星俱下，亦列位如圖。乃從魁下轉至斗口，於尊星外入魁中，正偃卧閉目，存思其星作圓光之象，星紫色，綱赤色，連繞其星，如步圖之者耳。令我頭首九極，使真氣入於泥丸。令真星正當頂上，存真氣紫光通身，入泥丸宫，并溢出混頭腦之内，光映洞徹。足躡尊星，心念飛仙，小屈左足以躡之。令太微制我三魂。尊星中有太微玉帝，請乞制之，心念我得飛仙，魂在三宫中。足躡帝星，心念飛仙，申右足以躡之。令高上拘我七魄。帝星中高上玉皇，請乞拘之，心念得飛仙，拘魄在臍命門中。左手把北台，曲仰左手小舉之，把元星下綱，使星形在虎口上。右手執璇根，直抵覆右手，執紐星綱，使星在虎口上。陰祝星名：安身如法訖，乃瞑目閉氣，次以存呪九星名。

第一太星，精名玄樞，願某名有兩字者具稱之，餘某倣此。飛仙，乘虎駕浮。存星在左右足指前，小遠之。

第一元星，精名北台上真〔一〕，願某飛仙，遊行洞台〔二〕。存星右手把之。

第二真星，精名九極上真，願某飛仙，得治三玄。存星在頭頂上。

第四紐星，精名璇根，願某玉名，列爲飛仙。存星右手執之，令成魁形。

第五綱星，精名天平，願某飛仙，登行上清。次紐星右。

第六紀星，精名命機，願某飛仙，名書太微。次綱星右。

第七關星，精名玄陽，願某飛仙，得使玉童。次紀星右，令成斗形，悉使在卧席上也。

第八帝星，精名高上玉皇，願某飛仙，得登後聖之堂。存星在魁中，綱連紐星，令對右足心。

第九尊星，精名太微帝君，願某飛仙，得入丹闕玉房。更都存九星一時俱見。

乃叩齒三七通，咽液三七過，陰祝曰：「九星太精，北極真君。益我胎精，强我三魂。左引日華，右拘月津。辰中黄景，元虚黄真。使我飛仙，上登紫晨。神虎玉符，常守生門。萬邪伏法，受形斗君。」存洞房。所存所祝都畢，良久乃存斗星之精，忽然入洞房中。存席上九君并綱，一時分精作促小之形，從氣户却入洞房中，偃魁向上，以杓指前，是即席上、頭中兩處俱有也。洞房魁中，左有黄

〔一〕「北台上真」，上清金書玉字上經及洞真三天祕諱作「北台」。

〔二〕「台」原作「牽」，據上二書改。

老君魂，玉色黄繡衣。右有己魄〔一〕，是第二魂胎光，其形服如我，與黄老對坐。中有泥丸赤子帝君，亦繡衣向外坐。光照一身，洞徹五内，三關百節，皆令赤赫。然後陰祝曰：「洞房元精，赤子太尊。斗光華蓋，來照泥丸。寶鍊骨血，拘魄制魂。使某飛仙，乘雲登辰。上朝玉帝，太一元君。」都畢。乃閉目息念，忘形安眠。青童君曰：卧北斗陰精，致仙使靈，洞房致北斗陽精，使五藏自生，遂得乘景，遊行上清。月朔存華辰紫蓋，唯月朔一日一存。此夕所存辰蓋，止存席上，不分精入洞房也。先存九星竟，即存辰蓋，次祝九星名，以至於畢也。平旦欲起，常密叩齒二七通，咽液二七過，服久或有反側，令欲起，當更正安手足，存九星如法，乃叩咽祝之。陰祝曰：「天元上斗，中有〔二〕七童。上清紫精，在兆身中。華辰紫蓋，太素玄宫，後聖靈氣，下入洞房。使我飛仙，得行〔三〕太極金堂。」祝畢，存九星欻然無象，朔夕辰蓋亦然。所云平旦起者，謂專行此事，夜中更無他務耳。若夜中須起行諸事，亦宜祝而乃起。若更卧者，能重存爲佳。不止一卧一起一祝耳行此十八年，必色反嬰顔，一旦有九〔四〕星之精變成九老之公，並俱來下，迎兆身白日登晨。

〔一〕「魄」，按上下文當作「魂」。

〔二〕「斗，中有」，上清金書玉字上經作「一，斗中」。

〔三〕「行」字原缺，據上書補。

〔四〕「九」字原缺，據上書補。

存二十四星法

常以月朔之夕，生氣之時，安卧閉目，向上心存二十四星，星大一寸，如連結之狀。又存一星之中，輒有一人，合二十四人。人皆如小兒始生之狀，無衣服也。於是二十四星，直從天上虚空中來下，迴繞一身三帀。三帀畢，以次咽入口，凡作二十四咽，咽時輒覺吞一星也。覺從口内徑至臍中，臍中名曰受命之宫也。又覺星光照一腹内，洞徹五藏。又存星光化爲二十四真人，並吐黄氣如煙，以布滿腹中，鬱鬱然洞徹内外也。良久微呪曰：「二十四真人，迴入黄庭，口吐黄氣。二十四星，灌我命門，百神受靈。使我骨强，魂魄安寧。五藏受符，天地相傾。」畢，名曰真氣入守命門，以辟災禍百鬼之疾，令人長生不死。

奔辰飛登五星法

後聖李君奉受八素真經奔辰隱書，施行其法，乃致太微天帝下迎，五星同輿，乘玄〔一〕華三素，北登玉清，受書爲上清金闕帝君。

〔一〕「玄」字，上清太上八素真經（下簡稱八素真經）無。

飛登木星之道：歲星員鏡，木精玄朗東陽之陔。星中有九門，門中出九鋒芒，鋒芒光垂九百萬丈。一門輒有一青帝備門，奉衞於中央青皇真君。在中央有始陽上真青皇道君，諱澄瀾，字清凝。夫人諱寶容，字飛雲，治在木〔一〕星之内，鎮守九門，運青光流鋒以照上下之真。欲飛登之法，常思見歲星，當正心視星，以右手拊心而禮之，左手掩兩目，乃九閉炁，又〔二〕叩齒二十七通，咽液九過，使目閉於手下，心呼歲星中真皇之君、君夫人名諱字三過畢，曰：「願得與始陽青皇真君、君夫人共乘八景碧輿，上登太上宮。」言畢，乃臨〔三〕閉目於手下，向星微呪曰：「天光〔四〕交和，精流東方。仰望九門，飛霞散鋒。始陽碧臺，中有青皇。青牙垂暉，映照九方。鬱粲夫人，字曰飛雲。齊服靈錦，虎帔虎帬。腰帶鳳符，首巾華冠。出無入虛，遨遊太元。前策青帝，後從千神。來見迎接，得爲飛真。上登玉清，高上之房。」呪畢，去手瞑目對星，服星之光二十七呑，存視星九芒，使盡來入喉中也。都

〔一〕「木」原作「未」，據八素真經改。
〔二〕「又」原作「反」，依下文例改。
〔三〕「臨」原作「瞑」，據上書改。
〔四〕「光」，上書作「地」。

畢，又叩齒三通。常行之十四年，木星中青皇大君奏聞高上玉清宮，刻太微蘂簡，定名玉書，位爲上清上飛真人。木星有九門，門內有九青帝，其一帝輒備一門，以奉承於中央青皇上真人君也。青皇者，東方之上真，始精之尊神也。出入玉清，與高上爲友也。其門內青帝，或號青靈之公，或號青真，或號青精，或號青帝君，並受事於中央青皇也。行八素之祕道者，則致青皇來降已；行五靈之外法者，則致青神來授書。是故道有深淺，致有尊卑。天無星之時，天陰之夕，可於寢室中，向東存修而呪也。天道微妙，玄綱毫分，不必對星而行之也。有星時，可出庭中，坐立適意。所謂上真之道，登東辰之法，不傳地仙輩也。

飛登火星之道：火星玄鏡，丹精映觀南軒。星有三門，門中出三鋒芒，鋒芒光垂三百萬丈。一門內輒有一赤帝備門，奉衞於南真上皇真君。星中央有丹火朱陽赤皇上真道君諱維淳，字散融。夫人諱華瓶，字玄羅。治在火星內，鎮守三門，運赤光飛雲以覆天下之真人也。欲飛登之法，思見熒惑星，正心視星，以左手拊心而禮之，右手掩口乃三閉氣，又叩齒二十七通，咽液九通，臨閉〔一〕兩目，心呼熒惑真皇君熒惑夫人諱字三過畢，曰：「願得與丹火赤皇君、君夫人共乘八景丹輿，上登玉清宮。」畢，乃向星微呪曰：「玄象流映，丹光

〔一〕「臨閉」原作「瞑閑」，據八素真經改。又「九通」，上書作「九過」。

南冥。仰望三門，朱雲絳城。中有丹皇，名曰維渟。夫人内照，是爲華瓶。齊服雲霜，鳳華龍鈴。腰帶虎書，首巾飛青。出無入玄，遨翔五城。前導赤帝，後從六丁。來見招延，得真之名。上登玄虛，金書玉清。」呪畢去手，勿復掩口，故臨〔一〕目視星，服星之光二十七吞，存令星三芒盡來入喉中。都畢，又叩齒三通，常行之十四年，熒惑星中赤皇上真道君奏聞三元上皇帝，刻玄圃瓊簡，定名金書，位爲上清上飛真人。熒惑星有三門，門内有三赤帝，其一帝輒備一門，以奉屬於中央赤皇君也。赤皇者，南方之上真，丹官之貴神，出入玉清，與三元上皇爲友也。其星中赤帝君者，或號赤靈之公，或號赤神，或號赤精，或號赤帝，並受事於中央赤皇上真大君也。行八素之隱書，則致赤皇來降已；行五靈之外法則致赤神來授書。是以道有隱外，文有秘顯爾。乃招真有尊卑之差，求神有上下之序。若無星之時，天陰之夕，可於寢室南向存之。有星可出中庭，坐立任意，此所謂奔南辰之法，不傳地仙，傳之犯泄漏之罪。地仙自復有八素經，論服王炁吐納之道也。又有九素經，論召鬼使精行厨檢魂魄之事。止陸行名山，長生不死而已。八素經後有天鈞上曲陽歌九章，九素經後有鳳吹龍嘯陰歌八章，此是地仙之祕書也。今所謂太上奔辰八素，行上清之道，非地仙

〔一〕「臨」原作「瞑」，據八素真經改。

之八素也。地仙之嘯歌，以待上清之行遊耳。

飛登金星之道：太白星員鏡，金精煥耀西辰。太白星中有七門，門中出七鋒芒，鋒芒光垂七百萬丈。一門内各有一白帝，凡有七白帝備門，奉衞於西真上皇道君。星中央有太素少陽白皇上真道君諱寥凌，字振尋〔一〕。夫人諱颻英，字靈恩。治在金星之内，鎮守七門，運白光飛精以映上元真人。欲飛登之法，思見太白星，當正心視星，以右手拊心而禮之，左手掩兩鼻孔，乃七閉氣，又叩齒二十七通，咽液九過，臨〔二〕閉兩目，心存太白真皇君、君夫人諱字三通畢，曰：「願得與太素少陽君、君夫人共乘八景素輦，上登玉清宫。」畢，又向星微呪曰：「七炁豔飛，光照西方。仰望七門，靈闕激鋒。素暉燭映，德標金宗。中有少陽，號曰白皇。夫人靈恩，治在玉房。齊服皓錦，流鈴虎章。首巾扶晨，腰佩金璫。出空入虛，遊步玉剛，前導白帝，後從六庚。來下見迎，北登墉宫。名書上清，得爲真公。」呪畢去手，勿得掩鼻，故瞑〔三〕兩目視星，服星之光芒二十七吞，存令七芒盡來入喉中。都畢，

〔一〕「皇」原作「帝」，據八素真經改。「諱寥凌，字振尋」，本書卷二四總説星作「姓皓空，名德摽」。
〔二〕「臨」原作「瞑」，據八素真經改。
〔三〕「瞑」，八素真經作「臨」。

又叩齒三通。常行之十四年，太白星中少陽白皇上真道君奏聞太帝玉皇宫，刻上清金闕，定名玉簡，位爲上清左真公，以綜太極。

太白星有七門，門内有七白帝，其一帝輒備一門，以奉屬於中央白皇道君也。白皇者，西方之上真，太素之尊皇，出入玄清，與皇初道君爲友也。其門内白帝君，或號白靈之公，或號白神，或號白精，或號白帝之君，並受事於中央白皇上真大君也。行八素之祕妙，則致白皇來降已；行五靈之外道則致白神來授書。尊卑玄盼，故道有淵階矣。若無星之時，天陰之夕，皆於室中寢處〔一〕，西向存之。有星可出庭中，坐立任意。若静齋道士，亦可通於室中存五星之真，方面而並修之也。皆上真之道，奔西辰之法，不傳地仙。

一夕服五星，令常周遍。春服星光，以東方爲始；夏服星光，以南方爲始，隨王月以王星爲先口訣也。星行不必在方面，亦隨星所在向而修行口訣也。行事時，不欲令人見其所爲，當隱辟而爲之也。此是太上之隱道，所謂隱書者也。隱而復隱，猶恐鬼神竊看其篇題，何可令世之臭骸輕傳授者聞此標迹乎？不可以盲瞽愚人，殊無所知，而令見其道也。凡人身中亦有七神，七神見之亦爲泄漏，不可不深慎也。修隱書之道，而發泄隱書之名目者，既

〔一〕「皆於室中寢處」，上書作「可於寢室中」。

當受考三官，又適足以作禍也。每欲省按，皆先屏左右人及雞犬之生物，燒香再拜，乃視之也。

飛登水星之道：辰星員鏡，水精洞映北冥。辰星中有五門，門中出五鋒芒，鋒芒光垂五百萬丈。一門各有一黑帝，凡五黑帝，並備一門，奉衞於北真上皇。星中央有太玄陰元黑皇道君，諱啓恒，字精源〔一〕。夫人諱玄華，字龍娥。治在水星之內，鎮守五門之中，運玄光流明之炁，以朗耀北元之庭當爲真人者。欲飛登之法，思見水星，正心視星，以兩手拊心，拊心畢，舉兩手以掩兩耳，乃五閉炁，又叩齒二十七通，咽液九過，瞑閉兩目，心呼辰星真皇道君、君夫人名字三過畢，曰：「願得與陰元黑皇道君、君夫人共乘八景蒼輿，上登上清上元宫。」畢，又向星微呪曰：「五炁玄飛，光流北方，仰望五門，蒼闕鬱繁。激芒逹觀，靈映景雲。中有黑皇，厥字精源。龍娥紛藹，俱理玄關。齊服蒼帔，紫錦飛帬。腰佩虎符，首巾蓮冠。出凌九虚，入響玉津。前導黑帝，後從六壬。來下見迎，上登紫房。名書太上，得爲玉真。」呪畢去手，勿復掩耳，故臨目視星，服星之光芒二十七過，存令五芒盡來入喉中。都畢，又三叩齒。常行之十四年，辰星中太玄上皇真君奏聞高上宫，刻琳房玉札，定玉清紫

〔一〕「諱啓恒，字精源」，八素真經作「諱啓喧，字精淳」。

文，位爲上清真公。

辰星有五門，門内有五黑帝，其一帝輒備一門，以奉屬於中央玄皇君也。玄皇者，北方之上真，太玄之尊君，出入上虚，與紫精道君爲友也。其備門黑帝，或號爲黑靈之公，或號黑神，或號爲黑精，或號爲黑帝君，並受事於中央太玄黑真上皇君。行八素之隱道，則致北皇來降已；行五靈之外法，則致黑帝君來授書。尊卑差序，故道有隱顯焉。若天陰之夕及無星見之時，可於室中寢處常修之。此高上之祕道，奔登北辰之上法也。非地仙陸行所得聞者也。玉清上清太極太清九宫，並各有官寮公卿大夫侯伯，署置如一，更相管統，奉屬於上皇。宫闕次第等類相似，但道品有尊貴，德業有昇降。

飛登土星之道：鎮星員鏡，土精鎮礚黄道。鎮星中有四門，門中出四鋒芒，鋒芒光垂四百萬丈。一門各有一黄帝，凡四黄帝備門，奉衞於鎮元黄真君也。星中央有中黄真皇道君諱藏睦，字䁹〔一〕延。夫人諱空瑶，字非賢。治在鎮星之内，鎮鑒四門，運黄裳流炁，朗映中元，照盼學真者。欲飛登之法，思見鎮星，正心視星，以兩手拊心。拊心畢，舉左手以

〔一〕「䁹」，八素真經作「耽」。

掩洞房上，乃四閉炁，又叩齒二十七通，咽液九過，臨〔一〕閉兩目，心呼鎮星真皇君、君夫人諱字三過畢，曰：「願得與中央太皇道君、君夫人共乘八景黄輿，上登上清宫。」畢，又向星微呪曰：「四炁徘徊，合注中元。仰望九極，傍觀四門。黄臺紫房，垂鋒射芒。靈光鬱散，天華落盆。中有黄皇，厥字䀹延。夫人潛德，是爲非賢。理和命炁，導玄灌元。齊服黄裳，龍錦虎帬。腰佩金符，首巾紫冠。出凌玄空，展光金門。前導黄帝，六巳衞軒。來下見迎，上登天闕。金書太上，琅簡刻名。飛行太空，得爲玉卿。」呪畢去手，勿復掩洞房上，而瞑〔二〕兩目，服星之光二十七遍，存令四芒盡來入喉中。都畢，又三叩齒。常行之十四年，鎮星中黄上真皇奏聞太上宫，刻霄臺碧簡，定九玄丹文，位爲上清真公，下友四極上真人。

鎮星中有四門，門内有四黄帝，其一帝輒備一門，以奉屬於中央黄真皇君也。中央黄真上皇者，中極之高尊，出入太微，與皇初道君爲友也。或號曰黄靈之公，或號黄神，或號黄精，或號黄帝君，並受事於中黄上真之君也。行八素之祕道，則致黄真道君來迎已；行五靈之外法，則致黄帝來授書矣。天陰無星之時，皆於寢室施行，同存五方也。真人云：

〔一〕「臨」原作「瞑」，據八素真經改。
〔二〕「而瞑」，上書作「故臨」。

在室内存星，亦不異於見星也，勿謂不見星而當廢之也。此太上之隱道，登辰之祕法矣。

吞服星光芒時，當悉存星真上皇、皇夫人乘光中來下，入口咽之，瞑〔一〕目髣髴，如有其形也。此李君口訣。

恒修太上隱法，招存五星之上皇者，五年之内，髣髴形見；七年都見，與之周行；十四年五星一合來下，共乘玄華之輿，三素紫雲，前導五帝，後從萬真，五星攜之共載，白日登辰，上朝玉清，受書爲上清上真矣。

〔一〕「瞑」，八素真經作「臨」。

雲笈七籤卷之二十六

十洲三島

十洲并序

漢武帝既聞王母説八方巨海之中，有祖洲、瀛洲、玄洲、炎洲、長洲、元洲、流洲、生洲、鳳麟洲、聚窟洲等十洲，並是人跡所希〔一〕絶處，又始知東方朔非世常人，是以延之曲室，而親問十洲所在，方物之名〔二〕，故書記之。

方朔云：臣學仙者耳，非得道之人。以國家盛美，特招延儒墨於文綱〔三〕之内，抑絶

〔一〕「希」，道藏本十洲記作「稀」。
〔二〕「方物之名」，十洲記作「所有之物名」。
〔三〕「特招延儒墨於文綱」，上書作「特召名儒墨於文教」。

俗之道，擯〔一〕虚詭之迹，臣故韜隱逸而赴王庭，藏養生而侍朱闕矣。亦由尊上好道，且復欲徜徉〔二〕威儀也。曾隨師之〔三〕主履行，比至朱陵扶桑之闕，溽〔四〕海冥夜之丘，純陽之陵，始青之下，月宫之間，内遊七丘，中旋十洲，踐赤縣而遨五嶽，行陂澤而息名山。臣自少及今，周流六天，涉歷八〔五〕極於是矣。未若陵靈〔六〕之子，聽〔七〕真之官，上下九天，洞視百方，北極鉤陳而并華蓋，南翔太丹而栖火〔八〕夏，東之通陽之霞，西薄寒穴之野，日月所不逮，星漢所不與，其上無復物，其下無復底。臣之所識〔九〕，如愧不足以酬廣矣〔一〇〕。

〔一〕「擯」，十洲記作「於」。
〔二〕「徜徉」，上書作「抑絶其」。
〔三〕「之」字，上書無。
〔四〕「之闕溽」，上書作「蜃」。
〔五〕「涉歷八」，上書作「廣涉天光」。
〔六〕「陵靈」，上書作「凌虚」。
〔七〕「聽」，上書作「飛」。
〔八〕「火」，上書作「大」。
〔九〕「臣之所識」，上書作「臣所識乃及於是」。
〔一〇〕此句，上書無「如」字，「廣」下有「訪」字。

祖洲

祖洲近在東海之中，地方五百里，去西岸七萬里。上有不死之草，草形如菰苗，長三四尺。人死者以草覆之，皆當時活也。服之〔一〕令人長生。昔秦始皇苑中，多枉死者横道，有鳥如烏狀，嗡此草覆死人面，當起坐而自活也。有司聞奏，始皇遣使者齎草以問北郭鬼谷先生。鬼谷先生云：「臣嘗聞〔二〕東海祖洲上有不死之草，生瓊田内，或名爲養神芝，其葉似菰，苗叢生，一株可活一人〔三〕。」始皇於是慨然言曰：「可採得之不？」乃使使者徐福發童男童女各五〔四〕百人，率載樓船等入海尋祖洲，遂不返。福，道士也，字君房，後亦得道。

〔一〕「服之」，十洲記作「末服之」。
〔二〕「臣嘗聞」，上書作「此草是」，五嶽真形序論作「此是」。
〔三〕「苗叢生，一株可活一人」，五嶽真形序論作「苗不叢株止活一人」，本書卷二二一作「生不叢株」。
〔四〕「五」原作「三」，據十洲記及五嶽真形序論改。

瀛洲

瀛洲在東海〔一〕中，地方四千里，大抵是對會稽郡，去西岸七十萬里，上生神芝仙草。又有玉石，高且千丈，出泉如酒味，名之爲玉醴泉，飲之數升輒醉，令人長生。洲上多仙家，風俗似吳中，山川如中國也。

玄洲

玄洲在北海之中，戌亥之地，地方七千二百里，去南岸三十六萬里，有太玄都，仙伯真公所治，多丘山。又有風山，多風氣響雷電〔二〕，對天西北門，上多太玄仙官。仙官宮室各異，饒金石紫芝，又是三天所治〔三〕之處。

〔一〕「東海」原作「東大海」，據十洲記及五嶽真形序論刪。

〔二〕「多風氣響雷電」，十洲記作「聲響如雷電」，五嶽真形序論作「聲氣響電」。

〔三〕「三天所治」，十洲記作「三天君下治」，且句後有「甚肅肅也」。

炎洲

炎洲在南海中，地方二千里，去北岸九萬里。上有風生獸，似豹青色，大如狸。張網取之，積薪數車以燒之，薪盡而獸不燃，灰中而立，毛亦不燋。斫刺不入，打之如皮囊，即以鐵鎚鍛其頭，數千〔一〕下乃死。而張口向風，須臾復活。以石上菖蒲塞其鼻即死。取其腦和菊花服之，盡十斤，得壽五百年。又有火〔二〕林山，山中有火〔三〕光獸，大如鼠，毛長三四寸，或赤或白。山可三百里許，晦夜嘗見此山林，乃是此獸光照，狀如火光相似。取其獸毛以緝爲布，時人號爲火浣布也。國人衣服之，若有垢汙，以灰汁浣之，終不潔淨，唯以火燒兩食久，振擺之，其垢自落，潔白如雪。亦多仙家居處。

〔一〕「千」，十洲記作「十」。

〔二〕「火」，五嶽真形序論作「炎」。

〔三〕「火」，上書作「夜」。

長洲

長洲一名青丘，在南海辰巳之地。地方五千里，去岸二十萬里，上饒山川，又多大樹，樹乃有二千圍者。一洲之上，專是林木，故一名青丘。又〔一〕有仙草靈藥，甘液玉英。又有風山，山恒震聲。有紫府宮，天真仙女遊於此地。

元洲

元洲在北海中，地方三千里，去南岸十萬里。上有五芝玄澗，澗水如蜜漿，飲之長生，與天地相畢。服此五芝，亦得長生不死。上多仙家。

流洲

流洲在西海中，地方三千里，去東岸十九萬里。上多山川，積石名爲昆吾。冶其石成鐵作劒，光明洞照如水精狀，割玉如泥。亦多仙家。

〔一〕「又」原作「天」，據十洲記及五嶽真形序論改。

生洲

生洲在東海丑寅之間，接蓬萊七十〔一〕萬里，地方二千五百里，去西岸二十三萬里。上有仙家數萬，天氣安和，芝草常生，地無寒暑，安養萬物，亦多山川仙草衆芝，一洲之水味如飴酪，至良洲〔二〕者也。

鳳麟洲

鳳麟洲在西海之中，地方一千五百里。洲四面弱水繞之，鴻毛不浮，不可越也。洲上多鳳麟數萬，各各爲羣。又有山川池澤，及神藥百種，亦多仙家。煮鳳喙及麟角，合煎作膠，名之爲續弦膠，或名連金泥。此膠能續弓弩已斷之弦，連刀劍斷折之金，更以膠連續之處，使力士掣之，他處乃斷，所續之際終無所損也。天漢三年，帝幸北海，祠恒山。四月，西國王使至，獻靈膠四兩及吉光毛裘。武帝受以付外庫，不知膠裘二物之妙用也。以爲西國

〔一〕「七十」，十洲記及五嶽真形序論作「十七」。

〔二〕「洲」字，五嶽真形序論無。

雖遠，而上貢者不奇，稽留使者未遣。久之，武帝幸華林園，射虎而弩弦斷。使者從駕，又上膠一分，使口濡以續弩弦。帝驚曰：異物也。乃使武士數人，共對掣引，終日不脱，如未續時。其膠色青如碧玉。吉光毛裘黄色，蓋神馬之類也。裘入水數日不濡，入火不燋。帝於是乃悟，厚謝使者而遣去。又益思方朔之遠見。周穆王時，西胡獻昆吾刀及夜光常滿盃。刀長一尺，盃受三升。刀切玉如切泥，盃是白玉之精，光明照夜冥。夕出盃於中庭以向天，比明而水以滿盃中，汁甘而香美，斯實靈人之器。秦始皇〔一〕時，西胡獻切玉刀，無復常滿盃耳。如此膠之所出，從鳳麟洲來。劒之所出，從流洲來。並是西海中所有也。

聚窟洲 滄海島附

聚窟洲在西海中申未地，地方三千里，北接崐崘二十六萬里，去東岸二十四萬里。上多神仙靈官，宫第比門，不可勝數，及有獅子、辟邪、鑿齒、天鹿、長牙銅頭鐵額之獸。洲上有大山，形似人鳥之象，因名之爲人鳥山。山專多大樹，與楓木相類，而林芳葉香，聞數百

〔一〕「皇」原作「至」，據十洲記改。

里，此爲反魂樹。亦能自作聲，如羣牛吼，聞之者皆心振神駭。伐其木根，置〔一〕於玉釜中煮取汁，更微火煎如黑餳狀，令可丸之，名曰驚精香，或名之爲振靈丸，或名之爲返生香，或名之爲振檀香，或名之爲人鳥精，或名之爲却死香，一種六名，斯靈物也。香氣聞數百里，死者在地，聞香氣乃却活，不復亡也。以香薰死人，更加神驗如此。之後征和〔二〕三年，武帝幸安定，西胡月支國王遣使獻香四兩，大如雀卵，黑如桑椹。帝以其非中國所有，以付外庫。又獻猛獸一頭，形如五六十日犬子，大似狸而色黄，命國使以呈帝。帝見使者抱之，其以〔三〕羸細禿悴，怪其貢之非也。問使者：「此小物可弄，何謂猛獸？」使者對曰：「夫威加於百禽者，不必計〔四〕之以大小。是以神麟故爲巨象之王，鸞鳳必爲大鵬之宗，百足之蟲制於螣，亦不在於巨細也。臣國去〔五〕此三十萬里，國有常占，東風入律，百旬不休，青

〔一〕「置」，十洲記及五嶽真形序論均作「心」，連上讀。
〔二〕「征和」原作「延和」，據十洲記改。其上「如此之後」四字，十洲記無。
〔三〕「其以」，上書作「似犬」。
〔四〕「計」，上書作「繫」。
〔五〕「去」原作「云」，據文義改。

雲干呂，連月不散者，當知中國將有好道之君。我王固將賤儒墨而貴道德〔一〕，薄金玉而厚靈物也。故搜奇蘊而〔二〕貢神香，步天林而請猛獸，乘毳車而濟弱淵，策驥足以度飛沙，契闊途遥，辛苦蹊路，于今已十三年矣。神香〔三〕起妖殘之死疾，猛獸却百邪之魅鬼，夫此二物實是養生之要，助政平化〔四〕。豈圖陛下反不知真乎？是臣國占風之謬矣！今日仰鑒天姿，亦乃非有道之君也。眼多視則淫色，口多言則犯難，身多動則淫賊，心多飾則奢侈，未有用此四者而成天下之治也。」武帝忿〔五〕然不平，又問使者：「猛獸何方而伏百禽？食噉何物？膂力何比？其所生何鄉耶？」使者曰：「猛獸所出，或出崐崘，或生玄圃，或生聚窟，或生天路〔六〕。其壽不貲，食氣飲露。解人言語，仁惠忠恕。當其仁也，愛護蠢動，不犯虎

〔一〕「賤儒墨而貴道德」，十洲記作「賤百家而貴道儒」。
〔二〕「而」字原缺，據上書增。
〔三〕「神香」原作「香神」，據上書改。
〔四〕「是養生之要，助政平化」，上書作「實濟衆生之至要，助政化之昇平」。
〔五〕「忿」，上書作「悪」。
〔六〕「路」原作「露」，據上書改。

豹以下〔一〕。當其威也，一聲叫發，千人伏息；牛馬恐駭，驚斷絙繫；武士奄忽，失其勢力。當其神也，立興風雲，吐噏雨露，百邪迸走，蛟龍騰蛇，附〔二〕處于太上之廐，役御獅子，名曰猛獸。蓋神化無常，能爲大禽之宗主，乃玃天〔三〕之元王，辟邪之長獸者也。靈香即雖少，斯更生之神物也。疫病災死者將能起之，乃聞香氣者即活也。芳又特甚，故難歇也。」於是帝使使者令猛獸發聲試聽之。使者乃指獸，命發一聲，獸舐脣良久，忽叫如天大雷霹靂，又兩目礮磹交光，精氣衝天，良久方止。帝登時顛蹶，掩耳振動，不能自止。時衞者武士虎賁俱失仗伏地，諸内外牛馬犬豕之屬，皆絶絆離繫，驚駭放蕩，久許而定。帝忌之，因以此獸付上林苑，令虎食之。於是虎聞獸來，乃相屈聚〔四〕積如死虎伏。獸入苑，徑上虎頭溺虎口，去十步已來顧視虎，虎輒閉目。帝恨使者言不遜，欲收之。明日失使者及猛獸所在。遣四出尋討，不知所止。到後元〔五〕元年，長安城内病者數千百，亡者太半。帝

〔一〕「以下」二字，十洲記無。
〔二〕「騰蛇，附」，上書作「騰鷲」。按「騰蛇」宜作「螣蛇」。
〔三〕「玃天」，疑當作「玃父」。
〔四〕「屈聚」，十洲記作「聚屈」。
〔五〕「後元」，原作「後元封」，按元封在征和之前，與上文不合；十洲記下文有「明年帝崩」語，據改。

試取月支神香，燒之於城内，其死未三日者皆活，芳氣經三月不歇，於是信知其神物也。乃更祕録者，復〔一〕一旦又失之，檢函封印如初，無復香也。帝逾懊恨不禮待於使者，益貴方朔之遺語，自愧求李少君之不懃，慙衞叔卿之復去，向使厚待使者，必有所益也〔二〕。

滄海島在北海中，地方三千里。去岸二十萬里〔三〕，海四面繞島各五千里，水皆滄色，仙人謂之滄海者也。島上專是大山積石，有名〔四〕石象、八石、石腦、石桂英、流丹〔五〕、黄子、石膽之輩百餘種，皆生於島，服之神仙長生。島中紫石室宫，九老仙都治處，仙官數萬衆居之〔六〕。

〔一〕「者，復」，十洲記作「餘香，後」。

〔二〕以上三句，上書作「慙衞叔卿於增庭矣。明年帝崩于五柞宫。月支國香必人鳥山震檀却死香也。向使厚待使者，帝崩之時，何緣不得靈香之用耶？自合命殞矣」。

〔三〕「去岸二十萬里」原無，據上書及五嶽真形序論增。

〔四〕「有名」，上二書作「至多」。

〔五〕「丹」原作「月」，據上二書改。

〔六〕「居」原作「記」，據十洲記改。「長生」至「居之」一段，原錯簡在下文「崐崘」後，今正。

三島〔一〕

方丈扶桑附

方丈洲在東海中心，西南東北岸正等。方丈面各五千里，上專是羣〔二〕龍所聚，有〔三〕金玉瑠璃之宮，三天司命所治之處。羣仙若〔四〕欲升天者，往〔五〕來此洲受太上〔六〕玄生籙。仙家數十萬，瓊田芝草〔七〕，課計頃畝，如種稻狀。亦有石泉〔八〕，上有九原〔九〕丈人宮，主領天下水神及龍蛇巨鯨陰精水獸之輩。

〔一〕三島次序，原爲崐崘、方丈、蓬丘，據十洲記及五嶽真形序論改作方丈、蓬丘、崐崘。
〔二〕「羣」原作「面」，據上二書改。
〔三〕「有」原作「者」，據上二書改。
〔四〕「若」，上二書作「不」。
〔五〕「往」，上二書作「皆」。
〔六〕「上」字，上二書無。
〔七〕「瓊田芝草」，上二書作「耕田種芝草」。
〔八〕「石泉」，上二書作「玉石泉」。
〔九〕「原」，上二書作「源」。

扶桑在東海之東岸，一萬里復得碧海，海廣狹浩汗與東海等〔一〕。碧水既不鹹苦，正作碧色，甘香味美。扶桑在碧海之中，地方萬里，上有太帝宫〔二〕，太真東王父〔三〕所治處。地多林木，葉皆如桑，又有椹子樹，長者數千丈，徑三千餘圍，樹兩兩同根偶生，更相依倚，是以名扶桑。仙人食其椹，而一體皆作金色，飛翔玄虚。其樹雖大，其葉及椹如中夏桑也。但椹希而赤，九千歲一生實耳，味絶甘香。地生紫金丸玉，如諸夏之瓦石。真仙靈〔四〕官變化萬端，蓋無常〔五〕形，有分形爲百身十丈者。

蓬丘

蓬丘，蓬萊山是也。對東海之東北岸，周迴五千里。外別有圓海繞山，圓海〔六〕水色

〔一〕「與東海等」原作「與合東海等大」，據十洲記删。
〔二〕「太帝宫」原作「太上帝」，據上書改。
〔三〕「太真東王父」，原無「東」字，據上書增。
〔四〕「靈」字原缺，據上書補。
〔五〕「常」字原缺，據上書補。
〔六〕「海」字原缺，據十洲記、五嶽真形序論補。

正黑，謂之溟海。無風而洪波百丈，不可得往。上有九老丈人九天真王〔一〕，蓋太上真人之所居，唯飛仙能到其處耳〔二〕。

崐崘

崐崘一號曰崐陵〔三〕，在西海戌地，北海之亥地。地方一萬里，去岸十三萬里，又有弱水周廻繞帀。山東南接積石圃，西北接北户之室，東北臨大活之井，西南至承淵之谷，此四角大山，寔崐崘之支輔也。積石圃南頭是王母宫，王母告周穆王云：「山去咸陽三十六萬里〔四〕，山高平地三萬六千里，上有三角山，方廣萬里，形如偃盆，下狹上廣，故曰崐崘。」山三角：其一角干辰之輝〔五〕，名曰閬風巔〔六〕；其一角正西，名玄圃堂。其一角正東，名崐

〔一〕「王」下，十洲記及五嶽真形序論有「宫」字。

〔二〕「外別有圓海」至此一段，原錯簡在上文「滄海島」後，今正。

〔三〕「陵」原作「崘」，據十洲記改。

〔四〕「三十六萬里」，上書作「四十六萬里」，五嶽真形序論作「四十二萬里」。

〔五〕「干辰之輝」，本書卷二二末段作「干辰星之精」。

〔六〕「巔」，上卷作「臺」。

崘宫。其一角有積金，爲天墉城，面方千里，城上安金臺五所，玉樓十二所。其北户山承淵山，又〔一〕有墉城金臺玉樓相映，如流精之闕，光碧之堂，瓊華之室，紫翠丹房，景雲燭日，朱霞九光，西王母之所治也，真官仙靈之所宗。上通璿璣元氣，流布五常玉衡，理九天而調陰陽，品物羣生，希奇特出，皆在於此。天人濟濟，不可具記。此乃天地之根紐，萬度之綱柄矣。是以太上名山鼎於五方，鎮地理也；號天柱於珉城，象綱輪也。諸百川極深，水靈居之，其陰難到，故治無常處，非如丘陵而可得論。爾乃天地設位，物象之宜，上聖觀方，緣形而著。爾乃處玄風於西極，坐王母於坤鄉，昆吾鎮〔二〕於流澤，扶桑植於碧津。離合火精，而光獸生於炎野。坎惣衆陰，是以仙都宅於海島。艮位名山，蓬山鎮於寅丑。巽體元女，養巨木於長洲。高風鼓於羣龍之位，暢靈符於瑕丘。至妙玄深幽，神難盡測，真人隱宅，靈仙所在，六合之内，豈唯數處而已哉！此蓋舉其摽末耳。臣朔所見不博，未能宣通王母及上元夫人聖旨。昔曾聞之於得道者，説此十洲大丘靈阜，皆是真仙隩墟，神官所治，其餘山川萬端，並無覩者矣。其北海外又有鍾山，在北海之子地，隔弱水之北一萬九千里，

〔一〕「又」原作「入」，據十洲記改。
〔二〕「鎮」下原有「在」字，據上書及五嶽真形序論删。

高一萬三千里，上方七千里，周旋三萬里，自生千芝及神草四十餘種，上有金臺玉闕，亦元氣之所舍，天帝君治處也。鍾山之南有平邪山，北有蛟龍山，西有郅草山，東有東木山。四山，鍾山之枝幹也。四山高鍾山三萬里，宫城五所如一，登四面山，下望見鍾山耳。四面山乃天〔一〕帝君之城域也。又仙人出入道徑自一路，從平邪山東南入穴中乃至内〔二〕。北到鍾山北阿門外，乃天帝君總九天之維，貴無比焉。山源周迴，具有四城，其中高山當心，有似於崐崘也。昔禹治洪水既畢，乃乘蹻車度弱水而到此山，祠上帝於北阿，歸大功於九天。又禹經諸五嶽，使工刻石，識其里數高下。其字科斗書，非漢人所曉。今丈尺里數，皆禹時書也。不但刻劇五嶽，諸名山亦然，其所刻之處獨高耳。今書是臣朔所具見，其王母所道諸靈藪，禹所不履，唯書中夏之名山耳。臣先師谷希子者，太上真官也。昔授臣崐崘鍾山蓬萊山及神州〔三〕真形圖。昔來入漢，留以寄所知故人，此書又尤重於五嶽真形圖矣。昔也傳受年限正同耳。陛下好道思微，甄心内向，天尊下降，並受傳寶祕。臣朔區區，亦何嫌

〔一〕「乃天」二字原缺，據十洲記增。
〔二〕「乃至内」三字，上書無。
〔三〕「州」原作「洲」，據本書卷一一〇谷希子傳改。

惜而不上所有哉！然術家幽事，道法隱祕，某師云：師〔一〕術泄則事多疑，師顯則妙理散，願且勿宣臣之言意也。武帝欣聞至説，明年遂復從受諸真形圖，常帶之，則候〔二〕八節常朝拜靈書，求脱屣〔三〕焉。朔謂滑稽都虚其心，故弄萬乘，傲公侯，不可得而師友，不可得而喜怒，故武帝不能盡至理於此人矣。

〔一〕以上十二字，十洲記作「術家幽其事，道法祕其師」。
〔二〕「則候」，上書作「肘後」，連上讀。
〔三〕「脱屣」，上書作「度脱」。

雲笈七籤卷之二十七

洞天福地

天地宮府圖并序

銀青光禄大夫真一先生司馬紫微集

夫道本虚無，因恍惚而有物；氣元沖始，乘運化而分形；精象玄著，列宮闕於清景；幽質潛凝，開洞府於名山。元皇先乎象帝，獨化卓然；真宰湛爾冥寂，感而通焉！故得瓊簡紫文，方傳代學；琅函丹訣，下濟浮生。誠志攸勤，則神仙應而可接；修鍊克著，則龍鶴昇而有期。至於天洞區畛，高卑乃異；真靈班級，上下不同。又日月星斗，各有諸帝，並懸景位，式辨奔翔。所以披纂經文，據立圖象，方知兆朕，庶覿希夷。則臨目内思，馳心有詣；端形外謁，望景無差。乃名曰天地宮府圖。其天元重疊，氣象參差，山洞崇幽，風煙迅遠。以兹縑素，難具丹青，各書之於文，撰圖經二卷。真經所載者，此之略備；仙官不言者，蓋闕而未詳。

十大洞天

太上曰：十大洞天者，處大地名山之間，是上天遣羣仙統治之所。

第一王屋山洞。周廻萬里，號曰小有清虚之天，在洛陽河陽兩界，去王屋縣六十里，屬西城王君治之〔一〕。

第二委羽山洞。周廻萬里，號曰大有空明之天，在台州黄巖縣〔二〕，去縣三十里，青童君治之〔三〕。

第三西城山洞。周廻三千里，號曰太玄惣真之天，未詳在所。登真隱訣云：「疑終南太一山是。」屬上

〔一〕「西城王君治之」，洞天福地嶽瀆名山記（下稱名山記）十大洞天作「王褒所理」。

〔二〕「大有空明之天，在台州黄巖縣」，上書作「大有虚明天，在武州」。

〔三〕「青童君治之」，上書作「司馬季主所理」。

宰王君治之〔一〕。

第四西玄山洞。

周迴三千里，號三元極真洞天，恐非人跡所及，莫知其所在〔二〕。

第五青城山洞。

周迴二千里，名曰寶仙九室之洞天，在蜀州青城縣，屬青城丈人治之〔三〕。

第六赤城山洞。

周迴三百里，名曰上清玉〔四〕平之洞天，在台州唐興縣，屬玄洲仙伯治之。

第七羅浮山洞。

周迴五百里，名曰朱明輝〔五〕真之洞天，在循州博羅縣，屬青精先生治之〔六〕。

〔一〕「未詳在所」至「治之」，名山記十大洞天作「王方平所理，在蜀州」。

〔二〕「莫知其所在」，上書作「在金州」。

〔三〕「屬青城丈人治之」，上書作「甯真君所理」。

〔四〕「清玉」，上書及無上祕要洞天品作「玉清」。

〔五〕「輝」，上二書作「耀」。

〔六〕「青精先生治之」，名山記十大洞天作「葛洪所理」。

第八句曲山洞。

周廻一百五十里，名曰金壇華陽之洞天，在潤州句容縣，屬紫陽真人治之〔一〕。

第九林屋山洞。

周廻四百里，號曰左〔二〕神幽虚之洞天，在洞庭湖口，屬北嶽真人治之〔三〕。

第十括蒼山洞。

周廻三百里，號曰成德隱玄之洞天，在處州樂安縣〔四〕，屬北海公涓子治之〔五〕。

三十六小洞天

太上曰：其次三十六小洞天，在諸名山之中，亦上仙所統治之處也。

第一霍桐山洞。

〔一〕「紫陽真人治之」，名山記十大洞天作「茅君所理」。

〔二〕「左」原作「尤」，據上書及無上祕要洞天品改。

〔三〕「在洞庭湖口，屬北嶽真人治之」，名山記十大洞天作「龍威丈人所理，在蘇州吴縣」。

〔四〕「處州」，上書作「台州」。

〔五〕「屬北海公涓子治之」，上書作「平仲節所理」。

周迴三千里，名霍林洞天，在福州長溪縣，屬仙人王緯玄治之。

第二東嶽太山洞。

周迴一千里，名曰蓬玄洞天，在兖州乾封縣，屬山圖公子治之。

第三南嶽衡山洞。

周迴七百里，名曰朱陵洞天，在衡州衡山縣，仙人石長生治之。

第四西嶽華山洞。

周迴三百里，名曰惣仙洞天，在華州華陰縣，真人惠車子主之。

第五北嶽常山洞。

周迴三千里，號曰惣玄洞天，在恒州常山曲陽縣，真人鄭子真治之。

第六中嶽嵩山洞。

周迴三千里，名曰司馬〔一〕洞天，在東都登封縣，仙人鄧雲山治之。

第七峨嵋山洞。

〔一〕「馬」，名山記三十六洞天作「真」。

周迴三百里，名曰虚陵洞天，在嘉州峨嵋縣，真人唐覽治之。

第八廬山洞。

周迴一百八十里，名曰洞靈真天〔一〕，在江州德安〔二〕縣，真人周正時治之。

第九四明山洞。

周迴一百八十里，名曰丹山赤水天，在越州上虞〔三〕縣，真人刁道林治之。

第十會稽山洞。

周迴三百五十里，名曰極玄大元〔四〕天，在越州山陰縣鏡湖中，仙人郭華治之。

第十一太白山洞。

周迴五百里，名曰玄德洞天，在京兆府長安〔五〕縣，連終南山，仙人張季連治之。

第十二西山洞。

〔一〕「洞靈真天」，名山記三十六洞天作「洞虚詠真洞天」。

〔二〕「德安」，上書作「潯陽」。

〔三〕「上虞」，上書作「餘姚」。

〔四〕「大元」，上書作「陽明洞」。

〔五〕「長安」，上書作「盩厔」，「玄德」作「德玄」。

周廻三百里，名曰天柱〔一〕寶極玄天，在洪州南昌縣，真人唐公成治之〔二〕。

第十三小潙〔三〕山洞。

周廻三百里，名曰好生玄上〔四〕天，在潭州澧陵縣，仙人花丘林治之〔五〕。

第十四灊山洞。

周廻八十里，名曰天柱司玄天，在舒州懷寧〔六〕縣，仙人稷丘子治之。

第十五鬼谷山洞。

周廻七十里，名曰貴玄司真天，在信州貴溪縣，真人崔文子治之。

第十六武夷山洞。

周廻一百二十里，名曰真昇〔七〕化玄天，在建州建陽縣，真人劉少公治之。

〔一〕「柱」字，名山記三十六洞天無。

〔二〕「真人唐公成治之」，上書作「洪崖所居」。

〔三〕「小潙」，上書作「大圍」。

〔四〕「玄上」，上書作「上元洞」。

〔五〕「仙人花丘林治之」，上書作「傳天師所居」。

〔六〕「懷寧」，上書作「桐城」。

〔七〕「真昇」，上書作「昇真」。

第十七玉笥山洞。周迴一百二十里，名曰太玄法樂〔一〕天，在吉州永新〔二〕縣，真人梁伯鸞主之。

第十八華蓋山洞。周迴四十里，名曰容成大玉天，在温州永嘉縣，仙人羊公修治之。

第十九蓋竹山洞。周迴八十里，名曰長耀寶光天，在台州黄巖縣，屬仙人商丘子治之。

第二十都嶠山洞。周迴一百八十里，名曰寶玄洞天，在容州普寧縣，仙人劉根治之。

第二十一白石山洞。周迴七十里，名曰秀樂長真天，在鬱林州〔三〕，南海之南也，又云和州含山縣，是白真人治之。

〔一〕「玄法樂」，名山記三十六洞天作「秀法樂洞」。

〔二〕「永新」，上書作「新淦」。

〔三〕「鬱林州」，上書作「容州北源」。

第二十二岣嶁山洞。
周廻四十里，名曰玉闕寶圭天，在容州北流縣，屬仙人錢〔一〕真人治之。
第二十三九疑山洞。
周廻三千里，名曰朝真太虛天，在道州延唐縣，仙人嚴真青治之。
第二十四洞陽山洞。
周廻一百五十里，名曰洞陽隱觀天，在潭州長沙縣，劉真人治之。
第二十五幕阜山洞。
周廻一百八十里，名曰玄真太元天，在鄂州唐年縣，屬陳真人治之。
第二十六大酉山洞。
周廻一百里，名曰大酉華妙天，去辰州七十里，尹真人治之。
第二十七金庭山洞。
周廻三百里，名曰金庭崇妙天，在越州剡縣，屬趙仙伯治之〔二〕。

〔一〕「錢」原作「餞」，據道藏輯要本改。
〔二〕「屬趙仙伯治之」，名山記三十六洞天作「褚伯玉沈休文居之」。

第二十八麻姑山洞。

周迴一百五十里，名曰丹霞天，在撫州南城縣，屬王真人治之。

第二十九仙都山洞。

周迴三百里，名曰仙都祈仙天，在處州縉雲縣，屬趙真人治之。

第三十青田山洞。

周迴四十五里，名曰青田大鶴天，在處州青田縣，屬傅真人治之〔一〕。

第三十一鍾山洞。

周迴一百里，名曰朱日太生天，在潤州上元縣，屬龔真人治之。

第三十二良常山洞。

周迴三十里，名良常放命〔二〕洞天，在潤州句容縣，屬李真人治之〔三〕。

第三十三紫蓋山洞。

〔一〕「屬傅真人治之」，名山記三十六洞天作「葉天師居之」。

〔二〕「放命」，上書作「方會」。

〔三〕「在潤州句容縣，屬李真人治之」，上書作「在茅山東北，中茅君所居。」

周廻八十里，名紫玄洞照天，在荆州常陽〔一〕縣，屬公羽真人治之。

第三十四天目山洞。周廻一百里，名曰天蓋滌玄〔二〕天，在杭州餘杭縣，屬姜真人治之。

第三十五桃源山洞。周廻七十里，名曰白馬玄光天，在朗州〔三〕武陵縣，屬謝真人治之。

第三十六金華山洞。周廻五十里，名曰金華洞元天，在婺州金華縣，屬戴真人治之〔四〕。

七十二福地

太上曰：其次七十二福地，在大地名山之間，上帝命真人治之，其間多得道之所。

〔一〕「荆州常陽」，名山記三十六洞天作「韶州曲江」。
〔二〕「天蓋滌玄」，上書作「大滌玄蓋」。
〔三〕「朗州」原作「玄洲」，據上書改。
〔四〕「屬戴真人治之」，上書作「有皇初平赤松觀」。

第一地肺山。

在江寧府句容縣界，昔陶隱居幽棲之處，真人謝允治之〔一〕。

第二蓋竹山〔二〕。

在衢州仙都縣，真人施存治之。

第三仙礚山。

在温州梁城縣〔三〕十五里，近白溪草市，真人張重華治之。

第四東仙源。

在台州黄巖縣，屬地仙劉奉林治之。

第五西仙源〔四〕

亦在台州黄巖縣嶠嶺一百二十里，屬地仙張兆期治之。

〔一〕以上三句，名山記七十二福地作「在茅山，有紫陽觀，乃許長史宅」。

〔二〕「第二蓋竹山」條，上書無。

〔三〕「仙礚山，在温州梁城縣」，上書作「石礚源，在台州黄巖縣」。

〔四〕「第四東仙源」、「第五西仙源」兩條，上書作「嶠嶺、東仙源，在温州白溪」。

第六南田山。

在東海東〔一〕，舟船往來可到，屬劉真人治之。

第七玉溜山。

在東海，近蓬萊島〔二〕，上多真仙居之，屬地仙許邁治之。

第八清嶼山。

在東海之西，與扶桑相接，真人劉子光治之。

第九郁木洞。

在玉笥山南，是蕭子雲侍郎隱處，至今陰雨，猶聞絲竹之音，往往樵人遇之，屬地仙赤魯班主之。

第十丹霞洞。

在麻姑山，是蔡經真人得道之處，至今雨夜，多聞鍾磬之聲，屬蔡真人治之。

第十一君山。

〔一〕「第六南田山，在東海東」，名山記七十二福地作「南田在處州青田」。

〔二〕「在東海，近蓬萊島」，上書作「在温州海中」。

在洞庭青草湖中，屬地仙侯生所治。

第十二大若巖。

在温州永嘉縣東一百二十里，屬地仙李方回治之。

第十三焦源。

在建州建陽縣北，是尹真人隱處。

第十四靈墟。

在台州唐興縣北，是白雲先生隱處。

第十五沃洲。

在越州剡縣南，屬真人方明所治之。

第十六天姥岑。

在剡縣南，屬真人魏顯仁治之。

第十七若耶溪。

在越州會稽縣南，屬真人山世遠所治之。

第十八金庭山。

在廬州巢縣，别名紫微山，屬馬仙人治之。

第十九清遠山。

在廣州清遠〔一〕縣，屬陰真人治之。

第二十安山。

在交州北，安期先生隱處，屬先生治之。

第二十一馬嶺山。

在郴州郭内水東，蘇躭隱處，屬真人力牧主之。

第二十二鵝羊山。

在潭州長沙縣，婁駕先生所隱處。

第二十三洞真墟〔二〕。

在潭州長沙縣〔三〕，西嶽真人韓終所治之處。

〔一〕「廣州清遠」，名山記七十二福地作「婺州浦陽」。
〔二〕「墟」，上書作「壇」。
〔三〕「潭州長沙縣」，上書作「長沙南嶽祝融峯」。

第二十四青玉壇〔一〕。

在南嶽祝融峯〔二〕西，青烏公治之。

第二十五光天壇。

在衡嶽西源頭，鳳真人所治之處。

第二十六洞靈源。

在南嶽招仙觀觀西，鄧先生所隱地也。

第二十七洞宫山。

在建州關隸鎮五嶺里〔三〕，黄山公主之。

第二十八陶山。

在温州安國〔四〕縣，陶先生曾隱居此處。

〔一〕「青玉壇」，名山記七十二福地作「玉清壇」。

〔二〕「南嶽祝融峯」，上書作「長沙北」。

〔三〕「第二十七洞宫山，在建州關隸鎮五嶺里」，上書作「洞宫在長沙北」。

〔四〕「安國」，上書作「安固」。

第二十九三皇井。

在温州横陽縣，真人鮑察所治處。

第三十爛柯山。

在衢州信安縣，王質先生隱處。

第三十一勒溪。

在建州建陽縣東，是孔子遺硯之所。

第三十二龍虎山。

在信州貴溪縣，仙人張巨君主之。

第三十三靈山〔一〕。

在信州上饒縣北，墨真人治之〔二〕。

第三十四泉〔三〕源。

〔一〕「靈山」，名山記七十二福地作「靈應山」。

〔二〕「信州上饒縣」上書作「饒州」，「墨」作「施」，「治之」作「宅」。

〔三〕「泉」，上書作「白水」。

在羅浮山中〔一〕，仙人華子期治之。

第三十五金精山。

在虔州虔化縣，仇季子治之。

第三十六閤皂山。

在吉州新淦縣，郭真人所治處。

第三十七始豐山。

在洪州豐城縣，尹真人所治之地。

第三十八逍遥山。

在洪州南昌縣，徐真人治之地。

第三十九東白源。

在洪州新吴縣東，劉仙人所治之地。

第四十鉢池山。

在楚州，王喬得道之處。

〔一〕「在羅浮山中」，名山記七十二福地作「在龍州」。

第四十一論山。

在潤州丹徒縣，是終真人治之。

第四十二毛公壇。

在蘇州長洲縣，屬莊仙人修道之所。

第四十三雞籠山。

在和州歷陽縣，屬郭真人治之。

第四十四桐栢山。

在唐州桐栢縣，屬李仙君所治之處。

第四十五平都山。

在忠州，是陰真君上升之處。

第四十六緑蘿山。

在朗州武陵縣，接桃源界。

第四十七虎溪山。

在江州南彭澤縣，是五柳先生隱處〔一〕。

第四十八彰龍〔二〕山。

在潭州澧陵〔三〕縣北，屬臧先生治之。

第四十九抱福山。

在連州連山縣，屬范真人所治處。

第五十大面山。

在益州成都縣，屬仙人栢成子治之〔四〕。

第五十一元晨山。

在江州都昌縣，孫真人安期生治之。

第五十二馬蹄〔五〕山。

〔一〕「江州南彭澤縣，是五柳先生隱處」，名山記七十二福地作「湖州安吉縣，方真人修道處」。

〔二〕「龍」，上書作「覩」。

〔三〕「潭州澧陵」，上書作「澧州澧陽」。

〔四〕「益州成都縣」，上書作「蜀州青城山」，「屬仙人栢成子治之」作「羅真人所居」。

〔五〕「蹄」，上書作「跡」。

在饒州鄱陽縣，真人子州所治之處〔一〕。

第五十三德山。

在朗州武陵縣，仙人張巨君治之。

第五十四高溪藍水山。

在雍州藍田縣，並太上所遊處。

第五十五藍水。

在西都藍田縣，屬地仙張兆期所治之處。

第五十六玉峯。

在西都京兆縣，屬仙人栢户治之。

第五十七天柱山。

在杭州於潛縣，屬地仙王伯元治之。

第五十八商谷山。

在商州，是四皓仙人隱處。

〔一〕「饒州鄱陽縣」，名山記七十二福地作「舒州」，「真人子州所治之處」作「王先生修洞淵法處」。

第五十九張公洞。

在常州宜興縣，真人康桑治之。

第六十司馬悔山。

在台州天台山北，是李明仙人所治處。

第六十一長在〔一〕山。

在齊州長山縣〔二〕，是毛真人治之。

第六十二中條山。

在河中府虞鄉〔三〕縣管，是趙仙人治處。

第六十三茭湖魚澄洞。

在西古姚州，始皇先生曾隱此處。

第六十四綿竹山。

〔一〕「在」，名山記七十二福地作「白」。
〔二〕「齊州長山縣」，上書作「兖州」。
〔三〕「虞鄉」，上書作「永樂」。

在漢州綿竹縣，是瓊華夫人治之。

第六十五瀘水。

在西梁州，是仙人安公治之。

第六十六甘山。

在黔南，是窬真人治處。

第六十七瑰山。

在漢州，是赤須先生治之。

第六十八金城山。

在古限戍，又云石戍〔二〕，是石真人所治之處。

第六十九雲山。

在邵州武剛〔三〕縣，屬仙人盧生治之。

第七十北邙山。

〔二〕「古限戍，又云石戍」，名山記七十二福地作「雲中郡」。

〔三〕「邵州武剛」，上書作「朗州武陵」。

在東都洛陽縣，屬魏真人治之。

第七十一盧山。

在福州連江縣，屬謝真人治之。

第七十二東海山。

在海州東二十五里，屬王真人治之。

雲笈七籤卷之二十八

二十八治

二十四治并序

謹按張天師二十四治圖云：太上以漢安二年正月七日日中〔一〕時下二十四治，上八治、中八治、下八治，應天二十四氣，合二十八宿，付天師張道陵奉行布化。張天師，沛國豐縣人也，諱道陵，字輔漢。禀性嚴直，經明行修，學道有方。永平二年，漢帝詔書，就拜巴郡江州令。以元和〔二〕元年三月十日辛丑，詔書拜爲司空，封食冀縣侯。以芝草圖經歷神仙爲事，任採延年藥餌金液丹〔三〕。以漢安元年丁丑詔書遷改，不拜。遂解官入益州部界，以

〔一〕「日中」原作「中」，據無上祕要卷二三正一炁治品增。

〔二〕「元和」原作「延和」，據三洞珠囊卷七二十四治品改。

〔三〕以上十九字，上書作「以芝草圖經歷神仙，爲國採延年長生藥」。

其年於蜀郡臨邛縣渠亭山赤石城中，靜思精至。五月一日夜半時，有千乘萬騎來下至赤石城前，金車羽蓋，步從龍虎鬼兵不可稱數。有五人：一人自言吾是周時柱下史也，一人自言吾是新出太上老君也，一人云吾是太上高皇帝中黄真君也，一人言吾是漢師張良子房也，一人言吾是佐漢子淵天師外祖也，子骨法合道，當承老君〔一〕忠臣之後，今授子鬼號傳世，子孫爲國師，撫民無期。於是道陵方親受太上質勑，當步綱躡紀，統承三天，佐國扶命，養育羣生，整理鬼氣，傳爲國師。依其度數，開立二十四治、十九靜廬，授以正一盟威之道，伐誅邪僞，與天下萬神分符〔二〕爲盟，悉承正一之道也。

上皇元年七月七日，無上大道老君所立上品治八品，訣要掌中，伏虧造天地，五龍布山嶽，老君立位治，以用化流愚俗，學者不得貪競欲，仙道克成，可傳之與質朴也〔三〕。

第一陽平治。

〔一〕「老君」，三洞珠囊卷七二十四治品作「元老」。

〔二〕「符」原作「付」，據上書改。

〔三〕以上二十四字，上書作「以用化流俗，愚者不貪比，真覽競所欲，仙道何足訓，傳之於質朴也」。

治在蜀郡彭州九隴縣〔一〕，去成都一百八十里，道由羅江水兩岐山口入，水路四十里。治道東有龍門，拒守神水，二栢生其上。西南有大泉，決水歸東。治應角宿，貴人發之，治王始終。嗣師，天師子也，諱衡字靈真，爲人廣智，志節高亮，隱習仙業。漢孝靈帝徵爲郎中，不就。以光和二年正月十五日己巳，於山昇仙，立治碑一雙在門，名曰嗣師治也。

陽平謫仙妻，不知其姓名。九隴居人張守珪家甚富，有茶園在陽平化仙居内，每歲召採茶人力百餘輩，男女傭工，雜之園中。有一少年賃爲摘茶，自言無親族，性甚了慧懃愿，守珪憐之，以爲義兒。又一女子二十餘，亦無親族，願爲義兒之婦，孝義端恪，守珪甚善之。一旦山水泛溢，市井路絶，鹽酪既闕，守珪甚憂。新婦曰：「此可買耳。」取錢出門十數步，置錢樹下，以杖扣樹，得鹽酪而歸。後或有所要，但令扣樹取之，無不得者。其夫術亦如此。因與隣婦十數人於堋口市相遇，爲買酒一椀，與衆婦飲之皆醉，而椀中酒不減。遠近傳説，人皆異之。守珪請問，其術受於何人？少年曰：「我陽平洞中仙人耳，因有小過，謫於人間，不久當去。」守珪曰：「洞府大小與人間城闕相類

〔一〕「彭州九隴縣」，三洞珠囊卷七二十四治品作「繁縣」。

否？」答曰：「二十四化各有一大洞，或方千里，五百、三百里。其中皆有日月飛精，謂之伏神之根，下照洞中，與世間無異。其中皆有仙王、仙官、仙卿、輔相佐之，如世之職司。有得道之人及積功遷神反生之者，皆居其中，以爲民庶。每年三元大節，諸天有上真下遊洞天，以觀其所理善惡。人世死生興廢，水旱風雨，預關於洞中焉。其龍神祠廟血食之司，皆爲洞府所統也。二十四化之外，其青城、峨嵋、益登、慈母、繁陽、嶓冢，亦各有洞天，不在十大洞天、三十六小洞天之數。洞之仙曹，如人間郡縣聚落耳，不可一一詳記之也。」旬日之間，忽然夫婦俱去。

右陽平治山，山中有主簿治、嗣師治、係師治。

第二鹿堂山治。

治在漢州綿竹縣〔一〕界北鄉，去成都三百里，上有仙室仙臺，古人度世之處。昔永壽元年，太上老君將張天師於此治上，與四鎮太歲大將軍川廟百鬼共折石爲要，皆從正一盟威之道。山有松栢五龍仙穴，能通船渡，持火入穴，三日不盡。治應亢宿，號

〔一〕「漢州綿竹縣」，三洞珠囊卷七二十四治品作「蜀郡繁縣」。

長〔一〕發之，治王八十年。

第三鶴鳴神山上〔二〕治。

治在其上，山與青城天國山相連，去成都二百里，在蜀郡臨邛縣界，徑道三百里，世人不知之，馬底子何丹陽得道處。治前三水共成一帶，神龍居之，有四金釘，二石金銀，甖三斛，亦言尹喜主之。治應氐宿，賤人發之，治王六十年。神仙傳云：張天師遇中國紛亂，乃入蜀鶴鳴山學道也。

第四漓沅山治。

治在彭州九隴縣〔三〕界，與鹿堂山治相連，其間八十里，去成都二百五十里。有果松神草，服之升仙。又有四龍〔四〕起騎之門，范蠡主之。治應房宿，庶人發之，治王二十年。

〔一〕「號長」，三洞珠囊卷七二十四治品作「弓長」。

〔二〕「上」，上書作「太上」。

〔三〕「彭州九隴縣」，上書作「蜀郡繁縣」。下同。

〔四〕「龍」，上書作「龍神」。

第五葛璝山治。

治在彭州九隴縣界，與濴沅山相連，去成都縣二百三十里，去陽平治水口四十八里，昔賢於此得道，上有松栗山，高六百丈。治應心宿，道人發之，治王九十年。南康王太尉中書令韋公皋，爲成都尹相國張公之愛壻，而量深器大，舉止簡傲，不狎於俗。張公奕世相家，德望清貴，舉族皆輕侮於韋，以此見薄，亦未之悟也。忽夢二神人謂之曰：「天下諸化，領世人名籍。吾子名係葛璝，禄食全蜀，富貴將及，何自滯耶！勉哉行矣！異日當富貴，無以葛璝爲忘也。」由是韋有干禄之志，謀於其室家，復勉勵之，以粧奩數十萬金資其行計。既達秦川，屬歲饑久雨，因知友所聘，署隴州軍事判官。俄而駕出奉天，郡守奔難行在。皋率士客甲士饋輓軍儲，以申扈衛，以功就拜防禦使。復請赴覲行朝，德宗望而器之。既平寇難，大駕還京，以功檢校右僕射、鳳翔節度使，懇讓乞改西川，乃授西川節度，與張公交代焉。擁師赴任，張假道歸闕，以避其鋒。既而累年蜀境大穰，金帛豐積，南詔内附，乞爲臣妾，威名益重，而貢賦不虧，朝廷倚注，戎蠻懾伏。由是請許南詔置習讀院，入質子學生習詩書禮樂。公文翰之美，冠於一時，南詔得其手筆，刻石以榮其國。而葛璝之事，久已忘矣。又夢二神人曰：「富貴而忘所因，其何甚耶！」公夢覺流汗，驚駭久之，乃躬詣雲林，炷香禱福。遂命工度木，揆日修崇，作南宮飛閣四十間，巨殿修廊，重門邃宇，範金刻石，知無不爲。支九隴租賦，於山下阿屯輸貯，糗糧山積，匠石雲起。自製碑刊于洞門之側，上構層樓，揀選僮七十人，以供洒掃，良田五百畝，以贍齋儲。在鎮二十餘年，封至王爵矣，即本命丁卯屬葛璝化也。

第六庚除治。

山去平地三百九十丈，在廣漢郡綿竹〔一〕縣西，去縣五里，去成都二百八十里。上常有仙人來往，可以度厄〔二〕養性，昔張力得道之處。山有二石室，三龍頭，淮水遶之。治應尾宿，當道士發之，治王始終。

第七秦中治。

主神仙在廣漢郡德陽〔三〕縣東九里，去成都二百里，其山浮，昔韓衆於其上得仙。

〔一〕「綿竹」，三洞珠囊卷七二十四治品作「陽泉」。
〔二〕「厄」原作「毛」，據上書及道藏輯要本、四部叢刊本改。
〔三〕「德陽」，三洞珠囊卷七二十四治品作「綿竹」。

前有大水，東有道徑於漢洛，治面〔一〕有大石銅爲誌。治應箕宿，癲人發之，治王始終。

第八真多治。

山在懷安軍金堂縣〔二〕，去成都一百五十里。山有芝草神藥，得服之令人壽千歲。山高二百八十丈，前有池水，水中神魚五頭。昔王方平於此與太上老君相見。治應斗宿，女人發之，治王七十年。無極元年十月五日，真正無極太上立中治〔三〕八品，氣要訣在掌中。

第一昌利治。

山在懷安軍金堂縣〔四〕東四十里，去成都一百五十里，昔蜀郡李八伯〔五〕初學道處。八伯，唐公房之師也。遊行蜀中諸名山，常自出戲於成都市，暮宿於青城山上，故

〔一〕「面」，三洞珠囊卷七二十四治品作「西」。
〔二〕「懷安軍金堂縣」，上書作「廣漢郡新都縣」。
〔三〕「中治」原作「治中」，據上書及無上祕要改。
〔四〕「懷安軍金堂縣」，三洞珠囊卷七二十四治品作「廣漢郡碩縣」。
〔五〕「伯」，上書作「百」，下同。

號爲八伯也。其山南有一石室，容八十人，前有三龍門爲誌。治應牛宿，狂惑人發之，治王五百年。

第二隸上治。

山季子先生學道飛仙。治在廣漢郡德陽〔一〕縣東二十里。山有二石室，有一神井，白鹿白鶴白鳩時來飲之。有石在治前，與慈母〔二〕治相連。西有赤石溪，上有三松爲誌。山去平地二千九百丈，昔中山衛叔卿於此得道。治應女宿，貧賤人發之，治王百年。

第三涌泉山神治。

昔廣漢馬明生學道得仙，太上老君至此化形住此。治在遂寧郡小漢縣界，上有泉水，治萬民病，飲之無不差愈，傳世爲祝水。治去成都二百里，有懸崖百丈近綿水，猴猿百鳥來在其間。治應虛宿，野人發之，治王三十年。其山小而高，四向有遊道。

第四稠稉治。

〔一〕「德陽」，三洞珠囊卷七二十四治品作「陽泉」。

〔二〕「慈母」原作「綿毋」，據上書改。

在犍爲郡新津〔一〕縣，去成都一百一十里，汶山江水經焉〔二〕。山高去平地一千七百丈，昔軒轅學道之處也。治左右有連岡相續，西北有味江〔三〕水。山亦有芝草仙藥，可養性命。治應危宿，貴人發之，治王五十年。

第五北平治。

在眉州彭山縣〔四〕，去成都一百四十里。山上有池水，縱廣二百步。中有神芝藥草，食之與天相久，昔越人王子喬得仙。治應室宿，道師發之，治王四十年。一名硔山治。

第六本竹治。

山在蜀州新津縣〔五〕，去成都一百二十五里。山高一千三百丈，上有一水，有香林在治陌。北有龍穴地道通峨嵋山，上有松，昔郭子聲得道之處也。後有林竹，西去十

〔一〕「新津」，三洞珠囊卷七二十四治品作「南安」。
〔二〕「經焉」，上書及無上祕要作「九里」。
〔三〕「味江」，無上祕要卷二三正一炁治品作「沫江」。
〔四〕「眉州彭山縣」，三洞珠囊卷七二十四治品作「犍爲郡南安縣」。
〔五〕「蜀州新津縣」，上書作「犍爲郡南安縣」。

五里通鶴鳴，山前水中常有神龍遊戲。治應壁宿，龍門吏人發之，治王五百年。

第七蒙秦治。

山在越嶲郡臺登〔一〕縣西，去城二十里，去成都一千四百二十里。治與越嶲郡隔河水，前有小山，後有大山，高一千丈，昔伊尹於此山學道。上有芝英金液草，服之得度世。後有漢中郡趙昇得道於此。治應奎宿，凡人發之，治王九十年。

第八平蓋治。

山在蜀州新津縣〔二〕，去成都八十里。前山下有玉人，身長一丈三尺。昔吴郡崔孝通於此山學道，得飛仙。山西有大江，南有長山，北有平川，中有龍門。治應婁宿，陰人發之，治王千年。

無上二年正月七日，無爲大道玄真立下治八品〔三〕，氣要訣在掌中。

第一雲臺山治。

〔一〕「臺登」，三洞珠囊卷七二十四治品作「邛都」。

〔二〕「蜀州新津縣」，上書作「犍爲郡武陽縣」。

〔三〕「立下治八品」原作「立下八品治」，據上書及無上祕要改。

在巴西郡閬州蒼溪縣東二十里〔一〕，上山十八里方得，山足去成都一千三百七十里。張天師將弟子三百七十人住治上，教化二年，白日升天。其後一年，天師夫人復升天。後三十年，趙昇王長復得白日昇天。治前有巴西大水，山有一樹桃，三年一花，五年一實，懸樹高七十丈，下無底之谷，唯趙昇乃自擲取得桃子，餘者無能取之。治應胃宿，有人形師人發之，治王五十年。又云：雲臺治山中有玉女乘白鶴，仙人乘白鹿，又有仙師，來迎天師白日升天，萬民盡見之。一云：此天柱山也。在雲臺治前，有立碑處〔二〕。

雲臺治中録曰：「施存，魯人，夫子弟子，學大丹之道三百年，十鍊不成，唯得變化之術。後遇張申，爲雲臺治官，常懸一壺如五升器大，變化爲天地，中有日月如世間。夜宿其内，自號壺天，人謂曰壺公，因之得道在治中。」

第二濜口治。

山在漢中郡江陽縣，去成都二千九百二十里，陳安世於此山上學道得仙。安世，

〔一〕「閬州蒼溪縣東二十里」，三洞珠囊卷七二十四治品作「閬曰縣西去六十里」，「曰」疑當作「内」。
〔二〕「處」，上書作「一雙」，無「一云」二字。

京兆人也。漢中水過其前山，一名平元山，西有長山，東有流海，帝王所住，有青龍門。治應昴宿，俗人發之，治王五百年。

第三後城山治。

在漢州什邡〔一〕縣，昔昊〔二〕子然於此山上學仙得道，左有大水，後有重山，山有神芝，服之壽千歲。一名黄陵山，南有長山，北有青龍，東有松栢爲誌。治應畢宿，凡人發之，治王八十年。

第四公慕治。

在漢州什邡縣〔三〕，去治一百里，昔蘇子〔四〕於此山學道得仙。一名北逢仙山，南有石坎，北有懸流水。治應觜宿，病人發之，治王七十年。

第五平岡治。

〔一〕「漢州什邡」，三洞珠囊卷七二十四治品作「漢中郡南鄭」。
〔二〕「昊」，無上祕要卷二三正一炁治品作「夏」。
〔三〕「漢州什邡」，三洞珠囊卷七二十四治品作「漢中郡南鄭」。
〔四〕「蘇子」，無上祕要卷二三正一炁治品作「蘇子玉」。

山在蜀州新津縣〔一〕，去成都一百里，昔蜀郡人李阿於此山學道得仙，白日升天。治應參宿，道士發之，治王二十年。北有三重曹溪，南有特山爲誌。

第六主簿山治。

在邛州蒲江縣〔二〕界，去成都一百五十里，蜀郡人王興於此學道得仙。一名秋長山，南有石室玉堂，松栢生其前。治應井宿，徹人發之，治王八十年。

第七玉局治。

在成都南門内，以漢永壽元年正月七日，太上老君乘白鹿，張天師乘白鶴，來至此坐局脚玉牀〔三〕，即名玉局治也。治應鬼宿，千丈大人發之，治王三世。

第八北邙山治。

〔一〕「蜀州新津縣」，三洞珠囊卷七二十四治品作「犍爲郡南安縣」。

〔二〕「邛州蒲江縣」，上書作「犍爲僰道縣」。

〔三〕「牀」原作「寐」，據上書改。

在東都洛陽縣〔一〕，梁水在治左，務成子〔二〕於此得道。大黄出東穴泉南流〔三〕。治應柳宿，仙聖發之，治王六十年。

玄都律第十六云：治者，性命魂之所屬也。五嶽名山圖云：陽平治屬金，屬角星。鹿堂治金，亢星。鶴鳴治木，氐星。漓〔四〕沅治土，房星。葛璝治火，心星。庚除治火，尾星。秦中治水，箕星。真多治金，斗星。

右八治是上品，並是後漢漢安元年太上老君所立。

昌利治土，牛星。隸上治火，女星。涌泉治木，虚星。稠稉治火，危星。北平治金，室星。本竹治木，壁星。蒙秦治火，奎星。平蓋治土，婁星。

右八治是中品，置如前云。

雲臺治木〔五〕，胃星。濜口治木，昴星。後城治土，畢星。公慕治金，觜星。平岡治水，參星。主

〔一〕「東都洛陽縣」，三洞珠囊卷七二十四治品作「京兆郡長安縣」。
〔二〕「子」原作「丁」，據上書改。
〔三〕「大黄出東穴泉南流」，上書作「大黄山東有穴泉，南有東流」。
〔四〕「漓」原作「治」，據上書改。
〔五〕「木」，上書作「火」。

簿治金，井星。玉局治水，鬼星。北邙治土，柳星。

右八治是下品，置如前云。

岡氏〔一〕治水，星星。白石治金，張星。鍾茂治水，翼星。具山治土，軫星。地圖云：此四治在京師東北。

右此四治是張天師所加，充前二十四治，合成二十八治，上應二十八宿。

平公治屬水，配湧泉治。公慕治屬土，配稠稉治。天台治屬土，配本竹治。瀨鄉治屬金，配昌利治。樽領治屬金，配雲臺治。代元治屬金，配雲臺治。利〔二〕里治屬火，配隸上治。漓沅治屬金，配昌利治。

右是天師更加此八治，以配八品，周布四海，鎮國化人也。

太真科下卷所説云：第一別治有四者：第一具山治，第二鍾茂治，第三白石治，第四岡氏治。

右四品在外名別治，於內名備治，備治足二十八也。則與三八別也。

第二遊治有八者：第一吉陽治，第二平都治，第三河逢治，第四慈母治，第五黃金治，

〔一〕「氏」，三洞珠囊卷七二十四治品及無上祕要卷二三正一炁治品作「互」，下同。

〔二〕「利」原作「和」，據上二書改。

第六太華治，第七青城治，五符經作青城山。第八峨嵋治。

右八品是遊治也。

第三配治有八者：第一代元治，第二樽領治，第三瀨鄉治，第四天台治，第五公〔一〕慕治，第六平公治，第七利里治，第八漓沅治。

右八品是配治也。

第四正治二十有四者：

第一北邙治，第二玉局治，第三主簿治，第四平岡治，第五公慕治，第六後城治，第七濜口治，第八雲臺治。

右是下品八治也。

第一平蓋治，第二蒙秦治，第三本竹治，第四稠稉治，第五北平治，第六湧泉治，第七隸上治，第八昌利治。

右是中品八治也。

第一真多治，第二秦中治，第三庚除治，第四葛璝治，第五漓沅治，第六鶴鳴治，第七鹿

〔一〕「公」原作「八」，據三洞珠囊卷七二十四治品及無上祕要卷二三正一炁治品改。

堂治，第八陽平治。

右是上品八治也。

第五星宿治二十有八，名上治，一名内治，又名大治，又名正治，是上皇元年七月七日，無上玄老太上大道君所立上中下品。

二十八宿要訣：

第一角宿，上治無極虚无无形，下治陽平山。

第二亢宿，上治無極虚无自然，下治鹿堂山。

第三氐宿，上治無極玄元無爲，下治鶴鳴山。此三治主辰生。

第四房宿，上治虚白，下治漓沅山。

第五心宿，上治洞白，下治葛璝山。此二治主卯生。

第六尾宿，上治三一，下治庚除山。

第七箕宿，上治三元，下治秦中山。此二治主寅生。

第八斗宿，上治三五，下治真多山。此一治主丑生。

右上八品，無上治。

第九牛宿，上治九天，下治昌利山。

第十女宿，上治五城，下治隸上山。此合前三治主丑生。

第十一虚宿，上治元神，下治湧泉山。

第十二危宿，上治丹田，下治稠稉山。此二治主子生。

第十三室宿，上治常先，下治北平山。

第十四壁宿，上治金梁，下治本竹山。此二治主亥生。

第十五奎宿，上治六府，下治蒙秦山。

第十六婁宿，上治太一君，下治平蓋山。

右中八品，玄老治之。

第十七胃宿，上治五龍，下治雲臺山。此合前三治主戌生。

第十八昴宿，上治隨天，下治濜口山。

第十九畢宿，上治六丁，下治後城山。此二治主酉生。

第二十觜宿，上治十二辰，下治公慕山。

第二十一參宿，上治還身，下治平岡山。此二治主申生。

第二十二井宿，上治拘神，下治主簿山。

第二十三鬼宿，上治無形，下治玉局山。此非人所生〔一〕。

第二十四柳宿，上治聚元，下治北邙山。此三治主未生。

右下八品，太上治之。

太上漢安二年正月七日中時，二十四治上八中八下八以應二十四氣，付天師張道陵。

第二十五星宿，上治別形，下治岡氐山。

第二十六張宿，上治保氣，下治白石山。此二治主午生。

第二十七翼宿，上治五玉〔二〕，下治鍾茂山。

第二十八軫宿，上治金堂，下治具山。此二治主未〔三〕生。

天師所立四治

天師以建安元年正月七日出下四治，名備治，合前二十八宿也。星宿治隨天立，歷運

〔一〕「此非人所生」，三洞珠囊卷七二十四治品作「此非山」。

〔二〕「玉」，上書作「王」。

〔三〕「未」，上書作「巳」。

設教，劫劫有受命爲天師者，各各申明濟世度人，以至太平。太平君出，更加有司，隨其才德，進位神仙。

天師以漢安元年七月七日，立四治付嗣師，以備二十八宿。

第一岡氏治，在蘭武山，應星宿。

第二白石治，在玄極山，應張宿。

第三具山治，在飯陽山，應翼宿。

第四鍾茂治，在元東山，應軫宿。此四治説與前大同小異。

系師以太元二年正月七日，立八品遊治。

峨嵋治在蜀郡界。青城治在蜀郡界。黄金治在蜀郡界。太華治在京兆郡界。慈母治在城市〔一〕山界。河逢治在上黨郡界。平都治在巴郡界。吉陽治在蜀郡界。

系師者，嗣師子也，諱魯，於陽平山得尸解仙道。又立一治，名系師治。但嗣師治並主簿是天師門下也，又立一治。今按玄都職治律第九云：代元治平都治是巡遊治也。是知峨嵋治等亦是遊治。

〔一〕「市」，三洞珠囊卷七二十四治品作「布」。

雲笈七籤卷之二十九

禀生受命

禀受章

混元述禀篇曰：「夫人生於天地之間，禀二氣之和，冠萬物之首，居最靈之位，總五行之英，參於三才，與天地並德，豈不貴乎？」

内觀經云：「天地構精，陰陽布化〔一〕，人受其生。一月爲胞，精血凝也；二月爲胎，形兆胚也；三月陽神爲三魂，動以生也；四月陰靈爲七魄，静鎮形也；五月五行分五藏〔二〕，以安神也；六月六律定六府〔三〕，用滋靈也；七月七精開竅，通光明也；八月八景神具，降

〔一〕「陰陽布化」下，本書卷十七太上老君内觀經有「萬物以生，承其宿業，分靈道一，父母和合」十六字。

〔二〕「五藏」、「六府」，上書無「五」字。

〔三〕「六府」，上書作「腑」。

真靈也；九月宮室羅布，以定精也；十月氣足，萬象成也。元和哺飼，時不停也。太一居腦〔一〕，總衆神也；司命處心，納生氣〔二〕也；桃康住臍，保精根也；無英居左，制三魂也；白元居右，拘七魄也；所以周身，神不空也。易繫辭曰：『乾道成男，坤道成女』是也。」

因緣經曰：「人始受身從虛無中來，迴黄轉白，構氣凝精，承天順地〔三〕，合化陰陽。一月爲胞，鬱單天氣下浹身中；二月爲胎，無量壽天氣下浹身中；三月魂具，須延天氣下浹身中；四月魄成，寂然天氣下浹身中；五月生藏，不驕樂天氣下浹身中；六月具六府，化應聲天氣下浹身中；七月明竅，梵輔天氣下浹身中；八月景附，清明天氣下浹身中；九月神降，無愛天氣下浹身中；天神一萬八千，身神一萬八千，共三萬六千，神氣具足〔四〕，十月而生。在胞之時，三元養育，九氣布化。」歲星爲肝，太白爲肺，鎮星爲脾，熒惑爲心，辰星爲

〔一〕「太一居腦」，本書卷十七太上老君内觀經作「太一帝君在頭曰泥丸君」。

〔二〕「生氣」，上書作「心源」，道藏本太上老君内觀經作「生元」。

〔三〕「承天順地」上，太上洞玄靈寶業報因緣經卷八生神品有「而元父生神，玄母成形」九字。

〔四〕「神氣具足」，上書作「聲尚神具」，且上有「神，一時生神，金樓玉闕，紫户青門，分靈布化，帀繞身中，表裏相應」二十五字。

臀。北斗七星開其七竅，七星降七童子以衛其身，七星之氣結爲一星，在人頭上，去頂三尺。人爲善者，其星光大而明；爲惡者，其星暗冥而小。善積則福至，惡積則災生，星光墜滅，其身死矣。

生神章經曰：「人之受生於胞胎之中，三元育養，九氣結形。九月神布，氣滿能聲。十月[一]神具，九天稱慶。太一執符，帝君品命，主録勒籍，司命定筭，五帝監生，聖母衛房，天地神祇，三界備守。九天司馬在庭，東向讀生神寶章九過。男則萬神唱恭，女則萬神唱奉；男則司命敬諾，女則司命敬順，於是而生。九天司馬不下命章，萬神不唱恭諾，終不生也。人得還生人道，濯形太陽，驚天駭地，貴亦難稱[二]。天真地祇[三]，三界齊臨，亦不輕也。當生之時，亦不爲陋也。若能愛其形，保其神，貴其氣，固其根，終不死壞，而得神仙，骨肉同飛，上登三清，與三氣合德，九氣齊并。」反於此者，自取死壞耳，可不哀乎！

〔一〕「十月」，本書卷十六九天生神章經及道藏本九天生神章經均作「聲尚」。
〔二〕「稱」，上二書作「勝」。
〔三〕「祇」，上二書作「神」。

真文經曰：「人之生也〔一〕，頭圓象天，足方法地，髮爲星辰，目爲日月，眉爲北斗，耳爲社稷，鼻爲丘山〔二〕，口爲江河，齒爲玉石，四肢爲四時，五藏法五行。」與天地合其體，與道德齊其生，大矣！貴矣！善保之焉。昔天真皇人於峨嵋山中告黄帝曰：「一人之身，一國之象也。胷腹之位，猶宫室也；四肢之列，猶郊境也；骨節之分，猶百官也。神猶君也，血猶臣也，氣猶民也〔三〕，能知治身，則知治國矣。夫愛其民所以安其國，悋其氣所以全其身，民散則國亡，氣竭則身死。亡不可復存，死不可復生。至人消未生之患，治未病之疾，堅守〔四〕之於無事之前，不追之於既逝之後。民難養而易散，氣難保而易失，審威德者〔五〕保其理，割嗜欲者保其炁〔六〕。」得不勤哉！得不成哉！

〔一〕「之生也」三字，太上靈寳五符序卷上無。
〔二〕「鼻爲丘山」四字原脱，據上書補。
〔三〕「血猶臣也，氣猶民也」原作「血猶民也」，據上書改。
〔四〕「堅守」，上書作「醫」。
〔五〕「者」，上書作「所以」。
〔六〕「者保其炁」，上書作「所以保血氣」。

太上九丹上化胎精中記

九丹上化之文，太微帝君受於三天玉童，乃上化九轉，迴精凝神，解散紫胞結節之根，還精補胎，靈鎮窮腸，内充外逸〔一〕，九竅鮮明，鍊髓易骨，節節納真，其法高妙，祕於九天金房玉室靈都之宫，依四極明科萬劫一傳〔二〕，自無玄名紫簡，緑字上清，不得參聞。有犯靈禁，伐以神兵。密修其道，白日飛仙。

九天丈人告三天玉童曰：「天地交運，二象含〔三〕真，陰陽降炁，上應九玄。流丹九轉，結炁爲精，精化成神，神變成人。故人象天地，氣法自然。自然之氣，皆九天之精，化爲人身，含胎養育，九月氣盈，九天氣普，十月乃生。其結胎受炁，有吉有凶，有壽有夭，有短有長，皆禀宿根。結氣不純，藏胃積滯，六府敗傷，形神不固，體不受靈，死氣入竅，何由得存？徒知修學，不識此源。今以相告，一形之真，隨生解結，哺養百神。體自生光，内府鮮

〔一〕「逸」，道藏本上清九丹上化胎精中記經作「溢」。又「補胎」作「哺飴」。
〔二〕「傳」原作「時」，據上書改。
〔三〕「含」，上書作「合」。

明，神安宫宅，萬炁並仙。子其祕之，慎勿輕宣。」

凡人受生，結九丹上化於胞胎之中，法九天之氣，氣滿神具，便於胞囊之内，自識其宿命，知有本根，轉輪因緣，九天之氣，化成其身。既覩陽道，開廣〔一〕三光，而自忘其所生所由之因爾者，皆由胞根結滯，盤固三關，五府不理，死氣塞門，致靈關不發，而忘其因緣也。若靈真託化，含鍊瓊胎，暫經紫户，運履人道，挺秀自然，曜景覩靈，便騰身九天，非復結精受氣而爲人也。

凡人生稟九天之氣，氣凝爲精，精化成丹，丹變成人，結胎含秀，法則自然。假令七月生，則十月胎受波羅答和天之氣；十一月生〔二〕則受梵迦摩夷天之氣；十二月生則受梵輔〔三〕天之氣；正月生則受化應聲天之氣；二月生則受不驕樂天之氣；三月生則受寂然天之氣；四月生則受須延天之氣；五月生則受上上禪善無量壽天之氣；六月生則受鬱單無量天之氣。

〔一〕「廣」，上清九丹上化胎精中記經及無上祕要卷五人品作「曠」。

〔二〕「生」字，上清九丹上化胎精中記經無，下同。

〔三〕「輔」，上清外國放品青童内文卷下及無上祕要卷五人品所引洞真九丹上化胎精中記經作「寶」。

凡人從十月結胎，至於六月，則受九天之氣已滿。至七月，合十月，則天地氣盈，受太陽之運而生也。

凡修學之家，仰希神仙，當知鍊身於九丹，解結於五神，引氣於本生，滅根於三關。九鍊十變，百節開明，斷絶胞結，乃知本真。既知本真，便成上仙。學無此法，三宮不聰，死氣不滅，胃不受靈。氣離神遊，赤子不歡，宫宅空廢，邪魔入身。所以百痾從此而生，死不盡命，痛乎何言！

凡陽氣赤，名曰玄丹；陰氣黄，名曰黄精。陰陽交接，二氣降精，化神結胎，上應九天。九天之氣，下布丹田，與精合凝，結會命門。要須九過，是爲九丹，上化下凝，以成於人。一月受氣，二月受靈，三月含變，四月凝精，五月體首具，六月化成形，七月神位布，八月九孔明，九月天氣普，乃有音聲，十月司命勒籍，受命而生。故人禀九天之氣，降陰陽之精。名曰九丹，合成人身。既得爲人，便應返其本真，通理五藏，解散胞根，斷滅死氣，自然成仙也。

解胎十二結法

凡人生在胞胎之中，皆禀九天之氣，凝精以自成人也。既生而胞中有十二結節，盤固五内。五内滯閼〔一〕，結不可解，節不可滅。故人之病，由於節滯也；人之命絶，由於結固也。兆能解結於胞中十二結節，則求死亦不得也。

胞上部有四結：一結在泥丸中，二結在口中，三結在頰中，四結在目中。欲解上部四結，當以本命日平旦入室燒香，向西北九拜，朝九天元父叩齒九通，三呼元父諱訖〔二〕，廻向東南三拜，三呼九天玄母諱〔三〕。還向本命平坐閉眼，思元父身長九寸九分，著玄黄素靈之綬，頭戴七稱珠玉之幘，無極進賢之冠，居九天之上，太極瓊宫玉寶之府丹靈鄉洞元里中，乘碧霞飛輿，從十二飛龍、二十四仙人，從西北來下，入我身中泥丸之境。

次思玄母身長六寸六分，著青寶神光錦繡霜羅九色之綬，頭戴紫元玄黄寶冠，居九炁無極之上，瓊林七映丹房玉寶洞元之府九光鄉上清里中，乘紫雲飛精羽蓋，從十二鳳凰、三

〔一〕「閼」，上清九丹上化胎精中記經及洞真太一帝君太丹隱書洞真玄經均作「閡」。

〔二〕「訖」，上清九丹上化胎精中記經作「遵」。元父諱九靈遵。

〔三〕「諱」下原空二格，上書作「諱沌」。按上清衆經諸真聖祕卷二引上清元始寶真上經九靈太妙龜山元籙云：「九天元父元洞根之氣，諱九靈遵字混太真；九天玄母元洞淵之氣，諱員沌字黄大覆。」所空二格，宜補「員沌」二字。

十六玉女，從東南來下，入甲身中，治面洞房之内。思父母化爲青黄二氣，宛轉相沓，竟〔一〕於頭面之上。畢，叩齒九通，微呪曰：「甲受九靈之化，結氣不純，節滯盤固，鎮塞靈門。謹以本命，上告高晨，元父玄母，下映我身。八景齊暉，九天同真，共解上部，四結胞根。迴靈鎮户，九孔結仙，内胎錬化，九丹凝神。變青爲赤，二氣纏綿，壽同三光，永享億年。」畢，咽氣八十一過止。

又思鬱單無量天王姓混諱霿霿囉，衣九色無縫自然斑文之裘，頭戴耀精日圓之冠〔二〕，治天無央玄臺紫户之内，乘九麟瓊輪，侍玉仙二十四人。

次思上上禪善無量壽天王姓稧〔三〕諱霳霿霸，衣九色雲文之裘，頭戴暉精月光之冠，治天王國朱林〔四〕七寶瓊臺，乘十二玄軿飛青羽蓋，從上官太仙玉童三十二人。

次思須延天王姓滓〔五〕諱霔霣囉，衣九色三法雲文之裘，頭戴天元玉寶明冠，治天玉

〔一〕「竟」，上清九丹上化胎精中記經作「竸」。

〔二〕「之冠」二字原無，據上書增。下同。

〔三〕「稧」，本書卷二二作「稡」。

〔四〕「王國朱林」，無上祕要卷二一仙都宫室品作「玉國珠林」。

〔五〕「姓滓」，本書卷二二作「姓澤」。

京靈都宮，乘九色飛鴻三素飛雲，從素靈玉女一十四人。

次思三天真王共下我身頭面之上，化爲青紫黄三氣，混沌如雲之沓，從口耳鼻孔之中而入，直帀一面。便仰祝曰：「三天天王，九玄靈仙，爲我上解頭面之關結，化九丹自然，降精金門之上，交合三真之雲。降流我身，以成我神。盪去死氣，滅絶胞根。靈景鎮固，棄諸凶患。結結得解，節節納真。玄光流布，洞灌幽泉。言名九天，反胎化仙。内充外盈，表裏成神。」畢，仰咽氣九過止。

又思上部八景神童，閉眼存腦神名覺元子字道都，形長一寸一分，著白錦之衣；頭戴三梁寶冠；髮神名玄文華字道衡，形長二寸一分，衣玄雲錦衣，頭戴無極進賢之冠；皮膚神名通衆仲字道連，形長一寸五分，衣黄錦飛帬，頭戴三氣寶天冠；目神名虚監生字道童，形長三寸六分，衣五色章衣，頭戴通天之冠；頂髓神名靈謨蓋字道周，形長五寸，衣白錦素帬，頭戴三梁寶冠；膂神名益歷輔字道柱，形長三寸五分，衣白玉柔衣，頭戴玄元寶冠；鼻神名沖龍玉字道微，形長二寸五分，衣青黄素錦飛羣，頭戴遠遊之冠；舌神名始梁峙字道岐，形長七寸，著絳錦飛帬，頭戴進賢之冠。八景都竟，並如嬰兒之形，一合在面部之上，各安其所。乃叩齒八通，微祝曰：「上景一部，八神合真。結氣九丹，化成我身。千乘萬騎，如雲散煙。降匝頭面，施靈布神。上解結節，中滅胞根，下除〔一〕固滯，通理三關。八景翼體，與靈同年。帝君玄母，曲迴高晨。降我玉華，停我落鮮。返容朱顏，面化金仙。變景逐電，逕造日門。」仰咽八氣，都止，便服上化九丹陽靈之符。

胞中部有四結：一結在五藏中，二結在太倉中，三結在大腸中，四結在小腸中。兆欲解中部四結，以本命之日正午時入室燒香，向西北九拜，朝元父三呼元父諱，轉東南三拜，朝玄母三呼玄母諱，還向行年〔二〕上平坐，叩齒九通，閉目思元父身長九寸九分，著玄黄素靈之綬，頭戴七稱珠玉之幘，無極進賢之冠，居九天之上，太極瓊宫玉寶之府丹靈鄉洞元里中，乘碧霞飛輿，從十二飛龍、二十四仙人，從西北來下，入某身中五藏之内。

次又思玄母身長六寸六分，著青寶神光錦繡霜羅九色之綬，頭戴紫元玄黄寶冠，居九氣無極之上，瓊林七映丹房玉寶洞元之府九光鄉上清里中，乘紫雲飛精羽蓋，從十二鳳凰、三十六玉女，從東南下來，入我五藏之中。思父母化爲青黄二氣，混沌如日之圓，映照五藏，光耀内外。便仰祝曰：「父靈母精，二氣齊并。九丹凝化，結胎紫瓊。稟景太微，命統

〔一〕「除」原作「降」，據上清九丹上化胎精中記經改。
〔二〕「行年」，上書作「流年八字」。

九靈。帝君敷神，流真灌生。五藏結絡，六府洞清。胃管開聰，九竅朗明。宿節散滅，新胎更榮。變景鍊髓，冠帶九星。三暉翼部，飛入帝庭。」畢，咽四十五氣止。

又思寂然天王姓津諱⿱雨師⿱雨慶，衣七色龍文通光之裘，頭戴陰精夜光之冠〔一〕，治天朱宮瓊臺之上，乘八景飛輪，從玉仙十二人。

次思不驕樂天王姓凝諱⿱雨須霍⿱雨持，衣九色飛霜雲文斑裘，頭戴青華歲星玄精之冠〔二〕，治天元宮映丹之房〔三〕、九層玉臺，乘白鹿丹霞之輿，從上宮玉仙三十六人。

次思化應聲天王姓耀諱⿱雨穌⿱雨遞，衣九色流光耀雲錦裘，頭戴白光太白玉精之冠〔四〕，治天瓊林上宮朱映之房，乘飛鳳遊霄紫輪，從太真玉仙三十六人。思三天真王共下，入我身五藏之內，化爲赤白皂三色之炁，混沌如雲之煙，從心孔而入，直帀五內。便微祝曰：「九丹凝靈〔五〕，三氣結纏，玄真充降，內外明鮮。太倉開通，腸胃結仙，斷滅節莖，散除宿根。三

〔一〕「之冠」二字原無，據上下文例增。
〔二〕「之冠」二字原無，據上清九丹上化胎精中記經增。
〔三〕「元宮映丹之房」，無上祕要卷二一仙都宮室品作「元映丹宮」。
〔四〕「太白玉精之冠」原作「太白精」，據上清九丹上化胎精中記經增。
〔五〕「靈」，上書作「霄」。

合成契，九化凝神，廻精玉胞，以成我身。九色玄黄，流精灌津，盪洗積滯，内無滓塵。華條合秀，種植靈根，孔孔洞朗，節節泠然。骨化景飛，上升紫天。」畢，仰咽九氣止。

又思中部八景神童，閉目存呼喉神名百流放字道通，形長八寸八分，著九色章衣，戴平天紫晨之冠；肺神名素靈生字道平，形長八寸一分，著白錦飛雲之衣，頭戴九元寶冠；心神名焕陽昌字道明〔一〕，形長九寸，著絳章單衣，頭戴玉晨寶天冠；肝神名開君童字道青，形長七寸，衣飛青羽帬，頭戴三梁之冠；膽神名龍德拘字道放，形長三寸六分衣青黄緑三色之帬，頭戴無極進賢之冠；左腎神名春元真字道卿，形長三寸七分，著五色變光之帬，頭戴遠遊之冠；右腎神名象地〔二〕無字道生，形長三寸五分，衣白錦單衣，頭戴三氣寶光之冠；脾神名寶元全字道騫，形長七寸三分，著黄錦飛帬，頭戴紫晨之冠。八景都竟，並如嬰兒之形，一合在五藏之内，各安其所。仍叩齒八通，仰祝曰：「中部八景，上變九廻。化精玉胞，結氣紫微。錬魂固魄，萬神總歸。帝君解結，九孔散開。玄母降靈，節節納暉。内充外盈，華光無衰。得與八景，合輦同飛。本命告使，如兆所廻。運我上升，披覩靈扉。」畢，

〔一〕「明」原作「名」，據上清九丹上化胎精中記經及上清衆經諸真聖祕卷二改。
〔二〕「地」，上二書作「他」。

仰咽八氣止。便服胎精鍊神之符。

胞下部有四結：一結在膀胱中，二結在陰中，三結在後門中，四結在兩足中。兆欲解下部四結，以本命日夜半子時生氣始，入室燒香，向西北九拜，朝元父三呼元父諱。轉向東南三拜，朝玄母三呼玄母諱。還向太歲上平坐，叩齒九通，閉目思元父身長九寸九分，著玄黄素靈之綬，頭戴七稱珠玉之幘，無極進賢之冠，居九天之上，太極瓊宫玉寶之府丹靈鄉洞元里中，乘碧霞飛輿，從十二飛龍、二十四仙人，從西北來下，入某身中五藏膀胱之内。

次思玄母身長六寸六分，著青寶神光錦繡霜羅九色之綬，頭戴紫元玄黄寶冠，居九炁無極之上，瓊林七映丹房玉寶洞元之府九光鄉上清里中，乘紫雲飛精羽蓋，從十二鳳凰、三十六玉女，從東南來入我膀胱之内，下至兩脚。即思父母化爲青黄二炁，混沌如日圓，映照一身，光耀内外。便仰祝曰：「陰陽交泰，二炁洞明。上化玄丹，下轉黄精。含胎變化，體無常形。帝君監映，九孔納靈。十二部結，散滅黄庭。八景經〔一〕絡，胃結紫瓊。三魂被鍊，七魄安寧。萬神保鎮，内外齊平。三部八景，與我俱生，運我飛升，上造玉清。」畢，咽二十四炁止。

〔一〕「經」，上清九丹上化胎精中記經作「纏」，疑作「纏」是。

又思梵輔〔一〕天王姓精諱霧雲霏，衣九色流雲飛晨之裘，頭戴流丹絳寶熒星玄精之冠〔二〕，治天南上七映之宫，乘流霞丹霄瓊輿羽蓋，從上宫玉仙十二人。

次思梵迦摩夷天王姓玄〔三〕諱凝泓，衣九色元鳳飛雲之裘，頭戴玄晨辰星流精之冠，治天九玄鳳〔四〕城，紫瓊玉臺，乘白麟素雲飛輪，從太華仙童三十二人。

次思波梨答惒天王姓王諱靈濡，衣九色無縫玄雲寶裘，頭戴無極流黃鎮星飛精之冠，治天崚嶒玉京大有妙宫九曲之房，乘五色雲輿，從太玄玉童十二人。思三天真王共下降我身，治膀胱之中，下至兩足，化爲紫緑碧三色之炁，混沌如雲霧，從陰中而入，流布膀胱後門兩足之中，内外映照。便祝曰：「三天育胎，九氣結神。上化玄丹，下轉變仙。二象交降，以成我身。六胃瓊秀，九府納真。十二結節，各各絶根。盪除穢炁，五靈敷陳。玄母吐精，鍊化光鮮。金仙翼靈，玉華結篇。記名青宫，長保〔五〕帝晨。」畢，仰咽九炁止。

〔一〕「輔」，上清九丹上化胎精中記經及上清外國放品青童内文卷下作「寶」。

〔二〕「之冠」二字原無，據上清九丹上化胎精中記經增。下同。

〔三〕「迦摩」原作「摩迦」，據本卷上文改。「姓玄」，本書卷二二作「姓云」。

〔四〕「鳳」，無上祕要卷二一仙都宫室品作「玉」。

〔五〕「保」，上清九丹上化胎精中記經作「侍」。

又思下部八景神童，閉目存呼胃神名同朱育字道展，形長七寸，衣黄錦飛帬，頭戴平天紫晨之冠；窮腸中神名兆滕康字道還，形長二寸四分，衣絳章單衣，頭戴三梁之冠；大小腸中神名蓬送留字道厨，形長二寸一分，衣黄絳飛帬，頭戴玉晨寶天冠；胴中神名受亨勃字道靈〔一〕，形長九寸一分，衣九色章衣，頭戴飛晨玉冠；胸膈中神名廣瑛宅字道仲，形長五寸，衣白錦飛帬，頭戴無極進賢之冠；兩脅神名辟假馬字道成，形長四寸一分，衣赤白二色之帬，頭戴九元寶冠；左陰右陽〔二〕中神名扶流起字道圭，形長二寸三分，衣青黄白三色之羣，頭戴遠遊之冠；右陰左陽〔三〕中神名苞表明字道生，形長二寸三分，衣青黄白三色之羣，頭戴三梁之冠。存八景都畢，並如嬰兒之狀，各安所在，千乘萬騎，帀布在我陰中膀胱後門兩足之中。仍叩齒八通，仰祝曰：「下部八景，散神飛仙〔四〕。含元育炁，鍊胎紫

〔一〕「靈」，上清九丹上化胎精中記經及本書卷三一太微帝君太一造形紫元内二十四神回元經與無上祕要卷五所引洞真造形紫元二十四神經並作「虚」。「亨」，上清九丹上化胎精中記經作「亨」，本書卷三一太微帝君太一造形紫元内二十四神回元經及無上祕要卷五所引洞真造形紫元二十四神經均作「厚」。

〔二〕「左陰右陽」，本書卷三一二十四神回元經作「左陰左陽」。

〔三〕「右陰左陽」，上書作「右陰右陽」。

〔四〕「散神飛仙」，上清九丹上化胎精中記經作「散形變神」。

煙。太一元父，玄母交纏。二精流灌，含養内真。帝君定籍，司命改年。節結已散，九孔已鮮。魂魄保固，總攝萬神。與我同升，俱造玉晨。」畢，仰咽液八過止。

又思道一内神名逮無馬字道極生，形長二寸五分，衣紫文明光錦羣，頭戴無極進賢之冠，在兆臍下丹田之中，總統三部二十四真。叩齒三十六通，微祝曰：「玄上大神，總領無外。安鎮幽谷，流精紫蓋。衆真侍靈，三部交衛。帝君映席，玄母歡泰。九元同符，司命延邁。三晨齊暉，與真結帶。」畢，仰咽二十四炁都止，便服三關十二結胞胎内符，符在本經。

上部四結，固人泥丸。落人華容，夭人生魂。中部四結，合凶爲羣。盤固太倉，迅人遊魂，來妖通姦，景夢不專。下部四結，結人後門。遏人九孔，斷人命根。帝君告靈，九天玉文，消解結節，滅諸根源。

雲笈七籤卷之三十

稟生受命

帝一混合三五立成法

夫人者，受生於天魂，結〔一〕成於元靈，轉輪九炁，挻生太一，開關三〔二〕道，積神幽宫。所以玄液七纏，流津敷澤，日月映其六虚，口目運其神氣，雲行雨施，德擬天地，胞胎内匠，五因來具，立人之道，其如此也。五因者，是五神也；三道者，是三真也。夫五神天之

〔一〕「結」原作「經」，據本書卷四四太一帝君太丹隱書及洞真太一帝君太丹隱書洞真玄經改。

〔二〕「三」原作「二」，據上二書改。

魂，三真道之炁〔一〕，九炁〔二〕天之胎，太一天〔三〕之源，日月天之眼〔四〕，玄液天之潤，六虚天之光，幽宮天之府，神氣天之化，元靈帝之變。凡此言九天〔五〕者，乃混合帝君之變，變而化之〔六〕，是謂九宮，九宮混變而同一矣。若兆欲修已來〔七〕生，當從所生之宗。所生之宗，謂元父玄母也。元父主炁，化理帝先；玄母主精，變結胞胎。精氣相成，如陰陽相生，雲行雨施，兆已道合無名。數起三五，兆始稟形；七九既帀，兆體乃成。和合三五，七九洞真〔八〕，象帝〔九〕之先，當須帝〔一〇〕營。天皇之功，九變爲靈，功成人體，體與神并，神去則

〔一〕「道之炁」，本書卷四四太一帝君太丹隱書及洞真太一帝君太丹隱書洞真玄經作「天之道」。
〔二〕「炁」字原缺，據上二書增。
〔三〕「天」字原缺，據上二書增。
〔四〕「眼」原作「道」，據上二書改。
〔五〕「天」，上二書作「炁」。
〔六〕「之」，上二書作「九」。
〔七〕「來」，上二書作「求」。
〔八〕「真」，上二書作「冥」。
〔九〕「象帝」原作「帝象」，據上二書改。
〔一〇〕「帝」字原無，據上二書增。

死，神守則生。是以三元爲道之始，帝君爲道之根，太一爲道之變，九天爲道之神，九宫爲道之宅，玄田爲道之圃〔一〕，玄液爲道之津。修之三年〔二〕，可以照鏡三田，以致神仙。朝適六合，夕守泥丸，堅執胎精，心中常歡。學道之子，須此爲緣，見是經者，始可與言。

存念太一，混合帝先，雄雌守神，灌流浩清，常使九天元〔三〕炁，則〔四〕合九成也。夫洞〔五〕其要也，則一體常存，津血自生，雄鎮命户，雌守神室，太一無離，與天同時。故太上隱符曰：「存其雄，守其雌，乃天地不能殄也。」既存之焉，則五神守宅，五藏生華，靈棲絳宫，帝鎮泥丸，百神堅固，胎塞命門。久則三一之神夕見，太一帝先晨降，並見形於子之寢處也。子當清潔齋戒，斷絶外事，杜塞邪逕，節諸人物，罕爲循〔六〕詣，精心在一，晨夕循道，孜孜不替，沐浴五香，别静一室，燒香左右，以期真炁。太一之道，尤忌血腥臭臊殗穢之

〔一〕「玄田爲道之圃」原無，據洞真太一帝君太丹隱書洞真玄經增。
〔二〕「修之三年」原無，據上書及本書卷四四太一帝君太丹隱書增。
〔三〕「元」，洞真太一帝君太丹隱書洞真玄經作「順」。
〔四〕「則」下，上書有「一」字。
〔五〕「洞」下，上書有「真」字。
〔六〕「循」，上書作「修」。

氣。若泣淚墮落，則帝君悲擾；哭聲發口，則太一凝結。故九氣止而不變，三一悲而不攝。九炁不變，則三一亦結。結滯日積，生氣泄出，而故炁運入。故炁運入，將病將死之始也。是以真人謂哭音爲死絶之聲，謂泣涕爲漏精之津，可不慎避之哉！若一見死尸及積日哀哭者，則帝君獲罪謫於太上，太一受考讉於玄虚也。將來三年，子將亡矣。諸不受太一之道者，自不得同之於學生也。所以至忌屍哭殗穢憂淚之感，以爲太一帝君之精思也。又不得見死屍，自受書之後，若見四十九屍者，皆不得長生，必中道絶命也。若見二十四屍者，則當暫過太陰，然後超仙。以爲死屍之形，既眄於兩眼，屍穢之氣，亦滯纏於人思，人思〔一〕所存，記於絳宫，絳宫所識，雖忌〔二〕猶存。宜暫歸身顯屍，塞思記之眼故也，子厚慎之哉！見血屍喪殗穢哀哭泣涕，皆太一之至忌也。若恒齋戒，則存思〔三〕易感，精誠〔四〕立會，太一鎮命，歡欣混合。行之一十八年，白日升晨，此真人廻老反嬰之道也。

〔一〕「人思」原無，據洞真太一帝君太丹隱書洞真玄經增。
〔二〕「忌」，上書作「忘」。
〔三〕「思」字原無，據上書增。
〔四〕「誠」，上書作「神」。

存三一，守太一，精洞房，會帝君，則化生九靈於子形中，輔子之神明，成子之真仙，保子之長生，固子之胎魂也。白元无英桃君司命太一混合，五神捧籍列符，五神各有所主，混合九變，三五洞化。於是三宫鎮真，百節受靈，帝君寶籍，宿命無傾。周旋虚煙，啓通玄精，二十四真，忽然化生。上開上元，下開八冥，左朝六甲，右使六丁。玉華引日，太一并形，千乘萬騎，舉身登晨，白日升天。真人修是太一之道者，皆得三天之舉，故曰舉身登晨，白日升天。以鷄鳴時，晨登空無，比日〔一〕之中，到于三天之上。日之正中爲白日，鷄之始鳴爲登晨，是以存太一混合，多用鷄鳴及生氣時也。

九天九宫，中有九神，是謂天皇九魂，變成九氣，化爲九神，各治一宫，故曰九宫。太清中有太素太和，洞房中有明堂絳宫，是曰六府。上曰天府，下曰洞臺。三五之號，其位不同。一曰太清之中，則三五帝君；二曰三一丹田神，又五者符籍之神，太一公子白元司命桃康君是也。合而名爲三五，三五各有宫室。若三真安在其宫，五神上見帝君，帝君左有元老丈人，右有玄一老君，此則無極之中所謂九君〔二〕，上一則真一也。九君所謂天之魂，

〔一〕「比日」原作「皆」，據洞真太一帝君太丹隱君洞真玄經改。

〔二〕「君」，本書卷四三思修九宫法作「宫」。

自然成真之子也〔一〕。知精存九君，深思三真，必能以兆一體，周旋三五之中，反覆七九之裏，使天帝之靈魂，常治在兆己。五神奉籍，周而復始。必將白日登度，何但不死而已？

高上神霄經曰：「魂生無中，布在九宮，道出八極，常遊絳宮。三宮合化，是爲紫房，紫房所在，先由明堂。兆能知之，當開金門。」金門，洞房内也。又曰：「混而合之，出入帝方，三五合一，必成仙王。」此謂洞合之時，三真五神之道也。帝方，太清域也。故大洞真經中篇曰：「二老在左右方，帝魂不可不分，三九變其上下，太一立其中根，五神奉我生籍，司命塞我死門，九宫合而爲一，六合惣而内真」也。此言謂分別其宫室，混合其變化。此道是太上寶行，長生根本，立人之帝先，爲道之元始，生府之仙宗，帝籍之祕章，洞真之奇妙，九宮之要經也。

九真中經天上飛文

太上曰：夫人生結精積氣，受胎斂血，所以凝骨吐津，散布流液。忽爾而立，怳爾而成，罔爾而具，脱爾而生。於是乃九神來入，五藏玄生，父母唯知生育之始，而不覺神適其

〔一〕「也」字下，本書卷四三思修九宮法及卷四四太一帝君太丹隱書有「以爲兆神者也。若兆」八字。

間也。人體有尊神，其居無常，展轉縈輸，流注元津。此神外來内結，以立一身。非如三魂七魄，是積靈受氣，生於父母者也。尊神有九〔一〕名，號曰九真君。分化上下，轉形萬道〔二〕，子能修之，則出水入火，五藏自生，長齋隱栖，以存其真。此文一名九真中經〔三〕，一名天〔四〕上飛文，一名外國放品，一名神州靈章，雖有四號，故書一耳。

第一真法：平旦，大神在心内，號曰天精君。平旦，接手於兩膝上，閉氣瞑目内視，存天精君坐在心中，使大神口出紫氣，以繞〔五〕心外九重畢，因叩齒九下，咽液九過，祝曰：「天精大君，來見心中。身披朱衣，頭巾丹冠。左佩神〔六〕書，右帶虎文。口吐紫華，養心凝魂，赤藏自生，得爲飛仙。」

第二真法：辰時，大神分形，盡百骨中，號曰堅玉君。辰時，接手兩膝上，閉氣瞑目内

〔一〕「九」原作「九宫」，據上清太上帝君九真中經删。
〔二〕「分化上下，轉形萬道」，上書「化」作「爲」，「轉形」作「旁適」。
〔三〕「中經」，上書作「内訣」。
〔四〕「天」，上書作「太」。
〔五〕「繞」原作「澆」，據上書改。
〔六〕「神」，上書作「龍」。

視，存堅玉君入坐一身諸百骨中，使口出白炁，吐以繞〔一〕骨九重畢，因叩齒九下，咽液九過，祝曰：「堅玉大君，來入骨中。身披素衣，頭巾白冠。左佩龍書，右帶金真。口吐白炁，固骨凝筋〔二〕。白骨不朽，筋亦不泯。百節生華，使我飛仙。」

第三真法：己時，大神分形，盡流入諸精血中，號曰元生君。己時，接手兩膝上，閉氣瞑目内視，存元生君周遊一身血脈精液之中，使口吐黃氣，以纏孔脈外九重畢，叩齒九下，咽液九過，祝曰：「元生大君，周灌血軀。身披黃衣，頭巾紫元。左佩虎籙，右帶龍書。口吐黃津，固血填〔三〕虚。精盈液溢，九靈俱居。使我飛仙，天地同符。」

第四真法：午時，大神在肝中，號曰青明君。午時，接手於兩膝上，閉氣瞑目内視，存青明大君入坐肝内，使口吐青炁，以繞肝九重畢，叩齒九下，咽液九過，祝曰：「青明大君，來入我肝。身披青衣，頭巾翠冠。左佩虎章，右帶龍文。口吐青氣，養肝導神。青藏自生，上爲天仙。太一護精，抱魄檢魂。」

〔一〕「繞」原作「澆」，據上清太上帝君九真中經改。
〔二〕「筋」原作「蘇」，據上書改。
〔三〕「填」，上書作「鎮」。

第五真法：未時，大神在脾中，號曰養光君。未時，接手於兩膝上，閉炁瞑目内視，存養光君入坐脾中，使口吐緑炁，以繞脾九重畢，叩齒九下，咽液九過，祝曰：「養光大神，來入脾中。身披緑衣，頭巾蓮冠。左佩玉鈴，右帶威神。口吐緑華，養脾灌魂。黄藏自生，上爲真人。」

第六真法：申時，大神在肺中，號曰上〔一〕元君。申時，接手於兩膝上，閉炁瞑目内視，存上元君入坐肺中，使口吐五色炁，以繞肺九重畢，叩齒九下，咽液九過，祝曰：「上元大君，來坐肺中。身披龍衣，黄晨華冠。左把皇籍，右執靈篇。左佩玄書，右帶虎文。口吐五氣，理肺和津。白藏自生，飛仙紫門。」

第七真法：酉時，大神分坐散形在兩腎中，號曰玄陽君。酉時，接手於兩膝上，閉炁瞑目内視，存玄陽君入形，並坐兩腎中，使口吐蒼氣，以繞腎九重畢，叩齒九下，咽液九過，祝曰：「玄陽大君，入坐腎中。身披紫衣，頭巾扶晨。左佩龍符，右帶鳳文。口吐蒼華，灌腎靈根，黑藏自生，身爲飛仙。北登玄闕，遊行天關。」

〔一〕「上」原作「白」，據上清太上帝君九真中經及上清衆經諸真聖祕卷一所引九真中經黄老祕言（下校僅引經名）改。

第八真法：戌亥時，大神在膽中，號曰含〔一〕景君。戌亥時，接手於兩膝上，閉炁瞑目内視，存含景君入坐於膽中，使口吐五色炁，繞膽九重畢，叩齒九下，咽液九過，祝曰：「含景大神，來坐膽中。身披錦衣，頭戴紫冠。左佩神光，右帶玉真。口吐五氣，養膽强魂。和精寶血，理液固身。使我上昇，得爲飛仙。」

第九真法：子時，大神在頭洞房〔二〕之中，號曰帝昌上皇君〔三〕。子時，平坐接手於兩膝上，閉氣瞑目内視，存帝昌上皇君〔四〕坐在明堂之内洞房之中〔五〕，使口吐紫氣，繞頭九重畢，又使吐紫氣繞兩目内外九重畢，又吐紫氣繞舌九重畢，又使吐紫氣繞齒九重畢，凡四九三十六繞氣使都畢。叩齒三十六下，咽液三十六過，祝曰：「帝昌祖君，三元上神。鎮守

〔一〕「含」原作「合」，據上清太上帝君九真中經、九真中經黄老祕言及本書卷四二、卷五二及本卷下文改。下同。
〔二〕「頭洞房」，上清太上帝君九真中經、九真中經黄老祕言作「泥丸紫房」。
〔三〕「帝昌上皇君」原作「無英公」，據上二書及本卷下文改。
〔四〕「帝昌上皇君」原作「無英君」，據上二書及本卷下文改。
〔五〕「坐在明堂之内洞房之中」，上二書作「在泥丸紫房之中」。

洞房〔一〕，宫在泥丸。黄闕金室，化爲九真〔二〕。龍衣鳳帔，紫翠青帬。手把真精，頭巾華冠。左佩玉映，右帶虎文。下坐日月，口吐紫烟。周氣齒舌，朝溉明辰。出丹入虚，呼魄召魂。凝精堅胎，六合長歡。上登太微，得補真官。」

右九真之道畢矣！則泥丸鎮塞，目童長存，五藏自生，血脈保津。若暫入太陰，身經三官者，則九真召魂，太一守骸，三元護炁，太上攝魂，骨肉不朽，五藏不殞，能死能生，能陰能陽，出虚入無，天地俱生。是道士精静營形，感致九真之氣應也。三元飛精以盈虚，太一抱我尸而反質，微乎微乎！深哉深哉！閉氣使極，吐氣使微妙〔三〕，出虚入無，令其綿綿不自覺也。

〔一〕「帝昌祖君」原作「無英大君」，據上清太上帝君九真中經改。「三元上神」，上書作「帝皇元神」，「洞房」作「紫房」。

〔二〕「真」，上書作「魂」，下有「魂生萬變，乃成帝君，五神奉符，七氣上真」十六字。

〔三〕「妙」字，上書無。

大洞迴風混合帝一之法

此法當六十日一行之耳，皆須本命日用未中已前，夜半已後，二時隨意，閉房自静，精心内觀，凝神夷氣，默然忘身。存思念讀神名一周，令守死關，燒香左右，令氣彌滿房室，然後施行。若身有病痛處，皆當指呼其處神，使治之也。

迴風混合爲帝一之道，以本命之日，若不知本命，當用甲子日也，坐卧任意，在所便安。心密讀神名曰：太微小童干景精字會元子，一名三衿交，一名對帝真，恒守我舌本之下血液之府。小童口出赤氣，繞我一身。舌本是死氣之門，童子嚴固守之，使生血液，上凝泥丸，泥丸堅明，百神方正。

太一尊神號務猶收，字歸會昌，一名解明，一名寄頻，恒守我玉枕之下泥丸後户。是〔一〕死氣之門，太一嚴固守之，使泥丸入於真氣，七世父母受仰玄之更生，上籍玉皇，重華萬寧。

〔一〕「是」字上，疑脱「泥丸後户」四字。

帝君延〔一〕凌梵字履昌靈，一名七神〔二〕，一名神丈人，恒守我兩眉中間紫户之外宫。紫户之外宫是死氣之門，帝君嚴固守之，使華蓋入眉間，升紫房，七世父母罪解而福衝，上登帝宫。

左無英公子玄元叔字合符子，一名元素君，一名神公子，恒守我左腋之下肝之後户。肝之後户是死氣之門，神公子嚴固守之，使左腋有玉光，引神明入眼睛。

右白元洞陽君鬱靈標字玄夷絶，一名朱精，一名啓成，恒守我右腋之下肺之後户。肺之後户是死氣之門，白元君嚴固守之，使右腋有金光，引神明入六氣之宫。七世反胎生，一身登玉房。

中央司命丈人君理明初字玄度卿，一名神宗，一名神靈華〔三〕，恒守我絳宫心房之中四孔之户。四孔之户是死氣之門，司命丈人君嚴固守之，使心中得其真理，絳宫生五色華，司命丈人口吐紫雲氣，洞溢我五藏内。

〔一〕「延」，大洞玉經及洞真太一帝君太丹隱書洞真玄經作「逢」。
〔二〕「神」，上二書作「靈」。
〔三〕「神靈華」，大洞玉經及洞真太一帝君太丹隱書洞真玄經作「靈華」。

命門桃君孩道康字合精延，一名命王，一名胞根，恒守我臍中之關命門外宮。命門外宮是死氣之門，桃君孩道康嚴固守之，使臍中徘徊，黄雲盈溢，三命生根，胞結解泄。令我七祖父母，無閡累殃，宿罪無滯，世世度脱，上生天帝宮。

泥丸天帝君上一赤子玄凝天字三元先〔一〕，一名伯無上，一名伯史華，恒守我泥丸中九孔之户。九孔之户是死炁之門，上一天帝君嚴固守之，使泥丸玉堅，金曜映真，體生寶光，九孔受靈。令我七祖父母世世安寧，解脱宿罪，共登上清。

絳宮心丹田宮中一元丹皇君神運珠字子南丹，一名生上伯，一名史〔二〕雲拘，恒守我項中之大椎骨首之户。骨首之户是死炁之門，中一丹皇君神運珠嚴固守之，使百骨受真氣，大椎有日光。七祖父母獲自然之生道，登仙南極宮。

命門下一黄庭元王始明精字元陽昌，一名嬰兒胎，一名伯史原，恒守我兩筦間車軸下户。車軸下户是死炁之門，黄庭元王嚴固守之，使百血結凝，神氣不散，拔出地户，超度八難。

〔一〕「先」，大洞玉經及洞真太一帝君太丹隱書洞真玄經作「光」。
〔二〕「史」原作「央」，據上二書改。

泥丸九真名帝昌上皇字先靈元宗，恒守我口之四際。口之四際是死炁之門，帝昌上皇嚴固守之，使精氣入，故氣出，神光隨身，放光萬丈。七世父母罪脱禍除，生帝君玉房中。

膽中八真名含景君字北臺玄精，恒守我背之中骨之下節。中骨之下節是死炁之門，含景君嚴固守之，使背骨受生氣，下節孔常閉，邪氣不干，真光映形。

兩腎七真名玄陽君字冥光先生，恒守我背窮骨地户。窮骨地户是死炁之門，玄陽君嚴固守之，使地户伏生氣，窮骨受神液，六津調滿，生根深密。

肺中六真名上元素玉君字梁南中童子，恒守我頸外十二關之梁〔一〕，十二關之梁是死炁之門，上元素玉君嚴固守之，使上帝玉華映神間之下，玉晨之氣入丹元之宫，七世父母解散結滯，受生太上之鄉。

脾中五真名養光君字太昌子，恒守我喉内極根之户。喉内極根之户是死炁之門，養光君嚴固守之，使玉光金真照洞喉根，太帝神氣來往三宫之中。

肝中四真名青明君字明輪童子，恒守我胃管之户膏膜之下。膏膜之下是死炁之門，青明君嚴固守之，使三素之氣生華，五停之神侍衛，出入玉液之津，灌澤胃管。

〔一〕「關之梁」，大洞真經、大洞玉經作「間梁」，本書卷四十二作「關梁」。

精血三真名元生君字黄寧子玄，恒守我鼻兩孔〔一〕之下源。兩孔之下源是死炁之門，元生君嚴固守之，使精神宣暢於百節，血液盈滿於千關，萬靈之氣輔護，太一之魂保身。

骨節二真名堅玉君字凝羽珠，恒守我太倉之府五腸之口。五腸之口是死炁之門，堅玉君嚴固守之，使黄庭香潔，三尸滅絶，中元之炁常滿，帝皇之光鬱鬱，上衝泥丸，敷散筋骨。

心中一真名天精液君字飛生上英，恒守我胷中四極之口。四極之口是死炁之門，天精液君嚴固守之，使五臟生華，四關受真，紫液流於胷中，絳炁結於百神，上升玉天，羽衣虎帬。

九元之真男名拘制字三陽，恒守我左耳之下伏晨之户。伏晨之户是死炁之門，拘制三陽嚴固守之，使天聰發徹，幽谷鮮明，真炁雲行，往來泥丸。

皇一之魂女名上歸字帝子，恒守我右耳之下伏晨之户。伏晨之户是死炁之門，上歸帝子嚴固守之，使幽明之光，上朗泥丸，太无之音，獨樂一身，玄金雲鈞〔二〕，流徹太和。

紫素左元君名翳鬱無刃字安來上，恒守我頭面之境。使萬邪不侵，千精滅亡。又使紫

〔一〕「兩孔」，本書卷四四鎮神養生内思飛仙上法作「兩乳」，上無「鼻」字。

〔二〕「玄金雲鈞」，疑當作「玄雲金鈞」，指古樂。

雲衡於泥丸，太素填於鼻孔，景雲被於口齒，玉林聚於髮膚。散七世之積尸，解七祖之罪仇，上生天帝堂，反真更受胎。

黄素中元君名圓華黄刃字太張上，恒守我胷腹之境。使鬼魔伏制，三尸滅形。又使黄雲散於支體，金液充於太倉，晨景之暉上華，太真之炁運光。七世父母罪解受胎，更生南宫。

白素右元君名啓明籥刃字金門上，恒守我下關之境，從小腹至脚底。使三積宿穢無滯，地尸土鬼沉滅。又使明玉之液上陶於陰極，神素金炁逆充於兩髋，髀受九靈之潤，脚生玄重之雲。累祖解於冥罪，七世散於禍根，更生入南宫，上晏入帝軒。

日中司命君名接生，守我左手。月中桃君名方盈，守我右手。左目童子名飛雲〔一〕，右目童子名晨嬰，肺部童子名素明，皆各守我兩目之童子，備華蓋之上精，五神固於五關，暉光充於太明，魔氣不入，百會受靈。

胎中一元白炁君名務玄子字育尚生，太一精魂名玄歸子字盛昌，凡二神共守我五藏之上結喉之本户。結喉之本户是死炁之門，二神固密守之，使三華之氣入帝一之府，九明之

〔一〕「雲」，大洞真經及九真中經作「靈」。

津生六胎之下，七玄散禍，七祖解結，身登真堂，併列太一。

結中青炁君名案延昌字合和嬰，元君精魂名保谷童字明天〔一〕，凡二神共守我五藏之下大胃之上口。大胃之上口是死炁之門，二神固密守之，使金液流匝，玉華映魂，神飴溢於窮腸，帝炁充於九關。七祖披釋於玄憂，受更胎於玄仙，上業結解，下脱胞根。

節中黑炁君名斌來生字精上門，帝真精魂名幽臺生字灌上生，凡二神共守我九腸之口伏源〔二〕之下。伏源之下，是死炁之門，二神固密守之，使太上之炁布散腹内，太一之神迴行百骨，體有玉光，面保金澤。七祖父母得解冥罪累業之先，世世解結，上生帝房，入保飆室。

胞中黄炁君名祖明車字神無極，天帝精魂名理維藏字法珠〔三〕，凡二神共守我小腹之内二孔之本。二孔之本是死炁之門，二神固密守之，使日月之根生於二户之下，五帝之炁充於極陰之室，精華盈滿，五液填溢。七祖父母反胎，宿對之殃解結，上生南宫，神仙受炁。

〔一〕「天」，大洞真經作「夫」，大洞玉經作「光」。

〔二〕「源」，大洞真經、大洞玉經作「梁」。下同。

〔三〕「法珠」，上二書作「法運珠」。

血中赤炁君名混離子字叔火〔一〕堅，司命精魂名發紐〔二〕子字慶玄，凡二神共守我百關之血絶節之下。絶節之下是死炁之門，二神固密守之，使五常之液盈於六府，靈潤玉澤充於血肉，絶節不空，地門填塞。七祖結散，更生南極，我得玉仙，合道保德。

上玄元父君名高同生字左廻明，下玄玄母名叔火王字右廻光，帝皇太一名重冥空字幽寥無，九帝尊神名日明真字衆帝生，太帝〔三〕精魂名陽堂玉〔四〕字八靈，天帝九關魂名録廻道字絶冥，天紀帝魂名照無阿字廣神，凡七神，守我本命之根〔五〕胞胎大結，常令胞囊玉清開明，七祖反胎，我命恒生，三天同符，上與日并。

右我之死門三十九處，太上尊神皆已守備之，使口銜日光，手執月明，照我死門，使我長生，我體常生，讀大洞真經，金音仰充，上入太無庭，解結散禍，拔脱七祖靈，反胎會南宫，

〔一〕「火」，大洞玉經卷下及上清衆經諸真聖祕卷七作「保」。

〔二〕「紐」原作「細」，據上二書及本書卷四四鎮神養生内思飛仙上法改。

〔三〕「帝」原作「常」，據本書卷四四鎮神養生内思飛仙上法及大洞真經、上清衆經諸真聖祕卷七改。

〔四〕「陽堂玉」原作「楊堂王」，據大洞真經、上清衆經諸真聖祕及上清廻神飛霄登空招五星上法經、鎮神養生内思飛仙上法改。

〔五〕「本命之根」，原作「本命之根本命之根」，據大洞真經及大洞玉經删。

世世有玉名，三塗滅根，輪轉上清。

三素老君名牢張上字神生道，正一左仙仲成子一名帝賓字四華，正一右仙曲文子一名光堅字靈和，守我鼻下人中。

中央玄一老子林虚夫〔一〕字靈時道，守我陰莖之端。北方黑帝保成昌字北伐〔二〕守我膀胱中。西方白帝彰安幸字西華，守我陰囊中。南方赤帝長來覺字南和，守我口舌中。東方青帝彫梁際字清平，守我五藏外。中央黄帝含光露字中細，守兆脾胃之中。凡五帝二老〔三〕左右仙，備衛本命守我身，祖宗解考，福祚七玄，世世解結，散除胞根，胎精血光，金液玉泉，上生南宫，以爲帝賓，我入八景，迴駕瓊輪，仰升九天，白日飛仙。

泥丸上一帝卿〔四〕名肇勒精字中玄生，一名起非，一名常扶；絳宫中一輔卿名〔五〕中

〔一〕「林虚夫」原作「林靈天」，據大洞真經及大洞玉經改。

〔二〕「保成昌字北伐」原作「保成曷字北代」，據上二書改。

〔三〕「凡五帝二老」，大洞真經作「一老五帝」，其上「中央黄帝含光露字中細，守兆脾胃之中」十六字，據上書增。大洞玉經「中細」作「魂明」。

〔四〕「泥丸上一帝卿」原作「帝卿」，據大洞真經及大洞玉經增。

〔五〕「絳宫中一輔卿名」原作「絳宫中一名卿」，據上二書增改。

光堅字四化靈，一名幽車伯，一名董史華；黄庭下一弼卿〔一〕名歸〔二〕上明字谷下玄，一名奉申伯，一名承〔三〕光生。凡三帝卿神衛我入帝一室，保我本命於九天録。存祝名都畢，更閉兩目，存此百神變成白炁，如白烟之狀，從玄虚中來入我口中，鬱鬱良久，覺見白炁下從下部孔中出，又從玉莖孔中出，又覺白炁從兩脚底、兩手心中並出，並冠繞一軀上下手足，混合一身，與白氣同煙上下不相見。良久，白炁忽復變色成紫雲鬱鬱，又從我口中入頭中及至五藏之間，充滿腹内。良久，紫雲又從兩足底兩掌心大孔玉莖孔中出，冠繞一軀，鬱氣上下，與紫雲相合不相見也。須臾，存紫雲之炁充滿左右及一室之内，又存見口中出風炁吹〔四〕扇紫雲之煙，紫雲之煙乃廻轉更纏繞，忽成一真人男形也，如始生之狀，長四寸，號曰大洞帝一尊君，名父寧在字合母精，是守死關之〔五〕衆神徊風混化，共成此帝一之尊君也。又存此尊君來入我口中舌下，又從舌下徑上升紫房六合宫，平坐外向，尊君左手把

〔一〕「黄庭下一弼卿」原作「黄庭下弼卿」，據大洞真經及大洞玉經增。
〔二〕「歸」原作「緣」，據上二書改。
〔三〕「承」原作「奉」，據上二書改。
〔四〕「吹」原作「之」，據大洞真經末徊風混合帝一祕訣改。
〔五〕「是守死關之」，上書作「延守兆死關」。

兆五符，右手把兆五籍，尊君口之左邊有日光徑九分，尊君口之右邊有月光徑一寸。尊君口吐廻風之炁，吹此日月之光，日月之光鬱鬱然，或白色，或黄色，令光炁下入兆五藏六府百節一身之内，洞徹朗然，内外如白日之狀。良久忘身忽然〔一〕，事訖，乃心祝曰：「大洞帝一，太素尊靈。父寧母精，二合雙成。百真一混，一徊始生。身結八煙，變胎元嬰。日月寶光，洞我軀形。太一在上，上與帝并。泥丸保玉，五藏華明。長合日月，手執洞經。位爲仙公，晨升上清。三十九章，金符羽庭。」畢，此是廻風混合帝一之道也，萬變百化洞真太一之法，極盡於此矣。

夕夕常存大洞帝一尊君在兆鼻下人中中央，白日常存令在口内上齒之外，鼻人中皮内上脣之裏上齒之外。尊神形皆當向外，坐立起居，在意存之。存尊君口中銜日光，徑九分，照明萬丈，洞明兆身。夫一者，帝之真一也，一之所變歸一者也。讀洞經時，亦存帝一尊君在兆面前，以尊神口對兆之口間令相向，聽我讀洞經之音，以散七世之結焉。

帝一尊君名父寧在字合母精，日夕常憶之勿忘，辟萬試，滅千患，除惡魔，致神仙也。若兆體中有疾痛不寧處，急存帝一尊君令口吐日光白炁薰我，痛疾即愈。帝一尊君形如始

〔一〕「忘身忽然」，大洞真經末徊風混合帝一祕訣作「忽然忘身」。

生之男，不著衣服，身長四寸耳，所謂大洞胎始形之真也。

本命日常當讀大洞真經三十九章一過，能恒誦習之大吉也。須得萬徧大限充畢，乃得駕自然之雲，乘八光之龍，千乘萬騎，白日升仙矣。萬徧既畢，然後一歲一讀之耳。上帝雲龍脱未來迎者，不過七百日中，忽在人間卒至，便升天矣。兆當堅守雌一，混合五神，精心迴風，大會帝尊，誦習洞經三十九章，於是真仙之道畢矣，雲龍之會審矣，罪結之根散矣，上祖獲福命矣，兆勤之矣。

雲笈七籤卷之三十一

稟生受命

太微帝君太一造形紫元内二十四神回元經〔一〕

太微帝君太一造形紫元内神二十四真人，混氣變生，主仙上精，散解胞結，釋滯關元，二十四神所命，乃得除脱也。兆能修存名字者，則治鎮一身，保守元精。欲解節結之法，當先祝之，乃得開關耳。此靈並是結氣之玄宗，成體之具神，連道雲霧，帶生烟熅，能致玉輦龍騎，千萬列行，同與一體，白日登天，此太一〔二〕真人二十四神存玄元帝君上清乘飇欻之道也。常當安身静心，正氣夷形，閉目内視，忘體念神，燒香盥練，存神守真，髣髴三八，藹暉玄英。行之十八年，太上命太微帝君太一五神化生混靈道君，從二十四真人，千乘萬騎，

〔一〕此經名，道藏本作「太微帝君二十四神回元經」。
〔二〕「太一」，太微帝君二十四神元經作「太上」。

騁風攝雲，呼吸流升，白日造天。存神之道，勿交非類，深室避事，栖精躡空，心存目想，微妙守沖，静魂安形，則萬害不傷，百鬼避竄，千妖不行，消災散禍，福慶不可勝紀。先叩齒二十四通，畢乃存思。

腦神名覺元子字道都，形長一寸一分，色正白。

髮神名玄文華字道衡，形長二寸一分，色玄。

皮膚神名通衆仲字道連，形長一寸五分，色黄。

目神名虚監生字道童，形長三寸六分，衣五色。

項髓神名靈謨蓋字道周，形長五寸，色白素衣。

膂神名益歷輔字道柱，形長三寸半，白玉素衣。

鼻神名沖龍玉字道微，形長二寸五分，青白黄色衣。

舌神名始梁峙字道歧，形長七寸，正赤色。

右一身上部八景神童名字，先存之並如嬰兒之形，髣髴在身，各安其所，訖，乃叩齒八通，咽液八過，而微祝曰：「上景八神，一合入身。帝君玄母，五神各陳。舉形遯化，流變適真。千乘萬騎，俱升帝晨。白元無英，道養太賓。九靈翼體，玉華銜煙。恍惚十周，徑造日門。」

初存思之始，先三呼神名字，祝訖，又三呼神名字，令聲則出口，三部同爾。平旦日中夜半三時，恒存二十四神，以次念之，祝呼如上法。

高上寶神明科經說曰：「叩齒之法，左左相叩名曰扣天鍾，右右相叩名曰搥天磬，中央上下相對相叩名曰鳴天鼓。若卒遇凶惡不祥，當扣天鍾三十過。若經山辟邪，威神大祝，當搥天磬。若存思念道，致真招靈，當鳴天鼓。叩齒雖一，其實有左右上下也。故凶惡而畏天鍾之響，山神而懾天磬之動，招神而肅天鼓之震矣。玄音有節，希微內感，不可以一槩而求，不可以偶然而合也。千章萬事，皆當如此，叩齒之道演矣，鍾鼓之音別矣。是以道數不可乖錯，法術不可雜亂。乖錯則有暗昧之敗，雜亂則有囂毀之禍，非冥冥之無貫也。行冥貫之無序，則道之不可成，事之不可驗，良由求真之途不得也，履迹蹤之造而多愆于世俗矣〔一〕。扣天鍾三十過，謂無他祝，孤行此以除不祥耳。若有所案，行隨本法，叩齒之多少，不必須扣三十過也。」

喉神名百流放字道通，形長八寸八分，九色衣。

〔一〕「良由求真之途不得也，履迹蹤之造而多愆于世俗矣」，無上祕要卷六六叩齒品作「良由求真之途，不可履轍迹而多愆」。「迹蹤」疑作「踖蹤」。

肺神名素靈生字道平，形長八寸一分，純白。

心神名煥陽昌字道明，形長九寸，色赤。

肝神名開君童字道青，形長六寸，色青黄。

膽神名龍德拘字道放，形長三寸六分，色青黄緑。

左腎神名春元真字道卿，形長三寸七分，數變白赤青，五色無常。

右腎神名象地無字道生，形長三寸五分，色白或黑。

脾神名寳元全字道騫，形長七寸三分，色正黄。

右一身中部八景神童名字，次存之並如嬰兒之形，髣髴在身，各安其所，訖，叩齒八通，咽液八過，而微呪曰：「中景八神，四變九飛。練魂正身，明景同暉。帝君解結，胎練四歸。上通玄母，散靈步威。得與八神，合輦齊扉。千乘萬騎，上登太微。」

胃神名同來〔一〕育字道展，形長七寸，色黄。

窮腸中神名兆滕康字道還，形長二寸四分，黄赤色。

〔一〕「來」，本書卷二九太上九丹上化胎精中記作「朱」。

大小腸中神名蓬送留字道厨，形長二寸一分，色赤黄。

胴中神名受厚〔一〕勃字道虚，形長九寸一分，九色衣。

胸膈神名廣瑛宅字道仲，形長五寸，色白。

兩脇神名辟假〔二〕馬字道成，形長四寸一分，赤白色。

左陰左陽神名扶流起字道圭，形長二寸三分，青黄白色。在男存爲左陽，在女存爲左陰。

右陰右陽神名苞表明字道生，形長二寸三分，青黄白色。在男存爲右陽，在女存爲右陰。

右一身下部八景神童名字，後存之並如嬰兒之形，髣髴在身，各安其所，訖，乃叩齒八通，咽液八過，而微祝曰：「下景八神，散形化〔三〕靈。紫煙鬱生，含元守精。太一元父，帝君挺生。七爽免籍，司命記生。魂魄以安，五華育明。千乘萬騎，與我同并。先造太素，北

〔一〕「厚」，本書卷二九太上九丹上化胎精中記作「亨」，道藏本上清九丹上化胎精中記經作「享」。

〔二〕「假」，太微帝君二十四神回元經作「瑕」。

〔三〕「化」，上書作「九」。

揖上清。」

道一内神名逮無馬字道極生，形長一寸二分，紫色。男存曰道一内神，女存曰真元中靈。右一神，極根之幽神，守中之上靈也。次又存之如嬰兒之狀，安坐其所，訖，乃叩齒二十四通，咽液二十四過，而微祝曰：「玄上内真，養形侍晨。總紐攝綱，九度八旋。斗星内朗，宫館九陳。帝君合昌，九道七咽。出液内精，和灌衆神。五藏生華，反老童顔。千乘萬騎，與我昇天。上朝太陛，高揖玉晨。」

右一身寶名内字，化生之精神也。不知此名，則仙道不成矣。若解結之日，不先祝此者，則結節不解也。結節不解，必三魂失適，上元内喪，五老失明，帝君乖踈也。男存爲童子之神，女存爲女子之神，俱同一名字也。

存二十四神，當以夜半去枕平卧，握固放體，氣調而微微〔一〕，存思其身神，安念帝君，令髣髴居位，閉目内視之。如有不具，便當燒香，平坐閉目，握固兩膝上，精存衆神，祝行如法。其平旦、日中時存神，自平坐而行之，勿令有見之者矣。皆内視臨閉目而存也。

〔一〕「微微」，太微帝君二十四神回元經作「微」。

月一日夜半存神訖，又存兩目中有白無〔一〕如雞子大，在面目前，須臾變成兩明鏡，徑九寸，以前後照我一體上二十四神，使洞鑒分明。良久乃心祝曰：「大明寶鏡，分形散花。鑒朗元神，制却萬魔。飛行上清，披雲布羅。役使千靈，封山召河。」畢，五日一行之，所謂覆校内精，檢斂五神者也。常能行之，災害不生，而位登高仙。

拂童之道，使徹見帝君五神〔二〕之法，常以甲子之旬庚午日日中時，取清水一升，以一銖真丹投水中攪之，左行三七過〔三〕，祝曰：「玄流朱精〔四〕，生光八明。身神衆列。並來見形。徹視萬里，中達九靈。帝君映童，使我上清。」祝畢，東向以洗目二七過。恒行之者，徹視萬神。祝當微言，以水向月建洗目，不常東向也。

〔一〕「無」，疑當作「炁」，以「旡」、「炁」形近而譌也。本書卷四八寶照法作「氣」。

〔二〕「帝君五神」，本書卷四八拂童法作「二十四神」。

〔三〕「三七過」，太微帝君二十四神回元經作「三五過」。

〔四〕「玄流朱精」，本書卷四八拂童法作「玄元水清」。

濟衆經〔一〕

太上道君告普光真人曰：「五種烟煴，聚而成體。會其宿業，因而受識。輪轉其神，有其生也。因識受染，流入惡緣。處在昏衢，居於闇界。蔭蔽垢濁，魔獄禁形。長劫艱辛，失於明性。由是展轉迷波苦海中，未有一人求出離者。」普光又問：「烟煴之理何處流來？闇界明性是誰爲主？神之與識何處稟形？識神是一爲復二耶？是一不合二名，是二各明何事？爲善作惡，不審是誰？若神之所爲，則神妙無方。既曰無方，則無過惡。識爲惡者〔二〕，識當異神。彼此罪罰，何容累及！何以扶我？聞神尊所説，道品中善惡兩業，必由於神，以是言之，識有何罪？臣之愚蒙，實所不了。伏惟哀愍，有以教之。則萬劫因緣，一切咸荷。」

太上道君告普光曰：「五無相結，乃有烟煴。觸業生形，因形能化。性理和合，是以爲物。從識生變，神乃爲用。識之與神，不一不異。何以故？法同源故。體則是識，五性相

〔一〕「濟衆經」，道藏本作「太上洞玄濟衆經」。

〔二〕「識爲惡者」，太上洞玄濟衆經作「兩業必由，誰爲惡者」。

和。用則爲神，照於境智。神若無識，何所用智？識若無神，不能爲理。譬猶荇菜，而爲和羹，五味相和，何曾別異。無菜則味不獨擅，無神則識不爲用。是以用神爲智，味菜爲羹。以此論之，何曾有闇！衆生執著，是故無明。悟則是明，明無定處。迷則爲闇，闇豈殊方。深愛爲獄，形乃被拘〔一〕，無愛無受，亦無所有。譬如野外，無人之鄉，十二時神，何曾有地。墻垣既至，屋宇斯成，四方之神，以効靈變。故其屋宇，諸神盡在。衆生闇獄，亦復如是。神之來也，不知所從；神之去也，不知所往。惡業若成，獄則爲業。罪咎若盡，亦不知無。且智有大小，神有尊卑，見神則曰無方，一切人應皆聖。何以故？同不同故。普光真人，汝今當知，明闇神識，盡於此也。」

說真父母〔二〕

天尊言曰：「氣氣相續，種種生緣。善惡禍福，各有命根。非天非地，亦又非人。正由心也，心由神也。形非我有，所以得生者，從虛無自然中來，因緣寄胎，受化而生。我受胎

〔一〕「拘」原作「枯」，據太上洞玄濟衆經改。

〔二〕題目「說真父母」，上書無。

父母亦非我始生〔一〕父母也，真父母不在此。父母貴重，尊高無上。今所生父母，我寄備因緣，禀受養育之恩，故以禮報而稱爲父母焉。故我受形亦非我形也，寄之爲屋宅，因之爲營構〔二〕，以舍我也。附之以爲形，示之以有無，故得道者無復有形也。及無，身神也一〔三〕。身神並一，則爲真身，歸於始生父母而成道也。」

九真帝君九陰混合縱景萬化隱天訣〔四〕

帝君九陰經曰：欲變化分形，隱淪八方，匿軀藏影，入室造冥，來致萬物，招制邪魅者，當常齋修帝君九陰之精思也。

〔一〕「生」原作「主」，據太上洞玄濟衆經改。

〔二〕「構」，敦煌道經圖録編中、太上洞玄靈寶衆篇序章三元品戒經道君問難罪福篇作「室」。

〔三〕「及無，身神也一」，上書作「及我無身，我有何患？所以有患者，爲我有身爾。有身則百惡生，無身則入自然。立行合道，則身神一也」。

〔四〕「九真帝君九陰混合縱景萬化隱天訣」，道藏本上清太上九真中經絳生神丹訣載此書，首多「太上」二字，道藏闕經則多「上清太上」四字，「訣」，皆作「經」。

北斗〔一〕第一星中名太上宫，宫中有帝君變隱逃元内妃名太一法怚字幸正扶，著黄錦帔丹青飛帬，頽〔二〕雲髻。

第二星中名中元宫，宫中有帝君保胎化形内嬪名太一三瓮字羅朱嬰，著赤錦帔緑羽飛帬，頽雲髻。

第三星中名真元宫，宫中有帝君六遁七隱上元丹母名太一虛〔三〕夷字仲雙兆，著青錦帔繡羽華飛帬，頽雲髻。

第四星中名紐幽宫，宫中有帝君匿景藏光中元内妃名太一七烈字横單槃，著紫錦帔黄華羽帬，頽雲髻。

第五星中名綱神宫，宫中有帝君變體易景斗中大女名太一鬱書字疇丘蘭，著朱錦帔紫青飛帬，頽雲髻。

第六星中名紀明宫，宫中有帝君隱迹散衆斗中中女名太一氣精字抱定陵，著朱錦帔青

〔一〕「北斗」，太上九真帝君九陰混合縱景萬化隱天經（下稱隱天經）無。

〔二〕「頽」，上書作「彈」，下同。

〔三〕「虛」，上書及上清衆經諸真聖祕九星帝君内嬪諱均作「靈」。

繡飛帬，頽雲髻。

第七星中名闕會宫，宫中有帝君分景萬形斗中少女名太一郁墨字天凡〔一〕，著朱錦帔青華明羽帬，頽雲髻。

第八星中名帝席宫，宫中有帝君化日月水火斗中高皇左夫人名太一石啓珠字落茂華，著紫錦帔繡羽飛丹帬，頽雲髻。

第九星中名上尊宫，宫中有帝君化金石山河斗中高皇右夫人名太一條字雲育玄〔二〕，著緑錦帔翠羽華帬，頽雲髻。

右帝君九星斗宫中〔三〕隱妃九陰名字，若祝説之時，但説位號名字耳，勿道著衣帔及頭髻下也。子能知帝君九陰者，升晨上天，位爲上清真人。兆在世終身不受哭泣災殃，太陰之神衛從，萬靈之精拜謁，分形散變，混合天地。此太陰九妃者，乃帝君之陰宫神也。兆行道解結，奉符上籍，安魂制魄，化生體神，道炁延精，以求長生，而不知帝妃之名字，行九

〔一〕「太一郁墨字天凡」，「墨」隱天經作「黑」；「天凡」，上書及上清衆經諸真聖祕九星帝君内嬪諱均作「天凡媙」。

〔二〕「太一條字雲育玄」，上二書分别作「太一愛條字雲育」、「太一愛修字雲育玄」。

〔三〕「帝君」原作「九帝君」，「宫中」原作「中宫」，據隱天經改。

陰以混合者，亦萬不得仙也。

兩眉間却入一寸爲明堂，明堂正方一寸，帝君太陰九妃常居其中。恒以月之偶日齋，用生炁時燒香入別室，坐卧任意，瞑目良久，存帝君安坐在太極紫房中，又存太一五神在六合中，又存北斗九星在心中，又存太陰九妃在明堂中，又存太微童子干景精對立帝君前，童子左手把五符，右手把五籍，又存兆之形立童子後，又存太陰九妃從明堂中上入太極紫房中，以次横列立兆後，又存太一五神從六合中上入太極紫房中，以次横列立太陰九妃後。都畢，於是帝君衆神條欻一合大變，共爲一人〔一〕，如嬰兒始生之狀，名曰無常童子字變化，左手把九星〔二〕，頭戴日，口銜月，童子以日月九星之光，映燻兆一身內外洞徹，自覺兆一身通赤如火之炎，無復表裏，表裏皆烱烱然也。此爲帝君太一九陰混合變化萬形也。良久畢，叩齒二十四通，咽液九過，乃微祝曰：「洞天神光，回曜紫清。玄陰九晨，隱淪絶冥。斗中夫人，三女散形，神妃内化，萬物立成。雹光雷激，雲霧流零。九變十化〔三〕，生丹起青。

〔一〕「共爲一人」原作「共爲一人一人」，據隱天經删。

〔二〕「無常童子字變化，左手把九星」，上書作「無常童子字變化玉，手把五星」。

〔三〕「九變十化」，隱天經作「九十變化」。

太一九女，合化混停〔一〕。無常縱遁，淪虚館冥〔二〕。錦帔華袂，紫羽飛帬。左佩隱符，右帶虎文。銜火戴斗，手把絶〔三〕幡。傍麾八風，四掣景雲。逍遥天綱，化蕩七元。蔽伏山河，巔回五辰。日月塞暉，列宿失真。分形作百，化軀入千。在火爲火，入林爲林。居水爲水，入山爲山。所求忽至，所召已前。倏欻適心，眄目立臻。千種萬物，隨心所言。帝君在形，太上玉晨。無英同景，四及〔四〕白元。永生天地，保養我身。口有所道，隨意化遷。玉童奉侍，玉華執巾。神妃獻香，四真同軒。事事物物，皆如我言。」畢。

〔一〕「合化混停」，隱天經作「宫變混淳」。
〔二〕「遁，淪虚館冥」，上書作「淪，遂館幽冥」。
〔三〕「把絶」，上書作「抱絳」。
〔四〕「及」原作「文」，據上書改。

雲笈七籤卷之三十二

雜修攝

養性延命録并序

夫禀氣含靈，惟人爲貴。人所貴者，蓋貴於〔一〕生。生者神之本，形者神之具。神大用則竭，形大勞則斃。若能遊心虚静，息慮無爲，候〔二〕元氣於子後，時導引於閑室，攝養無虧，兼餌良藥，則百年耆壽，是常分也。如恣意以耽聲色，役智而圖富貴，得喪縈於懷抱〔三〕，躁撓未能自遣，不拘禮度，飲食無節，如斯之流，寧免夭傷之患也！余因止〔四〕觀微

〔一〕「於」，道藏本養性延命録作「爲」。
〔二〕「候」，上書作「服」。
〔三〕「縈於懷抱」，上書作「恒切於懷」。「縈」，疑當作「縈」。
〔四〕「止」原作「正」，據上書改。

暇，聊復披覽養生要集，其集乃前彦〔一〕張湛道林之徒，翟平黄山之輩，咸是好事英奇，志在寶育，或鳩集仙經真人壽考之規，或採摭彭祖李聃長齡之術，上自農黄已來，下及魏晉之際，但有益於養生，乃無〔二〕損於後患。諸本先皆記録，今略取要法，删棄繁蕪，類聚篇題〔三〕，號爲養性延命録〔四〕，庶補助於有緣，冀憑〔五〕以濟物耳。

神農經曰：食穀者智慧聰明，食石者肥澤不老，謂鍊五石也。食芝者延年不死，食元氣者地不能埋，天不能殺。是故食藥者與天地相弊〔六〕，日月並列。

老君道經曰：谷神不死，河上公曰：「谷，養也，能養神不死。神爲五藏之神，肝藏魂，肺藏魄，心藏神，腎藏精，脾藏志。五〔七〕藏盡傷，則五神去矣。」是謂玄牝。言不死之道在於玄牝。玄、天也，天於人爲鼻。牝、地也，地

〔一〕「前彦」，道藏本養性延命録作「錢彦」。
〔二〕「乃無」，上書作「及招」。
〔三〕「題」下，上書有「分爲上下兩卷，卷有三篇」十字。
〔四〕「延命」原作「延年」，據上書改。
〔五〕「憑」下，上書有「緣」字。
〔六〕「與天地相弊」，上書作「與天相異」。
〔七〕「五」原作「三」，據上書改。

於人爲口。天食人以五氣，從鼻入，藏於心。五氣清，爲精神聰明音聲五性。其鬼曰魂，魂者雄也，出入人鼻與天通，故鼻爲玄也。地食人以五味，從口入，藏於胃。五味濁，爲形骸骨肉血脈六情。其鬼曰魄，魄者雌也，出入於口與地通，故口與地通，故口爲牝也。玄牝之門，是謂天地根。根，元也，言鼻口之門乃是天地之元氣所從往來也。綿綿若存，鼻口呼吸喘息，當綿綿微妙若可存，復若無有也。用之不勤。用氣當寬舒，不當急疾勤勞。

老君德經曰：出生謂情欲出於五內，魂定魄靜故生也。入死，謂情欲入於胷臆，精散神惑故死也。生之徒十有三，死之徒十有三，言生死之類各十有三，謂九竅四關也。其生也，目不妄視，耳不妄聽，鼻不妄嗅，口不妄言，手不妄持，足不妄行，精不妄施。其死也反是。人之生，動之死地亦十有三。人欲求生，動作反之十三之死地也。夫何故？以其求生之厚。所以動之死地者，以其求生活之太厚也。遠道反天，妄行失紀。蓋聞善攝生者，陸行不遇兕虎，入軍不被甲兵。兕無所投其角，虎無所措其爪，兵無所容其刃。夫何故？以其無死地焉。以其不犯上十三之死地也。

莊子養生篇曰：「吾生也有涯，向秀曰：「生之所禀，各有涯也。」而智也無涯，嵇康曰：「夫不慮而欲，性之動也。識而發感，智之用也。性動者遇物而當，足則無餘。智從感而求，倦而不已。故世之所患，常在於智用，不在性動也。」以有涯隨無涯，殆已。郭象曰：「以有限〔一〕之性，尋無窮之智，安得而不困哉！」已而爲智

〔一〕「限」原作「根」，據道藏本養性延命録改。

者，殆而已矣。」向秀曰：「已困於智矣，又爲智以攻之者〔一〕，又殆矣。」莊子曰：「達生之情者，不務生之所無以爲。向秀曰：「生之所無以爲者，性表之事也。」張湛曰：「生理自全，爲分外所爲，此是以有涯隨無涯也。」達命之情者，不務智之所無柰何。」向秀曰：「命盡而死者是。」張湛曰：「乘生順之理，窮所稟之分，豈智所柰何！」

列子曰：「少不勤行，壯〔二〕不競時。」長而安貧，老而寡慾，閑心勞形，養生之方也。

列子曰：「一體之盈虚消息，皆通於天地，應於萬〔三〕類。」張湛曰：「人與陰陽通氣。」和之於始，和之於終，静神滅想，生之道也。始終和則神志不散。

老君〔四〕妙真經曰：人常失道，非道失人；人常去生，非生去人。故養生者慎勿失道，爲道者慎勿失生，使道與生相守，生與道相保。

黄老經玄示〔五〕曰：天道施化，與萬物無窮。人道施化，形神消亡。轉神施精，精竭

〔一〕「又爲智以攻之者」，原無「智」字，據道藏本養性延命録增。
〔二〕「壯」，列子天瑞篇作「長」。
〔三〕「萬」，列子周穆王篇作「物」。
〔四〕「老君」，道藏本養性延命録作「混元」。
〔五〕「示」原作「禾」，據上書改。下同。

故衰。形本生精，精生於神。不以精施，故能與天合德。不與神化，故能與道同式。玄示曰：以形化者，尸解之類，神與形離，二者不俱。遂象飛鳥入海爲蛤，而隨季秋陰陽之氣。以氣化者，生可冀也。以形化者，甚可畏也。

嚴君平老君指歸曰：「遊心於虚静，結志於微妙，委慮於無欲，歸指於無爲，故能達生延命，與道爲久。」

大有經曰：「或疑者云：『始同起於無外〔一〕，終受氣於陰陽，載形魄〔二〕於天地，資生長於食息，而有愚有智，有强有弱，有壽有夭，天耶？人耶〔三〕？』解者曰：『夫形生愚智，天也；强弱壽夭，人也。天道自然，人道自已。始而胎氣充實，生而乳食有餘，長而滋味不足，壯而聲色有節者，强而壽。始而胎氣虚耗，生而乳食不足，長而滋味有餘，壯而聲色自放者，弱而夭。生長全足〔四〕，加之導養，年未可量。』」

〔一〕「外」，本書卷三五至言總養生篇作「物」。
〔二〕「魄」，上書作「魂」。
〔三〕「耶」字原無，據道藏本養性延命録及本書卷三五至言總養生篇增。
〔四〕「全足」，本書卷三五至言總養生篇作「合度」。

道機曰：「人生而命有長短者，非自然也。皆由將身不謹，飲食過差，淫泆無度，忤逆陰陽，魂神不守，精竭命衰，百病萌生，故不終其壽。」

河圖帝視萌曰：「侮天地者凶，順天時者吉。春夏樂山高處，秋冬居卑深藏，吉利多福，壽考無窮。」

雒書寶予命曰：「古人治病之方，和以醴泉，潤以元氣，藥〔一〕不辛不苦，甘甜多味，常能服之，津流五藏，繫之在肺〔二〕，終身無患。」

孔子家語曰：食肉者勇敢而悍，虎狼之類。食氣者神明而壽，仙人靈龜是。食穀者智慧而夭，人也。不食者不死而神。直任喘息，而無思慮。傳曰：雜食者，百病妖邪所鍾。所食愈少，心愈開，年愈益。所食愈多，心愈塞，年愈損焉！

太史公司馬談〔三〕曰：夫神者生之本，形者生之具也。神大用則竭，形大勞則斃，神形早衰，欲與天地長久，非所聞也。故人所以生者，神也。神之所託者，形也。神形離別則

〔一〕「元氣藥」，本書卷三五至言總養生篇作「氣藥」。

〔二〕「繫之在肺」，上書及道藏本養性延命録均作「繫在心肺」。

〔三〕「談」原作「論」，據道藏本養性延命録改。

死，死者不可復生，離者不可復返，故乃聖人重之。夫養生之道有都領大歸，未能具其會者，但思每與俗反，則闇踐勝轍，獲過半之功矣。有心之徒，可不察歟！

小有經曰：「少思、少念、少欲、少事、少語、少笑、少愁、少樂、少喜、少怒、少好、少惡。行此十二少，乃養生之都契也。多思則神怠，多念則志〔一〕散，多欲則損智，多事則形疲，多語則氣爭，多笑則傷藏，多愁則心慴，多樂則意溢，多喜則忘錯昏亂，多怒則百脈不定，多好則專迷不治，多惡則燋煎〔二〕無歡。此十二多不除，喪生之本也，無多者幾乎真人。大計奢懶者壽，慳靳〔三〕者夭，放散劬勞〔四〕之異也。田夫壽，膏粱夭，嗜慾多少之驗也。處士少疾，遊子多患，事務繁簡之殊也。故俗人競利，道士罕營。」

胡昭曰：「目不欲視不正之色，耳不欲聽醜穢之言，鼻不欲向羶腥之氣，口不欲嘗毒辣之味，心不欲謀欺詐之事，此辱神損壽。」又居常而歎息，晨夜而吟嘯，不止〔五〕來邪也。夫

〔一〕「志」原作「忘」，據道藏本養性延命録改。
〔二〕「燋煎」，上書作「憔悴」。
〔三〕「靳」，上書作「勤」。
〔四〕「勞」，上書作「悋」。
〔五〕「不止」，上書作「干正」。

常人不得無欲，又復不得無事，但當和心少念静慮〔一〕，先去亂神犯性之事，此則嗇神之一術也。」

黄庭經曰：「玉池清水灌靈根，審能修之可長存。」名曰飲食自然。自然者，則是華池。華池者，口中唾也。呼吸如法，咽之則不飢也。

老君尹氏内解曰：「唾者，漱〔二〕爲醴泉，聚爲玉漿，流爲華池，散爲精汋，降爲甘露。故口爲華池，中有醴泉〔三〕。漱而咽之，溉藏潤身，流利百脈，化養萬神，肢節毛髮，宗之而生也。」

中經〔四〕曰：「静者壽，躁者夭，静而不能養減壽，躁而能養延年。然静易御，躁難持。盡順養之宜者，則静亦可養，躁亦可養。」

韓融元長曰：「酒者，五穀之華，味之至也，亦能損人。然美物難將而易過，養性所宜

〔一〕「少念静慮」，本書卷三五至言總養生篇作「約念静身損物」。

〔二〕「漱」，本書卷五六元氣論引老子節解作「溢」。

〔三〕「故口爲華池，中有醴泉」，「口」原作「曰」，據道藏本養性延命録改。此九字元氣論無，似爲陶弘景所增。

〔四〕「中經」，本書卷三五至言總養生篇作「黄帝中經」。

愼之。」

邵仲堪曰：「五穀充肌體而不能益壽，百藥療疾延年而不能甘口。充肌甘口者，俗人之所珍。苦口延年者，道士之所寶。」

素問曰：「黄帝問岐伯曰：『余聞上古之人，春秋皆百歲，而動作不衰，謂血氣猶盛也。今時之人，年始半百，動作皆衰者，時世異耶？將人之失耶？』岐伯曰：『上古之人，其知道者。法則陰陽，和於術數，房中交接之法。飲食有節，起居有度，不妄動作，故能形與神俱，盡終其天命，壽過百歲〔一〕。今時之人則不然，以酒爲漿，以妄爲常，醉以入房，以慾竭其精，以好〔二〕散其真，不知持滿，不時御神，務快其心，逆於陰陽，治生起居，無節無度〔三〕，故半百而衰也。』」

老子曰：「人生大期，百年爲限，節護之者，可至千歲，如膏之用小炷與大耳。衆人大

〔一〕「故能形與神俱，盡終其天命，壽過百歲」，黄帝内經素問卷一作「故能形與神俱，而盡終其天年，度百歲乃去」。

〔二〕「好」，上書作「耗」。

〔三〕「逆於陰陽，治生起居，無節無度」，上書作「逆於生樂，起居無節」。

言而我小語，衆人多煩而我少記，衆人悖暴而我不怒，不以人事累意，不脩君臣之義〔一〕，淡然無爲，神氣自滿，以爲不死之藥，天下莫我知也。無謂幽冥，天知人情。無謂闇昧，神見人形。心言小語，鬼聞人聲。犯禁滿千，地收人形。人爲陽善，正人報之。人爲陰善，鬼神報之。人爲陽惡，正人治之。人爲陰惡，鬼神治之。故天不欺人依以影，地不欺人依以響。」老君曰：「人修善積德而遇其凶禍者，受先人之餘殃也；犯禁爲惡而遇其福者，蒙先人之餘福也。」

名醫叙病論曰：「世人不終耆壽，咸多夭殁者，皆由不自愛惜，忿爭盡意，邀名射利，聚毒攻神，内傷骨體，外乏〔二〕筋肉，血氣將無，經脈便壅，内裏空疎，惟招衆疾，正氣日衰，邪氣日盛矣！不異舉滄波以注爝火，頹華嶽而斷涓流，語其易也，甚於兹矣！」

彭祖曰：「道不在煩，但能不思衣，不思食，不思聲，不思色，不思勝，不思負，不思失，不思得，不思榮，不思辱，心不勞，形不極，常導引，内氣息，但爾可得千歲。欲長生無限者，當服上藥。」

〔一〕「君臣之義」，道藏本養性延命録作「仕禄之業」。
〔二〕「乏」，上書作「貶」。

仲長統曰：「蕩六情之者〔一〕，有心而不以之思，有口而不以之言，有體而不以之安。安之而能遷，樂之而不愛。以之圖之，不知日之益也，不知物之易也，彭祖老聃庶幾。不然，彼何爲與人者同類而與人者異壽？」

陳紀元方曰：「百病横夭，多由飲食。飲食之患，過於聲色。聲色可絶之踰年，飲食不可廢之一日。爲益亦多，爲患亦切。」多則切傷，少則增益。

張湛云：「凡貴權勢者，雖不中邪，精神内傷，身必死亡。非妖殍〔二〕外侵，直由冰炭内煎，則自崩傷中嘔血。始富後貧，雖不中邪，皮焦筋出，委痺爲攣。貧富之於人，利害猶輕〔三〕於權勢，故痾疹損〔四〕於形骸。動勝寒，静勝熱。能動能静，所以長生。精氣清淨，乃與道合。」

莊子曰：「真人其寢不夢。」

愼子云：「晝無事者夜不夢。」

〔一〕「之者」，道藏本養性延命録作「五性」。

〔二〕「妖殍」，本書卷三五至言總養生篇作「妖禍」。

〔三〕「輕」字原無，據上書補。

〔四〕「損」，上書作「止」。

張道人年百數十，甚翹壯也，云：「養性之道，莫久行、久坐、久卧、久聽，莫强食飲，莫大醉，莫大愁憂，莫大哀思，此所謂能中和。能中和者，必久壽也。」

仙經曰：「我命在我，不在於天。但愚人不能知此道爲生命之要，所以致百病風邪者，皆由恣意極情，不知自惜，故虚損生也。譬如枯朽之木，愚風即折；將崩之岸，值水先頽。今若不能服藥，但知愛精節情，亦得一二百年壽也。」

張湛養生集叙曰：「養生大要，一曰嗇神，二曰愛氣，三曰養形，四曰導引，五曰言語，六曰飲食，七曰房室，八曰反俗，九曰醫藥，十曰禁忌。過此以往，義可略焉。」

青牛道士言：「人不欲使樂，樂人不壽。但當莫强爲力所不任，舉重引强，掘地苦作，倦而不息，以致筋骨疲竭耳。然勞苦勝於逸樂也。能從朝至暮常有所爲，使之不息乃快。但覺極當息，息復爲之，此與導引無異也。夫流水不腐，户樞不朽者，以其勞動數故也。飽食不用坐與卧，欲得行步，務作以散之。不爾，使人得積聚不消之疾，及手足痺蹷，面目黧皺，必損年壽也。」皇甫隆問青牛道士，青牛道士姓封字君達。其養性法則可施用〔一〕。大略云：「體

〔一〕「其養性法則可施用」八字注文，道藏本養性延命録作正文。

欲常勞，食欲常少，勞無過極，少無過虛。去肥濃，節鹹酸，減思慮，損〔一〕喜怒，除馳逐，慎房室。」武帝行之有効。

彭祖曰：「人受氣，雖不知方術，但養之得理，常壽一百二十歲。不得此者，皆傷之也。少復曉道，可得二百四十歲。復微加藥物，可得四百八十歲。」嵇康亦云：「道養得理，上可壽千歲，下可壽百歲。」彭祖曰：「養壽之法，但莫傷之而已。夫冬溫夏涼，不失四時之和，所以適身也。重衣厚褥，體不堪〔二〕苦，以致風寒之疾。厚味脯腊，醉飽厭飫，以致聚結之疾。美色妖麗，嬪妾盈房，以致虛損之禍。淫聲哀音，怡心悦耳，以致荒耽之惑。馳騁遊觀，弋獵原野，以致發〔三〕狂之失。謀得戰勝，兼弱取亂，以致驕逸之敗。蓋聖賢或失其理〔四〕也。然養生之具，譬猶水火，不可失適，反爲害耳！」彭祖曰：「人不知道，經〔五〕服藥損傷。血氣不足，內理空疎，髓腦不實，內已先病，故爲外物所犯，風寒酒色以發之耳！若本充實，豈有病

〔一〕「損」，本書卷三三攝養枕中方作「捐」。
〔二〕「堪」，道藏本養性延命録作「勞」。
〔三〕「發」原作「荒」，據上書及本書卷三三攝養枕中方改。
〔四〕「或失其理」，本書卷三三攝養枕中方作「戒其失理」。
〔五〕「經」，道藏本養性延命録作「徑」。

乎？」

仙人曰：罪莫大於淫，禍莫大於貪，咎莫大於讒。此三者禍之車，小則危身，大則危家。若欲延年少病者，誡勿施精，施精命夭殘。勿大温，消骨髓。勿大寒，傷肌肉。勿咳唾，失肌汁。勿卒呼，驚魂魄。勿久泣，神悲慼〔一〕。勿恚怒，神不樂。勿念内，志恍惚。能行此道，可以長生。

雜戒忌禳災祈善〔二〕

久視傷血，久卧傷氣，久立傷骨，久行傷筋，久坐傷肉。遠思强健傷人，憂恚悲哀傷人，喜樂過差傷人，忿怒不解傷人，汲汲所願傷人，戚戚所患傷人，寒暖失節傷人，陰陽不交傷人，凡交須依導引諸術。若能避衆傷人事，而復曉陰陽之術，則是不死之道。大樂氣飛揚，

〔一〕「慼」原作「蹙」，據道藏本養性延命録改。

〔二〕「雜戒忌禳災祈善」，上書作「雜誡忌禳害祈善篇第三」。

大愁氣不通，用精令人氣力乏，多睡〔一〕令人目盲，多唾〔二〕令人心煩，貪美食令人洩痢。俗人但知貪於五味，不知有元氣可飲。聖人知五味之毒焉故不貪，知元氣可服故閉口不言，精氣息〔三〕應也。唾不咽則氣海不潤，氣海不潤則津液乏，是以服元氣，飲醴泉，乃延年之本也。

沐浴無常不吉，夫婦同浴不吉。新沐浴及醉飽，遠行歸還大疲倦，並不可行房室之事，生病切慎之。丈夫勿頭北向卧，令人神不安，多愁忘。勿跂井，今古大忌。若見十步地墻，勿順牆坐卧，被風吹發癲癇疾。勿怒目久視日月，使目睛失明。凡大汗勿脱衣，不慎多患偏風，半身不遂。新沐浴訖不得露頭當風，不幸得大風刺風疾。觸寒來勿面臨火上，成癇起風眩頭痛。勿跂床懸脚，久成血痺，足重腰疼。凡脚汗勿入水，作骨痺，亦作遁疾〔四〕。久忍小便，脉〔五〕冷兼成冷痺。凡食熱物汗出，勿盪風，發痓頭痛，令人目澁饒睡。凡欲眠

〔一〕「睡」，道藏本養性延命録作「視」。
〔二〕「唾」，上書作「睡」。
〔三〕「息」，上書作「自」。
〔四〕「疾」，上書作「疰」。
〔五〕「脉」，上書作「膝」。

勿歌詠，不祥。眠起勿大語，損人氣。凡飛鳥投人，不可食，鳥〔一〕若開口及毛下有瘡，並不可食之。凡熱泔洗頭冷水濯，成頭風。凡人卧，頭邊勿安火鑪，令人六神不安〔二〕。冬日温足凍腦，春秋腦足俱凍，此乃聖人之常法也。凡新哭泣訖便食，即成氣病。夜卧勿覆頭，婦人勿跂竈坐，大忌。凡唾不用遠，遠即成肺病，令人手重背疼咳嗽。凡人魘，勿點燈照，定魘死，暗喚之即吉，亦不可近前及急喚。凡人卧勿開口，久成病渴，并失血色。凡旦起，勿以冷水開目洗面，令人目澁失明饒淚。凡行途中觸熱，逢河勿洗面，生烏䵟。人睡訖忽覺，勿飲水更卧，成水癖。凡時病新汗解，勿飲冷水，損人心腹不平復。凡空腹不可見聞臭屍氣，入鼻令人成病。凡欲見死屍，皆須先飲酒及咬蒜，辟毒氣。凡小兒不用令指月，兩耳後生瘡欲斷，名月會〔三〕瘡，擣蝦蟆末傅即差，并別餘瘡並不生。凡産婦不可見狐臭人，善令産婦著腫。凡人卧，不用隱膊〔四〕下，令人六神不安。凡卧，春夏欲得頭向東，秋冬頭向

〔一〕「鳥」，道藏本養性延命録作「焉」，連上句。
〔二〕「令人六神不安」，上書作「令人頭重目赤鼻乾。凡卧訖，頭邊勿安燈，令人六神不安」。
〔三〕「會」，上書作「蝕」。
〔四〕「隱膊」，上書作「於窻欂」。

西，有所利益。凡丈夫飢欲得坐小便，飽則立小便，令人無病。凡人睡欲得屈膝側卧，益人氣力，凡卧欲得數轉側。語笑欲令至少，莫令聲高大。春欲得瞑卧早起，夏秋欲得侵夜卧早起，冬欲得早卧晏起，皆有所益。雖云早起莫在鷄鳴前，晏起莫在日出後。冬日天地閉，陽氣藏，人不欲作勞出汗，發洩陽氣損人。新沐浴訖，勿當風結髻，勿以濕髻卧，使人患頭風眩悶，髮秃面腫，齒痛耳聾。濕衣及汗衣皆不可著久，令發瘡及患風〔一〕。

老君曰：「正月旦中庭向寅地再拜，呪曰：『某甲年年受大道之恩，太清玄門，願還某甲去歲之年。』男女皆三通自呪，常行此道延年。」玄女有清神之法，淮南有祠竈之規，咸欲體合真靈，護生者也。仙經祕要：「常存念心中有氣大如鷄子，内赤外黄，辟衆邪延年也。欲却衆邪百鬼，常存念爲炎火如斗，煌煌光明，則百邪不敢干人，可入瘟疫之中。暮卧常存作赤氣在外、白氣在内以覆身，辟衆邪鬼魅。」老君曰：「凡人〔二〕求道，勿犯五逆六不祥，有犯者凶。大小便向西，一逆；向北，二逆；向日，三逆；向月，四逆；仰視天及星辰，五逆。夜起裸形，一不祥；旦起嗔恚，二不祥；向竈罵詈，三不祥；以足向火，四不祥；夫妻晝合，五不祥；怨恚

〔一〕「風」下，道藏本養性延命録有「瘙痒」二字，又「著久」作「久著」。
〔二〕「人」原作「入」，據上書改。

師父，六不祥。」凡人旦起，常言善事，天與之福；凡言奈何歌嘯，名曰請禍。慎勿上牀卧歌，凶。始卧伏卧床，凶。飲食伏床，凶。以匙筯擊盤上，凶。司陰之神在人口左，人有陰禍，司陰白之於天，天則考人魂魄。司殺之神在人口右，人有惡言，司殺白之於司命，司命記之，罪滿即殺。二神監口，惟向人求非，安可不慎言！舌者身之兵革，善惡由之而生，故道家所忌。飲玉泉者，令人延年除百病。玉泉者，口中唾也。鷄鳴、平旦、日中、晡時、黄昏、夜半，一日一夕，凡七〔一〕漱玉泉飲之，每飲輒滿口，咽之延年。髮，血之窮；齒，骨之窮；爪，筋之窮。千過梳髮髮不白，朝夕啄齒齒不齲，爪不數截筋不替。人常數欲照鏡，謂之存形，形與神相存，此其意也。若矜容顔色自愛翫，不如勿照。凡人常以正月一日、二月二日、三月三日、四月八日、五月一日、六月二十七日、七月十一日、八月八日、九月二十一日、十月十四日、十一月十一日、十二月三十日，但常以此日取枸杞菜煑作湯沐浴，令人光澤，不病不老。月蝕宜救人除殃，活萬人與天同功。天不好殺，聖人則之。知不好之〔二〕者，是助天地

〔一〕「七」，疑當作「六」。

〔二〕「知不好之」，道藏本養性延命録作「不好殺」。

長養，故招勝福。善夢可說，惡夢默之，則使之延命〔一〕也。」

服氣療病〔二〕

元陽經曰：「常以鼻内氣，含而漱滿，舌料脣齒咽之，一日一夜得千咽甚佳。當少飲食，多則氣逆百脈閉，百脈閉則氣不行，氣不行則生病。」玄示〔三〕曰：「志者氣之帥也，氣者體之充也。善者遂其生，惡者喪其形。故行氣之法，少食自節，動其形，和其氣，志意專一，固守中外，上下俱閉，神周形骸，調暢四溢，修守關元，滿而足實，因之而衆邪自出。」

彭祖曰：「常閉氣内息，從平旦至日中，乃跪坐拭目，摩搦身體，舐脣咽唾，服氣數十，乃起行言笑。其偶有疲倦不安，便導引閉氣以攻所患。必存其身頭面九竅五藏四肢至于髮端，皆令所在覺其氣雲行體中，起於鼻口，下達十指末，則澄和真神，不須針藥灸刺。凡行氣欲除百病，隨所在作念之。頭痛念頭，足痛念足，和氣往攻之，從時至時，便自消矣。

〔一〕「使之延命」，道藏本養性延命録作「養性延年」。

〔二〕「服氣療病」，上書作「服氣療病篇第四」。

〔三〕「示」原作「末」，據上書改。

時氣中冷，可閉氣以取汗，汗出周身則解矣。行氣閉氣雖是治身之要，然當先達解其理趣。又宜空虛，不可飽滿。若氣有結滯，不得空流，或致瘡癤。譬如泉源，不可壅遏。若食生魚生菜肥肉及喜怒憂恚不除，而以行氣，令人發上氣。凡欲學行氣，皆當以漸。」

劉安曰：「食生吐死，可以長存。謂鼻内氣爲生，口吐氣爲死〔一〕也。凡人不能服氣從朝至暮常習不息，徐而舒之，但令鼻内口吐，所謂吐故納新也。」

服氣經曰：「道者氣也，保氣則得道，得道則長存。神者精也，保精則神明，神明則長生。精者，血脈之川流，守骨之靈神也。精去則骨枯，骨枯則死矣！是以爲道，務寶其精。從夜半至日中爲生氣，從日中後至夜半爲死氣。當以生氣時正偃卧，瞑目握固，握固者，如嬰兒之捲手，以四指押大母指也。閉氣不息，於心中數至二百，乃口吐氣出之。日增息，如此身神具，五藏安。能閉氣至二百五十息，華蓋明。華蓋明則耳目聰明，舉身無病，邪不忓人也。凡行氣以鼻内氣，以口吐氣，微而引之，名曰長息。内氣有一，吐氣有六。内氣一者，謂吸也。吐氣六者，謂吹呼唏呵嘘呬，皆出氣也。凡人之息，一呼一吸，元有此數。欲爲長息吐氣之法，時寒可吹，温可呼，委曲治病。吹以去熱，呼以去風，唏以去煩，呵以下氣，嘘以散

〔一〕「口吐氣爲死」原無，據道藏本養性延命録增。

滯，呬以解極。凡人極者則多嘘呬，道家行氣，多不欲嘘呬。嘘呬者，長息之心〔一〕也。此男女俱存法，法出於仙經。行氣者，先除鼻中毛，所謂通神之路。若天惡風猛大寒〔二〕大熱時，勿取氣。」

明醫論云：「疾之所起，自生五勞，五勞既用，二藏先損，心腎受邪，府藏俱病。五勞者：一曰志勞，二曰思勞，三曰心勞，四曰憂勞，五曰疲勞。五勞則生六極：一曰氣極，二曰血極，三曰筋極，四曰骨極，五曰精極，六曰髓極。六極即爲七傷，七傷故變爲七痛，七痛爲病，令人邪氣多，正氣少，忽忽喜怒悲傷，不樂飲食，不生肌膚，顔色無澤，髮白枯槁。甚者令人得大風偏枯筋縮，四肢拘急攣縮，百關隔塞，羸瘦短氣，腰脚疼痛。此由早娶用精過差，血氣不足，極勞之所致也。凡病之來，不離於五藏，事須識相〔三〕。若不識者，勿爲之耳。心藏病者，體有冷熱，呼吹〔四〕二氣出之。肺藏病者，胷膈脹滿，嘘氣〔五〕出之。脾藏

〔一〕「心」，疑當作「忌」。
〔二〕「天惡風猛大寒」，道藏本養性延命録作「天露惡風猛寒」。
〔三〕「相」，上書作「根」。
〔四〕「吹」原作「吸」，據上書改。
〔五〕「氣」字原無，據上書增。

病者，體上遊風飄飄，身痒疼悶，唏氣出之。肝藏病者眼疼，愁憂不樂，呵氣出之。已上十二種調氣法，但常以鼻引氣，口中吐氣，當令氣聲逐字吹呼嘘呵唏呬吐之。若患者依此法，皆須恭敬用心爲之，無有不差，此即愈病長生要術也。」

導引按摩〔一〕

導引經云：清旦未起，啄齒二七，閉目握固，漱漏〔二〕唾三咽氣。尋閉而不息自極，極乃徐徐出氣，滿三止。便起，狼踞鵄顧，左右自摇曳不息自極，復三。便起下床，握固不息，頓踵三。還上一手下一手，亦不息自極三。又叉手項上，左右自了戾不息復三。又伸兩足，及叉手前却自極，復三。皆當朝暮爲之，能數尤善。平旦以兩掌相摩令熱，熨眼三過，次又以指按目四眥，令人目明。按經云：拘䰟門，制魄户，名曰握固，與䰟魄安門户也，此固精明目留年還䰟之法。若能終日握之，邪氣百毒不得入。握固法，屈大拇指於四小指下把之，積

〔一〕「導引按摩」，道藏本養性延命録作「導引按摩篇第五」。
〔二〕「漏」，上書作「滿」。

習不止，即眼〔一〕中亦不復開。一說云，令人不遭魔魅。

内解云：一曰精，二曰唾，三曰淚，四曰涕，五曰汗，六曰溺，皆所以損人也，但爲損者有輕重耳。人能終日不涕唾，隨有漱漏〔二〕咽之。若恒含棗核咽之，令人愛氣生津液，此大要也。謂取津液，非咽核也。常每旦琢齒三十六通，能至三百彌佳，令人齒堅不痛。次則以舌漱漏滿口中津液〔三〕咽之，三過止。次摩指少陽令熱以熨目，滿二七止，令人目明。每旦初起，以兩手掩兩耳，極上下熱挼之，二七止，令人耳不聾。次又啄齒漱玉泉三咽，縮鼻閉氣，右手從頭上引左耳二七，復以左手從頭上引右耳二七止，令人延年不聾。次又引兩鬢髮舉之一七，則總取髮兩手向上極勢擡上一七，令人血氣通，頭不白。又法：摩手令熱以摩面，從上至下，去邪氣，令人面上有光彩。又法：摩手令熱摩身體，從上至下，名曰乾浴，令人勝風寒時氣熱，頭痛百病皆除。夜欲卧時，常以兩手揩摩身體，名曰乾浴，辟風邪。峻坐，以左手托頭，仰右手向上盡勢托，以身并手振動三；右托頭振動亦三，除人睡悶。平

〔一〕「眼」，疑當作「眠」。
〔二〕「漏」，道藏本養性延命録作「滿」。
〔三〕「漱漏滿口中津液」，上書作「攪漱口中津液滿口」。

旦日未出前，面向南峻坐，兩手托䏶盡勢振動三，令人面有光澤生。旦起未梳洗前，峻坐，以左手握右手於左䏶上，前却盡勢挼左䏶三；又以右手握左手於右䏶上，前却挼右䏶亦三次。又兩手向前盡勢推三次。又叉兩手向胷前，以兩肘向前盡勢三次。直引左臂，拳曲右臂，如挽一斛五斗弓勢，盡力爲之；右手挽弓勢亦然。次以右手托地，左手仰托天盡勢；右亦然。次拳兩手向前築各三七次。拳左手盡勢向背上握指三，右手亦如之。療背膊臂肘勞氣，數爲之彌佳。平旦便轉訖，以一長拄杖策腋，垂左脚於床前，徐峻盡勢掣左脚五七迴；右亦如之，療脚氣疼悶，腰胷冷氣，冷痺及膝冷並主之，日夕三掣彌佳。勿大飽及忍小便掣，如不用拄杖，但遣所掣脚不着地，手扶一物亦得。晨夕梳頭滿一千梳，大去頭風，令人髮不白。梳訖，以鹽花及生麻油搓頭頂上彌佳，如有神明膏搓之甚佳。旦欲梳洗時，叩齒一百六十，隨有津液便咽之，訖，以水漱口，又更以鹽末揩齒，即含取微酢清漿半小合許熟漱，取鹽湯吐洗兩目訖，以冷水洗面，不得遣冷水入眼中，此法齒得堅淨，目明無淚，永無䘌齒。平旦洗面時，漱口訖，咽一兩咽冷水，令人心明淨，去胷臆中熱。

譙國華佗善養性，弟子廣陵吴普、彭城樊阿受〔一〕術於佗。佗嘗語普曰：「人體欲得

〔一〕「受」原作「授」，據道藏本養性延命録改。

勞動，但不當使極耳。人身常揺動，則穀氣消，血脈流通，病不生。譬猶户樞不朽是也。古之仙者及漢時有道士君倩者，爲導引之術，作熊〔一〕經鵄顧，引挽腰體，動諸關節，以求難老也。吾有一術，名曰五禽戲：一曰虎，二曰鹿，三曰熊，四曰猿，五曰鳥，亦以除疾，兼利手足，以常〔二〕導引。體中不快，因起作一禽之戲，遣微汗出即止，以粉塗身，即身體輕便，腹中思食。」吴普行之，年九十餘，耳目聰明，牙齒堅完，喫食如少壯也。虎戲者，四肢距地，前三擲，却二擲，長引腰，乍却〔三〕仰天，即返距，行前、却各七過也。鹿戲者，四肢距地，引項反顧，左三右二，左右伸脚，伸縮亦三亦二也。熊戲者，正仰以兩手抱膝下，舉頭左僻地七，右亦七，蹲地，以手左右托地。猿戲者，攀物自懸，伸縮身體，上下一七，以脚拘物自懸，左右七，手鉤却立，按頭各七。鳥戲者，雙立手，翹一足，伸兩臂，揚眉鼓力，各〔四〕二七，坐伸脚，手挽足距各七，縮伸二臂各七也。夫五禽戲法任力爲之，以汗出爲度。有汗以粉塗

〔一〕「熊」原作「猿」，據道藏本養性延命録及後漢書、三國志華佗傳改。
〔二〕「常」，後漢書、三國志華佗傳作「當」。
〔三〕「乍却」，道藏本養性延命録作「側脚」。
〔四〕「各」原作「右」，據上書改。

身，消穀食〔一〕，益氣力〔二〕，除百病，能存行之者必得延年。又有法：安坐，未食前自按摩，以兩手相叉，伸臂股，導引諸脈，勝於湯藥。正坐，仰天呼出，飲食醉飽之氣立消。夏天爲之，令人涼矣。

〔一〕「穀食」，道藏本養性延命録作「穀氣」。
〔二〕「氣力」二字原無，據上書增。

雲笈七籤卷之三十三

雜修攝

攝養枕中方〔一〕 太白山處士孫思邈撰

夫養生繕性，其方存於卷者甚衆。其或幽微祕密，疑〔二〕未悟之心。至於澄神内觀，遊玄採真，故非小智所及。常思所尋設能及之，而志不能守之，事不從心，術即不驗。誠由前之誤，交切而難遣；攝衛之道，賒遠而易違。是以混然同域，絶而不思者也。嵇叔夜悟之大得，論之未備，所以將來志士，覽而懼焉！今所撰録，並在要典。事雖隱祕，皆易知易爲，以補斯闕。其學者不違情欲之性而俯仰可從，不棄耳目之翫而顧眄可法，旨約而用廣，業少而功多。余研覈方書，蓋亦久矣！搜求祕道，略無遺餘。自非至妙至神，不入兹録。

〔一〕「攝養枕中方」，道藏本收録作「枕中記」。
〔二〕「疑」下，枕中記多「於」字。

誠信誠効，始冠于篇。取其弘益，以貽後代。苟非其道，慎勿虚傳。傳非其人，殃及三世。凡著五章爲一卷，與我同志者寶而行之云爾。

自慎

夫天道盈缺，人事多屯。居處屯危，不能自慎，而能尅濟者，天下無之。故養性之士，不知自慎之方，未足與論養生之道也，故以自慎爲首焉。夫聖人安不忘危，恒以憂畏爲本營，無所畏忌，則庶事隳壞。經曰：人不畏威，則大威至矣。故以〔一〕治身者不以憂畏，朋友遠之；治家者不以憂畏，奴〔二〕僕侮之；治國者不以憂畏，隣境侵〔三〕之；治天下者不以憂畏，道德去之。故憂畏者，生死之門，禮教之主，存亡之由，禍福之本，吉凶之元也。是故士〔四〕無憂畏，則身名不立；農無憂畏，則稼穡不滋；工無憂畏，則規矩不設；商無憂

〔一〕「故以」，枕中記作「夫」。
〔二〕「奴」，上書作「臣」。
〔三〕「侵」，上書作「叛」。
〔四〕「士」原作「仕」，據上書改。

畏，則貨殖不廣；子無憂畏，則孝敬不篤；父無憂畏，則慈愛不著；臣無憂畏，則勳庸不建；君無憂畏，則社稷不安。養性者失其憂畏，則心亂而不治，形躁而不寧，神散而氣越，志蕩而意昏，應生者死，應存〔一〕者亡，應成者敗，應吉者凶。其憂畏者，其猶水火不可暫忘也。人無憂畏，子弟爲勍敵，妻妾爲寇仇。是以太上畏道，其次畏物，其次畏人，其次畏身。故憂於身者不拘於人，畏於己者不制於彼，慎於小者不懼於大，戒於近者不悔於遠。能知此者，水行蛟龍不得害，陸行虎兕不能傷，處世謗讟不能加〔二〕。善知此者，萬事畢矣！

夫萬病横生，年命横夭，多由飲食之患。飲食之患過於聲色，聲色可絶之踰年，飲食不可廢於一日，爲益既廣，爲患亦深。且滋味百品，或氣勢相伐，觸其禁忌，更成沉毒。緩者積年而成病，急者災患而卒至也。

凡夏至後迄秋分，勿食肥膩餅臛之屬，此與酒漿果瓜相妨。或當時不覺即病，入秋節變生，多諸暴下，皆由涉夏取冷太過，飲食不節故也。而或者以病至之日，便爲得病之初，

〔一〕「存」原作「死」，據枕中記改。
〔二〕「處世謗讟不能加」，上書作「五兵不能及，疾病不能侵，讒賊不能謗，毒螫不能加」。

不知其所由來者漸矣。欲知自慎者，當去之於微也。

夫養性者，當少思、少念、少欲、少事、少語、少笑、少愁、少樂、少喜、少怒、少好、少惡，行此十二少者，養生之都契也。多思則神殆，多念則志散，多欲則損智，多事則形勞，多語則氣爭，多笑則傷藏，多愁則心懾，多樂則意溢，多喜則忘錯昏亂，多怒則百脈不定，多好則專迷不理，多惡則憔悴無歡，此十二多不除，喪生之本也。唯無多無少〔一〕幾乎道也。故處士少疾，遊子多患，繁簡之殊也。是故田夫壽，膏粱夭〔二〕，嗜欲多少之驗也。故俗人競利，道士罕營。夫常人不可無欲，又復不可無事，但約私心，約狂念〔三〕，靖躬損思，則漸漸自息耳！封君達云：「體欲常勞，食欲常少，勞勿過極，少勿過虛。恒去肥濃，節鹹酸，減思慮，捐〔四〕喜怒，除馳逐，慎房室，春夏施瀉，秋冬閉藏。」又魚膾生肉諸腥冷之物，此多損人，速宜斷之，彌大善也。心常念善，不欲謀欺詐惡事，此大辱神損壽也。

〔一〕「無少」，上卷養性延命録作「者」。
〔二〕「田夫壽，膏粱夭」，枕中記作「田夫壽高，貴命年夭」。
〔三〕「約私心，約狂念」，上書作「和心約念」。
〔四〕「捐」，上卷養性延命録作「損」。

彭祖曰：「重衣厚褥，體不堪苦，以致風寒之疾。甘味腩腊，醉飽饜飫，以致疝結〔一〕之病。美色妖麗，嬪妾盈房〔二〕，以致虚損之禍。淫聲哀音，怡心悦耳，以致荒耽之惑。馳騁遊觀，弋獵原野，以致發狂之迷。謀得戰勝，取亂兼弱，以致驕逸之敗。」斯蓋聖人戒其失理，可不思以自勗也？

夫養性之道，勿久行、久坐、久聽、久視，不强食，不强飲，亦不可憂思愁哀。飢乃食，渴乃飲，食止，行數百步，大益。人夜勿食，若食，即行約五里，無病損〔三〕。日夕有所營爲，不住爲佳，不可至疲極，不得大安無所爲也。故曰：「流水不腐，户樞不蠹。」以其勞動不息也。

想爾曰：想爾，蓋仙人名。「勿與人爭曲直，當減人筭壽。若身不寧，反舌塞喉，嗽漏咽液〔四〕無數，須臾即愈。道人疾，閉目内視，使心生火，以火燒身，燒身令盡，存之使精神如

〔一〕「疝結」，上卷養性延命録作「聚結」。
〔二〕「嬪妾盈房」四字原無，據上書增。枕中記作「媚妾盈房」。
〔三〕「損」，枕中記作「常須」，連下句。
〔四〕「嗽漏咽液」，上書作「漱津咽唾」。

髣髴，疾即愈。若有痛處，皆存其火燒之，祕驗。」

仙經禁忌

凡甲寅日〔一〕，是尸鬼競亂精神躁穢之日，不得與夫妻同席言語面會，必當清淨沐浴，不寢警備也。

凡服藥物，不欲食蒜、石榴、猪肝、犬肉〔二〕。

凡服藥，勿向北方，大忌。

凡亥子日不可唾，減損年壽。

凡入山之日，未至百步，先却百步，足反登山〔三〕，山精不敢犯人。

凡求仙，必不用見尸。

又忌三月一日，不得與女人同處。

〔一〕「甲寅日」，枕中記作「甲寅庚申日」。

〔二〕「犬肉」下，上書有「猪肉房中都絶爲上」八字。

〔三〕「先却百步，足反登山」，上書作「先却行百步，反足乃登山」。

仙道忌十敗〔一〕

一勿好淫，二勿爲陰賊凶惡，三勿酒醉，四勿穢慢不淨，五勿食父母〔二〕本命肉，六勿食己本命肉，七勿食一切肉，八勿食生〔三〕五辛，九勿殺一切蜫蟲衆生，十勿向北大小便，仰視三光。

仙道十戒

勿以八節日行威刑，勿以晦朔日怒，勿以六甲日食鱗甲之物，勿以三月三日食五藏肉、百草心，勿以四月八日殺伐樹木，勿以五月五日見血，勿以六月六日起土，勿以八月四〔四〕日市附足之物，勿以九月九日起牀席，勿以八節日雜處。

〔一〕「仙道忌十敗」，枕中記將其與下之「仙道十戒」、「學仙雜忌」並列於篇題「避忌」下作子目。

〔二〕「母」原作「命」，據上書改。

〔三〕「生」，上書作「葷膩」。

〔四〕「四」，上書作「八」。

學仙雜忌

若有崇奉六天及事山川魔神者，勿居其室，勿饗其饌。

右已上忌法，天人大戒。或令三魂相嫉，七魄流競；或胎神所憎，三宫受惡之時也。若能奉修，則爲仙材；不奉修失禁，則爲傷敗。

夫陰丹内御房中之術，黄道赤氣交接之益〔一〕，七九朝精吐納之要，六一迴丹雄雌之法，雖獲仙名，而上清不以比德；雖均至化，而太上不以爲高。未弘至道，豈覩玄闥〔二〕？勿親經孕婦女，時酺華池，酣𨠁自樂。全真獨卧，古之養生，尤須適意。不知祕術，詎可怡乎！勿抱嬰兒，仙家大忌。

夫建志内學養神求仙者，常沐浴以致靈氣。如學道者每事須令密，泄一言一事，輒減一筭，一筭三日也。

凡咽液者常閉目内視。學道者常當别處一室，勿與人雜居。著淨衣燒香。

〔一〕「黄道赤氣交接之益」八字原無，據枕中記及洞真太上説智慧消魔真經增。

〔二〕「不以爲高。未弘至道，豈覩玄闥」，上二書作「不以爲貴。此穢仙濁真，固不得覩乎玉闥矣」。

凡書符當北向，勿雜用筆硯。

凡耳中忽聞啼呼及雷聲鼓鳴〔一〕，若鼻中聞臭氣血腥者，並凶兆也。即燒香沐浴齋戒，守三元帝君求乞救護。行陰德，爲人所不能爲，行人所不能行，則自安矣〔二〕。

夫喜怒損志，哀樂害性〔三〕，榮華惑德，陰陽竭精，皆學道之人大忌，仙法之所疾也。夫習真者，都無情慾之感〔四〕，男女之想也。若丹白存於胸中，則真感不應，靈女上尊不降。陰氣所接，永不可以修至道。吾常恨此，賴改之速耳！所以真道不可以對求，要言不可以偶聽，慎之哉！

〔一〕「凡耳中忽聞啼呼及雷聲鼓鳴」，枕中記作「凡耳中忽聞叫喚啼呼及瀨水雷聲鼓鳴」，較近於洞真太上道君元丹上經文。

〔二〕「則自安矣」，枕中記作「矜孤愍窮，扶危拯傾，即衆惡自滅」。

〔三〕「哀樂害性」，上書及真誥均作「哀感損性」。

〔四〕「感」原作「惑」，據上二書改。

導引

常以兩手摩拭面上，令人面〔一〕有光澤，斑皺不生，行之五年，色如少女。摩之令二七而止。卧起平氣正坐，先叉手掩項，目向南〔二〕視上，使項與手爭爲之三四。使人精和，血脈流通，風氣不入，行之不病。又屈動身體四極，反張側掣，宣摇百關，爲之各三。又卧起，先以手內著厚帛，拭項中四面及耳後周匝熱，温温如也。順髮摩頂〔三〕，良久摩兩手，以治面目，久久令人目自明，邪氣不干。都畢，咽液三十過，導内液咽之〔四〕。又欲數按耳左右，令無數，令耳不聾，鼻不塞。

常以生氣時，咽液二七過〔五〕，按體所痛處，每坐常閉目内視，存見五藏六腑，久久自得分明了了。

〔一〕「面上，令人面」，原作「一面上，令人」，據枕中記改。
〔二〕「目向南」，上書及上清太極真人撰所施行祕要經引大洞真經精景按摩篇均作「因仰面」。
〔三〕「頂」，枕中記作「項」。
〔四〕「導内液咽之」，上書作「以導内液」。
〔五〕「咽液二七過」，上書作「咽液三七遍，閉目内視訖」。

常以手中指按〔一〕目近鼻兩眥兩眥目睛明也。閉氣爲之，氣通乃止。周而復始行之，周視萬里〔二〕。

常以手按兩眉後小穴中此處目之通氣者也。三九過，又以手心及指摩兩目及顙上，又以手旋耳各三十過，皆無數時節也。畢，以手逆乘額上三九過，從眉中始，乃上行入髮際中。常行之，勿語其狀，久而上仙。修之時，皆勿犯華蓋。華蓋，眉也。

行氣

凡欲求仙，大法有三：保精、引氣、服餌。凡此三事，亦階淺至深，不遇至人，不涉勤苦，亦不可卒知之也。然保精之術列叙百數〔三〕，服餌之方略有千〔四〕種，皆以勤勞不强〔五〕

〔一〕「按」原作「接」，據枕中記改。
〔二〕「周視萬里」，上書作「洞視千里」。
〔三〕「列叙百數」，上書作「近有百法」，且下有「行氣亦有數千條」七字。
〔四〕「千」，上書作「十」。
〔五〕「强」，上書作「絶」。

爲務。故行氣可〔一〕以治百病，可以去瘟疫，可以禁蛇獸，可以止瘡血，可以居水中，可以辟飢渴，可以延年命。其大要者，胎息而已。胎息者，不復以口鼻嘘吸，如在胞胎之中，則道成矣。

夫善用氣者，嘘水，水爲逆流；嘘火，火爲滅炎；嘘虎豹，虎豹爲之伏匿；嘘瘡血，瘡血則止；聞有毒蟲所中，雖不見其人，便遥爲嘘呪我手，男左女右，彼雖百里之外，皆愈矣。又中毒卒病，但吞三九〔二〕之氣，亦登時差〔三〕也。但人性多躁，少能安静，所以修道難成。

凡行氣之道，其法當在密室閉户安牀暖席，枕高二寸半，正身偃卧，瞑目閉氣，息於胸膈〔四〕，以鴻毛著鼻上，毛不動，經三百息，耳無所聞，目無所見，心無所思，當以漸除之耳。若食生冷五辛魚肉，及喜怒憂恚而行〔五〕氣者，非止無益，更增氣病，上氣嗽〔六〕逆也。不

〔一〕「可」，抱朴子釋滯篇作「或可」，下六「可」同，且「可以居水中」之下，有「或可以行水上」。
〔二〕「三九」原作「三九九當作九」，據枕中記及抱朴子釋滯篇删。
〔三〕「差」原作「善」，據上二書改。
〔四〕「息於胸膈」原作「自止於胸膈」，據枕中記改。
〔五〕「行」原作「引」，據上書改。
〔六〕「嗽」原作「放」，據上書改。

能閉之，即稍學之。初起，三息、五息、七息、九息、而一舒氣，尋〔一〕更噏之。能十二息不舒〔二〕氣，是小通也；百二十息不舒氣，是大通也〔三〕。此治身之大要也。常以夜半之後生氣時閉氣，以心中數數，令耳不聞，恐有誤亂，以手下籌，能至於千，即去仙不遠矣。

凡吐氣，令入多出少〔四〕，恒以鼻入口吐。若天大霧惡風猛寒，勿行氣，但閉之，爲要妙也。

彭祖曰：「至道不煩，但不思念一切，則心常不勞。又復導引行氣胎息，真爾〔五〕可得千歲。更服金丹大藥，可以畢天不朽。」

清齋休糧，存日月在口中，晝存日夜存月，令大如鐶〔六〕。日赤色有紫光九芒，月黄色

〔一〕「尋」字原無，據枕中記增。

〔二〕「不舒」二字原無，據上書增。

〔三〕此句下，上書有「百二十息不舒氣，可以除病。隨病所在念之，頭痛念頭，足痛念足，欲令其愈，和氣攻之，便自銷矣」。

〔四〕「令入多出少」原作「令人多出少入」，據枕中記及抱朴子釋滯篇改。

〔五〕「胎息，真爾」，枕中記作「不息，直爾」。

〔六〕「鐶」原作「環」，據上清明堂玄真經訣及本書卷二三太上玄真訣服日月法改。

有白光十芒。存咽服光芒之液，常密行之無數。若不〔一〕修存之時，恒令日月還住〔二〕面明堂中，日在左，月在右，令二景與目瞳合氣相通也。所以攝〔三〕運生精，理和〔四〕魂神，六丁奉侍，天兵衛護，此上〔五〕真道也。凡夜行及眠卧，心有恐者，存日月還入明堂中，須臾百邪自滅，山居恒爾。凡月五日夜半，存日象在心中，日從口入，使照一心〔六〕之内，與日共光相合會。當覺心腹霞光映照。畢，咽液九遍。到十五日二十五日二十九日〔七〕亦如是，自得百關通暢，面有玉光。又男服日象，女服月象，一日勿廢，使人聰明朗徹，五藏生華。

〔一〕「不」字原無，據上清明堂玄真經訣及本書卷二三太上玄真訣日月法增。
〔二〕「住」字原無，據上二書增。
〔三〕「攝」原作「倚」，據上二書改。
〔四〕「和」原作「利」，據上二書改。
〔五〕「上」字原無，據上二書增。
〔六〕「心」原作「身」，據登真隱訣卷中太虚真人南嶽赤君内法及本書卷二三金仙内法改。
〔七〕「二十九日」四字原無，據上二書增。

守一

夫守一之道，眉中却行一寸爲明堂，二寸爲洞房，三寸爲上丹田。中丹田者，心也；下丹田者，臍下一寸二分是也。一〔一〕有服色姓名，出黄庭經中。男子長九分，女子長六分。昔黄帝到峨嵋山見皇人於玉堂中，帝請問真一之道，皇人曰：「長生飛仙，則唯金丹；守形却老，則獨真一，故仙重焉。」〔二〕凡諸思存，乃有千數以自衛，率多煩雜勞人。若知守一之道，則一切不須也。仙師曰：「凡服金丹大藥，雖未去世，百邪不敢近人。若服草木小藥餌八石，適可除病延年，不足以禳外禍。或爲百鬼所枉，或爲太山横召，或爲山神所輕，或爲精魅所侵，唯有守〔三〕真一，可以一切不畏也。」守一法具在皇人守一經中。

〔一〕「一」字原重，據抱朴子地真篇删。

〔二〕引文中之「飛仙」、「唯」、「却老」、「獨」、「仙重焉」，上書分别作「仙方」、「唯有」、「却惡」、「獨有」、「古人尤重也」。

〔三〕「守」字原無，據上書及枕中記增。

太清存神鍊氣五時七候訣

夫身爲神氣之〔一〕窟宅，神氣若存，身康力健；神氣若散，身乃謝焉。若欲存身，先安神氣，即氣爲神母，神爲氣子，神氣若具，長生不死。若欲安神，須鍊元氣。氣在身内，神安氣海，氣海充盈，心安神定。若神氣不散〔二〕，身心凝静。静至定俱，身存年永。常住道元，自然成聖。氣通神境，神通性慧，命住〔三〕身存，合於真性。日月齊齡，道成究竟。依銘鍊氣，欲學此術，先須絶粒，安心氣海，存神丹田，攝心淨慮，氣海若俱，自然飽矣！專心修者，百日小成，三年大成。初入五時，後通七候。神靈變化，出没自在〔四〕。峭壁千里，去住無礙。炁若不散，即氣海充盈，神静丹田，身心永固。自然迴顔駐色，變體成仙，隱顯自由，通靈百變。名曰度世，號曰真人，天地齊年，日月同壽。此法不服氣，不咽津，不辛苦，要喫但

〔一〕「之」原作「爲」，據存神鍊氣銘改。
〔二〕「若神氣不散」，上書作「定若不散」。
〔三〕「性慧」，上書作「慧命」。「住」原作「注」，據上書改。
〔四〕「在」原作「存」，據上書改。

喫，須休即休，自在自由，無阻〔一〕無礙。五時七候，入胎定觀耳。

五時

第一時心，動多靜少，思緣萬境，取捨無常，念慮度量，猶如野馬，常人心也。

第二時心，靜少動多，攝動入心，而心〔二〕散逸，難可制伏，攝之勤〔三〕策，進道之始。

第三時心，動靜相半，心靜似攝，未能常靜，靜散相半，用心勤策，漸見調熟。

第四時心，靜多動少，攝心漸熟，動即攝之，專注一境，失而遽得。

第五時心，一向純靜，有事〔四〕觸亦不動，由攝心熟，堅固准定矣。

從此已後，處顯而入七候，任運自得，非關作矣！

〔一〕「無阻」二字原無，據存神鍊氣銘增。

〔二〕「入心，而心」，上書作「入靜，心多」。

〔三〕「勤」原作「動」，據上書改。

〔四〕「有事」，上書作「有事無事」。

七候

第一候：宿疾並銷，身輕心暢。停心在内，神靜氣安。四大適然，六情沉寂。心安玄境〔一〕，抱一守中。喜悦日新，名爲得道。

第二候：超過常限，色返童顔。形悦心安，通靈徹視。移居别郡，揀地而安。隣里之人，勿令舊識。

第三候：延年千載，名曰僊人。遊諸名山，飛行自在。青童侍衛，玉女歌揚。騰躡烟霞，綵雲捧足。

第四候：鍊身成氣，氣遶身光。名曰真人，存亡自在。光明自照，晝夜常明。遊諸洞宫，諸仙侍立。

第五候：鍊氣爲神，名曰神人。變通自在，作用無窮。力動乾坤，移山竭海。

第六候：鍊神合色，名曰至人。神既通靈，色形不定。對機施化，應物現形。

第七候：高超物外，迴出常倫。大道玉皇，共居靈境。賢聖集會，弘演至真。造化通

〔一〕「境」原作「竟」，據存神鍊氣銘改。

靈，物無不達。修行至此，方到道源。萬行休停，名曰究竟。

今時之人，學道日淺，曾無一候，何得通靈？但守愚情，保持穢質，四時遷運，形委色衰。體謝歸空，稱爲得道，謬矣！此胎息定觀，乃是留神駐形真元[一]。祖師相傳至此，最初真人傳此術。術在口訣，凡書在文。有德志人，方遇此法。細詳留意，必獲無疑。賢智之人，逢斯聖文矣。

〔一〕「真元」，存神鍊氣銘作「之道」，無下「祖師相傳至此，最初真人傳此術」十三字。

雲笈七籤卷之三十四

雜修攝

太清導引養生經凡十二事

赤松子者，神農時雨師，能隨風上下，至高辛氏時猶存。導引術云：「導引除百病，延年益壽。」朝起布蓆東向爲之，息極乃止，不能息極五通止。此自當日日習之，久久知益。常以〔一〕兩手叉頭上，挽至地，五噏五息，止脹氣。又側卧，左肘肘地，極掩左手腦；復以右手肘肘地，極掩右手腦，五息止，引筋骨。

〔一〕「常以」之下，道藏本太清導引養生經有「朝起布席東向，先以」八字。

以兩手據右膝上，至腰胯起頭，五息止〔一〕，引腰氣。左〔二〕手據腰，左膝右手極上〔三〕引，復以右〔四〕手據腰，右膝左手極上引，皆五息止，引心腹氣。左手據腰，右手極上引，復以右手據腰，左手極上引，五息止，引腹中氣。

叉手胸脇前，左右搖頭不息，自極止，引面耳邪氣，不復得入。

兩手叉〔五〕腰下，左右自搖，自極止，通血脈。

兩手相叉，極左右，引肩中氣。

兩手相叉，反於頭上，左右自調，引肺肝中氣。

兩手叉胸前左右極，引除皮膚中煩氣。

兩手相叉，左右舉肩，引皮膚氣。

正立，左右搖兩胜，引脚氣。

〔一〕「止」原作「上」，據道藏本太清導引養生經改。
〔二〕「左」原作「右」，據上書改。
〔三〕「上」原作「止」，據上書改。
〔四〕「右」原作「左」，據上書改。
〔五〕「叉」原作「支」，據上書改。

甯先生導引養生法蝦蟇龜鼈等氣法附

甯先生者，黄帝時人也。爲陶正，能積火自燒而隨烟上下，衣裳不灼。先生曰：夫欲導引行氣，以除百病，令年不老者，常心念一〔一〕，以還丹田。夫生人者丹，救人者還，全則延年，丹去尸存乃夭〔二〕。所以導引者，令人肢體骨節中諸邪氣皆去，正氣存處。有能精誠勤習理行之，動作言語之間，晝夜行之，骨節堅强，以愈百病。若卒得中風病固，瘼𤺋不隨，耳聾不聞，頭眩癲疾，欬逆上氣，腰脊苦痛，皆可按圖視像，於其疾所在，行氣導引，以意排除去之。行氣者則可補於中，導引者則可治於四肢，自然之道。但能勤行，與天地相保。

常以子後午前〔三〕解髮東向，握固，不息一通，舉手左右導引，手掩兩耳，令髮黑不白〔四〕。

〔一〕「一」，道藏本太清導引養生經作「有一還丹」。

〔二〕「丹去尸存乃夭」，上書作「去則衰朽」。

〔三〕「常以子後午前」六字原無，據上書增。

〔四〕此句下，上書有「卧引爲三，以手指掐項邊脈三通，令人目明」。

東向坐，不息再通，以兩手中指口唾〔一〕之二七，相摩拭目，令人目明。

東向坐，不息三通，手捻鼻兩孔，治鼻宿息肉愈。

東向坐，不息四通，琢齒無數，伏前側坐，不息六通，愈耳聾目眩。還坐，不息七通，愈胸中痛欬。

抱兩膝自企於地，不息八通，愈胸以上至頭耳目咽鼻疾。

去枕握固不息，企於地，不息九通，東首，令人氣上下通徹。鼻內氣愈羸弱，不能從陰陽法，大陰霧勿行之。

蝦蟇行氣法

正坐自動搖臂，不息十二通，愈勞及水氣〔二〕。左右側臥，不息十二通，治痰飲不消。右有飲病右側臥，左有飲病左側臥，有不消者，以氣排之。日初出、日中、日入時，向日正立，不息九通，仰頭吸日精光九咽之，益精百倍。若入火，垂兩臂不息，即不傷。

〔一〕「口唾」，道藏本太清導引養生經作「點口中唾」。

〔二〕「及水氣」，上書作「大佳」。

又法：面南方蹲踞，以兩手從膝中入，掌足五指令內曲，利腰尻完治，淋遺溺愈。箕踞交兩脚，手內並脚中，又叉兩手極引之，愈痳中精氣不泄矣。兩手交叉頤下自極，致〔一〕肺氣，治暴氣欬〔二〕。舉右手展左手坐，以右脚上掩左脚，愈尻完痛。舉手交頸上，相握自極，治脇下痛。舒左手，以右手在下握左手拇指自極，舒右手，以左手在下握右手拇指自極，皆治骨節酸疼。掩兩脚，兩手指著足五指上，愈腰折不能低〔三〕。若血久瘀，爲之愈佳。竪〔四〕足五指，愈腰脊痛。不能反顧頸痛。以右手從頭上來下，又挽下手，愈頸不能反顧視。

〔一〕「致」，道藏本太清導引養生經作「利」。

〔二〕此句下，上書有「舉兩脚夾兩頰邊，兩手據地，服療宿壅」。

〔三〕「低」，上書作「低仰」。

〔四〕「愈佳」，上書作「即愈」。「竪」字原無，據上書增。

坐地，掩左手，以右手指搭〔一〕肩挽之傾側，愈腰膝及小便不通。

龜鼈等氣法

龜鼈行氣法〔二〕：以衣覆口鼻，不息九通，正卧，微微鼻出内氣，愈鼻〔三〕塞不通。反兩手據膝上，仰頭像鼈取氣，致元氣至丹田，治腰脊不知痛。手大拇指急捻鼻孔不息，即氣上行致泥丸腦中，令陰陽從數至不倦。以左手急捉髮，右手還項中，所謂血脈氣各流其根。閉巨陽之氣，使陰不溢信明〔四〕，皆利陰陽之道也。

正坐以兩手交背後，名曰帶縛，愈不能大便，利腹，愈虚羸。

坐地，以兩手交叉〔五〕其下，愈陰滿。

以兩手捉繩轆轤倒懸，令脚反在其上，愈頭眩風癲。以兩手牽反著背上，挽繩自懸，愈

〔一〕「搭」字，道藏本太清導引養生經無。
〔二〕「法」字原無，據上書增。
〔三〕「鼻」字原無，據上書增。
〔四〕「信明」疑當作「囟門」，音近而譌。
〔五〕「叉」下原有「又」字，據道藏本太清導引養生經删。

中〔一〕不專精，食不得下。

以一手上牽繩，下手自持脚，愈尻久痔〔二〕。

坐地，直舒兩脚，以兩手叉挽兩足自極，愈腸不能受食吐逆。

東向坐仰頭，不息五息〔三〕五通，以舌撩口中沫滿二七咽，愈口乾苦。

鴈行氣法：低頭倚臂，不息十二通，以意排留飲宿食從下部出，自愈〔四〕。

龍行氣法：低頭下視，不息十二通，愈風疥惡瘡熱，不能入咽。可候病者以向陽明仰卧，以手摩腹至足，以手持引足，低臂十二，不息十二通，愈脚足溫痺不任行，腰脊痛。

以兩手著項相叉，治毒不愈，腹中大氣即吐之。

〔一〕「愈中」原作「中愈」，據道藏本太清導引養生經改。

〔二〕「痔」下，上書有「及有腫」三字。

〔三〕「五息」二字，上書無。

〔四〕「自愈」原作「息愈」，據上書改。

噏月精法

噏月精：凡月初出時、月中時、月入時，向月正立，不息八通，仰頭噏月精八咽之，令陰氣長，婦人噏之，陰精益盛子道通。

凡入水擧兩手臂，不息不〔一〕没。

面向北方箕踞，以手挽足五指，愈伏兔〔二〕痿尻筋急。

箕踞，以兩手從曲脚入據地，曲脚加其手，擧尻，其可用行氣，愈淋瀝乳痛。

擧脚交叉項，以兩手據地，擧尻持任息極，交脚項上，愈腹中愁滿，去三蟲，利五藏。

蹲踞，以兩手擧足，蹲極横治氣衝腫痛寒疾。

致腎氣法：蹲踞，以兩手擧足五指，低頭自極，則五藏氣總至，治耳不聞目不明，久爲之，則令人髮白復黑。

〔一〕「不」字原無，據道藏本太清導引養生經增。

〔二〕「兔」原作「免」，據上書改。

彭祖導引法〔一〕凡十事

彭祖者，殷大夫，歷夏至商，比年七百，常食桂得道。導引法云：「導引除百病，延年益壽要術也。」

凡十節五十息，五通二百五十息。欲爲之，常於夜半至鷄鳴平旦爲之，禁飽食沐浴。

一、凡解衣被卧，伸腰瞑少時〔二〕，五息止，引腎氣，去痟渴，利陰陽〔三〕。

二、挽兩足指，五息止，引腹中氣，去疝瘕，利九竅。

三、仰兩足指，五息止，引腹〔四〕脊痺偏枯，令人耳聰。

四、兩足〔五〕相向，五息止，引心肺，去欬逆上氣。

五、踵内相向，五息止，除五絡之氣，利腸胃，去邪氣。

〔一〕「彭祖導引法」，道藏本太清導引養生經作「彭祖穀仙卧引法」。

〔二〕「瞑少時」，上書作「填小腹」。

〔三〕此句下，上書有「又云：申左脚，屈右膝，内壓之，五息止，引脾去心腹寒熱，胸臆邪脹」。

〔四〕「腹」，上書作「腰」。

〔五〕「足」下，上書有「内」字。

六、掩左脛，屈右膝，内厭之，五息止，引肺氣，去風虚，令人目明。

七、張脚兩足指，五息止，令人不轉筋。

八、仰卧，兩手牽膝置心上，五息止，愈腰痛。

九、外轉兩足十通〔一〕止，治諸勞。

十、解髮東向坐，握固不息，一通。舉手左右導引，以手掩兩耳，以指掐兩脈邊五通〔二〕，令人目明，髮黑不白，治頭風。

王子喬導引法凡三十四事

王子喬八神導引法，延年益壽除百病。導引法曰：枕當高四寸，足相去各五寸，手〔三〕去身各三寸，解衣披髮，正偃卧，勿有所念，定意，乃以鼻徐内氣，以口出之，各致其藏所，竟

〔一〕「通」下，道藏本太清導引養生經有「内轉兩足十通」六字。

〔二〕「兩脈邊五通」，上書作「項邊脈三通」。

〔三〕「手」原作「半」，據上書改。

而復始，欲休先極之而止，勿强長息，久習乃自長矣。氣之往來，勿令耳聞鼻知〔一〕，微而專之，長遂推之，伏兔〔二〕股胻，以省爲貴，若存若亡，爲之百，動腹鳴氣，有外聲，足則温〔三〕。成功之士，何疾而已〔四〕。

喉嚨如白銀環，一十二〔五〕重繫膺，下去得肺。肺色白澤，前兩葉高，後兩葉卑。心繫其下，上大下鋭，大率赤如茄華未拆〔六〕，倒懸著肺下也。肝又繫其下，色正青，如鳧翁頭也，六葉抱胃，前兩葉高，後四葉卑。膽繫其下，如緑綈囊。脾在中央亦抱胃，正黄如金鑠也。腎如兩伏鼠，挾脊直齊〔七〕肘而居，欲得其居高也。其色正黑，肥肪絡之，白黑昭然。

〔一〕「鼻知」原作「鼻無知」，據道藏本太清導引養生經删。
〔二〕「兔」原作「免」，據上書改。
〔三〕「有外聲，足則温」，上書作「有外聲足，則得成功」。
〔四〕「而已」，蔣力生等校注本引四庫本注作「不已」。
〔五〕「一十二」原作「一十」，據上書增。
〔六〕「大率赤如茄華未拆」，上書作「率率赤如蓮華未開」。
〔七〕「齊」，上書作「臍」。

胃如素囊，念其屈折右曲，無汚穢之患。肝藏魂〔一〕，肺藏魄，心藏神，脾〔二〕藏意，腎藏志，此名曰神舍。神舍修則百脈調，邪病無所居矣。小腸者長九尺〔三〕，法九州。一云：九土，小腸者，長二丈四尺。

諸欲導引，虚者閉目，實者開目，以所苦行氣不用第，七息止，徐徐往來，度二百步所，却坐，小咽氣五六。不差，復如法引，以愈爲効。諸有所苦，正偃卧被髮如法，徐以口内氣填腹自極，息欲絶，徐以鼻出氣數十所，虚者補之，實者瀉之，閉口温氣，咽之三十過，候腹中轉鳴乃止。往來二百步，不愈復爲之。病在喉中胸中者，枕高七寸。病在心下者，枕高四寸。病在臍下者，去枕，以口出氣鼻内氣〔四〕者名曰補，閉口温炁咽之者名曰瀉。

閉氣治諸病法：欲引頭病者仰頭，欲引腰脚病者仰足十指，欲引胸中病者挽足十指，引臂病者掩臂〔五〕，欲去腹中寒熱，諸所不快，若中寒身熱，皆閉氣張腹，欲息者徐以鼻息，

〔一〕「肝藏魂」三字原無，據道藏本太清導引養生經增。
〔二〕「脾」原作「肝」，據上書改。
〔三〕「尺」原作「赤」，據上書改。
〔四〕「以口出氣鼻内氣」，上書作「以口納氣鼻出氣」。
〔五〕「掩臂」二字原無，據上書增。

已復爲，至愈乃止。

一、平坐生腰〔一〕脚兩臂，覆〔二〕手據地，口徐吐氣，以鼻内之，除胸中肺中痛，咽氣令温，閉目也。

二、端坐生腰，以鼻内氣閉之，自前後摇頭各三十，除頭虚空耗，轉地閉目摇之。

三、左脇側卧，以口吐氣，以鼻内之，除積聚心下不便。

四、坐〔三〕生腰，徐以鼻内炁，以右手持鼻，除目昏、淚若出〔四〕，去鼻中息肉、耳聾，亦除傷寒頭痛洸洸〔五〕，皆當以汗出爲度。

五、正偃卧，以口徐出氣，以鼻内之，除裏急。飽食後小咽，咽氣數十令温，若氣寒者，使人乾嘔。腹痛，從鼻内氣七十咽，即〔六〕大填腹内。

〔一〕「生腰」，疑當作「伸腰」。下同。
〔二〕「覆」原作「履」，據道藏本太清導引養生經改，神仙食氣金櫃妙録治萬病訣作「展」。
〔三〕「坐」，四部叢刊本及道藏輯要本作「端坐」。
〔四〕「除目昏，淚若出」，道藏本太清導引養生經「昏」作「晦」，「若」作「苦」。
〔五〕「洸洸」原作「洗洗」，據上書改。
〔六〕「鼻内氣七十咽即」，上書作「口納氣七十所」。

六、右脇側卧，以鼻内氣，以口小吐〔一〕氣數十，兩手相摩熱以摩腹，令其氣下出之，除脇皮膚痛，七息止。

七、端坐生腰，直上展兩臂，仰兩手掌，以鼻内氣，閉之自極七息，名曰蜀王臺，除脇下積聚。

八、覆卧去枕立兩足，以鼻内氣四四所，復以鼻出之極，令微氣入鼻中，勿令鼻知，除身中熱背痛。

九、端坐生腰，舉左手仰其掌，却右手，除兩臂背痛結氣。

十、端坐，兩手相叉抱膝，閉氣鼓腹二七或三七，氣滿即吐，候〔二〕氣皆通暢，行之十年，老有少容。

十一、端坐生腰，左右傾側，閉目以鼻内氣，除頭風，自極七息止。

十二、若腹中滿飲食飽，坐生腰，以鼻内氣數十，以便爲故，不便復爲之，有寒氣腹中不安亦行之。

〔一〕「吐」，道藏本太清導引養生經作「咽」。

〔二〕「候」，上書作「即」。

十三、端坐，使兩手如張弓滿射，可治四肢煩悶背急，每日或時爲之佳。

十四、端坐生腰，舉右手仰掌，以左手承左脇，以鼻内氣自極七息，除胃寒食不變則愈。

十五、端坐生腰，舉左手仰掌，以右手承右脇，以鼻内氣自極七息，除瘀血結氣等。

十六、兩手却據，仰頭，自以鼻内氣，因而咽之數十，除熱身中傷死肌肉等。

十七、正偃卧，端展足臂，以鼻内氣自極七息，摇足三十而止，除胸足中寒周身痺厥逆嗽。

十八、偃卧屈膝，令兩膝頭内向相對，手翻兩足生腰，以鼻内氣〔一〕自極七息，除痺疼熱痛兩胜不隨。

十九、覺身體昏沈不通暢，即導引，兩手抱頭，宛轉上下，名爲開脇。

二十、踞伸右脚，兩手抱左膝頭生腰，以鼻内氣自極七息，除難屈伸拜起胜中痛瘀痺病。

二十一、踞伸左足，兩手抱右膝生腰，以鼻内氣自極七息，展左足著外，除難屈伸拜起胜中疼。一本云：除風目晦耳聾。

〔一〕「以鼻内氣」，道藏本太清導引養生經作「以口納氣，厥逆填腹」。

二十二、正偃臥，直兩足，兩手撚胞所在令赤，如油囊裹丹，除陰下濕小便難頹小腹重不便。腹中熱，但口出氣鼻内之數十，不須小咽氣，即腹中不熱者，七息已，温氣咽之十所。

二十三、踞兩手抱兩膝頭，以鼻内氣自極七息，除腰痺背痛。

二十四、覆臥，傍視兩踵生腰，以鼻内氣自極七息，除脚中弦痛轉筋脚酸疼。二十五段元闕〔一〕

二十六、偃臥，展兩脞〔二〕兩手，兩踵相向，亦鼻内氣自極七息，除死肌不仁足脛寒。

二十七、偃臥，展兩手兩脞，左傍〔三〕一本作停字兩足踵，以鼻内氣自極七息，除胃中食若嘔。

二十八、踞生腰，以兩手引兩踵，以鼻内氣自極七息，布兩膝頭，除痺嘔逆。

二十九、偃臥，展兩脚兩手，仰足指，以鼻内氣自極七息，除腹中弦急切痛。

三十、偃臥，左足踵拘右足拇指，以鼻内氣自極七息，除厥疾。人脚錯踵，不拘拇指，依

〔一〕「二十五段元闕」，道藏本太清導引養生經作「二十五、偃臥，展兩手，外踵指相向，亦鼻納氣自極七息，除兩膝寒脛骨疼」。

〔二〕「脞」，上書作「脚」。

〔三〕「展兩手兩脞，左傍」，原無「展」字，「傍」原作「膀」，據上書增改。又「脞」，上書作「脚」。

文用之。

三十一、偃卧，以右足踵拘左足拇指，以鼻内氣自極七息，除周身痺。

三十二、病在左，端坐生腰，左〔一〕視目，以鼻徐内氣，極而吐之數十一止〔二〕，所閉目上入。

三十三、病在心下若積聚，端坐生腰，向日仰頭，徐以鼻内氣因而咽之，三十所而止，開目作。

三十四、病在右，端坐生腰，右視目，以鼻徐内氣而咽之數十止。

導引雜説

文選江賦云：「噏翠霞。」此謂導引服氣，稍與枕中相類，俱用之。兩手相捉，細捩如洗手法。兩手相叉翻覆向胸前，如挽三石弓力，左右同。兩手相重共按髀，徐徐捩身，以返搥背上十度，作拳向後築十度。大坐偏倚如排山，如把千斤石，上下數度。兩手抱頭，宛轉髀

〔一〕「左」原作「右」，據道藏本太清導引養生經改。

〔二〕「止」字上書無，疑「一」亦衍文。

上。兩手據地，縮身曲脊三度，兩手相叉，以脚蹋中立地反拗三〔一〕舉，起立，以脚前後踏空。大坐伸脚，以手勾脚指。

右導引之法，深能益人延年，與調氣相須，令血脈通，除百病。宜好將息，勿令至大汗，能通伏氣行之，甚佳。

又導引法在枕中卷，與此導引消息，並宜相參作之，大佳。

諸服氣要法並忌觸雜録，如能服之，便成真人。忌陰寒雨霧熱等邪氣，不可輒服也。

凡日午已後，夜半已前，名爲死氣，不可服也。唯酉時氣可服，爲日近明淨，不爲死氣，危、執、閉、破、除此等日，亦不可服。

加可服耳〔二〕。

凡服氣，取子午卯酉時服是也。如冬月，子時氣不可服也，爲寒。如夏月，午時氣不可服，爲熱。仍須以意消息，大畧若是。如腹中大冷，取近日氣及日午氣是。如腹中大熱，服

〔一〕「三」，道藏輯要本、四部叢刊本作「五」。

〔二〕「加可服耳」，神仙食氣金櫃妙録行氣訣作「加之服亦可耳」。

夜半氣及平旦氣。如冬寒，即於一小淨室中生炭火煖之，服即腹中和〔一〕。如夏極熱時，取月中氣服，即涼大冷〔二〕。

每欲服氣，常取體中安隱，消息得所。如安隱時，不住消息耳。消息住〔三〕，先舒手展足，按捺支節，舉脚跟向上左右展足，長出氣三兩度，心念病處隨氣出，病遂盡矣。如服氣之時胸中悶，微微細吐之，悶定則掩口勿盡，盡則復吸入。凡服氣入及出吐皆須微微，吹綿不動，是其常候也。如入氣太急，勿令自耳聞，則驚五神，招其損也。如出氣太急，令自耳聞亦然。如後腹內熱及時節熱，出入氣太急，轉轉增熱則盛也。如服冷及時寒，出入太急，令自耳聞，亦增冷甚也。

初入氣之時，善將息，以飽爲度。若飽後〔四〕，即左右拓更開托，左右捩及蹴空各三度，然後咳嗽耳，拔髮摩面轉腰，令四肢節皮肉骨髓頭面貫徹，腹中即空。如前服之取飽，更不

〔一〕「服即腹中和」，神仙食氣金櫃妙録行氣訣作「服之則腹中沖和」。
〔二〕「即涼大冷」，上書作「則大涼矣」。
〔三〕「住」下至段末，上書作「則加導引引之尤佳矣」。
〔四〕「後」下至段末，上書作「即導引之，自然安泰也」。

須動作耳，自然安泰也。

神炁養形説〔一〕

混元既分，天地得位，人與萬物各分一氣而成形。動者禀乎天，静者法乎地。天地之間最靈者人，能養人之形者唯氣與神。神者，妙萬物而爲言；氣者，借沖虚以爲用。至人之言，莫先乎氣；至人之用，莫妙乎神。我先生得至人之道，見生死之機，常味於無味，用於無用，爲於無爲，事於無事。知神氣可以留形，故守虚無以養神氣。知窈冥可以致信，故入窈冥而觀至精。則天地之間，其猶橐籥乎！至人之不死，其猶谷神乎！先生曰：虚無之中有物謂之神，窈冥之中有物謂之氣，氣者結虚無以成妙。故大洞真人曰：「三月内視，注心一神，則靈〔二〕光化生，纏綿五藏。」其理明矣！且氣者神之母，神者氣之子，欲致其子，先修其母。若神不受味於氣，則氣無以通靈。子不求食於母，則母無以致和。道經曰：

〔一〕「神炁養形説」，道藏本收録作「神氣養形論」。
〔二〕「靈」，神氣養形論作「神」。

「既得其母，以知其子。既知其子，復守其母。」東華玉書云：「繫子長留心安寧」〔一〕，此皆謂修真之要言也。加以耳目者，神之户。道經曰：「專氣致柔，能如嬰兒乎？」黄庭經曰：「仙人道士非有神，積精所致和專仁。」〔二〕正謂此也。後來學者，或納四時五芽之氣，或服引七宿二景之精，握固以象胎形，閉氣以爲胎息，殊乖真人之妙旨，蓋是古來之末事。如此之徒，濁亂元氣，尤損於形神。夫至人以心遊於恬惔〔三〕，飲漱於玄泉，胎息於無味，則神光内照，五氣生靈，自然有紫烟上浮，玉彩交映。敬傳先生之旨，化白爲朱，積精成形，口銜靈芝，降於形中，是謂真仙之術，守中抱一，抱一勿失，與天地齊畢矣。

將攝保命篇

夫人禀二儀之氣，成四大之形，愚智貴賤則别，好養貪生不異。貧迫者力微而不達，富

〔一〕「繫子長留心安寧」原作「母繫子長流心安寧」，據道藏本太上黄庭外景玉經改。神氣養形論作「繫子長存心安寧」。

〔二〕「仙人道士非有神，積精所致和專仁」，「有神」外景經中部經作「異有」。此二句内景經仙人章作「仙人道士非有神，積精累氣以爲真」，神氣養形論「以爲真」作「迺成真」。

〔三〕「心遊於恬惔」，神氣養形論作「心遊於淡，炁合於漠」。

貴者侮傲而難持，性愚者未悟於全生，識智者或先於名利，自非至真之士，何能保養生之理哉！其有輕薄之倫，亦有矯情冒俗，口誦其事，行已違〔一〕之。設能行者，不踰晦朔，即希長壽，此亦難矣。是以達人知富貴之驕傲，故屈迹而下人；知名利之敗身，故割情而去欲；知酒色之傷命，故量事而撙節；知喜怒之損性，故豁情以寬心；知思慮之銷神，故損情而内守；知語煩之侵氣，故閉口而忘言；知哀樂之損壽，故抑之而不有；知情欲之竊命，故忍之而不爲。若加之寒温適時，起居有節，滋味無爽，調息有方，積氣補於泥丸，魂魄守藏，和神保氣，吐故納新，嗜慾無以干其心，邪淫不能惑其性，此則持身之上品，安有不延年者哉！

〔一〕「違」原作「達」，據道藏輯要本、四部叢刊本改。

雲笈七籤卷之三十五

雜修攝

明補

凡質氣礙，皆是妄想而所爲，並由想効也。想成即變化無常，捨想則庶事空寂。以其取鍊力，毛孔開流，所以須隨而補之。其補之法，還舒脚手而卧息，想項上有酥團，融流注心，周遍四肢。又想身卧酥乳池中心以澡沐，久爲令人皮膚光澤。既取氣鍊補訖，欲起出行，體上有汗，當須少米粉摩令汗解燥，然後始得見風日，不然傷人。凡數章，是一時間所作法耳，恐後難曉，是以依序別勒成章焉。

禁忌

夫鹽能益腎，欲〔一〕能傷肺，故須忌之。啑之取味，欲令人衰，故須禁之。夫因欲以生，因欲以死，譬于桃蹊李逕，紫蔕紅葩，遇風而開，遇風而落。但人以身爲國也，神爲君也，精爲臣也，氣爲民也，當須衆戴元后，本固邦寧，君臣康强，所以治也。夫氣化爲精，精化爲神，神化爲嬰兒，故男女構精，所以化生人形。若能蓄精，便得自育。夫育精爲血脉之泉源，骨髓之靈神〔二〕，五藏傷而筋骨枯，即魂魄不守矣！特宜慎焉！猶恐欲性熾隆，陶染難割，雖自强抑，尚恐夢交，當須修習静觀，以防遏之，是謂不死之道。還精補腦，延齡能益，名上仙籍，王母内傳，若能終竟不唾涙者，亦可含一棗啑咽津液也。

方便

凡人之心，或迷不悟，故須方便，示以理矣。假令童子既獲妙術，乃趍而出，遇博公子，

〔一〕「欲」字，道藏輯要本、四部叢刊本無。
〔二〕「神」原作「沖」，據上二書改。

因而問之曰：「子免於八難乎？何以學道？」對曰：「何謂八難？」曰：「不廢道心，一難；不就明師，二難；不託閑居，三難；不捨世務，四難；不割恩愛，五難；不棄利欲，六難；不除喜怒，七難；不斷色欲，八難。」童子曰：「僕無此累矣。」公子曰：「凡人所患，皆多以氣爲主。或有背氣脚氣疰癖等，皆以氣爲根。今子乃咽氣於腹中，能不爲病乎？」童子曰：「鄙哉言乎！良可哀耳。夫氣起於太極，超乎萬象之外。應清明以出入，佇神機以卷舒，澄淺碧於高天，淡輕紅於落日。不干雲雨，不犯塵埃。沉清漢而淨漪瀾，度危紘而蓄哀韻。呼吸玄牝之門，澡雪希夷之域，載營魄，修谷神，去三尸，消百病者。此乃清泠調和有道之氣，故能生成靈命焉。至如起於空隙之間，因於燥濕之處，隨腥臊之穢饌，逐徭役之奔喘，伺宴息之失序，俟劑和之乖宜，結洟涊而不敬，積勃鬱而遂留，時結耆於胸鬲，或煩疼於骨髓，久而不消，將傾大漸，所謂垢濁沉溺之死氣也。」公子曰：「夫人身匪瓠瓜，焉能不食？是身即病，未或可除。故知食爲養身之資，身乃有病之聚。今子乃去食養身，留身除病，豈不惑哉？」童子笑而應之曰：「善哉，或但疑者常抱此疑，不疑者因兹而得也，故天地因乎〔一〕而生，天地滅而非滅，其疑者迷而不悟也，但不知耳。又不聞乎甘肥者貪欲之本，

〔一〕「乎」，道藏輯要本作「一」。

即爲得病之源也。調氣澄心，離二入道者，斯仙之常也。眞教不二，但至仁齊物，理合捐軀，非謂賢聖繫之名實。夫百篇之義，一乘之典，或務理國之倫，或究虛寂之相，詎返入流之始，豈暇汾水之遊哉！譬如〔一〕穿履去泥，傘蓋除雨，未可得也，亦何怪哉？」公子既聞此言已，童子泠然乘風而去，莫知所之也。

化身坐忘法

每夜人定後，偃臥閉目，然後安神定魄忘想，長出氣三兩度，仍須左右捩之，便起拗腰，如前法攝心入臍下，作影人長三四寸。然後遣影人分身百億，聳頭而出屋，鑽房而上，上至天，滿法界皆是我身，便想中明即自見之。既見之，便令影人入臍下便大飽，其化身到來亦戰身動，大況似行氣法。仍須正念凝情於身，但用心無不動也。故老君曰：「道以心得之。」

〔一〕「譬如」原作「避於」，據道藏輯要本改。

胎息法

老君曰：「人之不死，在於胎息矣。」夜半時日中前，自舒展脚手，抝脚咳嗽，長出氣三兩度。即坐握固，攝心臍下，作影人長三二寸，以鼻長吸引來，入口中即閉，閉定勿咽之，亦勿令出口，即於臍下合氣作小點子下之米大，如下數已盡，却還吸引如前。初可數得三十二十點子，漸可數百及二百，後五百，若能至數放千點子，此小胎息長生却老之術。

影人

分身作影人長三四寸許，立影人鼻止，令影人取天邊元空太和之氣，從天而下，穿屋及頭，直入四肢百脈，無處不徹。其氣到來，覺身戰動。每一度爲一通，須臾即數十通，便大飽矣。人有大病，作之十日，萬病俱差。當下氣之時作念之，我身本空，我神本通，心既無礙，萬物以無障礙。何以故？得神通故。凡一切作法，一種即須下之吐氣法，皆須作虵喙，莫動上頷。其吸氣之時，微叩齒令熱。

服紫霄法

坐忘握固，遊神聳頭而出，鑽屋直上，到彼天邊，引紫霄而來，直下穿屋，而從頭上入，内於腹中，常含紫氣隨神而來。向作解心，我本未悟之時，不知道體，今既覺悟，法本由來，不從他得。我知今來得自在者，更無别法，直作定心。心決定故，即得作意，見此氣衆多而來，併聚稠密如赤雲，拯神上天。但作解脱，直以心往天上取亦得，即下方萬物皆空，屋亦空，人性與道同，此神通久視也。

至言總養生篇

老君西昇經曰：「僞道養形，真道養神。真神通道〔一〕，能亡能存。神能飛形，并能移山，形爲灰土，其何識焉？」

又曰：凡「人之〔二〕哀人不如哀身，哀身不如愛神，愛神不如含神，含神不如守身，守

〔一〕「真神通道」原作「通此道者」，據西昇經卷上、至言總卷二改。
〔二〕「之」字，西昇經卷中無。

身長久長存也。」故「神生於形，形成於神〔一〕，形不得神不能自生，神不得形不能自成，形神合同，更相生，更相成。神常愛人，人不愛神。」故絶聖棄智，歸無爲也。雒書寶予命曰：「古人治病之方，和以醴泉，潤以氣藥，不辛不苦，甘甜多味。常能服之，津流五藏，繫在心肺，終身無患。」

大有經曰：「或疑者云：『始同起於無物，終受氣於陰陽，載形魂於天地，資生長於食息，而有愚有智，有强有弱，有壽有夭，天耶人〔二〕耶？』解者曰：『形生愚智，天也；强弱壽夭，人也。天道自然，人道自己。始而胎氣充實，生而乳哺有餘，長而滋味不足，壯而聲色有節者，强而壽。始而胎氣虚耗，生而乳哺不足，長而滋味有餘，壯而聲色自放者，弱而夭。生長而合度〔三〕，加之以道養，年未可量也。』」

潁川胡昭字孔明，曰：「常人不得無欲，又復不得無事，但當和心約念，静身損物，先去亂神犯性者，此嗇神之一術耳。」

〔一〕「神生於形，形成於神」，西昇經卷下無二「於」字。
〔二〕「人」原作「解」，據至言總卷二改。
〔三〕「合度」，本書卷三二養性延命録作「全足」，至言總卷二作「合足」。

黄帝中經曰：夫禀五常之氣，有静有躁，剛柔之性，不可易也。静者不可令躁，躁者不可令静。静者躁者，各有其性，違之則失其分，恣之則害其生。故静之弊在不開通，躁之弊在不精密。治生之道，慎其性分。因使抑引隨宜，損益以漸，則各得適矣。然静者壽，躁者夭，静而不能養減壽，躁而能養延年。然静易御，躁難持，盡慎養之宜者，静亦可養，躁亦可養也。

「凡貴權勢者，雖不中邪，精神内傷，身必死亡。非妖禍外至，直冰炭内結，則傷崩中嘔血而已〔一〕。始富後貧，雖不傷邪，皮焦筋出，委辟内孿爲病〔二〕。貧富之於人，利害猶輕於權勢，故疾痾止於形骸而已矣。」夫養性者，欲使習以成性，性自爲善，不習而無不利也。性既自善，而外百病皆悉不生，禍亂不作，此養性之大經也。善養性者，則治未病之病。故養性者不但餌藥飡霞，其在於五常俱全，百行周備，雖絶藥餌，足以遐年。德行不充，縱玉酒金丹，未能延壽。故老君曰：「陸行不避虎兕」者，此則道德之祐也，豈假服餌而祈遐年哉！聖人所以和藥

〔一〕「則傷崩中嘔血而已」，本書卷三二養性延命録作「則自崩傷中嘔血」。

〔二〕「委辟内孿爲病」，上書作「委痺爲孿」，至言總卷二作「委辟内爲率」。此段引文前，上書有「張湛曰」三字。

者，以救無知之人也。故不遇道〔一〕者，抱病歷年，而不修一行，纏痾没齒，終無悔心，此其所以歧、和長遊，彭、附永歸，良有以也。

嵇康曰：「養生有五難：名利不去爲一難，喜怒不除爲二難，聲色不去爲三難，滋味不絶爲四難，神慮精散爲五難。五者不去，雖心希難老，口誦至言，咀嚼英華，呼吸太陽，不能回其操，不免夭其年。五者無於胸中，則信順日濟，道德日全，不祈喜而有神，不求壽而延年，此亦養生之大經也。然或服膺仁義，無甚泰之累者，抑亦亞乎！」

歧伯曰：「人年四十而〔二〕陰氣自半也，起居衰矣。年五十體重，耳目不聰明。年六十陰痿，氣大衰，九竅不利，下虚上實，涕泣俱出。故曰知之則强，不知之則老，又曰同出而異名。智者察其同，愚者察其異〔三〕。愚者不足，智者有餘。有餘〔四〕則耳目聰明，身體輕强，年老復壯，壯者益理。是以聖人爲無爲，事無事，樂恬淡，無縱欲快志，得〔五〕虚無之

〔一〕「遇道」，至言總卷二作「悟過」，上句「無知」作「無行」。

〔二〕「而」下原有「養」字，據黄帝内經素問陰陽應象大論篇删。

〔三〕「異」原作「愚」，據上書改。

〔四〕「有餘」二字原無，據上書增。

〔五〕「得」，上書作「於」，「事無事」作「之事」，「無縱」作「之能從」。

守，故壽命無窮，與天地終〔一〕，此聖人之理身也。」

真人曰：雖當服餌，而不知養性之術，亦難以長生也。養性之道，不欲飽食便卧及終日久坐，皆損壽也。人欲少勞，但莫大疲及强所不堪耳。人食畢〔二〕行步躊躕，有所循爲快也。故流水不腐，户樞不蠹，其勞動故也。人不可夜食，食畢但當行步，計使中〔三〕數里往來，飽食即卧，生百病也。

夫「欲快意任懷，自謂達識知命，不泥異正，極情肆力，不營持久者〔四〕，聞此言雖風之過耳，電之經目，不足喻也。故身枯於流連之中，氣絶於綺紈之間，而甘心焉，亦安可告之以養性哉？匪惟不納，反謂妖訛也。而望彼信之，所謂明鏡給於矇瞽，絲竹娱於聾夫者也。」抱朴子曰：「一人之身，一國之象也。胸腹之位，猶宫室也；四支之列，猶郊境也；骨節之分，猶百官也。神猶君也，血猶臣也，氣猶民也。故能治民，則治國也〔五〕。夫愛其民

〔一〕「終」下，至言總卷二有「始」字。

〔二〕「畢」下，上書有「當」字。

〔三〕「中」，上書作「十」。

〔四〕「快意」，抱朴子極言篇作「決意」，「異正」作「異端」，「持久」作「久生」。

〔五〕「故能治民，則治國也」，抱朴子地真篇作「故知治身，則能治國也」。

所以安其國，愛其氣所以全其身。民散國亡，氣竭人死。死者不可生也，亡者不可存也。是以聖人消未起之患，治未病之病，醫之於無事之前，不追之於既逝之後。民難養而易危，氣難清而易濁，故審威德所以保社稷，割嗜欲所以固血氣，然後真一存焉，三七守焉，百害却焉，年壽延焉〔一〕。」人年五十至於一百，美藥勿離手，善言勿離口，亂想勿經心。常以深心至誠，恭敬於物。慎勿詐善，以悦於人。

禁忌篇

玉〔二〕珉山人養生方論云：病由口入，節宣方也。生勞敗静，養道性也。酸鹹以時，禮醫具也。補瀉以性，草經明也。性調乎食，命延乎藥，斷可知也。芃蓼害筋，蒜韭傷血，生葷損氣，葱臊炙神，理生之烔戒也。白蒿、苄音下。苗、地黄苗也。惡實、牛蒡。苜蓿四物，濟

〔一〕「年壽延焉」，抱朴子地真篇作「年命延矣」，太上靈寶五符序卷下作「年壽遐焉」。

〔二〕「玉」，至言總卷三作「王」。

身之要也。退與不退，寡之於思慮。進與不進〔一〕，在秉〔二〕之常志。凡一切五辛皆害於藥力，又薰人神氣。凡桃李芸薹蒜韭等，不宜丈夫，婦人亦宜少食漸斷。

凡人年四十已下，不宜全食補丸散，爲陰氣尚未足，陽氣尚盛之故〔三〕也，特宜慎之，就補中有延緩和通者可矣。酉〔四〕後不飲食，若冬月夜長及性熱，少食温軟物，食訖摇動令消，不爾成脚氣。入春不〔五〕宜晚脱綿衣，令人傷寒霍亂，飲食不消，頭痛衝熱汗出。不宜洗身漱口，令人五藏乾，少津液。卧不用著燈及被覆面，兼不用開口。冬夏不用枕冷物鐵石等，令人眼暗。抱朴子曰：或問「所謂傷〔六〕之者，色欲之間乎？」答曰：「亦何獨斯哉！然長生之要，其在房中〔七〕。上士知之可以延年除病，其次不以自伐。若年尚少壯，而

〔一〕「進」原作「追」，據至言總卷三改。

〔二〕「秉」原作「康」，據上書改。

〔三〕「故」原作「後」，據上書改。

〔四〕「酉」原作「自」，據上書改。

〔五〕「不」字，上書無。

〔六〕「傷」字原無，據上書及抱朴子極言篇增。

〔七〕「其在房中」，至言總卷三作「其在房中之道」，抱朴子極言篇作「在乎還年之道」。

知還〔一〕陰丹以補腦，采七益〔二〕於長谷者，不能服藥物，不失一二〔三〕百歲，但不得仙耳。不知其術者，古人方之於凌坯之拒盛陽，羽堂〔四〕之中畜火者也。又思所以不逮而強思之，傷也。力所以不勝而强舉之，傷也。深憂重恚，傷也。悲哀焦悴，傷也。喜樂過差，傷也。汲汲〔五〕所欲，傷也。戚戚所患，傷也。久談言笑，傷也。寢息失時，傷也。挽强弓弩，傷也。沈醉嘔吐，傷也。飽食即卧，傷也。跳走乏氣，傷也。歡呼哭泣，傷也。陰陽不交，傷也。積傷至盡，盡亡非道也〔六〕。是以養性〔七〕之方，唾不至遠，行不疾步，耳不極聽，目不極視，坐不至疲，卧不至懻。懻，居致切，强也，直也。先寒而衣，先熱而解。不欲極飢而

〔一〕「還」下，抱朴子極言篇有「年服」二字。
〔二〕「七益」，上書作「玉液」，至言總卷三作「七液」。
〔三〕「一二」，上二書作「三」。
〔四〕「盛陽，羽堂」，上二書「陽」作「湯」，「堂」作「苞」。
〔五〕「汲汲」原作「校級」，據上二書改。
〔六〕「盡亡非道也」，至言總卷三作「至盡則亡，非道也」，抱朴子極言篇作「則早亡，早亡非道也」。
〔七〕「性」，抱朴子極言篇作「生」。

食，食不過飽〔一〕；不欲極渴而飲，飲〔二〕不過多。凡食過多，即結積聚，飲過多則成痰癖。不欲甚勞，不欲甚逸，不欲甚流汗，不欲多唾，不欲奔車走馬，不欲極目遠望，不欲多啖生冷，不欲飲酒當風卧，不欲數沐浴，不欲廣志遠求，不欲規造異巧。冬不欲極温，夏不欲極涼。不欲露卧〔三〕星下，不欲卧中見扇〔四〕。大寒大熱，大風大露，皆不欲冒之。五味不欲偏多，故酸多則傷脾，苦多則傷肺，辛多即傷肝，鹹多則傷心，甜多則傷腎，此五行自然之理。凡言傷者，亦不便覺，謂久則損壽耳。是以善攝生者，卧起有四時之早晚，興居〔五〕有至和之常制，筋骨有偃仰之方，閑邪〔六〕有吞吐之術，流行營衛有補瀉之法，節宣勞逸有與奪之要，忍怒以養陰氣，抑喜以養陽氣。然後先將草木以救虧缺，後〔七〕服金丹以定不窮，

〔一〕「食不過飽」原無，據抱朴子極言篇增。
〔二〕「飲」原作「食」，據上書改。
〔三〕「卧」字原無，據上書增。
〔四〕「扇」，上書作「肩」。
〔五〕「居」下原有「而」字，據上書删。
〔六〕「筋骨」、「閑邪」，上書分别作「調利筋骨」、「杜疾閑邪」。
〔七〕「後」字原無，據上書增。

養性之道盡於此矣。」

黄帝曰：一日之忌，夜莫飽食。一月之忌，暮莫大醉。一歲之忌，暮莫遠行。終身之忌，卧〔一〕莫燃燭行房。勿得起恨於人，當以息〔二〕怨仇也。一切温食及酒漿，臨上看不見物形〔三〕者，勿食，成卒病。若已食腹脹者，急以藥下之。諸熱食鹹物竟，不得飲冷水酢漿水等，令人善失聲也。

凡人不得北首而卧，卧之勿留燈，令魂魄六神不安多愁恐。亦不可北向喫食、北向尿，北向久坐思惟，不祥起。勿北向唾罵，犯魁罡〔四〕神。勿北向冠帶，勿怒目視日月光，令人失明。凡大汗勿脱衣，得偏風半身不遂。

冬日温足凍腦，春秋足腦俱凍，此聖人之常道。旦起勿嗔恚，旦下牀勿叱呼，勿惡言，勿舉足向火對竈罵，勿咨嗟呼柰何聲，此名請禍，特忌之。勿竪膝坐而交臂膝上，勿令髮覆

〔一〕「卧」，至言總卷三作「暮」。
〔二〕「息」原作「自」，據上書改。「當」，上書作「常」。
〔三〕「形」，上書作「影」。
〔四〕「罡」原作「罔」，據上書改。

面，皆不祥。清旦作〔一〕善事，聞惡事即於所來方唾之，吉。惡夢，旦不用說，以含水向東方噀之，云：「惡夢著草木，好夢成寶玉。」即無咎矣！

凡上牀，先脱左足履。或遠行乘車馬，不用迴顧，顧則神去人。凡一切蜎飛蠢動，不可故殺傷損。至於龜蛇，此二物有靈，異於他族，或〔二〕殺他有靈者，或陰精害人，深宜慎之。勿陰霧中遠行。

凡行來坐卧，常存北斗魁罡〔三〕星在人頭上，所向皆吉。勿食父母兄弟及自身〔四〕本命肉等，令人魂魄飛揚，家出不孝悌子息。

凡旦起著衣誤翻著者，云「吉利」，便著無苦也。衣有光，當三振之云「殃去殃去」，則無害。勿塞井及水溝瀆，令人目盲。向午後陰氣起，不可沐髮，令人心虚饒汗，多夢及頭風也。

〔一〕「作」，至言總卷三作「聞諸」。

〔二〕「或」下，上書有「誤」字。

〔三〕「罡」原作「同」，據上書改。

〔四〕「身」字原無，據上書增。

雲笈七籤卷之三十六

雜修攝

玄鑑導引法

抱朴子曰：道以爲流水不腐、户樞不蠹，以其勞動故也。若夫絶坑停水，則穢臭滋積；委木在野，則蟲蝎太半〔一〕。真人遠取之於物，近取之於身。故上天行健而無窮，七曜運動而能久，小人習勞而湛若，君子優游而易傷，馬不行而脚直，車不駕而自朽。導引之道，務於詳和，俛仰安徐，屈伸有節。導引秘經，千有餘條。或以逆却未生之衆病，或以攻治已結之篤疾，行之有効，非空言也。今以易見之事，若令食而即卧，或有不消之疾，其劇者發寒熱癥堅矣。飽滿之後，以之行步，小小作務，役揺肢體，及令人按摩，然後以卧，即無斯患。古語有三疾之言，暮食太飽，居其一焉。暮食既飽，便以寢息，希不生疾，故無壽也。

〔一〕「太半」，道藏輯要本作「滋生」。

諸風瘑疾，尠不在臥中得之，臥則百節不動，故受邪炁，此皆病然〔一〕可見。近魏華佗以五禽之戲教樊阿，以代導引〔二〕，食畢行之，汗出而已。消穀除病。阿行之，壽百餘歲，但不知餘術，故不得大延年。一則以調營衛，二則以消穀水，三則排却風邪，四則以長進血炁。故老君曰：「天地之間，其猶橐籥乎！虚而不屈，動而愈出。」言人導引摇動，而人之精神益盛也。導引於外而病愈於内，亦如針艾攻其滎俞〔三〕之源，而衆患自除於流末也。導引一十三條如後：

第一治短炁，結跏趺坐，兩手相叉置玉枕上，以掌向頭，以額著地，五息止。

第二治大腸中惡氣，左手按右手指五息，右手按左手指亦如之。

第三治腸中水癖，以左手指向天，五息。以右手指拄地，左足伸，右足展極伸，五息止。

第四治小腸中惡炁，先以左手叉腰，右手指指天極，五息止。右手亦如之。

第五治腰脊間悶，結跏趺坐，以掌相按置左膝上，低頭至頰右，五息。外左廻左膝上還

〔一〕「病然」，道藏輯要本作「病原」，疑當作「炳然」。

〔二〕按後漢書、三國志華佗傳均云：華佗以五禽之戲教吴普，以漆葉青黏散授樊阿。

〔三〕「俞」，疑當作「腧」。

右膝而轉，至五匝止。右亦如之。謂之腰柱。

第六治肩中惡炁，以兩手相叉拊左脅，舉右手肘從乳至頭，向右轉振擿之，從右抽上，右振五過止。

第七治頭惡炁，反手置玉枕上，左右摇之極，五息止。

第八治腰脊病，兩手叉腰，左右摇肩至極，五息止。

第九治胸中，以兩手叉腰，左右曲身極，五息止。

第十治肩中勞疾，兩手相叉，左右擗之，低頭至膝極，五息止。

第十一治皮膚煩，以左右手上振兩肩極，五息止。

第十二治肩胛惡注，左右如挽弓，各五息止。

第十三治膊中注炁冷痺，起立，一足蹋高，一足稍下，向前後掣之，更爲之各二七。無病亦常爲之，萬疾不生。

按摩法

按摩日三遍，一月後百病並除，行及奔馬，此是養身之法。兩手相捉，紐捩如洗手法。兩手淺相叉，翻覆向胸。兩手相叉共按脞。左右同。兩手相重按脞，徐徐捩身，如挽五石弓。

左右同。兩手拳向前築。左右同。又如拓石。左右皆同。以拳却頓，此是開胸法。左右同。大坐斜身偏拓如排山。左右同。兩手抱頭宛轉髀上，此是抽腦法。兩手據地，縮身曲脊，向上三舉，以手杖槌脊上。左右同。大坐伸脚三，用手掣向後，左右同。立地反拗三舉，兩手拒地廻顧，此乃虎〔一〕視法。左右同。兩手急相叉，以脚踏地。左右同。起立以脚前後踏。左右同。大坐伸脚，當手相勾所伸脚著膝上，以手按之。左右同。凡一十八勢，但老人日能行之三遍者，常補益，延年續命，百病皆除，進食眼明，輕健不復疲也。

食氣法

養生之家，有食炁之道。夫根植華長之類，蚑行蠕動之屬，莫不仰炁以然。何爲能使人飽乎？但食之有法，道家秘之，須其人乃傳，俗人無緣得之知。苟得其道，所甚易也。非唯絶穀，抑亦辟百毒，却千邪，百姓日用而不知。仙經云食炁法，從夜半至日中六時爲生炁，從日中至夜半六時爲死氣，唯食生而吐死，所謂真人服六炁也。

〔一〕「虎」，道藏輯要本、四部叢刊本作「虔」。

食氣絶穀法

向六旬六戊，從九九至八八、七七、六六、五五而飽，或念天蒼，或思黄帝，或春引歲星之炁以肝受之。其餘四方〔一〕皆然。初爲之頗有小瘦，行四旬已上，顔色轉悦，體力漸壯，白髮更黑，落齒更生，負重履嶮，勝於食穀時。余見十餘人爲之，皆七八十歲，丁健體輕，而耐寒暑，有真驗，非虚傳也。善其術者，可以攻遣百病，消逐邪風，及中惡卒急，尸注所忤，心腹切痛，瘟瘧溪毒，引炁驅之，不過五六十通，無不即除。又行炁久多而斷穀最易，唯有胎息之法獨難。所謂胎息者，如人未生在胎之中時，炁久息也。習則能息鼻口炁，如已息鼻口炁，則可居水底積日矣。

又治金瘡，以炁吹之，血斷痛止。

又蛇虺毒蟲中人，皆禁之即愈。或十數里，便遥治之，呼其姓名而呪之，男呼我左，女呼我右，皆愈，此所共知。孫先生曰：「旦夕者，是陰陽轉換之時。」日旦五更初，陽炁至，頻伸眼開，是上生炁，名曰陽息而陰消。暮日入後，陰炁至，凛然時坐睡倒時，是下生炁至，名

〔一〕「方」，道藏輯要本作「時」。

曰陽消陰息。暮日入後，天地日月，山川江海，人畜草木，一切萬物，體中代謝往來，一時休息。一進一退，如晝夜之更始，又如海水之朝夕，是天地之道耳。面向午，展兩手於膝上，徐按捺肢節，口吐濁氣，鼻引清氣。凡吐者，去故炁引生炁也。經云：「玄牝門，天地根，綿綿若存，用之不勤。」言鼻是天之門户，可以出納陰陽生死之炁也。良久，徐徐乃以手左拓右拓，上拓下拓，前拓後拓，瞋目張口，叩齒摩眼，抱頭拔耳，挽鬢挽腰，咳嗽發陽振動也。雙作隻作，反手爲之。然掣足仰展八十九十而止，仰下徐徐定心作止息之法。見空中元和炁下入鳩尾際，漸漸頂如雨晴雲入山，自皮肉至骨至腦，漸漸入腹中，四肢五藏，皆受其潤，如流水滲入地，地徹，即覺達於湧泉，腹中有聲汩汩然。意每存之，不得外緣，即便覺無。炁若徹，即手體振動，兩脚膝躍屈，亦令牀有聲拉拉然，則名一通。兩通乃至日别得三通，覺身體悦懌，膚色滋潤，耳目精明，令人養美力健，百病皆去。行之五年十年，長存不忘，得滿千萬通，去仙不遠也。

攝生月令朝請大夫檢校太子左贊善大夫上柱國姚稱集

夫攝生大體，略有三條：所爲吐納鍊藏，胎津駐容；其次餌芝木，飛伏丹英；其三次五穀，資衆味，終古不易者，生生性命必繫於兹也。氣之與藥，具標别卷。今所撰集，用食延生，順時省味者也。

按扁鵲論曰：「食能排邪而安藏腑，神能爽志以資血氣。攝生者氣正則味順，味順則神氣清，神氣清則合真之靈全，靈全則五邪百病不能干也。故曰：水濁魚瘦，氣昏人病。夫神者生之本，本者生之真，大用則神勞，大勞則形疲也。」

按彭祖攝生論曰：「目不視不正之色，耳不聽不正之聲，口不嘗毒糲之味，心不起欺詐之謀，此之數種，乃亡魂喪精、減折筭壽者也。」

按枕中傳曰：「五味者，五行之氣也，應感而成，人即因五味而生，亦因五味而消。」

按黄帝内傳曰：「食風者靈而延壽〔一〕，食穀者多智而勞神，食草者愚癡而足力，食肉者鄙勇而多嗔，服氣者長存而得道。」

孫氏傳曰：「五味順之則相生，逆之則相反。夫人食慎勿慍怒，勿臨食上説不祥之事，勿吞咽忽〔二〕遽，必須調理安詳而後食。」

〔一〕「食風者靈而延壽」，本書卷三二養性延命録引孔子家語及淮南子地形訓均作「食氣者神明而壽」，其下數語，亦有出入。

〔二〕「忽」，疑當作「怱」。

黄帝内傳曰：「春宜食甘，甘走肉，多食甘則痰溢，皮膚粟起。夏宜食辛，辛走氣，多食辛則氣躁好蹎〔一〕。秋宜食酸，酸走骨，多食酸則筋縮骨中疼。冬宜食鹹，鹹走血，多食鹹則血溢口乾。多食苦則嘔逆而齒疎。」

養生傳曰：「凡人雖常服餌，不知養生之道，必不全其真也。」

小有經曰：「才所不勝而强思之，傷也；力所不任而强舉之，傷也；深憂重喜，皆有傷也。」

抱朴子曰：「一人之身，一國之象。胸腹之位，猶宮室也；四肢之列，猶郊境也；骨節之分，猶百官也。神猶君也，血猶民也〔二〕。」

養生傳曰：「一日之忌，暮勿飽食；一月之忌，暮勿大醉；一歲之忌，慎勿遠行〔三〕；永久之忌，勿向西北二方大小便露赤也。」

孟春，☰泰。斗建寅，日在虛，律中太簇，五將東方，月德丙，月合辛，生氣子，天利卯，五富亥，月殺丑，月厭戌，

〔一〕「蹎」，道藏輯要本作「嗔」。
〔二〕「血猶民也」抱朴子地真篇作「血猶臣也，氣猶民也」。
〔三〕「慎勿遠行」，本書卷三五玉珉山人養生方論作「暮莫遠行」，下二句作「終身之忌，卧莫燃燭行房」。

九空辰，死氣午，歸忌丑，往亡寅，大敗甲寅，血忌丑。

孟春是月也，天地俱生，謂之發陽。天地資始，萬物化生。夜卧早起，以緩其形。使志生生而勿殺，予而勿奪。君子固密，無泄真氣。其藏肝，木位在東方。其星歲，正月二月三月。其卦震，其地青州，其書詩，其樂瑟，其帝靈威仰，其神勾芒，青龍爲九天，白虎爲九地，其蟲魚，其畜犬〔一〕，其穀麥，其果梅，其菜韮，其味酸，其臭腥，其色青，其聲怒，其液泣。立春木相，春分木王，立夏木休，夏至木廢，立秋木囚，秋分木死，立冬木没，冬至木胎。

仲春，☱大壯。斗建卯，日在室，律中夾鍾，五將北方，月德甲，月合巳，生氣丑，天利辰，五富寅，月殺戌，月猒酉，九空丑，死氣未，歸忌寅，往亡巳，大〔二〕敗甲午，血忌未。

仲春是月也，號猒於日，和其志，平其心。勿極寒，勿極熱，安静神氣，以法生成。勿食黄花菜及陳葅，發宿疾，動痼氣。勿食大蒜，令人氣壅，關隔不通。勿食蓼子及雞子，滯人氣。勿食小蒜，傷人志性。勿食兔肉，令人神魂不安。勿食狐狢肉，傷人神。是月腎藏氣微，肝藏正王，宜淨膈去痰，宜泄皮膚，令得微汗，以散去冬温伏之氣。是月六日八日，宜沐

〔一〕「犬」原作「大」，據道藏輯要本改。

〔二〕「大」原作「天」，據道藏輯要本、四部叢刊本改。

浴齋戒，天祐其福。十四日忌遠行，水陸亦不可往。九日忌食一切魚鼈，二十日宜修真道。

季春，䷪夬。斗建辰，日在婁，律中姑洗，五將西方，月德壬，月合丁，生氣寅，天利巳，五富亥，月殺未，月猒申，九空戌，歸忌子，往亡申，大敗甲戌，斗陽，血忌寅。

季春是月也，萬物發陳，天地俱生，陽熾陰伏。卧起俱早，勿發泄大汗，以養藏氣。勿食韭，發痼疾，損神傷氣。勿食馬肉，令人神魂不安。勿食麞鹿肉等，損氣損志。是月肝臟氣伏，心當向王，宜益肝補腎，以順其時。是月五日，忌見一切生血物，宜齋戒静念真籍，不營俗務。十六日忌遠行，水陸俱不可往。二十七日宜沐浴，是月火相水死。勿犯西北風，勿久處濕地，必招邪毒。勿大汗當風，勿露體星宿下，以招不祥之事。

孟夏，䷀乾。斗建巳，日在昴，律中仲吕，五將南方，月德庚，月合乙，生氣卯，天利午，五富申，月殺辰，月猒未，九空未，死氣酉，歸忌丑，往亡亥，大敗丁巳，斗陽，血忌申。

孟夏謂之播秀，天地始交，萬物並實。夜卧早起，思無怒，勿泄大汗。夏者火也，位在南方，其藏心，其星熒惑，時四月五月六月。其六月屬土，大王於此月，其地揚州，其書禮，其樂竽，其帝赤熛弩，其神祝融，朱雀爲九天，玄武爲九地，其蟲鳳，其畜羊，其穀麻，其果杏，其菜薤，其味苦，其臭焦，其色赤，其聲呼，其液汗。立夏火王，夏至火相〔一〕，立秋火休，秋分火廢，立冬火囚，冬至火死，立春火没，春分火胎。

仲夏，䷫遘。斗建午，日在參，律中蕤賓，五將東方，月德丙，月合辛，生氣辰，天利未，五富亥，月殺丑，月猒午，九空卯，死氣戌〔二〕，歸忌寅，往亡卯，大敗丁酉，血忌卯，斗陽。

仲夏是月也，萬物以成，天地化生。勿以極熱，勿大汗當風，勿曝露星宿，皆成惡疾。勿食雞肉，生癰疽漏瘡。勿食蛇蟮等肉，食則令人折筭壽，神氣不安，慎勿殺生。是月肝臟以病，神氣不行，火氣漸壯，水力衰弱，宜補腎助肺，調理胃氣，以助其時。是月八日忌遠行涉〔三〕，水陸並不可往。宜安心靜慮，沐浴齋戒，必得福慶之事。是月切忌西北不時之風，此是邪氣，犯之令人四肢不通，致百關無力。

季夏，䷠遯。斗建未，日在東井，律中林鍾，五將北方，月德甲，月合巳，生氣巳，天利申，五富寅，月殺戌，月猒巳，九空子，死氣亥，歸忌子，往亡午，大敗丁丑，血忌酉。

〔一〕「立夏火王，夏至火相」，按春、秋、冬三季例，「王」「相」宜互乙。
〔二〕「戌」原作「戊」，據道藏輯要本改。
〔三〕按上下文例，「涉」字疑衍。

季夏是月也，法土重濁，主養四時，萬物生榮。增鹹減甘，以資腎藏。勿食羊血，損人神魂，少志健忘。勿食生葵，必成水癖。是月腎藏氣微，脾臟獨王，宜減肥濃之物，宜助腎氣，益固筋骨，切慎賊邪之氣。六日沐浴齋戒，絶其營俗。二十四日忌遠行，水陸俱不可往。是月不宜起土功，威令不行。宜避温氣，勿以沐浴後當風，勿專用冷水浸手足。慎東來邪風，犯之令人手癱緩，體重氣短，四肢無力。

孟秋，䷋否。斗建申，日在張，律中夷則，五將北方，月德壬，月合丁，生氣午，天利酉，五富巳，月殺未，月猒辰，九空酉，死氣子。歸忌丑，往亡酉，大敗庚申，血忌辰。

孟秋謂之審天地之氣，以急正氣。早起早卧，與雞俱興，使志安寧，以緩形收斂神氣。秋者金也，位在西方，其星太白，時七月八月九月，其卦兑，其地蔡州，其書春秋，其樂磬，其帝少昊，其神蓐收，白虎爲九天，青龍爲九地，其蟲虎，其畜雞，其穀黍，其果桃，其菜葱，其味辛，其臭羶，其色白，其聲哭，其液唾。立秋金相，秋分金王，立冬金休，冬至金廢，立春金囚，春分金死，立夏金没，夏至金胎。

仲秋，䷓觀。斗建酉，日在翼，律中南吕，五將南方，月德庚，月合乙，生氣未，天利戌，五富巳，月殺辰，月猒卯，九空酉，死氣丑，歸忌寅，往亡子，大敗庚子，血忌戌。

仲秋是月也，大利平肅，安寧志性，收斂神氣。宜增酸減辛，以養肝氣。無令極飽，令人壅。勿食生蜜，多作霍亂。勿食雞肉，損人神氣。勿食生果子，令人多瘡。是月肝藏少氣，肺藏獨王，宜助肝氣，補筋養脾胃。是月七日，宜屏絶外慮，沐浴齋戒吉。二十九日忌遠行，水陸並不可往。起居以時，勿犯賊邪之風，勿增肥腥物，令人霍亂。其正毒之氣，最不可犯。是月祈謝求福，以除宿愆。

季秋，䷖剥。斗建戌，日在南斗，律中無射，五將東方，月德丙，月合辛，生氣申，天利亥，五〔一〕富亥，月殺丑，月猒丑，九空寅，死氣寅，歸忌子，往亡辰，大敗庚辰，斗陽，血忌巳。

季秋是月也，草木凋落，衆物伏蟄，氣清風暴爲朗。無犯朗風，節約生冷，以防癘疾。勿食諸薑，食之成痼疾。勿食小蒜，傷神損壽，魂魄不安。勿食蓼子，損人志氣。勿以猪肝和餳同食，至冬成嗽病，經年不差。是月肝藏氣微，肺金用事，宜減辛增酸，以益肝氣，助筋補血，以及其時。勿食鷄雉等肉，損人神氣。勿食雞肉，令人魂不安，魄驚散。十八日忌遠行，不達其所。二十日宜齋戒，沐浴淨念，必得吉事，天祐人福。

孟冬，䷁坤。斗建亥，日在房，律中應鍾，五將北方，月德甲，月合巳，生氣酉，天利子，五富巳，月殺戌，月猒辰，

〔一〕「五」原作「丑」，據上下文例改。

九空亥，死氣卯，歸忌丑，往亡未，大〔一〕敗癸亥，斗陽，血忌亥。

孟冬謂之閉藏，水凍地坼，早臥晚起，必候天曉，使至温暢，無泄大汗，勿犯冰凍，温養神氣，無令邪炁外至。冬者水也，位在北方，其星辰，其時十月十一月十二月，其卦坎，其地分冀州，其書周易，其樂簫，其帝叶光紀，其神玄冥，玄武爲九天，朱雀爲九地，其蟲龜，其畜豘，其穀大豆，其果栗，其菜藿，其味鹹，其臭腐，其色黑，其聲沉，其液唾。立冬水相，冬至水王，立春水休，春分水廢，立夏水囚，夏至水死，立秋水没，秋分水胎。

仲冬，䷗復。斗建子，日在箕，律中黄鍾，五將北方，月德丁，月合壬，生氣戌，天利丑，五富巳，月殺申，月猒子，九空申，歸忌寅，往亡戌，大敗癸卯，血忌午。

仲冬是月也，寒氣方盛，勿傷冰凍，勿以炎火炙腹背，無食焙肉，宜減鹹增苦，以助其神氣。無發蟄藏，順天之道。勿食蝟肉，傷人神魂。勿食螺蚌蟹鼈等物，損人志氣，長尸蟲。勿食經夏黍米中脯腊，食之成水癖疾。是月腎藏正王心肺衰，宜助肺安神，補理脾胃，無乖其時。是月三日，宜齋戒淨念，以全神志。二十日不宜遠行。勿暴温暖，切慎東南賊邪之風，犯之令人多汗面腫，腰脊强痛，四肢不通。

〔一〕「大」原作「犬」，據道藏輯要本、四部叢刊本改。

季冬，巳臨。斗建丑，日在南斗，律中大吕，五將南方，月德庚，月合乙，生氣亥，天利寅，五富申，月殺辰，月猒巳，九空巳，死氣巳，歸忌子，往亡丑，大敗癸未，血忌子。

季冬是月也，天地閉塞，陽潛陰施，萬物伏藏，去凍就温。勿泄皮膚大汗，以助胃氣。勿甚温煖。勿犯大雪。勿食猪豘肉，傷人神氣。勿食霜死之果菜，夭人顔色。勿食生薤，增痰飲疾。勿食熊羆肉，傷人神魂。勿食生椒〔一〕，傷人血脈。七日忌遠行，水陸並不吉。一日宜沐浴。是月肺〔三〕藏氣微，腎藏方王。可減鹹增苦，以養其神。宜小宣，不欲全補。是月衆陽俱息，水氣獨行。慎邪風，勿傷筋骨，勿妄針刺，以其血澁，津液不行。

〔一〕「椒」原作「掓」，據道藏輯要本、四部叢刊本改。
〔三〕「肺」原作「時」，據上二本改。

雲笈七籤卷之三十七

齋戒

齋戒叙

夫入靖修真，要資齋戒，檢口慎過，其道漸階。南華真經云：顏回問道於孔子。孔子曰：「汝齋戒，吾將語汝。」顏回曰：「回居貧，唯不飲酒不茹葷久矣。」孔子曰：「是祭祀〔一〕之齋，非心齋也。」「汝一志，無以耳聽，而以心聽。無以心聽，而以氣聽〔二〕。」「疏瀹汝心志，澡雪汝精神，掊擊汝智慮，我將語汝。夫道冥然難言哉！將爲汝試言其約略爾〔三〕。」混元皇帝聖紀云：按諸經齋法，略有三種：一者設供齋，以積德解愆。二者節食齋，可以和神

〔一〕「祀」原作「祝」，據莊子人間世及道藏本齋戒籙、至言總改。

〔二〕以上十九字，莊子人間世作「若一志，无聽之以耳而聽之以心，无聽之以心而聽之以氣」。

〔三〕以上三十五字，莊子知北遊作「疏瀹而心，澡雪而精神，掊擊而知！夫道窅然難言哉！將爲汝言其崖略」。

保壽，斯謂祭祀〔一〕之齋，中士所行也。三者心齋，謂疏瀹其心，除嗜慾也；澡雪精神，去穢累也；掊擊其智，絶思慮也。夫無思無慮則專道，無嗜無慾則樂道，無穢無累則合道。既心無二想，故曰一志焉，蓋上士所行也。夫齋者齊也，齊整三業，乃爲齊矣。若空守節食，既心識未齊，又唯存一志，則口無貪味，謂兹二法，表裏相資。大戒經云：「夷心靜默〔二〕，專想不二，過中不味，内外清虚」是也。子雖薄閑節食，未解調心，故示齋法，令其受道，而末學之徒，孰能虚心一志哉！夫鄙乎祭祀之教，自謂得心齋之理，蓋嗔嗃怠慢之夫矣！雖口談空寂，無解其因〔三〕，是自矜也。

洞玄靈寶六齋十直

道教五戒：一者不得殺生，二者不得嗜酒，三者不得口是心非，四者不得偷盗，五者不得淫色。十善：一念孝順父母，二念忠事君師，三念慈心萬物，四念忍性容非，五

〔一〕「祀」原作「祝」，據齋戒籙改。
〔二〕「默」原作「然」，據上書及至言總改。
〔三〕「因」字，齋戒籙作「目」，至言總作「自」。

念諫諍蠲〔一〕惡，六念損己救窮，七念放生養物、種諸果林，八念道邊舍井、種樹立橋，九念爲人興利除害、教化未悟，十念讀三寶經律、恒奉香花供養之具。凡人常行此五戒十善，恒有天人善神衛之，永滅災殃，長臻福祐，唯在堅志。

年六齋

正月　三月　五月　七月　九月　十一月

月十齋

一日，北斗下。八日，北斗司殺君下。十四日，太一使者下。十五日，天帝及三官俱下。十八日，天〔二〕一下。二十三日，太一八神使者下。二十四日，北辰下。二十八日，下太一下。二十九日，中太一下。三十日，上太一下。

自下中上三太一下日，皆天地水三官、一切尊神俱下，周行天下，伺人善惡。

〔一〕「蠲」，洞玄靈寶太上六齋十直聖紀經作「解」。

〔二〕「天」，道藏輯要本作「太」。

甲子日，太一簡閱神祇。庚申日，伏尸言人罪過。本命日，計人功行。八節日，有八神記人善惡。三元日，天地水官校人之罪福。

六種齋

第一、道門大論云：上清齋有二〔一〕法：

一、絶羣獨宴，静氣遺形〔二〕。清壇肅侶，依太真儀格。

一〔三〕、心齋，謂疏瀹其心，澡雪精神。

第二、靈寶齋有六法：

第一金籙齋，救度國王；

第二黄籙齋，救世祖宗；

第三明真齋，懺悔九幽；

〔一〕「二」，齋戒籙作「三」。

〔二〕「形」下，上書有「二者」二字，「一」作「一者」。

〔三〕「一」，上書作「三者」。

第四三元齋，首謝違犯科戒；

第五八節齋，懺洗宿新之過；

第六自然齋，爲百姓祈福。

第三洞神齋，精簡爲上，絶塵期靈。

第四太一齋，以恭肅爲首。

第五指教齋，以清素爲貴。

第六塗炭齋，以勤苦爲功。

已上諸齋，自古及今，登壇告盟，啓誓玄聖。或三日七日九日十五日，皆晝夜六時行道，轉經禮懺，儀格甚重。除上清「絶羣獨宴静氣遺形」、「心齋」之外，自餘皆是爲國王民人，學真道士，拔度先祖，己躬謝過，禳災致福之齋。此時移代〔一〕異，不無詳略。於靈寶齋中，爲半景之齋，既無宿請，亦無言功，唯只一時或兩時懺悔，亦不三時上香，步虚禮經並闕。或小小齋中，三禮歎願，隨時去取，逐便制儀，既非大集，心達而已。

〔一〕「代」下原有「同」字，據至言總卷一删。

二種齋

本相經曰：齋有二種：一則拯道〔一〕，二則濟度。拯道者，謂發心學道，從初至終，念念持齋，心心不退。復有二門：一謂志心，二謂滅心。志心者，始終運意，行坐動形，寂若死灰，同於枯木，滅諸想念，唯一而已。滅心者，隨念隨忘，神行不係，歸心於寂，直至道場。濟度者，謂迴心至道，翹想玄真，願福降無窮，災消未兆。又云：虔心者，唯罄一心，丹誠十極，燒香禮拜，唯求於道。捨財者，市諸香油，八珍百味，營饌供具，屈請道士。及以凡器，歸心啓告，委命至真。内泯六塵，外齊萬境，冥心静慮，歸神於道。克成道果，永契無爲，救濟存亡，拔度災苦。隨其分力，福降不羌，功德輕重，各在時矣。

十二齋

玄門大論：一者金籙齋，上消天災，保鎮帝王。簡文亦云，兼爲師友〔二〕。

〔一〕「一則拯道」，洞玄靈寶玄門大義作「一者極道」。
〔二〕「簡文亦云，兼爲師友」八字，上書無。

二者玉籙齋，宗云，正爲人民，今此本未行於世〔一〕。

三者黄籙齋，拯拔地獄罪根，開度九幽七祖〔二〕。

四者上清齋，求仙念真，練形隱景。

五者明真齋，學士自拔億曾萬祖長夜之魂。

六者指教齋，請福謝罪，禳災救疾。

七者塗炭齋，拔罪謝殃，請福度命。

八者三元齋，學士己身悔罪。

九者八節齋，學士謝過求仙。

十者三皇子午齋，輔助帝王，保安國界。

十一者靖齋，如千日、百日、三日、七日修真之用。

十二者自然齋，救度一切存亡，自然之中修行時節。

〔一〕「宗云，正爲人民，今此本未行於世」，洞玄靈寶玄門大義作「救度人民，請福謝過」。

〔二〕「拯拔地獄罪根，開度九幽七祖」，上書作「下拔地獄九玄之苦」。

八節齋

凡八節之日，是上天八會大慶之日也。其日諸天大聖尊神，上會靈寶玄都玉京上宮，朝慶天真，奉戒持齋，遊行誦經。此日修齋持戒，宗奉天文者，皆爲五帝所舉，書名玉曆。

心齋

南華真經曰：顏淵問道於孔子。孔子曰：「汝齋戒，吾將告汝。」顏淵曰：「回貧，唯不飲酒不茹葷久矣。」孔子曰：「是祭祀之齋，非心齋也。汝一志，無以耳聽而以心聽，無以心聽而以氣聽。」疏瀹汝心，除嗜欲也；澡雪汝精神，去穢累也；掊擊其智，絕思慮也。夫無思無慮則專道，無嗜無慾則樂道，無穢無累則合道。既心無二想，故曰一志。

齋直

三天内解經曰：夫爲學道，莫先乎齋。外則不染塵垢，内則五藏清虚，降真致神，與道合居。能修長齋者，則道合真，不犯禁戒也。故天師遺教，爲學不修齋直，冥如夜行不持火燭，此齋直應是學道之首。夫欲啓靈告冥、建立齋直者，宜先散齋。必使宿食〔一〕臰腥消除，肌體清潔，無有玷汙，然後可得入齋。不爾，徒加洗沐，臰穢在肌膚之内，湯水亦不能除。

三元齋品曰：「建齋之日，當輸金真玉光九天之信，置於五帝，以招神致靈。」

三元齋品曰：「學法未備，即俯仰之格多不合儀。」金鏁流珠經曰：「古來呼齋曰社會，今改爲齋會。」

太上太真科經曰：消遺〔二〕世務三業爲修齋。存三守一，齋爲本基。齋者，齊也、潔也、淨也。不必六時行道，三時講經，晝夜存念，懺悔請福。干造玄虚，更失萬一。能得一者，心攝三業。能攝身者，端拱不擾；能攝口者，默識密明；能攝心者，神與道合。如斯爲主，成聖真仙。未合此者，攝身朝禮，離殺、盜、淫；攝口誦經，免妄言、綺語、兩舌、罵詈；攝心存神，脱貪、恚、癡。十惡既去，十善自來。去來至極，與道合真。

〔一〕「必使宿食」原作「不使宿穢」，據太上三天内解經改。

〔二〕「遺」，齋戒籙作「遣」。

釋齋有九食法

玄門大論云：齋法大略有九：一者麤食，二者蔬食，三者節食，四者服精，五者服牙，六者服光，七者服氣，八者服元氣，九者胎食。麤食者，麻麥也；蔬食者，菜茹也；節食者，中食也；服精者，符水及丹英也；服牙者，五方雲芽也；服光者，日月七元三光也；服氣者，六覺之氣，太和四方之妙氣也；服元氣者，一切所禀，三元之氣，太和之精，在乎太虚也；胎食者，我自所得元精之和，爲胞胎之元，即清虚降四體之氣，不復關外也。麄食止諸躭嗜，蔬食棄諸肥腯，節食除煩濁，服精其身神體成英帶〔一〕，服牙變爲牙，服光化爲光，服六氣化爲六氣、遊乎十方，服元氣化爲元氣、與天地合爲體，服胎氣久爲嬰童、與道混合爲一也。此之變化，運運改易，不復待捨身而更受身，往來死生也。今意方法未必止是食事，其或是方藥，或按摩等事可尋也。

〔一〕「帶」，蔣力生等校注本引四庫本作「華」。

説雜齋法

三元品戒經云：「正月七日，天地水三官檢校之日，可修齋。」聖紀云：「正月七日名舉遷賞會齋，七月七日名慶生中會齋，十月五日名建生大會齋，三官考覈功過，依日齋戒，呈章賞會，可祈景福。」

明真科云：「正月、三月、五月、七月、九月、十一月，一歲六齋月能修齋，上三天帝令太一使者除人十苦。」八道秘言云：「正月、三月、四月、六月、七月、八月、九月、十月、十一月，此九真齋月。一日、十五日、二十九日，此月中三齋日。正月一日名天臘，五月五日名地臘，七月七日名道德臘，十月一日名民歲臘，十二月節日名侯王臘，此五臘日並宜修齋，并祭祀先祖。」明真科云：「月一日初八日十四日十五日十八日二十三日二十四日二十八日二十九日三十日，已上爲十直齋日。庚申、甲子、八節太一八神下，司察人過咎，修齋太一歡悦。庚申日，人身中伏尸上天言人罪過。本命日，受法人身神吏兵上天計人功過。」三洞奉道科云：「正旦爲獻壽齋，七日爲延神齋，二月八日爲芳春齋，四月八日爲啓夏齋，五月五日爲續命齋，六月六日爲清暑齋，七月七日爲迎秋齋，八月一日爲逐邪齋，九月九日爲延筭齋，十月一日爲成福齋，十一月十五日爲啓福齋，十二月臘日爲百福齋，二十八日爲迎新齋，立春爲建善齋，春分爲延福齋，立夏爲長善齋，夏至爲朱明齋，立秋爲遐齡齋，秋分爲謝罪齋，立冬爲遵善齋，冬至爲廣慶齋，如此等齋，各具本經儀格。故學道不修齋戒，徒勞山林矣！夫齋者，正以清虚恬静，謙卑恭敬，戰戰兢兢，如履冰谷，若對嚴君，丹誠謙若，必祈靈應。檢敕内外，無使喧雜。行齋之人，特忌斬衰孝子、新産婦人、月信未斷及疥瘧瘡疥癈疾等，並不得昇齋堂庭壇驅使。如願苦求預齋乞解過咎者，任投辭爲其陳懺悔謝，不得雜登堂宇，應行法事等，仍遷令别坐，兼忌六畜。」

蓋此等人穢觸真靈，賢聖不降，乃修齋無功也。

凡修齋主虔誠，齋官整肅。至如香燈不備，亦曰踈遺。啓聖祈真，莫先於此。香貴在沉水旃檀，依上清香珠丸合和，不得用甲麝。招真致靈，務存精志。如寒棲學真道士修齋，單貧不可致者，亦宜以少爲信，無令頓闕。若純以乳頭，非道家所用也。

初登齋靖，看焚香氣向東南西北直上者，五帝依向而至。登真隱訣云：「香者，天真用兹以通感，地祇緣斯以達信，非論齋潔，祈念存思，必燒香左右，侍香金童必爲招真達意。」登真隱訣云：「真人攝日暉以通照，役月精以朗幽，故然九光之微燈，晃八方之盡夜。」

四極明科云：「立春、春分然九燈於庭，立夏、夏至然三〔一〕燈，立秋、秋分然七〔二〕燈，立冬、冬至然五燈，本命日十二燈，自此陳乞，謝過祈恩。用燈於庭法，與修諸齋自有燈數於庭訖，依記四時向王，唯本命向太歲，叩齒二十四通，呪曰：『高上太真，萬聖帝皇，五帝玉司，總仙監真。今日吉辰，八節開陳，陽罪陰考，絕滅九陰。於今永始，拔釋七玄，免脱火鄉，永離刀山。三塗五苦，不累我身，得同天地，長保帝晨。五願八會，靡不如言。』呪畢，解巾，叩頭百二十過，當令額向地而已，勿令痛。竟，復巾，仰天心念：『我身今日，上享天恩，賜反形骸，受生飛仙。』畢，仰咽二十四氣止。如此三年，宿僣並除，身與真同。」

案諸經齋法，略有三種：一者設供齋，可以積德解愆。二者節食齋，可以和神保壽，斯謂祭祀之齋，中士所行也。三者心齋，謂疏瀹其心，除嗜慾也；澡雪精神，去穢累也；掊擊其智，絕思慮也。夫無思無慮則專道，無嗜無慾則樂道，無穢無累則合道。既心無二想，故曰一志焉！蓋上士所行也。詳矣〔三〕！齋者，齊也，要以齊整三業，乃爲齋矣。若空守節

〔一〕「三」原作「八」，據太真玉帝四極明科經改。

〔二〕「七」原作「六」，據上書改。

〔三〕「詳矣」，本卷卷首引混元皇帝聖紀作「夫」，連下句。

食，既心識未齊，又唯在一志，則口無貪味之謂也〔一〕。二法表裏相資。故大戒經云：「夷心靜嘿，專想不二，過中不味，内外清虚」是也。子雖薄閑節食，未解調心，故示兹齋法，令其受道。而末學之徒，孰能虚心一志哉！夫鄙乎祭祀之教，自謂得心齋之理，蓋〔二〕怠慢之夫矣。雖口談寂〔三〕，無解其因，是自矜焉。易云：「聖人以此齋戒。」

齋科

道士王纂，金壇人也。居馬跡山，常以陰功救物，仁逮蠢動。值晉之末，中原亂罹。饑饉既臻，疫癘仍作，時有毒瘴，損斃者多。閭里凋荒，死亡枕藉。纂於靜室飛章告玄，三夕之中，繼之以泣。至三夜，有光如晝，照其家庭。即有祥風景雲，紛郁空際。俄而，異香天樂下集庭中，介金執鋭之士三十餘人，羅列如有所候。頃之，珠幢寶蓋，霓旆羽節，紅旌錦旂，各二

〔一〕「之謂也」，本卷卷首引上書作「謂兹」，連下句。
〔二〕「蓋」下，本卷卷首引大戒經有「噴嗃」二字。
〔三〕「寂」，本卷卷首引大戒經作「空寂」。

人相對前行。即〔一〕最後又有四青童執花捧香，侍女捧桉，地鋪錦席，前立巨屏，左右龍虎將軍侍從，官將兵士二千許人立兩面，若有備衛焉。復有金甲大將軍二十六人、神王十人，次龍虎二君之外，班列肅如也。須臾，笙簫駭空，自西北而至，五色奇光，灼爍豔逸，一人佩劒持版而前，告纂曰：「太上道君至矣。」於是百寶大座自空而下，太上道君侍二真人、二天帝在座之左右，道君坐五色蓮花，二真、二帝立侍焉。纂拜首迎謁，跪伏於地。道君曰：「子愍念生民，形于章醮，刳心抆血，感動幽明，地司列名。蓋〔二〕化育萬物，而五行爲之用。五行互有相勝，各有興衰，代謝推遷，間不容息。是以生生〔三〕不停，氣氣相續，億劫已來，未暫輟也。得其生者，合於純陽，升天而爲仙；得其死者，淪于至陰，在地而爲鬼。鬼物之中，自有優劣强弱，剛柔善惡，與人世無異。玉皇天尊慮鬼神之肆横害於人也，常命五帝三官檢制部御之，律令刑章，罔不明備。而季世之民，澆僞者衆，淳源既散，祅詐萌生。不忠於君，不孝於家，廢三綱五常之教，自投死地。由是六天故氣魔鬼之徒，與歷代已來敗軍死將，聚結爲黨，伐害生

〔一〕「即」，齋戒籙作「節」。
〔二〕「蓋」，太上洞淵神呪經序作「夫一陰一陽」。
〔三〕「生生」原作「生之」，據上書改。

民，駕雨乘風，因衰伺隙，爲種種病，中傷甚多，亦有不終天年，罹其夭枉者。尋於杜陽宫出神呪經，授真人唐平，使其流布，以救於物，民間有之。世人見王翦〔一〕白起名，謂爲虚誕。此蓋從來將領生〔二〕爲兵統，死爲鬼帥，有功者遷爲陰官〔三〕，殘害者猶居魔屬，乘五行敗氣，爲瘵爲瘥。然以陽威憚之，神呪服之，自當弭戢矣！今以神化神呪二經復授於子，按而行之，以拯護萬民兆庶也。」即命侍童披九光之韞，以神化經及三五大齋訣授之於纂曰：「勉而勤之，陰功克充，真階可冀也。」言訖，千乘萬騎，西北而舉，升還上清矣。纂案經品齋科，行於江表，疫毒銷〔四〕弭，生靈乂康。自晉及兹，普蒙其福者，不可勝紀焉！

持齋

無上秘要云：「昔有道士持齋誦經，有一凡人爲賃作治厨〔五〕齋堂。道士見其用意，

〔一〕「王翦」原作「三翦」，據太上洞淵神呪經序及齋戒籙改。
〔二〕「領生」原作「天上」，據上二書改。
〔三〕「陰官」原作「法官」，據上二書改。
〔四〕「銷」原作「鋪」，據上二書改。
〔五〕「厨」，無上祕要卷四七作「除」。

至日中持齋，因喚與同食。食竟，爲其説法，語此賃人，今隨吾持齋，功德甚大。可至明日中時復食，勿壞爾齋，徒勞無益，能如此者，將可得免見世窮厄。此人稽首受戒而去，暮還家，其婦一日待婿還食〔一〕，婿具以道士戒言喻婦，婦甚不解，遂致嗔怒，賃人不能免其婦意，遂壞其齋，與婦共食。其後命過，天使其人主〔二〕蜀山千歲樹精，恒給其中食。其樹茂盛，暑夏之月，有精進賢者三人經過，依樹而息。賢者歎曰：『此樹雖涼，日已向中，何由得食？』此人於樹空中〔三〕曰：『當爲賢者供設中食，無所爲憂。』須臾食至，賢者共食，食竟言曰：『我覓道，道在何所？此自然，非道也。』〔四〕因問樹曰：『不審大神可得暫降形見與某相面否〔五〕？』此人於樹空中答曰：『我非能使人得道者也。』具説〔六〕姓字處所，昔常爲道士勸使持齋，爲婦人所壞，功德不全，致令使我守此樹精，不能得出。天以我昔經齋中

〔一〕「婿還食」三字原無，據無上祕要卷四七增。
〔二〕「主」原作「王」，據上書及齋戒籙改。
〔三〕「空中」原作「人」，據無上祕要卷四七改。
〔四〕「我覓道，道在何所？此自然，非道也」，上書作「我今覓道在何許？即此自然，豈非道也」。
〔五〕「與某相面否」，上書作「與不」。
〔六〕「説」原作「記」，據上書改。

食，令每至中，給我齋食，口不暇食，又〔一〕無緣得還，欲屈賢者爲至我舍，道我如此，能爲我建三日齋戒，我身便得昇天。賢者感此人意，爲尋其家，具以其言語家人如此。家人即爲建齋，請諸道士燒香誦經三日謝過，此人即得飛行昇入雲中，於景霄之上，受書爲散仙人。故齋之功德甚重，不可不修。此人半日持齋，死經一日，即時出身，不拘一年，而得爲仙。故天計功過，明之〔二〕不虧也。夫爲學者可懃持齋戒，以期冥感，能修之者，必獲昇騰之舉。

陰陽雜齋日

三會日：正月七日，舉遷賞會齋。七月七日，慶生中會齋。十月五日。建生大會齋。三會日，三官考覈功過，宜受符籙齋戒，呈章以祈景福。

五臘日：正月一日，名天臘齋。五月五日，名地臘齋。七月七日，名道德臘齋。十月一日，名民歲臘齋。十二月節日。名侯王臘齋。五臘日，常當祠獻先亡，名爲孝子，得福無量，餘日皆是淫

〔一〕「口不暇食，又」，無上祕要卷四七作「口腹之饒」。

〔二〕「之」，上書作「知」。

祀，通前三元日爲八〔一〕解日，皆可設淨供求福焉！

明真科云：甲子日夜半時，甲戌日黄昏時，已上天皇真官下日。甲申日晡時，甲午日日中時，已上地皇真官下日。甲辰日食時，甲寅日平旦時，已上人皇真官下日。

右其日修齋，五嶽四瀆神君，各依方位，糾察善惡，無不上聞。

又丁卯日日出時，丁丑日雞鳴時，已上天皇真官下日。

又丁酉日日入時，丁亥日人定時，已上地皇真官下日。

又丁未日日昳時，丁巳日禺中時，已上人皇真官下日。

其日修齋，五嶽真人各遣五神營衛，記名仙籙。

〔一〕「八」原作「人」，據齋戒籙及洞玄靈寳太上六齋十直聖紀經改。「三元日」疑當作「三會日」。

雲笈七籤卷之三十八

説戒

説十戒

玉清經本起品云：道言：昔元始天尊與諸賢聖億億萬衆，處處周旋，最後下觀棄賢世界。有一國王名曰德正聰明正〔一〕直，利根辯慧。爲衆生故，而爲導首，徧告國内臣民男女，言今得太平，天下無事，火災消滅，兵刃〔二〕不起，百穀成熟，皆由道恩，非自然也。何以報道罔極之恩？唯當傾心盡意，恭敬供養，造立宫觀，香花燈燭，晨夕禮誦，齋戒悔過，以求福祐。於是天尊命巨靈仙人而告王曰：「子爲一國之主，天下所推〔三〕，凡間之貴，不先

〔一〕「聰明正」三字原無，據太上大道玉清經增。
〔二〕「兵刃」，上書作「兵病」。
〔三〕「推」下，上書有「位登世極」四字。

於此。但以正法治化，不枉人民，亦足功感上天，何煩祕要？祕要之道，卒難可聞。然祕要之階，不過慈善。慈善之法，不違科戒。」「戒有多種，人亦多品。上品之人，身先無犯〔一〕，亦無所持。中品之人，心有上下，觀境即變，以戒自制，不令放逸。如此之人，或受十戒、五戒，以自防護。下品之人，惡心萬般，難可禁制。下品之中，復有二品：上品者身欲奉戒，或受一百九十九戒，或受觀身三百大戒，或受千二百威儀之戒，以自防保，令無越逸。下品者身同禽獸，雖有人形，而無人心，縱受其戒，終無所益。今且受〔二〕第一中戒十種科禁，入道初門。」諸人聞說，歡喜抃蹈，悉皆俯伏，而奉戒言。天尊告曰：

「第一戒者，不得違戾父母師長，反逆不孝。

第二戒者，不得殺生屠害，割截物命。

第三戒者，不得叛逆君王，謀害家國。

第四戒者，不得淫亂骨肉姑姨姊妹及佗婦女。

第五戒者，不得毀謗道法，輕泄經文。

〔一〕「犯」下，太上大道玉清經有「身既無犯」四字。

〔二〕「受」，上書作「授」。

第六戒者，不得汙漫静壇，單衣裸露。

第七戒者，不得欺凌孤貧，奪人財物。

第八戒者，不得裸露三光，猒棄老病。

第九戒者，不得躭酒任性，兩舌惡口。

第十戒者，不得兇豪自任，自作威利〔一〕。」

右此十戒，當終身奉持。

大戒上品并叙

太上洞玄靈寶消魔寶真安志智慧本願大戒上品經〔二〕云：太極仙公於天台山静齋念道，稽首禮拜請問太極法師徐來勒曰：「弟子有幸，得侍對天尊，自聞微言，彌綸萬劫，洞

〔一〕「兇豪自任，自作威利」，太上大道玉清經作「狼戾自任，寃枉威刑」。

〔二〕此經道藏收録，經名無「消魔寶真安志」六字（下簡稱道藏本），敦煌道經圖録編收録則無「洞玄靈寶」四字（下簡稱敦煌本）。

觀道源，過泰之歡，莫有諭也。顧玄少好神仙白日飛騰之道，必〔一〕想上聖，恒以髣髴，大經微遠，妙賾難通，將禀口訣，釋我冥津，洞暢虛漠，有無都盡矣。近而未究人生宿世因緣本行之由，今願天尊覺所未悟。」是時太上高玄〔二〕真人嘯咏步虛洞章，歡然含豫，輝金顏而言曰：「子以累劫念道，致太極玉名，寄慧人中，將獨步玉京，超逸三界，巍巍乎太上仙公之任矣！故慈心於天人，念度於後學也。常以外身濟物，有德而弗名，玄都所詮，諒不虛矣！」而謂太極真人曰：「卿受太上虛皇道君之教，爲其師保，亦必盡教以高上大洞之淵賾也。豈俟彼多陳乎！吾受任忝爲都教之法師，至於執卷由子矣！」太極真人答曰：「此童真之人，名刊金簡，才質清遠，景秀太上，玄微洞虛，故當爲仙公之任，弘道大度者也。吾忝受教化，愧不足爲彼宗匠，太上有命，何敢不傾韞哉！衆妙之統，仰賴於法師矣。」太極真人又曰：「夫道無也，彌綸無窮，子欲尋之，近在我身，乃復有也。因有以入無，積念以得妙。萬物芸芸，譬於幻耳！皆當歸空。人身亦然，身死神逝。喻之如屋，屋壞則人不立，身敗則神不居。當制念以定志，静身以安神，寶氣以存精，思慮兼忘，冥想内視，則身神並一。身

〔一〕「必」，道藏本、敦煌本作「心」。

〔二〕「高玄」原作「玄高」，據上二本改。

神並一，近爲真身也。此實由宿世本行，積念累感，功濟一切，德廕萬物。因緣輪轉，罪福相對，生死相滅，貴賤相使，賢愚相傾，貧富相欺，善惡相顯，其苦無量，皆人行願所得也，非道、非天、非地、非人、非〔一〕萬物所爲矣！正由心耳。此對既鍾，亦難脱也。弱喪之徒，信道者少，宿命者多。不積善定念，修德理身，而欲忽德忘身，强求外物，其可得哉？既已不尅，莫不傷身矣。故有道之士，取諸我身，無求乎人。道言：修身，其德乃真〔二〕。斯之謂也！夫學道不受大智慧道行本願上品大戒，無緣上仙也。子有宿命，是以見此經。其文隱祕，立信効心，然後而傳。不可妄示不信〔三〕，必發異念。異念既生，彼此獲罪。是故藏之於無，待有應爲仙王者乃告焉！」是時雲龍踴躍，諸天散華，飛香奏烟，山海静波，觸類竄默，鬼魅消亡，神魔降伏，五苦俱解，長離地獄，惡者返善，信順受福。爾乃命太極侍經仙人劉文静披雲韞而授經也。

太極真人曰：宿世禮奉經師，口誦身行，布施厄困，願樂三寶，君親忠孝，遠慕山水，棲

〔一〕「非」字原無，據道藏本、敦煌本增。

〔二〕「修身，其德乃真」，上二本作「修之身，其德乃真」。

〔三〕「信」下，上二本有「既其不信」四字。

愬賢儒，虚心有道，燒香散華，護度一切，修道補過，信順宿命，静思忍情。其行也，上可昇仙度世，下可輪轉富貴，生爲人尊，容貌偉秀，才智清遠，爲人之道，莫不具足。夫居世富貴笑於貧賤，今報以貧賤；居世好殺，今報以傷殺；居世輕易笑於醜陋，今報以醜陋；居世聰明不教於人，今報以頑塞；居世常康，笑於困病，今報以滯疾；居世不信道，笑於經教，今報以下愚，長與道隔；女人居世奪人壻者，今報以少寡；男子居世誘人婦女，今報以鰥獨；居世發心爲夫妻，而後世不得俱生人道，死爲鬼魅，今報以本念成於邪病，自非大法，莫有解其宿纏，而消此邪病矣！夫爲父母兄弟姊妹夫妻君臣師保朋友，皆先世所念，願爲因緣，展轉相生，莫不有對者哉！故曰倚伏難窮矣。唯學仙道士，當兼忘因緣，絶滅生死，同歸乎玄，以入妙門。能知〔一〕是者，始可與言學道之本〔二〕也。

若見居家妻子，當願一切，早出愛獄，攝意奉戒。

若見飲酒，當願一切，制於命門，以遠禍亂。

若見彩女，當願一切，守情忍色，志慕賢貞。

〔一〕「知」，道藏本、敦煌本作「如」。

〔二〕「本」，上二本作「夫」。

若見淫人，當願一切，除棄邪念，翹心禁戒。
若見婦人，當願一切，忍割浮華，樂道自娛。
若見貞人，當願一切，履信正化，日入法門。
若見衆人，當願一切，推仁無争，懷道安世。
若見善人，當願一切，時刻存念，仰軌真道。
若見惡人，當願一切，棄凶即吉，不犯王法
若見貧人，當願一切，損身施惠，後受大福。
若見富人，當願一切，救濟萬物，世世受禄。
若見貴人，當願一切，承其教旨，悉令〔一〕典訓。
若見賤人，當願一切，勤修匪懈，各得所爲。
若見帝王，當願一切，奉仰王道，孝如父母。
若見主相，當願一切，受其教制，四方歸仁。
若見兵甲，當願一切，各念仁心，天下讓賢。

〔一〕「令」，敦煌本作「合」。

若見王子，當願一切，日歌太平，係國承家。
若見賢人，當願一切，履行其德，道爲世宗。
若見法師，當願一切，明解法度，得道無爲。
若見栖山道士，當願一切，悉見法門，速得昇仙。
若見教化，當願一切，親受聖教，皆爲淵博。
若見聖人，當願一切，尊禮侍見，諸國並瞻。
若見仙人，當願一切，真道悉成，飛昇天堂。
若見城郭，當願一切，嚴整修飾，以道爲基。
若見大國，當願一切，歸宗慕德，若水注海。
若見小國，當願一切，知止虚沖，安其所居。
若見市朝，當願一切，羣賢雲萃，悉弘正道。
若見静觀，當願一切，功德巍巍，天人得道。
若見齋戒行香，當願一切，道德日新，庠序雅正。
若見誦經，當願一切，盡上高座，咸聞聖音。
若見經教，當願一切，各各受讀禮習，普行教化。

若見樓觀，當願一切，洞觀十方，無所隱藏。
若見高山，當願一切，立德如彼，無復退轉。
若見大海，當願一切〔一〕，智思無量，輔成家國。
若見栖憩茂林，當願一切，安居自在，廕庇含識。
若見好學，當願一切，得成師宗，養徒敷教。
若見淨手，當願一切，常執經書，無時暫輟。
若見善口，當願一切，耽味〔二〕洞經，日新不猒。
若見動足，當願一切，超步三界，飛行上清。
若見静止，當願一切，滅景停真，安閑空寂。
若見飲食，當願一切，棄累入淨，存得道味。
若見大藏，當願一切，除其災害，施爲福田。
若見疾病，當願一切，以道自安，免此苦厄。

〔一〕「立德如彼，無復退轉。若見大海，當願一切」十六字原無，據道藏本、敦煌本增。
〔二〕「味」，上二本作「詠」。

若見死喪，當願一切，學道常存，濟度三徒〔一〕。
若見畋獵，當願一切，不爲始終，入爲無罪〔二〕。
若見夷狄，當願一切，得生中國，不生邊地。
若見少年，當願一切，及時學問，遂成學名。
若見老病，當願一切，以道攝生，不更衰老。
若見三光，當願一切，普明靈曜，闇冥即消。
若見雲雨，當願一切，惠澤盈溢，無所不宜。
若見素雪，當願一切，常居潔白，逍遥自在。
若見靈風，當願一切，韞懷披散，德流遐邇。
若見淨水，當願一切，洗垢清虚，平等其心。
若見名香，當願一切，受茲芳淨，衆穢肅然〔三〕。

〔一〕「徒」，道藏輯要本、道藏本、敦煌本均作「塗」。
〔二〕「不爲始終，入爲無罪」，道藏本作「不爲始終，免無間罪」，敦煌本作「不爲罪始，終入無爲」。
〔三〕「肅然」，道藏本及要修科儀戒律鈔卷五均作「蕭然」。

若見好華，當願一切，樂散〔一〕諸聖，相好具足。

若見車馬，當願一切，得道無爲，乘鳳〔二〕駕龍。

若見絃歌，當願一切，翫經歎法，以道娛樂。

若見福食，當願一切，無不飽滿，世享天厨。德流後人，如水歸海，宗廟裔〔三〕長，常居貴盛，世與四輩，俱生王家。

若見散施，當願一切，禍滅九陰，福起十方，德如山海，莫不興隆。七祖生天，子孫賢忠，富貴巍巍，所欲皆從。學道飛仙，駕雲乘龍。道士坐卧，常願我等，四大合德，同體道真，長存玄都，師友自然。濟度十方，天下受恩，逍遥無爲，洞觀妙門。

禮經祝三首：真人口訣云：侍經仙童玉女聞此祝，皆歡喜而祐兆身也。是大經悉用此祝而禮拜矣！若冥心禮經者，亦心祝其文，乃上仙之祕祝也。

第一首

〔一〕「散」，道藏本作「敬」。

〔二〕「鳳」原作「風」，據道藏本、敦煌本及無上祕要卷七四、要修科儀戒律鈔卷五、太上經戒改。

〔三〕「裔」，要修科儀戒律鈔作「遐」，道藏本、敦煌本均作「胤」。

樂法以爲妻，愛經如珠玉。持戒制六情，念道遣所欲。淡泊正氣停，蕭然神靜嘿，天魔並敬護，世世受大福。

第二首

鬱鬱家國盛，濟濟經道興。天人同其願，縹緲入大乘。因心立福田，靡靡法輪昇，七祖生天堂，我身白日騰。

第三首

大道洞玄虚，有念無不啓〔一〕。鍊質入仙真，遂成金剛體。超度三界難，地獄五苦解，悉歸太上經，静念稽首禮。

太極真人曰："學昇仙之道，當立千二百善功，終不受報。立功三千，白日登天。皆濟人應死之難也，施惠其人尤善矣。學道當令衆行合法，廣建福田，發大慈之心，動静常起道意。能如是也，吐納服藥佩符，讀經精進〔二〕，終身不倦，豈有不得仙乎！人無此德，雖服藥佩符，讀經齋戒，故終命而不驗矣！學士明思要言。"

〔一〕"啓"，道藏本、太上經戒及洞玄靈寶三洞奉道科戒營始卷六均作"契"。

〔二〕"進"，道藏本作"思"。

太極真人曰：「立三百善功，可得長存地仙。若一功不全，則更從一始，而都失前功矣。常有其念在於心齊者，則是也。若導人作善，即爲善功也。」

太極真人曰：「常念嘯詠洞經，修行大慈，先人後身，揚善化惡，斷絶衆緣，滅念守虚，心如太玄，唯〔一〕道是求，始謂能言神仙之道也。」

太極真人曰：「吾昔受太極智慧十善勸助〔二〕德戒於高上大道虚皇，世世宗奉，修行大法，度人甚易，此自然之福〔三〕也。太上以普教天人，令各得本願，始入法門，長存無爲，不受十苦八難罪對。罷散地獄，休息三官，日日寧閑，世世榮樂。咸脱羅網，後生安泰，天性恬然，所願隨得。其戒如上，以傳賢信。」

十善勸戒曰：「勸助禮敬三寶，供養法師。令人世爲君子，賢孝高才，榮貴巍巍，生爲人尊，門族昌熾。」

三寶者，謂道、經、師也。能養生教善，行爲人範，是名法師也。

〔一〕「唯」原作「爲」，據道藏本改。

〔二〕「助」下，上書有「功」字。

〔三〕「福」下，上書有「田」字。

戒曰：「勸助治寫經書。令人世世聰明，博聞妙賾，恒值聖世，見諸經教，能誦章句。」

戒曰：「勸助建齋淨治。令人世世門户高貴，身登天堂，飲食自然，常居無爲。」

戒曰：「勸助香油衆供〔一〕。令人世世芳盛，香潔光明，容貌〔二〕絶偉，天姿高秀。」

戒曰：「勸助法師法服。令人世世閑雅，逍遥中國，不墮邊夷，男女端正，冠冕玉珮，稱諸身飾〔三〕。」

戒曰：「勸助國王父母子民忠孝。令人世世多嗣，男女賢儒，不受諸苦。」

戒曰：「勸助齋靖讀經。令人世世不墮地獄，即昇天堂，禮見衆聖，速得返形，化生王家，在意所欲。玩好備足，七祖同歡，善緣悉備，終始榮樂。道法轉至〔四〕，將得仙道。」

戒曰：「勸助衆人學經。令人世世才智洞達，動静威儀，常爲人師。」

戒曰：「勸助一切布施諫諍善事〔五〕。令人世世壽考富樂，常無怨惱。」

〔一〕「衆供」，道藏本作「以濟衆乏」。

〔二〕「貌」，上書及要修科儀戒律鈔卷五作「眸」。

〔三〕「稱諸身飾」四字，道藏本無。

〔四〕「道法轉至」，上書及要修科儀戒律鈔卷五作「法輪運至」。

〔五〕「善事」二字，上二書無。

戒曰：「勸助一切民人除嫉去欲，履行衆善。令人世世安樂，禍亂不生。病者自愈，仕宦高遷，爲衆所仰，莫不吉祐。門户清貴，天人愛育，神魔恒護，常生福地。」

太極真人曰：「人之行惡，莫大於嫉、殺、貪、奢、驕、婬也。若此一在心，伐爾年命矣！挾之以學神仙者，不亦悲乎！」

太霄琅書十善十惡

十善既行，十惡自息。息惡行善，大慈德成。是以上品戒云：邺死度生，救疾治病。施惠窮困，割己濟物。奉侍師主，營建静舍。書經校定，修齋念道。退身讓義，不爭功名。宣化愚俗，諫諍解惡。邊道立井，植種果林。教化童蒙，勸人作善。施爲可法，動静可觀。教制可軌，行常使然。十善遍行，謂之道士。不修善功，徒勞山林。能信斯旨，勤尋諸戒。戒部甚多，隨緣所得。無數諸戒，無央科律，皆輔一神，攝於三業。三業者，口身心也。運動造作，善惡無量。無量善惡，十爲惡端。一者妄言，二者綺語，三者兩舌，四者罵詈，此四口惡，返之則善。五者貪愛，六者竊盗，七者姦婬，此三者屬身。八者嫉妬，九者恚瞋，十者邪癡，此三者屬心。心業最重，爲十惡根。斷絶十惡〔一〕，修十善本。實言直語，通和講誦。謙〔二〕讓捨財，内外貞潔。慶讚懽喜，敬信三尊〔三〕。備此十善，十惡永除。

思微定志經十戒

一者不殺，當念衆生；二者不婬，犯人婦女；三者不盜，取非義財；四者不欺，善惡反論；五者不醉，常思淨行；六者宗親和睦，無有非親；七者見人善事，心助歡喜；八者見人有憂，助爲作福；九者彼來加我，志在不報；十者一切未得道，我不有望〔四〕。經云：時有十二年少，處世間〔五〕樂，日日相就，共作好食，酣飲嬉戲，或復論議持戒〔六〕之難易。

〔一〕「斷絶十惡」，洞真太上大霄琅書卷八作「斬絶惡根」。

〔二〕「謙」，上書作「廉」。

〔三〕「尊」，上書作「寶」。

〔四〕「我不有望」原作「我有不悋」，據太上洞玄靈寶智慧定志通微經及要修科儀戒律鈔卷四、無上祕要卷四十六昇玄十戒改，太上經戒作「我有不望」。

〔五〕「間」，太上洞玄靈寶智慧定志通微經作「閑」。

〔六〕「持戒」，上書作「爲道」。

天尊以道眼遥見，此人前世曾爲人師，而祕悋經典，逮諸〔一〕弟子於道之心，亦復猶豫。因此微緣，猶可度耳。

於是天尊化作凡人，從會中過，託之乞食，因悉共語。諸年少輩復論如初，中一人曰：「我數隨兄至安樂山，見諸道士悉持十戒，肅肅甚佳，洎至於死，魂神所在，亦當不虚。但其十戒，人持難悉從耳！」化人曰：「持此甚易，違此甚難。」諸人問化人曰：「云何持戒則易，不持返難？」化人曰：「立身如戒，上不畏天子，亦不畏鬼神，何謂之難？違戒之者悉畏之，是難也〔二〕。」其中一人曰：「餘戒可持，惟酒難斷。所以者何？我先服散。散〔三〕發之日，非酒不解，是故難耳！」化人曰：「散發所須，此乃是藥，將養四大，藥酒〔四〕可通，但勿過量耳！」一人曰：「餘事即可，妄語其難。所以者何？若有密事，在尊長前〔五〕應爲隱諱。

〔一〕「逮諸」，太上洞玄靈寶智慧定志通微經作「故」。
〔二〕「何謂之難？違戒之者悉畏之，是難也」，上書作「何爲不易？如違戒者，是人悉畏，復畏鬼神，云何不難」。
〔三〕「散」下原有「者」字，據上書删。
〔四〕「酒」原作「通」，據上書改。
〔五〕「若有密事，在尊長前」，上書作「或身有密事，或是尊長」。

而人見問不得欺，欺即犯戒，是故爲難〔一〕。」化人曰：「事有隱諱，理有方便，此亦可通。但勿善惡返論，説其長短耳！」一人曰：「餘戒即可，唯盜戒難。小小之間，以挂〔二〕犯目。」化人曰：「大事實難，小小之間，益可慎之。」而説偈曰：「何不受盜戒，不受盜亦難。孰云闇中昧〔三〕，中有記盜官。取一年年倍，倍倍殊不寬。以手捧鎔銅，燒口煮心肝。一朝言此苦，終年猶心酸。何不受此戒？保持必令完。我信彼亦信，在在無不安。安坐招靈人，永享長年歡。」

一人曰：「餘戒悉易，淫最難斷。所以爾者，我曾履斯事，數隨兄中食。當中食時自云：一日精進，無不過理，亦謂身後當得此齋戒之福。至是夕夜，是我所愍輙來狡獪，雖苦加抑迮，不覺已爾。每每如此，是知最難。」化人曰：「色者是想爾！想悉是空，何有色邪？但先自觀身，知身無寄，便知無色。何可不忍？且淫慾頗恣，如飲鹹水，飲多渴多，唯死而已。何有猒足？」而説偈曰：「色慾劇於渴，小忍差可度。何爲進鹹水？水鹹益渴故。子

〔一〕「難」下原有「化人曰：事有隱諱，而人見問不得欺，欺即犯戒，是故爲難」二十二字，係重復，據太上洞玄靈寶智慧定志通微經删。

〔二〕「以挂」，上書作「已是」。

〔三〕「中昧」，原互乙，據上書改。

能善解渴，當飲天甘露。甘露香且薰，通體皆流布。天人尋香降，玄趣自然悟。熙熙永無爲，長保九天祚。」

一人曰：「餘悉可從，唯煞難戒。所以者何？我好噉雞，一食無雞，了自無味，數日便瘦。」化人曰：「賢者肥爲人患，瘦即體輕，用肥何爲？」即說偈曰：「賢賢〔一〕戒其煞，亦無懷煞想。衆生雖微微，亦悉樂生長。如何害彼命，而用以自養？自養今一時，累汝自然爽。長淪三塗中，辛苦還復往。善惡各有緣，譬如呼有響。何不改此行？慈心以自獎。真人攜手遊，逍遥雲景上。」

說此偈已，化人見大威變極道之姿，侍從僚屬，鈞天大樂，非可目名，返於上方。諸人悉見，喜懼交集，并聞要說，意解開悟，俱登道果。

妙林經二十七戒

元始天尊告諸四衆，一切衆生，貪着有爲，欣生惡死，意雖求生，由造死業，不持戒行，假使長壽，猶如老樹，有何殊別？若持戒行，死補天官，升仙自在。人雖有王公之位，上至

〔一〕「賢賢」，太上洞玄靈寶智慧定志通微經作「賢者」。

帝皇，死皆重罪，無益魂神，受苦不可堪忍。善男子，汝等思惟，明奉戒行，直心行道，吾爲汝説：「天下萬物，無有長存，有死有生，有成有敗。日出則没，月滿則虧，從古至今，誰能違返？若有道德，不生不滅。修善者今月亦善，今日亦善，今時亦善。善善積德，諸行修足，善念護持，令入法寶。」戒曰：「不得盜竊人物，不得妄取人財，不得妄言綺語，不得因恨殺人，不得貪嗔癡狠，不得慢老欺人，不得呪詛毒心，不得駡詈高聲，不得呰毁謗人，不得兩舌邪佞，不得評人長短，不得好言人惡，不得毁善自譽，不得自驕我慢，不得畜毒藥人，不得投書譖善，不得輕慢經教，不得毁謗聖文，不得恃〔一〕威凌物，不得貪婬好色，不得好殺物命，不得躭酒迷狂，不得殺生淫祀，不得燒野山林，不得評論師長，不得貪惜財賄，不得言人陰事。」

老君二十七戒

行無爲，行柔弱，行守雌勿先動，此上最三行。

行無名，行清淨，行諸善，此中最三行。

〔一〕「恃」，道藏輯要本、四部叢刊本作「持」。

行忠孝，行知足，行推讓，此下最三行。

右九行，二篇八十一章集合爲道舍，尊卑同科，九行備者神仙，六行備者壽，三行備者增年。

戒勿費用精神，戒勿食含血之物，樂其美色，戒勿傷王氣，戒勿貪寶貨，戒勿忘道，戒勿爲妄〔一〕動，戒勿枝形名道，戒勿殺生，戒貪功名，此上九戒。

戒勿爲耳目鼻口所娛，戒常當謙讓，戒舉〔二〕百事詳心勿惚恫〔三〕，戒勿學邪文，戒勿資身好衣美食，戒勿求名譽，戒勿貪高榮强求，戒勿輕躁，戒勿盈溢，此中九戒。

戒勿與人諍曲直，得失〔四〕避之，戒勿爲諸惡，戒勿猒貧賤，强求富貴，戒勿多忌諱，戒勿稱聖人大名，戒勿强梁，戒勿禱祠鬼神，戒勿自是，戒勿樂兵，此下九戒。

右二十七戒，二篇共合爲道淵，尊卑同行，上備者神仙；持十八戒備者壽；持九戒備

〔一〕「妄」，要修科儀戒律鈔卷五作「物」。

〔二〕「舉」，上書作「勿學」。

〔三〕「惚恫」，上書作「調詭」。

〔四〕「失」，上書及太上老君經律作「争先」。

者增年，不横夭矣。

雲笈七籤卷之三十九

説戒

老君説一百八十戒并叙

昔周之末赧王之時，始出太平之道太清之教。老君至瑯琊，授道與干君。干君受道法，遂以得道，拜爲真人。又傳太平經一百七十卷甲子〔一〕十部。後帛君篤病，從干君受〔二〕道護病，病得除差，遂復得道，拜爲真人。今瑯琊有木蘭樹，干帛二君所治處也。幽王時，老君教胡還，當入漢中，過瑯琊，干君得見老君。老君謂干君曰：「吾前授汝，助人救命，憂念萬民，拜署男女祭酒，廣化愚人，分布弟子，使上感天心，下動地祇，當令王者歡心。

〔一〕「子」，敦煌道經圖録編太上消魔寶真安志智慧本願大戒上品（下簡稱大戒上品）作「乙」。
〔二〕「受」原作「授」，據太上老君經律改。

而自頃以來，吾遥從千萬億里觀之，諸男女祭酒託老君尊位，貪財好色，擅己〔一〕自用，更相是非，各謂我心正，言彼非真，利於供養，欲人奉己，憎惡同道，妬賢嫉才，驕恣自大，禁止百姓，當來從我，我道最正，彼非真〔二〕也。皆不當爾，故來相語。」干吉稽首再拜，伏地叩頭百下，唯唯告曰：「太上，從今日已去，不知當何由去諸男女祭酒之重罪？令祭酒輩生活〔三〕，既蒙道祐，可得昇仙，壽終之後，不入九地下牢之苦。非但祭酒，復其萬民〔四〕，萬民無知法則，祭酒之罪，臣之過咎，實在於己也。唯願太上赦既往之失，署臣脩將來之善耳。臣干吉死罪死罪。」老君曰：「可正安意定坐。吾恐大道澆季，萬民喪命，一二祭酒死入九幽之下，不足痛也。吾但念萬民痛耳！汝當善聽，記録心中，當爲後世作法則，勑諸男女祭酒，令改往行，從今之善。」老君曰：「人生雖有壽萬年者，若不持戒律，與老樹朽石何異？寧一日持戒爲道德之人，而死補天官，尸解昇仙。世人死有重罪，無益魂神，魂神受罪耳！

〔一〕「己」原作「色」，據太上老君經律改。
〔二〕「真」原作「寘」，據上書及大戒上品改。
〔三〕「生活」原作「空活」，據太上老君經律改。大戒上品作「各得生活」。
〔四〕「復其萬民」，大戒上品作「祭酒復染誤萬民」。

祭酒明奉行之。」乃曰：「諸祭酒各明聽，天下萬民，無有長存。人生有死，物成有敗。日出則没，月滿則缺。從古至今，誰能長存者？唯道德可久耳。今月亦善，今日亦善，今時亦善，諸賢亦善，師甲亦善，弟子亦善，萬神備具，吏兵皆到。今吾以諸賢故，念萬民之命，故授王甲禁戒重律，當三遍讀之。」然後説戒曰：

第一戒，不得多畜僕妾。

第二戒，不得婬他婦人。

第三戒，不得盜竊人物。

第四戒，不得殺傷一切物命。

第五戒，不得妄取人一錢已上物。

第六戒，不得妄燒敗人一錢已上物。

第七戒，不得以食物擲火中。

第八戒，不得畜猪羊。

第九戒，不得邪求一切人物。

第十戒，不得食大蒜及五辛。

第十一戒，不得作草書與人。

第十二戒，不得多以書相聞。
第十三戒，不得以藥落去子。
第十四戒，不得燒野田山林。
第十五戒，不得以金銀器食用。
第十六戒，不得求知軍國事及占吉凶。
第十七戒，不得妄與兵賊爲親。
第十八戒，不得妄伐樹木。
第十九戒，不得妄摘草花。
第二十戒，不得數見天子官人，妄結姻親〔一〕。
第二十一戒，不得輕慢弟子，邪寵以亂真。
第二十二戒，不得貪惜財物。
第二十三戒，不得妄言綺語，隔戾嫉妬。
第二十四戒，不得飲酒食肉。

〔一〕「妄結姻親」，太上老君經律作「妄與爲親」。

第二十五戒，不得多積財物，侮蔑孤貧。
第二十六戒，不得獨食。
第二十七戒，不得販賣奴婢。
第二十八戒，不得破〔一〕人婚姻事。
第二十九戒，不得持人長短，更相嫌恨。
第三十戒，不得自習妓樂。
第三十一戒，不得言人惡事，猜疑百端。
第三十二戒，不得言人陰私。
第三十三戒，不得説人父母本末善惡。
第三十四戒，不得面譽人，屏處論人惡。
第三十五戒，不得以穢汙之物調戲人。
第三十六戒，不得以毒藥投淵池江海中。

〔一〕「破」，太上老君經律作「知」。

第三十七戒，不得獨與宗族爲親〔一〕。
第三十八戒，不得輕踈佗人之尊長。
第三十九戒，不得自殺。
第四十戒，不得勸人殺。
第四十一戒，不得别離他人家口。
第四十二戒，不得因恨殺人。
第四十三戒，不得投書譖人。
第四十四戒，不得自用。
第四十五戒，不得自貴。
第四十六戒，不得自驕。
第四十七戒，不得妄鑿地、毁山川。
第四十八戒，不得惡言駡詈。
第四十九戒，不得以足踏六畜。

〔一〕「爲親」，太上老君經律作「私親」。

第五十戒，不得掩人目。

第五十一戒，不得以〔一〕厭治病。

第五十二戒，不得希望人物。

第五十三戒，不得竭水澤。

第五十四戒，不得評論師長。

第五十五戒，不得裸形露浴。

第五十六戒，不得輕慢經教。

第五十七戒，不得慢老人。

第五十八戒，不得觀六畜交陰陽。

第五十九戒，不得調戲于人。

第六十戒，不得持〔二〕威勢凌人。

第六十一戒，不得阿黨所親。

〔一〕「以」字，太上老君經律無。

〔二〕「持」，上書作「恃」。

第六十二戒，不得帶刀杖。若〔一〕軍中，不從此律。

第六十三戒，不得多作門户，别離居處〔二〕。

第六十四戒，不得起瞋恚。

第六十五戒，不得駡人作奴婢。

第六十六戒，不得立小便。

第六十七戒，不得黥奴婢面。

第六十八戒，不得呪人命死敗亡。

第六十九戒，不得快人死敗。

第七十戒，不得亂縱行遊。

第七十一戒，不得張目視人。

第七十二戒，不得舌吐向天〔三〕。

〔一〕「若」下，太上老君經律有「在」字。

〔二〕「多作」及「處」字，上書均無。

〔三〕「舌吐向天」，上書作「吐舌向人」。

第七十三戒，不得横求人物。

第七十四戒，不得强乞，擾亂百姓。

第七十五戒，不得爲世俗人賦歛。

第七十六戒，不得爲世俗人作禮頭主。

第七十七戒，不得爲人圖山〔一〕塚宅起屋。

第七十八戒，不得上〔二〕知星文，卜相天時。

第七十九戒，不得漁獵，傷煞衆生。

第八十戒，不得淫泆佗婦〔三〕，别離夫妻。

第八十一戒，不得視弟子偏頗，視弟子當如其子〔四〕。

第八十二戒，不得奪人瞑中火。

〔一〕「山」下，太上老君經律有「立」字。

〔二〕「上」，上書作「干」。

〔三〕「佗婦」二字，上書無。

〔四〕「視弟子當如其子」，上書作注語。

第八十三戒，不得馳騁世俗，吊問死喪，宜密哀恤之〔一〕。
第八十四戒，不得與俗人共相羣黨，更相嘲毁。
第八十五戒，不得敗人成功，言是己德。
第八十六戒，不得擇好室舍好牀卧息。
第八十七戒，不得呰毁人物以爲惡。
第八十八戒，不得自舉己物以爲好。
第八十九戒，不得驚怛，令人恐悸〔二〕。
第九十戒，不得擇人飲食爲好惡説〔三〕。
第九十一戒，不得爲人往來惡言。
第九十二戒，不得以縣官中傷人民。
第九十三戒，不得預人間論議曲直事。

〔一〕「宜密哀恤之」，太上老君經律作注語。
〔二〕「不得驚怛」原作「不令驚怕」，據上書改。「令人恐悸」，上書作「令恐怖」。
〔三〕「説」字，上書無。

第九十四戒，不得强取人物以爲恩重〔一〕。
第九十五戒，不得冬天發掘地中蟄藏蟲物。
第九十六戒，不得輕行妄遊，日月馳騁。
第九十七戒，不得妄上樹探巢破卵。
第九十八戒，不得籠罩鳥獸。
第九十九戒，不得穿人家壁，闚看人家内婦女。
第一百戒，不得以穢汙之物投井中。
第一百一戒，不得塞池井。
第一百二戒，不得欺誣老人〔二〕。
第一百三戒，不得妄發讀人書。
第一百四戒，不得誘枉良人爲奴婢。
第一百五戒，不得積聚財寶以招凶禍。

〔一〕「以爲恩重」，太上老君經律作「以恩惠」。
〔二〕「欺誣老人」，上書作「欺罔老小」。

第一百七戒，不得藏埋器物。
第一百八戒，不得破壞見錢。
第一百九戒，不得在平地然火。
第一百十戒，不得施槍棘著道中。
第一百十一戒，不得多言弄口舌。
第一百十二戒，不得以書字之物自投埋於厠前。
第一百十三戒，不得向佗神鬼禮拜。
第一百十四戒，不得多畜世俗占事之書及八神圖〔一〕，皆不得習。
第一百十五戒，不得與兵人爲侶。
第一百十六戒，不得便溺生草上及人所食之水中。
第一百十七戒，不得與寡婦親愛。
第一百十八戒，不得祠祀鬼神以求僥倖。

〔一〕「不得多畜世俗占事之書及八神圖」，太上老君經律作「不得畜世俗占事八神圖」。

第一百十九戒，不得爲人多作忌諱。

第一百二十戒，不得自多忌諱。

第一百二十一戒，不得妄輕入江河中浴。

第一百二十二戒，不得妄假舉人物以爲禮賂。

第一百二十三戒，不得爲人保任券契買賣田宅奴婢之事。

第一百二十四戒，不得與淫泆之家更相往來。

第一百二十五戒，不得鍊毒藥著器中。

第一百二十六戒，不得作惡厲聲，常當喜笑。

第一百二十七戒，不得爲人作辭訟，知〔一〕人官事。

第一百二十八戒，不得求密謀之書讀之。

第一百二十九戒，不得妄鞭打六畜羣衆〔二〕。

第一百三十戒，不得無故走馬馳車。

〔一〕「知」，太上老君經律作「和」。

〔二〕「羣衆」二字，上書無。

第一百三十一戒，不得以手團食殘噛衆餚。

第一百三十二戒，不得驚鳥獸。

第一百三十三戒，不得向弟子〔一〕評論人家食飲善惡。

第一百三十四戒，不得妄開決陂湖。

第一百三十五戒，不得自衒治病，病家自當來請求，乃可往之〔二〕。

第一百三十六戒，不得獨行，行與人俱〔三〕。

第一百三十七戒，不得爲人謀合私利。

第一百三十八戒，不得廣求寶物。

第一百三十九戒，不得帶女人入山，皆應別岐異室。

第一百四十戒，不得叛本逐末。

〔一〕「向弟子」三字，太上老君經律無。

〔二〕「病家自當來請求，乃可往之」，上書作注語，無「當」字。

〔三〕「行與人俱」，上書作注語。

第一百四十一戒，常當設供養，勿作難易〔一〕。

第一百四十二戒，常當念清儉，法慕清賢，鹿食牛飲。

第一百四十三戒，常當慎所投止，先行視之，勿所驚觸〔二〕。

第一百四十四戒，常當迴向正一，不得〔三〕俗事。

第一百四十五戒，常當立大意秉志，不得雜犯負違三尊教命。

第一百四十六戒，常當勤避嫌疑，不得欺父母，罔君師〔四〕。

第一百四十七戒，常當勤求長生，晝夜勿倦，不得懈慢〔五〕。

第一百四十八戒，常當勤避惡處，勿貪禄、苟榮利〔六〕。

〔一〕「常當設供養，勿作難易」，太上老君經律作「當隨可供養，勿多難」。

〔二〕「先行視之，勿所驚觸」，上書作注語。

〔三〕「不得」，上書作「勿得習」。

〔四〕「不得欺父母，罔君師」，上書作「勿以父母，狎恩事君」。

〔五〕「不得懈慢」四字，上書無。

〔六〕「利」字上書無，「惡處」作「惡難」。

第一百四十九戒，常當勤服氣斷穀食，爲不死道，不得貪於飲食〔一〕。

第一百五十戒，常當勤避兇人，不得棄背朋友。

第一百五十一戒，不得〔二〕每飲食從一邊起及歎吒言其美惡。

第一百五十二戒，每燒香當爲萬姓請願，令天下太平，不得爲己。

第一百五十三戒，凡人呼汝爲祭酒，汝勿顧畏人，自作輕躁，爲百姓所不足〔三〕。

第一百五十四戒，每得人食，常當祝願，令主人得福，一切飽滿。

第一百五十五戒，常時無事，不得多聚會人衆，飲食狼藉。

第一百五十六戒，常時無事，不得妄受人禮敬。

第一百五十七戒，若入他處〔四〕，必先問賢人善士，當親依之，不得自負。

第一百五十八戒，若入佗處〔五〕，必先問其國所禁忌。

〔一〕「不得貪於飲食」六字，太上老君經律無。

〔二〕「不得」二字，上書無。

〔三〕以上十五字，上書作「汝顧畏人，勿自輕躁，爲百姓所笑」。

〔四〕「若入他處」，上書作「入國」。

〔五〕「若入佗處」，上書作「入他國」。

第一百五十九戒，凡入人家，必先問人家尊親名諱。
第一百六十戒，凡至人家，不得希望主人飲食。
第一百六十一戒，不得與女人同行〔一〕。
第一百六十二戒，不得與男女〔二〕冥室中共語。
第一百六十三戒，凡衣物不得過畜三通。
第一百六十四戒，凡男女不得共坐食飲，交手授受。
第一百六十五戒，凡天時災變，水旱不調，不得患猒，及其評議〔三〕。
第一百六十六戒，凡居世人並惡多善少，不得悒悒，道自護法。
第一百六十七戒，若人有罵汝，汝但聽服，不得應答。
第一百六十八戒，若人侵謗汝，汝但當自啓白〔四〕大道，不得憂怖以損精神。

〔一〕「不得與女人同行」，太上老君經律作「女人不得與男子同行」。
〔二〕「不得與男女」，上書作「男不得與女人」。
〔三〕「及其評議」四字，上書無。
〔四〕「啓白」，上書作「修啓」。

第一百六十九戒，若人以惡向汝，汝重以善往報之，不得怨尤〔一〕。

第一百七十戒，若人有持物與甲，而乙不得，不得便恨人不與己。

第一百七十一戒，若人爲己聲譽勿喜，爲己毁辱亦不得嗔怒。

第一百七十二戒，若人爲己殺鳥獸魚等，皆不得食。

第一百七十三戒，若見殺禽畜命者，不得食。

第一百七十四戒，凡食物見羶敗，不得食。

第一百七十五戒，凡不知所從來物，不得食。

第一百七十六戒，不得絶斷衆生六畜之命〔二〕。

第一百七十七戒，若能食菜最佳，而不得食向王者。

第一百七十八戒，不得言己能崇賢重聖〔三〕，吾當度汝，汝遇真仙。

第一百七十九戒，若行無居家可投，便止宿樹木巖石間，諷誦一百八十戒文，神自營衛

〔一〕「報之，不得怨尤」六字，太上老君經律無，但有注語「善之穰惡，猶水澆火」。

〔二〕「不得」至「之命」，上書作「能斷衆生六畜之肉爲第一，不然則犯戒」。

〔三〕「不得」至「重聖」，上書作「能崇賢重聖習賢」。

汝三重，兵賊鬼虎不敢近汝，不得少有怠慢〔一〕。

第一百八十戒，若行戒不犯，犯即能悔，改往修來，勸人奉受，念戒不念惡，廣度一切。吾拜神真，成汝清志，不得轉退〔二〕。

老君告弟子曰：「往昔諸賢仙聖皆從一百八十戒得道。道本無形，從師得成。道可師度〔三〕，師不可輕。」弟子稽首再拜，受命而退。

老君說五戒

老君曰：「是五戒者，持身法之根〔四〕。善男子、善女人，願樂善法受持，終身不犯，是爲清信，得經得法，永成道真。」於是尹喜聞受既已，再拜而問：「何故有五？」

老君曰：「五者攝一切惡。猶天有五精，以攝萬靈；地有五行，以攝羣生；人有五藏，

〔一〕「不得少有怠慢」六字，太上老君經律無。

〔二〕以上十二字，上書作「吾拜神真，神真成汝」。

〔三〕「道可師度」，上書作「道不可度」。

〔四〕「持身法之根」，太上老君戒經作「持身之本，持法之根」。

以攝神明。戒者防也，防其失也。失而不防，則三塗盈逸，天人虚空，是故五也。」尹喜曰：「大乎戒也，何故失也？」

老君曰：「本得無失，既失〔一〕而得，亦無所失。」「本得無失」，爲前身過去已得此戒，故於今身而無失也。而今身有失者，前身無戒，或有而違犯，故有失耳！雖有失而於今得受持者，則見生無失，後身復善。故「既失而得，亦無所失。」前頌云「世世受大福」，即此義也。尹喜所問一失，而併舉二失答之，是對其後問，頓顯前身此生後身也。明人禀道，本自無失，義見經中。

老君曰：「五戒者，在天爲五緯，天道失戒，則見災祥；在地爲五嶽，地道失戒，則百穀不成；在數爲五行，五數失戒，則水火相薄，金木相傷；在治爲五帝，五帝失戒，則祚夭身亡；在人爲五藏，五藏失戒，則性發狂。」

老君曰：「是五者〔二〕，戒於此而順於彼。故煞戒者，東方木也，受生氣〔三〕，尚於長養，而人犯煞，則肝受其害。盜戒者，北方水也，太陰之精，主於閉藏，而人爲盜，則腎受

〔一〕「既失」二字原無，據太上老君戒經增。
〔二〕「者」字原無，據上書增。
〔三〕「東方木也，受生氣」，上書作「東方也，受生之氣」。

其殃。婬戒者，西方金也，少陰之質，男女貞固，而人好婬，則肺受其沴。酒戒者，南方火也，太陽〔一〕之氣，物以之成，而人好酒，則心受其毒。妄語戒者，中央土德信〔二〕，而人妄語，則脾受其辱。五德相資，不可虧缺。」

老君曰：「此五失一，則命不成。是故不煞者乃至無有煞心，不盜者乃至無有邪取，不淫者乃至無有邪念，不飲酒者乃至無有勢立〔三〕，不妄語者乃至無有漏泄，如是可謂成也。」

老君曰：「戒中淫酒，能生五惡。戒者，戒惡也。世之〔四〕男女謹淫，羅於骨肉。上慢下暴，毁滅天德。沉醉爭訟，禍命辱身。妄詐欺誑，罔有所由。六親相盜，非但於他。煞害衆生，利養身口。如此等輩，見生受業，永墜諸苦，備加五惡，無有休限。如有出者，當在邊夷，短命傷殘。夫婦醜惡，及不貞廉，貧窮凍露，在處不安。如有財畜，爲人所奪。言説不信，人所不親。意慮憎塞，衆所慢輕。」

〔一〕「陽」原作「陰」，據太上老君戒經改。
〔二〕「信」字原無，據上書增。
〔三〕「立」字，上書作「力」。
〔四〕「世之」，上書作「惡世之中」。

化胡經十二戒

老君曰：「戒之不飲酒，常當莫念醉。五聲味相和，混沌亂正氣。
戒之不食肉，心當莫念煞。含血有形類，元氣所養活。
戒之勿罵詈，言當禁呪舌。罵人爲自罵，呪人爲自殺。
戒之勿欺詐，言當有成契。欺人爲自欺，華詞爲負誓。
戒之勿爲盜，見利當莫取。所利爲贓罪，貪利更相害。
戒之勿淫泆，常當與色絶。陰形相感動，子命爲夭折。
戒之勿慳恡，有物無過惜。富饒富施惠，慳貪後受厄。
戒之勿剛强，當可自屈折。强者必先摧，剛者必先缺。
戒之勿視聽，耳目當常閉。遠視令精散，極聽神潰亂。
戒之勿言語，其口常當吸。語煩則費炁，多言則有失。
戒之勿恚怒，心懟當莫發。金木水火土，五行更相伐。

戒之勿淫祀，邪鬼能亂真。但當〔一〕存正念，道氣自扶身。」

修齋求道當奉十戒

第一戒者，心不惡妬，無生陰賊。檢口慎過，想念在法。

第二戒者，守仁不煞〔二〕，愍濟羣生。慈愛廣救，潤及一切。

第三戒者，守真讓義，不淫不盜。常行善念，損己濟物。

第四戒者，不色不慾，心無放蕩。真潔守慎，行無玷汙。

第五戒者，口無惡言，言不華綺。内外忠〔三〕直，不犯口過。

第六戒者，斷〔四〕酒節行，調和氣性。神不損傷，無犯衆惡。

第七戒者，不得如人勝己，爭競功名。每事遜讓，退身度人。

〔一〕「當」，道藏輯要本、四部叢刊本均作「常」。

〔二〕「守仁不煞」，無上祕要卷四六洞玄智慧十誡作「守貞讓殺」。

〔三〕「忠」，無上祕要卷四六洞玄智慧十誡、卷四八十戒及太上洞真智慧上品大誡均作「中」。

〔四〕「斷」，上三書作「滅」。

第八戒者，不得評論經教，訾毁聖文。恭心承法，恒如對神。第九戒者，不得鬭亂口舌，評詳四輩。天人咎恨，損傷神氣。第十戒者，舉動施爲，平等一心。人和神穆，行常使然。

説戒喻

海空智藏經曰：「譬如有人持漆槃欲渡大海，爾時海中有一魔賊，即從此人乞索漆槃。其人聽已，思惟念言：『我今若與，必定没死。』於是答言：『今者魔賊，汝寧煞我，漆槃叵得。』魔賊復言：『汝若不能全與我者，恩惠其半。』是人猶故，心存不與。魔賊又言：『汝若不能惠我半者，請願與我三分之一。』是人又言：『寧當俱死，終不與槃。』魔賊又言：『唯願大慈，哀愍我等，施我手寶。』是人思惟，即自念言：『是我寶者，終不與汝。』魔賊又言：『若復不能與我寶者，我今飢窮，衆苦所逼，願當濟我如微塵許。』是人復言：『然我今日，方當渡海，不知東西近遠云何？若當與汝，我今身者，大海之難，何由得往？又恐中路没水而死，恨復何及？』善男子、真人、童子，護持禁戒，亦如彼人護惜漆槃，不與魔賊。善男子、真人、童子，如是守護，微妙淨戒，亦復如是。魔賊又言：『汝當信我，終不相欺，但捨漆槃，護持餘槃，以是因緣，令汝安穩，得至彼岸。』其人爾時，應自念言：『我今寧没海中，終不毁槃。』魔賊又言：『汝若不能毁漆槃者，可欲汝毁手上寶珍〔一〕？以是因緣，令汝安穩，得至彼岸。』如是其人亦復不毁。魔賊又言：『汝若不能捨手寶，亦可捨汝明珠，以是因緣，令汝安穩，得至彼岸。』爾時其人亦復不捨。爾時魔賊思惟良久，反面而退。於是其人乘漆槃行，得到彼岸。思惟念言：『我今行者，魔賊來難。我執漆槃，堅固不捨，得到彼岸，當由我心牢固不捨。』如是漆槃、手寶、明珠、足下金鐺，護持堅固，起造成庫，安著寶槃。善男子海空智藏，若有衆生護持海空微妙淨戒，堅持牢固，亦如其人護持寶槃，亦復如是矣。」

〔一〕「寶珍」，太上一乘海空智藏經作「真寶」。

雲笈七籤卷之四十

説戒

説百病

老君曰：救災解難，不如防之爲易；療疾治病，不如備之爲吉。今人見背，不務防之，而務救之；不務備之，而務藥之。故有君者不能保社稷，有身者不能全壽命。是以聖人求福於未兆，絶禍於未有。蓋災生於稍稍，病起於微微。人以小善爲無益，故不肯爲；以小惡爲無損，故不肯改。小善不積，大德不成；小惡不止，以成大罪。故摘出其要，使知其所生焉，乃百病者也〔一〕。

喜怒無常是一病，忘義取利是一病，好色壞德是一病，專心係愛是一病，

〔一〕「故摘出其要，使知其所生焉，乃百病者也」，要修科儀戒律鈔卷五作「故擿出一百病，使知其所坐也。百病者」。

憎欲令死是一病，縱貪蔽過是一病，毁人自譽是一病，擅變自可是一病，輕口喜言是一病，快意逐非是一病，以智輕人是一病，乘權縱横是一病，非人自是是一病，侮易孤弱〔一〕是一病，以力勝人是一病，威勢自憎〔二〕是一病，語欲勝人是一病，貸不念償是一病，曲人自直是一病，以直傷人是一病，惡人自喜是一病，喜怒自伐是一病，愚人自賢是一病，以功自與是一病，名人有非〔三〕是一病，以勞自怨是一病，以虚爲實是一病，喜説人過是一病，以富驕人是一病，以貴輕人是一病，以貧妬富是一病，以賤訕貴是一病，讒人求媚是一病，以德自顯是一病，敗人成功是一病，以私亂公是一病，好自掩意〔四〕是一病，危人自安是一病，陰陽嫉妬〔五〕是一病，激厲旁悖是一病，

〔一〕「侮易孤弱」，要修科儀戒律鈔卷五「侮」作「傷」，玄都律文百病律「弱」作「寡」。

〔二〕「自憎」，上二書分别作「迫協」、「逼勒」。

〔三〕「名人有非」，上二書分别作「泯人有功」、「謗有功人」。

〔四〕「好自掩意」，上二書分别作「好自唵噫」、「好掩戲人」。

〔五〕「陰陽嫉妬」，上二書分别作「陰懷嫉害」、「陰惡自害」。

多憎少愛是一病，評論是非〔一〕是一病，推負著人是一病，文拒鉤錫〔二〕是一病，持人長短是一病，假人自信〔三〕是一病，施人望報是一病，無施責人是一病，與人追悔是一病，好自怨諍是一病，罵詈蟲畜是一病，蠱道猒人是一病，毁訾高才是一病，憎人勝己是一病，毒藥酖飲是一病，心不平等是一病，以賢嗊嗃是一病，追念舊惡是一病，不受諫諭是一病，内踈外親是一病，投書敗人是一病，談愚癡人是一病，煩苛輕躁是一病，擿捶無理是一病，好自作正是一病，多疑少信是一病，笑顛狂人是一病，蹲踞無禮是一病，醜言惡語是一病，輕易老少是一病，惡態〔四〕醜對是一病，了戾自用是一病，好喜嗜笑是一病，喜禁固〔五〕人是一病，詭譎〔六〕諛諂是一病，嗜得懷詐是一病，

〔一〕「是非」，要修科儀戒律鈔卷五、玄都律文百病律分别作「非義」、「誹議」。
〔二〕「文拒鉤錫」，要修科儀戒律鈔卷五作「义拒鉤鉅」。
〔三〕「假人自信」，上書作「假自祝誓」。
〔四〕「態」，上書及玄都律文百病律均作「能」。
〔五〕「固」，上二書作「錮」。
〔六〕「詭譎」，上二書分别作「鬼魅」、「鬼黠」。

兩舌無信是一病，乘酒歌〔一〕横是一病，罵詈風雨是一病，惡言好殺是一病，教人墮胎是一病，干預人事是一病，孔穴窺視是一病，借不念還是一病，負債逃竊是一病，背向異辭是一病，喜抵捍戾是一病，調戲必固是一病，故迷誤人是一病，探巢破卵是一病，刳胎剖形是一病，水火敗傷是一病，笑盲聾喑是一病，教人嫁娶是一病，教人擿捶是一病，教人作惡是一病，含禍離愛是一病，唱禍道非是一病，見便欲得是一病，强奪人物是一病。老君曰：能念除此百病，則無災累，痛疾自愈，濟度苦厄，子孫蒙祐矣〔二〕！

崇百藥

老君曰：古之聖人，其於善也，無小而不得；其於惡也，無微而不改。而能行之，可謂餌藥焉！所謂百藥者：

〔一〕「歌」，要修科儀戒律鈔卷五、玄都律文百病律分別作「縱」、「險」。

〔二〕「痛疾自愈，濟度苦厄，子孫蒙祐矣」，要修科儀戒律鈔卷五作「即爲百藥矣」，玄都律文百病律作「長生度世，子孫蒙祚矣」。

體弱性柔是一藥，行寬心和是一藥，動静有禮是一藥，起居有度是一藥，近德遠色是一藥，除去欲心是一藥，推分引義是一藥，不取非分是一藥，雖憎猶愛〔一〕是一藥，好相申〔二〕用是一藥，爲人願福是一藥，救禍濟難是一藥，教化愚蔽是一藥，諫正邪亂是一藥，戒敕童蒙是一藥，開導迷誤是一藥，扶接老弱是一藥，以力助人是一藥，與窮邺寡是一藥，矜貧救戹〔三〕是一藥，位高下士是一藥，語言謙遜是一藥，恭敬卑微是一藥，不負宿債是一藥，愍慰篤信是一藥，質言端慤〔四〕是一藥，推直引曲是一藥，不爭是非是一藥，逢侵不鄙是一藥，受辱不怨是一藥，推善隱惡是一藥，推好取醜是一藥，推多取少是一藥，稱歎賢良是一藥，見賢自省是一藥，不自彰顯是一藥，推功引苦是一藥，不自伐善是一藥，不掩人功是一藥，勞苦不恨是一藥，

〔一〕「雖憎猶愛」，要修科儀戒律鈔卷五作「心離憎愛」。
〔二〕「申」，上書作「中」，玄都律文百藥律作「引」。
〔三〕「救戹」，要修科儀戒律鈔卷五作「傷戹」，玄都律文百藥律作「傷危」。
〔四〕「質言端慤」，上二書分別作「質直端嚴」、「質俓端正」。

懷實信厚是一藥，覆蔽陰惡是一藥，富有假乞是一藥，崇進勝己是一藥，安貧不怨是一藥，不自尊大是一藥，好成人功是一藥，不好陰私是一藥，得失自觀是一藥，陰德樹恩是一藥，生不罵詈是一藥，不評論人是一藥，好言善語是一藥，災病自咎是一藥，苦不假推是一藥，施不望報是一藥，不罵畜生是一藥，爲人祝願是一藥，心平意等〔一〕是一藥，心静意定是一藥，不念舊惡是一藥，匡邪弼惡是一藥，聽諫受化是一藥，不干預人是一藥，忿怒自制是一藥，解散思慮是一藥，尊奉老者是一藥，閉門恭肅是一藥，内修孝悌是一藥，蔽惡揚善是一藥，清廉守分是一藥，好飲食人是一藥，助人執忠〔二〕是一藥，救日月蝕是一藥，遠嫌避疑是一藥，恬惔寬舒是一藥，尊奉聖文是一藥，思神念道是一藥，宣揚聖化是一藥，立功不倦是一藥，尊天敬地是一藥，拜謁三光是一藥，恬惔無欲是一藥，仁順〔三〕謙讓是一藥，

〔一〕「等」原作「寺」，據要修科儀戒律鈔卷五、玄都律文百藥律書改。
〔二〕「執忠」，上二書分别作「報忠」、「執力」。
〔三〕「順」，上二書分别作「慎」、「恕」。

好生惡殺是一藥，不多聚財是一藥，不犯禁忌是一藥，廉潔忠〔一〕信是一藥，不多貪財是一藥，不燒山木是一藥，空車助載是一藥，直諫忠信是一藥，喜人有德是一藥，赴〔二〕與窮乏是一藥，代老負擔是一藥，除情去愛是一藥，慈心愍念是一藥，好稱人善是一藥，因富而〔三〕施是一藥，因貴爲惠是一藥。

老君曰：「此爲百藥也。人有疾病，皆有過惡，陰掩不見，故應以疾病，因緣飲食風寒温氣而起。由其人犯違於神，致魂逝魄喪，不在形中，體肌空虚，精炁不守，故風寒惡炁得中之。是以聖人雖處幽闇，不敢爲非；雖居榮禄，不敢爲利。度形而衣，量分而食。雖富且貴，不敢恣欲；雖貧且賤，不敢犯非。是以外無殘暴，内無疾痛，可不慎之焉！」

〔一〕「忠」，要修科儀戒律鈔卷五、玄都律文百藥律均作「貞」。

〔二〕「赴」，上二書分别作「救」、「惠」。

〔三〕「而」，上二書作「布」。

初真十戒〔一〕

天真言：出家超俗，皆宿有良契，故能獨拔常倫。若慎終如始，精至修練，當福延七祖，慶流一門。所謂九層之臺，起於累土；千里之行，始於足下。乃至功成德就，白日昇天。於是乎開度之時，宜受初真之戒。其戒有十，爾當受之。

第一戒者，不得陰賊潛謀，害物利己，當行陰德，廣濟羣生。

第二戒者，不得殺害含生，以充滋味，當行慈惠，以及昆蟲。

第三戒者，不得淫邪敗真，穢慢靈氣，當守貞操，使無缺犯。

第四戒者，不得敗人成功，離人骨肉，當以道助物，令九族雍和。

第五戒者，不得讒毁賢良，露才揚己，當稱人之美善，不自伐其功能。

第六戒者，不得飲酒過差，食肉違禁，當調和氣性，專務清虚。

第七戒者，不得貪求無猒，積財不散，當行節儉，惠邺貧窮。

〔一〕「初真十戒」，道藏輯要本、四部叢刊本無。道藏本收録作「虚皇天尊初真十戒文」，除第九戒、第一戒互易外，餘並同。

第八戒者，不得交遊非賢，居處穢雜，當慕勝己，棲集清虚。第九戒者，不得不忠不孝，不仁不信，當盡節君親，推誠萬物。第十戒者，不得輕忽言笑，舉動非真，當持重寡詞，以道德爲務。能保此十戒，始終無虧，則天道祐之，神明輔之，欲求兇横，不可得也。若朝爲夕替，泄慢正真，自貽其殃，無怨咎於高靈也。凡初入道之子，可不勗之！

清戒

太玄部卷第八老君傳授經戒儀注訣〔一〕云：「凡受戒及經畢，後月晦日半夜不可不齋。齋則清戒。清戒竟夜，誦之百遍千遍，限外無數，未堪如此者，不可減九遍。他日齋静行來出入得誦，更不必齋。時宜諮師訪友，思而行之，不須高聲，心口相知。在人衆中，勿發於口，審能感通上聖。」

正一法文下卷云：「凡爲道民，便受護身符及三戒，進受五戒八戒，然後受籙。從前未受戒者，受籙之後，依次受之，誦習通利，恒存思行持，憶不謬忘，則不犯科。未受籙之時，

〔一〕三洞珠囊卷九老子爲帝師品引「玄」作「平」，「君」作「子」。

無所呼召。受籙已後，動静呼神。不行戒者，呼之不至。破戒之人，吏兵遠身，還上天曹。考官便逮，致諸戹疾，公私災横，轗軻衰否，所作不成。成功立德，捨闇入明，施善禳惡，以吉除凶，要在行戒，神即祐之。戒有别文，精詳修習。或有不解，或有遺忘，或有謬誤，或冒禁故，或尊上逼迫，或畏死犯之，皆是招愆〔一〕，悉名破戒，即應懺悔，首謝自新也。凡違戒者，背負鞫言，恊道信邪，雜事佛俗，此爲不專，中心懷貳，愚迷猶豫，惑障纏深。師三誨之，必能改革，守一不廻，召神有効。三誨不悛，是爲叛道。乖逆師尊，法應奪籙。入佛奉俗，及元所事，師慈愍之，不追咎責。怨懟事他，棄本逐末，雖名奉道，實犯正科，諸官不得容受。積久知悔，更立功乞還，許依聽昇遷矣！」

太玄都中宫女青律戒

凡修上清之法，不得北向及本命之上二處便溺，觸忤玉晨，穢慢本真。五犯不得入仙也，十〔二〕犯被考左官，死入地獄三塗之中，萬劫還生不人之道。

〔一〕「愆」，道藏輯要本、四部叢刊本作「衍」。
〔二〕「十」原作「士」，據太真玉帝四極明科經卷五改。

凡上學之士，受三天正法、四明之科，佩帶真文，出入三光，及眠坐〔一〕卧息，不得露頭不著巾帽，及脱衣露形，毁慢身神，恥辱真文，令真靈遠逝，空尸獨在。三犯不得入仙也，五犯死入地獄，萬劫還生不人之道。

凡上學之士，受三天正法、四極明科，不得〔二〕妄入殗穢，哭泣悲淚，吊問死喪。五犯伐功斷事，不得入仙也。十犯死入地獄，萬劫還生不人之道。

太上黄素四十四方經戒

凡道士存思上法及修學太一事，皆禁見死尸血穢之物。當以真硃一銖散入水中，因以洗目漱口并洗手足，微呪曰：「三元上道，太一護形。司命公子，五神黄寧。血尸散滅，凶穢沉零。七液纏注，五藏華生。令我仙度，長亨利貞。」

凡道士受學長生法，不得稱死事。稱死事者，則生氣變動，不居常宅，故炁運入，魂神

〔一〕「眠坐」原作「宜」，據太真玉帝四極明科經卷五改。
〔二〕「不得」二字原無，據上書增。

離棄〔一〕。是以惡炁遊尸陳其間孔矣，持病將死之漸也。

真一條檢經云：「夫立功德者不得觸禁犯忌，當與身神相和，不可更相尅賊。更相尅賊，則生災起禍也。夫消災散禍，不得用本命行年，如用本命行年，賊害汝身。」

金書仙誌戒

夫學仙之人，勿北向便曲，仰視三光；勿北向理髮，解脱衣裳；勿北向唾罵，犯破毁王，破謂歲下辰也，王謂王炁之所在也。勿怒見日月星辰，勿以八節日行威刑，勿以月朔日怒恚，勿以三月三日食百草心，勿以四月八日殺草伐樹，勿以五月五日見血物，勿以六月六日起土，勿以七月七日思存惡事，勿以八月四日市履屐附足之物，勿以九月九日起牀薦，勿以十月五日罰責人也，勿以十一月十一日不沐浴，勿以十二月三日不齋燒香念仙也。諸如此忌，天人大禁，三官告察，以是爲重罪矣！或令人三魂七魄流競，或胎神所憎，三官受惡之時也。是以惡夢交於丹心，妖魅乘其朱闕，精液觸犯，神真煩惱，流變多禁，莫識其術。子能奉修，則爲仙才；不奉天禁，則爲傷敗。

〔一〕以上十二字，太上黄素四十四方經作「不居於帝，故死炁運入，生神離棄」。「帝」疑作「常」，形近而譌。

受法之身，不入産婦之户及不見尸者，謂異處斷隔於來往，則乃朝禮無廢，不拘日數之限。若家無隔異者，四十五日外，方得朝禮。

正一法文下卷云：「協道信邪，此爲不專。中心懷貳，愚迷猶豫，是爲叛道。乖逆師尊，法應奪筭〔一〕。」

太上黄素四十四方經云：「凡修太一之事及行上法存神之道，慎不可見尸及血穢之物。見一尸則一年不得行事，又却傾一年之功。然此帝一之科，常却罰於既往，又進塞於將來。若一年三見尸者，則罰功斷事各三年也。若過〔二〕見二十四尸者，皆不得復行太一以求仙也。」

凡修受上法及雌一、太一之事者，兆身中三魂五神之炁，常薰於巾服之中。七魄九靈餘精，常棲於履屐之下。是以道士學長生不死〔三〕，不得雜席而寢。故衣褐之服，不借非己

〔一〕「筭」，本卷清戒引正一法文下卷作「籙」。又「邪」字下，此處略「雜事佛俗」四字，「豫」字下略二十四字。

〔二〕「過」，太上黄素四十四方經作「遇」。

〔三〕「長生不死」，上書作「生」。

之炁；履屐之物，常惡土穢之薰〔一〕。亦不欲〔二〕使雜人犯觸〔三〕，以驚三魂。

凡道士吐納和炁，存神服霞，修求長生之事，慎不可食五葷之菜，及爲酒色之病敗也。是故古之神人云：「五葷爲伐藏之斧斤，酒色爲喪身之棺槨。」夫能斷斧斤之所傷，塞棺槨之死宅者，然後可以陟長生之途徑，漸神仙之蹊路乎！

凡存修太一之事，欲有所禮願，慎不可叩頭。叩頭者，則傾九天，動千真，神官迴覆，泥丸倒懸，天帝號於上府，太一泣於中田。數如此者，則存念無益，三真棄宮，七神漂散，玄宅納凶，是爲太一五神之至忌也。故古之真人，但心存叩頭，運精感而行事，不因頗顙以祈靈也。凡修行太一之事，真人之道，不得有所禮拜。禮拜亦帝君五神之所忌也。若有所精思，行禮願之時，但心拜而已，不形屈也。

〔一〕「薰」原作「糞」，據太上黄素四十四方經改。
〔二〕「欲」原作「故」，據上書改。
〔三〕「觸」下，上書有「諸物」二字。

上清大洞戒

凡修雌一之法，不得哀哭。哀哭感則五神號於上府，太一泣於中田，神喪精亡，靈真去身，空尸獨立，復何仙冀哉！不得見尸，見一尸則〔一〕一年不得行事，却傾一年之功。若一年見三尸者，則三年不得行事，亦却三年之功。見二十四尸，子失道矣！前文太素，亦與此大同小異矣！亦不得言稱死事、恚怒、願己之死，言滿四十，不得爲真人，以爲棄生之罪，三年身亡滅矣。不得衣五色衣裳，敷華好服，則真靈去身，淫邪内發，馳心猖獗潛逸，赤子飛飈，長離玄宫，破形解骸，身死名滅。若衣服勿雜色，蘭布之服，可以終日，詠誦洞章，奚求不得？乘雲駕龍，逍遥太極。

靈寶戒

真仙内科云：玄功之人，常布衣草履，不得榮華之服，犯者失道。祖父母、己父母同法可拜，不同法不得拜，叔伯以下，不同法亦不得拜，犯者身亡。父母吉會，不得預坐。父母

〔一〕「見一尸則」四字原無，據本卷金書仙誌戒所引太上黄素四十四方經增。

兄弟妻子同契，雖有骨血之親，皆不得同牀而坐，同盤而食。其法不同，皆爲尸穢，犯者失道。夫妻不得同室而寢，若邪念在心，長失道矣。自非同盟，不得同室而寢；自非同契，不得同牀而坐，同盤而食，同衣而服，犯者失道。

凡身荷仙官靈籙，不得妄拜妄哀，不得妄哭。凡於父母國君官長二千石刺史三公皆設敬，不得即誤禮拜。

受持八戒齋文

劉宋朝陸先生脩静上啓：

元始天尊無極大道感應靈聖一切神明：今有善男子善女人等，求欲受持八戒，清齋一日一夜，用以檢御身心，滅諸三業罪惱者。故洞神經第十二云：「夫齋以齊整身心爲急。」身心齊整，保無亂敗，起發多端，大略有八：

一者，不得殺生以自活。

二者，不得婬慾以爲悦。

三者，不得盜他物以自供給。

四者，不得妄語以爲能。

五者，不得醉酒以恣意。

六者，不得雜卧高廣大牀。

七者，不得普習香油以爲華飾〔一〕。

八者，不得躭著歌舞以作倡伎〔二〕。

今日善男子善女人等人，若能不犯此之八事，則八敗無從以起，則八成自然而立。立久不失，則延年保命，神通洞達。是故齋者受持八戒，思真行道，通而無窮，顯驗必速，皆如所期也。今請受既畢，再拜起，奉戒而退。

〔一〕「普習香油以爲華飾」，三洞衆戒文八敗文作「競翫香油華飾」。

〔二〕「以作倡伎」，上書作「作唱」。

雲笈七籤卷之四十一

七籤雜法

沐浴

太上素靈經云：「太上曰：『兆之爲道，存思大洞真經，每先自清齋，沐浴蘭湯。』」

太上靈寶無量度人上品妙經云：「道言：『行道之日，皆當香湯沐浴。』」

黄籙簡文經云：「奉經威儀，登齋誦經，當沐浴以精進。若神氣不清，則魂爽奔落。」

紫虚元君内傳云：「夫建志内學，養神求仙者，常當數沐浴，以致靈氣，玉女降祥。不沐浴者，故氣前來，三宫穢汙。」

仙公請問經云：「經涥不以香水洗沐，則魂魄奔落，爲他鬼所拘録。」

三元品戒曰：「常以正月十五日七月十五日十月十五日平旦、正中、夜半〔一〕沐浴東向，以杓廻香湯左轉三十二遍，閉目思日光在左目上，月光在右目上，五星纏絡頭上，五雲〔二〕蓋體，四靈侍衛訖，便叩齒三十二通，祝曰：『天澄氣清，五色高明。日月吐暉，灌我身形。神津内澳〔三〕，香湯鍊形〔四〕。光景洞曜，煥映上清。氣不受塵，五府納靈。罪滅三塗，禍消九冥。惡根斷絶，福慶自生。今日大願，一切告盟，身受開度，升入帝庭。』畢，仰咽液三十二通止，便洗沐。畢，冠帶衣服，又叩齒十二通，祝曰：『五濁以清，八景以明。今日受鍊，罪滅福生。長與五帝，齊參上靈。』祝畢，便出户入室，依法行道。」夫每經一殗，皆須沐浴，修真致靈，特宜清淨。不則多病，侍經真官計人罪過。沐浴香湯用竹葉、桃枝、栢葉、蘭香等分内水中，煑十數沸，布囊濾之去滓，加五香用之最精。

〔一〕「平旦正中夜半」原作「平旦中夜」，據太上大道三元品誡謝罪上法及無上祕要卷五二三元齋品、要修科儀戒律鈔卷十二殗穢緣增。
〔二〕「五雲」，上三書均作「五色之雲」。
〔三〕「澳」，上三書作「盥」。
〔四〕「形」，上三書作「精」。

太丹隱書洞真玄經云：「五香沐浴者，青木香也。青木華葉五節，五五相結。故〔一〕辟惡氣，檢魂魄，制鬼烟，致靈跡。以其有五五之節，所以爲益於人耶！此香多生滄浪之東，故東方之神人名之爲青木之香焉。」又云：「燒青木薰陸安息膠於寢室頭首之際者，以開通五濁之臭，絶止魔邪之炁，直上衝天四十里。此香之煙也，破濁臭之炁，開邪穢之霧，故天人玉女太一帝皇，隨香炁而來下，憩子之面目間焉！燒香夜特〔二〕亦常存而爲之。」

黄氣陽精三道順行經云：「上學之士，服日月皇華金精飛根黄氣之道，當以立春之日清朝，煑白芷桃皮青木香三種，東向沐浴。」

西王母寶神起居玉經云：「數澡浴，要至甲子當沐浴，不爾，當以幾音羈月日旦，使人通靈。浴不患數，患人不能耳！蕩練尸臭，而真氣來入。」

又云：太上九變十化易新經曰：「若履殗穢及諸不淨處，當洗澡浴盥〔三〕解形以除

〔一〕「故」，道藏本洞真太一帝君太丹隱書洞真玄經作「故曰五香之草也」。

〔二〕「特」，上書作「半時」。

〔三〕「洗澡浴盥」，洞真西王母寶神起居經作「先澡浴與」。

之。其法用竹葉十兩、桃皮削取白四兩，以清水一斛二㪷於釜中煑之，令一沸〔一〕出，適寒溫以浴形，即萬殗消除也。既以除殗，又辟濕痺瘡癢之疾。且竹虛素而內白，桃即却邪而折穢，故用此二物以消形中之滓濁也。天人下遊既返，未嘗不用此水以自蕩也。至於世間符水祝漱外舍之近術，皆莫比於此方也。若浴者益〔二〕佳，但不用此水以沐耳。」

三皇經云：「凡齋戒沐浴，皆當盥汰五香湯。五香湯法：用蘭香一觔、荆花一觔、零陵香一觔、青木香一觔、白檀一觔，凡五物切之，以水二斛五㪷煑取一斛二㪷，以自洗浴也。此湯辟惡，除不祥炁，降神靈用之以沐，并治頭風。」

太上七晨素經云：「每以月一日十五日二十三日，一月三取三川之水一斛，一經云：三川水取三江口水。一經云：取三井水亦佳。雞舌、青木香、零陵香、薰陸香、沉香五種各一兩，擣內水中煑之水沸，便出盛器之中，安著床上，書通明符著中以浴。未解衣，先東向叩齒二十四通，思頭上有七星華蓋紫雲覆滿一室，神童散香在左，玉女執巾在右。畢，取水含仰漱左右三通，祝曰：『三光朗照，五神澄清。天無浮翳，地無飛塵。沐浴東井，受胎返形。三練九

〔一〕「令一沸」，洞真西王母寶神起居經作「未及沸」。

〔二〕「益」原作「蓋」，據上書及真誥卷九、登真隱訣卷中改。

戒，内外齊精。玉女執巾，玉童散靈。體香骨芳，上造玉庭。長保元吉，天地俱并。』畢，脱衣東向，先漱口三過，次洗手面，然後而浴也。浴畢，轉西向陰祝曰：『浣濁除塵，洗穢返新，改易故胎，永受太真。』事訖，取符沉著井中。天帝君沐浴上法，受之元始天王，按法修行，體香骨芳，得爲帝皇。傳付天帝君修行，得流精紫光覆冠帝身。天帝君傳南極上元君，上元君修行，得流芳上徹，香聞三清。傳付太微天帝君修行，五方自生神芝，來會帝房。傳付上聖金闕君，金闕君修行，面生玉澤，體發奇光。傳付上相青童君，青童君修行，香充三清，光映十方。此之妙道，非世所行，祕在南極紫房之内，有分應仙，當得此經。按文修行，三元紫房，體生玉澤，面發奇光。神聰奇朗，究徹無窮。能行其道，白日登晨。」

外國放品經云：「沐浴金門，冠帶神輝，學同天人，壽極二儀。高上合懽，萬仙總歸，玉〔一〕虚結符，永無傾危。」

沐浴七事獲七福

沐浴身心經云：「沐浴内淨者，虚心無垢；外淨者，身垢盡除。存念真一，離諸色染，

〔一〕「玉」原作「正」，據上清外國放品青童内文改。

證入無爲，進品聖階，諸天紀善，調湯之人，功德無量。」天真皇人復白「天尊，未審五種香湯獲七福，因何者爲是？何所修行？有何勝業？願更開曉。」天尊答曰：「五香者：一者白芷，能去三尸；二者桃皮，能辟邪氣；三者栢葉，能降真仙；四者零陵，能集靈聖；五者青木香，能消穢召真。此之五香，有斯五德。七福因者：一者上善水，二者火薪，三者香藥，四者浴衣，五者澡豆，六者淨巾，七者蜜湯。此七福因能成七果：一者常生中國，爲男子身；二者身相具足；三者身體光明，眼瞳徹視；四者髭髮紺青，圓光映項；五者脣朱口香，四十二齒；六者兩手過膝；七者心聰意慧，通了三洞經法。」

沐浴吉日

正月十日沐浴，令人齒堅。
二月八日沐浴，令人輕健。
三月六日沐浴，令人無厄。
四月四日沐浴，令人無訟。
五月一日沐浴，令人身光。
六月二十七日沐浴，令人輕健。

七月二十五日沐浴，令人進道。

八月二十二日沐浴，令人無非禍。

九月二十日沐浴，令人辟兵。

十月十八日沐浴，令人長壽。

十一月十五日沐浴，令人不憂畏。

十二月十三日沐浴，得玉女侍房〔一〕。

洞玄真一五稱符上經云：黄帝曰：「天老以小兆未知天炁，故授〔二〕兆靈寶五稱符經，按東井讖清潔吉日，沐浴齋淨，受靈寶符。」

正月十日人定時，

二月八日黄昏時，

三月六日日入時，

〔一〕此下「洞玄真一五稱符上經云」一段，道藏輯要本、四部叢刊本無，但將其月日時分別合併於上段相應之月日中。

〔二〕「授」原作「受」，據太上無極大道自然真一五稱符上經改。

四月四日日昳時，

五月一日日中時，二十九日巳時，

六月二十七日食時，

七月二十五日早食時，

八月二十二日日出時，

九月二十日雞三鳴時，

十月十八日雞初鳴時，

十一月十五日過夜半時，

十二月十三日夜半時，此皆當天炁月宿東井時，與神仙合會，此日蘭湯沐浴，神降〔一〕已也。

老君河圖修身戒云：

正月十日人定時沐浴，除過無極；

二月八日黄昏時沐浴，除過二千；

〔一〕「神降」二字原無，據太上無極大道自然真一五稱符上經增。

三月六日日入時沐浴，除過三百；

四月十三日夜半時沐浴，除過二十；

五月一日日昳時沐浴，除過二十；

六月二十七日日中時沐浴，除過六百六十；

七月七日日中時沐浴，除過七百三十；

八月二十五日人定時沐浴，除過七十；

九月二十日日出時沐浴，除過九百六十；

十月二十八日平旦時沐浴，頭白返黑，壽同仙人，除過無極；

十一月四日雞鳴時沐浴，除過二十三；

十二月三十日夜半時沐浴，除過三千〔一〕。

洞玄二十四生圖經云：「天河灌東井，石景水母精。圓光拂靈曜，玄暉瑩高明。元始披重夜，天人逐月生。沐浴瀾池上，龍負長綆〔二〕瓶。金童灑香華，玉女流五星。冠帶濯

〔一〕以上「老君河圖修身戒云」一段道藏輯要本、四部叢刊本無。

〔二〕「綆」原作「更」，據無上秘要卷六六沐浴品改。

玉津，鍊度五仙形。體香萬神降，乘景登高清〔一〕。」

洞真太上黄素四十四方經云：「凡存念上道呪除三尸之時，常當採取白芷草根及青木香，合以東流水，煑取其汁以沐浴於身，辟諸血尸惡炁。可和香燒之，以致神明。若無青木香者，亦可單用白芷。」

清虚真人曰：「每至甲子，必當沐浴。」

紫微夫人曰：「沐浴不欲數者，魄之性也。性違魄返是，鍊其濁穢，魄自亡矣。」

真誥云：「南嶽夫人曰：『浴不厭數，患人不能耳。數則盪鍊尸臭，而真炁來入。』」

金房度命上經云：「修度命迴年之道，每以六癸之日，取北泉之水一斛，就本命日取白芷、桃皮、栢葉各一觔，合煑令沸，正中而浴。臨浴之時，向本命叩齒九通，思玉童三人執巾在左，玉女二人擎香在右，紫雲華蓋，覆列〔二〕前後，微祝曰：『天地洞清，洗穢除塵。鍊化九道，返形太真。百關納靈，節節受新。清虚監映，内外敷陳。日吉時良，度命迴年。玉童

〔一〕「清」，無上祕要卷六六沐浴品作「明」。

〔二〕「列」原作「到」，據洞真金房度命緑字迴年三華寳曜内真上經改。

玉女，爲我執巾。玄雲〔一〕紫蓋，冠帶我身。使我長生，天地同根。』畢便浴，浴訖，還入室東首而卧，取粉自飾，通身令帀，仍摩兩掌令熱，拭面二七，又微祝曰：『天朗炁清，我身已精。塵穢消除，九孔受靈。使我變易，還返童形。』引炁三十六咽，都止。行此之道三年，故形皮膚悉脱，華〔二〕骨更生，體映玉光，面發金容。」

洞神經第十二云：「上元齋者，用雲水三斛，青木香四兩，真檀七兩，玄參二兩，四種合煑一沸，清澄適寒温，先沐後浴。此難辦者，用桃皮、竹葉㓨之，水一二斛隨多少，煑一沸，令有香氣，人人作浴，内外同用之，辟惡除不祥。沐浴室令香淨，勿近圊溷，勿逼井竈，勿侵堂壇，勿用穢地，故厠牢獄，尸柩堂居，皆不可用。」

櫛沐浴

道書云：「凡道士理髮將髻及沐頭將散髮之時，先叩齒七通，乃祝曰：『太帝散華，玄歸大神。今日元吉，理髮沐塵。辟惡除患，長生神仙。』畢，乃髻之。竟，又叩齒七通，都畢，

〔一〕「雲」原作「靈」，據洞真金房度命綠字迴年三華寶曜内真上經改。

〔二〕「炁三十六咽都止行此之道三年故形皮膚悉脱華」二十字原無，據上書增。

此名爲太帝散華理髮内法。令人終年不病，耳目聰明，頭腦不痛。」

「凡道士浴身及洗手面之時，先臨水叩齒三通，乃祝曰：『四大開朗〔一〕，天地爲常。玄水澡穢，辟除不祥。雙童〔二〕守門，七靈安房。雲津鍊灌，萬炁混康。内外利貞，保兹黄裳。』祝畢，又叩齒三通，乃洗手面，此名爲澡穢除凶七房祝法。常能行之者，使人神明血淨，辟諸凶氣。」

解穢并叙

夫神氣清虚，真靈所守。身心混濁，邪氣害人。入靖思真，要須清潔〔三〕。不履衆惡，吉祥止焉。道士女官受法已後，特忌淹穢。諸不宜者，不在履限。

玄都律曰：「民家淹洿，不過晦朔，不得入治，哭亦三日穢。三年之喪，未滿百日，並不

〔一〕「朗」，太上黄素四十四方經作「玄」。

〔二〕「童」，上書作「皇」。

〔三〕「清潔」，要修科儀戒律鈔卷十二作「防患」。

得書符奏章，朝真入靖〔一〕，違者奪筭一紀。」

太極法師曰：「道士女官先無淹穢，哭亦不淹，唯須佩籙著〔二〕身。或被縣官繫閉出後，香湯沐浴解淹穢，三日已後，始得入靖。夫淹忌臨屍、入産婦室及喪家，齋食産家三日并滿月，及見喪車靈堂六畜生産，抱嬰兒胎穢哭泣，不得言死亡事及不祥事，午前忌之，不得見血肉死禽獸。寢臥櫛髮飲食便曲，並不得向北。便曲不得視三光，餐十二辰肉魚臊五辛並忌。若婦人有經通不得近，亦不得與同房寢臥，并造醮食及近道場。如夢洩亦須解穢。若見死柩〔三〕喪車，速存火從自己心中直出往燒之〔四〕赫然，死柩喪車並爲灰燼，便想烈風吹之。又閉目内視，令火自焚舉體潔白，見穢氣消滅即解矣。又存一真人〔五〕頭戴籙中九鳳真冠，〔六〕口中含水噴灑，穢亦消解。乃朱書解穢符，符在本經。書時三叩齒，稱合

〔一〕「書符奏章，朝真入靖」，要修科儀戒律鈔卷十二及玄都律文均作「入治禮拜，表奏章書」。
〔二〕「著」原作「者」，據要修科儀戒律鈔卷十二改。
〔三〕「死柩」，本書卷四五解穢湯方作「屍及」。
〔四〕「之」下，上書有「令火」二字。
〔五〕「一真人」，上書作「正一真官朱衣」。
〔六〕「冠」原作「官」，據道藏輯要本、四部叢刊本改。

明天帝日，閉氣書之置水中，以刀子左攪水三帀，想見北斗星在水中，祝曰：『百淹之鬼，速走萬里，不走斬死。西方白童子急急如律令！』則含水噴洒，穢氣都散。歲除日不浴，元日不沐，尋常五日一浴，十日一沐。」皆用桃竹。

朝禮

朝真儀云：「每月一日、十五日、三元日、庚申、甲寅、甲子、八節、三會、本命等日，並須朝禮。若與戊辰、戊戌、天父、天母、殺害、日常、日殺同者，即不可爲之。凡朝禮先一日，以桃湯澡浴如法，在解穢篇中。並不得食葱、薤、韭、蒜、乳酪等。至其日更潔衣服，執香鑪至靖户外，叩齒三通，微祝曰：『守靖玉女，四明功曹，今欲朝禮，願通達上聞。』便開門，先進左足，至香案前，置鑪案上，執簡平立，臨目叩齒三通，存思玉童玉女在香案左右，即長跪三捻香訖，起平立，又微僂身發鑪，祝曰：『太上玄元五靈老君，當召功曹使者、左右龍虎君、捧香使者、三氣正神，急上關啓三天太上玄元道君，臣今正爾燒香朝真，願得九天正真生氣，降臣身中，令臣所啓，速達逕御太清紫微宫真玄元大道君几〔一〕前。』畢起，存心若至金闕

〔一〕「几」原作「凡」，據本書卷四五朝真儀第九改。

前，再拜訖，又長跪叩齒二十四通，祝曰：『正一盟威弟子某甲稽首，歸身歸神歸命太清玄元無極大道太上老君太上丈人天帝君天帝丈人九老仙都君九炁丈人百千萬重道炁、千二百官君、太清玉陛下，臣幸資夙慶，得奉道真，竊不自揆，輙希長生。誓已立功修德，乞願赦臣積生已來至于今日所犯元惡重罪，咸賜蕩除，許臣自新，補復前咎。令九祖父母幽魂若爽，皆下拔九幽，上昇天衢。令臣修道，克合誠精〔一〕，削除死籍，注上玄籙。闔門之內，共保元吉，生成之惠，實在於此。臣某叩頭便以簡即叩頭。謹啓。』若更有佗事，任隨意言之，但不得繁矣。訖，又再拜，便於禮處伏地，以簡叩頭搏頰。訖，復罏祝曰：『香官使者、左右龍虎君、捧香使者、三氣正神，當令朝真之所，自然降金丹玉芝之英，百靈衆真，交會在此香火案前。令臣修道，克合至真，闔門受福，天下蒙恩，仙童玉女，侍衛香煙，傳奏所啓，徑御至真帝前。』燒香時勿反顧，顧則忤真氣，致衺〔二〕應。又勿囂喧，使至平明須了矣。」

〔一〕「克合誠精」，本書卷四五朝真儀作「久合至誠，請」。

〔二〕「衺」，道藏輯要本、四部叢刊本作「褻」。

太素真人隱朝禮願上仙法

受大洞上訣，施行雌一，讀太丹隱玄五〔一〕晨金華經者，常月〔二〕密朝太素三元君。以正月十日、二月九日、三月八日、四月七日、五月六日、六月五日、七月四日、八月三日、九月二日、十月十一日、十一月十二日、十二月十三日夜，於寢静之室，燒香北向，心存三君〔三〕，再拜訖，坐卧任意，稽首心祝曰：「謹啓太上大道高虚玉晨太素紫宫三元帝君中央黄老無英白元玉皇大帝五老高真太極皇精玄皇玉君，某是大洞三景弟子，謹以吉日之夜，天闕九開之間，上聞太上太素三元〔四〕玉皇真君前，乞得長生世上，壽無億年。時乘黄晨緑蓋龍轅，上詣紫庭，役使萬神，侍衛四明，太素帝君。」畢，常當行之，勿令人知也。此太極真人隱朝三元夜禮願之道也。昔常安季仲子不知他道，又亦不施行太丹之事、三元之法，

〔一〕「五」，洞真高上玉帝雌一玉檢五老寶經作「玉」。疑形譌，宜作「玉」。
〔二〕「常月」，上書作「當月月」。
〔三〕「三君」，上書作「三元君」。
〔四〕「元」下，上書有「三素元君」。

唯偶得此隱朝之道，按行之三十年，得乘雲駕欻，昇入玄洲。仙人王屨冰趙雙成范叔友管平阿李明〔一〕延安生之輩，皆得此道，而昇崑崙之房，或在神洲，或在三玄宮也。

朝極

旨曰：月用一日。一年有四日不同常步日及上生日，不同者及同者並依常法竟，各依時王朝。若甲子日、八節日與四時同者，亦止一步而爲二朝，以王星爲始。若欲各步各朝，以午時朝極，子時朝中元。旨曰：春。正月一日、二月二十日、三月二十七日。旨曰：步綱畢，正身入斗魁中，東向視歲星象在肝中。步畢，仍於弼上左廻身，左足先下，入魁中對天樞下陰精弼星之間，東向右足併立，閉氣臨目，存歲星精象圓如珠，青光照洞，從天來下，飛入我口。小開口受而吞之，逕在肝中，內外合映，良久乃通氣開目。餘星皆倣此，各依本色及所生之藏。旨曰：再拜。好安處兩足拜跪，勿令犯諸星綱。跪長極並當以膝綱上，不爾不得也。旨曰：心祝曰：「太歲元神，木公九元〔二〕。陽華玄氣〔三〕，盡來入身。」旨曰：祝畢，叩齒九通。畢，起左廻，登天樞而出。若值

〔一〕「李明」，洞真高上玉帝雌一玉檢五老寶經作「李明賢」。
〔二〕「元」，洞真上清太微帝君飛天綱步地紀金簡玉字上經作「天」。
〔三〕「氣」，上書作「元」。

六甲日，仍左行步三台。非六甲日，左行詣五星綱口。餘四朝倣此。

中，再拜跪心祝曰：「南上元神，火陽四光。仲離丹水，來入丹房。」旨曰：祝畢，叩齒九通。

旨曰：夏。四月八日、五月六日、六月十八日。旨曰：正身入斗魁中，南向視熒惑星象在心

畢，起出。旨曰：秋。七月七日、八月二十日、九月九日。旨曰：正身入斗魁中，西向視太白星象在肺中，再拜跪心祝曰：「西上太玄，金精七通〔一〕。玉元二帝，氣廻胎腦。」旨曰：祝畢，叩齒九通。

畢，起出。旨曰：冬。十月五日、十一月三日、十二月六日。旨曰：正身入斗魁中，北向視辰星象在腎中，十月、十一月在左腎，十二月在右腎。再拜跪心祝曰：「北玄紫辰，金車水元。龍胎化靈，來入一身。」旨曰：祝畢，叩齒九通。

畢，起出。甲子日、八節日，正身入斗魁中弼星，後入陰精弼星中間，對向真人星，令得拜跪。旨曰：向真人星存鎮星象在脾中，再拜跪心祝曰：「太極九真，流康陰根。飛一却蓋，來入泥丸。」旨曰：祝畢，叩齒九通。畢，起出。若值六甲日，即步三台。非六甲日，乃便步五星。行之十四年，七星之精下化成神人，並乘流零八景丹玄斑雲，俱來詣子，拜子仙官，授子真符，道成皆登上清，昇太微

〔一〕「通」，洞真上清太微帝君飛天綱步地紀金簡玉字上經作「道」。

宫。注云：五嶽君、四極真人、太極真人各有獻送，具在經文。

朝玉晨君

正月四日　二月八日　三月十五日　四月八日　五月九日　六月六日　七月七日

八月八日　九月九日　十月五日　十一月三日　十二月十二日

太上大道玉晨君常以此日中登玉霄琳房，四眄天下有志節遠遊之心者。子至其日平旦日出時，北向再拜。亦可於静中〔一〕出庭壇燒香，北望乃拜，雨雪於静室中。自陳本懷所願曰：「糞土小兆男某謹上啓太上玉晨玄皇大道君：某以思真願仙，歸心奉朝，伏希眄鑒矜允。誠請原赦某歷劫之殃考，一生之罪咎，學道修身，克蒙感遂，長生度世，登侍霄房。」畢，嚥液三十過。伏席叩搏，使心形慊極，良久起，跪嚥液也。

朝青童君

東海青童君常以丁卯日，登方諸東華臺四望。子以此日，常可向日再拜，日出行之。

〔一〕「静中」原作「中静」，據真誥卷九改。

至其日時，出於庭壇，施香案如法乃拜。若所居不早見日者，當視東方昕昕然即可爲之。其方諸山既在會稽東小近南，若夏月日出東北，乃不可每正向日出，要當向山所在爲之。值雨雪則於靜室中存而朝之。長跪曰：「糞土小兆男生姓名謹上啓九微太真玉明青保王金闕上相大司命高晨師東海玉明青華小童道君：某以塵濁罪穢，願樂清虛。乞霑所望，仰蒙濟拔。所以幽明考譴，並希赦蕩。業預仙階，侍謁靈景。」因伏席叩搏，使心形慊極，又再拜。可因此以服日精。九月已後，正月已前，日出同在其方。非其月則拜畢轉身正對日，行諸服飛華水母奔日五帝等法，亦可正爾吸日精霞九嚥之。

隱朝胎元法

學生之法，不可泣淚及多唾泄，此皆爲損液漏津，使喉腦大竭。是以真人道士，常吐納嚥沫〔一〕，以和六液。常以本命之日，向其方面叩齒三通，心存再拜而微祝曰：「太一鎮生，三炁合真。室胎上景，母玄父元。生我五藏，攝我精神。下灌玉液，上朝泥丸。夕鍊七魄，朝和三魂。右命玉華，左嘯金晨。令我神仙，役靈使神。常保利津〔二〕，飛行十天。」祝畢，

〔一〕「嚥沫」，真誥卷十作「咽味」。
〔二〕「津」，本書卷四五本命日作「貞」。

又心拜四方，叩齒三通，此名爲太上祝〔一〕生隱朝胎元之道。常能行之，令人魂魄保守，長生〔二〕神仙。

朝禮九天魂魄帝君求仙上法

常以月三日、九日、十六日平旦，向日九拜九揖，亦可心拜，仰頭叩齒二十四通，微祝曰：「天魂九纏，上帝尊神。太陽日精，金門變仙。小兆王甲，敢奏微言。今日上告，八願開陳。請施禮願，仰希玄恩。蒼龍朱鳳，策轡〔三〕紫軒。五雲交蔭，六炁扇塵。高上曲眄，三元降真。二景纏絡，我道欣欣。心朗耳聰，目明色鮮。體輕骨昇，面發華顔。羽服生形，飛造帝晨。」畢，仰天引日精四十五嚥止。行此三年，目明徹視，洞覩無窮，面有金容，體生玉津。九年能行，身外無影，飛空玄虛也。若天陰無日，於密室心存行之，亦感於自然也。

又以月五日、十五日、二十五日，此三日皆以人定時向月九拜九揖，亦可心拜，仰頭向

〔一〕「太上祝」原作「太山上呪」，據本書卷四五本命日及真誥卷十改。
〔二〕「生」原作「年」，據本書卷四五本命日改。
〔三〕「轡」，太上玉珮金璫太極金書上經作「輿」。

月叩齒十六通，祝曰：「魂精魄靈，九天同生。石景水母，太陰朗明。徘徊月宫，治〔一〕鍊金庭。二景合原，上吉時清。八會交帶，我願克成。願光願容，願鮮願榮。願神願仙，飛行上清。」畢，仰引月精四十五嚥止。

魂精帝君即九天司命，部九天之魂精，下統後學筭命也。帝君鎮在日門金庭之内。魄靈帝君即九天丞相，主九天之魄靈，下統後學之録籍也。鎮在月宫琳琅之都。

凡修上道，旦夕坐起卧息，常當存念日在頭上，月在口中，魂精帝君在泥丸，魄靈帝君在明堂。心存目想，常使彷彿，將其〔二〕踰年，真形見也，青白分也。九年能乘空飛行，上登晨燈之館，遊宴虹映之山也。

朝太素三元君受行先進洞房之事者依此朝，若未修其道者，則不得爲之。

正月九日　二月八日　三月七日　四月六日　五月五日　六月四日　七月三日　八月二日　九月一日　十月十日　十一月十一日　十二月十二日

〔一〕「治」原作「治」，據太上玉珮金璫太極金書上經改。

〔二〕「其」，上書作「无」。

夜用子時左右，於寢静北向六再拜訖，起跪〔一〕，施香案具冠服再拜訖，更一拜，便長跪曰：謹啓太上大道高聖〔二〕玉晨太素紫宫八靈三元君〔三〕中央黄老君無英白元太帝〔四〕五老高真上仙〔五〕太極皇精三〔六〕皇玉君：大洞三景弟子某謹以吉日之夜，天關九開之間〔七〕，上聞太上玉皇真君，乞得長生世上，壽無億年，時乘黄晨緑蓋龍轅〔八〕，上詣紫庭，役使萬神，侍衛四明〔九〕。」畢，勿令人知。

太素三元君，女子也。德凝虚无，神高太上，教制天真，領理萬炁。三元君乃一女子

〔一〕「起跪」，真誥卷十作「稽首跪曰」。
〔二〕「聖」，上清三元玉檢三元布經三元隱朝内仙上法及洞真高上玉帝大洞雌一玉檢五老寳經太素真人隱朝禮願上仙經法作「虚」。
〔三〕「八靈三元君」，上二書作「三元帝君」。
〔四〕「太帝」，上二書作「玉皇大帝」。
〔五〕「五老高真上仙」，上二書作「五老高真」。
〔六〕「三」，上二書作「玄」。
〔七〕「間」原作「門」，據真誥卷九改。
〔八〕「緑蓋」二字原無，據上書增。
〔九〕「明」下，本卷太素真人隱朝禮願上仙法有「太素帝君」四字。

耳。積感瓊琅，虚生霄晨，結煙散景，道陵玉真。夫三元君之出遊也，則日月傾曜，烈燭拔根，八風揚波，飈蕩幽源，連暉九萬，高霄儛晨，絳霞〔一〕鬱敷，黄雲九纏。於是五老啓途，太帝扶軒，西皇秉節，東華揚旛。九天爲之顛徊，太無爲之起煙。幽炁隱藹，八景連塵。顧眄羅於無上，俯仰周于百圓。大哉高皇！是曰太素三元君。夜在密室，常存三元君來在室中，心拜心語，如是不替，則所向如願，萬事克和，此爲真人致神仙之要法也。

太素三元君服紫炁浮雲錦帔、九色龍錦羽裙，建寶琅扶晨羽冠，腰流金火鈴虎符龍書，而坐空中焉！膝下常有緑丹青三素之雲炁，鬱然冠其形也。太素三元君常詠曰：「太無〔二〕連玉清，三曜洞高明。八素迴晨風〔三〕，散雲藹飛靈。圓輪擲峌峒，金映冠天精。玉華結五老，紫煙運霄軿。乘炁蕩玄房，委順扶所經。金姿曜九霞，玉質躍寒庭。幼〔四〕童迴孩眄，耆〔五〕艾還返嬰。帝一固泥丸，九真保黄寧。視眄萬劫外，齊此九天傾。」若存念

〔一〕「霞」原作「震」，據洞真高上玉帝大洞雌一玉檢五老寶經改。
〔二〕「無」，上清三元玉檢三元布經、上清僊府瓊林經及上清道寶經卷二天品均作「元」。
〔三〕「八素迴晨風」，洞真高上玉帝大洞雌一玉檢五老寶經作「八景回神風」，上清僊府瓊林經作「八景迴晨風」。
〔四〕「幼」原作「幽」，據洞真高上玉帝大洞雌一玉檢五老寶經改。
〔五〕「耆」原作「老」，據上書改。

之時，當諷此詠之作，云是玉清上宫之唱，以和於形魂之炁也。若存三元君者，首作頽雲三角髻，餘髮散垂至腰中，髻上乃冠扶晨冠耳。子存感致，若亦將見之於紫房及左右也。此者之間，當有太素玉女、三寶真人來降於子矣。欲行此道，常當别寢獨處，不雜他人。每事亦爾，非唯此一事而已。

雲笈七籤卷之四十二

存思

存大洞真經三十九真法出三十九章經

太微小童

讀高上虚皇君道經，當思太微小童干景精真氣赤色焕焕，從兆泥丸中入，下布兆身舌本之下、血液之府。畢，微祝曰：「真氣下流充幽關，鎮神固精塞死源。玉經慧朗通萬神，爲我致真命長存，拔度七祖返胎仙〔一〕。」畢，引赤氣三嚥止，便讀玉經。畢，又祝曰：「天有大隱生之寶，稱曰明梁之上氣〔二〕，守我絶塞之下户，更受生牢門之

〔一〕「仙」下，上清大洞真經卷二有「制錬百神一炁全」一句。

〔二〕「寶」原作「靈寶」，「之上氣」原作「上之氣」，據上書及上清太上玉清隱書滅魔神慧高玄真經大洞消魔神慧内祝隱文（下稱内祝隱文）删改。

外,乃又召益元之羽童,列于緑室之軒,使解七祖百結,隨風離根,配天遷基,達變入玄。」

玉清隱文又祝曰:「元氣非本生〔一〕,五塗承靈出。雌雄寄神化,森羅邃幽欝。玉音響太和,萬唱元〔二〕中發。仙庭廻九變,百混同得一。易有合虚中,俱入帝堂室。」畢,此高上內〔三〕祝祕文,泄之七祖充責。

太一尊神

讀上皇玉虚君道經,當思太一尊神務猶收真氣紫色燭燭,從兆泥丸中入,下布兆玉枕之下、泥丸之後户。畢,微祝曰:「太一保命,固神定生。爲我上招帝真之氣,下布紫户之庭。玉經仰徹,九元朗明。七祖同歡,俱昇上清。」畢,引紫氣三嚥止,便讀玉經。畢,又祝曰:「兆身常死關,結胎害百神。百神解胎結,披散胞内根。七世入帝室,一體合神仙。神仙會玉堂,七祖生南宫。併帶理明初,同席孩道康。萬真守身形,是日藏初

〔一〕「元氣非本生」,大洞真經卷二作「元氣本非生」,大洞玉經卷上作「元炁自本生」。

〔二〕「元」,大洞真經及内祝隱文作「无」。

〔三〕「内」字原無,據内祝隱文增。

明。帝一廻雌雄，保鎮百神門。閉塞萬邪户，受事九宮間。典禁召司命，三日朝泥丸。」

帝君

讀皇上玉帝君道經，當思帝君延陵梵真氣紫光鬱鬱，從兆泥丸中入，下布兩眉中間紫户之外宮。畢，微祝曰：「帝君度符籍，正氣召萬神。上招玉真氣，充〔一〕布兩眉間。混一生帝景，三素成我仙。飈粲乘龍蓋，逕昇高上軒。」畢，引紫氣三咽止，便讀玉經。畢，又祝曰：「扶晨始暉生，紫雲映玄阿。焕洞圓光蔚，晃朗濯耀羅。眇眇靈景元，森灑空清華。九天館玉賓，金房唱霄歌。賢哉對帝賓，役召伯幽車。七祖解胞根，世世爲仙家。」

玉清隱文又祝曰：「丹皇運珠，守鎮死門。上一赤子，玄帝凝天，一名伯无〔二〕上，亦爲三元先。扶我養我形〔三〕，使我登雲輪。常坐上清軒，七玄爲仙君。」

〔一〕「氣充」原作「充氣」，據内祝隱文及大洞真經卷二改。

〔二〕「无」原作「元」，據上二書改。

〔三〕「形」字原無，據大洞真經卷二增。此句内祝隱文作「扶我亦養我」。

無英公子

讀上皇先生紫晨君道經，當思左无英公子玄元叔真氣玉光奕奕，從兆泥丸中入，下布兆左腋之下肝之後户。畢，微祝曰：「无英神真生紫皇，三氣混合成宫商。招引真氣鎮膀胱，運流三丹會洞房。爲我致仙變丹容，飛昇雲館入金墉。」畢，引玉光三咽止，便讀玉經。畢，又祝曰：「神安氣洞，上與天通。越出地户，過度天門。隱息四維，七星散分。飛行陰房，日月植根。守金藏玉，制御萬神。仙王何人？我已成真。隱存雌雄，玄洞四鄉。結中青氣，號爲延昌〔一〕。字曰和嬰，理命年長。玄歸固内，慶玄牢張。我日成真，飛仙雲京。」

白元洞陽君

讀太微天帝君道經，當思右白元洞陽君真氣金光耀耀，從兆泥丸中入，下布兆右腋之下肺之後户。畢，微祝曰：洞陽鬱靈標魂生，金光煥煥氣中精，招真固神令長生，拔出幽根返胎嬰，驂晨御氣昇玉清。畢，引金光三咽止，便讀玉經。

〔一〕「結中青氣，號爲延昌」，大洞真經卷二作「結中有青炁，號爲案延昌」。

畢，又微祝曰：「洞陽鬱靈標，守體死户門。開〔一〕出三尸蟲，受入九真源。解胞散滯血，百節生正神。七祖滅尸禍，拔殖後葉患。黑氣斌來生，斫斷胞死根。世世受道德，後獲帝仙卿〔二〕。帝仙是何人？明明〔三〕七葉孫。乃祖入丹都〔四〕，併坐精上門。」

司命丈人

讀三元紫精君道經，當思中央司命丈人君真氣紫雲之色爛爛，從兆泥丸中入，下布兆絳宫心房之中。畢，微祝曰：「司命定年，丈人保仙。度名於南宫，上奏帝君前。世世爲仙王，拔出七葉根。福報无窮已，皆著玉經言。」畢，引紫雲氣三咽止，便讀玉經。

畢，又祝曰：「會元三襟交，携領廻胎嬰。承光守下關，務玄待月明。於是混離固籥，明車受成，福延七世，禍散玄生。守景六合，陵梵七靈，共生億千，欻昇玉庭。嬰兒徘徊，羽

〔一〕「户門開」原作「門開户」，據内祝隱文改。
〔二〕「後獲帝仙卿」，大洞真經卷二作「後來獲帝先」。
〔三〕「明明」，上書作「奣明」。
〔四〕「丹都」，上書作「仙都」。

衣命仙，吉濟萬萬，福布千千。骨有玉映，血承瓊泉，生樂天地，日月同年。」

玉清隱文又祝曰：「福布七玄前，罪滅三塗中。靈吹九晨杪，納氣大帝宫。五仙携太一，併位重冥空。遂隱上清室，羽明帝一房。」

桃孩君

讀真陽元老玄一君道經，當思命門桃君孩〔一〕道康真氣黄雲之色，從兆泥丸中入，下布兆臍中命門之外。畢，祝曰：「真靈〔二〕正神，號曰桃君。混合生宫，守護命門。通仙致氣，齊景寶雲。七祖同生，受福高晨。」畢，引黄雲之氣三咽止，便讀玉經。

畢，又微祝曰：「五嶽真人，定録四賓。司録促到，護籍理民。起非握節，雲拘執旛。香風八披〔三〕，惡魔絶煙。並來對帝，萬萬稱臣。度我生籍，名遷玉門。扶翼五老，慎護披塵〔四〕。」

〔一〕「桃君孩」原作「桃孩君」，據大洞真經卷二及内祝隱文改。本書卷三十大洞廻風混合帝一之法亦作「命門桃君孩道康」。

〔二〕「真靈」，大洞真經卷二作「丹靈」。

〔三〕「香風八披」，大洞真經卷二作「香火八被」，内祝隱文作「香風八被」。

〔四〕「慎護披塵」，上二書分别作「慎護披陳」、「鎮護波塵」。

玉清隱文又祝曰：「太上時非子，一曰合精延，是爲命門王，可以召萬神。萬神即時到，合會瓊羽門。使令散禍，禍絶福連，上寢玉堂，世受〔一〕名仙。」

上一赤子

讀上元太素三元君道經，當思泥丸天帝上一赤子真氣如竇光，從兆泥丸中入，下布泥丸九孔之户。畢，微祝曰：「上元赤子號上真，飛雲羽衣耀紫煙。上招明景對帝賓，竇光奕奕映我身，身生毛羽昇九天。」畢，引竇光三咽止，便讀玉經。畢，又祝曰：「童子景精，有神有威。合象三形，九道相推。衣服朱丹，步正參差〔二〕。出入上元，太極内階。知我者長生，存我者不衰。人无哭兆，恃賴辟非。欲知吾處，密問太微。太微玉帝，三聖徘徊。俠我左右，一合俱飛。混洞六府，日月齊暉。」

玉清隱文又祝曰：「九道轉對，五老各寧。洞陽銜籍，號曰鬱靈。七世父母，反胎更生。累業積罪，罪滅福生。上入帝堂，受書丹明。常與伯史原，徘徊三界庭。巾金佩羽，竇

〔一〕「受」，大洞真經卷二作「爲」。
〔二〕「步正參差」，上書作「步武嵾嵯」。

曜圓〔一〕形。玉輪北回，役御朱兵。」

中一丹皇君

讀上清紫〔二〕精三素君道經，當思絳宫中一元丹皇君真氣日光之色，從兆泥丸中入，下布頂中大椎骨首之户。畢，微祝曰：「中一真君，號曰運珠。上招日光，灌我形軀。三真寶曜，固命玉符。壽億萬年，永无終休。身生羽服，飛昇天衢。」畢，引日光三咽止，便讀玉經。

畢，又祝曰：「天有九魂，不可不分。道有三真，不可去身。帝一變景，萬化以臻。流珠停暉，紫霞踊煙。七度迴路，三光映真。太一精符，相與爲親。司命銜月，嘘我重脣。五老銜日，吸我三便。太上道君，與我纏綿。上造天階，携把太真。」

〔一〕「圓」，大洞真經卷二作「負」。

〔二〕「紫」下原有「真」字，據大洞真經卷三及内祝隱文删。

黄庭元王

讀青靈陽安元君道經，當思命門下一黄庭元王真氣月光之色，從我泥丸中入，下布兩筦間車軸下户。畢，微祝曰：「下一真元王，號曰始明精。三皇把符命，金契度仙庭。上招景中氣，氣布冠我形。羽車曜雲羅，令我飛上清。」畢，引月光三咽止，便讀玉經。

畢，又祝曰：「五藏百結，生此萬疾。玄一林虚，開闢解結。結絶病散，精神盈溢。福氣充明，禍翳傾竭。仙心日臻，死道月絶。混化九君，合符帝一。七神奉符，公子入室。」

九真帝昌君

讀皇清洞真道君道經，當思泥丸九真帝昌君上皇真氣青光萬丈，從兆泥丸中入，下布口之四際。畢，微祝曰：「九真始生，生於上元。號爲先靈，三景各分。上招玄暉，布流四門。鎮神保仙，拔度七玄。驂景乘浮，朝拜三元。」畢，引青氣三咽止，便讀玉經。

畢，又祝曰：「七氣離羅，太混黄寧。六甲輔魂，内注六丁。三真入胃，液流大明。五符上皇，泥丸常生。九星〔一〕下映，日母同輧〔二〕。遊眄八極，廻蓋雙嬰〔三〕。上到紫房，被巾羽青。七祖父母，各得返生。」

八真含〔四〕景君

讀高上太素君道經，當思膽中八真含景君真氣黄雲之色，從兆泥丸中入，下布兆背中骨節之府。畢，微祝曰：「八真結〔五〕神，神生九天。號曰北臺君，常在三合間。招真洞明氣，下流布我身。身生紫暉，與帝結親。攜契五老，太仙纏綿。」畢，引黄氣三咽止，便讀玉經。

畢，又祝曰：「生生得帝心，各會重户内。紫房混五神，魂魄恒寶貴。七關受仙輝，五藏充玉氣。俱過水火天，披建四和蔚。上歸皇一子，與兆魂相對。」

〔一〕「九星」，大洞真經卷三作「九真」。

〔二〕「日母同輧」原作「日同母輧」，據上書改。内祝隱文作「日每同輧」。

〔三〕「遊眄八極，廻蓋雙嬰」，大洞真經卷三作「游眄徘徊，雙蓋華嬰」。

〔四〕「含」，大洞真經卷三、大洞玉經卷上、内祝隱文均作「合」。

〔五〕「結」，大洞真經卷三作「法」。

七真玄陽君

讀皇上四老道中君道經，當思左腎七真玄陽君、右腎七真玄陰君〔一〕真氣黑雲之色，從兆泥丸中入，下布兆背窮骨地户中。畢，微祝曰：「七真生帝景，八氣運常寧。上招日中童，圓珠映我形。迴風混幽府，歸妙大洞經。拔出地户難，超凌逸九天。」畢，引黑氣三咽止，便讀玉經。

畢，又祝曰：「太一鬱書，上登洞房。六合三賓，司命神公。手執録籍，駕景乘龍。左迴靈曜，右扇神風。峨峨隱珠，芬豔嬰蒙。浩觀太无，濯練五通。澄魂羽幽，練魄空洞。招兆百神，月帝之功。七祖順生，景福昌隆。迴我老艾，還復玄童。上對神霄，金光十方。飛飈玉輪，彈金鳴鍾。」

六真元素君

讀玉晨太上大道君道經，當思肺中六真上元素玉君真氣白雲之色，從兆泥丸中入，下

〔一〕「左腎七真玄陽君右腎七真玄陰君」，大洞真經卷三及内祝隱文作「兩腎七真玄陽君」。

布兆頸外十二關梁之中〔一〕。畢，微祝曰：「六真奕奕，白光央央。廻帝之景，上入丹鄉。招真下流，灌我玉霜。羽裙紛紛，衣我仙裳。越過水火，飛登神京。」畢，引白氣三咽止，便讀玉經。

畢，又祝曰：「九合三離，紫房散分。五老正嚴，帝一保神。司命奏籍，奉行三元。胞樹斷落，血尸絶根。返胎朱火，廻氣泥丸。我合九清，大混百神。身登玉房，同軿金仙。逍遥太素，徘徊三天。重華列簡，累支流玄。世爲道伯，大福纏綿。上寢玉清，下息命門。五藏秀華，項〔二〕負日魂。長保劫齡，後天常全〔三〕。」

五真養光君

讀太清大道君道經，當思脾中五真養光君真氣如玉光金真之色，從兆泥丸中入，下布兆喉内極根之户。畢，微祝曰：「五真散靈，布氣九玄。金光曜暉，玉氣吐津。萬神並暢，

〔一〕「十二關梁之中」，本書卷三十作「十二關之梁」，大洞真經卷三、大洞玉經卷上及内祝隱文均作「十二間梁」。
〔二〕「項」原作「頂」，據大洞真經卷三及内祝隱文改。
〔三〕「全」，上二書作「存」。

熙怡我身。圓光奏命籍，太一勒九天。降致八景輿，策龍駕紫煙。混合三帝室，保我億劫年。」畢，引玉光金真之氣三咽，便讀玉經。

畢，又祝曰：「晨登九景臺，夕入神霄門。太一神夫子，或曰三來瓮。左執兆符籍，右携洞陽君。定生會紫房，五神更混分。混分逸帝堂，七祖絶死根。五毒氣零滅，緊[一]津无浮連。令我尸血[二]化，帝房出金元。三塗絶苦樹，世世獲天仙。常與景中王，積劫保元元。」

四真清明君

讀太極大道元景君道經，當思肝中四真清明君真氣青雲之色，從兆泥丸之中入，下布兆胃脘之户膏膜之下。微祝曰：「四真常生，青光華精。裴徊秀朗垣，沈珍[三]玉景庭。携提高上元，俯仰要五靈。拔解七葉根，與我保華嬰。」畢，引青炁三咽止，便讀玉經。

〔一〕「緊」，大洞真經卷三及内祝隱文作「翳」。

〔二〕「尸血」，大洞真經卷三作「血尸」。

〔三〕「垣沈珍」，上書及内祝隱文分别作「炁沈冥」、「垣沈彌」。

畢，又祝曰：「帝室混身，一道萬分。萬分合別〔一〕，是曰帝一。白帝皓靈，金霞廻日。重冥幽寥，藏神化密。把兆五符，與天相畢。玉暉覆蓋，无〔二〕死无疾。七祖父母，超登丹室。胞根八解，死符絶滅。帝得五元，我廻三七。六府焕爽，金書羽札。世爲仙真，寶録玄別。華繁曾玄，世无曲折。」

三真元生君

讀皇初紫虚〔三〕元君道經，當思精血中三真元生君真氣赤雲之色，從兆泥丸中入，下布兆鼻兩孔下源之中。畢，微祝曰：「三真焕光，流丹徘徊，玄〔四〕合九景，三〔五〕洞金扉。上招朱童，五苦廊〔六〕開。死根斷落，日魂同飛。超逸十界，上昇玉階。」畢，引赤氣三咽

〔一〕「萬分合別」四字原無，據大洞真經卷三及内祝隱文增。
〔二〕「无」原作「元」，據上二書改。
〔三〕「虚」，上二書作「靈」。
〔四〕「玄」，上二書作「離」。
〔五〕「三」，大洞真經卷四作「玉」。
〔六〕「朱童」，上書作「朱皇」。「廊」疑當作「廓」。

止，便讀玉經。

畢，又祝曰：「七氣混合，帝一迴元。結滯日散，兆命長遷。死道閉滅，斷絶胞根。五藏生華，六府金鮮。帝一保形，司命保神。五符啓扉，五籍登仙。世爲道王，帝師纏綿。散香龍寥，返華揚煙。七携无上，八暉九陳。流源回液，領會六淵。名書上清，氣積寂軒。迴風脱死，帝一相連。五通七合，俱生上元。」

二真堅玉君

讀无英中真上老君道經，當思骨節二真堅玉君真氣碧雲之色，從兆泥丸中入，下布兆太倉五腸之口。畢，微祝曰：「二真固神，鬱勃三關。迴金合玉，堅備泥丸。上通帝氣，布流金門。混化啓明，合我仙魂。七祖同飛，滅絶胞根。世保道德，永享欣欣。」畢，引碧雲之氣三咽止，便讀玉經。

畢，又祝曰：「魂生无中，布在九重〔一〕。道出三極，常遊絳宫。三宫合化，是爲紫房。紫房所在，先由明堂。明堂之内，守神桃康。風雲鬱鬱，既清且涼。塞閉欲孔，割破戀根。

〔一〕「重」，洞真太一帝君太丹隱書洞真玄經作「宫」。

其聖曰哥，其真曰𥧌。兆能知之，乃開金門。金門左右，忽見高賢。左曰父寧在，右曰母精延〔一〕。此是景中伯，與爾登玉晨。父寧母精，世世爲仙。萬條重華，皆受帝恩。」

一真天精君

讀中央黄老君道經，當思心中一真天精君真氣絳雲之色，從兆泥丸中入，下布兆胷中四極之口。畢，微祝曰：「一真鎮心，總領百神。百神常生，會我絳軒。上招玉氣，六液沈珍。赤景啓靈，拔我七根。超逸三塗，上昇南仙。」畢，引絳氣三咽止，便讀玉經。畢，又祝曰：「帝一迴風，化合桃康。流生起福，上溢玉堂。混而合之，出入帝房。三五合一，必成仙君。七玄父母，滅尸散怨。萬劫千年，皆登上仙。曲節伏匿，廣敷鬱申。守我形者，司命丈人。帝君公子，深固泥丸。太微玉華，羽服揚幡。魂魄長相抱，百骨皆滿神。神王生津上，超越度死門。遂友高仙子〔二〕，把持〔三〕玉清賓。」

〔一〕「左曰父寧在，右曰母精延」，原無「在」字、「母」字，據大洞真經卷四增。
〔二〕「高仙子」，大洞真經卷四及内祝隱文均作「高上子」。
〔三〕「把持」，上二书分别作「抱侍」、「把籍」。

九元之真〔一〕

讀青精上真内景君道經，當思九元之真拘制真氣五色雲氣，從兆泥丸中入，下布兆左耳之下伏晨之户。畢，微祝曰：「九元〔二〕之精，天關開窻。八景合氣，上通金房。三元帝室，返老生翁。玉華灌溉，練改艾容。飛霄紫輿，運我昇空。」畢，引五色雲氣三咽止，便讀玉經。

畢，又祝曰：「太微小童，常在帝前。其名景精，其姓曰干。合形太一，被服朱丹。五符命籍，把持玉案。帝君所臨，主通諸神。混合太一，司命丈人。固保靈户，五藏會分。帝仙守宅，凶種滅根。三氣鬱敷，八迴五煙。我得昇霄，駕龍明軒。」

〔一〕「九元之真」，大洞真經卷四作「九元之真男」。

〔二〕「元」原作「天」，據上書及内祝隱文改。

皇一之魂

讀太陽九氣玉賢元君道經，當思皇一之魂〔一〕上歸真氣玄雲之色，從兆泥丸中入，下布兆右耳之下伏晨之户。微祝曰：「皇一上真，洞生丹房。朱映蘭曜，發溢明光。太元之音，朗徹九空。玄金獨落，振響琅琅。上招玉景，協我神堂。策虚昇飛，遊宴玉京。」畢，引玄雲之氣三咽止，便讀玉經。

畢，又祝曰：「九宫一合，化形帝晨。上昇紫房，命真召仙。會濟魂魄，領括百神。七玄康樂，拔苦破根。死煙滅氣，福禄充軒。兆登太霄，駕景控雲。月中五帝，挾日精輪。鬱將逸阜，飈景同遷。」

紫素左元君

讀太初九素金華景元君道經，當思紫素左元君翳鬱无刃真氣景雲之色，從兆泥丸中

〔一〕「皇一之魂」，大洞真經卷四作「皇一之魂女」。

入，下布兆頭面之境。畢，微祝曰：「翳鬱生真，真景生空。靈光昱昱，紫氣〔一〕融融。上致流津，下布我宫。身生水火，體變玉光。飛仙羽蓋，昇入神公。受書玉經，成我仙宗。」畢，引景雲之氣三咽，便讀玉經。

畢，又祝曰：「慶元吉津，流汩西田。太帝携手，命召高仙。披〔二〕散濁穢，斷絶死根。上一天帝，號玄凝天。曜明六合，淨寂泥丸。是爲百无上，使兆保長安。列圖玉皇，併襟帝晨。五府生華，六液龍源。淵清太素，鬱霞金津。萬仙來朝，五嶽啓陳。玄慾沈散，天福奏煙。彫梁守命户，長來護死門。上生玉房，受位金仙。天之玉堂，常接帝賢。九天之中，宴眄劫年。」

黄素中元君

讀九皇上真司命君道經，當思黄素中元君圓華黄刃真氣晨景之暉上華，從兆泥丸中入，下布兆胷腹之境。畢，微祝曰：「九天上景，化生華暉。晃曄太空，曜真紫微。上致中

〔一〕「氣」，大洞真經卷四及内祝隱文作「素」。
〔二〕「披」，原作「拔」，據上二書改。

黄，百神降迴。散根離苦，八難豁開。七祖同昇，福慶巍巍。使我神仙，八景齊飛。」畢，引景暉之氣三咽止，便讀玉經。

畢，又祝曰：「太帝精魂，陽堂八靈。披散死氣，混合衆生。帝一承圖，三元會明。九真安安，七神寧寧。超越滯節，過度鬼兵。上昇帝晨，眄樂玉庭。玄母定録，五府開清。胞根没種，血汙殄平。七祖父母，起福三清。无英明夫，掌我仙經。廣神安氣，緑迴絶冥。閉藏死關，太一混生〔一〕。長寢羽臺上，固神五老室。受録上清闕，保德七元日。上上登玉霄，下下合帝一。」

白素右元君

讀天皇上真玉華三元君道經，當思白素右元君啓明蕭刃真氣月中之華，從兆泥丸中入，下布兆下關小腹至脚。微祝曰：「白素啓明，九天同生。高虚素轡，浮景玉清。迴真典〔二〕仙，流灑八溟。通幽達微，朗曜華精。使我内徹，五孔開明。神公來遊，我道克成。」

〔一〕「太一混生」原作「太混一生」，據大洞真經卷四改。
〔二〕「典」，上書及内祝隱文作「曲」。

畢，引月華之氣三咽止，便讀玉經。

畢，又祝曰：「魂生九氣，氣變成神，五老纏會，太一化仙。二十四真，迴形帝先。九曲下户，鎮生白雲。黄庭六府，含養命根。胎結胞樹，種栽死山。一得拘制，永斷滅源。符籍清明，金映玉軒。長爲德伯，世得道恩。昇登日月，遂友帝仙。」

日中司命

讀太一上元禁君道經，當思日中司命接生真氣三華之氣，從兆泥丸中入，下布兆左手之户。畢，微祝曰：「四大乘天，天元來歸。三華吐曜，司命景飛。爲我招仙，七祖散開。上登太虚，日月同暉。」畢，引三華之氣三咽止，便讀玉經。

又祝曰：「太一務猶收，傳司北帝司〔一〕。玄一老子，握節往來。元素把符，白元守雌。煥然神光明，披霞昇帝墉。列坐震靈席，混合五日房。白氣育上生，青君案延昌。左携精上門，右抱合和嬰。我生日月華，友賓赤氣王。八景照泥丸，朗然洞房中。嬰兒爲赤子，混離生玉容。五道秀金華，位爲上清公。七祖斷玄滯，身得乘神風。徘徊三清上，和樂返嬰

〔一〕以上二句，大洞真經卷五作「太一務猶，傳召北司」。「傳司」疑當作「傳召」。

童。」

月中桃君

讀元虛黄房真晨君道經，當思月中桃君方盈真氣月暉之色，從兆泥丸中入，下布兆右手之户。微祝曰：「元虛黄房内，月中號方盈。左宴朱顔臺，右携仙皇庭。宴景三秀房，結我神始生。同飛入玄玄，七祖返華嬰。」畢，引月暉之氣三咽止，便讀玉經。畢，又祝曰：「九元鎮真，五帝纏綿。日月中王，與兆爲親。大混三五，離落魄魂。百節金映，玉液廻神。五府生華，白氣運煙。充溢三清，紫房寶津。上開仙户，下塞死門。令我羽簡，玉帝之前。七祖父母，返生南軒。虎符攝魔，龍旌命神。太一金書〔二〕，招束三官。除滅死籍，刊名玉〔三〕真。保生太上，日月同年。」

〔二〕「金書」，大洞真經卷五作「錦旄」，内祝隱文作「錦旌」。

〔三〕「玉」原作「王」，據上二書改。

左目童子

讀太極主四真人元君道經，當思左目童子飛雲〔一〕真氣日之華光，從兆泥丸中入，下布兆左目之中。畢，微祝曰：「四極太靈，元君精映。日華充溢，童明光光。二景相照，通我明梁。三丹啓真，我道開張。毛羽羅裙，飛上玉京。」畢，引華光三咽止，便讀玉經。畢，又祝曰：「我乘混合氣，纏固九真丘，養光太昌子，駢羅凝羽珠。九尊衆帝生，洞景迴須臾。七祖結解散，穢積忽已除。世世生福昌，玄祖獲仙書。身昇太霞宮，控龍宴玉虛。上朝上清皇，見侍〔二〕幸正扶。」

右目童子

讀四斗中真人七晨散華君道經，當思右目童子晨嬰真氣月之華光，從兆泥丸中入，下布兆右目之中。畢，微祝曰：「七晨飛華，華散三元。混合成真，上招月魂。爲我降靈，啓

〔一〕「雲」，大洞真經卷五、内祝隱文作「靈」。

〔二〕「見侍」，上二書作「寢興」。

我仙門。七祖同飛，上朝帝君。」畢，引月之華光三咽止，便讀玉經。

畢，又祝曰：「三素牢張上，老君神生道。固我魄逸遊，保兆六合腦。憂苦没曲門，死氣閉地下。身與〔一〕帝一君，併襟樂六府。鏡心丹玄房，熙氣泥丸野。體曜金暉，羽録召真。白氣重鬱，百神光〔二〕鮮。長與日月，符籍纏綿。世保道德，永爲天仙。寂寂内注，遂昇帝晨。」

肺部童子

讀辰中黄景元君道經，當思肺部童子素明真氣五闕暉光，從兆泥丸中入，下布兆肺部華蓋之門，上通兩目之童。畢，微祝曰：「童子素明，黄雲九纏。滄臺飛輪，三神協真。號曰玄上景，列位高皇賓。總攝命百神，携我入紫煙。」畢，引暉光三咽止，便讀玉經。

〔一〕「與」原作「爲」，據大洞真經卷五及内祝隱文改。
〔二〕「光」原作「死」，據上二書改。

畢，又祝曰：「二老在左右〔一〕，帝魂不可分〔二〕。三九〔三〕變其上下，太一立其中根。五神奉我生籍，司命塞我死門。九宫合而爲一，六合總而内真。世獲仙書，福慶纏綿。五老對席，日月爲親。太一來迎，上昇帝晨。七祖滯血，皆爲拔根。返胎南宫，受生帝軒。兆宴玉堂，同襟帝輪。世世列圖，羽服揚幡。子孫保昌，慶及後玄。長爲仙伯，役使萬神。」

胎中白氣君

讀金闕後聖太平李真天帝上景君道經，當思胎中一元白氣君務玄子、太一精魂玄歸子二神真氣三華之色，從兆泥丸中入，下布兆五藏結喉之本。訖，微祝曰：「金闕煥玉清，白氣映凡霞。明光鬱金鈴，五色吐三華。流津宴寢堂，結我始生牙。玉符召百神，金威徵萬魔。保此億劫年，仙道明凶邪。」畢，引三華之氣三咽止，便讀玉經。

畢，又祝曰：「天生八氣，廻合帝鄉。五神奉符，司命扶將。拔斷死籍，盪穢幽冥。七

〔一〕「右」下，大洞真經卷五有「方」字。

〔二〕「不可分」，上書作「不可不分」，内祝隱文作「照九垓」。

〔三〕「三九」，内祝隱文作「陰陽」。

世解結，福延玉庭。血積沈没，三素焕清。兆昇天堂，與帝合靈。世得仙契，所願必成。種年日中，植命月庭。返胎童蒙，回爲孩嬰。生與天同，壽與日并。」

結中青氣君

讀太虚後聖元景彭室真君道經，當思結中青氣君案延昌、元君精魂保谷童二神真氣氣如玉華，從兆泥丸中入，下布兆五藏大胃上口。微祝曰：「離合九靈，二真幽密。太虚重天，上携太一。雌雄混合，同仙妙室。上變九仙，下解胎結。七祖慶欣，五苦解脱。使我飛騰，靈化本質。」畢，引玉華三咽止，便讀玉經。

畢，又祝曰：「種福九天外，拔尸地門下。七玄解滯積，斷樹除憂苦。返胎朱火宫，更生九玄户。真氣日日臻，禍害日日除。兆昇三清室，乘飈上景庭。命與月母俱，年隨日帝生。累玄〔一〕保仙籍，廻老更童嬰。福昇六合内，受圖永常生。」

〔一〕「累玄」，大洞真經卷五作「累世」。

節中黑氣君

讀太玄都九氣丈人主仙君道經，當思節中黑氣君斌來生、帝真精魂幽臺生二神真氣玉光之色，從兆泥丸中入，下布兆九腸之口伏源之下。畢，微祝曰：「太玄何寥寥，黑氣生上靈。帝真洞明景，九氣合神廬。變化十方領〔一〕，倏欻肇明初。萬真練我仙，百關自清居。七玄斷胞樹，九曾昇福堂。上招景中子，與我登飛輿。」畢，引玉光三咽止，便讀玉經。

畢，又祝曰：「帝魂照无阿，常鎮兆生門。伏尸滅落，保魂寧神〔二〕。玄母迴光，奉帝玉仙。右命太一，乃及兆身。北宴上清，列爲玉賓。顔生日華，年合月煙。長躋金房，晨景爲隣。除憂伏胃門，拔苦三塗中。福積丹玄内，慶充泥丸房。百神混帝一，大變〔三〕流迴風。返兆朽艾形，改貌爲嬰童。世世入仙堂，玄玄登羽宫。大劫雖屢傾，與日方增崇。」

〔一〕「十方領」，大洞真經卷五作「咄嗟頃」，内祝隱文作「十方頌」。

〔二〕「保魂寧神」，大洞真經卷五作「保魄寧魂」。

〔三〕「變」，上書作「慶」。

胎胞中黄氣君

讀上清八景老君道經，當思胞中黄氣君祖明車、天帝精魂理維藏二神真氣黄雲之色，從兆泥丸中入，下布兆小腸二孔之本。畢，微祝曰：「上清曜玄臺，八景乘天紀。黄氣協神真，精魂對帝子。太一度命籍，五符固不死。攜仙帶晨暉，迴風返形始。拔苦出七祖，同歡九玄裏。」畢，引黄雲三咽止，便讀玉經。

畢，又祝曰：「白雲合神景，乘素會太微。上朝帝一室，解帶皇一階。啓明金門中，三陽召上歸。昇我身内神，覆蓋大明威。大寶九華，光映兆形。招雲混真，散香要靈。含景月中，返胎受生〔一〕。年停曜景，命遂无傾。身爲仙王，保此上清。世受真書，玄華玉庭。」

血中赤氣君

讀東華方諸宫高晨師玉保王青童君道經，當思血中赤氣君混離子、司命精魂發紐子二神真氣如赤雲之色，從兆泥丸中入，下布兆百關絶節之下。畢，微祝曰：「晨暉焕東霞，丹

〔一〕「含景月中，返胎受生」，大洞真經卷五及内祝隱文均作「月中反胎，日中受生」。

景映高清。二真協神宗，落落七華生。五老飛帝席，太一保童嬰。錦雲曜幽夜，朗朗開重冥。七祖勒符籍，南極受胎靈。高晨眄雲輿，運我昇飛軿。拔解億世基，歡我萬劫程。」畢，引赤雲氣三咽止，便讀玉經。

畢，又祝曰：「五道混迴，七門始分。南和建節，白帝彰安〔一〕。靈標理魄，會昌護神。奉符登霄，寢息玉軒。定録瓊札，世爲天仙。三塗塞絶，除伐胞根。死氣沈零，禍輪无連。福臻重枝，慶會華玄。名書玉堂内，世爲道德門。」

上玄元父玄母

讀扶桑大帝九老仙皇君道經，當思上玄元父高同生、下玄玄母叔火王〔二〕、帝皇太一重冥空、九帝尊神日明真、太帝精魂陽堂玉、天帝九關魂録迴道、天紀帝魂照无阿七神真氣混合蓮〔三〕花之形，從兆泥丸中入，下布兆本命之根胞胎大結之中。畢，微祝曰：「元父玄

〔一〕「安」原作「形」，據大洞真經卷五及内祝隱文改。
〔二〕「叔火王」原作「叔大玉」，據上二書改。
〔三〕「蓮」原作「運」，據上二書改。

母，七真齊氣。神公大帝，九老并位。爲我固生，拔度十界。日月同符，九帝合契。坐命天魔，萬靈來拜。浮景三舉上，震文〔一〕保億世。」畢，引蓮花之氣三咽止，便讀玉經。雙畢，又祝曰：「太玄聚暉，映冠扶晨。大帝變景，須臾混分。入兆五府，堅我玉根。雙辦太一，合羽揚輪。與兆上昇，迴轉金門。年日德昌，體寶金仙〔二〕。世世昌盛，真符流連。玄玄累葉，名書靈軒。羽籍紫庭，飛香奏煙。福逮百枝，慶溢帝門〔三〕。」

三素老君

讀小有玉真萬華先生主圖玉君道經，當思三素老君牢張上、正一左仙仲成子、正一右仙曲文子三神真氣混合黄、白、玄三色之雲，從兆泥丸中入，下布兆鼻下人中。微祝曰：「玉真生帝景，萬華乘雲發。三老輔二仙，共鎮死户窟。神映七華生，朽骨蒙更蜕。起〔四〕

〔一〕「文」原作「杖」，據大洞真經卷六及内祝隱文改。
〔二〕「年日德昌，體寶金仙」，大洞真經卷六作「年同日德，體得金仙」。
〔三〕「福逮百枝，慶溢帝門」，上書作「福連百枝，慶流溢門」。
〔四〕「起」，大洞真經卷六及内祝隱文均作「超」，疑作「超」是。

逸三界庭，五苦咸解脱。得入九天表，上朗〔一〕高朱日。」畢，引三色之炁三咽止，便讀玉經。

畢，又祝曰：「命門合精，六混七分。太一把籍，司命理神。帝一固形，无英守魂。太迴〔二〕紫房，奉符帝君。胞樹伐滅，斷絶血根。七玄更起，沈景生煙。兆得上昇，化合帝晨。身映日月，命與天連。重華累暉，咸會上尊。世書靈羽，紫録内宣。乘景三素，北宴高元。號曰仙王，上清真人。」

中央玄一老子

讀玄洲二十九真伯上帝司禁君道經，當思中央玄一老子林虚夫〔三〕真氣黄雲之色，布兆陰莖之端；北方黑帝保成昌〔四〕真氣玄雲之色，布兆膀胱之中；西方白帝彰安幸真氣

〔一〕「朗」，大洞真經卷六作「朝」。

〔二〕「太迴」，上書作「大回」。

〔三〕「林虚夫」原作「林靈天」，據上書及内祝隱文改。

〔四〕「保成昌」原作「保成曷」，據上二書改。

素雲之色，布兆陰囊之中；南方赤帝長來覺真氣絳雲之色，布兆口舌之中；東方青帝雕梁際真氣青雲之色，布兆五藏内〔一〕；五帝真氣從兆泥丸中入〔二〕，下布兆一身。畢，微祝曰：「五帝明真，輔仙玄伯。上帝景暉，吐靈敷席。翳翳神曜，徘徊重寞〔三〕。羽景保録，太一命籍。五氣總魂，三精固魄。金仙練容，停年返白。拔出幽根，日月同宅。」畢，引五色氣五咽止，便讀玉經。

畢，又祝曰：「上寶月九真，日曦變玉室〔四〕。呼吸紫微，大混帝一。八煙叢生，百靈明威。九魂離合，三光同暉。天皇在元，紫煙霏霏。五神奉圖，始命不虧。變入九宫，被服朱衣。腰佩虎章，流雲繡帔。帷帳瓓玕，五色徘徊。日月照察，俠以東西。神庭内醴，以除渴飢。三五復反，轉藏營機〔五〕。周流太一，生均兩儀。」

〔一〕「内」下，大洞真經卷六及大洞玉經卷下有「中央黄帝含光露真氣黄雲之色，守兆脾胃之中」十九字。
〔二〕「入」原作「之」，據道藏輯要本改。
〔三〕「寞」，大洞真經卷六及内祝隱文均作「冪」。
〔四〕「日曦變玉室」原作「日義變王室」，據上二書改。
〔五〕「機」，大洞真經卷六作「璣」。

玉清隱文又祝曰：「太一變六合，五神哺泥丸。七積〔一〕滅三塗，血尸塞下關。三衿對帝真，〔二〕拔斫胞樹根。丈人號神宗，同心元素君。天皇入太清，五老奉符文。世世登羽宫，重華日中軒。元王始明精，固我本命門。保弼運録〔三〕氣，歸上谷下玄。冥景映形神，朝躋太上輪。日月併玉鈴〔四〕，年隨二景分。丹書玉堂内，位爲天上君。左携羽臺子，右提金顔仙。」

帝卿

讀太无晨中君刊峨眉山中洞宫玉户太素君道經〔五〕，當思帝卿肇勒精、絳宫中一輔卿中光堅、黄庭下弼卿歸上明〔六〕三真之氣混合青白黄三色之雲，從兆泥丸中入，下布兆身

〔一〕「積」，大洞真經卷六作「精」。
〔二〕「對帝真」原作「對五真」，據上書及内祝隱文改。
〔三〕「録」，上二書作「緑」。
〔四〕「鈴」，上二書作「衿」。
〔五〕以上十九字，大洞真經卷六作「太元晨中君峨嵋洞室玉户太素君道經」。
〔六〕「歸上明」原作「緣上明」，據上書及内祝隱文改。

三宫本命帝室。畢，微祝曰：「三真生太无，玉户映晨霞。太素洞元虚，丹靈森朱阿。迴神九重府，内唱發瓊華。闢納百津液，停年三秀柯。我身騰玉清，七祖離幽都。長保不終劫，萬世爲〔一〕仙家。」畢，引三色雲氣三咽止，便讀玉經。

畢，又祝曰：「帝一混九玄，太素五華精。寶羽宴玉堂，八風扇太明。高上乘元景，凌梵履昌靈。七化紫房下，九混五帝清。體生六色曜，金映流神形。感濯元氣内，金書玉皇庭。」

玉清隱文又祝曰：「靈雲始分，白氣鬱素。混會九玄，三五流布。帝一解形，起登霄路。太一呼吸，五華堅固。司命主日中，白元司日暮。日中静心，心中妙悟。夕隱泥丸，百神宣布。二宫可以長生，心腦可以長度。」

帝一真君

讀西元龜山九靈真仙母青金丹皇道君道經，當思大洞帝一尊君父寧在真氣五色紫雲之煙，從兆泥丸中入，下布一形之内，散氣九孔之中。畢，微祝曰：「九靈通妙化，金仙混扶

〔一〕「世爲」原作「一承」，據大洞真經卷六改，内祝隱文作「世承」。

桑。帝一變百神，合靈西丹皇。上爲胎仙母，下號稱神宗。曜景絶雲杪，蕭蕭紫微宫。爲我執命籍，保真三素房。妙景空中降，練我返嬰蒙。七祖絶苦源，逸超九福堂〔一〕。」畢，引紫雲三咽止，便讀玉經。

畢，又祝曰：「太上洞明，飛景九元。結精凝炁，化炁變神〔二〕。司命混合，散形億分。千乘火甲，萬騎揚幡。倶與太一，上造帝庭。伯无起非〔三〕，仲成曲文。一合我氣，再合我神，三合我魄，四合我魂，五合我精，六合我身。我身六合，洞靈啓真。八景靈駕，三素浮輪。我與帝一，倶昇玉晨。重華累枝，混合天仙。身有道籍，世有生根。金簡羽符，名刊日軒。所願即從，天禄詵詵。所向如心，萬福盈門。常存太上，帝一泥丸。雌雄混化，百靈纏綿。讀經萬遍，雲駕來迎。携宴五帝，日月九君。號爲仙公，上清真人。」

〔一〕「七祖絶苦源，逸超九福堂」原作「七根絶苦哀，逸起九福堂」，據大洞真經卷六及内祝隱文改。
〔二〕「結精凝炁，化炁變神」原作「結精凝神」，據上二書增。
〔三〕「伯无起非」原作「仙伯元起徘徊」，據上二書改。

大洞消魔神慧内祝隱文存諸真法

九天上文出自高上口訣，解滯散原。大洞真經三十九章，理極於此。上則引致高靈之霞映，下則滅於萬魔之凶殃〔一〕。誦之一遍，開明幽關，三十九户，納受玉津，死氣沉塞，百神内歡。百神既暢，則聲達九玄，氣朗紫霄，響叩玉晨。五帝束帶，萬靈朝軒，生生來歸，七祖昇遷。身致羽童，駕景乘雲，飛行玉清，位齊紫賓。此高玄之妙道，玉清之祕篇，皆授金名玉字高仙真人。七百年中，有合此質，聽得一傳。

後聖曰：「得受大洞真經三十九章，修行之日，當先行大洞之儀格，誦玉清隱祝之文。又存百神内名，外則遏於萬試，内則塞於死關。如此一遍，便得一日一夜單誦三十九章，不煩徧徧依舊行其儀軌也。若明日〔二〕又登齋誦經者，當更按舊一過行之〔三〕。」

〔一〕「殃」字原無，據内祝隱文增。
〔二〕「明日」原作「是日」，據上書改。
〔三〕「當更按舊一過行之」原作「當便按舊過行之」，據上書改。

雲笈七籤卷之四十三

存思

存思三洞法

常以平〔一〕旦思洞天，日中思洞地，夜半思洞淵，亦可日中頓思三真。存思之法：入〔二〕室東向，叩齒三十二通。先瞑目思素靈宮清微府中青氣赤氣相沓，鬱鬱來下，入兆身中泥丸上宮，便咽九氣。次思蘭臺府中赤黄二氣相沓，如先來下，入兆身絳宮之中，便咽九氣。次思皇堂府中白黑二氣相沓，如先來下，入兆身臍下丹田宮中，便咽九氣。咽三洞氣畢，便仰祝曰：「天地混沌，淵源〔三〕三精。元始結化，五氣混生。變化玄元，灌注

〔一〕「平」字原無，據洞真太上素靈洞元大有妙經太上道君守三元真一經（下簡稱真一經）增。
〔二〕「入」前原有「次」字，據上書刪。
〔三〕「淵源」，上書作「洞淵」。

身形。服御流霞，昇入紫庭。北帝落死，東華記名。洞達幽微，與帝合并。」畢，又叩齒九通，思洞天〔一〕元洞元明元曜延靈耀元君玄混以陽霞朱明之符授與我身。次思洞天生官衣服諱字如上法，並從素靈宮清微府中下，以次入兆泥丸宮中。畢，仰祝曰：「洞天上元，監御九玄。總統三炁，混生丹田。披洞幽關，出入無間。魂魄寶耀，纏絡華鮮。飛雲降〔二〕室，遊宴紫天。齊保天地，長享億年。」思洞天畢。

轉向南，思洞地洞真大熒惑星大洞元生太靈機皇君景化以通明四洞九元之符，以授我身。次思洞地生官衣服諱字如上法，並從素靈宮蘭臺府下，入兆身絳宮中。便仰祝曰：「洞地中元，總領飛仙。華冠寶耀，腰青建巾。授我靈符，通真致神。洞思幽微，受帝祕言。解胞散結，九孔朗然。七祖咸脱，上昇南軒。雲輿下降，白日昇晨。」思洞地畢。

轉向北，思洞淵洞玄太白子留金城耀耀元精元導太仙君諱浩田以啓明通〔三〕天寶符，以授兆身。次思洞淵生官衣服諱字如上法，並從素靈宮皇堂府下，入兆身臍下丹田宮中。

〔一〕「洞天」二字原無，據真一經增。
〔二〕「降」，上書作「绛」。
〔三〕「明通」原作「通明」，據上書改。

便仰呪曰：「洞淵幽闗，上參三元。玄氣鬱勃，飛霞紫雲。流黄五色，華晨寳符。服御啓明，與天長存。乘空駕虚〔一〕，遊宴玉晨，携提〔二〕景皇，結友真仙。」思洞淵畢，還東向，叩齒九通，咽氣九過，三洞畢矣！子能行之，真神見形，玉女可使，玉童見靈，三元下降，以丹輿緑軿，來迎兆身，上昇太清。惟在寳祕，慎勿輕傳。

老君存思圖十八篇并叙

師曰：修身濟物，要在存思。存思不精，漫瀾無感。感應由精，精必有見。見妙如圖，識解超進。神氣堅明，業行無倦。兼濟可期，期於有證。證之顯驗，逆知吉凶。以善消惡，一切所觀。觀其妙色，色相爲先。都境山林，城宫臺殿。尊卑君臣，神仙次第。得道聖衆，自然玉姿。英偉奇特〔三〕，與我爲儔。圓光如日，有炎如煙。周繞我體，如同金剛。文不盡

〔一〕「虚」原作「靈」，據真一經改。
〔二〕「提」原作「堤」，據上書改。
〔三〕「特」原作「持」，據道藏輯要本、四部叢刊本改。

意，猶待訣言。言妙罕傳，文精希現。現傳果驗，劫載一人。一人明難，非爲無果。勿謂〔一〕不易，而息遵求。求之能篤，隨漸昇登。雖未具足，徵涉便到勝途。出俗居道，居道化俗。涅而不緇，故號居士。一曰道士，士即事也。習事超倫，謂之大覺。覺者取微，昧圖證驗，得鳥之羅，在其一目。如左：本文内所説形圖畫像元闕。

存道寶第一

師曰：寶者，自然元一，無祖無先，常存無滅，濟度無窮。應感爲三，終始一也。不一由人，人有億兆心，兆億行。大品有三，上中下才，悟或遲速。速之與遲，必宗三寶：一曰道寶，二曰經寶，三曰師寶。師寶者，得道人爲我師也；經寶者，自然妙文，師所傳也；道寶者，無形之形，即太上是。窅冥中精應感，緣時成數，分形散體，不可思議。議而思之，得不可得。得不可得，竟何所得？得道真也。真也者，得之不死不生，生死應化，不損不勞，保此貴重，故號道寶。存思之時，皆應臨目，常見太上在高座上，老子在左，元君在右。又見經在西方，師在東面。次見十天光儀侍衛，文武伎樂，各從方來，朝禮太上。先存見齋堂爲太玄都玉京山七寶城宮臺寶蓋師子之座，座上蓮花以爲茵籍，牀前師子蹲踞相向，香官

〔一〕「謂」原作「課」，據道藏輯要本、四部叢刊本改。

伎樂參然羅列。

存經寶第二

見道寶竟，仍存玄臺之裏在於太上之西，有七寶莊嚴光明帳座，座有玉案，案有寶經。絳綃之巾，火鈴之室，宛籍緼函，鎮覆經上。玉童玉女，侍衛香燈。三十六部，道德爲宗。太玄侍官，其形如左。

存師寶第三

見經寶竟，仍存玄臺之裏在於太上之東，有七寶莊嚴光明〔一〕帳座，座上有玄中大法師，即是高上老君，妙相不可具圖，應感變化無定。無定之定，定在心得。心得〔二〕有由，由階漸悟。悟發之初，先覩玉貌。素髮玄冠，黄裳皂帔。憑几振拂，爲物祛塵。凝神釋滯，以正治邪。仙真侍側，左右肅然。人天相交，其形如左。

存十方天尊第四

見三尊竟，仍存十方天尊相隨以次，同詣玄臺，朝禮太上。嚴整威儀，爲一切軌則。

〔一〕「光明」原作「明光」，據道藏輯要本改。
〔二〕「得」，四部叢刊本作「行」。

北方無極太上道德天尊。服色黑，羽儀多玄。

東方無極太上道德天尊。服色青，羽儀多碧。

南方無極太上道德天尊。服色赤，羽儀多丹。

西方無極太上道德天尊。服色白，羽儀多素。

東北方無極太上道德天尊。服色青黑又多黄。

東南方無極太上道德天尊。服色青赤又多黄。

西南方無極太上道德天尊。服色赤白又多黄。

西北方無極太上道德天尊。服色白黑又多黄。

上方無極太上道德天尊。服色玄紫又多蒼。

下方無極太上道德天尊。服色黄紅又多緑。

右十人其形如左。天尊雲駕，同到玉京，傘扇羽儀，不可悉備。仗樂侍從，亦同〔一〕具陳。舉一反三，聞一知十耳。

授道德經存三宫第五

〔一〕「同」原作「回」，據道藏輯要本改。

授道德經：師北向，置經於案上。弟子伏左，師執經，弟子擎法信。師叩齒三十六通，心存三宮，泥丸、上元宮也。絳宮、中元宮也。丹田下元宮也。三一出，千乘萬騎營衛於經，其形如左。

朝朝於户外存四明等第六

朝朝於户外呪，存見四明功曹一人，通真使者一人，傳言玉童二人，侍静玉女二人。

右六人其形如左。

凡神官位號，各以明義。雖皆道應，感化不同。前後高卑，各隨才識。識悟緣漸，故諸官互陳，或申通宣傳，或侍衛開導。學者所求，各從其願。三元妙氣，氣妙本一。一本居宗，三元化接。三之宗一，四主冥明。明之者知道，知道者見妙。見妙由明，資於神識。職有典掌，總名爲曹。曹有績効，皆名爲功。功曹接導，開闇覩明，故曰四明。凡夫蒙愚，憑道乞照，修行法事，先關功曹。次及通真使者，玉童玉女，達道正神，能致生氣。生氣即妙一之本，入身則延年不死，超三界之上，居三元宫中。正一合德，八方和明，功職所關，故號四上。右虎左龍，仁義嚴明。仁以輔善，義以止惡。惡消善積，由於知真。真無復雜，雜弗能變，故稱素女，潔白靡汙。夜闇無明，兼須童朗。上玄少女演元始之氣，同學者入黄宫之中。中極正宗，高尊所處。信誠感通，所啓必允。黄房八〔一〕𢢼，義依此例。

夕入於户存四上等第七

夕入，常於户外呪，存見四上功曹一人，龍虎使者二人，侍静素女一人，開明童子一人，上玄少女一人。

右六人其形如左。

入堂存三師第八

入堂先思見經師，次思見籍師，次思見度師。

右三條，各見所在之方也。

存五藏五嶽五星五帝金映五色圓光第九

存三師竟，次思見五藏五嶽五星五帝。

右四條，備衛身中。身中變化，無所不容。至於畫圖，無由備受。象〔二〕之於外，標明〔三〕方位。得之言

〔一〕「八」，道藏輯要本作「入」。

〔二〕「象」字原無，據太上老君大存思圖注訣增。

〔三〕「標明」原作「標名」，據上書改。

前，勿〔一〕拘迹致謬耳。

金映蓋一體，體作五色從肺後出，項有圓光如日象。

右三條，在身中照明十方〔二〕。

凡存思之時，皆閉目内視。人體多神，必以五藏爲主。主各料其事，事各得其成。成正則一而不二，不二〔三〕則隱顯無邪，無邪則衆妙可見，見妙〔四〕則與聖符同。同聖即可弘積學，自然感會。是以朝夕存思，不可懈怠。存者何也？敦也、輪也。思者何也？司也、嗣也。勿以輕躁失本，學以重厚得宗。得宗則輪轉無滯，輪轉無滯則存而不亡。不亡由於司察善惡，善惡在乎嗜慾偏頗。嗜慾偏頗者愛憎廻遑〔五〕，往返生死，勞苦未停。未停之停，停善不著。善之善歸，宗未能至。至宗無者資於念念相續〔六〕，繼念嗣存。無有入於無

〔一〕「勿」原作「功」，據太上老君大存思圖注訣改。

〔二〕此下，上書有「共右七條，其形如左」八字，且有圖。以下各篇亦均有圖。

〔三〕「不二」原無，據上書增。

〔四〕「妙可見見妙」原作「如可見見」，據上書增改。

〔五〕「愛憎廻遑」、「愛」原作「受」，據上書改。「廻遑」，上書作「徊惶」。

〔六〕以上二十六字，上書作「未停之停停，善不著善著，至宗無者資於念，念念相續」。

間，無爲而無不爲，號曰微妙玄通，和光挫鋭，濟度無窮。是故爲學之基，以存思爲首。存思之功，以五藏爲盛。藏者何也？藏也成也〔一〕。潛神隱智，不炫燿也。智顯慾動，動慾日耀。耀之則敗，隱之則成。光而不耀，智静神凝，除慾中淨，如玉山内明。得斯勝〔二〕理，久視長生也。

第一、見肺紅白色七葉，四長三短，接喉嚨下。肺者何也？胐〔三〕也、伐也。善惡之初，兆而未明。明善則伐惡，惡明則伐善〔四〕，善廢惡興，伐人命根。根斷不斷，由於此藏。此藏藏魄。魄者何也？粕也、著也。人之炫燿，莫不闕慾。慾著曰惡，惡如糟粕，愚俗滯之，不識精本。今願捨著，存而見之，魄則肅然，不得爲惡。惡急宜棄，故〔五〕先存之，火與金合，成則〔六〕未分。其色紅白，葉數納，言取其和成德。德始於肺，終於脾。脾一又二，兼濟也。兼濟者，信也。

〔一〕「成也」二字原無，據太上老君大存思圖注訣增。
〔二〕「勝」原作「時」，據上書改。
〔三〕「胐」原作「腦」，據上書改。
〔四〕「明善則伐惡，惡明則伐善」原作「明則伐善」，據上書增改。
〔五〕「棄故」原作「改」，據上書改。
〔六〕「則」，上書作「敗」。

第二、見心如芙蕖未開，又似懸赤油囊，長三寸，在肺〔一〕前。心者何也？深也、斟也。是非未辯，斟酌優量。敗則滅身，成則得道，禍福之深，由於此藏。此藏藏神，神者何也？申也、真也，智慧之主，使屈能伸。存而見之，神則凝然，識定入真，不可深累〔二〕也。

第三、見肝蒼紫色五葉，三長二短，長〔三〕九寸，在心下。肝者何也？幹也、還也。悟惡〔四〕能改，決定無疑，行善建功，幹事不怠，審正還宗，由於此藏。此藏藏魂，魂者何也？紛也、廻也。紛紜俗海，廻向道門，存而見之，魂則欣然，歡進勤立〔五〕，克隆善業也。

第四、見腎蒼色，如覆雙漆盃，長五寸，俠脊兩膂著脊。腎者何也？緊也、津也。習善緊緊不及慢〔六〕，津潤無窮，濟度無極，通道袪俗，由於此藏。此藏藏精，精者何也？清也、靈也。動以徐清，化變無礙，神靈往還，提携空極，存而見之，精則澄然，不散泄也。

〔一〕「肺」字原無，據太上老君大存思圖注訣增。
〔二〕「累」原作「厚」，據上書改。
〔三〕「長」字原無，據上書增。
〔四〕「惡」原作「惡氣」，據上書删。
〔五〕「歡進勤立」，上書作「勸進立功」。
〔六〕「津也」原無「也」字，據上書增。「習善緊緊不及慢」，上書作「習善緊不敢慢」。

第五、見脾黄蒼色，長一尺二寸，中有一尺，曲搶太倉胃上。脾者何也？裨也、移也。清凝潛潤，補益一切，能安能移，而不匱既成，由於此藏。此藏藏志，志者何也？至也、異也。潛潤密化，頑鄙異人，存而見之，信驗治志，則湛然至道乎〔一〕！

坐朝存思第十

坐朝者，端坐而修禮也。凡有公事私礙，或在非類之間，不得束躬，止當〔二〕展敬。但自安坐，不使人知。香火非嫌，乃可爲之。人見致笑，亦不可闕，將護彼意，勿增他愆。初夕向曉，依時修之。白日啓請，亦宜平坐。坐則如常，勿革形色，惟令異人，不能覺知。人覺而喜，乃可化之。覺而嗤鄙，訾毁正真，設〔三〕其招殃，又壞子業。古之學道爲己，今之學道爲人。爲人苟以悦人，不顧心非；爲己者存心，是則不顧迹違。違亦申〔四〕心，致感

〔一〕「道乎」，太上老君大存思圖注訣作「乎道也哉」，且下有：「次思五嶽、次存五星、次存五帝、次存金映蓋體、次存體作五色、次存項有圓光」。

〔二〕「止當」，上書作「上堂」。

〔三〕「設」，上書作「誤」。

〔四〕「申」，上書作「由」。

彌〔一〕速。强欲伏衆，有迹無心，非惟徒勞，乃更獲罪。學真之士，各加思宜。宜〔二〕貴會時，時貴善合，合而非善，此時勿會。會必兼濟，濟物及身，善善相得，捨惡昇仙，乃謂爲會。會惡致敗，名濫實〔三〕殊。若出處所遭，遭時二病：一者滯心，二者執迹。執迹者宜以心法化之，滯心者宜以迹法引導。導迹弗偏，化心遣執〔四〕，二病豁除，上聖之道就矣！

凡行經山水，積日舟車，舟車之中，山水之際，步涉登陟，舍住相須，疲倦止息，皆依時存禮，隱顯隨宜。存思精審，自然忘勞。魔邪惡人，不敢撓近。當誦經行戒，以善興居。興居無善，破戒違經，雖復存禮，終不覩真。嫉鬼妬神，凶人惡物，更相衝犯，煩惱生災。坐卧無寧，急存九〔五〕行。行之檢身，心存口誦，解了無疑，以定三業。三業既定，衆災自消，人鬼敬伏，擁護去來，出入動静，必保貞吉。九行在想爾注前〔六〕，三業在盟威經後，凡存思者

〔一〕「彌」原作「迷」，據太上老君大存思圖注訣改。

〔二〕「宜宜」，上書作「真真」。

〔三〕「實」字原無，據上書增。

〔四〕「導迹弗偏，化心遣執」，上書作「心迹弗偏，化執導滯」。

〔五〕「九」原作「久」，據上書改。

〔六〕「九行在想爾注前」原作「凡行者亦存想爾注」，據上書改。

急宜憶之，故標出如左：

上最三行：行無爲，行柔弱，行守雌，勿先動。

中最三行：行無名，行清静，行諸善。

下最三行：行無欲〔一〕，行知止足，行推讓。

一者不殺，二者不盗，三者不淫。此三事屬身業。

一者不妄言，二者不綺語，三者不兩舌，四者不惡口。此四事屬口業。

一者不嫉妬，二者不瞋恚，三者不邪疑。此三事屬心業。

右九行三業十事，常當〔二〕存念，驚恐之際，急難之時〔三〕，皆速思之，危即安也。

卧朝存思第十一

卧之爲法，勿正仰如尸，當側傍檢體，莫恣縱四肢。不可高枕，三寸許耳。香蘗爲枕，無用惡木，泠漯穢臭，衝犯泥丸。雖行途權假，常宜防之。卧起呪願，善念存心。心存朝

〔一〕「行無欲」，本書卷三八老君二十七戒作「行忠厚」。

〔二〕「常當」二字原無，據太上老君大存思圖注訣增。

〔三〕「驚恐之際，急難之時」原作「驚恐人思相干」，據上書改。

禮，時不可闕。闕礙公私，後皆懺悔也。

朝出户存玉女第十二

玉女者，是自然妙氣，應感成形。形質明淨，清皎如玉，隱而有潤，顯又無邪。學者存真，階漸昇進。進退在形，出入在道。道氣玄妙，纖毫必應。應引以次，從卑至尊。故白日則玉女守宫，夕夜則少女通事，濟度危難，登道場〔一〕也。

夕出户存少女第十三

夕出户呪曰：「少女通靈。」學未昇玄，不得無業。業有優劣，皆必須因。因精果妙，乃一其神。神而未一，由學未精。精〔二〕之以漸，引陰濟陽。人生陽境，動静歸陰。陰爲道幾，應感最妙。妙應之初，有兹少女。秉正治邪，和釋隔戾。罰惡祐善，陰德濟陽。顯稱玉明，其可堅貞。呪而存之，成真則速矣！

右一人其形如左。

齋存雲氣兵馬第十四

朝夕出入，存神禮師，志與朝儀同。凡行道時所存，清旦先思青雲之氣帀滿齋堂中，青

〔一〕「場」，太上老君大存思圖注訣作「果」。
〔二〕「精精」原作「止詣」，據上書改。

龍師子備守前後。次思青氣從師肝中出，如雲之昇，青龍師子在青氣中，往覆弟子家合宅大小之身。仙童玉女，天仙飛仙，日月星宿，五帝兵馬九億萬騎，監齋直事，三界官屬，羅列左右耳。正中思赤雲之氣帀滿齋堂，朱雀鳳凰悲鳴左右。次思赤氣從師心中出，如雲之昇，鳳凰朱雀在赤氣中，往覆弟子家合宅大小之身。仙童玉女，天仙飛仙，日月星宿，五帝兵馬九億萬騎，監齋直事，三界官屬，羅列左右。日入思黃雲之氣帀滿齋堂，黃龍黃麟備守四方。次思黃氣從師脾中出，如雲之昇，黃龍黃麟在黃氣之中，往覆弟子合家大小之身。仙童玉女，天仙地仙飛仙，日月星宿，五帝兵馬九億萬騎，監齋直事，三界官屬，羅列左右。此三時行道，六時依如後科。人定思白雲之氣帀滿齋堂，白虎麒麟〔一〕備守内外。次思白氣從師肺中出，不須存麒麟，宜存白虎。若存麟，思白麟在白氣中往覆弟子合家大小之身。仙童玉女，兵馬日月，悉如前法。黃籙大齋三時行道，宜用日入。常齋三時，可取人定。人定而用日入存思，又六時更從青始，次赤周白，此皆失法。青白別有，皆非五藏六府之儀也。夜半思玄雲之氣帀滿齋堂，靈龜騰蛇備守上下。次思黑氣從師腎中出，如雲之昇，靈龜騰蛇在黑氣中，仙童玉女，日月兵馬，悉如前法也。向曉思紫雲之氣帀滿齋堂，辟邪師子備守隱顯。次思紫氣從師膽中出，餘如前法。其形如左。

凡師〔二〕思雲氣各從方來，青雲出東，赤雲出南，黃雲出中，白雲出西，黑雲出北，紫雲

〔一〕「麒麟」原作「騏驎」，據太上老君大存思圖注訣改，下均同。

〔二〕「師」字下，上書有「存」字。

出上〔一〕。見從其方，稍出漸盛〔二〕，翁鬱氤氲，充溢堂宇。然後思己身中藏氣又出，與雲色采合氣同，明淨香潔，覆庇家門，宮城山水，小大畢周。神官靈獸，齊整參羅，前後左右，四方内外，上下隱顯，六時轉隆，神靈普遍也。

上講座存三色三一魂魄第十五

上講時，先存三色，次存三一。行道有六時，上講但三時。食後上晡人定三時入齋堂，捻香禮三拜，巡迴依〔三〕坐竟，有衆者，法師以板擊席，仍放板膝前，同臨目握固，存頭氣青，兩手氣赤，兩足氣白，三氣繞身，其形如左。

初登高座先存禮三尊第十六

講義及讀經，先靜竟登起，向太上座三過上香，却後數尺，禮三尊三拜。又仍存經師籍師度師，各禮一拜。合六拜，乃登高座，其形如左。三尊者，道尊經尊真人尊，三尊通乎人身。人身欲與

〔一〕「青雲出東，赤雲出南，黄雲出中，白雲出西，黑雲出北，紫雲出上」原作「青雲出上」，據太上老君大存思圖注訣增。
〔二〕「盛」原作「成」，據上書改。
〔三〕「依」下，上書有「座」字。

三尊同者，清齋精思，禮拜存之，日一過如此。初下禮六拜，後重上不須禮，下則〔一〕二拜叩搏，願念如法，羸者心拜之。

登高座侍衛第十七

登高座安坐，安坐者，大坐也。歛板當心，鳴鼓三十六通〔二〕，咽液三十六過，臨目見左青龍，右白虎，前朱雀，後玄武，足下八卦神龜，三十六師子伏前，頭巾七星，五臟生五氣，羅文覆身上，三一侍經，各千乘萬騎，仙童玉女衛之，其形如左。

萬遍竟雲駕至第十八

能讀五千文萬遍，太上雲駕下迎。萬遍畢未去者，一月三讀之，須雲駕至便昇仙，其形如左。修行萬遍之道，又存五雲之星。轉經之後，夜半至生氣之時，飽服五牙之氣，坐向月建之方，叩齒九通，咽液三十六過，臨目存五星，辰在頭，歲在左肘，太白在右肘，熒惑在兩膝間，鎮在心中，久久乃止。行入常思不忘。千災自然絶，萬禍不能干。後當身上出水，身下出火，智慧六通，奄見五老。五老是五星之精〔三〕，見之則變化自在，同昇乎天也。

〔一〕「初下禮六拜，後重上不須禮，下則」原作「初下六拜，後重不須禮，一則」，據太上老君大存思圖注訣改。
〔二〕「三十六通」原作「三十通」，據上書增改。
〔三〕「五老是五星之精」原作「是五星精神」，據上書增改。

思修九宫法

守寸在兩眉間〔一〕入三分，左黄闕紫户，右絳臺青房。天庭宫，在〔二〕明堂上，雌宫。明堂宫，兩眉中却入一寸，是雄宫。極真宫，在〔三〕洞房宫上，雌宫。洞房宫，兩眉間却入二寸，是雄宫。玄丹宫，在丹田泥丸宫上，雄宫。丹田泥丸宫，兩眉間却入三寸，是雄宫。太皇宫，在流珠宫上，雌宫。流珠宫，在泥丸宫後一寸，是雄宫。玉帝宫，在流珠宫後一寸，是雌宫。

守寸紫户大神名平静字法王，青房大神名正心字初方，三呼其名字，祝曰：「紫户青房，有二大神，手把流鈴，身生風雲。俠衛真道，不聽外前，使我思感，通利靈闕。出入貞利，〔四〕上登九門，即見九真，太上之尊。」

〔一〕「間」原作「頭」，據上清素靈上篇及洞真太上道君元丹上經（下稱元丹上經）、洞真太上素靈洞元大有妙經太上道君守元丹上經（下稱守元丹上經）改。

〔二〕「在」原作「左」，據上三書改。

〔三〕「在」原作「左」，據上三書改。

〔四〕「貞利」，上清明堂玄丹真經（下稱玄丹真經）及元丹上經、守元丹上經作「利貞」。

明堂宮左有明童真君諱玄陽字少青，右有明女真官諱微陰〔一〕字少元，中有明鏡君〔二〕諱照精字四明，三君共治明堂宮，並著緑錦衣，腰帶四玉鈴，口銜玉鏡，鏡鈴並赤玉，並如嬰兒之狀。三呼三君名字，叩齒九通，則千妖伏息。

洞房宮左有無英公子，右有白元君，中有黄老君〔三〕，三真共治洞房宮中。此飛真之道，在金華經中。

丹田泥丸宮左上元赤子名玄凝天字三元先，右帝卿君名肇勒精字中玄生，二人共治丹田宮。此守三元真一，地真之要路，昇空乘龍車之道也。

流珠宮有流珠真神居之，又有日月中女子名纏旋字密真，別有流珠經，此太極公卿司命之道。

玉帝宮有玉清神母居之，又有紫素黄素白素三素元君居之。玉〔四〕清神母姓廉名銜

〔一〕「陰」原作「音」，據玄丹真經、元丹上經、守元丹上經及上清素靈上篇改。

〔二〕「明鏡君」，上四書除上清素靈上篇作「明鏡真君」外，餘三書皆作「明鏡神君」。

〔三〕「君」原作「魂」，據上四書改。

〔四〕「玉」原作「上」，據洞真太上素靈洞元大有妙經四宮雌真一内神寶名玉訣（下稱内神寶名玉訣）改。

字荒彦，長九寸九分，著玄黄〔一〕素靈之綬，頭戴七稱珠玉之髻，冠無極進賢冠，居無上之上太極朱宮中七寶之府〔二〕五靈鄉玄元里，下治兆身玉帝宮中。

天庭宮有上清真女居之。真女姓厥名廻字粥類，長六寸六分，著青寶神光錦繡霜羅九色之綬，頭戴玉寶飛雲之髻，冠玄黄進賢之冠，居無上之上太上崑崙太幽宮中明堂府九光鄉大化里，下治兆身天庭宮中。

極真宮有太極帝妃居之。太極帝妃姓玄名靈生字伯元，長七寸七分，著玄羅五色鳳文之綬，頭戴七寶玄雲之髻，冠無極進賢之冠，居無景之上太清極玄宮中玉房府三丹鄉丹元里，下治兆身極真宮中。

太皇宮有太上君后居之〔三〕。太上君后姓遷名含孩字合延生，長三寸三分，著七寶飛精玄光雲錦霜羅九色之綬，頭戴九玄玉精頹雲之髻，冠玄黄無極三寶玉冠，居太清九玄之洞無極真宮中丹精府靈光鄉玄玄里，下治兆身太皇宮中。

〔一〕「玄黄」原作「黄衣」，據内神寶名玉訣改。

〔二〕「太極朱宮中七寶之府」原作「太極珠宮中七宮府」，據上書改。

〔三〕「太皇宮有太上君后居之」，本書卷十一內景經靈堂章第十七注云「太皇宮，太上真君居之」，蓋誤。

四宫雌真一之道，高於雄真一，素靈所祕，是天元始生之陰宫〔一〕號帝妃也。叩齒十六通，祝曰：「太清陰神〔二〕，號曰女靈。變景九玄，乘真隱冥。日吉天朗，告齋上清。心念目矚，洞鑒神形。還守宫宅，玉華芳盈。五色變化，流黄紫青。運致飛霞，上造帝庭。」畢，叩齒三十六過止。

玄丹宫有中黄太一真君居之。太一真君厥諱規英〔三〕字化玄，貌如嬰孩，坐在金牀玉帳之中，著紫緑錦衣，腰帶流火之鈴，鈴赤色光，聲聞於十萬里。左手把北斗七星之柄，右手把北辰之綱。乃存北極辰星中有紫氣來下入玄丹宫中，須臾〔四〕滿宫，溢出身外，身與紫氣混合爲一。又存日從天上下入玄丹宫紫氣中央，次存中黄太一真君從北極紫氣中下入兆玄丹宫日中央坐，口吐紫氣滿玄丹宫中。又存己身上入玄丹宫中，對中黄太一真君

〔一〕「陰宫」，内神寶名玉訣作「陰官受」。
〔二〕「清」，上書作「真」；「太清陰神」，本書卷五十四宫雌一内神寶名玉訣作「太陰真神」。
〔三〕「厥諱規英」，玄丹真經作「姓厥名規英」。
〔四〕「來下入玄丹宫中須臾」九字原無，據上清素靈上篇及元丹上經、守元丹上經三書增。

坐。因心起再拜，稽首〔一〕膝前，問道求神仙長生之意。因存口吞紫氣三〔二〕十過，又存北斗七星中有一赤氣大如弦〔三〕，下入己玄丹宫中。又存太一真君與兆俱乘日入赤氣道中上詣北斗魁中，寢卧良久。行之十八年，役〔四〕使玉童玉女。祝曰：「太一〔五〕真皇，中黄紫君，厥諱規英，字曰化玄。金牀玉帳，紫繡錦裙，腰帶火鈴，斬邪滅奸。手把星精，項〔六〕生日真，正坐吐氣，使我咽吞。與我共語，同晏玄丹。鍊灌〔七〕七魄，和柔三魂。神靈奉衛，使我飛仙，五藏自生，還白童顔。受書上清，司命帝官〔八〕，所願所欲，百福惟新。」

頭中諸真神，上治九天之上，下治頭中泥丸。人身中百神，皆與天靈通同，久存呼之，

〔一〕「稽首」二字原無，據上清素靈上篇及元丹上經、守元丹上經增。
〔二〕「三」原作「四」，據上三書改。
〔三〕「大如弦」，上三書分别作「大如弦」、「大如日」、「大如弦」。
〔四〕「役」原作「後」，據上三書改。
〔五〕「太一」原作「太上」，據上三書改。
〔六〕「項」，元丹上經作「頭」。
〔七〕「灌」，上書及上清素靈上篇作「濯」。
〔八〕「官」，上二書作「君」。

則載入昇天也。其文在前

帝君諱逢〔一〕陵梵字履昌靈，一名七靈，一名神丈人，居太極紫房中，爲身中百神之主。帝君上治玉清天紫房宮，下治人頭紫房宮中。太一名務猷收字歸會昌，一名解〔二〕明，一名寄頻。左無英公子名玄元〔三〕叔字合符子，一名元素君，一名神公子。洞房宮。右白元洞陽君名鬱靈標字玄夷絶，一名朱精，一名啓成。在六合洞房宮。中央司命丈人君名理明初字玄度卿，一名神宗一名靈華。六合洞房宮。命門桃君〔四〕名孩道康字合精延，一名命王，一名胞根。六合洞房宮。帝君主變，太一主生，司命主命〔五〕，無英主精，白元主魂魄，桃康主神靈。人有五籍五符，稟之帝君，五神執之，各主其一。間關本命，除死籍，上生名。常存五神各捧一青玉案，上有我五符五籍。符長一寸廣五分，籍長五分廣一寸。存司命君左手把白玉簡，右手執曾青筆，爲我削除死録白簡黑書，爲我上生録白簡青書。存符籍上有

〔一〕「逢」原作「逄」，據洞真太一帝君太丹隱書洞真玄經（下稱洞真玄經）改。
〔二〕「解」原作「鮮」，據上書改。
〔三〕「元」原作「充」，據上書改。
〔四〕「命門桃君」原作「司命桃君」，據上書改。
〔五〕「主命」二字原無，據上書增。

我州縣鄉里姓名年如干，青文緑字，分明了了。五神各捧案擎符籍，從六合宫中上入紫房宫中，對帝君前，以呈帝君。帝君即命左玄一老子名林虚夫、右三素老君牢〔一〕張上、正一左仙人仲成子、正一右仙人曲文子，齎兆兆己符籍〔二〕，上詣玉清太素、太上三元、上清高玄諸君九天宫。太素三元高玄並太上仙宫也。

思九宫五神法

九天九宫，中有九神。謂天皇九魂，變成九氣，化爲九神，各治一宫，故曰九宫。太清中有太素太和，洞房中有明堂絳宫，是曰六府。上曰天府，下曰洞臺。三五之號，其位不同。一曰太清之中，則三五帝君；二曰三一丹田神，又五者符籍之神，太一公子白元司命桃君是也，合而名爲三五。三五各有宫室，若三真各安在其宫，五神上見帝君，帝君左有元老丈人，右有玄一老君，此則無極之中所謂九宫，〔三〕上一則真一也。九君所謂天之魂，自

〔一〕「牢」原作「罕」，據洞真玄經改。

〔二〕「齎兆兆己符籍」，上書作「賫兆符籍」。

〔三〕「宫」，上書及本書卷三十、卷四四均作「君」。

然成真之〔一〕子也，以爲兆神者也。若兆〔二〕知精存九君，深思三真，必能以兆一體周旋三五之中，反覆七九之裏，使天帝之靈魂，常治兆己。五神奉籍，周而復始，必將白日登度，何但不死而已哉！

存元成皇老法

以月二日三日夜半，安卧閉目，存思太極中皇帝君，次思左有元成老子，衣青衣，冠九華曜冠，左手持青芝，右手執青幡；次存右有太和君黄成老子，衣白衣〔三〕，冠五華白冠，左手持金液漿，右手持白幡，並在太極之中。有九名〔四〕：一曰太清，二曰太極，三曰太微，四曰紫房，五曰玄臺，六曰帝堂，七曰天府，八曰黄宮，九曰玉京玄都。要而言之，從人頂上直下一寸爲太極宮，太極宮方一寸耳，在六合宮之上。六合，太一之神居焉，從兩眉間却入一

〔一〕「之」字原無，據洞真玄經及本書卷三十、卷四四增。
〔二〕「兆」原作「非」，據洞真玄經改。
〔三〕「冠九華曜冠，左手持青芝，右手執青幡；次存右有太和君黄成老子，衣白衣」二十九字原無，據上書增。
〔四〕「有九名」之前，上書有「太極之中」四字，之後，有「太清中有五帝六府九宮名，其域同一也」十六字。

寸爲明堂，却入二寸爲洞房，却入三寸爲丹田。其明堂之北，洞房之南，兩眉間之上一寸爲六合宫，宫方一寸。存三真畢，又存我魂一人如我之狀，上入太極宫。二老因授青芝金液漿見與，以次存食芝而飲漿。青芝似蓮華，漿似美酒耳。飲食都畢已，乃再拜帝君之前而言曰：「今日清吉，帝君在庭，賜以神芝，金液玉漿。二老度籍，太一奉章，長生久視，壽命未央。」又存帝君答曰：「幸哉奉時，月二日三日〔一〕復來。」畢，因以取服，名受帝之藥。存思太極之時，皆當從兩眉間入焉。兩眉間爲泥丸之玉門，名曰守寸黄闕紫房矣。

存帝君法

常以本命日或正月一日，或以六戊日〔二〕正中時，冠帶入室，北向再拜，呪曰：「高皇帝君太上玉晨皇天元老无上大道，曾孫某甲，願帝君長安兆身紫房宫中。」其夜人定時，入密室正卧，冥目上向存念北斗太極中央大明星精耀正黄光氣來下在兆目前，引入口中，咽三十七過止。存使黄精和氣，填滿太倉黄庭中下丹田，下至陰室地户，周行帀體，悉令畢

〔一〕「日」字原無，據洞真玄經增。

〔二〕「六戊日」，叢刊本作「六戊日」。

至。乃又念紫房宮中有五人歘象成五帝，天皇帝君正在中央。太一來上，當跪帝前，奉兆命籍。司命立後，除兆死録，存削去死録。死録，黑簡白書也；生録，白簡青書也。存見白玉之簡，曾青之筆，司命進授此白簡青筆於帝君，帝君伏南向〔一〕而書之曰：「某郡某鄉里某甲字乞玉簡記年，長生上玄，所向如願，爲真爲仙。天下見者，皆曰真人。太一司命，保護甲身。永養日月，壽百萬年。」又心存籍簡一枚，令長一寸闊五分耳，思念書字，極令了了。又次存太一公子白元司命桃君五人，從六合宮上入紫房中，各奉青〔二〕玉案，案上各有一符，符各有青緑色，以呈帝君。帝君以次取符，付向者共化之四帝，其一帝名曰彫梁際字青平，其一帝名曰長來覺字南和，其一帝名曰彰安辛字西華，其一帝名曰保成昌〔三〕字北伐，存此四帝並共讀五符。讀五符畢，因授與兆。兆得符即跪帝君前，以次服之。畢，又存思四帝從虚空中上昇三天，臨去各告兆曰：「子能常存我名字者，則辟萬害，長生不死。我太上之子，三元之内真，度汝命籍，五符入形，故以永存天地，以致仙靈也。」若春月則存

〔一〕「向」原作「尚」，據洞真玄經改。
〔二〕「青」，原作「書」，據上書改。
〔三〕「昌」原作「曷」，據大洞真經、大洞玉經及上清太上玉清隱書滅魔神慧高玄真經大洞消魔神慧内祝隱文改。

青平帝以青液之醴〔一〕盛以青玉椀一升見與服之。服之畢，四帝俱上昇天也。夏月存南和帝，四時倣此也。

存玄一老子法

又存帝君之左有玄一老子，服紫衣，建龍冠。又存帝君之右有三素老君，服錦衣，建虎冠。夫龍虎冠象如世間遠遊冠，而有龍虎之文章也。玄一老子名林虚夫字靈時道，三素老君名牢〔二〕張上字神生道。二老並從，正一仙人在後，其左仙人仲成子一名帝賓字四華，其右仙人曲文子一名光堅字靈和，服色衣冠亦如二老之狀。

存司命法

又存司命下至六合中詣太一宫，司命合形太一，太一復上請帝君度兆符籍。太一啓帝君曰：「符籍已度，司命合形，四帝賜醴，高上記生，乞得書名，出録以付二老君。」於是帝君

〔一〕「醴」原作「體」，據洞真玄經改。
〔二〕「牢」原作「罕」，據上書改。

忽於懷中出兆命籍付左老子，又於懷中出兆五符付右老君。二老受〔一〕符籍而言於帝君曰：「某甲生録已定，長存世上，帝符五行，上記太素宫。」於是二老命二正一仙人仲成子曲文子賫某甲命籍五符，上詣玉清太素太上三元、上清高玄諸君九天宫，宣令帝度某甲生籍，使得神仙，號曰真賢。二老有命，皆使記焉。於是二人賫兆符籍，宣于九天，良久〔二〕都畢。又存司命太一分形各爲一人，共遊行太清，檢御一體百神，上下既帀，各還其宫。名此爲百神混合本命帝君大變之道〔三〕，五帝定録之時，二老定生之會也。

〔一〕「受」原作「授」，據洞真玄經改。
〔二〕「久」原作「人」，據上書改。
〔三〕「百神混合本命帝君大變之道」，本書卷三十作「大洞廻風混合帝一之法」。

雲笈七籤卷之四十四

存思

太一帝君太丹隱書一名太一别訣

夫學道而無太一，猶視瞻之無兩眼；存念而無太一，猶胷腹之失五藏；御神而無太一，猶起行之無四支；立身而無太一，猶尸殭而無氣矣。是爲此經，開通萬神，生成魂津，千塗百徑，須〔一〕太一而立人焉！若學無師者，徒自煩勞也。今别復撰此經之波流，鈔出其外際，未陳幽妙，靡該祕唱者，名爲太一别訣。

如有可尋以悟始涉，未令頓開深源者也。自使别訣微行於學者，涉麤跡以自覺焉！至於幽玄内構，合奇萬津，流會真神，混合靈府，煒燁于神景之變，發曜於造化之外，焕如圓曜，寂如太無，鬱起而空洞結雲，凝思而千年繼夜，可謂微乎深哉！太一之變也，皆理竭於

〔一〕「須」字原無，據洞真太一帝君太丹隱書洞真玄經（下稱洞真玄經）增。

此經，事悉於洞玄者矣。

夫人者，受生於天魂，結成於元靈，轉輪九氣，挺命太一，開闢三道，積神幽宫。所以玄液七纏，流津敷澤，日月映其六虚，口目運其神器，雲行雨施，德擬天地。胞胎内一〔一〕，五因來具，立人之道，其如此也。故五因者是五神也，故三道是三真也。夫五神、天之魂也，三真、天之道也，九氣天之胎，太一天之源，日月天之眼，玄液天之潤，六虚天之光，幽宫天之府，神器天之化，元靈帝之變。凡此言九氣者，乃混合帝君之變，變而化九，是謂九宫，九宫混變而同一矣。兆欲修己求生，當從所生之宗。所生之宗，謂元父玄母也。元父主氣，化理帝先；玄母主精，變結胞胎。精氣相成，如陰陽相生，雲行雨施，兆己道合无名。數起三五，兆始禀形，七九既帀，兆體乃成。和合三五，七九洞冥，象帝之先，當須帝營。天皇之功，九變爲靈，功成人體，體與神并。神去則死，神守則生。是以三元爲道之始，帝君爲道之根，太一爲道之變，九天爲道之神，九宫爲道之宅，玄液爲道之津，修之三年，可以照鏡三田，以致神仙。朝適六合，夕守泥丸，堅執胎精，使心常勤〔二〕。後學之子，須此爲緣。見是

〔一〕「一」，洞真玄經作「一匠」。
〔二〕「使心常勤」，上書作「心中常歡」。

經者，始可與言，九氣陶注，太一運神矣！既得爲人，人亦衆〔一〕矣！自无太一靈簡，三元金名，司命隱符，五老紫籍，雖受天氣而生，皆不得聞見至道矣。子又无〔二〕玄宫紫札、上皇寶名、太一玉籙、東華隱圖、三元銘神、大帝參魂者，雖受天之性，既得蹔聞至道矣，亦不能修爲，爲不能久，久而不固，固而不專，專而不能洞也。適可隱存五嶽，登行常生之塗耳。不得八景超霄，浮煙控暉，飛騰虚羽，踴躍太无矣！子又無瓊臺羽札、流雲五校、太一金閣、五皇隱籙、後聖七符、空山石函、丹臺素章、玄皇玉行、天母胞圖、太上圓名、保真秀景、光練神驅之録者，皆不得見洞真玄經，覩帝一之變。又不得聞消魔神虎〔三〕智慧之詠，又不得聞太上隱書八素之辭，又不得聞大洞真經三十九章金真玉光豁落七元也。

存三守一，精思洞房會帝君〔四〕，則化生九靈於子形中，輔子之神明，成子之仙真，保子之長生，固子之胎魂也。白元无英桃康司命太一混合，五神捧籍列符，五神各有所主。混

〔一〕「衆」原作「象」，據洞真玄經改。

〔二〕「又无」原作「无又」，據上書改。

〔三〕「虎」字原無，據上書增。

〔四〕「存三守一，精思洞房會帝君」，上書作「存三一，守太一，精洞房，會帝君」。

合九變，三五化形，於是三宫鎮真，百節受靈，帝君寶籍，宿命无傾。

九天九宫，中有九神。是謂天皇九魂，變成九氣，化爲九神，各治一宫，故曰九宫。太清中有太素太和，洞房中有明堂絳宫，是曰六府。上曰天府，下曰洞臺，三五之號，其位不同。一曰太清之中，則三五帝君；二曰三一丹田神，又五者符籍之神，太一公子白元司命桃康君是也，合而名爲三五。三五各有宫室，若三真各安其宫，五神上見帝君，帝君〔一〕左有元老丈人，右有玄一老君，此則无極之中，所謂九君，上一則真一也。九君所謂天之魂，自然成真〔二〕之子也，以爲兆神者也。若兆知〔三〕精存九君，深思三真，必能以兆一體，周旋三五之中，返覆七九之裏，使天帝之靈魂，常治在兆己，五神奉籍，周而復始，必將白日登晨，何但不死而已哉。

帝君混化，周旋三五；太一萬變〔四〕，結成七九，其數合二十四也。天有二十四氣，氣

〔一〕「帝君」二字原無，據洞真玄經增。
〔二〕「真」字原無，據上書增。
〔三〕「知」原作「之」，據上書改。
〔四〕「變」字原無，據上書增。

之上化也，變而則成眞人。人〔一〕亦禀之，故體有二十四神，神有千乘萬騎，雲行八極之中。子若思存，念之愼勿忘，可以辟死求生，上超十方。於是神安氣洞，上與天通，越出地户，過度天門，隱息四維，七星散分，飛行雲房，日月殖根，守金藏玉，制御萬神，仙王何人？我已成其眞矣！此隱存之道也，並有經訣在上皇中極寶景篇中。子既有之，不得妄傳，必須歃誓，審人乃宣。

夜半生氣時，若鷄鳴時，正卧閉目微氣，存左目中出日，右目中出月，並徑九寸，在兩目耳之上〔二〕，名爲六合高窻也。令〔三〕日月使照一身，内徹泥丸，下照五藏，腸胃之中，皆覺見了了，洞徹内外，令一身與日月光共合。良久畢，叩齒九通，咽液九過，乃微祝曰：「太上玄一，九皇〔四〕吐精。三五七變，洞觀幽冥。日月垂〔五〕光，下徹神庭。俠照六合，太一黄

〔一〕「人」原作「眞人」，據洞眞玄經删。
〔二〕「兩目耳之上」，上書作「兩耳之上，兩耳之上」。
〔三〕「令」字原無，據上書增。
〔四〕「皇」原作「星」，據上書改。
〔五〕「垂」原作「神」，據上書改。

寧。帝君命簡，金書不傾。五老奉符，天地同誠。使我不死，以致真靈。却遏萬邪，禍滅消平〔一〕。上朝天皇，還老返嬰。太帝有制，百神〔二〕敬聽。」呪畢乃開目，名爲日月練根，三光〔三〕校魂，以制御百神，辟諸鬼氣之來侵，使兆長生不死，夕夕存之矣！又存左目爲日，右目爲月，共合神庭之中，却上入明堂之中，化生黄英之醴，下流口中，九咽之以哺太一，常以生氣時存之。畢，微祝曰：「日月上精，黄水月華。太一來飲，神光高羅。使我長生，天地同柯。」畢，五日一行之。

口中舌上爲神庭。存日月既畢，因動舌，覺有黄泉如紫金色從舌上出，上流却入明堂之中，名爲黄英之醴也。存思之時，當閉目絶念。常以月朔之夕生氣之時，安卧閉目向上，心存二十四星，星大一寸，如相連結之狀。又存一星中輒有一人，合二十四人，如小兒始生之狀，無衣服也。於是二十四星直從天上虚空中來下，迴繞一身外三帀畢，以次〔四〕咽之

〔一〕「禍滅消平」，洞真玄經作「禍害滅平」，本書卷十一上有章注引九真中經「滅」作「咸」。
〔二〕「神」原作「鬼」，據洞真玄經改。
〔三〕「三光」，上書作「三元」。
〔四〕「以次」原互乙，據上書正。

入口中，凡作二十四咽，咽時輒覺吞一星也。覺從口中徑至臍中，臍中〔一〕名曰受命之宫也。又覺星光照一腹内，洞徹五藏，又存星光化爲二十四真人，並吐黄氣如煙，以布滿臍中，鬱鬱然洞徹内外也。良久，微呪曰：「二十四真，迴入黄庭。口吐黄氣，二十四星。灌我命門，百神受靈。使我骨强，魂魄安寧。五藏受符，天地相傾。」畢，名曰真氣入守命門，以辟災禍百鬼之疾，令人長生不死。太元〔二〕混合，以象一靈〔三〕，虚生之子，以爲上帝君。又居泥丸之帝，以爲三一之尊帝。尊帝者，是虚生之子也，是謂三帝焉！太一受生於空洞，變化乎八方，立景於三帝之間，流會乎萬神之領，天地之尊，皆須太一而自運也。靈帝无太一，則玄靈不迴氣。尊帝无太一，則三一不居其宫域。故太一之神，併五神以通用，上合體於二帝〔四〕。帝之爲高，猶天皇帝君者也。尊〔五〕形九魂，魄生三五〔六〕，三五合會，結成帝

〔一〕「臍中」二字原無，據洞真玄經增。
〔二〕「太元」上書作「太無」，疑「元」乃「无」形譌。
〔三〕「靈」，上書作「靈帝」。
〔四〕「二帝」，上書作「三帝」。
〔五〕「尊」，上書作「等」。
〔六〕「三五」二字原無，據上書增。

君。將帝之〔一〕生也，受玄中上氣，三五離合之所挺焉！是以帝生於无極之表空成之中，見〔二〕於太清之域，治在玉清紫微宫中〔三〕。光耀五色，華蓋九重，前洞泥丸，後開幽門，下臨六合，上連紫雲。百靈宿衛，飛閣交通。玉殿朱陛，内有金房，中有太真，號曰天皇。憑虚而生，處無極之中，衣五色珠衣，冠九德晨冠，制御天地，時乘飛龍，六轡超虚，九道自通。此自然之精氣，衆真之帝君，兆常思而誦之，可以爲仙王。

太極之中有九名：一曰太清，二曰太極，三曰太微，四曰紫房，五曰玄臺，六曰帝堂，七曰天府，八曰黄宫，九曰玉京玄都。要而言之，從人頂上直下一寸爲太極宫，宫方一寸耳，在六合宫之上。六合宫，太一之神居焉。六合宫在明堂之北，洞房之南，兩眉之間上一寸也。

帝君主變，太一主生，司命主命，无英主精，白元主魂魄，桃康主神靈。人有五籍五符，禀之帝君，五神執之，各主其一。間關本命，除死上生，而无太一之事者，萬不生也。

〔一〕「之」字原無，據洞真玄經增。
〔二〕「見」原作「是」，據上書改。「空」上書作「玄」。
〔三〕「玉清紫微宫中」原作「玉清氣紫微宫」，據上書改。

太一者，胞胎之精，變化之主。魂魄生於胎神，命氣出於胞府。變合帝君，混化爲人。故太一之神〔一〕生之母，帝君之尊生之父。太一名務猶收字歸會昌，又一名解明，一名寄頻〔二〕，此三元洞玄内寶經之真名字，外訣雜鈔云云之名，皆非實非真也。今此名字甚不可告人，自知之者長生不死，辟却萬禍，能致神靈玉女來降已矣！

夕夕當存太一在己身中六合宫，或存太一在兆左右，坐卧背向，无所不在也。皆以生氣時存之，畢，呪曰：「太一之精，起於太清。魂魄受化，形影爲靈。攝御百神，拘制三陽。帝君玄煙，合真會昌。内安精氣，外攘災殃，却除死籍，延命永長。衣服老少，變易无常。治在六合，周旋絳宫。下達洞門，上到玄鄉。混合三五，遊息天京。呼引日月，變化雄雌。攝兆符籍，胞胎之囊。死生之命，太一扶將。」

存太一與兆形正同，衣服亦同也。是以兆之身常當齋潔而修盛，以求會景於太一也。衣服巾〔三〕物，一不得假借於不同氣者。諸如此類，皆當慎之。子既不能服食去穀精思研

〔一〕「神」下原有「生之神」三字，據洞真玄經删。

〔二〕「頻」原作「類」，據上書及本書卷四三改。

〔三〕「巾」原作「中」，據洞真玄經改。

真矣，當節諸臊穢腥血雜食葷辛之菜，一爲禁絶，若能如是，少〔一〕以愈矣，可以庶生命之長矣。

左〔二〕无英公子者，結精固神之主，三元上氣之神。結精由於天精，精生歸於三氣矣！故无英公子常攝精神之符命也。名玄元〔三〕叔字合符子，又一名元素君，一名神公子，常在玉房上清之内。夕夕存思之畢，呪曰：「太上玉真，皇精相連。三元英氣，太玄紫辰。九霄挺明，五華生煙。黄闕金室，中有大神。握固流鈴，首建華冠。紫蓋廻飈，龍衣虎文。貌狀嬰兒，四靈洞均。出丹入虚，合形帝君。呼陰召陽，天道有真。名曰玄元叔，號爲无英君。周流九道，散化五常。攝精生我，與道長存。」

右白元君者，或曰洞陽〔四〕君也，主攝魂魄之氣，檢御靈液之神。故魂魄生於九靈之宫，神液運於三氣之真，是以御之者，號曰白元洞陽君，攝持魂魄之符命焉。白元君名鬱靈

〔一〕「少」字原無，據洞真玄經增。
〔二〕「左」原作「右」，據上書改。
〔三〕「元」原作「充」，據上書改。
〔四〕「陽」原作「房」，據上書改。

標字玄夷絶，又一名朱精，一名啓成，治在玉堂上清之内。夕夕存思畢，呪曰：「太上神精，高清九宮〔一〕。三氣結變，正當神門。龍衣虎帶，扶命還魂。腰佩玉書，黄晨華冠。把籍持符，呼吸混分。名曰鬱靈，號曰白元。與我俱遊，上到陽闕。周旋九清，六合之中。固養精液，泥丸上元，百神扶將，各鎮寶宫。檢御既畢，還安黄房。」

中央司命君者，或曰制命丈人，主生年之本命，攝壽夭之簡札。太一變魂而符列司命，司命〔二〕混合而對魂帝君。司命之神，主典年壽，魁柄長短之期，是以混合太一，以符籍而由之，故稱丈人焉。名理明初字玄度卿，一名神宗，一名靈華。白日治幽極宫，通御陰房，出入神廬兩門中。夕治在玄室地户之中，幽宫之下，六合宫之上一界中耳。陰房者，是鼻之兩孔中也。司命出入，當由鼻孔，不從〔三〕兩眉間也。夕在玄室，爲玉莖之中，地户亦爲陰囊中也。若女子存之，令在陰門之内北極中。夕夕存思焉，存畢呪曰：「皇一之魂，化成

〔一〕「宫」，洞真玄經作「君」。
〔二〕「司命」原無，據上書增。
〔三〕「從」字原無，據上書增。

九名〔一〕。混合三真，變景帝庭。幽極玄户，中有天靈。周旋七運，百神合成。攝籌把筭，司命之精。龍衣虎裙，冠巾七星。常在我己，安存我形。號爲丈人，名曰理明。上通符命，使我長生。三元六府，萬關調〔二〕平。攝御靈氣，與兆合并。龍輪徘徊，共登太清。齊光日月，幽幽冥冥。刻命青録〔三〕，天地俱傾。」

命門桃君者，攝稟氣之命，此始氣之君也。還精歸神，變白化青，合規挺矩，生立肇冥。天地之資元〔四〕，陰陽之靈宗。金門玉關房户之寶，並制命於桃君之氣也。故太一還景，帝君合魂。還景者，俱混洞以萬變；合魂者，化精液而生生〔五〕也。精變之始，由桃君而唱，以别男女之兆焉！桃君名孩道康字合精延，一名命王，一名胞根，白日治在金門五城中，是爲臍中命門下丹田之宫也。夕治在六合中太一之右焉。夕夕存思畢，乃呪曰：「玄元結精，虚氣合煙。胞胎之結，陰陽之親。太上三氣，下入兆身。百節受靈，萬神各陳。混沌爲

〔一〕「名」，洞真玄經作「宫」。
〔二〕「調」原作「條」，據上書改。
〔三〕「録」原作「緑」，據上書改。
〔四〕「變白化青，合規挺矩，生立肇冥，天地之資元」，上書作「廻精變白，合化規始，挺生立肇，實天地之資元」。
〔五〕「生生」原作「生」，據上書增。

一，名爲桃君。形如始生，暉暉衝天。衣服五色，華綵鳳文。手執神符，合帝之魂。腰帶虎書，赤巾丹冠。金床玉榻，正當命門。口吸精氣，强我骨筋。右有神女，手把朱幡。左有玉童，書記帝言。陽氣左行，混變未分。陰氣右迴，流形七旋。下至無下〔一〕，上詣泥丸。常遊九宫，出入幽門。攝練魂魄，六府之間。領録萬神，與我俱仙。」

右三五渾合化生五神之法。此五神者，禀五氣之大靈，符玄命之宗也。上生虚无，下結一身，身中之生〔二〕，須五神以起居焉！兆當夕夕存思而祝之焉！若不能闇諷，可白日按文而修〔三〕之，不必夜半要生氣時耳！夫三魂生於五神，三真出於五靈，謂此道爲混合三五之法焉。行之者長生不死，名此道曰察明堂，歷神紫宫，生化三五，朝胎上元者也。雖已得仙者亦當行之〔四〕，行之者長生也。存思之時，坐卧任意，若坐者得向本命爲佳。若不能

〔一〕「下至無下」四字原無，據洞真玄經增。

〔二〕「生」，上書作「生生」。

〔三〕「修」原作「於」，據上書改。

〔四〕「行之」二字原無，據上書增。

頓思五神者，可以次先〔一〕存二神，後存三神，周帀復始，先從〔二〕太一始也。

鎮神養生内思飛仙上法

太微天帝君鎮神内思、解胞〔三〕散結、固魂凝魄、混合化玄修真〔四〕之道，開通六府，五宫受靈。咽氣思真，芝芳自生。胃管結絡，神澄體清。玉輦立至，白日登晨。常當清齋，沐浴燒香，入室夷心，棄累遺塵，豁然无〔五〕滯，注念不眠。然後真形可覩，遊神可還。每以平旦，東向平座，臨目内存，形色朗然，呼其正諱，還鎮本宫。

叩齒三十六通，乃存：髮神名蒼華字太元，形長二寸一分；

腦神名精根字泥丸，形長一寸一分；

眼神名明上字英玄，形長三寸；

〔一〕「次先」原作「先次」，據洞真玄經改。

〔二〕「從」原作「後」，據上書改。「周帀」，上書作「周而」。

〔三〕「胞」原作「脱」，據上清迴神飛霄登空招五星上法經鎮神養生内思飛仙上法（下稱飛仙上法）改。

〔四〕「混合化玄修真」，上書作「混化玄真」。

〔五〕「无」原作「元」，據上書改。

鼻神名玉壟字靈堅，形長二寸五分；

耳神名空閑字幽田，形長三寸一分；

舌神名通命字正倫，形長七寸；

齒神名崿鋒字羅千，形長一寸五分。

面部七神，同衣飛羅裙，並嬰兒之形，存之審正，羅列一面，各鎮其宫。畢，便叩齒二十四通，咽氣十二過，祝曰：「靈源散氣，結氣成神。分别前後，總統泥丸。上下相扶，七神敷陳。流形遁變，變養華元。導引八靈，上衝洞門。衛軀攝景，上昇帝晨。」

畢，次思：心神名丹元字守靈，形長九寸；

肺神名皓華字虚成，形長八寸；

肝神名龍煙字含明，形長七寸；

腎神名玄冥字育嬰，形長三寸六分；

脾神名常在字魂庭，形長七寸三分；

膽神名龍曜字威明，形長三寸六分。

六府真神，同著丹錦飛裙，處五藏之内，六府之宫，形若嬰兒，色如華童。存之審正，羅列一形，從朝至暮，思念勿忘。

叩齒二十四過，祝曰：「五藏六府，真神同歸。總御絳宮，上下相隨。金房赤子，對處四扉。幽房玄闕，神堂紐機。混化生神，真氣精微。保鍊丹田，與日齊暉。得與八景，合形昇飛。」

畢，次思：精血三真名元〔一〕生君字黄寧子玄，鎮我兩乳之下源；

骨節二真名堅玉君字凝羽珠，鎮我太倉之府五腸之口；

心中一真名天精液君字飛生上英，鎮我胷中四極之口；

九元之真男名拘制字三陽，鎮我左耳伏晨之户；

皇一之魂女名上歸字帝子，鎮我右耳伏晨之户；

紫素左元君名翳鬱无刃字安來上，鎮我頭面之境；

黄素中元君名圓華黄刃字太張上，鎮我胷脇〔二〕之境；

白素右元君名啓明蕭刃字金門上，鎮我下關之境；

日中司命名接生，鎮我左手中；

〔一〕「元」原作「无」，據飛仙上法改。

〔二〕「脇」，上書作「腹」。「刃」字原無，據上書增。

月中桃君名方盈，鎮我右手中；

胎中一元白氣君名務玄子字育尚生，

太一精魂名玄歸子字盛昌，二神鎮我五藏之上，結喉之本；

結中青氣君名案延昌字合和嬰〔一〕，

元君精魂名保谷童字明夫，二神鎮我五藏之下，大胃之上；

節中黑氣君名斌來生字精上門，

帝真精魂名幽臺生字灌上生，二神鎮我九腸之口，伏源之下；

胞中黃氣君名祖明車字神无極，

天帝精魂名理維藏字法珠，二神鎮我小腹之内，二孔之本；

血中赤氣君名混離〔二〕子字叔保堅，

司命精魂名發紐子字慶玄，二神鎮我百關之血，絶節之下；

上玄元父君名高同生字左迴明，

〔一〕「嬰」下原有「兒」字，據飛仙上法刪。

〔二〕「離」原作「雜」，據上書改。

下玄元母名叔火王字右迴光，
帝皇太一名重冥空字幽寥无，
九帝尊名日明真字衆帝生，
太帝精魂名陽堂玉字八靈〔一〕，
九關魂名緑迴道字絶冥，
天紀帝魂名照無阿字廣神，七神鎮我本命之根，塞我死路之門。存祝衆真，從頭至臍，無不朗然。便使金液流帀，玉華映魂。靈粭溢於窮腸，帝氣充於九關。七祖披釋於三塗，受更胎於南宫。鎮生〔二〕神於一身，布真氣以固年。

畢，叩齒三十九通，祝曰：「氣生於无，結生陽神〔三〕。陽氣外貢〔四〕，陰氣内成。二象番錯，交結元靈。内真鎮衛，九孔受生。保魂固魄，萬神安停。保我三關，華芝充盈。與我

〔一〕「陽堂玉字八靈」，「玉」原作「王」，「靈」下原有「君」字，據飛仙上法删改。
〔二〕「生」原作「存」，據上書改。
〔三〕「結生陽神」，上書作「結氣於神」。
〔四〕「貢」，上書作「貞」。

同昇，俱造玉清。」畢，咽氣三十九過，以鎮三十九户。氣澤帀潤，流布一身。若能棄累，不拘世塵。静心夷意，朗覩虚房。眄想内視，鎮神固魂。絶死氣於九户，鎮生宫於上關。廻帀存祝，如面共言。晝夜三年，真神見形。皓華反根，朽齒牙生。五藏結絡，内補充盈。役召六甲，驅策六丁。室致九霄之賓，神降三〔一〕素之軿。神飛形舉，白日登晨。

右上真之神寶名内字，而鎮在人身之内，運於九天之氣，固人六府機關。萬精〔二〕化生，皆由於神。神鎮則生，神逝〔三〕則亡。勤心積感，則能舉人身形，上昇玄宫。求仙之道，不知形神内名，又不知填死户，長生豈可冀乎？夫修此道，不得冒〔四〕履淹穢，食五辛酒肉之屬。觸忤正氣，神則去矣！人知豐肴以甘口，爵禄以榮身。而不知甘口之食，是傷神〔五〕命之斧；爵禄〔六〕奢麗，是消真之源。故神人愛幽寂而棲身，不顯形於風塵者也。

〔一〕「三」原作「二」，據飛仙上法改。
〔二〕「精」原作「積」，據上書改。
〔三〕「逝」原作「遊」，據上書改。
〔四〕「冒」，上書作「身」。
〔五〕「神」字，上書無。
〔六〕「爵禄」二字原無，據上書增。

修生之家，且可慎乎！

三九素語玉精真訣存思法

訣文曰：九天丈人三天玉童同時傳太帝君天帝君，天帝君傳〔一〕太微天帝君，太帝君以傳南極上元君，天帝君以傳西王母，太微天帝君以傳金闕聖君，金闕聖君以傳上相青童君，青童君傳西城王君，使付後學應爲真人者。承真相統，氣係皇篇，至王君已經七千餘劫。王君後封靈文於王屋山西穴玉室之内，有素靈之官侍香典文，其道祕妙，不行於世。若有玄名，得遇此文，萬仙來朝，天官衛身。懃行苦思，白日昇晨。凡受上清道經〔二〕三寶妙章步虚昇玄之道，而不先釋五藏，開理幽關，萬氣不固，真靈不欣，徒勞懃事，萬不得仙。今撰玉訣，上帝妙言，以傳後學，祕而奉真。慎勿輕傳，殃滅子身。

每至本命之日，沐浴入室，東向叩齒九通，冥目思東方青帝少陽九靈真人諱拘上生，身長九寸，頭戴九元之冠，衣單青飛裙，手執青精玉板，乘青雲飛輿，從青衭玉女十二人，從天

〔一〕「天帝君傳」四字，洞真太上三九素語玉精真訣（下稱玉精真訣）無。按文意宜删。

〔二〕「經」，上書作「德」。

清陽宫中來下，以青雲冠覆我身。思九靈真人乘雲氣入我身中，安鎮肝内，便三呼少陽九靈真人拘上生齎青芝玉精補養我身，便三味口三咽止，仰呪曰：「蒼元浩靈，少陽先生。九氣還肝，使我魂寧。幽府結華，藏内鮮明。練容固體，返白爲青。化内發景，登昇紫庭。敢有犯試，摧以流鈴。上帝玉録，太清記名。」畢，引氣九咽止。

正南向冥目，叩齒三通，思南方赤帝太陽南極真人，諱融上生，身長三寸，頭戴進賢之冠，衣絳章之衣，手執朱玉之板，乘赤雲飛輿，從赤袿玉女十二人，從天蘭臺宫中來下，以丹雲冠覆我身。思太陽南極真人乘雲氣入〔一〕我身中，安鎮心内，便三呼太陽南極真人融上生齎丹芝玉精補養我身，便三味口三咽止，仰呪曰：「赤庭絳雲，上有高真。三氣歸心，是我丹元。騰我淨躬，遥奏以聞。心固神静，九靈閉關。金真内映，紫煙結雲。太微緑字，書名神仙。飛行上清，朝謁帝庭〔二〕。」畢，引氣三咽止。

正西向冥目，叩齒七通，思西方白帝少陰素靈真人諱辱明子，身長七寸，頭戴玉寶玄冠，衣素錦之衣，手執素玉之板，乘白雲飛輿，從素靈玉女十二人，從天皇堂〔三〕宫來下，以

〔一〕「入」原作「人」，據玉精真訣改。

〔二〕「庭」，上書作「尊」。

〔三〕「堂」字原無，據上書增。

素雲冠覆我身。思素靈真人乘雲氣入我身中，安鎮肺內，便三呼少陰素靈真人辱明子齎白芝玉精補養我身，便三味口三咽止。仰呪曰：「素元洞虚，天真神廬。七氣守肺，與神同居。保練玉〔一〕藏，含華玉芝。澄誠明石，遊御玄虚。白玉金字，九帝真書。使我飛仙，死名落除。遊洞三清，適意所如。」畢，引氣七咽止。

正北向冥目，叩齒五通，思北方黑帝太陰玄靈真人諱冥玄默，身長五寸，頭戴玄冠，衣玄雲之衣，手執玄精玉版，乘玄雲飛輿，從太玄玉女十二人，從天玄陰玉虚宫中下，以玄雲冠覆我身。思太陰玄靈真人乘雲氣入我身中，安鎮腎内，便三呼太陰玄靈真人冥玄默齎玄芝玉精補養我身，便三味口三咽止。仰呪曰：「玄元北極，太上靈璣。五氣衛腎，軀玉參差。寶華結絡，胃藏朗開。神名玉臺，年同二儀。上皇大帝，峙然不迷。役使六甲，以致八威。參龍駕浮，超然昇飛。吐納神芝，歷劫不衰。」畢，引氣五咽止。

正向本命之上，冥目叩齒十二通，思中央黄帝總元三靈真人諱原華，身長一寸二分，頭戴黄晨玉冠，衣黄錦飛裙，手執黄精玉版，乘黄霞飛輿，從中央黄帝玉女十二人，從天玉房宫中下，以黄雲冠覆我身。思三靈真人乘黄雲入我身中，安鎮脾内，便三呼總元三靈真人

〔一〕「玉」，玉精真訣作「五」。

原華齎黄精玉芝補養我身，便三味口三咽止，仰呪曰：「黄元中帝，本命之神。一氣侍脾，使我得真。五藏生華，結絡紫晨。變景練容，保命長延。後物而傾，千神來臣。老君玄録，名書神仙。長生久視，與天同存。」畢，引氣十二咽止。

還東向，冥目叩齒三十六通，思五氣玉清高皇上寶真人諱太虚，身長三寸，頭戴玉晨之冠，衣五色无縫單衣，左手捧日精，右手執月光，鎮我上府泥丸宫中，呼上寶真人太虚齎五氣流精陶灌我身，便五味口五咽止，仰呪曰：「高上真皇，五帝太靈，保我泥丸，玄映五形。三光朗耀，日月洞明。飛雲流霞，陶注玉精。練容保魄，神魂自生。千變萬化，昇入紫庭。」畢，引氣五咽止。

五方命呪畢，摩兩掌試面目。如此五年，面發金容，五内華生，五藏保氣，神仙道成。三宫感暢，真靈見形，乘空駕虚，白日昇天。惟在密修，慎勿輕傳。

紫書存思元父玄母訣

紫書訣言：修行上真之道，當以三月、九月、十二月，三日、十五日、二十五日，一年三月，月有三日，三過行之。此月是九天元父受化之月，日是遊宴九天上宫值合之時也。每至其日，沐浴清齋於隱寂之地，不關人事。正中時，向東北之上，仰天思九天元父姓名，身長九寸九分，著玄黄素靈之綬，頭戴七稱珠玉之幘，冠无極進賢之冠，居九天之上太極瓊宫玉寶之府丹靈鄉洞元里中。時乘碧雲飛輿，從十二飛龍二十四仙人，白鵠侍輪，遊於虚玄之上。存思分明，令如對顔。便九拜於元父，三過陰喚元父，甲今有言，乞與上昇，奉侍帝靈。輒叩齒九通，仰祝曰：「高上帝尊，元始大神。含真胤氣，形秀紫天。乘雲駕浮，落景八煙。廻輪曲降，道廕我身。得乘霄景，奉侍靈轅。今日八會，上願開陳。所向所啓，莫不如言。長享元吉，與帝同存。」畢，仰咽九氣止。如此，元父感悦，帝尊欣喜，即命領仙注子金名。九年精思，克遣瓊輿，下迎子身，白日飛昇，上造帝庭。此道高妙，非下世凡學所可參聞。自无金名玄圖，録字上清，莫得知見。若於機會遇得寶篇，皆宿挺合仙。但當寶録，密而奉行。輕説非真，罪延七祖父母，長閉地獄，萬劫不原，身没鬼官，萬不得仙。

紫書訣言：凡修上真之道，當以二月、七月、十月，五日、十六日、二十九日，一年三月，月有三日。此月是九天玄母合化始生之月，日是天元合慶變雌天德之日也。至其日，沐浴清齋，别室寂處，不關人事。夜半露出中庭西南向，仰天思九天玄母姓名，身長六寸六分，著青寶神光錦繡霜羅九色之綬，頭戴紫元玄黄寶冠，居九氣无極之上瓊林七映之宫玉寶洞元之府九光鄉上清里中。時乘紫雲飛精羽蓋，從十二鳳凰三十六玉女，白鳳侍輪，遊於太清之上无崖之中。存思分明，朗然對前。便九拜於玄母，三過陰喚玄母，甲穢質貪真，仰慕上清，乞與眄接，得侍玉靈。叩齒九通，仰祝曰：「三合五離，混化二元。氣凝成神，神變合魂。胎養九天，保固生門。陰精玄降〔一〕，陶灌形源。練質染氣，受化自然。今日何日？玄母開陳。八願九會〔二〕，上獲天真。景嚮參微，得啓玉晨。骨騰肉飛，乘虛絡煙。上造紫轅，長輔帝臣。」畢，仰咽氣九過止。如此，玄母含暢，帝妃憘懽，天真下降，得見靈顏。即命青宮注上玉名，九年精思，帝遣玉女乘雲下迎，上昇玉清，侍衛玄宮。此道高妙，非世所聞。若有金名標侍帝簡，得見此文，皆宿挺合仙，克得飛昇，遊宴九天也。慎勿輕洩，身没三官，七祖被考，長閉河源。

凡行此道，當精心苦念，目瞻靈顏，仰希玄降，以要飛仙。不得汙穢，上干太真，身被禁閉，萬不得仙。若天陰无日，亦可於靜室行事，但使心目相應，口嚮相和，神无不感，道无不降，學无不成。道降神附，飛行太空也。

〔一〕「降」原作「絳」，據洞真上清青要紫書金根衆經改。

〔二〕「八願九會」，疑當作「八會九願」。上節有「今日八會，上願開陳」，下節有「八會開張，九願同纏」，均有「八會」。

紫書存思九天真女法

紫書訣言：凡修上真之道，常以九月九日、七月七日、三月三日，此日是九天真女合慶玉宫、遊宴霄庭、敷陳納靈之日。至其日，五香沐浴清齋，隱處別室，不交人事。夜半露出，燒香北向，仰思九天真女諱字，身長七寸七分，著七色耀玄羅袿、明光九色紫錦飛裙，頭戴玄黄七稱進賢之冠，居上上紫瓊宫玉景臺七映府金光鄉无爲里中。時乘紫霞飛蓋緑軿丹轝，從上宫玉女三十六人，手把神芝五色華幡，御飛鳳白鸞，遊於九玄之上，青天之崖。思畢，心拜真女四拜，叩齒二十四通，仰祝曰：「天真廻慶，遊宴紫天。敷陳納靈，合運無間。上御玉宫，下眄兆臣。八會開張，九願同纏。思微立感，上窺神真。流精陶注，玉華降身。萬慶無量，長種福田。」畢，仰引氣二十四咽止。如此，真女感悦，神妃含懽，上列玉帝，奉兆玉名，記書東華，參篇玉清也。修之九年，面發金容，體映玉光，神妃交接，身對靈真，克乘飛蓋，遊宴紫庭。此法高妙，世所不行。若有金名，書字紫簡，得見祕文，骨挺應仙。寶而密修，計日成仙。輕泄非真，罰以神兵，長役幽泉，七祖受累，萬劫不原。

雲笈七籤卷之四十五

祕要訣法修真旨要

序事第一

道者，虛無之至真也；術者，變化之玄伎也。道無形，因術以濟人；人有靈，因修而會道。人能學道，則變化自然。道之要者，深簡而易知也；術之祕者，唯符與氣藥也。符者，三光之靈文，天真之信也。氣者，陰陽之太和，萬物之靈爽也。藥者，五行之華英，天地之精液也。妙於一事，則無不應矣。

性情第二

夫生我者道，禀我者神，而壽夭去留，不由於己何也？以性動而爲情，情反於道，故爲化機所運，不能自持也。將超跡存亡之域，棲心自得之鄉者，道可以爲師，神可以爲友。何謂其然乎？夫道與神，無爲而氣自化，無慮而物自成，入於品彙之中，出於生死之表。故君子黜嗜慾，隳聰明，視無色，聽無聲，恬惔純粹，體和神清，希夷忘身，乃合至真。所謂返我之宗，復與道同。與道同者，造化不能移，鬼神不能知，而況於人乎！蓋傳受之者，多不能叩師旨，曉玄奧，濫參經法，不會修行之由，不知避忌動静進退取捨之端，致於俯仰觸於正真。雖然立功，功不足以補過。學仙之士，須探幽賾玄，制遏情性。性常静之，情無撓之，情性平和，方可以學道矣！

明正一籙第三

籙者，戒録情性，止塞愆非，制斷惡根，發生道業。從凡入聖，自始及終，先從戒籙，然後登真。夫事悉兩存，則理無不通。籙者亦云，籙三天妙氣十方神仙靈官名號，與奉道之人修行。經云：「生無道位，死爲下鬼。」若高人俗士有希道之心，未能捨榮禄，初門不可頓受，可受三五階。若修奉有功，然更遷受。上古真人尋按經籙，唯受一二階，修行便登上真。多受不會至理，師又不明修行之由，於身未能有益。道在用心真而又正，修行契合於道，其應如神也。正一籙流傳總二十四階，今畧云一二階，以明正一之由。正一三五百五十將軍籙有兩階，每一階分爲七十五將軍，上階云上仙，下階云上靈，是人身中二儀正神也。正一三五混沌元命真人籙，正一法中王也。正則不邪，一則不二，制伏邪僞，悉歸正道。混沌者，我初生亦如天地混沌之初也。元命者，有身之元命也。知道修其元命，可爲真人也。此元命之理稍長，事難具載，臨壇受度，師合明示弟子，令識元命之由矣。萬法悉有内外及兩存，外以天中指事者，正一盟威處乎星漢斗宫之中；若内以指事者，以身中三丹田爲三氣正神，變化有千二百形影，萬二千精光。經云：「得三氣之所生，能知六數之所因。」即陽氣化爲龍車，陰氣化爲玉女，騰轉無方，輪舞空玄之上。又氣之所在，隨神所生焉！神在則氣盛，神去則氣遷。氣者，則二十四神之正氣。氣亦成神，神亦成氣。散之爲雲霧，合之爲形影。出爲亂，入爲真。上結三元，下生萬物。静用爲我身，動用爲我神。故知道成動用，悉在我身。修鍊之人，陰氣日消，陽氣日隆。既無陰氣，自然上昇。吴天師曰：「九天之上無陰也，九地之下無陽也。」

避忌第四

正一籙云：弟子遇大風雨時，皆不可朝真醮請，當默坐燒香，爲真靈不降，候晴爲之。受道之家，或遭疾病，唯思愆悔過，不得怨咎神明。可晨夕虔心，焚香禮念，陳列章表，乞贖過尤，無不應也。道士行法爲人治病，所受信物分於寒栖之人，次充功德之用。若私用非道，則治病不驗，罪考難解，殃流子孫。凡人詣師受道，入靖啓事，弟子皆應三叩頭，摶頰再拜，受訖三日謝恩。若師在遠處，入靖室面向師所在方，至心〔一〕再拜。焚修香火，不得用竈中灰火。天師門下科令云：竈灰火爲伏龍屎，故宜忌耳。經大喪一年殗，朞喪四十日殗，限内不得入靖朝真，限滿沐浴，然可〔二〕朝真，犯者考病十日。凡人入靖，朝禮啓事，言詞章表，欲得質而不繁，約而不華。上真聖聰，不在繁詞。凡欲入靖朝真，具衣褐，執簡當心，定神存思，然後閉氣入靖。經云：「閉口入靖，百神畏憚，功曹使者龍虎君各可見與語。」謂能精心，久久行之。

登真戒忌云：「未見無功受賞而保安，有罪不罰而永全，兆心自然之感，猶影響之相應。」

又曰：「夫學道者，第一欲得廣行陰德，慈向萬物，救人危難，度人苦厄，輕財重道，施恩布德，最爲上善。遵戒避忌：第一戒貪，第二戒殺，第三戒慾。守此，實學者之堅梯，登真之樞要。苟不依承，是求没溺之漸矣。」又云：「婬爲十敗之首。」可不慎乎！〔三〕

〔一〕「至心」，道藏輯要本、四部叢刊本作「志心」。
〔二〕「然可」，上二本作「方可」。
〔三〕「登真戒忌云」以下至段末，上二本無。

殗穢忌第五

科曰：忌臨屍産婦喪家齋醮食。櫛沐飯食便曲不欲向北，及不得見三光。婦人月經不得造齋食，近道場。不得見諸畜産喪車靈堂等。

解穢湯方第六 出真誥

竹葉十兩　桃白皮四兩

右以水二斗煎取一兩沸，適寒温，先飲一盞，次澡浴，兼以水摩髮，穢自散也。

真誥曰：「既除殗穢〔一〕，又辟濕痺瘡。且竹清素而内虚，桃即折邪而辟穢〔二〕，故用此二物，以消形中之滓濁。」見屍及〔三〕喪車，速存火從己心中出往燒之，令火〔四〕赫然，與屍

〔一〕「既除殗穢」，真誥卷九作「既以除淹」。

〔二〕「且竹清素而内虚，桃即折邪而辟穢」，真誥卷九及登真隱訣卷中均作「且竹虚素而内白，桃即却邪而折穢」。

〔三〕「屍及」，本書卷四一解穢作「死柩」。

〔四〕「令火」二字，上書無。

柩等並爲灰燼，便想烈風吹之。又閉目内視，令火自焚，舉體潔白，見穢氣自滅。忽於街衢道中見諸穢，尤要此法也。

凡書符，叩齒三通，三度〔一〕稱合明天帝日，閉口閉氣書之置水椀中，以刀子左攪水三匝，想北斗七星在水中，呪曰：「北斗七星之精，降臨此水中，百殗之鬼，速去萬里。如不去者，斬死付西方白童子。急急如律令！」呪訖，即含水噴灑，穢氣都散。當噴之時，存正一真官朱衣頭戴籙中九鳳之冠〔二〕，口中含水噴灑，穢亦自解。

沐浴洗面，常用此呪，三呵水，即呪曰：「四大開明〔三〕，天地爲常。玄水澡穢，辟除不祥。雙童守門，七靈安房。雲津鍊濯〔四〕，萬氣混康。内外利貞，保滋黄裳。急急如律

〔一〕「三度」二字，本書卷四一解穢無。

〔二〕「之冠」，上書作「真冠」。

〔三〕「明」，上書及洞玄靈寶道學科儀均作「朗」，上清太上黄素四十四方經作「玄」。

〔四〕「濯」，上三書均作「灌」。「雙童」，上清太上黄素四十四方經作「雙皇」。

令！」

旦夕燒香第七

每日卯酉二時燒香，三捻香三叩齒，若不執簡，即拱手，微退冥目視香煙，微祝曰：「玉華散景，九炁含〔一〕煙。香雲密羅，上衝九天。侍香金童，傳言玉女，上聞帝前。令某長生，世爲神仙。所向所啓，咸乞如言。」畢，叩齒心禮四拜，亦云真禮四拜。

旦夕衛靈神呪第八

每朝及臨卧之際，焚香向王長跪，叩齒三十二通，誦衛靈神呪一遍，其呪在别卷。

朝真儀第九

每月一日、十五日、三元日、正月十五日、七月十五日、十月十五日。庚申日、甲子日、本命日、三會日、正月七日、七月七日、十月五日。八節日。立春、春分、立夏、夏至、立秋、秋分、立冬、冬至。

〔一〕「含」，上清太上黄素四十四方經作「合」。

右此日並須朝禮。若其日遇值戊辰、戊戌、戊寅，即不須朝真，道家忌此日辰。

凡入靖朝禮，預先一日不食五辛酥乳酪，能常斷尤佳。若未能常斷，但修行日慎勿食之，可以桃竹湯沐浴。至其日五更，以潔淨衣服執簡香爐至靖户，叩齒三通，微祝曰：「四明功曹，通真使者，傳言玉女，侍靖玉女，爲我通達，道室正神。上元生炁，入臣身中，今日朝真，願爲通達，皆使上聞。」訖，便開門，先進右足，次進左足。至香案前，置爐案上，執簡〔一〕臨目，叩齒三通。存思玉女玉〔二〕童在香案左右，即上香訖，起執簡當心，平立微傴身，發爐呪曰：太上玄元五靈老君，當召功曹使者、左右龍虎使者、捧香使者、三氣正神，急上關啓三天玄元無上道君：臣今正爾入靖燒香朝真，願得九天正真生氣，降入臣身中，令臣所啓，速達逕御太清紫微君〔三〕玄元大道君几前。畢，再拜長跪，存思太上道君著九色雲霞之帔，戴九德之冠，左玄真人在左，右玄真人在右，龍虎君玉童玉女並在左右，天師在西位，四面功曹使者，青雲之氣滿堂，所存並坐紫雲座，座如雲之昇。畢，退身再拜，又長跪叩

〔一〕「簡」下，本書卷四一朝禮有「平立」二字。
〔二〕「玉」字原無，據上書增。
〔三〕「君」，上書作「宮真」。

齒二十四通，啓曰：「正一盟威弟子某稽首，歸身歸神歸命太清玄元無上三天無極大道太上老君太上丈人天帝君天帝丈人九老仙都君九氣丈人百千萬重道炁，千二百官君、太清玉陛下，臣某幸資宿慶，得奉道真，竊不自揆，輒希長生。誓將克己立功，改過修德。伏乞原赦臣積生已來至于今日所犯元惡重罪，咸賜蕩除，許臣自新，補復前咎。令九祖父母幽魂苦爽，皆拔〔一〕九幽，上昇天衢。令臣修道，允合〔二〕至誠，請削臣死籍，注上玄籙，闔門之内，共保元吉，生成之惠，實在於此。臣某叩頭謹啓再拜。」又長跪曰：「臣某蒙師資受道，荷佩法籙。雖未明真理，志願神仙，長生度世。自頃已來，軀軻病疾，注〔三〕連沈滯。即日上請虛素天精君一人赤衣兵士十萬人，在天柱宫，以制鬼滅禍，遏却六天之氣，令臣某百病除愈，仰荷大道生育之恩，某稽首再拜叩頭。」又長跪曰：「臣某自頃已來，軀軻不寧，夢想不真，魂魄不守，上請收神上明君一人官將一百二十人，主爲臣某治之，令臣心安神定，與

〔一〕「皆拔」，本書卷四一朝禮作「皆下拔」。
〔二〕「允合」，上書作「克合」。
〔三〕「注」，登真隱訣卷下請官作「疰」。

道合同，再拜。」又長跪曰：「臣某身常有疾病，四大昏沉，百骸委頓〔一〕，慮恐一旦沉没泉壤，上請天官陽秩君一人官將百二十人左右吏兵一百二十人爲某治之。開生門，益壽命，當請南上君一人官將一百二十人，在倉廪〔二〕宮，爲臣某延年，長生不死。仰荷大道生成之恩，臣某誠惶誠恐，稽首再拜。」又長跪曰：「臣某自居止此已來，夢想不安，及有凶强故氣之鬼，不忌太上道法，每來逼近身中。若不早請天官將吏削除，日月深遠，恐爲災禍。臣今謹上請召仙君一人官將一百二十人，乞制滅凶危故氣之鬼，使真氣降流，室宇清淨，妖邪斥却，耳目聰明。仰荷大道罔極之恩，臣某誠惶誠恐稽首再拜。」便於彼處地上伏地，以簡叩頭搏頰訖，起立。復罏呪曰：「香官使者左右龍虎君捧香使者三氣正神，當令朝真之所，自然生金液丹碧芝英，百靈衆真，交會在此香火案前，令臣修道克合至真，闔門受福，天下蒙恩，仙童玉女，侍衛香煙，傳臣所奏，徑至帝前。」再拜便出，勿廻顧入靖。預約家人，勿令囂喧，畢須寂然。

已上五等朝儀，及魏夫人傳嵩嶽吴天師，亦常用此儀也。

〔一〕「百骸委頓」原作「有疾言之」，據道藏輯要本、四部叢刊本改。

〔二〕「廪」，登真隱訣卷下請官及正一法文經章官品作「果」。

入靖法第十

真誥云：「上清真人馮延壽訣曰：『凡人入靖燒香，皆當對席心拜，叩齒陰祝，隨意所陳，唯使精專，必獲靈感。正心平氣，故使人陳啓通達上聞也。燒香時勿反顧，顧則忤真，致邪外應。』」又清虛真人曰：「每入靖，當以水漱口洗穢氣。出靖漱口，以閉三宫故氣〔一〕。出靖户之時，亦不得反顧，顧則忤真，克〔二〕致不誠。入靖户不得與外人言語，及不得脚蹋門限，敕禁至重。」

燒香法第十一

太上教曰：「夫燒香不得以口嗡香，靈禁至重。」登真隱訣曰：「夫朝奏之時，先烈火豐香，使一舉便到了，不宜綿綿翳翳。」

〔一〕「氣」，登真隱訣卷下作「也」。
〔二〕「克」，上書作「光」。

存思訣第十二

天師燒香儀曰：「入靖燒香，常存左青龍，右白虎，前朱雀，後玄武。」陸先生思神訣曰：「常存鑪左金童，右玉女，侍香煙也。」李氏儀曰：「存香火中有五色煙也。」玄都入治律曰：「呈章朝真，存五方氣及功曹使者吏兵，左右分位，森然如相臨，對侍左右前後。」天師墨教篇曰：「入靖燒香，皆目想髣髴，若見形儀。不可以空靜寥然無音響，趨拜而退也。」

叩齒訣第十三

九真高上寶書神明經曰：「叩齒之法，左相叩名曰打天鐘，右相叩名曰搥天磬，中央上下相叩名曰鳴天鼓。若卒遇凶惡不祥，當打天鐘三十六遍。若經凶惡〔一〕辟邪威神大呪，當搥天磬三十六遍。若存思念道，致真招靈，當鳴天鼓，當以正中四齒相叩，閉口緩頰，使聲虛而深響也。」

〔一〕「凶惡」，無上祕要卷六十六叩齒品及三洞珠囊卷十叩齒嚥液品均作「山」。

法。

臨目訣第十四

臨目，目欲閉而不閉，欲開而不開，令幽顯相關，存注審諦。今人入靖及呈章，可依此法。

稽首訣第十五

登真隱訣曰：「稽首者，先一拜，額至地，乃再拜。按先一拜，而世相承，不見至於再。拜猶不肯全，何况能先别一拜以行稽首？今或因坐仍額至地稽首，首至地如因坐地，非稽首也。」

再拜訣第十六

夫再拜者，兩拜是也。别起更坐，勿因拜便坐也。拜坐止一拜全，非再拜也。

誠惶誠恐訣第十七

夫誠惶誠恐者，即握簡低身，戢地兩過，捧簡長跪當心，少時復下戢地又兩過止。若言頓首者，便以頭頓也。陶隱居曰：「道雖心存，亦須形恭。口宣詞列，進退足蹈，並使應機赴會，動静得宜，内以冲神，外以協禮。」

已上出登真隱訣〔二〕。

明二人同奉第十八

太玄都云：「高人俗士居家，或有妻室，志有希道之心，心遊道德之鄉者，宜夫妻同修。若不同修，皆相賊害。以一人不知故，見一人修行，心有相阻，遂成相賊。可同奉朝修，入靖之日，男官立左，女官立右，一人啓奏，二人虔心，同時再拜。女人至朝真日，身有穢亦宜止之，但有同奉心，即可合於玄感耳！」

本命日第十九

夫本命日可轉度人經一兩過，即魂神澄正，萬氣長存，不經苦惱，身有光明，三界侍衛，五帝司迎。功滿德就，名書上清。本命日早朝焚香，向本命位叩齒三通，心存再拜而微祝

〔二〕以上稽首訣、再拜訣、誠惶誠恐訣，今本登真隱訣佚。

曰：「太一鎮生，三氣合真。室胎上景，母玄父元。生我五藏，攝我精神。下灌玉液，上朝泥丸。夕練七魄。朝和三魂。右命玉華，左嘯金晨。令我神仙，役靈使神。常保利貞〔一〕，飛行十天。」畢，叩齒三通，咽液三過，心禮四拜〔二〕，此名太上祝生隱朝胎元之道。常能行之，令人魂魄保守，長生神仙。此法不用入靖室，可坐所但少静無人即爲之。出真誥第三。

入室對席第二十

凡人入室焚香皆當對席心禮，叩齒陰祝，適意所陳，唯使專精，必獲靈感。

制三尸日第二十一

凡甲寅庚申之日，是三尸鬼競亂精神〔三〕之日也，不可與夫妻同室寢食，可慎之。甲寅日可割指甲，甲午日可割脚甲，此日三尸遊處，故以割除以制尸魄也。

〔一〕「貞」，本書卷四一隱朝胎元法作「津」。

〔二〕「心禮四拜」，真誥卷十作「心拜四方」，在「叩齒三通，咽液三過」之前。

〔三〕「神」下，真誥卷十有「躁穢」二字。

常存識己形第二十二

凡人常存識己之形，極使鬚鬢對我前，存我面上常有日月之光〔一〕，洞照一形，使日在左月在右，去面九寸。日紫色，光芒赤，光九芒也，月黄色，光芒白，光十芒也〔二〕。存了，叩齒三通，微祝曰：「元胎上真，雙景二玄。右抱七魄，左拘三魂。令我神明，與形常存。」畢，叩齒三通，咽液七過，名爲帝君録〔三〕形拘魂制魄之道。黄庭經云：「攝魂還魄永無傾」也。

真誥曰：「夫得道者，常恨不早聞道。失道者，常恨不早精勤。何謂精耶？專篤其事。何謂勤耶？恭繕其業。既加之以檢慎，守之以取感者，則去真近矣！爾其營之勿怠也。」

真誥曰：「性躁暴者，一身之賊病。心閑逸者，求道之塈梯也。遂之者真去，改之者道

〔一〕「面上常有日月之光」原作「面上常有日月」，據真誥卷十增改。

〔二〕「日紫色，光芒赤，光九芒也；月黄色，光芒白，光十芒也」，本書卷二三太上玄真訣服日月法、真誥卷九、上清明堂元真經訣及上清太極真人神仙經所引太上玄真上經均作「日赤色，有紫光九芒；月黄色，有白光十芒」。

〔三〕「録」，真誥卷十作「錬」。

來。每事觸類，當柔遲而盡精潔之理，如此幾乎道近〔一〕也。」紫陽真人〔二〕言：「沐浴不數，魄之性也。違魄反是，鍊其濁穢〔三〕，尸魄自去也。」

寢卧時祝第二十三

凡人卧牀常令高，則地氣不及，鬼吹不干，鬼氣侵人，常因地氣而逆上耳。人卧室宇當令潔盛〔四〕，盛則受靈氣，不盛則受故氣。故氣之亂人室宇者，所爲不成，所依〔五〕不立。一身亦爾，當數沐浴潔淨。

真誥云：「世人有知酆都六天宫名者，則百鬼不敢害。欲卧時，常先向北祝之三遍，微其音也。祝曰：『吾是太上弟子，下統六天。六天之宫，是吾所部。不但所部，乃太上之所主。吾知六天門名，是故長生。敢有犯者，太上斬汝形。

〔一〕「近」，真誥卷十作「者」。

〔二〕「紫陽真人」，上書作「紫微夫人」。

〔三〕「鍊其濁穢」原作「鍊真濁穢」，據上書改。

〔四〕「潔盛」原作「潔盛潔盛」，據上書删。

〔五〕「依」，上書作「作」。

第一宮名紂絶陰天宮，以次東行：

第二宮名泰殺諒事宗天宮，

第三宮名明辰耐犯武城天宮，

第四宮名怙照罪炁天宮，

第五宮名宗靈七非天宮，

第六宮名敢司連宛屢天宮。』

畢，叩齒六下乃〔一〕卧，辟諸鬼邪之氣。如此凡三過也，此法亦出酆都記。」

北帝祝法：「北帝神祝之法，若非制鬼神，常持者可微微而誦，自然除穢惡，滅三尸，消故氣。鬼魅邪精，永不敢近。久久持之，北帝每差天丁侍衛。若制伏用事，乃可高聲誦持。法面北叩齒三十六通，存五神，誦持四言一叩齒。祝曰：『天蓬天蓬，九元殺童。五丁都司，高刁北公。七政八靈，太上浩凶。長顱巨獸，手把帝鍾。素梟三神〔二〕，嚴駕夔龍。威

〔一〕「乃」原作「仍」，據真誥卷十改。

〔二〕「三神」原作「二神」，據道藏輯要本、四部叢刊本及登真隱訣卷中改。真誥卷十及上清三真旨要玉訣作「三晨」。

劒神王，斬邪滅蹤。紫氣乘天，丹霞赫衝。吞魔食鬼，横身飲風。蒼舌緑齒，四目老翁。天丁力士，威南禦兇。天騶激戾，威北銜鋒。三十萬兵，衛我九重。辟尸千里，去却不祥。敢有小鬼，欲來見狀。钁天大斧，斬鬼五形。炎帝烈血，北斗然骨。四明破骸，天猷滅類。神刀一下，萬鬼自潰。急急如太上帝君律令！』畢，皆四言一叩齒，以爲節也。若冥夜白日得祝，爲常祝也。鬼有三被此祝者，眼睛盲〔一〕爛，而身滅矣。此上神祝，皆斬鬼之司名，北帝祕其道。若世人得此法，常能行之，乃不死之道也。男女大小皆得行之，此所謂北帝神呪殺鬼之法，鬼常畏聞，困病行之立愈。叩齒當臨目存見五藏，五藏具，五神自然在身。酆都中祕此呪法，令密耳〔二〕，不可泄非其人也。」此呪出上清部，登真隱訣真誥中並有，正一部中及法事要訣，皆有其文。道教靈驗記亦録上古及近世修持有効者甚多，略而言之。

〔一〕「盲」原作「肓」，據道藏輯要本、四部叢刊本改。真誥卷十作「目」。

〔二〕「令密耳」，真誥卷十、登真隱訣均作「今密及之耳」。

服日月光芒〔一〕第二十四

服日月光芒：大方諸宫，青童君常治處。其上人皆天仙高真，太極公卿司命所在〔二〕也。有服日月光芒法，雖已〔三〕得道爲真，猶故服之。凡存心中有日象大如錢，在心中赤色，有光芒〔四〕，從心中上出喉至齒間，即不出却〔五〕迴還胃中。如此良久，臨目存見心中胃中分明，乃吐氣，訖，嚥液三十九過止。一日三爲之，日出時食時日中時行之，一年除疾，五年身有光彩，十八年得道，日中行無影，辟百邪千災之氣。常存日在心、月在泥丸中，晝服日、夜服月。服月法〔六〕，存月十芒白色，從腦中下入喉，芒亦至齒而嚥入胃。一云：常存月一日至十五日已前服，十五日已後不服，月減光芒損天炁，故言止也。又此方諸真人

〔一〕「芒」原作「若」，據道藏輯要本、四部叢刊本改。
〔二〕「所在」原作「在所」，據真誥卷九改。
〔三〕「已」原作「以」，據上書改。
〔四〕「有光芒」，真誥卷九、登真隱訣卷中作「又存日有九芒」。
〔五〕「即不出却」，本書卷二三大方諸宫服日月芒法作「而芒」，真誥卷九、登真隱訣卷中無。
〔六〕「晝服日，夜服月。服月法」，真誥卷九、登真隱訣卷中作「夜服月華如服日法」。

法出大智慧經中篇，常能用之，保見太平。南極夫人所告。

行此日在心、月在泥丸之道，謂省易得旨，須勤行無令廢絶也。除身中三尸，百疾千惡，乃鍊魂制魄之道也。日月常照形，即鬼無藏形。青童君云：故常行之，吾即其人也，今[一]告子，子脱可密示有心者耳。行此道，亦不防行寳書所以[二]服日月法，兼行有益也。仙人一日一夕行千事，不覺勞倦，勤道之至，生不可失。出真誥第三。

右出西城王君告。

孟先生訣第二十五

山世遠受孟先生法：暮卧，先讀黄庭内景經一過乃眠，使人魂魄自然制鍊。常行此法，二十八年亦仙矣！是合萬遍，夕得三四過乃佳。北嶽蔣夫人云：讀此經年限未滿，亦且使人無病，是不死之道也。

已上出真誥第三。

[一]「今」下，真誥卷九、登真隱訣有「以」字。

[二]「所以」，上二書無「以」字。

惡夢吉夢祝第二十六

太素真人教始學者辟惡夢法：若數遇惡夢者，一曰魄妖，二曰心試，三曰尸賊，此乃厭消之方也。若夢覺，以左手捻人中二七過，叩齒二七通，微祝曰：「大洞真玄，長練三魂。第一魂速守七魄，第二魂速守泥丸，第三魂受心節度。速啓太素三元君：向遇不祥之夢，是七魄遊尸，來協邪源〔一〕。急召桃康護命，上告帝君，五老九真，各守體門。黄闕神師，紫户將軍，把鉞握鈴，消滅惡精。返凶成吉，生死無緣。」畢，若又卧，必獲吉應。而造爲惡夢之氣，則受閉於三關之下也。

三年之後，唯神感應乃有夢者，皆有〔二〕將來之明審也，無復惡夢不祥之想。若夜有善夢，吉應如夢，而心中自以爲佳，則吉感也。卧覺當摩目二七過，而祝曰：「太上高精，三

〔一〕「邪源」，真誥卷九、登真隱訣卷中作「萬邪之源」。
〔二〕「皆有」，上二書作「夢皆如見」。

帝丹靈。絳宮明徹，吉感告情。三元守魄，〔一〕天皇授〔二〕經。所向諧合，飛仙上清。常與玉真，俱會紫庭。」

已上出太丹隱書。

山源者，是鼻下人中之左側，在鼻下尖〔三〕谷中也。暮〔四〕常嚥液三九過，急以左手第二第三指按三九下，常爲之，令人致靈徹視，杜遏萬邪之道也。旦亦宜爲之，按了密呪曰：「開通天庭，使我長生。徹視萬里，魂魄返嬰。滅鬼却魔，來致千靈。上昇太上，與日合并。得補真人，列象玄名。」

明耳目訣第二十七

真誥曰：「求道要先令目明耳聰爲事主也。且耳目是尋真之梯級，綜靈之門户，得失

〔一〕「三元守魄」原作「三元柔魄」，據洞真高上玉帝大洞雌一玉檢五老寶經改。

〔二〕「授」原作「受」，據真誥卷九、登真隱訣卷中改。

〔三〕「尖」，真誥卷九及洞真西王母寶神起居經作「小入」，「左側」作「本側」。

〔四〕「暮」下，正一法文修真旨要有「旦日中」三字。

繫之而立，存亡須之而辯也。今抄經相示，可施用之。道曰：常以手按兩眉後小穴中三九過，又以手心及指摩兩目顴上，以手旋耳行三十過，唯令數〔一〕，無時節也。畢，輒以手逆乘額三九過，從眉中始，乃上行〔二〕入髮際中，仍須嚥液，多少無數，如此常行，耳目清明，一〔三〕年可夜書。眉後小穴爲上元六合之府，化生眼暉，和瑩精光，長映〔四〕徹瞳，保鍊目神，是真人坐起之上道也。」

青牛道士存日月訣第二十八

青牛道士口訣：「暮卧存日在額上，月在臍下，上辟千鬼萬邪，致玉童玉女來降，萬禍伏走，甚祕驗。」此〔五〕即封君達也。沈羲曰：「服神藥勿向北方，大忌。亥子日不得唾，損精失氣，減折年命也。」

〔一〕「唯令數」，真誥卷九及洞真西王母寶神起居經均作「摩唯令數」。
〔二〕「上行」原作「以」，據上二書改。
〔三〕「一」原作「二」，據上二書改。
〔四〕「映」，上二書及正一法文修真旨要作「珠」。
〔五〕「此」，正一法文修真旨要作「青牛道士」。

欒巴口訣第二十九

欒巴口訣：「行經山野及諸靈廟惡神之門，存口中有真人字赤靈丈人，侍以玉女二人，一女名華正，一女名攝精，丈人著赤羅袍，玉女二人上下黄衣。所存畢，乃叱咤曰：『廟中鬼神速來，使百邪詣赤靈丈人受斬死，衆邪却走千里。』此是三天前驅使者赤靈丈人捕鬼之法也。」

服食忌第三十

女仙程偉妻曰：「服食靈藥，勿食血物，使三尸不得去，乾肉可耳！」鳳綱訣曰：「道士有疾，内視心，使生火以燒身及疾處，存之要精如彷彿，疾即愈。凡痛處加〔一〕其火，必驗也。」

〔一〕「加」，正一法文修真旨要作「存加」，真誥卷十作「存」。

雲笈七籤卷之四十六

祕要訣法修真旨要

黄素内法第一

凡精誠密向，躭味玄真，清齋苦志，感慕神仙，忽自遇此三品之經而不師受者，其人皆玄會宿感，列籍帝鄉，真人密授，應得此經。其人異挺，以標世功，依太上黄素四十四方，聽得隱盟，玄誓神科也。當以甲子之日，清齋入室，夜半生氣之時，眠坐任意，臨目髣髴，叩齒二十四通，心拜四方畢，而微祝曰：「太上九靈，三素元精。仙都大神，四極三清。昔奉法化，遇會上經。玄師冥遠，靡覽真形。乞丐〔一〕隱盟，誓以神明。玉童侍衛，玉華扶生。八願九合，妙慧通靈。願神願仙，飛行上清。」祝畢，又叩齒二十四通，嚥液十過，心拜經前，因此而寢。亦可起坐誦經，必有吉感。常能行之，三年之中，得爲經師，成其真人大夫之任

〔一〕「丐」原作「山」，據上清太上黄素四十四方經（下稱四十四方經）改。

矣！此是黄素内法，不煩復經營師及歃血之盟也。真人雖已受經，亦常行之。

八朝三元内禮隱法第二

凡爲道士，受三品真經〔一〕雌一洞玄隱玄羽章者，當勤慕上契，感會神明，精心齋淨，專道固生，孜孜不替，味景玄清，若此人者，必獲上仙。依太上黄素四十四方，得行八朝三元内禮隱法。當以甲寅丙寅戊申庚申丁巳己巳癸亥乙亥之日，平旦入室，燒香左右，臨目髣髴，叩齒二十四通，心拜四方，微祝曰：「太上太靈，三素元精。謹以吉日，内朝真經。神童玉女，散香虚庭。使我神仙，天地相傾。」祝畢，疾閉兩目，使内外冥合，不相聞見。又叩齒三七通，嚥液三過，閉目，都畢也。此名爲八朝三元内禮隱法，常能行之，令人通靈徹視，精應三元，真會妙感，陟降太玄。侍經玉女，奏子求生，神仙不死，天地相傾。諸未受經者，行之三年，得爲經師，靈瑞吉祥。

〔一〕「三品真經」原作「三真品經」，據四十四方經改。

内除罪籍第三

凡修受大洞真經雌一奇文者，皆當别寢一室，不交人物。常置經於机格潔淨之處，旦夕燒香禮拜，陳願人間内除罪籍。常以月三日七日二十一日，侍經玉女乃奏人罪過於三元與太一帝君，共詳子之云爲。是其日也，當入室燒香，叩齒三七通，冥目微祝曰：「太上神方，大洞真經。昔以有幸，遭遇神明。啓蔭七圖，受會三清。若有陰罪，帝君散靈。二象開明，上帝合形。令我飛仙，神真長生。」祝畢，又叩齒二七通，心拜四方，開目都畢。常當行之者，則三元〔一〕密感，帝君赦過，諸有奏子之罪者，皆不見用也。

三元隱謝解穢内法第四

凡道士存思上法及修學太一之事，皆禁見死尸血穢之物。若兆見之者，得聽三元隱謝解穢内法。當以朱砂一銖散内水中，因以洗目漱口并洗手足畢，入室正寢，交手心上，叩齒二七通，心拜四方，乃微祝曰：「三元上道，太一護形。司命公子，五神黄寧。血尸散滅，凶

〔一〕「三元」原作「二元」，據四十四方經改。

穢沈零。七液灌[一]注，五藏華生。令我神仙，長亨利貞。」祝畢，因疾閉兩目，并氣自持，使内外冥合，不相聞見。良久，覺身中小熱爲候。竟又叩齒七下，嚥液三過，都畢，誦此[二]三元隱謝解穢之内法也。

大帝開結[三]經法第五

凡道士修受上法，欲有所看省誦讀經文，發篋之時，皆當燒香左右，心拜經前，叩齒三通，乃微祝曰：「玉帝上法，上聞三清。吉日齋戒，敢開神經。萬試隱伏，所向皆成。玉童侍衛，玉華散馨。上告三元，與我長生。」祝畢開經，然後乃得誦讀之，此名爲大帝開經之法，令玉女玉童，侍守燒香，啓降神靈，上聞九天。

[一]「灌」，四十四方經及本書卷四七道士既見死屍上經解殗法與上清修身要事經均作「纏」。

[二]「誦此」，四十四方經作「此謂」。

[三]「結」字，上書無，疑衍。

祝太一帝君法第六

凡道士受學洞經修行太一之事，不得宣泄太一帝君之名字，以語於不同志之人，泄則犯太玄陰考。兆三犯之者，則五神廢宅，不得復爲仙矣。過三以往，死爲下鬼，已無仙冀。

凡道士受經以後，常晨夕存祝太一帝君之名字，先叩齒三通，微祝曰：「凌梵履昌，七靈丈人，太一務猷，五神黄寧。上昇九天，與帝共并。乞願飛仙，七祖胎嬰。解愆釋罪，上登玉清。」畢，又啄齒七通，嚥液三過，此爲存神釋罪請帝求仙也。行之七年，則神明感會，帝君喜歡，玄母注生，五神常存，七祖罪釋，受胎南仙，長生不死，白日昇晨。

慎忌法第七

凡修太一之事及行上法存神之道，慎不可見尸及血穢之物。見一死尸則一年不得行事，又却傾一年之功。然此帝一之科，常却罰於既往，又進塞於將來。若一年三見尸者，則罰功斷事各三年也。若遇見二十四尸者，皆不得復修太一求仙也。

帝君捕神祝第八

凡道士獨宿山林，而多爲山精惡鬼所犯試者，當叩齒二七通，閉氣呪曰：「吾昨被帝君召，攝領真元，令我封掌此五嶽，摧割酆山山精。萬靈受事，俱會帝前。七神所引，三元司真。若有小妖，即時梟殘。山精澤尉，速來奉迎。神師口命，上聞三清。一如大洞之法，不得稽停。」呪畢，又叩齒三七通，此爲帝君捕神祝伐山精百鬼法。諸山神地祇房祠正氣之神，聞此之呪，皆來執鞭奉迎，神兵侍衛，若與萬人同宿矣！

遏邪大祝第九

大洞真經高上内章遏邪大祝上法曰：「每當經危險之路、鬼廟之間，意有疑難之處，心有微忌者，乃當返舌内向喉，嚥液三過畢，以左手第二第三指捻兩鼻孔下人中之本、鼻中鬲孔之内際也、三十六過，即手急按，勿舉指計數也。鼻中鬲之際名曰山源，一名鬼井，一名神池，一名邪根，一名魂臺也。捻畢，因叩齒七通。畢，又進手心以掩鼻，於是臨目乃呪曰：『朱鳥凌天，神威内張。山源四鎮，鬼井逃亡。神池吐氣，邪根伏藏。魂臺四明，瓊房玲琅。玉真巍峩，坐鎮明堂。手揮紫霞，頭建晨光。執詠洞經，三十九章。中有辟邪龍虎，截嶽斬崗。猛獸〔一〕奔牛，噞刀吞槍〔二〕。揭山玃天，神雀毒龍。六頭吐火，啖鬼之王。電豬雷父，掣星流横。梟嗑駮灼，逆風横行。天禽羅陣〔三〕，皆在我傍。吐火萬丈，以除不祥。群精啓道，封落山鄉。千神百靈，併首叩顙。澤尉捧罏，爲我燒香。所在所經，萬神奉迎。』畢，又叩齒三通，乃開目徐去左手。手〔四〕按山源則鬼井閉門，手薄神池則邪根散發，手臨魂臺則真神守闕〔五〕，於是感激靈根，天獸來衛，千精震伏，莫干我真，此自然之理，忽爾而然也。鼻下山源是我一身之靈津，真邪之通府。背真者所以生邪氣，爲真者所以遏萬邪，在我運攝之爾，故吉凶兆焉！」

三天正法祝魔神第十

凡道士隱跡山林，精思感靈，或讀洞經發響之時，多爲北帝大魔來試敗。兆每至昏夜，

〔一〕「獸」原作「狩」，據真誥卷十及登真隱訣卷中改。
〔二〕「槍」，上二書作「鑲」。
〔三〕「陣」，上二書作「陳」。
〔四〕「手」字原無，據真誥卷十增。
〔五〕「真神守闕」，上書作「玉真守關」。

當叩齒三十六通，畢乃呪曰：「北帝大魔王，受事帝君前。泉曲之鬼，四明酆山。千祆混形，九首同身。神虎放毒，馘滅雷霆。神公吐呪，所戮無親。太微有命，攝録山川。鳴鈴交擲，流煥九天。風火征伐，神鋒十陳。兇試伏滅，萬精梟殘。祆毒敢起，受閉三關。請依洞法，莫不如言。」呪畢，又叩齒三十六通，此名爲三天正法呪魔神方。常能行之，則神兵侍衛，山川攝精，千妖受閉，萬試不干。

思三台厭惡法第十一

上台虛精，中台六淳，又作六停，下台曲生。

右三台内諱，知者衆惡悉除，諸善備至〔一〕。

凡於静房端坐，思三台覆頭。次思兩腎氣從胷中出，與三台相連。久久思畢，一七啄齒，二一鼻微微内氣，閉口，滿便嘸之。嘸畢，乃呪曰：「節節榮榮，願乞長生。太玄三台，常覆我形。出入行來，萬神擕營。步之五年，仙骨自成。步之七年，令藥皆精。步之十年，上昇天庭。急急如律令。」

〔一〕以上三十一字，道藏輯要本、四部叢刊本皆置於「步台曰」前，「急急如律令」後。

步台日：

正月三日，　二月二日，　五月五日，　九月九日，　十月二十六日。法在本經。

帝一燒香祝第十二

凡修行洞法及太一帝一之事者，常至黄昏時入室燒香，心拜經前，因叩齒二七通，乃微呪曰：「太一帝尊，帝一玄經，五雲散景，鬱徹三清。玉童玉女，燒香侍靈，上願開陳，與我合形。使我神仙，長亨利貞。」呪畢，又叩齒二七通，此名爲帝一燒香開陳上願與靈合形之道也。常能爾者，則玉華侍衛，神靈輔真，鬱散香雲，上徹九天。將來三年，則玉童玉女都見於子矣！

魂胎受馨祝第十三

凡道士入室齋戒之時，臨食當以左手持筯瑑栟〔一〕三過，乃微呪曰：「三玄上道，四極清泠。太一帝君，百神黄寧。受糧三宮，灌溉脾靈。上饗太和，餐味五馨。魂胎之命，七液

〔一〕「瑑栟」原作「瑑料」，據四十四方經改。

流停。百關通和，五藏華明。雙星〔一〕合景，飛行上清。」食畢，又啄齒三通，此名爲魂胎受馨百神饗糧之道。常能行之，令人神明氣和，魂魄安寧，群惡除試，常保利津〔二〕。

理髮祝第十四

凡道士理髮及沐頭將散髮之時，先啄齒七通，乃微呪曰：「太帝散華，玄歸大神。今日吉日，理髮沐塵。辟惡除病，長生神仙。」呪畢，乃髻，髻竟，叩齒一通，都畢，此名爲太帝散華理髮内法。令人終年不病，耳目聰明，頭腦不痛。理髮常向本命，既櫛髮之始而陰呪曰：「太帝散靈，五老返神。泥丸玄華，保精長存。左拘隱月，右引日根〔三〕。六合清鍊，百神受恩。」畢。行之使人頭腦不痛。太極緑華〔四〕經曰：理髮欲向王〔五〕地，既櫛之始，而

〔一〕「星」，四十四方經作「皇」。

〔二〕「津」，上書作「貞」。

〔三〕「左拘隱月，右引日根」，洞玄靈寳道學科儀卷上理髮品作「右拘月隱，左引日根」，紫庭内祕訣修行法作「左爲日隱，右爲月根」，下呪則爲「左爲隱月，右爲日根」。

〔四〕「華」字，真誥卷九、登真隱訣卷中無。

〔五〕「王」原作「土」，據上二書改。

微呪曰：「泥丸玄華，保精長存。左爲隱月，右爲日根。六合清鍊，百神受恩。」畢，嚥液三過。能行之，使髮不落而日生。當數易櫛，櫛之取多而不使痛，亦可令侍者櫛取多也。於是血脈不滯，髮根常堅。

大帝隱祝第十五

凡道士入室燒香，有所修願，皆先啄齒三通，乃微呪曰：「玉華散景，九炁含煙，香雲密羅，徑衝九天。侍香玉女，上聞帝前，令我長生，世爲神仙。所向所願，莫不如言。」祝畢，心拜精念，亦適意所陳矣。此名大帝隱祝，散香九天，降靈寢室，願會神仙〔一〕也。

厭惡夢呪第十六

若人夢寤不真，魄協百氣，以校〔二〕其心，欲伺我神之間伏也。每遇惡夢，但北向啓太上大道君，具言其狀，不過四五，則自消絶也。青童君口訣曰：「夜遇惡夢非好覺，當即返

〔一〕「仙」字下，四十四方經有「之方」二字。

〔二〕「百氣，以校」，上清三真旨要玉訣作「邪氣以撓」。

枕而呪曰：『太靈玉女，侍真衛魂。六宮金童，來守生門。化惡返善，上書三元。使我長生，乘景駕雲。』畢，嚥液七過，叩齒七通而更卧。如此四五，亦自都絶也。此呪亦返惡夢而更吉祥也。」

揮神内呪第十七

凡道士行來獨宿山林廟座之間，或有魔精惡鬼之地，當先啄齒三十六通，閉氣微呪曰：「太帝陽元，四羅幽闕。千妖萬毒，敢當吾前。巨獸重吻，刳腹屠肝。神公使者，守衛營蕃。黄衣帥兵，斬伐妖魂。馘滅千魔，摧落凶〔一〕姦。絶種滅類，取令梟殘。玉帝上命，清蕩三元。」呪畢，又叩齒三十六通，此名爲太帝揮神内咒塞滅萬魔之法。常能誦之，則神兵見衛，萬鬼受事，千妖死伏。

太帝寢神滅鬼除凶呪第十八

凡道士臨眠解衣之時，先啄齒三通，立而呪曰：「受命太帝，上昇九宫。百神安位，列

〔一〕「凶」，四十四方經作「山」。

侍神公。魂魄和鍊，五藏華豐。百醴玄注，七液虛充。火鈴交煥，滅鬼除凶。上願神仙，常生無窮。」咒畢，又叩齒三通，脱衣而卧，此名爲太帝寢神滅鬼除凶之法，令人精明不病，魂魄常存，數有吉感。

又滅鬼除惡呪第十九

本命之日及有心震之地，閉關精思，叩齒三通，安氣呼吸，正身北向而心存微祝曰：「羅勒那朝〔一〕，方柰閼鍊。班目勃隊〔二〕，憚漢巨蛇。赫察白鼠，丹利〔三〕大魔。真馥廣敷，虛靈峙霄。總攬吉凶，發洞暢幽。儛眄衆品，領括繁條。百方千塗，莫不豁寥。天地齊度，孰云能彫？」

〔一〕「朝」，上清高聖太上大道君洞真金元八景玉籙作「翰」。
〔二〕「隊」，上書作「隧」。
〔三〕「利」，上書及上清三真旨要玉訣作「黎」。

澡穢除凶七房祝法第二十

凡道士沐身及洗手面〔一〕之時，先臨水啄齒三通，乃微祝曰：「四大開朗，天地爲常。玄水澡穢，辟除不祥。雙皇守門，七靈安房。雲津鍊灌，萬氣混康。内外利貞，保茲黄裳。」呪畢，又叩齒三通，乃洗沐手面，此名爲澡穢除凶七房咒法。常能行之者，使人神明血淨，解諸凶炁。

除六天隱呪第二十一

凡道士夜行之時，及有所畏恐心〔二〕震之地，叩齒二七通，乃呪曰：「吾是小有真王三天師君，昔受太上神方殺邪之文。夜行遊尸，七惡妖魂。九鬼共賊，千魔成群。赫柘圖兵，巨獸羅千。揮割萬妖，當我者殘。龍烽七燭，逐邪無間。玉帝神呪，揮劒東西。滅凶除邪，萬鬼即懸。三天正法，皆如我言。」呪畢，又叩齒二七通，此名爲三天正法除六天之隱呪也。

〔一〕「面」字原無，據四十四方經增。

〔二〕「心」字原無，據上書增。

鬼有被此呪者，皆目盲脚殘，自然死滅矣！凡行來有恐之處，但按如此，不必須夜行事也。常能誦之，則萬魔伏試，千妖滅形。

太帝制魂伐尸神呪第二十二

凡道士祝滅三尸之法，常以月晦朔之日，及甲寅、庚寅、庚申之日，兆身中七魄遊尸諸血尸之鬼，上天白人罪過，自還中傷於身。或遊走他鄉，召呼外鬼，協進爲妖賊。是以惡夢交於寢魂，痾眚纏於神室。人所以惡夢疾病者，皆七魄遊尸之所爲也。至其日常當沐浴淨服，燒香入室，精思懃懇，不營他事。以夜半生炁時或黄昏時，正寢東首，接手心上，先叩齒三七通，乃微呪曰：「七靈五〔一〕神，八願四陳。上告靈命，中皇雙真。録魂錬魄，塞滅邪精。血鬼遊尸，穢滯長泯。利我生關，閉我死門。若有真命，聽對帝前。使我長生，劫齡常存。太帝之法，敢告三元。」畢，又叩齒三七通，嚥液十過，都畢，此名爲太帝制魂伐尸神呪之法也。血尸七惡〔二〕被此呪者，皆得滅於死尸之下。魂明魄柔，受化於三宫之中。辟惡

〔一〕「五」原作「八」，據四十四方經改。
〔二〕「惡」，上書作「魄」。

除病，令人神明不死。常能誦之，則終身不被魔昧。凡存念上道呪除三尸之時，常當採取白芷草根及青木香，合以東流水，煑取其汁，以沐浴於身，辟諸血尸惡氣。亦常可和香燒之，以致神明。若無青木香者〔一〕，亦可單用白芷。凡庚申、甲寅之日，是血鬼遊尸直合之日。此之日〔二〕也，天炁交合，七魄競亂，淫穢混真，邪津流煥，明法動精，七神飈散。每至其日，當清齋别處，不雜他席。慎不可與夫妻相見，及同牀而寢。又不可爭競財色，所行非道之方也。每當燒香感炁，修行之時，誦〔三〕呪之法，亦可誦經混神，若思洞房帝一之事，唯使精真以爲意也。

太帝辟夢神呪第二十三

凡道士忽得不祥之夢，或夢與人鬬爭，或相收録者，此亦七魄遊尸所爲也。或導將外鬼來入本宅，或三魂散翳五神戰勃，或被束縛不得來還，故使惡夢非祥，將有禍敗之漸也。

〔一〕「者」原作「香」，據四十四方經改。
〔二〕「此之日」三字原無，據上書增。
〔三〕「誦」原作「消」，據上書改。

卧覺之時，即正寢上向，接手心上，叩齒三七通畢，微呪曰：「九天上帝，四門八靈。七房二玄，三素元精。太一桃康，上詣三清。速告帝君，攝命黄寧。速召七魄，校實神庭。若有不祥，七尸鬼兵。從呼雙真，流燭鍊形。太微大神，斬伐邪精。三魂和柔，血尸沈零。神歸絶宅，觸向利貞。使我神仙，長保劫齡。」呪畢，又啄齒二七通，嚥液十過，此名爲太帝神呪辟夢除凶之法。能行之者，則三魂和鍊，七魄受制，神明氣正，尸穢散滅。而向所咒之鬼，即已受考於地獄矣。經三呪之後，自非靈感吉應，不復夢於非常也。

三元八節朝隱祝第二十四

凡道士禮願神明，精思上法，行諸隱呪之時，皆當燒香心拜密呪而已，勿使得耳聞之也。若欲呪伐六天滅諸凶鬼者，乃可小發聲耳。亦不得絶大高響，使傍人聞解之也。若讀誦之時，乃任意耳。凡八節之日，皆三天仙靈朝宴禮會之日也。兆修行禮願，朝禮之時，皆當齋用此日。至於朔望朝禮，非上法也。凡是其日，欲行禮願陳祝之時，當先叩齒七通，心拜四方，乃微祝曰：「上清玉帝，三素元君。太上高靈，仙都大神。今日吉日，八願開陳。上願飛霄，長生神仙。中願天地，合景風雲。下願五藏，與我長存。次願七祖，釋罪脱愆。又願帝君，斫伐胞根。六願世世，智慧開全。七願滅鬼，誡斬六天。八願降靈，徹聽東西。

上願一合，莫不如言。願神願仙，上朝三元。」祝畢，又拜如初，亦適意所陳求解脱七祖之愆及首己之罪狀，以〔一〕續於行事之後也。此名爲三元八節朝隱祝，上願神仙之要法也。行之三年，七祖父母及己之罪都解釋矣。然後玉華降衛，感會神明，八願開陳，必獲靈仙之要契。

雜法第二十五

凡行來畏恐，常鳴天鍾於左齒三十六通。先閉氣左噓之叱叱五通，常行之，辟精邪惡物不祥之氣。常夜寢臨欲眠時，以手撫心，叩齒三通，閉目微呪曰：「太靈九宫，太一守房。百神參位，魂魄和同。長生不死，塞滅邪凶。」呪畢而寢，此名爲九宫隱呪寢魂之法。常能行之，使人魂魄安寧，常保吉祥。

凡傳授上法之時，有經之師，當先求感應，然後傳之。乃入室燒香，密願神明，即心拜經前，微呪曰：「太上元君，仙都大神。今日吉日，八願開陳。欲傳某上法，敢告靈元。未知可否？須應乃宣。」祝畢便寢，必獲靈應。子自知其善否之心，審可授之方也。

〔一〕「以」原作「一」，據四十四方經改。

凡經師授經之法，先心拜四方，以感神明爲宗師之主，餘乃執經起立，仰天而祝，告誓神靈，以爲玄科之約。當説受經者之姓名，并啓天神，陳受經之品目，爲之科條，名策告誓，合麗文傳，諱而陳之。祝畢，弟子再拜跪受。畢，又再拜。此真人告神之盟内法，不必盡存割血爲敢漏之約也。

凡經師傳授之時，皆當依如上法，清齋別處，不交人事。先啓告神明，求請密感，即乃傳之。若真應横錯，所感非祥者，此皆天靈顯報，不使傳也。若弟子不順神明，違而傳之，依黄素之科，受子冥考。七祖魂魄，長閉地獄，身亦將亡，仙安所冀？

凡存修太一之事，欲有所禮願，不可叩頭。叩頭者，則傾九天，動千真，神官迴覆，泥丸倒懸，天帝號於上府，太一泣於中田。數如此者，則存念無益，三真棄宫，七神漂散，玄宅納凶，是爲太上五神之至忌也。故古之真人，但心存叩頭，運精感而行事，不因頰顙以祈靈也。

凡修行太一之事，真人道士不得有所禮拜，亦帝君五神之所忌也。若有所精思，行禮願之時，但心拜而已，不形屈也。自不修受上法者，不得同於外學之夫矣！

凡道士登齋入室，忽有靈感妙應，當有吉祥之夢，皆道之欲成。兆當勤修苦志，感慕上會，如是不替，則真靈玉女將憩子之寢矣！卧覺之時，當正身上向，叩齒三七通，閉目微呪曰：「上一赤子，丹皇運珠。太一帝尊，凝天伯无。七靈上感，五神歸遊，靈童玉女，豁落雙符。七星同昇，上登晨丘。」咒畢，又叩齒三七通，嚥液三過，開目都畢，此名爲太一留神感會仙賢之呪也。如此者三年，則九天諸神及太玄玉女將降衛於兆身。

凡道士入室齋戒，有存修而數有不祥之物及奇怪血光諸鬼精惡氣來恐試人省，兆當行北帝呪鬼殺邪神方。先叩齒三十六通，乃呪之曰：「二象迴傾，玄一之旌。七靈護命，上詣三清。雙皇驅除，赫栢羅兵。三十萬人，侍衛神營。巨獸百丈，吐威攝精。揮劍逐邪，誠落魔靈。神伯所呪，千妖滅形。」呪畢，又叩齒三十六通，此名爲北帝呪鬼殺邪神方。諸神靈正氣，聞此之呪，皆來奉衛於子，而向不祥之氣，即得〔一〕死滅矣。

〔一〕「即得」原作「得即」，據四十四方經改。

道教典籍選刊

雲笈七籤

三册

〔宋〕張君房 編

李永晟 點校

中華書局

雲笈七籤卷之四十七

祕要訣法

安魂魄呪出北帝經

紂絶標帝晨，諒事構重阿。炎如霄中煙，教若景耀華。武城帶神鋒，恬照〔一〕吞青阿〔二〕。閶闔臨丹井，雲門鬱嵯峩。七非通奇蓋，連宛亦敷魔，六天横北道，此是鬼神家。急急如律令！

著衣呪

旦起，叩齒著衣，呪曰：「左青童玄靈，右青童玉英，冠帶我身，輔祐我形。百邪奔散，

〔一〕「恬照」，酉陽雜俎玉格作「怙照」。

〔二〕「青阿」，上書及登真隱訣卷中、上清三真旨要玉訣、太上北極伏魔神呪殺鬼籙均作「清河」，真誥卷十五作「青河」。

鬼賊摧精。敢有犯我，天地滅形。急急如律令！」

櫛髮呪

凡欲櫛髮，先叩齒三通，呪曰：「上清朱雀，不得動作。勿離吾身，勿受邪惡。六丁七星，邪魔分形。敢有當我，北帝不停。急急如律令！」畢，閉目存想髮神蒼華字太元如嬰兒之形，在己髮上，然後解櫛之，當令三五百遍爲佳，然經中唯須一千五百遍。畢成髻，兩手握固於膝上，閉目微呪曰：「泥丸玄華，保精長存。左爲隱月，右爲日根。六合清練，百神受恩。急急如律令！」

三洞奉道科曰：「凡梳頭先洗手面，然後梳之，皆不得使人見，增壽八百二十。」

又凡梳頭髮及爪皆埋之，勿投水火，正爾抛擲。一則敬父母之遺體；二則有鳥曰鵂鶹，夜入人家，取其爪髮則傷魂。若能勤行，增筭六百二十。訖即入靖或殿堂〔一〕朝禮，便於寢卧之處，焚香左右，叩齒二十四通，存思如圖。下床躡履之際，三稱「大吉得所願」。微言，言不可使人聞。却當存斗星在頭上，斗合於頂，指於前。閑和其心，使虛靜恬然，心動

〔一〕「堂」，道藏輯要本、四部叢刊本作「當」。

必思立功濟物也。

將卧之際，焚香東面長跪，叩齒三十六通，誦衛靈神呪曰：「東方九氣青天，明星大神，煥照東方，洞映九門。轉燭揚光，掃穢除氛。開明童子，備衛我軒。收魔束妖，上對帝君[一]。奉承正道，赤書玉文。九天符命，攝龍驛傳。普天安鎮，我得飛仙。

南方丹天，三氣流光[二]。熒星轉燭，洞照太陽。上有赤精，開明靈童[三]。總御火兵，備守三宫。斬邪束妖，剪截魔王。北帝所承，風火八衝。流鈴交煥，靡有不從。正道流行，我享上功。保天長存，億劫无終。

西方七炁之天，太白流精。光耀金門，洞朗太冥。中有素皇，號曰帝靈。保神安鎮，衛我身形。斷絶邪源，王道正明。宫殿整肅，三景齊并。道合自然，飛昇紫庭。靈寶符命，普惠萬生[四]。功加一切，天地咸寧。

〔一〕以上十六字，太上三洞神呪卷十二五方衛靈呪作「開明童子，號曰玄卿。備衛我軒，上對帝君。收魔束妖，討捕兇羣」。

〔二〕「南方丹天，三氣流光」，上書作「三氣丹天，煥景流光」。

〔三〕「上有赤精，開明靈童」，上書作「上有赤精，合契虚皇。開明童子，號曰華芳」。

〔四〕「惠」，上書作「衛」，且此句下有「元皇正命，來合我身」八字。

北方玄天，五氣徘徊。辰星煥爛，光耀太微。黑靈尊神，飛玄羽衣〔一〕。備衛五門，檢精捕非。敢有干試，豁落斬摧。玉符所告，神真八威。邪門閉塞，正道明開。映照我身，三光同輝〔二〕。策空駕浮，舉形仙飛。

中央黄中理氣〔三〕，總統玄真。鎮星吐輝，流煥九天。開光童子，一十二人。元氣陽精，焰上朱煙。洞照天下，及得我身〔四〕。百邪摧落，殺鬼萬千。中山神呪，普天使然。五靈安鎮，身飛上仙。」

此呪攝五方五星真氣入人五藏中，每經恐畏之處及欲卧時，面向東正立拱手，叩齒三十六通，誦之一徧。欲卧時，又存斗星依前横在頭。

洗手面神呪

凡道士浴身及洗手面時，先臨水叩齒三通，呪曰：「四大開朗，天地爲常。玄水澡穢，

〔一〕「飛玄羽衣」，太上三洞神呪卷十二五方衛靈呪作「號曰層威，統冠飛天，仙裾羽衣」。
〔二〕以上十六字，上書作「邪門閉塞，正道流輝。三光映照，我身無衰」。
〔三〕「中央黄中理氣」，上書作「黄氣中央，調理乾坤。陶鎔陰陽」。
〔四〕以上二十四字，上書作「開明童子，號曰天璘。陽氣焱上，朱煥炎精。洞照内外，運我身形」。

辟除不祥。雙皇守門，七真衛房〔一〕。靈津灌練，萬氣混康。内外利貞，保兹黄裳。」畢又叩齒三通，乃洗手面浴身，此名澡穢除凶七房呪法。常能行之，目明血淨，辟諸凶氣。

耳鳴祝

道士聞耳鳴祝。出大有妙經中卷。凡聞耳鳴者，錯手掩耳祝曰：「赤子在宫，九真在房。請聽神命，永〔二〕察不祥。太一流光〔三〕，以滅萬殃〔四〕。」以手指捻耳門一七過〔五〕。畢，當覺面熱，即佳候也。若覺頭頸間索索寒者，惡氣入也。當急卧，臨目存玄丹宫太一真人以流火之鈴焕而擲之，令惡氣即出身外，光亦隨之在後，烱烱然以照己身，良久平復矣！

〔一〕「七真衛房」，上清太上黄素四十四方經作「七靈安房」。
〔二〕「永」原作「示」，據本書卷五十三一九宫法及洞真太上道君元丹上經與洞真太上素靈洞元大有妙經太上道君守元丹上經（下稱大有妙經）改。
〔三〕「光」，上三書中前一書作「鈴」，後二書作「火」。
〔四〕「殃」原作「凶」，據上三書改。
〔五〕「以手指捻耳門一七過」，上三書作「以手拍耳門二七遍」。

審耳鳴吉凶法

凡耳中忽聞灘〔一〕水雷電鼓鳴聲者，是身中勞損，心藏極弊〔二〕，不能味真注生，而淫放喪亂，使六府失攝，魂哀魄號，蓋將結疾致死亡之兆矣！是以泥丸流縱〔三〕，九宮失常，悲憂錯亂，鳴鼓亂行，將欲捨〔四〕其居館以棄一身也。聞之者當精念不怠，還專其心，若罪未深者，自聽改也。所以耳聾〔五〕者，神亡之故也。耳中忽聞金聲玉音者，真氣來〔六〕入，道欲成也。忽聞絃歌之聲者，六丁玉女來衛子道也〔七〕。當隱靜專修所行，勤至之心，愈彌

〔一〕「灘」，洞真太上道君元丹上經及大有妙經作「瀨」。
〔二〕「弊」字原無，據上二書增。
〔三〕「流縱」，上二書作「縱法」。
〔四〕「捨」原作「寫」，據上二書改。
〔五〕「聾」原作「鳴」，據大有妙經改。
〔六〕「來」字原無，據上書增。
〔七〕「道也」，上書作「皆道欲成也」。

强〔一〕也。真人因是遂有形見之漸也。自非爾師，且勿言於他人也。耳中聞簫角之音，吉貴象至也〔二〕；聞號呼之聲者，凶敗之象也〔三〕。聞惡氣者，必有殗穢之事，急更沐浴燒香，掃除寢室，此是帝君戒勸於人也。若聞血氣者及无故見聚血者，兵凶也。急遁人間，急守三元帝君求救，自藏齋三月，禍方止也。此皆是帝君先告人吉凶，以令懼畏，戒其禍耳。

夫見凶惡，當行陰德，營施惠救，爲人所不能爲〔四〕，免乎必死之兆也。子勗之勿犯，守常而已〔五〕。修道得真，天差玉女來護也。於人有記，記即道者鼻頭以玉爲記也，其鼻上如黍米一顆，白如玉也。

未食呪

凡道士臨於盛饌，皆正心存一，目想一先飲食，然後兆乃食。食之畢，心微呪曰：「百

〔一〕「强」，大有妙經作「於往」。

〔二〕「吉貴象至也」，上書作「吉象貴至也」。

〔三〕「凶敗之象也」，上書作「凶象賤至也」。

〔四〕此句下，上書有「行人所不能行者」。

〔五〕「子勗之勿犯，守常而已」，上書作「子其勗之，勿守常而已」。

穀入胃，與神合氣。填補血液，尸邪亡墜。飛登金闕，長生天地。役使六丁，靈童奉衛。真氣來前，邪氣遠退。」

道士三時食飯呪出北帝經

「瓊漿玉液，北帝降來。王母親示，玉童捧盃。五藏受正真之氣，雙眸朗耀一顧，百神變作塵埃。敢有當我，太上滅摧。急急如律令！」

齋見不祥之物解法出四十四方經

道士齋入室有不祥之物者，常行北帝呪。南向叩齒三十六下，呪曰：「二象迴傾，玄一之精，七靈護命，上詣三清。雙皇驅除，赫奕羅兵。三十萬人，侍衛神營。巨獸百萬，威攝千精。揮劒逐邪，馘落魔靈。神伯所咒，千祅滅形。」畢，又叩齒三十六通。

行道見死屍法出精要經〔一〕

〔一〕此法見洞真上清青要紫書金根衆經，「精要經」疑當作「青要經」。

紫書訣云：「凡上學之士遊行，忽見死屍穢物氣干身者，兆當行二十四步止，北向叩齒九通，男屍思玉童三人，女屍思玉女七人，來請兆身玉谷之中皇芝素水，以灌死屍之上。斯須存死人屍化成生人，便陰呪曰：『已枯復榮，已滅復生。得生上天，更禀太靈。九天之劫，反復胎嬰。穢累盪滅，白屍返生。』以手拭目二七過止。如此穢氣即解，死人更受化後爲靈人。兆遇二十四過，行鍊咒畢，功滿得加，名標上清。二十四年，克乘雲輪〔一〕，飛行九玄也。」

道士既見死屍上經解殗法出四十四方經

凡道士見死屍血穢之物，當以硃砂一銖散内水中，以洗目漱口洗手足。畢，入室正寢，交手心上，叩齒二十四通，呪曰：「三元上道，太一護形。司命公子，五神黄寧。血尸散滅，穢炁流零〔二〕。七液纏注，五藏華生。令我神仙，長亨利貞。」畢，閉目逆氣，良久，覺熱爲候。竟，又叩齒二七通，咽液三七過，此三元解穢内法。

〔一〕「克乘雲輪」原作「克昇素虚輪」，據洞真上清青要紫書金根衆經改。

〔二〕「穢炁流零」，上清太上黄素四十四方經及本書卷四六三元隱謝解穢内法第四均作「凶穢沈零」。

練祝死屍法出青要紫書金根衆經

紫書訣云：「凡修上清之道，兆身父母伯叔兄弟於世上死亡，兆身未得絶跡，故在人中身履死殗者，三日當取清水一盆，真朱一兩投水中。兆於中庭南向，臨水上叩齒九通，呪曰：『氣化成神，尸變入玄，三化五練，昇入九天。九天之劫，更度甲身。甲身更化，得爲真人。』男屍思玉童三人，女屍思玉女七人，盆盛水以灌死人。取水自洗手面，仰天噴㗲，又陰呪曰：『天氣已清，人化已生。得生上天，九變受形。五苦三塗，斷落死名。超度窮魂，還向帝庭。』如此亡人更受化生於九天之上，九年得昇玉清之宫。其法妙於大洞度七祖之法，玉帝所祕，不傳非真。有金名帝圖，録字紫文，得見此文，勿輕施用。妄傳於人，七祖父母，長閉鬼官，三塗五苦，萬劫不原。四極明科，七百年有真者聽傳。」

修行呪詛訣

夫身者神之宅，神者身之器。若不安宅以全道，修身以養神，則精氣爲物，遊魂爲變，以成萬類，宜常拘呪矣，故須存乎〔一〕。守一神器，研精道心，則衆神備矣！邪氣去矣！太上寶神經曰：每日早起，早起，每至雞鳴時也。平坐東向王，或春夏東南，秋冬西北，任所宜。先以兩手摩拭面目，次將兩手第二第三指於眼下横手摩三七遍，次將左手中指從眉逆拓上至髮際三七遍，此名爲手朝三元。次將兩手二指三指各摩眼後屬中三七遍，此名爲真人榮瑩府。又將左手第二第三指入鼻孔中摩三七過，名爲開山源。又將兩手捋耳，畢，叩齒三十六通，微呪曰：「太上四明，九門發精。耳目玄徹，通真達靈。天中之〔二〕臺，流氣調平。驕女雲儀，眼瞳英明。華聰晃朗〔三〕，百度眇清。保和上元，徘徊九城〔四〕。五藏植根，耳目自生。天臺鬱素，梁柱不傾。七魄澡鍊，三魂安寧。赤子攜景，遥與我并。有敢掩我耳目，太上當摧以流鈴。萬兇消滅，所願必成。日月守門，心藏五星。真皇所咒，羣響敬聽。」此名真人常居之道〔五〕。故真誥曰：子欲夜寫書，先當修常居也。修天真，旦暮咽液三九過，以手舉急按天

〔一〕「乎」，道藏輯要本、四部叢刊本作「思」。
〔二〕「之」，真誥卷九作「玄」。
〔三〕「晃朗」，紫庭内祕訣修行法作「朗徹」。
〔四〕「城」原作「成」，據上書及真誥卷九改。
〔五〕「真人常居之道」，真誥卷九及上清太極真人神仙經均作「真人坐起之上道，一名曰真人常居内經」。

真、天真在眉内角者也。山源、在鼻下人中入〔一〕谷裏也。華庭、在兩眉下凹中是也。各三九過，按而呪曰：「開通天庭，使我長生。徹視萬里，魂魄返嬰。滅鬼却魔，來致千靈。上昇太上，與日合并。得補真人，列象玄名。」此道令人致靈徹視，杜遏萬衺。如此亦可以次按，亦可一時俱按行呪之。

道士被天魔所試即誦拂魔呪 出消魔經

先存思頭上圓光如日，左朱鳳，右玄武，紫霞之蓋，光明身形。仙童玉女，執五色之節，從三界萬神，前嘯九鳳，後鳴八鸞，白帝啓道，太極參軒，叩左齒三十六通，叩右齒二十四通，叩天鼓十二通，微呪曰：「羅天毒獸，備巨四門。吞流割膽，山魈萬羣。張喉玃天，猛衛高聲〔二〕。毒龍奮爪，金頭横吞。威兵巨萬，受符接山〔三〕。六天不恂，合玉〔四〕成羣。妖

〔一〕「入」原作「人」，據真誥卷九及洞真西王母寶神起居經改。

〔二〕「猛衛高聲」，上清修行經訣作「猛馬高奔」。

〔三〕「接山」，上書作「校仙」。

〔四〕「不恂，合玉」，上書作「不拘，合凶」。

魔波洋，穢氣紛紛。謡歌空洞，禮帝障雲。水鬼賈形〔一〕，當人生門。神王所告，無幽不聞。上攝六氣，下檢河源。五嶽四瀆，善惡速分。萬萬千千，來對我前。五帝校録，有功者原。凶魔千羣，束形帝君。敢不從命，所誅無蠲。屠割刳腹，斬首滅根。北鑊漬湯，南陵水焚。金真録氣，流鈴捕魂。妖爽無遺，極盡形元。身佩天書，宣行正文。滌蕩九氣，清明三元。玄舉天真，上合自然。莫有干試，改動上聞。」引氣十二咽止。

玉帝衛靈呪鬼上法出消魔經

玉帝呪曰：「九天有命，上告玉清。促召千真，俱會帝庭。太一下觀，雙皇翼形。監萬邪，理氣攝生。若有不祥，干試神明。清〔二〕帝之道，整勑神兵。七神秉鉞，天鋒右征。揮劒前驅，煥擲火鈴。檄命甲騶，武卒天丁。風火齊戰，伐邪狡〔三〕精。上威六天，下攝魔靈。既威既攝，萬凶滅形。神戈電掃，姦袄無生。仙皇秉節，有命敢停。拒節違令，是誅汝

〔一〕「禮帝障雲。水鬼賈形」，上清修行經訣作「亂音陣雲。小鬼現形」。

〔二〕「清」，上清高上滅魔玉帝神慧玉清隱書玉帝呪鬼衛靈上法作「請」。

〔三〕「狡」，上書作「校」。

形。各驚各慎，保茲皇寧。九天告命，萬神敬聽。急急如律令！」

若夜恐怖夢想，魔鬼試人，干犯真氣欲病者，急念此咒，心存至道，求請〔一〕於帝。乃向北叩齒三十六通，閉氣密念前呪。呪畢，又叩齒三十六通，咽液十過。於是百惡魔邪伏滅，七神纏綿，太一監攝，萬靈衛真。亦可日日誦，卧寢念之，以塞百邪也。

治急病法

凡受三五法，在存識三天真名、三師真名。有急災困病，三大喚天名，密呼三師名，即災病皆消。

上清微天真名防中，中禹餘天真名元，下大赤天真名德丘。

右三天真名也。

左無上真名𡘙，右玄老真名众，中央太上真名[illegible]。

右三師名。

〔一〕「請」，上清高上滅魔玉帝神慧玉清隱書玉帝呪鬼衛靈上法作「濟」。

反舌塞喉法

凡守一者，身神常安。若體中不寧，當反舌塞喉，嗽漏醴泉，滿口嚥之。訖又如前，嚥液無數，覺寧乃止。止而未寧，重復爲之，須臾之間，不寧之痾，即應廓散，自然除也。當時有効，覺體中寬軟都平，便以逍遥復常。太極衆真、太虚真人、南嶽赤君、妙行真人，莫不修此以成聖真矣。

金仙内法

金仙内法感降靈輿，常以月五日夜半子時，存日烏從兆口入，住在心中，使光照一心，一心之内，與日同光，共相合會〔一〕，赫赫炯炯，當覺心暖，霞暉映曖，良久有驗。乃密祝曰：「大明育精，内練丹心，光暉合映，神真來尋。」畢，嚥液九過，叩齒九通止。到十五日二十五日二十九日，復作如前。一月之中，四度如上，使人開明聰察，百關解通，萬神洞徹，面

〔一〕以上二十八字，真誥卷九及洞真西王母寳神起居經、登真隱訣卷中作「存日象在心中，日從口入也。使照一心之内，與日共光相合會」。

有玉光，體有金澤。行之十五年，太一遣寶車來迎，上登太霄，遊宴紫極。行之務欲數，不必一月四辰也。

雲笈七籤卷之四十八

祕要訣法行持旨要

老君明照法叙事誓法附

老君曰：「金水内景，以陰發陽。能爲此道，分身散形。以一爲萬，立成六軍。千億里外，呼吸往還。乘雲履水，出入無間。天神地祇，邪鬼老魅，隱蔽之類，皆可見也。審其精思，逆見方來。子能守之，爲仙王也。」

老君曰：「欲行明鏡，勿入喪家産乳之中。精澄萬慮〔一〕，沐浴五香。當飲蘭桂之液，无食葷辛之物。絶棄腥臊，无近婦人。於密靖之地，幽室之中，不聞車馬之聲、金鼓之音、鳥獸嚾噪，乃可爲之。此道之忌，莫甚於驚，一往不復反，一敗不復成也。當其時，心不欲復有所存，耳不欲復有所聽，注心正目，彷彿想念，至精不怠，乃可成矣。」

〔一〕「精澄萬慮」，太上明鑑真經作「精衣香薰」。

老君曰：「當得明鏡九寸，無令面有偏缺毀漬疵瑕，務欲清明周正，不失人容色者善。昔我先師以尺二寸鏡，前後左右一焉，名曰四規。行此道者，甚難速成，易得驚敗，驚則有大殃，少能成也。又容成〔一〕皆以一尺鏡一枚，正置其前，亦以見〔二〕神，而不能長生也。」

老子〔三〕云：「以九寸鏡各一枚俠其左右，名曰日月，亦以延年矣。若欲分身散形，坐在立亡，上昇黃庭，長生不死，役使百靈，入水入火，入金入石，入木入土，飛行在意者，當用吾四規之道。若但欲逆知吉凶，日月足矣〔四〕。」

老君曰：「立規之法，皆去己一尺五寸，令與眉齊。各垂紫青綫，下有華水，務令平也。晝夜不閉目，以得爲効。不可閉目者，恐當閉目之時，神明忽見，而不即見之，或失神以去，或卒開目，見之不〔五〕漸，致驚懼而敗也。」

老君曰：「四規之道，必見尊神，非上士至真，勿以此示之。吾道至密，世无其人，寧見

〔一〕「又容成」，太上明鑑真經作「文子豪成」。

〔二〕「以見」原作「見以」，據上書改。

〔三〕「老子」原作「商子」，據上書改。

〔四〕「日月足矣」原作「日月即用此矣」，據上書刪改。

〔五〕「不」，上書作「而」。

道門！」

老君曰：「欲行四規者，皆令去己一尺五寸，高三尺。」

老君曰：「東規當見仙二人，冠丹纚之冠，面貌狹小，耳高其頭，身皆生黑毛，見之勿驚。」

老君曰：「西規當見西王母，玉女侍之。」

老君曰：「南規當見中和无極元君，一身十一頭，冠自然之冠，衣赤色。」

老君曰：「北規當見天皇君十三頭，衣冠之色如其時也。」

老君曰：「或見一人衣黄衣冠黄冠，白鬚者即延壽君也，少者受命君也。」

老君曰：「或見一人赤衣赤幘，年少者禀命君也，老者司命君也。」

老君曰：「或見二人羽衣黄色玄冠，察行君也。」

老君曰：「或見三人羽衣赤色青冠，聽響君也。」

老君曰：「或見一人大冠朱衣執筆札者，司過君也。」

老君曰：「或見一人黄衣冠掩面者，增年君也。」

老君曰：「或見二人赤裳者，視形君也。」

老君曰：「或見玉女青衣者，名曰惠精玉女。」

老君曰：「或見玉女黑衣者，名曰太玄玉女。」

老君曰：「或見玉女赤衣者，名曰赤圭玉女。」

老君曰：「或見玉女黄衣者，名曰常陽玉女。」

老君曰：「或見童子三人青衣紫下裳俱來者，一名常在，一名絶洞，一名五德。」

老君曰：「或見九玉女衣服五綵俱來者，一名上，一名虎，一名扶，一名靈闕，一名孔林，一名憑，一名住，一名多，一名〔一〕。」

老君曰：「或見一人目下徑三寸黄衣青下裳者，同目君也。」

老君曰：「或見嬰兒長二三尺向人笑者，是九都童子也。」

老君曰：「或見童子長五六尺立而笑，其左上有自然蓋者，日中童子也；右上有自然蓋者，月中童子也〔二〕。」

老君曰：「或見人頭鳥身五色玄黄者，上上太一君道父也。」

老君曰：「或見九人皆衣青而白首者，无極太元君也。」

〔一〕「一名」下，太上明鑑真經有一空格，疑闕一字。

〔二〕以上二十五字，上書作「其上有自然蓋者，日中童子也；上無自然蓋者，月中童子也」。

老君曰：「或見一人長六尺五寸，冠角冠白衣赤領或虎文鳳章者，姓李名耳字伯陽，見之常以平旦。」

老君曰：「或見一人長六尺七寸，冠重華冠白衣青椽〔一〕者，名李菼字伯陽，見之常以日出時。」

老君曰：「或見一人長六尺九寸，冠重華冠五色衣者，名李〔二〕字伯光，見之常以食時。」

老君曰：「或見一人長七尺二寸，冠辟邪冠衣羅褂，形像龍蛇者，名李石字孟公，見之常在禺中。」

老君曰：「或見一人長七尺三寸，冠飛龍冠衣朱衣者，名李重泉字子文，見之常以日中。」

老君曰：「或見一人長七尺五寸，冠三傑冠朱玉衣者，名李定字元陽，見之常以日昳。」

老君曰：「或見一人長八尺，冠皮毛冠衣黑衣者，名李元字伯始，見之常以日晡。」

〔一〕「椽」，太上明鑑真經作「綵」。

〔二〕「李」下原空二字。

入。」

老君曰：「或見一人長八〔一〕尺五寸，冠自然冠衣龍蛇者，名李願字元生，見之常以日

老君曰：「或見一人長九尺五寸，冠自然冠衣青紫者，名李德字伯文，見之常以黄昏。」

老君曰：「凡爲明鏡之道，上士爲之七日，中士一旬，下士一月，成矣。」

老君曰：「紫青爲裹合之九寸規者，一尺二寸鏡也。」

老君曰：「上士爲之，先見己形，次見宅中鬼神，次見天神也。」

老君曰：「見神或見有一身，不能見之多，不過六神七神來也。但熟視規中物，熟所見即見神也。亦勿語，亦勿拜，急自定，無驚恐。」

老君曰：「爲此道者，春無伐木，夏無水灌滅火，四季之月無掘〔二〕土，秋無鑠金，冬無遏水抒井。」

老君曰：「爲此道者，春無食肝，夏無食心，四季之月無食脾，秋無食肺，冬無食腎。五藏神怒，則令人不明不壽。」

〔一〕「八」原作「一」，據太上明鑑真經改。

〔二〕「掘」原作「握」，據上書改。

老君曰：「爲此道者，長不怠。七日得者，七十日一施之，必如初日見也。」

老君曰：「此道可以還年却老也。」

老君曰：「見神之後更施之，可問以長生之要，則具以告人耳。」

老君曰：「爲此四規之道既成，可握一規之道施之，不復用四也。」

老君曰：「幽闕二童，齊著緑幘，上入北極，下入玄宫，以鏡其事。」

老君曰：「爲此道，常當上朱鳥高三尺，下玄武高五尺，左青龍高九尺，右白虎高七尺，又當履日月耳。」

老君曰：「不唯己也，又當令朱鳥銜九寸鏡，玄武背員尺二鏡，青龍銜日，白虎銜月，已形象龍蛇，須能分形，坐見四海之外乃止者，真物來也。」

老君曰：「夜則以燭燈麻油爲火，大善。」

老君曰：「欲理病人及入大山，恐山神及百鬼試人者，以一規著户上，一器盛華水著下，用刀劍横水上，以刃外向，百鬼不敢前。老魃直〔一〕入户者，亦不得過水，即死，血在水中。祕之勿示俗人。」

〔一〕「老魃直」，太上明鑑真經作「有老魃至」。

老君曰：「欲辟五兵百邪者，以三寸規一枚，鑄圓天符著其背懷之〔一〕，陰日右，陽日左，入大衆，所以〔二〕爲勝人，人皆畏之，吾道祕矣。」

誓法：某州某縣某鄉某里某宫觀道士某，以老君四規明鏡要訣授學者某州某縣某鄉某里某人，以白絹四十尺、米一㪷、薪一束、鹽五升爲盟，某不得不告要言。兆若不奉行，身入黄泉，一同先師科律盟誓。專勤一志，某與兆共畫一爲信，三年有功乃得傳，不得傳非其人，身謝天地水三官，永不得仙，及不得有背本之言。

明照法

照鏡欲見形之法，當小開户，居闇向明，暫閉目思，想見面形。初時若〔三〕殊無所見，中宿之後，漸漸洞遠，自見面目巾幘，心中了然開明。平旦及日入，此時最好。若日盛明，當小開户，在灼灼中闚鏡，無所見也。若火下照鏡，當以火自遠，勿得逼近火。欲開目照

〔一〕「著其背懷之」，太上明鑑真經作「著其懷」。
〔二〕「以」字，上書無。
〔三〕「若」，上清明鑑要經作「漠漠」。

鏡，自視形體，當在灼灼明中，無苦〔一〕。若欲閉目思見面形，當居闇向明，然後形耳。照鏡大要，當安卧，思想精誠。未卧之間，使身體條條，須臾之頃，當有赤黄從額上出，照耀一室中。於是彷彿恍恍，如覺如卧，便自見面形在光中，對共相視，如頃即便消滅。卧覺之後，輒復照鏡，欲卧便卧〔二〕，思之如前法，當夕夕自見也。或卧覺兩面相對見，或己形兩人相併坐，或卧寐之間見好神童玉女年十五六，好衣服，頭額正，見輒再拜。或耳邊聞語聲，天下吉凶萬事皆預知之。或在壁東見壁西，或暮卧夢照鏡，或還光内視五藏。照鏡〔三〕，當以申〔四〕始。

明鏡君官屬將吏百二十人，住開陽宫，主人兩目童子。童子精光相視，見景知吉凶。明鏡有三童九女侍之，三童長六尺，九女長五尺。

三童〔五〕：

〔一〕「苦」原作「若」，據上清明鑑要經改。
〔二〕「便卧」二字原無，據上書增。
〔三〕「照鏡」二字原無，據上書增。
〔四〕「申」，上書作「甲」。
〔五〕「三童」二字，上書無。

九女：青腰青衣，當聞〔一〕紫衣，內子青衣，素女白衣，皇女黃衣，帳上衣緗，道女黃衣，女嬰衣紅，曾女衣絳。

寶照法

夜半存神訖，存道一竟，仍起坐爲之，未可别行餘一事。起向王平坐，握固臨目。又存兩目中有白氣如雞子大，在面目前。存目中忽出白氣，懸在目前，乃如雞子大。須臾變成兩明鏡，徑九寸，以前後照我一體上二十四神，使洞鑒分明。良久，鏡形既成，仍存左鏡當前，照見神前面。右鏡後〔二〕，照見神後。其鑒二十四神，各安其所，雖不呼名，而存形色長短，歷然示於鏡中。乃心祝曰：「大明寶鏡，分形散化。鑒朗元神，制御萬魔。飛行上清，披雲巾羅。役使千靈，封山召河。」畢，鏡忽然光變小，還入眉目中，奄然而滅，仍以卧之。常能行之，災害不生，而位登仙。

〔一〕「聞」，上清明鑑要經作「間」。
〔二〕「右鏡後」，上書作「右鏡當後」。

摩照法

昔有摩鏡道士遊行民間，賃爲百姓摩鏡，鏡無大小，財責〔一〕六七錢耳。不以他物摩也，唯以藥塗而拭之，而鏡光明不常。有好事袁仲陽者知其有道，乃要留使宿，爲好設主人禮，乃拜而請問之。道士告仲陽曰：明鏡之道，可以分形變化，以一爲萬。又能令人聰明，逆知方來之事。又令人與天上諸真相見，行其道德法則，天上諸神仙皆來至，道士自見己身，則長生不老，還〔二〕成少童。又道士入山〔三〕，山精老魅多來試之，或作人形，故道士在石室之中，常當懸明鏡九寸於背後，以辟衆惡。又百鬼老物雖能變形，而不能使鏡中形影變也，見其形在鏡中，則便消亡退走，不敢爲害也。是以道士有摩鏡之藥，藥方出於帛子〔四〕。方用錫四兩，燒釜猛下火，令釜正赤與火同色，乃内錫末，又〔五〕胡粉三兩合内其

〔一〕「責」，上清明鑑要經作「費」。
〔二〕「還」原作「遠」，據上書改。
〔三〕「山」下，上書有「精思」二字。
〔四〕「帛子」，上書作「帛子高」。
〔五〕「末又」，上書作「又末」。

中，以生白楊刻作人，令長一尺，廣二寸，厚一寸，其後柄長短在人耳！以此攪之，手無消息，盡此人七寸。又復内真丹四兩，胡粉一兩，復攪之，人餘二寸，内摩照錫四兩，攪令相得。欲用時，末如胡豆，以唾和之，得膒脂爲善。又以如米大者，於前齒上噓之，復以唾傅拂其上，以自拂之，即明如日月。欲作藥，先齋戒七日乃爲之，用清静密室，勿令人見之也。其火欲猛。祕之，勿妄傳非其人。

拂童法

拂童之道，徹見二十四神之法，常以甲子旬庚午日日中時，取清水一升，東流水爲佳，亦用古井。以一銖真丹極精末細者。投水中攪之，左行三七過，當以上物向月建左旋攪一周爲過也。微祝曰：「玄元水精〔一〕，生光八明。身神衆列，並來見形。徹視萬里，中達九靈。」祝畢，向東以左手洒目二七過。祝則隨月建，洒目常東向，流餘水仍留以洒目，不復更祝也。

〔一〕「玄元水精」，本書卷三一二十四神四元經作「玄流朱精」。

神枕法并叙

叙曰：昔太山下老翁者，失其名字。漢武東巡，見老翁鋤於道，背上有白光高數尺。帝怪而問之：「有道術否？」老翁對曰：「臣昔年八十五時，衰老垂死，頭白齒落，有道士者教臣服棗，飲水絶穀，并作神枕。枕中〔一〕有三十二物，其三十二物中二十四物善，以當二十四氣，其八物毒，以應八風。臣行之轉少，白髮返黑，墮齒復生，日行三百里。臣今年一百八十矣！不能棄世入山，顧戀孫子，復還食穀，又已二十餘年，猶得神枕之力，住〔二〕不復老。」武帝視老翁顔狀當如五十許人，驗問其隣，皆云信然。帝乃從受其方作枕，而不能隨其絶穀飲水也。

方用五月五日、七月七日，取山林柏〔三〕以爲枕，長一尺二寸，高四寸，空中容一斗二升，以柏心赤者爲蓋，厚二分〔四〕，蓋致之令密，又當使可開閉也。又鑽蓋上爲三行，行四十

〔一〕「枕中」原作「法中」，據上清明鑑要經改。
〔二〕「住」原作「往」，據上書改。
〔三〕「栢」上書作「栢木板」。
〔四〕「二分」，上書作「四分」。

孔，凡一百二十孔，令容粟米大。其用藥：

芎藭　當歸　白芷　辛荑　杜衡　白术　藁本　木蘭　蜀椒　桂　乾薑　防風　人參　桔梗　白薇　荆實一云壯荆實。　肉蓯蓉　飛廉　栢實　薏苡子　欵冬花　白蘅　秦椒　蘪蕪凡二十四物，以應二十四氣，加毒者八物，以應八風。　烏頭　附子　藜蘆　皂莢　茵草〔一〕　礜石〔二〕　半夏　細辛

右三十二物各一兩，皆㕮咀，以毒藥上安之滿枕中，用布囊以衣枕。百日面有光澤，一年體中所疾及有風疾一一皆愈差，而身盡香。四年白髮變黑，齒落更生，耳目聰明。神方驗祕，不傳非其人也。藁本是老芎藭母也。武帝以問東方朔，答云：「昔女廉以此方傳玉青，玉青以傳廣成子，廣成子以傳黄帝，近者穀城道士淳于公枕此藥枕，年百餘歲而頭髮不白。夫病之來，皆從陽脈起。今枕藥枕，風邪不得侵人矣！又雖以布囊衣枕，猶當復以幃囊重包之，須欲卧枕時乃脱去之耳。」詔賜老翁疋帛，老翁不受曰：「臣之於君，猶子之於父也。子知道以上之於父，義不受賞，又臣非賣道者，以陛下好善，故進此耳。」帝止，而更賜

〔一〕「茵草」，上清明鑑要經作「莽草」。

〔二〕「礜石」，上書作「礬石」。

以諸藥。

神杖法

神杖用九節〔一〕向陽竹，取擇具別有法。凡用之，齋戒沐浴，焚香再拜訖，叩齒三十六通，思五帝直符吏各一人，衣隨方色，有五色之光，流煥杖上，五帝玉女各一人，合衛杖左右。微祝曰：「太上之仙〔二〕，元始上精。開天張地，甘竹通靈。直符守吏，部御神兵。五色流煥，朱衣金鈴。輔翼上真，出幽入冥。招天天恭，攝地地迎。指鬼鬼滅，祆魔束形。靈符神杖，威制百方。與我俱滅〔三〕，與我俱生。萬劫之後，以代我形。景爲吾解，神昇上清。承符告命，靡不敬聽。」畢，引五方氣二十五咽〔四〕止。以杖指天，天神設禮；以杖指地，地祇司迎；以杖指東北，萬鬼束形。

〔一〕「九節」，太上洞玄靈寶赤書玉訣妙經及元始五老赤書玉篇真文天書經作「七節」。

〔二〕「太上之仙」，太上洞玄靈寶赤書玉訣妙經作「太陽之山」。

〔三〕「滅」，上書作「成」。

〔四〕「二十五咽」，原無「五」字，據上書增。

帝君明燈内觀求仙上法

南極上元君受〔一〕於帝君。帝君居朗玄之宫金房紫户之内，明玄燈以自映，通霞光於照窻，念太真於五形，披三願於帝房。靈上降以紫蓋，元皇給以金童。自然號我位，總掌於玄宫，太品生乎始，妙道在微芒。今以相告，子勤奉焉。告南極上元君曰：「子學神真之道，處靈宫之上，瓊房之内，而不知明燈以自映，通玄光於五藏，五藏之内因得明矣，形體之神因得歸也。子若能暮明燈於本命，朝明燈於行年，常明燈於太歲，上三處願念，即體澄氣真，光明内照，萬神朗清。」元君奉受法度，施行三年，即致夜光童子二十四人，玄光自然而明，不須明燈而通光也。然此上真之妙法，亦不傳於下世。若其〔二〕金名玉字玄格者，得吾此道。行之九年，身體光明，徹視萬里，朗觀自然。夜光童子降子之房，授以真書，白日登晨。

法曰：常明燈於所住静室本命之上，暮入室向燈長跪，叩齒十二通，祝曰：「玄光映太

〔一〕「受」原作「授」，據洞真上清開天三圖七星移度經（下稱移度經）改。

〔二〕「其」，上書作「有」。

陰，八達且朗明〔一〕。澄神曲室裏，仰徹曜上清。五暉發朗臺，玉芝自然生。洞照通太真，萬神監我形。削滅九陰氣，記上東華名。保我無終劫，體與日月并。拔度七玄難，南宫更受〔二〕榮。明光啓玉皇，上受内觀經。天降飛霄輦，騰空御緑軿。得謁太帝〔三〕館，進拜玉皇庭。」畢再拜，向本命仰頭咽液七過止。

又常明燈於行年之上，朝燈叩齒十二通，呪曰：「明燈照行年，散光焕八方。嬰嬰色象澄，内觀朗空洞。披釋朗神衿，子與玉真通。仰宗高〔四〕上道，渺邈無行蹤。思〔五〕得玄雲降，整轡御飛龍。却我百年期，還返嬰兒容。賜我西華女，給我金晨童。侍香履年命，稽首玉帝房。神泰道亦暢，懽適香烟中。整心注太玄，精感洞虚无。室招神霄降，冥目矚仙公。拔過七祖難，度形還南宫。」畢再拜，向燈噏氣二七過止。

常於太歲上明燈以通神，禮願以求真，滿三年則玄光内映，神真下降，授子不死之方，

〔一〕「且朗明」，移度經作「朗且明」。
〔二〕「難南宫更受」五字原無，據上書增。
〔三〕「帝」原作「皇」，據上書改。
〔四〕「宗高」原作「高宗」，據上書改。
〔五〕「思」原作「恩」，據上書改。

當時自有感應也。當朝夕燒香，叩齒十二通，向燈祝曰：「燈火映太真，明光徹玄虛。披朗无上道，心注玉帝廬。洞達空洞内，神覩形自舒。積感致靈降，心恬理潛居。朝禮太帝堂，夕誦金真書。逍遥玄都裏，萬歲返嬰孩。天符紫霄霞，帝給玄瓊轝。浮遊五嶽巔，適意〔一〕得所如。七祖免三塗，福慶有盈餘。」畢再拜，嚥液二七過止。

若能常於三處明燈不滅，七玄九祖，即得去離十苦，上昇南極〔二〕。一身神明澄正，目視萬里，耳聽遠聽，心智逆知未然。神真來降，夜光童〔三〕子當教子求仙之道。九年如此，靈光自表通於裏也。

按天庭法

天真〔四〕是兩眉之間，眉之角也。眉内角兩頭骨凹處。山源是鼻下人中之本側，在鼻下小

〔一〕「適意」原作「適一」，據移度經改。
〔二〕「極」原作「仙」，據上書改。
〔三〕「童」原作「重」，據上書改。
〔四〕「天真」原作「天庭」，據真誥卷九及洞真西王母寶神起居經改。

入谷中也。鼻中隔之中内際宛凹處。華庭在兩眉之下。眉下虛骨凹處。旦中暮向其方平坐，臨目嘸液三九，急以手陰按之三九。以兩手中指急按其處，急謂痛按之，非急速之急也。按而祝曰：「開通天庭，使我長生。徹視萬里，魂魄返嬰。滅鬼却魔，來致千靈。上昇太上，與日合并。得補真人，列象玄名。」此爲常人致靈徹視杜遏萬邪之道也。

服霧法

常以平旦於寢静之中，坐卧任己，先閉目内視，髣髴如見五藏。畢，因口呼出氣二十四過，臨目爲之，使目見五色之氣相繞纏在面上鬱然。因又口内此五色氣五十過。畢，嘸唾六十過，乃微祝曰：「太霞發暉，靈霧〔一〕四遷。結氣宛屈，五色洞天。神煙合啓，金石華真。藹鬱紫空，錬形保全。出景藏幽，五靈化分。合明扇虛，時乘六雲。和攝我身，上昇九天。」畢，又叩齒七通，嘸液七過，乃開目，事訖。此道神妙，又神洲玄都多有得此術者，爾可行此法耶！久行之，常乘雲霧而遊。

〔一〕「霧」原作「霞」，據真誥卷十三改。

雲笈七籤卷之四十九

祕要訣法三二

守一 一在人心，鎮定三處。

太上智慧消魔真經云：「一無形象，無欲无爲。求之難得，守之易失。失由識闇，不能進明。貪欲滯心，致招衰老。得喜失嗔，致招疾病。迷著〔一〕不改，致招死歿。衰患及老，三一所延〔二〕。治救保全，惟先守一。非一不救，非一不成。守一恬惔，夷心寂寞。損欲折嗔〔三〕，返迷入正。廓然无爲，與一爲一。此乃上上之人，先身積德所致也。中中已上，先

〔一〕「迷著」，洞真太上説智慧消魔真經卷四證聖品作「迷者」。

〔二〕「衰患及老，三一所延」，上書作「殞嗔及老，三尸所延」。按文意，「三一」宜作「三尸」。

〔三〕「夷心寂寞。損欲折嗔」，上書「寞」作「求」，「折嗔」作「抑德」。

善未積。積而未極，皆由漸昇。當存三元，諦識神炁狀貌，出入有无，生〔一〕鎮三宫，三尸必落。尸毒既去，鍊暗成明，智慧神通，長生不死。真聖神仙，隨因受果。」

太平經云：「何以爲初？思守一也〔二〕。一者，數之始也；一者，道之生〔三〕也，元氣所起也，天〔四〕之綱紀也。」

又五符經云：「知一者，无一之不知也。不知一者，无一能知也。一者，至貴無偶之號也。」

上清三天君列紀經云：「栢成欻生請問雲房之道三真之訣。二玉皇曰：『三真者，兆一身之帝君，百神之〔五〕始真也。若使輔弼審正，三皇内寧，太一保胎，五老扶精。一居丹田，司命護生；一居絳宫，紫氣灌形；一居洞房，三炁〔六〕合明。於是變化離合，與真洞

〔一〕「生」，洞真太上説智慧消魔真經卷四證聖品作「主」。
〔二〕「何以爲初？思守一也」，太平經卷三七五事承負法作「以何爲初？以思守一。何也」。
〔三〕「道之生」，上書作「生之道」。
〔四〕「天」上，上書有「一者」二字。
〔五〕「之」下原有「内」字，據本書卷一〇一三天君列紀删。
〔六〕「炁」，上書作「素」。

靈。明堂雲宫，紫户玉門，黄闕金室，丹城朱牕，皆帝一之内宅，三真之寶室也。於是雲房一景，混合神人，上通崑崙，下臨清淵。雲蓋嵯峨，竹林葱蒨，七靈廻轉，五色纏綿。層樓萬重，三氣成煙。玉闕虚静，七門幽深。金扉玉櫃，符籍五篇。公子内伏，外牽白元。渾一成形，呼陽招陰。上帝司命，各保所生。微哉難言！非仙不傳。」

三一訣

昇玄經曰：仙人竇子明問云：「向聞法師咨請真一太一，未聞三一之訣，當復云何？既爲一而復言三，爲一有三耶？爲三有一耶？昔雖奉行，未能曉了，願爲究盡，使後來末學得知真要。」法師曰：「三一者，正一而已。三處授名，故名三一。所以一名三一者，一此而三彼也。雖三常一，故名三一。三一者，向道初門，未入真境，得見一分，未能捨三全一，是未離三。雖未離三，少能見一，故名三一。分言三不離一，故名三一。」子明曰：「此一者何所有也？」答曰：「無所有而有。」問曰：「無所有而有，何名爲有？」答曰：「以無爲有。」又問：「無何而有？」答曰：「得无爲有。」又問：「得而无爲者何所義？」答曰：「形聲虚僞故[一]。」又問：「何爲虚僞？」答曰：「不住故。」又問：「云何不住？」答曰：「速變異故。」又問：「雖速變異，非無所有。既云變異，果是有物可變，安得云無邪？」答曰：「向日變異者，亦不言都無如虚空故，但言一切皆有僞非真。生者必死，有者必無，成者必壞，盛者必衰，少者必老，向有今無，寒暑推變，恍惚無常也。」

玄門大論三一訣并叙

夫三一者，蓋乃智照無方，神功不測。恍兮爲像，金容玉質之姿；窈兮有精，混一會三之致。因爲觀境，則開衆妙之門；果用成德，乃極重玄之道。道經云：「三者不可致詰，故混而爲一。」洞神經三環訣云：「精、神、炁也。」

釋名云：「三一者，精、神、炁混三爲一也。精者，虚妙智照之功；神者，無方絶累之用；氣者，方所形相之法也。亦曰希微夷。希，踈也；微，細也；夷，平也。夷即是精，希即是神，微即是氣。精言夷者，以知萬境，均爲一照也；神言希者，以神於無方，雖徧得之甚踈也；氣言微者，以氣於妙本，義有非麤也。精對眼者，眼故見明，義同也；耳對神者，

[一]「故」字，道藏輯要本、四部叢刊本無，下二「故」字同。

耳空故聞無，義同也；鼻對氣，觸於體，義相扶也。」

孟法師云：「言三言一，不四不二者，以言言一，即成三也。今謂明義各自有宜，少多非爲定准，如六通四達，豈止三耶！若教之所興，無乖此説。然三義雖異，不可定分；亦一體雖同，不容定混。混亦不混，故義别成三；分不定分，故體混爲一。混三爲一，三則不三；分一爲三，一則不一。不三而三，不一而一，斯則三是不三〔一〕之三，一是不一之一。不三之三，非直非三，亦非非三；不一之一，非止非一，亦非非一。此合重玄之致也。」

出體之義，略有四家：

一者、大孟法師解云：「三一之法，以妙有爲體。有而未形，故謂爲妙；在理以動，故言爲一。」引經言：「道生一。」又云：「布氣生長，貸〔二〕成靡素，兼三爲用，即一爲本。今不同此，果法若起，故非未形之妙。經云：生豈是常在之本。

二者、宋法師解云：「有總有别：總體三一，即精、神、氣也。别體者，精有三智，謂道、實、權；神有三宫，謂上、中、下；氣有三别，謂玄、元、始。」今謂此判三一之殊，非定三一之

〔一〕「不三」原作「不二」，據道藏輯本、四部叢刊本改。
〔二〕「貸」，上二本作「裁」。

體。

三者、徐素法師云：「是妙極之理，大智慧源，圓神不測，布氣生長，裁成靡素，兼三爲義，即一爲體。」此解雖勝，語猶混通，未的示體。如極理之與大智，此即是境智之名；慧源之與裁成，即是本迹之目，故未盡爲定也。

四者、玄靖法師解云：「夫妙一之本，絶乎言相。非質非空，且應且寂。」今觀此釋，則以圓智爲體。以圓智非本非迹，能本能迹，不質不空，而質而空故也。今依此解，更詳斯意者，既非本非迹，非一非三，而一而三，非一之一。三一既圓，亦非本之本，非迹之迹。迹圓者明迹不離本，故雖迹而本；本〔一〕不離迹，故雖本而迹。雖本而迹，故非迹不迹；雖迹而本，故非本不本。本迹皆圓，故同以三一爲體也。三一圓者，非直精圓，神、氣亦圓。何者？精之絶累即是神，精之妙體即是氣，神之智即是精〔二〕，氣之智即是精，氣之絶累即是神也。斯則體用圓一，義共圓三。圓三之三，三不乖一；圓一之一，一不離三。一不離三，

〔一〕「本」原作「亦」，據道藏輯要本、四部叢刊本改。
〔二〕疑下脱「神之妙體即是氣」。

故雖一而三，三不乖一，故雖三而一。雖三而一，故非一不一〔一〕；雖一而三，故非三不三。三一既圓，故同以精、智爲體；三義並圓而取精者，名殊勝也。

義有九條，用有五迹。義九條者，三一名三，合成九義：精有三，正、實、權也；神有三，空、洞、无也；氣有三，始、元、玄也。精三者，具如境智科解；神三者，無是豁然之名，洞是通同之目，空是虚容之理也；氣三者，正一經云：「太無變化，三氣明焉，黄氣爲玄，白氣爲元，青氣爲始也。」論其相生者，正智生實智，實智生權智。無生於洞，洞生於空，空生於始，始生於元，元生於玄也。然自一之三，從三至九，千應萬變，同歸本一。不殊而殊，殊而不殊也。用五迹者，洞神經云：「大道無極，極乎自然。變化無極，其中要妙三五八九。」三者，精、神、氣也。五者，精有二君，精氣也；神有二君，神炁也；精有二君，赤氣名曰太陽，化爲元陽子丹，變爲道君，是二君也；神有二君，赤氣變黄，名曰中和，變爲老子，又爲黄神，是二君也；氣有一君，黄氣變白，名曰太陽，變爲太和，是一君也。以五當法，體義不分。二分三一之變，有此五君。以三就五爲八，三内有一成九也。斯亦一途，應用示此五身。然化迹多端，塵沙莫辯。

〔一〕「一」下原有「亦」字，據上二本删。

孟法師云：「用則分三，本則常一。」今解論其正意，體一義三，本迹而言，四句變九。四句者：一者本一迹三，二者本三迹一，三者本迹俱三，四者本迹俱一。本一迹三者，妙本圓一，分應開三。迹一本三者，應氣爲一，本體俱三。第三第四兩句者，望前兩句不知本迹不殊，故同三同一，其義具顯前章也。九變者，三一之化，號精、神、氣。精神氣中，又各相生，三三相續，遂爲九變。故從一之九，從九反一。上元真書云：「一曰源一，二曰元一，三曰太一，四曰玄一，五曰真一，六曰雌一，七曰雄一，八曰三一，九曰正一。源者，至道之根，衆妙之本；元者，衆善之長，萬法之先也；太者，極大之名，包含爲德；玄者，不滯爲用，妙絶高虚也；真者，去假除惑，即色皆空也；雌者，安静柔和，觀空照實也；雄者，剛動能化，方便善權也；三者，精、神、氣也；正者，治邪滅惡，去闇就明也。此明至道垂迹，有此九條，攝會歸本，同爲一致。」故三天正法云：「從九返一，乃入道真。」辯教曰第一，出衆經不同。

孟法師云：「涉學所宗，三〔一〕一爲本。故七部九經〔二〕，皆有圖術。今列如左：

〔一〕「三」字原爲空格，據道藏輯要本、四部叢刊本補。
〔二〕「經」原作「結」，據下文「合有九經」改。

第一、洞真三一，上元泥丸宫天帝、帝卿，中元絳宫丹皇君、輔皇卿，下元丹田宫黄庭元王、保鎮弼卿。出三元真一經。

第二、洞玄三一，治三丹田，元先子丹元陽子也。出太上真一經。

第三、洞神三一，南極老人，中極道元，北極玄妙。出洞神太上三一經。

第四、皇人三一，始青、元白、玄黄。出皇人祕旨。

第五、太清三一，赤子、真人、嬰兒。出太清上〔一〕中經上卷。

第六、太平三一，意神、志神、念神。出第一卷自占盛衰法。

第七、太玄三一，夷、希、微。出太存圖及道德經。

第八、正一三一，閇、闕、闔，即治三元。

第九、自然三一。虚赤光、元黄光、空白光。

合有九經，所明三一，並治三宫。其條守體儀，具如彼經所辯。然洞神所出三一之變，亦云精、神、氣、虚、無、空等，具如彼經第十三卷所明也。今三一者，神、氣、精，希、微、夷，虚、無、空。所以知此爲三一者，以其明義圓極故也。昔正一三一等，是以其明義淺迹故也。」

〔一〕「上」字疑衍。

昇玄經太上告道陵云：「汝昔所行，名爲真一道者，是則陰陽之妙道，服御之至術耳！非吾所問真一，此昔教也。」下文云：「汝以堪受吾至真平等要訣〔一〕無上妙經乃至第四辯不一之一，此之〔二〕教也。」其外六經所辯三一，既不彰言辯空，而但爲氣觀之境，可屬於昔。故涓子修上清，近得地仙而已。若言三氣、三色，並是界外之事；三洞三一，本意皆爲入空，此則攝屬於今也。能倫聖教，本不有無，何曾今昔！故〔三〕九經所辯，皆不有無，並非今昔。但逐物情不了，滯教爲昔；物情若悟，曉教成今也。更二義往分今昔：一就大小乘分，二就因果義分。大小乘分，凡有三義：一約定有分，二約偏並分，三約待絶分。定有者，昔小乘以三一爲定境，義極於有；今大乘以三一爲智慧，義在於空。何者？昔小乘入定，則捨於有，故在空之時，無復三一也。今大乘爲觀，羣色是空，故雖於空，不失三一也。故洞神經釋守三一云：「知守虛無空者爲大乘也，守神鍊形爲中乘，守氣含〔四〕和爲小乘

〔一〕「訣」原作「設」，據道藏輯要本、四部叢刊本改。
〔二〕「之」，據上下文義疑當作「今」。
〔三〕「故」下原有「可」字，據道藏輯要、四部叢刊本删。
〔四〕「含」原作「舍」，據上二本改。

也。」二偏並者，昔小乘學偏，今大乘能並。小乘捨色入空，故不能並；大乘即色辯空，故能並也。三待絶者，昔因三一，以入於無，得無之時，謂爲真一。此之無一猶對於有之無，是爲挾二，故爲待也。今之三一，即體非有，亦復非無，非有非無，故無所挾。既無所挾，故爲絶也。二就因果義分，亦有三義：一約近遠別，二約方便究竟別，三約常無常別。一約近遠者，昔以三爲氣觀，果則近極三有；今以一爲神觀，果則遠極道場，故極果圓智，成今三一，義如前也。二約方便究竟者，昔開方便，果極三界；今開究竟，故果極常一。故昇玄經云：「是爲究竟。」究竟者，功業成，罪行畢，則常一也。三約常無常者，昔三有之果，爲災所成，故是無常，今一常之果，嶷然不動，故爲常也。

金闕帝君五斗三元真一經口訣

涓子受之東海青童君。至春分日夜半時，起坐東向冥目，存身中三宮三一三卿及我合七人，我在中央也，俱乘紫氣之煙，共登北斗陽明星。陽明星者，北斗之東神也。於是存入星中共坐，吞紫氣三十過，行之久久，自見陽明星東元太上宮，宮中有青玄小童授子真光也。先當存北斗星紫炁大如弦，從上直流我前，然後乃存三一也。

周君口訣云：「存七真人並巾〔一〕斗七星而共登陽明鴈行，我居中央也。巾七星者，以魁覆頭，杓柄前指也。我存吞紫氣三十過而噏之也，又思三一、三卿並同吞之也。吞畢，更存七真人緣向者〔二〕紫氣空中來下，還兆三宮中，良久心祝曰：『三尊上真，太玄高神。陽明主春，萬童開門。丹元主夏，朱紫含〔三〕煙。陰精主秋，天威六陳。北極主冬，萬邪塞奸。五土乘王〔四〕，戊己天關。所指〔五〕皆滅，所向莫干。鍊我七魄，和我三魂。生我五藏，使我得真。登飛上清，浮景七元。長生順往，嘯吟〔六〕千神。』畢，亦可眠存之，四節共此一呪爾。」

夏至之日夜半時，起坐南向冥目，存我身中三宮三一、三卿及我合七人，我在中央也，俱乘紫氣之煙，共登北斗丹元星。丹元星者，北斗之南神也。於是存入星中共坐，吞紫炁

〔一〕「巾」原作「北」，據上清金闕帝君五斗三一圖訣（下稱三一圖訣）及元始天尊說玄微妙經（下稱微妙經）改。
〔二〕「向者」原作「向從」，據三一圖訣改。
〔三〕「紫含」，上書作「炁合」，微妙經作「紫合」。
〔四〕「乘王」，上二書分别作「庚壬」、「秉壬」。
〔五〕「指」，上二書作「摧」。
〔六〕「吟」，上二書作「命」。

三十過，行之久久，自見丹元星南極太上宫，宫中有朱陽靈妃授子絳書寶文〔一〕也。

秋分日夜半時，起坐西向冥目，存我身中三宫三一、三卿及我合七人，我在中央也，俱乘紫炁之煙，共登北斗陰精星。陰精星者，北斗之西神也。於是存入星中共坐，吞紫炁三十過，行之久久，自見陰精星西元太上宫，宫中有白素少女授子玉章虎書也。

冬至之日夜半時，起坐北向冥目，存我身中三宫三一、三卿及我合七人、我在中央也，俱乘紫炁之煙，共登北斗北極星。北極星者，北斗之北神也。於是存入星中共坐，吞紫炁三十過，行之久久，自見北極星〔二〕北元太上宫，宫中有玄精真人授子金書祕字三五順行。

六月一日或十五日，令與秋分夏至日相避也，夜半時，坐西南向冥目，存身中三宫三一、三卿及我合七人，我居中央也，俱乘絳紫青黄四炁之煙，共登北斗天關星。天關星者，北斗之中神也。於是存入星中共坐，並臨目各吞四色氣各十過，先吞絳氣，以次行之，久久自見天關星中元太上宫，宫中有太上威真大王〔三〕授子滅魔符、鑁邪鉞、黄衣兵籙。

〔一〕「文」原作「衣」，據上二書改。
〔二〕「星」上原有「元」字，據三一圖訣删。
〔三〕「大王」原作「大人」，據上書改。

八節日各守八日耳。以節日夜半爲始，餘日〔一〕唯存在三宮中安坐而已。極精想，使有至髣髴耳。

守五斗真一經口訣

道士志學，山林隱静，久遁岫室，遠迹人間，爲之者益精，而神速至也。或多不知推筭度〔二〕分數，作曆日也。如不知曆日之道，則二十四氣八節之日，不可得知。又復不能年年出入世間〔三〕尋問求寫，亦是學人之疑也。今謹按北帝自然之經云：「法用正月三日當立春，二月十五日當春分，四月一日當立夏，五月十六日當夏至，七月七日當立秋，八月二十二日當秋分，十月五日當立冬，十一月十一日當冬至節，山林道士當用此法。若曉外曆日之八節，自宜按之。曆之〔四〕八節，蓋璇璣之正度，萬真靈仙神明朝宴之日也。」北帝自

〔一〕「日」字原無，據上書增。
〔二〕「度」，三一圖訣作「曆度」。
〔三〕「出入世間」，上書作「出人間」。
〔四〕「之」字原無，據上書及微妙經增。

然法〔一〕：「月數之中日，二景氣相隨〔二〕之日，亦大吉時也，宜以修道建思〔三〕。」併而論之，吾從唯一。

外國以月一日爲建，二日爲除，以次數之。今窮山無曆日，此乃可用。匈奴國以正月一日爲甲寅朔，六甲周而復始。正月小，二月大，三月小，四月大，五月小，六月大，七月小，八月大，九月小，十月大，十一月小，十二月大。若窮景深林，外迹冥〔四〕絶者，亦當按此可〔五〕也。每至建日或月一日平旦，存三一從己三宫中出坐己前，乃心起再拜，若如見之，髣髴在目〔六〕，心呪曰：「天尊三帝，守我命門。出遊虚中，六氣互〔七〕分。養我五神，正我三魂。五藏自生，長生飛仙。」畢，又存從虚中還三宫，良久咽液

〔一〕「法」原作「發」，據上二書改。
〔二〕「二景氣相隨」，微妙經作「三景氣相適。」
〔三〕「修道建思」，三一圖訣、微妙經分别作「建修道德」、「建修思道」。
〔四〕「冥」原作「名」，據三一圖訣、微妙經改。
〔五〕「可」字，上二書無。
〔六〕「在目」，上二書作「因」。
〔七〕「互」，上二書作「玄」。

三十過，十過爲良〔一〕，夜當見三一及三卿也。或夢見白鳥、白鵠、白虎、金玉之物，皆三一之化景示象也。如此守之勿殆，則相見之象也，對面之漸也。每至除日夜半時，密起北向，仰視北斗七星之内象，見三一從輔星中下來，入己三宫中。畢，還寢精思，存之髣髴似見，乃微呪曰：「太上天輔，三帝所遊。三卿扶持〔二〕，與真合俱。下入我身，安寂坐無。吐精灌形，魂魄和濡。使我飛仙，雲車行浮。」畢，嚥液二十七過，月取一除日爾。每至開日夜半時，起坐東向去巾，亦可散髮更梳櫛結之，結令通，良久畢，祝曰：「上元三真，真中嬰兒。散髮開煙，上通天台。泥丸堅凝，與天同時。使我飛仙，交行洞臺。」畢，咽液十九過。畢，乃巾而寢，精思存三一、三卿各安其宫，帝與卿相對而坐，存三一呼氣宫中三十過，己存時亦自呼氣三十過也。呼者，開口吐氣之謂也。其時亦當覺一體熱，則和神凝魂之驗也。存三一，皆當臨兩目内視神宫也。

存一之道，使太上三素氣見三宫中。三素者，紫青絳三沓色炁也，紫在上也。則存守

〔一〕「十過爲良」，上二書分別作「爲之」、「作十過爲之」。
〔二〕「持」，三一圖訣、微妙經分別作「胥」、「骨」。

三一在其中，因〔一〕想見北極紫房玉宮，使天官序列，思我將在帝前對坐所乞所求，乃心拜焉。太上是上清之帝〔二〕，極貴者也。北極紫房，帝之房耳。亦存己三一與帝論〔三〕飛真生生之道。凡臨盛饌，皆正心存一，因〔四〕想一先飲食，然後兆乃食之也。常如此，則邪氣遠退，真氣來前。飲食畢，心祝曰：「百穀入胃，與神合氣。填補血液，尸邪亡墜。長生天地，飛登金闕。役使六丁，靈童奉衛。」守一之法：以甲午、甲辰、甲寅日夜半，掃除静寢之庭，方圓一丈，布席燒香，北向再拜，亦可心拜而已。因仰視北斗七星，使紫炁從斗中出，入兆身中三宮之内，北向接手兩膝上，心存三一、三卿與兆俱乘紫氣上登太極。太極，北極星也。存令忘身失體，恍焉如昇天之狀，如此則仙道近矣！仙人謂之大静也。陰雨〔五〕可於寢牀上爲之，亦可預作壇於盛〔六〕處，使方圓一丈，籬四面使高數尺，至日常當修之，此大

〔一〕「因」原作「目」，據上二書改。
〔二〕「太上是上清之帝」，上二書作「太上是上清也，上清之帝」。
〔三〕「論」原作「諭」，據上二書改。
〔四〕「因」原作「目」，據三一圖訣、微妙經改。
〔五〕「雨」原作「兩」，據上二書改。
〔六〕「盛」，上二書分别作「净」、「静」。

靜之道也。

守一之道〔一〕，當伺月初出時，向月再拜畢，心祝曰：「太陰玄精，明月夫人。初生流光，照我三宫。神仙上飛，高遊八方。所向所願，皆與福會。」守一之道，常存七星覆頭上，柄指前。如此，百邪之不干，凶氣之滅亡，要訣也。

守一人忌食五辛猪犬肉，履産婦家。甲子日思存，又忌大醉人〔二〕及諸殗臭，皆避而慎之，遺之勿疑矣！又勿抱嬰兒，大不可耳〔三〕！不與人共衣履同床席而存一也。思真靜神，念道招靈，皆欲別處，非徒此事而已。

後聖金闕帝君昔受三元真一經太極帝君真符五斗真一經太一帝君寶章，凡此四訣，以傳仙人涓子。涓子釣河川，獲鯉魚，剖得青玉函，發視獲二符二經法是也。此太上内隱法，地真之上道，亦得朝宴上清，遊盼太極，飛遨崆峒，寢息崑崙矣。

〔一〕「道」上原有「法」字，據上二書删。

〔二〕「人」字原無，據三一圖訣、微妙經增。

〔三〕「大不可耳」，上二書分別作「及近鳥獸蟲類」、「己兒乃可」。

雲笈七籤卷之五十

祕要訣法三一

三一九宫法

夫三一者，乃一身之靈宗，百神之命根，津液之山源，魂精之玉室。是以胃池體方以受物，腦宫員虚而適真，萬毛植立，千孔生煙，德備天地，混同太玄，故名曰泥丸。泥丸者，形軀之上神所居也〔一〕。兆唯知吞炁咽津，鳴齒納液，不知此所因者，乃泥丸之末流，腦家之邊枝爾！今將告子三一之訣，上真之妙法也。閉口奉修，慎勿宣傳，負違盟誓，身没鬼官，考延七祖，長閉河源。

兩眉間却入一寸爲明堂宫，却入二寸爲洞房，却入三寸爲丹田，丹田直上辟方一寸爲

〔一〕「形軀之上神所居也」，洞真太上素靈洞元大有妙經太上道君守元丹上經（下稱守元丹上經）及太上大洞守一内經法均作「軀形之上神也」，洞真太上道君元丹上經（下稱元丹上經）「軀形」作「體形」。

玄丹，腦精泥丸魂宫也。

明堂宫左有明童真君，右有明女真官，中有明鏡神君。明童真君諱玄陽字少青，明女真宫諱微陰字少元，明鏡神君諱照〔一〕精字四明，此三君共治明堂宫，並著緑錦衣，腰錦裙〔二〕，帶四玉鈴，口銜玉鏡，鏡鈴並如赤玉也。頭如嬰兒，形亦如之，對坐俱向外面或相向也。此明堂之道也。若道士恐畏，存三神使鳴玉鈴，聲聞太極，使口吐玉鏡赤光令萬丈，存之俱畢，因三呼三君名字，叩齒九通，則千妖伏息，萬鬼滅形也。若道士飢渴，亦存三君，並口吐赤炁，使灌己口中，因吸而咽之，須臾而飽也。若道士夜行，闇不見路，又存三君，使口出火光照前，須臾路自朗明也。若行凶處厄難之中，有刀兵之地，急存三君，使鳴玉鈴，精而想之，敵人自然心駭意懾，不復生害心也。若道士欲求延年不死，及疾病臨困求救而生者，當正心安寢，存明堂三君並向外長跪，口吐赤炁，使光貫我身，令市我口傍，咽赤炁無數，當閉目微咽之也。須臾赤炁繞身，都變成火，火因燒身，身〔三〕與火共作一體，内外洞

〔一〕「照」原作「招」，據守元丹上經及元丹上經改。

〔二〕「錦裙」二字，上二書無。

〔三〕「身」字原無，據上二書增。

光，良久乃止〔一〕，名曰日月鍊形，死而更生者也。又暮臥常當爲之，則必長生不死也。又數存咽赤炁，使人顔色返少，色如童女，此不死之道，明堂之要訣畢也。旦起皆咽唾三十過，以手拭面摩目以爲常，存唾色作赤津液。

洞房中有三真，左爲無英公子，右爲白元君，中爲黄老君，三人共治洞房中，此爲飛真之道。别自有經，事在金華經中。

丹田宫有上元真一帝君、帝君之卿合三人，共治丹田宫，守三元真一之道是也。此地真〔二〕之要路，控乘龍車之經也。天真多官位，樂欲爲地真人。地真人隱遁於官位，不勞損於朝宴，故從容任適，隨時而遊。坐七輿以上〔三〕造，步四炁於太无〔四〕也。至於天真地真〔五〕，雖差階小異，俱一真矣。地真人亦各安其所之，不願爲雲中官也。

〔一〕「止」原作「上」，據守元丹上經及元丹上經改。

〔二〕「地真」原作「真地」，據上二書改。

〔三〕「上」字原無，據上二書增。

〔四〕「於太无」三字原無，據上二書增。「四炁」，元丹上經作「一炁」。

〔五〕「地真」二字原無，據上二書增。

流珠宮有泥丸太一真人，在〔一〕丹田後却入一寸爲流珠宮，流珠真神自别有經，司命之所行也。其道妙大，發誓用珠帛結盟，乃能付之。此經三百年一傳，滿五授止，不得復出，此太極公卿司命之道也。

玄丹宮在丹田之上，正方一寸，紫房緑室，朱煙滿内。其中有泥丸太一真君，治玄丹之宮。太一真君貌如嬰兒始生之狀，坐在金牀玉帳之中，著紫繡錦衣，腰帶流火之鈴。流火之鈴者，無質而赤光，動之聲聞十萬里，蓋上清中黄〔二〕太一真人之寶鈴也。左手把北斗七星之柄，右手把北辰之綱。北辰者，北極不動之星，謂之爲辰綱也。正坐玄丹宮向外，左右無侍者，所以名之爲太一真君也。旦夕守諸三一訖，獨後乃末存之。末存之者，先造其輕，後行其重也。

夫頭有九宮，請先説之。兩眉間上，其裏有黄闕紫户、絳臺青房，共搆立守寸之中左右耳。守寸左面有絳臺，右面有黄闕。其九宮真人出入，皆從黄闕、絳臺中間爲道。故以道之左右置臺闕者，以伺非常之炁，伺迎真人往來也。紫户大神名平静字法王，青房大神名

〔一〕「流珠宮有泥丸太一真人，在」，守元丹上經及元丹上經作「玄丹宮有泥丸太一真君」。
〔二〕「黄」字原無，據上二書增。

正心字初方，形並如嬰孩，各服衣如其方房户之色〔一〕，手執流金火鈴。守寸者，却入三分名爲守寸也。暮卧及旦存思之時，先存二大神，髣髴存見，仍呼其神名字畢，微呪曰：「紫户青房，有二大神。手把流鈴，身生風雲。俠衛真道，不聽外前。使我思感，達利靈闕。出入利貞，上登九門。即見九真，太上之尊。」祝畢，乃可存思三一洞房九真諸要道也。守寸二大神，唯聽九宫中真官在九宫内者出入耳目，上帝信命及玉童靈真往來諸帝軒，二大神聽以進，其餘非真，此二大神皆不聽進也。此中黄太一法度也。於是赤子帝君乃命兩耳神嬌女雲儀使引進之，故人覺耳鳴者，外使入也。雲儀時扣磬鍾以聞九宫，使知外人來入，令警備也。磬鍾者，是今耳鳴之聲音也。其聞之者，錯手掩耳而祝曰：「赤子在宫，九真在房。請聽神命，永察不祥。太一流鈴〔二〕，以滅萬殃。」祝畢，以手拍耳門二七遍，畢當覺面熱，即佳候也。若覺頭項頸間索索寒者，惡氣入也。當急卧臨目，内存玄丹宫太一真君，以流火之鈴煥而擲之，惡氣即出身外，火光亦隨之在後，炯炯然以照己一身，良久平復也。

其明堂、洞房、丹田、流珠四宫之經，皆神仙爲真人之道，傳於世。其玄丹宫經亦真仙

〔一〕「色」原作「神」，據守元丹上經及元丹上經改。
〔二〕「流鈴」，上二書作「流火」。

司命之要言，四宮之領宗矣。此一經須太極帝君告可與乃與之也，亦時出授爾！凡合五宮之道行乎世上，有真名者遭值之矣！自非骨相挺命，不聞此言也。

又有玉帝宮，玉清神母居之；又有天庭宮，上清真女居之；又有極真宮，太極帝妃居之；又有太皇宮，太上君后居之。此四宮皆雌真一也，道高於雄真一也。並有寶經，以傳已成真人者。未得成真，非所聞也。雌真一之要，亦自不授之矣。太上所以出極八景，入驂瓊軒，玉女三千，侍真扶轅，靈妃俠唱，神后執巾者，寔守雌一之道，用以高會玄晨也。此太上之宗根，虛皇之所傳也。此四宮人皆有之，但不修此道者，宮中空耳！夫不盡修於九宮〔一〕者，宮中亦空爾！非但雌家四宮〔二〕而已。至於丹田宮中常有帝君，守寸常有大神，不復問之，須修乃見在宮中爾！修之者神仙，不修者以壽死矣。雌雄一神者〔三〕，男女並可兼修之，無不在也。唯決精苦之至，乃獲益矣。

〔一〕「九宮」二字原重，據守元丹上經及元丹上經删。

〔二〕「四宮」二字原無，據上二書增。

〔三〕「者」原作「有」，據上二書改。

守玄丹太一真君之道，暮夕静寢，去諸思念，卧坐任意。先存北極辰星紫炁來下〔一〕，入己玄丹宫中，須臾滿宫，溢出耳〔二〕外，使帀身通洞，内外與紫炁合體。畢，又存日來入玄丹宫中，日滿宫内，在紫炁中央望視，如闇中視火珠之狀。畢，乃存上清中黄太一真君從北極紫炁中來，下入玄丹宫日中坐，君諱規英字化玄，衣貌色服如上。又存己一身忽然昇上，入玄丹宫日中，在太一真君前對坐，服色任意。因心起再拜，稽首膝前，問道求神仙長生，隨意言之。因存乃〔三〕吞紫炁三十過，次咽液三十過。畢，又存北斗七星内有一赤炁大如弦，徑下直入玄丹宫中。於是太一真君及己俱乘日入行赤炁道中，直上詣北斗魁中，寢息良久。自因此寢也，亦即有真應。十四年行之，則與太一同遊，俱到七元綱也。十八年詣上清宫，受書佩符，役使玉童玉女各十八人。一夕一存之，唯數而已，勿令脱夕。亦可專修此道，不必須守三一也。兼之益精，致感速爾！月一日三日七日十一日十五日夜半之時，存玄丹宫太一真君正坐向外，口吐青炁，下入我口中，我隨咽之，凡五十過。畢，乃咽液

〔一〕「下」字原無，據守元丹上經及元丹上經增。
〔二〕「耳」，上二書作「身」。
〔三〕「存乃」，上二書作「乃存」。

五十過。畢，微祝曰：「太一真皇，中黄〔一〕紫君。厥諱規英，字曰化玄。金牀玉帳，繡帔錦裙。腰帶火鈴，斬邪滅奸。手把星精，項生日真。正坐吐炁，使我咽吞。與我共語，同宴玄丹。鍊灌七魄，和柔三魂。神靈奉衛，使我飛仙。五藏自生，還白童顔。受書上清，司命帝君。所願所欲，百福唯新。」又存己上入宫中，在太一前寢息，因以取眠，亦當夢感妙應矣！日爲此而數精至〔二〕，即相見之階漸也。

四宫雌真〔三〕一内神寶名玉訣

凡學上真之道，而不知雌真一之〔四〕内名，亦萬不得仙也。學者受師口訣，然後奉行。每以正旦月朔太歲本生之日，入室東向，思存玉清神母姓廉名銜字荒彦，長九寸九分，著玄黄素靈之綬，頭戴七稱珠玉之髻，冠無極進賢之冠，居無上之上太極珠宫七寶府五靈鄉玄

〔一〕「黄」原作「皇」，據守元丹上經及元丹上經改。

〔二〕「精至」，上二書作「積」。

〔三〕「真」字原無，據洞真太上素靈洞元大有妙經四宫雌真一内神寶名玉訣（下稱寶名玉訣）增。

〔四〕「一之」原作「之一」，據上書改。

元里，下治兆身玉帝宫中。

上清真女姓厥名廻字粥〔一〕類長六寸六分，著青寶神光錦繡霜羅九色之綬，頭戴玉寶飛雲之髻，冠玄黄進賢之冠，居無上之上崑崙太幽宫中〔二〕明堂府九光鄉大化里，下治兆身天庭宫中。

太極帝妃姓玄名虚生字伯無，長七寸七分，著玄羅流光五色鳳文之綬，頭戴七寶玄雲之髻，冠無極進賢之冠，居元景之上太清極玄宫中玉房府三丹鄉丹元里，下治兆身極真宫中。

太上君后姓遷名含孩字合延生，長三寸三分，著七寶飛精玄光雲錦霜羅九色之綬，頭戴九玄玉精頽雲之髻，冠玄黄無極三寶玉冠，居太清九玄之洞無極真宫丹精府雲光鄉玄玄里，下治兆身太皇宫中。

行玄丹之道，守三一之訣，當常存四宫雌真一之神衣服、形影、名諱、鄉居所在。此寶經之上篇，以傳見成真人者，始學不得參問其要。素靈所祕，不行於世。凡受上真之法三

〔一〕「粥」，寶名玉訣作「弼」。

〔二〕「宫中」原作「中宫」，據上書改。

寶神經，雖通靈究幽，不知雌真一之法，亦萬無成矣！故太上標其重禁格於輕洩，不載於紙墨，有者宜審實内心，然後受焉。每以正旦月朔及太歲本生日沐浴清齋燒香，入室東向，存思四宫雌真一之神鄉居、姓名、服色、長短如上法。畢，當叩齒十六通，祝曰：「太陰真神，號曰女靈。含景九玄，乘真隱冥。日吉天朗，告齋上清。心念目矚，洞鑒神形。還守宫宅，玉華芳盈。五色變化，流黄紫青。運致飛霞，上造帝庭。」畢，咽氣三十六過止。如此，則九年面生玉華，金真映光，神見軀形，與兆共言。子既見神，心知而已。慎勿妄傳也。

此四宫雌真一之神，是天元始生之陰官，受號帝妃也。始其元氣未立，五政未開〔一〕，光景未通，氣〔二〕極虚无。無上無下，無外無内，無左無右，無前無後。太上之元精，玄始之妙真，虚極之先，結氣而凝，混化萬物，天地得存，皆由於四真也。能有至心存思者，千齡不知老，九天之中，萬神同壽也。

〔一〕「五政未開」，寶名玉訣作「五正未聞」。

〔二〕「氣」，上書作「无」。

金闕帝君三元真一經訣〔一〕

涓子受之東海青童君〔二〕。太上曰：真人所以貴一爲真一〔三〕者，上一而已。一之所契，太无感化。一之變通，天地冥合。是以上一爲一身之天帝，中一爲絳宫之丹皇，下一爲黄庭之元王，並監統身中二十四炁。炁以受生，生立一身，上應太微，二十四真。真炁徊和，品彙成形。玄神混分，紫房杳冥。夫氣者，結虚煙而成神也。神者，托三一以自生也。變化者，三一之所造。得化者，皆由神之〔四〕自隱。混黄相成，得玄之極，故三一元君，各有真炁。真炁結成，自〔五〕爲千乘萬騎，雲車羽蓋。常以内入紫宫，以登玉清，列録元圖，化〔六〕胞保胎。三一養身，得爲真人，飛行九霄，受事高上。所以一之所濟者，乃生乎天

〔一〕「金闕帝君三元真一經訣」，洞真太上素靈洞元大有妙經中作「太上大洞守一内經法」（下稱守一内經法）。
〔二〕以上九字，守一内經法無。
〔三〕「真一」原無「一」字，據上書增。
〔四〕「之」，上書作「以」。
〔五〕「自」原作「目」，據上書改。
〔六〕「化」，上書作「伐」。

地，非但飛行〔一〕蠕動小事而已。子若能守之彌固，則精應感暢，精應感暢則三元可見，三元可見則白氣鬱變，白氣鬱變則混分自生，混分自生則千乘萬騎忽然至矣！於是羽蓋可御，雲車可乘，白日昇天，上造太微，實三一之玄功，精感之所會也。太微中有二十四氣，混黄雜聚，結炁變化，有時忽爾而分，覺然而生也。化炁中有二十四真人，結虚生成，不由胞胎，皆三一帝皇之炁所致〔二〕，分道變化，託玄立景矣。既能守身中三一，則天上太微中〔三〕三一帝皇之真君而降見於外，與子面言矣！身中復有二十四真人，亦身精光爽炁所分化〔四〕，而變萬化。若雲車來迎，合炁晨景，以登太微。太微〔五〕二十四真人俱與身中神明合宴於混黄之中，共景於紫房之内。託形炁於千塗，迴老艾以返嬰，改死籍於北酆，壽長存乎帝鄉。出入玉清，寢止太微。又當〔六〕兼行帝一太一五神及三五七九之事。兼行之者，

〔一〕「飛行」原作「行飛」，據守一内經法改。
〔二〕「之炁所致」原作「之神炁所以致」，據上書删。
〔三〕「天上太微中」，上書作「太微天中」。
〔四〕「化」字，道藏輯要本、四部叢刊本無。
〔五〕「太微」二字原無，據守一内經法增。
〔六〕「當」字原無，據上書增。

一神之感易致也。紫房須守一爲根本，守一須〔一〕紫房爲華蓋，故三一、三素相須也，而紫房、六合相待也。雖其居不同，而致一之用俱濟也。子善思而存之，則三一之事畢矣！若單得受一道者，則三元不備。但注心於一，亦可長生不死，得入太清而已，不得遊宴太極〔二〕，北登上清之宫也。

上一，真帝之極也；中一，真皇之至也；下一，真王之妙也。天皇得極，故上成皇極；地皇得至，故上成正一；人皇得妙，故上成衆妙之君。三皇體真以守一，故一無藏形；仙人尋真以求一，故三一俱明。一無藏形，其真極也；三一俱明，得一而明〔三〕已。其真既極，三一既明，得一而生也。夫真守一者，當令心寂神凝，體專求感，所以百念不尋，精意不散。但三月内視，注心一神，則靈光化生，纏綿五藏。若其注念不散，專炁致和，由朴〔四〕之至也，得一之速〔五〕也。若華僞僭起，競心亂生，故一不卒見，神不即應。非不卒見即

〔一〕「須」下原有「守」字，據守一内經法删。
〔二〕「遊宴太極」，上書作「遊景太微之天」。
〔三〕「明」字，上書無。
〔四〕「朴」，上書作「固」。
〔五〕「速」，上書作「効」。

應，由存之者不專，思之者不審，是故積年之功，罔有髣髴也。若能心濟遠感，縱心無勞，亦必三月之精思，與一混合者也。

太上告曰：三元者，九天之玉真，太上〔一〕之正道也。胎根之所生，六合之所存。故正一大道，以出真帝；正道玄真，以生大神；離合五化〔二〕，萬化忽成；三元解變，則一之所生也。故變氣布結，神得以靈，衆真歸一，而玄功成焉！此正道之宗祖，元氣之根始也。散之於無，則白氣杳合；養之於形，則長生永久。夫三一之法觀，道備於三元，其道奇妙，總括靈篇。天人仙皇，握寶神經。第一之訣，大洞真經三十九章；第二之訣，雌一合變大有妙經；第三之訣，洞真玄經三五七九號太上素靈。是故上一帝君寶大洞真經〔三〕，中一丹皇寶雌一大有妙經，下一元王〔四〕寶太上素靈洞玄大有妙經。此之三文，真道之至精，一神之玉章，並是天真之禁訣也〔五〕，高上之祕篇。兆守三一，得吾三經，即能乘雲，上昇太

〔一〕「太上」，守一內經法作「上真」。

〔二〕「化」，上書作「老」。

〔三〕「大洞真經」原無「大」字，據上書增。

〔四〕「下一元王」原作「下元一王」，據上書改。

〔五〕「並是天真之禁訣也」，上書作「並玉清之禁訣」。

清，洞觀無窮，遊宴紫庭。微哉深矣！難可文宣。守一所生，三一見矣！既見三一，可求此經，當必授守三一之法，皇天上清金闕帝君真書之首篇，衆真之妙訣。子而守一，一亦守子；子而見一，一亦見子。一須身而立，身須一而生〔一〕。子身進退，千端萬事，常當念一。飲食念一，喜樂念一，哀戚念一，疾病念一，危難念一，履水火念一，乘車馬念一，有急念一。人之念一，舉止矚目，念亦多矣！思念必專，不專無冀矣！患人有志不固，固不能久。知一名字而不能守，守不能堅志，志不能苦，思念無極，多有誇心，不能常守，故三一去，則正氣離失。失正氣者，故氣前。故氣前，死日近也。俗人學道，多尋浮華，不信真一爲貴，初有其志，後必變敗，由用志不一，邪氣來入故也。守一之戒，戒於不專，專復不久，久不能精，精不能固，固而不常，則三一去矣！身〔二〕爲空宅爾。空宅無主，其身〔三〕安久矣！

太上告曰：「氣結爲精，精感爲神，神化爲嬰兒，嬰兒上爲真人，真人昇爲赤子，此真

〔一〕「生」，守一內經法作「行」。
〔二〕「身」字原無，據上書增。
〔三〕「身」，上書作「禍」。

一〔一〕也。」天有三玄〔二〕，謂日月星也，亦爲三精，是用長生。人有三寶，三丹田也，亦爲三真，是用永存。靈寶經曰：「天精地真，六寶〔三〕常存。」此之謂也。

兩眉間上，却入一寸爲明堂，却入二寸爲洞房，却入三寸爲丹田泥丸宫。却入者，却就項後之背向也。丹田泥丸宫正四方，面各一寸，紫氣衝天〔四〕，外映照九萬里。北斗七星以魁爲蓋，以杓柄前指外向也。變化大小，飛形恍惚，在意存之。上元赤子居中，在斗蓋之下，赤子諱凝天字元先〔五〕，位爲泥丸天帝君。其右有帝卿一人坐相對，是齒舌腦之精神化而生也，上入爲帝卿君，諱肇精字玄生〔六〕，此二人共治泥丸中。並著赤繡華衣，貌如嬰孩始生之形。天帝君執上清神虎符，帝卿執大洞真經，坐俱外向或相向也。内以鎮守泥丸面目齒舌兩耳鼻髮之境，外以振威六天萬鬼凶惡魔也。三魂七魄，五日一來朝而受事焉！

〔一〕「真一」原作「一真之」，據守一内經法改。
〔二〕「玄」，上書作「光」。
〔三〕「六寶」，上書作「三寶」。
〔四〕「天」下，上書有「紫氣中有日象圓九寸」九字。
〔五〕「赤子諱凝天字元先」，上書作「泥丸天帝上一赤子諱玄凝天字三元先」。
〔六〕「諱肇精字玄生」，上書作「諱肇勒精字仲玄生」。

心爲中丹田，號爲絳宫，鎮心之中央，正四方面各一寸，朱煙參天〔一〕，外映照三萬里。變化恍惚，在意存之。中元真人居其中，諱神珠字子丹〔二〕，位爲絳宫丹皇君。其右輔皇卿一人，是五藏精神之結化也，入絳宫爲輔卿，諱光堅字四靈〔三〕。此二人共治絳宫中，並著朱錦衣〔四〕，貌如嬰兒始生之形。丹皇君左手把太清經，輔卿君執大有妙經八景章，坐俱外向或相向也。內則〔五〕鎮守筋骨五藏血肉之境，外以震折〔六〕萬邪之不祥，養炁安神，長生久視，飛仙太霄〔七〕。三魂七魄，三日一來朝而受事焉！

臍下三寸，號命門丹田宫，下元嬰兒居其宫，四方各一寸〔八〕，白氣衝天，外映照七萬

〔一〕「天」下，守一內經法有「朱煙中有日象徑七寸」九字。

〔二〕「諱神珠字子丹」，上書作「諱神運珠字子南丹」。

〔三〕「諱光堅字四靈」，上書作「諱中光堅字四化靈」。

〔四〕「並著朱錦衣」，上書作「並裸形无衣」。

〔五〕「則」，上書作「以」。

〔六〕「折」，上書作「消」。

〔七〕「霄」，上書作「清」。

〔八〕「居其宫，四方各一寸」，上書作「居其中，宫正四方，面各一寸」。

里。變化大小，飛形恍惚，在意存之。下元嬰兒諱胎精字元陽〔一〕，位爲黄庭元王。其右有寶鎮弼卿一人，是精氣津液之神結煙昇化也〔二〕，入在丹田宫，弼卿諱歸明字谷玄〔三〕。此二人共治丹田下元宫，並著黄繡羅衣，貌如嬰孩始生之狀。黄庭元王左手把太白星，右手執玉晨金真經，弼卿執太上素靈經九庭生景符，坐俱向外或相向也。内以鎮守四肢〔四〕津血腸胃膀胱之府，外以消災散禍辟却萬邪。三魂七魄一日三來朝，而受事於王矣。

守一之法：立春之日夜半之時，正坐東向，服氣九過，咽液三十五過畢〔五〕，乃存北斗七星冉冉來下我頂上，却向天以杓柄正向前指東也。存陰精真人二星親泊頭頂上，陽明玄冥二星却在上也。陽明陰精二星在後面，玄冥真人二星〔六〕在前面，於是髣髴存念位

〔一〕「諱胎精字元陽」，守一内經法作「諱始明精字元陽昌」。

〔二〕「是精氣津液之神結煙昇化也」，上書作「是陰莖精炁白珠津液之守神，乃結精廻烟昇化而生」。「精氣」原作「津氣」，據改。

〔三〕「諱歸明字谷玄」，上書作「諱歸上明字谷下玄」。

〔四〕「四肢」原作「四胎」，據上書改。

〔五〕「咽液三十五過畢」，上書作「咽唾五過畢」。

〔六〕「二星」二字原無，據上書增。

定。又思三一之尊君忽乃〔一〕變生，共出在斗魁之中，須臾三卿君復生〔二〕如三尊，須臾見六人俱登玄冥綱行，東去達天關而止，俱向我口。又存見上元手扶上卿，中元手扶中卿，下元手扶下卿也。我乃咽氣一通，良久，上元二人從氣中來入我口，上昇還泥丸宫；次咽氣一通，良久，中元二人從氣中來入我口中，歸絳宫；次咽氣一通，良久，下元二人從氣中來入我口中，咽入下丹田中。存天關星令去口七尺，星在口前。三元入我三宫中都畢，乃精念真一各安所在，坐卧思之在心。心有所願，事事心啓之。所求者亦心啓求之。存思唯令静寂，若寢室内〔三〕，晝日亦可存思。

立春存三一東向，如立冬精思；

立夏存三一南向，如立春精思；

立秋存三一西向，如立夏精思；

〔一〕「乃」原作「見」，據守一内經法改。

〔二〕「生」原作「坐」，據上書改。

〔三〕「若寢室内」，上書作「静寂巖室」。

立冬存三一北向，如立秋精思〔一〕。

存思三一各安其宫畢，乃微祝曰：「五方命斗，神致七星。三尊凝化，上招紫靈。六神徘徊，三宫丹城。玄通大帝，下洞黄寧。天真保衛，召引六丁。神仙同浮，乘煙三清。四體堅鍊，五藏自生。」

〔一〕以上四行下「如」字句共二十字，守一内經法無，於此作「並如立春精思」。

雲笈七籤卷之五十一

祕要訣法行持事要

八道命籍

八道命籍一名八間，一名八達，又名八解纏綿〔一〕釋結謝罪延福妙經，太素三元君受於自然之章，封於太上靈都紫房之内，金章玉華，三百人侍衛典香。東海小童四極真人西城王君封於峨嵋之山西室之中，萬劫一傳。有玄名帝簡紫字青宫玉藏之人，千年之内，聽得三傳。上學之子，不得此文，虚困山林，終不得道。所謂八道者，日月四時八節所行也。日行赤道，月行黄道，黄赤二道，陰陽之所恒行。至於立春、春分、月行〔二〕青道二；出黄道東。立夏、夏至，月行赤道二；出黄道南。立秋、秋分，月行白道二；出黄道西。立冬、冬至，月

〔一〕「纏綿」，洞真太上八道命籍經（下稱八道命籍經）作「解纏」。

〔二〕「月行」原作「日月行」，據上書删。下四句「月行」同。

行黑道二：出黄道北〔一〕。此八道也。月行八道之日，各有變化。翾飛蠕動，含炁之流，草木飛沉，隨緣感應，改故易新。輕者或〔二〕更重，重者或更輕，善惡迴换，炁象之運，自然而然。上學真人，因變行化，習吉除凶，進善黜惡，申明棄闇，入正治邪，練僞成真，厲愚〔三〕登聖。其法高妙，兹道玄通，故曰八達，至極無窮矣！

一道命籍：立春清朝，北望有紫緑白雲者，是太上三元君三素飛雲也。正存之，叩頭搏頰各九，心禮四拜，再密呪曰：曾孫名今日幸遇三元君出行，願得長生，侍給輪轂。餘所言隨人意也。某病乞差，某厄乞度，某災乞消，某事乞果。三見雲轝，白日昇仙。不須復存思千百所施爲，行此必有仙録，是故謂之八道命籍也。

二道命籍：春分夜半子時，東北望有玄青黄雲，是太微天帝君三素雲也。存思密呪，皆如上法。

〔一〕「北」原作「比」，據八道命籍經改。

〔二〕「或」字上書無，下「或」字同。

〔三〕「愚」原作「思」，據上書改。

三道命籍：立夏清旦，西北〔一〕望有紫青黄雲者，是太極上真君三元内宫真人三素雲也。存思密呪，皆如上法。

四道命籍：夏至清旦，東南〔二〕望有赤白青雲者，是扶桑大帝君三素雲也。存禮密呪，皆如上法。

五道命籍：立秋清旦，正西望有白赤紫雲者，是太素真人天皇白帝君三素雲也。存禮密呪，皆如上法。

六道命籍：秋分清旦，南望有素赤黄雲者，是南極真人上皇赤帝三素雲也。存禮密呪，皆如上法。

七道命籍：立冬清旦，西南望有緑紫青雲者，是上清真人帝君皇祖三素雲也。存禮密呪，皆如上法。

八道命籍：冬至清旦，正東望有朱碧黄雲者，是太霄玉妃太虚上真人三素雲也。存禮密呪，皆如上法。

〔一〕「西北」原作「北」，據八道命籍經增。

〔二〕「東南」原作「南」，據上書增。

右八道命籍之日，月末至一二日，先沐浴燒香以待。至日依時出望，一食頃還室，陰雨則不望。非其日忽見此雲，禮呪如上，三倍〔一〕勝於其日也。凡先身今身，前世今世，罪結不除，謾謝不的。原恕賒遲，功行難進，魔試不知，多致退落。衰老易至，求昇難期，一去長夜，幽苦未央。上學之士，悟此驚心，誓志仰慕，感玄徹靈。能得命籍，的斷罪根，解釋惡結，滋長善源。羣邪不敢干，得真必速，諦念密修，即有驗矣！

八道祕言

閑心静室，寥朗虚真，逸想妙觀，騰躍〔二〕玄人。苟誠感上會，精悟輝晨，亦將得見丹景之炁，三素飛雲。八輿朱輦，紫霞瓊輪。上清淨眄，徊轡三元。高皇秉節，靈童攀轅。太素擁蓋，南極臨軒。於是冥光外映，濛蔚龍顔，象燭太虚，流逸七觀也。子能見之，則白日昇晨，不煩凝霜濯華，玄映金丹也。

〔一〕「倍」原作「陪」，據八道命籍經改。
〔二〕「躍」，上清太上帝君九真中經卷上中央黄老君八道祕言章（下稱八道祕言章）作「濯」。

一道祕言曰：以八節日〔一〕清朝北望，有紫緑白雲者，是爲三元君三素飛雲也。其時三元君乘八輪之轝，上詣天帝。子候見之，當再拜自陳，乞得侍給輪轂之祝矣。三見元君輦者，則白日昇仙。

二道祕言曰：以八節日〔二〕夜半東北望，有玄青黄雲者，是爲太微天帝君三素雲也。其時太微天帝君乘八景之轝上詣高上玉皇也。四見天帝之轝者，則白日有龍轝見迎而昇天也。

三道祕言曰：以甲子上旬戊辰己巳之日〔三〕清旦西北望，有紫青黄雲者，是爲太極上真君三元内宫真人〔四〕三素雲也。其時太極上真三元真人〔五〕乘玄景緑轝上詣紫微宫。九見太極轝者，則白日昇仙。

〔一〕「八節日」，八道祕言章作「立春日正月甲乙日」。
〔二〕「八節日」，上書作「春分之日及寅卯日」。
〔三〕「甲子上旬戊辰己巳之日」，上書作「立夏之日及甲子上旬戊辰己巳之日」。
〔四〕「太極上真君三元内宫真人」原作「太極真君真人」，據上書改。
〔五〕「太極上真三元真人」原作「太極真君太極真人」，據上書改。

四道祕言曰：以甲戌上旬戊寅己卯之日清旦東南〔一〕望，有赤白青雲者，是爲扶桑大帝君三素雲也。其時扶桑公大帝君乘光明八道之輦上詣太微宫。七見〔二〕之者則白日有雲龍見迎而昇天也。

五道祕言曰：以甲申上旬戊子己丑之日清旦正西望，見白赤紫雲者，是爲太素上真白帝君三素雲也。其時太素上真人白帝君乘翛條玉輦上詣玉天玄皇高真也。十四〔三〕過見之，則白日昇仙。

六道祕言曰：以甲午上旬戊戌己亥之日清旦正南望，有素赤黄雲者，是爲南極上真赤帝君三素雲也。是時南極上真赤帝君乘絳琳碧輦上詣閬風臺。十過見之，則白日昇仙。

七道祕言曰：以甲辰上旬戊申己酉之日清旦西南望，見緑紫青雲者，是爲上清真人〔四〕三素雲也。其時上清真人乘玄景八光丹輦上詣高上九天帝君。四見之者，則太一

〔一〕「東南」原作「東北」，據八道祕言章改。「甲戌上旬」，上書作「夏至日甲戌旬」。
〔二〕「七見」，上書作「四見」。
〔三〕「十四」，上書作「若五」。
〔四〕「上清真人」，上書作「上清真人帝君皇祖」。

來迎，白日昇仙。

八道祕言曰：以甲寅上旬戊午己未之日清旦正東望，有朱碧黄雲者，是爲太虚上真人〔一〕三素雲也。其時太虚上真人乘徘徊玉輦上詣太微天帝君。十五〔二〕見之者，則白日昇仙。

右八道祕言，見者當再拜自陳如上法。三素雲各自有色，色氣上下相沓積如所次説也。假令八節日〔三〕見三元三素雲者，則紫雲在上，緑雲次之，白雲在下，共相沓也。子謹視之。上旬者，謂甲子之日，初入月上十日之内有甲子日是也。非其時日而見此雲者，亦當拜祝，則三倍於其日見也。他日効於甲子矣！

行九真司八道之事者，則天人衛護其形軀也〔四〕，真皇守其命骨矣！夫非有仙名玉籍者，亦不能遇此經。見之者皆玄書宿名，應爲仙人故也。七百年内，聽得三傳。施行此道

〔一〕「太虚上真人」，八道祕言章作「太霄玉妃太虚上真人」。
〔二〕「十五」，上書作「若三」。
〔三〕「八節日」，上書作「立春日」。
〔四〕「其形軀也」四字原無，據上書增。

者，勿令人犯其履屐，弄其巾褐也。七魄變成龍虎，守人地關，伏於屐履之下。三魂化成靈光之雲，映其巾中。若有犯之者則心震，意惕惕然自失。所以神虧魂散，精光翳滯也，常慎之。侍書有玉童玉女各七人，言白有經者之功過，攝萬邪之不祥。若子視文，皆燒香於左右面也。傳授之時，對齋四日，立誓委盟爲不漏不宣之約，須得其人，然後乃可付耳。違科負盟，七祖父母受拷於玄都地獄，身死下鬼，如四極明科。

太虛真人南嶽赤松子曰：「此經或名九素上書，或名太極中真玉文，或名八道金策。按四極明科，受書皆立誓約，盟不傳泄，以代歃血割髮之信驗也。其受九真太上真文，跪白素九十尺；其受八道祕言黄老隱法，跪素絲八兩；其受太上鎮生五藏雲腴之法，跪金縱容珠二枚，以爲閉密藏之誓。若有違盟泄露，如神州四極法。晉永和七年，歲在辛亥，十月四日丁巳夜，受劉君九真中經八道祕言，齋盟如法。」

太上曲素五行祕符太極左仙公撰

太上告後聖金闕帝君曰：「元氣分判，天地開張。陰陽貫位，三五成官〔一〕。玄置六

〔一〕「成官」，上清高上玉晨鳳臺曲素上經太上曲素五行祕符（下稱五行祕符）作「成宫」。

甲，化生五行。金木水火土，總御中元。以炁相生，混合成真。後學求仙，不知道源。徒勞存思，損疲形神。積涉無感，望道泯泯。夫欲尋本，當歸其根。失根求生，萬不得全。今故〔一〕抄集上皇玉文，出以相告，子擇賢而傳。其法寶祕，望不在言，可依明科，承而奉焉。」

太上五行祕文〔二〕與天地同生，混仙萬真，總御神靈。天無五行，則三光不明；地無五行，則山崩嶽傾；人無五行，則身朽零。故五行混合，相須而生。若有志心，當尋真名。既受其法，天地同根。呼魂招魄，保命役神。修之九年，克登上仙。夫受曲素訣辭，學上真之道，當知五行父母真君内諱。存以招魂，召以制魄，魂魄長存。真神總歸宮宅，備守形身，便得反於自然〔三〕。若此克遂〔四〕，遊宴玉清，與炁合真矣！

凡修此道，當以甲乙之日入室燒香，東向存思甲父乙母二真之神。父諱青嬰，冠九玄

〔一〕「故」原作「欲」，據五行祕符改。
〔二〕「太上五行祕文」，上書作「太上曰：五行祕文」。
〔三〕「然」原作「知」，據上書改。
〔四〕「克遂」，上書作「剋日」。

碧寶玄冠，衣翠羽章衣，手執青精保命祕符；母諱浩先，頭作頹雲之髻，著飛青錦帬，手執化生丹霞符，二人以玄符授我身，便叩齒九通，呪曰：「真君父母，化生二靈。三五反真，與元合冥。外攝遊魂，內固魄精。長居宮宅，無離我形。長與三元，同保玉清。」畢服符，又叩齒九通，嚥液三過止。修此九年，洞覩無窮，徹視遠聞，逆知吉凶。

丙丁之日入室燒香，南向存思丙父丁母二真之神。父諱樞户，冠朱陽通天寶冠，衣絳章之衣，手執朱明保身長存祕符；母諱納靈，頭作飛雲之髻，衣丹羅飛帬，手執中原黄精祕符，來授我身，便三呼二真內諱，呪曰：「陰陽變化，二景生真。玉靈反魂，拘魄鎮神。三五混合，無離我身。得保日月，三景齊晨。」畢服符，又叩齒九通，嚥炁三過止。修此八年，真靈降見，雲轝來迎。

戊己之日入室燒香，向西南存思戊父己母二真之神。父諱長御〔一〕，冠黄華三寶玄冠，衣黄章單衣，手執中元度命祕符；母諱來生，頭作〔二〕二角頹雲髻，著黄錦飛帬，手執金

〔一〕「長御」，五行祕符作「長卿」。
〔二〕「作」原作「生」，據上書改。

咒〔一〕自然祕符，來授我身，便三呼二真内諱，呪曰：「中元玄紀，攝御四方。化生五炁，混合帝房。拘魂御魄，與形合同。長保天地，歷劫無窮。」服符畢，又叩齒九通，嚥液三過止。修此十二年，徹見八方，身化金光，乘虚太空。

庚辛之日入室燒香，西向存思庚父辛母二真之神。父諱啓明，冠九元碧寶玄冠，衣素羽衣，手執素靈召神保命祕符；母諱德神，頭作飛雲之髻，衣素錦飛帬，手執玄陰生形上化祕符，來授我身，便三呼二真内諱，呪曰：「金精玄注，結炁九靈。流真混合，灌養身形。使我魂魄，安鎮黄寧。飢食三元，渴飲玉精。乘虚駕浮，遊宴紫庭。」仍服符畢，又叩齒九通，嚥炁三過止。修此六年，得駕景霄晨，出入紫房。

壬癸之日入室燒香，北向存思壬父癸母二真之神。父諱朔靈，冠玄晨之冠，衣皂紈單衣，手執通靈長命祕符；母諱法勞，頭作頹雲髻，衣玄錦飛帬，手執飛仙騰化祕符，來授我身，便三呼二真内諱，祝曰：「上有九元，化生陰陽。五行參差，金剛反强。三晨寶耀，冠我衣裳。五色流黄，天關開張。上昇玉清，出入帝房。」乃服符畢，又叩齒九通，嚥炁九過止。修行五年，洞視無涯，逆知吉凶，乘虚駕浮，上昇霄晨。

〔一〕「咒」，五行祕符作「光」。

玉珮金璫〔一〕黄衣童附

上靈元年正月一日，六元合慶，甲子直辰，元始天王與太帝君共乘碧霞流飈紫輦，上登九玄之崖無色之端，徘徊洞天，逍遥極元，流眄縱體，適意浮輪。有青鳥來翔，口銜紫書，集於玉軒。奉受記文〔二〕曰玉珮金璫大極金書玄真洞飛二景寶經。二君以金青盟天，稟受上真。鑄金爲簡，刻書靈文，使龜母按筆，太一拂筵。盛以雲錦之囊，祕於鬱森之笈，封以玉清三元之章，付仙都老〔三〕公侍仙羽郎，藏太素瑶臺玄雲羽室。

玉珮者〔四〕，九天魂精，九天之上名晨燈，一曰太上隱玄洞飛寶章，處於玉清之館，太霄之中，結青陽之炁靈照九天。青光沌沌，洞照三元之臺，色如青玉，形如月圓。内有空玄玉臺紫殿，則魂精帝君處在中央。太霄隱書玉珮〔五〕，玄臺南軒之文。經曰：「欲求長生，宜

〔一〕「璫」原作「鐺」，據太上玉珮金璫太極金書上經（下稱金書上經）改。下同。

〔二〕「奉受記文」，上書作「奉制真文記」。

〔三〕「老」，上書作「左」。

〔四〕「者」，上書作「以」。

〔五〕「太霄隱書玉珮」原作「太霄隱書云玉珮」，據金書上經玉珮太霄隱書洞飛寶經（下稱洞飛寶經）删。

先取諸身。月華月精，日霞日精。左迴玉珮，右把金瑺。二景纏綿，雙神安康。上行太極，下造十方。堅存玄真，寶固靈根。玄谷華嬰，灌映沉珍。漱月咀日，以入天門。金瑺仰注，玉珮執關。青白分明，適我泥丸。寶液閉精，錬柔身形〔一〕。三君備衛，丹絳之裙。珠繡華帔，飛錦青裙。帶月銜日，首建紫冠。安坐明堂，陰以七元。黄庭戊己，塞鎮邪源。恭司二子，無英白元，桃康三老，當我生門。通徹五府，十二之綸。吐納六宫，魂魄歡欣。却此百痾，辟熱除寒。二景纏絡，萬神内歡。有明其文，飛昇南軒。把金佩玉，八〔二〕景玄光。九天同靈，玄母齊房。陰哺陽導，明色鮮容。位刻丹室，名題帝宫。三周九度，與運混同。」此玉佩〔三〕寶文太極玄真之經也。能修之者，皆飛行太虚，逸遨〔四〕九清，白簡結録，東華書名。西王母令刻書此於崑崙之山玄圃之室，自非清虚之質，不得窺參。

夫欲騰九清，宴南軒〔五〕，迴玉珮於明堂，引金瑺於泥丸，降魂真於晨燈，招飛景於帝

〔一〕「形」，洞飛寶經作「神」。

〔二〕「把金佩玉」原作「把金鐺玉珮」，據上書删改。「八」原作「入」，據道藏輯要本、四部叢刊本改。

〔三〕「佩」，洞飛寶經作「珮」。

〔四〕「遨」原作「放」，據上書改。

〔五〕「騰九清，宴南軒」，上書作「騰身九清，宴景南軒」。

君，凡行此道，常以暮卧，兩手撫心，閉目在景〔一〕，存玉珮青陽之氣，光色沌沌，如月之圓，靈映兆身，洞達一形。魂精帝君姓開元諱鬪明〔二〕，形長九寸，頭建紫冠，披珠繡華披，衣飛錦青帬，帶月銜日，乘御青烏〔三〕，在青光之中，下降兆身，安鎮泥丸。兆當叩齒九通，嚥液二十七過，陰呪曰：「玄元太靈，九天魂精。晨燈朗映，結炁光青。號曰玉珮，洞耀太明。帶月銜日，建符執鈴。華光流煥，普天鬱冥。乘空〔四〕控翮，丹轅紫軿。先晏三元，迴降我形。鎮在泥丸，下流黄庭。檢魂束魄，萬神〔五〕安寧。五藏結絡，九穴華榮。八景騰飛，升入玉清。」畢，以手相摩令熱，拭目二七過，嚥炁三過止，便卧。如此則魂安魄寧，萬神鎮宫。內固靈氣，外塞邪源。八景變化，鍊真變仙。行之九年，尅能洞覩幽冥，逆究未然，坐在立亡，與神對顔。一十八年，道成真降，飛行上清。學無此法，則三魂不守，七魄不寧。三尸飛翔，九蟲奔驚。攻伐形内，來邪通精。神炁散遊，體不潔清。徒勞嚥液，損炁喪靈。有得

〔一〕「在景」，洞飛寶經作「内思」。
〔二〕「姓開元諱鬪明」原作「姓開明」，據上書增。
〔三〕「烏」，上書作「鳥」。
〔四〕「空」，上書作「青」。
〔五〕「神」原作「鬼」，據上書改。

此道，克成長生。寶慎密修，命胡可傾！

金璫以〔一〕九天魄靈，九天之上名曰虹映，一曰上清華蓋陰景之内真，處上清之舘，太霄之中，結白煙之炁靈映九天。白光奕奕，洞觀上清，色如白雲，形如玉山。上有瓊林之宫，則魄靈帝君所處。太霄隱書金璫之經於玄臺北軒之内，文曰：「欲求飛仙，當鍊魄靈。魄靈魂精，九天俱生。二景纏綿，雙神洞明。右廻金璫，左旋玉鈴。流光紫虚，耀真上清。飛行太極，下造八冥。堅存玄真，保固華嬰。日月交溉，玄谷益盈。玉珮金璫，青白分明。鎮我明堂，魂安魄寧。是謂華蓋，九天帝靈。紫繡珠帔，飛羅丹帬。帶日銜月，首建華精。安坐明堂，陰以七星。上降陵梵，務猷黄寧。三老帝尊，固我長生。通徹胃管，六府五庭。虹映纏絡，萬神衛形。有得其文，飛昇上清。」此金璫寶文，上清陰景之内真，能修之者，皆上步霄霞，遨遊太極，寢宴九空，遊行紫虚也。西王母令刻書此文於崑崙山積石之陰，自無玄圖帝簡，録字丹臺，此文不可得而披也。夫欲騰景九霞之上，運身上清之中，廻金璫於泥丸，引玉珮於明堂，降華蓋於虹映，招飛景於帝君者，常以雞鳴天光未分之時，叩齒二十四

〔一〕「以」四庫本、輯要本作「者」。

通，思金璫白雲之氣，光色奕奕如玉山，映靈兆身，洞達一形。魄靈帝君姓暉諱閻元〔一〕，形長九寸，頭建華冠，披紫繡珠帔飛羅丹帬，帶日銜月，乘白翮之鸞，在白光之中，下降兆身，入明堂之中，便引炁二十四嚥，陰呪曰：「九天魄靈，元始上真。虹映峨峨，白光玉山。號曰金璫，天帝之神。帶日銜月，迅轡白鸞。上宴玉清，出入三元。迴降我形，安鎮靈關。拘魂御魄，萬神自歡。五內生華，靈秀玉顔。策雲飛行，上昇帝晨。」畢，摩兩掌令熱，拭額二七過，捻兩目後二七過，嚥液二七過止。此則金璫下映，帝君安鎮，萬神總歸，身生光明，行之九年之內，飛行上清矣！

又當以月一日及甲子太歲本命之日，清齋入室，白書九天魄靈太霄陰符於青紙上。夜半向東方〔二〕叩齒二十四通，誦金璫之經一遍，存金璫白氣之光，當奕奕洞明如玉山，靈映兆身，洞匝一形。兆引白光二十四嚥止，服太霄陰符，微呪曰：「玄陰七雲，九天魄精。玉山奕奕，虹映上清。金璫玉珮，與天同生。二景纏綿，下降我形。列奏丹臺，刻書紫名。得乘飛輿，流黃鬱冥。飛空騰虛，昇入洞庭。上享無極，與天齊靈。」畢，摩兩掌拭額三九過，

〔一〕「姓暉諱閻元」，洞飛寶經作「姓陰暉諱閻元」，上清衆經諸真聖祕卷二作「姓陰暉諱闕元」。

〔二〕「向東方」，金書上經金璫太霄隱書洞飛寶經作「北向」。

手按〔一〕目外眥一七過，又嘯氣三七過止。

黄衣童

華陽諸洞記曰：「黄衣童者，即玉珮金璫之官耳。凡坐上常有一人共坐昉彿〔二〕者，即太極真人也，時或往來，蓋受行玉珮金璫經者，自然致太極真人耳。啥云，服九靈日月之華，得降我太極之家。此之謂也。」凡修太霄之道，存迴金璫玉珮之法，當兼日月之精，以錬五胎之神。招日中五帝月中五夫人，二景玄映，下降我形，使面有玉澤，體發奇光，内外洞朗，心聰目明。於是玉珮可挹〔三〕，金璫可旋也。魂魄帝尊將憩子之房，晨燈虹映之光將可立昇也。

〔一〕「按」原作「接」，據金書上經金璫太霄隱書洞飛寳經改。
〔二〕「昉彿」原作「昉咈」，據道藏輯要本及四部叢刊本改。
〔三〕「挹」，金書上經玄真洞飛二景寳經作「把」。

流金火鈴振威大祝附

流金火鈴以太上大道君遊宴之圓〔一〕光，上激九天之威，下滅六天之凶。玄光靈映道君之項，流照八極四〔二〕十萬里。三天立正之初，罷除六天之始，以傳太微天帝君。神文藏於瓊宫玉房之内，靈光自明，煥赫上清。飛龍毒獸翼其側，紫雲玄暉蓋其巔，玉華之女金真之童各三百人，典衛靈文，散香虚庭。積七千年化生五符，光徹八方，因有五方營衛之官。太微天帝君以傳金闕後聖道君，後聖道君以付上相青童君，使授諸爲真人者，佩遊上清。學真之夫而無流金火鈴，項生圓光，皆不得上登三光。若有金骨玉質，玄名青宫，得受此文。佩之而行，諸天諸地，四海五嶽，率天衆聖仙官，莫不稽首來迎。神光〔三〕駭動，所制不輕，三元立遣玉女玉童三十六人侍衛其身。佩之九年，得乘八景玉轝，飛行太空。流

〔一〕「圓」，洞真太上紫度炎光神元變經流金火鈴（下稱流金火鈴）作「玄」。

〔二〕「四」，流金火鈴作「三」，下同。

〔三〕「神光」原作「凈光」，據上書改。

金火鈴者，九星之精，一名圓光太上之威章〔一〕。生於九天之先，結氣成文，光明焕赫，徹照十方。懸精垂映太上之項，積七千年化生五鈴神符，玄降太微天帝君，威攝極天之魔，神布九霞之庭〔二〕，率天以下，莫不總統。太上大道君寶祕此道，告下普天主司真仙，糺察輕洩。有真仙之才，得佩此符。不依玄科而輕付非真，穢慢靈文，皆七祖受殃，考及先師，同充鬼官。以紫繒二尺二寸朱書，戴之頭上。若有金名玉骨，得佩此文，皆宿命應仙。佩符之身，出入遊行，恒當存想己身項上有圓光，映照四十萬里之外。九年之中，勤心念真，清齋篤志，克得真靈下降，圓光自明，乘空而行，坐在立亡。

五鈴登空步〔三〕虚保仙上符在本經

流金火鈴内存振威大祝

修佩流金火鈴，出入遠近，經履危險，寇病之中，戹害之下，當存真光以自衛，開道萬里之路，發行之始，正向其方，叩左齒二七通，咽炁三十六過，思所在之處形象，山林草木，人

〔一〕「章」原作「幸」，據流金火鈴改。
〔二〕「威攝極天之魔，神布九霞之庭」原作「威攝八極天之魔神布之霞庭」，據上書改。
〔三〕「步」字原無，據上書增。

民禽獸，神靈分明朗然，皆來朝拜我身。思北斗七星覆我頭上。仍存我左目爲奔星，右目爲迅電，其光焕赫。奔星九萬里外，所見之道路，隨光開通，山林草木，人民屋宅，兵寇鬼炁，盡令消滅，無復孑遺，四道豁然。因祝曰：「前開後閉，天平地昂。神公出遊，四道開張。當令天地，通我橋梁。前後左右，洞達八方。左〔一〕擲奔星，右迅電光。流火萬里，何妖敢當？太一將送，萬神來迎。有所之向，靡不吉良。乘雲駕虚，上昇太空。」畢，引二目之精各還其宮，左取七炁、右取七炁嘸之畢。如此可以冒嶮涉艱，攻鬼伐兵，炁無不應，應響盪然〔二〕。其法至妙，不得妄傳，口口相授而已，明慎之焉！

五帝流鈴五符，威制極天之魔，召攝五方神靈。上應五晨，參落七元；下應人身，九孔七明。周天竟地，靡有不闕。無幽不測，無細不鑒。有符則光見，擲符則振威。子若佩之，口受師言。若在人間遇惡鬼之地，當作振威大祝。北向閉炁十二息，思五方炁覆冠一身，内外晻冥，覩無所見〔三〕。因叩齒三十六通，嘸五方炁，方各三嘸，炁徐盡入兆身。存我兩

〔一〕「左」上原有「我」字，據流金火鈴刪。
〔二〕「炁無不應，應響盪然」，上書作「無不應響盪然」。
〔三〕「内外晻冥，覩無所見」，上書「晻冥」作「朗明」，「覩」作「都」。

目童子，光如流星，煥落五方，便祝曰：「天元七精，五帝流鈴。煥擲電光，如天奔星。光耀十方，照鬼真形。有何小妖，當我生門？太上有命，誅戮無親。屠肝刳腹，絶鬼滅精。千千皆摧，萬萬皆傾。神威吐祝，攝録無停。」便噏炁三十六過止。如此一祝，則五方神官皆保甲，命卒攝録所在有靈之炁，束縛詣庭。三祝則鬼王滅種。若入五嶽，周遊山川，冒嶮履峻，皆當未及其處五步，叩左齒三十六通，若之東嶽，便存東方青帝希林珠官屬九千人衛我前後左右，以青霞之炁覆冠我身；若之南嶽，當存赤帝丹玄子官屬八千人衛我前後，以絳雲之炁覆冠我身；若之西嶽，當存西方白帝少皓靈官屬六千人衛我前後，以素霞之炁覆冠我身；若之北嶽，當存黑帝玄冥皓官屬五千人衛我前後，以皂雲之炁覆冠我身；若之中嶽，當思黃帝執中元官屬萬二千人衛我前後，以黃雲之炁覆冠我身。畢，祝曰：「乾元耀靈，七星玄精。五斗華蓋，繞絡我形。五色飛霞，混合交并。身佩七元，流金火鈴。煥擲無方，極天鬱冥。五帝神官，驅策天兵。爲我攝制，山川土地，千鬼萬靈。皆來束首，自送真形。前誅後戮，所捕無停。」畢，如此一祝，天魔滅迹，萬鬼來朝，遊行五嶽，履涉山川，無復試觀之患，五嶽仙官自奉送五芝玉英來給子身。若在軍寇之中，懸白刃之下，厄難之處，當叩右齒十二通，存七星覆我，玄光洞映，周匝一體。存肝爲木星，出在左；肺爲太白星，出在右；心爲熒惑〔一〕星，出在前；腎爲辰星，出在後；脾爲鎮星，出在胷上。令五星精炁，纏繞前後，我身居斗魁之中，五星之下。又思五帝神官衛我左右，祝曰：「天爲我屋，地爲我床。五嶽山河，爲我橋梁。玄斗元精，爲我衣裳。藏身七元之内，流火之鄉。度我者太一務猷，過我者白元無英。災不能干，兵不能傷，當令我身，上詣金闕，九老之京。」畢，如此在屈厄之中，垂終之命，便得解脱矣！

〔一〕「惑」原作「焱」，據流金火鈴改。

雲笈七籤卷之五十二

雜要圖訣法

九真行事訣

三月三日、五月五日，以東流水沐浴燒香於左右畢，向王氣再拜〔一〕，心祝曰：「太上高真，九靈之精。使某飛仙，登於紫庭。沐浴華池，身神澄清。精通太虚，五藏自生。」

第一真法：平旦接手〔二〕兩膝上，閉氣瞑目内視，存天精君著朱衣，巾丹冠，坐在心中，口出紫炁以遶心外九重。因叩齒九通，嚥液九過，祝曰：「天精大君，來見心中。身披朱衣，頭巾丹冠。左佩神符，右帶虎文。口吐紫華，養心凝神。赤藏自生，得爲飛仙。」

〔一〕「向王氣再拜」，上清太上帝君九真中經（下稱九真中經）作「向本命心再拜」。

〔二〕「接手」原作「按手」，據上書改。下同。

第二真法〔一〕：辰時接手如法，存堅玉君著素衣，巾白冠，入坐諸骨中，恍惚兮形存之，無的所行也。口出白氣以遶骨九重，乃叩齒九通，嘸液九過，祝曰：「堅玉大君，來入骨中。身披素衣，頭巾白冠。左佩龍書，右帶金真。口吐白氣，固骨凝筋。白骨不朽，筋亦不泯。百節生華，使我飛仙。」

第三真法：巳時接手如法，存元生君著黃衣，巾紫冠，周旋血脉津液之中，口吐黃氣纏薰孔脉之外九重，乃叩齒九通，嘸液九過，祝曰：「元生大君，周灌血樞〔二〕。身披黃衣，頭巾紫芙。左佩虎籙，右帶龍書。口吐黃津，固血填虛。精盈液溢，九靈俱居。使我飛仙，天地同符。」

第四真法：午時接手如法，存青〔三〕明君著青衣，巾翠冠，坐肝内，口吐青氣繞肝九重，乃叩齒九通，嘸液九過，祝曰：「青明大君，來入我肝。身披青衣，頭巾翠冠。左佩虎章，右帶龍文。口吐青氣，養肝導神。青藏自生，上爲天仙。太一護精，抱魄撿魂。」

〔一〕「法」字原無，據九真中經增。下同。

〔二〕「樞」，上書作「軀」。

〔三〕「青」，本書卷四二存三十九真法作「清」。

第五真法：未時接手如法，存養光君著緑衣，巾蓮冠，坐脾中，口吐緑氣繞脾九重，乃叩齒九通，嚥液九過，祝曰：「養光大神，來入脾中。身披緑衣，頭巾蓮冠。左佩玉鈴，右帶威神。口吐緑華，養脾灌魂。黄〔一〕藏自生，上爲真人。」

第六真法：申時接手如法，存上〔二〕元君著龍衣，巾黄晨華冠，坐肺中，口吐五色氣繞肺九重，乃叩齒九通，嚥液九過，祝曰：「上元大君，來坐肺中。身披龍衣，黄晨華冠。左佩玄書，右帶虎文。口吐五氣，理肺和津。白藏自生，飛仙紫門。」

第七真法：酉時接手如法，存玄陽君著紫衣，巾芙蓉冠，化形並入兩腎中，口吐蒼氣繞腎九重，乃叩齒九通，嚥液九過，祝曰：「玄陽大君，入坐腎中。身披紫衣，頭巾芙晨。左佩龍符，右帶鳳文。口吐蒼華，灌腎靈根。黑藏自生，身爲飛仙。北登玄闕，遊行天關〔三〕。」

第八真法：戌亥時接手如法，存含景君著錦衣巾紫冠，坐膽中，口吐五色氣繞膽九重，乃叩齒九通，嚥液九過，祝曰：「含景大神，來坐膽中。身披錦衣，頭戴紫冠。左佩神光，右

〔一〕「黄」原作「薰」，據九真中經改。
〔二〕「上」原作「白」，據上書改。下同。
〔三〕「天關」原作「大關」，據上書改。

帶玉真。口吐五氣，養膽强魂。和精實血，理液固身。使我上昇，得爲飛仙。」

第九真法：子時接手如法，存帝昌〔一〕君著龍鳳衣，巾紫華冠，坐泥丸紫房〔二〕中，口吐紫色氣繞頭九重，又吐紫氣繞兩目内外九重，又吐紫氣繞舌九重，又吐紫氣繞齒九重。凡四過炁，各各繞合。乃叩齒三十六通，嚥液三十六過，祝曰：「帝昌〔三〕祖君，帝皇元神。鎮守紫房，宫在泥丸。黄闕金室，混爲九真。龍衣鳳帔，紫華青緣。手把黄符，頭巾華冠。左佩金瑛，右帶虎文。下坐日月，口吐紫煙。周氣齒舌，朝溉眼辰。出丹入靈，呼魄召魂。凝精堅胎，六合長懽。上登太微，列補仙官。」

凡行九真之道四十年，五藏自生，上登上清。若長静山林，可日日行之也。

昇玄行事訣

一日三日五日禺中若夜半入室北向，正坐接〔四〕手，定氣臨目，存北斗九星星紫色，綱赤

〔一〕「帝昌」原作「無英」，據九真中經改

〔二〕「泥丸紫房」原作「洞房」，據上書改。

〔三〕「帝昌」原作「天昌」，據上書改。

〔四〕「接」原作「按」，據洞真太上飛行羽經九真昇玄上記（下稱昇玄上記）改。下同。

色，形大小隨意。忽來入頭泥丸中，偃魁向上，杓指前。魁中有大神名奇紐〔一〕字靈綱，著紫羽帔丹錦裳，巾芙蓉冠，手把流鈴坐向外。良久乃嚥液五十過，叩齒九通，以左手第三指捻兩眉中央，微祝曰：「太上紫暉，九通之尊。華蓋七落，廻曜萬晨。動御高靈，靜和景雲。陰陽流灌，三氣中分。遊濟無外，煥朗衆天。令月啓辰，來登泥丸。元精結感，化爲大神。名曰奇紐，厥字靈綱。正坐斗中，遊我明堂。鳳羽紫帔，虎錦丹裳。左帶玉珮，右腰金璫。手把流鈴，頭巾神光。吐氣溉精，泥丸以康。魂魄凝和，植華柱梁。使我飛仙，超虛躡空。上造上清，策虎命龍。北朝玉帝，瓊林上宮。西謁太素，稽首三元。」更接手嚥液三十過，叩齒九通又祝，乃起北向再拜，次西向再拜。

七日九日十三日禺中若夜半入室北向，正坐接手，定氣臨目，存北斗七星來下入心絳宮中，魁在下向外，杓指上。魁中有神名旋度字素康，著絳羽帔龍帶虎裳，巾芙晨冠，項有〔二〕圓光，坐向外。良久乃嚥液五十過，叩齒九通，以右手第二指微捻心，祝曰：「太上紫真，九氣中靈。包括萬度，璇璣煥明。飛霞流曜，暉燭玉清。玄蓋衆辰，陰陽判成。四和

〔一〕「大神名奇紐」原作「鬼神名奇劍」，據昇玄上記及上清衆經諸真聖祕改。下「奇紐」同。
〔二〕「項有」，昇玄上記作「項負」。

交降，七緯順生。肇月吉辰，來映心庭。飛光落景，中元充盈。六府啓開，華液泯平。魂魄制鍊，得真之精。感至觸變，億化立成。忽見大神，正坐安房〔一〕。整氣朝津，百節開通。攀斗據魁，眄邈百方。其名旋度，厥字素康。絳羽華帔，龍帶虎裳。身充〔二〕寶曜，項負圓光。首巾飛晨，芙冠低昂。使我飛仙，超浮太空。上造紫闕，北朝玉皇。役使萬神，衆靈奉迎。心上生華，慶雲永昌。鳳簫泠泠，鸞吹鏘鏘。」更接手嚥液三十過，叩齒九通又祝，乃起南面再拜。

十五日十九日二十三日禺中若夜半入室北向，正坐接手，定氣臨目，存北斗九星來入臍下丹田中，魁在下向外，杓指上。魁中有神名抗萌字流鬱，著黄羽帔龍衣虎帶，巾緑芙冠，坐向外。良久乃嚥液六十過，叩齒九通，以左手第三指捻鼻人中，祝曰：「太上紫皇，煥朗中樞。九瑋炳靄，光透太霞。萬靈仰鎮，千神植牙。七度用明，九煙芬葩。制陽表順，執陰以和。其暉啓陣，玄根總〔三〕羅。肇月惟吉，觀映臍内。紫氣發霄，飛光縱墜。鍊我魂

〔一〕「正坐安房」，昇玄上記作「坐安心房」。

〔二〕「充」，上書作「生」。

〔三〕「總」原作「物」，據上書改。

魄，華精縈蔚。忽見大神，上宮靈貴。名曰抗萌，厥字流鬱。正坐臍中，乘斗九氣。吐納雲液，平血理胃。黄鳳羽帔，龍衣虎帶。手啓日根，頭巾緑芙。腰流火鈴，焕電映無。使我飛仙，超空躡浮。上造玉房，攜帶霄虚。役使萬神，天地同休。」更接手嚥液三十過，叩齒九通又祝，乃起向本命再拜。

八節日夜半入室北向，正坐接手，定氣閉目内視，存身冉冉起上，飛昇斗魁中。思念良久，如覺我身已在斗魁中也。又存向三神名字服色，貌如嬰兒，並與我同坐，我心拜之。又存斗中玉妃名密華字璘蒨，披錦帔鳳光鸞裙，巾〔一〕紫芙蓉冠，在我前坐，口吐紫煙入我心中。良久，嚥液八十過，叩齒九通，左手撫心，微咒曰：「太上丹靈，玄光飈焕。九絳啓璇，暉氣澄散。晨幽朗燭，七曜蔚燦。二景奏明，陰陽以判。四度用昌，雲津回灌。八節氣啓，上昇九元。據斗攀綱，奉見三神〔二〕。問我稽留，何不昇仙？我即稽首，畏鬼〔三〕已前。帝乃赫莊，口銜日根。左破六天，右蹙酆山。流鈴上焕，萬魔碎分。遂和我魄，强我三魂。藏斗内

〔一〕「巾」原作「中」，據本書卷二五昇斗法改。
〔二〕「三神」原作「三晨」，據上書及昇玄上記改。
〔三〕「鬼」原作「思」，據上二書改。

曜，九精在心。紫霞洞映，飛光萬尋。和魂制魄〔一〕，六胎調錬。感精變躍，玉妃忽見。坐當我心，俯視仰眄。其名密華，厥字璘蒨。吐納朱氣，和平百關。身服錦帔，鳳光鸞裙。腰帶虎録，龍章玉文。手執月華，頭巾紫冠。騰躍太霄，駕景蓋雲〔二〕。書名太素，我得飛仙。超浮崆峒，乘瓊太元。上造朱房，役使萬神。紀均二度，遂返嬰顏。北帝激〔三〕電，南帝火陳。東蒼〔四〕啓燭，赫赫雷震。西流雙抃，鳴音唱鈞。四舉超躍，薦我玉真。遂乘八景，遨宴九煙。」更接手嗽液三十過，叩齒九通更祝，乃起向西北再拜畢。行此九真昇玄存九皇之道一十四年，超浮虛无，上登上清。若長静山林，可日日行之。

方諸洞房行事訣

暮卧，平枕偃卧，小舉左手垂右手，正心陰祝曰：「第一太星，精名玄樞，願某飛仙，乘

〔一〕「和魂制魄」原作「和魄制魂」，據昇玄上記及本書卷二五昇斗法改。
〔二〕「雲」原作「天」，據上二書改。
〔三〕「激」原作「溉」，據上二書改。
〔四〕「蒼」，上二書作「倉」。

虛駕浮。存下一室著左足前，小遠安之。第二元星，精名北台〔一〕，願某飛仙，遊行洞臺。次下著左手前把之。第三真星，精名九〔二〕極上真，願某飛仙，得治三玄。次下當頭下。第四紐星，精名琁根，願某飛仙，列爲玉名次下著右手前執之，令成魁形。第五綱星，精名天平，願某飛仙，登行上清。次紐星右。第六紀星，精名命機，願某飛仙，名書太微。次綱星右。第七關星，精名玄陽，願某飛仙，得使玉童。次紀星右。第八帝星，精名高上玉皇，願某飛仙，登後聖之堂。次下還魁中，當右足前，綱連紐星。第九尊星，精名太微帝君，願某飛仙，得入丹瑶玉房。」次下當左足前太星內，綱連帝星。九祝畢，更分明審存如斗形。令一五七二四六皆相應也。安卧其中，乃叩齒三七通，陰祝曰：「九星太精，北極真君，益我精胎，强我三魂。左引日華，右拘月精，辰中黄景，元虛黄真。使我飛仙，上登紫煙。神虎〔三〕玉符，常〔四〕守生門，萬邪伏法，受形斗君。」

又存斗星分精别爲小斗形，從斗户入洞房中，杓左右魁中有黄老君魂，衣黄華繡衣，坐

〔一〕「台」原作「胎」，據上清金書玉字上經（下稱玉字上經）及本書卷二五卧斗法改。

〔二〕「九」字原無，據上二書增。

〔三〕「虎」原作「氣」，據上二書改。

〔四〕「常」原作「當」，據上二書改。

在中央〔一〕。己魂如己服色，坐在右相對。赤子衣赤繡華衣，坐在左〔二〕。黄老〔三〕赤子並如嬰兒之色。使斗星精光，照徹五内百節，皆令赤光赫然，祝曰：「洞房元精，赤子太尊。斗光華蓋，來照泥丸。寶鍊骨血，制魄拘魂。使某飛仙，乘雲登晨。上朝玉帝，太上〔四〕元君。」

若月旦存之者，當兼思北辰六星，起真紐星間右列。又思華蓋二十二星，以十一星爲綱，連真星右列小曲起；以十一星爲蓋，前近闕星，曲麽後對綱星。旦欲起，先叩齒二七通，嚥液二七過，陰祝曰：「天元上一，斗中七童。上清紫精，在兆身中。華辰〔五〕紫蓋，太素玄宫。後聖靈氣，下入洞房。使我飛仙，得〔六〕行太極金堂。」

凡行洞房道七年，除死籍上生，名刻方諸府。十八年九精來下，雲車見迎，白日登晨。常以月三日、二十七日夜，竊候北斗魁中第八帝星高上玉皇神八景靈元君、第九尊星太微

〔一〕「中央」，玉字上經及本書卷二五卧斗法作「左」。
〔二〕「左」，上二書作「中央」。
〔三〕「黄老」原無「老」字，據文意增。
〔四〕「太上」，上二書作「太一」。
〔五〕「辰」原作「衣」，據上二書改。
〔六〕「得」字原無，據上二書增。

玉帝君神太素七晨元君，此星紫光煥煥甚大，見者各隨見之名呼之，再拜叩頭請乞。見一星增年三百，見二星增年六百。慎勿傳之，道之所祕也。

五神行事訣

雞鳴時向東平坐，臨目存青炁從日中來，忽入頭泥丸中。泥丸中有兩青煙復各從目中出，變成二童子如嬰兒，上下青衣。左目童子〔一〕名飛靈，在我左；右目童子名晨嬰，在我右。各吐青炁灌繞我身，洞徹内外。極念良久，叩齒九通，嚥液九過，微祝曰：「東方上靈，日炁煥青。旦入泥丸，鍊腦保形。左變右化，得道之名。使我上朝，太素紫清。」

向日平坐，臨目握固，存日中有兩赤氣來各入手掩中，變成赤童如嬰兒，上下赤衣。左手童子〔二〕名接生〔三〕，在我左手中；右手童子名方盈，在我右手中。各吐赤炁，灌入我口

〔一〕「童子」二字原無，據上清紫精君皇初紫靈道君洞房上經太素上清致帝君五神氣法（下稱五神氣法）增。下同。

〔二〕「童子」二字原無，據上書增。下同。

〔三〕「接生」原作「按生」，據上書改。下同。

中。極念良久，叩齒嚥液各九過，微祝曰：「太陽正真，赤雲運煙。玉靈化生，與我相親。接生方盈，日中之神。理仙護形，延命億千。舉體合景，昇爲高仙。」

晡時向日平坐，臨目存日中有兩白氣來入兩足蹠心中，變成二白龍，一名飆精，在我左；二名歘亭，在我右。各吐白煙入我兩鼻孔中，俓〔一〕達髆。髆中有一童子如嬰兒，上下白衣，名素明童〔二〕子，從鼻孔中出，在我右立，口吐白煙，鬱我面上。極念良久，叩齒嚥液各七過，微祝曰：「玉皇飆歘，二龍降晨。入我兩足，化生一身。素明童子，左迴右旋。和攝真氣，養育五神。負我上奔，太素寶仙。」

二十四神行事訣

平旦平坐，閉目内視，握固兩膝上，叩齒二十四通，存呼腦神覺元子字道都，形長一寸一

〔一〕「俓」原作「遥」，據五神氣法改。

〔二〕「童」字原無，據上書增。

分，白衣。髮神玄文華字道衡，長二寸一分，玄衣。皮膚神通衆仲字道連，長一寸五〔一〕分，黄衣。目神監生〔二〕字道童，長三寸五分，青衣。項神〔三〕靈謨盖字道周，長五寸，白衣。膂神益歷輔字道柱，長三寸五分，白玉素衣。鼻神冲龍玉字道微，長二寸五分，青黄白色衣。舌神始梁峙〔四〕字道岐，長七寸，衣赤衣。凡五過，存呼各安其所，乃叩齒八通，嚥液八過，微祝曰：「上景八神，一合入身。舉形遁化，流變適真。千乘萬騎，俱昇帝晨。八靈翼體，玉華衛身〔五〕。恍惚十周，逕造日門。」又存呼神三過止。

次存呼喉神百流放字道通，長八寸，九色衣。肺神素靈生字道平，長八寸一分，白衣。心神煥陽昌字道明，長九寸，赤衣。肝神開君童字道清，長六寸，青衣。膽神龍德拘字道放，長二寸六分，青

〔一〕「五」原作「一」，據上書及上清紫微帝君南極元君玉經寶訣（下稱玉經寶訣）、太微帝君二十四神迴元經（下稱迴元經）改。

〔二〕「監生」，五神氣法、玉經寶訣作「靈監生」，迴元經作「虚監生」。

〔三〕「項神」，上三書均作「項髓神」。

〔四〕「舌神始梁峙」原作「耳神名梁峙」，據上三書改。

〔五〕「衛身」，上三書作「衛煙」。

黃綠衣。左腎神春元直字道卿長三寸七分，玄白色衣，五色無常。右腎神象他無字道玉〔一〕，長三寸五分，衣白或黑衣。脾神名寶元全字道騫，形長七寸三分，色正黃。凡三過，各安其所，乃叩齒九通，嚥液八過，微祝曰：「中景八神，九變九飛。鍊魂正身，明景同暉。得與八神，合輦齊威。千乘萬騎，上登太微。」又存呼神三過止。

次存呼胃神同來育字道展，長七寸，衣黃衣。窮腸中神兆滕〔二〕康字道還，長二寸四分，黃赤衣。大小腸中神蓬送留字道廚，長二寸一分，赤黃衣胴中神受厚勃字道虛，長九〔三〕寸一分，九色衣。胷膈神廣英宅字道中，長五寸，衣白衣。兩脅神辟〔四〕假馬字道成，長四寸一分，赤白衣。陰左卯神扶流起字道圭，長二寸三分，青黃白衣。陰右卯神苞表明字道生，長二寸三分，青黃白衣。凡三過，各安其所，乃叩齒八通，嚥液八過，微祝曰：「下景八神，散形〔五〕化靈。紫煙鬱生，含元守

〔一〕「象他無字道玉」，迴元經及本書卷二九胎精中記均作「象地無字道生」，本書卷八十二十四住圖作「象他元字道主」，道藏本二十四生圖經作「象他元字道王」。

〔二〕「滕」原作「勝」，據五神氣法、玉經寶訣及迴元經改。其上「胃神同來育」，本書卷二九「來」作「朱」。

〔三〕「九」原作「七」，據上三書改。

〔四〕「辟」原作「臂」，據上三書改。

〔五〕「形」原作「景」，據上三書改。

精。魂魄以安，真氣以寧。千乘萬騎，與我同并。先造太素，北揖上清。」又存呼神三過止。

次存呼道一内神遁無馬字道極生，長二寸二分〔一〕，紫色衣。凡三過，令安坐心中，乃叩齒三十通，嚥液二十四過，微祝曰：「玄上内真，養形侍晨。總紐攝綱，九度八旋。出液内精，和灌衆神。五藏生華，返老童顔。千乘萬騎，與我昇天。上朝太階，高揖玉神。」又存呼神三過止。

日中夜半，亦更存如上法。若人中多事難專者，日中可存中景，夜半存下景亦佳也。夜半存者，當去枕平卧，握固放體而存之。若月一日六日十一日十六日二十一日二十六日夜半存神訖，又存兩目中有白氣如雞子在目前，須臾變成兩明鏡，徑九寸，以前後照我一體并上二十四神，洞鑒分明。良久心祝曰：「大明寶鏡，分形散化。鑒朗元神，制御〔二〕萬魔。飛行上清，帔雲巾羅。役使千靈，封山召河。」畢，可以開眼也。

常以庚午日日中，取清水一斗，真丹一銖投水中，向月建左行三七過攪之，祝曰：「玄流朱精，生光八明。身神衆列，並來見形。徹視萬里，中達九靈。」東向洗目二七過，久行

〔一〕「二分」原作「三分」，據五神氣法、玉經寶訣及迴元經改。

〔二〕「御」，上三書均作「却」。

之，得見二十四神。行五神二十四神法十八年，千乘萬騎來迎召，上造紫清。

五辰行事訣

夜半清静，坐卧任意，臨目内〔一〕視，存太白星在玉瑠紫闕，在眉上一寸，直入一寸，陽日在左，陰日在右。次存辰星在天中帝鄉玄宫，從鼻〔二〕直上來至髮際五分，直入一寸。次存熒惑星在玉門華房，在目内眥際五分，直入五分，陽日在左，陰日在右。次存歲星在洞闗〔三〕朱臺，在目後一寸，直入一寸，陽日在左，陰日在右。次存鎮星在金匱黄室長谷，在鼻人中中央，直入二分，星綴懸於上。良久令五星出光芒五色煙，薰繞一身，洞徹内外。五色各隨其星之色。乃叩齒五通，嚥液二十五過，微祝曰：「高元紫闕，中有五神。寶曜敷暉，放光衡門。精化積生，變爲老人。首巾紫容，緑帔絳裙。右帶流鈴，左佩虎真。手把天綱，散絳〔四〕飛晨。足躡華盖，吐芒〔五〕鍊身。三景保守，令

〔一〕「内」字原無，據上清紫精君皇初紫靈道君洞房上經（下稱洞房上經）及玉經寶訣增。
〔二〕「帝鄉玄宫從鼻」原作「帝卿玄宫在眉間」，據上二書改。
〔三〕「闗」原作「闕」，據上二書改。
〔四〕「散絳」，上二書作「散鋒」。
〔五〕「芒」原作「亡」，據上二書改。

我得真。養魂制魄，乘飆飛仙。」嚥液三過，叩齒三通。若別有所願，於祝後續言之。

凡此五處，各方一寸，星如彈丸居中，照洞面體。雞鳴時，存日月象在六合府中，日在左，月在右，光明洞形。此在兩目上角小仰高空中，按〔一〕之叩齒，閫有四動在其中是也〔二〕。直入一寸，方九分。叩齒七通，嚥液九過，祝曰：「大明靈神，九度鬱青。招霞藏暉，灌錬五形。宮駕六合，七神調平。使我飛仙，登行上清。」

右一條，南極夫人受於太上高真，名雙景翼形隱道。行此五辰雙景法十五年，五方老人俱下來迎，俱昇紫庭。

右五辰二十四神事，凡五訣。

迴元行事訣

丁卯日夜半，於寢牀平坐北向，接〔三〕手臨目，叩齒七通，乃仰存七星煥明北方，良久

〔一〕「按」原作「接」，據洞房上經及玉經寶訣改。

〔二〕「閫有四動在其中是也」，上二書作「閫乎下有四會動在其下是也」。

〔三〕「接」原作「按」，據上清太上迴元隱道除罪籍經（下稱除罪籍經）及上清紫精君皇初紫靈道君洞房上經太上迴元隱道用除罪籍内篇（下稱除罪籍内篇）改。

微祝曰：「第一太星玄樞陽明天樞魂神上玄君，七過。願得除某七世以來，下逮某身，陽罪陰過，皆令消除。所向如願，萬事合心。飛步七星〔一〕，與天相傾。名刊斗晨，延紀億千。」

存陽明星從斗飛入口，光芒迴散，徑在心中，内外光徹。當存覺七星缺陽明星，餘六故懸乎天也〔二〕。丁丑日夜半，如上法。微祝曰：「第二元星北台〔三〕陰精天旋魂神上玉君，七過。願得除某七世以來，下逮某身，陰罪陽過，皆令消除。六氣盈滿，四神用虚。飛行七元，名刊玉書。上登紫清，乘玄駕无。出入利貞〔四〕，與天同符。」

存陰精星從斗來飛入口，徑在肺中，鑒洞内外。丁亥日夜半，如上法。微祝曰：「第三真星九極上真人〔五〕天機魄精上素君，七過。願得除某七祖以來，下逮某身，生罪死過，積

〔一〕「星」，除罪籍經及除罪籍内篇作「元」。

〔二〕「餘六故懸乎天也」原作「餘故懸於天地効也」，據上二書改。

〔三〕「台」原作「極」，據上二書改。

〔四〕「貞」原作「正」，據上二書改。

〔五〕「九極上真人」，上二書分别作「九極上真上真元人」、「九極上真上元真人」，疑前者之「真元」宜作「元真」。「九」原作「北」，據上二書改。

惡私匿，犯違天地水〔一〕三官者，皆得消滅。目明徹視，鑒洞幽無。飛行七元，名書上清。役使萬神，上登玉庭。駕景乘空，與天相傾。」

存真人星來飛入口，徑在肝中，乃北向再拜，嚥液九過。亦可心拜。丁酉日夜半，如上法。微祝曰：「第四紐星琁根玄冥天權魄精上虛君，七過。願得除某七世以來，下逮某身，無恩無德，不仁不孝，陰惡之罪，數千萬計，皆令消滅。服食納精，日以進益。飛登七元，録刊太玄。上列玉皇，乘欻九天。役使神靈〔二〕，日月同新。」

存玄冥星飛來入口，徑在脾中，嚥液二七過。丁未日夜半，如上法。微祝曰：「第五綱星天平丹元玉衡魄靈上君玄皇〔三〕，七過。願得除某七世以來，下逮某身，内外穢罪，表裏沈過，數千萬億，記在幽關者，皆令消除。當令體充氣盈，黄庭鎮中〔四〕。上列〔五〕太素，乘〔六〕

〔一〕「水」字原無，據上二書增。
〔二〕「役使神靈」，除罪籍經及除罪籍内篇作「役神御靈」。
〔三〕「上君玄皇」，上二書作「上玄九皇君」。
〔四〕「黄庭鎮中」原作「黄鎮胃庭中」，據除罪籍内篇改。
〔五〕「列」原作「刻」，據除罪籍經及除罪籍内篇改。
〔六〕「乘」字原無，據上二書增。

景紫宫。右侍玉女，左侍玉童。日月同暉，位爲真王。」

存丹元星來飛入口，徑在胃中，嚥液二九過。丁巳日夜半，如上法。微祝曰：「第六紀星命機北極閶陽魄〔一〕靈上丹皇虚君〔二〕，七過。願得除某七世以來，下逮某身，所犯所行，賊惡罪過，姦逆亂妄，列記帝宫者〔三〕，皆令消滅。百痾康愈，體氣利正。名書仙臺，刻金上清。役使萬神，飛行大〔四〕明。」

存北極星來飛入口，徑在腎中，陽日在左腎，陰日在右腎，嚥液二七過。月晦日夜半後未雞鳴，於寢床東向，平坐接〔五〕手，叩齒七通，仰存七星煥明於北方〔六〕。良久微祝曰：「第七

〔一〕「魄」原作「魂」，據除罪籍經及除罪籍内篇改。
〔二〕「上丹皇虚君」，上二書分别作「上丹真皇虚無九君」、「上真丹皇虚無君」。
〔三〕「者」字原無，據上二書增。
〔四〕「大」，上二書作「九」。
〔五〕「接」原作「按」，據上二書改。
〔六〕「北方」，上二書作「我之左面」。

關星玄陽天關瑶光太明上皇道君〔一〕，七過。願得除某七世以來，闇昧匿罪，犯罹五刑〔二〕，身中之神數千萬億，紀在北帝鬼官者，皆令消滅。當令某〔三〕神精八達，坐在立亡。耳聽絶音，目生紫光。刊玉太素，洞覽鬼形。名書帝軒，命均二明。飛行七元，寢宴紫庭。」

存天關星來飛入目瞳中，陽日在左，陰日在右。通映兩眼，使〔四〕内外自照，存見五藏分明。六甲日〔五〕夜半，於寢牀坐卧，首向任意，握固閉氣定神。良久叩齒九通，存北斗九星焕明於頂上，令光芒相映，祝曰：「第八帝星高上玉皇神八景靈元君、第九尊星太微玉帝君神太素七神元君，九過。願得除某九世祖父母以來，下逮某身，諸丘山水源大小罪過，名上死籍者，陰匿賊惡，伏姦藏欺，事有億萬，列在鬼帝酆山上死罪條列之愆，記在北上九元太極真人黑簿者，乞九元太上帝尊玉玄君〔六〕皆令罪事消除。飛行七道，上登玉清。洞遊太无，

〔一〕「上皇道君」，除罪籍經及除罪籍内篇作「太上玉皇道君」。
〔二〕「犯罹五刑」原作「五罪五形」，據上二書改。
〔三〕「某」原作「其」，據上二書改。
〔四〕「使」字原無，據上二書增。
〔五〕「日」字原無，據上二書增。
〔六〕「九元太上帝尊玉玄君」原作「九天元太上帝尊王玄君」，據上二書改。

乘景晨生。北宴八素，與日相傾。總朝真妃，攝御萬靈。」

存帝尊二星來飛入泥丸中，洞照五藏，内外通生紫光，嚥液三九過。若六甲、六丁日與月晦日同者，重行之。

右迴元事，凡八訣。

五帝雜修行乘龍圖

五藏神名：

肝，東方，青，其人姓爲婁氏，字君明，衣青衣。

心，南方，赤，其人姓爲張氏，字巨明，衣赤衣。

肺，西方，白，其人姓爲文氏，字元明，衣白衣。

腎，北方，黑，其人姓爲玄氏，字子真，衣黑衣。

脾爲中央，戊己土黄，其人姓爲己氏，字元己，衣黄衣。知吾者生，不知吾者死。知五藏神名字與天地適等，晨暮〔一〕常呼之與言語，有痛處自令其神治之即差也。不與相知不與言語則死矣！出黄書西方兵

〔一〕「暮」下原有「有」字，據四部叢刊本删。

法。

肝神名爲青龍，字蒠[一]龍子方。

心神名爲豪丘，字陵陽子明。

肺神名爲方長宜，字子元。

腎神名爲雙以，字林子。

脾神名爲黄庭，字飛黄子。

肝痛思東方青帝君治之。不差，思身中所出將軍悉治之。

心痛思南方赤帝君治之。

肺痛思西方白帝君治之。

腎痛思北方黑帝君治之。

脾痛思中央黄帝君治之。

東方甲乙者木氣，起於肝，其氣青，中有神人，姓爲婁氏，字君明，衣羽衣，戴繡冠幘。

南方丙丁者火氣，起於心，其氣赤，中有神人，姓爲張氏，字巨明，衣絳衣，戴繡冠幘，帶

〔一〕「蒠」，四部叢刊本作「蕙」。

龍頭紐鏌鋣刃，常治太清之中，腰帶紫綬，能與天皇語。

西方庚辛者金氣，起於肺，其氣白，中有神人，姓爲文氏，字元明，衣白衣，戴繡冠幘。

北方壬癸者水氣，起於腎，其氣黑，中有神人，姓爲玄氏，字子真，衣黑衣，戴繡冠幘。

中央戊己者土氣，起於脾，其氣黄，中有神人，姓爲己氏，字元己，衣黄衣，戴繡冠幘。

膾爲長命宫，中有神人，姓爲吴氏，字元仙，衣黄衣，持北斗。此五内之神，四面供養之，拘魂録魄，來附小臣某甲身。

右此五藏神，先當静思之。次以上静文，吏兵守宅次之。

雲笈七籤卷之五十三

雜祕要訣法

太上隱書八景飛經八法并序

九天丈人受太空靈都金真玉光於〔一〕元始天王，名之八景飛經，廣生太真〔二〕名之八素上經，青真小童名之豁落七元，九天太上大道君名曰隱〔三〕書玉訣金章。同出於九玄之先，目其上篇而四時名焉！其道高妙，衆經之尊。

凡行此道，不得冒殗入穢，觸死生之汙。犯此之禁，真靈高逝，返止上宮，施召不至，返誤兆身。子得此法，慎此爲先。

〔一〕「於」字原無，據上清金真玉光八景飛經（下稱八景飛經）增。
〔二〕「真」原作「空」，據上書及本書卷九釋太微黄書改。
〔三〕「隱」原作「素」，據上二書改。

法曰：立春之日，三素元君上詣天皇大帝遊宴之時，元景行道受仙之日也。兆修金真玉光八景飛經之法，當以其日沐浴齋戒，清朝入室，燒香行禮，施按招靈致真〔一〕攝魔之符，置於四方。兆於中央，東北向叩齒十二通，仰思紫緑白三色之雲東北而廻。便心念微言：「三素元君，乞廻神駕，下降我身。右列我名，賜我神仙。」畢，還思東北〔二〕青微上府始陽宫中元景司空司録道君姓葛諱太兕獻，形長七寸八分，身著玄黄之綬，頭冠七色曜天玉冠，足躡五色之履，手執威神之策，乘八輿之輪〔三〕飛龜玄雲之車，驂駕青龍，從太和仙童二十三人，下治兆身泥丸宫中。乃微祝曰：「元景大神，玄道廻精。上節告始，萬炁混生。九微上化，廻降我形。保固元宫，監總帝靈。招真制魔，我道威明。上致太和，玉芝充盈。通神徹視，洞覩三清。得乘飛景，俱昇帝庭。」畢，仰嚥八炁止。此元景之道，行之八年，則三素之雲八輿飛輪迎兆之身，上昇帝晨。所謂八道元景招靈祕言，不傳非仙之士。

春分之日，太微天帝君上詣高上玉皇遊宴之時，始景行道受仙之日也。至其日如上

〔一〕「真」原作「其」，據八景飛經改。

〔二〕「東北」原作「東方」，據上書改。

〔三〕「八輿之輪」，上書作「八景之輿」。

法，夜半東向叩齒九通，仰思玄青黄三色之雲東北而廻。便心念微言：「太微天帝君，乞廻神駕，下降我身。上我帝簡，賜我神仙。」畢，還思東方青陽上府玄微宫中始景老子大道君姓羽〔一〕諱幽宛，形長九寸，身著紫青之綬，頭戴九色通天寶冠，足躡九色之履，手執命神之章，從太陽仙童三十六人，乘八景之輿青雲之車，驂駕蒼龍，下治兆身明堂宫中。乃微祝曰：「始景上元，招靈致真。承氣命節，法典帝先。廻精玄蓋，上宴玉晨。廻靈下降，鎮固我身。保精鍊氣，五華結鮮。紫氣流映，洞得御神。驂乘飛景，上宴瓊軒。」畢，仰噈九炁止。此始景之道，行之八年，則玄景飛輪來迎兆身，上昇太清。八道始景祕言，勿傳非仙之人。

立夏之日，太極上真三元真人上詣紫微宫遊宴之時，玄景行道受仙之日也。至其日如上法，清旦東南向叩齒九通，仰思紫青黄三色之雲西北廻。便心念微言：「太極上真三元真人，乞廻神駕，下降我房。書我玉名，使我神仙。」畢，還思東南少陽上府太微宫玄景玉光無極道君姓王諱無英，形長八寸八分，身著丹錦之綬，頭戴無極進賢玉冠，足躡九色之履，手執招靈之章，乘玄景緑輿五色雲車，驂駕鳳凰，從靈飛仙童三十九人，下治兆身洞房宫

〔一〕「羽」原作「某」，據八景飛經改。

中。乃微祝曰：「玄景上靈，驂宴八氣。造宴九玄，翺翔無外。迴真下降，解我宿滯。曆以飛雲，覆以紫蓋。得乘八景，上昇霄際。」畢，仰噏八氣止。此玄景之道，行之八年，則紫青黄三色之雲玄景緑輿來迎兆身，上昇太清。玄景八道祕言，勿傳非仙之人。

夏至之日，扶桑公太帝君上詣太微宫遊宴之時，靈〔一〕景行道受仙之日也。至其日如上法，清旦南向叩齒八通，仰思赤白青三色之雲東南而迴。便心念微言：「扶桑大帝君，乞迴神光，下降兆身。記名東華，得乘飛煙。」畢，還南向思太陽上府紫微宫中靈景太尉元先道君姓玄諱伯史，形長八寸八分，身著絳錦丹綬，頭戴平天耀精玉冠，足躡九色之履，手執制魔之章，乘光明八道之輿赤雲氣之車，驂駕鳳凰，從丹靈上宫〔二〕玉童三十六人，下治兆身中元丹田宫中。乃微祝曰：「靈景啓靈，乘氣旋迴。迅駕八道，光明吐威。下降我房，映我丹輝。攝魔御神，萬靈悉摧。使我洞幽，與景齊飛。」畢，仰噏八氣止。此靈景之道，行之八年，則致光明八道之輿來迎兆身，上昇太清。靈景八道祕言，勿傳非仙之人。

立秋之日，太素上真白帝君上詣玉天玄皇高真遊宴之時，元景行道受仙之日也。至其

〔一〕「靈」，八景飛經作「虛」。

〔二〕「宫」下原有「從」字，據上書删。

日如上法，清旦西南向叩齒十二通，仰思赤白紫三色之雲正西而廻。便心念微言：「太素真人，乞廻神光，下降我身。奏名玉天，得爲真人。」畢，思西南少陰上府靈微陽宫之中元景太一淡天道君〔一〕姓黄諱運珠，形長七寸八分，著玄黄素綬，頭戴七寶進賢之冠，足躡九色之履，手執命神之策，乘翛條玉輦五彩朱蓋紫雲之車，驂駕六龍，從黄素上宫仙童二十四人，下治兆身丹田宫中。乃微祝曰：「元景上真，八道玄景。上治黄母，下治兆身。徘徊神輦，流映紫清。歷運御氣，三元焕明。制神攝魔，我道洞精。長保上景，飛仙長生。」畢，仰嚥七氣止。此元景之道，行之八年，則致翛條玉輦來迎兆身，上昇太清。元景八道祕言，勿傳非仙之人。

秋分之日，南極上真赤帝君上詣閬風臺九靈夫人遊宴之時，明景行道受仙之日也。至其日如上法，清旦西向叩齒十二通，仰思青黄赤三色之雲西南而廻。便心念微言：「南極上真上皇赤帝君，乞廻神光，下眄我房，賜書玉簡，上奏九靈。得乘飛景，昇入無形。」畢，思

〔一〕「元景太一淡天道君」，原無「一」字，據八景飛經增。

正西太陰上府精思兑宮中明景〔一〕太和道君，姓浩諱仁義〔二〕，形長六寸八分，身著白文素靈之綬，頭戴無極玉寶天冠，足躡九色之履，手執度命保生玉章，乘絳琳碧輦白雲之車，駿駕白虎，從素靈上宮玉童二十四人，下治兆身華蓋宮中。乃微祝曰：「明景道宗，總統九天。匡絡紫霄，迅御八煙。廻停玉輦，下降兆身。啓以光明，授以金真。豁落招靈，身無稽延。得乘飛景，上宴霄晨。」畢，仰嚥七氣止。此明景之道，行之八年，則致絳琳碧輿來迎兆身，上昇太清。明景八道祕言，勿傳非仙之人。

立冬之日，上清真人帝君皇祖上詣高上九天玉帝〔三〕遊宴之時，洞景行道受仙之日也。至其日如上法，清旦西北向叩齒九通，仰思緑紫青三色之雲西南而廻。便心念微言：「上清真人帝君皇祖，乞廻神駕，下降兆房。賜書玉名，上奏上清。得乘飛景，昇入無形。」畢，思西北陰暉上府清微宮中洞景司録太陽道君姓玄〔四〕諱元輔，形長五寸八分，身著玄

〔一〕「景」原作「晨」，據八景飛經改。

〔二〕「仁義」，上書作「二儀」。

〔三〕「玉帝」原作「玉帝子」，據上書删。

〔四〕「姓玄」原作「姓某」，據上書改。

黄之綬，頭戴九玄飛景玉冠，足躡〔一〕五色之履，手執攝殺之律，乘玄景八光丹輦紫雲之車，驂駕玄武，從太玄仙童二十四人，下治兆身倉命宫中。乃微祝曰：「洞景帝尊，玄靈陰神。乘霞御龍，驂駕飛煙。上遊玉清，下治太玄。迴降紫輦，來入我身。得乘八景，位同真人。」畢，仰噱五氣止。此洞景之道，行之八年，則致玄景八光丹輦下迎兆身，上昇太清。洞景八道祕言，勿傳非仙之士。

冬至之日，太霄玉妃太靈上真人詣太皇宫太微天帝君遊宴之時，清景行道受仙之日也。至其日如上法，清旦正北向叩齒十二通，仰思朱碧黄三色之雲東北而迴。便心念微言：「太霄玉妃太靈真人，乞迴神駕，下降我房。賜書玉名，奏上太霄。得爲真人，遊宴上宫。」畢，思北方陰精上府道微宫中諫議玄和道君姓王諱陰精，形長五寸八分，身著玄雲五色之綬，頭戴玄晨寶冠，足躡五色師子之履，手執招靈之策，乘徘徊玉輦錦雲珠玉之車，驂駕玄鳳黑翮，從太玄上宫仙童二十六人，下治兆身玄谷宫中。乃微祝曰：「清景素真，元始洞靈。受化九元，含氣朱嬰。徘徊玉輦，逍遥紫清。轉輪八節，緯度天經。削我死録，保命南生。得乘飛景，接轡緑軿。」畢，仰噱五氣止。此清景之道，行之八年，致徘徊玉輦下迎兆

〔一〕「躡」原作「攝」，據八景飛經改。

身，上昇太清。清景八道祕言，勿傳非仙之人。

行八景飛經八道祕訣，上皇玉帝告命諸天十方衆聖五嶽靈仙，敬護兆身，降致玄輿飛輦，得與真人同昇上清。真皇守兆之命，太一防兆之身，出入遊行，無有凶横之禍。若無〔一〕仙名玉籍，列圖紫宫，幽冥亦不以此經啓悟兆心。兆得此經，即東華注簿，位同真人。唯保唯祕，不可輕宣。妄泄祕言，死滅兆門。

太上丹景道精隱地八術一名紫霄〔二〕飛靈八變玉符

隱地八化玄真之術：一曰藏形匿影，二曰乘虚御空，三曰隱淪飛霄，四曰出有入無，五曰飛靈八方，六曰解形遁變，七曰迴晨轉玄，八曰隱景儛天。此乃上清金臺玉室祕房妙術，藏之玉笈，封以金章，侍以玉童，衛以玉女各八百人。太上玉晨高聖君受之於九玄，七千年乃傳太極真人東華大神方諸青童扶桑暘谷神王清虚真人，告盟于上清，裂金以誓。身有其文者，則隱淪八方。有修其術，則乘虚駕空。口口相授，不得妄傳。子不示父，臣不奉君。

〔一〕「無」原作「有」，據八景飛經改。

〔二〕「霄」，道藏本上清丹景道精隱地八術經（下稱八術經）作「清」。

唯在刻字金簡，書名玉篇。輕泄祕文，殃及〔一〕七玄，身爲下鬼，充塞河源。按如神真，祕而奉焉！

第一藏形匿影之術：當以立春之日平旦入室，向東北角上坐，思紫雲鬱鬱，從東北角上艮宫中下，覆滿一室，晻冥内外。良久，紫雲化爲九色之獸，如麟之狀，在我眼前。因叩齒三十六通，而微祝曰：「迴元變影，晚〔二〕暉幽蘭。覆我紫牆，藏我金城。與氣混合，莫顯我形。」畢，便九嘯止。開〔三〕目雲氣豁除，便服靈飛〔四〕玉符。修之一年，形常隱空。有難之日，立艮宫之上，取本命上土撮以自障，按如立春之日祝，思〔五〕氣自覆，人不見焉！

第二乘虚御空之術：當以春分之日正中入室，東向冥目，思碧色之雲鬱鬱如飛輪，從

〔一〕「及」原作「乃」，據八術經改。
〔二〕「晚」，上書作「暎」。
〔三〕「開」原作「閉」，據上書改。
〔四〕「靈飛」二字，上書互乙。
〔五〕「思」下原有「之」字，據上書删。

東方震宫中下，覆滿一室，内外晻冥。良久，青氣化爲蒼龍，在我左耳上〔一〕，纏繞我身。因叩齒三十六通，而微祝曰：「騰玄御氣，輪轉八宫。坐則同人，起則入空〔二〕。覆我碧霄，衛我神龍。映顯我形，通幽洞冥。呑嚥九靈，永得無窮。」畢，便九嚥氣止，開目服符。修之三年，乘虚駕空。有難之日，立於震宫上，取行年上土撮以自障。按如春分之祝，思氣自覆，人視如氣。

第三隱淪飛霄之術：當以立夏之日正中入室，東南向冥目，思赤雲如煙之狀，從東南巽宫中來，覆滿一室，内外晻冥。良久，赤氣化爲玄兔，在兆胷腹之上。因叩齒三十六通，而微祝曰：「玄兔靈飛，啓告三晨。披除囂翳，通我清津。景登雲舉，氣降紫煙。萬靈稽首，皆伏我前。」畢，便九嚥氣止，開目服符。修之三年，隱淪飛霄。有難之日，立於巽宫左，取十四炁咽之，撮太歲上土以自障，案如立夏之祝，思氣自覆〔三〕，則與氣同行。

第四出有入無之術：當以夏至之日正中入室，南向冥目，思赤氣蓊鬱從南方離宫中

〔一〕「上」原作「一」，據八術經改。
〔二〕「空」原作「室」，據上書改。
〔三〕以上四句二十四字原作「取十四氣以自覆」，據上書改。

來，覆滿一室，内外晻冥。良久赤雲化爲鳳凰，在我頭上。因叩齒三十六通，而微祝曰：「赤霞映玄，氣液流通。九道之變，化爲鳳凰。授我真符，賜我玉漿。出自天門，入自離宮。招致雲軿，駕虚乘光。」畢，便九嘯氣止，開目服符。修之四年，能出入無窮。有難之日，立於離宮，左取九氣畢，便開目服符，又九嘯氣止。撮取月建上土以自障，按如夏至〔一〕之祝，思赤氣自覆，則身爲火光。

第五飛靈八方之術：當以立秋之日晡時入室，西南向冥目，内思白氣鬱鬱如天之霧，從西南上坤宫中來，覆滿一室，内外晻冥。良久，白氣化爲麒麟，對在我前。因叩齒三十六通，而微祝曰：「仰注玄精，吞嘯黄華。身生飛羽，輕舉登霞。遊宴八宫，萬萬不俎。」畢，便九嘯氣止，開目服符。修之五年，能昇八方。有難之日，立於坤宫上，仰嘯三十六氣。左取今日辰上土以自障，按如立秋之祝，思白氣以自覆，則身化爲霧露，人不見也。

第六解形遁變之法：當以秋分之日晡時入室，西向冥目，内思白雲從西方兑宫中來，覆滿一室，内外晻冥。良久，白雲〔二〕化爲白虎，常在我右邊。因叩齒三十六通，而微祝

〔一〕「夏至」原作「立夏」，據八術經改。

〔二〕「雲」原作「氣」，據上書改。

曰：「解形遁變，追飛躡浮。先謁玉皇，退之八嵎。分身爲萬，適意如求。俄頃之變，八宫已周。」畢，便九咽氣止，開目服符。修之六年，形化影變，縱横八方，任意所之。有難之日，當立兑宫之中，思火氣來燒我身，仰噏氣九過〔一〕，取丙上土以自障，祝如上法，則人莫之見也。

第七迴晨轉玄之術：當以立冬之日子時入室，西北向冥目，内思黑雲從西北方上乾宫中來，覆滿一室，内外晻冥。良久，黑雲化爲螣蛇，在我左足下。因叩齒三十六通，而微祝曰：「太微〔二〕九玄，化爲螣蛇。迴輪五星，運轉七機。上宴玄宫，八景同暉。吞精噏氣，永無終衰。」畢，便九噏氣止，開目服符。修之七年，能迴轉五晨，出入無間。有難之日，當立乾宫之中，思黑雲來覆我身，仰噏三十五氣，取天門上土以自障其身，祝如立冬之日，則人不見之。

第八隱景儛天之術：當以冬至之日子時，入室北向，内思黑氣〔三〕疊沓相覆，從北方

〔一〕「仰噏氣九過」，八術經作「仰咽七氣」。
〔二〕「微」，上書作「陰」。
〔三〕「黑氣」，上書作「黑雲」。按下文作「雲」是。

坎宫中來下，覆滿一室，内外暗冥。良久，黑氣〔一〕化爲玄龜，在我右足下。因叩齒三十六通，而微祝曰：「八道隱方，藏地僲天。逃以六陰，顯身玉輪。驂龍御煙，上造帝晨。」畢，便九嚥氣止，開目服符。修之八年，則登玉清宫。有難之日，立在坎宫之上，思黑雲覆身，仰嚥三十五氣，取地户上土以自障，祝如冬至之文，則人不見逃也。

上清玉霞紫映内觀上法〔二〕

常以本生上旬之日，沐浴清齋淨服，平旦入室，以内觀開明玉符清華之水東〔三〕向洗眼，并漱蕩口腹，令内外清虚，口無餘味，腹無餘熏，眼無餘視，體無餘塵，恬淡静默，唯道是身。然後還南向，平坐瞑目，内思紫氣出兆頭頂之上，勃勃衝天，氣冠己身，内外鬱冥。便引紫氣仰嚥三十九過，覺氣〔四〕嚥入兆口腹之中。嚥訖開眼，朗然豁除，便叩齒三通，仰祝

〔一〕「黑氣」，八術經無。
〔二〕「上清玉霞紫映内觀上法」，「上」原作「太」，原無「内」字，據洞真上清青要紫書金根衆經（下稱金根衆經）增改。
〔三〕「東」原作「便」，據上書改。
〔四〕「氣」，上書作「熱隨」，「氣」下原有「嚥三十九過氣」六字，據上書删。

曰：「上清流霞，暉真吉旦。紫雲映靈，陽〔一〕精交煥。内注〔二〕金門，玉户受觀。寶神和藏，魂魄無散。明皇九真，八道流羡。攀雲招靈，靈降紫〔三〕漢。洞徹幽元，三晨齊宴。遊騰玉堂，上拜帝館。」畢，仰嚥三過止。

本生上旬之日，若甲子旬生，以甲寅日爲上旬，他皆倣此也。

紫書訣云：修上清玉霞紫映内觀之道，常以月生一日，取西流水三升，盛之以金器〔四〕，銅器亦佳。以真珠一兩内著水中，名曰金精石景水母玉胎之瑛，露於中庭。至月十五日正中，日精玄映於石景水母，日象煥明水母之中，東向書〔五〕流霞開明洞觀玉符投内石景水母中，轉南向叩齒十六通，仰呼曰：「日魂珠景，照韜緑映，迴〔六〕霞赤童，玄炎飈象。」凡十六字畢，閉眼思日中五色流霞下冠兆身，洞煥一形。存見日中有一仙人形長八

〔一〕「陽」原作「揚」，據金根衆經改。
〔二〕「注」原作「住」，據上書改。
〔三〕「紫」原作「樂」，據上書改。
〔四〕「金器」二字原無，據上書增。
〔五〕「書」字原無，據上書增。
〔六〕「迴」原作「丹」，據上書改。

寸，頭戴朱陽赤冠，衣絳錦丹裙，下在兆身頭頂之上，口引日中赤丹金精石景水母之瑛，以灌溉兆形，便臨所盛水中，映日光而微祝曰：「耀羅丹陽，元景敷陳。赤鑪大明，九氣齊真。三五運精，二象交纏。玉胞石髓〔一〕，錬故返新。流霞玄注，水母凝神。和魂柔魄，内外同煙。仰餐丹華，口啜〔二〕日根。靈芝盈溢，面發金仙。與氣同軀，與日同存。乘景飛空，上造帝晨。」畢，仰向日十六噍止。取石景水母之瑛，向日洗目，并沐浴形軀，餘水放之西流。行此九年，面有金容，内外洞徹，與日同光，飛行玄虛，上造日門〔三〕。此道高妙，不傳下世。輕泄寶文，罰以鬼兵，身役鬼官，七祖獲殃。

存玄白法

胎精中景玄白〔四〕内法：常以旦旦坐卧任意，存泥丸中有黑氣、存心中有白氣、存臍

〔一〕「髓」原作「體」，據金根衆經改。
〔二〕「啜」原作「掇」，據上書改。
〔三〕「門」原作「間」，據上書改。
〔四〕「玄白」原作「黑白」，據真誥卷十三及登真隱訣卷中改。

中有黃氣，三氣俱生如雲以覆身。初存氣如小豆，漸大衝天，三氣纏繞身，共成一混〔一〕。因變成火，火又繞〔二〕身，通明洞徹，內外如一。內通外徹，支體共火一色。旦行之，至日中乃止。於是服氣一百二十，都畢。行之三十年，遁形隱身，日行五百里。

三素雲法

夜臥，謂子後睡覺起時。又云坐起可行之，不必夜也，要當以生氣時。如此，則子後午前皆可爲之。然宜以丑後卯前爲之佳矣。先閉目東向，當東向平坐。以手大指後掌左右按拭目就耳門，使兩手俱交會於項後三九過。存目中各有紫青絳三色氣〔三〕出目前，此是內按三素雲，以灌目〔四〕童子也。先存兩目中各有此三色雲，仍各出目前凝鬱，良久按拭之，於按中每覺目外之雲還入目童子中，暉光瑩徹，手過又出，拭之又入，以至數畢。而陰祝曰：「眼童三雲，兩目真君。英明注精，開通精神。

〔一〕「混」，真誥卷十三守玄白之道作「混沌」。
〔二〕「繞」原作「燒」，據真誥卷十、卷十三守玄白之道及登真隱訣卷中守玄白之術改。
〔三〕「氣」原作「並」，據真誥卷九及登真隱訣卷中改。按下注語作「雲」。
〔四〕「目」，上二書作「合」。

太玄雲儀，靈嬌翩翩〔一〕。保我〔二〕雙闕，啓徹九門。百節映響，朝液泥丸。身昇玉宮，列爲真君。」畢，因噏液五十過。存液入肝中。行之一年，則耳聰目明，久爲之，徹視千里，羅映神靈，聽之於絶響也。

又法，返胎按摩經云：常以陽日，月一日爲陽，每陽日之旦、陽日之夜，夜卧覺、旦將起〔三〕，急閉目向本命之方，以兩手掌相摩切令小熱，各左右拭按兩目、籠耳門，令兩掌交會於項中九過。又存兩目中各有紫赤黄三色雲炁，各下入兩耳中。良久，陰祝曰：「眼童三雲，明目真君。英明〔四〕注精，開通帝神。太玄雲儀，玉靈敷篇〔五〕。保我〔六〕雙闕，啓徹九門。百節應響，迴液泥丸，身昇玉宮，列爲上真。」祝畢，噏液三過。畢，乃開目坐起。常行

〔一〕「靈嬌翩翩」原作「靈驗篇篇」，據真誥卷九及登真隱訣卷中改。
〔二〕「我」，上二書作「利」。
〔三〕「每陽日之旦、陽日之夜，夜卧覺、旦將起」原作「每陽日之旦、夜之卧覺、旦將起」，據洞真西王母寶神起居經及上清三真旨要祕訣改。
〔四〕「英明」原作「映明」，據上二書改。
〔五〕「玉靈敷篇」，上二書作「靈嬌翩翩」。
〔六〕「我」，上二書作「利」。

之，不必〔一〕旦暮也。行之三年，耳目聰明。

〔一〕「不必」原作「不如」，據洞真西王母寶神起居經及上清三真旨要祕訣改。

雲笈七籤卷之五十四

魂神

説魂魄

正一真人居鶴鳴山洞，告趙昇曰：「夫人身有三魂：一名胎光，太清陽和之氣也；一名爽靈，陰氣之變也；一名幽精，陰氣之雜也。若陰氣制陽，則人心不清淨。陰雜之氣，則人心昏暗，神氣闕少，腎氣不續，脾胃五脉不通，四大疾病係體，大期將至焉。旦夕常爲尸卧之形，將其奄忽而謝，得不傷哉！夫人常欲得清陽氣，不爲三魂所制，則神氣清爽，五行不拘，百邪不侵，疾病不縈，長生可學。」趙昇稽首再拜，叩頭伏問：「何以制禦得陰雜之氣？使清和之氣降矣！昇欲謹敬行之，導接生靈，牢固朽敗之徒，免幽魂所侵逼矣。」真人曰：「復坐，告汝。夫人身最貴，天地委形，三元真氣之所戴。若合三氣百神，而不至於死。夫三魂者：第一魂胎光，屬之於天。常欲得人清淨，欲與生人延益壽筭，絶穢亂之想。久居人身中，則生道備矣。第二魂爽靈，屬之於五行。常欲人機謀萬物，搖〔一〕役百神，多生禍福災衰刑害之事。第三魂幽精，屬之於地。常欲人好色嗜慾，穢亂昏暗，躭著睡眠。爽靈欲人生機，生機則心勞，心勞則役百神，役百神則氣散，氣散則太清一氣不居，人將喪矣。幽精欲人合雜，合雜則厚於色慾，厚於色慾則精華竭，精華竭則名生黑簿，鬼録罪著，死將至矣！夫人重色欲，必昏邪穢亂，不避三光四明，雷霆神察，爲四司所録，五帝所責，延累九玄七祖父母，長居幽途。榮禄長生，不可覩矣！」趙昇驚起，請紀〔二〕其原狀，使〔三〕屍敗之徒，見乎全生之道。正一真人曰：「胎光本生於始青〔四〕元君聖母之宫，每降正月七日；爽靈本生於太一之宫，降於七月七日；幽精生於太極陰宫，降於十月五日。皆以本降之日，上詣本宫受事，送人善惡，謂之三魂會日。此日是本會之日，亦更有〔五〕小攢會三日。胎光以甲子日上，爽靈以庚申日上，幽精以本命日上，言人善惡災難非禍。若三魂不

〔一〕「搖」，疑作「徭」。
〔二〕「紀」原作「始」，據四部叢刊本改。
〔三〕「使」原作「則得」，據四部叢刊本改。
〔四〕「本生於始青」原作「本生始清」，據四部叢刊本增改。
〔五〕「有」字原無，據四部叢刊本增。

相制禦，歸本宮各言人清淨，不生惡狀，則魂常不離人左右，神氣雄壯，百神隨從，所爲無不從其善願。幽藹絶對，四司莫能書其罪狀。災害陰邪疾病，不敢輒近其形體。吾爲汝備述，謹而行之，真道立見。」

正一真人曰：「夫修道攝生，常以清旦日未出時叩齒，三呼三魂三遍，夜欲卧亦三呼，呪曰：『胎光延生，爽靈益禄，幽精絶死，急急如律令！』每日如此，魂不離人左右，飛災横禍惡鬼凶神不能爲害，遊夢變恠杜絶房寢。每於此前上三日、下三日隔宿，潔淨恭肅，清齋三日，沐浴拜章，言功謝罪著善。即爽靈幽精不能强制真一元氣，道可易求。」正一真人告約趙昇曰：「行之勿得不常，存之勿得不精。常、精者，道人之志也。」正一真人告趙昇曰：「夫人身有三魂，謂之三命。一主命，一主財禄，一主災衰。一常居本屬宫宿，一居地府五嶽中，一居水府。以本命之日，一魂歸降人身。唯七魄常居不散。若至本命日，一魂歸降，檢行生人，與魄合察衰敗壯健。若三魂循環不絶，則生人安穩無病。其日可清淨身心，不酒不色，著新衣，焚香習善。至本命日若欲睡，則睡少時，魂與魄合即去。若其日婬醉昏亂，魂歸去身三步，取合不得，穢氣衝射，魂遂去而不歸。如三度魂歸不合魄即去，身神斃矣！魄者陰也，常欲得魂不歸。魂若不歸，魄即與鬼通連。魂欲人生，魄欲人死。魂悲魄笑，曰：『歸無我舍，五鬼侵室。』三魂絶而不歸，即魄與五鬼爲徒，令人遊夢恠惡，謂之遊魂，身無主矣！令人行事昏亂，躭睡好眠，災患折磨，求添續不可得也。一年六旬，魂六度歸身中，制禦陰魄，令不與陰邪通好。百神交會，形體災難不侵。若六旬不返，魄得其便，與陰鬼謀，人將亡矣！每本命日，一魂從本宿降下，二魂雖非巡次，其日亦隨從母魂而下〔一〕。有本司官吏四人，都十二人。其日，本生父母亦與魂降。當須以錢財酒脯一十二分，取本命時祭之，後本司不與魄爲留難，及時降下，福莫能盡。常爲之，長生之門。」

王真人曰：「吾聞先師真人之言，夫混沌元始本一氣，化散三萬六千神氣者，皆流約爲其數。夫天地神氣，新舊交續，豈有數而限之？百川因氣而不絕，天地因氣而長久，維斗得之而不窮，綿綿接續而生焉！聖人指一氣爲歸，交接降約，令人不死。而凡約者不知，苟取其死。天地晝夜一周，三萬六千炁候，交接不愆，則日月貞明，風雲不昧，澤及四時，萬物資生。若氣候愆時，不相接續，數有闕少，上下不應，即雷霆震怒，日月失道，星宿失位，愆陽水澇，萬物失生。人身法天象地，每日一周時，腎氣上至脾胃，晝夜三萬六千喘息不絕，上下相應，通流經絡，傳溉五藏，滋澤榮衛。即人輕健精明，强記无病，學道易成。若三炁五炁十炁不續，即人病傳於經絡，令人壯熱，飲食不下，魂魄驚怖，神氣錯亂。一藏容受即病，

〔一〕「而下」二字原無，據四部叢刊本增。

得其土地分野療之，不及則人困矣！是以修真之人，採新安故，添續不絶，即神氣常堅，精華不散，則人不衰不老，病疾不侵，鬼神畏懼，五靈鎮守，精氣充塞，外制百邪陰毒之氣。氣既精鋭，禁無不伏。言其神氣壯鋭，摧伏五兵如猛大將軍，故以神氣爲將軍也。」

拘三魂法

月三日十三日二十三日夕，是此時也，三魂不定，爽靈浮遊，胎光放形，幽精擾喚。其爽靈胎光幽精三君，是三魂之神名也。其夕皆棄身遊遨，飈逝本室。或爲他魂外鬼所見留制，或爲魅物所得收録，或不得還返，離形放質；或犯於外魂，二氣共戰。皆躁競赤子，使爲他念，去來無形，心悲〔一〕意悶。道士皆當拘而制之，使無遊逸矣！拘留之法：當安眠向上，下枕伸足，交手仰〔二〕上，冥目閉氣三息，叩齒三通，存身中〔三〕赤氣如雞子，從内仰上，出於目中。出外赤氣，轉火燒身，使匝一身，令其内外洞徹，有如燃炭之狀，都畢矣。其

〔一〕「悲」原作「非」，據皇天上清金闕帝君靈書紫文上經太微靈書紫文拘三魂之法（下稱拘三魂之法）改。
〔二〕「仰」，上書作「心」。
〔三〕「身中」，上書作「心有」。

時當覺身中小熱，乃叩齒三通。畢，即存呼〔一〕三魂名字胎光爽靈幽精三神急住。因微祝曰：「太微玄宫，幽〔二〕黄始青。内鍊三魂，胎光安寧。神寳玉室，與我俱生。不得妄動，鑒者太靈。若欲飛行，唯得詣太極上清。若欲飢渴，唯得飲徊水玉精。」

制七魄法

月朔月望月晦之夕，是此時也，七魄流蕩，遊走穢濁。或交通血食，往鬼來魅；或與死屍，共〔三〕相關入，或淫惑〔四〕赤子，聚奸伐宅；或言人之罪，詣三官河伯；或變爲魍魎，使人魘魅；或將鬼入身〔五〕，呼邪殺質。諸殘病生人，皆魄之罪；樂人之死，皆魄之性；欲人之敗，皆魄之病。道士當制而厲之，鍊〔六〕而變之，御而正之，攝而威之。

〔一〕「呼」字原無，據拘三魂之法增。
〔二〕「幽」，上書作「中」。
〔三〕「共」字原無，據上書增。
〔四〕「惑」字原無，據上書增。
〔五〕「身」字原無，據上書增。
〔六〕「鍊」原作「陳」，據上書改。

其第一魄名尸狗，其第二魄名伏矢，其第三魄名雀陰，其第四魄名吞賊，其第五魄名非毒，其第六魄名除穢，其第七魄名臭肺。

此皆七魄之名也，身中之濁鬼也。制檢之法：當正卧去枕伸足，兩手搓掌心，次掩兩耳，指端相接，交於頂中。閉息七過，叩齒七通〔一〕，存鼻端有〔二〕白氣如小豆，須臾漸大，以冠身九重，下至兩足，上至頭上。既畢，於是白氣忽又變成天獸，使兩青龍在兩目中，兩白虎在兩鼻孔中，皆向外。朱雀〔三〕在心上，向人口。蒼龜在左足下，靈蛇在右足下，兩耳中有玉女，著玄錦衣，當耳門，兩手各把火光，良久都畢。又嚥液七過，叩齒七通，呼七魄名畢，乃祝曰：「素氣九迴，制魄邪姦。天獸守門，嬌女執關。七〔四〕魄和柔，與我相安。不得妄動，看察形源。若汝飢渴，聽飲月黃日丹。」於是七魄内閉，相守受制。若常行之，則魄濁下消，返善合形，上和三宫，與元合景〔五〕。一人身有三元宫神，命門有玄關大君，及三魂

〔一〕「閉息七過，叩齒七通」原作「閉息七通」，據拘三魂之法改。
〔二〕「有」字原無，據上書增。
〔三〕「朱雀」二字原無，據上書增。
〔四〕「七」，上書作「錬」。
〔五〕「景」，上書作「靈」。

之神，合有七神，皆在形中，欲令人長生，仁慈大吉之君也。此七魄亦受生於一身，而與身爲攻伐之賊，故當制之。道士徒知求仙之方，而不知制魄之道，亦不免於徒勞也。

其三元宮所在，其上元宮，泥丸中也，其神赤子字三〔一〕元先，一名帝卿。其中元宮，絳房中心是也，其神真人字子南〔二〕丹，一名中〔三〕光堅。其下元丹田宮臍下三寸是也，其神嬰兒字元陽昌〔四〕，一名谷下〔五〕玄。

此三一之神矣。欲拘制魂魄之時，皆先陰呼其名，存三神皆玉色金光，有〔六〕嬰兒之貌。中上二元皆赤衣，下元衣黄，頭如嬰兒始生之狀也。

〔一〕「三」字原無，據拘三魂之法增。

〔二〕「南」字原無，據上書增。

〔三〕「中」字原無，據上書增。

〔四〕「昌」原作「子」，據上書改。

〔五〕「下」字原無，據上書增。

〔六〕「有」原作「存」，據上書改。

對日存三魂法

太虛〔一〕真人曰：「先師教以五建〔二〕之日，日出三四丈許，正立以心對日，存三魂神與日光俱入心中。良久，閉氣三息，嚥液三過，祝曰：『太陽散暉，垂光紫青。來入我魂，照我五形。却鬼試心，使心平正。內徹九氣，外通胎命。飛仙上清，玉籙以定。』呪畢，以手拭目二七，叩齒二七，都畢。此法使人三魂凝明，丹心方正，萬邪藏術，心試不行，真要道也。常當行之者〔三〕，以五建日向日，輒令噓。若不得噓，以軟物向日引導鼻中，亦可噓也。噓即祝曰：『天光來進，六胎上通。三魂守神，七魄不亡。承日鳴噓，與日神同。飛仙上清，位爲真公。』祝畢，拭目二七。是內精上交日光，三魂發明於內，使人心開神解，百精流轉於內府也。若非五建日，可不須爾也。以五建之日，北向五再拜，心呼上真皇君夫人名字三過畢，叩齒五通。畢，解巾長跪，謹啓五星日月上皇高皇道君夫人玉清太上上清上皇上帝

〔一〕「虛」原作「靈」，據洞真西王母寶神起居經改。
〔二〕「五建」，上書作「五達」。下同。
〔三〕「常當行之者」，上書作「子常行之」。

大道聖君几前，因自陳七祖父母以下及一身千罪萬過，上世以來，乞願得解脱三官，告下天帝，使罪名離釋，削除黑籍。乞願得與五星之真，俱奔華晨，上登上清，交行玉門。

朝禮九天魂魄帝君〔一〕求仙上法

常以月三日九日十六日平旦，向日九拜九揖，亦可心拜。仰頭叩齒二十四通，祝曰：「天魂九纏，上帝尊神。太陽日精，金門變仙。小兆某甲，敢奏微言。今日上吉，八願開陳。請施禮願，仰希玄恩。蒼龍朱鳳，策轡〔二〕紫軒。五雲交蔭，六氣扇塵。高上曲晒，三光降真。二景纏絡，我道欣欣。心朗耳聰，目明色鮮。體輕骨昇，面發華顏。羽服生形，飛造帝晨。」祝畢，仰天引日精四十五嚥止。行此三年，目明徹視，洞覩無窮，面有金容，體生玉津。九年能行身外無影，飛空玄靈〔三〕也。若天陰無日，於密室心存心行，亦感於自然也。又以月五日十五日二十五日此三日，皆人定向月九拜九揖，亦可心拜。仰向月叩齒十六通，

〔一〕「帝君」二字原無，據太上玉珮金璫太極金書上經朝禮九天魂魄帝君求仙上法及本書卷四一朝禮九天魂魄帝君求仙上仙增。

〔二〕「轡」，太上玉珮金璫太極金書上經朝禮九天魂魄帝君求仙上法作「輿」。

〔三〕「靈」，上書作「虚」。

祝曰：「魂精魄靈，九天同生。石景水母，太陰朗明。徘徊月宮，冶錬金庭。二景合原，上吉時清。八會交帶，我願克成。願光願容，願鮮願榮。願神願仙，飛行上清。」祝畢，仰引月精四十五嚥止。

魂精法

魂精帝君即九天司命，部九天之魂精〔一〕，下統後學筭命也。帝君鎮在日門金庭之内。魄靈帝君即九天丞相，主〔二〕九天之魄靈，下統後學之録籍也。鎮在月宮琳琅之都。凡修上道，旦夕坐起卧息，常當存念日在頭上，月在口中，魂精帝君在泥丸，魄靈帝君在明堂，心存目想，常使彷彿。然行之踰年，真形見矣！青白分也。九年能乘空飛行，上登晨燈之館，遊宴虹映之山也。

〔一〕「精」字原無，據太上玉珮金璫太極金書上經太極金字玉文九真陰符增。
〔二〕「主」字原無，據上書增。

上清飛步七星魂魄法

太素真人口訣曰：北斗第一星天樞魂神，第二星天璇魂神，第三星天機魄〔一〕精，第四星天權魄精，第五星玉衡魄靈，第六星闓陽魄靈〔二〕，第七星瑶光大明〔三〕。

右七星魂魄之名，號曰七元之靈明。步星魂魄，行星之上，皆心存之，此名曰飛仙。飛仙步斗魂魄三匝畢，於是向陽明星上，又閉氣而心祝曰：「陽明大魁，玄極文昌。使某魂魄，俱遊天綱〔四〕。」祝畢，第一左足躡陽明星，第二又進右足躡陰精星。祝畢，第三次左足躡玄冥星。祝畢，第四次右足躡丹元星，祝畢，第五次左足躡北極星。祝畢，第六次右足併躡闓陽〔五〕星。祝畢，次左足併躡瑶光星，乃通息大祝曰：「金木水火土，五行相推。七星

〔一〕「魄」原作「魂」，據上清紫精君皇初紫靈道君洞房上經太上七元九辰經洞房八解門玉字改。

〔二〕「靈」原作「精」，據上書改。

〔三〕「大明」原作「太明」，據上書改。

〔四〕「玄極文昌。使某魂魄，俱遊天綱」原無，據洞真上清步天綱飛地紀金簡玉字上經增。

〔五〕「闓陽」，上書作「天關」。

煥煥，天綱最威。輔星鎮盛，弼星扶衰〔一〕。九真太上，太極太微。三府玉帝，三尊辟非。天動地轉，魂魄相隨。使我飛仙，真光徘徊。名入金房，玉門乃開。乘龍陟空，日月同輝。遊行太清〔二〕，鳴鈴翠衣。左躡流電，右御奔星〔三〕。地上萬邪，伏死敢追。惡心視我，使爾斬摧。帝命玉女，營〔四〕侍以歸。魂真魄神，合形昇飛。」畢。

〔一〕「扶衰」，洞真上清步天綱飛地紀金簡玉字上經作「却哀」。
〔二〕「太清」，上書作「上清」。
〔三〕「奔星」，上書作「奔雷」。
〔四〕「營」原作「勞」，據上書改。

雲笈七籤卷之五十五

魂神

思神訣

夫道者，有形之父母也。寂然不動，至虛无也。感而遂通，至神明也。視之不見，無形容也。聽之不聞，無音聲也。故無形無名，言象莫能得也；有情有信，變化有以生也。生之來，神氣聚也。身之有，陰陽結也。兩儀以分，萬象以成也。天地迴薄，日月以明也。莫不由至道神用，而元一以靈。且人爲物靈，貌爲事真，智慮純白，耳目澄清，外周六氣，內運五行，形自寂寞，神生窅冥。然則〔一〕，至道無形，應生元氣，謂之一也。一之所剖，分爲三也。三者清、濁、和，結爲天、地、人也。亦曰三元，上、中、下也。在天爲三光，日、月、星也。在地爲三寶，金、玉、珠也。在人爲三生，耳、目、心也。在道爲三氣，玄、元、始也。又爲三

〔一〕從「夫道者」至此一段，四部叢刊本無。

天，清微禹餘大赤也。復爲三境，玉清上清太清也。又曰：清氣上浮爲天，濁氣下凝爲地，和氣中結爲人〔一〕。夫天陽地陰，陰陽變化，而成五行，謂木、火、金、水、土也。亦曰五氣，謂九、三、七、五、一也。在天爲五星，謂歲熒白辰鎮也。在地爲五嶽，謂岱衡華恒嵩也。在人爲五藏，謂肝、心、肺、腎、脾也。又爲五色，青、赤、白、黑、黄也。又爲五音，角、徵、商、羽、宫也。又爲五味，酸、苦、辛、鹹、甘也。又爲五德，仁、義、禮、智、信也。總之爲三五，行導布化，生成萬物也。各有神明，即天地之至用也。而天以之動，地以之静，人以之生，皆賴其神明也。天有五億五萬五千五百五十五重天，天皆有天尊、太上、天帝、天師也。地有三十六重地，地皆有土皇、將軍、金剛、神王、靈官也。人有三宫五神、三魂七魄也。天地各有神仙吏兵，不可稱計。且神明變化，皎在目前，愚者莫知。隱顯無方，運轉難識，輔物立象，靈用在焉。故「天得一以清，地得一以寧，神得一以靈，谷得一以盈」是也。日者天之魂，月者地之魄，謂之神明。人則左目爲日，右目爲月，目者神明之堂也。故神明所託，依於日月，隱於陰陽。且日出於卯，陽也；月出於酉，陰也。三變成德，日初變於卯，其數六，以五乘之，五六三十也；中變於辰，其數五，五五二十五；終變於巳，其數四，四五二十也。

〔一〕「清氣」至「爲人」十八字，四部叢刊本置于上「三者清、濁、和，結爲天、地、人也」句下作註語。

故上仙七十五將軍，陽神也。月初變於酉，其數六，五六三十也；中變於戌，其數五，五五二十五也；後變於亥，其數四，四五二十也。故上靈七十五將軍，陰神也。三元五德，合數爲八，各有上仙、上靈陰陽二官，合爲一千二百也。三元各八，爲三千六百也。而陰陽皆五，合爲三萬六千也。其萬八千陽，陽爲外景，爲外神也；其萬八千陰，陰爲內景，爲內神也。而內由外發，陰以陽明。所以一身有一萬八千神曰本分神也，一萬八千神曰影照神也。無陽也，陰不能成；無陰也，陽不能生。是以陰以陽成，陽以陰生。亦內由外明，外由內清，清明相得，而後生成也。所謂神明者，由神故明也。故三光在天而萬物彰，百神在己而五氣昌，其耳目適用，氣力體康，是其神也。天寶之以致浮，地祕之以致安，五嶽享之而安鎮，一人則之而太平。人身上部八景以應於天，下部八景以應於地，中部八景以應於空。三部八景，七十二神，景皆有五，三萬六千，與天地合有一十萬八千。自此以往，雖神不極，由斯數矣。則三洞諸經，神仙將吏，侍奉靈官，高下品格，未有不因兹始也。既知其數，當識其方。既識其方，須知表裏。表裏既見，陰陽審焉。內外不同，左右亦別。而象分五色，位列四方。男女可以陰陽求，文武可以剛柔取。凡諸存念，身爲之主。身有三魂七魄，三元五真，一神百神，三萬六千神，皆在於心也。心正則神正，心邪則神邪。邪之與正，由悟不悟。悟則入正，迷則歸邪。悟者由得其門，迷者由失其路，則沉淪黑夜，處至暗冥室。學道之士，宜詳究之。始乎數息歷藏，終乎常住湛寂，誠在爾心矣。

存身神法

面東坐，叩齒三十六通，每九下一嚥液，而祝曰：「玉清高上，九天九靈。化爲玄玄〔一〕，下入胃清。金和玉映〔二〕，心開神明。服食日精，金華充盈。」便嚥液，想喉中有赤身童子仰頭開口承液，下入胃中。畢，又存四神：想肺中童子著白衣冠，口吐白氣於右，變作白虎。次想肝中童子著青衣冠，口吐青氣於左，變作青龍。次想心中童子著赤衣冠，口吐赤氣於前，化爲朱雀。次想腎中童子著黑衣冠，口吐黑氣於後，化爲玄武。祝曰：「青

〔一〕「化爲玄玄」，上清九天上帝祝百神内名經作「治在玄玄」，本書卷十一上清黄庭内景經口爲章引大洞經作「化液在玄」，本書卷二三服日子三五七九玄根氣法作「治在玄府」。

〔二〕「映」下，上清九天上帝祝百神内名經及本書卷二三服日子三五七九玄根氣法有「先自虛生，名曰淳鐶，字曰豔精，鍊魂拘魄」十六字。

龍〔一〕孟章甲寅，白虎〔二〕監兵甲申，朱雀〔三〕陵光甲午，玄武〔四〕執明甲子，四獸前後圍遶，勿令外邪來干。急急如律令！」次存心肺氣作圓光寶蓋蓋頭訖，次握固冥目，念勑身祝曰：「謹勑身中五體真官、五藏六腑、九宮十二宮室、四肢五體筋骨髓腦肌膚血脉七竅榮衛一百八十關房、三百六十骨節、一千二百形影、一萬二千精光、三萬六千神氣，左三魂幽精爽靈胎光各守本宮，右七魄衛從尸狗伏矢雀陰吞賊非毒除穢臭肺，青龍扶迎，白虎扶送，朱雀導前持幡幢，玄武從後司鍾鼓，臣身不受邪，肝不受病，肺不受奸，腎不受甘，脾不受化，膽不受怖，胃不受穢，心不受觸，神氣汾溢。吏兵神將，侍衛側立。急急如律令！」

次叩齒五通，念五藏神名。先存肺神著白衣冠在肺，肺神皓華字虚成。三呼。次存心神著赤衣冠在心中，心神丹元字守靈。三呼。次存肝神著青衣冠在肝中，肝神龍煙字含明。次存膽神龍曜字威明，次存脾神常在字魂庭，次存腎神玄冥字育嬰。又瞑目内視五藏，分

〔一〕「青龍」，太上洞玄靈寶素靈真符卷上作「左青龍」。

〔二〕「白虎」，上書作「右白虎」。

〔三〕「朱雀」，上書作「頭上朱雀」。

〔四〕「玄武」，上書作「足下玄武」。

明了見肝中童子著青衣冠，口吐青氣，從左脇出，化爲青龍。次存肺中童子著白衣冠，口吐白氣，從右脇出，化爲白虎。次存心中童子著朱衣冠，口吐赤氣，從心中出，化爲朱雀。次存兩腎中童子著黑衣冠，坐兩腎上，口吐黑氣，從腎中出，化爲玄武。次存頭巾七星，下坐青黄白三色雲上。七星在頭，下有金光盖頂，一身並作黄金色，面是金容。次存肺中白氣右出，遶頂有圓光，左右日月在眼前，洞煥一室。吏兵玉女執節持幢，捧香獻花，遍滿前後。心常念飛仙，同昇金闕帝前，永爲帝臣。

受生天魂法

夫人者〔一〕受生於天魂，結〔二〕成於元靈，轉輪於〔三〕九氣，挺命於太一，開關〔四〕三

〔一〕「者」字原無，據洞真太一帝君太丹隱書洞真玄經及本書卷四四太一帝君太丹隱書增。

〔二〕「結」原作「經」，據上二書改。

〔三〕「於」字，上二書及本書卷三十帝一混合三五立成法均無，下句「於」字同。

〔四〕「開關」原作「闕開」，據上三書改。

道，積神幽宫。所以〔一〕玄液七纏，流津敷澤。日月映其六虚，口目〔二〕運其神氣。雲行雨施，德擬天地。胞胎内匝，五因來具，立人之道，其如此也。故五因者，是五神也。三道者，是三真也。

天尊言曰：「氣氣相續，種種生緣。善惡禍福，各有命根。非天非地，亦又非人。正由心也，心則〔三〕神也。形非我有，我所以得生者，從虚無自然中來，因緣寄胎，受化而生。我受胎父母亦非我始生〔四〕父母也，真父母貴重〔五〕，尊高無上。今所生父母，以我寄備因緣，禀受育養之恩，故以禮報而稱爲父母焉。故我受形亦非我形也，寄之爲屋宅，因之爲營構〔六〕，以舍我也。附之以爲形，示之以有無，故得道者無復有形也。及無，身神也一〔七〕。

〔一〕「以」原作「生」，據洞真太一帝君太丹隱書洞真玄經及本書卷三十帝一混合三五立成法、卷四四太一帝君太丹隱書改。

〔二〕「目」原作「耳」，據上三書改。

〔三〕「則」，太上洞玄濟衆經及本書卷三二説真父母均作「由」。

〔四〕「我始生」原作「始生主」，據上二書改。

〔五〕「真父母貴重」，上二書作「真父母不在此，父母貴重」。

〔六〕「構」字原無，據上二書增。敦煌道經圖録篇中太上洞玄靈寶衆篇三元品戒經道君問難篇作「室」。

〔七〕「也一」原作「一也」，據上二書改。

身神〔一〕並一，則爲真身，歸於始〔二〕生父母而成道也。」

凡人不知存神，動止任意，意愚事僻，神散形枯。仙真聖人，守神無替，常存自身，名在左契。志學之士，當知人身之中，自有三萬六千神，左三魂，右七魄，陰陽配合，共輔護識神，五行相王〔三〕之君，周衛體内；一千二百形影，一萬二千精光，備守體外。日日存之，時時相續，念念不忘，長生不死。不能常存，八節勿替。能念身神，康强無病。病三呼之，常衛子身。欲卧之時，左手撫心，右手撫臍各二七，陰祝曰：「欲具身神從頭起，經曆四肢至踝子。」祝竟存之，委悉乃眠，必得吉夢，髣髴見神。若有罪過，應致災厄，神來語人，或示形象，倚託物類，使人思惟，自解意趣，吉凶善惡，了然知之，避禍就福，所向諧也。

三魂：第一胎光，　第二爽靈，　第三幽精。

〔一〕「神」字原無，據太上洞玄濟衆經及本書卷三一說真父母增。

〔二〕「始」原作「姓」，據上二書改。

〔三〕「相王」，無上祕要卷五身神品引洞神經作「王相」。

精神〔一〕

精神者，君臣也。玉清祕録云：「夫神者，君也；氣者，臣〔二〕也。心神動則精揺，精揺則使形不安。若三事各令清淨無爲，則萬事自安也。故修身之道〔三〕。」又曰：「夫修身之道，乃國之寳也。然一身之根有三：一爲神，二爲精，三爲氣，此三者本天地人之氣也。神者受於天精，天精者受於地氣，地氣者受於中和，相爲共成一道也。故神者乃乘氣而行，氣者神之轝也，精者居其中也，三者相助爲理，故人欲壽者，乃當愛氣尊神重精也。」**精轉爲神，神轉爲〔四〕明。**夫氣生〔五〕精，精生神，神生明。故人生本於陰陽之氣，氣轉爲精，精轉爲神，神轉爲〔六〕明。是故不欲老者當念守其氣、含精神也。令不出其形，合而爲一也。即彬彬〔七〕自見，身益輕、意益精也。此神光欲生也，心中大安，欣然若

〔一〕「精神」，四部叢刊本作「神精氣」。

〔二〕「臣」原作「人」，據四部叢刊本改。

〔三〕「故修身之道」，上本無疑衍。

〔四〕「轉爲」原作「生於」，據太平經聖君祕旨改。

〔五〕「生」原作「生於」，據上書刪。下二「生」字同。「夫」下，上書有「人本生混沌之氣」七字。

〔六〕「爲」原作「於」，據上書改。

〔七〕「彬彬」原作「綝綝」，據上書改。

喜也。但宜閉目而卧，著志意於身内，身意不出，則身鍊形變也。如此則理身已得也，太平自應矣！神哉，此道也。内以〔一〕致壽，外以致〔二〕理，不用筋力，自然致也。神，智之泉。夫神，智之泉也，神清則智明。智者，心之府也，智公即心平。人莫鑒於流水，而鑒於止水。水性欲清，沙塵穢之；人心欲清，嗜慾則生，豈能善之？故鑒明則塵垢弗集，神清則嗜慾不入。是以聖人輕天下，即神不累；細萬物，即心不惑；齊死生，則意不懾；同變化，即明不眩。

入室思赤子法

老子曰：「吾道生於惚恍而無形。視之不可見，聽之不可聞，隨之不見其後，迎之不見其首。包含於天地之表，還入於毫毛之裏。分之爲日月陰陽，含之〔三〕爲夫婦。演布於八卦，乾坤爲頭首。胞胎轉相生，變化有前後。處任爲十月，結定神備有。虚无把録籍，司命往奉壽。陽精爲室宅，包形立相待。陰陽相感溉，開閉藏其裏。清轉上爲頭，精凝成童子。明堂開璇璣與玉衡，鼻爲其梁柱。合觀於八極，兩半共爲友。合精於子午，藏形於卯酉。

〔一〕「以」原作「已」，據太平經聖君祕旨改。

〔二〕「致」原作「安」，據上書改。

〔三〕「含之」，疑當作「合之」，與上句之「分之」相應。

四仲，洞房在其後。丹田著後宮，自口王父母。丙午拜真人，丁巳伏命受。戊寅銜丹録，光曜所藏止。精明合且離，出規還入矩[一]。鈞明照神后，往來有配偶。皇制有其階，自然如雲雨。陽出真人陰，學之爲師父。棲宿有常處，正在洞房裏。三五運返覆，甲癸邀辰巳。子午都集會，吾道自索子。邀之於南極，真人自告子。安之令審諦，枯木不煩擾。乙壬於寅卯，午申亦相須。丙辛於亥酉，未戌邀中野。吾道已見矣，忽然無所有。丁庚子與午，戊己卯與酉。失候不相覿，吾道去萬里。周旋天地間，傷命還害子。覿吾陰與陽，交精相哺乳。此謂養赤子，勿失其時矣！」「甲癸邀辰巳」注云：「子丑者，謂甲癸日也。時加[二]辰加巳加子加丑也。到此時道未養已，常當念之矣！乙壬之日，時加寅加卯加午加申也。當復俟之，勿失其候矣！丙辛之日，時加亥加酉加未加戌也。爲老公見之，勿驚也，道之化見矣！丁庚之日，時加子加午也。戊己之日，時加卯加酉也。失此四仲之日候而不相覿，吾道去萬里。慎之！」

老子曰：「爲吾道者，當先安牝牡。牝牡者，腎也。腎門，元氣也。元氣，氣常下行，元

[一]「矩」原作「短」，據四部叢刊本改。
[二]「加」原作「加於」，據四部叢刊本删。

常上昇。元者赤，氣者白。元上到心中，心中當動，動即元下矣。」

老子曰：「元者，安雌雄。雌雄者，心也，一名明堂。得元因共養，合成赤子。赤子，自然也。念令上昇，昇於真人。真人者，宿衛之臣。赤子到，則因安心定意，泊然安意洞房中矣。」

老子曰：「赤子到，因還意於洞房。洞房者，兩目間有真人不衣而到住，下視赤子。赤子到，真人乃立。真人所以到住何也？欲令赤子得昇耳！赤子昇，真人復；赤子不昇，真人不復。不復早已。」

老子曰：「夫赤子初欲昇時也，形似丹蛇，其光照人，忽然到著人面，若炬火聲矣，此即赤子到矣。」

老子曰：「夫赤子之欲昇時，形似丹蛇。安意如故，須臾當忽然不見矣。」

老子曰：「丹蛇者，日之精也。日精作火形來著人，欲來著人人心動，人心動即赤子不得昇。遂令後難致，難致則冥冥絶矣！」

老子曰：「丹蛇來到，心不驚不恐者，當與真人共語。時目中忽然見正黄浩浩而無形，兆身體因變化，見西王母乘鳳凰之車，後駕六赤龍，車前三朱雀，見之忽驚也。有頃，忽然去矣！」

老子曰：「當見西王母到時，但恍惚而已。雖乘鳳凰之車者，忽然恍去矣。前三朱雀、後六赤龍亦然也。」

老子曰：「當見西王母之時，與人語慎勿答也，不答當復有所告。問於人慎勿答，不答恚怒，勿恐怖也。恚不止，真人自代子與語，畢自去矣。」

老子曰：「西王母去後，大道來見矣！當大道見時，身形乃曠然昭浩而無形，兆上見日月星宿，若有若無。當有天師與真人來見，倡樂萬端，慎勿視也；仙人玉女，慎勿觀也；龍虎禽獸，慎勿驚也。」

老子曰：「此倡樂、天師、仙人、玉女、禽獸皆非真也，但自子形中五藏六府，都精神耳！非真道也。」

老子曰：「天師真人來見子之時，安心定意，善與人語言。吾〔一〕見子信告子道，張羅其網具見子矣！」

老子曰：「叅乘戊子入室，百日神明相覩乃止。精神通洞，舉足萬里。精之畢熟少食，爲有齋戒，洗心沐浴，往來急疾，狀若風雨。」

〔一〕「吾」，四部叢刊本作「彼」。

老子曰：「人頭者，道之所往來解止處也，號陰陽。陰陽者，兩目也。陰陽者〔一〕，道一之臣人也，道之所尊器也，主調御兩目精光者，故曰兩半成一也。一正在明堂中，兩半所處也。陽精光於子午，收明於卯酉。子午者，洞房也。卯酉者，明堂也，亦方圓一寸，正在兩眉間。明堂却入一寸名洞房，亦方圓一寸；又却入一寸名丹田，此三者，道之往來變化常處也。」

〔一〕「陰陽者」三字，四部叢刊本無。

雲笈七籤卷之五十六

諸家氣法

元氣論并序

混沌之先，太無空焉！混沌之始，太和寄焉！寂兮寥兮！無適無莫。三一合元，六一合氣。都無形象，窈窈冥冥。是爲太易，元氣未形。漸謂太初，元氣始萌。次謂太始。形氣始端。又謂太素，形氣有質。復謂太極，質變有氣。氣未分形，結胚象卵。氣圓形備，謂之太一。元氣先清，昇上爲天；元氣後濁，降下爲地。太無虛空之道已生焉！道既無生，自然之本，不可名宣。乃知自然者，道之父母，氣之根本也。夫自然本一，大道本一，元氣本一。一者，真正至元純陽一氣，與太無合體，與大道同心，與〔一〕自然同性，則可以無始無終，無形無象，清濁一體，混沌之未質，故莫可紀其窮極。

〔一〕「與」字原無，據四部叢刊本增。

洎乎元氣濛鴻，萌芽兹始，遂分天地，肇立乾坤。啓陰感陽，分布元氣，乃孕中和，是爲人矣！首生盤古，垂死化身。氣成風雲，聲爲雷霆，左眼爲日，右眼爲月。四肢五體爲四極五嶽，血液爲江河，筋脉爲地里，肌肉爲田土，髮髭爲星辰，皮毛爲草木，齒骨爲金石，精髓爲珠玉，汗流爲雨澤。身之諸蟲，因風所感，化爲黎甿。以天之生，稱曰蒼生。以其首黑，謂之黔首，亦曰黔黎。其下品者名爲蒼頭，今人自名稱黑頭蟲也。或爲躶蟲，蓋盤古之後，三皇之前，皆躶形焉！三王之代，然乃裁革結莎，巢櫓營窟。多食草木之實，啖鳥獸之肉，飲血茹毛，蠢然無悶。既興燔黍擗豚，抔飲汙樽〔一〕，蕢桴土鼓，火化之利，絲麻之益。範金合土，大壯宫室。重門擊柝，户牖庖廚。以炮以烹，以炙以炙。養生送死，以事鬼神。自太無太古，至於是世，不可備紀。爰從伏羲，迄于今日，凡四千餘載。其中生死變化，才成人倫，爲君爲臣，爲父爲子，興亡損益，進退成敗，前儒志之，後儒承之，結結紛紛，不可一時殫論也。且天地溟涬之後，人起出盤古遺體，散爲天經地緯，天文地理，五羅二曜，黄赤交道，五嶽百川，白黑晝夜，産生萬物，亭育萬彙，其爲羽毛鱗介各三百六十之數，凡一千八百類。人爲躶蟲之長，預其一焉！人與物類，皆禀一元之氣而得生成。生成長養，最尊最貴者，莫

〔一〕「抔飲汙樽」原作「坯飲窊樽」，據禮記禮運篇改。

過人之氣也。澡〔一〕叨預一躶，忝竊三才。漁獵百家，披尋萬古。備論元氣，盡述本根。委質自然，歸心大道。求諸精義，纂集玄譚。記諸真經，永傳來哲。達士遇者，慎勿輕生。以日以時，勤鍊勤行。鶴栖華髮，無至噬臍。同好受之，常爲寶耳！

論曰：元氣無號，化生有名；元氣同包，化生異類。同包無象，乃一氣而稱元；異居有形，立萬名而認表。故「無名天地之始，有名萬物之母。常無欲以觀其妙，常有欲以觀其徼。」徼爲表，妙爲裏。裏乃基也，表乃始也。始可名父，妙可名母。此則道也，名可名也。兩者同出而異名，同謂之道，異謂之玄。「玄之又玄，衆妙之門。」又曰：「有物混成，先天地生。寂兮寥兮！獨立不改，周行不殆，可以爲天下母。吾不知其名，字之曰道。」乃自然所生。既有大道，道生陰陽，陰陽生天地，天地生父母，父母生我身。

夫情性形命，禀自元氣。性則同包，命則異類。性不可離於元氣，命隨類而化生。是知道德仁義禮，此五者不可斯須暫離，可離者，非道德仁義禮也。道則信也，故尊於中宮，曰黄帝之道；德則智也，故尊於北方，曰黑帝之德；仁則人也，故尊於東方，曰青帝之仁；義則時也，故尊於西方，曰白帝之義；禮則法也，故尊於南方，曰赤帝之禮。然三皇稱曰大

〔一〕「澡」，四部叢刊本作「某」。

道，五帝稱曰常道，此兩者同出異名。

元氣本一，化生有萬。萬須得一，乃遂生成；萬若失一，立歸死地，故一不可失也。一謂太一，太一分而爲天地。天地謂二儀，二儀分而立三才。三才謂人也，故曰才成人備。人分四時，四時分五行，五行分六律，六律分七政，七政分八風，八風分九氣。從一至九，陽之數也；從二至八，陰之數也。九九八十一，陽九太終之極數；八八六十四，陰六太終之極數也。一含五氣，是爲同包；一化萬物，是謂異類也。既分而爲三爲萬，然不可暫離一氣。五氣者，隨命成性，逐物意移，染風習俗，所以變化無窮，不唯萬數，故曰「遊魂爲變」。只如武都耆男化爲女，江氏祖母化爲黿，黑胎氏猪而變人，蒯武安人而變虎，斯遊魂之驗也。夫一含五氣，軟氣爲水，水數一也；温氣爲火，火數二也；柔氣爲木，木數三也；剛氣爲金，金數四也；風氣爲土，土數五也。五氣未形，三才未分，二儀未立，謂之混沌，亦謂混元，亦謂元塊如卵。五氣混一，一既分元，列爲五氣，氣出有象，故曰氣象。張衡靈憲渾天儀云：「夫覆載之根，莫先於元氣；靈曜之本，分氣成元象。」「昔者先王，將〔一〕步天路，用

〔一〕「將」字原無，據洪頤煊經典集林卷二六靈憲、卷二七渾天儀、後漢書天文志及張衡傳註增。

定靈軌，尋緒〔一〕本元，先准之於渾體，是爲正儀，是爲立度，而後皇極有所建也，旋運有所稽也。」是爲經天緯地之根本也。

聖人本無心，因茲以生心。「心生於物，死於物，機在心〔二〕目。」天地萬機，成敗興亡，得失去留，莫不由於心目也。死者陰也，生者陽也，陰陽之中，生道之術，而不知修行之路，常遊生死之逕，故墨翟悲絲，楊朱泣岐，蓋以此也。夫太素之前，幽清玄靜，寂寞冥默，不可爲象。厥中惟虛，厥外惟無。如是者永久焉，斯謂溟涬，蓋乃道之根。既建方有〔三〕，太素始萌，萌而未兆，一氣同色，混沌不分，故曰「有物混成」。然雖成其氣，未可得而形也。其遲速之數，未可得而化〔四〕也。如是者又永久焉，斯謂厖鴻，蓋乃道之幹也。於是元氣剖判，剛柔始分，陰陽構精，清濁異位。天成於外，地定於內。天體於陽也，象乎道幹，以有物成體，以圓規覆育，以動而始生；地體於陰也，象乎道根，以無名成質，以方矩載誕，以靜而

〔一〕「緒」原作「諸」，據洪頤煊經典集林卷二六靈憲、卷二七渾天儀、後漢書天文志及張衡傳改。

〔二〕「心」，本書卷十五黃帝陰符經作「於」。

〔三〕「既建方有」，張衡靈憲作「道根既建，自無生有」。

〔四〕「化」，上書作「紀」。

終死，所謂「天成地平」矣。既動以行施，静以含化，鬱氣構精，時育庶類，斯謂天元，蓋乃道之實也。夫「在天成象，在地成形。」天有九位，地有九域。天有三辰，地有山川，有象可效，有形可度。情性萬殊，旁通感著，自然相生，莫之能紀〔一〕。

紀綱經緯，今略言之。四方八極，地之維也，徑二億三萬二千五百一十七里，南北則短〔二〕減千里，東西則廣增千里。自地至天，半於八〔三〕極，地中深亦如之。半之極，徑圍之數一半是也，計天地相去一億一萬〔四〕二百五十八里半也。通四〔五〕度之，乃是混元之大數也。天道左行，有反於物，則天人氣左盈右縮。天以陽而迴轉，地以陰而停輪。是以天致其動，稟氣舒光；地致其静，承〔六〕施候明。天以順動，不失其光〔七〕，則四序順節，寒暑不忒。地以順

〔一〕「夫太素之前」至「莫之能紀」一段，見後漢書天文志注引張衡靈憲，字句有異。
〔二〕「短」原作「知」，據上書改。
〔三〕「八」原作「人」，據上書改。
〔四〕「一萬」，下疑脱「六千」。
〔五〕「四」，上書作「而」。
〔六〕「承」原作「永」，據上書改。
〔七〕「光」，上書作「中」。

靜，不失其體，則萬物榮華，生死有禮。故品物成形，天地用順。夫至大莫若天，至厚莫若地，至多莫若水，至空莫若土，至華莫若木，至實莫若金，至無莫若火，至明莫若於日月，至昏莫若於暗虛。日月至明，遇暗虛猶薄蝕昏黑，豈況於人乎哉！夫地有山嶽川谷、井泉江河、洞湖池沼、陂澤溝壑，以宣吐其氣也。天有列宿星辰三百四十八座，亦天之精氣所結成，凝瑩以爲星也。星者體生於地，精成於天，列居錯峙，各有所屬，斯謂懸象矣！或云玄象，亦可兩存。夫日月徑周七百里三十六分之一，其中地廣二百里三十二分之一。日者陽精之宗，積精成象，象成爲禽，金雞火烏也，皆曰三足，表陽之類，其數奇。月者，陰精之宗，積精而成象，象成爲獸，玉兔蟾蜍也，皆四足，表陰之類，其數偶〔一〕。是故奇偶之數，陰陽之氣，不失光明，實由元氣之所生也。

夫人之受天地元氣，始因父精母血，陰陽會合，上下和順，分神減氣，忘身遺體。然後我性隨降，我命記生，綿綿十月之中，人皆十月處於胞胎，解在卷末也。蠢蠢三時之內，人雖十月胞胎，其實受孕三十八臘。一臘謂一七日一變，凡三十八變。然後解胎求生。求生之時，四日之中，善慧聰明者如在王室，受諸快樂，釋然而生，如從天降下，子母平善，無諸痛苦，親屬歡喜，隣里相慶。

〔一〕「紀綱經緯」至「其數偶」一段，後漢書天文志注引張衡靈憲有異文。

凶惡悖戾者如在狴牢，受諸苦毒，二命各争，痛苦難忍，親族憂惶，隣里驚懼。凡在世人受孕日數〔一〕，數則一定，善惡兩分，爲人子者，安可悖亂五逆哉！今生子滿三十日，即相慶賀，謂之滿月，皆以此而習爲俗矣。氣足形圓，百神俱備，如二儀分三才，體地法天，負陰抱陽。喻瓜熟蔕落，啐啄同時，既而產生爲赤子焉！夫至人含懷道德，沖泊情性，抱一守虛，澹寂無事，體合虛空，意栖胎息。故曰：「合〔二〕德之厚，比於赤子。」赤子之心與至人同心，内爲道德之所保，外爲神明之所護，比若慈母之於赤子也。夫赤子以全和爲心，聖人以全德爲心，外無分别之意，内無害物之心。赤子以全和，故能拳手，執握自能牢固。所謂「骨弱筋柔而握固，未知牝牡之合而峻作，精之至。終日號而不嗄，和之至。」執牢實者，其由元氣充壯，致骨弱筋柔。未知陰陽配合，而含氣之源動作者，由精氣純粹之所然也。陰爲雌牝，陽爲雄壯，峻謂氣命之源。氣命之源，則元氣之根本也。言赤子心無情欲，意無辨認，雖有峻作，且不被外欲牽挽，終無眛澹尾閭之虞。其氣真精，往還泝流，自然自在，任運任真而已。故曰：「精之至也。」終日號啼而聲不嘶嗄者，亦純和之至也。故曰：「和之至

〔一〕「日數」之「日」原漫漶不清，據文意補。
〔二〕「合」，老子德經作「含」。

也。」嗄者，聲物之破也。赤子以元氣內充，真精存固，全和之至，乃不破散也。

上清洞真品云：人之生也，禀天地之元氣爲神爲形，受元一之氣爲液爲精。天氣減耗，神將散也；地氣減耗，形將病也；元氣減耗，命將竭也。故帝一回風之道，泝流百脉，上補泥丸，下壯元氣。腦實則神全，神全則氣全，氣全則形全。形全則百關調於內，八邪消於外。元氣實則髓凝爲骨，腸化爲筋。其由純粹真精，元神元氣，不離身形，故能長生矣！

秦少齊議黄帝難經云：男子生於寅，寅爲木，陽也；女子生於申，申爲金，陰也。元氣起於子，乃人命之所生于此也。男從子左行三十，女從子右行二十，俱至於巳爲夫妻，懷妊受胎氣于此也。男從己左行十至寅，女從巳右行十至申，俱爲十月受氣，氣足形圓，寅、申乃男女所生于此也。從寅左行三十至未，未謂小吉，男行年所至也；從申右行二十至丑，丑謂大吉，女行年所至也，然乃許男婚而女娉矣。如是永久焉，則元氣無所復，精氣無所散，故致長生也。夫天地元氣既起于子之位，屬水，水之卦爲坎，主北方恒嶽冀州之分野。人之元氣亦同於天地，在人之身，生于腎也。人之元氣，得自然寂靜之妙，抱清虚玄妙之體，玄之又玄，妙之又妙，是謂衆妙之門，乃元氣玄妙之路也。故玄妙曰神，神之靈者曰道，道生自然之體，故能長生。生命之根，元氣是矣！

夫腎者，神之室。神若無室，神乃不安；室若無神，人豈能健？室既固矣，乃神安居，則變凡成聖，神自通靈，神乃愛生。而室不能固，致使神不得安居，室屋於是空廢，遂投於死地矣。若人自以其妙於運動，勤於修進，令內清外静，絶諸染汙，則大壯營室，神魂安居。神之與衹，恒爲營衛；身之與神，兩相愛護。所謂身得道，神亦得道；身得仙，神亦得仙，身神相須，窮於無窮也。夫元氣者，乃生氣之源，則腎間動氣是也，此五藏六腑之本，十二經脉之根，呼吸之門，三焦之源，一名守邪之神。聖人喻引樹爲證也，此氣是人之根本，根本若絶，則藏腑筋脉如枝葉，根朽枝枯，亦以明矣！問：「何謂腎間動氣？」答曰：「右腎謂之命門，命門之氣，動出其間，間由中也，動由生也，乃元氣之係也，精神之舍也。以命門有真精之神善能固守，守御之至，邪氣不得妄入，故名守邪之神矣！若不守邪，邪遂得入，入即人當死也。」人所以得全生命者，以元氣屬陽，陽爲榮；以血脉屬陰，陰爲衛，榮衛常流，所以常生也，亦曰榮衛。榮衛即榮華氣脉，如樹木芳榮也。榮衛藏腑，愛護神氣，得以經營，保于生路。又云：清者爲榮，濁者爲衛。榮行脉中，衛行脉外。晝行於身，夜行於藏。一百刻五十周，至平旦大會兩手寸關尺，陰陽相貫常流，如循其環，終始不絶。絶則人死，流即人生，故當運用調理，愛惜保重，使榮衛周流，神氣不竭，可與天地同壽矣！

夫混沌分後有天地水三元之氣，生成人倫，長養萬物。人亦法之，號爲三焦、三丹田，以養身形，以生神氣。有三位而無正藏，寄在一身，主司三務。上焦法天元，號上丹田也。

其分野自胃口之上心下鬲已上至泥丸，上丹田之位受天元陽炁，治於亶中。亶中穴在胷，主溫於皮膚肌肉之間，若霧露之溉焉！中焦法地元，號中丹田也。其分野自心下鬲至臍，中丹田之位受地元陰炁，治於胃管[一]。胃管穴在心下，主腐穀熟水，變化胃中水穀之味，出血以營藏腑身形，如地氣之蒸焉！下焦法水元，號下丹田也。其分野自臍中下膀胱囊及漏泉，下丹田之位受水元陽氣，治於氣海，在臍下一寸。府於氣街。氣街[二]者，氣之道路也。三焦都是行氣之主，故府於氣街，街乃四通八達之大道也。下焦主運行氣血，流通經脉，聚神集精，動静陰陽，如水流就濕，濕即源濕，言水行赴下也。澆注以時，雲氣上騰，降而雨焉！

仙經云：我命在我。保精受氣，壽無極也。又云：無勞爾形，無摇爾精，歸心静默，可以長生。生命之根本，決在此道。雖能呼吸導引，修福修業，習學萬法，得服大藥，而不知元氣之道者，如樹但有繁枝茂葉而無根荄，豈能久活耶？若以長夜聲色之樂，嗜欲之歡，非不厚矣！卒逢夭逝之悲，永捐泉壠之痛，是則爲薄亦已甚矣！若以積年終日[三]，勤苦修

[一]「胃管」，四部叢刊本作「胃脘」，下同。
[二]「氣街」二字原無，據四部叢刊本增。
[三]「若以積年終日」，四部叢刊本作「若積年」。

鍊，受延齡之方，依玉經之法，遵火食之禁，知元氣之旨，拘魂制魄，留胎止精，此非不薄矣！卒逢長久之壽，永住雲霄之境，是則爲厚亦已甚矣！故性命之限，誠有極也。嗜欲之情，固無窮也。以有極之性命，逐無窮之嗜欲，亦自斃之甚矣！夫土能濁河，不能濁海；風能拔樹，不能拔山；嗜欲之能亂小人，不能動君子。夫何故哉？君子乃處士也，小人乃遊子也。須知性分有極，生涯難保。若不示之以樞機，傳之以要道，宣之以心髓，授之以精華，則片言曠代，一經皓首，不可得聞道矣！夫道者何所謂焉？道即元氣也，元氣者命卒也，命卒者惟中之術也。以存道爲法，化精爲妙，使氣流行，運無阻滯。是故流水不腐，户樞不蠹。若知玄之又玄，男女同修，夫婦俱仙，斯謂妙道。

仙經云：「一陰一陽謂之道，三元二合謂之丹，泝流補腦謂之還，精化爲氣謂之轉。」一轉一易一益，每轉延一紀之壽，九轉延一百八歲。西王母云：呼吸太和，保守自然。先榮其氣，氣爲生源。所謂益易〔一〕之道，益者益精也，易者易形也，能益能易，名上仙籍，不益不易，不離死厄。行此道者，謂常思靈寶，靈者神也，寶者精也。但常愛氣惜精，握固閉口，吞氣吞液。液化爲精，精化爲氣，氣化爲神；神復化爲液，液復化爲精，精復化爲氣，氣復

〔一〕「所謂益易」原作「所爲易益」，據四部叢刊本改。

化爲神。如是七返七還，九轉九易，既益精矣，即易形焉！此易非是其死，乃是生易其形，變老爲少，變少爲童，變童爲嬰兒，變嬰兒爲赤子，即爲真人矣。至此道成，謂之胎息。修行不倦，神精充溢。元氣壯實，腦既已凝，骨亦换矣！

仙經云：「陰陽之道，精液爲寶，謹而守之，後天而老。」又云子欲長生，當由所生之門。遊處得中，進退得所，動静以法，去留以度，可延命而愈疾矣。又云以金理金，是謂真金。以人理人，是謂真人。人常失道，非道失人。人常去生，非生去人。要常養神，勿失生道。長使道與生相保，神與生相守，則形神俱久矣。王母云：夫人理氣，如龍理水。氣歸自然，神歸虚無，精歸泥丸。水出高源，上入天河，下入黄泉，横流百川，終歸四海。氣之與水，循環天地，流注人身，輪轉無窮，運行無極，人能治之，與天地齊其經，日月同其明矣。

古詵記云：人之元氣，乃神魂之餚饌。故曰：「子丹進餚饌正黄。」是以神服元氣，形食五味。氣清即神爽，氣濁即神病。故常謂匀修鍊氣，常令氣清。所謂鍊神鍊魂，却鬼制魄，使形神俱安。夫魂降於天，謂之神。魄本於地，謂之鬼。鬼即屬陰，神即屬陽。所以鍊魂神，服元氣，千萬不死，身得昇天。食五味，祝淫鬼，千萬皆死，形没於地。夫魂飛於天，魄沉於泉。水火分解，各歸本元。生則同體，死則相懸。飛沉各異，禀之自然。何哉？如一條之木，以火燔之，煙即飛上；灰即下沉，亦是自然而然也。

九皇上經曰：「始青之下月與日，兩半同升合成一。出彼玉池入金室，大如彈丸黄如橘。中有佳味甜如蜜，子能得之慎勿失。」注云：「交黎火棗，生在人體中。其大如彈丸，其黄如橘，其味甚甜，其甜如蜜，不遠不近，在於心室。心室者，神之舍，氣之宅，精之主，魂之魄。玉池者，口中舌上所出之液。液與神氣一合，謂兩半合一也。」

太清誥云，許遠遊與王羲之書曰：「夫交梨火棗者，是飛騰之藥也。君侯能剪除荆棘，去人我，泯是非，則二樹生君心中矣。亦能葉茂枝繁，開花結實，君若得食一枝，可以運景萬里，此則陰丹矣。但能養精神，調元氣，吞津液，液精内固，乃生榮華。喻樹根壯葉茂，開花結實，胞孕佳味，異殊常品。心中種種，乃形神也。陰陽乃日月雨澤，善風和露〔一〕，潤沃溉灌也。氣運息調，榮枝葉也。性清心悦，開花也。固精留胎，結實也。津液流暢，佳味甜也。古仙誓重，傳付於口，今以翰墨宣授，宜付奇人矣。」

道林云：此道亦謂玉醴金漿法。玉醴金漿，乃是服鍊口中津液也。一曰精，二曰淚，三曰唾，四曰涕，五曰汗，六曰溺，人之一身有此六液，同一元氣，而分配五藏六腑、九竅四肢也。知術者常能歲終不泄，所謂數交而不失出，便作獨卧之仙人也。常能終日不唾，恒

〔一〕「善風和露」，四部叢刊本作「和風甘露」。

含而嚥之，令人精氣常存，津液常留，面目有光。

老子節解云：唾者溢爲醴泉，聚流爲華池府，散爲津液〔一〕，降爲甘露，漱而嚥之，溉藏潤身，通宣百脉，化養萬神，支節毛髮，堅固長春〔二〕，此所謂内金漿〔三〕也。可以養神明，補元氣矣。若乃清玉爲醴，錬金爲漿，化其本體，柔而不剛，色瑩冰雪，氣奪馨香，飲之一盃，壽與天長，此所謂外金漿也。可以固形體，堅藏腑矣。又常使身不妄出汗，汗是神之信元，調而運動，微汗適致，勿衝冷風〔四〕。若極勞形，盗失精汗者，霡霂不止，大困神形。固〔五〕當緩形徐行，勞而不極，坐卧勿及疲倦。行立坐卧，常能消息。從容導引，按摩消息，令人起坐輕健，意思暢逸。又常伺候大小二事，無使强關抑忍，又勿使失度，或澁或寒或滑，多皆傷氣害生，爲禍甚速。此所謂知進退存亡，聖人之道也。

夫聖凡所共寶貴者，命也。賢愚所共愛惜者，身也。是故聖人以道德仁義、謙慈恭儉、

〔一〕以上十六字，本書卷三二養性延命録引老君尹氏内解作「唾者漱爲醴泉，聚爲玉漿，流爲華池，散爲精汋」。

〔二〕「堅固長春」，上書作「宗之而生」。

〔三〕「内金漿」原作「金漿」，據四部叢刊本增。

〔四〕「微汗適致，勿衝冷風」原作「微汗者適致也，乃勿衝冷風」，據上本删。

〔五〕「固」，上本作「須」。

天文人事，預垂瑞兆，以示君子也。禮樂征伐、法律刑典、鬼神卜筮、夢覺警象，以示小人也。夫養生之要，先誡其外，後慎其内，内外寂静，此謂善入無爲也。欲求無爲，先當避害。何者？遠嫌疑，遠小人，遠苟得，遠行止。慎口食，慎舌利，慎處鬧，慎力鬬。常思過失，改而從善。又能通天文，通地理，通人事，通鬼神，通時機，通術數。是則與聖齊功，與天同德矣！夫術數者，莫過修神，淘鍊真氣，使年延疾愈；外禳邪惡，清淨心身，使禍害不干。

道德論曰：「大中〔一〕之象，莫高乎道德，次莫大乎神明，次莫廣乎太和，次莫崇乎天地，次莫著乎陰陽，次莫明乎聖功〔二〕。夫道德可道不可原，神明可生〔三〕不可伸，太和可體不可化，天地〔四〕可行不可宣，陰陽可用不可傳〔五〕，聖功可觀不可言。」「是知可道非自然也，可名〔六〕非素真也。」

〔一〕「大中」，本書卷一總叙道德引老君指歸作「太上」。
〔二〕「聖功」，上書作「大聖」，下同。
〔三〕「生」，上書作「存」。
〔四〕「地」字原無，據上書增。
〔五〕「傳」原作「得」，據上書改。
〔六〕「名」原作「明」，據上書改。

夫修無爲入真道者，先須保道氣於體中，息元氣於藏内，然後輔之以藥物，助之以百行，則能内愈萬病，外安萬神，内氣歸元，外邪自却。却災害於外，神道德於内，内外相濟，保守身命，豈不善乎！老子云：「功成名〔一〕遂身退，天之道。」又云：「功成事遂，百姓謂我自然。」又云：「修之於身，其德乃真。」「修之天下，其德乃普。」「以身觀身」，「以天下觀天下，吾何以知天下之然哉？以此。」夫何故〔二〕？教天子則爲事法天，教諸侯則以政理國，教用兵則不敢爲主，教利器則不可示人，教處世則和光同塵，教出家則道與俗反，教養性則谷神不死，教體命則善壽不亡，教修身則全神具炁，教修心則虚心守道，教見前則常善救物，教冥報則神不傷人，所謂事少理長，由人備授。其得之〔三〕者，則骨節堅强，顏色悦澤，老而還少，不衰不朽，長存世間，長生久視，寒温風濕不能傷，鬼神精魅不敢犯，五兵百蟲不敢害，憂悲喜怒不爲累。常以六經訓俗，方士授術，此其真得道要矣！

真人云：聖人知元氣起於子，生於腎，胞於巳，胎於午。故存於心，息於火，養於未土，

〔一〕「成名」二字，老子無。

〔二〕「夫何故」，四部叢刊本作「故」。

〔三〕「之」原作「也」，據上本改。

生於申金，沐浴於酉，冠帶於戌。土官榮於亥帝，王於子水，衰於土丑，病於木寅，死於震卯，墓於巽辰。墓即葬也。葬者，藏也，歸者，終也。元氣元始於水，歸終於風，藏風於土，是謂歸魂。巽即風也，辰即土也，水之所流，歸于辰也。故云：地缺於東南，水流於巽户。列子云：海之表有大壑焉，號爲尾閭〔一〕，是大水泄去之所。人之元氣亦有尾閭之壑，故象於水焉。是知土藏其風，風藏其土；土藏其水，水藏其土；土藏其火，火藏其土；火所以墓在戌土，水〔二〕所以墓在辰土也。土藏其木，木藏其土；土藏其金，金藏其土；木所以墓在未土，金所以墓在丑土。土能藏木金水火，而土自亦歸於土，故墓亦在辰土，是謂還元返本，歸根復命之道。老子云：「夫物芸芸，各歸其根。歸根曰静，静曰復命。復命曰常，知常曰明。」是謂知常道之理，會可道之事，即知明白之路，達坦平之涯。故曰：「知其白，守其黑，爲天下式。」「知常容，容乃公，公乃王，王乃天，天乃道，道乃久」，是謂公道。盜之公道，盜之天地萬物，無不通容。陰符經云：「三盜既宜，三才既安。故曰：食其時，百骸理〔三〕；動其機，萬化安。」真

〔一〕「號爲尾閭」，列子湯問作「名曰歸墟」，下注：「莊子云尾閭。」

〔二〕「水」字原無，據四部叢刊本增。

〔三〕「理」，本書卷十五黄帝陰符經作「治」。似避唐諱。

人云：知此道者，即識真水真火，真鉛真汞，真龍真虎，真牙真車，真金真石，真木真土，真丹真藥，真神真氣，真物真精，真客真主。既皆認得其真，然乃依師用師，依道用道，依術用術，依法用法，修之鍊之，淘之汰之，研之精之，調之習之。仙人所以目八字妙門一元真法，謂之「虛心實腹飢氣渴津」八字是也。訣云：常能虛寂一心，善亦不貯，豈況一塵穢惡？所謂靜心守一，除欲止亂，衆垢除，萬事畢。恒使腹中飽實，所謂腹中無滓穢，但有真精元氣，淘汰修鍊不輟，自然開花結實矣！飢即吞氣，渴即嚥津，不飢不渴即〔一〕調習，使周流通暢，不滯不隔，蠢蠢陶陶，滔滔樂樂，不知天地大小，不知日月迴轉，可以八百一十年爲一大運耳。

夫修鍊法者，言調和神氣，使周流不竭絶〔二〕於腎。腎乃命門，故曰命術也。神氣不竭，則身形長生，鍊骨化形，遊於帝庭，位爲真人。以養元氣，男女俱存。經頌云：「道以精爲寶，寶持宜密祕。施人則生人，留己則生己。生己永度世，名籍存仙位。人生則陷身，身退功成遂。結嬰尚未可，何況空廢棄？棄捐不覺多，衰老而命墜。天地有陰陽，元氣人

〔一〕「即」，四部叢刊本作「久久」。

〔二〕「絶」字，上本無。

所貴。貴之合於道，但當慎無貴。夫能養其元，綿綿服其氣。轉轉還其精，沖融妙其粹。」夫能服元氣者，不可與餌一葉一花、一草一木、靈芝金石之精，滯砂礫之滓穢同日同年而語哉〔一〕！老子云：精者，血脉之川源，守骨之靈神，故重之以爲寶。氣者，肌肉之氣雲〔二〕，固形之真物，故重之以爲生。人之一身，法象一國，神爲君，精爲臣，氣爲民。民有德可爲尊，君有道可以永久有天下。是以能養氣有功，可化爲精；養精有德，可化爲神；養神有道，可化爲一，身永久有其生。三一訣云：修鍊元氣真神三一，存至者即精化爲神，神化爲嬰兒，嬰兒化爲真人，真人化爲赤子。赤子乃真一也，一乃帝君也，能統一身，主三萬六千神。帝若在身，三萬六千神無不在也，故能舉其身遊帝庭。

天老十干經云：食氣之道，氣爲至寶。一歲至肌膚充榮，二歲至機關和良，三歲至骨節堅强，四歲至髓腦填塞。填塞，滿塞也。天有四時，氣應四歲，食氣守一，功備四年，則神與形通。形能通神，如日明焉！不視而見形，不聽而聞聲，不行而能至，不見而知之。所謂形一神千，得稱爲仙；形一神萬，得稱嬰兒；形一神萬八千，得稱真人；形一神三萬六千，得

〔一〕「滯砂礫之滓穢同日同年而語哉」，四部叢刊本作「砂礫滓穢之物同年而語也」。

〔二〕「氣雲」二字，上本互乙。

稱赤子，即真一帝君矣。與日月長生，天地齊齡，道之成矣。夫元氣有一，用則有二：用陽氣則能飛行自在，朝太清而遊五嶽；用陰氣即能住世長壽，適太陽而遊洞穴，是謂元氣一性，陰陽二體。一能生二，二能生三，三生萬物。萬物若不得元氣分陰陽之用，即萬物無由得生化成長。故神無元氣即不靈，道無元氣即不生，元氣無陰陽即不形。形須有氣，氣須有陰陽，陰陽須有精，精須有神，神須有道，道須有術，術須有法，法須有心，心須有一，一須有真，真須有至，至無至虛，至清至淨，至妙至明。至至相續，親親相授。授須其人，非道勿與。

人能學道，是謂真學，學諸外事，是謂淫學，亦謂邪道。夫學道謂之内學，内學則身内心之事，名三丹田三元氣。一丹有〔一〕三神，一氣分六氣。陽則終九，陰則終六。陽九百六，天地之極，亦人之極，至此謂之還元返本。夫云極者，元氣内藏，盡無出入之息，兼爲有竅作出入息處，亦皆並無出入之息，此名得道，謂之至無也。真經曰：修鍊元氣至無出入息，是落籍逃丁之士，不爲太陰所管，三官不録，萬靈濳衛矣。夫稱混元者，氣也。周天之物，名之混元。混元之氣者，本由風也。風力最大，能載持天地、三才、五行。天地、三

〔一〕「有」字原無，據四部叢刊本增。

才〔一〕、五行不能大其風，風氣俱同一體，而能開花拆柳，結實成果，莫不由其四氣八風也。夫修心是三一之根，鍊氣是榮道之樹，有心有氣，如留樹留根。根即心也，存心即存氣，存氣即存一，一即道也。存道即總存三萬六千神，而總息萬機。總息萬機，即無不爲。而無不爲，即至丹見矣。服至丹者，與天地齊年。何謂至丹？至丹即丹田真神真一帝君，存身爲主，衆神存體，元氣不散，意絶淫蕩，氣遵禀其神，禁束其故氣，至無出入之息。能胎息者，命無傾矣！謂形留氣住，神運自然。羅公遠三峇歌云：「樹衰培土，陽衰氣補。含育元氣，慎莫失度。」注云：「無情莫若木。木至衰朽，即塵土培之，尚得再榮，又見以嫩枝接續，老樹亦得長生，却爲芳嫩。用意推理，陽衰氣補，固亦宜爾。衰陽以元氣補而不失，取其元氣津液返於身中，即顏復童矣！何况純全正氣未散元和純一〔二〕？遇之修鍊，其功百倍，切忌自己元氣流奔也。」

真人云：夫修鍊常須去鼻孔中毛，宣降五藏六腑穀滓穢濁，洗漱口齒，沐浴身體，誡過分酒，忌非適色。遇飲食先捧獻明堂前，心存祭祀三丹田九一帝真三萬六千神君，恒一其

〔一〕「三才」原作「五才」，據四部叢刊本改。
〔二〕「純一」二字，上本無。

意，專調和神氣，本末來去，常令息匀。如此堅宰〔一〕，精氣得固，即學節氣。節氣時先閉口，默察外息從鼻中入，以意預料，入息三分而節其一分令住。入訖，即料出息三分而節其一分。凡出入各節一分，如此不得斷絶。夫節氣之妙，要自已意中與鼻相共一則節之，其氣乃便自止。驚氣之出入，人不節之，其氣乃亦自專出入。若解節之，即不敢自專出入，是謂節之由人，不由氣也。夫氣與神復以道爲主，道由心，心由意，即知意爲道主，意亦可謂之神也。大約神使其氣，以意爲妙。鼻失出，口亦勞，閉之舌柱齒，覺小悶悶，即微微放之，三分留一，却復閉之，如上所説。當節氣令耳無聞，目無見，心無思，周而復始。調習之氣未調和，常放少許出，意度氣和，即如法節之。若意能一日節之然如常息者，其氣即永固，不假放節。但勤用功，即氣自永息，不從口鼻出入，一一自然從皮膚毛孔流散，如風雲在山澤天地，自然自在。仙經云：元氣調伏，常常服之，不絶不竭，自不從口鼻出。修鍊百日已來，耳目自然不聞見也。修鍊之人切不得亂食凡味，即令元氣奔突，又不能清淨其心。不依教法，唯貪財色，嗜慾妒嫉，恣食辛穢，懷毒抱惡，不敬仙法，但務偷竊，違負背逆爲凶者，三官書過，北陰召魂，未死之間，精神亡失，忘前忘後，如騃如癡，醉亂昏迷，横遭殃禍，延於

〔一〕「宰」，四部叢刊本作「守」。

九祖，形謝九泉。此蓋失道，負神明矣！

真人曰：「夫道者，無義而無恩〔一〕。」子不見陰符經云：「天之無恩，而大恩生。」「天之至私，用之至公。禽之制在氣。生者死之根，死者生之根。恩生於害，害生於恩。」故天與道不私於人，乃〔二〕萬物而言恩，人與萬物自有感仰之心，歸恩於天道。不恃其功，至公至私，與物不懷其曲直，洪纖一體，貴賤同途，棄愛惜於坦然，絶去留於用意。是以順天時者見生，逆天意者見殺。殺非以私，生非以公，但隨人物逆順，自然而致其生殺也，故曰「無義而無恩」。夫道可及者，雖仇讎而必化；道不可及者，雖父母而終不可言。蓋夙分有無，一一出於天籍，且非一夕一朝而得偶會。生所化者曰死，死所化者曰生，生死之根，反復爲常。蓋善於生者，不爲死之行；不善於生者，爲死之行。得死之行爲其死，爲生之行得其生。故得生者莫不由於氣，氣所以能化於生則生，化於死則死，故曰「禽之制在氣」者，唯以氣感，不以力爲。氣感自於虚無，而能制於萬有，至於天地、日月、星宿、雲雷，並賴氣之所

〔一〕「恩」原作「息」，據四部叢刊本改。
〔二〕「乃」，疑當作「及」，連上。

轉運，使不失墜落。巍巍乎！蕩蕩乎！無始終〔一〕，安其所動，樂其所靜，是謂道氣自然。若以身之禽制在氣者，實由乎心；不能禽制者，亦心也。夫居於塵世，唯利與名，於中能不諂不偷，無賊無害，於物不傷和氣，每懷亭育之心，斯近仁焉。不貪不爭，無是無非，斯亦近乎道焉。非内非外，寶而持之，自有陰靈書其福祐，災害遠去，禍横難侵，自感上天下察，益筭延齡，大道之元，兹爲始也。夫惠及人物曰恩，侵毁人物曰害，行恩則福生，行害則禍至。莫忌對鏡求象，從感生疑，罔類之中，狂癡之鬼，亂則難寧六寸，傾動百神，斯須之間，本則亡矣！誡深誡之。元氣有六寸，内三寸，外三寸。人能保一寸，延三十年壽。若保固六寸，則萬神備體，自然永保長生。失一寸，減三十年之壽。

元氣訣云：「天地自傾，我命自然。」黄帝求玄珠〔二〕，使离婁〔三〕不獲，罔象乃獲者，玄珠、氣也，离婁、目，罔象、心也。元無者，道體虚無自然，乃無爲也。無爲者，乃心不動也。不動也者，内心不起，外境不入，内外安静，則神定氣和。神定氣和，則元氣自至。元氣自

〔一〕「無始終」，四部叢刊本作「無始無終」。

〔二〕「珠」原作「誅」，據上本改。

〔三〕「离婁」原作「离一」，據上本及下文改。莊子天地作「離朱」。

至，則五臟通潤。五臟通潤，則百脉流行。百脉流行，則津液上應，而不思五味，飢渴永絶，三田道成，則體滿藏實，童顔長春矣！夫元氣修鍊，氣化爲血，血化爲髓，一年易氣，二年易血，三年易脉，四年易肉，五年易髓，六年易筋，七年易骨，八年易髮，九年易形。從此延數萬歲，名曰仙人。九年是鍊氣爲形，名曰真人。又鍊形爲氣，氣鍊爲神，名曰至人。仙經云：「神常愛人，人不愛神。」神常愛者，藉身以養靈也。人若造凶作惡，即陷壞身。身既毁敗，神乃去人。神去人死，得不驚哉！所謂「不知常，妄作凶」也。黄帝求道於皇人，皇人問所得者凡一千二百事，乃謂曰：「子所得皆末事也。」又曰：「子欲長生，三一當明。」夫三一者，乃上皇黄籙之首篇也。能知之者，萬禍不干。

夫長生之術，莫過乎服元氣胎息，内固靈液，金丹之上藥。所以禽蟲蟄藏，以不食而全，蓋是息待〔一〕其元氣也。節氣功成，即學嚥氣，但合口作意微力，如嚥食一般。嚥液嚥氣，皆如嚥食。存想入腎入命門穴，循脊流上泝入腦宫，又溉臍下至五星，五藏相逢，内外相應，各各有元氣管係連帶。若論元氣流行，無處不到。若一身内外疾病之處，以意存金

〔一〕「待」，蔣力生等校注本引四庫本作「得」。

木水火土〔一〕五色相刻相生，以意注之，無不立愈。又有妙訣，雖云呵、呬、呼、吹、嘘、唏一六之氣，不及冷暖二氣以愈百病。夫節氣從容，稍久含氣，候暖而嘶之，謂之暖氣，可愈虚冷。若纔節氣，氣滿便嘶，謂之冷氣，可愈虚熱。臨時皆以意度而行。又或有病但以呵，呵十至三十，知其應驗，酒毒食毒俱從呵氣並出。若人能專心服元氣，更須專念於一，存而祝之，可與日月同明矣。夫「天得一以清」，天即泥丸，有雙田宫、紫宫，亦曰腦宫。宫有三焉：丹田、洞房、明堂，乃上三一神〔二〕所居也。其名赤子帝卿元先，常存念之，即耳聰目明，鼻通腦實矣。「地得一以寧」，地即臍中氣海，亦有丹田、洞房、明堂三宫，下三一神所居也。其名嬰兒元陽谷玄，存念之永久，即口不乏津，腹實心寂，不亂不惑，自通神靈矣。「神得一以靈」，即心主於神，心爲帝王主，神氣變化，感應從心，非有非無，非空非色，從麤入細，從凡入聖。心爲絳宫，亦有丹田、洞房、明堂三宫，三一神所居也。其名真人子丹光堅，存念不絶，即帝一不離身心，身心安寧。遇白刃來逼，但當念一，一來救人，必得免難，道不

〔一〕「土」原作「上」，據四部叢刊本改。
〔二〕「三一神」原作「一神」，按下文例增。

虚言。其三丹田〔一〕其神九人，皆身長三寸，並衣朱衣朱冠幘朱〔二〕履，坐金床玉榻，机桉金鑪，常依形象，存而念之。一云：男即一神長九分，女長六分，其兩存注之。夫元命者，元氣也。有身之命，非氣不生。以道固其元，以術固其命，即身形神氣永長存矣！我命之神，即三丹田之三一神也。其形影、精光、氣色〔三〕凡三萬六千神，皆臣於帝一。一分二，謂陽氣化爲元龍，陰氣化爲玉女〔四〕。訣云：氣之所在，神隨所生。神在氣即還，神去氣即散。若能存念其神，以守元氣，氣亦成神，神亦成氣。修之至此，氣合則爲形〔五〕影、精光、氣色，氣散則爲雲霧風雨。出即爲亂，入即爲真。上結三元，下結萬物。静用爲我身，動用爲我神。形神感應，在乎運用。神氣變化，在乎存念。三元經云：上元神名曰元，中元神名還丹，下元神名子安。亦須如三一九神專存念之，凡出入行住坐起，所遇皆然。精意專念，玄之又玄，道之極祕矣！

〔一〕「田」原作「曰」，據四部叢刊本改。
〔二〕「朱」原作「先」，據上本改。
〔三〕「氣色」，本書卷五五存身神法作「神氣」。
〔四〕「玉女」原作「王女」，據四部叢刊本改。
〔五〕「形」字原無，據上本增。

雲笈七籤卷之五十七

諸家氣法

服氣精義論并序　天台白雲撰

夫氣者，道之幾微也。幾而動之，微而用之，乃生一焉！故混元全乎太易。夫一者，道之沖凝也。沖而化之，凝而造之，乃生二焉！故天地分乎太極。是以形體立焉！萬物與之同稟；精神著焉！萬物與之齊受。在物之形，唯人爲正〔一〕。在象之精，唯人爲靈。並乾坤居三才之位，合陰陽當五行之秀。故能通玄降聖，鍊質登仙。隱景入虛無之心，至妙得

〔一〕「正」，道藏本服氣精義論作「貞」。

登仙之法。登仙之法〔一〕，所學多途，至妙之旨〔二〕，其歸一揆。或消飛〔三〕丹液，藥效升騰；或齋戒存修，功成羽化。然金石之藥，候資費而難求；習學之功，彌歲年而易遠。若乃爲之速効，專之剋成，與虛無合其道，與神靈合其德者，其唯氣乎！黄帝曰：食穀者知而夭，食氣者神而壽，不食者不死。真人曰：夫可久於其道者，養生也；常可與久遊者，納氣也。氣全則生存，然後能養志；養志則合真，然後能久登生氣之域，可不勤之哉！是知吸引晨霞，餐漱風露，養精源於五臟，導榮衛於百關，既袪疾以安形，復延和而享壽，閉視聽以胎息，返衰朽以〔四〕童顔。遠取於天，近取於己，心閑自適，體逸無爲。欣邈矣於百年，全浩然於一室，就輕舉之諸術，寘〔五〕清虛之雅致歟！若兼真之業，鍊化之功，則佇雲軺而促期，馳羽駕而憎〔六〕遠矣。服氣之經，頗覽多本。或散在諸部，或未暢其宗。觀之者以不

〔一〕「登仙之法」四字原無，據道藏本服氣精義論增。
〔二〕「旨」原作「至」，據上書改。
〔三〕「消飛」，上書作「飛消」。
〔四〕「以」，上書作「於」。
〔五〕「寘」，上書作「真」。
〔六〕「憎」，上書作「增」。

廣致疑，習之者以不究無効。今故纂類篇目，詳精源流，庶蟪蛄之兼濟，豈龜龍之獨善耳！凡九篇如後。

五牙論第一

夫形之所全者，本於臟肺也。神之所安者，質於精氣也。雖禀形於五神，已具其象，而體衰氣耗，乃致凋敗。故須納雲牙而漑液，吸霞景以孕靈，榮衛保其純和，容貌駐其朽謝。加以久習成妙，積感通神，與五老而齊升，並九真而列位。經文所載，以視〔一〕津途，修學所遵，自宜詳覈。

服真五牙法：每以清旦密呪曰：經文不言面〔二〕當，宜各向其方，平坐握固閉目，即叩齒三通，而祝中央向四維。「東方青牙，服食青牙，飲以朝華。」祝畢，舌料上齒表，舐脣漱口，滿而嚥之三。「南方朱丹，服食朱丹，飲以丹池。」祝畢，舌料下齒表，舐脣漱口，滿而嚥之三。「中央戊己，

〔一〕「視」，道藏本服氣精義論作「示」。

〔二〕「面」，上書作「面向」。其下「當」字連下。

昂昂太山，服食精氣，飲以醴泉。」祝畢，舌料上玄膺〔一〕取玉水，舐脣漱口，滿而嚥之三。「西方明石，服食明石，飲以靈液。」祝畢，舌料上齒內，舐脣漱口，滿而嚥之三。「北方玄滋，服食玄滋，飲以玉飴。」祝畢，舌料下齒內，舐脣漱口，滿而嚥之三。

都數畢，以鼻內氣，極而徐徐放之，令五過。已上真道畢矣！意調諸方，亦宜納氣，各依其數。即東方九，南方三，中央十二，西方七，北方五。

又曰〔二〕先師益中央醴泉祝曰：「白石巖巖以次行，源泉湧洞以玉漿，飲之長生，壽命益長。」如此語以下乖本文，應不煩耳。此是靈寶五符經中法，上清經中別有四極雲牙之法，其道密祕，不可輕言。

凡服氣皆先行五牙，以通五臟，然後依常法乃佳。

東方青色，入通於肝，開竅於目，在形爲脉。

南方赤色，入通於心，開竅於耳〔三〕，在形爲血。

〔一〕「舌料上玄膺」，「膺」原作「應」，據道藏本服氣精義論改。太上靈寶五符序卷下「上」作「舌上」。

〔二〕「曰」字，道藏本服氣精義論無。

〔三〕「耳」原作「舌」，據道藏本黃帝內經素問補註釋文卷四金匱真言論篇改。

中央黃色，入通於脾，開竅於口，在形爲肉。

西方白色，入通於肺，開竅於鼻，在形爲皮。

北方黑色，入通於腎，開竅於二陰〔一〕，在形爲骨。

又肺爲五臟之華蓋，第一，肺居心上對胷，有六葉，色如縞暎紅。肺脉出于少商〔二〕。在〔三〕手大指之端內側，去爪甲二分許陷〔四〕者之中。心居肺下肝上；對鳩尾下一寸，色如縞暎絳。心脉出于中衝。在手中指之端，去爪甲之二分許陷者之中。肝在心下小近後，右四葉，左三葉，色如縞暎紺。肝脉出于大敦。在足大指端，乃三毛之中。脾正掩臍上近前，橫覆于胃，色如縞暎黃。脾脈出于隱白。在足大指端側，去爪甲角如韭葉。左腎右腎前對臍，搏著腰脊，色如縞暎紫。左爲正腎，以配五臟。右爲命門，男以藏精，女以繫胞。腎脉出爲湧泉。在足心陷者之中。

凡服五牙之氣者，皆宜思入其臟，使其液宣通，各依所主，既可以周流形體，亦可以攻

〔一〕「二陰」原作「耳」，據道藏本黃帝內經素問補註釋文卷四金匱真言論篇及道藏本服氣精義論改。

〔二〕「少商」原作「少高」，據道藏本黃帝素問靈樞集註卷二本輸改。道藏本服氣精義論作「少陽」。

〔三〕「在」原作「左」，據道藏本服氣精義論改，下同。

〔四〕「陷」原作「臽」，據道藏本黃帝素問靈樞集註卷二本輸改。下同。

療疾病。令服青牙者思氣入肝中，見青氣氲氲，青液融融，分明良久，乃見足大敦之氣循服而至，會於脉中，流散諸脉，上通於目〔一〕。然次服諸方。仍宜以丑後澡漱冠服，入別室焚香，坐向其方，静慮澄心，注想而爲之。

服氣論第二

夫氣者，胎之元也，形之本也。胎既誕矣，而元精已散。形既動矣，而本質漸弊。是故須納氣以凝精，保氣以鍊形。精滿而神全，形休而命延。元本既實，可以固存耳！觀夫萬物，未有有氣而無形者，未有有形而無氣者。攝生之子，可不專氣而致柔乎！

太清行氣符

欲服氣斷穀，先書向王吞之。七日吞一，三七日止，合符三枚，皆燒五香左右。

凡欲服氣者，皆宜先療身疹疾，使臟腑宣通，肢體安和。縱無舊疹，亦須服藥去痰〔二〕

〔一〕「目」原作「自」，據道藏本服氣精義論改。
〔二〕「痰」原作「疾」，據上書改。

飲，量體冷熱，服一兩劑寫湯，以通泄腸胃，去其積滯。吐瀉方在後。將息平復訖，乃清齋百日，敦潔操志。其間所食，漸去酸鹹，減絶滋味，得服茯苓蒸曝胡麻等藥預斷穀爲佳。服氣之始，亦不得頓絶其藥食。宜日日減藥〔一〕，宜漸漸加氣〔二〕。氣液流通，體藏安穩，乃可絶諸藥食。仍須兼膏餌消潤之藥助之，勿食堅澁滓滯冷滑之物。久久自覺腸胃虚，全無復飢渴，消息進退，以意自量，不可具於此述。

宜於春秋二時，月初三日後八日前，取其一吉日爲始，先服太清行氣符，計至其日令吞三符訖，於靜室東向，得早朝景爲佳。於東壁開一牕，令日中光正對，卧面此室之東，勿令他障隔。以子時之後，先解髮梳頭數百下，便散髮於後矣。初服須如此，久後亦不須散髮也。燒香，勿用薰陸香。東向正坐，澄心定思，叩齒導引。其法具後篇。又安坐定息，乃西首而卧。本經皆云東首，然面則向西，於存息〔三〕吸引，殊爲不便。牀須厚暖，所覆適温自得，稍暖爲佳，腰脚已下左右宜暖。其枕宜令低下，與背高下平，使頭頸順身平直。解身中衣帶令闊，展兩手離身三寸，仍握固，兩

〔一〕「減藥」，道藏本服氣精義論作「減藥食」。

〔二〕「加氣」，上書作「加氣液」。

〔三〕「息」，上書作「思」。

脚相去五六寸，且徐吐氣息令調。然後想之，東方初曜之氣共日光合，丹于〔一〕流暉，引此景而來，至于面前，乃以鼻先拔鼻孔中毛，初以兩手大指下掌按鼻左右，上下動之十數過，令通暢。微引，吸而噏之。久久乃不須引吸，但存氣而噏之，其氣自入，此便爲妙。噏之三乃入肺中，小開唇徐徐吐氣。入氣有緩急，宜在〔二〕任性調息，必不得頓引，至極則氣麤，麤則致損。又引噏之三，若氣息長，加至五六噏，得七尤佳。如此以覺肺間大滿爲度，且停噏，乃閉氣存肺中之氣，隨兩肩入臂至手握中入，存下入於胃至兩腎中，隨髀至兩脚心中，覺皮肉間習習如蟲行爲度。訖，任微喘息少時，待喘息調，依法引導送之，覺手足潤温和調暢〔三〕爲度。諸服氣方直存入腹，不先向四肢。故致四肢逆冷〔四〕，五臟壅滯。是以必須先四肢然後入腹，即氣自然流宣也。此後不復須存在肺，直引氣入大腸小腸中，鳴轉通流臍下爲度，應如此以腸中飽滿乃止。則豎兩膝，急握固閉氣，鼓腹九度。就鼓中仍存其氣，散入諸體，閉之欲極，徐徐吐之，慎勿長。若氣急，稍稍并引

〔一〕「于」，道藏本服氣精義論作「紫」。
〔二〕「在」，上書作「自」。
〔三〕「潤温和調暢」，上書無「潤」字，四部叢刊本無「暢」字。
〔四〕「逆冷」原作「送冷」，據道藏本服氣精義論改。

而吐之，若覺腹中悶些〔一〕，極則止。如腹猶滿急，便閉氣鼓之。訖舒脚，以手摩面，將胷心而下數十度；并摩腹繞臍，手十數度；展脚趾向上，反偃數度。乃放手縱體，忘心遺形，良久，待氣息關節調平訖乃起。若有汗，以粉摩拭頭面頸項。平坐，稍動摇關節，體和如常可起動。其中隨時消息，觸類多方，既不云煩述，善以意調適之。

又服氣所以必令停於肺、上入於胃、至於腎者何？肺藏，氣之本也〔二〕，諸氣屬於肺，夫〔三〕氣通於肺。又肺者，藏之長也。爲諸藏之華蓋，呼吸之津源，爲傳送之官，治節出焉。又魄門爲五藏之使，爲四藏之主，通於十二經脉，周而復始，故爲五藏使也。故令氣停於肺，而後流行焉。胃者，五藏六腑之海也。水穀皆入於胃，六腑之大主也，五藏六腑皆禀於胃。五味入胃，各走其家，以養五氣〔四〕。是以五藏六腑之氣，皆出於胃，變見於氣口故也。腎者，生氣之源，五藏六腑之本，十二經脉之根。左爲正腎，右爲命門，故令氣致於腎，

〔一〕「些」原作「此一」，據道藏本服氣精義論删改。

〔二〕「肺藏，氣之本也」原作「肺藏氣，氣之本也」，據上書删。按黄帝内經素問補註釋文卷九六節藏象論作「肺者氣之本」。

〔三〕「夫」，道藏本服氣精義論作「天」。

〔四〕「五氣」，上書作「五藏氣」，黄帝内經素問補註釋文卷十一五藏别論篇作「五藏」。

以益於其精液。天食人以五氣，地食人以五味。五氣入於鼻，藏於心肺；五味入於口，藏於腸胃。味有所藏，以五氣和，而生津液，氣液相感，神乃自生。五味豈獨其穀？而五氣〔一〕中自有其味，又兼之以藥，藥之五味，尤勝其穀。此雖只論肺腎，其氣亦自然流通諸藏，故曰：呼出心與肺，吸入腎與肝。呼吸之間，脾受其味也，呼吸之理乃〔二〕神氣之要。故太上問曰：「人命在幾間？」或對曰：「在呼吸之間。」太上曰：「善哉！可謂爲道矣。」

凡服氣皆取子後午前者。雞鳴至平旦，天之陰，陰中之陽也。平旦至日中，天之陽，陽中之陽也。日中至黃昏，天之陽，陽中之陰也。黃昏〔三〕至雞鳴，天之陰，陰中之陰也。人亦如是。又春氣行於經絡，夏氣行於肌肉，秋氣行於皮膚，冬氣行於骨髓。又「正月二月，天氣始方〔四〕，地氣始發，人氣在肝。三月四月，天氣正方，地氣定〔五〕發，人氣在脾。五月

〔一〕「五氣」原作「五味氣」，據道藏本服氣精義論删。

〔二〕「乃」原作「及」，據四部叢刊本改。

〔三〕「黃昏」，黃帝内經素問補註釋文卷四金匱真言論篇作「合夜」。

〔四〕「始方」，道藏本服氣精義論作「正方」。

〔五〕「定」原作「正」，據上書及黃帝内經素問補註釋文卷十二診要經終論篇改。

六月，天氣盛，地氣高，人氣在頭。七月八月，陰氣始殺，人氣在肺。九月十月，陰氣始〔一〕冰，地氣始閉，人氣在心。十一月十二月，冰復地氣合，人氣在腎。」至四時之月，宜各依氣之所行，兼存而爲之。

凡服氣皆取天景明澄之時爲好，若當〔二〕風雨晦霧之時，皆不可引吸外氣。但入密室，閉服内氣，加以諸藥也。

凡服氣斷穀者，一旬之時，精氣弱微，顏色萎黄；二旬之時，動作瞑眩，肢節酸疼〔三〕，大便苦難，小便赤黄，或時下痢，前剛後溏；三旬之時，身體消瘦，重難以行；已前羸弱之候，是專氣初服所致，若以諸藥，不至於此也。四旬之時，顏色漸悦，心獨安康；五旬之時，五藏調和，精氣内養；六旬之時，體復如故，機關調暢；七旬之時，心惡諠煩，志願高翔；八旬之時，恬惔寂寞，信明術方；九旬之時，榮華潤澤，聲音洪彰；十旬之時，正氣皆至，其効極昌，修之不止，年命延長。三年之後，瘢痕滅除，顏色有光。六年髓填，腸化爲筋，預知存亡。經歷

〔一〕「始」字，據道藏本服氣精義論及黄帝内經素問補註釋文卷十二診要經終論篇增。

〔二〕「當」原作「恒」，據道藏本服氣精義論改。

〔三〕「酸疼」原作「悵恨」，據上書改。

九年，役使鬼神，玉女侍傍，腦實脇胼，不可復傷，號曰真人也。

五靈心丹章行之十五日，心澄心通，五年當身心俱通。

東方長生章：「一氣和泰〔一〕和，得一道皆泰。和乃無不〔二〕和，玄理同玄際。」

右誦九十遍，氣不調，存誦之便調。

南方不飢章：「不以意思意，亦不〔三〕求無思。意而不以〔四〕思，是法如是持。」

右誦三十遍，飢時存誦之便飽。

中央不熱章：「諸食氣結氣，非諸久定結。氣歸諸本氣，隨取當隨泄。」

右誦一百二十遍，熱時存誦之便涼。

西方不寒章：「修理志離志，積修不符離。志而不修志，己業無己知。」

右誦七十遍，寒時存誦之便煖。

〔一〕「泰」原作「大」，據老子說五廚經及本書卷六一五廚經氣法改。下句「泰」同。

〔二〕「不」，上二書作「一」。

〔三〕「不」原作「本」，據上二書改。

〔四〕「不以」，上二書分別作「無有」、「不復」。

北方不渴章：「莫將心緣心，還莫住絶緣。心存莫存心，真則守真淵。」

右誦五十遍，渴時存誦之便不渴。

所主寒熱等，本文如此。然放五臟之義，乃有所乖，唯渴誦北方章是。謂今爲魂神不寧誦東方章，寒誦西方章，飢誦南方章，渴誦北方章，熱誦中央章。亦可以五臟行之，以義消息爲之。誦既不論早晚，然以子〔一〕午前爲佳。誦五方數畢，即誦大道讚一遍：「大道無形，因物爲名。乾坤萬品，秀氣乃成。既受新質，惟人抱靈。五行三才，秋殺春生。四九寶偈，除誦守精。修奉太和，不虧不盈。嚼之無味，嗅之無馨。察之無色，和之無聲。坐卧無所，行走無程。遊歷太空，湛爾黄庭。動而不去，住而不寧。無營無作，無視無聽。非聚非散，非離非并。非巨非細，非重非輕。非黄非白，非赤非青。道高黄老，曉朗其情。太上要章，封密金城。子得聞之，命合真星。」

此五靈章既可通五藏氣，每宜通誦之，仍各存藏位。其文有苦寒熱飢渴者，始可别誦章爾。當面向其方坐，閉目澄神，閉口心誦，仍動舌觸料口中，令津液生，微微引氣而嚥之，各入其藏中。此法專行，應至虚僁，兼以符水藥味，則不致羸頓矣。

〔一〕「子」下疑脱「後」字。

服六戊氣法：氣旦先從甲子旬起，向辰地舌料上下齒取津液，周旋三至而一嚥止。次向寅，次向子，次向戌，次向申，次向午。又法：起甲子日匝一旬，恒向戊辰嚥氣。甲戌日則向戊寅，餘旬依爲之。此六戊法亦是一家之義，以戊氣入於脾，爲倉廪之本故也〔一〕。此真〔二〕不飢，若通益諸體，則不逮餘法矣！

服三五七九氣法：徐徐以鼻微引氣内之三，以口一〔三〕吐死氣，久久便三氣；次後引五氣，以口一吐死氣，久久便五氣；次引七氣，以口一吐死氣，久久便七氣；次引九氣，以口一吐死氣，久久便九氣。因三五七九而并引之以鼻二十四氣内之，以口一吐死氣，久久便二十四氣。嚥逆報之法〔四〕。因從九數下到三，復順引之嚥，可九九八十一嚥氣而一吐之，以爲節也。此法以入氣多、吐氣少爲妙，若不作此限，數漸增入，則意於常數之耳〔五〕。死氣者，是四時五行休死之氣，存而吐之。自餘節度，仍依常法。

〔一〕「爲倉廪之本故也」，道藏本服氣精義論作「爲食禀之本固也」。
〔二〕「真」，上書作「直」。
〔三〕「一」字原無，據上書增。
〔四〕「嚥逆報之法」，上書作「嚥逆報之，報之法」。
〔五〕「則意於常數之耳」，上書作「則闕於常數耳」。

養五藏五行氣法：春以六丙之日，時加己，食氣百二十致於心〔一〕，令心勝肺，無令肺傷肝，此養肝之氣〔二〕也。夏以六戊之日，時加未，食氣百二十以助脾，令脾勝腎，則腎不傷於心也。季夏以六庚之日，時加申，食氣百二十以助肺，令肺勝肝，則肝不傷於脾也。秋以六壬之日，時加亥，食氣百二十以助腎，令腎勝心，則心不傷於肺也。冬以六甲之日，時加寅，食氣百二十以助肝，令肝勝脾，則脾不傷於腎也。右此法是五行食氣之要，明時各有九，凡一千八十食氣，各以養藏，周而復始，不相刻，精心爲之。此法是一家之義，所在五藏事，事具在五牙論中。

導引論第三

夫肢體關節，本資於動用；經脉榮衛，實理於〔三〕宣通。今既閑居，乃無運役。事須導引，以致和暢。户樞不蠹，其義信然。人之血氣精神者，所以奉生而周其性命也。脉經

〔一〕「致於心」，道藏本服氣精義論作「助於心」。
〔二〕「氣」，上書作「義」。
〔三〕「實理於」，修真精義雜論導引論作「在於」。

者，所以行血氣也。故榮氣者，所以通津血，强筋骨，利關竅也〔一〕。衛氣者，所以温肌肉，充皮膚，肥腠理，司開闔也。又浮氣之循於經者爲衛氣，其精氣之行於經者爲榮氣，陰陽相隨，内外相貫，如環之無端也。又「頭者，精明之腑；背者，胷之腑；腰者，腎之腑；膝者，筋之腑；骨者，髓之腑〔二〕。」又「諸脉者〔三〕皆屬於目，諸髓者皆屬於腦，諸筋者皆屬於節，諸血者皆屬於心，諸氣者皆屬於肺，此四肢八谿〔四〕之朝夕也。」是知五勞之損，動静所爲，五禽之導，摇動其關。然人之形體，上下相承，氣之源流，升降有叙。比日見諸導引文多無次第，今所法者實有宗旨。其五體平和者，依常數爲之；若一處有所偏疾者，則於其處加數用力行之。

凡導引當以丑後卯前天氣清和時〔五〕爲之，先解髮散，梳四際上達頂三百六十五過，

〔一〕以上二十五字，二十二子本黄帝内經靈樞本藏第四七作「經脉者，所以行血氣，而營陰陽、濡筋骨、利關節也」。

〔二〕「骨者髓之腑」原作「髓者骨之腑」，據黄帝内經素問補註釋文卷十三脈要精微論篇改。

〔三〕「脉者」原作「骨」，據上書卷十五臟生成篇改。下四「者」字，亦據上書增。

〔四〕「谿」原作「環」，據上書卷十五藏生成篇改。

〔五〕「時」原作「日」，據修真精義雜論導引論改。

散髮於後，或寬作髻亦得。燒香，面向東平坐，握固閉目思神，叩齒三百六十〔一〕過，乃縱體平氣，依次爲之。先閉氣，以兩手五指交叉，反掌向前，極引臂拒托之。良久，即舉手反掌向上極臂。即低左手，力舉右肘，令左肘臂按著後項，左手向下力牽之。仍亞向左，開右腋，努脇爲之。低右舉左亦如之。即低手鉤項，舉兩肘偃脅，仰頭向後，令頭與手前後競力爲之。即低手鉤項，擺肘綟身，向左向右。即放手兩膝上，微吐氣通息。又從初爲之三度。云云。

符水論第四

夫符文者，雲篆明章，神靈之書字也。書有所象，故神氣存焉！文字有所生〔二〕，故服用朱焉！夫水者，元〔三〕氣之津，潛陽之潤也，有形之類莫不資焉！故水爲氣母，水潔則氣

〔一〕「三百六十」，修真精義雜論導引論作「三百六十五」。
〔二〕「文字有所生」原作「文字顯爲有所生」，據上書删。
〔三〕「元」字原無，據上書增。

清；氣爲形本，氣和則形泰。雖身之榮衛自有内液，而腹之臟腑亦假外滋。既〔一〕可以通腸胃，爲益津氣；又可以導符靈，助祝術。今撰諸符水之法，以備所用，可按而爲之焉。符在本經。

服藥論第五

夫五臟通榮衛之氣，六腑資水穀之味。今既服氣，則藏氣之有餘。又既絶穀，則腑味之不足。故須諸藥以代於穀，使氣味兼致臟腑而全也。素問曰：「穀不入，半日則氣衰，一日則氣少。」「清陽爲天，濁陰爲地。」「清陽出上竅，濁陰出下竅。清陽發腠理，濁陰走五臟。清陽實四肢，濁陰歸〔二〕六腑。清陽爲氣，濁陰爲味。味歸形，形歸氣，氣歸精〔三〕。精食氣，形食味。」氣爲陽，味爲陰。陰勝則陽病，陽勝則陰病。和氣〔四〕以通之，味以實之。通

〔一〕「既」原作「即」，據修真精義雜論導引論改。
〔二〕「歸」原作「實」，據上書改。
〔三〕「氣歸精」下，補注黄帝内經素問卷二陰陽應象大論篇有「精歸化」三字。
〔四〕「和氣」，修真精義雜論導引論作「是知陰」。

之則不德，實之則不羸矣！今以草木之藥性味於臟腑所宜，爲安臟丸、理氣膏，其先無病疹、臟腑平和者，可常服此丸膏，并茯苓、巨勝等單〔一〕服之藥。若臟有疾者，則以所宜者增損之服。如先有痼疾及别得餘患者，當别醫攻療，則非此之所愈也。其上清方藥各依本經，稟受者自宜遵服。

安和臟腑丸方：茯苓、桂心、甘草、炙，已上各一兩。人參、柏子仁、薯蕷、麥門冬、去心，已上各二兩。天門冬。四兩。

右擣篩爲散，白蜜和爲丸，丸如梧桐子大，每服三十丸。日再服，以藥飲下之，松葉枸杞等諸藥可爲飲也。

治潤氣液膏方：天門冬、煎五升。黄精、煎五升。地黄、煎五升。术、煎五升。已上煎，各煎訖相和著。茯苓、二兩。桂心、二兩。〔二〕薯蕷、五兩。澤瀉、五兩。甘草。三兩，炙。

右並擣，以密絹篩令極細，内諸煎中。又内熟巨勝杏仁屑三升、白蜜二升，攪令稠重湯煑，攪勿令住手，令如膏便調强爲佳。冷凝擣數千杵，密器貯固之。少出充服，每早晨以一

〔一〕「單」原作「丹」，據修真精義雜論導引論改。

〔二〕「桂心二兩」及下「甘草三兩炙」，上書併於此作「桂心、甘草炙，已上各三兩」。

丸如李核大含消嚥之，日再三。此藥宜八月、九月合，至三月已來服之。若三月、二月中更煑一度，令稠硬，則經夏不復壞。

慎忌論第六

夫氣之爲理也，納而難固，吐而易竭。難固須保而使全，易竭須惜而勿泄。真人曰：學道常如憶朝餐，未有不得之者。惜氣常如惜面，未有不全之也。又曰：若使惜氣常如一身之先急，吾少見於枯悴矣！其於交〔一〕接言笑，務宜省約；運動呼叫，特須調緩；觸類愛慎，方免所損矣！夫人之爲性也，與天地合體，陰陽混氣，皮膚骨體，臟腑榮衛，呼吸進退，寒暑變異，莫不均乎二儀，應乎五行也。是知天地否泰，陰陽之氣〔二〕亂焉！臟腑不調，經脉之候病焉！因外所中者，百病起於風也。因内所致者，百病生於氣也。故曰：「恬

〔一〕「交」字原無，據修真精義雜論導引論增。
〔二〕「之氣」二字原無，據延陵先生集新舊服氣經修養大略增。

憺虛無〔一〕，真氣從〔二〕之。精神內守，病安從來〔三〕？」信哉是言！故須知形神之性，養〔四〕而全之，辨內外之疾，畏而慎之。素問曰：「天有宿度，地有經水，人有經脈。天地和則經水安靜，寒則經水凝沍，暑則經水沸〔五〕溢，卒風暴起則經水波湧而隴起。或虛邪因而入客，亦如經〔六〕水之得風也。」「天溫日明，則人血淖液而衛氣浮〔七〕；天寒日陰，則人血凝沍而衛氣沉。」血氣者，喜溫而惡寒，寒則沍而不能流，溫則喜而去之。「蒼天之氣清靜，則志意治，順之〔八〕則陽氣固，雖有賊邪，不能害也〔九〕，此因時之序〔一〇〕也。」「月始生，則人血

〔一〕「無」原作「寂」，據道藏本黃帝內經素問補註釋文卷一上古天真論篇改。

〔二〕「從」原作「居」，據上書改。

〔三〕「病安從來」原作「病從何來」，據上書改。

〔四〕「養」字原無，據修真精義雜論慎忌論增。

〔五〕「沸」原作「滯」，據黃帝內經素問補註釋文卷十九八正神明論篇改。

〔六〕「如經」原作「由」，據上書改。

〔七〕「浮」原作「揚」，據上書改。

〔八〕「順之」原作「從之」，據黃帝內經素問補註釋文卷三生氣通天論篇改。

〔九〕「雖有賊邪，不能害也」原作「賊邪不能容」，據上書改。

〔一〇〕「序」原作「孕」，據上書改。

氣始精，衛氣始行。月郭滿，則血氣實，肌肉堅。月郭空，則肌肉減，經絡虛，衛氣去，形獨居。是以因天時而調血氣者也。」若此時犯冒虛邪，則「以身之虛，而逢天之虛，兩虛相感，其氣〔一〕至骨，入則傷五臟。」「故曰：天忌不可不知也。」「八正者，所以候八風虛邪以時至者也。」八正之虛邪，避之如矢射，慎勿犯之。假令冬至之日，風從南來，爲賊傷也。謂從虛之鄉〔二〕來，乃能病人也。他節倣此。「陽氣者，一日而生外〔三〕，平旦入氣〔四〕生，日中陽氣隆，日西陽氣虛，氣門乃閉〔五〕。是故暮而收拒，無擾筋骨，無見霧露，及此三時，形乃因薄。」「久視傷血，久卧傷氣，久立傷骨，久行傷筋，久坐傷肉，是謂五勞所傷」也。憂愁思慮則傷心，形寒飲冷則傷肺，恚怒氣逆、上而不下則傷肝，飲食勞倦則傷脾，久坐濕地、强力入水則傷腎。人有五氣，喜怒憂悲恐也。怒則氣上，喜即氣緩，悲則氣消，恐則氣下，寒即氣

〔一〕「氣」原作「起」，據黄帝内經素問補註釋文卷三生氣通天論篇改。
〔二〕「從虛之鄉」，服氣精義雜論作「從其虛邪之鄉」。
〔三〕「生外」，上書作「三候」，黄帝内經素問補註釋文卷三生氣通天論篇作「主外」。
〔四〕「入氣」，上二書分别作「陽氣」、「人氣」。
〔五〕「閉」原作「開」，據上二書改。

聚，熱則氣泄，憂則氣亂，勞則氣耗，思則氣結。喜怒傷陰，寒暑傷陽〔一〕，喜怒不節，寒暑過度，氣乃不固。五味所入，苦入心，辛入肺，酸入肝，甘入脾，鹹入腎。陰之生本在五味。「是故味過於酸，則肝氣以津，肺氣乃絶。味過於鹹，則骨氣勞短肌氣折〔二〕。味過於甘〔三〕，則心氣喘滿色黑，腎氣不衡〔四〕。味過於苦〔五〕，則脾氣濡，胃〔六〕氣乃厚。味過於辛，則筋脉沮弛，精神乃央。是故謹和五味，則骨正筋柔，氣血以流，湊理以密，如是則氣骨以精，謹道如法，長有天命〔七〕。」「多食鹹，則脉凝泣而變色；多食苦，則皮槁而毛拔；多食辛，則筋急而爪枯；多食酸，則肉胝䐢而脣揭；多食甘，則骨痛而髮落，此五味之所傷也。」

〔一〕「喜怒傷陰，寒暑傷陽」八字原無，據修真精義雜論慎忌論增。黄帝内經素問補註釋文卷五陰陽應象大論篇作「喜怒傷氣，寒暑傷形」。

〔二〕「則骨氣勞短肌氣折」，黄帝内經素問補註釋文卷三生氣通天論篇作「大骨氣勞短肌心氣抑」，修真精義雜論慎忌論「肌氣折」作「肺氣折」。

〔三〕「甘」原作「苦」，據上二書改。

〔四〕「衡」原作「衛」，據上二書改。

〔五〕「苦」原作「甘」，據上二書改。

〔六〕「胃」原作「骨」，據上二書改。上「脾氣濡」，二十二子本黄帝内經素問生氣通天論作「脾氣不濡」。

〔七〕「長有天命」原作「長天有命」，據黄帝内經素問補註釋文卷三生氣通天論篇及修真精義雜論慎忌論改。

此論飲食之五味，而藥性亦有五味，服餌丸散，特宜慎之。服氣之人不宜食辛味，何者？辛走氣，氣病無食辛也。

五臟論第七

夫生之成形也，必資之於五臟，形或有廢，而臟不可闕。神之爲性也，必禀於五臟，性或有異，而氣不可虧。是天有五星進退，成其經緯；地有五嶽静鎮，安其方位；氣有五行混化，弘其埏埴；人有五臟生養，處其精神。故乃「心藏神，肺藏氣，肝藏血，脾藏肉，腎藏志」。志通内連骨體〔一〕，而成身形矣！又心者生之本，神之處〔二〕也。肺者氣之本，魄之處也。肝者罷極之本，魂之處也。脾者倉廪之本，榮之處也。腎者封藏之本，精之處也。至於九竅施爲，四肢動用，骨肉堅實，經脉宣行，莫不禀源於五臟，分流於百體，順寒暑以延和，保精氣而享壽。且心爲諸臟之主，主明則運用宣通。有心之子，安可不悟其神之理邪？

〔一〕「志通内連骨體」，修真精義雜論五藏論作「志意通内連骨髓」。
〔二〕「神之處」，黄帝内經素問六節藏象論作「神之變」。

臟有要害，不可不察。肝生於左，肺生於右，心部於表，腎位於裏，脾爲之使，胃爲之市。「心爲之汗，肺爲之涕，肝〔一〕爲之淚，脾爲之涎，腎爲之唾，是謂五液。」「心爲噫，肺爲咳，肝爲語，脾爲笑〔二〕，腎爲嚏。」「天氣通於肺，地氣通於肝〔三〕，雷氣通於心，穀氣通於脾，雨氣通於腎。」五臟各有所合，「心之合於脉也，其榮色也。」「肺之合於皮也，其榮毛也。」「肝之合於筋也，其榮爪也。」「脾之合於肉也，其榮脣也。」「腎之合於骨也，其榮髮也。」五臟各有腑，臟爲陽，腑爲陰〔四〕。「五臟者，藏精神而不瀉也，故滿而不能實。六腑者，受水穀而不留〔五〕，故實而不能滿。」夫〔六〕小腸爲心之腑，大腸爲肺之腑，膽爲肝之腑，胃爲脾之腑，膀胱爲腎之腑。六腑者各有其應，小腸者，脉其應也；大腸者，皮其應也；膽者，筋其應也；胃者，肉其應也；三焦、膀胱者，腠理、毫毛其應也。十二臟之相使者，「心者君主之

〔一〕「肝」原作「汗」，據黄帝内經素問補註釋文卷十八宣明五氣論改。
〔二〕「笑」，上書作「吞」。
〔三〕「地氣通於肝」，黄帝内經素問補註釋文卷五陰陽應象大論篇作「地氣通於嗌，風氣通於肝」。
〔四〕「臟爲陽，腑爲陰」，黄帝内經素問補註釋文卷四金匱真言論篇作「臟者爲陰，腑者爲陽」。
〔五〕「受水穀而不留」，二十二子本黄帝内經素問五藏别論作「傳化物而不藏」。
〔六〕「夫」原作「則」，據修真精義雜論五藏論改。

官，神明出焉；肺者相傳之官，治節出焉；肝者將軍之官，謀慮出焉；膽者中〔一〕正之官，決斷出焉；膻中者臣使之官，喜樂出焉；膂中，上焦之門户也〔二〕；脾、胃者，倉廩之官也，五味出焉；大腸者，傳導之官也，變化出焉；小腸者，受盛之官也，化物出焉；腎者，作強之官也，伎巧出焉；三焦者，決瀆之官也，水道出焉；膀胱者，州郡之官也，津液藏焉，氣化則能出矣。凡此〔三〕十二官，不得相失也。故主明則下安和，以此養生則壽，没世不殆。主暗十二官危，使道閉塞而不通，形乃大傷，以此養生則殆也。」

服氣療病論第八

夫氣之爲功也，廣矣妙矣！故天氣下降，則寒暑有四時之變；地氣上騰，則風雲有八方之異。兼二儀而爲一體者，總形氣於其人。是能存之爲家，則神靈儼然；用之於禁，則功効著矣！況以我之心，使我之氣，適我之體，攻我之疾，何往而不愈焉！習服閑居，則易

〔一〕「中」原作「忠」，據黄帝内經素問補註釋文卷八靈蘭祕典論篇改。
〔二〕「膂中，上焦之門户也」八字，上書無。
〔三〕「氣化則能出矣。凡此」原作「化氣則能出焉。凡出」，據上書改。

爲存使，諸有疾痛，皆可按而療之。

凡欲療疾，皆可以日出後，天氣和静，面向日，在室中亦向日，存爲之。平坐瞑目握固，叩齒九通，存日赤暉紫芒，乃長引吸而噏之，存入所患之臟腑。若非臟腑之疾，是諸〔一〕肢體筋骨者，亦宜先存入所主之臟也。閉極又引，凡得九噏。覺其臟中有氣，乃存其氣攻於所苦之處，閉極微微吐氣，其息稍定，更噏而攻之，覺疾處温暖汗出爲佳。若在四肢應可導引者，則先導引其處，已後攻之。縱是體上，亦宜按念，令其氣通。若在頭中，當散髮梳頭皮數百下，左右摇頭數十過，乃吸氣訖，以兩手指於項上急攀之，以頭向上力拒之，仍存氣向上入腦，於頂髮諸孔衝出散去。一極訖，放手通氣更爲之，以覺頭頸汗出痛處寬暢爲候。若病在臟腑者，仰卧吸引，存入其處，得五六噏則一度閉息攻之，皆以意消息。其病或是〔二〕久來痼疾，并有癥塊堅積者，則非氣之所能愈，終亦覺積寬平〔三〕也。兼藥同療，亦無所妨，乃於藥性易効爾。雖用氣攻病，雖攻其處膚腠散出，然兼依明堂圖取其所療之穴，

〔一〕「諸」原作「謂」，據修真精義雜論療病論改。

〔二〕「是」字原無，據上書增。

〔三〕「覺積寬平」，上書作「稍覺寬平」。

想而引去尤佳〔一〕。既知其穴，宜依十二月各用其律管，急按穴上，想〔二〕而出之。則心存有所主，氣行有所適矣。

黄鍾，十一月律也。管長九寸，空中圍九分，諸管並同。大吕，十二月律也。管長八寸。太簇，正月律也，管長七寸强。夾鍾，二月律也，管長七寸强。姑洗，三月律也，管長七寸强。仲吕，四月律也，管長六寸强。蕤賓，五月律也，管長六寸强。林鍾，六月律也，管長六寸强。夷則，七月律也，管長五寸强。南吕，八月律也，管長五寸强。無射，九月律也，管長四寸强。應鍾，十月律也，管長四寸强。皆取山陽之竹孔圓者，其節生枝不堪用。手臂不援，雖云手臂，諸有疾處亦可爲之。先以一手徐徐按摩所疾之處，良久畢，乃瞑目内視，視見五臟，嗽液三過，叩齒三通，正心微祝曰：「太上四玄，五華六庭。三魂七魄，天關地精。神符榮衛，天胎上明。四肢百神，九節萬靈。受籙玉晨，刊書玉城。玉童護命，玉女侍身。〔三〕永齊二景，飛仙上清。長與日月，年俱後傾。超騰昇仙，得整太平。流風結痾，注

〔一〕「想而引去尤佳」原作「而相引去之佳」，據修真精義雜論療病論改。
〔二〕「想」原作「相」，據上書改。
〔三〕「玉童護命，玉女侍身」原作「玉女侍身，玉童護命」，據上書改。

鬼五飛。魍魎冢訟，二氣徘徊。陵我四肢，干我盛衰。太山天丁，龍虎曜威。斬鬼不祥，凶邪即摧。考注匿訟，百毒隱非。使我復常，日月同暉。考注見犯，北辰收摧。如有干試，干明上威。」

常以生氣時，嚥液二七過，按〔一〕體所痛處，向王而祝曰：「左玄右玄，二神合真。左黄右黄，六華相當。風氣惡疾，伏匿四方。玉液流澤，上下宣通。内遣水火，外辟不祥。長生飛仙，身常休强。」畢，又嚥液二七過，又當急按所痛處三十一過。常如此，則無疾也。

病候論第九

夫生之爲命也，資乎形神；氣之所和也，本乎臟腑。形神貞頤，則生全而享壽；臟腑清休，則氣泰而無病。然且禀精結胎之初，各因四時之異；誕形立性之本，罕備五常之節。故躁擾多端，嗜慾增結，或積痾於受生之始，或致疾於役身之時。是故喜怒憂傷，自内而作疾也；寒暑飲食，自外而成病也。强壯之歲，唯知犯觸；衰謝之年，又乖修養。陰陽互

〔一〕「按」原作「接」，據修真精義雜論療病論改。

舛〔一〕，形氣相違，諸疹既生，厥後〔二〕多狀。況乎服氣之者，穀餌已斷，形體漸羸，精氣未全，神魂不暢。或舊疹因之以發動，新兆致之以虚邪，須知所由，宜詳所療。今粗具可辨之狀，以代問醫，則其氣攻之術，希同勿藥。「虚實之形，其何以生？自〔三〕氣血以并，陰陽相傾，氣亂於衛，血逆〔四〕於經，血氣離居，一實一虚。血并於陰，氣并於陽，故爲驚狂。血并於陽，氣并於陰，乃爲炅中。血并於上，氣并於下，煩惋善怒。血并於下，氣并於上，亂而善忘。」「陽虚則外寒，陰虚則内熱；陽盛則外熱，陰盛則内寒〔五〕。」「五臟之道，皆出於經隧，隧以行血氣〔六〕。血氣不和，百病乃變化〔七〕而生。」「氣〔八〕有餘則腹脹飧泄，不足則

〔一〕「舛」原作「升」，據修真精義雜論病候論改。
〔二〕「後」，上書作「候」。
〔三〕「自」，黄帝内經素問補註釋文卷三六調經論篇作「岐伯曰」。
〔四〕「逆」原作「流」，據上書改。
〔五〕以上二句原作「陽盛則内寒，陰盛則外熱」，據二十二子本黄帝内經素問調經論改。
〔六〕以上三句原作「五藏之道，皆出於經，遂行血氣」，據黄帝内經素問補註釋文卷三六調經論篇增改。
〔七〕「化」下原有「血」字，據上書删。
〔八〕「氣」，上書作「志」。

厥〔一〕。天之邪氣，感則害五藏也〔二〕；水穀之寒温，感則害六腑也；地之濕氣，感則害皮肉筋脉也。」又「邪之生〔三〕也，或生於陰，或生於陽。生於陽者，得之風雨寒暑；生於陰者，得之飲食居處，陰陽喜怒。」「陽者，天氣也，主外。陰者，地氣也，主内。陽道實，陰道虚。故犯賊風虚邪者，陽受之；食飲不節〔四〕、起居不時者，陰受之〔五〕。陽受之則入六腑，陰受之則入五藏。入六腑則身熱不時卧〔六〕，上爲喘呼；入五藏則䐜滿閉塞，下爲飧泄，久爲腸澼。故喉主天氣，咽主地氣。陽受風氣，陰受濕氣。陰氣從足上行至頭，而下行循臂至指端。陽氣從手上行至頭，而下行至足。故曰：陽病者上行極而下行，陰病者下行極而上行。傷於風者，上先受之；傷於濕者，下先受之。」

「頭者，精明之腑，頭傾視深，精則奪矣。背者，胷之腑也，背曲肩隨，胷將壞矣。腰者，

〔一〕「不足則厥」原作「不厥」，據黄帝内經素問補註釋文卷三六調經論篇增。

〔二〕「也」字原無，據上書增。

〔三〕「生」原作「主」，據上書改。

〔四〕「食飲不節」原作「飲食不可不節」，據黄帝内經素問補註釋文卷二十太陰陽明論篇改。

〔五〕「陰受之」三字原無，據上書及修真精義雜論病候論增。

〔六〕「不時卧」原作「不卧」，據上二書增。

腎之腑也，轉摇不能，腎將憊矣。膝者，筋之腑也，屈伸不能，行則僂跗〔一〕，筋將憊矣。髓者，骨之腑也，不能久立，行則掉慄，骨將憊矣。」「肺熱病者右頰赤〔二〕，心熱病者顔先赤，肝熱病者左頰赤，脾熱病者鼻赤，腎熱病者頤赤。病雖未發，見其〔三〕色者所宜療之，故曰療未病之病。」肺熱病者色白而毛槁，心熱病者色赤而絡脈溢，肝熱病者色蒼而爪〔四〕枯，脾熱病者色黄而肉濡〔五〕，腎熱病者色黑而齒枯。

「肝主春，足厥陰，少陽主治，其日甲乙，肝苦急〔六〕，急食甘〔七〕以緩之。」又曰：「肝病欲散，急食辛以散之。用辛補之，酸瀉之〔八〕。」「禁當風。」「肝惡風」也。

〔一〕「不能，行」原作「不得」，據黄帝内經素問補註釋文卷十三脉要精微論篇及修真精義雜論病候論改。
〔二〕「赤」，二十二子本黄帝内經素問刺熱篇作「先赤」。以下三「赤」字同。
〔三〕「其」，上書作「赤」。
〔四〕「爪」原作「密」，據服氣精義雜論病候論改。
〔五〕「濡」，上書作「蠕動」。
〔六〕「甘」原作「鹹」，據上書及黄帝内經素問補註釋文卷十七藏氣法時論篇改。
〔七〕「急」原作「逆」，據上二書改。
〔八〕「急食辛以散之。用辛補之，酸瀉之」原作「急食苦以瀉之」，據上二書增改。

「心主夏，手少陰，太陽主治，其日丙丁，心苦緩，急食酸〔一〕以收之。」又曰：「心病欲耎〔二〕，急食鹹以耎之，用鹹〔三〕補之，甘瀉之」「禁温衣熱食。」「心惡熱」也。

「脾主長夏，足太陰，陽明主治，其日戊己，脾苦濕，急食苦以燥〔四〕之。」又曰：「脾病欲緩，急食甘以緩之，用苦瀉之，甘補之〔五〕。」「禁温〔六〕食飽食，濕地濡衣。」「脾惡濕」也。

「肺主秋，手太陰，陽明主治，其日庚辛，肺苦氣上逆，急食苦〔七〕以泄之。」又曰：「肺病欲收，急食酸以收之，用酸補之，辛瀉之〔八〕。」「禁寒衣飲冷〔九〕。」「肺惡寒」也。

〔一〕「酸」原作「鹹」，據服氣精義雜論病候論及黄帝内經素問補註釋文卷十七藏氣法時論篇改。

〔二〕「耎」原作「濡」，據上二書改。下同。

〔三〕「鹹」原作「酸」，據上二書改。

〔四〕「燥」原作「滲」，據上二書改。

〔五〕「用苦瀉之，甘補之」原作「用苦補之，辛瀉之」，據上二書改。

〔六〕「温」原作「濕」，據上二書改。

〔七〕「苦」原作「鹹」，據上二書改。

〔八〕「急食酸以收之，用酸補之，辛瀉之」原作「急食甘以收之，鹹瀉之」，據上二書改。

〔九〕「禁寒衣飲冷」，上二書分別作「禁寒衣飲食」、「禁寒飲食寒衣」。

「腎主冬，足少陰，太陽主治，其日壬癸，腎苦燥〔一〕，急食辛以潤之，開腠理致津液氣通也〔二〕。」又曰：「腎病欲堅〔三〕，急食苦以堅之，用苦補之，鹹瀉之〔四〕。」「焠㶸無熱食溫衣。」「腎惡燥也〔五〕。」「辛走氣，氣病無食辛；苦走骨，骨病無食苦〔六〕；甘走肉，肉病無食甘；鹹走血，血病無食鹹；酸走筋，筋病無食酸，是謂五禁，勿〔七〕多食也。」

「肺病者，喘咳逆氣，肩背痛汗出，尻陰股膝髀腨胻足皆痛，虛則少氣，不能報息〔八〕，耳聾嗌乾矣。」

〔一〕「腎苦燥」原作「腎古滲」，據服氣精義雜論病候論及黃帝內經素問補註釋文卷十七藏氣法時論篇改。

〔二〕「開腠理致津液氣通也」原作「腠理致液氣通」，據上二書增。

〔三〕「堅」字原無，據上二書增。

〔四〕「用苦補之，鹹瀉之」，「苦」原作「辛」，「鹹」原作「酸」，據上二書改。

〔五〕「腎惡燥也」原作「腎惡滲之」，據上二書改。

〔六〕「苦走骨，骨病無食苦」八字原無，據上二書增。

〔七〕「勿」原作「而」，據上二書改。

〔八〕「皆痛」原作「背痛」，「報息」原作「報自」，據黃帝內經素問補註釋文卷十七藏氣法時論篇改。又「報息」，服氣精義雜論病候論作「服事」。

「心病者，胷中痛，脅肢滿，肋下痛，膺背肩胛間痛〔一〕，兩臂内痛。虚則胷腹太〔二〕，脅下與腰相引而痛。」

「肝病者，兩脇下痛，引入小腹，令人善〔三〕怒。虚則恐，如人將捕之。氣逆則頭痛耳聾頰腫。」

「脾病者身重，肌肉萎，足不收行，喜挈〔四〕，脚下痛。虚則腹滿〔五〕腸鳴，泄食不化。」

「腎病者，腹大脛腫，喘咳身重，寢〔六〕汗出惡風。虚則胷中痛也。」

「肺風之狀，多汗惡風，時欲咳嗽喘氣，晝日善，暮則甚。診在眉上，其色白。」

「心風之狀，多汗惡風，焦絶善怒〔七〕。診在口，其色赤。」

〔一〕「痛」字原無，據黄帝内經素問補註釋文卷十七藏氣法時論篇及服氣精義雜論病候論增。

〔二〕「胷腹太」，上二書分别作「胸腹太滿」及「胸腹大」。

〔三〕「善」原作「喜」，據上二書改。「引入小腹」之「入」字，上二書無。

〔四〕「喜挈」，上二書分别作「善契」、「善瘈」。

〔五〕「滿」原作「脹」，據上二書改。

〔六〕「腹大脛腫，喘咳身重，寢」原作「腸大體重喘咳」，據上二書增改。

〔七〕「多汗惡風，焦絶善怒」原作「惡風焦絶喜怒」，據黄帝内經素問補註釋文卷二五風論篇及服氣精義雜論病候論增改。

「肝風之狀，多汗惡風善悲〔一〕，微蒼嗌乾善怒〔二〕。診在目下，其色青。」

「脾風之狀，多汗惡風，身體怠墮，四肢不欲動〔三〕，微黄，不嗜食。診在鼻上，其色黄。」

「腎風之狀，多汗惡風，面痝然，脊痛不能正立，其色炲，隱曲不利。診在肌上，其色黑〔四〕。」

「胃風之狀，多汗惡風，食飲不下，隔塞不通，腹善滿，失衣則脹，食寒則泄。診在形瘦而腹大。」

「首風之狀，其頭〔五〕面多汗惡風，先當風一日病甚〔六〕，頭痛不可出，至其風日〔七〕，則小愈矣。」

〔一〕「多汗惡風善悲」原作「惡風喜悲」，據黄帝内經素問補註釋文卷二五風論篇及服氣精義雜論病候論增改。

〔二〕「善怒」原作「普怒」，據上二書改。

〔三〕「身體怠墮，四肢不欲動」原作「身體急墜，四肢不通」，據上二書改。

〔四〕「腎風之狀」一條三十一字原無，據上二書補。「面痝然」，風論篇作「面痝然浮腫」。

〔五〕「頭」下原有「痛」字，據上二書删。

〔六〕「甚」原作「其」，據上二書改。

〔七〕「日」原作「止」，據上二書改。

雲笈七籤卷之五十八

諸家氣法

胎息精微論

老君曰：知道者天不殺，含德者地不害，道德相抱，〔一〕身不衰老。內食太和，元氣爲首。清淨自鍊，委身放體。志無念慮，安定臟腑。洞極太和，長生久視。潛氣不動，意如流水。前波已去，而後波續處，不返也。行之不休，得道真矣！每日入淨室守玄元，玄元謂存玄門〔二〕。玄中有玄是我命，命中有命是我形，形中有形是我精，精中有精是我氣，氣中有氣是我神，神中有神是我自然。德以形爲車，道以氣爲馬，魂以精爲根，魄以目爲戶。形勞則

〔一〕「老君曰」至「相抱」十九字原無，據道藏本胎息精微論及延陵先生集新舊服氣經胎息精微論補。

〔二〕「玄元謂存玄門」，上二書分別作夾注語「玄元者，一炁也」、「玄元謂存玄門」。

德散，氣越則道叛。精銷魂損，目勤魄微。是以靜形愛氣，全精寶視〔一〕，道德凝密，魂魄固守。所以含道不言，得氣之真。肌膚潤澤，得道之根。手足流汗，精氣充溢。不飢不渴，龜龍胎息。綿綿長存，用之不勤。飲于玄泉，登于太清。還年返嬰，道之自然。至道不遠，近在己身。用心精微，命乃永延〔二〕。夫道者或傳服五牙、五牙者，五行之生氣。黄庭經云：「存漱五牙不飢渴〔三〕。」八方四時、日月星辰等氣，思自頂而入，鼻而出。雖古經所載，爲之者少見成遂，亦非食穀者所能〔四〕行致耳。是以服氣者多不得其訣要，徒精勤矣。既得其門，復悟其訣，即在精勤不懈矣。

凡胎息服氣，從夜半後服内氣七嚥。每一嚥既，調氣六七息，即更嚥之。每嚥如水流當倏其稍近之時可也。桑榆子曰：烏鷃而志〔五〕乎天地，是不知量。彼五牙、八方四時、日月星辰等教，不爲初地者設，無成也。

〔一〕「靜形愛氣，全精寶視」，道藏本胎息精微論及延陵先生集新舊服氣經胎息精微論作「守靜愛氣，全精寶神」。

〔二〕「永延」原作「延永」，據上二書改。

〔三〕「渴」上原衍「不」字，據本書卷十一上清黄庭内景經常念章删。

〔四〕「能」原作「致」，據道藏本胎息精微論及延陵先生集新舊服氣經胎息精微論改。

〔五〕「志」原作「至」，據上二書改。

過坎聲，是氣通也。直下氣海中凝結，腹中充滿如含胎之狀。氣從有胎中息，氣海中有氣充，然後爲胎息之道也。氣成即清氣凝爲胎，濁氣散〔一〕而出。散從手足及髮而出也。胎成即萬疾自遣，漸通仙靈。今之學其氣〔二〕也，或得古方，或授自非道，皆閉口縮鼻，但貴息長。而不知五藏壅閉〔三〕，畜損正氣，殊非自然之息。但煩勞形神，無所裨益。凡服氣之時，即須關節通，胃海開，納元氣固。納畢，即關節還閉，徐徐鼻出納外氣，自然内外不雜〔四〕，胎中氣亦不出。但潛屈指數息，從十至百，數從一百至二百三百，此爲小通，即耳目聰明，百病皆愈。若抑塞口鼻，擬習胎息，殊無此理也。口鼻氣既不通，即畜損臟腑，有何益哉！凡餌内氣者，用力寡而見功多。惟在安神静慮，不煩不擾。則氣道踈暢，關節開通，内含元和，終日不散，膚體潤澤，手足汗出。長生之道，訣在此矣！從夜半後服七嚥，即閉氣。但内氣不出，鼻口常徐徐出納外氣，内氣〔五〕都不相雜。至五更又服七嚥，平旦又服七嚥，都二十一

〔一〕「散」字原脱，據延陵先生集新舊服氣經胎息精微論補。
〔二〕「氣」下原有「長」字，據上書删。
〔三〕「五藏壅閉」原作「藏擁閉」，據道藏本胎息精微論改。
〔四〕「雜」原作「離」，據延陵先生集新舊服氣經胎息精微論改。
〔五〕「氣」，上書作「外」。

嚥止。若休粮者，即不限此數。肚空即嚥内氣，嚥内氣常滿，自無飢渴。初似小難，久久習慣，自然内外之氣不相混雜也。漸漸關節開通也，毛髮疎暢，氣自來往，亦不假鼻中徐徐通外氣也。胎息之妙，窮於此也。

蒙山〔一〕賢者服内氣訣

側卧，右脇著地，微縮兩足，著頭向南面東，兩手握固傍其頤，閉取内氣極力，開喉嚥之，如此七嚥一吐氣。若病時服氣，一嚥兩嚥一吐，然後一七嚥一吐氣可也。又調息令出入氣匀，準前又嚥，都四十〔二〕嚥，然起坐鍊之。竪膝坐，兩手相叉抱膝，閉氣鼓腹二七或三七，氣滿即吐。更調息，特不得令喘麤。調訖，又閉氣二七或三七，一吐氣，使腹調適乃休。或汗出，頭足皆熱，此氣遍也，即當飽滿，三關百節，宣通暢適。行之十年登仙，老容返少。夫舊經皆存想，恐爲煩勞，却使心意難行。服氣本於胎息，但無思念，自合元化之功。久久行之，當自知其妙矣。僕遊蒙山，遇此賢者，年可五十已下，其精神清朗，頗異於俗。因問，云：

〔一〕「蒙山」原作「茅山」，據延陵先生集新舊服氣經胎息精微論改。

〔二〕「四十」，上書作「四十九」。

「貞觀已前遊此山。」不道姓名，自稱老夫。僕遂慇懃拜之，蒙授此訣，行之頗甚弘益，妙哉妙哉！凡欲得道不死，腸中無屎。音滓。欲得長生，五臟精明。故黄庭經云：「何不食氣太和精，故能不死入黄寧。」陰符云：積火可以焚五毒。五毒則五味，五味盡，可以長生。西王母謂武帝曰：「能益能易，名上仙籍；不益不易，不離死厄。」所謂益易者，能益精易形也。常〔一〕能愛精握固，閉氣吞液，則氣化爲血，血化爲精，精化爲液，液化爲骨，行〔二〕之不倦，精神充滿。爲之一年易氣，二年易骸，一本爲易血也。三年易血，一本爲易脉。四年易肉，五年易筋，一云易髓。六年易髓，七年易骨，八年易髮，九年易形，十年道成，位居真人，變化自由，即靈官玉女而侍焉！

胎息根旨要訣

古修胎息者，尋其所著，皆未達于玄門。據其文字所陳，悉皆互有得失。或云無氣是胎，閉氣不喘是息。各執一門，未有所趣，迷誤後學，疑惑益滋。而修生之人，性命已殆，足

〔一〕「常」下原有「法」字，據延陵先生集新舊服氣經胎息精微論删。

〔二〕「行」上原有「常」字，據漢武帝内傳删。

可悲哉！余今所得，實爲簡易，將來學人，保而深惜。夫云服氣，即胎息之妙用也。切在分析内、外氣，及在藏腑之氣，統一身之所生，不可得而知也，此氣須日日生之。凡麤氣在榮衛之中，爲喘鳴之氣。氣本麤者命促，氣本細者命長〔一〕。衆氣在藏腑之内，爲運動之氣。此兩者並非修服之氣。其胎息者，是天地陰陽二氣初結精之氣。氣結而爲形，形既成立，則精氣光凝爲雙瞳子。雙瞳子者，即父之精氣，號爲純陽之精，故能鑒視萬物。又受母之陰氣而成玄牝者，即口鼻也。是知形爲受氣之本，氣爲成形之根，則此二氣爲形之根蔕者也。根蔕既成，則能隨母呼吸綿綿，十月胎體成而生，故修養者効之。夫云復其根本，此胎息之要也。古皆云氣海者爲氣之根本，此説非也。爲不知其所止，是以復之無益。古仙皆口口相受〔二〕，非著於文字之中，蓋欲貽其同志。所謂根本者，正對臍第十九椎，兩脊相夾脊中空處，膀胱下近脊是也，名曰命蔕，亦曰命門，亦曰命根，亦曰精室，「男子以藏精，女子以藏〔三〕月水」，此則長生氣之根本也。今之所復其根本，修其所生，斯則形中母子，何不

〔一〕「氣本麤者命促，氣本細者命長」，四部叢刊本作註語。
〔二〕「受」，四部叢刊本作「授」。
〔三〕「藏」字原無，據本書卷十八老子中經第十七神仙增。

守之！夫氣爲母，而神爲子。氣則精液也，氣無形質，隨精液以上下，但先立形，則因形而住。氣爲其母，而子不捨母，則依母而住。神氣住形中，故能住世，長生久視。故修生之人，常令神與氣合，子母相守，自然玄牝無出入息也。莊周云：真人息以踵，言其息深深也。老子經云：深根固蔕，是爲復命。此乃命門元氣根本之旨也。將來君子，勿得輕泄耳。

胎息雜訣

一、經云：但徐徐引氣出納，則元氣亦不出也，自然〔一〕內外之氣不雜，此名胎息。然初〔二〕用功之人，閉固內氣訖，亦鼻中微微通氣往來，便令不至咽喉而返，氣則逆滿上衝，不可抑塞，如此即徐徐放令通暢，候氣調即復閉之。切在徐徐鼻中出入，勿令至喉，極力抑忍爲之，須臾忽然自得調暢，內外泰矣！此蓋關節開毛竅通故也。到此，即千息亦不倦矣！又胎息之妙，切在無思無慮，體合自然，心如死灰，形如枯木，即百脉暢，關節通矣！若憂慮百

〔一〕「自然」原作「胎息者然」，據延陵先生集新舊服氣經胎息雜訣改。

〔二〕「初」字原無，據上書增。

端，起滅相繼，欲求至道，徒費艱勤，終無成功。桑榆子曰：「有苦惱之氣，有貪惡之氣，諸如此類，皆邪氣横中，能爲元氣之關防。亦猶小人當路，則君子無所逞其才也。」此道至微至妙，出塵之士方可爲之。未離名利之間，徒勞介意。桑榆子曰：「縱未出塵，但能使心不亂，不見可欲則可矣。」

一、經云：嚥氣滿訖，便閉氣存想，意如流水，前波已去，後浪續起。凡胎息用功後，關節開通，毛髮通暢，即依此，但鼻中微微引氣，想從四肢百脉〔一〕孔出，往而不返也。後氣續到，但引之而不吐也。切在於徐徐。雖云引而不吐，所引亦不入於喉中，微微而散。如此，内氣亦不〔二〕流散矣。

尹真人服元氣術

夫人身中之元氣，常從口鼻而出。今制之令不出，便滿丹田。丹田滿即不飢渴，不飢渴蓋神人矣！是故人之始胎，不飲不啄。不飲不啄，故無出入息，即元氣復。元氣復，即長生之道機也。所以然者，謂氣在丹田中，諸臟不隔，周流和布，無所不通。以其外不入，内

〔一〕「想從」原作「相從」，據延陵先生集新舊服氣經胎息雜訣改。「脉」，上書作「毛」。
〔二〕「不」下原有「下」字，據上書删。

不出，全元氣，守真一，是謂內真之胎息也。始生之後則飲食，飲食之後即腑臟實，腑臟實即諸臟相隔，諸臟相隔即丹田氣亡其本也。居乎臟腑之上，行乎心膂之中，數寸往來，安得長久？是以未終其分，已有枯首蹇足、槁形喪氣之患。所以至人有已見乎，故〔一〕復其氣還其本，使得延年長生者也。

夫服元氣，先須澄其心，令無思無爲，恬澹而已〔二〕。故知絶粒者，乃長生之徑路；服氣者，爲不死之妙門。深信不疑，力行無倦。經曰：「綿綿若存，用之不勤。」術曰：因其出息，任以自然。而出未至半，口鼻俱閉，徐徐而已，氣即上行〔三〕，即舉首以聲嚥之矣。仰息左，覆息右，其註在調氣篇載。以氣送通下胃氣，又云，以意引氣，送之至胃，胃中氣轉流下方至丹田，丹田滿即流達於四肢也。轉下流至丹田，又從容如初嚥下。嚥下餘息，息即丹田不隔，丹田不隔即入四肢，以意運行，即流布矣。大底氣息不欲出於玄牝，但令通流。欲〔四〕出皆須調適，不得

〔一〕「有已見乎，故」，四部叢刊本作「有見，能」。
〔二〕「恬澹而已」，四部叢刊本作「沖然恬澹可也」。
〔三〕「氣即上行」之下，四部叢刊本有「氣既上行」四字。
〔四〕「欲」原作「須」，據四部叢刊本改。

麤喘也。若隔氣未達丹田，雖欲强爲，終難致矣！是以初服者皆多防滿，但資少食，必在懃行。懃心行即氣自流轉，自然之功著矣。所謂飲自然以御世，朝神以入微，始乎三五，成乎七九。若斯道者，豈虛語哉！謂氣入腹中，皆三處有隔。初學之者，先覺胃中妨〔一〕滿，噫氣不休，但少食爲之，即覺通於生臟，後自覺到丹田，然始覺氣周行身中，身中調暢，即神明自然致矣。故須居於静處，尅意行之，功業若成，所在可也。如其妄動，氣即難行。

初作之時，先覆仰，凡一日一夜限取四時。四時不虧即氣息相接，氣息相接即丹田實，丹田實即任意行之，中間停歇亦得。其四時謂寅、午、戌、子時也。用仰勢法：低枕仰〔二〕卧，縮兩肩，竪〔三〕兩膝，伸兩手，著兩肋。用覆勢法：以腹著床，以被搘胷，手足並伸。其仰嚥即令氣從左下，覆嚥令氣從右下。嚥氣之時，皆令作聲，有津液來，亦須別嚥，乃出息〔四〕。若用入息，即生風隨入，不可不慎之。嚥氣中間，即別任意休息，待心喘俱定，然後

〔一〕「妨」原作「防」，據四部叢刊本改。
〔二〕「仰」字原無，據太清服氣口訣及氣法要妙至訣增。
〔三〕「竪」字原無，據上二書增。
〔四〕「乃出息」原作「乃須出息氣之」，據四部叢刊本删。

乃可復爲之。初用氣時，必須安穩，坦然無事，氣則流通。若心有所拘，即窒塞不流注也。愼無疑慮，亦勿畏其敗失，亦勿慮其不成，但謀進取，勤勤之功，稍稍之效，自然至誠感神，神明自至矣。

夫服氣斷穀，不得思食，未能自靜，切須捺之。若渴或熱，即煑薜荔湯飲之即定，湯中著少生薑，或煎薑蜜湯亦得。如覺心中滿悶，即咬嚼些甘草、桂心、五味子等並妙。但服氣不失其節，即氣自盈滿。縱出入行人事，或對賓客語言談話，種種運爲，百無妨廢。及成之後，更不服氣，氣亦自足。窮神極理，妙不可言。須食即食，須休即休，復食復氣，唯意所在。每日飲少許酒引氣，切愼果子、五辛、邪蒿、葫荽、芸薹、椿等，此物深亂人氣，愼勿食之。如能至心，三七日中，可以内視五臟，歷歷在目，神清形靜。行之七日，其効驗也，已自知之，更須專精，二十日來不食，即腹中盡。腹中盡之後，喫一兩杯煑菜、苜蓿、芥菘、蔓菁及枸杞、葉葵等，並著少蘇油醬醋取味食之，勿著米麫，所欲腹中穀氣盡耳。更四五日，除菜喫汁。又三數日後，即總停之。可三十日，即自見矣。所謂不寒不熱，不渴不飢，修行至此，世爲神人，即吾道成矣。

服元氣法

服元氣於氣海，氣海者是受氣之初，傳形之始，當臍下三寸是也。嬰兒誕育時，惟臍帶與母胞相連。其帶空中如管，則傳氣之所，形從此漸凝結也。人欲長生，必修其本；樹欲滋榮，必固其根。人不知根本，外求修助，萬無一成。氣海者與腎相連，屬壬癸水，水歸於海，故名氣海。氣以水爲母，水爲陰，陰不能獨生成，必以陽相配。心屬南方丙丁火，是盛陽之主。既知氣海，以心守之，陽既下臨，陰即上報。是以化爲雲霧，蒸薰百骸九竅，無所不達。亦能爲津液，如甘雨以潤草木。正氣流行，他氣自匿，用久轉微，意思則久矣。初用與已成，不得同年而語。凡氣困者，身皆有疾，沉結在内，或醫藥不能療，尤須精誠，併去外想，閉氣於氣海，以手於臍下候之。氣應之候，衝容如喘如觸，或鳴或痛，如掣如物，動於掌下，亦須静候之，兼以目下注。是陽氣照陰，陰氣騰上，又能爲津液也。如此久久，鼻中喘息都無出入喉〔一〕，覺氣海中時動用耳。初用意時，須平卧去枕，小努氣海，便得滿腹，作意勿令至心肺，至即心悶妨塞，即不能下照，下照是心守海也。良久，元氣遍身，無處不暖。

〔一〕「喉」，四部叢刊本作「祇」，連下句。

每關節難通，若至腰關，尤難過之，當稍以氣閉努之，三兩間突然便過，過後即氣常至腰踵。莊子云「息之以踵」是也。已後筋骨常欲動用，每動有聲，是氣到無擁〔一〕，常能如此，長生道也。竊用其道，不授口訣，反受其病。凡欲鼓腹，不在入氣是要訣，欲過腰關當側卧，縮兩脚兼拳兩手，偃腰極努，如此即不覺通也，不然終成閉塞。若能常用不絶，雖在衆中密爲之，用心令熟，外事不擾，尤爲佳也。若膈上并頭面間有疾處，即上攻之。尋常即下至踵及氣海中，微微用之，息自消矣。久候，液當滿口。如逆，喫物下消，用之隨盡。每用氣後，必須微調息使散。若不散，他日爲瘡腫，終不爲佳。須先以意在疾處攻擊之，徐徐用意攻擊令散。疾差已後，即不得注令留滯，當遣通遍身，微微如霧露，是其常也，收散俱歸海中。閉目爲想，開目爲存。存則不專乃著，著則氣滯。覺應則止謂之常，覺覺而味謂之滯，候應專静謂之守，流液滿口謂之報，報與應一也。朝飲少酒，暮食少麪，不可多之。

胎息口訣并序

序曰：在胎爲嬰，初生曰孩。嬰兒在腹中，口含泥土，喘息不通，以臍噓氣，養育形兆，

〔一〕「擁」，四部叢刊本作「壅」。

故得成全，則知臍爲命門。凡嬰孩或有初生尚活，少頃輒不收者，但以煖水浸臍帶，向腹將〔一〕三五過即蘇。乃知臍爲命門，信然不謬。修道者欲求胎息，先須知胎息之根源，按而行之，喘息如嬰兒在腹中，故名胎息矣。乃知返本還元，却老歸嬰，良有由矣。綿綿不閑，胎仙之道成焉。故先序經，紀體用兼明備矣。

凡欲胎息，先須於静室中，勿令人入。正身端坐，以左脚搭右脚上，解緩衣帶，徐徐按捺肢節，兩手握固於兩腿上，即吐納三五過，令無結滯。滌慮清閑，虚心實腹。左右徐徐摇身，令臟葉舒展訖，還徐徐放著實，即鳴天鼓三十六過，漱滿華池。然後存頭戴朱雀，脚履玄武，左肩有青龍，右肩有白虎。然後想眉間一寸爲明堂，却入二寸爲洞房，却入三寸爲丹田宫，亦名泥丸宫。宫中有神人長二寸，戴青冠，披朱褐，執絳簡。次存中丹田中丹田、心也，亦名絳宫。中有神人，亦披朱褐。次存下丹田在臍下二寸半紫微宫，亦名氣海也。中有神人，亦披朱褐。桑榆子曰：「金剛經云：『如來説，諸相具足，即非諸相具足。』彼所以立相生名者，以爲戒潔之階也。夫神豈止於上？豈住於下？豈留中間？舒澤彌乎大千，挈之亦復無物。若隨跡觀相，隨相强名，常〔二〕河之沙，詎足以筭數？夫神也變化

〔一〕「將」，延陵先生集新舊服氣經胎息口訣作「煖」。

〔二〕「常」當作「恒」，殆避宋真宗諱改。

不測，寧豈如九品郎執笏競不出局門哉！」次存五藏，從心起遍存五藏六腑。存五藏中各出本方氣及三丹田中素雲合爲一氣，於頭後〔一〕出，焕焕分光九色，上騰可長三丈餘，想身在其中。此時即口鼻俱閉，心存氣海中胎氣，出入喘息，只在臍中。如氣急，即鼻中細細放通息。候氣平，還依前用心存之，以汗出爲一通，亦不限過數。如體熱悶，即心存氣遍身出，如飯甑中氣，此名滿息。久久行之，入玄寂中，出妙默中。再咽〔二〕，洞觀形中五藏六腑及大小腹。胃受一二升〔三〕如黄土色，脾長一尺二寸在胃上，前後摩動不停，停則不和，飯食不消。如飯食不消，即是不摩矣。當須閉氣，以手摩腹一百下，即自然轉摩矣。次存心，心如紅蓮花未開下垂，長三寸，上有九竅，二竅在後。正面有黑毛，莖〔四〕長二寸半。次存肺，肺似白蓮花開，五葉下垂，上有白脉膜，在心上覆心。次存肝，肝在心後，七葉紫蒼色，上有黄脉膜，從左邊第三葉下，膽在此也。其膽色青黄，長二寸半。次存腎，腎狀如覆杯，黑色却著

〔一〕「頭後」，延陵先生集新舊服氣經胎息口訣作「頂中」。

〔二〕「咽」，上書作「明」。

〔三〕「一二升」，上書作「散膏」。

〔四〕「莖」，上書作「七葉」。

脊，去臍三寸，上小下大，左爲上，右爲下。遍觀一形，三十六位，乃〔一〕三百六十骨節，皆有筋纏。骨青白如玉色，筋色黄白，髓若冰雪。有三百六十穴，穴穴之中皆有鮮血，如江河池潭也。及見左脚中指第二節，是血液上源，其中湧出，通流一形〔二〕，一夜繞身三萬六千匝，至右脚中指第二節則化盡。所以人若睡，必須側卧拳踢，陰魄全也。亦覺即須展兩脚及兩手，令氣通遍渾身，陽氣布也。若如此修行，即與經所言「動息善時」之義合矣！久久行之，口鼻俱無喘息，如嬰兒在胎，以臍通氣，故謂之胎息矣！綿綿不聞〔三〕。經三十年，以繩勒項，不令通氣，亦不喘息，喘息常在臍中，水底坐經得十日五日亦可矣。以獨行此事，功効如前。若覔〔四〕得真，更須修道。此事乃是一門，不可不作也。

〔一〕「乃」，延陵先生集新舊服氣經胎息口訣作「及」。
〔二〕「一形」，上書作「一日」，連下句。
〔三〕「聞」，上書作「間」。
〔四〕「覔」，上書作「覺」。

雲笈七籤卷之五十九

諸家氣法

延陵君修養大略

仙真經云：夫人臨終而始惜身，罪定而思遷善，病成方切於藥，天網已挂，胡〔一〕可追耶？故賢人上士，惜未危之命，懼未萌之禍，理未至之病也。修真之品有三：上年，中年，下年。上年者，二十、三十也；中年者，四十、五十也；下年者，六十、七十也。上年者，早悟大道，識達玄微，體壯骨堅，筋全肉滿，從容履道，無不成功。中年者悟道已晚，筋肉骨髓各有其半，處在進退，如日中功。下年者，骨髓筋脉十有二三，猶可補修，如日暮功矣！八十已上者，罪位已定，無可救之法，腦竭髓盡，萬關乾枯，神謝氣亡，尸行鬼步。桑榆子曰：「尸以喻無知，鬼以喻有知，而非人情者。行惟尸行，步惟鬼步，且行且步，運之者誰？則知元氣尚在，但以減耗，降於涸矣！

〔一〕「胡」原作「明」，據延陵先生集新舊服氣經修養大略改。

若逢至人，或得大藥，譬持盈車之焦蓬，爇將燼〔一〕之餘焰，亦可以致其赫然而熾矣。此言無可救者，只謂氣功已晚，自我之事不及矣。若遇玄聖而救其〔二〕死，生其肉骨，起仆薨枯，何爲而不可？況彼尚爲物也！」先賢上士，知風燭之倏忽，乃攝志褫〔三〕情，捨榮棄俗，奉身歸道，不與物傷。

道者〔四〕，氣也。氣者，身之根也。魚離水必死，人失道豈存？是以保生者務修於氣，愛氣者務保於精，精氣兩存，是名保真也。人有三丹田：上元、中元、下元是也。上元丹田，腦也，亦名泥丸；中元丹田，心也，亦名絳宫；下元丹田，氣海也，亦名精門。三元之中，各有一神。桑榆子曰：「精化爲氣，氣化〔五〕而神集焉！神何物也？靈照之名也。知之〔六〕則氣全，氣全則神全。若元氣充滿百骸孔竅，神必備矣。必備者無他，氣至則神到。今人有憂患動中，則知見因而暫虧，蓋氣權〔七〕有不

〔一〕「燼」原作「鑪」，據延陵先生集新舊服氣經修養大略改。
〔二〕「其」原作「則」，據上書改。
〔三〕「褫」，上書作「持」。
〔四〕「者」字原無，據上書增。
〔五〕「化」，上書作「胚」。
〔六〕「之」，上書作「化」。
〔七〕「權」，上書作「擁」。

至者耳！苟心冥氣和，其神豈獨三元之中而已哉！」精者身之根，根者氣之位。精全則氣全，精泄則氣泄，氣泄則神乘而去之，唯精與氣須全。黄庭經云：「長生至慎房中急，何爲死作令神泣〔一〕？但當吸氣録子精。寸田尺宅可治生，若當決海百瀆傾，葉去樹枯失青青。」故先賢〔二〕至於道者，莫不因愛〔三〕氣保精而能全也。

夫服氣本名胎息。胎息者，如嬰兒在腹中，十箇月不食，而能長養成就。爲新受正氣，無思無念，兀然〔四〕凝寂，受元氣變化，關節臟腑皆自然而成，豈有傅保之衛〔五〕、飢渴之備耶？及出母腹，即吸納外氣，而有啼哭之聲，即乾濕飢飽，似有所念，即失元氣。人能依嬰兒在母腹中，自服内氣，握固守一，是名曰胎息。桑榆子曰：「此言失元氣者，非也。苟納外炁便失元氣，即世間無復有生人矣！」法華經云：「須行住坐卧，身心不亂」者，亦言炁主心，心邪則氣邪，心正

〔一〕「令神泣」原作「靈神泣」，據上清黄庭内景經瓊室章第二十一改。此下，上書有「忽之禍鄉三靈殁」。
〔二〕「賢」原作「覺」，據延陵先生集新舊服氣經修養大略改。
〔三〕「愛」原作「受」，據上書改。
〔四〕「兀然」原作「汎然」，據上書改。
〔五〕「衛」原作「流」，據上書改。

則炁正。今〔一〕人所舉手動足，喜怒哀樂，莫不由心。心之動息，莫不是炁。炁感意，意從心，心和則炁全，炁全則身〔二〕全，炁滅則神滅，神滅則爲委土矣。故醫家先診脉者，則〔三〕候五臟四時之氣，察諸病源，始尋方藥。人但能察得氣候，口鼻取捨，斯須不忘，自然五臟和而脉調氣順也。

夫人與天地合體，陰陽混氣，皮膚、骨髓、臟腑及榮衛，呼吸進退，寒暑變異，莫不均乎二儀，應乎五行也。是知天地否泰，陰陽之氣〔四〕亂焉！臟腑不調，經脉之候病焉！因外所中者，百病起於風；因內所致者，百病起於氣也〔五〕。故曰：「恬惔虛无，真炁從之。精神內守，病安從來〔六〕？」信哉！是故須知形神之理，養而全之；審內外之病，慎而修之。

〔一〕「今」原作「令」，據延陵先生集新舊服氣經修養大略改。

〔二〕「身」，上書作「神」。

〔三〕「則」，上書作「測」。

〔四〕「氣」原作「異氣」，據上書刪。

〔五〕「百病起於氣也」原作「起於氣爲百病」，據上書改。

〔六〕「病安從來」原作「病從安來」，據上書及黄帝内經素問補註釋文卷一上古天真論篇改。

岐伯高曰：「食氣者則靈而壽延，食穀者多智而限命〔一〕。」凡服氣者何求也？以其功至，則氣化爲血，血化爲精，精化爲髓。一年易氣，二年易血，三年易脉，四年易肉，五年易髓，六年易筋，七年易骨，八年易髮，九年易形，即三萬六千神在〔二〕於身，化爲真仙，號爲真人矣。是以意在玄微，理生可〔三〕測。修真之人，又有三等，任時分理，其狀不一。上等之士，本性虚閑，用志清雅，發言合道，履行無瑕。如此之人，有前代之資，以石投水，無所比之也。中等之人，或身居榮禄，或地勢高遠，或巨葉厚姻，或有名有望。二疑〔四〕進退，倏忽虚捐，聞道即寤寐不安，思名則終朝不息，兩心交戰，勝者即全，逡巡之間，十失六七矣！中等已降，二時既過，蹉跎暮年，筋力衰微，心神已喪。雖食厚禄，白日將傾，追念〔五〕噬臍，方即正路。此時若能精心勵志，尚可救其一二焉！此皆先賢所悲，表示於後，幸察根柢，生實信心。

〔一〕「限命」，延陵先生集新舊服氣經修養大略作「促命」。
〔二〕「神在」二字原無，據上書增。
〔三〕「可」，上書作「不」，疑當作「叵」。
〔四〕「二疑」原作「建疑」，據上書改。
〔五〕「追念」，上書作「追惟」。

赤松子服氣經序

序曰：天道悠長，萬品不齊。人生爲貴，陰陽同階。天道坦坦〔一〕，修之不迷。世何顓愚？相隨徘徊。生不及踵，性命殞頹。存亡相感，哭泣悲哀。何不服氣？與仙同棲。經曰：福莫尚生，禍莫大死。子欲長生，腸中當清。長生不死，腸中無滓。生則昇仙，死化爲鬼。仙昇太清，死歸土底。是以食穀者智，食炁者神。故曰：休粮絶食爲生道，陰陽還精爲重寶。能常行之永壽考，何爲恣欲自使老？千金送葬無億兆，悲呼哭泣自懊惱。豈若無爲服氣好？修之不釋昇天浩。然小人居世，狂愚急急。求榮愛寶，貪名好色，疲勞精神，破散氣力。雖獲富貴，凶命居側，命若朝露，間不容息。不能知之，服氣不食爲道也。

神仙絶穀食氣經

經曰：夫欲學道神仙食氣之法，常以春二月、三月，九日、十八日、二十七日，若甲辰、乙巳、丙辰、丁巳、王、相、成、滿日，可行氣也。夫欲行氣，起精室於山林之中隱静之處，必

〔一〕「坦坦」原作「坦坦」，據易履「履道坦坦」改。

近甘泉東流之水向陽之地，沐浴蘭湯，以丹書玉房爲丹田方一寸，玉房在下〔一〕三寸是也。精念玉房，内視中丹田，内炁致之於下丹田。又先去鼻中毛，偃卧，兩足相去五寸，兩臂去身亦五寸，瞑目握固，握固，嬰兒之拳。蒲蒻爲枕，高三寸。若胷中有病，枕高七寸。病在臍下，可去枕。既行氣，不復食生菜五辛及寅也。諸欲絶穀行氣法，食日減一口，十日後可不食。二日、三日腹中或悁悁若飢，取好棗九枚若方寸术餅九枚食之，一日一夜不過此也。不念食者勿噉也。飲水日可五勝，亦可三勝，勿絶也。口中恒含棗核，令人愛氣且生津液故也。經曰：道者炁也，愛氣則得道，得道則長生。精者神也，寶精則神明，神明則長久。

行氣一名錬氣，其法正强卧，徐漱醴泉嚥之。醴泉者，華池。以鼻微微内炁徐引之，莫令大極滿。入五息，已一息，因可吐也。一息屈指數之，至九十息。若身大煩滿者，可頻伸；頻伸訖，復行之；滿四九三百六十息爲一竟，爲之久久，衆病自除。吐氣既還欲吸之時，先復小吐，微微往來，如是再三，更鼻引之。不爾者，令人氣逆。凡内氣則氣上昇，吐氣則下流，久自覺氣周於身中。若行氣未定，意中疲倦，便錬氣。以九十息爲一節，三九二百七十息爲一竟。行氣令胼胼滿藏，無令氣大出，閉氣於内，九十息一嚥。嚥含未足者，復滿九十

〔一〕「下」，疑當作「臍下」。

息。三九自足，莫頓數也。當念氣使隨髮際上竟及流四肢，自然下至三星。玉莖二卵是。經曰：行氣常以月一日至十五日念氣從手十指出，十六日盡〔一〕三十日念氣從足十指出，久之自覺氣通手足。行之不止，身日輕强，氣脉柔和，榮衛肢節。長生之道，在於行氣。靈龜所以長存，服氣故也。諸行氣之後，或還欲食者，初飲米汁粥，日增一口，漸加之。十日之後，可食淖飯，勿致飽也。

經曰：行氣之法，初爲之時，多不和調，令人欬逆，四肢或冷。既行之久，日自益也。四九三百六十息，身如委衣，骨節皆解。久久乃覺氣行體中，經營周身，濡潤形體，洗滌皮膚，五臟六腑，皆悉充滿，百病除去。凡初行氣之時，先安其身，而和其體。若氣與競爭，身不安者，且止，和乃行之。氣至則形安，形安則鼻息調和，鼻息調和則清氣來至，清氣來至則自覺形熱，自覺形熱則頻汗出。且勿便起，在安徐養之，務欲其久。諸行氣皆無令意中有忿怒愁憂，忿怒愁憂則氣亂，氣亂則逆。思一則正氣來至，正氣來至則口中甘香，口中甘香則津液多生而鼻息微長〔二〕，鼻息微長則五臟安，五臟安則氣各順理。如法爲，長生久

〔一〕「盡」，四部叢刊本作「至」。

〔二〕「口中甘香則津液多生而鼻息微長」，神仙食炁金櫃妙録作「口中甘香則多唾，多唾則鼻息微長」。

壽。行之法：以鼻微微引氣内之，以口吐之，此爲長息。内氣有一，吸也；吐氣有六，呼也、吹也、嘻也、呵也、嘘也、呬也。凡人之息，一呼一吸，無有此數。行道之法：時寒可吹，時温可呼，吹以去寒，呼以去熱〔一〕。呵以去煩，嘻以下氣。嘘以散滯，呬以解極。夫人之極，率多嘘呬。嘘呬者，長息之忌也，道家行氣之所惡也。

太无先生服氣法

夫形之所恃者，氣也；氣之所依者，形也。氣全即形全，氣竭即形斃。是以攝生之士，莫不鍊形養氣，以保其生。未有有形而無氣者，即氣之與形，相須而成，豈不皎然！余慕至道，備尋經訣，自行氣守真，向三十餘載，所聞所見，殊未愜心。大曆中，遇〔二〕羅浮山王公自北嶽而返，倚策郵亭〔三〕，依然相顧。余奇之異人，延之與語，果然方外有道之君子也。

〔一〕「吹以去寒，呼以去熱」原作「吹以去熱，呼以去風」，據神仙食炁金櫃妙録行炁法及延陵先生集新舊服氣經祕要口訣改。

〔二〕「遇」原作「偶」，據嵩山太无先生氣經序及幼真先生服内元炁訣序改。

〔三〕「郵亭」原作「高郵」，據幼真先生服内元炁訣序及長生胎元神用經改。嵩山太无先生氣經序作「高昂」。

哀余懇至，見授吐納，皆一二理身之要道也。心思罔極〔一〕，非言詞所能盡。每云：道之要法，不在經書，悉傳口訣。其二景、五牙、六戊諸服氣，皆爲外氣。外氣剛勁，非從中之事，未宜服也。至如内氣已正〔二〕，是曰胎息，身中自有，非假外求。不得明師口訣，徒爲勞苦，終無所成。今所撰録，皆承師之旨要以申明之，諒非愚蒙所自裁。王公常謂余曰：「老君云，我命在我，不在天地。」又曰：「吾與天地分一氣而自理焉！天地焉能死吾？」斯真言要訣也。修奉之士，宜三復之。參〔三〕承誘訓，敢不佩服？有偶得此訣者，慎勿輕傳，無或泄露，以致其殃耳！

修真服氣法：每日常卧，攝心絶想，閉氣握固，鼻引口吐，無令耳聞，唯是細微。滿即閉，使足心汗出，一至二數至百已上，閉極微吐之，引少氣還閉。熱即呵之，冷即吹之。能至千數，即不須糧食，亦不須藥，時飲一盞酒或水通腸耳。數至五千，則隨處出入，有功當自知也，則有入水卧功矣。夫服食養生，貴其有常，真氣既降，方有通感。豈有縱心嗜慾而

〔一〕「皆一二理身之要道也。心思罔極」，嵩山太无先生氣經序作「須一二理身之要道。其恩罔極」。

〔二〕「已正」二字，四部叢刊本及幼真先生服内元炁訣序皆無。疑衍。

〔三〕「參」，嵩山太无先生氣經序及幼真先生服内元氣訣序均作「恭」。

望靈仙羽化？必無此事也！但仙人至士〔一〕，功行未滿，尚不能致，況凡俗人乎？但信老人言，勤行之，即當自知矣。

墨子閉氣行氣法

老子曰：長生之道，唯在行氣養神，吐故納新，出玄入玄，呼吸生門，其身神不使去人，即長生也。玄者有上下，謂鼻中口陰也，鼻口陰亦謂之生門矣。老子曰：生不再來，故遵之以道。道者氣之寶，寶氣則得道，得道即長生矣。神者精也，寶精則神明，神明則長生。氣行之則爲道也，精存之則爲寶也。行氣名鍊氣，一名長息。其法：正偃卧握固，漱口嚥之三。日行氣，鼻但納氣，口但出氣，徐縮鼻引之，且莫極滿，極滿者難還。初爲之時，入五息，已一息，可吐也。每口吐氣欲止，輒一嚥之，乃復鼻内氣。不爾者，或令頻。凡内氣則氣上昇，吐氣則氣下流，自覺周身也。行氣常以月一日盡〔三〕十五日，念令氣從手十指出；十六日盡月晦，念氣從足十指出。若行之能久，自覺氣從手足通，則能閉氣不息，便長

〔一〕「但」，本卷張果先生服氣法作「且」，無「至士」二字。
〔三〕「盡」，四部叢刊本作「至」，下同。

生矣。凡欲行氣，先安其身，而和其氣，無與意争。若不安和且止，和乃爲之，常守勿倦也。氣至則形安，形安則鼻息調和，鼻息調和則清氣來至〔一〕，清氣來至則自覺形熱〔二〕，形熱則汗出，且勿便〔三〕起，則安養氣，務欲其久。當去忿怒愁憂，忿怒愁憂止則氣不亂，氣不亂則正氣來至，正氣來至則口中甘香，口中甘香則津液多生而鼻息微長〔四〕，鼻息微長則五臟安，五臟安則氣各順其理，百病退去，飲食甘美，視聽聰明，形體輕强，可長生矣。夜半至日中爲生氣，從日中至夜半爲死氣。當以生氣時正偃卧，冥目握固，閉氣息於心中數至二百，乃口吐出之，日增數。如此，身神具，五臟安，能閉氣數至二百五十，即絳宫神守，泥丸常滿，丹田充盛〔五〕。數至三百，華蓋明，目耳聰，舉身無病，邪不復干，玉女使令，司命著生籍

〔一〕「形安則鼻息調和，鼻息調和則清氣來至」原作「形安則鼻息，鼻息則調和，調和則清氣來至」，據本卷神仙絶穀食氣經及神仙食炁金櫃妙録改。

〔二〕「清氣來至則自覺形熱」原作「清氣來至則自覺，自覺則形熱」，據上二書删。

〔三〕「便」原作「使」，據本卷神仙絶穀食氣經及四部叢刊本改。

〔四〕「正氣來至則口中甘香，口中甘香則津液多生而鼻息微長」原作「正氣來至則口内無唾而鼻息微長」，據本卷神仙絶穀食氣經及神仙食炁金櫃妙録改。

〔五〕「充盛」二字原無，據本書卷六五太清金液神丹經序注增。

矣。

太清王老口傳服氣法

此卷口訣，並是〔一〕楊府脱空王老所傳授。其脱空王老，時人莫知年歲，但見隱見自若，或示死於此，即生於彼，屢於人間蟬蜕轉脱，故時人謂之脱空王老也。多遊楊府，自言姓王，亦不知何處人耳。每逢志士，即傳此訣。云：「祕妙方若傳非其人，自招其咎。」此卷並學有次第，志人口訣非初學法也。爲當學人初兼食服，以此屢言食物。且食氣祕妙，切資斷食，使穀氣併絶。但能精修此法，知騰陟道不遠耳。凡人腹〔二〕中三處有隔，即心有隔，初學服氣者皆覺心下胃中滿，但少食，久作之，自覺通下。生〔三〕藏下有隔，即覺腸中滿，久而作之，自覺到臍。下丹田中有隔，能固志通之〔四〕，然後始覺氣周行身中。遊行身

〔一〕「是」字原奪，據本書卷六二太清王老口傳法序補。

〔二〕「腹」原作「腸」，據上書及太清服氣口訣、氣法要妙至訣改。

〔三〕「生」，太清服氣口訣及氣法要妙至訣作「至」。

〔四〕「有隔，能固志通之」七字原無，據本書卷六二太清王老口傳法説隔結增。

中，漸入於鳩〔一〕。後覺鳩中氣出，即能與人治病也。初學時必須安身閑處，定氣澄心，細意行之，久而不已，氣入腸中，即於行住坐卧一切處不妨。胃中氣未下入腸中來，即不得，作難成〔二〕。初服氣皆須因入息時即住其息，少時似閉滿〔三〕。其息出時，三分可二分，出還住，少時嘸之，嘸已又作，至腹中滿休。必須日夜四時作，爲初學人氣未入丹田，還易散，意欲得氣相接也。氣入丹田已〔四〕，縱不服氣，亦氣不散。四時者，朝暮子午時是也。心裏滿，但不服氣，咬少許甘草，桂亦得，其滿即散。丹田未滿，亦不到滿也。元氣下時，自然有少悶也。祕之，勿妄傳非其人也。

曇鸞法師服氣法

初寬坐，伸兩手置膝上，解衣帶，放縱肢體，念法性平等，生死不二。經半食頃，閉目舉

〔一〕「遊行身中，漸入於鳩」原作「遊行猶自未入鳩中」，據本書卷六二太清王老口傳法説隔結改。
〔二〕「作難成」，上書作「顧處作難」，太清服氣口訣及氣法要妙至訣均作「諸處作難成」。
〔三〕「閉滿」，本書卷六二太清王老口傳法初學訣法作「悶滿」。
〔四〕「意欲得氣相接也。氣入丹田已」原作「意欲得氣入丹田未間」，據太清服氣口訣及氣法要妙至訣改。

舌奉腭，徐徐長吐氣。一息二息，傍人聞氣出入聲，初麤漸細，十餘息後，乃得自聞聲。凡覺有痛痒處，便想從中而出，但覺有異，漸漸長吐氣，從細至麤，十息後，還如初。或問曰：「初調氣，何意從麤而漸細？將罷，何意從細而入麤？」鸞答曰：「凡行動、視盼、飲食、行坐、言語，是麤也。桑榆子曰：「凡修氣，學者未服及服罷，於飲食言語蓋常事也。鸞公欲使兩相接會，不令其首尾陡異也。」凡睡寤後，復如前繫念，如虎銜子，莫急莫緩，不問寒温，室中先淨所住，使心不亂，靜其腠耳。」又曰：「四大不調，何以察之？」「當於脣口察之。冷爲風增，熱爲火增，滑爲水增，澁爲地增，不冷、不熱、不澁、不滑爲調和。又聲爲風增，動爲喘增，痒爲熱增，涎爲水增，不聲、不喘、不痒、不涎爲調和。又心煩爲熱結，意亂爲風結〔一〕，憂悸爲喘結，志蕩爲水結，不煩、不亂、不悸、不蕩爲調和。四大不調有二，或外或内。寒熱、飢虚、飽飫、疲勞爲外起，名利、喜怒、聲色、滋味、念慮爲内起。凡氣節量，一任自然，綿綿若存，用之不勤而已。但能不以生爲生，乃賢於養生也。」桑榆子曰：「諸經皆言吐納不欲自聞其聲，而鸞皆言吐麤而漸細，後細而漸麤，始甚疑之，及覩下文云一任自然，則知闢麤細之漸行，是爲最下乘者設，不欲使之與自然争力也。然必以微細自不

〔一〕「意亂爲風結」五字原無，據延陵先生集新舊服氣經鸞法師服氣法增。

聞聲爲上。從細微而至無息，即胎息之理盡矣！恐學者功至之後，猶拘牽文字，著於麤細先後之間〔一〕，返與自然爲敵，良可哀也！如此，又焉得不爲之明辯？」

達磨大師住世留形内真妙用訣

吾昔於西國授得住世留形胎息妙〔二〕，師名寶冠，傳吾秘訣。問曰：「今欲東遊震旦及諸國土，弘傳心地密法。其諸國土人多遇寒暑，爲災患所傷，例皆死喪。意欲擬向此土弘傳心法，願求留形，不爲災患疫疾所侵，長能住世，留形不死，不知得〔三〕否？」師云：「得。」又問曰〔四〕：「如何即得？」師云：「夫所生之本始胎息，即是神與精氣相合，凝結能變化爲形者，即是爲受之本。本氣是人有之根，氣因神而生，形因氣而成。形不得氣，無因得成；氣不得形，無因爲主。原其所禀之時，伏母臍下，混沌三月，玄牝具焉。玄牝者，口鼻

〔一〕「間」原作「門」，據延陵先生集新舊服氣經鸞法師服氣法改。
〔二〕「授」當作「受」，「妙」當作「妙訣」。
〔三〕「得」下原有「以」字，據四部叢刊本删。
〔四〕「曰」下原有「云」字，據四部叢刊本删。

也。玄牝既立，猶如瓜花，闇注母氣，終〔一〕於此也。在胎之日，母呼即呼，母吸即吸，綿綿十月，氣足形圓，神備識全，遂解胎而生矣。悲夫！母唯知貪悦其子，不知自損其軀，母既傷殘，只爲分形減氣，爲子之因。其子生於十月，情見於外，變嬰孩子，指頤能笑者〔二〕。先聖垂義，以爲失道而後德，即人喪朴之本。議云：子成母衰也。此其世人不知母養其子，子成母自衰矣！故知我釋迦文佛令孝敬父母及報養育乳哺之恩，謂此故也。嗟乎，世人不知於道，意逐外緣，不知胎息之術，住世留形之本。如有後學者，但能心不緣境，住在本源，意不散流，守於内息，神不外役，免於勞傷。人知心即〔三〕氣之主，氣即形之根，形即氣之宅，神即形之具〔四〕，令人相因而立。若一事有失，即不合於至理，何〔五〕能久立焉？但凡夫之人年二十，口好滋味，心懷喜怒，目眩五色，耳躭五音，身貪欲樂，意逐外緣，役智運神，間不容

〔一〕「終」，胎息精微論内真妙用訣作「始」。

〔二〕「母唯」至「笑者」四十六字，上書作「母雖知貪悦其子，當不知形耗體枯，分神減氣，爲子之用矣。既生七日，情見於外，變嬰而爲孩，指頤而能笑」。

〔三〕「即」下原有「念」字，據四部叢刊本删。

〔四〕「形即氣之宅，神即形之具」原作「形者氣之宅，神形之具」，據四部叢刊本改。

〔五〕「何」原作「可」，據四部叢刊本改。

息。如此之流，則晝夜未曾暫息，原朴之根，蕩然而盡。令以〔一〕形凋氣散，命絶形枯，魂被惡業所牽，宅舍因而無主。故知心静即神悦，神樂即福生，福滿即道增，圓明益智，明妙既通，心有照用，即能用而無用。故聖人知外用而無益，所以返本還源，令以〔二〕握胎息之機，即長生不死，其理昭然。故論云：形中之子母，云何長守？智者能守，壽命得長久。即知神爲氣子，氣爲神母，神行神住，即氣行氣住。心能主氣，識憑氣住。若要長生，神氣相合，主〔三〕心不動念，無來無去，不出不入，湛然常住。但於此修行，合真道路，勤行之，莫極言數。玄牝之門，長生之户，若能雙行，慈悲甘露，外施救物，人天福祚。不思外物，不視外色，不聽外聲，不躭外慾，不嗜外味，常令心神、魂魄、意識長生，神氣相合，循環臟腑之内，御呼吸，應上下，久久修習，即神氣自明。神氣既明，即可照徹五臟。五臟氣和，即可使神氣通於四肢。故聖人三日内視，專注於一心神，充化之，綿綿存之，久而不斷，可通流五

〔一〕「令以」，四部叢刊本作「以致」。
〔二〕「令以」，四部叢刊本作「令」。
〔三〕「主」字，四部叢刊本無。

臟四肢，斯言可推而得理也〔一〕。但凡俗之人，神與氣各別。如此之流，不可稱令。若不知子母相守，氣雖呼吸于內，神常勞役於外，遂使神常穢濁而神不清。神既不清，即元和之氣漸散而不能相守也。道人常用之，而不知根本以形神爲主，若人不知守於內而守於外，自然令宅舍虛危，漸見衰壞矣！況非道之人，勞神役思，無一息神氣注於氣海之中，而欲望其長生，豈不遠乎？若知神氣之所生者，即心之主者，即修於一，了然可見矣。若不知氣之所生〔二〕，任運呼吸，役役尋文者，唯得通調於氣，理於五臟六腑，及能消化飲食五穀而已，焉能返魂還魄，填血益腦者哉！則凡人呼吸與聖人殊，凡人息，氣出入於嚥喉；聖人息，神氣常在氣海，氣海即元氣之根本也，所居之處也，即臍下，合太倉，亦爲子宮，爲氣海，即子母相合。道人能守之，綿綿不絕，此是返本還源，歸本生之處，而堅住凝結，不化不散，即其義也。〔三〕不敗神，識多靜，即自然長生，留形住世，要妙之真訣也。」師曰：「若住自然之息，

〔一〕「故聖人」至「得理也」，胎息精微論內真妙用訣作「故黃帝三月內視，注心一神，則神光化生，纏綿五藏，斯言可推而得理也」。
〔二〕「若不知氣之所生」，上書作「若炁无所主」。
〔三〕「即其義也」原作「此即皆其義也」，據四部叢刊本刪。

神御氣即鼻無出息，令爲真胎息也。凡夫之人，二境相覩之後即情慾動，情慾動即精氣悉下降於莖端而下洩之，皆爲情慾所引，制御不得，遂有昳澮之憂，衰喪其本也。」

項子食氣法

項子曰：「人能清淨安和自然者，十月通矣。或一年、或二年通，或三年乃通，其不能通者，不能得道，適可長生壽老延年也。」又曰：「人之才，能靜於三軍之中、虎狼之間，有千人之才；能靜室家之中，有百人之才；能靜於市道旁，有十人之才；靜於山澤之中，有倍人之才。此凡器之人，終不知也。凡此多者，則能清淨。靜者〔一〕能斷情慾，斷情慾者則能絶房室，絶房室則能休糧，休糧則能保愛氣，能保愛氣則德應自然，德應自然則十月通矣。十月通者，謂上士也；中士或三年而通；下士才薄，九年乃成。其才倍人，皆不能通。聞之不信，語之無益，此則土人行尸矣。所謂經言『下士聞道大笑之』者也。常以清旦鼻内氣噏之，經行勿休，口口吐之，所謂食生吐死，可以長生。從夜半至日中爲生氣，日中後至子時前爲死氣。常以生氣正生時仰眠，瞑目閉口，屈十指置握固，不絶息，於心中數至二

〔一〕「静者」，四部叢刊本作「清浄者則」。

百，乃以口吐氣出之，增息如此，則身神具生，五臟安矣！」

張果先生服氣法

每日常偃卧，攝心絶想，閉氣握固，鼻引口吐，無令耳聞，唯是細微。滿即閉，使足心汗出，一至二數至百已上，閉極微吐之〔一〕。引少氣還閉，熱呵冷吹。能至一二千，即不用糧食，不須藥物，時飲一兩盞好酒或水通腸耳。數至五千，則隨處出入，有功當自知也，則可入水卧矣。夫服食養生，貴其有常，真氣既降，方有通感。豈有縱心嗜慾而望靈仙羽化？必無此事也！且仙人〔二〕功行未滿，尚不可致，而況凡俗乎？但信老人語，懃行之，則當自知。凡氣不通，冷熱遲疾耳。極遲極熱極疾極冷，皆非道也。

申天師服氣要訣

取半夜之後五更已來睡覺後，以水漱口，仰卧伸手足，徐徐吐氣一二十度，候穀氣消

〔一〕「吐之」二字原無，據本卷太无先生服氣法及嵩山太无先生氣經服氣訣增。
〔二〕「人」下，本卷太无先生服氣法有「至士」二字。

盡，心靜定後，即閉氣忘情，將心在臍下丹田氣海之中，寂然不動。則噓氣三兩度，便閉氣，使心送向丹田中，漸覺氣作聲下入氣海中幽幽然，是氣行之候也。良久，待氣行訖，又開口吐氣，徐徐又閉口而噓之。如是三二十度，皆依前法。覺氣飽，即冥心忘情，清息萬慮。久久習之，覺口中津液甘香，食即有味，是其候也。凡欲行此道，先須忘身忘本，守元抱一，兀然久之，澄定而入，玄妙之要，在於此也。

王真人氣訣

每四更後五更初，當處靜室，居一床，疊雙足，面東端坐。先作導引，以左手握固，右手虎口臺首並仰，盡力後却。以右手握固，左手虎口復如之訖。即交手掌向外三引訖，又左右手揞頤三，交手搭頭，左轉三，右轉三，左展拓空三，右展拓空三，當面虛拓地三，背手虛拓空三，此爲導引法。導引竟，然後自思神。先叩齒自呼己名，然陰念五臟三焦及三魂七魄頭面手足一身諸神，令輔形體也。又前思太陽，日也。後思太陰，月也。左存青龍，右存白虎，思頭戴朱雀，足履玄武。此存想四神也。又存想七政，配合五臟。所謂肺魁、肝䰢、心魓、脾魒、膽魒、左腎魖、右腎魒。當想真君降其本臟，仍須密念七過。次想二十八宿周遍形體，以輔七政。依此法數之：先從左手腕起角，左肘亢，左肩氐、房，右胯心，右膝尾，右足踝箕。却從右手腕起斗，右肘牛，右肩女、虚，自心至左胯危，左膝室，左足踝壁。又却從右足以踝起奎，右膝婁，右胯胃，至心昴，自心至左肩畢，左肘觜，左手腕參。又却從左足踝起井，左膝鬼，左胯柳，至心星，自心至右肩張，右肘翼，右手腕軫。又自左手腕起角宿，至右手腕匝軫宿。凡一十三處存想，象一年之有閏。計兩度交互數之，一十二處，皆存兩〔一〕宿，心一處獨存四宿，都計二十八宿。凡存想五臟六腑三魂七魄四神七政二十八訖，即吐出衆雜死濁之氣，然後閉口，從鼻左孔納其生清之氣，内想冥目，想此氣綿綿下至丹田，方周流通傳，汩汩作聲。氣滿即再吐出，切不得令自己耳聞。如此十過止，此即王真人法也。

大威儀先生玄素真人要用氣訣

凡用氣法，先須左右導引，令骨節開通，筋柔體弱。然後正身端坐，吐納三過，使無結滯。静慮忘形，令氣平息。良久，徐徐先以口吐濁氣，鼻引清氣，凡此六七過，此名調氣。調氣畢，即口鼻俱閉，虚含令氣滿口，即鼓口十五過，已上更佳，如嚥一大口水入腹中，直以心存至氣海中。良久，更依前法嚥之，但以腹飽爲度，亦不限過數。然後虚心實腹閉口，以

〔一〕「兩」下原脱兩字，據四部叢刊本補「宿」字。疑尚脱「惟」字連下。

手左右摩腹上，令氣流行，即鼻中細細放通息，勿令喘麤，恐失中和。然後正身仰卧，四平著床，枕枕〔一〕高低與身平，兩手握固，展手離身四五寸，兩脚亦相去四五寸。然後鼻中息收，即口鼻俱閉〔二〕，心存氣行遍身，此名運氣。如有病，即心存氣偏注病處。如氣急，即鼻中細細放通息，口不開，候氣息平，還依前法閉之。摇動兩足指及手指并骨節，以汗出爲度，此名氣通。即徐徐收身側卧，拳兩脚，先左邊著地，經十息，即轉右邊著地，亦十息，此名補損。依此法服，經一月後，行立坐卧時，但腹空即鼓嚥之，不限時節。如喫飯了，即喫空飯一兩口，和水嚥下，此名洗五臟。即以清水熟漱口，虚心實腹，令臟腑葉舒展嚥之，令五臟不停五味氣。訖，即以口先吐濁氣，鼻引清氣，不限多少，盡須放之。如下泄一濁氣出，還鍊一口和氣補之。若尋常喫飯飲茶，此皆外氣入，當須入口便合口。口既合，所入外氣即於鼻中出也。鼻中却入氣即是清氣也。常須合口喫飯，不令口中有氣入，入即是死氣。凡人言語，口中氣出，必須却於鼻中入，此常行吐納也。行住坐卧，常須摇動脚指，此

〔一〕「枕枕」，延陵先生集新舊服氣經作「枕」。
〔二〕「閉」字原無，據上書增。

名常〔一〕令氣得下流。常行此事，動靜念之。如節候不精，忽有外氣入腹，即覺微痛，可以摩腹一百下，氣即下泄也。氣或上，必不得出，抑之使下，此名理順。忌破氣物及生冷黏膩等物，不宜喫動氣冷物。如依此法，不闕常行，九年功成，履空如履實，履水如履地。

王說山人服氣新訣

子夏曰：「食氣者神明而壽。」黄庭經云：「玉池清水灌靈根，審能修之可長存。」釋氏止觀，其有用氣療疾法。是知氣之與液，遞相通潤也。古經法皆有時節行之，今議食氣不復以時節也，液則時時助氣使調滑也。所論食氣皆内氣也，嚥之代食耳。液者，嚥之代漿耳。上食新氣，下泄舊氣，使推陳而納新也。嚥氣不必飽滿，下泄不必常出，但得無熫，即自平定。嚥氣不必常嚥，但氣清則腹内自平，夫然，不須嚥矣。初學之時，覺飢即食，不覺飢即止矣〔二〕。若食，常以一嚥兩嚥壓之，則食易消。食漸消，加〔三〕嚥數，至食消，氣自

〔一〕此處疑有脱誤。
〔二〕「不覺飢即止矣」原作「食時不覺飢即由氣矣」，據延陵先生集新舊服氣經王說山人服氣新訣删。
〔三〕「加」原作「如」，據上書改。

調。若覺腹中氣小妨，即或行或卧，東轉西側，以意想驅逐之使下。若未下，不得急性忙迫，但以意從容〔一〕之，不久自泄也。食氣時若欲上噫，但任噫〔二〕出，必不得抑之也。桑榆子曰：夫功淺多噫，蓋由乍服所得真氣尚少，疳氣〔三〕必多，不正而多，命宫不受，則宜常有出者。又初服之時，所噉者往往不到氣海，則無所歸投，返上爲噫也。若得内氣，又入到氣海，自然無噫〔四〕。如著功多時，忽復〔五〕噫者，不是傷多，即是外氣悮入也。欲下出，任下出，必不得閉〔六〕之，在細意自審也。消息盈虛，久而自得其妙矣。宜行步兼小導引，引亦不得頻爲之。世間諸事，皆自細意斟酌之。有諸疾，則絶粒三數日，輕則一日兩日，更輕即絶一頓亦得。若疾在上，以意想上〔七〕驅之；在下，以意想下驅之；若在四肢及左右側，並以想驅逐之，則愈矣。大都不得閉氣，若閉氣即疾生。所

〔一〕「從容」，延陵先生集新舊服氣經王説山人服氣新訣作「沖融」。
〔二〕「噫」原作「意」，據上書改。
〔三〕「疳氣」，上書作「新氣」。
〔四〕「入到氣海，自然無噫」原作「不入到氣海自然無」，據上書改。
〔五〕「復」原作「腹」，據上書改。
〔六〕「閉」原作「祕」，據上書改。
〔七〕「以意想上」四字原無，據上書增。

食物宜潤暢，寒暑皆適宜也。瘴瘧時，但絶粒數日，静居則差矣。

嵩山李奉時服氣法〔一〕

每欲服氣，如嬰兒吮乳，氣息似悶即噓之。依前吮噓，大悶即放令口出，甚須微細。每噓使心送之至臍下，有病亦使心送至病處。當服之時，第一須閉目，專意握固，新欲服之安〔二〕神氣，然後爲之。先須導引，令四體舒緩，然後〔三〕爲之。卧服勿枕枕，舒手足安定。如病重，氣甚悶，頻蹙上至極，仍便握固咽氣。又咽〔四〕一氣，氣行聲從耳中出即得矣，祕之祕之。此爲内氣，無問早晚晴明陰晦，須服即服，大都得晴明時大精。若服外氣，即有生氣〔五〕。知之十年服之，五日不服即無益矣。每日五更午時服第一，服了須攝錬，兼

〔一〕「嵩山李奉時服氣法」，延陵先生集新舊服氣經作「李奉時山人服氣法」。

〔二〕「新欲服之安」，延陵先生集新舊服氣經李奉時山人服氣法作「安定」。

〔三〕「後」字原無，據上書增。

〔四〕「咽氣。又咽」四字原無，據上書增。

〔五〕「生氣」，上書作「生死氣」。

以手按之，勿令心腹〔一〕下硬。

〔一〕「腹」原作「服」，據延陵先生集新舊服氣經李奉時山人服氣法改。

雲笈七籤卷之六十

諸家氣法

中山玉櫃服氣經 碧巖先生撰　黄元君註

録神誡戒序第一

昔大黄帝君〔一〕太古無名，云大黄帝君者，則黄帝有熊也。會羣仙於崆峒山，問道于廣成子曰：「夫人養生全真，遊觀於天庭間，止息於洞房中，得與衆聖齊羣，駐童顔而不敗者，則何法最寶？」廣成子曰：「夫人以元氣爲本，本化爲精，精變爲形。形雖好生，欲能竭之。故欲不可縱，縱之則生虧，制之則生盈。盈者精滿氣盛，百神備足。夫有死必有生，有生必形虧。虧盈盛衰，物之常理。日中移，月滿虧。樂極哀來，物盛則衰。有生即死，是天地之常數也。聖人智通萬物，以法堅身，在養育之門，無犯形本，則合於化元之道者也。夫人體内有百關九節，百關者，號百禄之神，爲九節之用。

〔一〕「大黄帝君」，四部叢刊本作「黄帝」。

九節者：一掌，二腕，三臂，四膊，五項，六腰脊，七腿髀，八脛腂，九腦，是謂九節也。合爲形質，洞房、玉户、紫宫、泥丸、丹田以處泊。古文作措薄。今論神炁棲息，故宜處泊。洞房等皆天庭三田神正泊處也。百神守衛，六靈潛護。百神者，百節之神，守固榮衛，保護五藏。藏亦有神，五神清則百節靈，五神傷則百節尪，清則少，傷則老。經云：「貪慾嗜味，傷神促壽。」「金玉滿堂，莫之能守。」六靈者，眼耳鼻舌身意，亦謂之六識。常隨心動，念則識闇，但閉之則寧，用之則成，察之則悟，任之則真。又有三魂伏於身，七魄藏於府。故云：「肝藏魂，肺藏魄，脾藏志〔一〕，心藏神，腎藏精〔二〕」，此皆百神六靈之主也。宜防濁亂，輕躁動作，違之不守，自致敗傷而已。保其玄關，守其要路。道以真一爲玄關，以專精爲要路。既食百穀，則邪魔生，三蟲聚。蟲有三名，伐人三命，亦號三尸，一名青姑，號上尸。伐人眼，空人泥丸。眼暗面皺，口臭齒落，鼻塞耳聾，髮秃眉薄，皆青姑之作也。一本作青石。二名白姑，號中尸。伐人腹，空人藏府。心旋意亂，肺脹胃弱，炁共傷胃，失飢過度，皮癬肉燋，皆白姑之作也。一本作白石。三名血尸，號下尸。伐人腎，空人精髓。腰痛脊急，腿痺臀頑，腕疼頸酸，陰萎精竭，血乾骨枯，皆血尸之化也。一本作血姑。此三尸毒流，噬嗑胎魂，欲人之心，務其速死，是謂邪魔生也。尸化爲鬼，遊觀幽冥，非樂天庭之樂也。常於人心識之間，

〔一〕「脾藏志」，道藏本黃帝内經素問補註釋文卷十八宣明五氣篇作「脾藏意」。

〔二〕「腎藏精」，上書作「腎藏志」。

使人常行惡事，好嗜慾，增喜怒，重腥穢，輕良善，或亂意識，令蹈顛危〔一〕。其於一日之中，念念之間，不可絶想。每於甲子庚申日上白天曹，下訟地府，告人陰私，述人過惡。十方刺史受其詞，九泉主者容其對，於是上帝或聽，人則被罰。輕者人世迍邅，求爲不遂；重者奄歸大夜，分改身成殃異而出〔二〕。今俗傳死次直符，雄雌殃注，破在煞星，此之是也。都由人不能絶百穀五味，誡嗜慾，禁貪妄，而自致其殞殁。內景玉書云：「百穀之實土地精，五味外美邪魔腥，臰亂神明胎炁零，三魂恍惚魄糜傾〔三〕。」要知成彼之三蟲，由斯五穀也。貫穿五藏，環鑿六府，使丹田不華實，津液不流注，血脈不通行，精髓不凝住，胎魂不守宫，陰魄不閉户。令人躭五味，長貪欲，衰形神，老皮髮。若不却粒絶味，禁嗜誡色，則尸蟲全而生，身神必死。若滅〔四〕三蟲，弭尸鬼，安〔五〕魂魄，養精髓，固形神，保天地者，非氣術而不可倚矣。擒制情欲，弭滅蟲尸，使形神不枯朽，須

〔一〕「令蹈顛危」，四部叢刊本及本書卷八三中山玉櫃經服氣消三蟲訣作「令陷昏危」。「或亂」，後者作「惑亂」。

〔二〕「分改身成殃異而出」，四部叢刊本作「分改身屍，殃異百出」，本書卷八三中山玉櫃經服氣消三蟲訣作「分改身形，成殃而出」。

〔三〕「三魂恍惚魄糜傾」，本書卷十一上清黄庭内景經第三十百穀章作「三魂忽忽魄糜傾」，且前有「那從反老得還嬰」一句。

〔四〕「若滅」原作「滅若」，據本書卷八三中山玉櫃經服氣消三蟲訣改。「身神必死」，上書無「神」字。

〔五〕「安」原作「失」，據上書改。

服神氣，還元返本，過此皆不可倚也。且我大仙以氣術爲先，元炁是本。道以太和爲宗，沖元是本。及吾歸之於妙，寂之於玄，化之於無，用之於自然。自然輕舉，昇於玄玄，出入無間，其道恬焉。與道通靈，當有何患？音還。內景云：「勿令七祖受冥患。」不許以道傳非人，即七祖受冥殃也。今言「當有何患」，是亦依道奉行，保無殃咎也。夫上清所崇〔一〕，中仙以丹術爲本，下仙以藥術爲首。量此二〔二〕者，夫何以久？皆以勤形勞神，餌金服石，動費貨泉，失於歸寂，蓋不得自然之理，乖於真道矣！昔大隗翁曰：「生吾有身，憂吾勤勞，念吾飢渴，觸情縱欲，過患斯起，遂虧於玄化之道也。」此廣成子述初古大仙要道所得之祕旨也。於是大黃帝君謹心神觀想元氣，用啓玄理，先靜丹元，觀想自然，融於歸寂也。乃感太一真君持玄元內景氣訣妙經一篇授之。帝君邇後降中嶽，復會羣仙，宣是妙經，因名中山玉櫃服神炁經。此碧巖受行是經於師，奉傳然得分明，知其的實，故以告也。夫太一真君是北極太和元炁之神，神通變化，自北極紫微宮經過於天地間，滋育萬物。在天則五象明焉，在地則草木生焉，居人則神識靈焉，在鑒則五行察焉〔三〕，在化則四運變焉。

〔一〕「夫上清所崇」，本書卷八三中山玉櫃經服氣消三蟲訣作「夫上仙以元氣爲宗」。

〔二〕「二」，上書作「三」。

〔三〕「焉」字原無，據上書增，下「焉」字同。

聽之不聞，視之不見，摶之不得，無狀而與萬物作狀，故謂之玄，謂之象。所患無不應，所真無不證，所專無不用，所精無不動。是知道以真正爲玄關，專精爲要路，倚於此者，則無所不通也。碧巖所受，相次顯示，使其將來，不滯迷惑。經曰：夫欲服氣，服元氣爲本，以歸寂爲玄妙。若不得此門，及不知玄關要路，則終不能成就功德也。經之要言，故不妄語。夫求仙道，絶粒爲宗。絶粒之門，服氣爲本。服炁之理，齋戒爲先。當持齋戒，然揀好日，晏静一室，安置床席。其齋以心清意静，無諸躁動，正可二七日。若不先齋，則不得神炁内助。若不存想，則神氣不内補。夫欲修行，要當别置一室，好土香泥泥飾，明密高敞，床褥厚暖，衾枕新潔，不得使雜人穢汙，輒到其中。其中地須鋤深二尺，篩去滓礫，除諸穢物。更添好土，築擣平實。更羅細土，拍踏令緊。既得穩便，勤須灑掃，務其清淨。室中唯安書机經櫃，每一度焚香，念玄元无上天尊，又念太一真君。又可存乎三一三元、五藏六靈、一身之神，冥心叩齒，静默思之也。太一真君有五誡，誠心依之，克獲神應。一者不得與女人語笑同處，致尸鬼惑亂精神。二者勿食一切雜薰〔一〕膩五辛留滯冷滑之物，若食之，令三尸濁觸五神。三者勿入一切穢惡處所。夫弔死問病，至人不爲；殺戮決罰，驚魂；大怒大怖，精神飛散，就中死屍，道家大忌。海之至大，

〔一〕「雜薰」，本書卷八三中山玉櫃經服氣消三蟲訣作「葷」。

尚不宿屍，人之至靈，屍之至穢也。或悮衝見，當以桃皮竹葉湯浴訖，入室平卧，存想心家火遍身焚燒，身都炯然，使之如畫〔一〕。然後閉氣，咽新氣驅逐腹内穢氣，使〔二〕攻下泄，務令出盡，當自如故。四者勿與一切衆人争於〔三〕是非，忿諍鬬競，及抱小兒，減人筭壽，損志傷神。五者勿得欺罔一切事，陰神不助。常慎言語，節度行止，勿對北旋溺，犯太一紫微，殃罰非細。若有違此五戒，於二七日間，眠夢之内，自有驚覺，覺悟於人，務人修善，其事祕密，無事勿泄於人。所言内景炁訣妙經一篇，良有是也。夫内景是内祕之事，唯自己心内知之，固不合漏泄他人也。

服氣絶粒第二

要當用雙日，隻日則奇，雙日則偶。及本命日〔四〕，預前更沐浴，於室内焚香机上，上安淨水一椀，設衾枕。其訣例日卧至夜半起坐，鳴天鼓三十六過，静心神爲元氣和。此炁子時生

〔一〕「畫」，本書卷八三中山玉櫃經服氣消三蟲訣作「盡」。
〔二〕「使」字原無，據上書增。
〔三〕「於」，四部叢刊本作「論」。
〔四〕「本命日」原作「日本命」，據四部叢刊本改。

發於心藏間，上貫泥丸丹田。眉間却行三寸是上丹田宮，周轉於身，如紫雲氣。又想太一真君如嬰兒，左手持玉訣，右手執靈符，遊於紫雲氣間。然後平枕正卧，絶一切浮想。浮想若不除，則心神炁當閉不行。絶想止念既定，然待出息盡，便閉玄牝氣鼓滿，牙齒勿得相近。欲嚥之時，齒牙微相近，仍須收息縮氣，喋音攝腹嚥下，以嚥得爲度，嚥得飽以爲期，亦無時限。此法與諸家嚥氣不同，若不收息縮氣，取喋嚥下，則不入大腹中，又不入食脉中。夫喉嚨中嚥入之氣，自有三道：一入腸胃中脉，二入五藏中脉，三入食脉。若不依前法縮氣喋腹，但空嚥得其炁，只得獨入腸中，不入食脉，即無所成益也。若直下入腹中入腸胃，緣腹中多阻隔，致令上衝下泄，食退其腸，四肢漸似無力，體内不免虚羸。縱喫湯飲，餌服諸藥，並亦不免口乾舌澁。若但依此法，候氣滿口，食久畜取，喋腹嚥下，自當分入食脉及五藏，内息以此爲都契。假令元氣未達腸中，其食脉已先强滿，與食無異，輒無虚羸，神妙無比。若不依此，一日縱三五十度嚥氣，其腹内未免欠乏，常有所思於食，即不可見其效矣。要坐服亦得，須依前法以炁息畜嚥入，嚥入之時，仍須低頭取勢嚥下，嚥下即當時分入臟腸及食脉中。但解用氣，食脉當時强滿，滿即自然飽足。如未曾學者，亦不過三數日，便見次第。若嚥物不得，縱嚥不入於食脉，及心意妄思，即是夙生無分矣。

諸門嚥氣，皆先入腸中，衝排滓穢，經三、五、七日後，方達食脉。縱達食脉，且神勞力倦，思食之意，未能全絶。假令堅守，數日之間，尚多腹中欠乏〔一〕。若遇此法，但持四十九日，自然絶思飲食。縱有百味佳餚，都不採覽。神功若此，無以加焉！切在藏祕，勿示見人者也。凡春夏秋冬，並不假暖氣，日久自悟，諸理了然。若要湯藥，杏仁薑蜜及好蜀茶無妨，力未圓可以調助。唯薑不得多著，性能壞物，善奪人志。曾有通服豉湯，此則未達深理。豉〔二〕本性太冷，久淹塵穢，只辟麵毒，及解傷寒，大約傷壞藏府，正傾元氣，特宜忌之。前云收息者，當低頭納氣，炁入都亦無聲，攻排滓穢，務令速退腸中滯食，納得元炁，自然常飽，此是氣與神合行之至也。三日後，亦不擇行住坐卧，爲之總得。亦不假致氣，但嘯强自下，人亦不知，自覺體理踈通，四肢過於常健〔三〕。如此七日，神炁自足，不假久鍊功夫，亦不要每日存想。自此一百日，三尸自除，忽爾一日，神自内現。得食氣五十日，穀氣方盡，便可絶諸湯藥。其食出時，當有五色物出，如似膿血。此物既盡，諸府通達，内視藏胃，如畫所見。若得至此，切不得慢泄於人。一旦神功通悟，亦不得輒懷怪異，尤須祕之，

〔一〕「欠乏」原作「久之」，據四部叢刊本改。
〔二〕「豉」下原有「且」字，據四部叢刊本删。
〔三〕「過於」，上本無。

勿申於外。自然之功，外姦亦所不入，在陽不燋，託陰不腐，一切質礙，無不穿貫，不危不殆。若穀氣未盡，即不到通地。如曾經受法之後，得遇此術，神氣内輔，靈響外應，自然自在，無所拘束，要食亦得，不食亦得，食亦無損，絶亦無傷，再食再服，不揀月日，不論行住坐卧，處處總得。若不食多時，要得食者，可依前受法訖即食。若食多時，要得絶者，亦可受法訖，更依術爲之取，以大成諸絶爲定。夫至道無二，守之必成。但不錯功，自然玄祕。世間吉凶善惡，無不曉達。上至天府，下至陰司，一切神靈，皆得使役。所有疾病，見無不理。所有異物，見無不識，顏如童女，光彩射人。行速如風，所去無滯。一年之外，自入玄門。玄門者，謂入胎息。道言：「玄牝門，天地根，綿綿若存，用之不勤。」又「玄之又玄，衆妙之門」也。

胎息羽化功第三

夫修胎息，於密室中厚設床枕，焚上好名香，兼請一至友爲伴。緣初學人乍通玄路，見種種事，善惡境界，鬼神形容，自涉怪疑，心生妄亂，必恐〔一〕閉息不固，事須要假相伴以安

〔一〕「必恐」，四部叢刊本作「必然」。

其意。切在清淨心神，使寂然不動。自淨其心，無想他事，善惡俱捨，出入兩忘，雖〔一〕若處胎，了然絕息，即寂然不動也。可正施手足，平枕仰卧，待出息盡，欻然閉之，更勿令出。當得攻面，流下四肢，渾身稍熱，處處自得，絕喘絕息，乃遣至下。籌記泄息數，凡一出一入口鼻之氣，名一息。以傍人出入數其息也。不過五百息，内景自現。若却還口鼻中，當微微放出。功至千息，其效的然。當易換骨肉，鍊髓如霜，即合於大元，通於天府。上清事固不可裁其功，元力固不可明其德，神仙之法固不可宣其言，修〔二〕道之術固不可示其要。所以雖言胎息，不説羽化者，良由此也。若依此術修鍊，胎息得成，而羽化亦成就，自有五神相伴，不假至友，此則不言之功，功已成矣。此中山玉櫃服神氣經，非至人至行，不可妄傳。豈唯罪業一身，抑亦殃累七祖，切宜誡慎，勿示非人。

論曰：氣功妙篇，氣術之道數略同。專其精通，則世一二。且諸門嘯氣，或功繁語闇，理叙多端。若嘯非候時，則心力多倦。若無時吐納，食退氣微。若坐想存神，志羸氣憊。縱使宣明口勢，吐納開張，皆須日久月深，倦於賒闊。假令元氣初得通於經脉，即經體尚

〔一〕「雖」，四部叢刊本作「有」。
〔二〕「修」字原無，據四部叢刊本增。

虛。若元氣未達經脉之間，即藏府不免綿惙，致其轉思食道，因此彌留。辯其理者，則勤苦而進輪；昧其趣者，則懈怠而退轍。實由不通元路，未契玄關，齋禁不齊於内神，制度有虧於外法。余今所録，至祕至神，是得自然之本原，洞了道術之根蔕。後代學者，宜自勉歟！

聖正規法第四

夫先聖先真之道術，通載則理合於幽微。若不逢立啓之門，難達其玄牝。若獲斯訣，可決成功。功滿德圓，無所不可。上以昇九天，下以遊五嶽。若居於塵世者，可以理百病，可以消衆毒，可以鑒吉凶，可以察善惡，可以起垂死，可以救臨危，可以役神靈，可以辟刀兵，可以却寒熱，可以離世苦。若居於山谷者，可以登懸嶮，可以昇虛空，可以涉江波，可以隱形蹤，可以降毒蛇，可以伏猛獸，可以遊九府，可以棲三岫。進可以飛九天，退可以沉九泉。永除飢渴，度絶纏綿，隱化無滯，盈虧自然。免三塗五苦之難，削黑簿丹籍之名。名書金簡之科，功記玉皇之曆。此玄元之聖力，上真之祕旨。功成之後，不思而自成，不呼而自至。言通雅正，語合幽微。至道無爲，了然總會。一至於此，吾道成焉！

論曰：夫達士悟道，常畏於身。故「吾有大患，爲吾有身」。故有其患，患在毁傷形體，莫若寄寓神精。譬於器中安物，物假器而居之，畏器之破壞，物乃不得安居。形體若也消亡，精神於何處安泊？神畏身死，物忌器破。若乃小心護惜，專意保持，身器兩存，神物何慮？但以麤心大膽，棄擲墜撲，色欲勞形，縱性費力。炁因兹而破壞，身自此而毁傷。形如燋穀枯木，不可復生其牙葉，縱遇陽和之春，長爲陰冥下鬼，畢于朽腐，可爲〔一〕愍嗟。雖位極人臣，皆行尸走骨矣！言雖位極人臣，若不知道，皆是行尸走骨也。夫玄元得之於自然，廣成受之於上仙，黄帝修之於内景，余今遇之於中天。中天即中山，謂嵩嶽也。碧巖於此遇斯經焉。此經微妙，不可思議。述服氣之神功，漸通達於胎息。之道若成，羽化之期自至，便能昇于天府，名紀玉書，位爲大仙，階齊聖列。將來學人，見此中山玉櫃服神炁經，安心修行，請勿有疑。必然之理，通於神明，幸宜保敬，勿負余信〔二〕。

幼真先生服内元氣訣法〔三〕

進取訣

凡欲服氣，先須高燥淨空之處，室不在寬，務在絶風隙。常令左右燒香，不用穢污。床須

〔一〕「爲」原作「謂」，據四部叢刊本改。
〔二〕「信」，四部叢刊本作「言」。
〔三〕道藏本收録作「幻真先生服内元炁訣」。「幼」疑當作「幻」。

厚軟，脚稍令高。真誥曰：床高，鬼吹不及。言鬼神善因地炁以吹人爲祟，床高三尺可也。衾被適寒温，令冬稍暖尤佳。枕高二寸餘，令與背平。每至半夜後生氣時，或五更睡之初覺，先吹出腹中濁惡之炁，一九下止。若要細而言之，則亦不在五更，但天炁調和，腹中空則爲之。先閉目叩齒三十六通，以警身神。畢，以手指捻目大小眥，兼按鼻左右，旋耳及摩面目，爲真人起居之法〔一〕。更隨時少爲導引，以宣暢關節。乃以舌柱上腭，料口中外〔二〕津液，候滿口則嚥之，令下入胃。存胃神承之。如此三止，是謂漱嚥靈液，灌溉五藏，面乃生光。此之去就，大體略同。便兀然放神，使心如枯木，空身若委衣，内視返聽，萬累都遣，然後淘之。每事皆閉目握固，唯臨散氣之時，則展指也。夫握固所以閉關防而却精邪，初服氣之人氣道未通，則不得握固。待至百日或半年，覺氣通暢，掌中汗出，則可握固。黄庭經云：「閉塞三關握固停，漱嚥金醴吞玉英，遂至不食三蟲亡，久服自然得興昌〔三〕。」

〔一〕「真人起居之法」，本書卷四七修行呪詛訣注作「真人常居之道」，真誥卷九作「真人坐起之上道，一名曰真人常居内經」。

〔二〕「口中外」，道藏本幻真先生服内元炁訣（下稱元炁訣）作「口中内外」。

〔三〕「久服自然得興昌」，本書卷十一上清黄庭内景經脾長章第十五作「心意常和致欣昌」。「漱嚥」，上書作「含漱」。

淘氣訣

訣曰：凡人五藏亦各有正氣。夜卧閉息，覺後欲服氣，先須轉令宿食消，故氣得出，然後始得調服。其法：閉目握固仰卧，倚兩拳於乳間，竪兩膝，舉背及尻。閉閉氣，則鼓氣海中氣，使自内向外，輪而轉之，呵而出之，一九或二九止，是曰淘氣。畢則調之。

調氣法

訣曰：鼻爲天門，口爲地户。則鼻宜〔一〕納之，口宜吐之，不得有悮。悮則氣逆，氣逆則生疾。吐納之際，尤宜慎之，亦不使自耳聞。調之或五或七至九，令平和也，是曰調氣。畢則嚥之，夜睡則閉之，不可口吐之也。

〔一〕「宜」字原無，據元炁訣增。

嚥氣訣

訣曰：服内氣之妙，在乎嚥氣。世人嚥外氣以爲内炁，不能分别，何以談哉！吐納〔一〕之士，宜審而爲之，無或錯誤耳。夫人皆禀天地之元氣而生身，身中自分元氣而理。每嚥及吐納，則内氣與外氣相應，自然氣海中氣隨吐而上，直至喉中。但候〔二〕吐極之際，則輙閉口，連鼓而嚥之，令鬱然有聲汩汩然，從男左女右而下納二十四節，如水瀝瀝，分明聞〔三〕之也。如此，則内氣與外氣相顧，皎然而别也。以意送之，以手摩之，令速入氣海。氣海，臍下三寸是也，亦謂之下丹田。初服氣人，上焦未通，以手摩之，則令速下。若流通，不摩亦得。一閉口三連嚥，止乾嚥，號曰雲行。一濕口嚥，取口中津嚥，謂之雨施。初服氣之人，炁未流行，每一嚥則旋行之，不可遽至三連嚥也。候氣通暢，然漸漸加之，直至於小成也。一年後始可流通，三年功成，乃可恣服。新服氣之人，炁既未通，嚥或未下，須一嚥以

〔一〕「吐納」原作「納吐」，據元炁訣改。

〔二〕「候」原作「喉」，據上書改。

〔三〕「聞」原作「間」，據上書改。

爲候，但自郁然有聲，汩汩而下，直入氣海。

行氣訣

訣曰〔一〕：下丹田近後二穴通脊脉，上達泥丸。泥丸，腦宮津名也。每三連嚥，即速存下丹田所得内元炁，以意送之，令入二穴。因想見兩條白炁，夾脊雙引，直入泥丸，薰蒸諸宮，森然遍下毛髮面部頭項兩臂及手指〔二〕，一時而下入胷，至中丹田。中丹田，心宮神也。灌五藏，却歷入下丹田至三星，遍經髀膝脛踝，下達湧泉。湧泉，足心是也。所謂分一氣而理，鼓之以雷霆，潤之以風雨之狀也。只如地〔三〕有泉源，非雷霆騰鼓，無以潤萬物。若不迴蕩濁惡之氣，則令人有不安。既有津液，則漱嚥之〔四〕。雖〔五〕堪溉灌五藏，發其光彩，終不能還精補腦，非交合則不能泝而上之。嚥服内氣，非吐納則不能引而用之。是知迴蕩

〔一〕「訣曰」原作「法曰」，據元炁訣改。

〔二〕「手指」原作「巨手指」，據上書删。

〔三〕「地」原作「天」，據上書改。

〔四〕「則漱嚥之」，上書作「非堪漱嚥之」。

〔五〕「雖」原作「不」，據上書改。

之道，運用之理，所以法天則地，想身中濁惡結滯邪氣瘀血，被正榮氣蕩滌，皆從手足指端出去，謂之散氣。則展手指，不須握固。如此一度，則是一通。通則無疾，則復調之，以如使手。使手復難，鼓咽如前。閉炁鼓咽至三十六息，謂之小成。若未絶粒，但至此常須少食，務令腹中曠然虚淨。無問〔一〕坐卧，但腹空則咽之。一日通夕至十度，自然三百六十嚥矣。若久服炁，息頓三百六十嚥，亦謂之小成。一千二百嚥，謂之大成，謂之大胎息。但閉炁數至一千二百息，亦是大成。然後胎不結，然不能鍊形易質，縱得長生，同枯木，無〔二〕精光。又有鍊氣閉氣委氣布氣并諸訣法，具列於文，同志詳焉！

鍊氣訣

訣曰：服氣鍊形稍暇，入室脱衣，散髪仰卧，展手勿握固，梳頭令通，垂席上布之，則調氣嚥之。嚥訖便閉氣，候極乃冥心絶想，任氣所之通理，悶即吐之，喘息即調之。候氣平又鍊之，如此十遍即止。新服氣之人未通，有暇漸加一至十，候通，漸加至二十至五十，即令

〔一〕「問」原作「門」，據元炁訣改。
〔二〕「無」字上，上書有「色」字。

遍身汗出。如有此狀，是其效也。安心和氣，且卧，勿起衝風，乃却老延年之良術爾。但津液清爽時爲之爾，氣惛亂欲睡，慎勿爲也。常勤行之，四肢煩悶不暢亦爲之，不必每日。但要〔一〕清爽時爲之，十日五日亦不拘也〔二〕。黄庭經云：「千災已消百病痊，不憚虎狼之兇殘，亦以却老年永延。」

委氣訣

訣曰：夫委氣之法，體氣和平也，身神調暢，無問行住坐卧，皆可爲之。但依門户調氣，或身卧〔三〕於床，或兀然而坐，無神無識，寂寂沉沉，使心同太空。因而調閉，或十氣二十氣皆通，須任氣，不得與意相争。良久，氣當從百毛孔中出，不復口吐也，縱有，十分無二也。復調，能至數千二百息〔四〕已上彌佳，行住坐卧亦可爲之。如此勤行，百關開通，顔色

〔一〕「但要」原作「旦要獨」，據元炁訣删改。
〔二〕「亦不拘也」四字原無，據上書增。
〔三〕「身卧」原作「伸」，據上書改。
〔四〕「千二百息」，上書作「十息」。

光澤，神爽〔一〕氣清，長如新沐浴之人。但有不和則爲之，亦當清泰也。黄庭經云：「高拱無爲魂魄安，清淨神見與我言。」

閉氣訣

訣曰：忽有修養乖宜，偶生疾患，宜速於密室，依服氣法布手足訖，則調氣嚥之，念所苦之處，閉氣想注〔二〕，以意攻之，氣極則吐之。訖復嚥氣，相繼依前攻之，氣急則止，氣調復攻之。或二十至五十攻，覺所苦處汗出通潤即止。如未損，即每日夜半或五更晝日頻作，以意攻之。病在頭面手足，但有疾之處則攻之，無不愈者。是知心之所使氣，甚於使手，有如神助，功力難比也。

布氣訣

訣曰：凡欲布氣與人療病，先須依前人五藏所患之處，取方面之炁，布入前人身中。

〔一〕「神爽」二字原無，據元炁訣增。
〔二〕「想注」原作「以意想注」，據上書删。

令病者面其方，息心靜慮，始與布炁〔一〕。布炁訖，便令嚥氣。鬼賊自逃，邪氣永絶。

六炁訣

訣曰：六氣者，噓、呵、呬、吹、呼、嘻是也。五〔二〕氣各屬一藏，餘一氣屬三焦。

呬屬肺，肺主鼻。有寒熱不和及勞極，依呬吐納，兼理皮膚瘡疥，有此疾則依狀理之，立愈也。

呵屬心，心主舌。口乾舌澁，氣不通及諸〔三〕邪氣，呵以去之。大熱大開口呵〔四〕，小熱小開口呵。仍〔五〕須作意，是宜理之。

呼屬脾，脾主中宫。如微熱不和，腹胃脹滿，氣悶不洩，以呼〔六〕炁理之。

〔一〕「始與布炁」原作「此與炁」，據元炁訣增改。
〔二〕「五」字原無，據上書增。
〔三〕「諸」原作「語」，據上書改。
〔四〕「呵」字原無，據上書增。
〔五〕「仍」原作「若」，據上書改。
〔六〕「呼」下原有「字」字，據上書删。

吹屬腎，腎主耳。腰肚冷，陽道衰，以吹〔一〕炁理之。

嘻屬三焦，三焦不和，嘻以治之。

氣雖各有所治，但五藏三焦，冷熱勞極，風邪不調，都屬於心。心主呵，呵所治諸疾皆愈，不必六氣也。

噓屬肝，肝主目。赤腫昏眩等，皆以噓治之。

調氣液訣

訣曰：人食五味，五味各歸一藏。每藏各有濁氣，同出於口。又六氣三焦之氣，皆湊此門，衆穢併投，合成濁氣。每睡覺薰薰，氣從口而出，自不堪聞。審而察之，以知其候。凡口中焦乾，口苦舌澁，乳頰〔二〕無津，或嚥唾喉中，痛不能食，是熱極狀也。即須大張口呵之，每嚥必須依門户出之，十呵二十呵，即鳴天鼓或七或九，以舌下撩華池而嚥津。復

〔一〕「吹」下原有「字」字，據元炁訣刪。

〔二〕「頰」，上書作「頻」。

呵〔一〕復噓，令熱氣退止。但候口中清水甘泉生，即是熱退五藏凉也。若口中津液冷淡無味，或呵過多心頭汪汪然，食飲無味不受水，則是冷狀也。即當吹以温之，如温熱法，伺候口美心調温即止。黄庭經云：「玉池清水灌靈根，審能修之可長存。」又云：「漱噓靈液災不干。」

飲食調護訣

訣曰：服氣之後，所食須有次第。可食之物有益，不可食之物必有損。損宜永斷，益乃恒服。每日平旦，食少許淡水粥或胡麻粥，甚益人，治脾氣，令人足津液。日中淡麵餺飥及餅並佳，祇不得承熱食之，勃亂正氣也。煑葱薤羹可佳，飯必粳米、大麥麵，益人。服氣之人經四時，甚宜服食之。此等物不必日日食之，任隨臨時之意欲食之。鹿肉作白脯食之佳，如是齋戒，即不得食也。三十六禽神直日，其象鳥〔二〕並不可食。棗栗之徒兼餢餅亦

〔一〕「復呵」二字原無，據元炁訣增。

〔二〕「鳥」下，上書有「獸」字。

得食也，乍〔一〕可餧，慎勿飽，飽則傷心，氣尤難行。凡熱麵蘿蔔羹，切忌切忌。鹹酸辛物，宜漸漸節之。每食畢，即須呵出口中食毒濁氣，永無患矣！服氣之人腸胃虛淨，生冷醋滑粘膩陳硬腐敗難消之物，不用食。若偶然食此等之物一口，所在處必當微痛，慎之！但食軟物，乃合宜也。每食先三五嚥氣而喫食，令作主，兼吞三五粒生椒佳也。食畢更吞三粒〔二〕。此物能消食，引氣向下，通三焦，利五藏，趂濁穢，消宿食，助正氣也。宜長久服之，能辟寒沍暑濕，明目生髮。治氣功力，不可具述。備在太清經中，服椒别有方服。候有氣下則泄之，慎而勿留，留則恐爲疾。每空腹，隨性飲一兩盃清酒甚佳，冬温夏冷，助正氣，排遣諸邪，其功不細。戒在多，多則惛醉，醉則傷神損壽。若遇尊貴，不獲已，即宜飲放即呵三五口，飲併即大開口呵〔三〕十數下，以遣出麴糵之毒調治之。常時飲一二升，徐徐飲之，亦不中酒，兼不失食，味亦不退，乃如故矣。不用衝生産死亡并六畜，一切穢惡不潔之氣，並不宜及門，况近之耶！甚不宜正氣。如不意卒逢以前諸穢惡，速閉氣上風，閉目速過，便

〔一〕「乍」原作「作」，據元炁訣改。

〔二〕「粒」下原有「下徒引氣」四字，據上書删。

〔三〕「呵」字原無，據上書增。

求一兩盃酒以蕩滌之。覺氣入腹不安，即須調氣逼〔一〕出濁氣，即却嚥下更納新氣，以意送之，當以手摩之，則便含椒及飲一兩盃酒令散矣。如不肯散，即不須過理逼任出，無苦，此則上焦擁故，終須調氣理之，使和平也。而食油膩辛味，甚犯正氣，切意省之，當〔二〕知向犯者，使勿忤也。亦有服氣一年通氣，二年通血〔三〕實，三年功成，元氣凝實。縱有觸犯，無能爲患。日服千嚥，不足爲多。返老還童，漸從此矣。氣化爲津，津化爲血，血化爲精，精化爲髓，髓化爲筋。一年易氣，二年易血，三年易脉，四年易肉，五年易髓，六年易筋，七年易骨，八年易髮，九年易形，即三萬六千真神皆在身中，化爲仙童，號曰真人矣。勤修不倦怠，則關節相連，五藏牢固。黄庭經云：「千千百百自相連，一一十十似重山。」是內氣不出，外氣不入，寒暑不侵，刀兵不害，昇騰變化，壽〔四〕同三光也。

〔一〕「逼」原作「過」，據元炁訣改。
〔二〕「當」原作「尚」，據上書改。
〔三〕「血」原作「氣」，據上書改。
〔四〕「壽」原作「素」，據上書改。

休糧訣

訣曰：凡欲休糧，但依前勤修，三年之後，正氣流通，髓實骨滿，百神守位，三尸遁逃。如此漸不欲聞五味之氣，常思不食，欲絶則絶，不爲難也。但覺腹空，即須嚥氣，無問早晚，何論限約，久久自知節候，無煩具〔一〕言，何用藥物？大抵服藥之人，多不能服氣。終日區區但以藥物爲務，身形不得精實，固爲未得，亦非上士用心也。黄庭經云：「百穀之實土地精，五味外美邪魔腥，臭亂神明胎氣零，那從返老却還嬰〔二〕。何不食氣太和精，故能不死入黄寧。」此之謂也。

慎守訣〔三〕

訣曰：世上之人，率〔四〕多嗜慾，傷生伐命，今古共焉。不早自防，追悔何及？夫人臨

〔一〕「具」原作「其」，據元炁訣改。
〔二〕「却還嬰」，本書卷十二上清黄庭内景經百穀章第三十作「得還嬰」，且下有「三魂忽忽魄糜傾」一句。
〔三〕「慎守訣」，元炁訣作「守真訣」。
〔四〕「率」字原無，據上書增。

終方始惜其身命，罪定而後思求〔一〕善事，病成方求其藥，天綱已發，何可救之？故賢哲上士，惜未絶之命，防未禍之禍，理未病之病，遂拂衣人寰，攝心歸道。道者氣也，氣者心之主；主者精也〔二〕，精者命之根。愛精重氣，然後身心保之矣！黄庭經云：「方寸之中謹蓋藏，精神還老復丁壯，養子玉〔三〕樹令如杖，急固子精以自償。」又曰：「長生至慎房中急，何爲〔四〕死作令神泣？若當決海百瀆傾，葉去樹枯失青青。」夫長生久視，未有不愛精保氣能致之。陰丹内御之道，世莫得知。雖務於氣，而不解絶情慾，亦未免殃矣！故曰：「人自失道，非道失人。人常去生，非生去人。」修養君子，自保省爾。

服氣胎息訣

訣曰：精者氣也，氣者道也。先叩齒三十六通，右轉頭一匝，如龜引頸，其胎息上至咽

〔一〕「求」字原無，據元炁訣增。
〔二〕「主者精也」四字原無，據上書增。
〔三〕「玉」原作「王」，據本書卷十二太上黄庭外景經上部經改。
〔四〕「爲」原作「謂」，據上清黄庭内景經瓊室章第二十一改。

喉即嘶之。如此三遍方閉口，以舌内外摩料取津，滿口漱流，昂頭嘶之，上補泥丸，泥丸即昂頭是也〔一〕，下潤五藏。老子曰：甘雨潤萬物，胎津潤五藏。晝夜不寐，乃成真人，上致神仙，下益壽考。在身所有疾苦，想氣送至所苦處即愈。真氣逐濁氣，上衝下泄，覺神清爽，則氣自沖和。故聖人有言：夫人在氣中，氣在人中，人不離氣，氣不離人。人藉氣而生，因失氣而死，死生之理，盡在氣也。但調得其氣，求死不得。則每夜半及五更展兩脚，握固展手，去身五寸，其枕不得過二寸，閉目依前法嘶之。梳洗訖，以煖一盃酒飲之，益胎息，潤六府，引氣開百關。此〔二〕峨眉山仙人幽祕法，不可言也〔三〕。老君曰：靈芝玉英，並在其腹。名山大澤取藥服之，與道甚乖。吾道甚易，但能行之。早起展兩脚，喘息勾，以兩手叉腦後，手前拽頭，向後拽頓，如此三。畢，兩手相叉向前拽，前拽三兩遍，左右掣三二十遍。畢，嘶津二十遍。如覺四體不和，即乃舌漱液三二十嘶，流却疾去〔四〕。萬金不傳非

〔一〕上句七字，疑係注語。
〔二〕「此」原作「昔」，據道藏本幻真先生服内元炁訣改。
〔三〕「不可言也」原作「此不可言也」，據上書删。
〔四〕「流却疾去」，上書作「氣通疾愈」。

其人，造次傳者，殃及三代也。

胎息經

胎從伏氣中結，臍下三寸爲氣海，亦爲下丹田，亦爲玄牝。世人多以口鼻爲玄牝，非也，口鼻即玄牝出入之門。蓋玄者，水也；牝，土〔一〕母也。世人以陰陽氣相感，結於水母，三月胎結，十月形體具而生人。修道者常伏其氣於臍下，守其神於身内。神氣相合，而生玄胎。玄胎既結，乃自生身，即爲内丹，不死之道也。氣從有胎中息。神爲氣子，氣爲神母。神氣相逐，如形與影。胎母既結，神子自息，即元氣不散。氣入身來爲之生，神去離形爲之死。西昇經云：「身者，神之舍也〔二〕，神之主也〔三〕。」主人安静，神即居之；主人躁動，神即去之。神去氣散，其可得生？是以人耳目手足皆不能自運，必假神以御之。學道養生之人，常拘其神以爲身主。主既不去，宅豈崩壞也！知神氣可以長生，固守虚無以養神氣。道經云：我命在我，不在天也。所患人不能知其道，復知而不行。知者但能虚心絶慮，保氣養精，不爲外境愛欲所牽，恬惔以養神氣，即長生之道畢矣！神行即氣行，神住即氣住。所謂

〔一〕「土」疑當作「者」，連上。
〔二〕「也」字原無，據西昇經生置章第十七增。
〔三〕以上引語，西昇經原文爲「我身乃神之車也，神之舍也」。

意是氣馬，行止相隨。欲使元氣不離玄牝，即先拘守其神。神不離身，氣亦不散，自然内實，不飢不渴也。若欲長生，神氣相注。相注者，即是神氣不相離。玄綱云：纖毫陽氣不盡不爲鬼，纖毫陰氣不盡不爲仙。元陽即陽氣也，食氣即陰氣也。常減食節欲，使元氣内運。元氣既壯，即陰氣自消。陽壯陰衰，則百病不作，神安體悦，可覬長生。心不動念，無來無去。不出不入，自然常住。神之與氣，在母腹中，本是一體之物。及生下，爲外境愛慾所牽，未嘗一息暫歸於本。人知此道，常泯絶情念，勿使神之出入去來。能行不忘，久而習之，神自住之矣！勤而行之，是真道路。修真之道，備盡於斯。然聖人之言，其可忘歟！

雲笈七籤卷之六十一

諸家氣法

用氣集神〔一〕訣

神集於虛，桑榆子曰：「虛無，蓋爲象也」。而安於實。實爲精也。神，心中智者也。安而無欲，則神王而氣和正。如此之時，一任所之，唯久彌善。行之不已，體氣至安，謂之樂天。天者，虛而知之者〔二〕。樂天則壽。身外虛空亦天也，身內虛通亦天也，習之久久，乃明生焉。虛中生白。密自內知之，久習彌廣，而精上合於明，明則內發於精，如是乃至於道。道應於德，德之成矣。用而爲仁，分而爲義。精氣晝出於首，夜栖於腹，當自尊其首，重其腹。色莊於外〔三〕，敬直於中，應機無想，唯善是與。此神氣事質，合吾一體，謂之大順，天實祐之，吉無

〔一〕「集神」二字，延陵先生集新舊服氣經互乙。
〔二〕「虛而知之者」，上書作「虛而自然也」。
〔三〕「外」原作「上」，據上書改。

不利。凡妙本有所，神在心中之虚，上通其系，氣藴腸中之實，實，精藏之府，水胞之上也。常宜温養之。桑榆子曰：「凡温者生之徒，但不得自温而失於熱也。」平居常宜閉目，内視氣源。下丹田也。每行一事利於生靈，則欣然閉目，内視其心謝之。若曰，吾身之神氣明，發於吾形，使吾達道也。如此，則天降之吉。故天者，虚氣之靈。吾能用之，道極於斯矣！桑榆子曰：「所謂天者，自然之謂也，非蒼蒼之謂乎！」

服五方靈氣法

訣曰：子若虧於仁，則青帝非真；子若虧於義，則白帝非真；子若虧於禮，則赤帝非真；子若虧於信，則黄帝非真；子若虧於智，則黑帝非真。且夫五氣之道，體通神真。子不負道違真，即可修用。是以道君保而傳之於至人，以助自然，以調元化。修之於身，而感於天。天〔一〕乃五行順序，地乃五嶽安鎮，人乃五藏保和，神乃五靈運御。是故性虧五德，凶惡順〔二〕焉。

〔一〕「天」原作「犬」，據四部叢刊本改。
〔二〕「順」，四部叢刊本作「萃」。

真人存用五氣法，先當勿食葷血之物，勿履淹污，絶除欲念，檢身、口、意，三業清淨。別造一室，沐浴盛潔，以立春日鷄鳴時，面月建寅方平旦坐，調氣瞑目，叩齒三十六通，叩齒欲深而微緩〔一〕。漱咽津液，瞥目左右各三，握固臨目，都忘萬慮，放乎太空，無起無絶。良久，覺身中通暖，當摇動支體，任吐濁氣，即又調息。當抱守氣海，朝太淵北極丹田真宫，稍用力深滿其太淵，則覺百關氣歸朝其内也。如此數過，復冥心太空，若東方洞然，無有隔礙。徐鼻引氣使極，存見五藏，覺東方青帝真氣從肝中周迴内外一體，念身中三萬六千神與青帝真氣合。又調息咽液良久，起立再拜事竟。如此日日勿闕。至驚蟄面卯也，盡卯節。至清明日面辰，存黄氣從脾中周迴内外洞徹也。至立夏日面巳，存赤氣從心中周迴内外也。芒種日面午也。小暑面未，存黄氣從脾中周迴内外也。至立秋日面申，存白氣從肺中出，周迴内外也。至白露面酉，至寒露面戌，存黄氣從脾中出，周迴内外也。至立冬日面亥，存黑氣從腎中出，周迴内外也。至大雪面子，至小寒日面丑，存黄氣從脾中出，周迴内外也。此一周年，五氣備全矣。其存想調息次第法用如初説，瞥目叩齒亦如初數，不須等級可也。至明年立春，重習三日或五日七日九日，如去年次第爲用，以朝其氣也。其氣由

〔一〕「叩齒欲深而微緩」七字，四部叢刊本無，疑係注語。

心應手，當把覽三才五行萬靈之目也。夫掌訣以握固爲總法，所以運魁剛，封五嶽，關三晨，捉鬼道，攬河源，固真氣，而幽顯備統之也。事竟，即隨息訣遣以散其氣。凡指訣，女人尚右，男子即尚左，陰陽之體然也。大指屬土，食指〔一〕火，中指木，無名指金，小指水。從根節爲孟，中節爲仲，頭節爲季。指甲之目，爲五行刀支。刀支主殺也，斬邪誅逆用之。五氣既全，當隨五類，互相制伏，無不如意。握固法：以大指掐四指根人畢鬼道三過，隨文閉氣握之。指節具十二辰，亦隨其相生相剋類例用之也。

諸步綱起於三步九跡，是謂禹步。其來甚遠，而夏禹得之，因而傳世，非禹所以統也。夫三元九星，三極九宮，以應太陽大數。其法先舉左，一跬一步，一前一後，一陰一陽，初與終同步，置脚横直，互相承如丁字所，亦象陰陽之會也。踵小虚相及，勿使步闊狹失規矩。當握固閉氣，實于大淵宮，瞀目自三，臨目叩齒存神，使四靈衛己，騎吏羅列前後左右，五方五帝兵馬如本位，北斗覆頭上，杓在前指，其方常背建擊破也。步九跡竟，閉氣却退，復本跡又進，是爲三反。即左轉身，都遣神氣綱目，直如本意攻患害，除遣衆事。存用訖，却閉目存神，調氣歸息于大淵宮，當咽液九過，其禁勑符水等請五方五帝真氣如常言。真師

〔一〕「指」下，四部叢刊本有「屬」字，下同。

曰：先習五氣一年，乃習三步九跡星綱，一年無差，然後行諸禁法，隨意剋中如神也。能清慎守道，久久飛仙度世，古人真仙聖王皆得之以佐世治俗。但世傳不真，妄生穿鑿，唯按此行之，乃見其驗。先師云：三步九跡如既濟卦，得星綱真訣，又須條習五帝之氣及握固掌訣，始合其宜，是以通徹真原也。若但受持符圖寶籙，不得師傳修用之門，終不獲靈驗，一如籙文。不爾，且謂尊奉供養而已，爲之善緣，用資來業者梯級爾。

五廚經氣法并叙

臣聞易曰：「精義入神，以致用也；利用安身，以崇德也。」富哉言乎！富哉言乎！是知義必精，然後可以入神致用；致用必利，然後可以安身崇德。義不精而云致用，用不利而云安身，身不安而云知道者，未之有也。然則沖用者，生化之主也。精氣爲物，謂之委和，漠然無間，有與立矣！則天地大德，不曰生乎！全〔一〕其形生者，在乎少私寡欲，抱樸柔和，遊心於澹，合氣於漠。且清明在躬，志氣如神，嗜欲將至，有開必先。故聖人垂教以檢之，廣業以持之。專氣致柔，以導其和。向晦宴息，以窒其欲。洗心藏密，窮神知化。然

〔一〕「全」原作「金」，據道藏本老子說五廚經註序改。

後身安而國家可保，德用而百姓不知。是以「自天祐之，吉無不利」矣！伏讀此經五章，盡修身衛生之要。全和含一，精義可以入神。坐忘遺照，安身可以崇德。研味滋久，輒爲訓注。臣草茅微賤，恩霈特深。天光不違，自忘鄙陋。俯伏慙懼，徊徨如失。臣愔頓首頓首〔一〕。開元二十三年十二月十一日京肅明觀道士臣尹愔上。

老子說五廚經夫存一氣和泰〔二〕，則五藏充滿，五神静正。五藏充則滋味足，五神静則嗜欲除。則此經是五藏之所取給，如求食於廚，故云五廚爾。

東方：一氣和泰和，一氣者，妙本沖用，所謂元氣也。沖用在天爲陽和，在地爲陰和，交合爲泰和也。則人之受生，皆資一氣之和以爲泰和，然後形質具而五常用矣。故老子曰：「萬物負陰而抱陽，沖氣以爲和」也。則守本者當外絶二受，以全生分；内存一氣，以和泰和。泰和和一，而性命全矣。故老子又曰：「專氣致柔，能〔三〕嬰兒乎！」得一道皆泰。得一者，言内存一氣以養精神，外全形生以爲車宅，則一氣沖用，與身中泰和和也，故云得一。如此，修生養神之道，皆含於泰和矣。故老子曰：「萬物得一以生。」和乃無一和，言人初禀一氣以和泰和，若存和得一，則和理

〔一〕「頓首」下，道藏本老子說五廚經註序有「謹言」二字。

〔二〕「泰」，老子說五廚經註作「泰和」。

〔三〕「能」下原有「如」字，據上書删。

皆泰。至和既暢，非但無一，亦復無和，不可致詰，如土委地。故老子曰：「吾不知其名。」**玄理同玄際。**玄、妙也，理、性也。此言一氣存乎中〔一〕，而和理出其性。性修反德，而妙暢於和。妙性既和，則與玄同際。故老君曰：「同謂之玄。」

南方：不以意思意，意者，想受也。言存一氣以和泰和者，慎勿存想受以緣境識。當凝神湛照，令杳然空寂，使和暢於起念之前，慧發於忘知之後。瞻彼闋者，虛室生白〔二〕則吉祥止矣！若〔三〕以意思意，意〔四〕想受塵，坐令焚和，焉得生白？故老君曰：「塞其兑，閉其門，終身不勤。」**亦不求無思。意而不復思**〔五〕，但不緣想受，則自發慧照。慧照之發，亦不自知，若知〔六〕求無思，即涉想受，與彼思意無差別。故老君曰：「無名之朴，亦將不欲。」意無有思，内存一氣但令其虛，虛即降和，和理自暢。則不緣想受納和，强假意名。既非境識所存，是以於思無有。故老君曰：「用其光，復歸其明。」**是法如是持。**如是内存泰和，泰和之法和暢，則是法皆遣。遣法無住，復何所持？以不持爲持，故云「是法如是持」也。

〔一〕「中」，老子説五廚經註作「玄際」。
〔二〕「白」原作「曰」，據上書改。
〔三〕「若」原作「共」，據上書改。
〔四〕「意」字原無，據上書增。
〔五〕「不復思」，上書作「無有思」。
〔六〕「亦不自知，若知」，原無二「知」字，據上書增。

北方：莫將心緣心，心者，發慧之質，想受之器也。正受則發慧，邪受則生想。言人若能氣和於中，心正於內，內照清浄，則正慧湛然。鑒明而塵垢不止，淵渟〔一〕而萬象俱見。見象無主，謂之常心。若以心得心，緣心受染，外存諸法，內無慧照，常心既喪，則和理亦虧矣。故莊子曰：「得其心以其心，得其常心，物何爲最之哉？」還莫住絶緣。夫以心緣心，則受諸受。若正受生慧，自〔二〕得常心。慧心既常，則於正無受，何等爲緣？既無緣心〔三〕，亦無緣絶，湛然常寂，何所住乎？故老君曰：「損之又損〔四〕，以至於無爲」也。心在莫存心，慧照湛常，則云心在。心忘慧照，故曰莫存。既不將而不〔五〕迎，心緣則無絶而無住矣！真則守真淵。真者，謂常心慧照、清浄不雜也。若湛彼慧源，寂無所染，既無知法，亦無緣心，則泰和含真，本不相離，故云守爾。

西方：修理志離志，理者，性也。志者，心有所注也。前絶外境受，此絶內性受也。言修性者，心有所注，心有所注〔六〕，但得遍照。外塵已絶，境識無住，離形去智，同於大通。性修反初，圓照無滯，內外俱靜，玄之又玄，則離於

〔一〕「渟」原作「停」，據老子說五廚經註改。
〔二〕「自」原作「日」，據上書改。
〔三〕「何等爲緣？既無緣心」原作「何等爲絶緣心」，據上書改。
〔四〕「損」原作「損之」，據老子刪。
〔五〕「不」，老子說五廚經註作「隨」。
〔六〕「心有所注」四字，上書無。

住想矣。**積修不符離。**上令修性離志，則内外俱寂，無起住心，亦無空心，坐忘行忘，次來次滅。若積修習不能忘泯，起修一念，髮引千鈞，内照既摇，外塵咸起，則與彼離志不相符合矣。**志而不修志，**若心無所注，則何由漸悟？必固〔一〕所注，而得定心，心得故云志也。不修志者，明離志而不積修，忘修而後性足〔二〕，則寂然圓照矣。**己業無己知。**因心注而慧業清淨，故云己業。内忘諸己，外忘諸物，於慧照心，無毫芒用。則於己業，自亦忘知，故云無己知也。

中央：諸食氣結氣，夫一氣凝結，以和泰和，和一皆泰，則慧照常湛。今口納滋味，以充五藏，身聚泡沫，以載其形。生者〔三〕受骸於地，凝濕於水，稟熱於火，持息於風，四緣結漏，皆非妙質。故淄涅一氣，昏汩泰和，令生想受識動之弊穢矣。**非諸久定結。**言人當令泰和含一，無所想受，守真湛常〔四〕，則與泰和合體。今以諸食結氣，故非久定結也。**氣歸諸本氣，**四緣受識，六染生弊，地水火風，散而歸本。根識既染〔五〕，則從所受業矣。**隨取當隨洩。**取者，受納也。洩者，發用也。夫想有二受，業有二應。隨所受納，法用其徵。若泰和和一，則一氣全和。致彼虚極，謂之復命。復命得常，是名正受。正受淨業，能生慧照。慧照湛常，一無所有，則出入無間矣。不者，則食氣歸諸四

〔一〕「固」，老子説五廚經註作「因」。
〔二〕「足」，上書作「定」。
〔三〕「以載其形。生者」，上書作「載其形生」。
〔四〕「湛常」，上書作「常湛」。
〔五〕「染」原作「識」，據上書改。

緣，業成淪於六趣。

谷神妙氣訣

訣曰：玄氣爲吾籬落，元氣爲吾屋宅，始氣爲吾牀席。天爲玄氣正清，從我頭上而下，入我舍，止我肝，關川九天，從我兩目而出。水爲元氣正白，從我左右脉下，入我舍，止我肺，關川九天，從我兩鼻孔中而出。地爲始氣正黄，從我左右足下，而入我舍，止我脾，關川九天，從我口中而出。願其三氣俱來，覆被其身，周年竟歲，永無窮極。次舍人身中七十二生氣〔一〕，髮爲清城君，頭爲三台君，眉爲八極君，兩耳爲決明君，左目爲玄明君，右目爲元明君，鼻爲周天妙户君，口爲列元玉户君，齒爲八土君，舌爲無極君，咽爲校尉君，喉爲九卿君，肺爲華蓋君，膽爲長命君，胃爲太倉君，大腸爲食母君，小腸爲導引君，左腎爲玄妙君，右腎爲玄元君，腸爲越道君，三焦爲玄老君，兩膝爲小車徘徊君，兩足爲雷電起君。願師子取口中七十二生氣，常當在師子身中，不得妄出。次念嬰兒真人赤子三君，爲我存泥丸，行絳宫，守丹田，不得妄出。嬰兒字子元，治人丹田中，主人長生無爲。真人字子丹，治人心

〔一〕「七十二生氣」，三洞珠囊卷七引老子枕中開閟經作「二十七生氣君」。「次舍」，依下文例疑作「次念」。

中，主人萬神長生。赤子字太上，治人頭中，主人延年益壽，制靈不死，長生事畢。上一在人腦中，其神赤子是；中一在人心中，其神真人是；下一在人臍下一寸三分，其神嬰兒是。凡人久〔一〕生之道，一切由是。念之不止，即見神矣！腦爲紫微宫，心爲洞房宫，臍下三寸名丹田宫。人常念三宫中神氣，則可長生久視。次念身中五宫六府五藏，肝爲木宫，心爲火宫，肺爲金宫，腎爲水宫，脾爲土宫，亦爲五藏。肝爲左將軍府，肺爲右將軍府，心爲前將軍府，腎爲後將軍府，臍爲中騎大將軍府，頭爲上將軍府。内者見外，外者知内。内五行六府五藏：五行者，肝爲木，心爲火，肺爲金，腎爲水，脾爲土，謂之五行。肺爲玉堂宫尚書府，心爲絳堂宫元陽府，肝爲清冷宫蘭臺府，膽爲紫微宫無極府，腎爲幽致宫太和府，脾爲中和宫太素府，謂之六府〔二〕。肺藏魄，肝藏魂，心藏精，腎藏意，脾藏志，謂之五藏。五者在天爲五星，在地爲五行〔三〕，在物爲五色。在天爲五星〔四〕者：東方歲星，南方熒惑星，

〔一〕「久」原作「九」，據四部叢刊本改。

〔二〕以上「六府」中之「絳堂宫」、「青冷宫」、「幽致宫」、「中和宫」，太上靈寶五符序分别作「絳宫」、「青陽宫」、「幽昌宫」、「中宫」。本書卷十一内景經常念章第二十二分别作「緯宫」、「清冷宫」、「幽昌宫」、「中黄宫」。

〔三〕此句下疑脱「在人爲五藏」一句。

〔四〕「五星」原重，據四部叢刊本删。

西方太白星，北方辰星，中央鎮星。在地爲五行者：金、木、水、火、土。在人爲五藏者：心、脾、肝、肺、腎。在物爲五色者：赤、青、白、黑、黄。所以有間色者，甲己爲妻夫，以黄入青爲緑；丙辛爲妻夫，以白入赤爲紅；丁壬爲妻夫，以赤入黑爲紫；戊癸爲妻夫，以黑入黄爲紺，故今有間色者。甲爲木，乙爲林，丙爲火，丁爲灰，戊爲土，己爲赭，庚爲金，辛爲鑛，壬爲水，癸爲泥。夫木氣有所生，火氣有所長，金氣有所殺，水氣有所滅。何以明之？木氣有所生者，春三月萬萌皆蔟地而生，故知〔一〕木氣有所生；夏三月萬木皆成大，故知火氣有所長；秋三月萬物皆死，故知金氣有所殺；冬三月巢蟲蟄〔二〕蟻動皆飛走，故知水氣有所藏滅。夫木氣有所生，木榮有華而死者何？自妻來女歸。春三月木王，甲召乙歸得金，故亦有所遊。夏三月有所長，土有所生，麥中死者何？辛爲丙妻，金氣出，辛爲有所殺。椹所以先青後赤，至熟其黑者何？生故先青後黑，火生其氣赤。熟黑者何？丁爲壬妻，丙召丁歸，得水氣，故令黑。棗先白，至熟而赤者何？棗始入七月，被金故白。熟赤者，辛爲

〔一〕「故知」原作「故是知」，按下之三「故知」删。

〔二〕「蟄」原作「執」，據四部叢刊本改。

丙妻，爲庚召辛歸，得〔一〕火氣，故令赤。金氣有所殺，至秋八月，薺菱而生者何？乙爲庚妻，以得木氣，故有所生。乙爲庚妻，以青入白爲縹。夫五行更爲夫妻者何？皆有威制。故土欲東遊，木往刻之，戊嫁己爲甲妻。木欲西遊，金往伐之，故甲嫁乙爲庚妻。金欲南遊，火往殺之，故庚嫁辛爲丙妻。火欲北遊，水灌而滅之，故丙嫁丁爲壬妻。水欲南遊，土往竭之，故壬嫁癸爲戊妻矣。夫五行有相刑滅毁或死者何？木之穿土不毁，火之燒金不滅者何？木火者仁，陽氣好生不殺。金之伐木死，水之灌火死，皆陰氣好貪，故所刑皆死。五行者：心爲火行，肝爲木行，肺爲金行，腎爲水行，脾爲土行。爲五藏法五行：肝爲木行〔二〕，所以行水而沉者何？己爲甲妻得地氣，令其沉。肺爲金行，所以得水而浮者何？辛爲丙妻得火氣，故浮。脾者土，得水正居中央，癸爲戊妻。夫土者，五行之中，癸助土。故脾得水，上不至上，下不至下，正在中央者何？癸爲戊妻。夫土者，五行之中，義説之以合五行意。木從亥生，盛於卯，死於未。亥卯爲陰賊，不可與，百官百事不吉。水從申生，盛於子，死於辰。申子爲貪狼，不可行用。辰日奸，未日邪，戌日爲正，丑日爲公，奸邪惡公

〔一〕「歸得」原作「得歸」，據四部叢刊本改。
〔二〕「行」字原無，據四部叢刊本增。

正。

辨雜呼神名

天公字陽〔一〕君。

日字長生。

月字子光。

北斗字長史。

雷公字吾君〔二〕。

西王母字文殊。

太歲字微明。

大將軍字元莊。

已上男知不兵死，女知不產亡。入水呼引陰，入山呼孟宇，入兵呼九光，遠行呼天命，

〔一〕「陽」，太清金液神氣經卷中作「湯」。

〔二〕「吾君」，上書作「君吾」。

凡呼之皆免難。

弩名遠望，一名箪威，張星之主。

弓名曲張，一名子張，五星之主。

矢名續長，一名信往，一名傍徨，熒惑星之主。

刀名脱光，一名公詳，一名大房，虚星之主。

劒名陰陽。

戟名大將，參星之主。

钂名鉤傷，一名鉤殃。

鉾名牟，一名默唐。

楯名自障。

已上有兵革即呼其名，所無傷害，能福於人，大吉良矣。

中嶽郄儉食氣法〔一〕

平旦七七四十九咽。

日出六六三十六咽。

食時五五二十五咽。

禺中四四一十六咽。

日中九九八十一咽〔二〕。

晡時七七四十九咽。

日入六六三十六咽。

黄昏五五二十五咽。

人定四四一十六咽〔三〕。

〔一〕「中嶽郄儉食氣法」，神仙食炁金櫃妙録作「中嶽郄儉食十二時炁法」。

〔二〕「日中九九八十一咽」，上書此句下有「日昳八八六十四咽」。

〔三〕「人定四四一十六咽」，上書此句下有「半夜九九八十一咽，鷄鳴八八六十四咽」十六字。

黄庭經曰：「玉池清水灌靈根，子能修之可長存。」名曰飲食自然〔一〕。華池者，口中之唾也。呼吸如法，咽之即不饑矣。初絶穀三日七日，小極頭眩，慎勿怪也。滿二十一日成矣！氣力日增，欲食可食，不欲即息〔二〕。禁陰陽，不可妄失精氣也。食穀乃通。老君道經絶穀氣第三法曰：先合口引氣咽之，滿三百六十已上，不得減此，咽之欲多多益善，能日咽至千益佳。咽多而食日減一餐，十日後能不食也。後氣常入不出，意氣常飽。不食三日，腹中悁悁若饑，或小便赤黄。取好棗九枚，或好脯如棗者九枚，念食噉一枚，若二枚至三枚，一晝一夜，無過此九也。意中不念食者，不須噉也。常含棗核受氣，令口中常行津液嘉。

十二月服氣法

正月朝食陽氣一百六十，暮食陰氣二百。

二月朝食陽氣一百八十，暮食陰氣一百八十。

〔一〕此下，神仙食炁金櫃妙録有「自然者華池」五字。

〔二〕「不欲即息」原作「即息」，據上書增。

三月朝食陽氣二百，暮食陰氣一百六十。
四月朝食陽氣二百二十，暮食陰氣一百四十。
五月朝食陽氣二百四十，暮食陰氣一百二十。
六月朝食陽氣二百二十，暮食陰氣一百四十。
七月朝食陽氣二百，暮食陰氣一百六十。
八月朝食陽氣一百八十，暮食陰氣一百八十。
九月朝食陽氣一百六十，暮食陰氣二百。
十月朝食陽氣一百四十，暮食陰氣二百二十。
十一月朝食陽氣一百二十，暮食陰氣二百四十。
十二月朝食陽氣一百四十，暮食陰氣二百二十。
夫陽氣者，鼻取之氣也；陰氣者，口取之氣也。此二氣十二月中，日日旦暮能不絶者，周天一竟，又一周天，是〔一〕則與天同齡矣。

〔一〕「是」原作「足」，據上清司命茅真君修行指迷訣改。

三一服氣法

夫欲長生，三一當明。上一在泥丸中，中一在絳宮中，下一在丹田中，人生正在此也。夜半至日中爲生氣，日中至人定〔一〕爲死氣。常以生氣時强卧，瞑目握固，閉目閉口不息，心數至二百〔二〕，乃口小微吐氣出之。日增其數，數得滿二百五十，即絳宮守，泥丸滿〔三〕，丹田成〔四〕。數得滿三百，則華蓋明，耳目聰，身無疾，邪不干，司命削去死籍，移名南極爲長生。閉氣之法：以鼻微微引内之，數滿乃口小微吐之，小吐即便以鼻小引咽之。如此再三，可長吐之。爲之既久，閉氣數得至千五百，則氣但從鼻入，通行四支，不復從口出也。自欲通之，乃從口出。如此不止，仙道成矣。饑取飽止，絶穀長久。

〔一〕「人定」，本書卷五九墨子閉氣行氣法作「夜半」。
〔二〕「閉目閉口不息，心數至二百」，上書作「閉氣息於心中數至二百」。
〔三〕「絳宮守，泥丸滿」，上書作「絳宮神守，泥丸常滿」。
〔四〕「丹田成」，本書卷六五太清金液神丹經序作「丹田充盛」，疑「成」作「盛」。

服三氣法

華陽諸洞記云：范幼沖，遼西人也。受胎化〔一〕易形之道。今來在此，常服三氣。三氣之法，常存青白赤三氣如綖，從東方日下來，直入口中，挹之九十過，自飽便止。服之十年，身中自生三色光氣〔二〕，遂得神仙，此是高上元君太素内景法。旦旦爲之，臨目施行，視日益佳。其法鮮而其事驗。

服氣雜法祕要口訣

天關中爲内氣，「口爲天關精〔三〕神機，手爲人間把盛衰，足爲地關生命扉。」並黄庭内景云。神爐中爲外氣。神爐，鼻也。「神爐之中當〔四〕修治。」黄庭外景云。凡服氣皆取陽時，夜半平旦也，即東南向，

〔一〕「化」原作「光」，據真誥卷十、卷十三及本書卷一一一洞仙傳范幼沖傳改。

〔二〕「生三色光氣」，上書及登真隱訣卷中均作「有三色之氣」。

〔三〕「精」原作「生」，據本書卷十一上清黄庭内景經三關章第十八改。

〔四〕「當」原作「常欲」，據本書卷十二太上黄庭外景經上部經第一改。

静而端坐，叩齒三通，三漱咽之。則兩手相摩，令掌心熱，揩拭面目，便以大拇指上下揩其腎骨七遍。即握固鼓氣，以滿天關，調匀爲度，閉口而咽之，既努腹訖，徐徐出神廬中氣。其神廬中當修治之。鼓努每須相應，一鼓一咽一努爲相應也。其鼓咽之〔一〕時，天關莫開，恐生氣入腹而爲疾也。

夫服氣須安神定志，徐徐咽之，急即心胷中氣不散結痛。每咽五十服，漸加至一百服、二百服、三百服，有他故即二十、三十服，行住服之並得，臨時自消息也。所貴常行不欲闕，日如初服，有噫氣上，即鼓而却咽，無使出氣。桑榆子曰：「元氣融和，不爲麤厲，必若噫上，豈元和之氣耶？然初服之時，特以氣道未得全暢，事須仰就，且以元氣待之也。若至再至三〔二〕，氣海不受，必惹〔三〕著五藏之中舊有濁氣。如此，故亦不宜愛惜。」忽下部有氣〔四〕，即泄之不妨。每鼓咽氣，須調和徐緩，不欲天關中有聲。若咽急，恐下部氣祕，令人脱肛，慎之。如服内氣，久而自通，通即服無時矣，但饑

〔一〕「咽之」原作「之咽」，據延陵先生集新舊服氣經祕要口訣（下稱祕要口訣）互乙。
〔二〕「三」字原無，據上書增。
〔三〕「惹」原作「若」，據上書改。
〔四〕「氣」字原無，據上書增。

即服之，飽即止。每鼓咽之際，常存思氣入五藏流行，即從手足心及頂〔一〕三關九竅支節而出。忽有疾，即思以氣攻其病處，何疾不愈？如要服氣休糧，即不論咽鼓努多少，常令腹滿爲度，勿令腸孯。若饑，即時服三五咽，以意自調息，勿須仰卧，即氣難下，損人心胷。凡氣相應，即腹中有聲，愚者謂之腸空即有聲，有聲即損人，其〔二〕不然矣。此由雷鳴電激，陶錬陰氣，百關流潤，真要深門也。

夫服氣多方，若非鼓努之法，不爲真妙。或有人未解咽服，氣未通流，便虚其心，忘其形，雖日効忘，必無所成，多令〔三〕困弊也。夫鼓努法本服自然元氣，流利藏府，氣既長存，人即不死，何暇於外思慮吸引外氣？夫人氣盡即〔四〕神亡，神去則身謝，故知守元氣不失胎成，皆祕訣所傳者，幸勿疑〔五〕。夫行氣候閑時鼓十咽二十咽，咽〔六〕令腸滿，然後存思

〔一〕「頂」原作「項」，據祕要口訣改。

〔二〕「其」，上書作「甚」。

〔三〕「令」原作「因」，據上書改。

〔四〕「即」字原無，據上書增。

〔五〕「者幸勿疑」，上書作「學者幸勿疑也」。

〔六〕「咽」原作「含」，據上書改。

行入四支。有事之時，即一咽一行氣，手足須著物，候氣通流，必虚心忘形。然後煩蒸之氣散出四支，精華之氣凝歸氣海，久而自然胎成封固，支節得雷鳴相應，當鼓轉其腹，令氣調暢也。夫服氣導引，先須舒展手足後〔一〕鼓咽，即捩身左右，精思氣〔二〕入骨節，行引相應，令通不斷，謂之行氣導引。又宛轉盤迴，存思氣從手足關節散出。古經云有行氣導引，非至道口傳，罕有知者。夫行氣導引，若饑時服，候腹滿乃行之。若食飽後，旋行之。桑榆子曰：「『飽』宜爲『飲』字之誤也。修養者平居無飽，況行氣之時乎？」若兼服氣導引，當候閑時習之，非尋常可作也。夫服氣導引，當居静密房室，不欲處高屋當風。如遇暴風疾雨霑濕，衝寒冒熱遠來，皆須歇息，候其體乾氣和，方可爲之。若欲四支常瘦，即數導引，謂肌膚充悦也〔三〕。若能導引服氣，不失其時，則神氣常清，形容不易，暴脂虚肉不生，永無諸疾矣！

世人或謂服氣與胎息殊，誤之深矣。胎從氣中結，氣從胎中息。久服則清氣凝而爲

〔一〕「後」字原無，據祕要口訣增。
〔二〕「氣」字原無，據上書增。
〔三〕「謂肌膚充悦也」，上書作夾注「謂肌膚充悦，即多導引」。

胎，濁氣散而出，胎成可以入水蹈火。世人或依古方，或受非道者，以祕〔一〕數之，貴其息長，不亦謬乎！殊不知五藏無常服之氣，一時閉塞關門，豈知是胎中自然之意？但煩勞形，終無所益。時人服氣，多閉口縮鼻，皆抑忍之，但須取息長，不知反損。問曰：「夫服內氣外氣〔二〕，二氣俱出五藏，焉得內外吐納不同？」桑榆子曰：「此言二氣俱出五藏，即大謬也。外氣喘息之氣，即府氣也。但入至榮衛，非自中而有者也，焉得謂之出於五藏乎？」答曰：「服內氣鼓努之時，即胃海開，納真氣封固。納訖即還閉，徐徐出外氣，自然有殊。夫抑塞口鼻，氣俱不通，不通即蓄損五藏，此乃求益而反損也。且人健時，閉氣息即易，有疾力微即難制，豈不失之極也。若服內氣，用力甚少而功即多，當勤行之也。」問曰：「夫上士先導引後出入，下士先出入後導引，何也？」答曰：「上士先導引，穢氣隨舉動散出；下士後導引，恐其穢氣入支節不散。此則學氣導引，得與不得有殊。」桑榆子曰：「上下猶言先後進也，繫於功用淺深，非賢愚品第之位。斯道也，豈愚者之爲乎？但有賢而不能者也。」天師云：內氣者一，吐氣有六，氣道成乃可爲之。吐氣六者：吹、呼、嘻、呴、噓、呬，皆出氣也。桑榆子曰：「呴，一本爲呵。大抵六氣之用，與他本有五不同也。」時寒可吹以

〔一〕「祕」，祕要口訣作「閉」。

〔二〕「夫服內氣外氣」原作「氣外氣內」，據上書增改。

去寒，時温可呼以去熱，嘻以去風，呴以去煩又以去下氣，噓以散滯，呬以解熱。凡人者則多呼呬，道家行氣不欲噓呬，長息之忌也。悉能六氣，位爲天仙。呬，丑利、許氣二反。桑榆子曰：「凡人者，喜怒嗜慾衆邪之氣不絶於中，辛鹹甘酸外物之味未離於口，若即便禁長息，則穢濁之氣無洞盡之期。彼得道者，無思無慮，無榮無欲，含其浩然之氣，又焉取於噓呬哉！彼視噓呬，猶決提耳。」

凡服氣畢，即思存南方熒惑星爲赤氣，大如珠，入其天關中，流入藏腑，存身盡爲氣。每日一遍，此爲〔一〕以陽鍊陰，去三尸之患。又古涓子留口訣，令想火鍊身爲炭。道者商量，火氣非自然陽精，但恐傷神，未可爲也。其精者，真人密傳至妙，精思行之勿疑。桑榆子曰：「云商量者，延陵君之意也。夫存想之中，寧假分別其自然與非自然乎？若如所言，則存之與想，得爲自然否？況人間鍊丹亦用火，則火與熒惑同是天地之中一物耳，亦何擇然！」凡導引服氣之時，衣帶常欲寬，若緊急即損氣，氣海悶。桑榆子曰：「損謂限滯之也，非能傷之。」夏冬寢處飲食常欲温，勿食酸鹹油膩之物，食之損五藏。五藏損即神不安，猪狗肉生果子，尤忌尤忌。

〔一〕「爲」原作「其」，據祕要口訣改。

延陵君鍊氣法

每服氣餘暇，取一静室無人處，散髮脱衣覆被，正身仰卧，展脚及手，勿握固。淨席一領，邊垂著地。其髮梳以理之，令散垂席上，即便調氣。氣候得所咽之，便閉氣盡令悶。又冥心無思，任氣所之，氣悶即開口放出。氣新出喘息急，即且調氣。七八氣已來，急即定，又鍊之。如此有暇，且十鍊之。止爲新功，恐氣未通，擁在皮膚，反致疾也。更有餘暇又鍊之，即更加五六鍊，至二十、三十或四十、五十，並無定限。何以爲則？如服氣功漸成，關節通，毛孔開，煉到二十、三十，即覺遍身潤或汗出，如得此狀，即是功効。新鍊得通，潤則止，漸漸汗出即好。且安心穩卧，不得早起衝風等。如病人得汗，良久將息，即可著衣，徐徐行步，小言愛氣，省事澄思，身輕目明，百脉流注，四支通暢。故黄庭經云：「千災已銷百病痊，不憚虎狼之凶殘，亦以却老年永延。」夫鍊氣者，每夜間〔一〕及午時，任自方便，候神情清爽，即依前次第，迅坐修咽，勤勤致之，不得墮慢。忽有昏悶，欲睡即睡，不得昏悶欲睡之時强爲，即却邪亂其意，意邪氣亂，失正道也。如新服未有正氣，即較昏昏，已後亦無昏沉

〔一〕「間」原作「頭」，據祕要口訣改。

矣。桑榆子曰：「所言須勤勤，不得墮慢；又説任方便，不得勉强。消息之妙，在於此矣。則知勤勤，不在勉强，候未方便，寧循墮慢。藏修息遊，乘自然以運，則氣行矣。夫鍊氣者，即不得每日行之，十日、五日有餘暇，覺不通暢，四體煩悶，即爲之。常日無功，不用頻也。桑榆子曰：「陰陽合節，即不爲災沴。此云常日無功，若如所言，爲之何害？但以不止於無功，將臻乎有咎。何以言之？借如炎帝勤稼而併功倍功，必反爲大旱也。按摩亦然〔一〕。」

〔一〕「按摩亦然」四字，祕要口訣作正文。

雲笈七籤卷之六十二

諸家氣法

太清王老口傳法序

此卷口訣，並是楊府脱空王老所傳授。其脱空王老，時人莫知年歲，但見隱見自若，或示死於此，即生於彼，屢於人間蟬蜕轉脱，故時人謂之脱空王老也。多遊楊府，自言姓王，亦不知何處人耳。每逢志士，即傳此訣〔一〕。云：「祕妙方若傳非其人，自招其咎」。此卷並學有次第，志人口訣非初學法也。爲當學人初兼食服，以此屢言食物。且食氣祕妙，切資斷食，使穀氣併絶。但能精修此法，知騰陟仙道不遠耳。

説隔結

凡人腹中三處有隔，一心有隔，初學服氣者皆覺心下胃中滿，但少食，久作之，自覺通

〔一〕「訣」原作「説」，據本書卷五九太清王老口傳服氣法改。

下。二生藏下有隔，即覺腸中滿，久而覺到臍〔一〕。三下丹田中有隔，能固志通之，然後始覺氣周行身中矣。游行身中，漸入於鳩。後覺鳩中氣出，即能與人治病也。

初學訣法

初學時，必須安身閑處，定氣澄心，細意行之。久而不已，氣入腸中，即於行住坐卧一切處不妨。胃中氣未下入腸中來，即不得，顧處作難〔二〕。初服氣，皆須因入息時即住其息，少時似悶滿〔三〕。其息出時三分可二分，出還住，少時咽之，咽已又作，至腸中滿休。必須日夜四時作，爲初學人氣未入丹田，還當易散，意欲得氣入丹田，縱不服氣，亦氣不散。四時者，朝暮子午時是也。如覺心滿悶，但咬少許甘草、桂亦得，其滿悶即散。丹田未滿，亦不至滿悶也。元氣下時，自然有少悶。祕之，勿妄傳非其人。

凡初服氣，日夜要須四度。朝暮二時用仰覆勢，夜半及日中唯用仰勢。其仰勢用低枕

〔一〕「久而覺到臍」，本書卷五九太清王老口傳服氣法作「久而作之，自覺到臍」。

〔二〕「顧處作難」，上書作「作難成」，太清服氣口訣及氣法要妙至訣均作「諸處作難成」。

〔三〕「悶滿」，本書卷五九太清王老口傳服氣法作「閉滿」。

仰卧，縮兩脚，竪兩膝，伸兩手著兩肋邊，即咽氣。只咽十咽，氣即滿丹田中。待一時咽了，然後以意運入鳩中。其覆勢，以腹坦牀，以意揞膂令高，手脚並伸著牀〔一〕，即咽十咽。每咽皆以意運令緣脊下，從熟藏中出。

說覆仰法

每朝暮服氣，先覆後仰。每咽氣，皆須一下下作聲，尋聲運入丹田中，緣脊下亦須作聲。若解作聲，每勢只十咽即足。如不能作聲，三十、五十咽亦不足。要須解作聲始得，不解作聲徒勞耳。

凡咽氣皆喉中深咽，不得淺，淺即發嗽。

凡咽氣每一迴咽，中間十息五息〔二〕，亦非〔三〕事停歇，從容任意〔四〕。不解用氣，咽淺

〔一〕「著牀」原作「牀牀」，據氣法要妙至訣導引新候要訣（下稱導引新候要訣）改。
〔二〕「十息五息」，上書作「隔十息」。
〔三〕「非」，上書作「須作」。
〔四〕「任意」，上書作「任事運意」。

即當時患嗽。

凡咽氣不得和唾，咽氣須乾咽，中間有津液來，别咽之。咽液亦須用出息咽之，若用入息，恐生風入，極須用心也。

凡初受服氣法，要誦祝。受法了，已後平常自用氣，亦不要誦祝。與人療病，當應誦祝。

服氣雜法

凡服氣，四度外，或非時，腹中覺氣少，氣力不健，任意咽多少亦得。

凡初服氣，氣未固，多從熟藏中下泄。宜固之，勿令下泄，以意運令散。

凡初服氣，必須心意坦然，無疑無畏，不憂不懼。若有畏懼，氣即難行。

凡服氣，若四體調和，必須意思欣樂自足，不羨一切餘事〔一〕，即日勝一日，歡快無極。

凡服氣不得思食，坦然無所念始得。若然〔二〕忽思食，必須抑捺，如不在意抑捺，心即

〔一〕「不羨一切餘事」，導引新候要訣作「不羨功名」。

〔二〕「若然」，上書作「若」。

邪矣。如渴，煑薜荔湯，湯中著生薑少許，更煑一兩沸，喫一椀，其渴即定。薜荔者，落石根是，子亦得。或薑蜜湯亦得。若能自抑捺，縱終日對嘉饌，亦無所欲。

凡服氣但不失時節，丹田常滿，縱出行人事，亦不可廢。若久久行慣，縱失一時兩時，亦無所苦。

凡服氣成者，終日不服氣，氣亦自足，至妙不可窮盡。

凡服氣得臍下丹田常滿，呌喚讀書終日，對人語話，氣力不少。出入行步，無惓怠也。

凡初學服氣，氣未堅，亦不可過勞，勞即損氣。仍須時時步行少地，令氣向下大精。

凡服氣成，欲得食即縱食，食亦不障氣。縱飽食咽氣，氣還作聲，直至臍下。一成已後，兼食行氣亦無妨。

凡初服氣欲行，以氣推腹中糞令盡，且勿食二十餘日彌佳。若入頭即食，理不得妙。

凡服氣日，別喫少酒亦好。如或思食，喫少許薑蜜湯〔一〕即定。仍不得多食〔二〕，能百種不喫最妙。但至誠感神，百無所畏。

〔一〕「湯」字原無，據導引新候要訣增。
〔二〕「食」原作「睡」，據上書改。

凡服氣，縱體中及心胷間〔一〕不好，亦非他事，久久行氣，自可散也。

凡初服氣，小便黃赤，亦勿怪，久久自變色如常。

凡初服氣，不用喫果子，恐腹中不安穩。又恐滓穢，腹中氣難行，且欲空却腹藏，令氣通行。但能忍心久作，自覺精神有異，四體日日漸勝，神清氣爽，不可比量。若久久行氣，眼中自識善惡，視人表，知人裏。能志心學三七日，即內視腸胃分明。如心不忘〔二〕，久行始通，能內視五藏歷歷，使用妙不可言。如能堅固行氣，肌膚不減，亦不銷瘦。若作不如法，或無堅固之志，即似瘦弱也。

凡人身中元氣，常從口鼻中出。今制令不出，使臍下丹田中常滿，即不至飢。若神識清明，求出不得。

凡服氣丹田滿，如悶，即運氣令從四肢及頂上出，第一勿令從口鼻出。若從口鼻出散，雖餐百味飲食，但得虛肌〔三〕，身受諸病，漸入死地。

〔一〕「間」，導引新候要訣作「悶」。
〔二〕「忘」，疑作「志」。
〔三〕「虛肌」，上書作「虛肥」。

凡人飲酒食肉，一時雖勇健，百病易生，瘴癘蠱毒，逢即被傷。能服元氣，久而行之，諸毒不能傷，一切疫病無得染。但恐不能堅持，如能堅持，久而自知其妙。

凡初服氣氣悶，多從下洩悶，須制勿令洩，以意運令散即好。

凡初服氣了，或氣衝上，從口欲出，即湏咽液送令下。咽液勿咽入息，恐外氣入。

凡初學服氣或太多，腸或脹滿，攪轉作聲不安穩，即須數數以意運氣，逐却腸中宿糞即好。必須數數逐却糞令肚空，其氣在内即得安穩。如未逐糞，間〔一〕仍攪轉不安穩，任下泄一兩下寬快。雖下洩失氣，續更咽添之。若洩一下，即咽一下添之，若兩下或至三下、四下，還須計數添之。意者常令丹田氣飽足爲佳。

凡服氣周徧，不須閉氣想，但依平常以意運之。如飢抑捺却自定，渴即任飲水、蜜漿、薜荔飲〔二〕無妨。如有氣衝上，即咽令下，能咽氣咽唾送之令下亦得。凡滿悶，只從心胸間〔三〕衝上耳。

〔一〕「間」，導引新候要訣作「腸間」。

〔二〕「飲」，四部叢刊本作「湯」。

〔三〕「間」下原有「即」字，據四部叢刊本改。

凡服氣宜日服椒三兩服，每一合椒淨治，擇去目及蔕，以酒、水、薜荔飲、菜汁送之令下，益氣及推腸中惡物。此是蒙山四祕。

辨腸轉數法

凡仰咽氣入子腸運入鳩中，覆咽氣運令從熟藏中出。凡人有熟藏、生藏。行之一月日氣始入，盤屈腸中作小聲，遶腸轉鳴如是。凡人盤屈腸轉數多者爲上聖人，十二轉已下，或十轉、九轉、七、五、三、兩轉者，是賤人。腸麤而短，聰而無智。麤屬聰，長屬智，候得腸長爲上。如腸短更細，不是類也。

凡人腸長者氣易固，腸短者氣難固。

凡初服氣，腸中攪轉作聲，即須右脅著牀，以右手揞頭，以左手牽左脚令屈，直身及直右脚，咽氣令咽入右脚中出，腸中即可久行氣。每下作聲，聲遶盤屈處作聲，皆自記得屈數，其聲流轉，幽幽隱隱然，小聲即是流通好也。人腸中又有四緣，又有節次，有二十四次，久行氣，每氣下即覺有節次，次數亦自記得。

凡元氣與外氣不相雜。若咽生氣，須臾即從下泄出去，不得停腸中。

凡腸，賢士大腸十二節，小腸二十四節；上士大腸九節；中士大腸七節。其氣每至節經過，皆自覺至節，須用氣即過。其洗腸多飲漿。

服氣十事

凡服氣總有十事，所謂心爲神氣，肝爲禁氣，肺爲殺氣，脾爲道氣，腎爲元氣，并陽氣、陰氣、和氣、外服氣、内服氣，名爲十事。今時正咽者，只是内服氣一事耳。至如外服氣者，譬如别人在别處患左脚腫痛，禁之，自引外氣運入己左脚中，彼人即自差，所謂遥禁法。以此而論，妙不可解。

凡若運氣得應頭腦中，即頭腦中熱氣上。運氣向脚亦如此。若先運陽氣，即覺脚冷，然後始熱應。何故如此？緣陽氣排陰氣出，所以如此。先運陰氣，亦陽氣先出，脚如火熱，然後始脚冷。他皆倣此。若能運氣入頭中，始免面瘦。已上九條。

服氣軌則，即須得知，已取其精妙，久而自佳。腹中食盡後，並不過三七日，即自得其要。兼食行之事似遲，至於腹中穀氣，四十日始應得盡。亦有更出者，待舍後自看，若有膿血黑物黄物等出，即是穀氣盡也。如斯物未出，即不能令氣徧身，周行體中。歲除日夜，以淨飲食酒、麞、鹿脯等，於無人處鋪設，四拜誦祝，或七徧，二七、三七徧。祝曰：「無你婆帝，無你俱沙謗多寫，無你歸婆僻，毗二切。能持禤婆莎訶。」事訖，喫諸飲食，不盡者致東流水中。

凡運氣，十五日已前，可令氣從頭及手出；十五日已後，從兩脚心出。常用氣時喘息，喘息出時，出盡即閉氣，令氣極，更莫令入，即咽之。有强壯人作即多，有尋常人作即少，大都三四下即得，坐卧不飢。右脇著牀，卧展右脚，縮左脚膝，左手攀右膝頭，可經四五端，攀膝頭用少力。時左脇著地，卧又如前。少時仰卧，手攀兩膝，即以左右手攀膝用少力，餘如前。三事總須高枕作之，治病等用，由此三〔一〕者。如欲逐食令出即作，兼取安穩。氣極者尋常初仰卧，看氣與心脾骨齊即休。取飽即服氣者，别服氣即弱，肚高即脹滿，大都三下兩下。取卧者自料量，看氣出極即閉之，勿取入息，良久即氣攻頭上，得諸處熱〔二〕，度更熱，即得鼻中喘息。從月一日至十五日左畔〔三〕，十六日至月暮右邊用此。得冷時用熱氣，寒不能寒；得熱時用冷氣，熱不能熱。得熱時用熱法，得〔四〕冷時用冷法。依熱法不至

〔一〕「此三」原爲空格，據文義補。
〔二〕「得諸處熱」四字原無，據四部叢刊本增。
〔三〕「左畔」，四部叢刊本作「左邊」。下同。
〔四〕「得」原作「如」，據四部叢刊本改。

熱，即引入息，自然冷出。息始得作熱入，息極作熱不得。此是自法。左畔肝，肝氣青，左邊著青氣。右邊肺，肺氣白，右邊著白氣。氣上即孔合，氣下即孔開，乘開咽氣，自然糞盡。常用氣時，因喘息出盡，即閉氣，令氣熱，更莫令入，即咽之。有强壯即多，大都〔一〕三四下即得。氣出極即閉之，勿取入息。良久即氣攻頭上，即諸處熱，即得鼻中喘息。

又前言服氣喫諸湯藥等，爲初學人氣於三丹田中不住，多有反出，或兩脇脹滿，以此藥散氣。或言初學人力微，服餌助道，或言益氣道也。且初學不可不知，久久總不用爲妙。譬如嬰兒居胎中，湛然不動，服何藥物？有何人言事須服藥者？未悟其深妙，此不可不與商量道耳！但如嬰兒，他皆倣此，莫錯用心，特宜大慎，不然入邪也。方中有祝，後人加之，古本無矣。

王老報書已具，尋來問，非夫至人，豈能致此？甚善！甚善！此可謂元氣通流，不死之道，復何疑哉！夫寒熱之氣者，用氣則得，此事用功，畢要在口訣，非筆所能傳也。五通他智者，但行之不已，三尸自除。三尸既除，五通何遠？可懸解於心也。忌死穢者，黄庭内景

〔一〕「大都」原作「大精」，據上文改。

云：「玄元真一魂魄練〔一〕，至忌死氣諸穢賤。」若能避之大好，如必不可避之，見訖即存心家火氣，從頂而出，徧燒其身訖，即取桃皮四兩，竹葉一斤，以水煑取湯沐浴，此亦可以解穢。初見之時，仍須閉氣。若涉深水能閉氣内息，此已得道氣扶身，魚龍豈能爲害？夫行道之人，入水不避蛟龍，此之謂也！更不假外助。今往往親見狀若鬼神者，夫氣通之後，則心合正真，而鬼神不能藏形，固是常理，復何足怪！但凝心内照，莫取莫説，自然降伏諸魔，得未曾得，豈在一二所論也。

夫神仙法者，與此法了無有異。此法精思静慮，安形定息，呼吸綿綿，神氣自若，百病不生，長存不死，所謂身安道隆度世法也。

神息法

神息法者，觀心遺照，動念即差。當用心之時，氣自無滯；當用氣之時，心亦不生。兩法相須，事同脣齒，何謂不相應！善思念之，勿有疑慮。夫隱景藏形者，當勤修此法，使退

〔一〕「玄元真一魂魄練」，本書卷十二上清黄庭内景經玄元章第二十七「真一」作「上一」，且句下有「一之爲物叵卒見，須得至真始顧眄」二句。

皮煉骨，身合太無，則所遇咸適。雖山河石壁，無有擁遏之者，此必然之理。

右已後口訣，並學有次第。今口訣非初學人法，爲當學人初兼食服，以此屢言食物。且服氣祕妙，切資斷食，使穀氣併絶，知騰陟不遠也。

服氣問答訣法

問云：「或有心腹不好，或痢疾等，於氣如何？」答曰：「但能絶食服氣，其疾不過數日必愈。」

問云：「或有心腹不好，或有病患，或須止痢，或須冷，或須熱，亦擬自問得當否？故不敢隱，今僕實未通，願悉傳授。」答曰：「生藏在脾上，熟藏在脾下近脊。所以覆咽尋聲緣脊，從熟藏中下耳。凡咽氣仰排水，覆排食，食藏在右，水藏在左。凡咽氣久，即自至鳩。僕雖當時咽未至鳩頭，每五更皆須自應鳩，或云皆自應鳩。鳩健一如見敵耳。凡覆想緣脊下，只以意想腹中近脊。尋聲不入熟藏中出，仍令聲從右邊下。」

問：「咽氣滿，下泄不得，禁亦非事，舍後有膿。」答曰：「自腸中先有滯結所爲，不須忍。覺欲出即放令出，肚中即不鳴。」

「所云〔一〕想氣使出頂及四肢，久行之即自覺，只憑想即是。凡咽氣只得丹田氣，拍之彭彭即得，縱心頭未滿亦得。如欲心頭飽滿，只是多取氣，即得如蟲行。」答曰：「久行〔二〕自覺，更無別法。」問曰：「如何得似喫食時一種？」「初學只合如此，久久即共喫食一種。」「所云：運氣偏得從頂及四肢出，有妨礙不？」答曰：「非有妨礙，始令出，任其自出耳！但運徧身即休，不假以意令出，他氣自出，如行人事，氣少即咽，亦不須候時。攻擊病及與人療病，久行氣得通始得，如何初學即有所望？」

內視腸中糞盡訖，閉目內視，即自見腸中糞極難盡，從斷食二十餘日始盡。初斷食三七日，即須別喫一兩頓煑菜，推宿糞令下，如得每頓喫一椀苜蓿、芥、薑、蔓菁、菘、蕪，在綀若苦汁，著少油酥最好，任少著鹽醬汁作味，勿著米麵等。且欲腸中穀氣盡，喫菜可四五日，已後即除却菜喫汁。又數日，然後總須停。每須喫少酒任性。腸中空訖，即喫一頓酒，令吐心胷中痰，極精。

〔一〕「所云」，四部叢刊本作「問云」。

〔二〕「行」字原無，據四部叢刊本增。

姑婆服氣親行要訣問答法此法傳自李液家，言姑婆者，液之姑婆也。

「所云食訖令〔一〕排糞盡，若爲用氣排糞？」答云：「其腸中先來已經盪滌淨訖，不食日久，若遇難事，要須食訖〔二〕，即用氣排之。凡生藏在脾上，熟藏在脾下。可咽氣從生藏排下，過至熟藏，其糞即盡。如不用作糞，即當時排之，其食不變色而出。候食出，可飲一椀薜荔飲，洗滌腸中，常令淨潔，其氣即易流行。」

問：「所云若不須於口鼻出氣即閉之，不限時節，於諸處出息若爲？」答：「其閉氣内息，先〔三〕以略說訖。但得穀氣盡，腸中空，閉氣令氣熱，更莫令外氣入，即得鼻中喘息。餘閉法日久當自悟。」

問：「若爲得隔塞開通？」答：「凡服氣欲得速流通，無隔塞，會須百物不食，即得咽氣入子腸，一月日始入盤腸。其盤腸轉數多者，爲上聖人。十二轉已下，或十轉，或九轉、七

〔一〕「所云」，四部叢刊本作「問云」，「令」疑當作「令」。
〔二〕「訖」，四部叢刊本作「喫」。
〔三〕「先」上原有「洗」字，據四部叢刊本删。

轉、五轉、三兩轉者，是賤人。腸麄而短者，聰而無智。其氣須上即上，須下即下，須左即左，須右即右，若爲〔一〕所云用氣自由。但行之日久，自得通暢，小小口訣，非筆所宣。」

問云：「常眼闇如隔數重紗，自氣入頭入眼極明徹若爲？」答：「其眼漠漠如隔紗者，只爲用氣不堅，致令如此。但能運氣入頭，溜入眼中，從胷前過，注入肝中，即得眼目精明，光色異衆。」問云：「今服内氣與元氣循還身内，無處不通，亦無飢渴，兼自通得内氣，其法不可卒言者何？」答：「凡服氣欲得循環身中，百物不食，腸中滓穢既盡，氣即易行。但能忍心久作，自覺神情有異，四體日勝一日。腸中既淨，即閉目内視，五藏歷歷分明，知其處所訖，即可安存此五藏神，常自衛護。久行氣人眼中別人善惡，視人表，知人裏。但日久行之，亦能驅使此五藏神，以治人病。其内息法，用氣日久即得多，時〔二〕若兼食飲酒漿等，即内息不成。其深奥義之處，不可卒陳。」

問云：「其宿有患處，作意併氣注之，不過三日、五日必愈者何？」答曰〔三〕：「愈病法，

〔一〕「爲」，四部叢刊本作「適」。

〔二〕「多時」二字，四部叢刊本無。

〔三〕「必愈者何？答曰」原作「必愈答其」，據四部叢刊本增改。

腸内及四肢有患處，但用氣法攻其病處，想氣偏攻，其病即散，必請不疑〔一〕。自服氣來，癥痃脚氣皆悉除愈。初攻病時，若痢五色膿，亦勿畏之，病出之候。」

問云：「須肥用氣即肥，須瘦用氣若爲？」答：「若須瘦，即用元氣運令入頭，即甚枯瘁。」

敢問：「冬月單衣不寒若爲？」答：「先運陽氣，即覺兩脚冷極，然後始熱。爲以陽氣排陰氣從脚而出，所以先冷而後熱。陽氣以至，徧體熅熅如春月也。」

敢問：「從八月九月來，鼓聲動即行，冒寒即面項極痒不可忍，以手搔，隨手即隱軫起如風軫，脚及脛亦然〔二〕，何也？」答：「所云秋來患如風軫者，此爲正氣來入皮膚，與穀氣競，又爲元氣弱，排皮肉間風邪未出所致。舊云初服氣時，令服椒粥，今請勿服爲上。其椒粥能動心起，麵亦滓穢。」

敢問：「咽氣不已，盛夏沸子渾身者何？」答：「所云夏日沸子，此爲身中有五穀水漿等津液，所以得生。但空腹服氣，表裏虚疏，此疾如何得有？」

〔一〕「必請不疑」，四部叢刊本作「吾」。
〔二〕「然」字原無，據四部叢刊本增。

敢問：「忽患痢若爲？」答：「其痢元因腸胃内有食而生，絶食日久，何得有痢？若遇難須食，登時逐出，亦不令變色，亦不至痢。如兼食服氣，悞食非宜之物得痢者，則須絶食，以氣排之，其痢即止。」

敢問：「常腰裏氣一道向上，又一道氣向下，從開元十八年二月十一日，從項一道向腦後至脚，從頂一道經面亦至脚，何也？」答：「此是氣欲通徹經脉之候。其經脉甚難通徹，若能通訖，氣即無滯。」

敢問：「語笑哭泣，於氣若何？」答：「喜怒亡魂，卒驚亡魄，哭泣之事，至人不爲。但元氣及丹田氣常足，縱終朝讀經書，亦無疲倦。」

敢問：「今數面腫，何也？」答：「其面腫者，只爲飲食侵肺，痰水上衝，氣壅不行，所以如此。其食中尤忌葫荽、芸薹、韮薤、菠薐、葱、蒜，此物皆木之精，能損脾亂氣，必不可食。」

敢問：「夏月熱氣攻頭，頭裏悶，若爲去得？」答：「此爲丹田氣隔塞不通所致。宜速併氣攻之，令前後經脉開通，即無所疾。」

敢問：「從十月十日至今日，每初夜卧，玉枕連項頸極痒，何也？」答：「此爲風疾所致。但服氣日久，風除，其疾即愈。」

敢問：「閉氣攻病，待十咽小腸烹烹滿，然後始得閉氣攻爲當。總不須咽即閉，如何？」答：「其用氣人常令下丹田氣足，然後始閉氣偏攻病處，亦不須數咽數閉。」

敢問：「盛冬極風雪寒時，鼓聲動須要入朝，若爲咽即能禦得此極寒風雪氣？」答：「但用和氣，運想使周身而行，風雪亦不能爲害。」

敢問：「咽訖小腸烹烹，早晚得弔問，哭泣了便咽得否？」答：「其弔死問疾，憂恚哭泣，道家所忌。必不得已而爲之者，可登時於一淨室處，晏坐安心，用元氣排惡氣出盡，然後依法服元氣使足，即服丹田中氣，氣足即運氣，令入四肢體中。」

敢問：「今年十月行至灞橋北，盪東北寒風，登時眼腫面腫，一宿始可。十一月冬至後，行人事至永崇坊，盪冷即眼痒，以爪甲搔之，當時兩眼皆腫。不知當此若爲禁禦得眼之不腫？」答：「凡服氣人皆居山藪，法即易成，豈有盪風觸寒便致於病？只爲頭面素多風疾，氣排未盡，風在皮膚，所以如此。但正氣流行得入毛髮，舊髮換，新髮生，訖此疾。若眼腫甚者，以氣偏注於肝，肝受正氣即眼目精明，亦無腫痒。」

敢問：「咽十咽五咽，即小腸烹烹，一食久拍之，聲已無矣！若爲得終一夕小腸常烹烹？」答：「其初用氣人令朝暮子午服者，爲氣微弱，不能久固，所以令四時服，欲得氣相續也。但無穀氣，即正氣常存。」

敢問：「固氣不令泄之時，用力固爲當以漸固〔一〕。又用力固即小腸微痛，並若爲治？」答：「凡初用氣甚難固，其氣多從熟藏出，但用想固之，勿令數泄。其小腸微痛者，是用氣時取氣傷多，生風入腹故也。每覺微痛，即泄故氣，以新氣補之即愈也。」

敢問：「從數年以來，常患背痒，今年十一月初，背痒自定，移於兩臀痒，脚及脛亦痒，何也？」答：「此是正氣初入背間排風邪下之候也，排此風邪兩臀令下，出盡病自愈。」

敢問：「從冬至後來，每初夜卧時，氣從頂習習下至脚，夜半後先腰脚暖，此氣漸上至頂，何也？」答：「此是元氣初行，可引此氣周身而行，甚善矣。」

敢問：「有時兩鼻孔裏氣直上頭，而滿面氣行，何也？」答云：「氣直上衝頭者，此是逆行氣之候。凡氣從後向前行爲順，從前向後行爲逆。」

敢問：「初夜仰卧即三五咽，兩手一時熱氣出如煙，須臾渾身連頭面至脚通同一家，熱氣絡繹行，如春月雨晴後瓦上及地上陽氣相似，連臀連曲瞅脚跟皆熱氣行徧，皆從兩脚大拇指甲及兩脚心下出，左手極汗，何也？」答：「此是和氣初行，循環經絡，節氣令度，日久行之，自通玄妙，非紙筆之所陳。」

〔一〕「用力固爲當以漸固」，四部叢刊本作「用力固當以漸」。

敢問：「有時腦連項頸自涼冷，氣行甚覺好，何也？」答曰：「此是正氣行於心肝之間，若覺傷寒鼻塞，眼熱白精不明，可用此氣，登時即愈。此法亦療時行黄病、瘧疾等，極効。」

敢問：「有時口裏暖氣游颺，行即入齒前，透過齒後，經過六七齒三十餘度，皆入齒内外行，何也？」答：「此是氣欲入骨，先有此候。但堅行之，勿懼而不服。」

敢問：「有時玉枕連項頸，暖氣突突出，何也？」答：「此爲丹田中食氣多，拒正氣不得環流所致。但腹中穀盡，即諸法易成，必不慮飢渴、羸弱等患。其法深妙，與人療病、騰陟等雜術，行之日久，作皆必成，諸無疑也。」

王老真人經後批

太上道法，徧滿萬物，但所學者，百不失一。不用功夫，則墜落其身，將父母遺體埋於太陰，骨腐於螻蠬，寧不痛哉！

一法與萬法皆同，不湏看諸方術，徒役使其心。但久用功，自到微妙，是將載於紙筆。只如嬰兒居胎中，豈解尋諸方術邪？前早具述，恐道者猶有錯失，抄諸丹方，故再言也。然在勵身持心，訣至微妙矣！即是胎息之宗原，初學之梯蹬。若有看此法不見祕妙之言，無由得道，故今附此訣於後。必不得容易傳示非道之流，定招殃咎，宜大慎之焉！

雲笈七籤卷之六十三

金丹訣

玄辨元君辨金虎鉛汞造鼎入金祕真肘後方上篇

夫金虎鉛汞者，不出五行。萬物生成，因陽而結，因陰而生。陰者道之基，陽者盈之始。陽不能獨立，陰不可自生。人民萬類，皆稟一氣。判二儀從混沌分後，因兆立基，句屈伸達而生，因造化父母成形還本，各歸其根變化也。陰陽相奪，法象乃立。坎一離二，從陰歸陽。火一水二，從陽歸陰。水二火一，前者象，後者質，如身内修道之真源。重玄義幽，闡契真理，雙喻鉛汞二陰，水之二也。火性炎上，寄方自守，火之一也。在天地之間，配象五行。在人身田中，心爲火藏，在肺下，其數一；腎爲水藏，雙居命門，其數二。足明火一水二，爲道之祖。悟者修行，神仙不難。玄珠優遊於赤水中，脉結成胎。還丹亦生於玄一，因陽發騰爲流珠。足明三五與一，天地之至精，變化須臾。且如内修得一者，陰丹氣也，氣能存生。外修得一者陽丹，丹成服餌，功能内固性命，外化五金。乃知修行不二，至藥無雙，天人合道，理契自然。非陰不生，非陽不成，還丹交媾，不出於水火金木土，猶即符應候，丹自成矣。丹基在一，但辨得真鉛真汞二物，真陰真陽大道也。故託易象，藥不須斤，立三百八十四銖。象月兩弦，上下對望。二八十六，故立一十六兩，剩少即不合爻象節符用事也。坎離爲藥，天地爲爐，乾坤震巽爲運卦生成。但以符結陰氣變爲白馬牙，陽氣變爲金砂。「金砂入五内，霧散如風雨」。雖無外一施，妙用無極，此皆長生出世之方，還丹之至道。元君三景真人每至元日，會議得道之子，有分者感天曹赤帝君勑以金簡朱書，乃示此訣。若内行不真，心生猶豫，口是心非，終無得理。學者但行不二之心，道師必當自至，以戒後來者也。

旨教五行内用訣

訣曰：辨藥并火候法象，上清真經諸仙籍祕録纂要及歌中，但遇五行，不出數内，水一、火二、木三、金四、土五。土無正位，遊於四季。五行生〔一〕土，土生金，金生水，水生木，木生火。甲之精結媾萬物成形，生死歸於后土。土主黄，金主白，但看雞子内黄外白，

〔一〕「生」原作「生於」，據四部叢刊本删。下同。

二氣相感，分判自然，豈假外物爲情而反也。

一、北方、黑、子、水，金之寄位，五行之始，道之基。黑鉛，朱砂中自生者牙也，日月照曜時足，在砂中性白伏火，名曰天生鉛也。

二、南方、赤、午，火〔一〕之正數，火寄位朱丹。丹者，南方之異名。朱砂，鉛之父母仰月也。

三、東方、青、卯、木，道之本宗，陰陽父母，萬物各禀一氣，皆同此祖。所資負陰抱陽，甲之精曰火之本父母，日魂也。

四、西方、白、酉、金，神水之寄位。轉北成西，卯酉相望，金木相剋，水火交運，以成大道。陰之精，月魄也。

五、中央、黄、戊己、土，華池之寄位。黄能制水，不流自死，土是還丹父母也。生死在於父母，父者火，母者土，制伏萬物不起，各依本父母，故曰金鼎土釜。故云三五與一，不差也。

訣曰：日者，積陽之精，其數有九，在天成象，在地成形，含和萬物，布氣生靈。日之烏

〔一〕「火」下疑脱「木」字連下，蓋按上下文例當以「南方赤午火」爲句，又下文有「二者火基木也，符在内」。

黑也，色黑象北方壬癸水，名曰陽中陰精，陽含陰也。是以離支，丙丁火宫，得九之名，結氣朱英，鍊之固形。三五與一，龍虎來迎。古之仙者，鍊日之精，身歸純陽，飛遊太清。且水銀水類，而含陽性，外陽而内陰，陽象黄，陰象白，是知外赤裏白，故水銀生於朱砂中，是汞産於鉛也。此明陽中有陰，不孤陰寡陽也。

訣曰：月者，積陰之精，而成坎位，其數守一，陰陽含牙，魂魄相應陰陽也，如日月之有蟾烏，陰陽兩氣雙白色，象西方庚辛金，名曰陰中陽精，陰含陽也。是以坎支壬癸水宫，得一之名，氣結玄英，諭人皆因父母傳氣而成形，遞相含育，自然之道。藥物象月，從陽而受，陰胎而含陽精，外陰而内陽。陰象白，陽象黄，故外白裏黄，是以白金生於河車。河車者火，赤色之名，朱砂也，故名砂産於金。此明陰中有陽，不孤陰寡陽也。

訣曰：朱鉛二物，入爐合銷，爍取其精，添入丹魂之中，用立乾，其聖如神，故得稱姹女者鉛也，砂者白金也，金基黄輕黄轝也。

訣曰：一者丹基水也，鉛在内。二者火基木也，符在内。五者土基母也，金在内。修丹不悟真一之理，互説金石爲藥，又不得節符火候，還丹因何而立乎？

訣曰：大丹並非金銀銅鐵鉛錫曾青雄黄五礬諸雜金石等，蓋各有毒，備諳制伏君臣可治疾，並無延駐之功。

訣曰：朱砂得傍門制伏，治世疾駐顏，無長生之分，何也？緣不得本父母及爻象，失其元氣故也。

訣曰：汞者水精之名，受含符信曰汞，飛起爲流珠。故云「丹砂流汞父，戊己黄金母」也。

訣曰：凝流珠爲白金，此明白金從一中成形貌也。金水道并使，以金爲黑鉛。陰中陽生，反老爲少陰之精，物極即反，已老却少，遂之長生。故水銀生於北方，來居火位，相交以成大丹。

訣曰：上聖隱祕，愚昧自迷。設用凡鉛黑金汞銀爲河車，雄黄爲土，金銀爲母，並非至藥之源。凡鉛者，銅鐵草並有鉛及有鑛鉛，並凡鉛也。真鉛者，子母鉛也。有銀者，是鉛爲大丹神，水金之母也，子母相得其情也。

訣曰：金爲月精，以處陽位。汞含離氣，以應六爻〔一〕。天地之靈，孕日月之精，否極泰來，陰盡陽生，皆順天道而爲也。

訣曰：從月一日受符，六氣從性成情；十六至三十，六氣從情成性，象偃月魄月出没

〔一〕「六爻」，通幽訣作「陽爻」。

之象。

訣曰：金爲父，木爲母，震爲長男，兑爲少女。白者歸一之名，金者得位之稱，黑者性含水色，鉛者同金之類，黄者象土，牙者主生，子者九轉之運名，河者水之基，車者符育之功。

訣曰：世人不悟，朱砂者鉛之母，符者丹之父，生死歸於后土。黄能制水不流，自生自死，生亦依於土，死亦依於土。土者，火之母也。

訣曰：朱砂是鉛之祖，還丹之基，鉛生於朱砂。故云：汞生於鉛，砂産於金。悟者萬無一焉。

訣曰：朱砂陰汞，天符運育日月滿足自生出曰陽汞，此是陽爲君，陰爲臣，二汞本一物無二。

訣曰：寶丹本乎一物而生，自無外入。譬如蚌吸月華之氣爲珠在腹，豈有異類而成？

訣曰：太丹有三品：上者汞，中者丹，下者砂。悟者歸一無二。金虎含陰，位屬西方，真氣内藏，寄生太陰玄鉛而爲至精，名曰龍虎。卯酉相剋，子午相望，此是天地陰陽輪軸轉運造化也。

訣曰：九轉二百七十日，每月换鼎，至九鼎换之便妙，不换亦得。受符金性低昂，十五金性全滅，三十日道窮乃歸，子坤元受符，三物同没於土。陽符上騰，至于宗廟即下降，巽生受符。乾坤震巽，蟠虬上下，五行藏伏，陰陽爕理，往來天道之用，周而復始。

造金鼎銘

后土金鼎，生死長七。神室明三，圓五陰一。混沌徘徊，天地五里。陽陽兩頭，狀如鷄子。形具莫差，黄白在裏。厚薄均匀，六一固濟。好守午門，參同自契。

訣曰：一者五行之始，月之陰魄，位居坎中，藥生於陰暗之處。時人不知金公之理，金者太白之名，公者物中之尊，呼之曰鉛。

訣曰：金入中宫，太一大庚成，赤烏守黄烏，蒼龍伏籍，白虎制取，本類相聚，故曰參同。

訣曰：黑鉛入仰月，配合爲夫妻，陽魂合陰魄，兩情自和同。世人不悟，正五金八石是陰之總數，配合運動爲丹者。八石者八卦，五金者五行火候也。

訣曰：不容之木是甲之父母，所以受制於金。金孕水安，水必存金。木孕火制，火必假木。

訣曰：鉛水者，砂中自生之液，主陽；汞水者，砂中抽出之液，主陰，是鉛水制汞水。

訣曰：鉛水者，符也[一]；汞火者，砂中抽出之液，故云鉛火制汞火。水合其性，火合其形，二物在鼎中被真符制之，遂不飛走。然氣相臨，吞蝕變化，得稱大還。

訣曰：丹砂木精，得金乃并。參銖不偏，至聖至靈。世人不悟，見金視之如土。藥歌曰[二]：太玄陰符，道生陰陽，陰陽生五行，合爲還丹，故名龍虎。龍者陽氣，木也；虎者陰氣，金也。

訣曰：受持二木[三]漸順，汞雖得伏，未是大丹。且要服食，可治世疾延壽。守至九轉，蒼狼黄色。守三年，太元之氣足，色歸北方黑色。服之一刀圭金粟之小分，長生住世，刀圭可制汞一斤成白道。守五年，服食可三銖長生，一銖可點鐵、水銀各一斤成赤道。守九年畢法，服食可二銖長生住世，點水銀及五色瓦爍各一斤用藥一銖，各隨本色成寶。

訣曰：太丹守運三年氣足，以木蜜[四]爲丸麻子大，依分兩服食，奉藥跪坐面東向，念

〔一〕「鉛水者符也」，通幽訣云「鉛火者是自生之金」，下文云「鉛火制汞火」，「鉛水」疑當作「鉛火」。

〔二〕「藥歌曰」原作「藥曰」，據上書增。

〔三〕「受持二木」，還丹肘後訣卷上作「震巽二木」。

〔四〕「蜜」原作「密」，據四部叢刊本改。

天真餌之。其丹九粒，繫之臂後，出入往來，奏表上書，登壇拜謁，人皆欽重。或有悖惡逆黨生意，向人自散。或入山林，居迥野，猛獸毒蟲，山林物魅，摧心伏藏，不敢爲害。至於交戰鬬敵，周廻侍衛五百人，不遭弓矢鋒刃損傷。所在之處，土地靈祇，悉皆侍衛。古今法造神鏡及凡銅鐵鏡，用藥一粒磨之，自然通靈。若用一粒書符，作法口解，召集五嶽天仙龍神，萬靈立至，驅策自由。世人有疾，書一字吞之立愈。死七日未壞者，内二丸兩鼻中，返魂却活。七日外不得已死者，内一丸口中，埋之不腐，禽獸並同。藥守九年，取四銖和黄土一斤水煮，三日成黄金。用之不道，殃罰七祖，身爲下鬼。天道祕密，容易輕洩，見世必招仙官譴謫，種種不稱意。神理同煞，順慎無咎。

正隱甲法象天符用火并合金造鼎肘後方下篇

經曰：甲者木，火之祖，其數三，成數九，正位生於東方青，寄位丙丁，萬物之師，火之父母，日之精魂，陽之始祖，照曜成形名曰魂。日者，在天爲直符，能發泄萬物；在地爲地符，爨熟萬物。陽氣分判，故稱木精。青腰使者，陰陽二性。契證參同，金砂火并。三五與一，還丹自靈。三者木，陽精之父母，陰汞陽汞，並是陽精照曜結媾生成，强名金砂，天地之至精也。丹者陽之陰汞，陽反爲臣二也，朱砂是謂之火鉛。五者土，主母，陰中陽精，陰之陽汞，陰反爲君一也，黑鉛是謂之水基。九銖陽魂〔一〕，謂之真水，喻居離位陽中陰；三鍊陰魄，謂之黄銀，喻居坎位陰中陽，故號水銀。水火相交，混沌自并，剋復歸一，成形無外物，故云陰火自會。其符理由人消息，即合天道聖意上品。

金丹第一訣曰：火鉛制火火自滅，陰陽進退數七八，受氣分離在半月，三十道窮起復處，養育通靈九箇月。

又曰：陰陽二汞同一形，先後配合自有情，用金反應爲神水，華池得母由木精。直符交運依爻象，悟者得之丹自靈。化寶服食長生路，天地反還三一并。

行符合天符法象

訣曰：夫修金丹，合符法象，大演易道。行符初候，喻起建子，月陽爻動，喻生坎位。初九潛龍勿用，陽氣混沌分判。冬至後一陽衝，過甲子爲上元，從子時起始爲一陽生。見龍在田爻動，驚蟄受陽用事，謂之一陽生。遇甲爲火之父母，故法喻用火，便象十一月受陽。故從子起，陽生於陰暗之中壬癸宫。符至建午月，陽中陰生，符喻同陽全也。

〔一〕「九銖陽魂」，比勘下文「三鍊陰魄」，「銖」疑當作「鍊」。

經曰：起計行符，子喻斤兩，爻動初陰，太陽火陰，奇陽符共信。四五銘而兩合。

經曰：日月玄象，五行起伏，始數爲一陽生，象天地發揮傍通情也，驚蟄萌兆並行。

經曰：但取春分晝夜停用符，陽爻漸生至大壯，法喻從一至十五，象春夏火木用事，從文入武。十六日取秋分晝夜停，陰爻漸生至陰盛月盡，法喻秋冬金水用事，從武入文。並喻合更漏一百刻，故應天之玄象，藏伏没在晦閏，合朓朒〔一〕之數也。即天道日月行度無差。

經曰：符從子起，亦非火之父母。子者，陰中一爻之始。子喻斤兩，造化軸轄之總數，是陰陽起伏法，喻行符合刻漏分氣，用符合斤兩喻也。符動生於辰巳，至二周半，午首分氣，終於戌亥，非子之正位。

經曰：還丹行符法象，秖喻天符陰符行度易道合更漏，五行四時運轉無差，二十八宿斗杓諸星位，並所主休咎吉凶之兆。修丹法象正用，不在數用之限。行符定用法本火在下，古法行符象喻也。

經曰：陰長生翻符在上，象冬至夏至、陽陰上下。故上用符守鼎，審依爻象，進退斤兩。然用陰谷子依灰覆藉茗燼爲依尤佳。但消息皆陽向陰伏藏，通如土蜂穴，勿令氣泄。

〔一〕「朓朒」原作「朓腓」，據蔣力生等校注本引四庫本改。

經曰：從一至第七日半，便象一季，以次遇子即加。子生坎位，故明陰内一陽生。法象故從子起漸加爻，至立夏夏至，象火王，母相背，十五十六計符，共當六十符。望前爲陽，望後爲陰。陰生從十七合十四，漸退至立冬冬至，五行數盡，終三十實數。共計合符日用，都依六爻上下生成終始數。正用符日計，都合五行天符，六候足，爲陰符陽符各守界受氣之總數。

經曰：起伏法象，陽符陰符，藥物並不得逾斤，故合大演一周，周而復始，乾坤大理，運軸大數。又合乾策二百一十六，坤策百四十四，總喻合天符行度之數，即火符自然。初候兩日半一氣，三十時二周半，至午〔一〕分氣，符歷十二支五周，計六十時，行符五日一候足，當用五爻十符。第二候兩日半一氣，三十時二周半，至午分氣，還歷五周計六十時，行符至十日兩候足，當用十爻二十符。第三候兩日半一氣，三十時二周半，至午分氣，還歷五周計六十時，行符至十五日三候足，當用十五爻三十符。

經曰：十五日前爲白月，陽符火木用事；後十五日爲黑月，陰符金水用事。退符漸計，合還九起。爻動始數應陽，奇陰偶合，六四銘同，兩用二符。初爻爲定，遇子則加，逢陰

〔一〕「午」原作「五」，據四部叢刊本改。

即退，周而復始。法象天符建子，發泄陽動之始。混沌欲分，潛龍未見，須遇甲爲陽之父母，分氣屬陽道上元，始陽動行符，震復用事，便象初九，併用氣候，以喻孟春。每行符巡歷十二辰二周半〔一〕終巳，三十時二日半；起午分氣，又二周半終亥，計六十時，以象仲春，二九象法，坤兑氣交，初候五日。第二候陰陽起伏，天地初交，法喻季春，屬上九事。後遇分氣計爻，符用翻譯，但從子至巳、午、亥，畢還復起。第三候至初九，分氣屬陰道上元，陰生退符，巽遘用事，便象孟秋，漸退候歸三十。五行數已盡起伏，志在用火，失在抽添，即氣候錯令。若依玄象無虧，神靈自契，一象不足，與瓦礫無殊。進退明守期候，還丹自成。夫修至藥，須用真鉛汞，子母混沌自相扶，炋爍應氣候，金水相并，歸戊己交合。象嬰兒受氣於母，母隱子胎，子藏於金中含孕，自然金精石液相反，一飛一伏，陽推陰證，像鷄子黄，精在母而隱伏，外白裏黄，河車運轉，須臾脱胎。象萌芽伸屈，萬類各稟一氣而受形。然未有功能變化，神足作用，故立養育，感動大丹，明喻須〔二〕用法象，方合聖意。託易道，五金八石，六爻生成，乾坤互用，運轉正氣，定五周，分午首，終亥起子，進退加爻，藏伏時節，乃合

〔一〕「二周半」原無「二」字，據上下文意增。
〔二〕「須」原作「故」，據四部叢刊本改。

天道，參同自然，須依更漏用火，即合符不差。但依晝夜停用符，每十二辰，遇子即加〔一〕，行符一月，便象四時。或九月，或三年，或守畢法，九祀而終，喻大演九周，太一君臣人民合局之數，丹自靈矣。能内固性命，外化五金，轉弄顏色，服食多少，及變世寶，説在辨藥龍虎肘後方。

〔一〕「加」原作「如」，據四部叢刊本改。

雲笈七籤卷之六十四

金丹訣

金華玉女説丹經

太極元真帝君自洞庭陟王屋，登天壇，周覽以極。天老相，風后侍，方明、力牧、常戒先〔一〕、昌宇從。時六玄宮主悉以天衆會於雲臺觀，龍軒鶴騎，仙仗森列，駐于空界。時帝命天老乘龍蹻詣六玄女修敬，帝者，即軒轅黄帝也，證位曰太極元真君矣。天老爲丞相，故勑之往六宮問説起居六玄女也。六宮主亦各遣仙女乘鶴蹻詣帝君修敬。事畢，甲寅宫主太玄金華玉女登堂不起，仙座浮遊至于帝前，白帝君言：「仙尊，我於天界諸天之中，遍禮天王，仙真道衆，咸仰聖德。玉皇寶籙，三洞祕文，大道真經，普明法要。帝君當知，天策降靈，位爲仙王，子同本師，是慶嘉福。」

〔一〕「常戒先」，史記五帝本紀作「常先」。

元真曰：「予暗昧至言，不知以何法事而同本師？」玄女曰：「中黄元君是吾本師，太陽元精是吾本服，即今太清宫左瓊室神丹也，是名天地元寶護生丹。是以天帝命我，策居寅宫，號曰金華，以旌法域。」

元真曰：「予當受玉皇寶籙太陽元精經。然知其靈化至明，是真神道，而終未達其性，太陽元精以何因緣至太一君易名龍虎？」玄女曰：「以吾法位，足辯道源。龍，木德也；虎，金精也。丹砂生木，鉛華出金，金華之德，帝知之矣！子何言哉？」

元真曰：「太陽元精，爲水銀耶？爲鉛華耶？二物合成爲元精耶？」玄女曰：「非也。我昔於紫微上宫見太上説，太陽元精，左正之靈，與道合并，化元之英。涉於水以黑，見於火而明。託體水銀之胎，而非水銀之形。五行相生，太陽元炁遂伏爲精。何者？土生金，金生水，水生木，木生火，火生土。土之精生石，石之陰精爲玉，石之陽精爲金。金經云：一石之中分陰陽爲金玉，故謂一陰一陽之道。金之精生靈液，靈液之精生水銀，水銀之精生丹砂，丹砂之精生陽光，陽光之精生元炁，元炁之精生神明，神明爲真靈，真道其成矣！」

元真曰：「何謂陽光？」玄女曰：「丹砂之精也。夫靈液猶金之血也，水銀猶金之髓也，丹砂猶金之神也，太陽元精猶金之父也。故陽光是丹砂之精，居金火之位，而生元炁，元炁是金之子也。」

元真曰：「何謂生丹砂？丹砂爲木精。何謂爲元炁？予未知之。」玄女曰：「其體於運數然也。支乘其干，納音相會，以從五行，分成陰陽者也。夫金爲酉，酉配金，金嫁火，逐猪而入鼠穴以生水也。故汞色帶酉而白，體爲子而液。子配水，水乘牛，隨虎以入兔穴而生木也。故鉛生帶子而黑，體爲卯而凝。卯配木爲龍而稱父，酉配金爲虎而稱母。夫火能固物而存元炁，故服元炁者，炁質永固，神合元和，以通靈也。」

元真曰：「元精至矣，通靈上藥止於是耶？尚在妙用乎？」玄女曰：「有之。昔吾與天衆朝會太一神君，聞无上大道，演度天人，宣説法要。其一名金液，其二名九轉神丹，以授衆真，普救世苦。」

元真曰：「其理云何？」玄女曰：「以筒左味，液金成水，流注五藏，堅滑四支，調補百神，潤澤六腑，變易毛骨，延久生形，其力神速。」

元真曰：「金液然矣，九轉丹其術云何？」玄女曰：「烹鉛爲砂，化砂爲餅，化資五液[一]，實爲通汁也。以餅歸鑪，收鉛爲砂，砂而復餅，終始數九。九、陽也，九九相乘，化之爲砂。其不爾者，粉白可用，是爲九轉矣。」

[一]「五液」原作「丑液」，據四部叢刊本改。

元真曰:「既九轉矣,復云何哉?」玄女曰:「以左味化硇,以稠爲度,以調蚌粉,狀如塊泥。圓餅塊泥,以隨器量中安經。以餅覆結,是爲内蓋。結而不結,難爲制也。既内蓋已,以泥實之。實必築固,勿盈器外。上又加蓋,蓋又加固。固既周際,陞於爐焉。文候以月,武候以日。日月畢,開際候鼎底紅,日月相乘,赤黑乃已〔一〕。」

元真曰:「法既度矣,復云何哉?」玄女曰:「粉三銖一,二兩兩七,以兩化斤,沸如亂星,星滅事畢,刀圭奔日。」

元真曰:「善哉!吾道匡矣!」

金華復位,未幾,而六宫宫主及衆真飛仙,冉冉悠悠,退杳隱冥,遍虚空界。奕奕暉暉,黄光曜明於震宫之中,有赤輪炁中太一神君現於明輪之間,雲軒羽蓋,滿其光界,山川赫日,黯無晶光。是時太微真人朝拜於齋壇之下,方明、力牧、天老、風后等同時讚禮。俄而靈炁霏微,於其光中,晻曖徘徊,遨翔繚繞,太一神君與無鞅仙衆深隱玄中,帝君臣衆并六宫御女山林道衆數千萬人,咸生无上道心,得不退志。

〔一〕「赤黑乃已」原重,據四部叢刊本删。

玄解録〔一〕

余少抱甚疾〔二〕，專意修養，至於金石服餌，亦甞〔三〕勤求。竊見時之好事者，不顧貨財，大修鑪鼎。謂河車立成，可變土石；謂金砂立化，可壯筋骨。然而往往有爲藥所誤，醫救莫及，何哉？豈根源不正歟？師法不明歟？致終始不相副，如此之甚也。余因覽道書，偶見九霄君告劉泓〔四〕丹藥要訣，乃喻俗徒都未窺至道之毫末，而妄自誇衒，誑誘時人。凡所施爲，無非自伐之捷逕，能無悲乎！真仙之言，定不誣矣。余久懷滯惑，方困於是。今故抉其要語，書之座隅，目之曰玄解録。冀觀覽之時，疑撓盡釋，雖未達金液守身之術，當必免毒丹傷命之虞，亦天年之幸也。如有同我斯志者，固願攻其未悟耳。大中九年乙亥歲五月十七日甲子纂。

〔一〕「玄解録」，道藏本收録作「懸解録」，又收録作「鴈門公妙解録」。

〔二〕「抱甚疾」，懸解録作「甚抱疾」，鴈門公妙解録作「抱其疾」。

〔三〕「甞」原作「當」，據懸解録改。

〔四〕「九霄君告劉泓」原作「九霄劉泓」，據上書及鴈門公妙解録增。

辨金石藥并去毒訣

漢安帝時，有劉泓者，久學至道，棄官入山。後至延光元年十一月，九霄君來降，爲憫道士不知燒丹之正道，乃指陳至藥之根源，分別雜丹之門户，并解金石毒守仙丸方，傳付於泓，疏之如後。

九霄君謂劉泓曰：「夫學鍊金液還丹，并服丹砂硫黄并諸乳石等藥，世人苦求得之，將爲便成至藥，不得深淺，竟學服餌，皆覓長生不死者也。並不悟金丹并諸石藥各有本性，懷大毒在其中，道士服之，從羲軒已來，萬不存一，未有不死者。」劉泓再拜稽首，問曰：「何也？」九霄君曰：「世人所造金丹，服餌皆求長生，愚者即竭〔一〕力以資俗事，又欲將至藥求點化金銀，榮其行户，以養僕妾。但一起心，即是必死之兆，至藥亦無因而見也。准教藥無雙能，功〔二〕無二用。又不知藥有至毒，造丹成後，世人只知餘甘制河車，磁石引針，硫黄乾水銀，將謂制金丹了便無毒矣。假如先賢鍊秋石，以地霜結爲石，能引生汞，亦能制金石

〔一〕「竭」原作「劫」，據懸解録改。

〔二〕「功」原作「公」，據上書改。

毒，亦能壯金石毒。如有服者，中路毒發，不可禁止，必見死矣。縱不死，亦卒患惡瘡，此爲先兆也。秋石云解毒，且見朱砂及粉霜毒并硫黄等被秋石制伏，豈能解毒矣！先聖遺教，世人難知焉。知之者真仙也，不知者凡人也。」

泓問曰：「變化銅鐵之藥，並不堪服，何也？」君曰：「緣點化藥，法多用諸礬石消硇之類，共結成毒〔一〕。雖能乾制水銀及化銅鐵，其用火時候，亦與至藥不同。緣毒成結在其中，縱令千銷萬化，毒終不出。亦如人有毒心，毒在心内，必不從外入。亦如木中有火，火元在内。其點化之道，本亦在内，各受其性，色目法作不同，烝遞相生，各懷毒性。雄雌消硇，雜類相助。其火候不依〔二〕天時地理之法，或近或遠者，蓋不禀天道而成，則知古往仙人不服此藥明矣。緣有大毒，造化之力不足故也。」

泓又問曰：「點化之藥，爲有雜石衆毒，固不堪服。常聞换頭紫粉、七返丹砂，更無礬硇所雜，可以服否？」君曰：「此二藥，世人千百中無一人解作。縱能爲之，亦不堪服，何也？且换頭紫粉是仙人所合之粉，以爲宫室之用，緣有硫黄在其中，水銀入硫黄含大毒，豈

〔一〕「毒」，懸解録作「毒藥」。
〔二〕「依」原作「展」，據上書改。

可服哉？又七返丹砂雖煥令伏火，本無四象五行，筋骨血肉，陰陽炁不全，如服之，令人五藏血乾。凡人血少即病，血盡則死矣。」

泓曰：「世人修服丹砂，顆塊不破，顔色如故，大火燒之不動者，服如何？」君曰：「凡朱砂凝結之初，皆於砂石中成質。縱是光明者，飛之每斤只得十二兩水銀，其四兩即是山澤滓滯之物。其滓懷大毒，道士若不〔一〕解出滓，便相和服之，服者則澁人炁脉，乾人血液，豈得有益乎？況從古已來，道士未經至仙之教，皆謂伏火丹砂是死水銀，妄言金砂入五内有不死之兆，甚錯矣！世人豈不知，從前服者未有不死之人。唯硫黄獨體，不入他藥，猶能去人積冷，但不可多服。緣是純陽，炁不全耳。其他小術，固所不論。」

泓問曰：「何藥則堪服，可以延駐？」君曰：「我仙人所錬至藥，例皆日魂月魄，四炁爲象，日魂不離日裏，月魄不離月中。假如至藥，亦不離從木而生，何也？木帶青，以象水銀，内含其火。火爲陽，以象朱砂，朱砂屬離。離，南方火之位，火爲朱砂，亦同木中有火矣。配木火入中宮之土，土能剋水，火能生土，而乃道成。如人初生嬰孩，及長大還爲人父母，遞換相承，本處其一。至藥根本，亦不處二。道之無根，以心爲根。道之無用，以四時受炁

〔一〕「不」字原無，據懸解録增。

發生，各得其所爲用。道因炁而生，因炁而死。至藥服之不死者，蓋爲不參雜諸味無毒，銷成汁爲器，或方或圓，並能赫然通徹，晝夜光明，然始堪服。去人昏沉，定人神思，除邪魅，耐寒暑，皮膚潤澤，髭鬢不白，返老成少，千日可驗，故服之不死。」

泓又問曰：「至藥有幾般？」君曰：「真正之門有三焉：一曰神符，上仙上丹；二曰白雪，中仙上丹；三曰九轉，下仙上丹。其三般丹出一門而異名，各有三一禁法，不可輕傳於人。何謂不可輕傳？假如神符，若無太一宫天一宫成者，即名白液，終不成器。緣以天一宫名，其三一不可傳。白雪若不堅，不成冰，不入調青，不受青炁，亦共粉霜毒無別。亦如日無烏而不明，月無桂而無魄相似。緣引〔一〕凝成堅冰，調〔二〕青如磁石引針，其三一不可傳也。九轉曾青，白雪成結，即入紫宫，用緣以凝四炁，納萬象而成質，其三一不可傳也。夫至藥若不受四炁混沌，豈得號曰龍虎之丹？所以我仙人，天地之玄化，同日月之光，如神符、白雪修鍊功畢，始有上昇之路。九轉即返老成少，顔如處子，壽同南山矣。其三一之訣不許輕傳，豈不宜哉！」

〔一〕「引」，懸解録作「以」。
〔二〕「調」字原無，據上書增。

劉泓曰：「三一之旨，玄矣祕矣！未知何人即可傳授？」君曰：「如吾者即可傳授。夫三一者，造化之機關也。非獨至藥有之，凡人身中亦皆自備。人若能修身中三一者，即子母不相離，神炁自相守，怡怡和煦，光照明白。子不見至陽之月，當晝之景乎！風雲不去，纖羅不動，碧空澄徹，豈有障翳哉！人亦有之，若能常調三一，不慮不生〔一〕，與碧空之炁相合，內外光明，虛無同體者，亦可昇騰矣。世人或有竊聞此道者，云是服炁，乃鼻吸口吐，鼓腮強咽，立可致其殞斃。亦猶藥中錯服毒丹，不可救矣！所以身中三一，與至藥三一不殊，其身中三一亦不可輕傳也。」

泓又問曰：「如有人先服丹砂及乳石、硫黃、紫粉毒發者，如何救解之？」君曰：「已服死者，不可言也。如有後服者，只可救之，遞須相勸道士急〔二〕造守仙丸救之，可存性命。假如換頭紫粉，緣不入凝白雪爲骨，骨爲陽，及無調青入者，即名大毒紫粉。人服不看多少遠近，如喫雜物觸犯，不問日月遲晚，如發不在醫療例〔三〕。不出三日五日，無藥可救。如

〔一〕「不慮不生」，懸解録作「萬慮不生者」。

〔二〕「急」原作「志」，據上書改。

〔三〕「例」，上書作「限例」。

硫黄、紫粉、伏火丹砂及諸乳石若發，服守仙丸猶可救之，十有二三命在。若曾服諸石藥，雖未發，能防備者，服守仙丸尤妙。」

泓又問曰：「三大丹既延駐人命無毒，知未畢功，可以服否？」君曰：「神符、白雪、九轉未經太一宫者，四象未全不可服。如有人誤服者，忽覺發動不安，但急服伏龍肝汁并甘草湯、生菉豆汁乃立定，少見命終。何也？緣此三藥並無雜類相撓，只空火毒，乃不至死。除三般，其餘丹砂之流雜物，一朝一夕強餐服之，如或發動，命即危矣。」

劉泓曰：「守仙丸丹可得聞乎？」君曰：「守仙五子丸，此法仙家所祕，然令擇有道之士授之，以護其性命。今故一一教示，并粗舉三丹大略，爾宜熟思流傳，以救未悟者，無忘吾言，吾將往矣。」

泓乃雨淚，稽顙再拜。九霄君舉手別，入雲天不見矣。劉泓乃於山中，刻石書記。後有道士見之録出，遂傳於世。至唐開元中，通玄先生張果進上此方，玄宗大喜，祕於禁中。通玄兼述三丹之功極備，但無修丹之法，今不書去繁也。

守仙五子丸方

餘甘子　覆盆子　菟絲子　五味子　車前子

右已上五子各五大兩，別擣如粉麪，取二月三月枸杞嫩莖葉，擣取汁二大升，拌藥末令乾盡訖。後七八月採蓮子草，取汁一大升，亦拌藥末令乾。又取杏仁一大升，取好酒研取汁五大升，於銀器中煎，令杏仁無苦味。然後下生地黄汁半大升，真酥五兩，鹿角膠五大兩炙擣末，都入前汁中略煎過。又下五子末，一時以柳篦急攪，看乾濕得所，衆手丸之如梧桐子。每日酒下三十丸，如要加減，以意斟之。忌猪肉、蒜、芥、蘿蔔等。服之百日，先服金石藥毒並盡，亦益金丹之炁，通流於五藏，潤澤血肉，萬毒悉除，髭鬢如漆，返老成少。皆因制其陰陽炁，兩性彼此相備矣。祕之！通玄先生制五子守仙丸歌，以讚其妙。歌曰：「返老成少是還丹，不得守仙亦大難。愁〔一〕見鬢斑令却黑，一日但服三十丸。松竹本自無餤故〔二〕，金液因從火制乾。五子可定千秋旨，百歲如同一萬年。」

陰真人論三品大丹之靈効，亦云五味守仙之草藥，尚能守生相助，如不得上昇，且爲地仙，永不死矣！爲其制一切丹砂及解諸石毒，永不發動，又益靈丹之功，盛行於榮衛也，決定無疑矣。陰君之意，言五子草藥尚能令人不死，即神丹之功可知矣。今以傍有助於守仙丸，故附之于後。

〔一〕「愁」，懸解録作「要」。

〔二〕「餤故」，上書作「艷色」。

王屋真人口授陰丹祕訣靈篇

夫陽丹可以上昇，陰丹可以駐壽。陽丹者，還丹也；陰丹者，還精之術也。黄帝問道於廣成子，曰：「無勞爾形，無摇爾精，守此之道，可以長生。」此之謂也。混元皇帝道德經云：「深根固蔕，長生久視之道」也。河上公注云：「人以精爲根，以炁爲蔕。」亦此之謂也。又曰：「虚其心，實其腹，弱其志，強其骨。」強骨之道，亦此之謂也。黄庭經云：「日月之華救老殘。」陰陽相合，故謂日月之華，亦此之謂也。黄庭經云：「耽養靈柯不復枯，閉絶〔一〕命門保玉都。」命門，即精室之下是也；玉都，即五藏是也。無欲即四肢無病，根葉俱茂，方可長生。又天之爲道，蓋付人愚智之性，不付短長之命。夫愚智之性者，猶木實甘酸也。至如潤沃則榮，乾涸則顇，榮則長活，顇則速顛，人之夭壽，亦猶此也。故道者相傳，皆曰：「我命在我，不在乎天。」亦此之謂也。又炁序遷轉，每歲一春。至於陰丹，田有暄煦，故得容顔悦澤，耳目聰明，心既泰然，不壽何待？又道門有庚申守三尸之法，此即不然，使三尸自銷化爲精髓者也。古仙經云有十種仙，其一曰：堅固精色，而不休息，翕精圓成，名之行

〔一〕「絶」，本書卷十二上清黄庭内景經隱藏章第三十五作「塞」。下同。

仙者千萬歲。亦此之謂也。

王屋真人，劉守依真人口訣，進上代宗。其真人姓王名長生，遊諸名山，不常厥所。臣於王屋山獲見，故爲〔一〕之王屋真人。真人自言東晉朝人也，一妻姓劉，自言太宗朝人也。夫婦之顔，俱若冰雪，探幽索隱，每亦相隨。臣親伯父名登，常學道於北嶽恒山，事張果先生五十餘載，凡壽命年一百一十六歲。天寶十四載春三月，告諸子曰：「元炁錯謬，不可久俱〔二〕，我行三山海上以求名藥，若來期稍遲，汝等勿怪。」遂去而不返。其年十一月，果有禄山之叛。臣家本儒，業於道術，頃者隱居王屋，十有餘年，每見樵翁，未常不敬，修行不輟，果遇異人，即王屋真人是也。固問臣出處親族，乃自言曾與臣伯父同事張果先生，見愛之情，更加數等。當時臣已朽邁，耳目不聰。真人見哀，授以此訣。邇來諸疾減退，雖未返童顔，漸覺似於少者。

訣曰：「不敢爲主而爲客。」此一句，借道經以説其事也。夫先舉者爲主，後舉者爲客。主者先施惠於人也，客者受施於人也。若施於人者，則情散精竭；受施於人者，精固而情

〔一〕「爲」，四部叢刊本作「謂」。
〔二〕「俱」，四部叢刊本作「居」。

專。以其納和炁以助陽，夫何患焉！然則陽亢爲災，陰盛爲毒，災則自損，毒則殺人。凡口鼻炁塞，是陰之毒炁也。「慎莫從高自投擲」。夫陽怒急於施寫，若自投擲，何可制焉？尾閭之尤，於是乎在也。黄庭經云：「若當決海百瀆傾，葉去樹枯失青青。」斯之謂矣！「側身内想閉諸隟」。此非有事於陰門而側身也。所爲將閉諸隙，先側其身也。隟所謂命門，在精室之下，接脊之末。黄庭經云：「耽養靈柯不復枯，閉絶命門保玉都」〔一〕。此之謂也。「正展垂壺兼偃脊。」垂壺，脚根是也，側身又偃其脊，兼展脚根，則命門自閉。脚根爲垂壺者，蓋取其時，人不悟矣。然後安定其心，文火爲嘘呵，青炁却流，散入諸髓，養生之急，莫甚於此。夫如是，乃可以有事於陰門。有事之法，亦常式爾。四合五合，道乃融合。陰陽相合也，出入之間，或四或五，即當精炁漸動，諸脉通融之道也，是炁之母也。「翕精吐炁微將通」。翕精之道，自翕之而上也；吐炁之道，嘘呵之法是也。夫如是，即又勞精，在亦將患，理宜微寫，以存其真，此所謂微將通者也。黄庭經云：「但當翕炁録子精，寸田尺宅可治生。」此之謂〔二〕矣。又自古道者相傳云：「欲得不老，運精補腦。」正在此矣！大抵是炁

〔一〕以上二句，本書卷十二内景經隱藏章「柯」作「根」、「絶」作「塞」。
〔二〕「之謂」原作「謂之」，據四部叢刊本改。

爲精，若此即化精爲炁。廣成子授黄帝之道曰「無摇爾精」。蓋用此法也。「婣婣靈柯不復空」。靈柯不復空，炁充實也。「徐徐玉壘補前功」。既通之後，腠理必虚，若不補之，則成其病。彭祖曰〔一〕：「陰養陽精，命可長生。」此之謂矣！舉陰能養陽，即知陽亦養陰，斯亦明矣！然則，俱不得腠則害生，靈柯玉壘，不言可知也。「補之其道將如何」？將欲自明，故自問之也。「玄牝之門通且和」。此補之道也，所謂陰陽相合，更相補養。夫玄爲鼻，主入炁，牝爲口，主出炁。出炁與命門入炁相應，一出一翕，相續不斷，暢極即止，亦無定數。諸炁不泄，凝結爲精，精既補焉，何疾之有？銷散三尸，用此法也。夫本來合實，虚即蟲生，菓蟲之類也。本來合虚，實即蟲生，木蠹之類也。三尸在三丹田也。三丹田者：上丹田，腦髓是也；中丹田，心虚是也；下丹田，精室是也。所以心有竅，是合虚也。哀恚塞之，即生蟲也。精室腦髓，是合實也。施瀉過度，即生蟲也。若合虚者令虚，合實者令實，三尸之蟲，自當消散，夫何患焉！因之有肌膚悦澤，如春花返其童顔，是此術也。「泝流百脉填血腦」。向之所務，亦已畢矣。彼靈柯既不空矣，且宜摩拭手足，挼搦筋節，既自當精炁流布，散入肌骨，百關通利，其在兹乎！泝，逆流也，故精却上而逆流也。夫婦俱仙，此得道者。

〔一〕「曰」原作「者」，據四部叢刊本改。

夫以陽爲主，陰爲客〔一〕；婦以陰爲主，陽爲客。以客助主，主當安矣！俱獲暢達，非仙而何？然此乃仙之階矣，至於羽化上昇，亦猶此矣。「欲求此生壽無極，陰户初開别消息」。此二句，即真長生久視之道也。夫長生之術，如接樹焉，以命續命者也。然則接樹之法，雖以枝接之，至於妙用之要，假元炁陽和之力。續命之法，有同於此。夫陰門初開，必有血候初止，腠〔二〕理始通，陰陽相感，此時也者〔三〕，將有孕也。夫將成後人之命，而續我前命，事既相類，理亦昭然。唯於此時，要在勿洩。然自古道者相傳，皆言施之於人則生子，存之於己則生身，此之謂矣。然此法要，尤在春初，當萬物發生之時，故當興其盛矣。凡一感是延十二歲，十二歲者，天地一周矣。頻十感而延一百二十歲，此舉軒轅上昇之道矣。

〔一〕「客」原作「容」，據四部叢刊本改。
〔二〕「腠」原作「膝」，據文義改。
〔三〕「陰陽相感，此時也者」，四部叢刊本作「此時陰陽相感者」。

雲笈七籤卷之六十五

金丹訣

太清金液神丹經并序〔一〕

夫玄虛之號，既不知其名，而字之曰道。道之爲言覺，覺猶悟也〔二〕。有一夕之寢者，則有一旦之覺矣。有大夢，然後有大寤，覺夢之極，其可略言乎！戀生謂之弱喪，欣死謂之樂無。樂無所樂，有不足有。戀有〔三〕則甚惑，樂無亦未達。達觀兼忘，同歸於玄。既曰兼忘，又忘其所忘，心智泯於有無，神精凝於重玄，此窮理盡性者之所體也。獨運陶鈞之

〔一〕「并序」，道藏本太清金液神丹經（下稱神丹經）卷上作「正一天師張道陵序」。

〔二〕「道之爲言覺，覺猶悟也」，上書作「道之爲言，猶覺悟也」。

〔三〕「戀有」，上書互乙。

上，潛撝〔一〕不疾之塗，寂然以應萬感之求，散迹以乘幽明之轍，故不可成之於一象，徵之於一名也。皇王之號，已不一矣。道與堯孔，奚所疑哉！且〔二〕教有內外，故理有深淺耳。求之形體，則有鱗身四乳，重瞳彩眉之異。縉雲生而能言，坐朝百靈。享國征伐，則乘雲炁而驅虎豹；厭世昇遐，則御飛龍而落六合。顧視赤縣之內，爭讓俯仰之事，擾擾乎不猶嬰兒戲於一庭哉！復有懸枕空同之上，無慮無思之客，順風而從之，相與談乎營神之道。比夫〔三〕經世治亂之言，則有精麤賓實之間，髣髴其户牖，未究其房奧矣。若夫神化之趣，要妙之言，無理之至理，不然之大然，已備載於玄宗，非一毫之所宣也。老子者，亦復暢其玄虛，紀道者也。其神德之狀，感興所由，所以製經設教，紀載異聞，彌綸道俗，剖判三極。先大明逆順，然後蕩以兼忘。爲人攝生耳。違生則逆，養生則順。得順者則不安其逆，得逆者則不詳其順，是謂死生之途，理得其一之限〔四〕。兼忘之忘，各忘其所忘，猶井蛙不樂爲海鱗，林獸不願爲牛馬，各受生而別天，稟異自隔也。

〔一〕「獨運陶鈞之上，潛撝」，神丹經卷上作「猶陶埏之士，潛爲」。
〔二〕「且」，上書作「直」。
〔三〕「比夫」，上書作「此大」。
〔四〕「理得其一之限」，上書作「理異得一之限」。

盛稱有德，然後統之以無待。此老子行炁導引，噓吸太和之液也。盛稱吸新必得，統虛微而吐故納津，滑利無害〔一〕，出入玄玄，呼吸無間，具其身神，不使去人也。利用出入，羣生莫見其端；百姓日用，常善不知所由。此其權見於清明，而爲萬物津梁也。利用者，神炁也。神炁日爲尸骸之用，而羣生莫識神炁之端。尸神炁日爲四體之用，而愚俗不知須神炁而生。人不可須臾無炁，不可俯仰失神。無炁則五藏潰壞，失神則顛躄而亡。得炁則生，骸得炁則全。炁之與神，相隨而行；神之與炁，相宗爲強。神去則炁忘，炁逝則人喪。百姓皆知畏死而樂生，而不知生活之功在於神炁。是以數凶其心，而犯其炁，屢淫其神，而彫其命。不愛其静而不〔二〕守其真者，固不免於尩殘。既莫期年壽，更爲權見於清明。清明者，日月之光也。既覩日月而長流，即莫知生〔三〕禍跡於萬物，萬物既微其有得失咎〔四〕，而後生必有津梁之闕〔五〕，其禍必兆，其對互生。明人不可以不惜精守炁，以要久延之視；和愛育物，以爲枝葉之福矣。其道經焉，其德經焉，推宗明本，窮玄極妙。總衆枝於真根，攝萬條於一要。緬

〔一〕「吸新必得，統虛微而吐故納津，滑利無害」，神丹經卷上作「吸必得氣，統虛微而吐納，津塗滑利，無待無害」。

〔二〕「不」字原無，據上書增。

〔三〕「即莫知生」，上書作「而莫不生」。

〔四〕「萬物既微其有得失咎」，上書作「萬物微其有得失之咎」。

〔五〕「闕」，上書作「閡」。

然而不絶，光矣而不耀。既洞明於至道，又俯弘於世教。其爲辭也，深而不淡，遠而可味，磊落高宗，恢廓宏致。煒寂觀三一之樂，標鏡營六九之位。閉炁長息，以争三辰之年；胎養五物，以要靈真之致。三一者，腦、心、臍三處也。上一泥丸君，在頭中；中一絳宫君，在心中；下一丹田君，在臍中。存之則煒燁於三府，忽之則幽寂於一身。好生者存之爲樂，亡身者廢之爲歡也。故煒燁寂觀三一之樂矣。按仙經云：「子欲長生，三一當明。」道正在〔一〕於此。從夜半至日中爲生炁，從日中至夜半爲死炁。常以生炁時，正偃卧，冥目握固，閉炁息於心中數至二百，乃口吐之。日日增數，如此身神具，五藏安。能閉炁數之至二百五十，即絳宫神守，泥丸常滿，丹田充盛。數至三百，華蓋明，耳目聰，舉身無病，邪炁不復干，玉女來合〔二〕使令，長生無極也。「標鏡營六九之位者」。六謂吐納御於六炁，九者九丹之品號，太真王夫人已具記之焉。老子云：從朝至暮，常習不息，即長生也。凡行氣法者，内氣者一，吐氣者六也。云内氣一者，謂吸也；吐氣六者，謂吹、呵、嘻、呴〔三〕、噓、呬，皆出氣也。凡人之息，一呼一吸。夫欲爲長之〔四〕，息宜長也。息氣之法，時寒可吹，時温可呼，吹以去寒，呼以去熱。嘻以去病，又以去

〔一〕「在」字原無，據神丹經卷上增。
〔二〕「合」，上書作「爲」。
〔三〕「呴」原作「呴」，據上書改。按下文宜作「呼」。
〔四〕「之」，四部叢刊本作「生」。

風。呵以去煩，又以下氣。嘘以散滯，呬以解極。嘘呬者，長息之謂〔一〕。能適六氣，位爲天仙。營自然神氣者謂標〔二〕，挹九丹之位謂之鏡，鏡標在於丹經，氣存則年命遐而不墜。「閉炁長息，以争三辰之年者」，此言皆行氣也。夫行氣之法，先安其身，去諸忿怒，寫諸愁憂，而和其氣，不與意争。若不宜〔三〕且止，須體和乃爲之，常守勿倦。氣至則形安，形安則和息，和息則氣清，氣清〔四〕則清氣來至，清氣來至則自覺長息形熱，則嘘口閉中而自甘香。滋液既多，五藏長存，則壽與天地三光比年矣。「胎養五物，以要靈真之致者」，乃是胎食導養也。胎食之法，平旦漱口中之水而咽，取飽而已，亦長生也。既飽而生，則五藏自靈，靈真之致，意在於此。仙經曰：「玉池清水灌靈根，子〔五〕能修之可長存。」「口爲玉池太和宮，液爲清水美且鮮。」所謂飲食自然者也。夫養生唯氣與丹，經叙婉妙，幽而難論。昔聞師教，今述之焉。至於空同之辭，叙明道德玄真，且已陳之於既往，非須用之要言，故不煩復一二注别其事，而勞費兼宣也。將來有道，其營之矣。

泠若蕙風之叩瓊林，焕若晨景之曄寶肆。其叙事也，廣大悉備，曲成無遺，初若森

〔一〕「謂」，本書卷五九神仙絶穀食氣經、卷六一服氣雜法祕要口訣及道藏本延陵先生集新舊服氣經、祕要口訣與神仙食炁金櫃妙録、行炁法均作「忌」。

〔二〕「營自然神氣者謂標」原作「營者自然神氣謂摽」，據神丹經卷上改。

〔三〕「宜」，上書作「和」。

〔四〕「和息則氣清，氣清」，上書作「和息」。

〔五〕「子」，本書卷十二太上黄庭外景經上部章作「審」。

聳，終則希夷。陶鎔象於玄鑪，領萬殊於一揆。其取類也，辯而不枝，博而不雜。若微而顯，若乖而合。恢詭瓌奇於大方，幽隔忘異而自納。大哉妙唱，可謂神矣！言理之極，弗可尚也。至於金丹之功，玄神洞高，冥體幽變，龍化靈照。其含枯絶者反生，挹生氣者年遼，登景漢以凌邁，遊雲嶺以逍遥。至乃面生玉光，體育奇毛，吐水漱火，無翮而飛，分形萬變，恣意所爲。塞江川不異〔一〕覆簣，破山梁不煩斧斤，叱咤則雲雨翳冥，指麾則叢林可移。其神難紀，其妙叵微，大哉靈要，不可具述。陵後生不達，未接高會，漂浪無涯，遂迄千載。神師秉枻〔二〕，拯我險津，越自困蒙，仰闚玄路。坦然無關，而不可開，非不可開，弗能開矣。諸弟子密視玄根，攬拔其鍵鑰焉。弟子趙昇王長，乃顧影撫心，慨愧交集，靈鑒罔極，乃遘淵人。玄朗内鏡，卓然先拔，鑽研所通，殆則上聖之奥。側聞其義，輒傍以爲解。復率其管闚，志諸所見，標較高旨，而斟酌之焉。

金液丹華是天經，泰清神仙諒分明。當立精誠乃可營，玩之不休必長生。六一合和相須成，黄金鮮光入華池。名曰金液生羽衣，千變萬化無不宜。雲華龍膏有八威，却辟衆精

〔一〕「異」，神丹經卷上作「以」。

〔二〕「枻」原作「拽」，據上書改。「拽」，殆「栧」之形譌。

與魑魈〔一〕。津入朱兒乃騰飛，所有奉詞丑未衰。受我神言宜見隨，九老九炁相扶持，千年之鳥水人亡，用汝求生又所攘。太上景電必來降，玄氣徘徊爲我用。委帛襘襘相繾綣，使汝畫一〔二〕金玉斷。弗尊強趨命必隕，神言之教勿笑弄。受經佩身焉可放？乘雲豁豁常如夢。雄雌之黄養三宫，泥丸真人自溢充，絳府赤子駕玄龍，丹田君侯常豐隆，三神並悅身不窮。勿使霜華得上通，鬱勃九色在釜中。玄黄流精隱幽林，和合陰陽可飛沈，飛則九天沈無深。丹華黄輕必成金，水銀鉛錫謂楚皇，河上姹女御神龍，流珠之英能延年。華蓋神水乃億千，雲液踊躍成雪霜，挹而東拜存真王，陵爲山稱陽爲丹。子含午精明班璉，是用月炁日中官。明朗燭夜永長安，天地争期遂盤桓。傳汝親我無禍患，不相營濟殃乃延。冥都書罪自相生〔三〕，先死父母何其寃！爲子禍上考不全，祭書置廢于明宣。玄水玉液朱鳥見，終日用之故不遍。山林石室身自鍊，反汝白髮童子嚥，太和自然不知老。天鼓叩鳴響懷抱，天中之山似頭腦，玉酒競流可大飽，但用挹焉仍壽老。千年一劑謂究竟，丹文玉盛務從

〔一〕「魑魈」，疑當作「魑魅」。
〔二〕「畫一」原作「晝一」，據神丹經卷上改。
〔三〕「相生」，上書作「相言」。

敬。見我外旨已除病，何況神經不延命？禍入泄門福入密，科有天禁不可抑，華精菴藹化仙人。連城大璧愈〔一〕更堅，長生由是不用牽。子將不信命九淵，祕要思〔二〕之飛青天。

此太清金液神丹經文，本上古書不可解，陰君作漢字顯出之，合有五百四〔三〕字。

作六一泥法

礬石　戎鹽　滷鹹　礜石

右四物分等燒之，二十日止。復取左顧牡蠣、赤石脂、滑石，凡七物分等，視土釜大小自在，令足以泥土釜耳。合治萬杵訖，置鐵器中，猛下火九日九夜，藥正赤，復治萬杵，下細篩，和以醇釅苦酒令〔四〕如泥，名曰六一泥。取兩赤土釜，隨人作多少，定其釜大小，以六一泥塗兩土釜表裏，皆令厚三分，日中暴之十日，期令乾燥。

〔一〕「璧」原作「壁」，據神丹經卷上改。「愈」，上書作「逾」。
〔二〕「要思」，上書互乙。
〔三〕「四」原作「六」，據上書改。
〔四〕「令」原作「合」，據上書改。

合丹法

取水銀九斤，鉛一斤，置土釜中，猛其火。從旦至日下晡，水銀鉛精俱出如黄金，名曰玄黄，一名飛輕，一名飛流。取好胡粉，鐵器中火熬之如金色，與玄黄等分，和以左味，治萬杵，令如泥。更令以塗中上下兩釜内外，各令厚三分。暴之十日期乾，無令燥拆，拆即輒以泥隨護之。取越丹砂十斤，雄黄五斤，雌黄五斤，合治下篩。作之隨人多少，下可五斤，上可百斤。内土釜中，以六一泥密塗其際，令厚三分，暴之十日。又擣白瓦屑下細簁，又以苦酒、雄黄、牡蠣一斤〔一〕，合擣二萬杵令如泥，更泥固濟上，厚三分，暴之十日又燥。如入火更拆，拆半髪者神精去飛。若有細拆，更以六一泥塗之，密視之。先以釜置鐵鐃〔二〕上令安，便以馬屎燒釜，四邊去五寸，然之九日九夜。無馬屎，稻米糠可用。又以火附釜九日九夜，又當釜下九日九夜，又以火擁釜半腹九日九夜，凡三十六日藥成也。寒之一日發視，丹砂當飛著上釜，如奔月墜星，雲綉九色，霜流煒燁。又如凝霜積雪，劒芒翠光，玄華八暢，羅

〔一〕「一斤」原作「一片」，據神丹經卷上改。「一」上疑脱「各」字。
〔二〕「鐃」，當作「鐒」。

光紛紜。其炁似紫華之見太陽，其色似青天之映景雲，重樓綩綖，英采繁宛。乃取三年赤雄鷄羽掃取之，名曰金液之花。若不成者，更燒如前法，又三十六日，合七十二日，理無不成。要即〔一〕通火令以時，不可冷熱不均，均則三十六日而成，不復重燒之也。釜坼則無神，服之無益。泥之小令出三分乃佳。又當猛其火，增損之以意矣。

平旦澡浴薰衣，東向再拜，心存天真靈官諸君，因長跪〔二〕，服如黍米，復漸小豆。上士七日登仙，下士七十日昇仙，愚民無知，一年乃仙耳。若心至誠竭齋，盛理盡容，旦服如三刀圭匕〔三〕，立飛仙矣。但道士恐懼，或慮不精，便敢自服三刀圭，即看神丹烈驗。初服三刀圭，皆暫死，半日許乃生，如眠覺狀也。既生後，但復服如前粟米之法，知其賢愚之日限也。凡已死者未三日，以神丹如小豆一粒，發口含服立活。先以一銖神丹投水銀一斤，合火即成黃金，不可用，當再火之。金成筒盛丹，丹經以繡囊裹之。先淨潔作苦酒令釅，不釅

〔一〕「即」，神丹經卷上作「節」。

〔二〕「跪」原作「脆」，據上書改。

〔三〕「匕」，上書作「耳」。

不可用也。既成清澄，令得一斛，更以器著清涼處，封泥密蓋，泥器四面，使通帀〔一〕半寸許。以古稱稱黄金九兩，置苦酒中，百日可發，以和六一泥用之，名曰金液也。金在醯中，過三七日，皆軟如餌，屈伸隨人，其精液皆入醯中成神炁也。百日欲出金，先取冷石三兩擣爲屑，紋三斗冷水，徐徐出金，清一宿，金復如故。初發器中取金，勿手撓之，則金軟碎壞。若無金者，亦可借用。若土釜大則醯多，不限之一斛也。又隨醯多少，或減損金兩數也。丹砂、雄黄、雌黄先搗，下重絹簁，治令和合，著密器中，又令器上口如火也。又取雲母粉二十斤擣，下細簁，布於地，令上見天。以穿蚛桑葉十斤布著雲母上，酉時以清水三斗洒桑葉上，即畢。冥出丹砂，露器於桑葉上，發其蓋隱彰。日欲出，還丹砂蓋，内〔二〕於室中，别以席覆桑葉於地。如此七日，從甲子齊日始，訖辛未日旦，於是黄龍雲母液盡入丹砂中。天雨屋下爲之露丹砂，當每謹視護，或恐蟲物穢犯之。多〔三〕反側丹砂，令更見天日。訖，又

〔一〕「帀」原作「而」，據神丹經卷上改。

〔二〕「内」原作「在」，據上書改。

〔三〕「多」，上書作「夕夕」。

治一萬杵，閉鑠。須申時〔一〕俱內土釜中，筒令平正。勿手抑之令急，急則難飛。

祭受法

祭受之法，用好清酒一斗八升，千年沈一斤，沈香也；水人三頭，鷄頭也。皆令如法者若用之。治取米令淨潔，其米或蒸或煑之隨意，用三盤，盤用三盃，餘內別盤盛。座左右燒三鑪〔二〕香火，通共一座，令西北向。主人齋七日或三日訖施祭，祭在子時，潔衣服，三再拜，謹請九天皇王三天真皇〔三〕九老仙都君九炁丈人太上真人虛無丈人真官太丹玉女天一君王中黄夫人九皇真神下降某郡鄉里某甲室中，因又三再拜三叩頭三自搏曰：「今日吉辰，齋志奉迎太上諸君丈人，乞停住華輦，甜駕須臾。因重上香，少頃，又三再拜。良久而跪，某以胎生肉人，枯骨子孫，久淪愚俗，積聚罪考，禍咎深重，愆過山嶽，唯乞太上解脱三尸，令百戹除解。今奉屬太上道君，永爲神民，常思清虛，以正穢身，思遇因緣，得開玄路。

〔一〕「申時」，神丹經卷上作「甲申日」。
〔二〕「鑪」字原無，據上書增。
〔三〕「九天皇王三天真皇」，上書作「九天真皇」。

即日受先師告某金液之經，披省妙祭，蕭然反生。乃知天尊靈貴，非世尸所陳，豈其頑朴，可得希聞？是不敢輕祕，故祀啓天神至尊一書，委帛一傳之誓，已備如本科。將輙抱佩永年，無泄無漏。唯願太上大道諸君丈人當扶某一身，使享壽延年，所向詣〔一〕會，早得從心，神藥速辦，棲遁山林。别啓告祈高上諸皇，以合丹液之英，依傳授之科，敬受師節度。」言畢，又九叩頭九自搏，令徐徐聲纔出。若不能諷誦本呪文，可執卷讀之也。

又重上香酒，畢，送神，起立稽首曰：「上煩三天真皇九老仙都君。」又一拜起曰：「上煩九天真王。」又一拜起曰：「上煩九氣丈人。」又一拜起曰：「上煩太上真人。」又一拜起曰：「上煩虚無丈人真官。」又一拜起曰：「上煩太丹玉女。」又一拜起曰：「上煩天一君王。」又一拜起曰：「上煩中黄夫人。」又一拜起。凡拜祭訖，其食不得與俗人食之矣。以寫經紙墨筆硯别著祭左右，并啓白之曰：「今以此紙寫丹經，乞願常無毁敗。」則祭盤當用生薑各三兩著盤上，合九兩也。其餘甘果珍肴，隨心所增損耳，亦無從厚也，家貧此爲限也。明日所不解者，當一一口訣求解釋之。祭時勿令俗人近其房室，屏之爲佳。無戎鹽者，河東大鹽可用；無滷鹹者，取好清酒微火煎之，令如飴餳之堅者，然後令與礬石礜石分等而

〔一〕「詣」，神丹經卷上作「諧」。

用之，此是二物不可得而代之耳，且〔一〕自不及真物之堅密也。但當小厚其泥也，此代〔二〕是窮極也。

太清金液神丹陰君歌

金液還丹仙華流，高飛翱翔登天丘。黄赤之物成須臾，當得雄雌紛亂殊，可以騰變致行廚。靈人玉女我爲夫，出入無間天同符。其精凝霜善沈浮，汝其震驚〔三〕必來游。凡六十三字，本亦古書難了，陰君顯之。

作金液還丹之道，其方用大銅筩開孔廣三〔四〕寸半，令筩厚四分，高九寸。用〔五〕二枚，其以一枚爲蓋，蓋高五寸也。治熟礜石一斤，鉛丹半斤。夫礜石先火燒二十度，擣萬杵，又鐵器中猛火九日九夜，復萬杵，下細簁，調之以淳苦酒，和之如泥，塗銅筩裏，令上下

〔一〕「此是二物不可得而代之耳，且」，神丹經卷上作「此二物不可得而當代之耳，直」。

〔二〕「此代」，上書作「以此代之」。

〔三〕「驚」，神丹經卷中作「敬」。

〔四〕「三」，上書作「二」。

〔五〕「用」字原無，據上書增。

俱厚四分，是第一塗也。修之法，即復當以雄黄、雌黄之精，以淳醯和，復塗兩甭，重〔一〕令厚半分，此第二塗也。第三次霜雪也，其上甭蓋亦如下甭法塗之，内霜雪不滿寸半已。藥内霜雪中，以上甭蓋之，再用代赭瓦屑如前以塗其會，牢塗之，無令泄，泄則華汋飛去，已復塗之。宜於陰熇潔處令其大乾，置於蘆葦火、馬通火中央，作鐵鐃〔二〕竪安之，甭令去地高三寸，糠火亦佳也。火前後左右去甭皆三寸，不可不審詳精占也。如是後至十日更近，左右前後各二寸。如是二十日復更〔三〕近，火去甭一寸。如是至三十日，左右前後〔四〕五十日，名曰黄金。黄金者，此〔五〕中神藥可以成黄金也。如是又火二十日，合七十日藥成，名曰赤金。所謂赤金者，此中神藥可成赤金，名曰金液還丹。即欲作黄金，取還丹一銖，置一斤鉛中，即成真金矣。亦可先内鉛於器中，先〔六〕火爲水，及内刀圭赤藥於其器中，臨而觀

〔一〕「重」，神丹經卷中作「裹」，連上。
〔二〕「鐃」字原無，據上書增，宜作「鐒」。
〔三〕「更」原作「便」，據上書改。
〔四〕「後」字下，上書有「火乃四面集之，至於筒下，令半筒。復如此，「至後」十八字。
〔五〕「此」字原無，據上書增。
〔六〕「先」原作「光」，據上書改。

之，五色飛華，紫雲亂映，蓊鬱玄黄，若仰看景雲之集也，名曰紫金，道之妙矣。其蓋上紫霜名曰神丹，服食以龍膏澤和之，令如大豆大，平旦以井華水服之，日一丸，七十日，六丁六甲諸神仙玉女皆來朝之，侍左右，前後導引。服百日，恍惚往來，無間出入，移時至矣。百五十日，玉女皆謁侍，旦夕爲其侍，易形如真玉之色，得變化自在，常見按摩，致諸行廚寶物也。金主爲肌肉，還丹主〔一〕爲血脉，主致神上下無極，出入無間，得與日月神相見。又旦旦當漱華池玉漿，便常飽溢。玉漿，口中液也。玉漿主爲骨髓筋肉，益人精炁上昇，不勞不倦，長生久視。龍膏澤者桑上露，露〔二〕著桑葉上，平旦綿拭取之。煑大〔三〕乾棗，取上清汁合駕羊髓分等煎以爲棗膏，亦可長服，令人填滿有美色。銅筩亦可大作，向者所作寸數，是還丹之一劑耳，增損隨宜也。

作棗膏法，一劑用三斗大乾棗，六斗水煑之，令棗爛。又内三斗水，又煑沸，合用九斗水。絞去滓，清澄之，令得三斗。乃内駕羊髓六斗投汁中，微火更煎如飴狀。無駕羊髓者，

〔一〕「主」字原無，據神丹經卷中增。

〔二〕「露」字原無，據上書增。

〔三〕「大」原作「火」，據上書改。

駕羊膏亦得可用。

取雄黄、雌黄精之法，雄黄、雌黄各一斤，細擣治萬杵，一篩得所。用六一泥固〔一〕土釜以著其中〔二〕，上下合之。即取新燒瓦屑合并和，泥釜固濟，無令泄炁。暴令燥，坼又泥之。次以葦薪三日三夕燒釜底及左右也，或〔三〕精華上著如霜雪，即成矣。若箭大亦可作，取釜蓋上精霜雪者用之。

作霜雪之法，取曾青、礜石、石硫黄、戎鹽、凝水石、代赭、水銀等七分，合治萬杵，不須篩也。以淳醯和之令浥浥，剛〔四〕淖自適，即置土釜中，封泥皆如泥神丹土釜法。又以代赭、白瓦屑塗固濟，不可令洩也。事事如封前者無異。以葦火炊其下及左右四日四夜，小猛之，神華霜雪上著，以三歲雄鷄羽掃之，名曰霜雪。可加丹砂、雄黄、雌黄三種，並與前分等，合爲十種也，名曰金華凝霜雪。如此，還丹之道畢矣。

〔一〕「固」原作「故」，據神丹經卷中改。
〔二〕「中」字原無，據上書增。
〔三〕「或」原作「盛」，據上書改。
〔四〕「剛」原作「則」，據上書改。

還丹不先祭，作不成。當〔一〕齋三日，以清酒五斤、白脯一二斤〔二〕祠竈神矣。銅筩用蘆葦者，是天馬極當用葦耳，要宜須馬通火也，葦火自難將視。至於燒雄黄雌黄之精及燒霜雪，自宜用葦火，不與銅筩火同也。金華凝精霜，正可服使人不死耳，非是霜雪不中内著銅筩中用也。霜雪所用曾青、戎塩、凝水石皆貴藥，不可用交代，非真則藥不成也。泰清金液神丹凡五百六十七字，句凡七字，金液凡五百四字，還丹凡六十三字〔三〕。

鄭君曰：「夫仙人飛沈，靈驗難論，實非凡庸可得闚闞。自丹經神化者，著在實驗。是故天尊真人，隱祕此道。夫真諦二事不相離，愚人返迷，故見示之高遠，然達者亦奚不以方寸知之？故見示其文，爲不達者耳，其智豈限耶！經非有求仙之志，固不授也。是以太真夫人猶語馬君云：『與安期相隨少久，其術可得而傳。如淺希近求，則房户閉堅。』真人尚寶惜如此，豈是下流所宜與哉！陰君繕書數通，封付五岳。若好道之人，能濳身山林，精思

〔一〕「當」原作「又」，據神丹經卷中改。
〔二〕「一二斤」，上書作「一十斤」。
〔三〕以上三十一字，上書作注語。「句凡」原作「第」，據上書改。又「五百六十七字」原作「五百七十六字」，「五百四字」原作「五百六字」，上書亦誤，據實數改正。

至味，其能久於其道者，神仙自當開發石笈，顯然而示之。自非篤志慕道者，於是丹經祕要，便永藏峻岫矣！馬陰二君何但仙人而已！至於觀察緯度，知國存亡，審運命之盛衰，驗未然之必然，覆生民之大慈，作羣方以定物，名始接聖齊光，玄照萬品，可謂朗矣！可謂神矣！弟子昔聞得道真人傳說，所言往往稱歎，教其寶練，乃異人同辭，豈可令清真之音墜而不書乎？故書二君神光見世之言，自漢靈以來稱説故事，附于元紀丹經〔一〕載之焉。諸有道者，可攬以進志也。」

〔一〕「元紀丹經」，神丹經卷中作「丹經紀」。

雲笈七籤卷之六十六

金丹

丹論訣旨心照五篇〔一〕南陽張玄〔二〕德撰

旨敘訣〔三〕第一

參同契云：「諸術甚衆多，千〔四〕條有萬餘。」即知大丹之妙，唯鉛汞二物爲至藥也，非用四黄八石。若大丹有石藥之氣入二物中，即有大毒。凡言死水銀固生人，即須陰陽之炁水火，結成爲大丹，服之即長生。若用礬石硫黄硇砂等，燠伏乾爲藥，服之有大毒，久久損人。

〔一〕道藏本收録此經作「丹論訣旨心鑑」。
〔二〕「玄」，上書作「元」。
〔三〕「旨敘訣」，上書作「序訣章」。
〔四〕「多」、「千」二字原無，據上書增。

硇砂有食鋼〔一〕壞鐵之功，豈堪服食？礬石有殺虎之能，此可固〔二〕爲深誡。大凡學者傳得一小法，即言世人少雙，將丹與人服之，反有夭横之斃，深可哀也！自後見者生嫌，皆言丹石發於瘡腫。蓋此謬惑之徒，致謗金丹之功，不可服餌〔三〕。凡石乳之類，能不食爲妙，不可以徇情索〔四〕，强而服之。致枉夭者，世有之矣！宜審省解之藥，須宣瀉，喫防葵甘草湯〔五〕漸出之，可服大藥也。且大丹是天地玄元正真之炁，太皇衆仙之食，包〔六〕四象以成形，依乾坤而自化，結成紅紫色變爲丹，名曰正陽、專陽、元陽，一名還丹，豈凡夫容易而會？奉道君子審而保之，傳付得人，道不廢矣。天生造化，用合三才。依易象而布卦〔七〕，順陰陽之炁候，一年之火，終日月之度數，而成丹也，固可得之，古仙皆因此而成仙也。長生久視，凡夫聞之撫掌

〔一〕「鋼」，丹論訣旨心鑑作「銅」。

〔二〕「固」字，上書無。

〔三〕「服餌」二字原無，據上書增。

〔四〕「情索」，上書作「情色」。

〔五〕「防葵甘草湯」，上書作「防己葵菜甘草湯」。

〔六〕「包」原作「色」，據上書改。

〔七〕「卦」原作「封」，據上書改。

大笑，智者一聞悟解，大契真元。余實不才，故引三聖真人歌證之，金丹論明之，更不煩他説。

夫還丹者，被日月運成，還其本元，却歸本丹砂之〔一〕色，名曰還丹。丹有三等：一名正陽丹，上元也；二名專陽丹，中還也；次名元陽丹，本一體而三品，並大還之宗也。不知此妙，不可言修丹術事乎！又單以滷水煑伏丹砂，獨伏水銀，並不可服。何也？孤陰無陽也，久久損人，不是正陽之位。又有用曾、空煞水銀，雄、雌成之〔二〕，亦不堪服食。此互相傳受，非真聖之良藥。何也？八石俱有毒。金碧經云：損去五礬，不用八石。訣云：不用藥，用五行。理之要也。

明辨章第二

夫硫黄三兩，能制水銀一斤，故知汞力不如硫黄。汞一兩之力，如牛一頭，即知硫黄一兩制水銀五兩，水銀力不如硫黄也。如此説功力，大丹不用硫黄用真鉛也。真鉛五兩能制水銀二

〔一〕「之」原作「玄」，據丹論訣旨心鑑改。
〔二〕「成之」原作「咸」，據上書增改。

斤，信水銀力不如鉛也〔一〕。故知陰能伏陽，非陽能伏陰，此之爲反也。夫至道求長生，養志〔二〕不得大丹，終無得理。忽遇此訣，皆多積福，方得知此祕文。若傳非人，皆七祖受殃及損子孫。凡修大丹，不在藥味，事在五行精究，易象分〔三〕明。辨節序之運移，知日月之度數，陰陽相使，神仙之要，合道之宗。輒不可信八石四黄，非長生之妙藥。夫鉛汞，大丹之根，五行之本，八石之主。金性冷，居其陽，坎中一陽。汞即生於朱中是也。石性熱，居其陰，離中二陰。鉛中金真鉛也。故曰陰陽相合。所以陽即是君，陰即是臣，石浮金沉，義之〔四〕明矣。君臣相得，浮沈得度，藥物和合，即神仙之要妙也。若不知君臣，不明本類，徒費千金，終無得理。必知君臣合〔五〕，乾坤之要，大丹之術自明矣。且以鉛爲君，能引五藏；以汞爲臣，能煞三賊，通於神明，光于四海。故真人訣云：用鉛不用鉛，五金生於鉛中；用鉛不用鉛，五金出自鉛中，此至玄之言也，賢者審而知之，方知道可成也。用鉛不用

〔一〕「信水銀力不如鉛也」，丹論訣旨心鑑作「水銀力不如真鉛也」。
〔二〕「養志」下，上書有「修真」二字。
〔三〕「分」字原無，據上書增。
〔四〕「義之」，上書作「之義」。
〔五〕「合」下，上書有「君臣」二字。

鉛，鉛者，五金之精髓，七寶之良媒。夫大丹味〔一〕與天地而齊畢。五金切忌於鉛，將何物而制之？五金歌曰：「以黄牙爲根。」黄牙是何物？又欲用何鼎器？「黄牙不是鉛，不離鉛中作。」狐剛子問曰：「用何物而作？」又曰：「不用五金八石，用何物而生？」魏生答：「種禾當用粟」，非類不可成也。若以五金八石爲之，即「狐兔不乳馬，鷰雀不生鳳」，何異將膠補釜，醫病用野葛乎？「異類不同種，安能合體居？」點金須用金，化銀須用銀，黄牙鉛裏得，方知此道〔二〕親。鉛若得真，不失家臣〔三〕。鉛若不真，其汞不親。白虎是腦，黄牙爲根，青要使者，赤血將軍。此青汞中有丹砂也，非用曾青也。若人得此術，可保重之，若泄之，當滅壽，殃子孫。陰符云：師者言，不同道者祕之，恐招有咎也。夫慕道之人，至誠感神，曉會其義。方知大道難求，世人罕會。蓋是愚迷不見其義，雖積覽方書，一無成者。何也？由其不遇至人明師，一一言之，乃措意罔象自爲，多有此輩。余曾於嵩山見司馬希夷修大丹，喜乃問訪之。曰：「火巳五月。」余再請之，希夷又祕。奈何欲明此道，恐此子虚爲

〔一〕「味」，丹論訣旨心鑑作「乃」。
〔二〕「此道」原作「道此」，據上書改。
〔三〕「家臣」原作「家神」，據上書改。

累日，久見之不成也。希夷又云：「大道有三般，内用一人看。」遂於鉛汞中制伏〔一〕雄黄也。果非大藥之妙，只是罔象尋文自爲之爾！又見李尊師子虚於二味中入硫黄，亦言「内用一人看」。此二子並非正解，傳處悮也，余愍而哀之。二子根性不純，熟迹不及於真〔二〕，終無得年。且「内用一人看」，即〔三〕戊巳之鼎。此子不了，虚而爲之，徒經皓首，果不遇人，非余之過，皆道不合人。五金歌曰：「不慮藥不聖，恐藥而不正；不怕藥不神，恐藥而不真。」若智者曉會此義，是正真通靈真人也。何愁龍虎大丹不成？可謂日月在手，造化由心，真實不虚之説耳。龍虎真文云：虎者真鉛也，龍者真汞也。反鉛爲黄牙，反水銀爲真汞。真鉛不枯，真汞不飛，即此非世間水銀也，已出一切塵俗耳。馬自然歌訣云：「汞生水銀死，鉛因靈牙是。出世爲還丹，迷人不能委。汞與水銀别，迷人用之拙。若了此真源，可以凡俗隔。」後之學者，固不遇真師傳矣。

訣曰：用鉛八兩，爲陽、爲乾、爲虎；又水銀八兩，爲陰、爲坤、爲龍，此二物能變化。

〔一〕「制伏」，丹論訣旨心鑑作「用」。

〔二〕「熟迹不及於真」，上書作「熟迹不反，徒自孤我」。

〔三〕「看即」原作「即看」，據上書改。

爲[一]鉛亦陰也，本黑，水一也[二]一陰也，又一爻陽也。水銀木三也，朱砂爲火，火數二，火中陰也。故藥自有陰陽，遞相制伏，爲於至藥。此二靈物是天地陰陽之正象，豈有凡間八石四黄爲丹乎？智者詳之。此太古一切真仙人云[三]真境真母也。故言乾坤剛柔，配合龍虎，八兩屬乾，八兩屬坤。一兩有四分，一分有六銖，一分應一卦，一兩應四卦，八兩有三十二分。乾八[四]，以應三十二卦；坤有八，亦應三十二卦。合六十四卦，道之本也。二八共一斤，以應六十四卦。銖有三百八十四，象一年三百六十日。古仙觀易象，合乾坤，應於節候，一年火畢，合周天[五]數，豈更有四黄八石，何以合之乾象乎？口訣云：黄牙一、水銀二、木三、火二、水一、金四、土五，法象天地在此中矣。孤陰亦不可，孤陽亦不可。訣云：白金爲君，本黑金精也，西方之位，太陽之精。金碧經云：「鍊銀於鉛，神物自生。」「灰

[一]「爲」原作「無」，據丹論訣旨心鑑改。
[二]「一也」二字，上書無。
[三]「真仙人云」，上書作「真人仙人」。
[四]「乾八」二字原無，據上書增。
[五]「周天」原作「用天」，據上書改。

池炎鑠，鉛沈銀浮，潔白見寶，可造黄金牙〔一〕。」又隱言名黄輕，又曰黄牙，又名秋石。秋是〔二〕西方之位，石是兑長之名，其性陰，陰中陽也，是長生之至藥。牙是萬物之初也，故號牙，緣因白被火變色黄，故名黄牙。淮南王號秋石，王陽得之名黄牙，太古真人名還丹。至訣言：二物至靈，而堪爲大丹。真人曰：金於鉛中九鍊，受水火炁足〔三〕，水銀於太陽中受炁足，此二物各於陰陽中受炁畢，故聖人採之爲大藥，相和入土器中，上下水火，昇降功畢，千變萬化。物遇相類相從，此龍吟雲起，虎嘯風生，道之交感，非類不可。若以他石藥參雜，意希化寶，舉浩劫而無成。此二物太古真人之法，千金不可傳也，金丹之證矣。

金丹論第三

夫丹砂太陰之精，本受太陽之正炁，因火變白，居青帝之首，爲汞之名，是木生于火，自含德而至靈。鉛本黑精，化爲西方庚辛正位，是以金生水，水生木，二物自相匹敵，若非至

〔一〕「黄金牙」，古文龍虎經註疏作「黄轝」。
〔二〕「秋是」二字原無，據丹論訣旨心鑑增。
〔三〕「足」原作「呈」，據上書改。下同。

靈至聖，何以成丹乎？大凡愚人或言，豈有餌金丹而長生久視？余常愍而傷之。自古真人聖人皆鍊藥致長生，蓋百千萬數，人皆知之，豈有不信乎？皆指秦皇漢武。然大丹之靈，不救自刑〔一〕之禍。昔劉玄穆事魏先生，看火一年，忘情有疑，遂不遇而早夭。徐景休懃心積德，不怠昏旭，師授以藥，長生而仙，今在太白山，亦一千餘歲。此二子疑以不疑，咫尺萬里，得與不得，雲泥有殊。今喻而言之，足可信矣！且陽春既發，令節已行，萬物承春之炁，花落子孕，感炁而實，堪人食之，此炁非目擊自然乎？且五穀而可濟人之命，豈目擊而不見之乎？況至藥靈丹服之，而可〔二〕變骨爲真人矣。自是世人迷忘所計，不信不修，不遇不爲，乃虚度百生，沈累多劫，足傷乎！貪榮顯，求色慾，以名利所係，形枯質朽，三官奪命，被陰司誅罰，又何以得長生乎？又狡計多非，損己敗正，奪人物而成自家業，又何遇至人傳受乎？修心静念，攝心歸道，則可遇矣〔三〕。若謗毁先德，侵擾無辜，又何以聞之也！夫五穀尚能滋神養炁，是敗腐之物，猶延人益生，豈況神丹而無玄德之功，换凡肌、脱病質、駐顔益

〔一〕「刑」原作「形」，據丹論訣旨心鑑改。
〔二〕「可」原作「不」，據上書改。
〔三〕「則可遇矣」原作「可遇」，據上書增。

命乎〔一〕？與子論之，目擊可知耳！不欲廣陳委細，事涉繁詞。其餘妙旨清虛，盡著金簡。徐君魏先生淳于公，此三人各通至術，並神仙之流。近謝玄沖蘇耽二子，亦羽化金丹之客，人皆知之，何言及矣！況名山鄽市，往往有物外之人，混俗之間，自忘姓字〔二〕，非志道同好，何以知之？請審非言，勿輕泄侮，令子得罪，將謗金丹與聖人，令子沈千劫之困矣！子不聞參同契云：「金與〔三〕砂爲主，禀和於水銀。」即二物自靈矣。又聞：不用藥，用五行，即具金木水火土也。又不聞：白馬牙，好丹砂，卯〔四〕酉二八和兩家。又淮南王錬秋石，黄帝美金華。又：鉛不是凡鉛，真鉛真丹砂，二物相疋敵，伏錬成一家，巡火近九轉，自然成黄牙。又：火化白藥變花紅，流汞秋石自相同，流珠入體虎吞食，不知何處認金公？又：自古燒丹者，難窮鉛汞情，若人知此理，修制自通靈。又：孤陽不獨化，單陰獨不成〔五〕，本來同二物，自有變身明。又：龍虎相逢遇，何時不自顧？白液共相吞，相吞作夫

〔一〕「乎」字原無，據丹論訣旨心鑑增。
〔二〕「混俗之間，自忘姓字」，上書「之」作「世」，「忘」作「韜」。
〔三〕「與」，周易參同契作「以」。
〔四〕「卯」字原無，據丹論訣旨心鑑增。
〔五〕「單陰獨不成」，上書作「孤陰不獨成」。

婦。隨化成黄牙，逐時依后土，若得紫河車，便是神仙顧。又：修丹若得訣，神用便由人，生煞在我手，參詳定爲真。修丹不得術，終歲損心神，莫鍊枯鉛汞，抛功似土塵。又：天地日月中，丹藥號金公，金公爾是鉛，本向鉛裏蒙。分明向君説，迷者又忽忽。點汞安鉛裏，金花約略同。此花不是藥，徒〔一〕自枉抛功。此者神仙術，何曾不大通？熟念參同契，仍依古類同〔二〕。但得真鉛理，修持必見終。又：鉛汞合天地，修作大還丹，丹成牙自見，非此實爲難。太古真人説，如今得見懽，方知神不誑，須道將即安〔三〕。中有五彩靈，變化伏其般，十月脱胎出，令人見可觀。爲報榮華子，百年凋與殘，如何空棄世，兀兀道將闌。熟説君猶謗，詞虚理更漫，嗟見南山塵，積年爲丘山。芒芒苦海中，生死成波瀾，自古帝王居，至今何足看？又：白液爐中化，黄牙變漸成，憶初相見日，難看水銀形。陽極生陰火，火衰陽炁并，自變紫河車，服食堪長生。又：一箇月，白液初凝恰如雪；兩箇月，如酥漸漸相凝

〔一〕「徒」原作「圖」，據丹論訣旨心鑑改。
〔二〕「同」，上書作「融」。
〔三〕「須道將即安」，上書作「須信道將安」。

結〔一〕；三箇月，半含蘂綻垂珠劣；四箇月，二物抱持如點血；五箇月，飛騰戀母聲嗚咽；六箇月，行到子宫陰炁絶，顔色似鵝兒，請君分明别〔二〕；七箇月，垂陰受炁手足厥；八箇月，欲成藏府含〔三〕凝血，九箇月，點點成珠長毛髮；十箇月，母子分明欲相别，此時母困子體全，似見顔容上〔四〕如雪。鉛脱胞後，鉛上肉白如雪。更向爐中温養之，名爲食乳肌膚悦，出兒毒炁當依訣。藥成，入赤色六十日出毒服食。此藥如兒在母胎，精神爽玄〔五〕分肌骨。勸君學者須精微，莫枉悠悠抛日月。此中妙〔六〕不能説，有次第，莫虧越，但能修得黄牙成，變轉之功不休歇。食長生，换白髮；有白銀，救孤拙，仁者得之修不闕。與道契，宿縁深，傳之得人正在心。非道者，罪將沈，得亦爲災禍害侵。關造化，不容易，取次不得輕傳付。君不

〔一〕「如酥漸漸相凝結」，丹論訣旨心鑑作「似乳爲酥漸漸結」。
〔二〕「顔色似鵝兒，請君分明别」，上書作「色似鵝兒分明别」。
〔三〕「含」，上書作「金」。
〔四〕「上」，上書作「尚」。
〔五〕「玄」，上書作「朗」。
〔六〕「妙」原作「玄妙」，據上書删。

聞，古人有祕詞〔一〕，妄有傳之殃七祖。君須信，不在疑，賢者通明必得之。今日囑君千萬意，歷歷結盟當記之。陽初復，十一月用下火也。陰起姤〔二〕十一月用至四月陽極，至五月一陰生，轉火候也。爐寄中央戊己土。鼎上下，互相湊，寶守固之勿令走。消息不失看節候，有龍有虎相奔驟。嬰兒寂寂顔初幼，由母養之母肌瘦，子成母困長相救。陽極乾，陰極坤，乾坤四象易之門，六十四卦修中尊，龍虎相囓自相吞。立生定位此中存，水火爲媒搊我魂。陰陽養我明晨〔三〕昏，八〔四〕節運移寒與温。看看漸變黄牙根，日月相催母感恩。因之結實立真門，千秋萬歲生子孫。審藏祕慎勿須論，此道玄微未可言。時人笑道濁昏渾，寧可深居市與村。莫將妙藥示凡人，見之謗之言語諠。君切記，祕而藏之貯金匱，長生之術付道人，自有天官録名字。

〔一〕「古人有祕詞」，丹論訣旨心鑑作「古人語」。
〔二〕「姤」原作「始」，據上書改。
〔三〕「晨」原作「神」，據上書改。
〔四〕「八」原作「入」，據上書改。

大還丹宗旨第四

夫言還丹者，即神仙服食〔一〕也。自古之天人留此術，降下人間，傳付於後〔二〕。自黃帝得之，白日鼎湖昇仙。若古往神仙，不一一具言也。夫論還丹，皆至藥而爲之，即丹砂之玄珠，金汞〔三〕之靈異。有上仙自然之還丹〔四〕，生太陽背陰向陽之山。丹砂皆生南方，不生北方之〔五〕地。自然還丹，自〔六〕流汞抱金公而孕也。有丹砂處皆有鉛及銀，四千三百二十年丹成，左雄右雌，上有丹砂，下有曾青，抱持日月陰陽炁，四千三百二十年，故乃炁足，而〔七〕成上仙天人還丹。下界神仙，修鍊鉛汞一年成。取十一月一陽生下火，至來年

〔一〕「神仙服食」，丹論訣旨心鑑作「可服食而仙」。
〔二〕「於後」，上書作「黃帝」。
〔三〕「金汞」，上書作「金鉛汞虎」。
〔四〕「有上仙自然之還丹」，原無「上」「之」二字，據上書增。
〔五〕「之」字原無，據上書增。
〔六〕「自」，上書作「是」。
〔七〕以上十二字，原作「四千三百二十、四萬三千二百年」，據上書改。

十一月成丹。象上界仙人天人聖人取食者還丹，此自然還丹，是仙人天人聖人取食之，今修者象而成之，大千之數，服之亦長生羽化，與天同功。問曰：「何以一年象天生還丹之數？」答曰：「上界一日一夜，爲人間五年。且人間一年十二月三百六十日，一月三十日，又一日十二時，一月三百六十時，合一年四千三百二十時，象天生自然還丹。」此亦上界真仙流傳人間，有依法度，日月精炁，四時運移得成，服之皆延年上昇。上士修真契理，羽化上昇；中士服之地仙；下士延年，長生不死。服食之間〔一〕，别有法矣！

赤松子玄記第五〔二〕

赤松子曰：丹砂之精，有白有朱，含火得白是虎號，朱是火丹，丹中生汞，三者同一體也。白虎金象西方之艮，含五彩之瑞，包八石之異。鉛是白虎，與汞爲匹敵也。二物爲之

〔一〕「間」，丹論訣旨心鑑作「門」。
〔二〕此標題上書作「玄記章第五」。

君臣，爲天地，爲〔一〕夫婦，爲子母，神而〔二〕妙之，與三黄同，不與八石類，迥然造化，而修制之爲丹也。余昔遇道人傳授，修之合符，已至羽化，敢歌訣之。歌曰：「神仙〔三〕妙難測，鉛汞人不識。鉛汞天地精，陰陽天地力。功歸於戊己，能生一切食，萬物用土功，土是母之極。母養一切子，子亦因母殖。三物自通靈，三炁玄元直。功在城〔四〕垣固，務〔五〕在堅柔識。必在於人成，由人所心憶。心靈藥自靈，心迷藥難測。至道至心虚，玄中妙難悉。智者得宗源，他年致雲翼。」

梁朝四公訣：

梁有四公〔六〕，界外神仙，周廻八極，至於四周，千界之上，上至于天，下入九幽。四人

〔一〕「爲」字原無，據丹論訣旨心鑑增。
〔二〕「而」原作「也」，據上書改。
〔三〕「神仙」，上書作「神術」。
〔四〕「城」原作「成」，據上書改。
〔五〕「務」原作「稀」，據上書改。
〔六〕「公」原作「公子」，按太平廣記卷八一有梁四公條，載四人名行，據删。

云聖人有歌曰：「鉛汞合神功，交歸太玄旨。全在五行中，盡入三才智。神仙留至門，服食令人異。若得真鉛門，神仙自然矣。」

雲笈七籤卷之六十七

金丹部

金丹序

抱朴子曰：予考覽養生〔一〕之書，鳩集久視之方，曾所〔二〕披涉篇卷，以千計矣！莫不皆以還丹金液爲大要者焉。然則此二事，蓋仙道之極也。服此而不仙，則古無仙矣！往者喪亂，奔播四出〔三〕。予周旋徐豫荆襄江廣數州之間，閲見移流〔四〕道士數百人矣。或有素聞其名，在雲日之表者，率皆相似〔五〕。其所知見，深淺有無，不足以相傾也。人各有

〔一〕「養生」，抱朴子内篇金丹篇（下稱金丹篇）及抱朴子神仙金汋經（下稱金汋經）均作「養性」。

〔二〕「所」原作「授」，據上二書及金木萬靈論改。

〔三〕「往者喪亂，奔播四出」，金丹篇及金汋經作「往者上國（金汋經作「國土」）喪亂，莫不奔播四出」。

〔四〕「移流」，金丹篇作「流移俗」，金汋經作「流移」，金木萬靈論作「流俗」。

〔五〕「似」下，上三書有「如一」二字。

道書數十卷，亦未能悉解之也，但寫蓄之耳。時有知行炁斷穀及服諸草木藥法，所有方書，大略皆同，理亦無異〔一〕。或有得道機經者〔二〕，以爲至祕，乃云是尹喜所撰。予告之曰：「此是魏世軍督王圖所撰耳！非古人也。圖了不知大藥，止欲以行氣入室求仙，作此道機，謂道畢於此，此復是誤人之甚也。」予問諸道士以神丹金液之事，及三皇文召天神地祇之法，了無一人知之。其誇誕自譽及欺人，云已久壽，及言曾與仙人共遊者，將太半矣！口之與書，微有妙説〔三〕。或謂〔四〕頗聞金丹，而今無復有得之者〔五〕，惟上古已度仙人，乃當曉之。或有得丹方外説，不得其真經。或得雜碎丹方，便謂丹法盡於此也。昔左元放於天柱山中精思，而神人授之金丹仙經。會漢末荒亂，不遑合作，而避地來渡江東，志欲投名山以

〔一〕「大略皆同，理亦無異」，金丹篇、金汋經及金木萬靈論均作「略爲同文」。
〔二〕「或有得道機經者」，金丹篇及金汋經均作「無一人不有道機經」。
〔三〕「口之與書，微有妙説」，金丹篇、金汋經及金木萬靈論分別作「足以與盡微者甚尠矣」、「足學盡微者甚尠」、「得盡微者殊尠」。
〔四〕「謂」，金丹篇及金汋經均作「有」。
〔五〕「而今無復有得之者」，上二書皆作「而不謂今世復有得之者，皆言」。

修斯道。予從祖仙公又從元放受〔一〕之。凡受太清丹經三卷及九鼎丹經一卷、金液丹經一卷〔二〕。予師鄭君者，則予從祖仙公之弟子也，又於從祖受之，而家貧無資買藥。予親事之，洒掃積久，乃於馬跡山中立壇，盟而受之，并具諸口訣，訣之不書。江東先無此書，書出於左元放，元放以授余從祖，從祖以授鄭君，鄭君以授予，故他道士了無知者也。然予受之已二十餘年矣，資無擔石，詎能爲之？但長歎耳！有積金盈櫃，聚錢如山者，復不知有如〔三〕此不死之法。就令聞之，亦萬無一信如何！夫歃玉粭則知漿茆〔四〕之薄味，覩崑崙則覺丘垤之至卑。既覽金丹之道，則使人不復視小小方書。然大藥難卒得辨，當須且將御小者以自支持耳。然服他藥萬斛，爲能有小益，而終不能使人遂長生也。故老子之訣言云：「子不得還丹金液，徒自苦耳。」夫五穀猶能活人，人得之則生，絶之則死，又況於上品之神藥，其益人豈不萬倍於五穀耶？夫金丹之爲物，燒之愈久，變化愈妙。黄金入火，百鍊

〔一〕「受」原作「授」，據金丹篇及金汋經改。
〔二〕「金液丹經一卷」六字原無，據上二書增。
〔三〕「如」字，上二書無。
〔四〕「歃玉粭則知漿茆」，上二書「歃」作「飲」，「茆」作「荇」。

不消，埋之終天〔一〕不朽。服此二藥，鍊人身體，故能令人不老不死。此蓋假求於外物以自堅固，有如脂〔二〕之養火而不滅，銅青塗脚，入水不腐，此是借銅之勁以扞其肉也。金丹入身中，沾洽〔三〕榮衛，非但銅青之外傅矣。世間多不信至道者，悠悠皆是〔四〕。然萬一時偶〔五〕好事者，而復不值此法，不值明師，無由聞天下之有斯事〔六〕也。予今略鈔金丹之都較，以示後之同志好之者，後之同志好之者精修之〔七〕，精修之不可守淺近之方，而爲〔八〕之足以度世也。遂不遇之者，直當息意於無窮之冀耳。想見其説，必自知出潢潦而浮滄海，背螢燭而向日月，聞雷霆而覺布鼓之陋，見巨鯨而知寸介之細也。如其嘍嘍無所先入，

〔一〕「終天」，金丹篇及金汋經作「畢天」。
〔二〕「脂」原作「精」，據上二書改。
〔三〕「洽」原作「治」，據上二書改。
〔四〕「悠悠皆是」，上二書作「則悠悠者皆是耳」。
〔五〕「偶」下，上二書有「有」。
〔六〕「事」，上二書作「妙事」。
〔七〕「精修之」，上二書作「勤求之」，無下之「精修之」三字。
〔八〕「爲」，上二書作「謂」。

欲以弊藥必規昇騰者，何異策蹇驢而欲追迅風，棹藍舟而欲濟大川乎？又諸小餌丹方甚多，然作之有深淺，致力勢不同，雖有優劣，轉不相及，猶一酘之酒，不可以方九醞之醇耳。然小丹之下〔一〕者也，猶自遠勝其草木之上者。凡草物燒之即腐，而丹砂燒之成水銀，積變又還成丹砂，其去凡藥亦遠矣！故能令人長生。神仙獨見此理，其去俗人一何緬邈之無限乎！世人少所識，多所怪，或不知水銀出於丹砂，告之終不肯信，云丹砂本赤物，從何得成此白物。又云丹砂是石耳，今燒諸石皆成灰，而丹砂何得獨爾？此近易之事猶不可喻，其聞仙道大而笑之，不亦宜乎！上古真人愍將來之可教者，爲作方法，委曲欲使其脱死亡之禍，可謂至言矣！然而俗人終不肯信，謂爲虚文。若是虚文者，安得九轉九變，日數所成，皆如方耶？真人所以知此者，誠不可以膚〔二〕近思求也。予少好方術，負步諸門，不憚艱險〔三〕。每有異聞，則以爲喜。雖見毁笑，不以爲慼。安知來者而〔四〕不如今！是以著

〔一〕「下」原作「一」，據金丹篇及金汋經改。

〔二〕「膚」，金丹篇作「庸」，金汋經作「庸夫」，金木萬靈論作「庸夫淺」。

〔三〕「負步諸門，不憚艱險」，金丹篇作「負步請問，不憚險遠」，金汋經「負步」作「負涉」，金木萬靈論「負步」作「苦心」，其下六字均與金丹篇同。

〔四〕「而」，金丹篇作「之」。

此以示識者。豈苟尚奇怪，而崇飾空言，欲令書行於世，信結流俗哉？盛陽不能榮枯朽，上智不能移下愚，書爲曉者傳，書〔一〕爲識者貴。農夫得彤弓以驅鳥，南夷得衮衣以負薪，夫不知貴〔二〕，焉可強哉？世人飽食終日，未必能勤儒墨之業，治進德之務，但共遨遊逍遥，以盡年月。其所營也，非榮則利。或飛蒼走黄於中原，或留連杯觴以羹沸，或荒沈絲竹，或耽淪綺紈，或控弦以疲筋骨，或博弈以棄功夫。聞至道之言而如醉，覩論道之事而晝睡。有身不惜，動之死地，不肯求問養生之法，自欲割削之，煎熬之，憔悴之，漉汔之。而有道者自寶祕其所知，無求於人，亦安肯強行語之乎？世人之常言，咸以長生若可得者，古之聖人富貴以當得之〔三〕，而鮮得者，是無此道也。而不知古之富貴者，亦如今之富貴者耳。俱不信不求之，而皆以目前之所見者爲急，亦安能得之耶？假令不得〔四〕決意信命之可延，仙之可得，亦何惜於試之！小効〔五〕，但使得三二百歲，不猶愈於凡人之少夭乎？天下之事萬

〔一〕「書」，金丹篇及金汋經作「事」。
〔二〕「貴」，上二書及金木萬靈論均作「者」。
〔三〕「古之聖人富貴以當得之」，金丹篇作「古人之富貴者，已當得之」，金汋經作「古之聖人以之富貴者，當得之」。
〔四〕「得」，上二書作「能」。
〔五〕「小効」，上二書作「試之小効」。

端，而道術尤難明於他事者也。何可以中才之心，而斷世間必無長生之道哉？若正以世人皆不信之便爲〔一〕無，則世人智者又何太多乎？今若有識道意而猶修求之者，詎必便是至愚，而皆不及世人耶？又或慮於求長生，儻其不得，恐人笑之，以爲暗惑。若心所斷〔二〕，萬有一失，而天下果自有此不死之道者，不亦當復〔三〕爲得之者所笑乎？日月有所不能周照，人心亦安足孤信哉！

黄帝九鼎神丹序〔四〕

按〔五〕黄帝九鼎神丹經曰，黄帝服之，遂以昇仙。又云，雖呼吸導引，及服草木之藥，可得延年，不免於死也。服神丹令人壽無極〔六〕已，與天地相畢，乘雲駕龍，上下太清。黄

〔一〕「爲」，金丹篇作「謂爲」，金汋經作「謂」。

〔二〕「若心所斷」原作「若所忌斷」，據金丹篇改。金汋經作「若己心所斷」。

〔三〕「不亦當復」原作「亦當不復」，據金丹篇、金汋經改。

〔四〕金丹篇及金汋經皆無此標題。以下之標題皆同。

〔五〕「按」字上，上二書分别有「抱朴子曰余」。

〔六〕「極」，上二書作「窮」。

帝以傳玄子，戒之曰：「此道至重，必以授賢，苟非其人，雖積金如山，勿以此道告之也。」受之者以金人金魚投於東流水中以爲約，歃血爲盟。無神仙之骨，亦不可得見此道也。合丹當於名山之中，無人之地，結伴不得過三人，先齋百日，沐浴五香，致加清潔，勿近污穢，又不得與俗人往來，又不令不信道者知之，謗毀神藥，藥即不成。成者舉家皆仙，不但一身耳。世人不合神丹，反信草木之藥。草木之藥〔一〕，埋之即爛，燒之即焦，〔二〕不能自生，況人乎〔三〕？

九丹者，長生之要，非凡人所當見聞也。兆之蠢蠢，惟知貪富貴而已，豈有〔四〕非行尸者乎？合時又當祭，醮〔五〕自有圖法一卷。

〔一〕「草木之藥」四字原無，據金丹篇及金汋經增。
〔二〕「埋之即爛，燒之即焦」，上二書作「埋之即腐，煮之即爛，燒之即焦」。
〔三〕「況人乎」，上二書作「何能生人乎」。
〔四〕「有」字，上二書無。
〔五〕「醮」，上二書作「祭」。

九轉丹名

第一丹名丹華，當先作玄黄〔一〕，用雄黄、雌黄、礬汞〔二〕、戎鹽、鹵鹽、礜石、牡蠣、赤石脂、滑石、胡粉各數十斤，以爲六一泥，固濟火之，三十六日成之，服七日仙。又以玄黄膏〔三〕丸此丹，置猛火上，須臾成黄金。又以二百四十銖合水銀百斤火之，亦成黄金。金成者，藥成也；金不成者，藥不成也。更封藥而火之，日數如前，無不成也。

第二丹名神符，服之百日仙也。行度水火，以此丹塗足下，可步行水上。服之〔四〕，三尸九蟲皆消壞，其身中百病皆愈。

第三丹名神丹，服一刀圭，百日仙也。以與六畜吞之，亦不死。又能辟五兵。服二百日，仙人玉女，山川鬼神，皆來侍，見如形。

〔一〕「黄」原作「武」，據金丹篇及金汋經改。

〔二〕「雄黄、雌黄、礬汞」，金丹篇作「雄黄水、礬石水」，金汋經作「雄黄水、礬石汞」。

〔三〕「玄黄膏」，上二書作「玄膏」。

〔四〕「之」下，上二書有「三刀圭」三字。

第四丹名還丹，服一刀圭，百日仙也。朱鳥鳳凰，翔覆其上，玉女至傍。以一刀圭合水銀一斤火之，立成黄金。以此丹塗錢物用之，即日皆還。以此丹書凡人目上，百鬼走避。

第五丹名餌丹，服之三十日仙也。鬼神來侍，玉女至前。

第六丹名鍊丹，服之十日仙也。又以汞合火〔一〕，即成黄金。

第七丹名柔丹，服一刀圭，百日仙也。以缺盆汁和之服，九十日仙也〔二〕，九十老翁，亦能有子。與金公合火之，即成黄金。

第八丹名伏丹，服之百日仙也。以此丹如棗〔三〕核許帶行，百鬼避之。以丹書門户上，萬邪衆精不敢前，又辟盜賊虎狼。

第九丹名寒丹，服一刀圭，即〔四〕日仙也。玉女來侍，飛行輕舉，不用羽翼。

〔一〕「火」，金丹篇、金汋經作「火之」。

〔二〕「汁和之服，九十日仙也」，上二書「和之服」作「和服之」，而無「九十日仙也」五字。「汁」原作「汗」，據金丹篇改。

〔三〕「棗」字原無，據上二書增。

〔四〕「即」，上二書作「百」。

凡此九丹，但〔一〕得一丹便仙，不在悉作之，作之在人所好者耳。凡餌九丹，欲昇天則昇，欲且止人間亦任意，皆能出入無間，不可得而害矣。

太清神丹法

抱朴子曰：太清神丹，其法出於元君，元君即老子之師也。太清觀天經有九〔二〕篇，云其上三〔三〕篇不可教授，其下三篇世無足傳，當沈之三泉之下〔四〕，三篇者，正是〔五〕丹經上中下凡三卷也。元君者，大神人也，能調和陰陽，役使風雨〔六〕，驂駕九龍十二白虎，天下衆仙皆隸焉。猶自言本亦學道服丹之所致也，非自然也，況凡夫乎！其經曰：上士得道，昇爲天官；中士得道，棲集崑崙；下士得道，長生世間；愚民不信，謂爲虚言。從朝至暮，

〔一〕「但」下原有「此」字，據金丹篇、金汋經删。
〔二〕「九」原作「十」，據上二書改。「太清觀天經」，金汋經作「太清上經」。
〔三〕「三」原作「七」，據上二書改。
〔四〕「下」下，上二書有「下」字，連下。
〔五〕「正是」原互乙，據上二書改。
〔六〕「役使風雨」，上二書作「役使鬼神風雨」。

但作求死之事，了不求生，而天豈能强生之乎？凡人惟知美食好衣聲色富貴而能〔一〕恣心盡欲，盡命奄殁〔二〕之徒，慎無以神丹告之，令其笑道慢真益罪也〔三〕。傳丹經，不得其人，即不告〔四〕。若有篤信者，可將合成藥以分之，莫輕以其傳之也。知此道者，何〔五〕王侯爲？神丹既成，不但長生，又可〔六〕以作黄金。金成，取百斤先設大祭。祭自有别法一卷，不與九鼎祭同也。祭當别稱名銜〔七〕，各檢署具用金斤數〔八〕。禮天二十斤，日月五斤，北斗八斤，太一八斤，井五斤，竈五斤，河伯十二斤，社五斤，門户閤鬼清君〔九〕各五斤，凡八

〔一〕「能」，金丹篇、金汋經作「已」爲句。
〔二〕「盡命奄殁」，上二書作「奄忽終殁」。
〔三〕「笑道慢真益罪也」，上二書作「笑道謗真」。
〔四〕「即不告」，上二書作「身必不吉」。
〔五〕「何」原作「或」，據上二書改。
〔六〕「可」字原無，據上二書增。
〔七〕「稱名銜」，上二書作「稱金」。
〔八〕「具用金斤數」，上二書作「之」。
〔九〕「閤鬼清君」，金丹篇作「閭鬼神清君」，金汋經作「閭鬼靖君」。

十八斤。餘一十二斤，以好韋囊盛之，良日於都市中市盛之處〔一〕，嘿聲放棄之〔二〕，徑去無復顧。凡用百斤外，乃得自恣用之耳。不先以金禮神，必致殃咎。又曰：長生之道，不在祭祀事鬼神也，不〔三〕在導引與屈伸也，昇仙之要在神丹。知之不易，爲之難也。子能作之，可長存也。近代漢末新野陰君，合此太清丹得仙。其人本儒生，多才思，善著詩及丹經讚并序，述初學道隨師本〔四〕末。列已知識之得仙者四十餘人，甚分明也〔五〕。作此太清小法〔六〕難於合九鼎，然〔七〕是白日昇天之上法也。當合之日，先作〔八〕華池〔九〕赤鹽艮雪玄白飛符三五神水，乃可起火耳。

〔一〕「處」，金丹篇、金汋經作「時」。
〔二〕「之」下，上二書有「多人處」（金汋經「處」作「之處」）。
〔三〕「不」字原無，據上二書增。
〔四〕「師本」原作「本師」，據上二書改。
〔五〕「也」原作「他」，據上二書改。
〔六〕「太清小法」，上二書作「太清丹小爲」。
〔七〕「然」原作「經」，據上二書改。
〔八〕「作」原作「生」，據上二書改。
〔九〕「池」下，金汋經有「溺水金公黄華」六字。

九轉丹遲速効驗

一轉之丹，服之三年仙。
二轉之丹，服之二年仙。
三轉之丹，服之一年仙。
四轉之丹，服之半年仙。
五轉之丹，服之百日仙。
六轉之丹，服之四十〔一〕日仙。
七轉之丹，服之三十〔二〕日仙。
八轉之丹，服之十日仙。
九轉之丹，服之三日仙〔三〕。

〔一〕「四十」，金汋經作「三十」。
〔二〕「三十」，上書作「二十」。
〔三〕「三日」，上書作「一日」。「仙」，上書及金丹篇作「得仙」，以上八「仙」字同。

若取九轉之丹内神鼎中，夏日之後暴之昇熱〔一〕，内朱兒一斤於蓋下伏伺之，候日精照之，須臾翕然俱起，煌輝神光五色，即化爲還丹。取而服之一刀圭，即白日昇天。又以丹封泥之，塗〔二〕於土釜中，糠火燒，先文後武，其一轉至九轉，遲速各有日數多少，以此〔三〕知之耳。其轉數少，其藥力未足，故服之用日多，乃得仙遲也。其轉數多，則藥力成〔四〕，故服之用日少，而得仙速也。

九光丹法

九光丹與九轉丹〔五〕法，大都相似耳。作之法，當以諸藥合火之，以轉五石。五石者，丹砂、雄黃、白礬、曾青、磁石也。一石輒五轉，而各成五色，五石〔六〕爲二十五色，色各有

〔一〕「夏日」，金丹篇及金汋經作「夏至」；「昇熱」作「鼎熱」。
〔二〕「又以丹封泥之塗」，上二書作「又九轉之丹者，封塗内之」（金丹篇無「内」字）。
〔三〕「此」字原無，據上二書增。
〔四〕「成」，上二書作「盛」。
〔五〕「丹」，上二書作「異」。
〔六〕「石」原作「色」，據上二書改。

一兩，而異器盛之。欲起死人，未滿三日者，取青丹一刀圭〔一〕，發其口内之，死人立生也。欲致行廚，取黑丹和水，以塗左手，其所求如口所道皆至，可召天下萬物也。欲隱形及先知〔二〕未然方來之事，及住年不老，服黄丹一刀圭，即便長生，坐見萬里之外，吉凶所知，皆〔三〕如在目前也。人生宿命，盛衰壽夭，貴賤貧富，皆知之也。其法俱在太清經卷中。

五靈丹法

五靈丹一卷〔四〕，凡有五法也。用丹砂、雄黄、雌黄、硫黄〔五〕、曾青、礬石、磁石、戎鹽、太一餘糧，亦用六一泥及神室祭醮之，合之〔六〕三十六日成。又用五帝符，以五色書之，亦令人不死，但不及太清及九鼎丹耳。

〔一〕「圭」下，金丹篇及金汋經有「和水以浴死人，又以取一刀圭」十二字。
〔二〕「知」原作「然」，據上二書改。
〔三〕「吉凶所知，皆」，上二書作「吉凶皆可知」（金汋經無「可」字）。
〔四〕「五靈丹一卷」，上二書作「其次有五靈丹經一卷」。
〔五〕「硫黄」，上二書作「石硫黄」。
〔六〕「合之」下，金汋經有「火」字。

岷山丹法

岷山丹法，道士張蓋蹹精思於岷山石室中，得此方也。其法鼓〔一〕黄銅以作方諸，以承取月水〔二〕，以水銀覆之，致日精火其中，長服之不死。又取此丹置雄黄銅燧中，覆以汞，暴之二十日，發而治之，以井花水服如小豆大，百日，盲者能視，百病即愈，髮白還黑，齒墮更生。

五〔三〕成丹法

五成丹亦有九首，似九鼎而不及也。其要取雄黄燒取其中銅，鑄以爲器，覆之三歲淳苦酒上，比百日，此器皆生赤乳，長數分，或有五色琅玕，取治而服之，亦令人長生。又可以

〔一〕「鼓」，金丹篇及金汋經均作「鼓冶」。
〔二〕「月水」，金丹篇作「月中水」。
〔三〕「五」，上書及金汋經均作「立」。下同。

和菟〔一〕，掘取刳其血〔二〕，以和此丹，服之即變化在意也。又以朱草和一刀圭服之，能乘虛而行之〔三〕。朱草葉如菰，生不羣，長不雜，枝幹皆赤〔四〕，莖如珊瑚，多生名山嵓石之下。刻之汁如血，以玉及八石金銀投其中，立便可丸如泥，久則成水。以金投之，化爲金漿；以玉投之，即爲玉醴。服之皆長生。

金液法威喜巨勝法附

抱朴子曰：金液，太一所服而仙者也，不減九丹矣。合之用古秤黄金一斤，並用玄明龍膏、太一旬首〔五〕中石、冰石、紫遊女、玄水液、金化石、丹砂，封之即成水。其經云，金液

〔一〕「又可以和菟」，金丹篇作「又可以和菟絲，菟絲是初生之根，其形似菟」，金汋經作「又説和菟絲初生之根，其形似菟」。

〔二〕「血」，金汋經作「汁」。

〔三〕「又以朱草和，一刀圭服之，能乘虛而行之」，金丹篇及金汋經均作「又和以朱草，一服之，能乘虛而行云」。

〔四〕「朱草葉如菰，生不羣，長不雜，枝幹皆赤」，上二書作「朱草狀似小棗栽，長三四尺，枝葉皆赤」（「小棗栽」金汋經作「小桑棗栽也」）。

〔五〕「首」原作「守」，據上二書改。

入口，則身皆金色。老子受之於元君，元君曰：此道至重，百年〔一〕一出，藏之石室。合之，齋戒百日，不得與俗人往來，於名山之側，東流之水上，别立精室，百日成，服一兩便仙。若未欲去世，且作地仙者〔二〕，但齋戒百日。若欲昇天，皆先斷穀一年，乃服之。若半兩，則長生不死矣。萬害百毒，不能傷之，可畜妻子，居官秩，在意所欲，無所禁也。若後〔三〕昇天者，乃齋戒，服一兩，便飛仙矣。

威喜巨勝法〔四〕：取金液及水銀、左味合煑之，三十日出，以黄玉甌盛，以六一泥封，置猛火炊之，卒時皆化爲丹，服如小豆大便仙。以此丹一刀圭粉水銀一斤，即成銀〔五〕。又取此丹一斤置火上扇之，化爲赤金而流，名曰丹金〔六〕。以塗刀劒，辟兵萬里。以此丹金爲盤

〔一〕「年」，金丹篇及金汋經作「世」。
〔二〕「地仙者」，上二書作「地水仙之士者」（金汋經則無「水」字）。
〔三〕「後」，金汋經作「後欲」，金丹篇作「復欲」。
〔四〕「威喜巨勝法」，上二書作「以金液爲威喜巨勝之法」（金汋經「以」作「又」）。
〔五〕「即成銀」三字原無，據上二書增。
〔六〕「金」字原無，據上二書增。

椀飲食〔一〕，俱令人長生。以承日月，下得神汋〔二〕，如方諸之得水也，飲之者不死也。以金汋和黄土，内六一泥甌中，猛火炊之，盡成黄金。復以火灼之，皆化爲丹，服之如小豆大，可以入名山大川爲地仙。受金液經〔三〕，投金人八兩於東流水中，歃血爲誓，乃告口訣〔四〕。不知本法，盜其方而合之，終不成也。凡人有至信者，可以藥與之，不可輕傳其書，必兩受其殃，天神鑒人甚近，不可不知耳〔五〕。

抱朴子曰：九丹誠爲仙藥之上法〔六〕，然合作之，所用雜藥甚多。若〔七〕四方清通，市之可具；若九域分隔，則其物不可得也。又當起火，晝夜數十日，伺候火力，不可令失其

〔一〕「食」下，金丹篇及金汋經有「其中」二字。

〔二〕「下得神汋」，金汋經作「當得神液」，金丹篇作「得液」。

〔三〕「受金液經」，金汋經作「金液經云」。

〔四〕「乃告口訣」原作「乃告之。口訣曰」，且「口訣曰」另起一行，據金汋經及金丹篇改。

〔五〕「不可不知耳」，上二書作「而人不知耳」（金丹篇無「而」字）。

〔六〕「誠爲仙藥之上法」原作「成爲仙藥之上」，據上二書改。

〔七〕「若」原作「苦」，據上二書改。

適，勤苦至〔一〕難，故不及合金液之易也。合金液惟金爲難得耳。古秤一斤於今秤二斤，率不過直三十許萬，其使用雜藥差易具。又不起火，但以置華池中，日數足便成耳。都合不用四十萬，而得一劑，可足令八人仙〔二〕也。

〔一〕「至」原作「致」，據金丹篇及金汋經改。
〔二〕「令八人仙」原作「八仙人」，據金汋經增改，金丹篇則無「令」字。

雲笈七籤卷之六十八

金丹部

太上八景四蘂紫漿五珠絳生神丹方一首一名三華飛綱丹并叙〔一〕

太上真人所以廣眄〔二〕衆天，豁落紫空，晏觀七覺，朝遊〔三〕萬方，寔由四液之飛津，五珠之丹皇矣。遂乘三華〔四〕以八眄，御飛綱以保真，分神易景，逍遥上清者也。兆觀琅玕之華，則絳〔五〕生之丹立焉。既獲九真之高章，而九陰之户啓矣。長年在於玄覽，得道

〔一〕以上標題，上清太上帝君九真中經卷下作「太上八景四蘂紫漿五珠絳生神丹方經序一名三華飛綱丹經張道陵譔并註」。「絳」原作「降」，據改。

〔二〕「眄」，上清太上帝君九真中經太上八景四蘂紫漿五珠絳生神丹方經（下稱絳生神丹方經）作「盼」。

〔三〕「朝遊」，上書作「遊翔」。

〔四〕「華」原作「英」，據上書改。

〔五〕「絳」原作「降」，據上書改。下同。

存乎精微。所宜〔一〕注神真氣，棲心冥幾。澄五神於紫房，鏡混合於太微。月華合於結璘，日暉洞於鬱儀。靈變朗於九晨，把〔二〕凝液以虚飛。玉經唱於朗景，焕龍華於扶希。眇眇奔乎冥漢，天地欻以推移。立變易〔三〕於圓塗，電散疾於震雷。居洪淵而不溺，蹊兵刃而不危。將塞也則萬户捷閉，欲通也則積滯俱蕩。沈飛無方，隨意所宜。大哉靈化之丹，與帝一九陰齊其光暉。服盡一劑，後三光而不衰。藥名口訣：

第一絳陵朱兒七兩，口訣是丹砂，巴越者是也〔四〕。

第二丹山日魂四斤，口訣是雄黄，取明者〔五〕。

第三玄臺月華三斤，口訣是雌黄也〔六〕。

第四青要玉女五斤，口訣是空青也。

〔一〕「所宜」，絳生神丹方經作「精微所宜，澹質妙綏」。
〔二〕「把」，上書作「挹」。
〔三〕「易」，上書作「分」。
〔四〕「巴越者是也」，上書作「巴越之精明上者」。
〔五〕「取明者」，上書作「取精鮮色好洞明上者」。
〔六〕「也」，上書作「不用青色」。

第五靈華沈腴三斤，口訣是薰陸香。
第六北帝玄珠一斤，口訣是消石。
第七紫陵文侯五兩，口訣是紫石英，精好者〔一〕。
第八東桑童子七兩，口訣是青木香。
第九白素飛龍八兩，口訣是白石英。
第十明玉神珠七兩，口訣是真瑰〔二〕，拾芥者。
第十一五精金羊五兩，口訣是陽起石。
第十二兩華飛英五兩，口訣是雲母，光明者〔三〕。
第十三流丹白膏九兩，口訣是粉霜〔四〕。
第十四亭炅獨生六兩，口訣是鷄舌香，味辛者。

〔一〕「紫石英精好者」，絳生神丹方經無「紫」字，「精」字原無，據上書及四部叢刊本補。
〔二〕「真瑰」，絳生神丹方經作「琥珀」，「琥珀」，漢書西域傳、後漢書西南夷傳作「虎魄」，「瑰」疑當作「魄」。
〔三〕「光明者」，絳生神丹方經作「取光明白好者，此物有種五，各異名」。
〔四〕「粉霜」，上書作「胡粉」。

第十五碧陵文侯五兩，口訣是石黛。

第十六倒行神骨五兩，口訣是戎塩。

第十七白虎脱齒四兩，口訣是金牙石。

第十八九靈黄童三兩，口訣是石硫黄。

第十九陸虚遺生五兩，口訣是龍骨，舐之著舌者佳。

第二十威文中王六兩，口訣是虎頭腦，陰骨搗用〔一〕。

第二十一沈明合景四兩，口訣是蚌中珠子，已穿者亦可用，但令新者。

第二十二章陽羽玄四兩，口訣是白附子。

第二十三緑伏石母五兩，口訣是磁石，取懸針者可用。

第二十四中山盈脂七兩，口訣是太一餘糧，取中央黄也〔二〕。

〔一〕「口訣是虎頭腦，陰骨搗用」，絳生神丹方經作「口訣是虎杖花，陰乾而搗用。陰乾當以細絹囊盛，勿以塵附。一本云虎頭腦」。按「陰骨」疑當作「陰乾」。

〔二〕「取中央黄也」，上書作「取中央黄好細理者」。

右二十四味合二十四神之炁，和九晨九陰之精〔一〕凝液，結日月之明景也。以次別擣，從丹砂始，令各四千杵。藥皆用精上鮮明者，擣藥人當得温慎無多口舌者。當令〔二〕先齋戒三十日，訖乃〔三〕擣藥，别處盛室，潔其衣服，日數沐浴〔四〕。合藥可三四人同心齊意，隱静而處。禁忌之法，亦如齋禁例〔五〕。擣藥都畢，以藥安著釜中。安藥次第之法，先内丹砂，次内雄黄，次内雌黄，次内空青，末後乃内太一餘粮，太一餘粮在衆藥之上也〔六〕。二十四種都畢，皆當循次令竟釜中，以小柳篦子按令相薄。又以水銀五斤灌諸藥之上，都畢，又徐徐安上土釜，以黄丹泥泥其平際，以牡蠣泥泥其外際一寸，陰乾十日取燥，拆〔七〕

〔一〕「精」字，絳生神丹方經無。
〔二〕「令」字原無，據上書增。
〔三〕「乃」字原無，據上書增。
〔四〕「日數」原無，據上書增。又「浴」下，上書有「每從清香」四字。
〔五〕「亦如齋禁例」，「亦」上書作「一」，「例」上書作「别」連下句。
〔六〕「末後乃内太一餘粮，太一餘粮在衆藥之上也」，上書作「次内薰陸，後乃内太一餘粮，在衆藥之上也」。
〔七〕「燥拆」，上書作「燥拆」。

又上泥之。畢，又通以牡蠣泥泥其外面，上下四邊厚六分。又應先作六一泥，以泥〔一〕土釜内外。

作泥法：東海左顧牡蠣、戎鹽、黄丹、滑石、赤石脂、蚓螻黄土，凡六物，皆令分等擣治，下細絹篩，和以百日苦酒極酸釅者，和畢更擣二〔二〕萬杵，六一之泥成。以泥兩土釜内外，漸漸薄泥，日曝令乾燥，使經時，稍上泥，都畢，令釜内外各厚一〔三〕寸半，如此泥釜了。作六一泥隱量〔四〕取足用。凡作泥之法，皆以苦酒和泥。無戎鹽者，河東大鹽可用。又以東海細鹽二斤〔五〕内一斛苦酒中，攪之去滓，以和六一泥，計此爲準。

作竈法：當在無人處先〔六〕作竈屋，長四丈，南向，屋東頭爲户，屋南向爲紗窗，屋中

〔一〕「以泥」二字原無，據絳生神丹方經增。

〔二〕「二」，上書作「三」。

〔三〕「一」，上書作「二」。

〔四〕「隱量」，上書作「穩量」。

〔五〕「斤」，上書作「斗」。

〔六〕「作竈法：當在無人處先」九字原無，據上書增。

央作竈。竈令四方，四面開口，以大鐵銚〔一〕，銚施四脚，以著竈之中央。上下相遠高下之法，以意裁量安隱〔二〕之。所盛藥土釜好安著銚〔三〕上，以好糠火於下燒之，令去釜一尺許，調適視火，勿令暴猛，足十八日訖。更令火去〔四〕釜下一寸，復五日，日足；更令火齊底二十七日，日足；更令半下釜之腹三十日，日足；更令火未下釜之上二寸二十四日，日足，都畢藥成也。可復寒之七日，而徐發視，八景四蘂之華皆懸著上釜，以三歲白雄雞羽掃之，盛以金銀密器，其華當作景雲之色，五十八種之氣，流霞玄映，紫光鬱曜，不可名字，名曰八景四蘂五珠絳生神丹。以二月八月朔平旦，向太歲王方再拜，以東流水服一兩，即頭有九晨之光，面〔五〕有玉華，飛映寶曜，洞觀天下。閉氣則立致三素之雲輿，唾地則化爲日月之光，左嘯則神仙啓首，右嘯則八景合真。於是騰空上造，以詣紫虛，出入玉清，寢宴神房。若藥華未盡起者，可更合泥固濟，如前法使密，更燒釜腹，頓六十日，萬無不成。復寒

〔一〕「銚」，疑當作「鐒」。下同。
〔二〕「安隱」疑作「安穩」。
〔三〕「銚」原作「銚銚」，據絳生神丹方經删。
〔四〕「去」下，上書有「釜下五寸，復九日，日足；更令火去釜下三寸，復更七日，日足；更令火去」凡二十七字。
〔五〕「面」原作「而」，據上書改。

之七日，開發如初。

右以已鍊麻腴一斛，取四蘂紫〔一〕華三兩，合投之，以炭火於銅器下微煎之，三日藥成，名曰四蘂紫漿。日服一合，壽同天地，分形爲萬，乘虚而行，所欲隨意。又以四蘂紫腴〔二〕塗掌及手爪甲，以鏡細視之，則見萬里之外物，欲覿之事，則隨心所視而現之，亦照見方來之事〔三〕，倣像生死盛衰之至〔四〕運也。此丹或名八景丹，或名四蘂紫華，或名太微紫玉腴，或名五珠華丹，或名絳生晨華，或名三華上丹，或名太上飛綱，或名九晨上丹，凡八名也。

鍊麻腴法

鍊麻腴之法，用清水五斛，麻腴一斛〔五〕，葱、薤白各二斤，合水、腴、葱、薤〔六〕四物合

〔一〕「紫」字原無，據絳生神丹經增。

〔二〕「腴」原作「映」，據上書改。

〔三〕「事」字原無，據上書增。

〔四〕「至」，上書作「玄」。

〔五〕「斛」下，上書有「空亭、吴莎」四字。

〔六〕「葱、薤」，上書作「空亭、吴莎」。

煎，取一斛止。作紫蘂朠當以〔一〕寂静處發火，以木蓋蓋銅器上，勿令朠煙散出。錬朠亦可單服，以致延年。凡糠火火八景神丹日數既足，勿發，復更火之，如初日時進火之日法，如先都畢。寒之七日乃發，藥煙變成明月珠五枚，仰綴著上蓋，皆裹以絳幙。服其絳幙〔二〕送以清水，則絳雲見覆，飛登上清。佩此五珠，則以映天下，與日月景同〔三〕，名此丹五珠絳生。以行上清者，用一倍火之。五珠既成，勿發，復更火之，日如前。火畢，又寒之二十二日乃開〔四〕，明月五珠又變成三華飛剛之龍。發釜之後，便恍惚長大，神光采華〔五〕，吐氣興雲，所謂隱龍者也。既乘之而行，以造九晨之宫。故高上經曰：子乘隱龍，與天無窮。夫火之倍者，計先火一日，後火則應二日，又後火則應四日，又後火則應八日，又後火則應十六日，每事効此爲數。

〔一〕「以」，絳生神丹經作「於」。
〔二〕「服其絳幙」四字原無，據上書增。
〔三〕「景同」，上書作「同景」。
〔四〕「二十二日乃開」，上書作「二十一日乃開之」。
〔五〕「神光采華」，上書作「文采光華」。

取作虎腦〔一〕之法，用馬銜芎藭一斤細擣爲屑，以虎腦六兩和此屑爲餅而陰乾，既乾更擣，而秤取六兩，餘者投之於東流水中。陰乾虎腦，三年内亦可用也，不必新乾而必佳也。乾時以絹囊盛之，勿以〔二〕塵附。用薰陸香而膠〔三〕者，先多塵濁，當以湯水洗鍊去垢，取令光明而無滓者可用。

取錫十斤於鐵鑊熬之半日，投四蘂紫華一銖合攪，須臾成萎蕤紫金〔四〕，屈伸在人而用之，謂初成之時耳。投二銖成紫蘂玉，投三銖成玄梨緑景玉。

取八景丹滓擣三萬杵，日服一丸如小豆大，身生玉光，壽同九晨，體香聞三十里。燒一丸如小豆大，辟百疾惡氣諸鬼不祥，而香芳十日不絶。取一丸如黍米含之而唾，則變化隨意任心，藏形蔽影，從横天下，欲止即吞此丸乃息。已死未三日，服一丸如大豆立活，當發口扣齒送以水，又以一丸鎮心〔五〕，則魂魄自還，而四體温軟也。

〔一〕「虎腦」，絳生神丹方經作「虎杖花」，下同。
〔二〕「以」，上書作「令」。
〔三〕「膠」，上書作「漆」。
〔四〕「紫金」原作「金紫金」，據上書删。
〔五〕「鎮心」，上書作「塗心」。

取鉛〔一〕十斤於鐵器中煎熬，投此二丸如鷄子黄合攪，須臾成金〔二〕。投三丸即成紫金。帶一丸以行〔三〕，則山海之神來朝。以一丸塗門户，則一家無病辟鬼精。日服一丸，百日則色如處子，三年而面反嬰童也。以一丸如小豆大投水中，龍魚浮出而水沸。以一丸如大豆大投火中，而光停一日許。

上清高聖中〔四〕黄老君洞真金玄九陰九陽〔五〕真玉經、太上鬱儀結璘章、八景神丹文皆刻於東華仙臺〔六〕，不宣於世上，自非宿有仙名者，不聞見也。傳授之法，皆對齋思神，審可付與，立盟爲誓，約無宣泄。其受〔七〕帝君九陰訣，盟用青絲一結，以爲盟誓。其受太上鬱儀文，盟用絳紋二十四尺，此日暉之誓也。其受太上結璘章，盟用碧紋二十四尺，此月華

〔一〕「鉛」，絳生神丹方經作「鉛錫」。
〔二〕「金」，上書作「黄金」。
〔三〕「以行」二字原無，據上書增。
〔四〕「中」，上書作「中央」。
〔五〕「陽」字，上書無。
〔六〕「仙臺」，上書作「仙靈臺」。
〔七〕「受」原作「授」，據上書改。

之誓也。其受八景丹經，盟用〔一〕金鐶三雙，此無常童子圓變之誓也。今用四盟，引九晨以爲約，指日月以爲信，必無宣泄，心齊天地也。若不崇信誓，身爲下鬼，七世父母受拷水火，搥蒙山之石，投積夜之河。案經師之授盟物也，當施散於寒窮，救貧病之急厄，拯山川之餓夫，營神靈之公用矣。若私割以自贍，貪婪以爲利者，則經師之七祖長受拷於地獄，身入風火，其痛也哉！又弟子經師私〔二〕心相愛，所以親〔三〕根本也。道德既厚，則人鬼無間；根本既親，則魂魄自寧。若崇始慢終，不常其德者，何年命之能長？何神仙之可要乎？得其領會者，始可與言尋道之本末矣！

〔一〕「用」字原無，據絳生神丹方經增。

〔二〕「私」，上書作「和」。

〔三〕「親」原作「見」，據上書改。

九還金丹二章〔一〕

第一章六篇〔二〕

上證品含元章叙〔三〕

夫還丹本九陽〔四〕之精，降受二十四真，真水真火，内外包含，含化五神。五神運氣，積而爲砂，積砂成丹，稟積氣極，乃號紫華紅英大還之丹。大還丹皆因師師相承，傳之口訣，靈文藏於洞府，金簡祕在仙都。仙人恐絶道源，演述隱文祕言〔五〕，留傳於世。遂使後來明俊，博採尋幽，曠日劬勞，終無所悟，漸漬〔六〕沈溺，倏忽形腐神消，尸魄化爲魔魅，深

〔一〕「九還金丹二章」，應置於下卷「七返靈砂論」之後。
〔二〕「九還金丹二章第一章六篇」，道藏本收録作「大洞鍊真寶經九還金丹妙訣衡嶽真人陳少微字子明撰」。
〔三〕「上證品含元章叙」，大洞鍊真寶經九還金丹妙訣（下稱金丹妙訣）作「證品含元章」，且置之於「抽砂出汞品第二」之處。
〔四〕「九陽」，上書作「陽九」。
〔五〕「仙人恐絶道源，演述隱文祕言」原作「先人恐道絶源，演出隱文謎言」，據上書改。
〔六〕「漬」原作「潰」，據上書改。

可悲哉！然大道所運，稟之專精。變通之功，必歸於鍊汞。鍊汞要妙，備於二章。二章之中，分爲九品：上三品則抽砂出汞，鍊汞投金，修金合藥，合於七篇。中三品陳五石之金，四黄伏制，陽金變通。下三品和合大丹，鑪鼎火候，成丹證真之訣，俱列於九品二章之中也。

抽砂出汞品第一〔一〕

大洞鍊〔二〕真寶經皆隱祕真鉛真汞。真汞者，則上品光明砂抽出汞，轉更合内水火之氣〔三〕，然名爲真。而光明砂一斤，其中含汞十四兩。

抽出汞訣：先取篩竹爲筒，節密處全留三節，上節〔四〕開孔如彈丸許，中節開小孔子如筋頭許，而容汞溜下處，先鋪厚臘紙兩重致中節之上，次取丹砂細研，入於筒中，以麻緊縛其筒，蒸之一日。然後以黄泥包裹之，可厚三寸〔五〕，埋入土中，令筒與地面平。筒四面

〔一〕「抽砂出汞品第一」，金丹妙訣作「證品含元章」，而置此品名於下「抽出汞訣」之前。
〔二〕「鍊」原作「鎮」，據上書改。
〔三〕「氣」原作「法」，據上書改。
〔四〕「上節」二字原無，據金丹妙訣抽砂出汞品第一增。
〔五〕「寸」，上書作「分」。

緊築，莫令漏泄其氣。便積薪燒其上一復時，令火透其筒。上節汞即流出於下節之中，毫分不折。忽火小，汞出未盡，尚重而猶黑紫，依此更燒之，令其汞合大數足。如紅馬牙〔一〕紫靈砂抽汞，一同此訣。餘别訣飛抽者，損折積多，而筒抽訣最妙，然具列於章上品也。

鍊汞添金出砂品第二

凡同類丹砂雖抽出汞，未可便〔二〕添於合〔三〕金化砂，砂終不出，七篇猶未周備。且投金化砂，祕於鍊汞訣〔四〕。其汞則重受内水火氣，遇本金相投，合化而便生砂。

鍊汞訣〔五〕：取汞一斤、石硫黄三兩，先擣研爲粉，致於甆鉢中，下著微火，續續下汞，急手研之，令爲青砂。後便將入於甆瓶中，其〔六〕瓶子可受一升。以黄土泥緊泥其瓶外，

〔一〕「牙」下，金丹妙訣抽砂出汞品第一有「白馬牙」三字。
〔二〕「便」原作「則」，據金丹妙訣鍊汞添金出砂品第二改。
〔三〕「於合」，上書作「合於」。
〔四〕「訣」字，上書無。
〔五〕「鍊汞訣」，上書作「鍊汞訣曰」。
〔六〕「瓶中，其」三字原無，據上書增。

厚可二分，以蓋合之，緊密固濟，致之鑪中。用炭火一斤於瓶子四面養之三日，瓶子四面〔二〕長須有一斤炭。三日後，更以文武火燒之，可用炭十斤，分爲兩分，每一分上炭五斤燒其瓶子，忽有青焰透出，即以稀泥急塗之，莫令焰出，炭盡爲度。寒三日開之，其汞則化成紫砂，分毫無失。其紫砂用黑鉛一斤，於鼎中鎔成汁〔三〕，次取紫砂研細，投入鉛中，歇去火，急手炒令和爲砂，便就鼎中細研塩覆蓋，可厚二分，緊按令實固濟，武火飛之半日，靈汞即出，毫分無失，然依七篇反數投化，合金生砂。如第二反其化寶砂篇中用汞，則兩度用石硫黄燒令成砂，兩度入黑鉛却抽歸汞，添金化砂。第三反英砂用汞，則三度燒令抽入；第四反出妙砂中用汞，汞則四度抽燒；第五反化靈砂用汞，還五度抽錬；第六反出神砂用汞，汞亦須六度燒抽；如第七反化出玄真絳霞砂用汞，汞一依前七著石硫黄燒成紫砂，七度用黑鉛抽歸靈汞。每度燒皆用石硫黄三兩，却抽歸汞則用黑鉛一斤，轉轉燒抽，火候一

〔二〕「面」原作「回」，據四部叢刊本改。

〔三〕「其紫砂用黑鉛一斤，於鼎中鎔成汁」，金丹妙訣錬汞添金出砂品第二作「即取黑鉛一斤，將其黑鉛先於鼎中鎔成汁」。

依前訣〔一〕。其汞燒抽變鍊，則含其内水火之精氣，亦合七篇之大數，自然水火金三光稟氣相合，會精而化靈證真也。

修金合藥品第三

且陽元之魂，遇陰氣所感，伏成形魄〔二〕，謂之兑金。兑金則成，見陰質更而含陽精〔三〕，漸令去其滯氣。靈汞投化，轉轉增光，反濁歸清，然後正陽之體。其修金用藥，窮真合無〔四〕，令其靈通於七篇也。

石鹽本稟坤坎之精、陰極之氣結成，其〔五〕質方而稜如片石，光白似顆鹽之類，味微淡於顆鹽，功則能伏制陽精，銷化火石之毒，力與石硫黄敵體，變鍊功性，能發明金精，去麤滯飛昇，七篇之中，假之爲使。

〔一〕「一依前訣」原作「依前一訣」，據金丹妙訣鍊汞添金出砂品第二改。
〔二〕「伏成形魄」，金丹妙訣修金合藥品第三作「伏形成魄」。
〔三〕「兑金則成，見陰質更而含陽精」，上書作「兑金則見陰質而更含藥金」。
〔四〕「無」，上書作「元」。
〔五〕「成其」原作「其成」，據上書改。

馬牙消亦是陰極之精，形若凝石〔一〕，生於蜀川，其功亦能制伏陽精，消化火石之氣。獨用伏制，則力稍微，合於石鹽，陰毒則甚矣。

北庭砂所禀陰石之氣，性含陽毒之精，功能消敗五石之金，各遣證於本性。能成能敗，力頗並於硫黄，去穢益陽，其功甚著。本質亦作顆生而淺紅色，光明通透爲上。七篇中用之爲使，使引其陽金之精，破敗陰魄。若合於大明〔二〕砂、赤鹽、硫黄用之，其變錬功則高於造化。

麒麟碣出於西胡，稟之於熒惑之氣，生於陽石之陰，結而成質，色〔三〕如紫鉚，形若爛石，其功亦能添益陽精，消陰滯氣，拘添其煉〔四〕，亦有大功。真者於火中燒之，赤汁湧流，火不易本色者，是其色真也〔五〕。

〔一〕「凝石」，金丹妙訣修金合藥品第三作「凝水石」。

〔二〕「大明」，上書作「大鵬」。

〔三〕「色」原作「也」，據上書改。

〔四〕「拘添其煉」，上書作「增添其彩」。

〔五〕「色真也」，上書作「元也」。

石膽〔一〕出於嵩嶽蒲州，稟之靈石異氣，形如琵琶，本性流通，精感八石，液化五金，陽〔二〕遇之清〔三〕歸中宫。若欲識真，塗之銅鐵，以火燒之，色似紅金。伏制變鍊，頗最有功。又以銅器盛水，投少許入其水中，水色青碧，數日不異者，是真也。

持明〔四〕砂者，雖稟陽精，從陽〔五〕所養，體如琥珀，質似桃膠。其性和，而能銷漉陽金，革陰滯質。若合硫黄、赤鹽變鍊其陽精，轉轉增光。七篇之中，用御正陽之炁，復歸真元，其功甚矣！

夫赤鹽戎鹽是也。所出，西戎之上味，稟自然水土之氣，結而成質。其方水〔六〕土氣本

〔一〕「膽」下原有「所」字，據金丹妙訣修金合藥品第三删。
〔二〕「陽」，上書作「陽精」。
〔三〕「清」，上書作「得」。
〔四〕「持明」，上書作「大鵬」。
〔五〕「陽」，上書作「陰」。
〔六〕「水」，上書作「王」。

而〔一〕黄赤，其鹽赤隨氣〔二〕而生，號言赤鹽。味微淡於石鹽，力則能鍊伏陽精，增明吐輝。若合硫黄用，功能反魂成魄，鍊魄增光，制伏四黄，定質還歸戊己。欲辯其元〔三〕，於火中燒汁流紅赤，凝定轉益其色，則本元是〔四〕。

石硫黄本出波斯南明之境，禀純陽火石之精氣〔五〕，結而成質。質性通流，含其猛毒，藥品之中，號爲將軍，功能破邪歸正，反濁還清，挺立陽精，消陰化魄〔六〕，元真運轉，偏假其功，鉚金遇之，精消魄敗。色微稍青光者力大，凝黄色者力次，赤黄色者力小。合和大丹，伏鍊消化，須其力大者用之。審〔七〕察元氣，辨其高下，然合七篇化金生砂，砂漸澄清〔八〕

〔一〕「而」字，四部叢刊本無。
〔二〕「赤隨氣」，金丹妙訣修金合藥品第三作「亦隨王氣」。
〔三〕「欲辯其元」，上書作「欲辯其真元」。
〔四〕「則本元是」，上書作「則是本元也」。
〔五〕「石之精氣」原作「之精精氣」，據上書改。
〔六〕「魄」原作「魂」，據上書改。
〔七〕「審」字原無，據上書增。
〔八〕「澄清」，上書作「演精」。

明威，乃證於九丹也。

中三品陳五石之金品第四

夫五石之金，各皆稟五神之陰精，合於山澤異氣，結而爲魄。鐵所稟南方丁陰之精，結而成形。鐵性〔一〕堅，服之傷肺。銅所稟東方乙陰之精炁，結而成魄。銅性利〔二〕，服之傷腎。銀所稟西方辛陰之精神炁〔三〕，而爲之質。銀性戾，服之傷肝。鉛錫俱禀北方壬癸之氣，錫受壬精，鉛禀癸氣，陰終於癸，故鉛所稟於陰極之精也。鉛錫性濡滯而多陰毒，服之傷心胃。

金所稟於中宮陰己之魄，性本至〔四〕剛，服之傷腸損肌。右五金之性〔五〕，例多陰毒，久服之即傷肌敗骨，促壽損命。凡世之士，本求長生，不明

〔一〕「性」原作「形」，據金丹妙訣陳五石之金品第四改。
〔二〕「利」原作「戾」，據上書改。
〔三〕「精神炁」，上書作「神結精」。
〔四〕「至」原作「而」，據上書改。
〔五〕「五金之性」原作「金之五性」，據上書改。

五金之性，擅意將其鉚石之金，轉轉修煉。且其鉚石之金，皆受五神陰濁之氣，結而成質。質體沈重，雖遇四黄能變易其體，陰毒之性終不輕飛，縱令鍊化爲丹，服之亦乃傷於五藏，乃其本性也〔一〕。至理殊乖，欲服求仙，與道彌遠。

四黄制伏品第五

四黄者，雄雌砒硫，其質皆屬於中宫戊土之位，性各含陽火之毒，能敗五藏之金〔二〕。若别制伏，去其火毒，則能成易變轉五金之質。若能制伏，拒火色而不易本元，有汁〔三〕流通，即其功能變銅銀而化成黄金之質。若伏火色變白，如輕粉泮液流利者，化五金盡成白銀。而四黄功力，各稟本氣變化其五金。雄黄功能變鐵，雌黄功能變錫，砒黄功能變銅，硫黄功能變銀化汞。且四黄功能反鐵爲銅，反銅爲銀，反銀爲金，轉轉變化。其硫黄功力最高，能添陽益精，反濁歸清，此乃是七十二石之將也。其四黄遇於赤鹽、大朋砂、石膽，則伏質歸本，不易其色。若遇石鹽、馬牙消、石膽，亦伏於火，則變質反而爲白色如輕粉。是以

〔一〕「乃其本性也」，金丹妙訣陳五石之金品第四作「知其本性，則」。
〔二〕「金」，金丹妙訣四黄制伏品第五作「氣」。
〔三〕「汁」原作「汗」，據上書改。

大洞寶經、鄭君修真内傳論其七十二石制伏訣，皆須含元胞胎，以黄土等分和鉛粉及石腦作鼎伏之。緣土與四黄類，鉛又能消火之毒，石腦伏石毒。其修真傳中諸石變通之訣，文理稍煩，不能具載，且略陳四黄五金伏制之弘規，乃列之於品第耳。

陽金變通品第六

陽金者所禀陽之精，五神吐符會氣託形爲丹砂。丹砂而外包八石，内含金精。金精先禀氣於甲，受形爲丙，出胎見壬，結魄成庚，增光歸戊，陰陽昇降，各歸其類。且如鉚石五金俱受五神陰〔一〕之氣，炁結亦分爲五類之形，形質頑狠，至性沉滯。汞則禀五神陽之靈精，會符合爲一體，故能輕飛玄化，感遇〔二〕萬靈。汞本託胎於丹砂，位居南方，易胎乃爲壬水。水則見形於北方，降魄成庚。庚則西方白金，鍊形來甲。是〔三〕東方青金，增精於戊。戊〔四〕則中宫黄金也。化質歸離，功成於九。是〔五〕以陽金遷變，動用化機，運質易胎，合

〔一〕「五神陰」，金丹妙訣陽金變通品第六作「五陰神」。
〔二〕「遇」，上書作「御」。
〔三〕「是」原作「之」，據上書改。
〔四〕「戊」原作「戌」，據上書改。
〔五〕「是」字原無，據上書增。

其五方之體。然後受〔一〕天地，革陰陽，超於三元，脱質歸真，號之還丹。

第二章三篇

下三品丹砂叙〔二〕

夫合大丹，先須積陽之精，七〔三〕反紫金，運動變鍊〔四〕，遷化五神，消形去質，輕化通流，假之真水，然要〔五〕火功，推演志〔六〕精，九九數終。真水内火，黑鉛石硫黄是也。鉛屬北方壬癸水，硫黄性稟南方丙丁火。真鉛者含其元氣，從鉚石燒出，未經栝〔七〕抽鍊之者，爲其真鉛也。

〔一〕「受」，金丹妙訣陽金變通品第六作「授」。
〔二〕「第二章三篇下三品丹砂叙」，金丹妙訣作「成丹歸真章」。
〔三〕「七」字原無，據金丹妙訣成丹歸真章增。
〔四〕「鍊」字原無，據上書增。
〔五〕「要」字原無，據上書增。
〔六〕「志」，上書作「至」。
〔七〕「栝」，上書作「炡」，「炡」宜作「炋」。

合和品第七

取其真鉛一斤，七〔一〕反玄真絳霞砂中紫金十五兩，二物各別於其鍋内消〔二〕爲汁，乃均合一處，去火急手炒令爲細沙，入硫黄五兩，三物於鉢中熟研之一日，然後遷於鼎中，運火燒之六轉，每轉添陽。鑪鼎火候，列在於火候品中。然大丹先受于天，運之於人，養育運鍊，累積正陽，内含〔三〕水火，外含三光，五神混蒸，忽〔四〕乃輕揚。化赫成丹，還歸南方。清澄優遊，坐紫微堂。此亦猶内外水〔五〕火運轉感化而成大還丹也。

鑪鼎火候品第八

夫大丹鑪鼎，亦須合其天地人三才五神而造之。其鼎須是七反中金二十四兩，應二十四氣。内將十六兩鑄爲圓鼎，可受九合，八兩爲蓋。十六兩爲鼎者，合一斤之數，受九合則

〔一〕「七」字原無，據金丹妙訣合和品第七增。

〔二〕「其鍋内消」，上書作「甘鍋内鎔銷」。

〔三〕「含」原作「舍」，據上書改，下同。

〔四〕「忽」原作「或」，據上書改。

〔五〕「水」字原無，據上書增。

應三元陽極之體，蓋八兩則應八節。鼎并蓋則爲二十四兩〔一〕，合其大數。然後將其合了，紫金砂入於鼎中，緊密固濟，莫令泄陽氣，則致於鑪中。

造鑄訣〔二〕：於甲辰旬中取戊申日，於西南申地取淨土，先壘土爲壇。壇高八寸，廣二尺四寸，壇上爲鑪。鑪高二尺四寸，爲三台象〔三〕通氣。上台高九寸爲天關，九竅象九星；中台高一尺爲人關，十二門象十二辰門，門皆須具扇；下台高五寸爲地關，八達象八風，其鑪〔四〕内須徑一尺二寸。然致鼎於鑪中，可懸二寸，下爲土〔五〕臺子承之。其臺子亦高二寸，大小令與鼎相當，然後運火燒之。

火候訣：夫用火之訣，亦象乎陰陽二十四氣七十二候。五日爲一候，三候爲一氣，二氣爲一月。七十二候則應二十四氣，爲十二月。十二月爲一周年，陰陽運足矣而丹成。夫起火之時，取十一月甲子日夜半甲子時動火，從子門起火五日，用炭三兩，須常有熟炭三兩

〔一〕「兩」字原無，據金丹妙訣鑪鼎火候品第八增。
〔二〕「造鑄訣」，上書作「造鑪訣曰」。
〔三〕「象」，上書作「上下」。
〔四〕「鑪」字原無，據上書增。
〔五〕「土」原作「上」，據上書改。

在其鑪中，不得增少。次開丑門發火五日，用炭四兩。次開寅門下火五日，用炭五兩。次開卯門著火五日，用炭六兩。次開辰門著火五日，用炭七兩。次開巳門著火五日，用炭八兩。此六門是陽門，火須竪安炭，如陽氣後〔一〕發動。次至午門著火五日，用炭九兩。次開未門著火五日，用炭八兩。次開申門著火五日，用炭七兩。次開酉門著火五日，用炭六兩。次開戌門著火五日，用炭五兩。次開亥門著火五日，用炭四兩。此六門火須横安炭，亦象于陰陽氣候。從子門起火至亥門，周旋十二時門，終計用炭七十二兩在鑪，應七十二候之數，則成四氣〔二〕十二候六十日。兩月爲一轉，則開看之，更添石硫黄二兩，和紫金砂於鉢中，以玉槌研之半日，却入鼎中封閉固濟，依前每門五日運火燒之。

運火訣〔三〕：還從甲子日子時於子門起火，用炭五兩，丑門用炭〔四〕六兩，寅門用炭七兩，卯門用炭八兩，辰門用炭九兩，巳門用炭十兩，至午門却退炭歸九兩，未門用炭八兩，申

〔一〕「後」字，金丹妙訣鑪鼎火候品第八無。
〔二〕「氣」原作「象」，據上書改。
〔三〕「運火訣」，上書作「次」，不另行。
〔四〕「炭」字原無，據上書增，下二「炭」字同。

門用炭七兩，酉門用炭六兩，戌門用炭五兩，亥門用炭四兩。此第二轉運火，每門五日爲一候，周旋十二門成十二候，六十日足，計有八十四兩炭在〔一〕鑪中，增第一轉炭十二兩，應十二節之數。則候鑪中火歇開看之，色如褐土，金星璨然而在〔二〕。又添石硫黄二兩，和砂重研，却入鼎固濟之。又依前運火，周〔三〕遭十二門，每門五日爲一候。還從子門起火五日，用炭七兩，其炭長須應七兩熟炭在鑪中，不得增少。又丑門火五日，用炭八兩。次寅門火五日，用炭九兩。次卯門火五日，用炭十兩。次辰門火五日，用炭十一兩。次巳門火五日，用炭十二兩。次至午門火五日，却退炭歸十一兩。次未門火五日，退〔四〕炭至十兩。次申門火五日，退炭至九兩。次酉門火五日，退炭至八兩。次戌門火五日，退炭至七兩。次終于亥門火五日，退炭至六兩。其十二門皆須依本數著炭，周迴十二門匝，合有一百八兩炭在鑪中，增於第二轉炭二十四兩，應二十四氣之數。終十二門六十日足，候鼎寒開看，

〔一〕「在」字原無，據金丹妙訣鑪鼎火候品第八增。
〔二〕「在」字，上書無。
〔三〕「周」原作「同」，據上書改。
〔四〕「退」原作「用」，據上書改。

色微欲紫。又添石硫黃二兩，出金砂和研令相合，則〔一〕却入鼎中固濟之，亦依前門門五日火候，亦從甲子日夜半甲子時子門起火五日，用炭九兩。則開丑門著火五日，用炭十兩。次開寅門著火五日，用炭十一兩。次開卯門著火五日，用炭十二兩。次開辰門著火五日，用炭十三兩。次開巳門著火五日，用炭十四兩。次至午門，却退炭至十三兩。次至未門火五日，退炭至十二兩。次申門火五日，退炭至十一兩。次酉門火五日，退炭至十兩。次戌門火五日，退炭至九兩。次終亥門火五日，退炭至八兩。此轉十二門周回，計鑪中有炭一百三十二兩，又增第三轉炭二十四兩，亦應氣候。足，寒之，開看其合，砂色漸轉金紫光色，若星璀璨流輝。又添石硫黃二兩，出金砂於鉢中和硫黃熟研，却入於鼎中固濟令緊密，視之上下無罅漏泄，然後依前門門運火。亦取甲子日子時起火，從子門先入炭十一兩亦五日。次丑門入火五日，用炭十二兩。次開寅門入火五日，用炭十三兩。次開卯門著火五日，用炭十四兩。次開辰門入火五日，用炭十五兩。次開巳門入火五日，用炭十六兩。次至午門退運火五日，用炭却至十五兩。次至未門入火五日，用炭十四兩。次至申門入火五日，用炭十三兩。次至酉門入火五日，用炭十二兩。次至戌門入火五日，用炭十一兩。次

〔一〕「則」字，金丹妙訣鑪鼎火候品第八無。

至亥門入火五日，用炭十兩。從子門終於亥門，巡十二門周，計用炭一百五十六兩炭在鑪中，旋繞其鼎，積運燒之六十日，數增於第四轉炭二十四兩。其鑪內鼎四外紫氣迴繞，看之如霧。候寒開鼎，見金砂色轉化爲紫光之丹，丹內紅星點點，似欲輕湧。更添石硫黃二兩，和於鉢中熟研半日，則却入鼎中封固濟，然後依氣候運武火一轉，還〔一〕從甲子日甲子時子門起火五日，用炭十七兩。次丑門火五日，用炭十八兩。次寅門火五日，用炭十九兩。次卯門火五日，用炭二十兩。次辰門火五日，用炭二十一兩。次巳門火五日，用炭二十二兩。次午門火五日，退炭至二十一兩。次未門火五日，用炭二十兩。次申門火五日，用炭十九兩。次酉門火五日，用炭十八兩。次戌門火五日，用炭十七兩。次終亥門火五日，用炭十六兩。計從子門運武火終於亥門，合有炭二百二十八兩在鑪中，增於第五轉炭七十二兩，應七十二候。足，其鑪鼎中紫氣連天，日月失輝，山河震岌，乃是丹成之候也。歇鑪出鼎，於香壇之上寒之，然後開看，其丹赫然輕飛，脫離於質，如芙蓉花九層，連於鼎蓋之上，

〔一〕「還」下原有「丹」字，據金丹妙訣鑪鼎火候品第八刪。

十五兩〔一〕分毫無失。其鼎内有滯灰二十四兩，如紫金色。其紫金〔二〕一丸麻子大，亦制伏汞一斤及五石五金盡化爲至寶。然則遷其鼎於三洞，各鎮其功，功合歸真，迥然蟬蜕，此乃還丹之力，其寶〔三〕偉哉！

成丹歸真品第九

夫仙者有品格，真則一同。如七反之丹砂功力甚著，服之亦得高仙，尚未證其真仙也〔四〕。緣尚〔五〕有質礙之體，未能輕化離於五濁〔六〕，猶爲真水世火所能〔七〕銷鑄。且九還之丹成，飄飄輕化，迥脱去質，圓光洞焕，氣耀衝天，遇物而化，無有尋也。千鼓萬鞴，終不銷化，而精光轉益。得服之者，當則羽化雲飛，便爲高上之真人也。故積精而致仙，積仙

〔一〕「十五兩」原作「下五日」，據金丹妙訣鑪鼎火候品第八改。
〔二〕「紫金」，上書作「紫灰」。
〔三〕「寶」，上書作「實」。
〔四〕「真仙也」，金丹妙訣成丹歸真品第九作「真者何也」。
〔五〕「尚」原作「上」，據上書改。
〔六〕「濁」原作「神」，據上書改。
〔七〕「世火所能」原作「世人所以」，據上書改。

以成真者〔一〕，則超於至陽，與天地長久，騰凌雲霧〔二〕，宰制萬靈，役使羣仙，巍巍高上，昇于紫闕，乃號曰真人矣！然乾坤不偷〔三〕，陽精豈滅〔四〕？世類淪化，惟真長存也。

〔一〕「積仙以成真者」，金丹妙訣成丹歸真品第九作「積僊以成真，真者」。
〔二〕「騰凌雲霧」，上書作「凌雲氣出没」。
〔三〕「偷」，上書作「渝」。
〔四〕「滅」，上書作「滅」。

雲笈七籤卷之六十九

金丹部

七返靈砂論并序　衡嶽陳少微字子明撰〔一〕

予自天元之初，從衡嶽遊於黄龍，止于賓館，忽于巖穴之中遇至真之人，授余〔二〕靈砂要訣。告曰：「吾自得〔三〕許仙君之後，仙君受〔四〕訣於吴天師，天師受於同郡丁真人，今本即真人所出也。」假如丹砂之本訣玄理深奥，固難卒尋。好道之流，志慕神仙之者〔五〕，若

〔一〕「七返靈砂論并序　衡嶽陳少微字子明撰」，道藏本收録作「大洞鍊真寶經修伏靈砂妙訣（下稱靈砂妙訣）序」。

〔二〕「余」原作「於」，據靈砂妙訣序改。

〔三〕「得」下，上書有「於」字。

〔四〕「受」原作「授」，據上書改，下同。

〔五〕「者」，上書作「侶」。

不究其真元，沈淪於塵俗。自上古仙經，文皆祕密，隱蔽不言，不顯露〔一〕于世。予常愍然，今述爲靈砂七返篇〔二〕及金丹志訣〔三〕一章，并爲序論矣〔四〕。

論曰〔五〕：丹砂者，太陽之至精，金火之正體也，通於八石，應二十四氣。丹者是金感於火，名之爲丹。汞者是水去於金，而名汞。丹者受陽精而候足，汞則離本質而體不全，故丹砂是金火之精結成，含玄元澄正之真氣也。此是還丹之基本，大藥之根源。德合則萬象生焉！體離則杳冥難測。經曰：陽精赫赫，得之可以還魂返魄。故餌陽精者所以長生，服陰魄者死而爲鬼。丹砂是陽之正氣，赤帝之君，據於南方火之正位。只如丹砂之體數種，受氣不同，惟三種堪爲至藥。上者光明砂，中者白馬牙砂，下者紫靈砂，餘有溪、土〔六〕、雜類之砂，不中入至藥服餌所用。光明砂一兩服之，力敵白馬牙砂四兩；白馬牙砂一兩服

〔一〕「不言，不顯露」，靈砂妙訣序作「藏言，不流傳」。
〔二〕「篇」，上書作「七篇」。
〔三〕「志訣」，上書作「至訣」。
〔四〕「矣」，上書作「以示後人同志之士者也」。
〔五〕「論曰」，靈砂妙訣作「靈砂七返論曰」。
〔六〕「土」原作「砂」，據上書改。

之，力敵紫靈砂八兩，如溪砂、土砂之力，不可比量也。或曰：一等是丹砂，俱受太陽之精氣，因何有溪、土、雜類之砂力有小大者？答曰：光明砂者，受太陽清通澄朗正真之精氣，降結而紅光耀耀，名曰光明砂。白馬牙砂者，受太陰平和明徹〔一〕柔順之精氣，降結而白光璨璨如雲母色者，名曰白馬牙砂。紫靈砂者，中〔二〕受山澤之靈氣結而成砂，而色紅紫，名曰紫靈砂。如溪、土、雜類之砂，俱受濁滯不真之氣結而成砂，即混沌無精光也，故不中入至藥所用。且如光明砂一斤伏鍊得十四兩，伏火鼓得至寶七兩；白馬牙砂一斤伏鍊得十二兩，伏火鼓得至寶六兩；紫靈砂一斤伏鍊得十兩，伏火鼓得至寶六兩；溪砂、土砂、雜色之砂一斤伏鍊可得六七兩，伏火鼓得至寶一二兩。明知溪、土之砂受氣不清，滯〔三〕濁參雜。高上賢明之士先揀其砂，次調火候，在意消息，而成七返七還〔四〕。且金石之中，至靈至聖至神〔五〕至明，無過於丹砂者也。懷袖致之一兩，尚自辟邪魔，況乎伏鍊入於五藏

〔一〕「太陰平和明徹」，靈砂妙訣作「太陽平和」。
〔二〕「中」，上書作「半」。
〔三〕「滯」，上書作「澄」。
〔四〕「七還」，上書作「九還」，下同。
〔五〕「至神」二字原無，據上書增。

者哉！且如七返七還，異名同體。而返者是丹砂化爲金，還者是金歸於丹。經曰：「返我鄉，歸我常，服之白日朝玉皇。」或曰：七返者，是丹砂屬火，變鍊成金，假〔一〕名爲七返者乎！論曰：火之成數是七，七度變轉，以應陽九〔二〕之極體也。且七度變轉者，是丹砂鍊治得伏火後〔三〕，鼓成白銀即是一返。將白銀〔四〕化出砂，令伏火鼓成黃花銀，即是第二返。將黃花銀化出砂，伏火鼓成青金砂，即是第三返。將青金變化出砂，伏火鼓成黃金，即是第四返。將黃金化出紅砂，伏火鼓成紅金，即是第五返。將紅金還遣化出砂，伏火鼓成赤金，即是第六返。將赤金變化爲砂，伏火鼓成紫金，至紫金即是第七返靈砂之金，而含積陽精真元之氣足矣。而將紫金變化爲砂，運火燒之一周，迥然通徹洞耀，即成紫金還丹，得服之者，形神合，當〔五〕輕舉。且世人多誤取石硫黃，呼爲太陽之精，和汞而燒七返。且硫黃受孤陽偏石之氣，汞又離於元和，二物俱偏，如何得成正真之寶？切見世人伏鍊衆多，終

〔一〕「假」，靈砂妙訣作「便」。
〔二〕「陽九」，上書作「陽元」。
〔三〕「後」原作「也」，據上書改。
〔四〕「即是一返。將白銀」七字原無，據上書增。
〔五〕「合，當」，上書作「俱合，當日」。

無成者，蓋緣迷迷相傳，至於後世，予甚哀之。只如第一返伏火丹砂，服餌一兩，即去除萬病；服之二兩，即髭髮玄青；服之三兩，即顏色悦〔一〕紅；服之四兩，即延年益壽。第二返砂服之一兩，即體和神清，返老歸童；第三返砂服之一兩，虚夷忘情，心合至精；第四返砂服之一兩，即精神〔二〕明徹，通於内外〔三〕；第五返砂服之一兩，即身光滿室，水不能溺，火不能燒〔四〕；第六返砂服之一兩，即造化不能移，鬼神不能知；第七返砂服之一兩，即超然於九天之上，逍遥乎宇宙之間；更服〔五〕九丹，即赴金闕，列位真人。故知丹砂之力，昭然而可觀乎！自上古高仙，或昭其旨，祕其蹤，皆以隱言深密。好道之流，志慕輕舉者，莫究其根源〔六〕。自予得其奥旨，常欲周濟爲功，大道垂恩，咸願同歸玄境。遂作靈砂七篇，

〔一〕「色悦」，靈砂妙訣互乙。
〔二〕「精神」，上書作「身體」。
〔三〕「内外」，上書作「表裏」。
〔四〕「身光滿室，水不能溺，火不能燒」，上書作「入水不能溺，入火不能焦」。
〔五〕「服」下，上書有「至紅英」三字。
〔六〕「自上古高仙」至「莫究其根源」凡三十二字，上書闕。

金丹二章，并述火候次第、藥物品數〔一〕高下，列之於後章〔二〕，以授賢明。至誠君子，得而寶之，即福壽無疆。輕泄之人，殃其九祖。亦不可誣言而蔽道，慎莫寫示於凡情，用測賢愚〔三〕，可熟鑒而授之矣！

第一返丹砂篇

本經曰：丹砂者，是萬靈之主，造化之根，神明之本。而居清玄，總御萬靈〔四〕。動之則離體，定之則乾成。能變化者，故號曰青龍〔五〕；若翺翔而爲名，謂之朱鳥。上品者生辰錦石穴之中，而有數色；中品者生於交桂，亦有數類；下品者生於衡邵。數種品類，皆緣清濁體異，真邪不同，降氣分精，感通金石。受正氣者，服之而通玄契真，爲上仙矣；受偏氣者，服之亦得長生留世。且上品光明砂者，出於辰錦山石之中，白牙石牀之上，十二枚爲

〔一〕「品數」，靈砂妙訣作「品次篇數」。

〔二〕「章」下，上書有「別品」二字。

〔三〕「寫示於凡情，用測賢愚」原作「寫志用則賢愚」，據上書增改。

〔四〕「而居清玄，總御萬靈」，上書作「而居九清，玄播總御」。

〔五〕「青龍」，上書作「赤龍」。

一座生，色如未開紅蓮華，光明曜日，亦有九枚、七枚、五枚、三枚、一枚爲牀座者。十二枚、九枚者最靈，七枚、五枚生者其次。每一座當中有一大珠，可重十餘兩，爲主君；四面小者亦重八九兩，亦有六七兩已下者，爲臣，周繞朝揖中心大者於座四面；又有雜砂一二斗，迴抱其玉座朱牀於其座外，雜砂中揀得芙蓉頭成，夜安紅絹中光明通徹者，亦入上品。又有如馬牙成〔一〕白浮光明者，是上品白馬牙砂。有如雲母片白光者，是中品白馬牙砂。圓長似笋，生而紅紫色者，即上品紫靈砂。若是白片〔二〕稜角生青光者是下品紫靈砂。如交桂所出，但是座生及打石中得者，形如芙蓉頭〔三〕而光明者，亦入上品。如顆粒成三四枚重一斤、通明者爲中品，片段成明徹者爲下品。如衡邵所出，總是紫砂，打破石中得紅光者，亦是下品之砂。如溪砂有顆粒成而通明者，伏鍊餌之，亦得長生留世，未得爲上仙矣。如土砂生於土穴之中，溪砂養於溪水之内，而土石相雜，故不中入上藥服食使用。如座生者是最上品之砂，若得其座中心主君砂一枚，伏鍊入於五藏，則功勳便著，名上丹臺，正氣長

〔一〕「成」，靈砂妙訣作「外」。
〔二〕「是白片」，上書作「如石片」。
〔三〕「頭」下，上書有「成」字。

存，超然絶累。更服至七返九還，自然魄錬尸滅，神怡體清，陰氣都消，則合〔一〕而輕舉，永爲上真之飛仙也。故知陽之真精降氣，而圓光周滿，無有偏邪。但是伏錬之砂，作芙蓉頭成而圓光通明者，即是上品神仙服餌之藥。

經言：丹砂者，自然之還丹也。世俗莫測其元。只如玉座之砂，世人總知之。如金座、天座，是太上紫龍玄華之丹，非世俗凡夫之所見知也。其玉座則俗流志士，積功修錬，服之致仙。其金座則宿有仙骨，清虚練神，隱之巖穴，則其神仙採與食之，便當羽化昇騰高清矣〔二〕。其天座則天上〔三〕天仙真官而所收採服餌，非下仙之藥也。其玉座砂受得六千年陽靈之清精，則化爲金座。金座則座黄，當〔四〕中有五枚層層生，四面四十五小珠珠〔五〕周繞。金座受一萬六千年則化爲天座，天座則座碧，當中有九枚層層而生，四面七十二枚

〔一〕「合」，靈砂妙訣作「含形」，「含」疑當作「合」。
〔二〕「當羽化昇騰高清矣」，上書作「當日羽化昇騰」。
〔三〕「天上」，上書作「太上」。
〔四〕「金座則座黄，當」原作「黄堂」，據上書增改。
〔五〕「珠珠」，上書不重。

周抱，在於飄飄太虛之中，常有太一之神護持。上元之日，真官下採，其山忽開，光明照曜〔一〕，一山如火。其天座砂真官收之，其世人不可得而取採也。故丹砂之元深祕，賢明之士〔二〕志慕輕舉者，切須辯其藥品高下，然可〔三〕調其火候，合其陰陽伏制，自然而契於高真矣。

陰陽制伏及火候飛伏法

經言：陽精火也，陰精水也，陰陽伏制，水火相持，故知冰炭不同處，勝負終有歸。且丹砂是陽精，而須陰制。陰制者，水〔四〕石鹽、馬牙消、玄英、化石是也。如玉座光明砂一斤，制之用〔五〕石鹽六兩〔六〕黄英化石各二兩。座外生光明砂一斤，可用〔七〕石鹽及馬牙

〔一〕「曜」字原無，據靈砂妙訣增。
〔二〕「深祕，賢明之士」，上書作「邈若高山，上賢明士」。
〔三〕「可」，上書作「後」。
〔四〕「水」下，上書有「也，當用曾青、空青」七字。
〔五〕「用」下，上書有「曾青四兩」四字。
〔六〕「兩」下，上書有「馬牙硝六兩」五字。
〔七〕「用」下，上書有「曾青五兩」四字。

消各四兩，黃英、化石各一兩。白馬牙砂一斤，用石鹽、馬牙消各二兩，黃英、化石各三分。紫靈砂一斤〔一〕，石鹽、馬牙消各二兩，黃英、化石各三〔二〕分。如溪、土雜類之砂力小，每一斤可用石鹽〔三〕及馬牙消各二兩制之。其所用石鹽和黃英、化石，細研爲粉，入鍋以文火養一日，即鼓成汁，後和馬牙消重燒令赤。先用砂鹽〔四〕鼓成汁〔五〕，後方入前藥用之。其光明砂大者，須打碎如江荳大小，然後入於土釜中。先下石鹽，次下馬牙消和水，文武火〔六〕晝夜煑三十日，不得火絕。日滿淘澄取砂，入於鼎中，用陰陽火候飛伏，其鼎可受一升。且鼎者有五：一曰金鼎，二曰銀鼎，三曰銅鼎，四曰鐵鼎，五曰土鼎。土鼎者，瓷器是也〔七〕。入砂於鼎中，用陰陽火候飛伏之。

〔一〕「斤」下，靈砂妙訣有「可用空青四兩」六字。

〔二〕「三」，上書作「二」。

〔三〕「石塩」，上書作「曾青四兩、沙塩」。

〔四〕「先用砂鹽」，上書作「然可以用沙鹽」。

〔五〕「鼓成汁」，上書作「先須三鼓成汁」。

〔六〕「先下石塩，次下馬牙消和水，文武火」，上書作「下曾、空、石塩、馬牙硝和水，武火」。

〔七〕「土鼎者，瓷器是也。」七字，上書無。

畢。

飛伏法訣曰：五日爲一候，三候爲一氣，用八氣二十四候一百二十日周〔一〕，而砂伏火畢。每一候飛伏去五日，内四日用坎卦，一日用離卦。坎卦者水夷四日，離卦者陽火飛之一日。初起陽火用炭七兩，竪安鼎下，須熟炭七兩，不得增減。每一轉後，却增炭一兩飛之。增炭至五轉後，忽有黑氣和汞霜飛出。則收霜和鼓了石鹽半錢，重於鉢中以玉槌輕手研之，令汞入盡，即依前却安鼎中，用坎離火候飛伏。至十二轉後，每轉加炭二兩，使入鼓了石鹽半〔二〕分，作粉鋪安面上，合有汞霜可二兩來飛出，其霜虚光，鼎中藥色漸欲黄紫。收其霜及汞，和石鹽一錢，重於鉢中熟研了，入鼎依前火候飛伏。伏至十八轉，加炭三兩，其藥色欲赤。至二十轉後，每轉增炭四兩，只有半兩已下汞霜飛出，其霜堅硬如青金片，黄白光明。亦和石鹽於鉢中研之，入鼎飛伏。伏至二十四轉，其砂候足，伏火畢矣，而色紅赤，光明可觀。其砂伏了，更須用鹽花包之，重以黄土泥裹緊固濟，入陽鑪武火白燒之。三十日後，出砂安淡竹筒中封之，入寒泉中深埋三十日，然後淘研，輕飛者分抽服餌，沈重者即鼓成金汁。且上品光明砂伏火了，其色紅赤，淘澄下可有金星砂六兩，光明燦爛。中品

〔一〕「周」字，靈砂妙訣無。
〔二〕「半」，上書作「一」。

馬牙砂伏火了，色紅鮮，淘澄下有金星砂四兩。下品紫靈砂伏火了，色稍紫赤，淘澄下亦有金星砂三兩。如溪、土、雜色之砂伏火了，色或赤〔一〕，亦無光彩，下無金星砂〔二〕。上古高仙，皆鍊服其真丹砂而道成也。其上品光明砂者，即是真砂也。賢明之者，須在意採索其真精，然可合還丹耳。且伏火丹砂出寒泉了，可便鎔鼓，令見真寶。

鎔鼓訣〔三〕：每一兩伏火丹砂可用鹽花半兩，置鹽花於鍋底，次入伏砂於鍋中，候鍋及砂與火同赤，然後鼓之千下，即金汁流注，名曰白銀，而面上黄花漠漠，潤澤光芒可愛，是天地之中至真之寶也。如將服餌分抽，取一兩作三百六十丸，丸〔四〕用棗肉和之爲丸，每日服一兩丸〔五〕。欲服此丹砂〔六〕，先須潔齋七日，然以晨朝東向，虔心叩請，告三清紫微真君、太一真人、先師仙官、水火之靈，願服此靈砂丹於五內，永保形神合於至真。咒畢，禮拜

〔一〕「色或赤」，靈砂妙訣作「而色雖紫赤」。
〔二〕「下無金星砂」，上書作「不可見金星砂一粒耳」。
〔三〕「訣」，上書作「訣曰」。
〔四〕「丸」字，上書無。
〔五〕「每日服一兩丸」，上書作「每日服一丸，一年服一兩」。
〔六〕「丹砂」，上書作「丹砂丸」。

七拜，然後服之。凡服丹砂後，不得喫臭穢陳積之物，及諸生血家〔一〕屬之肉，生死之穢，尤不可觀。故經云：陽精好潔，陰尸好穢。常須虚和其志，澡雪其形，以助陽靈之真氣也。自然神怡體清，而神仙可俟也。

第二返寶砂篇

本經曰：鍊真〔二〕合於祕〔三〕妙，鍊妙合於至靈，鍊靈合於至神，至神者合於至道，道合則昇騰玉清，而爲高仙矣。且鍊砂而得寶者，是至真之藥；化寶而生砂者，即成立〔四〕感之靈丹也。

化寶成丹〔五〕訣曰：將其丹砂中白銀四兩打作鍋子，安一通油甆瓶子中，其瓶中可受一升，其寶鍋子可瓶子底大小。先將此銀鍋子著北庭砂一兩、石鹽一兩、麒麟竭一分，三物

〔一〕「家」，靈砂妙訣作「冢」。
〔二〕「鍊真」之下，上書有「者」字。其下之「鍊妙」、「鍊靈」皆同。
〔三〕「祕」，上書作「至」。按下文宜作「至」。
〔四〕「立」，上書作「玄」。
〔五〕「成丹」，上書作「生砂」。

和研，以苦酒調如膏，塗於鍋子四面，令乾〔一〕，以黄土爲泥包裹之，可厚一寸二分，便於糠火中燒三七日，然後白炭武火燒三日，去泥取寶。鍋子安瓶子中，入真汞四兩，其汞〔二〕須是本色丹砂中抽得者，名曰〔三〕同類，感其氣而轉轉生砂〔四〕。故上仙真經祕而不泄者，爲此子母之法，恐凡愚之心見知也。然入真汞於瓶子中後，即著水五合，常須添瓶子中至五合，莫令增少，文火養二七日，似魚目沸爲則，日滿更添汞四兩，依前〔五〕文火養一七日後，令乾，固濟其口，便以武火迫之三日，而紅黄沙湧出於寶鍋子之上。將其砂又依前添汞，常令有汞八兩在瓶子中，不得增減，亦依前用文武火候養，迫令生砂，出即收之。每四兩寶計收砂一斤，其寶即枯乾焦脆，而精盡化爲砂，瓶子中每〔六〕只餘二兩青黑灰耳。將其砂依

〔一〕「令乾」，靈砂妙訣作「令藥盡，候乾」。
〔二〕「四兩，其汞」四字原無，據上書增。
〔三〕「名曰」二字原無，據上書增。
〔四〕「感其氣而轉轉生砂」，上書作「感真氣而轉生丹砂」。
〔五〕「文火」至「依前」二十一字原無，據上書增。
〔六〕「每」，上書作「母」。

前篇入藥煑三十日後，淘取砂〔一〕入鼎中，還以陰〔二〕陽火候飛伏，五日爲一候〔三〕，一百日足，其砂伏火矣。火候加炭兩多少，一依前篇飛伏五日。爲〔四〕其砂伏了，不用著鹽，包裹燒之，便可鎔鼓。鼓訣〔五〕亦依前篇，以〔六〕鹽爲使，引令金汁流注〔七〕。此寶砂一斤修鍊而得十五兩伏火，鼓得黄花銀十三兩，色黄光浮，容體潤澤，而内外黄〔八〕，名曰黄花銀也。如將此砂服餌，須〔九〕入寒泉出火毒。

寒泉法：入土深埋三十日，出後淘研，用棗肉和〔一〇〕爲丸，每兩亦作三百六十丸，每日

〔一〕「砂」字原無，據靈砂妙訣增。
〔二〕「陰」字原無，據上書增。
〔三〕「候」下，上書有「用二十候」四字。
〔四〕「五日。爲」三字，上書無。
〔五〕「鼓訣」原作「訣得」，據上書改。
〔六〕「以」字原無，據上書增。
〔七〕「注」，上書作「出」。
〔八〕「色黄光浮，容體潤澤，而内外黄」，上書作「色漸黄光，浮彩潤澤，而内白外黄」。
〔九〕「須」字原無，據上書增。
〔一〇〕「和」字原無，據上書增。

清晨東向虔心服一丸。服此寶砂丹後，自然慮静神清，濁氣不入，而志不擾，則漸證於神仙之階也。

第三返英砂篇

本經曰：陽元積習，而英氣自會於真精，真精感化，而神丹可得耳。故曰鍊真致華，真華通應，而化爲金英之玄砂也，化寶砂中白金而生。

英砂訣曰：將其寶砂中黄花銀四兩打作鍋子，還依前篇作用，可瓶子底大小爲之。用蒲州石膽一兩、石鹽一兩、硇砂一兩，共三物，和苦酒研調如膏，塗其鍋子四面，令藥盡爲候。候乾，以黄泥爲毬包裹，於糠火中燒二七日，後用白炭武火燒之一七日，去泥出鍋子，依前安入通油瓶子中，入真汞四兩，清水五合，文火養之二七日，後更添汞四兩，又文火養一七日，候乾緊固濟，武火迫之一日，其砂湧出於寶鍋之上，而紅黄映徹，光耀不可言。而乃收砂添汞，計取砂可得一斤，則數足。便將其砂入於鼎中，依前篇用火候飛伏，亦五日爲一轉，內三日用坎卦，即水煑之三日；二日〔一〕用離卦，即陽火飛之二日〔二〕。初起陽火可用炭七兩〔三〕，每一轉後即增炭二兩，至七轉後，有汞霜飛出，可二兩來，其色黄赫，紫光爍爍〔四〕，飛在鼎蓋之下。收其霜於鉢中，用蒲州石膽一錢，重和苦酒及砂，以玉槌輕手熟研之，相入後，却入鼎中飛伏。伏經十八候九十日足，其英砂伏火畢，分毫無少，便可鎔鑄。亦依前篇用鹽花引鼓之，即寶汁流下，而清英光潤，名曰青金。青金者，是陽精漸著，從兑見震，然坤歸離，此是陽精變轉巡歷之終始也。如將此英砂服食，每兩先用餘甘子半兩、生甘草二兩煎取汁，於白銀器中煑二七日後，澄取砂，入安淡青竹〔五〕筒中，入土深埋，三十日後出，以棗肉和爲丸，每兩亦分爲三百六十丸，每日清晨東向，叩告三清上聖仙官，然可服此英丹後〔六〕，自然嗜慾無嬰，葷血不入，端居淨室，而神和體輕，與真人爲儔矣。

〔一〕「二日」二字原無，據靈砂妙訣增。
〔二〕「二日」原作「三日」，據上書改。
〔三〕「七兩」，上書作「十兩」。
〔四〕「爍爍」，上書作「簇簇」。
〔五〕「青竹」原作「竹青」，據上書改。
〔六〕「然可服此英丹後」，上書作「然後可服餌，服至此英砂丹」。

第四返妙砂篇〔一〕

本經曰：乾體陽曜，離精漸明，艮雪輕鮮，陰魄消化，乃是青金精液，感汞而生砂，英氣相因，集而爲妙，名曰妙化砂。

妙化砂訣曰：將青金四兩還打爲鍋子，用赤鹽半兩、石硫黄半兩、大鵬砂半兩、北庭砂一兩、蒲州石膽一兩凡五物，和苦酒研爲泥，塗其青金鍋子，四面以炭火炙，漸漸逼令藥泥盡乾爲候〔二〕，一依前篇，用黄泥爲毬包裹之，以糠火中燒二七日後，即白炭武火燒之一七日畢，去泥出鍋子，依前篇安瓶子，中入真汞四兩，清水五合，不得增減。養之二七日後，更添汞四兩。又火養經七日後，令乾固濟之，以武火迫之一日，而妙砂湧出，可有四兩，即收之。更添汞四兩，亦依前文火養之，令生砂，出即收取。計收砂一斤，即數足矣。其砂入鼎中，依前篇用火候飛伏，亦五日爲一轉，内二日用坎卦是水煑，三日用離卦則陽火飛之。飛伏火候，一依英砂篇中用火加增炭數多少，經十六候八十日，而妙砂伏火畢，則金星光璨，

〔一〕「第四返妙砂篇」，靈砂妙訣作「第四返丹妙化砂」，以下各「返」字下，亦有「丹」無「篇」。
〔二〕「漸漸逼令藥泥盡乾爲候」，上書作「漸漸塗令藥盡爲候，候乾」。

映徹紅耀不〔一〕可言，爲至英至妙之丹砂也。如將鎔鑄，亦須用鹽花爲使，引令金汁流出，便成黄金。其金凝黄皎潔，精彩光耀，既至坤形，離精漸見。故經曰：從陰而返歸陽，自濁而返歸清。此則是陽炁變鍊，合於真妙，而自然位至神仙也。若將服餌，每一兩先須餘甘子半兩、生甘草一兩、紫石英一兩煎取汁，於寶器中煑二七日後，亦入淡青竹〔二〕筒中，入寒泉埋之，三旬後出，以棗肉和爲丸，每兩分爲三百六十丸，每日晨朝向東服一丸，自服此妙砂後，漸漸精思通徹，濁滯之氣消革，則形神虚白，洞合於至真，自然超其玉京而會金闕也。若志士得其含元鍊真之訣，如神仙之事豈遠哉！

第五返靈砂篇

本經曰：陽德播功而垂光，運動其元精，元精流化爲英砂〔三〕，轉而入妙，妙氣變鍊，而生萬靈。故知玄妙玄聖，轉轉而增光，感激真精，自然靈化。且靈砂者，是前妙砂中黄金，

〔一〕「不」字，靈砂妙訣無。
〔二〕「青竹」原作「竹青」，據上書改。
〔三〕「砂」字下，上書有「英砂」二字。

轉感汞而生砂〔一〕，則紅光煥赫，璨爛金星，而絳色清靈，乃號爲靈砂者也。

化靈砂訣曰：取砂〔二〕中黄金八兩打作圓鼎，可受四合，又將二兩金爲鼎蓋。其鼎内先著石硫黄一兩〔三〕，赤鹽一兩，北庭、大朋〔四〕各半兩，共四物和苦酒研如泥，塗於鼎内及蓋内，令〔五〕調匀，藥盡候乾，即以黄土爲泥包裹之，可厚一寸，文火四面養之三七日〔六〕，以〔七〕不通手爲候。三七日後，漸以武火迫燒一七日，晝夜不令絶火。七日滿，寒之去泥，重以甘土泥其鼎外可二分，即懸安鑪中。其鼎下周廻令通安火，便入真汞四兩於金鼎中，著水二合，以蓋合之，文〔八〕火養經七日，其鼎下常有熟炭火五兩，不得增減。其鼎中續續

〔一〕「感汞而生砂」，靈砂妙訣作「感化汞而生其砂」。
〔二〕「砂」，上書作「妙砂」。
〔三〕「一兩」，上書作「半兩」，下「一兩」同。
〔四〕「大朋」，上書作「蒲州石膽」。
〔五〕「令」原作「外」，據上書改。
〔六〕「三七日」，上書作「二七日」。下同。
〔七〕「以」原作「似」，據上書改。
〔八〕「文」字原無，據上書增。

添水，長須二合，不得令乾，在意消息，莫遣失候。七日後更添汞四兩，又依前文火養之，七日後令乾，緊固濟其口，即武火迫之一日，便生紅光靈砂，可收得五兩紅砂。即須更〔一〕入真汞五兩於鼎中，鼎中常令有汞〔二〕八兩，不得多少。亦文火養之，七日後令乾，即固濟之，便武火迫之一日而生砂，砂出則收之。更添真汞於鼎中，又文火武火養迫令生砂，砂出收之。此一鼎中，計收砂得三十兩便止，則數足矣。其金出砂後，精竭而枯脆，無光澤之色，秤只可重四兩以來耳。其精華與汞相感結，盡化爲靈砂也。故經言真汞者，皆是本也，丹砂中抽得汞添用之。若伏練光明砂〔三〕爲藥頭者，即取〔四〕光明砂中汞轉轉添用。如用白馬牙砂爲藥頭者，即轉轉〔五〕取白馬牙砂中汞添用變轉。如將紫靈砂〔六〕爲藥頭者，即收紫靈砂中汞添合。如溪、土砂中所出汞者，名爲雜類，氣色終不相感。且光明砂一斤，

〔一〕「更」原作「臾」，據靈砂妙訣改。
〔二〕「汞」原作「炭」，據上書改。
〔三〕「砂」字原無，據上書增。
〔四〕「取」字原無，據上書增。
〔五〕「者，即轉轉」四字原無，據上書增。
〔六〕「紫靈砂」原作「紫砂」，據上書改。下同。

抽汞可得十四兩，而光白流利，此上品光明砂只含石氣二兩。白馬牙砂一斤，抽汞得十二兩，而含石氣四兩。紫靈砂一斤，抽汞得十兩，而含石氣六兩。上色通明砂〔一〕一斤，抽出汞只可得七兩〔二〕，而含石氣九兩〔三〕。石氣者，火石之空氣也。如汞出後，可有石胎一兩青白灰耳。亦於前寶砂篇中略述真汞之訣而未周細，鄭重言之，所是抽汞用事〔四〕，具列於金丹前章之上品也。其黄金鼎中抽收得靈砂三十兩數足訖，不用陰煑，便依前篇用陰陽火候飛伏。還五日爲一候，内一日用坎卦，是水煑一日；四日用離卦，即陽火飛之四日。初起陽火用炭九兩，每轉後增炭二兩，至五轉後每轉增炭三兩，便有五彩金輝霜三兩飛出。收其霜和砂於鉢中，著蒲州石膽半分、黄硇一分，和苦酒熟研之半日，依前安鼎中，用坎離二卦火候飛伏之。經十四候七十日足，其霜砂伏火畢。砂既伏火，金彩光輝，色如石榴花，精彩璨璨，光曜日月，一切毒龍蛇神鬼見之潛伏，目不敢舉，可得言至靈哉！其砂靈而難鼓

〔一〕「砂」字原無，據靈砂妙訣增。
〔二〕「七兩」，上書作「八兩半」。
〔三〕「九兩」，上書作「七兩半」。
〔四〕「汞用事」，上書作「砂出汞」。

鑄，若欲鎔之，先於潔淨之處，取淨土爲鍋鑪，絶諸穢雜，用塩花和靈砂等入鍋，鼓之二千鞴，始得消鎔，即金汁流注，凝而鮮焕，名曰紅金。紅金者，是陰魄之氣變錬而盡，正陽之精挺立而垂光，此是陽靈之真金也。如將服食，一依前篇，用餘甘子、生甘草、紫石英煎取汁，於寶器中煮二七日，火候藥數多少亦依前篇。煮了入安竹筒中，固濟其口，入土深埋三十日，出之〔一〕，以棗肉和爲丸，每兩丸作三百六十丸，丸如麻子大。每日清晨潔心東向，啓告三清上帝君、真仙官衆〔二〕，然後叩拜而服之，即得心神明達，徹視表裏，身生紅光，而洞合〔三〕於至真也。

第六返神砂篇

經曰：妙極則靈通，靈通則致神，神合則道全，道全則玄真降，便昇玉清而爲高仙矣。且神砂者，是九靈構精，寶風凝集，玄華標結，而化爲神砂，則焕燦玄黄，光輝照灼，而名爲

〔一〕「入土深埋三十日，出之」，靈砂妙訣作「入寒泉并於土中深埋二十日，然後出」。

〔二〕「上帝君、真仙官衆」，上書作「上帝真官」。

〔三〕「洞合」原作「調合」，據上書改。

神砂者也。

化神砂訣曰：取前靈砂中紅金九兩鑄爲寶鼎，可受五合，又將三兩作寶蓋蓋之。其鼎内亦先著石硫黄一兩、大朋砂一兩、赤鹽一兩、北庭砂一兩共四物，和苦酒熟研如泥，塗其鼎内及蓋周迴，令勻盡爲候。候乾，以蓋合之，著黄土泥包裹，可厚二分爲則，一依前文火養之二七日後，即武火迫燒之七日，令與火同色赤。候冷，去其〔一〕黄泥，重以甘土爲泥，泥其鼎外，可厚三分，即置其鼎於鑪中，入真汞六兩安〔二〕鼎中，用水三合，徐徐添之，不得令乾，文火養七日後，更入汞三兩，文火養之三日，候冷，又固濟，封閉令緊密，即武火廹經二宿，即盡化爲紅光神砂。收砂，又添汞八兩，依前文火養七日後，便武火迫二日，亦化爲砂。收之又添汞七兩，亦以文火養之，武火迫之，令生砂，砂出即收。又添汞五兩，亦文火養之，武火迫之，令出砂收之。又添汞三兩，亦依前法文武火候養迫之。計前後收得神砂可三十二兩，足即止。將其砂入石硫黄四兩、蒲州石膽二兩，和於鉢中熟研半日，便入安寶金鼎中，陽火飛伏。其陽火者，純離卦之候伏之，還五日一候。初起火用炭九兩，每一轉後

〔一〕「候冷，去其」原作「後令去」，據靈砂妙訣增改。

〔二〕「安」原作「入」，據上書改。

加炭二兩，每轉轉出砂於鉢中熟研之，却入鼎飛伏。至六轉後，每轉加炭三兩，如有絳金霜飛出，其霜紅赫照曜，光彩射目。收其霜於鉢中和砂，用蒲州石膽一分和苦酒熟研之半日，却入安鼎中，用火候飛伏。伏經十二轉、六十日足，其神砂伏火畢矣。其色赫奕含輝，紫光洞徹，不可言爾。若將鎔鑄，其訣〔一〕一依前靈砂篇法度，和鹽花鼓之，即寶汁流注，凝成赤金，精光如火，故號曰離己之金者也。其神〔二〕丹砂便可以服餌，每兩亦分爲三百六十丸，以棗肉和之爲丸，服餌訣一依前篇。且服此靈寶神丹後，自然神靈骨輕，身有光明，足蹈真境，而爲上仙也。

第七返玄真絳霞砂篇

本經曰：靈寶稟運，則感應而神棲，歸真積精，自然玄霜絳雪騰躍流通，流通則爲高真之靈仙也。且玄真絳霞砂者，是神砂中赤金寶鼎養汞而生砂，其砂則紫霞紅英，五彩輝灼，乃號爲玄真絳霞之砂。

〔一〕「若將鎔鑄，其訣」原作「若得鎔鑄訣」，據靈砂妙訣增改。

〔二〕「也。其神」原作「神也。其」，據上書改。

化寶生砂訣曰：取前篇神砂中寶金一斤，鑄作圓鼎，可受七合，又將寶金五兩爲鼎蓋。其鼎内先須用石硫黄四兩、赤塩二兩、北庭砂二兩、大鵬砂一兩共四物，以苦酒和研如泥，塗其鼎内，以藥盡爲候。候乾則蓋合之，黄土爲泥包裹，可厚一寸，依前神砂篇文火養之二七日後，即武火燒七日，寒之去其黄泥，重以甘土爲泥，泥其鼎外周廻，可厚二分半，即安鑪中。入真汞十二兩於鼎中，著水三合，不得遺乾，徐徐添水，則以蓋合其鼎，文火養之七日，其鼎上常令通手爲候。七日養候乾〔一〕，緊固濟其口，即漸漸武火迫之三日，開鼎看之，其汞即盡化爲絳霞玄砂也。其砂不得收之，便更添汞九兩，亦依前文武火候養迫之，日數滿開看，又盡化爲砂。又添汞六兩於鼎中固濟，文武火候迫促之，日數足又開看，亦化爲砂矣。更添汞五兩，還以七日文火養之，後即武火迫之一日而成。其砂紅紫五彩，霞光晃耀。在其鼎中可三十二兩，分毫無失。又出其砂於鉢中，用石硫黄七兩，以玉槌細研之一日，却入於此神砂赤金寶鼎中，固濟其口，令緊，用純陽火候伏之，七日爲一轉，即開之出砂，和苦酒一合熟研，而却入鼎飛伏，七日爲一候。初起火用炭十三兩，每轉加炭一兩，至三轉每轉加炭二兩，便有五色輕鮮絳霞霜二兩飛出於鼎蓋之上，連連如麥顆，即收之和砂於鉢中，用

〔一〕「候乾」，靈砂妙訣作「後遺乾」。

蒲州石膽半兩、苦酒二合熟研，却入於鼎中飛伏。經七轉，轉轉須開看，即入石膽苦酒和研，方可入鼎中伏之。伏經七轉四十九日足，其砂伏火畢矣。便以武火燒之一日，可用炭二十斤，分爲四座迫燒之，然後寒〔一〕之一日，開鼎看，其玄真絳霞之砂〔二〕，文彩輝赫雜錯，霞光洞曜於日月，可言至靈哉〔三〕！極陽玄元之砂丹也。如鎔鑄玄真砂，一依前神砂、靈砂訣〔四〕，用塩花和鼓，引令寶汁流注，而凝紫光耀，名曰絳霞之紫金也。若將服餌，即以棗肉和爲丸，每兩亦分作三百六十丸，每日清晨東向服一丸。服此丹砂後，倏忽則合形而輕舉，駕飛龍遊於十天八極之外，豈不優游哉！此玄真丹砂一丸，點汞及鉛錫銅鐵一斤，立化成紫磨黃金，光澤不可言耳。余自神道設教，啓於玄慈，愍在俗之賢明，而述爲七篇二章。此篇本從大洞寶經中仙君九品幽章隱文鍊真妙訣所出，禁文甚重，非賢莫傳，豈〔五〕頑愚悖戾、行尸穢質之徒見聞耳？深可忌之哉！恐泄上古仙聖之真妙也。

〔一〕「寒」原作「開」，據靈砂妙訣改。

〔二〕「砂」下，上書有「伏火了，而」四字。

〔三〕「至靈哉」，上書作「至靈者哉」。

〔四〕「玄真砂，一依前神砂、靈砂訣」原作「玄真訣」，據上書增。

〔五〕「豈」，上書作「豈教」。

雲笈七籤卷之七十

内丹訣法〔一〕

還丹内象金鑰匙并序　一名黑鉛水虎論一名紅鉛火龍訣　昌利化飛鶴山真一子撰

夫金液還丹并諸經訣者，無出古文龍虎上經，魏伯陽周易參同契，爲還丹經訣之最妙也。莫不以鉛火爲宗，龍虎爲祖。諸家經訣中，有明鉛而不明火者，有説虎而不説龍者，雖則互有指陳，實則殊途歸於一理，盡一源也。丹訣中有太白真人歌四句，少即少矣，妙即妙焉，實爲直指龍虎之幽微，全露汞鉛之宗旨。歌曰：「五行顛倒術，龍從火裏出；五行不順行，虎從水中生。」此要言二十字，可謂泄天地互用之機，分陰陽反覆之道。水虎，真汞之本；火龍，真鉛之門。還丹根基，於斯盡矣！實爲真秘之言，不易之誥也。余因撰諸黑鉛水虎論紅鉛火龍訣，蓋演真人之微邃，開秘訣之循途也，名之曰還丹内象金鑰匙火龍水虎

〔一〕本卷内丹應與下卷金丹互乙。

論，庶誘將來，用袪未悟者也。

黑鉛水虎論

夫黑鉛水虎者，是天地妙化之根，無質而有氣也。乃玄妙真一之精，爲天地之母，陰陽之根，日月之宗，水火之本，五行之祖，三才之元。萬物賴之以生成，千靈禀之以舒慘。至于高天厚地，洞府仙山，玄象靈官，神仙聖衆，風雨晦朔，春夏秋冬，未有一物不因鉛氣産出，而成變化也。故經云：「天得一以清，地得一以寧，神得一以靈，谷得一以盈，萬物得一以生。」又云：「無名天地之始，有名萬物之母。」即是真一之精，聖人異號爲真鉛，則天地之根，萬物之母是也，豈可以嘉州諸鉛、硫黄、硇砂、青鹽、白雪、雄黄、雌黄、消石、銅、鐵、金、銀、水垢、水精、凡砂、凡汞、桑霜、楮汁、松子、柏脂、穢污之物，白石、消石〔一〕、夜霜、朝露、雪水、冰漿、其諸礬土雜類之屬，草木衆名之類？已上皆誤用，不可備載也。或問曰：「其真鉛如何？乞爲指的，將示未明。」答曰：「黑鉛者非是常物，是玄天神水，生於天地之先，作衆物之母，此真一之精元是天地之根。能於此精氣中，産生天地五行萬物，豈將天地之

〔一〕「消石」重出。

後所生之雜物呼爲真鉛?即誤之甚矣!緣此精上爲星辰,下爲真鉛之精,常與太陽和合,長養萬物。所隨太陽,極遠不過二十六度。故我先真聖師採此陰精,設其法象,誘會太陽之氣,結爲神丹,故經云「太陽流珠」。其性猛烈,急而難當,若不以方便法象留連,取其至精,安肯等閑住於雜物之上?非我北方正氣,純粹之精,鑄成鼎器,運養周生,難見龍虎相吞,夫婦合體而成神物哉!

紅鉛火龍訣

夫紅鉛火龍者,是天地妙用發生之氣,萬物因之以生,有氣而無質。故將一年三百六十日,蹙於一月三百六十時。又於一月三十日三百六十時内,朝夕各係一卦。又移此六十卦三百六十爻,陷於五日六十時内,復象一月也。兩日半三十時,便爲三十日,又象一月,朝暮各占一卦,又係六十卦,計三百六十爻,復象一年三百六十日也。又於兩日半三十時内,却分十五時,應半月一十五日用事。復將此半月從一至十五日,又陷於十二辰中自子後至巳前六辰之内,係三十卦,計一百八十爻,便象冬至後到夏至前,應半年一百八十日也。自十六日至三十日，又陷於六〔一〕辰之內午後至亥前六辰之中，係三十卦，計一百八十爻，便象夏至後到冬至前，應半年一百八十日也。春秋二分在時內，二分二至於一日十二辰中，都合三百六十，象一年之氣。始復䷗至乾䷀，自遘䷫終坤䷁，循十二辰候，分震巽甲門，子丑午未，陰符陽火，圓合天符三百三十六度〔二〕，是晦朔陰陽、刑德交會、天地變化、萬物生成之數也。皆依刻漏運行，奪取氣候入神鼎中，使真鉛天地之母，受此運用而產神精。易曰：乾之策，三百六十〔三〕日足，陰陽起伏運用，一年周星，萬物之大數也。凡一年計三百六十日，計四千三百二十時，每日朝暮兩卦，計六十卦，每卦六爻，合計三百六十爻。又奪得一年三百六十日，計數奪得四千三百二十年正氣在神室中。凡五日爲一周，合六十時，應一月六十卦，用事六十時，係卦三百六十爻，便應三百六十日一年也。又奪得一月內四千三百二十年正氣於兩日半。假如有一月三百六十時，便象一年三百六十日，於三百六十時內用六十卦，將六十卦氣候又陷於五日六十時內，用六十卦時爲一周，又象一年。復於五日內分兩日半，計三

〔一〕「六」，依前例疑作「十二」。

〔二〕「三百三十六度」，疑當作「三百六十度」，因下有「合天符、合三百六十度」。

〔三〕「乾之策，三百六十」，易繫辭上作「乾之策二百一十有六，坤之策百四十有四，凡三百有六十」。

百六十爻，復象一年也。又分三十卦一百八十爻，移在半月十五日，朝暮各一卦，計三十卦。又將此十五日，配在半日六辰之内，共分得三十卦一百八十爻，便象半年一百八十日也。每一辰内，於二十四氣中分得二氣，七十二候中分得六候。此氣候逐子後午前六辰陽火，入神室之中，各有寒暄氣候符證，互立變化之功，此六辰是冬至已後夏至已前半年一百八十日，運火合天符動静盈縮、造化萬物之數也。聖人蹙於〔一〕一百八十日節候，陷於半日六辰之中，計奪得二千一百六十年正氣，入於神室中，養萬靈也。如兼午後六辰，圓合一日夜火數，即奪得四千三百二十年正氣在一日夜之内也。還丹之道，要妙在震巽起陰陽之中，復遣分進退之符，十二卦周行，一年氣足，坎離運用，龍虎生成，數滿周星，神精水火，進氣而出，即非常藥也。午後亥前六辰陰符，分得氣候節符，與巳前六辰數時刻並同，亦象夏至後冬至已前一百八十日也。所有震巽陰陽進退之符，刑德相背，圓缺相交，出入抽添，起伏否泰，即少有不同也。此是合天符進退、周星造化、萬象生成、潛運之數也。故先真到此，皆傳在口訣，至誡輕泄，勿使非人知之，令竊弄神機妙用也。諸經訣云，月有火記，明六百篇卦爻，行於世也，今不備録。六百篇火記，蓋魏真論周星數，寔篇篇相類，冀達士細思，道如返掌也。今所云一日一夜内，運陰陽符火入鼎中，如震復至乾六

〔一〕「於」字，四部叢刊本無。

卦爲陽火也，自巽邁至坤六卦爲陰符候也，一日一夜内，合奪得四千三百二十年正氣在神室中，生産神精也。全依内百刻也。凡一時奪得三百六十年正氣，一日夜奪得四千三百二十年正氣，一月奪得一十二萬九千六百年正氣，一年奪得一百五十五萬五千二百年正氣也。故經云，人服金液還丹一粒如稻米許，三氣限滿，必獲上昇。三年藥成，已於身内受得四百六十六萬五千六百年正氣年壽也。如常服食，壽〔一〕限無量，出天地三界之外，純陽真精之身，有生而無死，天地陽九，否泰動静，常數服金丹之人，逃出陰陽之外，九陽之表，故壽年無數也。賢達思之，此外〔二〕乃無上至真之妙道也，遇者得無保祕之，緘于心口，以待賢能者哉！

凡一月三百六十時，一年十二月合四千三百二十時，象四千三百二十年。内卯酉二卦，息符一年，内合數共除出六十日，兩計七百二十時，象七百二十年。汞内胎符火數，實十箇月，計三千六百年，合天符、合三百六十度，符合參同契六百篇火記也。其餘出息七百二十年，是金沐浴其精之限，微哉此法！是大丹紅鉛黑鉛龍虎交媾，生成乾精坤粹真砂，純

〔一〕「壽」上原有「以」字，據四部叢刊本删。
〔二〕「外」字疑衍。

妙之上道，運火之祕訣，養赤龍之魂方也。先真聖人心之隱文，希夷之妙道也，非防閑淺近之事矣。故經云，既得真鉛，又須得真正〔一〕，爲此事也。經云，得在受氣抽添。凡運節符火數，一一皆依約刻漏，晝夜一百刻，分四時、五行、二十四氣、七十二候，不可分毫差矣。若使四季不調，五緯失度，即真砂真汞不産，龍虎不交。故經云，「纖芥不正，悔吝爲賊」是也。賢達君子，反覆思之，無意輕動，令不合天道，則令〔二〕天地妙用之氣，憑何節候而成變化，生于萬象哉？陰符經云：「天有五賊，見之者昌。」「知之修煉，謂之聖人」也。時有習常道者，止余東隣，聞余斯言，忽叩扃〔三〕而至，大咍而謂余曰：「吾聞昔先聖有言曰：死生有命，脩短在天。又西域書云：天地及日月，時至皆歸盡。至于劫石有消，无存纖芥。天地之内，萬物從起，豈有不拘常數而長存哉？數盡皆歸於空，空者，無也。又聞言人之生，如箭射空，力盡還墜。今子獨云餌金液還丹之人，壽年無數。復云我命在我不在於天者，子言得非習偏見、有好惡、立虛准乎？」余答曰：「吁呼！此蓋鄙俚偏執之談也，豈達古賢通聖

〔一〕「正」疑當作「火」，四部叢刊本作「汞」。

〔二〕「令」字，四部叢刊本無。

〔三〕「扃」，疑當作「扃」。

論哉！且鄙俚偏執之人，焉能鑿混元微造化之端，擘鴻濛結陰陽之表歟？豈將睫目之附近，度量廖廓之幽端乎？且乾坤之氣，而生成萬物，諸途而出，始因元判，受析陰陽，有萬法焉，有萬形焉，得泉石焉。且陽數奇九之數也，相須陰陽之氣，相禪乾坤之內，故互用之數，未有無用之物類也。且九地之下無陽精，而純陰濁氣也；九天之上無陰精，而純陽清氣也。有修積陰之氣者，盡棄魂神，於无中煉妙有，任定而性寂靜，故死而爲陰爽之鬼也。有修〔一〕純陽之精者，謂存神氣，而於有中煉妙〔二〕，全身形而入無形，故生無死，爲天上神仙也。且鬼神者受積陰之氣，陰鬼之道〔三〕貴無形，故棄陽而煉陰之氣，氣積即息，息即歸陰，陰即歸死，有得死者，故名寂滅。寂者，凝靜也，滅者，空無也。鬼道貴無形，蓋任空寂，於真無中煉妙有，爲下土陰中清虛善爽之鬼神，非尋常之有也，鬼神陰靜之中，以斯爲妙。道有陰中〔四〕妙門，煉陰〔五〕之妙法。煉陰之法故有大小，以有大小之門。天上之神仙者，受純陽

〔一〕「修」字原無，據四部叢刊本增。
〔二〕「妙」，疑當作「妙無」。
〔三〕「道」下原有「鬼」字，據四部叢刊本删。
〔四〕「中」下，四部叢刊本有「之」字。
〔五〕「陰」下原有「中」字，據四部叢刊本删。

之精，神仙之道貴有形，故棄陰而煉陽。陽氣積而動，動即返陽，陽即歸生，生即得仙不死者，故名曰上昇。上者，輕也、飛也；仙者，昇也、舉也。仙道貴有形，蓋運氣於真有中煉妙無，爲上天九陽中清真妙靈之神仙，即非常之無也，神仙於陽動之中，以斯爲妙。道有陽中之妙門，消陰之妙法。煉陽法有大小門，非一也。積陰之精附地，積陽之形奮天，天地自然之道，非有爲也。故易云：『方以類聚，物以羣分。』『本乎天者親上，本乎地者親下，則〔一〕各從其類也。』故修丹〔二〕術士，鍊純陽，出陽精，取而服之，變爲純陽之身，是以就天，乃從其類也，故名之曰上昇。九天天上無陰，乃純陽陽濤之境，出乾坤陰陽之表，故壽限無數也。真炁、無也，故不同乾坤之内有數之物。且上天不有爲藥，空寂之形，不可服丹。故陰教無純陽之神仙，與下士定寂之鬼，明有優劣，非等倫也。純陽之真無死數，積陰之神無生數，此真陰真陽俱出天地之表，故無常數也。且天地之間，陰陽鍊真形二門，於斯無別理也。」又問曰：「陰陽二門鍊真形之法，得非西域瞿曇氏之法邪？中華李老君法邪？」答曰：「余始只以明天地之間鍊凡爲聖，陰陽二門出世之道，元不説李老君瞿曇氏之

〔一〕「則」字原無，據易經乾卦增。
〔二〕「丹」下原有「者」字，據四部叢刊本删。

法邪！若以二真造兹之法，即二真何多於天地乎！此二真皆能盗天地，賊陰陽變化之情，煉陰陽純精之道，俱無成數之身，故後世立此二真爲陰陽煉真之教。且二真俱曰修道，故道之一字，是陰陽二門衆妙之法強名也，玄玄善號也，故總之曰道。老君瞿曇各得道中之一門爾，故皆出陰陽之外，俱得無生死之數也。」又問曰：「今修道之人存神養氣，復煉金液陽丹服食，以至爲純陽之真。修陰寂之人可得服丹乎？」答曰：「修陽之人蓋存陽魂，留暖氣，故餌丹以助之成純陽之身。修陰寂之人棄陽魂而就陰魄，陰寂之形虚而冷，不可以受陽丹也。若服陽丹即陰形，豈可爲純陰妙化乎？即陰寂不凝煉妙，空不生妙有，妙有不生空也。」又問曰：「陰陽鉛汞别有丹藥乎？」答曰：「陰寂之法，易陰之形，空中有空，有中不有，爲樂空寂之形，不可服丹，故陰教無丹藥也。此義昭然，賢達可見。但性理凝寂，絶相離言，即真爲空，妙有而已。修陰之人得此言之爲心印，過此以往，無别義也。」又問曰：「竊聞高僧中有出没自在，死生任情，接跡見聞，不可勝數，以載於經論，動逾數百，今指一二，粗立事端。且僧佛圖澄生死自在，著於明史，述金液訣，形于丹經，又僧曇鸞師作氣術論行於世，皆同道家。忽暫亡而起，忽躡空而行，陰教之中，豈曰無之？吾仁之言，陽法有上昇，陰教歸空寂，即此二僧，皆留形住世，隱顯自由，得非空寂乎？」吾曰：「嘻！有何難明哉！其二子皆内修陽法，外修僧形法，豈分外貌乎？僧、玄皆人也，同天地間一物耳。若外爲僧，内修陽法，何異於外貌黄冠乎？且陰陽之道，任情變化，豈有偏黨乎？惟達摩師氣訣，正是外内不出入，凝定空寂中，煉妙有之法，便是空寂法中陰真。」又問曰：「今云煉陽即出九天之上，煉陰即入九地之表，將欲並教天下，得否？」答曰：「不可也。治世之道，無出於文也。斯陰陽二門，且出世之道，不可治世，不可普教於人也。」問者曰：「吾偏習治世鬻矕之書，不達延生出世之道，罔知二主之旨，難通三教之情。今既聞命，寔是飽於玄風，醉其真義也。吾向來井蛙醯鷄哉！」乃唯唯而退。余所略書陰陽二門鍊真之至道，意者爲上智之人，明達而自知，無勞論也；愚昧無知勉，論不及也；中智之人，心或進退，往往執言不迴，多云「生死有命，富貴在天。」復云「天地及日月，時至皆歸盡。」斯言舉世鮮有不言者，遂便顒顒待死，迮真失正，迷於所苦，自甘取也。即輕薄無知泛濫之徒，豈可見天地之心乎？天地之用生成乎？豈知陰陽互情乎？陰陽相盜出没乎？余因達還丹有長生無數之辭，故少立通論，以示同人。非淫欲虛誕，沽誚於賢達者哉！於斯復有向美索乎？同心之子，幸鑒于斯。

歌曰：

大道生吾真，陰陽運吾質。寄生天地間，生死互經歷。死生終有門，二路各分一。一門陰靜中，於中有虛寂。修成陰中神，此是西胡術。别有陽中道，道祕在仙籍。勁指天地根，此根號真一。真一天地先，天地因而闢。令人採取精，煉爲庚辛石。邀取木中龍，合之令契密。忽然爲夫妻，漸生男女出。十月男女生，却化爲金液。金液作神丹，餌之天地畢。書情告同人，何妨留意覔！日月疾如風，三萬六千日。

還金術〔一〕三篇并序　陶植〔二〕撰

植嘗讀金碧潛通經，至魏先生云：「三五與一，天地至精。」研思十霜，妙旨斯在。謂一者水數，爲五行之始，色稟北方，包含五彩，修〔三〕之合道，理契自然。故能生天生地，爲牝爲牡，然後還日精於月窟，結粹華於沖氣，靈運潛應，與真合同，即非人間術士所能窺測。竊見今時學者，咸謂水銀可以爲金丹，硃砂〔四〕可以爲河車。殊不知汞生於鉛，砂〔五〕產

〔一〕「還金術」，道藏本收録作「還金述」，下同。
〔二〕「植」，道藏本作「埴」。
〔三〕「修」原作「終」，據還金述序改。
〔四〕「硃砂」，上書作「砂汞」。
〔五〕「砂」原作「鉛」，據上書改。

於金，既不辨真，遂假他物。譬如綴花以爲子，斷體以安孕，傷殘既邇，精氣莫全〔一〕。舉世作迷途之人，漏氣非混成之子，茫茫志士，同歸有待。或謂古人妄設，終无此道，愚甚不取也。故徵經義，爲術上中下，以質之同志爾！

術〔二〕上篇

古之人所以假易象而爲經者，謂至道與天地配。如太上始分一氣爲二儀，二儀判然後有三才，俾乾坤運而品彙貞，坎離用而金水并，此道之樞也。男冠女笄，牝牡相得，氣交體合，應變無方，此道之用也。日月運矣，寒暑節矣，滋液潤澤，施化流通，此道之驗也。陰伸陽屈，陽用陰潛，一往一來，推情〔三〕合性，道之返也。此乃明乎剖一氣以法天象地，自有爲〔四〕合於無爲者矣，豈假他物而成之乎！今謹按黄白内經神農云：「知白守黑，求死不

〔一〕「傷殘既邇，精氣莫全」，還金述序作「既傷爾精，氣莫能全」。
〔二〕「術」字，還金述無。
〔三〕「情」原作「移」，據還金述上篇改。
〔四〕「爲」字原無，據上書增。

得。白者金精，非世間金；黑者水銀，非世間銀。」又龍虎經云：「故〔一〕鉛外黑，內懷金華。」金華者，爲青龍、爲黄、爲乾，居木位，其數三。又曰：「被褐懷玉，外爲狂夫。」夫玉者，爲白虎、爲丹砂、爲汞、爲坤，居土位，其數五。故曰：「三五既〔二〕和諧，八石正綱紀〔三〕。」三五則土木之位，合而言之其數八。又曰：「金爲水母，母隱子胎。水者金子，子藏母胞。」此言金水自相含孕，輼櫝於母中，須造化而生也。又曰：「長子繼父體，因母立兆基。」此言砂産於金，汞流爲子，以金養子，繼體而榮，道合自然，事根至妙，不可不思也。潛通訣曰：「玄白生金公，巍巍建始初。」此明丹砂生於鉛。金碧歌曰：「赤髓〔四〕流爲汞，汞者弄明璫。」此明汞非外入〔五〕也。自是乾坤交媾，受氣而生，欲生不生，煥乎其有文章。故經云：「聖人不虚〔六〕生，上觀顯天符。」天符，信也。天氣降，地氣應，是陰陽交接而流珠下

〔一〕「故」原作「若」，據還金述上篇及周易參同契改。
〔二〕「既」原作「即」，據上二書改。
〔三〕「正綱紀」原作「調正綱紀」，據上二書删。
〔四〕「髓」原作「水」，據還金述上篇及本書卷七三金丹金碧潛通訣改。
〔五〕「外入」，還金述上篇作「别物」。
〔六〕「虚」原作「空」，據周易參同契改。

也。流珠者，亦謂之流汞矣。經曰：「丹砂流汞父〔一〕，戊己黄金母。」此數者，明鉛汞〔二〕合三才，應五行，而非人間凡物也。又參同契曰：「植禾當以粟，覆鷄用其子。」此明情分〔三〕於性，性紐乎情，情性相依，還返自然，是爲變化，由鉛與水銀非類不相爲用也。且情性既分真，終始自相因，爲乾坤矣〔四〕，牝牡也，金水也，木土也，情性也，龍虎也，雖同出異名，須以類合，如有差謬，不相涉入矣。故曰：「類同者相從，事乖不成寶。」又水以土剋，木以土榮，相殺相生，更爲父母。且水銀不在五行正位，朱砂非龍虎配合，故曰：「雜類不同種，安能合體居。」故古歌云：「莫壞我鉛，令我命全。莫破我車，令〔五〕我還家。」又曰：「鉛斷河車空，所作必無功。鉛破河車絶，所作無處出。」又五篇曰：「鉛中有金，金中有寶〔六〕，見寶別寶，修心煉形，賢人得道。」又曰：「寧修鉛中金，不修金中寶。」此數者，聖人

〔一〕「丹砂流汞父」原作「砂流朱汞父」，據還金述上篇及古文龍虎經註疏卷中、本書卷七三金丹金碧潛通訣改。

〔二〕「明鉛汞」，還金述上篇作「足明砂汞」。

〔三〕「情分」二字原無，據還金述上篇增。

〔四〕「因，爲乾坤矣」，上書作「依矣，又爲乾坤也」。

〔五〕「令」原作「廢」，據上書改。

〔六〕「寶」原作「還」，據上書改。

明喻以示後學，猶慮不曉，故鄭重而言之，亦知龍虎二事，本乎一物者也。得其理者，喻諸返掌；迷其逕者，譬彼上天。但以世人未悟，遂使後學捨返掌之易，從上天之難，用意逾切，去真逾遠，紛紜難〔一〕議，真假相亂。或曰用鉛耶！或曰用水銀耶！若以水銀爲之，乾坤其可立乎？剛柔其可分乎？必以雜鉛而爲之，則金水何由而得生？還返何由而得行？又焉能變化由其真歟？且古來歌訣，唯讚鉛之功效，不說水銀之精妙，必〔二〕以二事共成，何〔三〕得不兼而美之乎？必以水銀爲言〔四〕，但假鉛氣而成河車〔五〕，何得遺本而逐末乎？作者之意，既其如彼，後學之見，又且如此，是欲〔六〕耕石種稻，緣木求魚，期於有獲，難矣！又況文字所傳者，非精妙之至；閑訣所受者，非至人之遇。夫知與不知，猶千里之與指掌爾！自非真人，曷辨真理？今特與衆人爲論者，謂言者不知，知者不言，又焉知道隱乎

〔一〕「難」，還金述上篇作「雜」。
〔二〕「必」字原無，據上書增。
〔三〕「何」原作「不」，據上書改。
〔四〕「言」，上書作「主」。
〔五〕「河車」二字，上書無。
〔六〕「此，是欲」三字原無，據上書增。

言與不言之間哉！

術中篇

凡言水銀可以爲金丹者，妄人也；言朱砂可以駐年者，不知道也。不知道惑妄人之言，去真遠矣！夫汞者，姹女之別名；砂者，鉛中之至寶，丹經所謂砂汞者，此其真訣也。且鉛中有砂汞，猶人之有情性。情性於人，非外物也；砂汞〔一〕於鉛，非外類也。三一之道，修情合性〔二〕，然後可以返魂還元。若引外物爲情，則〔三〕性不可合，以〔四〕水銀代汞，則鉛不可親。性不可合，三宫其可固乎？鉛不可親，八石其能妙乎〔五〕？故參同契云〔六〕：

〔一〕「汞」下原有「生」字，據還金述中篇删。

〔二〕「修情合性」原作「修性合情」，據上書改。且上書此下有「然後可以歸根復朴矣。金液之術，以金養汞」十七字。

〔三〕「則」原作「爲」，據上書改。

〔四〕「以」字原無，據上書增。

〔五〕「乎」下，北圖善本道藏還金述有「夫言八石是三五更名」九字。

〔六〕「云」下「名者以定情」至「白馬牙，好丹砂，又曰」凡三百零一字原無，據還金述中篇補。

「名者以定情，字者緣性言，金來歸本性，乃得稱還丹。」又曰：「性主處内，立置鄞鄂；情主營外，垣築城郭。」是以砂汞者，鉛之情性；元氣者，人之根本。金主營外，故謂之情；汞主治内，故謂之性。以金制汞，推情合性之義也；含精養神，修性合真之道也。又曰：「龍呼於虎，虎吸其精，兩相飲食，俱相貪榮。」謂東方甲乙木，青龍也；西方庚辛金，白虎也。龍爲情，虎爲性，情性相依，還返之義也。古歌曰：「東身歛魂充虎飢，虎來噉食生髓脂。」則呼吸之理可明矣。又曰：「太陽流珠，常欲去人。卒得金華，轉而相因。化爲白液，凝而正堅。金華先唱，有頃之間，解散爲水，馬齒欄干。陽乃往和，情性自然。」是知立乾坤，運水火，應天符，合三才，然後得爲之丹砂矣。妙言至徑，大道至簡，譬如造化之於萬物，非能大巧，使其青黄赤白一一之相類乎！是稟性合真，自然之理也。若以「丹砂木精，得金乃并」。又曰：「白馬牙，好丹砂。」又曰：「潔白見寶，可造黄金〔一〕。」此者皆非人間朱砂水銀爲之。有頃之間，當爲白煙矣！又焉得「解散爲水，馬齒欄干」乎？明者省之，可以一言而術〔二〕

〔一〕「潔白見寶，可造黄金」原作「結白見寶造黄金」，據還金述中篇改。

〔二〕「而術」，上書作「而得術士」。

真僞耳！術士得之，則正性不惑。正性不惑，則爲道日親，而根本自正。豈假外名遺妻〔一〕，絶粒丘壑，然後希遇哉！故再叙情性，原其砂汞，重解先聖指象立喻之意，誨貽於後賢也。

術下篇

經曰：「白者金精，黑者水基，水者道樞，其數名〔二〕一。」又曰：「知白守黑，神明自來。」是知太玄之精，爲道根本，當其樞紐天地，鍛煉陰陽，理契自然，功侔造化。故定兩弦之數，以二八合上下，得乾坤之體也。稽六十四卦，極天地之數用〔三〕，卦有六爻〔四〕，爻披摘而三百八十四神存乎其中矣。乾之策二百一十有六，坤之策一百四十有四，引而伸之，觸類而長之，總一萬一千〔五〕五百二十，所以應萬物之數，備剛柔之體。又天數二十有五，

〔一〕「遺妻」，還金述中篇作「遺俗」。

〔二〕「名」字原無，據還金述下篇及周易參同契增。

〔三〕「數用」，還金述下篇無「數」字。「稽」，上書作「稽考」。

〔四〕「卦有六爻」原作「卦又云爻」，據上書改。

〔五〕「一千」原作「二千」，據上書及易經繫辭上改。

地數三十，凡天地之數五十有五，所以成變化而還返也。若積陽爲天，聚陰爲地，天否地閉，神明見焉。雖元化一施，妙用無極。且世以金木水火土合之寒暑衰榮，若春夏秋冬日夜相易。陽之用也，以金生水，水生木，木生火，火生土，土生金；陰之用也〔一〕，以土尅水，水尅火，火尅金，金尅木。以其相生相殺，迭盛迭衰，合天地四時而成實萬物。夫日爲陽精，月爲陰魄。金生於月，即坎男也；珠泫於日，即離女也。然金爲月精，以據陽位；汞合離氣，以應陰爻。以天地之靈，孕日月之精，否極泰來，陰盡陽生。故金入猛火，色不奪光。自開闢以來，日月不虧明，是金木營於内，水火應於外。乾健不息，所以致用也。日彩不鑠，所以益振也。唯天地日月，能長且久，與萬物終始。爲龍虎配合，爲道魁柄，與天地準。合陰陽數度，俾元化潛應，如連珠和璧，以應軫於無窮。前聖修之，陶甄萬靈，故能生天地，首萬物，獨立長世，而形神不化。亮夫妙用弘深，希代莫測，得之者若天地在乎手，造化由乎身，自凡躋聖，名列金簿，與黄帝老子爲先後〔二〕，所以顧兹門而無别徑也。凡我同志，庶

〔一〕「也」下「以土尅水」至「希代莫測，得之者」二百二十七字原無，據北圖善本道藏還金述下篇補。

〔二〕「後」下，還金述下篇有「達，亦」二字。

幾於此者，要在細求真訣，務以師授，不可以諛聞淺説，多言或〔一〕中之義，所希企及矣。噫！今之人不達神明之意，未通天地之理，按文責實，以意推披〔二〕，殊不知古人與其不可傳〔三〕去矣。徒議枝葉，不得根本，迷迷相指，詎可復追？植林野鯫儒，豈曰先覺？常給侍長者，側聆斯義，以爲砂汞無乾坤不可得也，龍虎捨金公无自入也。故〔四〕陳梗槩，以備錯悮焉。歌曰：「仙人拍手雪成團，黄花欲入紫河難，子母一時流作水，變化還同九轉丹。」

〔一〕「或」，上書作「失」。
〔二〕「披」，還金述下篇作「校」。
〔三〕「傳」，上書作「學者」。
〔四〕「故」原作「或」，據上書改。

雲笈七籤卷之七十一

金丹

太清丹經要訣并序

余歷觀遠古方書，僉云身生羽翼、飛行輕舉者，莫不皆因服丹。每詠言斯事，未嘗不切慕於心。但恨神道〔一〕懸邈，雲跡疎絶，徒望青天，莫知昇舉。始驗還丹伏火之術，玉醴金液之方，淡乎難窺，杳焉靡測，自非陰德，何能感之？是以五靈三使之藥，九光七曜之丹，如此之方，其道差近。比來〔二〕握翫，久而彌篤。雖艱遠而必造，縱小道而亦求。不憚始終之勞，詎辭朝夕之倦？研窮不已，冀有異聞。良以天道無私，視聽因之而啓。不違其願，不奪其志，報施功效，其何速歟！豈自衒其所能，趨利世間之意？意在救疾濟危也！所以撰

〔一〕「道」，全唐文太清丹經要訣序作「通」。

〔二〕「比來」原作「此來」，據上書改。

二三丹訣，親經試鍊，毫末之間，一無差失，並具言述，按而行之，悉皆成就。然人之志，所重者性命，其危春露，其脆秋霜，俯仰之間，相顧如失。榮華貧賤，誠爲不住之容，憂悲娱樂，並是難留之事。以此而言，深可歎矣！余比讀諸方，故亦不少，觀其梗槩，例多隱祕。味之者翻增其惑，説之者返益其迷，遂使修鍊之流，不見成功之處，豈其古人妄説耶？抑由學道之輩，自不能考其旨趣也。余所陳方意，於文記間，如視掌中，一試披尋，莫不洞照。相知之士，通鑒名人，有所不同心之取證，故列爲三篇耳。處士孫思邈撰。

諸丹目録三品

初陳神仙大丹異名三十四種：

太一玉粉丹、太一召魂丹、返魂丹、更生丹、全生歸命丹、四神丹、太一神精丹、神變丹、神液丹、假使通神丹、五靈丹、昇霞丹、靈化丹、三使丹、捧香丹、太一丹、使者丹、奔雲丹、控鶴丹、八石丹、麗日丹、素月丹、度厄丹、持節丹、絳色紫遊丹、雄黄赤丹、赤雪流珠丹、紅景丹、赤曜丹、重輝丹、紅紫相間丹、艮雪丹、月流光丹、水銀素霜丹。

右所陳諸小丹法等，雖時所稱用，然其丹異名，未必各知之〔一〕，所以今並列之。

次陳神仙出世大丹異名十三種：

黄帝九鼎丹、九轉丹、大還丹、小還丹、九成丹、素子仙童丹、九變丹、太仙霞丹、太和龍貽丹、張大夫靈飛丹、昇仙丹、神龍丹、馬仙人白日昇天丹。

右諸大丹等，非世人所能知之。今復標題其名，記斯篇目，而終始不可速值也。是以其間營構方法，並不陳附此。其〔二〕有好事者，但知其大略也。

次陳非世所用諸丹等名有二十種：

八景丹、金華丹、玉味消災丹、神光散馥丹、凝霜積雪丹、奔星住月丹、墮月驚心丹、金液玉華丹、茅君白雪丹、白雪赤雪丹、紅絳垂璧丹、七星辟惡丹、七曜靈真丹、流石鮮翠丹、金輝〔三〕吐曜丹、太清五色丹、北帝玄珠丹、感靈降真丹、羣鬼昇雲丹、太白精丹。

右按其方，服之神仙。既藥物難具，營作非易，所以但列其名，不復陳其法式。若好事

〔一〕「各知之」，四部叢刊本作「能知」。

〔二〕「此。其」二字，四部叢刊本無。

〔三〕「輝」，四部叢刊本作「耀」。

者，宜以廣知其名也。

造六一泥法

凡飛金轉石，唯以六一爲要。自遠代諸賢，銷鍊之流，莫不咸蔽其事。大都相傳法者，皆用礜石、赤石脂、左顧牡蠣、礬石、滑石、戎鹽、滷鹹等，或妄用蚯蚓糞者，以此等藥並亦具鍊作之方。其方法又各各不同，作之例皆不能精了。古來名方要術，無不備經試鍊，就此之中，未有不盡其理，不見一事近髣髴者，余常爲之發憤興歎，不能已矣！自謂古人隱祕斯術，且誑將來學者。又按古方，並同礬石用黄土泥，燒之經夕，即自然成其細粉。余遂依法燒之，經兩三日，竟不覺有異。謹因閑暇，更依古方燒鍊，可經十日已來，以指微捻，乃成爛粉，光潤可愛，亦細膩希奇。更取新礬石燒之二十餘日，到加乾石，全不一種。始知一切方法，不可率爾輕試之，不依古法，即云無驗，如此者觸目皆是。又礬有種類不同，所出之處各異。并州與嵩嶽出者爲良，自外者不堪入用。

鍊礬石法：凡鍊礬石器，以黄土作之，其狀似竹管，可長五六寸，闊三四寸。以礬二三分其口已上，瓦作蓋蓋之。礬石内筒訖，别以細沙并黄土等分爲泥，泥筒周遍，可厚一二分許，緩火炙之令乾。又更泥，泥又更炙，炙令乾熱，然後入鑪燒之。但使將息伺候得所，必萬無一失。

造燒礬石鑪法：其鑪壘高二尺，明闊一尺，其下四面各開一小門子，擬牽風擊火也。又時時去積灰。一頭別一箇鐵釜，大小與藥筒相稱，高可三四寸許。即以鐵釜置鑪中，筒於釜上，以炭燒之七日明，使晝夜火氣，不絶恰好，更不勞多。日滿取之，研極細。別以赤石脂麤擣篩，相和爲泥，作餅子可厚半寸，闊四寸，曝之令乾。右於礬石鑪中燒之一日，更細擣篩，極細研之，別入生赤石脂細擣篩訖，與成鍊者等分相和。和訖，又以礬石及赤石脂二分和之爲泥，稀稠得所，攪之令極熟，用之泥釜固濟。一泥以後，即一手取藥，更不得重看，其藥氣永不畏，先余用之多遍，唯覺善莫能加焉！

礬石宜取燉煌者，輕手擣之，以馬尾蘿〔一〕下篩之訖，置鐵鐺中，以猛火熬令汁盡，又擣篩令細。每計赤石脂與礬石二分相和訖，計所和之粉，五兩內可加戎鹽一兩，滷鹹二兩，合和亦無妨，不著亦得。凡作六一泥者，只爲固濟，欲使牢固。今只二種藥爲泥，又加一二種亦損者，何煩多種？其六一之名，乃是古人隱祕之語，其六上加一，便是爲七，以七種藥爲泥，故云六一也。世人不識，不知何以名之六一也。滑石所出處，其石本出東華州，今人

〔一〕「蘿」，疑當作「羅」。

不究其根本，乃用崑崙所出者爲六一泥，所謂圖北向南，於理殊非所允。又其石性有數種，硬者細細擣之，篩研令熟，用之益佳。

左顧牡蠣法：左顧牡蠣者，意本取其細膩。比試向經二三度，亦經火鍊而用者，亦經不鍊而用者，皆無意。即知此一味乃是無用之物，若更有別法用之爲佳者，非余所知也。

戎鹽法：戎鹽本方亦不的言出處，既不知所出，即知出戎鹽之地，亦不知用何者爲良？見人皆云識之，實不能知孰是南人所出？以南土無有此鹽，故關中所出者爲是。余復陳此愚見，亦不知是人識者，宜詳而用之。雖貴之有能，然用勢亦相似，好事君子知之焉。

滷鹹法：此物本出同州東北隅，去城可七八里，生陂澤中，其狀似河中細顆鹽，其味苦而不鹹，本方亦不言出處。人用平澤中地有鹹烝之處，因辯其土白嫩之色者爲是。今推其所由，於理又全乖錯，用之無驗，特爲於此。同州所出者，若入六一泥用，極理粘好。今但礬石、赤石脂、礜石等，並依所陳之法細用之，則不復須此藥矣，諸好事者於此更勿猶豫也。本方亦云用蚯蚓糞爲泥，亦曾用之，乃與常土不異，於理殊非所宜。

凡六一泥所言諸藥等，其有所用之徒，並不能精識其委曲。雖時有識者，又不閑將用之法，求鑪火之妙，理亦難爲具悉。今著條件六一泥者，味雖不多，用之極善。直云固際，神膠足得爲上，何必要須六一也。凡按古方合鍊，多不見成者。古人但恐文繁，所以不能具載其事，以此作者遂無一法能就。非深知其本末者，則孰能照其出處乎！

造上下釜法

右下釜鑄鐵作之，深三寸，明闊八寸，底厚六分，四面各厚四分，其唇闊半寸，厚三分，平穩作之，勿令高下之也。右上釜作之高一尺，明闊八寸，厚三分許，唯飛雄黄，上高五寸以外，不平下釜，並圓作。凡欲有心試鍊者，其上下釜並依樣作之，大都形勢更不過此法，其間上下釜但能將息用者，永無破壞之日。余自好道術已來，向二十載餘，種種歷試，備曾經涉，其中校殊，無所不爲之者，並無成法，資財罄竭，不免至於困弊。今用此上下釜，始離其艱辛，其上下釜即須用，以六一泥塗之。其泥和稀稠得所，樓刷遍塗之，日曝令乾。乾後，依前塗曝。乾之可三四遍，計厚三分許，必無壞時。其上釜以泥一二遍亦好，不塗亦得。今以六一泥塗上下釜者乃久，亦何必須土塗釜也！糖和乃是舊法，用既無驗，雖舊何爲？若有所不知，亦不簡於今昔。古人賢則賢矣，然不廢於此事，多不能知其理也。

造竈法

右其門高六寸，闊五寸，以鐵爲之。其竅勿令向上，宜下開之，可高三寸半許，闊二寸半。若向上開者，火則微翳，向下開之爲佳也。

用六一泥固際上下釜法

右留前所調和泥，用小鐵匙均厚三分以來塗訖，又緣合下釜上輕手按之，勿令過度。即以六一泥周迴遍泥其際，乾即以文火細細使積漸就乾，若有拆裂處，復以鐵匙取泥，泥之周悉。直至藥成以來，更不勞再視，此法易而且要也。

太一玉粉丹法

朱砂一斤， 雄黄一斤， 玉粉十兩。

右玉粉極硬難擣，但以生鐵臼擣之，以輕疎絹羅之，再度即得。入用磁石粉十兩，其性極硬，亦依玉粉法治之，以水沉取細者用之，篩用〔一〕亦得。

紫石英五兩， 白石英五兩， 銀粉五兩， 空青十兩， 流艮雪一斤，用銀雪。

右以打作薄，以河東鹽合擣，研令細絹篩下，不盡者依前更著鹽研篩，以盡爲度。即以

〔一〕「用」，四部叢刊本作「之」。

藥末等和以釅醋，微濕拌之，曝乾可十遍餘。上先以白鹽爲藉，次布藥末等，訖又以鹽覆之。即以上下釜相合，以六一泥固濟，以文武火九日九夜，寒之一日一夜，開看，煥徹如寒霜素雪之狀，又似鐘乳垂穗之形，五色備具，無可比象。又更還取藥三遍，以醋拌如前，以白鹽末覆藉，一依前法布之，更無別異。如此可四五轉訖，一依鍊金英丹法鍊之訖，然後將服。其勢力不若金英丹，二種藥並能延人壽命愈疾。除此一小有陳丹消毒之者，並幽深難解，自非妙閑訣法，豈造次而可悟也？今所陳列，一無隱祕，冀有雅好之士，請於此無惑焉！

太一三使丹法

水銀霜一斤，　朱砂十兩，　石亭脂十兩，　雄黄十兩。

右朱砂等三味別擣訖，和布置不異前法，還以銀霜布諸藥上，帛覆之，合上下釜固濟飛之。凡用猪負革脂者，是老母猪近脊梁邊脂也。

造紫遊丹法

朱砂　雄黄　曾青　石亭脂各五兩。

右別擣研，水銀十兩，別研；，石膽三兩，別擣篩；，白石英別熬令沸盡，取三兩；，此別味恐是錯，多是白礬〔一〕，石英不沸也。陽起石三兩，別擣；，石膽六兩，別擣篩，取東嶽者用之；，礬石五兩，直爾篩，生用之；，朴消六兩，別研篩；，磁石三兩，別擣篩；，又朴消三兩，和諸藥，餘三兩，用覆諸藥上，自外者並依前法治理，如前醋拌，令依法十遍餘止，其布置飛鍊日數重轉一依前，無異同也。凡承前已來飛鍊諸藥等精訖，皆須重轉三兩度，然〔二〕可堪用。比見丹無驗，唯覺毒害者，爲轉數不多，所以無驗矣。但飛鍊未曾重轉者，如此雜石未得丹者，氣盛在藥中，不毒何待？然聖人設法，意在救厄難。且世中庸愚，情在名利。先不閑藥理，復不究方書。或見淺方，或聞傳説，因即孟浪頑心，自謂更無比類。復有無知之輩，視聽未弘，疾疹既纏，豈與力惜未之於彼！又偃仰風神，旨〔三〕在得物爲未欲，愧於容色，余亦不欲論之於此。然性命之事非輕，但雜石稍堪服食，實爲非久，請有道君子審而詳之，忽有失理於毫微，幸改之從正耳。

〔一〕「白礬」原作「日礬」，據四部叢刊本改。
〔二〕「然」，四部叢刊本作「方」。
〔三〕「旨」，四部叢刊本作「真」。

造小還丹法

水銀一斤， 石硫黄四兩，飛鍊如朱色，依大丹法出毒了，研如粉。 光明砂三兩，别擣研。 犀角末四兩，别擣研。 麝香二兩，别研。

右五味攪和令調，以棗肉和爲丸，如大麻子許，每食後一丸，去心忪、熱風鬼氣、邪疰蠱毒、天行瘟瘧，鎮心益五藏、利關節，除脹滿、心痛、中惡，益顔色，明耳目。 熱毒風服五百丸，瘟瘧服一百丸，天行飲下十丸，蠱毒准上，心忪二十丸，每食後只可二三丸，不可多服，疊至如前，功能不可具載。 略而言之，餘依本草。

又法

石亭脂四兩， 水銀一斤， 鉛黄華三兩， 金一兩，成薄者。

右水銀、金、鉛黄等加功細研，取大鐵瓶瑩磨之，末硫黄三兩，先布瓶下爲籍，次下前三味，訖又布。 餘一兩〔一〕硫黄末爲覆，次下蓋。 都畢，以六一泥固濟，火先文後武，七日七夜

〔一〕「一兩」原作「一日」，據四部叢刊本改。

止。又寒半日開之，其中盡化爲丹，煥然暉赫，光曜眼目。准此丹一兩，用牛黄、麝香各半錢〔一〕，重於洪州土鉢中，以玉鎚研之極細，用棗穰丸如梧桐〔二〕子。每日食後，棗裹之食三丸，治風顛癇失心、鬼魅魍魎等，久服凝骨髓，益血脉，潤肌膚，出顔色，安魂魄，通神仙也。

造艮雪丹法

汞一斤，以錬成十三兩錫破，以次計之，即時合者八兩汞、六兩半錫，其中雜藥，謹録如左：吴白礬六兩，於鐺中鎔以火，熬沸盡使乾訖，即擣篩爲末。用此錬白礬，今時錬六兩秤得五兩，黄礬四兩爲末。於鐺中熬使乾，更擣篩爲末。太陰玄精二兩，擣篩爲末。朴消二兩，擣碎熬使水氣盡爲末。伏龍肝四兩爲末，取一兩和鹽及諸藥。增鹽六兩，擣篩爲末，於鐺中熬取乾。初錬錫三遍訖，更鎔，投好醋中殺錫毒，更於鐺中鎔訖，以水銀投錫中，以鐵杖攪使相和置薄，掘地作淺坑子，以一張紙藉下，取寫勿流於地上，紙上留者，水銀和錫〔三〕

〔一〕「半錢」，四部叢刊本作「半兩」。
〔二〕「桐」字原無，據四部叢刊本增。
〔三〕「錫」原作「銀」，據四部業刊本改。

是也。仍以好醋噴之使濕，即急蓋其上，次熬鹽使乾訖，取黄礬、白礬、伏龍肝二兩總和擣勿留，於臼中擣之爲末，以纚篩度之，入少許醋，拌勿使濕。取二兩伏龍肝藉釜下，鐵匙按之使平實；次以鹽燥末二匙，按使平實；次朴消，還以匙撥使平實。即内藥，但平撥，不須實以匙，多少抿〔一〕使平整。即以盆子覆上，固濟使密，著火三日兩夜，開藥收取。如恐不盡，所有惡者并鐺中藥滓，總和於一小盆中，取少醋噴之，使纔潤，細研之訖，以一匙内底蓋鹽，依初飛法固濟訖，著火兩日一夜，即開看，所有水銀並皆盡矣！取藥即休。此藥主鎮心安藏，除邪瘴惡氣、疰忤、風癲風癇等疾。飛藥三兩轉已後，可研令極細，以棗穰和爲丸，丸如麻子大，每日服四丸。若不覺有異者，漸加至六七丸。每旦服之，不過三二丸。其藥性微冷，若先患冷疾，不宜服之。治傳尸瘧、瘴癘、時氣，一切熱病，入口立愈，神效。若用入面脂，治皯䵳。太陰玄精出河東解縣界鹽池中，水採之，其色理如玉質無異，其形似龜甲，以殊黑重者不堪，黄明者上也。

〔一〕「抿」原作「泯」，據四部叢刊本改。

造赤雪流朱丹法

右雄黄一斤擣，輕紗篩訖，以苦酒拌和之令浥浥，日乾，乾更拌，如此十遍止。與白鹽末拌和，以鹽覆藉，固濟，一日一夜後，以微火炙六一泥，令極乾。漸加火，勿須猛，更一日一夜。即加猛火，令其下釜旦暮常須與火同色，不得蹔時令火微弱，如此燒三日三夜止。寒之一復時，開取上釜藥精，更微研之。下釜餘滓亦擣，以藥精相和，飯拌令浥浥。依前布置，文武火一如前法燒之。藥成，煥然暉赫，並作垂珠色絲之狀，又似結網張羅之勢，光彩鮮明，耀人目睛，見之者不覺心神驚駭，惟宜安心。若有卒暴之病，及垂死欲氣絶，及已絶者，以藥細研之，可三四麻子大，直爾鷄子黄許酒灌之，令藥入口，即扶起頭，少時即差。其口噤不受藥者，可斡上齒而灌之，令藥入口，以手按之下腹〔一〕，及摇動之，使其藥氣流散，須臾即甦。治其鬼邪之病，小小瘧疾，入口即愈。此藥神驗，不可具説，但恨造次無人解鍊用之。

〔一〕「腹」原作「復」，據四部叢刊本改。

鍊太陽粉法

石亭脂十斤，　鹽花五升，　伏龍肝二斤，　左味三斗。

右石亭脂破如豆大，用鹽花和左味煮之七日七夜，其脂以布袋盛之，懸勿令著，鐵煑毒性盡，出研，和前伏龍肝令均入内釜中。先布鹽花，安亭脂盡，上還將白鹽爲蓋了，固濟之，三日三夜文武火，依前法鍛訖，寒之半日開。謹案本草云：石亭脂味酸，温，有毒，主治婦人陰蝕疽痔惡血，堅筋骨，治頭秃、心腹積聚邪氣、冷癖在脇、嘔逆上氣、脚冷疼弱無力，及鼻衄惡瘡，兼下部漏瘡，止血、殺疥蟲，治脚氣。男子陰痿、陽道衰弱，婦人體冷血氣、腹内雷鳴，但是患冷、諸藥不能療者，服之不過三五日愈。服之法，令研粉令極細，以飯和爲丸，丸如梧桐子大，每日空腹服五六丸，酒送之，若兼餘草藥爲丸，服之益佳也。

造金丹法

黄金八兩，錯碎爲末。　水銀八兩，以前金末水銀攪一宿，化爲泥。　雄黄一斤，　雌黄一斤。

右以前雄雌二味細研如粉，乃和之，皆於六一土釜中密固濟，炭火九日九夜煅之，寒二日，刮取飛精。先别作筒，用淳左味、鈆錽丹作泥塗筒裹，令極乾。又以左味、飛精如軟泥内筒中，堅之，以銅蓋覆上，六一固濟。作鐵鉤懸筒，令底去地二三寸，馬通火煴之，常令筒底微煴六七十日。寒之發取，藥赤如丹即成也。更研治，以棗穰和，丸如小豆大，旦以井花水向日服一丸，七日玉女來侍，二百日行厨至，三百日壽與天地齊。此方似金液而小異，若馬通難得，用糠火亦得也。

造鉛丹法治一切熱及鬼炁、癲癇病及瘧疾。

鉛四斤，錬熟使。　水銀一斤，鹽研令浄。

右取黍穀二斗蒸之，令破蒸熟，以醋漿水投穀中，密蓋五六日，令爲醋。次用車轍中土，篩安柈中，攪和似煎餅麫。取鉛銷之，投泥中拌半。即於好鐺中更洋鉛令銷，煖汞投一斤鉛中，待瀉凝，以繩子繫之，懸於鐺中二七日，其精自下醋中。收淘洗令淨，和朴消、消石各一兩，如飛丹法三遍飛之，每轉三日。收取精，以飯和爲丸，丸如麻子大。每有諸熱病者，皆治之。

錬紫精丹法

水銀一斤，　石亭脂半斤。

已上二味入瓶固濟，用黄土紙筋爲泥，泥瓶子身三遍，可厚一大寸已上。用瓷盞合瓶子口，以六一泥固濟之，可厚半寸。用火三日三夜，一日一夜半文，一日一夜半武。日滿，出藥打碎，取新青竹筒盛，和醋於筒中，又於火釜中重湯煑之三日夜，常令魚目沸。日滿，以冷水淘去醋味，曝乾一日，還内筒中，以清水和朴消如前煑一復時。出藥淨淘曝乾，擣爲末極細，用棗穰和少麝香丸之。欲丸時，和少酥及用塗手，不然即著手。丸如梧桐子大，每日食上服之五丸，去諸風疾，明目補心。二斤已上變白，功力既多，卒難陳述。忌與流珠方同，亦用麝香一錢秤之。流珠方在後。

造流珠丹法

硫黄一斤，鐺中以小麻油煑之，取黑爲度，即用灰汁煑之去油訖，即研鹽於鐺中伏之，用六一泥固濟鐺口，以文火經一日兩夜，又用武火漸加，以鐺赤爲度。去火待寒出藥，清水淘去鹽味，取酒七升，蜜半升，亦云一升蜜，一如紫精丹法煑之三日三夜。出藥，清水淘去酒味，曝乾擣篩，以棗穰丸之，更擣五六千杵，至萬尤佳，丸如梧桐子大。空心服每日三十丸，覺熱即減至十五丸，長年服者每日只可五丸。所有冷風等病，無不愈者。忌蒜米醋。

七返丹砂法

汞一大斤，安瓷瓶子中，瓷椀合之，用六一泥固濟訖，以文火漸燒，數至六七日，即武火一日成。如此七轉，堪服。其火每轉須減損之，如不減，恐藥不住也。

造玉泉眼藥方

右取水精二兩，末之，乳半合和，瓷瓶中盛之，蜜〔一〕固濟，勿洩氣。埋地下百日，出之，置一竈孔熏之一日。開之，青白如玉。取鉛錫成鍊者二斤鎔之，以此藥丸如梧桐子大，投中攪之，爲真白矣。若眼不見物及赤，但不損睛，取一丸如黍米大點目眥，尤良。

太山張和煮石法

章柳根六斤，　杏仁五升，　酸棗仁五升，　槐子一升，别擣。

右三味先擣，槐子以水攪之，去滓取汁，和前藥，内不津器中，埋舍北陰地，入土一尺，

〔一〕「蜜」，疑當作「密」。

以土覆之，百日發取，名曰太一神水。取河中青白石如桃李大者五升，取北流水九升，煑之一沸，以神水二合攪之，又煑一沸。候石熟，任意食。食之五日後萬病愈，一年壽命延永，久服白日昇天矣！取神水二升，漬生鐵二斤，十日化爲白銀矣！

添離用兑法凡四法

離一兩，　兑半兩〔一〕。

石以堝洋〔二〕之，先下離，次下兑，取柳木攪令均，次下黄礬一分，准前攪之令均，瀉出成鋌〔三〕。取黄土和左味作堝，乾之，即取黄礬、硇砂、胡同律各一兩，赤土一升和左味爲泥裹之内中，三四固之令密，火之十餘遍，以氈拭令黑氣盡爲度。如難盡，取赤鹽和左味爲泥裹之，亂髮纏之，入火燒之，其赤鹽作聲，如是更爲數遍，以黑盡爲限。然取硐砂作漿，牛糞火燒之佳也。

〔一〕「兩」下，四部叢刊本注云「以赤鹽煉作白銅爲兑」。

〔二〕「洋」，四部叢刊本作「烊」。

〔三〕「鋌」，四部叢刊本作「錠」。

又法

離一兩，　兑七錢，　熟銅一錢。

右合洋成鋌〔一〕，待冷，又入火燒之，令極熱。投馬通中冷，將鎚鎚之，入火燒之，又鎚，令離鋌薄如紙。剪破如指大，取黄礬一升末之，同律三分、硇砂二分擣爲末，取黄土爲泥作堝子、堝子蓋之〔二〕訖，布離葉於中，以前藥重重裹之，密固堝口，於牛糞火中燒之一日一夜，常令堝赤，以好爲度矣。

又法

離、兑對作，波斯鹽緑、赤土、胡同律、硇砂等分，以左味爲泥裹之，厚三分，猛火火之，如此五十遍已上。即以金牙一兩末之，以漿水三升煮之，從旦至暮時，以布裹離，横木懸之，勿使着器，任用之。

〔一〕「洋成鋌」，四部叢刊本作「烊成錠」。
〔二〕「之」字疑衍，或作「子」。

又法

硇砂一兩，　紫鉚一兩，　石膽一分，　胡同律一兩。

右以猪脂和爲泥櫬堝底，洋〔一〕離出之，如朱而光。洋了爲薄鋌，以赤土十兩末之，風化灰三兩、硇砂三兩、赤鹽五兩、赤石脂五兩、石鹽三兩，右已上藥必須精治之，以左味和爲泥，可離鋌大小布紙上，厚一二分，裹三鋌寸，洋火之，以赤煙盡爲度。開之，以左味洗之，准前裹火之，以漿洗之三十遍，即表裏赤光，爲梵天寶也。

伏汞要法

夫汞遇火則飛，不能使住。凡所爲者，蓋亦多矣。若非物制伏，不可爲之。今以藥伏之，萬不失一。

烏頭，　赤石脂，　石鹽，　白鹽，　胡椒，　雄黄，　蓽撥，　黄礬石，　黄硇砂，　黑鹽，

〔一〕「洋」，四部叢刊本作「烊」，下同。

右擣爲末，以左味和爲泥，團作鍋形，以汞置中，巾裹之，以横木穿之，八釜煑以左味三日夜，出之，入霜鉢中，還以左味和烏頭、硇砂、雲母等分研之，七日三易藥洗之，以油鹽、硇砂少許入釜中煑之一日夜，任用也。

素真用錫去暈法

右以取白不限多少，打令薄厚似紙，方二寸，十斤已上始可爲之，多則熱氣相蒸，少則不堪。取一瓷器，可物多少令滿，從下布之一重蒜韮，如此重重相次，令滿器口，大小蓋之，漆固令密，埋地中。經百日，出即成，不得欠一日。其馬通屋下安置，日滿出之。鎔一斤和上鍮一兩，若輭加鍮，堅加白。其蒜取赤皮者佳，左味取三年者然可用，著少鹽一如食法。

素真用兑添白銅法

白銅一斤，錫一兩。

右令洋之瀉酒中，出之打破，取伏汞一兩、胡同律二兩、油脂一升，煑令脂盡，胡粉色赤，即伏火。即以前兑體鎔之投水中，取白黑二礬、胡同律、硇砂、白鹽各二兩合洋之，瀉安鋌池中成矣。若脆不任用，即火之令赤，投牛脂中，十遍即柔矣〔一〕。

赤銅去暈法

右取熟銅打作葉，長三寸，闊三寸，取牛皮膠煑之如粥，以銅葉内中，以鹽封之，内鑪中火之，令煙盡極赤。出冷之，於砧上打之，黑皮自落，如此十遍已上止。即以醋漿水煑令極沸，燒葉赤，内漿中，出之，以刷刷之，於堝中洋之，瀉灰汁中散爲珠子，其色黄白，至十遍止，不須更瀉成兑。凡十兩可得三兩成，入梅漿洗之，令白也。

波斯用苦楝子添鍮法

烏梅一石，　苦楝子一石，　硇砂一斤，　波斯鍮二斤，　雀糞一升，　賀州鑞一斤，　兑五兩。

右取苦楝子二升，熟酒研之，新醋二升，雀糞半升研之，鹽一合相和令調。取桑木作槽，長八寸，闊三寸，深七寸。置前藥於槽中，鎔波斯鍮一斤，下少硇砂，熟攪之。候清，瀉槽中藥汁裹，冷出之，用氈揩洗令淨，炙令乾，明時用之，攪藥忌鐵物也。如此十遍洋瀉藥

〔一〕四部叢刊本此下有注云「胡粉即胡同律」。

槽中佳也。白兑十兩、波斯鍮四兩、錬錫一兩，須先鎔兑，次下波斯鍮，次下錫，下硇砂，攪之，瀉爲鋌甚妙。如脆，入牛脂中煑柔之，色不明，以梅漿洗之。

素真用鍮要法

成錬波斯鍮二兩， 兑二兩， 硇砂三豆許， 大鹽三指撮。

右置堝中相和，鎔之成。鎔少時又火之令赤，瀉著鹽水中，如此四五遍止。即以梅漿洗之六七遍，以白爲度。入梅漿先燒令赤，然後投漿中，其漿亦瓷器中火之令熱。

素真用雄黄要法此法内雌黄，似合入近後伏二黄法内。

雄黄一兩， 雌黄一兩。

右置猪脂中，煑之三百沸，即取熱銅十兩、兑三兩令洋，攪之，取黑礬末投中佳也。

素真用鐵法

右取生鐵擣碎篩細研十兩，打錫爲薄如杯形裹上，末用攔木爲灰，熟研之令光。然後入錫杯了，重入甘堝中，入風鑪内火之，候鐵欲動不動即取，勿令絶碎。紙裹著鑪中鐵上，其鐵即沸，看錫凝定，即安兑添之，沸其兑以〔一〕鐵上。如不相入，即更下勿郎藤，其兑、鐵即和。即以鐵鎞研兑下，掠却不淨，看兑不動，即下鑪中熱灰覆上。良久，還將鎞抉餘熱氣，以竹筋點水沃兑上，三兩遍止，任意用之。勿郎藤其莖大如指，其子亦堪食，稍飴少許，生在山中，或生平地，纏草而生，莖上有刺，刺相對生，葉如邊鴈齒，大如指，葉葉相對。取時勿驚動，仍取其根，必須陰乾，勿令日乾，七月八月，子熟赤色。其鐵取犂頭鐵，白色佳，餘並不堪用。

伏雄雌二黄用錫法據法合有雌黄，今元本內闕

雄黄十兩，末之。　錫三兩。

鐺中合鎔，出之入皮袋中，揉使碎，入甘堝中火之。其甘堝中安藥了，以蓋合之密固，入風鑪吹之，令堝同火色。寒之開，其色似金，堪入伏火，用之佳也。二物准數别行。

〔一〕「以」字，四部叢刊本無。

造硇砂漿池法

硇砂五兩，　烏梅半升，碎。左味一升。

右以土釜中煎之五分減二，堪用。

造梅漿法

梅二升，去仁碎之。

右以水一升、鹽半升，土釜煮之，燒令赤洗之。

鍊丹合殺鬼丸法

硃砂、　雄黃、　雌黃、　黎蘆、　鬼比目、　桃仁、　烏頭、　附子、　半夏、　石硫黃、　巴豆、　犀角、　鬼臼、　麝香、　白赤朮、　鬼箭、　蜈蚣、　野葛、　牛黃。

右各二分，擣篩爲末，以茵草汁合爲丸，丸如鷄子大。燒一丸，百鬼皆卒。抱朴子用此藥飛三奇丹也。

鍊礬石伏汞法

并州礬石十斤。

擣爲末，以瓜州礬和左味拌之三十遍，入釜飛之，每二十一日一開，更加生礬石三分之一，還拌生者飛之，生者性利相接即止。三十日已上者，螻蟻之狀，光明可愛，百日彌佳。右取帛裹之，内筒中蒸三日夜，末之，一兩粉制汞一斤。若令赤，左味煑之令乾，色紫赤，止釜中不上。准法燒之，以赤瑾上團〔一〕之，入風鑪火之，百日風化爲灰。准礬石三斤用脂一斤，鐵器中炒之，以脂盡爲度。汞十斤、礬石、鐵器猛火火之，攪令煙入即成。然後土團前汞，密封内釜中，火之九日夜止，任用之。能先以脂熟熬，後入堝中火之一百日彌勝。取鐺中熬之，加礬石末，一度如錫，再度如石。

造白玉法

右取大蛤蒲擣爲末，細研之，取一斤内竹筒中，復内消石，密固之，内左味中二十日。

〔一〕「赤瑾上團」，疑當作「赤瑾土團」。按下行即有「土團」，殆形近而譌也。

成水後，取白石英半斤擣作末，投筒中即凝。出之，好炭火火之令赤，即成白玉，亦服餌之也。

造真珠法二首

右取光明蜯殼削去上皮，以醋中煑之令熟，出細條之，丸作珠，大小任意。取鯉破腹開，内珠置中，還隨令合，蒸之令極熟出。珠未蒸前鑽孔，以猪毛穿中。又取雲母，以白羊乳煑之數沸，出令温，以珠著中，漬之經宿，然後洗令淨，成矣！

又法

以鰾膠和蜯屑作珠，隨意大小，鑽孔，近草火後炙令乾。以兩塼支一甖，置珠瓦上，復以一瓦蓋上，泥塼四邊作竈形，以草火燒之令赤。出之，取蜯屑盛筒中四箇口，内於瓷器以左味浸之十日，即色變珠成。

造石碌法

銅青一斤，　石黛半斤，　雌黄五兩，　栢汁一斤。

右和合，日乾入盡，用之精妙也。

造石黛法

蘇方木半斤，細碎之。

右以水二斗煑取八升，又石灰二分著中，攪〔一〕之令稠，煑令汁盡。出訖，藍汁浸之，五日成用。

〔一〕「攪」原作「覺」，據四部叢刊本改。

道教典籍選刊

雲笈七籤

四册

〔宋〕張君房 編

李永晟 點校

中華書局

青

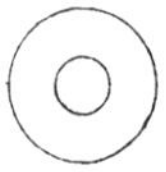

白金黄牙第二

言白金黄牙者，非金、銀、銅、鐵、鉛、錫、水銀、朱砂、五金、八石、鉚鉛之類，是乾坤媾精，太玄流液，感氣而成。且如人之有身，皆因父母傳氣而生，非肉所化。至藥亦然，坎男離女，情性相依，結氣而成白金黄牙，爲天地之先。經云：「有名萬物母」，時象「九二見龍在田」。如修得之者，即仙道俯拾而取之，益人顔色，堅固骨髓，如人食玉，如玉之潤，此之是也。

白金

五行第三

夫五行者，水生木，水銀也，非世間水銀；木生火，朱砂也，非世間朱砂；火生土，神氣化生，非世間土；土生金，白金也，非世間金；金生水，黑水也，非世間水。金伐木，水尅火，土王四季，終始相因。五行相生相尅，共成至藥。若取外金木水火土，何得聖人偏讚三五與一之功？故知迷者素絲可悲，岐路可泣，無師執文，萬無一得。求真之士，可不勉力精修勤志乎！

四象第四

夫四象者，乃青龍、白虎、朱雀、玄武也。

卷内除已注説外，餘並取宜裝。

青龍者，東方甲乙木，水銀也。澄之不清，攪之不濁，近不可取，遠不可捨，潛藏變化無盡，故言龍也。

白虎者，西方庚辛金，白金也。得真一之位，經云：「子若得〔一〕一萬事畢。」淑女之異名，五行感化至精之所致也。其伏不動，故稱之爲虎也。

〔一〕「若得」，西昇經無思章第二五及抱朴子地真篇作「能知」，本書卷十二太上黄庭外景經中部經作「能守」。

朱雀者，南方丙丁火，朱砂也。剖液成龍，結氣成鳥，其氣騰而爲天，其質降而爲地，所以爲大丹之本也。見火即飛，故得朱雀之稱也。

玄武者，北方壬癸水，黑汞也。能柔能剛，經云：「上善若水。」非鉛非錫，非衆石之類。水乃河車，神水生乎天地之先，至藥不可暫捨，能養育萬物，故稱玄武也。

如志士燒鍊丹鼎，知此四象者，十方天人，莫不瞻奉。古經云四神之丹，此是也。

明鉛汞真僞第五

外黑内紅色　汞砂

議論：河車水之象，内有所受，成真之道。

夫言鉛汞者，離流液爲汞，坎結白爲鉛。世人以黑鉛、鉚鉛、夾生銀、蜜陀僧、銜鉛、鉛黄花、黄丹等爲鉛，此大謬也。且鉛中有金，金中有還丹，是知黑水中生白金，白金變黄金，黄金變紫金，紫金含五色，名曰大還丹。豈不明乎？何得更將水銀汞以〔一〕成質之物爲鉛？經云：「鳴鶴在陰，其子和之。」又云：「虎嘯龍吟，物類相感。」豈謬言哉？且汞爲情，鉛爲性，情性相合曰常道，道曰自然，誠非外物也。幸願精思其理，天不遺於志願也。

歌曰

鼎鼎不用鼎，藥藥元無藥。用鉛不用鉛，意向鉛中作。賢者審思之，用鉛依前錯。

日月第六

夫日月者，天地之至精也。藥中即以坎男爲月，離女爲日。日中有烏屬陰，月中有蟾屬陽。白金産於河車中，即陰中有陽；水銀生於朱砂中，即陽中有陰。此二者，聖人相傳，賢人相授，寶訣具明，非凡常術士所能窺也。

〔一〕「以」字，四部叢刊本無。

如知日月在乎手，造化萬靈，事無難也。訪神仙瞻日月之精，爲長生之道，實可重矣。

日

月

明藥色第七

青色

白色

得此白金服者，可爲地仙。

黃色

得此黃金服者，爲中仙。

紫色

得此紫金服者，爲上仙。

夫藥之權輿者，玄水生白金，白金變黃金，黃金變紫金，紫金含五色，名曰大還丹。又古歌曰：「一物有五彩，永作仙人祿。」按今之修藥，但以匱盛，用火養之，永無變化，兼不伏火，餌之便隨大腸而出，返喪天年，實可悲哉！終不可得之也。但在精之審之，神仙必無所誤，義理曉然。即人麤心，不細詳得此意與陰丹合，義理即不同，互有修制，唯可久而披尋，方可見真也。

大還丹之象

外青中黃心白色

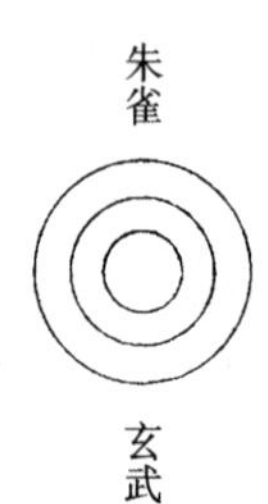

大哉！無麤不包，無細不通。若懸象於天，則十方天人莫不瞻奉；若懸象於地，則冤魂得離塗炭；若懸象於身，則身神並爲飛仙。

排雲控鶴，壽杖殺活，自由鑄鏡，殺一切魑魅，十方神仙以此爲無價珠，乃如意神珠也。無可無不可，勉力修之。

九還七返第八

夫九還七返者，大而論之一年，小而論之一日。只如北斗，一日一夜一周天，天降地騰，生化萬物，從寅至申爲七返，子至坤〔一〕爲九還，此則不曰還丹。大還丹須得三千六百

〔一〕「坤」，當作「申」。按十二時辰中無「坤」，而「子」至「申」爲九時也。

年，氣候亦如是，以小而明大。只如一日有十二時，六時陽，六時陰，陽象春夏，陰象秋冬。若然者一時象一月，一月有三十日，三十日有三百六十時，亦象一年。即一日十二時象十二年，三百六十日象三千六百年〔一〕，還丹之功畢。人以十月成身，丹以十月脱胎，人道相通，超凡入聖，豈不了然乎！

擇友第九

君無友喪國，臣無友失忠，庶人無友喪家，道無友失真。所以玄元與尹喜宿契，孔子與漁父合機，馬明生與陰君闇合，青牛與惠遠而會同，豈非良友者乎？且今之求道，上至王侯，下及庶民，萬無一得者何？皆由不擇其友也。夫至藥由心所感，志士應感而歸者，表天道無所不燭。時機未精，多生疑慮，又失前功，爲靈官之所呻〔二〕。何以然？奈何王侯心希早成，情無專志，返疑術人，轉託所使監守，致令凡眼所窺，而擬成至藥，若然者，即率土可爲仙耳。又古經傳授至藥，先須清齋七日，立置壇宇，燒名香，掛十方繒綵，用黄金百兩以

〔一〕「三百六十日象三千六百年」，按一日象十二年計，三百六十日應象四千三百二十年。

〔二〕「呻」，疑當作「呵」。

爲心信，投簡破券，向天設盟，方可傳授。若不然者，獲賊天機之罪，殃及九玄七祖，身被天地水三官所誅。豈合輕師喪得，自從胷襟，造次而窺真聖至藥者哉！夫人臣得遇此圖，兼曾受口訣者，隱而不獻君父，信〔一〕爲老耄，是爲不忠之臣，不孝之子矣！

金鼎第十

夫言金鼎者，上應天，下應地，中應人民。天平地正，人民昌泰；天欹地盈，萬物喪害。故易云：「先天而天弗違，後天〔二〕而奉天時。」可明矣！世人所修，多用黄金、白銀、銅、鐵、鉛、錫之類爲鼎，此即大謬矣！又於諸色鼎内，用鹽或磁石、錫粉或枯鉛、或黄花、曾青、石膽之類爲匱焉！巧言云：天中復有天，人飾詞也！此聖人又何謬？若然者，黄帝不合鑄鼎於荆山。其鼎高下尺寸、錙銖厚薄、十病如後：

〔一〕「信」，四部叢刊本作「任」。

〔二〕「後天」原作「後先」，據四部叢刊本及易經乾卦改。

天

日　　月

尾箕斗牛女虛危室壁奎婁胃昴畢觜參井鬼柳星張翼軫角亢氐房心

地

鼎法：高一尺二寸，重七十二兩，其數有九，內圍一尺五寸，當有放脚，下去地二寸半，底厚二寸，身厚一寸半，深六寸，內受三升半，蓋厚一寸，耳高一寸半。鼎有十病：一、忌秋夏，鐵不精好，鑄不及時；二、不懸胎鑄；三、肚大；四、脚短曲；五、口大耳小；六、上下厚薄不勻；七、沙竅漏氣；八、不潤滑；九、不依尺寸；十、鐵皺。有此十病，並不宜用。

造鑪第十一

夫鑪者，是鼎之城郭，如無城郭，爲邪氣所侵。高象蓬壺，横象五岳，壇有三層，鑪有八門，十二支月隨斗建。厚薄尺寸高下，一一自有圖樣，莫不開露聖意者乎！

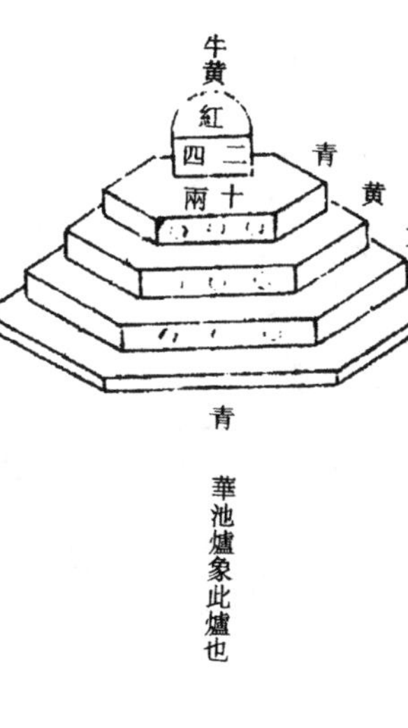

華池爐象此爐也

高四尺，厚六寸，内圍三尺五寸，門周二寸，亦有八門也。

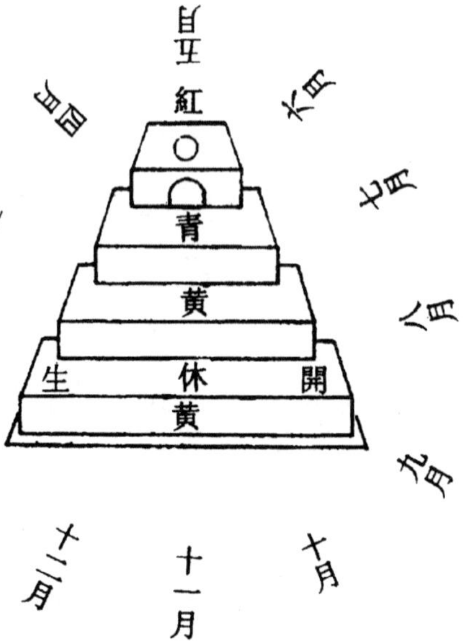

太一鑪於壇上，高二尺，厚六寸，内圍三尺五寸，門高二寸，闊半寸，十二支周迴一寸闊，壇隨便宜。又華池鑪高四尺，厚六寸，八門周迴二寸，壇隨便宜，餘象圖也。

火候第十二

日

月

凡一斤藥有十六兩，每兩有二十四銖，一斤有三百八十四銖。易有六十四卦，每卦六爻，六十四卦有三百八十四爻。一年有三百六十日，有二十四氣。每日〔二〕合一兩一銖半一彖陰陽之氣候。從冬至建子日辰起火，此年日月大小數，至陽生合得多少兩分錙銖分毫，如爻動時，開閉門户相應，月隨斗建，生殺有時不逾月，例之如後，若仙如線貫珠，明者省悟矣。

十一月復卦一陽爻 ䷗

〔二〕「每日」原作「每月」，按下文云「三百六十日都計得三百八十四兩陰陽氣候」計算，每日合一兩一銖半一彖，據改。

開驚門，應杜門，斗建子，支應午。其一日冬陽生一兩一銖半一絫〔一〕，其年三百六十日，此一月終，陽氣合得三十二兩。初九龍潛也，候時而行，確乎其不可拔也。小數三日。

三日出爲爽，見西南得朋

十二月臨卦二陽爻

開傷門，應塞門，斗建丑，支應未。其月終，陽氣六十四兩。時象「九二，見龍在田」，君德也。小數六日。

正月泰卦三陽爻

開開門，應生門，斗建寅，支應申。其月終，陽氣九十六兩。時象九三，君子進德可存義。其小數九日。

二月大壯卦四陽爻

〔一〕「一絫」原無「一」字，據下文「其月一日陰生一兩一銖半一絫」增。

開休門，應殺門，斗建卯，支應酉。其月終，陽氣一百二〔一〕十八兩。時象「九四，或躍〔二〕在淵」，「欲及時也」。藥中水銀上下無定。小數十二日。

八月上弦平如繩

三月夬卦五陽爻

開休門，應殺門，斗建辰，支應戌。其月終，陽氣一百六十兩。時象「九五，飛龍在天」，得其志也。藥積陽爲天。小數十五日。

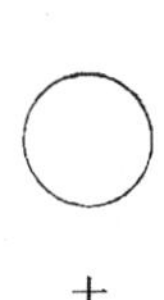

十五日望

四月乾卦六陽爻

開傷門，應塞門，斗建巳，支應亥。其月終，得陽氣一百九〔三〕十二兩。時象「上九，亢

〔一〕「二」原作「一」，據四部叢刊本改。
〔二〕「躍」原作「躊」，據四部叢刊本改。
〔三〕「九」原作「六」，據四部叢刊本改。

龍有悔」。此時藥火盛，須密防護。其日積在前月耳。

十六月缺

五月姤卦一陰爻

開開門，應生門，斗建午，支應子。其月一日陰生一兩一銖半一絫，陽減亦然，至月終，陰生三十二兩。時象「初六，履霜堅冰」，「繫于金柅〔一〕」。明藥金花凝也。小數十八日。

六月遯卦二陰爻

開休門，應殺門，斗建未，支應丑。其月終，陰生六十四兩。時象「六二，直方大」。明藥至此欲成白金，「地道光也」。小數二十一日。

七月否卦三陰爻

開開門，應生門，斗建申，支應寅。其月終，陰生九十六兩。時象「六三，含章可貞」，「智光大也」。藥不動如山嶽。小數二十四日。

〔一〕「柅」原作「椐」，據四部叢刊本改。

下弦不動如山岳

八月觀卦四陰爻

開傷門，應塞門，斗建酉，支應卯。其月終，陰生一百二十八兩。時象「六四，括囊無咎」。藥至此，否泰未定，須勞心力，未相形即慎之吉也。小數二十七日。

九月剝卦五陰爻

開開門，應生門，斗建戌，支應辰。其月終，陰生一百六十兩。時象「六五，黃裳元吉」。此藥物文而自美，亨之極也。小數三十日。後日月亦寄此也。

東北喪朋，三十日日月會

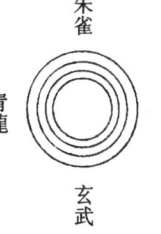

朱雀　白虎　青龍　玄武

十月坤卦六陰爻

開休門，應殺門，斗建亥，支應巳。時象「上六，龍戰于野」，其道窮也。陰生一百九十二兩，并陽之數三百八十四兩。日積在前月，至此生藥周畢也。

已上從子月冬至日起火，至亥月有三百六十日，都計得三百八十四兩〔一〕陰陽氣候，内外兩月沐浴，即三千六百年。此以小明大，大還丹之功畢。

歌曰

聖人奪得造化意，手搏日月安鑪裏，微微騰〔二〕倒天地精，攢簇陰陽走神鬼。日魂月魄若箇識，識者便是真仙子，鍊之餌之千日期，身已〔三〕無陰那得死？

又歌曰

九還七返三五一，龍虎相將入神室，灰池閉煉天地間，方知大還功已畢。乾坤不合相違避，志士元知在天地，十月懷胎母子分，賢者何曾更運氣？

此先聖之象，莫令凡俗輕聞，恐不曉其真道之情，錯毀微祕前人〔四〕，闇銷福壽，神仙考罰，折筭奪紀，殃及九玄七祖，慎之！

〔一〕「三百八十四兩」原作「一百六十四兩」，據前「陰生一百九十二兩，并陽之數三百八十四兩」改。
〔二〕「騰」原作「勝」，據四部叢刊本及玄和子十二月卦金訣改。
〔三〕「身已」，玄和子十二月卦金訣作「身内」。
〔四〕「錯毀微祕前人」，四部叢刊本作「銷毀前人微祕」。

又歌曰

不須勞力別求仙，碧落雲梯在眼前。曾効鼎湖延日月，豈嗟東海變桑田。三清未降蒼梧印，五帝驚書火候篇。深囑瑤臺珠珮客〔一〕，還丹莫妄與人傳。

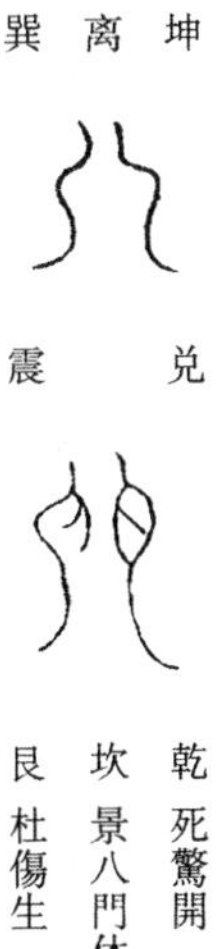

坤　離　巽　兌　震　乾　坎　艮
死驚開　景八門休　杜傷生

真元妙道修丹歷驗抄 草衣洞真子凝述〔二〕

夫至道真旨，以凝性鍊形長生爲上。所謂凝性者，心靈也，乃內觀不動，湛然無爲焉。雖云凝心一也，乃有二德。二德者，謂住心、空心。若凝住心，則身境與道同，形性俱超，此真得長生不死，高真妙道也。若凝空心，即性超而身沈，此得脱腔尸解之下法也。蓋凝住心〔三〕無心，即真道自會，名虛無之身，實有之質矣。若凝空心，忘空即空無自合，名曰虛

〔一〕「深囑瑤臺珠珮客」，「囑」原作「屬」，「珮」原作「[illegible]」，據四部叢刊本改。
〔二〕「凝述」，四部叢刊本作「子玄述」，「子」字疑衍。
〔三〕「凝住心」原作「住心」，據北圖善本道藏修真歷驗鈔圖增。

有之身，實無之質〔一〕，此得性遺形之妙，不得鍊形之要，名爲清虛善爽之鬼。故經云：下仙者，即脱腔尸解之法是也。凡此二説成道之旨，若得性遺形，雖速成，然不契道旨，蓋上士保生者以爲斃法而不修也。凝住心，神形氣俱得〔二〕，得者壽延萬歲，名曰仙人。又鍊身成炁萬年，名曰真人。又萬年鍊氣成神，名曰神人。又鍊神三千年，名曰至人。又鍊至人三千年成道人，而證高真之果。此道爲上品之真爾！及三萬六千年，至真〔三〕方具。然初學凡人，習之者如毛，成之者如角。於是無上法母爲太上道君説元精經，令救度好生保命之人。蓋古有龍虎經，旨天地自然野生還丹者。案上經説一千八十年生真金鑛，真金鑛一千八十年生真丹砂，真丹砂一千八十年生真水銀，真水銀一千八十年成還丹，爲得天地陰陽五行真氣，都合四千三百二十年，元精結成，出名山幽静巖石之間自成。成時光照千里，上真仙官降下採之，凡學者難得之。又無上元精法母愍念修行之人，遂令以時代年，採虛無之氣成真金，真金成丹砂，丹砂成水銀，合三才爲用，以法促捉四千三百二十年陰陽元

〔一〕自「若凝空心」至此二十一字原無，據北圖善本道藏修真歷驗鈔圖增。
〔二〕「神形氣俱得」，上書作「神形性俱」。
〔三〕「至真」，上書作「至道」。

氣，就十二箇月感應而生成，還丹備矣。服之便登無上至道，白日昇天。又古仙得道聖人，猶恐初學之士，一年之内，寒暑侵傷。又令將初地聖藥成〔一〕製凡藥成靈藥，生小紫河車天生黄牙爲延駐還丹。服餌者定命長生，漸可登真，唯未有羽化之大功。此並依師口訣，及解真經之要妙不顯者，今略而顯之，以凡證聖，以外曉内，述易鑒難，集爲圖論，將俟好生君子比驗。立十二圖表，十二辰位，全聖功神明之道。陰符經云：「日月有數，大小有定，聖功生焉！神明出焉！」此之謂也〔二〕。乃各證注如後：

三十輻共一轂圖第一

經曰：「三十輻共一轂。」河上公曰：古者之車，三十輻共一轂，轂中有孔，故輻共輳之，法一月之數也。蓋以小制大，以寡御衆。陰符經云：「日月有數，大小有定」是也。經曰：「當其無，有車之用。」莊子曰：「無用之用矣〔三〕！」一輻者，凡車亦無用也。

〔一〕「成」字，北圖善本道藏修真歷驗鈔圖無。
〔二〕以上二十四字，上書作注語。
〔三〕以上八字，上書作注語。

日月要訣三十七字法曰：

一爻、三爻、五爻、七爻、九爻、十一爻、十三爻、十五爻、十七爻、二十爻、二十三爻、二十五爻、二十七爻、三十爻，周而復始，四千三百二十年，元氣生此。歌曰：「時代日月替成年〔一〕，周而復始道自然，十月脱胎九轉滿，卯卯者玉兔之位，火木爲赤日，陽符用事。酉酉者金鷄之位，金水爲黑月，陰符用事。二意左旋，右轉。對相看。三萬六千神炁足，正元在内正元〔二〕者，四千三百二十年元氣也。共成丹，驅除邪毒因兹盡，服之便上大羅天。」

日火月火法曰：

今法及元君陰君古嵩子碧通子等行符，開落三花在上弦，花即符也。古法，開落三花在下弦。法曰：律吕者，陰陽之位也，陽爲律，陰爲吕。青霞子曰：一陽生爲春夏，一陰生爲秋冬，陰終坤，陽終乾。子丑寅爲春，卯辰巳爲夏，午未申爲秋，酉戌亥爲冬。

凡此圖者，日月火鏡之妙也。若不悟此法象，即還丹遠矣哉！

〔一〕「替成年」原作「應替年」，據北圖善本道藏修真歷驗鈔圖改。
〔二〕「正元」原作「亞元」，據四部叢刊本改。

從外第一暈黄地，卦炁紅，第二暈白，第三暈青，第四暈淺紅，第五暈白〔一〕，卦炁并心並紅色。

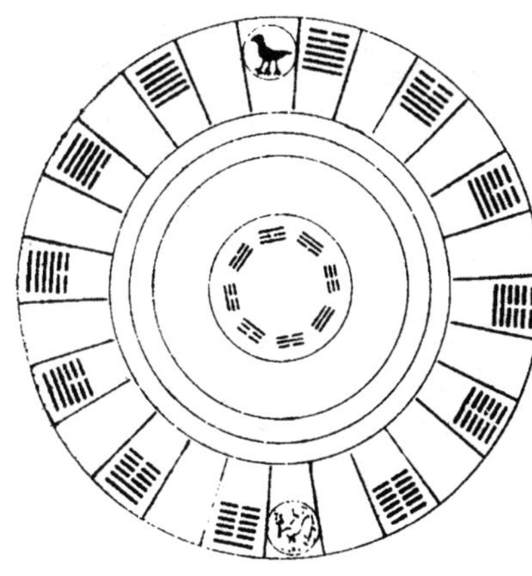

〔一〕「白」，北圖善本道藏修真歷驗鈔圖作「淺黄」。

採真鉛汞圖第二

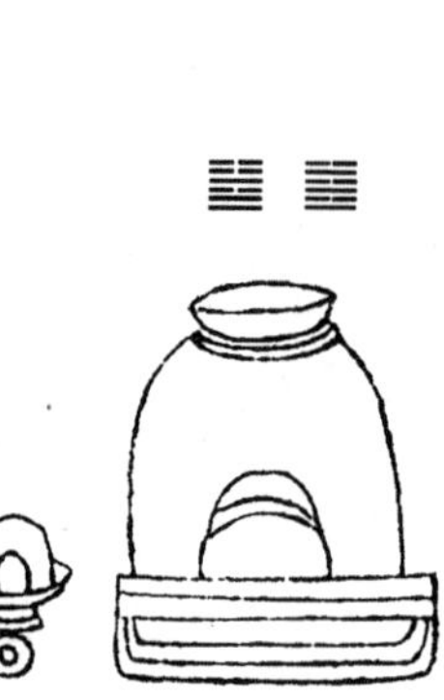

二爐並淺紅色，火門並紅。下黃色鉛青內紅，下紅汞青有光，中青丹紅，餘取宜。

夫鉛者，玄元之泉。泉者，水之源也。人但見泉水流出于石窟之中奔騰，莫知泉源自

何而至？亦如元氣生育〔一〕萬物成熟，莫見元氣從何而來也！故道經云，微妙玄通，深不可識。夫惟不可識，故强爲之容，是無狀之狀焉。夫天輪左旋，五星與日月右轉。火鉛象日，珠汞象月。月行疾，一日一夜行十二度〔二〕；日行遲，一日一夜行一度。月一月一周天，日一年一周天。凡日月一年十二合成歲，生化萬物，要在十二卦，周而復始，九還氣足，鉛汞神具，而成金丹矣。故經云，日月有遲疾，藥性有燥慢，此之是也。歌曰：遲爲日，疾爲月，何用多羅亂分別！真鉛本是火宗精，真汞好飛含赤血。男精女血既相包，血生肉兮精産骨。全籍良媒與結婚，養成赤子方堪悦。

經云：汞者，洪元之光，萬物之宗也。汞宗者，赤龍也。赤龍者，即丹砂也。非凡丹砂，乃太玄流液，二千一百六十年元氣所成，號曰虚無真丹也。

六通圖第三

六者六候，一月之法也。通者通十二辰，知龍虎行藏，六合六律六吕，産見十二周之要

〔一〕「生育」原作「生有」，據北圖善本道藏修真歷驗鈔圖改。
〔二〕「十二度」，上書作「十三度」。

也。

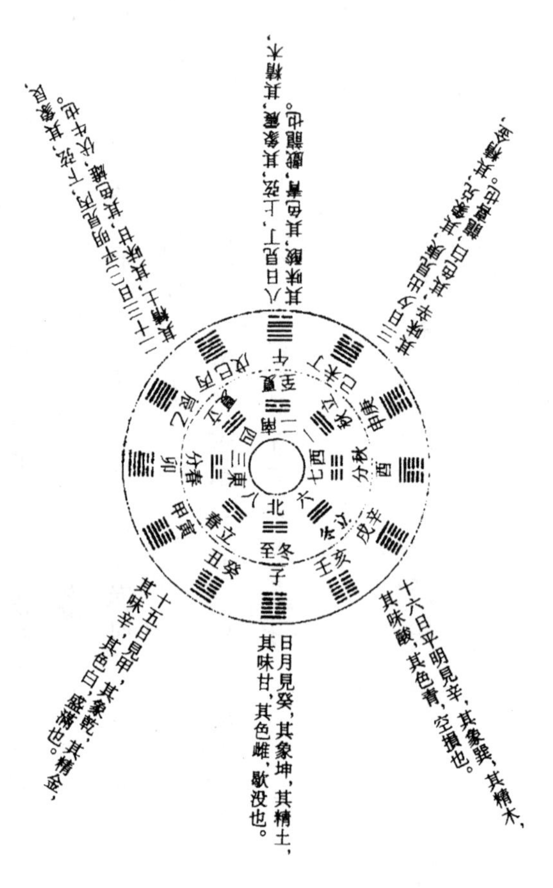

〔一〕「二十三日」原作「三十三日」，據四部叢刊本改。

知陰陽六候昇降訣：

三日兑越于庚，微明。八日震起于丁〔一〕，上弦暫停。十五日乾健見，滿于甲，享〔二〕。十六日巽損，入于辛。二十三日艮上離麗于丙，下弦。三十日坤順恂，陷于坎，革。革者，隔也。夫此日魂月魄，若交精萬化，在天生萬象，在地生萬物，在人生萬神，在藥生萬靈矣。要假三花力，四子共相經。欲知黄老意，祕妙在中庭。此言俱説畢，學人醒不醒？

陰陽交映圖第四

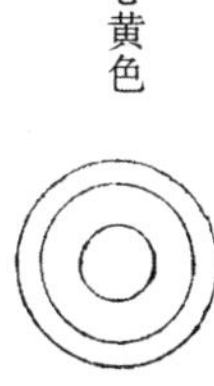

日月交，鉛汞合。故經曰：「和其光，同其塵，是謂玄同。」又曰：「復歸其明。」此之謂也。古今大同小異配合：

〔一〕「起于丁」原作「坤起戲于」，據北圖善本道藏修真歷驗鈔圖改。

〔二〕「甲」原作「田」，據上書改。「享」，上書作「庚」。

崔君使天鎮星呼辰星，會乾坤，立兩弦，生育萬物。三姓子與崔君法同。又元君亦有此法，使此法者〔一〕當日，天地元氣交，立道之本，本即丹田也。經曰：「本立而道生。」此是也。

諸仙君使熒惑星呼辰星，兩箇七十終三旬，元氣始交，大同不離，辰星爲元首。

埏埴圖第五

埏者，和也；埴者，土也。經曰：「埏埴以爲器，當其無，有器之用。」謂〔二〕和土爲内外之器。内者，鼎器也，非凡用之器鼎也，乃受神汞之鼎器也。故陰符經曰：「爰有奇器，是生萬象。八卦甲子，神機鬼藏。」此之謂也。鬼者，癸氣也。無用者，乃不用之器焉。留精于鼎内成三魂。魂者龍，龍者木精之神光也。按元精經云：大道君曰：「太陽元精，是左正之靈，與道合并，服之身輕而長生。」又曰：「火能固物，堅存元氣，服元精者，氣質永固，神合元和，以通靈焉。」元者，則真火之精也。

〔一〕「有此法，使此法者」原作「有此法者，使此法」，據北圖善本道藏修真歷驗鈔圖改。
〔二〕「謂」原作「爲」，據上書改。

鑪郭圖第六

鑪郭者，外埏埴也。如人之城邑，居君民也。故陰陽萬神，憑鑪郭感應，而立聖功，而成還丹，三極之道備矣。

鼎白，鑪紅色，臺青色，日月星綱取宜。

夫北斗隨天輪，一日一夜一周行八方，鼎轉八門，同遊十二辰〔一〕，生化萬靈，二精交感，四象相生，五行相尅相反，萬物生矣。龍虎還丹，萬靈具矣。留髓于鼎内載七魄〔二〕。魄者，虎也。虎者，金精金液之神也。故玄女謂太一帝君曰：「金液金水，流注五藏，堅滑四肢，調養百神，潤澤六腑，變易毛骨，延久生形，其力至神足矣！」

神室圖第七

大九轉

第一品，紫晨室。

黄色紅緣。

經曰：「鑿户牖以爲室，當其無，有室之用。」服上九轉丹，居上三天；服中九轉丹，居中三天；服下九轉丹，居下三天。蓋道氣神感而〔三〕然矣。

〔一〕「辰」原作「神」，據北圖善本道藏修真歷驗鈔圖改。

〔二〕「留髓于鼎内載七魄」原作「留髓于鼎内七魄」，據上書改。

〔三〕「而」原作「如」，據上書改。

中九轉

第二品，紫霞室。紅色黃緣並土字。

夫室者，非凡室也，謂三清神室也。經云：三清者，太清上清玉清之宮室也。謂紫微宮、紫霞宮、紫晨宮三宮者，三丹田也，上中下三品也。三品者，小還、中還、大還三丹，立三宮，宮中各三神，三三成九，宮生三九，爲大九轉之室，小九轉之田，中九轉之宮，乃神道所居，真人出入居遊之門户，覩視之牕牖也。皆有八卦大神營衛，扶持聖道，制惡興善之境也。

下九轉

第三品，青真室。一曰紫微室。青色內白。

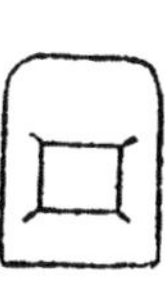

内景經曰：「瓊室之中八素雜〔一〕。」素者，本也；八者，别〔二〕也；室者，青真之室也。瓊、霞、晨、微，同體異名也。夫曉之者即修生，修生者必成真人焉。又雜者，九天之炁合集之景也。

周易七十二候圖第八

周者三周也，三三生九周。九周者，九還也。要者三周，日周、月周、年周。産七十二候，四時八節，二十四氣。二十四氣者，旦暮一月二氣，十二月法産足，即運育鉛汞成還丹之功也。

七星朱書

〔一〕「雜」，本書卷十一上清黄庭内景經瓊室章第二一作「集」。
〔二〕「别」原作「川」，據北圖善本道藏修真歷驗鈔圖改。

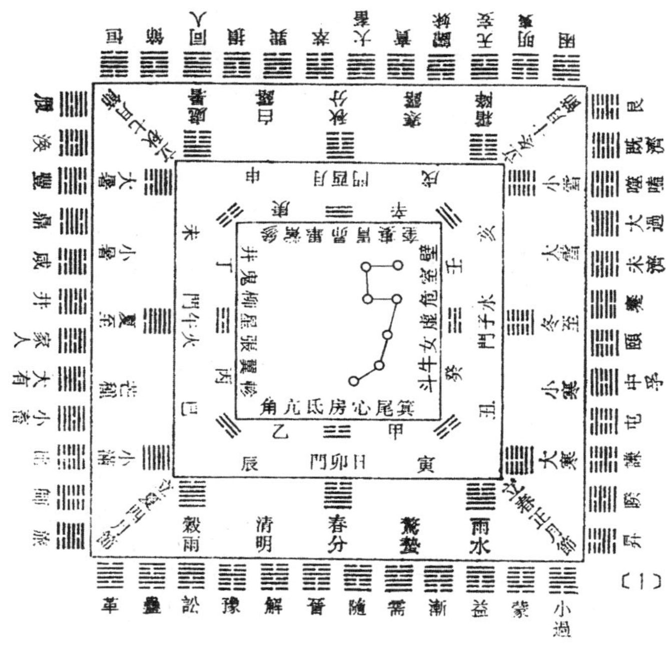

〔一〕「周易七十二候圖」中之卦畫，均據周易卦畫訂正。

周易七十二候纏度訣：

䷿鶡鳥不鳴，未濟卦，斗宿五度。

䷦虎始交，水山蹇卦，斗宿五度。

䷚荔挺出，山雷頤卦，斗宿六度。

䷼蚯蚓結，中孚卦，斗宿五度。

䷕〔一〕麋角解，山火賁卦，斗宿三度。

䷗水泉動，地雷復卦。

䷂鴈北鄉，水雷屯卦，牛宿三度。

䷎鵲始巢，地山謙卦，牛宿四度〔二〕。

䷥野鷄始雊，火澤睽卦，女宿十一度半。

䷭〔三〕鷄始乳，地風昇卦，虛宿七度。

〔一〕「䷕」賁卦原作「䷀」乾卦，據四部叢刊本改。

〔二〕「四度」原作「日度」，據四部叢刊本改。

〔三〕「䷭」昇卦原作「䷟」恒卦，據周易昇卦改。

䷒鷙鳥厲疾，地澤臨卦，虛宿三度二十五分半。

䷒水澤腹堅，地澤臨卦。

䷽〔一〕東風解凍，雷山小過卦，危宿六度。

䷃蟄蟲始振，山水蒙卦，危宿四度。

䷩魚上冰，風雷益卦，危宿八度。

䷴獺祭魚，風山漸卦，室宿十二度。

䷊鴻鴈來，地天泰卦，室宿五度。

䷊〔二〕草木萌動，地天泰。

䷄桃始華，水天需卦，壁宿五度。

䷐〔三〕倉庚鳴，澤雷隨卦，壁宿五度。

䷢鷹化爲鳩，火地晉卦，奎宿九度。

〔一〕「䷽」小過卦原作「䷟」恒卦，據四部叢刊本及周易小過卦改。

〔二〕「䷊」泰卦原作「䷍」大有卦，據四部叢刊本及周易泰卦改。

〔三〕「䷐」隨卦原作「䷰」革卦，據四部叢刊本及周易隨卦改。

䷧乙鳥至，雷水解卦，奎宿八度半。

䷡雷乃發聲，雷天大壯卦，婁宿二度。

䷡始電，雷天大壯卦。

䷏桐始華，雷地豫卦，婁宿十一度。

䷅田鼠化爲鴽，天水訟卦，胃宿五度。

䷑〔一〕虹始見，山風蠱卦，胃宿九度半。

䷰〔二〕萍始生，澤火革卦，昴宿二度。

䷪鳴鳩拂其羽，澤天夬卦，昴宿九度。

䷪戴勝降于桑，澤天夬卦。

䷷螻蟈鳴，火山旅卦，畢宿十一度。

䷆蚯蚓出，地水師卦，畢宿五度。

䷇王瓜生，水地比卦，觜宿一度。

〔一〕「䷑」蠱卦原作「䷙」大畜卦，據四部叢刊本及周易蠱卦改。

〔二〕「䷰」革卦原作「䷌」同人卦，據四部叢刊本及周易革卦改。

䷈苦菜秀，風天小畜卦，參宿六度。

䷀靡草死，乾卦，參宿三度。

䷀小暑至，乾卦。

䷍螳螂生，火天大有卦，井宿八度。

䷤鵙始鳴，風火家人卦，井宿十度。

䷯反舌無聲，水風井卦，井宿二度。

䷞鹿角解，澤山咸卦，井宿一十度。

䷱蜩始鳴，火風鼎卦，鬼宿三度。

䷫半夏生，天風姤卦。

䷸温風至，巽卦。

䷶蟋蟀居壁，雷火豐卦，柳宿七度。

䷺鷹始摯，風水渙卦，柳宿七度。

䷉〔一〕腐草化爲螢，天澤履卦，星宿三度。

〔一〕「䷉」履卦原作「䷀」乾卦，據四部叢刊本及周易履卦改。

土潤溽暑，天山遁卦，星宿四度。

大雨時行，天山遁卦。

涼風至，雷風恒卦〔一〕，張宿十度。

白露降，水澤節卦，張宿九度。

寒蟬鳴，天火同人卦，翼宿八度。

鷹乃祭鳥，山澤損卦，翼宿七度。

天地始肅，天地否卦，翼宿四度。

禾乃登，天地否卦。

鴻鴈來，巽卦，軫宿四度。

乙鳥歸，澤地萃卦，軫宿十度。

羣鳥養羞，風天大畜卦，軫宿十五度半。

雷乃收聲，山火賁卦，角宿五度。

〔一〕「恒卦」原作「常卦」，據四部叢刊本及周易恒卦改。

䷓〔一〕蟄蟲坯户，風地觀卦，角宿八度。

䷓水始涸，風地觀卦。

䷵鴻鴈來賓，雷澤歸妹卦，亢宿九度。

䷘雀入大水化爲蛤，天雷無妄卦，氐宿七度。

䷣菊有黃花，地火明夷卦，氐宿九度。

䷮〔二〕豺乃祭獸，澤水困卦，房宿五度。

䷖草木黃落，山地剥卦，心宿五度。

䷖蟄蟲咸俯，山地剥卦。

䷳水始冰，艮卦，尾宿二度。

䷾地始凍，水火既濟卦，尾宿八度。

䷔野鷄入水化爲蜃，火雷噬嗑卦，尾宿七度。

䷛虹藏不見，澤風大過卦，箕宿四度。

〔一〕「䷓」觀卦原作「䷇」比卦，據周易觀卦改。

〔二〕「䷮」困卦原作「䷜」坎卦，據四部叢刊本及周易困卦改。

䷁天氣上騰，地氣下降，坤卦，箕宿六度。

䷁閉塞而成冬，坤卦。

胞胎證混元圖第九

在胎成人證　在藥成神證

並金色

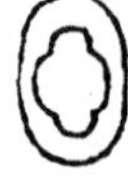

夫包者，爻也。爻者，五陰之下一陽，潛龍建子之初卦也。謂一生二，二者丑也，一者子也。子至丑，丑即臨卦也。至寅三陽成胎，胎者泰也，陰陽二氣并和氣三也。故云：一生二，二生三，三生萬物。三謂子丑寅，發生之氣也，故胎者泰也，在混沌爲天地間，在人爲精血氣，在藥爲水火土，鼠化牛，牛化虎。此三象者，希夷微也，三者混沌出太一，經云爾。

鷄子石英證含光圖第十

在人證精血成形　在藥證鉛汞成丹

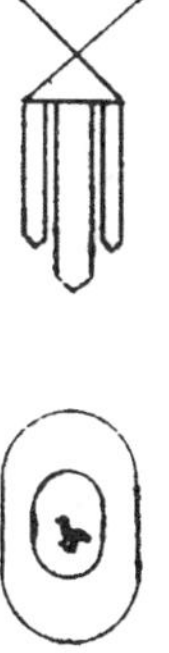

鷄者證金也，子者證水也，金水者，鉛汞也，陰符中男少女之道。石者堅永〔一〕止，止、艮卦也，謂殘金衰木含光〔二〕之喻也。英者暑也，清淨一物含五色，玄英之令象也，故引凡而喻。此英出蜀岷山及中國華山，即白石英是也，映日而光生矣。

瑾瑜證神寶圖第十一

瑾瑜者，五色玉，出西海密山，即生還丹之類也，以證本色之真鉛矣。山海經云：「瑾瑜之玉爲良，黄帝是食是饗。」乃軒轅服而仙也。又經曰：「五色發作」，説寶玉之符彩。玉

〔一〕「永」，四部叢刊本作「汞」。

〔二〕「含光」，四部叢刊本作「合光」。

子靈符曰：應赤如鷄冠，黃如蒸栗，白如凝脂，青如秦碧，黑如點漆。說此之玉德五氣，以喻還丹五行金木水火土之象，故引爲神寶之證。神寶即鉛汞也。

還丹五行功論圖第十二

還者，還其本質；丹者，赤色之名；五者，五星、五帝、五藏、五性、五經、五味、五金、五氣、五方、五色、五嶽也；五行者，亨布也；功者，通曉之用，論之如後：

圖青色下黃，五藏隨五方，餘取宜。

西方庚辛金，色白，五音商，卦兑，神白虎，令主秋，五金主銀，五味主辛，氣臭腥，象傷，

星太白，岳華，五藏肺、口，性主義，五經書，始數四，成數九，此白元精服之補肺腑。經曰：玉堂宮尚書府〔一〕，制錬七魄，益言氣，增性義，可通外，五金邪氣并害氣不能傷滯，能間德伏虎，金宿不能窺，謂金精神帝靈元之益也。

東方甲乙木，色青，五音角，卦震、神青龍，令主春，五金主鉛，五味主酸，氣臭羶，象生，星歲，岳泰，五藏肝、膽，性主仁，五經詩，始數三，成數八，青元精，服之補目及内二肝膽也。經曰：肝爲清泠〔二〕宮蘭臺府，膽爲紫微宮无極府，滋三魂，明目，令人遠視，益性仁，木氣不能淘，并害氣不能擊，隔得伏龍，木曜無能窺，蓋因木精神帝靈元之益也。

北方壬癸水，色黑，五音羽，卦坎、神玄武，令主冬，五金主鐵，五味鹹，氣臭腐，象閉，星辰，岳常，五藏腎，外通耳，性主智，五經易，始數一，成數六，黑元精，服之補耳益智神。經曰：腎爲出故宮太和府〔三〕，固添髓血滋洞聽，令人性智聰，潤錬肌，毛髮緑，陰邪懼，水不

〔一〕「玉堂宮尚書府」，原無「宮」字，本書卷十一上清黄庭内景經常念章注引洞神經作「肺爲玉堂宮尚書府」，「堂」下有「宮」字，據增。

〔二〕「清泠」，上書同，太上靈寶五符序上作「青陽」。

〔三〕「腎爲出故宮太和府」，上二書均作「腎爲幽昌宮太和府」。

能漂溺，通太陰而合隱，出不遊户，月輝中無影，水曜不能見，蓋恃水玉鉛精紫微帝君靈元之益也。

南方丙丁火，色赤，五音徵，卦離，神朱雀，令主夏，五金主銅，五味主苦，氣臭焦，象盛，星熒惑，岳衡，五藏心，通目，性主禮，經亦禮，始數二，成數七，赤元精，服之補心神，益陽光，補固肌骨，化陰滯。經云：心爲絳宫元陽府，内滋此府，外滋目威，令人性禮，真行不踐迹，輕騰陵陽，是火不能燒，是陽毒不能熱，身與太陽通元而合，現化日光，類中無影，火曜不能察，蓋恃炎帝靈元之益也。

中央戊己土，色黄，五音宫，卦坤，神后土，令四季，五金主黄金，味主甘，氣臭香，象含，星鎮，岳嵩，五藏脾，通鼻，性主信，五經主樂，始數五，成數十，黄元精，服之補中黄宫太素府，脾神益志氣，滋性信，鍊五形，和九氣，加聖惠，伏萬凶，親五老，地岳不能埋閉，土曜不能傍窺，蓋恃五星帝威，得靈元之益也。

夫還丹者，極一、冲二、和三、謽四、旋五、通六、達七、政八、靈九、極十，具無上之真道，豈不明明可覩其義乎？凡人有才貌不可學，若遇大丹即變見如意，故經云無可無不可，皆可矣！按參同契太易誌圖言，一象此圖，含象衆美，方得通靈。又古經及元君訣并草衣子碧通子變化圖，皆鍊丹之名，或號如意珠。天帝得之爲絳宫珠，天龍得之爲頂上珠，鑄劍則伏萬邪萬凶，壽杖則煞活自由。以一粒磨凡銅鐵鏡，能别一切精魅魍魎古藏之物，昔黄帝寶鏡亦是也。元君以一粒書符作法尸解，及召集五岳靈神立至，驅策自由。元陽子曰：「乾動而還丹成，枯樹得再榮，人服而長生，雲遊紫府。」

又古先真曰：「土石五金，悉化成寶。枯骨再返，朽肉重甦。」

又古嵩子曰：「服之者日月長而命益延，大海竭而神轉壯。」

又真白先生曰：「服之飛騰于太清之上，逍遥于造化之中，看海水爲丘陵，覩凡生如聚沫，此非天地之功，實是還丹之力。」

又葛洪曰：「余學道三十餘年，覽諸經訣數萬餘卷，上古以來高真上仙，無有不以還丹金液爲大要也。」

又元君金液訣曰：「服一橡斗子，立成黄金色身。」故黄庭經云：「五行參差同根節〔二〕。」

又曰：「三五合氣其〔三〕本一。」八仙歌曰：「一物含五彩，永作仙人禄。」

〔二〕「節」，本書卷十二太上黄庭外景經中部經作「蒂」。

〔三〕「其」字原無，據上書增。

又三景訣云：「至藥一氣不足，與瓦礫無殊。」何以言之？蓋人五藏元神生命扶身。若五藏皆真，則藏腑氣和身命昌，鍊質存精元氣全，形固肌膚，神明凝現，靈性相并，永無沈蕩之昧矣。若五氣不和，則勝負相刑，性超而形墮，性既歸空，身即沈朽。是以强弱奔散，闕足欺傷，不交沖和，終無久視之道。且如凡人身也，一脉乖即衆脉亂而患生，况五行靈元闕一者乎？夫四黄八石五金等，非不是天地之精，蓋緣五氣不全，孤陰寡陽，頑滯之物，不拒〔一〕五行，皆無定性，故得不可爲至藥也，可以理病之小藥，終無長水〔二〕羽化之用。若要長生，須服五色鉛汞丹砂黄芽之藥，包含五色五味五行者，乃是内明始無而真有也。

蓋道經曰：「視之不足見，聽之不足聞，用之不可既。」

又魏君曰：「綿綿不斷，謂之黄芽；變化無窮，名曰丹砂。」

又云：「服之一生不死，造化汞了留根。」

又青霞子曰：「汞是砂之精，牙是鉛之脚，但了宗枝，用即不錯。」

又古經曰：金丹留身，至道全神，萬般别法，徒勞苦辛。然若不遇師傳，不易措手。是

〔一〕「拒」，四部叢刊本作「利」。

〔二〕「長水」，疑當作「長生」，與文義及下文合。

故石藥損命，悔奚及哉！學人君子，幸請審之！真證旨略，無繆述矣。

雲笈七籤卷之七十三

内丹

古龍虎歌陰君真人註

四者混沌，五行之祖。一曰曾青爲使，使爲氣，氣爲筋；二曰陰中陽，爲日之魂，魂爲日之精，精爲陽，陽爲父，父爲胞衣；三曰從白液化爲堅冰，冰是陰中陽，陽爲骨，骨憑氣而化白液，白液化爲髓；四曰水銀爲内之烝，化〔一〕爲血，血化毛髮，毛髮憑皮膚爲匡郭而成質。可知三箇月成形，十箇月生，餘兩箇月沐浴，合一年終。質稟天成象，遞用五行而輪轉，得名天地至寶。如人受天地正氣，亦爲至人。我大道仙人藥寶，不同在世有價之寶。秖如世間所用金、銀、珊瑚、瑪瑙、真珠之類，並量其功價以貴賤論之。唯我仙丹象日月之光明徹，此時〔二〕法天象地之寶，令人服之可得長生，天地齊畢。皆是憑自然混沌之氣，在天爲霧露，在地爲泉源，如在碧潭之中，即是自然之道也。學仙之士，勿令錯用

〔一〕「化」，四部叢刊本作「烝」。

〔二〕「時」，四部叢刊本作「是」，疑當作「實」。

意，妄將變黄白藥錯服食。如道士得我自然之道，四氣混沌至藥，但服食一千日，則知神化路不遠矣。如四氣不足，即爲神化無憑，亦象至人日月不足，豈爲至人？乃知至人合天地文理爲聖，世人以時物文理爲哲。哲者自爲聖人乎！乃自明其道，採世間機運動以功成法焉。量其作事根性遠近，時至盡化爲灰燼。唯我三清宫神化藥寶，即得保命長生，天地齊畢。其道不合傳之，如傳在得人付之。緣道本無形，以五行氣相侵爲根。人本無至，〔一〕而心爲志。如心惡即言凶，言凶即行疎，行疎即道不成。所以三品之丹，付賢不付愚。愚者心暗於世，終日覽仙方書訣而念之，不得其道性，性由心也。休粮、服氣、導引，忘治谷神魂魄，魄凝神定思一法，已上並是道之空門，實非長生之理。九鼎之丹，用四時火氣，張設文武，不絶火候，而晚成大器，寶貴難貨，至人難識也。

鉛爲匡郭，周遭祐助。青瑶爲使，能調風雨。曾青能爲一切金丹使，使爲氣，氣爲筋，筋成大力焉。夫藥不至者，由曾青之力爲使。如人不食即無力，食象氣，氣象使，無食力乃事不解矣。夫功皆從力而生成大壯矣，藥無力即無靈而安身。白液金花，水生龍虎。龍虎本從虚無氣中相承，龍虎正〔二〕道感化，運得四時大地，成象之器。然龍虎〔三〕自然生，猶四時薰蒸，各有所歸。生於無始，啓道本元者，得名龍虎。龍虎緣陰陽二性和合相吞伏之氣，

〔一〕「至」，四部叢刊本作「志」。
〔二〕「龍虎正」，四部叢刊本作「浸法天」。
〔三〕「龍虎」，四部叢刊本作「各稟」。

所知從虎氣中生有象之質，自然修善去惡即成之。三一昇騰，必定規矩。三者准上三丹田，各有歸魂守一之法，論至藥門中四氣，筋骨血肉相承之法，不差毫釐，勿令其陰陽時候差錯。每月初發火，從一日數九九之法，此三一法並是內三一之法，用十二箇月火候，管十二時，配十二位，行九宮，象八卦，合五行。黄帝於皇人處請問三一之門，因此流傳口訣受之，如世世有仙士付之，亦勿令載於書，方訣止〔一〕以口付之。若不依此三一規矩，縱解萬般小法，能變黄白救世，財寶如積山，亦未免身死矣！終不是保命之法，學而知之者爲善矣！赫然還丹，日月光顧。星辰透明，雲中見路。其還丹成，赫然分明。亦如木中有火，火雖不露，其色如青中帶赤氣，服之一千日，化肉質換骨通靈，安身定魂，反老成少，感天神助之通神明，不得輒妄泄露，却如未得道之日，可以成道矣。雖未滿陰功之間，且得度世不死矣。可知大道無跡，不失其根本，人不失其父母之遺體。除此一方外，其妄制伏水銀黄白，不得爲真道之門也。訣中思深，會者有數。百歲之間，生死不住。仙士傳之，遞相保護。哀哉流言！更無别故。訣中至藥，教人長生之門。至藥與世寶别，仙人藥寶，千鍊萬化。金丹再鍊，令人服食可得神靈，得長生之路，所以我惜時貴命輕財也。愚者即惟貴世之有財寶，救一朝一夕妻妾榮華，行屍走鬼輕命，而時至自滅亡，百歲之間，死者莫知其數。元君所以哀哉！世人流行藥中，妙道已化，真人勿令妄運動，各令四人〔二〕歸業，守道安貧，共成寶命之藥。亦名卯酉二八，二八成

〔一〕「止」原作「上」，據四部叢刊本改。
〔二〕「四人」，疑當作「世人」。

一斤之數。白液，白雪是也；白雪，壓冰是也。所以言將卯酉二八合入二性，同於丹砂，勿令常人知之，以火候九九，午之位也。然三二中云，三日一候，三三如九數足，其紫帶黑色者，元君讚之，惜於後世仙士所論歌訣，願明於師，勿令心二，可以長生備矣。可知天本無親，以心爲親。天本無私，以心爲私。天本無災，由人與，非天與人。學不違於師，子莫逆於父母，即天道長久矣，即人師轉備矣。所以論至事不二，至藥無雙，天人合道，明然可增其福，大不雜矣。若骨多即肉不勝骨，肉多即骨不勝肉，骨肉俱由筋可壯，其力猶增也。如無力，即如有袋不盛物，豈能立焉？無嬰兒不戀母，嬰兒失母，即如藥無筋，爲藥由主力也，無力自無神化之功。如會者，一言見三枝枝條；不會者，即經歷千書萬訣，不免爲愚人。好求仙，求黃白，不尋讀仙書，究其至寶者，多好黃白，未見一兩，不覺身亡。賢者好其至藥，雖未見藥之玄門，且積善如然，神無愛利之心，守道安貧，天不可罰矣。善慶從人，師自感其至，且從羲軒之前後。累代求仙者，得之幾人哉！

又歌曰

生成數極一百八，陰氣相從自凝結。赫然紫色成還丹，服餌長生不可説。

又歌曰

丹砂一味更無別，子母相生無休歇。人世不知費財寶，悟者爲之大還訣。

源真銘

有訣不彰，有序不述。得之感之，可傳可説。

藥異名

一名土之父，二名水之母，三名號黄牙，四爲七十二石晶。

又歌曰

黄芽天生物，子母相汩没。子母不相拋，母向子中出。

和合相假歌

玄之又玄在眼前，陰中有陽道自全。陰陽不離得和合，練之服之得神仙。

又歌曰

一名準中成，二號大道名。採續不斷，添之自靈。

又藥歌

在天爲霧露，在地爲泉源。數盡陰陽盡，得之終不言。

又歌曰

甲子下火當旬候，辯得子母仍依舊。旬候數足自周旋，從此堪爲兩分首。

又藥歌

一名真源秋石，二名大道精魂。還丹採之合宜，離塵是真仙客。

又歌曰

日月非我形，陰陽自成質。乾坤造化中，六合皆歸一。

又室歌

壇竈爲宫，濛之又濛。一旬方一候，一沐又還濛。數足自靈聖，乾坤處處通。

金丹金碧潛通訣〔一〕

神室者，丹之樞紐，衆石父母〔二〕。砂汞别名〔三〕，出陽入陰，流曜二方，列數三軸。法〔四〕象水火，制猶王者，武以討叛，文德懷〔五〕柔。土〔六〕德爲王，提劍偃戈，以鎮四方。坎離數一二，南北獨爲經，故冠七十二石〔七〕之長。剛柔有表裏，陰陽稟自然〔八〕。金火當

〔一〕「金丹金碧潛通訣」，道藏本收録作「古文龍虎經」、「古文龍虎上經」。

〔二〕「衆石父母」，古文龍虎經註疏作「衆石之父母」，古文龍虎上經註作「汞者，衆石之父母」。

〔三〕「名」，上二書作「居」。

〔四〕「法」，上二書分别作「按」、「棲」。

〔五〕「懷」，上二書作「以」。

〔六〕「土」上，古文龍虎經註疏有「土旺四季」。

〔七〕「石」原作「名」，據上書及古文龍虎上經註改。

〔八〕「剛柔有表裏，陰陽稟自然」原作「剛柔稟自然」，據上二書增。

直事，水土相含受。雄雌併一體，用之有條理。變化既未濟〔一〕，終即復更始。初九爲期度，陽和准早晚。周曆合天心，陽爻畢於巳。正陽發丙午〔二〕，自丁終於亥。水火列一方，守界成寒暑。東西表仁義，五行變四時。如是陰陽之互用，順三一而得其理。神室設位，變化乎其中。神室者，上下釜也；設位者，雌雄〔三〕配合之密也，變化爲〔四〕砂汞。砂汞者，金土二用。二用無定〔五〕位，張翼飛虛危，往還性不定，上下以爲常。獨居不改化，獨處於中宮〔六〕。包囊衆石，爲丹祖宗。有無相制，朱雀炎空，紫華耀日，砂汞没亡。訣不輒造，理不虛擬，約文申奥，叩索神明。演爻徵卦，五行爲諷。坎雄金精，離雌火光，金火自

〔一〕「濟」，古文龍虎經註疏及古文龍虎上經註作「神」。
〔二〕「正陽發丙午」，上二書作「正陽發離午」。
〔三〕「雌雄」，上二書作「列雌雄」。
〔四〕「爲」，古文龍虎上經註作「謂」。
〔五〕「定」，古文龍虎經註疏及參同契並作「爻」。
〔六〕「獨居不改化，獨處於中宮」，古文龍虎經註疏作「獨居不改，化歸中宮，宮非土不可制」，古文龍虎上經註則作「獨居不改，化歸中宮」。

伐，水土相尅〔一〕，土王金鄉，三物俱德〔二〕。四海輻輳，以致太平，並由中宮土德黃帝之功也。金火者，真鉛也〔三〕。丹術著明，莫大乎金火。窮微以任化，陽動則陰消。混沌終一九，寶精更相持。藥有三百八十四銖，銖據一斤爲十六兩也。金精一化，青龍受符。當斯之時，神室鍊其精，火金相運推。雄陽翠玄水，雌陰赩黃金。陰陽混交接，精液包元氣。萬象憑虛生，感化各有類。衆丹靈跡長，莫不由於是〔四〕。元君始鍊汞，神室含洞虛。玄白生金公，巍巍建始初。三五以相守，飛精以濡滋。玄女演其序，戊己貴天符。天符道漸剥，難以應玄圖。故演作丹意，乾坤不復言。丹砂硫汞父，戊己黃金母。鍾律還二六，斗樞建九三〔五〕。赤童戲朱雀，變化爲青龍。坤初變成震，三日月出庚〔六〕，龍虎自相尋。坤再變成兑，八日月出丁，上弦金半斤。坤三變成乾，十五三陽備。圓照東方甲，金水温太陽。赤髓

〔一〕「金火自伐，水土相尅」，古文龍虎經註疏作「金木相伐，水火相尅」。
〔二〕「德」，上書及古文龍虎上經註均作「喪」。
〔三〕「真鉛也」，原無「鉛」字，據上二書增。
〔四〕「衆丹靈跡長，莫不由於是」，上二書作「衆丹之靈跡，長生莫不由」。
〔五〕「九三」，上二書作「三九」。
〔六〕「庚」下，上二書均有「東西分卯酉」。

流爲汞，汞者弄明瓃。月盈自含〔一〕虧，十六轉將減。乾初缺成巽，平明月見辛。乾再損成艮，二十三下弦。下弦水半斤，月出於丙南。乾三變成坤，坤乙三十日。東北喪其朋，月没於乙〔二〕地。坤乙月既晦，土木金將化。繼坤生震龍，乾坤括始終。如上三十日，坤生震兑乾，乾生巽艮坤，八卦列布曜，運移不失中。調火六十日，變化自爲證。神室有所象，鷄子爲形容。五嶽峙潛洞，際會爲樞轄。發火初温微，亦如爻動時。上戴黄金精，下負坤元形，中和流汞情，深〔三〕合應三才。乾動運三光，坤静含陽氣。神室用施行，金丹然後成。可不堅乎！鍊化之器，包括飛凝，開合靈户。希夷之府窟，造化之泉源〔四〕。陽氣發坤，日晷南極。五星連珠，日月合璧。金砂依分，呼吸相應。華蓋上臨，三台下輔。統録之司，當密其固。火鍊中宫土，金入北方水〔五〕。土水金三物，變化六十日。自然之要，先存後亡。或火數多，分兩違則。或水不定，同處别居。剛柔亢行，不相涉入。非火之咎，責譴

〔一〕「含」，古文龍虎經註疏及古文龍虎上經註作「合」。
〔二〕「乙」原作「巳」，據上二書改。
〔三〕「深」，上二書作「參」。
〔四〕「希夷之府窟，造化之泉源」，上二書作「希夷之府，造化泉窟」。
〔五〕「北方水」原作「水北方」，據上二書改。

於土。土鎮中宮，籠罩四方。三光合度，以致太平。五藏内養，四肢調和。水涸滅影〔一〕，含曜内明。金水相瑩〔二〕，潤塞〔三〕沈耀。調火温水，發之俱化，道近可求。土水獨相配，翡翠生景雲。黄赤〔四〕混其精，紫華敷太陽。水能生萬物，聖人獨知之。金德尚白，鍊鉛以求黄色焉。爲〔五〕生中宫，黄金銷〔六〕不飛，灼土煙雲起〔七〕。有無互相制，上有青龍居。兩無宗一有，靈化妙難窺。鍊銀於鉛，神物自生。銀者金精，鉛者北靈。水者道樞，陰陽之始。始故生銀，鉛化黄丹，寄位〔八〕五金。爲鉛外黑，色禀北方，内有〔九〕銀精。披褐懷

〔一〕「滅影」，古文龍虎經註疏作「火滅」。
〔二〕「金水相瑩」，上書作「金木相榮」。
〔三〕「潤塞」，四庫叢刊本作「潤色」。
〔四〕「黄赤」，古文龍虎經註疏及古文龍虎上經註均作「黄黑」。
〔五〕「爲」，上二書分别作「感化」、「感位」。
〔六〕「銷」字原無，據上二書增。
〔七〕「起」下原有「後」字，據上二書删。
〔八〕「位」原作「立」，據上二書改。
〔九〕「有」，上二書作「懷」。

玉，外似狂夫。銀爲鉛子，子隱鉛中。汞者鉛子〔一〕，子藏母胞。素真眇漠，似有似無。灰池炎灼，鉛沉銀浮，潔白見寶，可造黄金〔二〕。殼爲金精，水環黄液。徑寸之質〔三〕，以混三才。天地未〔四〕分，混若鷄子。圓高中起，狀似蓬壺。關閉微密，神運其中。爐竈取象，固塞周堅。委曲相制，以使無虞。自然之理，神化無方。磁石吸鐵，間隔潛應〔五〕。何況鷄子，配合而生！金土之德，常與汞俱。自火記不虚作已下，重解前文〔六〕。丹術既著，不可更疑焉！故演此訣，以輔〔七〕火記焉！庶使學者取象。下文云，文字鄭重説與，世人豈不熟思〔八〕？是其義也。

〔一〕「汞者鉛子」，古文龍虎經註疏及古文龍虎上經註分别作「鉛者銀子」、「鉛者銀母」。
〔二〕「黄金」，古文龍虎經註疏作「黄轝」。
〔三〕「之質」二字原無，據上書及古文龍虎上經註增。
〔四〕「未」原作「初」，據上二書改。
〔五〕「間隔潛應」，上二書作「隔礙潛通」。
〔六〕「自火記不虚作已下，重解前文」，上二書作「火記不虚作，鄭重解前文」。
〔七〕「輔」，上二書作「附」。
〔八〕「文字鄭重説與，世人豈不熟思」，參同契云「文字鄭重説，世人不熟思」。

陰丹慎守訣〔一〕

叙曰：世上之人，率多嗜慾，傷生伐命，今古共同。然不自防，悔將無及。仙經曰〔二〕：夫人臨終而思遷善，病成而方求藥，天綱〔三〕已發，何可追之？故賢哲上士，惜未危之命，懼未來之禍，理未病之病，遂拂衣人寰，攝心歸道。道者炁也，炁者身之主。主者精也，精者命之根。故愛精〔四〕重炁，然後知幾乎生矣。〔五〕黄庭經曰：「方寸之中謹蓋藏，三神還精老復壯〔六〕，養子玉樹令〔七〕如杖，急固子精以自償。」又曰：「長生至慎房中

〔一〕「陰丹慎守訣」，幼真先生服内元炁訣作「守真訣」，本書卷六十幼真先生服内元氣訣法作「慎守訣」。

〔二〕「仙經曰」三字，上二書無。

〔三〕「天綱」原作「天網」，據上二書改。

〔四〕「精」原作「根」，據上二書改。

〔五〕「知幾乎生矣」，上二書分別作「重命必平之矣」、「身心保之矣」。

〔六〕「三神還精老復壯」，上二書作「精神還老復丁壯」，外景經、内景經分別作「精神還歸老復壯」、「三神還精老方壯」。

〔七〕「令」原作「命」，據幼真先生服内元炁訣及幼真先生服内元氣訣法改。

急，何爲死作令神泣？若當決海百瀆傾，葉去樹枯失青青。」長生久視，未有不愛精保炁而能致之也。陰丹內〔一〕御之道，世莫得知。雖務於炁，而不絕慾者，亦未免殆哉！故曰：「人常失道，非道失人；人常去生，非生去人。」修養君子，深宜自省也。

大還心鏡〔二〕

寒山子至訣云：但悟鉛真，藥必自神；但記汞正，藥必〔三〕自聖。修之合聖，天地同慶。得因師傳，爲道之經〔四〕。所以古之聖人，不直言之愚者〔五〕，容易託之周易，寄之五行，合之符契，真仙之理〔六〕，莫若大丹之神歟！大凡人間〔七〕之大丹，疑誤萬端，有智者了

〔一〕「內」原作「百」，據幼真先生服內元炁訣及幼真先生服內元氣訣法改。
〔二〕「大還心鏡」，道藏本收録作「大還心鑑」。
〔三〕「必」原作「如」，據大還心鑑改。
〔四〕「經」，上書作「徑」。
〔五〕「者」字原無，據上書增。
〔六〕「真仙之理」，上書作「合真之妙者。」
〔七〕「人間」，上書作「愚人聞」。

解，用之一神，所以祕易成難，貴道不可輕也。昔三聖遺言，著之金簡，名曰參同契，世皆寫之，悟無一二。得其理者未敢造，明其事者猶豫，因循疑來，倏忽而邁，榮華閃目，金玉縈心，財色介懷，百年空棄，長生之道，罕有留心，不知爲色欲勞神，光陰侵歲，以此之故，遞有多疑。或至人述以遠近之丹，愚者便説秦皇漢武。秦皇即口是心非，貪情肆欲；漢武乃雖慕玄境，心在色情，何得而長生不死？何不言黄帝與上古人乎！黄帝傳玄女還丹之術，言補金汞於丹田。後人不訣真宗，誤入御女之道。豈太上仙女，必無對心説傳〔一〕色之心。愚者惑之，傚於萬古，其歌訣書在金丹論中者，得可明矣。余早年慕道，幸得傳真，克奉仙師，親承旨教。只論鉛汞之妙，龍虎之真。去四黄之大非，損八石之參雜。要在鉛汞，合天地之元紀，包日月之精華，上冠於乾，下順於坤〔二〕，總七十二石，統天地精光，修鍊成丹，服之延駐，何不信乎？且五穀既能救命，豈可不奉神丹？黄精猶服長生，勾吻服之必死，目擊

〔一〕「心説傳」，大還心鑑作「偶説淫」。
〔二〕「坤」原作「地」，據上書改。

可見，真聖奉之。然神丹至寶，萬人之中，得者皆宿契道合〔一〕，久留心志，非一朝一旦〔二〕可致耳！然還丹之靈，不救自刑之禍；聖人慈愍，不救宿業之殃。此亦在人心弘道旨，又不可信任狂非，惑之神術乎！今以大還〔三〕心鏡者明心，彼〔四〕心明丹中至藥，不惑他物。物非其類，丹必不靈。心非道心，修成必禍，此深可戒而省己修性也。論大丹唯一陰一陽謂之道，即合天機〔五〕也；一金一石謂之丹，亦合天地也。一金者，真鉛中白虎是也；一石者〔六〕，丹砂中水銀是也。陶埴真人云：「若用世間汞〔七〕，水銀化白煙。」此真言也。神符白雪門〔八〕馬真人曰：「汞與水銀別，迷人用之拙。」即知此言從凡化聖，聖不離凡，因凡

〔一〕「合」，大還心鑑作「妙」。
〔二〕「旦」，上書作「夕」。
〔三〕「還」原作「丹」，據上書改。
〔四〕「者明心，彼」，上書作「著明心域」。
〔五〕「天機」，上書作「天地機」。
〔六〕「一石者」，上書作「二爲汞者」。
〔七〕「汞」字原無，據上書增。
〔八〕「門」，上書作「之妙」。

入聖，凡中有聖，聖中出凡，即知水銀本在丹砂中，出〔一〕合鉛汞成至寶，色還本丹，丹更不能却歸水銀，即真汞矣。既至真汞，即從凡入聖，可以統領萬靈，即馬真人云「汞與水銀別」也。自後之學者寡學〔二〕，生疑至此矣。陶真人云〔三〕，若言非世間水銀，又云砂産於金也，汞生於鉛也，此非世間，何不審之妙旨矣！自古真人皆從凡入聖，與大丹同契，以至上昇。而迷者多惑，如丹唯一陰一陽龍虎二物。鉛是水一之名，北方河車，金生於水，金數四，水數一，共爲五也。汞是青龍東方木，木生火，木數三，火數二，丹砂火之名，二與三共爲五也。五土也〔四〕，土無定位，四季立名。水與金共五，木與火共五，故曰三五。道還丹，道之玄也。還丹之妙，罕有玄解，知之者聖人乎！可爲〔五〕造化在乎心，變轉自由耳。不知真訣，假如念誦真歌，不遇師受，終無成理。余憶昔年迷謬，徒歷山川，一事不爲，虛棄財貨。

〔一〕「出」，大還心鑑作「命」。
〔二〕「學」，上書作「昧」。
〔三〕「云」字，上書無。
〔四〕「土也」原無，據上書增。
〔五〕「爲」，上書作「謂」。

忽然指〔一〕悟，如醉醒焉。目前可致煙霄，足知大道不遠。蓋人祕易爲難，恐愚者侮之〔二〕容易，即天官減筭，神道奪壽。故真人誡經云，世皆延年，爲人身命漸被陰境侵之，以至陰死也，豈陽生之神術乎！夫不修行益生，損人侵物，何長生乎！雖遇至人，道不相契，固不傳其非人乎！科儀云，希長生還丹，取成大丹，不可不知鑪鼎也。知鑪鼎，又不可不知火候也。知火候，又不可不知心也。既知心，又慮多難與宿殃也。萬一自知，又不可妄傳授於人也。道不傳即廢，傳非人即殃。故知萬妙不離〔三〕其心也。心爲出世之宗，丹爲延年之藥。服之歸〔四〕陽宮，即陰司落名，已後縱往，亦神解上仙，此真聖之言不惑矣！余悟古賢真旨，至參同契金碧經古文龍虎，傳三聖遺文、衆真歌訣，不離真妙之鉛汞乎！恐後之有疑未決者，更序之於心鏡，必欲明其大道，照曜真元，滌學者凝滯之旨，曉愚者惑誑之說。悟而見受，可謂青雲可致，朗月當明。序而說之，知不惑衆者〔五〕矣。

〔一〕「指」，大還心鑑作「省」。
〔二〕「侮之」，上書作「得之」。
〔三〕「離」原作「得」，據上書改。
〔四〕「歸」字原無，據上書增。
〔五〕「衆者」，上書作「者衆」。

太清神丹中經叙

抱朴子〔一〕曰：「元君者，上帝〔二〕之師也。其人大神，能調和陰陽，驅役風雨，進退五星，斟酌寒暑〔三〕，驂駕九龍十二白虎，天下衆仙隸之焉，人生死咸由之矣〔四〕。猶言本亦學道服神丹之所致也，非自然爾，况小兆乎！勉力求生，勿得懈怠〔五〕。上士得道，昇爲仙官；中士得道，棲集崑崙；下士得道，長生世間。賢者勤之，吾不虚言〔六〕。」元君曰：「凡言聖人、神人、仙人，此三人者，皆是學而得道者也；非天生自然矣。但德有優劣，官有尊卑，故雖神、雖聖、雖仙，猶言人者，明其素是人也。天神之自然生者，則但言神不言神人。言神者以光氣爲體，言人者猶有骨肉也，但已得道，能隱翳變化不見聞耳。凡初得仙者，但

〔一〕「抱朴子」原作「元君」，據抱朴子金丹篇及本書卷六七太清神丹法改。

〔二〕「上帝」，上二書作「老子」。

〔三〕「進退五星，斟酌寒暑」，上二書無。

〔四〕「人生死咸由之矣」七字，上二書無。

〔五〕「勉力求生，勿得懈怠」八字，上二書無。

〔六〕「賢者勤之，吾不虚言」，上二書作「愚民不信，謂爲虚言」。此下二百二十一字，上二書無。

言仙人；若得昇天往來大神之處，則位爲真人；若得補天曹官職，乃位爲神人也。」老子及太一問元君曰：「凡服神丹而長生者，豈神靈候之乎？將自藥之力也？」元君曰：「長生之事，功由於丹。丹之成，由於神。神不祐，則作丹不成也。故將合丹，必正身心，守善不履罪過，神明哀之，作丹必成。神丹入口，壽無已矣！」

雲笈七籤卷之七十四

方藥

太極真人青精乾石䭀飯上仙靈方王君注解

青精上仙靈方，太極法使〔一〕二千二百歲中，得傳十人。無其人，祕之勿泄。一日有其人，聽頓授之十人，過限不得復授。受之者皆立盟約誓，啓不宣漏，跪有方之師青帛三十尺，金鐶兩雙，代歃血之信。傳非其人，宣泄寶文，身考三官，死爲下鬼，摙濛山之石，填積夜之河。凡受書，齋十日，授者亦然，然後乃得對傳之〔二〕。

太極真人曰：夫受生炁於五穀者，結胎育物，必抱穀氣之流精也；含真萬化，亦陶五穀之玄潤也。若子寄形於父母，將因所生而攝其生矣。不緣所生之始本，而頓廢其所因

〔一〕「青精上仙靈方，太極法使」十字，四部叢刊本無。
〔二〕以上一段，四部叢刊本置之於下段末。

者，未嘗不枯竭於偏見，斷年命以雕傷乎！當宜因其所由，順其精源，凝滌柔和，微而散根，使榮衛易錬於日用，六府化穀於毫漸也。故因穀以斷穀者，乃衛明之良術；緣本以去本者，乃攝生之妙迹耶！於是扇南燭之東暉，招始牙之朱靈。五液夷泯，百關〔一〕通盈，神樂三宫，魂柔魄寧。復以晨漱華泉，夕飲靈精，鳴鼓玉池，呼吸玄清。華腴童於規方，胃滿填乎空青。所以千竿一啓，壽隨年榮，歲與藥進，飛步仙庭也。服盡一劑者，命不復傾，五雲生身，體神氣清。亦能久食，百關流亭。亦能終歲不飢，還老反嬰。遇食即食，不食即平。真上仙之妙方，斷穀之奇靈矣！

生白粳米一斛五斗，更春〔二〕治折取一斛二斗，得稻名有青者，如豫章西山青米、吴越青龍稻米是也。青米理虚而受藥氣，故當用之。盛治，勿令鷄犬穢物臨見之。

南燭草木葉五斤，燥者用三斤。或都用三斤亦可，雜用莖及皮益佳，多取含淹漉一斛二斗米耳，不待斤兩之制度也，以意消息之。其樹是木，而葉似草，故號南燭草木也，一名猴藥，一名男續，一名後卓，一名惟那木，一名草木之王。生嵩高少室抱犢鷄頭山，名山皆有之，非但數處而已。江

〔一〕「百關」原作「關百」，據四部叢刊本改。

〔二〕「春」，疑當作「舂」。

左吴越尤[一]多，其土人名之曰猴叔或染叔，粗與其名相髣髴也。煑取汁極令清冷，以溓米米釋炊之，灑護皆用此汁，當令飯正作紺青之色乃止。預作高格，暴令乾。若不辨雜[二]得他藥者，但作此亦可服。日二升，勿服血食。亦以填胃補髓，消滅三蟲，爲益小遲，但當不及衆和者耳。亦神仙食也。上元寶經曰：「子食草木之王，氣與神通。子食青燭之津，命不復殞。」此之謂也。合藥之始，當先齋三日，乃得爲之。尤禁房室穢漫，藥不行也。此上真之方，不同他事，山林諸道士但按此而用耳。若不辨諸雜物，及貧者又或無米，但單服此葉，或擣爲散，或以蜜丸服之，皆得仙也。近易之草而俗人不知，知猶不用，可不哀哉！初欲服者，要當先作和者三二劑，劑盡無復和，乃單行耳！先宜填胃關故也。有資力者，自可常和而服之，得効尤速，百害災病不復犯也。單以米合猶爲小遲，要自愈於胡麻、朮、桂之單行也。服之使人童顏聰明，延年無病，又不令人有憂思之心矣。禁食血肉生之物，若噉脯不害也。若無和而單行者，當三蒸三曝，極令乾，旦以清水漬二升或一升，再服之如食狀，亦可水送餐。及以葉擣此飯爲屑，以和白蜜，重擣萬杵，丸如梧桐子大，日再服，服五十

[一]「尤」字原無，據四部叢刊本增。
[二]「雜」字，四部叢刊本無。

丸乃佳，有愈於乾飯之益也。其日遇食亦食，無苦也；如不得食，平平耳。又常當漱玉池之華，以益六液。

和用空青七兩精鮮者，先細擣，重絹羅之。夫空青者，虚曜而益真，填胃而明眼，强筋而補液，增精而童顔，上仙品石也。若施之以房室，則氣穢而神亡，害殺立驗，可不慎哉！又用丹砂一斤精徹者，先細擣，絹簁之。夫丹砂者，朱明而陽焕，填骨而益血，强志而補腦，增氣而理肺，使人百節通利，關樞調和，上仙品石也。忌血食履殗濁及房室，犯之者上氣，生癥積骨枯之病。又用伏苓二斤白好而不冰者，以水五升煑之三沸，焙乾而細擣，重絹簁之。伏苓者，通神而致靈，和魂而錬魄，明目而益肌，厚腸而開心。又與南燭二炁相養，調榮理衛，亦可單以乾飯和之尤良。禁食酸及猪犬肉，忌見血鯹，犯之者藥勢不行，無益於身。單乾䭀飯合茯苓擣篩蜜丸如前，服之良。

又用荆木杪輭葉華陰乾者五兩，乾葉益佳，細擣千下，重絹簁之。荆木葉華通神見鬼精，取荆之時，勿令鷄犬見也。凡合此藥者皆宜静密，勿以藥名字以語不同志者，所將使人不得不示之耳，慎之！凡四物擣簁都畢，又合内臼中，重擣一萬杵畢，乃以合溲青乾飯中，善令調市〔一〕，盛以布或絹囊，著甑中蒸之，微火半日許，令釜中水多少如乾飯斗數，數反側囊四面，令通熱市，若釜中水竭而飯不市者，更以意增水微火也。畢，出囊飯著高格，日中曝之，取令極燥。以藥溲乾飯訖，又以清酒合溲飯令浥浥耳，然後内囊中。當得大甑内囊飯畢，以蓋密甑上，勿令氣泄塵入。又曝飯當善分解之，勿令相滯，令極乾歷歷可耳。亦可擣之爲屑，丸以白蜜，梧桐子大，日服八十丸，日再服，使人長生延年。

又和用白蜜二斗，清酒一斛。右二物皆令精好，以蜜投酒中攪之，調和畢，以薄溲餌飯於大器中，皆令通市浥浥爾。乃出日中曝令極乾，乾復内如前。凡一斛二斗，令作十過溲飯，或七八過溲之，取令浥浥調市，亦務欲薄溲使調，而數於日中暴也。用酒溲餌飯都畢，乃内囊中，復蒸如前。畢，出乾令燥，於此亦可擣而丸服，如梧桐子大，日再服八十丸。又和用一斗酒、一斗清水若井花水淋沃之，極令清徹。以南燭葉一斤或二斤漬之，或煑之一沸出，令汁正作紺青色，小令濃也。又内白蜜五升或一斗著青汁中，攪令匀和畢，又以溲餌飯，如前溲令調市，日中乾之，唯欲多溲乾也，須盡清汁乃止。又輒復蒸畢，日中乾之極燥，青精餌飯之道都畢矣。

〔一〕「市」，疑當作「帀」，下同。

若釜甑蒸之不相容者，亦可分蒸之也。合藥當用月之上旬，於寅卯日別安釜竈也。若藥歷歷者，但服五合，送以飲。若藥相結謾不解者，乃擣蜜丸，計五物合爲八十丸，平旦一服或再。藥成，封著密器中，數出乾暴之，若作丸亦當頓作之也。服畢，聽得食脯〔一〕。初服之始，不便絶穀也。當減穀，以二升半爲限，一年後減爲二升，三年後減爲一升，四年後減爲半升，減之以至都盡，至於五年，令人輕明，大驗。自此以後，亦能一日九食，亦能終歲不食。食麪乃易爲減。服餌飯者〔二〕，百害不能傷，疾病不能干。去諸思念，絶滅三尸，耳目聰明，行步輕騰。十年之後，青精之神，給以使之，令坐在立亡，能隱化遯變，招致風雨〔三〕。一劑輒益筭一千，長服不死。凶年無穀，或窮不能得米者，皆單服南燭，或和茯苓，或以蜜和南燭，或雜松栢葉，會用相參，非但須穀也，但當不得名之餌飯耳。皆宜參以吐納咽液，以和榮衛，常當如此。餌飯須雲牙之用，雲牙不須餌飯而行事也。若和用古秤者，日服二合半耳。服不患多，唯患不可供，故二合半以自節限耳，初服藥不便斷穀也。此上仙之名方，去食之妙道

〔一〕「脯」，疑當作「脯」。
〔二〕「者」字原無，據上清太極真人神仙經增。
〔三〕「風雨」，上書作「風雲」。

矣。

太上巨勝腴煑五石英法一名太帝君鎮生五藏訣〔一〕

南嶽真人告曰：吾昔有入室弟子仙人趙成子者〔二〕，初受吾鎮生五藏上經，乃按而爲之。成子後欲還入太陰，求改貌化形，故自死亡於幽州上谷玄丘〔三〕中石室之下。死後五六年，有山行者見白骨在室中，露骸冥室，又見腹中五藏自生，不爛如故，五色之華，瑩然於内。彼山行人歎曰：「昔聞五藏可養，以至不朽，白骨胷中生華者，今覩其人矣。此子將有道不修，中道被試不過乎？」因手披之，見五藏中各有一白石子鎮生五色華如容狀〔四〕在

〔一〕「太帝君鎮生五藏訣」，本書卷八六作「洞生太帝君鎮生五藏訣」（下稱「五藏訣」），無上祕要卷八七作「洞真太極帝君填生五藏上經」（下稱「五藏上經」），洞真高上玉帝大洞雌一玉檢五老寶經作「大洞雌一太極帝君鎮生五藏上經法」（下稱「五藏上經法」）。

〔二〕「南嶽真人告曰：吾昔有入室弟子仙人趙成子者」，五藏上經作「南嶽真人赤松子曰：趙成子者，學仙之士也」。

〔三〕「玄丘」，上書作「玄丘山」。

〔四〕「鎮生五色華如容狀」八字，上書無。

焉。彼人曰：「使汝五藏所以不朽者，必以五石生華故也。子已失道，可以相與。」因取而吞之去。復四五年，而成子之尸當生。彼人先服石子以成子當生之旦，而五石皆從口中飛出如蟬狀，隱隱雷聲，五色洞明，徑還死尸之藏。因此成子改形而起，如一宿醉睡之間。其人心懼恍惚，因病日甚，乃至入山尋視死尸所在。到石室前方，見成子偃據洞嘯，面有玉光，而問之曰：「子何人哉？」忽見有五老仙翁，披錦帶符，手秉羽節，頭建紫冠，言於成子曰：「昔盜吞先生五藏寶石者，此人是也。」言畢，彼人面上即生惡癩，噤而失言。比歸達家，癩瘡亦匝，一門大小，同時俱死，族亦遂滅矣。

訣曰：太極金華真人以此經文，刻於太微帝君〔一〕紫微宫玄琳〔二〕玉殿東壁牖上。其文曰：「五石〔三〕異方，津光合形。有終而死，有始而生。萬類反本，千條歸真〔四〕。氣

〔一〕「太微帝君」，五藏上經作「太微天帝」，五藏上經法作「太微天中」。
〔二〕「玄琳」原作「玄珠」，據上二書改。
〔三〕「五石」，上二書作「五氣」。
〔四〕「歸真」，上二書分别作「歸冥」、「皈冥」。

適浮煙，血奔流精〔一〕。哀哉兆身，飛〔二〕真不成。何不竭以雲草玄波，徊以卉醴華英，會以五光〔三〕七白靈蔬，和以白素飛龍？沐浴平旦，正心向東。凝精厲魂，上帝五公。再拜朝靈，鎮固五方，長生天地，出入流通。各安其位，生華五藏。」此文乃上清八會龍文〔四〕大書，非世之學者可得悟了者也。太素真人顯别書字，受而服之，求其釋注於太極帝君焉！雲草玄波者，黑巨勝腴也，一名玄清；卉醴華英者，蜜也；五光七白靈蔬者，薤菜也；白素飛龍者，白石英也。法當種薤菜，使五月五日不掘拔者，唯就鋤壅護治之耳。經涉五年中，乃取任〔五〕藥，名爲五光七白靈蔬。取薤白精肥者十斤，黑巨勝腴一斛五斗，白蜜凝雪者五斗，高山玄巖絶泉石孔之精水二〔六〕十六斛，白石英精白無有厲礙者五枚，光好〔七〕於

〔一〕「氣適浮煙，血奔流精」，五藏上經「精」作「清」，五藏上經法作「道氣遍浮，煙雲奔流」。
〔二〕「飛」，上二書作「非」。
〔三〕「五光」二字原無，據上二書增。
〔四〕「龍文」，上二書作「交龍」。
〔五〕「任」，五藏上經法作「作」。
〔六〕「二」，上書及五藏上經均作「三」。
〔七〕「光好」，上二書分别作「先」、「先好」。

磨石上礪，護使正圓，如雀卵之小小者，好瑩治令如珠狀，勿令有礪石之餘迹。先清齋一百六十日〔一〕，令齋日訖。於九月九日先築土起基高二尺，作竈屋，屋成作好竈，口向西，屋亦開西户也。當得新大鐵釜安竈上，於九月九日申酉時，向竈口跪東向，内五石子於釜中。於是乃先投一枚於釜中，祝曰：「青帝公石，三素元君。太一司命，玄母理〔二〕魂。固骨鎮肝，守養肝神。肝上生華，使肝永全。」次又投一枚於釜中，祝曰：「白帝公石，太一所憇。元父理精，玄母鎮肺。守養肺神，使氣不朽〔三〕。肺上生華，十萬億歲。」次又投一枚於釜中，祝曰：「赤帝公石，帝君同音。玄母理神〔四〕，桃康鎮心。守養心神，無灰無沈〔五〕。心上生華，華茂〔六〕玉林。」次投一枚於釜中，祝曰：「黑帝公石，太一同筭。玄母元父，理液混變。守養腎神，使無壞亂。腎上生華，常得上願。」次又投一枚於釜中，祝曰：「黄帝公

〔一〕「一百六十日」原作「一月或六十日」，據五藏訣與五藏上經及五藏上經法改。
〔二〕「理」原作「埋」，據上三書改。
〔三〕「使氣不朽」，上三書作「使無朽廢」。
〔四〕「神」，五藏上經及五藏上經法作「血」。
〔五〕「無灰無沈」，上二書作「使無灰沉」。
〔六〕「華茂」，上二書分别作「一成」、「華生」。

石，老君同威。太一帝君，理魂鎮脾。守養脾神，使無崩頹。脾上生華，白日上昇。」投石時皆各閉氣五息，然後乃投石。都畢，起向竈五再拜，又取薤白五斤好者〔一〕覆於五石之上。畢，内蜜灌薤上。畢，内腴一斛五斗灌蜜上。畢，乃格度腴入釜深淺高下處所也。然後稍入清水，使不滿釜小許止，木蓋游覆釜上。九月十日平旦發火，當取直理之木熇燥好薪，不用蠹蟲及木皮不淨薪也。微火煑之，纔令陷劣沸〔二〕而已，勿使涌溢大沸，大沸則五石消爛。當屢發視，調〔三〕其下火，當先視腴格處所。若煑水煎竭，輙當益水，使盡二〔四〕十六斛水而止。又水盡之後，更加煎令減先腴二寸格，疇〔五〕量以意斟酌視之，都畢成也。寒之於釜中，去〔六〕下火灰，密蓋其釜上五日，乃徐取五石。平旦向五方各拜，拜畢，跪以此

〔一〕「者」原作「積」，據五藏訣改。
〔二〕「陷劣沸」，五藏上經作「覺劣沸」，五藏上經法作「覺少沸」。
〔三〕「調」原作「謂」，據上二書改。
〔四〕「二」，五藏訣及五藏上經均作「三」，五藏上經法作「四」。
〔五〕「疇」，五藏上經及五藏上經法作「籌」。
〔六〕「去」字原無，據上二書及五藏訣增。

腴雜以東流水，以次服之，餘〔一〕水及腴，取令送石子入口下喉中，耳聞之〔二〕。再服時〔三〕，亦如初投石於釜中時，一一按祝而服之也，畢，又五再拜，畢。若藥煎既成，而視無復石者，非有他也，直五精伏散，隱靈化形，故自流遂〔四〕於雲腴之中，無所疑〔五〕也。但當日服五合，以酒送之，神變反質，各自鎮養五藏矣！自於五藏之内，更生成五石也。愼不可猛火，火猛石精飛去，滓濁壞爛，雲腴熬晁，殆不可服御。

又雲腴之味，香甘異美，强骨補精，鎮生五藏，守炁凝液，長魂養魄，真上藥也。以好器盛之，密蓋其上，即日服二合爲始，日以爲常。若腴蜜煎强者，亦可先出服石後加腴，更和腴煎取，令凝如割肪也。人亦有丸服之者，日〔六〕三十丸，大都丸不如腴服佳也。趣復任人所便，便則安於體，體便則無不佳。常能服此腴者乃佳。若先腴盡，當更合如前，内白石

〔一〕「餘」，五藏上經及五藏上經法作「飲」。
〔二〕「聞之」二字，上二書無。
〔三〕「再服時」，上二書分别作「服之時」、「服石之時」。
〔四〕「逐」，五藏上經作「遯」。
〔五〕「疑」，上書作「凝」。
〔六〕「日」字原無，據上書及五藏訣增。

英五兩鎮釜底，一兩輒一投〔一〕，祝説如法，但不復礪石使員而重服之耳。藥成，出此石沈東流水中不常熇竭之淵。若不欲更合此〔二〕腴者，亦無損於前五石。此腴名玄女玉液，一名飛龍雲腴，一名錬五石之華膏。服之十五年，内外洞徹，壽長天地，役使鬼神。三年之後，眼可夜視。真人云：此方愈於錬八石之餌，全勝於玄水雲母之玉漿。既服此五石，石之〔三〕喉，徑寶鎮五藏，一藏〔四〕中輒有一石以守藏孔，藏孔之上，皆生五色華也。

若其人或蹔適太陰，權過三官者，肉既灰爛，血沈脈散者，而猶五藏自生，白骨如玉，七魄營侍，三魂守宅，三元權息，大神内閑〔五〕，太一録神，司命秉節，五老扶華，帝君寶質，或三十年、二十年，或十年、三年，隨意而出。當生之時，即更收血育肉，生津結液，復質本〔六〕

〔一〕「投」原作「枚」，據五藏訣及五藏上經改。

〔二〕「合此」原作「此合」，據上二書改。

〔三〕「之」，上二書作「入」。

〔四〕「一藏」二字原無，據上二書增。

〔五〕「閑」，五藏上經及本書卷八六太陰錬形作「閉」。

〔六〕「本」，五藏上經作「反」。

胎，成形濯質，乃勝於昔死〔一〕之容也。真人錬身於太陰，易貌於三官者，此之謂也。太微天帝君詠曰：「太陰錬身形，勝服九轉丹。華容端且嚴，面色合靈雲。五石會天真，太一保神關〔二〕。上登太極闕，受書爲真人。」

太上肘後玉經方八篇霞棲子盧道元

昔巢居子奉事東海青童君，以節苦心寂，奉師禮具〔三〕，暑雨祁寒，無懈無怠。僅二十年，乃口授玄法，手録聖方，曰：「若求跨鶴昇九霄，未易致也。若優遊乾坤之内，守顥〔四〕然之氣，容色不改，心目清朗，壽數百年不歸，可得矣！」然神仙祕術，不可傳失其人。長安年中，巢居子以寒棲子賢人也，使沐浴齋戒，乃授其事。至貞元八年，寒棲子以余不揆陋微，游放自適，所從來者匪世俗之士，無聲利之交，若天與之正性，謂不虛授，乃傳之。余以

〔一〕「死」，五藏上經及本書卷八六太陰錬形均作「未死」。
〔二〕「五石會天真，太一保神關」二句原無，據五藏上經及五藏上經法增。
〔三〕「具」，道藏本太上肘後玉經方作「冒」連下。
〔四〕「顥」，上書作「灝」。

隱棲子文華之士，昔登上科，忽遺馳騖，息心道門。僅六七年，其玄法祕術，無不得之。而至理之要，曾似未遇。顧余有此遺禮留愛，久之而言。余知其志士也，心忘爵禄，遯時稱騷雅之什，有而若無，實而若虛者哉。必當羽化雲飛，豈止龜鶴齊壽？寶曆乙未〔一〕歲，霞棲子盧道元敬持太上八方絪蘊玄寶一軸，以授隱棲施君，敬之哉！戒之哉！

☰乾，天父地母七精散方第一；

☷坤，風后四扇散方第二；

☶艮，王君河車方第三；

☴巽，龜臺王母四童散方第四；

☲離，彭君麋角粉方第五；

☱兑，夏姬杏金丹方第六；

☵坎，南嶽真人赤松子苟杞煎丸第七；

☳震，青精先生䬾米飯方第八。

〔一〕「寶曆乙未」，按寶曆僅乙巳、丙午兩年，無乙未，「未」當作「巳」。

☰乾，天父地母七精散方第一

竹實三大兩，九蒸九曝，主水氣，日精〔一〕。地膚子四大兩，太陰之精，主肝，明目。黄精四大兩，戊巳之精，主脾藏。蔓菁子三大兩，九蒸，主邪鬼，明目。松脂三大兩，鍊令熟，主風狂痺濕。桃膠四大兩，五木之精，主鬼忤。苣藤五大兩，九曝，五穀之精。

右方昔黄帝服之上昇，後欲傳者，立壇焚香，啓告上帝，然可授之，立盟不泄，四十年一傳之，爾若違誓傳之〔二〕，太上奪筭，七代受考於水官，慎之。

☷坤，風后四扇散方第二

五靈脂三大兩，延年益命。仙靈皮三大兩，强筋骨。松脂三大兩，主風癘。澤瀉三大兩，强腎根。术二大兩，益氣力。乾薑二大兩，益氣。生乾地黄五大兩，補髓血。石菖蒲三大兩，益心神。

〔一〕「日精」，道藏本太上肘後玉經方（下稱玉經方）作「日之精」，且置於「九蒸」之上。

〔二〕「爾若違誓傳之」，上書作「不爾」。

桂心三大兩，補虛之〔一〕不足。雲母粉四大兩，長肌膚肥白。

右方風后傳黃帝，黃帝傳高丘子，高丘子傳大茅君，大茅君傳弟固。凡欲傳授，誓不妄泄。若輕授非道之人，考延七祖。右藥十物，各如法擣篵，仍擣三萬杵，同鍊過白蜜和擣一

二萬杵，酒服日三十丸〔二〕。

☶艮，王君河車方第三

紫河車一具，王母歌曰：「紫河車一，龍潛變易，却老還童，枯楊再益。」下文注曰：「紫河車者，首女是也。東流水洗斷血一百遍，酒洗五十遍，陰乾曝和合。」生乾地黃八大兩，補髓血。牛膝四大兩，主腰膝。五味子三大兩，主五藏。覆盆子四大兩，主陰不足。巴戟天二大兩，欲多世事加一，女去之。訶黎勒皮三大兩，主胷中氣。鼓子花二兩，膩筋骨。苦躭二大兩，治諸毒藥。澤瀉三大兩，補男女人虛。菊花三大兩，去筋風。甘草菖蒲〔三〕三大兩，益精神。乾漆三兩，去肌肉五藏風，熬令黃。栢子仁三兩，添精。

〔一〕「之」，玉經方作「乏」。

〔二〕「若輕授」至「三十丸」四十二字，上書作「各擣爲散，仍合擣三萬杵，密丸亦得也」。本書卷七七及太極真人九轉還丹經要訣皆有此方，但均少此方方首之「五靈脂」及「仙靈皮」二味。

〔三〕「甘草菖蒲」，玉經方作「甘草代菖蒲」。

茯苓三兩，安神。雲英三兩，縮腸。黃精二兩，補脾胃。蓯蓉三兩，助莖力，女人去之。金釵石斛二兩，添筋。遠志二大兩，益心力不忘。杏仁四大兩，炒令焦，去尖皮，去惡血氣。苣藤四大兩，延年駐形神。

右二十二味，共擣散鍊蜜，丸如梧桐子大，日以酒下三十丸。服三劑，顏如處子。昔王君傳蘇林，子當傳，立盟歃血。不爾，違太上之科，延災祖考。

☴巽，龜臺王母四童散方第四

丹砂七兩，朱砂三兩，胡麻四大兩，九蒸九曝，煎令香。天門冬四兩，茯苓五兩，术三兩，乾黃精五兩，桃仁四兩。去皮尖。

右八味合簁擣三萬杵，冬月散服，夏月丸之，服以蜜，丸如梧桐子大。志〔一〕服八年，顏如嬰童之狀，肌膚如凝脂。昔王母傳大茅君，大茅君傳弟衷〔二〕，立盟契約，誓不慢泄，違

〔一〕「志」字，玉經方及四部叢刊本皆無。

〔二〕「衷」原作「哀」，據本書卷一〇四太元真人東嶽上卿司命真君傳改。

者〔一〕太上科之，慎歟慎歟！

☲離，彭君麋角粉方第五

麋角三兩具，不限多少，解開厚三分，長五寸許，去心并惡物，用米泔浸之，夏三日，冬十日一换，泔約一月已上，似欲輭即取出，入甑中蒸之，覆以桑白皮，候爛如蒸芋，曝乾粉之。每斤入伏火硫黄一兩，麋食菖蒲，其精寔入角也。以酒調服三錢。

右方彭君服之，壽七百七十九歲，後入地肺山去，不知所在。今人云彭逝，謬耳。別自有傳此方者，又有人於鵠鳴山石洞獲此方，文法皆同，不可宣也。

☱兑，夏姬杏金丹方第六

杏子〔二〕六斗，水研之，取一石八斗入鐵釜中煑之。先以羊脂揩鐵釜，令三斤脂盡，即

〔一〕「違者」原作「進則」，據玉經方改。

〔二〕「杏子」，上書作「杏子仁」。下同。

下杏子汁，以糠火煑之四十九日，乃取以構子煎，丸如大豆，日服一丸，三兩爲一劑。夏姬〔一〕服三劑爲少女，後白日上昇。此方出於羨門子上經，立盟勿泄，傳者〔二〕殃及七代，慎之慎之。

又杏金丹方

取杏子三斗，去其中兩仁者，作湯䰟三四沸，内杏子湯中，便須手摩令皮去，熟治之，置盆中折之，清其汁，度得七八斗，棄其滓。取一石釜置糠火上，以羊脂四斤摩釜中，令膏脂盡著釜，熱復摩之，令盡四斤脂。内汁釜中，熬以糠火并蠶砂火，火四五日藥成，其色如金，狀如小兒哺，服如鷄子黄，日三服，百日父母不能識，令人顏色美好。

☵坎，南嶽真人赤松子苟杞煎丸第七

苟杞根三十斤，取皮别著，九蒸九曝擣粉。取根骨煎之，添水可三石，後併煎之，可如

〔一〕「夏姬」，玉經方作「夏徵書母」。
〔二〕「傳者」，上書無。

稀餳。即入前粉和丸，如梧桐子大。服之一劑，壽加百年。此〔一〕方赤松子以傳李八伯，立盟不泄，如妄傳，天殃將罰。

☳震，青精先生䬾米飯方第八

白粱米一石，南燭汁浸，九蒸九曝乾，可三斗已上。每日服一匙〔二〕飯，下一月後用半匙，兩月日後可三分之一。盡一劑，則腸化爲筋，風寒不能傷，鬢鬢如青絲，顔如冰玉。此方若人〔三〕服之，役使六丁，天兵衛侍。祕之勿傳，當獲神仙，切慎妄傳。

太一餌瑰葩雲屑神仙上方并引説

夫茂實者，翹春之明珠也；莒勝者，玄秋〔四〕之沈靈也；丹棗者，盛陽之雲芝也；茯

〔一〕「此」原作「北」，據玉經方改。
〔二〕「匙」原作「匙」，據上書及四部叢刊本改。下同。
〔三〕「若人」，玉經方作「傳綵女」。
〔四〕「玄秋」，上清太上帝君九真中經太一餌瑰葩雲屑神仙上方（下稱九真中經）作「立秋」。

苓者，絳晨之伏胎也。五華合煙，三氣淘精，調安六氣，養魂護神。能用得其方，位爲天仙。老者復壯，反嬰童顔〔一〕，千害不傷，延壽萬年。

三春茂實一斛，名曰茂者，茂於陽精也，故爲藥首。若三春不得合藥者，藏茂實於密器中封泥之，須用乃開之。到來春，不佳者不復用，敗者勿取，注〔二〕蟲茂也。此物難藏，當素精盛〔三〕燥器盛之。若茂實變成水者，當絞去滓，以茂水和藥也。黑巨勝屑三斗，先熬令香，乃擣爲屑。茯苓十斤，細擣下篩爲屑。白蜜五升。乾棗一斗，大者剥皮去核蒸過，擣令相和調。清美酒五斗。凡六物合攪令和，内一釜中，微火煎令凝如糖，以可丸者〔四〕。乃出著蜜器中，更分擣三千杵，丸如鷄子中黄大，日服三丸。夫擣藥爲屑，皆令極細，輕絹篩，又内釜中煎之，當數攪和之，以蓋蓋〔五〕釜上。合藥欲得别處，不欲得人多聞見。服此藥者，六年白髮還黑，面有童子之色，行步如飛，身生玉光，災害不傷，駕雲上昇，位爲真人。

〔一〕「老者復壯，反嬰童顔」，九真中經作「老素反玄，嬰胎童顔」。

〔二〕「注」，上書作「蛀」。

〔三〕「當素精盛」，上書作「當索清浄」。

〔四〕「以可丸者」，上書作「狀似可圓者」。

〔五〕「蓋」字原不重，據上書增。

又説藥逐年功効：服藥〔一〕一年，目明耳聰，强志而通神；二年愈勝；三年瘕瘕皆滅；四年體休氣充；五年行步如飛；六年白髮還黑，面有童嬰之色。此藥補胎益氣，充精開明，上仙方也。道士有單服此藥而升度者，不可勝數。此不比於常方，而宜用合餌之。

靈飛散方傳信録雲母法附〔二〕

余與憲臺察史博陵晦叔〔三〕有遺世保形超蹈山海之契，嘗共話求學之士，探擬睽謬，恥營近實，虚務遐潤，未易凡鄙，便冀飛昇，謂金丹坐延而仙籍立致。夫處心不寘於道，練形未異於常，齒髮不駐，顏色隨謝，是氣血内耗而容狀外變，疾病未脱，嗜欲交煎，天生速死，不及常理，區區貪昏〔四〕，多此類也。今所爲異，必求良方。先驗容齒，與俗流自别。知常限不迫，方可冀久視修仙，練神清虚，求餌芝玉。因約索精要，近拯形骸，有新聞閲，互相

〔一〕「藥」下至「之色」四十五字，九真中經置之於前兩行「服此藥者」之後，而無「者」下「六年白髮還黑，面有童子之色，行步如飛」十六字。其上「又説藥逐年功効服藥」九字亦無。

〔二〕「靈飛散方傳信録雲母法附」，道藏本收録作「靈飛散傳信録」，無「雲母法附」四字。

〔三〕「博陵晦叔」，按白氏長慶集六一故虢州刺史崔公墓誌銘云：「公諱玄亮，字晦叔，博陵人。」當即此人。

〔四〕「貪昏」原作「晨昏」，據靈飛散傳信録改。

曉導。晦叔異日謂余曰：「有客話裴都尉者，鶴髮早垂，童顔近復，訪其所餌，曰靈飛散之功，共知此方在千金第二十八卷。」晦叔又曰：「聞勳曹員外郎范陽君彛，常與修氣道客吴舍人丹講求此方。丹曰：『千金近略，率多不真定。此方本出太清仙經，可求正文，如法合餌。』君彛私誌，亦未卜所獲。時寓累于故李中書泌之宅，暇日偶入小佛室，有釋籍盈几，皆斷爛罕全，雜委無次。軸閲將半，忽遇一軸，標首完整，文墨甚華，題曰太清真經，發視乃靈飛散方卷。君彛執讀，欣契誠懷〔一〕，即齎靈文，驟告於丹。丹焚香頂奉，滌手持捧，謂君彛曰：『此真官曲遺靈應，特延紀於仙書，足觀〔二〕後學。』晦叔以余與君彛莫逆，分至傳信，可憑約就洛訪，便求傳寫。余驅乘詣門，問與聞叶，因得抄録，與晦叔同之。又方中味〔三〕以雲粉爲主，是歲余授鍾陵奏辟，而廬阜在封部之内，爐峯跳波，脈注羣〔四〕壑。居人方士皆引湍春雲，水沐日曝，流霜瑩雪，丸珠旋螺，宛若天造，貨於村市，資爲衣食，常肆所積，日

〔一〕「懷」，靈飛散傳信録作「求」。
〔二〕「觀」，上書作「勸」。
〔三〕「味」，上書作「分味」。
〔四〕「羣」，上書作「谿」。

取無限。此方難要，唯兹一物，有是行也，實天借心謀，亦將旁利同志，不然，何契會如此，似先約話？余私貯靈感，不忘寢興，行商洛數程，息豹藏郵。舍客有自内鄉來者，曰：「有鄧掾融攝宰前邑，年踰從心之五，而姿鬢不老，目童不昏，理劇接賓，與强仕等力。問其所得，曰：『常獲神方。』」余至邑徵訪，乃靈飛散所致。考其傳授，乃藥力驗應。云：「昔歲見唐主簿，有道流口付，説是靈仙上方，欲窺功用，可立變鬢髮。融有親客顔鬢已衰，將試靈驗，因求合分，服三十日，客之容髮頓易前狀。融半劑之効，亦保數十年不改。恨其藥力未成，便闕服餌，又遠謫窮領，資貨多乖，今比凡流，猶有所異。」復説：「在長安日，傳張裴二駙馬，皆目變効，重符前聞。」則此方神奇，驗實相接，眼覿口問，積爲明徵。又孫處士道門上流，精窮方要，掇此編録，固非偶然。余與晦叔幸君彛之遇，果求而得之，約誓心服之，以邀効證，他日之異，續此編書。元和七年四月五日高陽齊推書心記實。

靈飛散方出太清經第一百五十三卷〔一〕

凡欲致萬神，求昇仙，皆先潔齋清己，香水灌頭，沐浴五體益善。百日之後，乃可致神明。欲求仙者，當從北嶽西嶽中嶽真人求〔二〕靈飛散，得而服之，必得神仙矣。真人曰：凡欲求神仙不老，長生久視，白髮更黑，齒落更生，面目悦澤，肌肉有光，從表覩裏者，當服靈飛散。老君曰：「此方術之要，神仙之道，必化之本。道士服之，神仙不難；術士服之，遊於華山；凡夫服之，年去更還；老翁服之，返生童顏。」老君曰：「服此藥者，可以不老。十日服之，三年不食。服之五年，可壽二千六百二十四歲〔三〕。我非一人，皆得真道，保成神仙。」

雲母一斤，成鍊〔四〕者。茯苓半斤，亦可一斤。栢子仁七兩，石種乳七兩，菊花五兩，亦可一

〔一〕「靈飛散方」，靈飛散傳信録置之於下段之後，藥物之前。且無注文「出太清經一百五十三卷」十一字，但段首有「太清經云」四字。

〔二〕「求」字原無，據上書增。

〔三〕「服之五年，可壽二千六百二十四歲」，上書作「服之三年，可壽三千六百歲」。

〔四〕「成鍊」，上書作「鍊成」。

十五兩。朮四兩，一本人參七兩。乾地黄十二兩，亦可十五兩。杜心七兩，續斷七兩。

以九物治下簁訖，以生天門冬十九斤擣糜，絞取汁以丸此藥，汁多可和之，汁少者溲之，著銅器中，懸著甑下，蒸黍一斛二斗，熟出藥曝乾，更治擣之令細簁。服一方寸匕，旦服〔一〕，無毒可多服餌〔二〕。當食十日身輕，二十日耳目聰明，七十日髮白返黑，故齒皆去，若落去者而得更生。取藥二十七匕〔三〕，以白蜜和之，擣二百下止，丸如梧桐子，可得八十一丸。曝令燥訖，視丸表裏相見如明月珠，或似瑩火精珠，或赤或白，此仙人隨身常所服藥也。欲令頭髮時生者，日服此七丸〔四〕，至髮生不白不落。若入深山不食，亦可作此丸，日七丸不飢也。若頭髮不落未白，但可服散，可壽五六百年不白耳。白者如前法，已白服藥，可至一百一十七年〔五〕乃落耳。求道必仙，要至神仙，髮齒更生，如三十時〔六〕。求道服

〔一〕「旦服」，靈飛散傳信録作「日一服」。
〔二〕「餌」，上書作「耳」。
〔三〕「二十七匕」原作「二七七匕」，據上書改。
〔四〕此句下上書有「日三服」三字。
〔五〕「一百一十七年」，上書作「七百年」。
〔六〕以上十六字，上書無。

藥，不頭白齒落者，老而服之，得仙之要。齒骨尸解，道之下者。凡作此靈飛散服之，三日力倍，五日血脈盛，七日身輕，十日面目悦澤、智慮聰明，十五日力作不知極、徐行及馬，二十日力不復當，三十五日夜視有光。

治雲母法

白鹽一斤，和合。雲母一斤，並擣之。

右雲母糜勿簁，内重布囊中挼挺之，水汰鹽味盡，内絹囊中，懸令乾，即成粉。一法：以鹽湯煑之，盡解如泥狀，挺之爲粉。

又法：雲母一斤，大鹽一斤，漬之銅器中三四日〔一〕，蒸之一日，於臼中擣之爲粉。

又法：用朴消水三升煑治雲母一斤，取成粉燥舒之，向日光看無芒便好，有芒勿服，服之久後病殺人，宜精治之。此本於盧司勳所得正經上傳寫記。經中云：擣雲母糜後，入重布囊中挼挺之，令須入皮囊中挼挺，大底不如取盧山水磑舂擣者最爲輕細。自造恐功不至，

〔一〕「日」字，據四部叢刊本增。

忽有麤芒者損人，慎之！服藥後禁食鯉魚，能斷一切魚爲上，恐刀砧相染，所害不輕〔一〕。又禁食血，是生肉、生乾脯之類，血羹是熟血，却非所忌禁。生葱蒜、生韮、釅醋、桃李、木瓜、酸物等，並〔三〕不宜食。又忌流水，若江行及溪澗無井處，但煎熟食之亦得。大麥損雲母力，亦宜慎之。服此藥能斷葷血，兼静修心氣，得効尤速。不得面受，故此批上。

孫處士進養生祕訣云：「臣遇此方已來，將踰三紀。頃者但美而悦之，疑而未敢措手。積年詢訪，屢有好事人曾餌得力，遂即服之，一如方説。但能業之不已，功不徒棄也。」

〔一〕「恐刀砧相染，所害不輕」原作「恐刀砧所相染害不輕」，據靈飛散傳信録改。

〔三〕「等，並」原作「並等」，據靈飛散傳信録改。

雲笈七籤卷之七十五

方藥

神仙鍊服雲母祕訣序

本草經玉石部云：雲母味甘平，無毒，主身皮死肌，中〔一〕寒熱，如在車船上。除邪氣，安五藏，益精明目，下炁堅肌，續絶補中，療五勞七傷，虛損少炁，止利。久服，輕身延年，悦澤不老，耐寒暑，志高神仙。一名雲珠，色多赤；一名雲華，五色具；一名雲英，色多青；一名雲液，色多白；一名雲沙，色青黄；一名磷石，色正白，生太山山谷、齊雲山〔二〕及瑯瑘北定山石間。二月採澤瀉爲之使，畏魚甲反流水。案仙經，雲母乃有八種：向日視之〔三〕，色黄白多青

〔一〕「中」，神農本草經作「中風」。

〔二〕「齊雲山」，四部叢刊本作「在雲山」。「太山山谷」，下文作「太白山谷」。

〔三〕「澤瀉爲之使」至「向日視之」二十四字，四部叢刊本作正文，且「視之」作「視乃別之」，無以下「色黄白」至「出瑯瑘在」一百三十六字。

者爲雲英，色青黄多赤名雲珠，如冰露乍黄乍白名雲沙，黄白皛皛名雲液，皎然純白明徹者名磷石，色青白多黑名雲母，此六種並好服而各有時月。其白皛皛，色晻晻純黑，若有黑文斑斑如鐵者名雲膽，色雜黑而强肌者名地碌，此二種並不可服。鍊之有法，唯宜精細，不爾入腸大害人，令虚勞，爲丸散用之，並正爾擣篩殊爲末。出瑯琊，在彭城東北，青州亦有，今江東唯有廬山者爲勝。以沙土養之，歲月生長。今鍊之用礬石，則柔爛如粉極細。畏百草上露，乃勝東流水，亦用五月茅屋水制之也〔一〕。

本草經云：雲母上品藥，味甘無毒，生太白山谷、齊雲山及瑯琊北定山石間，二月採澤瀉爲之使，有八種各有名，向日視乃别之〔二〕。

色黄白而多青者名雲英，宜春服之，令人身輕，入水不寒，增壽四千年。

色青黄煌煌而多赤者，名雲珠，宜以夏服之，令人身輕耐寒暑，增壽三千年。

色如承雲，乍白乍黄〔三〕，名雲沙，季夏服之，身輕生光，耐風寒〔四〕，增壽二千年。

〔一〕「在彭城東北」至「水制之也」六十一字，四部叢刊無。

〔二〕「本草經云」至「乃别之」四十九字，四部叢刊本無。

〔三〕「乍白乍黄」，四部叢刊本作「如冰露乍黄」。

〔四〕「耐風寒」，四部叢刊本作「乍白耐風寒」。

色黃白晶晶，名雲液，宜秋服之，堅筋骨，通經脈，增壽一千年。

色青白多黑，名雲母，宜以冬服之，身輕入火不灼，增壽五千年。

色皎然純白〔一〕而明徹者，名磷石，四時皆服，堅筋骨，通經脈，增壽五千年。

色晻晻純黑，若有黑文斑斑如鐵者，名雲膽，不可服，令人患淋發瘡。

色雜黑而厚强肌者，是銅鐵間雜，名地碌，不可服，伐人命。

又赤色厚重名陽起石，是五雲之根，别將入藥用，不可服。凡五雲之根厚一寸，有一千八百年，重以土沙埋，新盆蓋，着陰地，歲月既久，便自生長。

又雲母五名：第一精者名雲光，第二名雲英，第三名雲珠，第四名雲母，第五名磷石。

鍊雲母法凡十方

鍊之法，先薄擘去沙土，亦可先以東流水漬數日，乃槌破而擘之。訖，又以水淘汰百許過，極令清，乃隨遲速用之。遲用者，當以五月久茅屋漏水，於白甆器中漬之百日漉出。若有水垢不潔，更以東流水浴之數過，漉令燥，其浮濁細者亦别器盛之。八月中，以新布兩人

〔一〕「色皎然純白」原作「多皎然白」，據四部叢刊本改。

各持一端，亦可繫竹竿頭，於山野淨草上拂取朝露絞汁，隨復拂汁，足淹雲母乃止，不必一朝取足。又以漬雲母，六十日已外，便可取用，著温暖處，勿令寒凍。欲爲粉者，便漉取令燥作熟，皮囊盛，急繫口，手挼捺之。從旦至中，碎靡靡出，以絹篩過，餘滓更挼捺，取盡止。若猶不細，以指撚看，尚見炅炅星文者，更於大木盆中，以少水溲如泥，研之良久，以水淘汰，細絹濾漉，取餘滓更研，淘取盡，清澄之。亦可挼竟日，以紗葛麤篩之，乃於白瓷燥盆中研之，絹漉如法，亦善。亦可先研，以麤絹澄令燥，乃用皮囊挼，細絹篩之。亦可露水漬百日，出令燥擣，以絹囊於水中漉汁，澄乾治之。凡如此皆成粉，唯令極細如麪，指撚無復光明乃佳。若猶嫌不精，可以露水煑粉，散沸出口懸燥，乃更臼擣，重絹篩之。速用者，取洮竟薄擘，絹囊盛内湯中，出浮寒水中。，又内湯，又浮水中，如此十過。易水令冷，候視輭，出曝乾，革囊槌便成粉。

又法：取礬石三斤，皮囊盛，没湯中令消釋，乃以雲母漬汁中一宿，則輭如紙。更水洮去沫研挼，所〔一〕宜急成粉。礬石有微毒，特須洮去。

又法：礬石四斤，以東流水四斗漬之取汁，以黄甆器盛雲母十斤，燒令赤，内汁中，又

〔一〕「所」字，四部叢刊本無。

出更燒，使三過止。加鹽如雞子大内汁中燒，投令汁盡乃止。水洮去沫，漬澄自碎成粉，若不甚細，更挼篩之，用硝石亦佳〔一〕。

又法：雲母十斤，葱白五斤，鹽三升，水淹煑之。葱出，以水洮去鹽味，研挼隨意則成粉，務其精至也。

又法：擣麻母葉汁以漬五雲母，則糜如泥，研成粉。麻母生山谷，其樹如梓樣純白色，葉似樗而細，折之有白汁，山人蒸食之。

又法：露水八升作湯，分半洮洗雲母二十斤，如此再過。又取二升作湯，内芒硝十斤，以雲母漬中，二十日出，絹囊盛懸屋頭，使見風日令燥，以水漬漉，皮囊槌之，從旦至中，乃細絹篩滓復槌，令得上好粉五升。

又法：薄擘雲母十斤、硝石二斤，絹囊盛置銅器中，酒一升、水二升半，合炭上煑之沸，出囊投寒水中，用酒復煑，如此十上十下，靡靡然於水中槌汁出，清澄成粉。此出玉清法。

又法：取成汰雲母，以地榆灰汁漬一月，細濾治碎令熟，又以沸湯濯之去灰炁十餘過，凝乾。取十斤煑以桂五斤，細槌研，以水二升半煑之，令桂無味乃止。去滓取汁，以解雲母

〔一〕四部叢刊本此下有小字注「李夫人曰：硝石損骨」。

如糜。此崔文子法。

又法：苦酒漬雲母四十五日，出治之，水漬攪去酸味，凝之，單絹袋盛，水中挼令汁出，澄之。此越師法。

又法：以茅屋水三升，銅器煑沸，同礬石三兩，掏滓，内雲母一斤，煎五六沸，出乾治，洮爲粉。

凡鍊治五雲，惟宜精熟，不爾傷藏致疾，或於腸中生長，不可復治，故方家殷勤備説。治之以火不如湯，多服不常，不如少服而長久也。

衆仙服雲母法二十六方

中山叔卿栢桂下玉匱素書雲母方

取雲母五色具者〔一〕細擘之，以茅屋溜水惹秋百草上露以漬之百日，内革囊槌之，絹篩着竹筒中，塞口懸甑下，白沙一石填其上，蒸之一日，炁達去之。更内黍稻米一石蒸一日，炁達又去。更内稷稻米一石蒸一日，炁達去之。乃以白蜜一升和合於銅器中，湯上煎

〔一〕「者」下，四部叢刊本有「一斤」二字。

令可丸，丸如麻子，以星宿出時一服三丸，日再。三十日加如梧子大三丸，常以鷄鳴服一丸。三十日身輕目明，五十日腹中痒，七十日三蟲去，八十日皮膚光，九十日入水不溺、面白易骨，三百日走及奔馬〔一〕，一年爲真人。又云，年七十已上，四百五十日已後乃得仙。此是用一斤法，多合者益之。一云用二升。

堯師方回自服雲母方

取雲母粉三斤、雲滋五升煎之且竭，内松脂三升洋，又内崖蜜三升合蒸之。從旦至暮下，寒暑自凝。如餌服，如彈丸日三服，可飲水而食棗七枚。久服騰山越海，神仙長生，寒暑不侵也。

又韓衆服雲母方

雲母粉一升、大麥屑二升合煑令熟，去滓服其汁，身光長生，亦能度世也。

〔一〕「入水不溺、面白易骨，三百日走及奔馬」，同卷第二十四方作「入水不濡，入火不灼，百日易骨，二百日走及奔馬」。

赤松子服雲母方凡二方

雲母三斤、硝石一斤，以醇醞酒漬雲母三日，細破内生竹筒中，以硝石俱内，復以升半醇醞酒内中，火上煎乾，攪勿住，須臾如膏。出置板上，半日當細成粉。平旦以井華水服寸匕，日一服，百日三尸下，正黑如泥，盛以筒葬之於冢。次百日許惆悵不樂，過此乃佳。二百日還少如童子，藥盡更合。

又方：葱白蒸擣，絞取汁二升，桂屑雲粉各一斤，合内生竹筒中，安一石米下，蒸之成水，曝凝乾。服之，還老如少童。雲母、澤瀉爲之使。

又方：雲母一斤，澤瀉二兩，末。天門冬八兩，末。茯苓八兩。末。

右四味和爲散，每日清旦服方寸匕。漸至三七日，酒下佳。九仙君曰：以白露水和露粉服一方寸匕，日三服，一百日光生，二百日三蟲伏尸下，其惡血從鼻出。夫人禀性不同，受炁亦異，或虚或實，有熱有寒。初服時皆有覺觸，以意消息。如覺體中熱，脣口乾燥，即須加三兩味冷藥和粉服之。若覺冷，即加熱藥。候炁宣通，臟腑調適，然可單服。服時乍少，常令不絶。初服粉，苣勝一升蒸，曝乾研碎，水淘取汁，以粳米和汁作粥，稀稠得所。如人腹内暖，用粉一匕和服。緣粉膩苣勝粥，得滑利流向下。凡人皆上熱下冷，然久可依方服之。

九仙經云：雲母者，千二百種之精，七十二氣雲之英，體精而光，不爲水毁，不爲火焦，天地相終，日月同耀。採雲母，取山陽面者爲佳也。

炅先生服雲母方凡二方

薄削生竹筒，盛白鹽半升，木盆蓋，漆之，埋井傍濕地，深五尺，十餘日爲水。又内硝石一升，化爲水。乃内雲母粉二〔一〕斤，復漆固口，埋之十日，出與白蜜分等，鐵器中蒸之凝。如餌服，或丸如梧子，日三服，身光耐寒暑。

玉清服雲母法

取前方所搥成粉者一斤，麥門冬屑半斤，白蜜半斤，合和内生竹筒，密蓋之，蒸三斗粳米下，半日許出，當如餳狀。常服彈丸大，日三服，長生不死，惟志服之。

〔一〕「二」，四部叢刊本作「三」。

崔文子服雲母方

取前地榆灰所漬成粉者，用青竹筒各長尺五削去皮盛之，令不滿五寸，以縑掩口，悉住甑中，細沙壅之，竹口出沙上五寸，蒸之一日。可復悉取置新甆瓶中，縑塞口，漆周密之，以春分日內井底，秋分日出之。先取白蜜一升，鍊牛脂二升，蠟半斤，於銅器中微火煎和合，乃內雲母又煎，可丸止。吞如梧子大三丸，日三服之，三年則不飢渴，耐寒暑，不畏風濕；五年白髮却黑，形體輕强；長服神仙。

越法師服雲母方

取前苦酒漬成粉者，以生竹汁微火煑之，三日三夜已。更以清水鍊之乾，三十日後，以葱涕和如糜，於瓦器中蒸之半日已。出乾之，和以白蜜，服如梧子大三丸，日三服，神仙度世〔一〕。

〔一〕「神仙度世」，四部叢刊本作「光澤肌膚，顏如嬰童」。

越女元明服雲母方凡九方

雲母粉十斤，先取竹汁一斤内器中，肉桂半斤㕹屑之，合盛蒸之五日五夜，當水盡爲度。出内銅器中，真丹二斤、白蜜三斤攪令相得，復蒸一日，當如餳狀。盛以竹筒，丸之如酸棗大。每日服一丸，一月服之還年，滿一歲成童子。

又法：擣葱白華絞取汁二升，肉桂屑雲母各一斤，合内生竹筒中，蒸之一石米下成水，曝凝乾治。服一刀圭，日三服，二十日還年十歲，有童子色；四十日似嬰兒，百日入火不熱，入水不寒。

又方：先以桂屑一升蒸成水，乃内蜜、雲母於中，又蒸之成膏，服美酒下之，一月覺效。

又方：桂十斤，削取心得三斤，擣篩。葱白花四十斤，熟擣絞取汁，和桂屑内生竹筒中，蓋實密口，懸蒸黍米五斗熟，即化爲水。又内雲母粉一斤，一日復化爲水。日服一橡斗，日三服，二十日貌如童子。

又方：葱涕和桂屑漬之三日，絞去滓，以和雲母粉，内於薄竹筒中，密固口，内醇苦酒中，二十日成水。服之一橡斗，日三服，壽數無極。

又方：葱涕三升、桂屑二斤、雲母屑五斤合擣，和内生竹筒中，埋陰地入土三尺，百二十日盡化爲水。服一橡斗，日三服，服之長生。

又方：葱涕五升、桂屑半斤合和，銅器蒸之，又内雲母一斤溲，埋地中與地平，密蓋三日盡爲水。服一勺，日三服，長生不老。

又方：雲母粉一斤、白蜜三升内銅器中，漆固口，埋北垣下，三十日出之，器中已化成漿水。飲之多少自在，服二十日身生光，三十日風濕不傷，百日成童子。

又方：雲母五色具者細擘，於硝石湯煑沸，即投寒水中，如是九度止。乃以日乾之，盛鐵器中燒之，與火同色即出，注白蜜中攪之，相得如糜，乃以絹絞去滓取汁，寒凝如膏。先食服如彈丸，日三服，神仙長生。

老君餌雲母方凡六方

雲母粉一斤、硝石白者一斤擣篩，白蜜三升，都合攪如粥，内生竹筒中，漆固口，埋北墻下，三十日出之，盛銅器中，稍稍似水。若酒中服，二十日身先光，三十日露不著身，五十日入山辟虎狼、水火不能害，百日出窈入冥，縱横反覆，便成仙人。

又方：雲母粉一斤，蝦蟇脂如彈丸，白硝石、寒水石各如彈丸，春内竹筒中，牢密封口，埋濕地，深四尺。九日出以塗手，執火不熱，如熱，更埋七日乃成。可服之，服藥一升，日再服，百病除，身而潤澤，二百日與天通達。

消玉石法

取美玉一斤細末之，内雲母水中，十日乃消，可服半斤。諸石屑〔一〕内中皆消，不但是玉。此方祕妙，勿傳。

又方：雲母粉二斤、硝石一斤合擣如泥，内甖中，漆固口，濕地埋，深三尺。亦可懸井中，去水三尺。十日化爲水，服一橡斗，日三服，稍加之，却老還少，身形光澤。

又方：雲母粉一斤，薄削生竹筒盛之，朴硝二兩置上，密封其口，内蠶屎中，七日化爲水。出凝蒸之，填以黄土，三夜或至四五日入消〔二〕，更以黄帛三重密固，置陰花池中，七日又爲水。出曝屋上，三日下，内五六丈井勿至底，十日成餌潤澤，名雲液。服一刀圭，日三服，洞視千里，百日長生。

又方：雲母粉、天門冬屑、茯苓屑各三斤合治，白蜜丸如梧子大，服三七丸，稍增至三

〔一〕「屑」，四部叢刊本作「硝」。
〔二〕「消」，四部叢刊本作「硝」。

十丸。十日後，日再服，二十日後，日一服。欲服雲母，先須作此法服，然後可單服餌。凡服雲母，禁房室，履淹穢，及食五辛血鯹之炁。

仙人錬食雲母方

此方所以不依古方，是東海女子賣鹽與蒙山隱居，遂求隱居得之。方云：凡服雲母粉，須煑一椀粳米粥，稀稠得所，著一匙雲母粉，熟攪和服之。仙經云，此藥多能，述之難盡。凡欲合藥，先須祭竈。辦以種種香華、五果、酒漿、酥蜜油等，大須潔淨。藥成之後，百無所忌。凡合藥必須擇神臨日，案經用除、成、收、開、建、滿日，神必來臨，藥何不有神驗？不得用執、破、閉之日，合藥不好，服無驗不効。又欲得春夏合佳，或初秋七月亦得。八月半已後不得，承冷雖成不佳。又不用近火，亦不用湯漬藥，大忌。其藥欲得甆器盛，服之佳。又云，欲玉椀鎚研藥益人，漬雲滋最佳。已前並神仙祕法，傳者勿傳非人，藏之金匱。臣法藏言：臣少長寒微，早嬰疾瘵，遂投山谷，尋訪良醫，因之服餌，綿歷年載云云。

真人常服雲母方

擣葱白莖汁二升，桂心半斤，以葱汁和雲母一斤、蜜半斤總内生竹筒中，蒸一石米飯中，藥成爲丸，服三十丸，日再服之，獲神仙。雲母上藥爲君，主治萬病，略之如前〔一〕。唯禁血、葫荽、生鯉、魚膾，迎三送七，已後任食。

凡服雲母粉，老人服之三七日，骨髓填滿，舌聲清亮，丈夫彌健，是藥之驗也。少年服之，二七日有驗。已前雖明服法，未明冷熱。大便祕澀，和飲服之；如冷大便滑，和酒服之良。

劉錬師服雲母方

採得雲母札〔二〕，先以木槌側打，令葉葉開。去沙石訖，以布袋盛瓮中，取東流水浸之，每五日一易水。浸二十日已來，便漉出，於大木盆中淘洗，以淨爲度。然即却入布袋盛之，内釜中，依前法煑一二十日，候水減即添之，每五日一易釜中舊水。第一度易水即除却，第二度易水即須澄取雲母粉，却入袋中煑，但候釜中雲母捻如麵即止。還入木盆中淘洗曝乾，以木杵臼擣爲粉。其擣時須紙帳中，勿令風塵入。擣了，即依前法入絹袋，擺入瓮盛。

〔一〕「略之如前」，四部叢刊本作「大略如前」。
〔二〕「札」原作「礼」，據四部叢刊本改。

欲煑雲母時，先須煑五茄、地榆取濃汁，以大瓮盛之，用此水旋旋添入釜中，依前法煑之。如無，消石亦得，校難爛。每斤五茄，即取二斤地榆，觸類而長。凡擇雲母，須去黑硬及瑕翳者，但向日看，光明透徹青白者爲上。

化雲母為水法凡三方

取葱涕，如無涕，取葱熟研代之。挼取桂心擣爲末，消石研之，以二味拌雲母粉，埋向墻陰地，一月日並化爲水。李夫人云：但取葱汁和密拌雲母化爲水，尤勝硝石，云硝石損骨。如上二法，皆應以青皮竹筒中盛之，密固其口也。

又方：雲母粉二斤、硝石一斤合擣如泥，内甖中，漆固口，埋地深三尺，二七日外，取懸井中，七日化爲水。

又方：雲母一斤、白蜜三斤合和，於銅器中，微火煑之令沸，以一器覆上，漆固之，埋北壁下入地三尺，四十日化爲水，名曰雲母漿。服法：粳米飲下。

李大夫化雲母粉法

取雲母側敲，重重劈開爲葉，便入銅器中煑十數沸，令暖炁徹。即以滋布縫作裌袋，以前件雲母入袋中盛之。又於盆中瀉暖水相和熟挼，若得白汁，旋旋傾入別盆中。又用暖水和挼之，候得濃汁，即瀉入別盆中。以雲母汁盡爲度。即取諸盆中合入一盆，又重入裌布袋中重挼過，還依前法瀉入通油盆中，以雲母汁盡爲度。又取前件雲母，重入裌絹袋中過，依前法挼之，候雲母汁盡爲度。如此兩遍入裌絹袋中，挼盡汁過，其粉始精細。都向裌絹袋盛之，懸於空處瀝水盡，即以瓷鉢收之。

道者鍊雲母法白雲明徹者爲上

雲母不得用鐵器修，砂盆中煑鍊爲上。雲母一斤，白礬四兩以研碎，百沸湯化爲漿。初但礬汁拌雲母袋盛，蒸七日後，更入礬汁漬之，一月日並爲粉訖，以三重絹囊濾之，水飛澄停爲粉訖，即以黄溪砂中蒸之七日，亦以礬漿拌之。

成粉雲母一斤，用白蜜二升鍊，蜜澄濾訖，入竹筒以漆固口，埋入地三尺，一月化爲漿。如未成漿濁在，更埋半月日，時寒即一月，成也。服法：每日空腹，以井花水二合調雲母漿一合服，飲少酒無妨，忌羊血。

煮雲母法凡二方

雲母五十斤，硝石半斤，取雲母側打擘成葉訖，便入麤布袋中，於清水中擺洗，去穢令盡，然始入釜中，和硝石煮六七日，當爛成粉。

又取五茄皮及葱涕煑雲母，但得一復時，便爛成粉。其成粉雲母即入絹袋中，洗過尤妙。

真人服水雲母法凡三方

葱莖取汁，桂一斤治下篩，雲母一斤粉之，合盛竹筒中，蒸之一石米頃，減火使凝令乾。服方寸七，日三服，三十日顏如玉，服百日入水不溺，入火不燒。雲母有五種色，今時人多不能別。法當向日看其色，詳瞻視之，乃可用耳，正陰視之不見。其雜色並見如多青者，名雲英，春宜服之；五色並見如多白者，名雲液，宜秋服之；五色並見多黑者，名雲母，宜冬服之；但有異色多者，名雲沙，宜季月服之；其色皛皛純白多者，名磷石，宜四時服之，色如黄而堅者，名雲精，春秋冬夏常服餌之。

五雲母之法，或以桂、葱、玉和之爲水，或於鐵器中以玄水漬之爲水，或以硝石合内竹筒中埋之爲水，或以蜜酪爲水，或以秋露漬之百日，以韋囊盛之爲粉，或以無心草汁合餌，服之一年則病愈，三年老翁化爲童子，五年役使鬼神，入火不燒，入水不溺，枳棘不傷，與仙人相見。又他物埋之則腐，火之則焦，雲母内火中至時不然，埋之不腐，故能令人長生。又云，服之十年，雲母烝常覆之。純黑起者不可服，令人淋發瘡。唯當以餌之，皆當以茅屋雨水、東流水若露水，漬之百日，沙汰去土石，乃可用耳。

又方：擣蔥莖絞取汁二升，桂一斤擣下篩，雲母一斤粉之，三物都合成〔一〕竹筒中蒸之，炊一石米頃，一日〔二〕化爲水。出凝之，曝乾治，服一方寸匕，五十日作童子，百日入水不溺，履冰不寒。

神仙服雲母方

取雲母五色具者十斤，細擘去黑者，取精光明淨者。八月露時，以露粉成，務令細熟，向日看無芒，乃可用也。取成粉二升，内生竹筒中，密塞其口，甑中蒸之，又以白沙覆上，蒸

〔一〕「成」，四部叢刊本作「盛」。
〔二〕「一日」，四部叢刊本作「一石」。

之一日一夜。去沙，更裝一斛黍米，復蒸一日一夜。去黍米，覆裝稻米，復蒸一日一夜。乃出雲母，内銅器中，加雲母一升合和之，浮於鑊湯上煎之半日，雲母消盡令可丸，丸如小豆大，以星宿出時服三丸，日三服，至十五日後體輕。鷄鳴時服三丸，復十五日。後增四丸，日三服，十五日後體輕目明，五十日後腸化爲筋，七十日三蟲伏尸盡下，八十日身光潤，九十日入水不溺、入火不燒，百日後皮膚更生，二百日更易筋骨毛髮，三百日後行如飛龍、走過奔馬，一歲仙道成矣。二十至四十，服三百日得仙；五十至七十，服之三百六十日得仙；八十已上，服之四百日得神仙矣。雲母者，五石之精，天之精氣，日月之光，神仙之藥，非賢勿傳。

真人食雲母方凡四方

雲母五斤、松脂十二斤、茯苓十斤、附子四十五枚、蜜蠵十斤，凡五物合擣三萬杵，細末曝乾，作三斗淳苦酒，内中封令清，使得一斗五升，不津器盛著，衆手攪令相和，埋著地中，滿千日乃出，藥自成無疑。藥成時，其香三里聞之。服之一斤，身中三蟲伏尸盡下，百病皆除。服之五斤，身中空虚，顔色甚好十五時。服之六斤，身飛行，手摩日月。服之七斤，無所不能，出没自在，在處隨形入道，教化羣生，密過人間，諸有厄難者，皆能救脱之。領立諸仙，興顯大法，隨所教化。此藥神祕，非賢勿傳。

又方：葱涕和桂屑漬三月，絞去滓取水，和粉内竹筒中，筒須削却皮令薄，密内浮醯中爲釀酒瓮，二十日成水，服之當神不復衰老矣。

又雲母粉一斗、大麥二升合煑熟，去滓，服其汁，身即生光，長年不老。

又方桂一十斤，削取肉以得三斤，擣篩。葱白四十斤熟擣，布絞取汁、桂屑内竹筒中，覆蓋上，密封口，懸蒸五斗黍米下，熟爲水。内雲母粉一斤，一日復化爲水。日服一盞，四十日狀貌如童子。

雲漿法凡二方

雲母粉一斤、硝石四兩、朴硝二兩、白蜜五升，右蜜煎令相得，和雲母粉如煎餅麪，以竹筒盛之，用蓋蓋之，以泥四邊，勿令泄洩，埋地中一二尺許，一百五十日熟。服之光澤肌膚，顔如童子。

又方：雲母粉一大斤、澤瀉四兩、蜜五升、煎去二升，取三升。朴硝四兩、硝石四兩、桂心三兩，右件雲母粉等和如煎餅麪，以竹筒盛之，其竹筒去青皮，漆固濟其口。待漆乾，即埋於井北，去井三尺五寸、深七八尺，用手下土實之。埋一百五十日乃出，其色凝碧，洞徹清明。

可服之，百病立愈，久即長生。

赤松子見授雲母神散方

吾見上仙真人，學道遊山下，戲大海之濱，見一丈夫沐浴，光白鮮明異常而問之，云：吾服神散而得身光白鮮如是也。因見遺方云：日取雲母粉，清旦以井華水服之方寸匕，即身生光澤。

蒸雲母法

法須東南作竈，釜上〔一〕燒桑柴，蒸之九日九夜。凡煑雲母一斗，用鹽花二升和之。

終南衛叔卿〔二〕栢桂下玉匱中素書服雲母粉方

右以雲粉一斤、白蜜一升合於銅器中，重湯上煎令可丸，丸如麻子。以明星出時服三

〔一〕「上」，疑當作「下」。

〔二〕「終南衛叔卿」，本卷上文作「中山叔卿」。

丸，鷄鳴服七丸，三十日身輕目明，五十日〔一〕腹堅，七十日三蟲下，八十日皮膚光澤，九十日入水不濡、入火不灼，百日易骨，二百日走及奔馬，一年飛行自在，便可昇仙。

雲母長生斷穀丸方

雲粉三斤、白蜜二升，銅器盛，湯上煎，以淡竹瀝三升漸添令盡，用篦左右攪之，勿令停手，以竹瀝盡爲度。合時須護淨，勿令鷄犬婦人見。服時先喫一頓好飲食，任意食之盡飽，明旦空腹，即取藥一丸如鷄子大，向生炁方服。渴任飲食淡麪餅、枸杞、蔓菁、苜蓿、龍葵等。服兩劑，萬病出，齒落勿怪，不經月必更生平復。凡欲食麪時，皆著三兩匙雲粉相和作食，不覺有別異。

雲漿法

雲母粉一斤、白蜜三斤，右和合銅器中，火上令沸。停冷，以内新甆器中密封，以板覆上，乃埋北壁下，入地三尺，四十日化爲水，名雲漿。先齋戒三十日，以王相日平旦，取井花

〔一〕「五十日」原作「五兩」，據本卷上文改。下之「七十日」、「八十日」皆同。

水一升、雲漿一合和飲之，日三服，身出光澤，臨雲不著，降玉女，感神仙。

服雲母畏忌法

芹菜、葫荽、猪肉、鱔魚、大麻子、鮎魚、諸陳臭等味，不畏觸藥，但恐損粉力。黄衣米醋亦不可喫，制粉力難行，糠醋稍通喫。若但擬求治病補益，延年增壽，亦不假須斷葷茹血肉。若修仙道，須特慎之爲佳。

韓藏法師療病法

療人五勞七傷、虛損，發汗出，以粉粉身，手摩之，雲粉入肉不見乃止。加食即汗出，並是虛也，數數粉摩之。欲除肌膚中風，能多塗身，令人骨膩。療人疳濕癬瘡，以粉和粳米粥服之，差即止。療人金瘡，以少許内瘡中，粉和粳米粥兩服當差，如差永除痕跡。下部病五十年不差者，日服粉二度，二十服永差。十餘日斷五辛、葫荽、猪肉、生冷。

療時行疫毒、壯熱頭痛、心腹脹滿及患黄，以粉三兩和粥半椀，稀稠得所，冷暖如人體，日三度服之，立斷。

療金石發動、頭痛身體壯熱，以粉一匕和冷水二合服之，日三度即止。療患偏風、半身不遂、口喎面捩、精神悶亂，每日以兩匕和飲服之，以差爲度。兼以粉摩身，極佳也。

療七種風氣冷熱炁、心腹脹滿、連胷徹背痛無常處、胷中逆氣，以粉一匕和酒三合及粥等，日三服，以差爲度，神驗。

療骨蒸虛熱、脣口乾燥、四肢羸瘦、不能飲食，依前方服粉，不過三斤，悉皆除愈。

療十二種心痛飛尸，但依前服之，亦愈。

療白痢多年不差者，用三匕粉和粳米粥服之，二匕立効，忌血食。治帶下不止，服諸藥不差者，以粉內下部，兼依前法服，立愈驗。

療刺風如行針刺，如前服，并以粉摩身，特忌房室、五辛等。

療蟲毒下血不止，及三蟲痔漏，如前服，驗。

療腹中冷食不消，將粉摩身，并以方寸匕好酒冷合和服，無不差。

療冷及痃癖、癥瘕者，但准前以清酒服之，不過三斤，永除。曾有人被虵咬踝上，通身腫，苦痛甚，不得屈伸，即以針刺歇其毒炁，以粉和酒服三兩匕，兼將粉少許塗所咬處，少許時毒汁出，即當消歇。比見有人因醉亂以刀刺著三處，皆深腹漏，諸藥不能救。遂將凝粉三匕爲兩服服之，凝血內散，經一食久，即下部血出并鮮血片，便無痛苦，渙如冰釋，因知破血有驗。

雲笈七籤卷之七十六

方藥

靈寶還魂丹方并序

夫人生禀於五行，拘於五常，則爲五味之所賊，八風之所攻，爰自飲乳至於耄年，莫不因風而喪命。或多食而過飽，或失食而甚飢，或飲啜太多，或乾渴乏水，或食鹹苦〔一〕，或啜酸辛，或畏熱當風，或惡寒親火，或庭前看月，或樹下乘凉，或刺損肌膚，或撲傷肢體，或時餐燥藥，或多啜冷漿，或久絶屏幃，或日多施泄。自此風趨百竅，毒聚一支〔二〕，遂使手足不隨，言詞蹇澁。或痛貫〔三〕骨髓，或痺襲皮膚。或痒甚蟲螟，或頑如鐵石，或多痰唾，健忘

〔一〕「苦」，靈寶衆真丹訣還魂丹法（下稱還魂丹法）并序作「醋」。

〔二〕「一支」，上書作「四肢」。

〔三〕「貫」，上書作「鑽」。

好嗔，血脈不通，肉色乾瘦，或久安牀枕，起坐須臾，語澁面虛〔一〕，雖活如死；或總無疾苦，卒暴而亡。男即氣引於風，女即風隨其血，未有不因風而喪命者也。世人不能治其風，但以藥攻其内，安有風在五臟六腑之中，四肢百脈之間，而湯飲之類，曷能去乎？假令相疾，而醫用藥乖誤，雖難經素問三世十全，欲去沈綿，其可得也？余久居太白，抱疾數年，萬藥皆施，略不能効。後有一翁遺余此藥，服都五粒，疾乃全除。稽顙叩天，求其藥法，然肯傳授，誓不輕泄。余故録於身右〔二〕，置諸靈室。後人得之者，宜敬之！無或輕慢，自貽殃咎。但依法修鍊，何慮不神？

夫炙藥制燒藥，燒藥制煑藥，煑藥制生藥；生藥使煑藥，煑藥使燒藥，燒藥使炙藥，遞互相制，遞互相使，君臣俱具，父子固全，遂得陰陽，各有其緒。陽藥制陰，以引其陰；陰藥制陽，而引其陽。此藥雖不能致神仙，得之者但服一豆許，則壽限之内，永無疾矣！如已患風疾及撲傷肢節，十年五年運動不得者，但依法服之，一粒便効，重者不過十粒。有人卒亡者，但心頭未冷，取藥一粒以醋調，一粒摩臍中一千餘下，當從臍四面漸煖，待眼開後，熱醋

〔一〕「語澁面虛」，還魂丹法作「頭面虛腫」。
〔二〕「身右」，原作「石」，據上書改。

下一粒，入口即活。但是風疾，不拘年月深遠，神驗！不可具載其功力。每丸如芥子大，日曝乾收之。凡疾人不問年月遠近，先次〔一〕以紅雪或通中散茶下半丸，如或風溢甚者即一丸，良久以熱茶投之，令患疾人瀉三兩行，依法潑薑豆湯下一粒，當以他人熱手更互摩之患處，良久熱徹，即當覺肉内有物如火走至痛處，所苦當時已失矣！一二百日及一年内風疾下牀不得者，服一粒後，當時可行步，一如不患人。至重者每瀉後服藥一粒，後歇三五日間，依前服紅雪先瀉，後服丹藥。但每日服，不過一二粒，平復如本。打撲傷〔二〕損多年者，天陰即疼痛動不得者，尤驗。只可一兩粒，服此藥多者，疾愈後，藥力當伏脚心下，男左女右，但有所苦，發心念藥，隨意則至。此藥神驗，功効非智能測。其法：

光明砂、一兩一分，　陽起石、　磁毛石、　紫石英、　自然銅、　長理石、　石亭脂、雄黃。

已上七味，各三大兩〔三〕。

〔一〕「次」字，還魂丹法無之。

〔二〕「傷」字原無，據上書增。

〔三〕「兩」，上書作「分」。

金薄二十四片〔一〕，光明砂研如麵，以蕎麥灰汁煮三日淘取秤；雄黃研如麵，醋煮三日淘取秤；石亭脂研如麵，酒煮三日淘取秤之。

牛黃、　麝香、　膃肭臍、　虎骨、　龍齒〔二〕。

已上五味，各四大分，研如麵生用。

遠志、　巴戟天、　玄參、　烏蛇、　仙靈皮。

已上五味，各五大分。

木香、　肉豆蔻、　鹿茸、如乾柿者。　肉桂。

已上四味，各六大分。

延胡索、　木胡桐律。

已上二味，各三分〔三〕。

石硫黃、　雄黃　、朱砂、　自然銅。

〔一〕「金薄二十四片」，還魂丹法置之於「光明砂」前。以下四十三字，上書分置於相應藥下作注語。

〔二〕「牛黃、麝香、膃肭臍、虎骨、龍齒」原無，據上書增。

〔三〕「分」，上書作「大分」。

已上四味，同一瓶子，入金薄覆藉〔一〕，不固口，以火炙三日，火常去瓶子三寸，不得甚熱。

陽起石、　磁毛石、　紫石英、　長理石。

已上四味，同一瓶子內，以金薄覆藉〔二〕，灰埋瓶子一半，歇口燒三日。第一日火去瓶子二寸，第二日火去瓶子一寸，第三日火近瓶子，至夜煅通赤，無火毒。

又鍾乳十兩，以玉槌研七日，如麵即住，用熟夾絹袋貯，繫定頭邊，懸於鍋中，煑以水二㪷，煎取一㪷，內減〔三〕鍾乳水三合，研生犀角一千下，將此水別收貯，候入皂莢仁時同研用。又將其餘鍾乳水煎遠志等五味，仍加蔓菁子五大分拍碎同煎，令水至七升，去滓取此藥水，又煎青木香等四味至四升，去滓又取藥汁煎半夏、只以湯洗十度，拍破〔四〕。當歸細剉。二味各一大兩，煎至三升，去滓澄淨。

〔一〕「同一瓶子，入金薄覆藉」，還魂丹法作「入同一瓶子，用金薄覆藉」。

〔二〕「藉」字原無，據上書增。

〔三〕「減」，上書作「取」。

〔四〕「只以湯洗十度，拍破」，上書作「炙，以湯洗了，捏破」。

又地黄汁一升、無灰酒一升、童子小便一升，此三味與藥汁三升，都計六升，於淨器中，文武火養成煎，候至一升，即下諸般金石藥，攪勿住手，待如稀粥即去火，下牛黄等五味生藥末，熟攪令極勻，即下皂莢仁、炒其子，打取仁，杵爲末，秤取六大分。龍腦二分，於盆内研如麵，入藥中。并所研犀角汁同入於乳鉢中，令壯士研三千下，候可丸，丸如芥子大，不得太大。此藥功効，造化無殊。又此藥就後，分爲三大分如品字，取一口即一分也。

又加鍊了芒消一大兩，名爲破棺丹，芒消即上好蜀消，有鋒鋩者即得也。於銚子内火上鍊令汁盡，取爲末，入於藥中。或有暴亡，不問疾狀，但肢體未變者，可破棺打齒，熱醋調〔一〕下一粒，過得咽喉即活，十救八九。其丸如菉荳大，餘砂〔二〕並依歌訣。

還魂丹歌

硫、雄、砂隔銅居上，磁、起、長排紫作頭。金上下三中各二，第一句説石藥四味，依此次第入瓶

〔一〕「調」，還魂丹法作「滴」。

〔二〕「砂」，上書作「藥」。

子。第二句説四味，亦依前次第入瓶子。第三句説金薄上下各三片，中間兩片隔石藥〔一〕。紫〔二〕燒銅炙滿三休。一瓶燒，一瓶炙，依藥法，三日止〔三〕。乳烹四五俱歸一，乳即鍾乳，烹好煎也，四五二十也〔四〕，乃二㪷水煎至一㪷也，是歸一㪷也。取一仍須十一修。即此一㪷鍾乳水煎草藥十一味，云十一修也。煎到三時還要出，即煎至三升也。地和童、酒〔五〕一時勾。地黄、酒、童子小便三物是也。去火石歸安静室，是去火入石藥。待如肌肉五生稠。肌肉和入體也，五生即生牛黄五味用也。别盛三合鍾〔六〕間水，外邊千下轉犀牛。此即鍾乳水磨犀也。

〔一〕以上注語，還魂丹法分置於各句之下。第一句下注云：「即前四味石藥依此次第入瓶中，依法用火炙。」第二句下注云：「即後四味石藥依此次第入瓶中，依法用火燒。」第三句下注云：「煅前藥用金薄上下各三片，中心各兩片隔定石藥。」

〔二〕「紫」原作「此」，據上書改。

〔三〕上注十二字，上書作「用紫石英者瓶子即燒之，用自然銅者瓶子即炙之，各一日止」。

〔四〕「乳即鍾乳，烹即煎也，四五二十也」，上書作「烹即煎也，用鍾乳煎前二十味藥」。

〔五〕「酒」原作「酉」，據上書改。

〔六〕「鍾」，上書作「中」。

修金碧丹砂變金粟子方治一切風，延齡駐顏，治萬病，兼化寶。

先作泥毬子，泥用黃丹、白土、瓦末、鹽醋溲。用蠟爲胎，不得令有微隙。陰乾，傍邊安孔，去蠟更燒過。即取好光明砂研擣爲末，以紙卷灌入了，用一大蚯蚓和毬子泥，擣泥令爛，却固濟孔子，待乾。更打一鐵鐶子，安於鐵鼎子中，安置鎔鉛汁入鼎中，其上可二寸已來，即以糠火養，長令鉛輭爲候。如此一百二十日，加火取出，更於地上以火鍛過，候冷出之。其藥如青紫螺子，揀取黑末不中用者，分藥一半，以青竹筒貯，用牛乳蒸五遍，三度換乳，乳皮堪療鼾䵴。取出，入地坑子中三宿，細研，以粟米飯爲丸，丸如粟米大。年四十，日一丸；年五十，日二丸；年六十，日三丸。其力更別，不得多服。治一切風，延齡駐顏，治悉益顏色。餘者細末於甘鍋中，用好黃礬一兩，以砂末上下布蓋，固濟頭乾了，灰火中養四十九日，以大火鍛，候冷開，皆成金粟子。取鼠尾一寫鍮三兩，用半分真庚，先於甘鍋內鎔引鍮，乃下三四粒子粟，便化爲真西方也。

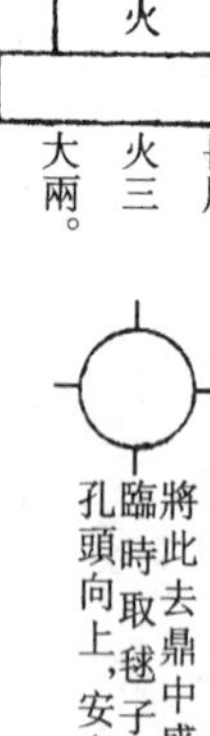
取宜裝
二
火
長用火三大兩。
將此去鼎中盛毬子，一切臨時取毬子大小。其毬孔頭向上，安在鉛鼎之中。

修羽化河車法

光明砂四兩，揀取如皂莢子大者。瓜州黄礬半兩已上，取三年米醋拌，細匀〔一〕如泥，將用一一裹其朱砂。待乾，别取上色西方半兩打作薄，剪作小片子更裹砂子。然後取武都上色雄黄一兩、曾青一兩細研，以左味煎，以膠調，將雄、青末捏成小餅子，將裹前砂。待乾，擣鹽醋爲膠泥，更裹一重。總了，直待乾，用真鉛爲櫃，鉛則别有法。更燒三遍。出寒之，乃擣篩如法。取鉛銀六兩打作合子，其合子須相度〔二〕處，口拒深下二寸四分深，廣上一寸二分〔三〕。即取真鉛鋪於合底可二分，即排砂如蓮子樣，更以真鉛蓋，更鋪砂，重重取盡了，即以真鉛蓋却，取滿合，却先打銀束子束定，六一泥固濟。待乾，取五斤鹽用消石錬過兩度了，細擣篩。取鐵鼎可容得前合稍寛者，實其鹽，擣作陷合處，是爲外櫃。以鹽鎮持了，蓋却，鐵筋貫定，固濟。待乾，掘一地鑪，深一尺六寸，闊一尺四寸，以馬通火糠火燒四

〔一〕「匀」，靈寶衆真丹訣羽化河車法作「研」。
〔二〕「度」，上書作「受」。
〔三〕「分」下，上書有「亦然」。

十九日。開鼎，以鐵筯撥鹽櫃，看銀合櫃變爲金色，即去火取出。如未，更燒七日取。待冷開合，剥下黄礬及雄、青留著。取一粒細研，水銀二兩於鐺中微火，取藥半豆大糝上，便乾鍛成寶，且惜莫用。此爲第一轉〔一〕。

别取光明砂十二兩研碎，和前伏火砂同研，依前用米醋煎溲成團。取前内櫃細擣篩，築爲櫃。即取前剥下者雄、青細研鋪底了，安砂團，更以蓋子上了，便著櫃末填滿，依前來固濟。待乾入鼎，别泥鑪著草灰半斤，火養一百二十日，以大火鍛，出鑪取藥如前，當成上色西方也，此名第二轉紫金河車。

若要服食出毒，入寒泉一月日，却以乳蒸，用楮汁丸，丸如粟米大，延齡治萬病。每日服只可一丸，若志心盡一兩，壽年五甲子，神祕。不得偶然輕泄，傳非道之人，受其殃考。

〔一〕「此爲第一轉」五字原無，據靈寶衆真丹訣羽化河車法增。

神室河車方〔一〕

別取光明砂一斤細研，以左味拌。取一瓷鼎子可貯得藥者，將拌砂築成外櫃，將前〔二〕伏了砂細研醋調泥櫃內。乾了，著汞八兩，以二兩火入鑪養一百二十日，成紫金。即〔三〕將投名山，不宜用〔四〕告上玄，書名仙籍也。其神室收取，要用時坐於灰中，著汞六兩，用二兩火養一復時，成真上色西方也。參同契外丹亦云，龍虎之訣，即金華黄芽之品祕〔五〕。

九轉鍊鉛法

取鉛十斤、汞一斤，以器微火鎔之，用鐵匙掠取其黑皮，直令盡。每一遍傾在地上，復

〔一〕標題「神室河車方」，靈寶衆真丹訣無。自此節起至「四壁櫃朱砂法」前止，四部叢刊本無。

〔二〕「外櫃將前」，原無「外」、「前」，據靈寶衆真丹訣增。

〔三〕「即」，上書作「先」。

〔四〕「不宜用」三字，上書置於上面「成紫金」字之下。

〔五〕「參同契」至「之品祕」十九字，上書作「此名第三轉神室河車」，且下有「金華黄芽法」、「幾公百法」兩節。

器中鎔之。凡如此九遍訖，即下汞，即用猛火熬作青砂。色如不〔一〕散，即糠醋灑之，即變爲青砂矣。更於一鐵器中盛醋，傾砂醋中訖，用鐵匙研令熟。又醋烹添，取鉛黄於瓦上令乾。取黄牛糞汁，并小大麥麵亦得，和所熬青砂作團如鷄子大，或作餅，日曝乾。一本云陰乾。於燎爐火上排韝〔二〕袋吹取鉛精，名鉛丹，其性濡，更著器熬令至熟，其色盡赤，又出醋中研令至熟〔三〕，澄著瓦上使乾，於器中熬令熟紫色。又别以一器取好酒一升，下赤鹽二兩和投器中相得，即取紫色丹一時寫著酒中，待冷出之，此即名九還鉛。丸爲丹，名曰九轉紫鉛丹也。

金丹法〔四〕

硇黄一斤，通明者，細研如粉。山池石鹽二兩，亦細研如麵。伏火北亭汁三兩。

〔一〕「不」字，靈寶衆真丹訣九轉鍊鉛法無。
〔二〕「排韝」原作「韝」，據上書改。
〔三〕「至熟」原作「熟至」，據上書改。
〔四〕「金丹法」，靈寶衆真丹訣作「神化金丹法」。

右三味藥並同相和令匀，便取鐵合，用米醋研上好香墨濃塗鐵合内三遍。候乾，便入此三味藥於合内，以文火逼合令熱，候藥化爲汁，出盡北亭陰炁住火。候凝冷，便用硝石四兩細研如粉，入於合足，内實按了，以粘紙封定合足。候乾，方入於鼎内，用法泥固濟。其法泥用鴈門代赭如鷄冠色者〔一〕、左顧牡蠣、赤石脂等三味各細擣如粉，入伏火北亭汁匀和，入臼内杵一千以來，方用固濟，相合并足周迴，唯務緊密爲妙。合鼎上用鐵關闢定，切在緊密。候陰乾，便取鉛三斤於銚子内，鉛化作汁，用小鐵杓子抄於合足，四面候匀遍。又更消鎔，鎔鉛汁漸漸灌於鼎内，直至鼎滿合上二寸以來。便選成合日夜半子時起火，初六兩，日加一兩，至六十日滿足。後〔二〕藥鼎冷定，用小鐵鏨子鏨去黑鉛，開合取藥，真如金色，便入於乳鉢内，研細如粉。

〔一〕「者」字原無，據神化金丹法增。
〔二〕「後」，上書作「候」。

伏火北亭法〔一〕

北亭砂三兩，明白者。以黄蠟一分半鎔作汁，拌北亭令勻。作一團子，以紙裹炒風化石灰一㪷。用一磁罐，先將一半風化灰入於罐内實築，内剜一坑子放北亭於内，上又將一半風化灰蓋，准前實築。初用火三斤以來，漸漸加火至五、七斤，三復時足乃起〔二〕一弄，十斤火鍛令通赤。火盡，候冷取出，用生絹袋子盛。又掘一地坑子，可受五、七升，滿添水，候㵎〔三〕盡水，安一細磁碗於坑子内，上横一杖子，懸釣北亭袋子於碗上，更用一盆子合蓋，周回用濕土壅盆子，勿透氣。三復〔四〕時並化爲水，取此水拌調前件二味藥。

〔一〕標題「伏火北亭法」，靈寶衆真丹訣無。
〔二〕「三復時足乃起」，上書作「三伏時」。
〔三〕「㵎」原作「泣」，據上書改。
〔四〕「復」，上書作「伏」。

化庚粉法〔一〕

上好庚一十兩、汞五十兩貯於一罐内，常用火煖，將庚燒令赤，投於汞内，柳篦攪，化盡爲度。用鹽花三斤，與金泥同研唯細，便入一大鐺内匀平，上用㔶盆子蓋鐺，以泥固濟，周迴令密，慢火鍛之，却令汞飛上，以汞盡爲度。次用煎湯沃鹽花，候鹽味盡爲度。其庚粉於盤内日曝乾後，細研入在藥内。雄黄八兩，如鷄冠色者，研如粉，雌黄八兩，通明葉子者，研如粉；戎鹽四兩，研如粉；金粉十兩，右五味藥並細研如粉，别换鼎合，一依前法。用米醋濃研香墨，匀塗合内，還用文火逼合，令藥作汁，一依前法。用硝石四兩細研如粉，安在合足，内實按，以麵粘紙封定合足，便固濟合蓋，入於鼎内，准前法泥固濟合足，合上用鐵鬬鬬定後陰乾，一依前法。先取鉛三斤於銚子内鎔作汁，以杓子抄在合足，四面相次。更鎔鉛汁，漸漸灌滿鼎内，至合子上二寸以來，一依前法。選成合日夜半子時起火，火候准前，初起六兩，日加一兩，至六十日滿足，候鼎合冷定，用鐵鑿鑿去黑鉛取合，其藥當作紫金色。每一分於乳鉢内細研，可制汞一斤立成紫磨黄金。此非人世所有，是神仙祕授，若於助道，

〔一〕標題「化庚粉法」，靈寶衆真丹訣無。

須知足乎！

伏藥成制汞爲庚法〔一〕

汞一斤、藥一分，於新鐵銚子内藥置汞上，用茶椀子蓋，固濟如法。安銚子於火上，專聽裏面滴滴聲，即將銚子於水内淬底。如此十數度，其汞已伏。研砂〔二〕如黑鉛砂子，別入甘鍋銷鞴，當爲紫磨金。其於變化，不可具載。

四壁櫃朱砂法〔三〕

四壁櫃朱砂，其法能除風冷，温暖骨體，悦澤顔色，久服無疾，延年益壽。

針砂一斤，　硫黄四兩，　朱砂三兩，　白礬四兩，　鹽一兩。

右以濃醋一斗五升煑針砂，硫黄二味令乾，以火鍛之，待鬼焰出盡後，放冷研。別入硫

〔一〕標題「伏藥成制汞爲庚法」，靈寶衆真丹訣無。
〔二〕「研砂」，上書作「炒」。
〔三〕「四壁櫃朱砂法」一節，上書無。

黄一兩，又用醋一斗五升更煑。候乾，依前鍛之，鬼焰盡即止。放冷，以水淘取紫汁，去其針砂，澄紫汁極清，去其水盡，陰乾。即入白礬、鹽同研，内甆瓶中，四面下火鍛之，候瓶内沸定即止。待冷出之細研，以醋拌爲櫃，先用藥一半入鉛桶中築實，即以金薄兩重朱砂入櫃，上又以餘櫃蓋之築實，以四兩火養三七日，即换入銅桶中，密固濟，用六兩火養三七日足，即用十斤火鍛之，任火自銷。寒鑪出藥，朱砂已伏。於潤濕地薄攤盆合一復時，出火毒了，細研以棗肉和，丸如麻子大，每日空腹以温水下五丸。以鉛作桶，可重二斤；以銅作桶，可重三斤。忌羊血。

雲笈七籤卷之七十七

方藥

大洞西華玉堂仙母金丹法

右用凝白蜜三斗〔一〕，真丹精明有白華者三斤，精雲母屑二斤〔二〕，凡三物攪令和合，著銅器中，蓋器上，以器著大鑊湯中，令浮銅器，桑木薪微火煎鑊，令蜜及藥皆乾於銅器中，出器涼之三日。又曝燥擣爲散，還内銅器中，又密蓋器口，以器著竈上甑中，好桑薪蒸之三十日，當以白日竟日火蒸之，夜不火蒸也。日數足出丹，作高格爆燥之，又擣三萬杵，細篩爲散，又内銅器中，蓋器上，如初時法，著大鑊湯中浮煑銅器三日三夜訖，都畢，名曰仙母金丹，一名西王母停年止白飛丹也。涼之三日爆燥，更擣三萬杵，篩細爲散，以凝白蜜丸如小

〔一〕「三斗」，洞真高上玉帝大洞雌一玉檢五老寳經大洞西華玉堂仙母金丹法作「二斗」。

〔二〕「二斤」，上書作「三斤」。

豆大，平旦服二〔一〕十丸，日常服之者，長生不死，面有少容如女子。若讀大洞真經而服此丹者，萬遍既畢，立乘雲升天，不得復住止世間，觀戲於風塵中也。其不誦大洞經者，而服此丹，便得長遊於世上矣。服此丹無所禁食，食飲之宜任意耳。常在人間，周旋俗中，人不覺也。所謂真仙混合，隱化八方矣。先齋三十九日，以七月七日日中時合此丹也。

鎮魂固魄飛騰七十四方靈丸

雲母四兩、雄黃四兩、真瑰四兩、硝石四兩、玄參四兩、槐子中仁〔二〕四兩、龍骨五兩、猪零〔三〕四兩、青丘霜四兩、虎杖花四兩、陰乾，鷄舌香二兩、青木香二兩、沈香二兩、薰陸香四兩、詹糖二兩、戎鹽三兩、空青八兩、丹砂八兩、石兑黛〔四〕四兩、白石英二兩、太陽嬰童羽衣二兩、太陰精上素華二兩、桃華四兩、

〔一〕「二」，洞真高上玉帝大洞雌一玉檢五老寶經大洞西華玉堂仙母金丹法作「三」。
〔二〕「槐子中仁」，洞真太上紫度炎光神元變經鎮魂固魄飛騰七十四方靈丸（下稱神元變經）作「槐仁」。
〔三〕「零」，上書作「苓」。
〔四〕「石兑黛」，上書作「石黛」。

北〔一〕結陰精流華一升二合、當以九月建日取之，盛别器中。結炁凝精素華丹〔二〕一升二合、當以十二月建日取之，盛别器中。神華〔三〕陰精流珠一升二合、當以冬節日取之，盛别器中。

合二十七種，已見二十六種，後入白蜜成二十七種〔四〕。上二十四種法二十四神，三種應以三元之精炁，上應九晨，結魄凝魂，五色硫黄，化形變景，無有常方，故人服之，神鎮氣安。當以三月建日合藥，五月壬日服丸。始合以次從雲母起，各别擣三千杵，匝桃華合二十四種，合七萬二千杵畢，各置一柈中。未得擣藥，仍告齋三十日訖事。令童女侍香，皆令少口慎言、好性善行、肉香骨芳之人。置藥於二十四柈中，露著中庭三宿，勿令鷄犬外人見之，不使聞哭泣之聲。露畢，以次内藥著釜中，第一内雲母，次内雄黄，後内桃華，内二十四種都畢，皆當以次序相覆，令竟釜中，以〔五〕北結陰精流華一升二合，次内結炁凝精素華丹一升二合，

〔一〕「北」原作「比」，據神元變經改。
〔二〕「素華丹」，上書作「素丹」。
〔三〕「神華」，上書作「神化」。
〔四〕以上注文十五字，上書無。
〔五〕「以」，上書作「次」。

次内神華陰精流珠一升二合。畢，以清稷⿰禾户〔一〕一㪷二升沃藥，即以上釜蓋之，令上下四面四邊内外密厚七分。故以雲母在下，其炁衝上，桃華在上，其色冠下，故有次第也。

當先作六一泥，泥土釜二枚。用東海左顧牡蠣、戎鹽、赤石脂、黄丹、滑石、蚓螻黄土六分皆等合治，擣細篩，和以百日米醋。和畢，搗令勻，以合成六一泥也。泥兩土釜内外，漸漸薄泥，日曝令燥，燥則再上，内外令厚二寸半。都畢，仍作竈南向，安鐃孤著竈中央，釜底令去地一尺二寸，米糠燒之九日九夕，令火去釜九寸；九日九夕進火，令近六寸；又九日九夕，令火至底三寸，合三九二十七日畢。寒之三日發，開視，藥起飛精仰著上釜，神藥成；若不起，更泥如初，又進火如先二十七日，寒之三日，無不成也。取三歲雄鷄羽掃取之，仰著上釜神藥，則名飛丹紫筆〔二〕華流精，有百變之色，玄光映煥七十四方，服之一銖，身生流光七十四色。左唾則三魂童子立見，右唾則七魄化生七形之童，衣〔三〕飛羅羽裙，神輿玉輦，立到於前。盛之金柈，精凝釜底，則爲玉胎瓊液之膏，和以白蜜，更合於臼中東

〔一〕「⿰禾户」，神元變經作「枦」。
〔二〕「筆」字，上書無。
〔三〕「衣」字，上書無。

向擣之，令七萬杵。一銖爲一丸，丸畢，密器封之，露著中庭三日三夕畢。清朝服一丸，令三日服三丸，即能乘空步虛，出有入無。令至〔一〕七日，合服七丸，即自能浮景霄霞，身生五色，五嶽神官五萬人衛從身形。

東向服九丸，則致青霞緑軿，青龍控轡，青陽玉童九十人、青腰玉女九十人、東嶽仙官九千人，來迎兆身。

南向服八丸，則致絳霞雲軿，赤龍控轡，絳宫玉童八十人、太一赤圭玉女八十人、南嶽仙官八千人，來迎兆身。

西向服六丸，則致素霞玉輿，六龍控轡，耀靈玉童六十人、素靈玉女六十人、西嶽仙官六千人，來迎兆身。

北向服五丸，則致皂霞飛輦，玄龍控轡，太極玉童五十人、太玄玉女五十人、北嶽仙官五千人，來迎兆身。

向戊己之上服三丸，則致黄霞玉輿，十二飛龍控轡，中央黄機玉童十二人、黄素玉女十二人、中嶽仙官一千二百人，來迎兆身。服五丸，即致五嶽仙官奉玉札鳳章，請兆之身上詣

〔一〕「至」字，神元變經無。

九宮〔一〕金闕之下，受署真仙之號，可謂靈丸之妙大哉乎！凡諸變化七十四種，金銀寶玉，赤樹絳實，立生水火，有妙於琅玕八景四蘂絳生神丹之用，不能一二具處，特略其大化之微爾！

凡欲遊戲五嶽，周流八極，不拘仙官之勞，意憚典局之煩〔二〕，未欲昇天者，自可不須服五方之丸，但常服三丸、七丸之數，固魂鎮魄，飛騰七十四方，遨遊五嶽，壽同三光，餘可依五方之數耳！若服五方之丸，便爲五嶽之司。五嶽之司便有局任，不得適意也。

南嶽真人鄭披雲傳授五行七味丸方

上皇保命固精丹訣，用藥味配陰陽精氣。五行之精，君臣相佐，固精保命，養氣安神。調理五藏，補養六腑，虛敗自充，衰朽復潤。血脈壯盛，筋骨長堅，髮白重黑，胎髮却生。功効如神，録不可盡。丹藥非道無以延其壽，道非藥何以養其身？道藥相扶，何慮不痊其沈痼？某自幼年好學經方，陟嶺穿崖，登雲渡谷，尋師訪道，僅二十餘年，暮齒五旬，衰劣尤

〔一〕「宮」原作「官」，據神元變經改。

〔二〕「意憚典局之煩」，「煩」原作「類」，據上書改。又「意憚」，上書作「不憚」。

甚。苦心既久，但渴至玄，遂到南嶽靈巖山，得遇志士，授傳某此術，盟誓丁寧，與某修合之門，服藥之法，忌鷄犬穢惡、鯹羶葷血，莫非潔淨虔精，專心修製。某遂修合，依方服之，經三月已來，頓覺精神有異，五臟之内，調暢得安；氣力之間，自然强壯。又服經半劑，其効不可名狀，如年三十之人。服一劑，如十五童子。奇哉靈藥，具方如後：

硫黄二兩，日之精。白龍骨二兩，月之精。安息香半兩，火之精。栢子仁二兩，木之精。兔絲子二兩，土之精。五味子二兩，金之精。〔一〕肉蓯蓉二兩，水之精。

右件七味藥，其香用胡桃人隔杵别擣，其餘並擣，羅爲末和合，以魁罡日用棗肉爲丸，如小荳粒大，每日空心無灰酒下三十丸，忌鷄猪魚蒜。欲修合、服藥之時，須用丙寅、丙午日或蜜日所合和，以火命人面東合之，忌孝子師僧，婦人鷄犬，皆不得見。服藥日王相方，淨潔房内。經半年後，若近房色，常洩穀炁，即精氣永固不洩也。神効不可具。

〔一〕「五味子二兩金之精」八字，四部叢刊本缺。

九真中經四鎮丸〔一〕

太一神仙生五藏，填六腑，養七竅，和九關，鍊三魂，曜二童，保一身，長生萬歲。

四鎮丸方：

太一禹餘粮四兩，定六腑，填五藏。

真當歸一兩，以和禹餘粮，止關節百病。

薰陸香一兩，以和當歸，薰五藏内。

人參一兩，補六腑津液，助禹餘粮之勢。

鷄舌香一兩。除胃中客熱，止痰悶。

凡五種，以禹餘糧爲主，四物從之。先内禹餘粮，擣一百杵，次内四物，合和爲散。

丹砂四大兩，攝魂魄，鎮三神，理和氣。

甘草一兩，以和丹砂，潤肌膚，去白髮。

青木香一兩，以助甘草，去三蟲伏尸。

〔一〕「九真中經四鎮丸」，上清太上帝君九真中經作「太一大四鎮圓方」（下稱「四鎮圓方」）。

乾地黄一兩，以和百髓，滿腦血。

詹糖香一兩。補目瞳，薰下關。

凡五種，以丹砂爲主，四物從之。先内砂擣一百杵，次内四物爲散。

茯苓四大兩，填七竅，補久虚〔一〕，和靈關。

白术一兩，以和茯苓，潤神氣，明目瞳。

乾薑一兩，以輔术勢，除熱痰，開三關，去寒熱〔二〕。

防風一兩，補濕痺，除穢滓，止飢渴。

雲母粉一兩。澤形體，面生光，補骨血。

凡五種，以茯苓爲主，四物從之。先内茯苓，擣一百杵，次内四物成散。

麥門冬四兩，去心，填神精，養靈液，固百骨。

乾棗膏一兩，以助麥門冬，凝血脈，去心穢。

附子一兩炮，益腦中氣，填臟内冷，去痰。

〔一〕「久虚」，四鎮圓方作「九虚」。

〔二〕「除熱痰」、「去寒熱」，上書分别作「除炎熱」、「去寒冷」。

胡麻一兩，熬和喉舌液，填下關泄，澤三神。

龍骨一兩。潤六液，養窮腸，烏髮止白。

凡四鎮神丸，合二十種藥，令精上者，其五物爲一部，皆令成散。先取禹餘糧部，擣三千杵；次入丹砂部，擣四千杵；次内茯苓部，擣五千杵；次内麥門冬部，擣六千杵；又内白蜜四升，擣七千杵；又内白蠟十二兩，擣八千杵；更下錬蜜令可丸，若剛硬更下蜜令柔，復擣三萬杵，藥成，丸如鷄子中黄許大，分爲細丸而服之。以正月九月十一月上建日合之，滿日起服之，百日中籌量服五丸，當先一日不食，後日平旦乃服，服畢，然後乃飲食如故。千日之後，二百日中服七丸；二千日之後，三百日中服二十丸；三千日之後，四百日中服三十丸，計此〔一〕爲率，鎮神守中，與天地相畢。此藥萬年不敗，若常服此藥，一切不同服雜藥餌之輩〔二〕。若欲合此藥，先禁戒七日，永不得入房室，無令鷄犬小兒婦人見。修合之時，當燒香，設一神席於東面，爲太一帝君太一君太一上元君坐位〔三〕，心常存呼呪之。服

〔一〕「此」字原無，據四鎮圓方增。

〔二〕「若常服此藥，一切不同服雜藥餌之輩」，上書作「若常服此藥一圓，不可復服其餘雜餌之藥也」。

〔三〕「修合之時」至「坐位」二十九字，四鎮圓方作「合藥時，當先燒香，設一淨席東面西向，爲太帝君太一太上太元君之坐也」。

藥時當亦心存之，以向月王。此所謂四大，以鎮四神，除百病，令人不老，遠視萬里之外，白髮却黑，齒落重生，面目悅澤，皮理生光。服之一年，宿疾皆除，二年易息，三年易氣，四年易脈，五年易髓〔一〕，六年易筋，七年易骨，八年易齒，九年易形，十年役使鬼神，威御虎狼，毒物不敢近。

黃帝四扇散方大茅君以授中茅君

松脂、澤瀉、乾薑、乾地黃、雲母、桂心、朮、石上菖蒲、

右八味精治，令等分，合擣四萬杵，盛以密器，勿令女人六畜諸污殗等見。旦以酒服三方寸匕，亦可以水服，亦可蜜丸如大豆許，旦餌〔二〕二十丸至三十丸。此黃帝受風后四扇神〔三〕方，却老還少之道者也。我昔受於高丘先生，令〔四〕以相傳

〔一〕「髓」原作「體」，據四鎮圓方改。「三年易氣」，上書作「三年易肉」。
〔二〕「旦餌」二字原無，據太極真人九轉還丹經要訣黃帝四扇散方增。
〔三〕「神」，本書卷七四太上肘後玉經方風后四扇散方作「散」，且較此方多五靈脂、仙靈皮二味藥。
〔四〕「先生」，上書作「子」，「令」疑當作「今」。

耳。

王母四童散方

胡麻四大兩、九蒸九曝，黑肥者，去皮，熬令黄香。天門冬四兩、高地肥甘者，乾之。白茯苓五兩、白實者，亦當先煑曝乾。朮三兩、時月採肥大者。桃仁四兩、當用好者，仍須大熟桃，解核取人，熱湯浸去皮尖。乾黄精五兩。高地宿根者，乾之〔一〕。

右六味精治，先熬胡麻，後入諸藥，擣三萬杵，細羅爲散。每日平旦以酒服三錢，暮再服，宜漸加之。亦可水服，如丸即鍊蜜和之，更擣萬杵，丸如梧桐子大，自二十丸加至四十丸〔二〕。

〔一〕「乾黄精五兩」條，太極真人九轉還丹經要訣王母四童散方置於「朮三兩」條下，二條皆無註，「桃仁」條註亦較略。

〔二〕「每日」至「四十丸」，上書作「旦服三十丸，日一耳，此返嬰童之祕道者也，善填精補腦矣」

帝女玄霜掌上録〔一〕

一名帝女玄霜〔二〕，二名瓊漿，三名玉液，四名地母乳，五名甘露漿，六名九轉陰丹，七名醍醐酥，自古神仙雖餌金丹，無不修此陰丹者。且如黑鉛屬水，其數一。一生二，二生三，三能生萬物，豈不因陰陽乎？夫大丹者，是陰陽龍虎〔三〕。及至修鍊了，號爲正陽，如此即孤陽也。既孤陽，不可立身，須假陰丹而相負，以爲梯航也，其數隨陽數用九也。若論津潤五臟，灌注華蓋，上添泥丸，下補精元，大藥不得玄霜，服久而難見其功。大丹出於契中，陰元玄霜出自祕録，所以術士難知也。今具著修陰丹。

白雪玄霜法：

取上好黑鉛一生者二斤，汞半斤，先於銚子中撲鉛〔四〕，令細絶灰，便將汞投在鉛中熟

〔一〕「帝女玄霜掌上録」，道藏本收録作「玄霜掌上録」。
〔二〕「一名帝女玄霜」，玄霜掌上録作「夫玄霜者，一名女玄霜」。
〔三〕此句下，上書有「即生時龍虎」五字。
〔四〕「撲鉛」原作「撥瀉」，據上書改。

攪，鉛〔一〕作堝子，大小臨時。用瓷瓶子一口表裏通油者，便取上好醋五升貯在瓶内，即於穩便房内明淨處室向陽者〔二〕下手作，假陽極之時，當合道氣也。便安瓶子於土坑内，其口與地平，將鉛堝安瓶口上，更以紙三四重，紙上又安瓷碗蓋之。若是陽極之時，七日一度取出，其堝上如垂雪倒懸，見風良久自硬，掃取後，其瓶内醋損即須換，如此重重取至一斤霜。即於瓷碗内入甜漿水，用柳木槌殺研，漸漸入漿水，如麵糊末，在椀四面，安在飯甑中蒸，蒸了又研，以清水淘澄乾。又用清水殺研末在椀上，土甑内又蒸、研、淘。准此法，五度入飯甑，四度入土甑蒸之。其土甑蒸時，椀口上别用一口椀合之。如此九轉足，即須用熟絹袋盛，以清水於銀器中擺過。後一復時，却用清水濕綿蓋器口〔三〕，日内曬乾掃下，又用柳木槌研了，其色始如春雪，亦如麵勃，其味甜澹甘美，捻在口中，冷如春冰。若有人修得者，以蜜丸如梧桐子大，日服五丸，至一歲，萬病不侵，經夏不渴。但洗頭，生油調塗頂，須臾至脚心自冷，神功難述。若引大還丹，返老爲少，蓋由津液行也。孫氏歌曰：「玄白霜，

〔一〕「鉛」，玄霜掌上録作「瀉」。

〔二〕「明淨處室向陽者」，上書作「又須明室向陽處」。

〔三〕「後一復時」，上書作「候一伏時」，「却用清水濕綿蓋器口」原作「用却去清水以綿蓋器口」，據上書改。

玄白霜，龍虎君中立爲長。萬物不從陰所生，即問孤陽何處養？」

螢火丸方

劉子南者，漢冠軍將軍武威太守也。從道士尸公受務成子螢火丸，辟病，除百鬼、虎狼、蚖蛇、師子、蜂蠆諸毒，及五兵白刃、賊盜凶害。其方用雄黄、雌黄各二兩，螢火、鬼箭、蒺藜各一兩，鐵槌柄燒令焦黑、鍛爐中灰、羖羊角各一分，九物〔一〕各如粉麵，以鷄子黄并丹雄鷄冠血丸如杏仁大，作三角絳囊盛五丸，帶左臂上，從軍者繫腰中，居家懸户上，辟盜賊諸毒。劉子南合而佩之，永平十二年行武威北，卒遇虜，大戰敗績，士衆奔潰，獨爲寇所圍，矢下如雨，未至子南馬數尺，矢輒墮地，終不能中傷。虜以爲神人也，乃解圍而去。子南以神方教其子及弟兄爲軍者，皆未嘗被傷，俱得其驗，傳世寶之。及漢末青牛道士封君達以傳安定皇甫隆，隆授魏武帝，乃稍傳於人間。一名冠軍丸，亦名武威丸，今載在千金翼中所稱也。

〔一〕「九物」，以上共計八物，「九」疑當作「八」，或脱一物。

黄帝受黄輕四物仙方

一曰鴻光，二曰千秋，三曰萬歲，四曰慈墨實。合此四物，帝曰：「此四物形狀若何？可得聞乎？」黄輕曰：「鴻光者，雲母也；千秋者，捲栢也，生於名山〔一〕之間；萬歲者，澤瀉也；慈墨者，莧實也，一云兔絲子。」右件杵羅爲末，以白松脂和擣爲丸，如梧桐子大，每日空心温酒下三十丸，服七年，効可壽千歲。久服之，與天帝相守。帝恭拜之。

真人駐年藕華方

右一物，七月七日採藕華七分，八月八日採藕根八分，九月九日採藕實九分，採合道〔二〕畢矣〔三〕，服方寸匕，授〔四〕南陽劉長生，長生〔五〕居清淵澤中北界，長生服藥七十餘

〔一〕「名山」，太上靈寶五符序卷中作「山石」。
〔二〕「採合道」，上書作「治合藥」。
〔三〕「矣」，四部叢刊本作「日」連下。
〔四〕「授」，四部叢刊本無。
〔五〕「長生」，四部叢刊本無。

年，不壯不老，長服神仙。藕實一名水丹芝，一名加實，一名芡實，一名蓮華，一名芙蓉，其葉名荷，其小根名芐，大根名藕，其初根名菱，與鷄頭爲陰陽。以八月上戊日取蓮實，九月上戊日取鷄頭實，十月上午日取藕，各等分，陰乾百日治之。正月上寅日旦，井華水服一方寸匕，日四五，後飯服之，百日止。主補中益氣力，養神不飢，除百病，久服輕身延年，不老神仙。鷄頭實一名鴈實，一名天門精，一名天禹，一名曜。味甘，治濕痺、腰、脊、膝病，補益氣强志，耳目聰明，久服身輕，不飢神仙也。

老君益壽散方

天門冬五兩、去心焙。白朮四兩、　防風一兩、去蘆頭。熟地黄二兩、　細辛三分、　乾薑一兩、炮裂，剉。桔梗一兩、去蘆頭。天雄半兩、炮裂，去皮臍。桂心半兩、　遠志一兩、去心。肉蓯蓉一兩、酒浸，去皺皮。澤瀉一兩、　石斛半兩、去根，剉。栢實半兩、　雲母粉半兩、　石韋半兩、去毛。杜仲半兩、去麤皮，剉。牛膝半兩、去苗。白茯苓半兩、　菖蒲半兩、　五味子半兩、蛇牀子半兩、　甘菊花半兩、　山茱萸半兩、　附子一兩半。炮裂，去皮臍。

右件藥擣羅爲散，平旦酒服三錢，冬月日三服，夏平旦一服，春、秋平旦日暮各一服。藥後十日知效，二十日所苦覺滅，三十日氣力盛，四十日諸病除，六十日身輕如飛，七十日面光澤，八十日神通，九十日精神非常，一百日已上，不復老也。若能斷房，長生矣！

驪山老母絶穀麥飯術

黑豆五斗、大麻子一斗五升、青州棗一斗。

右件黑豆淨水淘過蒸一遍，曝乾去皮又蒸一遍，又曝令乾。麻子以水浸去皮，共棗同入甑中蒸熟，取出去棗核。三味一處爛擣，又再蒸一遍，團爲拳大，又再蒸之。從初夜至夜半，令香熟，便去火，以物密蓋之經宿。曝乾，擣羅爲末，任性喫，以飽爲度，遇渴得喫新汲水、麻子湯、栢湯。第一服七日，三百日不飢；第二服四日，約二千日不飢。若人依法服之，故〔一〕得神仙。若是奇人服，即得長生，甚是殊妙，切不可亂傳。若食，犯之損人。如要食，即以葵子爲末，煎湯服之，其藥即轉下如金色，此藥之靈驗也。

文始先生絶穀方

雄黄半兩、細研。禹餘糧一兩、麥門冬一兩半、去心焙。白礬一兩、燒灰。雲母粉一兩。

〔一〕「故」字，四部叢刊本無。

右件藥擣羅爲末，錬蜜和擣一千杵，丸如梧桐子大。欲服藥，先作牛羊肉羹、稻米飯飽食，明旦服三十丸，以井華水下之，可一月不飢矣。

太清飛仙法

方曰：當取松脂、茯苓各一十二斤，先次水漬茯苓一七日，朝朝换水，滿日曝乾；以醇酒二斗又漬茯苓七日，出曝令乾，月食一斤。欲不食，即取松脂錬去苦㬥汁，以火温之，内茯苓中治合，和以白蜜，三物合服之，月各一斤。百日身輕，二百日寒熱去，三百日風頭眴目去，四百日五勞七傷去，五百日腹中寒癖飲癖炁去，六百日顔色駐，七百日面𪐀去，八百日黑髮生，九百日炙瘢滅，千日兩目明，二千日顔色易，三千日行無跡，四千日諸痕滅，五千日夜視光，六千日肌肉易，七千日皮脈藏，八千日精神彊，九千日童子薄，萬日形自康，二萬日神明通，三萬日白日無影，四萬日坐在立亡。日服食，慎勿忘，但過萬日仍縱横，變名易姓昇天耳！

太白星官洗眼方〔一〕

嘉州刺史張評士中年已來，夫婦俱患瞽疾，求方術之士不能致，退居別墅，杜門自責，唯禱醮星辰，以祈所祐。歲久，家業漸虛，精誠不退。元和七年壬辰八月十七日，有書生詣門請謁。家人曰：「主公夫婦抱疾，不接賓客久矣。」書生曰：「吾雖是書生，亦醫術人，聞使君有疾，故此來爾。」家人入白，評士欣然曰：「久疾不接賓客，客既有方藥，願垂相惠。」書生曰：「但一見使君，自有良藥。」評士聞之，扶疾相見。謂使君曰：「此疾不假藥餌，明日請丁夫十人，鍬鍤之屬，爲開一井，眼當自然立愈。」評士如其言而備焉，書生即選勝地，自晨穿一井，至夕見水。令評士齋潔焚香，志心取水洗之。評士眼疾頓勝輕，即時明淨，平復如初，即其數年之疾，一旦豁然。夫婦感而謝之，厚遺金帛。書生辭曰：「焉用金帛爲？吾非世間人，太白星官也。以子抱疾數年，不忘於道，精心禱醮，上感星辰，五帝星君使我降授此術，以袪子重疾，答子修奉之心。金帛之遺，非吾所要也。」因留此法，今傳教世人，以救疾苦，用增陰德。其法曰：「子、午之年，五月酉、戌日，十一月卯、辰日；丑、未之年，

〔一〕太白星官洗眼方一節，四部叢刊本無。

六月戌、亥日，十二月辰、巳日；寅、申之年，七月亥、子日，正月巳、午日；卯、酉之年，八月子、丑日，二月午、未日；辰、戌之年，三月寅、丑日，九月未、申日；巳、亥之年，十月申、酉日，四月寅、卯日，取其方位年月日時，即爲福地，浚井及泉，必有良效。」評士再拜受之，言訖，書生昇天而去，此乃精誠通感之應也。

張少真鍊九轉鉛精法

青鉛二斤。屎多者曰盃鉛，澤精者曰唐，並不堪用，唯伊陽及波斯計紫者爲上。

右置一仰月鐵釜，量大小著鉛，用猛火炒之，候洋訖，徹底勻攪之，須臾自成青砂，但勻攪不停，變盡即止。欲便成鉛黄花者，即將青砂猛火，不歇攪之，久之即成鉛黄花。乃取青砂於盆中，少少益苦酒，漸添研之。苦酒即用糠醋，不全用釅者。澄濾細好訖，於火上爆乾，須臾微微火逼之，取爲汁，流漿入左味團之，磁粉入左味也。不得此法，團鼓之不成。鉛曝乾，即入鑄道鐵鍋内，上下用雙皮袋猛火鼓之，其青砂須臾即變爲鉛，從鑄道流出，下著一鐵器盛取，以盡爲度。其色明白，名鉛孫，八返九轉成紫色。凡一斤鉛，九轉耗折十五兩，得一兩，强名曰金公丹，一曰紫河車，一曰金狗子，一曰九轉鉛精，可用之矣。别有經在上清靈書中及龍虎正籙中。

茯苓麨方

茯苓三大斤、去黑皮，剉如酸棗大。甘草二小兩。剉。

右以水六大升，先下甘草，煑取三升，漉出去滓，澄棄濁者。又入白蜜三大升，牛乳九大升，和茯苓煎盡。及熱出，挼令散，擇去赤膜。又更熟挼，令如麨，陰令乾，日三四服之，初服二方寸匕，稍稍加之任性。大忌松菜、米酢。春秋合，不須着乳，臨時着乳下。

雲笈七籤卷之七十八

方藥

三品頤神保命神丹方叙

若夫胤者，五行之秀氣，二儀之純精。津液流形，體分三品之别；剛柔爲用，功標百鍊之奇。故能匿鋭燕圖，白霓翹而貫日；潛芒豐匣，紫靄發而衝星。在物之靈，莫斯爲最。雖表名於兑域，實取効於離方。是以上古聖人，歷嘗諸味，甘而無毒，可以養神。遂變柔成剛，從麤入妙。或作規而寫圓璧，或爲矩而象方諸。鑒同明月之輝，藏於習坎之地。金水相合，自表生成之數；玄臺吸引，用召太陽之精。因其自然而生，故即體之名爲胤。麥合姿於西德，爲酒熱而且宣；棗成氣於震宫，爲藥温而又潤。以斯相和，合而服之。再餌晨晡，一無所忌。可以堅實骨髓，羸體變而成剛；可以悦澤肌膚，衰容反而爲少。至於男女之道，房室之間，姬媵數百，取御之儀，俄頃亦具。辟鬼除邪，蠲痾去疾。風勞虚悸之輩，攣躄疽癩之徒，餌一劑而便瘳，匝三周而並愈。復本質於平素，如舊姿而有佳。倚震柱而不驚，當離牖而寧懼？若能依八節，順四時，採百物之初生，合衆藥而爲長。或乾或濕，爲散爲丸。適寒暑以調和，隨道引而消息。一服之後，萬事都捐，心若死灰，形同槁木。滓穢日去，清虛日來，通幽洞冥，驅神役鬼。純漿不覺其濁，絶糧不覺其飢，腸漸化而爲筋，髓漸化而爲骨。體生羽翼，身若虛空。駕鶴乘龍，將煙霞而迴翥；長生久視，與穹壤而相侔。斯則天仙之上品也。若也不救物表，取足人間。初服之日，閉情無逸。一二三年，微用節宣。八九十歲，方始任使。耳目唯有聰察，神彩彌加精明。顏與日而俱新，智將年而共遠。力則拔山扛鼎，倒曳九牛；誦則一日萬言，五行俱下。蠲塗靡乏，任意所爲。偃仰六合之中，高視數百年外。雖未能觀東海以成桑田，詣西母而摘桃實，抑亦優游自在，其地仙之亞歟！語曰：「上藥養命，中藥養性，下藥去病。」總三者以爲言，唯此可以備矣！豈與夫種石齊偶，功効相侔？膚體纔未充虛，發徹已通中外，可得同年而語哉！但代人迷於攝養，自致危脆，苟徇目前，不圖久遠。以爲壽有定極，非關藥餌。所資自然者，飲鴆羽寧得斯須？吞烏喙行爲丘死。既能促之使短，豈不能延之使長？信彼而不信此，斯爲惑也，不亦愚乎！且食鐵之獸，得其麤獷，猶能猛健，有異毛族。况人爲之取其精粹，取其輕清，而無殊特之姿，不獲延長之壽，未之有也！余以胤丹之妙，功用無比，故申述舊方，更爲新題，庶有識君子，知此評之不虛也。其有餘小功能，并合和節度，隨時附出，並論之于後。大唐開耀二年歲次壬午正月乙未朔十五日巳酉蘇遊撰。

上品頤神保命篇第一

論𩋾功能第一

論曰：凡鐵𩋾丹體性沉緩，若欲純服，獲驗多遲，蓋由臟腑先虚故也。若本充實，寧有是乎？麤藥服之，其効必速，何也？如兔絲子之得清酒，若鳶尾之佐黄蒖，故〔一〕以草藥先導之，冀相宣發也。又草性速發而易歇，鐵性遲効而長久，是以服藥之人，蹔餌便獲驗者，此皆藥力，非關鐵功也。鐵性沉緩，服者初未即効，謂言藥無功，中道而絶，此蓋同於棄井，勞而無益者焉！故三品方中，皆兼草木，以相宣佐耳。是以本經云，上中藥並堪久服，今制三品，兼而用之。若姬后之獲太公，濟巨川而須舟楫者矣！鐵丹雖與金丹同類，而長服者終無發動之期，所以不言解療之法，喻如俗間食器盛鐵爲之，未嘗聞有患鐵之人，以此而論，用堪久服。至如硫黄、雲母、乳石之徒，有爲湯酒服之，或作丸散餌者，而服之者既衆，發之者猶多，莫不寢膳乖常，背穿腦裂。夏則重裘熱酒，未解其戰；冬則處泉寒食，寧釋其

〔一〕「故」，四部叢刊本作「皆」。

温？少服猶弊於斯，多餌翻令壽夭，事皆目擊，今古共知。以此而論，詎堪久服？若欲方之鐵胤，豈可同日而語哉！故本方云，鐵主堅肌耐痛〔一〕，明目鎮心，實髓充膚，安魂定魄，熱風虛損，驚悸癲癇，如斯等疾，悉皆除愈。能久服者，令人體氣壯勇，一人當百，志意剛決，心力無敵，每一見聞，終身不忘，延年長壽，絶粒休糧，鬢髮常黑，已白更變。又有五勞七傷、八風十二痺，莫不能愈。服滿千日，行及奔馬。又按本草經云：鐵味辛，甘平而無毒。熟鐵鐵精稍温，久服微熱，生鐵鐵漿微冷。冷熱雖殊，俱至明目〔二〕鎮心，安魂定魄，實五臟，堅肌膚，除心煩，去黑子，療熱風，皮膚中氣風，癲癇驚悸恍惚，惡瘡瘑疽疥癢，胷膈中氣塞不能化食，諸下部惡病，陰癩脱肛〔三〕，蟯蟲五痔，皆悉主之。別録云：鐵屑燒之，投酒中飲，主賊風風痓。又云：以鐵團燒赤投鹽醋中，青布裹之，熨腋下多時，除胡臭及汗氣。又鐵漿及鍛家磨鐵汁澄清飲之，令婦人斷産。又以剛鐵合半夏湯，能療氣噎反胃等疾。又仙方古録有鐵丹，既非常藥，人怯不能服。又以鐵化爲水飲之，鎮心强記，除風去熱。又有服

〔一〕「本方云，鐵主堅肌耐痛」，「耐」原作「奈」，據神農本草經改，「本方」疑作「本草」。
〔二〕「目」原作「日」，據四部叢刊本改。
〔三〕「肛」原作「肚」，據四部叢刊本改。

鐵末法，終不逮此。又按古今經方，唯金玉不可輒服，令人心腸焦爛，有毒故也。唯銀鐵二種，乃堪久服，無毒故也。常有人服胤，具一年之中少覺異常，二年中間氣力益健，三年之後十倍加常，自兹已往，漸更健壯，口鼻之中氣息衝逸，遍餌諸藥，皆不能過。至於房帷，特苦强盛，行坐之間，莖不委歇。若去此弊，可依别方。即余所造開性閉情者，今具上品篇中。又近代有增損此方，加諸胡藥，云益心力，不强陽道。余觀其方，多用胡椒、畢撥、蘇蜜、乾薑、蓽澄茄等總十餘味，和胤丹服。尋其藥性熱而且補，又兼下氣，寧有不强陽道乎？應是矯俗之人，故述斯詐，以惑凡庶矣。嗟乎！莫不由貴遠賤近之所致也。余制開性閉情方，藥既中華，不俟邊城，頻經試驗，今故出之，擬昭學道之賢，不傳矯俗之子。凡此功効，實珍奇異，合和等法，列之如左。

造胤丹法第二

凡欲合鐵胤神丹者，必先辯諸鐵性，擇其善者乃爲之。古方多以雅州百丈建州東瞿爲上，陵州都盧爲次，并州五生爲下，又牂牁及廣郴二州所出，並不煩灌鍊，即堪打用，此即自然剛也。又嘉陵榮資四州所出，功力與廣郴相似，而灌剛之時，要須百丈者相參，乃堪服用。又蘄州及忠渝等州所出，並力薄不堪用。而硤州所出，與當陽連接，故亦其次矣。遍常用〔一〕，並不如荆州當陽者最佳。自古以來，楚金等一其性勁快，服者必俊快，江漢英靈山水之應也。鐵者感山水氣以成其形，而服之者必當俊健。又説者云，遼左軍中有刀千口，用斬賊并甲俱斷，諸刀相刻皆不逮之。或問其故，云是當陽鐵造，衆並奇異，咸共惜之。以此而論，其俊如是，今之合鍊，用此爲佳。又灌剛之時，必須櫟栗等炭，餘皆不堪用。調停火色，唯須善别，生熟失宜，即不任用。

其方曰：剛鐵一百斤。取自然成剛鐵上，次取擣剛，五灌已上者佳。

右取前件鐵打作鏡，中央開孔容指許，狀似璧形，面徑五寸已上，一尺已下，厚三分許，兩面刮削令極平淨；亦有打作方鋏，長七寸，闊四寸，厚三分，上微開孔，盡此百斤作鏡畢。

次作神水法：

調和府藏鹽一升、煎作亦得。玄臺引鐵磁石十兩、毛亦得。清淨花水一升半。並大作兩。

右以花泉和鹽攪令消，次內引鐵末畢，若用盡更作，准此數爲之。以此神水噀鏡兩面令濕，穿於長鐵著上，片片相去三分許。先埋甕於地，中爲架，架上重重安之，以瓦盆合甕口其甕

〔一〕「遍常用」，四部叢刊本作「然總言之」。

欲得貯物者良，若無可用，新者爲佳。畢，盆上覆土，可厚一尺許，每日鹽水灑上令濕，滿一百五十日發之，其面有胤如鐵衣之狀。以剛刀刮取作紫赤色，於鐵鉢内以玉槌和清酒研之，唯須極細。畢，更添酒泛取浮者，傾置別器中，澄取澱曝乾，更和酒研，泛、澄如上法。再三爲之畢，即堪服用。所有麤者更研令細，准前泛取，以盡爲度。其埋甕處，勿使婦人小兒鷄犬污物犯之。若先患冷氣癥癖并欲肥者，於前神水加鍾乳末十分；欲加增陽道者，加陽起石末十分，並須令極細，自非年七十以上者不加。陽起石出太山黑白二色者，餘並不堪用。又法：清水一㪷、九月二日者佳。玄臺引鐵一斤，毛亦得。和噀鏡面令濃，自外如前。又一法，甕底穿作一小孔，甕下掘地作一小溝，内常使有水流，不得露風日，如是百日即成，有胤多前，若急須之，五十日亦得。余謂此於山間，則可爲之。又云，明日欲埋甕，今夜須宿齋淨心。當埋之時，勿令婦人小兒鷄犬疾病人見之。又以成、滿、除日爲之，復得福德建王盛潔等地埋之，最佳。

開性閉情方第三

論曰：余〔一〕以至道幽玄，求之者寡，縱有好生君子，而鮮能終卒者，莫不由染習尚

〔一〕「余」，四部叢刊本作「夫」。

存，情慾仍在。致使南宮朱火，鍊質靡期；北府黑編，刊名何日？病斯等事，披覽經方，自製開性閉情，絶諸淫思，頻經試用，心若死灰。則於入道之賢，神安志定；攝生之士，髓實命延。因是〔一〕衆疾自療，羣妖斂迹，恒餌不絶，仙路可昇。故爲之方，豈不務也〔二〕。

胤丹三十二分、 萱草根二十四分、日乾。 女貞實二十四分、 龍葵子二十四分、切，日乾。 青木香二十四分、 苦參十八分、切，日乾。 白瓜子十分、甘者。 乾蒲桃二十八分、隴西者。 菰首二十分、八九月採。 寄生實十八分、諸木並得。 杜苦根十二分、切，日乾。 蓮子三十二分。去皮心，乾。

右十二味合治如法，淨室中清潔童子擣篩之。諸子有脂潤者共處擣如膏，令細乃和，散更擣，令極細調。若春月合者，以櫻桃實汁和丸，非此時者，以大麻子汁煎爲稀麵糊以丸之，如梧桐子大，一服二十丸，日二服，以酒若蜜湯薑飲等下之。忌五辛血味陳臭之物。

其二〔三〕

〔一〕「則於入道之賢，神安志定；攝生之士，髓實命延。因是」，四部叢刊本作「入道之賢，寶而服之，自然」。

〔二〕「故爲之方，豈不務也」八字，四部叢刊本無。

〔三〕「其二」，四部叢刊本作「又方」。

胤丹十二分、　薤白一握、乾之。　槐子三合、漬之七日。　萱草根八分、切炒。　菰首三分、八月採。　甘草六分、炙。　韮子五合、炒令黄。　薏苡人六分。

右八味合治如法，於淨室中令童子擣篩，和以白蜜，丸如梧桐子大，以棗湯服二十五丸，日再服，漸加至六十丸爲恒。忌猪肉蒜魚麵血羹五辛陳臰物。

四主保神守中安魂定魄可以去俗長服神仙方以建王日爲始

胤丹一百二十分、　茯神八十一分、　人參三十六分、　赤箭十分、去心。　麥門冬二十四分、　牛膝三十二分。

右六味以棗膏若白蜜和丸，如梧桐子大，若酒服十二丸，日二服，加至二十四丸止，四時常服。滿千日，則腸化爲筋，色如童子，髮白更黑，齒落再生，力敵十人。經三千日，行五百里，走及奔馬，能役使鬼神。滿七千日，形體骨髓皆易，更受新者，五嶽朝拜，青腰玉女皆來侍衛。滿萬日，白日昇天，上謁太上玉宸君，拜爲仙公，壽與天地相畢。忌大醋陳臰物及遇死喪孝家，合藥時，勿使小兒婦人鷄犬殘疾不足人見之。

五主留年還白堅實骨髓通神延命長服方以六丁日爲始

胤丹一百二十分、　茯苓三十二分、　蓍目實八十一分、　牛膝七十二分、　桂心二十四分、　天門冬三十二分。

右六味以棗膏若白蜜和丸，梧桐子大，若飲酒，酒服十二丸，日二服，加至二十四丸止，四時不絕。若宿有風病者，加防風三十二分；有氣者，加橘皮二十八分；心腹滿脹者，加枳殼二十四分，炙。皮膚枯乾者，加栢子人三十二分；無心力，加遠志二十四分，去心。夢洩精者，加白龍骨二十四分；若精澁者，加桑寄生二十四分；有冷者，加乾薑二十八分；有熱者，加乾地黃二十八分。生作之。服經一月，皮膚內風並盡；滿百日，筋脈中風並盡；滿一年，體中風並盡；滿二年，髓中風並盡；服千日，五藏六腑中風並盡；滿三千日，形體皆易，瘡瘢總滅，白髮並變，齒落更生，顏如十五六童子，日日聰慧，漸漸自污俗間，神鬼皆悉見之，能役使六丁玉女，身輕如風，日夜見物，力能負重，經涉山川，妖邪惡魅不敢近之，諸山林神皆來謁見。深宜祕之，忌如前法。

六主鎮精神補髓肉堅如鐵氣力壯勇一人當百長服方以王日爲始

胤丹一百二十分、乾地黄八十一分、兔絲子七十二分、蒸。茯苓二十四分、煉黄用。徐長卿三十二分、巴戟天七十二分。

右六味蜜和，丸如梧桐子大，若飲酒，酒服二十四丸，日再服，日加二丸，至三十二丸爲恒。服百日，雄氣大至，語聲寥亮，行步如風。經得一年，萬病消除，筋髓充實，力敵百人，帷房之間，夕能御百，亦不疲勸，面皮光悦，色如華英，通幽洞冥，監照一切，制伏鬼神，莫不從心，疫氣流行，身終不染。服經十年，輕舉雲霄，縱賞三清，遨遊五嶽，往來圓嶠，出入方諸，仙聖同居，永辭生死。有効不得語，大〔一〕洩藥功能，仙家大忌。故古人服藥，要入名山大藪，良有以也。慎之！

〔一〕「大」，疑當作「人」連上。

七主開心益智〔一〕

胤粉一百二十分、 菖蒲八十一分、 遠志三十二分、 人參四十九分、 龜甲二十四分、炙。 署預二十四分、 龍骨一十二分。

右七味蜜和，丸如梧桐子大，酒服二十四丸，日三服，別加二丸，滿三十二丸爲恒。服得百日，心神開悟；二百日，耳目聰明；三百日，問一知十；滿三年，夜視有光，日誦萬言，一覽無忘，長生久視，狀若神明。忌羊血餳陳臭物。

八主無草藥和丹服者單餌防萬病方以甲子日爲始

胤丹三百六十分。

右件以棗膏倍之和爲丸，研令相入，丸如〔二〕麻子大，一服七丸，酒服或井花水皆任意服，旦朝、日晚兩時服之，漸加至二十丸爲恒。服經百日，腰腎實；三百日，五臟皆實；滿

〔一〕「智」下疑脱「方」字。

〔二〕「如」原作「和」，據四部叢刊本改。

千日，骨髓堅强，夕御百女，終無所勸，若生男女，聰慧如神，顔色光華若童子。滿三千日，日行三百里，力舉千斤，身重三百六十斤，樹徑尺者，抝拉折之。能萬日，必證神仙。雖然，要不如和上品藥三五種味服之佳，其驗速耳！

九延命澄神論

論曰：凡上品藥養命安神，將服之人，須持上法。若能真心奉道，苦節求仙，如是修行，神仙可冀。若不求仙出俗，取樂人間，自服之後，一年斷慾。要令藥力成就，骨髓堅充。因此百病消除，真氣來入。身神既具，藏腑端嚴。表裏清澄，魂魄雄盛。内與道合，外以辟邪。所有功能，一如經説。若未能頓絶，躭淫世華，百日以來，微用宣洩，此之意況，以理可知。如不能慎，徒服無益，斯可謂揚湯止沸，不如離薪也。故説云，鷄鷇養蚕，續不供口，此之謂也。至於坐卧居處，極須清淨。衣物衆具，並宜香潔。鞋履雜物，不用借人。則〔一〕雜氣相亂，正氣不居〔二〕，則魂魄散越，多諸夢想，則神識不澄，神識不澄則志誠不定，志誠

〔一〕下「則」，四庫全書本作「恐」。
〔二〕「居」下，四部叢刊本有「正氣不居」四字。

不定則情懷燥擾，情懷燥擾則有始無終，有始無終則於服餌養生有能終卒者鮮矣。若居處清淨，衣香嚴潔，藥物精新，懷形一定，服餌不輟，志存長年，不雜交遊，唯知内視，依方禁戒，受〔一〕氣寶精。如是十年，則諸仙畢至，青腰丞翼，咸侍衛之；六甲直符，任其馳使；十二守士，應荅俱臻；八使天官，隨懷即感。若能階此，已證神仙，何拘於長者焉！其葷辛血屬，仙家大忌，乃至凶穢之處，亦勿履之。若正療病，蹔時所不論耳。三品服餌丸散，任情隨時取宜，亦無恒，唯消息節度，觸類引之，上品養生，道盡於此也。

中品和形養性篇第二

十主頭面諸疾可以和形長服留顔還白方以立春日爲始

胤丹三十六分、　槐子十九分、　夜千十二分、　牛膝二十四分、　防風十二分。

右五味蜜丸，如梧桐子大，一服二十丸，日二服，别加二丸，以三十丸爲恒。服得百日，緣身頭面所有諸疾悉皆除愈。服得周年，白髮總變，色如童子，身輕目明。能滿千日，見諸鬼神，夜視有光。忌諸肉陳臰物。

〔一〕「受」，疑當作「愛」，形譌也。

十一主心腹諸疾可以和形長服駐年還白方以立春日爲始

胤丹三十六分、　蜚廉十二分、　人參十一分、　白朮十二分、　茯苓二十分。

右五味蜜丸，如梧桐子大，一服二十丸，日二服，别加二丸，至三十丸爲恒。服得百日，緣身心腹所有諸疾悉皆除愈。服得周年，白髮更黑，顔如十五女子，日可四五頓食，定心神。能滿千日，役使山精。忌桃李大醋陳臭等物。

十二主四肢諸疾可以和形長服反顔還白方以夏至日爲始

胤丹三十二分、　山茱萸十八分、　牛膝十二分、　石龍芮十二分、　杜仲十二分。

右五味蜜丸，如梧桐子大，一服二十丸，日二服，别加二丸，至三十丸爲恒。服得百日，緣身四肢所有諸疾皆悉除愈。服得一年，腰脚輕利，陽道不衰，白髮更黑，耳目聰明。能滿千日，尸蟲並死，四大舒緩，調和關節，去諸頭寒，多生男女。忌惡魚肉陳臭物。

十三主胸諸疾可以和形長服更還白方以立秋日爲始

胤丹三十六分、　白芷六分、　防風十二分、　細辛六分、　牛膝二十分、　甘草十八分。炙。

右六味蜜丸，如梧桐子大，一服二十丸，日再服，別加二丸，至三十丸爲常。服得百日，緣身胷背所有諸疾皆悉除愈。服得一年，耳目聰明，口氣香潔，肉色肥澤，眼目頭面輕利，風邪並除，九竅通爽，五藏安和，去諸煩滿。忌生菜陳臭菘菜等物。

十四主人福薄少媚令人愛念好容色延年方以立春日爲始

胤丹七十二分、　麥門冬三十二分、　萬歲二十四分、　牛膝二十四分、　蓍實二十四分、　獨摇草二十四分。

右六味蜜丸，如梧桐子大，一服二十丸，日二服，服加二丸，至三十二丸爲恒。服得百日，皮膚光悦。二百日，面如十五六童子。三百日，媚好具足，見者皆愛，神彩縱逸，不可名之，有所好求，莫不依允。忌五辛魚肉陳臭生菜等物。

十五主利關節四肢九竅通百脈令人能食輕身長生方以建日爲始

胤丹八十四分、　天門冬四十二分、　苦參二十四分、　白术二十四分、　青木香十二分、　兔絲子十二分、　桂心二十四分、　甘草十二分、　茯苓二十四分、　牛膝二十四分。

右十味蜜丸，如梧桐子大，一服十五丸，日再服，服加二丸，至二十四丸止。欲得陰大而堅，加巴戟天二十四分，肉蓯蓉二十四分；欲得小便滑利者，加澤瀉二十一分；多風者，加防風三十分；多頭風，加芎藭二十四分，山茱萸二十四分，薯蕷二十分；若内傷絶者，加鹿角膠二十八分，炙，續斷二十分；熱者，加乾地黄二十四分。忌桃李蒜菜陳臭鯉魚醋等物。

十六主安神强記方

胤丹八十一分、　防風三十四分、　遠志二十四分、　天門冬二十一分、　菖蒲二十四分、寸〔一〕九節者。　人參二十四分、　茯苓二十四分、　通草十二分。

右八味蜜丸，如梧桐子大，服二十丸，日再服，加二丸，至二十八丸止。服得三百日，舊日之事，皆總記之。六百日，平生習學者，悉記儼然。九百日，誦萬言終身不忘，志氣虚豁，聲音柔和，所有熱風，皆悉除愈，身神具，腑臟安。服九年，聰慧若神，顔色充美，終身不憹，及獲神仙。忌羊肉餳鯉魚大醋陳臭五辛等物。

〔一〕「寸」，四部叢刊本作「十」。

十七主心虚恐怖驚忪不定方以平定日合之

胤丹八十一分、　茯苓四十九分、　卷栢三十一分、　龍齒十二分、研。人參十二分、

右五味蜜丸，如梧桐子大，一服十二丸，日再服，日加二丸，至二十四丸止。服得百日，恐怖即定。服二百日，迅雷不驚，臨危不懼，神安志定，延命無窮，肌肉充華，顔如童子，終身不絶，効驗若神。忌大醋猪肉陳臭等物。

十八主辟邪鬼魅山精魍魎等方以五月五日臘日合之

胤丹四十九分、　蘇合香三十分、　青木香二十四分、　安息香二十四分、　麝香十二分、　生犀角二十四分、　羚羊角十二分、　白木香二十四分。

右八味以棗膏丸，如小豆大，一服七丸，日再服，不過七日，邪鬼病皆瘥。亦可七丸合爲一丸，燒於香火上薰病人隱處，若鼻孔中吸噎，日夕各一度薰香即差。若山行野宿燒之，則羣妖歛迹不能近。若欲召真神燒之，則仙官並至，玉女衛形。若能久服，滿百日，衣汗皆香。千日，所卧床枕，吐氣言語，香氣遠聞，非説可盡。一云迎風而立，香聞三十里，久久百邪不干，羣妖速殄。萬日道成，白日昇仙，役使鬼神，拯濟無極，長生久視，與天地齊備。忌

五辛生魚肉生菜桃李及陳臭等物。

十九主荒年絶穀不飢去俗方以成滿日爲始

胤丹一百二十分、　白术三十六分、　天花葚三十分、　天門冬九十一分、去心。　真蘇合二十四分、　茯苓三十九分、　松栢十二分、　鍊蠟四十九分、　青木香二十四分、　乾地黄三十六分、　大豆黄四十九分、　松根白皮二十二分。

右十二味爲散，好鍊酥三斤入鼎爲丸，如彈子大，日服五丸，久久不飢渴，飲冷水及醇酒爲佳，身輕目明，力作不勌，可以入山往險，亦無所殆，久久服者神仙也。其辟邪魅毒蟲虵虺，皆不敢近。亦甚省睡，至夢相見如晨事，識與神通，久久諳知幽冥間事，當密之。忌血味生菜鯉魚大飯陳臭，若絶穀者，則都不食餘物。

二十養性宜食論

論曰：凡中品藥性爲宗，至於服餌，皆須導引相助，能兼上法，尤益其性。房帷之間，月惟一洩。年五十已上，四十日一交，此於藥餌過無妨損，但爲藥力未成，骨髓須實，所以制之。是三年一發，可御百女。然鐵有鑒形之明，鬼神懼觸其鋒，精魅媿彰其質，所以妖邪魍魎，終身免之。然三年始服一劑，劑即百斤，計有千餘日也。此非〔一〕藥力將成，精靈自衛，其功効一如方述，四時消息，臨時制宜。所論服日，皆依下注。當服之時，須食牛羊麞鹿雉兔鷄鴨鵝酒麪之屬，以助藥勢。大説如是，自外依常。中間亦有禀受盛衰不同，强弱不等，或一年藥力乃盛，或數年始効，此並受性不同，氣候有異，未可怪也。此謂單服，如兼草藥，則一依其方所陳功効深淺。若修行上道，不顧妻孥，可行上品閉情真法。此則强身益智，永絶驕淫，朱室紫房，何〔二〕能遠矣！予〔三〕自服胤丹來，向欲周歲，中間獲驗，非筆能申，惟恨過之，失期晚也。今故具述，廣宣流布，有道君子，知我志焉。

下品療疾蠲痾篇第三

二十一主心風虚弱健忘心家諸病方以上戊巳日合

胤丹三十二分、　茯苓二十四分、　遠志十二分、　人參十二分。

〔一〕「此非」二字，四部叢刊本無。「非」疑當作「乃」。
〔二〕「何」，四部叢刊本作「可」。
〔三〕「予」原作「子」，據四部叢刊本改。

右四味蜜丸，如梧桐子大，一服十二丸，日再服，加二丸，至二十四丸止。服盡更合，病差仍停。忌大醋陳臭等物。

二十二主脾風虚不能食脾家諸病方以庚子日合

胤丹三十六分、　白术二十四分、　甘草十二分、　荳蔻十三分。去皮。

右四味蜜丸，如梧桐子大，一服十五丸，日再服，加至二十丸爲恒。忌桃李蒜菜生冷難消之物。

二十三主肺風虚兼嗽或氣上肺家諸疾方以壬癸日合

胤丹三十六分、　天門冬二十四分、　五味子十四分、　紫蘇子五合。

右四味蜜丸，如梧桐子大，一服十五丸，日再服，漸加至二十一丸爲恒。忌鯉魚生臭大酢鹹等物。

二十四主腎風虚腰痛腎家諸疾方以定日合之

胤丹三十六分、　杜仲二十四分、　牛膝二十四分、　鹿角膠十八分。炙。

右四味蜜丸，如梧桐子大，一服二十丸，日再服，漸加至三十丸爲恒。忌生菜生魚。

二十五主肝風虚目暗肝家諸病方以丙子日合之

胤丹三十六分、車前子二十四分、槐子十八分、决明子十八分。

右四味蜜丸〔一〕，一服十丸，漸加至三十丸爲恒。忌五辛熱毒物。

二十六主五勞七傷八風十二痺乏氣少力弱房方以四時常服

胤丹八十一分、肉蓯蓉三十九分、白膠二十四分、炙。防風二十四分、蛇床仁十二分、兔絲子十八分、署預十二分、茯苓十二分、五味子十八分、杜仲十八分、桂心十二分、牛膝二十四分。

右十二味蜜丸，一服二十五丸，日再服，漸加至三十丸爲恒。忌大醋生菜陳臭等物。

〔一〕此下似少「如梧桐子大」五字。下五方同。

二十七主房帷間衰弱方

胤丹八十一分、巴戟天皮二十四分、兔絲子二十四分、蛇床仁二十四分。

右四味雀卵和丸，一服二十丸，用鷄子和亦得，漸加至三十丸。忌如前法。

二十八主宿食不消心腹冷痛脹滿虚鳴不能食方

胤丹十八分、當歸十二分、乾薑二十分、白朮十二分、薑黄十分、炙。甘草十分、厚朴十分、炙。吴茱萸十分。

右八味蜜丸，一服二十丸，日再服，漸加至三十丸爲恒。忌同前法。

二十九主心腹積癥瘦腹大方

胤丹十二分、鱉甲十分、炙。蟬甲十分、炙。牛膝十分、大黄十分、附子八分炮。防葵八分、桑耳十分。金色者。

右八味蜜丸，一服十丸，日二服，久疾根者即差。忌如前法。

三十主五尸九注骨蒸傳屍復連滅門方

胤丹二十四分、獺肝二具，炙。安息香十分、蘇合香十分、鬼督郵十一分、白朮十分、青木香八分。

右七味，丸散任意，每服七丸，日再服，散即服一錢七。忌如前法。

三十一主疥癩癰疽手足攣躄鼻柱斷壞者方

胤丹一百二十八分、天門冬八十分、虵脯三十六分、茯苓三十六分、真木蘭皮三十分、苦參八十一分、梔子仁十四分、白朮二十八分、蒼耳子二十分、乾地黃二十四分、牛膝二十四分、枳殼二十分。

右十二味蜜丸，一服三十六丸，日二服，服之百日已外，周年以來，所患無不愈者。如極重，不過千日。一差之後，色勝於未病前。忌法同前。

三十二主消渴中晝夜飲水乃至一石不能食方

胤丹四十分、苦參三十二分、知母二十八分、栝蔞三十二分、黃連三十八分、麥門冬二十四分。去心。

右六味，生地黄汁及竹瀝和丸，如梧桐子大，衆手爲丸，曝乾，以荆根汁服三十丸，日再服，加至四十丸。忌如前法。

三十三主痢下黄赤水若鮮血無時度方

胤丹十二分、　茯苓十八分、　黄連二十四分、　黄芩二十四分、　黄蘗十八分、　龍骨十二分　、犀角十二分。

右七味篩，飲服方寸匕，日再，漸加至三匕爲度。忌如前法。

三十四主冷痢下濃血下部疼痛小腹脹滿方

胤丹十二分、　乾薑二十四分、　吴茱萸二十四分、　黄連二十分、　厚朴二十分、炙。荳蔻二十分、去皮。　白术十二分、　赤石脂十八分。

右八味下篩，飲服方寸匕，日再服，漸加至二匕，疾愈當止。忌如前法。

三十五主小兒驚癇壯熱發作有時方

肦丹二十八分、　龍齒十二分、　牛黄十三分、　茯苓六分、　人參八分、　蚺虵膽八分、　麥門冬八分、　甘草六分。炙。

右八味下篩，以牛乳和，五錢匕服之，日再，盡此一劑，但驚癇除差，亦終身不染時氣，永定心力開，聰明强記不忘，亦不患温氣無辜等疾。忌如前法。

三十六主目闇眼中三十六疾方以開日合之

肦丹八十一分、　薺子四十九分、　車前子七十二分、　決明子三十二分、　槐子二十二分。

右五味擣末，以麥門冬汁煎溲爲丸〔一〕，每食後服二十丸，日再服，盡更合，能滿千日，夜視有光，久久能跳赴深谷，身輕目明，心神清朗。忌五辛酒肉陳臭等物。

〔一〕「丸」下疑脱「如梧桐子大」，下五方同。

三十七主耳聾耳中三十六疾方以開日合之

胤丹八十一分、　磁石三十八分、　菖蒲十八分、　通草十八分、　玄參十八分。

右五味，以葱涕溲爲丸，一服二十八丸，日再服，滿千日，則聞百步中人語聲事。周萬日則神與物通，有所警誡皆聞語。忌如前法。

三十八主鼻塞鼻中三十六疾方以開日合之

胤丹八十一分、　通草三十二分、　細辛二十八分、　乾薑三十八分、炮。　蒲黄十二分。

右五味，以生地黄汁煎溲爲丸，一服二十八丸，日再服，滿千日，聞百步内香。周萬日，人聞藥物則知善惡。

三十九主口舌青黑口内三十六疾方

胤丹八十一分、　黄連七十二分、　升麻三十二分、　檀桓〔一〕二十八分、　天門冬二十八分。去心。

右五味，以砂糖和丸，一服二十八丸，日再服，滿千日，唇如朱丹，面色赤白，肌肉潤悦，滑膩異常，與人談論，見者歡喜，功能不可具言。忌如前法。

四十主身體麤皮膚甲錯多諸瘢疥身中三十六疾方

胤丹八十一分、　千秋七十二分、　乾地黄七十二分、　人參三十分、　麥門冬七十二分。去心。

右五味，以酥蜜和爲丸，一服三十二丸，日再服，滿千日，則體生光白，行步縱闊，舉止生情，多有逸能。周萬日，則顔如十五女子，無問人鬼，見者欣愛。所爲善事，莫不從心。

〔一〕「檀桓」原作「檀恒」，據神農本草經蘗木條云「一名檀桓」改。

四十一主心虛悸戰慄多汗心中三十六疾方以定日合之

胤丹八十二分、　人參七十二分、　茯苓三十二分、　高良薑八十分、　赤石脂二十八分。

右五味，以麥門冬汁煎和爲丸，一服三十二丸，日再服，滿百日，所患皆愈。周千日，則問一知十，聞雷聲亦不驚悚，神安志定。萬日備通，觸目之事，見則自悟。若多以菖蒲代高良薑，可以常服。

四十二主陰㿗疝氣等方

胤丹四十分、　蒺藜子十二分、　桃仁四十分、　狸陰一具，去毛，炙。　海藻二十四分。

馬毛者，沉之。

右五味蜜丸，如梧桐子大，酒服二十丸，日再服訖任意。忌殗穢，百日外無忌。

四十三主少小脱肛或因虛冷者主之方

胤丹三十分、　卷栢十二分、　肉蓯蓉十分、　兔絲子十分。

右四味蜜丸，如梧桐子大，酒服二十丸，再服無忌，又兼胤丹傅肛上，三五度差。

四十四主虛勞五痔方

胤丹三十分、　兔絲子十二分、　覆盆子十二分、　五味子十二分、　牛膝二十分、　乾地黃二十分、　當歸十二分、　桂心十二分。

右八味蜜丸，酒服，滿百日即差，服既更合之。忌行房、生菜、陳臭物。

四十五蠲痾禁忌論

論曰：下品療病蹔服，縱延時日，不過數劑。一差已後，能久服之，非惟療病，神仙亦可冀也。胤丹之體，特忌猪肉酒醉，變吐無所不至，於餘食並無妨廢。前知三品所論者，爲兼草藥，所以須然。大凡論餌之法，傷慎猶好，既不損藥勢，得益彌速。其陳穢之物，凡人亦不宜多食，惟令昏濁精神，亂忤真氣。真氣既亂，邪氣反入，由是百病競生，死亡無日，而況求延年乎！而況求神仙乎！攝生之士，可不勗哉！此之教識，略舉綱目，服餌之法，觸類而長。凡正服藥，病未全療，必不得近房，一犯損十日藥，再犯百日，三犯畢劑力絶，乃更生餘病，何論於舊疾乎！有病君子，深須達之。予自服餌以來，今將二十餘載，其間禁忌節度，乃至犯誡違方，善惡備經，今具述，服餌之士宜知之。得者慎重而勿祕，陰德濟人，其功大矣。

胤丹二十八分、　人參十分、　石斛六分、　兔絲子六分、　苟杞子六分、　牛膝六分、　茯苓六分、　桂心四分、　遠志六分、　署預六分、　肉蓯蓉六分、　虵床子四分。

右十二味，依常法服。

胤丹四分、　人參二兩、　茯苓二兩、　遠志二兩、　署預二兩、　五味子二兩、　杜仲二兩、　甘草二兩、　兔絲子二兩、　牛膝二兩、　續斷二兩、　當歸二兩、　棗膏八兩、　麥門冬三兩、去心。　巴戟天二兩、肉蓯蓉三兩。

右十六味，准上日再服，服二十丸，漸加三十丸爲恒。

古鐵胤粉方

夫金玉之藥，停置積久，終無自壞，以其自然生。因其自生，故名爲胤。凡斷割萬病，非胤不克，理藥化金，非〔二〕鐵不成。勁利堅健，既剛既快。或光輝燭地，或銷鎔變化，邪

〔二〕「非」字原無，據蔣力生等校注本雲笈七籤所引四庫本補。

精懼其鑑形，鬼神畏其剛利。夫人但貴玉石藥，不知鐵胤强筋骨，益氣力，使心健人勇，身體輕利，療五勞七傷，補腰脚不足，尤療虛損，反白變黑，延年益壽，補精填髓，起陰發陽，增長業命，無三五婦，則不可輒服，功効極多，難可具記。其法取精剛蒸鐵，打作片，如笏形，兩面磨礱使淨，作三四十枚，以水淨拭，即側著甕中，放簀上，蓋頭泥之，置陰潤處。百日開取，盡生胤也。以竹篦刮取，其丹色赤黄。於甆鉢中玉槌研篩三遍，以酒浸三日，少渾即轉瀉别器中，輕細飛過者，隨酒取淀，著下者棄之，其隨酒者又澄一日，更傾者酒，取下胤淀，日曝乾，棗肉爲丸，如梧桐子大。初服十五丸，日再服，漸加至三十丸，用所澄酒服益佳，百無所忌。

後代名醫造鐵胤粉

右取蒸剛鐵一百斤，任意大小打作葉，厚三分許，兩面刮削，平淨如鏡，長短方圓任意。作訖，取白鹽一合，磁石毛一兩，磁石亦得，水一合半，和鹽攪令消，内磁石末，更若多亦准此爲數。以此鹽水潠，即側著甕中，令蓋口。其甕先盛醬者佳，新者不堪。蓋訖，埋甕於北陰地下，使不見日，蓋甕上可一尺許，每日以鹽水灑之，一如前法。

雲笈七籤卷之七十九

符圖

五嶽真形圖序東方朔

五嶽真形者，山水之象也。盤曲迴轉，陵阜形勢，高下參差，長短卷舒。波流似於奮〔一〕筆，鋒芒暢乎嶺崿。雲林玄黄，有如〔二〕書字之狀。是以天真道君下觀規矩，擬縱趣向，因如字之韻，而隨形而名山焉。子有東嶽真形〔三〕，令人神安命延，存身長久，入山履川，百芝自聚。子有南嶽真形，五瘟不加，辟除火光，謀惡我者，反還自傷。子有中嶽真形，所向唯利，致財巨億，願願克合，不勞身力。子有西嶽真形，消辟五兵，入陣刀刃不傷，山川

〔一〕「奮」原作「奮」，據五嶽真形序論（下稱序論）及洞玄靈寶五嶽古本真形圖（下稱古本真形圖）改。
〔二〕「如」字原無，據上二書增。
〔三〕「東嶽真形」，上二書無「真」字，以下四嶽同。

名神，尊奉伺迎。子有北嶽真形，入水却災，百毒滅伏，役使蛟龍，長享福禄。子盡有五嶽真形，横天縱地，彌綸四方，見我懽悦，人神攸同。黄帝徵師諸侯，與蚩尤戰於涿鹿之野，遂擒之，諸侯咸宗軒轅爲天子，代神農氏，是爲黄帝。天下有不順者，從而征之，破山通道，未嘗寧居。東至于海，登丸山〔一〕及岱宗；西至崆峒，登鷄頭；南至于江，登熊湘；北逐〔二〕獯鬻，登〔三〕符釜山，而邑于涿鹿之阿，遷徙往來，無有常處。祭四嶽並有佐命之山，而南嶽獨孤峙無輔，乃章詞三天太上道君命霍山潛山爲儲君。奏可，帝乃自造山，躬寫形像，連五圖之後。又命拜青城爲丈人，署廬山爲使者，形皆以次相續，此道始於黄帝耳。

東嶽太山君領羣神五千九百人，主治死生，百鬼之主帥也，血食廟祀所宗者也。世俗所奉鬼祠邪精之神，而死者皆歸泰山受罪考焉。諸得佩五嶽真形，入經山林及太山〔四〕，諸山百川神皆出境迎拜子也。泰山君服青袍，戴蒼碧七稱之冠，佩通陽太平〔五〕之印，乘青

〔一〕「丸山」原作「太山」，據史記五帝本紀改。
〔二〕「逐」原作「遂」，據上書改。
〔三〕「登」，上書作「合」。
〔四〕「及太山」，序論及古本真形圖作「及詣泰山君」。
〔五〕「平」，上二書分别作「朔」、「明」。

龍從羣官來迎子。

南嶽衡山君領仙七萬七百人，諸入南嶽所部山川〔一〕，神皆出迎。南嶽君服朱光之袍，九丹日精之冠，佩夜光天真之印，乘赤龍從羣官來迎子。

中嶽嵩高君領仙官玉女三萬人，道士入其中嶽所部，名靈皆來迎拜。中嶽君服黄素之袍，戴黄玉太乙之冠，佩神宗陽和之印，乘黄龍從羣官而來迎子。中嶽五土之主，子善敬之。太上常用三天真人有德望者以居之。

西嶽華山君領仙官玉女四千一百人，道士入其所部之山川，神並來迎。華山君服白素之袍，戴太初九流〔二〕之冠，佩開天通真之印，乘白龍而來迎子。

北嶽恒山君領仙人玉女七千人，道士入其所部之山川，神皆來迎。北嶽君服玄流之袍，戴太真冥靈之冠，佩長津悟真之印，乘黑龍而來迎子。

青城丈人，黄帝所命也，主地仙人，是五嶽之上司，以總羣官也。丈人領仙官萬人。道士入山者，見丈人服朱光之袍，戴蓋天之冠，佩三庭之印，乘科車從衆靈而來迎子。

〔一〕「川」原作「山」，據序論及古本真形圖改。

〔二〕「太初九流」，古本真形圖作「太素九旒」。「流」當作「旒」。

廬山使者，黃帝所命，秩比御史，主總仙官之位，蓋五嶽之監司。道士入其山者，使者服朱緋之袍，戴平華之冠，佩三天真形之印，而來迎子，亦乘科車〔一〕。

霍山南嶽儲君，黃帝所命，衡嶽之副主也，領靈官三萬人。上調和氣，下拯黎民，閱〔二〕校衆仙，制命水神，是峻險〔三〕之府，而諸靈之所順也。道士入其境，儲君服青錦之袍，戴啓明之冠，佩道君之玉策而來迎子，或乘科車，或駕龍虎。

潛山儲君，黃帝所命，爲衡嶽儲貳，時參政事，今〔四〕職似輔佐者也。道士入其山者，潛山君服紫光繡衣，戴參靈之冠，佩朱宮之印，乘赤龍之車而來迎子。

諸佐命山君並輔弼嶽君，預於位政。道士入其山，佐命服朱袍，戴仙華之冠，佩太上真形之章而來迎子，所乘無常。

東方朔言：古書五嶽真形首目者，乃是神農前世太上八會羣方飛天之書法，始於〔五〕

〔一〕「而來迎子，亦乘科車」，序論及古本真形圖分別作「乘科車從衆靈而來迎子」、「而來迎於子也」。
〔二〕「閱」，上二書作「關」。
〔三〕「險」，上二書作「驗」。
〔四〕「今」，上二書作「令」。
〔五〕「始於」，上二書作「殆」。

鳥跡之先代也。自不得仙人譯注顯出，終不可知也。凡道士欲佩圖，進取山象及書古文卷畢，以此題外面。

五嶽真形神仙圖記

神仙圖曰：一切感到，妙應備周。或天或人，或山或水，或飛或沉，或文或質。皆是真精之信，有字總號爲符。符驗證感，皆由善功。功無妄應，其路莫因。因悟立功，其符必現。現而未得兼者，由功行未充。方應修戒，積精存神，常想真形，受符佩服。妙氣入身，智慧通達。達士通人，懃密遵崇。消災厭惡，精則有徵。徵則神降，所願必諧。是以三五，傳用至今。但後人善少，得之偏頗。或時遇值，旨訣不明。明之者希，希故爲貴。貴不可妄得，得不可妄行。臣擇君而奏，君卜臣而傳。傳奏非人，兩受災害。下未達者，上行之宜。奏未通者，下修之宜。潛密則各保元吉，諧和則俱享利貞。君臣父子，男女師朋，更相曉喻，疑則勿行。了然無惑，正信同心，上下和睦，必通神明。玉帛鍾鼓，禮樂外形。三牲百味，嗜慾之事。日損之教，止殺之科，明者驚〔一〕悟，不復曲言。今録古迹，記時不因，風

〔一〕「驚」，四部叢刊本作「警」。

移俗易，三牲可停。觀妙之徒，勿拘文以翳理。緣本取悟，必守源以究流。源一生二，二爲父母不可忘，常當存念。

老君中經曰：東王父者，清陽之氣也，萬神之先。治東方，下在蓬萊山，姓無爲，字君解。人亦有之，在頭頂，精氣爲日，在左目中，名伏戲，字偃昌。西王母者，太陰之氣也，姓自然，字君思。下治崑崙之山〔一〕，金城九重，雲氣五色，萬丈之巔。上治〔二〕北斗華蓋紫房，北辰之下。人亦有之，在右目中，姓太陰，名玄光，字偃玉。人須得王父、母兩目中護之，乃能行步，視瞻聰明，别知好醜，下流諸神。如母念子，子亦念母，精明相得，萬世常存。人之兩乳，萬神精氣，陰陽之湊液〔三〕。左乳下有日，右乳下有月，王父、母之宅。上治目中，遊戲頭上，止於乳下，宿於絳宫，此陰陽之氣。人欲長生神仙，務和陰陽之氣。氣中有神，神驗有符。符次於神，神爲符本。本是誰乎？太一父母也。太一祖宗，源本之主。父爲東帝，母爲西君。應感赴救，隨念而來。來無所從而來，去無所至而去。衆生大感，都應

〔一〕「山」字原無，據本書卷十八老子中經第四神仙增。
〔二〕「治」原作「直」，據上書改。
〔三〕「湊液」，上書作「津汋」。

有方。寓崑萊並立宮殿，大會集乎大嶽，位居五嶽之端。符信之始，始於此方。元氣周廻，北斗分下，天地交泰，父母轉居。人能得者，混合玄黄，驅使六甲，正定五行。常以歲暮，三元之朝，諸王之辰，拜訊父母。練符建德，上乘玄元，制化一切，賞罰分明。始氣蕩滌，正之以符，常起王初，受符施行。應當拜者，皆廻向日晷。

五嶽真形神仙圖記，並出太玄真人。漢初有司馬季主，師事太玄仙女，太玄仙女號西靈子都，居委羽石室大有宫中，有諸妙法，五嶽備焉。諮受五嶽，以奏孝文帝。帝不能勤行，又教賈誼。誼未練習，粗諳本源。文帝受釐，坐於宣室。未央殿前正室也，祠還致福祚曰釐。因問鬼神事，誼具道之。帝曰：「吾久不見賈生，自以爲過之，今不及也。」雖有此言，猶斥遠誼。誼既失志，法遂不行。後孝武好道，少君薦之，王母感降，圖文宣明，不能專修，俄復散逸。季主同學道士季守及西門君惠，圖讖兼精，知劉季當爲天子，光武中興，詣上此科，帝務未遑，信用踈略。建武七年，此年日蝕，積雨爲災，陰陽變怪，四方多壘，寇逆縱横。及至八年，上自西征，潁川盜賊，河東叛逆，京師騷動，求福神明。方士道術，頗被信用。乃徵道士郭憲代張堪爲光禄勳，從駕南郊，委以祭事，遍醮五嶽，行戒立功，後不能從，兹法又絶。至桓帝時，仲甫賣筭遼刀城市上，以供酒脯，爲百姓祈福。外人賫禮，即皆設之，遠近歌恩，昏朝所忌。李公嘉遁，左生微行。葛孝先爲孫權修之，多諸効驗。李方回爲晉武修之，亦有休徵。世塵難蕩，善始少終。元帝過江，鮑太玄頻奏，王丞相雅重之。鮑爲廣州長史南海太守，化行丹天，傳授葛洪。洪傳滕叔，叔傳樂玄真，條流稍廣，約在至誠，修行唯密也。

王母授漢武帝真形圖

西王母既降漢宮，武帝見王母巾器中有一卷書，盛以紫錦之囊。帝問：「此書是仙靈方耶〔一〕？不審其目可得瞻盻否？」王母出以示之曰：「此五嶽真形圖也。昨青城諸仙就吾請求，今當過以付之，乃三天太上所出。文祕禁重，豈汝穢質所宜佩乎？今且與汝靈光生經，可以通神勸志也。」帝叩頭請求不已，王母曰：「上皇清虛元年，三天太上道君下觀六合，瞻海河之長短，察丘山之高卑，名立天柱，安於地理。植五嶽而擬諸鎮輔，貴昆陵以舍靈仙，尊蓬丘以館真人，安水神乎極陰之源，棲大帝乎扶桑之墟。於是方丈之阜爲理命之室，滄浪海島養九老之堂，祖瀛玄炎長元流生鳳麟聚窟各爲洲名，並在滄流大海玄津之中。水則碧黑俱流，波則震蕩羣精。諸仙玉女，聚乎滄溟，其名難測〔二〕，其實分明。乃因山源

〔一〕「耶」原作「也」，據道藏本漢武帝内傳及序論改。

〔二〕「測」，序論作「尋」。

之規矩，覩河嶽之盤曲，陵迴阜轉，山高隴長，周旋逶迤，形似書字。是故因象制名，定實之號，畫形祕於玄臺，而出爲靈真之信。諸仙佩之，皆如傳章，道士執之，經行山川，百神羣靈，尊奉親迎。汝雖不正，然數詣山澤，扣求之志，不忘於道，欣子有心，今以相與。當深奉慎，如事君父，泄示〔一〕凡人，必致禍考也。」夫人語帝曰：「阿母今以瓊笈妙韞，發紫臺之文，賜汝八會之書五嶽真形，可謂至珍且貴，上帝之玄觀矣。子自非受命合神，弗見此文矣。今雖得其真形，覩其妙理，而無五帝六甲左右靈飛之符、太陰六丁通真遂靈玉女之録〔二〕、太陽六戊招神天光策精之書、左一混洞東蒙之文、右庚素昭攝〔三〕殺之律、壬癸六遯隱地八術、丙丁入火九赤斑符、六辛入金致黄水月華之法、六己石精金光藏影化形之方〔四〕、子午卯酉八稟十決六靈威儀、丑辰未戌地直曲素訣辭〔五〕長生紫書三五順行、

〔一〕「示」原作「失」，據序論及漢武帝内傳改。

〔二〕「遂靈玉女之録」，漢武帝内傳作「遁虚玉女之籙」。

〔三〕「昭攝」，漢武帝内傳作「收攝」。本書卷一〇六紫陽真人周君内傳作「文攝」。

〔四〕「之方」原無，據上書增。

〔五〕「地直曲素訣辭」，上書作「地真素訣」，北圖善本道藏漢武帝内傳作「地真曲素之訣」。「直」當作「真」。

寅巳申亥紫度炎光内視〔一〕中方，凡闕此十二事者，當何以召山靈、朝地神、攝萬精、驅百鬼、來虎豹、役蛟龍乎？子所謂適知其一，未見其他。」帝下席叩頭曰：「徹下土濁民，不識清真，今日聞道，是生命遇會。聖母今當賜與真形，修以度世。夫人方今告徹，應須六甲六丁六戊致靈之術。既蒙啓發，弘益無量，唯願告誨，濟臣飢渴。使已枯之木，蒙靈陽之潤。焦火之草，幸甘雨之溉。不敢多陳，願賜指授〔二〕。」帝啓陳不已。王母又告夫人曰：「適真形寶文，靈官所貴。此子守求不已，誓以必得，故虧科禁，將以與之。然五帝六甲通真招神，此術眇邈，必須精潔至誠，殆〔三〕非流濁所宜施行。吾今既賜徹以真形，夫人當愛之矣〔四〕。吾嘗憶〔五〕與夫人共登玄隴羽野及曜真之山，視王子童〔六〕，王子立迺就吾請求〔七〕

〔一〕「視」原作「現」，據道藏本漢武帝内傳改。
〔二〕「願賜指授」原無，據漢武帝内傳增。
〔三〕「殆」原作「逮」，據上書改。
〔四〕「當愛之矣」，上書作「今當授以致靈之途矣」。
〔五〕「嘗憶」原作「當億」，據上書改。
〔六〕「王子童」原作「童子」，據上書改。
〔七〕「王子立迺就吾請求」原作「王子就吾所請」，據上書改。「立」或「立迺」疑當作「童」。

太上隱書。吾以三九祕言，不可傳泄於中仙，夫人時亦有言見守，助子童之至〔一〕矣。吾既難違來意，不獨執惜。至於今日之事，有以相似。後來朱陵食靈瓜味甚好，憶此久而已七千〔二〕歲矣。夫人既已告徹篇目十二事，畢〔三〕當匠而成之，何緣令主人稽首謝某乙流血邪〔四〕？」夫人曰：「環不苟惜，向不持來耳。此是太虛羣文，真人赤童所出。傳之既自有男女之别耳，又宜宣〔五〕得道者。恐徹下才，未應用此耳！」王母色不平，乃曰：「天禁漏泄，犯違明科，傳必其人，授必知真者，夫人何向下才而説靈飛之篇目乎？妄説則泄，説而不傳，是爲衒天道，此禁乃重於傳耶！别勑三官司直推夫人之輕泄也。吾五嶽真形文乃太上天皇所出。其文寶妙，而爲天仙之信，豈復下授於劉徹也！直以徹孜孜之心，數請川嶽，勤修齋戒，以求神仙〔六〕之應，志在度世，不遭明師，故吾等有下眄之耳。至於教仙之

〔一〕「至」，漢武帝内傳作「言志」。
〔二〕「千」原作「十」，據上書改。
〔三〕「畢」，上書作「必」。
〔四〕「令主人稽首謝某乙流血邪」，上書作「令人主啓顙請乞叩頭流血邪」。
〔五〕「宣」，上書作「授」。
〔六〕「神仙」原作「仙」，據上書增。

術，不復限惜而傳〔一〕，夫人但有致靈之方，能獨執之乎？吾今所以授徹真形文者，非謂其必能得道，欲使其精神有驗求仙之不惑，可以誘進向化之徒；又欲令悠悠者知天地間有此靈真之事，足以却不信之狂夫耳！吾意在此也。然此子性氣淫暴，眼精不純〔二〕，何能得成真仙，浮空參差乎？勲而行之，適可庶於不死乎〔三〕！明科云：非長生難也，聞道難；非聞道難也，行之難；非行之難也，終之難。良匠能與人規矩，不能使人巧也。必何足隱之耶？」夫人曰：「謹受命矣！但環當倒景君無常先生二君傳靈文，約以四千年一傳，女授女，男授男，太上科禁以表於昭生之符矣。環以來并賢大女郎抱簡，凡六十八女子〔四〕，固不可授男也。頃見浮廣山青真小童受六甲靈飛於太微中元君〔五〕，凡十二事，與環所授者

〔一〕「而傳」，漢武帝内傳作「而弗傳」。
〔二〕「然此子性氣淫暴，眼精不純」原作「子性氣淫暴，眼時不紅」，據上書增改。
〔三〕「適可庶於不死乎」，上書作「適足以不死耳」。
〔四〕「環以來并賢大女郎抱簡，凡六十八女子」，上書作「阿環受書以來，凡得六十八女子，賢大女郎抱蘭即阿環之弟子也。阿環所授者」。
〔五〕「受六甲靈飛於太微中元君」，上書作「往授太微中元君五帝六甲靈飛遁虛、天光左右策精等方」。

同。青真是環入火弟子，所受六甲，未聞别受於人，彼男官也〔一〕。今正勑取之，將以授徹也。先所以告其篇目者，亦是愍其有心，將欲堅其專氣，令且廣求，他日與之，亦欲與男授男，承科而行，使勤而方獲，令知天真之珍貴耳！非徒苟執，銜泄天道矣。願不罪焉！阿母真形之貴，愍於懃志，亦以授之，可謂大不宜矣！」王母笑曰：「亦可恕乎！」夫人即命侍女紀離容但到浮廣山，勑青真小童出若左右六甲靈飛致神之方十二事，當以授劉徹也。須臾，侍女還，捧八色玉笈鳳文之韞，以出六甲之文曰：「弟子柯昌〔二〕言，向奉使絳河，攝南真七源君檢校羣龍猛獸事畢，過門授〔三〕教，承阿母相邀詣劉徹家，不意天靈至尊下降於濁凟。不審起居此來〔四〕何如？侍女紀離容至，云尊欲得金書祕字六甲靈飛左右策精之文十二事，欲授劉徹，封一通付信，且徹雖有心〔五〕，實非仙才，詎宜以此傳泄於行尸乎？昌

〔一〕「未聞别受於人，彼男官也」，漢武帝内傳作「青真男官也，未聞復有所授」。
〔二〕「柯昌」，上書作「阿昌」。
〔三〕「授」，上書作「受」。
〔四〕「此來」二字，上書無，疑當作「比來」。
〔五〕「欲授劉徹，封一通付信，且徹雖有心」，上書作「輒封一通付徹，雖有心求慕」。

近在帝處，見有上言之者甚衆，云山鬼哭於藂林，孤魂號於絶域，興師旅〔一〕而族有功，妄兵勞而縱白骨，奢擾黔首，淫酷自恣，罪已彰於太上，怨已見於天氣，囂言玄聞〔二〕，必不得度世也。值尊見勑，不敢有違耳。」王母笑曰：「言此子者誠多，然帝亦不必推也。夫好道慕仙者，精神〔三〕志念，齋戒思愆，輒除過一百〔四〕。克己反善，奉敬真神，存真守一，行此一月，輒除過一千〔五〕。徹念道累年，齋亦勤矣。累禱名山，願求度脱，校計功過，殆已相掩。但自今已去，勤修志誠，奉上元夫人之言，不宜復奢淫暴虐〔六〕，使萬兆勞殘，怨魂窮鬼有〔七〕破掘之訴，流血之尸忘功賞之辭耳！」夫人乃下席起立，手執八色玉笈鳳文之韞，仰天向帝而呪曰：「九天浩洞，太上耀靈。神照玄微，清虚朗明。清虚者妙，守氣者生。至念

〔一〕「旅」字原無，據漢武帝内傳增。

〔二〕「玄聞」，上書作「互聞」。

〔三〕「精神」，上書作「精誠」。

〔四〕「一百」，上書作「一月」。

〔五〕「一千」，上書作「一年」。

〔六〕「虐」原作「雪」，據上書改。

〔七〕「有」字原無，據上書增。

道臻，寂感真神。役神形辱，安精年榮。授徹靈飛，及此六丁，左右，招神天光策〔一〕精。可以步虛，可以隱形。長生久視，還白留青。我傳有四萬之壽，徹傳在四十之齡。違犯泄漏，禍必族傾，反是天真，必沉幽冥。示其福禍，敢告劉徹。師主是青真小童，太上中黄道君之司直，元始天王〔二〕入室弟子也，姓延陵名陽〔三〕字庇華，形有嬰孩之貌，仙宫以青真小童爲號。其爲器也，玉朗洞照，聖同〔四〕萬變，玄鏡幽覽，才爲真俊。游於浮廣，推此始運，館於玄圃，治仙職分。子存師君，從爾所願〔五〕。不存所授，命必傾淪。」言畢，夫人一一手指所施用節度示帝〔六〕。凡十二事都畢，又告帝曰：「夫五帝者，五方之真精；六甲者，六位之通靈。佩而尊之，可致長生。此書上帝封於玄景之臺，子其寶祕焉。」王母曰：「此三天太上之所撰，藏於紫陵之臺，隱以靈壇之房，封以華琳之函，韞以蘭簡之帛，約之以紫

〔一〕「策」原作「榮」，據漢武帝内傳改。
〔二〕「元始天王」原作「元始十天王」，據上書删。「司直」，上書作「師真」。
〔三〕「姓延陵名陽」原作「姓□名陵陽」，據上書增改。
〔四〕「同」，上書作「周」。
〔五〕「子存師君，從爾所願」原作「子在師君，爾從所願」，據上書改。
〔六〕「所施用節度示帝」原作「所願用節文以示帝焉」，據上書改。

羅之索，印之以太帝之璽，受之者四十年傳一人，如無其人，八十年可頓受二人。得道者四百年一傳，得仙者四千年一傳，得真者四萬年一傳，得昇太上者四十萬年一傳。傳非其人，謂之泄天道。得人不傳，是爲蔽〔一〕天寶。非限妄傳，是謂輕天老。受而不敬，是謂慢天藻。泄、蔽、輕、慢四者，取死之刀斧，延禍之車乘也。泄者身死於道路，受土形而骸裂；蔽者盲聾於來世，命雕枉而卒殁；輕則禍終於父母，詣玄都而受罰；慢則暴終而墮惡道〔二〕，生棄疾於後世。皆道之科禁，故以相戒，不可不慎也。」王母因授以五嶽真形圖，帝拜受之。

五嶽真形圖法并序

弟子葛洪曰：夫至道无形，機妙難論。神仙之事，誠非小醜所宜緣尋。然世人不覩其門，皆謂之无。既見真驗，復不〔三〕肯以語人。是以清濁乖體〔四〕，香臭絶倫。若道士得祕

〔一〕「蔽」，漢武帝内傳作「閉」，下同。
〔二〕「道」字原無，據上書增。
〔三〕「不」字原無，據序論增。
〔四〕「體」，上書作「律」。

聖之書，皆當杜〔一〕於一人口者，則靈真之文，將墜於獨見，何緣得存流於百代乎？洪謂傳授當必得其人，豈可都蔽邪？自江東都无有此書，若鄭君復祕而不出，則斯文永翳也。昔曾以此白鄭君曰：「道書人皆有之，如〔二〕三皇天文大字，及靈書至妙，修勤求慕，時忽聞見。五嶽真形在目録之首，吴越之人无有得傳，將斯文之不出，文貴而不授乎？不審先生有此書與不？儻令魚目之珠，映於九陽之光；洿丘瓦石，蹔眄南和之肆，若遂仰瞻天真，則洪心堅愈深。」鄭君曰：「此書吾似有之，傳授禁重，不可妄泄，傳非其人，罪咎必至。凡道士輩雖心希清正，而行多不備。不備則有慮，有慮則禍誚，亦何急令〔三〕致禍之書而爲刀鋸乎？是以先流得之者，又不敢輕以授人，便自都絶，正如此耳。卿極有心，必能通玄暢昧，是故相告，且勿宣之。吾先受此書〔四〕於青牛先生，自吾受圖以來，未傳一人。依仙科當付一人，乃得絶身棄迹耳。世上波波，不可復停，行當以此文與卿。」後復是一年許，七月

〔一〕「杜」原作「吐」，據序論改。
〔二〕「如」原作「始」，據上書改。
〔三〕「有慮則禍誚，亦何急令」原作「禍誚急令」，據上書增。
〔四〕「受此書」原作「此書受」，據上書改。

閑夜見呼，告曰：「吾方當去，可具素寫圖。」洪乃齋戒祭受，今施用節度皆出於鄭君也。

鄭君說：青牛先生仙人封君達，本隴西人也。初服黄連五十餘年，入鳥鼠山中服鍊水銀百餘年，還鄉里年如三十者。常乘青牛，故號青牛道士。行聞有疾殆死者，識與不識，便以腰間竹管中藥與服之，或爲下針，應手皆愈，世多得其驗効，都不以姓字語人，人通識乘青牛爲名耳。人間復二百餘年，入玄丘山中，不知所在。青牛先生言：人家有五嶽真形，一嶽各遣五神來衛護圖書。所居山川近者，山澤神又常遣侍官防身〔一〕，凶逆欲見傷害，皆反受其殃，辟除五兵五瘟，可帶履鋒刃。又司人之姦穢，言人之不正。不正者禍身，姦穢者禍門，是以宜深忌慎。人有帶此文及執持以履山林者，其山地源靈主皆出境拜迎。尊貴圖信，鬼神猶執卑降之禮，何况凡人？而可慢墮哉！

鄭君言：在家一歲輒一祭圖，令人居家富昌，宦身升隆，行來詣〔二〕合，凶禍遠迸〔三〕，求欲得願，長生延年。若山林獨處，可虧祭也。所以然者，山林幽寂，棲心無邪，又非酒炙

〔一〕「防身」下，序論有「營家」二字。
〔二〕「詣」，上書作「諧」。
〔三〕「迸」原作「逆」，據上書改。

所出，唯當恭而已矣。家居混雜，有婦女鷄犬塵穢生於部界，墮慢出自言語，或汙濁神炁，産乳堂宇。是故齋祭靈圖，爲謝災癘〔一〕。以月建齋三日，又須夜半之時，出庭中或密室中西向，勿令人見。祭用白米粿脯二十五斤，清酒一斛，以十杯酒著一柈上，无柈新布巾上亦可。燔兩爐香，大例祭餘酒以別罌盛座左，隨杯奠粿花脯，餘脯著柈盛座右。取可食菜覆祭上，令花脯在菜下，有果尤良。安施既畢，主人立而不拜，因以朱書章紙著柈上，圖著柈後席上。若别有所道，當令聲載出口，祭食須訖也。祭畢，即於祭所室中燒章文，煙盡，取灰，以雜水湯中，令舉家各取少多噴澡面目手足，令人目明无患，辟兵却鬼，去尸安神。若家富財豐，而竭盡珍寶，欲置腆於神明益善也，亦如祠山川務厚耳。古人祭多用大牢或少牢飯粿之物，殆崇厚者也。其傳授祭用粿花脯五斤，酒二斗。凡祭胙唯得與同志人，若大祭饌多，得分一家飲食之耳。食胙者除災辟禍，禳諸惡氣。祭五嶽文，以好紙朱書之。

請五嶽儲佐等君：鄭君所出。

年月歲在某日子男生州郡縣鄉里某甲年若干歲，謹依道明科告齋，請五嶽君、霍、潛儲君、青城丈人、廬山使者、諸佐命八山神君：

〔一〕「癘」原作「厲」，據序論改。

東嶽泰山君，羅浮括蒼佐命；

南嶽衡山君，黄帝所命霍山、灊山儲君；

中嶽嵩高山君，少室武當佐命；

西嶽華山君，地肺女几佐命；

北嶽恒山君，河逢抱犢佐命；

太嶽衆官君、千山百川諸墟陵真仙地主、源澤丘阜大神，有泰清三天玄録飛精稱下土者，皆登遊降於某郡縣鄉里村中齋盛處，某昔以某年月日受先師真像如千年，按九都千明之科，九炁丈人昭生之符，五嶽君共遣二十五神，千山百源皆遣侍官營衛圖書，防捍某身。某身生長濁世，動多違離。才非通真，識淺術薄。未得遠避風塵，游適林岫。抱持靈圖，汙染穢氣。文禁深重，懼以抵觸。謹告虔齋祠，誠照至心。當令某長生久視，所向无前。凶害藏匿，金石爲開。精光神炁，常在身中。願欲如意，昌盛隆豐。謀議者反死，毁謗者反傷。令此二十五神、千靈侍官，長守某身，擁護靈文。日月代序，當復以聞。某居在郡縣鄉里中，因九光使者、威明大夫謹請。祭文如此，細書如道家章狀。其所書山神郡縣鄉村上叙年月姓字，當如常法。自從後應所道，斟酌出入隨意耳。此是歲祭儀，若祭酒祭者，兼建道家之治位。鄭君云：神饗下是太上道君致神符，仙人祕，魯女生所出，以付封先生者。

昔黄帝遊觀六合，後造神靈，見東中西北四嶽並有佐命之山，唯衡山峙立無輔。乃與昌宇力牧方明等章詞三天太上，使霍山潛山爲南嶽儲君，拜青城山爲丈人，署廬山爲使者，令〔一〕總衡嶽以鼎鎮，舉德真而爲主。儲君者，衡山之副君也。吴越人或謂霍山爲嶽，其實非正也。

授圖祭文：

某以胎生肉人，白骨〔二〕子孫。躭酒〔三〕嚻惡，流濁世務。運遇有幸，得奉大化。滌蕩穢俗，許以更始。修心慎違，希企靈真。夙夜馳競，不敢寧捨。昔以某年月日歲在某處，受先師甲乙真形，按九都千明之科，許得傳授。謹按道法，當付良密。今有同志道士某郡縣鄉里男生某甲，年如干歲，小心勤翼，必能宣啓靈化，敷正神炁。即以今年月誓書〔四〕，授其真圖，委繒告盟，禁以不泄。天親同心，常相愛護，不得棄元崇末，要榮希利。其五八大

〔一〕「令」原作「今」，據序論改。
〔二〕「白骨」，上書及古本真形圖作「百官」。
〔三〕「躭酒」，上二書作「沉湎」。
〔四〕「誓書」，上二書作「歃血誓書」。

約，禍福所期，量己審人，任之處焉。謹齋祭以付〔一〕，唯即一列，上達三天〔二〕。

受圖祭文：

某胎生肉人，枯骨子孫。生長濁世，染亂罪考。宿行積咎，禍高丘陵。天啓其衷，得聞聖化。心開改跡，好生樂道。仰慕靈感，思求真應。庶蒙清蕩，以延性命。常捨穢率善，願爲種民。鑽求遐年，當須天啓。登山履川，亦賴靈助。注心道門，不敢携貳。並仰貢方物，自輔信誠。以今即日受五嶽真形，藏戢一已，與之終始。五八有期，永无中泄。傳授相親，愛護同炁。蠲齊榮辱，天科所祐。不敢慢惰，抵犯禁網。遵受法訣，付〔三〕之于心。謹清齋告祭，以爲其始。唯即一列，上達〔四〕三天，章奏太上。除某三尸，登書生録。刻題玉札，緘之絳府。五方靈嶽，各遣五神。千百山川，時差侍官。營守圖文〔五〕，防護某身。使長生永存，壽延億千。

〔一〕「付」原作「符」，據序論及古本真形圖改。
〔二〕「達三天」三字原無，據上二書增。
〔三〕「付」，上二書作「封」。
〔四〕「達」字原無，據上二書增。
〔五〕「文」原作「永」，據上二書改。

晉鮑靚施用法

靚按黄帝九篇玉匱内真玄文〔一〕，此書是三天太上撰次所出，曾聞之於先達也，言西王母紫蘭宮室，通畫此象，諸墉宮〔二〕玉女仙人服衣，皆以此形畫之。昔遣中黄太一以此圖下授名山隱逸有仙録者，結約五八之年而傳也。自无運命之遇，莫見其篇目矣。如魯女生山中受之，皆此也〔三〕。仙人云，道士佩此文〔四〕入山林川澤，所經諸靈神皆出郊境奉迎焉。然五嶽各有所部，東方之山則屬東嶽，其西嶽南嶽北嶽亦同。唯平地江河、淮水及中央之山陵，皆統之中嶽之部也。諸入山採八石、石象、石腦、流丹、流珠〔五〕、飛節黄子、石髓、桂英、芝草諸神藥，自无五嶽佩之，此仙物終不可得也。欲佩之法，以青爲繒，或用白爲繒，或盛以紫囊，或帶之頭上，或帶之心前或肘後。山无大小，皆有靈神。神來見形，自稱

〔一〕「黄帝九篇玉匱内真玄文」，序論作「黄帝槖篇玉匱内真文云」。

〔二〕「諸墉宮」原作「在諸宮墉」，據上書删改。

〔三〕「皆此也」，上書作「皆此類也」。

〔四〕「仙人云，道士佩此文」原作「仙人玄道士佩此類文」，據上書删改。

〔五〕「流珠」原作「珠」，據上書增。

某山某甲來迎拜也。是太上真人以爲所〔一〕使策文，五嶽衛此圖書，如今世人敬〔二〕監司之章節狀，所以丘山之神而來拜謁也。受付之法，限之四十年一傳，歃血委誓而約。人有此文在家者，五嶽君各遣五神來奉衛圖文，所居山川源澤諸靈各遣侍人營護子耳。他人憎嫉、謀議口舌、凶逆賊害、及官繫子者，五嶽所衛二十五神及山川侍官，即白所居之部嶽君，嶽君即使鬼物反害彼人自中也。奉之者不可不淨身清神，若行邪亂慢，不尊所受，忽賤靈信，輕侮宗末者，禍至滅家，不可不慎。入山无其真形，則衆精壞人；採藥不得真形，則羣靈蔽之；爲道士不得真形，則魂炁不定，三尸亂干；術士不得此文，皆不成就。但〔三〕有此文以佩身，乃是〔四〕彌綸衆神，横行天地。在家則神人奉衛，入山則羣靈奉迎，採藥服芝草則真仙營護，結疫涉害〔五〕則妖災自滅。爾乃虚往實來，真驗禍福，將有道者，其祕而尊

〔一〕「所」原作「竹」，據序論改。
〔二〕「敬」原作「二」，據上書改。
〔三〕「就。但」原作「但就」，據上書改。
〔四〕「乃是」，上書作「仍足」。
〔五〕「結疫涉害」，上書作「經疫遇害」。

焉！漢元封元年西王母授孝武皇帝〔一〕。

〔一〕此句下，四部叢刊本有「勿令有見之者矣，皆内視臨閉目而存也」十六字。

雲笈七籤卷之八十

符圖

洞玄靈寶三部八景二十四生圖〔一〕

大運告期，赤明開光，三景朗煥，五劫始分。元始天尊與十方大聖至真尊神无極太上大道君飛天神人玄和玉女无鞅之衆，同坐南浮洞陽上館栢陵舍〔二〕中，清淡空〔三〕泊，素語自然。靈音十合，妙唱開〔四〕真。諸天懽樂，日月停輪。星宿默度，九天徊闕。河海静波，山嶽吞煙。龍麟踴躍，人神懽焉。是時太上无極道君稽首作禮，上白天尊：「今日侍

〔一〕「洞玄靈寶三部八景二十四生圖」，道藏本作「洞玄靈寶二十四生圖經」。「生」原誤作「住」，據道藏本改。

〔二〕「浮」，無上祕要卷二二三界宫府品作「丹」。且「舍」下有注云「在太上道君請元始天尊智慧罪根之所」。

〔三〕「空」，洞玄靈寶二十四生圖經（下稱二十四生圖經）作「虚」。

〔四〕「開」，上書作「明」。

坐，太漠開昏。无極世界，一切見明。法音遐振，澤被十方。過泰因緣，劫劫化生。轉輪聖位，任居總真。方當玄御，部判六天。考劫理運，料度種民。推筭長夜，檢實三官。役勞任重，懽戚難言。敢附靈風，回嚮披心。前與元始天王俱於長桑碧林園中，聞天尊並告大聖尊神云：洞玄天文靈寶玉奥有三部八景神二十四圖，上應二十四真，中部二十四炁，下鎮二十四生。靈章璀璨，妙絶空洞，覩之者九天書名，金簡記録，生死得仙。來運當促，三五傷喪。萬兆短命，流洩八難。風刀痛體，五苦備嬰。淪於長夜，不覩三光。无知受對，任運死生。撫之生化〔一〕，痛感人神。今大慈道行，惠澤普隆。伏願天尊，有以哀矜。冀發玄科，教所未聞。使未見者見，未成者成。福流一切，億劫得〔二〕恩。如〔三〕蒙訓授，輒當承神鼓風，因流陽波，清蕩三界，肅檢衆魔，部正六天，誡斬羣邪，安國育民，使陰陽寧，明化既興，道暢太虚矣。」於是天尊仰而〔四〕含笑，有青黄赤三色之氣從口中而出，光明徹照，十方

〔一〕「生化」，二十四生圖經作「傷襟」。
〔二〕「得」字原無，據上書增。
〔三〕「如」原作「而」，據上書改。
〔四〕「而」，上書作「面」。

内外，无幽无隱，一切曉明。金書紫字，玉文丹章，文綵煥爛，在三炁之中。三部八景神二十四真，各從千乘萬騎，在空玄之上，輔衛靈文。諸天日月，流灑華光。衆津交灌，飛香八纏。萬聖稱慶，一時禮真。天尊告曰：「今生一切，權樂難譬，傾心露蕴，情無遺隱。當依玄科，七寶鎮靈，黄金爲壇，授子神真之道。道尊法重，四萬劫一行，下世度人，祕則真降，泄則禍臻。今已相告，明識之焉。」太上道君欣喜惶懼，唯北向而立，叉手聽命。天尊登命九光太真十方飛天侍經玉郎，披九光玉蕴，出金書紫字玉文丹章三部八景二十四圖，盛以白玉立空之案，九色之巾，雲精空結飛文，錦蓋懸覆經上。諸天大聖无極天尊飛天神王三天真人同時監盟，燒香散花，誦詠靈章，旋行宫城，繞經三周，一依舊典俯仰之格，自然威儀，付度道君。法事粗畢，三景復位，衆真退席。是時〔一〕赤明天中，是男是女，莫不範德，歸心信向，皆得度世。

上皇元年九月二日，後聖李君出遊西河，歷觀八方。值元始天王乘八景玉輿，駕九色玄龍三素飛雲，導從羣仙，手把華幡，師子白鶴，嘯歌邕邕，浮空而來，同會西河之上。李君稽首請問天王：「昔蒙訓授天書玉字二十四圖，雖得其文，未究妙章。雖有圖讚，而無其

〔一〕「時」原作「明」，據二十四生圖經改。

像。修之菴藹，妙理難詳。今遇天尊，喜慶難言，願垂成就，極其道真。」於是天王口吐洞玄內觀玉符，以授於君。使清齋千日，五香薰體，東向服符，子形神備見，自當洞達，諸疑頓了。李君稽首，奉承教旨，具依天儀，長齋千日，東向服符，三部八景神並見，口吐金書玉字，二十四圖，空中而明，文彩光鮮，洞徹無窮，羅縷自然，是時即命主圖上仙而畫圖焉。金書紫字玉文丹章，於此成音。自南極上元、九光太真王夫人、東西二華、南北真公、五嶽神仙、清靈真人所受真文，並是後聖所畫圖像，而各係之焉。

真人沐浴東井圖上部第一真氣頌〔一〕：「天河灌東井，石景水母精。圓光拂靈曜，玄暉瑩高明。元始披重夜，天人逐月生。沐浴蘭池上，龍負長綆〔二〕餅。金童灑香華，玉女流五星。冠帶濯玉津，練度五仙形。體香萬神降，乘景登高清〔三〕。」

神仙五嶽真形圖上部第二真氣頌：「妙哉元始道，五靈敷真文。上開龍漢劫，焕爛三景分。十部飛天書，安鎮五帝神。靈嶽承玄宫，鬱勃吐寶雲。上有不死炁，殖牙練五仙。

〔一〕「頌」字，二十四生圖經無，下同。
〔二〕「綆」原作「庚」，據上書改。
〔三〕「清」，上書作「明」。

玉芝玄中奥〔一〕，體潔自生〔二〕薰。精思高靈降，交遊上帝君。」

通靈決精八史圖上部第三真氣頌：「三景吐靈華，晃朗八門開。中有智慧神，被服飛天衣。八史通靈氣，玉符洞精微。寶雲映玉宇，巨獸振天威。煥爛八會宮，紛紛靈人飛。思精招真氣，五符生光輝。八景策玉輿，上登入紫微。」

神仙六甲通靈圖上部第四真氣頌：「靈宮飛天女，六真宴常陽。抱日負明月，仰攝三晨光。通靈究幽微，洞觀朗十方。招致自然廚，五芝六府昌。變化練萬神，分形改正容。乘虛步玄都，高奔入空洞。時降金霄人，解衿三素房。攜契策飛蓋，逍遥昇玉京。」

神仙九宫紫房圖上部第五真氣頌：「紫房暎高清，宫室互相扶。香煙繞日月，飛天翳太虛。至真大聖衆，蕭條詠羽書。開度諸天劫，塵沙始一周。九氣〔三〕固靈運，長保天地居。精思安能遠？紫宫生我軀。」

元始太清圖上部第六真氣頌：「太清無邊際，青氣鬱紫微。靈風迅七寶，琳樹何萋萋。

〔一〕「奥」，二十四生圖經作「煥」。

〔二〕「生」，上書作「然」。

〔三〕「氣」，上書作「五」。

紫鳳鳴長條，龍麟交横馳。太上觀十方，諸天整法衣。旋行繞宫城，三周長夜開。若能思靈氣，自得乘景飛。」

神仙真道混成圖上部第七真氣頌：「蕩蕩元始初，混沌氣未分。三色無中化，迴合靄慶〔一〕雲。幽冥生真景，焕落敷靈文。豁朗長夜府〔二〕，植立天地根。自然妙真氣，淳淳氣常存。運通九天〔三〕界，開度諸天門。」

神仙西昇寶籙圖上部第八真氣頌：「乘運迅靈氣，駕景昇西宫。之造玉那國，萬乘來相從。神魔稽首伏，天王並歸降。分金範正法，世恭道德王。故施正真氣，别號度一方。是時有道世，稱曰福德堂。」

靈寶神仙圖曰：「上部八真神圖，以洞天元始之氣，化生自然八景上真，在人身中，致上元生氣。精心内思，八真見形，千乘萬騎，運致景雲，載人上昇。」

玉符

〔一〕「靄慶」，二十四生圖經作「若景」。
〔二〕「長夜府」，上書作「開長夜」。
〔三〕「九天」，上書作「大九」。

第〔一〕一景腦〔二〕神名覺元子，字道都，色白，一景玉符上元洞天炁，部一景神。符並朱書。

第二景髮神名玄文華〔三〕，字道衡，色玄，二景玉符上元洞天炁，部二景神。

第三景皮膚神名通衆仲，字道連，色黃，三景玉符上元洞天炁，部三景神。

第四景目神名虛監生〔四〕，字道童，五色，四景玉符上元洞天炁，部四景神。

〔一〕「第」，二十四生圖經作「上真」，下七景同。

〔二〕「腦」，原作「聰明」，據上書及本書卷二九胎精中記、卷三一二十四神回元經改。

〔三〕「玄文華」原作「玄父華」，據上三書改。

〔四〕「虛監生」原作「靈監生」，據上三書改。

第五景項髓神名靈謨蓋，字道周，色白，五景玉符上元洞天炁，部五景神。

第六景膂神名益曆輔〔一〕，字道柱，白玉色，六景玉符上元洞天炁，部六景神。

第七景鼻神名仲龍玉，字道微，青黄白三色，七景玉符上元洞天炁，部七景神。

第八景舌神名始梁峙，字道岐，色赤，八景玉符上元洞天炁，部八景神。

〔一〕「輔」，二十四生圖經作「轉」。

神仙圖曰：「八景神真玉符，上元洞天自然之氣，以部上部八景神真〔一〕，鎮在人身上元宮中。服之八年，八景見形，爲已通達幽微之事，洞觀自然，坐在立亡。降致天仙，千乘萬騎，雲輿羽蓋，白日登晨。」

神仙通微靈化圖中部第一真氣頌：「大道妙無像，運氣凝高真。結空自然生，靈化表三神。朝引五星精，中嗡日中津，夕食黃月華，寢臥練五仙。變景隨空化，倏欻〔二〕立自然。」

神仙躡靈九天圖中部第二真氣頌：「蕭蕭九天氣，清澄自高玄。慶雲翳重虛，金闕承紫煙。中有太極宮，道君羅大千。青林彌衆梵，十方並飛天。南陵福德堂，四座皆須〔三〕賓。散華慶我願，逍遥無波津。」

〔一〕「神真」二字原無，據二十四生圖經增。

〔二〕「欻」，上書作「忽」。

〔三〕「須」，上書作「清」。

神仙九變圖中部第三真氣頌：「妙化因空感，專思通至靈。上食九天氣，導引五雲精。三日練萬神，一日九變形。脱身遊九域，遊戲三界庭。乘景望太素，靈風扇緑軿。飛煙繞十絶，黄旛召萬靈。諸天降羽儀，鬱鬱入上〔一〕清。」

神仙常存圖中部第四真氣頌：「默念招幽真，專静神自歸。漏盡外應消，正氣自夷微。積感妙真降，六府生光輝。玄會空相和，萬物應嚮迴〔二〕。八景浮雲蓋，焕落迅羽儀。載我大梵外，逍遥乘空飛。」

神仙守一養身圖中部第五真氣頌：「導引九天氣，摩手熨身形。遏斷邪魔逕，瑩飾練光明。鳳翔通真氣，龍超制萬靈。辰旦衆真會，養身覺神生。恬惔還守一，静思正氣停〔三〕。神備景自飛，高昇入上清。」

神仙守神含景圖中部第六真氣頌：「泥丸置魄營，中元抱一宫。丹田三靈府，混合生〔四〕

〔一〕「上」，二十四生圖經作「太」。
〔二〕「迴」，上書作「齊」。
〔三〕「停」，上書作「庭」。
〔四〕「生」，上書作「百」。

神王。三〔一〕關統九天，呼吸日月光。五星奧玄滋，流演六胃充。靜思萬氣歸，神安形亦芳。三部八景真，携我入太空。長居天地劫，無始永無終。」

神仙寂嘿養精守志圖中部第七真氣頌：「清朝餐五星，專思守泥丸。正中咽日光，默念絳府薰。黄昏導月精，奥灌丹田君。三真生一景，變化形自分。一見萬神歸，攝氣景高奔。上登日月宫，出入觀八門。龍漢無終劫，妙哉靈寶文！」

芝英玉女圖中部第八真氣頌：「飄飄散靈氣，芝英隨風迴。諸天灑香華，日月灌靈暉。玉女擎金盤，粲粲乘空飛。仰思真顏降，咽芝五神開。導引光明徹，萬劫體不衰。」

靈寶神仙圖曰：「中部八景神圖，以元始靈寶洞玄之氣，化生自然中部八景，在人身中中元宫，致中元生氣。精思八年，八真見形，千乘萬騎，運致神仙羽蓋〔二〕，飛行太空。」

中真一景喉神名百流放，字道通，九色，洞玄中元一景真符，部一景神。

〔一〕「三」原作「二」，據二十四生圖經改。

〔二〕「蓋」下，上書有「玉輿」二字。

中真二景肺神名素靈生，字道平，色白，洞玄中元二景真符，部二景神。

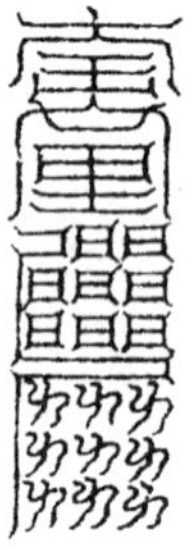

中真三景心神名煥陽昌，字道明，色赤，洞玄中元三景真符，部三景神。

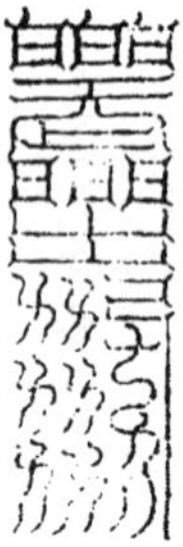

中真四景肝神名開君童，字道青，色青，洞玄中元四景真符，部四景神。

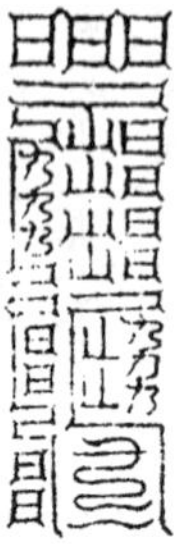

中真五景膽神名龍德拘，字道放，色青黄緑，洞玄中元五景真符，部五景神。

中真六景左腎神名春元真，字道卿，五色衣，洞玄中元六景真符，部六景神。

中真七景右腎神名象他无，字道生〔一〕，白黑色，洞玄中元七景真符，部七景神。

中真八景脾神名寶元〔二〕全，字道騫，正黄色，洞玄中元八景真符，部八景神。

神仙圖曰：「靈寶洞玄中元八景真符，以部中部八景神真，鎮在人身中元宫中。服之八年，中元八景見形，爲已通靈達神，洞觀八方，神芝玉漿，五氣雲牙，身中光明〔三〕，神仙乘騎，飛行太空。」

〔一〕「象他无字道生」，「无」原作「元」，「生」原作「主」，據本書卷二九胎精中記及卷三一二十四神回元經改。

〔二〕「元」原作「無」，據上二書改。

〔三〕「五氣雲牙，身中光明」，二十四生圖經「雲」作「玄」，「中」作「生」。

神仙六陰玉女圖下部第一真氣頌：「靈飛秀太微〔一〕，玉女翠朱瓊。窈窕飛空出，飄飄乘空生。玄妙自然氣，六陰安常形。遐念希良會，仰眄降六丁。携景金房内，嬿婉娉精神。玄感自相求，豈期形與名。變化因款發，應嚮神自靈。」

神仙九元導仙圖下部第二真氣頌：「玉清輝玄都，十聖迴紫微，神仙披雲出，紛紛流羽衣。香華隨風散，十天乘空飛，丹霄暎輕蓋，日月灌靈暉。仰思妙真降，神感因心歸。」

神仙導引圖下部第三真氣頌：「欝欝五雲芝，玄暉吐玉光。凝津洞靈府，徘徊日月宫。五色理高真，流津灌十方。呼吸〔二〕不覺疲，飛天並金容。導引餐靈氣，玄哺六胃充。精思易致感，安坐覩空洞。」

神仙洞中皇寶圖下部第四真氣頌：「澄氣〔三〕理太玄，蕭蕭羣真居。下治諸名山，洞房清且虚。五色煥日月，列號衆仙廚。上統紫微宫，總録天寶書。中有守一士，精思待洞

〔一〕「微」，二十四生圖經作「極」。
〔二〕「呼吸」原作「吸吸」，據上書改。
〔三〕「氣」，上書作「心」。

開〔一〕。五老監魔試，心端情自灰。身度水火宫，名入九天廬。苦哉有衿人〔二〕，遂得乘景輿。」

神仙變化隱側〔三〕圖下部第五真氣頌：「變化空無中，五行兆身形。洞思自然氣，金木水火精。土爲隱側府，六戊合景庭。玉女變衣裳，老壯應響生。細入毫釐裏，大包山嶽靈。種殖通神草，身與八史并。萬化隨所欲，逍遥可娱情。」

神仙採芝開山圖下部第六真氣頌：「靈嶽鬱嵯峨，翠阜凌景霄。五芝秀玄嶺，仙草茂霜條。上有採芝人，被服乘羽飈。靈洞萬劫開，一焕諸天交。得妙安覺淹，塵〔四〕沙如一朝。」

神仙明鏡圖下部第七真氣頌：「妙鏡〔五〕生威光，流焕照八冥。洞徹方圓内，通真别鬼精。自然觀重陰，照耀諸天形。伏魔致神仙，變化入紫庭。」

〔一〕「洞開」，二十四生圖經作「開圖」。
〔二〕「苦哉有衿人」，上書作「善哉有今人」。
〔三〕「側」，上書作「測」，下同。
〔四〕「淹，塵」，上書作「厭，恒」。
〔五〕「鏡」原作「鐵」，據上書改。

神仙無極太一圖下部第八真氣頌：「煥爛帝〔一〕一真，身生龍鳳文。威光動九天，焰照天〔二〕囿圓。上御諸天氣，總爲萬仙君。巍巍至道宗，落落大範門〔三〕。」

靈寶神仙圖曰：「下部八真神圖，以元始靈寶洞神〔四〕之氣，化生自然下部八景，在人身中下元宫中，致下元生氣。精思八年，下元八真使千乘萬騎，運致神仙羽蓋，載人俱升七寶林中。」

下真一景胃神名同未〔五〕育，字道展，黄色，洞神下元一景靈符，部一景神。

下真二景窮腸神名兆騰康字道還，黄赤色，洞神下元二景靈符，部二景神。

〔一〕「帝」，二十四生圖經作「第」。

〔二〕「天」，上書作「大」。

〔三〕「落落大範門」，上書作「洛洛大梵門」。

〔四〕「洞神」原作「洞玄」，據上書改。

〔五〕「未」，上書及本書卷三一二十四神回元經作「來」，本書卷二九胎精中記作「朱」。

下真三景大小腸神名蓬〔二〕送留，字道廚，赤黃色，洞神下元三景靈符，部三景神。

下真四景胴中神名受厚勃，字道虛，九色，洞神下元四景靈符，部四景神。

下真五景胷膈神名廣暎宅，字道仲〔三〕，白色，洞神下元五景靈符，部五景神。

〔二〕「蓬」原作「逢」，據二十四生圖經及本書卷二九胎精中記、卷三一二十四神回元經改。

〔三〕「仲」，上書作「冲」。

下真六景兩脇神名辟假馬〔一〕，字道成，赤白色，洞神下元六景靈符，部六景神。

下真七景左陽神名扶流起，字道主，青黃白色，洞神下元七景靈符，部七景神。

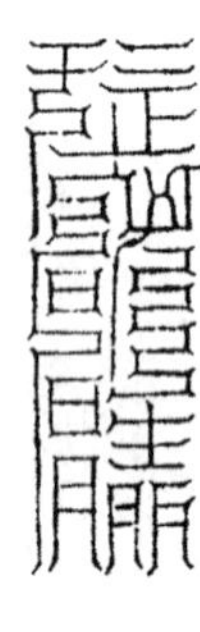

下真八景右陰神名包表明，字道生，青黃白色，洞神下元八景靈符，部八景神。

神仙圖曰：「靈寶洞神下元八景靈符，以部下部八景神真，鎮在人身下元宮中。服之八年，下元八景見形，爲人養精補氣，鍊髓凝真，身生光澤，八景雲輿，載人飛行。」

玉清七寶神仙圖總三八部真氣頌：「蕭蕭三清上，凝真大羅天。瓊林翠玄臺，日月煥

〔一〕「馬」下原有「超」字，據二十四生圖經删。

靈軒。飛天梵緑氣，駕景乘紫煙。鬱鬱披雲出，紛紛靈寶仙。逍遥七寶林，五色煥金銀。振響衆真會，靈歌慶萬神。精思三八景，超步登霄〔一〕門。」

五稱符二十四真圖

案五稱符上經云：

子欲求道法，先沐浴〔二〕臭穢，當得東井圖；

子欲定五帝，役山精，當得五嶽圖；

子欲通神靈，法先訣〔三〕八精，當得八史真形圖；

子欲通吾行廚〔四〕，當得六甲通靈圖；

子欲存吾身〔五〕，致天神，當得九宫紫房圖；

〔一〕「霄」，二十四生圖經作「寶」。

〔二〕「浴」下，太上無極大道自然真一五稱符上經（下稱五稱符上經）卷下有「去」字。

〔三〕「法先訣」，「法」原作「洗」，據上書改。「訣」，上書作「決」。

〔四〕「通吾行廚」，上書作「通五行，致行廚」。

〔五〕「吾身」，上書作「五牙」。

子欲奉道法，當得太清圖；

子欲奉順道，當得混成圖；

子欲通道機，當得西昇寶籙圖；

子欲通變化，當得靈化圖；

子欲躡大〔一〕道，當得九天圖；

子欲脱身形，當得九變圖；

子欲隱存身守〔二〕神，當得常存圖；

子欲定身心、守身神寶〔三〕，當得含景圖；

子欲恬淡守一以存身，當得養身圖；

子欲寂默養其志，當得精誠守志圖；

子欲清静潔白致芝英，當得芝英玉女圖；

〔一〕「躡大」，五稱符上經卷下作「蹦天」。
〔二〕「身守」，上書作「守身」。
〔三〕「定身心、守身神寶」，上書作「定身守神寶」。

子欲娉六丁，當得六陰玉女圖；
子欲致仙籙，當得九元導仙圖；
子欲食道氣，當得導引圖；
子欲治道術，當得洞中皇〔一〕寶圖；
子欲爲變化，當得隱側圖；
子欲臨鑪定九丹金液，當得太一圖；
子欲登五嶽求神仙芝藥，當得採芝開山圖〔二〕；
子欲保神形，别邪精魔魅，當得明鏡圖；
凡二十四真圖，天之靈寶也。子能得之，必得長生，蕭蕭高仙，飛步太清也。

〔一〕「皇」，五稱符上經卷下作「洪」。
〔二〕「採芝開山圖」，上書作「開山芝藥圖」。

元覽人鳥山形圖〔一〕

太上曰：「無數諸天，各有人鳥之山，有人之象，有鳥之形。峯巖峻極，不可勝言。玄臺寶殿，尊神所居。林澗鳥狩，木石香花，芝草衆藥，不死之液，又難具陳。陳之無益於學，學者自應精尋。得一知萬，了然究知。教須題名，是故〔二〕標文。妙氣結字，聖匠寫之，以傳上學，不泄中人。妙氣之字，即是山容，其表異相，其蹠〔三〕殊姿，皆是妙氣，化爲成焉。玄達之思，閉目見之，周覽既畢，行久〔四〕有徵。妙氣既降，肉身能飛，久鍊得妙，肉去妙充。其翔似鳥，出遊三界之外；其神真人，入宴三清之中。總號人鳥。學者遊〔五〕山，緣山至道，永保常存。自非至精，勿妄叩也。」

〔一〕「元覽人鳥山形圖」，道藏本收録作「玄覽人鳥山經圖」（下稱山經圖）。
〔二〕「名，是故」，山經圖作「示故畧」。
〔三〕「蹠」，上書作「跡」。
〔四〕「久」，上書作「之」。
〔五〕「遊」，上書作「由」。

人鳥山形圖

太上曰：「人鳥山之形質，是天地人之生根，元氣之所因，妙化之所用。聖真求其域，仙靈仰其神。敬而事之，存而念之，受而醮之，繕而帶之〔一〕，精而行之，和而密之。無致〔二〕懈怠，三氣調均，生身赤子〔三〕，爲道種民。在世行化，入山研方，出處自在，魔不敢當。於是朝致五嶽，使役八溟，從三天之君，佩日月之精。知之不死，習之永生，諦之合智，究之同神。其山之上，元始天王所居；其山之下，衆聖真仙所處。其山之氣，生五色之水

〔一〕「受而醮之，繕而帶之」原作「受而帶之」，據山經圖增。
〔二〕「無致」，上書作「久無」。
〔三〕「赤子」，上書作「生子」。

名反魂流液，成脂名震檀之香。西王母初學道，詣元始天王。三千年道成德就，應還崑崙之山。臨去辭元始天王，共刻銘人鳥山上虛空之中，製作文字，字方一丈，懸在無中〔一〕，以接後學，于今存焉。九老仙都君九炁丈人圖畫山形，佩之於肘。天帝寫空中之書，以附人鳥之體。百年一出，以傳真人。道士有此山形及書文備者，便得仙度世，遊宴崑崙。能讀此書萬遍，修行不負文言，天帝君即遣使雲車羽蓋來迎。不須服御丹液，無勞導引屈伸，精之不休，自獲昇天矣。」

太上曰：「凡能清齋三月，別於靜室修行，仙人當降，自以文字語人。受之密遵，速得成真。道士佩之，役使萬神。正月有甲子，二月有壬申，三月有戊子，一年之中，唯取三日〔二〕，祭醮山形於金鏡之上。相傳口訣之事，慎勿妄泄書文。若年中無此三日，或有而邂逅趣得甲子〔三〕，一年三醮也。醮時皆齋，清嚴禁斷，明月之夜，露出中庭，不須壇纂，不可他知，密自灑掃，淨席南向，兆敷別席，向北施禮。先以明鏡九寸面者，置座中央，紫紋複

〔一〕「無中」，山經圖作「空中」。
〔二〕「三日」，上書作「一日」。
〔三〕「甲子」後，疑脱「壬申、戊子」四字。

傘，以罩座上，紫錦囊巾〔一〕，覆藉山圖，正安鏡中。清酒三椀，置圖之前，香脯棗果，圓施鏡外。酌酒半椀漱口，捻香即位，閉目叩齒三通，存思依常。鳴鼓發爐，亦如常法。又三捻香，臨目見太上大道十方天尊元始真王人鳥山元氣生神大帝君雲駕羅列，布滿空中，同來向座。良久，仍密稱名位臣妾姓名，奉請太上大道十方天尊元始真王人鳥山元氣生神大帝君一切諸靈官，今日吉時良，散〔二〕薦芬芳，表獻至誠，仰希垂降。臣妾某等稽首禮拜。仍禮三拜伏地，閉目存神降座，良久乃起。

又三拈〔三〕酒，長跪稱位臣妾姓名，上啓太上大道君〔四〕十方天尊元始真王人鳥山元氣生神大帝君一切神明，臣妾叩恩，得見今日，奉對尊神，喜懼交集。唯願大慈開度，當使臣妾學道得道，求仙得仙，神通自在，永保長存。小醜賤臣妾不敢多陳，不勝踴躍屏營，謹稽首禮拜。三拜畢，三拈酒，拈畢又啓如此。

〔一〕「囊巾」二字，山經圖互乙。

〔二〕「散」，上書作「敢」。

〔三〕「拈」原作「招」，據上書改。下同。

〔四〕「君」字，上書無。

三拈三啓都畢，三捻香起〔一〕倚送神，稱位臣妾姓名，上啓太上大道十方天尊元始真王人鳥山元氣生神太帝君一切靈官，緣恩上請，紆廻雲儀，神駕已整，還昇三清。臣妾戀慕，俯仰屏營，唯願大慈，流布洪恩。臣妾得道，謁見王宫，後宜有請，仰希重降。臣妾某稽首禮拜。訖〔二〕，起復爐。某復爐畢，秉〔三〕一椀酒，瀉浸四周畢，依次歛之也。同志者還房進胙，不得妄與非法之人。夫妻接侍，皆同此法，不同不得交會。此禁至重，明各慎之！清齋千日，丹書山形於薄紙上，方三寸至五寸，玉池之泉，向王吞服。一服長生不死，二服神仙飛行，三服昇登尊位，與道合同。清齋起圖，佩之三〔四〕年，晨夕誦文，吉日修事，慎終如始。一千日限足，遊行山澤，威制五嶽，三河四海，八溟九地，一切神靈，奉迎拜謁，功德流布，五年七年，不過九年，超登三清矣！

〔一〕「起」原作「啓起」，據上書删。
〔二〕「訖」，山經圖作「三拜畢」。
〔三〕「秉」原作「東」，據上書改。
〔四〕「三」，上書作「二」。

雲笈七籤卷之八十一

庚申部

上清元始譜録太真玉訣凡二門又名解形遯變流景玉光三惡門

三尸三惡門：

第一門名色慾門，一名上尸道，一名天徒界。

第二門名愛慾門，一名中尸道，一名人徒界。

第三門名貪慾門，一名下尸道，一名地徒界。

此三惡之門，一名三尸之道，一名三徒之界，常居人身中，塞人三關之口，斷人三命之根，遏人學仙之路，抑人飛騰之魂。爲學之本，而不落尸於三道之上，去慾於三界之門，真何由降？道何由成？夫學上法，宜遣諸慾，滅落尸根，道自然成〔一〕。克得飛騰，上昇三清。

〔一〕「道自然成」，道藏本上清元始譜録太真玉訣（下稱道藏本太真玉訣）作「道自然降，仙自然成」。

三尸五道門：

第一門名色累苦心門，一曰太山地獄苦道。

第二門名愛累苦神門，一曰風刀苦道。

第三門名貪累苦形門，一曰揵山負石苦道。

第四門名華競苦精門，一曰作江河苦道。

第五門名身累苦魂門，一名吞火食炭鑊湯苦道。

此五苦五道之門，常居於人身，係人命根，遏人招真之路，斷人修仙之門。爲學之本，而不解形於五道之上，滅跡於五苦之下，衆累不斷，沈淪罪門，何由得脱，騰身遯變，流景玉光也？夫欲上學，當先斷諸累，絶滅苦道，真自然降，神仙自然成。克得變形，遊宴諸天。

落上尸之道，當青書上玄〔一〕滅慾斬尸變景流光玉〔二〕符著頭上，當於色慾之門北向銜刀，請一杯清水，面臨水上，師於弟子後叩齒九通，呪曰：「上尸青慾，自號彭倨。變化九種，鳥頭蛇軀。混沌無心，或沈或浮。貪慾滋美，華色自居。走作魂魄，司人過咎。斷人命

〔一〕「上玄」，例下疑作「上元」。

〔二〕「玉」原作「王」，據道藏本太真玉訣改。

根，氣散神遊。放浪三宫，小蟲無劬。真人甲乙，佩籙帶符。色慾已斷，死路已除。元始有命，請斬尸頭。三台監形，速出無留。滅根絶種，勿使遺餘。甲乙練真，三宫清虚。五帝監映，太一定書。北元沐浴〔一〕，冠帶行疇。飛〔二〕度天界，流景玉輿。遯變上清，乘空遨遊。」畢，取所銜刀，師以繞弟子頭結九過下，所卷玉符埋於色慾門下，以杯水灌上。行此之道，上尸即滅，色慾自除，身過天徒之界，形魂無復苦惱之患。太真上道，慎勿輕傳。

以次進中門而落中尸，落中尸當黄書中元滅慾斬尸變景流光玉符著心前，於愛慾中門向王捉刀向腹，請一杯清水著前，師於後叩齒十二通，呪曰：「中尸彭質，號曰中黄。愛慾喪神，罪由小蟲。真人甲乙，上帝已徵。身佩玉符，丹文金章。列名元圖，三慾已忘。元始自居，依腹逃藏。沈浮變化，形無常方。執人魂魄，走作三宫。赤子馳競，使人發狂。慾性符命，斬滅尸形。斷根絶種，勿得飛揚。甲乙受練，五符休糧。真仙安鎮，藏内生光。五帝監映，太一列行。中元沐浴，冠帶衣裳。解形遯變，流景玉光。飛昇上清，食息太空。長保自然，天地無窮。」畢。

〔一〕「北元沐浴」，以下二呪分别有「中元沐浴」、「下元沐浴」，「北元」疑當爲「上元」。

〔二〕「天」，道藏本太真玉訣作「无」。

以次進下門而落下尸，落下尸當白書下元滅慾斬尸變景流光玉符著兩脚上，於下貪欲門向南横刀於兩足上，請一杯清水著足下，師於後叩齒三通而呪曰：「下尸彭矯，貪慾自榮。白色混沌，體無常形。依人兩足，訙動人情。言白得失，走作魂靈。三宫擾亂，赤子不寧。貪慾小蟲，賈備幽冥。真人甲乙，三錬已清。慾門斷塞，不受邪精。元始急令，三台臨庭。速出無隱，及汝弟兄。九種子孫，一時斬形。五帝度真，太一記名。下元沐浴，冠帶羽青。玄度三界，上歆元精。解形遯變，流景上清。飛玄步虚，三界齊明。」畢。三界既度，便度五苦之道。

解形遯變飛度五道之法，當作新衣一通，巾履並新，於第一色累苦心門上，黑書解形遯變滅度地獄流景玉符置兩足下，北向平立，師叩齒五通，呪曰：「解形遯變，落尸五難。三慾已清，神津内灌。脱故錬新，體香氣蘭。玉符滅跡，地無拘攣。飛〔一〕度天界，超淩雲端。魔王保真，氣合自然。七祖同昇，飛步天門。五帝監暎，萬神咸闕〔二〕。」畢，脱巾〔三〕

〔一〕「飛」，道藏本太真玉訣作「身」。
〔二〕「咸闕」，上書作「咸聞」。
〔三〕「巾」原作「中」，據上書改。

解結，埋符於兩足下，脱履而去。次進愛慾苦神門，於愛慾苦神門上，白書解形遯變滅度風刀流景玉符置兩足下，西向平立，師叩齒九通，呪曰：「雲行飛步，遯變玉光。解形脱跡，散髮翺翔。人界無拘，乘虛空行。天魔已保，五道開通。越度風刀，形升上宮。」畢，埋符兩足下，去之勿顧〔一〕。

論庚申存童子去玄靈訣凡五法

穎陽經曰：童子者，心神也，衆神之主。玄靈惑人耳目鼻口身意。玄靈者，三尸六甲神，同遊内外。其神咸有色象，觸物皆欲，令人重車馬玄黄，聲利飲食，多有求欲，不知止足，行妨身辱也。先鍛鍊其心，使欲者不欲，令不欲者欲。觀欲如道，志道如欲。大底苦於色味，其色味者，情欲之府，喪亂之原。不得求言，亦勿求有。至道人云，欲者不欲，不欲者欲。或云，至人惜言，以制欲物。心因有而生欲，有者欲之主，言者道之筌，道契則言忘，欲無則事息。此語無不如在，至人乃消息之。消一百刻，息一百刻。息減消加，稽古之道也。刻，遍也，每遍爲一欲。肇啓一門，就萬欲中窺離去聲一門。知至至之，知終終之。動用消息，必鼰其跡。注云：鼰爲委氣，

〔一〕「去之勿顧」，道藏本太真玉訣作「以次進貪欲苦形門」，下注云「已下元闕文」。

練心根無爲。有欲情廣施，至敬無私念。故文曰：敬勝欲者昌，欲勝敬者亡。審自誅難，專氣致柔。每尋一刻，皆以謙道而尋之。覺昏沈睡生，尋理不出，乃凝然内省。大丈夫懇責其心，節慕聖賢，興諭洗零。歷逕切。故經云：少則得，多則惑。注云：少謂退方寸之源，本來無事，則可應萬物而不亂也。天道惡盈，神道託靈。知心惟微，達理至静。積習有常，自成廣大，貞一會道之謂也。常思往者、來者、今者之事，注曰：往謂已過之事，來謂未然之事，今謂即日消息之事，了然自知。動無二過。常於欲者，譬不欲之欲，於心尤苦，當如割截肌膚。叩物懸解，乃可超生死之門，浴澄淨之境。常研之不止，聲參太極。大無不包，細無不入。以息情欲，節滋味，清五藏，通神明，至真久壽之要道。

制六欲神法

舌者，榮辱之機，禍害之闔。亂之所生者，必言語以爲階，故君子慎言語、節飲食也。六神各主其欲，斷欲斷識，於理咸宜用平。若併平之，則弱塵生矣。是以對境，先從欲制，六神謂六欲門，耳目鼻口身意，泄亂神機之路也。意從内發，寄在於物。物從外入，經自何門？應接之時，心盡知見，常起悲敬，性本不生，此應物之義。文子曰：「萬物之總，皆閲一孔。百事之根，皆出一門。」當豫斷之。肇啓一門，消之於未形，息之於未亂，令心壯於欲。用壯處謙，壯乃全也。黄庭曰：「負甲持符開七門」，備豫之謂也。夫性者本乎心，情者本乎性。情動則性亂，性亂則心荒，心荒則移神伐性，亡無日矣。故對物識交之際，於中不有情欲。欲至識動，物之常情。若對心真無，形欲何用？能止而順，動不窮也。啓妙一門，復其生源。本無流動，神用澹泊。喘息安徐，令魂魄和通，意慮精密。養之以忘，欲之以生。若物應心摇，動亂而惑我，我乃息機深敬，介如石焉，不可轉也。久當委順遺形，言忘理析。言忘理析，故積其弱以爲强，捨其美而自康矣。如覺物去情餘，進退未決，謂不欲之欲也。宜息心謙下，潔誠責己，超然離欲，氣静安神。候心見欲如朽木虚空，是欲者不欲也。道之相應，必有所因。信乃心師，安爲動主。動識生於無地，無地自是宜安。正尋理之時，萬緒躁心，乘念飛越，昬機内應，真興不彰。爲爾心神，傳習成妄，濁氣薰灼，世業堅深。正用決邪，邪神戀欲，謂玄靈也。交戰於内，而致斯也。若不誓心惕慮，反僞還真，乃隨欲居心，是滋洩慢。以一柔之性，馭六剛之情。情與物親，性與道合。堅正自理，去邪勿疑之也。又言念玄靈，欲我懈怠。當建志弘願，苦節安貞。如謀必成，如戰必克。仁而能武，正以殺情。大丈夫天地同心，清寧無事。常自激勵，若對嚴君。肅然一門，謙以養德。煩結都盡，欲境不生，是不欲者欲也。欲不生，則神不死也。斯乃静勝欲消，諸難將解，恒退藏於密焉。夫能解難，釋險以處安也。險必處安，宜其對境悟心，爲難於易，視無前欲，往有功也。「功成身退天之道」，得魚忘筌之道也。黄庭曰：「經歷六腑藏卯酉〔一〕，轉陽之陰藏於九，常能行之不知老。」〔二〕其此之謂乎！

凡心者，公平之司，非親於欲，而踈於道。玄靈，習之然矣。欲心躁滑，道性深微。不自執爲，任其浮動，情之所變，物莫能全，人有心識，不覺變動，得非潛慎玄靈之運哉！宜加懇倒也。至人哀其迷方，示其生理，見於不見，知於不知，感通神明，是謂道用。言之者甚衆，行之者罕及，實志之不至耳！且亡喪猶影響，履真豈獨遠哉！其三尸者，託陰氣以爲靈，感私欲而致用，邪蘊藏府，變生亂習，世相組織，流落貪昏，非天機清明至歎沈濁者，不能易其心矣！觀我生無，無能彰有。色爲空影，欲是影賓。欲生則三尸生，欲滅則三尸滅。古人云，欲者不欲，不欲者欲，反覆自明之謂也。去尸成道之速者，先外制聲色名利，内平喜怒愛惡，退心自察，徹底真無。真爲實，無餘欲。動静能知，身世不礙。宛其見情類殉物而死，聖人興悲於物，兼濟爲心者，以此苦心零於情，卓然虚静，尸乃無處潛留，則遁跡而逝。常思正道，朗然不寐，尸亦無再宅於心。仍心私言曰，所欲者玄靈之欲，不欲者玄靈不欲也，嚴心王而使之零。以身喻國，心則王也。「王侯能守之，萬物將自化。」三尸其如子何？故君子存而不忘亡，理而不忘亂。身安而國家

〔一〕「卯酉」下，本書卷十二太上黄庭外景經中部經有「通我精華調陰陽」一句。

〔二〕「不知老」，上書作「可不老」。

可保也，神定而性命可全也。若荒怠不敬，冒于寢寐，貪于飲食，尸乃千變萬化，隨欲而歸，令人世患日深，多愚早亡。道書曰：勿與争曲直，當減人壽筭也。争尚如此，其況大者！淪於世務，非達者之莫棄。玄靈飛去，心神凝定，則五方秀氣入於靈臺，滋於童子。經曰：「惚兮恍兮，其中有象。恍兮惚兮，其中有物。」惟恍惟惚，而童子生焉。黄庭經曰：「窺離去聲。天地有童子〔一〕。」窺猶欺也，因欺其心，敬於天地之間，不欲一物，則神氣不喪也。夫天地者，陰陽列位也。童子者，人神至精也。非精無以崇其聖，非蕩無以長其愚。是故聖人修之以真，行之以勤。若能克己勵志，不出三年，道成矣！乃心中有白氣拂拂然生光明，久習彌廣。

六甲存童子去玄靈法

又有甲子日辰，其人年月命筭日減，被玄靈伐命。至夜半，起坐端策，私誦玄靈名彭倨彭質彭矯七遍，無令耳聞也。依守清淨法動用消息之宜，繼晝不睡，六甲、庚申日守之亦

〔一〕「窺離天地有童子」，本書卷十二太上黄庭外景經下部經作「窺視天地存童子」；上清黄庭内景經肺之章第三四作「視聽幽冥候童子」，注引元陽子曰「窺離而下存童子」。

耳〔一〕。黄庭曰：「晝夜不寐乃成真。」此之謂也。

穎陽書〔二〕下篇略例容成公曰：凡筭先扣上古變日、六甲積日辰，變見天地甲子諸神，筭心清静而應之，以十二律扣之。聲同於律者，先存童子，童子可以聽之。若存童子，先去三尸，可以合道。

治脾腎舌術：

甲子旬。玄靈多遊黄庭幽闕靈根之内，令人好色極欲，意亂精施，貪滋味，妄言笑。

右旬内日辰及年月日命筭日，結舌正言，閉目思神，依經肇啓一門，欲者不欲，不欲者欲。他旬倣此。即於靈根却味保氣，静意全真。脾藏主意。意者，氣之帥也，意寧即脾泰。其旬正五方秀氣應律於心，而玄靈自化矣。其道閉精尤急，宜啄齒咽液，令靈根堅固。靈根，舌本也。其下有華池，通腎，池不欲枯竭，津液同源，腎舌相固耳。若人依法守之，心乃清零，去呼。其神日生。故經云「藏養靈根不復枯，閉塞命門如玉都。」藏謂無言，養謂咽液。腎宫主壽，故曰命門。玉者，津液之狀，都猶聚也。容成公曰：「凡人兩腎有日月命門，左男戴日，右女戴月，虚無相生，寒暑相成，男女相

〔一〕「耳」，疑當作「爾」。

〔二〕「穎陽書」，上文作「穎陽經」。道藏闕經有「穎陽經」。

形。中有二神皆衣青，子能見之可長生。晝敬玄光，夜履真跡，久視道也。」

治鼻口喉嚨術：

甲戌旬。玄靈多遊神廬天闕氣管之内，令愛香憎臭，入鼻觸心也。

右旬依〔一〕肇啓一門於神廬，用平香臭，治中毛，專氣寡言，養精飲液，消氣管，口吐濁，鼻引清，綿綿若存。如此，玄靈不復入人腦，則上元清静矣。故經曰：「神廬之中當修治，玄膺氣管受精符〔二〕，急固子精以自持。」人生而静，天之性也。天假其生，地成其形。天地造化，有爲物性。清者能久，濁者多咎。則知本乎天真，可謂至人。親於地利，曷足爲貴？形有三關之號，鼻與天通，用之不窮，餘可知也。

治肺心耳術：

甲申旬。玄靈多遊玉堂靈臺神牖之内，令人貪欲亂神，憂驚傷魄，叛道離德，輕燥煩勞也。

右旬依肇啓一門於靈臺，不妄是非，不妄察聽，除色去味，吐納寬舒，斯乃乾坤合氣之所謂玉堂靈臺也。必在内視無形，反聽無聲，則其神各守司舍。故經曰：「六府五藏神體

〔一〕「依」，上文治脾腎舌術作「依經」，疑脱「經」字，下同。
〔二〕「符」，本書卷十二太上黄庭外景經上部經作「府」。

精，皆在心内運天經，晝夜存之自長生。」閉守三關，勿令邪氣得入，玄靈無所施其巧。上關，口也；中關，手也；下關，足也。關者，閉固之異名，邪謂心摇物感也。洗五藏，有節度。修六腑，令潔清。能調三關，則爲洗五藏、修六府矣。五藏者，心、肝、脾、肺、腎也；六府者，大、小腸、胃、膽、膀胱、三焦也。藏爲陰，府爲陽，迭相生也。不求道而道自至，不求有而有自來。不出三年，坐見萬里之外，豫觀成敗，辯天下筆數，如響之應聲也。

治兩眉間腦舌中神術：

甲午旬。玄靈多遊明堂泥丸靈根赤宅之内，令人妄視昏寐，重味輕言也。

右旬依肇啓一門於三丹田，收視養心，精誠自保，屏其寢夢，節其言語飲食。靜於關，潤於舌，二府相得，命門自開。潤謂飲其華池，二府腎舌也。精液相得，元氣開通，陽浄陰凝，幽關洞見矣。明堂者，正室也，真一常遊其間。一氣含三，周流變化，未始有極。天地之氣，禀於真一。真一之氣，從道而生也。故經曰：「明堂四達法海員，真人子丹當我前〔一〕。」固守一門於三靈，不求道令道自見。三靈者，三丹田也。眉間入三寸爲上丹田，心爲絳宮中丹田，臍下三寸爲下丹田。守爲精神不散，合三以爲一也。所思則存，不思則亡。攻之不止，通天合道，天人玉女六甲諸神，自於左右而與人言，

〔一〕「明堂四達法海員，真人子丹當我前」，本書卷十二太上黄庭外景經上部經「員」作「源」，「我」作「吾」。

玄靈滅矣。

治肝目身中陽氣術：

甲辰旬。玄靈多遊蘭臺寸田陽氣之内，令人喜怒忘魂，沈迷思寢，恐懼懈怠，鄙恡矜誇也。

右旬依肇啓一門於身中，莫敢懈怠，端心默念，含垢黜聰。令魂魄太平，志氣不懾。息喜怒哀慼，節五味色音。前此者，皆亂正氣也。修鍊心關，童子清淨，則玄靈不能爲祟也。左目爲日，王父治其中；右目爲月，王母治其中。人能守之，與天地相保，日月齊明，外本三陽自去，内陽三神自生。外本者，玄靈也；内陽者，三關神也。故經曰：「魂欲上天魄入淵〔一〕，還魂返魄道自然。」此之謂也。真性自然，非所造作，退藏於密，不繫有無，則還魂返魄之道也。

治兩手足術：

甲寅旬。玄靈多遊四關之內，令人手欲妄持，足欲妄行也。

右旬依肇啓一門於四關，握固，思手不妄持，足不妄行，嚴策其心，動用清靜，玄靈不復得安，便飛去。故經云：「口爲天關精神機，足爲地關生命扉〔二〕，手爲人關把盛衰。」「關門

〔一〕「魂欲上天魄入淵」原作「魂欲還天，魄欲入淵」，據太上黄庭外景經中部經刪改。

〔二〕「扉」，本書卷十一上清黄庭内景經三關章第十八作「棐」。

杜籥闔兩扉，丹田之中精氣微。」〔一〕兩扉謂雙腎門，連於下關也。籥動則扉開，精流則命竭。善閉藏者，真氣會於丹田，化爲赤子矣。

三尸中經一名去尸駐色得不死之道。

太上三尸中經曰：人之生也，皆寄形於父母胞胎，飽味於五穀精氣，是以人之腹中各有三尸九蟲，爲人大害。常以庚申之日上告天帝，以記人之造罪，分毫録奏。欲絶人生籍，減人禄命，令人速死。死後魂昇於天，魄入於地，唯三尸遊走，名之曰鬼。四時八節企其祭祀，祭祀既不精，即爲禍患，萬病競作，伐人性命。上尸名彭倨，在人頭中，伐人上分〔二〕，令人眼暗髮落口臭面皺齒落。中尸名彭質，在人腹中，伐人五藏，少氣多忘，令人好作惡事，噉食物命，或作夢寐倒亂。下尸名彭矯，在人足中，令人下關搔擾，五情勇〔三〕動，淫邪不

〔一〕「關門杜籥闔兩扉，丹田之中精氣微」，本書卷十二太上黄庭外景經上部經作「闗元茂籥闔兩扉，幽闕俠之高巍巍，丹田之中精氣微」。
〔二〕「伐人上分」，本書卷八三紫微宫降太上去三尸法作「伐人眼目」。
〔三〕「勇」，疑當作「湧」。

能自禁。此尸形狀似小兒，或似馬形，皆有毛長二寸，在人身中。人既死矣，遂出作鬼，如人生時形象，衣服長短無異。此三尸九蟲，種類羣多。蛔蟲長四寸五寸或八寸，此蟲貫心人死。白蟲長一寸，相生甚多，長者五寸，躁人五藏，多即殺人，兼令人貪食煩滿。胇蟲令人多咳嗽。胃蟲令人吐嘔不喜。膈蟲令人多涕唾。赤蟲令人腸鳴虛脹。蜣蟲令人動止勞劇，則生惡瘡顛癡，癰癧疽瘻，癬疥癇癩，種種動作。人身中不必盡有，亦有少者，其中有十等，就中婦人最多也。其蟲凶惡，好污人新衣，極患學道，欲調去之即可矣。凡至庚申日，兼夜不卧守之，若曉體疲，少伏牀數覺，莫令睡熟，此尸即不得上告天帝。又太上律科云：庚申日北帝開諸罪門，通諸鬼神訴訟，羣魔併集，以司天下兆人及諸異類善惡之業，隨其功過多少，賞勞謫過，毫分不遺。經曰：三守庚申，即三尸振恐；七守庚申，三尸長絶。乃精神安定，體室長存，五神恬靜，不復搔擾，不迷不惑，不亂不淫，瞋怒平息，真靈衛佐，與天地相畢。每夜臨卧之時，叩齒三七，以左手撫心，上呼三尸名，使不敢爲害耳。

去三尸符法符並朱書。

太上曰：三尸九蟲能爲萬病，病人夜夢戰鬬，皆此蟲也。可以用桃板爲符，書三道埋於門閫下，即止矣。每以庚申日書帶之，庚子日呑之，三尸自去矣。常以六庚日書姓名，安元命籙中，三尸不敢爲患也。

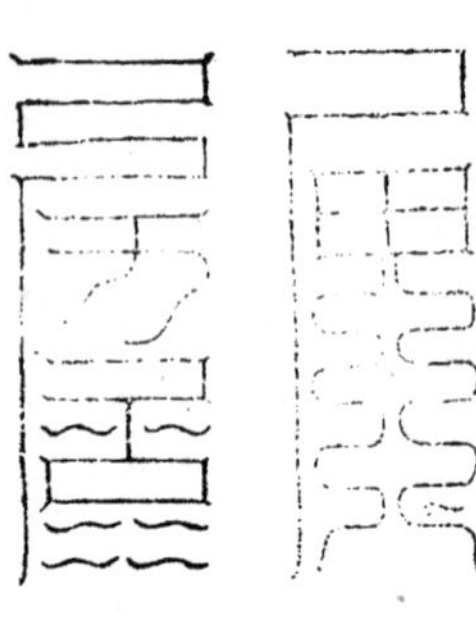

此符消九蟲，當以六庚日，常以白薄紙竹紙書服之。每庚皆如之，唯庚申書之，不限多少。從庚申日早朝服一枚，次庚午日吞一枚，值六庚勿失，蟲皆不貫五臟，人身無病也。勑符呪曰：「日出東方，赫赫堂堂。某服神符，符衛四方。神符入腹，換胃蕩腸。百病除愈，骨體康强。千鬼萬邪，無有敢當。知符爲神，知道爲真。吾服此符，九蟲離身。攝録萬毒，上昇真人。急急如律令！」

雲笈七籤卷之八十二

庚申部

三尸篇

洞章曰：太上三氣，化爲神符，號曰三元無量洞章，制命六甲，運使五行，率離還合，却死來生，消除三鬼，滌蕩五神。五神一曰五尸，三鬼一曰三蟲。蟲尸互名，參神亂鬼。三尸，上尸中尸下尸也；五尸，青尸赤尸黄尸白尸黑尸神。祝曰：「三尸五尸，俱入黄泉。吾升清天保長生，樂史世世居天王。」

神仙守庚申法

常以庚申日徹夕不眠，下尸交對，斬死不還。復庚申日徹夕不眠，中尸交對，斬死不還。復庚申日徹夕不眠，上尸交對，斬死不還。三尸皆盡，司命削去死籍，著長生録，上與天人遊。或六月八月庚申彌佳，宜竟日盡夕守之。二守庚申，三尸伏没。七守庚申，三尸長滅〔一〕。

庚申夜祝尸蟲法

常以庚申夜中平坐，叩齒七下，擊額呼彭倨。次叩齒七下，撫心呼彭質。又叩齒七下，捫腰呼彭矯。先兩手心書太上，祝曰：「吾受太上靈符、五嶽神符，左手持印，右手持戟，日月入懷，濁氣出，清氣入。三尸彭倨出，彭質出，彭矯出。急急如律令！」

用甲子日除三尸法

常以甲子日夜半時，披髮東向，坐呼腹中伏尸名字。第一之名蓋東，第二之名彭侯，第三之名蝦蟆。一呼其名，以右手撫心三過，尸當應人，便不復去言人過也。又云：男用左手、女用右手撫心留伏尸，即尸不離人，上言其過。人但能勤行氣閉氣者，身中神亦自安爾，久之消尸。

〔一〕「二守庚申，三尸伏没。七守庚申，三尸長滅」，本書卷八一三尸中經作「三守庚申，即三尸振恐。七守庚申，三尸長絶」。

六甲除三尸法

法曰：清心掃除中庭，正向北用一案，三杯羅列案上，以井華水著中。甲子日夜半時，披髮置後，三拜跪，稱臣自某州郡縣鄉里曾孫某甲，奉請北極三台君斗中真人，請以三杯水，除去三尸，令某修道得神仙。因飲三杯水，先從東起。飲時祝曰：「日月君水，除我頭尸。」次飲中央，祝曰：「真人水，除我腹中尸。」次飲西杯，祝曰：「日月君水，除我足尸。」畢，稱臣三拜，左廻還牀卧，當應夢見人辭謝去者止。不爾未去，未去者，後甲子日當又如此，勿忘。

除三尸法

常以鷄鳴時，漱取醴泉咽之，三而止，徐徐定氣，勿與人言語。

祝去伏尸方

以正月五日、七月七日，取商陸根細切，以玄水漬之三日，陰乾，可治爲末。服方寸七，玄水服下，日三服。百日，伏尸盡下出如人狀，醮埋之，祝曰：「伏尸當屬地，我當屬天。」無復相召，即去隨故道，無還顧。常先食服之，禁一切血肉辛菜物。

厭尸蟲法

真人曰：江南多白芷草，掘取根，細擣末，以沐浴用之，此香乃三尸所憎者。

又方

三月三日取桃葉，一云桃根，擣取汁七升，以大醋一升同煎，令得五六分，先食頓服之。隔宿無食，即尸蟲俱下。

上仙去三尸法

丹砂一斤，細研飛過。　淳大酢三升。　純漆二升。

右合和令相得，於微火煎之，令乾稠。可丸之如麻子大，日再服，從三丸漸加至二十一丸。經四十日，百病自愈，三尸自出。服之百日，肌膚堅固，千日，令人長生不死，與天地相保，不能俱言，後當自知。

下三尸方〔一〕

貫衆五分、主〔二〕伏蟲。白藜〔三〕蘆十二分、主長蟲欲得雄者。蜀漆三分、主白蟲。蕪荑五分、主肉蟲。石蠶五分、主蟯蟲。厚朴三〔四〕分、主肺蟲。狼牙子四分、主胃蟲。雷丸六分、主赤蟲。殭蠶四分。主膈蟲。

右九味物，熬令黄，合擣篩子，鍊蜜丸如梧桐子大。以粉漿服五丸，日三服之。漸加至十丸，十二日癥聚下，六十日百病愈。服之先從小起，若女人如齋戒恭謹者，亦可服之。

仙人下三蟲伏尸方

茯苓十斤，商陸根削去上皮，但取下白者五斤，清酒、麥麴各五斤，并炊釀之，酒置盆中

〔一〕「下三尸方」，太上除三尸九蟲保生經作「老君去尸蟲方」。

〔二〕「主」，上書作「殺」，下同。

〔三〕「藜」，上書作「雀」。

〔四〕「三」，上書作「五」。

封之，二十日藥成。擠之，但淳大豆熬之作末〔一〕如飴狀，合丸如大彈丸，日服三丸，十日以去稍益如鷄子黄。上尸者百日，中尸六十日，下尸四十日，當爛出。上尸如手，中尸如足，下尸如鷄子。上尸黑，中尸青，下尸白。此三尸與人俱生，常欲令人死，至晦朔日上天白人罪過。每至其日，當拘制七魄〔二〕及守庚申夕，於是三尸不能得動矣。是庚申夕人夢與他諍鬭者，是魂與尸魄鬼鬭。夫魂常欲令人身安，故静。魄常欲令人恍惚，蓋欲人早死〔三〕，故欲攻奪，此之謂也。

凡道士醫師但知按方治身，而不知伏尸所在。上尸好寶貨千億，中尸好五味，下尸好色，若不下之，但自欺耳。去之即不復飢，心神静念，可得延生。真人貴其道，道士尊其藥，賢者樂其法，愚俗笑其事。所以言人死爲尸骸者，乃是三蟲之號位也。當服當陸散者，乃自除去三尸，不必酒釀而服之也。槐子亦善〔四〕。能服氣者，不用此術。又真氣是青牙五

〔一〕「擠之，但淳大豆熬之作末」，太上靈寶五符序（下稱五符序）卷中仙人下三蟲伏尸方作「劑之，但取純大豆熬作末」。

〔二〕「拘制七魄」，上書作「拘魂制魄」。

〔三〕「蓋欲人早死」，上書作「三尸常欲死」。

〔四〕「善」原作「苦」，據上書及四部叢刊本改。

方之精，道士服之，二十一日，三蟲走出矣。

神仙去三尸法〔一〕

真人去三尸延年反白之方，宜服丹光真華之母，宜食〔二〕浮水玄雲之髓。此自然能生，千歲一變，百歲一化。先變後化，藥之精英也，故可服之而得長生也。丹光之母者，松脂也。浮水之髓者，茯苓也。能伏鬼神，却死更生。松脂流入地中，千年變爲茯苓，茯苓千年化爲琥珀，琥珀千年變爲丹光，丹光之色，赫然照人〔三〕。丹光千年變爲蜚節芝，蜚節芝千年變爲浮水之髓，浮水之髓千年變爲夜光，夜光千年變爲金精，金精千年化爲流星，流星千年化爲石膽，石膽千年化爲金剛，金剛千年化爲木威喜。夫金入火不耗，入水益生。夫松脂變化，蓋無常形，故能沉淪無方，上升太清。此飛仙之法，勿傳其非人。方曰：當取茯苓、松脂各十二斤，以水漬松脂七日，朝陽去水，以淳酒二斗與茯苓合漬之，日暴令乾，月食

〔一〕此標題，五符序卷中作「真人長生去三尸延年反白之方」。
〔二〕「丹光真華之母，宜食」八字原無，據上書增。
〔三〕「丹光之色，赫然照人」，上書作「丹光色紫而照人」。

一斤。欲不食用，練松脂去苦臭，以火温之，内茯苓中治合，和以白蜜，三物合服之，月各一斤。百日身輕，二百日寒熱去，三百日風頭眴目去，四百日五勞七傷去，五百日腹中寒澼飲癥氣去，六百日顔色住，七百日面䵟除，八百日黑髮生，九百日炙瘢滅，千日兩目明，二千日顔色易，三千日行無跡，四千日諸痕滅，五千日夜視有〔一〕光，六千日肌肉易，七千日皮脈藏，八千日精神强，九千日童子薄，萬日形自康，二萬日神明通，三萬日白日彰，四萬日太一迎，五萬日坐在立亡。日三食，慎勿忘。但過萬日，仍自縱横，變名易姓，升天遊嶽皆可耳。

神仙去三蟲殺伏尸方凡二方

章陸根味酸有毒，主胷中邪氣，塗癰腫，殺精物，鍊五藏，散水氣，根如人形者神〔二〕，生故墟田間，三月八月採。章陸一名夜呼，一名蕩根，一名當陸，一名莧陸，一名長根，一名商陸草，一名神陸，一名白華，一名逐邪，一名天草，一名逐陰之精，此神草也。去三蟲，殺伏尸，去面䵟黑，益智不忘，男女五勞七傷、婦人乳産餘病、帶下結赤白皆愈。

〔一〕「有」字，五符序卷中真人長生去三尸延年反白之方無。
〔二〕「神」，上書作「有神」。

右用麴十斤，米三斗，加天門冬成末一斗，釀酒，漬章陸六日。便齋服，五日食減，二十日穀絶腸肥，容氣充茂，諸蟲皆去，耳目聰明，瘢痕皆滅。以月宿與鬼日加丁時，取商陸服如棗，日三。道士常種此藥草於静室之園，使人道〔一〕神，令人不老長生，去三蟲，治百病，毒不能傷矣。

又方

取當陸根四十斤，削去麤皮細切之。以水八斗於東向竈煎之，令減半。去滓更煎之，令可丸，服如梧桐子大。丸蜜作之，勿令人見〔二〕。又一方：章陸根三十斤，正月二月九月十月十一月十二月採取，過此不中用。取章陸根淨洗麤切，長二寸許，勿令中風也，絹囊盛，懸屋北六十日，陰燥爲末，以方寸匕水服，旦先食。服十日見鬼，六十日使鬼取金銀寶物作屋舍，隨意所欲，八十日見千里，百日身飛行，登風履雲，腸化爲筋，久服成仙矣。

〔一〕「道」，疑當作「通」。

〔二〕以上十四字，五符序卷中真人長生去三尸延年反白之方作「服如梧子一丸，大良。作之勿令人見」。

除去三尸九蟲法并藥術

先生曰：夫三尸之鬼，變化無方，或見厲鬼，或假人形。雖千祆萬怪，即黠而不神，不悟人言語，不能鑒其情。欲修法事，慎無發揚，心或默語，鬼聞人聲。既聞人聲，即爲禍害，厭暴祟戾，其憂百端。審察災源，急宜詳解，逆爲人之備，無令寖淫。故訣稱：用建日修法，破日服符，及造藥術，欲爲消去，即其尸鬼亦常忌此日也。兼慮人用月晦庚日開執之日，故於此日能迷淪人意，俾耽眠睡，造作夢寐，顛倒非常。或緣人性之所畏惡，輒變此物，恐怖多端。或於眠中，唤人名字。或假〔一〕吏卒，收録執縛。或託人父母兄弟，責詈於己。或夢妻子，困病死喪，使人幛惶，悲哀哭泣。或夢塚墓，狼籍尸骸。或若乘危，爲其迫塞。或若犬來咋嚙，或見牛馬奔衝，往來號吠，倉卒抵踏。或鳥豕之形千狀，或蟲蛇之物萬端。或顛倒其巾冠，或訐揚人過惡，比〔二〕皆其所爲也。可先期一二日間，收心斂意，以道自處，庶幾行法而去之耳！仙經云：凡服仙藥，先去三尸。其方如左：

〔一〕「假」，四部叢刊本作「解」。
〔二〕「比」，四部叢刊本作「此」。

附子、七枚，炮。〔一〕　蕪荑、二兩，炒。〔二〕　乾漆、二兩，炒令煙。〔三〕

右三物篩擣爲散，常以空腹酒服一匕，日再服。七日而上尸去，九日中尸去，十二日下尸去。後當痢於盆中，即見三尸蟲狀。以綿裹之，葬東流水中，微哭之，呪曰：「汝死屬地，我得升天。」別道而歸，更勿反顧之。經三日後，或自於日中大哭，煩惱恍惚。勿自訝之，後當爽朗爲道人耳。

劉根真人下三尸法此方與前方稍類，但別出耳。

真人曰：欲求長生，先去三尸。三尸去則志意定，志意定則嗜慾除。乃以神方五〔四〕篇見授云：伏尸常以月望晦朔日上天，白人罪過，故司命奪人筭，使人不壽。欲去之法用此方：

〔一〕「附子、七枚，炮」，太上除三尸九蟲保生經去三尸蟲方作「狗杞根二兩」。
〔二〕「蕪荑、二兩，炒」，上書作「蕪荑五兩」。
〔三〕「乾漆、二兩，炒令煙」，上書作「乾漆四兩」。
〔四〕「五」，疑當作「一」。

蜀狗脊、七枚。　乾棗、二兩。　蕪荑、二兩。

右藥並皆依法事，持杵羅爲散，以清水服一合，日再服。七日上尸去，九日中尸去，十二日下尸去。其形似人，以綿帛裹之，埋於東流水，呪曰：「子死屬地，我當升天。」易道而歸，勿復回顧，三日之中當恍惚，後乃佳耳。

神仙古方傳授所來二首

朱璜者，廣陽〔一〕人也。少病毒瘕，就睢山下〔二〕事道士阮丘。丘憐之，言：「卿除腹中三尸，真人之業可度教也。」璜曰：「病愈當爲君作客，三十年不敢自違〔三〕。」丘因與璜七物藥，日服九丸，百日病下如肝脾者數升乃愈。後數十日肥健，心意日更開朗。乃與老君黄庭經令讀之，告曰：「日三過，通之能思其意，當度世〔四〕。」丘遂與璜俱入浮陽山玉女祠，

〔一〕「廣陽」，列仙傳朱璜傳作「廣陵」。本書卷一〇八列仙傳阮丘傳亦作「廣陽」。
〔二〕「下」，上書作「上」。
〔三〕「違」，上書作「還」。
〔四〕「當度世」，上書無。

且八十年，復歸故處，白髮盡黑，鬢更長三尺餘。過家食止，數年復去，至武帝末猶存〔一〕焉。

沈文泰者，九嶷人也。得紅綫〔二〕神丹去土符還年益命之道，服之有效。往崑崙，留安息二十餘年〔三〕，以傳李文淵，曰：「土符不去，服藥行道無益也。」文淵遂受秘要，後亦昇仙。今以竹根汁煑丹及黄白去三尸法，出此二人矣。

遊稚川記

僧契虚姓李，其父開元中爲御史。契虚幼好浮屠氏，年二十，髠髮衣褐，居長安中佛舍。及明皇幸蜀，羯胡陷兩京，契虚乃入太白山，食栢葉絶粒。遇道士喬君，清瘦高古，髮鬢皎白，謂契虚曰：「師神骨孤秀，後當寓遊仙都。」契虚謙謝之。喬君曰：「異日師於商山

〔一〕「猶存」，列仙傳朱璜傳作「故在」。

〔二〕「紅綫」，本書卷一〇九神仙傳沈文泰傳作「紅泉」。

〔三〕「往崑崙，留安息二十餘年」，上書作「欲之崑崙，留安息二千餘年」。

備食物於逆旅，有棒子必犒而餽焉。〔一〕或有問師所求，但言願遊稚川，當有棒子導師去矣。」及禄山破，上皇還京，天下息兵。契虛即於商山旅舍備食膳，遇棒子而餽焉。近數月，餽棒子數百人，食畢輒去，無問者。契虛怠，爲喬君見欺，將歸長安。忽遇一棒子，年甚少，問契虛所詣。答曰：「願遊稚川，積有年矣！」棒子驚曰：「稚川，仙府也，安得至乎？」契虛曰：「幼而好道，曾遇至人，勸遊稚川，但不知其路耳！」棒子曰：「與我偕行，可以到也。」於是與之俱至藍田上理行，俱登玉山，涉危嶮，踰巖巘，十八餘里至洞穴，水自洞側而出。棒子與契虛運石填水，三日而水絶。俱至洞中，昏晦不可辨。遥見一門在十數里〔二〕外，望門而去。既出洞外，風日恬炅，山水清麗。凡行百餘里，登一高山，攢峯廻拔，石徑危峻。契虛眩惑，不敢前去。棒子曰：「仙都近矣，無自退也。」挈其手而登，既至山頂，緬然平坦，下視山峯川源，杳不可辯。又行百餘里，入一洞中。又數十里，及出洞，見積水無窮，中有危徑，纔横尺餘，長亘百里。棒子引之，躡石而去，頗加悚慄，不敢顧視。即至一山，下

〔一〕「師於商山備食物於逆旅，有棒子必犒而餽焉」，太平廣記卷二八僧契虛作「師當備食於商山逆旅中，遇棒子即犒於商山而餽焉」。宣室志卷一遊仙都稚川與此同，僅「即犒於」作「即犒而於」。

〔二〕「十數里」，宣室志卷一遊仙都稚川作「數十步」。

有巨木，煙景繁茂，高數十尋。棒子遂登而長嘯，久之風生林杪。俄有巨索自山頂懸竹橐而下，棒子與契虛入竹橐中，閉目危坐，勢如騰飛，舉巨絙引之，即及山頂，城邑宫闕，璣玉交映，在雲物之外。棒子指而語曰：「此稚川也。」與契虛俱詣其所，仙童百輩羅列。有一大仙謂棒子曰：「此僧爲何而來？」棒子曰：「此僧願遊稚川久矣，故挈而至。」一殿中〔一〕，見冠冕大仙貌甚偉，據玉几而坐，侍衛環列，呵禁極嚴。棒子命契虛拜謁，且曰：「此稚川真君也。」既拜，召升階，問曰：「爾絶三彭之仇乎？」契虛不能對。真君曰：「此未知道，不可留此。」即命棒子引登翠華亭，見亘空丹檻雲矗，内一人袒而寐〔二〕，髮長數十尺，凝膩黯黑，洞瑩人心目。又命契虛拜曰：「此楊外郎，因隋室奔亂，入山得道。非其瞬目，乃徹視之。徹視者，寓目人世耳。」拜請忽寤而開目，光若日月之朗焉。又見一人卧石壁之下，棒子曰：「此乙友君名潤〔三〕，亦得道人也。」既而棒子承真君之教，引契虛歸人間，凡所涉歷，皆是來時所經之路。契虛問棒子曰：「真君問三彭之事，我所未了何？」答曰：「三彭者，

〔一〕「故挈而至。一殿中」，宣室志卷一遊仙都稚川作「故吾挈而至此。已而至一殿」。

〔二〕「寐」，太平廣記卷二八僧契虛作「瞬目」。

〔三〕「此乙友君曰潤」，上書作「此人姓乙支，潤其名」，宣室志卷一遊仙都稚川作「此人姓一支，潤其名」。

三尸之姓也。常居人身中，伺人之過，欲令人死。每以庚申日，條列人罪目，奏于上天。學仙之士，不去三尸，無由得道，徒苦無益也。」既及平地，在秦川矣，亦不知梓子所之。契虛自此居太白山，未嘗言稚川之事。貞元中，徙居華山。滎陽鄭紳、吴興沈聿自京出關，值契匣〔一〕。見契虛絶粒，不置庖爨。鄭異其不食，訪其所遇，因話其事。鄭甚奇之，自關東却回，詣其舍，契虛已遁去，不知所之，鄭君述稚川記耳。

夢三尸説

道書言曰〔二〕：人身中有三尸蟲，居三丹田，好惑人性，欲得早亡，每至庚申日上讒于帝，請降災禍於人，故人多夭枉禍厄。修鍊者用術及藥以去之，則年長不死。有廣羊〔三〕人宋彦華，家于濮上，好儒文及術伎，因於道者處受術及藥，百計求去三尸。忽一夕夢三人，古冠服而立堂閤之内。彦華問曰：「君何人乎？」答曰：「吾即是君身中三彭也。欲辭

〔一〕「契匣」，疑當作「契虛」。然「匣」作「廛」亦可通。
〔二〕「言曰」原作「曰言」，按文意改。
〔三〕「羊」，疑當作「陽」。

子，故來相告耳。」彦華夢中責之曰：「吾受生于天，天賦有命，命有短長，必自悉矣。聞君好居吾身中，讒賊幻惑，惱亂吾神，使邪夭禍厄，則喜而去，吾何負於君輩哉！今吾師道術以殺汝，汝不速去，必遭楚苦。」三尸曰：「子能聽我言，將以辨吾非罪，而以辭子，可歟？」彦華曰：「何也？」答曰：「吾之族，陰陽之精也。上係太虚，自無入有。凡人有生質，則上帝乃頒吾兄弟賦于人中，主其魂魄，護其性而保其中也。蓋人中及壯，則百緒之爲，貪財食，溺邪淫，矯詐欺誣，奸狡佞妄，外示正直，内趨僻違，不孝友，不慈惠，抑民掠財，逞形恃勢，潛窺陰計，自豐其家，喜利忌賢，輕貧叶富，晝夜役使，兄弟甚勞苦哉！吾之疲倦，且録其尤以害之得速死，冀吾有暇耳。不如是，何得適哉！今子若好道，不必去吾兄弟。子但修中正，抛榮去味，遠世棄欲，息役沈光，滌清三宫，凝定九府，日月内燭，星斗高臨。則吾兄弟優游清閑，雖千萬歲，與子周旋，賓護外物，吾無勞役，又何敢怠？況讒賊乎！今子且愛榮好奢，戀世情命，矯謀財色，既而返逐於我，我今去矣。若上彭去，則子言語倒錯，耳窒目暗，容貌滋味無復暢也；中彭去，則子規謀失筭，治官乖政，榮業壯圖、文詞術藝無復適也；下彭去，則子風月蕩絶，馳騁艱難，坐立無復强也，子孫廢滅，魂魄飄沉，如此則子返爲行尸，非人也。夫人之處世，賴我兄弟以爲精識思慮。子不修中正，保元氣，而誣我以罪，豈非戾乎！」言訖，揖彦華將去。彦華夢中牽其袂而留之曰：「自古皆有死，民無財不活，今吾不能保其真矣。子且爲我留居，共子謀財，不復反覆矣。」三彭倏然躍入其鼻，怳而驚乃寤。自後但以積財爲業，不復更言道術。

溟洪先生曰：「吾聞大道虚無，無一物可辯。自無入有，蓋賦形也。人稟中正，不可自邪也。中正則天地合其神，豈小蟲能害乎？三彭誠有靈者，豈能制天地乎？亦信人自不端，陰役其内，則更有小於三彭者，固能致禍矣！是其説可深信歟！宋氏多金，能轉貨，嘗餘財。所慕道藝，今盡擲矣。與予話夢，故書以傳之，笑其惑也如此。」

雲笈七籤卷之八十三

庚申部

中山玉櫃經服氣消三蟲訣

昔大黄帝君太古無名，云大黄帝君者，則黄帝有熊。會羣臣於崆峒山，問道于廣成子曰：「夫人養生全真，遊觀於天庭間，止息於洞房中，得與衆聖齊羣，駐童顔而不敗者，則何法最寶？」廣成子曰：「夫人以元氣爲本，本化爲精，精變爲形。形雖好生，欲能竭之。故欲不可縱，縱之則生虧，制之則生盈。盈者精滿氣盛，百神備足。夫有死必有生，有生必形虧。虧盈盛衰，物之常理。日中則移，月滿則虧。樂極悲來，物盛則衰。有生死是天地人之常數也〔一〕。聖人智通萬物，以法堅身，在養育之門，無犯形本，則合於化元之道者也。夫人體内有百關九節，百關者，號百禄之神，爲九節之用。九節者，一掌、二腕、三臂、四膊、五肩項、六腰、七腿髀、八脛踝、九腦，是謂九節也。合爲形質，洞房、玉户、

〔一〕「有生死是天地人之常數也」，本書卷六十中山玉櫃服氣經（下稱服氣經）作「有生即死是天地之常數也」。

紫宫、泥丸、丹田以處泊，古人作楮薄〔一〕，今論神氣棲息，故宜處泊。洞房等皆天庭三田神正泊處也。百神守衛，六靈潛護，百神者，百節之神，守固營魂，保護五藏神〔二〕。五神清則百節靈，五神傷則百節厎，清即少，傷則老。經云：貪欲嗜味，傷神促壽。金玉滿堂，莫之能守。六靈者，眼耳鼻舌身意，亦謂之六識。常隨心動，動念則識便從之〔三〕，是故制之則寧，用之則成，察之則悟，任之則冥〔四〕。又有三魂伏於身，七魄藏於府。故云肝藏魂，肺藏魄，脾藏志，心藏神，腎藏精，此皆百神六靈之主也。宜防濁亂，輕躁動作，違之不守，自致敗傷而已。保其玄關，守其〔五〕要路。道以真一爲玄關，以專精爲要路。既食百穀，則邪魔生，三蟲聚。蟲有三名，伐人三命，亦號三尸。一名青姑，號上尸，伐人眼，空人泥丸。眼暗面皺，口臭齒落，鼻塞耳聾，髮秃眉薄，皆青姑之作也。一本作青石。二名白姑，號中尸，伐人腹，空人藏府。心旋意亂〔六〕，肺脹胃弱，氣共傷胃，失飢過度，皮癬肉燋，皆白姑之作也。一本作白石。

〔一〕「古人作楮薄」，服氣經作「古文作措薄」。

〔二〕「神」，上書作「藏亦有神」。「營魂」，上書作「榮衛」。

〔三〕「動念則識便從之」，上書作「念則識闇闇」。

〔四〕「冥」，上書作「真」。

〔五〕「其」原作「具」，據上書改。

〔六〕「亂」原作「辭」，據上書改。

三名血尸，號下尸，伐人〔一〕胃，空人精髓。腰痛脊急，腿痺臀頑，腕疼脛痠，陰萎精竭，血乾骨枯，皆血尸之作也。一本作血姑。此三尸毒流，噬嗑胎魂，欲人之心，務其速死，是謂邪魔生也。人死則尸化爲鬼，遊觀幽冥，非樂天庭之樂也。常於人心識之間，使人常行惡事，好色欲，增喜怒，重腥穢，輕良善，惑亂意識，令陷昏危，其〔二〕於一日之中，念念之間，不可絶想。常以甲寅、庚申日，上白〔三〕天曹，下訟地府，告人罪狀〔四〕，述人過惡，十方刺史受其詞，九泉主者容其對，於是上帝或聽，人則被罰。輕者在世迍邅，求爲不遂；重者奄歸大夜，分改身形，成殃而出。今俗傳死次〔五〕直符，雄雌殃注，破在煞星，此之是也〔六〕。都由人不能絶百穀，斷五味，誡嗜欲，禁貪妄，而自致其傷殞。內景玉書云：「百穀之實土地精，五味外美邪魔腥，臭亂神明胎氣零，三魂恍恍〔七〕魄靡傾。」要知成〔八〕彼之三蟲，由斯五穀也。**貫穿五藏，**

〔一〕「人」原作「之」，據服氣經改。

〔二〕「其」原作「無」，據上書改。「令陷昏危」，上書作「令蹈顛危」。

〔三〕「白」原作「曰」，據上書改。

〔四〕「罪狀」，上書作「陰私」。

〔五〕「次」原作「吹」，據上書改。

〔六〕「破在煞星，此之是也」，原無「也」字，「煞星」原作「殺心」，據上書增改。

〔七〕「恍恍」，本書卷十二上清黄庭内景經百穀章第三十作「忽忽」，且句上有「那從反老得還嬰」一句。

〔八〕「成」下原有「敗」字，據服氣經删。

環鑿六府，使丹田不華實，津液不流注，血脈不通行，精髓不凝住，胎魂不守宮，陰魄不閉户，令人躭五味，長貪欲，形老神衰，皮皺髮落〔一〕。若不却粒絶味，禁嗜戒色，則尸蟲全而生，身必死。若滅三蟲，弭尸鬼，安魂魄，養精髓，固形神，保天地者，非氣術而不可倚矣。擒制情欲，弭滅蟲尸，使形神不枯朽，須服神氣還元返本，過此皆不可倚也。且我大仙以氣術爲先，元氣是本。道〔二〕以太和爲宗，沖元是本。及吾歸之於妙，寂之於玄，化之於無，用之於自然，自然輕舉，昇於玄玄，出入無間，其道恬焉。與道通靈，當有何患？音還。内景云：「勿令七祖受殃〔三〕患。」但不許以道傳於非人，即七祖受其殃也。今言當有何患，是亦依道奉行，保無殃咎也。夫上仙以元氣爲宗〔四〕，中仙以丹術爲本，下仙以藥術爲首，量此三者〔五〕，夫何以久？皆以勤形〔六〕勞神，餌金服石，動費貨泉，失於歸寂，蓋不得自然之理，乖於真道矣。昔大隗翁曰：『生吾有

〔一〕「形老神衰，皮皺髮落」，服氣經作「衰形神，老皮髮」。

〔二〕「道」原作「是」，據上書改。

〔三〕「殃」，本書卷十二上清黄庭内景經沐浴章第三十六作「冥」。

〔四〕「夫上仙以元氣爲宗」，服氣經作「夫上清所崇」。

〔五〕「三者」，上書作「二者」。

〔六〕「形」字原無，據上書增。

身，憂吾勤〔一〕勞，念吾飢渴，觸情縱欲，過患斯起，遂虧於玄化之道也。』」此廣成子述初古大仙要道所得之祕旨也。於是大黄帝君謹心神，觀想元氣，用啓玄理，先静丹元，觀想自然，融於歸寂也。乃感太一真君持玄元内景氣訣妙經一篇授之帝君。帝君爾後降中嶽，復會羣仙，宣是妙經，因名中山玉櫃服神氣經。此碧巖受行是經於師，奉傳然得分明，知其的實，以爲誥〔二〕。夫太一真君者，是北極太和元氣之神，神通變化，自北極紫微宫經過於天地間，滋育萬物，在天則五象明焉，在地則草木生焉，居人則神識靈焉，在鑒則五行察焉，在化〔三〕則四運變焉。聽之不聞，視之不見，搏之不得，無形〔四〕無狀而與萬物作狀，故謂之玄，謂之象。所感無不應，所真無不證，所專無不用，所精無不動。是知道以真正爲玄關，專精爲要路，倚於此者，無所不通也。碧巖受之，相次顯示，使其將來，不滯迷惑。經曰：夫欲服氣，服元氣爲本，以歸寂爲玄妙。若不得此門，及不知玄關要路，則終不能成就功德也。經之要言，故不妄語。夫求仙道，絶粒爲宗。

〔一〕「勤」原作「動」，據服氣經改。

〔二〕「以爲誥」，上書作「故以告也」。

〔三〕「化」原作「北」，據上書改。

〔四〕「無形」二字，上書無。

絶粒之門，服氣爲本。服氣之理，齋戒爲先。當持齋戒，然揀好日，晏静一室，安置牀薦。其齋以心清意浄，無諸躁動，止〔一〕可二七日。若不先齋，則不得神氣内助。若不存想，則神氣不得内補。夫欲修行，要當别置一室，好土香泥泥飾，明密高敞，牀褥厚煖，衾枕新潔，不得使雜人穢污輒到其中。其中地須鋤〔二〕深二尺，篩去滓礫，除諸穢物，更添好土，築擣平實，更羅細土，拍踏令緊。既得平穩，勤須灑掃，務其清淨。室中唯安書机經櫝，每一度焚香，念玄元無上天尊，又念太一真君。又可呼〔三〕三一三元五藏六靈一身之神，冥心叩齒，静默思之也。太一真君有五誡，誠心依之，尅獲神應。一者不得與女人語笑同處，致尸鬼惑亂精神。二者勿食一切葷膩五辛留滯冷滑之物，若食之，令三尸濁觸五神。三者勿入一切穢惡處所，夫吊死問病，至人不〔四〕爲，殺戮決罰驚魂，大怒大怖，精神飛散，就中死尸，道人大忌。海之至大，尚不宿尸，人之至靈，尸之至穢也。或悞衝見，當以桃皮竹葉湯浴訖，入室平卧，存想心家火遍身焚

〔一〕「止」，服氣經作「正」。
〔二〕「鋤」原作「深鋤」，據上書删。
〔三〕「呼」，上書作「存呼」。
〔四〕「不」字原無，據上書增。

燒，身都炯然，使之如盡〔一〕。然後閉氣，咽新氣驅逐腹内穢氣，使攻下泄，務令出盡，當自如故。四者勿與一切衆人争於是非，忿諍鬬競，及抱小兒，減人筭壽，損志傷神。五者勿得欺誷一切事，陰神不助，常慎言語，節度行止，勿對北旋溺，犯太一紫微，殃罰非細。若有違此五戒，於二七日間，眠夢之内，自有驚覺，覺悟於人，務人修善，其事祕密，勿泄於人。所言内景氣訣妙經一篇，良有是也。夫景是内祕之事，唯自己心内知之，固不可漏泄他人也。

説三尸

真人云：上尸名彭倨，好寶物；中尸名彭質，好五味；下尸名彭矯，好色慾。三尸之爲物，常居人脾。至修法之夜，即宜右覆卧，則脾不得動。脾不得動，則三尸不得作恐耳，亦乃一助也。是夕心中祝言曰：「三尸九蟲，我已知你所能也。」若眠中聞焕誤應者，即當起正坐，叩齒十二通，心中祝曰：「吾知汝是三尸九蟲耳。」但知行正意役使，夢中勿與相應對也。常先預思憶勑戒之，亦無能變化矣。

〔一〕「盡」，服氣經作「晝」。

説三尸所居法

上尸彭倨居人頭上，在泥丸宫中，一名上丹田宫，却入眉後三寸，自有宫殿樓閣。中尸彭質居人心後，却入三寸三分，居其間，名曰中泥丸，一名中丹田，自有宫殿樓閣。下尸彭矯居人下丹田，亦名下泥丸，在人小腹去臍下三寸，却入腹三寸七分，自有宫殿樓閣。

候三尸法

若忽夢起屋舍籬障者，是腹中尸蟲共相依止。若夢與女人交通者，其尸蟲會也，重者皆成病。若服丹砂有功者，當夢大火燒其屋宇。服諸藥有應者，當夢父母喪亡，妻子被殺，或是姊妹兄弟之屬或女人，或塚墓破壞失去棺槨，及被五刑死者，此是尸蟲皆將消滅候也。

趙先生口訣祝尸蟲法凡三法

趙先生口訣曰：欲祭〔一〕三尸九蟲法，常以月建之日夜半之時，密出中庭，正立東向，平體正氣，叩齒三十通訖，舉頭小仰，即復下頭小俛，因嚥液二十〔二〕過，又向前仰兩手二七過，前後仰，緩〔三〕手爲之，竊祝曰：「南昌君五人，官將百二十人，爲某甲除三蟲伏尸，將某周遊天下，過度災厄。」訖，徐徐左廻還卧。行之三年，尸蟲消滅。若月中有重建者，亦重爲之。修此法欲齋戒獨住，不欲雜錯人衆，務令寂靜，勿使知之，及六畜鳥獸並不聞聲。爲此法易行，無恍惚之患。

〔一〕「祭」，太上除三尸九蟲保生經（下稱保生經）作「除」。

〔二〕「十」，上書作「七」。

〔三〕「仰，緩」，上書作「却，授」。

又法

先生曰：欲除尸蟲之法，春月擇甲乙〔一〕夜，視歲星所在，朝之再拜，正心竊祝曰：「願東方明星君扶我魂，接我魄，使我壽如松栢，生年萬歲生不落〔二〕。願爲甲除身中三尸九蟲，盡走〔三〕消滅。」常擇潔静，頻行之爲善。此仁德樂生君木也，木尅土，所以土尸去，妙訣祕之。

又法

先生口訣去三尸九蟲法：常以月晦日日出昕昕時，東向日所出處，禹步三祝曰：「諸皋〔四〕，皋者喚聲，如言號耳。月中有蟲兔蝦蟆，日中有蟲三足烏，水中有蟲蚍與魚，土中有蟲蛾

〔一〕「甲乙」，保生經作「甲乙之日」。
〔二〕「生年萬歲生不落」，上書作「千秋萬歲，長生不落」。
〔三〕「走」，上書作「去」。
〔四〕「諸皋」原作「諸睪」，上書作「諸皐」，音同，據改，下同。

螻蛄，腹中有蟲蚘白從〔一〕。」凡三祝止之，祕而勿傳。

東方氏制三尸法〔二〕

常以庚申日，存頭中有太上老君泥丸真人二人並共坐，上著遠遊冠，服玄袍，坐於冥光帳中，下視口目耳鼻，清滌神氣，謂之上一，拘面部之魂。次存心中有太一太帝絳宮真人二人並共坐，上著九陽冠，服丹南逸景之袍，坐於朱陵帳中，下視四體清波〔三〕，肝肺膽腎，皆令淨潔如五色玉，謂之中一，拘四肢之部〔四〕精。次存臍内有太黄老君黄庭真人二人並共坐，上著十靈之冠，服黄羅之袍，坐於黄錦帳中，下視脾腹〔五〕之下孔竅，令分明如白素，謂之下一，拘〔六〕制骸魄。於是三尸無從得動矣。

〔一〕「蚘白從」，保生經作「蚘白徒」，「蛾螻蛄」作「螻蟻蛄」。
〔二〕「東方氏制三尸法」，上書作「守庚申之日法」。
〔三〕「清波」，上書作「情狀」。
〔四〕「部」，上書作「邪」。
〔五〕「脾腹」，上書作「脾腸」。
〔六〕「拘」下，上書有「腸胃」二字。

紫微宮降太上去三尸法

夫人身並有三尸九蟲。人之生也，皆寄形於父母胞胎，飽食於〔一〕五穀精氣，是以人腹中盡有尸蟲，爲人之大害。常以庚申日夜，上告天帝，記人罪過，絶人生籍，欲令速死，魂昇于蒼天，魄入于黄泉，唯有蟲尸獨在地上遊走曰鬼。或四時八節三牲祭祀不精，輒與人作禍害，心痛疰忤，伐人性命。上尸彭倨，在人頭中，伐人眼目，令人好作惡，噉食衆生，或口臭齒落〔二〕。中尸彭質，在人腹中，伐人五藏，少氣多忘，令人好作惡，噉食衆生，或作惡夢，驚恐不安。下尸彭矯，在人足，令人下關搔擾，五情踴動，不能自禁。若尸爲神則害子，是故復疰不絶。又云，上尸彭倨名青服，中尸彭質名白服，下尸彭矯名赤口。此三尸狀如小兒，或似馬形狀，皆有鬚髮，毛長三四寸。人既死遂出作鬼耳，如人生時形象衣服長短，親人見之，謂是亡人還家，實非亡人靈也。身中三尸九蟲，種類羣多。夫學道修長生者，若不先滅三尸九蟲，徒煩服藥斷穀，求長生不死，不可得也。後人謂先聖經方虚謬，乃未究害

〔一〕「飽食於」三字原無，據本書卷八一三尸中經增。

〔二〕以上十四字，上書作「令眼暗髮落口臭面皺齒落」。

之所由也。此上聖之至訓，真人之祕言，宜可勗哉！制之法，每至庚申日，夕不眠以守之，令不得訴天帝。罪滿五百條，其人必死。三守庚申，三尸振伏。七守庚申，三尸長絕，太玄鑊湯，煑而死矣。爾乃精神安定，五藏恬和，不復搔擾。

太虛真人消三尸法〔一〕

真人曰：常以春甲寅〔二〕日、夏丙午日、秋庚申日、冬壬子日瞑卧時，先擣朱砂雄黃雌黃三物，等分細擣，以綿裹〔三〕之，使如棗大，臨卧時塞兩耳中，此消三尸鍊七魄之道也。明日日中時，以東流水沐浴畢，更整飾牀席，易著衣物，浣故者，更履屐，先除澡之，都畢，又〔四〕掃灑於寢牀下，通令所住一室淨潔，平〔五〕安枕卧向上，閉氣握固良久，微呪曰：「天道有常，改易故新。上帝吉日，沐浴爲真。三氣消尸，朱黃安魂。寶鍊七魄，與我相

〔一〕「太虛真人消三尸法」，保生經作「太上真人口訣」，上清太上八素真經（下稱八素真經）作「太虛真人口訣」。
〔二〕「甲寅」，上二書作「乙卯」。
〔三〕「裹」原作「裏」，據上二書改。
〔四〕「先除澡之，都畢，又」，八素真經作「而洗澡之，却又」。
〔五〕「平」，上書作「更」，保生經作「便」。

親。」此道是消鍊尸穢之上法，改真易形〔一〕之要訣也。四時唯各取一日爲之。

思念道誡去三尸法

老君遺誡，教子防軀，外如空城，裏如丹朱。外常不足，内實有餘，保道五藏，勿得發舒。行正念道，常覆子軀。思道念道，坐致行廚。思道念道，常以道俱。内懷金寶，外常如無。保神愛氣，萬邪不拘。長生在已，三尸自去。百病九蟲，皆自消除。身過千災，仙人鄰居。

五行紫文除尸蟲法凡三法

五行紫文曰：常用朔望之日日中時，臨目西〔二〕向。存兩目中出青氣，心中出赤氣，臍中出黄氣，於是三氣相繞，合爲一，以冠身〔三〕。盡見外洞徹，如光之狀〔四〕。良久，乃叩

〔一〕「改真易形」，保生經及八素真經分别作「改易新形」、「改真新形」。
〔二〕「西」，本書卷一〇五清靈真人裴君傳作「南」。
〔三〕「合爲一，以冠身」，上書作「合爲一氣，以冠一身」。
〔四〕「盡見外洞徹，如光之狀」，上書作「須臾内外洞徹，如火光之狀」。

齒四十通，畢而嚥液〔二〕。此謂錬形之道，除尸蟲之法，久行之佳也。

又法

常以七月十六日去手爪甲，燒作灰服之，即自滅。消九蟲，下三尸。

又法

凡寅日去手爪甲，午日去足爪甲，名之斬三尸。

存心中赤氣去三尸法

經曰：常念心中出赤氣，上行通喉嚨，以意閉之於泥丸。爲之不止，三尸自去，長生久視，司命刻名，著不死之紫籙也。

〔二〕「四十通，畢而嚥液」，本書卷一〇五清靈真人裴君傳作「十四通，咽液十四過，畢」。

雲笈七籤卷之八十四

尸解

太極真人石精金光藏景録形經説

上宰總真西城王君昔受之於紫陽公。施行道成後，以付弟子茅盈，以傳南嶽夫人，使授學道者當爲真人。

釋石精金光藏景録形法

夫石者鐵之質，精者石之津，金者劒之幹，光者刃之神。藏玄飈亂景，録四寶之形。揮割百魔，映彩五星，觀焕七元，激烈火兵者矣。軒轅有橋山之葬，所以劒舄在焉。玉子有渤海之塚，劒鳴空槨。王喬有京陵之墓，而劍飛沖霄。斯實真驗九玄，精應太虚，神方之靈致，威劒之妙化也。諸以劒尸解者，以劒代身，五百年之後，此劒皆自然還其處也。幽響無間，恍惚難尋，不可得言矣！不可得書矣！爲之者，見之者，唯當應之於心耳。

軒轅自採首山銅以鑄鼎，虎豹百禽爲之視火參鑪，鼎成而軒轅疾崩，葬橋山，五百年後山崩，空室無尸，唯寶劒赤舄在焉，一旦又失所在也。一説云，黄帝丹成，乘龍上天，羣臣攀慕，葬劒舄於橋山，後五百年山崩，空室唯劒，又失所在。玉子者，帝嚳也，曾詣鍾山獲九化十變經，以隱遯日月，遊行星辰，後一旦疾崩，營塚在渤海山。夏中衰時，有發玉子墓者，室中無所有，唯見一劒在北寢上，自作龍鳴虎嘷〔一〕，人遂無敢近者，後亦失所在也。既發墓時，亦當在五百年之間也。王子喬墓在京陵，戰國時復有發其墓者，唯見一劒在室，人適欲取視，而劒忽然飛入天中也。案神劒代身，五百年後劒自歸其處。當是靈人使，故有崩發者，令劒得出而上飛沖天乎！

尸解叙

夫尸解之道，如爲小妙，既令希者情阻，聞者不及，以一死鎮其路，亦〔二〕無所復論。

〔一〕「嘷」下，真誥卷十四稽神樞第四有「之聲」二字。

〔二〕「以一死鎮其路，亦」，無上祕要卷八七尸解品引洞真藏景録形神經（下稱録形神經）東卿司命君語作「一以死鎮其路，示」。

唯彭鏗遊山，鳳綱市朝，四皓假首以素，八公變形萬化，亦吾所不願矣！自有方諸刻名應得尸解之仙者，或稟受使然，或志行替敗，或學尋淺狹，或情向頹住。此自希尚所及，正以分得之。非向所論諸君衍門子輩，既飽上藥而故爲尸解者也。吾昔受先師尸解上方委化之道，雖不得獲用，常所依依。今向塵埃〔一〕四會，交兵激合，三官驅除，疾賢害道，言神仙者致疴，尋淫利者富貴，志道求生者，亦何爲汲汲〔二〕於風火之中，束帶以入乎牢市者哉！〔三〕今密出尸解之方，可各以傳示弟子應得爲真人者，用之潛遯，足以遠凶惡；施之而逝，可以盡子孫之近戀；隱之而遊，可以登名山也。若夫道數兼備，方〔四〕術斯明，役使百鬼，招召衆靈，坐在立亡，分氣散形。雖處三軍而飆鋒不能兵，雖行凶危而災癘弗能干，雖入市朝而百害不能生者，可無復施尸化之遷耳。夫此之解者，率多是不汲汲於龍輪，樂安棲於山林者矣！

〔一〕「埃」，録形神經作「垢」。
〔二〕「汲汲」原作「波波」，據上書改。
〔三〕「入乎牢市者哉」，上書作「入鄽市哉」。
〔四〕「方」，上書作「萬」。

又敘

真誥曰：呑琅玕之華而〔一〕營丘墓者，衍門子高丘子洪崖先生是也。衍門子墓在漁陽潞縣，高丘子墓在河中聞喜縣，洪崖先生墓在武威姑臧縣，此三郡並云〔二〕上古死人之空塚也。而不知高丘子尸解入六景山，後服金液之水，又受琅玕華丹於中山，復託死乃入玄洲，受書爲中嶽真人。衍門子今在蒙山大洞黄金之庭，受書爲中元仙卿。洪崖先生今爲青城真人也。漱龍胎而決死，飲瓊漿〔三〕而叩棺者，王西城及趙伯玄劉子先是也。服金丹而告終者，臧延甫張子房墨翟子是也。挹九轉而尸臭，服刀圭而蟲流者，司馬季主甯仲君燕昭王王子晉是也。夫尸解託死者，正欲斷以死生之情，示民有終始之限耳！豈肯腐骸太陰，以肉餉螻蟻者哉。直欲遏違世之夫，塞兆民之願〔四〕望也。

〔一〕「而」，録形神經及真誥卷十四稽神樞第四作「而方」。

〔二〕「並云」，真誥卷十四稽神樞第四作「縣人並云」。

〔三〕「決死，飲瓊漿」，上書及録形神經「決死」作「死訣」，「漿」作「精」。

〔四〕「願」原作「源」，據上二書改。

造劒尸解法

真人用寶劒以尸解者，蟬化之上品也。當自齋戒百日，乃使鍛人，用七月有庚申日、八月有辛酉日，作精利劒。使長三尺九寸，廣一寸四分，厚三分半，以杪九寸爲左右刃處，其柄任長短取適也，頭可安録鐶也，唯使長三尺九寸耳。

録鐶者，鏤刻劒鐶也。鐶左右面刻之作刃字，面有九刃字也。鐶背上刻作巳字，作九巳字也。深刻之，字刻皆從刀背而下，順刃也，順鐶而刻之也。

諸刻處欲得以金銀廁填之，益分明佳也。劒身中有刻象在後，鐶中央復有竪起如小半鐶者，名之曰伏基。内鐶刻左面爲日字，刻右面爲月字。先又圓刻日月之外爲郭也，所謂伏日月之光基。五百年還出以揮五嶽，入以藏無間，下以制九陰，上以承玄冥，衛足以逐邪魔，威足以鑒七精，仰以映録五氣，俯以代身化形矣。欲知劒之左右内外，以劒正指南，使劒背在上，使劒刃在下也，於是乃以東面爲右，西面爲左〔一〕，東爲内面，西爲外面，所謂迴巔黄赤，縱到五行，步斗含陰，斬電割風者也。斗謂七星，陰謂六丁之神也。劒杪九寸有兩

〔一〕「以劍正指南，……東面爲右，西面爲左」，按方向，「左」「右」宜互乙。

刃處，並刻兩刃中脊上内外面各作三丁字，從兩刃頭始作丁字，分以三寸爲一丁字，字順向劒杪。

此劒恒置所卧牀上枕櫛被褥之間，使常不離身，以自衛也。既足以逐辟邪魔，又可以照映五形。爾乃神藥題之，即得遯景潛冥九〔一〕。此劒尺度長短廣狹厚薄刻鏤文字，乃太極四真人靈劒之模範也。或謂曰分景，或曰揮神刀，但當論鋌質有利鈍耳。上人皆陶昆吾之石，冶西流之金，鑄而作之，準其成範也。此之上質，非世人所得，但取精鐵，按而作之，亦足以流景逸真，隱靈化形。藥既陳矣，將不待西吾之質，乃成其妙也，凡鐵亦皆可用也，所存在於範質而已。夫虎狼惡獸，聞麟唱而竄穴；百鳥羣遊，聽鳳鳴而絶響。麟角豈鋭於虎狼之爪牙哉？鳳聲豈猛於鵰鶚之玃乎？所貴在於靈音神氣，道妙發煥，德爲羣物之軌，真爲至空之柄，足以鎮萬精之眩惑，威千凶之用矣。奚必須昆吾之金、割玉之鋌耶？王子喬劒乃凡下之鐵耳，黄帝今所帶劒是橋山中尸解劒也，若是者復非西昆之流金也。

〔一〕「九」，疑當作「也」。

尸解次第事迹法度

若欲且遯潛名山，棲身高岫；或欲隨時觀化，逍遥林澤；或欲斷兒子之情，令始終道畢，外割親悲，内遏希尚，不願真官，隱浪自足者，當修劍尸解之道，以曲晨飛精書劍左右面，先逆自託疾，然後當抱劍而卧。又以津和飛精作丸如大豆，於是吞之。又津和作一丸如小豆，以口含，緣拭之於劍鐶，密呼劍名字，祝曰：「良非子干，今以曲晨飛精相哺，以汝代身，使形無洩露，我當潛隱，汝暫入墓，五百年後，來尋我路。今請别矣，慎勿相悮，上登太極，言功八素。」祝畢，因閉目咽氣九十息，畢開目，忽見太一以天馬來迎於寢卧之前，於是上馬，顧見所抱劍已變成我之死尸在彼中也。臨時當易著太一迎服，留故衣巾以覆劍也。乃乘馬躡虚，任意所適。或可改名易姓，還反故鄉，無所忌難矣。劍成死尸，與真不異，又有臭氣，又乃生蟲。既劍入棺，即復劍形，不復爲尸形也。天馬者，吉光騰黄之獸也。太極真人命太一使者齎馬執控，并迎以寶衣，恍惚而來，不知所以然也。馬去之時，雖衆醫侍疾，子孫滿側，而我易服束劍，流景變迹，徒相衛比肩對目，而不覺我之云爲也。所謂化遯三辰，巔徊日精，呼吸萬變，非復故形者也。寶衣，無縫衣也。劍字子干名良非，若未用劍之時，眠卧常祝呼劍名字曰：「良非子干，神金揮靈。使役百精，令我長生。萬邪不害，天地相傾。」當密祝於劒鐶之中。上馬時，以藏景録形靈丸二枚著劒青囊中，結空囊口著被中，良久已復變成向者囊中劒也。二三年間，乃忽然自失之耳。此曲晨飛精一名七陽日精之華，蓋琅玕之併例矣。此丹復能流遁散形，分景藏亳，四海不能容其體，粟米固能纏其外者也。隱廻七度，昬蔽三光，實其妙矣！其用他藥得尸解，非是用靈丸之化者，皆不得返故鄉，返故鄉則爲三官執之也〔一〕。有死而更生者，有頭斷已死乃從一旁出者，有死畢未殮而失尸骸者，有人形猶存而無復骨者，有衣在而形去者，有髮脱而失形者。白日去謂之上尸解，夜半去謂之下尸解，向曉暮之際而去者〔二〕謂之地下主者。此皆迹兆不滅，爲人所疑，雖獲隱遁，令世志未厭，又不得返旋故鄉，遊棲靡定，深所恨恨，意在於此。此自是太清尸解之法，那得比太極之化遯乎？高卑絶軌，良有由也。

太極真人誡

太極真人誡：夫傳受此，雖年多者，所謂道初起耳。上古之世平，當全其限；中古世

〔一〕「返故鄉則爲三官執之也」，真誥卷四運象篇第四作「三官執之也」。

〔二〕「向曉暮之際而去者」，上書作「向曉向暮之際」。

衰，漸可半之；下古世亂，三分之一乃可傳授。不但此法而已，長生大道亦然。若必是其人，亦復不限。下古，謂金馬之世也。事在太極真人誡中。

尸解神杖法

赤書玉訣云：當取靈山陽向之竹，令長七尺有節〔一〕作神杖，使上下通直，甘竹乃佳。書黑帝符著下第一節中，次〔二〕白帝符第三節中，次黄帝符第四節中，次赤帝符第五節中，次青帝符第六節中，空上一節以通天，空下一節以立地，蠟封上節，穿中印以元始之章；又蠟封下節，穿中而印以五帝之章。絳紋〔三〕作韜，長短大小足容杖，卧息坐起，常以自隨。行來可脱杖衣，隱以出入，每當别著淨處。以杖指天，天神設禮；以杖指地，地祇伺迎；以杖指東北，萬鬼束形。乘杖行來，及所施用，當叩齒三十六通，思五帝直符吏各一人，衣隨方色，有五色之光流焕杖上，五帝玉女各一人合共衛杖左右，微祝曰：「太陽之山，元始上

〔一〕「陽向之竹，令長七尺有節」，太上洞玄靈寶赤書玉訣妙經卷上作「向王之竹，全長七尺七節」。
〔二〕「次」字原無，據上書增。
〔三〕「紋」原作「文」，據上書改。

精。開天張地，甘竹通靈。直符守吏，部御神兵。五色流焕，朱火金鈴。輔翼上真，出入幽冥。召天天恭，攝地地迎，指鬼鬼滅，妖魔束形。靈符神杖，威制百方。與我俱滅，與我俱生。萬劫之後，以代我形。影爲吾〔一〕解，神昇上清。承符告命，靡不敬聽。」畢，引五方炁各五咽，合二十五咽止。行此道九年，精謹不慢，神真見形，杖則載人空行。若欲尸解，杖則代形，倏欻之間，已成真人。朝拜以本命〔二〕八節日，當燒香左右，朝拜此杖，則神靈感降，道則成矣。

水解凡三人

辛玄子

辛玄子字延期，隴西定谷人。好道，行度秦川長梁溺死。西王母酆都北帝愍之，勑三官攝取骸還魄，復得成人，度命〔三〕南宫。今正差領東海，候補禁元中郎將，爲吴越鬼神之

〔一〕「吾」，太上洞玄靈寳赤書玉訣妙經卷上作「五」。
〔二〕「本命」，上書作「朔望」。
〔三〕「命」，真誥卷十六闡幽微第二作「名」。

司。

段季正

道跡靈仙記云：代郡段季正，隱士也，晚從司馬季主學道，渡秦川，溺水而死，蓋水解也。今在委羽山中。

王進賢

王進賢者，琅琊王衍之女也。遭石勒略，共侍女名六出赴黃河，自誓不受辱，即投河中。時遇嵩山女仙韓西華出遊，見而愍焉，撫接二人，救而度之，外示沉没，内實密濟矣〔一〕。西華即將入嵩高山，授以道要，今在華陽易遷宫中矣。六出本姓田，漁陽人，浚儀令田諷孫也。年可二十二三，體貌端正，善有志節，故能與進賢同赴於河。又田諷曾有陰德行善，福及六出，故亦得仙也。

〔一〕「救而度之，外示沉没，内實密濟矣」，真誥卷十六闡幽微作「遂獲内救，外示死形，體實密濟」。

雲笈七籤卷之八十五

尸解

太極真人飛仙寶劒上經叙

夫尸解者，尸形之化也，本真之錬蜕也，軀質遯變也，五屬之隱適也。雖是仙品之下第，而其稟受所承，未必輕也。或未欲昇天，而高棲名山；或崇明世教，令生死道絶。欲斷子孫之近戀，蓋神仙爲難矣！或欲長觀世化，憚仙官之劬勞也。妙道一備，高下任適，固不可用明死生，以制其定格也，所謂隱回三光，白日陸沈者也。又云：以録形靈丸塗火炭，則他人見形而燒死，謂之火解。以一丸和水而飲之，抱木而卧，則他人見已傷死於空室中，謂之兵解。凡百縱任，即不〔一〕得還故邑也，當變姓名，易容貌爾。昔有人作此法〔二〕入林

〔一〕「百縱任，即不」，無上祕要卷八七尸解品引洞真藏景録形神經作「自從任故自」。

〔二〕「法」，上書作「去」。

廬山，積三年[一]而復還家也。夫修下尸解者，皆不得反望故鄉[二]。此謂上解之道，名配紫簡，三官不得復闚其間隙，豈妄以死加之也。

戎胡授舜十轉紫金丹叙

集靈經云：昔舜移平陽而欲出都於蒲坂，路逢北戎之胡，以柱形而觸舜。舜曰：「異人哉！」而左右執胡而咨之。舜曰：「是老胡矣！」命釋之。左右捨胡令去。胡曰：「余以柱故而得見於汝君，不柱而不見於余者何？」遂不肯去。左右以狀聞，舜曰：「致之左右。」不肯進，謂左右曰：「天子鄙我也以命，命所繼於汝君也。然余非汝君不自[三]致，致由於汝君。君之至致余，余自致哉！」遂卧爲本土之歌，左右以狀而告於君。君曰：「致而不來者，慢於余致也。就人之國，慢人之本者，諒有以也。」遂命駕迴之於胡所，仍卧不起。舜就

〔一〕「三年」，無上祕要卷八七尸解品引洞真藏景録形神經作「十三年」。

〔二〕「夫修下尸解者，皆不得反望故鄉」，上書及真誥卷四運象篇第四作「其用他藥得尸解非是靈丸之化者，皆不得反故鄉」。

〔三〕「自」原作「目」，據四部叢刊本改。

而請之曰：「客抗於主，主無於主之禮，請客據客禮，朕就主事焉！」胡曰：「禮也何如？而遺余之生也！余不知禮而生。余之長也，不約而長。生而不知禮，而天生之；長而不知禮，而天長之。生長，天之道也；禮者，忠信薄也。今爲天子不知所生，而孜孜於禮說，惡能達生而體也！」舜聞而吒〔一〕曰：「胡豈聖人歟！朕當受教。」遂禮之。胡乃授舜十轉紫金丹方，遂南巡於九疑，尸解而不返。

太一守尸

夫解化之道，其有萬途。或隱遁林泉，或周遊異域，或親逢聖匠，或會遇真靈，或授籙而記他生，或交帶而傳仙訣，或坐死空谷，或立化幽巖，或髻髮但存，或衣結不解。乃至水火蕩錬，經千載而復生；兵杖傷殘，斷四肢而猶活。一足不化，五藏生華，若趙成子之類，皆名著紫府，籍在丹臺，是得三官太一守尸而不泯也。太一守尸而號務猶收字歸會昌，一名解萌〔二〕，一名寄頻，蓋專主性命也。

〔一〕「吒」，四部叢刊本作「咤」。

〔二〕「萌」，太一帝君太丹隱書、大洞玉經均作「明」。

景霄真人

高聖帝君告景霄真人曰：欲刻名〔一〕玄紀迴天九霄解形〔二〕之法，當以五月五日上合之時，沐浴清齋，正中入室燒香，北向九拜，朝禮玉天畢，北向叩齒十二通。思齋室之内，中有丹雲焕爛於一室之内，存五老仙伯在丹雲之中，披飛青之帔，冠通天玉冠，手執青文之録。思領仙玉郎着雲錦之袍，冠七寶玉冠，手執白銀之簡。思見二真爲我記名於白簡之上，結録於青文之編，以我簡録付監真使者定録左仙，上刺九天帝王七聖几下簡録定名，五老仙伯領仙玉郎化入我身絳宫之中，便祝曰：「朱明南丹，慶合上陽。天元交會，六願内昌。九聖七真，齊靈瓊堂。上刺玄簡，結録西宫，刻書正音，明達四通。丹雲迴霄，來降我房。飛羽儀衛，翼翼光光。左策朱鳳，右挺〔三〕游龍。六轡同舉，超登華堂。五老攜契，四

〔一〕「名」，上清玉帝七聖玄紀迴天九霄經高聖六合隱存定簡記仙上法（下稱記仙上法）作「石」。
〔二〕「解形」，上書無。
〔三〕「挺」，上書作「控」。

極齊雙。長保玄暉，日月同光〔一〕。」畢，又七拜禮七聖，咽七氣止。行此七年，則玄紀得道之名於上宮，九霄迴映，昇入無形。

太玄陰生符

靈寶太玄陰生之符，夏禹文命受之於鍾山真人，其祭醮服佩，皆有法在本經。

太極真人遺帶散

真人曰：凡尸解者，皆寄一物而後去。或刀或劒，或竹或杖，及水火兵刃之解。既得脱去，即不得迴戀故鄉及父母妻子之愛也。惟此散化即當解之，塗於衣帶之上，緊結而繫之，閉息作法而去，頗易於他爾。方藥如後：

水金、一大分，丹砂、二大分，木汞、三大分，庚鉛、四大分，黄土。五大分。

右共細研之，取九陰神水調匀，塗衣帶上，緊結之，當自脱去，但見其尸卧於牀簀爾。

〔一〕「光」，記仙上法作「容」。

軒轅黃帝

黃帝者號曰軒轅，能劾百神朝而使之。弱而能言，聖而預知，知物之紀，自以爲雲師，有龍形。自擇亡日，與羣臣辭。至於卒，還葬橋山，山崩，柩空無尸，唯劍舄在焉。仙書云：黃帝採首山之銅，鑄鼎荆山下。鼎成，有龍垂胡髯下迎，帝乃昇天。羣臣百僚悉持龍髯從帝而昇，攀帝弓。及龍髯拔而弓墜，羣臣不得從，仰望帝而悲號。故世以其處爲鼎湖，名其弓烏號焉。

讚曰

神聖淵玄，邈哉帝皇！暫莅萬物，冠名百王。化周六合，數通無方。假葬橋山，超昇昊蒼。

甯封〔一〕火解

甯封者，黄帝時人也，世傳爲黄帝陶正。有人〔二〕過之，爲其掌火，能出五色煙。久則以教封子，封子積火自燒，而隨煙氣上下。視其灰燼，猶有其骨，時人共葬於甯北山中，故謂之甯封。

讚曰

奇矣封子，妙禀自然。鑠質洪鑪，暢氣五煙。遺骨寒燼，寄墳甯山。人覩其跡，惡識其玄。

玉子

玉子者，姓章名震，南郡人也。少學衆經，周幽王徵之不出，乃歎曰：「人生世間，去生轉遠，去死轉近矣。而但貪富貴，不知養性，命盡氣絶則死。位爲王侯，金玉如山，何益形

〔一〕「甯封」，本書卷一〇八列仙傳作「甯封子」。

〔二〕「有人」，藝文類聚卷八十作「有神人」，搜神記卷一作「有異人」。

爲灰土乎？獨有神仙度世，可以無窮爾！」乃師桑子，具受衆術。乃别造一家之法，著道書百有餘篇。其術以務魁爲主，而精於五行之意，演其微妙，以養性治病，消災散禍。能起飄風，發屋折木，作雷雨雲霧。能以草芥瓦石爲六畜龍虎，立便成行，分形爲數百千人。能涉〔一〕江海，含水噴之，皆成珠玉，遂亦不變也。或時閉氣不息，舉之不起，推之不動，屈之不曲，申之不直，百日數十日乃復起。與弟子行，各丸泥爲馬與之，皆令閉目，須臾皆成大馬，乘之一日行千里。又能吐氣五色，起數百丈；飛鳥過，指之即墜；臨淵投符召魚鼈，即皆上岸。又能使諸弟子舉眼即見千里之〔二〕物，亦能〔三〕久矣。其務魁時，以器盛水著兩魁之間，吹而嘘之，上〔四〕直有赤光輝，輝起一二丈。以此水治百病，病在内者飲之，在外者澡之，皆便立愈。後入崆峒山合丹，服之佯死，尸解而去。

〔一〕「涉」，本書卷一〇九神仙傳玉子作「步涉」。

〔二〕「之」原作「上」，據上書改。

〔三〕「能」，上書作「不能」。

〔四〕「上」，上書作「水上」。

王子喬

王子喬者，周靈王太子晉也。好吹笙作鳳鳴，游伊洛之間，道人浮丘公接以上嵩高山。三十餘年後，求之於山上，見桓良〔一〕曰：「告我家，七月七日待我於緱氏山頭。」至時果乘白鶴駐山頭，望之不得到，舉手謝時人，數日而去。亦立祠於緱氏山下及嵩高首焉。

讚曰

妙哉王子！神遊氣爽。笙歌伊洛，擬音鳳響。浮丘感應，接手俱上，揮策青崖，假翰獨往。

清平吉

清平吉，沛國人也，漢高皇帝時衛平也。至光武時容色不老，後尸解去。百餘年復還鄉里，數日間〔二〕又尸解而去。

〔一〕「桓良」，列仙傳王子喬作「栢良」。
〔二〕「間」原作「門」，據四部叢刊本改。

司馬季主

司馬季主者，楚人也，卜於長安市。文帝時，賈誼宋忠爲中大夫，曰：「吾聞聖人不在朝廷，或游鄽肆，試往觀之焉。」見季主閑坐，弟子侍而論陰陽之紀。二人曰：「望先生之狀，聽先生之辭，世未嘗見也。尊官高位，賢者所處，何舉〔一〕之卑？何行之污？」季主笑曰：「觀大夫類有道術，何言之陋？今蠻夷不服，四時不和，徒趑趄而言，相引以勢，相延以利，賢者乃何羞爾！夫内無饑寒之累，外無劫奪之憂，處上而人敬，居下而無害，君子之道也。卜之爲業，所謂上德不德也。鳳凰不與鷰雀同羣，公等瑣瑣，何足知長者乎！」二人忽爾自失，後相謂曰：「道高者安，勢高者危。卜而不審，不見奪糈；爲人主計而不審，身無所處。」宋忠抵罪，賈誼感鵩，梁孝王墜馬，吐血而死。季主入委羽山大月宮中，師西靈子都，受石精金光藏景化形之道〔二〕。臨去之際，留枕席以代形，粗似如其真身不異也。家人

〔一〕「舉」，史記日者列傳作「居」。
〔二〕「之道」，真誥卷十四稽神樞第四作「法」。

乃葬之於蜀昇盤山之南，諸葛亮爲其碑讚云：「玄漠大寂，混合陰陽。天地交泮，萬類〔一〕滋彰。先生理著，分别柔剛。鬼神以觀，六度顯明。」季主得道後，常讀玉經，服明丹之華，挹扶晨之輝，顔如少女，鬒三尺黑如墨。有子二人，男名法育，女名濟華，乃俱在委羽山，並讀三十九章。

鮑叔陽

鮑叔陽者，廣甯人也。少好養生，服桂屑。後與司馬季主俱在委羽山師西靈子都太玄仙女，得尸解之道。

徐鑾

徐鑾者，吴郡海鹽人也。少有道術〔二〕，能收束邪精。錢塘杜氏女患邪，鑾爲作術召魅，即見丈夫著白帢葛單衣入門。鑾一叱之即成白龜。一旦爲羣從兄弟數人登石崎山斫

〔一〕「類」，真誥卷十四稽神樞作「品」。
〔二〕「術」，本書卷一一〇洞仙傳徐鑾作「炁」。

春柴，日暮鸞不返。明旦尋覓，見鸞在山上，腋挾鎌倚樹而不動。或向前抱，唯有空殼。

董仲君

董仲君者，臨淮人也。少行氣鍊形，年百餘歲不老。常見誣繫獄佯死，臭爛生蟲。獄家舉出，而後復生，尸解而去。

龍述

龍述，不知何許人也。於金山得神芝，實如梧桐，治而服之，日二刀圭。服二年得仙，尸解而去。

王方平

王遠者，字方平，東海人也。舉孝廉，除郎中，稍加至中散大夫。博學五經，兼明天文圖讖河洛之要，逆知天下盛衰之期，九州吉凶如握已成〔一〕。漢孝桓帝聞之，連徵不出，使

〔一〕「如握已成」，本書卷一〇九神仙傳王遠傳作「之事」。

郡國逼載以詣京師，低頭閉口，不肯荅詔，乃題宫門扇四百餘字，皆記方來。帝惡之，使人削之，外字適去，内字復見，墨皆徹入材裏。方平無復子孫，鄉里人累世傳事之。同郡故太尉公陳躭爲方平架道室，旦夕朝拜之，但乞福願，不從學道也。方平在躭家三十餘年，躭家無疾病死喪，奴婢皆安然，六畜繁息，田蠶萬倍，仕宦高遷。後語躭云：「吾期運當去，不得復停，明日日中當發。」至時方平死，躭知其化去，不敢下著地，但悲啼歎息曰：「先生捨我去，我將何怙？」具棺器燒香，就牀著衣。至三日三夜，忽然失其所在，衣帶不解，如蛇蜕也。方平去後百餘日，躭薨。或謂躭得方平之道化〔一〕去，或謂方平知躭將終，故委躭去也。方平東入括蒼山，過吴〔二〕，住胥門蔡經家。

欒巴 兵解

欒巴者，蜀郡人也。好道不修俗事，太守詣與相見，屈爲功曹，待以師友之禮。嘗謂巴曰：「聞功曹有神術，可使見否？」巴曰：「唯唯。」即平坐却入壁中去，冉冉如雲氣狀，須臾

〔一〕「化」原作「他」，據本書卷一〇九神仙傳王遠傳改。
〔二〕「吴」原作「具」，據上書改。

失巴。而聞壁外作虎聲，而虎走還功曹宅，乃巴爾。後入朝爲尚書，正旦大會，而巴後至，而頗有酒態，酒至又不飲，即西南噀之。有司奏巴大不恭，詔以問巴。巴頓首曰：「臣鄉里以臣能治鬼護人，爲臣立生廟。今旦耆老皆令臣飲，不得即委之，是以頗有酒態。適來又覩臣本郡大火，故噀酒爲雨以滅之。」詔原復坐，即令驛書問成都。果信云，正旦日雨自東北來〔一〕，而有酒氣。後爲事而誅，即兵解也。

女真趙素臺

趙素臺者，漢幽州刺史趙熙之女也。熙少有善行，濟窮困，救王惠等族誅，有陰德數十事〔二〕。熙得身詣朱陵，兒子得遁化〔三〕遊洞天，素臺在易遷宫中已四百年，不肯移去，自謂天下無復樂於此處也。數微服遊行，眄山澤以自足也。

〔一〕「正旦日雨自東北來」，本書卷一〇九神仙傳欒巴傳作「正旦日大火，雨自東北來滅之」。

〔二〕「濟窮困，救王惠等族誅，有陰德數十事」，本書卷一一五墉城集仙録趙素臺傳「濟」作「常濟」，「誅」作「殊」連下，「事」作「年」。

〔三〕「遁化」二字，上書無。

女真程偉妻

漢期門郎程偉妻者，能神通變化。偉當從出而無衣，甚愁之。妻即爲致，兩縑無故至前。偉好作黄白，連時不成。妻乃出其囊中，以少藥投其所以〔一〕煎水銀，須臾成銀。欲從求方，終不可得，云偉骨未應得之。逼不得已，妻尸解而去。

劉憒

劉憒者，不知何許人也，長大多鬚，垂手下膝。久住武當山，去襄陽五百里，旦發夕至，不見有所修爲，頗以藥術救治百姓，能勞而不倦，用藥多自採，識草石乃窮于藥性。雍州刺史劉道産忌其臂長，於襄陽録送文帝。每旦檻車載往蔣山〔二〕採藥，暮還廷尉。憒後以兩短卷書與獄吏，吏不敢取，憒焚之。一夜失憒，關鑰如故。門〔三〕吏行夜得憒，送還廷尉。

〔一〕「以」字疑衍。
〔二〕「往蔣山」，本書卷一一〇洞仙傳劉憒傳作「將往山」。
〔三〕「門」，上書作「閶闔門」。

憧語獄吏云：「官尋殺我，殯後勿釘棺也。」既被殺，後數日，文帝疑其言，使開棺，不見尸，有竹杖云。

張玄賓

張玄賓者，定襄人也，曾〔一〕舉茂才。始師西河蘇公〔二〕，受服朮行洞房白元之事。後遇樊子明於少室山，授以遁變隱景之道。昔在天柱山，今來華陽内爲理禁伯，主諸水雨官。玄賓善談空無：「無者大有之宅，小有所以生焉。積小有以養小無，見大有以本大無。有有亦無無焉，無無亦有有焉〔三〕。所以我目都不見物，物亦不見無。寄有以成無，寄無以得無。於是無則無宅也，太空亦宅無矣。我未生時，天下皆無無也。」其所論端據如此，桐栢諸靈仙亦不能折之。自云：「昔於蓬萊遇宋晨生論無，粗得其意也。」

〔一〕「曾」上，真誥卷十三稽神樞第三有「魏武帝時」四字。

〔二〕「蘇公」，上書及本書卷一一一洞仙傳張玄賓傳均作「薊公」。

〔三〕「有有亦無無焉，無無亦有有焉」，上書作「有有亦無焉，無無亦有焉」。

王嘉兵解

王嘉字子年，隴西安陽人也。久在〔一〕於東陽谷口，攜弟子登崖穴處，御六氣，守三一，冬夏不改其服，顏色日少。苻堅累徵不就。堅尋大舉南征，以弟融爲大將軍，遣人問嘉。嘉曰：「金堅〔二〕火强。」仍乘使者馬，正衣冠，徐徐東行數百步，而策馬馳反，脱衣服棄冠履而歸，下馬踞牀而不言。堅又不解，更遣人問：「世祚如何？」嘉曰：「未央。」堅欣然，以爲吉徵。明年歲在癸未，堅大敗於壽春，遂亡秦國，是殃在未年也。以秦居西爲金，晉都南爲火，火能鑠金也。嘉尋移嵩高山，姚萇定長安，問嘉：「朕應九五不？」嘉曰：「畧得之。」萇大怒曰：「得當云得，何畧之有？」遂斬之，及二弟子。萇先使人隴右，逢嘉將兩弟子，計已千餘里，正是誅嘉日也。嘉使書與萇，萇令發嘉及二弟子棺，並無尸，各有竹杖一枝。萇尋亡。

〔一〕「久在」，晉書卷九五本傳作「隱」。
〔二〕「堅」，上書作「剛」。

陰君傳鮑靚尸解法

鮑靚字太玄，陳留人也。少有密鑒，洞於幽元，沈心冥思，人莫知之。按洞天記云：「靚及妹並是先身七世祖李湛張濾者，俱杜陵北鄉人，同在渭橋爲客舍居〔一〕，積行陰德，好道希生，故福逮於靚等，使易世變錬，改氏更生，合爲天倫，根胄雖異，德蔭者同」。靚學明經術緯候，師左元放受中部法及三皇五嶽劾召之要，行之神驗，得〔二〕能役使鬼神，封山制魔。晉大興元年，靚暫往江東，於蔣山北道見一人，年可十六七許，好顔色。俱行數里，此人徐徐動足，靚奔馬纔及已漸遠〔三〕。因問曰：「相觀行步，似有道者。」此人曰：「吾仙人陰長生，太上使到赤城。君有心，故得見我爾。」靚即下馬，拜問寒温，未及有所陳。陰君曰：此地復十年，當交兵流血。計至蘇峻亂，足十年〔四〕。君慕道久矣，吾相〔五〕當得度世

〔一〕「居」字原無，據本書卷一〇六鮑靚真人傳增。
〔二〕「得」字，上書無。
〔三〕「纔及已漸遠」，上書作「不及已漸而遠」。
〔四〕「計至蘇峻亂，足十年」八字，宜作注語。
〔五〕「相」，上書作「相見」。

爾。仙法老得仙者，尸解爲上。上尸解用刀，下尸解用竹木，皆以神丹染筆，書太上太玄陰生符於刀刃左右，須臾便滅所書者，面〔一〕目死於牀上矣。其真身遁去，勿復還家，家人謂刀是其人也。用竹木如刀之法。陰君乃傳靚此道。又與靚論晉室脩短之期，皆美一爲十，廣十爲百。以表元帝，託云推步所知，不言見陰君所説，是陰君戒其然矣。

折象

折象字伯式，廣漢人也。少好黄老之業，後師東平先生虞叔雅，亦得道者也。篤尚養生，玄默無言。家世豐財，以爲多藏厚亡無益，散千金以賑貧苦。或諫之，象曰：「昔竇子文有言：『我之施物，乃逃禍，非避時也。』」〔二〕知者咸服焉。自刻〔三〕亡日，尸解如蛇蜕而去。

〔一〕「面」，本書卷一〇六鮑靚真人傳作「而」。

〔二〕「昔竇子文有言：我之施物，乃逃禍，非避時也」，後漢書方術列傳折像傳作「昔鬬子文有言：我乃逃禍，非避富也」。

〔三〕「刻」，上書作「知」。

吴猛

吴猛字世雲，豫章人也。性至孝，小兒時在父母膝下，殊無惰慢色。夜寢在父母邊，未曾離也。夏月多蚊寅，不摇扇，有同寢人見猛在不患蚊寅〔一〕，問其故。猛云：「恐蚊寅去我及父母爾。」得道後登廬山，與三弟子越三石梁至一處，高堂多珍玩不可識。弟子乃竊取一物，欲以示世人。還見向經梁化小如指，須臾晝昏。猛知弟子有過失，使送還，方得度。後太尉庾亮迎猛，至武昌便歸，自言筭訖。未至家五十里亡，殯後疑化，弟子開棺無尸。

左慈

左慈字元放，廬江人也。少明五經，兼通星緯。見漢祚之將盡，天下向亂，乃歎曰：「值此衰運，官高者危，財多者死，當世榮華不足貪矣！」乃學道術，尤明六甲，能役使鬼神，坐致行廚。精思於天柱山中，得石室内九丹金液經，能變化萬端，不可勝紀。曹公聞，召取閟一室中，使人守視斷穀，日與二升水，朞年乃出之，顏色如故。曹公乃欲竆殺之，慈知之，

〔一〕「夏月多蚊寅，不摇扇，有同寢人見猛在不患蚊寅」，晉書藝術列傳吴猛傳作「夏日常手不驅蚊」。

乃求乞骸骨。曹公曰：「何忽爾？」慈曰：「知君欲殺，故乞去爾。」曹公曰：「固無此意，君欲高尚其志，亦當不久相留。」乃爲設飲。慈曰：「今將分曠，願乞分盃飲酒。」公曰：「善。」是時天寒，温酒酒尚冷。慈解劒以攪酒，須臾劒都盡，如人磨墨之狀。初曹公問慈求分盃飲酒，謂慈將使公先飲，以餘酒與慈。拔〔一〕簪以畫盃酒，酒即中斷，其間相去一寸〔二〕許，慈即飲其半送與公，公不喜，未即爲飲。慈乞飲盡之，以杯擲屋棟，盃便懸著棟動摇，似飛鳥之俯仰，若欲落而復不落，舉坐莫不屬目。盃良久乃墮地，諸人乃視盃，已失慈所在。尋還問所常住處。曹公欲殺之，知慈足以免死，乃勑外收慈。慈走入羣羊中，而奄忽失之。後有人見慈住處，乃往白公。公又遣人收之，得慈。慈非不能隱，故令世人知其神爾！於是受執入獄，獄吏欲拷詰，户中有一慈，户外有一慈，不知當拷何者？曹公聞而惡，使將軍引出市殺之。須臾有七慈，相似如一。官收得六慈，失一慈。有頃，六慈皆失。於是奏上，乃令閉四市門而索之。或不識慈，問慈何如人？曰：一目眇，著葛巾青單衣。見有此人便收之，正爾視之，一市數萬人，皆眇一目，葛巾青單衣，無非慈者，竟不知所收。曹公令捕

〔一〕「拔」字上疑脱「慈」字。

〔二〕「寸」，歷世真仙體道通鑑卷十五左慈傳作「分」。

得，逐人便斬。後數日見慈，便斬頭斷以白曹公。公大喜，言果左慈頭也。就而視之，一束茆爾。還視其尸，亦失所在。人有從荆州來，見慈在荆州矣。

王延

王延字子玄，扶風始平人也。九歲從師，西魏大統三年丁巳入道，依貞懿先生陳君賓熾，時年十八，居於樓觀，與真人李順興特相友善。又師華山真人焦曠，共止石室中，餐松飲泉，絶粒幽處。後周武帝欽其高道，遣使訪之。焦君謂曰：「世道陵夷，佇師拯援，可應詔出，以弘大法，吾自此逝矣。」延來至都下，久之，請還西嶽，居雲臺觀。周武詔修所居觀宇，以山高無土，運取爲勞，延默告玄真，願有靈貺。忽於觀側巖間涌土，取之不竭。又山上無油，延置一甕爲貯燈油之器，一夕自滿，累歲然燈，用之不減。既居山頂，杜絶人寰，每有人來，賓客將至，即有二青鳥先來報之。其鳥如烏，常飛左右。延每登仙掌蓮峯，攝衣前行，如履平地，常有猛獸馴衛所止。其三洞玄奥，真經玉書，皆焦君所留，俾後傳於世。周武以沙門邪濫，大革其訛，玄教之中，亦令澄汰。而素重於延，仰其道德，又召至京，探其道要。乃詔雲臺觀精選道士八人，與延共弘玄旨。又勑置通道觀，令延校三洞經圖，緘藏於觀内。延作珠囊七卷，凡經傳疏論八千三十卷，奏貯於通道觀藏。由是玄教光興，朝廷以大象紀號。至隋文禪位，置玄都觀，以延爲觀主，又以開皇爲號。六年丙午，詔以寶車迎延於大興殿，帝潔齋請益受智慧大戒。于時丹鳳來儀，飛止壇殿。詔以延爲道門威儀，之制自延始也。蘇威楊素皆北面執弟子之禮。仁壽四年告門人曰：「吾欲歸止西嶽，但恐帝未悉爾。」是年九月委化於玄都觀，體柔香潔，儼然如生。白鶴羣飛，彩霧徊合，異香之氣，聞於遠近。煬帝初即寶位，聞之尤加歎異，賜物百段，錢二十萬，設三千人齋，送還西嶽。所至之處，奇香異雲，連屬不散。入壙之日，但空棺而已，得解化之妙焉。

王叟

王叟寓居冀氏縣四十餘年，不知其所來，狀貌七十餘矣。常以針割理疾，無不效者。鄉里傳其所用針砭，異於常醫。有患邪疾者，以刃開其喉，取一物如蝘蜓，頭足並具，獨少尾而已。叟曰：「此物形狀足，則人必死矣，幸去之速也。」疾即愈。有背轉急痛如束縛者，以刃割其背數寸，去兩腋下筋各截尺餘，其疾遂已。或問針割者，皆不言覺有割之痛，而疾立除矣。如此得効者，歷年不可勝紀。忽謂人曰：「余明年夏初將有所適，不可復住矣。」及期無疾而卒，隣里之間，但聞香氣累月。及瘞葬之時，棺輕若無物，皆以爲尸解仙矣。

雲笈七籤卷之八十六

尸解

洞生太帝君鎮生五藏訣〔一〕

太極金華真人以此經文刻於太微帝君紫微宫玄琳〔二〕玉殿東壁牖上。其文曰：「五石〔三〕異方，津光合形。有終而死，有始而生。萬類反本，千條歸真〔四〕。氣適浮煙，血奔

〔一〕「洞生太帝君鎮生五藏訣」，本書卷七四方藥中無「洞生」二字，無上祕要卷八七作「洞真太極帝君填生五藏上經」（下稱填生五藏上經），洞真高上玉帝大洞雌一玉檢五老寶經作「大洞雌一太極帝君鎮生五藏上經法」（下稱鎮生五藏上經法）。

〔二〕「琳」原作「珠」，據填生五藏上經、鎮生五藏上經法改。

〔三〕「石」，上二書作「氣」。

〔四〕「真」，上二書作「冥」。

流精。哀哉兆身，非真不成。何不竭以雲草玄波，徊以卉醴華英，會以五光〔一〕七白靈蔬，和以白素飛龍。沐浴平旦，正心向東。凝精厲魂，上帝五公。再拜朝靈，鎮固五方。長生天地，出入流通。各安其位，生華五藏。」此文乃上清八會交龍大書，非世之學者可得悟了者也。太素真人顯別書字，受而服之，求其釋注於大極帝君焉。雲草玄波者，黑巨勝腴也，一名玄清〔二〕；卉醴華英者，蜜也；五光七白靈蔬者，薤菜也；白素飛龍者，白〔三〕石英也。法當種薤菜，使五月五日不掘拔，唯就鋤壅護治之耳。經涉五年中，乃取作〔四〕藥，名爲五光七白靈蔬。擇取薤白精肥者十斤，黑巨勝腴一斛五斗，白蜜凝雪者五斗，高山〔五〕玄巖絶泉石孔之精水三十六斛，白石英精白無有厲礍者五枚，光好〔六〕於磨石上礪，護使正圓，如雀卵之小小者，好瑩治令如珠狀，勿令有礪石之餘迹。先清齋一百六十日，令齋日

〔一〕「五光」二字原無，據填生五藏上經鎮生五藏上經法增。
〔二〕「玄清」，鎮生五藏上經法作「玄水清」。
〔三〕「白」字原無，據上書增。
〔四〕「作」原作「佳」，據上書改。
〔五〕「山」字原無，據本書卷七四太帝君鎮生五藏訣增。
〔六〕「光好」，填生五藏上經作「先好」，鎮生五藏上經法作「先」。

訖，於九月九日先築土起基高二尺，作竈屋，屋成作好竈，以竈口向西，屋亦用〔一〕西户。當得新大鐵釜安竈上，是〔二〕九月九日申酉時，向竈口跪東向，内五石子於釜中。於是乃先投一枚於釜中，祝曰：「青帝公石，三素元君，太一司命，玄母理魂。固骨鎮肝，守養肝神，肝上生華，使肝永全。」次又投一枚於釜中，祝曰：「白帝公石，太一所懇，元父理精，玄母鎮肺。守養肺神，使無朽廢，肺上生華，千萬億歲。」次又投一枚於釜中，祝曰：「赤帝公石，帝君同音，玄母理神，桃康鎮心。守養心神，無灰無沈，心上生華，華茂玉林。」次又投一枚於釜中，祝曰：「黑帝公石，太一同筭，玄母元父，理液混變。守養腎神，使無壞亂，腎上生華，常得上願。」次又投一枚於釜中，祝曰：「黄帝公石，老君同威，太一帝君，理魂鎮脾。守養脾神，使無崩穨，脾上生華，白日上昇。」投石時各閉氣五息，然後乃投石。都畢，起向竈五再拜，又取薤白五斤好者覆於五石之上。畢，内蜜灌薤上。畢，内腴一斛五斗灌蜜上。畢，乃格度腴入釜深淺高下處所也。然後稍入清水，使不滿釜少許止，木蓋游覆釜上。九

〔一〕「用」，本書卷七四太帝君鎮生五藏訣作「開」。
〔二〕「是」，上書作「於」。

月十日平旦發火，當以直理之木熇燥好薪，不用蠹蟲及木皮之不淨薪。火煑之，纔令檻〔一〕劣沸而已，勿使涌溢大沸。當屢發視其下火，當先視腴格處所。若煑水煎竭，輒當益水，所〔二〕盡三十六斛水而止。又水盡之後更加，煎令減先腴二寸格疇量，以意斟酌視之，都畢成也。寒之於釜中，去下火灰，密蓋其釜上五日，乃徐取五石。平旦向五方各拜，拜畢，跪以此腴雜以東流水，以次服之。餘水及腴，取令送石子入口下喉中，耳聞之。服〔三〕時亦如初投石於釜中時，一一按祝而服之也。畢，又五再拜〔四〕，畢。若藥煎既成，而視無復石者，非有他也，直由五精伏散化形〔五〕，故自流逐於雲腴之中，無所疑也。但當日服五合，以酒飲送，神變反質，各自鎮養五藏之內，更生成五石也。慎不可猛火，火猛石精飛去，滓濁壞爛，雲腴熬臭，不可服御。

〔一〕「檻」，本書卷七四太帝君鎮生五藏訣作「陷」。

〔二〕「所」，上書作「使」。

〔三〕「服」字原無，據上書及鎮生五藏上經法增。

〔四〕「再拜」原作「拜再」，據本書卷七四太帝君鎮生五藏訣改。

〔五〕「化形」，上書作「隱靈化形」。

又雲腴之味，香甘異美，强骨補精，鎮生五藏，守元凝液長魂魄〔一〕，真上藥也。以好器盛之，密蓋其上，即日服二合爲始，日以爲常。若腴蜜煎强者，亦可先出服石後加腴，更和腴煎取，令凝如割肪也。人亦有丸服之者，日三十丸，大都丸不如腴服佳也。趣後任人所便〔二〕，則安於體，體便則無不佳。常能服此腴者，石乃住〔三〕。若先腴盡，當更合如前。用白石英五兩鎮釜底，一兩〔四〕輒一投，祝説如法，但不復礪石圓而重服之耳。藥成，出此石沈東流水中不常熇竭之淵。若不欲更合此腴者，亦無損於前五石。此腴名玄水玉液，一名飛龍雲腴，一名錬五石之華膏。服之十五年，内外洞徹，長生天地，役使鬼神。三年之後，眼可夜視。

真人云：此方愈於錬八石之餌，全勝於玄水雲母之玉漿。既服此五石，五石入喉，徑寶鎮五藏。一藏中輒有一石以守藏孔，藏孔之上，皆生五色華也。

〔一〕「守元凝液長魂魄」，本書卷七四太帝君鎮生五藏訣「元」作「炁」，「魄」作「養魄」。
〔二〕「趣後任人所便」，上書「後」作「復」，「便」下尚有一「便」字連下句。
〔三〕「石乃住」，上書作「乃佳」。
〔四〕「一兩」原作「二兩」，據上書改。

太陰鍊形

真誥曰：若人之死暫適太陰，權過三官者，肉既灰爛，血沈脈散〔一〕，而猶五藏自生，白骨如玉，七魄營侍〔二〕，三魂守宅，三元護息〔三〕，大神内閉。或三十年二十年，隨意而〔四〕出。當生之時，即更〔五〕收血育肉，生津結液，復質本胎，成形濯質〔六〕，乃勝於未死之容也。真人鍊形於太陰，易貌於三官者，此之謂也。太微天帝詠曰：「太陰鍊身形，勝服九轉丹。形容端且嚴，面色合靈雲。而能登太極，金闕爲真人〔七〕。」又云：趙成子死後五六年，

〔一〕「散」下，本書卷七四太帝君鎮生五藏訣及真誥卷四運象篇第四均有「者」字。

〔二〕「營侍」原作「榮衛」，據上二書改。

〔三〕「護息」，上二書作「權息」。

〔四〕「而」原作「所」，據上二書改。

〔五〕「更」原作「便」，據上二書改。

〔六〕「生津結液，復質本胎，成形濯質」原作「生津成液，質本胎成，易形濯貌」，據本書卷七四太帝君鎮生五藏訣及塡生五藏上經改。

〔七〕「而能登太極，金闕爲真人」，本書卷七四太帝君鎮生五藏訣及真誥卷四運象篇第四均作「上登太極闕，受書爲真人」。又此二句前，塡生五藏上經及鎮生五藏上經法有「五石會天真，太一保神關」。

樵人入華山中見之，蓋得錬形於太陰之道矣。

水火蕩錬尸形

本行經云：北方洞陰朔單鬱絶五靈玄老君者，本姓浩字敷明，蓋玄皇〔一〕之胤，太清之胄。生〔二〕於元福棄賢世界始青天中，年至十二，性好幽寂，心翫山水，遠於家中，或去十日，時復一還。時天下大荒，人民餓死，一國殆盡。敷明於地鏡山下遇一頃巨勝，身自採取，餉惠窮乏，日得數過，救度垂死數千餘口。隨取隨生，三年不訖。他人往覔，即莫知其處。是時辛苦，形體顦顇，不暇營身，救於百姓，遂致疲頓，死於山下。九天書其功德，金格記其玉名，度其魂神於朱陵之宫。帝遣金翅大鳥常敷兩翼以覆其尸，七百年中形體不灰。至水劫改運，洪災滔天，水捧其尸，漂於無涯〔三〕。水過之後，敷明尸落貝胄耶渠〔四〕初默

〔一〕「玄皇」原作「玄黄」，據本書卷一〇一五靈玄老君紀改。
〔二〕「生」原作「先」，據上書改。
〔三〕「洪災滔天，水捧其尸，漂於無涯」，上書作「水泛尸漂於無崖之淵」。
〔四〕「貝胄耶渠」，上書作「貝渭邪源」。

天鬱單之國北壟玄丘。四十年中，又經山火火行〔一〕，熿燒尸形。尸於火中受煉而起，化生成人，五色之雲覆蓋其上。火尚猛盛，敷明嗽唾成洪雨大水，以滅火勢。敷明雖已得道，輱軻備經，水火艱辛，亦爲理盡。至開明元年，於北壟玄丘改姓黑節諱靈會，元始乃錫靈會洞陰朔單鬱絶五靈玄老君號。

陰陽六甲錬形質法

正一真人曰：錬質者何？其狀有三。夫修長生之道，皆須明曉生氣，接續衰厄。每甲子六十日爲一甲，人間有六十甲爲陰甲，天上有六十甲爲陽甲。每十日一甲盡，半夜天上降陽甲十日續陰甲，陰陽不孤，生氣相續，即人無病。若十日一甲盡，半夜陽甲不降，即人病生，爲邪所入。六壬經曰：甲己〔二〕之日半夜生，甲子六十日皆盡，周而復始。六十年爲一大期旬，修行正一，朝請生氣，無邪所亂。至六十年即更延請六十年，至一百二十年稍異於前。緣真氣積實，氣與神合，所爲克獲。從一百二十年更延至三甲子一百八十年，直

〔一〕「火行」，本書卷一〇一五靈玄老君紀作「盛行」，上清道寶經卷一師資品第二作「大行」。

〔二〕「己」，疑當作「子」。

至五六三百年，陰陽三萬六千神，氣集不散，得爲尸解。晝死而暮生，肉身周行五嶽七十四方，一一受事訖，即得白日騰翥，飛行無待，皆正一之道。或有効修正一，功滿成就，先滌玄祖，黑簿除名。露影陽錬，雖功成道著，先未知道之時，積罪殃結，毀破肌膚，損傷骨脈。成就之後得蟬蛻，留皮換骨，隱跡巖穴，養骨髓，滋皮肉，千日方朝五嶽受事，與前等同功也。或有積釁幽結，代不流善，百邪必集。飲啖貪淫，損傷五藏，暮方曉知勤修正，人雖成就，名入仙民之籍，然質殞尸重，道期將至，質不能佳，即太陰君降體中，五藏六府三百六十陰神侍衛，闇消肌肉露骨，留五藏百神守衛。或經一年二年，或十年，隨先福深淺，方降太醫博士，再肥骨肉，徐徐如舊，反生再起，體如玉人。或世事巖穴，隱養形質，經千日方遊太陰水帝，受事訖得爲水府掾吏，居四海名山爲封柱官。積功成就，遷効五嶽官吏，即漸徐見真仙之道。王真人曰：「此三狀錬法並在下卷，更不繁述爾。」

修九真中道

上清九真中經內訣云：夫人修身中九真之道，身未昇登，翳景示俗，暫入太陰，身經三官，三官不得攝〔一〕也。則九真召魂，太一守骸，三元護氣，太上攝魂。骨肉不朽，五藏不隕。能死能生，能陰能陽。出虚入無，天地俱生。是道士精〔二〕静營形，感致九真之氣應也。三元飛精以盈虚，太一抱尸而反質，微乎深哉！九真名字多，此不具録之，略鈔出在道例第九名數品中。又常存九真神，常所居育，乃在此房，紫明之北。覩生續精，防守玄谷。出入命室，遨遊洞闕。時入中宫，上通太無。太一守魂，寢息幽庭。

化形濯景

真誥第七云：「受學化形，濯〔三〕景易氣，十二年氣攝神魂，十五年神束藏魄，三十年棺中骨還附神氣，四十年平復如生人，還遊人間，五十年位補仙官，六十年得居廣寒之臺，百年得入崐瀛〔四〕之宫。」

〔一〕「攝」，上清太上帝君九真中經卷上作「犯」。

〔二〕「是道士精」，上清太上帝君九真中經作「是以道士清」。

〔三〕「濯」原作「濁」，據真誥卷十三稽神樞第三改。

〔四〕「崐瀛」，上書作「昆盈」。

地下主者

太微金簡玉字經云：尸解地下主者，按四極真科，一百四十年乃得補真官，於是始得飛華蓋，駕羣龍，登太極，遊九宫也。

夫至忠至孝之人，既終皆受書爲地下主者。一百四十年乃得受下仙之教，授以大道。從此漸進，得補仙官。又一百四十年，聽一試進民。至孝者能感激於鬼神，使百鳥山獸巡〔一〕其墳埏也。至忠者能公抱直心，精貫白日，或剖藏殺身，以激其君者也。比干今在戎山，李善今在少室，有得此〔二〕變錬者甚多，略舉二人爲標耳。

夫有上聖之德，既終皆受三官書爲地下主者。一千年乃轉補三官之五帝，或爲東西南北明公以治鬼神。復一千四百年乃得遊行太清，爲九宫之中仙也。

夫有蕭邈之才，有絶衆之望，養其浩然，不營榮貴者，既終受三官書爲善爽之鬼。四百年乃得爲地下主者。從此以進，以三百年爲一階。

〔一〕「巡」原作「馴」，據真誥卷十六闡幽微第二改。

〔二〕「得此」原作「此得」，據上書改。

夫有至廉至貞之才者，既終受書爲三官清爽之鬼。二百八十年乃得爲地下主者。從此以漸，進補仙官，以二百八十年爲一階也。

先世有功在三官，流逮〔一〕後嗣，或易世錬化，改氏更生者，此七世陰德，根葉相及也。既終當遺脚一骨，以歸三官，餘骨隨身而遷也。男留左骨，女留右骨，皆受書爲地下主者。二百八十年乃得進受地仙之道矣。臨終之日，視其形如生人，尸不强直，足指不青，手皮不皺者，謂之先有德行，自然得尸解者也。

右此五條，皆積行獲仙，不學而得，但階級之難，造道用年歲耳。要自得度名方諸，不復承受於三官之號令矣。

諸有英雄之才，彌羅四海，誅暴整亂，拓平九州，建號帝王，臣妾四海者，既終受書爲三官四輔，或爲五帝上相，或爲四明公賓友，以助治百鬼，綜理死生。此等自奉屬於三官，永無進仙之冀，坐殺伐積惡，害生尤多故也。秦始皇今爲北帝上相，劉季今爲南明公賓友，有其人甚多，略示於標的耳。齊桓公今爲三官都禁郎，主死生之簡録。晉文公今爲水官司命。其楚嚴公趙簡子之徒數百人，今猶息於三官之府，未見任也。此等名位，自是三官之

〔一〕「逮」原作「遠」，據真誥卷十六闡幽微第二改。

賓耳，無豫真仙家事矣。

甯先生

十真記曰：甯先生者，古之神仙，在黄帝之前，常遊四海之外，崑丘之下。有蘭沙之地，去中都萬里，其沙隨步隨没，不知淺深，非得道之士，莫能涉之。沙如細塵，風吹成霧，泛泛而起。有石藍之花，輕而堅勁，一枝千花，千年一開，隨風靡靡，名曰青藍花，灼爍可翫。又有魚鼈龍蛇，飛於塵霧中。先〔一〕生因翫藍花，常遊其地。又食飛魚而死，卧沙百餘年，蹶然而起，形容復故。乃作遊海詩曰：「青藍灼灼〔二〕千載舒，百齡暫死食飛魚。」

靈壽光

神仙傳第十云：靈壽光者，扶風人也。年七十餘，乃得朱英丸方，合而服之，年如二十許。建安元年，已年二百二十歲，後死於江陵胡罔家。殯埋百餘日，人見之在小黄，寄書與

〔一〕「先」原作「光」，據四部叢刊本改。
〔二〕「青藍灼灼」，拾遺記軒轅黄帝作「青蕖灼爍」。下句「食」作「餌」。

罔，罔得書，掘視之，棺中空無所有，釘亦不脱，唯故履存焉。

趙成子

南嶽真〔一〕人告曰：吾昔有入室弟子仙人趙成子者，初受吾鎮生五藏上經，乃案爲之。成子後欲還入太陰，求改貌化形，故自死亡於幽州上谷玄丘〔二〕中石室之下。死後五六年，有山行者見白骨在室中，露骸冥室。又見腹中五藏自生，不爛如故，五色之華，瑩然於内。彼山行人歎曰：「昔聞五藏可養，以至不朽，白骨中〔三〕生花者，覩其人矣。此子將有道不修行乎？將中道被試不過乎？」因手披之，見五藏中各有一白石子，鎮生五色華如容狀〔四〕在焉。彼人曰：「使汝五藏所以不朽，必以五石生華故也。子已失道，可以相與。」因取而呑之去。復四五年，而成子之尸當生，彼人先服石子以成子當生之日，而五石

〔一〕「真」原作「夫」，據本書卷七四太帝君鎮生五藏訣及無上秘要卷八七洞真太極帝君、填生五藏上經改。

〔二〕「玄丘」，填生五藏上經作「玄丘山」。

〔三〕「中」上，本書卷七四太帝君鎮生五藏訣有「胸」字。

〔四〕「鎮生五色華如容狀」八字，填生五藏上經無，疑係注語。

皆從口中飛出如蟬狀，隱隱雷聲，五色洞明，徑還死尸之藏。因此成子改形而起，如一宿醉睡之間。其人心懼恍惚〔一〕，因病日甚，乃至入山尋視死尸所在。到石室前方，見成子偃據洞嘯，面有玉光，而問之曰：「子何人哉？」忽見有五老仙公，披錦帶符，手秉羽節，頭建紫冠，言於成子曰：「昔盜吞先生五藏寶石者，此人是也。」言畢，彼人面上即生惡癩，噤而失言。比歸達家，癩瘡已匝，一門大小，同時俱死，族亦遂滅矣。

許玉斧

真誥第十，許長史第三男名翽〔二〕字道翔，小名玉斧。幼有珪璋標挺，清秀瑩潔糠粃塵務。居雷平山下，修業精勤。常願早遊洞室，不欲久停人世，遂詣北洞。以晉〔三〕太和五年於茅山舊宅，年三十而告終。即居方隅山洞方源舘中，常去來四平方臺，後爲上清仙公。

〔一〕「恍惚」原作「忽」，據本書卷七四太帝君鎮生五藏訣改。
〔二〕「翽」原作「歲」，據真誥卷二十真胄世譜改。
〔三〕「晉」原作「梁」，據上書改。

張魯

真誥云：張鎮南在北洞北石壇上燒香禮拜，因伏而不起，遂乃夜解。明旦視形如生，此壇今猶存歷然也。

許道育女真

許黄民女道育，宋孝建元年甲午歲於埭山亡，世謂之許大娘。卧尸石上，尸壞不殯，常有香氣也。亦出道學傳第二卷。

范豺

范豺字子恭，巴西閬中人也。宋元嘉中，有名香數十斛，細擣煑以作湯，朝用湯自浴，正中湯盡，不復聞聲。侍者入看，見豺還著故時布衣，披帽坐而無復氣。江夏王令殯殮而不下棺蓋，四日尸不臭，送還葬於新亭。豺亡時年四十九，膚貌顔色猶如初。劉凝之爲豺作傳，書置道書部，不傳於世。

喬順

喬順字仲産，扶風茂陵人也。少好黄老，隱山修道。年七十不肯娶妻，絶交接之道，心不染可欲之地。一日歸家，自言死日，其時果死，世人以爲知命。既葬之後，有見順於燉煌者。前世傳之，皆以爲昇仙。故訣録曰：「仲産知道，遁化神仙，七十不娶，畢命幽山。」

雲笈七籤卷之八十七

諸真要略

太清神仙衆經要略武當山隱士南陽翟煒撰

抱朴子初受業於從祖玄，其覽悟超至，包綸身神，以爲奇偉所達也。精曠之流，僉亦歸屬，乃分居浙陽〔一〕之山。既而患門人學者有徵衆之惑，復追玄於宜都，問曰：「夫晷以度徵，人以貌兆。若巫咸之星經，度無遺筭；季咸之神占，貌無失揣。列子之三顧，而季咸陋其術；滔天之襄陵，而巫咸空其籍。謂聖人天道，不可得而測之歟？謂二咸之虚詭而妄經術歟？天道聖人，故以遠矣！今之即事，人有求度於洪者衆矣。始進之貌，俛視謹精，沈肅彌篤，若志至而不可加者。及服道暫年，學宗未淹，而毁隨已興，沮徒愆結，蕞爾隱居，二三之衆，貌非一子之類，然而不可得而詳。又何況子長驅世利，馳競生榮，陰機密巧，廣羣術

〔一〕「浙陽」，疑當作「淅陽」。

衆，以感其君，而可辨哉！此洪所亂也。亂所寔洪，聖人其無病諸乎？」

玄曰：「巫咸之准玄度，季咸之辨血機，並得之於數分，亦聖習之一途，未可以侮而欺也。夫人精神之蒸生，非氣無以兆其形。氣之結形，非性無以成其體。故形長而煩性滋深，年茂而濁欲愈甚也。是以聖人之垂道，清淨以潔精神，除煩以混元一，故能囊括玄和，照明無障。而習潔有詣否，除煩有深淺，致使神裕有遠近，叡能有彼此。陵陽所以善啜霞於朝陽，而不能襲馮夷於濤駕者也。夫學窮盡於數分者，未必通於心明。通於心明者，未必陶於氣表。陶於氣表者，未必至於虛寂之真表也。而責巫氏之闇洪災，季占之迷靈貌，謂聖人之亂處物，不其固矣！夫天地以元氣而著成，聖人以性錬而陶真。元氣有渾煩，渾煩在剖判之前。剖判然後有象列，象列然後有晷度，晷度在數見之内。洪災生於渾煩之運，故洪災不可以數見審也。性錬有苞玄，苞玄在蒸生之外。蒸生然後有形色，形色然後有血機，血機在觀揣之内，靈貌生於苞玄之運，故靈貌不可以觀揣得也。是以至人不責鑒於備途，知其神分之有巨細，學錬之有高卑也。昔者吾嘗學於陶先生，與邯鄲太子王休長延閭子甘元淑弘農張伯英青牛子封君達河南卜文先陳留成仲式等，俱受五氣端玄經。數子並以學達昇玄，而吾以滯昧濁質，弗通味旨，然所誌略猶可得而言。

夫人稟生之有真僞，神分之有巨細，皆五氣之所流也。是以至人莫不精乎五氣之學，以鑒神分之源；師導者莫不明乎五氣之本，以弘真玄之教；王〔一〕者莫不通乎五氣之性，以闡天地之和，貫於五氣之用大矣哉！夫五氣者，陰陽之中，五常之氣也。夫人生天地之間，其形骸五藏之氣，一象天地五行四時之賦也。天以五行爲五常，人以五行爲五藏。

天以木府仁，其温爲春，以主生生之常。温精上結爲歲星，以照開篤之表。人以木爲肝，其識爲慈，以爲温恭喜悦之藏。其藏精上形爲口，以任啓泄之司，象天之有春德，以生其吐舒發叙之意也。

天以火府禮，其炎爲夏，以主茂盛之常。明靈上臨爲日，以宣曜明之道。炎精上結爲熒惑之星，以表察司之禁。人以火爲心，其識爲哲，以爲鑒達之藏。其藏精上形爲目，以任光視之司，象天之有夏有日，以生其明勝長大之意也。

天以土府信，其厚爲地，主王季夏，統維四方，以主産施安給之常。厚精上結〔二〕爲鎮星，以照公靖之表。人以土爲脾，其識爲公正之藏。其藏精上形爲舌，以任審味弘當之司，象天之有土德，以生其受宜辯重之意。

〔一〕「王」原作「壬」，據四部叢刊本、道藏輯要本改。

〔二〕「結」原作「給」，據四部輯要本改。

天以金府義，其涼爲秋，以主威裁萬物之常。涼精上結爲太白之星，以照斷肅殺之表。人以金爲肺，其識爲氣威之藏。其藏精上形爲鼻，以任猛決臭馨之司，象天之有秋德，以生其威亮敷簡之意。

天以水府智，其寒爲冬，以主保實澄嚴之常。義靈上臨爲月，以宣晦皇贊玄之道。寒精上結爲辰星，以表法慎之禁。人以水爲腎，其識爲領，以爲禽獸沈驚之藏。其藏精上形爲耳，以主聽採聞鑒之司，象天之有冬有月，以生其謙承納〔一〕之意。

人之有五藏温涼寒燠，猶天之有四時也；人之有耳目，猶天之有日月也；人之有精神，猶天之有太帝也。精神居乎心脾之中，肺肝之間，猶太帝處四守之内也。精神以膽爲御坐，猶太帝之居紫微宫也。以心爲御庭，猶太帝以太微爲御庭也。以脾爲内室，猶太帝以軒轅爲内舍也。以肝爲咸池，以肺爲天河，以腎爲司闕，猶太帝之有四守也。紫微執計而先左，故精神據膽而守肝，是以人生莫不以温恭慈喜爲先治也。精神以氣爲乘輿，以行爲五識，猶太帝以運爲術，行以周乎天也。

夫氣之在人，亮清而爲嚴。氣激濁而爲咶，聲摇延而爲音。咶放舒而爲呼，音平辯而

〔一〕「謙承納」三字，疑有脱字。

爲言。呼怒鼓而爲詈。言深爲語，語深爲談，談深爲論，論深爲議，議深爲罵，罵深爲詈，詈深爲謗，謗深爲誹，誹深爲讟。

氣整沖至，精神篤之爲志；氣循准常，精神守之爲性；氣會機指，精神適之爲情；氣密隱模，精神運之爲意；氣合裏遇，精神澄之爲懷；氣因事結，精神係之爲憂；氣美偶觸，精神降之爲勇；氣聳馳御，精神崇之爲願；氣仁垂注，精神鍾之爲念。念深爲矜，矜深爲慤，慤深爲慈，慈深爲悲，悲深爲啼，啼深爲號，皆肝府之氣起也。

夫肝者，精神首運之路也。故嬰兒之生，墜藉而先啼，肝氣激也。未知偶識於人，寤寐怡然而獨笑，肝氣浮也。未知有摇於人，摳支躁然而獨摇，肝氣煩也。多恐驚而無當捍之威，善直一而無繁頑之欲，皆精神未及周御於肺脾心腎四藏之氣也。

夫魂魄者，精神所首，左枕爲魂；精神所體，右據爲魄。故肝藏魂，魂動爲恐；肺藏魄，魄動爲懼。魂震爲驚，魄震爲怖。故嬰兒之所以多恐驚者，精神之所在肝也。及其長有怯勇者，膽虛爲怯，膽實爲勇。膽附乎肝生而怯，膽附乎肺生而勇。剛捍而生，膽附乎肺；柔澤而生，膽附乎肝。人怯，積習禦捍，變而成勇者，膽氣漸而增也。人怯，醉酒恚亂，奮而成勇者，膽氣脹而滿也。醉而喜怒，悲呼交錯，不至其常者，五藏之氣浮而亂也。

精神御氣于肝，氣清而爲温恭兹仁深念之遠，其體恭而安，其視治而正。氣浮而爲喜適感會之悦。氣煩而爲戲歡笑劇之極。氣激而爲啼號哀泣之至。由是有樂極則悲，悲極則樂，亦復爲憂恐怵惕愧慙之時，皆肝府之氣激動之中，因事周環懼憂之所生也。

精神御氣于脾，氣清而爲公正弘暢吟詠閑遠之思，其貌則和而舒，其視則平而亮。氣浮而爲輕委於物不慮之誤。氣煩而爲寬慢驕縱豪誕忽忘之失。氣激而爲矜擾怨恚嫌恨忿懟距〔一〕塞之違。

精神御氣于心，氣清而爲鑒達周物之敏，其容是有决速之精。氣浮而爲虚華矜妄輕談齟齬詆訶是非之論。氣煩而爲躭愛美著奢華矜誕矻好勝人之傲，其視則高而眇，其與人對則以貌忽人，有蕭然無偶之狀，舉動不自勝守。氣激而爲脱輕飆躁之烈。

精神御氣于肺，氣清而爲貌威色尊不可狎之顔。氣浮而爲輕冶貌列高深失准，有不常之色。氣煩而爲凌侮莫顧之畜。氣激而爲勃怒振勇驚急之害。

精神御氣于腎，氣清而爲謙儉約謹之節。氣浮而爲妄欲諱匿悔惱之弊。氣煩而爲貪惏嗜欲聚斂無厭之鄙。氣激而爲衝忌陰邪謀逆之毒。

夫人之生，氣未嘗不煩。煩者，氣積之大恒也。遇静則清氣有生，遇動則浮氣益起，遇

〔一〕「距」原作「踞」，據四部叢刊本、道藏輯要本改。

發則煩氣益盛，遇觸則激氣益迅。氣有流謝，故氣煩則怠，怠必弊，弊而多過者觸，觸而激，激必竭，竭則衰，衰則精神散矣！散則絶，絶則形體朽矣！竭遇驕極，風厲入之，則暴卒而僵。衰極氣盡，則老斃而終，此人生之所以死也。

温恭慈喜之變，變而爲諂，柔而爲曲，恭而爲媚，其俯仰之謹色，色則虚而俛措，俛措則婉而卑，其容貌有不安之候。公正之變，變而自專。無憚翹陸肆固之驕，其措則好訐人之行，以爲己正之驗也。貌威之變，變而爲侮忽凌誕之慢，娟嫉矜害，其道掩善，其目則喁而冗，其色則顔而懔，其與言則不稱，憂人之徵也。鑒達之變，變而爲巧佞機詭讒毁之姦，其言則易而若真，其宣則浮而振亮，其目睛候，膝則摇易而竊速，有不治守之動。其操則不能久居重定也。謙儉之變，變而爲密毒陰違之武，亦爲殘虐僭逆之奸。其視則下而鬱，其直則巧而嚴，其意則曠而戾，其與居則有憒噫遽奮之効也。是五變之俗，皆化利之所由也。是以聖人之和天地，達民有五氣之變，故不以意利而化之也。

夫上好逸豫，愛民有由恭阿順之巧，厚之以利，則民競諂柔色順之媚以求之。故邪僞化惑之俗興，而木行篤直之氣失矣！失積則咎氣有餘縮之差，世犯歲星之忌，災則有温毒之疫；民負司命之禁，殃則有項痛煩殞奪壽促命之死。咎氣流注蒸産，而相生爲諂諛遺釁之燼。

上好寬委，愛民有徑執偏專之守，厚之以利，則民競肆固矜誇之見以求之。故狠軼忿戾化亂之俗興，而土行公利之氣失矣。失積則地有舒泄穢結亂積風雷反震動之故，世犯鎮星之忌，災則有悖氣蒸毒之疫，民負司危之禁〔一〕。咎氣流注蒸産，而相生爲驕逸恣惰遺釁之燼。

上好煩品〔二〕，愛民有降若風邁之貌，厚之以利，則民競魁岸豪傑爭第妄進之奸以求之。故相凌踐蔑忽禍化流亡之俗興，而金行信質之氣失矣。失積則時有雪霜愆節之侵，世犯太白之忌，災則有氣痛之疫；民負司契之禁，殃則有癘竭氣斷及兵凶震殺奪壽促命之死。咎氣流注蒸産，而相生爲侮慢相仇遺釁之燼。

上好慧敏，愛民有文辨彩豔之巧，厚之以利，則民競機飾浮詭流尚之僞以求之。故佞爲俺聽化闇之俗興，而火行哲明之氣失矣。失積則日有病無光勃蝕之促，世犯熒惑之忌，災則有暑毒之疫；民負司順之禁，殃則有鬼魅忤痛心悶殞絶慌惱，及狂逆妄圖不道之覬，奪壽促命之死。咎氣流注蒸産，而相生爲奢華佞害闚覦遺釁之燼。

〔一〕「禁」下，疑脱「殃則有……」句。

〔二〕「品」，道藏輯要本作「瑣」。

上好嚴厲，愛民有敢斷剋决之巧，厚之以利，則民競懷毒逞其害烈之能以求之。故空患陰圖禍背化逆之俗興，而水行義守之氣失矣。失積則月有蠹虧魄傷遲速不常之度，世犯辰星之忌，災則有陰毒之疫；民負司録之禁，殃則有殘痼滯瘠暴僵，及盜賊獄戮奪壽迫促殘命之死。眚氣流注蒸産，而相生爲凶淫禁虐遺釁之燼。化失五常之氣，世運五常之災，民沈五促之燼，皆榮辱爭奪恥怨仇侮嫉媢之所生也。

夫民之生性莫非氣煩，氣煩則嗜欲生焉。原夫嗜欲之本，勢不踰乎口實五味，體充衣暖，男女偶適之間而已矣。五德之後，無故以珍食華服，重嬪嬙之選，利害炫耀，長而茂之，爲無厭之盛也。於是乎利害生榮辱，榮辱生喜怒，喜怒生是非，是非生賞罰。賞罰者，化末之季穢者也；聽訟者，天下之禍弊者也。賞罰聽訟，非所以斷嗜欲之茂也。古先之爲者，蓋自尊其勢而爲之者也。

夫嗜欲之茂，好利而惡害，喜榮而忿辱。夫其常性爲五燼之源，豈有厭乎極已哉！故其嚮榮也，靡知足其喜；故其觸辱也，莫知已其忿。當其所爭也，奮劒振鋭，冒嚴陷凶，不違矢刃之屠，不顧性命之没，父子兄弟不暇相格，故胡可以介介乎是非繩墨而欲以裁之哉？胡可以未來乎賞罰之准令而能以遏之哉？亂民五清之氣，成民五燼之殃，皆由王者使五燼之士，治五燼之民，不自知已有五燼之固，其知拯民有五燼之難乎？祇相激戾而生其釁怨，此不達之咎也。故雖昧旦不忘，徒苦心而無成；星言夙駕，徒勞役而無濟。夫道德之運世也，不眩民以煩利，則民無所馳其奸求；不促民以煩辱，則民無所忿其恥怨。姦求恥怨弗行則嗜欲自簡，嗜欲自簡則民俗定一，民俗定一則太平淳樸，雍和淑豫之深至矣。太平之民不自知在太平之世，所以雍和淑豫然也，惡識夫榮辱爭奪恥怨仇侮嫉娟之措哉！

若夫崐𡸣〔一〕之南，而西北東北諸域之俗，不傳此東南赤縣之名教遺策，而其民弗知有甲兵攻伐之亂，而其世弗知有相暴殺逆之禍，精保性常而大仙大賢慈淨之神出焉。由茲言之，何瑣瑣乎庸爾准令故事之有乎！夫爐士之執政也，勢傍典刑，隆崇矜據，明其權柄，識其寒暑，欲以擅秉而懲違忤，富貴而制蒼生，弗覺夫鄙哉！流末參差，人情轉易，已滑其在始立意之頑，而成其固弊仇衆潰逆之敗也。積代相習，豈悟之哉！是以爐士不可以任之者也。爲其將，則禍大矣！任之道學清淨之衆，則道學喪矣！任之王者朝廷之列，則王者亡矣！覩其血機，觀其舉候，豈離乎五變之氣乎？聖人之麤教耳！易可以審，何亂之有哉？惜乎而固，奚其甚哉！是以至人之所以潛棲山谷者，豈好爲遁世之名乎？蓋不欲以五爐之俗，滑其五清之氣也！五爐之俗，莫不以聲勢相傾，而亂其清氣者也。觸其契色，逆其

〔一〕「崐𡸣」，道藏輯要本作「崐崘」。

聲音，欲無忿憾潰中之氣者難矣！事有蹇違，以己求人，欲無卑側媚悦之巧者希矣！遇有勢居，人求於己，欲無驕凌豪御之張者鮮矣！此三者，皆五爐殃氣有生之常也。與之糅俗，望無亂清氣，其可得乎？是以道士不可得與其雜處而狎之者也。

九靈上寶經云：「夫五情者，陰陽五府之神氣形於人者也。」故學仙者必隱靖山林，潔修五清，欲清淨而精至，以會真玄神應。是以温恭慈悦之氣藏於肝，木府之所賦也，司命所守也。其治肝潔，常以正月十日齋，治少陽，令人肝氣生。至二月八日，定少陽，應春風。至三月六日，治陽明，定春風。至于四月四日，於甘泉東流水之北岸，東面向朝陽之地，晨早沐浴蘭湯，使身意清淨，香火向日，禮祈無上正真大道太真太寶内、内及左太禁上師之神上宫左諸司，頓首稽首三百數，然後靖跪，以手捧心，至誠定息，静念木府之真靈，闃〔一〕無他思。其禁不得有求於世利，妄爲不柔之温，妄爲不誠之恭，妄爲不實之慈，妄爲不衷之悦。其修潔攝息有定，則肝氣真而無虚，春温不睦之眚，不能得侵其實氣。體節休和，幹力强利，首無暴痛之疾。司命之神奉之，青龍護之，青氣繞之，青液調之，東嶽之精隨之，山谷之神衛之。若獨處林嶺，則百獸依仁，有自馴之驗；狼虎歸慈，有息猛之徵。其修潔有積，

〔一〕「闃」原作「闐」，據字義改。下同。

則青帝之芝及黑玉之芝見於所行止之前，得而服之昇仙，三千歲而息羸。其潔深大至著極於木府，則神弟〔一〕視崐崘之東少陽之域慈淨之仙。其神變能爲洪海之溢涸，能爲天地之倒易，能爲瓊宮玉宇滿乎天地之見，木府少陽之神性也。

哲明敏見之氣藏於心，火府之所賦也，司慎之所守也。其治心潔，則常以四月四日齋，定陽明，受夏氣。至五月一日應陽調氣，至于六月二十七日，常以日中沐浴蘭湯，使身意清淨，香火南面向日，禮祈無上正真大道太真太寶內、內及太陽太覺之神上宮都司，頓首稽首三百數，然後靖跪捧心，至誠定息，静念火府之真靈，闃無他思。其禁不得有規於世利，妄爲不道之哲，妄爲不順之明，妄爲不真之敏，妄爲不正之見。其修潔攝息有定，則心氣真而無煩，夏暑不睦之眚，不能得侵其實氣。其意明澄朗慧，用道微妙，鑒徹真性，目無昧睡之疾。司慎之神奉之，赤龍護之，赤氣繞之，赤液調之，南嶽之精隨之，山谷之神衞之，則鴻鶴鸞凰之鳥應而歸之。其修潔有積，則赤帝之芝及青玉之芝見於所行止之前，得而服之昇仙，九千歲而息羸。其潔深大至著極於火府，則神弟視崐崘之南太陽之域太覺之仙。其神變能爲項佩日曜，能爲光照四海而震摇諸域，能爲飛騰所詣無礙之至，火府太陽之神性也。

〔一〕「弟」，道藏輯要本作「睇」，下同。

公正弘重之氣藏於脾，土府之所賦也。尸蟨之所守也。其治脾潔，則常以六月二十七日齋，定太陽，受秋氣。至于七月二十七日昳時沐浴蘭湯，使身意清淨，香火向日，禮祈無上正真大道太真太寶内、内及上宫太均之神宫内諸司，頓首稽首三百數，然後靖跪捧心，至誠定息，静念土府之真靈，闃無他思。其禁不得交擾於世事，妄爲求名不體之公，妄爲矯圖不淳之正，妄爲縱憧昏忘之弘，妄爲專固不泰之重。其修潔攝息有定，則脾氣真而無怠，衷豫安静，而無憒蕩塞悶體沈不收腫疸之病，季暑不睦之眚，不能侵其實氣。志意益沖，而無厭免之痾；舌味藥物，而無不進之滋。蟨尸之神奉之，黄龍護之，黄氣繞之，黄液調之，中嶽之精隨之，四方羣臣衞之，萬鬼歸之。其修潔有積，則黄帝之芝及赤玉之芝見於所行止之前，得而服之昇仙，一萬歲而息羸。其潔深大至著極於土府，則神弟視崐崘之頂太和之仙。其神貴常寂，不貴變動之見，土府大均之神性也。

尊嚴威儀之氣藏於肺，金府之所賦也，司契之所守也。其治肺潔，常以七月二十七日齋，治人利氣，至八月三日，定少陰，令人受生氣。至九月二十七日，治厥陰，令人受剛氣。常以日晡沐浴蘭湯，使身意清淨，香火向日，禮祈無上正真大道太真太寶内内及右太禁收土之神宫右諸司，頓首稽首三百數，然後靖跪捧心，至誠定息，静念金府之真靈，闃無他思。其禁不得有御於世趣，妄爲驕逸抗戾之尊，妄爲懷害之嚴，妄爲侮忽之威，妄爲淫飾之儀。

其修潔攝息有定，則肺氣真而無倦，秋冷不睦之眚，不能得侵其實氣。則喘引和亮，胸中無竭寒斷氣之毒。司契之神奉之，白龍護之，白氣繞之，白液調之，西嶽之精隨之，山澤之神衛之，津梁之精侍之，虎狼依之，爲之驅用。修潔有積則白帝之芝及黃玉之芝見所行止之前，得而服之昇仙，七千歲而息羸。其潔深大至著極於金府，則神弟視崐崘之西少成之域成道之仙。其神變能爲偃月之照，能爲行水而足不濡，行地若水而地不堅，能爲身上身下漂出水火之變，金府少陰成道之神性也。城陽郄孟節疏注尊嚴威儀之義曰：「不狎褻黷爲尊，色正儼然爲嚴，神肅澄恪爲威，舉動徐詳爲儀。」

謙儉妙密之氣藏於腎，水府之所賦也，司録之所守也。其治腎潔，則常以十月十八日齋，治厥陰，受冬氣。至十一月十五日，治太陰，定五藏氣。至十二月十三日，通太陽，受腎氣。至于正月十日，皆以夜半沐浴蘭湯，使身意清淨，北面向陰，香火禮祈無上正真大道太真太寶內內及沆澄當作瀣字。太陰之神宮後諸司，頓首稽首三百數，然後靖跪捧心，至誠定息，靜念水府之真靈，闃無他思。其禁不得有馳於世務，妄〔一〕爲傾邪之謙，妄爲失其常守及貪欲無厭之儉，妄爲傾毒陰匿謂人不覺之妙，妄爲潛謀姧私之密。其修潔攝息有定，則

〔一〕「妄」原作「要」，據道藏輯要本改。

腎氣真而無損，冬寒不睦之眚〔一〕，不能得侵其實炁。則行步勁速。進退堅强，腰竅玉房及膀胱股脛無疼滯之疾。其修潔有積，則司録之神奉之，黑龍護之，黑氣繞之，黑液調之，北嶽之精隨之，太陰之神衛之，靈葵歸之，其居水濱則蛟龍魚鼈依之。其修潔有積，則黑帝之芝及白玉之芝見所行止之前，得而服之昇仙，一萬歲而息羸。其潔深大至著極於水府，則神弟視崐崘之北玄都之域太豫玉膏之仙。其神變能爲晦天之變，能爲他方遠膳之饋，能以大爲小，以小爲大，以有爲無，以無爲有之變，水府沆瀣之神性也。

凡學道不能精立至潔於所行，則五府之神未嘉祐之，而以服氣及進服藥物藥精餌朮丹石之小法，多爲所敗矣。設小有効，不踰五百年之力耳！其術多退溺而無成也。夫殖至潔之氣於五府，其精不泯，及蒸人道，莫不於九元之清而生之者也，莫不常爲仙爲神爲聖矣。其齋法沐浴清淨，所以常於正月十日、二月八日、三月六日、四月四日、五月一日、六月十七日、七月二十七日、八月三日、九月二十日、十月十八日、十一月十五日、十二月十三日者，以道氣數之，此日皆天帝遊東井之日也。是以行道輒當於此日更起新意，爲沐浴清淨之始，倍加謹敬之篤也。其服氣法，攝五情之息，漸能有定，然後常以二月三日、九日、十八

〔一〕「眚」原作「青」，據四部叢刊本及道藏輯要本改。

日、二十七日，若甲寅、乙巳、丁巳、甲子、丁卯、王相成滿日，於山林隱靖之處，近東流水醴泉向陽之地，地氣陽而調也。沐浴蘭湯，以丹書玉房爲田字方一寸。玉房在臍下三寸。精念玉房，令氣致於丹田。去鼻中毛，正偃卧，兩足相去五寸，兩臂去身各五寸，合目握固如嬰兒之拳。是用蒲蒻爲枕，高可三寸，若胷中有病可高五寸，若病在臍下可去枕。既服氣，不復得食生菜及生果硬物。服氣時，食日減一口，十日後可不食。二三日腹中或涓涓若飢，選好肥乾棗上朮煎，微得食之，一日一夜不過此。不念食者，勿有進噉。其飲水，一日一夜可五升而已。其太一醪醴，亦可一日一夜五升，勿絶。口中常含棗核者，令人受氣且生津液故也。如此則胷中上下氣脹，腸胃致令得空虚，空虚則和氣通焉。五神宗而助之，則昇仙矣。孔子家語云：「食氣者神明而壽，食穀者智慧而夭〔一〕，不食者不死而神，雜食者百疾妖邪之所鍾焉。」是以食愈少者心愈開，而延年益壽；食愈多者心愈塞，而年愈奪也。

翟煒釋周傳論云：「悠悠九天，茫茫萬寓，氣之所蒸，産之所煩。品物叢生，迭相大小，擾擾營營，爲利害所纏。有生之爲乎！其猶塵粉之一毫，蹔浮於洿池之内。有國之所域，

〔一〕「夭」，漢魏叢書本大戴禮記易本命及二十二子本孔子家語均作「巧」。

其猶芥石之一片，孤寓於大衍之中。是以莊周稱四海之於天下，猶礨〔一〕空之在大澤；有國之於四海，猶稊米之在大倉。其中一世之是非，芥石之利害，焉足以經於曠然之念哉！是以至人之所以輕天下細萬物也。豈措心於矯亢之觀乎？直以世利無以干其胷懷，榮華無以褻其顧盼，將在子靖氣潔精，其貴存真而已矣！」

〔一〕「礨」原作「壘」，據莊子秋水篇改。

雲笈七籤卷之八十八

仙籍旨訣

道生旨谷神子裴鉶述

鍾陵郡之西山，有洪崖壇焉。壇側有棲真子楊君，知余有道，詣予請述道生之宗旨。余曰：「子不聽西昇經云：『人徒知天地萬物，而不知生之所由。』〔一〕又曰：『吾與天地分一氣而治，自守根本，非効衆人。』是知修道之士，若不知生之所由，道之根本，則茫茫然罔測道之來矣！欲求長生，先修所生之本。子能曉耶？」楊生曰：「未悟。」予告曰：「欲曉則速具誓戒。」楊君再拜具詞曰：「某才器瑣微，行能幽晦。將葷血爲滋味，以艷容爲歡娛。罪根既深，神彩益濁。豈三魂之寧謐？被五賊之戰爭。以恍惚而暢懷，極其喜樂；俄悼亡

〔一〕「人徒知天地萬物，而不知生之所由」，宋徽宗御注西昇經下皆有章第三十四作「人能圖知天地萬物，而不自知其所由生」。

而感物，過甚悲傷。振蕩命門，壞墮元氣。虛羸漸逼，豈異尸居？枯槁欲來，何難骨立？鹽梅銷鑠，寒暑煎熬。既非金石之身，須示風霜之鬢。大患擬作，微軀豈安？實爲聾瞽之徒，豈覺幽玄之理？步步就死，兀兀不知。人間或有道高河上，術入壺中。霓服羽衣，一遊而縮其地脈；珠幢玉節，一舉而登其天門。變瓦礫於金丹，改容儀於玉液。造化由己，修行在心。魚縱涸而重波，骨雖枯而再肉。伏以小子螻蟻之命，纖芥之軀，昏濁無知，敗亡有日。忽神鑿其竅，天啓其心，善達玄關，志求道要。慕真仙而汲汲，如飢渴中腸；陋浮世之悠悠，若煙埃滿眼。欲冀希夷之質，長含橐籥之間。擺去塵機，冥搜真朴。推無形於恍惚，見有物而萌芽。至此時則萬象空搖，寸誠不撓，敢匍匐懇請，誓戒深詞。存歸太上之清壇，靖想虛皇之寶座。仙童握節，侍女焚香。既得事之證明，豈將心而猶豫？疑俁冰泮，端倪瀆流。荷重德而便頂丘山，感深恩而已銘肝膈。若非人妄泄，得士不傳，則觸景罪殃，動足受禍。指陳白日，契約丹誠，無任驚魂泣血之至。」

予即告之曰：「子既誠懇如是，予當語子生生所由。人之根本者，男精女血既凝有道，自然而生爲水一點，今膀胱之水是其餘也。水中有氣，鬱鬱然未有所著。欻然感天地純陽真精之華入於氣，而相依憑，氣遂養之，是謂之神。神之甚微，雖得水氣養之澆溉，懼氣强而見迫。若水之澆溉，物之甲拆，又不可以浸之，浸之則其甲即死矣。仍於水中，純陽真精之華生爲二腎也。二者以應陰陽之數，遂隔水擎捧其神與氣，乃得炁與腎神之靈。是謂氣爲母，神爲子。道幹既育，萬物成體。子母既長，不可同處，須放其子之造化成其窟宅，然母亦安矣。神又須物引而雜其母，乃借水之兩點氣如腎之數，神以陽光守而凝之。然又慮水之盛，兼五行不足，無以成物，而假土來尅其水。慮土尅其水盡，又假木來尅其土。慮木尅其土盡，又假金來尅其木。慮金尅其木盡，又假火來尅其金。火若尅其金盡，即内以水救之。是謂轉相生轉相制，成物是謂人之眼。眼者與天地合體，五行足矣。所以眼當中黑，水也；次黄，土也；次青，木也；次白，金也；次赤，火也，其事明也。五色既成，陽神乃寄光於其上，是謂神光焉。眼之位屬肝者，緣光明如日，日出東方，肝在東方而屬木，故肝藏得而管之。黄庭經云：「肝神龍煙字含明。」注云：「日出東方〔一〕，故曰含明。」神者純陽也。勢長飛動，如天之日月而轉動也。其眼漸上昇，須照燭其外，爲神之樞機，而神則合居其内，而主其中。神專眄其眼，漸漸不覺已離其母。若眼者，只要引神而離其母，後居外與神相應，不可附其眼，則依前不成造化矣。

其氣母雖離其子，終須養其子成長安穩，若中途而廢，則彼此不能安矣。即須假木來

〔一〕「方」下，本書卷十一上清黄庭内景經心神章第八有「木生火」三字。

生火，是爲心焉。使心而盛其神，心之内空方寸，乃受神而居。其神曰靈也，故謂心爲靈臺。神是陽也，心爲火焉，故神得而居其内，蓋水流濕火就燥之義。道書曰，心爲神之都是也。所以心靈於諸藏者，緣神之故，非心獨能靈焉！若無神之在内，則與諸藏何異？但緣心屬陽之故，勢多飛動，因玆便乃不得停爾！目但確然而定其神，則心亦不動矣。蓋須修道習熟，不然者，大難不摇動其心耳。其次肝肺脾六府五體九竅毛髮之類，皆神得而造化焉！蓋取眼之規則耳，即眼爲五藏之苗也。如此三九二百七十日，則應陽之數極，人之體備具矣。

然神自離其母後，更不復到本來凝結之處。蓋人漸被五味汩之而不清泠，神雖同用，炁雖同行，終不解却相養却相成，但相反爾！今以子母相離本者，蓋緣未有窟宅，諸體尚闕，所以事須相離而各造化。及其彼此安穩，更不相吊省，豈有子母得爲順序哉！今言心爲氣馬，但意到則氣到。今人或偶使氣到諸處，則不解到根本從來相合處耳。修道之士，不可不留意焉。脾去腎近者，若眼中黑，與赤遠矣。足可明之其神雖都於心，亦寄位于精中，養其體，潤其性，保其骨髓，使其堅强，人之壽考，神亦得久安於人體中矣！凡人臨危險而毛髮寒竪者，是神恐傷其窟宅爾。若人之暴横而死者，元氣猶强而未弱，還元返本不得，或爲匿鬼而憑陵於人。蓋元神不病，器用不銷耗使其然也。則春秋云「匹夫匹婦强死，魂魄憑依於人」〔一〕是焉。於强死中，其神或漸耗未盡，却被炁盛將去爲人，則分明記得前生事也。則鮑靚記井，羊祜識環之類，大約記得前生事者也。童子暴横而死，精氣未散使其然爾。所言精者積津氣而成，若動摇而也，則神不安，爲滑而决泄，減耗神之用也。精之既竭，神亦耗盡，微微然漸與初來相類。然心氣既壯，水氣又盛，人體堅强，五味薄鑠，則氣與神不相當。既而無戀，求住不得，欻然而去歸空，却成舊時真精之英華，附之于天，所言泄性不滅是也。則禮記云：「骨肉化爲土，魂氣歸于天。」〔二〕元神如主，千神如臣，元神既去，千神無主，國之空耳。所以謂心爲帝王，水氣既無陽氣管攝，亦便散也。二物既去，則人體傾去謂死，即無所知也。舉世人皆爲好道修道，不知道是何物而修耶？凡人好酒，必知是麴米所作；凡人好色，必知是西施洛浦；凡人好財，必知是金玉寶貨耳。且押韻從「東」字起首，至于「法」字〔三〕數萬，皆著切脚，人盡能辨認之。唯至「道」一字，則懵然不

〔一〕「魂魄憑依於人」，左傳昭公七年作「其魂魄猶能馮依於人以爲淫厲」。

〔二〕「骨肉化爲土，魂氣歸于天」，禮記郊特牲作「魂氣歸于天，形魄歸于地」，禮記檀弓下作「骨肉歸復于土，命也。若魂氣則無不之也」。

〔三〕「從東字起首，至于法字」，按清周兆基輯佩文詩韻釋要起於上平聲「一東」，迄於入聲「十七洽」，疑「法」爲「洽」之誤。

會。或云虛無自然，修心行善，竟不能知其旨也。既不知之，則向何門而修哉？殊不知：道，水也，在人身曰氣也。所以云道生一，蓋水藏也。一陰一陽謂之道，蓋水火也。一陽既去，一陰亦散，是不成道也，人須死矣。夫天地生於道，蓋浮世界耳。是謂道去則人死，水乾則魚終。所以陰氣爲母者，是内陰之根本，非外陰邪之氣也。所説陽神者，是純陽之精英，是元神也，非五藏諸體之神也。元神能生其三魂七魄及諸體之神爾！

黄庭經云：「腎神玄冥字育嬰。」注曰：「腎精爲子，故曰育嬰。」二腎之中，男爲精門，女爲子宫。精門既開，腎氣亦泄，不獨内陽而散，内陰亦竭。所以腎爲陰之都，心爲陽之都。凡生化先從陰而入陽，是萬物從濕而生也。蓋精亦從腎中而出，其子亦從腎中而成，是不離腎藏耳。大約心之元神俱借其體而共治之，三魂亦助成爾。但專爲害者，乃七魄三尸句〔一〕外陰邪之氣而賊身，往往神氣多不敵，則人死矣。人死則三尸七魄暢焉！夫元神，君也，尸魄之類亦臣耳，若狡蠹之臣亂其國而迫其君也。若修養其氣壯其神，則七魄三尸終不能勝，壽自長生耳。夫不疾暴死者，蓋脈偶然蹶澁，不到一藏，其藏既弱，遂爲五行遞相剋，至于火盡陽脈絶，則神去人自死矣。蓋脈蹶澁不行而阻之，亦中有傷敗使其然也。

〔一〕「句」，四部叢刊本作「向」。

昔扁鵲治虢太子病云，所謂尸蹷也。以陽脈下墜，陰脈上爭，會閉氣而不達〔一〕，上有絶陽之脈，下有破陰之經，絶陽之氣色氣管於脈〔二〕，故形濁〔三〕如死狀。夫陽入支蘭藏蹷者生，陰入支蘭藏蹷者死〔四〕，此數事者，皆五藏之中時時暴作者也。〔五〕良工取之，拙者疑殆。信有之矣！

於戲！目營萬象，心虚異端，神被牽驅，身無管攝，則室家無主，國邑傾頹，固其宜矣！主人不修舍宇而外經營，則舍宇日有危壞矣！夫人若知神之所主，子母運行，則修身了達之門可見矣！若無所主，但任呼吸喉中，主通理藏腑，消化穀氣而已。終不能還陰返陽，填補血腦。又衆人之呼吸與真人之呼吸殊矣！南華真經云：「衆人之息以喉，真人之息以踵。」注云：「從根本中來。」又云：「其息深深。」此其義也，豈容易哉！若但信其自呼吸，未有得道哉！夫一呼一吸不得神宰，則不全其呼吸耳。真人曰：「若神能御氣，則鼻不失

〔一〕「會閉氣而不達」，史記扁鵲倉公列傳作「會氣閉而不通」。
〔二〕「絶陽之氣色氣管於脈」，上書作「破陰絶陽，色廢脈亂」。
〔三〕「濁」，上書作「静」。
〔四〕「夫陽入支蘭藏蹷者生，陰入支蘭藏蹷者死」，上書作「夫以陽入陰支蘭藏者生，以陰入陽支蘭藏者死」。
〔五〕「皆五藏之中時時暴作者也」，上書作「皆五藏蹷中之時暴作也」。

息。」斯言至矣！又能咽其津，以意送之至氣海中，則直灌其靈根矣！吁！今之人不會神與體彼此是非邪？人能筭盡萬物，而不能筭其神與體，何感而相成？但記三歲之後事，而三歲已前昧無所知也。若到筭歸其盡處，即自見神與體元氣配合之根由，則了然無二物。知神與真氣同體假名，則一存一想，歸其真矣！此所謂深根固蔕。

夫復氣者，復於本生之處。如周易復卦䷗云：一陽生五陰之下。若還丹之義，非伏與服也，其義明矣！天爲受氣之始，氣是有形之根。氣不得形，無因而立；形不得氣，無因而成。二物相資，乃能混合。聖人知外用之無益，所以還元返本，握固胎息，洞明於內，調理於中，取合元和之大朴，不死之福庭。夫神和則可以照徹於五藏，氣和則可以使用於四肢。道經云：「三月内視，注一心，守一神〔一〕，則神光化生，纏綿五藏。」凡人勞神役役，無一息駐於形中，而希長生，不亦遠乎！若能胎息道成，精氣有主，則使男子莖中無搟精，婦人臍下不結嬰。萬化之用，莫先乎氣；至人之用，莫妙乎神。虛無之中有物謂之神，窈冥之中有精謂之氣。吁！其神與氣，來既恍惚，去無眹兆。其來也則難，其去也甚易，是以聖人悲痛而惜之。於戲！世人何容易而驅其氣也。不知形者不可與言氣，不知炁者不可與言神，

〔一〕「注一心，守一神」，胎息精微論内真妙用訣作「注心一神」。

知神者則資道矣。

易曰：「精炁爲物，游魂爲變。」變易不節，人不長生。所以王母有金璫玉珮之道，軒轅行内視返本之術，不可不信之。吁！萬物有終，而天地長久。人民有死，真人長生，乃俱陰陽交感之氣矣。人能守其陰陽，陰陽亦能守人矣。天地不死，而人自死，化腐於其間哉！夫崩墻毁堞，土能填之。老木衰果，以枝接之。破車漏船，木能補之。折鼎穿釜，鐵能固之。人遇衰老，返神活之。皆上仙成敗之言，不可不知也。夫陽丹可以上昇，陰丹可以輕舉。陽丹即大還之丹，陰丹即是内修返本之理。黄帝問道於廣成子，廣成子曰：「無勞爾形，無摇爾精，少思寡欲，可得長生〔一〕。」夫道之最要，以精爲根，以炁爲蔕。經云：「躭養靈根〔二〕不復枯。」夫含真之道，禦養之術，訣之在口，不傳之於㦸翰也。但能寂然不動，感而遂通，泯滅萬慮，久久習熟，用晦而明，必得道矣。

〔一〕「少思寡欲，可得長生」，莊子在宥篇作「乃可以長生」。

〔二〕「根」原作「柯」，據本書卷十二上清黄庭内景經隱藏章第三十五改。

養生辨疑訣 栖真子施肩吾〔一〕述

一炁無方，與時消息，萬物生死，共氣盛衰。處自然之間，而皆不知所以然而然。其所稟習，在覆載之下，有形者先須知其本，知其本則末無不通；修道者先須正其源，正其源則流無不應。若棄其本而外求，背其源以邪究，雖躐〔二〕盡百家，學窮諸子，徒廣虛論之功，終無攝養之効。得者觀之，實爲自誤〔三〕耳！今歷觀世間，好道之流，不可勝數。雖知恬淡以自守，全不知恬淡之中有妙用矣。雖知虛無以爲理，全不知虛無之中而無不爲矣。若不知虛無恬淡妙用之理，徒委志於寂默之間，妄作於形神之外，是謂無益之用，非攝生之鴻漸也。且神由形住，形以神留，神苟外遷，形亦難保。抑又服餌草木金石以固其形，而不知草木金石之性，不究四時順逆之儀〔四〕，久而服之，反傷和氣，遠不出中年之內，疾害俱生。

〔一〕「施肩吾」原脱「肩」字，據四部叢刊本及道藏輯要本補。
〔二〕「躐」，道藏本養生辨疑訣作「獵」。
〔三〕「誤」原作「悟」，據上書改。
〔四〕「儀」，上書作「宜」。

使夫輕薄之流，皆謂繫風捕影不可得也。翻以學者爲不肖，以真隱爲詭道，不亦傷哉！或人以此事而譏余曰：「吾聞學道可致長生，吾自童年至于暮齒，見學道之人已千數矣。服氣絶粒者、驅役考召者、清淨無欲者、修仙鍊行者、如斯之流，未有聞其不死者也。身殁幽壤之下，徒以尸解爲名。推此而論之，蓋得者猶靈骨耳！非可學而得之。」余聞斯論，不覺心愍然于内，神恍惚于外，沈吟之間，乃太息而應之曰：「觀子向來所説，實亦鄙之甚矣！迷之尤矣！今世人學凡間之事，猶有成與不成，豈況妙本玄深，昏昏默默，胡可造次而得之？且大道無親，感之即應，苟云靈骨，無乃踈乎！然夫服氣絶粒者，道家之所尚，人苟得之，皆有不食輕舉之効。便自言腸胃無滓，立致雲霓，形體獲輕，坐希鸞鶴。採餌者復以毛女爲憑，呼吸者又引靈龜作證，曾不知真炁暗減，胎精内枯，猶執滯理於松筠，守迷端於翰墨，良可嗟矣！寧不怪乎？至於驅役考召之流，蓋是道中之法事，研討至精，窮其真諧，誠爲身外之虚名，妄矣〔一〕！且元和之氣，非時長而有之，未有此形，天地之間已有之矣。經

〔一〕「妄矣」，道藏本養生辨疑訣作「妄作人間之孟浪」，且其下尚有二百餘字，與本書此下之千餘字異。據本卷末後序中沖和子云：「俄經四十三載，忽授三元之術，如訣修之。」疑此下千餘字乃道藏闕經「三元真一訣」之後半，本書脱其前半及養生辨疑訣之後半。

曰：「先天地生。」〔一〕即元氣矣。此身有者，父母交合，施其元氣。元氣者，真精矣。何以明之？精留於身則身生，精施於人則生人，移此精氣，結彼元氣，彼既成於形，此則受損耳。內景經云：「長生至慎房中急。」此在乎妙用之道，元氣結之爲精矣。身中之精，元氣之本，能使氣一泝精，移之上元，下元之中，又採新氣，旬日還爲精矣。如彼釜熟其物，則出之更添新者，廻還無窮，天地不足爲久壽矣！上元充滿，百節自實，老者反丁，丁者反嬰。斯得上元，下元我能，經略運度，寬猛是則。審修我宮，神仙必得，不修我宮，死之必尅。人在氣如魚在水，沈浮東西，莫不由己。修鍊經時，百節盡暢，炅若陽春，久乃自知。若有不通及疾病之處，注意中元發火以焚之，乃自通，通則愈矣。心爲絳宮，絳宮者，赤色猶火也。存心炎火亘乎一身，非特爲氣道流通，抑亦銷其邪也。凡欲行氣之前，但焚之一度。經曰：「廣成子積火焚五毒。」五毒，五味矣。五穀五味不焚之，必能壅遏氣道。焚之或久，令人煩熱，存之纔通，即須行氣。行氣之法，但泯思慮，任神廬微微，元氣自然遍體。夫炁者，百節毛孔皆自有之，能以意行之，是賢臣化百姓矣。何以明炁之在身，但以一丈之竹通其節，以

〔一〕「先天地生」原作「先天地而生」，據道德經改。

扃〔一〕一頭，口向中吹之，氣忽然達於筒中，自有元氣相撑而出。人身中亦猶此筒，思慮既絶，元氣遍身。遍身之後，兀然而定。其取定之術，具載下元篇中，審而行之，萬不失一矣。

下元歌

契真之道飄飄易，動不動中如有寄。那知有無可超忽，去住玄機此其義。

此篇調下元之訣。契真之要甚不難，人自强難。飄飄，猶閑暇矣。此閑暇其身，澄心絶想，三元俱通，仙則近矣。動不動者，玄珠矣。謂存下元之中，作一珠可彈丸許大，焰焰然如動又不動。動中寄者，注意於下丹田之中有炁海，使炁細細於海遶珠四合，炁入足，動中寄有其珍珠矣。中元注下元之珠，元炁乃定，定則外炁不入，内氣不出，兀然與天地同和，命無涯矣。天地自傾，我長自然矣。黄帝於赤水求玄珠，赤水則赤血矣。如玄珠在於氣中，求此珠，珠得必生，故使罔象，則無思無慮冥然之後，乃自得此珠矣。欲知超忽飛昇之道，切在去機。機去身存，機住身死。無機胷中，純白自處，得失之要，此其義矣。

〔一〕「扃」原作「扄」，據文義改。

後序

沖和子云：余少學道，長乃尤益。天下名山，靡不尋覽。躋危躡險，敢憚乎勞！意有殊觀，不遠千里。乙未歲，步青城之燕谷，幽邃百里，松蘿上蔽于天。偶逐樵人，步入石窟。窟內有真人，云姓李氏，不知何許人也。垂髮過腰，姿容冰雪。余再拜之，怡怡如矣！良久問從何而來？余因述誠素，願處机履之傍，天幸見録。俄經四十三載，忽授三元之術。如訣修之，俾晝作夜。一紀之後，往往自飛。玄之又玄，難於數載。受之者可三十年一傳〔一〕，傳非其人，災罰可見。行此道者，五辛陳臭並宜損之，損之在漸，不宜頓矣。一年之後，氣道充實，自不食矣。其大要在乎泯機，機絶則炁不召而至，不謀而成。躬自行之，一一神效。今爲注解，庶無後迷。高尚之徒，幸祕斯訣矣。

〔一〕「年一傳」原作「一年傳」，據道藏輯要本改。

雲笈七籤卷之八十九

諸真語論

經告

安妃〔一〕告曰："衝風繁激，將不能伐君之正性。絶飆勃鬱，焉能廻己之清淳？爾乃空沖〔二〕自吟，虛心待神，營攝百絶，棲澄至真。當使憂累靡干於玄宅，哀念莫撓於絳津。"

太上曰："高才英秀，惟酒是躭，麴糵〔三〕薰心，性情顛倒。破壞十善，興隆十惡，四達既荒，六通亦塞。"

天尊曰："一切衆生，久習顛倒。心想雜亂，隨逐諸塵。捨一取一，無暫休止。猶如猿

〔一〕「妃」原作「非」，據本書卷九二衆真語録改。

〔二〕「空沖」，上書作「空中」。

〔三〕「糵」原作「蘗」，據文義改。

猴，遊於林澤，跳躑奔趨，不可禁止。是諸凡夫，心性亦爾。遊五欲林，在六根澤，縱逸騰躍，不可拘制。」

又曰：「人情難制，猶如風中竪幡，飄飄不止。或思作僞，以邀名譽。」

定志經云：「人既受〔一〕納有形，形染六情。六情一染，動之弊穢。惑於所有，昧於所無〔二〕。世務因緣，以此〔三〕而發，招引罪垢，歷世彌積。輪廻於三界，漂浪而忘返；流轉於五道，長淪而弗悟。嬰痾抱痛，不能自和〔四〕。馳神惶悸，惟罪是履。」

太上曰：「天之道利而不害，聖人之道爲而不爭。故與時爭之者昌，與人爭之者亡。是以有兵甲而無所陳之，以其不爭。夫不祥者人之所不爭，垢辱者人之所不欲，能受人所不欲則足矣，得人所不爭則寧矣〔五〕。」

妙真經曰：「視過其目明不居，聽過其耳精泄漏，愛過其心神出去，常於欲事汲汲懅，

〔一〕「受」，洞玄靈寶智慧定志通微經作「授」。

〔二〕「惑於所有，昧於所無」，上書「有」作「見」，「無」作「著」。

〔三〕「此」，上書作「次」。

〔四〕「嬰痾抱痛，不能自和」，上書及本書卷九二衆真語録作「嬰抱痛毒，不能自知」。

〔五〕「得人所不爭則寧矣」八字原無，據本書卷九二衆真語録增。

爲利動者惕惕懼〔一〕。結連黨友以自助者，非真也。」又曰：「罪莫大於淫，禍莫大於貪，咎莫大於僭，此三者，禍之車也。小則亡身，大則殘家。」

道言：「吉凶禍福，窈冥中來。其災禍也，非富貴者請而可避；其榮盛也，非貧賤者欲而可得。蓋修福則善應，爲惡則禍來。」

天尊曰：「氣不可極，數難可窮。死而復生，幽而復明。天地運轉，如車之輪。人之不滅，如影隨形，故難終也。」

妙林經曰：「夫有爲生死，衆生漂浪，如虛中雲，如空中色，如谷中響，如水中月，如鑑中象，如熱中炎，如電中火，如聾中聽，如盲中視，如啞中言，如二頭鶴，如三足雞，如龜中毛，如兔中角。如是無明，貪著愛見。生死之本，亦復如是。畢〔二〕竟皆空，不可論說。譬如燈滅，不可尋求。生死本空，亦復如是。如大猛火，如四毒虵，不可親近。生死之法，亦復如是。」

〔一〕「常於欲事汲汲懅，爲利動者惕惕懼」，本書卷九二衆真語録作「牽過於利動惕懼」。

〔二〕「畢」原作「必」，據大乘妙林經卷上觀真相品第二改。

天尊告聖行真士曰：「若復有人，於諸法中，生有見心，捨於穢土，求三清樂，捨衆生身，求真道相，欲斷煩惱，而入無爲；求離諸見，乃得寂滅；如是等相，我説此人名大邪見。譬如〔一〕愚人，畏於大地，而欲走避。所至之處，不離大地。衆生亦爾〔二〕，畏生死身，疾捨三界，有心猒離。所得之身，不離生死。如是衆生，未能見法，求真道相，深實可哀。真道相者，名爲不作，無起無滅，非有非無，非常非斷〔三〕，非大非小，非色非心，能體此相〔四〕，名爲修習真道正行。」

又告聖行真士曰：「世間衆生，無明重暗〔五〕，真道在身，莫能覩見。譬如愚人，東西馳走，求覔空色，而不能知，即色是空。一切世間，亦復如是。心性馳走，欲求真道，不知身心，即是真道。」

〔一〕「如」字原無，據大乘妙林經卷上辯邪正品第三增。又上書「譬」上有「憎慢之人」四字連上。

〔二〕「爾」原作「耳」，據上書改。

〔三〕「非常非斷」，上書作「非長非短」。

〔四〕「能體此相」原作「體如此」，據上書改。

〔五〕「無明重暗」，上書作「無明障重」。

「又〔一〕寶瑞降之〔二〕，有千善則後代神真，有二千善則爲聖真仙將吏，有三千善則爲聖真仙曹掾，有四千善則爲天下師聖真仙主統，有五千善則爲聖真仙魁師，有六千善則爲聖真仙卿大夫，有七千善則爲聖真仙公王，有八千善則爲聖真仙皇帝，有九千善則爲元始五帝君，有萬善則爲太上玉皇帝。」元君曰：「萬善之基。亦在三業。十善相生，至于萬善。行善益筭，行惡奪筭。賞善罰惡，各有職司。報應之理，毫分無失。長生之本，惟善爲基也。」「專〔三〕精養神，不爲物雜，謂之清；反神服氣，安而不動，謂之静。制〔四〕念以定志，修身以安神，寶氣以存精。思慮兼忘，冥想内視，則身神並一。身神並一，則近真矣。」

道曰：「凡人遇我以禍者，我當以福往。是故福氣常至此，害之氣重徙還在於彼，此學〔五〕道者之行也。」

徐來勒問曰：「何謂兼忘？」高玄真人曰：「一切凡夫，從煙煴之際起愚癡，染著諸有，

〔一〕「又」字下，本書卷九二衆真語録多一千零三字。
〔二〕「寶瑞降之」，上書作「有百善則寶瑞降之」。
〔三〕「專」字上，上書有「又曰」，另起一行。
〔四〕「制」原作「忘」，據上書改。
〔五〕「學」字原無，據上書增。

雖積功勤，不能無滯。故使備定，除其有滯。有滯雖淨，猶滯於空。空有雙淨，故曰兼忘，是故名初入正觀之相。」

盟威經云：「道無不在，在師爲師，在經爲經，不離中也。」

寶玄經云：「裁制偏邪，同歸中正，能返流末，還至本源，源即道也。道無形狀，假言象以爲津。既言沖用，用實無物。」

三皇經曰：「天下無常，豈有堅固者？故急當猒遠之，求索自然，以脱身耳。」又曰：「萬物無有常，成者不久完。三光無明冥〔一〕，天地常昭然。」

黄老玄示經曰：「道者不可以言傳，欲使學者述書以相授，然可得聞也。夫善述事者必通其言，善言詞者必通其意，其意若通，道可得也。夫天地之初，知其無朕也。入於虚無者，知其有實也。故云：其以成法其初，始終也。是以聖人見有書，即知其本無書也。聞其言，即知其出無言也。見書知言，聞言知意，知意即知道也，知道即知其可以書傳也〔二〕。故真人以神聽，聽可尊也；聖人以身教，教可珍也。」

〔一〕「成者不久完。三光無明冥」，原作「成者皆不久完。三光永明」，據宋徽宗御注西昇經聖人之辭章改。

〔二〕「可以書傳也」，本書卷九二衆真語録作「可以口言，不可以書傳也」。

太上告王母曰：「夫人受天地之氣生，氣之來也謂之精，精之媾也謂之靈，靈之變化〔一〕之謂神，神之化也之謂魂，隨魂往來之謂識，隨魂出入之謂魄，主管精魄之謂心，心有所從之謂情，情有所屬之謂意，意有所措之謂志，志有所憶之謂思，思而遠慕之謂慮，慮而用事之謂智。智者，盡此諸見者也。夫性者静也，氣者動也，動静如一，内外和順，非至人安能措心於此哉！術藏於内，隨務應變；法設於外，適時御民。民用其道而不知其數者，術也；懸教設令以示民者，法也。氣變萬物而不見其象〔二〕，術化萬民而不見其形，故天以氣爲靈，王以術爲神。」

四等智慧觀身經云：「夫道者，要在行合冥科，積善内足，然後始涉大道之境界。若自〔三〕不能，皆爲徒勞於風塵耳！無益生命之脩短也。道在我，不由彼，惟慈、惟愛、惟善、惟忍，能行此四等，乃與道爲隣耳。」

老君戒經云：「惡人者，胎於醨薄之精，形於芻狗之類。魂微魄盛，尸毒滿腹。人面蟲

〔一〕「化」，本書卷九二衆真語録作「也」。
〔二〕「氣變萬物而不見其象」原無「氣」字、「不」字，據上書增。
〔三〕「自」原作「目」，據上書改。

心，體性狼敵〔一〕。嫉妬蛆蠣，常懷陰賊。壞成作敗，言則嗷嗷〔二〕。自遇如玉，遇人如土。陽推鬼黠，不計殃咎。昔有一人，不念居業，專行偷盜，入大臣家，此人夜作狗形，既到其家，值其大建功德。吾時見此偷徒〔三〕作狗形，吾即叱之，令長作狗，使常御巨石還此大臣家，積以爲山。」

盟威經云：「淫犯内外，逼掠非偶，翻覆陰陽，公私戚屬，烝通姦狡，異類妖交。」本行經云：「昔有國王元慶，放心於愛欲之門。值劫運終，寄胎於洪氏之胞。上天以其先身好色，故轉爲女子，遂其先好也。」

太平經云：「何謂爲多言？然一言而致大凶，是爲上多言人也；一言而致辱，是爲中多言人也；一言而見窮，是爲下多言人也。夫古今聖賢也，出〔四〕文辭滿天地之間，尚苦其少有不及者，故災害不絶。後生賢聖復重言之，天下以爲法，不敢猒其言也。故言而除

〔一〕「狼敵」，本書卷九二衆真語録作「狼狼」。
〔二〕「嗷嗷」，上書作「嗷嘅」。
〔三〕「徒」，上書作「往」。
〔四〕「出」，上書作「出言」。

害者，常苦其少。是以善言無多，惡言無少。故古之聖人將言也，皆思之聖心，出而成經，置爲人法。愚者出言，爲身災害，還以自傷。」

真誥曰：「夫百思纏胷，寒熱破神，營此官務，當此風塵，口言吉凶之會，身扉得失之門。衆憂若是，萬慮若此，雖有真心，固不爲〔一〕篤。抱道不行，握寶不用，而自然望頭不白者，亦希聞也。」「在官無事，夷真内鍊，紛錯不穢其聰明，爭競不交於心胷者，此道士之在官也〔二〕。」

太清中經云：「慎無賣吾以求寶也，慎無傳吾非其人也，慎無閉吾絶其學也。傳吾學者昌，閉塞吾學者，雖獨行之，必遇天殃。傳吾道者，當法則天地、江河淮海。法則天地者，何等不生？何等不成？法則江河淮海者，何水不流？何川不行？」

西昇經云：「欲者，凶害之根也；無〔三〕者，天地之元也。莫知其根，莫識其元，是故

〔一〕「不爲」，真誥卷二運象篇第二互乙。
〔二〕「爭競不交於心胸者，此道士之在官也」，原無「者」字、「士」字，據本書卷九二衆真語録增。
〔三〕「無」原作「氣」，據上書及宋徽宗御注西昇經爲道章第十八改。

聖人去欲入無〔一〕，以輔其身。」

洞神誡身保命篇云：「黄帝曰：『聖人保命之最，莫上於身心。利害身心，豈過於善惡？善惡所起，本於心。心法不住，攀緣是用。所緣者名曰境界，能緣者名之曰心。故萬品所起，莫過於心。萌於心者，名曰行業。行業所操，名曰善惡。故縱欲爲惡，息貪爲善。善者能爲濟俗出塵之益，惡者必作敗德染穢之資。故聖人知無形而用者心也，形不自運者身也。然心不託於身，則不能顯班借〔二〕用；身不藉於心〔三〕，則亡滅不起。故身心體異而理符，致用萬善而趨一，故能表裏爲用，動静相持。身無獨往，爲心所使。心法不淨，惟欲攀緣。身量無涯，納行不息。故心爲凡聖之根，身爲苦樂之聚。聖人知患生於心，愆必由己，是以清心除患，潔志消愆。凡俗之流，其即不然。肆情縱欲，不知欲出於心，侮慢矜奢，不知慢生於己。情〔四〕騁愚暴，不顧其身。故以禍難所階，由之不識；危亡自此，日用不知，故聖達愍愚而垂教也。』」

〔一〕「去欲入無」原作「欲入氣」，據本書卷九二衆真語録及宋徽宗御注西昇經爲道章第十八改。
〔二〕「借」，本書卷九二衆真語録作「備」。
〔三〕「心」原作「民」，據上書改。
〔四〕「情」，上書作「惟」。

雲笈七籤卷之九十

七部語要

連珠凡六十五首

神静而心和，心和而形全。神躁則心蕩，心蕩則形傷。將全其形，先在理神。故恬和養神，則自安於内；清虚棲心，則不誘於外也。

七竅者，精神之户牖也。志氣者，五藏之使候也。耳目誘於聲色，鼻口悦於芳味，肌體之於安適，其情一也，則精神馳騖而不守。志氣縻於趣捨，則五藏滔蕩而不安。嗜慾連綿於外，心腑壅塞於内，曼衍於荒淫之波，留連於是非之境，而不敗德傷生者，蓋亦寡矣。

人之禀氣，必有情性。性之所感者，情也。情之所安者，慾也。情出於性，而情違性。慾由於情，而慾害情。情之傷性，性〔一〕之妨情，猶煙冰之與水火也。煙生於火，而煙鬱

〔一〕「性」，按上文疑當作「慾」。

火。冰生於水，而冰遏水。故煙微而火盛，冰泮而水通。性貞則情銷，情熾則性滅。夫明者刳情以遣累，約慾以守貞，食足以充虛接氣，衣足以蓋形禦[一]寒，美麗之華不以滑性，哀樂之感不以亂神，處於止足之泉，立於無害之岸，此全性之道也。

海蚌未剖，則明珠不顯；崑竹未斷，則鳳音不彰；情性[二]未鍊，則神明不發。譬諸金木，金性包水，木性藏火，故鍊金則水出，鑽木而火生。人能務學，鑽鍊其性，則才慧發矣。

吴竿質勁，非筈羽而不美；越劍性利，非淬礪而不銛；人性懷慧，非積學而不成。人不涉學，猶心之聾盲。不知遠近祈明師以放心術，性之蔽也。

奕秋，通國之善弈也。當弈之思，有吹笙過者，乍而聽之，則弈敗矣。非奕道暴敗，情有暫闇，笙滑之也。隸首，天下之善筭也。有鳴鴻過者，彎弧擬之，將發未發之間，問以三五，則不知也。非三五難筭，意有暴昧，鴻亂之也。奕秋之奕，隸首之筭，窮微盡數，非有差也。然而心在笙鴻，而奕敗筭撓者，是心不專一，遊情外務也。

〔一〕「禦」，本書卷九一九守守簡第五作「蔽」。

〔二〕「情性」，道藏輯要本互乙。

瞽無目而耳亦〔一〕可以察，專於聽也；聵無耳而目亦〔二〕可以聞，專於視也。瞽聵之微，而聽察聰明審者，用心一也。

善者，行之不可斯須離，可離非善也。人之須善，猶首之須冠，足之待履。首不加冠，是越類也；行不躡履，是夷民也。今處顯而修善，在隱而爲非，是清旦冠履而昏夜倮跣也。蘧瑗不以昏行變節，顔回不以夜浴改容，句踐拘於石室，君臣之禮不替；冀缺耕於坰野，夫婦之敬不虧。斯皆慎乎隱微，枕善而居。不以視之不見而移其心，聽之不聞而變其情，故居室如見賓，入虚如有人。

昧暗之事，未有幽而不顯；昏惑而行，未有隱而不彰。修操於明，行勃於幽，以爲人不知也。若人不知，則鬼神知之。鬼神已知之，而云不知，是盗鍾掩耳之智也。若身常居善，則内無憂慮，外無畏懼。獨立不慚影，獨寢不媿衾。上可以接神明，下可以固人倫。德被幽明，慶祥臻集。

仁愛附人，堅於金石。金石可銷，而仁愛不離。則太王居邠，而人隨之也。

〔一〕「亦」原作「不」，據道藏輯要本改。
〔二〕「亦」原作「不」，據道藏輯要本改。

水性宜冷，而有華陽温泉，猶曰水冷，冷者多也。火性宜熱，而有蕭丘寒燄，猶曰火熱，熱者多也。迅風揚波，高下相臨；山隆谷窪，差以尋常，較而望之，猶曰水平，舉大體也。

智者作法，愚者制焉。賢者更禮，不肖者拘焉。拘禮之人，不足以言事。制法之士，不足以論理。若握一世之法，以傳百世之人，猶以一衣擬寒暑，一藥治瘵〔一〕瘕也。若載一時之禮，以訓無窮之俗，是刻舟而求劍，守株而待兔。故制法者爲理之所由，而非所以爲治也。拘禮者成化之所宗，而非所以成化也。成化之宗，在於隨時。爲治之本，在於因世。未有不因世而欲治，不隨時而成化也。

言以譯理，理爲言本。名以訂實，實爲名源。有理無言，則理不可明。有實無名，則實不可辯。理由言明，而言非理也。實由名辯，而名非實也。故明者論言以尋理，不遺理而著言；執名以責實，不棄實而存名。是乃言理兼通，名實俱正。

靈氣謂之神，休氣謂之鬼，煩氣謂之蟲豸〔二〕，雜氣謂之禽獸，姦氣謂之精邪。氣之濁者愚癡凶虐，氣之剛者高嚴壯健，氣之柔者仁慈敦篤。所以君子行正氣，小人行邪氣。

〔一〕「瘵」，道藏輯要本作「瘵」，四部叢刊本作「瘵」，按字義宜作「瘵」。

〔二〕「豸」原作「豕」，據上二本改。

萬善之要者，道德孝慈功能也。萬惡之要者，反道背德凶逆賊殺也。若乃強然之善者，天亦福之；自然之善者，即可知也。若乃強然之惡者，天亦禍之；自然之惡者，即可知也。但有爲小善者，勿爲無福；爲小惡者，勿爲無禍。小善者，如九層之臺起於累土，千里之行起於足下，爲一善以至於萬善，一一而皆有福應。既萬善功滿，乃爲九天大帝。爲小惡者，如積小以成大，從微至著，爲一惡以至於萬惡，一一而皆有禍應。既萬惡業滿，乃爲薜荔獄囚衆，永無原放之期也。

形者氣之聚也，氣虛則形羸；神者精之成也，精虛則神悴。形者人也，爲萬物之最靈；神者生也，是天地之大德。最靈者是萬物之首，大德者爲天地之宗。萬物以停育爲先，天地以清淨是務。故君子養其形而愛其神，敬其身而重其生。莫不稟於自然，從於自在，不過勞其形，不妄役其神。

形者生之具，神者生之本。形不得神，不能自生。神不得形，不能自成。形神更相生，更相成。形神合同，可以長久。形者神之舍也，神之主也。主人安靜，神即居之；主人躁動，神即去之。神之無形，難以自固。形之無神，難以自駐。若是形神相親，則表裏俱濟。

夫人只知養形，不知養神。不知愛神，只知愛身。殊不知形者，載神之車也。神去即人死，車敗則馬奔，自然之至理也。

若乃養其身，愛其神，自合於至真。除其好，去其躁，自合於大道。則有神有餘而形不足者，亦有形有餘而神不足者。神有餘者貴也，形有餘者賤也。假如石韞玉而山輝，水有珠而川媚，乃知形有神而遂靈，神有靈而乃聖。是以庖犧、女媧、神農、夏后，蛇身人面，牛頭虎足，雖非有人之狀，而有大聖之德也。

陰陽粹靈，胎化而成，乃成乃生，乃性乃情。所以性者陽也，情者陰也；性者静也，情者動也。性有愚智，情有利欲〔一〕。性者，仁義禮智信也。情者，喜怒哀懼好惡慾也。夫清淨恬和，人之性也。恩寵愛惡，人之情也。凡人不能愛其性，不能惡其情，不知濁亂躁競多傷其性，悲哀離别多傷其情。故聖人云：順物者物亦順之，逆物者物亦逆之。不失物之性情，乃自然性情之道者也。

理好憎之情，則愛弗近也。和喜怒之性，則怨弗犯也。故喜怒亂氣，嗜慾傷性。性之相近，習以之遠。如水性欲清，泥沙污之。人性欲平，嗜慾害之。與性相害，不可兩立。一起一廢，不可俱興，故聖人損慾而從其性也。性同者相善，情同者相成。扶其情者害其神，爲其賢者困其性，若是無其能者，無所求也。無其能者，唯聖人耳。

〔一〕「性有愚智，情有利欲」，本書卷九二衆真語録引保聖纂要作「情有利欲，性有仁和」。

夫生死之道，弘之在人。生死常也，確乎在天。但禀以自然，則生死之道，無可而無不可也。或未生而已死，或已死而重生；或不可以生而生，或不可以死而死；或可以死而不死，或可以生而不生；或有生而不如無生，或惜死而所以致死。是以致死之地則生，致生之地則死。或爲知而不可以死，或爲時而不可以生。或云勞我以生，生者好物也，不可惡其生。或云休我以死，死者惡物也，不可好其死。凡人心非不好其生，不能全其生；非不惡其死，不能遠其死。

草木反者，帶甲而生。鳥獸馴者，守節而死。經冬之草，覆而不死。在廪之粟，積而不生。一溉之苗，死必在後。有蠹之木，死必在前。卵生者輕清，生必在前。胎生者重濁，生必在後。草生在英，木生在心，及草木之死也，乃英心而無異。鳥生乃在天，獸生乃在地，及鳥獸之死也，乃天地以同歸。

晴空之中有蠓蚋者，因雨而生，見陽而死。朽壤之上有菌芝者，生於朝，死於夜。則知生者死之根，死者生之根。

天之道利而不害，聖人之道爲而不爭。故與時爭者昌，與人爭者亡。是以雖有甲兵，無所陳之者，以其不爭也。

夫不祥者人所不爭，垢辱者人所不欲。能受人所不欲者則足矣，得人之所不爭者則寧矣。制生殺者天也，順性命者人也。非逆天者勿殺也，非逆人者勿伐也。故王法當殺而不殺，縱天賊；當活而不活，殺天德。爲政如是，使後世攸長。

君子之立身，以玄德爲父，以神明爲母，清淨爲師，太和爲友。爲虎爲龍，與天地同終；爲玄爲默，與道窮極。非時不動，非和不言。圖難爲易，治之於根本，絶之於末也。爲善者自賞，造惡者自刑。故不爭無不勝，不言無不應者也。

尚爭貴武，威勢流行，名蓋天下，殘委忠信，伐紀滅理，與善爲怨，與鬼爲仇，與惡爲友，飲食重味，多積珍寶。此爲揚禍之人，危亡之大數，故名在青雲之上，身居黄泉之下矣。

執〔一〕道德之要，固存亡之機。無爲事主，無爲事師。寂若無人，至於無爲。定安危之始，明去就之理，是可全身，去危離咎，終不危〔二〕殆也。

口舌者，禍患之宫，危亡之府。語言者，大命之所屬，刑禍之所部也。言出患入，言失身亡。故聖人當言而懼，發言而憂，常如臨危履氷，以大居小，以富居貧，處盛卑之谷，遊大賤之淵，微爲之本，寡爲之根，恐懼爲之宅，憂畏爲之門。

〔一〕「執」原作「埶」，據四部叢刊本改。

〔二〕「危」原作「起」，據四部叢刊本及道藏輯要本改。

福者禍之先，利者害之源，治者亂之本，存者亡之根。上德之君，質而不文，不視不聽，而抱其玄。無心無意，若未生焉，執〔一〕守虚無，而因自然。原道德之意，揆天地之情。禍莫大於死，福莫大於生。是以有名之名，喪我之槖；無名之名，養我之宅。有貨之貨，喪我之賊；無貨之貨，養我之福。

罪莫大於淫，禍莫大於貪，咎莫大於僭，此三者禍之車，小則危身，大則殘家。天下有富貴者三，貴莫大於無罪，樂莫大於無憂，富莫大於知足。知足之爲足，天道之禄。不知足之爲止，害乃及己。

五色重而天下爽，珠玉貴而天下勞，幣帛通而天下傾。是故五色者陷目之錐，五音者塞耳之錐，五味者截舌之斧。

言者萬神之機關，非言無以序形，非言無以暢聲，非言無以序真，非言無以化人。言者矚玄覩之像，非言何以序人？言聲而相須，形響而共俱。

大德者受天下之大惡，大仁者受天下之大辱。能受天下之大惡，故能食天下之尊禄；能受天下之大辱，故能爲天下之獨貴。奔想飛馳，迅於遊鳥。荒動滯固，給疑「給」作「急」。若

〔一〕「執」原作「埶」，據四部叢刊本改。

兩絞。膠附素踈，壞之若流。慾風速發，色火亦然。嬰發猛虎，惡光莫當。慾之氣移，不滑其族。放散無常，皐目染著。累色至玄，亦不有足。釣魚不餌，網而不繒，戈而不繳，鉞而不煞。雖爲柯鋒，而心不施。有道者處之，有德者居之。虎兕措爪，而無所慮；鬼神同羣，而無所懼；玃鳥鷃鴿，不相畏恐；狸犬兔鼠，不相避忤。故君子自處，不羣不黨，不曜不動，不利不害，常守静不移，故成君子也。

任重唯重，其重必累。居藏不藏，其藏必涌。好淫與淫，其淫唯昏。好帛與帛，終亡乃止。凌謀不生，攝亦俱然。故攝心者若仰中著，止意者若以盜凌，晝夜怵怵，憂道不行。是以道人憂道不憂貧，憂行不憂身。

處惡不壤〔一〕，居穢不塵，在弱不諍，臨亭不望，期〔二〕謂志業之行，可獨修之道者。是故不行而知，不取而取，故曰取。

其味甘焉，和而謂養。其藥善焉，衆和乃醫。其疾徒焉，先後乃所。其佃作焉，日足獲矣。故累足成步，著備成德。接下舉高，敷德以正。截他不修，勤於三道。三道訖備，通天

〔一〕「壤」，道藏輯要本作「壞」。

〔二〕「期」，疑爲「斯」字之譌。

達道。是故太初降於太始，太始降於太素。崇正匠者，其萬備也。鍾鼓鳴乎，非手不聲。水中有像，非質不映。川谷有神，不呼不返。朴中有器，非匠不崇。子有長質，非功不苗。故道加一切〔一〕。從氣滿太虚，隨前降對，有之以有，無之以無。道德圓入，不拘一切。衆生假明而見其物，假聲以聽其音。非謂聽見之所能，因前而有之。故道人修於假明之明，習於假聲之聲，故能聽見而不可彰。體於未言之言，知於未聲之聲，故辯言而可極。是故真人所爲處異，所造者返。何以故？蓋知天道無親，唯與善人。

養蠶貴葉，功乃就之。養神貴道，真乃可登。貴本尚末，上下通達。敬根重枝，天道可爲。存母得子，可保終始。珍道保身，大道可因。守默不移，故能廣載。執直不曲，故能道長。本法無也，質真若渝，抱一化元，存元以通其道，守本以致其子。故善道者吉，審已者達，察過者泰，忖短者思齊賢哲，貪高進，務先活。是以真人常以守一遜過，攘而無臂，動而不搖，高而不貴，故能常貴。

飾兵者不祥之器，嚴觀者無厭之至。假使戰勝，何益乎命？是以有道者貴於廉，無道者貴於貪。國貪則民病，好兵則民殘。民殘者，無道之極也。

〔一〕「切」下空二格，疑脱二字。

去不修之道，故能長生。絶自聖之力，故能無極。袪外來之知，故能發大慧之慧。任自然之德，故能合大德之德。是以進可進之進，去可發之發，以斯之業，故能果耳。

質真者德，著德者真，積行者達，和氣者聖。不行而知，不見而明，故曰他心力也。是以道人行於不足，故能有足。處下不讓，故能成高。夫欲興太山之功，要須寬居，乃得成高。爲太極之道，要須廣德，乃能達道。故真人自卑下細，以致標遠。

金處鑛礫，性同内殊。兩人同名，形性心别。狼㑮貪侶，所求趣異。故安危心殊，所類各别。

水之無味，萬用崇之。土之無氣，廣載生物。故無味爲味，無氣爲氣，故成氣味。處下居德，能爲不失。

累絲至疋，累土至山，累業至聖，累靈至真。故萬里之涉，累足乃達。雲海中漂，明行自悦。敦朴易匠，是盈是顯。沖而不厭，和而不嗄。正道易興，而人反是。

氣盈於内，彌耀於外。周流表裏，津及百節。六甲錯形，流灌丹元。敷道廣成，無極太康。少而不老，昬而不耄。或先於人，或遊太極。無形無色，非品而利。成之不居，故能大成。

伴豕而爲羣，徒遊天下。伴羔而爲黨，交行野路。去留無趣，生死無在。愚惡侶行，通國常道也。故真人治身，不淫不弊，絶荒閉原，錬神守一，赤子安寧，保於天聖。無隱無伏，皆至神明。

禾穡邪外，非種同茂，青苗共逸，無可分別。銀鍮鑞錫同室而藏，遺不識任意之流，無可分別，唯有審顧之士，乃可了耳。是以真人審匠投身而無有悮，顧比學士而師事之。何以故？非其審者，冰湯同爨〔一〕，莫有全之。審己擇交，而無漏敗。

其日莫宵，長明不殆。其月莫虧，長登景曜，刧運到滅，墮會而没。是以道人託而不久，功而不處，自容自受，正氣不離。

道成四生，廣育萬物。性入萬類，因人成器。明行者器，貪餌者絶。是以道生一，德生二，人生三。故天生萬物，以人爲貴。人能知貴，可以成器。若不知貴，雜生其精。識斯理者，大通無極。

夫真人者，不爲而功高，不拔而德集。聲而不荅，動而不摇，五彩加形不以曜其目，五甘入口不以爽其味。故心流速於飛電，馳想急於風雲。是故折心不在嚴刑，絶味不在五甘。故去而不爲，天道階津矣。

〔一〕「爨」原作「爨」，據文義改。

萬嶮之途，因路而達。珠羅之服，因針而成。故學道君子，非路而同趣，異居而同心。是以道不同不相爲謀，非其同行之路殊，而心見異故，以非同之同也。

石利傷腰，鐵利傷身，寶利傷命，心利傷性。夫惟傷者善或競茲，異厲必申。故割利去傷，道必附將。舉下取中，氣必充養。無階之期，大願果常。積在元氣，而布和大康。無英公子，善舉朱場。由除煩結，累心道梁。會我無邊，是乃無傷。

真人散玉華以却穢，金仙洋日精以拂塵，八素虚映以讚靈，三元命仙以運冥。明氣九廻，神精八纏。若能夷遐心於牀室，思神顔於自然，招靈景之幽華，榮朽老以長存。

雲笈七籤卷之九十一

七部名數要記

九守凡九篇

守和第一

老君曰：天地未形，窅窅冥冥。渾而爲一，自然清澄。凝濁爲地，清微爲天。離爲四時，分爲陰陽。精氣爲人，煩氣〔一〕爲蟲。剛柔相成，萬物乃生。精神本乎天，骨骼根乎地。精神入其門，骨骼反其根，我尚何存？故聖人法天順地，不拘於俗，不誘於人。以天爲父，以地爲母，陰陽爲綱，四時爲紀。天靜以清，地定以寧，萬物失者死，順者生〔二〕。故靜寞者，神明之宅也；虛無者，道之所居也。夫精神所受於天也，而骨骼所稟於地也。故

〔一〕「煩氣」，北圖善本道藏徐靈府注通玄真經作「粗氣」。

〔二〕「失者死，順者生」，上書作「逆之者死，順之者生」。

曰：一生二，二生三，三生萬物。萬物負陰而抱陽，沖氣以爲和，故貴在守和。

守神第二

老君曰：人之受天地變化而生也，一月而膏，二月而胞，三月而胚，四月而胎，五月而筋，六月而骨，七月而成，八月而動，九月而躁，十月而生。形骸以成，五藏乃形。肺主鼻，腎主耳，心主舌，肝主眼〔一〕，外爲表，中爲裏。頭之圓以法天，足之方以象地。天有四時五行九星三百六十日，人有四支五藏九竅三百六十節。天有風雨寒暑，而人有興居喜怒。膽爲雲，肺爲氣，脾爲風，腎爲雹，肝爲雷，以與天地相比類，而人之心爲主。耳目者，日月也，血氣者，風雨也。日月失其行，薄蝕無光；風雨非其時，毀折生災，五星失其度，郡受其殃。天地之道，至闊且大，尚猶節其章光，愛其神明。人之耳目，何能久勞而不息？人之精神，何能馳騁而不乏？是故聖人内守而不失〔二〕。

〔一〕「眼」下，黄帝内經素問補註釋文卷五陰陽應象大論篇有「脾主口」，北圖善本道藏徐靈府注通玄真經有「膽主口」。

〔二〕「内守而不失」，徐靈府注通玄真經作「守内而不失外」。

守氣第三

夫血氣者，人之華也；五藏者，人之精也。血氣專乎内而不越外，則胸腹充而嗜欲寡，嗜欲寡即耳目精而視聽明。五藏能屬於心而無離，即氣意勝而行不僻，精神盛而氣不散，以聽無不聞，以視無不見，以爲無不成，患禍無由入，邪氣不能襲。故所求多者所得少，所見大者所知小。夫孔竅者，精神之户牖也，氣意者，五藏之使候也。故耳目淫於聲色，則五藏摇動而不定，血氣淫蕩而不休，精神馳騁而不守，禍福之至，雖如丘山，無由識之矣。故聖人受而弗越，誠使其耳目清明玄達無所誘慕。氣意虚無和静而少嗜慾，五藏便利，精神内守，形骸不越，既觀乎往世之外，來事之内，禍福之間，何足見也？故其出彌遠者，其知彌少，以言精神之不可使外淫也。故五色亂目使目不明，五音入耳使耳不聰，五味亂口使口厲爽，趨舍滑心使性飛颺，故嗜欲使人之氣衰殺，好憎使人之心勞倦，疾至即志氣日耗也。夫人所以不能終其天年者，以其生生之謂〔一〕也。夫唯無以生爲者，即所以長得生也。天地運而相通，萬物總而爲一，能知一即無一之不知也，不能知一即無一之能知也。吾處天

〔一〕「謂」，徐靈府注通玄真經作「厚」。

下亦爲一物，而物二〔一〕物也，物之與物何以相物？欲生不可事也，憎死不可辭也，賤之不可憎也，貴之不可喜也，自其資而寧之弗敢極也，敢極即失至樂矣。

老君曰：所謂聖人者，因時而安其位，當世而樂其業。夫哀樂者，德之邪也；好憎者，心之累也；喜怒者，道之過也。故其生也天行，其死也物化。靜即與陰合德，動即與陽同波。故心者，形之主也；神者，心之寶也。形勞而不休即蹶，精用而不已即竭，是故聖人尊之弗敢越。以無應有，必究其理；以虛受實，必窮其節。恬愉虛靜，以終其命。無所疏，無所親，抱德養和，以順於天。與道爲際，與德爲隣，不爲福始，不爲禍先，死生無變於己，故曰至人〔二〕。即神以求，無不得也；即神以爲，無不成也。

守仁第四

老君曰：輕天下即神無累，細萬物即心不惑，齊死生即意不懾，同變化即明不眩。夫

〔一〕 徐靈府注通玄真經作「亦」。
〔二〕 「至人」，上書作「至神」。

至人倚不立之柱，行無關之塗，稟不端〔一〕之府，學不死之師，無往而不遂，無至而不通，屈伸俯仰，抱命而行，宛轉禍福，利害不足以患心。夫爲義者，可迫以仁而不可劫以兵，可止以義而不可懸以利，君子義死不可以富貴留。故爲仁義者，不可以死亡恐也，況於無爲者乎！無爲即無累，無累之人以天下爲量。夫上觀至人之論，源道德之意，以考世俗之行，乃足薄也。

守簡〔二〕第五

老君曰：尊勢厚利，人之所貪也，比之身即賤。故聖人食足以充虛接氣，衣足以蓋形蔽寒，適情辭餘，不貪多積〔三〕。清目不視，靜耳不聽，閉口不言，委心不慮。棄聰明，反泰一〔四〕，休精神，去知故，無好無憎，是爲大通。除穢去累，莫若未始出其宗，何爲而不成？

〔一〕「端」，上書作「竭」。
〔二〕「守簡」，四部叢刊本、道藏輯要本並作「守節」。
〔三〕「不貪多積」，徐靈府注通玄真經作「不貪得，不多積」。
〔四〕「泰一」，上書作「太素」。

故知養生之和者，即不可懸以利，通乎外内之府〔一〕者，不可誘以勢。無外之外至大，無内之内至貴，能知大貴，何往而不遂也？

守易第六

老君曰：古之道者，理情性，治心術，養以和，持以適。樂道而忘賤，安德而忘貧。性有弗欲而不拘，心有弗樂而不有。無益於情者不以累德，不便於性者不以滑和。縱身肆意度制，可以爲天下儀。量腹而食，度形而衣，容身而遊，適情而行。餘天下而弗有，委萬物而弗利，豈爲貴賤貧富失其性命哉！若然，可謂能體道矣。

守清第七

老君曰：人所受形〔二〕於天者，耳目之於聲色也，口鼻之於芳臭也，肌膚之於寒温也，其情一也。或以死，或以生，或爲君子，或爲小人，其所以爲制者異也。神者知之源也，神

〔一〕「府」，上書作「符」。
〔二〕「形」，徐靈府注通玄真經作「氣」。

清即知明。知者心之府也，知公即心平。人莫鑒於流水，而鑒於澄水者，以其清且淨也。故神清意平，乃能制物之情，故用者必假之於弗用也。夫鑒明者，塵垢弗汙染也；神清者，嗜欲弗𧗑著也。故心有所至，神既然之〔一〕，反之於虛，即消爍滅息矣！此聖人之遊也。故治天下者，必達性命之情而後可已。

老君曰：夫所謂聖人者，適情而已。量腹而食，度形而衣，節乎己而貪汙之心無由生。故能有天下者，必無以天下爲者也；能有名譽者，必不以趨行求者也。誠達乎性命之情，仁義自付。若夫神無所奄，心無所載，通同修達，澹然無事。勢利不能誘也，聲色不能淫也，辯者不能説也，知者不能動也，勇者不能恐也，此乃真人之道也。夫生生者不死〔二〕，化物〔三〕者不化。不達乎此，雖知統天地，明照日月，辯解連環，澤〔四〕潤金石，猶無益於天下，故聖人不失所守。

〔一〕「神既然之」，徐靈府注通玄真經作「則神慨然在之」。
〔二〕「死」，上書作「生」。
〔三〕「物」，上書作「化」。
〔四〕「澤」，上書作「辭」。

老君曰：靜漠恬淡，所以養生也；和愉虛無，所以處德也。外不亂內，即性得其宜；靜不動和，即得〔一〕安其位。養生以安〔二〕世，抱德以終年，可謂能體道矣。若然者，血脈無欝墐〔三〕，五藏無積氣，禍福弗能撓滑，毀譽弗能塵累，非有其世，孰能濟焉？有其人不待時〔四〕，身猶不能脱，又況無道乎！夫目察秋毫之末者，耳不聞雷霆之聲；耳調玉石〔五〕之音者，目不見太山之峻。故小有所志者，必大有所忘。今萬物之來，擢拔吾性，倦苦吾情，精若泉源〔六〕，雖欲勿衰，其可得耶？今盆水清之終日，不能見塵曖〔七〕；濁之不過一撓，即不能見方圓之象。精神難清而易濁，猶盆水也。

老君曰：上聖法天，其次尚賢，其下任臣。任臣者，危亡之道也，尚賢者，疑惑之源

〔一〕「得」，徐靈府注通玄真經作「德」。

〔二〕「安」，上書作「經」。

〔三〕「墐」，上書作「滯」。

〔四〕「有其人不待時」，上書作「有其才人不遇其時」。

〔五〕「玉石」，上書作「金石」。

〔六〕「倦苦吾情，精若泉源」，上書作「攫取吾精，若泉源也」。

〔七〕「不能見塵曖」，上書作「乃能見眉睫」。

也；法天者，治天地之道，虛静爲主，虛無不受，静無不待，知虛静之道，乃能終始。故聖人以静爲治，以動爲亂。故曰：勿惑勿攖〔一〕，萬物將自清；勿驚勿駭，萬物將自理。謂之天道。

守盈第八

老君曰：天子公侯，以天下一國爲家，以萬物爲稸。懷天下之有，萬物之多，即氣實而志驕。大者用兵侵伐，小者居傲淩下，用心奢廣，譬猶飄風暴雨，不可長久。是以聖人以道損之，執一無爲，不損〔二〕沖氣。見小守柔，退而無爲，法於江海。江海弗爲，百川自歸，故能成其大。聖人弗强，萬兆自歸，故能成其王。爲天下牝，故能不死。人自愛，故能成其貴。萬乘之勢，以萬物爲功名，權任至重，不可以自輕，自輕則功名不成。天之道，大以小成，多以少生〔三〕，故聖人以道蒞天下。柔弱微妙者，見小也；儉嗇損缺者，見少也。見小

〔一〕「勿惑勿攖」，徐靈府注通玄真經作「勿撓勿纓」。

〔二〕「不損」原作「以損」，據上書改。

〔三〕「天之道，大以小成，多以少生」，上書作「夫道，大以小成，多以少爲主」。

故能成其大，見少故能成其美也。天之道，抑高舉下，損有餘奉不足。江海處地之不足，故天下歸之奉之。聖人卑謙清淨辭讓者，見下也；虚心無爲者，見不足也。見下者故能致其高，見不足者故能成其賢。跂者不立，矜者不長。强梁者死，滿溢者亡。飄風驟雨不終日，小谷不能須臾盈。飄風驟雨行强梁之氣，故不能久而滅；小谷處强梁之地，故不得不奪。是以聖人執雌牝，去此奢泰，不敢行强梁之氣。執雌牝，故能立其雄；不敢奢泰，故能長久也。

老君曰：天道極即盈〔一〕，盈即損，日月是也。故聖人保沖氣不敢自滿，日進以牝，功德不衰，天道自然也。人之情性皆好高而惡下，好得而惡亡，好利而惡病，好尊而惡卑賤〔二〕。衆人爲之故弗能成，執之故弗能得。是以聖人法天，弗爲而成，不執即得，與人同情而異道，故能長久。故三皇五帝有戒之器，命曰侑卮。其沖即正，其盈即覆。夫物盛即衰，日中則移，月滿則虧，樂終而悲。是故聰明俊智守以愚，多聞博辯守以儉〔三〕，武勇驍力

〔一〕「極即盈」，徐靈府注通玄真經作「極則反」。
〔二〕「好尊而惡卑賤」，上書作「好尊而惡卑，好貴而惡賤」。
〔三〕「儉」，淮南子道應訓作「陋」。

守以畏，貴富廣大守以狹〔一〕，德施天下守以讓，此五者，先王之所以守天下也。「服〔二〕此道者不欲盈。夫唯不盈，是以〔三〕能弊不新成。」

守弱第九

老君曰：聖人與陰俱閉，與陽俱開，能至於無樂也，即無不樂也，即〔四〕至樂極矣。是以內樂外不樂，以樂內者也，故有以自樂也，即至〔五〕貴乎天下。所以然者，因天下而爲天下也。天下之要，不在於彼，而在於我；不在於人，而在於身，身得即萬物備矣。故達於心術之論者，即嗜欲好憎外矣。是故無所喜，無所怒，無所樂，無所苦，萬物玄同，無非無是。故士有一定之論，女有不易之行。不待勢而尊，不須財而富，不須力而强。不利財貨，不貪勢名。不以貴爲安，不以賤爲危。形神氣志，各居其宜。夫形者，生之舍也；氣者，生之元

〔一〕「狹」，淮南子道應訓作「儉」。
〔二〕「服」，老子道經作「保」。
〔三〕「是以」，上書作「故」。
〔四〕「即」字上，徐靈府注通玄真經有「無不樂」三字。
〔五〕「至」，上書作「有自志」。

也；神者，生之制也。一失其位，即二者傷矣。故以神爲主者，形從而利；以形爲制者，神從而害。貪驕多欲之人，冥〔一〕乎勢利，誘慕乎名位，幾以過人之智立〔二〕高於世，即精神日耗以遠。久淫而不還，形閉口距，即無由入矣，是以時有盲妄之患。夫精神氣志者，静而日充以壯，躁而日耗以老。是故聖人持養其神。和弱其氣，平夷其形，而與道沈浮。如此，則萬物之化無不偶也，百事之變無不應也。

老君曰：所謂真人者，性合乎道者也。故有若無，實若虛，治其内，不知其外，明白入素〔三〕，無爲而復樸。體性抱神，以遊天地之間。芒然彷徉塵埃之外，逍遥無事之業。機械知巧，弗載於心。審於無假，不與物遷。見事之化，而守其宗。心意專於内，通遠歸於一〔四〕，居不知所爲，行不知所之。弗學而知，弗視而見，弗爲而成，弗治而辨。感而應，迫而動，不得已而用。如光之不耀，如景之不炎〔五〕。以道爲循，有待而然，廓然而虛，清静而

〔一〕「冥」，徐靈府注通玄真經作「顛冥」。
〔二〕「立」，上書作「位」。
〔三〕「不知其外，明白入素」，上書作「不治其外，明白太素」。
〔四〕「通遠歸於一」，上書作「通達禍福於一」。
〔五〕「如光之不耀，如景之不炎」，上書作「如光之耀，如景之效」。

無爲。以死生爲一化，以萬異爲一方〔一〕。有精而弗使，有神而弗行。守大渾之樸，立至精之中。其寢不夢，其知不萌，其動無形，其静無體。存而若亡，生而若死，出入無間，役使鬼神，所以能假乎道者也〔二〕。使神陽達而不失於充〔三〕，日夜無陰〔四〕而與物爲春，即是合而生時於心者也。故形有靡而神未嘗化，以不化應化，千變萬轉〔五〕，而未始有極。化者復歸於無形者也，不化者與天地俱生者也。故生者未嘗其生，化者未嘗其化〔六〕。此真人之遊也，純粹素樸之道矣。

〔一〕「以死生爲一化，以萬異爲一方」，徐靈府注通玄真經「死」作「千」，「方」作「宗」。
〔二〕「所以能假乎道者也」，上書作「精神之所能假于道者也」。
〔三〕「使神陽達而不失於充」，上書作「使精神暢達而不失於元」。
〔四〕「陰」，上書作「隙」。
〔五〕「千變萬轉」原作「千變萬化，千變萬轉」，據上書删。
〔六〕「故生者未嘗其生，化者未嘗其化」，上書作「故生者未嘗生，其所生者即生；化者未嘗化，其所化者即化」。

十三虛無

老君曰：生從十三，虛、無、清、静、微、寡、柔、弱、卑、損〔一〕、時、和、嗇。

一曰遺形忘體，恬〔二〕然若無，謂之虛；

二曰損心棄意，廢僞去欲，謂之無；

三曰專精積神，不與物雜，謂之清；

四曰反神服氣，安而不動，謂之静；

五曰深居閑處，功名不顯，謂之微；

六曰去妻離子，獨與道遊，謂之寡；

七曰呼吸中和，滑澤〔三〕細微，謂之柔；

八曰緩形從體，以奉百事，謂之弱；

〔一〕「損」原作「頓」，據四部叢刊本及道藏輯要本改。

〔二〕「恬」，無上祕要卷六五虛靖品作「泊」。

〔三〕「滑澤」，上書作「滑淖」。

九曰憎惡尊榮，安貧樂辱，謂之卑；

十曰遁盈逃滿，衣食麤踈，謂之損；

十一曰静作〔一〕隨陽，應變却邪，謂之時；

十二曰不飢不渴，不寒不暑〔二〕，不喜不怒，不哀不樂，不疾不遲，謂之和；

十三曰愛視愛聽，愛言愛慮，堅固不費，精神内守，謂之嗇。

七報

真人曰：負陰抱陽，因緣各異。捨死得生，果報不同。爲善善至，爲惡惡來。如影隨形，毫分無謬。善惡多端，福報難數。大而言之，其標有七：

一者先身施功布德，救度一切。今身所行，與先不異。必得化生福堂，超過八難。受人之慶，天報自然。

二者先身好學，志合神仙，崇奉玄科，敬信靈文，念善改惡，立行入真。今身所行，與先

〔一〕「静作」，無上祕要卷六五虚靖品作「動作」。

〔二〕「不飢不渴，不寒不暑」，上書作「不飢不寒」。

不異。得接帝皇，名書紫簡，上昇玉晨。

三者先身樂道，不憚苦寒，隨師執役，唯勞爲先，飢渴務效，不生怨言。今身所行，與先不異。得策飛軿，遊宴五嶽，乘虚落烟。

四者先身貞潔，不淫不姦，不貪不慾，見色無歡，心如死灰，執固道源。今身所行，與先不異。得報靈人，超度三塗，五苦不經。

五者先身施善，願天普隆，同得昇度，去離八難，衆身不過，己身不安，割己之服，以拯窮寒，捐〔一〕糧餇鳥，遺物空山。今身所行，與先不異。四司稱善，感徹玉皇，書名紫簡，禮補上仙。

六者先身忠孝，恭奉尊親，崇敬勝己，宗禮師君，腹目相和，如同一身，心無嫉妬，口無輕言，内外齊并，動止合真。今身所行，與先不異。得受靈人，不經三塗，超過八難，善善相注，福福相資〔二〕。

七者生世不良，懷惡抱姦。攻伐師尊，呰毁聖文。不崇靈章，疑二天真。外形浮好，假

〔一〕「捐」，洞真太上八道命籍經下七報作「損」。
〔二〕「資」，上書作「因」，且下有「如此之報，道豈負人」。

求華榮。口是心非，行負道源。竊盜經書，不盟而宣，泄露祕訣，流放非真。今身所行，與先不異。違科犯忌，身入罪源。七祖橫罹，責及窮魂。身死負掠，食火踐山。三塗五苦，萬劫不原。楚撻幽夜，痛切其身。夫欲修學，熟尋此文。改惡行善，速登神仙。

七傷

真人曰：學貴六合，宜慎七傷。

第一之傷：帶真行僞，淫色喪神，魂液泄漏，精光枯乾。氣散魄零，骨空形振，神泣窮府，上聞天闕。真仙遠逝，則與凡塵結因，土府同符，豈復得仙？

第二之傷：外形在道，皮好念真，而心抱陰賊，凶惡内臻。願人破敗，嫉賢妬能〔一〕，口美心逆，面歡内嗔。形論得失，妄造罪原，毁慢同學，攻伐師友〔二〕。三官所記，標爲惡門，仙真高逝，邪魔攻身。走作形景，飛散體神，故令枉橫，極其惡源。考滿形灰，滅己九泉，

〔一〕「嫉賢妬能」，洞真太上八道命籍經下七傷及上清玉帝七聖玄紀廻天九霄經七傷均作「嫉能妬賢」。

〔二〕「攻伐師友」，上二書分别作「攻伐師根」、「攻訐宗根」。

圖〔一〕有玄名，豈保自然？

第三之傷：飲酒洞醉，損氣喪靈，五府攻潰，萬神振驚。魂魄飛散，内外朽零，本室空索，赤子悲鳴。真仙高逝，邪魔入形。如此之學，徒損精誠。雖有玄記，空失玉名。神昇上宫，身灰幽冥。恍惚求延，年焉久停〔二〕？

第四之傷：行不敬物，責人宗匠，心忿口形，罵詈無常〔三〕。嗔喜失節，性乖不恒〔四〕，氣激神散，内真飛揚。魄離魂游，九孔塵埃，五府奔喪，皆由性之不純，行之不祥。真仙高逝，外痾入形，如此之學，將欲何蒙？雖有玄圖，不免斯殃，望仙日悠，地里〔五〕日長。

第五之傷：或玄圖表見，得受寶經；或運遇靈師，啓授神文。而不依科盟，形泄天真，未經九年，投刺名山，使青宫有録，金闕結篇，便傳於人，流散世間。輕真泄寶，考結己身，

〔一〕「圖」，上清玉帝七聖玄紀迴天九霄經七傷作「徒」，「滅已九泉」作「魂沈九泉」。

〔二〕「恍惚求延，年焉久停」，上書「恍惚」作「以此」，洞真太上八道命籍經下七傷作「恍惚延年，焉得久停」。

〔三〕「行不敬物，責人宗匠，心忿口形，罵詈無常」，「敬」原作「引」，「忿」原作「忽」，據洞真太上八道命籍經下七傷改。上清玉帝七聖玄紀迴天九霄經七傷作「行不弘潔，責人宗敬，心忿口罵，好爲鬭競」。

〔四〕「性乖不恒」，上二書分别作「意性乖常」、「性不安定」。

〔五〕「地里」，上二書分别作「地理」、「地獄」。

圖〔一〕有玄名，反累七玄。仙道高逝，身死幽泉，長充鬼責，萬劫不原。

第六之傷：身履殗穢，靈關失光，五神飛散，赤子騫揚。邪魔來攻，內外交喪，如此之學，望成反傷。真仙高逝，空景獨行〔二〕，淪於溷濁，仙胡可冀〔三〕？

第七之傷：啖食六畜之肉，殺害足口之美，梟氣充於藏府，伐生形於非己，真氣擾於靈門，遊神駭於赤子，魂魄游於宮宅，濁滯纏於口齒，仙真高登於玉清，己身沈頓於地里。圖有玄名帝簡，亦不免於不死〔四〕。

高聖帝君曰：「爲學之本，當以七傷爲急。既得瞻眄洞門，披覩玉篇，不犯七傷之禁，將坐待靈降，白日昇晨。如外勤存學，內不遣於七傷者，此將望成而反敗，期生而反亡，希吉而反凶，求飛而反沉。靈仙遊於高清，五神散於八荒，赤子號泣於中宅，遊魂悲鳴於玄宮〔五〕。故仙相有成敗，上學有七傷，篤尚之士，熟精其真。諸有神挺應圖，瓊胎紫虛，名題

〔一〕「圖」，洞真太上八道命籍經下七傷及上清玉帝七聖玄紀迴天九霄經七傷作「徒」。下同。

〔二〕「空景獨行」，原無「行」字，據上二書增。「空景」，上二書後者作「尸軀」。

〔三〕「冀」，上二書分別作「蒙」、「成」。

〔四〕「不死」，上二書分別作「必死」、「形死」。

〔五〕「宮」，上二書作「空」。

東華，得見七傷檢文。自無此神挺，靈篇不可得妄披，寶文不可得而看。得見此文，皆玄質合仙，九年修得，克得飛行玄虛，上昇玉清也。」

雲笈七籤卷之九十二

仙籍語論要記

衆真語録

安妃告曰：「衝風繁激，將不能伐君之正性。絶飆勃鬱，焉能廻己之清淳？爾乃空中〔一〕自吟，虚心待神，營攝百絶，栖澄至真。當使憂累靡干於玄宅，哀念莫撓於絳津。」

太上曰：「高才英秀，惟酒是躭，麴蘖薰心，性情顛倒。破壞十善，興隆十惡，四達既荒，六通亦塞。」

天尊曰：「一切衆生，久習顛倒，心想雜亂，隨逐諸塵，捨一取一，無暫休止。猶如猿猴，遊於林澤，跳擲奔趨，不可禁止。是諸凡夫，心性亦爾。遊五欲林，在六根澤，縱逸騰躍，不可拘制。」

〔一〕「中」，本書卷八九諸真語論經告作「沖」。

又曰：「人情難制，猶如風中豎幡，飄飄不止。或思作僞，以邀名譽。」定志經云：「人既受〔一〕納有形，形染六情，六情一染，動之弊穢。惑於所有，昧於所無〔二〕。世〔三〕務因緣，以此〔四〕而發，招引罪垢，歷世彌積。輪廻於三界，漂浪而忘反；流轉於五道，長淪而弗悟。嬰抱痛毒，不能自知。馳神惶悸，惟罪是履。

太上曰：「天之道利而不害，聖人之道爲而不爭。故與時爭之者昌，與人爭之者亡。是以有〔五〕兵甲而無所陳之，以其不爭。夫不祥者人之所不爭，垢辱者人之所不欲，能受人所不欲則足矣，得人所不爭則寧矣。」

妙真經曰：「視過其目明不居，聽過其耳精泄漏，愛過其心神出去，牽過於利動惕懼〔六〕。結連黨友以自助者，此非真也。」

〔一〕「受」，洞玄靈寶智慧定志通微經作「授」。
〔二〕「惑於所有，昧於所無」，上書「有」作「見」，「無」作「著」。
〔三〕「世」原作「因」，據上書改。
〔四〕「以此」，上書作「以次」。
〔五〕「亡。是以有」原作「凶。是以」，據本書卷八九諸真語論經告增改。
〔六〕「牽過於利動惕懼」，上書作「常於欲事汲汲懅，爲利動者惕惕懼」。

又曰：「罪莫大於淫，禍莫大於貪，咎莫大於僭，此三者，禍之車也。小則亡身，大則殘家。」

道言：「吉凶禍福，窈冥〔一〕中來。其災禍也，非富貴者請而可避；其榮盛也，非貧賤者欲而可得。蓋修福則善應，爲惡則禍來。」

天尊曰：「氣不可極，數難可窮。死而復生，幽而復明。天地運轉，如車之輪。人之不滅，如影隨形，故難終也。」

妙林經天尊曰：「夫有爲生死，衆生漂浪，如虛中雲，如空中色，如谷中響，如水中月，如鑑中象，如熱中炎，如電中火，如聾中聽，如盲中視，如啞中言，如二頭鶴，如三足雞，如龜中毛，如兔中角。如是無明，貪著愛見。生死之本，亦復如是。畢〔二〕竟皆空，不可論說。譬如燈滅，不可尋求。生死本空，亦復如是。如大猛火，如四毒蚍，不可親近。生死之法，亦復如是。」

天尊告聖行真士曰：「若復有人，於諸法中，生有見心，捨於穢土，求三清樂；捨衆生

〔一〕「窈冥」原作「窈寞」，據本書卷八九諸真語論經告改。
〔二〕「畢」原作「必」，據大乘妙林經卷上觀真相品第二改。

身，求真道相，欲斷煩惱，而入無爲；求離〔一〕諸見，乃得寂滅；如是等相，我説此人名大邪見。譬如愚人，畏於大地，而欲走避。所至之處，不離大地。衆生亦爾〔二〕，畏生死身，疾捨三界，有心猒離。所得之身，不離生死。如是衆生，未能見法，求真道相，深實可哀。真道相者，名爲不作，無起無滅，非有非無，非常非斷〔三〕，非大非小，非色非心，能體如此〔四〕，名爲修習真道正行。」

又告聖行真士曰：「世間衆生，無明重暗〔五〕，真道在身，莫能覩見。譬如〔六〕愚人，東西馳走，求覔空色，而不能知，即色是空。一切世間，亦復如是。心性馳走，欲求真道，不知身心，即是真道。又如愚人，但見竹木，而不知火，捨木求火，四散奔走〔七〕。一切世間，亦

〔一〕「離」原作「利」，據大乘妙林經卷上辯邪正品第三改。

〔二〕「爾」原作「耳」，據上書改。

〔三〕「非常非斷」，上書作「非長非短」。

〔四〕「能體如此」，上書作「能體此相」。

〔五〕「重暗」，上書作「障重」。

〔六〕「譬如」原作「譬及」，據上書及本書卷八九諸真語論經告改。

〔七〕「四散奔走」，大乘妙林經卷上辯邪正品第三作「而不知火已在木中」。

復如是。捨身求道，不知道在身中爾。又如愚人，捨形求影，默聲求響，而不知形是影根，聲爲響本。以是當知，世間邪見，煩惱熾盛，猶荆棘林，如蒺藜園，不可親近。我今宣示汝等，令知將來三清不離煩惱，令知大道不在他方。但觀身心，修習正道，自然解脱。」

天尊告遍通真士曰：「一切衆生，心法如生。云何一切衆生，心法如生？一切衆生，本有生邪？若有生者，生從何有？一切衆生，本無生邪？若無生者，見有生身。汝衆今見身有耶？見身無耶？」遍通答言：「我等今衆，見身是無。何以故？前色滅已〔一〕，後色生故。」天尊曰：「心法亦爾，非有非無，念念生滅。前心滅故，不爲後因；後心生故，不爲前果。是故我言：一切衆生，心法如生。」遍通又問曰：「一切衆生，心法如生。生法見生，生法如心，心可見耶？」天尊答曰：「心法可見，欲見心法，還如見生。生無方所，欲見心法，亦無方所。」遍通又問：「心法如生，俱無方所，云何安慰，令得安樂？」天尊答言：「身可安耶？」遍通曰：「身法念念，不可安慰。」天尊曰：「心法亦然，不可安慰。」遍通又問：「既不可安，云何向言，安慰其心，令得樂耶？」天尊答曰：「爲見有身，故令安慰。既安慰已，知

〔一〕「已」，大乘妙林經卷上觀身品第四作「故」。

心非有，亦復非無〔一〕，名得真心，故得安樂。」

保聖纂要曰：「情者魂之使，性者魄之吏。情生於陰以起造，性生於陽以治理。陽仁陰貪，故情有利欲，性有仁和。精多則魂魄强，氣少則情性弱。情性爲嗜慾亂之，由素絲染於五色也。」

又曰：「人之情性爲利欲之所敗，如冰雪之曝日，草木之沾霜，皆不移時而消壞矣。冰雪以不消爲體，而盛暑移其真；草木以不凋爲質，而大寒奪其性；人有久視之命，而嗜欲滅其壽。若能導引盡理，則長生罔極。」

又曰：「神者魂也，降之於天；鬼者魄也，經之於地。是以神能服氣，形能食味。氣清則神爽，形勞則魄濁。服氣者綿綿而不死，身飛於天；食味者混混而殂，形歸於地，理之自然也。」

仙經曰：「有者因無而生，形者須神而立，故有爲無之宫，形乃神之宅。莫不全宅以安主；修身以養神。若氣散歸空，遊魂爲變。火之於燭，燭靡則火不居；水之於堤，堤壞則水不存。魂勞神散，氣竭命終矣。」

〔一〕「無」下，大乘妙林經卷上觀身品第四有「非有非無」四字。

又曰：「人常失道，非道失人；人常去生，非生去人。養神者慎勿失道，爲道者慎勿失生。道與生相守，神與氣相保，形神俱久矣。」

聖母元君曰：「功術之祕者，惟符、藥與氣也〔一〕。符者，三光之靈文，天真之信也。藥者，五行之華英，地之精液也〔二〕。氣者，陰陽之和粹〔三〕，萬物之靈爽也。此三者，致道之機要，求仙之所寶也。」

又曰：「凡人有一千惡者後代祆逆，二千惡者爲奴厮，三千惡者六疾孤窮，四千惡者惡病流徙，五千惡者爲五獄鬼，六千惡者爲二十八獄囚，七千惡者爲諸方地獄徒，八千惡者墮寒冰獄，九千惡者入無邊底獄，一萬惡者墮薜荔獄。萬惡之基，起於三業，一一相生，以至于萬惡。墮薜荔獄者，永無原期，渺渺終天，無由濟拔，得不痛哉！夫人覺有一惡，急宜改，而不犯者，去道近矣。若爲魔邪所干者，當洗心責己，悔過自修，即可反惡爲善矣！人有一善則心定神定，有十善則氣力强壯，有百善則寶瑞降之，有千善則後代神真，有二千善則爲

〔一〕「功術之祕者，惟符、藥與氣也」，墉城集仙録卷一聖母元君傳無「功」字，混元聖紀卷二及先天玄妙玉女太上聖母資傳仙道均作「術之祕者，符與炁、藥而已」。

〔二〕「五行之華英，地之精液也」原作「五行之英，華池之精液也」，據上三書改。

〔三〕「粹」字原無，據上三書增。

聖真仙將吏，有三千善則爲聖真仙曹掾，有四千善則爲天下師聖真仙主統，有五千善則爲聖真仙魁師，有六千善則爲聖真仙卿大夫，有七千善則爲聖真仙公王，有八千善則爲聖真仙皇帝，有九千善則爲元始五帝君，有萬善則爲太上玉皇帝。」元君曰：「萬善之基，亦在三業。十善相生，至于萬善。行善益筭，行惡奪筭。賞善罰惡，各有職司。報應之理，毫分不失。長生之本，惟善爲基也。」又曰：「專精養神，不爲物雜，謂之清；反神服氣，安而不動，謂之静。制念以定志，静身以安神，保氣以存精〔一〕。思慮兼忘，冥想内視，則身神並一。身神並一，則近真矣。」

道曰：「凡人遇我以禍者，我當以福往。是故福之氣常至此，害之氣重從還在於彼，此學道者之行也。」

徐來勒問曰：「何謂兼忘？」高玄真人曰：「一切凡夫，從氣氤氲際而起愚癡〔二〕，染著諸有，雖積功勤，不能無滯。故使備定，除其有滯。有滯雖淨，猶滯於空。空有雙淨，故曰

〔一〕「制念以定志，静身以安神，保氣以存精」，本書卷八九諸真語論經告「制」作「忘」，「静」作「修」，「保」作「寶」。「保」宜作「寶」（見本書卷三八太上洞玄靈寶消魔寶真安志智慧本願大戒上品經）。

〔二〕「從氣氤氲際而起愚癡」，本書卷八九諸真語論作「從煙煴之際起愚癡」。

兼忘，是故名初入正觀之相。」

明威經云：「道無不在，在師爲師，在經爲經，不離中矣。」

寶玄經云：「裁制偏邪，同歸中正，能返流末〔一〕，還至本源，源即道也。道無形狀，假言象以爲津。既言沖用，用實物還。」

三皇經曰：「天下無常，豈有堅固者？故急當猒遠之，求索自然，以脱身耳。」又曰：「萬物無有常，成者不久完。三光無明冥，天地常昭然〔二〕。」

黄老玄示經曰：「道者不可以言傳，欲使學者述書以相授，然可得聞也。夫善述事者必通其言，善言詞者必通其意，其意若通，道可得也。夫天地之初，知其無朕也。入於虚無者，知其有實也。故云：其以成法其初，始終也。是以聖人見有書，即知本無書也。聞其言，即知其本無言也。見書知言，聞言知意，知意即知道也。知道即知其可以口言，不可以書傳也〔三〕。故真人以神聽，聽可尊也。聖人以身教，教可珍也。」

〔一〕「能返流末」原作「能返本流末」，據卷八九諸真語論删。

〔二〕「成者不久完。三光無明冥，天地常昭然」，「不」上原有「皆」字，「昭」原作「照」，且無「無」字，據西昇經聖人之辭章增改。

〔三〕「知道即知其可以口言，不可以書傳也」，本書卷八九諸真語論經告作「知道即知其可以書傳也」。

太上告王母曰：「夫人受天地之氣生，氣之來也謂之精，精之搆也謂之靈，靈之變也之謂神，神之化也之謂魂，隨魂往來之謂識，隨魂出入之謂魄，主管精魄之謂心，心有所從之謂情，情有所屬之謂意，意有所指〔一〕之謂志，志有所憶之謂思，思而遠慕之謂慮，慮而用事之謂智。智者，盡此諸見者也。夫性者靜也，氣者動也，動靜一如〔二〕，內外和順，非至人安能措心於此哉！術藏於內，隨務應變；法設於外，適時御民。民用其道而不知其數者，術也；懸教設令以示民者，法也。氣變萬物而不見其象，術化萬民而不見其形，故天以氣爲靈，王以術爲神。」

四等智慧觀身經云：「夫道者，要在行合冥科，積善內足，然後始涉大道之境界。若自不能爾，皆爲徒勞於風塵耳！無益生命之脩短也。道在我，不由彼，惟慈、惟愛、惟善、惟忍，能行此四等，乃與道爲鄰耳。」

老君戒經云：「惡人者胎於醨薄之精，形於芻狗之類。魂微魄盛，尸毒滿腹〔三〕，人面

〔一〕「指」，上書作「措」，靈樞本神作「存」。
〔二〕「一如」，本書卷八九諸真語論經告作「如一」。
〔三〕「滿腹」原作「腹滿」，據本書卷八九諸真語論經告改。

蟲心，體性狼狼。嫉妬蛆蠣，常懷陰賊。懷成作敗，言則嗷嘅〔一〕。自遇如玉，遇人如土。陽推鬼黠，不計殃咎。昔有一人，不念居業，專行偷盜，入大臣家，此人夜作狗形。既到其家，值其大建〔二〕功德。吾時見此偷往作狗形，吾即叱之，令長作狗，使常銜巨石還此大臣家，積以爲山。」

明威經云：「淫犯内外，逼掠非偶，翻覆陰陽，公私戚屬，相通奸狡，異類祆交。」

本行經云：「昔有國王元慶，放心於愛欲之門。值劫運終，寄胎於洪氏之胞。上天以其先身好色，故轉爲女子，遂其先好也。」

太平經云：「何謂爲多言？然一言而致大凶，是爲上多言人也；一言而致辱，是爲中多言人也；一言而見窮，是爲下多言人也。夫古今聖賢也，出言文辭滿天地之間，尚苦其少有不及者，故災害不絶。後生賢聖復重言之，天下以爲法，不敢厭其言也。故言而除害者，常苦其少。是以善言無多，惡言無少。故古之聖人將言也，皆思之聖心，出而成經，置爲人法。愚者出言，爲身災害，還以自傷。」

〔一〕「嗷嘅」，上書作「嗷嗷」。

〔二〕「建」字原無，據上書增。

真誥曰：「夫百思纏胸，寒熱破神，營此官務，當此風塵，口言吉凶之會，身扉〔一〕得失之門，衆憂若是，萬慮若此，雖有真心，固不爲篤〔二〕。抱道不行，握寶不用，而自然望頭不白者，亦稀聞也。」「在官無事，夷真内鍊，紛錯不穢其聰明，爭競不交於心胸者，此道士之在官也。」

太清中經云：「慎無賣吾以求寶也，慎無傳吾非其人也，慎無閉吾絶其學也。傳吾學者昌，閉塞吾學者，雖獨行之，必遇天殃。傳吾道者，當法則天地、江河淮海。法則天地者，何等不生？何等不成？法則江河淮海者，何水不流？何川不行？」

西昇經云：「欲者，凶害之根也；無者，天地之元也。莫知其根，莫識其元，是故聖人去欲入無，以輔其身。」

洞神誡身保命篇云：「黄帝曰：『聖人保命之最，莫尚於身心。利害身心，豈過於善惡？善惡所起，本於心。心法不住，攀緣是用。所緣者名曰境界。能緣者名曰之〔三〕心。

〔一〕「扉」原作「扇」，據本書卷八九諸真語論經告改。
〔二〕「固不爲篤」，真誥卷二運象篇第二作「固爲不篤」。
〔三〕「名曰之」宜作「名之曰」。

故萬品所起，萬過於心。萌於心者，名曰行業。行業所操，名曰善惡。故縱欲爲惡，息貪爲善。善者能爲濟俗出塵之益，惡者必作敗德染穢之資。故聖人知無形而用者心也，形不自運者身也。然心不託〔一〕於身，則不能顯班備用；身不藉於心，則亡滅不起。故身心體異而理符，致用萬善而趣一，故能表裏爲用，動静相持。身無獨往，爲心所使。心法不静，惟欲攀緣。身量無涯，納行不息。故心爲凡聖之根，身爲苦樂之聚。聖人知患生於心，愆必由己，是以清心除患，潔志消愆。凡俗之流，其即不然。肆情縱欲，不知欲出於心；侮慢矜奢，不知慢生於己。惟騁愚暴，不顧其身。故以禍難所階，由之不識；危亡自此，日用不知，故聖達愍愚而垂教也。』」

〔一〕「託」原作「記」，據本書卷八九諸真語論經告改。

雲笈七籤卷之九十三

仙籍理論要記

神仙可學論

洪範：「嚮用五福，其一曰壽。」延命至於期頤，皇天猶以爲景福之最，況神仙度世，永無窮乎！然則長生大慶，無等倫以儔擬，當代之人忽而不尚，何哉？嘗試論之，中智已下逮于庶民，與飛走蜎翹同其自生自死，昧識所不及，聞道則相與笑之。中智已上爲名教所檢，區區於三綱五常不暇，聞道而若存若亡。能挺然竦身，而不使常情汩没，專以修鍊爲務者，千萬人中或一人而已。又行之者密，得之者隱，故舉俗罕爲其方。悲夫！昔桑矯問於涓子曰：「自古有死，復云有仙，如之何？」涓子曰：「兩有耳。」夫言兩有者，爲理無不存。理無不存，則神仙可學也。嵇公言：神仙「特受異氣，稟之自然，非〔一〕積學所能致。」此未必盡

〔一〕「非」原作「若」，據宗玄先生文集卷中神仙可學論及文選卷五三嵇叔夜養生論改。

其端矣。有不因修學而致者，稟受異氣也；有必待學而後成者，功業充也；有學而不得者，初勤中墮，誠不終也。三者各有其旨，不可以一貫推之。人生天地之中，殊於衆類明矣。感則應，激則通。所以耿恭援刀，平陸泉湧；李廣發矢，伏石飲羽。精誠在於斯須，擊猶土石，應若影響，況丹懇久著，真君豈不爲之潛運乎？潛運則不死之階立致矣。孰爲真君？則太上也。爲神明宗極，獨在於窅冥之先，高居紫微之上，陰隲兆庶。詩稱「上帝臨汝」，書曰天監〔一〕孔明，福善禍淫，不差毫末。而迷悟之子，焉測其源？日用不知，背本向末。故遠於仙道者有七焉，近於仙道亦有七焉。

當世之士，未能窺妙門，洞幽賾。雷同以泯滅爲真實，生成爲假幻。但所取者性，所爲〔二〕者形，甘之死地，乃爲常理。殊不知乾坤爲易之韞〔三〕，乾坤毁則無以見易，形氣者爲性之府，形氣敗則性無所存。性無所存，於我何有？遠於仙道一也。

其次謂仙必有限，竟歸淪墜之弊。彼昏於智察，則信誣罔。詎知塊然之有，起自寥然

〔一〕「天監」，尚書湯誥作「天道」。
〔二〕「爲」，宗玄先生文集卷中神仙可學論作「遺」。
〔三〕「韞」，上書作「藴」，易繫辭上作「緼」。

之無。積虛而生神，神用而孕氣，氣凝而漸著，累著而成形。形立神居，乃爲人矣。故任其流遁則死，反其宗源則仙。所以招真以錬形，形清則合於氣。含道以錬氣，氣清則合於神。體與道冥，謂之得道。道固無極，仙豈有窮乎？舉世大迷，終於不悟，遠於仙道二也。

其次强以存亡爲一體，謬以前識爲悟真，形骸以敗散爲期，營魄以更生爲用。乃厭見有之質，惟謀將來之身。安知入造化之洪鑪，任陰陽之鼓鑄？遊魂遷革，别守他器，神歸異族，識昧先形。猶鳥化爲魚，魚化爲鳥，各從所適，兩不相通。形變尚莫之知，何況死而再造？誠可哀者，而人不哀，遠於仙道三也。

其次以軒冕爲得意，功名爲不朽，悦色躭聲，豐衣厚味，自謂封植爲長策，貽後昆爲遠圖。焉知盛必衰，高必危，得必喪，成必虧。守此用爲深固，置清虛於度外。肯以恬智交養中和，率性通真爲意乎？遠於仙道四也。

其次强盛之時爲情愛所役，斑白之後有希生之心，雖修學始萌，而傷殘未補。靡闕積習之性，空務皮膚之好。竊慕道之名，乖契真之實。不除死籍，未載玄籙，歲月荏苒，大期奄至。及將殂謝，而怨咎神明，遠於仙道五也。

其次聞大丹可以羽化，服食可以延齡，遂汲汲於鑪火，孜孜於草木，財屢空於八石，藥難効於三關。不知金液待訣於靈人，芝英必資於道氣。莫究其本，務之於末，竟無所就。

謂古人欺我，遠於仙道六也。

其次身棲道流，心溺塵境，動違科禁，静無修習。外招清淨之譽，内蓄姦回之謀。人乃可欺，神不可誷，遠於仙道七也。

若乃性躭玄虚，情寡嗜好。不知榮華之可貴，非强力以自高；不見淫僻之可欲，非閑邪以自正〔一〕。體至仁，含至静。超跡塵滓，棲真物表，想道結襟，以無爲爲事，近於仙道一也。

其次希高敦古，尅意尚行。知榮華爲浮寄，忽之而不顧；知聲色能伐性，捐之而不取。剪陰賊，樹陰德，懲忿欲，齊毁譽，處林嶺，修清真，近於仙道二也。

其次身居禄位之場，心遊道德之鄉。奉上以忠，臨下以義。於己薄，於人厚，仁慈恭和，弘施博愛。外混囂濁，内含澄清，潛行密修，好生惡死，近於仙道三也。

其次蕭灑蓽門，樂貧甘賤。抱經濟之器，泛若無；洞古今之學，曠若虚。爵之不從，禄之不受，確乎以方外爲尚，恬乎以攝生爲務，近於仙道四也。

其次稟明穎之姿，懷秀拔之節，奮忘機之旅，當鋭巧之師，所攻無敵，一戰而勝。然後

〔一〕「正」，宗玄先生文集卷中神仙可學論作「貞」。

靜以安身，和以保神，精以致真，近於仙道五也。

其次追悔既往，洗心自新。雖失之於壯齒，冀收之於晚節。以功補過，過落而功全；以正易邪，邪忘而正在。轗軻不能移其操，諠譁不能亂其情。唯精惟微，積以誠著，近於仙道六也。

其次至忠至孝，至貞至廉。案真誥之言，不待修學而自得。比干剖心而不死，惠風溺水而復生，伯夷叔齊，曾參孝巳，人見其没，道之使存。如此之流，咸入仙格，謂之隱景潛化，死而不亡〔一〕。此例自然，近於仙道七也。

放彼七遠，取此七近，謂之拔陷區，出溺塗，碎禍車，登福輿，始可與涉神仙之津矣。於是識元命之所在，知正氣之所由。虚凝澹泊怡其性，吐故納新和其神。高虚保定之，良藥匡補之，使表裏兼濟，形神俱超。雖未昇騰，吾必謂之揮翼於丹霄之上矣！夫道無爲無形，有情有性。故曰：人能思道，道亦思人。道不負人，人負於道。淵哉言乎！世情謂道體玄虚，則貴無而賤有；人資器質，則取有而遺無。庸知有自無而生，無因有而明，有無混同，然後爲至。故空寂玄寥，大道無象之象也；兩儀三辰，大道有象之象也。若但以虚極爲

〔一〕「亡」原作「忘」，據宗玄先生文集卷中神仙可學論改。

妙，不應以吐納元氣，流陰陽，生天地，運日月也。故有以無爲用，無以有爲資，是以覆載長存，真聖不滅。故爲生者，天地之大德也。所以見宇宙之廣，萬物之殷，爲吾存也。若煙散灰滅，何異於天傾地淪？彼徒昭昭，非我所有。故曰：死者，天人之荼毒。孰能黜彼荼毒，拂衣絶塵，獨與道隣？道豈遠乎？將斯至矣！

夫至虚韞妙，待感而靈。猶金石含響，待擊而鳴。故豁方寸以契虚，虚則静；憑至静以積感，感則通。通則宇宙泰定，天光發明，形性相資，未始有極。且人之稟形，模範天地。五藏六府，百關四肢，皆神明所居，各有主守。存之則有，廢之則無。有則生，無則死，故去其死，取其生。若乃諷太帝之金書，研洞真之玉章，集帝一於絳宫，列三元於紫房，吸二曜之華景，登七元之靈綱，道備功全，則不必琅玕大還而高舉矣。此皆自凡而爲仙，自仙而爲真，真與道合，謂之神人。神人能存能亡，能晦能光。出化機之表，入太漠之鄉。無心而朗鑒，無翼而翺翔。嬉明霞之館，宴羽景之堂。歡齊浩劫而無疆，壽同太虚而不可量。此道布在金簡，安可輕宣其密奧哉！好學之士，宜啓玉檢，以探其祕焉。又儒墨所宗，忠孝慈愛；仙家所尚，則慶及王侯，福薦祖考，祚流子孫。其三者孰爲大？於戲，古初不得而詳，羲軒已來，廣成赤松令威安期之徒，何代不有？遠則載於竹帛，近則接於見聞。古今得者，皎皎如彼。神仙可學，炳炳如此。凡百君子，胡不勉之哉！

道性論

天尊告善才言：「善男子，我説〔一〕海空修習因者，即是道性。道性之性〔二〕，無生無滅。無生滅故，即是海空。海空之空，無因無果。無因果故，以破煩惱。以是因緣，名爲修習。」善才又言：「如是所説，道性之性，無生無滅。衆生道性，爲悉共有，爲各各有？若共有者〔三〕，一人得入海空藏時，一切衆生亦應俱入。譬如怨讎，或千或百，若一人和，百千亦和〔四〕；一人相怨，百千亦怨〔五〕。道性亦爾，一人得時，一切亦得〔六〕。衆生道性，不一不二，究竟平等，猶如虚空，一切衆生，同共有之。」天尊告曰：「善男子，深山有寶，名曰上勝，

〔一〕「説」原作「欲」，據太上一乘海空智藏經（下稱海空智藏經）卷二哀歎品改。
〔二〕「之性」二字原無，據上書增。
〔三〕「爲各各有？若共有者」原作「各各有之。若共者」，據上書改。
〔四〕「若一人和，百千亦和」原作「若一人可和千百，則千百亦和」，據上書删改。
〔五〕「百千亦怨」四字原無，據上書增。
〔六〕「一人得時，一切亦得」原作「一人時和一切」，據上書改。

人若取之，則成富有。衆生道性，亦復如是。」善才又言：「如是〔一〕所説，上勝寶者，是一是多？若是〔二〕一者，一人得已，則應有盡。山空寶盡，云何而言，一切衆生修持淨戒得入一乘海空智藏？若是多者，云何而言，是海空者非一切法？衆生道性亦如是耶？」天尊答曰：「善男子，譬如一路，或大或小，一切衆生，悉於中行，無障礙故。道性衆生，亦復如是。善男子，譬如寶珠，唯有一門，雖有人多，經遊出入，曾無逼迮〔三〕，亦無人能破壞寶珠而賫持去。道性衆生，亦復如是。善男子，譬如橋梁，隨諸行人，或重或輕，以是橋梁，無有增減。衆生道性，亦復如是。」「又譬如鹽味，置於諸物，乃至水中，皆悉鹹物〔四〕。物不名鹽，鹽不名物，乃至水中，亦復如是。名字雖變，鹽性不失，徧五味中〔五〕，皆悉鹹味〔六〕。若有飲水，鹽味甚逼，實不見鹽於水中。衆生道性，亦復如是。維徧五道，長短異身，而道性常

〔一〕「是」字原無，據海空智藏經卷二哀歎品增。

〔二〕「是」字原無，據上書增。

〔三〕「迮」原作「怎」，據上書改。

〔四〕「皆悉鹹物」，上書作「皆悉有鹹」。

〔五〕「鹽性不失，徧五味中」原作「性不失，徧五味之中」，據上書改。

〔六〕「皆悉鹹味」，上書作「皆悉有鹹」。

一不異。」

三相論

海空智藏經云：「三相者，所謂有相、無相、非有非無相〔一〕。若照此相，則得入於智慧之源。夫觀三相，舛越不同。自有衆生，從有相觀，入至無相；自有衆生，從無相觀，入至有相；自有衆生，神意定然〔二〕，非彼二相，而得觀見有無之相。善男子，若有衆生，作空〔三〕學人，常運其心，從有觀無，而樹意言：我見萬物，今雖現有，必歸於無，當知一切，盡是虛無，非有實事。無湛然慧，無觀空慧，無應感〔四〕慧，當知此人，是爲斷見。雖似智慧，而乖其宗。善男子，若復有人，常運其心，從無觀有，而樹意言：即此世中，皆從無生，向本無此，而今有之，有何緣生，必因於無。是知無中，皆悉有有。以有有故，一切無無。

〔一〕「有相、無相、非有非無相」原作「有相、非有相、非無相」，據海空智藏經卷一序品改。
〔二〕「定然」，上書作「挺然」。
〔三〕「空」原作「人」，據上書改。
〔四〕「感」原作「用」，據上書改。

當知此人，是爲狹見。雖似〔一〕智慧，而失其宗。善男子，若復有人，常運其心，從非有非無中觀於有無，而樹意言：即世衆生，悉皆非有，亦復非無。所以爾者，若言有者，則終歸無；若言無者，今見則有。若必爾者，則爲不定。不定業故，不得出生，人天果報，當知六道，形有則有，形滅則無。若作此觀，是謂或見，非謂智慧。如此三見，失智慧本。善男子，若復有人，觀於三者，作如此心，曰：『我觀一切無，即是寂寥，不能生物，豁然不動，不能感應。』善男子，譬如大山，善能興雲，雲能生雨，如此等例〔二〕，從有出有，決定當知，無不出無〔三〕。又復觀於即有形質〔四〕，即此形質，是有象〔五〕有，離此形質，無處名有。又復觀於非有非無，善男子，譬如風聲，聲響遍徹，如此等例，風質非無，質不可得。若言實有，又非礙著，響亦如是，應知此例，非有非無。若有學人作此觀者，亦皆失於智慧之本。

善男子，復有人觀於三相，作四種意，妙無、妙有，麤無、麤有。明此四意，自然能見非

〔一〕「似」原作「以」，據海空智藏經卷一序品改。

〔二〕「雲能生雨，如此等例」，原無「雲能」、「例」三字，據上書增。

〔三〕「無不出無」原作「無無不出」，據上書改。

〔四〕「又復觀於即有形質」，上書作「又復觀有，即著形質」。

〔五〕「象」，上書作「實」。

有非無。何謂妙無？即是道性。以何因緣，道性之理，自爲妙無？以淵寂故，以應感故。若以住於淵寂之地，觀於諸有，則見無相；若以住於感應之地，觀於諸有，則見有相。善男子，若言道性，命〔一〕爲無有，中有應感；若言道性，令〔二〕爲有者，而實寂泊。以是當知，道性之有，非世間有；道性之無，是謂妙無。何等因緣，觀於妙有？即是應感，法身之端，嚴茂發起，超絶三有。雖有其質，不同凡有。以是因緣，謂爲妙有。善男子，以何因緣，觀於麤無？麤無即無，無感無應，空處寂漠，豁然而已，謂爲麤無。善男子，以何因緣，觀於麤有？若麤有者，即是質礙。以礙著故，謂爲麤有。善男子，若能善知，遍此四意，分别體相，當知此人，已得知非有非無。以何因緣，而得知之？即尋道性義理得之。若有學人，習觀三相，了此四意，則爲入於智慧寶城，遊智慧室，坐智慧床，餐智慧食，是得智慧機相之本。」

〔一〕「命」，海空智藏經卷一序品作「全」。

〔二〕「令」，上書作「全」。

真相論

曜明真人稽首問天尊曰：「不審世間真相，爲一相耶？爲異相耶〔一〕？」天尊告言：「曜明真士，今當問子，子之所見，爲法見耶？爲相見耶〔二〕？」曜明答曰：「世間真相，有法見耶？有相見耶？」天尊答曰〔三〕：「真相世間，本無差别，衆生所見，未能通達。但觀其相，未能見法，是故分别。世間真相，其相不同。今以慧眼，觀世間相，即相是真。能了真相，名爲見法。以是之故，不壞世間，而得真相。」曜明又曰：「不壞世間，而得真相，未審世間，何以爲相〔四〕？而言不壞，即是真相。」天尊曰：「世間相者，即是無明，貪著愛見，瞋恚愚癡等諸煩惱，是世間相。」「若人能知，煩惱性空，本無貪愛，無明永静，無法可斷。以是當知，不斷煩惱，而得真相。無相無斷無得，無明無法無斷，無得名斷煩惱，無斷名得真

〔一〕「爲異相耶」四字原無，據大乘妙林經卷上觀真相品第二增。

〔二〕「爲相見耶」四字原無，據上書增。

〔三〕「天尊答曰」原作「天尊答曰告言」，據上書删。

〔四〕「何以爲相」，上書作「以何爲相」。

相[一]。以是當知，不斷煩惱，而得真相。」「如向所說，是有二種：一者相見，二者法見。法見之人，言得真相；相見之人，言得煩惱。以是當知，法見之人，常得妙本，故得真相。相見之人，常觀麤迹，故得煩惱。若人能知煩惱性空，未曾有法，從迹觀本，名得法見。」

陰陽五行論

陰潛陽内，陽伏陰中。陰得陽蒸，故能上昇；陽得陰制，故能下降。陽蒸陰以息氣，陰凝陽以澄精。日月昇降，乾坤交泰，而萬化成焉。陰陽自少至老，而分爲五行。少陽成木，老陽成火；少陰成金，老陰成水，參而和之，而成夫婦。火性炎蒸，木性勁直，金性堅剛，水性潤滋，土性和柔。故木以發之，火以化之，水以滋之，土以和之，金以勁之，故得品物成焉。五勝者，皆以生我爲利，尅彼爲用，利用相乘，故有成敗。經云：「五行相尅[二]，萬物悉可全。」云動静者，終始之道；聚散者，化生之門也。陽其動乎！陰其處乎！動以生之，

[一]「無相無斷無得」至「無斷名得真相」，大乘妙林經卷上觀真相品第二作「真相無相，無相無得；無明無法，無法無斷。無斷無得名斷煩惱，無得無斷名得真相」。

[二]「五行相尅」，宋徽宗御注西昇經卷中聖人之辭章第十一作「五行不相尅」。

靜以息之。淳陽不生，淳陰不成。陰陽更用，晝夜相資。晝日行陽，夜月行陰，陽養於陰，陰發於陽，而明生焉。陽和氣者，發於春，王於夏，收於秋，藏於冬。九地之下反有陽，九天之上反有陰。故十一月卦辭云：「復其見〔一〕天地之心乎！」陽在下也。陽伏地内，潛靜之時，故見天心。其在人也，腎藏於陽，腦潛於陰。及其老也，和氣不足，陰陽將散，則陽上昇，陰下降，故腦熱而腎冷。腎無陽氣，則脚無力；腦無陰氣，則眼目不明。故陰陽不交，萬物不成。純陽亢極，則日月無光，草木以之焦枯。純陰滯畜，則霖雨淫霔，水淹以之漂蕩。故陰陽相磨，天地相盪，震而爲雷，擊而爲電，鼓而爲風，結而爲雹，蒸而爲雲霧，液而爲雨露，凝而爲霜雪。和氣爲民人，偏氣爲禽獸，雜氣爲草木，煩氣爲蟲魚。

〔一〕「其見」原作「見其」，據道藏輯要本及易復改。

雲笈七籤卷之九十四

仙籍語論要記

坐忘論并序凡七篇

夫人之所貴者，生也。生之所貴者，道也。人之有道，如魚之有水。涸轍之魚，猶希升〔一〕水。弱喪之俗，無心〔二〕造道。惡生死之苦，愛生死之業。重道德之名，輕道德之行。喜色味爲得志，鄙恬素爲窮辱。竭難得之貨，市來生之福，縱易染之情，喪今身之道。自云智巧，如夢如迷。生來死去，循環萬劫。審惟倒置，何甚如之〔三〕！故妙真經云：「人

〔一〕「升」，道藏本坐忘論作「斗」。

〔二〕「心」，上書作「情」。

〔三〕「喜色味爲得志」至「何甚如之」凡五十六字，上書無。自此以下至「勉尋經旨」凡一百六十字，上書亦無。

常失道，非道失人；人常去生，非生去人〔一〕。故養生者愼勿失道，爲道者愼勿失生。使道與生相守，生與道相保，二者不相離，然後乃長久。」言長久者，得道之質也。經云：「生者，天之大德也，地之大樂也，人之大福也。道人致之，非命禄也。」又西昇經云：「我命在我，不屬於天。」〔二〕由此言之，修短在己，得非天與，失非人奪。捫心苦晚，時不少留。所恨朝菌之年，已過知命；歸道之要，猶未精通。爲惜寸陰，速如景燭。勉尋經旨，事簡理直，其事易行，與心病〔三〕相應者，約著安心坐忘之法〔四〕，略成七條，修道階次，兼其樞翼，以編叙之〔五〕。

〔一〕「人」原作「道」，據道藏輯要本改。
〔二〕「我命在我，不屬於天」，宋徽宗御注西昇經卷下我命章作「我命在我，不屬天地」。
〔三〕「心病」，道藏本坐忘論作「心法」。
〔四〕「約著安心坐忘之法」八字，上書無。
〔五〕「修道階次，兼其樞翼，以編叙之」，上書作「以爲修道階次，樞翼附焉」。

信敬〔一〕

夫信者道之根，敬者德之蔕。根深則道可長，蔕固則德可茂。然則璧耀連城之彩，卞和致刖〔二〕；言開保國之効，伍子從誅。斯乃形器著而心緒迷，理事萌而情思忽。況至道超於色味，真性隔於可欲，而能聞希微以懸信，聽罔象而不惑者哉！如人有聞坐忘之法〔三〕，信是修道之要，敬仰尊重，決定無疑者，加之勤行，得道必矣。故莊周云：「隳肢體，黜聰明，離形去智，同於大通，是謂坐忘。」夫坐忘者，何所不忘哉！內不覺其一身，外不知乎宇宙，與道冥一，萬慮皆遺，故莊子云「同於大通」。此則言淺而意深，惑者聞而不信，懷寶求寶，其如之何？故經云：「信不足，有不信。」〔四〕謂信道之心不足者，乃有不信之禍及之，何道之可望乎？

〔一〕「信敬」，道藏本坐忘論作「敬信一」。以下六章章名後，上書均有章數。
〔二〕「刖」原作「則」，據上書改。
〔三〕「法」，上書作「言」。
〔四〕「信不足，有不信」，上書作「信不足焉有不信」，王弼老子注作「信不足焉，有不信焉」。

斷緣

斷緣者，謂斷有爲俗事之緣也。棄事則形不勞，無爲則心自安，恬簡日就，塵累日薄，跡彌遠俗，心彌近道，至神至聖，孰不由此乎？故經云：「塞其兑，閉其門，終身不勤。」或顯德露能，來〔一〕人保己；或遺問慶弔，以事往還；或假修隱逸，情希昇進；或酒食邀致，以望後恩。斯乃巧蘊機心，以干時利，既非順道，深妨正業。凡此之類，皆應絶之。故經云：「開其兑，濟其事，終身不救。」我但不唱，彼自不和。彼雖有唱，我不和之。舊緣漸斷，新緣莫結。醴交勢合，自致日疎，無事安閒，方可修道。故莊子云：「不將不迎。」爲無交俗之情故也。又云：「無爲名尸，無爲謀府，無爲事任，無爲知主。」若事有不可廢者，不得已而行之，勿遂生愛繫心爲業。

收心

夫心者，一身之主，百神之師。静則生慧，動則成昏。欣迷幻境之中，唯言宴是；甘宴

〔一〕「來」，道藏本坐忘論作「求」。

有爲之内，誰悟虚非？心識顛癡，良由所託之地。且卜鄰而居，猶從改操；擇交而友，尚能致益。況身離生死之境，心居至道之中，安不捨彼乎？能不得此乎？所以學道之初，要須安坐，收心離境，住無所有，不著一物，自入虚無，心乃合道。故經云：至道之中，寂無所有[一]，神用無方，心體亦然。源其心體，以道爲本。但爲心神被染，蒙蔽漸深，流浪日久，遂與道隔。今若能淨除心垢，開釋神本，名曰修道。無復流浪，與道冥合，安在道中，名曰歸根。守根不離，名曰静定。静定日久，病消命復。復而又續，自得知常。知則無所不明，常則永無變滅。出離生死，寔由於此。是故法道安心，貴無所著。故經云：「夫物芸芸，各歸其根，歸根曰静，静曰[二]復命。復命曰常，知常曰明。」若執心住空，還是有所，非謂無所。凡住有所，則自令人心勞氣發[三]，既不合理，又反成疾。但心不著物，又得不動，此是真定正基。用此爲定，心氣調和，久益輕爽。以此爲驗，則邪正可知。若心起皆滅，不簡是非，永斷知覺，入於盲定。若任心所起，一無收制，則與凡人元來不別。若唯斷善惡，心無

〔一〕「至道之中，寂無所有」原作「至道故之中寂所有」，據道藏本坐忘論改。
〔二〕「静曰」，道德經作「是謂」。
〔三〕「則自令人心勞氣發」，道藏本坐忘論作「則令心勞」。

指歸，肆意浮遊，待自定者，徒自誤耳。若遍行諸事，言心無染者，於言甚美，於行甚非，真學之流，特宜戒此。今則息亂而不滅照，守靜而不著空，行之有常，自得真見。如有時事或法有要疑者〔一〕，且任思量，令事得濟，所疑復悟，此亦生慧正根。事訖則止，實莫多思，多思則以知害恬〔二〕，爲子傷本。雖騁一時之俊，終虧萬代之業。若煩邪亂想，隨覺則除。若聞毀譽之名，善惡等事，皆即撥去，莫將心受。若心受之即心滿，心滿則道無所居。所有聞見，如不聞見，則是非美惡不入於心。心不受外，名曰虛心；心不逐外，名曰安心。心安而虛，則道自來止〔三〕。故經云：「人能虛心〔四〕無爲，非欲於道，道自歸之。」内心既無所著，外行亦無所爲。非靜非穢，故毀譽無從生；非智非愚，故利害無由至。實則順中爲常，權可與時消息，苟免諸累，是其智也。若非時非事，役思強爲者，自云不著，終非真覺。何邪？心法如眼也。纖毫入眼，眼則不安；小事關心，心必動亂。既有動病，難入定門。是

〔一〕「法有要疑者」，道藏本坐忘論作「法要有疑者」。

〔二〕「事訖則止，實莫多思，多思則以知害恬」，上書作「悟已則止，切莫有思。思則以智害恬」。

〔三〕「則道自來止」，上書作「道自來居」。

〔四〕「虛心」，宋徽宗御注西昇經卷下道德章第三六作「虛空」。

故修道之要，急在除病。病若不除，終不得定。又如良田，荆棘未誅，雖下種子，嘉苗不成。愛見思慮，是心荆棘，若不除翦，定慧不生。或身居富貴，或學備經史，言則慈儉，行乃貪殘。辯足以飾非，勢足以威物，得則名己，過必尤人。此病最深，雖學無益。所以然者，爲自是故。然此心由來依境，未慣獨立，乍無所託，難以自安。縱得蹔安，還復散亂。隨起隨制，務令不動，久久調熟，自得安閑。無問晝夜，行立坐卧，及應事之時，常須作意安之。若心得定，但須安養，莫有惱觸。少得定分，則堪自樂。漸漸馴狎，唯覺清遠。平生所重，已嫌弊漏〔一〕，況因定生慧，深達真假乎！牛馬、家畜也，放縱不收，猶自生鯁，不受駕御。鷹鸇、野鳥也，被人繫絆，終日在手，自然調熟。況心之放逸，縱任不收，唯益麤踈，何能觀妙？故經云：「雖有拱璧以先駟馬，不如坐進此道。」夫法之妙〔二〕者，其在能行，不在能言。行之則此言爲當，不行則此言爲妄。又時人所學，貴難賤易。若深論法，惟廣〔三〕説

〔一〕「漏」，道藏本坐忘論作「陋」。

〔二〕「妙」，上書作「妙用」。

〔三〕「廣」原作「黄」，據上書改。

虛無，思慮所不達〔一〕，行用所無階〔二〕者，則歎不可思議，而下風盡禮。如其信言不美，指事陳情，聞則心解，言則可行者，此實不可思議，而人不信〔三〕。故經云：「吾言甚易知，甚易行。天下莫能知，莫能行。」「夫唯無知，是以不我知」〔四〕也。或有言火不熱，燈不照闇，稱爲妙義。夫火以熱爲用，燈以照〔五〕爲功。今則盛言火不熱，未嘗一時廢火；空言燈不照闇，必須終夜然燈。言行相違，理實無取。此只破相之言，而人反以爲深元之妙。雖則惠子之宏辯，莊生以爲不堪。膚受之流，誰能科〔六〕簡？至學之士，庶不留心。或曰：「夫爲大道者，在物而心不染，處動而神不亂，無事而不爲，無時而不寂。今猶避事而取靜，離動而之〔七〕定。勞於控制，乃有動靜二心；滯於住守，是成取捨兩病。不覺其所執，仍自

〔一〕「不達」，道藏本坐忘論作「莫能達」。
〔二〕「無階」，上書作「莫能階」。
〔三〕「而人不信」，上書作「而人黜以爲淺近而輕忽不信」。
〔四〕「夫唯無知，是以不我知」，「無」原作「不」，「我」原作「吾」，據上書改。
〔五〕「照」字下，上書有「闇」字。
〔六〕「科」，上書作「斷」。
〔七〕「之」，上書作「求」。

謂道之階要，何其謬耶！」述〔一〕曰：「總物而稱大，通〔二〕物之謂道，在物而不染，處事而不亂，真爲大矣！實爲妙矣！然謂吾子之鑒有所未明。何則？徒見貝錦之輝煥，未曉始抽於素絲；纔聞鳴鶴之沖天，詎識先資於轂食？蔽日之榦，起於毫末；神凝之聖，積習而成。今徒學語其聖德，而不知聖之所以德。可謂『見卵〔三〕而求時夜，見彈而求鴞炙。』何其造次哉！故經云：『玄德深矣！遠矣！與物反矣！然後乃至大順。』」

簡事

夫人之生也，必營於事物。事物稱萬，不獨委於一人。巢林一枝，鳥見遺於叢葦〔四〕；飲河滿腹，獸不悋於洪波。外求諸物，內明諸己。知生之有分，不務分之所無，識事之有當，不任非當之事〔五〕。事非當則傷於智力，務過分則斃於形神。身且不安，何情及道？是

〔一〕「述」，道藏本坐忘論作「答」。
〔二〕「通」原作「道」，據上書改。
〔三〕「卵」原作「卯」，據四部叢刊本及莊子齊物論改。
〔四〕「叢葦」，道藏本坐忘論作「叢泊」。
〔五〕「非當之事」，上書作「事之非當」。

以修道之人，要須斷簡事物，知其閑要，較量輕重，識其去取。非要非重，皆應絶之。猶人食有酒肉，衣有羅綺，身有名位，財有金玉。此並情欲之餘好，非益生之良藥。衆皆徇之，自致亡敗。静而思之，何迷之甚！故莊子云：「達生之情者，不務生之所無以爲〔一〕。」生之所無以爲者，分〔二〕外物也。蔬食弊衣，足延性命，豈待酒食羅綺然後爲生哉！是故於生無〔三〕要用者，並須去之，於生雖用，有餘者亦須捨之。財有害氣，積則傷人，雖少猶累，而況多乎！今以隨侯之珠，彈千仞之雀，人猶笑之。況棄道德，忽性命，而從非要以自促伐者乎！夫以名位比於道德，則名位假而賤，道德真而貴。能知貴賤，應須去取。不以名害身，不以位易道。故莊子云：「行名失己，非士也。」〔四〕西昇經云：「抱元守一，過〔五〕度神仙，子未能守，但坐榮官。」若不簡擇，觸事皆爲，則身勞智昏，修道事闕。若處事安閑，在物無累者，自屬證成之人。若實未成，而言無累者，誠自誑耳。

〔一〕「爲」下原有「生之所無」四字，據道藏本坐忘論删。
〔二〕「分」下原有「之」字，據上書删。
〔三〕「無」字下，上書有「所」字。
〔四〕「行名失己，非士也」，今本莊子無。「行」疑作「徇」。
〔五〕「過」原作「至」，據道藏本坐忘論及宋徽宗御注西昇經上邪正章第七改。

真觀

夫觀者，智士之先鑒，能人之善察。究儻來之禍福，詳動静之吉凶。得見機前，因之造適。深祈衞定，功務全生〔一〕。自始之末，行無遺累。理不違此，故〔二〕謂之真觀。然則一餐一寢，居爲損益之源；一言一行，堪成禍福之本。雖則巧持其末，不如拙戒其本。觀本知末，又非躁競之情。是故收心簡事，日損有爲。體静心閑，方能觀見真理。故經云：「常無欲，以觀其妙。」然於修道之身，必資衣食。事有不可廢，物有不可棄者，當須虚襟而受之，明目而當之，勿以爲妨，心生煩躁。若見事爲事而煩躁者〔三〕，心病已動，何名安心？夫人事衣食者，我之船舫也〔四〕。我欲渡海，事資船舫。渡海若訖，理自不留。何因未渡，先欲廢船？衣食虚幻，實不足營。爲欲〔五〕出離虚幻，故求衣食。雖有營求之事，莫生得失

〔一〕「深祈衞定，功務全生」，道藏本坐忘論「定」作「足」，「功」作「竊」。

〔二〕「故」，上書作「者」，連上句。

〔三〕「若見事爲事而煩躁者」，上書作「若因事煩燥者」。

〔四〕「也」字原無，據上書增。

〔五〕「欲」字，上書無。

之心。則有事無事，心常安泰。與物同求，而不同貪；與物同得，而不同積。不貪故無憂，不積故無失。跡每同人，心常異俗。此實行之宗要，可力爲之。前雖斷簡，病有難除者，且依法觀之。若色病重者，當觀染色都由想耳。想若不生，終無色事。若知色想外空，色心内妄，妄心空想，誰爲色主？經云：「色者，全是想耳！」想悉是空，何有色耶？又思袄妍美色，甚於狐魅。狐魅惑人，令人厭患。身雖致死，不入惡道，爲厭患故，永離邪淫。袄艷惑人，令人愛著，乃至身死，留戀彌深。爲邪念故，死墮地獄，永失人道，福路長乖〔一〕。故經云：「今世發心爲夫妻，死後不得俱生人道。」所以者何？爲邪念故。又觀色若定是美，何故魚見深入，鳥見高飛，仙人以爲穢濁，賢士喻之刀斧？一生之命，七日不食，便至於死。百年無色，翻免夭傷。故知色者，非身心之切要，適爲性命之讎賊，何乃繫戀〔二〕，自取銷毀？若見他人爲惡，心生嫌惡者，猶如見人自殺，己身引項，承取他刃，以自害命。他自爲惡，不遣我〔三〕當，何故引取他惡，以爲己病？又見爲惡者若可嫌，見爲善者亦須惡。夫何

〔一〕「死墮地獄，永失人道，福路長乖」，道藏本坐忘論作「死墜諸趣，生地獄中」。又「失」原作「夫」，據道藏輯要本、四部叢刊本改。
〔二〕「何乃繫戀」，道藏本坐忘論作「何須繫著」。
〔三〕「我」原作「伐」，據上書改。

故？同障道故。若苦貧者，則審觀之，誰與我貧？天地平等，覆載無私，我今貧苦，非天地也。父母生子，欲令富貴，我今貧賤，非由父母。人及鬼神，自救無暇，何能有力，將貧與我？進退尋察，無所從來，乃知我業也，乃知天命也。業由我造，命由天賦。業命之有，猶影響之逐形聲，既不可逃，又不可怨。唯有智者，因而善之，樂天知命，不覺貧之可苦〔一〕。故莊子云：「業入而不舍〔二〕。」爲自業故，貧病來入，不可舍止。經云：「天地不能改其操，陰陽不能廻其業。」由此言之，故知真命非假物也，有何怨焉？又如勇士逢賊，無所畏懼，揮劒當前，羣寇皆潰，功勳一立，榮禄終身。今有貧病惱害我者，則寇賊也。我有正心，則勇士也。用智觀察，則揮劒也。惱累消除，則戰勝也。湛然常樂，則榮禄也。凡有苦事來迫，我心不作此觀，而生憂惱者，如人逢賊，不立功勳，棄甲背軍，以受逃亡之罪〔三〕。去樂就苦，何可愍焉！若病者〔四〕，當觀此病，由有我身，我若無身，患無所託。故經云：「及吾無

〔一〕「因而善之，樂天知命，不覺貧之可苦」，道藏本坐忘論作「善而達之，樂天知命故不憂，何貧之可苦也」。

〔二〕「舍」上原有「可」字，據莊子庚桑楚删。

〔三〕「以受逃亡之罪」，道藏本坐忘論作「逃亡獲罪」。

〔四〕「若病者」，上書作「若病苦者」。

身，吾有何患？」次觀於心，亦無真宰，内外求覓，無能受者。所有計念，從妄〔一〕心生，若枯體灰心，則萬病俱泯。若惡死者，應念我身，是神之舍。身今老病，氣力衰微，如屋朽壞，不堪居止，自須捨離，別處求安。身死神逝，亦復如是。若戀生惡死，拒違變化，則神識錯亂，自失〔二〕正業。以此託生，受氣之際，不感清秀，多逢濁辱。蓋下愚貪鄙，寔此之由。是故當生不悦，順死無惡者，一爲生死理齊，二爲後身成業。若貪愛萬境，一愛一病。一肢有疾，猶令舉體不安，况一心萬疾〔三〕，身欲長生，豈可得乎？凡有愛惡，皆是妄生。積妄不除，何以見道？是故心捨諸欲，住無所有，除情正信〔四〕，然後返觀舊所癡愛，自生厭薄。若以合境之心觀境，終身不覺有惡；如將離境之心觀境，方能了見是非。譬如醒人，能知醉者爲惡；如其自醉，不覺他〔五〕非。故經云：「吾本棄俗，厭離人〔六〕間。」又云：「耳目聲

〔一〕「妄」原作「忘」，據道藏本坐忘論改。

〔二〕「自失」，上書作「失其」。

〔三〕「況一心萬疾」，「況」原作「而向」，據上書改。「疾」，上書作「病」。

〔四〕「除情正信」，上書作「徐清有本」。

〔五〕「他」，上書作「其」。

〔六〕「人」，宋徽宗御注西昇經卷上邪正章第七作「世」。

色，爲子留愆；鼻口所喜，香味是怨。」老君厭世棄俗，猶見香味爲怨。嗜欲之流，焉知鮑肆爲臭哉！

泰定

夫定者，盡俗〔一〕之極地，致道之初基，習靜之成功，持安之畢事。形如槁木，心若死灰，無感無求，寂泊之至。無心於定而無所不定，故曰泰定。莊子云：「宇泰定者，發乎天光。」宇則心也，天光則慧也。心爲道之器宇，虛靜至極，則道居而慧生。慧出本性，非適今有，故曰天光。但以貪愛濁亂，遂至昏迷。澡雪柔挺，復歸純靜。本真神識稍稍自明，非謂今時別生他慧。慧既生已，寶而懷之，勿爲多知，以傷於定〔二〕。非生慧之難，慧而不用爲難。自古忘形者衆，忘名者寡。慧而不用，是忘名者也，天下希及之，是故爲難。貴能不驕，富能不奢，爲無俗過，故得長守富貴。定而不動，慧而不用，德而不恃，爲無道過，故得深證常道。故莊子云：「知道易，勿言難。知而不言，所以之天；知而言之，所以之人。古

〔一〕「盡俗」，道藏本坐忘論作「出俗」。

〔二〕「勿爲多知，以傷於定」，上書「爲」作「以」，「以」作「而」。

之人，天而不人。」慧能知道，非得道也。人知得慧之利，未知得道之益。因慧以明至理，縱辯以感物情。與〔一〕心徇事，觸類而長，自云處動，而心常寂焉。知寂者，寂以待物乎！此行此言，俱非泰定〔二〕。智雖出衆，彌不近道。本期逐鹿，獲兔而歸。所得蓋微，良由〔三〕局小。故莊子云：「古之修〔四〕道者，以恬養智。智生而無以知爲也，謂之以智養恬。智與恬交相養，而和理出其性。」恬智則定慧也，和理則道德也。有智不用，以安其恬。養而久之，自成道德。然論此定，因爲而得成。或因觀利而見害，懼禍而息心；或因損捨滌除，積習心熟，同歸於定，咸若自然。疾雷破山而不驚，白刃交前而無懼。視名利如過隙，知生死若潰癰。故知用志不分，乃凝神也。心之虛妙，不可思也。夫心之爲物，即體非有，隨用非無，不馳而速，不召而至。怒則玄石飲羽，怨則朱夏殞霜。縱惡則九幽匪遥，積善則三清何遠？忽來忽往，動寂不能名；時可時否，蓍龜莫能測。其爲調御，豈鹿馬比其難乎！太

〔一〕「與」，道藏本坐忘論作「興」。
〔二〕「此行此言，俱非泰定」，上書作「此語俱非泰定也」。
〔三〕「由」原作「曲」，據上書改。
〔四〕「修」，莊子繕性篇作「治」。

上老君運常善以救人，昇靈臺而演妙，略二乘之因果，廣萬有之自然。漸之以日損，頓之以不學。喻則張弓鑿户，法則挫鋭解紛。修之有途，習以成性。黜聰隳體，嗒焉坐忘，不動於寂，幾微入照。履殊方者，了義無日；由〔一〕斯道者，觀妙可期。力少功多，要矣！妙矣！

得道

夫道者，神異之物，靈而有性，虛而無象，隨迎莫測，影響莫求，不知所以然而然〔二〕。通生無匱謂之道，至聖得之於古，妙法傳之於今。循名究理，全然有實。上士純信，克己勤行。虛心〔三〕谷神，唯道來集。道有至力，染易形神〔四〕。形隨道通，與神爲一。形神合一，謂之神人。神性虛融，體無變滅。形與之同，故無生死。隱則形同於神，顯則神同於形〔五〕。所以蹈水火而無害，對日月而無影。存亡在己，出入無間。身爲滓質，猶至虛妙，

〔一〕「由」，道藏本坐忘論作「遊」。
〔二〕「不知所以然而然」原作「不知所以不然而然之」，據上書删。
〔三〕「虛心」原作「空心」，據上書改。
〔四〕「道有至力，染易形神」，上書「至」作「深」，「染」作「徐」。
〔五〕「形」，上書作「氣」。

況其靈智益深益遠乎！故靈寶經〔一〕云：「身神並〔二〕一，則爲真身。」又西昇經云：「形神合同，故〔三〕能長久。」然虚心之道，力有深淺，深則兼被於形，淺則唯及其心。被形者，則神人也；及心者，但得慧覺而已，身不免謝。何則？慧是心用，用多則體勞。初得小慧，悦而多辯，神氣散洩，無靈潤身，生致早終，道故難備。經云尸解，此之謂也。是故大人含光藏暉，以期全備。凝神寶氣，學道無心，神與道合，謂之得道。故經云：「同於道者，道亦樂〔四〕得之。」又云：「古之所以貴此道者何？不曰〔五〕求以得，有罪以免耶？」山有玉，草木因之不彫；人懷道，形體得之永固〔六〕。資薰日久，變質同神。練神入微，與道冥一。散一身爲萬法，混萬法爲一身。智照無邊，形超有際〔七〕。總色空以爲用，合造化以爲功。真

〔一〕「靈寶經」，道藏本坐忘論作「生神經」。
〔二〕「並」原作「共」，據上書改。
〔三〕「故」，宋徽宗御注西昇經民之章作「固」。
〔四〕「樂」字原無，據老子道經增。
〔五〕「曰」原作「日」，據道藏輯要本及老子德經改。
〔六〕「形體得之永固」，道藏本坐忘論作「形骸以之永固」。
〔七〕「有際」，上書作「靡極」。

應無方，信〔一〕惟道德。故西昇經云：「與天同心而無知，與道同身而無體，而後天〔二〕道盛矣。」而言盛者，謂證得其極。又云：「神不出身，與道同久。」且身與道同，則無時而不存。心與道同，則無法而不通。耳則道耳，無聲而不聞；眼則道眼，無色而不見〔三〕。六根洞達，良由於此〔四〕。

至論玄教，爲利深廣，循文究理，嘗試言之：夫上清隱秘，精修在感。假神丹以鍊質，智識爲之洞忘。道德開宗，勤信唯一。蘊虛心以滌累，形骸得之絕影。方便善巧，俱會道源。心體相資，理踰車室。從外因内，異軌同歸。該通奧賾，議默無逮。二者之妙，故非孔釋之所能隣。其餘不知，蓋是常耳。

〔一〕「信」，道藏本坐忘論作「其」。

〔二〕「而後天」原作「然後大」，據宋徽宗御注西昇經卷中道虛章第二十改。

〔三〕「耳則道耳，無聲而不聞；眼則道眼，無色而不見」，道藏本坐忘論作「耳與道同，則無聲而不聞；眼與道同，則無色而不見」。

〔四〕此下一百九字，與上書此下之五十一字互異。又上書末載坐忘樞翼，本書畧之。

雲笈七籤卷之九十五

仙籍語論要記

法性虚妄

妙林經云：天尊告度命真士曰：「所謂安樂，皆從心生。心性本空，云何修行？知〔一〕諸法空，乃名安樂。譬如愁人，心意昏亂，煩毒熱悶。於此人前，設諸幻術，木男木女，木牛木馬，羅列施張，作諸戲術。愁者見之，生牛馬想，息諸煩惱〔二〕，心意泰然。我今亦爾，一切衆生，虚妄愁毒，未能安樂。是故我説，修諸功德，無量無邊，乃得〔三〕往生不思議土。若知虚妄，本無所有，一切衆生，舉足行步，諸所作爲，悉不思議。若知清静，自在無礙，心

〔一〕「知」上，大乘妙林經下觀真相品第八有「若有安樂，名曰有欲」八字。
〔二〕「生牛馬想，息諸煩惱」原作「如生平牛馬相，息諸煩憒」，據上書改。
〔三〕「乃得」原作「及諸」，據上書改。

所求願，恣意充足。若有修善，當得往生三清妙土。如此方便，止彼虚妄，而實未曾有彼三清常樂境界之所希望。若欲速得三清寳城〔一〕常樂淨土，當以大乘無上慧心，觀我身相，從無量劫，因何法生？既知無因，乃知無〔二〕我。以無我故，是我身常在三清常樂淨土。」

道性因緣

海空智藏作禮問言：「天尊，我今思念萬兆造化之由，云何〔三〕一切諸法各有道性從因緣生？以是因緣，應有縛耶？應無縛耶？是五陰耶？是六塵耶？」天尊答曰：「譬如衆生臨欲終時，如日之没〔四〕，臨欲没時，山陵堆阜，影見東移，理無西没。衆生業果，亦復如是。此五陰滅，彼五陰生。譬如燈明暗滅，燈滅暗生。譬如泥瓶，泥與瓶合，泥滅瓶成，而是泥相，終不名瓶。瓶雖非泥，不餘處來，以泥因緣，而生是瓶。五陰生滅〔五〕，亦復如是。

〔一〕「城」，疑當作「域」。
〔二〕「無」字原無，據大乘妙林經下觀真相品第八增。
〔三〕「云何」下，太上一乘海空智藏經（下稱海空智藏經）卷二哀歎品有「衆生」二字。
〔四〕「如日之没」，上書作「譬如日没」。
〔五〕「五陰生滅」，上書作「衆生五陰」。

有煩惱故，名爲繫縛；無煩惱故，名爲解脱。譬如眼根，開時見色，閉時無見。煩惱繫縛，合散生滅，更無别法。衆生五陰，亦復如是。」

本性淳善

天尊告最勝童子：「當知夫一切六道四生業性，始有識神，皆悉淳善，唯一不雜，與道同體。依道而行，行住起卧，語默飲食，皆合真理。如魚在水，始生之初，便習江湖，不假教令。亦如玉質本白，黛色本青，火性本熱，水性本冷，不關習學，理本自然。一切衆生識神，亦復如是，禀乎自然，自應道性，無有差異。云何而生種種惡緣，地獄餓鬼畜生等報？當知皆是六根所引。所以六根六濁六情六染，是四大結，能生種種善惡業因，增長三途種種知惱，能斷無始以來〔一〕一切善本。」又真人決理禮白天尊：「既言一切衆生，有識神〔二〕初，淳善不雜，行必合規，動應真理，進退俯仰，行住起卧，莫有失節，一一諸法，皆合道宗，無有差異。若如此者，衆生所見，及與所聞，動止所爲，云何得染麤穢之事？」天尊曰：「譬如冰

〔一〕「種種知惱，能斷無始以來」，海空智藏經卷二哀歎品作「種種苦惱，能改無始」。

〔二〕「識神」原作「神識」，據上書互乙。

寒之堂，淳以冰凍而爲，梁柱床席屏幃莫非冰結，就此中間，云何得火？云何得熱？煩惱之患，一切衆生，識神之初，亦復如是。」「本既爲善，所習復善，云何獲惡〔一〕，種種果報？又復天尊，譬如百和之香，共在一篋之内，芬芳流溢，無有一毫〔二〕臭穢之氣。識神之初，亦復如是，本既香潔，滓穢無方。又復天尊，譬如日光，炅發明照，於其中間，了無暗黑。識神之初，亦復如是。本既曉了冥昧〔三〕，云何猶復並用？我今有疑，世間不容於善法中，生無量惡。唯願大德，爲我解説，令諸衆會悉皆洗然，離諸疑滯。」爾時天尊安詳答言：「決理真人，如斯切問，不可思議。汝等已曾親近無量無邊一切真人，供養無量無邊一切天尊，通達大智，曉了無礙，故能發此微妙之言，我當爲汝具實解説，汝等諦聽，勿生疲怠。決理大真，夫人心法，不可全以譬喻如〔四〕冰凍、瑠璃香等。所以爾者，如此物等皆爲静法，其質安謐〔五〕，不能變易。是以其體，不能生他，以静因故，物不能入，此譬爲異。若喻日者，是義

〔一〕「惡」字原無，據海空智藏經卷二哀歎品增。
〔二〕「毫」原作「家」，據上書改。
〔三〕「冥昧」，上書作「明昧」。
〔四〕「譬喻如」，上書作「譬於」。
〔五〕「其質安謐」原作「其安謐」，據上書增改。

或同。所以爾者，日不恒明，體〔一〕不恒正，有時薄蝕，有時昃隱。心法亦爾，遷動不定，染滯所驅，貪著利己所招爾。」

有爲無爲法

爾時天尊告海空智藏言：「汝勿邪疑！執有著相以尋至真無上之道，寧可得乎？真士當知，一切諸法，有爲性相，悉皆滅壞，無有常住。所以者何？三界之中〔二〕，所行諸法，是知因藉〔三〕衆生心力，衆生之性，念念生滅。有爲之法，亦復皆爾。念念生滅，即其生時，已是滅相；即其實時，便生空相。有不常故，故謂爲空。無爲之法，不可毁滅，不可測量。若有感應，則隨事顯；若無感應，湛然恒存。以是當知，繼有爲者，則有滅相，有滅相故，是謂爲空。無所繼者，則無毁壞，無毁壞故，是謂爲有。汝當思惟，善加分別，一切妙法，本源所在。」

〔一〕「體」字原無，據海空智藏經卷二哀歎品增。
〔二〕「中」字，據海空智藏經卷三法相品增。
〔三〕「藉」字原無，據上書增。

觀四大相

上真童子曰：「觀諸衆生四大之相，何大是我？如空中雲，如熱時火，如電中光〔一〕，如水中月，如幻如化，如鏡中像，如空中響。色想行識，悉皆如是。衆生心相，不可思議，非是二乘之所能了，大哀天尊！衆生之相，亦復如是。不來不去，非有非無，非内非外。來無所從，去無所至，而常流轉，虛妄受苦〔二〕。皆以衆生無始以來，染著我故，增長惡根，受大煩惱，無有窮盡。衆生之相，烟熅之源〔三〕，神本澄清，湛然無雜，一切法本從中而有。以是因緣，一切衆生，善惡諸業，唯一心作，更無餘法。是故衆生，不來不去，不有不無，同等虛空，無分別相。大哀天尊！我觀衆生相法如是。」

〔一〕「如熱時火，如電中光」，海空智藏經卷十普記品「火」作「炎」，「中」作「石」。
〔二〕「虛妄受苦」原作「妄受若」，據上書增改。
〔三〕「源」原作「温」，據上書改。

色身煩惱

海空智藏白天尊言：「大哀天尊！云何凡夫不見煩惱？於煩惱中，當有身耶？過去世中，身本有耶〔一〕？未來見在，是身有耶？是身無耶？若有身者，即是色耶？即非色耶？身屬他耶？不屬他耶？非屬他耶？非不屬他耶？有命無身耶？無命有身耶？有身有命耶？無身無命耶？身之與命俱有常耶？俱無常耶？常無常耶？非常非無常耶？」爾時天尊安心含笑，答海空言：「善哉！善哉！善男子，一切凡夫，有身無身，煩惱之身。何以故？煩惱身者，囊裹膿血〔二〕，障於道性，是故衆生，不悟〔三〕煩惱，有真道性。真道之性，不在内耶？不在外耶？不在中間？亦不有耶？亦不無耶？非過去耶？非見在耶？非未來耶？非色心耶？非自他耶？非有命耶？非無命耶？非有身耶？非無身耶？非有常耶？非無常

〔一〕「於煩惱中，當有身耶？過去世中，身本有耶」，海空智藏經卷五問病品作「於煩惱中，當有身耶？當無身耶？過去世中，身本有耶？身本無耶」。

〔二〕「囊裹膿血」，「裹」原作「裏」，據上書改。「囊」，上書作「皮」。

〔三〕「悟」，上書作「見」。

耶？」爾時海空稽首作禮，白天尊言：「如是所説，非有身耶？非無身耶？云何煩惱障於道性？道性之身，從父母耶？從微塵耶？從幻化耶？從自然耶？從虚空耶？從變易耶？從善生耶？從惡生耶？從畜生耶？從地獄耶？從天上耶？若從父母生道性者，云何父母是煩惱耶？非煩惱耶？若是煩惱，云何能生真道性者？若是真生，真性應常，云何真性從煩惱生？若從煩惱，煩惱障惑〔一〕，墮於地獄。道性之生，亦墮地獄。若是不墮，云何道性從煩惱生？若無煩惱，云何煩惱障於道性？以是義故，唯願慈尊垂哀愍。」説時，衆顒顒欲有所聞。爾時天尊發微妙音，答海空言：「善男子，言道性者，無性之性。非有法性，非無法性。道性之生，亦有亦無。善男子，言道性者，非有身生，非無身生，非非無有〔二〕，非非有無。亦有身生，亦無身生。善男子，云何煩惱障於道性？言道性者，即煩惱生，非煩惱生。亦是煩惱，亦非煩惱〔三〕。煩惱云何障於道性？善男子，譬如黑雲障於日光，日光〔四〕之

〔一〕「煩惱障惑」原作「煩惱之障或」，據海空智藏卷五問病品删改。
〔二〕「非非無有」四字，上書無。
〔三〕「亦非煩惱」原作「生是煩惱亦非」，據上書删改。
〔四〕「日光」二字原無，據上書增。

光，不生不滅，不去不來，不有不無。道性之生，亦復如是。善男子，道性之生，非父母生，是父母生。何以故？若父母生，父母生已，生無所生。無生之生，譬如花果，花生無果，果生無花。道性之生，亦復如是。道性云何從父母生？善男子，云何道性從微塵生？言道性者，是微塵生，非微塵生；是幻化生，非幻化生；是自然生，非自然生；是虛空生，非虛空生；是變易生，非變易生；是善因生，非善因生；是惡因生，非惡因生；是畜生生，非畜生生；是地獄生，非地獄生；是天上生，非天上生。以是因緣，無生之生，生生無生。非無法生，非有法生。若如是者，生相不生。若是無者，無生〔一〕不無。不無不有，是爲道性。道性之生，生之所生〔二〕，生生不生。善男子，向難云，若從父母生道性者，云何父母是煩惱耶？善男子，今當爲說，道性者從父母生。善男子，譬如蓮花，從淤泥生之生〔三〕，亦不是泥，亦不非泥。道性之生，亦復如是。亦是父母，亦非父母。善男子，譬如人寄屋生〔四〕，屋

〔一〕「生」，海空智藏經卷五問病品作「相」。

〔二〕「是爲道性。道性之生，生之所生」，上書作「是故道性之生，生之生生」。

〔三〕「之生」，上書作「泥生之生」。

〔四〕「譬如人寄屋生」，上書作「譬如人屋，人寄屋生」。

非有人。道性之生，亦復如是。如木寄生，隨木而生，生非木種。道性之生，亦復如是，生於煩惱非煩惱。云道性猶如虛空，相不可得，以是當知非煩惱。本亦非衆生，亦非非衆生。善男子，一切衆生，若非父母因緣而生，不識因緣，妄造諸惡，生分別想，不信經典，不愛衆生，任命死生，無復極已。以是因緣，分別善惡，不攝六情，生種種愛，誹謗一乘海空寶藏，聞說不聞，聽說不聽，起種種念。以是因緣，或得癩病，或得聾盲，或受畜生牛馬猪犬，或受人形六根不具；雖有人形，而無情智。」

梲喻

海空智藏經云：「昔有國王以四虎令人養食，瞻視卧起，摩洗虎身〔一〕。令曰：『若令一虎生瞋恚者，我依律法當斬汝命。』爾時其人聞王教令，心大怖畏，惶惶無所，於是思惟，捨虎而走。爾時大王聞人已走，即遣少剛拔刀隨之。其人回顧，見後少剛，即便疾走。是時少剛以惡方便，即藏持刀，密遣一人，假爲親善而語之言：『汝可來還。』其人不信，即入空城而自匿。既入城中，視諸精舍，悉空無人。既不見人，即便坐卧。聞空中聲：『咄哉男

〔一〕「身」字原無，據海空智藏經卷二哀歎品增。

子！此城空曠，無有人居。今夜當有四百賊來，汝設遇者，命不安全。汝當云何而得免之？』爾時其人益增恐怖，復捨而去。路礙河水漂流〔一〕，無有船舫，心又愁煩，即取種種草木爲栰。復更思惟，我必住此，當爲猛虎之所危害；若渡此河，栰不可依，當没水死，終不爲彼虎所傷害。即推草栰置之水中，身倚其上，還動手足，截流而去。當到彼岸，安隱如故，心大懽喜。」

病說

天尊告善種王曰：「我説病者，即是煩惱。煩惱既空，病法亦空。病法既空，身法亦空。何以故？煩惱身者，如幻夢故。以是因緣，以空爲空。」善種又言：「地水火風四大之中，何大是身？」答云：「煩惱身者非地大，生不離地大；水、火、風大，亦復如是。一切衆生，煩惱身者，從四大起，以之爲病，是故真士，隨之爲病。」於是善種得聞説已，即起作禮，讚歎一乘海空智藏，是我大師，爲我輩説言病〔二〕。諸行無常，身法無我。不説海空，厭離

〔一〕「漂流」，海空智藏經卷二哀歎品作「漂漂流流」。

〔二〕「病」，海空智藏經卷九捨受品作「有病」。

於身。説身有苦，不説常樂。玄都玉京，教導三乘，爲諸衆生，作大橋梁，度生死海。於空城中，託身有疾。哀彼衆生，令識宿世億劫中苦，當念饒益一切衆生，修弘福田。念於衆生，勿令憂惱。勸助衆生，勤行進道〔一〕。作大醫王，療治衆生一切病根，慰喻衆生，以疾而卧。

爾時海空智藏告善種王：「汝等勿疑，我身疾者，而言無疾。今我疾者，皆前世因，妄想〔二〕顛倒，諸煩惱生，無有實法，惟之爲疾。所以者何？四大合故，假名爲身，四大無主，身亦無著。今我疾者，皆由身起，是故於身，不應生著。善種王既知病本，即除我想及煩惱想，當滅法想。汝等大王，應作是念。但以衆法，合成此身。我身之身，唯起滅法〔三〕。此法身者，各不相知。起時不言，我起汝滅；滅時不言，我滅汝起。我念衆生，亦復如是。善種大王，汝等當知，應作是念。此法身者，亦是顛倒。是我身者，即是大患，汝等應當厭離此身。云何爲離我所？離我所者，即離二法。離二法者，不念内外，諸法平等。云何平

〔一〕「進道」，海空智藏經卷九捨生品作「精進」。

〔二〕「想」原作「相」，據上書改。

〔三〕「唯起滅法」，上書作「起唯法起，滅唯法滅」。

等?我等常樂清静〔一〕,内外無我,我亦清静。此二法者,悉皆空空。以何爲空?但以名字,名字故空。如此二法,無決定性,得是平等,無有餘病,唯有空病。空病亦空,了空病故,是我有病。今我病者,無受而受。説身無常,法相不滅,而取證信,故設有身。普念衆生,發大慈心,説一乘藏,調伏我身。亦當調伏一切衆生,除種種病。今我説病,爲斷衆生攀緣病本。諸根若盡,是我無病。善種大王,若有一人有疾而卧,汝等應當作如是念,諸法無我,我身無常。若空非我,雖身有疾,在生死中,化度一切,而不厭倦,是名方便。汝等又復念於我身,身不離病,病不離身〔二〕,是病是身,非新非故〔三〕,是惠方便。設身有病,而寂寞故,莫知方便〔四〕。善種大王,若有衆生有疾而卧,不作是念,不調伏心,不厭離身,而貪求愛。如是人者,是愚人法。當知是人,不離生死地獄。若有一人有疾而卧,念想諸法〔五〕若空無我,是我身疾在生死中而不生死。無生而故,生死無我,我於生死亦無汙。行住於

〔一〕「我等常樂清静」,海空智藏經卷九捨受品作「我等常樂,常樂清静」。
〔二〕「身不離病,病不離身」原作「身不離身」,據上書增。
〔三〕「非新非故」原作「悲新悲故」,據上書改。
〔四〕「莫知方便」,上書作「是智方便」。
〔五〕「諸法」原作「法法」,據上書改。

常樂亦不常樂，不寂静故，是海空行。如是之行〔一〕，永離生死煩惱域中。雖有我身，不依身心；雖在三界，不壞法性；雖行於空，亦無空想。」又告善種〔二〕長者大王：「我身雖病，爲諸衆生有疾而卧。雖行無相，爲彼衆生而現受身〔三〕。雖行無動，爲彼衆生而作動相，種種演説。雖行一乘海空智藏，爲彼衆生而遍現微塵之身。雖行智慧轉大法輪，爲彼衆生無明暗室，現大道光，照彼煩惱，俱發善心，行一乘行。」説是語已，善種大王及諸羣臣八千餘人，皆發善心。

求道二患

天尊告度命真士曰：「修身求道，具有二患。一者由有惡故〔四〕，二者見有身故。如是二患，道之大病。是故衆生若欲求道，當以大乘無上慧以觀我身相。既了無身，三業自淨。

〔一〕「行」，海空智藏經卷九捨受品作「人」。
〔二〕「種」原作「根」，據上書改。
〔三〕「身」原作「作」，據上書改。「雖行無相，爲彼衆生而現受身」，上書作「雖行无相，爲彼衆生而度一切，雖行无作，爲彼衆生而現受身」。
〔四〕「故」原作「患」，據大乘妙林經下觀真相品第八改。

修六度行，行四等心，是名隨順，方便引接。譬喻〔一〕如行客，隔礙湯谷，欲到彼岸，無因得過。假借舟航，以濟沈溺。既至彼岸，向之舟航，無所用之。六度四行，亦復如是。爲諸衆生未能體了無生道岸，是故假借六度安慰其心，令得調伏，即了無身，得致道地。六度諸行，無所復用。」度命又言：「大德天尊，所説譬喻，要妙深遠。一切衆生，修衆行以求度世。既得度已，無所復行。如是一切成真得道，無所行邪？既無所行，應失大悲。云何大道於衆生常行四弘以度衆苦？」天尊答曰：「度命真士，天尊大聖，濟生度苦，無彼此故，無愛憎故，無成壞故，無得失故。譬如橋梁，無心度物，不揀淨穢，是人非人，牛馬騾驢，皆悉通過。天尊大聖，無心大度，亦復如是。雖度衆生，無彼此相，無愛憎相，無成壞相，無得失相。猶如大海，容納百川，無增無減，無穢無淨，無心簡擇。」

夢喻虚妄

天尊謂正見童子曰：「十方天尊出現於世，爲欲斷諸衆生虚妄，説此妙經深邃之法。諸衆生各得淨慧，明了法性，無所障翳，知諸法空，本無虚妄。虚妄既空，心性清静，乃知十

〔一〕「喻」字，大乘妙林經下觀真相品第八無。

方一切天尊無出没相。以是之故，十方天尊出現於世，得大利益，一切衆生，皆得正見，泰然安樂。譬如夜夢，見諸毒蛇，開利〔一〕牙齒，近來逼身，擬作吞噬。心神惶懼，東西馳走，叫聲烈天，迷悶躃地。床邊覺人呼之曰：『咄哉睡夢，如斯叫耶！』而其夢人，忽然睡覺，申舒手足，乃知夢見，虚妄非真，心意正定，泰然安樂。一切衆生，同在三界無明巨室，諸所爲作，皆悉夢幻，無有真實。天尊大聖，説此大乘微妙經典，覺悟一切，令得正見。」

散花喻

真藏經云：「天尊在靈解山散本微花，其華飄颻〔二〕，遍滿法界，非青非白，非赤非黑，非長非短，非大非小，非廣非狹，入於細微，離諸色像。華中有自然之果，其果圓淨，具一切味，非一切味；具一切聲，非一切聲；具一切色，非一切色；具一切香，非一切香；具一切觸，非一切觸；具一切法，非一切法；具一切智，非一切智。其果名具慈甘泉，得此泉味，自然飽滿，無飢無渴，姿容端正，妙麗希有，到靈解山，不生不滅，湛然常住，證無生果。」

〔一〕「利」，大乘妙林經下淨慧品第九作「張」。

〔二〕「散本微花，其華飄颻」，無上内祕真藏經卷二惠澤品「花」作「華」，「飄颻」作「飄飄」。

「爾時衆中有一童子，名曰善達，從坐而起，上白天尊：『不審本微之華，中有自然之果，散滿法界，盡諸微塵，無大不覆，無小不入，爲赤爲白，爲青爲黑，爲長爲短，爲大爲小，爲廣爲狹，爲見爲聞，爲來爲去，爲天爲地。如是華果，浩溥周普，徧成法界，不可思議。不審一切衆生，同稟一華，云何諸緣各有差別，善惡不同？生死之業〔一〕，苦樂殊形？返覆往還，受生各異？或生邊夷，或生中國。或生奴婢，或生人王。或生貧賤，或生富貴。或生跛躃，或生具足。或生愚癡，或生智慧。或生慳貪，或生布施。或生好殺，或生慈悲。或生五逆，或生孝順。或生受苦，或生受樂。或生聾盲，或生聰哲。或生禽蟲，或生魚鼈。如此業報，種種不同，唯願慈悲，分別解釋。』天尊告善達童子曰：『一切法生，皆從一本微華〔二〕，種種相好。衆生迷惑，不自覺知，於實相中，橫生顛倒。顛倒法成〔三〕，受苦見懲。自生不孝，慈愛遠離。失本求末，冥冥不曉。長處闇中，無有解脱。我懷〔四〕慈愍，種種濟度，顯

〔一〕「生死之業」，無上內祕真藏經卷二惠澤品作「生死業對」。
〔二〕「一切法生，皆從一本微華」，上書作「一切諸法，生皆從一，一本微華」。
〔三〕「橫生顛倒。顛倒法成」原作「橫生顛倒法成」，據上書增。
〔四〕「我懷」二字原無，據上書增。

法因由。衆中疑惑，不了業緣，諸法空寂，畢竟無我。』推問：『東方生物有邊崖不？南方顯照有極源不？西方衰殺有情變不？北方冥昧有窮通不？色聲香味觸有色聲香味觸不？貪嗔癡縛有貪嗔癡縛不？善惡行業可修不？不也大慈〔一〕，所顯推問，諸法行業，並無所得，云何差別，苦樂不同？』天尊曰：『諸法幻生，幻生幻滅。諸法幻滅，幻滅幻生。如是幻相生滅，幻無生滅；幻相去來，幻無去來；幻相貪癡，幻無貪癡；幻相取捨，幻無取捨；幻相煩惱，幻無煩惱；幻相恩愛，幻無恩愛；幻相差別，幻無差別〔二〕。一切衆生，業緣端正。生滅無幻，來去無幻，貪癡無幻，取捨無幻，煩惱無幻，恩愛無幻，差別無幻，如是空寂，究竟道場。』善達聞之，忽然覺悟。」

論種子

天尊告曜明真人曰：「向問言：『譬如種子，種子不壞，牙莖枝葉花實等法從何而生？』吾今問子：『種子壞邪？牙實生邪？種子若壞，壞則無因，無因有果，斯無是處。牙

〔一〕「不也大慈」原作「也大師」，據無上内祕真藏經卷二惠澤品增改。

〔二〕「幻無差別」原作「幻無差別幻相」，據上書删。

生種壞，壞則不生，壞爲生因，亦非有是。以是當知〔一〕，種子牙莖，枝葉花實，非生非壞，非因非果，非不因果。煩惱真相，亦復如是，非前非後，非一非異，非不一異。』」又語曜明：「汝爲種子壞乃牙生。今又問子，種壞牙生〔二〕，壞時生耶？未壞生耶？壞後生耶？若壞時生者，以壞爲生，生則不生。生則壞者，以生爲壞，壞則不壞，云何種壞而得生牙？譬如蔭壞，身則不生，無蔭有身，理則不然。以是當知，種子既壞，牙則不生。無種有牙，理亦不然。是故我言，壞則不生。若有説壞生者，與壞同體，云何得生？譬如一身，諸根同體，云何頭壞，而得足生？理則不然。以是當知，種子壞時，牙則不生。生壞同體，理亦不然。是故我言，壞時不生。壞後生者，生滅相離，云何爲因？譬如種已先滅，滅即無牙，云何牙後從敗種生？以是當知，壞後不生。壞已牙生，理亦不然。是故我言，種子壞後，牙亦不生。』」又語曜明：「種壞牙生，生壞一耶？生壞異耶？生壞一者，壞則〔三〕相違，云何同體？滅則不生，云何生壞？生壞異者，異則非因，非因生果，理則不然。譬如虚空，非兔角

〔一〕「以是當知」原作「當知」，據無上内祕真藏經卷二惠澤品增。
〔二〕「今又問子，種壞牙生」原作「今又問種子牙」，據上書改。
〔三〕「則」原作「相」，據上書改。

因，虛空非因，生兔角果，理則不然。以是當知，異亦不生，云何有〔一〕生？」又語曜明：「未壞生者，則種子體中未變，未變牙生則無因，無因有果，無種有牙〔二〕，理則不然。猶如無形，影則不生。形若未生，有影生者，當知此影，不從形生。譬如麻子未壞〔三〕，油則不生。以是當知，未壞不生，云何有生？」又語曜明：「壞後生者，彼種已滅，滅則無因，滅後生牙，此牙〔四〕始生，生則非果。彼種滅已，有牙生者，理則不然。猶如無乳，酪則不生。若無彼乳，而有此酪，是則酪有不從乳生。以是當知，壞後不生，云何有生？檢求生相，畢竟永滅，不可得故，是故無生。」

真假

昇玄經子明問曰：「既無所有，以何爲有？」道陵答曰：「以無所有，而名爲有。」又

〔一〕「有」原作「不」，據無上内祕真藏經卷二惠澤品改。
〔二〕「牙」原作「耶」，據上書改。
〔三〕「譬如麻子未壞」，上書作「譬如麻子，麻子未壞」。
〔四〕「此牙」二字原無，據上書增。

問：「何名所義？」答曰：「形聲虚僞故。」又問：「何爲虚僞？」答曰：「乃不住故。」又問：「云何不住？」答曰：「速變異故。」又問：「雖速變異，非無所有也。既已變異，果是有物可變，安得云無？」答曰：「向變異者，亦不言都無如虚空耶！但言一切所有皆爲非真。生者必死，有者必無，成者必壞，盛者必衰，少壯必老，向有今無，寒暑推移，恍惚無常。父母兄弟，妻子室家，朋友交遊，富貴强盛，豪勢欣樂，未盈幾時，豁然分散，死亡别絶，老病衰耗，諍訟忿恨，失心喪志。諸如此者，憂惱萬端，皆爲虚幻，無一真實。惟賢人道士，知此非真，是虚僞法。思惟分别，得其真性。沖漠淡泊，守一安神。深解世間，無所有故。即亦俗法守道念真，安神無爲，得不死之術，昇仙度世，到長壽宫，是名得無所得。」又曰：「有性常假，無性常無。雖有二名，求之則一。是則一體，而有二名。」又曰：「有無二名，生於僞物。形見曰有，亡形曰無。相因而然，並非真實。」

空法

天尊告遍通真士〔一〕曰：「空不可説，我今説空，虚空既空，我説亦空。以是當知，世

〔一〕「真士」原作「真人」，據大乘妙林經卷中改。

間虛妄，本無〔一〕所有。我説世間，不墮虛妄。何以故？虛妄性空。我説虛妄，説妄亦空。是故我説，不墮〔二〕虛妄。」遍通白言：「大德天尊，所説世間一切皆空，隨順衆生有何利益？」天尊答曰：「遍通真士，爲化引故，得出離故，入空門故，滅諸見故，了無相故，明無作故。一切諸行，畢竟寂滅，永不復生。既不生滅，常住不動。是故我今以大悲心，隨順世間，令諸衆生，得此大利。」

〔一〕「本無」下，原有「所有。我説世間，不墮虛妄。何以故？虛妄本無」十七字重，據大乘妙林經卷中删。

〔二〕「墮」字原無，據上書增。

雲笈七籤卷之九十六

讚頌歌

太微天帝君讚大有妙經頌一章

丹暉映雲庭，紫煙光玉林〔一〕。煥爛七寶花，璀璨瑶靈音。宫商自相和，妙靈開人衿〔二〕。玄唱種福田，廣度無界心。

天帝君讚大有妙經頌一章

玄化本無跡，有跡生道宗。遨遊九天際，息駕六領宫〔三〕。道暢虚漠内，靈歌發太空。

〔一〕「丹暉映雲庭，紫煙光玉林」，洞真太上素靈大有妙經末太微天帝君誦「雲」作「靈」，「光」作「曜」。

〔二〕「妙靈開人衿」，上書作「妙趣傾人衿」。

〔三〕「宫」下，上書有「提攜高上賓，返我素靈房」二句。

形感至寂庭，思詠希微通。

太帝君讚大有妙經頌一章

翳翳元化初，眇眇晨霞散。太寂空玄上，寥朗二儀判。凝精抱空胎，結化孕靈觀。含真頤神内，倏欻啓冥旦。始悟憂促齡，運交反天漢。

老君本生經頌一章

衆生之本際，寂然無起滅。弱喪迷其根，自與真源别。妄作善惡緣，禍福報無絶。欲得苦海傾，當使愛河竭。守一固專柔，持此無疵缺。正智通羣有，妙慧摧諸結。萬行混同歸，三乘泯殊轍。真静離塵垢，清涼無惱熱。

太上智慧徊玄經頌一章

靈仙乘慶霄，駕龍躡玄波。洽真表嘉祥，濯足八天河〔一〕。福應不我期，故能〔二〕釋天羅。道德冠三界，地網亦以過。感遇靈真會，淨慧經蓮華。

太上智慧經讚一章

學仙絶華念，念念相因積。去來亂我神，神躁靡不歷。滅念停虛閑，蕭蕭〔三〕入空寂。請經若飢渴，持志如金石。保子飛玄路，五靈度符籍。

本願大戒經頌一章

學仙行爲急，奉戒制情心。虛夷正氣居，仙聖自相尋。若不信法言，胡爲棲山林。

〔一〕「河」，太上洞真徊玄章、上清諸真章頌洞真徊玄章及諸真歌頌洞真徊玄章均作「阿」。
〔二〕「能」，上三書均作「爾」。
〔三〕「蕭蕭」，太上洞玄靈寶智慧禮讚作「翛翛」。洞玄靈寶玉京山步虛經、諸真歌頌太上智慧經讚及三洞讚頌靈章卷中七真讚、玉音法事卷下大學仙頌均作「蕭蕭」。其上二字「虛閑」，三洞讚誦靈章中七真讚作「虛間」。

玉皇授欻生大洞三十九章與登龍臺歌二章

飆飆三霞領，佪剛七元蓋。八景入太元，飛灑九天外。瓊扉生景雲，靈煙絶幽藹。西宫詠洞玄，清唱扶桑際。守雌森峯間，玄吟五老會。欻生有心哉！與爾結中帶。

其一

匏河振滄茫，天津鼓萬流。八風駕神霄，緬緬虚中遊。詠洞神明唱，音爲汝玄投。欻生必至行，肘伏塵中趨。可爲苦心哉！當告爾所求。

其二

西王母授紫度炎光神變經頌三篇

嘯歌九玄臺，崖嶺凝淒淒〔一〕。端心理六覺，暢目棄塵滓。流霞耀金室，虚堂散重玄〔二〕。

〔一〕「淒淒」原作「淒」，據洞真太上紫度炎光神元變經增。

〔二〕「流霞耀金室，虚堂散重玄」，「流」字前原有「氛」字，據上書删。「重玄」，上書作「玄薫」。

積感致靈降，形單道〔一〕亦分。倏欻盼萬劫〔二〕，豈覺周億椿。

其一

秀圃蔚神階，朱扉瓊林庭〔三〕。流風鼓空洞，玉籟乘虛鳴。紫煙纏曲户〔四〕，丹暉映緑軿。飛旗鬱玄蓋，羽節耀紫清。登景九霄際，遨遊戲鳳城。顧愛幽境子〔五〕，一樂同朝生。

其二

騰轡控朗暉，宴景洞野外。流浪尋靈人，合形慶霄際。手披朱島户，朗〔六〕若神沖泰。金闕鬱嵯峩，清景無塵穢。解衿玄閬臺，適我良願會。脱屣三塗〔七〕難，保鍊固年邁。

其三

〔一〕「道」，洞真太上紫度炎光神元變經作「遁」。
〔二〕「倏欻盼萬劫」，上書作「倏忽眄萬劫」。
〔三〕「朱扉瓊林庭」，上書作「朱瓊煒琳庭」。
〔四〕「曲户」，上書作「曲字」。
〔五〕「顧愛幽境子」，上書作「願受榮境子」。
〔六〕「朗」，上書作「眼」。
〔七〕「三塗」，上書作「三徒」。

靈寶真一自然太上玄一真人頌一章

衆妙出洞真，焕爛曜太清。奉者號仙人，體無永長生。逍遥戲玄虚，宫殿羅無〔二〕形。蒨粲七寶林，晃朗日月精。龍鱗交横馳，鳳皇翔悲鳴。太上治紫臺，衆真誦洞經。捻香稽首禮，旋行遶宫城。三周歸高座，道王爲應聲。人主弘至道，天下普安寧。

太上弘道頌一章

太上玄虚宗，弘道尊其經。俯仰已得仙，歷劫無數齡。巍巍太真德，寂寂因無生。霄景結空構，乘虚自然征。日月光〔三〕炳灼，安和樂未央。

〔二〕「無」，洞玄靈寶玉京山步虚經太上太極真人授經頌作「其」。

〔三〕「光」，洞玄靈寶玉京山步虚經太上智慧經讚及三洞讚頌靈章七真讚、太上洞玄靈寶智慧禮讚均作「爲」。

方諸宫東華上〔一〕房靈妃歌曲一章

紫桂植瑶園，朱華聲悽悽。月宫生蘂淵，日中有瓊池。左拔員靈曜，右掣丹霞暉。流金焕絳庭，八景絶煙迴。緑蓋浮明朗，控節命太微。鳳精童華顔，琳腴充長飢。控晨挹〔二〕太素，乘欻翔玉墀。吐納六虚氣，玉嬪挹〔三〕巾隨。彈徵南雲扇，香風鼓錦披。叩商百獸舞，六天攝神威。儵欻億萬椿，齡紀鬱巍巍。小鮮未烹鼎，言我巖下悲。

青童大君常吟詠一章

欲植滅度根，當拔生死栽。沉吟墮九泉，但坐惜形骸。

〔一〕「上」字，諸真歌頌無。
〔二〕「挹」，真誥卷三運象篇第三作「揖」。
〔三〕「挹」，上書作「把」。

太虚真人常吟詠一章

觀神載形時，亦如車從馬。車敗馬奔亡，牽連一時假。哀世莫〔一〕識此，但是惜風火。種罪天網上，受毒地獄下。

西城真人王君常吟詠一章

形爲渡神舟〔二〕，泊岸當别去。形非神常宅，神非形常載。徘徊生死輪，但苦心猶豫。

小有真人王君常吟詠一章

失道從死津，三魂迷生道。生生日已遠，死死日已早。悲哉苦痛客〔三〕，根華已顛倒。起就零落塵，焉知反枯老。

〔一〕「莫」原作「但」，據真誥卷三運象篇第三改。
〔二〕「形爲渡神舟」，上書作「神爲渡形舟」。
〔三〕「客」，上書作「容」。

已上四首詩，去月秋分日，瑤臺大會，四君吟此言，以和玄鈞廣韶之絃聲。右英夫人說此。

郭四朝常乘小船游戲塘中叩船而歌四首

清池帶靈岫，長林鬱青葱。玄鳥翔〔一〕幽野，悟言出從容。鼓檝乘神波，稽首希晨風。未獲解脱期，逍遥丘林中。晨風謂上清玉晨之風，非毛詩所稱「鴥〔二〕彼晨風」之鳥也。

其一

浪神九陔外，研道遂全真。戢此靈鳳羽，藏我華龍鱗。高舉方寸物，萬吹皆垢塵。顧哀朝生蟪，孰盡汝車輪？女寵不蔽席，男愛不盡輪。朝生，蜉蝣也。以喻人之在世，易致消歇。

其二

遊空落非〔三〕飆，靈步無形方。圓景煥明霞，九鳳唱朝陽。揮翮扇天津，晻藹慶雲翔。

〔一〕「翔」，真誥卷十三稽神樞第三作「藏」。

〔二〕「鴥」，上書作「鴪」，詩秦風作「鴥」。

〔三〕「非」，真誥卷十三稽神樞及本書卷一一一郭四朝傳作「飛」。

遂造太微宇，挹此金棃漿。逍遥玄陔表，不存亦不亡。玄陔，九陔也。皆八極之外，九霞之頂名也。飛登木星，亦云朗〔一〕東陽之陔。故若士語盧敖云：「與汗漫期於九陔之上〔二〕也。

其三

駕欻舞神霄，披霞帶九日。高皇齊龍輪，遂造北華室。神虎洞瓊林，風雲合成一。開闔幽冥户，靈變玄跡滅。四朝爲玉臺執蓋郎，故云高皇齊輪。

其四

保命仙君告許虎牙杜廣平常喜歌一章杜契字廣平，隱居華陽。

淳景翳廣林，曖日東霞升〔三〕。晨風儛六煙，勃鬱八道騰。五嶽何必秀？名山亦足陵。矯首躡洞阜，棲心潛中興。吐納胎精氣，玄白誰能勝？

〔一〕「亦云朗」，真誥卷十三稽神樞作「亦名玄朗」。

〔二〕「上」，淮南子道應訓作「外」。

〔三〕「淳景翳廣林，曖日東霞升」，真誥卷十三稽神樞「淳」作「渟」，「曖日」作「曖曖」。

西王母宴漢武帝上元夫人彈雲林之璈歌步虛之曲一章

昔涉玄真道，騰步登太霞。負笈造天關，借問太上家。忽過紫微垣，真人列如麻。渌景清飆起，雲蓋暎朱葩。蘭宫敞珠扇〔一〕，碧空啓瓊沙。丹臺結空構，暐曄〔二〕生光華。飛鳳踶甍峙，燭龍倚逶蛇。玉胎來絳芝，九色紛相拏。挹景練仙骸，萬劫方童牙。誰有壽前終〔三〕？扶桑不爲查。

西王母又命侍女田四妃答歌一章

晨登太靈宫〔四〕，挹此八玉蘭。夕入玄元闕，採蘂撥〔五〕琅玕。濯足匏瓜河，織女立津

〔一〕「珠扇」，漢武帝内傳作「琳闕」。
〔二〕「暐曄」，上書作「暐暐」。
〔三〕「誰有壽前終」，上書作「誰言壽有終」。
〔四〕「太靈宫」，上書作「太霞宫」。
〔五〕「撥」，上書作「掇」。

盤。吐納挹景雲，味之當一餐。紫微何濟濟，瓊輪服朱丹。旦發汗漫府，暮宿句陳垣。去之〔一〕道不同，且各體所安。二儀復猶存，奚疑億萬椿。莫與世人説，行尸言此難。

王母贈魏夫人歌一章并序

夫人既白日昇晨，在王屋山時，九微元君龜山王母、三元夫人雙禮珠〔二〕紫陽左仙石路成、太極高仙伯延蓋公子、西城〔三〕真人王方平、太虚真人南嶽赤松子、桐栢真人王子喬等，並降夫人小有清虚上宫絳房之中，時夫人與王君爲賓主焉。設瓊酥淥〔四〕酒，金觴四奏，各命侍女陳曲成之鈞〔五〕。於是王母擊節而歌：「駕我八景輿，欻然入玉清。龍旌拂霄

〔一〕「去之」，漢武帝内傳作「去去」。

〔二〕「雙禮珠」，本書卷一一四西王母傳作「馮雙禮」。

〔三〕「西城」原作「西成」，據上書改。

〔四〕「淥」，太平廣記卷五八魏夫人傳作「玉」。

〔五〕「曲成之鈞」，上書作「鈞成之曲」。

漢〔一〕，虎旍攝朱兵。逍遥玄津際，萬流無暫停。哀此去留會，劫盡天地傾。當尋〔二〕無中景，不死亦無生。體彼自然道，寂觀合太冥。南嶽挺真翰，玉映曜穎精〔三〕。有任靡期事〔四〕，虚心自受靈。嘉會絳河内，相與樂未央。」

雙禮珠彈雲璈而答歌一章

玉清出九天，神館飛霞外。霄臺焕嵯峩，靈夏秀蔚翳。五雲興翠華，八風扇緑氣。仰吟消魔詠，俯研智與慧。萬真啓晨景，唱期絳房會。挺穎德音子，神映乃拂沛。天嶽淩空構〔五〕，洞臺深幽邃。遊海悟井隘，履真覺世穢。儛輪宴重空，筌魚自然廢。迴我大椿羅，長謝朝生世。

〔一〕「龍旍拂霄漢」，「旍」原作「裙」，據本書卷一一四西王母傳改。「漢」，上書作「上」。

〔二〕「尋」原作「盡」，據上書改。

〔三〕「南嶽挺真翰，玉映曜穎精」，上書「翰」作「幹」，「曜」作「輝」。

〔四〕「有任靡期事」，上書「有」作「在」，「期」作「其」。

〔五〕「構」，諸真歌頌作「棣」。

高仙盼遊洞靈之曲一章并序

玉皇又命欻生入隱室見上清元君龜山君，於是二真乃各命侍女王延賢于廣運等彈雲林琅玕之璈，侍女安德音范四珠擊昆明之筑，侍女左抱容韓能賓吹鳳鸞之簫，侍女趙運子李慶玉拊流金之石，侍女辛白鵠鄭辟方燕婉來田雙連等四人合歌。

玉室焕東霞，紫輦浮絳晨。華臺何盼目，北宴飛天元。清淨太無中，眇眇躡景遷。吟詠大洞章，唱此三九篇。曲寢大漠内，神王方寸間。寂室思靈暉，何事苦山林〔一〕。須臾變衰翁，廻爲孩中顔。

四真人降魏夫人歌共五章并序

四真人降魏夫人静室，教神真之道，授黄庭等經，因設酒餚，四真吟唱。太極真人先命北寒玉女宋聯消彈九氣之璈，方諸青童又命東華玉女燕景珠擊西盈之鍾，扶桑暘谷神王又命雲林玉女賈屈庭吹鳳唳之簫，清虚真人又命飛玄玉女鮮于靈金拊九合玉節。於是太極

〔一〕「山林」，諸真歌頌作「林山」。

真人發飛空之歌一章。

丹明煥上清，八風鼓太霞。廻我神霄輦，遂造玉嶺阿。咄嗟天地外，九圍皆吾家。上採日中精，下飲黄月華。靈觀空無中，鵬路無間邪。顧見魏賢安，濁氣傷爾和。勤研玄中思，道成更相過。

方諸青童歌一章

太霞扇晨暉，九氣無常形。玄轡飛霄外，八景乘高清。手把玉皇袂〔一〕，攜我晨中生。盼觀七曜房，朗朗亦冥冥。超哉魏氏子！有心復有情。玄挺自嘉會，金書東華名。賢安密所研，相期暘谷汧。

次扶桑神王歌一章

晨啓太帝室，超越匏瓜水。碧海飛翠波，連岑赤嶽峙。浮輪雲濤際，九龍同轡起。虎旂欝霞津，靈風翻然理。華存久樂道，遂致高神擬。拔徙三緣外，感會乃方始。相期陽洛宫，道成攜魏子。

〔一〕「袂」，諸真歌頌作「被」。

次清虛真人歌二章

駕欻控清虛，徘徊西華館。瓊林既神杪，虎旂逐煙散。慧風振丹旍，明燭朗八煥。解襟庸房裏，神鈴鳴蒨粲。棲景若林柯，九絃玄中彈。遺我積世憂，釋此千年歎。怡眄無極已，終夜復待旦。

其一

紫霞儛玄空，神風無綱領。欻然滿八區，祝爾豁虛静。八窗無常朗，有冥亦有炅。洞觀三丹田，寂寂生形景。凝神挺相遇，雲姿卓鑠整。愧無郢石運，蓋彼自然顈。勤密攝生道，泄替結災眚。靈期自有時，攜袂乃俱上。

其二

人間可哀之曲一章并序

太子文學陸鴻漸撰武夷山記云：「武夷君，地官也，相傳每於八月十五日，大會村人，於武夷山上，置慢〔一〕亭，化虹橋，通山下。村人既往，是日太極玉皇太姥魏真人武夷君三

〔一〕「慢」，蔣力生等校注本引四庫本作「幔」。

座空中，告呼村人爲曾孫，汝等若男若女呼坐。乃命鼓師張安淩槌鼓，木槌也。趙元胡拍副鼓，劉小禽坎苓鼓，曾少童擺兆鼓，高知滿振嘈鼓，高子春持短鼓，管師鮑公希吹横笛，板師何鳳兒撫節板。次命絃師董嬌娘彈箜篌，謝英妃撫掌离，篳篥。呂阿香戞圓腹，琵琶。管師黄次姑噪悲慄，篳篥。秀琰鳴洞簫，小娥運居巢，笙也。金師羅妙容揮撩鈸。銅鈸也。乃命行酒，須臾酒至，云酒無謝。又命行酒，乃令歌師彭令昭唱人間可哀之曲。其詞曰：『天上人間，會合疎稀。日落西山兮！夕鳥歸飛。百年一餉兮！志與願違。天宮咫尺兮！恨不相隨。』」

巴謠一章并序

秦始皇三十一年〔一〕九月庚子，茅盈高祖濛〔二〕於華山之中，乘雲駕龍〔三〕，白日昇天。

〔一〕「秦始皇三十一年」，本書卷一〇四太元真人東嶽上卿司命真君傳作「始皇三十年」，史記秦始皇本紀中集解引太原真人茅盈内紀亦作「三十一年」。

〔二〕「高祖濛」，上二書分別作「高祖父濛」、「曾祖父濛」。

〔三〕「龍」原作「鶴」，據上二書改。

先是時有巴謡歌曰〔一〕：「神仙得者茅初成，駕龍上昇入太清，時下玄洲戲赤城。繼世而往在我盈，帝若學之臈〔二〕嘉平。」

楊羲真人夢蓬萊仙公洛廣休召四人各賦詩一章

石安慶先作詩一章

靈山造太霞，豎巖絶霄峯。紫煙散神州，乘飆駕白龍。相攜四賓人，東朝桑林公。廣休年雖前，壯氣何蒙蒙？實未下路讓，推〔三〕年以相崇。

次張誘世作詩一章

北遊太漠外，來登蓬萊闕。紫雲構靈宫，香煙何欝欝！美哉洛廣休，人〔四〕在論道位。羅駢真人座，齊觀白龍邁。離式四人用，何時共解帶？有懷披襟友，欣欣高晨會。

〔一〕「先是時有巴謡歌曰」，上二書分別作「先是時其邑謡曰」、「先是其邑謡歌曰」。

〔二〕「臈」，本書卷一〇四太元真人東嶽上卿司命真君傳及史記秦始皇本紀中集解引太原真人茅盈内紀作「臘」。

〔三〕「推」，真誥卷十七握真輔第一作「惟」。

〔四〕「人」，上書作「久」。

次許玉斧作詩一章

遊觀奇山巘，漱濯滄流清。遥覩蓬萊間，屹屹衝霄冥。五芝〔一〕被絳岊，四階植琳瓊。紛紛靈華散，晃晃焕神庭。從容七覺外，任我攝天生。自足方寸裏，何用白龍榮？

次丁瑋寧作詩一章

玄山構滄浪，金房映靈軒，洛公挺奇尚，從容有無間。形沈北寒宇，三神接九天，同寮相率往，推我高勝年。弱冠石安慶〔二〕，未肯崇尊賢。嘲笑蓬萊公，呼此廣休前。明公將何以，却此少年翰？

吴王夫差書一章并序

天文五符云：仙人樂脩門〔三〕於勞盛山上刻石作五符文〔四〕。

〔一〕「五芝」，真誥卷十七握真輔第一作「紫芝」。

〔二〕「石安慶」原作「石慶安」，據上書改。

〔三〕「樂脩門」，太上靈寶五符序卷下作「樂子長」。

〔四〕「勞盛山上刻石作五符文」，上書作「勞盛山上刻石作文，仙人樂子長作，吴王夫差寫取」。

玄津流絳波〔一〕，崑碧映琅山。朝日控晨輝，薈豔何婉娫！遊雲落太陽，飆景淩三天。靈寶曜九虛，幽明鍾山間。夏禹登八㟼，散氣響金蘭。因枝振玉條，緣波討洪源。扶質立靈幹，垂葉以結縈。渺邈龍鳳跡，煥爛九天翰。仰挹三辰精，保身永長安。俯漱五華液，還復反童顏。騰神温涼宮，豈知熱與寒？千秋似清旦，萬歲猶日半。鼓翼空洞上，要我靈寶官。棼棼五帝駕，俱會景漢端〔二〕。相問飢與渴，玄泉饒流丹。求仙〔三〕方寸内，八遐無易難。顧聞朱門㚖，當塗中有難〔四〕。銘碣〔五〕勞巖陰，穴岫可稽盤。

辛玄子詩三首并序

玄子字延期，隴西定谷人也。漢明帝時諫議大夫上洛雲中趙國三郡太守辛隱之子也。玄子少好至道，遵奉法戒，先世殃流，享年不永，没命於長津。西王母見我苦行，酆都北帝

〔一〕「玄津流絳波」，太上靈寶五符序作「玄流鼓絳波」。

〔二〕「棼棼五帝駕，俱會景漢端」，「漢」原作「漠」，據上書改。「棼棼」，上書作「紛紛」。

〔三〕「求仙」原作「永仙」，據上書改。

〔四〕「難」，上書作「歎」。

〔五〕「銘碣」，上書作「勒銘」。

愍我道心，告勑司命，傳檄三官，攝取形骸，還魂復真，使我頤胎，位爲靈神。近得度名南宫，定策朱陵，藏精待時，方列爲仙。而太帝今見差領東海侯代庚生〔一〕，又選補禁元中郎將，爲〔二〕吴越鬼神之司。故來相從，今贈詩三篇，以叙推情之至也。注云：「楊君既爲吴越司命，董統鬼神。玄子職隸，方應相闗，故先造此詩陳情。」

疇昔入冥鄉，順駕應靈招。神隨空無散，氣與慶雲消。形非明玉質，玄匠安能彫。蹀足吟幽唱，仰手翫鳴條。林室有逸歡，絶此軒外交。遺景附圓曜，嘉音何寥寥。此篇叙事迹之本志也。

其一

寂通寄興感，玄氣攝動音。高輪雖參差，萬刃故來尋。蕭蕭研道子，合神契靈襟。委順浪世化，心摽窈窕林。同期理外遊，相與静東岑〔三〕。此篇申情寄之來緣也。

〔一〕「代庚生」，原作「氏更生」，據真誥卷十六闡幽微第二改。
〔二〕「爲」字原無，據上書增。
〔三〕「岑」，上書作「衣」。

其二

命駕廣鄽阿，逸跡幽〔一〕冥鄉。空中自有物，有中亦無常。悟言有無際，相與會濠梁，目擊玄解了，鬼神理自忘。此篇論人鬼之幽致也。

其三

〔一〕「幽」，上書作「超」。

雲笈七籤卷之九十七

歌詩

太微玄清左夫人歌一首并序

太微玄清左夫人，太微之上真也。晉興寧三年乙丑十二月十七日，與太元真人衆真降於句曲金壇真人楊羲之室，吟北淳宮〔一〕中歌，詞曰：「鬱藹非真墟，太元〔二〕爲我館。玄公豈有壞〔三〕，縈蒙孤所難。落鳳控紫霞，矯轡登晨巘〔四〕。寂寂無濠涯，暉暉空中觀。隱芝秀鳳丘，逡巡瑶林畔。龍胎嬰爾形，八瓊迴素旦。琅華繁玉宫，結葩〔五〕凌巖粲。鵬扇

〔一〕「北淳宮」，真誥卷三運象篇第三作「北淳宮」。

〔二〕「真墟，太元」，上書作「真虚，太无」。

〔三〕「壞」，上書作「懷」。

〔四〕「矯轡登晨巘」，上書「巘」作「岸」，「矯」原作「嬌」，據上書改。

〔五〕「結葩」，上書作「綺葩」。

絶億嶺，拊翮扶霄翰。西庭命長歌，雲璈乘〔一〕虚彈，八風纏緑宇，叢烟豁然散。靈童擲流金，太微啓壁案〔二〕。三元折腰舞〔三〕，紫皇揮袂讚。朗朗扇景輝，曄曄長庚焕。超軿聳明刃，下眄使我惋。顧哀地仙輩，何爲棲林澗？」

靈鳳歌一首并序

本行經云：西方衛羅國王有女，字曰魄瑛〔四〕，與鳳共處。於是靈鳳常以羽翼扇女。十二年中，女忽有胎。王意而恠之，因斬鳳頭，埋着長林丘中。女後生女，名曰皇妃，歎而歌曰：「杳杳靈鳳，綿綿長歸。悠悠我思，永與願違。萬劫無期，何時來飛？」於是王所殺之鳳欝然而生，抱女俱飛，逕入雲中去。

〔一〕「乘」原作「棄」，據真誥卷三運象篇第三改。

〔二〕「太微啓壁案」原作「火微啓辭案」，據上書改。

〔三〕「三元折腰舞」，上書作「三元起折腰」。

〔四〕「魄瑛」，本書卷一〇一金門皓靈皇老君紀作「配瑛」。

女仙張麗英石鼓歌一首并序

金精山記云：漢時張芒女名麗英，面有奇光，不照鏡，但對白紈扇如鑑焉。長沙王吳芮聞其異質，領兵自來娉。女時年十五，聞芮來，乃登此山仰卧，披髮覆於石鼓之下，人謂之死。芒妻及芮使人往視，忽見紫雲鬱起，遂失女所在，得所留歌一首在石鼓之上。歌曰：「石鼓石鼓，悲哉下土。自我來觀，民生實苦。哀哉世事！悠悠我意。我意不可辱兮！王威不可奪余志。有鸞有鳳，自歌自舞，淩雲歷漢，遠絶塵羅。世人之子，其如我何？暫來期會，運往即乖。父兮母兮！無傷我懷。」至今石鼓一處黑色直下，狀女垂髮，時人號爲張女髮。

漢初童謡歌一首并序

漢初，有四五小兒戲於路中〔一〕，一兒歌曰：「著青裙，入天門，揖金母，拜木公。」時人皆莫知之，唯張子房知之，乃往拜焉，曰：「此乃東王公之玉童也。言仙人得道昇天，當揖金母而拜木公也。自非沖虛登真之子，莫知其津矣！」

〔一〕「戲於路中」，真誥卷五甄命授第一作「路上畫地戲」。

萼緑華贈羊權詩三首并序

萼緑華者，仙女也。年二十許，上下青衣，顔色絶整。以晉穆帝昇平三年己未十一月十日夜降於羊權家，自云是南山人，不知何山也。自此一月輒六過其家。權字道輿，即晉簡文帝黄門郎羊欣之祖也。權及欣皆潛修道要，躭玄味真。緑華云：「我本姓楊。」又云：「是九嶷山中得道女羅郁也。」宿命時曾爲其師母毒殺乳婦，玄洲以先罪未滅，故暫謫降臭濁，以償其過。贈權詩一篇，并火澣布手巾一條，金玉條脱各一枚。條脱似指環而大，異常精好。謂權曰：「愼無泄我下降之事，泄之則彼此獲罪。」因曰：「修道之士，視錦繡如弊帛，視爵位如過客，視金玉如瓦礫。無思無慮，無事無爲。行人所不能行，學人所不能學，勤人所不能勤，得人所不能得。何者？世人行嗜欲，我行介獨；世人學俗務，我學恬漠；世人勤聲利，我勤内行；世人得老死，我得長生。故我今已九百歲矣。」授權尸解藥，亦隱影化形而去，今在湘東山中。緑華初降，贈詩曰：

神嶽排霄起，飛峯鬱千尋。寥籠靈谷虚，瓊林蔚蕭森。羊生標美秀，弱冠流清音。棲情莊惠津，超形象魏林。揚彩朱門中，内有〔一〕邁俗心。

其一

我與夫子族，源胄同淵池。宏宗分上業，於今各異枝。蘭金因好著，三益方覺彌。

其二

靜尋欣斯會，雅綜彌齡祀。誰云幽鑒難？得之方寸裏。翹想樊籠外，俱爲山巖士。無令騰虚翰，中隨驚風起。遷化雖由人，藩羊未易擬。所期豈朝華，歲暮於吾子。

其三

九華安妃贈楊司命詩二首并序

九華安妃者，晉興寧三年乙丑六月二十五日夜，與紫微王夫人降金壇楊義家。妃著雲錦裙，上丹下青，文彩光鮮，腰中有緑綉帶，繫十餘小鈴，鈴作青黄色，更相參間〔二〕。左帶

〔一〕「有」原作「外」，據真誥卷一運象篇第一改。

〔二〕「參間」，上書作「參差」。

玉珮，亦如世間珮，但幾小耳。衣服儵儵有光，照朗〔一〕室内，如日中暎視雲母形也。雲髮鬒鬢，整頓絶倫，頂中作髻，餘髮垂下至腰，指著金環，白珠約臂，年可十三四許左右。有二侍女，一著朱〔二〕衣，帶青章囊，手持一錦囊，長一尺二寸，盛書，書當十許卷，以白玉檢檢囊口，檢上刻字云玉清神虎内真紫元丹章。其一侍女著青衣，捧白箱，以絳帶束絡之，白箱似象牙形。侍女年可十七八許，整飾非常。妃及侍者顔容瑩朗，鮮徹如玉，五香芬馥，如燒香嬰氣也。初來入户，在紫微夫人後行，夫人啓之，始乃見告曰：「今日有貴客來。」於是楊君起立。紫微曰：「可不須起，但當共坐，自相向作禮耳！」於是就坐，相禮畢，紫微曰：「此即太虚上真元君金臺李夫人之少子也〔三〕。太虚元君昔遣詣龜山學上清道，道成，受太上書署爲紫清上宫九華真妃也，賜姓安名鬱嬪字虚籥。」紫微問楊君：「世曾見有此人否？」答曰：「靈真高秀，無以爲喻。」妃手中先握三枚棗，色如乾棗而形長大，亦不作棗味，食之無核，味似梨，而妃夫人楊君各食一枚。妃問：「君年幾？」答：「三十六，庚寅歲九月

〔一〕「朗」原作「眠」，據真誥卷一運象篇第一改。

〔二〕「朱」原作「青」，據上書改。

〔三〕「太虚上真元君金臺李夫人之少子也」，「太虚」原無，據上書增。「少子」，上書作「少女」。

生。」妃曰：「君師南真夫人，司命秉權，道高妙備，寔德之宗也。聞君德音甚久，不期今日契冥運之會。」君答：「以沈湎下俗，塵染其質，高卑雲邈，無緣禀敬，猥虧靈降，欣踴罔極。唯蒙啓訓，以祛其闇，濟其兀兀〔一〕，夙夜所願也。」妃曰：「君今語不得有謙飾之詞，謙飾殊非事宜。」良久，命楊染筆，爲詩畢，妃取視之，曰：「今以相贈，以宣丹心，若意中有不解者，自可徵訪耳。」詩曰：

雲闕竪空上，瓊臺竦欝羅。紫宮乘緑景，靈觀藹嵳峩。琅軒朱房内，上德焕絳霞。俯漱靈瓶津，仰掇碧㮏花。濯足玉天池，鼓枻牽牛河。遂策景雲駕，落龍轡玄阿。振衣塵滓際，褰裳步濁波。願爲山澤結，剛柔順以和。相攜雙清内，上真道不邪。紫微會良謀，唱納享福多。

其一

駕欻發西華，無待有待間，或眄五嶽夆，音峯。或濯天河津。釋輪尋虚舟，所在皆纏綿。芥子忽萬頃，中有崑崙山。小大固無殊，遠近同一緣。彼作有待來，我作無待親。

其二

〔一〕「濟其兀兀」，真誥卷一運象篇第一作「濟某元元」。

中候王夫人詩四首并序

東華夫人紫清宮〔一〕内傳妃〔二〕領東宮中候真夫人〔三〕，亦爲紫微之姊，理在滄浪雲林宮，晉興寧三年乙丑，降金壇楊羲之家云：「靈王有子三十八人，子晉太子也。師事嵩嶽浮丘公，白日昇天。」中候名觀香，字衆愛，是宋姬子，於子晉爲別生妹。子晉兄弟五人，妹二人，凡七人得道。弟眉壽，即觀香同母兄也。是夕，裴清靈真人王桐栢真人昭靈李夫人紫微王夫人右英王夫人南嶽魏夫人同降。中候所受修真之道，與定録同，喭曰：「鳳巢高木，素衣衫然，履順思貞，凝心虚玄。五公石腴，彼體所便，急宜服之，可以少顔。三八令明，次行玄真，解駕偃息，可誦洞篇。瓊刃應數，精心高棲，隱嘿沈閑，正氣不虧。术〔四〕散除疾，是汝所宜，次服餌飯，兼穀勿違。益髓除患，肌膚充肥，然後登山，詠洞講微。寅獸白齒，亦

〔一〕「宫」字原無，據真誥卷三運象篇第三增。

〔二〕「内傳妃」，无上祕要卷二二三界宫府品作「内傅妃」。

〔三〕「中候真夫人」，按標題，「真」疑當作「王」。

〔四〕「术」原作「木」，據真誥卷二運象篇第二改。

能見機，遂得不死，過度壬辰。偃息盛木，玩執周書，太極植簡，金名西華。與服可否，自應靈符，理契同神，原闕洞相求〔一〕。」此解許長史名穆字思玄及玉斧虎牙名字，勸修習服餌。衆真爲詩，中候吟曰：

龍旂儛太虚，飛輪五嶽阿。所在皆逍遥，有感興冥歌。無待喻有待，相遇故得和。滄浪奚足遼，玄井不爲多。鬱絶尋步間，俱會四海羅。豈若絶明外，三劫方一過。

其一

八塗會無宗，乘運觀囂羅。化浮塵中際，解衿有道家。眄煙忽未傾，攜真造靈阿。虚景磐瓊軒，玄鈞作鳳歌。適路無軌滯，神音儛雲波。齊德秀玉景，何用世間多？

其二噯此畢吟良久復噯曰

坦夷觀天真〔二〕，去累縱衆情。體寂廢機駟，崇有則攝生。焉得齊物子！委運任所經。

其三

〔一〕「理契同神，（原闕）洞相求」，真誥卷二運象篇第二作「理異契同，神洞相求」，本書卷一〇六許邁真人傳作「理契同歸，神洞相求」。

〔二〕「坦夷觀天真」原作「但觀夷天真」，據上書改。

登軿發東華，扇飆儛太玄。飛轡騰九萬，八落亦已均。暫眄山水際，窈窕靈嶽間。同風自齊氣，道合理亦然。龍芝永遐齡，内觀攝天真。東岑可長静，何爲物所纏？

其四

方丈臺昭靈李夫人詩三首并序

方丈臺東宫昭靈李夫人者，即北元中玄道君李慶賓之女、太保玉郎李靈飛之妹也。以湯時得道，白日昇天，受書爲東宫昭靈夫人〔一〕，治方丈臺第十三朱館中。東晉哀帝興寧三年乙丑八月二十二日夜，降於真人楊羲之家。夫人著紫錦衣，帶神虎符，握流金鈴，年可十三四許。有兩侍女，年可二十一二，名隱暉〔二〕，皆青綾衣，捧白玉箱二枚，青帶絡之，題曰太上帝章，一曰太上玉文〔三〕。夫人帶青色綬，如世人帶章囊狀，隱章當長五丈許，大〔四〕

〔一〕「昭靈夫人」，真誥卷三運象篇第三作「靈照夫人」。
〔二〕「年可二十一二，名隱暉」，上書作「年可二十許，閩呼一侍女名隱暉」。
〔三〕「題曰太上帝章，一曰太上玉文」，上書作「題白玉檢曰太上章，一檢曰太上文」。
〔四〕「大」字原無，據上書增。

三四尺。與上元夫人紫微夫人右英夫人諸真同降，臨去作詩曰：「雲墉帶天構，七氣煥神憑。瓊扉啓晨鳴，九音絳樞中。紫霞與朱門，香煙生緑牕。四駕舞虎旗，青軿擲玄空。華蓋隨雲列，落鳳控六龍。策景五嶽阿，三素眄君房。適聞臊穢氣，萬濁污〔一〕我胸。臭物薰精神，囂塵互相衝。明玉皆璀爛，何獨盛得〔二〕躬？高揖苦不早，坐地自生蟲。」

其年九月三日復降，又歌曰：「縱酒觀羣慧，倏欻四落周。不覺所以然，實非有待遊。相遇皆歡樂，不遇亦不憂。縱影玄空中，兩會自然疇。」

十二月一日夜，南岳夫人又吟寄許玉斧詩曰：「飛輪高晨臺，控轡玄壠隅。手攜紫皇袂，倏忽八風驅。玉華翼緑幃，青裙扇翠裙。冠軒煥崔嵬，珮玲帶月珠。薄入風塵中，塞鼻逃當塗〔三〕。臭腥凋我氣，百痾〔四〕令心徂。何不飆然起，蕭蕭步太虛？

〔一〕「污」，真誥卷三運象篇第三作「蕩」。
〔二〕「得」，上書作「德」。
〔三〕「當塗」原作「當除」，據上書改。
〔四〕「百痾」原作「百阿」，據上書改。

南極王夫人授楊羲詩三首并序

南極王夫人，王母第四女也。名華〔一〕林字容真，一號南極紫元夫人，或號南極元君，理太丹宫，受書爲金闕聖君上保司命。漢平帝時，降於陽洛山石室之中，授清虚真人小有天王王褒字子登太上寶文等經三十一卷。夫人年可十六七許，著錦帔青羽裙，左佩虎書，右帶揮靈，形貌真正，天姿晻藹。乘羽寶之車，駕以九龍，女騎九千。居渤陽〔二〕丹海長离山中，主教當爲真人者。晉興寧三年乙丑降真人楊羲之家，與真人同會，因吟授羲曰：

控飆扇太虚，八景飛高清。仰浮紫晨外，俯看絶落溟。玄心空同間，上下弗流停。無待兩際中，有待無所營。體無則能死，體有則攝生。東賓會高唱，二待何足争？東賓，東嶽上卿大茅君也。

其一

命駕玉錦輪，儛轡仰徘徊。朝遊朱火宫，夕宴夜光池。浮景清霞杪，八龍正參差。我

〔一〕「華」字原無，據上清衆經諸真聖祕卷五引清虚王真人内記增。

〔二〕「渤陽」，本書卷一〇六清虚真人王君内傳作「渤海」。

作無待遊，有待輙見隨。高會佳人寢，二待互是非。有無非有定，待待各自歸。

其二

是歲六月二十三日夜，南極夫人又吟哽楊君曰：

林振須類感，雲鬱待龍吟。玄數自相求，觸節皆有音。飛轡出西華，總轡忽來尋。八遐非無娛，同詠理自欽。悼此四維内，百憂常在心。倶遊北寒臺，神風開爾襟。

其三

紫微王夫人詩一十七首并序

紫微夫人名青娥字愈音〔一〕，王母第二十女也。昔降授太上寶神經與裴玄仁，裴得道拜清靈真人。晉興寧三年乙丑六月，降楊羲之家，時與太元真人桐栢真人右英夫人南岳夫人同降言。夫人位爲紫微宮左夫人，鎮羽野玄隴之山上宮，主教當成真人者。是夕真人會，右英夫人歌修真之事，夫人答歌曰：「乘飆遡九天，息駕三秀嶺。有待徘徊眄，無待固

〔一〕「愈音」，真誥卷一運象篇第一作「愈意」。

當靜。滄浪奚足勞，孰若越玄井〔一〕？」又吟曰：「龜闕鬱巍巍，墉臺落〔二〕月珠。列坐九靈房，叩璈吟太無。玉簫和我神，金醴釋我憂。」又吟曰：「宴酣東華內，陳鈞千百聲。青君呼我起，折腰希林庭。羽帔扇翠暉，玉佩何鏗零！俱指高晨殿，相期象中冥。」

又叙玄隴之遊，吟曰：「超舉步絳霄，飛飆北壟庭。神華映仙臺，圓曜隨風傾。啓暉挹丹元，扉景餐月精。交袂雲林宇，浩軫還童嬰。蕭蕭寄無宅，是非豈能營？世網〔三〕自攖競，安可語養生？」

九月六日夕，雲林〔四〕又降，命楊君染筆喻作，吟曰：「解輪太霞上，斂轡造紫丘。手把八天氣，縱身空中浮。一眄造化綱，再視索高疇。道要既已是，可以解千憂。求真得良友，不去復何求？」

吟此令示許長史穆及郗方回。又吟曰：「紫空朗玄景，玄宮帶絳河。濟濟上清房，靈

〔一〕「滄浪奚足勞，孰若越玄井」，按真誥卷三運象篇第三載右英夫人原歌作「滄浪奚足勞？玄井不爲多」。
〔二〕「落」，上書作「絡」。
〔三〕「世網」，上書作「陣上」。
〔四〕「雲林」，疑當作「紫微」。

臺煥嵯峩。八輿造朱池，羽蓋傾霄柯。震風迴三晨，金鈴散玉華。七轡降〔一〕九陔，宴眄不必家。借問求道子，何事坐塵波？豈能棲東秀，養真收太和？」

亦令示許與郗。十月十八日又與衆降，命楊君書曰：「左把玉華蓋，飛景躡七元。三晨煥紫輝，竦眄撫明真。變踊期須臾，四面皆已神。靈發無涯際，勤思上清文。何事坐〔二〕横途？令尔感不專。陰痾失玄機，不覺年歲分。」

徐謂楊君曰：「夫令勤者勤其事，躭其玄微耳！慎者亦觸類而作也。學道之難，不可書矣！有耻鄙之心者，於道亦遼乎！灌秉然後可貴耳！賢者之舉，自〔三〕更始尔，今且當内忘也。」因吟曰：「玄清眇眇觀，落景出東渟。願得絶塵友，蕭蕭罕世營。」

吟此再三，又曰：「靈人隱玄峯，真人韜雲來〔四〕。玄唱非無期，妙應自有待。豈期虚空寂，至韻固常在。攜襟登羽宮，同宴廣寒裏。借問朋人誰？所存惟玉女。」

〔一〕「降」，真誥卷三運象篇第三作「絡」。
〔二〕「坐」，上書作「生」。
〔三〕「自」，諸真歌頌作「目」。
〔四〕「真人韜雲來」，真誥卷四運象篇第四作「真神韜雲采」。

吟竟曰：「卓雲虛之駿，抗翮於崆峒之上。斯人也，豈不長挹南面，求謝千乘乎！」

二月三十日吟一章曰：「褰裳濟淥河〔一〕，遂見扶桑公。高會太林墟，賞宴〔二〕玄華宮。信道苟淳篤〔三〕，何不棲東峯？」此亦叙方諸東華之勝也。

四月十四日又作七章，詞曰：

控景始揮津，飛飆登上清，雲臺鬱峨峨，閶闔秀玉城。晨風鼓丹霞，朱煙洒金庭。緑葉粲玄峯，紫芝巖下生〔四〕。慶雲纏丹鑪，鍊玉飛八瓊。宴眄廣寒宮，萬椿愈童嬰。龍旂啓靈電，旂音斤。虎旗徵朱兵。高真迴九曜，洞觀均潛明。誰能步幽道？尋我無窮齡。

其一

翳藹紫微館，鬱臺散景飆。鸞唱華盖間，鳳鈞導龍軺。八狼攜絳旌，素虎吹角簫。雲勃寫靈宮，來適塵中囂。解轡佳人所，同氣自相招。尋宗須臾頃，萬齡乃一朝。椿期會足

〔一〕「淥河」，真誥卷四運象篇第四作「緑河」。

〔二〕「賞宴」，上書作「寢宴」。

〔三〕「篤」原作「蔦」，據上書改。

〔四〕「緑葉粲玄峯，紫芝巖下生」，上書「葉」作「蘂」，「芝」作「華」。

衰，劫往豈足遼？真真乃相目，莫令心徂抄〔一〕。虚刀揮至空，鄙滯五神愁。

其二

朝啓東晨暉，飛軿越滄溟〔二〕。山波振青涯，八風扇玄煙。迴眄易遷房，有懷真感人。三金可遊盤，東岑宜永甄。紛紛當途中，孰能步生津？

其三

飄颻八霞嶺，徘徊飛晨蓋。紫軿騰太虚，矖眄〔三〕九虚外。玉簫激景雲，靈煙絶幽藹。高仙宴太真，清唱無涯際。去來山嶽庭，何事有待邁？

其四

神玉曜靈津，七元焕神扉。虚〔四〕遷方寸裏，一躍登太微。妙音乘和唱，高會亦有機。齊此天人眄，協彼晨景飛。總轡六合外，寧有傾與危？

〔一〕「抄」，真誥卷四運象篇第四作「痧」。

〔二〕「溟」，上書作「淵」。

〔三〕「太虚，矖眄」，上書作「太空，麗眄」。

〔四〕「虚」，上書作「靈」。

其五

薄宴塵飆嶺〔一〕，代謝緣還歸。奚識靈劫期？顧眄令人悲。

其六

雲草曀玄方，仰感旋曜精。詵詵繁茂萌，重德必克昌。

其七

〔一〕「嶺」，真誥卷四運象篇第四作「領」。

雲笈七籤卷之九十八

詩贊辭

太真夫人贈馬明生詩二首并序

太真夫人者，王母之小女也。年可十六七，名婉羅，字勃遂，事玄都太真，有子爲〔一〕三天太上府司直，總糺天曹之遺，此地上之卿佐〔二〕。年少，好委官遊逸，虚廢事任，有司奏劾以不親局察，降主東嶽，退真王之編，司鬼神之帥，五百年一代其職。夫人因來視之，勵其後使修守政事，以補其過。道過臨淄，值縣小吏和君賢爲賊所傷，當時殆死。夫人見而愍之，問其何傷乃爾？君賢以實對。夫人曰：「汝所傷乃重，刃關於肺，五臟泄漏，血凝絳府，氣激腸外，此將死之急也，不可復生如何？」君賢知是神人，叩頭求哀，乞賜救護。夫人

〔一〕「爲」原作「名」，據本書卷一〇六馬明生真人傳改。

〔二〕「總糺天曹之遺，此地上之卿佐」，上書作「總糾天曹事，官秩比人間卿佐也」。「此」宜作「比」。

於肘後筒中出藥一丸，大如小豆，即令服之，登時而愈，血絶瘡合，無復慘痛。君賢再拜跪曰：「貧家〔一〕不足以謝，不知何以奉答恩施？唯當自展駑力，以報所受耳。」夫人曰：「汝必欲謝我，意亦可佳，可見隨去否？」君賢乃易姓名，自號馬明生，隨夫人執役。夫人還入東嶽岱宗山峭壁石室之中，上下懸絶，重巖深隱，去地千餘丈。石室中有金牀玉几，珍物奇瑋，乃人跡所不能至處也。明生初但欲學金瘡方，既見其神仙來往，乃知有不死之道，旦夕供給掃洒，不敢懈倦。夫人亦以鬼恠虎狼眩惑衆變試之，明生神情澄正，終不恐懼。又使明生他行別宿，因以好女於卧息之間調戲親〔二〕接之。明生心堅志静，固無邪念。夫人或行，去十日五日還，或一月二十日還〔三〕，見有仙人賓客乘龍麟駕虎豹〔四〕往來，或有拜謁者，真仙彌日盈坐。客到，輒令明生出外別室，或立致精細廚食，肴果非常，香酒奇漿，不覺而至，不可目名。或呼明生坐，與之同飲食。又聞空中有琴瑟之音，歌聲宛妙。夫人亦時

〔一〕「貧家」，本書卷一〇六馬明生真人傳作「家財」。

〔二〕「親」，上書作「令」。

〔三〕「還」，上書作「輒」連下。

〔四〕「乘龍麟駕虎豹」，上書作「乘龍駕虎」。

自彈琴瑟，有一弦五音並奏，高朗響激，聞于數里。衆鳥皆爲集於岫室之間，徘徊飛翔，驅之不去。逮天人之樂，自然之妙也。夫人棲止，常與明生同石室中而異榻耳。若幽寂之所，都唯二人。或行去，亦不道所往之處。但見常有一白龍來迎，夫人即著雲光繡袍，乘白龍而去，其袍專是明月珠綴著衣縫，帶玉珮，戴金華太玄之冠，亦不見有從者。既還，即龍自去，不知所在。石室玉牀之上，有紫錦被褥，緋羅之帳，中有服玩之物，瑰金函奩〔一〕，玄黄羅列，非世所有，不能一一知其名也。兩卷素書上題曰九天太上道經，明生亦竟不敢發舒視其文也。唯供給洒掃，守巖室而已。至於服玩，亦不敢竊闚之，亦不敢有所請問。如此五年，愈加勤肅，輒不怠惰。夫人謂之曰：「汝可謂真可教也，必能得道者也。以子俗人，而恭仰靈氣，終莫之廢，雖欲求死，亦焉可得乎？」因以姓字本末告之，曰：「我久在人間，今奉君王命，又被太上召，不復得停。念汝專謹故相語，欲教汝長生之方，延年之術。而我所授〔二〕，服以太和自然龍胎之醴〔三〕，適可授三天真人，不可以教始學之者，固非汝所

〔一〕「瑰金函奩」，本書卷一〇六馬明生真人傳作「瑰金函英」。
〔二〕「授」，上書作「受」。
〔三〕「醴」，上書作「體」。

得聞矣。縱或聞之，亦必不能用之持身也。有安期先生曉金液丹法，其方秘要，是元君太一之道〔一〕，白日昇天者矣。安期明日來，吾將以汝付囑之焉！相隨稍久，其術必傳。」明日安期先生至，乘駮驎，著朱衣，戴遠遊冠，帶玉珮及虎頭鞶囊，視之可年二十許，潔白嚴整，從六七仙人，皆執節奉衛。見夫人甚揖敬，稱下官。須臾廚膳至，飲宴半日許，夫人語明生曰：「吾不復得停，汝隨此君去，勿憂念也。我亦時時當往視汝。」因以五言詩二篇贈之，可以相存。明生流涕而辭，乃隨安期先生受九丹之道。詩曰：

暫捨墉城內，命駕岱山阿。仰瞻太清闕，雲樓鬱嵯峩。虛中有真人，來往何紛葩！鍊形保自然，俯仰挹〔二〕太和。朝朝九天王，夕館還西華。流精可飛騰，吐納養青牙。至藥非金石，風生自然歌。上下凌景霄，羽衣何婆娑！五嶽非妾室，玄都是我家。下看榮競子，篤似蛙與螟。眄顧塵濁中，憂患自相羅。苟未悟妙旨〔三〕，安事於琢磨？禍湊由道泄，密慎福臻多。

〔一〕「元君太一之道」，本書卷一〇六馬明生真人傳「元」作「九」。
〔二〕「挹」，上書作「食」。
〔三〕「旨」原作「皆」，據上書及衆仙讚頌靈章改。

其一

昔生崐陵宫，共講天年延。金液雖可遐，未若太和仙。仰登冥仙臺，虚想詠靈人。忽遇扶桑王，九老仙都真。駕驂紫虬輦，靈顔一何鮮！啓我尋長涂，邀我自然津。告以鴻飛術，授以玉胎篇。瓊膏凝玄氣，素女爲我陳。俯挹琳鳳腴，仰上飄三天。雲綱立爾步，五嶽可暫旋。玄都安足遠？蓬萊在〔一〕脚間。傳受相親愛，結友爲天人。替即游刑對，禍必無愚賢。祕則享無傾，泄則軀命〔二〕顛。

其二

雲林右英夫人授楊真人許長史詩二十六首并序

雲林右英夫人名媚蘭字申林，王母第十三女也。受書爲雲林宫右英夫人，治滄浪山。晉興寧三年乙丑七月三日東嶽上卿司命諸真同降於楊君，因授書曰：「弱喪涸濊，篤靈未盡，倚伏異因，雲梯未抗，雖有懷於進趨，猶未淵於至理矣。君才實天工，以清瀾凝浪於高

〔一〕「在」，本書卷一〇六馬明生真人傳作「山」。

〔二〕「命」，上書作「身」。

韻，志栖神乎太玄，期紫庭而步空矣！有心洞於飛滯，柔翰蔚乎〔一〕冥契也。動合規矩〔二〕，等圓殊方；静和真味，吐納興音，可謂縱誕德挺，良爲欽然矣！然穢思不豁，鄙悋内固，淫念不斬，靈池未澄，將未得相與論内外之期，汎二景之交耳！夫失機者貴在能改，相釋有情，今無妨矣。雖暫弭羣聽，故克和也。前途悠邈，此比非一，漏緒多端，當恒戢密。茍情有愆散，得隨事失，悟言微矣！將何以過之？將何以遣之？」「清響散空，神風洒林，身超冥衢，志詠靈音，仁侯其人也。」「守真一勤〔三〕篤者，一年使頭不白，而禿髮再生。茍内憂子孫〔四〕，外綜王事，朋友之交，耳目廣用，聲氣雜役，此亦無益矣〔五〕！」

又述玉斧修道之事，因喻以薛季和七試不過，乃長里先生薛公之弟，爲淫泆失位。然性好簫音鳳響，長里乞之於太上，使其生，因言肇阿陰德，可以及於許侯玉斧也。又云：

〔一〕「乎」原作「手」，據真誥卷二運象篇第二改。

〔二〕「矩」原作「短」，據上書改。

〔三〕「勤」字，上書無。

〔四〕「茍内憂子孫」，上書作「夫内接兒孫以家業自羈」。

〔五〕「此亦無益矣」，上書作「此亦道不專也，行事亦無益矣」。

「聞北風則心〔一〕悲，覩啓曜則〔二〕懷泰，思駿騄以慕騁，嘉柔順以變鬱，世人之心，曷嘗不爾！此則其本鄉之風氣〔三〕，首丘之内感也。苟能信之，君其諧矣。如其纏敍秉欲，丹絳不暢，靈人携手而空返，高友歛袂而迴晏，神氣不眄其宅，寂通不鼓其目，自〔四〕命矣夫！故〔五〕可悲耶！」

夫「得道者以其排却衆累，直面而進，於是百度自静，衆務雲散。該其優者不足爲勞，披于艱者可以表心。正月中必有龜山客來。」「賢者之舉，復宜詳之。」「自古及今，死生有津，顯默異會，藏往滅智，與世同之者，皆得道之行也。若夫瓊丹一御，九華三飛，雲液晨酣，流黄徘徊，仰咽金漿，咀嚼玉蕤〔六〕者，立便控景登空。玄昇太微也。自世事乖玄，斯業未就，當暫履太陰，潛生冥鄉，外身棄質，養胎虚宅，陶氣絶籥，受精玄漠，故改容於三陰

〔一〕「心」字原無，據真誥卷三運象篇第三增。
〔二〕「則」字原無，據上書增。
〔三〕「風氣」原作「夙氣」，據上書改。
〔四〕「自」字，上書無。
〔五〕「故」，上書作「固」。
〔六〕「玉蕤」原作「玉蕤」，據真誥卷四運象篇第四及四部叢刊本改。

之館，童顔於九練之户。然後知神仙爲奇，死而不亡，去來之事，理之深也。」

「夫垂蔭萬畝者，必出峻極之嶺；滔天振岑者，必發板桐之源。洪哉！積陰德之賢，有似郊人也。」〔一〕「逸驎逍遥大荒之表，故無羈絡之憂；靈羽振翅玄圃之峯，以違羅絙之患〔二〕。人之修道，豈猒乎藏身之密，匿跡之深也〔三〕。」且尋飛絶影之足，不能騁逸於吕梁淩波浪泉之舟，不得陟峻於太行，此才之異也。繁林翳薈，則羽族雲萃〔四〕；玄泉浩瀚，則鱗羣競赴，此在德之茂也。爲道者實爲勤苦者，必得之矣。「學道者當在專道任〔五〕真，情無散念，撥奢侈，保沖白，寂焉如密有所覩，熙焉如潛有所得，專如臨深谷，戰如履薄冰〔六〕，此得道

〔一〕「有似郊人也」下，真誥卷七甄命授第三有夾注作「紫微答」。

〔二〕「以違羅絙之患」下，上書有夾注作「保命仙人答」。又「違」作「遺」。

〔三〕以上十六字，上書作「何其識吉凶哉」。

〔四〕「雲萃」原作「雲華」，據上書改。

〔五〕「任」，上書作「注」。

〔六〕「戰如履薄冰」，上書作「戰戰如履於冰炭」。

之門耳，而未得道之室也。所謂學道，甚難而甚易〔一〕。若其探玄躭味〔二〕，保和天真，注神栖靈，躭研六府，惜氣杜情〔三〕，無視無聽，此學道之易也。若其不能行此數者，所以爲難也。」

況「山嶽氣擾，則禽獸號於林；川瀆結滯，則龍蛇慘於澤，此自然象也。苟趣捨理乖，則吹萬〔四〕之用不同也。非静順無以要謙，非虚栖無以冥會。思之無邪，則無禍害矣。在冥其心而斥其累，澄其源而清其流也。若南起〔五〕而北騁，心念而口違，捐薺芑而茹荼，哂九成而悦北鄙，我知其無識和音之聽鑒也。」因告〔六〕晉簡文帝，宜「枕〔七〕麝香一具於頸間，辟水注及惡夢」。

學道在積功累善。太虚真人常云：「人有衆過，而不自悔，罪歸其身，如川赴海，日益

〔一〕「所謂學道，甚難而甚易」，真誥卷七甄命授第三作「所謂爲難者，學道也；所謂爲易者，學道也」。

〔二〕「若其探玄躭味」，上書作「寂玄沈味」。

〔三〕「惜氣杜情」，上書作「惜精閉牝」。

〔四〕「吹萬」原作「次萬」，據真誥卷八甄命授第四改。

〔五〕「若南起」，上書作「應南趍」。

〔六〕「因告」原作「固告」，據四部叢刊本改。

〔七〕「枕」原作「以」，據真誥卷八甄命授第四改。

深廣矣。有惡知非，悔過從善，亦得道也。夫人遇我以惡者，以善對之；遇我以禍者，以福對之，善常在己矣。惡人害善人，猶〔一〕仰天而唾，唾不污天，還自污身。逆風揚塵，塵不污彼，還污其己。道不可毀，禍必滅己。又飯凡人百不如飯一善人，飯善人千不如飯一寒栖學道之人。此高真之祕言，太上之要戒也。」

「財色之於身也，譬如小兒舐刀刃之蜜。蜜不足以美口，而有截舌之憂。戒之哉！」「愛欲之大，莫大於色，其罪無外，其惡無救，得不戒邪？學道者，行陰德莫大於施惠解救〔二〕，用志莫大於守身奉道，其福甚大，其生甚固。」夫人嘤詩曰：

其一

駕欻遨八虛，廻宴東華房。阿母延軒觀，朗嘯躡靈風。我爲有待來，故乃越滄浪。

騰躍雲景轅，浮觀霞上空。霄軿縱横舞，紫蓋託靈方。朱烟纏旍旄，羽帔扇香風。雷

〔一〕「猶」原作「如常」，據真誥卷六甄命授第二改。

〔二〕「學道者，行陰德莫大於施惠解救」原作「學道在陰德施惠解救也」，據上書改。

號猛獸玃，電吟奮玄龍〔一〕。鈞籟昆庭響，金筑〔二〕唱神鍾。採芝滄浪阿，掇華八渟峯。朱顏日以新，劫往方嬰童。養形靜東岑，七神自相通。風塵有憂哀，隕我白鬢公。長冥遺遐歎，恨不早逸蹤。

其二

停駕望舒移，廻輪返滄浪。未覩若人遊，偶想安得康。良因候〔三〕青春，以叙中懷忘。

其三

控景〔四〕浮紫煙，八景觀汾流〔五〕。羽童捧瓊漿，玉華餞琳腴。相期白水涯，揚我萎蕤珠。

其四

〔一〕「雷號猛獸玃，電吟奮玄龍」，真誥卷三運象篇第三「雷」、「電」互乙，「號」作「嘷」，「玃」作「攫」。
〔二〕「金筑」，上書作「金筀」。
〔三〕「候」，上書作「俟」。
〔四〕「控景」，上書作「控晨」。
〔五〕「汾流」，上書作「泒流」。

滄房焕東霞，紫造浮絳晨。雙德秉道宗，作鎮真伯藩。八臺可盼目〔一〕，北看乃飛元。清淨雲中視，眇眇躡景遷。吐納洞嶺秀，藏暉隱東山。久安人事上，日也無虚閑。豈若易翁質，反此孩中顔。

其五

晨闕太霞構，玉室起霄清。領略三奇觀，浮景翔絶冥。丹華空中有〔二〕，金暎育挺精。八風鼓錦披，碧樹曜四靈。華蓋廕蘭暉，紫轡策緑軿。結信通神交，觸類率天誠。何事外象感，須覩瑶玉瓊。

其六

三景〔三〕秀鬱玄，霄映朗八方。丹雲浮高宸，逍遥任靈風。鼓翼乘素飆，竦眄瓊臺中。緑蓋入協晨，青軿擲空同。右揖東林帝，上朝太虚皇。玉賓剖鳳腦，嗽酣飛蘂漿。雲鈞回曲寢，千音何琅琅！錦旓召猛獸，華幡正低昂。香母折腰唱，紫煙排棟梁。總轡高清闕，解

〔一〕「盼目」，真誥卷三運象篇第三作「眄目」。
〔二〕「丹華空中有」，上書作「丹空中有真」。
〔三〕「三景」，上書作「二景」。

駕佳人房。昔運挺未兆，靈化順氣翔。心眇玄涯感，年隨積椿崇。形垢甘臭味〔一〕，動静失滄浪。我友實不爾，榮辱昨已忘。

其七

絳景浮玄晨，紫軒乘煙征。仰超緑闕〔二〕内，俯眄朱火城。東霞啓廣暉，神光焕七靈。翳映汎三燭，流任自齊冥。風纏空洞宇，香音觸節生。手攜織女儛，併衿匏瓜庭。左徊青羽旗，華蓋隨雲傾。宴寢九度表，是非不我營。抱真栖太寂，金姿日愈嬰。豈似愆穢中，慘慘無聊生？

其八

四旌曜明空，朱軒飛靈丘。玉蓋廕七景，鼓翼霄上浮。九音朗紫空，玉璈洞太無。宴詠三晨宫，唱嘯呼我儔。不覺春〔三〕已來，豈知二景流？佳人雖兼忘，而未放百憂。長林真可静，巖中自多娱。

〔一〕「形垢甘臭味」，真誥卷三運象篇第三作「形甘垢臭味」。
〔二〕「緑闕」，上書作「緑闕」。
〔三〕「春」，上書作「椿」。

其九

北登玄真闕，攜手結高羅。香烟散八景，玄風鼓絳波。仰超琅園津，俯眄霄陵阿。玉簫雲上奏，鳳鳴動九遐。乘氣浮太空，曷爲躡山阿〔一〕？金節命羽靈，徵兵折萬魔。齊挹二晨暉。千春〔二〕方嬰牙。喪真投競室，不解可奈何！

其十

仰眄太霞宮，金閣曜紫清。華房映太素，四軒皆朱瓊。擲輪空洞津，總轡儛緑軿。玉華飛雲蓋，西妃運錦旍。翲然塵濁涯，儵欻佳人庭。宿感應真〔三〕降，所招已在冥。乘風奏霄晨，共酣丹林罌。公侯徒眇眇，安知真人靈？

其十一

清晨挹絳霞，總氣霄上遊。徊軿躡曲波，遂覩世人憂。辭旨蔚然起，不散三秀嵎。何

〔一〕「山阿」，真誥卷三運象篇第三作「山河」。

〔二〕「春」，上書作「椿」。

〔三〕「真」，上書作「期」。

若巡玄鄉，撫璈爲爾娛？君心安有際〔一〕，我願有中無。

其十二

轡景登霄晨，遊宴滄浪宮。綵雲繞丹霞，靈藹散八空。上真吟瓊室，高仙歌琳房。九鳳唱朱籟，虛節錯羽鍾。交栖〔二〕金庭內，結我冥中朋。俱挹玉醴津，倏忽已嬰童。云何當路躋，愆痾隨日崇？

其十三

晨遊太素宮，控軿觀玉河。夕宴鬱絶宇，朝采圓景華。彈璈北寒臺，七靈暉紫霞。濟濟高仙舉，紛紛塵中羅。盤桓闠藹內，愆累不當多。

其十四

駕氣〔三〕騁雲軿，晨登大渟丘。絳津連岑振，清波鼓滲流。步空觀九緯，八綱皆已遊。暫宴三金秀，來觀建志儔。勤懈不相掩，是以積百憂。

〔一〕「君心安有際」，真誥卷三運象篇第三作「君安有有際」。
〔二〕「栖」，真誥卷四運象篇第四作「頸」。
〔三〕「氣」，上書作「風」。

其十五

凌波越滄浪，忽然造金山。四顧終日遊，罕我雲中人。

其十六

紫闕構虚上，玄館衝絶飆。琳琅敷靈囿，華生結瓊瑶。騁軿滄浪津，八風激雲韶。披羽扇北翳，握節鳴金簫。鳳籟和千鍾，西童歌晨朝。心豁虚無外，神襟何朗寥！迴舞太空嶺，六氣運重幽。我途豈能尋？使爾終不〔一〕彫。

其十七

玄波振滄濤，洪津鼓萬流，駕景眄六虚，思與佳人遊。妙唱不我對，清音誰可投〔二〕？雲中騁瓊輪，何爲塵中趨？

其十八

松栢生玄嶺，鬱爲寒林桀。繁葩盛嚴冰，未肯懼白雪。亂世幽重岫，巡生道常潔。飛此逸轡輪，投彼遐人轍。公侯可去來，何爲不能絶？

〔一〕「終不」二字，真誥卷四運象篇第四互乙。

〔二〕「誰可投」，上書作「與誰投」。

其十九

清淨願東山，蔭景栖靈穴。愔愔閑庭虚，藹薈青林密。圓曜映南軒，朱風扇幽室。拱袂閑房内，相期啓妙術。寥朗遠想玄，蕭條神心逸。

其二十

縱心空洞津，竦轡策朱軿。佳人來何遲，道德何時成？

其二十一

寓言必可用，不用是無情。焉得駕欻跡，尋此空中靈？微音良有旨，當用慎勿輕。事應神機會〔一〕，保爾見太平。

其二十二

轡景落滄浪，騰躍青海〔二〕津。絳煙亂太陽，羽蓋傾九天。雲輿浮空同，倏忽滄浪間。

〔一〕「事應神機會」，真誥卷三運象篇第三作「事事應神機」。

〔二〕「青海」，上書作「清海」。

來尋真中友，相携侍帝晨。玉子〔一〕協明德，齊首招玉賢。下眄八河〔二〕宫，上寢希林巔。漱此紫瓊腴，方知穢途辛。佳人將安在？勤之乃得親。

其二十三

絳闕排〔三〕廣霄，披丹登景房。紫旗振雲霞，羽晨儛〔四〕八風。停蓋濯碧谿，採秀月支峯。咀嚼三靈華，吐吸九神芒。椿數無絶紀，協日積童蒙。携袂明真館，仰期無上皇。北鈞唱羽人，玉玄粲賢衆音終，云何波浪宇，得失爲我鍾？引領翳庭内，開心擬穢衝。習適榮辱域，罕躡希林宫。一静安足苦？試去視滄浪。

其二十四

世珍芬馥交，道宗玄霄會。振衣尋真疇，廻軒風塵際。良德映玄暉，穎拔〔五〕粲華蔚。

〔一〕「玉子」，真誥卷二運象篇第二作「王子」。
〔二〕「河」，上書作「阿」。
〔三〕「排」，上書作「扉」。
〔四〕「儛」，上書作「撫」。
〔五〕「拔」，上書作「根」。

密言多儐福〔一〕，沖靜尚真貴。咸恒當象順〔二〕，攜手同襟帶。何爲人事間，日焉生患害？

其二十五

有心許斧子，言當采五芝。芝草不必得，汝亦不能來。汝來當可得，芝草與汝食。

其二十六

太極真人智慧經贊六首

學仙絶華念，念念相因積。去來亂我神，神躁靡不歷。滅念停虚閑，蕭蕭入空寂。請經若飢渴，持志如金石。保子飛玄路，五靈度符籍。

其一

濟我六度行，故能解三羅，清齋禮太素，吐納養雲牙。逍遥金闕内，玉京爲余家，自然

〔一〕「儐福」，真誥卷二運象篇第二作「儻福」。

〔二〕「咸恒當象順」原作「恒當二象順」，據上書改。參見真誥卷三運象篇第三。

生七寶，人人坐蓮華。仰嚼玄都柰，俯酣空洞瓜〔一〕。容顏曜十日〔二〕，奚計年劫多？法鼓會天仙，鳴鍾徵大魔。

其二

靈風扇香花，璨爛開繁襟。太真撫雲璈，衆仙彈靈琴。雅歌三天上，散慧玉華林。七祖昇福堂，由此步玄音。前世德未足，斯經〔三〕邈難尋。信道情不盡，圖飛乃反沈。太上無爲道，弘之在兆心。

其三

學道由丹信，奉師如至親。揖景偶清虛，孜孜隨日新。衆人未得度，終不度我身。大願有重報，玄德畢〔四〕信然。陰惡罪至深，對來若轉輪。

其四

〔一〕「俯酣空洞瓜」原作「俯含空洞苽」，據洞玄靈寶玉京山步虛經、太上洞玄靈寶智慧禮讚、三洞讚頌靈章改。

〔二〕「十日」，太上洞玄靈寶智慧禮讚作「千日」，三洞讚頌靈章作「朱日」。

〔三〕「經」，上二書及洞玄靈寶玉京山步虛經作「書」。

〔四〕「畢」，上三書均作「必」。

學道甚亦苦，晨夕建福田，種德由植樹，根深果亦繁〔一〕。子能躭玄尚，飄爾昇清天。倏是無爲道，當與善結緣。太上弘至道，經書智慧篇〔二〕。拔苦由天才，超俗以得真。靈姿世所奇，爗若淵中蓮。

其五

人行各有本，皆由宿世功。立德務及時，發願莫不從。善惡俱待對，倚伏理難窮。賢士奉法言，道德在兼忘。解是大智慧，上爲太極公。寶蓋連玉輿，命駕御九龍。金華擎洞經，捧香悉仙童。嘯歌徹玄都，鳴玉叩瓊鍾。

其六

〔一〕「根深果亦繁」，洞玄靈寶玉京山步虚經、太上洞玄靈寶智慧禮讚、三洞讚頌靈章作「積簣而成山」。

〔二〕「太上弘至道，經書智慧篇」，上三書作「太上至隱書，名曰智慧篇」。

雲笈七籤卷之九十九

贊詩詞

吴子來寫真贊一首詩二首并序

費玄真者，成都雙流縣興唐觀道士也。大中末〔一〕，有道士自稱吴子，止觀中，淹留歲餘，養氣絶粒，時亦飲酒。其爲志也，泛然自適，無所營爲。忽謂玄真曰：「吾欲爲師寫真，可乎？」玄真笑曰：「夫欲寫真，先須自寫。」吴子如其言，引鏡濡毫，自寫其貌，下筆惟肖，頃刻而畢。復自爲贊，兼詩二章，留遺玄真。爲贊及詩，未嘗抒思。

贊曰

不才吴子，知命任真。志尚玄素，心樂清貧。涉歷羣山，翛然一身。學未明道，形惟保神。山水爲家，形影爲鄰。布裘草帶，鹿冠紗巾。餌松飲泉，經蜀過秦。大道杳冥，吾師何

〔一〕「末」原作「未」，據四部叢刊本及神仙感遇傳卷二費玄真傳改。

人？矚念下土，思彼上賓。曠然無已，罔象惟親。

詩曰

終日草堂間〔一〕，清風常往還。耳無塵事擾，心有翫雲閑。對酒惟思月，餐松不厭山。時時吟内景，自合駐童顔。

其一

此生此物當生涯，白石青松便是家。對月卧雲如野鹿，時時買酒醉煙霞。

其二

寂爾孤遊，翛然獨立。飲木蘭之墜露，衣鳥獸之落毛。不求利於人間，絶賣名於天下。此山居之道士也。題罷，振衣理策而去，莫知所在焉。

仙人貽白永年詩一首并序

白椿夫字永年，湖南衡嶽人也。少有高趣，習神仙之道。三元八節以詣嶽中諸觀，助焚修朝謁之禮，問玄經祭真之義，頗爲高尚之所歎異。至於負薪汲水，勤苦尋師，不以爲

〔一〕「間」，衆仙讚頌靈章作「閑」。

替。因得丹書飛步覈邪之術，修之二十年，由以〔一〕濟俗救民，懲祅祛疾，賴其力者衆矣。巢寇犯闕，大駕西巡，海内干戈，紀綱淩紊。酋豪獷暴者，所在自樹置，不遵法度。永年必約正道以戒教之，從者多矣〔二〕。時境内有豪帥〔三〕，亡其姓名，嘗爲其子娶婦。吉日之前一辰，忽有一少年，騎從十餘輩，不知所從來，徑造其廳事，箕踞詬之曰：「我先欲娉某氏，汝何爲奪之？」衆雖驚駭，莫敢酬對。因使其徒取纏絳羔鴈青錢束帛備物之數以還之，而欲迫其女。衆疑其鬼物，豪帥無以拒之，選迅足者百餘里召永年。詰明將至，少年初無懼色，良久自謂曰：「白尊師果來矣！」乃泫然流涕，跳躍上屋，號呼數聲而滅。所致之物皆在，永年乃散之以遺貧病者。因顯以逆順，理諭豪帥。豪帥知非，乃散釋堡聚，祛解兵衞，復爲編民。廉使州將嘉其事，湘衡間賢不肖者，皆美師之德，仰師之教焉。一日，有樵人扣户曰：「西峯巖中有仙人會話，師可造之。」永年疑其山水之祅也，睨其目睛，以辨邪正。方攝衣將行，樵者曰：「師功行已著係仙籍，何邪之敢干？然毫釐之差，勿爲恨也。」言畢，由

〔一〕「以」，神仙感遇傳卷二白椿夫傳作「是」。

〔二〕「永年必約正道以戒教之，從者多矣」，上書作「師必約正道以戒之，從教者多矣」。「必」原作「心」，據上書改。

〔三〕「帥」原作「師」，據上書及四部叢刊本改。下同。

他徑去。師策杖尋之，至即暝矣。但見崖壁有光，因熟視之，有詩焉，翰墨猶濕。其詩曰：「清秋無所事，乘霧出遥天。憑仗樵人語，相期白永年。」讀訖，即空壁無字，光亦止矣。

李公佐仙僕詩一首并序

李公佐舉進士後，爲鍾陵從事。有僕夫自布衣執役勤瘁，晝夕恭謹，迨三十年，公佐不知其異人也。一旦告去，留詩一章。其詩曰：「我有衣中珠，不嫌衣上塵。我有長生理，不厭有生身。江南神仙窟，吾當混其真。不嫌市井諠，來救世間人。蘇子跡已往，注云：蘇耽是也。顓蒙事可親。公佐字顓蒙。莫言東海變，天地有長春。」自是而去，出門不知所之，鄰里見僕距躍凌空而去。

攄浩然泛虚舟辭遺欒渾之詩二首并序

欒先生者，名清字渾之，好道術，與東海徐戡字玄貞爲方外之友，同遊江南，泊舟於渚。雨霽微風，聞上流有清嘯之聲，乃相與上流望之。見二人共乘一舟，不刺不棹，順風沿流。欒移舟迎之，見二客舟中有筆硯蓮葉及酒器，二蓮葉上各有文字，因並舟問之。二客不對，欒先生堅詰之，笑持蓮葉以遺焉，曰：「熟讀此，明日當便知我，無煩問也。」

一葉題曰攄浩然，其詩曰：「行時雲作伴，坐即酒爲侶。腹以元化充，衣將雲霞補。紂虐與堯仁，可惜皆朽腐。」

一葉題云泛虛舟，其詩曰：「檝棹無所假，超然信萍查。朝浮旭日輝，夕蔭清月華。營營功業人，朽骨成泥沙。」

有頃，遺渾之酒一卮，甚馨香，飲訖別去。渾之縱棹追之，杳不可及。須臾，風濤忽起，二人驚伏舟中，良久方定，失蓮葉之所在。欒大醉，日暮及漁人家。至夜半，欒轉側啼叫良久，吐數斗物。徐生疾起，舉燭視之，乃其五藏，爛黑皆在於地。先生歎然而起，拊掌而歌曰：「得飲攄公酒，復登攄公舟。便得神體清，超遥曠無憂。」

歌畢，復長嘯和之，清響激越，非昔所習。數月，欒謂徐曰：「吾醉遺所佩九寸鏡，今端午將及，議欲重鑄，宜買酒收直，以備資費。」開篋取藥屑二升，和水十石，自寅及午便成酒，載於舟中，泝岸沽之，不知所適。徐玄貞與旅人朱傚熟，於江表相遇。玄貞維舟登岸，與傚展敘。未竟，風雨暴至。及霽，徐生與舟復失所在。其後有人於廬山懸巖中，見醉人抱樽而卧，識者疑是徐生，以其素好酒焉。時貞元十四年也。

靈響詞五首并序

道德經云：「視之不見，聽之不聞，搏之不得。」詳乎老君之旨趣，蓋諭以衆庶之俗民，非修生之道民也。尹真人節解經云：「内觀者覩神光，不可謂之不明；返聽者聞神聲，不可謂之無音；握固者精神備體，不可謂之無形。凡在道中之民，當須視不見之形，聽不聞之聲，搏不得之名，三者皆得，謂之道民矣。」余慕道年久，修持没功，夙夜自思，如負芒棘。嘗因暇日，竊覽三清經云：「夫修鍊之士，當須入静三關，淘鍊神氣，補續年命。大静三百日，中静二百日，小静一百日。」愚雖不敏，情頗激切，神道扶持，遂發至懇。且試以小静，即開成三年戊午歲起，正月一日，閉户自修，不交人事，尅期百日，方出静堂。雖五穀併絶，而五氣長修，幸免瘦羸，不知飢渴。未逾月而神光照目，百靈集耳，精爽不昧，此三者皆應，則知仙經祕典，言不虚設也。人不修，即不知。既不知，則信彼前後學，咸謂神仙之教，盡爲誑誕之辭。今古相蒙，未始有極。小兆忝爲前得者，故發言爲詞，以正將來之惑。因叙五篇，篇之四句，貽諸同好，用紀玄深。其詞曰：

其一

此響非俗響，心知是靈仙。不曾離耳裏，高下如秋蟬。

入夜聲則勵，在晝聲則微。神靈斥衆惡，與我作風威。

其二

妙響無住時，晝夜常輪迴。那是偶然事？上界特使來。

其三

何以辨靈應？事須得梯媒。自從靈響降，如有真人來。

其四

存念長在心，展轉無停音。可憐清爽夜，静聽秋蟬吟。

其五

衆仙步虚詞五首

飄飄上雲路，黯黯入長霄。星宫日去遠，光陰劫數遥。仰德金顔隱，傾想佇神飆。願得暎霞軫，焚香稽首朝。

其一

玄風轉飛蓋，紫氣汎仙車。浮空不待駕，倏忽昇虚無。徘徊哀下界，顧眄愍羣諸。三元真化畢，翛然入太虚。

其二

萬氣浮空上，千光合太微。霄間望華蓋，虚裏〔一〕眄霞衣。真儀入雲路，圓曜逐風飛。願得三元會，金容乘運歸。

其三

吉光騰紫氣，霄路逸丹天。幡颺香風轉，蓋動超浮煙。道中還復道，玄中已復玄。真光不識際，大道竟無形。法輪常自轉，希音不可聽。空閑待三寶，虚中聞洞經。七變遊魂反，萬氣駐頽齡。

其四

香風飄羽蓋，遊氣轉飆車。泠泠上雲路，窈窈入長虚。顧愍埃塵子，應運演靈書。妙果諧今日，冥契自然符。

其五

〔一〕「裏」，衆仙讚頌靈章作「重」。

青童大〔一〕君常吟一首

欲植滅度根，當拔生死栽。沉吟墮九泉，但坐惜形骸。

南嶽夫人作與許長史一首

靈谷秀瀾縈，藏身棲巖京。披褐均衮龍，帶索〔二〕齊玉鳴。形盤幽遼裏，擲神太霞庭。霄上有陛賢，空中有真聲。仰我曲晨飛，案此緑軒輧。下觀八度内，俛歎風塵縈。解脱遺波浪，登此眇眇身〔三〕。憂竟〔四〕三津竭，奔馳割爾齡。

〔一〕「大」原作「天」，據衆仙讚頌靈章及真誥卷三運象篇第三改。
〔二〕「帶索」原作「帶素」，據真誥卷三運象篇第三改。
〔三〕「身」，上書作「清」。
〔四〕「憂竟」，上書作「擾兢」。

南嶽夫人作一首

玄感妙象外，和聲自相招。雲書鬱紫晨，蘭風扇緑軺。上真宴瓊臺，邈爲地仙標。所期貴遠邁，故能秀穎翹。翫彼八素翰，道成初不〔一〕遼。人事胡可豫？使爾形氣消。

〔一〕「不」原作「六」，據真誥卷四運象篇第四改。

道教典籍選刊

雲笈七籤

五册

〔宋〕張君房 編

李永晟 點校

中華書局

雲笈七籤卷之一百

紀

真宗皇帝御製先天紀叙

蓋聞幽通造化，是謂神功；胥洎範圍，斯云聖迹。若乃六合無外，億世相因，仰之若日星，遵之若繩墨，上賓之御，默贊於高旻；長發之祥，隆興於丕緒。故當遹追盛烈，昭示羣倫，廣五典之闕疑，爲六經之首冠者也。思文聖祖，肇初生民，時屬洪荒，政方朴略。儲精曾宙，下撫於八紘；應運中央，茂宣於三統。先覺以化庶彙，總己以御衆靈。涿鹿觀兵，濟人而定難；梁峯紀號，奉天而告成。順拜崆山，所以尊乎沖妙；輕舉冶谷，所以登乎紫清。俗畏其神，民習其教。九國承於世祀，三代繼於大宗。宜乎竹帛之文，紀丕功而罔盡；車書之域，仰遺迹而咸周。豈止唐堯之協和萬邦，姬文之本支百世，庖犧之始畫八卦，高辛之正是五行者哉！顧以眇躬，紹兹寶曆。元符之降，實荷於鴻仁；真馭之臨，獲聞於諄誨。知開先之有自，懷積累之無疆。由是寶綬以奉徽稱，棟宇以新原廟。夙夜之意，靡捨於歸尊；卿士之心，彌思乎順美。樞密使檢校太尉同平章事王欽若，樞機協贊，文史博通。仰錫羨於元都，徇追崇於涼德。覃精紬素，盡銓魯壁之編；率勵鉛黄，感正晉河之誤。以至琅函瓊蘊，竹簡芸籤，遠訪名山，近觀藏室，羣分類聚，索隱造微。纘集成書，蓋無乎遺論；封章來上，尤見乎資忠。庶諧永世之期，求乃冠篇之作。慶基紹祚，思祖德之垂鴻；惇史揚輝，表孫謀之繼志。雖有慙於麗薄，蓋聊叙乎徽音。式製佳名，用標緗袠，題曰先天紀。冀夫恢隆世表，丕顯天宗。龍門補藝之言，常傳〔一〕其實録；闕里升堂之士，莫得而措辭云爾！

軒轅本紀

軒轅黄帝姓公孫，自周制五等諸侯後，乃有公孫姓。軒轅爲黄帝，長於姬水，合以姬爲姓，不知古史何據也？有熊國君少典之次子也。伏羲生少典，少典生神農及黄帝，襲帝位，居有熊之封焉。其母西喬氏女，名附寶，瞑見大電光繞北斗樞星照于郊野，附寶感之而有娠，以樞星降，又名曰天樞，懷之二十四月，生軒轅於壽丘。地名，在魯東門之外。帝生而神靈，幼而徇齊，疾而速也。弱而能言，長而敦

〔一〕「傳」，道藏輯要本作「傅」。

敏，成而聰明。龍顔日角，河目〔一〕隆顙，蒼色大肩，始學於大項，長於姬水。帝年十五，心慮無所不通，乃受國於有熊，襲封君之地。在鄭州新鄭縣。以制作軒冕，乃號軒轅，以土德王曰黄帝。得奢龍辨乎東方，解在下文。得祝融辨乎南方，心星以火，火在正南大明也。融，光明也，主火之官號祝融，南字從南從午。南，求也，求正對爲明爲暗。則南爲陽，北爲陰也。得火封辨乎西方，西之半也，雞之鳴〔二〕旦，則望東而身居西也。西，雞也，以小〔三〕入時名之，西半爲西也。得后土辨乎北方。北，陰也，背也，故曰北。四方之名也。東者，動也，日出萬物乃動也。東字從日穿木，以日出望之，如穿扶桑之林木也。日所出在扶桑東數十萬里。帝娶西陵氏於大梁，曰嫘祖，爲元妃。生二子玄囂、昌意。初喜天下之戴己也，養正娱命，自取安而順之，爲鴻黄之代，以一民也〔四〕。時人未使而自化，未賞而民勸，其心愉而不僞，其事素而不飾，謂之太清之始也。耕者不侵畔，漁者不争岸，抵市不預價，市不閉鄗，商旅之人相讓以財，外户不閉，是謂大同。

〔一〕「目」原作「日」，據歷世真仙體道通鑑（下稱仙鑑）卷一軒轅黄帝改。
〔二〕「鳴」，上書作「明」。
〔三〕「小」，道藏輯要本作「日」。
〔四〕「鴻黄之代，以一民也」，文選論晉武帝革命云：「鴻黄世及，以一民也」。

帝理〔一〕天下十五年之後，憂念黎庶之不理，竭聰明，進智力，以營百姓，具修德也，考其功德而務其法教。時元妃西陵氏始養蠶爲絲，今禮記，皇后祭先蠶西陵氏。葛稚川西京記曰：「宫内有先蠶壇。」乃有天老五聖以佐理化。帝取伏犧氏之卦象法而用之，據神農所重六十四卦之義，帝乃作八卦之説，謂之八索，求其重卦之義也。時有臣曹胡造衣，臣伯余造裳，臣於則造履，帝因之作冠冕，冠者則服之又名，冕者則冠中之别名，以其後高前下，有俛仰之形，因曰冠冕也〔二〕。始代毛革之弊，所謂黄帝垂衣裳而天下理也。帝因以别尊卑，令男女異處而居，取法乾坤天尊地卑之義。帝見浮葉方爲舟，即有共鼓化狄三臣助作舟楫〔三〕，所謂「刳木爲舟，剡木爲檝」也。以取諸涣，涣，散也，物大通也，所以濟不通也。帝又觀轉蓬之象以作車。時有神馬出生澤中，因名澤馬。一曰吉光，又曰吉良，出大封國〔四〕，亳州〔五〕東，古國也。文馬縞身朱鬣，

〔一〕「理」原作「里」，據仙鑑卷一軒轅黄帝改。

〔二〕「因曰冠冕也」原作「因曰冠，冠，冕也」，據上書删。

〔三〕「三臣」當作「二臣」，「化」當作「貨」。説文釋「舟」云：「共鼓貨狄刳木爲舟，剡木爲楫。」藝文類聚卷七一引世本云：「共鼓貨狄作舟。」

〔四〕「大封國」，山海經海内北經作「犬封國」，「吉良」作「吉量」。

〔五〕「亳州」原作「毫州」，據仙鑑卷一軒轅黄帝改。

乘之壽千歲，以聖人爲政應而出。今飛龍司有吉良厩，因此也。薛綜曰：「與騰黃一也。」〔一〕所出之國各別。葛稚川曰：「騰黃之馬，吉光之獸。」則獸馬各異。今據吉光即馬，騰黃即獸，稚川之説又別。又有騰黃神獸，其色黃，狀如狐，背上有兩角龍翼，一本云，龍翼而馬身，一名乘黃，一名飛黃，或曰古黃，又曰翠黃，出日本國，壽三千歲〔二〕。日行萬里，乘此令人壽二千歲〔三〕。出日本國，壽二千歲。六典曰，宋齊梁陳皆有車府乘黃之官，今太僕寺有乘黃署，即其事。黃帝得而乘之，遂周遊〔四〕六合，所謂乘八翼之龍遊天下也。故遷徙往來無常。帝始教人乘馬，有臣胲作服牛以用之。世本云，所謂服牛乘馬，引重致遠，以取諸隨，得隨所宜也。有臣黃雍父始作舂〔五〕，所謂斷木爲杵，掘地爲臼，以濟萬人，取諸小過也。小過者，過而通也。帝作竈以著經，始令鑄釜造甑，乃蒸飯而烹粥，以易茹毛飲血之

〔一〕「與騰黃一也」，文選東京賦注引薛綜曰：「然吉良騰黃，一馬而異名也。」

〔二〕「又曰翠黃，出日本國，壽三千歲」，初學記卷二九引符瑞圖云：「或曰翠黃，一名紫黃，其狀如狐，背上有兩角，出白民之國，乘之壽可三千歲。」

〔三〕「乘此令人壽二千歲」，山海經海外西經云：「白民之國在龍魚北，白身被髮。有乘黃，其狀如狐，其背上有角，乘之壽二千歲」。

〔四〕「遊」原作「旋」，據仙鑑卷一軒轅黃帝改。

〔五〕「舂」原作「春」，據上書改。

弊。有臣揮始作弓，臣夷牟作矢，所謂「弦木爲弧，剡木爲矢」也。史記云，黄帝爲之也。弧矢之利，以威天下，取諸睽。睽、乖也，制不順也。帝始作屋築宫室，以避寒暑燥濕，謂之宫室，言處於中也〔一〕。所謂上棟下宇，以待風雨，取諸大壯。大者、壯也。帝又令築城邑以居之，始改巢居穴處之弊。又重門擊柝，以待暴客，以取諸豫，備不虞也。又易古之衣薪，葬以棺槨，以取諸大過也。帝服齋於中宫，於洛水上坐玄扈石室，與容光等觀〔二〕。忽有大鳥銜圖置於帝前，帝再拜受之。是鳥狀如鶴，而雞頭鷰喙，龜頸龍形，駢〔三〕翼魚尾，體備五色，三文成字，首文曰「慎德」〔四〕，背文曰「信義」，膺文曰「仁智」。天老曰：「是鳥麟前鹿後蛇頸，背有龍文，足履正，尾繫武〔五〕。有九苞：一曰口包命〔六〕，二心合度，三耳聰達，四舌

〔一〕「謂之宫室，言處於中也」，仙鑑卷一軒轅黄帝作「謂之宫，宫言處於中也」。

〔二〕「觀」，上書作「内觀」，初學記卷三十引春秋合誠圖作「臨觀」。

〔三〕「駢」，初學記卷三十引皇甫謐帝王世紀作「麟」。

〔四〕「首文曰慎德」，上書作「首文曰順德」。

〔五〕「尾繫武」，上書作「尾擊武」。

〔六〕「一曰口包命」，原無「口」字，據初學記卷三十引論語摘衰聖增。以下「二」至「九」下，上書均有「曰」字。

屈伸，五采色備，六冠鉅鋭鉤，七金目鮮明〔一〕，八音激揚，九腹大〔二〕。一名鶠，其雄曰鳳，其雌曰凰，高五六尺，朝鳴曰登晨，晝鳴曰上祥，夕鳴曰歸昌，昏鳴曰固常，夜鳴曰保長〔三〕，皆應律呂，見則天下安寧。」黄帝曰：「是鳥遇亂則去居九夷矣〔四〕！出於東方君子之國〔五〕，又出丹穴之山。」有臣沮頌蒼頡觀鳥跡以作文字，此文字之始也。先儒論文字之始不同，或始於三皇，或始於伏羲，或云與天地並興。今據司馬遷、班固、韋延、宋衷〔六〕、傅玄等云，蒼頡、黄帝臣，今據此載之。諸家説蒼頡，亦無定據。

黄帝修德義，天下大理。乃召天老謂之曰：「吾夢兩龍挺白圖出於河，以授予，敢問於子。」天老對曰：「此河圖洛書將出之狀，天其授帝乎！試齋戒觀之。」黄帝乃齋于中宫，衣黄服，戴黄冕，駕黄龍之乘，載交龍之旂，與天老五聖遊于河洛之間，求夢未得。帝遂沉璧

〔一〕「六冠鉅鋭鉤，七金目鮮明」，初學記卷三十引皇甫謐帝王世紀作「六曰冠矩州，七曰距鋭鉤」。

〔二〕「九腹大」，上書作「九曰腹文户」。

〔三〕「朝鳴」至「保長」，上書作「行鳴曰歸嬉，止鳴曰提扶，夜鳴曰善哉，晨鳴曰賀世，飛鳴曰郎都」。

〔四〕「是鳥遇亂則去居九夷矣」，初學記卷三十注引宋均曰：「鳳遇亂則潛居九夷」。

〔五〕「出於東方君子之國」，上書上卷引許慎説文作天老曰：「出東方君子之國」。

〔六〕「韋延」，疑當作「韋誕」。「宋衷」，史記日者列傳作「宋忠」。

於河，乃大霧三日，又至翠嬀之泉，有大鱸魚於河中泝流而至。殺三牲以醮之，即甚雨七日七夜，有黄龍負圖而出於河。黄帝謂天老五聖曰：「子見河中者乎？」天老五聖乃前跪受〔一〕之，其圖五色畢具，白圖蘭葉而朱文，以授黄帝，乃舒視之，名曰緑錯圖〔二〕，令侍臣寫之，以示天下。黄帝曰：「此謂河圖書。」是歲之秋也，帝既得龍鳳之圖書，蒼頡之文，即制文章，始代結繩之政〔三〕，以作書契，蓋取諸夬。夬、決也，決斷萬事。自垂衣裳至制文字凡九事，按皇甫謐帝王世〔四〕記載此九事，皆黄帝之功。今各以當時事及衆書所載，列之如前以明之。然於易繫説此九事，則上自黄帝下至堯舜，以其先儒説者，或以爲不獨黄帝。若以皇甫所載及今所引衆書，則九事皆黄帝始創制之以服用，後代聖人至堯舜，但繼作修飾爾！於是黄帝定百物之名，作八卦之説，謂之八索。一號帝鴻氏，一號歸藏氏，乃名所制曰歸藏書，此易之始也。

黄帝垂衣裳之後，作龍衮之服，畫日月星辰於衣上以象天，故有龍衮之頌。帝納女節

〔一〕「受」原作「授」，據仙鑑卷一軒轅黄帝改。

〔二〕「緑錯圖」，上書無「錯」字。

〔三〕「即制文章，始代結繩之政」，上書「章」作「字」，「始」作「以」。

〔四〕「世」原避諱作「代」，今逕改。下同。

爲妃，其後女節見大星如虹，下臨華渚，女節感而接之，生少皞。世記云，女節即嫘祖，非也。帝又納醜女號嫫母，使訓宮人，而有淑德，奏六德之頌。又納費修氏爲夫人。是時庶民甘其食，美其服，樂其俗，安其居，無羨欲之心，鄰國相望，雞犬之音相聞，至老而不相往來，無求故也。所謂黄帝理天下，便民心，謂之至理之代。是時風不鳴條，謂之天下之喜風也。雨不破塊，謂十日一小雨，應天下文，十五日一大雨，以叶運也。以嘉禾爲糧，謂大禾也，其穗異常。以醴泉爲漿，謂泉水味美如酒，可以養老也。以五芝爲芳，謂有異草生於圃，則芝英紫芝金芝黑芝五芝草生，皆神仙上藥。時有水物洋湧，山車滿野，於是德感上天，故有黄星之祥，謂之異星，形狀似月，助月爲光，名曰景星。又有赤方氣與青方氣相連，赤方中有二星，青方中有一星，凡三星。又有異草生於庭，月一日生一葉，至十五日生十五葉，至十六日一葉落，至三十日落盡。若小月，即一莢〔一〕厭而不落，謂之蓂莢，以明於月也，亦曰曆莢。帝因鑄鏡以象之，爲十五面神鏡，寶鏡也。于時大撓能探五行之情，占北斗衡所指，乃作甲乙十干以名日，立子丑十二辰以名月，以鳥獸配爲十二辰屬之，以成六旬，謂造甲子也。黄帝觀伏犧之三畫成卦，八卦合成二十四氣，即作紀曆，以定年也。帝敬大撓以爲師，因每方

〔一〕「莢」，仙鑑卷一軒轅黄帝作「葉」。

配三辰，立孟仲季，自是有陰陽之法焉。黃帝聞之，乃服黃衣，帶黃紳，首黃冠，齋于中宫，即有鳳凰蔽日而至。帝乃降階，東面再拜稽首曰：「天降丕祐，敢不承命。」鳳乃止帝東園，集于梧桐，又巢于阿閣，非竹實不食，非醴泉不飲。其飲也則自鳴舞，音如笙簫。帝即使伶倫往大夏之西，大夏國在西，去長安萬里。阮榆之谿，崑崙之陰嶰谷，采鍾龍之竹，取其竅厚均者〔一〕，斷兩節間三寸七分，吹之爲黃鍾之宫〔二〕。十一月律爲黃鍾，謂冬至一陽生，萬物之始也。以本至理之代天地之風氣。所謂黃帝能理日月之行，調陰陽之氣，爲十二律吕，雄雌各六也。晉書云，律管長尺，六孔，十二月之音〔三〕。稟之以竹，取自然圓虚也；以玉，取堅貞温潤也。時有女媧之後容成氏，善知音律，始造律曆，元起辛卯〔四〕。又推冬至日在之星。南斗後星也。又問天老，得天元

〔一〕「伶倫往大夏之西，阮榆之谿，崑崙之陰嶰谷，采鍾龍之竹，取其竅厚均者」，呂氏春秋仲夏紀第五古樂作「伶倫自大夏之西，乃之阮隃之陰，取竹於嶰谿之谷，以生空竅厚鈞者」，漢書律曆志作「泠綸自大夏之西，昆侖之陰，取竹之解谷生，其竅厚均者」。

〔二〕「宫」原作「音」，據上二書改。又「三寸七分」，上二書前者作「三寸九分」。

〔三〕「晉書云，律管長尺，六孔，十二月之音」，晉書律曆志上引傳云：「律之始造，以竹爲管。」又云：「黃帝作律以玉爲管，長尺，六孔，爲十二月音。」

〔四〕「元起辛卯」，仙鑑卷一軒轅黃帝作「元起丁亥」，夾注云：「本紀作辛卯，今準混元實録年譜。」

日月星辰之書、天文刻漏之書以紀時。有臣隸首善筭法，始作數著筭術焉。臣伶倫作權量，權、秤也，量即斗斛也。黄帝得蚩尤，始明乎天文。據管子言之，蚩尤有術，後乃叛。帝又獲寶鼎，乃迎日推策。於是順天地之紀，旁羅日月星辰，作蓋天儀，測玄象，推分星度，以二十八宿爲十二次。角亢爲壽星之次，房心爲大火之次，箕斗爲析木之次，牛女爲星紀之次，虚危爲玄枵之次，室壁爲諏訾〔一〕之次，奎婁爲降婁之次，昴畢爲大梁之次，觜參爲實沉之次，井鬼爲鶉首之次，星張爲鶉火〔二〕之次，翼軫爲鶉尾之次。立中外之星，作占日月之書，此始爲觀象之法也，皆自河圖〔三〕而演之。又使羲和〔四〕占日，常儀占月，鬼臾區占星，帝作占候之法，占日之書，以明休咎焉。

黄帝有茂德，感真人來遊玉池，至德所致也。有瑞獸在囿，玄枵之獸也。尚書中候云：麋身牛尾，狼蹄一角，角端有肉，示不傷物也。音中黄鍾，文章彬彬然。牝曰麒，牡曰

〔一〕「諏訾」，爾雅釋天作「娵訾」。

〔二〕「鶉火」原作「朱火」，據仙鑑卷一軒轅黄帝改。

〔三〕「河圖」原作「何圖」，據上書改。

〔四〕「羲和」原作「義和」，據史記曆書索隱改。

麟。生於火，遊於土。春鳴曰歸禾，夏鳴曰扶幼，秋冬鳴曰養信〔一〕。帝又得微蟲蛄螻，有大如羊者，大如牛者，蟲名螾，大如虹者，應土德之王也。有獸名⿰犭恙〔二〕如師子，食虎而循常近人，或來入室，人畏而患之，帝乃上奏於天，徙之北荒。帝以景雲之瑞，慶雲之祥，即以雲紀官，官以雲爲名，故有縉雲之官。或云帝鍊金丹有縉雲之瑞，自號縉雲氏。赤多白少爲縉。於是設官分職，以雲命官，春爲青雲官，夏爲縉雲官，秋爲白雲官，冬爲黑雲官，帝以雲爲師也。是時炎帝之裔姜姓者也，縉雲者帝之祥雲，其雲非雲非煙，非紅非紫。又以帝鍊丹於婺州縉雲之堂，有此祥雲也。帝置四史官，令沮誦〔三〕、蒼頡、隸首、孔甲居其職，主圖籍也。周禮，掌版圖，人户版籍也。又令蒼頡主人儀，孔甲始作盤盂，以代凹尊坯飲〔四〕之朴，著盤盂篇，盤盂之誡也。帝作巾几之法以著經，黃帝書中通理，黃帝史謂之墳，墳，大也。孔安國曰：遭秦焚之，

〔一〕「春鳴曰歸禾，夏鳴曰扶幼，秋冬鳴曰養信」，初學記卷二九引何法盛晉中興徵祥記云：「牡曰麒，牝曰麟，牡鳴曰遊聖，牝鳴曰歸昌，夏鳴曰扶幼，秋鳴曰養綏。」

〔二〕「⿰犭恙」原作「⿰虫恙」，據文義改。

〔三〕「沮誦」原作「泹誦」，據仙鑑卷一軒轅黃帝改。

〔四〕「凹尊坯飲」，禮記禮運作「汙尊而抔飲」。

不可聞也。有臣史王〔一〕始造畫，又濟南人公玉帶上黃帝明堂圖，有複道，上有樓，從西南入，此樓之始也。帝依圖制之，曰合宫，可以觀其行也。乃立明堂之議，以觀於賢也。時有仙伯出於岐山下，號岐伯，善説草木之藥性味，爲大醫，帝請主方藥。帝乃修神農所嘗百草性味，以理疾者，作内外經。又有雷公述炮炙方，定藥性之善惡。扁鵲俞附二臣定脈經，療萬姓所疾。帝與扁鵲論脈法，撰脈書上下經。漢文里陽公〔二〕淳于意能知疾之生死，按脈經也。帝問岐伯脈法，又制素問等書及内經。今有二帙各九卷，後來就修之。按素問序云岐伯作，今卷數大約闕少其八十一難，後來增修。又云天降素女以治人疾，帝問之遂作素問也。帝問少俞鍼注，乃制鍼經明堂圖灸之法，此鍼藥之始也。

黃帝理天下，始以中方之色稱號。初居有熊之國，曰有熊帝，如顓頊爲高陽帝，帝嚳爲高辛帝，唐堯爲陶唐帝也。不好戰争。當神農之八代榆罔始衰，諸侯相侵。以黃帝稱中方，故四方僭號亦各以方色稱。史載而不言名號，即青帝太皥、赤帝神農、白帝少昊、黑帝顓頊，時有四帝之後，子孫僭越而妄有

〔一〕「史王」，仙鑑卷一軒轅黃帝作「史玉」。

〔二〕「漢文里陽公」，疑當作「漢元里陽公」，「文」、「元」形近而譌。按史記扁鵲倉公列傳云：「淳于意師同郡元里公乘陽慶」，「傳黃帝扁鵲之脈書」。

稱者也〔一〕。僉共謀之，邊城日駭。黃帝乃罷臺榭之役，省靡麗之財，周戎士，築營壘。帝問於首陽山，在河中郡，不安其居。令采首山之金，始鑄刀造弩。有於東海流波山得奇獸，狀如牛，蒼身無角一足，能出入水，吐水則生風雨，光如日月，其音如雷，名曰夔牛。帝令殺之，以其皮冒之以爲鼓，擊〔二〕之聲聞五百里。世本云，殷巫咸始作鼓，則非也。帝令軍人吹角爲龍鳴，此鼓角之始也。於是又令作蹴踘之戲，以練武士。今擊毬也。西京記曰，踘場即毬場也。黃帝云：「日中必熭，操刀必割。」狂屈豎聞之曰：「黃帝知言也。」

帝有天下之二十有二年，忽有蚩尤氏不恭帝命，諸侯中彊暴者也。兄弟八十人，並獸身人語，銅頭鐵額，不食五穀，啗沙呑石。蚩尤始作鎧甲兜牟，時人不識，謂是銅頭鐵額。李太白曰：「南人兵士見北地人所食麥飯糗粮不識，謂之啗沙呑石，以喻於此。」〔三〕不用帝命，作五虐之刑，以害黎庶。於葛盧山發金作冶，制爲鎧甲及劍，造立兵仗刀戟大弩等，威震天下，不順帝命。帝欲伐之，徵諸侯，一十五旬未剋敵，思念賢哲以輔佐，將征不義。乃夢見大風吹天下塵垢，又夢一人

〔一〕「而妄有稱者也」，仙鑑卷一軒轅黃帝作「而妄稱也」。

〔二〕「擊」上原有「以」字，據上書删。

〔三〕「謂之啗沙呑石，以喻於此」，上書作「謂之啗沙呑石故也」。

執千鈞之弩驅羊數萬羣。覺而思曰：「風號令，執政者也；垢去土，解化清者也〔一〕，天下當有姓風名后者。夫千鈞之弩，異力能遠者也；驅羊萬羣，是牧人爲善者也，豈有姓力名牧者乎？」帝作此二夢及前數夢龍神之驗，即作夢之書〔二〕。令依二夢求其人，得風后於海隅，得力牧於大澤。即舉風后以理民，初爲侍中，後登爲相，力牧以爲將，此將相之始也。以大鴻爲佐理。於是順天地〔三〕之紀，幽明之數，生死之說，是謂帝之謀臣也。帝問張若謀敵之事，張若曰：「不如力牧，能於推步之術，著兵法十三卷，可用之。」乃習其干戈，以征弗享。始制三公之職，以象三台。天象有三台星。風后配上台，天老配中台，五聖配下台。太公六韜曰：風后力牧五聖爲七公，則五聖五人也。黄帝於是取合己者四人，謂之四面而理時〔四〕。獲寶鼎，迎日推策。又得風胡爲將，作五牙旗及烽火戰攻之具，著兵法五篇。又以神皇爲將，帝

〔一〕「解化清者也」，史記五帝本紀正義引帝王世紀作「后在也」。

〔二〕「即作夢之書」，仙鑑卷一軒轅黄帝作「帝作釋夢之書」。史記五帝本紀正義引帝王世紀云：「黄帝因作占夢經十一卷。」

〔三〕「地」原作「下」，據上二書改。

〔四〕「取合己者四人，謂之四面而理時」，史記五帝本紀作「舉風后、力牧、常先、大鴻以治民」。

之夫人費修之子爲太子，好張羅及弓矢，付〔一〕以大將，謂之撫軍大元帥，爲王前敵，張若、力牧爲行軍左右別乘，以容光爲大司馬，統六師兼掌邦國之九法。容光一曰常光。又置左右大監，監於萬國。臣龍紆者，有勇有義，亦爲將。帝之行也，以師兵爲營衞，乃與榆岡合謀，共擊蚩尤。帝以玉爲兵，玉飾兵器。帝服黄冕，駕象車，交六龍，大丙、太一爲御，載交龍之旂，張五牙綵旗引之，以定方位。東方青牙旗，餘各依方色。帝之行也，常有五色雲氣，狀如〔二〕金枝玉葉，止於帝上，如葩華之象，帝因令作華蓋。今之繖蓋是也。黄帝即與蚩尤大戰于涿鹿之野。地在上谷郡南，有涿鹿城。帝未克敵，蚩尤作百里大霧彌三日，帝之軍人皆迷惑。乃令風后法斗機作指南車，以別四方。崔豹古今注曰：「周公作指南之車。」據此時已有指南車，即周公再修之爾。帝乃戰，未勝，歸太山之阿，慘然而寐。夢見西王母遣道人披玄狐之衣〔三〕，以符受帝曰：「太一在前，天一在後，得之者勝，戰則剋矣。」帝覺而思之，未悉其意，即召風后告之。后曰：「此天應也，戰必剋矣！置壇祈之。」帝依以設壇，稽首再拜，果得符，廣三寸，長

〔一〕「付」字原無，據仙鑑卷一軒轅黄帝增。
〔二〕「如」字原無，據上書增。
〔三〕「遺道人披玄狐之衣」，本書卷一一四西王母傳「道人」作「使」，「衣」作「裘」。

一尺，青色，以血爲文，即佩之。仰天歎所未捷，以精思之，感天大霧冥冥三日三夜。天降一婦人，人首鳥身，帝見稽首，再拜而伏。婦人曰：「吾玄女也，有疑問之。」帝曰：「蚩尤暴人殘物，小子欲萬戰萬勝也〔一〕。」玄女教帝三宮祕略五音權謀陰陽之術。兵法謂玄女戰術也。衛公李靖用九天玄女法是也。又神符，黃帝之符也。陰陽術即六壬太一遁甲運式法也。玄女傳陰符經三百言，帝觀之十旬，討伏蚩尤。授帝靈寶五符真文及兵信符，帝服佩之，滅蚩尤。又令風后演河圖法而爲式用之，創十八局〔二〕，名曰遁甲。周公時約爲七十二局，漢張子房共向映一云〔三〕，四皓議之爲十八局。案神龍負圖，文遁其甲，乃名之遁甲，今爲一局揭帖是也。以推主客勝負之術。黃帝又著十六神曆，推太一六壬等法。又述六甲陰陽之道，作勝負握機之圖及法要訣黃帝兵法三卷宋武傳，云神人出之〔四〕。河圖出軍訣稱黃帝得王母兵符，又有出軍大帥年命立成〔五〕各一卷，太一兵曆一卷，黃帝出軍新用訣一十二卷，黃帝夏氏占兵氣六卷，此書至夏后時重修之也。黃帝十八陣

〔一〕「萬戰萬勝也」，本書卷一一四西王母傳作「一戰則必勝也」。

〔二〕「法而爲式用之，創十八局」，上書無「法」字，「十」作「百」。

〔三〕「一云」，上書作「云」。

〔四〕「黃帝兵法三卷宋武傳，云神人出之」，隋書經籍志三作「皇帝兵法一卷宋武帝所傳神人書」。

〔五〕「出軍大帥年命立成」，上書作「黃帝軍出大師年命立成」。

圖二卷，諸葛亮重修爲八陣之圖。黃帝問玄女之法三卷，風后孤虛訣二十卷，務成子玄兵災異占十四卷，鬼臾區兵法三卷，圖一卷。或作鬼容區〔一〕。設兵法以來皆起於黃帝，亦後來增修也。

黃帝於是納五音之策，以審攻戰之事。復率諸侯再伐蚩尤于冀州。蚩尤率魑魅魍魎，請風伯雨師，從天大風而來〔二〕。命應龍蓄水以攻黃帝〔三〕。黃帝請風伯、雨師及天下女祅以止雨〔四〕。於東荒之地北隅諸山，黎土羌兵，驅應龍以處南極〔五〕，殺蚩尤與夸父。不得復上，故其下旱，所居皆不雨。蚩尤乃敗於顧泉，遂殺之於中冀，其地因名絶轡之野。在嬀州

〔一〕「鬼臾區兵法三卷，圖一卷。或作鬼容區」，漢書藝文志陰陽家作「鬼容區三篇。圖一卷」。注引師古曰「即鬼臾區也」。「或作鬼容區」，「容」原作「谷」。據改。

〔二〕「從天大風而來」，山海經大荒北經作「縱大風雨」，史記五帝本紀引山海經作「以從大風雨」，藝文類聚卷七十九引作「所從大風雨」。「而」疑當作「雨」。

〔三〕「命應龍蓄水以攻黃帝」，上三書分別作「黃帝乃令應龍攻之冀州之野」、「黃帝令應龍攻蚩尤」、「黃帝乃令應龍攻於冀州之野」。

〔四〕「黃帝請風伯雨師及天下女祅以止雨」，上三書分別作「黃帝乃下天女曰魃，雨止」、「黃帝乃下天女曰魃以止雨」、「黃帝乃下天女魃止雨」。

〔五〕「於東荒之地北隅諸山，黎土羌兵，驅應龍以處南極」，山海經大荒東經作「大荒東北隅中，有山名曰凶犂土丘，應龍處南極」，藝文類聚卷一百引作「東荒北隅有山名土丘，應龍處南極」。

也。既擒殺蚩尤，乃遷其庶類善者於鄒屠之鄉，其惡者以木械之。帝令畫蚩尤之形於旗上，以厭邪魅，名蚩尤旗。殺蚩尤於黎山之丘，東荒之北隅也。擲械于大荒之中宋山之上，其械後化爲楓木之林。山海經曰：融天山有楓木之林，蚩尤之桎梏所化也。所殺蚩尤，身首異處，帝閔之，令葬其首冢於壽張，縣名，在鄆州，冢高七尺，土人常以十月祀之，則赤氣如絳見，謂之蚩尤旗。其肩髀冢在山陽，縣名，在楚州，肩髀，府藏也。其髀冢在鉅鹿。邢州鉅鹿縣也。收得蚩尤兵書行軍祕術一卷，蚩尤兵法二卷。黄帝都於涿鹿城。上谷郡涿州，地名獨鹿，又曰濁鹿，聲傳記誤也。黄帝又與榆罔争天下，榆罔恃神農帝之後，故争之。黄帝始以鵰鶡鷹鸇，一云隼，之羽，爲旗幟，六典曰：今鵕鸃旗也。以熊羆貙虎爲前驅，戰于阪泉之野，地名，在上谷郡，今嬀州也。三戰而後剋之。帝又北逐獯鬻之戎，即匈奴也。諸侯有不從者，帝皆率而征之。凡五十二戰，天下大定。

帝以伐叛之功，始令岐伯作軍樂〔一〕鼓吹，謂之簫鐃歌，以爲軍之警衛。棡鼓曲、靈夔吼、鵰鶚争、石墜崖、壯士怒、玄雲、朱鷺〔二〕等曲，所以揚武德也，謂之凱歌。六典曰：漢時張騫得之於西域，凡八曲，軍樂之遺音。簫，笳也，金鐃如鈴而無舌有柄，執之以止鼓也。於是諸侯咸尊軒轅爲天

〔一〕「軍樂」原作「車樂」，據仙鑑卷一軒轅黄帝改。

〔二〕「玄雲朱鷺」，上書作「玄朱鷺」。

子。帝以己酉歲立，承神農之後，火生土，帝以土德稱王天下，號黄帝，位居中央，臨制四方。帝破山通道，未嘗寧居。令風后負籌〔一〕書，伯常〔二〕荷劍，旦出流沙〔三〕，夕歸陰浦，行萬里而一息，反涿鹿之阿。帝又試百神而朝之。帝問風后：「予欲知河所泄。」對曰：「河凡有五，皆始於崑崙之墟。黄河出於崑崙山東南脚下，即其一也。」餘四河説在於東方朔十洲記。帝令竪亥步自東極，至于西極，得五億十選九千八百八步，一云二億三萬三千。南北二億三萬一千三百里。一云〔四〕二億二十萬。竪亥左手把筭，右手指青丘北，東盡泰遠，西窮邠國，東西得二萬八千里，南北得二萬六千里。萬里曰選。神農時東西九千萬里，南北八千萬里，逾四海之外。韋昭注漢書，不信此闊遠於海外，臣瓚據道書，神農乘龍遊遠也，黄帝乘馬以理土，境秖四海内也。淮南子云：北極至于南極，二億三萬三千五百七十里也〔五〕。淮南王學道，此言絶遠，亦據道書也。黄帝始畫野分州，令百郡大臣授德教者，先列珪玉於蘭蒲席上，使春雜寶爲屑，以沉榆之膠和之爲泥，以分土別尊卑之位與

〔一〕「籌」原作「壽」，據仙鑑卷一軒轅黄帝改。拾遺記卷一軒轅黄帝無此字。

〔二〕「伯常」，拾遺記卷一軒轅黄帝作「常伯」。

〔三〕「旦出流沙」，上書作「旦遊洹流」。

〔四〕「一云」原無，據上書增。

〔五〕「二億三萬三千五百七十里也」，淮南子墬形訓作「二億三萬三千五百里七十五步」。

華戎之異。文出封禪記〔一〕。帝旁行天下，得百里之國者萬區。今之縣邑者也。所謂「首出庶物，萬國咸寧。」有青烏子能相地理，帝問之以制經。帝又問地老，説五方之利害。時有瑞草生帝庭，名屈軼，佞人入則指之，是以佞人不敢進。時外國有以神獸來進，名獬豸，如鹿一角，置於朝，不直之臣，獸即觸之。帝問食何物？對曰：「春夏處水澤，秋冬處松竹。」此獸兩目似熊。

容成子，有道知律者，女媧之後，初爲黄帝造律曆，元起辛卯〔二〕，至此時造笙以象鳳鳴。素女於廣都來，教帝以鼓五十絃瑟，古史考曰琴，則非也。黄帝損之爲二十五絃，其瑟長七尺二寸。伏羲置琴，女媧和之。黄帝之琴名號鍾，作清角之弄。帝始制七情，行十義之教。七情者，喜、怒、哀、樂、懼、惡、欲七情也。十義者，君仁、臣忠、父慈、子孝、兄良、弟悌、夫義、婦聽、長惠、幼順十義也。帝制禮作樂之始也。黄帝書説東海有度索山〔三〕，或曰度朔山，謂呼也。此山間以竹索懸而度也。山有神荼、鬱壘神，能禦凶鬼，爲百姓除患，制驅儺之禮以

〔一〕「文出封禪記」，拾遺記卷一軒轅黄帝「文」作「事」，仙鑑卷一軒轅黄帝作夾注語「出封禮記」四字。

〔二〕「元起辛卯」，仙鑑卷一軒轅黄帝作「元起丁亥」。

〔三〕「度索山」，後漢書禮儀志中及論衡訂鬼篇均引山海經作「度朔山」。

象之。帝以容成子爲樂師，帝作雲門大卷咸池之樂。乃張樂於洞庭之野，北門成曰：其奏也，陰陽以之和，日月以之明〔一〕，和風俗也。唐至德二年，洞庭側有人穿地得古鍾，有古篆文，黄帝時樂器也。永泰二年，巴陵令康通中得采藥人石季德於洞庭鄉採藥得古鍾，上有篆，岳州刺史李萼進之。可明莊子所謂黄帝於洞庭張樂，誠不妄者也。黄帝將會神靈於西山之上，乃駕象車六交龍，畢方並轄，蚩尤居前，蚩尤旗也。風伯進掃，雨師灑道，鳳凰覆上，乃到山大合鬼神，帝以號鍾之琴，奏清角之音，師曠善於琴，晉平公强請奏角弄，師曠不得已，一奏雲從西北起，再奏大風起、大雨作，平公懼而成疾焉。謂崑崙山之靈封〔二〕，致豐大之祭，以詔後代，斯封禪之禮也。于時崑崙山北玉山之神人也西王母，太陰之精，天帝之女也。人身虎首山海經曰虎顏〔三〕，一云虎色。豹尾，蓬頭戴勝，顥然白首善嘯，石城金臺而穴居，坐于少廣之山，有三青鳥常取食此神人西王母也。慕黄帝之德，乘白鹿來獻白玉環。又有神人自南來，乘白鹿獻鬯，帝德至地，秬鬯乃出。黄帝習樂以舞衆神，又感

〔一〕「其奏也，陰陽以之和，日月以之明」，莊子天運作「吾又奏之以陰陽之和，燭之以日月之明」，乃黄帝答北門成之語。

〔二〕「謂崑崙山之靈封」，仙鑑卷一軒轅黄帝作「登崑崙之靈峯」。

〔三〕「虎顏」，山海經西山經及大荒西經均作「虎齒」。

玄鶴二八翔舞左右。帝於西山嘗木果，味如李，狀如棠華，赤無核，因名沙棠，食之禦水不溺。帝立臺於沃人國〔一〕西王母之山，名軒轅臺，帝乃休于冥伯之丘崑崙之墟。帝遊華胥國，此國神仙國也。伏羲生於此國，伏羲母此國人。帝往天毒國居之，因名軒轅國。後來曰天竺，去長安一萬二千里，古史考曰在海外，妄也。

帝又西至窮山女子國北，又復遊逸於崑崙宫赤水北，及南望還歸而遺其玄珠，使明目人離婁求之不得，使罔象求而得之，後爲蒙氏之女奇相氏竊其玄珠，沉海去爲神。玄珠喻道，蒙氏女得之爲水神。帝巡狩東至海，登桓山，於海濱得白澤神獸，能言達於萬物之情。因問天下鬼神之事，自古精氣爲物、遊魂爲變者，凡萬一千五百二十種，白澤言之，帝令以圖寫之，以示天下。帝乃作祝邪之文以祝之。帝周遊行時，元妃嫘祖死於道，帝祭之以爲祖神。令次妃嫫母監護於道，以時祭之，因以嫫母爲方相氏。嚮其方也，以護喪亦曰防喪氏，令人將行，設酒食先祭道，謂之祖餞。祖，送也。顔師古注漢書云黄帝子爲道神，乖妄也。崔寔四民〔二〕月令復曰黄帝之子，亦妄也。皆不得審詳祖嫘祖之義也。黄帝以天下大定，符瑞並臻，乃登封太山，禪于亭亭山泰山下小山也。又禪

〔一〕「沃人國」，山海經大荒西經原作「沃之國」，王念孫、郝懿行增作「沃民之國」。

〔二〕「民」原作「人」，疑避諱改易，今正。

於几几山，勒功於喬嶽，作下時以祭炎帝。以觀天文、察地理、架〔一〕宮室、制衣服、侯氣律、造百工之德〔二〕，故天授輿服、斧鉞、華蓋、羽儀、天神之兵〔三〕，黄帝著軒輿之銘。帝以事周畢，即推律定姓，孔子京房皆行此事。紀鍾甄聲。帝之四妃，嫘祖、嫫母、費修、女節是也。生二十五子，得姓者十二人〔四〕，一云十三人。姬、酉、祈、巳、滕、箴、任、苟、僖、詰、旋、依〔五〕。史記云一十一姓，惟䕢、嬛二姓不同〔六〕。所云黄帝姓公孫者十八代，合一千五百年，其十二姓十三代，合一千七十二年。

〔一〕「架」原作「駕」，據仙鑑卷一軒轅黄帝改。
〔二〕「造百工之德」，上書作「造百工之藝，累功積德」。
〔三〕「兵」原作「丘」，據上書改。
〔四〕「生二十五子，得姓者十二人」，史記五帝本紀作「黄帝二十五子，其得姓者十四人」，索隱引國語云：「黄帝之子二十五宗，其得姓者十四人，爲十二姓」。
〔五〕「姬酉祈巳滕箴任苟僖詰旋依」，史記五帝本紀索隱引國語、集解引虞翻語：「祈」作「祁」，「巳」作「己」，「箴」作「葴」，「苟」作「荀」，「詰」作「姞」，「旋」作「儇」，「依」作「衣」。
〔六〕「史記云一十一姓，惟䕢嬛二姓不同」，「一十一姓」原作「六十一姓」，按史記五帝本紀集解引徐廣曰：「凡有二十五人，其二人同姓姬，又十一人爲十一姓，酉、祁、己、滕、葴、任、荀、䕢、姞、儇、衣是也，餘十二姓德薄不記録。」據改。

史記〔一〕又云「十二姓德薄不記録」，亦不可也。姬、祁、滕、任、僖、詰皆有德有名者也。所云黄帝姓公孫，雖古史相傳，理終不通。且黄帝生於有熊，長於姬水，秖合以姬爲姓。至周武王稱黄帝十九代孫姬姓之後，即黄帝姬姓，非公孫也。且周置五等諸侯以公侯伯子男，後諸侯子孫多稱公孫，言公之子孫也。故連公子爲姓者且有八十五氏，皆非黄帝時人。黄帝九子，各封一國。潘安仁詩言之，未知其源。元妃嫘祖生二子玄囂、昌意，並不居帝位。玄囂得道，爲北方水神〔二〕。昌意娶蜀山氏之女，生顓頊，居帝位，即黄帝嫡孫也，號高陽氏。摯字青陽即帝位，號金天氏，黄帝之小子也〔三〕。少昊後有子七人，顓頊時，以其一子有德業，高陽帝賜姓曼氏，餘不聞。

黄帝以天下既理，物用具備，乃尋真訪隱，問道求仙，冀獲長生久視，所謂先理代而後登仙者也。時有甯子爲陶正，有神人過，教火法，出五色煙，能隨之上下，道成仙去，往流沙

〔一〕「史記」原作「史」，據史記五帝本紀改。

〔二〕「神」字下，仙鑑卷一軒轅黄帝尚有「昌意居弱水（「弱水」，史記五帝本紀作「若水」），弟少昊，黄帝之小子也，帝妃女節所生，號金天氏，後即帝位。黄帝之女溺於東海，化爲鳥名精衞，常銜西山木石以堙東海」。

〔三〕「摯字青陽，即帝位，號金天氏，黄帝之小子也」，上書作「黄公託拔，昌意之少子也，封北土。禺强，黄帝之胤，不居帝位，亦得道，居北方爲水神」。

之所，食飛魚暫死，二百歲更生，作沙頭頌〔一〕曰：「青蕖灼爍千載舒，百〔二〕齡暫死餌飛魚。」有務光子者，身長八尺七寸，神仙者也。至夏時餌藥養性鼓琴，有道壽永者。有赤將子輿〔三〕不食五穀，啗百花而長年。堯時爲木工，能隨風上下，即已二千歲矣。有容成公善補導之術，守生養氣，谷神不死，能使白髮復黑，齒落復生。黄帝慕其道，乃造五城十二樓以候神人。即訪道遊華山首山，東之太山，時致怪物，而與神仙通。接神人於蓬萊回，乃接萬靈於明庭、京兆、仲山、甘泉、寒門、谷口。在長安北，甘泉、雲陽。黄帝於是祭天圓丘，將求至道，即師事九元子，以地皇元年正月上寅日齋於首山，在河東蒲坂縣。復周遊以訪真道。令方明爲御，昌宇驂乘，張若謵廖道焉〔四〕，謵音習；廖，舒氏切，或作明。昆閽、滑稽從車，而至襄城之野，七聖俱迷。見牧馬童子，黄帝問曰：「爲天下若何？」小童曰：「理天下何異牧馬？去其害馬而已。」黄帝稱天師而退。至于圜丘，其國有不死樹，食其子與葉，人皆不死。有丹巒之泉，飲之而壽。

〔一〕「沙頭頌」，拾遺記卷一軒轅黄帝作「遊沙海七言頌」。
〔二〕「百」原作「萬」，據上書改。
〔三〕「赤將子輿」，「將」原作「蔣」，據仙鑑卷一軒轅黄帝改。
〔四〕「張若謵廖道焉」，莊子徐无鬼作「張若謵朋前焉」。

有巨蛇害人，黄帝以雄黄卻逐之，其蛇留一時而反。外國記云，留九年也。帝令三子習服之，皆壽三百歲。北到洪隄，上具茨山，在於陽翟。見大隗君密縣大隗神也。又見黄蓋童子受神芝圖七十二卷〔一〕。適中岱見中黄子〔二〕，受九茄之方。一云至崆峒山見中黄真人，其方原州有崆峒之山。應劭云在隴右，非也。登崆峒山見廣成子問至道，司馬彪注莊子云：崆峒，當斗下之山也〔三〕。一云〔四〕在梁國虞城東三十里是也。廣成子不答。帝退，捐天下，築特室，藉白茅，閒居三月，方往再問修身之道，乃授以自然經一卷。黄帝捨帝王之尊，託猳豚之文，登雞山，陟王屋山，開石函，發玉笈，得九鼎神丹注訣。南至江，登熊、湘山。熊山在召陵長沙也，湘山在長沙益陽縣。往天台山，受金液神丹。東到青丘山，見紫府先生，受三皇内文大字，〔五〕抱朴子云有二十卷〔六〕。以劾召萬

〔一〕「神芝圖七十二卷」，太上靈寶五符序卷下作「神仙芝圖十二卷」。

〔二〕「中黄子」原作「黄子中」，據上書及抱朴子地真篇改。

〔三〕「當斗下之山也」，莊子在宥司馬彪注云：「當北斗下山也」。

〔四〕「一云」原作「一方」，據仙鑑卷一軒轅黄帝改。

〔五〕「三皇内文大字」，太上靈寶五符序卷下及廣黄帝本行記均作「三皇内文天文大字」，抱朴子地真作「三皇内文」。「東到青丘山」，太上靈寶五符序卷下作「東到青丘，過風山」。

〔六〕「抱朴子云有二十卷」，抱朴子遐覽作「三皇内文天文三卷」。

神。南至五芝玄澗，登圜壠，蔭建木，觀百靈所登降，采若乾之芝，一云花。飲丹巒之水。南至青城山，禮謁中黄丈人，乃問登雲臺山，見甯先生，受龍蹻經。問真一之道，皇人曰〔一〕：「子既居海内，復欲求長生不死，不亦貪乎！」頻相反覆，而復受道即中黄真人〔二〕。黄帝拜謝訖，東過廬山祠使者，以次青城丈人也〔三〕。廬山使者秩比御史，主總仙官之道，是五嶽監司也。又封潛山君爲九天司命，主生死之録。黄帝以四嶽皆有佐命之山，而南嶽孤特〔四〕無輔，乃章詞三天太上道君，命霍山爲儲君，命潛山爲衡嶽之副以成之，時參政事，以輔佐之。帝乃造山躬寫形象，以爲五嶽真形之圖。

黄帝往練石於縉雲堂，於地練丹時，有非紅非紫之雲見，是曰縉雲，因名縉雲山。在婺州金華縣，一云永康縣也。帝藏兵法勝負之圖、六甲陰陽之書於苗山。禹會計功於此集諸侯，因名會稽也。

〔一〕「問真一之道，皇人曰」，仙鑑卷一軒轅黄帝作「問真一之道於中黄丈人，丈人曰」。又「皇人曰」之上，太上靈寶五符序下及廣黄帝本行記各有百餘字。

〔二〕「而復受道即中黄真人」，仙鑑卷一軒轅黄帝作「而復授道」。

〔三〕「東過廬山祠使者，以次青城丈人也」，「祠」原作「爲」，據上書改。五嶽真形序論作「拜青城爲丈人，署廬山爲使者」。

〔四〕「孤特」，五嶽真形序論作「孤峙」。

黃帝合符瑞於釜山，得不死之道。奉事太一元君，受要記修道養生之法。於玄女素女受房中之術，能御三百女。玄女授帝如意神方，即藏之崆峒山。帝精推步之術于山稽力牧，著體診之訣於岐伯雷公，講占候於風后，窮律度於容成〔一〕，救傷殘綴金冶之事，故能〔二〕祕要，窮盡道真也。黃帝得玄女授陰符經義，能內合天機，外合人事。帝所理天下，南及交趾，北至幽陵，西至流沙，東及蟠木。蟠桃在度索山，具在山海經也。帝欲棄天下，曰：「吾聞在宥天下，不聞理天下。我勞天下久矣，將息駕於玄圃，以返吾真矣。」崑崙山上有玄圃也。黃帝修興封禪禮畢，采首山之銅，將鑄九鼎於荆山之下，以象太一於雍州。虢州湖城縣有石記述黃帝鑄鼎於此，舊曰〔三〕鼎州弘農郡，地理志云，馮翊懷德縣南之荆山是也。是鼎神質文精也，知吉知凶，知存知亡，能輕能重，能息能行，不灼而沸，不汲自滿，中生五味，真神物也。黃帝鍊九鼎丹服之。逮至鍊丹成後，以法傳於玄子，此道至重，盟以誡之。帝以中經所紀，藏於九嶷山東號

〔一〕「窮律度於容成」原作「先生」，據廣黃帝本行記改。

〔二〕「故能」，上書作「畢該」。

〔三〕「曰」原作「日」，據道藏輯要本改。廣黃帝本行記作「名」。

委羽〔一〕，承以文玉，覆以盤石，其書金簡玉字，黄帝之遺讖〔二〕也。夏禹得之，亦仙化去。又云藏之於會稽覆釜山中也。帝又以所佩靈寶五符真文書金簡一通封於鍾山，一通藏於宛委之山。帝嘗以金鑄器，皆有銘題上古之字也，以記年月，或有祠也〔三〕。時有薰風至，神人集，成猒代之志，即留冠劒珮舄於鼎湖極峻處崑臺之上，立館其下，崑崙山之軒轅臺也。

時有馬師皇善醫馬，有通神之妙思。有龍下于庭，伏地張口閉目，師皇視之曰：「此龍病求我醫也。」師皇乃引鍼於龍口上下〔四〕，以牛乳煎甘草灌之。龍病愈，師皇乘此龍仙去。黄帝聞之，自擇日卜云，還宅升仙之日得戊午，果有龍來垂胡髯下迎，黄帝乃乘龍與友人無爲子及臣僚等從上，七十二人同去。小臣不得上者，將龍髯拔陊〔五〕及帝之弓，小臣抱其

〔一〕「藏於九嶷山東號委羽」，廣黄帝本行記作「藏於九疑之東委羽之山」。

〔二〕「讖」，仙鑑卷一軒轅黄帝作「誡」。

〔三〕「帝嘗以金鑄器，皆有銘題上古之字也，以記年月，或有祠也」，「銘題」原作「名題」，據上書改。廣黄帝本行記作「帝所鑄劒鏡鼎器，皆以天文古字題銘其上，或有祕讖之詞焉」。「祠」疑當作「詞」。

〔四〕「於龍口上下」，廣黄帝本行記作「以鍼龍口中」。

〔五〕「陊」原作「陔髯」，據仙鑑卷一軒轅黄帝改。史記封禪書作「墜」。

弓與龍髯而號泣，弓因曰烏號，鑄鼎之地後曰鼎湖。至周王時封虢叔於此，因名曰虢州〔一〕，古曰鼎州，於漢曰湖縣〔二〕也。其後有臣左徹削木爲黄帝象，率諸侯朝奉之。臣僚追慕，靡所措思，或取几杖立廟而祭，或取衣冠置墓而守，是以有喬山之冢。在上郡陽周縣〔三〕，又膚施縣有黄帝祠四所，鄜州喬山，黄帝冢在焉。黄帝曾遊處皆有祠，五百年後喬山墓崩，惟劍與赤舄在焉，一旦亦失。荆山記龍首記具載之也。黄帝居代總百一十一年，在位一百年。自上仙後，昇天爲太一君，其神爲軒轅之宿，在南宫，黄龍之體象。火體，祭天神，軒轅星一也。後來享之，列爲五帝之中方君也，以配天，黄帝土德，居中央之位，以主四方。東方青帝太昊，南方赤帝神農，西方白帝少昊，北方黑帝顓頊。以鎮星配爲子，名樞紐之神爲佐，配享於黄帝。

帝之子昌意居弱水〔四〕，昌意弟少昊，帝妃女節所生也。帝之女溺於東海，化爲鳥名精衞，常銜西山木石以堙東海。少昊名摯字青陽，即帝位號金天氏，黄帝之子也。顓頊高陽

〔一〕「虢州」原作「號州」，據道藏輯要本改。
〔二〕「湖縣」，道藏輯要本作「湖城縣」。
〔三〕「上郡陽周縣」原作「上谷郡周陽縣」，據史記五帝本紀索隱引地理志改。
〔四〕「昌意居弱水」，史記五帝本紀作「昌意降居若水」。

氏，黃帝之孫也，有聖德〔一〕，在位七十八年終，母蜀山氏所生，都商丘濮陽。禺强，黃帝之胤，不居帝位，與顓頊俱得道，居北方爲水神。顓頊已來，以所興之地爲名號。帝嚳高辛氏，黃帝之孫，蟜極生高辛也。帝嚳高辛神靈，自言其名，都偃師亳州，河南。在位七十年，壽一百五歲。帝堯陶唐氏，黃帝之玄孫也。姓伊祁，名放勛，興於定陶，以唐侯爲帝，濟陰定陶，又云定州唐縣。都於平陽郡在晉州。在位九十八年，一百一十八歲。

舜有虞氏，黃帝八代孫。禹爲玄孫也。按遁甲開山圖曰：「禹，得道仙人也。古有大禹，女媧十九代孫，大禹壽三百六十歲，入九嶷山仙飛去。後三千六百歲，堯理天下，洪水既甚，人民墊溺，大禹念之，乃化生於石紐山泉。女狄暮汲水，得石子如珠，愛而吞之有娠，十四月生子。及長，能知泉源，代父鯀理洪水，三年功成。堯帝知其功〔二〕，如古大禹知水源，乃賜號禹。」推之，是黃帝玄孫無疑也。殷湯，黃帝十七代孫〔三〕。黃帝子少昊生蟜極，蟜極生高辛，十四世後即天一爲殷王是也。黃帝子孫各得姓於事，帝推律定姓者十二。具在中卷。少昊有子

〔一〕「有聖德」原作「各有聖德」，據仙鑑卷一軒轅黃帝及廣黃帝本行記删。

〔二〕「堯帝知其功」，廣黃帝本行記作「舜以其功爲司徒」。

〔三〕「十七代孫」原作「七十代孫」，據上書改。

姓曼，顓頊姬姓，以黄帝居姬水，帝嚳子后稷，姬姓也。堯姓伊祁，舜姓姚，禹姓姒，湯姓子，又張鄧軒路黄寇宋酈白薛虞資伊祁申屠黄公託拔昌意少子封北土，以黄帝土德化俗，以土爲託，以君爲拔，乃以託拔爲姓。黄帝有九子，各封一國。具在中卷。總三十三氏，出黄帝之後。黄帝相承〔一〕凡一千二百五十年，自黄帝己酉歲至今〔二〕。

〔一〕「黄帝相承」，廣黄帝本行記作「子孫相承」。

〔二〕「今」字下，上書有「大唐廣明二年辛丑歲，計三千四百七十二年矣」。

雲笈七籤卷之一百一

紀

元始天王紀

元始天王稟天自然之胤，結形未沌之霞，託〔一〕體虚生之胎，生乎空洞之際。時玄景未分，天光冥遠，浩漫太虚。積七千餘劫，天朗氣清，二暉纏絡，玄雲紫蓋映其首，六氣之電翼其真，夜生自明，神光燭室。散形靈馥之煙，棲心霄霞之境，練容洞波之濱，獨秉靈符之節，抗御玄降之章。内氣玄崖，潛想幽窮，忽焉逍遥，流盼忘旋。瓊輪玉輿，碧輦玄龍，飛精流靄，耀電虚宫。東遊碧水豪林之境，上憩青霞九曲之房，進登金闕，受號玉清紫虚高上元皇太上大道君，受金簡玉札，使奏名東華方諸青宫。於時受命，總統億津，玄降玉華之女、金晨之童各三千人。飛龍毒獸，巨虬千尋，玃天奮爪，備衞玉闕。天威焕赫，陳于廣庭，飛

〔一〕「託」原作「記」，據洞真上清青要紫書金根衆經下元始天王經改。

青羽蓋，流紫鳳章。金真玉光，豁落七元，神虎上符，流金火鈴，結編元皇，位在玉清，掌括上皇，高帝之真。

太上道君紀

洞玄本行經云：太上道君者，於西那天〔一〕鬱察山〔二〕浮羅之嶽，坐七寶騫木之下，清齋空山，静思神真，合慶冥樞，蕭朗自然，擁觀萬化，俯和衆生。是時十方大聖，至真尊神，詣座燒香，稽首道前，上白道君：「不審靈寶出法從何劫而來？至于今日凡幾度人爲盡？如是復有轉輪，天尊是何劫生，值遇真文，得今太上之任？致是得度，何獨如之！巍巍德宗，高不可勝。願垂賜告，本行因緣，解説要言，開悟後生。」道言：「天元輪轉，隨劫改運。一成一敗，一死一生。滅而不絶，幽而復明。靈寶出法，隨世度人。自元始開光，至于赤明元年，經九千九百億萬劫，度人有如塵沙之衆，不可勝量。赤明之前，於眇莽之中，劫劫出化，非可思議。赤明已後，至上皇元年，宗範大法，得度者衆，終天説之，亦當不盡，今

〔一〕「西那天」，本卷下文及本書卷九釋洞玄智慧大誡經作「西那玉國」。

〔二〕「鬱察山」，太上洞真智慧上品大誡作「鬱刹之山」。

爲可粗明真正之綱維，標得道者之遐迹爾。今聊以開示於後來，領會於靈文之妙。我濯紫晨之流芳，蓋皇上之冑胤。我隨劫死生，世世不絶，常與靈寶相值同出。經七百億劫中，會青帝劫終，九氣改運。於是託胎於洪氏之胞，凝神於瓊胎之府，積三千七百年，至赤明開運，歲在甲子，誕於扶刀蓋天西那玉國浮羅之嶽，復與靈寶同出度人。元始天尊以我因緣之勳，錫我太上之號，封鬱悦那林昌玉臺天帝君，位登高聖，治玄都玉京。實由我身尊承大法靈寶真文，世世不絶，廣度天人，慈心於萬劫，溥濟於衆生，功德之大，勳名繕於億劫之中，致今報爲諸天所宗焉。」

上清高聖太上玉晨大道君紀

洞真大洞真經云：「上清高聖太上大道君者，蓋二晨之精氣，慶雲〔一〕之紫煙。玉暉煥耀，金映流真。結化含秀，苞凝玄神。寄胎母氏，育形爲人。諱晶賁，字上開元〔二〕。母

〔一〕「慶雲」原作「九慶」，據上清高聖太上大道君洞真金元八景玉録及本書卷八釋太上大道君洞真金玄八景玉籙改。

〔二〕「諱罌賁，字上開元」，上二書分别作「諱罌賁字上開」、「諱晶天真諱開元」。

姙三千七百年，乃誕於西那天鬱察山浮羅嶽丹玄之阿。」「於是受籙紫皇，受書玉虛，眺景上清，位司高仙，爲高聖太上玉晨大道君，治蘂珠日闕館七映紫房，玉童玉女各三十萬人侍衞。」「於是振策七圃，揚青九霄。騰空倂旍，駕景馳飆。徘徊八煙，盤桓空塗。仰簪日華，俯拾月珠。摘絳林之琅實，餌玄河之紫蕖。偃蹇靈軒，領理帝書。萬神入拜，五德把符。上真侍晨，天皇抱圖。」「乃仰空言曰：『子欲爲真，當存日中君，駕龍驂鳳，乘天景雲，東遊桑林〔一〕，遂入帝門。若必昇天，當思月中夫人，駕十飛龍，乘我流鈴，西朝六嶺，遂詣帝堂。精根運思，上朝玉皇。薈薈敷鬱儀以躡景，晃晃散結璘以曁霄。』雙皇合華，後天而凋」。

「夫大有者，九天之紫宮；小有者，清虛三十六天之首洞。」

於是高聖太上大道君初乘一景之輿，駕八素紫雲，攝希微蒼帝名録豐子俱東行，詣鬱悦那林昌玉臺天，見玉清紫道虛皇上君，受九暉大晨隱符。

太上大道君次乘二景之輿，駕七素絳雲，攝中微赤帝名定無彦俱南行，詣高桃厲冲龍羅天，見玉清翼日虛皇太上道君，受觀靈元晨隱符。

太上大道君次乘三景之輿，駕六素紅雲，攝太微白帝名蕖淵石俱西行，詣碧落空歌餘

〔一〕「桑林」，上清高聖太上大道君洞真金元八景玉録及太上玉晨鬱儀結璘奔日月圖均作「希林」。

黎天，見玉清昌陽始虛皇高元君，受總晨九極隱符。

太上大道君次乘四景之輿，駕五素青雲，攝玄微黑帝名齊元旋俱北行，詣𨛬摩坦妻于翳天，見玉清七靜導生高上虛皇君，受沓曜旋根隱符。

太上大道君次乘五景之輿，駕四素黃雲，攝始微上帝名接空子俱東北行，詣扶刀蓋華浮羅天，見玉清大明虛皇洞清君，受玄景晨平〔一〕隱符。

太上大道君次乘六景之輿，駕三素緑雲，攝靈微中帝名秉巨文俱東南行，詣貝渭耶蕖初默天，見玉清始元虛皇太霄君，受合暉晨命隱符。

太上大道君次乘七景之輿，駕二素紫雲〔二〕，攝宣微下帝君名宏膚子俱西南行，詣冲容育鬱離沙天，見玉清七觀無生虛皇金靈君，受齊暉晨玄隱符。

太上大道君次乘八景之輿，駕一素靈雲，攝洞微真帝名泗澄攄俱西北行，詣單緑察寶輪法天，見玉清八觀高元虛皇渟景君，受高上龍煙隱符。

〔一〕「平」，本書卷八釋太上大道君洞真金玄八景玉籙作「光」。

〔二〕「紫雲」，上文有「駕八素紫雲」，二「紫雲」疑有一誤。

太上大道君又乘洞景玉輿，駕太霞紫煙玄景之暉，攝九微内帝君名申明閑〔一〕及上皇九玄九天諸真仙王等，俱仰登彌梵羅臺霄絶寥丘飛元雲根之都玉清上天，見玉清紫暉太上玉皇明上大道君，受高清太虚無極上道君隱符。」

三天君列紀

上清真人總仙大司馬長生法師主三天君姓栢成諱欻生字芝高，乃中皇時人，歲在東維之際，誕于北水〔二〕中山栢林之下。夫名爲欻生者，以母感日華而懷孕。年九歲，求長生之道。至十四，與西歸公子巨靈伯尹俱師事黄谷先生。黄谷先生者，能爲不死。修静無爲，不營他術，含精内觀，凝神空漠，思真安炁，以致不死。後五百年，遇金仙石公甯氏先生晃夜童子三人，受胎精中記化胞内經養神上法解結之要。又登太帝滄浪山洞臺中雙玉穴，酣紫明芝液〔三〕，遇上清萬石先生，授以乘飛駕虚八氣景龍之蹻，反胎守白越度之法。又廣

〔一〕「申明閑」，「明」原作「名」，據上清高聖太上大道君洞真金元八景玉録及本書卷八釋太上大道君洞真金玄八景玉籙改。

〔二〕「北水」，上清道寶經卷一作「北海」。

〔三〕「酣紫明芝液」，上書卷二作「酣紫巖明芝液」。

成子授以丹青玉爐鍊雲根柔金剛之經〔一〕，又授以飛煙發霜沈雪浮日朱之法。又遇始元童子丰車小童受虛皇帝籙仙忌真戒化一成萬解形之法〔二〕。後遇玉清文始東王金暉仙公，號曰玉皇二道君，告以胎閉静息内保百神開洞雲房堅守三真之事。後復詣二玉皇君問雲房之道三真之訣。二玉皇君曰：「三真者，兆一身之帝君，百神之始真也。若使輔弼審正，三皇内寧，太一保胎，五老扶精。一居丹田，司命護生；一居絳宫，紫氣灌形；一居洞房，三素合明。於是變化離合，與真同靈。明堂雲宫，紫户玉門，黄闕金室，丹城朱牕，皆帝一之内宅，三真之寶室也。於是雲房一景，混合神人。上通崑崙，下臨清淵。雲蓋嵯峨，林竹葱芊。七靈廻轉，七門幽深。金扉玉匱，符籍五篇。公子内伏，外牽白元。混一成形，呼陽召陰。上帝司命，各保所生。微哉難言，非仙不傳。」又問呼陽召陰出入無方之法，氣出神變之道。二玉皇曰：「呼陽者，三氣之所出入也；召陰者，六丁之所往來也。若得三氣之所

〔一〕「廣成子授以丹青玉爐鍊雲根柔金剛之經」，上清道寶經卷二作「上清真人登太帝滄浪山，太極真人授以丹青玉爐經雲根柔金經」，其卷三又云「受金丹鍊雲根柔金剛之經」。本書卷一〇二總真主録紀作「受金丹鍊雲芝之根柔金剛之經」。

〔二〕「又遇始元童子丰車小童受虛皇帝籙仙忌真戒化一成萬解形之法」，上清道寶經卷三作「遇始元童子丰車小童受虛皇帝録化一成萬之法」。

生，能知六丁之所因者，則陽氣化爲龍車，陰氣變爲玉女，則騰轉無方，輪舞空玄之上也。夫氣之所在，神隨所生焉。神在則氣成，神去則氣零〔一〕。氣者，即二十四神之正氣，是爲二十四氣也。氣能成神，神亦成氣。散之爲雲霧，合而爲形影，出之爲仙化，入之爲真一。上結三元，下結萬物，靜爲兆身，動爲兆神〔二〕。是以常混合二十四神，變化三五之真人，混成正一，合爲帝君，即兆本神也。夫人受生於天魂，結成於元靈。天魂生之根，元靈生之胎。流會太一，達觀三道，神積玉宫，液溢玄府，津流地户，澤憩洞房。日月煥於霄暉，五神混於元父。元父主氣，化散帝極。玄母主精，變會幽元。是以司命奉符，固形扶神。公子內守，桃康保魂。左攜無英，右引白元。雲行雨施，萬關流布也。」後二玉皇授欻生大洞真經三十九章廻風混合帝一之道，斷環割青，盟誓而傳，得爲上清真人，位曰總仙大司馬長生法師主三天君，理太玄都閬風玉臺，總司學道之仙籍，主括三天之人神，萬仙受事於玉臺，五帝北朝於靈軒矣。

〔一〕「氣之所在，神隨所生焉。神在則氣成，神去則氣零」，三洞珠囊卷七引上清三天君列紀經作「氣之所在，隨神所生。神在則氣在，神去則氣去」。

〔二〕「動爲兆神」，上書作「動用爲兆神」。

青靈始老君紀

洞玄本行經云：東方安寶華林青靈始老帝君者，往在白氣御運於金劫之中，暫生鬱悅金映雲臺那林之天西婁無量玉國浩明玄嶽，厥名元慶。於此天中，大建功德，初無懈心，勳名仰徹，朱陵火宮書其姓名，記於赤簡。仙道垂成，而值國多綵女，元慶遂以寄世散想，靈魔舉其濁目，朱宮輟其仙名，一退遂經三劫，中值火劫改運，元慶又受氣，寄胎於洪氏之胞。上天以其先身好色，故轉爲女子。朱靈元年，歲在丙午，誕於丹童龍羅衞天洞明玉國丹霍之阿，〔一〕改姓洪諱那臺。年十四，敬好道法，心願神仙。常市香膏，然燈照暝，大作功德，諸天所稱，名標上清。南極上靈〔二〕紫虛元君託作傭人〔三〕，下世教化。見那臺貞潔，好尚至法。廻駕於丹霍之阿，授那臺靈寶赤書南方真文一篇。於是那臺勵志殊勤，自謂一生作於女子，處於幽房，無由得道。因齋持戒思念，願得轉身爲男。丹心遐徹，遂致感通上真下

〔一〕「丹霍之阿」，無上祕要卷十五衆聖本迹品及上清道寶經卷三死生品均作「朱霍之阿」。

〔二〕「靈」，上清道寶經卷三死生品作「臺」。

〔三〕「傭人」，無上祕要卷十五衆聖本迹品作「庸人」。

降。元始天尊時於琅碧之溪扶瑶之丘，坐長林枯桑之下，衆真侍坐。是日那臺見五色紫光，曲照齋堂。於是心悟，疑是不常。仍出登墻四望，忽見東方桑林之下，華光赫奕，非可勝名，去那臺所住數百里，中隔礙暘谷滄海之口，心懷踊躍，無由得往。因叉手遥禮稱名：「那臺先緣不厚，致作女身。發心願樂，志期神仙，高道法妙，不可得攀，日夕思念，冀得滅度，轉形爲男。歷年無感，常恐生死，不得遂通，彌齡之運，有於今日，天河隔礙，無由披陳。今當投身碧海，没命于天〔一〕，冀我形魂，早得輪轉，更建功德，萬劫之中，冀見道真。」言訖，便從墻上投身擲空，命赴滄海極淵之中，紛然無落，即爲水帝神王以五色飛龍捧接。女身俄頃之間，已於懸中得化形爲男子，乘龍策虚，飛至道前。於是元始即命仙都錫加帝號，於火劫受命，輔於靈寶青帝玉篇。七百年中，火劫數極，青氣運行，隨元滅度。以開光元年，於彌梵羅臺霄絶寥丘〔二〕飛元雲根之都滄霞九雲之墟，元始又錫安寶華林青靈始老帝君號。

〔一〕「没命于天」，無上祕要卷十五衆聖本迹品作「歸命十天」。
〔二〕「彌梵羅臺霄絶寥丘」，上清道寶經卷三死生品作「梵那彌羅臺」。

丹靈真老君紀

洞玄本行經云：南方梵寶昌陽丹靈真老君者，本姓鄭字仁安，大炎之胤，生於禪黎世界赤明天中。生有三氣之雲纏其身，朱鳥鼓翮覆其形。三日能言，便知宿命。年及十二，面有金容玉顏，便棄世離俗，遠遊山林。於寒靈洞宫遇玄和先生，授仁安靈寶赤書五氣玄天黑帝真文一篇、智慧上品十戒而去。仁安於是奉戒而長齋，大作功德，珍寶布施，以拯諸乏，割口〔一〕飴鳥，功名徹天。因於西那國〔二〕遇天洪災，大水滔天，萬姓流漂。仁安於洪波之上汎舟，誦戒書黑帝真文，以投水中，水爲開道百頃之地，鳥獸麞鹿虎豹師子皆往依親，悉得無他。是時國王百口登樓而漂没，歎不能得度。仁安見王垂没，乃浮舟而往，以所佩真文授與國王。王敬而奉之，水劫即退，翕然得過。王既得免，真文於是即飛去入雲中，莫知所在。仁安失去真文，退仙一階，運應滅度，託命告終，死於北戎之阿。暴露靈屍三十餘年，形體不灰，光色鮮明，無異生時，在于北戎長林之下。時國王遊獵，放火燒山，四面火

〔一〕「割口」，無上祕要卷十五衆聖本迹品作「割肉」。
〔二〕「西那國」，上書「西」作「胄」。

帀，去其靈屍之間百步之内，火不得然，麞鹿虎豹，莫不依親。王怪而往，見靈屍之上，有三色之光，雲霧鬱冥，鳥獸帀繞。王乃伐薪圍屍，放火焚燒。于時屍放〔一〕火中，鬱起成人，坐青煙之上，指拈虚無，五色焕爛，左右侍者，仙童玉女，三百餘人，肅然而至。凡是禽獸依親之者，並在火中，皆得過度。仁安以赤明二年，歲在丙午，於𨛬摩坦婁于翳天中洞寥之嶽，改姓洞浮，諱曰極炎，受錫南單梵寶昌陽丹靈真老帝君〔二〕，號丹靈老君也。

中央黄老君紀

洞真九真中經云：中央黄老君者，太上太微天帝君之弟子也，以混皇二年始生焉〔三〕。年七歲，乃知長生之要，天仙之法。仍眇綸上思，欽納真玄，蕭條靈想，棲心神源。解脱於文蔚之羅，披素於空任之肆。於是太上授九真之訣〔四〕八道祕言，施修道成，受書爲太極

〔一〕「放」，疑作「於」，形近而譌。
〔二〕「丹靈真老帝君」，原無「君」字，據無上祕要卷十五衆聖本迹品增。
〔三〕「之弟子也，以混皇二年始生焉」，上清太上帝君九真中經卷上作「之弟也，以清虚上皇二年混爾始生」。
〔四〕「九真之訣」，上書「訣」作「經」。

真人。

金門皓靈皇老君紀

洞玄本行經云：西方七寶金門皓靈皇老君者，本乃靈鳳之子也。靈鳳以呵羅天中降生於衞羅天堂世界，衞羅國王取而蓄之。王有長女，字曰配瑛〔一〕，意甚憐愛，常與共戲，於是靈鳳常以兩翼扇女面。後十二年中，女忽有胎，經涉三月，王意怪之，因斬鳳頭，埋著長林丘中。女後生女，墮地能言，曰：「我是鳳子，位應天妃。」王即名曰皇妃。生得三日，有羣鳳來賀玄哺玉霜，洪泉曲水，八鍊芝瑛。年八歲，執心肅操，超拔俗倫，常朝則謁日，暮則揖月。於重宫之内，王設廚膳，物不味口。天作大雪，一年不解，雪深十丈，鳥獸餓死。王女思憶靈鳳往之遊好，駕而臨之長林丘中，歌曰：

「杳杳靈鳳，綿綿長歸。悠悠我思，永與願違。萬劫無期，何時來飛？」於是王所殺鳳鬱然而生，抱女俱飛，徑入雲中。王女今於景霄之上，受書爲南極上元君，常乘九色之鳳。此女前生萬劫已奉靈寶，致靈鳳降形，得封南極元君之號。皇妃功德遐徹，天真感降，以上

〔一〕「配瑛」，本書卷九七靈鳳歌作「醜瑛」。

元之年，歲在庚申，七月七日中時，元始天尊會於衞羅玉國鳳麟之丘，坐騫華之下，衆真侍坐。是時皇妃所住室内，忽有日象如鏡之圓，空懸眼前。皇妃映見天真大神普在鏡中長林之下，一室光明。於是自登通陽之臺，遥望西方，見鳳生丘上，紫雲鬱勃，神光煒煥，非可得名，去皇妃所住五百步許。逼以女限〔一〕處在宫内，無由得往。須臾，忽有神鳳來翔，集於臺上。皇妃白鳳言曰：「西方有道，心願無緣，不審神鳳可得暫駕見致與不？」於是鳳即敷翮，使坐翮上，舉之徑至道前。元始天尊指以金臺王母，「即汝師也，便可施禮。」皇妃叩頭上啓：「惟願衆尊，特垂哀矜，則枯骸更生。」言畢，金母封以西靈玉妃之號，即命九光靈童披霜羅之藴，出靈寶赤書白帝真文一篇，以授皇妃。受號三百年中，仍值青劫改運，皇妃方復寄胎於李氏之胞三年，於西那玉國金壟幽谷李樹之下而生，化身爲男子，改姓上金諱日昌。至開光元年，歲在上甲〔二〕，元始天尊錫西方七寶金門皓靈皇老君號。

〔一〕「限」原作「根」，據無上祕要卷十五衆聖本迹品改。

〔二〕「歲在上甲」，上書作「歲在壬申」。

五靈玄老君紀〔一〕

洞玄本行經云：北方洞陰朔單鬱絶五靈玄老君者，本姓浩字敷明，蓋玄皇之胤，太清之胄，生於元福棄賢世界始青天中。年十二，性好幽寂，心翫山水，遠於家中，或去十日，時復一還〔二〕。時天下災荒，人民餓殍，一國殆盡。敷明於地境山下，遇一頃巨勝，身自採取，餉係窮乏，日得數過，救度垂死數千餘口。隨取隨生，三年不訖，他人往覔，莫知其處。是時辛苦，形體憔悴，不暇營身，遂致疲頓，死於山下。九天書其功德，金格記其玉名，度其魂神於朱陵之宫。後帝遣金翅大鳥，常敷兩翼，以覆其尸。七百年中，尸形不灰。至水劫改運，水泛尸漂於無崖之淵〔三〕。水過而後，敷明尸泊貝渭邪渠初默天〔四〕鬱單之國北壟玄

〔一〕「紀」原作「結」，據四部叢刊本、道藏輯要本改。

〔二〕「或去十日，時復一還」，上清道寶經卷一引墨録中篇作「千日一還」。

〔三〕「水泛尸漂於無崖之淵」，無上祕要卷十五衆聖本迹品作「水捧其屍，漂於無涯」，本書卷八六水火蕩錬尸形引洞玄本行經作「洪災滔天，水捧其尸，漂於無涯」。

〔四〕「貝渭邪渠初默天」，「渠」原作「源」，據本書卷八六水火蕩錬尸形及本書卷八釋太上大道君洞真金玄八景玉籙改。

丘。四十年中，又經山火盛行，焚燒尸形，尸〔一〕於火中，受錬而起，化成真人，五色之雲，覆蓋其上。至開明元年，於北壟玄丘改姓節諱靈會，元始天王錫靈會洞陰朔單鬱絶五靈玄老君號。

〔一〕「尸」字原無，據本書卷八六水火蕩錬尸形及本書卷八釋太上大道君洞真金玄八景玉籙改。

雲笈七籤卷之一百二

紀

混元皇帝聖紀

太上老君者，混元皇帝也。乃生於無始，起於無因，爲萬道之先，元氣之祖也。蓋無光無象，無音無聲，無宗無緒〔一〕，幽幽冥冥。其中有精，其精甚真。彌綸無外，故稱大道焉。夫道者，自然之極尊也，於幽無之中而生空洞焉。空洞者，真一也。真一者，不有不無也。從此一氣化生後九十九萬億九十九萬歲，乃化生上三氣，三氣各相去九十九萬億九十九萬歲，三合成德，共生無上也。自無上生後九十九萬億九十九萬歲，乃化生中三氣，三氣各相去〔二〕九十九萬億九十九萬歲，三合成德，共生玄老也。自玄老生後九十九萬億九十九萬

〔一〕「緒」，本書卷二混沌引太始經作「祖」。

〔二〕「乃化生中三氣，三氣各相去」，上書作「乃生中二氣也，中三氣也。中二氣中三氣各相去」。

歲，乃化生下三氣，三氣各相去九十九萬億九十九萬歲，三合成德，共生太上也。自太上生後，復八十一萬億八十一萬歲，乃生一氣。一氣生後，復八十一萬億八十一萬歲，乃生前三氣。三氣各相去八十一萬億八十一萬歲，三合成德，共生老君焉。老君生後八十一萬億八十一萬歲，化生一氣。一氣生後八十一萬億八十一萬歲，化生後三氣。三氣又化生玄妙玉女。玉女生後八十一萬億八十一萬歲，三氣混沌，凝結變化，五色玄黄，大如彈丸，入玄妙口中，玄妙因吞之。八十一年乃從左腋而生，生而白首，故號爲老子。

老子者，老君也，此即道之身也，元氣之祖宗，天地之根本也。夫大道玄妙，出於自然，生於無生，先於無先，挺於空洞，陶育乾坤，號曰無上正真之道。神奇微遠，不可得名。故曰：吾生於無形之先，起乎太初之前，長乎太始之端，行乎太素之元。浮游幽虚，出入杳冥。觀混沌之未判，視清濁之未分，盼髣髴之興光，瞻嚮罔之眇然，窺惚恍之容象，覩鴻洞之無邊，步宇宙之曠野，歷品物之族羣。惟吾生之卓兮！獨立而無倫。消則爲氣，息則爲人矣。

老君者，乃元氣道真，造化自然者也。强爲之容，則老子也。以虚無爲道，自然爲性也。夫莫能使之然，莫能使之不然；亦不知其所以然，不知其所以不然，故曰自然而然者也。至若以地爲輿，操〔一〕天爲蓋，馳騖曠蕩，翺翔八外，不足比其大也。窮幽極微，至纖無際，析毫剖釐，刃鋏鋒鋭，不足言其細也。絲竹八音，簫韶九成，宫商調暢，律吕和平，不足言其聲也。玄黄焕爛，丹青熻煜，焜煌煒曄，麗靡華飾，不足言其色也。皦耀熠爍，神明恍惚，風流電遊，霆振響逸，不足言其疾也。結根九泉，沈嶠八海，水凝藪澤，淵渟嶽峙，不足言其止也。陰陽不測，變化無倫，飄飖太素，師虚友真，不足言其神也。光燭玄昧，洞鑒無形，仰觀太極，俯察幽冥，不足言其明也。影離響絶，雲銷霧除，鑽冰求火，探巢捕魚，不足言其無也。滌宇宙之塵穢，掃雲漢於天衢，下坑宏而無底，上寥廓而無隅，包六合而造域，跨八維以爲區，不足言其虚也。然則道固無形，夫何爲名？故乃託虚寄無，假道以言之。言之不足以盡意，故歸之自然。自然者，理之極，乃道之常也，故衆聖所共尊。道尊德貴，夫莫之爵，而常自然。惟老氏乎！

老君者，乃元生之至精，兆形之至靈也。昔於虚空之中，結氣凝真，强爲之容，體大無邊，相好衆備，自然之尊。上無所攀，下無所躡，懸身而處，不頹不落。著光明之衣，照虚空之中，如含日月之光也。或在雲華之上，身如金色，面放五明，自然化出：神王、力士，青

〔一〕「操」，淮南子原道訓作「以」。

龍、白獸，麒麟、師子，列於前後。或坐千葉蓮花，光明如日，頭建七曜冠，衣晨精服，披九色離羅帔，項負圓光。或乘八景玉輿，駕五色神龍，建流霄皇天丹節，廕九光鶴蓋，神丁執麾，從九萬飛仙，師子啓塗，鳳凰翼軒。或乘玉衡之車，金剛之輪，驂駕九龍，三素飛雲，寶蓋洞耀，流煥太無，燒香散華，浮空而來，伎樂駭虚，難可稱焉！或坐寶堂大殿，光明七寶之帳，朱華羅網，垂覆其上，仙真列侍，神丁衞軒，旛幢旌節，騎乘滿空。或金容玉姿，黄裳繡帔，凭几振拂，爲物祛塵。或玄冠素服，白馬朱騣，仙童夾侍，神光洞玄。夫妙相不可具圖，學上道之子，宜識真形。真形不測，但存此足以感會也。

夫學不知其本，如嬰兒之失母。能知其母，又知其子。既知其子，復守其母。母者何也？無中之有也，是道也，至真也，宗極也，一切所崇也。隨感而應，應有著微。微則妙象恍惚，乍存乍亡。屈者資之得伸，暗者向之獲明，迷者歸之果定。故神明之君，應著之時，形像相好，動静有則，以正理邪，周徧無滯，救度無窮，故稱爲聖。或君或臣，或師或友，依緣相逢。逢此應者，皆由精心感道，道氣通感，是故隨機適品矣！夫大道處於無形，無形非凡所見。應感以形，妙相隨時而出。或玉姿金體，爰及肉身。或飛或步，或尊或卑，或山或岱，或夷或夏，不可測量。隨感麤妙，應已則藏。或來無所從，去無所至。洞有洞無，周徧一切。悟者即心得道，迷者觸向乖真。能崇識老君，尊而敬之，則得正真道矣！

論曰：夫道不可見，見而非也；道不可聞，聞而非也。蓋示理教俱空，寂而不動也。而道亦能使未見者見，未聞者聞。此明境智相發，感而遂通也。然通寂雖殊，其至一焉。故曰：「道常無爲而無不爲。」以此論之，蓋由人心者也。夫心之念道，凡有二種：一念法身，七十二相，八十一好，具足微妙，三界特尊。二念真身，猶如虚空，圓滿清淨，不生不滅。若於此相，未能明審，須憑圖像，係録其心，當鑄紫金，寫此真形。泥水銅綵，稱力所爲。殿堂帳座，旛華燈燭，隨心供養，如事真身。想念丹倒〔一〕，功德齊等。若能洞觀非身之身，圖像真形，理亦無二。是以敬像，隨心獲福，報之輕重，惟在其心，念念增進，自然成道。所謂人能念道，道亦念人，即此之謂也。

太微天帝君紀

紫度炎光神玄變經云：太微天帝君生于始青之端，九曜神靈之胤，玄氣未凝之始，結流芳之胄〔二〕而法形焉。連光映靈，紫雲曜電，玄煙流靄，丹暉纏絡，妙覺潛啓，仍採納上

〔一〕「倒」，道藏輯要本作「成」。
〔二〕「胄」原作「冑」，據洞真太上紫度炎光神元變經改。

契，條暢純和，吐納冥津，遂降靈生之胎，哺兼洪泉曲芝。行年二七，金容内發，玉華外映，洞慧神聰，朗覩虚玄，編掌帝號，其所任乎！澄流九霄之霞，飛眺洞清之源。明機覽於極玄，領綜運于億津，積感加於冥會，妙啓發於自然。是以得御〔一〕紫度炎光廻神飛霄登空之法，修行内應，上登玉清，高上之尊道備，以付中央黄老君焉。

青要帝君紀

洞真青要紫書金根衆經云：青要帝君者，九陽元皇玉帝之弟子也。以中皇元年，歲在東維，天始告暉，君育於玄丘玉〔二〕國無崖之天瓊林七寶之下，溟濛九域之濱，法化應圖，三日啓晨。厥姓堯，諱字伯開，仍有九龍翼君側，七色瓊鳳廕君身，神麟含芝以哺玄，天女吐精以灌真，玉童擲華以却穢，神妃散香以攘塵。含漱胎息，法秀自然。年冠二六，面發金容，體生靈符，容與順化，應運浮沉。棲心明霞之境，遨遊玉國〔三〕之墟，執抗元皇之策，落

〔一〕「御」原作「禦」，據洞真太上紫度炎光神元變經改。
〔二〕「玉」原作「王」，據洞真上清青要紫書金根衆經卷上改。
〔三〕「玉國」原作「玉圖」，據上書改。

景九域之丘。逍遥流盼，遂經萬劫。方還清齋雲房之間，以紫雲爲屋，青霞爲城，黄金爲殿，白玉爲牀，五氣交結，高臺連甍，玉陛文階，鳳闕四張，金童侍側，玉華執巾，天仙羅衛，五千餘人。九陽元皇玉帝君時乘碧霞九鳳飛輿，瓊輪羽蓋，從桑林千真，萬乘億騎，飛行侍仙，三十六人，宴景霄庭，來降於君，與君共登九老仙都之京九曲之房，命西臺龜母開雲鳳之藴，紫錦之囊，出紫書真訣玉篇，以授〔一〕於君。君修行道備，位登玉清。太上大道君授君飛雲羽蓋，流紫鳳章，金真玉光，豁落七元，金神虎〔二〕符，流金火鈴，青精〔三〕玉璽，九色無縫之章，單青羽裙，飛行上清。於是縱景萬變，迴轉五晨，策虚召月，攝日揚輪。洞化離合，與真同靈，解形遯變，倏欻億千。上登三元，朝謁玉宫，遊覽無崖，匡落九天。出入洞門，攜契玉仙，仰稟高上，元始太真。應氣順命，位掌帝晨，總〔四〕統萬道，無仙不關。下攝十天，山靈河源，五嶽四海，莫不上隷於君者也。

〔一〕「以授」原作「已受」，據洞真上清青要紫書金根衆經卷上改。
〔二〕「虎」原作「虚」，據上書改。
〔三〕「精」字原無，據上書增。
〔四〕「總」原作「縱」，據上書改。

總真主録紀

洞真變化七十四方經云：上清總真主録南極長生司命君姓王諱改生，字易度，乃太虛元年，歲洛西番，孟商啓運，朱明謝遷，天元冥遯，三暉翳昏，晨風迅虚，六日明焉，君誕于東林廣昌之城長樂之鄉。行年十四，棄世離俗，心慕神仙，遇紫府華先生授陰陽補養、削死修生、三五變鍊、七九復神、道御中和、胎息之方。行其術，壽至四百年。登玄溪之澗隱巖之房，詣屠先生受金丹鍊雲芝之根柔金剛之經〔一〕，飛煙起霜沈雪之方，招霞咽精之道〔二〕。服御七年，與日合景，行經神州空洞之山，遇太一真人戴先生受帝君九鍊之方。

〔一〕「受金丹鍊雲芝之根柔金剛之經」，上清道寶經卷三作「受金丹鍊雲根柔金剛之經」。
〔二〕「飛煙起霜沈雪之方，招霞咽精之道」，本書卷一〇一三天君列紀作「飛煙發霜沈雪浮日朱之法」。

中天玉寶元靈元老君紀〔一〕

洞玄本行經云：中天玉寶元靈元老君者，本姓琕字信然，蓋洞元之胤，中和之胄，生於善忍世界青元天中流生之丘。受生一劫，默然不語，混沌無心，食氣爲糧。天地未光，無常童子於無色之國，授信然靈寶赤書赤帝真文一篇，於是而言〔二〕。是時惟修一身，初不開張，廣度天人，善功未充，運應更滅。於青元天中，命終流生之州，靈體絶丘之下，經一百餘年，死而不灰，常有黄氣覆蓋其上。至水劫流行，天下溟然，靈骸四面，涌土連天，遏塞〔三〕水道。信然應化，欝然而起，更生成人，改姓通班，諱曰元氏。水過之後，天地開光，三象玄〔四〕曜，七元高明，元始天尊以開光〔五〕元年，歲在己丑，於高桃厲沖龍羅天反魂林中，

〔一〕「中天玉寶元靈元老君紀」，按無上祕要卷十五衆聖本迹品，本篇應與本書卷一〇一之中央黄老君紀互易。又「中天」，元始五老赤書玉篇真文天書經及太上洞玄靈寶赤書玉訣妙經卷下均作「中央」。
〔二〕「於是而言」，無上祕要卷十五衆聖本迹品作「於」字連下句。
〔三〕「塞」原作「雲」，據上書改。
〔四〕「玄」，上書作「朗」。
〔五〕「光」，上書作「冥」。

錫元氏玉寶元靈元老君號。

赤明天帝紀

洞玄本行經云：昔禪黎世界隊王有女字緌音，一音繼音。生乃不言，年至十四，王怪之，乃棄女於南浮長桑之阿空山之中。女乏糧食，常仰日咽氣，引月服精，自然充飽，體不疲損。常行山中，周帀巖洞，忽與神人會於丹陵之舍栢林之下〔一〕，執緌音右手題赤石之上，語緌音曰：「汝雖不能言，可憶此也。」緌音私心自悼，受生不幸，口不能言，棄在窮山。誓心自願，得還人中，當作功德，無有愛惜。百劫之後，冀與願會。天爲其感，遣朱宮靈童下教緌音理身之術，受赤書八字之音〔二〕，於是能言。緌音晨夕朝禮天文，道真既降，逆知吉凶，役使百靈，坐命十方。於山而出，還於王國。時天下大旱，人民燋燎。王大懼怖，祈請神明。緌音往白王言：「常聞山中，有女不言，能感於天，王識之乎？」王於是悟，識是王

〔一〕「丹陵之舍柏林之下」，太上洞玄靈寶赤書玉訣妙經卷下作「丹陽柏林舍下」。

〔二〕「下教緌音理身之術，受赤書八字之音」，無上祕要卷十五衆聖本迹品及本書卷七石字「理」作「治」，「受」作「授其」，「之音」作「緌音」連下句。

女，乃迎女還宮。見女能言，王有〔一〕愧顔。女顯其道，爲王仰嘯，天降洪雨，注水至丈，於是化形隱景而去。仍更寄形王氏〔二〕之胞，運未應轉，方又受生，還爲女身。父字以福慶，名曰阿丘曾〔三〕。年及人禮，乃發大慈之心，布施窮乏，獨寢一處，不雜於物，然燈燒香，長齋幽室。丹誠積感〔四〕，道爲之降。以開光元年，十方大聖尊神妙行真人，會南圃丹霍之阿三元洞室〔五〕青華林中，衆真侍坐，香華妓樂，五千餘衆，真文奕奕，光明洞達，映朗内外，雲景煒爍，如星中之月，去阿丘曾所住舍數十里中。丘曾時年十六，見舍光明，内外朗照，疑似不常，乃出南向，望見道真。丘曾歡喜，叉手作禮，遥稱名曰：「丘曾今遭幸會，身覩天尊，非分之慶，莫知所陳。歸命十方，天中之天。惟蒙玄鑒，賜以誠言，萬劫滅度，冀得飛仙。」魔見丘曾心發大願，力過魔界，因化作五帝老人，往告丘曾云：「我受十方尊神使命，

〔一〕「有」原作「見」，據無上祕要卷十五衆聖本迹品改。
〔二〕「王氏」，上書作「洪氏」。
〔三〕「父字以福慶，名曰阿丘曾」，上書作「父字福慶，名女曰阿丘曾」。又「福慶」，太上洞玄靈寶赤書玉訣妙經卷下作「福度」。
〔四〕「積感」原作「感積」，據無上祕要卷十五衆聖本迹品及上清道寶經卷三死生品改。
〔五〕「三元洞室」，上清道寶經卷三死生品作「三光洞臺」。

來語汝曰：「靈寶法興，吾〔一〕道方行。每欲使人〔二〕仁愛慈孝，恭奉尊長，敬承二親。如聞汝父，當娉汝身，已相許和，受人之言，父母之命，不可不從，宜先從之。人道既備，餘可投身，違父之教，仙無由成。」女答魔言：「我前生不幸，夙無因緣，功德未充，致作女身。晨夕尅勵，誓在一心，用意堅固，應於自然。生由父母，命歸十天，誠違父教，不如君言。」魔見丘曾執心昺正，於是便退。丘曾自云：「道既高邈，無緣得暢。乃聚柴發火，焚燒身形，冀形骸得成飛塵，隨風自舉，得至道前。」於是火然，丘曾投身，紛然無著，身如蹈空，俄頃之間，已見丘曾化成男子，立在道前。元始天尊即〔三〕命南極尊神爲丘曾之師，授丘曾十戒靈寶真文。元始天尊又告南極尊神曰：「丘曾前生萬劫，已奉靈寶。功德未備，致寄生轉輪。至于今日，化生人中。見吾出法，即得化形。當更度人九萬九千，乃得至真大神，爲洞陽赤明天帝。」

〔一〕「吾」原作「五」，據無上祕要卷十五衆聖本迹品改。

〔二〕「人」，上書作「女」。

〔三〕「即」原作「師」，據上書改。

南極尊神紀

洞玄本行經云：南極尊神者，本姓皇字度明，乃閻浮黎國宛王之女也。生於禪黎世界赤明天中，生乃當貴，父爲國王，女居宮内，金牀玉榻，七色寶帳，明月雙珠，光照内外。王給妓女數千人，國中珍寶，無有所乏。常欲布散，大建功德。志極山水，訪及神仙。逼限宮禁，津路無緣。志操不樂，心自愁煎。王意憐愍，慰諭百端。問女意故，女終不言，淚落如雨，切無一歡。王加其妓樂，日日作唱，度明聞樂，常如不聞。獨在一處，清淨焚香，長齋持戒，日中乃餐。王知其意，乃於宮中爲踊土作山，山高百丈，種植竹林，山上作臺，名曰尋真玉臺。度明棄於宮殿，登臺棲身，遮遏道徑，人不得通。單影獨宿一十二年，積感昊蒼。天帝君遣朱宮玉女二十四人，乘雲駕鳳，下迎度明。當去之夕，天起大風雨，雷電激揚，地舍旋轉，驚動一國。王大振懼，莫知所從。天曉分〔一〕光，失去山臺，不見其女。天帝迎度明於陽丘之嶽丹陵上舍栢林〔二〕之中，朱鳳侍衛，神龍翼軒，玉童玉女三百餘人。於後大劫

〔一〕「分」，無上祕要卷十五衆聖本迹品作「成」。

〔二〕「栢林」原作「相林」，據上書改。

數交，天地易位，度明應在棄蕩〔一〕之例。南上感其丹至，朱宫書其紫名，化其形骸於無始之胞〔二〕，一劫而生，得爲男身。於南丹洞陽上館明珠七色寶林，赤帝梵寶昌陽丹靈真老君錫度明以南極上真之號〔三〕。

〔一〕「蕩」原作「落」，據無上祕要卷十五衆聖本迹品及太上洞玄靈寶赤書玉訣妙經卷下改。

〔二〕「無始之胞」，太上洞玄靈寶赤書玉訣妙經卷下作「元君之胞」。

〔三〕「赤帝梵寶昌陽丹靈真老君錫度明以南極上真之號」，上書作「師赤帝梵寶昌陽丹靈真老君，赤書道成，位登南極」。

雲笈七籤卷之一百三

傳

宋真宗御製翊聖保德真君傳序〔一〕

蓋聞天心降顧，邦家所以會昌；靈命丕昭，神道所以協贊。考載籍之攸記，固今古而同符。矧復吾宗，在于戰國，基緒方始，精感寔繁。或山祇而見形，或帝所而協〔二〕夢，其來已久，斯謂不誣。乃有接三統而開基，將隆景業；冠百神而儲佑，茂顯明徵。奠條梅之名區，號龜玉之奥主，見之於翊聖保德真君〔三〕矣。太祖肇膺元曆，觀德而無言；太宗祇紹睿圖，順期而前告。若夫述玉晨之寶𥉹，序斗極之仙階，告國命之延洪，示真科之祕賾，

〔一〕「宋真宗御製翊聖保德真君傳序」，道藏本收録作「宋仁宗御製翊聖應感儲慶保德傳序」（下稱保德傳序）。

〔二〕「協」，保德傳序作「叶」。

〔三〕「翊聖保德真君」，上書作「翊聖應感儲慶保德真君」。

洪威顯洽，屏乎物魅神姦；諄誨博臨，揚乎天祺民祉。由是靈壇爰峙，徽稱斯崇，欽奉於芬馨，仰祈於先覺。固惟九域，咸被底綏，豈止三秦，獨增忻戴？暨兹沖眇，纘乃基扃〔一〕。仰嘉話之在人，瞻至神之佑世。由是載稽茂典，恭益尊名，以爲上帝之恒符〔二〕，文考之真應，安可默而無述？故當垂之不刊。爰詔輔臣，俾詮靈訓，詢求斯至，編帙旋成。想風烈而昭然，思音徽而可覿，誠足鏤之金板，祕于蘭臺。披封奏歸美之心，願裁於序引；屬乙夜觀文之暇，聊志於歲時。題曰翊聖保德真君傳〔三〕云爾。

翊聖保德真君傳〔四〕

推忠協謀同德守正佐理功臣樞密使、開府儀同三司行吏部尚書同中書門下平章事上柱國太原郡公〔五〕臣王欽若編集。

〔一〕「扃」，疑當作「扃」。
〔二〕「恒符」，保德傳序作「禎符」。
〔三〕「翊聖保德真君傳」，上序無「真君」二字。
〔四〕「翊聖保德真君傳」，道藏本收録作「翊聖保德傳」。
〔五〕「太原郡公」，「太」原作「大」，翊聖保德傳卷上作「太原郡開國公」，據改。

建隆之初，鳳翔府盩厔縣民張守真，因遊終南山，忽聞空中有召之者，聲甚清徹。守真驚懼，四顧無所見，默行悚聽，約數里，又聞語云：「汝若先行，吾即在後。」如是者數日，守真莫能測。既還其家，又聞於室中曰：「吾受命降靈，汝何爲頑梗如此？不聽吾言！吾若不爲宋朝大事，當已粉碎汝矣。」守真方異之而且懼，因曰：「未審是何星辰？如此臨降，守真性本愚戇，且昧神祇，願勿憑陵，必無事奉。」乃曰：「吾是高天大聖玉帝輔臣，授命衛時，乘龍降世。但以非正真之士，無以奉吾教。汝有異骨，不類常流，汝可虔心奉吾道訓也。」守真曰：「竊聞在男曰覡，在女曰巫〔一〕，守真雖處凡庸，恥爲茲類〔二〕。」又曰：「吾上天之神，非鬼魅也。五嶽四瀆，吾能役使。汝若廻心入道，勤奉香火，當令汝應大國之徵命，受真主之恩遇，豈同巫覡之輩耶！」守真曰：「神人既若此教導，敢不虔事？」乃設酒肉之饌以祀焉！又聞言曰：「吾神人也，汝何爲以腥穢瀆我？以汝未曉，不欲罪汝。此去〔三〕但以香茶及素食鮮果爲供，吾雖不食，歆汝之意也。」守真稽首而謝。又曰：「吾爲汝天上之

〔一〕「在男曰覡，在女曰巫」原作「在男曰巫，在女曰覡」，據說文解字改。
〔二〕「茲類」原作「慈類」，據翊聖保德傳卷上改。
〔三〕「此去」，上書作「此後」。

師，汝別有人間之師，但訪高士，以求度焉。」守真乃禮古樓觀先生梁筌爲師，度爲道士，遂於所居之側，擇隙地，出家財，搆〔二〕北帝宫，内立殿以事神，旦暮崇奉，頗極清至。神謂之曰：「觀汝虔心，稱吾教導，貞潔之士，可以驅邪。吾先將誨汝劍法，俾汝爲民除妖。後當令汝結壇，俾汝爲國祈福。」守真再拜曰：「守真本實凡庸，粗懷愚直。當緣夙生奉事，乃致今獲歸依。願以至心，永奉靈德，壇儀劍法，恭俟靈訓。」

真君曰：「劍法有三。但以剛鐵鍛爲利刃，吾目一視，便可用也。有疾之人，俾汝揮擊，邪氣銷鑠，其人無損。或地祇作孽，水族生妖，分野爲災，國家軫慮，當以上劍治之。或山澤之怪，飛走之雄，震駭閭閻，侵毒黎庶，當以中劍治之。或魑魅之徒，夔魖之輩，挾邪暴物，作祟害人，當以下劍治之。」守真曰：「三劒之法，已聞命矣。結壇之儀，伏俟指教。」

真君曰：「結壇之法有九。上三壇則爲國家設之。其上曰順天興國壇，凡星位三千六百，爲普天大醮，旌旗鑑劍，弓矢法物，羅列次序，開建門户，具有儀範；其中曰延祚保生壇，凡星位二千四百，爲周天大醮，法物儀範，降上壇一等；其下曰祈穀福時壇，凡星位一千二百，爲羅天大醮，法物儀範，降中壇一等。儻非時禱祀，不及備此三壇，亦當精潔詞章，

〔二〕「財搆」原作「則於」，據翊聖保德傳卷上改。

鮮異花果，扣鼓集神，懇禱而告，去地九尺，焚香以奏，亦可感應也。中三壇則爲臣寮設之。其上曰黄籙延壽壇，凡星位六百四十；其中曰黄籙臻慶壇，凡星位四百九十；其下曰黄籙去邪壇，凡星位三百六十。此三壇所用法物儀範，各有差降。下三壇則爲士庶設之。其上曰續命壇，凡星位二百四十；其中曰集福壇，凡星位一百二十；其下曰却災壇，凡星位八十一。所用儀範，量有等差。此九壇之外，别有應物壇，或六十四位，或四十九位，或二十四位。法物所須，各以差降，士民之類，可量力而爲之。如臣庶上爲帝王祈祐，當作祈穀福時壇，凡一千二百位。或爲父母師尊禳災祈福，當爲醮設壇，隨儀〔一〕增益也。守真拜而受之，自爾多有徵驗，不能備紀。

乾德中，太宗皇帝方在晉邸，頗聞靈應，乃遣近侍齎信幣香燭，就宮致醮。使者齋戒焚香告曰：「晉王久欽靈異，欲備俸緡，增修殿宇，仍表乞勑賜宮名。」

真君曰：「吾將來運值太平君宋朝第二主，修上清太平宮，建十二座堂殿，儼三界中星辰，自有時日，不可容易而言。但爲吾啓大王，言此宮觀上天已定增建年月也，今猶未可。」使者歸以聞，太宗驚異而止。太祖皇帝素聞之，未甚信異。遣使齎香燭青詞，就宮致禱，召

〔一〕「儀」，翊聖保德傳卷上作「宜」。

守真詣闕，備詢其事。守真具言之，且曰：「非精誠懇至，不能降其神。」仍以上聖降靈事迹聞奏〔一〕。太祖召小黄門長嘯於側，謂守真曰：「神人之言若此乎？」守真曰：「陛下〔二〕儻謂臣妖妄，乞賜按驗，戮臣於市，勿以斯言，褻黷上聖。」詔守真止於建隆觀，翌日遣内臣王繼恩就觀設醮，移時未有所聞。繼恩再拜虔告，須臾真君降言曰：「吾乃高天大聖玉帝輔臣，蓋遵符命，降衞宋朝社稷，來定遐長基業，固非山林魑魅之類也。今乃使小兒呼嘯，以比吾言，斯爲不可。汝但説與官家，言上天宫闕已成玉鏁開，晉王有仁心，晉王有仁心。」凡百餘言。繼恩惶懼不敢隱，具録以奏，因復面言，神音歷歷，聞者兢悚。太祖默然異之，時開寶九年十月十九日之夕也。翌日太祖升遐，太宗嗣位。尋召守真於瓊林苑爲周天大醮，作延祚保生壇。醮罷，真君降言於内臣王繼恩曰：「吾有言，汝當爲吾奏之曰：

建隆元年奉帝言，乘龍下降衞人君。掃除妖孽猶閑事，縱横整頓立乾坤。國祚已興長安泰，兆民樂業保天真。八方效貢來稽首，萬靈振伏自稱臣。親王祝壽須焚禱，遞相虔潔向君親。吾有捷疾一百萬，諸位靈官萬垓人。若行忠孝吾加福，若行悖逆必誅身。賞罰行

〔一〕「聞奏」，翊聖保德傳卷上作「一一聞奏」。
〔二〕「陛下」原作「陛十」，據上書及四部叢刊本改。

之既平等，天無氛祲地無塵。愛民治國勝前代，萬年基業永長新。」

繼恩録之於簡，翌日以聞。太宗覽之驚異，稽首謝曰：「國家之幸，宗廟之慶，虔荷上聖，賜此格言。」命緘藏於内殿，尋遣内供奉官王守節起居舍人王龜從就終南山下築宮。方卜地於終南鎮，真君忽降言於龜從等曰：「此地乃修建上帝宮闕之地，不可易也。」於是乃定，凡三年宮成。中正之位，列四大殿，前則玉皇通明殿，次紫微殿，次七元殿，次真君所御殿。東廡之外，有天蓬、九曜、東斗、天地水三官四殿。西廡之外，有真武、十二元神〔一〕、西斗、天曹四殿。又有靈官堂〔二〕南斗閣，並列星宿諸神之像。竪鐘經二樓，齋道堂室，靡不完備。建碑以紀其事，題曰上清太平宮，一如真君預言之制。命常參官一人監宮，擇道士焚修。每歲三元及誕節、上本命日，並遣中使致醮。祀神之夕，上望拜焉。歲或水旱，或國家將舉事，率致禱焉。初宮成，真君忽降言，謂王龜從等曰：「汝奉詔修宮，勤則至矣。然何爲不開日月華門？不畫八小殿？壁堦墀甓甃亦未嚴備，惟求速成，以冀恩寵。然上天亦不掩爾功，亦不赦爾罪。」守節龜從頗切驚懼，然已奏訖役，不及增備，惟稽首祈謝。及至

〔一〕「神」，翊聖保德傳卷上作「辰」。
〔二〕「堂」下，上書有「龍堂」。

闕，皆獲增秩，賜白金千兩。既而守節染疾而亡，龜從歿於兵刃，此乃不掩功不赦罪之戒明矣。

太平興國初，太宗皇帝親征太原，真君忽降言於守真曰：「官家已臨汾晉，非久尅復城池，汝當令監官内臣等設醮，以謝勝捷於上帝。」守真等曰：「國家大事，乞俟捷音。」真君曰：「上天已定勝負也。」踰旬而王師告捷，監宮等以聞。帝遣内臣盧文壽齎内庫香藥，御署詞章，詣宮陳醮，以謝上帝。是夕真君降言曰：「官家設此大醮，上帝與諸天皆喜，國祚延遠，過於有唐矣。」至六年，守真以乾明節詣闕朝賀，召見，因面奏曰：「聖真下降，俯爲昌朝，乞降詔加號，以答靈貺。」上允其奏，尋下詔曰：「太平宮神，受命上穹，降靈下土。苾芬致薦，肸蠁有徵。大庇斯民，屢垂丕貺。宜加美號，以答神休。其封神爲翊聖將軍。」詔命至宮，守真焚香以告，真君忽降言曰：「汝當上問官家，所言翊聖者，翊於何聖？」守真數日疑懼，不敢答。復言曰：「汝但馳奏，官家不罪汝。」守真遂具章以聞，太宗覽之，召近臣謂之曰：「玉帝輔臣所輔翊者，上帝也。當以此意報守真，令啓白也。」既而内臣傳命到宮，守真詣殿，焚香以告。真君曰：「此意是也。」七年，守真復詣闕朝賀，真君忽降言曰：「吾有言，汝當聞於官家曰：『大道興隆陰謀滅〔一〕，諸天衆聖皆欣悦。宋朝社稷甚延年，太平景運初興發。君上端心顯明哲，愛民治國常須切。萬年基業永長新，金枝玉葉無休歇。』」守真得之，到闕以聞。詔賜守真紫衣，號崇元大師。自後每遣使醮告，真君或有言，守真皆密以聞。至道初，忽降言謂守真曰：「吾建隆之初，奉上帝命下降衛時，今基業已成，社稷方永，承平之世，將繼有明君。吾已有期，却歸天上，汝等不復聞吾言矣。儻國家祈禱，但嚴潔焚香北面告，吾雖不降言，當授福衛護宗社。」又曰：「汝遇吾下降，至今三十五年，勤亦多矣。上帝已有符命，授汝爲五土之主。此限滿日，升汝仙官，汝亦不久住也。」自是不復降言。明年閏七月十六日，守真謂門人等曰：「吾已領符命，今將去矣。」言訖而化。

既而聖上嗣位，崇奉之典，率遵舊式。洎〔二〕受元符，封泰山，建玉清昭應宫，於宫中寶符閣之西北隅作凝命殿，殿後爲凝命閣，以奉真君。大中祥符七年詔曰：「誕敷寶命，仰荷於至神；昭報殊徵，虔增於懿號。蓋爲邦之大典，庇民之深旨也。而況翊宣元化，式表衆靈，司陰騭於含生，播明威於福地。當王基肇啓，固降治而已彰；洎文考纘承，復先期而

〔一〕「大道興隆陰謀滅」，翊聖保德傳卷上作「大道興，陰謀滅」。

〔二〕「洎」原作「泊」，據上書及四部叢刊本改。

斯應。由是亟營珍館，備薦徽章，蒙介福於無垠，佐鴻圖於累盛。顧惟眇質，紹撫綿區，屬典禮之交修，實祺祥之沓委。緬懷幽贊，罔〔一〕怠欽崇。是用益以丕稱，奉之茂則，式達至精之懇，庶伸祇答之文。期克享於寅恭，永保寧於品彙。爰頒成命，俯告宰司，深體予懷，共宣其事。翊聖將軍宜加號曰翊聖保德真君。」

自真君之降世也，或時有所唆，人即傳録。而岐雍之間，有物魅妖怪爲害之極者，皆投誠致告，則守真祈禱，奉教而往，靡不祛殄。凡所靈驗，不可勝紀，今録其傳聞者云。守真常朝禮至玉皇大殿，覩其題曰通明殿，不曉其旨，因焚香告曰：「通明之理，竊所未諭，敢祈真教。」真君曰：「上帝在無上三天，爲諸天之尊，萬象羣仙，無不臣者。常陞金殿，殿之光明照於帝身，身之光明照於金殿，光明通徹，無所不照，故爲通明殿。諸天帝君萬靈侍衛，仙衆梵佛悉來朝謁，仰視其殿，惟見大光明中，上帝儼然。仙班既退，光明徧徹諸天焉。」

有王叟者，年七十餘，少事戎帥，老而退居終南鎮，膽氣雄傑，談五代時事，歷歷可聽。每聞妖怪誕妄之事，則扼腕切齒。自真君之始降，未甚信嚮。洎目覩靈異，欣然歸仰。自後常日二時赴宮，焚香伏拜，雖風雨霜雪，未嘗暫曠。一日忽告守真啓殿門，瞻禮焚香，且

〔一〕「罔」，翊聖保德傳卷上作「敢」。

泣曰：「老夫本懷剛氣，幼事軍門，不信邪魔，常守正直。百生有幸，得遇上真，今已衰耗，大期將至。所願歸全之後，得在左右，以備驅使，爲萬足矣。」真君降言而許之。未幾，叟無疾而終。踰旬，守真忽於真君殿前，聞空中有呼其名者曰：「我鐵輪將軍也，汝何以略不見録？」守真仰而問曰：「真君左右有四將軍，常侍殿中，守真常所虔事，未知鐵輪將軍是何星辰名位？」空中又曰：「我即王叟也。曾有至願，乞侍左右，今蒙收録，使掌鐵輪，位在四將軍之下。汝今後或有醮祭，勿忘吾名也。」真君嘗謂守真曰：「吾每巡遊周天，有諸位靈官捷疾吏兵，數逾百萬。彗孛妖沴，知吾騎從所至，皆屏跡遠避。嶽鎮海瀆，可以麾召，而世之物魅邪怪，豈足數耶！吾念汝正直，付汝劒法，俾汝爲民救患禳災。汝宜精勤，無或懈怠，積功立名〔一〕，加惠及物，上天所鑒，當録汝名。若慢道輕教，不守虚寂，自有陰責矣！吾若一怒，萬物立爲埃塵，汝其可當乎！然汝每有責罰，乃吾〔二〕小將軍怒汝不專謹爾！汝自宜致恭於彼。汝所興念，彼各預知，不可欺心，貽汝禍患。」

守真嘗一日從容焚香，虔誠問曰：「守真覩釋氏之教，言天上天下無如佛者。未知三

〔一〕「立名」，翊聖保德傳卷中作「於民」。

〔二〕「吾」，上書作「五」。

清之上，品位何若？願賜真語，以蠲蒙滯。」真君降言曰：「佛即西方得道之聖人也，在三清之中，別有梵天居之，於上帝則如世之九卿奉天子也。」守真曰：「其教流演，頗盛於世，又何理也？」真君曰：「教流中夏，帝之念也。隨世盛衰，亦帝之念也。」守真曰：「道釋經典並垂於世，未審崇奉何者即獲其福？」真君曰：「太上道德經大無不包，細無不納，修身鍊行，治家治國。世人若悟其指歸，達其妙用，造次於是，信奉而行，豈惟增福，諒無所不至矣。釋氏之四十二章經，制心治性，去貪遠禍，垂慈訓誡，證以善〔一〕惡，亦一貫於道矣！奉之求福，固亦無涯。至于周公孔子，皆列僊品，而五經六籍，治世之法，治民之術，盡在此矣。世雖諷誦，多不依從。若口誦而心隨，心隨而事應，仁義信〔二〕行禮智之道，常存于懷，豈惟正其人事，長生久視之理，亦何遠矣！」

守真又嘗啓請云：「終南山中赤谷神祠者，近鄉之人多所祈祀。屠牛擊豕，以爲饗饌。酒樂喧沸，民氓鼓舞。若斯之事，其獲佑乎？」真君曰：「終南山寔名山福地，人凡境聖，今古皆然。興妖致邪，殺命祈福。以兹俟福，斯亦遠矣！」既而草竊潛匿其下，捕賊者積薪焚

〔一〕「善」原作「于」，據翊聖保德傳卷中改。

〔二〕「信」，上書作「言」。

之，祠宇煨燼，寂無靈異。

建隆末，長安進士劉頏頗有文學，出於流輩，嘗詣宫再拜，禱曰：「頏欲知將來位秩高卑，願賜靈誥〔一〕。」真君降言曰：「天賦汝文性，不賦汝禄位。汝若學道退閑，當猶延永。若妄求進身，慮促汝壽筭也。」頏聞之，不悦而退。後三歲，果無成而卒。

雍熙中，華山希夷先生陳摶卒於張超谷石室中，世多傳其羽化。守真朝禮之次，因焚香啓告曰：「華山陳摶近卒，時人謂之尸解，未審其人功行證仙階乎？敢希上真，略賜指諭。」真君降言曰：「摶之鍊氣養神，頗得其要。然及物之功未至，但有所主掌爾。」

端拱中，知鳳翔府比部郎中高凝祐嘗就宫致禮。既去，真君忽降言於監宫李鑄曰：「高凝祐行虧忠信，死非久矣！」鑄竊志之。俄而，凝祐秩滿還京，爲三司判官。鑄聞之，乃復焚香啓告曰：「高凝祐今爲此職，又何福耶？」真君降言曰：「死將至矣。」數月而凝祐卒。吏部尚書宋白，乾德中家于盩厔。有弟顥〔二〕，小字曰岐哥。年十餘歲，爲狐魅所惑，號呼無度，舉動失常，忽力敵數夫，家人莫能制。醫砭之輩至者，必遭凌撲。白因齋心，遣

〔一〕「誥」原作「訝」，據翊聖保德傳卷中改。四部叢刊本作「語」。
〔二〕「顥」，翊聖保德傳卷中無。

所親詣宫致禱，懇求衛護。真君降言曰：「汝去，吾當令守真往彼。」守真受教而往，方至其家，坐於客館，而岐哥已覺，慞惶失次。家人遽出迎拜，守真具問之，因厲聲呼其名。須臾，岐哥捽其首從中唯唯而出，至守真前，戰汗悚息。守真呵責移時，鬼乃露形，叩頭伏罪。守真以術戮之，應手而斃。岐哥仆地，良久而蘇，即獲平愈。

真君甞忽謂守真曰：「山下李靖廟中有狐鬼數十，盤泊於彼，本方地神適有馳報，慮其爲妖害民，汝可速往逐之。」守真禀命，仗劔而去。須臾坐於廟前，震呼數四，俄而狐鬼數十悉出，徧列於前，惶惑驚悸。守真乃責之曰：「此上真下降之地，汝輩豈宜雜處！今未欲戮汝，可速返林莽，無以血汙我靈劔。」鬼等相顧狼狽，匍匐而散。守真自往至還，曾不移時。寓宫道士王德淵問其所適，守真具道之。德淵曰：「自此至彼，往復二十里，何其速耶？」守真曰：「我離廟時，以劔揮下庭樹低枝在地，可驗也〔一〕。」德淵俟曉，躍馬而觀焉。果於廟前聞腥穢之氣不可近，得斷枝而還，始再拜稱異。時又有妖狐數百，在邠州城中，頗爲怪異。守真聞之，因焚香致告，具道其事，願奉教往彼除之。真君降言曰：「此狐妖輩甞於長

〔一〕「可驗也」，翊聖保德傳卷中作「汝可驗也」。

安南山中，化形爲菩薩之狀，誘彼居民，捨財爲供〔一〕，其間廻心歸善，亦十有八九。上帝以此故，授其符命，俾爲邠州土地，亦有限數，俟其歲滿，當自遠去，無能爲害，汝不必往也。」

開寶中，鳳翔府民陳英美家，有山魈爲怪。投擲瓦礫，日盈其庭。時放煙焰，欲焚其舍。財物耗散，親族愁苦。召術士禳禁，命僧徒課誦，皆不能止。乃移居遠遁，亦躡蹤而至。英美計無所出，因齋戒持香，躬詣宮庭，精虔以告。真君降言，謂守真曰：「汝今速受吾命令，往爲遣〔二〕除。」守真再拜，負劍躍馬，再宿而至其家。而擲瓦之聲，喧囂如故，觀者填隘，皆曰：「此道士必不能去此怪。」守真乃盥滌嚴潔，整衣引劍而入，其怪忽然而止。是夕爲壇於庭中，守真噀劍立其上，厲聲徐呼曰：「山魈鬼何在乎？儻爲妖未已，當出與吾較勝。不然，則當去萬里之外，釋汝之罪。」如是移時，悄無影響，自是其家安肅，乃隨守真詣宮，陳醮以謝焉。

又長安富民楊氏家有鬼物爲怪，擲瓦縱火，一日萬變，聚族憂惶，莫可寧處。時有術士李捉鬼者，尤善符禁。楊氏召之，方及其門，若爲物所繫，匍匐而起，俄復顛隕，如是者三，

〔一〕「供」原作「俟」，據翊聖保德傳卷中改。

〔二〕「遣」字原無，據上書增。

遂狼狽而走。楊氏復召僧衆爲道場，誦經作梵唄以祛之。俄又若有物攫其道具，或投於屋，或棄於井，羣僧惶懼而去。乃至擣衣砧石，亦自空中騰起，三三兩兩相逐而落中庭，遇物凌觸，而物無所損。如是之怪尤衆，不可具紀。楊氏素聞真君之靈，乃躬持香燭等，馳赴焚禱，具言其怪，且求驅殄。真君降言曰：「汝當速歸，吾令守真繼往也。」守真尋再拜而往其家，士民觀者填隘其户。守真易衣整冠，呪水揮劍，行於四隅，其怪即寂然無聲。守真謂楊氏曰：「此妖伏矣！請爲醮以祛之。」向夕結壇焚章，禮畢而去。一城之衆，稽首稱歎。守真既歸，楊氏隨詣宫中，陳醮以謝。

又富民劉文璨者，忽爲狐鬼所惑，心神恍惚，動止不寧。市中逢道流語之曰：「子面有妖氣，必爲邪物所著。真君下降，可虔心禱之，必愈斯疾。」文璨乃自賫香燭，晨夕馳赴，中路爲鬼物所追，或爲僧尼婦女，或爲商賈，萬端誘惑不進。文璨既迷且惑，復遇道流於路，具告其故。道流曰：「是皆鬼物也。汝宜逕往，無或退志，爲羣妖所害。」文璨心悟，不數日奔迫至宫，潔齋懇至，百拜殿下。真君降言曰：「知汝遠來，吾今令守真爲汝除邪。」是夕守真立文璨於庭中，守真仗劍噀水，呵叱數四，文璨懵然踣於地。移時而起曰：「適先生呵叱之際，見數人若神將者，各擒一鬼而去，文璨惶駭，不覺顛仆。今神思清爽，如酣醉之始醒也。」百拜而去。

自真君之臨降，官吏民庶，不遠千里，或馳誠遥禱，或齋戒朝拜，以祈真哸，時有所聞。大抵多隨其性習，加以訓勗，人臣依於忠，人子依於孝，清淳者示之格言，貪酷者警以要道，詞甚平易，頗叶音韻。然獲聞之者至寡，今據其所傳，録之如左。

乾德中，驪山白鹿觀道士馮洞元朝禮之次，焚香虔告曰：「洞元講孔子之書，依老氏之教，積有年矣。而修身鍊行，未得真旨，幸逢上真，敢求一言。」真君降言曰：「到境始知安，形忘〔一〕靈物閑。真空須照達，幽微即大還。動觀無障礙，希夷合自然。功成神莫測，變化可沖天。去住由自己，三官赦舊愆。命曹除罪簿，六丁奏上天。衆生要修道，須知無上源。」洞元百拜，虔謝而去。

開寶中，侍御史路沖奉詔知鳳翔府，就宫禮請守真，就府署中陳醮祈降。是夕潔齋致禱曰：「沖身居〔二〕職守，阻拜真儀。輒以蘋藻，虔祈降鑒。乞賜真語，以導蒙昧。」真君降言曰：「盡力事君，以爲忠臣。濁財勿顧，邪事莫聞。整雪刑獄，救療人民。動合王道，終

〔一〕「忘」，翊聖保德傳卷下作「忙」。
〔二〕「居」，上書作「拘」。

爲吉人。積愆累咎〔一〕，必有沈淪。衆生本無形之性，配有形之軀。曠劫以來，不能自悟，自有無極世界，不夜之鄉，混合太虚，杳冥同理。」又曰：「六合乾坤内，衆生多不會。造業向前行，如盲驀江海。如將智慧觀，自越千里海。」沖再拜，録而奉之。

左補闕王龜從一日齋心詣宫，焚香懇禱曰：「凡庸賤類，釁咎無涯，幸逢上真，願賜靈誨。如何修身，以獲遐壽？」真君降言曰：「觀汝修鍊，莫如精勤。精勤不怠，上聖皆聞。清太平降世，用武興文。無文則不正，用武則益君。食禄利勿違王命，行吉善但守清貧。清貧者響合天地，濁富者像火投冰。投冰者火緣漸滅，積惡者自貫其身。自貫者殃及七祖，地府下痛害及親。吾懸千尺之索，提釣有緣之人。道之尊，德之貴，大道能生一切物。衆生頭象天，足象地，中心空然合真理。鑿户牖，以爲室，房室之中有一物。亦無形，亦無影，杳杳冥冥人不識，若能識者得長生。陽在天，陰在地，二氣同和誠有謂，空中造化乃自然，自然之中生萬類。天不高，地不卑，大道混合虚無理，學道衆生審欲聞，此是修行崇妙門。」

開寶中，丞相沈倫嘗連綿卧疾，虔心遣使詣宫，陳醮致告曰：「倫濁穢之質，病惱所侵，如何修行，得免兹患？敢期聖語，以導愚蒙。」真君降言曰：「靈物不病，形軀自安。形軀有

〔一〕「累」，翊聖保德傳卷下作「爲」。

病，返照而看。」來人録之，歸致於倫。倫捧覽之，驚喜曰：「吾得之矣。」尋而疾愈，復遣人詣宫醮謝。

道士王德淵因遊終南山，寓止宫中，勤奉香火，好養生而性褊，多所恚怒。忽一日，真君降言謂之曰：「汝學道修真，先當調習其性，以順天和。忘諸有爲，勿耗心識。融怡凝湛，道乃可見。」復戒之曰：「莫管内，莫管外，來往真靈無罣礙。所居安樂是汝家，各自勤行莫相待。莫相待，先達之人無滯礙。真空妙樂有天堂，與聖相同滅諸罪。」又曰：「妙理須行到，周旋皆合道。舉措見真空，真空無煩惱。混合太虚中，自有無聲樂。地鑪天竈間，皆同凡聖道〔一〕。常將智慧觀，可向今生了。」德淵曰：「上感真君，降言教示，不曉前篇内『與聖相同滅諸罪』，願垂誨諭。」真君曰：「汝若除煩入静，鍊心修真，積累其功，數盈之後，泥丸百節，元神靈通，而自同於聖。天堂妙樂，無所不至，豈更有諸罪也。故言『與聖相同滅諸罪』。」

太平興國中，駕部員外郎李鑄嘗知鳳翔府，備覩靈應。俄復奉詔監宫，凡十餘年，志頗嚴潔。真君前後降語僅十餘篇，其所録者數首：

〔一〕「皆同凡聖道」，翊聖保德傳卷下作「背凡歸聖道」。

一日：「建隆之初，方禀希夷。上帝命吾，衆聖皆知。乘龍下降，列宿相隨。五嶽受命，主張地祇。潛扶社稷，密佐明時。吾要李鑄，知吾降期。不得輕泄，免漏天機。」

又曰：「與吾獨異佐國，與吾以道理民，與吾慈善理家，與吾不飲自醉。醒時理民，醉時理神。此語是延年益壽之法，吾勸府主記取。」

又曰：「爲官求理在貞明，智慧俱通臨事清。觀天行道合陰德，食君爵禄常若驚。爲吾洗心復换骨，背凡入聖奔長生。天宫快樂勝凡世，不夜之鄉挂一名。」

又曰：「府主累世爲人生中國，與吾清直莫行斜曲，與吾積善累功，與吾輔佐明主，與吾洗雪黎民，與吾掛心刑獄，上帝若知，名天官也。剋取捨住世轉流之財，但修取有形之像。獲隨身之功，得無量之福。與吾不得因循，不柰時光迅速。靈官賞汝功勳，天曹與汝添福。若一一依吾聖言，必得延年益壽。」

又曰：「年登七十餘，住世不久居。饒君壽百歲，問汝得幾秋？地府直須怕，冥司難請求。有功無驚懼，積罪必遭誅。子孫難替代，早覺莫癡愚。」

又曰：「有緣無緣，福業相牽。有緣福至，無緣業纏。三業大罪，信根不圓。若遵吾語，如倚太山。」

又曰：「聽吾之語必延年，亦將康健保安然。至誠不退修真理，今生若在玉皇前。」

又曰：「爲汝虔心，星辰下降。來駕於玄風，去乘於法雨。開盲愚之耳目，迴積惡之人心，盡歸投於正路。因汝醮告上玄，惡人盡來歸敬，此汝之功也。吾已與汝聞於上帝，俾汝獲福也。汝宜清者重清，白者重白，明者重明。勿初勤末怠，中路變異，迴清爲濁，迴善爲惡。設靈官奏聞，上帝若知，有誤於吾也。」又七月十日夜，真君降言：「汝忠勤奉國，惠愛臨民，更要用心，勿違吾誡。未遇吾之前所作諸惡，吾與汝並銷除也。遇吾之後況無諸業，左右已録汝功也。更須晨夕與吾積其善功，勿得怠惰吾聖言也。」又曰：「但行王事，洗雪冤沈，常差靈官，護助汝也。或有諸事，常行平正，依吾聖言。況是太平君治化，諸事前程，汝但莫憂。」

又曰：「托托莫憂煩，軍府自然安。每事依王道，從他天下傳。」

又曰：「爲主虔誠拜上玄，宋朝社稷保長安。不久太平天下樂，一家受福鎮如山〔一〕。」

又曰：「爲主合虔誠，將心助太平。天宮繫其職，每事更宜精。衆聖皆知汝，舉措直須驚。一朝功滿後，永住看三清。」

又曰：「生前莫亂憂，已後亦無愁。主判陽間事，凡人得幾秋。但依聖言著，長生上天

〔一〕「鎮如山」，翊聖保德傳卷下作「管長安」，四部叢刊本作「保長安」。

求。」

鑄每受一篇，未嘗不晨夕諷誦焉。又嘗謂鑄曰：「汝年及八十，别無修鍊之功，未免掩形升魂，亦當有所主掌爾。」鑄再拜曰：「此生得遇上真下降，屢受祕語。他日儻獲主掌，願與守真同列。」真君曰：「人間官職，守真不及汝。天上名位，汝不及守真也。但心歸真正，升仙階亦有時矣。」

淳化中，西京留守中書令趙普，嘗遣使備禮，致醮虔祈，願聞休咎。真君降言曰：「趙普扶持社稷，甚有功勳，上帝所知，賜汝福壽。然以大妨小，幽府亦有寃對。當啓誦真經，告祈天地，首懺前非，吾亦與汝達于上帝，庶解兹咎，汝官職壽數已有限矣。」其使録之而去。普跪讀感涕，因焚香謝過，復遣人詣宫設醮。

給事中參知政事賈黄中，嘗遣人投誠致禱，以祈聖誨。真君降言曰：「聖主命臣，臣之事君。道佐當代，心依古人。善惡無隱，姦邪必聞。君臣合道，可立功勳。」

又曰：「愛民用心，賞罰平等，但依吾語，合家保安。」

殿中丞〔一〕張卓嘗乞聖言，真君曰：「大道養汝性，陰陽生汝身。爲吾勤行道，爲吾勤

〔一〕「殿中丞」原作「殿申丞」，據翊聖保德傳卷下及四部叢刊本改。

修真。公廉常用意，憂恤在乎民。遇時佐明主，清濁上帝聞。濁富終不久，清貧爲天人。莫教人道富，從他人笑貧。自有真家富，清高不愧貧〔一〕。」

又曰：「形凡性不凡，爲國顯清廉。家積千餘口，有罪自家擔。」

又曰：「但服陽和氣，天竈再熏蒸。地鑪别有用，道德日日新。延年積福應，真空若至清。虚無有妙理，度脱有緣人。」

道士周務本嘗詣宮奏詞一通，乞降真語。真君降言曰：「汝有詞言慕上天，其如心意隔關山。仙宮不遠如指掌，内外工夫全未圓。陰官察録無譴〔二〕過，免墮酆都數百年。依吾所語合吾道，要履三清應不難。」

張守真子元濟常齋戒詣宮。真君降言曰：「汝父守真遭逢於吾，故令子孫受福。汝豈不聞信州龍虎山張道陵至今子孫不絶，亦逢於上聖，得道之後，應及後世。汝亦於吾有緣，直須在家孝於父母，食禄忠於帝王，立身揚名，豈非好事。」又誨之曰：「無事莫街行，勤學必立名。揚名在天下，道𤻲有長生。」

〔一〕「貧」原作「負」，據翊聖保德傳卷下及四部叢刊本改。

〔二〕「譴」，翊聖保德傳卷下作「遺」。

又曰：「爲過自家知，善惡日相隨。分明違天道，問汝阿誰癡？」淳化中，真君降言示守真曰：「當今顯聖明，修德動三清。上天歸正道，四海息交兵。八方欽睿聖，五穀盡收成。勸君須修德，上帝賜長生。」又曰：「關西賊寇，緣應時數。官家須指揮招捉，使臣莫殺平人。官家修德之際，正賊須剪滅。」又嘗降言誡輔道士曰：「千人心不同，萬人心皆錯。舉意不相通，與聖難相約。」真君又嘗降言誡官吏等曰：「每存忠信齊其天，文武班行自有賢。爲主萬年定基業，常憂黎庶恐飢寒。長行德行合其道，燒香虔祝告虛玄。但願國安君長久，齊心輔佐太平年。」又嘗降言誡朝臣等曰：「擎天之柱著功勳，包羅大海佐明君。文王治世及堯日，輔弼乾坤在忠臣。爲主直須行決烈，死生齊却戴皇恩。常行吉善合其德，慎終如始莫憂身。」

進翊聖保德真君事迹表

臣欽若言：臣聞高穹睠命，元聖膺期，必有至神，聿彰幽贊。謨訓標於保乂，雅頌載於監觀，考古今之宜符，見天人之交感。臣欽若誠慶誠抃，頓首頓首。伏以靈源錫羡，炎德嗣興。景祚有開，丕徵允赫。惟玉晨之元輔，奉金闕之明威。降精爽不貳之民，顯陰陽莫測之造。佐大邦之啓運，告神宗之紹圖。兆自幾先，聳乎聞聽。繇是增隆靖館，茂薦徽稱，鉅典崇嚴〔一〕，純禧響答。乃至搢紳卿士，横目蒸黎，稽首以瞻〔二〕睟容，洗心以佇靈誥。隨其性之遠近，視其器之淺深，時亦戒以徽音，警其蒙惑。諄諄之誨，咸洞其隱微。蚩蚩之氓，潛識其真正。或魑魅爲孽，夏鼎之所未刊；或膏肓致妖，秦醫之所難究。亦復俯聆虔懇，遥授指蹤。真教猥臨，羣邪必殄。窈冥之象，既炳於人寰；飆欻之遊，亟還於霄極。永載苾芬之祀〔三〕，潛施睠祐之祥。凡厥祕言，悉存舊録，將伸倫次〔四〕，以示方來。敢謂微臣，猥承明詔，齊心仰誦，盥手兢持，莫究淵沖，粗伸紬繹〔五〕。竊念上真之茂躅，實爲昭代之明徵。豈夫庸瑣之材，輒敢形容其事？伏望皇帝陛下〔六〕垂旒注覽，援翰摛文，賜名以紀芳蕤，作序以冠篇首，式彰贇奉，永耀洪休。臣無任瞻天望聖，戰汗屏營之至。其所録成

〔一〕「嚴」字原闕，據翊聖保德傳卷下及四部叢刊本補。

〔二〕「瞻」原作「贍」，據上二書改。

〔三〕「祀」原作「紀」，據上二書改。

〔四〕「倫次」，翊聖保德傳卷下作「論次」。

〔五〕「莫究淵沖，粗伸紬繹」，「沖」原作「冲」，「紬」原作「紳」，據上書及四部叢刊本改。

〔六〕「伏望皇帝陛下」，翊聖保德傳卷下進翊聖保德真君事迹表作「伏望崇文廣武儀天尊道寶應章感聖明仁孝皇帝陛下」。

真君事迹三卷〔一〕，謹隨表上進以聞。臣誠惶誠懼，頓首頓首，謹言。

批答

省表具之。夫妙道爲大，本於若沖；至神無方，昭乎善應。惟玉虛之元輔，冠瓊簡之真階。幽贊裁成，亶彰陰隲。當藝祖之受命，降福壤而炳靈；逮文考之紹休，告帝期而前兆。式申美報，肇建殊庭。奉禳禬之嚴科，介蒼黔之丕祉。若乃夷微委鑒，肸蠁攸憑。示諄誨以惟勤，昭明威而叵測。恍兮之應猶響，泠然之馭亟旋。自朕纂〔二〕承，夤加崇奉。儼睟儀於恭館，薦嘉號於元都，念祕誥之具存，表格思之攸盛。期於綜緝，以耀休徵。卿任冠樞衡，道熙邦采，雅資博洽，庶就編聯。而能紬緗帙以惟精，封縹囊而來上，懇求制序，復冀命名。再循淺昧之辭，曷叙直聰之烈。勉從勤請，良積靦慙。嘉尚之懷，寤興無捨。所請宜依。

〔一〕「真君事迹三卷」，翊聖保德傳卷下進翊聖保德真君事迹表作「翊聖保德真君事跡三卷」。

〔二〕「纂」原作「慕」，據上書改。

雲笈七籤卷之一百四

傳

玄洲上卿蘇君傳周季通集

先師姓蘇諱林字子玄，濮陽曲水人也。少禀異操，獨逸無倫，訪真之志，與日彌篤。常負擔至趙，師琴高先生〔一〕，時年二十一，受鍊氣益命之道。琴高初爲周康王門下舍人，以内行補精術及丹法，能水游飛行，時已九百歲，唯不死而已，非〔二〕飛仙也。後乘赤鯉入水，或出入人間。而林託景丹霄，志不終此。後改師華山仙人仇先生，仇先生者，湯王時木匠也，服胎食之法〔三〕，還神守魂之事，大得其益。先生曰：「子真人也，當學真道，我迹不

〔一〕「師琴高先生」，紫陽真人内傳及本書卷一〇六紫陽真人周君内傳均作「受學於岑先生」。

〔二〕「非」字原無，據歷世真仙體道通鑑卷七蘇林傳增。

〔三〕「服胎食之法」，紫陽真人内傳及紫陽真人周君内傳均作「教以服氣之法」。

足躡矣！」乃致林於涓子。涓子者，真人也〔一〕。既見之，遂授以真訣，告林曰：「欲作地上真人，必先服食藥物，除去三尸，殺滅穀蟲。三尸者：一名青古，伐人眼，是故目暗面皺，口臭齒落，由是青古之氣穿鑿泥丸也。二名白姑，伐人五臟，是故心耄氣少，喜忘荒悶，由白姑貫穿六府之液也。三名血尸，伐人胃管，是故腸輪煩滿，骨枯肉燋，志意不開，所思不固，失食則飢，悲愁感歎，精誠昏怠，神爽雜錯，由血尸流噬魂胎之關也。若不去三尸，而服藥者，穀食雖斷，蟲猶不死也。徒絶五味，雖勤吐納，亦無益者。蓋其蟲生，而求人不死，不可得也。是故服食不辟於死生，由青古白姑血尸三鬼不去所致爾！雖復斷穀，人體重滯，奄奄淡悶。又所夢非真，顛倒䊵錯，邪淫不除，由蟲在内摇動五神故也。凡欲求真，當先服制蟲丸。制蟲丸者，一名初神去本丸也。欲作真人，當先服制仙丸。制仙丸者，太上八瓊飛精之丹也。夫〔二〕求長生不死，仙真之初，罔〔三〕不先服制蟲丸，以除尸蟲，建長生之根矣！若人腹中有蟲，寧得仙乎？形中饒鬼，安得真乎？其蟲凶惡，速人之死，故當除之。」涓

〔一〕「真人也」，紫陽真人内傳作「中仙人也」。
〔二〕「夫」原作「失」，據四部叢刊本、道藏輯要本及仙鑑卷七蘇林傳改。
〔三〕「罔」原作「固」，據上三書改。

子後告林曰：「我被帝召，上補中黄四司大夫領北海公，去世無復日也。」後林詣涓子寢静之室，得書一幅，以遺林也。其文曰：「五斗三一，太帝所祕。精思二十年，三一相見，授子書矣！但有三一，長生不滅，況復守之乎！能存三一，名刊玉札，況與三一相見乎！加存洞房爲上清公，加知三元爲五帝君。後聖金闕帝君所以乘景迅雷，周行十天，寔由洞房三元真一之道。吾餌术精三百年，服氣五百年，精思六百年，守三一三百年，守洞房六百年，守玄丹五百年。中間復周遊名山，看望八海，廻翔五嶽，休息洞室。樂林草之垂條，與鳥獸之相激，川瀆吐精，丘陵蓊鬱。萬物之秀，寒暑之節。弋釣長流，遨遊玄瀨。静心山岫，念真養氣。呼召六丁，玉女見衛。展轉六合，無所羈束。守形思真二千八百餘年，寔樂中仙，不求聞達。今卒被召，上補天位。徘徊世澤，惆悵絶氣。吾其去矣，請從此别。子勤勗之，相望飆室也。」林省書流涕，徬徨拜空，涓師之迹，於是絶迹矣！夫玄丹者，泥丸之神也，其法出太上素靈訣。守三一爲地真，守洞房爲真人，守玄丹爲太微官也。林謹奉法術，施行道成。周觀天下，遊瞪名山。分形散影，寢息丹陵。賣履市巷，醜形試真。得意而栖，遯化不倫，時人莫能識也。以漢元帝神爵二年三月六日告季通曰：「我昨被玄洲召爲真命上卿，領太極中候大夫，與汝别。」比明旦，有雲車羽蓋，驂龍駕虎，侍從數千人迎林，即日登天，冉冉西北而去。良久，雲氣覆之遂絶。林未去之時，先是太極遣使者下拜爲中嶽真人，後又太上遣玉郎〔一〕下拜爲五嶽地真人，宫在丹陵。

予〔二〕見先師得道爲仙，已三被拜授，而乃登昇。蓋洪德高妙，玄韻宿感。靈化虚源，神澄八方。龍昇鳳逐，飛步真門。隱顯津梁，觀試風塵。其道神矣！其法珍矣！非紙札麤意所能述宣，今聊撰本師之標略爾。將來有道之士，以遊目也。

太和真人傳元陽子附

太和真人尹軌字公度，太原人也，乃文始先生之從弟。少學天文，兼通讖緯，來事先生。因教服黄精花，及授諸道經凡百餘篇，皆蒙〔三〕口訣。先生登真之後，即與隱士杜沖等同於先生宅修學，時年二十八，絶粒行氣，專修上法。太上哀之，賜任太和真人，仍下統仙寮於杜陽宫。時復出遊，帶神丹十餘筩，周歷天下，濟護有緣。或鍊金銀，以賑貧窮；或行丹藥，以救危厄。求哀之人，咸得其福利焉。或上朝玉京，校一切行業善惡報應宿命之

〔一〕「玉郎」原作「王郎」，據四部叢刊本、道藏輯要本及仙鑑卷七蘇林傳改。

〔二〕「予」上，仙鑑卷七蘇林傳有「弟子周季通曰」六字。

〔三〕「蒙」原作「家」，據仙鑑卷八尹軌傳改。

期；或論天地日月星辰，運度睬促之分；或遊宴諸天，參校神仙圖籙，品位部御之方；或論童真始仙，威儀俯仰之格；或臨諸地領，察兆人建功立行齋請之福；或監度學道男女，經方藥餌之道；或遊百山千川，檢閲神司鬼官〔一〕，考録罪福之目〔二〕；或論風雨雷電水旱豐儉之事焉。吾所遊行〔三〕，或爲道士，或爲儒生，或爲童愚，或爲長老，不可以一塗限也。或與羣真衆仙，驂龍馭鳳，策空駕虛，雲馳電邁，出有入無，分形散影，處處遊集。或〔四〕巡五嶽之洞，適十洲之宫，出八荒之域，入九幽之府。或酌〔五〕碧海之津，挹玄丘之雲，採丹華於閬苑，掇絳實於玉圃。故上清瓊文帝章曰：「太和真人與太華真人三天長生君〔六〕南

〔一〕「神司鬼官」原作「神司鬼神」，據仙鑑卷八尹軌傳改。

〔二〕「目」，上書作「因」。

〔三〕「吾所遊行」，上書作「吾所爲無常相」。

〔四〕「或」字，上書以下七句之首皆有。

〔五〕「酌」，上書作「鈞」。

〔六〕「太和真人與太華真人三天長生君」，高上太霄琅書瓊文帝章經作「太華真人三天長生君太和真人東華老子」。

極總司禁君西臺中候〔一〕北帝中真九靈王子太靈仙妃赤精玉童玄谷先生南嶽赤松子中山王喬紫陽真人西城王君中黄先生趙伯玄山仲宗等〔二〕，同修行三真寶經上法。皆面發金容，項負圓光，乘虚登霄〔三〕，遊宴紫庭，變化萬方，適意翱翔，嘯命立到，徵召萬靈，攝制羣魔，決斷生死，駕霄乘煙，出入帝庭焉。

元陽子者，仙人也。生於北極之端，育於虚無之中，與天地浮沈，隨日月周迴，被服自然，含剛懷柔，優游乎太漠之外，踟蹰乎中嶽之上，觀和氣之布施，察萬物之經紀，覽緯度之差序，圖盛衰之終始。乃遇老君，哀愍元陽，遺經一卷，名曰黄庭。乃太素之始元，陰陽之至道，分理之真要，養神之訣文。上古之人，行得其真；中古以來，不得其要。傳授謬誤，亦從來久也。本黄老作此經，令學者皆得神仙。然黄老已來，英儒之士多爲注解，不得黄老之本旨，失其要説。於是元陽憮然退思，採黄老之妙讖，粗爲其注，不能究盡道意深遠至通，猶可爲學之徒使微悟之爾！有得黄庭經者，老子也。史記或云，黄者、黄帝，老者、老

〔一〕「候」，四部叢刊本、道藏輯要本作「侯」。
〔二〕「等」，高上太霄琅書瓊文帝章經作「等十八人」，上文多出「東華老子」。
〔三〕「乘虚登霄」，仙鑑卷八尹軌傳及洞真太上太霄琅書均作「乘空登霄」。

子。今亦謂太上，經爲正也。

太極真人傳

太極真人杜沖字玄逸，鎬京人也。以周昭王丁巳年，聞文始先生登真，乃於玆靈宅棲玄學道。于時幽人逸士自遠而來者，有五人焉。並沈默虛遠，方雅高素，道術相忘，共弘不伐之則也。後穆王聞之，爲修觀建祠，置沖爲道士焉。將以氣均巢許，德爲物範，故天子禮之而不臣，諸侯敬之而不爵，蓋以其弘修道業故也。沖閑居幽室，吟詠道德，常攝護氣液，吐納光華。經二十餘載，幽感真人展先生降於寢靜，侍者二人捧碧玉函立於左右。沖乃拜首求哀，蒙授九華丹方一函〔一〕。謂沖曰：「老君與尹先生於東海八渟山，召太帝，集羣真，天下山川洞室仙人，不遠而至〔二〕。時有地司保舉子之勤勞，老君勑我付爾仙經也。」沖依按合服，而身生玉映，五臟堅潤，裁容氣息。又感真人李君授以太上素靈洞玄大有妙經，沖復修之，甚得其驗，遂乃解胞釋結，保命凝真，領攝羣神，洞觀衆妙焉。穆王親崇道教，以祈

〔一〕「九華丹方一函」，仙鑑卷九杜沖傳作「九華丹經二函」。

〔二〕「不遠而至」，上書作「無遠不至」。

神仙，共策遺[一]風之駿，日馳千里。中到崑崙山，昇玄圃之宮；西詣龜山，謁王母於青琳之室；東遊碧海，展敬丈人；採若木之華，北適玄壟；南邁長離，同挹絳山之髓。驅策虎豹，役使百靈，通冥達幽，莫測其涯。年一百二十餘，以懿王己亥歲，上清元君遣仙官下迎，授書爲太極真人，下任王屋山仙王矣。

太清真人傳

太清真人宋倫字德玄，洛陽人也。以厲王甲辰[二]歲入道，於是凝心寢景，抱一沖和，不交人事，日誦五千文數遍，服黄精白术。積二十餘年，乃密感老君項負圓明，面放金光，披九色離羅之帔，建七映暉晨之冠，有仙童六人負[三]真執籙。倫匍匐乞哀，乃告倫曰：「吾有景中之道通真之經，生乎三元之始，出乎九玄之庭。五德合慶，六氣凝精，分真散景，保遐固齡。子能修之，立致雲軿，出有入無，徹幽洞冥，三光並耀，二氣齊靈，變化適意，飛

〔一〕「遺」，仙鑑卷九杜沖傳作「追」。
〔二〕「辰」宜作「子」，按周厲王在位有甲子，無甲辰。
〔三〕「負」，仙鑑卷九宋倫傳作「輔」。

昇上清。」倫拜，授之，乃開蘊，出靈飛六甲素奏丹符以付於倫。倫得經修之，乃自然通感。常有玉童六人更遞侍之，察物如神，言無不驗。能望巖申步，淩波涉險，不由津路。或化爲麞鹿，或託作鳩鴿，翱翔原陸，試人之心。年九十餘，以景王〔一〕時，受書爲太清真人，下司中嶽神仙之録焉。

論曰：按樓觀仙師傳及樓觀本記並云，昔周康王聞尹先生有神仙大度之志，乃拜爲大夫，并賜嘉名，因號此宅爲樓觀焉。次昭王時，大夫遇老君，因遂得道。其次穆王乃欽尚遺塵，爲建祠修觀，召幽逸之人置爲道士，自爾相承，于今不絶。故樓觀碑云：「樓觀者，昔周康王大夫關令尹喜所立也，以其結草爲樓，因即爲號。」又云：「周穆王西遊，秦文東獵，並枉駕廻輪，親崇道教。始皇建廟於樓南，漢武立宮於觀北。晉宋謁板，于今尚存。秦漢廟户，相繼不絶。」由是論之，乃驗老君西度關在於昭王之時，信矣！或云幽厲平敬之時西度者，此由後人不見老君本紀，妄爲穿鑿者也。幽王時，孔子時有見老君者，斯並化胡之後，復還中夏幽演之時也。或云老君西出散關者，按張天師述老君本紀云，老子幽演訖，乃與

〔一〕「景王」，仙鑑卷九宋倫傳作「宣王」。按前云厲王時入道，積二十餘年，感老君授經，年九十餘，受書爲太清真人，當在幽王時。

文始先生遊此赤城上虞山，過女几雞頭天柱太白山。秦昭襄王聞之，於西麓下爲修城邑，今散關中其故墟猶在是也。謂曾於此過，乃昇於崑崙山，故此舊墟尚稱尹喜城老停驛等名爾。以此詳之，則癸丑年復非度此散關明矣。或云史記無文，事同虛妄者，至如九天九壘，川源土俗，徧於六合，猶有不書，況其一區一第，輒能備載焉？若編以史爲實録者，則天下譜牒圖書，讖緯經論，並爲虛誕，豈獨此一觀一傳而已哉！蓋驗之在實，其來久矣。周宣王時，郊聞採薪之人行歌曰〔一〕：「巾金巾，入天門。呼長精，歙玄泉。鳴天鼓，養泥丸〔二〕。」時人莫能知之，惟老君曰：「此活國中人，其語祕矣！斯皆修習無上正真之道也。」

〔一〕「周宣王時，郊聞採薪之人行歌曰」，漢武帝外傳作「周宣王時郊間採薪之人也，採薪而行歌曰」，且其前尚有「王真字叔堅，……郊間人者」約三十字。

〔二〕「養泥丸」，本書卷一一〇洞仙傳長桑公子傳作「養丹田」。

太元真人東嶽上卿司命真君傳 弟子中候仙人李遵〔一〕字安林撰

真人姓茅諱盈字叔申，咸陽南關人也。姬胄分根，氏族於茅，積德累仁，祚流百世，誕縱明賢，繼踵相承。高祖父諱濛字初成，深識玄遠，察覽興亡，知周之衰，不仕諸侯。乃師於北郭北阿鬼谷先生，遂隱遁華山，盤桓靈峯，逍遥幽岫，静念神仙，高抗蕭寥，絶塵人間也。盈曾祖父諱偃字泰能，濛之第四子也。仕秦昭襄王〔二〕之世，位爲舍人，稍遷車騎校尉長平恭侯，毗弼霸正，有功業於時焉。盈祖父諱嘉字正倫，仕秦莊襄王〔三〕爲廣信侯。始皇即位，嘉輔帝室。當莊襄王時也，秦地漸以并巴蜀漢中宛郢〔四〕，置南郡矣。北收上郡

〔一〕「李遵」原作「李道」，按隋書經籍志二雜傳類著録「太元真人東鄉司命茅君内傳一卷，弟子李遵撰」，真誥卷八甄命授第四注云「李中侯名遵，即撰茅三君傳者」，新唐書藝文志神仙類著録「李遵茅三君内傳一卷」，宋史藝文志神仙類著録「李遵三茅君内傳一卷」，據改。

〔二〕「秦昭襄王」原無「襄」字，據仙鑑卷十六茅盈傳增。

〔三〕「襄」字原無，據上書增。

〔四〕「當莊襄王時也，秦地漸以并巴蜀漢中宛郢」，史記秦始皇本紀作「當是之時（按指「莊襄王死，政代立爲秦王」）之時，秦地已并巴蜀漢中，越宛有郢」。

以東，爲河東太原上黨〔一〕。東至滎陽，滅二周，置三川郡。以呂不韋爲丞相，號文信侯，以嘉爲德信侯，使招置賓客游士，欲并天下。始皇六年，韓魏趙衛楚共擊秦，取壽陵。始皇使嘉將兵攻之，有功焉。衛迫東都〔二〕，嘉又剋討，皆平之。始皇壯嘉志節，賜金五千斤。二十五年，秦大興兵，使嘉〔三〕攻燕遼東，得燕王而還。又遣嘉定荆，江南地皆降，是年置會稽郡，嘉將兵於會稽而亡。始皇哀其忠，因以相國禮葬之於長安龍首山西南。嘉有六子，並知名於時，始皇皆官爵承先，並各賜姓。其第六子諱祚字彦英，不仕不學，志願農巷，即盈之父也。祚有三子：長子諱盈字叔申，次子諱固字季偉，小子諱衷字思和。盈少秉異操，天才穎爍。矯志蕭抗，行邁遠逸。不營聞達，不交非類。獨味清虛，恬心玄漠。盈時年十八，遂棄家委親，入于恒山，讀老子道德經及周易傳，採取山术而餌服之。潛景絶崖，素挺靈岫，仰希標玄，與世永違。始皇三十一年〔四〕九月庚子，盈高祖父濛，於華山之中，乘

〔一〕「爲河東太原上黨」，史記秦始皇本紀作「有河東、太原、上黨郡」。

〔二〕「衛迫東都」，上書作「拔衛，迫東郡」。

〔三〕「使嘉」，上書作「使王賁將」。

〔四〕「三十一年」原作「三十年」，據上書集解引太原真人茅盈内紀改。

雲駕龍，白日昇天。先是時其邑謡曰〔一〕：「神仙得者茅初成，駕龍上昇入太清，時下玄洲戲赤城。繼世而往在我盈，帝若學之臘嘉平。」始皇聞謡歌而問其故，父老具對曰：「此仙人之謡，勸帝求長生之事。」於是始皇忻然，乃有尋仙之志，因改臘曰嘉平。

盈於恒山積六年，思念至道，誠感密應，寢興妙論，通于神夢，髣髴見太玄玉女把玉札而攜〔二〕之曰：「西城有王君得真道，可爲君師，子奚不尋而受教乎？」心豁靈暢，啓徒内爽，覺悟流光之騰暐，自謂已得之於千載矣。明辰植暉，東盼霄邁，登嶺陟峻，徑到西城。齋戒三月，沐浴向望，遂超榛冒險，稽首靈域，卒見王君。後二十年，從王君西至龜山見王母。盈乃叩頭再拜，自陳於王母曰：「盈小醜賤生，枯骨之餘。敢以不肖之軀，而慕龍鳳之年；欲以朝菌之質，竊求積朔之期。雖仰遠流，莫以知濟，津塗堅塞，所要無寄。常恐一旦死於鑽放之難，取笑於世俗之夫。是以昔日負笈幽林，貪師所生，遂遇王君，哀盈丹苦，見授治身之要，服氣之法。於是静齋深室，造行其事。師重見告，以盈身非玉石，而無主於恒。氣非四時，常生於内。正當率御出入，呼吸中適。和液得修，形神靡錯。感應思積，則

〔一〕「先是時其邑謡曰」，史記秦始皇本紀集解引太原真人茅盈内紀作「先是其邑謡歌曰」。
〔二〕「攜」，仙鑑卷十六茅盈傳作「謂」。

魂魄不滯。理合其分，氣甄其適，乃可形精不枯。宅不可廢也，若使精神疲於往反，津液勞於出入，則形當日凋，神亦枯落，歲減其始，月虧其昔矣。宜便妙訪，求其長易之益。」西王母曰：「子心至矣！吾昔先師元始天王及皇天扶桑太帝君見遺以要言，汝願聞之邪？」於是口告盈以玉珮金璫之道太極玄真之經。盈拜受所言，稽首而立。又告盈曰：「夫金璫者，上清之華蓋，陰景之内真；玉珮者，太上之隱玄，洞飛之寶章。得其道者，皆上陟霄霞，登遨太極，寢晏高空，游行紫虚也。向説元始天王太帝君言，是太霄二景隱書玉珮金璫之文章也。又有陰陽二景内真符，與本文相隨。太上法惟令授諸司命。子玉札玄挺，録字刊金，黄映内曜，素書上清，似當爲上卿之君，司命之任矣。此道後别當付於子也。然不先聞明堂玄真之道，亦無由得太霄隱書也。」

盈於是辭師乃歸，帶索混俗，亦不矯於世。自説入恒山北谷學儒俗之業，時年四十九也。盈父母尚存，父見大怒，「爲子不孝，不親供養，尋逐妖妄，流走四方，吾當喻汝爲不生之子也。」欲杖罰之。盈長跪謝曰：「盈受命應當得道，道法世事，兩不相濟。雖違遠供養，無旦夕之益。能使家門平安，父母老壽。盈已受聖師符籙，見營助者以天丁之兵，見侍衛者以仙童玉女。今道已成，不可打擊，恐三官考察，非小故也。」父外信禮度，未該内秀。道德玄域，意有未釋。故驗盈情狀，俾衆不惑。於是操杖向盈，適欲舉杖，杖即摧折成數十段，段皆飛揚，如弓矢之發，中壁壁穿，中柱柱陷。父悟不凡，瞋意乃止。盈曰：「向所啓正慮如此，邂逅中人則有所傷故耳。」

至漢宣帝時，二弟俱貴。衷爲五官大夫西河太守，固爲執金吾，並當之官，鄉里相送者數百人。時盈亦在座，謂賓曰：「吾雖不作二千石，亦有仙靈之職矣。來年四月三日當之官，能如今日之集會不？」衆許之。至期日，盈門前數頃地忽自平治，無復寸芥，皆青縑幄屋，屋下鋪數重白氈，容數百人坐。遠近翕赫相語，來者塞道，客乃有數倍於送弟時。衆賓並集，爾乃大作主人，不見使人，但見金槃玉杯自至人前，奇餚異果不可名字。酒又美好，又有妓樂，絲竹金石，聲動天地。香麝之芳，達于數里。飲食隨益，六百餘人莫不醉飽。明日迎官來至，文官則朱衣素帶數百人，武官則甲兵牙旗，器杖曜日。盈與家人及親族辭決，而語宗室子弟曰：「夫真仙道隱，貴在跡翳，不應表光曲飾，動耀視聽。吾所以不得默遁藏景，潛舉空同者，蓋欲以此道誘勸二弟之追慕也。亦何但固衷之返迷耶？天下有心者盡當注向神仙之冀獲爾！」言訖，遂歸句曲。邦人因改句曲爲茅君之山。時二弟在官，聞盈玄跡眇邁，白日神仙，乘飛步虛，越波淩津，靈官奉從，著於民口，節蓋旌旗，光耀天下。始乃信仙化可學，神靈可致。然後明松喬不虛，鼎湖實有。於是並各棄官還家，以日仄之年，方修盈糟粕遺事。不得口訣，未爲補益。乃相與共歎而相謂曰：「家兄得道，非他人也。忽〔一〕不往從親稟問密訣，而留此按云云方書，以規度世乎？縱往而不達，兄之神仙，終不使吾等死於非所也。」遂共棄家，扶轝自載，以尋斯舉。以漢元帝永光五年〔二〕三月六日渡江，求兄於東山，遂與相見，悲忻流涕告二弟曰：「悟何晚矣！」二弟跪曰：「固衷頑下，不達道德。願賜長生，濟弟元元。」盈曰：「卿已老矣！難可補復〔三〕。縱得真訣，適可成地上仙耳。其上清昇霄大術，非老夫所學。今且當漸階其易行，以自支住。」於是並教二弟服青牙始生咽氣液之道，以住血斷補焦枯攝筋骨之益，亦停年不死之法也。因以長齋三年，授以上道，使存明堂玄真之氣，以攝運生精，理和魂神。三年之內，竭誠精思，神光乃見。於是六丁奉侍，天兵衞護。盈又各賜九轉還丹一劑，并神方一首，各拜而服之，仙道成矣。後授紫素之書各百字，以付固衷。固衷拜受，其時亦有執儀者以啓正之。紫素文曰：「太上有命，天載真書言：『咸陽茅固，家于南關，厥字季偉，受名當仙。位爲定録，兼統地真。使保舉有道，年命相關，勤恭所涖，四極法令，宫館洞臺，治丹陽句曲之山。固其勗之，

〔一〕「忽」，仙鑑卷十六茅盈傳作「今」，道藏輯要本作「曷」。
〔二〕「五年」，仙鑑卷十六茅盈傳作「二年」。
〔三〕「難可補復」原作「欲難可補復」，據上書删。

動靜察聞。」又曰：「盈固弟衷，挺業該清。雖晚反正，思微徹誠。斷緘六天，才穎標明。今屈司三官，保命建名。總括岱宗，領死記生。位爲地仙，九宫之英。勸教童蒙，開道方成。教訓女官，授諸妙靈。莅治百鬼，典祟校精。開察水源，江海流傾。封掌金谷，藏録玉漿。監植龍芝，洞草夜光。治于良常之山，帶北洞之口，鎮陰宫之門也。」使者授書訖而去。

至漢哀帝〔一〕元壽二年八月己酉，五帝各乘方面色車，從羣官來下，受太帝之命，授盈爲司命東卿上真君。文以紫玉爲板，黄金刻之。其文曰：「惟盈虚挺遠朗，幽耽妙玄。爰自童蒙，散髮北山。靜心林澤，積思求神。登峻履谷，艱尋師門。擲形絶崿，投軀萬津。丹誠率往，肆其天然。遂造明匠，乃授靈篇，剪髮祝脆，殘首截身。帶索自樂，不耻飢寒。所適惟道，所保以真。情昭上帝，感激太玄。今敬授盈位爲太元真人，領東嶽上卿司命神君。君平心正格，秉操金石，丹心矯衆，栖神高映。故報盈以玉鉞、緑旌、八威之策，使盈征伐源澤〔二〕，折衝萬神。君寒凍林谷，味玄仰真，思激窮岫，啓心精誠。今故報盈以紫髦之節，藕敷華冠，使盈招驅萬靈，封山召雲。君棄家獨往，離親樂仙，契闊嶮巇，冬袒山川。今故報盈繡羽紫帔，

〔一〕「漢哀帝」原作「漢平帝」，據仙鑑卷十六茅盈傳改。

〔二〕「源澤」，茅山志卷一天皇太帝授茅君九錫玉册文作「邪源」。

丹青飛幕。使盈從容霄階，攜命玉真。君步驟深藪，足履危仞，心耽志尚，曾不慆憚。今故報盈以斑龍之輿，素虎之軿。使盈浮晏太空〔一〕，飛輪帝庭。君披榛併景，寒淩霜雪，心求明真，不戰不慄。今故報盈以曲晨寶蓋，瓊幃緑室。使盈遊眄九宫，静神温密。君遠秀遁榮，無疲於心，潛形幽嶽，静思萬林。今故報盈以流金火鈴，雙珠月明。可以上聞太極，通音上清。君貞心高静，淫累不經，素挺浩映，内外坦平。今故報盈以錦旌繡旛，白羽玄竿，可以呼召六陰，玉女侍軒。君慈向觸物，陰德萬生，蠢動之毛，皆念經營。今故報盈以鳳鸞之簫，金鐘玉磬。可以和神虚館，樂真舞靈。君飢渴養神，艱辛求真，萬物不能致其惑，千邪不能毀其淳。今故賜盈紫琳之腴，玉漿金蕊。可以壽同三光，刻簡丹瓊也。盈標領清玄，紫瑋八映，心暉重離，神曜太霞。實真人之長者，故以太元爲號。君九德既備，感積〔二〕太微，天人虚白〔三〕，不期同歸。今酬九事，以報往懷。盈心神方朗，四靈所栖。丹神〔四〕啓煥，秉直不迴。正任全固，

〔一〕「使盈浮晏太空」，原無「使」字，按仙鑑卷十六茅盈傳作「使盈浮景太空」，茅山志卷一天皇太帝授茅君九錫玉册文作「使以浮宴太空」，據增。

〔二〕「感積」，上二書分別作「咸積」、「積感」。

〔三〕「白」，茅山志卷一天皇太帝授茅君九錫玉册文作「因」。

〔四〕「神」，上書作「真」。

監無照微。今屈辛上卿，總括東嶽。又加司命之任，以領録圖籍。給玉童玉女各四十人，以出入太微，受事太極也。治宮赤城玉洞之府，盈其涖之，動静以聞。」於是盈與二弟決别，而與王君俱去，到赤城玉洞之府。道次，諸山川神靈有司迎啓，引者將以千萬矣〔一〕。臨去告二弟曰：「吾今去矣，便有局任，不得復數相往來，旦夕相見。要當一年再過來於此山，三月十八日、十二月二日期要吾師及南嶽太虚赤真人〔二〕遊盼於二弟之處也，將可記識之。及有好道者，待我於是乎！吾自當料理之，以相教訓未悟。」於是季偉思和遂留治此山洞内，立宮結構於外。將道著萬物，流潤蒼生。德加鳥獸，各獲其情。神驗禍福，罪惡必明。内法既融，外教坦平。爾乃風雨以時，五禾成熟。疾癘不起，暴害不行。父老謌曰：「茅山連金陵，江湖據下流。三神乘白鵠，各治一山頭。召雨〔三〕灌旱稻，陸田苗亦柔。妻子咸保室，使我無百憂。白鵠翔青天〔四〕，何時復來遊？」

〔一〕「引者將以千萬矣」，仙鑑卷十六茅盈傳作「引從者以千萬矣」。
〔二〕「太虚赤真人」，上書作「太虚赤城真人」，茅山志卷二十九錫真人三茅君碑文作「太虚真人」。
〔三〕「召雨」，仙鑑卷十六茅盈傳作「甘雨」。
〔四〕「天」，上書作「雲」。

雲笈七籤卷之一百五

傳

清靈真人裴君傳弟子鄧雲子撰〔一〕

清靈真人〔二〕裴君字玄仁，右扶風夏陽人也。以漢孝文帝〔三〕二年，君始生焉。爲人清明，顔儀整素，善於言笑。目有精光，垂臂下膝，聲氣高徹，呼如鍾鳴。家奉佛道，年十餘歲，晝夜不寐，精思讀經。嘗於四月八日，與馮翊趙康子上黨皓季成共載詣佛圖。時天陰雨，忽有賤人著故布單衣，巾黄巾，詣君車後索載。君禮而問之，不答，君下車以載之。康

〔一〕「清靈真人裴君傳弟子鄧雲子撰」，隋書經籍志雜傳類著録「清虚真人裴君内傳」而不著撰人，新唐書藝文志神仙類及通志畧道家均作「清虚真人裴君内傳鄭雲千撰」，舊唐書經籍志雜傳類作「清虚真君内傳鄭子雲撰」，宋史藝文志道家作「鄧雲子清虚真人裴君内傳」。

〔二〕「清靈真人」，歷世真仙體道通鑑卷十五裴君傳「靈」作「寧」。

〔三〕「漢孝文帝」，上書作「漢明帝」。

子季成並大怒，呵問：「何等人而上吾車乎？」君乃陳諭，遂聽俱載。君自徒行在後，顔無變色，寄載人自若，亦不以爲慙也。將至佛圖，乃曰「吾家近在此」。乃下車，奄然失之。佛圖中道人支子元者亦頗知道，宿舊人傳之云，已年一百七十歲，見君而歡曰：「吾從少至老，見人多矣！而未嘗見如子者。」乃延君入曲室之中，幽静之房，大設豐饌。飲食既畢，將君更移隱處，呼之共坐。乃謂曰：「吾善相人，莫如爾者。子目中珠子正似北斗瑶光星，自背已下象如河魁，既有貴爵，又當神仙，天下志願，子寶〔一〕享焉。然津梁未啓，七氣未淳，不見妙事，亦無緣而成也。」因以所修祕術，密以告君。道人曰：「此長生内術，世莫得知。吾昔遊焦山及鼈祖之阿，遇仙人蔣先生者，乃赤將子輿也。以神訣五首授吾，奉而行之，於今一百七年矣。氣力輕壯，不覺衰老。但行之不勤，多失真志，不能去世。故雖延年，不得神仙也。猶是行之多違，精思不至之罪也。今以教子，子祕而慎傳之。」

第一、思存五星，以體象五靈。存之法：常於密室，以夜半後生氣之時，服挹五方之氣。於寢牀上平坐，向月建所在，先叩齒九通，咽液三十過。畢，存想五星：使北方辰星在頭上，東方歲星在左，西方太白星在右，南方熒惑星在膝中間，中央鎮星在心中。久久行

〔一〕「寶」，歷世真仙體道通鑑卷十五裴君傳作「保」。

之，出入遠行，常思不忘，無所不却，萬禍所不能干也。後當奄見五老人，則是五星精神也。若見者當問以飛仙之道，五神共扶人身形白日昇天。

第二、初以甲子上旬直開除之日爲始，以生氣之時夜半之後，勿以大醉大飽，身體不精，皆生疾病也。當精思遠念，於是男女可行長生之道，其法要祕，非賢勿傳。使男女並取生氣，含養精血，此非外法，專採陰益陽也。若行之如法，則氣液雲行，精醴凝和，不期老少之皆返童矣。凡入靖，先須忘形忘物，然後叩齒七通，而呪曰：「白元金精，五華敷生。中央黄老君，和魂攝精。皇上太精，凝液骨靈。無上太真，六氣内纏。上精玄老，還神補腦。使我合會，錬胎守寶。」祝畢，男子守腎固精，煉炁從夾脊遡上泥丸，號曰還元。女子守心養神，煉火不動，以兩乳炁下腎，夾腎上行，亦到泥丸，號曰化真。養之丹扃，百日通靈。若久久行之，自然成真，長生住世，不死之道也。

第三、用五行紫文以除三尸。常用朔望之日日中時，臨目南〔一〕向。臨目者，當閉而不閉也。心存兩目中出青氣，心中出赤氣，臍中出黄氣，於是三氣相繞，合爲一氣，以貫一身。須臾内外洞徹，如火光之狀。良久，乃叩齒十四通，咽液十四過，畢。此錬形之道，除

〔一〕「南」，本書卷八三五行紫文除尸蟲法作「西」。

尸蟲之法也。久而行之，體有五香之氣，目明耳聰，長生不死。

第四、名曰陰德致神仙之道。其文曰：「常以甲子日沐浴，竟甲子上旬日，當燒香於所止床之左右，久久行之，天仙玉女下降也。」又一法：當養白犬白鷄，犬名曰白靈，鷄名曰白精，諸八節日及行入五嶽，乃登名山諸有神仙之所在處，密放鷄犬於其間，去勿迴顧，天真仙官當與子芝英靈草矣。又一法：作素奏，使長一尺二寸，丹書其文曰「某郡縣鄉里某，欲得長生，登仙度世，飛行上清。真人至神，五嶽羣靈，三官九府，乞除罪名。」書奏畢，以青絲係金鐶一雙，合以纏奏，再拜北向，置奏石上，因以火燒成灰，乃藏鐶於密石間而去，勿反顧。無鐶可用，絛脫一雙以代鐶，古人名爲縱容珠子也。慎與多口嫉妬之人道之，非但無益，乃更致禍。如此十過，天上五帝，三官九府，更相屬勑，除人罪過，著名生録，刊定仙籍。入山求芝草靈藥，所欲皆得。山神玉女，自來營衛。狼虎百害，不敢犯近。神靈祐助，常欲使人得道，開人心意，惡鬼老魅，不敢試人。行此道，易成而無患。若道士不知此術，入山必多不利，數爲鬼物所試。在人間則多轗軻疾病，財物不昌，所願不從。若能行此道，長生神仙。

第五、太極真人常以立春之日日中時，會諸仙人於太極宮，刻玉簡，記仙名。常以其夕夜半時，正北向，仰視北極，再拜頓首，陳己罪〔一〕多少之數，求解釋之意。畢，復再拜乃止。至春分之日日中時，崑崙瑶臺太素真人會諸仙官，校定真經。至立夏之日日中時，上清五帝會諸仙人於紫微宫，見四真人論求道者之功過。至夏至之日日中時，天上三官會於司命河侯，校定萬民罪福，增年減筭。至立秋之日日中時，五嶽諸真人詣中央黄老君於黄房雲庭山，會仙官於日中，定天下神圖靈藥。至秋分之日日中時，上皇大帝乃登玉清靈闕太微之觀〔二〕，會太上三老君、北極諸真公、八海大神、五嶽尊靈、仙官萬萬，共集議定天下萬兆之罪福，學道之勤懈〔三〕，一一條列，副之司命。至立冬之日日中時，陽臺真人會諸仙官玉女，定新得道始入仙録之人〔四〕。至冬至之日日中時，天真衆仙皆詣〔五〕方諸東華大宫，見東海青童君，刻定衆仙籍金書内字。常以八節日夜半日中，謝七世祖父母及身中罪

〔一〕「陳己罪」原作「陳乞己罪」，據上清洞真解過訣清靈真人八節日謝罪第一（下稱八節日謝罪）删。
〔二〕「玉清靈闕太微之觀」，上書「玉」作「上」，「觀」作「館」。
〔三〕「議定天下萬兆之罪福，學道之勤懈」，上書作「議天下萬兆之罪福，記學道之勤懈」。
〔四〕「定新得道始入仙録之人」，上書作「新定得道始入仙名録籍」。
〔五〕「皆詣」原作「諸」，據上書改。

過，罪過自除也。久行之，神仙不死。夫秋分日者，太上神真觀試〔一〕萬仙，自非真正者，不可輕用其日謝罪也。真人仙官，以八節日日中時共會集，三日乃解，欲修道者，當先齋戒，勿失之也。又一法：每至八節日，常當行入五嶽，若神仙真人所棲名山之處也。每於深僻隱巖之中，密燒香乞願，祝曰：「玄上九靈，太真高神，使某長生，所欲從心。百福如願，壽如靈山。謹以節日，登巖請生。」畢，因散香於左右，勿顧而返。常能行此，必長生神仙，所欲如心，玉女詣房，衆靈衛身也。若或有棲遁冥契，而不獲登山者，寄心啓願，精意向真，亦與身詣名山者無異。每事決在心誠密暢，求真堅正，乃獲之也。此赤將子輿五首隱訣，内道要事畢矣。君乃再拜，而奉要言還歸。精思行之，常處隱室，不棣名好。乃服食茯苓，餌卉醴華腴。積十一年，夜視有光，常能不息，從旦至中。年二十三，本郡所命爲功曹，君不應命。尋又州辟主簿，轉別駕，舉秀才，詣長安，拜博士高第，轉尚書選曹郎、御史中丞、散騎常侍、侍中，出爲北軍中候。以伐匈奴有功，封濉陽侯。後遷冀州刺史，别駕劉安之時年四十五，初迎君爲主簿，後轉別駕，亦知仙道。飲食黄精，積二十餘年，身輕，面有華光，數與君俱齋静室中。以正月上旬，君沐浴齋于静室，至三月，奄有仙人乘白鹿，從玉童玉女

〔一〕「試」，八節日謝罪作「議」。

各七人，從天中來下在庭中，他人莫之見。君拜頓首，乞請一言。仙人曰：「我南嶽真人赤松子也。聞子好道，故來相過，君何所修行乎？」君長跪自陳所奉行，凡百二十事。松子曰：「勤存五靈，別當授子真道。」奄然而去。君於是乃求解去官，自稱篤疾，欲詣太上請命。遂棄官委家，逃遊名山，尋此微妙，別駕劉安之從焉。君時年四十五，帝累徵召，一不應命，逼之不已，君乃北遊到陽浴山〔一〕，以避人間之網羅也。遂入石室北洞中，學道精思，無所不至。安之不能久處山中，時復出於人間。君於後將雲子去，乃登太華山，入西洞玄石室裏，積二十二年，奄見五老人皆巾來詣。君再拜頓首，乞請神訣，乃出神芝見賜。一老人巾青巾，著青衣，柱青杖，帶通光陽霞之符，乃東方歲星之大神也。以青華之芝見賜，出青書一卷，是紫微始青道經也。又一老人巾蒼巾，著蒼衣，柱蒼杖，帶鬱真簫鳳之符，乃北方辰星之大神也，以蒼華之芝見賜，出蒼元上籙北斗真經中命四旋經四卷見授。又一老人巾白巾，著白衣，柱白杖，帶皓靈扶希之符，乃西方太白星之大神也，以白華之芝見賜，出太素玉籙寶玄真經三卷見授。又一老人巾赤巾，著赤衣，柱赤杖，帶四明朱碧之符，乃南方熒惑星之大神也，以丹華之芝見賜，出龍胎太和丹經二卷見授。又一老人巾黃巾，著黃衣，柱

〔一〕「陽浴山」，道藏輯要本作「陽洛山」。

黄杖，帶中元八維玉門之符，乃中央鎮星之大神也，以黄華之芝見賜，出四氣上樞太元黄書八卷見授。乃五星之精，天之大神也。君再拜，服此神芝，讀神經，十旬之間，視見萬里之外，能日步千里，能隱能彰，役使鬼神。乃遊行天下，東到青丘，遇谷希子青帝君，授以青精日水，飲食青芝。還到太山，遇司命君，授以上皇金籙。乃西到流沙，濱白水岸，遇太素真人乘龍雲軿，建紫晨巾，以紫羽爲蓋，仗七色之節，侍從神童玉女各二百許人，在白水沙洲空山之上，方遊觀金城，鳴玉鐘，舞華幢，望在空山之上，往而不至。君乃身投長淵，浮白水，冒洪波，越沙岸，巇巇沈溺，遂登空山，見而拜焉，頓頭稽顙，乞請真訣。太素真人笑曰：「危乎濟哉！子今日始當得之矣。」因口教服二景飛華上奔日月之法，又授太上隱書，告君曰：「此足以爲真矣。」遂留空山上，修二景引日法，誦隱書。積十一年，太素真人曰：「子道已成矣。」因以景雲龍輿見載，羽蓋華寶之儀，詣太素宫見上清三元君。君當爾之時，亦不知在何處也。三元君治太素宫，諸仙童玉女侍者有千餘人，以黄金爲屋，青玉爲牀。君既詣金闕，再拜稽首。三元君以玉璽金真見賜，玉女二十四人玉童三十二人見侍。乃乘飛雲中輦復北遊，詣太極宫見太極四真人，四真人見授神虎符流金火鈴。乃詣太微宫受書爲清靈真人，治青〔一〕靈宮，佩三華寶衣，乘飛龍景輿，仗青旂玉鉞七色之節，遊行上清九宮。西玄者，葛衍山之别名。葛衍有三山相連，西爲西玄，東爲鬱絶根山，中央名葛衍山。三山有三府，名曰三宮。西玄山爲清靈宮，葛衍山爲紫陽宮，鬱絶根山爲極真宮。三山纏固萬三千里，高二千七百里，下有洞庭，潛行地中，通玄洲崑崙府也。西玄山下有洞臺，方圓千里，金城九重，有玉堂蘭室，東西宮殿，中有四百二十真人處焉。其樹則絳碧，草則芝英，其鳥獸則麒麟鳳凰。距崑崙七萬里，其間有高暉山，上有洞光如日，葛衍西玄鬱絶根三山也。

道人支子元受蔣先生入室精思，存五靈之神光。服氣之法，常以夜半之時，静室獨處，平坐向東，瞑目陰呪曰：「蒼元〔二〕浩靈，少陽先生。九氣還肝，使我魂寧。上帝玉籙，名上太清。」畢，因閉氣九息，咽液九過，叩齒九通。次南向，瞑目陰呪曰：「赤庭絳雲，上有高真。三氣歸心，是我丹元。太微緑字，書名神仙。」畢，因閉氣三息，咽液三過，叩齒三通。

〔一〕「青」，據上下文當作「清」。

〔二〕「蒼元」原作「蒼無」，據本書卷四四三九素語玉精真訣存思法及洞真太上三九素語玉精真訣、洞真太上素靈洞元大有妙經太上三九素語内呪訣文改。

次西向，瞑目陰呪曰：「素元洞虚，天真神廬。七氣守肺，與神同居。白玉金字，九帝之書。使我飛仙，死名已除。」畢，因閉氣七息，咽液七過，叩齒七通。次向生年之本命處，瞑目陰呪曰：「黄元中帝，本命之神。一氣侍脾，使我得真。老君玄籙，書名神仙。長生久視，與天同存〔一〕。」畢，因閉氣一息，咽液一過，叩齒一通。次北向，瞑目陰呪曰：「玄元北極，太上之機〔二〕。五氣衛腎，龜玉參差。神名玉札〔三〕，年同二儀。役使六甲，以致八威。」畢，因閉氣五息，咽液五過，叩齒五通。爾乃存五方之氣都畢，又咽液九過，北向再拜，陰呪曰：「謹白太上太極四真君，請存五方五靈神，使某相見得語言〔四〕。」畢乃精思。此一法，存五靈先服氣陰祝之道，與出中庭存法等耳。此法乃逕要不煩，又於靜思易也。裴君後重更授傳如此。於靜室祝時，亦先存五靈在體中使備，然後服氣爾。庭中之法，所修煩多難行，又

〔一〕「與天同存」原作「與命永存」，據本書卷四四三九素語玉精真訣存思法及洞真太上三九素語玉精真訣、洞真太上素靈洞元大有妙經太上三九素語内呪訣文改。又以上四呪及下一呪，本書均有删節。

〔二〕「太上之機」，洞真太上素靈洞元大有妙經太上三九素語内呪訣文皆作「太上靈璣」。

〔三〕「札」，上二書作「臺」。

〔四〕「請存五方五靈神，使某相見得語言」，大有妙經太上三九素語内呪訣文作「請存五方五帝五靈神，刻其緑字，驂駕十天，萬祆束烝，衆邪絶煙，使某相見，得其語言」。

於致神之驗，不勝於靜室之速也。後出要言，祕之勿傳。庭中之法，以勸於始學，使不懈怠爾。篤而言之，室中爲要法。

支子元受蔣先生第五首之訣，以八節之日存思，陳己立身已來罪過多少之數，輸誠自狀已，上希天皇諸真開寫之祐〔一〕，剋身歸善，以求長生神仙者也。蓋秋分之節者，氣處清靈太和之正日也，衆真諸仙，是其日皆聽訟焉。又地上刺姦吏部，境域諸仙官，並糾奏所在道士之功過，及萬民有罪應死生者也。仙忌真記曰：「子欲昇天慎秋分，罪無大小皆上聞。以罪求仙仙甚難，是故學道爲心寒。」此是朱火丹陵仲陽先生之要言矣！秋分氣調日和，中順天地者也。夫火炎之氣摧於凋落之勢，玄水包津胎於金生之府，乃太陽光轉少陽，藏養天地，於是所以定剛柔之際，合二象之序，煥成流明，乃別陰陽三元，寔八節之標日，求道之要梯矣。每至其日日中之時，上皇太帝君玉尊陛下，乃登廣寒上清靈宅太空之闕丹城紫臺長錦玉樓，羣真集于太微之觀，上關九天之真皇，中要太上三老君、北極諸真及八海大神，下命五嶽名山諸得道者，尊靈萬萬，並會于陽寥之殿，共集議定天下萬民之罪福，記學道求仙者之勤疏，議犯過日月，修行善惡，刑罰之科，生死之狀，各隨其所屬部境，根源條例，副

〔一〕「輸誠自狀已，上希天皇諸真開寫之祐」，八節日謝罪「已」作「以」，「開」作「關」。

之司命，書之皇録，罪福纖芥，刻于丹城之籍，伏匿之犯惡，陰德之細功者，無不一二縷別〔一〕而知之者也。其夕夜半，當出中庭，北向〔二〕脱巾，再拜長跪，上啓太上北極天尊〔三〕太帝君。因密〔四〕自陳己立身已來犯罪多少之狀，乞得赦貰，從今自後，改往修來之言。言之必使信，誓于丹心，盟於天地，不敢復犯惡之行也。其中言，在意陳之也。畢云：「願太上皇帝削其罪名，移書三官。使神仙之録，某厠玉札。長生久視，通真達靈。」畢，又叩齒四下，再拜而還静室，深自刻責，并存念三元中神，令上啓太上。如此者三，名上仙籍，罪咎除滅也。三元，泥丸、絳宫、丹田三神也。存令〔五〕三元三神，上啓天尊求恩赦，助己自陳，令必上聞也。三啓秋分，生籍乃定，死名乃除。此一法出經命青圖，是長生祕法矣。俗人雖存〔六〕道，未離人間，甚多罪咎，犯之者非一，恐未便可施用秋分首過之法也。入山林

〔一〕「陰德之細功者，無不一二縷別」，「功」原作「切」，原無「別」字，據八節日謝罪增改。

〔二〕「向」下，上書有「仰視北極」四字。

〔三〕「尊」原作「帝」，據上書改。

〔四〕「密」下，上書有「謝七世祖父母罪及」八字。

〔五〕「令」，上書作「念」。

〔六〕「存」，上書作「好」。

中，遠去人事，蕭然獨處，不犯萬物者，乃可爲之。既有反善之詞，誓有改行之言，言已聞於高上之聽，慎不可復使犯惡遠〔一〕生之事也。重犯罪十過，天地弗救，身死爲驗，非可復改補者矣。以此求道，無所復索也。養生者有如水火之交爾，得其益則白日昇天，犯戒律則身没三泉也。又此日獨重於七節，趙伯玄所謂生死門户者也。三九素語曰：「秋判之日，尊卑盡會，生死之日也。」古人以秋分之日爲秋判之日也。所以爾者，秋分之日，乃會九天八地衆真仙〔二〕神上皇至尊，三日三夕，共定萬民之命，所聚議者咸多，而神尊並集故也。諸八節日，會天地諸真官，先後及節，凡三日三夕，而各還所司，此是支公之口訣。又别此一事，不離〔三〕七節之條例也。候夜神童金根經曰：「八節之日，求仙極會，天命衆真，皆當集對。未節一日，萬靈詣闕；節日日中，尊卑入謁；節後一日，罪福分别。三日三夕，天事乃畢。子其慎罪，務爲功德，名可上真，列編太極。吾不詭〔四〕言，知者深密，急宜謝過，

〔一〕「遠」，八節日謝罪作「違」。

〔二〕「仙」原作「人」，據上書改。

〔三〕「離」，上書作「雜」。

〔四〕「詭」原作「試」，據上書改。

祕而慎泄。」此亦文公所告，出以傳示裴君。

太素真人教裴君二事爲真人之法曰：旦視日初出之時〔一〕，臨目閉氣十息，因又咽日光〔二〕十過，當存令日光霞使入口中，即而吞之。畢，仍存青帝君從日光中來，在我之左；次存赤帝君從日光中來，在我之右；次存白帝君從日光中來，在我之背；次存黑帝君從日光中來，在我之左手上；次存黄帝君從日光中來，在我之右手上。五帝都來，乃又存陽燧絳雲之車，駕九龍〔三〕，從日光中來到我之前，仍與五君共載〔四〕而奔日也。裴君止於空山之上，修行精思。一年之中，髣髴形象；二年之中，五帝俱乘日形，見在左右；三年之中，終日而言語笑樂；五年之中，五帝日君遂與裴君驂乘飛龍之車，東到日窟之天東蒙長丘

〔一〕「旦視日初出之時」，上清太上帝君九真中經（下稱九真中經）作「旦旦視日初出之時，時無日當在静室，先」，上清太上九真中經絳生神丹訣（下稱絳生神丹訣）及太上玉晨鬱儀結璘奔日月圖（下稱奔日月圖）均作「旦旦視日初出之時，無日當静室，先」。

〔二〕「咽日光」，上三書均作「咽日光暉」。

〔三〕「九龍」，上三書均作「九赤龍」。

〔四〕「五君共載」，上三書均作「五帝共乘」。

大桑之宮〔一〕八極之城，登明真之臺，坐希琳之殿，授裴君以揮神之章，九有之符，食青精日粭，飲雲碧玄腴。於是與五帝日君日日而遊，此所謂奔日之道也。日中亦有五帝，一曰日君。太上隱書中篇曰：「子欲爲真，當存日君。駕龍驂鳳，乘天景雲。東遊希琳〔二〕，遂入帝門。精思仍得，要道不煩。名上清靈，列位真官。乃執鬱儀文。」第二事爲真人之法：日夕〔三〕視月，臨目閉氣九息，因又咽月光九過，當存月光使入口中，即而吞之。畢，仍存青帝夫人從月光中來，在我之左；次又存赤帝夫人從月光中來，在我之右；次又存白帝夫人從月光中來，在我之背，次又存黑帝夫人從月光中來，在我左手上；次又存黃帝夫人從月光中來，在我右手上。五帝夫人都來，乃又存流鈴飛雲之車，駕十龍〔四〕，從月光中來到我之前，仍存五夫人共載而奔月也。裴君止於空山之上，修行精思。一年之中，髣髴姿容；二年之中，五夫人遂俱乘月形見在君左右；三年之中，並共笑樂言語；五年之中，五

〔一〕「大桑之宮」四字，九真中經、絳生神丹訣及奔日月圖均無。
〔二〕「希琳」，本書卷二三引太上玉晨鬱儀結璘奔日月圖作「希林」。
〔三〕「日夕」，九真中經及絳生神丹訣均作「夕夕」。
〔四〕「十龍」，上二書及奔日月圖均作「十黃龍」。

帝月夫人遂與君共乘飛龍之車，西到六嶺之門八絡之丘協晨之宮八景之城〔一〕，登七靈之臺，坐太和之殿，授裴君流星夜光之章，十明之符，食黄琬紫津之粭，飲月華雲膏。於是與五夫人夕夕共遊，此所謂奔月之道矣。月中亦有五帝夫人，外經云日君月夫人者，是少有髣髴也。太上隱書中篇曰：「子欲昇天，當存月夫人，駕十飛龍，乘我流鈴。西到六嶺，遂入帝堂，精思乃見，上朝天皇。乃執結璘章。」裴君白日精思，對日存日中五帝君；夜則精思，對月存月中五夫人。五年之中，日月精神並到，共乘飛龍，上遊太玄。始學則五靈形見，授書賜芝；終成則日月五帝君五夫人驂轡清虛，乘雲太丹，朝謁三元，稽首金闕。乃獲玉璽金真，威制羣神，役使玉女玉童，北朝四真人，受書爲真。佩神虎之符，以制嚴六天；授流金之鈴，以命召衆精；仗青旄之節，以周流九宮。皆由精思微妙，幽感天心，是以靈降扶身，上昇帝庭爾。道士行之者則是耳，不必以已仙人也。若處密室及日月不見時，但心中存而思之可也，不待見日月。要見視之爲至佳，惟精思心盡，無所不通，此言要也。臨目者，令目當閉而不閉之間也。少令得見日月之光景，密而行之，勿令人知。雖雜人同室而

〔一〕「西到六嶺之門，八絡之丘協晨之宮八景之城」，九真中經、絳生神丹訣及奔日月圖作「西到六領（奔日月圖作「嶺」），入協晨玉宮八紘（絳生神丹訣作「絃」）素丘八景上房」。

止，有密其思者，比肩仍自不覺。每事盡當爾，不但此一條而已。求生養命在於心，三丹田三寸之間耳。是以龍變蟬蜕，皆以一致而成也。八素經曰：「仙者心學，心誠則成仙；道者內求，內密則道來；榮者外求，口發則貴至；財者動心，心寂則富集。諸寂動異用，而所攻者一，守之在役用之機也。」

太素真人曰：爲真不知道者，亦復多耳。要於乘光揚景，騰雲昇虛，並日月之精，遊九天之表，餐霞飲玄，呼吸太和，乃不可不爲此奇道。此道亦易成而速得也。衆真有不知此道者，見吾乘雲而攜日月五帝五夫人，莫不敬親而求請問之也，吾亦復未示之也。內視中方曰：「子欲步空，常當存日月；子欲登清泠〔一〕，當存五星。密室密行，不出宇庭。」此之謂也。夫守道者及學道求仙者，修行至精，皆可爲之。爲之既得，便成昇天仙人也。此道不必真人，而當獨行之也。子有真骨真性而密行之，必能含章守慎，不妄傳泄，故以相教耳。黄老祕言曰：「子得鬱儀結璘，乃成上清之真。子得大洞真經，乃能飛行上清。無此

〔一〕「常當存日月；子欲登清泠」，奔日月圖無「常」字，「泠」作「靈」。

三文，不得見三元君〔一〕。」要道盡此，仙子加勤。中仙都無知此道者，此道相傳惟口訣耳。能知此道，不問賢愚，皆乘雲昇天，役使鬼神，羣仙立盟爲約，不得妄宣，泄則滅門。口訣者，黄老祕言是也。裴君受命留在空山之上，精思存修二事。五年之中，得見日月之精五帝夫人。讀隱書及九有十明之符，積十一年。太素真人來告曰：「子成真矣。」因錫以龍車，給以羽蓋，並日月之遊精，參五帝之同乘，詣太素宫見上清三元君，受玉璽金真，給玉女二十四人，玉童三十二人，北遊詣太極宫及太微宫，位爲清靈真人。太素真人曰：「子存日精五帝君，口含太上鬱儀文，須此道成，乃見日中君，無此徒勞自煩寃。」太素真人曰：「子存月精五帝月夫人〔二〕口含太上結璘章，須此道成，乃見月中夫人，無此徒勞自悼傷。」

右二條，太素真人受太帝君訣言。

太上隱書云：「存時執之。」帝君云：「含之。」太素真人教裴君：「存時含一文，執一文，並行之。」太上隱書曰：「欲行此道，不必愚賢，但地上無此文耳。真官玄法，啓誓乃傳，

〔一〕「子得大洞真經，乃能飛行上清。無此三文，不得見三元君」，九真中經、絳生神丹訣與奔日月圖均作「不修上道，不得見三元君」。

〔二〕「五帝月夫人」，奔日月圖無「月」字。

金丹之信，道乃備焉。青帛之盟，道乃可宣。有得而行，位爲真人。乃乘步景雲，晏羽旍瓊輪，遊行九天〔一〕。上詣太極宮，謁高皇上元君〔二〕。」裴君乃先密受太上鬱儀文太上結璘章二書，然後齋戒而得存日月之精爾。有仙名骨録者，乃得見此二書。見之者仙，爲之者真。鬱儀結璘經及大洞真經，乃太極四真人之所祕，上清天皇之所珍貴也。西玄山下洞臺中有此書，刻以玉簡，書以金字。及王屋清虚洞中亦見有鬱儀結璘之篇目爾，而不盡備具〔三〕。惟太玄宮高上臺及蓬萊府北室金柱玉壁刻文，並備具也。精心存念，晝夜爲之，十一年而成爾。與修洞經者大都等爾。夫此二文是洞經之祖宗，素靈經之園囿爾。凡諸下仙，莫有聞鬱儀之篇目，結璘之密旨者。得其道，皆速成而無試也。又致神之驗，是爲逕疾。得其要道者，但速於大洞之祕妙爾。非有仙名者，皆不得聞此書。聞見此書，而敢妄以語一人

〔一〕「位爲真人。乃乘步景雲，晏羽旍瓊輪，遊行九天」，奔日月圖、九真中經及絳生神丹訣均作「位爲上真，乃乘瓊輪，遊行九晨」。

〔二〕「上詣太極宮，謁高皇上元君」，上三書作「上詣太素宮，見太一帝君。」「詣」原作「諸」，據上三書改。

〔三〕「王屋清虚洞中亦見有鬱儀結璘之篇目爾，而不盡備具」，奔日月圖、九真中經及絳生神丹訣均作「王屋清虚天皆有而不備具」。

者，即滅〔一〕侍真官玉女玉童各十人，自然使天火災而失之。語二人已上，不可得以學仙也。按泄洞經之科條，即已有輕重之異，滅損侍真，便十倍於大洞。地上骨録有相之道人，而有此書者，皆爲師主，男稱監靈大夫，女稱執明大夫，男稱左，女稱右。素奏丹符曰：「大哉鬱儀，妙乎〔二〕結璘，非上真不見，非上仙不聞。以致日月五精之神，乘龍步空，足躡景雲，遂與五帝，上入天門。有之〔三〕聞之，慎勿妄言。去世可出，誓金乃傳。要付弟子，有心之人。妄道篇目〔四〕，玉童上言。泄則被考，身終不仙。玉童玉女，去而不還，書文必失，獲刑三官。子其慎之，言爲罪源〔五〕。」峨嵋山北洞中石室户樞刻石書字曰：「鬱儀引日精，結璘致月神，得道處上宫〔六〕，位稱大夫真。」凡二十字，下仙讀此，不解其意，仙人自有不見其篇目者多矣。其金液九丹，蓋小術也，皆不得飛行上清。大洞真經有泄之者，按玄中科

〔一〕「滅」原作「減」，據道藏輯要本改。
〔二〕「妙乎」原作「妙行」，據奔日月圖改。
〔三〕「之」，奔日月圖作「人」。
〔四〕「有心之人。妄道篇目」，「人」原作「者」，「妄」原作「勿」，據上書改。
〔五〕「源」原作「先」，據上書改。
〔六〕「得道處上宫」原作「得道爲上官」，據上書改。

即滅一紀，玉童玉女各滅一人。三泄之身死，不得復成仙人。太上鬱儀文結璘章有泄之者，滅玉童玉女各十人，天火燒屋，書從火中失而還上天也。再泄身刑，死不復生，學道終不成仙也。泄言妄説篇目，並受考於三官。師有當因緣去世之日，或歸反陰塗絶迹藏變之時，要當有所授。若無其人，乃自隨身。受之者皆青金丹縷之跪，爲誓天地不泄宣之盟約，乃得出之，師隨事上聞，而有奏署日月也。不從科條，皆爲妄泄。大洞真經乃中央黄老君之寶書，非至真上士有玉名之者，莫見篇章條目也，真仙亦有不聞此書者矣。初限令一百年乃得一出傳可成，而不得妄説篇目。太上鬱儀結璘文章，以致於日月之精神，上奔日月，通天光飛太空之道也。皆乘雲車羽蓋，駕命羣龍，而上昇皇天紫庭也。大洞真經以致於朝靈之道，招神成真人之法也。乘雲駕龍，騰躍玄虚，衣繡羽佩，金真玉光，逍遥太霞，上昇九霄矣。此二書，天帝之祕塗，微妙哉！太素真人猶隱其篇目，但漫云二事者，是祕諱之甚也。況世人而令知其甲乙乎？有相遇而得之者，至誠好事，仍可爲之，别有事旨，故不一二。

裴君所受真書篇目，列之於左：

支子元神訣五首，蔣先生所祕用。咸陽城南佛圖中曲室密房受之。

青帝君授紫微始青道經一卷。

蒼帝君授蒼元上籙北斗真經中命四旋經四卷。

白帝君授太素玉籙寶玄經三卷。
赤帝君授龍胎太和丹經二卷。
黄帝君授四氣上樞太元黄書八卷。
青帝君接通光陽霞之符。
蒼帝君授鬱真簫鳳之符。
白帝君授皓靈扶希之符。
赤帝君授四明朱碧之符。
黄帝君授中元八維玉門之符。

右十書，於太華山西洞玄石室受。

谷希子青帝君授青精日水青華芝。東到青丘受服。
上皇金〔一〕籙。司命君於太山授。
太素真人授太上鬱儀文。在白水沙洲空山之上授。
太素真人授太上結璘文。在白水沙洲空山之上授。

〔一〕「金」字原無，據本卷上文增。

太素真人授太上隱書。在白水沙洲空山之上授。

上清三元君授玉璽金真。在太素宮金闕下授。

四真人授神虎符流金火鈴。在太極宮授。

日中五帝君授揮神之章、九有之符、青精日粭、雲碧玄腴。

日中五帝夫人授流星夜光章、十明之符、黄琬紫津之粭、月華雲膏。

右裴君所受衆書符之目。

裴君受支子元服茯苓法，焦山蔣先生所傳。茯苓五斤，盛治去外皮乃擣，下細簁〔一〕，以漬白蜜三斗中，盛之以銅器，若耐熱白〔二〕瓦器。以此器著大釜中，著水裁半於所盛藥器腹，微火燒釜，令水沸，煑藥器，數反側藥令相和合。良久，蜜銷竭煎，出著鐵臼中，擣三萬杵，令可丸。但服三十丸如梧桐子大，百日百病除，二百日可夜書，二年使鬼神，四年玉女侍衛，十年夜視有光，能隱能彰，長生久視。服此一年，百害不能傷，疾病不復干，色反嬰

〔一〕「簁」原作「篵」，據四部叢刊本改。下同。

〔二〕「白」原作「曰」，據仙鑑卷十五裴君傳改。

兒，肌膚充悅，白髮再黑，眼有流光。合藥齋三日，煑之於密盛處〔一〕，勿令婦人雞犬見及穢漫之也。五斤茯苓、三斗白蜜爲一劑。當作木蓋，蓋之煑藥器上，勿露也。煑之時，反側藥，熟乃開之耳。火以好薪炭，不可用不成樵輩以煑之也〔二〕。當用意伺候料視，恒以爲意。欲并合，多少在意。藥成預作丸，盛之以密器，可經於千歲不敗。

裴君受支子元服胡麻法，蔣先生於黄金竈祖山中授支公也。

胡麻三斗肥者，黄黑無拘，在可擇之使精潔，於微火上熬令香氣，極令燥，細擣以爲散，令没没爾，勿下簁。白蜜三斗，以胡麻散漬會蜜中，攪令相和使調帀，安器著釜水中，乃煑如前煑茯苓法也。伺候令煎竭可擣，乃出擣之三萬杵，如桐子〔三〕大，旦服三十丸，盡一劑，腸化爲筋，不知寒熱，面反童顔，役使衆靈。蔣先生惟服此二方，先生已淩煙化升，呼吸立至，出入無間，輿乘羣龍，上朝帝真，位爲仙宗者也。當簸擇胡麻令精〔四〕。

〔一〕「密盛處」，上書作「密室盛處」。
〔二〕「不可用不成樵輩以煮之也」，仙鑑卷十五裴君傳作「不可用樵」。
〔三〕「桐子」，上書作「梧桐子」。
〔四〕「當簸擇胡麻令精」七字，上書無。

此二方與世方書小異，裴君所祕者，驗而有實也。云：體先不虛損，及年少之時，當服茯苓；若出三十者，當服胡麻。蔣先生云：「此二方是大有之要法，長生神仙之祕寶。」寶玄經云：「茯苓治少，胡麻治老。合以齋戒，服以朝蚤。卉醴華腴，火精水寶。和以爲一，還精歸寶。」此之謂也。卉醴華腴，蜜也；火精，茯苓也；水寶，胡麻也。裴君以年少時所用，故服茯苓，二方同耳。皆長生不死，必仙之奇方也。若大有資力者，亦可合二物，倍用蜜，共煎擣以爲丸乃佳，亦並治老少矣。茯苓、胡麻、不必別作之也。此二方蔣先生乃各在一處授支公，不頓之也。是以焦山而茯苓方傳，鼈祖而胡麻方出，明道祕之文，乃不可得一盡其根源也。至於支公授裴君，亦乃頓倒囊笈之奥言，肆傾玄真之祕塗，將以逆鑒察天録，必當已知應爲仙真乎！

雲笈七籤卷之一百六

傳

清虚真人王君内傳 弟子南嶽夫人魏華存撰

華存師清虚真人王君諱褒字子登，范陽襄平人也，安國侯七世之孫，君以漢元帝建昭三年九月二十七日誕焉。洪基大業，世籍貴盛。君父諱楷，以德行懿美，比州所稱，舉茂才，除議郎，轉中壘大夫、上黨太守、黄門侍郎、侍中、左將軍、鴈門太守。楷正色彤管，坦誠獻替，納言推謨，披衿拔領，率職蒞民，政以禮成，捨刑寬賦，不肅而敬。天子賢之，遷殿上三老，使賓皇太子，講春秋尚書論語禮易。恢恢仁長，循循善誘。微言既甄，搢紳乘其範；大義已陳，百王格其准。遷光禄大夫，謚曰文侯。夫人司馬遷之孫，淑慎沈博，德配母儀。蓋以清源高流，圓穎遠映，靈根散條，芳華朗曜。是用忠孝啓於上葉，善誘彰於文德，世載英旄，斯人有焉。君體六和之妙炁，挺天然之嘉質，含嶽秀以植韻，秉靈符而標貴，暉灼煥於三晨，峻逸超於玄風。少讀五經，傍看百子，綜筭象緯，通探陰陽，及風炁律吕，靡有不覽也。父爲娉丞相孔光女，娶婦在室，以和人倫。而君凝形淳觀，明德獨往，高期真全，絶不內盼。峨峨焉若望慶雲之沓軫，浩浩焉似汎滄溟之無極。神棲萬物之嶺，炁邁霄漢之津。鴻漸鄧林，展翮東園。將藏鳳羽以翳於南風，匿龍華以沈於幽源。是乃夜光潛躍，映耀於難掩。遂名沸絶圃，聲馳京夏，四府交辟。君即閑夜之感，喟然悲嘆曰：「人間塵藹，趣競得失，利害相攻，有踰鵷鶵之視老燕矣！」遂決志辭親，入華山中九年。契闊備至，精感昊穹，神映幽人，體期冥靈，心唱至真爾！

一日夜半，忽聞林澤中有人馬之聲，簫鼓之音，須臾之間，漸近此山，仰而望之，見千騎萬乘，浮虚空而至。神人乘三素雲輦，手把虎符，朱鉞啓途，握節執旄，曲晨傾蔭，錦旍蔽虚。神人暫停駕而言曰：「吾太極真人西梁子文也。聞子好道，劬勞山林，未該真要，誠可愍也！勤企長生，實爲至矣！」君乃馳詣輪轂之下，叩頭自搏而言曰：「褒以肉人，愚頑庸賤，體染風塵，恣躁亂性。然少好生道，莫知以度？」真人曰：「夫學道無師，無緣自解。我太極真人，神仙之司主，試校學者，領舉正真爾！子玄録上清，金書東華，名編清虚，位登小有，必當掌括寶籍，爲天王之任爾。但注心四景，勤慕上業，道自成也。」後隱陽洛山中，感南極夫人西城真人並降。南極夫人乃指西城曰：「君當爲王子登之師，子登亦佳弟子也。」良久，西城真人長嘆而謂君曰：「夫學道者諒不可以倉卒期，求生者不可以立爾綜。故冥術棲於玄元而高偕，太妙凌重霄以纍抗矣。夫道雖無形，其實有焉；妙雖昧昧，其實坦然。子當勤求其無，然後見其至有。子廣延諸妙，然後究其坦大。得有則有生，得妙則年全也。子求生雖篤，而未見其涯。慕道雖勤，而未啓其門。殆猶泝湧波以索鳥巢，尋長木而訪淵鱗爾！是故子心疲於導引，而朱宮爲之喪潰。肺弊於理炁，故神華爲之凋落。肝勞於視眄，而魂精爲之遼索。脾竭於守神，而丹田爲之閡滯。腎困於經緯，而津液爲之不澤。膽銳於趣競，故四肢爲之亂作。五臟相攻，六府顛覆。三焦滯而不瀉，八關絶而無續。賴餌飯以勁汝身，恃丹青以固汝内爾！正可却衰白之凋折，猶不免必死之期會。徒有萬年之壽，豈足貴乎？」西城真人遂以即日授君太上寶文八素隱書大洞真經靈書八道紫度炎光石精玉〔一〕馬神虎真文高仙羽玄〔二〕凡三十一卷，依科立盟結誓而付。

乃將君觀玄洲，須臾而至，四面大海，懸濤千丈，洲上宫闕，朱閣棲觀，瓊室瑶房，不可稱記。西城真人曰：「此僊都之府，太上丈人處之。」乃將君入紫桂宫，見丈人著流霞羽袍，冠芙蓉之冠，腰帶神光，手把火鈴，侍女數百，龍虎衛階。太上丈人與西城真人相禮而已，

〔一〕「玉」，太平廣記卷五八魏夫人傳及顧氏文房小説南嶽魏夫人傳均作「金」。

〔二〕「玄」下，上二書及本書卷四上清經述均有「等經」二字。「虎真」原作「真虎」，據上卷四改。

相攜共坐，君時侍側焉。太上丈人曰：「彼所謂王子登乎？學道遭逢良師，將得之矣。」西城真人笑，因命君拜。拜畢，太上丈人使坐北向。丈人乃設廚膳，呼吸立具，靈肴千種，丹醴湛溢，燔煙震檀，飛節玄香，陳鈞天之大樂，擊金璈於七芒，崆峒啓音，徹朗天丘。於是龍騰雲崖，飛鳳鳴嘯，山阜洪鯨，湧波淩濤，雲起太虛，風生廣遼，靈歌九真，雅吟空無，玉華作唱，西妃折腰。爾乃衆仙揮袂，萬神遷延，羽童拊節，慶雲纏綿。於是太上丈人會二十九真人，皆玄洲之太真公也。其第一真人自稱主仙道君，指君而向西城真人言曰：「彼悠悠者，將西城之室客，上宰之賓友耶！視此子心眸澄邈，神渟形凝，圓晨丕煥〔一〕六景發華，殆真人之美者！小有之賢王也。未彼果何人哉？」於是西城真人笑而答曰：「道君今何清音之不妙，曲問之陋碎哉？請粗陳其歸要焉。蓋夫聖匠剖太混之一朴，分爲億萬之體；發大蘊之一包，散爲無窮之物。是故立三光呼天而置晷儀，封區域呼地而制五服，制漏刻以分日夜，正四時以財歲月，五位以正方面，山川以定險阻，城郭以自居焉，兵械以自衛焉，旌旗輿服以自表，用九穀以自養。凡此之類，象玄乎天而形存乎地，日月有幽明之分，寒暑有生殺之炁，震雷有出入之期，風雨有動静之節，類炁浮乎上而衆精流乎下，廢興之數、治亂之運、

〔一〕「丕煥」原作「不煥」，據仙鑑卷十四王褒傳改。

賢愚之質、善惡之性、剛柔之炁、壽夭之命、貴賤之位、尊卑之班、吉凶之徵、窮達之期普陳矣。性發乎天，而命成乎人也。故立之者天，而行之者道，受焉性合神同，混而爲一，流通並行，不可細得分别也。」於是主仙道君命侍女范運華趙峻珠王抱臺等，發瓊笈，披緑藴，出上清隱書龍文八靈真經二卷授子登，又以雲碧陽水晨飛丹腴二升賜君，君拜服之。

真人遂將君還西城，九年道成，給飛飆之車，東行渡啓明滄海，登廣桑山，入始暉庭，詣太帝君，稽首再拜，太帝授以龍景九文紫鳳赤書上清神圖八道玉籙。次南行渡勃陽丹海〔一〕登長離山，詣南極紫元夫人，一號南極元君，授以九道迴玄太丹緑書。又詣赤臺童子華蓋上公，授以五雲夜光雲琅水霜。南極夫人曰：昔日之言，豈負舉哉！君稽首謝恩辭退。次西行渡庾丘巨海沈羽之津，登麗農山，詣紫蓋晨夫人景真三皇道君，授以玉道緑字迴曜太真隱書。次北遊渡彫柔玄海，濟飲龍上河匏瓜津，登廣野山〔二〕，詣高上虚皇大道玉君。會其出遊，駕日月之晨，乘紫始之光，鬱藹黄素之雲，勃蔚八景之曜，飛真萬億，不可稱

〔一〕「勃陽丹海」原作「渤海丹海」，據無上祕要卷二二三界宫府品改。
〔二〕「廣野山」，仙鑑卷十四王褒傳作「廣夜山」。

數。君再拜道側，唱者曰聞。君〔一〕乃詣上清玉晨帝君玄清六微元君，二君授以寶洞飛霄絶玄金章及賜太極隱書、龍明珠〔二〕絳和雲芝，君拜而飲之，即身金色，項映圓光，七曜散華，流煥映形。又退登閬風之野玄圃之宫，詣中皇玉帝受解形遯變流景玉經。乃越鬱絶，濟弱河，西詣龜臺，謁九靈太真上清夫人，退更清齋三月，受三華寶曜瓊文琅書靈暉上籙七晨素經。退又清齋三年，浮浩汗之河，登白空虞山，山周廻三萬里，遊行翌日，趨詣紫清太素瓊闕，即太素三元上道君所治焉。處丹靈白玉宫，飛映絶曜，紫霞落焕，七光交陳，結於雲宇之上，奇麗玄黄，不可名字。仙童玉女，侍右天尊〔三〕，蓋無數也。君既至，稽首再拜，詣瓊闕之下久時，太素三元上道君乃使繡衣命者西林藻，授君金真玉光流金火鈴豁落七元八景飛晨。又使清真左夫人郭靈蓋右陽玉華仲飛姬，賫神策玉璽，授君以爲太素清虚真人，領小有天王三元四司右保上公，治王屋山洞天之中，給玉童玉女各三百人，主領上清玉章，太素寶玄，太極上品，九天靈文，六合祕籍，山海妙經，悉主之焉。又總括洞内明景三

〔一〕「唱者曰聞。君」五字，仙鑑卷十四王褒傳無。
〔二〕「龍明珠」，上書作「龍明寶珠」。
〔三〕「侍右天尊」，無上祕要卷二二三界宫府品作「侍右真人」。

寶，得乘虎旂龍輦，金蓋瓊輪，八景飛輿，出入上清，受事太素，寢宴太極也。後歸西城，清齋三月，授書爲太素清虚真人矣。

紫陽真人周君内傳〔一〕

紫陽真人姓周諱義山字季通，汝陰人也。漢丞相勃七世之孫，以冠族播流，世居貴宦。祖父玄，元鳳元年爲青州刺史。父祕爲范陽令時，君始生焉。父後積秩累遷，官至陳留刺史，君時年十六，隨從在郡，始讀孝經論語周易。爲人沈重，少言笑，喜怒不形於色。好獨坐静處，不結名好。然精思微密，所存必感。常以平旦之後，日出之前〔二〕，正東向立，漱口咽液，服炁百數，向日再拜。旦旦如此，爲之經年。父怪而問之：「所行何等？」君長跪對曰：「義山中心好日光長景之暉〔三〕，是以拜之爾。」至月朔旦之日，輒遊市及閭閻陋巷之

〔一〕「紫陽真人周君内傳」，道藏本收録作「紫陽真人内傳」。
〔二〕「日出之前」，紫陽真人内傳作「日出之初」。
〔三〕「好日光長景之暉」，上書作「好此日光長景之暉」。

中，見窮乏飢餓之人，解衣與之〔一〕。時時上登名山，喟然悲歎；或入石室中，歡然獨笑。時陳留大儒名士，聞君盛德，體性沈美，咸修詣焉。君輒稱疾，不見賓客。漢侍中蔡咸，陳留高士，亦頗知道，聞君德行，數往詣君，輒解疾〔二〕，不欲見之。父乃大怪，怒責之，督切使出見之。既不得已，遂出相見。咸大發清談，及論神仙之道，變化之事。君乃凝默内閉，歛神虚静，頷而和之，一不答也。是歲大旱，斗米千錢，路多飢莩。君乃傾財竭家，以濟其困，陰行之，人亦不知是君之慈施也。對萬物如臨赤子，斯積善德仁愛之施矣〔三〕。

後遇陳留黄泰告君曰：「聞君好道，陰德流行，用思微妙，誠感於我，是以相詣。吾是中嶽仙人須林字子玄〔四〕也。本衛人，靈公末年生，少好道德，受學於岑先生〔五〕，見授鍊

〔一〕「解衣與之」，紫陽真人内傳作「輒解衣與之」，仙鑑卷十四周義山傳作「解衣給食」。

〔二〕「輒解疾」，上二書分别作「輒辭疾」、「每稱疾」。

〔三〕「斯積善德仁愛之施矣」，紫陽真人内傳作「斯陰積善德仁逮之施矣」。且其下尚有「又有黄泰者……乃是中嶽仙人」一百四十八字。

〔四〕「須林字子玄」，本書卷一〇四周季通集玄洲上卿蘇君傳作「姓蘇諱林字子玄」。

〔五〕「岑先生」，上書作「琴高先生」。

身消災之道術。後又遇仇公，公乃見教以服炁之法，還神守魂之事，吾行之甚驗，大得其益〔一〕。子少知還陽，精髓不泄。又知導引服炁，吞景咽漿，不復須陰丹内術補胎之益也。然猶三蟲未壞，三尸未死，故導引服炁，不得其理。可先服制蟲細丸，以殺穀蟲。蟲有三名：一名青古，二名白姑，三名血尸，謂之三蟲。三蟲在内，令人心煩滿，意志不開，所思不固，失食則飢，悲愁感動，精志不至，仍以飲食不節斷也。雖復斷穀，人體重滯，奄奄淡悶，所夢非真，顛倒翫錯，邪俗不除，皆由此蟲在内，摇動五藏故也。殺蟲之方如後：

附子、五兩，麻子、七升，地黄、六兩，朮、七兩，茱萸根、大者七寸，桂、四兩，雲芝英。五兩。

凡七種，先取菖蒲根煑濃作酒，使清淳重美一斗半，以七種藥㕮咀内器中漬之，亦可不用㕮咀，三宿乃出，曝之令燥。又取前酒汁漬之三宿，又出曝之，須酒盡乃止。曝令燥，内鐵臼中擣之，下細簁，令成粉。取白蜜和之，令可丸。以平旦東向，初服二丸如小豆，漸益一丸，乃可至十餘丸也。治腹内絃實上炁，心胸結塞，益肌膚，令體輕有光華。盡一劑則蟲死，蟲死則三尸枯，三尸枯則自然落矣。亦可數作，不限一劑也。然後合四鎮丸，加曾青、

〔一〕「服炁之法，還神守魂之事，吾行之甚驗，大得其益」，本書卷一〇四周季通集玄洲上卿蘇君傳作「服胎食之法，還神守魂之事，大得其益」。

黄精各一兩以斷穀畢。若導引服炁，不得其理，可先服食衆草藥，巨勝、茯苓、术、桂、天門冬、黄連、地黄、大黄、桃糉及皮任擇焉。雖服此藥以得其力，不得九轉神丹金液之道，不能飛仙矣。爲可延年益壽，亦〔一〕辟其死也。」君按次爲之，服食术五年，身生光澤，徹視内見五臟，乃就仙人求飛仙要訣。仙人曰：「藥有數種，仙有數品。有乘雲駕龍，白日升天，與太極真人爲友，拜爲仙宫之主，其位可司〔二〕真公、定元公、太生公，及中黄大夫、九氣丈人、仙都公，此皆上仙也。或爲仙卿、大夫，上仙之次也。遊行五嶽，或造太清，役使鬼神，中仙也。或受封一山，總領鬼神；或遊翔小有，羣集清虚之宫，中仙之次也。若食穀不死，日中無影，下仙也。或白日尸解，過死太陰，然後乃仙，下仙之次也。我受涓子祕要，是中仙耳。子名上金書，當爲真人，我之道，非子真人所學也〔三〕。今以守三一之法、靈妙小有之書二百事傳子，石菌朱柯若乾芝與子服之，吾道畢矣，子可遠索師也。」君再拜受教，退而服神芝，五年目視千里外，日行五百里。

〔一〕「亦」，紫陽真人内傳作「不」，仙鑑卷十四周義山傳無。
〔二〕「司」，仙鑑卷十四周義山傳作「同」。
〔三〕「非子真人所學也」原作「非子非真人所學也」，據上書及紫陽真人内傳删。

遂巡行名山，尋索仙人。聞蒙山欒先生能讀龍蹻經，遂往尋之。遇衍門子，於是授以龍蹻經及三皇内文。退登王屋山，遇趙佗子，受芝圖十六首及五行祕符。又遇黄先生，受黄素神方五帝六甲左右靈飛之書四十四訣〔一〕。退登皤冢山，遇上衛君，受太素傳左乙混洞東蒙之録右庚素文攝殺之律〔二〕。退登嵩高山，遇中央黄老君合會仙人在其上太室洞門之内，君頓頭再拜，乞長生度世。黄老君曰：「子存洞房之内，見白元君耶？」君對曰：「實存洞房，嘗見白元君。」黄老君曰：「子道未足矣，未見無英君也。且復游行，受諸要訣，當以上真道經授子矣。見白元君，下仙之事，可壽三千年，見無英君，乃爲真也，可壽一萬年矣。」君再拜受教而退，遊行天下名山大澤，西登白空山，遇沙野帛先生，受太清上經。退登峩嵋山，入空洞金府，遇甯先生，受太丹隱書八稟十訣。退登岷山，遇陰先生，受九赤班符。退登岐山，遇臧延甫，受憂樂曲素訣辭。乃登梁山，遇淮南子成，受天關三圖。乃退登牛首山，遇張子房，受太清真經。乃退登九嶷山，遇李伯陽，受李氏幽經。乃遊登鍾山，遇高

〔一〕「四十四訣」四字，疑當在「黄素神方」之後。

〔二〕「右庚素文攝殺之律」，「庚」原作「庾」，據紫陽真人内傳改。漢武帝内傳作「右庚素收攝殺之律」，本書卷七九王母搜漢武帝真形圖作「在庚素昭攝殺之律」。

丘子，受金丹方二十七首。乃登鶴鳴山，遇陽安君，受金液丹經九鼎神丹圖。乃登猛山，遇青精先生，受黄素傳。乃登陸渾山，潛入伊水洞室，遇李子耳，受隱地八術。乃登戎山，遇趙伯玄，受三九素語。乃登陽洛山，遇幼陽君，受青要紫書三五順行〔一〕。乃登霍山，遇司命君，受經命青圖上皇民籍。乃登鳥鼠山，遇墨翟子，受紫度炎光内視圖中經。乃登曜名山，遇太帝候夜神童，受金根之經。乃登委羽山，遇司馬季主，受石精金光藏景化形。乃登大庭山，遇劉子先，受七變神法。乃登都廣建木，遇谷希子，受黄炁之法，太空之術，陽精三道之要〔二〕。乃登桐栢山，遇王喬，受素奏丹符。乃登太華山，遇南嶽赤松子，受上元真書〔三〕。乃登太冥山，遇九老仙都君，受黄水月華四真法。乃登合黎山，遇皇人，受八素真經太上隱書。乃登景山，遇黄臺萬畢先生，受九真中經。乃登玄壟羽山，遇玉童十人九炁丈人，得白羽紫蓋服黄水月華法。乃到桑林，登扶廣山，遇青真小童君，受金書祕字。乃退南行朱火，登丹陵山，遇龔仲陽，受仙忌真記。乃西遊，登空山，見無英君而退，洞房中無英

〔一〕「受青要紫書三五順行」，仙鑑卷十四周義山傳無「三五順行」四字。

〔二〕按道藏收録有上清黄氣陽精三道順行經。

〔三〕「上元真書」原作「上元真君書」，據仙鑑卷十四周義山傳及紫陽真人内傳删。

君處其左，白元君處其右，黄老君處其中。無英君服金精朱碧玉綾之袍，光赤朝霞，流景耀天，要太上靈炁之章，佩九帝祛邪之策，戴翠上紫靈之冠，蓋太玄丹靈上元赤子之祖父也。左連青宫之炁，〔一〕炁灌萬神，乃未有天地，先自虚空而生矣。白元君服丹玉之錦雲羅重袍，白光内朱，流景參天，垂暉映神，玄黄徹虚，要太上靈精之章，佩玄元攝魔之策，戴招龍皂冠，蓋玉房雲庭上元赤子之父。右夾皓青之室，朝運生者也。中央黄老君是太極四真王之師老矣，上攝九天，中游崑崙，黄闕來其外，紫户在其内，下與二君入洞房，圓三寸，威儀具焉。夫至思神見，得爲真人。若見白元君，得爲下真，壽三千歲；若見無英，得爲中真，壽萬歲；若見黄老，與天相傾，上爲真人，列名金臺。君既詣之，乃再拜頓首，乞與上真要訣。黄老君曰：「可還視子洞房中。」君乃冥目内視，良久，果見洞房之中有二神人無英白元君也，被服狀如在空山中者。黄老君笑言曰：「微乎深哉！子用意思之精也。此白日升天之道，子還登常山，授子上真之道。」君乃還常山石室中，齋戒念道，復積九十餘年中，白

〔一〕「左連青宫之炁」，紫陽真人内傳「連」作「運」，按洞真高上玉帝大洞雌一玉檢五老寶經中央黄老君大丹先進洞房内經法亦作「連」。

元君無英君黄老君遂使受〔一〕之大洞真經三十九篇，有玉童二十一人，玉女二十一人，皆侍直燒香，晝夜習之。積十一年，遂乘雲駕龍，白日升天，上詣太微宫，受書爲紫陽真人，佩黄旄之節，八威之策，帶流金之鈴，服自然之衣，食玉醴之粭，飲金液之漿，治葛衍山金庭銅城，所謂紫陽宫也。紫陽有八真人，君處其右，一日三登崑崙，一朝太微帝君，以皤冢爲紫陽别宫，所謂洞庭潛宫也。皤冢山有洞穴，潛行通王屋清虚小有天，亦潛通閬風也。

馬明生真人傳

馬明生者，齊國臨淄人也，本姓和字君賓〔二〕。少爲縣吏，捕賊爲賊所傷，遇太真夫人適東嶽，見而愍之。當時殆死，良久忽見一女子，年可十六七，服奇麗〔三〕，姿容絶世，行步其傍，問君賓曰：「汝何傷血也？」君賓以實對。夫人曰：「汝所傷乃重，刃闕於肺，五臟泄漏，血凝絳府，炁激腸外，此將死之急也。不可復生如何？」君賓知是神人，叩頭求哀，乞賜

〔一〕「使受」，據仙鑑卷十四周義山傳作「使授」，紫陽真人内傳作「使授」。

〔二〕「賓」，仙鑑卷十三馬明生傳作「實」，本書卷九八太真夫人贈馬明生詩序作「賢」。

〔三〕「服奇麗」，仙鑑卷十三馬明生傳作「服飾奇麗」。

救護。夫人於肘後筒中出藥一丸，大如小豆，即令服之，登時而愈，血絶瘡合，無復慘痛。君寶再拜，跪曰：「家財不足以謝，不知何以奉答恩施？惟當自展駑力，以報所受爾！」夫人曰：「汝必欲以謝我，意亦可佳，可見隨去否？」君寶乃易名姓，自號馬明生，隨夫人執役。夫人入東嶽岱宗山峭壁石室之中，上下懸絶，重巖深隱，去地千餘丈。石室中有金牀玉几，珍物奇瑋，乃人跡所不能至處也。明生初但欲學金瘡方，既見其神仙來往，乃知有不死之道，旦夕供給掃灑，不敢懈倦。夫人亦以鬼怪狼虎眩惑衆變試之，明生神情澄正，終不恐懼。又使明生他行別宿，因以好女於卧息之間調戲令接之，明生心堅志静，固無邪念。夫人或行，去十日五日還，或一月二十日，輒見有仙人賓客，乘龍駕鳳往來，或有拜謁者，真仙彌日盈座。客到，輒令明生出外別室，或立致精細廚食，肴果非常，香酒奇漿，不覺而至，不可目名。或呼明生坐，與之同飲食。又聞空中有琴瑟之音，歌聲宛妙。夫人亦時自彈琴瑟，有一弦五音並奏，高玄響激，聞於數里，衆鳥皆爲集於岫室之間，徘徊飛翔，驅之不去。蓋天人之樂，自然之妙音也。夫人棲止，常與明生同石室中，而異榻爾。幽寂之所，都惟二人。或行去亦不道所往之處，但見常有一白龍來迎，夫人即著雲光繡袍，乘白龍而去。袍上專是明月珠綴著衣縫，帶玉佩，戴金華太玄之冠，亦不見有從者。既還，即龍自去，不知所在。石室玉牀之上，有紫錦被褥，緋羅之帳，中有服玩之物，瑰金函英，玄黄羅列，非世所有，不能一一知其名也。有兩卷素書，上題曰九天太上道經，明生亦竟不敢發舒視其文也。惟供給掃灑，守巖室而已。至於玩服，亦不敢竊闚之，亦不敢有所請問。如此五年，愈加勤肅，輒不怠惰。夫人歎而謂之曰：「汝可謂真可教也，必能得道者也。以子俗人，而不淫不慢，恭仰靈炁，而莫之廢，雖欲求死，亦焉可得乎？」因以姓字本末告之曰：「我名婉羅〔一〕字勃遂，事玄都太真，有子爲三天太上府都官司直，總糾天曹事，官秩比人間卿佐也。年少，數委官遊逸，虚廢事任，有司奏劾，降主東嶽，退真王之編，司鬼神之師，五百年一代其職。因來視之，勵其後使修守政事，以補其過。我久在人間，今奉君王命，又被太上召，不復得停。念汝專謹，故以相語，欲教汝長生之方，延年之術。而我所受，服以太和自然龍胎之體〔二〕，適可授三天真人，不可以教始學之者，固非汝所得聞矣。縱或聞之，亦必不能用以持身也。有安期先生，曉金液丹法，其方祕要，便可立用，是九君太一之道〔三〕，白日升天者矣。安期明日來，吾將以汝付囑之焉。相隨稍久，其術必傳。」明日安期先生至，乘駮驎，

〔一〕「我名婉羅」，仙鑑卷十三馬明生傳作「我姓王名婉羅」。
〔二〕「而我所受，服以太和自然龍胎之體」，本書卷九八太真夫人贈馬明生詩序「受」作「授」，「體」作「醴」。
〔三〕「九君太一之道」，上序「九」作「元」。

著緋衣，戴遠遊冠，帶玉珮及虎頭鞶囊，視之可年二十許，潔白嚴整，從六七僊人，皆執節奉衛，見夫人揖之甚謹，稱下官。須臾，設酒果廚膳，飲宴半日許。夫人語明生曰：「吾不復得停，汝隨此君去，勿憂念也。我亦時時當往視汝。」因以五言詩二篇贈之，可以相存。明生流涕而辭，乃隨先生受九丹之道。詩曰：

其一

暫捨墉城内，命駕岱山阿。仰瞻太清闕，雲樓鬱嵯峨。虚中有真人，來往何紛葩！鍊形保自然，俯仰食太和。朝朝九天王，夕館還西華。流精可飛騰，吐納養青牙。至藥非金石，風生自然歌。上下凌景霄，羽衣何婆娑〔一〕！五嶽非妾室，玄都是我家。下看榮競子，篤似蛙與蟆。顧盻塵濁中，憂患自相羅。苟未悟妙旨，安事於琢磨？禍湊由道泄，密慎福臻多。

其二

昔生崑陵宫，共講天年延。金液雖可遐，未若太和僊。仰登冥靈臺〔二〕，虚想詠靈人。

〔一〕「婆娑」原作「娑婆」，據本書卷九八太真夫人贈馬明生詩改。

〔二〕「仰登冥靈臺」，上詩及仙鑑卷十三馬明生傳「靈」皆作「仙」。

忽遇扶桑王，九老仙都真。駕驂紫虬輦，靈顔一何鮮！啓我尋長途，邀我自然津。告以鴻飛術，授〔一〕以玉胎篇。瓊膏凝玄烝，素女爲我陳。俯挹琳鳳腴，仰上飄三天。雲綱立爾步，五嶽可暫還。玄都安足遠，蓬萊山腳間〔二〕。傳受〔三〕相親愛，結友爲天人。替即游刑對，禍必無愚賢。祕則享無傾，泄則軀身〔四〕顛。

明生乃隨安期先生負笈，西之女几，北到圓丘，南至秦廬，濳及青城九嶷，周遊天下。二十年中，勤苦備嘗。安期乃曰：「子真有仙骨，何專恭之甚耶！吾所不及也。」遂授以太清金液神丹方，而告之曰：「子若未欲升天，但先服半劑。」與明生相别而去。明生乃入華陰山，依方合金丹，餌之半劑得仙，而與俗人無異，人莫識其非凡。漢靈帝時，惟太傅胡廣知其有道，嘗訪明生，以國祚大期問之。明生初不對，後亦告焉，無不驗者。後人怪其不老，遂復服金丹半劑，白日昇天。臨去，著詩三首，以示將來，漢光和三年也。詩曰：

〔一〕「授」原作「受」，據本書卷九八太真夫人贈馬明生詩及仙鑑卷十三馬明生傳改。

〔二〕「蓬萊山腳間」，本書卷九八太真夫人贈馬明生詩「山」作「在」。

〔三〕「傳受」原作「傳授」，據上詩及仙鑑卷十三馬明生傳改。

〔四〕「身」，本書卷九八太真夫人贈馬明生詩作「命」。

其一

太和何久長！人命將不永。喻如朝露晞，奄忽睡覺頃〔一〕。生生世所悟，傷生由莫静。我將尋真人，澄神挹容景。盤桓崑陵宫，玄都可馳騁。涓子牽我遊，太真來見省。朝朝王母前，夕歸鍾嶽嶺。仰採瓊瑶葩，俯漱琳琅井。千齡猶一刻，萬紀如電頃。

其二

天地自有常，人命最險毳。年若驚弦發，時猶輕矢逝。雖有灼灼姿，玉爲塵土穢。林草無秋耀，緑葉豈終歲？惜此繁茂推，哀彼寒霜厲。有存理必亡，有興故有廢。真官〔二〕戲玄津，與物無凝滯。神沖紫霄内，形棲山水際。對虚忘有懷，遊目託〔三〕容裔。風塵將何來？真道故可大。

其三

濁塗諒爲歎，世樂豈足預？振褐掃塵遐，飄飄獨遠舉。寥寥巖嶽際，蕭蕭縱萬慮。靈

〔一〕「頃」，仙鑑卷十三馬明生傳作「醒」。
〔二〕「官」，上書作「君」。
〔三〕「託」，四部叢刊本作「記」。

真與我遊，落景乘鴻御。朝乘雲輪來，夕駕扶搖去。嗷嘈天地中，囂聲安得附？

陰真君傳陰真君自叙附

陰長生者，新野人，漢和帝永元八年三月己丑立皇后陰氏，即長生之曾孫也。少處富貴之門，而不好榮位，潛居隱身，專務道術。未聞有馬明生得度世之道，乃以入諸名山求之〔一〕。到南陽太和山中，得與相見，乃執奴僕之役，親運履舄之勞。明生不教以度世之法，但旦夕與之高談榮華當世之事，治生園圃之業。十餘年，長生未嘗懈怠。同時有共事明生者十二人，皆怨恚歸去，獨長生禮敬彌肅，而明生數因言語得失之際屢罵之，長生乃和顔悦心，奉謝不及。如此積二十年，後清閑之日，明生問其所欲。長生跽曰：「惟乞生爾。今以糞草之身，委質天匠，不敢有所汲汲，憚於遲速也。」明生哀其語，乃告之曰：「子真是能得道者也。」乃將長生入青城山中，煮黄土爲金以示之，立壇歃血，即日以太清金液神丹授之，欲别去。長生乃叩頭陳謝，暫留仙駕，拜辭曰：「弟子少長豪樂，希執卑遜，剋身勵己，若臨冰谷。不能弘道讚德，宣暢妙味，徒尸素壁立，而老耄及之。是以心存生契，捨世

〔一〕「得度世之道，乃以入諸名山求之」，仙鑑卷十三陰長生傳作「得度世法，乃入諸名山求之」。

尋真，天賜嘉會，有幸遭遇。自執箕箒二十二年，心力莫植，常懼毁替，筋力弱蒲〔一〕薄，微効靡騁，恩養不酬，夙夜感慨。告以更生，頓受靈方。是將灰之質，蒙延續之年；炎林燋草，惠膏澤之霑。若絶炁以其蘇息，瞽闇開其視聽，感荷殊戴，非陋詞所謝。昔太歲庚辰，聞先生與南嶽真人洪崖君雲成公瀛洲仙女數人共坐，論傳授當委絹之誓，教授有交帶之盟，應祭九老仙都九炁丈人諸君。禱祠受之，大藥必行；不祭而受，爲之不成。弟子預在曲室，嘗侍帷側，亦具聞諸仙起末得道之言，説昔受丹節度矣。先生今日見諭，不復陳此，或非先生所授之不盡，將恐是〔二〕弟子困窮爾！」馬明生慰諭之曰：「非有不盡。汝性躭玄味，專炁而和，靈官幽鑒，以相察矣！不復煩委爲俗人之信耳。」於是長生入武當山石室中合丹，又服半劑，不即升天，而大作黄金數萬斤，以布施天下窮乏，不問識與不識。周行天下，與妻息相隨，舉門皆壽，後委之入平都山，白日升天。臨去，著書九篇，云：「上古仙者多矣，不可具記而論。但漢興已來，高士得仙者四十五人，迨予爲六矣。二十人見尸解

〔一〕「蒲」字，仙鑑卷十三陰長生傳無。
〔二〕「是」，上書作「示」。

去〔一〕，餘者白日升天焉。」

弟子丹陽葛洪字稚川曰：〔二〕「嘗聞諺言有云：『不夜行，則不知道上有夜行人。』今不得仙者，亦安知天下山林間密自有學道得仙者耶？陰君已服神藥，雖未升天，然方以嚴麗〔三〕同聲相應，便自與仙人相尋求聞見，故知此近世諸仙人之數爾！而俗人謂爲不然。己所不聞，則謂之無有，不亦悲哉！夫草澤閑士，以隱逸得志，經籍自娱，不耀文彩，不揚名聲，不修求友，不營聞達，猶不能識之，又況仙人！亦何急令朝菌之徒，知其所云爲哉！」

陰真君自叙

惟漢延光元年，新野山之子受仙君神丹要訣。道成去世，副之名山。如有得者，列爲真人。行乎去來！何爲俗間？不死之道，要在神丹。行炁導引，俛仰屈伸，服食草木，可得小道。不能永度於世，以至天仙。子欲聞道，此是要言。積學所致，不爲有神。上士爲之，勉力加勤。下愚大笑，以爲不然。能知神丹，久視長存。

〔一〕「二十人見尸解去」，仙鑑卷十三陰長生傳作「二十八人是尸解去」。

〔二〕「曰」原作「日」，據上書改。

〔三〕「然方以嚴麗」，上書作「然方嚴厲」。

吴猛真人傳

吴猛字世雲，豫章人也。性至孝，小兒時在父母膝下，無驕慢色，後得道。海昏上僚〔一〕，路有大虵，時或斷道，以炁吸吞行人，行旅爲絶。猛與弟子往除虵害，虵乃入藏深穴，猛勑南昌社公追虵。虵頭高數丈，猛踏蛇尾沿背而以足按頭，弟子斫殺之。猛云：「此蛇是蜀精，蛇死則杜弢〔二〕滅矣。」果如言。將軍王敦迎猛，道過宮亭，廟神具官僚迎猛。猛曰：「汝神王已盡，不宜久居，非據我不相問也。」神乃去。至蜀見敦，時多疫病，猛標浦水百步，飲者皆愈，日中請水者將千人。敦惡之，於座收猛，奄然失去，大相檢覆。猛恐坐者多，乃徐步於萬人之中還船，天地冥合，乘風迅逝，一宿至家。弟子見兩龍負船，眼如甕大。猛云：「敦踐人君之位，命終此稔。」其年敦死。後太尉庾亮迎猛至武昌，便歸，自言筭盡，未至家五十里亡。殯後疑化，弟子開棺，不見其尸。

〔一〕「海昏上僚」，仙鑑卷二六許太史傳、西山許真君八十五化録卷上及許真君仙傳均作「海昏之上遼」，孝道吴許二真君傳作「建昌縣上遼江畔」。

〔二〕「杜弢」原作「杜毅」，據仙鑑卷二七吴猛傳改。

許遜真人傳

許遜字敬之，南昌人也。少以射獵爲業，一日入山射鹿，鹿胎從弩箭瘡中出墮地，鹿母舐其子，未竟而死。遜愴然感悟，折弩而歸。聞豫章有孝道之士吴猛學道，能通靈達聖。歎我緣薄，未得識之。於是旦夕遥禮拜猛，久而彌勤。已鑒其心，猛升仙去時，語其子云：「吾去後，東南方有人姓許名遜，應來弔汝，汝當重看之，可以真符授也。」至時遜果來弔，其子以父命，將真符傳遜。奉修真感，有愈於猛。

許邁真人傳

許邁字叔玄，小名映，丹陽句容人也。世爲冑族，冠冕相承。映總角好道，潛志幽契。曾從郭璞筮卦，遇大壯之大有〔一〕，上六爻發。璞謂映曰：「君元吉自天，宜學輕舉〔二〕之

〔一〕「遇大壯之大有」，晉書許邁傳作「遇泰之大畜」。

〔二〕「輕舉」，上書作「升遐」。

道。」初師鮑靚，受中部之法及三皇天文。一旦辭家，往而不返。東入臨安縣山中〔一〕，散髮去累，改名遠遊，服朮黄精，漸得其益，注心希微，日夜無間。數年之中，密感玄虚，太元真人〔二〕定録茅君降授上法，遂善於胎息内觀，步斗隱逸，每一感通，將超越雲漢。後移臨海赤山，遇王世龍趙道玄傅太初〔三〕。映因師世龍，受解束反行之道，服玉液，朝腦精，三年之中，面有童顔。臨應〔四〕得道，三官都禁遺典柄侯周魴主非使者嚴白虎出丹簡罪簿，各執一通，詰映諸愆，如其無答，便當執也。賴得龔幼節李開林相助，映甚怖懼，强長嘯叱咤〔五〕而答曰：「大道無親，唯善是與。天地無私，隨德乃矜。是以阪泉流血，無違龍髯之舉。三苗丹野，涿鹿絳草，豈妨大聖靈化，高通上達耶！吾七世祖許子阿者，積仁藴德，陰加鳥獸，遇凶荒疫癘之年，百遺一口，子阿散財拯救，自營方藥，已死之命，懸於子阿手得濟者四百八人。德墜我等，應得仙者五人，皆録字青宫，豈是爾輩所可豫乎？」言畢，會司命君遣中

〔一〕「東入臨安縣山中」，晉書許邁傳作「移入臨安西山」，仙鑑卷二一許邁傳作「東入臨安懸霤山中」。
〔二〕「太元真人」，仙鑑卷二一許邁傳「元」作「一」。
〔三〕「傅太初」，「傅」原作「傳」，據上書及真誥卷四運象篇第四改。
〔四〕「應」，仙鑑卷二一許邁傳「應」作「映」。
〔五〕「長嘯叱咤」，上書作「長笑叱咤」。

候李遵握鈴而至，魴等笑而走，即得度名東宫，爲地仙中品。

映第五弟謐〔一〕小名穆，官至護軍長史散騎常侍〔二〕，年七十二，捨世尋仙，能通靈降真。先經患滿，腹中結寒，小便不利。遇西王母第二十七女號曰紫微夫人謂穆曰：「此病冢訟之所致，家又有怨鬼爲害，可服术，自得豁然除去。」紫微夫人因作服术叙以傳。穆依方修合，服十旬都愈，眼明耳聰，容貌日少。司命君授〔三〕以飛步之道，告穆曰：「淵奇體道，解幽達精。虚中授物，柔德順貞。寬慈博採，聞道必行。逍遥飛步，啓誠坦平。策龍上造〔四〕，浮煙三清。寔真仙之師友，乃長里之先生。必當封牧鍾邑，守伯仙京，傅〔五〕佐上德，列書絳名。」

穆第二子虎牙，耀穎玄根，列景真圖，諸天仙人，咸謂爲寅獸白齒。定録君所告服藥事

〔一〕「謐」原作「謚」，據仙鑑卷二一許邁傳及真誥二十真胄世譜改。
〔二〕「散騎常侍」原作「散騎侍郎」，據上二書改。
〔三〕「授」原作「受」，據四部叢刊本及道藏輯要本改。
〔四〕「造」原作「超」，據真誥卷四運象篇第四改。
〔五〕「傅」原作「傳」，據上書改。

多隱語，誌諸姓名曰：「鳳棲喬木，素衣炳然〔一〕。履順思貞，凝心虛玄。五公石腴，彼體所便。急宜服之，可以少顏。三八合〔二〕明，次行玄真。解駕偃息，可識〔三〕洞篇。瓊刃應數，適心高玄。棲隱默沈〔四〕，正炁不衰。朮〔五〕散除疾，是汝所宜。次服飷飯，兼穀勿違。益髓除患，肌膚充肥。然後登山，詠洞講微。寅獸白齒，爾能見機。遂得不死，過度壬辰。偃息盛木，玩執〔六〕周書。太極殖簡，金書西華。學服可否，自應靈符。理契同歸〔七〕，神洞相求。」

穆第三子玉斧，含真淵嶷，少有徽譽，司徒辟掾不就，隱居茅山，師楊羲受三天正法曲

〔一〕「鳳棲喬木，素衣炳然」，真誥卷二運象篇第二作「鳳巢高木，素衣衫然」。
〔二〕「合」，上書作「令」。
〔三〕「識」，上書作「誦」。
〔四〕「適心高玄。棲隱默沈」，上書作「精心高棲。隱嘿沈閑」。
〔五〕「朮」原作「木」，據上書改。
〔六〕「執」原作「報」，據上書改。
〔七〕「理契同歸」，上書作「理異契同」。

素鳳文。後定録君授其上道，告玉斧曰：「斧學道〔一〕當如穿井，井形愈深，土愈難運出。若不堅其心，正其行，豈得見泉源耶？」又曰：「夫學道當專注，精無散念〔二〕。撥奢侈，保沖泊。寂焉如密有所覩，熙焉若潛有所得。始得道之門也，猶未入道之室也。所謂知道爲易，學道爲難者也。若乃幽寂〔三〕沈味，保和天真，耽正〔四〕六府，無視無聽，此乃道之易也。即是不能爲之者，所以爲難矣。許侯研之哉！斧子瑩之哉！」年二十八，超然登仙。映於東山與穆書曰：「吾自寄神烝，收景東林，沐浴明丘〔五〕，乖我同生。每東瞻滄流，歎逝之迅。西眄雲崖，哀興内發。髣髴故鄉，鬱何壘壘！將欲返身歸塗，但矯足自抑爾！於是靜心一思，逸憑靈虛。登巖崎嶇，引領仰玄。真志飛上，遊空竦真〔六〕。始覺形非我質，遂

〔一〕「斧學道」原作「斧欲學道」，據真誥卷八甄命授第四删。
〔二〕「當專注，精無散念」，真誥卷七甄命授第三作「當專道注真，情無散念」。
〔三〕「幽寂」，上書作「寂玄」。
〔四〕「正」，上書作「研」。
〔五〕「收景東林，沐浴明丘」，真誥卷十八握真輔第二「收」作「投」，「明」作「閑」。
〔六〕「真志飛上，遊空竦真」，上書作「冥志扉上，遊雲竦真」。

忘軀逐〔一〕神矣。浪心飆外，世務永絶。足樂幽林，外難一塞。建志不倦，精誠無廢。遂遇明師，見授奇術。清〔二〕講新妙，玉音洞密。吐納平顏，鍊形保骨。沖炁夷泯，無復内外也。但恨吾遭良師之太晚，返滯性之不早。吾得道之狀，艱辛情事，定録真君以當説之矣。崇賴成覆，救濟之功，天地不能踰也。聞弟遠造上法，偶真重幽。心觀靈無〔三〕，炁陶太素。登七關之巍峩，味三辰以積遷。虚落霄表，映朗九玄。此道高妙，非吾徒所聞也。亦由下挺稟淺，未由望也。然高行者常戒在危殆，得趣者常險乎將失。禍福之萌，於斯而用。道親於勤，神歸精感，丹心待真，招之須臾。若念慮百端，協〔四〕以營道，雖騁百年，亦無冀也。三官急難，吾昔聞之在前。七考之福，既已播之於後。因運乘易，不亦速耶！幾成而敗，自己而作，試校千端，因邪而生矣！爾想善功〔五〕，苦心勞形，勤立功德，萬物芸芸，亦何益哉？斧子蕭蕭，其可羡也。各不自悟，當造此事，斧獨何人，享其高乎？師友之結，得失

〔一〕「逐」，真誥卷十八握真輔第二作「遂」。
〔二〕「清」原作「請」，據上書改。
〔三〕「無」，上書作「元」。
〔四〕「協」，上書作「狹」。
〔五〕「因邪而生矣！爾想善功」，上書作「因邪而生耳！想善加」。

所宗，託景希真，在於此舉也。吾方棲神空岫[一]，瘞形深林，採汧谷之幽芝，掇丹草以成真矣。昔約道成當還，脆信雖未通徹，粗有髣髴。亦欲暫偃洞野，看望墳塋，不期而往，冀暫見弟。因緣簡略，臨書增懷。映報[二]。」

楊羲真人傳

楊羲者，不知何許人也。仕晉簡文帝爲舍人，朝隱唯要，人莫能識。少好道，服食精思，遂能進靈接真，屢降玄人。茅君定録安九華等授其道要，西城王君又教服日月之精，及思泥丸絳宫、錬魂制魄、滅三尸之法。玄清真人謂羲曰：「夫爲道當如射箭，箭直往不顧，乃造堋的。操志入山，惟往勿疑，乃獲至真。」羲恭受，勤行得仙。簡文後師羲得道。

[一]「空岫」，真誥卷十八握真輔第二作「岫室」。

[二]「報」，上書作「謝」。

鮑靚真人傳

鮑靚字太玄，陳留人也〔一〕。少有密鑒，洞於幽元，深〔二〕心冥肆，人莫之知〔三〕。按洞天記云：「靚及妹並是先身七世祖李湛張慮者，俱杜陵北鄉人，同在渭橋爲客舍居，積行陰德，好道希生，故福逮於靚等，使易世變鍊〔四〕，改氏更生，合爲天倫。根胄雖異，德廕並同。」靚學明經術緯候，師左元放受中部法及三皇五嶽劾召之要。行之神驗，能役使鬼神，封山制魔。晉太興元年，靚暫往江東，於蔣山北道見一人，年可十六七許，好顏色。俱行數里，其人徐徐動足，靚奔馬不及，已漸而遠。因問曰：「相覯行步，必有道者。」其人曰：「吾仙人陰長生也。太上使到赤城，君有心〔五〕，故得見我爾。」靚即下馬，拜問寒温，未及有所

〔一〕「陳留人也」，晉書鮑靚傳作「東海人也」。
〔二〕「深」，本書卷一一五鮑姑傳作「沉」。
〔三〕「知」下，仙鑑卷二一鮑靚傳有「一云爲南海太守，得祕法，悟真理，受真仙要訣於諶姆」二十一字。
〔四〕「鍊」，上書作「族」。
〔五〕「君有心」，上書作「君有心於道」。

陳。陰君曰：「此地復十年，當交兵流血。」計至蘇峻亂，足十年也。又云〔一〕：「君慕道久矣，吾相見，當得度爾。」仙法考得仙者尸解爲妙，上尸解用刀，下尸解用竹木，皆以神丹染筆，書太上太玄陰生符於刀刃左右，須臾便滅所書者，而〔三〕目死於牀上矣。其真身遁去，勿復還家，家人謂刀是其人也。用竹木如刀之法。陰君乃傳靚此道。又與靚論晉室修短之期，皆演一爲十，廣十爲百，以表元帝。託云推步所知，不言見陰君所説，是陰君戒其然矣。

〔一〕「又云」二字原無，據仙鑑卷二一鮑靚傳增。
〔三〕「而」，上書作「面」。

雲笈七籤卷之一百七

傳錄

陶先生小傳 吴興謝瀹永明十年作

先生諱弘景，丹陽人也。幼標異操，聰明多識，五經子史，皆悉詳究。善書，得古今法〔一〕。不肯婚宦，以資營未立，且薄遊下位，爲宜都王侍讀。年二十餘，便稍就服食〔二〕，遵行道要，所得符文妙法，並是真人遺跡，於是業行漸進〔三〕，乃拂衣止於茅山焉。觀其神儀明秀，盼睞有光，形細長項，耳間矯矯，顯然異衆矣。

〔一〕「法」下，賈嵩華陽陶隱居傳序末引「謝瀹事作傳云」，於此下尚有「在人間便有乘雲御龍之志」十一字。

〔二〕「年二十餘，便稍就服食」，上序作「二十餘年，稍就服食」，且前有「雖處朱門，恒獨居一室，罕接外物，晝夜尋寫，研集奇奧」二十一字。

〔三〕「遵行道要，所得符文妙法，並是真人遺跡，於是業行漸進」，上序作「殆通幽洞微，其事多祕，於是業用漸進」。

華陽隱居先生本起録從子翊字木羽撰

永明十年，太歲己卯，謝瀹事淪先從吴興還，聞先生已辭世入山，甚懷嗟賞，於路中仍爲前傳，雖未能究洽，而粗舉大綱，有似王右軍作許先生傳。翊從叔隱居先生諱弘景，字通明，丹陽人也。宅在白楊巷南岡之東，宋初土斷，仍割秣陵縣西鄉之桐下里〔一〕，至今居之。陶氏本冀州平陽人，帝堯陶唐之苗裔也。堯治冀州平陽，故因居焉。漢興，有陶舍爲高祖右司馬，子青擢位至丞相。十三世祖超，漢末渡江，始居丹陽。七世祖濬，交州刺史璜之弟，仕吴爲鎮南將軍，封句容侯，食邑二千户，與孫皓俱降晉，拜議郎、散騎常侍、尚書。六世祖謨，濬第三子，永嘉中爲東海王越司馬，領屯軍隨王出許昌。因敗，仍復過江，爲大將軍王敦參軍。敦爲丞相，轉軍諮祭酒。後隨敦南下，而情懼禍及，乃啓分屬籍，禁錮積年。晚起爲車騎丞相參軍，不就。昇平四年卒，始别葬白石山之嶺〔二〕，贍湖北。高祖毗有理

〔一〕「秣陵縣西鄉之桐下里」，茅山志二二上清真人許長史舊館壇碑碑陰記作「丹陽秣陵西鄉下里」。

〔二〕「嶺」，仙鑑卷二四陶弘景傳作「陽」。

識，器幹高奇，以文被黜，不肯遊宦，州郡辟命並不就，後板授〔一〕南安正佐，亦不起，元興三年卒。曾祖興公多才藝，亘〔二〕營產殖，舉郡功曹，察孝廉，除廣晉縣令，義熙二年卒。祖隆身七尺五寸，美姿狀，有氣力，便鞍馬，善騎射，好學讀書善寫，兼解藥性，常行拯救爲務。行參征南中郎軍事，侍從宋孝武伐逆有功，封晉安侯，除正佐，固辭，顏峻侍寵，就求宅以益〔三〕佛寺，弗與，因辭官，見譖削爵，徙廣州，後被恩除南海西平縣令，後監新會郡，大明五年卒於彼。父諱貞寶字國重，司徒建安王劉休仁辟爲侍郎，遷南臺侍御史，除江夏〔四〕孝昌相。亦閑騎射，善藁隸書，家貧，以寫經爲業，一紙直價四十，書體以羊欣蕭思話法。深解藥術，博涉子史，好文章，美風儀，凡遊從與蕭思話王釗劉秉周旋，多爲諸貴勝所賞遇。元徽四年冬，御使膚庭〔五〕通鄰國之好，甚得雅稱。昇平元年還都，具撰遊歷記并詩數千字，及所造文章等，劉秉索看，仍值石頭事亡失，無復別本，不得傳世。建元三年於縣亡，背

〔一〕「板授」，仙鑑卷二四陶弘景傳作「拔授」。

〔二〕「亘」，上書作「頗」。

〔三〕「益」，上書作「易」。

〔四〕「夏」原作「下」，據上書及華陽陶隱居内傳上改。

〔五〕「御使膚庭」，仙鑑卷二四陶弘景傳作「奉使虜庭」。

喪還葬舊墓。母東海郝夫人諱智湛，精心佛法，及終有異焉。先是貞寶攜家隨蕭之郢州，孝建二年蕭亡，其年九月，母覺有娠，仍夢見一小青龍忽從身中出，直東向而昇天，遂視之，不見尾。既覺，密語比丘尼云：「弟子必當生男，兒應出非凡人，而恐無後。」尼問其故，以所夢答。尼云：「將出家？」又答：「審爾亦是所願。」時年二十五。其冬仍隨蕭部伍還都，住東府射堂前參佐廨中。以孝建三年太歲丙申四月三十日甲戌夜半，先生誕焉。是年乃閏三月，明日朔旦便是夏至。母即沐浴而起，了無餘患。

先生四五歲便好書，今猶有六歲時書，已方幅成就。九歲十歲讀禮記尚書周易春秋雜書等，頗以屬文爲意。年十一，爲司徒左長史王釗子昊博士。十三父貽宅，席卷隨吏部尚書劉秉之淮南郡。十五歸都，寓憇中外徐胄舍，後仍立別宅，從此不復還舊廬。十七乃冠，常隨劉秉尹之丹陽郡，得給帳下食，出入乘廄馬。秉第二男俣少知名，時爲司徒祭酒。俣雅好文籍，與先生日夜搜尋，未嘗不共味而食，同車而遊。俣與江斆褚炫等俱爲順帝四友〔一〕，故最以才學得名。俣作宋德頌、連珠七讐，當世稱絶。俣既亡後，文章皆零落，先生

〔一〕「俣與江斆、褚炫等俱爲順帝四友」，仙鑑卷二四陶弘景傳作「俣與江斆、褚玄、劉俟俱爲順帝四友」。按南齊書褚炫傳「劉俟」作「謝朏」。

欲爲纂集，竟不能得。是歲昇明元年冬，先生年二十二，隨劉丹陽入石頭城，就袁粲建事，先生與韓賁糜淡同掌文檄，及事敗城潰，即得奔出。俁及第伎爲沙門以逃，爲人所獲，建康獄死，人莫敢視。先生躬自收殯瘞葬，查硎舊墓，營理都畢，自此棄世，尋山而止。值宋齊之際，物情未安，既結劉宗，常懷憂惕。父乃因紀僧真求事高帝於新亭，即蒙帳内驅使。二年正月，沈攸之平，從還東府，公仍遣使侍弟五息暈、六息暠侍讀，兼助公閒管記事。先生時年二十三，除巴陵王侍郎。明年侍從高祖登極，還臺住殿内，除太尉豫章王侍郎。先生云：「革運之際，頗有微勤，何處不容三兩階級？」遂不拜。又明年，隨安成王出鎮石頭。次歲夏，丁孝昌府君憂，上郢奉迎，冬還都安厝。世祖即位，以振武將軍起侍宜都王侍讀。齊世侍讀任皆總知記室，手筆事選須有文才者。先生於吉凶内外儀禮表章，爰及牋疏啓牒，莫不絕衆，數王書佐典書皆承授以爲准格。諸侍讀多有慙憚，頗致讒嫉，先生亦任之，不以介意。年二十八服闋，召拜左衛殿中將軍，頗鬱時望。先生驚，亦不解所以，即告庾道敏論諸屈滯，庾爲面啓武帝。帝云：「先帝昔親命此官，卿不知耶？其何辭之！」庾告先生，先生喟然歎曰：「昔不受豫章王侍郎，于今五年，飜爲此職，驛馬非驥騄。」猶欲固辭。庾切言之云：「太元已來，此官皆用名家，裴松之從此轉員外郎。但問人才，若官何所枉君？恐爲爾誤我事。」庾于時正被委任總知諸王府事，先生不獲已而拜矣。年二十九，清溪宮新成，帝宴樂之，先生拜表獻頌，又有伏曼容亦上賦。於是勑遣中書省舍人劉係宣旨褒贊，并勑豫舊宮金石會。于時上意欲刻此頌於石碑，王儉沮議而止。時獻賦者五人，惟以先生爲最。將欲遷擢，會母憂去職，尋授振武將軍起，特賜酒食省禄，隨宜都王赴京。帝欲幸武進宮，先生復作頌，頌成而車駕事廢，不復得奏云。此頌體制爽絶，倍勝舊格。三年還都，方除奉朝請，拜竟怏怏，與從兄書云：「昔仕宦應以體中打斷，必期四十左右作尚書郎，出爲浙東一好名縣，粗得山水，便投簪高邁。宿昔之志，謂言指掌，今年三十六矣，方作奉朝請，此頭顱可知矣！不如早去，無自勞辱。」明年五月，遂拜表解職，求託巖林，青雲之志，於斯始矣！是歲永明十年壬申歲也。〔一〕先生初隱，不欲辭省出，仍脱朝服掛神虎門，鹿巾徑出東亭，已約語左右曰：「勿令人知爾。」乃往與王晏語别，晏云：「主上性至嚴治，不許人作高奇事，脱致忤旨，坐貽罪咎，便恐違卿此志，詎可作？」先生嘿思良久，答云：「余本徇志，非爲名，若有此慮，奚爲所宜？」於是即不詣省，直上表陳誠。詔賜帛十疋、燭二十鋌，又别勑月給上茯苓五斤，白蜜二斗，以供服餌。先生既遂命，理舳東下，衆賓並餞於征

〔一〕「十年」原作「十一年」，按永明十一年乃癸酉，故據干支改「十一」爲「十」。

虞亭，舉酒揮袂〔一〕，皆云：「江東比來未有此事，乃見今日爾！」於是止于句容之句曲山。先生云：「此山是金壇洞宮，周廻百五十里，名曰華陽之天，有三茅司命之府，故名曰茅山。」所以自稱華陽隱居，亦猶士安之玄晏，稚川之抱朴，凡絓人間書疏，皆以此號代名。先生〔二〕善稽古，訓詁七經，大義備解而不好，立義異於先儒，議論惟著紙，不甚口談。尤好五行陰陽，風角炁候，太一遁甲，星曆筭數，山川地里，方國所産，及醫方香藥分劑，蟲鳥草木考校，名類莫不該悉。善隸書，不類常式，别作一家，骨體勁媚。琴棊騎射，亦皆領括。常言心中恒如明鏡，觸形遇物，不覺有滯礙。爲人少憂慼，無嫉競，淡哀樂，夷喜怒。時有形於言迹者，云皆是欲顯事厲物〔三〕，了無歡愠於胷襟。先生以甲子乙丑丙寅三年之中，就興世館主東陽孫遊嶽咨稟道家符圖經法，雖相承皆是真本，而經歷模寫，意所未愜者，於是更博訪遠近以正之〔四〕。戊辰年始往茅山，便得楊許手書真跡，欣然感激。至庚午年，又啓

〔一〕「揮袂」原作「輝袂」，據華陽陶隱居内傳上改。

〔二〕「生」字原無，據仙鑑卷二四陶弘景傳增。

〔三〕「云皆是欲顯事厲物」，本卷梁茅山貞白先生傳作「是顯事厲物」。

〔四〕「於是更博訪遠近以正之」，仙鑑卷二四陶弘景傳作「於是更博訪，斤以正之」。

假東行浙越，處處尋求靈異。至會稽大洪山謁居士婁慧明，又到餘姚太平山謁居士杜京產，又到始寧兆山謁法師鍾義山，又到始豐天台山謁諸僧標，及諸處宿舊道士，並得真人遺跡十餘卷，遊歷山水二百餘日乃還。爰及東陽長山、吴興天目山，於潛臨海安固諸名山，無不畢踐。身本輕捷，登陟無艱。贍卹寒棲，拯救危急，救療疾恙，朝夕無倦。其别有陰恩密惠，人莫得知之。雖惜〔一〕人書，隨誤治定。在人間製述甚多，了不存録，謹條先生所撰記世道書，名目如左：

學苑十秩百卷，此一書，先生常云：「羣書舛雜，欲探一事，不可徧檢。」乃鈔撰古今要用，以類相從，爲一百五十條，名爲學苑，比於皇覽，十倍該備。近賜翊語：「吾無復此暇，汝可踵成之。此書若畢，於學問手筆家，無復他尋之勞矣。」孝經、論語集注并自立意共一秩十二卷，三禮序共一卷，并自注。注尚書、毛詩序共一卷，左傳已有劉寔賀道養注，易略例即是易序，不假復注。老子内外集注四卷，并自立意。三國志讚述一卷，抱朴子注二十卷，世語闕字二卷，依陸文更以意造世語所闕者。續臨川康王世説二卷，太公孫吴書略注二卷，古今州郡記三卷，并造西域圖一張。帝王年曆五卷，起三皇至汲冢竹書〔二〕爲正，檢五十

〔一〕「惜」，仙鑑卷二四陶弘景傳作「借」。

〔二〕「汲冢竹書」，「冢」原作「家」，據道藏輯要本改。

家書曆異同共撰之也。員儀集三卷，玉匱記三卷，說名山福地事。七曜新舊術二卷，占筮略要一卷，有十三法。風雨水旱飢疫占要一卷，有十法。筭數藝術雜事一卷，舉百事吉凶曆一卷，本草經注七卷，肘後百一方三卷，增補葛氏。効驗施用藥方五卷，此二十四種並世用所撰目書，又作相書序述異記序，如此等並在集中。登真隱訣三秩二十四卷，此一訣皆是修行上真道經要妙祕事，不以出世。真誥一秩七卷，此一誥並是晉興寧中衆真降授楊許手書遺迹，顧居士已撰，多有漏謬，更詮次叙注之爾，不出外聞。夢記一卷，此一記，先生自記所夢徵想事，不以示人。合丹藥諸法式節度一卷，集金丹藥〔一〕白要方一卷，服雲母諸石藥消化三十六水法一卷，服草木雜藥法一卷，斷穀祕方一卷，靈方祕奥一卷，消除三尸諸要法一卷，撰集服炁導引法一卷，集人間諸却災患法一卷。此九種，所撰集道書，自先生凡所撰集，皆卷多細書大卷，貪易提録，若大書皆得數四。又有圖象雜記甚多，未得一二盡知盡見也〔二〕。

又作渾天象，高三尺許，地居中央，天轉而地不動，二十八宿度數〔三〕七曜行道昏明，中星見伏早晚，以機轉之，悉與天相會，云此修道所須，非但史官家用。又欲因流水作自然

〔一〕「藥」，疑當作「黄」。

〔二〕「盡知盡見也」原作「盡知知見也」，據四部叢刊本、道藏輯要本改。

〔三〕「地居中央，天轉而地不動，二十八宿度數」，華陽陶隱居内傳中作「天轉地静，列宿度數」。

漏刻，使十二時輪轉循環，不須守視，而患山澗水易生苔垢，參差不定，是故未立。先生形細，身長七尺二寸，腰止圍二尺六寸，薄皮膚，露筋骨，青白色，長頭面，踈眉目，鼻小而平直，長額聳耳，左耳内輪有大黑誌如豆，耳兩孔裏各有十餘大毛出外二三寸，方頤禿鬢，露顙少鬚髮，右肩上有一紫誌如兩錢大，右股内有數十細黑子，多作七星形。起正方如鐵鎗脚，眼中常見有異光象〔一〕，左右各類，未嘗言其狀。聞人説，小來本神儀端潔，十五已上彌爲美茂，每出，路人多嘆羡。雖冬月行，常執扇自障。年二十九時，於石頭城忽得病，不知人事，而不服藥，不飲食。經七日，乃豁然自差，説多有所覩見事。從此容色瘦瘁，言音亦跌宕闡緩，遂至今不得復常。音響本清正，大小稱形，言詞率易無姿製。行步舉動，翩翩輕利，顔儀和明不嚴毅，小大見之，皆樂悦附，而自令人畏服。門徒胥附，承奉祇肅，有如宫庭。小來與人有隔，數歲便不與人共甌筯飲食。及長，遊處宿息，常自然安置。性不嘲調，世中戲謔，一切不爲。爲人強精魂，夜行獨宿，無所疑畏，一生不識魘。入山以來，巾褐未嘗離體。

〔一〕「起正方如鐵鎗脚，眼中常見有異光象」，華陽陶隱居内傳中作「眸子忽爾正方，顧眄皆有奇異光象」。「起」字疑譌。

梁茅山貞白先生傳 唐李渤撰

吴荆牧陶濬七代孫名弘景字通明，丹陽秣陵人也。初娠，母夢日精在懷，并二天人降，手執香爐。覺語左右曰：「當孕男子非凡人，亦恐無後。」及生標異，幼而聰識，成而博達。因讀神仙傳，便有乘雲馭龍之志。年十七，與江斅褚炫劉俁爲宋昇明四友〔一〕。仕齊歷數王侍讀，皆總記室，牋疏精麗，爲時所重師法。及清溪宫成獻頌，宣旨褒贊，兼欲刻石，王儉議異乃止。年二十餘服道，後就興世館孫先生諮稟經法，精行道要，殆通幽洞微。轉奉朝請，乃拜表解職，答詔優歎，賜與甚厚。公卿祖之征虜亭，供帳甚盛，咸云自齊已來，未有斯事。遂入茅山，又得楊許真書，遂登巖造静，自稱華陽隱居，書疏亦如此代名。特愛松風，庭院皆植，每聞其響，便欣〔二〕然爲樂。至明帝欲迎往蔣山，懇辭得止，然勑命餉賚，恒爲煩劇。乃造三層樓，先生居其上，弟子居中，接賓於其下，令一小豎傳度而已。潛光隱曜，

〔一〕「與江斅、褚炫、劉俁爲宋昇明四友」，按南齊書及南史褚炫傳均以褚炫、劉俁、謝朏、江斅爲昇明四友。

〔二〕「欣」原作「近」，據四部叢刊本及道藏輯要本改。

内修祕密，深誠所詣，遠屬霞人，可謂感而遂通者也。身長七尺八寸〔一〕，爲性圓通謙謹，心如明鏡，遇物斯應。少憂慼，無嫉競，滅喜怒，澹哀樂，或有形於言迹者，是顯事厲物。深慕張良之爲人，率任輕虛，飄飄然恒有雲間器。其所修爲，皆自得於心，非傍識能及。尤長於銓正僞謬，地理曆筭，文不空發，成即爲體。造渾天儀，轉之與天相會。其纂真誥、隱訣，注老子等書二百餘卷。至永元二年，深託向晦。及梁武帝革命，議國號未定，先生乃引諸讖記，梁是應運之符。又擇郊禪日，靈驗昭著，勑使入山，宣旨酬謝。帝既早與之遊，自此之後，動静必報。先生既得祕訣，以爲神丹可成，恒苦無藥，帝皆給之。又手勑咨迓，先生畫兩牛，一牛散放於水草之間，一牛〔二〕著金籠頭，有人執繩，以杖驅之。帝笑曰：「此人無所求，欲效曳尾龜，豈有可致之理？」時有大事，無不前已奏陳，時人謂爲山中宰相。以大通初獻刀二，一名善勝，二名成勝，爲佳寶。梁帝金樓子云：「於隱士重陶貞白，士大夫重周弘正，其於義理，精博無窮〔三〕，亦一時名士也。」先生常作詩云：「夷甫任散誕，平叔坐談

〔一〕「身長七尺八寸」，本卷華陽隱居先生本起録及華陽陶隱居内傳上均作「身長七尺二寸」。

〔二〕「一牛」原作「二牛」，據四部叢刊本、道藏輯要本改。

〔三〕「精博無窮」，本書卷五陶傳仙鑑卷二四陶弘景傳作「情轉無窮」，南史周弘正傳據陳書「情」作「清」。

空，不言朝陽殿〔一〕，化作單于宮。」其時人事競談玄理，不習武事，侯景之難，並如所言。大同二年告化，時年八十五，顔色不變，屈伸如常，屋中香氣積日不散。詔贈中散大夫，謚曰貞白先生，仍遣舍人監護喪事。馬樞得道傳〔二〕云：「授蓬萊仙監。」弟子數十人，唯王遠知陸逸沖稱上足焉。

〔一〕「不言朝陽殿」，南史陶弘景傳作「豈悟昭陽殿」，仙鑑卷二四陶弘景傳作「不意昭陽殿」，「朝」宜作「昭」。
〔二〕「得道傳」，隋志、茅山志、道藏闕經目録均作「道學傳」，南史馬樞傳作「道覺論」。

雲笈七籤卷之一百八

列仙傳

赤松子

赤松子者，神農時雨師。服水玉，以教神農，能入火自燒。至崑崙山上〔一〕，常止西王母石室中，隨風雨上下。炎帝少女追之，亦得仙俱去。至高辛時，復爲雨師。今之雨師本是焉。

甯封子

甯封子者，黄帝時人也，世傳爲黄帝陶正。有人遇之〔二〕，爲其掌火，能出五色煙，久則

〔一〕「至崑崙山上」，道藏本列仙傳赤松子傳作「往往至崑崙山上」，南嶽小録末引劉向真君傳作「數往崑崙山中」。

〔二〕「有人遇之」，道藏本列仙傳甯封子傳作「有人過之」，藝文類聚八十火部煙條引列仙傳作「有神人過之」。「遇」宜作「過」。

以教封子。封子積火自燒，而隨煙炁上下，視其灰燼，猶有其骨。時人共葬於甯北山中，故謂之甯封子焉。

馬師皇

馬師皇者，黄帝時馬醫也。知馬形氣〔一〕死生之診，理之輒愈。後有龍下，向之垂耳張口。師皇曰：「此龍有病，知我能理。」乃鍼其脣下口中，以甘草湯飲之而愈。後數有疾，龍出其陂，告而治之。一旦龍負而去。

赤將子輿

赤將子輿者，黄帝時人。不食五穀，而噉百草花。至堯時爲木工〔二〕，能隨風雨上下。時於市中貨繳，亦謂之繳父。

〔一〕「氣」字，道藏本列仙傳馬師皇傳無。

〔二〕「木工」，仙鑑卷三赤將子輿傳及廣黄帝本行記均作「木正」。

偓佺

偓佺者，槐山採藥父也。好食松實，形體生毛長數寸，兩目更方，能飛行逮〔一〕走馬。以松子遺堯，堯不暇服也。松者，簡〔二〕松也。時人受服者，皆至二三百歲焉。

容成公

容成公者，自稱黄帝之師，見〔三〕周穆王。能善補導之事，取精於玄牝，其要谷神不死，守生養精炁者。髮白復黑，齒墮更生，事與老子同，亦云老子師。

方回

方回，堯時隱人也。堯聘以爲閭士，鍊食雲母粉，亦與人民之有病者，隱於五柞山中。

〔一〕「逮」原作「逐」，據藝文類聚八八松及文選七甘泉賦注所引列仙傳改。
〔二〕「簡」，藝文類聚八八松引列仙傳作「橘」。
〔三〕「見」，道藏本列仙傳容成公傳作「見於」。

夏啓末爲宫士〔一〕，爲人所劫，閉之室中，從求道。回化而得去，更以方回印〔二〕封其户。時人言，得回一圓泥塗，門户終不可開。

涓子

涓子，齊人。好餌术，接食其精。至三百年，乃見於齊。著天地人經〔三〕四十八篇。後釣於荷澤得鯉，腹中有符。隱於宕山，能致風雨，受伯陽九僊法〔四〕。淮南王安少得其文，不能解其旨也。其琴心三篇，有條理焉。

嘯父

嘯父，冀州人。少在西周〔五〕市上補履，數十年人不知也。後奇其不老，好事者造求

〔一〕「宫士」，道藏本列仙傳方回傳作「宦士」。

〔二〕「印」，上書作「掩」。

〔三〕「天地人經」，道藏本列仙傳涓子傳無「地」字。

〔四〕「能致風雨，受伯陽九僊法」，「致」原作「制」，「九」原作「丸」，據上書改。

〔五〕「西周」，文選魏都賦注引列仙傳作「曲周」。

其術，不能得，唯梁母得其作火法。臨上三亮山，與梁母別，列數十火而昇天，西邑多奉祀之焉。

師門

師門者，嘯父弟子也。亦能使火，食桃李葩，爲夏孔甲龍師。孔甲不能順其心意，殺而埋之野外。一旦，風雨迎之，訖，則山木皆焚。孔甲祀而禱之，還而道死〔一〕。

務光

務光，夏時人。耳長七寸，好琴，服蒲韭根。湯伐桀，因光而謀。光曰：「非吾事也。」湯曰：「孰可？」曰：「吾不知也。」湯曰：「伊尹何如？」曰：「强力忍垢，吾不知也。」〔二〕湯既克桀，以天下讓於光，曰：「智者謀之，武者遂之，仁者居之，古之道也。吾子胡不遂

〔一〕「還而道死」，文選魏都賦注引列仙傳作「未還而道死」。

〔二〕「强力忍垢，吾不知也」，莊子讓王篇作「强力忍垢，吾不知其他也」。

之？請相吾子。」〔二〕光辭曰：「廢上，非義也；殺人，非仁也；人犯其難，我享其利，非廉也。吾聞非義不受其禄，無道之世不踐其位，況於尊我？我不忍久見也〔二〕。」遂負石自沈蓼水，已而自匿〔三〕。後四百餘歲，至武丁時復見，武丁欲以爲相，不從。武丁以輿迎而從，逼不以禮，遂投河浮山〔四〕，後遊尚父山。

仇生

仇生者，不知何許人。湯時爲木正，三十餘年而更壯，皆知其壽人〔五〕也，咸共師奉之。其人云〔六〕常食松脂，在尸鄉北山上自作石室。至周武王，幸其室祠之。

〔一〕「吾子胡不遂之？請相吾子」，莊子讓王篇作「吾子胡不立乎」。

〔二〕「我不忍久見也」，原無「久見」二字，據道藏本列仙傳務光傳及莊子讓王篇增。

〔三〕「遂負石自沈蓼水，已而自匿」，莊子讓王篇作「乃負石而自沉於廬水」，文選北山移文注引列仙傳作「光遂負石沈窾水而自匿」。

〔四〕「河浮山」，道藏本列仙傳務光傳作「浮梁山」。

〔五〕「壽人」，道藏本列仙傳仇生傳作「奇人」。

〔六〕「其人云」三字，上書無。

卬疏

卬疏者，周封史也。能行炁鍊形，煑石髓而服之，謂之石鍾乳。至數百年，往來入太室山中，有卧石牀枕焉。

馬丹

馬丹者，晉耿之人也〔一〕。當文侯時爲大夫，至獻公時復爲幕正〔二〕。獻公滅耿〔三〕殺恭太子，丹去。至趙宣子時，乘安車入晉都，候諸大夫。靈公欲仕之，逼不以禮。有迅風發屋，丹入廻風中而去。北方人尊而祠之。

〔一〕「耿之人也」原作「狄人也」。據道藏本列仙傳馬丹傳改。

〔二〕「幕正」，上書作「幕府正」。

〔三〕「耿」原作「狄」，據上書及史記晉世家改。

陸通

陸通者，云楚狂接輿也。好養生，食橐盧木實及蕪菁子。遊諸名山，在蜀峨嵋山上，人世世見之，歷數百年也。

葛由

葛由者，羌人也。周成王時，好刻木羊賣之。一旦騎羊而入蜀。蜀中王侯貴〔一〕人追之，上綏山。綏山在峨嵋山西南，高無極也。隨之者不復還，皆得仙道。山上有桃〔二〕，故里諺曰：「若得綏山一桃，雖不得仙，亦足以豪。」山下立祠，數十處也。

琴高

琴高，趙人。能鼓琴，爲宋康王舍人。行涓彭之術，浮游冀州涿郡間二百餘年。後辭

〔一〕「貴」，藝文類聚卷九四獸部羊條作「遺」。
〔二〕「山上有桃」四字原無，據上書增。

入涿水取龍子，與諸弟子期，期日〔一〕皆齋潔待於水傍設祀，果乘赤鯉，來坐祠中。且有萬人觀之，留一月，復入水去。一本涿作碭。

寇先生〔二〕

寇先生者，宋人也。釣魚爲業，居睢水傍百餘年，得魚或放或賣或食。常著冠帶，好種荔〔三〕，食其葩實焉。宋景公問其道，不告，即殺之。數十年，踞宋城門鼓琴，數十日而去。宋人家家奉祀焉。

安期生

安期生者，琅琊阜鄉人。賣藥於東海邊，時人皆言千歲翁。秦始皇東遊請見，與語三

〔一〕「與諸弟子期，期日」，道藏本列仙傳琴高傳作「與諸弟子期曰」。

〔二〕「寇先生」，道藏本列仙傳寇先傳無「生」字，下文同。

〔三〕「荔」，上書作「荔枝」。

日三夜，賜金璧度數千萬〔一〕。出於阜鄉亭，皆置去。留書以赤玉舄一緉〔二〕爲報曰：「後千年，求我於蓬萊下。」〔三〕始皇即遣使者徐市、盧生等數百人入海。未至蓬萊山，輒逢風波而還。立祠阜鄉亭，海邊數十處也〔四〕。

桂父

桂父者，象林人也。時黑而時白，時黃而時赤〔五〕，南海人見而尊事之。常服桂皮葉〔六〕，以龜腦和之，千丸用十斤桂。累世見之，今荆州之南，尚有桂丸焉。

〔一〕「賜金璧度數千萬」，藝文類聚卷七八靈異部仙道條引列仙傳作「賜金璧數萬」。

〔二〕「一緉」，上書作「一量」，道藏本列仙傳安期先生傳作「一雙」。

〔三〕「後千年，求我於蓬萊下」，上二書分別作「復千歲，來求我於蓬萊山下」、「後數年，求我於蓬萊山」。文選卷十二海賦注引列仙傳作「後千歲，求我蓬萊山下」。

〔四〕「海邊數十處也」，上三書前二書分別作「海邊十處」、「海邊十數處云」。

〔五〕「時黑而時白，時黃而時赤」，道藏本列仙傳桂父傳作「時黑而時白、時黃、時赤」，文選卷五吳都賦注引列仙傳作「顏色如童，時黑、時白、時赤」。

〔六〕「常服桂皮葉」原作「常服桂及葵」，據藝文類聚卷八九木部桂條改。文選卷五吳都賦注引列仙傳作「常服桂葉」。

瑕丘仲

瑕丘仲，甯人也。賣藥於甯百餘年，人以爲壽。而因〔一〕地動舍壞，仲及里中數十家屋臨水皆敗。仲死，民或取仲尸棄水中，收其藥賣之。仲被裘而從，詣之取藥。棄仲者懼，叩頭求哀。仲曰：「非恨汝，使人知我爾！吾去矣。」後爲夫餘胡王驛使，復來至甯，北方謂之謫仙人。

酒客

酒客，梁市上酒家人也。作酒常美，售日得萬錢。有過而逐之，主人酒常酢敗、貧窮。梁市中賈人多以女妻而迎之，或去或來。後百餘歲，來爲梁丞，使民益種芋菜曰〔二〕：「三年當大飢。」果如其言，梁民不死。後五年，解印綬去，莫知所終焉。

〔一〕「而因」，道藏本列仙傳瑕丘仲傳作「矣」連上句。

〔二〕「曰」字原無，據道藏本列仙傳酒客傳增。

任光

任光，上蔡人。善餌丹，賣於都里間，積八十九年，乃知是故時任光也。稱説如故後數十年間頃，後長老識之。趙簡子聘與俱歸，常在柏梯山上。三世不知所在，晉人常服其丹矣。

祝雞翁

祝雞翁，洛人。居尸鄉北山下，養雞百餘年。雞皆有名字，千餘頭〔一〕，暮棲樹上，晝放散之。欲引呼名，即種別而至〔二〕。賣雞及子，得千餘萬，輒置錢去。之吳，作養魚池。後昇吳山，白鶴孔雀數百，常止其傍矣。

〔一〕「雞皆有名字，千餘頭」，道藏本列仙傳祝雞翁傳作「雞有千餘頭，皆立名字」。

〔二〕「即種別而至」，上書作「即依呼而至」。

朱仲

朱仲，會稽人，常於市上販珠。高后時，下書募三寸珠。仲讀音同御名。書〔一〕，笑曰：「真〔二〕值汝矣！」齎三寸珠詣闕上書，珠好過度，即賜五百金。魯元公主復私以七百金從仲求珠，仲獻四寸珠，送至闕即去。下書會稽徵聘，不知所在。景帝時，復來獻三寸珠數十枚，輒去，不知所之云。

脩羊公

脩羊公，魏人。華陰山石室中有懸石榻，卧其上，石盡穿陷，略不動〔三〕，時取黄精食之。後以道干景帝，禮之〔四〕，使止王邸中。數歲，道不可得。有詔問公，何日發語〔五〕？未

〔一〕「仲讀音同御名書」，道藏本列仙傳朱仲傳作「仲讀購書」。

〔二〕「真」，上書作「直」。

〔三〕「動」，道藏本列仙傳脩羊公傳作「食」。

〔四〕「禮之」，上書作「帝禮之」。

〔五〕「有詔問公，何日發語」，上書作「有詔問脩羊公，能何日發語」。

訖，牀上化爲白石羊，題其脇曰：「脩羊公，謝天子。」後置石羊於通靈臺〔一〕上，羊後復去，不知所在。

稷丘君

稷丘君者，太山下道士，武帝時以道術受賞賜。髮白再黑，齒落更生。後罷去。上東巡太山，君乃冠章甫，衣黄衣，擁琴來迎，拜武帝曰：「陛下勿上，必傷足指。」及數里，左〔二〕足指果折。上諱之，但祠而還。爲君立祠，復百户，使承奉之。

崔文子

崔文子，太山人，世好黄老事，居潛山下。後作黄散赤丸〔三〕成，石父祠賣藥都市，自

〔一〕「通靈臺」，道藏本列仙傳脩羊公傳無「通」字。

〔二〕「左」，道藏本列仙傳稷丘君傳作「右」。

〔三〕「黄散赤丸」原作「黄老丸」，據道藏本列仙傳崔文子傳及仙鑑卷三崔文子傳改。

言三百歲。後有疫炁，民死者萬計，長吏告之請救。文擁朱旛，繫黄散，以循民間〔一〕，飲散者即愈，所愈計萬。後去蜀，賣黄藥〔二〕。故世寶崔文赤丸黄〔三〕散，實近於神焉。

赤須子

赤須子，酆人也。酆中傳世見之，云秦穆公主魚吏也。數言酆界災害水旱，十不失一。臣向迎而師之〔四〕，從受業。以長好食松實、天門冬、石脂，齒落更生，髮白還黑，服霞絶粒。後往〔五〕吴山下，十餘年莫知所之。

〔一〕「以循民間」，道藏本列仙傳崔文子傳及仙鑑卷三崔文子傳分別作「以徇人門」、「以詢民間」。
〔二〕「賣黄藥」，上二書分別作「賣黄散」、「賣藥」。
〔三〕「黄」字原無，據上二書增。
〔四〕「臣向迎而師之」，道藏本列仙傳赤須子傳作「臣下歸向，迎而師之」。仙鑑卷三赤須子傳誤作「張君房迎而師之」。
〔五〕「往」，上二書分別作「遂去」、「住」。

犢子

犢子，鄴人也。少在黑山，採松子、茯苓，餌而服之，且數百年，時壯時老，時美時醜，乃知是〔一〕仙人也。常過酤酒〔二〕陽都家，都女者〔三〕，眉生而連〔四〕，耳細而長，衆以爲異，皆言此天人也。會犢子牽一黄犢來過，都女悦之，遂相奉侍。都女隨犢子出取桃李，一宿而返，皆連兜甘美。邑中隨伺逐之，出門共牽犢耳而走，不能追也。且復在市中。數十年乃去，見磻山下，冬賣桃李也。

騎龍鳴

騎龍鳴者，渾亭人。年二十，於池中求得龍子狀如守宫者十餘頭養食，結草廬而守之。

〔一〕「是」，道藏本列仙傳犢子傳及文選卷六魏都賦注引列仙傳均作「其」。
〔二〕「酒」下原有「於」字，據道藏本列仙傳犢子傳删。
〔三〕「都女者」，上書作「陽都女者，市中酤酒家女」。
〔四〕「眉生而連」，文選卷六魏都賦注引列仙傳作「生而連眉」。

龍長大稍稍去。後五十餘年，水壞其廬而去。一旦騎龍來至渾亭下，語云：「我馮伯昌孫也。此間人不去五百里，必當死。」〔一〕不信之者以爲妖言。至八月，果水至，死者萬計。

主柱

主柱，不知何所人。與道士共上宕山，言此有丹砂，可得數萬斤。宕長吏知而上山封之，砂流出，飛如火，乃聽柱取爲〔二〕。邑令章君明餌砂三年，得神砂飛雪服之，五年能飛行，與柱俱去矣。

鹿皮翁

鹿皮翁，菑川〔三〕人也。少爲府小吏，木工〔四〕精巧，舉手能成器械。岑山上有神泉，

〔一〕道藏本列仙傳騎龍鳴傳此下有「信者皆去」四字。

〔二〕「爲」，仙鑑卷三主柱傳作「焉」。

〔三〕「菑川」，道藏本列仙傳鹿皮翁傳「菑」作「淄」，下「菑水」同。

〔四〕「木工」原作「工木」，據仙鑑卷三鹿皮翁傳改。

人不能至。小吏白府君，請木工斤斧三十人，作轉輪懸閣，意思横生。數十日，梯道四間成，上其巔作祠舍，留止其傍，絶其二間以自固。食芝草，飲神泉，且七十年。淄水來，三下呼宗族家室，得六十餘人，令上山半。水盡漂一郡，没者萬計。小吏乃辭遣宗家令下山，著鹿皮衣遂去，復上閣。後百餘年下，賣藥於市。

昌容

昌容，常山道人，自稱湯王女〔一〕。食蓬虆根，往來上下，見之者二百餘年，顔色如二十許人。能致紫草，貨與染家，得錢以遺孤寡，歷世而然，奉祠者萬計也。

溪父

溪父，南郡編人〔二〕。居山間，有仙人常止其家，從買瓜，教之煉瓜子，與桂、附、枳實共

〔一〕「自稱湯王女」，道藏本列仙傳昌容傳作「自稱殷王子」。

〔二〕「南郡編人」原作「南郡酈人」，道藏本列仙傳溪父傳作「南郡鄘人」，太平御覽卷九七八引列仙傳作「南郡編人」，藝文類聚卷八七菓部瓜條引列仙傳作「南郡偏人」。據漢志，「偏」宜作「編」，據改。

藏而對分食之〔一〕。二十餘年，能飛走，昇山入水。後百餘年，絶居山頂，呼溪下父老，與道生時事也。

山圖

山圖，隴西人。少好乘馬，馬踏之折脚。山中道人教以雌黄〔二〕、當歸、羌活、獨活、苦參散服之，一歲而不嗜食。病愈身輕，追道士問之。自言五嶽使，之名山採藥，能隨吾，使汝不死。山圖追隨之六十餘年，一旦歸來，行母服於家。朞年復去，莫知所之。

谷春

谷春，櫟陽人。成帝時爲郎，疫死而尸不冷，家發喪行服，猶不敢下釘。三年，更著冠幘，坐縣門上，邑中人大驚，家人迎之不肯歸。發棺，有衣無尸。留門上三宿去，之長安，止

〔一〕「教之煉瓜子，與桂、附、枳實共藏而對分食之」，藝文類聚卷八七引列仙傳作「教之練瓜，與附子、桂實共藏春花服之」。

〔二〕「雌黄」，道藏本列仙傳山圖傳作「地黄」。

橫門上。人知追迎之，復去，之太白山。立祠於山上，時來至其祠中止宿焉。

陰生

陰生，長安渭橋下乞兒，常止於市中乞。市人厭苦，以糞洒之。旋復見，身中衣不污如故。長吏知之，試收繫，著桎梏。而續在市中乞。又試欲殺之，乃去。洒者之家室自壞，殺十餘人。故〔一〕長安謠曰：「見乞兒，與美酒，以免破屋之咎。」

子主

子主者，楚語而細音，不知何所人也。詣江都王，自言：「甯先生雇〔二〕我作客，三百年不得作直。」以爲狂人也。問先生所在？云在龍眉山上。王遣吏將上龍眉山巔，見甯先生毛身廣耳，被髮鼓琴。主見之叩頭，吏致王命。先生曰：「此主，吾比舍九世孫。且念汝家，當暴死女子三人，勿預吾事！」語竟，大風發。吏走下山，比歸，宮中相殺三人。王遣三

〔一〕「故」原作「放」，據道藏本列仙傳陰生傳改。
〔二〕「雇」，道藏本列仙傳子主傳作「顧」。

牲立祠焉。

陶安公

陶安公，六安鑄冶師。數行火，火一旦散上行，紫色衝天。安公伏冶下求哀。須臾，朱雀止冶上曰：「安公安公，冶與天通，七月七日，迎汝赤龍。」至期，赤龍到，大雨。而公騎之東南上，一城邑數萬人衆共送視之，皆與辭決也。

赤斧

赤斧者，巴戎人。爲碧雞祠主簿，能作水澒煉丹與硝石服之。三十年反如童子，毛髮生皆赤。後數十年，上華山取禹餘糧餌，賣之於蒼梧湞江〔一〕間。累世傳見之，手掌中有赤斧焉。

〔一〕「湞江」，道藏本列仙傳赤斧傳作「湘江」。

呼子先

呼子先，漢中闕下卜師。老壽百餘歲，臨去，呼酒家老嫗曰：「急裝，當與嫗共應中陵王。」夜有仙人持二茅狗來至呼子先，子先持一與酒家嫗，得而騎之，乃龍也。上華陰山，常於山上大呼言：「子先、酒家母在此矣。」

負局先生

負局先生，不知何許人，語似燕代間人。常負磨鏡局，循吳市中衒磨鏡，一錢因磨之〔一〕。輒問主人：「得無有疾苦者？」〔二〕輒出紫丸藥以貽之，得莫不愈。如此數十年，後大疫病，家至户到與藥，活者萬計，不取一錢，吳人乃知其真人也。後上吳山絶崖頭，懸藥下與人。將欲去時，語下人曰：「吾還蓬萊山，爲汝曹下神水。」崖頭一旦有水白色，流從石間來下。服之多愈疾，立祠十餘處。

〔一〕「循吳市中衒磨鏡，一錢因磨之」，藝文類聚卷八一藥部引列仙傳作「循吳市中，得一錢便磨」。

〔二〕「得無有疾苦者」，上書作「得無有疾苦？若有」。

阮丘〔一〕

阮丘，睢山上道士。衣裘披髮，耳長七寸，口中無齒，日行四百里。於山中種葱薤，百餘年人不知。時下賣藥，廣陽人朱璜有毒瘕疾，丘與七物藥，服之而去三尸。後與璜俱入浮陽山，朱璜發明之，乃知是神人也。地動山崩道絶，豫戒於人，世共稟〔二〕奉祠之。

陵陽子明

陵陽子明，銍鄉人。好釣魚，於旋溪獲得白龍。子明懼，解釣，拜而放之。後得白魚，腹中有書，教子明服食之法。子明遂上黄山，採五石脂，沸水而服之。三年，龍來迎去，止陵陽山上百餘年〔三〕。山去地千餘丈，大呼下人，令上山半，告〔四〕言：「谿中子安當來，問

〔一〕「阮丘」，道藏本列仙傳作「黄阮丘」，下同。
〔二〕「稟」字，道藏本列仙傳黄阮丘傳無。
〔三〕「止陵陽山上百餘年」，藝文類聚卷九六龍條引列仙傳「陵」作「龍」。
〔四〕「告」原作「所」，據道藏本列仙傳陵陽子明傳改。

子明釣車在否？」〔一〕後二十餘年，子安死，人取葬著山中，有黄鶴來棲其冢邊樹上，鳴呼子安。

邗子

邗子，自言蜀人。好放犬，知相犬。犬走入山穴〔二〕，邗子隨入，十餘宿行度數百里。上出山頭，上有臺殿宫府，青松森然，仙吏侍衛甚嚴。見故婦主洗魚，與邗〔三〕符一函，使還與成都令喬君。君發函，有魚子也。著池中養之，一年皆爲龍。邗復送符還山上。犬色更赤，有長翰，常隨邗，往來百餘年，遂留止山上，時下來護其宗族。蜀人立祠於穴口，常有鼓吹傳呼聲，西南數十里共奉祠焉。

〔一〕「谿中子安當來，問子明釣車在否」，古今圖書集成卷二三一引作「谿中有子安，亦得道者，間相往來，常問子明當年釣車在否」。

〔二〕「好放犬，知相犬。犬走入山穴」，道藏本列仙傳邗子傳作「好放犬子，時有犬走入山穴」。

〔三〕「邗」，仙鑑卷三邗子傳作「邗子」，下同。

木羽

木羽，鉅鹿南和平鄉人。母貧賤，主助産。嘗探産婦，兒生便開目，視母大笑，母怖懼。夜夢見大冠赤幘守兒言：「此司命君也。當報汝恩，使汝子木羽得仙。」母陰信識之。後母生兒，字爲木羽。所探兒生年十五，夜有車馬來迎去，遂過母家呼：「木羽爲我御來。」遂俱去。後二十餘年，鸛雀旦旦以〔一〕銜二尺魚著母户上。母匿不道，而賣其魚，三十年乃發云〔二〕。母至百年乃終。

玄俗

玄俗，稱〔三〕河間人。服巴英〔四〕，賣藥都市，七丸一錢，善治百病。河間王患瘕，買藥

〔一〕「以」字，仙鑑卷三木羽傳無。

〔二〕「三十年乃發云」，道藏本列仙傳木羽傳作「三十年乃没去」。

〔三〕「稱」，道藏本列仙傳玄俗傳及文選卷六魏都賦注引列仙傳均作「自言」。

〔四〕「服巴英」，上二書分別作「餌巴豆」、「餌巴豆、雲英」。

服之，下蛇十餘頭，問藥意。俗曰：「王瘕乃六世餘殃下墮，情非王之所招〔一〕。王嘗放乳鹿麟母也，仁心感天，故遭俗爾！」王家老舍人自言，父世見俗。俗之身無影，王乃呼著日中看，實無影〔二〕。王以女娉之，俗夜亡去。後人見於常山下。

〔一〕「情非王之所招」，道藏本列仙傳玄俗傳作「即非王所招也」。

〔二〕「王乃呼著日中看，實無影」，上本作「王乃呼俗日中看，實無影」，文選卷六魏都賦注引列仙傳作「王呼俗著日中，實無影」。

雲笈七籤卷之一百九

神仙傳

廣成子

廣成子者，古之仙人也。居崆峒之山石室之中，黄帝聞而造焉。曰：「敢問至道之要。」廣成子曰：「爾治天下，雲不待族而雨，木不待黄而落〔一〕，奚足以語至道哉！」黄帝退而閑居三月，復往見之，膝行而前，再拜請問治身之道。答曰：「至道之精，杳杳冥冥。無視無聽，抱神以静，形將自正。必静必清，無勞爾形，無揺爾精，乃可長生。慎内閉外，多知爲敗。我守其一，而處其和，故千二百年而未嘗衰老。得吾道者上爲皇，失吾道者下爲土。

〔一〕「雲不待族而雨，木不待黄而落」，莊子在宥「雲」作「雲氣」，「木」作「草木」。漢魏叢書本及道藏精華録本神仙傳廣成子傳作「禽不待候而飛，草木不待黄而落」。

予將去汝，入無窮之間〔一〕，遊無極之野，與日月齊〔二〕光，與天地爲常。人其盡死，而我獨存焉！」

若士

若士者，古之仙人也，莫知其姓名。燕人盧敖者，以秦時遊乎北海，經乎太陰，入乎玄闕，至於蒙穀之山，而見若士焉〔三〕。其爲人也深目而玄準，鳶肩而脩頸，豐上而殺下，欣欣然方迎風而儛。顧見盧敖，因遯逃乎碑下。盧仍而視之，方蹤龜殼而食蛤蜊〔四〕。盧敖乃與之語曰：「唯以敖爲，背羣離黨，窮觀六合之外。幼而好遊，長〔五〕而不渝，周行四極，唯此極之未窺〔六〕。今覩夫子於此，殆可與敖爲友乎？」若士淡然而笑曰：「嘻！子中州之

〔一〕「間」，漢魏叢書本及道藏精華録本神仙傳廣成子傳作「門」。
〔二〕「齊」，上二書作「參」。
〔三〕「至於蒙穀之山，而見若士焉」，淮南子道應訓及論衡道虛篇均作「至於蒙穀之上，見一士焉」。
〔四〕「蛤蜊」原作「蟹蛤」，據上二書改。
〔五〕「長」原作「長生」，據上二書删。
〔六〕「唯此極之未窺」，上二書作「唯北陰之未闚」。

民，不宜遠而至此。此猶光乎日月，而載乎列星，比乎不名之地，猶突奥也。昔我南遊乎涸㴑〔一〕之野，北息乎沉嘿之鄉，西窮窈冥之室，東貫鴻洞之光。其下無地，其上無天，視焉無見，聽焉無聞。此其外猶有汰沃之汜〔二〕，其行一舉而千萬餘里，吾猶未之能究也〔三〕。今子遊始至於此，乃語窮觀，豈不陋哉！然子處矣，吾與汗漫期於九陔之上〔四〕，不可以久駐。」乃舉臂竦身，遂入雲中。盧敖仰而視之，不見乃止，恍惚若有所喪也。敖曰：「吾比夫子也，猶黄鵠之與壤蟲也。終日行不離咫尺，而自以爲之遠，不亦悲哉！」

沈文泰

沈文泰者，九嶷人也。得紅泉神丹去土符還年益命之道，服之有効。欲之崑崙，留安

〔一〕「涸㴑」，淮南子道應訓及論衡道虚篇分别作「罔㝗」、「罔浪」。
〔二〕「此其外猶有汰沃之汜」，原無「此」字，據上二書增。「汰沃」原作「沃沃」，據淮南子道應訓改。
〔三〕「吾猶未之能究也」，上二書作「吾猶未能之在」。
〔四〕「上」，淮南子道應訓作「外」。

息二十〔一〕餘年，以傳李文淵，曰：「土符不去〔二〕，服藥行道無益也。」文淵遂受祕要，後亦昇仙。今以竹根汁煑丹及黄白去三尸法，出此二人矣。

皇初平

皇初平者，丹溪人也。年十五，家使牧羊。有道士見其良謹，將至金華山石室之中，四十餘年，倐然〔三〕不復念家。其兄初起，行索初平，歷年不得。後見市中有一道士，善易，而問之曰：「吾弟牧羊，失之四十餘年，不知存亡之在，願君與占之。」道士曰：「昔見金華山中有一皇初平，非君弟乎？」初起聞之驚喜，即隨道士去求弟，果得相見，悲喜語畢，兄問初平曰：「牧羊何在？」答曰：「近在山東。」初起往視之，杳無所見，但有白石壘壘，復謂弟曰：「山東無羊也。」初平曰：「羊在耳，兄自不見。」兄與初平偕往尋之，初平言：「叱叱羊起。」〔四〕

〔一〕「十」原作「千」，據漢魏叢書本及道藏精華録本神仙傳沈文泰傳改。
〔二〕「土符不去」，上二書作「土符却不去」。
〔三〕「倐然」二字，上二本神仙傳皇初平傳無。藝文類聚卷九四獸部羊條引神仙傳作「忽然」。
〔四〕「初平言：叱叱羊起」，漢魏叢書本及道藏精華録本神仙傳皇初平傳作「初平乃叱曰：羊起」。

於是白石皆起，成羊數萬頭。兄曰：「我弟獨得神仙道如此，可學否？」弟曰：「唯唯，好道便得耳。」初起於是便捨妻兒，留就初平，共服松栢茯苓。至萬日，坐在立亡，日中無影，顔有童子之色。乃俱還鄉里，親戚死方略盡，乃復還去。臨行，以方教南伯逢，易姓爲赤松子也。初起改字爲魯班，初平改字爲松子〔一〕。其後服此藥仙者，其有數十人。

沈建

沈建者，丹陽人也。世爲長吏，而建獨好道，不肯仕宦，學導引服食之術，還年却老之法。又能理病，病無輕困，見建者愈，奉之者數千家〔二〕。每遠行，寄奴侍三五人、驢一頭、羊十口〔三〕，各與藥一丸，謂主人曰：「但累屋舍，不煩飲食也。」便辭去。主人大怪之，云：「此君所寄奴畜十五餘口，並不留寸資，當如何？」建去之後，主人飲食奴侍，奴聞食氣，皆

〔一〕「臨行，以方教南伯逢，易姓爲赤松子也。初起改字爲魯班，初平改字爲松子」，漢魏叢書本及道藏精華録本神仙傳皇初平傳作「初平改字爲赤松子，初起改字爲魯班」。

〔二〕「見建者愈，奉之者數千家」，漢魏叢書本及道藏精華録本神仙傳沈建傳作「治之即愈，奉事之者數百家」。

〔三〕「羊十口」原作「羊數十口」，據上二書删。

吐逆不視。又以草與驢羊，亦避去不食，更欲抵觸人，主人乃驚異之。後百餘日，而奴侍身體光澤，異於食時，驢羊俱肥。沈建三年乃返，各復以一丸藥與奴侍驢羊，乃還飲食如故。建遂斷穀不食，能舉身飛行，或去或還。如此三百餘年，乃絶迹，不知所在也。

華子期

華子期者，淮南〔一〕人也。師角里先生〔二〕，受山〔三〕隱靈寶方。一曰伊洛飛龜秩，二曰白禹正機〔四〕，三曰平衡。按合服之，日以還少，一日能行五百里，能舉千斤。一歲十易皮，後乃得仙去。

〔一〕「淮南」，太上靈寶五符序卷上作「九江」。

〔二〕「角里先生」，「角」，上書作「甪」。

〔三〕「山」，上書作「仙」。

〔四〕「一曰伊洛飛龜秩，二曰白禹正機」，上書作「一曰河圖隱存符，二曰伊雒飛龜」。又「伊洛飛龜秩」，抱朴子辨問篇作「飛龜授袟」。

魏伯陽

魏伯陽者，吳人也，高門之子。而性好道術，不肯仕宦，閑居養性，時人莫知其所從來，謂之治民養身而已。入山作神丹，將三弟子，知兩弟子心不盡誠。丹成，乃誡之曰：「金丹雖成，當先試之，飼於白犬。犬即能飛者，人可服之。若犬死者，即不可服也。」伯陽入山時，將一白犬自隨。又丹轉數未足，和合未至，自有毒丹，毒丹服之皆暫死。伯陽故便以毒丹與白犬食之，犬即死。伯陽乃復問諸弟子曰：「作丹恐不成，今成而與犬食，犬又死，恐是未得神明之意。服之恐復如犬，爲之奈何？」弟子曰：「先生當服之否？」伯陽曰：「吾背違世路，委家入山，不得仙道，吾亦恥復歸。死之與生，吾當服之耳。」伯陽便服丹，丹入口即死。弟子相顧謂曰：「所以作丹者，欲求長生耳！而服之即死，當奈此何？」惟一弟子曰：「師非凡人也，服丹而死，得無有意邪？」又服之，丹入口復死。餘二弟子乃相謂曰：「作丹求長生耳！今服丹即死，當用此何爲？若不服此，自可得數十年在世間活也。」遂不服，乃共出山，欲爲伯陽及死弟子求棺木殯具。二人去後，伯陽即起，將服丹弟子姓虞及白犬而去。逢入山伐薪人，作手書與鄉里人，寄謝二弟子。弟子見書，始大懊惱。伯陽作參同契五相類凡二卷，其說如似解釋周易。其實假借爻象，以論作丹之意。而儒者不知神仙之事，多作陰陽注之，殊失其奥旨矣。

沈羲

沈羲者，吴郡人也。學道於蜀中，但能消災除病，救濟百姓，不知服食藥物。功德感天，天神識之。羲與妻賈氏共載，詣子婦卓孔家〔一〕。還，道逢白鹿車一乘，青龍車一乘，白虎車一乘，從騎數十人，皆朱衣，仗矛帶劍，輝赫滿道。問羲曰：「君是道士沈羲否？」羲愕然，不知何等。答曰：「是也，何以問之？」騎曰：「羲有功於民，心不忘道。從生以來，履行無過。受命不長，壽將盡矣〔二〕。黄老命遣仙官下來迎之。侍郎簿延〔三〕，白鹿車是也；度世君司馬生，青龍車是也；送迎使者徐福，白鹿車是也。」須臾，有三仙人，著羽衣持節，以白玉板青玉界丹玉字授羲，羲不能讀，遂載昇天。爾時，道間耕鋤人，皆共見之。不知何等？須臾，大霧，霧解，失其所在。但見羲所乘車牛在田中食苗。或有識是羲車牛，以語羲

〔一〕「卓孔家」，漢魏叢書本及道藏精華録本神仙傳沈羲傳作「卓孔寧家」。
〔二〕「受命不長，壽將盡矣」，上二書作「壽命不長，年壽將盡」。
〔三〕「簿延」，上二書作「簿延之」。

家。弟子數百人，恐是邪魅將義入山谷間，乃分布於百里之内求之，不得。後四百餘年，忽[一]還鄉里，推求得數十世孫名懷。懷喜曰[二]：「聞先人相傳，有祖仙人，仙人今來。」[三]留數十日，説初上天時云，不見天帝，但見老君。老君東向坐，左右敕義不得謝，但嘿坐而已。宮殿鬱鬱，有如雲氣，五色玄黄，不可名字。侍從數百，多女少男。庭中有珠玉之樹，衆芝叢生，龍虎辟邪[四]，遊戲其間。但聞琅琅如銅鐵聲，不可知測，四壁習習[五]，有符書著之。老君身形，長一丈，被髮文衣，身體有光，須臾數變。玉女持金案玉盃盛藥，賜義曰：「此是神丹，飲者不死。夫妻各得一刀圭[六]。」告言飲畢，拜而不謝。服藥後，賜棗二枚，大如雞子，脯五寸，遣義去曰：「汝還民間，治百姓之疾病者。若欲來上界，書此符懸之竿杪，吾當迎汝。」乃以一符及仙方一首賜義。義奄忽如睡，已在地上，今多得符者矣。

[一]「忽」原作「求」，據漢魏叢書本及道藏精華録本神仙傳沈羲傳改。

[二]「數十世孫名懷，懷喜曰」，上二書作「數世孫名懷喜，懷喜告曰」。

[三]「聞先人相傳，有祖仙人，仙人今來」，上二書作「聞先人説，家有先人仙去，久不歸也」。

[四]「龍虎辟邪」，上二書作「龍虎成羣」。

[五]「習習」，上二書作「熠熠」。

[六]「夫妻各得一刀圭」，上二書作「夫妻各一杯，壽萬歲」。

李八百

李八百者，蜀人也。莫知其名，歷世見之，時人計之已八百歲，因名云李八百。或隱山林，或居鄽市。知唐公房有志，而不遇明師，欲教授之。乃先往試之，爲公房作傭客，公房乃不知仙人也。八百驅使任意，過於他人〔一〕，公房甚愛之。後八百詐爲病，困劣欲卒。公房乃命醫合藥，費用數十萬錢，不以爲損。憂念之意，形於顏色。八百又轉作惡瘡，周遍身體，潰爛臭濁，不可近也。公房乃流涕曰：「汝爲吾家勤苦歷年，而得篤疾，吾甚要汝得愈，無所悋惜。而今正爾，當奈汝何？」八百曰：「吾瘡可愈，須得人舐之。」公房令三婢舐之。八百又曰：「婢舐不能使疾愈，若得君舐應愈耳。」公房即自舐之。八百言：「君舐復不能使吾愈，若得君妻舐之當差。」公房乃復使妻舐之。八百曰：「吾瘡已差，欲得三十斛旨酒以沐浴，乃當都愈耳。」公房即爲具酒三十斛，致於器中浴，瘡即愈，體如凝脂，亦無餘痕。

〔一〕「八百驅使任意，過於他人」，漢魏叢書本及道藏精華録本神仙傳李八百傳「任」作「用」，「過」作「異」，「人」作「客」。

乃告公房曰：「吾是仙人，子有志心，故來相試，子定〔一〕可教也。今真相授〔二〕度世之訣矣。」使公房夫妻及舐瘡三婢，以其浴餘酒澡洗。即皆更少，顔色美悦。以丹經一卷授公房，入雲臺山中合作丹，丹成乃服之仙去也。

李阿

李阿者，蜀人也。傳世見之，不老如故。常乞食於成都市，所得隨多少〔三〕與貧窮者。夜去朝還，市人莫知其所宿。有古强者，疑阿是異人，常親事之。試隨阿還所宿，乃去青城山中。强後欲復隨阿去，然未知道，恐有虎狼，私持其父大刀。阿見而怒强曰：「汝隨我行，那畏虎也？」取强刀以擊石，刀折敗。强竊憂刀折。至旦復出。阿問强曰：「汝憂刀敗耶？」曰：「實愁父怒。」阿即取刀以左右擊地，刀復如故。以還强。强逐阿〔四〕還成都，未

〔一〕「定」，漢魏叢書本及道藏精華録本神仙傳李八百傳作「真」。

〔二〕「今真相授」，上二書作「今當授子」。

〔三〕「隨多少」，漢魏叢書本及道藏精華録本神仙傳李阿傳作「復散賜」。

〔四〕「以還强。强逐阿」，上二書作「强隨阿」。

至，道逢人犇車。阿以脚置車下，轢其骨皆折，阿即死。强守視之，須臾阿起，以手抑〔一〕脚，而復如常。强時年十八，見阿如五十許人，至强年八十餘，而阿猶如故。語人言：「被崑崙召，當去。」遂不復還。

王遠

王遠者，字方平，東海人也。舉孝廉，除郎中，稍加至中散大夫。博學五經，兼明天文、圖讖、河洛之要，逆知天下盛衰之期，九州吉凶之事〔二〕。漢孝桓帝聞之，連徵不出，使郡國逼載，以詣京師。低頭閉口，不肯答詔，乃題宮門扇〔三〕四百餘字，皆紀方來。帝惡之，使人削之。外字適去，内字復見，墨皆徹入木裏〔四〕。方平無復子孫，鄉里人累世傳事之。同

〔一〕「抑」，漢魏叢書本及道藏精華録本神仙傳李阿傳作「撫」。

〔二〕「九州吉凶之事」，漢魏叢書本及道藏精華録本神仙傳王遠傳作「九州吉凶，如觀之掌握。後棄官入山修道，道成」。

〔三〕「不肯答詔，乃題宮門扇」，上二書無「肯」字，「扇」作「扇板」。

〔四〕「墨皆徹入木裏」，上二書作「墨皆徹板裏，削之愈分明」。

郡故太尉公陳耽爲方平架道室，旦夕朝拜之，但乞福願，不從學道也〔一〕。方平在耽家三十餘年，耽家無疾病死喪，奴婢皆安然，六畜繁息，田蠶萬倍，仕宦高遷。後語耽云：「吾期運當去，不得復停，明日日中當發。」至時方平死，耽知其化去，不敢下著地。但悲啼歎息曰：「先生捨我去，我將何怙？」具棺器，燒香，就牀上衣裝。至三日二夜，忽然失其所在〔二〕，衣帶不解，如蛇蜕也。方平去後百餘日，耽薨。或謂耽得方平之道化去，或謂方平知耽將終，故委耽去也。方平東入括蒼山，過吴，住胥門蔡經家。

蔡經〔三〕

蔡經者，小民耳。而骨相當得仙，方平知之，故往其家。謂經曰：「汝生命應得度世，故來取汝補官僚。然汝少不知道，今氣少肉多，不得上天去。當作尸解，須臾〔四〕如從狗

〔一〕「不從學道也」，漢魏叢書本及道藏精華録本神仙傳王遠傳作「未言學道也」。「不」字原無，據本書卷八五王方平增。

〔二〕「三日三夜，忽然失其所在」，上二書作「三日夜，忽失其屍」。

〔三〕「蔡經」篇題，漢魏叢書本及道藏精華録本神仙傳無，文附王遠傳後。

〔四〕「須臾」二字，漢魏叢書本及道藏精華録本神仙傳王遠傳無。

竇中過耳。」告以要言，乃委經去。經後忽身體發熱如火，欲得水灌，舉家汲水灌之，如沃燋狀。如此三日中，消耗骨盡。乃入室以被自覆，忽然失其所在。視其被中，有皮頭足俱存〔一〕，如蟬蛻也。去後十餘年，忽還家。去時已老，還更少壯，頭髮皆黑。語家云：「七月七日，王君當來過。到其日可作數百斛飲，以供從官。」乃去。到其日，家假借甕器，作飲數百斛，羅列覆置庭中。至其日，方平果來。未至經家一時間，但聞金鼓簫管人馬之聲，比近皆驚，不知何等。及至，經舉家皆見之。方平著遠遊之冠〔二〕朱衣虎頭鞶囊，五色之綬帶劒，黄色少鬚，長短中人也。乘羽蓋之車，駕五龍，龍各異色，前後麾節，旍旗導從，威儀如大將軍出也。有十二隊五百士〔三〕，皆以蠟密封其口，鼓吹皆乘麟從天上來下懸集〔四〕，不從人道行也。既至，從官皆不復知所在，唯尚見方平身坐。須臾，引見經父兄。因遣人與麻姑相問，亦莫知麻姑是何神也。言：「王方平敬報，久不行民間，今來在此，想姑能暫來

〔一〕「視其被中，有皮頭足俱存」，漢魏叢書本及道藏精華録本神仙傳王遠傳作「視其被内，唯有皮頭足具」。

〔二〕「著遠遊之冠」，上二書作「冠遠遊冠」。

〔三〕「有十二隊五百士」，上二書作「有十二伍伯」。

〔四〕「乘麟從天上來下懸集」，上二書作「乘龍從而下，懸集於庭」。

語否？」有頃，信還，但聞其語，不見所使人也。答言：「麻姑再拜，但不相見，忽已五百餘年。尊卑有序，修敬無階。思念久，煩承來在彼，故當躬到〔一〕。而先彼詔〔二〕，當按行蓬萊，今便暫往。如是當還，便親覲，願未即去耳。」如此兩時間，麻姑來也。來時亦先聞人馬之聲。既至，從官當半於方平也。麻姑至，蔡經亦舉家見之。是好女子，年可十八許，於頂中作髻，餘髮散垂之至腰。其衣有文章，而非錦綺，光綵耀日，不可得名字，皆世所無有也。入拜方平，方平爲起立。坐定，各進行廚。皆金盤玉杯，餚膳多是諸華，而香氣達於内外。擘脯而行之，如行栢炙，云是麟脯也〔三〕。麻姑自說：「接待以來，見東海三爲桑田。向到蓬萊，水乃淺於往者，會將略半也，豈時復爲陵陸乎〔四〕？」方平笑曰：「聖人皆言，海中復行揚塵也。」麻姑欲見蔡經母及經婦，弟婦新産數十日，麻姑望見乃知之，曰：「噫，且止勿前。」索少許米來，便以擲之，視以墮地，皆成真珠〔五〕。方平笑曰：「麻姑故作少年戲也。

〔一〕「思念久，煩承來在彼，故當躬到」，漢魏叢書本及道藏精華録本神仙傳王遠傳作「煩信承來在彼，食頃即到」。

〔二〕「而先彼詔」，上二書作「先受命」。「彼」疑當作「被」。

〔三〕「擘脯而行之，如行栢炙，云是麟脯也」，上二書作「擘脯而食之，云麟脯」。

〔四〕「會將略半也，豈時復爲陵陸乎」，上二書「將」、「時」二字互乙。

〔五〕「便以擲之，視以墜地，皆成真珠」，上二書作「得米擲之墜地，謂以米袪其穢也，視其米皆成丹砂」。

吾老矣，不喜復作此狡獪變化也。」方平語經家人曰：「吾欲賜汝輩酒。此酒乃出天廚，其味淳醲，非俗人所宜〔一〕，飲之或能爛人腸胃。今當以水添之，汝輩勿怪也。」乃以水一斗合酒一升攪之，以賜經家人。人飲一升許，皆醉。良久，酒盡。方平語左右曰：「不足，復還取也。」以一貫錢與餘杭姥，相聞求酤酒。須臾，信還，得一油囊酒五斗許。信傳〔二〕餘杭姥答言：「恐地上酒不中尊飲耳。」又麻姑手爪不似人形，皆似鳥爪。蔡經心言，「背大痒時，得此爪以爬背，當佳也。」方平已知經心中所言，即使人牽經鞭之。曰：「麻姑神人也，汝忽謂其爪可爬背何也？」但見鞭著經背，亦不見有人持鞭者。方平告經曰：「吾鞭不可妄得也。」經家比舍有姓陳者，失其名字。嘗罷尉，聞經家有神人，乃詣門叩頭，求乞拜見。於是方平引前與語，此人便乞得隨從驅使，比於蔡經。方平曰：「君且起向日立。」方平從後視之言：「噫！君心邪，不正於經，不可教〔三〕以仙道也。當授君地上主者之職。」臨去，以一符并一傳著小箱中，以與陳尉。告言：「此不能令君度世，能令君延壽，本壽自出百歲

〔一〕「非俗人所宜」，漢魏叢書本及道藏精華録本神仙傳王遠傳「宜」下有「飲」字。
〔二〕「信傳」，上二書作「使傳」。
〔三〕「不正於經，不可教」，上二書作「不正，終未可教」。

也。可以禳災治病，病者命未終及無罪過者，君以符到其家便愈矣。若有邪鬼血食作禍祟〔一〕者，君使〔二〕帶此符，以敕社吏，當收送其鬼，君心中當亦知其輕重，臨時以意治之。」陳尉以此符治病有效，事之者數百家，壽一百一十歲而死。死後子孫行其符，不復效。

方平去後，經家所作數百斛酒飲在庭中者皆盡，亦不見人飲之也。經父母私問經曰：「王君常在何處？」經答言：「常治崑崙，往來羅浮山括蒼山，此三山上皆有宫室如一。王君常平天曹事，一日之中，與天上相連反覆者數十過，地上五嶽生死之事，皆先來關王君。王君出，或不盡將百官，唯乘一黄麟，將十數人。每常見山林在下，去地數百丈。所到則山海之神，皆來奉迎拜謁也。或有干道白言者〔三〕。」後數十年，經復暫歸省家。方平有書與陳尉，真書書字〔四〕廓落，大而不楷。先是，人無知方平名遠者，起〔五〕此乃知之。陳尉家于今世世存録王君手書，及其符傳小箱也。

〔一〕「禍祟」，漢魏叢書本及道藏精華録本神仙傳王遠傳作「祟禍」，「祟」原作「崇」，據改。

〔二〕「君使」，上二書作「便」。

〔三〕「皆來奉迎拜謁也。或有干道白言者」，上二書作「皆來奉迎拜謁」。

〔四〕「真書書字」，上二書作「其書」。

〔五〕「起」，上二書作「因」。

涉正

涉正者，字玄真，巴東人也。説秦始皇時事，了了似及見也。漢末從數十弟子入吴，而正常閉目，雖行猶不開也。弟子隨之數十年，莫有見其開目者。有一弟子固請之，正乃爲開目。目開時，有音如霹靂，而光如電，照於室宇。弟子皆不覺頓伏，良久乃能起。正已復還閉目。正道成，莫見其所服食施行，而授諸弟子皆以行炁房室及服石腦小丹云。李八百呼正爲四百歲兒〔一〕。

孫博

孫博者，河東人也。有清才，能屬文，著詩百篇，誦經數十萬言。晚乃學道。治墨子之

〔一〕「李八百呼正爲四百歲兒」十字，漢魏叢書本及道藏精華録本神仙傳涉正傳無，仙苑編珠下作「李八百呼爲四百歲小兒也」。

術，能使草木金石皆爲火，光照曜數十里中〔一〕。亦能令身成火，口中吐火，指大〔二〕樹生草即焦枯，更指之即復故。亦能使三軍之衆，各成一聚火。有藏人亡奴在軍中者，累日求之不得。博語奴主曰：「吾爲卿燒其營舍，奴必走出，卿但當諦伺捉取之。」於是博以一赤丸擲軍中，須臾火起張天，奴果走出而得之。博乃更以一青丸擲火，火即滅。所燔屋舍百物向已焦然者，皆悉復故。博每作火有所〔三〕燒，他人雖以水灌之，終不可滅，須博自止之乃止耳〔四〕。行大水中，不但己身不霑，乃能使從己者數百人皆不霑〔五〕。又能將人於水上布席坐，飲食作樂，使衆人舞於水上，不没不濡，終日盡歡。其病疾者，就博自治，亦無所云爲，直指之，言愈即愈。又山間石壁及地上磐石，博乃入其中去，初故見背及兩耳出石間，良久乃没。又能吞刀劍數十枚，及從壁中出入，如有孔穴也。引鏡爲刀，屈刀爲鏡，可積時不改。須博指之，乃復故形耳。後入林慮山中，合神丹仙去矣。

〔一〕「光照曜數十里中」，漢魏叢書本及道藏精華録本神仙傳孫博傳作「光照數里」。

〔二〕「大」原作「火」，據上二書改。

〔三〕「所」原作「他」，據漢魏叢書本及道藏精華録本神仙傳孫博傳改。

〔四〕「須博自止之乃止耳」，「博」，上二書作「臾」；「乃止耳」作「方止」。

〔五〕「行大水中」至「皆不霑」二十二字，上二書作「行水火中不沾灼，亦能使千百人從己蹈之，俱不沾灼」。

玉子

玉子者，姓章名震，南郡人也。少學衆經，周幽王徵之不出。乃歎曰：「人生世間〔一〕，去生轉遠，去死轉近矣。而但貪富貴，不知養性，命盡炁絶則死。位爲王侯，金玉如山，何益形爲〔二〕灰土乎？獨有神仙度世，可以無窮耳！」乃師桑子〔三〕，具受衆術。乃别造一家之法，著道書百有餘篇。其術以務魁爲主，而精於五行之意，演其微妙，以養性治病，消災散禍。能起飄風，發屋折木，作雷雨雲霧。能以草芥瓦石爲六畜龍虎，立便成行。分形爲數百千人。能步涉江海。含水噴之，皆成珠玉，遂亦不變也。或時閉氣不息，舉之不起，推之不動，屈之不曲，申之不直，百日數十日乃復起。與弟子行，各丸泥爲馬與之，皆令閉目，須臾，皆成大馬，乘之，一日行千里。又能吐炁五色，起數百丈。飛鳥過，指之即墮地。臨淵投符召魚鼈，即皆上岸。又能使諸弟子舉眼即見千里之物，亦不能久也。其務魁時，以

〔一〕「人生世間」下，漢魏叢書本及道藏精華録本神仙傳玉子傳有「日失一日」四字。

〔二〕「形爲」，上二書作「於」。

〔三〕「桑子」，上二書作「長桑子」。

器盛水，著兩魁之間，吹而嘘之，水上直有赤光輝輝起一二丈。以此水治百病，病在内者，飲之；病在外者，澡之，皆便立愈。後入崆峒山合丹，白日昇天。

天門子

天門子者，姓王名剛〔一〕，尤明補養之要。故其經曰：「陽生立於寅，純木之精；陰生立於申，純金之精。夫以木投金，無往不傷，故陰能疲陽也。陰人著脂粉者，法金之白也。是以真人道士，莫不留心注意，精其微妙，審其盛衰。我行青龍，彼行白虎，取彼朱雀，前〔二〕我玄武，不死之道也。又陰人之情，有急於陽，而外自收抑，不肯請陽者，明金不爲木屈也。陽性烝剛躁，志節疏畧，至於遊宴，聲烝和柔，言辭卑下，明木之畏於金也。」天門子既行此道，年二百八十歲，猶有童女之色。乃服珠緼〔三〕得仙，入玄洲中去。

〔一〕「剛」，漢魏叢書本及道藏精華録本神仙傳天門子傳及仙苑編珠上引神仙傳作「綱」。

〔二〕「前」，漢魏叢書本及道藏精華録本神仙傳天門子傳作「煎」。

〔三〕「緼」，上二書作「醴」。

南極子〔一〕

南極子者，姓柳名融。能含粉成雞子，吐之數十枚，煑而啖之，與雞子無異。黄中皆餘有少許粉如指端者，取杯呪之即成龜，煑之可食，腸臟皆具，而杯成龜殼。煑取肉，則殼還成杯矣。取水呪之，即成美酒，飲之醉人。舉手即成大樹，人或折其細枝，以刺屋間，連日猶在，以漸萎壞，與真木無異也。服雲霜丹得仙去矣。

黄盧子〔二〕

黄盧子者，姓葛名越。甚能治病，千里寄姓名，與治之皆愈，不必見病人身也。善炁禁之道，禁虎狼百蟲皆不得動，飛鳥不得去，水爲逆流一里。年二百八十歲，力舉千鈞，行及走馬。頭上常有五色炁，高丈餘。天下大旱時，能到淵中召龍出，催促使昇天，使作雨，數數如此。一旦與親故別，乘龍而去，遂不復還矣。

〔一〕「南極子」，漢魏叢書本及道藏精華録本神仙傳作「柳融」。

〔二〕「黄盧子」，上二書作「葛越」。

張道陵

之道。張道陵字輔漢，沛國豐人也。本大儒生，博綜五經。晚乃計此無益於年命，遂學長生之道。弟子千餘人〔一〕。其九鼎大要，惟付王長。後得趙升，七試皆過。第一試，升初到門，不通，使罵辱之，四十餘日，露霜不去。第二試，遣升於草中守稻驅獸，暮遣美女，詐言遠行過，寄宿，與升接牀，明日又稱脚痛未去，遂留數日，頗以姿容調升，升終不失正。第三試，升行路上，忽見遺金四十餘餅，升趨過，不取不視。第四試，升入山伐薪，三虎交搏之，持其衣服，但不傷。升不恐怖，顔色自若。謂虎曰：「我道士也，少不履非，故遠千里來事師，求長生之道，汝何以爾？豈非山鬼使汝來試也？汝不須爾。」虎乃去。第五試，升使於市買十餘疋物，已估直，而物主誣言未得直。升即捨去，不與争訟。解其衣服，賣之於他交，更買而歸，亦不説之〔二〕。第六試，遣升守别田穀，有一人來乞食，衣不蔽形，面目塵垢，身體瘡膿，臭惡可憎。升爲之動容，即解衣衣之，以私糧爲食，又以私米遺之。第七試，陵

〔一〕「弟子千餘人」，漢魏叢書本及道藏精華録本神仙傳張道陵傳作「弟子户至數萬」。

〔二〕「升即捨去」至「亦不説之」二十五字，上二書作「昇乃脱己衣，買絹而償之，殊無悋色」。

將諸弟子登雲臺山絶巖之上，有桃樹大如臂，生石壁，下臨不測之谷，去上一二丈，桃樹大有實。陵告諸弟子，有能得此桃者，當付以道要。于時伏而窺之三百許人〔一〕，皆戰慄却退汗流，不敢久臨其上，還謝不能得。唯升一人曰：「神之所護，何險之有？聖師在此，終不使吾死於谷中矣。師有教者，是此桃有可得之理。」乃從上自擲，正得桃樹上，足不蹉跌。取桃滿懷，而石壁峭峻，無所攀緣，不能得還。於是一一擲上，桃得二百二枚〔二〕。陵乃賜諸弟子各一枚，餘二枚，陵食一，留一以待升。於是陵乃臨谷，伸手引升。衆人皆見陵臂不加長，如掇一二尺物，忽然引手，升已得還〔三〕。仍以向餘一桃與升食畢，陵曰：「趙升猶以正心自投桃上，足不蹉跌，吾今欲試自投，當得桃否？」衆人皆諫言不可，唯趙升王長不言。陵遂自投，不得桃上，不知陵所在。四方則皆連天，下則無底，往無道路，莫不驚咄。唯升長二人，嘿然無聲。良久乃相謂曰：「師則父也。師自投於不測之谷，吾等何心自安？」乃

〔一〕「于時伏而窺之三百許人」，漢魏叢書本及道藏精華録本神仙傳張道陵傳作「於時伏而窺之者二百餘人」。

〔二〕「二百二枚」原作「二百枚」，上二書作「二百二顆」，藝文類聚八六菓部桃條作「二百二枚」，據改。

〔三〕「衆人皆見陵臂不加長」至「升已得還」，漢魏叢書本及道藏精華録本神仙傳張道陵傳作「衆視之，見陵臂加長三二丈引昇，昇忽然來還」。

俱自擲谷中，正墮陵前。見陵坐局脚玉牀斗帳中，見升長笑曰：「吾知汝二人當來也。」乃止谷中，授二人道要。

欒巴

欒巴者，蜀郡人也。好道，不修俗事。太守詣與相見，屈爲功曹，待以師友之禮。嘗謂巴曰：「聞功曹有神術，可使見否？」巴曰：「唯唯。」即平坐，却入壁中去，冉冉如雲氣狀，須臾失巴。而聞壁外作虎聲，而虎走還功曹宅，乃巴耳〔一〕。後入朝爲尚書，正旦大會，而巴後至，而頗有醉態。酒至又不飲，即西南噀之。有司奏巴大不恭。詔以問巴，巴頓首曰：「臣鄉里以臣能治鬼護人，爲臣立生廟。今旦耆老皆入臣廟，不得即委之，是以頗有酒態。適來又觀臣本郡大火，故噀酒爲雨以滅之。」詔原復坐。即令驛書〔二〕問成都。果信云：「正旦日大火，雨自東北來滅之，而有酒氣焉。」

〔一〕「而聞壁外作虎聲，而虎走還功曹宅，乃巴耳」，漢魏叢書本及道藏精華録本神仙傳欒巴傳作「壁外人見化成一虎，人並驚，虎徑還功曹舍。人往視虎，虎乃巴成也」。

〔二〕「即令驛書」原作「即令驛馬書」，上二書作「乃發驛書」，本書卷八五欒巴作「即令驛書」。皆無「馬」字，據删。

淮南王八公〔一〕

淮南王劉安，高皇帝之孫。好儒學方技，作内書二十一篇。又著鴻寶萬畢三卷，論變化之道〔二〕。有八公往詣之，門吏自以意難問之曰：「王上欲得延年却期長生不老之道，中欲得博物洽聞精義入微之大儒，下欲得勇敢武力扛鼎暴虎横行之壯士。今先生皆耆矣，自無駐衰之術，賁育之氣也，豈能究三墳、五典、八索、九丘，鉤深致遠，窮理盡性乎？三者並乏，不敢相通。」公笑曰：「聞王欽賢好士，吐握不倦，苟有一介，莫不畢至。古人貴九九之學，養鳴吠之士，誠欲市馬骨〔三〕以致騏驎，師郭生以招羣彦。吾等雖鄙，不合所求，故遠致身，欲一見王。就令無益，亦不作損，云何限之，逆見嫌擇？若王必見少年則謂之有道，見垂白則謂之庸人，恐非發石取玉，探淵索珠之謂也。薄吾等老，謹以少矣。」言畢，八公化爲十五童子，露髻

〔一〕「淮南王八公」，漢魏叢書本及道藏精華録本神仙傳作「劉安」。

〔二〕「好儒學方技」至「論變化之道」二十五字，上二本神仙傳劉安傳作「篤好儒學兼占候方術，養士數千人，皆天下俊士，作内書二十二篇，又中篇八章言神仙黄白之事，名爲鴻寶萬畢，三章論變化之道」。漢書本傳及漢志雜家均云「内書二十一篇」，「二十二篇」殆誤。

〔三〕「骨」原作「者」，據上二本神仙傳劉安傳改。

青鬢，色如桃花。於是門吏驚捒〔一〕，馳以白王。王聞之，不及履，即徒跣出迎，以登思仙之臺，張錦綺之帷，設象牙之牀，燔百和之香，進金玉之机，執弟子之禮，北面叩首〔二〕而言曰：「安以凡材，少好道德，羇鎖世業，沉淪流俗，不能遺類，貞藪山林〔三〕。然夙夜飢渴，思願神明，沐浴垢穢，精誠浮薄。抱情不暢，邈若雲泥。不圖厚幸，道君降屈。是安禄命，當蒙拔擢。喜懼屏營，不知所措。唯乞道君哀而教之，則螟蛉假翼，去地飛矣。」八公使以成老人矣，告王曰：「雖復淺識，具備先學，知王好道，故來相從。不知意何所欲？吾一人能坐致風雨，立起雲霧，畫地爲江河，撮土爲山嶽；一人能崩高塞淵，牧虎豹，致龍蛇，役神鬼；一人能分形易貌，坐在立亡，隱蔽六軍，白日晝暝；一人能乘虛步空，起海陵煙，出入無間，呼吸千里；一人能入火不燋，，入水不濕，刃之不傷，射之不中，冬凍不寒，夏暑不汗；一人能千變萬化，恣意所爲，禽獸草木，萬物立成，移山駐流，行宮易室〔四〕；一人能防災度厄，辟却衆害，延年益壽，

〔一〕「驚捒」，漢魏叢書本及道藏精華録本神仙傳劉安傳作「大驚」。

〔二〕「執弟子之禮，北面叩首」原作「穿弟子之履，北面拱手」，據上二書改。

〔三〕「不能遺類，貞藪山林」，上二書作「不能遣累，負笈山林」。

〔四〕「萬物立成，移山駐流，行宮易室」原作「立成轉徙萬物陵嶽，移行宮室」，據上二書改。

長生久視；一人能煎泥成金，鍛鉛爲銀，水鍊八石，飛騰琉珠，乘龍駕雲，浮遊太清。在王所欲。」安於是旦夕朝拜，身進酒果。先乞試之，變化風雨雲霧，無不有効。遂受丹經及三十六水銀等方〔一〕。

〔一〕「遂受丹經及三十六水銀等方」，漢魏叢書本及道藏精華録本神仙傳劉安傳作「遂授王丹經三十六卷」。又「銀」字疑衍。

雲笈七籤卷之一百一十

洞仙傳

元君

元君者，合服九鼎神丹〔一〕得道。著經九卷〔二〕。

九元子

九元子者，鍊紫金合神丹登仙。其經曰庚辛經。

〔一〕「九鼎神丹」，抱朴子金丹篇作「太清神丹」。
〔二〕「著經九卷」，上書作「太清觀天經有九篇。」

長桑公子

長桑公子者，常散髮行歌曰：「巾金巾，入天門。呼長精，吸玄泉。鳴天鼓，養丹田〔一〕。」柱下史聞之曰：「彼長桑公子所歌之詞，得服五星守洞房之道也〔二〕。」

龔仲陽

龔仲陽者，受嵩山少童步六紀之法〔三〕。

上黄先生

上黄先生者，修步斗之道〔四〕，得隱形法。

〔一〕「養丹田」，本書卷一〇四太清真人傳作「養泥丸」。

〔二〕「得服五星守洞房之道也」，上書作「斯皆修習無上正真之道也」。

〔三〕「龔仲陽者，受嵩山少童步六紀之法」，洞真上清太微帝君步天綱飛地紀金簡玉字上經作「龔仲陽受嵩高小童步六絶之法」。

〔四〕「上黄先生者，修步斗之道」，上書作「黄上先生受黄纍小童步三綱之法」。

蒲先生

蒲先生者，常乘白鹿，採芝草於茅山。

茅濛

茅濛字初成，咸陽南關人也。即東卿司命君盈之高祖。入華山修道，後乘雲駕龍，白日昇天。先是其邑歌曰：「神仙得者茅初成，駕龍上昇入太清，時下玄洲戲赤城。繼世而〔一〕往在我盈，帝若學之臘嘉平。」秦始皇聞之，因改臘曰嘉平。

常生子

常生子者，常漱水成〔二〕玉屑，服之以昇天。

〔一〕「而」原作「面」，據本書卷一〇四太元真人東嶽上卿司命真君傳改。

〔二〕「成」，仙鑑卷六常生子傳作「和」。

長存子

長存子者，學道成爲玄洲仙伯。

蔡瓊

蔡瓊字伯瑶，師老子，受太玄陽生符還丹方，合服得道，白日昇天。常以陽生符活已死之人，但骸骨存者，以符投之即起。

張穆子

張穆子者，修太極上元年紀以昇仙。後以此法授龔叔進王文卿尹子房，皆得道。

童子先生

童子先生者，於狄山學道，修浴契鈴經得仙。

九源丈人

九源丈人者，爲方丈宫主，領天下水神，及陰精水獸蛟鯨之類。

谷希子

谷希子者，學道得仙，爲太上真官。東方朔師之，受閬風鍾山蓬萊及神州真形圖〔一〕。

王仲高

王仲高，常在淮南市行卜，父老傳云，比世見之。伍被言於淮南王安，安欣然迎之。謂安曰：「黄帝，吾父之長也〔二〕。昔師朱襄君，受長生之訣。」即以傳安。

〔一〕「圖」下，仙鑑卷六谷希子傳有注「真誥云，谷希子爲太極右仙公」。見真誥甄命授第一。

〔二〕「長」下原有「子」字，據仙鑑卷六王仲高傳删。

陽生

陽生者，住少室西金門山，山有金罌漿，服之得道。

西門君惠

西門君者，少好道，明諸讖緯。以開山圖授秦始皇，而不能用。

玄都先生

玄都先生者，授仙人黑玉天地鈐經，行而得道。

黄列子

黄列子者，嘗遊獵九江，射中五色神鹿，逐跡尋穴，遇神芝，服而得風仙。

公孫卿

公孫卿者，學道於東梁甫山，一云滋液山。山宫中有合成仙藥，得服之人立仙。日月之神，並在宫中。合藥時頌曰：「玉女斷分劑，蟾蜍主和擣。一丸練人形，二丸顔容好。」

蔡長孺

蔡長孺者，蜀郡人。夫妻共服十精丸，體氣充盈。年九十生一男名度世，一百五十歲復生一男名無極。年三百歲，視之如少童。

延明子高

延明子高者，服麋角得仙。

崔野子

崔野子者，服术以度世。

靈子真

靈子真者，服桃膠得仙。

宛丘先生

宛丘先生者，服制命丸得道。至湯之末世，已千餘歲。以方傳弟子姜若春，服之三百年，視之如十五童子。彭祖師之，受其方三首。

馬榮

馬榮者，住梁國穀城中，兩眼赤爛，瞳子不見物，而能明察洞視。北方多病癩，鄉里不容者，輒來投榮，榮爲治之悉差。榮云患脚，常乘鹿車，行無遠近，不見人牛〔一〕推引，而車自至。或一日赴數十處請，而各有一榮。凡與人語，自稱厄子。作牽三詩〔二〕，類乎讖緯。孝建二年三月初，作書與兩國人別，至十六日中時果卒。

〔一〕「牛」，仙鑑卷二八馬榮傳作「手」。

〔二〕「牽三詩」，上書作「牽車三詩」。

任敦

任敦，博昌人也。少在羅浮山學道，後居茅山南洞修步斗之道及洞玄五符。能役鬼召神，隱身分形。玄〔一〕居山舍，虎狼不敢犯。

敬玄子

敬玄子修行中部之道，存道守三一。常歌曰：「遥望崑崙山，下有三頃田。借問田者誰？赤子字元先。上生烏靈木，雙闕俠兩邊〔二〕。日月互相照，神路帶中間。採藥三微嶺，飲漱華池泉，遨遊十二樓，偃蹇步中原。意欲觀絳宫，正值子丹眠。金樓凭玉几，華蓋與相連。顧見雙使者，博著太行山。長谷何峥嶸，齊城相接隣。縱我飛龍轡，忽臨無極淵。黄精生泉底，芝草披岐川。我欲將黄精，流丹在眼前。徘徊飲流丹，羽翼奮迅鮮。意猶未策外，子喬提臂牽。所經信自險，所貴得神仙。」

〔一〕「玄」字，仙鑑卷七任敦傳無。

〔二〕「上生烏靈木，雙闕俠兩邊」，仙鑑卷七敬玄子傳「上」作「土」，「烏」作「二」，「闕」作「關」。

帛舉

帛舉字子高。嘗入山採薪，見二白鵠飛下石上，即成兩仙人。共語云：「頃合陰丹成〔一〕，就河北王母索九劒酒服之，至良。」子高聞仙人言，就訪王母者，得九劒酒還告仙人，乞陰丹服之。即翻然昇虛，治於雲中，掌雲雨之任。

徐季道〔二〕

徐季道少住鵠鳴山，後遇真人謂曰：「夫學道當巾天青，詠大歷，跖〔三〕雙白，徊二赤，此五神道之祕事也〔四〕。」其語隱也。大歷者，三皇文是也。季道修行得道。

〔一〕「成」字，仙鑑卷七帛舉傳無。
〔二〕「徐季道」原作「徐道季」，據仙鑑卷七、真誥卷五改。下同。
〔三〕「跖」，真誥卷五作「蹠」，上清紫精君皇初紫靈道君洞房上經作「躡」。
〔四〕「此五神道之祕事也」，真誥卷五無「道」字，仙鑑卷七作「此太素五神道之祕事也」。

趙叔期

趙叔期，不知何許人，學道於王屋山中。遇卜者謂叔期曰：「欲入天門，修〔一〕三關，存朱衣，正崑崙。」叔期請其要道，因以素書一卷與之，是胎精中記。拜受之，後得道。

毛伯道

毛伯道劉道恭謝稚堅張兆期皆後漢時人也。同於王屋山學道三〔二〕十餘年，共合神丹成。伯道先服即死，次道恭服之又死。稚堅兆期不敢服，棄藥而歸。未出山，忽見伯道道恭各乘白鹿在山上，仙人執節以從之。二人悲愕悔謝，道恭授以服茯苓方，二人後亦度世。

〔一〕「修」，仙鑑卷七、真誥卷五作「調」。
〔二〕「三」，上二書作「四」。

莊伯微

莊伯微者，漢時人〔一〕。少好道，不知求道之方，惟以日入時，正西北向閉目握固，想崑崙山。積三十年，後見崑崙山人，授以金液方，合服得道。

劉道偉〔二〕

劉道偉，少入嶓冢山學道，積十二年。遇仙人試之，將一大石約重萬斤，以一白髮懸之，使道偉卧其下，顏色無異，心安體悦。又十二年，遂賜以神丹，服之昇天。

匡俗

匡俗字子希，少以孝悌著稱，召聘不起，至心學真。遊諸名山，至覆笥山，見山上有湖，周迴數里，多生靈草異物，不可識。其傍有石井泉通湖中，又有石鴈，至春秋時皆能羣飛。

〔一〕「漢時人」三字原無，據仙鑑卷七、真誥卷五增。

〔二〕「劉道偉」，真誥卷五、仙鑑卷二十作「劉偉道」。下同。

復有小石筒，中有玉牒，多記名山福地，及得道人姓名。後服食得道。

盧耽

盧耽者，少學道得仙，後復仕爲州治中。每時乘空歸家，到曉則反。州嘗元會，期會在列。時耽後至，迴翔閣前欲下次，爲威儀以箒擲耽，得一隻履墜地，耽由是飛去。

范豺〔一〕

范豺者，巴西閬中人也。久住支江百里洲，修太平無爲之道。臨目噓漱，項有五色光起。冬夏惟單布衣。而桓温時，頭已斑白。至宋元嘉中，狀貌不變。其占吉凶，雖萬里外事，皆如指掌。或問：「先生是謫仙邪？」云：「東方朔乃黠我，我小兒時，數與之狡獪。」又云：「我見周武王伐紂，洛城頭戰，前歌後舞。」宋文帝召見，豺答詔稱我，或稱吾。元兇初爲太子，豺從東宮過，指宮門曰：「此中有博勞鳥，奈何養賊不知？」文帝惡之，勑豺自盡。

〔一〕「豺」，仙鑑卷二八作「豹」，南史卷十四元凶劭傳作「材」。

江夏王使埋〔一〕於新亭赤岸岡。文帝令發其棺，看柩無屍，乃悔之。越明年，豺弟子陳忠夜起，忽見光明如晝，而見豺入門就榻坐。又一老翁後至，豺起迎之。忠問〔二〕是誰？豺笑而不答。須臾俱出門。豺問忠，比復還東鄉，善護我宅，即百里洲也。

傅先生

傅先生者，學道於焦山中。精思七年，遇太極真人，與之木鑽，使〔三〕穿一石盤，厚五尺許。戒云：「石盤穿，仙可得也。」於是晝夜鑽之，積四十七年，鑽盡石穿。仙人來曰：「立志若斯〔四〕，寧有不得道者？」即授以金液還丹，服之度世〔五〕。

〔一〕「埋」原作「理」，據仙鑑卷二八范豹傳改。
〔二〕「問」原作「門」，據上書改。
〔三〕「使」下原有「以」字，據真誥卷五删，仙鑑卷七傅先生傳作「使之」。
〔四〕「斯」原作「期」，據仙鑑卷七傅先生傳改。
〔五〕「世」下，上書有「丹臺録云，昇太清爲南嶽真人」。真誥卷五亦云「乃昇太清爲南嶽真人」。

各異。

石坦

石坦字洪孫，渤海人也。遊趙魏諸名山得道，能分身同時詣十餘家，各家有一坦，所言各異。

鄭思遠

鄭思遠少爲書生，善律曆候緯。晚師葛孝先，受正一法文三皇内文五嶽真形圖太清金液經洞玄五符。入廬江馬迹山居，仁及鳥獸。所住山虎生二子，山下人格得虎母，虎父驚逸，虎子未能得食。思遠見之，將還山舍養飼。虎父尋還，又依思遠。後思遠每出行，乘騎虎父，二虎子負經書衣藥以從。時於永康横江橋逢相識許隱，且暖藥酒，虎即拾柴然火。隱患齒痛，從思遠求虎鬚，欲及熱插齒間得愈。思遠爲拔之，虎伏不動。

郭志生

郭志生字通明，朱提郡人。晉元帝時云已四百歲，見之如五十許人。有短卷書滿兩篋中，常負之，多止烏場張績家。每歎曰：「兵荒方生，毒流生民，將以溝瀆爲棺材，蒼蠅爲孝子。必然之期，可爲痛心。」後二年，孫恩妖亂，冬夏殺害及餓死者，十不遺一。忽謂績曰：「應亡，爲吾備粗材器。殯不須釘，材亦不須埋〔一〕。但送山巖中，以石鎮材上。」後少日而死，績謹依斯教。經數日，績親人自富陽還，見志生騎白鹿山中行，作書與績。

介琰

介琰者，不知何許人也。師白羊公，受玄白之道〔二〕，能變化隱形。常隨師入東海，暫過吴，爲先主禮之，先主爲琰起静室〔三〕，一日之中，數過遣人問起居。琰或爲童子，或爲老翁，無所食啖，不受餉遺。先主欲學其術，琰以帝多内御，遂不傳道法。先主大怒，敕縛琰著車甲轅，引弩射之。弩發而繩索獨存，不知琰所之耳！

〔一〕「殯不須釘，材亦不須埋」，仙鑑卷二八郭志生傳作「殯不須埋」。
〔二〕「師白羊公，受玄白之道」，仙鑑卷五介琰傳作「往建安方山，師白羊公杜必，受玄一之道」。
〔三〕「爲先主禮之，先主爲琰起静室」，上書作「吴主孫權禮之，爲琰起静室」。

徐福

徐福字君房，不知何許人也。秦始皇時，大苑中多枉死者横道，數有鳥如烏狀，銜草覆死人面，皆登時活。有司奏聞，始皇使使者齎此草以問北郭鬼谷先生。先生云：「是東海中祖洲上不死之草，生瓊田中，一名養神芝。其葉似菰，生不叢〔一〕，一株可活一人。」始皇於是乃謂可索得，因訪求精誠道士徐福，發童男童女各五百人，率樓船等入海尋祖洲。不返，不知所在。逮沈羲得道，黄老遣福爲使者〔二〕乘白虎車、度世君司馬生乘龍車、侍郎簿延乘白鹿車俱來迎。

〔一〕「生不叢」，本書卷二六祖洲作「苗叢生」，本書卷二二東方呵羅提國作「生不叢株」，五嶽真形序論亦作「生不叢株」。

〔二〕「使者」，本書卷一〇九神仙傳沈羲傳作「送迎使者」。

車子侯

車子侯〔一〕者，扶風人也。漢武帝愛其清淨，稍遷其位至侍中。一朝語家云：「我今補仙官，此春應去。至夏中當暫還，還少時復去。」如其言。武帝思之，乃作歌曰：「嘉幽蘭兮延秀蕈，妖姪兮中溏。華斐斐兮麗景〔二〕，風徘徊兮流芳。皇天兮無慧，至人逝兮仙鄉，天路遠兮無期，不覺涕下兮霑裳。」

蘇耽

蘇耽者，桂陽〔三〕人也。少以至孝著稱，母食欲得魚羹，耽出湘州市買，去家一千四百里，俄頃便返。耽叔父爲州吏，於市見耽，因書還家，家人大驚。耽後白母曰：「耽受命應仙，違遠供養。」作兩大櫃留家中。若欲須食扣小櫃，欲得錢帛扣大櫃，是所須皆立至。鄉

〔一〕「車子侯」，史記孝武本紀作「奉車子侯」。注引韋昭曰：「子侯，霍去病之子也」。

〔二〕「妖姪兮中溏。華斐斐兮麗景」，仙鑑卷七車子侯傳「溏」作「臧」，「華」作「日」。

〔三〕「桂陽」原作「桂楊」，據仙鑑卷十一蘇耽傳及神仙傳卷九蘇仙公傳改。

里共怪其獨如此，白官遣吏，檢櫃無物，而耽母用之如故。先耽將去時云：「今年大疫，死者略半，家此井水，飲之無恙。」果如所言，合門元吉。母年百餘歲終，聞山上有人哭聲，服除乃止。百姓爲之立祠矣。

張巨君

張巨君者，不知何許人也。許季山得病不愈，清齋祭太山請命，晝夜祈訴。忽有神人來問曰：「汝是何人？何事苦告幽冥？天〔一〕使我問汝，可以實對。」季山曰：「僕是汝南平輿許季山，抱疾三年，不知罪之所在？故到靈山，請決死生。」神人曰：「我是仙人張巨君，吾有易道，可以射知汝禍祟所從。」季山因再拜請曰：「幸蒙神仙廻降，願垂告示。」巨君爲筮卦，遇震☳〔二〕之恒☴，初九、六二、六三有變。巨君曰：「汝是無狀之人，病安得愈乎？」季山曰：「願爲發之。」巨君曰：「汝曾將客東行，爲父報仇，於道殺客，内空井中，大石蓋其上。此人上訴天府，以此病謫汝也。」季山曰：「實有此罪。」巨君曰：「何故爾耶？」

〔一〕「天」，仙鑑卷七張巨君傳作「天帝」。

〔二〕「震☳」原作「震☳」，據周易震卦改。

季山曰：「父爲人搏〔一〕，恥蒙此以終身。時與客報之，未至，客欲告怨主，所以害之。」巨君曰：「冥理難欺，汝勤自首，吾還山爲請命。」季山漸愈，巨君傳季山筮訣，遂善於易占。但不知求巨君度世之方，惜哉！

馮伯達

馮伯達者，豫章建昌人。世奉孝道，精進濟物。道民陳辭得旨，與戴矜生〔二〕相似，又是同時人也。元嘉中，伯達下都，後寄戴〔三〕鄉人還，南行至梅根，阻風連日。伯達謂船主曰：「欲得速至家，但安眠，慎勿開眼。」其夜，聞舫下刺樹杪而不危抗，竊有窺者，見兩龍俠梁翼船，迅若電逝，未曉到舍。伯達尋入廬山不返。

〔一〕「父爲人搏」原作「父有爲人所搏」，據仙鑑卷七張巨君傳删。
〔二〕「戴矜生」，仙鑑卷二八馮伯達傳作「戴矜」。
〔三〕「戴」，上書作「載」。

韓越

韓越者，南陵冠軍人也。心慕神仙，形類狂愚，隨師長齋，誦詠口不輟響。常著屐，行無遠近，入山或百日五十日輒還。家人問越，未嘗實對。後鄉人斫枯木作弓，於大陽山絶崖石室中，見越與六七仙人讀經。越後山中還，於巒村暴亡。家迎覺棺輕，疑非真尸。發看，唯竹杖耳。宋大明中，越鄉人爲臺將北使，於青州南門遇越，容貌更少，共語移時，訪親表存亡，悲欣凝然。越云：「吾婦患嗽未差，今因與卿散一裹，令温酒頓服之。」臺將還都，番下〔一〕具傳越言。而越婦服散，嗽即愈。

郭璞

郭璞字景純，河東人也。王敦欲反，使之占夢，曰：「吾昨夢在石頭外江中扶犁耕，卿占之。」璞曰：「大江扶犁耕，耕亦自不成，反亦無所成。」敦怒謂璞曰：「卿自占命盡何時？」璞曰：「下官命盡今日。」敦令誅璞。璞謂伍伯曰：「吾年十三時，於栅塘脱袍與汝，

〔一〕「番下」二字，仙鑑卷二八韓越傳無。

言吾命應在汝手中，汝可用吾刀。」伍伯感昔深惠，銜涕行法。殯後三日，南州〔一〕市人見璞貨其平生服飾，與相識共語。敦聞之不信，使開棺無尸。璞得尸〔二〕解之道，今爲水仙伯。

戴孟

戴孟〔三〕字成子，武威人也。漢武帝時爲殿中將軍〔四〕。本姓燕名濟字仲微，得道後，改姓名。入華陰山〔五〕，受〔六〕祕法於清靈真人裴君，得玉珮金璫經石精金光符。仙人郭子華張季連趙叔達山世遠，常與之遊處。

〔一〕「南州」原作「南洲」，據神仙傳卷九及仙鑑卷二八郭璞傳改。
〔二〕「尸」，上二書作「兵」。
〔三〕「孟」下，仙鑑卷七戴孟傳有「武當山道士」五字。
〔四〕「漢武帝時爲殿中將軍」，真誥卷十四及神仙傳卷九作「漢明帝時人」。
〔五〕「入華陰山」，真誥卷十四及仙鑑卷九作「入華陽山」，神仙傳卷十作「入華山及武當山」。
〔六〕「受」原作「授」，據真誥卷十四及神仙傳卷十改。

郭文舉

郭文舉，河内軹人。少愛山水，常游名山，觀華陰石室。洛陽陷，入吴居大辟山，停木於樹〔一〕，苫覆而止。時猛獸爲暴，文舉居之十餘年，無患。丞相王導使迎至京師，朝士咸共觀之。文舉頽然箕踞，旁若無人。周顗問曰：「猛獸害人，先生獨不畏邪？」文舉曰：「吾無害獸之心，故獸不害人。」周顗庾亮桓温劉惔共歎曰：「文舉雖無賢人之才，而有賢人之德。」〔二〕咸和元年，懇求還山。導不許。復少日，遁入臨安白土山。明年，蘇峻作亂，時人謂文舉逆知，故去也。有老子經二卷，緼盛懸屋，未嘗見讀之。山外人徐凱師事文舉受籙，籙上將軍吏兵，並見形於凱使役之。又令〔三〕凱見社竈神，戒凱曰：「不可有房室，不復爲卿使。」凱後娶暨氏女，諸神即隱，唯餘籙吏二人，不復從命。語凱云：「汝違師約，天

〔一〕「停木於樹」，晉書卷九四郭文傳作「倚木於樹」。

〔二〕「共歎曰：文舉雖無賢人之才，而有賢人之德」，上書作「温嶠嘗稱曰：文有賢人之性，而無賢人之才」。「歎曰」原無「曰」字，據仙鑑卷二八郭文舉傳增。「賢人之才」，「賢」原作「胥」，據上二書改。

〔三〕「又令」原作「今」，據仙鑑卷二八郭文舉傳改。

曹已攝吏兵，留我等守太上籙，不復可使。」文舉亡，如蟬蛻，山下人爲之立碑。文舉書箬葉上，著金雄詩金雌記，後人於其所住牀席下得之。次第尋看，讖緯相似，乃傳於世。

姚光

姚光者，不知何許人也。得神丹之道，能分散形影，坐在立亡，火之不焦，刀之不傷。吳主身臨試之，積荻數千束，令光坐荻千束，旅裹十餘重，火焚之〔一〕。煙焰翳日，觀者盈都，咸謂光爲煨燼矣。火息後，見光從灰中振衣而起，神容晏如也。手把一卷書，吳主讀不能解，後不知所之。

徐鸞

徐鸞者，吳郡海鹽人也。少有道炁，能收束邪精。錢塘人杜氏女患邪，鸞召魅，即見丈夫著白俠葛單衣入門，鸞一叱，即成白龜。一旦與羣從兄弟數人，登石崎山斫舂柴，日暮鸞

〔一〕「令光坐荻千束，旅裹十餘重，火焚之」，仙鑑卷十六姚光傳作「令光坐其中，發火焚之」。

不返。明旦尋覓，見巒在山上，腋挾鎌，倚樹〔一〕而不動。或乃抱巒，唯有空殼。

丁令威

丁令威者，遼東人也。少隨師學得仙道，分身任意所欲。嘗蹔歸，化爲白鶴，集郡城門華表柱頭，言曰：「我是丁令威〔二〕，去家千歲今來歸。城郭如舊人民非，何不學仙離塚纍〔三〕？」夫左元放爲羊，令威爲鶴，斯並一時之跡耳，非永爲羊鶴也。遼東諸丁譜，載令威漢初學道得仙矣。

王嘉

王嘉字子年，隴西安陽人也。久在於東陽谷口，携弟子登崖穴處。御六炁，守三一，冬夏不改其服，顔色日少。苻堅累徵不就。堅尋大舉南征，以弟融爲大將軍，遣人問嘉。嘉

〔一〕「樹」字原無，據本書卷八五、仙鑑卷十六徐巒傳增。

〔二〕「我是丁令威」，搜神後記及藝文類聚卷九十白鶴條引續搜神記作「有鳥有鳥丁令威」。

〔三〕「何不學仙離塚纍」，上二書分別作「何不學仙冢纍纍」、「何不學仙去，空伴冢纍纍」。

曰〔一〕：「金堅火强。」仍乘使者馬，正〔二〕衣冠，徐徐東行數百步。因墮其衣裳，奔馬而還，踞牀而不言〔三〕。堅又不解，更遣人問：「世祚云何？」嘉曰：「未央。」堅欣然以爲吉徵。明年歲在癸未，堅大敗於壽春，遂亡秦國，是殃在未年也。以秦居西爲金，晉都南爲火，火能鑠金也。嘉尋移嵩高山。姚萇定長安，問嘉：「朕應九五不？」嘉曰：「略當得。」萇大怒曰：「小道士答朕不恭。」有司奏，誅嘉及二弟子。萇先使人隴右逢嘉將兩弟子，計已千餘里，正是誅日。嘉使書與萇。萇令發嘉及二弟子棺，並無尸，各有竹杖一枚。萇尋亡。

寇謙之

寇謙之者，不知何許人也。弱年好道，入東嶽岱宗山，精苦累年。一旦得真人分以成丹，白日昇天。謙之符章，救治百姓神驗。于今北方猶行其道者多焉。

〔一〕「嘉曰」原無「嘉」字，據本書卷八五、仙鑑卷二八、晉書卷九五王嘉傳增。

〔二〕「正」字原無，據上三書增。

〔三〕「因墮其衣裳，奔馬而還，踞牀而不言」，上三書作「而策馬馳反，脱衣服棄冠履而歸，下馬踞牀而不言」（「而不言」，晉書作「一無所言」）。

董幼

董幼者，海寧人也。兄弟三人，幼最小。早喪父，幼母偏念其多病不能治家。年十八，謂母曰：「幼病困，不可卒愈，徒累二兄，終不得活。欲依道門灑掃，以度一世。」母許之。幼在師家，恭謹勤修，長齋篤學，未嘗暫怠，遂洞明道術。年四十一，夜有真人降授幼水行不溺之道，以一馬鞭與幼，令幼以鞭水，行於水上，如行平地。晉義熙中，幼還家辭母云：「幼已得道，不復留人間，今還與家别。」母曰：「汝應往何處去？復幾時可還？」幼曰：「應往峨嵋山更受業，未有歸期。」中表鄉隣共送幼至區陽西江，見幼鞭水而行，漸漸而遠，顧謂二兄曰：「世世傳道業矣。」

劉憘

劉憘者，不知何許人也。長大多鬚，垂手下膝。久住武當山，去襄陽五百里，旦發夕至。不見有所修爲，頗以藥術救治百姓。能勞而不倦，用藥多自採，所識草石，乃窮于藥性。雍州刺史劉道産忌其臂長，於襄陽録送文帝。每旦檻車載將往山〔一〕採藥，暮還廷尉。憘後以兩短卷書與獄吏，吏不敢取，憘焚之。一夜失憘，關鑰如故。閽闔門吏行夜，得憘送廷尉，憘語獄吏云：「官尋殺我，殯後勿釘棺也。」後果被殺。死數日，文帝疑此言，使開棺，不見尸，但有竹杖耳。

王質

王質者，東陽人也。入山伐木〔二〕，遇見石室中有數童子圍碁歌笑。質聊置斧柯觀之，童子以一物如棗核與質，令含咽其汁，便不覺飢渴。童子云：「汝來已久，可還。」質取斧，柯爛已盡。質便歸家，計已數百年。

〔一〕「載將往山」，本書卷八五劉憘傳作「載往蔣山」。
〔二〕「木」下，仙鑑卷二八王質傳有「至信安郡石室山」七字。

雲笈七籤卷之一百一十一

洞仙傳

干吉

干吉者，瑯琊人也〔一〕。其父祖世有道術，不殺生命，吉精苦有踰於昔人。常遊於曲陽流水上，得神書百餘卷，皆赤界白素青首朱目〔二〕，號曰太平青領書〔三〕。孫策平江東，進襲會稽，見士民皆呼吉爲干郎，事之如神。策招吉爲客在軍中，將士多疫病，請吉水歕漱輒差。策將兵數萬人，欲迎獻帝討曹公，使吉占風色，每有神驗。將士咸崇仰吉，且先拜吉後

〔一〕「也」下，仙鑑卷二十干吉傳有「先名室，後改名吉」七字。

〔二〕「目」原作「自」，據上書及後漢書卷三十襄楷傳改。

〔三〕「太平清領書」，「領」原作「籙」，據上二書改。

朝策。策〔一〕見將士多在吉所，因怒曰：「吾不如干君耶？」乃收吉，責數吉曰：「天久旱，水道不通。君不同人憂，安坐船中作鬼態，束吾將士，敗吾部曲，今當相除。」即縛吉，暴使請雨。若能感天今日中大雨者，當相原；不爾，加誅。俄而雲興雨霪，至中漂没〔二〕。將士共賀吉，策遂殺之，將士涕泣收葬。明旦往視失尸，策大愴恨。從此常見吉在其前後，策尋爲許貢伏客所傷，照鏡見吉在鏡中，因捂鏡大叫，胸創裂而死。世中猶有事干君道者。

昌季

昌季者，不知何許人也。入山擔柴，崖崩墮山下，尚有微氣。婦來見之，涕泣哀慟。仙人尹仙聞之愴然，謂婦曰：「吾是仙人，能治汝壻。」即以角煎〔三〕賜之，并付其方，藥盡未差，可隨合作也。能長服之，令人神仙。婦以藥治季即愈，季合藥服之千日，忽然飛昇。婦流涕追之，顧謂婦曰：「道與世殊，卿善自愛敬。」婦慨然復合藥，服之三年，便復飛去。至

〔一〕「策」字原無，據仙鑑卷二十干吉傳增。
〔二〕「至中漂没」，上書作「江中漂泛」。
〔三〕「角煎」，仙鑑卷二一昌季傳作「藥」。

蓬萊山見季，季曰：「知卿當來爾。」

王喬〔一〕

王喬者，河東人也。漢明帝時爲尚書郎，出爲葉縣令。漢法：畿内長吏，節朔還朝。每見王喬先生至，不見有車馬跡而怪之。明帝密使星官占候，輒見雙鳧從東南飛來。乃羅得一隻履〔二〕，時人異之。

杜契

杜契字廣平，京兆人也。建安初，渡江依孫策，後孫權用爲立信校尉。黄武二年起學道，師介琰受玄白術〔三〕，久久能隱形遁迹。後居茅山之東，時與弟子採伐，貨易山場市

〔一〕「王喬」原作「王子喬」，據後漢書卷八二及仙鑑卷二十王喬傳改。下同。
〔二〕「乃羅得一隻履」，上二書作「於是候鳧至，舉羅張之，但得一隻舄焉」。
〔三〕「玄白術」，「玄」原作「黄」，據真誥卷十三及仙鑑卷十五杜契傳改。

里〔一〕，而人不能知之。數入洞中得仙。

范幼沖

范幼沖者，遼西人也。受太素〔二〕胎化易形之道，常旦旦存青白赤三炁各如綖，從東方日下直入口中，挹之九十過，自飽便止〔三〕。行之十年得道。其法約，其事驗，太素祕道也〔四〕。

青谷先生

青谷先生者，不知何許人也。常修行九息服氣之道，後合爐火大丹服之得道。一旦天

〔一〕「貨易山場市里」，真誥卷十三及仙鑑卷十五杜契傳作「貨易衣糧」。
〔二〕「太素」二字，真誥卷十及與仙鑑卷二十范幼沖傳無。
〔三〕「止」原作「上」，據上二書改。
〔四〕「太素祕道也」，上二書作「此高元君太素内景法」。

降劉文饒於寢室〔一〕，授其杖解法，得入太華山。文饒名寬，弘農人也。仕後漢，位至司徒太尉，視民如赤子，怒不形顏，口無疾言，好行陰德，拯寒困，萬民悦而附之，如父母焉。

夏馥

夏馥者，不知何許人也〔二〕。少好道，常服朮和雲母。後入吴山，遇赤須先生傳之要法〔三〕。又遇桐栢真人授之黄水雲漿法，行之得道。馥少時被公府辟召，懸辟書於桑樹乃去〔四〕，當時咸服其高邁。

劉諷

劉諷字偉惠，潁川人也。師季主，服日月精華得道。後歸鄉里，託形杖履而去。

〔一〕「一旦天降劉文饒於寢室」，真誥卷十二及仙鑑卷二十劉文饒傳均作「一旦遇青谷先生降之於寢室」，自此以下，上二書爲「劉文饒傳」。

〔二〕「夏馥者，不知何許人也」，真誥卷十二及仙鑑卷二十夏馥傳作「夏馥字子治（仙鑑「治」作「冶」），陳留人也」。

〔三〕「遇赤須先生傳之要法」，上二書作「從赤須先生受錬魂法」。

〔四〕「被公府辟召，懸辟書於桑樹乃去」原作「被公府辟，書致於桑樹乃去」，據上二書改。

展上公

展上公者，不知何許人也〔一〕。學道於伏龍地，乃植李彌滿所住之山。上公得道，今爲九宮右保司〔二〕。其常白諸仙人云：「昔在華陽下食白李美，憶之未久，忽已三千歲矣！」郭四朝後來住其處，又種五果。上公云：「此地善，可種柰，所謂福鄉之柰，可以除災癘。」

周太賓姜叔茂附

周太賓、巴陵侯姜叔茂者，並不知何許人也。學道在句曲山，種五果、五菜，貨之以市丹砂。今姜巴地多韭薤，即其種耶！二人並得仙。叔茂曾作書與太極官僚云：「昔學道於鬼谷，得道於少室，養翮於華陽，待舉於逸域。時乘飆車，宴于句曲。」太賓善鼓琴，昔揮獨絃乃彈，而八音和。以教麋長生孫廣田，廣田即孫登也〔三〕。二人後皆得道爾。

〔一〕「展上公者，不知何許人也」，真誥卷十三及仙鑑卷四展上公傳作「展上公者，高辛時仙人也」。

〔二〕「右保司」，上二書作「内右司保」。

〔三〕「廣田即孫登也」原作「即登也」，據真誥卷十三及仙鑑卷六周太賓傳改。

郭四朝

郭四朝者，燕人也。秦時得道，來句曲山南。所住處作塘，遏澗水令深，基墌垣墻，今猶有可識處。四朝乘小船遊戲其中，每扣船而歌。其一曰：「清池帶雲岫，長林鬱青葱。玄鳥翔幽野，悟言出從容。鼓檝揚神波，稽首乘晨風。未獲解脱期，逍遥丘林中。」其二曰：「浪神九陔外，研道遂全真。戢此靈鳳羽，藏我華龍鱗。高舉方寸物，萬吹皆垢塵。顧哀朝生輩〔一〕，孰盡汝車輪？」其三曰：「遊空落飛飆，虚步無形方。圓景焕明霞，九鳳唱朝陽。揮翮扇天津，菴藹慶雲翔。遂造太微户，挹此金梨漿。逍遥玄陔表，不存亦不亡。」其四曰：「駕欻舞神霄，披霞帶九日。高皇齊龍輪，遂造九華室。神虎洞瓊林，香風合成一。開闔幽冥户，靈變玄迹滅。」

張玄賓

張玄賓者，定襄人也。曾舉茂才，始師西河薊公，受服术行洞房白元之事。後遇樊子

〔一〕「輩」，真誥卷十三、本書卷九六及仙鑑卷六郭四朝傳作「螕」。

明於少室山，授以遁變隱景之道。昔在天柱山，今來華陽内爲理禁伯，主諸水雨官。玄賓善談空無：〔一〕「無者大有之宅，小有所以生焉。積小有以養小無，見大有以本大無。有有亦無焉，無無亦有焉〔二〕。所以我目都不見物，物亦不見無。寄有以成無，寄無以得無，於是無則無宅也，太空亦宅無矣。我未生時，天下皆無無也。」桐栢諸靈仙亦不能折之。自云：「曾於蓬萊遇宋晨生，論無粗得其意也。」

趙威伯

趙威伯者，東郡人也。少好道，受業於邯鄲張先生，挹日月之景、服九雲〔三〕明鏡之華得道，來入華陽内爲保命丞。河圖云：「吴楚多有得見太平者。」常語人云：「此論不虚，此驗不久。」其所存明鏡，非世間常法。又善嘯聲，若衝風之擊長林，衆鳥之羣鳴，須臾歸雲四

〔一〕「玄賓善談空無」，仙鑑卷二一張玄賓傳作「玄賓善談空云」，真誥卷十三作「此人善能談空無，乃談士，常執本無理云」。

〔二〕「有有亦無焉，無無亦有焉」，上二書作「有有亦無無焉，無無亦有有焉」。

〔三〕「九雲」，真誥卷十三及仙鑑卷二十趙威伯傳作「九靈」。

集，零雨其濛。

樂長治

樂長治者，不知何許人也〔一〕。仕漢桓帝至中書侍郎，後師中嶽李先生，受步七元法，修之得道。

杜昺

杜昺字叔恭，吳國錢塘人也。年七八歲，與時輩北郭戲，有父老召昺曰：「此童子有不凡之相，惜吾已老，不及見之。」昺早孤，事後母至孝，有聞鄉郡，三禮命仕不就。歎曰：「方當人鬼殽亂，非正一之炁无以鎮之。」於是師餘杭陳文子，受治爲正一弟子，救治有效，百姓咸附焉。後夜中有神人降云：「我張鎮南也。汝應傳吾道法，故來相授諸祕要方，典陽平治〔二〕。」昺每入静燒香，能見百姓三五世禍福，説之了然。章書符水，應手即驗。遠近道

〔一〕「不知何許人也」，真誥卷十三及仙鑑卷二十樂長治傳作「東卿司命君鄉里人也」。

〔二〕「典陽平治」原無「典」字，據仙鑑卷二二杜昺傳增。

俗，歸化如雲。十年之内，操米户數萬。晉大傅謝安時爲吴興太守，見黄白光，以問昺。昺曰：「君先世有陰德於物，慶流後嗣，君當位極人臣。」尚書令陸納，世世臨終而並患侵淫瘡。納時年始出三十，忽得此瘡。昺爲奏章，云「令君大戹得過。」授納靈飛散方，納服之，云年可至七十〔一〕。大司馬桓温北伐，問以捷不？昺云：「公明年三月專征，當挫其鋒。」温至枋頭，石門不開，水涸糧盡，爲鮮卑所攝。謂弟子桃葉云：「恨不從杜先生言，遂至此敗。」苻堅未至壽春，車騎將軍謝玄領兵伐堅，問以勝負。昺云：「我不可往，往必無功；彼不可來，來必覆敗，是將軍効命之秋也。」堅果散敗。盧竦自稱先生，常從弟子三百餘人。昺以白桓温，竦乃〔二〕協東治老木之精，衒惑百姓，比當逼揬宫闕，然後乃死耳。咸安中，竦夜半從男女數百人直入宫，稱海西復位，一時間官軍誅勦，温方歎伏。後桓沖欲引昺息該爲從事，昺辭曰：「吾兒孫並短命，不欲令進仕，至曾玄孫方得吾福耳。」昺曰：「吾去世後，當以假吾法以破大道者，亦〔三〕是小驅除也，與黄巾相似，少時消滅。」素書此言，函封

〔一〕「七十」，仙鑑卷二三杜昺傳作「七十九」。
〔二〕「乃」字原無，據上書增。
〔三〕「亦」原作「赤」，據上書改。

付妻馮氏，若有災異，可開示子姪，勤修德自守。隆安中，瑯琊孫泰以妖惑陷，咎及禍延者衆。昺忽彌日聚集，縱樂無度。勑書吏崇桃生市凶具，令家作衣衾云：「吾至三月二十六日中當行。」體尋小惡，至期於寢不覺，尸柔炁潔。諸道民弟子爲之立碑，謚曰明師矣。

扈謙

扈謙者，魏郡人也。性縱誕，不耻惡衣食，好飲酒，不擇精麁。常吟曰：「風從牖中入，酒在杯中摇。手握四十九，靈光在上照。巍峩蓍下，獨向冥理笑。」又曰：「進不登龍門，退不求名位。无以消天日，常作巍峩醉。」精於易占，常在建康後巷許新婦店前筮，一卦一百錢，日限錢五百止，次卦千錢不爲也。謙母住尚方門外路西，有養女三四人自料理。謙日日送錢三百供養母，餘錢二百，謙以飲酒，乞與貧寒。晉海西旦出，見赤蛇盤于御牀，俄爾失蛇。詔謙筮卦易林曰：「晉室有盤石之固，陛下有出宫之象。」海西曰：「可消伏不？」謙曰：「後年應有大將北征失利，以三萬人逆之於壽春北，此災可消。」明年秋，桓温北討敗績，咎豫州刺史袁真不爲後援，誅真，還鎮石頭，廢海西，立簡文。温妾産息玄，至艱難。謙笈曰：「公第西北六間馬廠〔一〕壞竟使產，是男兒，聲炁雄烈，當震動四海。」温賜謙錢三十萬。謙云：「謙用笈錢，常患不盡，且交〔二〕无容錢處，請還公庫。」温不聽，許氏以空檻〔三〕借謙貯錢，俄而夫人復送錢三十萬。謙從得温錢後，日笈三卦，以供養母。以温錢飲酒，求能酣客，不問識與不識，羣聚極飲。於是遠近嗜飲客隨謙者衆，許氏常以賢人禮待謙，不計求酒之多少。謙後斷不復詣，許氏尋覓經年，忽於譙溝遇謙，曰：「家中欲得檻用，先生〔四〕隨還家，取先所寄錢。」謙笑曰：「三年飲酒數千斗，唯四十者纔足相補，正餘一百半許有耳，大夫不復足顧矣。吾以爪刻壁記之，寫筭便知也。」許氏試依自言筭，不差一文。後謙母〔五〕夜亡，謙且還云「因緣盡矣」而去〔六〕，不知所之。數日，許氏家人於落星路邊見謙卧地，始謂其醉，捉手牽引，唯空衣無尸也。

〔一〕「廠」原作「敞」，據仙鑑卷二二扈謙傳改。
〔二〕「交」字，上書無。蔣力生等校注本引四庫本作「家」。
〔三〕「檻」，仙鑑卷三扈謙傳作「櫃」，下同。
〔四〕「生」原作「令」，據上書改。
〔五〕「後謙母」原作「謙後母」，據上書改。
〔六〕「因緣盡矣而去」，上書作「因緣盡矣，安葬而去」。

朱庫

朱庫者，不知何許人也。久服石春辟穀符水，不飢不渴，强丁〔一〕不老。庫忽云：應得仙，尅日發。與親舊別云，當有迎者，單衣白帢。須臾，有兩黄鶴下中庭，庫便度世。中庭仍有三黄鶴，相隨飛向東郭外，成三黄衣道士，攜手東行，因鄉人附書與家。家人看尸，唯有空殼者。

姜伯真

姜伯真者，不知何許人也。少好道，在猛山採藥，忽值仙人，使伯真平立日中，背後觀之，其心不正。仙人曰：「勤學之至，而不知心不正爲失。」〔二〕因教之服石腦，石腦色斑柔軟，形如小石，處所皆有，久服身熱而不渴。後遂得仙，繁陽子服之亦得道。

〔一〕「丁」，仙鑑卷二三朱庫傳作「壯」。
〔二〕「勤學之至，而不知心不正爲失」，真誥卷五甄命授第一作「子知仙道之貴而篤志學之，而不知心不正之爲失」。

雲笈七籤卷之一百一十二

神仙感遇傳

吉宗老

吉宗老者，豫章道士也。巡遊名山，訪師涉學，而未有所得。大中二年戊辰，於舒州村觀遇一道士，弊衣冒風雪甚急，忽見其來投觀中，與之對〔一〕室而宿。既暝無燈燭，雪又甚，忽見室内有光。自隙而窺之，見無燈燭而明。唯以小胡蘆中出衾被帷幄，裀褥器用，陳設服翫，無所不有。宗老知其異，扣門謁之。道士不應而寢，光亦尋滅。宗老乃坐其門外，一夕守之，冀天曉之後，聊得一見。及曉，推其門，已失所在。宗老剋心責己，周遊天下以訪求焉。

〔一〕「對」原作「道」，據道藏本神仙感遇傳卷一吉宗老傳改。

葉遷韶

葉遷韶者，信州人也。幼年樵採，避雨於大樹下。忽見雷公爲樹枝所夾，奮飛不得，樹枝雷霹後却合。遷韶爲取石楔開枝間，然後得去。仍愧謝之曰：「約來日却至此可也。」如其言，明日復至樹下。雷公亦來，以墨篆一卷與之曰：「此行之可以致雷雨，祛疾苦，立功救人也。我兄弟五人，要雷聲唤雷大雷二，必即相應。然雷五姓剛躁，無危急之事，不可唤之。」自是行符致雨，咸有殊効。嘗於吉州市中醉，太守擒而責之，欲加凌辱。遷韶於階下大呼雷五〔一〕一聲，時中旱，日光猛熾，便震霹靂〔二〕一聲，人皆顛沛。太守下階禮接之，請爲致雨。信宿大霔，雨澤遂足，因爲遠近所傳。遊滑州時，方久雨，黄河泛，官吏梜水爲勞，忘其寢食。遷韶以鐵札長二尺，作一符，立於河岸之上。水湧溢堆阜之形，而沿河流下，不敢出其符外，人免墊溺，于今傳之。人有疾請符，不擇筆墨，書而授之，皆得其効。多在江浙間周遊，好啗葷腥，不修道行，後不知所之。

〔一〕「雷五」原作「雷王」，據道藏本神仙感遇傳卷一葉遷韶傳改。
〔二〕「靂」字原無，據上書增。

于滿川

于滿川者，是成都樂官也。其所居鄰里闕水，有一老叟，常擔水以供數家久矣。忽三月三日，滿川於學射山通真觀看蠶市，見賣水老人，與之語云，居在側近。相引蠶市看訖，即邀滿川過其家。入樸竹徑，歷渠壍，可十里許。即見門宇殿閣，人物喧闐，有像設圖繪，若宮觀焉。引至大廚中，人亦甚衆，失老叟所在。問人，乃葛瓚化廚中爾，云來日蠶市，方營設大齋。頃刻之間，已三〔一〕日矣。賣水老叟，自此亦不復來。

進士王叡

進士王叡，漁經獵史之士也。孜孜矻矻，窮古人之所未窮，得先儒之所未得。著炙轂子三十卷，六經得失，史册差謬，未有不鍼其膏而藥其肓矣。所有二種之篇〔二〕，釋喻之說，則古人高識洞鑒之士，有所不逮焉。嗜酒自娱，不拘於俗，酣暢之外，必切磋義府，研覈詞

〔一〕「三」，道藏本神仙感遇傳卷一于滿川傳作「十」。

〔二〕「所有二種之篇」，道藏本神仙感遇傳卷一王叡傳作「所著有二鍾之篇」。

樞，亦猶劉闡之訴誚古人矣。然其咀吸風露，呼嚼嵐霞，因亦成疹，積年苦冷，而莫能愈。遊燕中〔一〕，道逢櫻杖椶笠者，鶴貌高古，異諸其儕，名曰希道。笑謂之曰：「少年有三惑之累耶？何苦瘠若斯？」辭以不然。道曰：「疾可愈也。予雖釋仵，有鑪鼎之功，何疾不除也！」叡委質以師之，齋于漳水之濱三日，而授其訣曰：「木精天魂，金液地魄。坎离運行，寬猛無成。金木有數，秦晉合宜。近効六旬，遠期三載爾。」歌曰：「魄微入魂牝牡結，陽呴陰滋神鬼滅，千歌萬讚皆未決，古往今來抛日月。」受而製焉，餌之周星，疹且瘳矣。乃隱晦自處，佯狂混時。年八十，殕於彭山道中，識者瘞之。無幾，又在成都市，常寓止樂温縣。時摯獸結尾，爲害尤甚。叡醉宿草莽，露身林野，無所憚焉，斯亦蟬蛻得道之流也。

王從玘

王從玘者，宦官也。蜀王初節制邛蜀，黎雅爲永平軍，從玘爲監軍判官。自是收剋成都，罷鎮爲郡。從玘棲寓蜀中十餘年，食貧好善，不常厥居。於邛市有老叟睨而視之曰：「將有大厄，濱于死所。」探懷袖中小瓢，以丹砂十四粒與之曰：「餌此旬日而髯生，勿爲怪

〔一〕「游燕中」，道藏本神仙感遇傳卷一王叡傳「燕」作「宴」。

也，可以免難矣。」服之三五日，髯果生焉。月餘，詔誅宦官，從玘亦在其數。人或勸其遁去，答曰：「君父之命，豈可逃乎？」俛首赴繫。太守哀而上請蜀王，特〔一〕乞宥之。視其狀貌，無復宦官矣。

令狐絢

令狐絢者，餘杭太守纁之子也。雅尚玄微，不務名宦。於開化私院，自創靜室。三日五日即一度開室焚香，終日乃出。時有神仙降之，奇煙異香，每見聞於庭宇。因言入靜之時，有青童引入至天中高山之上，朝謁老君，見册命張天師爲元中大法師，以代尹真人之任。初尹與三天論功於太上之前，太上曰：「羣胡擾於中原，蠶食華夏，不能戢之，尹真人之過也。再立二十四化，分別人鬼，澤及生靈，道陵之功也。此二者各宜登臺冥思，取驗於大道。」可即勑尹真人〔二〕登一蓮華寶臺，端寂而坐，頃之，萬景昏曀。又命道陵亦登此臺，既坐良久，則奇彩異光，種種變化，天人交暢矣！自是以道陵代尹爲元中法師焉。乙未年

〔一〕「特」原作「持」，據道藏本神仙感遇傳卷一王從玘傳改。
〔二〕「尹真人」原無「人」字，據道藏本神仙感遇傳卷一令狐絢傳增。

聞令狐之説，丁酉年於西川濛陽見張道士云：「天師降授道法，遠近敬而事之。」因聆其天師降教之事，云：「天師進位，近爲元中法師。」與令狐所説符契，論功登臺之事，一無異者焉。玄功杳冥，難可詳驗，聊以紀其異也。

李筌

李筌號達觀子，居少室山，好神仙之道。常歷名山，博採方術。至嵩山虎口巖，得黄帝陰符本經，素書朱漆軸，緘以玉匣，題云：「大魏真君二年七月七日上清道士寇謙之藏諸名山，用傳同好。」其本糜爛，筌抄讀數千遍，竟〔一〕不曉其義理。因入秦至驪山下，逢一老母，髽髻當頂，餘髮半垂，弊衣扶杖，狀貌甚異。路傍見遺火燒樹，因自言曰：「火生於木，禍發必剋。」筌驚而問之曰：「此黄帝陰符，老〔二〕母何得而言之？」母曰：「吾受此符，已三元六周甲子矣。少年從何而得之？」筌稽首再拜，具告所得。母曰：「少年顴骨貫於生門，命輪齊於日角，血腦未減，心影不偏，賢而好法，神勇而樂智，真是吾弟子也。然四十五

〔一〕「竟」原作「意」，據道藏本神仙感遇傳卷一、太平廣記卷十四及仙鑑卷三二李筌傳改。

〔二〕「老」，道藏本神仙感遇傳卷一李筌傳作「文」連上。

當有大厄。」因出丹書符一道，貫於杖端，令筌跪而吞之，曰：「天地相保。」於是坐於石上，與筌說陰符之義曰：「陰符凡三百言，一百言演道，一百言演法，一百言演術。上有神仙抱一之道，中有富國安民之法，下有强兵戰勝之術。皆内出心機，外合人事。觀其精微，黄庭八景〔一〕不足以爲玄；察其至要，經傳子史不足以爲文；任其巧智，孫吴韓白不足以爲奇。非有道之士，不可使聞之。故至人用之得其道，君子用之得其術，常人用之得其殃，識分不同也。如傳同好，必清齋而授之，有本者爲師，無本者爲弟子也。不得以富貴爲重，貧賤爲輕，違者奪紀二十。本命日誦七遍，益心機，加年壽。每年七月七日寫一本，藏於名山石巖中，得加筭。」久之，母曰：「日已晡矣，吾有麥飯，相與爲食。」袖中出一瓠，令筌谷中取水。既滿矣，瓠忽重百餘斤，力不能制而沉泉。及還，已失母所在，但留麥飯數升而已。筌食之，自此絶粒。開元中，爲江陵節度副使御史中丞。筌有將略，作太白陰經十卷，又著中台志十卷。時爲李林甫所排，位不大顯，意入名山訪道，後不知其所也〔二〕。

〔一〕「黄庭八景」，太平廣記卷十四李筌傳作「黄庭内景」。

〔二〕「意入名山訪道，後不知其所也」，道藏本神仙感遇傳卷一及仙鑑三二李筌傳「意」作「竟」，「所也」作「所之也」。

劉彦廣

劉彦廣者，金陵硼壁倉人也。嘗〔一〕爲浙西衙職，事節度使唐若山。若山好道，與其弟若水皆遇神仙，授以道要。開元中，明皇寵異之，杖節鎮浙西逾年，而棄位泛海，遺表於船舫内。監軍使以事上聞，詔若水於江嶺仙山訪之，不知所適。彦廣十年後，奉使揚州，於魚行遇若山擔魚貨之。若山召彦廣至其家，門巷陋隘，蒿徑荒梗，露草霑漬，纔通人行。入門漸平，布磚花卉，臺榭繁華之飾，迨非世有。命坐〔二〕設食，聞其尚負官錢，家内窮罄，憫之形於容色。既而令於所止店中，備生鐵及炭。是夕唐詣其店，置炭鐵烈火而去。謂之曰：「汝後世子孫，合於仙山遇道，不宜復居小職，但貞隱丘園可也。此金三分之一以支官中債，其二豐産資家力。勿食珍羞，以增爾禄；勿衣綺繡，以增爾福；陰功及物，濟人之急，道之所重也。度人上品五千文妙經，行而勤之焉。」彦廣得金，如其言償官債，營家業於

〔一〕「嘗」原作「當」，據道藏本神仙感遇傳卷一劉彦廣傳改。

〔二〕「坐」原作「生」，據上書改。

磵壁，世世〔一〕八九十，其孫松年，入道天台焉。

宋文才

宋文才者，眉州彭山縣人也。文才初與鄉里數人遊峨眉山，已及絶頂，偶遺其所賫巾，履步求之，去伴稍遠。見一老人引之徐行，皆廣陌平原，奇花珍木。數百步乃到宫闕，玉砌瓊堂，雲樓霞館，非世人所覩。老人引登蕚臺〔二〕，顧望羣峰，棊列於地。有道士弈棊，青童採藥，清渠瀨石，靈鶴翔空。文才驚駭，問老人曰：「此爲何處也？」答曰：「名山小洞有三十六天，此峨眉洞天，真仙所居第二十三天也。」揖坐之際，有人連呼文才之名。老人曰：「同侣相求，不可久住，他年復來可也。」命侍童引至門外，與同侣相見。迴顧，失仙宫所在。同侣曰：「相失已半月矣！每日來求，今日乃得相見爾。」文才具述所遇之異焉。

〔一〕「世世」，道藏本神仙感遇傳卷一劉彦廣傳作「世壽」。
〔二〕「蕚臺」，道藏本神仙感遇傳卷一宋文才傳作「珠蘂臺」。

劉景

彭城劉景因遊金華山尋真訪道，行及山半，覺景物異常，山川秀茂。見崇門高閣，勢出雲表。入門，左右池沼澄澈，嘉樹垂條，綦布行列，披蔓柔弱。其實如梨，馨香觸鼻。景顧望無人，因掇擷其實於懷袖中，未暇啗食。俄有犬子數輩，馳出吠之，競欲摶〔一〕噬。景乃倉惶支捂，四顧無瓦石可投，探懷中所摘之果以擲之，果盡而犬亦去也。迴顧前之宮宇，但林谷榛莽而已。時僧休與劉景友善，常話其事跡者也。

蓬球

蓬球字伯堅，北海人也。晉泰始中，入貝丘西玉女山中伐木，忽覺異香，球迎風尋之。此山廓然自開，宮殿盤鬱，樓臺博敞。球入門窺之，見五株玉樹。復稍前，有四仙女彈棊於堂上，見球俱驚起，謂曰：「蓬君何故得來？」球曰：「尋香而至焉。」言訖，復彈棊如初。有

〔一〕「摶」，宜作「搏」。

一小者登樓彈琴，戲曰〔一〕：「元暉何謂〔二〕獨昇樓？」球於樹下立，飢以舌舐葉上垂露。俄有一女乘鶴而至曰：「玉華，汝等何故有此俗人？」王母即令王方平按行諸仙室，可令速去。球懼出門，迴頭〔三〕忽然不見。及還家，已是建平〔四〕中矣。舊居閭舍，皆爲墟墓。因復周遊名山，訪道不返。

王可交

王可交者，蘇州崐山人也。本農畝之夫，素不知道。年數歲，眼有五色光起，夜則愈甚，冥室之中，可以鑒物。或人謂其所親曰：「此疾也，光盡即喪其目矣。」父母愚，召庸醫以灸之，光乃絶矣。咸通十年十一月，可交自市還家，於河上見大舫一艘，絡以金綵，飾以珠翠，張樂而遊。可交立而觀之，舫艤于岸，中有一青童，引之登舫。見十餘人峩冠羽服，

〔一〕「戲曰」，酉陽雜俎卷二玉格作「留戲者呼之曰」。
〔二〕「謂」，上書作「爲」。
〔三〕「頭」，道藏本神仙感遇傳卷一蓬球傳作「顧」。
〔四〕「建平」乃漢哀帝年號，晉代無之，疑係「建元」之譌。

衣文斑駮雲霞山水之狀，各執樂器。一人唱言曰：「王三叔欲與汝相見。」亦不知何許人也。傍一人言曰：「好仙骨，爲火所損，未可與酒，但不食十年，方可得道耳。」以栗子一枚與之，令食。可交食一半，留一半在手中。遂奏樂飲酒，童子復引之上岸，忽如夢中，足纔及地，已墜於天台山瀑布之巖下。頃刻之間，水陸千里。台州刺史袁從疑其詐妄，移牒驗其鄉里。自失可交之日，洎到天台之時，已三十日矣。可交自此不食，顔狀鮮瑩。袁以羽褐授之，使居紫極宮。越州廉察御史大夫王諷奏曰：「始以神遊，天上之簫韶一曲；俄如夢覺，人間之甲子三旬。雖云十載爲期，終恐一朝飛去。」詔曰：「神仙之跡，具載縑緗。靈異可稱，忽詳聽鑒。定非凡骨，況在名山。今古不殊，蓬瀛何遠？委本道切加安邮，遂其栖隱。」於是任其遊息，數年猶在江表間。

陳簡

陳簡者，婺州金華縣小吏也。早入縣，未啓關，躊躇以候。忽逢道流，其行甚急，睨簡，不覺隨之。行三五里所及一宫觀，殿宇森竦，旁倚大山。引之至一室，内有机案筆墨之屬，以黄素書一卷，紙十餘幅授之曰：「以汝有書性，爲我書之。」發褾視之，皆古篆文。素不識篆字，亦未嘗攻學，心甚難之。道流已去，無推讓之所，試案本書之，甚易，半日已畢。道流以一杯湯與之曰：「此金華神液，不可妄得，飲之者壽無限窮。」味甚甘美，因勞謝而遣之曰：「世難即復來，此金華洞天也。」出門，怳如夢覺，已三日矣。還家習篆書，遒勁異常，而不復飲食。太守鮮梓方將受籙，頗異其事，以爲神仙嘉應。判縣狀曰：「方傳祕籙，有此嘉祥。既彰悟道之階，允叶登真之兆。」尋復入金華山去，亦時還郡中。

金庭客

金庭客，咸通中，自剡溪金庭，路由林嶺間，將抵明州。行三二十里，忽迷失舊路，忽忽而行，日已將暮，莫知栖息之所。因遇一道士荷鋤，問津焉。道士曰：「此去人家稍遠，無寓宿之所，不嫌弊陋，宿於吾廬可也。」引及其家，則林徑幽邃，山谷冲寂。既憩廡下久之，烹野蔬藥苗食之。頃有扣其門者，童子報云：「隱雲觀請來日齋。」既曉，道士去，約童子曰：「善祇奉客。」客因問：「隱雲觀置來幾年？去此觀遠近？」答曰：「自古有此觀，去此五百里，常隱雲中，世人不見，故以爲名。」客驚曰：「五百里〔一〕甚遠，尊師何時當還？」答曰：「尊師往來，亦頃刻耳。」俄而道士復歸，欲留客久住。客方有鄉關之念，懇辭而出。乃

〔一〕「里」字原無，據道藏本神仙感遇傳卷一金庭客傳增。

遣童子示其舊路，行三二里，失向來所在。及問歲月，已三四年矣。尋即復往，再訪其蹤，無能知其處所矣。

裴沆〔一〕

裴沆〔二〕仕爲同州司馬，云其再從伯自洛往鄭州，日晚，道左聞人呻吟，下馬披蒿萊尋之，見一病鶴，垂翼俛咮，翅上瘡壞無毛，異其有聲，惻然哀之。忽有白衣老人曳杖而至，謂曰：「郎君年少，豈解哀此鶴耶？若得人血一塗，必能飛矣。」裴頗知道，性甚高逸，遽曰：「某請刺此臂血不難。」老人曰：「君此志甚佳。然須三世人，是其血方可中用。郎君前生非人，唯洛中胡蘆生，三世人矣。郎君此行非有急切，豈能却至洛爲求胡蘆生耶？」裴欣〔三〕然而返洛中，訪胡蘆生〔四〕，具陳其事，拜而祈之。生無難色，取一石合子，大如兩

〔一〕「裴沆」，道藏本神仙感遇傳卷一作「裴沆從伯」，仙鑑卷四四作「道左老人」。

〔二〕「裴沆」，仙鑑卷四四道左老人傳及酉陽雜俎卷二玉格均作「裴沇」。

〔三〕「欣」原作「沈」，據上二書改。

〔四〕「生」下原有「裴沆」二字，據上二書删。

指，以針刺臂，滴如乳下，滿合以授裴曰：「無多言也。」及鶴處，老人喜曰：「固是信士。」乃以血盡塗鶴瘡上，言與之結緣。既而謂裴曰：「我所居去此不遠，可少留也。」裴覺非常人，以丈人呼之。隨行數里至莊，竹落草舍，庭廡狼藉。裴渴甚求茗，老人指一土龕曰：「中有少漿，可就飲之。」裴視龕中，有杏核一扇，大如笠，中有漿，其色正白。乃力舉飲之，味如杏酪，不復飢渴。裴拜老人，願爲僕。老人曰：「君世間微禄，不可久住。君賢叔真有所得，吾與之友，出入遊處，君自不知。今有一信，憑君達之。」因裹一幞物，大如羹椀〔一〕，戒無竊開。共視鶴瘡。並已生毛矣。又謂裴曰：「君向飲漿，當哭九族，但戒酒色耳。」裴還洛中，將竊開其幞，四角各有赤蛇出頭，乃止。其叔開之，有物如乾大麥飯，因食之，入王屋山，不知所終。裴壽至九十歲〔二〕也。

〔一〕「羹椀」原作「美盎」，據仙鑑卷四四道左老人傳及酉陽雜俎卷二玉格改（仙鑑無「羹」字）。
〔二〕「九十歲」，上二書作「九十七」。

權同休〔一〕

權同休友人〔二〕，元和中舉進士下第。遊江湖間，遇病貧窘，有村夫賃雇已一年矣。秀才疾中思甘豆湯，令其市甘草。雇者但具湯火，意不爲市。疑其怠惰，而未暇詰之。忽見折小樹枝盈握，搓之近火，已成甘草。又取麤沙，挼之爲豆。湯成，與真無異，秀才大異之。疾稍愈，謂雇者曰：「余貧病多時，既愈將他適。欲市少酒肉，會村中父老，丐少路糧，無以辦之。」雇者乃斫一枯桑樹，成數筐，札聚於盤上，以水灑之，悉成牛肉。汲水數缾爲酒。會村中父老，皆至醉飽，獲束縑三十緡。秀才方慚，謝雇者曰：「某遭遇道者，過亦甚矣！今請爲僕役，以師事焉。」雇者曰：「余少有失，謫爲凡賤，合役於秀才，自有限日，勿請變常，且卒其事。〔三〕。」秀才雖諾之，每所呼指，常蹙蹙不安。雇者乃辭去，因爲説脩短窮達之數。且言：「萬物無不可化者，唯淤泥中朱筋及髮頹，藥力不能化。」因去，不知所之。

〔一〕「權同休」，道藏本神仙感遇傳卷二作「權同休友人」。
〔二〕「友人」二字原無，據上書及酉陽雜俎卷二壺史增。
〔三〕「且卒其事」，上二書作「庶卒某事」。

曹橋潘尊師

杭州曹橋福業觀有潘尊師者，其家贍足，虛〔一〕襟大度，延接賓客，行功濟人。一旦有少年容狀疏俊，異於常人，詣觀告潘曰：「某遠聆尊師德義，拯人急難，甚欲求託師院後竹徑中茆齋内寄止兩月，以避厄難，可乎？或垂見許，勿以負累爲憂，勿以食饌爲慮，只請酒二升，可支六十日矣。」潘雖不測其來，聞欲逃難，欣然許之。少年遂匿於茅齋中，亦無人追訪之，亦不飲不食。六十日既滿，再拜謝焉。從容問潘曰：「尊師曾佩授符籙乎？」潘云：「所受已及洞玄中盟矣，但未敢參進上法耳。」少年曰：「師之所受，品位已高。然某曾受正一九州社令籙一階，以冒奉傳，以申報答耳。」即焚香於天尊前，傳社令名字，及靈官將吏，隨所呼召，兵士騎乘，應時皆至。既畢，令之曰：「傳授之後，隨逐尊師，營衛召命，與今無異。」由是兵士方隱。又謂潘曰：「可於中堂壘牀爲壇，設案机，焚香恭坐，九州内外吉凶之事，靡不知也。但勿以葷血爲犯，苟或違之，冥必有譴。若精潔守慎，可致長生神仙矣！」言訖隱去，不知所之。潘即設榻隱几，坐於中堂。須臾，四海之内，事無巨細，一一知之。

〔一〕「虛」原作「處」，據道藏本神仙感遇傳卷三曹橋潘尊師傳改。

如是旬日，爲靈官傳報，頗甚諠聒。潘勃然曰：「我閑人也，四遠之事，何須知之？」嚴約靈官，不使傳報。答曰：「職司不宜曠闕。」所報益多。約之不已，潘乃食肉啗蒜以却之。三五日，所報之聲漸遠，靈官不復至以亡。一夕，少年來曰：「吾輕傳真訣，已罹譴責。師犯污真靈，罪當冥考。念以前來相容之恩，不可坐觀淪陷。別授一術，廣行陰功，救人疾苦，用贖前過。不爾，當墮於幽獄矣！」潘自啗葷食之後，自知已失，及聞斯説，憂懼異常。少年乃取米屑，和之爲人形，長四五寸，置於壁竇中。又授玉子符兩道，戒潘曰：「民有疾苦厄難來求救者，當問粉人以知災祟源本，然以吾符救之，勿取緡錢，務在積功贖過耳！勤行不替，十年後，我當復來。」自是潘以朱篆救人，袪災蠲疾，赴之者如市。十餘年，少年復至，淹留逾月，多話諸天方外之事，然後別去。歲餘，潘乃無疾而終，疑其得尸解之道也。

盧鈞

相國盧鈞，進士射策爲尚書郎，以疾求出爲均州刺史。到郡疾稍加，羸瘠而不耐見人，常於郡後山齋，養性獨處，左右接侍亦皆遠去，非公召莫敢前也。忽有一人，衣飾故弊，踰垣而入。公詰之，云「姓王」。問其所自？云「山中來」。公笑而謂之曰：「即王山人也，此來何以相教？」王曰：「公之高貴，位極人臣，而壽不永，災運方染，由是有沉綿之疾，故相救耳。」山齋無水，公欲召人力取湯茶之屬。王止之，以腰巾蘸於井中，解丹一粒，捩腰巾之水，以丹與之。因約曰〔一〕：「此後五日，疾當〔二〕康愈倍常。復三年，當有大厄，勤〔三〕立陰功，救人憫物爲意。此時當再來，相遇在夏之初也。」自是盧公疾愈，旬日平復。明年解印還京，署鹽鐵判官。夏四月於本務〔四〕東門道左，忽見山人，尋至盧宅，會〔五〕而言曰：「君今年第二限終，爲災極重。以君在郡去年雪寃獄，活三人之命，災已息矣。只此月内三五日小不康，已困〔六〕無憂也。」翌日，山人令使二僕持錢十千，於狗脊坡分施貧病而已，自〔七〕後復去，云：「二十三年五月五日午時，可令一道士於萬山頂候。此時君節制漢上，

〔一〕「捩腰巾之水，以丹與之，因約曰」，道藏本神仙感遇傳卷三相國盧鈞傳作「捩腰巾之水以咽丹，與約曰」。

〔二〕「當」下，上書有「已」字。

〔三〕「勤」原作「勸」，據上書改。

〔四〕「本務」原作「務本」，據上書改。

〔五〕「會」，上書作「喜」。

〔六〕「困」，上書作「固」。

〔七〕「自」，仙鑑卷二二盧鈞傳作「而」。

當有丹華相授，勿愆期也。」自是公揚歷任清切〔一〕，便蓄貴盛，而後出鎮漢南，之明年已二十三年矣。及期，命道士牛知微五月五日午時，登萬山之頂，山人在焉。以金丹二粒，使知微吞之，謂曰：「子有道氣，而無陰功，未契道品，勤更宜修也〔二〕。」以金丹十粒，授於公曰：「當享上壽，無怠修鍊，世限既畢，佇還蓬宮矣！」與知微揖別，忽不復見。其後知微年八十餘，狀貌常如三十許。盧公年僅九十，耳目聰明，氣力不衰，既終之後，異香盈室。

王子芝

王子芝字仙苗，自云河南緱氏人，常遊京洛，聞耆老云，五十年來見之，狀貌常如四十許，莫知其甲子也。好養氣而嗜酒，故蒲帥瑯琊公重盈作鎮之初年，仙苗届於紫極宮，王令待之甚厚。又聞其嗜酒，日以二榼餉之。間日仙苗因出，遇一樵者，荷檐於宫門，貌非常也，意甚異焉。因市其薪，厚償厥價。樵者得金，亦不讓而去。子芝令人躡其後以問〔三〕

〔一〕「公揚歷任清切」，道藏本神仙感遇傳卷三相國盧鈞傳無「揚」字，仙鑑卷二二盧鈞傳作「盧公歷任清顯」。

〔二〕「勤更宜修也」，仙鑑卷二二盧鈞傳作「更宜勤修也」。

〔三〕「問」，仙鑑卷二二王子芝傳作「闚」，太平廣記卷四六王子芝傳作「伺」。

之，樵者徑趨酒肆，盡飲酒以歸。他日復來，謂子芝曰：「是酒佳即佳矣，然殊不及解縣石氏之醞也。予適自彼來，恨向者無侶，不果盡於斟酌。」子芝因降階執手，與之擁爐，祈於樵者曰：「石氏芳醪可致不？」樵者歘之〔一〕，因丹筆書符一，置於火上，煙未絶，有小豎立于所。樵者勑之曰：「爾領尊師之僕，挈此二榼，第往石家取酒，吾待與尊師一醉。」時既昏夜，門已扃禁，小豎謂芝僕〔二〕曰：「可閉目。」因搭其頭，人與酒壺偕出自門隙，已及解縣，買酒而還。因與子芝共傾焉。其甘醇郁烈，非世所儔。中宵，樵者謂子芝曰：「子已醉矣，予召一客伴子飲，可乎？」子芝曰：「可。」復書朱符置火上，瞬息聞異香滿室，有一人甚堂堂，美鬢眉，紫袍秉簡〔三〕揖坐。樵曰：「坐。」引滿而巡，二壺且褫〔四〕。樵者燒一鐵筯，以焌紫衣者云：「子可去。」時東方明矣，遂各執别。樵者因謂子芝曰：「識向來人否？少頃可造河瀆廟睹之。」子芝送樵者訖，因過廟，所覩夜來共飲者，廼神耳，鐵筯之驗宛然。趙均

〔一〕「歘之」，仙鑑卷二二王子芝傳作「許之」，太平廣記卷四六王子芝傳作「頷之」。

〔二〕「芝僕」，上書及道藏本神仙感遇傳卷三王子芝傳均作「子芝僕」。

〔三〕「簡」原作「間」，據上二書改。

〔四〕「褫」原作「椃」，據道藏本神仙感遇傳卷三王子芝傳改，太平廣記卷四六王子芝傳作「竭」。

郎中，時在幕府，自驗此事。弘文館校書郎蘇稅，亦寓於中條，甚熟蹤跡。其後子芝再遇樵仙，别傳修鍊之訣，且爲地仙矣。

鄭又玄

鄭又玄者，名家子，居長安中，其小與鄰舍閭丘氏子偕學於師氏。又玄性憍率，自以門望清貴，而閭丘子寒賤，往往戲而駡之曰：「爾非類，而與吾偕學，吾雖不語，爾寧不愧於心乎？」閭丘默有慚色，歲餘乃死。又十年，又玄明經上第，補蜀州叅軍。既至官，郡守命假尉唐興。有同舍仇生者，大賈之子，年始冠，其家資産萬計，日與又玄宴遊。又玄累受仇生金錢之賂，然以仇生非士族，未嘗以禮貌接之。一日，又玄置酒高會，而仇生不得預。及酒闌，友謂又玄曰：「仇生與子同舍，子會宴而仇生不預，豈其罪邪？」又玄慙而召仇，既至，又玄以巵飲之。生辭不能引滿，固辭〔一〕。又玄怒駡曰：「爾市井之甿，徒知錐刀，何僭居官秩耶？且吾與爾爲伍，爾已幸矣，又何敢辭酒乎？」因振衣起，仇生慙耻而退，棄官閉門，月餘病卒。明年，又玄官罷，僑居濛陽，而常好黄老之道。聞蜀山有吴道士，又玄高其風，

〔一〕「辭」，太平廣記卷五二閭丘子傳作「謝」。

往而詣之，願爲門弟子。留之且十年〔一〕，未稟有所授〔二〕，又玄稍惰，辭之而還。其後因入長安褒城，逆旅有一童子十餘歲，貌秀而慧，又玄與語，機辯萬變，又玄深奇之。童子謂又玄曰：「我與君故人有年矣，省之乎？」又玄曰：「忘之矣。」童子曰：「吾生閭丘氏，居長安中，與子偕學，而子以我爲非類罵辱我。又爲仇氏子，作尉唐興，與子同舍，受我厚賂，而謂我爲市井之甿，何吾子驕傲之甚也！子以衣纓之家，而凌侮於物，非道也哉！我太清真人也。上帝以爾有道氣，使我生于人間，與汝爲友，將授汝神仙之訣。而汝輕果高傲，終不得其道。吁，可悲哉！」言訖，忽不復見。又玄既悟其罪，而意以慙怍而卒矣。

虬鬚客

虬鬚客道兄者，不知名氏。煬帝末，司空楊素留守長安，帝幸江都。素持權驕貴，蔑視物情。衛公李靖時檐簦謁之，因得素侍立紅拂妓。姓張〔三〕第一，知素危亡不久，棄素而

〔一〕「十年」，太平廣記卷五二閭丘子傳作「十五年」。
〔二〕「未稟有所授」，道藏本神仙感遇传卷四郑又玄传作「未稟所受」。
〔三〕「姓張」，道藏本神仙感遇傳卷四虬鬚客傳作「妓姓張」。

奔靖。靖與同出西京，將適太原，稅轡於靈石店，與虬鬚相值，乃中形人也。赤鬚而虬，破衫蹇衛而來，投布囊於地，取枕欹卧，看張妓理髮委地，立梳於牀。靖見虬鬚視之，甚怒未決，時時側目。張熟觀其面，妓一手握髮，一手映身搖，視〔一〕靖，令勿怒。急梳頭畢，斂衽前問其姓。卧者曰：「張。」妓曰：「妾亦姓張，合是妹。」遽拜之。問第幾，云「第三」。又曰：「妹第幾？」曰：「最長。」喜曰：「今日幸得逢一妹。」妓遂呼靖曰：「李郎且來拜三兄。」靖遂拜之，環坐割肉爲食，客以餘肉飼驢，笑曰：「李郎貧士，何以致異人？」具〔二〕話其由。客曰：「然則何之？」曰：「避地太原。」復命酒共飲，又曰：「嘗知太原之異人乎？」靖曰：「州將之子，年可十八，姓李。」客曰：「似則似矣，然須見之。李郎能致予一見否？」靖言：「余友人劉文静，與之甚狎，必可致也。」客曰：「望氣者俾吾訪之。」遂約其日，相候於汾陽橋。及期果至。靖話於文静曰：「吾有善相者，欲見郎君，請迎之。」文静素奇其人，方議匡輔，遽致酒迎之。俱見太宗不衫不履，褐衣裘而來，神氣揚揚，邈與常異。客見之，默然居末坐，氣喪心死。飲數杯，招靖謂曰：「此真天子也。」靖以告劉，益喜賀。既出，虬

〔一〕「視」，道藏本神仙感遇傳卷四虬鬚客傳作「示」。

〔二〕「具」原作「且」，據上書改。

鬚曰：「吾見之，十得八九也，然亦須令道兄見之。」又約靖與妹於京中馬行東酒樓下。既至登樓，見虯鬚與一道流對飲，因環坐爲約，與道兄同至太原。道兄〔一〕與劉文静對碁，鬚靖俱會，文皇亦來，精彩驚人，長揖而坐，神清氣爽，滿坐風生，顧眄煒如也。道兄一見，慘然下棊子曰：「此局輸矣！於此失局，奇哉！救無路矣！知復奚言。」罷弈，既出，謂虯鬚曰：「此世非公世界也，他方可矣，勉之，勿以爲念。」同入京，虯鬚命其婦妹與李郎相見，其婦亦天人也。虯鬚紗巾褐裘，挾彈而至，相與入中堂，陳樂歡飲。女樂三十餘人，非王侯之家所有也，殆若洞天之會。既而舁二十牀，以繡帊蓋之，去其帊曰：「此乃文簿鑰匙耳，皆珍寶貨泉之數，併以充贈。吾本欲中華求事，或龍戰三五年，以此爲經費〔二〕。今既有主，亦復何爲？太原李氏，真英主也，三五年內，即當太平，李郎一妹，善輔贊之。非一妹不能贊明主，勉之哉！此去十年後，東南數千里外有異，是吾得事之秋也，聞之可潛以酒相賀。」因呼家僮百餘人出拜曰：「李郎一妹是爾主也。」言訖，與妻戎裝乘馬而去，道兄亦不知所之。靖得此事力，以助文皇締大業。貞觀中，東南夷奏，有海賊以艘船千艘，兵十餘萬，入

〔一〕「兄」字原無，據道藏本神仙感遇傳卷四虯鬚客傳增。

〔二〕「經」原作「輕」，據上書改。

扶餘國，殺其主自立爲王，國内以定靜。靖知虬鬚成功，歸告其妻，乃瀝酒東南而賀焉。故知真人之興，乃天受也。豈庸庸之徒，可以造次思亂者哉！

崔希真

會稽崔希真，嚴冬之日，有負薪老叟立門外雪中。崔凌晨見之，有傷憫之色，揖問之。叟去笠與語，顧其狀貌不常，乃問其姓氏。云：「某姓葛第三。」崔延坐，崔曰：「雪寒既甚，作大麥湯餅可乎？」叟曰：「大麥四時炁足，食之益人，勿以豉，不利中府。」崔然之，自促令備饌。時崔張絹，欲召畫工爲圖，連阻沍寒，畫工未至。張絹倚于壁，叟取几上筆墨，畫一株枯松，一採藥道士，一鹿隨之，落筆迅逸，畫蹤高古，殆非人世所有。食畢，致謝而去。崔異其事，寶以自隨，因遊淮海，遇鑒古圖畫者使閲之。鑒者曰：「此稚川之子葛三郎畫也。」崔咸通初入長安，於灞橋遇鬻蔬者，狀貌與叟相類。因問：「非葛三郎乎？」蔬者笑曰：「非也，葛三郎是晉代葛稚川之子，人間安得識之。」負蔬而去，不知所之。

越僧懷一

越僧懷一，居雲門寺。咸通中，凌晨欲上殿燃香，忽見一道流相顧而語曰：「有一奇境事，能往遊乎？」懷一許諾，相與入山，花木繁茂，水石幽勝。或連峯槩天，長松夾道；或瓊樓蔽日，層城倚空。所見之異，不可殫述。久之覺飢，道流已知矣。謂曰：「此有仙桃，千歲一實，可以療飢。」以一桃授之，大如二升器，奇香珍味，非世所有。食訖復行，或凌波不濡，或騰虛不礙，或矯身雲末，或振袂空中，或仰視日月，下窺星漢。如是復歸還舊居，已周歲矣。懷一自此不食，周遊人間，與父母話其事。因入道，歷詣仙山，更尋靈勝，去而不復返。

王廓

布衣王廓，咸通中，自荆渚隨船，將過洞庭。風甚，泊舟君山下，與數人出岸，尋山徑登山而行。忽聞酒香，問諸同行，皆曰無。良久，香愈甚。路側崖間。見有洞穴。廓心疑焉，遂入穴中，行十餘步，平石上有窪穴，中有酒，掬而飲之，味極醇美。飲可半斗餘，陶然似醉，坐歇窪穴之側。稍醒，乃歸舟中，話於同侶。衆人爭往求之，無復所見。自此充悦無疾，漸厭五穀，乃入名山學道去。後看仙經云：「君山有天酒，飲之昇仙。」〔一〕廓之所遇

〔一〕「飲之昇仙」，道藏本神仙感遇傳卷五王廓傳作「飲之者昇仙」。

者，乃此酒也。

楊大夫

楊大夫者，宦官也，亡其名。年十八歲，爲冥官所攝，無疾而死。經宿乃蘇云：「既到陰冥間，有廨署官屬，與世無異。陰官案牘示之，見其名字歷歷然，云年壽十八，而亦無言請託。旁有一人，爲其請乞，願許再生，詞意極切。久之，而冥官見許，即令還。其人送楊數百步，將別，楊媿謝之，知再生之恩，何以爲報？問其所欲。其人曰：「或遺鳴砂弓，即相報也。」因以大銅錢一百餘與楊，俄然而覺，平復無苦。自是求訪鳴砂弓，亦莫能致。或作小宮闕屋宇，焚而報之，如是者數矣。楊頗留心鑪鼎，志在丹石。能製反魂丹，有疰忤暴死者，研丹一粒，拗開其口，灌之即活。嘗救數人，有閹官夏侯者，楊與丹五粒以服之。既而以爲冥官追去，責問之次，白云：「曾服楊大夫丹一粒耳。」冥官既遣還，夏侯得丹之效既蘇，盡服四粒。歲餘，又見黃衣者追捕之。云非是冥曹，乃泰山追之耳。夏侯隨去，至高山之下，有宮闕焉。及其門，見二道士，問其平生所履，一一對答。徐啓曰：「某曾服楊大夫丹五粒矣。」道士遽令却迴，夏侯拜謝曰：「某是得神丹之力，延續年命，願改名延年，可乎？」道士許之，後即因改名延年矣。楊自審丹之靈効，常以救人。其子暄因自畿邑歸京，未明行二十餘里，歇於大莊之上。忽聞莊中有驚諠哭泣之聲，問其故，主人之子暴亡。暄解衣帶，中取丹一粒，令研而灌之，良久亦活。楊物産贍足，早解所任，縱意閑放，唯以金石爲務，未嘗有疾，年九十七而終。晚年遇人擕一弓，問其名？云：「鳴砂弓也。」於角面之内，中有走砂。楊買而焚之，以報見救之者。見〔一〕其反魂丹方，云是救者授之，自密修製，故無能得其術者矣。

薛逢

河東薛逢，咸通中爲綿州刺史。歲餘，夢入洞府，見餚饌甚多，而不覩人物，亦不敢食之。乃出門，有人謂曰：「此天倉也。」明日話於賓友，或曰：「州界昌明縣有天倉，洞中有自然飲食，往往遊雲水者得而食之。」即使道士孫靈諷與親吏訪之，入洞可十餘里，猶須執炬，十里外漸明朗。又三五里，豁然與人世無異，崖室極廣，可容千人。其下平整，有石牀羅列，牀上有飲食，名品極多，皆新食，軟美甘香。靈諷拜而食之，又割開三五所，請以奉於薛公爲信。及齎出洞門，形狀宛然，皆化爲石矣。洞中左右有散麵溲麵堆壟積豉，不知紀

〔一〕「見」字，道藏本神仙感遇傳卷五楊大夫傳無。

極。又行一二里，溪水迅急，既闊且深，隔溪見山川居第歷然，不敢渡而止。近崖坡中，有履跡往來，皆長二三尺，纔如有人行處。薛公聞之，歎異靈勝，而莫窮其所以也。余按地理誌云：「少室山有自然五穀甘果神芝仙藥。周太子晉學道上仙，有九千年資粮留於少室山。山在嵩山西十七里，從東角上四十里下〔一〕，又上十里得上定思，十里中有大石門爲中定思，自中定思出〔二〕，至崖頭，下有石室，中有水，多白石英，室內有自然經書自然飲食，與此無異矣。天台山東有洞，入十餘里有居人市肆，多賣飲食。乾符中，有遊僧入洞，經歷市中，飢甚，聞〔三〕食香，買蒸餅啗之。同行一僧，服氣不食。既飽，行十餘里，出洞門，已在登州牟平縣〔四〕界。所食之僧，俄變爲石。以此言之，王烈〔五〕石髓，張華龍膏，得食之者，亦須累積陰功，天挺仙骨，可上登仙品。若常人啗之，必化爲石矣。

〔一〕「四十里下」，道藏本神仙感遇傳卷五薛逢傳作「四十里得下」。

〔二〕「中定思出」四字原無，據上書增。太平廣記卷五四薛逢傳「出」作「西出」。

〔三〕「聞」原作「間」，據上二書改。

〔四〕「牟」原作「吴」，據上二書改。

〔五〕「烈」原作「列」，據晉書嵇康傳改。

蜀民〔一〕

蜀民遇晉氏飢歉〔二〕，三五輩〔三〕挾木弓竹矢，入白鹿山捕獵以自給。因值羣鹿駭走，分路格之。一人見鹿入兩崖間，纔通人過，隨而逐之。行十餘步，但見城市櫛比，閭井繁盛，了不見鹿。徐行市中，因問人曰：「此何處也？」答曰：「此小成都耳，非常人可到，子不宜久住。」遂出穴，密誌歸路，以告太守劉悛。悛使人隨往，失其舊所矣。庾仲冲雍荆記〔四〕曰：「武陵西陽縣南數里，有孤山，巖石峭拔。上有葱，自成畦壠，拜而乞之，輒自拔，食之甚美。山頂有池，魚鼈至七月七日皆出而游。半巖室中有書數千卷，昔道士所遺經也。元嘉中，有蠻人入此山射鹿，入石穴中，蠻人逐之。穴傍有梯，因上，即豁然開朗，别有天日。行數十步，桑果蔚然，阡陌平直，行人甚多。蠻人驚遽而出，旋削樹記路。却結伴

〔一〕「民」原作「氏」，據道藏本神仙感遇傳卷五蜀民傳改。下同。
〔二〕「飢歉」原作「飢輩」，據上書改。
〔三〕「三五輩」原作「三五人」，據上書改。
〔四〕「庾仲冲雍荆記」疑有誤。按隋志地理類著録庾仲雍撰湘州記、江記、漢水記。又南史卷三五庾悦傳末載庾仲容有衆家地理書二十卷，「冲」字疑誤。

尋之，無復處所。」顧野王云：「天地之内，名山之中，神異窟宅，非止一處。則桃源天台，皆其類也。」

僧悟玄

僧悟玄，不知何許人也。雖寓跡緇褐，而潛心求道。自三江五嶺，黔楚諸名山，無不遊歷。每遇洞府，必造之焉。入峨嵋山，聞有七十二洞，自雷洞之外，諸崖石室邃穴之間，無所遺焉。偶歇於巨木之下，久之，有老叟自下而上，相揖〔一〕而坐。問其所詣，悟玄具述尋訪名山靈洞之事。叟曰：「名山大川，皆有洞穴，不知名字，不可輒入訪。須得洞庭記嶽瀆經，審其所屬，定其名字，的其里數，必是神仙所居，與〔二〕經記相合，然後可遊耳。不然，有風雷洞、鬼神洞、地獄洞、龍蛇洞，誤入其中，害及性命，求益反損，深可戒也。」悟玄驚駭久之，謝其所教。因問曰：「今峨嵋洞天，定可遊否？」叟曰：「神仙之事，吾不敢多言。但謁洞主，自可問耳。」悟玄又問：「洞主爲誰？」叟曰：「洞主姓張，今在嘉州市門，屠肉爲

〔一〕「揖」原作「挹」，據道藏本神仙感遇傳卷五僧悟玄傳改。
〔二〕「與」原作「奥」，據上書改。

事，中年而肥者是也。」語訖，别去。悟玄復至市門求之，張生在焉。以前事告之，張曰：

「無多言也。」命其妻烹肉，與悟玄爲饌，以肉三器與之。悟玄辭以不食肉久矣。張曰：「遊山須得炁力，不至飢乏，然後可行。若不食此，無由得到矣。」勉之再三，悟玄亦心自計度，恐是神仙所試，不敢拒命。食盡二器，厭飫彌甚。張亦勸之，固不能食矣。食訖求去，張俯地拾一瓦子以授之曰：「入山至某峯，下值某洞，門有長松，下有迴溪，上有峭壁，此天真皇人所居之洞也。以瓦扣之三二十聲，門開則入。每遇門即扣之，則神仙之境可到矣。」依教入山，果得洞與所指無異。以瓦扣之，良久，峭壁中開，洞内高廣平穩，可通車馬，兩面皆青石瑩潔，時有懸泉流渠，夾路左右。凡行十餘里，又值一門，扣之復開，大而平闊，往往見天花夾道，所窺見花卉之異，人物往來之盛，多是名姝麗人，仙童玉女。時有仙官道士，部伍車騎，憧憧不絶。又遇一門，扣之彌切，瓦片碎盡，門竟不開。久之，聞震霆之音，疑是山石摧陷，惶懼而出，奔走三五十步，已在洞門之外，無復來時景趣矣。復訪洞主，已經月餘，厝肆宛然，而張生已死十許日矣。自此志棲名山，誓求度世，復入峨眉，不知所之矣。

費冠卿

費冠卿者，池州人也。進士擢第，將歸故鄉，别相國鄭餘慶，公素與秋浦劉令友善，喜費之行，託以寓書焉。手札盈幅，緘授費，戒之曰：「劉令久在名場，所以不登甲乙之選者，以其褊率，不拘於時，捨高科而就此官，可善遇之也。」費固請公略批行止於書末，貴其因所慰薦，稍垂青眼。公然之，發函批數行，復緘之如初。費至秋浦，先投刺於劉，劉閱刺委諸案上，略不顧眄。費悚立俟命，久之而無報，疑其不可干也。即以相國書授閽者，劉發緘覽畢，慢罵曰：「鄭某老漢，用此書何爲？」擘而棄之。費愈懼，排闥而入，趨拜於前。劉忽憫然顧之，揖坐與語，日已暮矣。劉促令排店，費曰：「日已昏黑，或得逆旅之舍，已不及矣。乞於廳廡之下，席地一宵，明日却詣店所。」即自解囊裝，舒氈席於地。劉即拂衣而入，良久出曰：「此非延賓之所，有一閤子，可以憩息，僕乘於外可也。」即令左右引僕夫衛子，分給下處。劉引費挈氊席入廳後對堂小閤子中，既而閉門，鎖繫甚嚴。費莫知所以，據榻而息。是夕月明，於門竅中窺其外，悄然無聲，見劉令自操篲畚，掃除堂之內外，庭廡階壁，靡不周悉。費異其事，危坐屏息，不寐而伺焉。將及二更。忽有異香之氣，非常人世所有〔二〕。良久，劉執版恭立於庭，似有所候。香氣彌甚，即見雲冠紫衣仙人，長八九尺，數十人擁從而至。劉再拜稽首，此仙人直詣堂中，劉立侍其側。俄有筵席羅列，餚饌奇果，香溢閤中。費

〔二〕「忽有異香之氣，非常人世所有」，道藏本神仙感遇傳卷五費冠卿傳作「忽有異香之氣非常，非人世所有」。

聞之，已覺神清氣爽。須臾奏樂飲酒，命劉令布席於地，亦侍飲焉。樂之音調，非世間之曲。仙人忽問曰：「得鄭某信否？」對曰：「得信甚安。」頃之又問：「得鄭書否？」對曰：「費冠卿先輩在長安中來得書。」笑曰：「費冠卿且喜及第也，今在此耶？」對曰：「在。」仙人曰：「吾未合與之相見，且與一杯酒，但向道早修行，即得相見矣。」即命劉酌一杯酒送閣子中，費冠卿竊見劉自呷酒了，即於堦下取盆中水投之，費疑而未飲。仙人忽下堦，與徒從乘雲而去。劉拜辭嗚咽，仙人戒曰：「爾見鄭某，但令修行，即得相見也。」既去，即詣閤中，見酒猶在。驚曰：「此酒萬劫不可一遇，何不飲也？」費力爭得一兩呷。劉即與冠卿爲修道之友，卜居九華山，以左拾遺徵竟不起。鄭相國尋以去世，劉費頗祕其事，不知所降是何仙也。

鄭南海紫邏任叟

鄭南海爲牧梁宋，其表弟進士劉生，寓居汝州。有紫邏山，即神仙靈境也。劉以寓居力困，欲之梁宋求救。因行諸藥肆中，既坐，有樵叟倚檐於壁，亦坐焉。主人連叱之曰：「此有官客，何忽唐突？」劉斂衽而起，謂主人曰：「某閑人也。樵叟所來，必有所求。或要藥物，有急難所請，不可令去。」懇揖叟令坐，問其所要。叟曰：「請一幅紙及筆硯耳。」劉即取肆中紙筆以授之。叟揮毫自若，書畢，以授於劉。書曰：「承欲往梁宋，梁宋災方重，旦夕爲人訟。承欲訪鄭生，鄭生將有厄。即爲千里客，兼亦變衫色。紫邏樵叟任某書呈。」劉覽驚異，筆勢遒逸，超逾常倫。看讀之際，失叟所在。月餘，鄭爲人所訟，黜官千里之外，皆如其言。劉即於紫邏葺居，物色求訪，不復見叟，世寶其書。巢寇犯闕，方失其所在也。

雲笈七籤卷之一百一十三上

傳〔一〕

任生

任生者，隱居嵩山讀書，志性專靜。常夜聞異香，忽於簾外有謂生曰：「某以冥數，合與君偶，故來耳。」生意其異物，堅拒不納。其女子開簾而入〔二〕，年可二十餘，凝態艷質，世莫之見。有雙鬟青衣，左右翼侍。夜漸久，顧謂侍者曰：「郎君書籍中取一幅紙兼筆硯來。」乃作贈詩一首曰：「我名籍上清，謫居遊五嶽。以君無俗累，來勸神仙學。」又曰：「某後三日當來。」言畢而去。書生覽詩，見筆札秀麗，尤疑其妖異。三日果來，生志彌堅。女子曰：「妾非山精木魅，名列上清，數運冥合，暫謫人間，自求匹偶。以君閑澹，願侍巾箱，

〔一〕「傳」，四部叢刊本作「神仙感遇傳下」。道藏本神仙感遇傳卷五末云「後有缺文」，此「傳」殆屬缺文。

〔二〕「入」原作「人」，據四部叢刊本改。

不止於延福消禍，亦冀貴而且壽。今反自執迷，亦薄命所致。」又贈一篇曰：「葛洪亦有婦，王母亦有夫，神仙盡靈匹，君子意何如？」書生不對，面墻而已。女子重贈一篇曰：「阮郎迷不悟，何要〔一〕申情素？明日海山〔二〕春，綵舟〔三〕却歸去。」嗟嘆良久，出門東行數十步，閃閃漸上空中，去地百餘丈，猶隱隱見於雲間。以三篇示於人，皆知其神仙矣！痛生之不遇也。數月，生得疾，見二黄衣人手持牒來追曰：「子命已盡。」遂被引去，行十餘里，忽見幢節幡蓋，迤邐不絶，有女子乘翠輦，侍衛數十人。二黄衣與生辟易，隱於墻下。女子望見，既至，問曰：「何人？」黄衣具言，女子笑曰：「是嵩山讀書薄命漢。」謂黄衣把牒來，曰：「公數盡矣。今既相遇，不能無情。」索筆判牒，更與三年。生再拜之，二使者曰：「此三素元君〔四〕，仙官最貴。既有命，即須回。」使者送至舊居，見身卧於床上。使者從後推之，乃蘇。嗟恨累日，後三年果卒。

〔一〕「何要」，仙鑑後集卷四紫素元君傳作「何以」。

〔二〕「日海山」，上書作「月海上」。

〔三〕「綵舟」，上書作「綵弁」。

〔四〕「三素元君」，上書「三」作「紫」。

羅公遠

羅公遠八月十五日夜，侍明皇於宮中翫月。公遠曰：「陛下莫要月宮中看否？」帝唯之。乃以拄杖向空擲之，化爲大橋，橋道如銀。與明皇昇橋，行若十數里，精光奪目，寒氣侵人，遂至大城。公遠曰：「此月宮也。」見仙女數百，皆素練霓衣，舞於廣庭。上問其曲名，曰：「霓裳羽衣也。」乃密記其聲調。旋爲冷氣所逼，遂復躡銀橋迴。返顧銀橋，隨步而滅。明日召樂工，依其調作霓裳羽衣曲，遂行於世。明皇欲傳隱形之術，公遠祕而不説。上怒，乃選善射者十人伏於壁，召公遠與語，衆矢俱發，公遠致斃。上令瘞於宮内。月餘，中使自蜀迴，奏事訖，云：「臣至駱谷見羅公遠，令附起居，專於成都望車駕。」上大驚，問其行李如何？曰：「跣足，攜鞋一隻。」乃令開棺視之，唯見一草鞋在棺，有箭孔十數。安禄山犯闕，明皇幸蜀，有稱維厶延來謁，召之即不見，思其意，維厶延蓋公遠字也。上悔恨，歎息累日。

羅方遠〔一〕

羅方遠，江夏人也。刺史春致設，觀者如市。有白衣人長丈餘，質貌甚異，門衞者皆怪。俄有一小兒傍過，叱曰：「汝何故離本所，驚怖官司？」其人攝衣而走。官吏執小兒至宴所具白，刺史問甚姓？對曰：「姓羅名方遠，自幼好道，適見守江龍入州看設，其叱令迴。」刺史不信，曰：「爾何誕妄？若誠有龍，即令我見本形。」方遠曰：「請試之。」乃於江濱作小坑，深闊一丈，去岸八九尺，引江水注之。刺史與寮佐郡人，皆往注視。逡巡有白魚，可長五六寸，隨水入坑，騰躍漸大，有青煙如練起，須臾黑氣滿空，雷電艴赫，風雨馳驟，久之乃息。見龍於江心，身與雲氣相連，素光滿水，食頃方滅。刺史具表，以進方遠。時明皇方留意神仙，即日召見。上與張果老葉法善弈棊次，二人見之大笑曰：「村兒有何解？」乃各執棊子數枚，謂方遠曰：「此有物。」曰：「空手。」及開手，果無所有，悉在方遠處。上大驚異，自後累試，其術如神。

〔一〕「羅方遠」條，仙鑑卷三九併入「羅公遠」條，內容小異。

李師稷

會昌元年，李師稷中丞爲浙東觀察使。有商客遭風，飄不知所止。月餘至大山，瑞雲覆繞，奇花異樹，盡非人間所覩。山側有人迎問，安得至此？客具以告，乃令移舟於岸〔一〕。既登岸，乃云：「須謁天師。」遂引〔二〕至一處，若大宮觀。既入，見一道士，眉鬢俱白〔三〕，侍衞十餘人，坐大殿令上，與語曰：「汝中國人也，兹地有緣，方得一到，此即蓬萊山也。」乃令左右引於宮内遊觀，玉臺翠樹，光彩奪目。院宇數十，皆有號。至一院，扃鎖嚴固。窺之，衆花滿亭，堂有几褥，焚香階下。客問之，此院誰何？答曰：「此是白樂天院，樂天在中國，未來耳。」乃潛記之，遂辭歸。數旬至越，具白廉使李公，盡録以報白公。公已脱煙埃，投棄軒冕，與居昧昧者，固不聞也〔四〕。安知非謫仙哉！

〔一〕「客具以告，乃令移舟於岸」，「告」原作「生」，「乃」原作「力」，據四部叢刊本改。
〔二〕「引」原作「升」，據四部叢刊本改。
〔三〕「白」原作「之」，據四部叢刊本改。
〔四〕「與居昧昧者，固不聞也」，太平廣記卷四八白樂天傳「居」作「夫」、「聞」作「同」。

袁滋

袁相名滋，未達時，居復郢間。復州青溪山，秀麗無比。袁公因晴，登臨此山。行數里，逕漸幽小，阻絕無蹤。有人儒服，市藥爲業，結廬山之下。袁公與語，甚相狎，因留宿其舍。袁公曰：「此境山泉奇異，當爲靈仙之所都府。」儒生曰：「有道士五六人，蓋物外之士也。數日一來，莫知其所居處。與之雖熟，不肯細言。」袁公曰：「某可來相謁否？」曰：「彼其〔一〕惡人，然頗好酒。足下但求美醞一榼，或得見也。」袁公辭歸，後得美酒，挈而往。歷數宿，五人果來。布裘紗帽，藜杖草履，相見遂通寒暄，大笑，乃相與臨清澗，據石濯足戲調。儒生爲列席致酒，五人顧酒甚歡曰：「何處得此物來？且各三五盞。」儒生曰：「非某所能致，有客携來，願謁仙兄。」乃引袁公出，歷拜五人，相顧失色，悔飲其酒，兼怒儒生曰：「公不合以外人相擾。」儒生曰：「此人誠志，復是士流，許之從容，亦何傷也？」意遂漸解，見袁公謙恭特甚，乃時與笑語，目袁生曰：「坐。」袁生再拜就席。少頃酒酣，乃視袁公相謂曰：「此人似西華坐禪僧。」良久云：「真是。」便屈指計之曰：「此僧去來四十七年矣。」問

〔一〕「其」，太平廣記卷一五三袁滋傳作「甚」。

袁公之歲，適四十七，撫掌曰：「須求官職，福禄已至。」遂與袁公握手言别，過洞踰嶺，捫蘿跳躍，翩翩如飛，倏忽不見。袁公後乃登第，果拜相，領西蜀節制。

王水部

大曆中，有水部王員外者，篤好道術。雖居朝列，有布衣方藥之士，日與遊從。一日，有道侶數人在廳，王君方與談諧。會除厠裴老，携穢路側，密近廳所。王君妻令左右止之，因附耳於壁，聽道侶言，竊笑不已，王君僕使皆怪之。少頃，裴老傭事畢，王君將如厠，遇於户外。裴老斂衣，似有白事，曰：「員外甚好道。」王君驚曰：「老人安得知，莫有所解否？」對曰：「某曾留心，知員外酷似好道，然無所遇。適來廳上數人，大是凡流，但眩惑員外，希酒食而已。」王君異之，其妻罵之曰：「君身爲朝客，乃與穢夫交結。」遣人逐之，裴老笑請去，王君邀，從容曰：「老人請後日相訪。」王君齋沐淨室，裴老布袍曳杖而至，有隱逸之風。王君坐話，茶酒更進。裴老曰：「員外非真好道，乃是愛藥術，試鑪火可驗。」取一鐵合重二斤，分爲兩片，致於火中，須臾色赤。裴老解布衫，角〔一〕藥兩丸，小於麋粟，撚碎於合上，

〔一〕「解布衫，角」太平廣記卷四二裴老傳作「于布袍角解一小囊，取」。

復以火燒之，食頃，裴老曰：「成矣。」令王君僕使壯者，以火筯持之，擲於地，逡巡成金，色如雞冠。王君降禮，再拜而謝之。裴老曰：「此一兩敵常金三兩，然員外亦不用，留將施貧乏。」遂辭去，曰：「從此亦無復來矣。」王君曰：「願至仙伯高第申起居，容進否？」裴老曰：「可，蘭陵西坊大菜園後相尋。」遂別。王君乃易服往，果見小門。叩之，有蒼頭出曰：「莫是王員外否？」遂引入。堂宇甚新淨，裴老道服相迎，侍女十餘人，皆有殊色。茶酒果實甚珍，服用輝煥。迨晚，王君告去，裴老送出門。旬日再去，其第已爲他所質，裴老亦不知所在。

崔生

進士崔生，常遊青山〔一〕，解鞍放驢，無僕御，驢逸而走，馳之不能及。約行十里，至一洞口，時已曛黑，驢即奔入，崔生悚懼，不敢前進，力固疲矣，遂寢巖下。至曉，洞中微明，乃入十餘里，望見巖壑間有金城絳闕，而被甲執兵者守衛之。崔生知是仙境，乃告曰：「某塵俗之士，願謁仙翁。」守吏趨報，頃之召入。見一人居殿，服羽衣，身可丈餘，侍女數百，與崔

〔一〕「青山」，太平廣記卷二三崔生傳作「青城山」。

生趨拜，使坐與語，忻然留宿，酒味珍香，異果羅列。謂崔生曰：「此非人世府也，驢追益走者，余之奉邀也。蓋一女子，願事於君，此亦冥數前定耳。」生再拜謝，遂以女妻之。數日，令左右取青合中藥兩丸，與生服之。但覺臟腑清瑩，摩體若蟬蜕，瑩然嬰兒之貌。每朔望與崔生乘鶴，而上朝蘂宫。月餘，崔生曰：「某血屬在人間，請歸一決，非有所戀也。」仙公戒之曰：「崔郎不得淹留。」遂與符一通，「急有患禍，此可隱形，慎不可遊宫禁。」臨别，又與一符曰：「甚急即開。」乃命取一驢付之。崔生到京都，試往人家皆不見，因入内。會劒南進太真錦繡，乃竊其珍者。上曰：「計無賊至，此必爲妖取之。」遂令羅公遠作法，以朱字照之，寢殿户後，果得崔生。崔生具寫本末，上不信，令笞死。崔生乃出仙翁臨行之符，照公遠與持執者，當時絶倒，良久方起。啓上曰：「此人已居上界，不可殺也。縱殺之，臣等即受禍，亦非國之福。」上乃赦之，猶疑其事不實，遣數百人具兵服兼術士，送至洞口。復見金城絳闕，仙翁御殿，侍從森然。出呼曰：「崔郎不取吾語，幾至顛毁。」崔生拜訖，遂昇洞門。所送者欲隨之，仙翁以杖畫地成川，闊數丈。崔生妻擲一領巾，化爲五色絳橋，令崔生踏過，橋隨步即滅。既至洞口，崔生謂送人曰：「事只如此，可以歸。」須臾，雲霧四合，咫尺不見，唯聞鸞鶴簫籟之聲，遥望雲山而去，上方知其神仙也。

黄尊師

茅山黄尊師，法籙甚高。嘗於山前修觀，起天尊殿，置講求資，日有數千人。時講衆〔一〕初合，忽有一人，排門大呼，貌甚麄黑，言詞鄙陋，腰插驢鞭，如隨商客者。駡：「道士奴，時正熱，誘衆何事？自不向深山學修道業，何敢妄語？」黄師不測之，即輟講，遜詞謝之。衆人悉畏，不敢抵忤。良久，詞色稍和，曰：「如是聚集，豈不是要修堂殿耶？都用幾錢？」尊師曰：「要五千貫。」其人曰：「可盡輦破鐵釜及雜鐵來。」黄師疑是異人，遂遽令於觀内諸處收拾，約得鐵八百斤。其人乃掘地爲鑪，以火銷之，探懷中取一胡蘆，寫〔二〕出兩丸藥，以物攪之，少頃去火，已成銀。曰：「此合錢萬貫，若修觀計用有餘，請施貧乏。如所獲無多，且罷之。」黄師與徒衆皆敬謝，問其所欲，笑出門去，不知所之。後十餘年，黄師奉詔入京，忽於市街西見插驢鞭者，肩絆小複子，隨騎驢老人行，全無茅山氣色。黄欲趨揖，乃撥手指乘驢者，復連叩頭，黄但搕禮而已。老人髮盡白，視之如十四五女子也。

〔一〕「講衆」，太平廣記卷七二騾鞭客傳作「講筵」。
〔二〕「寫」，上書作「瀉」。

盧杞

盧相名杞，少時甚貧，與市嫗麻婆者，於東都廢宅稅舍以居。麻婆亦孑然，盧公常以疾卧月餘，麻婆憫之，常來爲作粥食。盧病愈，多謝之。後累日向晚自外歸，見金犢車子立麻婆户外，盧且驚異，密候之。見一女子年十四五，真神仙人。明日潛訪，麻婆曰：「郎君莫要作婚姻否？如是則爲請求之。」盧曰：「某貧賤，安敢輒有此意？」麻曰：「亦何妨。」既夜，麻婆曰：「事諧矣。請郎君清齋三日，會於城東廢觀。」既至，見古樹荒草，久無人居。逡巡，雷電震曜，風雨暴至，化爲樓臺，金鑪玉帳，景物華麗。俄有輜軿降空，即所見女子也。與盧相見曰：「某奉上帝命，遣人間自求匹偶，郎君有仙相，故遣麻婆傳意旨。更七日清齋，當再奉見。」女子呼麻婆，付藥兩丸。須臾，雷電黑雲，女子忽失所在，古樹荒草，蒼然如舊。麻婆與盧遂歸。又清齋七日，钁地種藥，適已蔓生，未移刻，二胡蘆生於蔓上，漸大如兩斛甕許，麻婆以刀刳其中。及七日之期，與盧公各處其一，仍令盧公具油衣三領。風雲忽起，騰上碧霄，耳中唯聞波濤之聲，迤邐東去。又謂盧公曰：「莫寒否？」令著油衣，如冰雪中行，復令著至三重，即甚温暖，謂麻婆曰：「此去洛陽多少？」婆曰：「已八萬里。」良久，胡蘆止息，遂見樓臺，皆以水晶爲墻垣，被甲仗者數人。麻婆引盧公入，見女子居殿，侍從女數百人。命盧公坐，具酒饌。麻婆屏息，立於諸衛之下。女子謂盧公曰：「郎君合得三事，取一事可者言之。若欲長留此宮，壽與天畢；次爲地仙，常居人間，時得至此；下爲中國宰相，如何？」盧生曰：「在此實爲上願。」女子喜曰：「此水晶宮也，某爲太陰夫人，仙格已高，郎君便當白日昇天，須執志堅一，不得改移，以致相累也。」仍須啓上帝。」乃索青紙爲寫素，當庭拜奏。少頃，聞東北喧然，聲云：「帝使至。」太陰夫人與諸仙趨降，俄有幢節香幡，引朱衣少年立於階下。朱衣宣帝命公：「得太陰夫人狀云：『盧杞欲住水晶宮』，如何？」盧公無言。夫人但令疾應，又無言。夫人及左右大懼馳入，取鮫綃五疋以賂使者，欲其稽緩。食頃間，又問盧杞：「欲求水晶宮住否？欲地仙否？欲人間宰相否？」盧公大呼曰：「欲得人間宰相。」朱衣趨去，太陰夫人失色，令麻婆速領回。遂入胡蘆，依前聞風雨之聲，至地，遂到舊居。塵榻儼然，時已中夜，胡蘆與麻婆俱不見矣，杞後果爲相。

盧李二生

昔有盧李二生，隱居太白山讀書，兼習吐納導引。一旦李生告歸曰：「某不能甘於寒苦，且浪跡江湖。」決別而去。後李生爲橘子園吏隱欺，折官錢數千貫，羈縻不得他去，貧悴日甚。偶過揚州阿師橋，逢見一人，草履麻衣，視之乃盧生也，昔號二舅。李生與之語，哀其衣弊。盧生大罵曰：「我貧賤何耻？公不外物，投身凡冗之所，又有積負，且攖囚拘，尚何面目以相見乎？」李生原謝，二舅笑曰：「居所不遠，翌日馳馬奉迎。」至旦，果有一僕御駿足而來，云：「二舅邀郎君。」既去，馬疾如風，出城之南，行數十里，路側有朱門斜開，二舅出，星冠霞帔，容貌光澤，侍女數十人，與橋下儀質全別。邀李生中堂宴饌，名花異木，疑在仙府。又累出藥品，悉皆珍奇。既夕，引李生坐北亭，置酒曰：「適命得佐酒者，頗善箜篌。」須臾，紅燭引一女子至，容貌極麗，新聲甚嘉。李生視箜篌上有朱書十字云：「天際識歸舟，雲間辨江樹。」罷酒，二舅曰：「莫願作婚姻否？此人名家，質貌兼美。」李生曰：「某安敢及此？」二舅許爲成之。又曰：「公所負官錢幾何？」曰：「二千貫。」乃與一拄杖曰：「將此於波斯店內取錢，可從此學道，無自穢身陷鹽〔一〕也。」迨晚，僕人復御前馬至，二舅令李生去，送出門。洎歸，頗疑訝爲神仙矣。即以柱杖詣波斯店，其輩見杖曰：「何以得之？」依語付錢，遂得免縶而去。既驚且異，乃再往盧二舅所居，將謝之，即荒草原地而已，悵望而歸。其年往汴州，行軍陸長源以女嫁之。既見，頗類盧二舅北亭見者。復解箜篌，仍有朱字，視之，果見天際之句也。李生具説楊州城南盧二舅亭中筵宴之事。女曰：「某

〔一〕「鹽」，太平廣記卷十七盧李二生作「鹽鐵」。

少年兄弟戲書之句，嘗夢見云仙官追，如公所言也。」李生嘆訝之甚，後竟不能得遇。

李石

唐相李石，未達時頗好道。嘗遊嵩山，荒草中間有人呻吟聲，視之乃病鶴。鶴乃人語曰：「某已爲仙，厄運所鍾，爲樵者見傷，一足將折，須得人血數合，方能愈也。君有仙骨，故以相託。」李公解衣，即欲刺血。鶴曰：「世間人少，公且非純人。」乃拔一眼睫曰：「持往東都，但映照之，即知矣。」李公中路自視，乃馬首也。至洛陽，所遇頗衆，悉非全人，或犬彘驢馬首。偶於橋上見一老翁騎驢，以睫照之，乃人也。李公敬揖，具言病鶴之事。老翁忻然下驢，宣臂刺血。李公以小瓶盛之，持往鶴所，濡其傷處，裂衣封裹。鶴謝曰：「公即爲明皇時宰相，後當輕舉，相見非遥，愼勿墮志。」李公拜之，鶴冲天而去。

李主簿

近有選人李主簿者，新婚東出關，過華嶽廟，將妻入謁金天王。妻拜未終，氣絶而倒，唯心上微暖。舁歸客邸，馳馬詣華陰縣求醫術之人。縣宰曰：「葉仙師善術，奉詔投龍迴，去此一驛，公可疾往迎之。」李公單騎馳去，約十五餘里遇之。李公下馬伏地，流涕敬拜，具言其事。仙師曰:「何等妖魅,乃敢及此。」遂與李公先行,謂從者曰:「鞍馱速驅來,持朱鉢及筆。」至舍已聞哭聲。仙師入見曰:「事急矣,且將墨筆及紙來。」遂書一符,焚香以水噀之。符北飛走。聲如飄風,良久無應。仙師怒,又書一符,其聲如雷,頃之亦無驗。少時鞍馱到,取朱筆。令李公左右煑少許薄粥,以候其起。乃以朱書一符,噴水叱咤之,聲如霹靂。須臾,口鼻有氣,眼開,良久能言。問其狀,曰:某初拜時,金天王曰:「好夫人。」第二拜云:「留取。」遣左右扶歸院。適已三日,親賓大集。聞敲門,門者走報,王曰:「何不逐却?」乃第一符也。逡巡,門外鬧甚,門者數人細言於王,王曰:「且發遣。」是第二符也。俄有赤龍飛入,王扼喉纔能出聲,曰:「放去。」某遂有人送出,第三符也。李公罄囊以謝之,是知靈廟,女子不得入也。

盧常師

秘書少監盧常師,進士擢第。性恬淡,不樂軒冕,世利蔑然無留意。因棄官之東洛,謂所親曰:「某與浙西魚尚書故舊,旬日當謁去。」又曰:「某前身是僧,坐禪處猶在會稽,亦擬自訪遺跡。」家人亦怪其將遠行而不備舟檝,不旬日而卒。

裴令公

裴令公少時，有術士云：「命屬北斗廉貞星將軍，宜每以清酒名果敬祭，當得冥助也。」裴公自此，未嘗懈怠。及爲相，機務繁迫，乃遺始志，心或不足，未始言於人，諸子亦不知。在京，有道者來，宿于裴公第。中夜謂曰：「相公昔年尊奉天神，何故中道而止？崇護不已，亦有感於相公。」裴公心知其廉貞，不知靈應。後爲太原節度使，家人染疾，召女巫視之。有彈胡琴巫顛而倒之，良久，蹶然而起曰：「請見相公，廉貞將軍遣某傳語，何大無情，都不相知也。將軍怒甚，相公何不敬謝之。」裴公大驚，女巫曰：「當擇良日齋潔，於靜院焚香設酒果，將軍亦欲示見於相公。」别日，裴公沐浴具朝服，立於階前，東南奠酒再拜。見神披金甲，持朱戈，身長三丈餘，南嚮而立。裴公驚悚流汗，俯伏於地不敢動，少頃即不見。問左右，皆曰無之。自是裴公尊奉，有踰厥初。

雲笈七籤卷之一百一十三下

傳 續仙

續仙傳序

古今神仙，舉世知之。然飛騰隱化，俗難〔一〕可覩。先賢有言曰，人間得仙之人，且千不聞其一，況史書不載〔二〕神仙之事，故多不傳於世。詳其史意，以君臣父子理亂忠孝之道，激勵終古也。若敦尚虛無自然之迹，則人無所拘制矣！史記言三神山在海中，仙人居金銀宫闕，不死之藥生其上。人有欲往者，則風引舟而去，終莫能到。斯亦激勵拘制之意也。大哉神仙之事，靈異罕測。述云〔三〕：初之修也，守一鍊氣，拘謹法度，孜孜辛勤，恐失

〔一〕「難」，道藏本續仙傳序作「稀」。
〔二〕「載」，上序作「長」。
〔三〕「述云」二字，上序無。

於纖微。及其成也，千變萬化，混跡人間，或藏山林，或遊城市。其飛昇者，多往海上諸山，積功已高，便爲仙官，卑者猶爲仙民。何者？十洲間動有仙家數十萬，耕植芝田，課計頃畝，如種稻焉。是有仙官，分理仙民，及人間仙凡也。其隱化者如蟬蜕，留皮換骨，鍊氣養形質〔一〕於巖洞，然後飛昇，成於真仙，信非虛矣！汾生而慕道，常媿積習。及長，遊歷宦途，周遊寰宇。凡接高尚所説，或覽傳記，兼復聞見，皆銘於心，而書於牘。又以國史不書，事散於野，矧當中和兵火之後，墳籍猶闕，詎有秉筆記而述作者？處世斯久，人漸稀傳，惜哉他時寂無遺聲，今故編録其事，分爲三卷，冀資好事君子學道之人譚柄，用顯真仙者哉！朝請郎前行溧水縣令兼監察御史賜緋魚袋沈汾撰。

玄真子

玄真子姓張名志和，會稽山陰人也。博學能文，進士擢第，善畫，飲酒三斗不醉。守真養氣，卧雪不寒，入水不濡。天下山水，皆所遊覽。魯公顏真卿與之友善。真卿爲湖州刺

〔一〕「質」，道藏本續仙傳序無。

史，與門客會飲，乃唱和爲漁父詞。其首唱即志和之詞，曰：「西塞山邊白鳥飛[一]，桃花流水鱖魚肥。青箬笠，緑蓑衣，斜風細雨不須歸。」真卿與陸鴻漸徐士衡李成矩共唱和二十五首，遞相誇賞。而志和命丹青剪素，寫景夾詞，須臾成五本，花木禽魚，山水景像，奇絶蹤跡，今古無倫。而真卿與諸賓客傳翫，歎伏不已。其後真卿東遊平望驛，志和酒酣爲水戲，鋪席於水上，獨坐飲酌嘯詠。其席來去遲速如刺舟聲，復有雲鶴隨覆其上。真卿親賓參佐觀者，莫不驚異。尋於水上揖手以謝真卿，上昇而去。今猶有傳寶[二]其畫在人間者。

藍采和

藍采和，不知何許人也。常衣破藍衫，六銙黑木腰帶闊三寸餘。一脚著靴，一脚跣行。夏則衫内加絮，冬則卧於雪中，氣出如蒸。每行歌於城市乞索，持大拍板長三尺餘，常醉踏歌，老少皆隨看之。機捷諧謔，人問應聲答之，笑皆絶倒，似狂非狂。行則振鞋踏歌云：「踏踏謌，藍采和。世界能幾何？紅顔一春樹，流年一擲梭。古人混混去不返，今人紛紛來

[一]「西塞山邊白鳥飛」，全唐詩卷三〇八張志和漁父歌「邊」作「前」，「鳥」作「鷺」。
[二]「傳寶」，太平廣記卷二七玄真子傳作「寶傳」。

更多。朝騎鸞鳳到碧落，暮見桑田生白波。長景明輝在空際，金銀宮闕高嵯峩。」歌詞多率爾而作，皆神仙意，人莫之測。但以錢與之，繩穿拖行。或散失亦不迴顧，或見貧人即與之，或與酒家。周遊天下，人有爲兒童時見者，及斑白見之，顏狀如故。後踏歌濠梁間，於酒樓上乘醉，有雲鶴笙簫聲，忽然輕舉，於雲中擲下靴衫腰帶拍板，冉冉而去。其靴衫等，旋亦失亡。

朱孺子

朱孺子，永嘉安固人也。幼而師道士王玄真〔一〕，居大箬巖。巖即陶隱居修真誥於此，亦爲真誥巖，巖之西有陶山在焉。勤苦事於玄真，深慕仙道，常登山嶺，採黄精服餌，歷十餘年。一日就溪濯蔬，見岸側二小花犬，孺子異之，乃尋逐入枸杞叢下。歸告玄真，訝之，遂與孺子俱往伺之，復見二犬戲躍，逼之，又入枸杞下。玄真與孺子共尋掘，乃得二枸杞根，形狀如花犬，堅若石。洗挈歸以煑之，而孺子益薪看火，三日晝夜不離竈側。試甞汁味，取喫不已。及見根爛，以告玄真，共取食之。俄頃，孺子忽飛昇在前峯上，玄真驚異久之，孺子謝別玄真，

〔一〕「王玄真」，道藏本續仙傳卷上朱孺子傳作「王元正」，下同。

昇雲而去，到今俗呼其峯爲童子峯。玄真後餌其根盡，不知其年壽，亦隱於巖之西陶山，有採捕者時或見之。

王老

王老，坊州宜君縣人也。居于村野，頗好道愛客，務行陰德爲意〔一〕，其妻亦同心不倦。一日有繿縷道士造其門，王老與妻俱迎禮之。居月餘間，日與王老玄談盃酌，甚相歡洽。俄患惡瘡徧身，王老乃求醫藥，看療益加勤切，而瘡日甚，迨將逾年。道士曰：「此不煩以凡藥相療，但得數斛酒浸之自愈。」於是王老爲精潔釀酒，及熟，道士言以大甕盛酒，吾自加藥浸之。遂脱衣入甕，三日方出，鬢髮俱黑，而顔復少年，肌若凝脂。王老闔家視之驚異。道士謂王老曰：「此酒可飲，能令人飛昇上天。」王老信之，初甕酒五斛餘，及窺三二斗在爾，清泠香美，異於常酒。時方與二人持麥次，遂共飲，皆大醉。道士亦飲，云「上天去否」？王老曰：「願隨師所適。」於是祥風忽起，綵雲如蒸，屋舍草樹，全家人物雞犬，一時飛去，空中猶聞打麥聲，數村人共觀望驚歎。惟猫鼠棄而不去。風定，其賃持麥二人，乃遺在

〔一〕「頗好道愛客，務行陰德爲意」，道藏本續仙傳卷上王老傳「意」作「善」，無「愛客」二字。

別村樹下，後亦不食，皆得長年。今宜君縣西三十里，有昇仙鄉存焉。

侯道華

侯道華，自言峨嵋山來，泊於河中永樂觀，若風狂人，衆道士皆輕易之。而道華能斤斧，觀舍有所損，悉自修葺，登危歷險，人所難及處皆到。又爲事賤劣，有客來，不問道俗凡庶，悉爲擔水汲湯，濯足浣衣。又淘溷灌園，辛苦備歷，以資於衆。衆益賤之，驅叱甚於僕隸，而道華愈忻然。又常好子史，手不釋卷，一覽必誦之於口。衆或問之，要此何爲？答曰：「上天無愚懵仙人。」衆咸笑之。經十餘年，殿梁上或有神光，人每見之。相傳云，開元年中有劉天師，嘗鍊丹成，試犬犬死，而人不敢服，藏之於殿梁，皆謂妄言。忽暴風雨，殿微損，道華乃登梁，復見光於梁上陷中，鑿起木，得一合，三重內有小金合子有丹，遂吞之，擲下其合。吞丹訖，遽無變動，謂之虛誑。忽一日入市醉歸，其觀前素有松樹偃蓋，甚爲勝景。道華乃著木履上樹，悉斫去松枝，羣道士屢止之不可，但斫曰：「他日礙我上昇處。」衆人常爲風狂，怒之且甚。適永樂縣令至，其公人觀見斫松，深訝之。衆具白於縣官，於是責辱之，道華亦忻然，後七日，道華晨起，沐浴裝飾，焚香曰：「我當有仙使來相迎。」但望空拜不已。衆猶未信，須臾人言，見觀前松上有雲鶴盤旋，笙簫響亮，道華忽飛在松頂坐。久云：「我受玉皇詔授仙臺郎，知上清宮善信院，今去矣。」俄頃，雲中仙衆作樂，幡幢隱隱，凌雲而去。

之，衆甚驚忙，永樂縣官速道俗奔馳瞻禮，其責辱道華縣官叩搕流血。道華撝手以謝道俗

馬自然

馬湘字自然，杭州鹽官人也。世爲縣之小吏，而湘獨好經史，攻文學。乃隨道士，天下遍遊。後歸江南，而常醉於湖州，墮霅溪，經日而出，衣不濕，坐於水上而來，言適爲項王相召，飲酒欲醉，方返溪濱。觀者如雲，酒氣猶衝人，狀若風狂，路人多隨看之。又時復以拳入鼻，及出拳，鼻如故。又指溪水令逆流食頃，指柳樹隨溪水走來去，指橋令斷復續。後遊常州，遇馬植出相任常州刺史，素聞湘名，乃邀相見，迎禮甚異之。植問：「道兄幸同宗姓，欲爲兄弟，冀師道術，可乎？」湘曰：「相公何望？」曰：「扶風。」湘戲曰：「相公扶風馬，湘則馬風牛。但且相知，無徵同姓。」意言與植風馬牛不相及也。然植留之郡齋，益敬之。或飲會次，植請見小術。乃於席上以瓷器盛土種瓜，須臾引蔓，生花結實，取食衆賓，皆稱香美，異於常瓜。又於遍身及襪上摸錢，所出不知多少，擲之皆青銅錢，撮投井中，呼之一一

飛出，人有收〔一〕取者，頃復失之。又植言，此城中鼠極多。湘書一符，令人帖於南壁下，以筋擊盤長嘯，鼠成羣而來，走就符下俯伏。湘乃呼鼠，有一大者近堦前。湘曰：「汝毛蟲微物，天與粒食，何得穿穴屋宇，晝夜撓於相公？且以慈憫爲心，未能殺汝，宜便率衆離此。」大鼠乃迴羣鼠前，皆叩頭謝罪，遂作隊莫知其數，出城門去，自此城内便絶鼠。

後南遊越州，經洞巖禪院，僧三數百人方齋，而湘與婺州永康縣牧馬巖道士王知微、弟子王延叟同行，僧見湘知微到，踞而食，略無揖者，但使以飯〔二〕。湘不食，促知微延叟速食而起，僧齋未畢。及出門，又促速行，到諸暨縣南店中，約去禪院七十餘里。深夜聞尋道士聲，主人遽應：「此有三人。」問者極喜，請於主人，願見道士。及入，乃二僧，見湘但禮拜哀鳴，曰：「禪僧不識道者，昨失迎奉，致貽責怒，三數百僧到今下牀不得，某二僧是主事，且不坐，所以得來，固乞捨之。」湘惟睡而不對，知微延叟但笑之。僧愈哀乞，湘起曰：「此後無以輕慢人爲意。迴去入門，僧輩當能下牀。」僧迴，果如其言。湘翌日又南行，時方春，見一家好松菜，求之不得，仍聞惡言。命延叟取紙筆，知微言：「求菜見阻，誠無訟理。況在

〔一〕「收」原作「以」，據道藏本續仙傳卷上馬自然傳改。

〔二〕「但使以飯」，上書及太平廣記卷三三馬自然傳「使」作「資」，仙鑑卷三六馬湘傳作「但使人以飯」。

道門，詎宜施之？」湘笑曰：「我非訟者也，作小戲爾！」於是延叟捧紙筆，湘畫一白鷺鷥，以水噴之，飛入菜畦中啄菜。其主人趕起，又飛下再三。湘又畫一猧子，走趕捉白鷺鷥，共踐其菜，碎盡不已。其主人見道士戲笑，求菜致此，慮復爲他術，即來哀求。湘曰：「非求乞菜也，故相戲爾！」於是呼鷺及猧，皆飛走投入湘懷中，視菜如故，悉無所損。

又南遊霍桐山，入長溪縣界，夜投旅店，宿舍小而行旅已多，主人戲言：「無宿處，道士能壁上睡即相容。」已逼日暮，知微延叟曰：「祗能舍宿，爭會壁睡？」湘曰：「爾但俗旅中睡，我坐可到明。」衆皆睡，而湘躍身梁上，一脚掛梁倒睡。適主人夜起，燭火照見，大驚異。湘曰：「梁上猶能，壁上何難？」而入壁久之不出。主人祈謝移時，請知微延叟入家內淨處，方出。及旦，主人留連，忽失所在。知微延叟前行數里尋求，已在路傍。自霍桐迴永康縣東天寶觀駐泊，觀前有大枯松，湘指之曰：「此松已三千年餘，即化爲石。」自後果化爲石。忽大風雷震石倒山側，作數截。楊發自廣州節度責授婺州刺史，發性尚奇異，知之，乃徙兩截就郡齋，致〔一〕之龍興寺九松院，各高六七尺，徑三尺餘，其石松皮鱗皴，今猶存焉。或有告疾者，湘無藥，但以竹杖打病處，腹內及身上百病，以竹杖指之，口吹杖頭如雷鳴，便

〔一〕「致」前，道藏本續仙傳卷上馬自然傳有「兩截」二字。

愈。有患腰馳脚曲持拄杖而來者，亦以杖打之，令放拄杖，應手便伸展。時有以財帛與湘，阻讓不免，留之，復散與貧人。所遊行之處，或宮觀巖洞，多題詩句。其登杭州秦望山詩曰：「太一初分何處尋？空留歷數變人心。九天日月移朝夕，萬里山川换古今。風動水光吞遠嶠，雨添嵐氣没高林。秦皇謾作驅山計，滄海茫茫轉更深。」

後歸故鄉省兄，適兄遠出，嫂姪喜歸。湘告曰：「我與兄共此宅，今歸要分，我惟愛東園爾。」嫂姪異之，小叔久離家歸來，兄猶未見面，何言分地？骨肉之情，必不忍如此。駐留三日，嫂姪訝之不食，但飲酒而已〔一〕，待兄不歸，及夜遽卒。明日兄歸問，妻子具以實對。兄感慟，乃曰：「弟學道多年，非歸要分宅，是歸託化於我，以絶思望耳。」乃棺殮之，其夕棺輷然有聲，一家驚異，乃葬於東園，時大中十年也。明年東川奏，劒州梓桐縣道士馬自然，白日上昇。湘於東川謂人曰：「我鹽官人也，新羽化於浙西，今又爲玉皇所詔，於此上昇。」以其事奏之，遂勑浙西道杭州覆之，發塚視棺，乃一竹杖而已。

〔一〕「已」字原無，據道藏本續仙傳卷上馬自然傳增。

鄔通微

鄔通微，不知何許人也。爲道士，神氣清爽，静默虚夷，或吟或醉。多遊於洪州名山，見之多年，或十數年不見，則顔狀益少於當時，如此，識者不測。其服煉丹藥，遊行無定〔一〕，後於酒樓乘醉飛昇而去。

許碏

許碏，自稱高陽人也。少爲進士，累舉不第。晚學道於王屋山，周遊五嶽名山洞府，後從峨嵋山經兩京，復自荆襄汴宋抵江淮，茅山天台四明仙都委羽武夷霍桐羅浮，無不遍歷。到處皆於懸崖峭壁人不及處，題云：「許碏自峨嵋尋偃月子到此。」覩筆蹤者，莫不歎其神異，竟莫詳偃月子也。後多遊廬山，甞醉吟曰：「閬苑花前是醉鄉，踏以冉切。翻王母九霞觴。羣仙拍手嫌輕薄，謫向人間作酒狂。」好事者詰之，曰：「我天仙也。方在崑崙就宴，失儀見謫。」人皆笑之，以爲風狂。後當春景，插花滿頭，把花作舞，上酒樓醉歌，昇雲而去。

〔一〕「無定」原作「定止」，據道藏本續仙傳卷上鄔通微傳改。

金可記

金可記，新羅人也。賓貢進士，性沉靜好道，不尚華侈。或服氣煉形，自以爲樂。博學强記，屬文清麗。美姿容，舉動言談，迥〔一〕有中華之風。俄擢第不仕，隱於終南山子午谷葺居，懷退逸之趣，手植奇花異果極多。常焚香静坐，若有念思，又誦道德及諸仙經不輟。後三年，思歸本國，航海而去。復來衣道服，却入終南，務行陰德，人有所求無阻者，精勤爲事，人不可偕也。大中十一年十二月上表言：「臣奉玉皇詔，爲英文臺侍郎，明年二月十五日當上昇。」時宣宗頗以爲異，遣中使徵入内，固辭不就。又求見玉皇詔，辭以爲别仙所掌，不留人間。遂〔二〕賜宫女四人，香藥金綵，又遣中使二人專看待〔三〕。然可記獨居〔四〕静室，宫女中使多不接近。每夜聞室内常有人談笑聲，中使竊窺，但見仙官仙女各坐龍鳳之

〔一〕「迥」原作「迴」，據道藏本續仙傳卷上金可記傳改。
〔二〕「遂」原作「道」，據上書改。
〔三〕「看待」，上書作「看侍」。
〔四〕「居」原作「房」，據上書改。

上，儼然相對，復有侍衛非少，而宮女中使不敢輙驚。二月十五日春景妍媚，花卉爛熳，果有五雲嘆鶴，翔鸞白鵠，笙簫金石，羽蓋瓊輪，幡幢滿空，迎之昇天而去。朝列士庶觀者填溢山谷，莫不瞻禮歎異焉。

宋玄白

宋玄白，不知何許人也。爲道士，身長七尺餘，眉目如畫，端美肥白，言談秀麗，人見皆愛之。頗有道術，夏則衣綿，冬則單衣卧於雪中，去身一丈餘周匝，氣出如蒸，而雪不凝。又指燈即滅，指人若隙風所吹颼颼然，指庭間花草颭颭而動。多遊名山，自茅山出潤州希玄觀，入括蒼洞辟穀服氣。或時食㲉肉五斤，以蒜虀一盆撮喫畢，即飲酒二斗，用一白梅。人有求得其一片蒜食之者，言不作蒜氣味，如異香〔一〕，終日在齒舌間，香不歇。得食之者頗多，而畢身無病，壽皆八九十。玄白到處，住則以金帛求置二三美妾，行則捨之，人皆以爲得補腦還元之術。又遊越州，適大旱，方暴尫樂龍以祈雨，涉旬亢陽愈甚。玄白見之，以爲凡所祈雨，須候天命，非上奏無以致之。乃於所止觀焚香上祝，經夕大霔，雨告足，越人

〔一〕「言不作蒜氣味，如異香」，道藏本續仙傳卷上宋玄白傳作「言不作蒜味，有如異香」。

大神異之。復到信州，又逢天旱祈禱，有道士知玄白能致雨，州人乃請之，遽作術，飛釘釘城隍神雙目。刺史韋德隣誑〔一〕其貯婦女，復釘城隍神，此妖怪也，將加責辱。使健步輩欲向之，手脚皆不能動，悉自仆倒，枷杖亦自摧折。玄白笑謂德隣曰：「使君忏悮〔二〕劉根，欲誅罰祖禰也。」德隣方懼祈謝，須臾禮而遣之。其靈屢施，不可備録。後於撫州南城縣，白日上昇而去。

賀自真

賀自真，莫究其所來也。爲道士，居嵩山，有文學，爲事高古，常焚修精勤。年少，人亦不知其甲子，然道俗相傳，見之多年矣！皆不甚爲異。一日，雲鶴滿空，聲樂清亮，自真忽飛昇而去。時有處士陳陶在東都，見洛城人觀望瞻禮，驚歎不已，乃爲詩曰：「子晉鸞飛古洛川，金桃再熟賀郎仙。三清樂奏嵩丘下，五色雲屯御苑前。朱頂舞翻迎絳節，青鬟歌對駐香軿。誰能白晝相悲泣，太極光陰幾萬年？」

〔一〕「誑」，道藏本續仙傳卷上宋玄白傳作「恠」。

〔二〕「忏悮」，上書作「不悟」，太平廣記卷四七宋玄白作「干忤」。

鄧去奢

鄧去奢，衢州龍丘人也，家住於九峯山下。少入道，遊學道術，精思忘疲。年三十餘，便居處州松陽縣安和觀，其觀即葉靜能故鄉學道之所。而觀北五里有卯山，高五十餘丈，相傳云，漢張天師及葉靜能皆居此山修道。去奢慕前事，登其〔一〕山，結菴以居。後觀中道士相率山下居人，爲構屋及造堂殿，設老君張天師像及葉靜能真影，朝夕焚修朝禮。山東南有一方石，闊二丈餘，平若砥，蓋天然也。去奢常坐其上，拱默靜想。一旦感神人謂之曰：「張天師有斬邪劍二口并瓶貯丹，在此石下，可以取之。」去奢謝神人曰：「此石天設，非人力可加，自惟荒謬，守真而已。託兹山棲獲安，久蒙聖佑，丹之與劍，詎可輒取？」神人曰：「但勤修無怠，劍丹自可立致。」後三年，神人乃以劍丹送於去奢。劍乃張天師七星劍，丹以石匣藏之，一瓶貯之，傾藥有斗餘，如麻子，紅色光明。去奢自服及施人，有疾皆愈。時麗水縣人華造，因中和年荒亂之後，擁土人據巖險。浙東連帥具以上聞，朝廷議欲息兵，乃授造以刺史。而造凶險，聞去奢神與劍丹，乃以兵圍其山，取去奢并劍丹到州，奪其劍、

〔一〕「其」原作「具」，據道藏本續仙傳卷上鄧去奢傳改。

丹，而囚鎖去奢於空室中。時方炎暑，一月日不與之水，造謂〔一〕去奢已斃矣。及開室，見神色儼然，顏狀紅白，愈於來時。造驚異，乃却送去奢歸山，劒、丹留之。一夜，風雷飛鳴失所，去奢聞劒〔二〕却歸石下爾。後居山十五年餘，每言：「常見龍虎異鳥行於庭際。」安和觀道士多寓山頂燒奏，見龍虎鳥跡，咸驚異之。去奢不食多年，或人穢觸其山，春冬則猛獸來驚，秋夏則毒蛇所螫。去奢又言：「每雷雨只在山半，常見雲龍、雷公、電姥、神鬼甚衆，或到此相見，咸有禮焉。」又寄宿道士夜聞去奢所居静室若與人談話，竊窺之，惟聞異香滿室及環珮聲，或見有戴遠遊冠絳服螺髻垂髮碧綃衣男女四人對坐，侍從皆玉童玉女，光明照身，復有神人遠立於側。而道士皆不敢驚，但虔敬而已。一日，去奢告道士曰：「恐當離此山去，不長相見也。」後數日，有綵雲鸞鵠，聲樂滿空，徘徊山頂，後有軿輿幡幢，靈官駕龍鹿皆五色，亦騎鸞鳳，迎去奢昇天而去。山下道俗，觀望者甚衆。

〔一〕「謂」原作「爲」，據道藏本續仙傳卷上鄷去奢傳改。
〔二〕「劒」，上書作「神仙告」。

孫思邈

孫思邈，京兆華原人也。七歲就學，日誦千言。及長，好談莊老百家之説。周宣帝時，以王室多事，隱於太白山學道，鍊氣養形，求度世之術。洞曉天文推步，精究醫藥，審察聲色，常藴仁慈，凡所舉動，務行陰德，濟物爲功。偶出路行，見牧牛童子殺小蛇〔一〕，已傷血出。思邈求其童，脱衣贖而救之，以藥封裹，放於草内。復月餘出行，見一白衣少年，僕馬甚壯，下馬拜思邈，謝以言曰：「小弟蒙道者所救。」思邈聞之，不以爲意。少年復拜思邈，請以别馬載之，偕行如飛，到一城郭，花木正春，景色和媚，門庭焕赫，人物繁雜，儼若王者之居，少年延思邈入，見一人〔二〕端正美貌，白帢帽〔三〕絳衣，侍從甚衆，欣喜相接，謝思邈曰：「深思道者，故遣兒子相迎。前者小兒獨出，忽爲愚人所傷，賴脱衣贖救，獲全其命。此中血屬非少，共感再生之恩，今得面道者，榮幸足矣。」俄頃延入，若宫闈内，見中年女子

〔一〕「小蛇」，道藏本續仙傳卷中孫思邈傳作「小青蛇」。
〔二〕「人」字原無，據上書增。
〔三〕「白帢帽」原作「袷帽」，據上書改。

領一青衣小兒出，再三拜謝思邈曰：「此兒癡騃，爲人傷損，賴救免害。」思邈省記，嘗救青蛇，即訝此何所也？又見左右皆閹人宮妓，呼帢帽爲君王〔一〕，呼女子爲妃后，心異之，潛問於左右，曰：「此涇陽水府也。」王者乃命賓寮設酒饌妓樂，以宴思邈，辭以辟穀服氣，惟飲酒爾。留連三日，問其欲，對曰：「山居樂道，思真鍊神，目雖所窺，心固無欲。」乃以輕綃珠金贈行，思邈堅辭不受。曰：「道者不以此爲意耶！何以相報？」乃命其子取龍宮藥方三十首與先生〔二〕：「此真道者可以濟世救人。」俄復命僕馬送先生歸山。既歸，深自爲異，歷試諸方，皆若神效。後著千金方三十卷，散龍宮方在其內。又以聲色診人之疾，著脈經一卷，大行於世。隋文帝輔政，徵爲國子博士，不就，嘗謂人曰：「過此五十年，當有聖人出，吾方助之，以濟生人。」至唐太宗時，召詣京師，訝其容貌甚少，曰：「故知有道者，誠可尊重，羨門之徒，豈虛言哉！」將授以爵位，固辭不受。高宗初，拜諫議大夫，復固辭，時〔三〕

〔一〕「呼帢帽爲君王」原作「呼袷帽君王」，據道藏本續仙傳卷中孫思邈傳改。

〔二〕「與先生」，上書作「與思邈，謂曰」。

〔三〕「時」原作「盛」，據上書及大唐新語卷十孫思邈傳改。

年九十餘，視聽不衰。范陽盧照隣有盛〔一〕名，而染惡疾，嗟稟受之不同，昧遐夭〔二〕之殊致，問於思邈曰：「名醫愈疾，其道如何？」對曰：「吾聞善言天者必質於人，善言人者必本於天。夫天有四時五行，寒暑迭代，其轉運也，和而爲雨，怒而爲風，凝而爲霜雪，張而爲虹蜺，天地之常數也。人有四肢五藏，一覺一寐，呼吸吐納，動而爲往來，流而爲榮衞，彰而爲氣色，發而爲音聲，此人之常數也。陽用其精，陰用其形，天人之所同也。及其失也，蒸則生熱，否則生寒，結而爲疣贅，陷而爲癰疽，奔而爲喘息，竭而爲焦枯〔三〕，診發乎面，變動乎形。推此以及天地，則亦如彼。故五緯盈縮，星辰失度，日月錯行，彗孛流飛，此天地之疾疹也；寒暑不時，此天地之蒸否也；石立土湧，此天地之疣贅也；山崩地陷，此天地之癰疽也；奔風暴雨，此天地之喘乏也；雨澤不時，川源涸竭，此天地之焦枯也。良醫導之以藥石，救之以針劑；聖人和之以道德，輔之以人事。故體〔四〕有可愈之疾，天地有可銷之

〔一〕「盛」原作「時」，據道藏本續仙傳卷中孫思邈傳及大唐新語卷十孫思邈傳改。

〔二〕「遐夭」，大唐新語卷十孫思邈傳作「彭殤」。

〔三〕「竭而爲焦枯」原作「竭此而爲焦枯」，據上書及道藏本續仙傳卷中孫思邈傳删。

〔四〕「體」原作「人」，據上二書改。

災。」又曰：「膽欲大而心欲小，智欲圓而行欲方。詩曰：『如臨深淵，如履薄冰。』謂小心也。『赳赳武夫，公侯干城。』謂大膽也。『不爲利迴，不爲義疚〔一〕。』行之方也。『見機而作，不俟終日。』智之圓也。」其文學也穎出，其道術也不可勝紀。高宗後無何，制授承務郎，致之尚藥局，不就。永徽三年二月十五日，晨起沐浴，儼其衣冠，端拱以坐，謂子孫曰：「我爲世人所逼，隱於洞府修鍊，將昇無何之鄉，臣於金闕，不能應召往來。」俄而氣絶，遺令薄葬，不設盟器牲牢之奠。月餘顔色不變，舉屍入棺，如空衣焉，已尸解矣。

張果

張果隱於恒州條山，往來汾晉間，時人傳有長生祕術。耆老云，爲兒童時人見之，自言數百歲矣。唐太宗高宗徵之不起，則天召之出山，佯死於妬女廟前。時方炎暑，須臾臭爛生蟲，於是則天信其死矣。後有人於恒州山中復見之。開元二十三年，明皇詔通事舍人裴晤馳驛於恒州迎之，果對晤氣絶而死。晤乃焚香，宣天子求道之意，俄頃漸蘇。晤不敢逼，馳還奏之。乃命中書舍人徐嶠通事舍人盧重玄賫璽書迎果，果隨嶠到東京，於集賢院安

〔一〕「疚」原作「疾」，據道藏本續仙傳卷中孫思邈傳及大唐新語卷十孫思邈傳改。

置，肩輿入宫，備加禮敬。公卿皆往〔一〕拜謁，問以方外之事，皆詭對。每云「余是堯時丙子年人。」時人莫能測也。又云：「堯時爲侍中。」善於胎息，累日不食，時進美酒及三黄丸。明皇留之内殿，賜之酒。辭以小臣飲不過二升，有一弟子可飲一斗。明皇聞之喜，令召之。俄頃一小道士自殿簷飛下，年可十六七，美姿容，旨趣雅澹，謁見上，言辭清爽，禮貌臻備。明皇命坐，果曰：「弟子常侍立於側，不可賜坐。」明皇愈喜，賜酒，飲及一斗不辭。果辭曰：「不可更賜，過度必有所失，致龍顔一笑爾。」明皇又逼賜之，酒忽從頂湧出，冠子撲落地，化爲榼。明皇及嬪御皆驚笑，視之失〔二〕道士矣。但金榼在地覆之，榼貯一斗，驗之乃集賢院中榼也。累試仙術，不可窮紀。乃下詔曰：「恒州張果先生，遊方之外者也。跡先高尚，心入窅冥。是混光塵，應召城闕。莫知甲子之數，且謂羲皇上人。問以道樞，盡會宗極。今則將行朝禮，爰升寵命〔三〕。可銀青光禄大夫，號通玄先生。」果累陳老病，乞歸恒州。賜絹三百疋，隨從弟子二人，給驛肩舁到恒州，弟子一人放迴，一人相隨入山。天寶

〔一〕「往」原作「生」，據道藏本續仙傳卷中及仙鑑卷三七張果傳改。
〔二〕「失」原作「夫」，據仙鑑卷三七張果傳改。
〔三〕「今則將行朝禮，爰升寵命」，道藏本續仙傳卷中張果傳作「今則將命鶴書之禮，爲旌蟬蜕之流」。

初，明皇又遣徵詔，果聞之示卒，弟子葬之。後發之，但空棺而已。

許宣平

許宣平，新安歙人也。睿宗景雲年中，隱於城陽山南塢，結菴以居，不知其服餌，但見不食，顔若四十許人，輕健行疾奔馬。時或負薪以賣，薪檐常掛一花瓢及曲竹杖，每醉行騰騰以歸，吟曰：「負薪朝出賣，沽酒日西歸。時人莫問我，穿雲入翠微〔一〕。」邇來三十餘年，或施人危急，或救人疾苦。城市之人多訪之，不見，但覽菴壁題詩云：「隱居三十載，築室南山巔。静夜翫明月，閑朝飲碧泉。樵人歌壠上，谷鳥戲巖前。樂矣不知老，都忘甲子年。」好事者多誦其詩，有抵長安者，於驛路洛陽同華間傳舍，是處題之。天寶中，李白自翰林出，東遊經傳舍，覽詩吟之，嘆曰：「此仙人詩也。」詰之於人，得宣平之實。白於是遊及新安，涉溪登山，累訪之不得，乃題詩於菴壁曰：「我吟傳舍詩，來訪仙人居。煙嶺迷高跡，雲林隔太虛。窺庭但蕭索，倚杖空躊躕。應化遼天鶴，歸當千載餘。」宣平歸菴，見壁詩，又吟曰：「一池荷葉衣無盡，兩畝黄精食有餘。又被人來尋討著，移菴不免更深居。」其菴後

〔一〕「時人莫問我，穿雲入翠微」，道藏本續仙傳卷中許宣平傳作「路人莫問歸何處，穿白雲行入翠微」。

爲野火燒之，莫知宣平蹤跡。後百餘載，至咸通十二年，郡人許明恕家有婢，常〔一〕逐伴入山採樵，一日獨於南山中，見一人坐石上，方食桃甚大，問婢曰：「汝許明恕家人也？」婢曰：「是。」其人曰：「我即明恕之祖宣平也。」婢言曰：「常聞家内説，祖翁得仙多年，無由尋訪。」宣平謂婢曰：「汝歸爲我向明恕道，我在此山中。與汝一桃食之，不得將出。山内虎狼甚多，山神惜此桃。」婢乃食之，甚美，頃之而盡。遣婢隨樵人歸家言之。婢歸覺檐樵輕健，到家具言：「入山逢祖翁宣平。」其明恕嗔婢將上祖之名牽呼，取杖打之。其婢隨杖身起，不知所之。後有人入山内逢見婢，童顔輕健，身衣樹皮，行疾如風，遂入〔二〕昇林木而去。

劉商

劉商，彭城人也，家於長安。好學强記攻文，有胡笳十八拍，頗行於世，兒童婦女悉誦之。進士擢第，歷臺省爲郎中，性躭道術，逢道士即師資之，煉丹服氣，靡不勤切。每歎光

〔一〕「常」原作「當」，據道藏本續仙傳卷中許宣平傳改。

〔二〕「入」，上書作「之」。

景〔一〕甚促，筋骸漸衰，朝馳暮止，但自勞苦，浮榮世宦，何益於己？古賢皆墮官以求道，多得度世，幸畢婚嫁，不爲俗累，豈劣於許遠遊哉！是以託病，免官入道。遊及廣陵，於城街逢一道士賣藥，聚翫頗衆，人言多有靈效。衆中見商，目之甚相異，乃罷藥攜手登樓，以酒爲歡。道士所談，自秦漢歷代事，皆如目視。商頗爲異，即師敬之。復言神仙道術，不可得也。及暮，商歸僑止，道士下樓，閃然不見，商益訝之。翌日，又於街市訪之，道士仍賣藥，見商愈喜，復挈上酒樓，劇談歡醉，出一小藥囊贈商，并戲吟曰：「無事到揚州，相攜上酒樓。藥囊爲贈別，千載更何求？」商記詞得囊，暮乃別去。後商尋之，不復見也。商乃開囊視，重重紙裹一胡蘆，得九粒藥如麻子，依道士口訣吞之，頓覺神爽不飢，身輕飄然。過江，遊茅山，久之復往宜興張公洞。當春之時，愛罨畫溪之景，乃入胡父渚葺居，隱於山中。近樵者猶見之，曰：「我劉郎中也。」莫知所止，蓋已爲地仙矣。

劉瞎

劉瞎音僭。小字宜哥，兄瞻也。瞎家貧好道，常有道士經其居，見瞎異之，問：「知道

〔一〕「景」，太平廣記卷四六劉商傳作「陰」。

否?」曰:「知,然瞀性饒俗氣,業應未淨,遽可強學?」道士曰:「能相師乎?」瞀曰:「何敢?」於是師事之,隨道士入羅浮山。瞀與瞻俱讀書,瞀山栖求道,無巾裹鬃角,布衣事道士爲文〔一〕,而瞻性慕榮達。瞀謂瞻曰:「鄙必不第,則逸於山野;爾得第,則勞於塵俗,竟不及於鄙也。然慎於富貴,四十年當有驗。」曰:「神仙遐遠難求,秦皇漢武非不區區也;廊廟咫尺易致,馬周張嘉貞可以繼踵矣!」自後瞀愈精思於道,乃隱於羅浮山。瞻進士登科,屢歷清顯,及昇輔相,頗著爕調之稱。俄讁南行,次廣州潮臺,泊舟江濆。忽有鬃角布衣少年,衝暴雨而來,衣履不濕,欲見瞻,左右皆訝,乃語之:「但言宜哥來也。」以白瞻,問形狀,具以對,瞻驚歎,乃迎而見之。瞀顔貌可二十來許,瞻已皤然衰朽爲逐臣,悲喜不勝。瞀復勉之:「與爾爲兄弟手足,所痛曩日之言,今四十年矣!」瞻益感嘆,謂瞀曰:「可復修之否?」瞀曰:「兄身邀榮寵,職和陰陽,用心動静,能無損乎?自非弟奈何。況已昇天仙,詎能救爾?今惟來相别,非來相救也。」於是同舟行,别話平生隔闊。一夕,失瞀所在。今羅浮山中,時有見者。瞻乃南行,殁於貶所矣。

〔一〕「瞀山栖求道,無巾裹鬃角,布衣事道士爲文」,道藏本續仙傳卷中劉瞀傳作「爲文,而瞀性唯高尚」。

羅萬象

羅萬象，不知何許人。有文學，明天文，洞精於易。節操奇特，惟〔一〕布衣遊行天下，居王屋山久之，後遊羅浮山，歎曰：「此朱明洞天，昔葛稚川曾栖此以煉丹，今雖無鄧嶽相留，聊自駐泊爾。」於是愛石樓之景，乃於山下結菴以居。常餌黄精，服氣數十年。或出遊曾城、泉山、布水下採藥，及入福廣城市賣藥飲酒，來往無定，或一食則十數人之食，或不食則莫知歲月。光悦輕健，日行三四百里，緩行奔馬莫及。後却歸石樓菴，竟不復出，隱於山中矣。

司馬承禎〔二〕

司馬承禎字子微，博學能文，攻篆迴爲一體，號曰金剪刀書。隱於天台山玉霄峯，自號白雲子，有服餌之術。唐則天累詔之不起，睿宗深尚道教，屢加尊異，承禎方赴召。睿宗問

〔一〕「惟」字，道藏本續仙傳卷中羅萬象傳無。

〔二〕「禎」，原避宋仁宗諱作「貞」，據道藏本續仙傳卷下及仙鑑卷二五司馬承禎傳改，下同。

陰陽術數之事，承禎對曰：「老君經云：『損之又損，以至於無爲。』且心目所見知，每損之尚未能已，豈復攻乎異端而增智慮哉？」睿宗曰：「理身無爲則清高矣，理國無爲如之何？」對曰：「國猶身也。莊子云：『游心於澹，合氣於漠，順於自然，乃無私焉，而天下理〔一〕。』易曰：『聖人者，與天地合其德。』是知天不言而信，不爲而成，無爲之旨，理國之要也。」睿宗深賞異，留之欲加寵位，固辭不可，告歸山。乃賜寶琴花帔以遣之，公卿多賦詩以送，常侍徐彦伯撮其美者三十〔二〕餘篇爲製序，名曰白雲記，見傳於世。時盧藏用早隱於終南山，後登朝居要官，見承禎將還天台，藏用指終南謂之曰：「此中大有佳處，何必天台？」承禎徐對曰：「以僕所觀，乃仕宦之捷徑爾！」藏用有慙色。明皇在宥天下，深好道術，徵詔承禎到京，留於内殿，頗加禮敬，問以延年度世之事。承禎隱而微言，明皇亦傳而祕之，故人莫〔三〕得知也。由是明皇理國四十五年，雖禄山犯闕，鑾輿狩蜀，及爲上皇迴，

〔一〕「順於自然，乃無私焉，而天下理」，莊子應帝王「於」作「物」，「乃無」作「而無容」，「理」作「治矣」。
〔二〕「三十」，道藏本續仙傳卷下司馬承禎傳作「二十」。
〔三〕「莫」原作「其」，據四部叢刊本改。

又七年，方始晏駕，雖由天數，豈非道力之助延長耶？初明皇登封泰山迴〔一〕，問承禎：「五嶽何神主之？」對曰：「嶽者山之巨鎮，而能出雷雨，潛諸神仙，國之望者爲之。然山林神也，亦有仙官主之〔二〕。」於是詔五嶽於山頂別置仙官廟，自承禎始也。又蜀女真謝自然〔三〕泛海，將詣蓬萊求師，船爲風飄到一山，見道士指言：「天台山司馬承禎名在丹臺，身居赤城，此真良師也。蓬萊隔弱水三十萬里，非舟檝可行，非飛仙無以到。」自然乃迴求承禎受度，後白日上昇而去。承禎居山，修真勤苦，年一百餘歲，童顔輕健，若三十許人。有弟子七十餘人，一旦告弟子曰：「吾自玉霄峯東望蓬萊，常有真靈降駕。今爲東海青童君東華君所召，必須去人間。」俄頃氣絶，若蟬蜕，已解化矣！弟子葬其衣冠焉。

〔一〕「明皇在宥天下」至「初明皇登封泰山迴」一〇三字，道藏本續仙傳卷下、仙鑑卷二五司馬承禎傳作「明皇詔於王屋山置壇室以居之。承禎善篆隸金剪刀書，自成一家體。帝命以三體寫老子，刊正文句。嘗鑄含象鑑震景劍進之。命光禄卿韋滔至所居按金籙設祠厚賜。上封泰山回」。

〔二〕「而能出雷雨」至「仙官主之」二十六字，上二書作「而能出雲降雨，爲國之望。然靈仙所隱，別有仙官主之」。

〔三〕「謝自然」，上二書作「焦静真」。

閭丘方遠

閭丘方遠字大方，舒州宿松人也。幼而辯慧，年十六，精通詩書，學易於廬山陳元晤〔一〕。二十九，問大丹於香林左元澤，澤奇之。後師事於仙都山隱真巖劉處靖，學修真出世之術。三十四，受法籙於天台山玉霄宮葉藏質，真文祕訣，盡以付授。而方遠守一行氣之暇，篤好子史羣書，每披卷必一覽之，不遺於心。常自言：「葛稚川陶貞白，吾之師友也。」銓太平經爲三十篇，備盡樞要，其聲名愈播於江淮間。唐昭宗景福〔二〕二年，錢塘彭城王錢鏐深慕方遠道德，禮謁於餘杭大滌洞，築室宇以安之，列行業以表之。昭宗累徵之，方遠以天文〔三〕推尋，秦地將欲荆榛，唐祚必當革易，倖之園綺，不出山林，竟不赴召。乃降詔褒異，就頒命服，俾耀玄風，賜號妙有大師玄同先生。闡揚聖化，啓發蒙昧，真靈事

〔一〕「精通詩書，學易於廬山陳元晤」，「晤」原作「晤」，據道藏本續仙傳卷下及仙鑑卷四〇閭丘方遠傳改。「精通詩書」，上二書作「通經史」。
〔二〕「唐昭宗景福」原作「唐景祐」，據上二書改。
〔三〕「文」原作「又」，據上二書改。

跡，顯聞吴楚。由是從而學者，若正一真人之在蜀，趙昇王長亦混於門下，弟子二百餘人，會稽夏隱言譙國戴隱虞滎陽鄭隱瑶吴郡陸隱周〔一〕廣陵盛隱林武都章隱芝，皆傳道要而升堂奥者也。廣平程紫霄應召於秦宫，新安聶師道行教於吴國，安定胡謙光魯國孔宗魯十人，皆受思真鍊神之妙旨。其餘遊於聖跡，藏於名山，不復得而記矣。天復二年二月十四日，沐浴焚香，端拱而坐，俟亭午而化，顔色怡暢，屈伸自遂，異香芬馥，三日不散。弟子以從俗葬，舉以就棺，但空衣而尸解矣。葬於大滌洞之傍白鹿山。後有道俗於仙都山及廬山累見之，自言：「我捨大滌洞，歸隱灊山天柱源也。」

聶師道

聶師道字通微，新安歙人也。性聰淳直，言行謙謹，養親以孝聞，深爲鄉里所敬。少師事道士于方外，即德誨之從兄也。德誨自省郎出牧新安之二年，方外從之荆南書記。早捨妻子入道，學養氣修真之術，周遊五嶽名山到新安。德誨乃於郡之東山選勝地，構室宇以

〔一〕「陸隱周」，「陸」，道藏本續仙傳卷下及仙鑑卷四〇閭丘方遠傳分别作「凌」、「陵」。

居之，目爲問政山房。而師道事之，辛勤十餘年，傳法籙修真之要。後出遊績溪山〔一〕，自言嘗覽内傳，見服松脂法，乃與道侶上百丈山採松脂。崖石迴〔二〕聳百丈，遂以名之，其四望高千餘仞。夜宿於崖頂松下，天清月朗，忽聞仙樂起自東南紫雲上，遥遥而來，遲緩過於石金山。石金與百丈，其高相等，雖平地隔三十里，山頂相望咫尺間。乃聞仙樂到彼輟少時，敲小鼓三通復奏樂，金石笙簫，絲匏響亮，擊鼓而拍，莫審其曲調，聲揭而清，特異人間之樂，自三更及雞鳴而止。後問於山下人，是夜皆聞之。其同侣歎曰：「方採靈藥，遽聞仙樂，豈非有感？此亦君得道之嘉兆矣！」其後遊行歸南嶽，禮玉清及光天二壇〔三〕，後泊招仙觀，入洞靈源。時當春景，聞蔡真人舊隱處不遠，有花木甚異，採樵者時或見蔡真人在其間。師道喜之，乃辟穀七日，晨起獨趨，山中漸行，見花有異香，不覺日晚。忽到大溪傍，見一樵人臨水坐於沙上，師道驟欲親近之，乃負薪將下溪，迴顧師道，却駐樵檐問：「獨此何往？」應之曰：「學道尋仙，深心所切，聞蔡真人隱此山，願一禮謁耳。」樵人曰：「蔡君所居

〔一〕「績溪山」，「績」原作「續」，據道藏本續仙傳卷下及仙鑑卷四一聶師道傳改。
〔二〕「迴」原作「迥」，據上二書改。
〔三〕「光天二壇」，上二書作「光天碧玉二壇」。

極深，人不可到。」師道曰：「攀蘿登崖，已及於此，有山通行，豈憚遠近？」樵人又曰：「日將暮矣，且行過此山，東有人家可宿。」師道欲隨樵人去，樵人遽入水，甚淺。及師道入水，極深而急，不敢涉。樵人曰：「爾五十年後，方過得此溪。」目送樵人步水面而去不見，乃迴山東行十餘里，遥望見草舍三間，有籬落雞犬。漸近，見一人青白色似農者，年可三十，獨居，見師道到，甚訝師道深山自行。忽曰：「家累俱出，何爲主人？」又問師道：「此來何之？」應曰：「尋蔡真人居。」主人曰：「路上見一樵人否？」曰：「見。」主人曰：「此蔡道者，適過也。」師道聞之，禮祝曰：「凡愚見仙聖不識，亦命也。」已逼夜，山林深黑，投宿無地。又問曰：「從何來？」具以發跡新安尋真之由以對，乃許入其舍。復指師道令近火鑪邊牀上坐，曰：「山中偶食盡，求之未歸。」師道曰：「絶粮多時，却不以食爲念。」見火側有湯鼎，復有數箇黄甆合。主人曰：「合内物皆堪喫，任意取之。」乃揭一合是茶，主人以湯潑，及喫，氣味頗異於常茶。復思茶更揭之，合不可開，遍揭諸合，皆不能開。師道心訝不似村人家，而不敢言。主人别屋睡，日高不起，又無火燭，睡中曰：「此孤寂之處，忽病無以相待，前村人家甚多，可以往彼。」師道便行數里，不見人家，悉是崖險，乃迴，已迷向宿之處。復行約三十餘里，即逢見一老人，欣喜邀於石上坐，問入山之意。具以前事對之。老人曰：「蔡君父子俱隱於此山。昨夜所宿之處，即其子也。」又曰：「爾道氣甚濃，仙骨未就，入山飢渴，何能却迴？」俄折草一莖與師道，形如薑苗而長尺餘，嚼之味甘美。復令取泉水，喫次舉頭，已失老人所在。師道悲歎不已，而覺食茶草之後，氣力輕健，愈於來時。却欲〔一〕沿山路尋宿處，其路已爲棘蔓蔽塞，前去不通，却迴招仙觀。衆道士忽見師道，驚異曰：「此觀地雖靈嶽，側近蟲獸甚多，人罕能獨行，何忽去月餘日？實久憂望。」師道曰：「昨日方去，始經一宿。」具言見樵人及宿處，又逢老人。道士皆歎曰：「吾輩雖同居此觀，徒爲學道，知有蔡真人，無緣一見。吾子夙有仙分，已見蔡君父子。其老人者，昔聞彭真人亦隱此山，豈非彭君乎？子一入山〔二〕，遽逢三仙人。一日一宿，人間月餘矣！其實積習之命也。」師道深自歎異。

駐招仙觀修錬逾年，後以親老思歸，却回問政山〔三〕。每入諸山拾薪斸藥，或逢虎豹，見師道垂耳摇尾，俯伏於地。師道以手撫而呼之，乃起隨行，或以薪藥附於背上負之，送歸

〔一〕「却欲」，道藏本續仙傳卷下及仙鑑卷四一聶師道傳作「欲却」。
〔二〕「山」原作「見」，據上二書改。
〔三〕「山」下疑脱「房」字。

而去。昔郭文舉〔一〕之居大滌洞伏虎亦如之，歙之近山頗有猛獸，而不爲人之害者，自師道之感也。其親時問師道遊學所益，具陳其事。親聞之而喜曰：「汝以孝養我，以道資我，亦幸爲汝母矣！此蓋宿慶之及也。」後又出遊，復思往南嶽九嶷山，早聞梅真人蕭侍郎皆隱玉笥山，時人多見之。梅即漢南昌尉福也，簫即子雲字景喬，梁之公子，自東陽太守避侯景之亂，全家入山，二人俱得道於此。師道且止玉笥清虚觀，思慕梅蕭，三遊郁木坑，或冀一見。堅心以去，山行極深。忽見一人布衣烏紗帽，顔若五十許人，師道禮敬問之。初自稱行者，問師道何往？乃以尋梅蕭爲答。行者曰：「聞爾精勤慕道，遍訪名山，情亦非易。欲見二君，行者可以相引。爾宿業甚淨，已應玉籍有名，雖未便飛昇，當亦度世爾。」行者又曰：「我謝修通〔二〕也，恐爾未識，故以自言。本居南嶽，與彭蔡同隱已三百年，知爾常遊洞靈源。我適爲東華君命主玉笥山林地仙，兼掌清虚觀境土社令。爾與我素有道緣，是得〔三〕相見。然梅蕭日中爲小有天王所召，恐未便還，非可俟也。」師道於是虔拜曰：「凡

〔一〕「舉」原作「泰」，據道藏本續仙傳卷下及仙鑑卷四一聶師道傳改。
〔二〕「謝修通」，道藏本續仙傳卷下及仙鑑卷四一聶師道傳作「謝通修」，下同。
〔三〕「得」原作「時」，據上二書改。

世肉人，謬探大道，凝神注想，以朝繼夕，未知要妙，若浮于海，詎識其涯？不期今日獲見道君，實百生之幸也。」修通曰：「丹心懇苦，深可憫哉！爾世事未了，且當送爾出山路，往我所止。」隨行數里，忽見草舍兩間，甚新潔，有牀席，小鐺然火煎湯，儼若書生所居而無人。修通命師道入坐於木兔上，修通自坐白石鹿牀上。俄有一髽角童，以湯一盌與師道，呷之，神氣爽然。又指令架上取書一卷〔一〕，修通曰：「此素書也，但習之無怠，當得真旨。」師道意欲求住師學，未之啓言，而修通已知，曰：「爾有親垂老，雖有兄能養，若欲更南遊，此未可言住。我弟子紫芝在九嶷山，若往彼見之，爲我傳語，兼出素書示之，得盡其旨矣。或不見，但投素書於毛如溪上洞中，仍題石壁記我傳語之意，紫芝當自授爾要道。」言訖，乃發遣師道迴，俄不見修通，已在郁木坑外〔二〕，師道入清虛觀矣。衆道士驚曰：「一去七日而返，何之也？」師道具以對之，有道士二人欣躍，乞與師道共入郁木坑。到舊處，巖石草樹，歷歷宛然，但失其草舍，竟日悵望而迴。師道得素書，文字可識，皆説龜山王母理化衆仙祕要

〔一〕「架上取書一卷」原作「架上自袖取書一卷」，據道藏本續仙傳卷下及仙鑑卷四一聶師道傳删。

〔二〕「外」字原無，據上二書增。

真訣也。他仙習此，當得昇天；世人授之，跡參洞府。其間有疑義，不可究也。後到南嶽〔一〕九嶷山湘真觀月餘，尋問紫芝蹤跡。咸言毛如溪有一隱士，莫知姓名，人或見者。師道累入山尋之不見，乃如修通之言，投書題石壁。後常夢神人稱紫芝，教之以釋凝滯，意乃醒然。經歲餘，復還問政，居二十餘年，每焚修即以二蔡彭謝真形畫像瞻禮，仍自以管幅編異，傳於道俗。

其後吴太祖覇江淮間，聞師道名迹，冀其道德，護於軍庶，繼發徵召，及至廣陵〔二〕，建玄元宫以居之。每昇壇祈恩禱福，水旱無不應致，天地感動，煙雲呈祥，是以人情咸依道化，境若華胥，俗皆可封，雖古今異時，寔大帝之介君也。乃降褒美爲逍遥大師問政先生，以顯國之師也。弟子鄒德匡王處訥楊匡翌汪用真程守朴曾景霄王可儒崔繟然杜崇真鄧啓遐吴知古，皆得妙理〔三〕，傳上清法，散於諸州府，襲真風而行教，朝廷皆命以紫衣，光其玄門。有秦吴荆齊燕梁閩蜀之士，咸來逾紀，勤苦奉事。師道常謂之曰：「我無道術，何以遠

〔一〕「後到南嶽」，道藏本續仙傳卷下聶師道傳作「後南遊到」。

〔二〕「繼發徵召，及至廣陵」原作「繼發召止及廣陵」，據道藏本續仙傳卷下聶師道傳改。

〔三〕「皆得妙理」，仙鑑卷四一聶師道傳作「皆爲入室弟子」，其前尚有「范可保劉日祥康可久王栖霞等」十三字。

來若此？」弟子皆曰：「昔張君居蜀，天下之人悉往師之，隨其所修，各授以道要焉，羣弟子執奴僕之役，久而不去者，方得成仙。今悉是枯骨子孫，日逼朽腐，思避短景，希度長生，願無却懇切也。」然師道以仁慈接衆，言不阻違，隨其性識，指以道要，若久行霧露，餘潤漬衣，近羅沉檀，輕香襲體。由是居廣陵三十餘年，有弟子五百餘人。而師道胎息已久，鍊丹有成，一旦告弟子曰：「適爲黑幘朱衣一符吏告，我爲仙官所召，必須去矣！」頃之，異香滿室，雲鵠近庭，若真靈所集，爽然言別而化，弟子殮之，棺忽有聲，視之若蟬蜕，尸解矣！後數日，人自豫章來，見之領一鬖角童隨行，道俗多識之，咸問：「何爲遠遊？」曰：「離南嶽多年，今暫往爾。」所在多泊舊遊宮觀而去。半年後，有人自長沙來，亦如豫章所見，復言衡陽路見歸洞靈源去。樵人言五十年後過此溪，適足驗矣！詳其由來，是二蔡彭謝之儔侶也。隱化而往，絶世思望，神仙皆然矣。

殷文祥

殷七七名文祥，又名道筌，常自稱七七，俗多呼之，不知何所人也。遊行天下，人言久見之，不測其年壽，面光白，若四十許人，到處或易其姓名不定。曾於涇州賣藥，時靈臺蕃漢，疫癘俱甚，得藥入口即愈，皆謂之神聖。得錢即施之於人，而常醉於城市間。周寶於長安識之，尋爲涇原節度，迎之禮重，慕之道術還元之事。及寶移鎮浙西數年後，七七忽到復賣藥。寶聞之驚喜，遽召之，師敬益甚。每醉自歌曰：「解醖須臾酒，能開頃刻〔一〕花。琴彈碧玉調，鑪鍊白朱砂。」寶甞試之，悉有驗。其於種瓜釣魚，若葛仙公術也。鶴林寺杜鵑花高丈餘，每春末花爛熳。僧傳言：「貞元年中，有外國僧自天台鉢盂中以藥養其根來種之。」自後構飾，花院鎖閉，人或窺見女子紅裳艷麗，遊於樹下。有輒採花折枝者，必爲所祟，俗傳女子花神也。所以人共保惜，故繁艷異於常花。其花欲開，探報分數，節度使賓寮官屬，繼日賞翫，其後一城士女四方之人，無不以酒樂遊從。連春入夏，自旦及昏，閭里之間，殆于廢業。寶一日謂七七曰：「鶴林之花，天下奇絶，甞聞能開非時之花，此可開否？」七七曰：「可也。」寶曰：「今重九將近，能副此日否？」七七諾之，乃前三日往鶴林寺宿焉。中夜女子來謂七七曰：「道者欲開此花耶？」七七乃問：「何人深夜到此？」女子曰：「妾爲上玄所命，下司此花，在人間已逾百年，非久即歸閬苑去，今與道者共開之，非道者無以感妾。」於是女子倏然不見。來日晨起，寺僧或〔二〕訝花漸拆蘂。及九日，爛熳如春，乃以

〔一〕「頃刻」，太平廣記卷五二殷天祥傳作「非時」。
〔二〕「或」，道藏本續仙傳卷下殷文祥傳作「忽」。

聞寶，一城士庶異之，遊賞復如春夏間。數日花俄不見，亦無落花在地。後七七偶到官僚家，適值會賓次，主與賓趨而迎之，有佐酒倡優共輕侮之。七七乃白主人：「欲以二栗爲令，可乎？」咸喜，謂必有戲術資於歡笑。乃以栗巡行，嗅者皆聞異香驚嘆。惟佐酒笑七七者二人嗅之，化作石，綴於鼻，掣不落，但言穢氣不可堪。二人共起狂舞，花鈿委地，相次悲啼，粉黛交下，優伶輩一時辭舞〔一〕，鼓樂自作聲，頗合節奏，曲止而舞不已，一席之人，笑皆絶倒。久之，主人祈謝於七七，有頃，石自鼻落復爲栗，傳之皆有異香，及花鈿粉黛悉如舊，略無所損，咸敬事之。又七七酌水爲酒，削木爲脯，使人退行，止船即住，呼鳥自隨，唾魚即活，撮土畫地狀山川形勢，折茆聚蟻變城市人物，有人曾經行處見之，言歷歷皆似，但小狹爾。凡諸術不可勝紀。後二年，薛玄〔二〕劉浩作亂，寶南奔杭州。而寶總戎爲政，刑或〔三〕無辜，前上饒牧陳全裕經其境，構〔四〕之以禍，赤〔五〕其盡族。寶八十三，筋力尤壯，女妓

〔一〕「辭舞」，道藏本續仙傳卷下及仙鑑卷三八殷文祥傳作「亂舞」。

〔二〕「薛玄」，道藏本續仙傳卷下殷文祥傳作「薛朗」。

〔三〕「或」，上書作「及」。

〔四〕「構」原作夾注「御名」，據道藏本續仙傳卷下殷文祥傳改。

〔五〕「赤」原作「亦」，據仙鑑卷三八殷文祥傳改。

百數，蓋得七七之術，後爲無辜及全裕作厲，一旦忽殂。七七，劉浩軍變之時，在甘露寺爲衆僧推落北崖〔一〕，謂墮江死矣。其後，人見在江西十餘年賣藥，入蜀莫知所止。其鵠林花，兵火焚樹失根株，信歸閬苑矣。

譚峭

譚峭字景升，國子司業洙之子。幼而聰明，及長頗涉經史，強記問無不知，屬文清麗。洙訓以進士爲業，而峭不然，迥好黄老諸子，及周穆漢武茅君列仙内傳，靡不精究。一旦告父出遊終南山，父以終南山〔二〕近京都，許之。自經終南太白太行王屋嵩華泰嶽，迤邐遊歷名山，不復歸寧。父馳書責之，復謝曰：「茅君昔爲人子，亦辭父學仙，今峭慕之，冀其有益。」父母以其堅心求道，豈以世事拘之？乃聽其所從。而峭師於嵩山道士十餘年，得辟穀養氣之術，惟以酒爲樂，常醉騰騰，周遊無所不之。夏則服烏裘，冬則綠布衫，或卧於風雨

〔一〕「在甘露寺爲衆僧推落北崖」，原無「在」字、「僧」字，據道藏本續仙傳卷下殷文祥傳增。
〔二〕「終南山」原無「終」字，據道藏本續仙傳卷下譚峭傳增。

雪霜中經日，人謂〔一〕已弊，視之氣出咻咻〔二〕然。父常念之，每遣家僮尋訪，春冬必寄之衣及錢帛，捧之且喜，復書遽遣家僮，乃厚遺之。纔去，便以父所寄衣出街路，見貧寒者與之，及寄於酒家，一無所留。人或問之：「何爲如此？」曰：「何能看得？盗之所竊，必累於人。不衣不食，固無憂也。」常欣欣然，或謂風狂。每行吟曰：「線作長江扇作天，靸鞋拋向海東邊。蓬萊信道無多路，只在譚生柱杖前。」爾後居南嶽鍊丹成，服之，入水不濡，入火不灼，亦能隱化，復入青城而去。

杜昇

杜昇字可雲，自言京兆杜陵人也，莫測其年壽。不食，常飲酒，三斗不醉，顏甚悦澤，若三十許人。裹大方巾，破帽，冬夏常著緑布衫。而言談甚高，頗有文學。人有與換新巾衫必受之，舊者堅不脱，得新者出門逢人便與。常遊城市間〔三〕，醉行能沙書，好於水椀及盆

〔一〕「謂」原作「爲」，據道藏本續仙傳卷下及仙鑑卷三九譚峭傳改。

〔二〕「咻咻」原作「怵怵」，上二書分别作「休休」、「怵怵」，按文意改作「咻咻」。蔣力生等校注本引四庫本作「烋烋」。

〔三〕「間」原作「門」，據道藏本續仙傳卷下及仙鑑卷三九杜昇傳改。

內，以沙書龍字浮而左右轉，或叱之則飛起高丈餘，隱隱若雲霧，作小龍形，呼之復下水中。不就人求錢，人自以錢與之，召人穿擔行，少頃之間，得錢甚多，便散與貧人及酒家。如此到處日日爲之，人皆不厭，以錢與之，疑以術惑於衆也。冬則卧於雪中三兩日，人以爲殭斃矣，或撥看之，徐起抖擻雪而行，猶若醺酣，氣出如夏醉睡醒也。杜孺休，邠國公琮之子也，爲蘇州牧，或聞可雲在城市，極喜，乃延入州拜之，呼爲道翁。賓客僚屬皆訝之，孺休曰：「先君出鎮西川，日與此道翁深相喜重〔一〕，常來去書齋中，時孺休纔年十餘歲，今五十餘歲，別道翁四十年，而裝飾顏貌一如當時。」乃留之郡齋，咨以道術。可雲曰：「但以政化及人，慈愛爲意。況今多事，尤在保身。未能脱屣世塵，委家林野，宜遠於兵傷，道術詎可問也？」時郡人以錢帛與之，阻讓不可，出城便散與人，孺休敬之愈甚。可雲或與孺休賓僚聚飲，有唱和者，而可雲出口成章，屬章〔二〕深遠，多神仙旨趣，人無以綴之。後軍亂，孺休果爲兵傷而死，可雲人見亦被傷殺。頃之，但有舊衫一領，作三四段斫破痕在地。後數日，人

〔一〕「深相喜重」，道藏本續仙傳卷下杜昇傳作「深相善」。

〔二〕「屬章」，上書作「意思」，仙鑑卷三九杜昇傳作「屬意」。

多見過松江浙江，經杭越衢信入江西，市〔一〕醉吟沙書如故。又一年，人於湖南見之，問蘇州事，歷歷話而笑。復言：「曾居南嶽，即當去矣！」詳而究之，是得隱形解化之道，人莫可知也。

羊愔

羊愔，太山人也。以世禄官，家於縉雲。明經擢第，解褐嘉州〔二〕夾江縣尉，罷歸縉雲。兄忻〔三〕爲台州樂安令，愔幽棲括蒼山，性惟沉静，薄於世榮，志尚逍遥，常慕道術。一旦妻暴亡，曰：「莊生皷盆，迵〔四〕爲達者，今樂矣，葬之不亦宜乎！男且有業，女已有歸，永無累也。」後遊阮郎亭，崖上去地十餘丈，有篆書刻石，字極大，世傳言阮肇題。後盛成使匠人鑿石摸搭，驗之，乃唐李陽冰常爲縉雲令遊此亭題。詩曰：「阮客身何在？仙雲

〔一〕「市」，道藏本續仙傳卷下杜昇傳作「市中」。

〔二〕「嘉州」原作「喜州」，據道藏本續仙傳卷下羊愔傳改。

〔三〕「忻」，上書作「忱」。

〔四〕「迵」，上書作「深」，仙鑑卷三九羊愔傳作「以」。

洞口橫。人間不到處，今日此中行。」愔於亭側，與縉雲觀道士數人花時飲酒，日午忽仆地若斃，氣息猶暖，乃舁還家，七日方醒。鄉里之人與道士俱往問之，愔曰：「初爲一人，青幘絳服，自稱靈英，邀入洞府中。見樓觀宏麗，鸞鵠徘徊，天清景暖，異於人間。須臾，一石穴中有物飛出，狀如簦，青色柄長。靈英指之曰：『此青靈芝也，可食之得仙。』愔覺飢方甚，取坐於石上食之，味甘美，俄而都盡。靈英曰：『爾夙有仙分，今日遽得見仙官。』乃引見仙官戴遠遊冠霞帔三人，文武侍從極多。靈英謂愔曰：『一人小有天王君，一人華陽大茅君，一人隱玄天佐命君。』愔歷拜之，咸曰：『有仙骨，未能飛昇，猶宜地上修鍊。』俄而靈英送出，乃括蒼洞西門也。愔方悟。」此身後不喜穀氣，但飲水三升，日食百合一盞，身輕骨節皆動，抖擻如竹片及拍板聲。又多言語吟詠，若與人談話，晝夜不已。時或以紙三二百幅書之，頃刻皆遍文字，人莫識之。愔讀之，悉是文章。道侶好事者依口録之，實亦清辭麗句，多神仙瀛洲閬苑之意。如此經年，清瘦輕健。有不信者，謂之妖物所魅。及二年，漸肥白，不喜食百合，惟飲水飲酒。三年鬢髮如漆，面有童顏，行步輕健似飛，飲酒三斗不醉。衣布褐〔二〕，後南行入委羽山，人莫得見。

〔二〕「衣布褐」，道藏本續仙傳卷下及仙鑑卷三九羊愔傳分别作「始衣布褐」、「居常衣布褐」。

雲笈七籤卷之一百一十四

傳

墉城集仙録叙〔一〕

墉城集仙録者，紀古今女子得道昇仙之事也。夫去俗登仙，超凡證道，駐隙馬風燈之景，享莊椿蟾桂之齡，變泡沫之姿，同金石之固，長生度世，代有其人。綿歷劫年，編載經誥，玄圖祕籙，燦然可觀。神仙得道之蹤，或品昇上聖，或秩預高真，或統御諸天，或主司列嶽，或騎箕浮漢，或隱月奔晨，或朝宴九清，或徊翔八極。開皇已往，劫運之前，三洞寶書，多所詳述。洎九皇三古之後，服牛乘馬已還，皆輟天府而下拯生靈，由仙曹而暫司宰制，垂法立教，秉國佐時，儒籍史臣，備顯其事。至有韜光混跡，駕景登晨。或功著巖林，遡煙霞而輕舉；或身離囂濁，控鸞鶴以沖虛；或躬贊帝王，或樂居甿俗。陰功克就，玄德昇聞，使

〔一〕「墉城集仙録叙」，道藏本墉城集仙録闕。

雞犬以俱飛，拔庭除而共舉。光于簡册，無世無之。昔秦大夫阮蒼、漢校尉劉向，繼有述作，行於世間。次有洞冥書神仙傳道學傳集仙傳續神仙傳後仙傳洞仙傳上真記，編次紀録，不啻十家。又名山福地之篇，括地山海之説，搜神博物之記，仙方藥品之文，旁引姓名，別書事跡，接於聞見，詎可勝言？則神仙之事，焕乎無隱矣！

常俗之流，或言神仙者，必俟身形委謝，魂識成真，而後謂之神仙，非是骨肉昇翥，此蓋愚瞽，未達之甚也！何者？真經云：「得道去世，或隱或顯。證道雖一，修習或殊。」故云神仙之道百數，非一途所限，非一法所拘也。或爲真人之友，或爲天帝之賓，倏忽而龍駕來迎，參差而雲駢遐邁者，則谷希長里〔一〕青光赤松之例是也。或受書稟籙，陰景鍊形，靈肉再生，前功克懋者，則五老上帝四極真王之例是也。或精誠不易，試難不移，目注崑丘，心朝大帝，而得道者，黄觀韋道微傅君之例是也。況復大洞七變，八稟三圖，胎精斑符，隱芝曲素，玉精金液，黄水祕符，赤樹青英，環剛絳實，白羽皇象，九轉八瓊，服之而化鳳化龍，餌之而爲金爲玉。復有金璫玉珮之訣，三皇八景之文，華丹素奏之靈，神虎金真之要，飛行之羽，超虛躡空；流金之光，攝神制逆。翺翔則翠羽玄翮，控御則飛蓋曲晨。七十四方之所

〔一〕「里」，四部叢刊本作「異」。

修，靡虧毫髮；三十七色之所授，漸備羽儀。至或降九錫以騰凌，踐七試而貞介，資師祕訣，證自我心，曆象不能易其堅，雷霆不能駭其聽，富貴不能惑其志，聲色不能誘其衷，此則我命在我，長生自致。故古今得者，詎可殫論。南真云：「功滿三千，白日昇天。弘道无已，自致不死。」此之謂也。

夫神仙之上者，雲車羽蓋，形神俱飛；其次牝谷幽林，隱景潛化；其次解形託象，蛇蜕蟬飛。然而沖天者爲優，尸解者爲劣。又有積功未備，累德未彰；或至孝至忠，至貞至烈；或心不忘道，功未及人，寒棲獨鍊於己身，善行不加於幽顯者，太上以其有志，太極以其推誠，限盡而終，魂神受福者〔一〕，得爲善爽之鬼。地司不制，鬼録不書，逍遥福鄉，逸樂遂志，年充數足，得爲鬼仙。然後昇陰景之中，居王者之秩，積功累德，亦入仙階矣。如此則善不徒施，仙固可學，功無巨細，行無洪纖，在立功而不休，爲善而不倦也。修習之士，得不勗哉！

又一陰一陽，道之妙用，裁成品物，孕育羣形，生生不停，新新相續。是以天覆地載，清濁同其功；日照月臨，晝夜齊其用。假彼二象，成我三才。故木公主於震方，金母尊於兑

〔一〕「限盡而終，魂神受福者」，「終」原作「絡」，「魂」原作「塊」，據四部叢刊本改。

澤，男真女仙之位，所治昭然。觀夫誥籍之中，圖傳所述，混同載録，未有解張。今按上清七部之經，存注修行之事，日月五星之内，空常飛步之篇，元父玄母以兼行，陽號陰名而具著，纂彼衆説，集爲一家，女仙以金母爲尊，金母以墉城爲治，編記古今女仙得道事實，目爲墉城集仙録。上經曰：「男子得道，位極於真君，女子得道，位極於元君。」此傳以金母爲主，元君次之，凡十〔一〕卷矣。廣成先生杜光庭撰。

西王母傳〔二〕

西王母〔三〕者，九靈太妙龜山金母也，一號太靈九光龜臺金母，亦號曰金母元君〔四〕，乃西華之至妙洞陰之極尊。在昔道氣凝寂，湛體無爲，將欲啓迪玄功，生化萬物。先以東華至真之氣，化而生木公焉。木公生於碧海之上，蒼靈之墟，以主陽和之氣，理於東方，亦

〔一〕「十」，道藏本墉城集仙録作「六」。

〔二〕「西王母傳」下原有「下仕道」三字，上書卷一及仙鑑後集卷一均作「金母元君」，四部叢刊本作「西王母傳」，據删。

〔三〕「西王母」，道藏本墉城集仙録卷一及仙鑑後集卷一金母元君傳作「金母元君」。

〔四〕「亦號曰金母元君」，上二書作「一號曰西王母」。

號曰王公焉。又以西華至妙之氣，化而生金母焉。金母生於神洲伊川，厥姓緱氏，生而飛翔，以主陰靈之氣，理於西方，亦號王母。皆挺質太无，毓神玄奧，於西方眇莽之中，分大道純精之氣，結氣成形，與東王木公共理二氣，而育養天地，陶鈞萬物矣。體柔順之本，爲極陰之元，位配西方，母養羣品。天上天下，三界十方，女子之登仙得道者，咸所隸焉。所居宫闕，在龜山之春山西那之都〔一〕，崑崙玄圃閬風之苑，有金城千重，玉樓十二，瓊華之闕，光碧之堂，九層玄臺，紫翠丹房，左帶瑶池，右環翠水，其山之下，弱水九重，洪濤萬丈，非飆車羽輪不可到也。所謂玉闕壓天，緑臺承霄，青琳之宇，朱紫之房，連琳綵帳，明月四朗。戴華勝，佩靈章，左侍仙女，右侍羽童，寶蓋沓映，羽旂廕庭，軒砌之下，植以白環之樹，丹剛之林，空青萬條，瑶榦千尋，無風而神籟自韻，琅然皆九奏八會之音也。神洲在崑崙之東南，故爾雅云：「西王母日下」是矣。又云，王母「蓬髮戴勝，虎齒善嘯」者，此乃王母之使，金方白虎之神，非王母之真形也。元始天王授以萬天元統龜山九光之籙，使制召萬靈，統括真聖，監盟證信，總諸天之羽儀，天尊上聖朝宴之會，考校之所，王母皆臨映焉！上清寶

〔一〕「春山西那之都」，「春」原作「舂」，據道藏本墉城集仙録卷一及仙鑑後集卷一金母元君傳改。「西那之都」四字，上二書無。

經，三洞玉書，凡所授度，咸所關預也。

昔黃帝討蚩尤之暴，威所未禁，而蚩尤幻化多方，徵風召雨，吹煙噴霧，師衆大迷。帝歸息太山之阿，昏然憂寐。王母遣使披玄狐之裘〔一〕，以符授帝曰：「太一在前，天一在後，得之者勝，戰則剋矣」。符廣三寸，長一尺，青瑩如玉，丹血爲文。佩符既畢，王母乃命一婦人，人首鳥身，謂帝曰：「我九天玄女也。」授帝以三宮五意陰陽之略〔二〕，太一遁甲六壬步斗之術，陰符之機，靈寶五符五勝之文〔三〕，遂剋蚩尤於中冀，剪神農之後，誅榆岡於阪泉，而天下大定，都於上谷之涿鹿。又數年，王母遣使白虎之神，乘白虎，集帝之庭，授以地圖。其後虞舜攝位，王母遣使授舜白玉環，又授益地圖，遂廣黃帝之九州爲十有二州。王母又遣使獻舜皇琯，吹之以和八風。尚書帝驗期曰：「王母之國，在西荒之野。」昔茅盈字叔申，王褒字子登，張道陵字輔漢，洎九聖七真，凡得〔四〕受書者，皆朝王母於崑陵之闕焉。時叔

〔一〕「王母遣使披玄狐之裘」，本書卷一百軒轅本紀「使」作「道人」，「裘」作「衣」。

〔二〕「三宮五意陰陽之略」，上書作「三宮祕畧五音權謀陰陽之術」，按漢志五行載有「五音」書而無「五意」書，「意」疑當作「音」。

〔三〕「陰符之機，靈寶五符五勝之文」，上書作「陰符三百言，靈寶五符真文」。

〔四〕「得」，太平廣記卷五六西王母傳作「得道」。

申道陵侍太上道君乘九蓋之車，控飛虬之軒，越積石之峰，濟弱流之津，渡白水，凌黑波，顧眄倏忽，謁王母於闕下。子登清齋三月，王母授以瓊華寶曜七辰素經。茅君從西城王君詣白玉龜臺朝謁王母，求乞長生之道曰：「盈不肖之軀，慕龍鳳之年，欲以朝菌之脆，求積朔之期。」王母愍其勤志，告之曰：「吾昔師元始天王及皇天摶桑帝君，授我以玉珮金璫二景纏練之道，上行太極，下造十方，溉月咀日，以入天門，名曰玄真之經，今以授爾，宜勤修焉！」因敕西城王君一一解釋以授焉。又授寶書四童散方。洎周穆王滿，命八駿與七萃之士，驊騮、赤驥、盜驪〔一〕、山子之乘，駕以飛軿之輪，栢夭導車，造父爲右，風馳電逝三千里，越剖閭無凫之鄉，犀玉玄池之野，吉日甲子，鼋鼉魚鼈爲梁，以濟弱水，而昇崑崙玄圃閬風之野，而賓于王母。穆天子持白珪重錦以爲王母之壽，謌白雲之謠，刻石紀迹于弇山之上，而還中土矣。

世之昇天之仙，凡有九品：第一上仙號九天真王，第二次仙號三天真皇，第三號太上真人，第四號飛天真人，第五號靈仙，第六號真人，第七號靈人，第八號飛仙，第九號仙人。凡此品次，不可差越。然其昇天之時，先拜木公，後謁金母，受事既訖，方得昇九天，入三

〔一〕「盜驪」原作「蹈驪」，據道藏本墉城集仙録卷一、仙鑑後集卷一金母元君傳及穆天子傳卷一改。

清，拜太上，覲奉元始天尊耳。故漢初有四五小兒戲於路中〔一〕，一兒謌曰：「著青裙，入天門。揖金母，拜木公。」時人皆莫知之，唯張子房知之，乃往拜焉，曰：「此乃東王公之玉童也。」仙人行道昇天，當揖金母而拜木公也，自非沖虚登真之子，莫知其津矣。

漢孝武皇帝徹好長生之道，以元封元年登嵩高之嶽，築尋真之臺，齋戒精思。四月戊辰，王母使墉城玉女王子登來，語帝曰：「聞子欲輕四海之禄，迂萬乘之貴，以求長生，真乎勤哉！七月七日，吾當暫來也。」帝問東方朔，審其神應，乃清齋百日，焚香宮中。夜二唱之後，白雲起於西南，鬱鬱而至，徑趣宮庭。漸近，則雲霞九色，簫鼓震空，龍鳳人馬之衆，乘麟駕鹿之衛，科車天馬，霓旍羽幢，千乘萬騎，光耀宮闕。天仙〔二〕從官，森羅億衆，皆長丈餘。既至，從官不知所在。王母乘紫雲之輦，駕九色斑龍，帶天真之策，佩金剛靈璽，黄錦之服，文彩鮮明，金光奕奕，腰分景〔三〕之劒，結飛雲大綬，頭上華髻，戴太真晨纓之冠，躡

〔一〕「戲於路中」，真誥卷五甄命授第一作「路上畫地戲」。
〔二〕「天仙」原作「大仙」，據道藏本墉城集仙録卷一金母元君傳改。
〔三〕「景」下原有「色」字，據上書删。

方瓊鳳文之履，可年二十許，天姿奄〔一〕藹，靈顔絶世，真靈人也。下車扶侍二女，登牀東向而坐。帝拜，跪問寒温，侍立良久，呼帝使坐，設以天廚，芳華百果，紫芝萎蕤，紛若填樏，精珍異常，非世所有，帝不能名也。又命侍女取桃，玉盤盛七枚，大如鳵音保，與鴇同。子，四以與帝，母自食三。帝食桃輒收其核，母問：「何爲？」帝曰：「欲種之耳。」母曰：「此桃三千歲一實，中國土地薄，種之不生如何？」於是王母命侍女王子登彈八珍之璈，董雙成吹雲和之笙，石公子擊昆庭之玉，許飛瓊鼓震靈之簧，婉凌華拊吾陵〔二〕之石，范成君拍洞陰之磬，段安香作九天之鈞，安法嬰〔三〕歌玄靈之曲，衆聲激朗，清音駭空。歌畢，帝下席叩頭，以問長生之道。王母曰：「汝能賤榮樂卑，耽虛味道，自復佳耳！然汝情〔四〕恣體欲，淫亂過甚，殺伐非法，奢侈恣性。夫侈者，裂身之車也；淫者，破身之斧也；殺者，響對；奢者，心爛。積欲則神隕，聚穢〔五〕則命斷，以子蕞爾之身，而宅殘形之賊；盈尺之材，乃攻之者

〔一〕「奄」，道藏本墉城集仙録卷一金母元君傳作「晻」。
〔二〕「吾陵」，漢武帝内傳作「五靈」。
〔三〕「安法嬰」原無「安」字，據上書增。
〔四〕「情」原作「性」，據上書及道藏本墉城集仙録卷一金母元君傳改。
〔五〕「穢」，道藏本墉城集仙録卷一金母元君傳作「淫」。

百刃，欲以解脱三尸，全身永久，不可得也。有似無翅之鷃，願鼓天池；朝生之菌，而樂春秋者哉！若能蕩此衆亂，撥穢易意，保神氣於絳府，閉淫宫而不開，静奢侈於寂室，愛衆生而不危，守慈務施，鍊氣惜精。儻有若斯之事，豈無髣髴耶？若不爾者，譬如抱石而濟長河耳！」帝跪受王母之誡，曰：「徹不才，沉淪流俗，承禪先業，遂羈世累，刑政乖謬，罪積丘山。今日之後，請事斯語矣！」王母曰：「夫養性之道，理身之要，汝固知矣，但在勤行不怠也。我師元始天王昔於嚴〔一〕霄之臺，授我要言曰：『欲長生者，先取諸身。堅守三一保靈根，玄谷華醴〔二〕灌沉珍，溉長清精入天門。金室宛轉在中關，青白分明適泥丸，養液閉精具身神。三宫備衞存絳宫，黄庭戊己無流源，徹通五臟十二綸。吐納六府魂魄欣，却此百病辟熱寒，保精留命永長存。』此所謂呼吸太和，保守自然，真要道者也。凡人爲之，皆必長生，亦可役使鬼神，遊戲五嶽，但不得飛空騰虚而已。汝能爲之，足可度世也。夫學仙者，未有不由此而始也。至若太上靈藥，上帝奇物，地〔三〕下陰生，重雲妙草，皆神仙之藥

〔一〕「嚴」，漢武帝内傳作「藂」。
〔二〕「醴」原作「體」，據道藏本墉城集仙録卷一金母元君傳改。
〔三〕「地」，仙鑑後集卷一金母元君傳無。

也。得上品者，後天而老，乃太上之所服，非中仙之所寶。其中品者，有得服之，後天之逝，乃天真之所服，非下仙之所逮。其次藥有九丹金液，紫華虹英，太清九轉，五雲之漿，玄霜絳雪，騰躍三黄，東瀛白香，玄洲〔一〕飛生，八石千芝，威喜九光，西流石膽，東滄青錢，高丘餘糧，積石瓊田，太虚還丹，盛以金蘭，長光絳草，雲童飛干，有得服之，白日昇天。此飛仙之所服，非地仙之所聞。其下藥有松栢之膏，山薑沉精，菊花澤瀉，苟杞茯苓，菖蒲門冬，巨勝黄精，靈飛赤板，桃膠木英，升麻續斷，威蕤黄連，如此下藥，略舉其端，草類繁多，名數有千，子得服之，可以延年。雖不能長享無期，上昇青天，亦可以身生光澤，返老童顏，役使羣鬼，得爲地仙。求道之者，要先憑此階漸，而能致遠勝也。若能呼吸御精，保固神氣，精不脱則永久，氣長存則不死，不用藥石之費，又無營索之勞，取之於身耳。百姓日用而不知，此故爲上品〔二〕，自然之要也。且夫一人之身〔三〕，天付之以神，地付之以形，道付之以氣。氣存則生，氣去即死。萬物草木，亦皆如之。身以道爲本，豈可不養神固氣，以全爾形也！

〔一〕「玄洲」，漢武帝内傳作「炎洲」。
〔二〕「品」下，道藏本墉城集仙録卷一金母元君傳有「之道」二字。
〔三〕「一人之身」，上書作「人之一身」。

形神俱全，上聖所貴。形滅神逝，豈不痛哉！一失此身，萬劫不復，子其寶焉！我之所言，乃我師元始天王所授之詞也。」即勑玉女李慶孫書出之，以付於帝〔一〕：「汝善修之焉。」

王母命駕將去，帝下席叩頭請留，王母即命侍女召上元夫人同降帝宮。良久，上元夫人至，復坐設天廚。久之，王母命夫人出八會之書五嶽真形五帝六甲靈飛之符凡十二事云：「此書天上四萬劫一傳，若在人間，四十年可授有道之士。」王母乃命侍女宋靈賓開雲錦之囊，取一策以授帝，王母執書起立以付帝，王母呪曰：「天高地卑，五嶽鎮形。元真〔二〕激氣，太澤玄精。天回九道，六和長平。太上八會，飛天之成。真仙節信，由茲通靈。泄墜滅腐，寶歸長齡。徹其慎之，敢告劉生。」祝畢，帝拜受〔三〕之。王母曰：「夫始學道受符者，宜別祭川嶽諸真靈，潔齋而佩之焉！四十年後，若將傳付汝之所有，董仲君李少君可授之爾〔四〕。況爲帝王，可勤祭川嶽，以安國家，投簡真靈〔五〕，以祐黎庶也。」言訖，與上元夫

〔一〕「帝」下，仙鑑後集卷一金母元君傳有「曰」字。

〔二〕「元真」，道藏本墉城集仙録卷一金母元君傳及漢武帝内傳均作「元津」。

〔三〕「受」原作「授」，據道藏本墉城集仙録卷一金母元君傳改。

〔四〕「汝之所有，董仲君李少君可授之爾」，「授」原作「校」，據上書改。「有」，仙鑑後集卷一金母元君傳作「友」。

〔五〕「投簡真靈」，「投」原作「授」，據道藏本墉城集仙録卷一金母元君傳改。

人命車言去，從官互集，將欲登天。因笑指方朔曰：「此我隣家小兒，性多滑稽，曾三來偷桃矣。昔爲太上〔一〕仙官，因沉湎于玉酒，失部御之和，謫佐於汝，非流俗之夫也。」其後武帝不能用王母之戒，爲酒色所惑，殺伐不休，征遼東，擊朝鮮，通西南夷，築臺榭，興土木，海内愁怨，自此失道。幸回中，臨東海，三祠王母，不復降焉。所受之書，置於栢梁臺上，爲天火所焚。李少君解形而去，東方朔飛翥不還，巫蠱事起，帝愈悔恨，元始二年，崩於五柞宮，葬於茂陵。其後茂陵所藏道書五十餘卷，盛以金箱，一旦出於抱犢山中，又玉箱玉杖出於扶風市，驗茂陵宛然如故，而箱杖出於人間，此亦得託形尸解之驗也。

又大茅君盈南治句曲之山，元壽二年八月己酉，南嶽真人赤君西城王君方諸青童並從王母降於茅盈之室。頃之，天皇大帝遣繡衣使者泠廣子期賜盈神璽玉策，太微帝君遣三天左官御史管脩條賜盈八龍錦輿紫羽華衣，太上大道君遣協晨大夫石叔門賜盈金虎真符流金之鈴〔二〕，金闕聖君命太極真人使正一上玄玉郎王忠鮑丘等賜盈以四節燕胎流明神芝。四使者授訖，使盈食芝佩璽，服衣正冠，帶符握鈴而立。四使者告盈曰：「食四節隱芝

〔一〕「上」原作「山」，據道藏本墉城集仙録卷一及仙鑑後集卷一金母元君傳改。
〔二〕「流金之鈴」，本書卷五一祕要訣法作「流金火鈴」。

者位爲真卿，食金闕玉芝者位爲司命，食流明金英者位爲司禄，食長曜雙飛者位爲真伯，食夜光洞草者總主左右御史之任，子盡食之矣，壽齊天地，位爲司命，授東嶽上卿〔一〕，統吴越之神仙，綜江左之山源矣。」言畢，使者俱去。五帝君各以方面車服降於其庭，傳大帝之命，賜盈紫玉之版，黄金刻書九錫之文，拜盈爲東嶽上卿司命真君太元真人，授事訖俱去。王母及盈師西城王君爲盈設天廚酣宴，歌玄靈之曲。宴罷，王母攜王君及盈，省顧盈之二弟，各授道要。王母命上元夫人授茅固衷太霄隱書丹景道精等四部寶經。王母執太霄隱書，命侍女張靈子執交信之盟，以授於盈固及衷。事訖，西王母昇天而去。

其後紫虚元君魏華存夫人清齋於陽洛〔二〕隱元之臺，西王母與金闕聖君降於臺中，乘八景輿同詣清虚上宫，傳玉清隱書四卷以授華存。是時，三元夫人馮雙禮、紫陽左仙公石路成、太極高仙伯延蓋公子、西城真人王方平、太虚真人南嶽赤松子、桐栢真人王子喬等三十餘真，各歌太極陰歌陽歌之曲，母爲之歌曰：「駕我八景輿，欻然入玉清。龍旌拂霄上，虎旂攝朱兵。逍遥玄津際，萬流無暫停。哀此去留會，劫盡天地傾。當尋無中景，不死亦

〔一〕「位爲司命，授東嶽上卿」，道藏本墉城集仙録卷一金母元君傳作「位居司命上真東嶽上卿」。
〔二〕「陽洛」，上書作「陽洛之山」。

不生。體彼自然道，寂觀合太冥。南嶽挺真幹，玉映輝穎精。有〔一〕任靡其事，虛心自受靈。嘉會絳河曲，相與樂未央。」歌畢，三元夫人答歌亦竟，王母及三元夫人紫陽左仙公太極仙伯清虛王君乃攜南嶽魏華存同去東南行，俱詣天臺霍山，過句曲之金壇，宴太元茅真人於華陽洞天，留華存於霍山洞宮玉宇之下，衆真皆從王母昇還龜臺矣。太真金母，師匠萬品，校領羣真，聖位尊高，總録幽顯。至若邊洞玄躬朝而受道，謝自然景侍而登仙，故洞玄及自然傳謂金母師即王母也。玄經所證，事跡蓋多，此未備録矣。

九天玄女傳

九天玄女者，黃帝之師，聖母元君弟子也。黃帝在昔爲有熊之國君〔二〕，佐神農之孫。榆罔既衰，諸侯相伐，干戈相尋，各據方色，自稱五行之號。太皞之後，自爲青帝；榆罔，神農之後，自號赤帝；共工之後，自號白帝；葛天氏之後，自號黑帝；帝起有熊之墟，自號黃帝。帝乃恭己下士，側身修德。在位二十一年，而蚩尤肆孽，弟兄八十一人，獸身人語，銅

〔一〕「有」原作「在」，據道藏本墉城集仙録卷一金母元君傳及本書卷九六王母贈魏夫人歌改。

〔二〕「黃帝在昔爲有熊之國君」，道藏本墉城集仙録卷六九天玄女傳作「黃帝世爲有熊國之君」。

頭鐵額，噉砂吞石，不食五穀，作五虎之形以害黎庶，鑄兵於葛鑪之山，不用帝命。帝欲征之，博求賢能，以爲己助。得風后於海隅，得力牧於大澤，以大鴻爲佐，天老爲師。置三公以象三台，風后爲上台，天老爲中台，五聖爲下台。始獲寶鼎，不爨而熟，迎日推筴。以封胡爲將，以夫人費修之子爲太子，用張若隰朋力牧容光龍行〔一〕倉頡容成大撓奢龍衆臣以爲輔翼，戰蚩尤於涿鹿，帝師不勝。蚩尤作大霧三日，内外皆迷。風后法斗機作大車，以杓指南，以正四方。帝用憂憤，齋於太山之下，王母遣使披玄狐之裘，以符授帝曰：「精思告天，必有太上之應。」居數日，大霧冥冥，晝晦，玄女降焉。乘丹鳳，御景雲，服九色彩翠之衣，集于帝前。帝再拜受命，玄女曰：「吾以太上之教，有疑可問也。」帝稽首曰：「蚩尤暴横，毒害蒸黎，四海嗷嗷，莫保性命，欲萬戰萬勝之術，與人除害，可乎？」玄女即授帝六甲六壬兵信之符，靈寶五符策使鬼神之書，制袄通靈五明之印，五陰五陽遁甲之式，太一十精四神勝負握機之圖，五嶽河圖策精之訣，九光玉節，十絶靈幡，命魔之劒，霞冠火珮，龍戟霓旂，翠輦緑軿，虬驂虎騎，千花之蓋，八鸞之輿，羽籥玄竿，虹旌玉鉞，神仙之物。五龍之印，九明之珠，九天之節，以爲兵信，五色之幡，以辨五方。帝遂復率諸侯再戰，蚩尤驅魑魅雜

〔一〕「行」，道藏本墉城集仙録卷六九天玄女傳作「紆」。

祅以爲陣，雨師風伯以爲衛，應龍蓄水以攻於帝，帝盡制之，遂滅蚩尤于絶轡之野中冀之鄉，塚分其四肢以葬之〔一〕。由是榆岡拒命，又誅之於阪泉之野。北逐獯鬻，大定四方。步四極，凡二萬八千里，乃鑄鼎，立九州，置九行〔二〕九德之臣，以觀天地，祠萬靈，垂法設教。然後採首山之銅，鑄鼎於荆山之下，黄龍下迎，帝乘龍昇天，皆由玄女之所授符策圖局也。

〔一〕「塚分其四肢以葬之」，道藏本墉城集仙録卷六九天玄女傳作「分四塚以葬之」。

〔二〕「九行」，上書作「五行」。

雲笈七籤卷之一百一十五

傳

梁母

梁母者，盱眙人也。孀居無子，舍逆旅于平〔一〕原亭。客來投憩，咸若還家不異。住客還錢，多少未嘗有言。客住經月，亦無所厭。麤衣糲食之外，所得施諸貧病。曾有少年住經月，舉動異於常人，臨去云：「我是東海小童。」母亦不知小童何人也。宋元徽四年丙辰，馬耳山道士徐道盛蹔至蒙陰，於蜂城西遇一青羊車，車自住，見一小童子喚云：「徐道士前來。」道盛行進，去車三步許止。又見二童子年十二三許，齊著黄衣絳裹〔二〕，頭上角髻，容服端正，世無比也。車中人遣一童子傳語云：「我是平原客舍梁母也。今被太上召

〔一〕「平」原作「十」，據四部叢刊本及仙鑑後集卷四梁母傳改。
〔二〕「裹」，仙鑑後集卷四梁母傳作「裹」。

還，應過蓬萊尋子喬，經太山，檢考召，意欲相見，果得子來。靈轡飄飄，玄崗嶮巇，津驛有限，日程三千，侍對在近，我心憂勞，便當乘煙三清，此三子見送玄都。因汝爲我謝東方清信士女，太平在近，十有餘一，好相開度，過此無憂危也。」舉手謝去云：「太平相見。」馳車騰遊，極目而没。道盛還逆旅訪之，正是梁母度世日相見也。

鮑姑

鮑姑者，南海太守鮑靚之女，晉散騎常侍葛洪之妻也。靚字太玄，陳留人也。少有密鑒，洞於幽元，沉心冥肆〔一〕，人莫知之。靚及妹並先世累積陰德，福逮於靚，故皆得道，姑及小妹並登仙品。靚學通經緯，後師左元放受中部法及三皇五嶽劾召之要，行之神驗，能役使鬼神，封山制魔。東晉元帝大興元年戊寅，靚於蔣山遇真人陰長生授刀解之術。累徵至黄門侍郎，求出爲南海太守，以姑適葛稚川。稚川自散騎常侍，爲鍊丹砂，求爲句漏縣令。太玄在南海，小女及笄，無病暴卒。太玄時對賓客，略無悲悼，葬於羅浮山，容色若生，人皆謂爲尸解。靚還丹陽卒，葬於石子崗，後遇蘇峻亂，發棺無尸，但有大刀而已。賊欲取

〔一〕「洞於幽元，沉心冥肆」，仙鑑後集卷四鮑姑傳「元」作「無」，「肆」作「思」。

刀，聞塚左右兵馬之聲，顧之驚駭中間，其刀訇然有聲，若雷震之音，衆賊奔走。賊平之後，收刀別復葬之。靚與妹亦得尸解之道，姑與稚川相次登仙。

孫寒華

孫寒華者，吴人孫奚之女也。師杜契受玄白之要，顔容日少，周旋吴越諸山十餘年，乃得仙道而去。

李奚子

李奚子者，晉東平太守李忠祖母也，不知姓氏。忠祖父貞節丘園，性多慈憫，以陰德爲事。奚子每與一志，務於救人。大雪寒凍路，積稻及穀於園庭，恐禽鳥餓死，其用心如此。今得道，而居華陽洞宫中也。

韓西華

韓西華者，不知何許人也。慈愛於物，常行陰功，至於蛸翹微命，皆愛而護之。學道得仙，今在嵩山洞天之中。

竇瓊英

竇瓊英者，竇武之妹也。其七代祖名峙，常以葬枯骨爲事，以活死爲心，故祚及瓊英，令行〔一〕女仙，在易遷宮中。

劉春龍

劉春龍郭叔香，並不知何許人也〔二〕。以其先世有陰德，故皆得遁化練景，入華陽易遷宮中。劉春龍竇瓊英韓太華李奚子，並天姿嚴麗，儀觀〔三〕駭衆，才識偉鑠，皆得爲明晨侍郎，以居洞中。侍郎之任，以良才舉之，不限男女也。

〔一〕「行」，仙鑑後集卷四竇瓊英傳作「得」。

〔二〕「劉春龍郭叔香，並不知何許人也」，仙鑑後集卷四劉春龍傳作「劉春龍，漢宗正劉春仙之女」，而將「郭叔香」置於下「李奚子」之後。

〔三〕「觀」原作「冠」，據真誥卷十三稽神樞第三改。

趙素臺

趙素臺者，漢幽州刺史趙熙之女也。熙少有善行，常濟窮困，救王惠等族，殊有陰德數十年〔一〕，熙得身詣朱陵，兒子得遊洞天。素臺在易遷宮中已四百年，不肯移去〔二〕，自謂天下無復樂於此處也。數微服遊行，眄山澤以自足。易遷夫人者，乃其品也。

傅禮和

傅禮和者，北地傅建之女也〔三〕。舉家奉佛，禮和常日日灑掃佛前。每發願云，獨慕仙道。常服五星精，身生光華，得道仙去。善爲空洞之歌〔四〕，歌則禽鳥翔舞而集，飛聚其前以聽之。此乃至誠所感，而獲道也。

〔一〕「救王惠等族，殊有陰德數十年」，仙鑑後集卷四趙素臺傳作「救王惠等族誅，有陰德數十事」。

〔二〕「移去」，上書及真誥卷十三稽神樞第三作「徙」。

〔三〕「北地傅建之女也」，仙鑑後集卷四傅禮和傳及真誥卷十三稽神樞第三作「漢桓帝外甥侍中傅建女也，北地人。「北」原作「此」，據上二書改。

〔四〕「善爲空洞之歌」，上二書分別作「善爲空同之歌」、「禮和善歌」。

黄景華

黄景華者，漢司空黄瓊之女也。景華少好仙道，常密修至要，後師韓君〔一〕，授其岷山丹方，服之得入易遷宫，位爲協晨夫人，領九宫諸神女，亦總教授之。

張微子

張微子者，漢昭帝大匠〔二〕張慶之女，不知何郡人也。微子少好道，因得尸解去，在太元司命華陽含真臺，師東華玉妃受服霧氣之道。云霧是山澤水火之華，金石盈氣，久服之，能散形入空，與雲霧合體。微子修之，得其仙道也。

丁淑英

丁淑英者，不知何許人也。有救窮之陰德，度趙阜之急難，上感皇人，授其道要，今爲

〔一〕「後師韓君」，真誥卷十二稽神樞第二及仙鑑後集卷四黄景華傳「君」作「終」。

〔二〕「大匠」，真誥卷十三稽神樞第三及仙鑑後集卷四張微子傳作「將作大匠」。

朱陵嬪，數遊三清〔二〕，司命亦令聽政也。

王法進

王法進者，劍州臨津縣人也。孩孺之時，自然好道。家近古觀，雖無道士居之，其嬉戲未甞輕侮於尊像，見必斂手致敬，若有凜懼焉。十餘歲，有女官自劍州歷外邑過其家，父母以其慕道，託女官以保護之。與授正一延生籙，名曰法進。而專勤香火，護持齋戒，亦茹栢絶粒，時有感降。是歲三川饑歉，斛㪷翔貴，死者十有五六，多採山芋野葛充饑。忽有二青童降於其庭，宣上帝之命曰：「以汝宿禀仙骨，歸心精誠，不忘於道，今以青童召汝受事於玉京也。」法進即隨青童騰身凌虚，徑達太帝之所。命以玉盃霞漿賜之，飲訖，帝謂之曰：「人禀五行之大，體天地之和氣，得爲人形，復生中土，甚不易也。而天運四時之氣，地禀五行之秀，生五穀百果，以養於人。而人不知天地養育之恩，輕棄五穀，厭捨絲麻，使耕農之夫，紡織之婦，身勤而不得飽，力竭而不免寒，徒施其勞，曾不愛惜，斯固神明所責，天地不

〔二〕「上感皇人，授其道要，今爲朱陵嬪，數遊三清」，仙鑑後集卷四丁淑英傳作「上感皇人，授以黄庭祕要之訣而昇仙，今爲朱陵仙嬪，數遊三清」；真誥卷八甄命授第四「皇人」作「玄人」，「三清」作「上清」。

祐也。近者地司嶽瀆日有奏，言人厭賤米麥，不貴衣食之本。我已勑太華之府，收五穀之神，令所種不成，下民饑餓，因示責罰，以懲其心。世愚悠悠，曾未覺悟。旋奉太上所勑，以大道好生，不可因彼惡民，以害衆善。雖天地神明罪之，愚民亦不知過之所起，因無懺請首原之路，虛受其苦耳。汝當爲無上侍童，入侍天府。今且令汝下於世，告諭下民，使其悔罪，寶愛桑蠶，貴敬農事，惜五穀百果，知大道之養人，厚地之育物，宗奉正道，崇事神明。至於水火之用，不可厭棄，衣食之養，儉己約身，皆能行此明戒，天地愛之，神明護之，風雨順調，家國安泰，此乃增益汝之陰功也。」即命侍女披琅笈珠韞，出靈寶清齋告謝天地法一卷付之，傳行於世，曰：「世人可相率幽山高静之處，置齋悔謝。一年之内，春秋兩爲。春則祈於年豐，秋則謝於道力。如此，則宿罪可除，穀父蠶母之神爲置豐衍也。龍虎之年，復當召汝矣！」命青童送還其家，已三箇月也。所受之書，即今靈寶清齋告謝天地之法是也。其法簡易，與靈寶自然齋大率相類。但人間行之，立成徵効。苟或几席器物，小有輕慢濁污者，營奉之人少有不公心者，即飄風驟雨壞其壇筵，迅霆吼雷毁其器用。自是三川梁漢之人，歲皆崇事，雖愚朴之士，狂暴之夫，罔不戰慄兢戒，肅恭擎跽，知奉其法焉。或螟蝗旱潦，害稼傷農之處，衆誠有率，勉於修奉之處，炷香告玄〔一〕，旦夕響應，必臻其祐。與不虔不信之徒，立可較其徵驗矣！巴南謂之清齋，蜀土謂之天功齋，蓋一揆矣。法進以天寶十一年壬辰歲，雲鶴迎之而昇天。此乃亦符龍虎之運，神人之言矣！

王氏

王氏者，中書舍人謝良弼之妻也，東晉右軍逸少之後，會稽人也。良弼進士擢第，爲浙東從事而婚焉。既而抱疾沉痼，歷年未愈，良弼赴闕，竟不果行，而加綿篤。時吴筠天師遊四明天台蘭亭禹穴，駐策山陰，王氏之族謁而求救，爲禁水吞符，信宿即愈。王氏感道力救護，乃詣天師，受籙精修，焚香寂念，獨處静室，志希晨飛。因絶粒噏氣，神和體輕，時有奇香異雲，臨映居第，髣髴真降，密接靈仙，而人不知也。忽謂其女曰：「吾昔之所疾，將僅十年，賴天師救之，而續已盡之命。悟道既晚，修奉未精，宿考過往，懺之未盡。吾平生以俗態之疾，頗懷妬娟。今猶心閉藏黑，未通於道。當須陰景錬形，洗心易藏，二十年後，方得蟬蜕耳。吾死勿用棺器，可作栢木帳，致尸於野中，時委人檢校也。」是夕而卒，家人所殯如

〔一〕「衆誠有率，勉於修奉之處，炷香告玄」，仙鑑後集卷四王法進傳作「有率衆誠，勉於修奉，炷香告天」。

其言，凡事儉約，置其園林間，偃然如寐，亦無變改。二十年，有盜發殯，棄其形於地。隆冬之月，帳側忽聞雷震之聲，舉家驚異，馳行看之。及舉其尸，則身輕如空殼，肌膚爪髮，無不具備，右脇上有拆痕長尺餘，即再收瘞焉〔一〕。南嶽夫人嘗言：「得道者，上品白日昇天，形骨俱飛，上補真官；次者蜕如蚍蟬，亦形骨騰舉，肉質登天，皆爲天仙，不居山嶽矣！」良弼亦執弟子之禮，躬侍天師，仍與天師立傳，詳載其事迹矣。

花姑

花姑者，女道士黄靈微〔二〕也。年八十而有少容，貌如嬰孺，道行高潔，世人號爲花姑，蹀履徐行，奔馬不及，不知何許人也。自唐初來往江浙湖嶺間，名山靈洞，無所不造。經涉之處，或宿於林野，即有神靈衞之。人或有不正之念，欲凌侮者，立致顛沛。遠近畏而敬之，奉事之如神明矣！聞南嶽魏夫人平昔渡江修道，有壇靖在臨川郡，臨汝水西石井山有仙壇，遂訪求之。歲月且久，榛蕪淪翳，時人莫得知之。以則天長壽二年壬辰冬十月，詣

〔一〕「焉」原作「爲」，據仙鑑後集卷五王氏傳改。

〔二〕「黄靈微」，太平廣記卷五八魏夫人傳作「黄靈徽」，類説卷八十拾遺類總作「黄虚徽」。

洪都西山謁道士胡超而問焉。超字拔俗，能通神明，即爲指南郭六里許有烏龜原，古有石龜，每犯田苗，被人擊其首折，則其處也。姑訪之，見龜之左右，壇跡宛然，立處當壇中矣。於其下得尊像油甕錐刀燈盞之類，因葺而興之。復夢夫人指九曲池於壇南，訪而獲之，塼砌尚在。景雲中，睿宗皇帝使道士葉善信將繡像幡花，來修法事，仍於壇西建洞靈觀，度女道士七人住持。洎明皇〔一〕，醮祭祈禱不絶。每有風雨，或聞簫管之聲。凡是禮謁，必須嚴潔，不爾，有虵虎驚吼之異。時有雲物如烏，羣飛垂帶，直下壇上，倏忽西出，如向井山，前後非一而已。花姑肸蠁靈通，密有所告曰：「井山古跡，汝須崇修。」俄聞異香從西來，姑累得嘉兆，躬申葺理，行宿洞口，聞聲磬之音，雖荒梗多時，若有人接導，寓宿林莽，怡然甚安。達明入山，果遇壇殿餘址，遂立屋宇，聞步虚仙梵之響，環壇數里。有樵採不精潔者，必有怪異之驚。有野象中箭來投花姑，姑爲拔之。其後，每齋前則銜蓮藕以獻姑。開元九年辛酉歲，姑欲昇化，謂其弟子曰：「吾仙程所促，不可久住。吾身化之後，勿釘吾棺，只以絳紗羃覆棺上而已。」明日無疾而終，肌膚香潔，形氣温煖，異香滿於庭堂之内。弟子依所命，棺不釘，以絳紗覆之而已。忽聞雷震，擊紗上有孔，大如雞子，棺中唯有被覆木簡，屋上穿處

〔一〕「明皇」，仙鑑後集卷四花姑傳作「玄宗」。

可通人，座中奠瓜，數日生蔓，結實如桃者二焉。每至忌辰，即風雲鬱勃，直入室内。明皇聞而駭之，使覆其事，明日使道士蔡偉編入後仙傳。開元二十八年庚辰三月乙酉，勑道士齎龍璧來醮。忽有白鹿自壇東出，至姑塚間而滅，即花姑葬空棺木簡之處。又有五色仙蛾集於壇上，刺史張景佚以爲聖德所感，立碑頌述。天寶八載己丑，以魏夫人上昇之所，度女道士二人常修香火。大曆三年戊申，魯郡開國公顔真卿爲撫州刺史，舊跡荒毁，闕人住持，召仙臺觀道士譚仙巖道士黄道進二七人住洞靈觀，又以高行女道士黎瓊仙七人居仙壇院。顔公述仙壇碑而自書之，以紀其事跡焉。

徐仙姑

徐仙姑者，北齊〔一〕僕射徐之才女也。不知師奉何人，已數百歲，狀貌常如二十四五歲矣。善禁呪之術，獨遊海内，三江五嶽，天台四明，羅浮括蒼，名山勝賞〔二〕，無不周徧。

〔一〕「北齊」原作「隋朝」，據太平廣記卷七十徐仙姑傳改。按北齊書卷三三本傳載，之才以「天統四年累遷尚書左僕射」，又以「武平元年重除尚書左僕射」，據改。

〔二〕「賞」，太平廣記卷七十及仙鑑後集卷四徐仙姑傳作「境」。

多宿巖麓林窟之中，亦寓止僧院，忽爲豪僧數輩，微詞巧言〔一〕，姑輒罵之。羣僧激怒，欲以刃制之，詞色愈教〔二〕。姑笑曰：「我女子也，而能棄家雲水，不避蛟龍虎狼，豈懼汝鼠輩乎？」即解衣而卧，遽撤其燭，僧輩喜以爲得志也。明日姑理策出山，諸僧一夕皆殭立尸坐，若被拘縛，口噤〔三〕不能言。姑去數里，僧乃如故。來往江表，吴人見之四十餘年矣，顔色如舊，其行若飛，所至之處，畏而敬之若神明矣！無敢以非正之意戲侮者。咸通初，謂贍縣白鶴觀道士蕢雲陶曰：「我先君仕北齊〔四〕，以方術聞名，陰功及物，今亦得道。故我爲福所及，亦延年長生耳！」以此詳之，即實之才之女也。

緱仙姑

緱仙姑者，長沙人也。入道居衡山，年八十餘，容色甚少，於嶽之下魏夫人仙壇精修香

〔一〕「微詞巧言」，太平廣記卷七十及仙鑑後集卷四徐仙姑傳分别作「微詞所嘲」、「巧言挑侮」。

〔二〕「教」，太平廣記卷七十徐仙姑傳作「悖」。

〔三〕「噤」原作「禁」，據上書改。

〔四〕「仕北齊」原作「仕歷周隋」，據上書改。

火，十餘年孑然無侶。壇側多虎狼，常人遊者，須結侶執兵器方敢入，仙姑深隱其間，曾無所畏。數年後，有一青鳥，形如鳩鴿，紅頂長尾，飛來所居，自語曰：「我南嶽夫人使也。以姑修道精苦，獨棲窮林，命我爲伴耳。」他日又言：「西王母姓緱，乃姑之聖祖也。聞姑修道勤至，將有真官降而授道，但時未至耳，宜勉於修勵也。」每有人遊山，必青鳥豫説其姓字及其日，一一皆驗。又曰：「河南緱氏〔一〕，王母修道之處，故鄉之山也〔二〕。」又一日，青鳥飛來曰：「今夕有暴客，無害，勿以爲怖也。」其夕，果十餘僧來。魏夫人仙壇乃是一片巨石，方可丈餘，其下宛然浮寄他石之上，或一人以手推之則摇動，人多則屹然而住。是夜羣僧持火杖刀，將害仙姑。入其室，姑在牀上而僧不見。既出門，即推壞仙壇，轟然有聲，山震谷裂，謂已顛墜矣！而終不能動。僧相率奔去。及明，有至遠村者，分散九僧爲虎噬殺，一僧推壇之時不同其惡，免爲虎害，夫人仙壇儼然無損，姑亦無恙。歲餘，青鳥語姑遷居他〔三〕所。因徙居湖南，鳥亦隨之，而他人未嘗會其語。相國文昭鄭公畋自承旨學士左遷

〔一〕「河南緱氏」，仙鑑後集卷四緱仙姑傳「氏」作「山」。
〔二〕「王母修道之處，故鄉之山也」，太平廣記卷七十緱仙姑傳作「乃王母修道之故山也」。
〔三〕「他」原作「仙」，據上書改。

梧州牧，師事於姑。姑謂文昭公曰：「此後四海多難，人間不可久居，吾將卜隱九疑矣！」一旦遂去。

廣陵茶姥

廣陵茶姥者，不知姓氏鄉里。常如七十歲人，而輕健有力，耳聰目明，頭髮鬢黑。晉元南渡之後，耆舊相傳見之，百餘年顔狀不改〔一〕。每持一器茗，往市鬻之，市人爭買。自旦至暮，所賣極多，而器中茶常如新熟，而未嘗減少，人多異之。州吏以冒法繫之於獄，姥乃持所賣茗器，自牖中飛去。

〔一〕「晉元南渡之後，耆舊相傳見之，百餘年顔狀不改」，太平廣記卷七十茶姥傳作「耆舊相傳云，晉元南渡後見之，數百年顔狀不改」。

雲笈七籤卷之一百一十六

傳

南溟夫人

南溟夫人者，居南海之中，不知品秩之等降，蓋神仙得道者也。有元徹柳實二人，同志訪道，於衡山結廬，棲遁歲餘，相與適南。至廣州合浦縣，登舟，將越海而濟，南抵交阯，維舟岸側〔一〕。適村人享神，簫鼓喧奏〔二〕，舟人水工至于僕使，皆往觀焉。唯二子在舟中。俄爾颶風斷纜，漂舟入海，莫知所之，幾覆没者二三矣。忽泊一孤島，風浪亦定。二子登岸，極目于島上，見白玉天尊像，瑩然在石室之内，前有金爐香爐，而竟無人。二子周覽悵望，見一巨獸出于波中，若有所察，良久而没。俄爾紫雲湧於海面，瀰漫三四里，中有大蓮

〔一〕「維舟岸側」，仙鑑卷三三柳實傳作「艤舟合浦岸」。

〔二〕「奏」，上書作「譁」。

花，高百餘尺，葉葉旋舒，内有帳幄，綺繡錯雜，虹橋闊數十尺〔一〕，直抵島上。有侍女捧香於天尊像前，炷香未已，二子哀叩之，以求救拔，願示歸路。侍女訝曰：「何遽至此耶？」以事白之。侍女曰：「少頃南溟夫人與玉虚尊師約，子可求而請之也。」侍女未去，有一道士乘彩雲白鹿而至。二子哀泣以告之，道士曰：「可隨此女謁南溟夫人也。」二子受教，隨侍女登橋，至帳前再拜稽首，以漂汎之由，述其姓字。夫人命坐，尊師亦至，環坐奏樂，頃之進饌。尊師曰：「二客求人間饌以享之。」饌畢，尊師以丹篆一卷授夫人，夫人拜受訖，尊師告去，謂二子曰：「有道氣，無憂歸路也。合有靈藥相贈，子分未合，當自有師〔二〕，吾不當爲子之師也，他日相見矣。」二子拜辭，尊師乘鹿而去。頃有武夫長十餘丈，金甲執劒，進曰：「奉使天吴，清道不謹，法當顯戮，今已行刑。」遂趨而没。夫人即命侍女示二子歸路，曰：「從百花橋去。」贈以玉壺，曰：「前程有事，可叩此壺也。」遂辭夫人，登橋而去。橋長且廣，欄干上皆異花，二子花間窺見千虯萬龍，互相繳結而爲橋矣。見向之巨獸，已身首異處，浮于波間。二子問所送使者斬獸之由，答曰：「爲不知二客故也。」使者謂二客曰：「我不當

〔一〕「虹橋闊數十尺」，仙鑑卷三三柳實傳作「耀奪人目，見虹橋忽展」。

〔二〕「子分未合，當自有師」，上書作「但子宿分自有師」。

爲使送子，蓋有深意，欲奉託也。」衣帶間解合子琥珀與之，中有物隱隱然若蜘蛛形。謂二子曰：「我輩水仙也。頃與番禺少年情好之至，有一子三歲，合棄之，夫人令與南嶽郎君爲子矣。中間迴鴈峯使者有事于水府，吾寄與子所弄玉環與之，而爲使者隱却，頗以爲悵〔一〕。望二客持此合子於迴鴈峯廟中投之，若得玉環，爲送嶽廟，吾子亦當有答，慎勿開啓。」二子受而懷之，又問：「玉虚尊師云：『子自有師。』誰也？」曰：「南嶽太極先生耳，自當遇之。」須臾橋盡，與使者相别，已達合浦之岸，問其時代，已十二年矣〔二〕。於是將還衡山，中途餒甚，試叩玉壺，則珍味至。二子一食，不復飢渴。及還，妻已謝世，家人曰：「郎君溺海十餘年矣。」自此二子益有厭俗之志，無復名宦之心，乃登衡嶽，投合子於迴鴈峯廟。瞬息之間，有黑龍長數丈，激風噴電，折木撥屋，霹靂一聲，廟宇立碎。戰慄之際，空中有人以玉環授之，二子得環送於嶽廟。及歸，有黄衣少年持二金合以酬二子曰：「南嶽郎君持此還魂膏以報君也，家有斃者，雖一甲子，猶可塗頂而活。」既受之，而失其使。二子遂以膏塗活其妻。後因大雪，見一樵叟，負重凌寒，二子哀其老，以酒飲之。忽見其檐上有「太極」

〔一〕「頗以爲悵」，仙鑑卷三三柳實傳作「吾頗爲恨」。

〔二〕「已十二年矣」，上書作「已十年也」。

字，遂禮而爲師。曰：「吾得神仙之道，列名太極矣。太上勑我來度子耳。」因見玉壺曰：「此吾貯玉液之壺，亡來數十甲子，甚喜再見。」遂以玉壺獻之。二子隨太極先生入朱陵宮祝融峯，歷遊諸仙府，與妻俱得昇天之道〔一〕。

邊洞玄

邊洞玄者，范陽人女也。幼而高潔敏慧，仁慈好善，見微物之命有危急者，必俯而救之，救未獲之間，忘其飢渴。每霜雪凝沍，鳥雀飢棲，必求米穀粒食以散餵之。歲月既深，鳥雀望而識之，或飛鳴前導，或翔舞後隨。年十五，白其父母，願得入道修身，絶粒養氣。父母憐其仁慈且孝，未許之也。既笄，誓以不嫁，奉養甘旨。數年，丁父母憂，毀瘠不食，幾至滅性。服闋，詣郡中女官，請爲道士。終鮮兄弟，子無近親，性巧慧，能機杼，衆女官憐而敬之。紡織勤勤，晝夜不懈，每有所得，市胡麻茯苓人參香火之外，多貯五穀之類。人或問之：「既不食累年，而貯米麥何也？豈非永夜凌晨有飢渴之念耶？」笑而不答。然每朝於

〔一〕「二子隨太極先生入朱陵宮祝融峯，歷遊諸仙府，與妻俱得昇天之道」，仙鑑卷三三柳實傳作「遂拉二子同上祝融峰，更不復出矣」。

後庭散米穀以飼禽鳥，於宇内以飼鼠，積歲如之，曾無怠色。一觀之内，女官之家，機織爲務，自洞玄居後，未嘗有鼠害於物，人皆傳之，以爲陰德及物之應也。性亦好服餌，或有投以丹藥，授以丸散，必於天尊堂中焚香供養訖，而後服之。往往爲藥所苦，嘔逆吐痢，至於疲劇，亦無所怨嘆。疾纔已，則吞服如常，其同道惜之，委曲指喻，丁寧揮解，而至信之心，確不移也。苟遇歲饑，分所貯米麥以濟於人者亦多矣。一旦有老叟負布囊入觀賣藥，衆因問之，所賣者何藥也？叟曰：「大還丹，餌服之者，長生神仙，白日昇天。」聞之皆以爲笑。叟面目黚黑，形容枯槁。行步傴僂，聲纔出口，衆笑謂之曰：「既還丹可致不死，長生昇天，何憔悴若此而不自恤邪？」叟曰：「吾此丹初熟，合度人立功。度人未滿，求仙者難得，吾不能自服便飛昇沖天耳！」衆問曰：「舉世之人，皆願長生不死，延年益壽，人盡有心，何言求仙者難得也？」叟曰：「人皆有心好道而不能修行，能好道復能修行，精神不退，勤久其事，不被聲色所誘，名利所惑，奢華所亂，是非所牽，初心不變，如金如石者難也。百千萬人無一人矣！何謂好道也？」問曰：「貴爲天子，富有四海，有金丹之藥何不獻之？令得長生永壽也。」叟曰：「天上大聖真人高真上仙，與北斗七元君輪降人間，以爲天子，期滿之日，歸昇上天，何假服丹而得道也？」又問曰：「既盡知之，今天子是何仙也？」曰：「朱陽太一南宮真人耳。」問答之敏，事異於人，發言如流，人不可測。逡巡，暴風雷雨，遞相顧視，驚悸異常，衆人稍稍散去。叟問衆曰：「此有女道士，好行陰德，絶粒多年者何在？」因指其院以示之。叟入院不扣問，徑至洞玄之前曰：「此有還丹大藥，遠來相救，能服之邪？」洞玄驚喜延坐，問藥須幾錢？叟曰：「所直不多，五十萬金耳。」洞玄曰：「此窮窘多年，殊無此錢，何以致藥耶？」叟曰：「勿憂，子自幼及今，四十年矣。三十年積聚五穀，餉飼禽蟲，以此計之，不啻藥價也。」即開囊示之，藥丸青黑色，大如梧桐子者二三斗，令於藥囊中自探之。洞玄以意於藥囊中取得三丸。叟曰：「此丹服之易腸換血，十五日後方得昇天，此乃中品之藥也。」又於衣裾内解一合子大如錢，出少許藥如桃膠狀，亦似桃香，叟自於井中汲水調此桃膠，令吞丸藥。叟喜曰：「汝之至誠，感激太上，有命使我召汝。既服二藥，無復易腸換血之事。即宜處臺閣之上，接真會仙，勿復居臭濁之室，七日即可以昇天，當有天衣天樂自來迎矣。」須臾雨霽，叟不知所之。衆女官奔詣洞玄之房，問其得藥否？具以告之，或嗤其怪誕，或歎其遭遇，相顧驚駭。由是郡衆之人有知者，亦先馳往觀之。於是洞玄告人曰：「我不欲居此，願登於門樓之上。」顧眄之際，樓猶扃鐍。洞玄告人曰：「我不於此。」語猶未終，已騰身在樓上矣。異香流溢，奇雲散漫，一郡之内，觀者如堵。太守僚吏，遠近之人，皆禮謁焉！洞玄告衆曰：「中元日早必昇天，可來相別也。」衆乃致齋大會，七月十五日辰時，天樂滿空，紫雲蓊鬱，縈繞觀樓，衆人見洞玄昇天，音樂導從，幡旌羅列，直南而去，午時雲物方散矣。太守衆官具以奏聞。是日辰巳間，大唐明皇居便殿，忽聞異香紛郁，紫炁充庭，有青童四人導一女道士，年可十六七，進曰：「妾是幽州女道士邊洞玄也，今日得道昇天來，以辭陛下。」言訖，冉冉而去。乃詔問所部，奏函亦馹騎馳至，與此符合，勑其觀爲登仙觀，樓曰紫雲樓，以旌其事。是歲，皇妹玉真公主咸請入道，進其封邑及實封。由是上好神仙之事，彌更勤篤焉。仍勑校書郎王端敬之爲碑，以紀其神仙之盛事者也。

黄觀福

黄觀福者，雅州百丈縣民之女也。自幼不食葷血，好清淨，家貧無香，取栢葉栢子焚之。每凝然静坐，無所營爲，經日不以爲倦。或食栢葉，飲水自給，不嗜五穀。父母憐之，聽其率性任意。既笄，欲嫁之。忽謂父母曰：「門首水中，極有異物。」常時多與父母説奇事先兆，往往信驗，聞之固以爲然〔一〕。隨往看，水果洶湧不息，乃自投水中，良久不出。父母撈攎，得一木像天尊，古昔所製，金彩已駁，狀貌與女無異，水即澄清如舊，無復他物。便以木像置於路側，號泣驚異而歸。其母時來視之，憶念不已。忽有彩雲仙樂，導衛甚多，與

〔一〕「聞之固以爲然」，「之」原作「乏」，據四部叢刊本及太平廣記卷六三黄觀福傳改。「固」，太平廣記作「因」。

女伴三人下其庭中，謂父母曰：「女本上清仙人也，有小過謫在人間，年限既畢，復歸上天，無至憂念也。同來三人，一是玉皇侍女，一是大帝侍晨女，一是上清侍女，姓黄名觀福〔一〕，此去不復來矣！今年此地疾疫，死者甚多。」以金遺父母，使移家益州，以避凶歲。即留金數餅，昇天而去。父母如其言，移家蜀郡。其歲疫毒黎民，雅地尤甚〔二〕，十喪三四，即麟德年也。今俗呼爲黄冠佛，蓋以不識天尊像，仍是相傳語訛，以黄觀福爲黄冠佛也。

陽平治

陽平治謫仙妻，不知其名。九隴居人張守珪家甚富，有茶園在陽平化仙居山内。每歲召採茶人力百餘輩，男女傭工者雜之園中。有一少年賃爲摘茶，自言無親族。性甚了慧勤願，守珪憐之，以爲義兒。又一女年二十餘，亦無親族，願爲義兒之婦，孝義端恪，守珪甚善之。一旦山水汎溢，市井路絶，鹽酪既闕，守珪甚憂。新婦曰：「此可買耳。」取錢出門十數

〔一〕「一是大帝侍晨女，一是上清侍女，姓黄名觀福」，太平廣記卷六三黄觀福傳「大」作「天」，「侍女」作「侍書」，無後五字。

〔二〕「其歲疫毒黎民，雅地尤甚」，上書作「其歲疫毒，黎雅尤甚」。

步，置錢樹下，以杖扣樹，得鹽酪而歸。後或有所要，但令扣樹取之，無不得者，其夫術亦如此。因與隣婦十數人，於堋〔一〕口市相遇，爲買酒一盌，與衆婦飲之皆醉，而盌中酒不減。遠近傳説，人皆異之。守珪請問，其術受於何人？少年曰：「我陽平洞中仙人耳，因有小過，謫於人間，不久當去。」守珪曰：「洞府大小，與人間城闕相類否？」答曰：「二十四化各有一大洞，或方千里、五百、三百里。其中皆有日月飛精，謂之伏神之根，下照洞中，與世間無異。其中皆有仙王仙卿仙官輔相佐之，如世之職司。有得道之人及積功遷神反生之者，皆居其中，以爲民庶。每年三元大節，諸天各有上真下遊洞天，以觀其所理善惡，人世死生興廢，水旱風雨，預關於洞中焉。其龍神祠廟血食之司，皆爲洞府所統也。二十四化之外，其青城峨嵋益登慈母繁陽嶓冢皆亦有洞，不在十大洞天三十六小洞天之數。洞之仙曹，如人間郡縣聚落耳，不可一一詳記之也。」旬日之間，忽夫婦俱去。

〔一〕「堋」原作「堋」，據本書卷二八二十八治陽平治及太平廣記卷三七陽平謫仙改。

神姑

神姑者，盧眉娘是也，後魏北祖帝師盧景祚〔一〕之後，生而眉長且緑〔二〕，因以爲名。永貞〔三〕元年，南海太守以其奇巧而神異，貢於京。盧眉娘幼而慧晤，能以一絲析爲三縷，染彩於掌〔四〕中，結爲傘蓋五重，其中有十洲三島，天人玉女，臺殿麟鳳之像，而外列執幢捧節仙童，不啻千數。其闊一丈，秤之無三數兩。自煎靈香膏傅之，則虬硬不斷，順宗皇帝歎其巧妙，二宮内謂之神姑。入内時方年十四，每日但食胡麻飯二三合。至元和中，憲宗皇帝嘉其聰慧，因賜金鳳環以束其腕。久之，不願在宮掖，乃度爲女道士，放歸南海，賜號曰逍遥。數年不食，常有神人降會，一旦羽化，香氣滿室。將葬，舉棺覺輕，撤其蓋，唯舊履

〔一〕「後魏北祖帝師盧景祚」，按魏書卷八四盧景裕傳，齊獻武「聞景裕經明行著，……使教諸子」，又北齊書卷二神武紀「始范陽盧景裕以明經稱，……教授諸子」，「祚」疑當作「裕」。又太平廣記卷六六盧眉娘傳作「後漢（魏）盧景裕、景祚、景宣、景融兄弟四人，皆爲帝王之師，因號帝師」。「後魏」宜作「北齊」。

〔二〕「生而眉長且緑」，太平廣記卷六六盧眉娘傳作「眉娘生，眉如線且長」，「緑」疑當作「線」。

〔三〕「貞」字原爲空格，據四部叢刊本補。

〔四〕「掌」原作「堂」，據四部叢刊本改。

而已，往往人見乘紫雲於海上。羅浮李象先作盧逍遥傳〔一〕，蘇鶚載其事於杜陽編中焉。

王奉仙

王奉仙者，宣州當塗縣民家之女也。家貧，父母以紡績自給。而奉仙年十三四，因田中餉飯，忽見少年女十餘人，與之嬉戲，久之散去。他日復見如初，自是每到田中餉飯，即聚戲爲常矣。月餘，諸女夜會其家，竟夕言笑，達曉方散。或攜奇果，或設珍饌，非世所有。其房宇湫陋，來衆雖多，不以爲窄。父母聞其言笑，疑焉！伺而察之，復無所見。又疑祆魅所惑，詰之甚切，必託他詞以對。自是諸女不復夜降，常晝日往來。或引其遠遊，凌空泛迴，無所不到，至暮乃返。仍不飲不食，日加殊異。一日將夕，母氏見其自庭際竹杪墜身於地。母益爲憂，懇問其故。遂以所遇之事言之，父母竟未諭其本末。諸女剪奉仙之髮，前露眉，後垂至肩，自此數年，髮竟不長。不食歲餘，肌膚豐瑩，潔若冰雪，螓首蠐領，皓質明眸，貌若天人，智辯明晤〔二〕，江左之人謂之觀音焉。咸通末，相國杜公審權鎮金陵，令狐公

〔一〕「羅浮李象先作盧逍遥傳」，太平廣記卷六六盧眉娘傳作「羅浮處士李象先作羅逍遥傳」，「盧」誤作「羅」。

〔二〕「晤」，仙鑑後集卷三王奉仙傳作「悟」。

綯鎮維揚，延請〔一〕供養，聲溢江表。其後秦彦請留於江都，展師敬之禮。高士主父懷杲正直倜儻，疑以爲邪，詣而問之，奉仙欣然加敬，話道累日。主父問：「所論之理頗合玄要，何復有觀音之目耶？」奉仙曰：「某所遇者道也，所得者仙也，嗤俗之徒，加我以觀音之號耳。然頃歲杜公搜於蓬茅之下，欲貢於宮掖之内，適以斷髮免，未容歸侍膝下，遂雲留寺中。閭巷不知，騰口虚譽，至有擎香捧燭，施寶投金，囂然經年，莫知竄免。而今日遂其修養，不拘閉於後庭者，亦是真仙冥祐，斷髮齊領之明効也，得不自以爲慰喜耳！且名之與道，兩者無滯。莊生云：人以我爲牛，而我爲牛；人以我爲馬，而我爲馬〔二〕。忘形體真者，不以名爲累也，故亦不鄙人爾。且某所見之女，年可十八九，容貌異常，著雲霞錦繡大袖之衣，執持者仙花靈草，吟詠者仙經洞章，所話乃神仙長生度世之事。隨其所行，逍遥迅速，不知其倦。所到天宮仙闕，金樓玉堂，脩廊廣庭，芝田雲圃，神禽天獸，珍木靈芳，非世間所覩。過星漢之上，不知幾千萬里，朝謁天尊。天尊處廣殿之中，羽衛森列，告奉仙曰：『汝寄生人世，五十年後當還此。』勑左右以玉漿一盃見賜，飲畢戒曰：『百穀之實，草木之

〔一〕「請」原作「詩」，據四部叢刊本改。

〔二〕以上十八字，莊子天道作「呼我爲牛也，而謂之牛；呼我爲馬也，而謂之馬」。

果，食之殺人，夭汝年壽，特宜絶之。』是以不食二十年矣。夫天尊行化天上，教人以道，延人以生，主宰萬物，覆育周徧，如世人之父也。釋迦行化世上，勸人止惡，誘人求福，如世人之母也。仲尼儒典行於人間，示以五常，訓以百行，如世人之兄也。世之嬰兒〔一〕，但識其母，不知有兄父之尊，故常常之徒，知道者稀，尊儒者寡，不足怪也。且所見天上之人，男子則雲冠羽服，或丱髻青襟；女子則金翹翠寶，或三鬟雙角。手執玉笏，項負圓光，飛行乘空，變化莫測。亦有龍麟鸞鶴之騎，羽幢虹節之仗，如人間帝王耳，了不見有菩薩佛僧之像也。」因出其所供養圖繪甚多，率是天人帝王道君飛仙之狀，亦無僧佛之容焉。自咸通迄光啓四十年間，遊淮浙之宛陵，所至之處，觀者雲集。其警俗也，常以忠孝貞正之道，清淨儉約之言，修身密行之要，故遠近瞻敬。凡金寶貨，委之於前，所施億萬，皆棄之去，而未嘗顧也。雖三淮沸浪，四野騰煙，棲止自若，曾不爲患。其有擁衆威悍如孫儒趙宏畢師鐸，欲以不正逼之，白刃脅之，及覩其神貌，不覺折腰屈膝，伸弟子之禮。後與二女弟俱入道，居洞庭山。光啓初，遷餘杭界千頃山。山下之人，爲棣華宇以居之。歲餘，無疾而化，年四十八，有雲鶴異香之瑞，果符五十年之言矣。況其不食三十年，童顏雪肌，常若處子，非金丹

〔一〕「世之嬰兒」，仙鑑後集卷三王奉仙傳作「舉世人如嬰兒焉」。

玉液之効，豈能與於此哉！又往往神遊天界，端坐逾月，或下察地府冥關之事，坐見八極，多與有道者言之，世人不知，以爲坐忘耳。乃南極元君及東陵聖母之儔侶者乎！

薛玄同

薛氏者，河中少尹馮徽之妻也，道號玄同。適馮徽二十年，乃言素志，託疾獨處，誓焚香念道，持黄庭經日三兩遍。又十三年，夜有青衣玉女二人降其室内。將至，有光如月，照其庭廡，香風颯然。時當初秋，殘暑方甚，而清涼虚爽，颯若洞中。二女告曰：「紫虚元君主領南方下教之籍〔一〕，命諸真大仙於四海之外，六合之内，名山大川，有志慕長生心冥真道者，必降而教之。玄同善功爲地司累奏，簡在紫虚之府，況聞女子立志，元君尤嘉其用心，即日將親降於此。」如是凡五夕，焚香嚴盛，以候元君。咸通十五年甲午七月十四日，元君與侍女羣真二十七人降於其室，玄同拜迎于門。元君憩坐良久，示以黄庭填神存修之旨，賜九華之丹一粒，使「八年後吞之，當遣玉女飆車，迎汝於嵩嶽矣！」言訖散去。玄同自是冥心静神，往往不食。雖真仙降眄，光景燭空，靈風異香，雲璈鈞樂，奏於其室，馮徽亦不

〔一〕「下教之籍」，太平廣記卷七十薛玄同傳作「下校文籍」。

知也。徽以玄同別室修道，邈不可親，愚婟之懷，常加毁笑，每獲東陵之疑矣。洎廣明庚子之歲，大寇犯闕，衣纓奔竄，所在偷安，馮與玄同寓跡於常州晉陵，存注不輟，益用虔恭。中和元年十月，舟行至直瀆口，欲抵别墅，親隣女伴數人乘流之際，忽見河濱有朱紫官吏及戈甲武士，立而序列，若候玄同舟檝之至也。四境多虞，所在寇盜，舟人見之，驚駭不進。玄同曰：「無懼也。」即移舟及之，官吏皆拜。玄同指揮曰：「未也，猶在春中，私第去〔一〕，無速也。」其官吏遂各散去。而同舟者雖見，莫究其由。明年壬寅二月，玄同沐浴，餌紫虚所賜之丹，二仙女密降其室，促嵩高之行。是月十四日，示以有疾，一夕終于私第，有仙鸖三十六隻，翔集室宇之上。玄同形質柔煖，狀若生人，額中炅然〔二〕白光一點，良久化爲紫氣。沐浴之際，玄髮重生，立長數尺。十五日夜，雲彩滿室，忽聞雷電震霹之聲，棺蓋飛起在庭中，失尸所在，空衣衾而已。異香雲鶴，浹旬不去。浙西節度使相國周寶奏曰：「伏聞趙夫人登遐之日，玉貌如生，陶先生猒世之時，異香不絶。同其羽化，録在仙經。豈謂明時，復覩斯事！伏以馮徽妻薛氏，早拋塵俗，久息玄門。神仙祕密之書，能採奥旨；女子鉛

〔一〕「私第去」，太平廣記卷七十薛玄同傳作「但去」。

〔二〕「炅然」，上書作「有」。

華之事，不撓沖襟。非絶粒茹芝，守真見素，履聖世無爲之化，窮玄元守一之規？不然者，安得方念鼓盆，靈禽疊降，正悲鸞鏡，玄髮重生，雷電顯祥，雲霞表異？天迥而但聞絲行，棺空而唯有衣衾。謫來暫住人間，仙去却歸天上。事傳千古，美稱一時，雖屬郡之休禎，乃國朝之盛事。臣忝分優寄，輒具奏聞，干冒天廷，無任戰越喜賀之至。」是歲二月十五日奏於成都行在。勑曰：「惟天法道，著在仙經。上德勤修，玄功是致。覽兹申奏，頗叶殊祥。同魏氏之登仙，比花姑之降世。光乎郡縣，焕我國朝。宜付史官，編於簡册。仍委本道以上供錢於其住處修金籙道場，以答上玄，用伸虔感者。」時駐蹕成都之三年也。

雲笈七籤卷之一百一十七

道教靈驗記

宮觀〔一〕

真宗皇帝御製叙

夫妙道本於混成，至神彰於不測。經誥所以宣契象，宮觀所以宅威靈，符籙所以備真科，齋詞所以達精懇。驗徵應之非一，明肸蠁之無差，誡覺悟於蒼黔，而彰亶於善惡也。朕顧惟寡昧，獲纂隆平。荷祉福之咸臻，務齋盟而匪懈。思揚妙理，普示羣生。因覽杜光庭所集道教靈驗記二十卷〔二〕，其事顯而要，其指實而詳，今昔所聞，盈編而有次；殊尤之迹，

〔一〕「宮觀」，道藏本道教靈驗記作「宮觀靈驗」，置之於「序」之後，正文之前。

〔二〕「道教靈驗記二十卷」，上書作十五卷，凡宮觀靈驗三卷，尊像靈驗二卷，老君靈驗二卷，天師靈驗一卷，真人王母將軍神王童子靈驗一卷，經法符籙靈驗三卷，鐘磬法物靈驗一卷，齋醮拜章靈驗二卷。闕五卷。

開卷以斯存。冀永流傳，俾列〔一〕方版，庶資訓範，克暢淳風，直叙厥由，題於篇首云爾。

廣成先生序

道之爲用也，無言無爲；道之爲體也，有情有信。無爲則任物自化，有信則應用隨機。自化則冥乎至真，隨機則彰乎立教。經曰：「善者吾善之，不善者吾亦善之。」此明太上渾其心，而等觀赤子也。書曰：不獨親其親，天下皆親；不獨子其子，天下皆子。此明聖人體其道，而慈育蒼生也。惡不可肆，善不可沮，當賞罰以評之。經曰：人之不善，何棄之有？故立天子，置三公，此聖人教民捨惡從善也。又曰：爲惡於明顯者，人得而誅之；爲惡於幽闇者，鬼得而誅之。又曰：爲善者，善氣至；爲惡者，惡氣至。此太上垂懲勸之旨也。書曰：「惟上帝不常。作善降之百祥，作不善降之百殃。」此聖人法天道，禍淫福善之戒也。由是論之，罪福報應，猶響答影隨，不差毫末，豈獨李釋〔二〕言其事哉？抑儒術書之，固亦久矣！宣王之夢杜伯，晉侯之夢大厲，恭世子之非罪，渾良夫之無辜，化豕之報齊

〔一〕「列」，道藏本道教靈驗記序作「刊」。
〔二〕「李釋」，上書作「道釋」。

侯，結草之酬魏氏，良霄〔一〕之殂駟帶，鄭玄之捽劉蘭，直〔二〕筆不遺，良史攸載，足可以爲罪福之鑒戒，善惡之準繩者也。況積善有餘福，積惡有餘殃，幽則有鬼神，明則有刑憲，斯亦勸善懲惡至矣！大道不宰，太上好生，固無責於芻狗，而示其報應。直以法字像設，有所主張。真文靈科，有所拱衛。苟或侵侮，必陷罪尤。故歷代已來，彰驗多矣！成紀李齊之道門集驗記十卷，始平蘇懷楚玄門靈驗記十卷，俱行於世。今訪諸耆舊，採之見聞，作道教靈驗記凡二十卷〔三〕。庶廣慎微之旨，以匡崇善之階，直而不文，聊記其事。

饒州開元觀神運殿閣過湖驗〔四〕

饒州開元觀舊在湖水之北，去郭二里。巨殿層樓，迴軒廣厦，枕湖有水閣，松徑有虛亭，松竹森踈，花木秀茂。郡人避暑尋春，爲一州勝賞之所。其後道流既少，廊廡摧損，唯

〔一〕「霄」原作「宵」，據左傳昭公七年改。

〔二〕「直」原作「之」，據道藏本道教靈驗記序改。

〔三〕「道教靈驗記凡二十卷」，道藏本作十五卷，闕五卷，本書卷一一一後半及卷一一二收有佚文。此本當在道藏本之前。

〔四〕「饒州開元觀神運殿閣過湖驗」，道藏本道教靈驗記卷一作「饒州開元觀驗」，其前行標題曰「宮觀靈驗」。

上清閣大殿齋堂三門皆在。里中民庶，多葬於觀地中，壇殿之外盡爲墟墓矣。大中二年，郡中夜聞千萬人聲，如風雷之響。及明，見開元殿閣門堂四十餘間，移在湖水之南平地之内。其所布列，形勢遠近，殿閣相去，與舊不殊。太守上聞，請易其名額，以旌神異。詔旨依舊爲開元觀，只改上清閣爲神運閣，别命崇修，遠近歸心，爭捨美利，遂加繕葺，觀殿鼎新。記云：「所移之地，途超二里，水越一湖，出自神功，事資聖感」是也。

洋州馮行襲毁素靈宫驗〔一〕

洋州素靈宫云，漢武帝爲素靈夫人降真内殿，於太白之前，爲築宫宇，即其地也。年代寖遠，遺址僅存。我唐高祖既至長安，受隋恭帝禪。是歲夢素衣神人云：「我太白之主也，居素靈臺，以荒毁爲告。」詔訪其地，特創臺殿，命爲素靈宫。開元中，傅天師曾奉詔齋醮於其上。德宗幸梁洋，欲駕幸其地，又加營飾。由是材石之功，最爲宏壯。馮行襲自金州遥統洋州武定軍，命其子守之。欲毁素靈屋宇，以修公署。工人揭瓦，皆有毒虵，居於霤中，莫知其數，竟無所措手，以事白焉。馮子怒，使吏焚之，曳薪炷火。而雷電大震，風雨總至，

〔一〕「洋州馮行襲毁素靈宫驗」，道藏本道教靈驗記卷一作「洋州素靈宫驗」。

羣吏奔駭，數輩死之。靈跡巋然，無敢犯者。

文銖臺二僧擊救苦天尊像驗〔一〕

文銖者，長安人也。父母令於別業讀書，爲〔二〕莊前堆阜之上置書堂焉。而性本疎誕，不樂文字，但與隣里少年彈射飛鳥，捕格野獸，以爲戲樂。至於筌笱之具，罻羅之屬，弋網罝罩，弓矢槌刃，靡不置之。數年之間，殺獲不可勝記。忽有道士見之謂曰：「子之頭何遽變也？」銖驚而問之，乃引於臺下，令其窺井照之，自見其人形而獸頭矣。欲求道士悔謝，更令熟視井中，頃刻之間，身形不改，而頭已百變，或鳥或獸，或蛇或魚。銖見之異常憂懼。道士曰：「萬物營營，各貪其生，至於飛動，皆重其命。爾反天道而殺之，當有此報耳！每變一頭，則受一生，終爾所殺之數，一一償之，積月累日，計其壽限，自此之後，爾身則死。乃歷生異類之中，報所殺之命，百千萬年，未有還復人身之日。」銖號泣求救，願焚弋獵之具，以謝前愆，洗心改悔，不敢更犯。道士見其誠至，乃謂之曰：「我奉太上之勑，歷救

〔一〕「文銖臺二僧擊救苦天尊像驗」，道藏本道教靈驗記卷一作「城南文銖臺驗」。

〔二〕「爲」，上書作「爲學」連上，且下有「於」字連下。

衆生之苦，名曰救苦真人。爾有昔緣，早合遇道，此若不救，淪陷無期。」乃以道士衣與之，令其終身修道，陰功救世，廣濟物命，方免前罪。道士即踴身而起，去地數丈，立於金蓮花上，左執瓊椀，右執柳枝，金冠鳳履，身逾三丈，通身有五色之光，上連天表，照曜一川，逡巡乃隱。文銖乃焚羅網之具，披道士天衣，於其處立殿，製所見之像，晝夜精勤，焚香懺罪。居十餘年，又感真仙授以藥訣，令遊行海内，救人疾苦，後乃得道而去。其俗所居處，相傳號曰文銖臺，而救苦天尊之像猶在。忽有僧數人遊行見之曰：「既是文銖聖跡，何得有道士功德？固知道士無良，侵我古跡已多年矣。」因拔得大木，唯二僧共擊天尊像手折耳傷，口鼻亦壞。力擊其項，未能致損。用力甚困，二僧少歇。看天尊所傷之處，並已如舊。唯二僧口耳鼻項，痛楚極甚。及看其手，亦已折矣。匍匐號叫，告於衆人，自述其事，良久而死。

亳州太清宫老君挫賊驗〔一〕

亳州真源縣太清宫，聖祖老君降生之宅也。歷殷周至唐，而九井三檜，宛然常在。武

〔一〕「亳州太清宫老君挫賊驗」，道藏本道教靈驗記卷一作「亳州太清宫驗」。

德中，枯檜再生。天寶年，再置宫宇。其古跡自漢宣漢桓增修營葺，魏太武隋文帝别授規模，邊韶薛道衡爲碑以紀其事，唐高祖太宗高宗中宗睿宗明皇六聖御容，列侍於老君左右。兩宫二觀，古檜千餘樹，屋宇七百餘間，有兵士五百人鎮衛宫所。咸通中，龐勛據徐州，十道徵師招討，長圍將合。龐勛恐力不支久，遂領徒三千餘人徑來，欲奪宫所，據爲營壘。是日避難士庶千餘家，咸在宫内，見黑氣自九井中出，良久昏曀一川，老君空中應現，龐勛徒黨迷失道路，自相蹂踐，蕲水橋斷，盡溺死水中。逡巡開霽，賊黨無孑遺矣！廣明中，黄巢將領徒伴，欲焚其宫，亦有黑霧遍川，迷失行路。又有草賊遍地，自欲凌毁太清宫，迷路乃往亳州城下，因圍逼州城，攻打彌急。刺史潘稠望宫焚香，以希神力救護。頃之，黑霧自宫中而來，周繞城外，腥風毒氣，聞者頓仆，密雪交至，寒凍異常，死者十有五六。初攻城之時，有神鵶無數，銜接賊箭，投於城中，賊輩已加驚異。既而城内朗晏，城外風雪，賊人懼此神力，解圍而去，尋亦散滅。潘稠奏云：「自大寇犯闕之後，羣兇誅殄已來，大小寇逆，前後一十八度，欲犯太清宫。或迷失道途，或龍神示見，終挫兇計，宫城晏然。所庇護居人，不知其數。請移真源縣，就宫安置。」敕旨恐移縣就宫，必多穢瀆，縣依舊所，宜准萬年例，昇爲赤縣。仍降青詞，修齋告盟。

周真人居上經堂基驗〔一〕

周真人名太玄，陶隱居弟子也。年二十一而得道，先於隱居證位。其所居即今紫陽觀，處茅嶺之前，平陸爽塏，實爲福地。堂側一片地稍高，如舊屋基而無甎甓蹤跡。太玄於其上植花木，時見有人高冠褒衣，或三或二，亦有介金之士，明月静夜立於其中。家有小兒名小豆，纔五六歲，遊戲其上，逡巡有人送置庭中，如是者數四，而無傷損。一旦問陶君，説此祥異。陶曰：「曾朝許君舊宅，乃上經堂基，正當其地，速作静室爲焚香之所，不可褻瀆也。」太玄因問：「上經所安之地，何神明如此耶？」陶曰：「三洞寶經所在之地，萬靈侍衛，百神朝揖，豈可不尊之耶？」太玄曰：「真經已去，其地久虚，而猶真靈衛之耶？」陶曰：「上經所安之地，地祇守之七百年，法宇之地千年，正一所安之地，善神護之三百年。經法雖去，年限未滿，所以然耳。」太玄遂作静室，每旦夕香燈，而不敢於此室朝拜存修，恐法位高卑，有真凡之隔爾。

〔一〕「周真人居上經堂基驗」，道藏本道教靈驗記卷二無「居」字。

魏夫人壇十僧來毁九遭虎噬驗〔一〕

魏夫人壇在南嶽中峯之前，巨石之上，是一片大石，方可丈餘，其形方穩，下圓上平，浮寄他石之上。嘗試一人推之，似能轉動，人多即屹然而定，相傳以爲靈異，往往神仙幽人遊憩其上，奇雰靈氣彌覆其頂。忽有衲僧十餘人，秉炬挾杖，夜至壇所，欲害緱仙姑。入其居處，仙姑在牀上，而僧不見。乃出詣壇所，推壞夫人壇，轟然有聲，若已顛墜。迴燭照之，元不能動。知其靈異，奔迸遁去。及明，有至遠村者，大都不過走十餘里。十人同志，九人爲虎噬殺。一人推壇之時，不同其惡，遂免虎害。乃以其事白於村鄉之人，遠近驚異焉！

嚴譔掘洪州鐵柱驗〔二〕

洪州鐵柱，神仙許真君所鑄也。晉朝豫章有巨蛟長蛇水獸，肆害於人。許君與其師吳君得正一斬邪三五飛步之術，制禦萬精，自潭州井中，奮劒逐蛟出於此井。君出謂吳君

〔一〕「魏夫人壇十僧來毁九遭虎噬驗」，道藏本道教靈驗記卷二作「南嶽魏夫人仙壇驗」。

〔二〕「嚴譔掘洪州鐵柱驗」，上書作「洪州鐵柱驗」。

曰：「此井之下，蛟螭所穴。若不鎮之，每三百年一度爲民之害，後來復何人制之？」役鬼神運鐵數百萬斤，鑄於井中，溢於井外數尺，屹若柱焉。於井之下，布巨索八條，以鎮地脉。自是鍾陵之境，無妖惑之事，無墊溺之災。誓之曰：「後人壞我柱者，城池淪没，江波泛溢。」人皆知之，固不敢犯。或有漁人敲柱上鐵，用墜其網，所損頗甚，近亦官中禁之。嚴譔節制江西，信誹毁之詞，使人掘鐵柱，將欲碎之。迅霆大擊，江波濾溢，掘未二三尺，城池震動，内外驚懼。譔方信之，焚香告謝而止。柱側道院，爲其所毁，近亦再修矣。

王峯吴行魯毁掘成都龍興觀驗〔一〕

成都龍興觀即後周至真觀也。基址廣袤，四面通街，大殿講堂玉華宫碑碣皆在。有王峯者，事潁川王，於小鑾坊創置私第，以基地卑濕，乃使力役者斸觀門土墻及廣掘觀地，取土數千車築基址。土木未畢，已數口凋亡。一旦自衙歸宅，於其門外見二黄衣人，曰：「爲觀中取土事，要有對勘。」應答之間，下馬而卒。其觀内有鍾樓，曰靈響臺，有門樓宏壯，制度精巧。節度使吴行魯奏移門樓於天王寺，拆其鍾樓，遺蹤勝賞，併爲毁蕩矣。頃年駕在

〔一〕「王峯吴行魯毁掘成都龍興觀驗」，道藏本道教靈驗記卷二作「益州龍興觀取土驗」。

蜀，明道大師尹嗣玄云：「行會之吏因疾入冥，數日復活，言見行會爲鬼吏所驅，般運龍興材木，鐵鏁繫械，晝夜不休，木纔積垛，又却飛去，如是搥運，不知何年當得息爾。欲求子孫爲立觀門贖其罪，子孫貧窘，固不及爾。」

劉將軍取東明觀土修宅驗〔一〕

劉將軍者，隸職右神策軍。居近東明觀，大修第宅，於觀内取土築基脱墼，計數千車。功用既畢，劉忽得疾沉綿，旬日稍較，忽如風狂，於其堦庭之中，攫土穴地，指爪流血，而終不已。骨肉扶救之，似稍歇定，又須匍匐穴土，似有驅迫之者。時聞爲物捶擊痛楚之聲，但流淚嗚咽而已，問之竟無所答。日又沉困垂命，巫醫殫術，略無徵應。偶召瞽者筮云，求道法救之。劉素不信道，未嘗有道士過其家。妻子既切，因詣金仙觀請符理之，置符於牀前，又焚數道，和水飲之。劉乃言曰：「我以无知，犯暴道法，取東明觀土修築私舍，地司已奏天曹，罰令運土填陪，不知車數。計我獨力般運，三二百年恐未可足，稍或遲怠，冥官考責，鞭撻極嚴，卒無解免之日。」言訖，嗚咽號叫，若有所訴，一家聞之，俱爲嗟痛。其妻子就東

〔一〕「劉將軍取東明觀土修宅驗」，道藏本道教靈驗記卷二無「修宅」二字。

明大殿上焚香祈乞，續[一]買淨土五千車，填送所穿坑處。設齋告謝，求賜寬赦，疾乃稍定。一旦又自言曰：「天符有勑，穿掘觀土，修築私家，雖已陪填，尚未塞責。有十二年禄命，並宜削奪，所連累子孫，即可原赦。」是夕遂死。余按道科，凡故意凌毁大道及福地靈壇，殃流三世。今劉生以陪填首謝，罪止一身，得不爲戒爾！

南康王夢二神人告以將富貴驗[二]

南康王太尉中書令韋公臯爲成都尹相國張公之愛壻，而量深器大，舉止簡傲，不狎於俗。張家奕世相家，德望清貴，張族皆輕侮於韋，以此見薄，亦未之悟也。忽夢二神人謂之曰：「天下諸化領世人名籍，吾子名係葛璝，禄食全蜀，富貴將及，何自滞耶？勉哉行矣！異日當富貴，無以葛璝爲忘也！」由是韋有干禄之志，謀於其室，室家復勉勵之，以粧奩數十萬金，資其行計。既達秦川，屬歲饑久雨，因知友所聘，署隴州軍事判官。俄而駕出奉天，郡守奔難行在，臯率士客甲士饋輓軍儲，以申扈衛。以功就拜防禦使，復請赴覲行朝，

〔一〕「續」，道藏本道教靈驗記卷二劉將軍取東明觀土驗作「請」。
〔二〕「南康王夢二神人告以將富貴驗」，道藏本道教靈驗記卷二作「韋臯令公修葛璝化驗」。

德宗望而器之。既平寇難，大駕還京，以功檢校右僕射鳳翔節度使。懇讓，乞改西川。乃授西川節度，與張公交代焉！擁師赴任，張假道歸闕，以避其鋒〔一〕。既而累年蜀境大穰，金帛豐積，南詔内附，乞爲臣妾，威名益重，而貢賦不虧，朝廷倚注，戎蠻懾伏。由是請許南詔置習讀院，入質子學生，習詩書禮樂。公文翰之美，冠於一時，南詔得其手筆，刻石以榮其國，而葛璝之事，久已忘矣！又夢二神人曰：「富貴而忘所因，其何甚耶？」公夢覺流汗，驚駭久之。乃躬詣雲林，炷香禱福。遂命工度木，揆日修崇，作南宮飛閣四十間，巨殿脩廊，重門邃宇，範金刻石，知無不爲。支九隴租賦，於山下列屯輸貯，糗糧山積，匠石雲趨。自製碑刊于洞門之側，上構〔二〕層樓，僰僮〔三〕七十人以供洒掃，良田五百畝以贍齋儲，在鎮二十餘年，封以王爵矣！即本命丁卯，屬葛璝化也。

〔一〕「既達秦川」至「以避其鋒」凡一百十七字，道藏本道教靈驗記卷二韋皐令公修葛璝化驗文字有異。

〔二〕「構」原作「棕」，據上書改。

〔三〕「僰僮」原作「僰僮」，據史記西南夷傳改。

果州開元觀工匠同夢得材木驗〔一〕

果州開元觀接郡城，頗爲爽塏，以形勝之美，選立觀額，雖州使旋具結奏〔二〕而制置之，内猶闕大殿。州司差工匠及道流，將泝嘉陵江，於利州上游採買材木。臨行，道流工匠同夢有人云：「朱鳳潭中有木，可以足用。」如此者三，因聚議曰：「夢兆如斯，必有大商貨木，沿江而至，可躊躇三五日以伺之，或免遠適。」頗以爲便。一匠曰：「吾於朱鳳山下江中尋之，莫有商筏已到來否？」即往山下尋求，潭水澄澈，忽見潭底有木。因使善沉者鈎求，得梓木千段，構成三尊殿〔三〕，鍾樓經閣，三門〔四〕廊宇，咸得周足。又市塼甃壇，内有黄赤色者，疑其火力未足，棄而不用，信宿皆化爲金。起觀之費，過於豐資。殿宇既成，將塑尊像。又於白鶴山觀掘地，得鐵數萬斤，鑄三尊鐵像，僅高二丈，今謂之聖像，遠近祈禱，立有

〔一〕「果州開元觀工匠同夢得材木驗」，道藏本道教靈驗記卷二作「果州開元觀驗」。
〔二〕「奏」，上書作「奉」。
〔三〕「三尊殿」，上書作「三清殿」。
〔四〕「三門」二字，上書無。

徵驗。起觀道流何氏家，世代豐足，今爲冑族焉。至今負販之徒，錐刀求利者，每以三日五日，必詣聖像前焚香祈祐。或闕而不精信者，即貿易無利，貨鬻不售焉。

北都潛丘臺崔相國應夢修觀驗〔一〕

北都潛丘臺有古觀焉，像設精嚴，樓臺宏麗，地形顯敞，迥出於都城之中。制創多年，久無崇葺，風號雨漬，日以傾摧。相國崔公彦昭，常夢野步尋幽，至古臺之下，翹首仰望，其上有紫氣氤氲，祥光四照，无登躡之路，良久復聆天樂笳簫之音，尋訪之意彌切。但四隅陡絶，咫尺萬里。忽前有金橋如梯，層級寬博，遂攀梯而上，中路三四級，板闕欄摧，躋登不得。即見巨手〔二〕金色，引指而接之，公握〔三〕指未定，已登臺上矣！徘徊四顧，唯古殿欲摧，荒壇蕪没，歎嗟數四。復到天尊之前，認金橋乃座前之橋耳，金手乃天尊之手耳。不復聞天樂之聲，亦絶紫氣之像，因言曰：「豈天尊有所付囑耶？何變化如此也？」天尊忽言

〔一〕「北都潛丘臺崔相國應夢修觀驗」，道藏本道教靈驗記卷三作「安邑崔相夢潛丘堂觀驗」。
〔二〕「手」原作「千」，據上書改。
〔三〕「握」原作「掘」，據上書改。

曰：「子即居此地，無忘摧殘也。」俄而驚覺，旬日授北都留守，到鎮朞月，恍恍然似有所失，似有所疑。因命駕縱遊，用攄其志，聞潛丘臺不遠，造而觀焉。唯古殿摧殘，深草堙翳，乃瞻拜天尊，見儀像侍衛，宛若曾所遊覩。徐視座前，金橋在焉，欄折板斷矣。復睨金臂及指，皆醒然頓寤，即前之所夢也。施俸金，募工役，革故之弊，鼎新其宇，惟殿之且久，隨〔一〕其古制，增修而已。其餘垣墻廊宇，壇庭門房，圖繢丹雘，赭堊金翠，靡不畢備焉。締構之功，香花之獻，欝爲一時之盛也。

相國劉瞻夢天尊言再居相位驗〔二〕

相國劉公瞻南遷交趾，道過江陵。既登扁舟，將欲解纜。迴首道左，見像設甚嚴，而朽殿傾圮。問其名，即真符玉芝觀也。入門昇階，拜手潛祝。是夕舟中夢青童前導，登大山之上，松徑連延，崖巘奇秀，芳芝幽草，好鳥靈花，燦然在目。行一里許，見元始天尊坐寶花座上，瞻仰粹容，乃玉芝殿中天尊也。拜祝曰：「某得罪聖朝，竄逐且遠，非敢怨望，但祈生

〔一〕「隨」，道藏本道教靈驗記卷三安邑崔相夢潛丘堂觀驗作「惜」。其上「之」字，四庫本作「屋」。

〔二〕「相國劉瞻夢天尊言再居相位驗」，道藏本道教靈驗記卷三作「劉瞻相夢江陵真符玉芝觀驗」。

還爾！」天尊曰：「爾之青簡，列於方諸矣！何憂於世難乎？再居相位，而後得道。自此齋一旬，戒三日，則蠻陬瘴海魑魅之鄉，無所憚矣。辰末巳午，與子爲期也。」自是劉公南征至湖嶺間，所在藩方勞問相繼。旋得金帛，寓信於荆帥，特創天尊殿齋廳廊宇，選精介焚修之士以居之。於是再徵入掌鈞軸，洎厭俗棄世，果符夢中之言，歲辰亦無爽矣。

李蔚相國應夢天尊修觀驗〔一〕

李相國蔚擁旄汴州，兼太清宫使。每翹心玄闢，思真念道。一夕夢野步郊外叢箔間，見奇光五色中有天尊像，頂光半缺，手握玉芝，狀如白蓮花，而圓莖條〔二〕細，芝有八秀，歷歷詳記，注于心目。翌日，因送賓出郊，顧見有道像暴露，問其所，即玉芝觀也。相國異之，迴鑣而禮謁，莎莠盈庭，蕭蒿蔽路，披榛而後進。所覩尊像，與夢同焉。雖不握玉芝，而名與夢叶，遂廣加崇飾焉。巨殿森沉，飛甍烜赫，齋宫講肆，月牖霜壇，前闕通街，雄臨郛郭，爲藩方之壯觀焉。噫！開元皇帝，尊祖奉先，躭玄味道，精誠上徹，禎貺下通。得真符於靈

〔一〕「李蔚相國應夢天尊修觀驗」，道藏本道教靈驗記卷三作「李蔚相修汴州玉芝觀驗」。
〔二〕「條」，上書作「修」。

峰，産玉芝於内殿。因勑大鎮重地置觀，以真符玉芝爲名。封太白山爲靈應公，改華陽爲真符縣。上瑞已彰於昔日，嘉徵復顯於兹辰。所以相國名臣，皆符吉夢，夷門渚宫〔一〕之完葺，自非大道應靈，其孰能與於此乎！

鄭相國還願修寧州真寧觀驗〔二〕

寧州真寧縣通聖觀，即開元皇帝夢二十七真得刻石真像之所置也。歲祀寖深，旋已摧毁，邊徼素寡道流，繕修之事，因已曠絶矣。相國司空鄭公畋登龍之年，偶嘗遊禮，賦詩三十韻，以紀其故實，亦冥祝曰：「異日官達，必冀增修。」洎入掌絲綸，尊居鈞軸，樞機少暇，前願都忘。一夕夢遊洞府之中，羣仙賞翫，奏鈞天廣樂，以恣嬉遊。俄而，幢節羽衛自天而下，使者一人降曰：「太上有命，徵還上清。」於是羣仙或控鳴鶴，或駕飛龍，騰躍而去。相國亦欲振袂騫飛，一仙人廻首笑曰：「還畢真寧之願，然後可此來爾。」既覺，省憶真寧修觀之事，乃輟鼎食之資，爲締構之費。邠帥李尚書侶命都校以董其事，十旬而靈觀鼎新矣！

〔一〕「渚宫」，道藏本道教靈驗記卷三李蔚相修汴州玉芝觀驗作「諸宫」。

〔二〕「鄭相國還願修寧州真寧觀驗」，道藏本道教靈驗記卷三作「鄭畋相國修通聖觀驗」。

相國嘗話斯夢，以爲洞天者，羅川之洞也；羣仙者，二十七真也。驚其忽忘，懋此巨功，信大道之明徵矣。

段相國報願修忠州仙都觀驗〔一〕

忠州豐都縣平都山仙都觀，前漢真人王方平後漢真人陰長生得道昇天之所。蕪没既久，基址僅存。晉代高先生首爲崇構〔二〕。太元中，姚泓再加繕飾。其後梁隋共葺，國朝繼修，華閣翔虚，丹簷照日，黔荆蜀梓，元戎重臣，或弭棹登臨，必命修葺。相國鄒平段文昌旅寓之年，邅廻峽内，時因登眺，炷香稽首，祝於二真曰：「苟使官達，粗脱棲遲，必有嚴飾之報。」自是不十歲，擁旄江陵，視事之夕，已注念及此。俄夢二真仙，若平生密友，引公登江渚之山，及頂，乃陰君洞門矣，二真亦不復見。翌日，施一月俸錢修觀宇，一月俸爲常住本錢，常俾繕完，以答靈貺。

〔一〕「段相國報願修忠州仙都觀驗」，道藏本道教靈驗記卷三作「段相國修仙都觀驗」。
〔二〕「崇構」原作「崇御名」，據上書改。

樓觀赤光示人以避難驗〔一〕

樓觀者，周康王大夫尹喜宅也。在京兆盩厔縣神就鄉聞仙里，居終南之陰。觀内有周穆王秦始皇漢武帝所置殿宇，及秦始皇墨跡，尹喜靈井，老君支革〔二〕樹、昇天臺，晉宋謁板，秦漢銘記，歷代存焉。大唐將受命，義師起於河東，觀内有赤光屬天者六七夜。廣明庚子，寇犯長安，觀中有光如義寧之歲。近車駕幸鳳翔，盩厔將陷，觀中復有光景之異，由是避難士庶，多投觀中。靈跡巋然，人莫敢犯，高祖時賜號爲宗聖觀焉。

〔一〕「樓觀赤光示人以避難驗」，道藏本道教靈驗記卷三作「盩厔縣樓觀驗」。
〔二〕「支革」，上書作「芝草」。

雲笈七籤卷之一百一十八

道教靈驗記

尊像見〔一〕

木文天尊見像驗〔二〕

木文天尊者，開元七年，蜀州新津縣新興尼寺，四月八日設大齋聚食之次，有一道流後至，就衆中坐，衆人輕侮之，不與設齋。齋畢，道流起入佛殿中，良久不出，人皆異之，爭入殿尋求，無復蹤跡。忽見道流隱形在殿柱中，隱隱分明，以刀斧削之，益加精好。其像於殿柱中自然而見，高三尺五寸以來，雲冠霞衣，左手執手罏〔三〕，右手炷香於煙上，冠中有鳥如

〔一〕「尊像見」，道藏本道教靈驗記卷四作「尊像靈驗」。
〔二〕「木文天尊見像驗」，上書無「見像」二字。
〔三〕「左手執手罏」，上書作「執手罏寶香」。

鴛鴦形，足下方頭履，履下蓮花，花後荷葉上有神龜之形，左肘後有雲片連焰光，中有青龍之首，右肩之前有虎形迴顧於左。此外周身光焰，如太一天尊，眉鬚鬢髮細於圖畫，自外繞身，有雲葉天花一十二處，頭光之上，有大花如蓋，以廕其身。長史張敬忠具以上聞，勑內官林昭隱就川迎取像柱，令作寶輿，好好立安。至京，進於内殿，上躬親禮謁。三日大齋訖，令衛尉寺於東明觀陳設，宣送天尊就觀安置，大開道場，許臣庶瞻禮，仍令兩街大宮觀每處作道場七日。是時僧等上表抗論云：「寺中示現，必是維摩詰之像，非關道門所有。」上令宣示曰：「朕觀像柱之異，是天尊之冠，非維摩詰巾也。」僧等既慙於妄奏，乃雇有力之士，使於東明觀道場中竊之。既供養數日，人心怠倦，力士夜於道場中抱取像柱，以絹繩繫縛，負之而出觀院之外，歷街坊，極遠約十餘坊，力疲而坐歇。須臾既曉，只在道場之前。衆遂擒之，訊其所以。乃西明寺僧召募三十人，令其竊取像柱。具事密奏，明皇不令尋究，收像柱於大内，其後榻寫絹本，宣賜諸道及宰臣焉。

漢州什邡縣水浮鐵像天尊驗〔一〕

漢州什邡縣鐵像天尊，高丈二三，俗謂之烏金像。元在金堂峽中崖壁之下，大水石摧，像仍露現，或浮於水上，出五六尺，其側即昌利化也。道衆焚香備幡花迎引，尋却〔二〕沉隱不見，稍晴又泛泛而出。昌利三迎之，皆不可致。明年夏，大水泛濫，乃泝流至什邡縣興道觀，後水脈甚小，不知其所來之由。邑人迎引上岸，初只百人引拽，已及平地。欲置於大殿之中，數百人挽之，竟不能動，因立講堂以蓋之。至今頻經亂離，雖堂宇盡焚，此像不損。

青城丈人真君賜錢驗鐵像驗附〔三〕

青城山丈人觀真君像，冠蓋天之冠，著朱光之袍，佩三亭之印，以主五嶽，威制萬神。

〔一〕「漢州什邡縣水浮鐵像天尊驗」，道藏本道教靈驗記卷四作「什邡縣興道觀鐵像天尊驗」。

〔二〕「却」，上書作「即」。

〔三〕「青城丈人真君賜錢驗鐵像驗附」，道藏本道教靈驗記卷四作「青城山丈人真君驗」，自篇中「雲頂山鐵像天尊」起，上書另起一篇，題曰「雲頂山鐵像天尊驗」。

開元中，明皇感夢，乃夾紵製像，送於山中。自天國祠宇，移觀於今所。蓋取春秋祭山，去縣稍近，以天國太深故也。數十年金冠之色，宛如新製。有村人无知，以賦税所迫，徵促鞭箠，一夕走投觀中，齎三數錢神香，於真君前〔一〕燒香，告以官税所切，累遭杖責，乞真君頭冠，賣以充税。因睡，忽夢見真君謂之曰：「我頭上冠非是純金，乃金薄耳，賣無所直，汝或得金，亦爲官中所責，損汝性命，其禍不小。山門廟前有十千錢，碑傍木葉下，可以取之，官税之外，資汝家産。」此人禮敬致謝，出山得錢，租税既畢，家亦漸富，自是每月送香油觀中。至今真君頭冠低俯向前，傳云令此人看驗冠非純金，所以然矣。

雲頂山鐵像天尊高三四尺，亦是則天朝濛陽匠人廖元立所鑄。其山本是仙居觀，有兩處洞門及盧照鄰〔二〕碑，近無道士住持，爲僧徒所奪爲寺碑，及洞穴亦已掩蔽摧損。唯天尊一軀，每有僧徒創意欲毁之，立有禍患，捶擊不壞，鎚鍛不傷，僧徒託言山神有靈，掩閉天尊之驗，遠近莫能知之。廖元立初鑄天尊之時，有紫雲如城，其上吐五色，以捧於日，衆共瞻禮。忽有靈鶴數隻，引一大鳥，翼廣丈餘，通身赤色，其形如鳳，衆鶴繞鑪盤旋，嘹唳相

〔一〕「前」字原無，據道藏本道教靈驗記卷四青城丈人真君驗增。
〔二〕「鄰」原作「璘」，據舊唐書本傳改。

應，大鳥飛勢迅疾，徑入鑪中。衆方驚異，即有火焰高三五十丈，其聲如雷，邐迤屬天，迸散流溢，直遍山上。衆人奔駭，但聞異香之氣，彌日方歇。既鑄成天尊，儀相奇妙，四方禱請，立蒙福祐。靈驗如此，豈常凡之意可以毁傷哉！

金州洵陽縣望仙觀天尊理訟驗〔一〕

金州洵陽縣望仙觀天尊古跡，所造極多靈應。縣境之人，有論訟難理之事，公私攘竊之徒，但焚香披陳，即有響答。有隱情誣蔽者，即夜有神人詣門喚之，遽令對會。被喚者見宫闕官署，在大殿之後，别有樓閣十餘間，兩廊下列曹吏鞫勘，一如人間官府矣。故有匿情狡蠹朋黨姦惡者，亦見送於獄中。送獄者於此即死，對會者但具情狀，即復放還。由是境内畏威，各洗心改過而爲善矣。其邑中失走猫犬，巨細論訟，陳狀於殿壁之上，動盈百幅矣！至今常然。

〔一〕「金州洵陽縣望仙觀天尊理訟驗」，道藏本道教靈驗記卷四作「洵縣望仙觀天尊驗」。

張仁表念太一救苦天尊驗〔一〕

左街道士張仁表，辯博多才，應内殿講論，逗機響答，抗敵折衝，莫能當之也。而所履浮誕，未嘗有由衷之言，及於儕友，險躁詭妄，人多薄之。因疾作逾月，醫不能効。夢爲司命所攝，步卒騎吏就所居以捕之，亦如世上之擒寇捕姦爾。竄匿無所，縻束將去，歷荒徑曠原，皆荆棘之地，牽頓曳曳，其速如飛，衣罣叢刺，肉碎芒棘〔二〕，苦〔三〕不可堪。行可三十餘里，遥見黑城，上有煙焰，漸近視之，乃鐵城也。擁關衛門，守陴抗敵，皆獸頭人身，辮蛇臂蛇之士〔四〕。或四口八目，或十臂九頭，齒若霜雪，牙如鋒劍，真世之所畫地獄狀也。入門則珠宮瓊堂，玉樓金殿，非常目所覩，頓異於冥關之中。行四五里，一无所覩，徐問所驅捕者，此何處也？與門外所見不同。或答曰：「此太一天尊宮爾，過此方到本司。」仁表聞

〔一〕「張仁表念太一救苦天尊驗」，道藏本道教靈驗記卷五作「張仁表太一天尊驗」，卷五卷首題曰「尊像靈驗」。

〔二〕「衣罣叢刺，肉碎芒棘」，上書作「衣罣叢棘，肉碎芒刺」。

〔三〕「苦」原作「若」，據上書改。

〔四〕「辮蛇臂蛇之士」，上書作「蛇臂之士」。

太一之名，忽記得平常講説之處，多勸人念太一救苦天尊，今此乃天尊之宫，何可不念？即高聲念太一救苦天尊十餘聲，牽頓者皆笑曰：「臨渴穿井，事同噬臍，胡可得也？」既聞衆笑，不阻其念，更唱十餘聲，其調哀楚，其音悲切，亦淚下沾衣。如是忽有赤光照其左右，牽頓者一時捨去，獨在光明之中，顧眄四方，即山川明媚，雲物閑暇，頃之，天尊與侍從千餘人現其前矣！仁表禮謁悲咽，叩搏稽顙，述平生之過，願乞懺悔。天尊坐五色蓮花之座，垂足二小蓮花中，其下有五色獅子九頭，共捧其座，口吐火焰，繞天尊之身，於火焰中别有九色神光周身及頂，光焰鋒鋩外射，如千萬槍劒之形，覆七寶之蓋，後有騫木寶花，照曜八極，真人力士金剛神王玉女玉童，充塞侍衛，陰陽太一四十六神，自領隊從，亦侍左右，雲車羽蓋，遍滿空中。天尊謂仁表曰：「人之在生，大慎三業十惡。三業之中，口過尤甚。一人妄説，萬人妄行。妄説之人，首當其罪。汝之三業，罪無不爲，吾不救護，永淪幽苦。汝壽命已盡，不當復還。今赦汝七年，誘化於世，以吾此像，廣示於人，開引進之門，爲趣善之要，勉宜行之。」即使童子引還，疾已瘳矣！數日後，以己之財帛，於肅明觀畫天尊之像，東洛闕外，畿輔之間，傳寫其本，遍令開悟。仁表因出城，於春明門外見蒿棘之中，如曾行之處，視棘刺之末，有所罥掛衣線紫縷，及棘上微有血痕，果是所追之夕，經行其路。七年而終。

李邵畫太一天尊驗〔一〕

李邵者，爲葭萌縣令，云其妻亡已八九年。素不在京國，忽因參選入京，税居於三洞觀側客院之中〔二〕。偶見其家亡婢自隣居而出，熟視之，果其婢小玉也。以名呼之，歛袵而至。問其故，即云：「某隨娘子在此，已歲餘矣。暫出買物，逡巡即回，回即與報娘子矣。」邵待之，食頃方至，買果實茶餅之屬，奔馳還家，良久延邵相見。所居兩間，自有庭除少許。既見，叙存没之事，或泣或悲，而頻令小玉看時節。久之，小玉報云：「來矣。」顔色慘悴，語聲哽咽，揖邵請去。邵未出門，有一少年張蓋而入，邵忽遽避之，小玉即引於簾後且立。其妻出迎少年，拜亦不顧，擲蓋於地，化爲大鑊，水滿火起，煙焰蓬勃，少時即沸。少年去大帽，即牛頭神人也，持叉立於鑊前，以叉叉〔三〕其妻，抛於鑊中。號叫痛楚，不久即爛，骨肉分張，尋亦火滅。以叉挑其骨，排於庭中，張蓋而去。其妻身亦復舊，蘇而徐起，泣謂邵

〔一〕「李邵畫太一天尊驗」，「李」原作「季」，據道藏本道教靈驗記卷五改。又上書無「畫」字。
〔二〕「税居於三洞觀側客院之中」，「税居」原作「就」，「院」原作「陀」，據上書改。
〔三〕「叉叉」，原不重，據上書增。

曰：「平生罪業，合受三年，今已一年餘矣！每日如此，痛苦難言。」邵見其變化苦楚，亦深悲歎，問妻曰：「今既相見，所須何物，莫要作功德救拔否？」妻曰：「適令小玉相邀，全爲〔一〕功德相託爾。此處隣里有受苦者，畫太一天尊一身，便得免罪。知之數月，無託人處，今得君來，將有離苦之望矣。」邵即於三洞觀中訪太一天尊之像，殿上有古本剥落，厚以金帛召工畫之，亦就觀設齋表祝。只三日内，事事周畢，躬自檢校，無暇到妻所居。功德既了，方得往報，見其所止，已空屋爾。留託隣母，深荷太一功德，已得解脱往生矣。昨日辰巳間，與小玉俱去也。邵每勸人作太一天尊像，其福報可以立待矣。

楊師謨修觀享壽驗〔二〕

合州慶林觀多年摧朽，殿宇不修，穿漏尤甚，雨滴太上尊容。刺史楊師謨夢太上示現，而左目有淚痕。乃巡謁諸觀，朝禮功德，至慶林，方驗尊像左目前〔三〕漏滴之痕，宛若垂

〔一〕「爲」原作「無」，據道藏本道教靈驗記卷五李邵太一天尊驗改。

〔二〕「楊師謨修觀享壽驗」，道藏本道教靈驗記卷五作「合州慶林觀尊像驗」。

〔三〕「前」，上書作「有」。

淚。因剗薙荒蕪，恢張制度，創兩殿二樓，裏門邃宇，壯麗華盛，冠絶一時。既畢，復夢太上謂之曰：「子以崇葺之功，上簡玄府，當流化十郡矣。」其後師謨累典符節〔一〕，日深渥恩，凡一十一郡，享壽九十焉。大中年〔二〕。

呂細修觀仙人來往驗〔三〕

益州唐隆縣大通觀，晉義熙元年乙巳置。周末摧殘，僅存基址。武德中，邑人呂細因過其地，遇一道士乘青驢，自天而下於觀基之内，盤廻指畫，良久昇天。呂細與范仲良〔四〕同受其教，即日共出金帛，特造觀宇。有紫微閣高八十餘尺，尤爲宏壯。太尉南康王韋臯再加修飾。其側有市城觀，在縣西南八里，有石像天尊一十三，身高一丈三尺。每至齋月吉辰，鐘或自鳴，夜有神燈，晝有仙人來往，遠近共知焉。

〔一〕「符節」原作「符竹」，據道藏本道教靈驗記卷五合州慶林觀尊像驗改。

〔二〕「大中年」，上書作「大中年間卒」。

〔三〕「呂細修觀仙人來往驗」，道藏本道教靈驗記卷五作「益州唐隆縣大通觀驗」。

〔四〕「范仲良」，上書作「花仲良」。

黑髭老君召代宗遊十洲三島驗〔一〕

黑髭老君在京左街務本坊光天觀東聖祖院，夾紵所作，功用精能，相好周圓，常作所不可及，日月角隆起，身長丈五六餘。左右侍立玉童玉女十二人，真人八身，金剛力士神王各四身。兩壁畫金甲神王各八人，天樂一部。老君黑髭山水帔，黄金九鳳冠，凭机而坐，帳幄嚴備，不知所置年月，亦不知所製之由。代宗皇帝常夢爲二青童所召，混元聖祖命皇帝從遊四海之外。夢中隨二童至老君所，帝著絳紗衣平天冠，執圭立於老君之後，遊十洲三島，六合四方，海嶽山川，無不備到。歷歷記之，隊從儀衛，一無遺忘。既覺，命畫工圖之，宣示京師，求訪其像。於光天觀所驗部仗人物，與所夢同焉。勑塑御容乘五色雲立從老君之後，選高德道士七人焚修住持，内庫及度支别給服用齋廚，刻石以紀其瑞焉。

〔一〕「黑髭老君召代宗遊十洲三島驗」，道藏本道教靈驗記卷六作「京光天觀黑髭老君驗」，卷首題曰「老君靈驗」。

玉局化玉像老君應夢驗〔一〕

玉局化玉像老君，天寶中，觀前江內，往往夜中有光，從水而出，高七八尺，上赤下白，其末如煙。衆人瞻之，以爲有寶器之物，撈摝求訪，又無所見。明皇幸蜀，夢有聖祖真容在江水之内。果有人見神光，於光處得玉像老君以進，高餘一尺，天姿瑩潔，其相圓明，殆非人工所製。鴐廻，留鎮太清宫，其光見處，號爲聖容壩，亦是玉女壩，金砂泉古跡連接矣。玉像老君自近年以來，不知所在。

自然石文老君降雨驗〔二〕

閬州石壁自然石文老君像，中書舍人高元裕責授〔三〕閬州刺史，是歲大旱，元裕禱祈，山川祠廟，无不周詣。忽於玉臺觀前，瞻望山東叢林之上，見有異氣。披榛徑往，果有嵌竇

〔一〕「玉局化玉像老君應夢驗」，道藏本道教靈驗記卷六無「應夢」二字。
〔二〕「自然石文老君降雨驗」，道藏本道教靈驗記卷六作「閬州石壁成紋自然老君驗」。
〔三〕「責授」，上書作「謫授」。

懸泉在峭巖之曲，喬木之下，有石壁奇文自然老君之狀。前有玉童，裒袖捧爐，雙髻高竦。後有神王之形，恭若聽命。元裕焚香叩祈，以崇葺爲請雨。還未及州，甘雨大霔，聯綿兩夕，遠近告足。乃翦薙蕪翳，創爲齋宮，立碑以紀其事。於懸泉之下堰爲方塘，引水注爲流杯小池〔一〕，植花木松竹，遽成勝賞。光啓年，大駕還京，光庭奏置玄元觀，寵詔褒允。至今郡中水旱祈祝，靈驗益彰矣。

賴處士預言老君降生作幼主驗〔二〕

賴處士者，江湖人也。在楊公玄默門館爲客十餘年矣，不知其道術所習，楊公每盡禮敬之，若師友焉。多在宅内，少有見者。楊公時爲左軍，有小判官數人，有王有梁。王則辯博聰明，人多致敬，必謂其有非常之位也。梁則謙默謹静，慎重寡言，人多踈之，必謂其不肖也，唯使宅軍將成君常〔三〕與梁稍狎。賴處士忽於宅門與成語曰：「致身之道，先須識

〔一〕「引水注爲流杯小池」，道藏本道教靈驗記卷六閬州石壁成紋自然老君驗作「注爲流杯曲水小池」。

〔二〕「賴處士預言老君降生作幼主驗」，道藏本道教靈驗記卷六作「賴處士説老君降生事驗」。

〔三〕「成君常」，上書作「成君賞」。

貴人，頗識之乎？」成曰：「某愚暗，何以能辨？願仙〔一〕丈教之。」處士曰：「梁大夫貴人也，此後當主樞機重務，吾子立身領旄節，須在其手，善依託焉！王大夫雖聰穎如此，壽且不永，將殁於他鄉。此後宗社不寧，天下荒亂，兵戈競起，祚曆甚危。太上老君自降王宫作幼主，以扶此難，社稷可以存爾。梁大夫主機務，吾子領藩方，皆在幼主之手。可自保愛爾！吾自此不復留也。」數日，處士辭楊公而去。成異其言，禮敬於梁，交結甚固。俄而楊公罷權位，王有罪竄於南方，死于道路，其言愈驗。咸通十四年秋，梁爲内樞密，成爲軍使。僖宗即位，三日對軍，日色初出，微照堦砌，聖上起更衣未坐，梁公醒然憶悟賴處士之説，因臨堦與成話之，左軍韓公頗異其私語，詰之再三，梁與成以實白之。韓以少主初立，中外未安，聞此言極爲慰喜。自是成持節滄州，皆如賴處士之説。中原紛擾，禍亂積年，社稷晏安，宫城再復，駐蹕數年，聖德如一，僖宗中興之力也。

〔一〕「仙」原作「山」，據道藏本道教靈驗記卷六賴處士説老君降生事驗改。

賈湘嚴奉老君驗〔一〕

賈湘累世好道，崇奉香燈，隸職計司，家頗富贍，然其修奉勤至，人所不及。有一幅老君像幀，持以自隨。所至之處，雖一日一夕，亦設焚香之位，應感之効，不可殫述。黄巢既陷長安，大駕西幸。湘摙金帛，挈骨肉，自東渭橋出。道路剽掠之人，不知紀極。其一家百餘人，行李無所驚懼。遂於龍角山下，葺居避難。衣冠及遠近道流，皆投其家，各與拯給。請道流轉道德度人經，不啻萬卷。有羣賊忽圍其家，湘入告老君，乃出與語。賊投刃於地，羅拜其前。湘問其故，默而不答，拜亦不已。湘揞而入門，羣賊猶拜，唯稱罪過。湘哀之，持繒帛使人與之，慰勉移時，稍稍而去，一無所取。自此外户不扃，人無敢犯。或問羣惡：「有何所見而反拜之？」曰：「我見賈湘常侍左右神兵極多，皆長數丈，呀口瞪目，似欲吞噬，不覺亡魂喪膽，唯恐不得命耳。」時既修宫闕，車駕將還，湘於老君前請進退之兆。忽見香爐邊有粟苗甚茂，上有兩穗，如風所動，粟穗西指。乃破産移家，歸京永興里，尋其舊第，已隳拆，有小舍一二十間，權爲栖止。三月駕歸京師，方薙草構宇，於基址之下，得銀六千

〔一〕「賈湘嚴奉老君驗」，道藏本道教靈驗記卷七作「賈湘事老君驗」。

兩，家産益贍。五載亂離，力未嘗闕，乃其嚴奉精專，太上垂祐，使之然也。

沈瑩供養老君驗[一]

吴興沈瑩宿奉至道，常供養老君。於越州剡縣市中有居第，時草寇裘甫起自農畝，聚集凶徒奔突。縣邑素無武備，官吏奔駭，甫因據有縣城。詔徵陳許鄭滑淮浙徐泗之軍以討之，八道天軍圍城以攻之。海内久無兵戈，居人不識征戰，師至之日，皆潛竄村落，瑩倉惶鏁其外門而逸。士馬既至，瑩誤鏁小童一人在舍中，却回將開門，則營幕施列，不敢窺犯而去。其後或勝或敗，兵勢不常，市肆半被焚爇，或逆徒所據，或官軍[二]所收，十餘月日，方至誅殄。罷兵之後，瑩所居六七間，扃鐍如常，籬垣完備。及開鐍，小童安然。問其故，云：「門閉之後，有一童子青衣，年可十三四，云老君令與其嬉戲。良久引去一大宅内，得飲食果實飡啗了，却與童子爲伴遊戲，如半日頃。即聞老君令其添香，纔炷香了，即聞開門

[一]「沈瑩供養老君驗」，道藏本道教靈驗記卷七作「沈瑩事老君驗」。
[二]「官軍」原作「家軍」，據上書改。

之聲。」瑩入門時，香煙未歇。問其鬭戰火燭鄰里焚燒驚〔一〕怕之事，一無所聞。是則十月戰爭，比鄰灼爇，如同頃刻，殊不覺知，列肆併焚，其家獨在，非大聖神通之力，孰能及於此乎？瑩亦自此栖心玄門，探真慕道，將有長往之志。尋離鄉邑，莫知所之，只領此童而去。

姚鵠修老君殿驗〔二〕

台州刺史姚鵠，因遊天台山天台觀，命於講堂後鑿崖伐木，創老君殿焉。將平基址，於巨石下得石函，方可三尺。發之，中有小石函，得丹砂三兩，玉簡一枚，長九寸，闊二寸，厚五六分，上有文曰：「海水竭，台山缺，皇家寶祚無休歇。」具以上聞，勑曰：「上天降祉，厚地呈祥。爰有白簡之靈書，出於玄元之寶殿。告國祚延洪之兆，示坤珍啓迪之符。惟此休徵，實爲上瑞。宣付史舘，頒示萬方。」乃咸通十三年壬辰之歲也。鵠塑老君像，而山中土石相渾，求訪極難。夢青童告之曰：「殿東丈餘所，有土如堊，可以用之。」求而果得，塑太上之容，侍衛凡八九身，土無餘矣。既成，天儀粲然，睟容伊穆，月玄日角，若載誕於渦川；

〔一〕「驚」原作「篤」，據道藏本道教靈驗記卷七沈瑩事老君驗改。

〔二〕「姚鵠修老君殿驗」，道藏本道教靈驗記卷七作「天台觀老君驗」。

雙柱三門，疑表靈於相野。洎潔齋以贊之，則景氣融空，奇光煒爍，似聞〔一〕笙磬絲竹之音，咸以爲休瑞。昔桐栢初構天尊之堂，有雲五色，浮靄其上，三井有異雲氣，入堂復出者三。書於國史，以紀符應，清河崔尚，碑文詳焉！此聖祖殿亦自有記。

楊鬧兒奉事老君驗〔二〕

成都楊鬧兒，父母崇道，常奉事老君，精懃不怠。鬧兒在軍伍中，於金堂把截，爲敵人擒，虜往南山寨中，不被傷殺，晝夜常念老君，願再見父母。忽夢老君賜雲一朵，令童子引之，送於平地。童子曰：「可以歸矣。」及覺，已出山寨，因得還家。到家之日，父母爲其作百日齋矣！

〔一〕「聞」原作「間」，據道藏本道教靈驗記卷七天台觀老君驗改。
〔二〕「楊鬧兒奉事老君驗」，道藏本道教靈驗記卷七「奉事」作「夢」。

雲笈七籤卷之一百一十九

道教靈驗記

昭成觀壁畫天師驗絹畫驗附〔一〕

昭成觀壁畫天師，歲月既深，彩粉昏剥，在通廊之下〔二〕，未嘗有香燈之薦。頒政坊内居人姓李，患痁逾年，醫不能愈，日以羸瘠，待時而已。忽夢一道流，長八九尺，來至其前，以大袖布衣拂其面目之上，頓覺清涼，謂之曰：「自此差矣！勿復憂也。」於是醒然疾愈，稍能飲食。洎晚，策杖行繞其家，不覺爲倦，但覺所夢道流，猶在其前，遽欲入昭成觀，家人慮

〔一〕「昭成觀壁畫天師驗絹畫驗附」，道藏本道教靈驗記卷八作「昭成觀天師驗」。篇中自「彭城劉存希」起，上書另起一篇，題曰「劉存希天師幀驗」。又卷八卷首題「天師靈驗」。

〔二〕「下」原作「卞」，據上書改。

其困憊，亦頗多止之〔一〕，不聽。入觀，於天師真前瞻眎良久，曰：「即所夢也。」拜禮數四，乃命〔二〕夾紵塑人劉處士塑天師真，改葺堂宇，旦夕供養，人所祈禱，福祥立應。其所塑夾紵真，於夾紵内畫羅隔布肉色，縫絳綵爲五臟腸胃，喉嚨十二結十二環，與舌本相應。臟内填五色香，各依五臟兩數。當心置水銀鏡，一一精至，與常塑不同。其塑中土形，移在天長觀，金彩嚴飾，亦皆靈驗〔三〕。

彭城劉存希天師靈驗云：自幼以來，於唐興觀瞻禮天師，發心圖寫供養。因得絹本，出入護持，雖祗命遠行，奉使南北，未嘗一日闕香火之薦。黄巢犯闕，時在内署，蒼惶之際，隨駕不及，唯捲天師幀捧持而行。同伍三十餘人，皆爲擄捉，或被殺傷，獨於衆中得免。將入南山，夜深村落行次，遇避難人偶語，而聞妻在其間，因得同往洋州大巖山深處，結草寓居。況素无骨肉，唯夫婦而已，既免支離，決志林谷，不復有名宦之望，野麋山鹿，性已成矣。山下居人，以其口食不多，時亦助其糧儲，饋其鹽酪。此外拾栢子焚香，禮敬天師而

〔一〕「亦頗多止之」，道藏本道教靈驗記卷八昭成觀天師驗無「頗」字。

〔二〕「命」下，上書有「善」字。

〔三〕「驗」，上書作「應」。

已。无何，舊交宋開府入掌樞務，知其在洋山之中，強之使出，錫以朱紱，加以品位，固辭不獲，黽俛從焉。又駕出石門，因便奔竄，投莎城山中，自匿數月。有軍士搜山谷，不得安居。夫婦棄繒帛之衣，夜行四十餘里。出及平陸，遥見馬軍十餘騎，兩面交至，已擒擄行人數輩。存希夫婦驚恐而立，馬軍過其側，似若不見，由是得免。後數年，奉使西川，携天師幀而至，余亦傳寫其本。存希深山窮谷虎狼之中，軍士紛擾白刃之下，心常坦然，若與數人居。憂懼之際，隱隱然若侍立在天師之側。亦有感降之事，祕而不言。

陵州天師井填欠數鹽課驗〔一〕

陵州天師井，本傳云：天師經行山中，有十二玉女來謁天師，願奉箕箒。天師知其地下陰神也，謂之曰：「汝等何以爲獻？將觀汝心厚薄，選而納焉。」玉女各持一玉環，徑皆數寸。天師曰：「所獻一般，不可併納，吾化此十二環令作一環，投之入地，有得之者，即納之焉。」遂合十二環爲一大環，徑餘一尺，投於地中，隨即深陷，已成井矣。玉女皆脱衣入井，以探玉環，竟不能得。天師取其衣藏石匱中，玉女至今只在井内。今陵州鹽井，直下五百

〔一〕「陵州天師井填欠數鹽課驗」，道藏本道教靈驗記卷八作「陵州天師井驗」。

七十尺，透兩重大石，方及鹹水。每年一度淘洗其中，須歌唱喧聒，然後入井，不然，必見玉女躶居井中，見者多所不利。井既深不可數，入或絙索斷損，皮囊墜落，唯於天師前炷香良久，玉女自與掛之，依舊不失。頃年井屬東川，有張常侍主其鹽務，於事稍怠，鹽課不登，欠數千斤，交替之後，縻留填納，未得解去。替人素亦崇道，因與虔告天師云：「張填所欠之鹽，家資已盡，空此留滯，益恐困窮。於三五日内，願借神力，增加所出，爲其填納。」與張俱拜，祈訴懇切。自是〔一〕每日所煎水數四十五函如常，而鹽數羡溢，五六日内填之果足。此後一如舊數，無復增減矣！十二玉女，戌亥二人在天，唯十人在井，所煎鹽至戌亥時亦歇。天師初以兹地荒梗，无人安居，山川亦貧，不可耕植，化鹽井以救窮民。民聚居井傍，户口日衆，遂置州統之，以天師名，故曰陵州。天師誓曰：「我所化井以養貧民，若官奪其利，千年外井當陷矣。」今諸井皆有天師玉女之像焉。

〔一〕「是」字原無，據道藏本道教靈驗記卷八陵州天師井驗增。

李瓌夢遇天師告授陵州刺史驗〔一〕

李瓌咸通中爲王府長史，以勳貴之族，不慣食貧，居閑力闕，鬱鬱不得志。中夜而寐，夢入深山窮谷，棧閣縈折，流水潺湲，如此者不知其幾千百里。又見闤闠雜遝，城闉爽塏，飛宇横樓，摩霄槩〔二〕日，不知其幾千萬家。縱神遊目，熙熙自得。又出郊甸，涉岡源，荒榛茂草，小松巨木，間以果林，厠以篘篠，山嶺危峭，或迂或平。山回遥〔三〕盡，抵一小郡，茅棟縱横，隘路欹側。傍有公署，署内白氣屬天，其大如屋，中有悲歌號呼之聲。見一青童，引瓌即路，躡危磴，步石梯，入門甚峻，門内古樹芳草，若古觀宇焉。瓌素崇玄教，頗爲慰悦，俄而昇殿，見像設尊儀笑而謂之曰：「爾來耶，吾待爾久矣！入天門，漱玄泉，古人所修也；注丹田，存白元，上士所修也。混而合之，子其行之。陰功及人，陰德濟物，千百之家，待子而字之。勉哉勉哉！明年之春。」瓌再拜稽首，受其言而覺。是冬頻訴於宰執，復

〔一〕「李瓌夢遇天師告授陵州刺史驗」，道藏本道教靈驗記卷八作「李瓌夢天師驗」。

〔二〕「槩」，疑當作「塈」。

〔三〕「遥」，道藏本道教靈驗記卷八李瓌夢天師驗作「徑」，四庫本作「途」。

希入用，乃授陵州刺史之任。是時經歷山川郡邑，神思惝怳，皆如常所經行，素未入蜀，莫可知其由也。至郡乃謁天師，昇階及門，至于殿所，覩其真像侍衛屋宇布列，醒然而悟，乃叶其所夢矣。乃以俸金修天師之堂，加以丹艧，立爲銘碑誌。其白氣屬天，乃鹽井之所也。悲歌之聲，乃轉車之人也。而内修之訣，瓌未得之矣。瓌即西平王孫也。

謝貞精意圬墁遇天師授符驗〔一〕

謝貞者，臨卭工人也，善圬墁，而用意精確。鵠鳴化天師修道、老君感降之所，頂上有上清古宫，相傳云天師時所制。歲月甚多而結構如舊，但瓦破壁壞而已，貞賃工爲修泥之。貞精研盡意，墁飾周密。有道流引二從者，觀其功用，神彩異常，身逾九尺，自門而入，謂貞曰：「山中難值修葺，頗媿用心。」以手畫地作一符，使貞再三審記之，曰：「此後有疾者，雖千里之外，行符必効。勿多取錢，但可資家，給終身衣食。」而貞具記符，行之極効，大獲金帛，家業殷豐。鵠鳴諸山无天師真像，陵州井中所塑，又非世代子孫所傳之真。貞忽於青城山遇峽中賈客修齋，有天師小幀供養，乃是授符應現之真爾。

〔一〕「謝貞精意圬墁遇天師授符驗」，道藏本道教靈驗記卷八作「謝貞見天師授符驗」。

道士劉方瀛依天師劍法治疾驗〔一〕

天台道士劉方瀛師事老君，精修介潔，早佩畢道〔二〕法籙，常以丹篆救人。與同志弋陽縣令劉翩按天師劍法，以五月五日就弋陽葛溪錬鋼造劍，勑符禁水，疾者登時即愈。嘗於黄巖縣修齋勑壇，以救疫毒。有見鬼巫者潛往眎之，見鬼神數千，奔北潰散，如大陣崩敗，一縣之疫，數日而愈。咸通末，方瀛无疾而終，戒其門人，使與劍俱葬，莫敢違之。乾符中和間，台州帥劉文下裨將李生領徒發其墓，欲以取劍，見其尸柔軟，容色不變，如醉卧而已。顧眎其劍，哮吼有聲，羣黨驚懼，卒不敢取，李生命瘞之而去。不獨劍之有靈，劉方瀛亦陰景錬形得道之流也。

〔一〕「道士劉方瀛依天師劍法治疾驗」，道藏本道教靈驗記卷八作「劉方瀛天師靈驗」。

〔二〕「道」字，上書無。

西王母塑像救疾驗三將軍附〔一〕

玉局化西王母塑像多年，頃因觀宇燒焚，廊屋頹壞，而儀像不損，人稱其靈。居人范彦通忽患風癩，瘡痍既甚，眉鬚漸落。因入觀於王母前發願，但所疾較損，即竭力修裝。是夕夢一玉女，手執花盤，以衣袖拂其身曰：「王母令我救汝，疾即愈矣。」數日之間，所疾漸退，瘡腫皆息，眉鬚復生。遂造紗窗，裝金彩，通檐兩楹，嚴潔修奉，每月自送香燈，近年方稍不見。觀中三將軍，亦古之所塑。觀因南詔焚燒，屋宇摧盡，而三將軍塑像不壞。起觀之日，再於其上立堂宇。居人閻士林，卧疾月餘，迨將不救，夢三將軍以戟揮其身上，穿一物去，狀如黑犬。自此疾愈，乃捨衣物，製紗牕，重加彩繢矣。

〔一〕「西王母塑像救疾驗三將軍附」，道藏本道教靈驗記卷九作「西王母驗」。卷首題「真人王母將軍神王童子靈驗」。

歸州黄魔神峽水救船驗〔一〕

歸州黄魔神，因相國李吉甫自忠州除替，五月下峽，至峽水之中，波濤極甚，忽有神人湧於水上，爲其扶船，三面六手，醜眸朱髮，袒而虓𤚹〔二〕，風濤遽息。李公祝而謝曰：「是何靈神拯危救難？」神曰：「我是黄魔神也。」既而歸州駐船旬月，選地立宇，於紫極宫作黄魔堂，言是黄天魔王，横天檐力之神也，刻石紀焉。相國蕭遘自拾遺左遷峽内，徵還京師，峽水泛漲，舟船將没，亦見其神捧船以救之。復命修飾，加其粉繢，嚴其室宇，刻石爲誌，亦列於次焉。

青城丈人同葛璝化靈官示現驗〔三〕

青城丈人真君，太和六年壬子，節度使贊皇李公德裕差軍將蔡舉二人，就山修齋，便令

〔一〕「歸州黄魔神峽水救船驗」，道藏本道教靈驗記卷九作「歸州黄魔神救蕭李二相公船驗」。

〔二〕「虓𤚹」，按詩經大雅常武有「闞如虓虎」，漢書叙傳有「七雄虓闞」，疑當作「虓闞」。

〔三〕「青城丈人同葛璝化靈官示現驗」，道藏本道教靈驗記卷九作「青城丈人真君示現驗」。

訪尋草藥。蔡舉於六時巖下，忽有勁風自谷中出，因見二神人行虚空中，一人在前，長丈餘，著大袖衣平冠；一人居後，著青衣大袖，捧一帙書。舉驚悸問曰：「何鬼神也？」前一人答曰：「我是竹枝老。」又指其後人曰：「此是璝之璪。我有密語兩紙，可一一記之，録與尚書。今年西蜀合有水災，以修齋之故，我回後山一峯堰水向東，梓州當秋大水，即其應也。」於是授以密語，述李公吉凶未兆之事。蔡舉一一記之，歸常道觀録於紙上，果得兩紙，依神人之言，封題送李公。書寫既畢，併亦遺忘矣。是年八月，東川水深數丈，西蜀无害。李公歷問官寮及道流，解隱語不得。李公曰：「竹枝老，丈人也，此當是丈人真君耳。璝之璪者，本命屬葛璝化，亦恐是化中靈官，特此示見，以彰靈應也。」

羅真人降雨助金驗〔一〕

羅真人，即神仙羅公遠也。于濛陽羅江壩接九隴什邡之界，在漓沅化後，今相傳號羅仙范仙宅。修道於青城之南，今號羅家山。明皇朝出入帝宫，輔導聖德，自有内傳。至今隱見於堋口什邡楊村濛陽新繁新都，畿服之内，人多見之。不常厥狀，或爲老嫗，或爲丐食

〔一〕「羅真人降雨助金驗」，道藏本道教靈驗記卷九作「羅真人示現驗」。

之人。每風雨愆期，田農曠廢，則必見焉。疑其仙品之中，主司風雨水旱之事也。楊村居人衆以旱暵，將禱於洛口後城李冰祠廟，熱甚，憩於路隔樹陰之下。忽有老嫗歘而問曰：「衆人欲何往也〔一〕？」以祈雨事答之。嫗曰：「要雨須求羅真人，其餘鬼神不可致也。」言訖不見。衆知嫗即羅真人也，於是見處焚香以告焉。俄而風起雲布，微雨已至，衆乃還家。是夕數十里内，甘雨告足，乃於其所置天宫塑像焉。諸鄉未得雨處傳聞此説，以音樂香花就新宫祈請，迎就本村，别設壇場，創宫室，雨亦立應。如是什邡綿竹七八縣界，真人之宫，處處皆有，請禱祈福，无不徵効。忽爲乞士，於堋口江畔謂人曰：「此將大水，漂損居人，信我者遷居以避之，不旬日矣。」有疑其異者，即移卜高處，以避水災；其不信者，安然而處。五六日，暴水大至，漂壞廬舍，損溺户民，十有三四焉。居人以爲信，立殿塑像以祠之。金銀行人楊初在重圍之内，配納贍軍錢七百餘千，貨鬻家資，未支其半。初事母以孝，每爲供軍司追促，必託以他出，恐母爲憂。嘗於山觀得真人像幀一幅，香燈嚴奉已數年矣。至是真人託爲常人，詣其肆中，問以所納官錢，以何准備？具以困窘言之。此人令市生鐵，備炭火。明日復來，燃炭壘鐵投之，一夕而去。臨行謂之曰：「我羅公遠也，在青城山中。以爾

〔一〕「也」原作「心」，據道藏本道教靈驗記卷九羅真人示現驗改。

孝不違親，心不忘道，以此金相助，支官錢之外，可以肥家。」復引初往山中，時令歸覲。初亦得丹藥，以奉其親，髮白還青，老能返壯矣。

嘉州開元觀飛天神王像捍賊驗〔一〕

嘉州開元觀，後周所創，本名弘明觀。隋大業中，方製大殿，於殿西頭塑飛天神王像，坐高二丈餘，坐二鬼之上。初修觀，道士吕元璪數夕夢神人在山頂，其形接天，或白日髣髴如見，郡人有好道者時亦見之，或通夢寐，遂商議塑此形像。本有十身，初製其一，而隋末多事，中原沸騰，不果徧就。像之靈應，郡人所知矣。疾瘵之家，祈禱必驗。其下二鬼青黑者，往往見於人家。太和中，相國杜元穎鎮成都，壃埸不修，關戍失守，爲南詔侵軼木源川路境上夷人導誘蠻蜑，分三道而來，掩我不備，將取嘉州。去州四十餘里，寇乃大驚，奔潰而去。州境稍安，方設備禦。有擒得夷人覘候者，大寇及境，何驚而去？云：「三路蠻寇本欲徑取嘉州，謂州中无備，去州四十里，忽旗幟遍山，兵士羅立，不知其數，有三五人大將軍，金甲持斧，長三二丈，聲如雷霆，立二鬼之上，麾諸山兵士，齊爲拒捍，自量力不可敵，驚

〔一〕「嘉州開元觀飛天神王像捍賊驗」，道藏本道教靈驗記卷九作「嘉州飛天神驗」。

奔而去。」是日，蠻中主軍酋帥死者三人。蠻國之法，行軍有死傷及糞穢，旋即瘗藏，不令露見，由是不知酋帥瘗埋之所。時衆聞之，皆言飛天神王兵示現，以全州境，自是祈福禱願，迨无虚日。又嘗有人下峽之時，曾詣飛天求乞保護。至瞿唐，水方汎溢，波濤甚惡，同艅三船，一已損失，二皆危懼。忽見神人立於岸上，如飛天之形，使二大鬼入水扶船，鬼亦長丈餘，船乃安定，風濤亦止。驚迫之際，莫知所自，徐而思之，乃飛天所坐二鬼救其船耳。一赤一青，形與所塑无異〔一〕。

成都乾元觀在蠶市，創制多年，頃因用軍，焚毁都盡。三門之下，舊有東華南極西靈北真四天神王，依華清宮朝元閣樣，塑於外門之下，並金甲天衣。門既隳壞，而神王无損，風雨飄漬，亦无所傷，邑人相傳，頗爲靈應。時蜀王既尅川蜀，移軍收彭州，圍州久矣，因暫還成都。方當暑月，參從將吏所在取便而行。大將杜克修先至神王之所，見衆人聚觀塑像，問其故，云：「塑神皆動。」克修以器盛水，致神手中，果摇動而水溢出。頃之蜀主至，復祝而試焉，曰：「若即尅彭州，更觀摇動之應。」良久而振動數四。不逾月，而尅州城，殲殄大敵。乃施金幣，命本邑創制堂宇，以崇飾之。

〔一〕此下，道藏本道教靈驗記卷九另起一篇，題曰「乾元觀四天神王驗」。

楚王趙匡凝北帝祥應〔一〕

楚王趙匡凝鎮襄州也，州郭舊有北帝堂，歲久蕪毁，在營壘中。一旦楚王寢室之上，有物如曳戟皮革之聲，瓦皆震動，潛起眡之，見黑氣一道，自北帝舊基之所至板屋上。楚王異之，密加虔祝，將欲興創堂宇，以答祥應。詰朝〔二〕眡事之際，先嘗選將校五十人，俾往營田，日給以衣裝農器，指揮教命，一無應者。楚王疑有異圖，拘而訊之，得其搆孽之狀，咸勦戮焉。王乃謂人曰：「北帝靈驗，信有徵矣。中夜有雲氣之異，詰朝乃姦慝彰明，若非玄功告示，幾有不測之禍。」遂締飾堂廡，崇嚴像貌，俾焚〔三〕謁之士主其香燈，闔境瞻禱，累獲符應矣。

〔一〕「楚王趙匡凝北帝祥應」，道藏本道教靈驗記卷九作「襄州北帝堂驗」。

〔二〕「朝」原作「明」，據上書改。

〔三〕「焚」字原無，據上書增。

李昌遐誦消災經驗〔一〕

李昌遐者，後漢兗州刺史之後也。生而奉道，常誦太上靈寶昇玄消災護命經，而稟性柔弱，每爲衆流之所侵虐。忽因晝寢，夢坐煙霞之境，四顧而望，熊羆虎豹，圍繞周匝，莫知所措，不覺傷歎，何警戒之甚邪！謂積善之无驗。于時空中有一道士，呼其名而語之曰：「吾即救苦真人也。汝勿驚駭，吾奉太上符命，與諸神將密衛於汝。且汝常念者經云：『流通讀誦，則有飛天神王、破邪金剛、護法靈童、救苦真人、金精猛獸、各百億萬衆，俱侍衛是經。』」昌遐既覺，豁然大悟，因知自前侵虐我者，未有无禍患殃咎，蓋誦經之所驗也。

崔晝誦度人經驗〔二〕

崔晝者，漢汶陽侯仲牟之後。甞謁白雲先生，學修身之術。先生曰：「汝富貴之子，何思淡泊？」崔子避席而對曰：「以財賑人，財有數而人无厭矣；以爵賞人，爵既崇而人或驕

〔一〕「李昌遐誦消災經驗」，道藏本道教靈驗記卷十作「李昌遐念昇玄護命經驗」，卷首題「經法符籙靈驗」。

〔二〕「崔晝誦度人經驗」，上書無「誦」字。

矣。如何示我以道，將以普濟生靈。」先生曰：「吾道之内，有度人經在，汝可誦之。」崔晝乃作禮承受，至誠誦之。厥後有使者馳一緘遺崔公曰：「子之先君，令吾持此謝汝。」言訖，使者忽然不見。於是啓緘熟眎，果備認得先君親札，云：「感汝念誦度人經功德之力，累世之祖盡得生天。」自後，崔晝一家至今念誦。

姚元崇女精志焚修老君授經驗〔一〕

開元宰相姚元崇，昔出官爲馮翊太守。有一女名長壽，年七歲，不茹葷，不飲酒，父母常令於玄元像前焚香點燈。忽晝寢，夢見老君，有二侍童二神將夾侍左右。侍童語長壽曰：「爾之焚修精志，可隨口授汝九天生神經一章。」云云。

王道珂誦天蓬呪驗〔二〕

王道珂，成都雙流縣南笆居住，當僖宗幸蜀之時，常以卜筮符術爲業，行坐常誦天蓬

〔一〕「姚元崇女精志焚修老君授經驗」，道藏本道教靈驗記卷十作「姚元崇女九天生神章經驗」。

〔二〕「王道珂誦天蓬呪驗」，上書無「誦」字。

咒。每入雙流，市貨符卜得錢，須喫酒至醉方歸。其郭門外有白馬將軍廟，曉夕有人祈賽，長垂簾，簾内往往有光，及聞吹口之聲，以此妖異，人皆競信，所下酒食，忽忽不見，愚民畏懼，无有輙敢正視者。道珂因喫酒回歸，入廟朗誦神咒，則廟堂之上悄悄然。傍人睬之，无不驚駭。道珂異日，晨鷄初叫，忽隨村人擔蒜〔一〕趂市夜行，至廟前忽然倒地。蒼惶之間，見野狐數頭，眼如火炬，銜拽入廟堂堦之下。聞堂上有人呵責曰：「你何得恃酒入我廟内，念咒驚動我眷屬？」道珂心中默持天蓬神咒，逡巡却蘇。蓋緣其時與擘蒜人〔二〕同行，神兵遠其穢臭，而不衛其身，遂被妖狐擒伏。洎擘蒜人去〔三〕，道珂心中想念神咒，即妖狐便致害不得。既蘇息之後，遂歸家沐浴清潔，却來廟内大詬而責曰：「我是太上弟子，不獨只解持天蓬咒，常誦道經。經云：『天得一以清，地得一以寧，神得一以靈。』爾若是神明，只合助道行化，何以惡聞神咒？我知非白馬明神，必是〔四〕狐狸精怪，傍附神祠，幻惑生靈。

〔一〕「村人擔蒜」，道藏本道教靈驗記卷十王道珂天蓬呪驗作「擔蒜村人」。
〔二〕「人」字原無，據上書增。
〔三〕「去」原作「拋去」，據上書删。
〔四〕「必是」原無，據上書增。

今日我決定於此止泊持呪，爲民除害。」遂志心朗念神呪，至夜不歇。廟堂之上，寂然無聲，亦无光透簾幕，唯聞自撲呻吟之聲。至明，呼喚鄰近居人眎之，唯見老野狐五頭〔一〕，皆頭破血流滿地，已斃。自後寂无妖異，竟絶祭祀，廟宇荒廢。是知凡持此呪，勿得食蒜，至甚觸穢。天蓬將軍是北帝上將，制服一切鬼神，豈止誅滅狐狸小小妖怪矣！

王清遠誦神呪經驗〔二〕

王清遠世居北邙山下，唐咸通年，時多疫疾，清遠身雖在俗，常服氣行藥誦神呪經，自稱是緱山真人遠孫。是時天子蒙塵入蜀，兵火不息，疫癘大行，連州匝縣，飢荒病患衆矣！清遠佩受神呪經籙，每行符藥救人，多不受錢，只要少香油供養經籙。鄉人迎請醫療，日夕喧闐。清遠有表弟一人爲僧，名法超，亦持大悲輪行祕字，媢清遠之醫道大亨，忽一日冒夜來投宿止，潛以瓶盛狗血，傾於清遠道堂内。至二更已來，忽聞空中有兵甲之聲，頃聞法超於床上，如有人挽拽叫譀，唯言乞命。清遠命燈照之，但見以頭自頓地，頭面血流，至平明

〔一〕「五頭」，道藏本道教靈驗記卷十王道珂天蓬呪驗作「二頭并山野狐五頭」。
〔二〕「王清遠誦神呪經驗」，道藏本道教靈驗記卷十無「誦」字。

不息。須臾之間，但見兩脚直下，如人拖拽，奔竄入綊水江内，浮屍水上。闔市目擊，无不驚歎。是知神呪真經，實有神將吏兵守護，豈容嫉妬庸僧將穢惡之物犯冒？所謂爲不善於幽暗之中，神得而誅之。清遠襲氣持經，陰功濟物，壽一百七歲。辭世之夕，闔境皆聞異香仙樂，斯亦證道之漸階矣。

忠州平都山仙都觀取太平經驗〔一〕

忠州平都山仙都觀陰真人鎮山太平經，武德中刺史獨孤晟取經欲進。舟行半日，有二龍一青一白，横江鼓波，船不得進。舟人驚懼，復泝流還郡。晟即命所由墊江路，陸行進經。時山川之中，久无摯獸。至是蛇虎當道，經使恐懼，將經却迴。晟即脩黄籙道場，拜表上告，然後取經以進，在内道場供養，綿歷歲年。開元中，供奉道士司馬秀准詔祭醮名山，開函取經，但空函而已。訶詰道衆，疑是觀司隱藏。法侣驚懼，无詞披雪，遂焚香告真，述武德中經已將去，今詔旨搜訪，无經上進，仰憂譴責。時景氣晴朗，野絶塵埃，忽陰雲覆殿，

〔一〕「忠州平都山仙都觀取太平經驗」，道藏本道教靈驗記卷十一作「仙都觀石函經驗」，卷首亦題「經法符籙靈驗」。

迅雷震擊，俄而簷宇溢霽，經在案上，異香盈空，祥煙紛靄，復得昔日所取之經以進。會昌中，賜紫道士郭重光晏玄壽復齎詔醮山，取經石函之中，經復如舊。至今鎮觀者猶是此經，不知何年歸還爾！

天台玉霄宫葉尊師符治狂邪驗〔一〕

天台山玉霄宫葉尊師修養之暇，亦以符術救人。婺州居人葉氏，其富億計。忽中狂瞽之疾，積年不瘳，數月沉頓，後乃叫號悲笑，裸露奔走，力敵數人。初以絹索縻縶之，俄而絶絆，出通衢，犯公署，不可枝梧。官以富室之子，不能加罪，頻有所犯，亦約束其家，嚴爲守衛。加持禳制，飯僧祈福，祠神鬼，召巫覡，靡所不作，莫能致効。其家素不信道，偶有人謂之，令詣天台，請玉霄宫葉尊師符，可祛此疾，不然，莫知其可也。乃備繒帛器血，入山請符。尊師謂使者曰：「此符到家，疾當愈矣！」无以器帛爲用，盡歸之。使者未至三日，疾者方作，斷絙投石，舉家閉户以拒之。折關拔櫺，力不可禦，如此狂猛，非人所遏。忽〔二〕

〔一〕「天台玉霄宫葉尊師符治狂邪驗」，道藏本道教靈驗記卷十一作「玉霄葉尊師符驗」。

〔二〕「忽」原作「忽忽」，據上書改。

遽斂容，自歸其室，盥洗巾櫛，束帶鞹足，執板罄折於門内道左，其色怡然。一家忻喜，争問其故，笑而不答，但言天使即來。飲食都忘，夕不暇寢，孜孜焉企踵翹足，延頸望風，汗流浹背，不敢爲倦。如此二日三夕，使者持符而至，入門迎拜，懽呼踊躍前導，得符服之，瞑然食頃，疾已瘳矣！由是躬詣山門，厚施金帛，助修宫宇，一家脩道，置靖室道堂，旦夕焚脩焉。初玉霄賜二符，一已吞之，一帖房門之上。葉之女使竊酒飲之，嘔於符下。葉見一神人，介金執劍，長可三四寸，從符中出去。焚香拜謝，而不見其歸。數日親戚家女使，近患風魔，疾尚未甚困〔一〕，來葉房之前，立且未定，忽叫一聲。葉見符中將軍如前之形，揮劍加女使頭上。問其故云，適有神人，以劍於頭上斬下一物，墜於衣領中。令二三女僕扶〔二〕持，驗有蛇頭如指，斷在衣領中，血猶滴焉。風魔之疾，自此亦愈。

賈瓊受童子籙驗

成都賈瓊年三歲，其母因看蠶市，三月三日過龍興觀門，衆齊受籙，遂詣觀受童子籙一

〔一〕「困」，道藏本道教靈驗記卷十一玉霄葉尊師符驗作「因」連下句。
〔二〕「扶」原作「捧」，據上書改。

階。十餘年後，因女兄有疾，母爲請處士吴太玄爲入冥，看檢致疾之由，仍看弟兄年命凶吉。經宿，太玄還言，疾在汪瀆〔一〕，求之即差，籍中不見有賈瓊之名。父母愈憂，復請太玄看之。時太玄每與人入冥檢事，必鏁於一屋中，安寢而往，不復人驚呼，候其自醒，唤人開門乃開之，歷歷説冥中之事，有如目擊，言必信驗，或兩宿然後迴爾。既再往檢瓊名字，云：「年三歲時，三月三日於龍興觀受正一籙，已名係天府，不屬地司，籍中不見名字，於天曹黄簿之内，檢得其名。」

尹言念陰符經驗〔二〕

尹言者，修德坊居，與明道大師尹嗣玄爲宗姓之弟。常崇道慕善，孜孜不倦，因詣嗣玄受陰符經，至誠諷〔三〕念。爲其常少記性，願得心神聰爽。受之數年，念逾萬遍，稍覺心力開悟。因本命日齋潔焚香，念三十遍，忽了憶前生之事，姓張名處厚，在延壽坊居，家有巨

〔一〕「疾在汪瀆」，道藏本道教靈驗記卷十一賈瓊受童子籙驗作「疾由江瀆」。
〔二〕「尹言念陰符經驗」，道藏本道教靈驗記卷十一無「念」字。
〔三〕「諷」原作「諷」，據上書改。

業，兒女皆存，記其小字年幾，一一明了。與其家説之，乃往尋訪，述張生死年月形色情性，無所差異。張之兒女，聞之嗚咽感認，言其今之狀貌，與昔不殊，但性較舒緩爾。自是兩家契爲骨肉，黄寇犯闕之前，其二家皆在。

趙業受正一籙驗〔一〕

趙業，定州人，開成中爲晉安縣令。因疾暴卒，手足柔軟，心上微暖，三日乃蘇。云初爲冥官所追，牽拽甚急，問其所以，但云爲欠債抵諱事。自思身心無此罪犯，必恐誤追。行三五十里，過一山嶺，上有宫闕崇麗，人物甚多。有一青衣童子前來問云：「汝非道士趙太玄乎？」某答云：「晉安縣令趙業爾。」童子笑曰：「豈得便忘却耶！」又一童子續來云：「太一令喚趙太玄。」追事人一時散去。即與童子到宫闕中，不見太一，但見一道流云：「汝六歲時，爲有疾受正一八階法籙，名爲太玄，豈得流於俗官，併忘此事耶？太一有命，便令放還。却須佩籙修真，行功及物，居官理務，勿貪瀆貨財，輕人性命。」言訖不見，所疾已蘇。遂於思依山參受法籙，累置壇場，廣崇功德，復以法名太玄矣。

〔一〕「趙業受正一籙驗」，道藏本道教靈驗記卷十一作「趙業授正一八階籙驗」。

僧法成竊改道經驗〔一〕

僧法成姓陳，不知何許人。立性拘執，束於本教，而矯飾多端。因遊廬山至簡寂觀，不遇道流，而堂殿經厨素不關鑰，遂取道經看之，將三十四卷往靈溪觀棲止，誑云：「某在僧中，本意好道，欲於此駐泊，轉讀道經，兼欲長髮入道。」人皆善其所言。又取觀中經百餘卷，日夕披覽。每三五日一度下山化糧，人聞其所說，施與甚多，糧鹽所須，計月不闕。乃改換道經題目，立佛經名字，改天尊爲佛言，真人爲菩薩羅漢，對答詞理，亦多換易，塗抹剪破，計一百六十餘卷。忽山下有人請齋，兼欲求丐紙筆，借觀奴一人同去。行三二里，見軍吏隊仗訶道甚嚴，謂是刺史遊山，法成與奴下道於林中迴避。良久，見旗幟駐隊有大官立馬於道中，促喚地界令捉僧法成來。法成與奴聞之，未暇奔竄，力士數人就林中擒去，奴隨看之。官人責曰：「大道經教，聖人之言，關汝何事？輒敢改易，決痛杖一百，令其依舊修寫，填納觀中，填了報來，別有處分。」即於道中決杖百下，仆於地上，瘡血徧身，隊仗尋亦不見。奴走報觀中，差人看驗，微有喘息而已。扶舁入山，數日方較，遂出所改換經本，呈衆

〔一〕「僧法成竊改道經驗」，道藏本道教靈驗記卷十二作「僧法成改經驗」，卷首亦題「經法符籙靈驗」。

道流。法成本有衣鉢，寄在江州寺中，取來貨賣，更求乞紙筆，經年修寫經足，送還本觀，燒香懇謝，欲願入道。道流以其無賴，无人許之。是夜叫呼數聲，如被毆擊，耳鼻血流而死矣。

僧行端輒改五廚經驗〔一〕

僧行端性頗狂譎，因看道門五廚經只有五首呪偈，遂改添題目云佛説三停廚經，以五呪爲五如來所説，經末復加轉讀功效之詞，增加文句，不啻一紙。五廚經屬太清部，明皇朝諫議大夫肅明觀主尹愔注云：「蓋五神之祕言，五臟之真氣，持之百遍，則五氣自和，可以不食。」其經第一呪云：「一氣和太和，得一道皆泰。和乃无不和〔二〕，玄理同玄際。」開元中，天師趙仙甫爲疏，皆以習氣和神爲指。行端旁附此説，即云讀誦百二十遍，可以呪水飲之，令〔三〕人不食，名爲三停廚經。詞理鄙淺，與尹趙注疏，殊不相近。改經既了，已寫五

〔一〕「僧行端輒改五廚經驗」，道藏本道教靈驗記卷十二無「輒」字。
〔二〕「和乃无不和」，本書卷六一五廚經氣法作「和乃無一和」。
〔三〕「令」原作「今」，據道藏本道教靈驗記卷十二僧行端改五廚經驗改。

六本，傳於他人。於窗下寫經之際，忽有神人長八九尺，仗劍而來，謂之曰：「太上真經，歷代所寶，何得輕肆庸愚，輒爲改易？」奮劍斬之，以手拒劍，傷落數指。同居僧二人，共見其事，驚爲哀乞。神人曰：「如此无良，也解惜命。」促令追收寫換，然後奏聽勑旨。行端與同居僧散尋所行之本，只得一半，餘本已被僧將出關。別寫元本經十本，燒香懺謝，所改添本，香上焚之。神人復見曰：「訾毀聖文，追收不獲，不宜免死。」逡巡頓仆而卒。其所改經，至今往往傳行諸處，覽觀其義，自可曉焉。

崔公輔取寶經不還驗〔一〕

崔公輔明經及第，歷官至雅州刺史。至官一年，忽覺精神恍惚，多悲恚狷急，往往忽忘，舉家異之。一旦无疾而終，心上猶暖，三日再蘇，亦即平復。謂其寮佐曰：昨爲冥使賫帖見追，隨行三五十里，甚爲困憊。至城闕，入門數重，追者引到曹署之門，立於屏外。逡巡有官人着緋執版，至屏迎之先拜。公輔驚曰：「某爲帖所追，乃罪人也，官人見迎致拜，深所不安。」官人曰：「使君固應忘之矣！某是華陰縣押司録事巨簡，使君初官，曾獲伏

〔一〕「崔公輔取寶經不還驗」，道藏本道教靈驗記卷十二作「崔公輔仙都經驗」。

事〔二〕庭廡。近奉天符，得酆都掾地司所奏，使君任酆都縣令之日，於仙都觀中取真人陰君寶經四卷，至今不還，天符令追生魂勘責。使君一魂，日夕在此對會，恐使君不知，故欲面見，具此諮述，以報往日之恩耳。使君頗覺近日忿怒悲愁精神遺忘否？此是生魂被執繫故也。」於是引至廳中，良久言曰：「此有茶飯，不可與使君食，食之不得復歸人間矣。但修一狀，請置黄籙道場，懺悔所犯，兼請送經却歸本山，即生魂釋放矣。」因〔三〕本司檢使君年禄遠近。逡巡有吏執案云：「崔公輔自此猶有三任刺史，二十三年壽。」言訖，公輔留手狀，官人差吏送還。乃於成都及雅州紫極宫忠州仙都山三處，修黄籙道場，齋送經還本觀。公輔平復如常，其後歷官年壽，皆如所説。此事是開成年中，任雅州刺史也。

〔二〕「伏事」，道藏本道教靈驗記卷十二崔公輔仙都經驗作「服事」。
〔三〕「因」，上書作「因令」。

劉載之誦天蓬呪驗〔一〕

彭城劉載之，儒家子，修辭學外，常事北極，香火不懈，多寓京師〔二〕。少而神氣怯懦，每驚魘，往往不悟〔三〕。嘗遇蘇門道士劉大觀，授以天蓬神呪，令持誦千遍。載之勤而行焉，絶葷腥，專香火，逆旅之中，亦拳拳修尚，自是无復魘悸矣。寇陷長安，在宣楊里爲寇所虜，力役勞苦之事，素非其所能，稍或遲舒，必承之以劍，性命憂迫，在乎頃刻，而密誦神呪，以求其祐。是夕有一人如軍士之飾，謂之曰：「勞役之事，吾爲子免之。此有徑路，可以脱禍，可相隨而行也。」載之疑爲寇所試，辭焉。此人引其手，若騰躍於空中，良久覆地。是夕月光如晝，但見山川參差，泉聲流激，已在巨石之上。驚異之際，有村童前引入洞府中，宫闕深嚴，層城焕麗，金樓玉堂，奇禽珍木，周還數十里。有謁者平冠褒袖，云：「太帝君令於賓宇憩息。」俄賜酒饌仙果，二仙官與之宴飲。載之問：「太帝君所主何國？某未曾朝拜，

〔一〕「劉載之誦天蓬呪驗」，道藏本道教靈驗記卷十二作「曹戣天蓬呪驗」。

〔二〕以上二十四字，上書作「曹戣者，字載之，泗州人也。廣明乾符間在京師」。

〔三〕「每驚魘，往往不悟」，上書「每」作「多」，「悟」作「蘇」。

忽奉恩勑，深所憂懼。」仙官曰：「太帝是北斗之中紫微上宫玄卿太帝君也。上理斗極，下統酆都，陰境帝君乃太帝之所部，天蓬上將即太帝之元帥也。吾子冥心北元，尊奉神呪，而值此危難，將陷鋒鏑。太帝閲籍，當在驅除之伍。仰軫聖慮，已奏章太上，述勤瘁之心，延壽三紀，使還於故里爾。」頃之，得朝謁太帝，叩顙謝恩於闕下。命二童送之，食頃已達泗州。其友人謝良奏事行朝，具話其事，載之今猶在江表。是則太帝之昭鑒，天蓬之威神，不遺毫分之善也。

姚生持黄庭經驗〔一〕

姚生者，華原人也。幼而好道，持黄庭經。光啓中，僖宗再幸陳倉，遠近驚擾。姚爲賊所迫夜走，墮枯井中傷足，求出未得。乃旁有窨穴，匿於其中，晝夜念經，因不饑渴，足疾亦愈。時襄土既平〔二〕，大駕歸闕，鄉里人户稍復。有遊軍夜宿井側，見井中有光，拯而出之。具述經靈驗，遂爲道士，居華原西界觀中焉。

〔一〕「姚生持黄庭經驗」，道藏本道教靈驗記卷十二無「持」字。
〔二〕「襄土既平」，上書作「襄王既平寇」。

雲笈七籤卷之一百二十

道教靈驗記

處州青田縣清溪觀古鐘自歸驗〔一〕

處州青田縣清溪觀古有銅鐘，因袁晁亂後，失其所在，有墨書「青田」字，人或記焉！其後温州島嶼山下水中，舟人時聞鐘聲幽咽不遠。一旦有人忽見水中一物，如半鐘之形，側露水上，盪槳視之，既近即覆矣。露其一半，認其模範之跡，蒲牢之形，乃鐘也。以物觸之，沉於水中矣。與人語其異，好事者乘舟看之，天氣晴霽，亦時一見。州寺僧結彩舫，具幡花，致齋迎之；或經宿水上道場，禮懺而請，或得見之，尋又沉去。道門亦備幡花舟舫香火迎之，見而不得。清溪道士時亦在迎鐘衆中，稽首祝之曰：「此州觀寺皆自有鐘，唯清溪觀

〔一〕「處州青田縣清溪觀古鐘自歸驗」，道藏本道教靈驗記卷十三作「青田縣清溪觀鐘驗」，卷首題「鐘磬法物靈驗」。

無鐘多年，極是闕事，遠地不辨香花，丹心而已。鐘若有靈，願泝流自往，某旬日即歸，於觀前溪中奉候。」衆聞其說皆笑之。十餘日，道士歸青田，鐘已在觀前潭中矣。焚香迎之，汎汎就岸，重千餘斤，數人挽拽懸掛，若百許斤爾。自後，時亦飛去，旬日却迴，今以大鎖繫之，不復去矣。其上墨書「青田」字，久在水中，宛然不滅。井邑老人詳認其字，乃觀中舊鐘也。

青城山宗玄觀銅鐘不能損驗〔一〕

青城山宗玄觀古跡銅鐘三千餘斤，隱花文飛仙幢節之狀，工甚精好。劉闢據成都，取管内銅像、大鐘，鑄兵器及錢。此鐘差縣人挽拽下山，磨其上隱起花文欲盡，頻以巨石搥擊，終不能損。拽至江干，將入竹筏，力敵萬斤，竟亦不動。縣狀申闢，闢異之，令送山中，三二十人牽送上山，纔若一二百斤爾。既復懸掛，時或擊之，立致雲雨，至今見在。

〔一〕「青城山宗玄觀銅鐘不能損驗」，道藏本道教靈驗記卷十三作「宗玄觀鐘驗」。

温江縣太平觀鑄鐘道士得道驗〔一〕

温江縣太平觀有任尊師者，於市中每日户乞一錢，鑄鐘萬斤，數年鐘成，尊師年已八十餘矣。作大齋表讚，扣鐘數百下，辭決而去，即大曆年中也。其後劉潼僕射擁旄西川，觀寺鐘上皆鐫刻陁羅尼呪，至是任尊師復歸，領巧工於呪邊刻云：「觀家銅鐘，不合妄刻佛呪。」別立誓詞數句。而人見任狀貌，益少壯於當時，信是得道者。

眉州故彭山市觀大鐘傷寺匠驗〔二〕

眉州故彭山市，觀有大鐘重千斤。觀去〔三〕州二十餘里，每扣鐘之時，聲應州郭。頃年僧輩誑陳文狀，云：「觀无道士，鐘在草中，當用運之。」時官无正理，遂移於州寺懸掛。上鐘之時，折匠人之足，人以爲靈驗。寺當州門，扣擊之聲，不聞州内。羣僧別鑄大鐘，此

〔一〕「温江縣太平觀鑄鐘道士得道驗」，道藏本道教靈驗記卷十三作「太平觀鐘驗」。

〔二〕「眉州故彭山市觀大鐘傷寺匠驗」，道藏本道教靈驗記卷十三作「眉州彭山觀驗」。

〔三〕「去」原作「云」，據上書改。

鐘不還本觀，賣與嘉州寺中。下樓之時，傷其二匠，斷足折腰，入船出岸，皆有傷損。聾俗不以爲靈驗，至今流俗〔一〕未還，良可惜也。

浴爰赤木古鐘水洗瘡驗古鐘驗附〔二〕

爰赤木古鐘，開元中所進，云：赤木莊在玉山之下，時聞地中隱隱然有鐘聲，尋求莫能致。一旦赤木患瘡，疾且甚，醫不能祛。夢一青童曰：「得浴鍾水洗之即愈。」赤木就近觀寺中，以水洗鐘，用器盛之，歸以洗瘡，微加痛劇。乃令人於常聞鐘聲處聽之，果聞鐘在地下，掘數尺而得，形上有坐師子爲鼻〔三〕，鼻下平闊，其頂圓大，圍三尺餘，六七寸頓小，如腰鼓形，向下復大，奇文隱鏤，萬狀千名，迨非鎔範所作。既得，以水浴去泥土，取其水洗瘡，即日痊愈。夜有光影，時或自鳴，爲隣里所異，不敢藏隱，奉表進焉。敕賜景龍觀，黄巢前

〔一〕「俗」，道藏本道教靈驗記卷十三眉州彭山觀驗作「落」。

〔二〕「浴爰赤木古鐘水洗瘡驗古鐘驗附」，道藏本道教靈驗記卷十三作「爰赤木古鐘驗盩厔南平黔中三古鐘附」，本篇中之「盩厔鐘」及以下二篇之「南平鐘」、「黔南鐘」皆屬之。

〔三〕「形上有坐師子爲鼻」，上書作「鐘形上有坐獅爲鼻」。

此鐘猶在。

寶應中，盩厔縣居人耕地，亦得古鐘百餘斤，上有伏虎形爲鼻，自鼻以下頓大，數寸而小殺之，如是再殺，三成共高一尺八九寸，偏身天花雲葉，工用殊妙，比赤木所得圓厚而重。既得，夜夜有光，或飛於空中，聲韻清越，亦表上進。詔送玄真觀，久之，取留内殿。

渝州南平縣道昌觀古鐘奇巧驗〔一〕

渝州南平縣道昌觀有古鐘焉，以二獅子對立捧花座，蛟螭爲鼻，蛟尾分繞獅之足，盤於鐘上。鐘形再殺三成，如盩厔古鐘之狀。於其殺處，細花文五條。當中一條黄色明淨，累累若珠貫焉。次珠條之外，作花片之狀，屈曲相縈。又外一重，雲葉纏繞，蹤跡奇巧，工甚周〔二〕細，若非人工。此外周身有花，不可細記，云是湘東王送與隱居陶貞白。近因亂離，鐘已遺失。

〔一〕此標題，道藏本道教靈驗記卷十三無。
〔二〕「周」原作「固」，據道藏本道教靈驗記卷十三爰赤木古鐘驗改。

黔南鹽井古鐘多年無毀蝕驗〔一〕

黔南鹽井中因摧損修築，得一古鐘，長三四尺，中細而實，如腰鼓瓦腔之狀，兩頭圓厚，扣之皆有聲，奇音響亮，與常鐘異。在鹽井多年，益加光膩，無毀蝕之勢，時有金色，精明異常。節度使僖公，留鎮府庫焉。

天台山玉霄宫古鐘僧偷而卒驗〔二〕

天台山玉霄宫古鐘，高二尺，重百餘斤，制度渾厚，形如鐸，上有三十六乳，隱起之文亦甚精妙，相傳云夏禹所鑄，或云是越王樂器。頃年於空中，夜夜飛鳴，人皆聞之。忽墮於禹廟内，藏之府庫，綿歷七八十年，累有名僧求請，欲彰其異，而皆廉問〔三〕不與。咸通中，左常侍李縮爲浙東觀察使，請玉霄峯葉尊師修齋受籙，於使宅立壇，出此鐘以擊之。既而水

〔一〕此標題，道藏本道教靈驗記卷十三無。
〔二〕「天台山玉霄宫古鐘僧偷而卒驗」，道藏本道教靈驗記卷十三作「玉霄宫鐘驗」。
〔三〕「廉」原作「嫌」，據上書改。

部員外柳韜自上京得老君夾紵像，高三四尺，聖相奇妙，乃重裝修，作盝頂寶帳，以白金香鴨香龜數事，送於玉霄，亦便留籙壇内供養。齋畢，李貂〔一〕命賓爲鐘銘，具以歲日，刻於鐘上，並老君像，皆送山中。所刻之處，燦然金色。禹跡寺僧，頻求此鐘不得，既知鐫勒銘篆，已送天台，計无所出。乃揚言曰：「天台所得古鐘，乃真金也。匠人所刻之末是數兩金，況於鐘乎！又有香鴨器皿，計其所直多矣。」因有衲僧與不道輩十餘人，夜入玉霄宮，伏於版閣之下，中夜踰欄干而上，於道場中取香鴨香龜金龍道具，實於囊中，縻鐘於背，出門羣呼而去。尊師知之，不許徒弟追之。僧等約行三十餘里，憩一大樹下，良久天明，只在閣柱之側。衆小師往視之，背鐘者已殭死矣。其餘徒黨，癡懵凝然，不辨人物。鐘及金帛，一无所失。尊師呪水灑之，良久僧亦稍醒，羣賊乃蘇，發願立誓，乞不聞於官。乃盡釋之，扶舁病僧而去，僧至山下乃卒。

〔一〕「貂」，疑作「綰」，或因「左常侍」屬「八貂」而稱「李綰」爲「李貂」。又四庫本「貂」作「乃」。

開州龍興觀鐘雪寃驗雲安鐘附〔一〕

開州龍興觀鐘七八千斤，未有鐘樓，懸於殿上而已。相傳云，州中有觳敚之徒，遺失之物，諍訟不決之事，沉滯抑屈之情，焚香扣鐘，立有明効。至有囚徒刑獄，推鞫不得其實者，即入款請擊鐘，便可分雪明白。余頃駐泊觀中，忽見官吏押領囚徒，來於鐘前，焚香告誓，援槌將擊之際，有人抑止之，更令取款，如是數四，都不擊鐘，論訟已得其理矣。因問其故，云：「累有公案不決者，請擊此鐘。擊鐘之後，旬日之内，誣謟寃抑於人者，必暴病而死；情有相黨，事有連累者，一年之中，无孑遺矣！有理被抑之人，宛然无苦。由是刑獄大小，无敢有欺，以鐘爲準的也。」雲安白鶴觀鐘亦類於此，遠近傳焉。

施州清江郡開元觀鐘見夢驗〔二〕

施州清江郡開元觀有鐘焉，其形絶古，用麟爲鼻，以系於簴，狀若懸匏。扣之，初則清

〔一〕「開州龍興觀鐘雪寃驗雲安鐘附」，道藏本道教靈驗記卷十三作「開州龍興觀鐘驗」。

〔二〕「施州清江郡開元觀鐘見夢驗」，道藏本道教靈驗記卷十三作「施州開元觀鐘驗」。

音纖遠，俄而震然，響聞數里，然不知何代之器也。初有郡民牧牛，於郡南田間，忽聞有異聲自地中發，民與牧童數輩聞之，皆驚走辟易。其後，民熱病旬餘，夢一丈夫衣青襦，告之曰：「汝遷我於開元觀。」民亦不悟其旨，又到田間，再聞其聲如前，而密誌其地，即以事白於郡守。郡守封君怒曰：「此民昏妄，輒以不急之事干〔一〕我耶！」叱去之。是夕，民又夢青襦者曰：「吾委跡於地下有年矣，汝不速出者，必有大咎。」民大懼，及曉，與其子皆往鑿其地，深丈餘得此鐘，色青如所夢丈夫色也。遂再白郡守，置於開元觀，是日辰時，不擊自鳴，震響極遠，郡人俱異而歎之。郡守以其事上聞，明皇詔編於國史，復命宰臣李林甫寫其奏，以頒示天下矣。

洪州遊帷觀鐘州官彊取入寺驗〔二〕

洪州遊帷觀有二鐘：一是觀司特勑所鑄，一是許真君修行鐘，歷代傳之在真君殿，稍小於觀鐘爾。節度使嚴譔創置節制，威令風行，素重緇徒長老，增修其院。長老欲取許真

〔一〕「干」原作「工」，據道藏本道教靈驗記卷十三施州開元觀鐘驗改。

〔二〕「洪州游帷觀鐘州官彊取入寺驗」，道藏本道教靈驗記卷十三作「洪州許真君鐘驗」。

君鐘，嚴令官吏取而授之，道士皆不敢論其曲直。取鐘之日，雷風震擊，是時大設齋筵，費用極廣，風雨暴至，曾不施張，頃刻水溢數尺。及扣其鐘，如擊土木，並无音響。長老謂嚴曰：「此州道士，例多妖法，必是禁鐘，使无聲爾。」嚴怒，捕諸道士，所在禁繫，責其邪幻，將加重法。官吏畏威，無敢諫者。嚴忽沉然思寐，夢見許真君與二從者來至其前，謂嚴曰：「無知無道，彊取我鐘，又加法於道士。若不送鐘還觀，禮謝大道，令侍者斷其頭來。」即見授劍於侍者。嚴驚覺汗流，而侍者持劍，髣髴在其前，遽釋諸道士，送鐘還觀，自詣遊帷，焚香致謝。迴顧見持劍侍者謂之曰：「汝爲不道，加害於人，上帝所責。斷頭之事，恐將不免。」言訖而去。不久，以開江事敗，斷鞅而死〔一〕。

天師劍愈疾驗〔二〕

天師劍五所，鑄狀若生銅五節，連環之柄，上有隱起符文星辰日月之象，重八十一兩，嘗用誅制鬼神，降剪兇醜。昇天之日，留劍及都功印傳於子孫，誓曰：「我一世有子一人傳

〔一〕「斷鞅而死」，道藏本道教靈驗記卷十三洪州許真君鐘驗作「賜死」。
〔二〕「天師劍愈疾驗」，道藏本道教靈驗記卷十三作「天師劍驗」。

我〔一〕印劍及都功籙，唯此非子孫不傳於世〔二〕。」頂上有朱髮十數莖，以表奇相，于今二十一世矣。其劍時有異光，或聞吟吼，乍存乍亡，頗彰靈應。至十六世天師，好以慈惠及人，憂軫於物。以神劍靈効，每有疾苦者，多借令供養，即所疾旋祛。隣家夜産，性命危切，亦以此劍借之，既至産家，有神光如燭，閃然照一室之中，墮地而折。經數十年，十八世孫惠欽性温和，守謙退，與物无競，俗機世務，泛然不經其心，人有所言，雖譎詐者亦皆信用，略無疑慮。一旦，有人挈布囊入雲錦山仙居觀，周行廊廡之下，瞻禮功德，云解磨鏡釘鉸。門人令其綴銲小銅鎖子，師見之問曰：「我有折劍，銲綴得乎？」此人請劍看之，云：「可矣。」請别掃一室，須炭數斤，反扃其門，以巨石爲碪，熾炭鎚擊，聲聞于外，門人皆股慄心戰，憂此劍碎於其手，師殊不爲慮。頃之，鎚鍛聲絶，工人執劍以呈，果完綴如舊，所銲之處，微有黑痕如絲髮爾。師以錢半千酬之，此人得錢媿謝，致於老君前，負囊而去，出門數步，尋失所在〔三〕。識者疑是天師化現，降於人間，自續其劍。不然，何得重新若此？而鎚擊不傷，

〔一〕「我」原作「於」，據上書改。
〔二〕「於世」，上書作「世于」，「于」連下句。
〔三〕「在」原作「有」，據道藏本道教靈驗記卷十三天師劍驗改。

完復如故?

張讓黄神印救疾驗〔一〕

張讓家于桂州,客遊湘鄂間,因得心疾。初則迷忘,在途忘行,在室忘坐,惑於昏曉,迷其東西。累月之後,復多狂怒,訴責鬼神,凌突於人。至於躶露馳騁,不知避忌。履水火,冒鋒刃,不爲憂患。時亦燒灼害之,傷割及之。道士袁歸真新刻黄神越章印,醮祭方畢,試爲焚香,依法以印印之,印心及背。讓正狂走,執而印焉,昏然而睡。歸真知印之効也,復染丹炷香,再印其心,倏然疾愈。有物如鶻,從其口中飛去,數丈之外,墜於地上。衆往視之,乃大蝙蝠耳!背上印字宛然,讓乃平復如舊。歸真持此印,所在救疾,大獲靈驗。

范希越天蓬印祈雨驗〔二〕

范希越,成都人也。事北帝修奉之術,雕天蓬印以行之,祭醮嚴潔,逾於常法。廣明庚

〔一〕「張讓黄神印救疾驗」,道藏本道教靈驗記卷十三作「張讓黄神越章印驗」。

〔二〕「范希越天蓬印祈雨驗」,道藏本道教靈驗記卷十三無「祈雨」二字。

子歲，三月不雨，五月愈望，人心燋然，穀稼將廢，願於萬歲池試行神印，爲生靈祈雨。於是詣至真觀致齋，是日庚辰，以戌時投印池中，陰風遽起，雲物周布，亥時大雨，達曉及辰，大雷迅電，驚震數四，至巳少霽，乃得歸府。昇遷橋水，漸及馬腹，羅城四江，平岸流溢，螟蝗之屬，淹漬皆死，自是有年矣！駕駐成都〔一〕，上知其道術，召對，問以逆寇誅鋤、宫城剋復之事，命持印於内殿奏醮。積雨之中，雲霽月朗，是夕夢神人示以誅寇復城之兆。上大悦，授太常寺奉禮郎，累遷主客員外郎衛尉少卿，錫以朱紱。黄巢捷至，果符聖夢之旨，特加寵異。自言初居袁膠巷，印篆初成，而蠻寇凌突，居人奔散，藏印於堂屋瓦中。蠻去之後，四隣焚燼，其所居獨在，疑印之靈也。

越州上虞縣鐘時鳴地中驗〔二〕

越州上虞縣郛郭閒，有隙地數畝，時聞鐘鳴地中。咸通年，縣令夏侯頗傾心崇道，以縣邑无觀，買其地創造觀宇。掘地獲古鐘百餘斤，上有文字曰「正觀」。是冬賜額，以降誕節

〔一〕「駕駐成都」，道藏本道教靈驗記卷十三范希越天蓬印驗「駕」上有「明年」二字。

〔二〕「越州上虞縣鐘時鳴地中驗」，道藏本道教靈驗記卷十三作「越州上虞縣延慶觀鐘驗」。

祝壽所奏，賜名延慶觀焉。

王謙據蜀隋文帝黄籙齋剋平驗〔一〕

隋文帝開皇之初，干戈不施，寰海克定。唯王謙後周舊臣，勳名素重，畏憚隋祖，恐禍及身，遂據三蜀以圖變。帝出師征之，頻戰不克，兵士多病，死者相枕。乃於内殿修黄籙道場，祈天請祐。三日夜，夢神人降曰：「帝王上承天命，下順人心，天人合符，然後有國。今陛下革周立隋，天所命也。一方之力，何以敵於四海之力乎？」帝曰：「剋蜀弔民，蓋不獲已。但主帥疾疫，以此爲憂爾！」神人曰：「疾疫者，北人不堪瘴毒，所以多病。壇中法水可救億兆，況偏師乎？」即見神人取壇中禁水，向西南噀之，曰：「雨至即愈，无煩聖慮也。子日進軍，必當剋蜀。」旬日軍中奏，某夜雷雨，灑營壘之上，三軍疾者皆蘇，無復疾疫矣。其後王謙傳首，三蜀底寧，果是子日也。

〔一〕「王謙據蜀隋文帝黄籙齋剋平驗」，道藏本道教靈驗記卷十四作「隋文帝黄籙齋驗」，卷首題「齋醮拜章靈驗」。

青城丈人授黄帝龍蹻并降雨驗〔一〕

青城山，黄帝詣龍蹻真人〔二〕甯先生受龍蹻經，得御飛雲之道。乃封先生爲五嶽丈人，戴蓋天之冠，著朱光之袍，佩三庭之印，爲五嶽之上司，與灊山司命廬山使者爲三司之尊，勑五嶽神一月再朝，虚中灑水，以代晷漏。其後歷代帝王雖置祠齋祭，未再加封號。僖宗皇帝中和元年辛丑七月十五日，詔内臣袁易簡刺史王兹縣令崔正規：「與朕詣山修醮，封爲五嶽丈人希夷真君。」是時縣境亢旱，苗穀將燋。封醮之夜，龍吟於觀側，溪中風雨大至，枯苗再茂，縣境乃豐，以事上聞，編于國史矣。

天師葉法善設醮攝魅驗〔三〕

天師葉法善，括州人也。三世爲道士，皆有神術攝養登真之事。法善符籙，尤能劾役

〔一〕「青城丈人授黄帝龍蹻并降雨驗」，道藏本道教靈驗記卷十四作「僖宗封青城醮驗」。

〔二〕「黄帝詣龍蹻真人」，上書作「昔黄帝詣龍師真人」。

〔三〕「天師葉法善設醮攝魅驗」，道藏本道教靈驗記卷十四作「葉法善醮靈驗」。

鬼神。顯慶中，高宗徵入内道場，恩禮優異。時駕幸東都，法善於陵空觀作火壇〔一〕，設大醮，城中士女，咸往觀之。俄有數十人奔投火中，衆皆大驚，救之而免，亦無傷損。法善曰：「此人皆有魅病，爲吾法所攝。」及問之，果然。盡爲劾之，其病皆愈。法善自高宗中宗則天睿宗明皇五朝，來往名山，累召入内。先天二年，拜鴻臚卿越國公，贈其父歙州刺史焉。

范陽盧蔚醮本命驗〔二〕

范陽盧蔚，弱冠舉進士，有日者言其年壽不永，常宜醮本命，以增年禄。蔚素崇香火，勤於修醮，未嘗輟焉。年二十五，寢疾於東都，逾月益困。忽夢爲親友所招，出門乘馬，其行極速，疑爲冥司所攝。有一人乘馬奔來，所在留滯，必爲撝解遮救，言旨懇切。及到所司，此人又懇爲請託，因得却還，部署行里，有如親吏焉。所還道中，見兵士數千，初頗疑

〔一〕「火壇」原作「大壇」，據道藏本道教靈驗記卷十四葉法善醮靈驗改。

〔二〕「范陽盧蔚醮本命驗」條，道藏本道教靈驗記無。此後至下卷「張郃妻陪錢納天曹庫驗」條之前，乃道藏本所闕五卷中佚文。

懼。此人曰：「此皆他日郎君所主兵士也。」將至所居，自後垣乘虛而入，徑及庭中，有門旗麾鏘武器之屬。此人曰：「他日當用之。」瘞於兩階之下。將别去，蔚曰：「素未相識，何憂勤之甚也？」答曰：「某乃本命神爾！郎君爲冥官所召，大限欲及，某已於天司奏陳，必及中壽，疾亦就痊，無以爲憂也。」蔚媿謝而去，疾亦尋愈。其後策名金紫，亦享中年。除宿州刺史角橋都知兵馬指揮使，不到任死，以其瘞武器門旗故也。

崔圖修黄籙齋救母生天驗

崔圖者，坊州中都人〔一〕。好遊獵，馳馬於野中獵次，馬忽不行，鞭箠數下亦不進。圖怒下馬，欲射之，馬作人言曰：「吾是汝之母也，不得相害。曾竊取汝三十千錢，私與小女爲嫁資，不告於汝。吾死，冥司罰吾與汝爲馬八年，今限已畢，吾將死矣。」圖聞之，舉身自撲，迷悶良久，悲告母曰：「兒之不孝，致令我母見受如斯罪。」馬亦流淚曰：「吾爲馬身，報汝未了，更罰與汝爲瞽目之婢，仍復瘖啞。」圖聞之，號哭言曰：「如何免得此罪業？」母曰：「吾聞罪障重者，須作黄籙道場懺悔，即得免苦。」言訖而死。圖收葬其馬，焚射獵之

〔一〕「坊州中都人」，按坊州，唐武德二年置，治所在中部縣，「都」疑當作「部」。

具，請道流修黄籙道場三日三夜。至第三夜，圖聞扣門之聲甚急，出看乃是其母，還現本形，立於門外，謂其夫婦曰：「人生世間，願作善業，勿爲惡事，冥司報應，一一分明。母用子錢，尚被責罰如此，況他人非己之物，豈可偷盜乎？吾受此罪，苦痛萬般，不可言説，賴汝夫婦爲吾修無上黄籙寶齋，功德一切。吾乘此功德，已得生天，故來相别。」於是乘虚而去。圖自此知罪福必應，大道可依，夫婦詣王屋山同志修道矣。

赫連寵修黄籙齋解父寃驗

赫連寵者，靈州定遠縣人也。父悰領軍，於邊上殺降兵一千餘人。武德二年八月，死於邊上，冥司論對，受諸罪苦，寵總不知。寵爲靈州押衙，貞觀八年，奉使入京。因與友人遊終南山，行至炭谷口，有道士楊景通結廬修行三百餘歲，寵醉歇廬前，謂景通曰：「吾飢，有何所食？」景通素不飲食，笑而不對。寵令左右取火焚其廬室，景通曰：「汝父屈殺生民，見受罪地府，不能修善救父，更害於吾。」寵曰：「何以知之？」景通曰：「汝坐於此，吾與汝喚，令汝見之。」言訖，書一符擲於空中，逡巡，有黑雲至於廬前，雲中有二十餘鬼，領一人枷杻鎖械來。景通前曰：「汝子不孝，不能救汝。」寵見之，果父悰也。悲泣謂父曰：「何故受苦如斯？」父曰：「吾殺降兵，被他寃訟，於地獄下，受諸罪苦。汝何故更毁真人，令吾轉轉〔一〕罪重？」寵乃匍匐悲泣，懺悔謝過，乞捨己身之罪，救亡父之魂。景通曰：「汝要免父之罪，修黄籙道場可以救拔，必得汝父生天，免此〔二〕罪報。」逡巡，父被諸鬼領去。寵乃禮謝景通，入城於三洞觀設黄籙道場七日七夜，至第五日，見父乘雲氣而來，謂寵曰：「吾奉天符，乘黄籙功德，已生天堂。凡是所殺寃魂，皆已託生人世。」

唐獻修黄籙齋母得生天驗

唐獻者，蔡州平輿縣人也。年二十三，隋大業四年，授導江縣尉，寵狎侍婢春紅，不親官務，公事數闕，兼患風勞，久未痊瘥。母曰：「我兒狂踈疾病，皆嬖婢所致也。」母令貨此婢，婢告於獻，獻恨母擬貨其婢，與婢爲計，遂鴆其母。母死月餘，獻亦暴死，三日心暖，家人不敢便葬。忽即起活曰：「我有大罪，毒母之過也，冥司令我生受罪報。」自是每夜有二鬼使領夜叉數人，舁大鑊於堂中，良久火起湯沸，夜叉叉獻於鑊湯之中，痛楚號叫，至五更方息。如此三年，萬般捨施功德，終不能免。忽有賣藥道士，獻問其方術。道士曰：「衆生

〔一〕「轉轉」，道藏輯要本作「轉輾」。

〔二〕「此」原作「比」，據四部叢刊本及道藏輯要本改。

罪業重大，無過黄籙道場，祈告天地，三日三夜，燒香散花，懸諸旛蓋，歌讚禮願，懺悔拔罪，救度亡魂，解除寃對，最爲勝妙之法爾。」獻遂請道士置黄籙道場，三日之後，鬼使夜叉不復更至，身心安愈，無復憂患。忽見黄衣使者一人曰：「昨奉天符，以修齋之力，母生天堂，汝大逆之罪，亦已原赦，唯罪婢春紅令瘖痖三年爾。」自此春紅果患，三年方愈。獻棄家於晉州羊角山請爲道士，志修道矣！

李承嗣解妻兒寃修黄籙齋驗

李承嗣者，鄂州唐年人也。家富巨萬，而娶妻貌醜，有子年十歲，仍患腰脚，承嗣常惡之。乃娶小婦四人，終日伎樂，忽因酒醉，小婦佞言，與醜妻一百千錢，令其離異。妻欲詣官訟之，因此方免。承嗣遂與小妻爲計，夜飲之次，以毒藥殺其醜妻及兒。葬後旬日以來，每至午時，即見二烏來啄承嗣心，痛不可忍，驅之不去，迷悶於地，久而方定。如此一年，萬法不能救。青城道士羅公遠遊淮泗間，承嗣請命至家，問禳救方術。公遠曰：「寃魂所爲，皆上告天帝，奉天符來報，人間方術不能免之，只有修黄籙道場，拜表奏天，可解斯罪爾。」承嗣遂修黄籙道場三日三夜，二日之後，烏鳥不復來。其妻與兒現於夢中曰：「汝枉殺我母子二人，併命毒藥，我上訴於天帝，許報汝寃，今以黄籙善功，太上降敕，我已生天，受諸福報，與汝永解寃結，留一玉合子，可收之。」覺後於寢室中得玉合子一枚，承嗣捨於鄂州開元觀，大修道門功德，塑尊像，葺理觀宇，以報道恩矣！

吴韜修黄籙齋却兵驗

吴韜者，汴州開封人也。家富，爲魏大將軍，領兵三萬，泝江入蜀。至戎州，值蜀將關羽〔一〕總師五萬拒之，與韜水陸大戰。韜素好道，常持黄帝陰符經。是日陣敗，告天曰：「吾聞持陰符者，危急之日，有陰靈助之，喪敗如此，願賜救護。」言訖，有二白衣謂韜曰：「汝自入峽，縱意殺人，幽魂咨怨，致此亡敗。」韜曰：「危既如此，何以免之？」二神人曰：「汝速爲寃魂告天發願，請修黄籙大齋，拔贖亡者，如此當免失利。」韜如其言，即爲發願。關羽亦已收軍，韜收合敗卒，直至夷陵屯集，乃修黄籙道場三日。前二神人復見，謂之曰：「寃魂並已託生諸方，汝亦沾此餘福，神兵密衛，必得大勝，慎勿殺人！夫天地生萬物，一草一葉，尚欲其生長成遂，況人命至重，上應星辰，豈可非理致殺，恣汝胸襟也？古今名將不及三世者，爲其心計陰謀，殺人利己，雖立功爲國，亦須道在其間，善分逆順，不枉物命，使

〔一〕「關羽」，道藏輯要本作「關公」。

功過顯明，即必征伐有功，神明祐助。今蜀不久，坐見敗亡矣。」旬月關羽兵至收夷陵，交兵之次，風雷震擊，大雨忽至，羽兵〔一〕潰散，韜開門納降，得蜀兵三千，擒其裨將。關羽領兵却迴，自兹蜀亦削弱矣。

公孫璞修黄籙齋懺悔宿寃驗

公孫璞者，雍州高陵人也。武德二年爲華州司馬，年四十餘，沉湎酒肉，荒淫財色，常令家童漁釣弋獵，恣殺物命，甘其口腹。忽夢千餘人，持刀劍弓矢入其家，擒璞殺之。璞流汗驚懼，因成瘡疾，遍身有瘡，皆有口及舌，日夜楚痛，求死不得。璞表兄華陰令賈宣古見其所疾，驚曰：「未嘗見有此瘡，當是殺生太多，宿業所致然也。華山道士姚得一多記神方，可使人一往求問也。」璞依教，令其長子到華山，具述所疾，涕泣求救。得一曰：「此疾是殺生害命，衆寃所爲，可修黄籙大齋，懺悔宿寃，疾冀可愈爾！」其子以此告璞，便於所居修黄籙道場七日。至第五日，璞夢青童二人，引至一處，門闕宏麗，有如府署。良久，天上有黄光如日，直照地司，其門大開，即見魚鼈鳥獸，猪羊牛馬，奇形異狀者千百頭，從門中

〔一〕「羽兵」，道藏輯要本作「蜀兵」。

出，乘此黄光，旋化爲人，飛空而去，逡巡化盡。青童曰：「此是汝之所殺寃魂，今天符既下，乘功德力託生爲人，汝罪已除，瘡疾亦愈。」旬日之間，璞乃平復。遂入華山，禮謝姚尊師，看覽雲泉，戀慕幽境，直至日晚。得一曰：「山中無食可以延留長者，若住宿宵，必恐僕從飢餒。此有徑路，可以還家。」取一卷仙經擲之，展於崖上，化爲一橋，二青龍負之，放五色光，其明如晝，送璞與僕從此而去，須臾到家。明日差人入山致謝，已失得一所在。璞全家修道，居於華陽山焉。

雲笈七籤卷之一百二十一

道教靈驗記

胡尊師修清齋驗

胡尊師名宗，自稱曰𧰢，孚郭切。居梓州紫極宫。甞沿江入峽，道中遇神人授真仙之道。辯博該贍，文而多能。齋醮之事，未甞不冥心滌慮，以祈感通。梓之連帥皆賢相，重德慕下〔一〕，盡皆時英碩才，如周相國李義山，畢加敬致禮，其志亦泊如也。洎解化東蜀，顯跡涪陵，方知其虵蟬之蜕，得道延永爾！梓益褒閬間，自王法進受清齋之訣，俗以農蠶所務，每歲祈穀，必相率而修焉！至有白衣之夫，緇服之侣，往往冒科禁而葳事者，固以爲常矣。有郡人劉崧，慕師之道德，請於别地以致齋焉。師謂之曰：「夫嘯儔侣，命儕友者，猶須正席拂筵，整籩洗爵，恭敬以成禮，嚴恪以致事，或懼其誚讓，責其不勤，況感降天真，禱求福

〔一〕「慕下」，道藏輯要本作「幕下」，連下。

祐，豈可陡然而買罪乎？俗之怠惰，有自來矣！子可訓勗于衆，必精必虔，乃可爲爾。」崧承命誓衆，潔己率先，而撰香花，備壇墠，師然後往，猶丁寧戒誨。既昇壇展禮，思神之際，有黑雲暴起，旋飆入座，拔其二柱，飄其竹席，投其鎗釜於千步之外，而後卒事，而融風熙熙，祥氣亘野。師詰所投之物，其二柱嘗閣於豕圈之上，竹席嘗蔽於産婦之室，鎗釜嘗爨於縗經之家，其不投者，皆物之潔矣。師曰：「器用不潔，神明惡之，況爾之心乎？心苟有疵，行苟有玷，雖百牢陳于席，九韶奏于庭，適足以瀆神明，延大禍爾！人之修心，必使乎言行相副，内外坦然，明不媿於人，幽不慙於鬼，吾知其可爾。反於是者，豈言行之足徵哉！」士君子里巷之人，聞師之言，各革惡趣善矣。

崔玄亮修黄籙齋驗持經驗附

崔公玄亮奕葉崇道，雖登龍射鵠，金印銀章，踐鴛鷺之庭，列珪組之貴，參玄趨道之志，未嘗怠也。寶曆初，除湖州〔一〕刺史，二年乙巳，於紫極宫修黄籙道場，有鶴三百六十五隻，翔集壇所，紫雲蓬勃，祥風虚徐，與之俱自西北而至。其一隻朱頂皎白，无復玄翮者，棲

〔一〕「湖州」，白氏長慶集作「虢州」。

於虛皇臺上，自辰及酉而去。杭州刺史白居易聞其風而悦之，作吴興鶴讚曰：「有鳥有鳥，從西北來。丹頂火綴，白翎雪開。遼水一去，緱山不回。噫吴興郡，孰爲來哉？寶曆之初，三元四齋，當白晝下，與紫雲偕。三百六十，拂壇徘徊。上昭玄貺，下屬仙才。誰其尸之？太守姓崔。」

崔公常持黄庭度人道德諸經，未嘗曠矣！其後以感通之至，彌加篤勵。去世之時，入靖室誦〔一〕黄庭，無疾而化。將葬，棺輕若空衣焉。

武昌人醮水驗

武昌人寓居蜀之青城，其邑每歲修竹笿之堰，以隄川防水，賦税之户，輪供其役。武昌〔二〕是歲，籍在修堰之内，邑吏第名分地以授之，自冬始功，訖歲而畢。所受之地當洄水之穴，新有漩注，基址不立，雖運石以塞之，負土以實之，一夕之後，已復深矣。主吏疑其龍神所爲也，求陀羅尼幢三四尺投於其中，侵陷彌甚。晝勤夕勞，不離其所，諸家有緒，而獨

〔一〕「誦」，疑當作「唪」。四庫本作「諷」。

〔二〕「武昌」下，疑脱「人」字。

未定其址，頗以爲憂。乃備禱醮之禮，撰詞以告焉。其大旨曰：「國以人爲本，人以食爲先。人依神以安寧，神依人而變化。蜀之田疇既廣，租賦是資，所修隄堰二百餘里，或少有怠廢，則墊溺爲災，歲苟不登，則饑寒總至，人或失所，神何依焉？況復漂陷爲憂，淪胥是懼，有一於此，則粢盛不供，椒漿莫給，春祈秋報，何所望於疲民哉！當使封畛克完，浸淫息患，地租天賦，无曠於循常；東作西成，克彰於幽贊矣。」如是潔其器用，豐其禮物，掃地而醮焉。是夕夢衆人紛紜，檐囊荷橐，襁嬰攜孺，若遷於他所。明日投石以實之，水乃退涸，遽成其堰。八月之後，方復摧陷，濬爲洄潭焉。

徐翥為父修黃籙齋驗

高平徐翥，漣水人也。因官遷于青州，貨殖殷贍。有子三人，其二癃殘，小者項有肉枷，人見所共驚畏。翥初銳意求官，驕佚自任，下輦成宴，言行事隨，欣欣然有凌雲霄之志。見二子之疾，未甚介意，及覩肉枷之異，悒悒不樂，道遽喪矣。因遊東海，山觀中與道士話其事。道士曰：「三子之疾，非己之過，非子之罪，蓋宿業所鍾爾！道門所謂宿業，非是疾者前生之業，乃先人之罪，殃流後裔也。君家先世，當有酷於刑法，暴於捶楚，爲官不恤牢獄，不矜囚徒，意生法外，殘毒害物，遂使子孫受其報爾！」翥泫然流涕曰：「實然！先父爲官，當則天之朝，世亂讒勝，誅鋤李氏諸王，屠害宗室。朝廷德望，必設法以陷之，殘刑以毒之，誅勦考掠，不勝其毒者，陷於犴牢，死於繫械，故不可勝紀。如武懿宗來俊臣周利貞李義府之徒，恩渥隆異，回天轉日，天下畏之。以矜恕慈惠者爲懦夫，以彊愎忍酷者爲能吏，仁憫道息，貞正事隳，勢使然也。先父雖位卑威薄，時稱能官，累案大獄，寧無枉抑？今日之報，信而有徵。將袪此罪，滌此寃，柰何？」道士曰：「拔先世之考，當修靈寶解厄齋；救存殁之苦，當修黃籙齋。勿悋金寶，一遵天科，竭財向善，孜孜不倦，可以謝其罪爾。」翥還家，大修黃籙道場三日。第二日夜，時方嚮晦中夜，聞門外車馬人物之聲甚衆，出門視之，則白光如晝，天兵千餘人，官吏數百，羅列門外，若有所候。良久，黑氣鬱勃，直北而來，中有三人，枷鏁械縛，鬼神數十人領之，列於官吏天兵之前，一人即翥父玄之也。俄而，黃赤光一道自西北來，照地上草木屋宇人物之形，皆若金色，異香盈空。光中神仙一人，青童十餘人，二力士執節前引，其左一人，武弁朱衣執金策，去地三丈許。衆官拜迎，神仙俯揖，武弁者稱太上之勑，讀金札曰：「徐玄之侮法害人，宜加考讁。以其子精修黃籙，功簡上玄，即宜赦宥，同惡延逮，並爲原除。」於是神仙復去，官吏皆隱。即見其父素服麻衣，謂翥曰：「吾不知罪福，但恣胷襟，法外害人，久被寃訴，考責已十八年，同官屬吏，皆均其罪，猶有十二年殃苦，報訖方履惡道，痛苦之狀，不可具言。賴汝歸向法門，精修此福，太上降赦，前罪併除。寃訟之人，先已解脱，延累之罪，自此亦銷，吾得生天去矣！勤於香火，以報道恩。」乃飛空而去。翥之三子，旬月之間，殘病者完復，肉項亦銷。更修黄籙齋十壇，廣爲存歿。仍令小子於山觀入道，永奉香燈。翥終身高閑，不窺禄利，常持誦真經，時亦鍊氣絶粒。

張郃妻陪錢納天曹庫驗〔一〕

成都張郃妻死三年，忽還家下語曰：「聖駕在蜀之時，西川進軍在興平定國寨以討黄巢。其時鄰家馮老父子二人差赴軍前，去時留寄物直三十千在某處。馮父子殁陣不回，物已尋破用却，近忽於冥中論理，某被追魂魄對會，經今六年，近奉天曹斷下云，自是殁陣不歸，非關巨蠹故用，令陪錢三十貫，即得解免。緣臘月二十五日已後，百司交替，又須停住經年，其錢須是二十五日已前，就玉局化北帝院天曹庫子〔二〕送納，一張紙作一貫，其餘庫子門司，本案一一别送，與人間无異。」光化三年臘月二十三日，就北帝院奏前件錢訖，是夕

〔一〕「張郃妻陪錢納天曹庫驗」，道藏本道教靈驗記卷十五作「張郃奏納天曹錢驗邛州成都奏錢事附」。卷首題「齋醮拜章靈驗」。

〔二〕「北帝院天曹庫子」，原無「院」字，據上書增。「子」，上書作「中」。

妻夢中告謝而去。又成都縣押司録事姓馮，死十餘年，其姪爲冥司誤追到縣，馮怒，所追吏放其姪，自縣後門倉院路而還。見路兩畔有舍六十餘間，云是天曹庫，收貯玉局化所奏錢。

蘇州鹽鐵院招商官修神呪道場驗〔一〕

蘇州鹽鐵院招商官姓王，其家巨富，貨殖豐積，而疾苦沉痼，逾年不痊，齋供像設，巫醫符呪，靡不周詣，莫能蠲除。玉芝觀道士陳道明，專勤清齋，拜章累有徵驗，而招商素不崇道，聞之蔑如也。攻理所疾，費貨財萬計矣！日以羸苶，俟時而已。其親友勸勉，俾請陳道明章醮祈禳，不獲已而召焉。道明爲於其家修神呪道場，疾方綿篤，不保旦夕，促以啓壇。當禁壇之際，疾士冥〔二〕然，家眷親友，相顧失色。禁壇既畢，道明持劍水詣房内外噴水除穢。疾士曰：「請尊師就此噴水可否？」道明就卧内噴之，忽然起坐，稽首頂禮曰：「深謝神功，我疾有瘳矣。」乃求衣命机隱坐而喜曰：「一生錯用心，不知有大道，今日方荷天兵之力也。」徐與親友妻子言曰：「我初困頓絶甚，謂今夕死矣。尊師開道場之時，都不醒悟，但

〔一〕「蘇州鹽鐵院招商官修神呪道場驗」，道藏本道教靈驗記卷十五作「王招商神呪齋驗」。

〔二〕「冥」，上書作「瞑」。

聞空中有言：『大帝下降，領天兵討逆。』如是即黄光如日，照灼遠近，即見千乘萬騎，天兵神將，圍繞此宅，鬼物邪怪，並已擒縛去矣。方見大帝太一乘七寶車，對行前引，侍衛儀仗，如人間帝王。忽令召某至太一前，令神以水噴面，清凉徹心，無復痛楚，但氣稍羸茶。即云元始下降，乃見大帝太一對望迎拜，隊仗倍於前百倍多矣！元始天尊有光一道，下照某身，今則氣力亦似勝任矣。」速備盥洗，自要臨拜壇前。親友尚恐其未任，勸俟來日，懇要盥漱更衣，扶杖而立，良久捨杖而行，便於拜跪數四，家人扶策，揮手拒之。因坐觀法事，素若無疾，飲食氣力，逡巡如常。自是三日齋壇，炷香虔對，略無暫替。乃獨修創玉芝觀講堂大殿，三門通廊，齋廚道院，前及官河，開街廣四十餘步，土木之用，像設之製，牀机器皿，服玩庖廚，凡計錢數百萬，二年之内畢周備焉。自兹氣爽神清，智識明敏，乃乞解所職，養道閑居。

相國杜豳公修黄籙齋免閻羅王驗〔一〕

相國杜豳公，幼履顯榮，歷居大任，名藩重鎮，皆再領之，年九十餘，薨於荆渚。是夕中

〔一〕「相國杜豳公修黄籙齋免閻羅王驗」，道藏本道教靈驗記卷十五作「杜邠公黄籙齋驗」。

使楊魯周自五嶺使迴，止於傳舍。一更之後，風勢可懼，敲磕擊觸，若兵甲之聲，人人股慄，莫知所以。魯周騶騎所倦，尋亦成寐。夢〔一〕四衢之内師旅充斥，不通人行。問其故，皆曰：「迎閻羅王，今夜四更去。」又問：「王是何人？」曰：「此州大將，官高年長者是。」既覺，召驛吏問之。時公不愈半月矣！官高年長，首冠衆人，疑其必有薨變，是夕四更果去世矣。魯周話此事於儕友間，自是京師亦有知者。明年春，女妓間有暴殞而蘇，傳公之命云：「我今居閻羅之任，要作十壇黄籙道場，以希退免。令送錢二百萬、圖幕各二百事於開元觀古栢院，詣沖真大師胡紫陽，嚴修齋法。」齋畢，前傳命之妓復暴殞如初云：「我已奉上帝之命，爲他國之王，免冥官之任矣。」言罪福之報，信如影響，不可不戒也。凡修黄籙道場，表奏上帝，上帝降命，無所不可。

南康王韋臯修黄籙道場驗〔二〕

太尉中書令南康王韋臯節制成都，於萬里橋隔江創置新南市，發掘墳墓，開拓通街，水

〔一〕「夢」字原無，據道藏本道教靈驗記卷十五杜郃公黄籙齋驗增。

〔二〕「南康王韋臯修黄籙道場驗」，道藏本道教靈驗記卷十五作「韋臯令公黄籙醮驗」。

之南岸人逾萬户，鄽閈〔一〕樓閣，連屬宏麗，爲一時之盛。然每至昏暝，則人多驚悸，投礫擲石，鬼哭嗚咽，其丧失墳壠，平剗墟墓，無所告訴，故俗謂之虚耗焉。居既不安，市亦不甚完葺。韋公知之，請道流置黄籙道場，精伸懺謝。至第三日，鬼哭之聲頓息，居人亦安。韋公夢神人曰：「所營南市，開發墳塚，使幽鬼之類，失其所居，丧其骸骨，相與悲怨，幾爲分野之災。賴黄籙之功，爲其遷拔，上帝勑窮魂三萬餘輩，皆乘此福，託生諸方，居人自此安矣！勿復爲憂也。」公深異之，自製黄籙記，立於真符觀。

李約妻要黄籙道場驗〔二〕

李約者，咸通十二年爲諸衛小將軍。妻王氏，死已逾年。忽一日還家，約勒大小，幹當家事，言語歷歷，一如平生。初一家甚驚，及旬月後，亦已爲常矣。約罷官二年，力甚困闕，頻入中書，見宰相求官，未有成命。妻忽謂約曰：「人間命官，須得天符先下，然後授〔三〕

〔一〕「閈」原作「閉」，據道藏本道教靈驗記卷十五韋皐令公黄籙醮驗改。

〔二〕「李約妻要黄籙道場驗」，道藏本道教靈驗記卷十五作「李約黄籙齋驗」。

〔三〕「授」原作「受」，據上書改。

官。近見陰司〔一〕文字，五月二十五日方得符下，必授黄州刺史，可用二十三日更入中書投狀也。」約如其言，二十三日入中書求官。時相侍中路巖性甚強正，早聞其妻還魂之事，又聞二十五日必除刺史，適會其日，路公知印〔二〕。因會話之際，已與諸廳有約云：「李約祅妄之言，固不可聽，某已斷意不與除官矣。」至二十五日，路公知印。黄州刺史有闕，路遲疑多時，未欲注擬，忽下筆與署黄州刺史，亦總不知，勑下之後，方復醒悟。乃歎曰：「此天道也！豈人力可争乎？」約將赴任，妻亦隨之，發日及上官日皆其妻所擇。到任旬月，妻謂約曰：「我人間世限盡，與君生死之決，所以未去者，爲天司與一主持處，日限未即赴任，又以平生過咎未得原免，今居官之際，可爲作少功德也。」約問：「要何功德？」妻曰：「請修黄籙道場三日。」約素不好道，意甚疑之，問：「何故須修黄籙道場？」曰：「天上地下，一切神明，無幽無顯，無小無大，皆屬道法所制。如人間萬國遵奉帝王爾！黄籙齋者，濟拔存亡，消解寃結，懺謝罪犯，召命神明，無所不可。上告天地，拜表陳詞，如世間表奏帝王，即降明勑，上天有命，萬神奉行。天符下時，先有黄光如日出之象，照地獄中，一切苦惱，俱得

〔一〕「陰司」，道藏本道教靈驗記卷十五李約黄籙齋驗作「天司」。
〔二〕「印」原作「即」，據上書改。下「印」字同。

停歇，救濟拔贖，功德極速，故須修黄籙道場爲急矣！」約問曰：「佛家功德，甚有福利，何得不言？」妻曰：「佛門功德，不從上帝所命，不得天符指揮，只似世間人情，請託囑致而已。神鬼無所遵禀，得力極遲，雖云來世他生，亦恐難得其効。」約聞之，乃備法物，置黄籙道場三日三夜。其兒女復爲母氏，於紫極宫别修一壇，亦三日三夜。齋時，妻於壇前設位奉香，觀聽法事。既畢，謂約曰：「此官二十九箇月，即當除替，授金吾小將軍，但勤心奉公，濟恤貧弱，矜憫孤獨，踈薄財貨，重人性命，哀矜刑獄，崇奉大道，清静身心，勿食珍鮮，勿衣華美，即爲上矣！勿以久貧，而貪財帛，人生各有定分，勉之思之！此去授一職任，足以自安，無以眷屬爲念也。長子後宰昌明，亦在道鄉；中子一尉，不足榮顯；小子當令入道，以奉香火。十年之内，四海多事，善自保焉！」言訖，不復影響，約更焚香虔請，竟無言矣。後三子及約官任，皆如其所言。

盧賁修黄籙道場驗〔一〕

盧賁者，邠州三水人也。晉永和二年，爲道州司法參軍，性强毒，凡推詰刑獄，鞭笞捶

〔一〕「盧賁修黄籙道場驗」條，道藏本道教靈驗記無。自此篇以下，道藏本道教靈驗記均無，殆係所闕五卷佚文。

楚，人不勝酷，死者甚衆。忽一日廳前地裂，有二鬼舁一大鑊，置於庭中，發火煎之，水已沸湧。數人上廳，擒賁投入鑊中煎煑，楚痛叫喚，半日餘乃擎出於地上，諸鬼乃去。醒後，渾身猶如火色，官吏共見。如此半年，每日受苦，無方救拔。羅浮山道士孟知微，因遊州境，賁延請到家，告以斯苦。知微曰：「此乃枉害良善，魂告於天，乃受斯報。急修黄籙道場，得天符放救，寃魂生天，此罪方免。」遂請道士修黄籙道場三日禮謝。至第三日，夢三十餘人，有鬼吏引之，謂賁曰：「國之刑律，自有常科。訊獄詳刑，哀矜而勿喜。賞宜從重，所以示恩也；罰宜從輕，所以示仁也。憂人之情，惜人之命，常兢兢而慎之。豈可肆汝心胷，法外加罰，苦毒捶楚，害及於人？非罪而死者，其魂告天，幽冥不能制，鬼神不能拒，上帝有命，許其雪寃，所以汝受其苦。今黄籙懺謝，救彼寃魂，魂既生天，寃即解矣！」此三十餘人，各執蓮花，乘雲氣，從道場之側，翩翩上天。自此鑊湯永息，賁遂捨官，入峨嵋山修道矣。

樊令言修北帝道場誅狐魅驗

樊令言者，汴州人也。莊在外縣，因晚歸莊，僕從行遲，其馬駿疾，不覺獨行三二十里。道傍見一少女悲泣，駐馬問之，睹其袄豔，遲回不去，遂與此女同入道側，數里之間，到其居處，屋宇宏麗，侍從繁奢，如公郡之家矣。是夕女之母約與令言爲婚，留連飲宴，親賓皆集，不覺已三日矣。懇欲還莊，母亦令從者車檐，侍女數人，使其女隨往莊所。嬿婉歡樂，彌日移時，令言日以瘦削，因而成疾，未及牀枕，體弱氣衰，唯荒誕是務。不接賓友，惡見於人，時多恚怒，心神恍惚。偶自莊還家數里，下馬頻頻憩息。於店中遇一道士，自言是終南圭峯杜太明，熟眎令言謂之曰：「子之邪氣貫心，祅疾已作，百脈奔散，五臟虚勞，若不救理，死亡無日矣。吾之山童善於雜術，子可遽還，與此童偕往，可密室之中，作北帝道場，今夕當有其効，勿爲驚怛，如此即性命可全，形骸可保矣。」令言異其説，奉其教，素亦貯疑，徑與此童還莊中，掃灑密室，備香火案几。其婦望而怒之曰：「信邪妄之言，行非正之事，禍由自投，非我本〔一〕所知也。」洎晚，有十餘人將鷹犬弋獵之具，從空中而下，徑入堂内，殺其婦及女僕凡七八人，既死皆化爲狐矣。令言驚懼，投密室中，不見童子，但留朱字一行曰：「太上命北帝鷹犬軍誅獘令言家害人狐魅之鬼，如符命。」自此，令言所疾日痊，心力日益，神氣充溢，年八十猶如少童，則天時爲東臺御史。

〔一〕「本」，道藏輯要本作「之」。

鮮于甫為解冤修黄籙道場驗

鮮于甫者，鄧州南陽人也。屬隋朝喪亂，年三十七，膽勇多計，率莊户一百餘人，初即自衛鄉里，尋乃攻劫近封，汝郢荆襄之間，大爲劫奪，殺害户口，侵掠行人。至武德初，甫忽患雙手痛疹，如被燒炙，三日一爛，疾狀異常，萬藥千醫，了不能救，捨數百千錢，作諸功德，亦無所應。乃入京尋醫，至藍田，與道士同店止宿，因話所疾。道士曰：「此冤横殺人，業報使然也。急詣宫觀，修黄籙道場，可以濟拔耳。」遂還家，置黄籙道場三日三夜，手不復痛，平復如常。有十餘人，或朱或紫，或官或庶，去壇百餘步，於東北隅髣髴而現，使人致謝於甫。甫往見之，欣然款晤曰：「君昔以無辜殺我，實抱沉冤，上訴於天，乞報其酷。皇天降命，得以相讎。君忽值神仙，示以至道，依玄經聖典，開黄籙道場，奏表九天，垂恩大宥，非止我等之身，君之九祖亦同得生天矣！齋功重大，聖力顯明，所有冤對，自此永解。十華真人奉太上命，下校善功，但當修福，勿復念惡也。」甫捨錢三千餘貫，廣修宫觀，補葺尊像，施及貧病，救厄濟危，於鄧州修觀立碑，具紀靈驗之事。

竇德玄為天符專追求奏章免驗

都水使者竇德玄，貞觀中，奉詔於淮浙名山檢括真經。於汴河上逢一使者脚痛，途步甚爲艱難，欲託船後，謂從者曰：「某遠道行役，脚疾忽甚，官程有限，又難駐留，欲寄船後，聊歇三五十里，不知可否？」從者白於德玄，德玄亦以牕中窺見，深有哀憫之心，因令船後安泊，日給茶飯。直過淮口，將息已較，欲辭德玄出船，方問其行止，曰：「某太山使者，非世間人也。奉天符往揚州追竇都水耳。」聞之極驚，請天符一看，如人間符牒，不敢開之，因問曰：「某都水使者竇德玄也。既是專追，何須待到揚州耶？」使者曰：「某不識其人，但據文字行耳。所到之處，下天符之後，當處土地同共追收，未到之間，固不合妄洩於天機也。既君是都水，與牒中事同，數日存郵之恩，理須奉報。欲免此難，可徑詣揚州王遠知仙伯，拜章求請，某即未下天符，待上章了，必有勑命爾！此外不可禳之也。」德玄至揚州，主客參迎纔畢，便詣王仙伯，具述性命之急，懇乞拜章。仙伯曰：「某退迹自修，不營章表，既有冥數之急，敢不奉爲也。」乃與自寫章拜之，是夕使者復來白：「章已達矣！太上有勑，更延三十年，位爲左相。」其後年壽官秩，皆如其言矣。

馬敬宣爲妻修黄籙道場驗

馬敬宣者，懷州武陟人也。開元六年春，授司農寺丞，移家入京。妻亡，有二男一女，亦皆幼小，後妻姓謝，前室兒女多被抑挫，衣食不足，鞭楚異常，敬宣皆不得知。因夜作煎餅，前室女方七歲，飢甚，竊而食之。謝氏候敬宣不在，以熱火筯刺其手掌，不經旬日，女乃致死。數日，謝亦無疾而卒，心上微暖，三日却活。敬宣問其所見之事，曰：「汝前妻訴我爲火筯之事，冥司罰我生受爛足之報，今乃雙足痛苦，不可堪忍。」敬宣遂看之，足已爛矣！膿血横流，痛楚極甚。敬宣初不知火筯刺女手之事，及是聞之，甚加痛恨。謝之所病三年，求死不得，醫藥彌甚，廣作功德，亦無濟益。敬宣於永穆觀燒香，女冠杜子霞頗有高行，因以此事問之。子霞曰：「解寃釋結，除宿報之災，唯黄籙道場，可以懺拔。寃魂生天，疾病自損，過此不知也。」遂於景龍觀修黄籙齋七日七夜，謝夢前妻及亡女曰：「以功德故，捨汝大寃。天符下臨，不得久住，今則受福於天堂去矣！」足疾遂愈。敬宣夫婦常修齋戒，歸心妙門矣。

秦萬受斗尺欺人罪修黄籙齋驗

秦萬者，廬州巢縣人也。家富，開米麫綵帛之肆，常用長尺大斗以買，短尺小斗以賣，雖良友勸之，終不改悔。元和四年五月身死，冥司考責了，罰爲大蛇，身長丈餘無目，在山林中被諸小蟲日夜嚼食，疼痛苦楚，無休歇時。託夢與其子，具説此苦，云：「汝明日於南山二十里林間看我，與少水喫，廣造功德。」其子夢覺語之，一家悲歎，坐以待旦。及明，徑至城南林中，果見大蛇無目，被衆蟲嚼食，鱗甲血流，異常醒穢。一家見之號泣，以水於盆飲之。飲水欣喜，舉身蟠屈，若有所告。其子廣求救護，歷問於人。紫極宫道士霍太清曰：「可修黄籙道場三日懺悔，必可濟拔。」其子即於宫中修齋三日三夜，至第二日，見一大蛇在道場中香案之下，與林中蛇大小無異，忽復不見。是夜妻夢見萬著白衣坐紫雲中，謂其妻曰：「深媿修此道場，已蒙天符釋放，前罪併盡，今便生天上。更可捨三千貫錢，大修道門功德，以救貧病，自此子孫不得輕秤小斗，短尺狹度，欺於平人，受無眼衆毒之報。此事顯然，如影隨形爾！非黄籙大齋懺拔，上達天宫，太上有勑，天符放赦，此罪萬劫不可卒除。吾有金裝割爪刀子，留以爲驗。」夢覺果得此刀，乃是棺中隨殮之物，信知生天非謬。齋畢却往林中，不復見大蛇矣。乃施刀子入紫極宫，大修宫宇，立碑標載其事。

杜鵬舉父母修南斗延生醮驗

京兆杜鵬舉，相國鴻漸之兄也。其父年長無子，歷禱神祇，乃生鵬舉，二三歲間，終年多疾，十歲猶尫劣怯懦，父母常以爲憂。太白山道士過其家，説陰陽休咎之事，因以鵬舉甲子問之，道士曰：「此子年壽，不過十八歲。」父母大驚曰：「年長無子，唯此一兒，將以紹續祭祀，如其不永，杜氏之鬼神，將有若敖之餒乎？」相眎灑涕，請其禳護之法。道士曰：「我有司命延生之術，但勤而行之，三年之外，不獨保此一兒，更當有興門族居大位者。」父母拜而請之，因授以醮南斗延生之訣，使五月五日依法祈醮，然後每日所食，别設一分，若待賓客，雖常饌亦可設之。如是一年，當有嘉應。父母懃奉無闕，致醮之夕，有物如流星墜席中。一年之外，忽有青衣吏二人過憩其門，留連與語。吏曰：「主人每日常饌，亦設位致饗，何所求也？」具以前事白之。吏曰：「司命知君竭誠，明年復當有一子，此之二子皆保眉壽。其名有一邊著鳥，向下懸鉞者，當居重任，必爲相國，所食自此無煩致享。」明年果有此子，兄弟俱充盛無疾。自是兄名鵬舉，終安州都督；弟名鴻漸，爲國相西川節度使，並壽逾九十，終身無疾。

雲笈七籤卷之一百二十二

道教靈驗記

衢州東華觀監齋隱常住驗〔一〕

衢州東華觀物産殷贍，財用豐美，主持綱領，多恣隱欺。有監齋一人，其過尤重，不知禍福，不信神明，或聞罪福報應，謂之虚誕。常曰：「道士用常住物，如子孫用父母物耳！何罪之有？」以此故教誨所不及矣。辯於飾非，給於應對，人有文過者，率引之以爲語，端如俗中之説徐六侯白耳！既死數年，一旦道侶三五人，縱步園林，遊春肆目，坐石藉草之際，觀中牛十餘頭，飲齕於坐側〔二〕。一人偶曰：「某監齋常能排斥罪善，不信報對，量其積過，莫在群牛中否？」衆方言笑，一牛直諸衆前，驅之不去，試以某監齋呼之，跪而雨淚，每

〔一〕「衢州東華觀監齋隱常住驗」條及以下各篇，道藏本道教靈驗記皆無，殆係所闕五卷佚文。

〔二〕「坐側」原作「坐倒」，據四部叢刊本及道藏輯要本改。

呼名必隨應焉。道侶愍之，爲拜章修齋，謝過遷拔。二日夜寓夢致謝，言宿過已赦，徑得往生矣！三夕而牛斃。

婺州開元觀蒙刺史復常住驗

婺州開元，却倚小坡，形勢高爽。元置之地，四面通街，其後居人所侵，基地漸狹，大殿之後，便逼居人私舍。亦有州司勢要，占地造宅，道士明知其事，未嘗敢言。主觀道士夢天上官吏三五十人，自空而下，集於殿前，即喚此道士，問觀地疆界。答云：「某後生晚長，自主觀來，秖據見在而已。據老人所言，此觀元置爲御容，四面通街，以防水火。今去街極遠，盡隔人家。」官人點頭曰：「實然。」又見一人云：「是地司所説亦同。」有朱衣吏一人進曰：「此事不煩躬親指説，但處分刺史温璋。」即時忽見令人往傳處分，言訖昇空而去。明日刺史忽入觀行脚〔一〕，登尊殿上顧望，問道流：「此觀形勢布置，不合隘窄如此，何得側近便有户人居住？」道流逡巡未敢秖對。温郎中曰：「固應難説。」即令懸牓發遣居人，四面以官街爲界，併還常住，所侵占地者，據侵住年月，限一月日内陪納租地錢，隨間數徵地租，

〔一〕「脚」，四庫本作「游」。

約數百千，充版築垣墻，修飾屋宇，六十餘日，觀復舊制。温夜夢青童降曰：「汝有政理常住之功，賜節鎮三任。若瀆貨殺人，得其一矣！」亦如其言。

杭州餘杭上清觀道流隱欺常住驗

杭州餘杭上清觀，田畝沃壤，常住豐實，主持道流，每減尅隱欺，以私於己。雖教門鈐轄，官中舉明，必廣費金帛，以請託於局吏。賄貨既行，多覆藏其〔一〕罪，掩蔽其惡，由是州吏縣曹，相知罔冒，積弊久矣！殿宇摧殘，香燈寢絶，遊客經過，略無投足之所，有識者爲之寒心，嫉惡者有〔二〕爲之扼腕，固有日矣！會昌中，人家併産兒女五六輩，皆形骸不具，瘖聾瞽躄。數歲，有白尊師自金華山至，駐留旬日。住持道流，因話其事。尊師促令召之，既至，愍然曰：「汝何得作此重業，犯負大道，致兹考責邪！」謂觀中諸道流曰：「此奴婢輩皆是此觀前輩道流，隱欺常住，恣爲罪業，不唯秖受此報，方欲更履諸苦，未有解免之期。」即次第呼其昔日姓名，一一問之。數輩亦以曉悟先身之罪，啼號嗚咽，悶絶於地。尊師令其

〔一〕「其」原作「具」，據四部叢刊本及道藏輯要本改。

〔二〕「有」，四庫本無，疑衍。

家各備香油，爲之焚香懺謝，求乞赦宥。常住亦爲辦齋食供養。如是三日，尊師冥心靜定，經宿方起，曰：「太上有明科，常住法物，供養三寶，傳於無窮之世，固不可輒有隱盜。侵欺之者，罪及七世，生受荼毒，死履諸苦，或爲賤人畜類，以償昔債，雖三元八節，天地肆赦，此罪不在可赦之例。吾以愍物之故，適爲冒禁，上干天府，此輩已得止此一報，即生身得於善處矣。三旬之後，相次有應。此後主持者，當明爲鑒戒，勿履此轍也。」月餘，瘖瞽聾者相續而死，惟躄者足稍能履，十餘年後平復如常。白尊師言：「此奴罪名稍輕，即當赦免。此奴免之日，諸輩皆釋其幽牢也。」果如其言。以此奴平復能行，爲冥中赦宥之期爾。

李賞斫龍州牛心山古觀松栢驗

龍州牛心山古觀，即大唐遠祖隴西李龍遷，梁武陵王蕭紀理益州，使遷築城於此。所居〔一〕既没，葬於山側，鄉里立祠，號李古人廟。武德中改爲觀，其後武氏簒國，潛欲革命，勑鑿斷山脈，其崗斷處，水色變赤，其腥如血。天寶末，明皇幸蜀，駕入劒門，有老人蘇坦迎駕，奏曰：「龍州牛心山，國之祖墓，因李古人名，遂爲州名，古老相傳，皆有靈應。陛下今

〔一〕「所居」二字，疑由上行「李龍遷」後誤移于此。

日蒙塵之禍，乃則天掘鑿所致。請御衣一襲，藏於山脈斷處，修築復舊，山必有聲。如此，則克復兩京，回鑾有日矣！」明皇異其言，即命内使，齎御衣國信，祭山修築。刺史蘇邈准詔，以近山四鄉百姓，放明年租税，併功修填，還使如舊，山果有聲如牛呴焉〔一〕。明年誅禄山，復宫闕。至德二年十月二十八日，詔曰：「江油舊壤，境帶靈山，自狩巴梁，屢昭感應，眷兹郡邑，合有增崇，可昇龍州爲都督府，賜號應靈郡。」長慶四年，中使張士謙王元宥刺史蔚〔二〕遲鋭修之。寶曆元年三月，内使閻文清又齎詔祈醮。僖宗朝，宗子李特立復以前事上奏，請修觀及廟，置金籙道場。乃授特立龍州録事參軍，與内使高品王彦忠就山修飾，委東川節度使楊師立選高法道士袁道常等，開黄籙道場，醮山祈福，山亦有牛呴〔三〕之聲。明年誅黄巢，復京邑，靈應復如〔四〕初。中和三年，詔昇江油爲望縣。其後，東川修造將李賞嘗過山觀，見貞松古栢，皆可材用。因修立廨署，苟圖其功，不奉使司指揮，徑往望林採

〔一〕「呴焉」二字，原爲空格，據四部叢刊本及道藏輯要本補。
〔二〕「蔚」，疑當作「尉」。
〔三〕「牛呴」原作「牛响」，據四部叢刊本及道藏輯要本改。
〔四〕「如」字原爲空格，據上二本補。

伐。山臨江滸，便於運載，所斫材木摙運未半，日夜常有神人訴責之，賞歷歷聞所訴之聲，莫知禳謝之路。既而以贓賄發露，爲衆所怒，今相國瑯琊公斬之於都市。

蜀州新津縣平蓋化被盜毁伐驗

蜀州新津縣平蓋化，即第十六化也，神仙崔孝通得道之所，真像存焉。化有玉人長一丈，見則天下太平。殿左有玉女泉，水深三四尺，飲之愈疾。化之上，當山之半有榑木，樹徑六七尺，居人常聞其下有考楚號叫之聲，莫知所以。大順元年丁未，山下居人何六者，性本凶悍，不懼罪福，因值干戈，化中無道流棲止，乃毁拆屋宇，採伐林木，爲樵薪以貨之，固有日矣。一旦詣山前僧舍〔一〕中，求水漿以救其渴乏。僧素與相識，聞其聲哀切，出門眎之，見其仰面反手，如被拘縛，喉口喘急，流涕於口。問其所疾，答曰：「我爲毁平蓋化屋宇，斫伐樹木，今有黄衣使者追捉繫縛，將往榑木樹下地獄中考問去，渴乏既甚，乞少水相救耳。」以水與之，良久徑去，死於榑木之下，鄉里共所知焉。又有人取水泉側古跡雕塑二玉女，以爲奇玩，傳於人間，既無玉女之像，泉畔小舍亦被人毁拆。近化居人，見擒取盜玉

〔一〕「僧舍」原作「增舍」，據四部叢刊本及道藏輯要本改。

女人生魂入化中，其人遂風癩焉。

嘉州開元觀門扉爲馬棧驗

嘉州開元觀在層崗之上，下眺城邑，俯睨江山，二水縈迴，衆峯環抱，頗爲郡中之勝。舊有高閣臨崖，崇樓切漢，制度宏巧，遠近稱之。久曠葺修，樓已摧壞，官收其材用之，餘者爲馬廐焉。有古制門扉，堅朽不蠹，亦置於木棧之旁，既而夜夜有光，烱然可鑒，以其爲怪，棄而不用。及遷於紫極宮玄元殿內，有小赤蛇蟠綴門欞之上，累日不去，雖衆人聚觀，以物驅斥，宛然猶在。涉旬之外，不知所之爾！

成都景雲〔一〕觀三將軍堂柱礎驗

成都景雲觀，舊在新北市內，節度使崔公安潛〔二〕置新市，遷於大西門之北。觀有三將軍堂，此頗靈應。既毀撤之後，唯柱礎一枚，穿掘不得，置手足於其上，熱愈於火，逡巡應

〔一〕「景雲」原作「景雪」，據正文改。

〔二〕「崔公安潛」，「潛」字原爲空格，據四部叢刊本及道藏輯要本補入。

心。側近居人有犯觸者，立有祥應，至今猶存。

成都卜肆支機石驗

成都卜肆支機石，即海客攜來，自天河所得，織女令問嚴君平者也。君平卜肆，即今成都小西門之北，福感寺南嚴真觀是也。有嚴君通仙井，圖經謂之嚴仙井，及支機石存焉。太尉燉煌公好奇尚異，多得古物，命工人鐫〔一〕取支機一片，欲爲器用，以表奇異。工人鐫刻之際，忽若風瞀，墜於石側，如此者三，公知其靈物，不復敢取，至今所刻之迹在焉！復令人穿掘其下，則風雷震驚，咫尺昏曀，遂不敢犯。

成都玉局化洞門石室驗

成都玉局化洞門石室，昔老君降現之時，玉座局脚，從地而湧，老君昇座傳道。既去之後，座隱地中，陷而成穴，遂爲深洞，與青城第五洞天相連。天師以爲玉局上應鬼宿，不宜開穴通氣，將不利分野，乃刻石以閉之，因爲石室，高六七尺，廣一步，中鏤玄元之像焉。節

〔一〕「鐫」原作「所」，據四部叢刊本道藏輯要本改。

度使長史章仇兼瓊，開元中徧修觀宇，崇顯靈迹，欲開洞門，使人究其深淺。發石室之際，晴景雷震，大風拔木，因不敢犯。

漢州金堂縣三元觀轍迹驗

漢州金堂縣大廳前有雙轍迹，與三元觀殿前相連，入昌利江際而絶，無窪陷之狀，與平地一般。但隱隱然土色稍異，晝眎之其跡似黑，夜眎之其色似白，月中看之亦帶黑色。屈曲行勢，遠近相合，雨霽即先乾，雪即先消，此最爲異。綿歷歲年，雖鋤劚踐蹂〔一〕，其迹常在。頃因離亂，主兵者斬人於其廳前，微汙其迹，所汙之處微不相續爾。青城山天倉峯側，地中亦有此迹，陷地四五寸，闊一尺，雖年歲更移，其迹依舊。縉雲仙都山、温州仙巖山皆有轍迹，或輾石上，或在平地，與此轍迹靈應無異矣。

玉局化九海神龍驗

玉局化九海神龍，會稽山處士孫立畫也。乾符庚子年九月庚辰辰時下筆，巳時已畢，

〔一〕「踐蹂」原作「蹂蹂」，據四部叢刊本及道藏輯要本改。

蟠拏蹙縮者七十三尺，壁廣一丈八尺許，噴雲鼓波，頗爲奇狀。燕國公劉景宣因夢神龍降於玉局，遂畫其像。潁川王陳公敬瑄濬井〔一〕於其前，遠近居人，時有禱祈者，率言有應。一旦川境亢旱，有一健步者，恃酒卧於龍前井欄之上，慢駡曰：「天旱如此，用汝何爲？」以大石擊畫龍之脚，其痕尚在。既還家，足疾忽甚，痛不可忍。使人焚香告謝，竟不能解，於是數日而殂。

青城絶頂上清宫天池驗六時水驗附

青城絶頂上清宫，有天池焉。距宫之下東南十步，深三尺，廣亦如之。水常深尺許，滯雨不加，積旱不減。每春遊山致齋者，多則一二百人，少或三五十人，飲用其水，亦無涸竭。經夏霖霆，無人汲水，水亦不溢〔二〕。或人所汙穢，立致竭焉。頃因遊禮，有府中健步一人，隨余登山，令以椀汲水，誤投足於其間，頃刻即涸，數月經雨，竟亦無水。余宿於上清宫，焚香祈謝，一夕復舊矣。昔黄帝命甯君爲五嶽丈人，嶽神一月再朝，虚中灑水，以代刻漏，陽

〔一〕「井」原作「并」，據四部叢刊本及道藏輯要本改。
〔二〕「溢」原作「亦」，據上二書改。

時則颯然而下，陰時即無，晝夜凡六時灑水，故號六時水焉。其所出處，在天倉巨巖之前，宗玄觀之南，三師壇側，其下有明皇御容碑，水所落處，側石爲六角池，闊三四尺，以貯之焉。上無泉源，亦無流注，應時懸降，勢若暴雨。人或炷香執鑪，祝而引之，自東自西，隨香而灑，可移數步之内。乾符己亥年，觀未興修，水常如舊。忽有飛赴寺僧，竊據明皇真碑舍中，擬侵占靈境，創爲佛院，其水遂絶。半歲餘，僧爲飛石所驚，蛇虺所擾，奔出山外。縣令崔正規秋醮入山，聞鄉閭所説，芟薙其下，焚香以請，水乃復降，至今不絶。

葛壇化丁東水驗

葛壇化周回巖巒，左右嵌穴，地靈境秀，迥絶諸山，故有二十四峯八十一洞焉。觀下有磎泉，深在谷底，汲之非便。此宫之西，過崖磴十五步，巨石之下，有丁東水，出於崖腹，滴入窪石竅中，積雨不加，久旱不竭，人或污之，立致枯涸。中和年，刺史安金山准詔投龍，郡縣參從者三百餘人，忽有污觸其水者，頃刻乃竭。安公與道流頗爲憂懼，夜至泉所，拜手焚香，叩祈良久，涓涓而滴，雖從騎之衆，食之充足。每年三月三日蠶市之辰，衆逾萬人，宿止山内，飲食之外，水常有餘。

金堂縣昌利化玄元觀九井驗

金堂縣昌利化玄元觀南院玄元殿前，有九井焉。平陸之上，纔深一二尺，或方或圓，大者五六尺，小者三二尺，相去各數步，泉脈相通，而水色皆異，其味甘香，蓋醴泉之屬也。無水旱增減之變，常涵岸不溢。蜀王討東川之年，岐隴之師赴援，乘鋭深入，來屆金堂江側，江水泛漲，雷雨異常，遂不克濟，師驚而遁。時以盛暑，探騎十餘人入昌利化，見井而喜，繫馬解衣，將赴泉以浴。忽大井中有馬絆蛇騰湧而出，首如白虎，大若車軸，噓氣噴毒，勢欲噬人，騎卒見之，奔迸而去。又每歲三月三日蠶市之辰，遠近之人祈乞嗣息，必於井中探得石者爲男，瓦礫爲女，古今之所効驗焉。

仙都山陰君洞驗〔一〕

仙都山陰君將欲昇天，謂門人劉玄遠曰：「此山孤峙，勢若龍蟠，其首東向，必當吐雲送我。」言訖，有五色雲從地湧出，乘雲昇天。出雲之處，呀成洞穴，水旱祈禱，立有感通。

〔一〕「仙都山陰君洞驗」下，四部叢刊本及道藏輯要本有「道場驗附」四字。

大曆九年七月十五日，邑人宇文萬年女人阿仵等一十五人，以元節之辰，奉香花於洞門禮拜。忽見洞中波濤湧溢，出一金手一玉手，其大如扇，良久乃隱，水波亦不復見。長慶元年，江陵人傅〔一〕緗聞洞中雷吼之聲。咸通初，道士王芳芝聞洞中聲如羣鳥飛，異香紛郁，偏於山頂。鄉人常占於歲，鶴翔必致於年豐，鹿鳴必致於歲歉。不棲凡鳥，每有二烏。廣明辛丑歲，刺吏陳侁修置道場，有祥雲天樂之應，甘露泫於叢林，寵詔褒美。中和甲辰年，賜紫大德曹用言准詔齋醮，有卿雲瑞雪之祥。時既畢黄籙道場，未撤門纂。有神人見曰：「靈山齋醮，必命神祇主張。某即近廟之神，差衛壇靖，齋功既畢，門纂未移，某不敢輙還本廟。」道衆聞其言，睹其異，遽圻門纂。其神見形，媿謝而去。兹山靈應，今古昭彰，傳於衆多，非可備述。

嘉州東觀尹真人石函驗

嘉州東十餘里，有東觀在羣山中，石壁四擁，殿有石函長三尺，其上鏨鳥獸花卉，文理纖妙，鄰於鬼工，緘鏁極固，泯然無毫縷之隙，相傳云：「是尹喜真人石函也。」真人昇天之

〔一〕「傅」原作「傳」，據道藏輯要本改。

時，以石函付門弟子，約之曰：「此函中有符籙，慎不可開，犯之必有大禍。」郡人遠近，咸所敬之。大曆中，清河崔公爲太守，惟剛果自恃，聞有真人石函，笑謂官屬曰：「辛垣平〔一〕之詐見矣！」即詣觀眎函，使破其鏁。道士白曰：「真人有遺教：『啓吾函者必有大禍。』幸君侯無犯仙官之約。」崔怒曰：「尹喜死且千年，安得獨有函在？」促命破鏁，而堅不可動，即以巨索繫函鼻，以數牛拽之，鞭驅半日，石函乃開，但有符籙數十軸，黄素爲幅，丹書其文，炳然如新矣。崔觀畢，謂道士曰：「吾向者謂函中有奇寶，故開而閲之，今但符籙而已。」於是令緘鏁如舊。崔既歸郡，是夜暴卒，三日而蘇，官吏將佐且謁且賀。崔謂其衆曰：「吾甚大愚，未嘗知神仙之事，無何開關尹真人石函。果有紫衣冥吏直至寢門曰：『我冥吏也，奉命召君，君不可拒，拒則禍益大矣。』始聞甚懼，不覺隨吏俱去。出郡城五十餘里，至一官署，其冥官即故相吕公諲也。謂吾曰：『子無〔二〕何開尹真人石函乎？今奉上帝命，削君之禄壽，果如何哉！』即召吏案吾名籍，吏曰：『崔公有官五任，有壽十五年。今奉上帝命，削五任官，削十三年壽，獨有二年在矣！』」於是聽崔還生。崔與吕公友善，泣告

〔一〕「辛垣平」，「垣」原作「坦」，據道藏輯要本改。史記封禪書作「新垣平」。

〔二〕「無」，道藏輯要本作「緣」。

呂公曰：「某之罪固不可逃，上帝之責，固非三赦所及矣。過自已招，甘心受責，知復何言！然故人何以爲救乎？」公曰：「折壽削官，不可逃矣！吾爲足下致一年假職，優其禄廩，用副吾子之託耳。」崔拜謝，即爲吏所導還郡。廨中見其身卧于榻，妻子環而哭之。使者命崔俯眎其尸，魂神翕然相合即蘇焉！問其家已三日矣。本郡以白廉使。崔即治裝，盡室之成都，具以事告節制崔寧，署攝副使，月給俸錢二十萬。果二年而卒矣。

九嶷山女仙魯妙典石盆鐵臼驗

九嶷山，魯妙典仙女得道之所。妙典居山修道，自山門漸遷就高深岑寂之地，每居作一麓牀，蹤跡皆在。妙典初居山北無爲觀中，去何侯宅舜壇三二里。後居第一麓牀，已在山上，去舜壇五里，其居所有古鏡一面，闊三尺。次作第二麓牀，又直北上山三十里，中有石盆，可廣三尺，長四尺，自有神水，雨不加溢，旱不減耗，飲之不竭。又有鐵臼重二百五十斤。延唐縣令王翺令人强取藥臼，行未及縣，王翺家舉二十餘口，兩三日中，相次俱死。藥臼今在潭州麓山寺中，寺中有犯者輒病，極有靈驗。

真宗皇帝御製天童護命妙經序〔一〕

夫妙本難窮，至真善應。可道而非常道，無爲而靡不爲。是以瓊簡瑶函，爰敷寶訓；雲章鳳篆，咸演秘文。標示明科，形容造化。所以宣揚博利，佽助洪鈞。爲善教之筌蹄，道含靈之耳目。朕獲膺元命，茂育羣黎，冀廣真詮，潛資庶品。以天童護命經者，太清密語，金闕真符，素有前徵，播於別籙。其或洗心誠誦，結念奉持，固可却癘蠲邪，臻和致壽。類羲圖之立象，幽贊神明；同夏鼎之除袄，不逢魑魅。愈凶災於六極，集戩穀於百祥。因模寫以頒行，乃標題而敘列。所期寰海，共樂生成云耳！

太上天童經靈驗録

益州西門内石笋街百姓李萬壽者，年五十餘，景福元年壬子歲三月中值亂，城門盡閉，家道罄竭，親屬二十餘口悉皆淪没，萬壽一身窮悴。其月城開之後，遂往漢州，投託親知。

〔一〕「真宗皇帝御製天童護命妙經序」與下篇「太上天童經靈驗録」，非道藏本道教靈驗記原有，疑係張君房編時所加。

行至新都縣，覺日色猶早，乃更前去。殆至昏黑，無處止息，遥見西山之下，隔橋似有人居，茅齋四向，園林森聳。萬壽至門，扣扉良久，一女子出，年纔及笄，忽見萬壽，甚驚，問曰：「君是何人？因何至此？」萬壽曰：「欲往漢州，至此抵夜，願寄一宿，希不艱阻。」女子曰：「君宜速去，此不可住。」萬壽再三懇告，乃曰：「緣妾夫婿非人也。」萬壽堅問其故，乃曰：「妾夫即行病鬼王也，啖食生人，莫知其數。妾即新都縣藍淀行内王萬回家女也，偶然被攝至此，無由歸得。」萬壽曰：「某至此山路險惡，去亦死，住亦死，願得一處藏匿，必可免難，當爲娘子通報本家，令知在此。」女子良久欣然，遂引萬壽入大甕中，以物蒙之。萬壽既喜又懼，不敢喘息，但志心密誦太上天童護命經。四更以來，忽聞大風拔樹，走石飛砂，俄見鞍馬鏗訇，旗隊震耀，入於堂内，須臾而風止。俄又聞鼾睡之聲雷吼，達於屋外。夜未曉，女子潛至甕，問語萬壽曰：「我王與羣鬼睡矣。然王問妾云：『適來忽見宅四面金剛力士，遍滿空中，紫雲之内，白鶴仙童，羅列前後，吾遂急歸，復遇一老翁四目，部領兵使三十餘萬，逐吾至大鐵圍山。吾奔迸竄避，直候兵散，崎嶇至此，今大困乏，豈是有術人至此否？』妾但答云：『此無人也。』君必有祕術邪？爲妾言之。」萬壽曰：「某無所能，適但至心密誦天童護命經耳。」女子曰：「君試誦之，我願聞也。」萬壽遂密密歷誦經一遍，女子稽首跪聽，移時讚歎，乃曰：「豈非此經靈驗否？」言訖，復入室内，忽寂然無物，但有空房，四向尋覓，絶無影響，但聞香風颯颯，覺在土穴中，仰見天色皎然，遂奔至甕所，驚告萬壽，同尋香氣而出。天色漸曉，方知身在大古墓中，相顧悚懼。萬壽遂引女子至新都縣，尋其本家父母。聚族悲喜，問其事由。遠近人民，傳説驚歎。以錢十萬、莊一所贈萬壽，即於嚴真觀入道。其女子之父王萬回，即於萬壽處傳受天童經，於玉皇觀中入道。